日本古代史大辞典

旧石器時代～鎌倉幕府成立頃

[監修・編集]
上田正昭
[編集委員]
井上満郎・愛宕元・西谷正・和田萃

大和書房

監修の言葉

京都大学名誉教授・アジア史学会会長
京都大学
文学博士　上田正昭

大和書房は創立以来、東アジアのなかの古代日本の研究成果を中心とする出版をはじめとして、注目すべき数多くの業績を積み重ねてきた。その顕著な活動は、例えば二〇〇六年一月現在で、一二六号を数える季刊雑誌「東アジアの古代文化」の発行一つとりあげても明らかである。

辞典類についても『日本神話事典』や『日本古代史事典』を発刊して、日本神話の考察や日本古代史の研究に寄与する仕事を、あいついで実らせた。そうした実績にもとづいて、このたび創立四十五周年を記念する事業のひとつとして、『日本古代史大辞典』を刊行する運びとなった。

この『日本古代史大辞典』の特徴はいくつかあるが、収録項目数六〇〇〇、本文六七二頁、巻末資料など二五六頁という量の豊かさばかりでなく、文献史学や考古学はもとよりのこと、神話学、民俗学、文化人類学など、幅広く古代史をめぐる学際的研究の成果を反映することにつとめている。

鎌倉幕府の成立前後までの日本列島の歴史と文化の史脈を対象とする本辞典は、東アジアの視座から日本の古代を考えることに力点をおいて編集されており、中国・朝鮮半島・プリモルスキー（沿海州）などとの交渉とその比較もまた重要な視点になっている。

これまでの事典類でとかく軽視されがちであった北の世界・南の世界、たとえばアイヌ・沖縄も視野におさめて、辞典の内容を充実させ、考古学の最新資料は多言するまでもなく、古代の日本に関する新たな研究成果も集約して紹介するよう工夫につとめた。

第一線で活躍する研究者三三五名がそれぞれの項目を執筆した。読みやすくてわかりやすく、しかも簡潔をこころがけての解説は、読者を東アジアのなかの古代日本の世界へといざなってゆく。

本辞典は近世から近現代におよぶ代表的な日本の古代学研究者についても立項した。また個別項目には参考文献を付記し、巻末には古代史の関係資料を収録することとした。

新世紀の古代史研究は、より学際的・総合的な古代学への飛躍をめざすあらたな段階を迎えている。大和書房版の『日本古代史大辞典』はまさに新しい古代学構築への前提となるにちがいない。この画期的な古代史の大辞典が多くの人びとに愛読・活用されるよう期待する。

（監修・編集代表）

二〇〇六年一月

凡例

一、本辞典は、日本の古代を中心に、客観的に解説したものである。また日本の古代を対象にしているが、必要に応じてその後の古代史研究もとりあげている。
二、項目は、旧石器時代から鎌倉幕府成立前後頃までを対象として選定した。
三、分野は日本古代の歴史学を中心とし、考古学、民俗学、民族学、文化人類学、国文学、古文書学、書誌学などにも及んでいる。
四、沖縄、北海道を含む日本列島の歴史のみでなく、東アジアの視座から日本の古代を考えることに力点を置いて編集し、中国大陸、朝鮮半島、沿海地域などの近隣アジアとの交流とその比較も重要な視点として項目を選定した。
五、見出しは仮名見出し、本見出しの順に掲げた。仮名見出しは現代仮名遣いによるひらがなを原則とし、外国語・外来語はカタカナとした。
六、見出しの配列は、五十音順、促音・撥音も音順に加え、清音→濁音の順とした。
七、年次は原則として西暦で表記し、（　）に和暦を付した。六四五年以前は天皇年紀で表記した。
八、参考文献はその項目を理解するうえで重要と思われるものを挙げ、著者、書名、論文名、発行所、掲載誌名、号数、発行年を示した。
九、本文中において項目として取り上げた見出し語、またはそれに類した語句が使われる場合は、その肩に（＊）を付して、相互参照の便をはかった。該当項目を合わせて参照していただきたい。
十、市町村合併による住所表示はできるだけ現在のものに合わせたが、原稿内容などによっては旧来のままとした個処がある。
十一、巻末資料は目次に示す五〇の項目に、総索引を付し、別にＣＤ－ＲＯＭを添付した。

〈監修〉

上田 正昭

〈編集委員〉

井上 満郎
愛宕 元
西谷 正
和田 萃

〈執筆者〉（＊は編集委員）

赤塚 次郎
秋元 信夫
秋山 浩三
東 潮
足立 克己
綾村 宏
安楽 勉
池崎 譲二
池田 榮史
池田 善文
石黒 立人

石松 好雄
石山 勲
泉 武
市瀬 雅之
一瀬 和夫
伊藤 玄三
伊藤 聖浩
犬飼 隆
井上 直樹
井上 満郎＊
猪熊 兼勝

荊木 美行
今尾 文昭
岩田 真由子
岩崎 厚志
岩宮 隆司
岩本 正二
植木 久
上島 理恵子
上田 正昭＊
植野 浩三
上野 誠

上原 静
鵜飼 堅証
宇野 隆夫
浦西 勉
江浦 洋
江草 宣友
榎村 寛之
大川原 竜一
大下 武
大島 直行
大竹 幸恵

大竹 弘之
大塚 和義
大塚 達朗
大西 智和
大沼 忠春
大和 岩雄
岡内 三眞
岡崎 晋明
小笠原 好彦
岡田 裕之
岡田 康博

岡林 孝作
岡部 裕俊
岡本 東三
岡山 真知子
愛宕 元＊
小野里 了一
小畑 弘己
朧谷 寿
恩田 勇
梶川 俊夫
片岡 宏二

勝田 至
勝山 清次
加藤 謙吉
鐘ヶ江 賢二
兼康 保明
鎌田 元一
上村 俊雄
亀井 健太郎
亀田 修一
蒲原 宏行
加茂 正典
河上 邦彦
川北 靖之
川越 哲志
川﨑 晃
菊地 照夫
岸本 義彦
北 康宏
喜谷 美宣
北村 有貴江
木下 礼仁
木本 好信
京樂 真帆子
桐原 健
金田 章裕
葛原 克人
久保 智康
熊倉 浩靖
熊田 亮介
工楽 善通
黒﨑 直
黒田 洋子
桑原 滋郎
河内 春人
小賀 直樹
告井 幸男
胡口 靖夫
小嶋 芳孝
後藤 昭雄
古藤 真平
小西 茂章
小林 一彦
小林 公明
小林 青樹
西光 慎治
斎野 裕彦
佐伯 智広
坂井 秀弥
栄原 永遠男
榊 拓敏
坂元 義種
酒寄 雅志
鷺森 浩幸
佐古 愛己
佐古 和枝
佐々木 孝浩
佐田 茂
定森 秀夫
佐藤 文子
沢田 瞳子
鹿谷 亜由美
設楽 博己
七田 忠昭
品川 欣也
篠川 賢
篠田 孝一
志麻 克史
嶋田 光一
島津 義昭
嶋本 尚志
清水 潔
清水 眞一
清水 真澄
清水 みき
正林 護
白江 恒夫
新里 貴之
宍道 正年
新東 晃一
菅野 智則
菅谷 文則
椙山 林継
杉山 洋
鈴木 景二
鈴木 忠司
須田 勉
須藤 隆
住吉 朋彦
関 清
関 俊彦
関 晴彦
関口 力
妹尾 達彦
蟬丸 朋子
蟬丸 昌子
平 雅行
高井 たかね
高瀬 克範
高田 秀樹
高梨 修
高橋 誠一
高橋 徹
高橋 美久二
高宮 廣衞
瀧音 能之
瀧浪 貞子
竹居 明男
武田 佐知子
竹森 友子
田﨑 博之
田島 公
田島 龍太
田尻 義了
田代 孝
舘野 和己
田中 清美
田中 俊明
田中 靖
田中 義昭
谷本 進
崔 鐘赫
千田 剛道
土屋 和章
堤 隆
常松 幹雄
鶴見 泰寿
寺内 浩
所 功
所 京子
豊島 直博
富岡 直人
虎尾 達哉
中 大輔
中井 真孝
永井 宏幸
中尾 芳治
中川 久仁子
中越 利夫
長島 榮一
中島 正
長津 宗重
長友 恒人
中西 進
長沼 孝

中畠 俊彦
中原 斉
中村 修身
中村 貞史
中村 慎一
中村 徹也
中村 浩
中山 清隆
奈良 佳子
難波 謙一
南部 昇
新納 泉
西谷 正*
西宮 秀紀
西村 さとみ
西村 隆
西山 恵子
野口 孝子
野口 実
野崎 貴博
野村 玄
橋本 博文
橋本 正俊
橋本 義則

八賀 晋
埴原 和郎
馬場 悠男
馬場 基
濱田 竜彦
早川 万年
林 茂樹
林 博通
林田 憲三
林部 均
早瀬 亮介
原田 三壽
伴野 幸一
平川 南
廣瀬 真理子
福井 英治
福尾 正彦
福岡 猛志
福永 伸哉
藤尾 慎一郎
藤沢 敦
藤田 和尊
藤田 三郎
藤田 琢司

藤丸 詔八郎
藤本 幸夫
藤原 学
別府 洋二
外間 守善
細井 浩志
細谷 勘資
堀内 明博
堀川 貴司
堀越 光信
本田 光子
増尾 伸一郎
増田 洋平
俣野 好治
松井 章
松田 敬之
松村 恵司
松本 郁代
松本 公一
真野 和夫
三浦 謙一
美川 圭
右島 和夫
宮 宏明

宮井 善朗
宮内 克己
宮城 洋一郎
宮地 明子
宮代 栄一
宮田 敬三
宮永 廣美
宮原 晋一
向坂 鋼二
村上 恭通
毛利 憲一
茂木 雅博
元木 泰雄
森 明彦
森 哲也
森 博達
森 光晴
森岡 秀人
森川 昌和
森田 克行
森村 健一
安田 純也
安 英樹
柳田 康雄

山内 弘一
山尾 幸久
山里 純一
山澤 義貴
山田 邦和
山田 成洋
山田 康弘
山田 雄司
山中 章
山元 章代
山本 崇
山本 輝雄
山本 令子
横澤 大典
横田 賢次郎
芳井 敬郎
吉川 真司
吉田 秀則
吉野 秋二
米田 一江
米田 雄介
李 タウン
領塚 正浩
和田 萃*

渡辺 晃宏
渡辺 裕之
渡部 明夫
藁科 哲男

日本古代史大辞典

あ

あい【藍】 藍色（濃青色）の染料に用いる蓼科の植物。東南アジアの原産とされているが、中国をへて飛鳥時代には伝わっていたと考えられる。正倉院御物や法隆寺の遺品などにも藍染めの織物がある。『日本書紀』雄略天皇九年二月条には摂津国三嶋郡の藍原、継体天皇二十五年十二月条に三嶋の藍野がみえる。「延喜式」には藍の貢献などに関する規定を記し、そして摂津国嶋下郡に阿為神社を記載する。同地には安威郷があった(『和名抄』)。藍の栽培は近世に本格的に発展し、近世初頭の主要生産地としては山城・摂津・尾張・美濃が注目される。徳島藩の保護と奨励によって阿波藍が有名となる。（上田正昭）

あいかぐん【秋鹿郡】 ⇩出雲国

あいたんどころ【朝所】 太政官内の東北隅に所在の東西一六丈、南北一一丈の建物で『枕草子』によれば瓦葺で格子がなく御簾を掛け渡した平たく低いものであった。朝食所・朝膳所の別称が示すように列見・定考の際の宴座前の酒食の場であり、ときには天皇の避難所などにもなった。（朧谷寿）

あいづおおつかやまこふん【会津大塚山古墳】 福島県会津若松市一箕町に所在する、古墳時代前期の前方後円墳。丘陵頂部に立地し、墳長一一四m。前方部二段、後円部は二ないし三段の段築があるが、葺石・埴輪はない。後円部頂で、割竹形木棺を直葬した主体部が二基発見された。先に埋葬された南棺からは三角縁神獣鏡・三葉環頭大刀・靫などの豊富な副葬品が出土した。北棺からは捩文鏡・刀剣類などの副葬品が出土している。国指定史跡。（藤沢敦）

あいなめまつり【相嘗祭】 天皇が神祇と共に新饗するまつり。「あいにえのまつり」「あひんべのまつり」とも。一一月上の卯の日に、京中及び山城・大和・河内・摂津・紀伊の有力な社に幣帛を供進した。『日本書紀』天武天皇五（六七六）年十一月の条に「幣帛を相新嘗の諸神祇に奉る」とあるのが初見。「延喜式」では、山城国一三座、大和国三一座、河内国八座・摂津国一五座・紀伊国四座の計七一座の神々が相嘗の祭神であった。しかし後には賀茂の斎院及び日前・国懸、住吉などの限られた諸社となった。ただし斎院の相嘗は他とは異なって、翌日には御神楽が奏され、公卿殿上人らが参集して、饗饌・賜禄などが行われた。（上田正昭）

アイヌじんしゅせつ【アイヌ人種説】 人類学からみたアイヌの系統・起源に関する学説は、近年では古モンゴロイド説が有力である。従来は身体的特徴から、古コーカソイド説やオーストラロイド説などさまざまな仮説が提示されていた。しかし、自然人類学の分析手法の進展に加えて新しい遺伝子解析などのデータによって、日本列島に居住してきた人びとの形質やその系統は一様ではないことが明らかにされつつあり、アイヌのそれも同様である。

明治に始まる人類学研究において、日本列島の最古の住民を考える場合、常に、非農耕であるがゆえに「原始的な」イメージで捉えられたアイヌの存在が意識されてきた。その代表的な学説論争が、原日本人はアイヌであるという小金井良精と、アイヌの伝説に登場する「フキの下の人」を意味するコロポックルという小さな人たちがアイヌより前に居住していたとする坪井正五郎の提唱した日本人の起源をめぐるものである。

文献からみると、八世紀頃の史料に登場するエミシ（毛人・蝦夷）は古代の日本国家に服属しない関東・東北地方の人びとの総称として使われたが、これとアイヌとの関係は明らかになっていない。エゾ（蝦夷）が明確にアイヌをさす用語になるのは、一四世紀頃からであり、現在の北海道島を中心にアイヌの地域集団が存在することを記録した最古の文献は一三五六（正平11・延文元）年に成立した『諏訪大明神絵詞』である。さらに考古学的な発掘資料からアイヌ文化の要素が顕在化するのは一四～一五世紀頃からであり、アイヌ自らが大きな集団を形成し、文化的な同一性を強くもった時期に相当すると考えられる。

ここで注意を要するのは、文化を同じくする集団（民族など）としてのアイヌと、形質や遺伝子を取り扱う自然人類学が追究するいわゆる血の繋がりとしてのアイヌとを混同してはならないことである。また、アイヌ語は隣接諸民族の言語に近似したものはなく、言語研究から系統関係は不明とされている。（大塚和義）

アイヌぶんか【アイヌ文化】 アイヌは、近代国家日本の成立以前から、歴史的に現在の北海道を中心にした地域に居住し特徴ある文化を形成し、持続させてきた先住民である。アイヌとは、アイヌ語で「人間」を意味する。近世の和人はアイヌに対して主として蝦夷、蝦夷人の呼称を用いた。アイヌ文化の独自性を示すものにアイヌ語や、イオマンテ（飼いグマ送り儀礼）に代表される精神世界、叙事詩ユカラ（ユーカラ）などの口承伝承そして民族的象徴としてのアイヌ文様などがあり、それは現在も受け継がれている。

アイヌ文化の根幹を成す精神的な世界、つまりカムイ（神）と人間が儀礼を通して結ばれることによって資源の供給が確保されるという観念が、アイヌの社会では広く共有化されていた。この観念を具現化したものとして一般にも知られているのが、イオマンテである。アイヌは、森の主で獣世界の頂点に立つと同時に人間にとって最大の脅威でもあるクマ神に対して特別な尊敬の念をもってきた。春先に捕獲した子グマは一年ほど飼育され、盛大な儀礼イオマンテが挙行される。アイヌは、クマ神が自分に対する人間の崇拝の念を確認し、霊となって神の世界に帰って再び人間界を訪問することを期待してイオマンテを行う。霊となることは、霊魂を包んだ衣服である毛皮や肉を人間のもてなしに対するお礼・土産として贈るという行為である。

アイヌの人たちが大きな川の流域単位など、一定の地域的な広がりのなかで仲間意識をもって強く結ばれた集団を構成する時期はおよそ一三世紀前後のことと、考古学的資料や文献史料からみて推定できる。地域的な集団を形成した要因は、アイヌの居住地に産する良質な毛皮や海産物が外部世界との交易品となり、商品となる物品を効率よく生産し、集荷させるしくみが必要となったことにある。自分たちが消費するための獣や魚などさまざまな自然資源を獲得する社会から、交易品に重点をおいた生産と流通に適した社会、つまり地域集団の形成がなされ、集団間においては物品の交換や交流も行われたが、同時に交易品を生産できる地域の占有をめぐって争いや緊張関係が生じた。そのため、集団がもつ地域的な境界がより明確に固定化されていき、同時に各集団をまとめる有力な首長層の出現をみた。アイヌの自立的な交易経済活動の展開はおよそ一四〜一六世紀にピークに達し、財力の蓄積の格差が顕著になった結果、首長制社会もしくはこれに近い社会が成立していた。そこに英雄叙事詩に代表されるユカラの語りの世界が生まれたと考えられる。

アイヌは自立した交易活動を活発に展開し、経済的に豊かな社会を構築して、和人をはじめ周辺社会と対等な関係を保っていた。ちなみに一五五〇（天文19）年に渡島半島のアイヌの首長は、上ノ国（かみのくに）と松前を結ぶ地域に和人が入航税を支払うことで、その居住を認めた記録が残されている。これが和人地（後に松前地）とよばれ、アイヌ居住地の蝦夷地とから北海島は成っていた。一七世紀に入ると松前藩が成立し、知行地の代わりに幕府からアイヌとの独占的交易権を与えられた。およそ一八世紀半ばには交易権を和人商人に代行させる場所請負制がアイヌ社会全体におよび、アイヌに対する経済的収奪と労働力としての酷使が行われた。しかしながら、経済的に価値のないアイヌ語や伝統的儀礼などアイヌ文化自体に対する否定や禁止は行われなかった。それどころか、一八世紀末の和人社会においては、アイヌの手になる文様を施した衣服、たばこ入れや盆などの木彫品、ハマニンニク製の編袋などの工芸技術やデザインが評価され、珍重されるという事実もあった。

一八六七（慶応3）年、明治政府の成立にともなって北海道に開拓使が設置され、アイヌの生活地や資源は国有化され、アイヌは差別的な旧土人として戸籍に記載された。さらに入墨の禁止など伝統的な習俗を規制するアイヌ文化の否定と日本文化の強制、すなわち国家による同化政策が徹底して行われた。漁労や狩猟という生活の手段も奪われ、アイヌの生活は困窮した。こうした悲惨な経済状態に追い込まれたアイヌに対する政府の無策を批判する内外からの指弾をうけて、一八九九（明治32）年、帝国議会は「北海道旧土人保護法」を制定した。この法律はアイヌが自らの文化を持続させるためのものではなく、アイヌの農民化を促し、日本化を強力に推し進めるものであった。具体的には、二年後の北海道旧土人学校の設置とアイヌ子弟に対する日本語教育による皇民化であった。これによって文化の持続に欠かせないアイヌ語は教育の場で排除され、話すこと自体が差別の対象となった。

一九世紀末には北海道は鉄道や港湾や道路の整備が進行すると、本州方面からの観光客が急速に増加し、観光客の目的は、広大な大自然を満喫し、古くからの大地に居住するアイヌが「いまなお営む原始生活」を見物することであった。アイヌは、国家によって日本化を強制されながら、観光地においては虚構のアイヌ文化を演じ続けなければならなかったのである。この観光化現象の評価については、誤ったアイヌ文化を拡散させたとして否定的に捉えられていたが、最近筆者は、伝統文化の持続に大きな役割をはたしたことを実証した。すなわち演じるための衣装の仕立てやみやげもの製作にともなう工芸技術あるいは歌舞などの継承の場として観光地は機能したのである。アイヌの精神文化の核をなすイオマンテの儀礼さえ、観光地において継承されてきた。

北海道旧土人保護法制定以来、差別からの解放と生活向上をめざす動きは存在したが、一九七〇年代になってアイヌ民族の権利回復を目指す運動が活発となっていった。しかしながらアイヌ文化に目を向けた再生と持続についての取り組みは、アイヌ語学習を除いては大きな展開はなかったといってよいであろう。一九八〇年代前後になると、国連を中心とする国際的な先住民運動の高まりとともに、アイヌ自らによるアイヌ文化に対する再評価の動きが顕著になった。

こうした気運が、一九八四（昭和59）年にアイヌ民族の最大組織である社団法人北海道ウタリ協会総会において「アイヌ民族に関する法律（案）」を決議させた。これ以後、形骸化した北海道旧土人保護法に代わるアイヌ新法の制定を求めるアイヌ自身の運動が活発に展開されるようになり、九七（平成9）年「アイヌ文化の振興並びにアイヌの伝統等に関する知識の普及および啓発に関する法律（アイヌ文化振興法）」が成立した。この法律はアイヌが求めていた民族法とは異なるが、アイヌ語やアイヌ文化の継承・再生や交流促進および普及などの活動を支援する事業主体である財団法人アイヌ文化振興・研究推進機構が設置され、文化的な面での施策がさまざまな形で実施されている。また、実際に資源利用を行いながら伝統文化を体験学習する場の構築である「伝統的生活空間の再生」が計画されており、この実現によってアイヌ文化の習得と次世代への継承がより地に付いたものになることを期待したい。

（大塚和義）

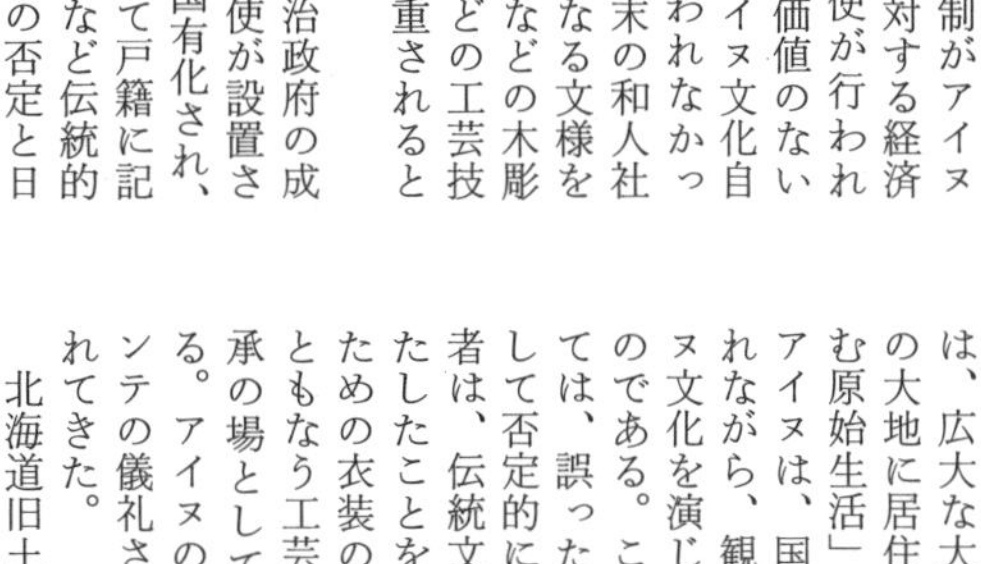

鷲の矢羽
仙台市博物館蔵

あうら【足占】 ⇩卜占（ぼくせん）

あお【青】 色の名。古代から植物の緑を青垣、青葉、青菜などと表現するが、カワセミの羽色のようなブルーをさすこともあり(古事記歌謡)、元来は白と黒の中間の広い範囲をさしたという。青馬という表現が『万葉集』や催馬楽にもみられ、正月七日の宮中行事である白馬の節会では、古くは青みがかった毛色の馬をひいた。衣類では今日いう青系統の染色には主として藍(タデアイ)が使われた。藍染めの色は濃い方から紺(茜で下染めして藍を用いるため赤味を呈する)、縹、浅葱とよばれる。いっぽう、衣服の色名としての「青」は緑系の色をさした。青摺とは小忌衣などに山藍で青く文様を摺ったものをいい、大嘗祭はじめ主要な神事や歌垣では青摺の衣を着て紅の紐を垂らした。「藍色」は緑がかった濃い青をさした。袍の色としての「青色」は平安時代、天皇の袍の一つで禁色とされたが、六位の蔵人が麴塵と称してとくに着用を許され、名誉とされた。この青色は刈安草と紫草で交染にしたもので(「延喜縫殿寮式」)、山鳩の羽の色のような茶色がかった黄緑色をさしたが、のちには青または萌黄の経糸と黄の緯糸を用いた織り色をさした。建築物や絵画の顔料としては青緑色の緑青(孔雀石)や鮮やかな青の紺青(藍銅鉱)が用いられた。奈良にかかる枕詞「青丹よし」は奈良が緑青の産地だったからといい、古代寺院の連子窓には緑青が塗られていた。

【参考文献】前田千寸『日本色彩文化史(復刻版)』(岩波書店昭58)。 (勝田至)

あおいまつり【葵祭】 「賀茂祭」とも。京都の賀茂別雷神社(上賀茂神社)と賀茂御祖神社(下鴨神社)で、旧暦四月の中酉の日に行われた祭。すでに八世紀初頭には騎射に人々が参集して闘乱にいたるほどの盛況であったらしいが、平安京遷都を機に、賀茂社が王城鎮護の神となるにおよんで、国家の祭儀として整備されていった。中午の日の「みあれ」神事に始まり、酉の日に路頭の儀、社頭の儀、還立の儀が行われる。特に、勅使や斎院を中心に、検非違使や山城使らの一行が御所を出発して下鴨から上賀茂に赴く路頭の儀が盛大かつ華麗をきわめ、一条大路には貴族たちの桟敷が設けられて多くの見物人を集め、しばしば文芸作品の素材ともなった。その盛儀は「年中行事絵巻」にも描かれる。古代ではたんに祭といえば葵祭をさした。なお葵祭の称は、葵の葉を車簾や社殿に飾り、供奉の人も挿頭としたことに由来する。現在の祭日は五月一五日で、京都三大祭の一つ。 (竹居明男)

あおうまのせちえ【白馬節会】 奈良時代以来、正月七日に行われた朝廷の儀式。天皇が内裏紫宸殿(平安初期は大内裏豊楽殿)に出御し、左右馬寮が牽き回す青馬(白馬とも)を覧たのちに群臣に宴を賜る。歳首に青馬を見れば邪気を除くという中国の習俗にもとづく。 (竹居明男)

あおはかのしゅく【青墓宿】 美濃国不破郡東山道の宿駅。現岐阜県大垣市青墓と推定される。平安末期から鎌倉期にかけて栄え、青波賀、大墓、遭墓などとも。『吾妻鏡』一一九〇(建久元)年に源頼朝が上洛の途中に立ち寄ったことがみえる。 (高橋誠一)

あおふどう【青不動】 青蓮院(京都市)蔵の不動明王二童子図の通称。絹本著色。国宝。不動十九観の儀軌にもとづく図像としては最古。制作年は一一世紀中頃から後半とされる。作者については、玄朝派の絵仏師とも考えられているが未詳。 (嶋本尚志)

あおやぎたねのぶ【青柳種信】 1766～1835 江戸時代後期の国学者。福岡藩士。加藤千蔭(1735～1808)・本居宣長らに学ぶ。一八一二(文化9)年伊能忠敬(1745～1818)の筑前測量を補佐。福岡志賀島出土の金印について『後漢金印略考』を執筆し、一七九四(寛政6)年の三月に沖ノ島警備役として沖ノ島に渡り、『瀛津島防人日記』をまとめ、さらに『宗像宮略記』を著わした。 (上田正昭)

あか【赤】 色の名。語源的には「明るい」の「あか」と同源という。朱(丹)やベンガラが古墳の石室内に用いられ、『魏志』倭人伝によれば倭人は身体に丹を塗った。史料上の「丹」は朱(辰砂)の場合と赤土(酸化鉄)をさすものとがあるが、『記』『紀』では丹は楯、桙、土器などに使われており、『万葉集』によれば舟や橋にも塗られた(一七四〇・一七八二等)。平安京の東市には丹の廛があった(延喜左右京職式)。朱は古来漆器に使われ、平安時代の藤原氏は氏長者の地位を表す重宝として朱器台盤を相伝した。衣類の染料としては紅花や茜が用いられ、紅花で染めたものは紅(くれない・べに)とよばれたが「紅の赤裳裾引き」(『万葉集』八〇四)のように赤とも表現された。延喜主計式上によれば中男作物として紅花が二四ヵ国、茜が一二ヵ国から貢進された。説話には紅の袴をつけた女や鬼女、赤い褌をした鬼の話が多い。濃い紅の衣は海の神を恐れて船中では着なかった(『土佐日記』)。茜で染めた色は緋とよばれ、五位官人の袍の色として定着したが、平安中期以後、茜に紫草を合わせた紫がかった濃い赤(深緋)になった。いっぽう、染め色の名「赤色」は上皇の袍の色で禁色とされた。「延喜縫殿寮式」では黄蘗と茜を用いており、それによれば黄褐色を呈するが、この色や織り色の赤色、襲の赤色の色調については諸説がある。

【参考文献】前田千寸『日本色彩文化史(復刻版)』(岩波書店昭58)。 (勝田至)

あかいでいせき【赤井手遺跡】 福岡県春日市大字小倉に所在する遺跡。一九七五(昭和50)年～七九(同54)年の大規模な発掘調査で弥生時代から歴史時代の住居跡、甕棺を含む弥生時代の埋葬跡や、古墳が調査された。弥生時代中期後葉から末葉の33号住居跡では炉の周囲より鉄素材、鉄器未製品・製品が検出され、鍛冶工房跡と考えられる。このほか遺跡では砂岩製の勾玉、矛、戈の鋳型が発見されており、弥生時代中期後葉から末葉の手工業生産を担った遺跡として重要である。 (村上恭通)

あかぎじんじゃ【赤城神社】 群馬県勢多郡赤城山麓に鎮座。大己貴命・豊城入彦命を祭神する。「延喜式」の名神大社で、祈年祭の国幣。上野国の二宮。源実朝は「上野の勢田の赤城のからやしろ大和にいかで跡をたれけん」と詠む。北の櫃石山に祭祀遺跡があり、赤城山頂に奥宮にあたる赤城神社が鎮座する。 (上田正昭)

あかごめ【赤米】 赤い米。籾と糠層が赤い。正倉院文書の尾張国正税帳では酒料の赤米、平城宮跡・平城京跡等出土の木簡では丹波・丹後・播磨・但馬・越前等の諸国からの赤米納入が知られる。『枕草子』に「いと赤き稲の、本ぞ青き」とあり、平安時代にも籾の赤い米がつくられていた。これら史料上の赤米の詳細は不明だが、岡山県総社市の国司神社、長崎県対馬の多久頭魂神社、鹿児島県種子島の宝満神社で伝統的に赤米が栽培されてきた。この多くはジャポニカの粳米である。鎌倉時代にはインディカの赤米が渡来し、大唐法師・大唐米・唐法師などとよばれ、早熟で旱害・虫害に強かったため広く栽培された。（勝田至）

あかし【明石】 播磨国の地域名称で、現兵庫県明石市にその名をとどめるが、現神戸市西部から高砂市に及ぶ範囲であったと推定される。「明石原人」をはじめ考古学上の遺物・遺跡も多い。「国造本紀」にもみえ、大化改新の詔では赤石櫛淵は畿内の西端とされた。明石海峡に臨む交通の要地で、山陽道の宿駅、また八四五（承和12）年には官船渡しによる四国街道分岐点ともなった。景勝の地として知られ、『万葉集』『古今和歌集』『新古今和歌集』などに詠まれ、『源氏物語』の舞台ともなった。（高橋誠一）

あかしげんじん【明石原人】 直良信夫によって一九三一（昭和6）年に兵庫県明石市西八木の海岸から発見された左寛骨（腰骨）につけられた通称。実物は太平洋戦争中に焼失したが、戦後、模型と写真を見た東京大学の長谷部言人は、原人に匹敵する原始的特徴があるとみなし、もはや存在しない左寛骨を「ニッポナントロプス・アカシエンシス」と命名した。一九八〇年代に、東京大学の遠藤萬里と獨協医科大学の馬場悠男は石膏模型にもとづく詳細な形態学的研究を行い、原人以降の人類進化の傾向に照らすと、明石寛骨は完新世の華奢な新人のものとみなされるとした。直良信夫が同所で発見した石器は、国立歴史民俗博物館の春成秀爾と東京都教育庁の小田静夫によって人工品ではないと判定されている。一九八五（昭和60）年の再発掘によってえられた木片は、春成によって人工品の可能性があると考えられている。二〇〇二（平成14）年に、直良博人とA・ソーンは、明石寛骨が更新世末期の新人であったという可能性を提唱している。

【参考文献】春成秀爾『明石原人とは何であったのか』（日本放送出版協会平6）。（馬場悠男）

あかぞめえもん【赤染衛門】 生没年未詳。平安時代中期の歌人。赤染時用の女。実父は、母の先夫平兼盛か。道長室倫子に長く仕えた。大江匡衡と結婚し、挙周・江侍従らを儲けたが、藤原公任の上表文作成に苦心する夫に助言したり、挙周の昇進のために奔走するなど、良妻賢母の逸話が伝わる。『紫式部日記』にもその人柄が称揚されている。一〇四一（長久2）年、曾孫匡房誕生の詠があり、没年はそれ以降か。中古三十六歌仙の一人。歌集『赤染衛門集』。『栄花物語』正篇の作者にも擬せられる。（山本令子）

あがた【県】 律令制以前における倭王権の地域行政の単位。大和では高市・葛本（葛城）・十市・志貴・山辺・曾布（添）のいわゆる大和の六御県が有名だが、河内では茅渟・河内・志幾・紺口など、吉備では上道・波区芸・川島・三野・苑など、筑紫では灘・伊覩・岡・八女・山門・水沼・上妻などが名高い。語源については上り田すなわち朝廷の耕地とする説やわかち（班）田とみなす説のほか外来語に由来すると説明する見解もある。朝廷の料地としての性格は、いわゆる畿内とその周辺の県に濃厚で、とくに御県と称された県にいちじるしい。県の分布は、越前・美濃・尾張から以西に多く、西日本の要地に集中している。倭王権が瀬戸内海ルートを中心に勢力を伸張してゆく過程に対応して設定されたものと考えられる。行政組織としての県については国造の支配する国の下級組織が県で、同時期に成立したとみる説と、県制が国造の国制に先行して西日本を中心に施行され、さらに倭王権が全国的に拡充されるなかで国制が具体化したとする説とがある。県には大小があって、のちの郡名に継承されたもの、あるいは村落名にうけつがれているものもある。御県と称された県は、朝廷料地としての伝統が根強く生きつづいて、薪炭・酒・氷・菜などの貢上が行われた。「延喜式」の祈年祭の祝詞などには、大和の六御県から甘菜・辛菜を献じたことが記されている。

【参考文献】上田正昭『日本古代国家成立史の研究』（青木書店昭34）。井上光貞『日本古代国家の研究』（岩波書店昭40）。（上田正昭）

あがたいぬかいうじ【県犬養氏】 倭王権の支配する供御料地である県に居住し、犬などを飼育した部を統率した氏族。『新撰姓氏録』（左京神別）では「神魂命の八世の孫」の後裔とする。『日本書紀』安閑天皇二年九月条には県犬養連とみえる。六八四（天武13）年に宿禰姓を与えられ、七〇八（和銅元）年には県犬養三千代が橘宿禰とされ、七二七（神亀4）年には県犬養連五百依・安麻呂らの支族にも宿禰姓が与えられた。海犬養・安曇犬養・若犬養の諸氏とならんで宮城門などの守衛・警護にあたった。律令制下では実際に犬を飼育した犬養の史料はない。一族からは橘諸兄（葛城王）・光明皇后の母である三千代、聖武天皇夫人の広刀自などがいる。（上田正昭）

あがたいぬかいのあねめ【県犬養姉女】 生没年不詳。八世紀後半の宮人。七六九（神護景雲3）年、不破内親王と塩焼王の子氷上志計志麻呂を皇位につけようと天皇を呪詛したと誣告され、そのため犬部と改姓のうえ、遠流に処せられた。七七一（宝亀2）年無罪が判明したため、本姓に復され、翌年改めて無位から従五位下に叙せられた。（廣瀬真理子）

あがたいぬかいのひろとじ【県犬養広刀自】 ?～762 聖武天皇の夫人。従五位下県犬養唐の女。天皇の皇太子時代に同族・県犬養橘三千代の推挙により入内し、安積親王、井上・不破内親王を生んだ。七三七（天平9）年従三位、のち正三位。（廣瀬真理子）

あがたいぬかいのみちよ【県犬養三千代】 ?～733 奈良時代の女官。県犬養宿禰三千代・県犬養橘三千代・橘氏大夫人・県狗養宿禰・県犬養命婦なども書く。県犬養連東人の娘で、はじめ美努王の妻となり、葛城王（橘諸兄）・佐為王・牟漏女王を生み、後に藤原不比等に嫁し、安宿媛（光明皇后）を生む。七〇八（和銅元）年元明天皇から橘姓を与えられ、七一七（養老元）年従三位、七二一（同5）年正三位となる。同年元明太上天皇の病気平癒を祈願して出家、七三三（天平5）年に薨。同年一二月従一位を与えられ、七六〇（天平宝字4）年に正一位・大夫人を贈られた。『万葉集』に一首を残す。法隆寺に橘夫人念持仏がある。（上田正昭）

あがたぬし［県主］ 律令制以前の地域行政の単位の一種である県の首長。『魏志』東夷伝倭人の条にみえる伊都国や奴国・末盧国などが、のちの伊覩県・儺県・松浦県などに変貌していったように、倭王権に従属したもののなかで、重視された地域には県が設定され、その首長が県主と称された。県主のなかには丹波の大県主、河内の志幾大県主のように大県主とよばれた者もあった。県主は倭王権に従属して貢上などを管掌する職務をおびていたが、同時に祭祀団体の首長として神まつりを司祭する例が多いこともみのがせない。県制の存在した地域に県神社や県主神社があるのも偶然ではない。県主のなかには日向の諸県君、対馬の下県直、美濃の県造などの呼び名をもつものもあった。県主集団の実態については、七〇二（大宝2）年の美濃国の「加毛郡半布里戸籍」にみえる県造・県主・県主族のありようや山城国の愛宕郡賀茂郷の県主集団に関する古文献の伝承などが参考になる。京都市賀茂御祖神社（下鴨社）や賀茂別雷神社（上賀茂社）の社家系図は、賀茂（鴨）県主の歴史を物語る貴重な史料である。
〔参考文献〕上田正昭『日本古代国家成立史の研究』（青木書店昭34）。井上光貞『日本古代国家の研究』（岩波書店昭40）。新野直吉『国造と県主』（至文堂昭40）。（上田正昭）

あがためしのじもく［県召除目］ 地方官（外官）を任命する年中恒例の行事。大臣以下が内裏清涼殿に参集し、天皇御前で任官者を定め、執筆の大臣が順次大間書に記入していく。多く正月（または二月、三月）に三日間にわたって行われ、春除目とも称する。（竹居明男）

あかなべのしょう［茜部荘］ 岐阜市南部にあった荘園。東大寺領。前身の厚見荘は、桓武天皇勅旨田に由来する朝原内親王賜田が、八〇九（大同4）年立券により成立、八一八（弘仁9）年、酒人内親王により東大寺へ施入された。その後荒廃し、再開発された茜部荘は、一一世紀における臨時雑役免をめぐる国衙との相論をへて、一二世紀前半に領域型荘園として確立する。

〔参考文献〕『岐阜県史』史料編古代・中世3（岐阜県昭46）。（山本崇）

あかひきのいと［赤引糸］ 伊勢神宮の神衣祭に献上される上質の糸。初見は『日本書紀』六（六九二）年。神郡から貢進された。「延喜式」にも伊勢国調とあるが、「令義解」や「神宮雑例集」などには、三河国神調赤引糸とあり三河が有名。（福岡猛志）

あかぼりちゃうすやまこふん［赤堀茶臼山古墳］ 群馬県伊勢崎市赤堀町に所在する五世紀中頃の二段築成の帆立貝式古墳。低地を見下ろす丘陵上に立地する。全長六二m、後円部径五〇m、高さ五m、前方部は長さ二〇m、幅三八m、高さ二m。一九二九（昭和4）年、帝室博物館（現東京国立博物館）の後藤守一らが発掘。九五（同7）年から三年間町教育委員会が各々発掘調査を実施した。葺石・埴輪・周溝を有する。後円部に二基の木炭槨が存在し、南一号槨からは仿製神獣鏡、三角板皮綴式短甲・鉄鏃・鉄矛・直刀・鉄斧、石製模造品の刀子・勾玉、北二号槨からは仿製内行花文鏡と直刀が各々出土した。とくに、後円部墳頂の椅子形埴輪・高坏形埴輪・柵形埴輪・七個体の家形埴輪群が注目される。

〔参考文献〕後藤守一『上野国佐波郡赤堀村今井茶臼山古墳』（帝室博物館学報（六）昭8）。（橋本博文）

あかもがさ［赤斑瘡］ 病名。七三七（天平9）年に大流行した疫病が赤斑瘡とよばれた（『類聚符宣抄』）。この病は典薬寮の勘申（『朝野群載』）では疱瘡・傷寒豌豆病とよばれており、天然痘であろう。しかし九九八（長徳4）年に流行した疫病も稲目瘡・赤斑瘡とよばれたが、これは麻疹らしく、平安後期の赤斑瘡は麻疹をさす語として定着したようである。（勝田至）

あがもの［贖物］ 犯した罪や身体の穢れを祓い清めるためにその代償として差し出した物品。贖物としては「延喜式」に刀・糸・麻・御衣・米・酒・塩などが列挙されている。犯罪者が納入した品は刑部省贓贖司において管理した。（朧谷寿）

あがもののつかさ／あかうもののつかさ／ぞうしょくし［贓贖司］ 大宝・養老令制の刑部省の被管諸司の一つ。没官物をはじめ、不正に授受奪取された財物である贓物、贖銅として徴収したもの、遺失物などを、帳簿を作成して一時的に保管し、諸司に配分した。八〇八（大同3）年に刑部省に併合。（荊木美行）

あきしのでら［秋篠寺］ 奈良市秋篠町所在。創建年次は明らかでないが、『続日本紀』宝亀十一（七八〇）年六月五日条に秋篠寺へ光仁天皇一代に限り封一〇〇戸を施入したことがみえ、この頃には存在したらしい。寺伝では光仁・桓武天皇の勅願により建立されたという。開基善珠大徳は桓武天皇の護持僧で、皇太子安殿親王（平城天皇）病気の際には回復を祈請し、善珠の没後、皇太子により秋篠寺に善珠の図像が安置された。『日本後紀』大同元（八〇六）年四月二十二日条には桓武天皇の五七日の斎会を秋篠寺と大安寺で行ったことがみえ、桓武天皇との特別な関係を示している。一一三五（保延元）年の火災で伽藍の大半が焼失したという。現本堂は講堂跡にあたり、その南に金堂跡、さらに南側左右に東塔・西塔跡がある。本堂の北側では瓦積基壇の建物跡が検出され、僧房か食堂跡と推定される。現在の本堂は鎌倉時代の再建で国宝。本堂に安置される伝伎芸天立像、伝梵天・帝釈天立像などは重要文化財。
〔参考文献〕『大和古寺大観（五）』（岩波書店昭53）。（鶴見泰寿）

あきしののやすひと［秋篠安人］ 752～821 本姓は土師宿禰。宇庭の子。奏上して秋篠朝臣を賜姓。大判事、勘解由長官、左大弁等を歴任し、参議従三位にいたる。伊予親王の事件に連座したこともあった。文人としても秀で、『続日本紀』「弘仁格式」の制定に預かった。（関口力）

あきたじょう【秋田城】 ⇨秋田城跡（あきたじょうあと）

あきたじょうあと【秋田城跡】 秋田市寺内にあった出羽国北部経営の中心的城柵。雄物川河口に近い高清水丘陵上に築かれた。七三三（天平5）年に出羽柵（現山形県庄内地方）を「秋田村高清水岡」に移転。七六〇（天平宝字4）年の丸部足人解状（正倉院文書）に「阿支太城」とみえ、この頃改称されたと判断される。出羽国の国名を付していることから推して出羽国府も移されたものとみられるが、八〇四（延暦23）年、政情不安定のため、国府は再び庄内地方に移されたと考えられる。その遺跡は、外郭施設がはじめ築地のち材木塀で、一辺五五〇mの不整な多角形状。政庁は東西九四m、南北七七mで、はじめ築地のち材木塀で区画され、正殿や広場が配されている。八三〇（天長7）年大地震により建物が倒壊し、八七八（元慶2）年蝦夷の反乱によって多くの官舎が焼かれたものの、のち復旧された。平安時代には出羽介が秋田城専当となり、のち秋田城介と称した。（平川南）

あきつしま【秋津洲】 『日本書紀』神代にみえる大日本豊秋津洲の略語で、『古事記』には大倭豊秋津嶋とある。淡路洲に次いで生み出されたとされ、現在の本州島をさす。（高橋誠一）

あきのくに【安芸国】 山陽道に属する国。現在の広島県の西部にあたる。南部の瀬戸内海沿岸には平野が広がり、北部は山地など。大化前代には、阿岐国造の支配下にあったが、律令制の整備によって安芸国が設置され、六九八（文武2）年『続日本紀』に安芸国の名がみえる。天平年間に大竹川（現在の小瀬川）を安芸国と周防国の境界と定めたという。『延喜式』では上国とされ、所管の郡は沼田・賀茂・安芸・佐伯・山県・高宮・高田・沙田（豊田）の八郡。『倭名抄』には六一郷が記されている。国府は九世紀には安芸郡府中町に所在していたが、当初から安芸郡におかれていたのか、国分寺・国分尼寺の立地した賀茂郡の西条盆地にあったのか不明。国内には山陽道が通り、一三駅が設置されていた。調庸品目として上糸・高級絹織物さらに塩や木綿も生産されていた。安芸国の一宮厳島神社と、平氏とのつながりは『平家納経』によっても知られる。

【参考文献】『広島県史』全二七（昭43～59）。後藤陽一『広島県の歴史』（山川出版社昭47）。（高橋誠一）

あきはぎじょう【秋萩帖】 平安時代中期の巻子本仕立ての書跡。現存一軸。小野道風筆と伝えられるが、巻頭第一紙と第二紙以降は紙・書風とも異なる。書名は巻頭の「秋萩の下葉色づく今よりぞひとりある人のいねがてにする」（『古今集』秋上・読人知らず）の和歌による。『万葉集』『古今集』『後撰集』『句題和歌』『寛平御時后宮歌合』などの古歌四八首（うち二二首初出）と王羲之の書状を書写している。すべて草仮名。『平安稀覯撰集㈠』（古典文庫昭27）に翻刻されている。（小西茂章）

あきひろおう【顕広王】 1095～1180 平安時代後期の神祇伯。父は花山源氏源顕康、母は藤原敦憲娘。一一六五（永万元）年神祇伯となり、源氏より王氏に復す。七六（安元2）年、職を息子に譲り、再び源姓に。神祇伯を白川家が世襲することは顕広より始まる。日記『顕広王記』は当時の神祇祭祀の重要な記録となっている。（京樂真帆子）

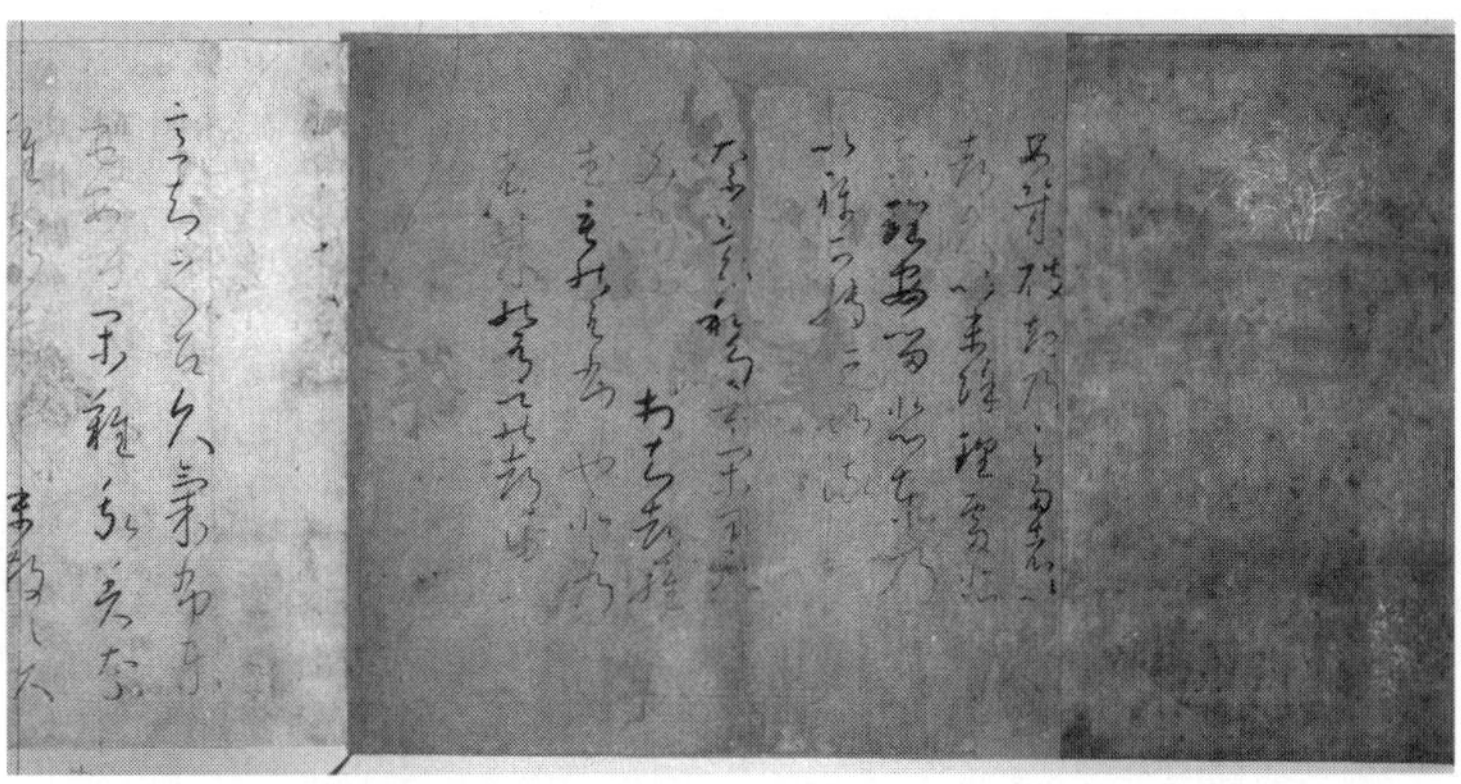

秋萩帖（伝小野道風筆、国宝）
東京国立博物館蔵
Image:TNM Archives Source:http://TnmArchives.jp

あきひろおうき【顕広王記】 ⇨顕広王（あきひろおう）

あぐちじんじゃ【開口神社】 大阪府堺市にある神社。『延喜式』式内社で、住吉神社と関係が深い。祭神は塩土老翁など。神宮寺の大念仏寺は平安時代から確認され、中世以降は「大寺さん」の名で知られ、寺が優勢だったが、明治の神仏分離で廃絶した。（榎村寛之）

あくなみのみや【飽波宮】 七、八世紀の大和国内の宮のひとつ。富雄川西岸の上宮遺跡を宮跡とみなす説のほか大和国生駒郡東安堵付近とする説などがある。聖徳太子の宮と伝える飽波葦墻宮と同一とみなされている。『続日本紀』の神護景雲元（七六七）年には称徳天皇の行幸記事があり、法隆寺の奴婢二七人に爵を与えたことを記す。藤原宮木簡・平城宮木簡・七五〇（天平勝宝2）年の「官奴司解案」などにみえる奴婢のいた飽波村はこの飽波宮の所在地で、飽波郷（『和名抄』）の地域である。七六九（神護景雲3）年にも行幸があった（『続日本紀』）。飽波の地は奈良盆地の河川の合流地点であり、大和から河内への交通の要地でもあった。（上田正昭）

あぐら【胡床】 腰掛け器具。古くは「呉床」とも書いて座臥具全般をさしたが、平安時代以降は、腰をのせる洲浜形の板の下に繰形を施した板を左右二枚つけて脚としたものを主として称し、官人・楽人らが用いた。（竹居明男）

あくろおう【悪路王】 伝説上の蝦夷の長の名。源頼朝が、田谷窟（達谷窟）で坂上田村麻呂がここで悪路王と戦ったという話を聞いたという。あるいは蝦夷の首領アテルイがモデルかと思われるが不詳。（井上満郎）

あけ／あけひ［緋］ 黄みのある鮮やかな赤色。茜草の根を染料とする茜染の色彩。鬱金で黄色く下染した紅花染や、支子で黄色く下染した蘇芳染も同様に発色する。『延喜式』によれば、深緋は茜と紫草を混ぜた紫がかった赤で、浅緋が茜染。（武田佐知子）

あげつちもん［上土門］ 門の造作様式の一つで、門柱の上に平らな板をおき、その上に土をあげた門。土留めのため左右の妻端に柄振板を立てた。寺院などの簡略な門として平安・鎌倉時代の絵巻物に散見する。（西山恵子）

あこうのふんぎ［阿衡の紛議］ 九世紀末の宇多天皇即位直後におきた政争。天皇は詔を下して藤原基経に引き続き関白を要請したが、基経の辞表をうけての橘広相の起草による勅答に「宜しく阿衡の任を以て卿の任と為すべし」の文の「阿衡」の語をめぐり紛糾した。基経は「阿衡」には職掌をなしとの藤原佐世の意見に従って政務の執行を拒否し、それが半年におよんだ。事態の収拾にのり出した左大臣源融は学者たちの意見を徴したが、みな佐世の見解を是とした。そこで天皇は御前で広相と佐世を対決させたが決着せず、けっきょく勅答を訂正して事態はおさまった。その後、基経の娘温子の入内により広相への咎めも解かれた。讃岐にあった国守菅原道真は長文の書状を送って基経を諫めている。藤原氏の示威事件と目されるこの事件の背後には天皇親政への警鐘と岳父広相の追い落としを狙ったとの理解があるが、最近「天皇の後見者をその父（上皇）から母方の祖父（外祖父）へ移行させた紛争」（瀧浪貞子）との視点がある。（朧谷寿）

あこなはじま［阿児奈波島］ 七五三（天平勝宝5）年に、第一〇次遣唐使一行が鑑真をともなって帰国する際、東シナ海を横断して最初に到着した島。『唐大和上東征伝』によれば、同年一一月一六日に中国の蘇州黄泗浦を四舟で出発し、二〇日の晩に第三舟、翌日には第一舟と第二舟が阿児奈波島についたが、そこは「多禰嶋の西南にあり」と注記されている。同史料では、さらに一二月六日、南風が吹き、第一舟は座礁。第二舟は多禰島に向かって去り、七日に益救嶋（屋久島）についたとあり、『続日本紀』には、第一船が帆を挙げて奄美島を目指して出発した後、行方不明になったと記されていることから、阿児奈波島は奄美大島の南に位置する沖縄にあてるのが現在の通説である。しかし六日に沖縄を出て七日に屋久島に着いたとする記述をめぐって議論もある。訓み方についても不明で、アヂナバ、オコナワ、ウチナワなどさまざまな説がある。なお『思託伝』には、阿児奈波島に逗留中、唐僧義静が石窟のなかで魑魅に遭遇し失心したため、檳榔を採りそれで義静を救った話も語られている。（山里純一）

あこめ［衵］ おもに男装において上衣と肌着との間に着込む衣。防寒のため数枚を重ねて着用することもあった。束帯時は下襲の下、単の上に着用した。本来裏地をつけた袷の衣であるが、夏は裏を引き剝いで用いた。また幼童が汗衫の下着として着用し、さらに表着ともなった。（佐藤文子）

あさ［麻］ アサ（大麻）やカラムシ（イラクサ科）などの繊維植物の総称。カラムシは青苧ともいう。縄文遺跡からもアサやアカソ（イラクサ科）の繊維が発見されており、『魏志』倭人伝では倭人が紵麻を植えていると記す。民俗での麻糸作りは、麻を刈って茎の皮をむき、水に浸し、皮についている繊維をこそぎ取る（苧を引く）。繊維は糠を入れた水で煮て、打って繊維がほぐれやすくする。これを手でほぐして細い糸状にし、繊維の先端同士をよって長く繫ぐ。この作業を「苧を績む」という。績麻は絡まないように輪状にして容器に入れておくが、この状態を「へそ」、容器を古代には麻笥といった。崇神記の三輪山神話など、夜に訪れる男の正体を明かそうとした女はへその績麻を男の着物の裾につけるのが類型。古代では麻糸や葛を織ったものを布といい、絹・帛に対する語として用いた。柔らかい上質の布を貲布とよび、上総が特産地だった（『続日本紀』天平八〈七三六〉年五月）が、『古語拾遺』にも上総・下総に良い麻が生えると記す。平安時代までは製紙原料としても麻が用いられた。神事に使われる木綿は楮の繊維から作られたが、麻を用いることもあった。（勝田至）

あさがおがたえんとうはにわ［朝顔形円筒埴輪］ ⇩埴輪

あさかしんのう［安積親王］ 728〜44 聖武天皇皇子。母は県犬養広刀自。光明皇后の子の皇太子が夭折し、皇女阿倍内親王が立太子するが、親王は唯一の皇子として政治的に微妙な立場におかれる。難波宮行幸に同行した際急死。藤原氏による暗殺とされる。墓は京都府相楽郡の和束墓。（関口力）

あさぎ［浅葱］ 色の名。藍で染めた薄い藍色。やや緑がかっており、葱の色から名づけられた。史料では浅黄と書かれることも多いが、薄い黄色とは別。しかし混同されることもあった。（勝田至）

あさぐつ［浅沓］ 官人の履物で足の甲を差込むだけの浅い沓。束帯・衣冠・直衣の着用のときに用いる。衣服令に定める烏皮履の変化したもので、もとは革製黒漆塗であったが、平安時代以降は桐製漆塗で内側には表袴の裂で沓敷を張り身分を表した。（佐藤文子）

あさくらのたちばなのひろにわのみや［朝倉橘広庭宮］ 斉明天皇の行宮の一つ。『日本書紀』によれば、百済救援のため西下した斉明は、六六一（斉明7）年五月（「或本」では四月）、磐瀬行宮から朝倉橘広庭宮に遷った。同宮造営に際して朝倉社の木を切り払ったため、殿舎が壊れ、鬼火が現れるなどの怪異があったと伝える。同年七月、斉明は同宮で没し、八月朔日、中大兄皇子は斉明の遺骸とともに磐瀬宮に移ったが、その様子を朝倉山の上から鬼がのぞいていたという。宮の主要な比定地として福岡県朝倉郡（現朝倉市）朝倉町大字須川、同山田、杷木町大字志波の三説がある。このうち須川地区は、一九三三（昭和8）〜三四（同

9）年に字長安寺付近の、七三（同48）～七五（同50）年には字寺の前・馬乗の発掘調査が行われたが、いずれも宮の関連遺構は検出されなかった。山田地区についても現在のところ関連遺構・遺物の検出はない。いっぽう志波地区では、九州横断自動車道建設にともなう調査により、杷木宮原遺跡（杷木町大字志波字宮原）、志波桑ノ本遺跡（杷木町大字志波字桑ノ本）、志波岡本遺跡（杷木町大字志波字岡本・梅迫）などから、七世紀後半頃と推定される計画性をもった大型建物跡が検出されており、宮の有力な比定地と考えられている。

〔**参考文献**〕古賀益城『朝倉橘広庭宮考』（朝倉村文化財保存委員会昭35）。『九州横断自動車道関係埋蔵文化財調査報告』(21)・(24)・(45)（福岡県教育委員会平3・4・9）。　（**森哲也**）

あさたいし［阿佐太子］　生没年不詳。六世紀末の百済王子。『日本書紀』には五九七（推古天皇5）年四月、朝貢のため来日したことがみえる。朝鮮の史書『三国史記』などには朝貢のことも該当する王子の名もみえない。後世、御物の聖徳太子画像の筆者とする所伝が生じた。　（**宮永廣美**）

あさだのやす［麻田陽春］　奈良時代の官人。本姓、答本。百済系渡来人で大友皇子の賓客であった答本春初の男。生没年不詳。七二四（神亀元）年、麻田連姓を賜る。七三〇（天平2）年前後には大典として大宰府に赴任、七三九（天平11）年に従五位下に上り、その後、石見守となる。『万葉集』巻四・五に、上京する大伴旅人の餞別歌など大宰府時代の詠歌四首を載せ、『懐風藻』に藤原仲麻呂との唱和詩一首を伝える。　（**住吉朋彦**）

あさづま［朝妻］　近江国坂田郡の郷名で、琵琶湖の東北部にあった湊。現在の、滋賀県坂田郡米原市。九八八（永延2）年の尾張国郡司百姓等解には藤原元命が人民に朝妻へ荷物を運搬させたとある。尾張方面から琵琶湖の水運を利用して京都へ物資を運ぶために利用された。　（**高橋美久二**）

あざな［字］　中国では成人元服に際して実名のほかに、別名として字をつける。実名を禁忌することから始まったもので、実名を諱という。『礼記』などには、男子は二〇歳、女子は一五歳で字がつけられ、君主や父親などの尊長者の前では実名が用いられる以外は、もっぱら字を用いるとみえ、金文資料によってより早く西周時代に行われていたことが確認できる。字は意味のうえで実名と関連する漢字が用いられることが多く、ほとんどが二文字である。　（**愛宕元**）

あざな［字］　本名・実名とは別にもつ名のこと。通称。中国の風習に由来する。実名は他人に知られたり称されたりしてはならないという禁忌によるものともいう。雄略天皇を「有徳天皇」（『日本書紀』）とするごとき尊称的な別名は早くから存在し、仁賢天皇のことが『日本書紀』顕宗紀に「名は島稚子」、仁賢紀に「字は島郎」とするごとく古くはナとアザナとは明確に区別されていない。『日本書紀』孝徳紀に大伴長徳を「字馬飼」と記し、『日本霊異記』に土師水通を「字は志婢麻呂と曰う」ともあるごとく奈良時代頃から字は一般化したらしい。また必ずしも人名に限らない。

〔**参考文献**〕『豊田武著作集（六）』（吉川弘文館昭57）。　（**井上満郎**）

あさひいせき［朝日遺跡］　愛知県清須市清洲町朝日を中心に春日町・新川町、名古屋市西区に広がり面積一〇〇万㎡におよぶ弥生時代を中心とした遺跡群の総称。国史跡の貝殻山貝塚や検見塚・寅ケ島貝塚なども含まれる。一九七二（昭和47）年以降これまでの調査で、弥生時代中期を盛期とする環濠集落の実態が明らかにされた。旧河道北側の居住区には四重の環濠が巡り、逆茂木や杭列の設置が注目を集めた。玉造り工房跡や広大な墓域など、拠点集落にふさわしい遺構がみつかっている。　（**大下武**）

あさひかいづか［朝日貝塚］　富山県氷見市朝日丘にある貝塚。一九一八（大正7）年柴田常恵により発見され、二四（同13）年に詳細な発掘調査が行われた。その結果、縄文時代中期の鹹水産貝層が認められ、多量の土器や石器とともに六体の人骨が発見された。おもな遺物にバスケット形土器の愛称がある深鉢形土器や硬玉製大珠（重要文化財）などがある。また、石組炉を伴う住居跡は、わが国で最初の発見となり、縄文時代の生活史研究に一石を投じることとなった。二二（同11）年、国指定史跡。　（**関　清**）

あさまやまきょうづか［朝熊山経塚］　⇩経塚

アサンガ／あそうが［阿僧伽］　210?～390　北インドのバラモン出身で、無着と意訳される。初め小乗仏教の説一切有部に入門したが、その教理に満足できず、大乗仏教に転じ、末弟ヴァスバンドゥ（世親）とともに唯識仏教の教理を大成した。空観関係では「金剛般若経論」などの著作があり、唯識関係では「摂大乗論」があまりにも有名で、中国や日本の仏教に多大の影響を与えた。そのほか、「大乗阿毘達磨集論」「六門教授論頌」「顕揚聖教論頌」などの著作がある。それらの教典は唐の玄奘によって中国にもたらされ、ついで窺基が法相宗を開いた。法相宗の日本伝来には六五三（白雉4）年の道昭、六五八（斉明天皇4）年の智通・智達、七〇三（大宝3）年の智鳳、七一七（養老元）年の玄昉による四伝がある。道昭の弟子に行基、智鳳の弟子に義淵がいる。奈良時代には法性宗とよばれ、元興寺と興福寺を中心に栄えた。平安時代には法相宗とよばれ教義研究の中心ではあったが、宗派としては衰微した。　（**愛宕元**）

アジアてきせいさんようしき［アジア的生産様式］　マルクスが一八五九年『経済学批判』の序文のなかで、社会的政治的および精神的生活過程一般を制約する物質的生活の生産様式の発展法則について、古代的、封建的生産様式の前に「アジア的生産様式」を設定した。その「アジア的生産様式」をどのように理解し規定するかをめぐって活発な論争がくりひろげられた。一九二六・二七年のソビエト連邦およびコミンテルンの論争を皮切りに、マルクス主義歴史学者や経済学者を中心に激しく論議された。アジア的生産様式を東洋の歴史のみがもつ独自の社会構成とみなす見解に対して、封建制のアジア的形態であるとか奴隷制社会の東洋的変型であるとかさまざまな説があいついだ。さらに前階級社会から階級社会への過渡的形態であるとする説や奴隷制社会に先行する原始的な階級構成を示すものと説く見解などもあった。日本では一九三〇年代から論争が具体化して、氏族制から奴隷制への過渡期であり、貢納制を重視するもの、奴隷制のアジア的変型とみるものなど、諸説が提起されたが、奴隷所有者的構成の初期段階とみなす説と原始的社会構成の最終的段階とくに農業共同体そのものを意味したとする説が有力となった。一九四〇年になって、一八五七―五八年のマルクスの草稿「資本制生産に先行する諸形態」が発表され、そのなかでマルクスが指摘したアジア的な共同体的土地所有が改めて論議をよんだ。日本では一九四八(昭和23)年に入って論争が再燃し、アジア的な共同体的土地所有は原始共同体の段階に属するものか、奴隷制社会に属するものかが論議され、奴隷制社会説に立つ見解では、専制君主が共同体そのものを奴隷的に隷属せしめる「総体的奴隷制」説を主張した。氏族共同体から村落共同体への過渡的段階をどのように理解するか、マルクス主義にもとづく発展的段階説をめぐる論争史をいろどった。

[参考文献] 塩沢君夫『アジア的生産様式論』(お茶の水書店昭45)。 (上田正昭)

あしかがし［足利氏］ 清和源氏。義家の子義国を祖とする一族で、鎌倉幕府御家人、室町幕府将軍家および鎌倉公方家。義家が下野守在任中に開発した足利に住したが、治承・寿永の内乱で平氏方に属した藤原秀郷流足利氏追討後、その所領下野国足利荘の地頭職を相伝し発展した。 (山本崇)

あしがらのさか［足柄坂］ 現神奈川県南足柄市の地名で神奈川県と静岡県の県境。足柄峠は標高七五九m。古代の東海道は元来は足柄越であったが、八〇二(延暦21)年の富士山の噴火によって開かれた箱根路とともに両路が併用されていた。八九九(昌泰2)年、東山道の碓氷坂とともに足柄坂にも関が設置され、東国への入口として重要視された。この両坂より東が坂東(関東)と称された。 (高橋誠一)

あしきたのくにのみやつこ［葦北国造］ のちの肥後国葦北郡(熊本県南西部)地域の国造。姓は葦北君。『日本書紀』敏達天皇十二年条に、任那復興を議すため百済から召還された日羅は、火葦北国造刑部靫部阿利斯登の子とあり、阿利斯登は、宣化朝に大伴金村によって朝鮮半島に遣わされたとある。葦北国造であった阿利斯登は、刑部靫部(靫負)として中央に出仕した経歴をもつと推定される。「国造本紀」には「葦分国造」とみえ、景行朝に吉備津彦命の子の三井根子命が初代国造に任命されたとある。 (篠川賢)

あしぎぬ［絁］ 繰糸によってえた生糸を平織にした絹織物。調などの税品目で、貨幣代用物としても使用された。外観は絹と似て「令義解」賦役令は「細為絹也。麁為絁也」と区別する。正倉院にのこる調絁は絹に比べれば粗いが細密な織り。 (武田佐知子)

あじすきたかひこねのかみ［味耜高彦根神］ 『記』『紀』神話の神。オオナムチの子。雷神的性格を有し、アメワカヒコを弔問したところ、その容貌がアメワカヒコと似ており遺族から死者とまちがわれたことに怒って、剣を抜いて喪屋を切り倒してしまう。『風土記』や「出雲国造神賀詞」にもみえる。 (菊地照夫)

あしでえ［葦手絵］ 平安時代の貴族の間で装飾的に用いられた絵文字の一種で、葦、流水、水鳥などの景物に文字の形を描き表したもの。「あしで」の言葉はすでに一〇世紀の文献にみえはじめる。のち、絵のなかに文字を組み入れたものや、文字と和歌を組み合わせた謎絵的なものもよぶようになった。 (西山恵子)

あしなづち・てなづち［脚摩乳・手摩乳］ 『記』『紀』神話の神。夫婦神で八人の娘がいたが、ヤマタノオロチに毎年一人ずつ食べられていき、最後に奇稲田姫を残すのみとなったところ、スサノオがオロチを退治したので、同神に奇稲田姫を奉るという。 (菊地照夫)

あしはらのしこを［葦原醜男］ ⇩大国主命

あしはらのなかつくに［葦原中国］ 葦の多く生えている地上の国。倭王権の統治する国。『古事記』や『日本書紀』などには、豊葦原千秋長五百秋水穂国・豊葦原水穂国・豊葦原千五百秋之瑞穂国・豊葦原中国・豊葦原瑞穂国などと記す。 (上田正昭)

あじふのみや［味経宮］ 難波長柄豊碕宮が完成するまでの間、孝徳天皇が幸した宮。『日本書紀』白雉元(六五〇)年正月朔の条に「味経宮に幸して賀正の礼を観る」とあり、同二年十二月晦には味経宮で僧尼二一〇〇余人に一切経を読ませている。『万葉集』巻六にも「味経の原」「味原宮」の語がある。 (中尾芳治)

あじゃり［阿闍梨］ Acarya の音訳。「闍梨」とも。密教の阿闍梨灌頂をうけた僧侶。弟子の行為をただし師範する職掌で、のち転じて一般には天台宗・真言宗で秘法を授与する資格のある僧侶をさすようになった。高貴な貴族が官符によってうける一身阿闍梨をはじめ諸種の阿闍梨があった。 (井上満郎)

あしゅら［阿修羅］ 梵語 asura の漢訳。「修羅」とも。①天・人間・畜生・餓鬼・地獄とともに六道(全ての衆生が生前の業によって生死を繰り返す六つの世界)の一つ。②八部衆のうちの一尊で、帝釈天と常に闘っている闘神。インドの神話では一面二臂の姿で登場するが、中国では多面多臂像で表現される。わが国では、法隆寺五重塔塔本塑像群のうちの一体・興福寺旧西金堂八部衆のうちの一体などがあり、ともに三面六臂像である。 (清水真澄)

あじろぐるま［網代車］ 牛車の一種で貴族の乗り物。屋形の表面を竹または檜の薄皮を網代に組んで張り、表面に彩色を施し文様を描いた。竹製は常の網代と称し、四、五位の殿上人の所用とし、檜製は三位以上のいわゆる公卿用とした。文車・八葉車など。 (朧谷寿)

あすか［飛鳥］ 七世紀代に諸宮が営まれた奈良盆地東南部の明日香村(奈良県高市郡)の一画。飛鳥に営まれた諸宮として、推古天皇の豊浦宮・小墾田宮、舒明天皇の飛鳥岡本宮、皇極天皇の小墾田宮・飛鳥板蓋宮、孝徳朝の飛鳥河辺行宮、斉明天皇の飛鳥板蓋宮・後飛鳥岡本宮、天武・持統天皇の飛鳥浄御原宮などがある。古代に「飛鳥」と称された地域は、明日香村の全域ではなく、その一画にすぎない（以下、古代の飛鳥の範囲を「飛鳥」と表記する）。おおよその範囲を示すと、北限は阿倍山田道付近。西限は飛鳥川（一部、左岸をも含む）。東限は「飛鳥岡」と称された丘陵で、細川山から西北から西南方向へ延びる幾筋かの丘陵端部の総称。飛鳥岡には、飛鳥坐神社が鎮座する鳥形山や、岡寺山の中腹にある龍蓋寺（通称は岡寺）が含まれる。南限は『万葉集』に「飛鳥の神奈備山」と歌われた「ミハ山」の山麓付近で、飛鳥川左岸の橘寺付近や、飛鳥稲淵宮殿遺跡（飛鳥河辺行宮とする説が有力）などがある。したがって「飛鳥」の範囲は、古代の地名では真神原（明日香村飛鳥・岡）、豊浦（同村豊浦）、川原（同村川原）、桃原（同村島庄）などが含まれることになる。蘇我氏の氏寺として真神原に建立された元興寺（法興寺とも）は、「飛鳥」の地に所在することから、飛鳥寺と称されるようになった。

「飛鳥」の範囲は右のように想定できるが、小墾田については少し問題を残している。小墾田宮については、従来、飛鳥川左岸の古宮土壇（明日香村豊浦に所在）付近とする説が有力であったが、一九八七（昭和62）年に飛鳥川右岸の雷丘東方遺跡（同村雷）から「小治田宮」と記す墨書土器が出土し、奈良時代の淳仁朝（七五八～七六四）の小治田宮が雷丘の東方～北方に所在した可能性が大きくなった。そのため推古・皇極朝の小墾田宮についても、阿倍山田道が東西に走る雷丘付近に想定されるようになった。飛鳥寺が所在した真神原の北方域にあたる。小墾田（小治田）の地名は、「新しく開墾された地」を意味する。阿倍山田道の拡幅にともなう事前発掘調査で、阿倍山田道の周辺では、六世紀末に大規模な開発が行われたことが判明している。真神原北方の谷筋や湿地を埋め立てて開発が進められた結果、現出したのが小墾田地域であった。したがって「飛鳥」の北限を、阿倍山田道付近とみなしてよいと思われる。小墾田からさらに北方で香具山に至る一帯は「高市」と称された。

「飛鳥」の開発は、五世紀後半に朝鮮半島南端部の伽耶から列島に渡来した今来漢人により進められた。雄略七年に東漢直掬に命じて、新漢（今来漢人の意）の陶部高貴・鞍部堅貴・画部因斯羅我・錦部定安那錦・訳語卯安那らを、上桃原・下桃原・真神原の三所においたことがみえている（『日本書紀』雄略天皇七年是歳条）。東漢（倭漢）氏の祖は応神朝に渡来したと伝え（『古事記』応神段）、『日本書紀』には、応神二〇年九月に倭漢直の祖である阿知使主とその子の都加使主が党類一七県の人々を率いて渡来したと伝え、『新撰姓氏録』の逸文にみえる「坂上系図」では、阿知使主は大和国檜隈郷の地を賜ったとする。檜隈郷は明日香村桧前の地で、東漢氏の一族は奈良時代になると檜隈忌寸と称されるようにあった。今来漢人は、須恵器生産、馬具や工芸品の製作、錦の織成に勝れ、優秀な語学力をもつ技術者集団であり、東漢氏の支配下におかれたところから、今来漢人あるいは今来才伎と称された。そして檜隈に近い飛鳥川流域に入植し、優れた技術で各種の生産・製作に従事する一方で、「飛鳥」の上桃原・下桃原・真神原の開発を進めた。

上桃原・下桃原については、蘇我大臣馬子を葬った桃原の墓（『日本書紀』推古天皇三十四〈六二六〉年五月条）を石舞台古墳に比定できるので、上桃原は明日香村上居付近、下桃原は同村島庄に想定できると思われる。真神原は飛鳥寺を中心とした一帯。五八八（崇峻元）年に飛鳥衣縫造の祖、樹葉の家を壊して法興寺（飛鳥寺）の造営を開始し、この地を真神原、あるいは飛鳥の苫田と名付けたとみえるからである（『日本書紀』崇峻天皇元年是歳条）。上桃原・下桃原が水の便の悪い丘陵地であるのに対し、真神原は飛鳥川右岸に近接した低湿地であった。「飛鳥」は五世紀後半以降、今来漢人により開発が進められたが、桃原ではU字形の鉄製犂を用いて開墾を行い、さらに細川（冬野川）から水を引くことにより水田化が可能になった。一方、真神原では、まず大溝を掘削して悪水を除き、土を入れて平坦地を造成する必要があった。その上で飛鳥川の上流部に井堰を設け、分水した水を水路で導くことで、水田耕作が可能になった。飛鳥川は山川であり、上流部では浸食作用が著しい。そのため河床が低く、雷丘付近までは自然堤防が発達しており、飛鳥川のすぐ近くに水田があっても飛鳥川から引水できない。今来漢人のもつ優れた土木技術により、井堰の設置と分水路の掘削が行われ、水田が拓かれた。

「アスカ」という地名の由来については、『古事記』履中段にみえる墨江中王の反乱伝承に関わって、履中天皇の難波宮からの遠近で説明されている。すなわち河内の飛鳥と大和の飛鳥を、翌日の意の「明日」という言葉で説明を加え、難波宮から近い河内の飛鳥を「近つ飛鳥」、遠い大和の飛鳥を「遠つ飛鳥」とし、顕宗天皇の近飛鳥宮、允恭天皇の遠飛鳥宮を伝えている。一方、『日本書紀』では、履中天皇の難波宮については言及がなく、「近つ飛鳥」「遠つ飛鳥」の説明もみえない。また允恭の宮名を記さず、顕宗の近飛鳥八釣宮を伝えるにすぎない。八釣の地名は河内になく、大和に存在する（奈良県高市郡明日香村八釣と橿原市下八釣）。大和に八釣の地名が存在することを重視すれば、近飛鳥八釣宮は「飛鳥」に近い八釣に所在した宮をさすことになる。したがって『古事記』に伝える「近つ飛鳥」と「遠つ飛鳥」の説明には問題が多い。

「アスカ」の地名を、「ア（接頭語）」に地形を示す「スカ・スガ・スゲ（菅）」が加わったものとみ、「アスカ」をスゲ（菅）の茂る川辺の聖地とする黛弘道氏の説が注目されている。同様の地名として、春日（大和国添上郡春日郷。奈良県奈良市春日野町）、真菅（奈良県高市郡真菅村。橿原市曽我町の一帯。近鉄大阪線に真菅駅がある）、一須賀（大阪府南河内郡太子町一須賀）、横須賀（神奈川県横須賀市）などがある。この説に立てば、飛鳥寺が創建された飛鳥川の川辺を「真神原」、あるいは「飛鳥の苫田」とも称されたことはうまく説明できる。しかし私見では、飛鳥川は、雷丘付近までは浸食作用が激しいために自然堤防が発達しており、川辺に菅が繁茂する状況は、むしろ乱流を繰り返した雷丘下流にみられる。そのため別の解釈も可能かと考える。もう一度、『古事記』履中段に立ち戻り、「アスカ」の地名の由来を「アス（明日）」に結びつけて解釈するのがよいのではないだろうか。ただし「アス」については、「アス（明日）」ではなく「アシタ（朝）」、すなわち「あさ、朝がた」の意と解すべきかと思う。そうすると「アスカ」の地名は、推古朝に小墾田宮で朝参が開始されたことと結びつく。『隋書』倭国伝によれば、倭国では、もともと未明にマツリゴト（政治）を行う習俗があった。しかし隋の文帝の勧化に従って旧俗を改め、未明（午前四時頃）に官人たちは小墾田宮の宮門（南門）に集い（朝参）、日の出とともに宮門が開かれると朝庭で朝礼を行い、朝庭内の朝堂で午時（正午前後）まで政務をとる（朝政）ように改められた。したがって「アスカ」の地名は、官人たちが早朝に至り着く所の意であり、飛鳥とその周辺地域が都市化していく機縁ともなったのである。

〔参考文献〕岸俊男「朝堂の初歩的考察」『日本古代宮都の研究』（岩波書店昭63）。黛弘道「ソガ及びソガ氏に関する一考察」『律令国家成立史の研究』（吉川弘文館昭57）。和田萃『飛鳥―歴史と風土を歩く―』（岩波書店平15）。

（和田萃）

あすかいけこうぼういせき［飛鳥池工房遺跡］　*飛鳥寺の寺域東南の谷あいに立地する古代（七世紀後半～八世紀初頭）の工房遺跡。遺跡名は近世に遺跡上に築かれた溜池「飛鳥池」に由来する。一九九一（平成3）年、池の埋立工事にともなう事前調査によって遺跡の存在が確認され、九七（同9）年から二〇〇〇（同12）年にかけて、奈良県立万葉文化館の建設に先立つ大規模な発掘調査が行われた。遺跡の広がりは谷筋に沿って南北二三〇m以上におよび、谷の出口付近に設けられた三条の東西塀を境に、工房群が展開する南区と、官衙風建物の配置された北区に分かれる。北区は、飛鳥寺の南面大垣に沿う道路によって北を限られ、内部に石敷井戸、石組方形池、導水路、大型掘立柱建物などが存在する。この一画は工房の管理施設と推測されるが、出土木簡の内容から、僧・*道昭が建設した飛鳥寺東南禅院との関わりも強く認められる。南区は、二又に分岐する谷の両岸を雛壇状に造成し、西の谷筋の最奥部に金・銀・ガラス工房を、東の谷筋の両岸に銅・鉄工房を業種ごとに計画的に配置する。また谷には水溜状施設が七段にわたって設けられ、貯水を工房で利用するとともに、谷に投棄した工房廃棄物を沈殿させる浄化装置の機能もはたしている。発見された三〇〇基以上の炉跡は、主に鍛冶や銅製品の鋳造に使用され、未製品や様とよばれる木製の製品見本の出土から、仏具や調度品、建築金物や工具、武器などの生産が行われたことがわかる。また金・銀の溶解と加工、*富本銭の鋳造、石英と方鉛鉱を原料にした国産ガラスの製造、水晶や琥珀製玉類の生産、屋瓦の焼成、漆製品の生産、鼈甲細工などに関わる遺物が大量に出土し、この遺跡が多彩な手工業技術を集積した古代の総合工房であることが明らかになった。とくに当工房で、和同開珎に先行する富本銭の鋳造が行われていた事実は、貨幣史上の大きな発見となった。八〇〇〇点にのぼる出土木簡のなかに、「大伯皇子宮物」「二月廿九日詔　小刀二□」「内工釘五十」と記された木簡があることから、南西四〇〇mに位置する天武・持統天皇の*飛鳥浄御原宮に付属する工房と考えられる。二〇〇一（平成13）年に国史跡に指定。

〔参考文献〕直木孝次郎他編『飛鳥池遺跡』（ケイ・アイ・メディア平12）。直木孝次郎他編『飛鳥池遺跡と亀形石』（ケイ・アイ・メディア平13）。

（松村恵司）

あすかいたぶきのみや［飛鳥板蓋宮］　*皇極・*斉明天皇の宮。六四五（大化元）年の*大化改新の舞台として有名。『日本書紀』によると、皇極天皇は六四二（皇極天皇元）年、東は遠江国、西は安芸国に至る諸国から丁を徴発して新宮の造営に着手し、翌年*小墾田宮（或本に東宮南庭の権宮）から遷った。宮名は板葺の宮殿の意。改新後、*孝徳天皇は*難波長柄豊碕宮へ遷都したが、六五五（斉明天皇元）年、斉明天皇の重祚は板葺宮で行われている。同年一二月、火災により焼失し、宮室が*飛鳥川原宮へ遷ると、以後記録にみえなくなる。古くより奈良県明日香村岡が伝承地とされてきたが、これは飛鳥川の西に、飛鳥板葺神社が所在することによる。一九五九（昭和34）年以来継続して発掘調査が行われ、上下三層に重複する宮殿遺構が確認されている。三時期の遺構の宮号比定については、研究者により意見が分かれるが、上層遺構を*飛鳥浄御原宮および後飛鳥岡本宮、中層遺構を飛鳥板蓋宮、下層遺構を*飛鳥岡本宮とする説が有力である。七二（昭和47）年、「伝飛鳥板蓋宮跡」として国史跡に指定。

〔参考文献〕小澤毅『日本古代宮都構造の研究』（青木書店平15）。林部均『古代宮都形成過程の研究』（青木書店平13）。

（松村恵司）

あすかおか［飛鳥岡］　細川山から奈良県高市郡の明日香村村域内へ延びる幾筋かの尾根の先端部の総称。*舒明天皇の*飛鳥岡本宮、*斉明天皇の後飛鳥岡本宮の宮号は、飛鳥岡の麓に営まれたことに由来する。また*義淵僧正の開基と伝える龍蓋寺を岡寺と称するのも、飛鳥岡に所在してからである。七〇三（大宝3）年に持統太上天皇、七〇七（慶雲4）年には文武天皇が、それぞれ飛鳥岡で火葬に付された。

（和田萃）

あすかおかもとのみや［飛鳥岡本宮］　*舒明・斉明両天皇の宮。『日本書紀』によると、舒明天皇は六三〇（舒明天皇2）年に*小墾田宮から「飛鳥岡」の近くに遷り、これを岡本宮と称した。六三六（同8）年に焼失。六五六（斉明2）年、斉明天皇は夫の宮跡に再び宮を造り、後飛鳥岡本宮と称し、天智天皇も*近江大津宮遷都までここを宮室とした。比定地については諸説あるが、近年の発掘調査成果から、伝飛鳥板蓋宮跡に重複する下層遺構が岡本宮、上層遺構の一部が後飛鳥岡本宮とみられている。

（松村恵司）

あすかがわ［飛鳥川］　竜門山地の高取山付近に発し、奈良盆地の東南部を流れ、盆地のほぼ中央部で大和川に注ぐ川。総延長二八km、流域面積四六km^2。河川法では、明日香村祝戸の玉藻橋近くで、飛鳥川上流の南淵川と、細川谷を流れる冬野川（細川）とが合流して、飛鳥川となる。六四二（皇極元）年八月の日照りに際して、皇極天皇は「南淵河の上」に行幸し、跪き四方拝を行って雨乞いしたという（『日本書紀』）。明日香村稲渕に式内社の飛鳥川上坐宇須多伎比売命神社が鎮座するので、南淵河を飛鳥川とも称したことがわかる。雷丘付近までは自然堤防であり、下流域には堤防が築かれている。飛鳥川は山川であるため、雷丘の下流に土砂が堆積し、乱流を繰り返した。そのために「世の中は何か常なる飛鳥川昨日の淵ぞ今日は瀬になる」（『古今和歌集』雑下）と歌われたのである。七世紀には飛鳥川沿いの明日香村々域に諸宮が営まれ、歴史の表舞台となった。

〔**参考文献**〕和田萃『飛鳥』（岩波新書平15）。　（**和田萃**）

あすかかわはらのみや〔飛鳥川原宮〕　斉明天皇の宮。六五五（斉明元）年の冬、飛鳥板蓋宮に火災が起こり、飛鳥川原宮に遷った。六六一（斉明7）年七月に筑紫の朝倉橘広庭宮で崩じた斉明天皇の柩は、海路、大和に運ばれ、飛鳥の川原で殯に付された。飛鳥川原宮の地であろう。川原寺跡の発掘調査で、下層から玉石組みの暗渠が検出されており、飛鳥川原宮の遺構と推定されている。　（**和田萃**）

あすかかわべのかりみや〔飛鳥河辺行宮〕　六五三（白雉4）年、孝徳天皇と中大兄皇子との間に不和が生じ、中大兄皇子は皇祖母尊（皇極先帝）・間人皇女（孝徳天皇の皇后）を奉じて、大海人皇子や群臣を率い、飛鳥河辺行宮に移った。そのため孝徳天皇は位を去ろうとしたという。一九七六（昭和51）年、明日香村稲淵の飛鳥川左岸から、コの字形に配置された大規模な宮殿風の掘立柱建物と石敷広場が検出された。石敷広場（南北一四m、東西一八m以上）を中心に、東西棟の正殿風建物（桁行九間、梁行四間）と北側に同じく東西棟の後殿風建物、東側に二棟の脇殿風建物が南北に配されている。建物配置や瓦が出土しないことから宮殿建物と考えられ、また出土遺物や造営尺度（一尺＝約〇・二九三三m）から、七世紀中頃の造営と推定され、その候補の一つとして飛鳥河辺行宮があげられている。ただその所在地が飛鳥に含まれるか否か、問題を残す。飛鳥稲淵宮殿跡として国の史跡に指定されている。（**和田萃**）

あすかかんなびやま〔飛鳥神奈備山〕⇩神奈備山

あすかきょうあと〔飛鳥京跡〕　奈良県高市郡明日香村岡にある飛鳥時代の宮殿の跡。その中心部分は「伝飛鳥板蓋宮跡」の名称で国史跡に指定されている。一九五九（昭和34）年の着手以来、発掘調査は主として奈良県教育委員会が担当し、「飛鳥京跡」の名で現在まで継続して行われてきた。発掘された宮殿関連の遺構は大きく三期に分けられ、上層にあたるⅢ期の殿舎配置の様子が、しだいに解明されつつある。それによると、南北約一九七m、東西約一五五mの内郭と、その東南にある南北約六七m、東西約九五mのエビノコ郭があり、その両郭を含み込む外郭の三者が確認できる。この三つの郭は、いずれも一本柱塀で周囲を区画されており、内郭の南面中央とエビノコ郭の西面の二ヵ所で門が検出されている。建物については、エビノコ郭の正殿（SB七七〇一）が最も規模が大きく、そのうえ前面には脇殿二棟を配した空間が広がるため、この一郭は特別に重要な場であったらしい。また内郭の南端近くでも大規模な建物（SB七九一〇）が確認されている。周囲に計画的に配置された建物をともなうためここにも公的な空間が推定できる。ただしその後方には、塀で細かく区画した空間と建物があり、井戸もともなっているためより居住空間としての色彩が濃い。いっぽう、外郭は東限が確認されただけで、他の三方は未確認である。このⅢ期の遺構は、七世紀末頃に廃絶したものとみなされるが、造営については、内郭が先行し、後にエビノコ郭が付け加えられた可能性が小澤毅によって指摘されている。すなわち前者を斉明朝「後岡本宮」に、後者を天武朝「飛鳥浄御原宮」にあてる理解であり、さらに同様に、遺構の詳細は不明なもののⅡ期の遺構を皇極朝「板蓋宮」に、Ⅰ期を推古朝「岡本宮」にあてている。この「飛鳥京跡」の地に、飛鳥時代を通じて宮殿が重複して営まれていたという主張である。木簡などの出土遺物もその変遷を断片的ながら裏付けており、なお検討は必要なものの、魅力的な解釈といえる。

飛鳥京跡復元模型
写真：奈良県立橿原考古学研究所附属博物館

〔**参考文献**〕小澤毅「伝承板蓋宮跡の発掘と飛鳥の諸宮」『橿原考古学研究所論集　第九』（吉川弘文館昭63）。　（**黒崎直**）

あすかきよみはらのみや〔飛鳥浄御原宮〕　『日本書紀』によると、六七二（天武元）年、壬申の乱に勝利した大海人皇子が飛鳥に帰り、後飛鳥岡本宮の南に新たな宮を造営し、翌年二月、この宮で即位した。以後、藤原京に遷都する六九四（持統8）年まで機能した。宮名は地名をとらず、六八六（朱鳥元）年の改元にともない嘉号を付けた。比定地としては奈良県明日香村岡の史跡「伝飛鳥板蓋宮跡」の上層遺構、および南接するエビノコ郭とする説が有力である。　（**松村恵司**）

あすかきよみはらりつりょう〔飛鳥浄御原律令〕　七世紀後半に編纂された法典。六八一（天武10）年、大極殿において天武天皇が、「朕更に律令を定め、法式を改めむと欲ふ」と命じたことにより編纂が始まるが、完成の時期や編纂にたずさわった人物などは不明。六八五（同14）年には四八階からなる新しい冠位制が実施されており、これは飛鳥浄御原律令の一部を先取り施行したものとみられる。全面施行は持統天皇の治世になってからで、『日本書紀』持統天皇三（六八九）年条には、令二二巻が諸司に班ち賜わったことがみえる。『日本書紀』の記述から、考仕令（持統天皇四年四月条、大宝・養老令の考課令に相当）や戸令（同年九月条）という編目の存在が知られるが、いずれも現存しない。近江令と巻数が一致することや「弘仁格式」序がこの律令にふれていないことなどを根拠に、六八九(持統天皇3)年に施行された令を近江令の改訂版とする説もある。また律については、編纂が行われず、唐律を準用したとする説が有力である。『続日本紀』が「大宝律令」の完成について、「大略浄御原朝廷を以て准正と為す」と記すが、近年の研究では、「大宝令」との相違も多く指摘されている。

〔**参考文献**〕瀧川政次郎『律令の研究』(名著普及会昭63)。坂本太郎『律令制度 著作集(7)』(吉川弘文館平1)。　（**荊木美行**）

あすかじだい〔飛鳥時代〕　推古朝を中心とする六世紀後半から七世紀前半の時代。美術史や文化史の時代区分として用いられる場合が多いが、政治史の時代区分としても使われる場合もある。七世紀後半を含む平城遷都の七一〇(和銅3)年までを飛鳥時代とみなす説もあるが、美術史あるいは文化史の時代区分としては、飛鳥時代・飛鳥文化につづく時代は白鳳時代・白鳳文化とよぶのが通例である。飛鳥時代という時代名は、たとえば皇極天皇の飛鳥板蓋宮、舒明天皇の飛鳥岡本宮、斉明天皇の飛鳥川原宮・後飛鳥岡本宮、天武天皇の飛鳥浄御原宮という、大和の飛鳥に主として、宮居がおかれていたのにちなんで名づけられたが、河内にも飛鳥があって、大阪府の羽曳野市飛鳥の地域から柏原市国分にかけての地域には飛鳥戸評(安宿郡)が設けられていた。安宿郡は一八九六(明治29)年に南河内郡に編入された。飛鳥時代は氏姓社会から律令国家に推移する過渡期の時代であったが、東アジアの激動期でもあって、中国では隋・唐帝国が出現した。そして隋は五九八年に第一次高句麗征討をこころみたが、高句麗はねばり強く抵抗した。朝鮮半島では、加耶(伽耶)が滅亡して、高句麗・百済・新羅の三国が抗争した時代であった。六〇〇(推古天皇8)年から六一四(同22)年で遣隋使が派遣され(五回)、ついで六三〇(舒明天皇2)年から遣唐使が派遣されて、海外の政治・経済・文化の新知識が導入された。『隋書』東夷伝には六〇七(大業3、推古天皇15)年の遣隋使の持参した国書に「日出づる処の天子」とあって煬帝が激怒したことを記載する。豪族間の争いや朝廷内部の対立を内包しながら、推古朝には冠位十二階のいわゆる畿内及びその周辺を中心とする官人制が整えられたが、厩戸皇子(聖徳太子)の死後蘇我氏の勢力が強大化し、六四五(皇極天皇4)年六月には、中大兄皇子・中臣(藤原)鎌足らの改新派が蘇我氏を打倒した。こうして氏姓制から律令制への国家へと移行してゆく。飛鳥文化を特色づけるのは仏教の伝来にともなう仏教文化の開花である。仏教の公伝年については五三八(戊午)年説や五五二(壬申)年説のほかに五四八(戊辰)説があるが、百済の聖明王の代に百済から仏教が伝来したこととする所伝にはかわりはない。飛鳥寺・法隆寺をはじめとする寺院があいついで建立され、建築・美術・工芸などに新時代を構築した。仏教のほか儒教や道教なども導入され、新しい技術が数多くの渡来人によってもたらされた。飛鳥文化の内容はペルシャ・中国をはじめとする渡来の文化によって多彩となったが、とりわけ朝鮮半島の百済・高句麗・新羅からの渡来人とその文化がおよぼした役割には注目すべきものがある。

〔**参考文献**〕家永三郎他『図説日本文化史大系』2、飛鳥時代(小学館昭32)。田村圓澄『飛鳥仏教史研究』(塙書房昭44)。井上光貞『飛鳥の朝廷』(小学館昭49)。　（**上田正昭**）

あすかだいぶつ〔飛鳥大仏〕　⇩飛鳥寺あすかでら

あすかでら〔飛鳥寺〕　蘇我大臣馬子により真神原に建立された蘇我氏の氏寺。元興寺・法興寺とも号し、ともに仏法が倭国で初めて興された寺の意。平城遷都後は本元興寺とも称された。真神原を中心とした一帯が推古朝に都市化し、「飛鳥」という地名が定着するようになると、飛鳥寺と称されるようになった。現在、奈良県高市郡明日香村飛鳥に、かつての飛鳥寺中金堂の場所に安居院が建つ。新義真言宗安居院。鞍作鳥(止利仏師)が製作した「飛鳥大仏」を安置している。安居院を中心とした一帯が飛鳥寺跡で、一般的には安居院を飛鳥寺とも言い習わしている。

『日本書紀』によれば、法興寺(飛鳥寺)の建立の経緯は次のようであった。五八八(崇峻天皇元)年、蘇我大臣馬子は真神原にあった飛鳥衣縫造の祖、樹葉の家を壊して、法興寺の造営を開始した。五九〇(同3)年一〇月、山に入って用材を採り、五九二(同5)年一〇月には仏堂(金堂か)と歩廊(回廊)の建立に着手した。五九三(推古天皇元)年正月から塔の建立が開始され、心礎の内に仏舎利を安置した後、刹柱が建てられた。五九六(同4)年一一月、法興寺の造営が終了、大臣馬子の長子である善徳臣を寺司とし、慧慈・慧聡の二僧が住むようになった。六〇五(同13)年四月、推古天皇は、皇太子の厩戸皇子、蘇我大臣馬子および諸王・諸臣らとともに、銅・繡の丈六仏像(銅造の仏像と繡仏像)の造像を誓願し、その製作を鞍作鳥に命じた。この時、高句麗の大興王(嬰陽王)は黄金三〇〇両を貢上したという。六〇六(同14)年四月八日、銅・繡の丈六仏像は完成し、銅造丈六仏像を金堂に安置しようとしたが、仏像が金堂の戸口よりも高かったため、入らなかった。諸工人らは金堂の戸を壊そうとしたが、鞍作鳥は戸口を壊さずに入れることに成功、この日に設斎が行われた。

なお七四七(天平19)年二月一一日に元興寺の三綱より僧綱所に牒上された「元興寺伽藍縁起幷流記資財帳」に引く「丈六光銘」によれば、六〇五(推古天皇13)年四月八日、銅二三〇〇〇斤・金七五九両を用いて、丈六釈迦銅像と繡像の造像を開始したが、その際に高句麗の大興王が黄金三二〇両を助成し、六〇七(同17)年四月八日に釈迦丈六銅像は元興寺に安置されたとしていて、『日本書紀』の記述とやや異なっている。

その後、遣唐留学僧であった僧道昭は、玄奘三蔵に法相宗を学び、帰国後、元興寺の東南に禅院を建てた(『続日本紀』文武四年〈七〇〇〉年三月十日条の道昭伝による)。『日本三代実録』によれば、壬戌年(天智元〈六六二〉年)三月のことである(元慶元〈八七七〉年十二月十六日条)。東南禅院は平城遷都に際して平城京右京に移建された。禅院には、書迹楷好で錯誤のない経論が多数あり、それらは道昭が将来したものであった(『続日本紀』の道昭伝による)。

一九五六・五七(昭和31・32)年に飛鳥寺の発掘調査が奈良国立文化財研究所により実施され、一塔三金堂(東・西・

中金堂）という、わが国では類例のない伽藍配置であることが判明した。中門から回廊が延び、回廊内に一塔三金堂を配し、北面回廊から北方に離れて講堂がある。一塔三金堂の伽藍配置は、高句麗の清岩里廃寺や定陵寺に事例がある。高句麗僧の慧慈は厩戸皇子の師僧で、五九六（推古天皇4）年一一月に竣工となった法興寺に住んだことや、丈六釈迦銅像の鍍金に際し、高句麗の大興王が黄金を献じたことなどと関連あるかと思われる。塔の基壇では、一辺二・四mの巨大な心礎が発見された。多数の玉類、金環、金銀の延板や小粒、金銅製の馬具・武具類、鞍の後輪につける蛇行状鉄器（旗を差すためのもの）、刀子などであり、六世紀後半の横穴式石室内から出土するものと共通するところが多い。南門から南に幅三・五mの参道が延び、南の石敷広場に取り付く。西門の規模は南門よりも一回り大きかった。飛鳥寺の西側に槻樹広場があったからだろう。

飛鳥寺西側の槻樹広場は、政治的・軍事的にも重要な場所であった。乙巳の変の前夜、中臣鎌足がこの広場で行われた打毬の場で、中大兄皇子に近づいたエピソードはよく知られている。乙巳の変に際して、中大兄皇子は法興寺に入って城となし、蘇我氏や東漢氏に備えたし、大槻樹下の誓約が行われた。孝徳天皇の即位式の場所も、この広場だった可能性が大きい。六六七（天智6）年三月の近江遷都に際しては、飛鳥古京を守る留守司がおかれ、壬申の乱では大海人皇子に味方する大伴連吹負の軍勢が留守司を襲撃して占拠した。天武朝には、この槻樹広場で、多禰嶋の人々（天武6年二月、天武10年九月）、隼人（天武11年七月）らを饗応している。

飛鳥寺の発掘調査により、一塔三金堂という伽藍配置が明らかとなり、また崇峻元年に百済から招来された寺工・露盤博士・瓦博士らの指導により、倭国の工人らが建設・製作などに従事したことが明らかにされ、その後の古代寺院の研究の基礎となった。一九九七（平成9）年から三ヵ年にわたる飛鳥池遺跡の発掘調査では、遺跡の北西に接する飛鳥寺東南隅から、東南禅院の遺構の一部が検出された。飛鳥池遺跡出土の木簡にも、天武朝の寺名木簡のように、飛鳥寺と関連のある内容をもつものが散見する。

六七一（天智10）年一〇月、天皇の病気平癒のため、袈裟・金鉢や珍財を法興寺の仏前に奉った。六七七（天武6）年八月一五日、飛鳥寺で一切経が読誦されたが、この日、天武天皇は寺の南門に御して、三宝を礼拝しており、また六八五（同14）年にも、飛鳥寺に行幸した。天智・天武天皇が飛鳥寺に深く帰依していたことを示している。六八〇（同9）年四月の勅により、それまで飛鳥寺は官司の治める国の大寺ではなかったが、国家にとって大功のあった寺であるので、官治の例に入れられた。六八五年九月二四日、天武天皇の不予に際し、大官大寺・川原寺とともに、飛鳥寺でも三日間の誦経が行われた。六八六（朱鳥元）年一二月一九日、亡き天武天皇のために無遮大会が五寺で行われたが、飛鳥寺も含まれる。七〇三（大宝3）年正月五日、亡き持統太上天皇のため、大安・薬師・元興・弘福の四寺で設斎された。同年二月一七日の七七日の設斎も、元興寺などの四大寺を含む三三ヵ寺で行われた。『続日本紀』の養老二（七一八）年九月二十三日条に、法興寺を新京に遷したことがみえる。また霊亀二（七一六）年五月十六日条にも、初めて元興寺を平城京の左京六条四坊に移し建てたとみえるが、本条は大安寺の移建に関わるものである。『新抄格勅符抄』には、飛鳥寺の寺封として一八〇〇戸がみえる。

一一九六（建久7）年六月、雷火のために金堂・塔が焼失、中金堂本尊の丈六釈迦仏像も焼損して、頭部と手の部分が残った。この焼失を契機に、飛鳥寺は衰微するようになる。翌年三月に塔の心礎から多数の舎利や金銅具が発見されたが、それらは集められて再埋置された。飛鳥寺の発掘調査で、それらが発見されたことになる。

【参考文献】奈良国立文化財研究所『飛鳥寺発掘調査報告』（昭33）。坪井清足『飛鳥寺』（中央公論美術出版昭39）。　（和田萃）

あすかにいますじんじゃ【飛鳥坐神社】　奈良県高市郡明日香村大字飛鳥小字神奈備の鳥形山に鎮座する古社。祭神は事代主神・高皇産霊命・飛鳥三日比売命・大物主神。延喜式神名帳には、高市郡所在の神社として飛鳥坐神社四座がみえ、名神大社で月次・相嘗・新嘗祭に官幣に預かった。八二九（天長6）年三月一〇日に、神の託宣により高市郡賀美郷甘南備山の飛鳥社を同郡同郷の鳥形山に遷したことがみえている（『日本紀略』）。『万葉集』にも歌われた飛鳥の神名備山は、橘寺南方の「ミハ山」と推測される。出雲国造神賀詞に「賀夜奈流美命の御魂を飛鳥の神奈備に坐せ」とみえるが、「延喜式」神名帳には加夜奈留命神社が別にみえており、飛鳥坐神社の祭神については問題を残している。　（和田萃）

あすかのせきぞうぶつ【飛鳥の石造物】　奈良県明日香村を中心とする飛鳥地域に分布する約二〇個の石造物。主として花崗岩の表面を彫刻するが、特異な造形をする。元禄時代以来、人々に注目され、「謎の石造物」と称された。その形態から仏教美術の技法とは異なり、美術史学の研究対象にはならなかった。現在判明し、分散する石造物を記録、伝承にもとづいて、原位置に復原し、飛鳥の発掘成果を重ねると、斉明天皇に関わる遺跡と合わさる。須弥山石、岡の酒船石、出水酒船石、益田岩船、岡立石、マラ石、上居立石、川原の立石、ミロク石、車石、高取猿石、顔石のほか、猿石で総称する男、女、僧、山王石がある。これまで川原立石以外は出土状況が正確でなかったが、二一世紀になって、亀形石造物と飛鳥苑池遺構の導水石が発掘され、研究者も注目するところとなりつつある。推定できる用途からみると、宮殿、饗宴施設、苑池、祭祀、墳墓など多岐にわたる。

【参考文献】飛鳥資料館『飛鳥の石造物』（昭61）。　（猪熊兼勝）

あすかのとゆらのみや【飛鳥豊浦宮】　⇨豊浦宮

あすかのまかみがはら【飛鳥真神原】　⇨真神原

あすかぶっきょう【飛鳥仏教】　*仏教公伝の年は、『日本書紀』の五五二（欽明13）年説、『上宮聖徳法王帝説』・『元興寺縁起并流記資財帳』の五三八（欽明7）年説の二つがあるが、渡来人による私伝はこれ以前で、『扶桑略記』は五二二（継体16）

年に司馬達止が草堂を結び本尊を安置・礼拝したと伝える。当初、崇仏派の蘇我氏と廃仏派の物部氏等が対立、用明天皇の仏教帰依表明がこれを激化させ、蘇我馬子が物部守屋を滅ぼして法興寺（飛鳥寺）建立を開始、各豪族も氏寺をつくるようになった。推古朝にいたり聖徳太子が仏教を奨励し、斑鳩寺（法隆寺）を建立。「三経義疏」を執筆し、仏教を政治理念とした「十七条憲法」の制定を行った。国家による仏教統制も推古朝に始まる。舒明朝には最初の天皇発願寺院である百済大寺が建てられる。しかしこの段階では天皇の私寺という性格が強かった。この時期の仏教美術の代表作品には、法隆寺の金堂釈迦三尊像・夢殿救世観音像・百済観音像、玉虫厨子、広隆寺弥勒菩薩半跏思惟像、中宮寺天寿国繡帳・弥勒菩薩像などがある。

【参考文献】田村圓澄『飛鳥仏教史研究』（塙書房昭44）。石田茂作『飛鳥時代寺院址の研究』（第一書房昭52）。町田甲一『上代彫刻史の研究』（吉川弘文館昭52）。 **（蟬丸朋子）**

あすかぶんか［飛鳥文化］ ⇩飛鳥時代

あすかべおう［安宿王］ 生没年未詳。奈良時代の皇族。長屋王王子。母が藤原不比等の女であったことから、長屋王の変に際し連座を免れる。治部卿、讃岐守等を歴任。七五七（天平宝字元）年、橘奈良麻呂の乱に坐し配流。後許され七七三（宝亀4）年、高階真人を賜姓。 **（関口力）**

あすかべし［飛鳥戸氏］ 河内国安宿郡（大阪府柏原市南部と羽曳野市南東部）を本拠とする渡来系氏族。安宿・安宿戸・飛鳥部とも書く。カバネは造・首・公がある。飛鳥戸氏は『新撰姓氏録』に百済の比有王・末多王の後裔等と記され、九世紀には百済宿禰・御春宿禰を賜わるものがいた。 **（宮永廣美）**

あすかべのつねのり［飛鳥部常則］ 生没年未詳。平安時代中期の画家・絵師。確実な作品は現存しないが、一〇世紀半ばに画業に大きな足跡を築いた。当時の拡大する民間の需要に応じて、巨勢金岡とともに絵画を作成した人物。 **（井上満郎）**

あすかべひめ［安宿媛］ ⇩光明皇后

あすかみずおちいせき［飛鳥水落遺跡］ 奈良県高市郡明日香村飛鳥にある飛鳥時代の「漏刻（水時計）台」の跡。一九七二（昭和47）年、家屋新築にともなう発掘調査で発見され、七世紀後半代の大規模な礎石建物跡として一九七六（同51）年に国史跡に指定された。その後、八一（同56）年から史跡整備にともなう追加の調査が行われ、水時計台としての性格が明らかになった。

遺跡は、飛鳥寺旧境内の西北隅に隣接する飛鳥川の東岸に位置し、甘樫丘とは川を隔てて指呼の間に対峙する。遺跡の中心をなすのは、貼石で外装された方形基壇の上に立つ東西四間、南北四間（柱間約二・七m）の礎石建物である。この建物は中央の一本を除いた二四本すべてに柱が立つ総柱の構造で、礎石が基壇内に埋設されていることや、各礎石間を梁石列でつなぐこと、後述する木樋や銅管など水利用の施設が基壇内に埋設されていることなど、全く類例のない特異な遺構である。そのうえ、建物の中央には南北二・三m、東西一・六mの台石（花崗岩製）が据えられており、上面に施された方形くり込みの表面には、漆膜片が遺存していた。その状況から大小二つの漆塗木箱が想定され、その表面に堆積した微細な砂から、この箱こそ水時計の水槽の一部であると復元された。いっぽう、基壇の地下には、東側から導かれた水を西あるいは北へ配る木樋や銅管が縦横にめぐっていた。その配水の系統は複雑であるが、大きくみて①木樋と桝とラッパ状銅管を組み合せる水系と、②建物中央から基壇の北へ伸びる小銅管の二系統がある。調査を担当した奈良国立文化財研究所は、①は水時計への給水用、②は北接する石神遺跡への給水用とし、出土土器の年代観ともあわせてこの遺構を『日本書紀』斉明天皇六（六六〇）年にみえる「漏刻」にあてた。

これに対し、建物地下構造の強固さや使用水量の多量さに注目し、石神遺跡から出土した噴水石（須弥山石・石人像）への給水塔だとする異論がある。これは

北西から見た飛鳥水落遺跡
写真：奈良文化財研究所

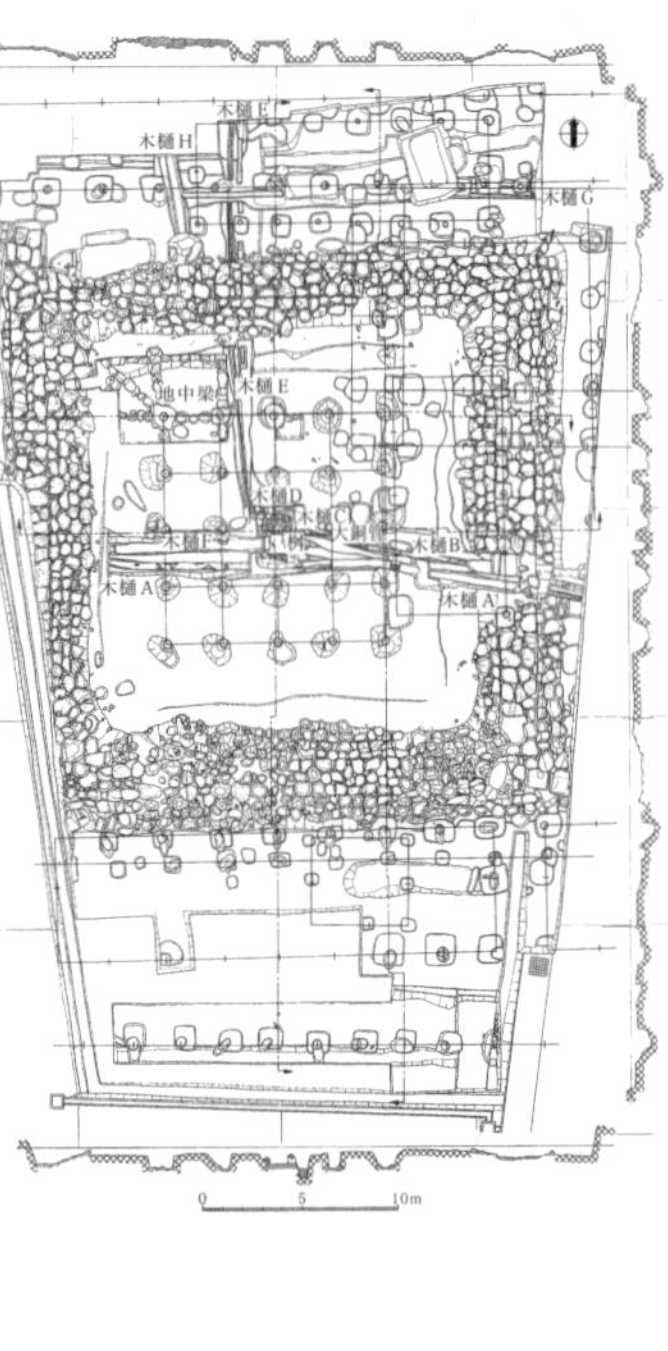

飛鳥水落遺跡遺構図
図版提供：奈良文化財研究所

建物上階に設置された水槽へ①で揚水し、②で噴水石へ配水したとする説。水時計と給水塔、ともに興味深い復元案だが両者が併存した可能性もある。ただし遺跡の性格については、一階中央におかれた「漏刻」を重視すべきであろう。

〔**参考文献**〕奈良国立文化財研究所『飛鳥・藤原宮発掘調査報告Ⅳ』（平7）。（**黒崎直**）

あずさゆみ［梓弓］　梓（ヨグソミネバリなどの材）でつくられた弓。枕詞。律令国家成立とともに信濃国などの材を使用し、武器・幣物として大量に生産された。神楽の採物や巫女の呪具にもなり梓ミコの名称に影響を与えた。

〔**参考文献**〕『古代・中世の信濃社会』（銀河書房平4）。（**西宮秀紀**）

あずないのつみ［阿豆那比之罪］　古代の罪名。『日本書紀』神功摂政元年条によれば、昼の暗きこと夜の如く、「常夜行く」という状態が何日も続いた。それは二つの社の祝（小竹祝と天野祝）を合葬したことにより起こったもので、改めて別に葬ると、常の如くになったという。これを男色に関わるものとみて、性的タブーに違反した罪とする説もある。「延喜式」巻八にみえる「六月晦日大祓」では、性的タブーを列挙しているが、該当事例はみえない。異なる社の祝を合葬することが罪とされた可能性もある。（**和田萃**）

あずまあそび［東遊］　東国の歌舞で、古代東国の歌舞が中央に伝わり、賭弓などの宮廷儀式や、賀茂・石清水社などの諸社の祭礼で行われるようになった。序曲の一歌、二歌、舞を伴う駿河舞、求子、終局の大比礼があった。（**西山恵子**）

あずまうた［東歌］　『万葉集』の巻一四に収載された歌の総称。「東国地方の歌」の意に解される。ここにいう東国とは、東海道・東山道に沿って「遠江」「駿河」「伊豆」「相模」「武蔵」「下総」「常陸」「信濃」「上野」「下野」「陸奥」の各国に歌が分類されていることから、遠江国・信濃国以東の諸国をさす。国別分類された堪国歌が「雑歌」「相聞」「譬喩歌」の三部立に整理され、国別分類されていない未堪国歌が「雑歌」「相聞」「防人歌」「譬喩歌」「挽歌」の五部立に整理されている。いずれの歌にも作者名は記されない。中央の歌に比べると、東国訛りが多く、日々の暮らしにモチーフを求め、性愛の表現がおおらかに詠み込まれた恋歌が多い。東国庶民の歌謡的・民謡的な性格を見出しやすいが、表現のなかに中央との文化的交流の痕跡が認められることにも注意を払いたい。残された歌は、すべて短歌形式でまとめられていることも大きな特徴の一つに数えられる。

〔**参考文献**〕桜井満『万葉集東歌研究』（桜楓社昭47）。大久保正『万葉集東歌論攷』（塙書房昭57）。水島義治『万葉集東歌の研究』（笠間書院昭59）。（**市瀬雅之**）

あずまくだり［東下り］　京都から東国へいくこと。中世以降は主に鎌倉へいくことをさす。『伊勢物語』には「東下り」の段があり、都で自分を用なしと思った男性が東国へ下る話がのせられており、武蔵国辺まで訪れている。また、貴公子の流離譚とも結びつくことが多く、種々の物語の題材となっている。（**西山恵子**）

あずみし［阿曇氏］　各地の海人部を管掌した伴造系氏族。安曇とも。カバネは連、六八四（天武13）年に宿禰。祖先伝承中に大浜宿禰が応神朝に「海人の宰（統率者）」となったという。海人部の貢納する海産物を掌握し、膳氏とともに大王に近侍して食膳のことを担当したことから、令制下にも高橋氏（膳氏の後裔）とともに宮内省内膳司の奉膳（長官）、典膳（次官）をつとめた。両氏は神事の際の供奉の先後をめぐって対立したが、七九一（延暦10）年に安曇継成が勅旨に背き、以後内膳の職を失った（「本朝月令」所引「高橋氏文」）。また海人部を水軍に編成し、軍事力の一翼を担ったと推測され、一族の比羅夫は六六二（天智元）年に百済救援軍の将軍として百済に渡った。『古事記』には綿津見三神を祖神とし、その子の宇都志日金拆命の子孫と伝え、『新撰姓氏録』右京神別下安曇宿禰条、河内国神別安曇連条では海神綿積豊玉彦神（綿積神命）の子、穂高見命の後裔としている。ワタツミ（少童命、綿津見）三神を祀る志加海神社のある筑前国糟屋郡志珂郷から阿曇郷一帯（福岡市東区から粕屋郡新宮町付近）を本拠としたか。

〔**参考文献**〕佐伯有清『新撰姓氏録の研究（考證篇3・4）』（吉川弘文館昭57）。（**川崎晃**）

あずみのいそら［安曇磯良］　筑前国糟屋郡（福岡市東区志賀島）の志加海神社の祭神。『八幡愚童訓』（群書類従系）に海の案内人といい、常陸国の鹿嶋大明神、大和国の春日大明神と一体分身、同体異名であるという。また『太平記』に阿度部磯良とみえる（巻三九、神功皇后新羅を攻め給う事）。この水の精霊である磯等を志加海神社本来の祭神とする説がある。

〔**参考文献**〕西田長男「安曇磯良」『神道史研究』五－六（昭32）。（**川崎晃**）

あずみのひらぶ［阿曇比羅夫］　生没年不詳。七世紀半ばの官人。安曇山背連比羅夫ともいう。百済に派遣され、六四二（皇極元）年舒明天皇の死去に際して百済の弔使をともなって帰国。六六一（斉明7）年には百済救援軍の前将軍となり、翌年大将軍として百済の王子余豊璋を百済に送還して王位につけた。極位は大錦中。（**川崎晃**）

あすわやまこふんぐん［足羽山古墳群］　福井県福井市にある足羽山丘陵上に立地する古墳群。前方後円墳一基と円墳二〇数基からなる。四世紀から五世紀にわたる首長墓の系列を含む。山頂墳は円墳で北東頭位の直弧文を施した刳り貫き式舟形石棺を竪穴式石室におさめ、三角縁神獣鏡を副葬する。竜ケ岡古墳は前方後円墳で、家形石棺から仿製鏡二、貝釧、石釧を出土した。稲荷山古墳は円墳で筒形銅器を出す。東京国立博物館が所蔵する小山谷石棺は、笏谷石とよばれる地元の凝灰岩を利用した刳り貫き式舟形石棺で鏡を浮彫する。北頭位で直葬されたもので、副葬品としては、碧玉製管玉一、滑石製臼玉一二、小玉二、刀子一がある。高橋健自が一九〇八（明治41）年に発掘した。

〔**参考文献**〕高橋健自『考古界』第七篇第七号（明41）。（**橋本博文**）

あぜくら［校倉］　木材を横に積み重ねて壁体とする構法の倉で、使用する横木の断面が三角形状のもの。正倉院文書をはじめ各国の正税帳や各寺の資財帳などにみえる甲倉は、これにあたると思われる。

板倉や丸木倉と区別された、立派な倉の意と思われる。『和名抄』に「甲倉（古不久良）校倉（阿世久良）俗用之」とあり、平安時代には校倉の用法があらわれたと思われる。校倉に類するものに、積み上げる横木として角材、丸太、板などを用いたものがある。このような構法は現在でも北欧やシベリアなど、木材の豊富な地域にみられるが、断面が三角形の校倉と同様のものは他に例がない。通常、倉の一辺は一本の木材を積み上げてつくられるため、一辺の長さは四〜七m程度であり、また平面は正方形に近いものがほとんどである。二つの倉を離して並べ、これに連続した屋根をかけた双倉とよぶ形式のものもあった。通常の校倉として唐招提寺の宝蔵や経蔵、東大寺本坊経蔵など、双倉では正倉院宝物庫などがあげられる。

【参考文献】 清水真一『日本の美術　第四一九　校倉』（至文堂平13）。　（植木久）

あぜち【按察使】　奈良・平安時代の令外官で地方行政監察機関の一つ。七一九（養老3）年七月設置。特定の国の守が兼任し、その管轄下におかれた近隣諸国の監察にあたった。位階は、国守の相当位の最高（従五位上）より高い正五位上相当で、属官として典（のち記事と改称）がおかれた。畿内・西海道を除く全国に配置されたが、やがて実質を失い、平安時代には陸奥出羽按察使のみとなった。のちには、納言・参議が兼任し、名目的なものと化した。　（篠田孝一）

あそし【阿蘇氏】 ⇩阿蘇国造

あそじんじゃ【阿蘇神社】　熊本県阿蘇郡一の宮町大字宮地（現阿蘇市）に鎮座する神社。阿蘇社、阿蘇宮、阿蘇大明神とも称された。延喜式内社（名神大社）として肥後国阿蘇郡に健磐龍命神社とある。肥後国一宮。旧官幣大社。現在は健磐龍命を主神とする阿蘇十二明神を祭神とする。阿蘇山に対する火山神信仰と地域の農業神信仰とが合体したものとされ、阿蘇国造の子孫阿蘇（宇治）氏が祭祀を担当したが、阿蘇氏は中世には大宮司家として領主化し祭祀の実務から離れた。例祭は七月二八日で、同日の御田植神幸式などが国指定重要無形民俗文化財である。　（森哲也）

あそのくにのみやつこ【阿蘇国造】　のちの肥後国阿蘇郡（熊本県北東部）地域の国造。『日本書紀』景行天皇十八年六月条に「阿蘇国」の名がみえ、『釈日本紀』巻一〇所引の『筑紫風土記』に「閼宗県」の名がみえる。阿蘇国造を世襲した阿蘇君氏は、『古事記』神武天皇段に神八井耳命（神武天皇皇子）の後裔（多臣氏と同系）とある。代々阿蘇神社を氏社として祀り、平安時代には阿蘇大宮司家として勢力を有した。「国造本紀」には、崇神朝に神八井目命の孫速瓶玉命が初代国造に任命されたとある。　（篠川賢）

あそびべ【遊部】　貴人の殯宮に伺候して、酒食を供したり、刀や矛をもって、死者の魂の荒ぶことを防ぐ職にあった人々。遊部の呼称は、「神遊び」の言葉と同様に、死者の魂を遊ばせることに由来するらしい。「令集解」の喪葬令遊部条に引く「古記」によれば、遊部は大倭国高市郡に居住し、生目天皇（垂仁天皇）の庶子である円目王の後裔とする。もともと伊賀の比自岐和気が遊部として奉仕していたが、雄略朝にいたって氏人が絶えた。円目王が比自岐和気出身の女性を妻としていたことから、円目王の後裔が遊部として奉仕することになったという。年代的には合わないが、興味深い伝承である。令制下においても、喪葬令葬送具条によれば、親王・内親王や五位以上の官人が亡くなった際、その家に遣わされる遊部の数は別式により定められていた。　（和田萃）

あそん【朝臣】 ⇩姓

あた【費】 ⇩費直

あた【咫】　倭国固有の長さの単位。古代中国で使用された長さの単位、分・寸・尺・丈が伝えられる以前のもの。一咫は、親指と中指とを開いた長さで、約一八cm。『古事記』には、八尺鏡（『日本書紀』では八咫鏡）について、「訓二八尺一云二八阿多一」と注している。同じく神武段に、八咫烏（『日本書紀』では頭八咫烏）がみえる。　（和田萃）

あたい【費直】　古代の姓の一つ。費・直とも。貴人の意「アタヒエ（貴兄）」の語に由来するとの説もあるが、朝鮮の首長の称号に由来するという説が有力。主に東西漢氏や国造に賜与された。和歌山県隅田八幡宮所蔵人物画像鏡銘に「開中費直」、欽明紀二年七月条所引「百済本記」に「加不至費直」、法隆寺広目天像光背銘に「山口大口費」などの用例があり、のち「直」と表記されるようになる。瀬戸内海沿岸地域では広範な地域を支配した国造に凡直という姓が賜与されている。　（川崎晃）

あたい／あたえ【直】 ⇩費直

あたかかいづか【阿高貝塚】　熊本県城南町にある縄文時代中期から後期後半の鹹水産貝塚。熊本平野の南縁で海岸までは一二kmある。一九一六（大正7）年に発見され、五〇体以上の人骨が出土。赤褐色の太形凹線文とよぶ雄渾な曲線の文様をもつ中期・阿高式土器の標式遺跡である。遺物には大きなイタボガキに目と口の三穴を穿った貝面があり、朝鮮半島の新石器文化との繋がりがうかがえる。　（島津義昭）

あたかしきどき【阿高式土器】　熊本県城南町の阿高貝塚から出土した土器を標式とする中期の縄文土器。赤褐色の深鉢を基本とし、太形凹線文とよぶ、指先で描いたような雄渾な文様がある。九州の縄文土器のなかで文様が最も発達した土器。どっしりとした広い平底にはクジラの脊椎骨の圧痕が残っているものがある。有明海を中心に西北九州に多く分布する。　（島津義昭）

あたごじんじゃ【愛宕神社】　京都市右京区嵯峨愛宕山上（標高九二四m。白雲山とも）に鎮座。全国の火伏せの神（鎮火神）信仰の愛宕社の本社として尊崇される。本宮の祭神は、稚産日命・埴山姫命・伊弉冉命・天熊人命・豊受姫命を、若宮には雷神・迦遇槌命・破无神の三柱を、奥宮には十数柱を奉祭。中世、修験者により祭神は愛宕権現太郎坊とよばれ、天狗として畏怖された。また、本地は勝軍地蔵で戦国武将の信仰をあつめた。近世

には竈神としてひろく庶民にまで信仰された。（堀越光信）

あたごやま［愛宕山］ ⇩愛宕神社（あたごじんじゃ）

あだしの［化野］ 京都市右京区嵯峨鳥居本町の念仏寺周辺の小倉山東麓一帯。平安京の北東郊外にあった葬地で、平安京の東郊にあった鳥部野とともに知られる。とくに「あだし」にかけて、はかない物事の象徴とされる。化野念仏寺境内には、周辺に散在していた無数の石仏・石塔類があり、その面影を伝える。『源氏物語』手習の巻に「あだし野の風に靡くな女郎花われしめゆはむ道遠くとも」の歌がある。（高橋美久二）

あたのはやと［阿多隼人］ 現在の鹿児島県薩摩半島地域に居住した隼人。『和名類聚抄』に薩摩国阿多郡阿多郷がみえる。『古事記』上巻では、天皇家の祖にあたる火遠理命（天津日高日子穂々手見命）に服従を誓った火照命を隼人阿多君の祖とするが（『日本書紀』神代下では火闌降命を隼人の祖とする）、これは天武朝以降、朝廷に対して大隅隼人とともに定期的に朝貢を行い、服属するようになったことを反映したものと考えられている。八世紀に入ると薩摩隼人と称されるようになる。（森哲也）

あたまだいかいづか［阿玉台貝塚］ 千葉県香取市の阿玉台・五郷内に所在する縄文時代中期中葉の貝塚。阿玉台式土器の標式遺跡。標高約四八mの台地を取り囲む五地点の斜面貝塚からなり、ハマグリやシオフキなどの貝類を主体とするが、集落部分は調査されていない。一八九四（明治27）年に八木奘三郎・下村三四吉らが調査し、学界に知られるようになった。一九五七（昭和32）年に早稲田大学の西村正衛らが調査し、阿玉台式土器から加曽利E式土器の前半にかけての土器群が層位的に出土したことから、阿玉台式土器の編年研究に大きく貢献している。六八（同43）年に国史跡に指定された。遺跡名の阿玉台を「おたまだい」と呼称する研究者もいるが、現地の地名に準じれば「あたまだい」が正しい。

［参考文献］八木奘三郎・下村三四吉「下総国香取郡阿玉台貝塚探求報告」『東京人類学雑誌』九―九七（東京人類学会明27）。（領塚正浩）

あたまだいしきどき［阿玉台式土器］ 千葉県香取市の阿玉台・五郷内所在の阿玉台貝塚を標式遺跡とする縄文時代中期中葉の土器型式。平縁と波状縁があり、後者には扇状・山形・双頭状の把手がつく。口縁がやや開く円筒状の深鉢を主体とし、それに浅鉢が加わる。隆線文に沿って角押文・有節線文・爪形文・沈線文などが施され、V字状文・Y字状文・枠状文・懸垂文などの文様が描かれている。西村正衛によってⅠa・Ⅰb・Ⅱ・Ⅲ・Ⅳの五型式に細別されており、関東地方西部を中心に分布する勝坂式土器と時期が併行する。胎土に多量の金雲母（黒雲母）が混入されている。

［参考文献］西村正衛「阿玉台式土器編年的研究の概要―利根川下流域を中心として―」『早稲田大学大学院文学研究科紀要』（一八）（昭47）。（領塚正浩）

あちき［阿直岐］ 応神朝に百済から遣わされ、新しい文物を伝えたとされる人物。『古事記』では阿知吉師とみえ、良馬二匹と横刀・大鏡を貢上するとともに、優れた学者として和邇吉師（王仁）を推薦、阿直史らの祖とみえる。『日本書紀』もほぼ同様であるが、阿直岐が貢上した良馬二匹を軽の坂上の厩で飼育したことや、経典をよく読み、太子の菟道稚郎子の師となったこと、阿直岐史の始祖であることなどを記す。阿直岐史（阿直史）は六八三（天武12）年一〇月、連の姓を賜った。一九八五（昭和60）年に実施された飛鳥京跡の第一〇四次調査で、「辛巳年（天武10年）」と記した木簡とともに、「阿直史友足」と記す木簡が出土している。（和田萃）

あちのおみ［阿知使主］ 倭（東）漢氏の祖。阿智王とも書く。後世、後漢霊帝の曾孫とされる。『日本書紀』応神天皇二十年九月条に、その子都加使主とともに自己の党類一七県の民を率いて渡来したとある。同三十七年二月条に呉に派遣されて縫工女を求めたと記され、同四十一年二月是月条に、呉より帰国した阿知使主らが、胸形大神の乞いにより縫工兄媛をさし出したとの伝承記事がある。『古事記』では阿知直に作り、履中天皇段に墨江中王が、天皇を殺害しようとしたとき、阿知直が救ったとある。このとき阿知直は蔵官に任命され、粮地を支給されたという。（胡口靖夫）

あつあきらしんのう［敦明親王］ 994～1051　平安時代中期の皇族。三条天皇の皇子で、母は藤原済時の娘。父天皇の寵愛をうけ、後一条天皇即位とともに、父三条の言により立太子。しかし藤原道長は血縁のないこの皇子の立太子を認めず、やむなく皇太子を辞退。しかしその後は道長は厚くこの皇子を遇し、小一条院の号と准太上天皇待遇の授けられることを画策し、また娘の寛子をその妻とするなど気配りをみせた。（井上満郎）

あつたかいづか［熱田貝塚］ ⇩高蔵貝塚（たかくらかいづか）

あつたじんぐう［熱田神宮］ 愛知県名古屋市熱田区に鎮座し、三種の神器の一つである草薙剣を祀る大社。伊吹山へ向かった日本武尊は、宮簀媛の枕辺に神剣をおいていったが、後に宮簀媛が熱田の地に社を建ててこの神剣を奉斎したのが起源であると伝える。古くは熱田社と称したが、一八六八（明治元）年に神宮号が宣下され、熱田神宮となった。旧官幣大社として伊勢神宮に次ぐ位置を占める。『日本書紀』によれば、六六八（天智7）年、新羅の僧道行がこの神剣を盗んで帰国を謀ったがはたせず、六八六（朱鳥元）年、天武天皇の病がこの剣の祟りによるものと卜定されて、朝廷より熱田神社に返還されたという。祠官はもと尾張氏が奉仕したが、院政期に藤原氏が大宮司職に就く。源頼朝の母は、熱田大宮司藤原季範の女である。中世以降蓬萊の地に擬せられ、楊貴妃伝説が定着する。玄宗の日本侵略を阻止するため、熱田神がかの地へ渡り、楊貴妃となったというのである。

［参考文献］篠田康雄『熱田神宮』（学生社昭43）。（福岡猛志）

あつただいぐうじけ［熱田大宮司家］ 熱田神宮の大宮司職を世襲した家。同職は在地の豪族尾張氏がつとめたが、一一世紀後半、尾張国目代藤原季兼が女婿となり、子季範が大宮司職を継ぐ。以降は同系の世襲に移り、また院近臣や、源頼朝の外戚として繁栄した。（横澤大典）

あつみしんのう［敦実親王］　893〜967　平安中期の皇族。宇多天皇の第八皇子で母は女御藤原胤子（贈太政大臣高藤の娘）。醍醐天皇の同母弟。六条式部卿宮、仁和寺宮とも称された。宇多源氏の祖。八九五（寛平7）年親王宣下。中務卿・式部卿を歴任して一品に昇叙されるが、九五〇（天暦4）年に出家、法名を覚真と号し仁和寺に住した。催馬楽や笛・琵琶などのほか、歌人としても著名で『後撰和歌集』に歌をおさめる。妻は左大臣藤原時平の娘。（瀧浪貞子）

あつやすしんのう［敦康親王］　999〜1018　平安中期の皇族。一条天皇の第一皇子で母は皇后藤原定子（関白道隆の娘）。一〇〇〇（長保2）年親王宣下をうけたが母を失い、その後道長に外孫が生まれたため皇位への道は閉ざされた。母の妹御匣殿に養われ、のち中宮彰子（道長の娘）の世話をうけた。一条天皇譲位の直前に一品准三宮となる。式部卿。妻は具平親王の娘。（瀧浪貞子）

あてるい［阿弖流為］　?〜802　阿弖利為とも。奈良末から平安初期にかけての陸奥国胆沢（岩手県水沢市〈現奥州市〉を中心とする地域）における蝦夷の族長の名。その氏姓については、『類聚国史』などには「大墓公」と記す。氏名の訓みについては、水沢市の田茂山の地名から、「たも」とされるが、江刺市野館跡の名称として残る「大萬館」から、「大萬」の誤記とする説もある。七八九（延暦8）年、征東将軍紀古佐美の率いる軍勢に対し蝦夷軍総帥として抵抗。これを撃退するものの自軍も甚大な被害を蒙った。さらに八〇二（延暦21）年、坂上田村麻呂が征夷大将軍となり、四万の軍勢を率い胆沢の攻略に成功し、胆沢城を築き拠点とするや、盤具母禮（盤具母體とする見解もある）を初めとする同族五〇〇人とともに降伏。田村麻呂は朝廷に対し阿弖流為と母禮の助命を嘆願するが、結局河内国杜山において処刑された。なお、『吾妻鏡』に載せる田村麻呂伝説に登場する悪路王は田村麻呂のモデルとされる。

【参考文献】新野直吉『田村麻呂と阿弖流為』（吉川弘文館平6）。（関口力）

あとき［跡記］　「令集解」に「跡云」「跡記」などのかたちで引用される「養老令」の注釈書の一つ。跡は阿刀（安都）のことで、著者については同氏出身者が想定される。成立年代は未詳だが、およそ延暦一〇年代（七九一〜八〇〇）であろう。跡記に関連して、跡記の紙背に記されたとみられる「跡記背」という説も存在。（荊木美行）

あとし［阿刀氏］　物部氏（のちの石上氏）と同祖伝承をもつ氏族。安斗・安刀・安都・迹とも。氏名は物部守屋の別荘があったという阿都（現大阪府八尾市）による。一族から空海（弘法大師。母が阿刀氏）を輩出。阿刀神社（京都市右京区）は氏神社とされる。（瀧浪貞子）

あとのおたり［安都雄足］　生没年不詳。奈良時代の官人。阿刀、男足・小足とも。天平末年頃より七五三（天平勝宝5）年頃まで造東大寺司の舎人。のち七五四（同6）年頃から越前国史生となり、越前国坂井郡にある桑原庄など東大寺の北陸荘園の経営にあたる。七五八（天平宝字2）年正月以降再び奈良に帰り、同六月に造東大寺司主典となる。時に正八位上。また、法華寺阿弥陀浄土院や近江国石山寺の造営に際して別当を兼ねるなど、東大寺の実務官人として活躍した。（廣瀬真理子）

あとのくわいち［阿斗桑市］　古代の地名。五八三（敏達天皇12）年に阿斗桑市に館を営み、日羅（倭人系の百済官人）をおいたが、後日、日羅は桑市村から難波の館に移った。また六一〇（推古天皇18）年一〇月に新羅・任那の使人らを阿斗の河辺の館に安置した（『日本書紀』）。阿斗桑市の所在地については、『和名抄』に河内国渋川郡跡部郷がみえるところから、大阪府八尾市植松付近とする説のほか、大和国城下郡阿刀村とする『大和志』の説（史料的な根拠は不明）によれば、奈良県磯城郡田原本町坂手付近を想定しうる。また奈良県生駒郡安堵村の安堵を、「阿斗」に由来するとの説もある。一五一一（永正8）年の田地売券に「アント」「阿土」の地名がみえ、また安堵村岡崎に小字阿土西、同窪田に小字アドノマエがみえるからである。この説に立てば、奈良盆地を流れる諸河川が集まる地点に阿斗桑市を想定しうる。六一〇（推古天皇18）年一〇月の記事では、新羅・任那の使人らは海石榴市の河港に迎えられたようであり、それを考えると、阿斗桑市の館を海石榴市付近に想定することも可能である。初瀬川（大和川本流）左岸の桜井市粟殿に小字跡田があり、また『日本霊異記』下巻第三九縁に善珠禅師の話がみえ、禅師の俗姓は跡連で、幼少の折、母に従って大和国の磯城嶋村（桜井市粟殿・外山の一帯）に住んでいたとみえるからである。

【参考文献】和田萃「氏族と古道」『藤井寺市史』㈠通史編㈠古代第二章（藤井寺市史編さん委員会平9）。（和田萃）

あとのちとこのにっき［安斗智徳日記］　壬申の乱において大海人皇子に従った安斗連（のちに宿禰）智徳の日記。『釈日本紀』巻一五の「私記」に引用されて残っており、皇子の天照大神拝礼、信濃の兵を発せしめたこと、唐人に戦術を問うたことを記している。『日本書紀』にみられない事実もみられる点で貴重。安斗（阿刀とも）智徳は、吉野出発の際に随行したことが知られるのみで、ほかの事績は不明。のち、七〇八（和銅元）年正月に従五位下に叙されている。（早川万年）

あながま［窖窯］　丘陵斜面をトンネル状に掘り抜くことによって、一〇〇〇℃を越える高温の還元焔焼成を可能にした窯で土器・陶器・瓦などを焼成した。地面を半分程度掘り、窯壁や天井をスサ混入粘土で築く半地下式構造のものが主流である。焚口部・燃料を燃やす燃焼部・製品をおく焼成部・煙出部からなる。焚口の前には作業場である前庭部、さらにその下方にかき出した灰や失敗品を捨てる灰原がある。煙出部の片側または両側には前庭部に向かって溝を設けるものもあるが、排水溝または作業路とされる。この構造の窯は五世紀に須恵器生産技術とともに朝鮮半島から伝わり、中世の陶器生産まで用いられた。その間、改良が重ねられ、七世紀以降の瓦を焼成する窯のなかには、床面に製品を安定させるための段を設けるものも出現した。考古学では窯底が平らな平窯に対する意味で、登窯とよぶ場合が多いが、厳密には、一六世紀末に出現し近世の陶磁器生産に一般的になるような、複数の焼成室をもつ登窯とは区別される。

〔参考文献〕中村浩『窯業遺跡入門』(ニュー・サイエンス社昭57)。 (岡田裕之)

あなき〔穴記〕 「令集解」に「穴云」「穴志」「穴(穴太)博士」のかたちで引用される「養老令」の注釈書の一つ。撰者は未詳だが、穴太内人をあてる説がある。成立年代については、延暦一〇年代、大同・弘仁年間説、承和以降説などがあるが、定説はない。 (荊木美行)

あなしじんじゃ〔穴師神社〕 奈良県桜井市穴師に鎮座する神社。穴師山の山麓、巻向(穴師)川の北に位置する。現社地は、もともと大和国城上郡の式内社である穴師大兵主神社の鎮座地。延喜名神大社の穴師坐兵主神社は、かつて巻向山の山中にあったが、応仁の乱で焼失し、穴師大兵主神社に合祀された。同様に式内大社の巻向坐若御魂神社(当初の社地や由来は不明)も、いつの頃からか、穴師大兵主神社に合祀された。現在では主客転倒して主祭神を穴師坐兵主神とし、穴師大兵主神と巻向坐若御魂神は相殿神となっている。七三〇(天平2)年の「大倭国正税帳」に「穴師神戸」がみえ、また播磨国飾磨郡穴師里に、その神戸があった(『播磨国風土記』)。穴磯邑には、大倭大神の神地があった(『日本書紀』垂仁天皇二十五年三月条所引の「一云」)。垂仁朝に五十瓊敷皇子が大刀一千口をつくった際、一〇種の品部を与えられたが、その内に大穴磯部がみえている(『日本書紀』垂仁三九年十月条の分注に引く「一云」)。また穴師は鉱物の採掘に優れた技術をもつ人々を意味し、巻向川の上流に「カナホリバ」の地名や鉱山跡があることから、穴師の地で大穴磯部による鉱物の採掘や鍛冶が行われ、武器神である大兵主神・兵主神が祀られたと推測される。兵主神について、内藤湖南は『日本文化史研究』において、中国・山東地方で祀られていた神とする説を述べている。 (和田萃)

あなとのくに〔穴門国〕 長門国の旧国名。律令制以前には、長門国の南西部の関門海峡付近を穴門国と称し、穴門国造が支配したと伝えられる。現山口県下関市とその周辺。『日本書紀』仲哀天皇や神功皇后の条に、穴門、穴門豊浦宮、穴門の引嶋、穴門の山田邑の名がみえ、古くからの交通の要衝であったことがわかる。下関市長府町宮ノ内にある忌宮神社は長門国の二宮で、神功皇后が筑紫で没した仲哀天皇を祀ったのが始まりとされ、仲哀天皇を主神とし神功皇后と応神天皇を祀る。この地域には、のちに長門国府や長門城あるいは長門鋳銭所も設置され、山陽道と西海道を結ぶ戦略的な拠点としての重要性を維持し続けた。源平合戦や馬関戦争の舞台ともなり、赤間関は近世を通じて長崎と並ぶ商港として栄えた。

〔参考文献〕三坂圭治『山口県の歴史』(山川出版社昭46)。 (高橋誠一)

あなとのとゆらのみや〔穴門豊浦宮〕 ⇩豊浦宮

あなほのみこ〔穴穂皇子〕 ⇩安康天皇

あなほべ〔穴穂部〕 穴太部・孔王部とも。安康天皇(穴穂天皇)の名代部とされるが、『日本書紀』雄略十九年条にその設置を伝えることや、部民制の成立年代からは疑問。七二一(養老5)年の「下総国葛飾郡大嶋郷戸籍」に大量の孔王部がみえる。 (小野里了一)

あなほべのはしひとのひめみこ〔穴穂部間人皇女〕 ?~621 欽明天皇の皇女。母は蘇我稲目の娘小姉君。異母兄用明天皇の皇后となり、厩戸皇子(聖徳太子)・来目皇子らを生む。六二一(推古天皇29)年一二月二一日没したことが「天寿国繡帳銘」「法隆寺釈迦三尊像銘」にみえる。 (宮永廣美)

あなほべのみこ〔穴穂部皇子〕 ?~587 欽明天皇の皇子。『日本書紀』に泥部穴穂部皇子・天香子皇子・住迹皇子、『古事記』には三枝部穴太部王・須売伊呂杼ともある。母は蘇我稲目の女小姉君。敏達天皇の殯宮において、皇子は天下を取る心があり、何故、死王の庭に仕え、生王(自分)に仕えないかと憤慨したという。次の用明天皇崩後、物部守屋によって天皇にたてられようと謀られたが、炊屋姫を奉った蘇我馬子の命によって佐伯連丹経手らに襲われ誅殺された。 (大川原竜一)

あなむしとうげ〔穴虫峠〕 大和と河内を結ぶ峠。二上山の北麓を越える峠道で、河内飛鳥(大阪府羽曳野市飛鳥)にいたる。二上山を越えて河内にいたる峠には、ほかに岩屋越え、竹内峠などがある。実際に歩いてみると、穴虫峠が最も容易で、道を間違えることもない。そのため道標も少ない。古代には大坂と称され、二上山や二上火山群(大阪府羽曳野市の春日山・寺山・鉢伏山および柏原市の芝山など)を総称して、大坂山ともいった。六七九(天武8)年一一月に龍田山と大坂山に関を置いたが(『日本書紀』)、大坂山の関は穴虫峠にいたる場所に設けられたものと考えられる。奈良県香芝市に関屋の地名が残り、また式内社の大坂山口神社(葛下郡に所載)は、現在、香芝市穴虫と逢阪の二ヵ所に鎮座している。 (和田萃)

アニミズム 万物に精霊が宿るという信仰。最初に定義したのはイギリスの民族学者E・B・タイラーで、最も原始的な宗教観念とされた。現在の日本領域内の文化では、アイヌ・大和・琉球・八重山を通じてこの観念が確認され、例えばアイヌのイヨマンテ(熊祭り)は動物霊祭祀の最たるものであるが、八重山諸島にみられるアカマタ・クロマタなども、ニライカナイの神が植物の姿で来訪するという点で、アニミズムの例といえよう。また、大和の古代史料にみられる神の多くは来訪神で、人格神以前の存在とみられ、磐座や木に宿る神とされるが、とくに稲の神の「ウカノミタマ」、木の神の「ククノチ」、国土の神「クニダマ」などにはアニミズムの要素が濃厚にみられる。こうした山野の精霊に対する意識は現代の民俗事例でもその一端をうかがうことができる。東アジア・東南アジア地域においては、アニミズムと仏教・ヒンズー教、儒教とが共存し、道教や神道などの特殊な地域信仰を生み出したことに特徴がある。

【参考文献】松前健「神々の誕生序説」『松前健著作集（五）』（おうふう平10）。

（榎村寛之）

あのういせき【穴太遺跡】　滋賀県大津市穴太一・二丁目、唐崎三・四丁目、弥生町にまたがる広大な遺跡。四ッ谷川によって形成された扇状地に広がる縄文後期～平安時代の複合遺跡で、その一角には穴太廃寺や高穴穂宮伝承地、穴太駅家推定地などがある。縄文時代のものとしては、巨大なイチイガシやツバキ・サカキ・カヤ・カエデなど多くの樹根の間を流れる谷川沿いに、縄文後期の竪穴住居跡・配石遺構・集石遺構・貯蔵穴・男女の生殖器形木製品などが検出され、当時の自然環境とともに縄文後期の集落の実態を良好にとどめた遺跡として著名。その上層の六世紀後半～七世紀中葉の集落は渡来系集団の集落で、掘立柱建物群のほかに大壁造り建物・礎石建ち建物・オンドル状遺構などがあり、木簡も出土している。この集落内にはモモやカリンも植栽されていた。西方の山麓に群集する渡来系横穴式石室墳とともに大津京前代のこの地の実情を示す重要な遺跡である。（林博通）

あのうはいじ【穴太廃寺】　滋賀県大津市穴太一・二丁目を中心に存在する複合の寺院跡。前期穴太廃寺（飛鳥時代）、後期穴太廃寺（創建寺院・再建寺院）があり、伽藍が検出されたのは後期穴太廃寺である。創建寺院の主軸は真北に対して約三五度東に振り、東に塔、西に東面する金堂、それらの背後に北方建物が確認され、これらは回廊に囲まれている。瓦は渡来系の単弁系あるいは方形系統のものが使われ、大津京直前の渡来系氏族の氏寺とみられる。伽藍が重複して存在する再建寺院の主軸は錦織で発見された大津宮遺構群とほぼ同一の、真北に沿う方位を示している。東に塔、西に金堂、これらの北に講堂をおき、塔・金堂は瓦積基壇。瓦は創建時の単弁系・方形系統のものと朝廷主導により製作されたとみられる複弁系のものを同時に用いている。このため、穴太にはすでに飛鳥時代に最初の氏寺が建立され、大津京遷都の少し前にはその東南部に後期穴太廃寺の創建寺院があったが、遷都にともなう都市計画に沿い急遽再建寺院が建立されたものとみられる。（林博通）

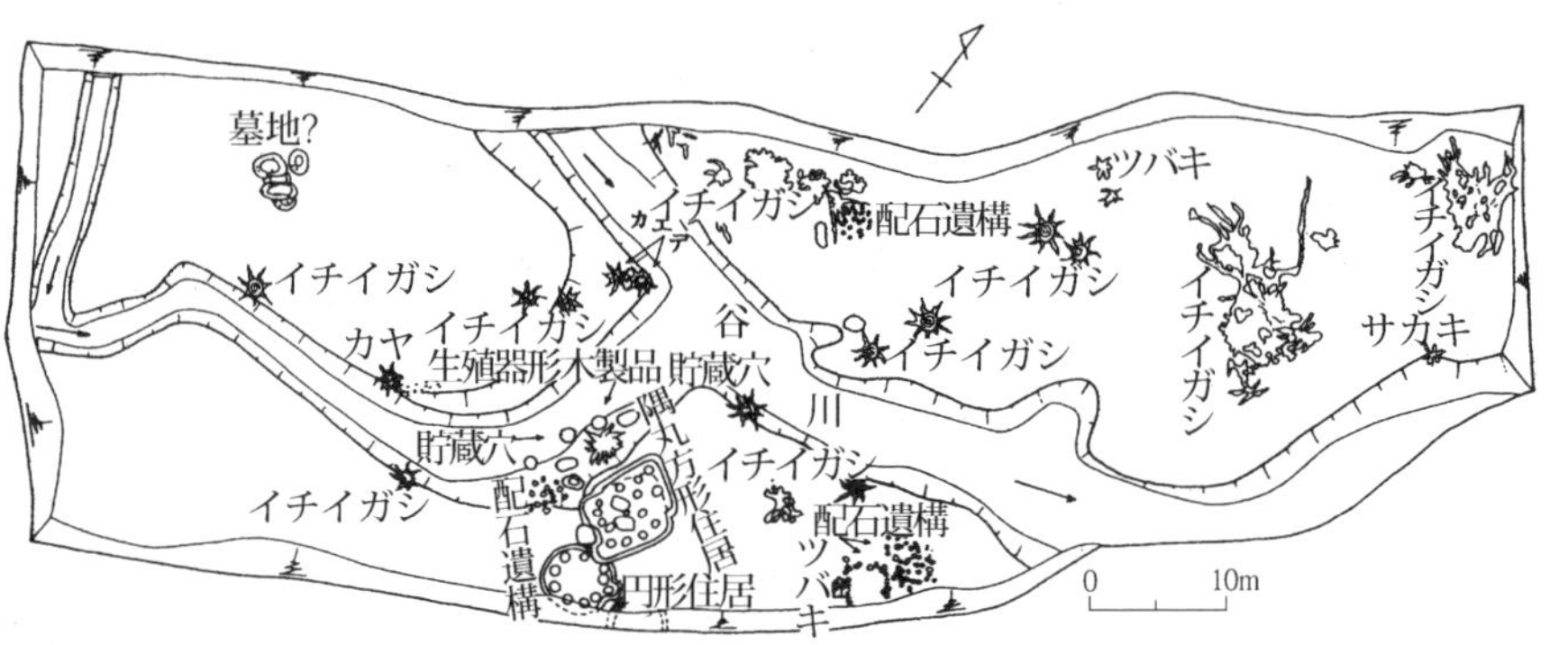

穴太遺跡縄文後期の遺構

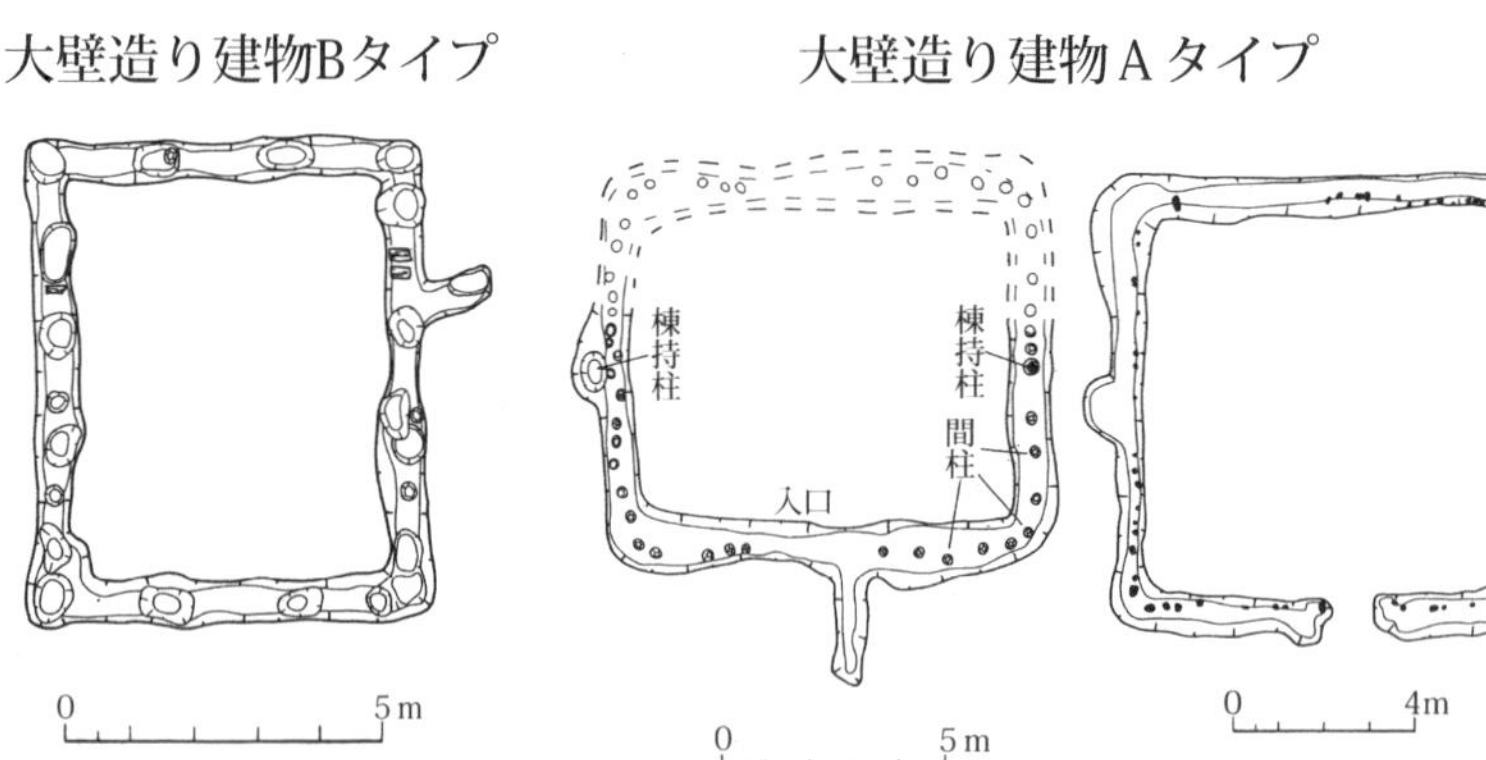

穴太遺跡大壁造り建物

あのつ【安濃津】　現三重県津市街地南部の古称。旧安濃郡の津の意。『中右記』などによれば平安末期にはすでにかなりの規模をもつ港町を形成していたことがわかる。伊勢神宮領として御厨も設置。中世には、博多津・坊津とともに日本三津の一つ。（高橋誠一）

あびこ【我孫（我孫子）】　古代の姓の一つである阿比古・吾彦をもつ豪族に由来する地名。仁徳紀四十三年条に依網屯倉の阿弭古が異鳥を捕えて天皇に献ずる話を載せる。依網屯倉は、摂津国住吉郡大羅郷（大阪市住吉区の南東部）、河内国丹比郡依羅郷・三宅郷（松原市北西部）一帯の地に比定され、住吉区南東部に我孫子の町名が残る。（中尾芳治）

あふきのさんりょうき【阿不幾乃山陵記】　鎌倉時代に書かれた現存日本最古の古墳調査記録。国立歴史民俗博物館蔵。国指定重要文化財。著者は不明であるが、現存本の書写者は空達房定真であると推定される。一二三五（嘉禎元）年三月二〇・二一日、大和国高市郡野口（奈良県明日香村）に所在した「青木山陵」（天武・持統両天皇合葬陵）が盗掘された（『明月記』同年六月六日条、『百錬抄』同年四月八日条）。『阿不幾乃山陵記』はこの盗掘直後の現地の実検記であり、天皇陵となった古墳の構造を詳しく知ることができる点

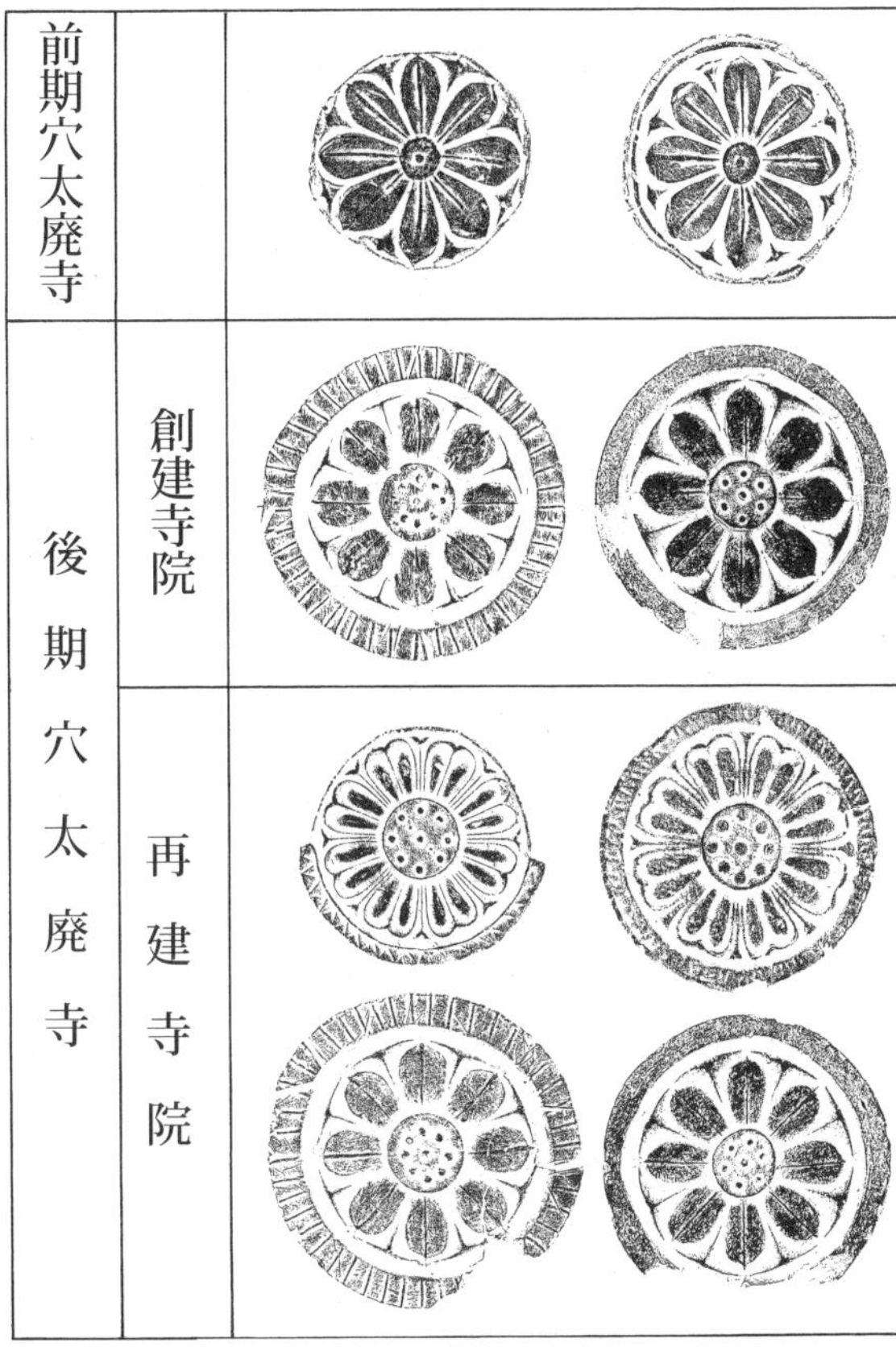

穴太廃寺出土軒丸瓦

で価値が高い。明治初期に京都・高山寺の所蔵文書中からこの記録が発見されたことにより、天武・持統陵は五条野丸山古墳（奈良県橿原市）から野口王墓古墳（同県明日香村の現陵）に治定替えとなった。翻刻本は『改訂史籍集覧』（二七）、斎藤忠『日本考古学史辞典』（東京堂出版昭59）、飛鳥資料館カタログ『飛鳥の王陵』（関西プロセス昭57）などに所収。

【参考文献】森浩一『古墳の発掘』（中央公論社昭40）。　（山田邦和）

あぶやまこふん【阿武山古墳】　大阪府の北東部、高槻市と茨木市の市境にある阿武山の主尾根先端、標高二一〇ｍ付近に所在。一九三四（昭和９）年、京都大学地震観測所の機器設置工事の際に発見される。古墳は直径八二ｍの鉢巻き状の濠で画された墓域の中央部に地下式の墓室を設け、盛り土はほとんどない。濠からは七世紀中頃の須恵器が出土している。墓室は長径九ｍ、深さ三ｍの掘り込みのなかに花崗岩の切石で組み上げられ、覆土の上面を塼で葺いていた。南北方向に設けた石室は内法の長さ二五七㎝、幅一〇七㎝、高さ一一五㎝で、床には塼を積み上げた棺台を造り付け、全体に漆喰を厚く塗っていた。南端には暗渠排水溝を伏した墓道を設けている。石室内の夾紵棺は長さ一九七㎝、幅六二㎝で、二〇枚以上の麻布を漆で塗り固め、外側を黒く、内側を赤く仕上げていた。白骨化した遺体は南頭位に葬られ、復元身長は一六四・六㎝、六〇歳を上限とする男性とされている。頭の下には銀線で大小のガラス玉を綴った玉枕がおかれていた。頭から肩にかけて多くの金糸が散らばり、冠帽の刺繍に用いたと推定されている。また頭髪の一部や錦の断片も出土。藤原鎌足墓との説がある。一九八三（同58）年に国史跡に指定。

【参考文献】梅原末治『摂津阿武山古墳調査報告』大阪府史蹟名勝天然記念物調査報告７（大阪府昭11）。阿武山古墳Ｘ線研究会編『蘇った古代の木乃伊』（小学館昭64）。　（森田克行）

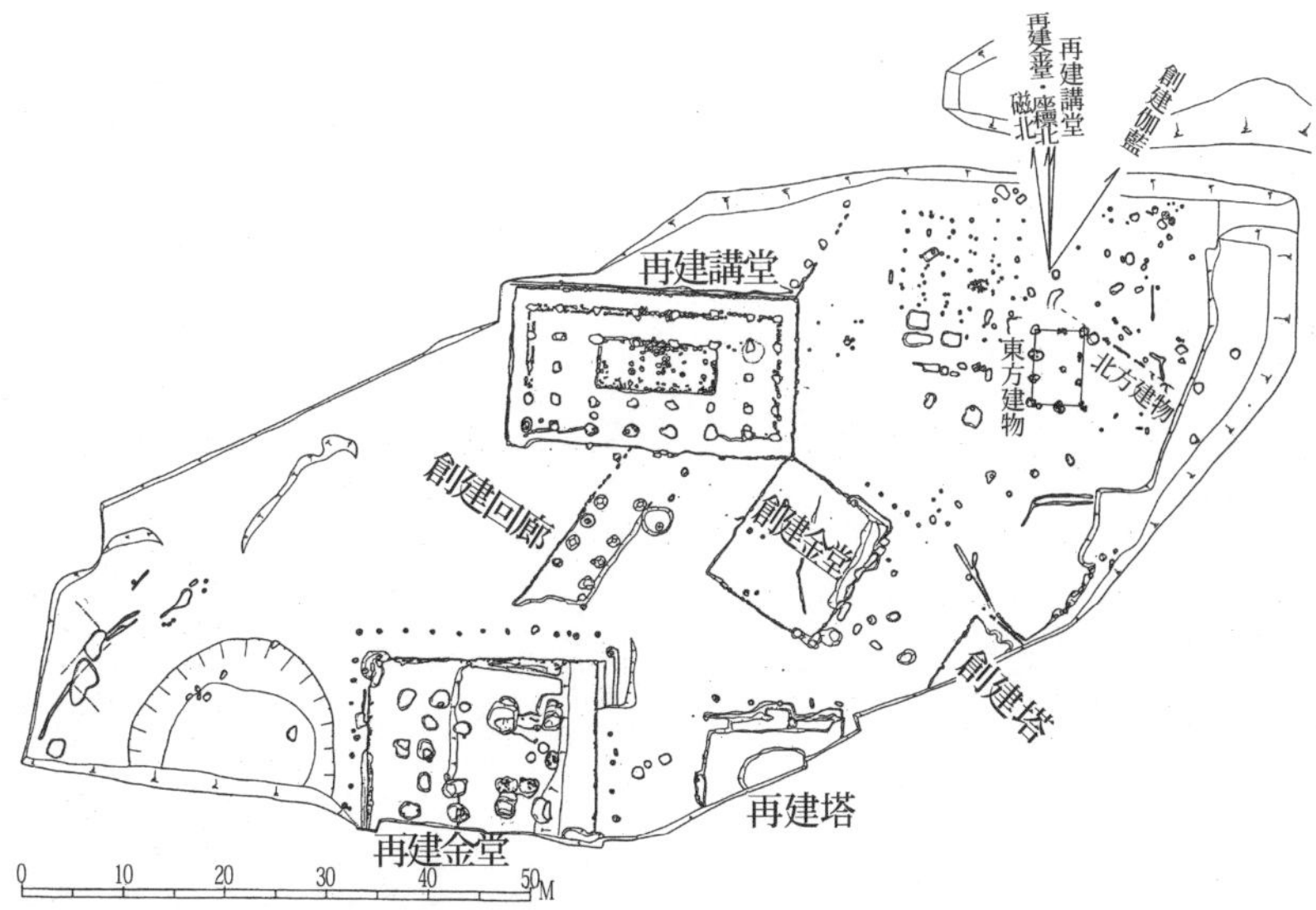

後期穴太廃寺主要伽藍

あふりじんじゃ【阿夫利神社】　神奈川県伊勢原市所在の式内社。祭神は大山祇神で、鎮座する大山への山の神の信仰から発した神社。中世以後に別当寺の小山寺が修験の関東拠点のひとつとして繁栄、武家の帰依などもうけて発展した。明治時代に遠山寺を廃し（後に再興）、阿夫利神社を称した。　（井上満郎）

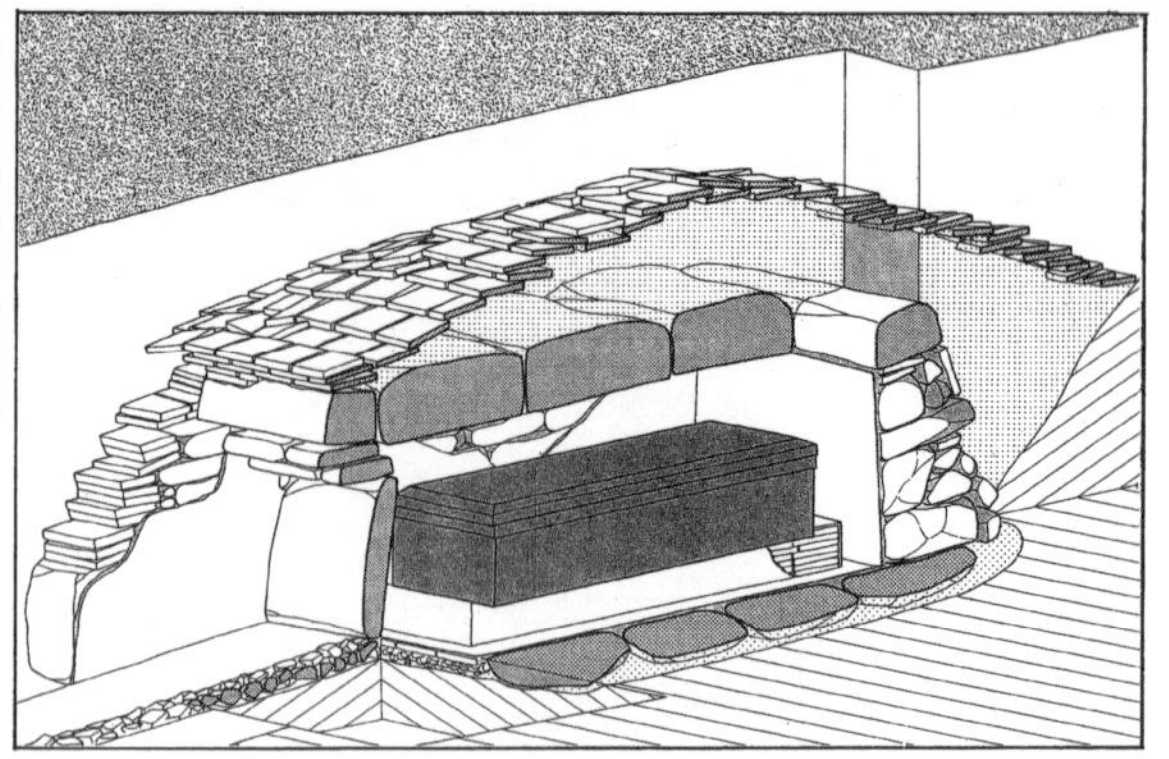

阿武山古墳の墓室（復元図）
遺跡ガイド「阿武山古墳」より

あべし【安倍氏】 ⇩阿倍氏あべし

あべし【阿倍氏】 奈良盆地の東南部、寺川左岸の大和国十市郡の阿倍地域（奈良県桜井市安倍。現在は安倍・阿部などと表記する）を本拠とした豪族。もと臣姓の氏族で、六八四（天武13）年一一月、同族の膳臣・若桜部臣・穴人臣・伊賀臣・阿閉臣らとともに朝臣の姓を賜った。また六九一（持統5）年八月には、膳部朝臣とともに、その祖等の墓記を上進している。『古事記』孝元天皇段によれば、大毗古命（孝元天皇皇子）の子である建沼河別命を阿倍臣等の祖とし、大毗古命の弟である比古伊那許士別命を膳臣の祖と伝える。また崇神天皇段では、大毗古命は高志の道に、その子の建沼河別命は東方十二道に遣わされ、それぞれの地域の平定に功績があったとされる。『日本書紀』では、孝元天皇の皇子である大彦命は、阿倍臣・膳臣・阿閉臣・狭狭城山君・筑紫国造・越国造・伊賀臣らの始祖とみえ（孝元天皇七年二月条）、また崇神天皇十年九月条に、大彦命を北陸に、武渟川別を東海に遣わしたとみえる。『新撰姓氏録』では、阿倍朝臣は孝元天皇皇子の大彦命の後とみえ（左京皇別）、阿倍朝臣と同祖とする氏族に、布勢朝臣・穴人朝臣・高橋朝臣（もと膳朝臣）・許曾倍朝臣・阿閉臣・竹田臣・名張臣・佐々城山公（以上、左京皇別）、若桜部朝臣（右京皇別）などがある。

阿倍氏や阿閉氏の氏名は「饗」に由来すると考えられ、同族とされる膳氏・穴人氏などとともに、もともと大王の食膳・調理を担当する氏族であったらしい。阿倍氏の複姓に「阿倍内臣」がみえ、その職掌は内廷との深い関わりをうかがわせる。いっぽう、阿倍氏は、東国や北陸に広く設置された丈部（杖部・丈使）の伴造氏族としての側面をも有していたことが注目される。丈部については、令制使部や駆使丁の前身と理解されていたが、稲荷山鉄剣銘文によると、オホヒコを祖とするヲワケ臣の家では「世々、杖刀人首」として奉仕してきたことを伝えており、杖刀を身に帯びて大王を守衛する軍事氏族としての性格が色濃い。阿倍氏の祖と伝えるオホヒコやその子のタケヌナカハワケ命が、崇神朝に北陸や東国の平定に遣わされたとの伝承も、そうした阿倍氏の職掌を背景に語り出されたものだろう。阿倍氏が軍事・外交面で活躍したのも、丈部の伴造氏族でもあった側面と結びつく。『日本書紀』によれば、阿倍氏が倭王権内で枢要な地位についたのは、五三六（宣化元）年二月に大夫に任じられた阿倍大麻呂臣が最初であり、同時に大臣に就任した蘇我氏（蘇我稲目宿禰）と同様、いわば新興の氏族であった。

阿倍氏と同族の阿閉臣や伊賀臣は、伊賀国に阿拝（阿閇）郡・伊賀郡があり、また阿拝郡に式内社の敢国神社が鎮座することから、伊賀を本拠とする氏族であった。同様に阿倍氏も伊賀を本拠としていたが、大麻呂の大夫任命を契機に、拠点を大和国十市郡の阿倍の地に移したと推測され、それは阿倍地域における古墳の動向に反映している。六世紀中頃にまずコロコロ山古墳が造営された。それ以降七世紀後半にいたるまで、谷首古墳・安倍文殊院東古墳・同西古墳・艸墓古墳が順次築造されているからである。

阿倍氏の軍事・外交面における活躍は、五五六（欽明17）年正月、阿倍臣（欠名）が佐伯連・播磨直らとともに、筑紫の舟師を率いて百済の王子恵を本国に送ったことや、斉明・天智朝に阿倍（引田）臣比羅夫が船師を率いて蝦夷・粛慎を討ったことにうかがえる。大化前代における阿倍氏の伝統的な職務に由来するとみてよい。

宣化朝に大夫に任命された大麻呂以降、敏達朝に目、用明・崇峻朝に人、推古朝に鳥、推古～皇極朝に摩侶が相次いで大夫に任じられており、複数の大夫のなかで阿倍氏は常に筆頭の地位にあった。六四五（皇極4）年六月の*乙巳の変後、孝徳天皇即位に際し、阿倍臣倉梯麻呂（阿倍内臣麻呂 ?～649）は左大臣に任命された。その女の小足媛は孝徳天皇の妃となって有間皇子を生み、また橘娘は天智天皇の妃となって飛鳥皇女と新田部皇女を生んだ。『東大寺要録』末寺章によれば、倉梯麻呂は崇敬寺（阿倍寺）を建立したという。桜井市阿部に所在する安倍寺跡があって、発掘調査の結果、法隆寺式伽藍配置と推定されている（国史跡）。その年代からみて、倉梯麻呂建立の崇敬寺（阿倍寺）とみてよい。安倍文殊院の本堂近くにある文殊院西古墳は、切石造りの横穴式石室をもつ終末期古墳で、その石室はわが国の横穴式石室のなかで最も精巧なものとして著聞する（国特別史跡）。その被葬者は倉梯麻呂である可能性が大きい。阿倍寺は一二三四（文暦元）年に寺地を移して再建された。現在の安倍文殊院である。

阿倍氏は、阿倍内・阿倍引田・阿倍布勢（普勢）・阿倍久努・阿倍狛・阿倍渠曾倍臣など、いくつかの*複姓を名乗る枝氏に分かれており、大化頃までは鳥—倉梯麻呂と続く阿倍内臣が本宗の地位にあったが、倉梯麻呂の死後、阿倍引田臣と阿倍布勢臣を中心として阿倍氏の同族団が形成された。阿倍引田臣は初瀬川（大和川本流）沿いの大和国城上郡辟田郷を本拠としていた。同地はまた、三輪引田臣の本拠でもあった。阿倍引田臣*比羅夫は、倉梯麻呂の死後、阿倍氏同族団の氏上の地位にあったとみられる。次いで阿倍朝臣御主人（635～703　もと布勢朝臣御主人）は、六九四（持統8）年正月に氏上となり、七〇一（大宝元）年三月、右大臣となった。その後、阿倍朝臣宿奈麻呂

（?～720　もと阿倍引田朝臣宿奈麻呂。比羅夫の子）は、七一八（養老2）年三月に大納言、御主人の子の広庭（659～732）は七二七（神亀4）年一〇月に中納言に任命された。こうした事例から、奈良時代初め頃までは、阿倍引田臣と阿倍布勢臣が交互に氏上に就任するとともに、阿倍氏同族団の再編成が行われ、氏上とその近親者や複姓の有力者が阿倍氏に復したと推定されている。

　なお中央豪族の阿倍氏に対し、奈良時代後半以降、陸奥南半部の丈部・大田部・矢田部などの部姓氏族や丈部臣・丈部直・陸奥臣・奈須直・磐城臣など、在地の有力氏族に、阿倍（安倍）陸奥臣・阿倍会津臣などの複姓が与えられた。複姓の下半部は、居住地にもとづくものが多い。かつて中央豪族の阿倍氏が丈部を管掌する伴造氏族の一つであったことにもとづくが、いずれも臣姓であり、阿倍氏（阿倍朝臣）と同族的結合は生まれなかったと考えられる。（和田萃）

〔**参考文献**〕加藤謙吉『大和政権と古代氏族』（吉川弘文館平3）。

あべでらあと［安（阿）倍寺跡］　奈良盆地の東南部、桜井市阿部にある飛鳥時代建立の寺院。東大寺文書によれば、阿倍倉梯麻呂の建立した崇敬寺のこととされる。一九六五（昭和40）～六七（同42）年の発掘調査で、西に塔・東に金堂、それを囲む回廊を検出したが、講堂は未発見。出土瓦は、八・九葉単弁蓮華文と重弧文で、山田寺式を継いでいる。西五〇〇mの吉備池廃寺が最古の法隆寺式伽藍配置をとる点、安倍寺とともに倉梯麻呂が建てた寺院ということができるだろう。七〇（同45）年、国史跡に指定された。（清水真一）

あべのうちのまろ［阿倍内麻呂］⇨阿倍倉梯麻呂

あべのくらはしまろ［阿倍倉梯麻呂］　?～649　七世紀前半の廷臣。実名は麻呂。倉梯は本拠地（奈良県桜井市倉橋）の名。阿倍内臣（複姓氏族）の出身で、阿倍内麻呂とも称した。鳥の子。推古朝末年以降、大夫の筆頭の地位にあった。乙巳の変の直後に左大臣に就任。女の小足媛は孝徳天皇の妃で、有間皇子の母。六四七（大化3）年の新冠位制度後も、廃止された古冠を着用。保守的政治家の体質がうかがえる。四天王寺の仏事や百済大寺の造営に関与し、氏寺崇敬寺（安倍寺）を建立した。（加藤謙吉）

あべのさだとう［安倍貞任］　?～1062　平安時代中期の陸奥国の豪族。厨川二郎と称した。奥六郡俘囚長安倍頼時の子。前九年の役では、父頼時の戦死後も源頼義と戦い圧倒したが、出羽山北の清原氏が頼義に味方したため形勢が逆転し、一〇六二（康平5）年に敗死。（宮田敬三）

あべのせいめい［安倍晴明］　921～1005　平安時代中期の陰陽家。父は益材。同じく陰陽家として著名な吉平の父。陰陽師・天文博士などを歴任し、天文密奏・地相鑑定などにしばしば活躍した。時代は摂関政治最盛期にあたり貴族たちの生活万般に関与、出産のための祓い、怪異出現の際の卜占、外出日の吉凶判断、宮廷行事の日時の選定など、あらゆる行動に規範を示す役割をはたした。長命なこともありその行動例は多く、賀茂光栄とともに陰陽道全盛を築いた。道長の信頼をえて、木幡寺（浄妙寺）の寺地の選定にもあたった。その広範な活躍は後年にいたり、神を使ったとか天狗を封じたとかの荒唐無稽なものまで含め、さまざまな伝説を生みだした。（井上満郎）

〔**参考文献**〕京都文化博物館『安倍晴明と陰陽道展』（平15）。

あべのなかまろ［阿倍仲麻呂］　698～770　奈良時代の遣唐留学生。中務大輔船守の子。七一七（養老元）年、多治比県守を押使、阿倍安麻呂を大使とする遣唐使節に参加。吉備真備、玄昉等とともに入唐。名を中満と署し、のち朝衡と改めた。太学に学び、官吏登用試験である科挙に合格。諸官を歴任。七三三（天平5）年、多治比広成を大使とする遣唐使とともに帰国することを請うが許されず、真備らは帰国した。七五三（天平勝宝5）年にいたり、遣唐大使藤原清河に従っての帰朝を許される。このとき鑑真に来朝を請う。唐を去るに際しての詠歌「あまの原ふりさけみれば春日なる三笠の山に出でし月かも」（『古今和歌集』）は人口に膾炙している。しかし帰途遭難し、安南に漂着。再び唐に戻り玄宗に仕える。右散騎常侍、安南節度使、北海郡開国公などを歴任。死後潞州大都督正二品が追贈された。その文才は唐土にも知られ、王維、李白などの文人達と交流をもった。没後の七七九（宝亀10）年、勅により遺族に東絁一〇〇疋、白綿三〇〇屯が与えられた。（関口力）

〔**参考文献**〕杉本直治郎『阿倍仲麻呂伝研究』（育芳社昭15）。

あべのひらぶ［阿倍比羅夫］　生没年未詳。七世紀後半の武将。もと引田臣。六五八（斉明4）年、越国守として蝦夷征討。齶田（秋田市）、渟代（能代市）の蝦夷を降伏させ、首長に冠位を与え郡領に任じた。また有間浜（現比定地未詳）に渡島（津軽半島あるいは北海道）の蝦夷を集め饗した。六六三（天智2）年、百済救援の将軍として発遣。白村江の戦において、唐・新羅の連合軍に敗れる。のち天智朝にいたり、九州防備のため大宰帥に就任。時に大錦上であった。（関口力）

あべのみうし［阿倍御主人］　635～703　七世紀末の公卿。旧姓は（阿倍）布勢臣。麻呂古の子。中納言広庭の父。六九四（持統8）年、阿倍氏の氏上となる。七〇一（大宝元）年、大納言より右大臣に就任。ほどなく議政官の首座となったが、二年後に六九歳で死去。（加藤謙吉）

あべのむねとう［安倍宗任］　生没年不詳。平安時代中期の陸奥国の豪族。鳥海三郎と称した。奥六郡俘囚長安倍頼時の子。前九年の役では兄貞任等とともに源頼義と戦ったが、一〇六二（康平5）年に降伏し、伊予国に配流され、のち大宰府に移された。宗任の娘は藤原基衡の妻となったという。（宮田敬三）

あべのやすちか［安倍泰親］　1110～83　平安時代後期の陰陽家。晴明の子孫で、皇族・貴族たちの要望に応じて陰陽道に活躍するところが多く、「指御子」ともよばれたという（『平家物語』）。『天文変異記』とも称する『安倍泰親朝臣記』を著わし、天文判断についての知見を記している。（井上満郎）

あべのよしひら【安倍吉平】 954～1026 平安時代中期の陰陽家。父は晴明。父とともに陰陽判断に長じていた。陰陽博士などを歴任し、皇族・貴族などの依頼をうけてことにあたった。父とならんで藤原道長の信頼をえ、病気退散の祓いなどを行っている。吉平の子から安倍氏は三流に分裂した。（井上満郎）

あべのよりとき【安倍頼時】 ?～1057 平安時代中期の陸奥国奥六郡俘囚長。初名頼良。源頼義との同訓をはばかって改名した。父は忠良。父祖以来、奥六郡を支配していたが、国司と対立するようになり、前九年の役を引き起こした。一〇五七（天喜5）年、流れ矢の命中がもとで死亡。（宮田敬三）

あべのよりよし【安倍頼良】 ⇨安倍頼時

あぼしんのう【阿保親王】 792～842 平城天皇第一皇子。母は葛井藤子。在原業平の父。藤原薬子の変に連座、大宰権帥に左遷。父の崩御により帰京。三品となる。治部卿、弾正尹、上野・上総太守等を歴任。承和の変の密告により一品が追贈された。（関口力）

あま【海士・海女】 漁業や水上交通に従事する海民集団のこと。古代においては、男女の区別なく、海人・海部などと総称されたが、海部は、中央権力の統制下におかれた海民集団の呼称である。この海部を管掌した伴造が安曇（阿曇）氏だが、海上交通に長じた宗像氏も有力な海人氏族である。時代が下るにしたがって、素潜り漁法をはじめとして、漁業を主な生業とする集団を「あま」とよぶようになり、また、男の海士・女の海女が区別されるようになった。（福岡猛志）

あまいぬかいのもん【海犬養門】 ⇨宮城十二門

あまかしのおか【甘樫丘】 奈良県高市郡明日香村豊浦に所在する丘陵。味白檮丘・味橿岡などとも表記する。『古事記』や『日本書紀』に、允恭天皇の時代に姓の混乱を正すため、甘樫丘で盟神探湯を行なったと伝える。また六四四（皇極3）年一一月、蘇我大臣蝦夷と子の入鹿は家を甘檮岡に雙び起こして、大臣の家を「上の宮門」、入鹿の家を「谷の宮門」と称し、六五九（斉明5）年三月、甘橿丘の東の川上に須彌山を作った（ともに『日本書紀』）。六四五（皇極4）年六月に起きた乙巳の変（大化のクーデター）に際して、大臣蝦夷は「上の宮門」に火を放って自尽した。現在、甘樫丘とされているのは、地元で豊浦山と称す山（標高一四八m）で、古代の甘樫丘とみてよいかどうか問題を残す。延喜式神名帳には、高市郡所在の神社として甘樫坐神社四座がみえ、同社は現在、明日香村豊浦の向原寺（豊浦寺跡）の背後に鎮座している。古代の甘樫丘は、豊浦山とその西南に続く丘陵全体をさした可能性があると思われる。一九九四（平成6）年一月、豊浦山から西南へ約五〇〇m離れた所で、登山道整備のための発掘調査が行なわれ、七世紀中頃の炭化した建築部材や焼けた壁土が、上方から転落した状況で検出された。蝦夷の「上の宮門」に関わる遺物かと思われる。付近を踏査すると、人工的な平場や丘陵の稜線を削った箇所が多数あり、広大な遺跡が丘陵上に存在する可能性がある。（和田萃）

あまがしのおか【甘橿岡／甘檮岡】 ⇨甘樫丘

あまごい【雨乞】 祈雨祭祀は農耕の開始とともに行われていたと考えられるがその内容は明確ではない。『日本書紀』皇極天皇元（六四二）年には、村々で牛馬を殺して神を祭り、市を移し、河伯を祭るなどをして祈雨したが験なく、大乗経典の転読によって若干の雨が降り、さらに天皇が飛鳥南淵の河上で四方拝を行うと大雨になったという記事がある。七世紀にはすでにさまざまな祈雨祭祀が行われていたらしい。八世紀に入ると名山大川に祈雨する記事がみられるようになり、「延喜式」には大和の丹生川上、山城の貴布禰社をはじめ祈雨神八五座が記されている。（榎村寛之）

あまずら【甘葛】 蔓草の一種。またその液汁を煮詰めて、甘味料としたもの。甘葛煎・甘葛味煎とも。削り氷に入れたり、香料と練り合わせて薫物とした。七三六（天平8）年の「薩摩国正税帳」や、「延喜式」大膳下の諸国貢進菓子に、甘葛煎がみえている。（和田萃）

あまつかみ【天神】 ⇨天神地祇

あまつつみ・くにつつみ【天津罪・国津罪】 古代日本の宗教的な罪の意識。「延喜式」所収の大祓祝詞には、天津罪として畔放・溝埋・樋放・頻蒔・串刺・生剝・逆剝・屎戸をあげ、国津罪として生膚断・死膚断・白人・胡久美・己が母を犯せる罪・己が子を犯せる罪・母と子と犯せる罪・子と母と犯せる罪・畜犯せる罪・昆ふ虫の災・高つ神の災・高つ鳥の災・畜仆し蠱物せる罪を列挙する。高天原における罪と地上の人間世界における罪とに分類しているが、天津罪は『古事記』や『日本書紀』などにみえる須佐之男命（素戔嗚尊）の高天原での罪に対応し、『古語拾遺』には毀畔・溝埋・放樋・重播・刺串・生剝・逆剝・屎戸とある。『古事記』の仲哀天皇の条にみえる国の大祓の記事では、「生剝・逆剝・阿離・溝埋・屎戸・上通下通婚・馬婚・牛婚・鶏婚」の罪を述べて、天津罪・国津罪の両者を含む。本来の罪の意識を天津罪と国津罪に類別するようになったのは、天津神と国津神の類別観念に対応すると考えられる。灌漑用水の施設に対する罪や他人の耕地の不法な占有、性的タブーを犯した罪などがあげられており、その内容は時代の発展にともなって罪の内容が増補されていったと考えられる。共同体の秩序に対する共同体成立の侵害がその罪の基本を構成しているのが注目される。国造などのクニの法規範（族長法）のありようを天津罪・国津罪にみいだす見解もある。

【参考文献】石尾芳久『日本古代法の研究』（法律文化社昭34）。石母田正『日本古代国家論 第一部』（岩波書店昭48）。（上田正昭）

あまつひぎ【天津日継】 皇位をさす。日継は日嗣とも。『古事記』（上巻）の国譲り神話に「天つ神の御子の天つ日継」と記すのをはじめとして『日本書紀』『万葉集』などにもみえる。『宣命』には「天つ日嗣高御座の業」（文武天皇即位の宣命）などとある。『日本書紀』では「宝祚」「帝位」「天皇位」を「あまつひつぎ」と訓む。

（上田正昭）

あまつやしろ・くにつやしろ［天社・国社］ ヤシロとは、祭祀で神を迎える臨時のヤ(屋)を建てるシロ（特別地）の意。祭祀をうけるために「天坐神地坐祇」（宣命第十三詔）の各々寄りま坐す処が天社・国社の原義であるが、天神地祇をさす場合もある。「天社・国社及び神地・神戸を定む。」（崇神紀七年一一月）とあるのは、恒常的な社殿を建てたのではなく、ヤシロを定めた意と解せられる。（白江恒夫）

あまてらすおおみかみ［天照大御神］ 伊勢神宮の内宮をはじめとする奉斎神で、皇室の祖先神として尊崇されるようになる。天照大御神・大日孁貴尊・大日孁貴・天照皇大神とも称す。『古事記』によれば伊邪那伎命が黄泉国を訪ねて穢れにふれ、禊祓したさいに左の目を洗った時に天照大神、右の目のおり月読命、鼻のおり須佐之男が誕生したと伝える。『日本書紀』（本文）には、伊奘諾尊と伊奘冉尊が、海・川・木・草を生み、ついで天下の主たるものを生まんとして日の神を生みたまうと伝える。「大日孁貴と号す」とし、「一書に曰はく、天照大神」と記す。別伝のたとえば第一の「一書」には、伊奘諾尊が左の手で白銅鏡を持った時に大日孁貴尊、右の手で白銅鏡を持った時に月読尊が出生したと述べ、第六の「一書」に『古事記』と類似する伝承を記す。高天原の主宰神として（高皇産霊尊も）、国譲りや天孫降臨の司令神として重きをなす。須佐之男命（素戔嗚尊）の乱暴によって天の石屋戸（石窟戸）に隠れた神話は有名である。『日本書紀』の崇神天皇六年の条には、天照大神と倭大国魂神を王者の殿内にまつるが、「安からず」として天照大神を笠縫邑にまつり、垂仁天皇二十五年三月の条には、倭姫命は大神の鎮めまつる処を求めて、近江→東美濃→伊勢に到ると記載する。天照大神の託宣に、伊勢国を「常世の浪の重浪の帰する国」なりとあるのが注目される。そして「斎宮」を「磯宮」とよんだという。雄略朝のころから大王家とのかかわりが深まり、壬申の乱以後皇室の祖先神として明確にあおがれるようになる。その神格には日の神としての信仰のほか、その原像には海照らす神の側面もあり、さらには道教の織女神（西王母）との信仰とも重層する。伊勢内宮をはじめ宮中賢所などにまつられるが、伊勢（度会）神道や伊勢詣のひろまるなかで、各地の神明社などにも奉斎される。伊勢に坐す天照大神のほか、たとえば「延喜式」の山城国葛野郡・同久世郡、大和国城上郡・城下郡、摂津国嶋下郡の天照御魂神社、播磨国揖保郡の天照神社、丹波国天田郡の天照玉命神社、対馬国下県郡の阿麻氐留神社は各地で祭祀した太陽神であろう。

［参考文献］上田正昭編『伊勢の大神』（筑摩書房昭63）。（上田正昭）

あまのいわやと［天の岩屋戸］ 天照大御神が岩戸隠れをした石窟。『古事記』『日本書紀』などの神話にみえ、『古事記』は天岩屋戸・『日本書紀』は天石窟と書く。日神が洞窟や箱に隠れたので、さまざまな物を供えておびきだすモチーフは、アッサムからカリフォルニアまでの環太平洋の地域に分布する。洞窟に隠れた日神を、鶏を鳴かせたり花を見せたりしておびきだす伝承は、中国南部からアッサムに及ぶ地域にあって、『記』『紀』の天岩屋戸神話に類似する。冬至に行われた鎮魂祭とのつながりに注目する説もある。飛鳥浄御原宮に「御窟殿」の存在したことが『日本書紀』朱鳥元（六八六）年正月及び同年七月の条にみえるのは興味深い。

［参考文献］上田正昭『日本神話』（岩波新書昭45）。（上田正昭）

あまのぬなはらおきのまひとのすめらみこと［天渟中原瀛真人天皇］⇩天武天皇

あまのはごろも［天羽衣］ 新天皇が大嘗祭に臨み、廻立殿に設けられた小忌御湯に入るときに身につける湯帷をいう。また、新嘗祭、神今食のときに沐浴する際にも身につける。ただし言葉としては「延喜式」や「儀式」にはみられず、呼称として定着したのは一〇世紀以降のようである。（榎村寛之）

あまのはしだて［天の橋立］ 京都府宮津市北部、府中から宮津に向けて伸び、宮津湾と阿蘇海を分ける約三kmの砂嘴。既に「丹後国風土記」（『釈日本紀』）に「天橋立」と見えている。平安中期から景勝地として知られ、北の対岸には籠神社（丹後一宮）がある。宮城県の松島、広島県の宮島とともに日本三景の一つ。（高橋誠一）

あまべ［海部］ 大化以前の部民。海・海人部とも。海部は、王権がその支配を通して在地における山海の統治理念を総括するための「山海之政」の象徴的存在として設置された。職掌としては海産物・塩の貢納、航海技術・航海労働（海上軍事力）の提供などである。応神五年に「海人及山守部」を定めたことがみえ、『古事記』にも「海部山部山守部伊勢部」をおいたとする記事がある。遠江以西諸国におかれていたことがうかがえ、また海部関係地名の分布から広範囲にその存在が推定されている。在地では海部直に率いられた。この他に海部を統率した伴造氏族として、連・臣・首・公姓の海部（海）氏が散見する。応神三年に阿曇連の祖大浜宿禰が「海人之宰」になったことがみえ、海部を管掌する中央伴造として阿曇氏を想定する見解もある。また凡海（大海）連・凡海直といった氏族がみえ、凡海部なる部民も存在した。なお海部諸氏の統一的出自伝承はみうけられない。

［参考文献］井上光貞『大化前代の国家と社会　著作集四』（岩波書店昭60）。松原弘宣編『古代王権と交流六』（名著出版平7）。吉村武彦『日本古代の社会と国家』（岩波書店平8）。（大川原竜一）

あまべしけいず［海部氏系図］ 京都府宮津市に鎮座する籠神社の社家海部氏に伝わる系図であって、祝部として仕えた海部氏歴代を記載する。全一巻の竪系図。八七一（貞観13）年〜八七七（元慶元）年の間に書写されたと考えられている。始祖彦火明命から始まり、応神朝には直姓を与えられたとする。乙巳年（六四五年か）以降は、錯誤を含みながらも代々の神社奉仕の年代を注記する。後世に成立した『海部氏勘注系図』を付して国宝に指定されている。（早川万年）

あまみおおしま［奄美大島］ 鹿児島県南部、奄美諸島最大の島。奄美は阿麻弥・

海見とも書く。一六〇九（慶長14）年の島津氏の琉球支配以後は薩摩藩、明治に入って鹿児島県に属す。『日本書紀』斉明天皇三（六五七）年七月、天武天皇十一（六八二）年七月、『続日本紀』文武天皇三（六九九）年七月の条などをはじめとしてみえる。「賦役令」の「夷人雑類」について「古記」は「毛人・肥人・阿麻弥人等の類」とする。あまみは神話のアマミコの神に由来するとの説がある。（上田正昭）

あまみややまこふん［安満宮山古墳］ 大阪平野北東部の淀川北岸にある高槻市の東部、安満山山塊の中腹（標高約一二五m）に所在し、眼下に三島平野を代表する弥生時代の拠点集落・国指定史跡安満遺跡が広がる。古墳は狭小な尾根に築かれ、墳丘土の流失が激しく、もとは南北二一m、東西一八m程度の方墳とみられる。三世紀後半に築造され、埴輪列、葺石などの外表施設は認められない。墓坑は東西方向に設け、長辺七・一m、短辺三・六mを測り、坑底に排水溝を付設。墓坑中央に深さ約一・二m、長さ五・六m、幅一・一～一・三mの木棺埋納坑を掘り込み、割竹形木棺を安置していた。埋納坑上部には天井板を架けていたと考えられる。遺骸は中央部に東頭位で葬られ、棺内はほぼ全面に朱が撒かれていた。副葬品は遺骸の東西に分置され、複数の桟木で区切られた東部には、東から順に、二枚の布で包まれた三角縁環状乳神獣鏡と「青龍三年」方格規矩四神鏡、三角縁獣文帯神獣鏡の一群、木箱におさめられた斜縁二神二獣鏡、「陳是作」同向式神獣鏡の一群、そしてガラス玉一六四一個が二つ分けて束ねられていた。西側では、

安満宮山古墳出土三角縁環状乳神獣鏡（1号鏡）

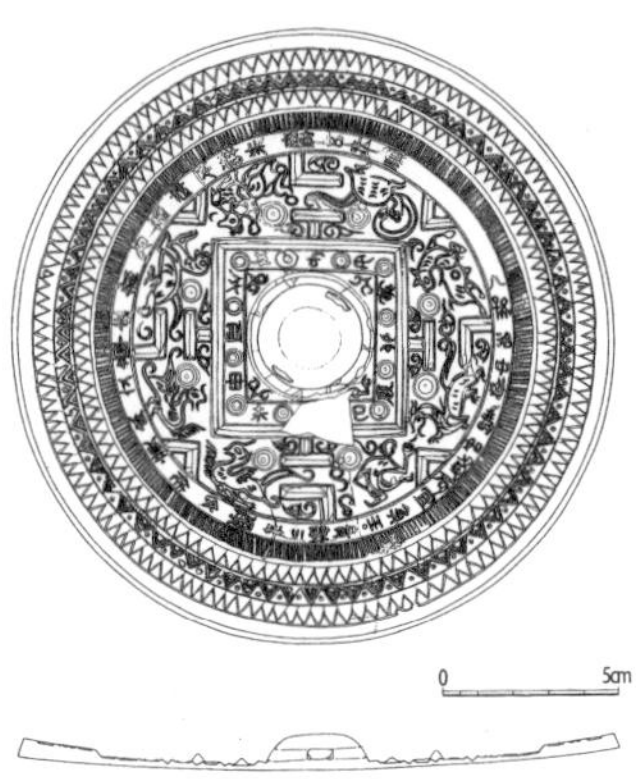

安満宮山古墳出土青龍三年方格規矩四神鏡（2号鏡）

足元の南辺に直刀・板状斧・有袋斧・鑿・鎌各一点、刀子・鉇各二点の鉄製品が一括されていた。遺物は重要文化財に指定。［参考文献］森田克行「青龍三年鏡とその伴侶」『古代』一〇五号（早稲田大学平10）。鐘ヶ江一朗編『安満宮山古墳』（高槻市教育委員会平12）。（森田克行）

あまるべ［余戸］ 律令制下の行政村落のひとつ。令制の村落制度は五〇戸一里（郷）を原則としたが、五〇戸に編成しきれない場合、九戸以下の超過は認め、もし一〇戸以上超過すれば別に一里（郷）を分立したらしい。この端数戸からなる小村を余戸（里）という。避地におかれた少数戸からなる特殊な里とする説もある。実例として、七三三（天平5）年の『出雲国風土記』（神門郡伊秩郷）には、四郡に各一つずつの余戸里（郷里制下の里）がみえており、そのうちのひとつはのちに郷となっている。（鎌田元一）

あみだしょうじゅうらいごうず［阿弥陀聖衆来迎図］ ⇩阿弥陀如来

あみだどう［阿弥陀堂］ 阿弥陀如来を本尊として安置した仏堂。東大寺南阿弥陀堂や法華寺阿弥陀浄土院など、奈良時代よりその存在が確認される。平安時代中期、末法思想を背景とした浄土信仰の隆盛にともなって、数多くの阿弥陀堂が建立された。その形式には二種類あり、一つは比叡山常行三昧堂のような本尊と脇侍を中心に安置し、その周囲を行道するといった修行を目的としたもの、もう一つは平等院鳳凰堂のような、極楽浄土の荘厳世界の具現化を目的としたものである。（志麻克史）

あみだにょらい［阿弥陀如来］ 仏教世界観で極楽浄土にあって衆生救済を行う仏。阿弥陀仏とも称し、また弥陀と略称される。浄土三部経（『無量寿経』・『観無量寿経』・『阿弥陀経』）では、阿弥陀如来とともに極楽浄土を説き、一切衆生の極楽浄土への往生を述べており、これらを根本経典として法然の浄土宗・親鸞の浄土真宗・一遍の時宗が成立した。阿弥陀如来が多くの諸聖衆を従えた阿弥陀聖衆来迎図は、浄土往生を願う者を迎えに来る様を描いている。（志麻克史）

あめたりしひこ［阿毎多利思比孤］ 『隋書』倭国伝が倭王の姓名として記す呼称。『隋書』に「姓は阿毎、字は多利思比孤」とあるのはアメタラシヒコの表記とみられる。隋側は倭王の姓名と記すが、(1)君主号を誤解したもので、天下られた方の意とする説。(2)使者を小野妹子とし、その祖神、天足彦国押人命の名を誤解したとする説などがある。（川﨑晃）

あめのいわくすぶね［天磐櫲樟船］ クスでつくられた堅牢な船。イザナギ・イザナミの二神が産んだ蛭子は三歳になっても、なお立つことができなかったので、天磐櫲樟船（鳥磐櫲樟船）に乗せて棄てたという（『日本書紀』神代紀の第五段）。古代には、スギおよびクスは「浮き宝」、すなわち船をつくるのに適した材木とされていた（神代紀の第八段）。また発掘調査で出土する古墳時代の船は、クスの巨木でつくった準構造船が多い。（和田萃）

あめのいわやとしんわ［天岩屋戸神話］ ⇩天照大御神

あめのうきはし［天浮橋］ 浮橋は船を並べて上に板を渡した橋をいうが、『日本書紀』（神代巻）などに伝える天浮橋は、高天原と地上との間にかけられた梯。「天上浮橋」とも書く。『播磨国風土記』印南郡益気里の条には、天にいたる橋の伝承を記し、多くの人びとが「上下往来」したので「八十橋」というとの伝承を記し、また『丹後国風土記』逸文には、天に「通

行」する「天橋立」の伝承を述べる。朝鮮・台湾・モンゴル・アッサム・中国・ポリネシア・インドネシアなどには虹の橋の観念がある。（上田正昭）

あめのうずめのみこと［天鈿女命］『記』『紀』神話の神。アマテラス大神が天の石屋戸に籠った際、その前で神懸りして胸や陰部を顕にした舞踏を行い神々の笑いを誘って、アマテラスを引き出すきっかけをつくる。『記』ではニニギの天孫降臨につきしたがい、道案内をする猿田彦神の名を現す神とされる。（菊地照夫）

あめのおしほみみのみこと［天忍穂耳尊］『記』『紀』神話の神。アマテラス大神の子。天の真名井の誓約のなかで生まれる。葦原中国を支配するために降臨を命じられるが、地上の平定に手間取っている間に子のニニギが生まれたため、ニニギが代わって降臨することとなったと伝える。（菊地照夫）

あめのかぐやま［天香具山］　奈良盆地の東南部、橿原市東部にある標高一四八mの小山。大和三山の一つ。畝傍山・耳成山が独立した山であるのに対し、天香具山は細川山山麓の端山にすぎない。天香具山は、日本神話にみえるように、もともと高天原にあると観念されていた山で、地上の香具山（香山・香来山・芳来山・芳山とも表記）を天空に投影した山であったが、『万葉集』ではすでに両者は混同されている。その埴土は呪力あるものとされていた（『日本書紀』神武即位前紀・崇神天皇十年九月条）。埴土にはカオリナイトが含まれており、実際に土器を作ることが可能である。『万葉集』巻一—二にみえるように、天香具山は倭王権の歴代の大王が国見を行う山であったことが、その埴土を「倭国の物実」とする観念を生んだ。『万葉集』には、中大兄皇子の三山歌や藤原宮の御井の歌をはじめとして数多く歌われ、西麓には高市皇子の香具山宮や十市郡の正倉があった。北側中腹の天香山神社本殿の背後に巨大な磐座があり、香具山を神聖視する背景となったものと思われる。

【参考文献】真弓常忠『天香具山と畝傍山』（学生社昭46）。（和田萃）

あめのかぐやまじんじゃ［天香山神社］天香具山の北側中腹（橿原市南浦町）に鎮座する神社。「延喜式」巻九の神名帳には、大和国十市郡に大社として天香山坐櫛真命神社がみえ、もとの名は大麻等乃知神であったという（神名帳割注）。神名帳にはまた、平安京の左京二條坐神社二座のうちに久慈真智命神をあげ、本社は大和国十市郡の天香山坐櫛真命神とする。また七三〇（天平2）年の「大倭国正税帳」に、久志麻知神とみえるところから、祭神はクシマチ命であったとみてよい。「クシ（奇し）」は霊妙な意であり、マチはウミガメの腹甲を用いて行う亀卜に際して出現する「兆」の意。もともと天香具山には、卜占をつかさどるクシマチ命が祀られていたのであり、平安遷都とともに平安京の左京二條に分祀された。天香具山の埴土が呪力あるものとされ、また倭王権の大王の国見の場所でもあったこととあわせて、天香具山の神話的位置づけが注目される。（和田萃）

あめのこやねのみこと［天児屋命］『記』『紀』神話の神。中臣氏の祖先神で同氏の氏神社河内国河内郡の枚岡神社、藤原氏の氏神社大和国添上郡の春日大社の祭神。天の石屋戸の段では鹿卜と「太詔戸言」（祝詞）のことほぎによって、天照大神の出現の祈禱を行う。中臣氏は律令制下の宮廷祭祀において中心的役割を担い、とくに卜占と祝詞は中臣氏とその同族の卜部によって行われたが、ここにみえる天児屋命の活躍が中臣氏の王権の神事・祭祀への奉仕の起源となっている。また天孫降臨の段では天孫ニニギノ命の降臨に際し、五伴緒の筆頭として随伴する。『日本書紀』第七段第三の一書では興台産霊の子とする。神名の名義は未詳だが、「児屋」を「小さな屋根の建物」と解し、神事を行う小屋の神格化とみる説や、コヤを摂津国島下郡の地名、ネを神霊の意と解し、コヤ（混陽）の地の神とみる説もある。このコヤの地は現高槻市富田付近にあたり、『藤氏家伝』にみえる「三島の別業」や中臣鎌足の墓とされる阿武山古墳にも近い。

【参考文献】横田健一『日本古代神話と氏族伝承』（塙書房昭57）。（菊地照夫）

あめのさぐめ［天探女］『記』『紀』神話の神。大国主神を服従させるために天上から派遣されたアメワカヒコが復命しないので、様子を探るために遣わされた雉を、鳴き声が悪く不吉であるとして射殺するようアメワカヒコに進言したという。（菊地照夫）

あめのひぼこ［天日槍］新羅の王子と伝える渡来の人物。天之日矛とも書く。『古事記』では応神天皇の条に渡来の伝承を記し、『日本書紀』では垂仁天皇三年三月の条にその説話を載せる。『記』と『紀』とでは渡来の年次の違いばかりでなく、その持参した神宝についても『記』は珠二貫・四種の比礼（呪布）・奥津鏡・辺津鏡の八種とするが、『紀』本文では珠（三）・小刀・桙・日鏡・熊の神籬の七物とする。ところが『同』別伝（一云）では、珠（三）・刀子・槍・熊の神籬・膽狭浅の大刀の八種とする。このように天日槍の神宝にかんする内容にも違いがあるけれども、『記』が神宝八種について「此は伊盈志の八前の大神なり」と注記するのは注目にあたいする。兵庫県出石町の出石神社がそれである。天日槍の渡来伝承は『記』『紀』のほか、『播磨国風土記』・『摂津国風土記』逸文・『古語拾遺』『新撰姓氏録』などにもみえる。『古事記』の赤玉の化身とする阿加流比売を天日槍が追い求めて渡来する説話と類似する伝承に、『紀』の垂仁天皇二年是歳の条の白石の化身とする美麗の乙女が渡来する記述がある。

【参考文献】松前健他『天日槍』（いずし但馬国理想の都の祭典実行委員会平7）。（上田正昭）

あめのふとだまのみこと［天太玉命］⇨太玉命

あめのほあかりのみこと［天火明命］『記』『紀』の神話の神。尾張連氏の祖先神。『古事記』ではアマテラスの子天忍穂耳命とタカミムスヒの子万幡豊秋津師比売命との間に生まれた二神の一つで、他の一神は天孫邇邇芸命である。『日本書紀』第八の一書には「天照国照彦火明命」とある。一方『日本書紀』本文には邇邇芸命と鹿葦津姫の子で海幸・山幸の兄弟神に「火明命」があり、やはり尾張連の始祖とされる。『新撰姓氏録』には天火明命を祖とする氏族として尾張連の他に伊福部宿禰、伊福部連（大和神別）などがある。（菊地照夫）

あめのほひのみこと［天穂日命］　『記』『紀』神話の神。アマテラスとスサノオの誓約のなかでアマテラスの子として生まれ、葦原中国平定の使者として最初に派遣された神と伝える。出雲国造神賀詞では天の下を廻りて復命したという。出雲国造の祖神。（菊地照夫）

あめのみなかぬしのかみ［天之御中主神］　『古事記』の神話の神。『古事記』の冒頭、天地初発の時に最初に出現した神。つづいて出現したタカミムスヒ神とカミムスヒ神とともに造化三神といわれる。具体的な活動を物語る神話はなく、宮廷内で実際に祭られた形跡もない。この点でタカミムスヒ・カミムスヒとは対象的であり、中国の天*の思想などをもとに高天原の至高神として案出された神とみられる。またこの神には後裔氏族がない。ただし後に中臣氏の遠祖とされるようになる。（菊地照夫）

あめのむらくものつるぎ［天叢雲剣］⇩三種神器

あめわかひこ［天稚彦］　『記』『紀』神話の神。天孫降臨に先立つ葦原中国の平定で、アメノホヒに続いて派遣されるが、大国主神の娘と結婚して復命せず、偵察に遣わされた使者の雉を射殺したことから反逆者とみなされ、逆に矢を射返されて殺されたと伝える。（菊地照夫）

あや［綾］　経糸・緯糸の両方を一定数だけ浮かせて文様を織り出し、単色に染めた絹織物。文様は光の具合で鮮明に浮かぶ。古墳時代に伝来していたが、製織が盛んになるのは奈良時代。平安時代中期以降は織・文様ともに和様化する。（武田佐知子）

あやし［漢氏］　古代に朝鮮半島から渡来した渡来人・渡来系氏族。漢を氏族名とするごとく中国後漢王朝皇帝の子孫と称するが、事実は朝鮮半島出身者を母体とし、訓のアヤは加羅諸国の一国の安邪（安羅・阿那とも。慶尚南道咸安）の国名からきたとする説が有力。のち漢の字をあてた。渡来伝承は『古事記』応神天皇段に「漢直の祖」が「参渡来」といい、『日本書紀』応神天皇紀に「倭漢直の祖先阿知使主、其の子都加使主、並に己が党類十七県」を率いて「来帰」といい、いずれも応神天皇朝にかける。この渡来の時期については仲哀天皇が遠征途中で死去、引き継いだ神功皇后が服属に成功、しかる後の応神朝に渡来、という筋道での作為であり、史実として信頼しがたい。『日本書紀』雄略紀の記事やほかの文字資料、また五世紀の急激な王権の拡大などから、実際には五世紀代の渡来と考えられている。倭王権の官僚集団の一翼を担い、また土器製作、機職技術、金属器の生産・加工などの諸蚕業技術の伝来とその継承などにあたった。天武天皇による「東漢直」への「七つの不可」の叱責（『日本書紀』天武六〈六七七〉年六月条）にみられるように政治的な活躍も大きく、この点で殖産的とされる秦氏と対極をなす。

東漢（倭漢）氏と西漢氏がある。東漢氏は大和高市郡を本拠として繁栄し、「高市郡の内は檜前忌寸及び十七県の人夫」ばかりで「他姓の者は十にして一、二」という有様で（『続日本紀』宝亀三〈七七二〉年四月条）、高市郡は元は「今来郡」といった（坂上系図）。後に新来の「今来漢人」たちを統率して巨大氏族になった一族が集団的に居住していた。飛鳥文化の基底には渡来文化がある。最初、直、ついで連、さらに忌寸へと改姓している。西（川内・河内）漢氏は河内などに居住し、同じく天武朝に直から連、さらに忌寸へと改姓したが、東漢氏とは別の姓とする説もある。

〔参考文献〕『関晃著作集（三）』（吉川弘文館平8）。山尾幸久『古代の日朝関係』（塙書房平元）。平野邦雄『大化前代社会組織の研究』（吉川弘文館昭和44）。加藤謙吉『吉士と西漢氏』（白水社平13）。（井上満郎）

あやとりし［挑文師］　大蔵省織部司に所属し、綾・色糸を挿し込んだ錦・経糸を捩った羅など文様のある高級絹織物の織成法を教授する才伎長上。官位令では大初位下相当。七一一（和銅4）年に諸国へ派遣され、国衙での綾・錦生産を指導した。（武田佐知子）

あやのあたい［漢直］⇩漢氏

あやはとり［漢織］⇩漢織呉織

あやはとりくれはとり［漢織呉織］　古代に中国や朝鮮半島（伽耶）から渡来した綾織の技術者。穴織呉服とも書く。『日本書紀』応神天皇三十七年二月に阿知使主らを呉に遣わして縫工女を求めたとき、呉王は工女兄媛・弟媛・呉織・穴織の四人を与えたという。雄略天皇十四年正月には、四人が住吉津についたことが記されている。『古事記』応神天皇段には呉服西素がみえる。『日本書紀』の記事は、同じ内容を分けて書いたとする説、応神紀の記事を雄略紀の記事の混入とする説がある。（宮永廣美）

あやらぎごういせき［綾羅木郷遺跡］　山口県下関市北郊の綾羅木郷台地上に広がる弥生時代前期～中期前半の集落遺跡。大小の環濠に囲まれた内部に、竪穴住居のほかに総計九一一基の食料貯蔵用の袋状竪穴群が発掘されている。内部には穀物を入れたおびただしい数の土器や石鎌を特徴とする農耕用の石器、石錘や鮑起し等の漁撈具、土笛・男根陰穴石器等の祭祀具など多様な生活用具が出土している。壺に貝殻で施文されたさまざまな美しい文様が見られるのが特徴である。一九六九（昭和44）年国指定史跡。

〔参考文献〕下関市教育委員会『綾羅木郷遺跡発掘調査報告Ⅰ』（昭56）。（中村徹也）

あゆい［脚帯］　男性埴輪にみられるとおり、衣と袴の服装に、袴の上から膝下を結ぶ紐のこと。紐に小鈴をつけることもなされた。『古事記』允恭天皇の巻、『日本書紀』雄略天皇紀等にみられ、『万葉集』七にも登場するため、奈良時代にも行われていた。（芳井敬郎）

あゆちがた［年魚市潟］　尾張国の地名。『日本書紀』に「年魚市郡熱田社」「吾湯市村」とあり、現在の名古屋市南区の低地から天白川河口にいたる、かつての海岸地帯と推定される。歌枕として知られた。（高橋誠一）

あら［安羅］　加耶諸国の一国。現在の韓国慶尚南道咸安にあった。加耶南部では金官国とならぶ有力国。安羅は『日本書紀』の表記で、『三国史記』では阿尸羅・阿那加耶、『三国遺事』では阿羅伽耶と表記する。『魏志』韓伝にみえる弁韓一二国の安邪国が前身。四世紀後半に倭・百済との同盟関係に加わり、四〇〇年の高句麗の南下に際しては、倭・金官国側に立って戍兵（守備兵）を送っている（広開土王碑）。同盟関係は六世紀まで維持され、五二〇年代に新羅が金官国に侵入すると、倭に救援を求め、倭から近江毛野臣が派遣された。何もできないのをみると今度は百済に救援を求め、百済軍が五三一年に進駐した。しかし百済の侵略意図が露骨になったことにより、新羅寄りの姿勢をとるようになり、倭から派遣された使節団（任那日本府）も、それを支持した。五六二年より以前に新羅に降ったと考えられる。咸安郡伽倻邑には推定王宮址があり、周囲には末山里・道項里古墳群などがある。　（田中俊明）

現在の咸安郡加耶邑全景
中央の丘陵に末山里古墳群

あらいはくせき［新井白石］　1657～1725　江戸時代中期の儒学者・政治家。江戸柳原の内藤政親の邸内に生まれる（土屋利直の仮邸）。父正済は上総国久留里藩土屋家の家臣で、一三歳のころ利直の代筆をつとめたという。呼び名は伝蔵、名のりは君美であった。字は在中・済美、小字は勘解由、白石のほか紫陽・竹径・錦屏山人・勿斎・天爵堂などと号した。一六七七（延宝5）年土屋家の内紛に連座して禁錮に処されたが七九（同7）年土屋氏改易となって禁錮を解かれる。八二（天和2）年三月、大老堀田正俊に仕える。八六（貞享3）年木下順庵の門人となる。時に三〇歳。九一（元禄4）年堀田家を辞し、九三（同6）年一二月、順庵の推挙で、甲府藩主徳川綱豊に仕える。三八歳の頃から御書物御用に従事。一七〇九（宝永6）年綱豊が将軍となり（家宣）幕府に登用されて将軍を補佐、一一（正徳元）年従五位下筑後守に叙任、幕政の改革（正徳の治）につとめる。文治政治を展開し、生類憐み令の廃止、朝廷と幕府関係の改善、朝鮮通信使の処遇改変、正徳金銀の新貨鋳造、海舶互市新令（長崎新令）による貿易の制限などを実施した。一三（正徳3）年に家継が将軍となり、引きつづきこれを補佐。一六年家継が歿して吉宗が将軍職を継承、間部詮房らとともに罷免さる。時に六〇歳。その後著述に没頭し、六九歳で死去した。著作には自叙伝として有名な『折たく柴の記』があり、神話や古代史にかんする『古史通』『古史通或問』、日本史概説ともいうべき『読史余論』、大名三三七家の改革などを収録した『藩翰譜』、アイヌ研究のさきがけといってよい『蝦夷誌』、琉球の研究書でもある『南島志』、言語研究の『東雅』、イタリアの宣教師シドッチとの応答を記録した『西洋紀聞』、オランダ商館長と会談して欧米・アフリカ・アジアなどの地理・風俗を加えて編集した『采覧異言』などがある。古代史については、晩年神代から持統天皇までを中心に考察した『史疑』をまとめていたことが書簡でわかる。

［参考文献］桑原武夫編『新井白石』（中央公論社昭44）。　（上田正昭）

あらうみのしょうじ［荒海障子］　清涼殿の東広庇の北端にある布障子で、作者は巨勢金岡とも伝えられる。南面には『山海経』をもとにして、荒海に手長・足長を配した図が、北面には「宇治川の網代」が描かれている。『枕草子』にも手長・足長の絵が恐ろしいと記されている。　（西山恵子）

あらかわのしょう［荒川荘］　和歌山県那賀郡桃山町のほぼ全域と粉河町の一部にあった荘園。高野山領。安楽川荘とも。一一二九（大治4）年鳥羽院領として成立するが、院没後の一一五九（平治元）年美福門院より高野山に寄進された。　（山本崇）

あらきだし［荒木田氏］　伊勢皇大神宮（内宮）の神官・禰宜をつとめた氏族。天見通命を祖とする。伊勢国度会郡に居住し、成務天皇時代に大神宮料田を開発した功により荒木田（新開発田の意）の氏名を賜ったと伝える。　（瀧浪貞子）

あらたわけ［荒田別］　神功・応神朝に対新羅・百済との交渉にあたったとされる伝説上の人物。『日本書紀』応神十五年条や『姓氏録』止美連・田辺史条などでは上毛野氏の祖であるとするが、本来は渡来系氏族が伝承してきた氏祖であろう。　（小野里了一）

あらちのせき［愛発関］　「軍防令置関条」に規定された律令三関のうち越前におかれた関。関の位置は七六四（天平宝字8）年九月におきた恵美押勝の乱の動向から、近江・琵琶湖北岸の海津から越前・敦賀にいたる西近江路と称する路上の「山中」「追分」「疋田」「道ノ口」を想定するが確定できない。古代の駅路とかかわって、若狭と越前の国境の「関峠」も有力。一九九六（平成8）年から疋田を中心に発掘調査を行ったが、官衙建物の確認に至っていない。

［参考文献］木下良「敦賀市史研究」二号（敦賀市昭56）。金田章裕『今津町史第一巻』（今津町平9）。門脇禎二他『敦賀市史通史編㊤』（敦賀市昭60）。『越前愛発関調査概報Ⅰ・Ⅱ』（敦賀市教育委員会平10・平11）。（八賀晋）

あらはかでら［荒陵寺］　⇨四天王寺

あらひとがみ［現人神］　人の姿で現れる神。現御神・明御神・現神、あるいは現人之神などとも。『日本書紀』景行天皇四十年の条では日本武尊が「現人神之子なり」と名乗り、また雄略天皇四年二月の条には雄略天皇が「現人之神ぞ」と葛城の神に告げる伝承を記す。『日本書紀』では明神・現為明神とも。「大宝令」「養老令」(公式令)では「明神」、「宣命」では明神・現御神・現神と表記する。壬申の乱後『万葉集』でも明らかなように、「皇は神にしませば」「大王は神にしませば」などと詠まれるようになるが、『古事記』では雄略天皇が「呉床居の神」と歌われている。天皇を神聖する天皇神観は、日本歴史のなかで長く保持され、明治以後の国家神道によって強化されたが、一九四六(昭和21)年元日、昭和天皇のいわゆる「天皇の人間宣言」が公にされた。

〔参考文献〕 上田正昭『大王の世紀』(小学館昭48)。村上重良『天皇の祭祀』(岩波新書昭52)。 **(上田正昭)**

あらましのみやこ［新益京］ 藤原京をさす名称。六九二(持統6)年正月、持統天皇は新益京の道路を視察した(『日本書紀』)。藤原京は近代の用語であり、持統朝には新益京と称されていた。古訓では「アラマシノミヤコ」とみえ、飛鳥のミヤコ(京)とは別に(拡大したのではなく)、「新たに作られた広大なミヤコ」の意と考えられる。 **(和田萃)**

あらみたま［荒魂］ ⇨和魂・荒魂

あらやいせき［荒屋遺跡］ 新潟県北魚沼郡川口町に所在し、本州北半部の旧石器時代末期・細石刃文化を代表する遺跡。信濃川と魚野川の合流点の段丘上に位置する。八m四方の発掘区から一九基の土坑などが検出された。土坑は焼土、炭化物を含み、坑底は受熱しているものが多い。数万点にのぼる石器は珪質頁岩製で、おもに細石刃、彫刻器、掻器からなる。細石刃文化の遺跡としてはもっとも規模が大きく、多数の明確な遺構が検出された点が重要である。国指定史跡。 **(鈴木忠司)**

あらやがたちょうこくき［荒屋型彫刻器］ 旧石器時代末期の荒屋遺跡出土品をもとに芹沢長介によって命名された。器体左上半部に設けられた彫刻器面を利用して、骨角や木の加工に用いる道具とされる。長さ数cmの剝片のほぼ全周を調整加工し、長楕円形に整えた後、右上から左下に向けて打撃を加えて、樋状の彫刻器面を作り出す点に特徴がある。同じ型式の石器は東北アジアからアラスカにかけて広く分布し、日本では本州東北半部から北海道でおもに発見される。 **(鈴木忠司)**

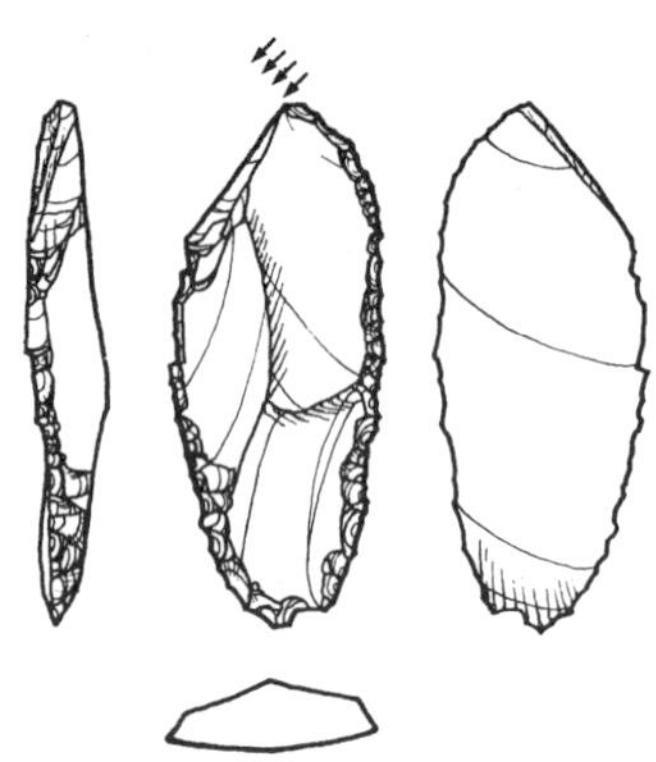

荒屋型彫刻器

ありは(わ)らし［在原氏］ 平城天皇の皇子高丘(岳)親王と阿保親王の息子に賜姓されたのに始まる氏族。八二六(天長3)年、これ以前に在原朝臣を賜姓されていた善淵王・安貞王(ともに高丘親王息)にならい、阿保親王の子仲平・行平・守平・業平らにも賜姓された。阿保親王系の行平や業平などは公卿に昇進したが、高丘親王系の多くは四・五位にとどまった。不退寺(奈良市法蓮町)は氏寺と伝えられ、境内には業平の墓がある。 **(瀧浪貞子)**

ありは(わ)らのなりひら［在原業平］ 825～80 平安時代前期の歌人。通称、在中将。父は平城皇子阿保親王。母は桓武皇女伊都内親王。六歌仙・三十六歌仙の一人で百人一首にも選ばれる。色好みの貴公子として『伊勢物語』で偶像化される。家集に『業平集』がある。 **(佐々木孝浩)**

ありは(わ)らのゆきひら［在原行平］ 813～93 平城天皇孫。阿保親王の子。八二六(天長3)年賜姓。八七〇(貞観12)年参議となり、従三位中納言にいたる。大宰権帥在任中、民政に関する二箇条の起請を提出。王民の教育機関として奨学院を創建。歌人としても秀でた。 **(関口力)**

ありひしのから［南加羅］ 加耶諸国の一国。現在の韓国慶尚南道金海にあった。金官国のこと。南加羅と記すのは『日本書紀』のみで、加耶諸国の中心が大加耶に移ってからの表記と考えられる。『日本書紀』では神功紀・継体紀・欽明紀にあわせて五回登場する。古訓で「ありひしのから」と読ませる。いくつかの邑から構成され、その一つが任那であり、その国全体の呼称としても用いられた。倭が最初に外交関係を結んだのがこの国で、そのため任那が広義に加耶全体をさすかのように使われるようになった。『魏志』韓伝にみえる弁韓一二国の狗邪国が前身。四世紀には加耶の最有力国で、大加耶とよばれた。倭との関わりは終始深く、倭はここを拠点としてさらに内陸に進出を試みることもあった。五二〇年代後半に新羅の侵攻をうけ、五三二年に降った。新羅からは破格の待遇をうけ、金姓を賜り、王の子孫は新羅の貴族として活躍する。金武力や金庾信が著名。「駕洛国記」が始祖首露王の降臨や王系を伝える。

金海全景
中央左に首露王陵

金海全景
中央左の小さい丘陵が鳳凰台（推定王宮址）

（田中俊明）

ありまのみこ［有間皇子］ 640～58　孝徳天皇の皇子。母は阿倍倉梯麻呂（内摩呂）の女の小足媛。中大兄皇子（後の天智天皇）は従父兄弟。孝徳天皇のただ一人の皇子で、有力な皇位継承者であった。六四九（大化5）年三月、外祖父の左大臣阿倍倉梯麻呂が薨じ、また孝徳天皇の政治基盤は弱く、政治の実権は中大兄皇子にあったため、両者の間にしだいに不和が生じ、六五四（白雉5）年一〇月、孝徳天皇は失意のうちに崩じた。そうしたなかで、聡明な有間皇子は陽狂、すなわち気のふれた振りを装ったという。六五七（斉明3）年九月、有間皇子は牟婁温湯（和歌山県西牟婁郡白浜町の湯崎温泉）に行き、飛鳥に戻ってから、牟婁温湯は病気治癒に効能あると触れ回ったので、斉明天皇も関心をもつようになった。翌年一〇月一五日、斉明天皇は紀温湯（牟婁温湯）へ行幸した。一一月三日、留守司として飛鳥に留まっていた蘇我赤兄臣は、有間皇子に対し、斉明天皇の三失政をあげて批判したので、赤兄が自分に好意をもつと思った有間皇子は、挙兵計画を洩らした。同月五日、有間皇子は赤兄の家に赴き、赤兄と高殿で計画を練っていたところ、脇息の脚が折れたので、それを不吉な前兆と思い、互に誓約しなかった。その夜半、赤兄は兵を遣わし、有間皇子の市経の家（奈良県生駒市一分とされるが、未詳）を襲って皇子を逮捕し、紀温湯へ護送した。紀温湯で中大兄皇子から訊問を受けたが、有間皇子は「天と赤兄と知らむ。吾、もはら知らず」と答えたという。訊問が終わって再び大和へ護送される途次、藤白坂（和歌山県海南市内海町藤白）で絞殺された。謀反に加わったとされる塩屋連鯯魚と舎人の新田部連米麻呂も、同所で斬殺された。有間皇子の謀反事件の実態は不明で、一般的には中大兄皇子が蘇我赤兄臣と謀り、有力な皇位継承者であった有間皇子を粛清したとされるが、問題は残る。分注にみえる「或本」の説によれば、有間皇子は周到な軍事計画を立てていた。すなわち、まず後飛鳥岡本宮を焼き、兵五〇〇を急行させて牟婁津（和歌山県田辺市の田辺湾）を占拠し、水軍によって牟婁温湯と淡路島との航路を断つというものである。腹心の塩屋連鯯魚の本拠地が和歌山県御坊市塩屋であることも注目されよう。しかし有間皇子が歌った磐代の浜松に対して（『万葉集』巻二―一四一・一四二）、後代の人々が唱和しており（巻二―一四三～一四六など）、有間皇子の悲劇に多くの同情が寄せられていたことを示している。（和田萃）

ありまのゆ［有馬湯］ 現兵庫県神戸市北区の温泉。『日本書紀』に舒明天皇や孝徳天皇などの行幸が記され、湯治場として栄えた。平安時代にも白河法皇や後白河法皇、関白藤原頼通、鎌倉時代には藤原定家も湯治に訪れた。一五二八（享禄元）年と一五七六（天正4）年の火災によって荒廃、羽柴秀吉によって復興に着手されたが、一五九六（慶長元）年の大地震で壊滅的な被害をうけた。しかしその後の秀吉による大規模な復興工事によって面目を一新し、今日の大温泉地として基盤が形成された。（高橋誠一）

あるしたり［下哆唎］ 『日本書紀』継体紀にみえる「任那国」の四県の一。現在の全羅南道。「任那国」の一部でミヤケであったとするのは『日本書紀』に独自。国守穂積臣押山が要請し大伴金村が支持して百済に賜ったとするが、実際には百済が自力で領有。（田中俊明）

アルタイしょげんご［アルタイ諸言語］ チュルク語群、蒙古語群、ツングース語群の総称。朝鮮語、日本語、アイヌ語も言語構造上で親族関係にあるとする説もあるが、いまだ証明はされていない。チュルク語群にはトルコ語、アゼルバイジャン語、タタール語、カザーフ語、キルギズ語、ウズベク語、トゥルクメン語、ウイグル語、ヤクート語などが属す。蒙古語群にはハルハ語、ブリヤート語、オイラート語、モゴール語などが属す。ツングース語群には満州語、ゴリド語、ウデヘ語、オロチ語、オロッコ語、オルチャ語、ソロ語、エヴェンキ語などが属す。アルタイ諸言語の言語構造上の特長は、語頭にsp-、st-といった子音群がこないこと、母音調和があること、主語が述語の先にたつこと、修飾語が被修飾語の前にたつこと、補語や目的語がそれを支配する動詞の前にたつことなど、日本語の言語構造上の特長と共通する点が多い。（愛宕元）

あわ［粟］ イネ科の一年草、五穀の一つ。『古事記』（上巻）に大気都比売の身の耳から粟が発生する神話を記し、『日本書紀』（巻第一）の第一一の「一書」には保食神の顱から粟が生じた神話を述べる。『日本書紀』（巻第一）の少名彦名命が粟茎に登り、はじかれて常世郷にいたる神話を記載する。『常陸国風土記』筑波郡の条には「新粟の初嘗」の伝承がある。（上田正昭）

あわじしま［淡路島］ 現兵庫県南部の島。『記』『紀』の国生み神話にもみえる。律令制下の淡路国。瀬戸内海最大の島で、北は明石海峡、西は播磨灘、東は友ケ島水道・大阪湾、南は紀伊水道、南西は鳴門海峡に臨む。北部の北淡山地、中部の先山山地、南部の諭鶴羽山地などの山地が多く、平野は三原地溝地の淡路平野に限られている。現在は洲本市のほか津名郡と三原郡の一市二郡一〇町からなる。『古事記』のオノコロ島の伝説地や『万葉集』などに歌われた景勝地が多く、とくに大鳴門橋と明石大橋によって本州と四国に連結されて観光地・リゾート地としての開発が著しい。温暖な気候で米作の他にタマネギやレタスなどの野菜栽培、ビワ・ミカンなどの果実栽培、菊・キンセンカなどの花卉栽培が盛んで、漁業や水産加工業なども発達している。また淡路瓦の生産や線香の生産などの地場産業でも知られる。

〔参考文献〕『兵庫県史』全二六巻（昭49～）。八木哲治他『兵庫県の歴史』（山川出版社昭46）。　（高橋誠一）

あわじのきみ［淡路公］ ⇩淳仁天皇じゅんにんてんのう

あわじのくに［淡路国］ 南海道に属する国。現在の兵庫県淡路島にあたる。阿波への道筋に当ることが淡路の国名の由来とされる。瀬戸内海最大の島で、北は明石海峡、西は播磨灘、東は友ヶ島水道・大阪湾、南は紀伊水道、南西は鳴門海峡に臨む。北淡山地、先山山地、諭鶴羽山地などの山地が多く、平野は淡路平野に限られる。反正天皇の生地、仲哀天皇の淡路屯倉、履中・允恭天皇の狩りなどの伝承があり、古くから大和朝廷との関係の深かったことが想定される。「延喜式」では下国とされ、所管の郡は津名・三原郡の二郡がおかれた。国府は三原郡三原町市と同町神代国衙の両地が推定地で、国分寺・国分尼寺も三原町に置かれた。律令制下では天皇の食料を供給する国とされ「御食都国」ともよばれた。淡路御原の海人や淡路野島の海人の名が『日本書紀』にみえ漁業や航海にも携わる人達も多かったと考えられる。八世紀中期以降には皇族の配流の地ともなり淳仁天皇や不破内親王、早良親王などが流された。

〔参考文献〕『兵庫県史』全二六巻（昭49～）。八木哲治ほか『兵庫県の歴史』（山川出版社昭46）。　（高橋誠一）

あわじはいてい［淡路廃帝］ ⇩淳仁天皇じゅんにんてんのう

あわしまじんじゃ［淡島神社］ 和歌山県和歌山市加太にある神社。「延喜式」式内社。祭神は少彦名命・大己貴命ほかとされるが、近世以前には加太神社といい、天照大神の娘で住吉明神の妻とし、婦人の信仰を集めた淡島信仰が盛んであった。雛流し神事は有名。　（榎村寛之）

あわじんじゃ［安房神社］ 千葉県館山市所在の式内社。安房国の一宮。祭神は天太玉命。忌部氏祖の天太玉命の孫の天富命が、神武天皇のときに阿波国から一族を率いて移住、麻・穀の扶植などの開発にあたり、やがて祖神を祀ったもので、ために安房神社と名付けたという（『古語拾遺』）。関東にも忌部は存在し、それを後世に阿波国忌部と結びつけた社伝であろう。八五九（貞観元）年には正三位に叙されている。関東の大社であるため中世には武士階級の信仰を集めた。　（井上満郎）

あわたし［粟田氏］ 『古事記』孝昭段に孝昭天皇皇子天押帯日子の後裔氏族として、春日氏以下、和珥氏同族が記されているが、粟田氏もここに見える。山城国愛宕郡粟田郷（京都市東山区粟田口周辺）が本拠地と考えられるが、大和や近江・若狭・越前にも分布していたことが木簡などから確認できる。同氏は七世紀後半以降、外交や学問の分野で活躍したが、なかでも文武朝に「大宝律令」の編纂に参加し、さらに遣唐執節使に任じられ入唐した粟田朝臣真人は著名。　（小野里了一）

あわたのまひと［粟田真人］ ⇩粟田氏あわたし

あわたのみちまろ［粟田道麻呂］ ?～765 奈良時代中期の官人。七六四（天平宝字8）年の藤原仲麻呂の乱に際し従四位下に昇叙され、乱後は参議に列したが、翌（天平神護元）年の和気王の謀反に与して飛騨員外介に左降。彼の地で幽閉され没した。　（小野里了一）

あわづ［粟津］ 滋賀県大津市南部、琵琶湖南西岸から瀬田川以西の湖岸の地名。粟津岡・粟津浜・粟津野の名もみえる交通の要地で壬申の乱では大海人皇子軍の陣、またのちに木曾義仲の戦死した地。粟津御厨、粟津七ヵ荘もおかれた。　（高橋誠一）

あわづかいづか［粟津貝塚］ ⇩粟津湖底遺跡あわづこていいせき

あわづこていいせき［粟津湖底遺跡］ 滋賀県大津市の琵琶湖南端の湖底二～三mに位置する縄文時代早期初頭から中期前葉にかけての植物層と貝塚からなる湖底遺跡。水中調査によって貝塚の範囲が推定され、そこを迂回する航路が計画され、包含層が確認された南北二ヵ所を一九九〇（平成2）年に鋼矢板で囲って発掘が行われた。北区の早期流路はクリやマメ類、ヒョウタンを豊富に含み、大川・神宮寺式の押型文土器、石器、木製品が出土した。セタシジミを主体とする第三貝塚では、トチや常緑性のドングリとともに船元式土器、赤漆の櫛、土製耳栓、土偶、フナやナマズ、ギギのほか、絶滅した二種のコイ科魚類が出土した。　（松井章）

あわのくに［阿波国］ 南海道に属する国。現在の徳島県にあたる。北部には讃岐山脈、南部には剣山地があり、その間に吉野川流域の徳島平野と頭部の海岸部に平野が広がる。律令制以前には北部の忌部氏による粟国と南部の三輪系の海人による長国があったといわれる。また吉野川上流に別の国があったとする説もある。「延喜式」では上国とされ、所管の郡は板野・阿波・美馬・三好・麻殖・名東・名西・勝浦・那賀（のちに海部が分出）郡の九郡。国府は現徳島市国府町府中におかれ、国分寺・国分尼寺もその付近に所在した。大河があるために水制御が課題となっていたことは、吉野川下流域の東大寺新島荘絵図に記された堤防などによる低湿地開発の様相によっても理解できる。これらの状況のなかで阿波介山田古嗣のような治水に努力した良吏とよばれる人達も出現した。

〔参考文献〕『徳島県史』全八巻（昭39～42）。福井好行『徳島県の歴史』（山川出版社昭48）。　（高橋誠一）

あわのくに［安房国］ 東海道に属する国。現在の千葉県南部にあたる。房総半島の南端で走水の海（浦賀水道）を隔てて相模国に対する。七一八（養老2）年に上総国の平群・安房・朝夷・長狭の四郡を分割して安房国、その後七四一（天平13）年には上総国に併合されたが、七五七（天平宝字元）年に再び安房国となった。大化前代には、阿波国造と長狭国造の支配地域であったとされる。「延喜式」では中国とされ、所管の郡は前記の四郡。『倭名抄』に四三三五町歩八段五九歩の田積が記されている。東海道は古くは安房・上総・下総の順であったが、武蔵国が東海道に属して以降は下総・上総から安房にいたるのが公式のルートになった。国府は平群郡におかれ、現安房郡三芳村府中に推定されている。国分寺は現館山市国分。

〔参考文献〕三浦茂一編『図説千葉県の歴史』（河出書房新社平1）。小笠原長和他『千葉県の歴史』（山川出版社昭46）。 （高橋誠一）

あわのくにこせき［阿波国戸籍］ 九〇二（延喜2）年の阿波国板野郡田上郷の戸籍断簡。全一六紙。五戸分が残存。女子が圧倒的に多く、課役忌避のための偽籍が進行している状況が知られる。『阿波国徴古雑抄』、『大日本史料』一ノ三、『平安遺文』一に収録。 （鎌田元一）

あわのくにのみやつこひ［阿波国造碑］ 七二三（養老7）年の阿波国造凡直弟臣の墓碑。全長二八・八cmの小碑。もと屋蓋と台石があった。正面には「阿波国造名方郡大領正七位下粟凡直弟臣墓」とあり、側面に「養老七年歳次癸亥年立」とある。 （上田正昭）

あんがくさんごうふん［安岳3号墳］ 朝鮮民主主義人民共和国の黄海南道安岳郡五局里にある、三国時代高句麗の壁画古墳。横穴式石室の墓室は、南向きの入口から北に向かって、羨道・羨室・前室・後室の順に連接する。墓主を埋葬した後室（玄室）には、東辺と北辺にそれぞれ回廊をめぐらす。前室は三本の八角形石柱をもって後室と画され、床面も一段低くなる。東・西にそれぞれ側室をもつが、床面は一段高くなる。各室ともに、隅三角持送り式の天井を示す。水磨きされた石灰岩の巨石で築かれた壁面には、被葬者夫妻の肖像画をはじめ、車馬行列図・各種の生活風俗図・装飾文様図など、豊富な内容の壁画が描かれる。出土遺物は盗掘をうけて少なく、鉄槍・鉄棺釘・棺材漆皮・人骨などにすぎない。前室西側室入口の壁面に残る墨書銘から、三五七（永和13）年に六九歳で死去した冬寿の墓であることがわかる。冬寿は燕から高句麗に亡命した人物であるが、いっぽうで、墓主は高句麗の故国原王とする説もある。

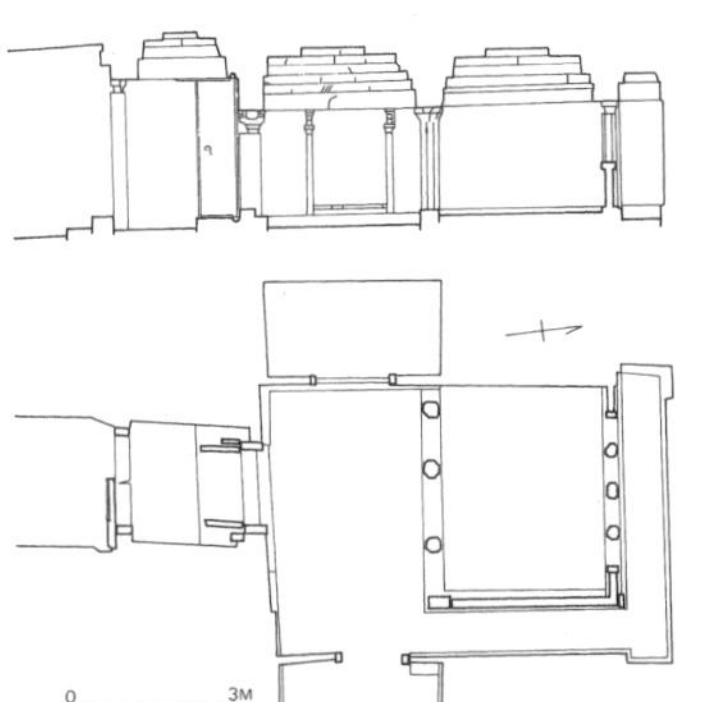

安岳３号墳　石室実測図

安岳３号墳全景

〔参考文献〕朝鮮民主主義人民共和国科学院考古学及び民俗研究所『安岳3号墳発掘報告』（遺跡発掘報告3昭33）。 （西谷正）

あんかんてんのう［安閑天皇］ 『記』『紀』に伝える六世紀前半の天皇。継体天皇の皇子、母は尾張連草香の娘の目子媛。名を勾大兄皇子、和風諡号を広国押武金日（『記』に広国押建金日）という。宮都は勾金橋宮（橿原市曲川町付近）。五三一年継体は死に臨んで安閑に譲位したと記すが、即位元年を五三四年とする（二年の空位）など即位・死去年をめぐり矛盾が多い。陵墓は旧市高屋丘陵（『記』に古市高屋村）と伝え、羽曳野市古市築山古墳に比定する伝えがある。 （川崎晃）

あんこうてんのう［安康天皇］ 五世紀中葉の大王。『記』『紀』の系譜では第二〇代天皇。名は穴穂命・穴穂御子・穴穂皇子と記す。允恭天皇の第二皇子とし、母は忍坂大中津比売（忍坂大中姫）。和風の諡は男浅津間若子宿禰（雄朝津間稚子宿禰）。木梨軽皇子を殺して即位し、石上穴穂宮に宮居したという。大草香皇子を軍兵を率いて殺し、その妻の中蒂姫を奪って妃としたが、大草香皇子と中蒂姫との間に生まれた眉輪王によって殺されたと伝える。『宋書』夷蛮伝倭国の条（倭国伝）に述べる倭王の五王のなかの興（済の世子）は安康天皇とみなす説が有力。陵については『古事記』は菅原伏見岡、『日本書紀』は菅原伏見陵、「延喜式」（諸陵式）は菅原伏見両陵と表記する。 （上田正昭）

あんしのらん［安史の乱］ 唐代中期、安禄山と史思明によって引き起こされた大反乱（七五五〜七六三）。玄宗の私的恩寵のみによって中央の宰相となった楊国忠と、同じく辺境の三節度使を兼任して強大な軍事力を掌握した安禄山との恩寵をめぐる権力闘争に端を発したもの。「君側の姦楊国忠を除く」ことを標榜して幽州（北京）で挙兵した安禄山は、精鋭の騎馬部隊を先鋒にしてごく短期間で洛陽、長安を攻陥し、皇帝号をも称するにいたる。玄宗は蜀へ蒙塵を余儀なくされ、その途次、楊貴妃絞殺という馬嵬坡の悲劇が生じる。安禄山はその子安慶緒に殺され、安慶緒は史思明に殺される。さらに史思明もまたその子史朝義に殺されるという内紛で反乱軍は自滅する。この乱を契機に唐朝の中央集権体制は崩れさり、各地に節度使が割拠することになった。日本にも乱情報はかなりよく知られていたようで、七六一年と七六二年の遣唐使は大使が任命されながら、実施は見送られている。 （愛宕元）

あんしょうじ［安祥寺］ 京都市山科区御

陵にある古義真言宗の寺。八四八（嘉祥元）年、仁明天皇女御藤原順子の発願によって、恵運を開基として創建。「安祥寺資財帳」によると、上寺、下寺があったが現在は下寺のみ。（野口孝子）

あんとうしょうぐん［安東将軍］　中国、三国魏の時代におかれた安東、安西、安南、安北の四安将軍の一。四征将軍、四鎮将軍に次ぎ、四平将軍の上に位した。その後、南北朝を通じておかれたが、その地位はしだいに低下し、隋にいたって消滅した。（愛宕元）

あんとうとごふ［安東都護府］　中国、唐の六都護府の一。都護府は広大な征服地の間接的統治機関。六六八年に高句麗を滅ぼして平壌におかれたが、朝鮮半島での新羅の強勢化で都護府は後退を余儀なくされ、すぐに唐は半島に対する実効的支配力を失った。はじめ四二州一〇〇県をおき、唐人の都護（長官）の下、親唐派の高句麗人を都督、刺史、県令に任じて実質的な統治を委ねた。これを羈縻支配という。（愛宕元）

安祥寺復原図（東南から）梶川敏夫画

あんとくてんのう［安徳天皇］　1178～85　在位1180～85　平安末期の天皇。諱は言仁。高倉院の第一皇子、母は平清盛の娘徳子（建礼門院）。一一八〇（治承4）年即位。同年、福原に遷幸。八三（寿永2）年、平氏に擁され、神器とともに西海に赴く。八五（文治元）年、壇ノ浦で入水した。陵墓は下関市の阿弥陀寺陵。（西村隆）

あんなのへん［安和の変］　九六九（安和2）年におこった政変。源満仲らの密告により、左大臣として廟堂の中心にあった源高明が大宰権帥に左遷され、かわって藤原師尹が新左大臣に昇進。すでに関白だった藤原実頼とともにいわゆる摂関政治が開始され、以後藤原氏の摂政・関白が原則として常置されるようになった。醍醐天皇の皇子で、後世に延喜天暦の治と称賛される天皇親政を支えた高明を排除し、藤原氏主導の政権運営を実現した事件。「天慶の大乱のごとし」と称されたほどの衝撃を朝廷に与えたが、高明が娘を入れていた為平親王は立太子できず、外戚への道はすでに閉ざされていたので、藤原氏側がいわばこれに追い討ちをかけた事件といえる。（井上満郎）

あんなんとごふ［安南都護府］　中国、唐の六都護府の一。六七九年に宋平（ハノイ）に初置され、ヴェトナム北部を羈縻支配する拠点とされた。その後、唐の勢力拡張によって雲南東南部にまでその所管を拡大した。安倍仲麻呂（唐名は朝衡）が七六〇～七六一年に鎮南都護、七六六年に安南節度使として当地での宣撫活動に功績をあげたことは有名である。九世紀半ばには雲南に興った南詔の侵攻にさらされ、八八〇年以降は都護府としての機能を失った。（愛宕元）

あんねいてんのう［安寧天皇］　在位年不詳。第三代天皇。和風諡号は磯城津彦玉手看尊。父は綏靖天皇。『日本書紀』によると片塩浮孔宮を都とし、后は渟名底仲媛命（『古事記』は阿久斗比売）。在位三八年で没した。陵は畝傍山西南御陰井上陵。（小野里了一）

あんねん［安然］　生没年不詳。五大院・阿覚大師とも。平安前期の天台宗僧。近江の人。円仁に師事。入唐を志したが断念。遍照より灌頂をうけて伝法阿闍梨・元慶寺座主。晩年は比叡山の五大院で著述に専念、天台密教を大成した。著書「教時問答」など。（藤田琢司）

あんぷくでん［安福殿］　平安京内裏の殿舎の一つで、内裏の南西に位置し、北には月華門、南には右棭門があった。また、紫宸殿の西に位置するところから、校書殿とともに西殿ともよばれた。身舎の規模は南北七間、東西二間で、身舎には侍医などが候した薬殿、主水司・造酒司などの候所があった。（西山恵子）

あんまし［按摩師］　案摩師とも書く。大宝・養老令制下の典薬寮所属の職員。定員は二人で、相当位は従八位上。按摩・接骨・瀉血などを担当した。按摩博士は、按摩師二人のうち優秀な人物が選ばれ、按摩生の教育にあたった。（荊木美行）

あんようじがきょうづか［安養寺瓦経塚］　岡山県倉敷市浅原の安養寺裏山で発見された三基の経塚群のうち、第一・第三の二基が瓦経塚。第一経塚は一九三七（昭和12）年に発見され、瓦経一九六枚、土製塔婆形題箋八本、土製宝塔一基が出土した。瓦経は法華経と般若心経の経瓦と仏像を線刻した絵瓦。第三経塚は第一経塚の南に接して五八（同33）年に発見・調査された。焼成が甘かったため瓦経全体が一つの粘土塊状をなしていた。法華経など合計三一八枚の瓦経と、塔婆形瓦経・円形土製板・土製宝塔が確認された。［参考文献］倉敷市教育委員会『安養寺瓦経の研究』（刊行委員会昭38）。（杉山洋）

あんらくじゅいん［安楽寿院］　京都市伏見区竹田中内畑町にある新義真言宗の寺。一一三七（保延3）年、鳥羽法皇の離宮鳥羽東殿の地に御堂として創建、阿弥陀三尊を安置した。法皇の院政は付属する御所で行われた。本御塔には法皇、新御塔には近衛天皇の遺骨をおさめる。（野口孝子）

い

い［移］　公式令移式条に規定された公文書の様式の一つで、直接の所管・被管関係にない官司が相互に授受するもの。通常その書止は「故移」としたが、官司間の関係が「事に因りて管隷する」場合は「以移」を用いることになっていた。ただし、実例ではこのような区別は存在しない。なお、養老公式令の規定では、僧綱・三綱が諸司と相互に文書をやりとりする場合もこの移式を準用した。その場合は「移」の字にかえて「牒」を用いた。ただし、この準用規定は大宝令にはなかった可能性が大きい。　（荊木美行）

い［井］　地下水を汲む施設。井戸ともいう。ドは場所（処）の意。近江の醒井、走井など自然の湧水をさすこともあるが、通常人工的に掘ったものをいい、弥生時代前期からみられる。井筒を石でつくったものを石井、板のを板井という。女たちが集まって水汲みや洗濯を行った様子が『扇面古写経』などに描かれる。良水は酒造にも用いられ、井に隣接して酒殿が建てられたが、『播磨国風土記』ではこの井戸は酒井といった。平安京の著名な井戸としては飛鳥井、千貫井、少将井、内裏の后町井などがあった。　（勝田至）

いいき・いこく・いじん［異域・異国・異人］　自分の属する社会以外の地域や国、あるいは人間をさす。異域、異国・異人にはさまざまな呼称があって、畏敬と侮蔑の意識が混合あるいは重層する。異域・異国を常世・常世国、黄泉・黄泉国とみなしたり、異人を山人、山姥、天狗、巨人、鬼などとする民間伝承は多い。他方で異人を客人・珍客として歓待饗応する例も少なくない。異域・異国から来訪するいわゆるまれびとの信仰は、畏敬の観念を背景とする。『日本書紀』の欽明天皇五年十二月の条の粛慎の人が漂着したおりに佐渡の嶋人が「人に非ず」、「鬼魅なり」と称したとする記事は異人を敵視した観念を反映しているが、百済からの仏に対して、「隣国の客神」（『日本霊異記』）、「他国神」（『元興寺縁起』）などとする意識には、畏敬の観念が重なっている。

［参考文献］岡正雄『異人その他』（言叢社昭54）。　（上田正昭）

いいたかのきみかさめ［飯高君笠目］　生没年未詳。伊勢国飯高郡出身の采女。七四二（天平14）年、その親族に飯高君の姓を賜う。時に正八位下。七五一（天平勝宝3）年に命婦、翌年には内侍として写経所に宣し『花厳経』『最勝王経』『仁王経』等を書写させる。七六〇（天平宝字4）年に正五位下、同五年には光明皇太后の周忌斎会に供奉しさらに一階進んだ。飯高宿禰諸高と同一人物とする説に従うと七七七（宝亀8）年五月、典侍従三位として八〇歳で没したことになる。　（中川久仁子）

いいとよのあおのひめみこ［飯豊青皇女］　系譜上の五世紀後半の皇女。『日本書紀』履中紀ならびに『古事記』では履中皇女とするが、『日本書紀』顕宗紀では父は履中の子・市辺押磐皇子、母は荑媛とする。清寧天皇崩御後、皇女と同腹の兄弟、億計（仁賢）・弘計（顕宗）の二王が皇位を譲り合ったため、彼女が「臨朝秉政」したという。『扶桑略紀』『本朝皇胤紹運録』などは「飯豊天皇」と記している。　（中川久仁子）

いえ［家］　人の住みか。建物自体をさすときは屋とよぶが、家族の生活する住居を表すとき家の語を用いた。また家屋・倉庫などの建物と敷地からなる一画を宅とよび、所有・経営の対象を表現する場合に用いられた。奈良時代にも富家・貧家があったが、富家の財産として相続されるのは宅と家人・奴婢などで田地を含まず、家長の地位は能力によるところが大きかったと考えられ、単独相続によって継承すべき超世代的経営体としての家は未成立であった。平安時代後期には土地を開発し屋敷を構えた人が「先祖」とされ、その霊が屋敷を守護するという観念が発生したが、継承される家の成立を示す。また貴族社会では王朝国家の成立にともない、特定氏族が特定官職に世襲的に就任するようになり、それぞれの業務を家業とする法家、暦家、兵の家などが成立した。「家ヲ継タル兵」（『今昔物語集』巻二五第七話）でない者は武勇に優れていても子孫がないともいわれた。

［参考文献］吉田孝『律令国家と古代の社会』（岩波書店昭58）。三浦佑之『万葉びとの「家族」誌』（講談社平8）。　（勝田至）

いえがたはにわ［家形埴輪］　⇩埴輪

いおえのいらつめ［五百重娘］　生没年未詳。天武天皇夫人。藤原鎌足の女。『日本書紀』天武天皇二（六七三）年二月条に、夫人として新田部皇子を生んだとある。また『尊卑文脈』には兄の不比等との間に麻呂を儲けたとある。『万葉集』に天武との贈答歌などを残す。　（中川久仁子）

いかい［位階］　官位ともいう。官人の序列を示した等級のこと。大宝・養老官位令は、全体を親王と諸王・諸臣に分け、さらに後者を正一位から少初位下までの三十階の位階を定める（正五位上から少初位下までの二十階については、別に外位を規定）。官位令には、位階の等級ごとにそれに応じた官職が列記されるが、これは、官（官職）と位（品階・位階）の対応関係を定め、その原則にしたがい有位者を官職に任じるシステムが存在したことを意味する。位階制の源流は、(1)六〇三（推古天皇11）年に聖徳太子が制定した冠位十二階にもとめることができ、以後、(2)六四七（大化3）年の冠位十三階、(3)六四九（同5）年の冠位十九階、(4)六六四（天智3）年の冠位二十六階、(5)六八五（天武14）年の冠位四十八階（諸王は別に十二階を規定）と数次の改訂を継承したのが、「大宝令」の位階制である。当初、冠の色・形・素材によって序列を表していたが、(5)から冠と位記の併用に切り替わった。のちに「大宝令」の位階制が制定されると、それがほぼそのまま「養老令」にも引き継がれる。位階は、一定期間の勤務評定の結果に応じて昇進したが、五位と六位、四位と三位の間には大きな隔差があり、この壁を越えることは事実上難しかった。位階、とくに五位以上では政治的・経済的特権や刑法上の特典が付随しており、有位者、とりわけ高位者が優遇されるシステムになっていた。

〔参考文献〕律令研究会編『譯註日本律令(9)』(東京堂出版平3)。荊木美行『律令官制成立史の研究』(国書刊行会平7)。竹内理三『律令制と貴族　著作集(4)』(角川書店平12)。

(荊木美行)

いかいべ［猪飼部］　猪を飼うことを職掌とした部民。猪飼(使)連・猪飼首に管掌される。『古事記』安康天皇段に意祁王・袁祁王の食事を奪った老人、山代猪甘の伝承がみえる。猪飼部が元来、天皇の食膳に奉仕する場合があったことを推測させるという。

(宮永廣美)

いがく［医学］　⇩医道

いかずちのおか［雷丘］　奈良県高市郡明日香村雷にある標高約一〇五mの小丘。飛鳥川を挟んで甘樫丘の対岸に位置する。『日本霊異記』の巻頭の説話に、雷神が落ちたことから、その地名が生じたとする。一九八七(昭和62)年に、「小治田宮」と記した墨書土器が雷丘の東方から出土し、奈良時代の淳仁朝の小治田宮に関わるものであることが判明、雷丘東方遺跡と命名された。推古朝の小墾田宮も、近傍にあるものと推定される。(和田萃)

いかずちのおかとうほういせき［雷丘東方遺跡］　奈良県明日香村雷に位置し、雷丘の東から南東に広がる宮殿遺跡。一九七〇(昭和45)年以降、断続的な発掘調査が行われ、飛鳥時代の池や奈良時代の倉庫群の一部が確認されている。八七(同62)年、平安時代初頭の井戸から「小治田宮」と書かれた墨書土器が多数発見され、推古朝の小墾田宮が平安時代まで存続することが判明した。(松村恵司)

いかすりじんじゃ［坐摩神社］　「ざまじんじゃ」とも。大阪市中央区にある神社。祭神は座摩神五座。「延喜式」式内社。ざまさんの通称でも知られる。宮中の神祇官西院で地主神の一つとして祭られる座摩神と関係するものと考えられる。難波長柄豊崎宮など難波諸宮との関係を指摘する説もある。

(榎村寛之)

いかすりのみかんなぎ［座摩巫］　平安宮の神祇官西院で座摩神を祭る巫。座摩神は生井神・福井神・綱長井・波比祇・阿須波の五神からなり都宮の土地神と考えられる。都下国造の家から選ばれる七歳以上の少女がこの役にあたるとするが(「延喜式」)、都下の意味には大和国都祁説と、在京説がある。

(榎村寛之)

いかだ［筏］　河川を流送するために木材や竹を複数並行に連結したもの。「桴」とも。材の端に穴をあけ藤蔓などでつないだ。平城宮跡などで出土する柱根には、穴の残るものがある。奈良時代に瀬田川で雇用されて活動する桴工(桴使)の存在が、正倉院文書から知られる。

(舘野和己)

いかのいわい［五十日祝］　平安貴族社会において、生誕五〇日目の戌刻に行われた通過儀礼。父や外祖父が白装束の子どものロに、東市(月の前半の場合)もしくは西市(後半の場合)で調進した餅を含ませる儀式で、縁者から五〇の籠物や折櫃などが献上され、華やかな祝宴が開かれた。『源氏物語絵巻』柏木三にその様子が描かれる。

(北康宏)

いがのくに［伊賀国］　東海道に属する国。現在の三重県西部にあたる。四方を山地に囲まれた伊賀(上野)盆地におかれた。当初は伊勢国に属していたが、六八〇(天武9)年に四郡を割いて分国したといわれる。「延喜式」では下国とされ、所管の郡は阿拝・山田・伊賀・名張郡の四郡、『倭名抄』には一八郷が記され、田積は四〇五一町一段四一歩。国府は現上野市印代に比定されていたが大規模圃場整備事業にともなう発掘調査によっても遺跡は発見されず、むしろ柘植川対岸上野市国町地区に国庁と考えられる遺構が確認された。国分寺址は上野市西明寺、また上野市の敢国神社は伊賀国一宮。すでに律令制以前に大和から名張をへて伊勢に通じる交通路があったが、平城京遷都後は奈良から伊賀の新居・柘植をへて伊勢に通じる道路が重要視されるようになった。大和に近接していることもあって、奈良時代には大寺院の杣や荘園が設置され、東大寺・興福寺・春日社・伊勢神宮や摂関家などの所領が多く存在した。

〔参考文献〕『三重県史』全三〇巻(昭62〜)。西垣晴次他『三重県の歴史』(山川出版社昭49)。

(高橋誠一)

いがのやかこのいらつめ［伊賀宅子娘］　生没年未詳。天智天皇の宮人。大友皇子の母。伊賀の采女として朝廷に出仕し、中大兄皇子との間に六四八(大化4)年、長男の伊賀(のちに大友と改める)皇子を生む。

(中川久仁子)

いかるが［斑鳩］　奈良県生駒郡斑鳩町の法隆寺を中心とする一帯の地名。「鵤」とも。その範囲は、矢田丘陵南端麓の富雄川右岸地域を中心に、西は竜田川、南は大和川を限りとする。富雄川・竜田川は、古代には「富の小川」・「平群川」と称された。平群郡夜麻(摩)郷・坂門(戸)郷の地にあたる。富雄川左岸は平群郡飽波郷で、七世紀後半には飽波評がおかれた。富雄川の河道の変化により、飽波葦墻宮のように、飽波の一部地域も斑鳩に含まれたことがあったようである。斑鳩の地名の由来は未詳であるが、法隆寺ではイカルが多く生息していたと伝えており、また『日本書紀』雄略天皇八年二月条に膳臣斑鳩の名がみえ、注目される。六〇一(推古天皇9)年二月に斑鳩宮の造営が開始された。なお斑鳩宮造営に先立って、六世紀の第Ⅲ四半期に藤ノ木古墳(斑鳩町西里に所在)が造営されており、東アジア世界で最も豪華な馬具が出土したことからみて、斑鳩には有力な別の王族、あるいは有力豪族が当時から居住していたことが想定できる。斑鳩宮は六〇五(同13)年一〇月に完成、厩戸皇子(聖徳太子)は斑鳩宮に移り住み、その西方に法隆寺(斑鳩寺)を建立した。七四七(天平19)年の「法隆寺伽藍縁起幷流記資財帳」や法隆寺金堂の薬師如来光背銘では、その建立年次を丁卯年(推古天皇15年)とする。この法隆寺は、いわゆる若草伽藍であって、今日、一般的に「法隆寺」と称されている西院伽藍ではない。若草伽藍は斑鳩宮造営とともに建立が開始され、同年に完成したものと推定される。「天寿国繍帳銘」や「法隆寺金堂釈迦像銘」によると、厩戸皇子は推古三〇年二月二二日に斑鳩宮(「大安寺伽藍縁起幷流記資財帳」では飽波葦垣宮)で亡くなったが、『日本書紀』では推古二九年二月五日のこととする。六四三(皇極天皇2)年一一月、山背大兄王(聖徳太子の子)を中心とする上宮王家は、蘇我臣入鹿の命を受けた巨勢臣徳太らの攻撃をうけて一族ことごとく滅亡し、その際に斑鳩宮も焼亡した。また『日本書紀』によれば、六六九(天智8)年の冬に斑鳩寺、翌年四月三〇日の夜半には法隆寺は一屋を余すことなく焼亡した。重出記事とみられ、天智末年に若草伽藍は焼亡したと推定される。「法隆寺東院縁起」によると、夢殿を中心とする法隆寺の東院は、七三八(天平10)年頃に僧行心によって斑鳩宮の故地に創立された。一九三九(昭和14)年に行われた法隆寺東院の舎利殿・絵殿・伝法堂(いずれも夢殿の北側に所在)の解体修理工事に際し、その地下から掘立柱建物、石敷、井戸などが発見され、焼けた壁土や瓦・土器なども出土した。それらの建物の方位は、ほぼ南面する東院伽藍とは異なり、北で約二〇度振れるもので、若草伽藍の方位と近似する。また出土遺物の年代や、焼けた壁土の出土は斑鳩宮焼亡の記事とよく合致することから、斑鳩宮の遺構と断定された。

一九七八(昭和53)年から八五(同60)年にかけて、法隆寺の境内では防災施設工事にともなう発掘調査が実施され、斑鳩宮や若草伽藍について、新たな知見をもたらした。夢殿のすぐ北側で、斑鳩宮の南限を面する大溝や、その約一町北の場所で斑鳩宮関連の掘立柱建物が検出され、斑鳩宮は少なくとも一町四方以上の規模をもつと推定されるようになった。また若草伽藍では、その中心部の北・西・東を区画する柵や溝が確認され、伽藍の範囲は西院伽藍のそれと一部重複することが判明した。その結果、若草伽藍焼亡後、寺地をやや北西に移して、西院伽藍が新たに建立されたことが明白となり、一九〇五(明治38)年以来、多年にわたってくり返されてきた法隆寺再建非再建論争は、ほぼ再建説で確定した。これまでの調査研究で、西院伽藍の主要な堂塔は、七一一(和銅4)年頃には、ほぼ完成していたとみられる。

二〇〇四(平成16)年に西院伽藍の南大門に近い場所で、若草伽藍の西辺を限るかと推測される自然流路が検出され、その中から若草伽藍の堂塔内部を飾っていた壁画の破片が多数検出された。壁土の上に漆喰を塗り、それに草花などの絵を描いたもので、いずれも火をうけていた。伴出する遺物からみて、天智朝末年に若草伽藍が焼亡した際のものとみられ、注目された。

若草伽藍の方位と同じ建物が西院伽藍の大講堂や西円堂付近でも確認されており、その寺域はさらに広がる可能性が高い。西院伽藍の東大門や西大門に続く築地や道路も同方位であり、斑鳩宮・斑鳩寺(若草伽藍)の造営に際し、広範囲にわたって同方位あるいはそれと直交する道路・水路が敷設されたことをうかがわせる。飛鳥と斑鳩を結ぶ太子道(筋違道)も同方位であることから、斑鳩宮造営は、斑鳩地域の総合開発という側面を有していたことを物語っている。

聖徳太子は、なぜ飛鳥を離れた斑鳩に、斑鳩宮や斑鳩寺を造営したのだろうか。一つには、斑鳩と膳氏との関わりを想定できる。膳氏(膳臣)は阿倍臣とともに大毗古命を祖とする有力氏族で、香具山の北東域を本拠としていたが(橿原市膳夫町の地名が残る)、斑鳩に移り住んだ一族もいたらしい。雄略朝の膳臣斑鳩についても、その可能性がある。また法輪寺(斑鳩町三井)の檀越として、高橋朝臣(もと膳臣・膳朝臣)がみえ(『聖徳太子伝暦』に引く「御井寺勘録寺家資財等事」)、膳臣傾子の女、菩岐々美郎女は厩戸皇子(聖徳太子)の妃となって、春米女王ら四男四女をもうけている。二つには、斑鳩の地は水陸交通の要衝だったことである。飛鳥から中河内をへて上町台地北西端の難波津にいたるには、二上山の北側を越える穴虫峠越え、南側を越える竹内峠越え、二上山の東麓を北上して大和川を渡り、龍田山を越える龍田越えなどがあった。太子道が敷設されたことで、飛鳥から斑鳩をへて、龍田山を越える捷路が完成した。もともと斑鳩は大和川水運の利用が可能な場所であったが、右の捷路が完成すると、水陸交通の要衝としての機能が著しく増大した。斑鳩に拠点を移した上宮王家が、大和・河内・摂津・播磨に所領を拡大し、さらに瀬戸内海に沿った備後・讃岐・伊予にまで庄倉を設けて、財力豊かな王家となった一因と考えられる。

斑鳩には、厩戸皇子の斑鳩宮を中心として、妃の菩岐々美郎女が住んだ飽波葦墻宮、同じく刀自古郎女(蘇我大臣馬子の女。山背大兄皇子の母)の岡本宮、厩戸皇子の母である穴穂部間人皇女の宮(中宮と称された)などが営まれた。厩戸皇子の薨去後、山背大兄皇子が斑鳩宮を伝領し、菩岐々美郎女所生の異母妹、春米女王(上宮大娘姫王)を娶ることで、上宮王家の財力は保持された。後に岡本宮・中宮の地に法起寺・中宮寺が建立され、斑鳩寺(若草伽藍)とともに、上宮王家所縁の寺々や、膳氏と関わり深い法輪寺が甍を並べ、斑鳩は飛鳥とともに飛鳥文化の中心となったのである。

〔参考文献〕 奈良県立橿原考古学研究所附属博物館『聖徳太子の遺跡』(平13)。 **(和田萃)**

いかるがでら [斑鳩寺] ⇩法隆寺(ほうりゅうじ)

いかるがのしょう [鵤荘] 播磨国に設置された古代の法隆寺の荘園。現兵庫県揖保郡太子町とその周辺。五九八(推古天皇6)年に法隆寺に施入された水田約二一九町などが立券荘号して鵤荘になったと考えられている。創建年時は不明であるがこの地域には斑鳩寺が存在しており荘園の中心であったと推定される。中世にも荘園としての機能を保持し、一五世紀の史料によれば三六〇町余りの水田があった。『鵤荘引付』は中世村落の実態を示す貴重な史料として知られる。 **(高橋誠一)**

いかんそくたい [衣冠束帯] 貴族の衣服とかぶり物のこと。貴族男性の儀式用の正装を束帯といい、それを簡略化したいわば日常用の衣装を衣冠束帯または単に衣冠ともいう。平安時代後期以降に普及した。 **(井上満郎)**

いかんもん [偉鑒門] ⇩宮城十二門(きゅうじょうじゅうにもん)

いき [位記] 位階を授与する際に交付された証書。唐の告身に相当する。飛鳥浄御原令においてはじめて採用されたとみられるが、当時は冠との併用で、位記だけになるのは「大宝令」以降である。養老公式令によれば、五位以上の勅授、六位以下内八位・外七位以上の奏授、外八位・内外初位の判授の別があり、それぞれ書式や作成の手続きが異なった。延喜内記式には、神位・僧綱・五位以上などに分けて位記の書式と文例をのせている。　（荊木美行）

いきさんちょうしづかこふん［一貴山銚子塚古墳］　福岡県糸島郡二丈町田中字大塚にある古墳時代前期の前方後円墳。加布里湾と内陸の交通の要所に北面して築かれた、全長一〇三m、後円部径六一mの規模。一九五〇（昭和25）年に調査され、後円部のほぼ中央に竪穴状石室の主体部がある。主体部は、内法長さ三・四m、幅一・四m、高さ八〇cmで、天井石がなく石囲い木槨である可能性が高い。副葬品は、後漢鏡（鍍金鏡を含む）二面、三角縁神獣鏡八面、手玉、武器多数がある。

〔**参考文献**〕小林行雄他「福岡県一貴山銚子塚古墳の研究」『福岡県史跡名勝天然記念物調査報告⒃』（昭27）。　（柳田康雄）

一貴山銚子塚古墳出土鍍金方角規矩四神鏡
京都大学博物館蔵

いぎし［威儀師］　儀式・法会などの際に僧尼の進退所作を教導し、威儀を正す役職の僧。七一四（和銅7）年、はじめてその名がみられ、七七一（宝亀2）年に定員が六人と定められた。平安前期以降、大・小威儀師および権威儀師の区別が設けられた。　（篠田孝一）

いきすだま［生霊］　死霊に対する語で、生きている人の怨霊が身体を離れて他人に祟りをなすことをいう。『今昔物語集』巻第二七「近江国生霊来京殺人語」から、人の怨念が身体から遊離して他者にとりつき、祟る本人も魂の遊離を自覚していたことがわかる。また、『枕草子』第一四六段「名おそろしき物」のなかに生霊があげられ、生霊の存在は広く信じて恐れられていた。『源氏物語』で六条御息所の生霊が葵の上にとりついた話が著名である。　（山田雄司）

いきのいせき［壱岐の遺跡］　壱岐島は対馬海峡と玄界灘の間に浮かぶ南北一七km、東西一五km、面積一三四km²、標高一〇〇m余りの溶岩台地で、人の手のひらのような楕円形を呈している。『魏志』倭人伝には「一支国」として「また南一海を渡る千余里、名づけて瀚海という。一支（大）国に至る。官をまた卑狗といい、副を卑奴母離という。方三百里ばかり。やや竹林、叢林多く三千ばかりの家あり。や田地あり、田を耕せどもなお食するに足らず。また南北に市糴す」と記されている。海岸線の出入りは多いものの、対馬のような切り立った崖はなく、農業、漁業どちらも盛んである。壱岐における埋蔵文化財の周知件数は、旧石器時代五、縄文時代七、弥生時代五八、高塚古墳二六四となっている。旧石器時代の遺跡は、原の辻遺跡で良好な資料が得られている以外は、表採資料にとどまっている。

縄文時代の遺跡は、潮間帯に位置する。島の北西部の湯ノ本湾に面した松崎遺跡は、前期の曾畑式土器や中期の並木式土器が主体で、韓国系の櫛目文土器も一点出土している。また、南西部の郷ノ浦湾の奥まったところにある名切遺跡からは、縄文後期を中心とした貯蔵穴が三二基検出された。遺物は、前期の曾畑式土器や後期の鐘崎式土器とともに玄武岩や黒曜石で製作された石銛・石鋸が出土している。これらは韓国南岸一帯の貝塚や西北九州の遺跡から出土するものと類似しており、この頃すでに壱岐対馬、九州北西部とのルートができていたらしい。日本の縄文文化と韓国の新石器文化の交流が活発に行われていたことがうかがわれる。

弥生時代になると大陸との交渉は一段と頻繁になり、大規模な遺跡が登場する。島内最大の幡鉾川の下流に形成された原の辻遺跡は、大正年間から地元の郷土史家が注目していたが、その後一九六〇年代に京都大学を中心とする学術調査が行われ、遺跡の重要性が確認された。一九七〇（昭和45）年以降は長崎県教育委員会と地元の教育委員会による発掘調査が継続して進められている。遺跡の面積は一〇〇haにおよび、しかも三重の環濠に囲まれた多重環濠集落で、環濠内の面積は二四haに達することも確認された。これは、佐賀県吉野ヶ里遺跡や福岡県平塚川添遺跡、大阪府池上曽根遺跡などの環濠集落と時代や性格的な類似性をもつ。遺跡の時期は、弥生前期末から古墳時代初頭にかけてで、これまでに大量の遺物が出土している。舶載品では、方格規矩鏡や内行花文鏡、五銖銭、大泉五十、貨泉、銅剣、馬車具、権、トンボ玉などの中国製品と、朝鮮半島系の細形銅剣や石製把頭飾、板状鉄斧などがあり、土器も無文土器や瓦質土器がみつかったほか、楽浪系の遺物も出土している。そのほか国内では山陰地方や瀬戸内地方、とりわけ対岸の福岡県糸島地方の特徴を備えた土器が多くみられる。遺構は墓域七ヵ所、

原の辻遺跡船着き場模型
壱岐・原の辻展示館蔵

板塀で囲まれた祭儀場跡、掘立柱建物跡などがあるが、なかでも注目されたのが一九九六（平成8）年に発見された日本最古の船着き場跡である。内陸部に築かれたこの遺構には「敷粗朶工法」という大陸の土木技術が用いられていることがわかった。このように重要な発見が相次いだことや『魏志』倭人伝に記載された国名と遺跡が一致する希有な遺跡として二〇〇〇（同12）年、国の特別史跡に指定された。

このほか壱岐における有力な弥生遺跡に、カラカミ遺跡と車出遺跡があげられる。カラカミ遺跡は湯ノ本湾奥部の海抜八〇mの複雑な地形にあり、漁労関係の遺物が多いことから海人集団の遺跡と考えられている。車出遺跡は幡鉾川の源流近くの平地に位置している。膨大な量の土器とともに後漢鏡、小形仿製鏡、貨泉などが出土した拠点集落である。弥生時代の壱岐は原の辻遺跡を頂点とする一支国連合体を形成していたと考えられる。

『壱岐国続風土記』には壱岐島に三三八基の古墳があったとの記録があり、現在二六四基が確認されている。高塚古墳で四世紀までさかのぼるものはなく、最古は大塚山古墳や俵山古墳で五世紀後半の築造である。ほとんどの古墳は玄武岩の巨石を使用し六～七世紀に築かれた。畿内との結びつきは強く、笹塚古墳出土の金銅製馬具はその象徴である。このように壱岐は古くから南北との交流を進めてきた島である。

〔**参考文献**〕武末純一「壱岐」「対馬」『三世紀の考古学㊦』（学生社昭58）。長崎県教育委員会『長崎県の原始古代』（長崎県教育委員会平7）。　（**安楽勉**）

いきのくに［壱岐国］　西海道に属する国（島）。現在の長崎県に属する。玄海灘に浮かぶ島で島の大部分は比較的平坦な溶岩台地からなる。古くは『魏志』東夷伝倭人条に一大（支）国としてみえ、対馬島とともに朝鮮半島と日本との海上交通の要衝として重要視された。大化前代には、壱岐県主に支配されていたといわれ、律令体制の整備によって国に準ずる扱いをうけるようになった。「延喜式」では下国とされ、所管の郡は壱岐・石田郡の二郡。山地の多い対馬島とは違って田地が多く、人口もその三倍を数えたといわれる。国府は当初は壱岐郡におかれたが、のちには石田郡に移された。現長崎県壱岐郡湯岳興触がその推定地で総社や印鑰神社がある。国分寺は島の中心部の台地にあり、「延喜式」にみえる北部と南部に設置された二駅家を結ぶ古代の道路も島の中心部を通っていたと考えられる。白村江の戦い以後の六六四（天智3）年には防人と烽がおかれて国防上の要地となった。

〔**参考文献**〕『長崎県史』全八巻（昭38～61）。瀬野清一郎『長崎県の歴史』（山川出版社昭47）。　（**高橋誠一**）

いきのしま［壱岐島］　⇩壱岐国いきのくに

いきのはかとこ［伊吉博徳］　生没年不詳。七世紀後半の官人。伊岐、壱伎、博得とも。姓は史、のち六八三（天武12）年に連。六五九（斉明5）年、遣唐使の一行に加わり入唐したが、長安に抑留され、百済滅亡後の六六一（同7）年に帰国。『日本書紀』はこの時の渡航記録である「伊吉連博徳書（言）」を参考史料とし、分注にも引用している。六六四（天智3）年筑紫で百済鎮将の使者郭務悰の接待にあたり、六六七（同6）年には百済鎮将の使者を百済に送った。六八六（朱鳥元）年大津皇子の謀反に連坐、のち許されて六九五（持統9）年に遣新羅使、七〇〇（文武4）年には大宝律令の編纂に任命され、七〇三（大宝3）年に功賞をうけた。のち従五位上（『続日本紀』天平宝字元〈七五七〉年十二月条）。　（**川崎晃**）

いきのむらじはかとこのしょ［伊吉連博徳書］　⇩伊吉博徳いきのはかとこ

いくえのあずまひと［生江東人］　生没年未詳。奈良時代の越前国足羽郡の在地豪族。当初造東大寺司史生として中央に出仕。七四九（天平勝宝元）年、占地のため東大寺野占使平栄とともに越前国に赴任。足羽郡大領となる。墾田百町を東大寺に施入して成立した足羽郡道守荘（現福井市内）や坂井郡桑原荘（現坂井郡内）の経営に見られるように、越前国における東大寺領荘園の発展に同族の息嶋らとともに大きな足跡を残した。七六八（神護景雲2）年、外従五位下を授けられている。　（**関口力**）

いくにたまじんじゃ［生国魂神社］　大阪市天王寺区にある神社。生島神・足島神ほかを祭る。「延喜式」式内社。別名難波大社ともいう。宮中で生島巫の祭る神と関係があり、それは大八島の神霊、つまり国土創造神だとみられる。本来は上町台地の先端、現在の大阪城のあたりに鎮座しており、天皇即位ごとに行われる八十島祭と深く関わっていたが、しだいに住吉神社の下風に立つようになる。大阪城の建設に伴い現在地に移転したのちも焼亡をくりかえすが、現在も大阪市内の大社の一つである。　（**榎村寛之**）

いぐし［忌串］　神の祭りに用いる串。斎串・五十籤とも。葉のついたままの木枝あるいは木桿、幣帛などをさしはさんで供える串、祭りの場を囲む境界の串など、その用途はさまざまである。毎年の春の耕作にあたって行われる水口祭では、土地を分割して斎串を立ててその田主を決定する慣習もある。大祓の祝詞にみえる天津罪のなかの串刺は、斎串を刺替える罪とする説がある。『日本書紀』の神代巻には「五百箇真坂樹八十玉籤」などとみえ、「延喜式」には「木綿を著けたる賢木、是を太玉串と名づく」と記す。　（**上田正昭**）

いくしまがみ・たるしまがみ［生島神・足島神］　宮中の神祇官西院に祭られた神で天皇の支配する国土である大八島の霊。生島巫によって奉斎される。祈年祭の祝詞には「生国・足国」の名でみえる。摂津国東生郡の難波坐生国咲国魂神社、信濃国小県郡の生島足島神社にも祭られている。　（**菊地照夫**）

いくしまのみかんなぎ［生島巫］　神祇官西院の八神殿でまつられる生島神・足島神を祀る女性神職。庶女から選ばれ、下級女官に准ずる待遇をうける。日常の神祭りのほか、八十島祭に参加する。生島神は大八洲の霊で、難波の生国魂神社との関係も指摘されている。　（**榎村寛之**）

いくたじんじゃ［生田神社］　神戸市生田区にある神社。祭神は稚日女尊とされる。「延喜式」式内社。『日本書紀』神功皇后摂政前紀によると、三韓遠征の帰路、託宣により海上五十狭茅が祭ったとされる。生田川から瀬戸内海にいたる水上交通を掌握した勢力によって祭られたのがその起源と考えられよう。八六八（貞観10）年には従一位を授けられ、交通の要衝にあって朝廷の崇敬をうけていた。社地は源平合戦で有名な生田森である。なお、阪神淡路大震災で大きな被害をうけた。（榎村寛之）

いくはし［的氏］ 武内宿禰の後裔氏族。姓は臣。葛城襲津彦の子孫という。イクハを地名とみる説もあるが、的部を率い、的の製作や射芸など軍事的職務を担当した伴造氏であろう。『日本書紀』に、祖先が仁徳朝に鉄の盾・的を射通したという氏名起源説話を掲げる。大伴氏の指揮下に大化前代から宮城の守門の任にあたった。宮城十二門の一つ、的（郁芳）門の門号は、的氏の名にちなむ。一族は畿内とその周辺に分布。臣姓の氏のほか、的臣族も存した。（加藤謙吉）

いくほうもん［郁芳門］ ⇨宮城十二門

いくほうもんいん［郁芳門院］ ⇨媞子内親王

いくん［遺訓］ 亡くなった前人の残した教え、教訓。遺誡、遺言ともいう。中国では後人が従うべきものとして「周（周公旦）孔（孔子）之遺訓」「先王之遺言」などとして、古来一般的によく使われる。（愛宕元）

いけ［池］ 自然に土地のくぼみに水が溜まってできた池もあるが、土地を掘って水を溜めた人工の池が多い。『古事記』や『日本書紀』にも池の記事がみえるが、『日本書紀』には池溝開登の記事がかなり記載されている。狭山池・依網池・高石池・茅停池・磐余池・迹見池など注目すべき伝承がある。『日本書紀』応神天皇七年九月条には高麗人・百済人・任那人・新羅人が池をつくり、これを韓人池と名づけたと記す。池の築造に渡来系の人びとの技術を用いたことを示唆する伝えとして興味深い。狭山池については出土した樋の年輪年代法による測定によって、その木樋の木の伐採年は六一六（推古天皇24）年であることがたしかめられ、七世紀初めの頃に築造されたことが判明した。その後行基の改修・重源の改修など、たびたび改修のあったことがわかっている。「菅原寺牒」に引用する「天平十三年記」によると、行基は池一五ヶ所、溝七ヶ所、樋三ヶ所をつくったという。（上田正昭）

いけうちひろし［池内宏］ 1878〜1952 日本の満鮮史専攻の東洋史学者。一九〇四（明治37）年東大文科大学史学科を卒業後、満鉄地理歴史調査部、東大文学部講師、助教授をへて、二五（大正14）年に教授となり朝鮮史講座を担当した。三七（昭和12）年には学士院会員に推挙された。三九（同14）年に停年退官。満鮮史研究に多大の業績をあげ、後進の育成にも精力的に努めた。主要著書に『文禄慶長の役』正篇（一九一四）・別篇（三六）、『元寇の新研究』（三一）、『満鮮史研究』中世篇一（三三）・同二（三七）・同上世篇（五一）・同近世篇（七二）、『通溝』（三八）などがある。（愛宕元）

いけがみそねいせき［池上曽根遺跡］ 大阪府和泉市池上町、泉大津市曽根町ほかに所在する弥生時代前期〜中世の複合遺跡。一九六九（昭和44）〜七一（同46）年の第二阪和国道建設にともなう発掘で、広範囲の内容が明らかになった。七六（同51）年には、弥生時代中期を中心とする拠点的な大形環濠集落として国史跡に指定された。九〇（平成2）年以降は、整備公園化に関連した発掘が始まり、集落内部の様相が飛躍的に解明されつつある。

集落の成立は弥生前期後半で、その直後に環濠が開削される。環濠の平面形は不整形で、内部は南北約二七〇m、東西約一六〇m、約三・三万㎡。中期には、

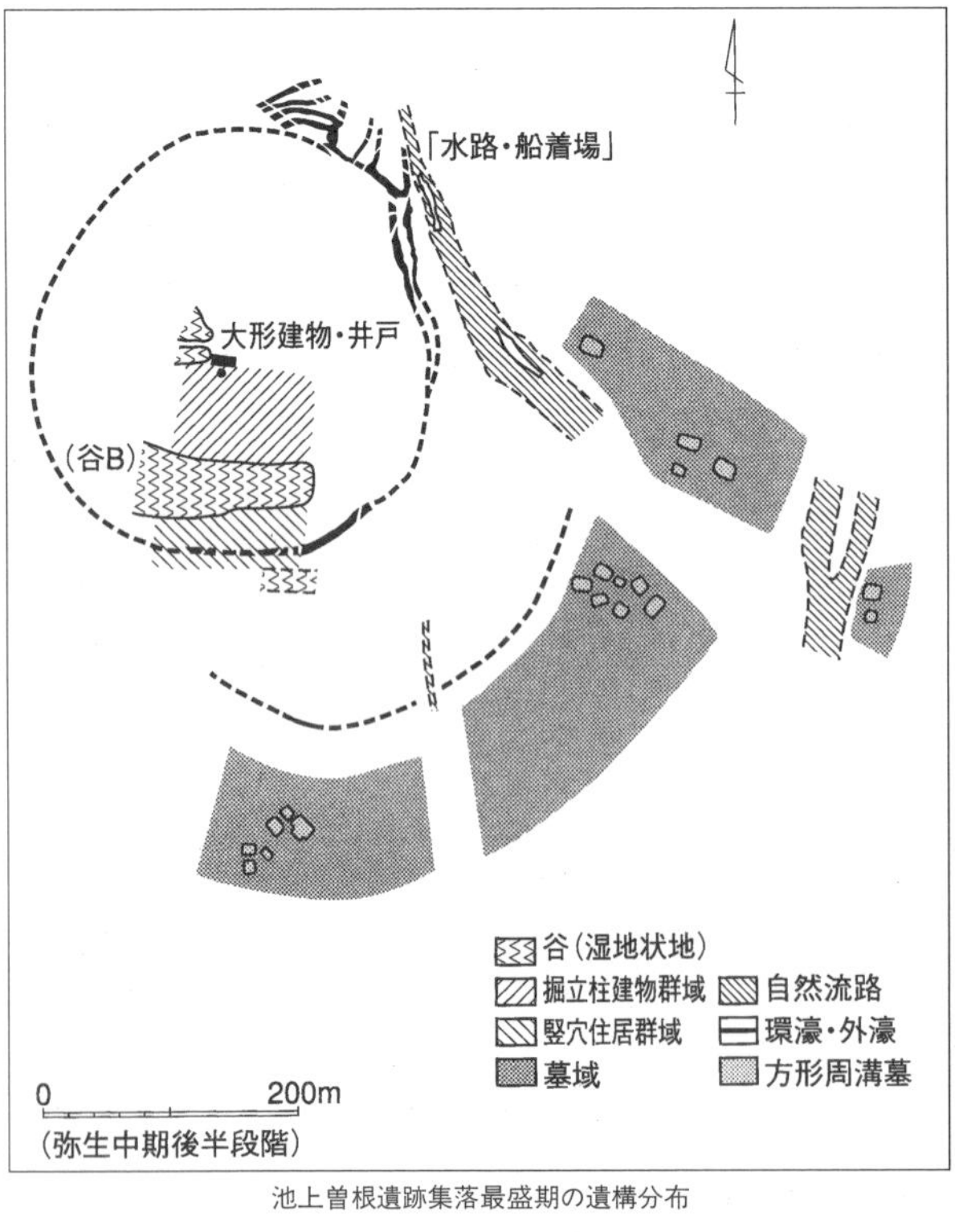

池上曽根遺跡集落最盛期の遺構分布

池上曽根遺跡
大形建物と大形井戸（弥生中期後半。南から）

環濠の平面形がほぼ円形（推定）となり、集落規模が拡大される。中期初頭の環濠内部は、南北約二九〇ｍ、東西約三〇〇ｍ、約六・七万㎡。中期後半では集落が最大規模になり、具体的様相がかなり明らかになっている。この段階の環濠は、中期初頭の環濠の外側にほぼ並行して掘削され、内部は南北・東西とも約三二〇ｍ、約八・一万㎡におよぶ。環濠外部の東側では自然流路が確認されており、そこからの越流対策のために、環濠の北側では多重環濠帯をつくる。また、環濠外部の南側には外濠が存在する。それより内側が居住や労働等の日常的な活用範囲となっていたようで、環濠内部をふくめたその領域は、南北・東西とも約四五〇ｍ、占有面積は約一二～一四万㎡に達する。外濠のさらに南側・東側では、方形周溝墓群の墓域が形成される。いっぽう、環濠内部は、微凹地を境にして竪穴住居域と掘立柱建物域が整然と分けられる特徴をもつ。集落の中央部付近では、独立棟持柱を備えた床面積約一三五㎡の大形掘立柱建物がつくられ、径六〇㎝をこえる柱材が遺存していた。建物の南面には、径二ｍ以上の一木刳り抜き楠材を側にした大形井戸も検出されている。この両遺構の発見が実質的な契機となって、考古学界では弥生時代の「都市」論が盛んに議論されるようになった。また、大形建物に使われた柱材は、年輪年代測定によって伐採年がB.C.五二年と判明した。その結果、この実年が、建物構築の相対年代である弥生中期後半と接点をもつ可能性が出てきたことで、弥生時代の暦年代比定論に大きな影響を与えた。集落の最盛期以降、中期末には大形建物や環濠は廃されて環濠集落が解体にいたり、後期には小規模集団が分散して集落を営むようになる。

現在の遺跡では、大形建物復原をふくめた第一期整備が完了し、二〇〇一（平成13）年春に史跡公園が開園した。先に遺跡内に設置されていた大阪府立弥生文化博物館とともに、弥生時代を具体的かつ総合的に体感・学習できる環境となっている。

【参考文献】秋山浩三「B.C.52年の弥生土器」（『大阪文化財研究』(11)）（大阪府文化財調査研究センター平8）。秋山浩三「近畿における弥生「神殿」「都市」論の行方」（『ヒストリア』(163)）（大阪歴史学会平11）。乾哲也「弥生中期における池上根遺跡の集落構造」（『ヒストリア』(152)）（大阪歴史学会平8）。広瀬和雄他『弥生の環濠都市と巨大神殿』（池上曽根遺跡史跡指定20周年記念事業実行委員会平8）。　（秋山浩三）

いけだのしょう【池田荘】　奈良市池田町付近にあった荘園。興福寺雑役免田、のち興福寺一乗院領。一〇七〇（延久2）年の「興福寺雑役免帳」によると、不輸免田と公田畠計五五町余が京南二条三と四里、三条三と四里に分布するが、一一八六（文治2）年の丸帳では、荘田は三六町余に減ずるものの二条四里に集中しており、かつ二町前後のほぼ均等な名が編成されている様がみてとれる。荘園景観が復元される点で貴重であるとともに、均等名荘園の代表例とされる。

【参考文献】稲垣泰彦『日本中世社会史論』（東京大学出版会昭56）。渡辺澄夫『増訂版　畿内荘園の基礎構造』（吉川弘文館昭44）。　（山本崇）

いけべのなみつきのみや【池辺雙槻宮】⇩磐余池辺雙槻宮

いけんふうじ【意見封事】　天皇の徴召に応じて、律令官人などが時務に関する率直な意見を記し、密封して上進した文書。大宝・養老の公式令に「事有りて意見を陳べ封進せんと欲する者、即ち任に封上せよ。少納言受け得て奏聞し、開き看るべからず」とあるが、一〇世紀の「新儀式」に「先づ詔書を降して封事を献ぜしむ」とみえるので、任意でなく徴召の詔をうけた人々に限られた。その意見は、少納言（のち弁官）より奏進して天皇のもとで開封され、官位姓名を切りとり内容別に分類してから公卿に示されると、まず公卿のみで審議し、続いて天皇の御前で採否が決定され、採択意見は関係官司に頒行せしめられた。その実例は、七二一（養老5）年・七三七（天平9）年・七五九（天平宝字3）年・八二三（弘仁14）年・八六二（貞観4）年・八八八（仁和4）年・九〇一（延喜元）年・九一四（同14）年・九一八（同18）年・九二五（延長3）年・九二九（同7）年・九四二（天慶5）年・九四五（同8）年・九五四（天暦8）年・九六二（応和3）年・九六五（康保2）年など十数回ある。とりわけ、延喜一四年の三善清行「意見十二箇条」と天暦一一年の菅原文時「封事三箇条」は全文が伝わる。　（所　功）

いけんふうじじゅうにかじょう【意見封事十二箇条】⇩意見封事

いご【囲碁】　中国伝来の局戯のひとつ。八世紀に盛行していたことは、大宝年間（七〇一―七〇四）に入唐した僧弁正が囲碁を能くして玄宗に寵遇された伝え（『本朝高僧伝』『懐風藻』）や『万葉集』に碁師の歌があるのにもうかがわれる。現存の碁器は正倉院御物のなかに残るが、八三九年（承和6）年一〇月伴雄堅魚と須賀雄とが紫宸殿で対局し（『続日本後紀』）、紀夏井は少勝雄に師事して当代無双の名手といわれたと伝える。延喜年間（九〇一―九二三）僧親蓮（橘良利）は「碁式」を著わし、九三七（承平7）年正月には右大臣家の饗宴で右大臣と中務卿宮が対局した（『古今著聞集』）。『源氏物語』の空蝉や手習の巻にも囲碁の状況が物語られている。碁手銭とよぶ懸賞もあった（『古今著聞集』）。囲碁はやがて武家の間でも流行した。　（上田正昭）

いこう【遺構】　考古学の調査研究において、住居や井戸、水田、溝など過去の人間やその集団がある目的を達するために大地に働きかけた痕跡をさし、とくに不動産的な性格をもつものをいう。日本では、当初「遺跡」としてとらえられていた概念であり、そのなかでも遺跡全体を占めるものではないが、不可動的特性をもち、文化的・歴史的構成をなすとして、中谷治宇二郎によって「部分的なる遺跡」と意識されたものであり、「遺構」の用語自体は、第二次世界大戦後に建築史家との共同発掘を通じて、建築史の概念を導入したものである。また、イギリスの考古学者チャイルド（V.G.Childe）が、Artifact（人工物）のうち不動産的性質のものをMonumentと区別したことも重要である。これに関して日本で、Monumentを「遺構」と訳される場合もある。欧米では、Featureあるいは Structureが遺構に相当する語として用いられていることが多く、Monumentは遺構に含まれる要素としてとらえたほうがよいであろう。

〔**参考文献**〕V.G.Childe, Piecing Together the Past（近藤義郎訳『考古学の方法』）（河出書房新社昭56）。　（**鐘ヶ江賢二**）

いさがわじんじゃ［率川神社］　奈良市本子守町に鎮座し、大神神社の境外摂社。祭神は媛踏鞴五十鈴姫命・玉櫛姫命・狭井大神。三枝神社・子守社とも称される。「延喜式」神名帳に、大和国添上郡の率川坐大神御子神社三座とみえる。養老神祇令の孟夏条に三枝祭がみえ、「令義解」では、「率川社の祭なり。三枝の花を以て酒罇を飾り祭る。ゆえに三枝というなり」とする。「三枝」はササユリとするのが一般である。現在では三枝祭を「ゆり祭り」と称し、六月一七日に行なわれている。三枝祭は大宝神祇令にもみえるから、平城遷都以前から大神氏により率川神社が祀られていた。率川神社については、七六五（天平神護元）年八月一日に、謀反を起こした和気王が社域に逃げ込んだことや、聖武朝に相八卦読みが境内にいたことを伝える説話（『日本霊異記』中巻第二四縁）などが注目される。　（**和田萃**）

いざなぎじんぐう［伊弉諾神宮］　兵庫県津名郡一宮町（現宍粟市）にある神社。旧称いざなぎ神社。「延喜式」式内社で、旧淡路国一宮である。いざなぎ神は『日本書紀』の記述から、本来、この神社を本拠とする淡路の海人の奉祭していた神だとする説が有力である。　（**榎村寛之**）

いざなきのみこと・いざなみのみこと［伊奘諾尊・伊奘冉尊］　『記』『紀』神話の神。皇室の祖先神であり国土や万物創成の夫婦の神。『古事記』では冒頭の別天神五柱に次ぐ神世七世の最後に出現し、両神の和合によって大八島を生み、続いて多くの神々を生む。その際火神カグツチの出生によりイザナミが死に、夫イザナキは亡き妻を追って黄泉国に行くが、禁忌を犯して変わり果てた妻の姿を見てしまい、イザナミに攻め追われて黄泉国から逃げ帰る。その後の禊によってアマテラス・ツクヨミ・スサノオの三貴子が化成する。『日本書紀』本文には火神出生や黄泉国の神話はなく、三貴子も両神の和合によって生まれたとする。系譜的には王権の最高神であるアマテラスの祖神でありながら、宮中では祭られておらず、『紀』履中天皇五年条で、同天皇が淡路島で狩猟を行った際に島に居ますイザナキ神が託宣をくだしているように、もともと淡路島で祭られていた神であったとみなされている。

〔**参考文献**〕岡田精司『古代王権の祭祀と神話』（塙書房昭45）。　（**菊地照夫**）

いさらごかいづか［伊皿子貝塚］　東京都港区三田に所在し、東京湾に面する標高一一mの洪積世台地を解析する小さな沢の谷頭に位置する貝塚。一九七八、七九（昭和53、54）年に、鈴木公雄らによって大規模な貝層の悉皆調査が行われた。貝層は縄文時代中期から晩期にかけて営まれ、主体は後期初頭の堀之内式1、2式期に形成された。マガキ、ハイガイを主体とする主鹹、内湾型貝塚である。貝層は厚さ一・五m、東西二〇m、南北二八mの不整形にひろがり、面積三五一㎡の貝塚である。貝層は総数一〇七枚が識別、認定され、その内容が動物遺存体、堆積土壌について、それぞれ定量的に分析され、貝層の堆積過程が追究された。この調査方法そのものを客観化する調査と研究は、日本における一九八〇年代以後の貝塚研究を方向づけるものとなった。

〔**参考文献**〕金子浩昌他『伊皿子貝塚遺跡』（港区伊皿子貝塚遺跡調査会昭56）。　（**須藤隆**）

いさわじょう［胆沢城］　岩手県水沢市にあった古代の城柵。『日本紀略』延暦二十一（八〇二）年正月条には、坂上田村麻呂が築いたとある。築城後まもなく鎮守府が多賀城から移され、陸奥国北部支配と北方交易の拠点となった。門・櫓を備えた一辺約六七〇mの方形外郭築地塀がとりまき、中央やや東寄りに南面して東西に長い正殿跡があり、この建物跡の西南からは南北に長い西殿跡が発見されたが、東殿跡は早くから削平されていて検出されなかった。　（**山田雄司**）

いざわのみや［伊雑宮］　三重県志摩郡磯部町にある神社。伊勢神宮の別宮の一つとして天照大神ほかを祭る。鎮座地は伊雑浦に近く、志摩には珍しい沖積低地に臨む微高地で、傍を流れる神路川を遡り、山越えをすると伊勢神宮にいたるという立地である。延暦の「皇太神宮儀式帳」にみられ、七二九（神亀6）年の「志摩国輸庸帳」から神宮とは別に神戸がおかれていたことがわかる。六月二四日の御田植神社は中世以前の予祝儀礼をよく伝えているとされる。　（**榎村寛之**）

いし［闈司］　後宮職員令に定められた後宮十二司の一つ。「闈」は宮中の門のことで、「みかどのつかさ」とも読む。宮中諸門の鍵を預かるほか、官人が内裏に入る際には、天皇の許可を取り次ぐこともつかさどった。職員は、尚闈（一人）、典闈（四人）、女孺（一〇人）からなった。　（**篠田孝一**）

いし［位子］　律令制下における内六位以下八位以上の官人の嫡子。二一歳以上で官途についていない者は、京職や国司が簡試し、能力に応じて上中下の三等に分け、さらに式部省・兵部省で簡試・試練のうえ、大舎人・兵衛・使部になど任用された。　（**荊木美行**）

いし［倚子］　天皇や公卿が使う腰掛け。背と肘掛けがあり、座には茵を敷いた。紫宸殿の天皇の倚子は黒塗りで柿の木製。殿上の倚子は内裏火災の際には持ち出された。庁座では天皇と中納言以上は倚子を用いた（延喜掃部寮式）。貴族の腰掛けには他に床子や草墪があった。また渡来した宋人も倚子を使った。（**勝田至**）

いしうす［石臼］　臼は、粉砕するものによって、石、土、木など異なった材料でつくられる。一般に、石臼とは、下臼と上臼を重ねて、上臼を回転させながら粉挽きをする臼（摺臼）のことをいう。花崗岩や玄武岩などの多孔質でやや軟質な石でつくられている。最盛期は江戸時代から昭和初期である。ほかにも、縄文時代には石皿に、明治時代以降にはもちつき臼にも石が使われている。

〔**参考文献**〕三輪茂雄『臼』（法政大学出版局昭53）。　（**中村修身**）

いしうまだにこふん［石馬谷古墳］　鳥取県米子市に所在する全長六一・二mの前方後円墳。向山古墳群に隣接し、六世紀後葉の築造。斜面部に造成された基壇上に、後円部二段、前方部一段の墳丘が築成され、葺石がある。発掘調査により円筒埴輪、朝顔形埴輪、須恵器が出土している。特筆されるのは、この古墳から出土したとされる本州唯一の石馬（重要文化財）と裸体石人である。これらの石製表飾は、被葬者である首長が九州地方との交渉をもっていたことを示している。国指定史跡。

〔**参考文献**〕中原斉他「山陰の石人・石馬」『島根考古学会誌第十一集』（平6）。**（中原斉）**

いしがみいせき［石神遺跡］　奈良県明日香村飛鳥小字石神に位置する七世紀の遺跡。明治時代に須弥山石・石人像が出土したことで広く知られ、かつては飛鳥浄御原宮の有力な推定地とされた。一九八一（昭和56）年からの継続的な発掘調査で、斉明朝・天武朝・藤原宮期の官衙遺構を発見した。最も整備された斉明朝期の遺構は、『日本書紀』に記された「飛鳥寺の西」にあたり、外国使節や辺境の民に対する饗宴施設と考えられる。漏刻台の*水落遺跡が隣接する。**（松村恵司）**

いしかわし［石川氏］　*蘇我氏の後裔氏族。姓は初め臣、六八四（天武13）年に朝臣を賜姓。氏名は蘇我氏の拠点の河内国石川（大阪府富田林市・河内長野市と南河内郡の諸町村）の地名による。六八一～二（天武10～11）年頃、蘇我連子の子の安麻呂らを中心に、氏名を石川に改める。壬申の乱で一族の多くが近江朝側に荷担したことを憚っての改名であろう。奈良時代には、宮麻呂・石足・年足・豊成・名足・真守など高位高官に進む者が存在したが、平安期に入り急速に衰えた。**（加藤謙吉）**

いしかわのいらつめ［石川郎女］　万葉歌人。①天智朝に久米禅師と贈答歌を交した女性。②持統朝頃の人。大津、草壁両皇子や、大伴田主・宿奈麻呂兄弟との恋歌がある。③大伴安麻呂の妻。石川内命婦。④藤原宿奈麻呂（良継）の妻。**（中川久仁子）**

いしかわのしょうじゃ［石川精舎］　五八三（敏達天皇13）年に、*蘇我大臣馬子が石川宅につくった仏殿。『日本書紀』では、続けて「仏法、初めてこれよりおこる」と記す。石川精舎を河内に求める説もあるが、前後の記事からみて、大和の石川の地（橿原市石川町）とすべきで、剣池の近傍である。石川町の本明寺付近では、古瓦の出土は知られていない。石川の地名は、蘇我氏の同族である石川氏が河内から移り住んだことによるか。**（和田萃）**

いしかわのとしたり［石川年足］　688～762　奈良時代の公卿。石足の長子。七三五（天平7）年の叙爵後、兵部卿・中納言などを歴任。能吏であり七五九（天平宝字3）年には「別式」二〇巻を撰上した。七六二年、御史大夫正三位兼文部卿神祇伯にて没。**（中川久仁子）**

いしかわのとしたりのぼし［石川年足墓誌］　一八二〇（文政3）年に現大阪府高槻市から出土。長方形の銅板に鍍金し、唐草文で縁取られた表面を六行にわけ一三〇字の銘文が刻まれている。内容は、武内宿禰命十世孫である石足の長子年足が、七六二（天平宝字6）年に平城京の邸宅で七五歳で没し、摂津国嶋上郡白髪郷酒垂山に葬られたと記す。**（中川久仁子）**

いしごりどめのみこと［石凝姥命］　『記』『紀』神話の神。鏡作連氏の祖先神で女性神。『古事記』では天の石屋に隠れたアマテラスを招き出すための神事に用いられる御幣の鏡を製作し、また天孫ニニギ命に随伴して地上に降臨する*五伴緒にふくまれている。一方『日本書紀』の天岩屋戸の段第一の一書では鏡ではなく日矛を作ったとされ、第二の一書では鏡は天糠戸が製作しており、第三の一書では鏡作の遠祖天抜戸の子石凝戸辺が鏡をつくったとある。なお『新撰姓氏録』には石凝姥命も鏡作連もみえない。**（菊地照夫）**

いじじょう［伊治城］　『続日本紀』に七六七（神護景雲元）年一〇月に一月をかけずに完成したと記される古代*城柵。宮城県栗原市築館町字城生野にある。一九七七（昭和52）年から発掘調査が行われ、築館丘陵東端の東西七〇〇m、南北九〇〇m程の台地で三重にめぐる区画が明らかにされた。内側の政庁は、約六〇m四方を築地塀と溝で囲む。三期の変遷がみられ、第二期は、七八〇（宝亀11）年の*伊治呰麻呂の乱により焼失している。内部に正殿・後殿・脇殿を配する。政庁を取り込み、東西約一八五m、南北約二四五mの範囲を築地塀と溝で囲む内郭には、コの字状配置の掘立柱建物跡、竪穴住居跡がある。外郭は、地形に沿って大溝と土塁が不整五角形に巡る。内郭の北に竪穴住居群、南に掘立柱建物の官衙域が営まれる。外郭北辺土塁の一部は現存する。遺物に「城厨」「常陸」の墨書土器、重圏文軒丸瓦などがある。第二五次調査で「弩」の発射装置である青銅製「機」が出土した。多賀城跡出土漆紙文書に記された「此治城」から、伊治が「コレハル（リ）」と解読されている。**（奈良佳子）**

いじたい［異字体］　⇩異体字

いしだもさく［石田茂作］　1894～1977　日本仏教考古学の基礎を築いた研究者。東京高等師範学校卒業後、東京帝室博物館監査官、東京国立博物館学芸部長、奈良国立博物館館長といった国立博物館の要職を歴任し、各博物館所蔵品の展示研究を通じて、仏教考古学の体系化を進めた。おもな著書に『写経より見たる奈良朝仏教の研究』（昭5）、『飛鳥時代寺院址の研究』（昭11）などがある。また主な著作は『仏教考古学論攷』（6巻思文閣出版昭52～63）にまとめられる。**（杉山洋）**

いしづかやまこふん［石塚山古墳］　福岡県京都郡苅田町役場の隣接地にある古墳時代前期の前方後円墳（全長一一〇m）。一九八五（昭和60）年に国指定の史跡となる。一七九六（寛政8）年に後円部が乱掘され、一四面の鏡等が出土したと伝えるが、現在、三角縁神獣鏡七面等が重要文化財として地元の宇原神社に所蔵されている。七面の鏡には北部九州、山陽、近畿の古墳等に同范鏡がある。一九八七（昭和62）年の発掘調査で竪穴式石室の痕跡と墓壙が確認され、攪乱土中から細線式獣帯鏡片、玉類、革綴冑の小札等の鉄製品、二重口縁壺片等が検出された。**（藤丸詔八郎）**

いしつくりべ［石作部］　石棺の製作や石の加工などに従事した部。『新撰姓氏録』左京神別条に、石作部の中央*伴造である石作連がみえ、火明命の六世孫である建真利根命が、垂仁朝に皇后の日葉酢媛命のために石棺をつくって献じたとみえる。しかしこれは埴輪の起源伝承に結びつけて、垂仁朝のこととしたにすぎない。実際には長持形石棺・家形石棺や横口式石槨の製作に従事したと考えらえる。神功皇后が仲哀天皇の遺骸をおさめるため、石作連大来を率いて、讃岐国の「羽若の石」を求めたとの伝承は（『播磨国風土記』印南郡大国里条）、石作連が石棺製作に従事していたことを示していて貴重である。また大国里の「池の原」の南にある「作り石」は、俗に「石の宝殿」と称されるもので、横口式石槨の未完成品であることも注目される。（和田萃）

いしづちさん【石槌山】 愛媛県にある石槌連峰の最高峰（標高一九八二m）。山岳修行の場として著名。『日本霊異記』によると山名は「石槌神」にちなむ。また同書には「浄行の人のみ登り到りて居住す」とあり、寂仙（『文徳天皇実録』では上仙）が修行を行ったとする。空海も『三教指帰』にこの山を修行の場としたことを記している。『梁塵秘抄』には「聖の住所」としてみえている。（寺内浩）

いしつりょう【医疾令】 大宝・養老令の編目の一つで、律令国家の医薬全般にわたる諸規定をおさめる。「大宝令」では第一九編、「養老令」では第二一四編に相当する。大宝医疾令・養老医疾令ともに現存しないが、後者については全二七条のうち、二六条が復原（うち二条は大宝令文のみ復原可能）され、残る一条も内容が推定されている。（荊木美行）

いしどうじ【石塔寺】 滋賀県蒲生郡蒲生町（現東近江市）石塔にある三重石塔をもつ寺。三重石塔は百済様式の花崗岩製で、高さ約七・五mある。奈良前期のものとされているが、大韓民国の扶余長蝦里にある三重石塔と類似点が少なくないので、奈良時代に下がる可能性がある。『日本書紀』天智天皇八（六六九）年是歳条に、白村江の戦いののち、百済の遺臣、佐平余自信、鬼室集斯ら男女七〇〇人が蒲生郡に移り住んだとあり、これと関連するとものとみなされている。国指定重要文化財。（小笠原好彦）

いじのあざまろ【伊治呰麻呂】 生没年未詳。八世紀後半の蝦夷の首長。七七八（宝亀9）年、出羽の蝦夷叛乱を鎮定した功により外従五位下となる。七八〇（同11）年、胆沢地方平定の軍事拠点となる覚鱉城（岩手県一関市）造営のため、按察使・鎮守将軍紀広純が伊治城に赴いた際、大領としてこれに従う。しかし日頃の不信感から、俘軍（服属した蝦夷軍）を率い反乱を起し、広純と牡鹿郡大領道嶋大盾を殺害。この事件が契機となり、以後大規模な蝦夷征討が展開された。（関口力）

いじのあざまろのらん【伊治呰麻呂の乱】 ⇩伊治呰麻呂

いしのカラトこふん【石カラト古墳】 奈良県奈良市山陵町と京都府木津町にまたがる平城山丘陵斜面に築かれた上円下方墳。墳丘は、版築積の二段築成をし、下方部の一辺一三・八m、高さ一・三六m、上円部の直径九・二m、高さ一・五五mの全面を川原石で葺く。上円部と下方部の四隅を結ぶ対角線上に、石列でいわゆる「水みち」を設ける。石棺式石室（石槨）は、天井と床四石、両側石各三石、奥壁と扉一石の一六石で構成する。墓道は、幅三m、長さ五mで、石室前西側に直径二〇cmの浅い穴がある。同様の柱穴は、高松塚古墳、阿武山古墳、キトラ古墳にもあり、祭祀に関る柱穴であろう。石室の南二・六mのところに礼拝位置と思われる方形の礫敷がある。また、築造時、石を運搬したコロ棒を乗せた道板の抜取り溝跡が二条並ぶ。出土遺物は金・銀製の玉、銀製太刀金具（鐺、責金）と鉄製石突、金箔、黒漆片がある。七世紀末～八世紀初頭の築造。

【参考文献】金子裕之「石のカラト古墳の調査」『奈良山Ⅲ』（奈良県教育委員会昭54）。（猪熊兼勝）

いしのこ【石鋸】 鋸歯状の刃をもつ石器で、柄に複数埋め込んで使う。用途として次の二種類がある。①新石器時代の中国東北地方と朝鮮半島東北地方の内陸地域に分布し、刃器とされる。②縄文中期以降の北部九州と朝鮮半島南部の海岸地域に分布し、銛とされる。（崔鐘赫）

いしのほうでん【石宝殿】 兵庫県高砂市宝殿山の凝灰岩質砂岩（竜山石）を彫り抜いた石棺式石室（石槨）の未完成品。西北より東南に傾斜する岩盤を利用して彫出し、東南を正面とする生石神社の神体となっている。上から見れば横倒しの家屋形を連想し、東面六・七四m、奥行・高さとも五・一六mの横長の長方形に、高さ一・九m、幅二・九二m切妻風の屋根形とも一石でつくる。上面は樹木が繁り、抉られているらしい。全体の形状が益田岩船と同形の巨石であるところから、七世紀末の墳墓の未完成説が強い。『播磨国風土記』に「形、屋のごとし……大石といふ」とされる。幕末の様子は、H・シーボルト『日本』で精密なエッチングを残す。（猪熊兼勝）

いしばいのだん【石灰壇】 平安宮内裏の清涼殿東庇南端や仁寿殿南庇東端に設けられた施設。板敷と同じ高さに土を盛り固めた床に石灰を塗った場所。石灰の間とも。清涼殿では地面と見立てて、ここで天皇が毎日伊勢神宮や賢所の遥拝を行った。（竹居明男）

いしぶたいこふん【石舞台古墳】 奈良県明日香村島の庄にある上円下方墳。二段築成の墳丘は、周濠と外堤を方形にめぐらすが、中世に上段の盛り土を除去し、濠を埋め立てたため、玄室石材が露出する。一九三三（昭和8）年、発掘され、上円下方墳と想定するが、二段築成の方墳の可能性もある。墳丘四周と外提斜面に人頭大の川原石を貼る。基底部は東西各五五m、南北各五二m、下段高さ二m、濠幅八・一m。外提南外側の長さ八七m。南西に羨道を開口する巨石積みの両袖の横穴式石室。花崗岩の石室内部は、全長二〇・五m。玄室は、東側壁八石、西側壁七石を三段積み、奥壁は二石を二段に積む、上段の石が、少し内傾する。石室内法は長さ七・七m、幅三・四m、高さ四・八mである。二石の天井のうち、南石は約七七tある。羨道は一段の石列を両側に並べる。その長さ一一・五m、幅二・四m、高さ二・六m。排水溝は、玄室床周囲に玉石溝を廻らせ、石室中軸を貫く直線溝で羨道から石室外へ流す。玄室東南隅から凝灰岩の家形石棺断片が出土する。ここは桃原の地で、蘇我馬子桃原墓である可能性が強い。舒明天皇即位前紀に、蘇我氏一族による造墓の状況が記される。

〔**参考文献**〕濱田耕作「大和島庄石舞台の巨石古墳」（『京都帝国大学文学部考古学研究報告』第一四号昭12）。　　（**猪熊兼勝**）

いしぼうちょう［石庖丁］　弥生時代の石製農具で稲穂を摘みとる道具である。中国起源で、朝鮮半島を経由して紀元前六世紀頃九州北部にもたらされた。当時の稲は、熟稔期がバラバラであったため、根刈りよりは稲穂ごとに摘みとったほうが効率はよかったのである。　　（**藤尾慎一郎**）

いしもだしょう［石母田正］　1912～86　昭和期の歴史学者。札幌に生まれる。二高をへて一九三七（昭和12）年東大文学部卒業。冨山房編集部に勤務し、中世史の研究にとりくむ。その研究成果である『中世的世界の形成』（伊藤書店昭21）は戦後の歴史学界に大きな影響を及ぼした。マルクス主義の理論と実証による古代社会の基礎構造の究明にかんする論著をつぎつぎに発表。四九（同24）年には歴史を民衆の立場で把握する「村の歴史」、「工場の歴史」を提唱、それはやがて「国民のための歴史学」の運動へと発展していった。他方「古代貴族の英雄時代」（『論集史学』三省堂昭23）で日本における英雄時代についての問題を提起し、英雄時代論争のさきがけとなった。歴史学研究会を中心に活躍し、古代・中世史の研究に多くの示唆を与え、四八（同23）年から法政大学教授をつとめた。著書には『歴史と民族の発見』正続（東大出版会昭27・28）、『古代末期政治史序説』（未來社昭39）、『日本の古代国家』（岩波書店昭46）、『日本古代国家論』一・二部（岩波書店昭48）ほか多数。　　（**上田正昭**）

いしやまでら［石山寺］　滋賀県大津市にある真言宗の寺院。七四九（天平勝宝元）年に良弁が創建したと伝えるが、詳しい起源は不明。ただ既に当地に小規模な山林寺院は営まれており、七六一（天平宝字5）年にいたって、造東大寺司の主導の下に造石山寺所が設置され、良弁の指導も得て、大規模な増改築が加えられた。その背景には孝謙天皇の保良宮を鎮護する目的があったとされる。その後、初代座主聖宝の時に真言宗密教の寺院となり、平安時代を通じて、皇族・貴族や文人の参詣も多く伝えられる。また当寺に隠棲した一〇世紀前期の僧淳祐以降、密教教学研究の伝統も育まれた。今日、境内には一〇九六（永長元）年再建の本堂や、一一九四（建久5）年建立の多宝塔（いずれも国宝）などの古建築が現存し、仏像にも優品が多い。また奈良・平安期の聖教類、その紙背に遺った唐代のものを含む各種古典籍や「延暦交替式」「越中国官倉納穀交替記」といった古代史料など、貴重な寺宝が豊富なことで知られている。

〔**参考文献**〕『新修大津市史　1古代』（大津市役所昭53）。　　（**毛利憲一**）

いしんぽう［医心方］　現存する日本最古の医書。全三〇巻。丹波康頼撰。九八四（永観2）撰進。内容は中国唐代以前の医書の引用からなるが、今日散逸している医書が多く、中国医学史上も貴重。諸薬の和名も記し、治療のうえでの咀嚼が進んでいることも示す。伝本には半井家本と仁和寺本の二系統がある。半井家本は一六世紀に正親町天皇から典薬頭半井光成に下賜されたもので東京国立博物館蔵。影印本あり。　　（**勝田至**）

いずしじんじゃ［出石神社］　兵庫県出石町に鎮座する但馬国の一宮。「延喜式」に「伊豆志に坐す神社」と記す。新羅の王子と伝える天之日矛（天日槍）が持参したという八種の神宝を祀る。『古事記』（中巻）応神天皇の条には、天之日矛が持参したと伝える「八種」について「こは伊豆志の八前の大神なり」と註記する。『古事記』が編集される段階には、八座の大神であるとされていたことを物語る。「延喜式」では名神大社であり、一二八五（弘安8）年の頃には神田およそ一四一町であったという。江戸時代には出石藩主仙石家が篤く崇敬した。旧国幣中社。　　（**上田正昭**）

いずのくに［伊豆国］　東海道に属する国。現在の静岡県東部にあたる。伊豆半島と現東京都に属する伊豆諸島。もとは伊豆国造の支配する地域で、七世紀中葉には駿河国に属していたが、六八〇（天武9）年に田方・賀茂の二郡を割いて駿河国より分立されたといわれる。「延喜式」では下国とされ、所管の郡は田方・賀茂・那賀郡の三郡。国府は現三島市鷹部屋で、のちに同市長谷に移ったとされる。古代の人口は二万人程度と推定されているが、綾・等や堅魚などを調として貢上していた。六七五（天武4）年に麻績王の子が伊豆島に流されたのを初見に、流刑の地として知られ、七二四（神亀元）年に遠流の地と定められた。この伝統は後世にも継承され、源頼朝や日蓮も流された。平安時代に駿河守藤原維景は土着して狩野氏を名乗り、その子孫は伊東・宇佐美・阿津氏として栄えた。また伊豆介として赴任した平時方は北条（韮山町）に土着し、その子の北条時政は蛭ケ小島に流罪の源頼朝を擁して鎌倉幕府の樹立に貢献した。

〔**参考文献**〕『静岡県史』全三五巻（昭63～）。永原慶二他『図説静岡県の歴史』（河出書房新社昭62）。若林淳之『静岡県の歴史』（山川出版社昭45）。　　（**高橋誠一**）

いずのくにしょうぜいちょう［伊豆国正税帳］　伊豆国から政府に送られた国衙財政の収支決算報告書。七三九（天平11）年度のものが正倉院文書として残っている。仏教行事費に関する記載が多くみられる。　　（**寺内浩**）

いずみ［泉］　地下水の湧く場所。美濃多度山（『続日本紀』養老元〈七一七〉年）など著名な醴泉の水は朝廷に献上された。後世の伝説では各地の清水を弘法大師が杖で突いて出したとするが、『播磨国風土記』には神が杖で清水を出した話がある。　　（**勝田至**）

いずみがわ［泉川］　⇩木津川

いずみげん［和泉監］　七一六（霊亀2）年、珍努宮の造営・管理のため河内国の大鳥・和泉・日根の三郡を割いておかれた特別行政機関・区画。大宝公式令には在外監司の規定があり、それが実現したものであろう。芳野監とともに二監とよばれたが、これらは唐の京県と畿県を参考にしたものか。官人は正（長官）、佑（判官）、令史（主典）各一名と史生三名からなる。正倉院文書として残っている七三七（天平9）年の「和泉監正税帳」は他国の正税帳と同内容であり、行政機関として監は国とほぼ同じものであったと考えられる。なお、「和泉監正税帳」は倉庫の記載が詳細で、当時の正倉の実態を知るうえで貴重な史料である。和泉監は七四〇（同12）年廃止され、河内国に併合されたが、七五七（天平宝字元）年再び上記三郡が割かれて和泉国が成立した。
〔参考文献〕滝川政次郎『日本法制史研究』（有斐閣昭16）。　（寺内浩）

いずみげんしょうぜいちょう〔和泉監正税帳〕⇨和泉監（いずみげん）

いずみこがねづかこふん〔和泉黄金塚古墳〕⇨黄金塚古墳（こがねづかこふん）

いずみざきよこあな〔泉崎横穴〕　福島県西白河郡泉崎村にある東北地方を代表する彩色装飾横穴墓。第三紀凝灰岩の岩盤を刳り貫き、玄室内部天井は方形造り屋根裏状になっている。床面は奥壁際が一段高く油抜き穴のある屍床を掘り残している。そこからT字形に排水溝を穿って玄室外に導く。壁画は玄室奥壁・左右側壁・天井にみられる。全てベンガラの赤一色で表現される。渦巻文、円文、狩猟風景、騎馬人物像、高坏状の器物を捧げた女性像、馬などで飾る。副葬品に、直刀・刀子・銅環がある。六世紀末のものと推定される。矢吹町七軒横穴墓群と関連する。
〔参考文献〕上田三平「泉崎横穴」（『考古学雑誌』二四―六昭9）。　（橋本博文）

いずみしきどき〔和泉式土器〕　関東の古墳時代中期の土器型式。五世紀前半から後半にかけての時期が与えられる。東京都狛江市和泉遺跡出土土器群を基に杉原荘介によって設定された。前期の五領式土器（設定時は前野町式土器）と後期の鬼高式土器の間に位置づけられる。器種組成は甕、甑、壺、坩、坏、高坏、椀などからなる。とくに、畿内系有折脚の高坏の出度量が多い。全国的に斉一性が高い。設定時は須恵器の共伴はないと考えられたが、新段階に一部初期須恵器がともなうことが明らかになった。　（橋本博文）

いずみしきぶ〔和泉式部〕　生没年未詳。平安中期の女流歌人。大江雅致女。母は平保衡女。九九九（長保元）年までに最初の夫である橘道貞と結婚、小式部内侍を生む。その後、冷泉天皇の皇子弾正尹為尊親王と熱愛関係になり、為尊の没後は、引き続いて同母弟の帥宮敦道親王と恋に落ちた。しかし、ほどなく敦道にも死別し、その絶望の淵から、数多くのすぐれた哀傷歌が生まれている。一〇〇九（寛弘6）年頃、一条天皇の中宮彰子のもとに出仕しはじめたと考えられる。後、藤原道長の家司、藤原保昌と再婚、夫の任国である丹後に下向した。一〇二五（万寿2）年には、娘の小式部に先立たれる不幸に遭う。晩年は尼になったとも伝えるが、定かではない。『紫式部日記』には即興歌の巧みさを讃えた記事が存するが、むしろ定数歌や題詠などにも瞠目すべき秀吟は多く、日本文芸史上、屈指の詩人であるといってよい。中古三十六歌仙の一人。著作に『和泉式部日記』（他作説あり）、家集に『和泉式部正集』『和泉式部続集』がある。
〔参考文献〕清水好子『和泉式部』（集英社昭60）。増田繁夫『冥き道』（世界思想社昭62）。清水文雄『和泉式部研究』（笠間書院昭62）。　（小林一彦）

いずみどの〔泉殿〕　平安時代後半の、湧水や泉など泉水の豊かなことで知られた邸宅で、鳥羽泉殿、八条泉殿などが有名。また、納涼などの目的のため、邸内の泉水に臨んで建てられた建物も意味するが、この場合、泉廊、泉渡殿と表現されるほうが多い。　（西山恵子）

いずみのきや〔泉木屋〕　木津川沿いの泉津（京都府木津町）におかれた木材の集積・加工所。平城京に近いため、奈良時代には泉津は筏で運ばれてきた木材の陸揚げ場となり、木津川南岸に木屋が多かった。天平年間には大安寺と薬師寺の木屋が東西に並んでいたことが知られる。　（舘野和己）

いずみのくに〔和泉国〕　五畿内に属する国。現在の大阪府南西部にあたる。南東部に山地や大阪層群の丘陵があり、北西部に沖積平野が広がる。もと河内国に属していたが、七一六（霊亀2）年に珍努宮の造営・官吏のために和泉監として分離された。七四〇（天平12）年に河内国に復したが、七五七（天平宝字元）年に和泉国として独立した。「延喜式」では下国とされ、所管の郡は大鳥・和泉・日根郡の三郡。『倭名抄』には合計二四郷が記される。国府は現和泉市府中と推定される。仁徳天皇陵をはじめとする数多くの前方後円墳の百舌鳥古墳群や須恵器の生産地域としての陶邑古窯址群、群集墳の信太千塚などの考古学的遺跡が多く、茅渟山屯倉もこの地域におかれた。古代の有力氏族や渡来系氏族が多く居住し、行基もこの地域の大鳥郡家原の出身で鶴田池などの築造や大野寺の建立などを行った。平安時代になると貴族の熊野詣が盛んになり、和泉国を縦貫する熊野街道が栄えた。
〔参考文献〕『大阪府史』全七巻・別巻一（昭42〜53）。津田秀夫編『図説大阪府の歴史』（河出書房新社平2）。藤本篤『大阪府の歴史』（山川出版社昭44）。　（高橋誠一）

いずもこくふあと〔出雲国府跡〕　島根県松江市大草町の意宇川北岸に位置する。一九六八〜七〇（昭和43〜45）年の発掘調査で、六期にわたる遺構の変遷が確認され、西と北を区画する大溝や後方官衙と推定される掘立柱建物跡、後殿と考えられる四面廂付掘立柱建物跡などが発見された。出土遺物には、「大原評」などと記した木簡、「國厨」「里」などの文字のある墨書土器、瓦類、陶磁器、陶硯、緑釉陶器、和同開珎、分銅、玉作関係資料などがある。一九九九（平成11）年から島根県教育委員会により発掘調査が再開され、大型礎石建物跡等が発見されている。国指定史跡。　（足立克己）

いずもこくぶんじあと〔出雲国分寺跡〕　島根県松江市竹矢町にある。南に意宇平野を見渡すゆるやかな傾斜地に位置する。方二町の条里区画のなかに五〇〇尺四方の寺域が推定され、二度の発掘調査によって、東西の中軸線上に南から南門跡、中門跡、金堂跡、講堂跡、僧房跡が一直線に並んだ東大寺式の伽藍配置を確認し、塔は中門の南東に建つことが判明した。金堂は東側を中門から講堂にとりつく回廊によって囲まれており、南門から南方には瓦敷の古道がつく。出土遺物には、奈良時代から鎌倉時代までの各種瓦類、塼、須恵器、土師器、陶磁器などがある。国指定史跡。　　（足立克己）

いずもしんわ［出雲神話］　出雲の地域を中心とする神話。『古事記』や『日本書紀』などに記す、律令政府の側からまとめた出雲系神話と、『出雲国風土記』などにみえる出雲在地の出雲神話とがある。『記』『紀』の神話によれば、高天原を追放された須佐之男命（素戔嗚尊）は出雲で八岐（八俣）大蛇を退治して天叢雲剣（草薙大刀）を高天原の主宰神に献じ、櫛名田比売（奇稲田姫）と結ばれる。そして須賀宮をつくり〝八雲立つ出雲八重垣妻ごみに八重垣作るその八重垣を〟と歌ったという。ところが『出雲国風土記』にはこの八岐大蛇退治の伝承は記さず〝八雲立つ出雲〟とことあげするのは、在地の八束水臣野命であり、この神による国引き神話は『出雲風土記』のみが伝える。『記』『紀』神話では、高天原の主宰神は葦原の中国を平定するために、神を派遣して国譲りを迫り、大穴牟遅（大己貴）神は、「底津石根に宮柱太しり、高天原に氷木高知りて治めたまはば」と国譲りを承認する。しかし『出雲国風土記』では、たとえば意宇郡母理郷の条に国譲りはするけれども、「八雲立つ出雲国は、我が静まり坐さむ国と、青垣山廻らし賜ひて、玉とめで直し賜ひて守りまさむ」と宣言する。『出雲国風土記』では大穴持命を「所造天下の大神」と特筆していることもみのがせない。

〔**参考文献**〕上田正昭編『古代を考える出雲』（吉川弘文館平5）。　　（上田正昭）

いずもたいしゃ［出雲大社］　島根県出雲市大社町に鎮座する古社。杵築大社・杵築宮などともよぶ。大国主命（大穴持命）を主神とする出雲の代表的な大社。『出雲国風土記』や「延喜式」などには杵築大社と記し、出雲国造が朝廷に参向して奏上した『神賀詞』では「八百丹杵築宮」と述べる。『古事記』『日本書紀』の国譲り神話では大国主神（大己貴神）の「天日隅宮」を「底つ石根に宮柱太しり、高天原に「氷木高知り」（『記』）、「柱は高く太し、板は広く厚くせむ」（『紀』）と伝える。『日本書紀』の崇神天皇六十年七月の条には、出雲の大神とその神宝の伝承があり、『古事記』の垂仁天皇の条にも出雲の大神をめぐる説話がみえている。『日本書紀』の斉明天皇五（六五九）年是歳の条には、出雲国造に命じて「神の宮を修厳せしむ」とあるが、この「神の宮」については熊野大社とみなす説もある。出雲（杵築）大社は出雲国の一宮としても崇敬されたが、九七〇（天禄元）年の『口遊』には「雲太、和二、京三」として巨大な建物の筆頭と称されている。平安時代後期にも「天下無双の大廈」と評され、鎌倉時代はじめのころに参詣した寂蓮法師は〝やはちぐる光や空に満ちぬらむ雲に分け入る千木の片そぎ〟と歌っている。高さ一六丈（四八m）の社伝が架空の虚伝でなかったことは、出雲大社境内地の発掘調査で二〇〇〇（平成12）年四月に検出された杉の巨木を三本組合せた宇豆柱、ついでみつかった心（岩根）の御柱（直径三m）などでも明らかとなった。心の御柱の下から出土した杉の板材の年輪年代の測定によれば、この板材は一二二七（嘉禄3）年頃に伐採されたもので、四八（宝治2）年に造営された神殿の巨柱であることがたしかとなった。いずれの巨柱にも赤色顔料が付着しており、朱塗りの神殿であったことが判明した。「出雲大社幷神郷図」の朱塗りの神殿に相当する。大社関係の文書や記録によると、平安時代中期から鎌倉時代にかけてたびたび神殿が傾斜・転倒したと伝えるが、その都度巨大な神殿を造営したありように信仰の伝統をみいだすことができる。全国にさきがけて、一六六七（寛文7）年の造営のおりに神仏分離を実施しているのも軽視できない。神有祭・身逃の神事・爪剝祭ほか注目すべき神事を伝承する。

〔**参考文献**〕千家尊統『出雲大社』（学生社昭43）。大林組『古代出雲大社の復元』（学生社平1）。　　（上田正昭）

古代出雲大社本殿模型
写真提供：出雲大社

いずもたまつくりあと［出雲玉作跡］　島根県松江市玉湯町玉造にある出雲地域最大級の玉作遺跡。宮垣・宮ノ上・玉ノ宮の三地区があり、玉造温泉街の東側斜面に位置する宮垣地区では三次にわたる発掘調査で、六世紀代を中心に古墳時代前期から平安時代にかけての工房跡約三〇棟と碧玉・瑪瑙・石英・水晶・滑石などの玉素材、勾玉・管玉・丸玉・臼玉・切子玉・平玉などの各種未製品、ガラス小玉、玉磨き用の平砥石や溝砥石・内磨き砥石、鉄製錐などが出土した。また、玉作湯神社周辺の宮ノ上地区では弥生時代終末期までさかのぼる玉未製品が出土している。国指定史跡。宮垣地区ならびに

玉作湯神社保管資料は一括して国重要文化財。　（足立克己）

いずものおみ［出雲臣］　天穂日命またはその子建比良鳥命の後裔を称する氏族の一つ。姓は臣で、出雲国意宇郡を本拠とする。意宇郡に鎮座する熊野大社と出雲郡の杵築大社（出雲大社）の神の祭祀を掌り、出雲国造を世襲した。律令制下では出雲国造のほか意宇郡大領も兼帯し、国造新任時には朝廷において神賀詞を奏上、従属の誓いを行う習わしであった。その初見は七一六（霊亀2）年二月出雲臣果安のときであり、その起源については諸説あるが、果安以前から行われていたとみる説が有力である。（廣瀬真理子）

いずものくに［出雲国］　律令制のもとで設けられた国。島根県内の隠岐・石見を除く東半部。北は日本海に面し、東は伯耆国、南は備後国、西は石見国に接する。『古事記』では「伊豆毛」、『日本書紀』では「伊頭毛」・「伊弩毛」と書く。「イヅモ」の語源については出づ雲・厳雲説・アイヌ語説などのほか厳藻説がある。『出雲国風土記』によれば意宇・島根・秋鹿・楯縫・出雲・神門・飯石・仁多・大原の九郡六二郷で構成する。後に意宇郡から能義郡が分立して一〇郡となる。律令制下の上国であったが、早くから独自の文化を形づくっていたことは、弥生時代の青銅器の文化をみても明らかである。島根県斐川町の神庭荒神谷遺跡から銅剣三五八本、銅鉾一六本、銅鐸六個、同県加茂町の岩倉遺跡から銅鐸三九個が出土し、同県大社町の命主神社の磐座あたりで銅戈と勾玉がみつかっている。弥生時代後期の頃から出雲の地域を中心に四隅突出型の墳丘墓が分布し、古墳文化においても方形墳の伝統を保持する。出雲を背景とする豊かな神話の世界はもとよりのこと、古代の信仰圏においても、出雲は重要な位置を占めた。『出雲国風土記』には神祇官台帳に載す一八四社とその他の二一五社を記載するが、大社と書くのは杵築・熊野であり大神と特筆するのは杵築・熊野・佐太・能義の四社の神である。九二七（延長五）年に完成した「延喜式」所収の式内社の数は、大和国・伊勢国についで多い。古代に創建されたと伝える寺院としては鰐淵寺（平田市）、仏国寺（八束郡）、禅定寺（飯石郡）、華厳寺・金剛寺（松江市）、極楽寺（大原郡）などがあり、『出雲国風土記』に記す新造院も注目される。「延喜式」に大社と明記するのは杵築大社のみだが、出雲大社では、一七世半ばの寛文造営の頃に神仏分離を行った。

〔参考文献〕水野祐『古代の出雲』（吉川弘文館昭47）。　（上田正昭）

いずものくにのふどき［出雲国風土記］　奈良時代に国単位でまとめられた『風土記』の一つ。現在、まとまった形で残っている五風土記（常陸・出雲・播磨・肥前・豊後）のなかでも、ほとんど完本の姿でみることのできる唯一のものとして重要である。奥書に七三三（天平5）年の勘造とあり、完成した年が明確にわかる点でも唯一の『風土記』であるが、完成年が七一三（和銅6）年の撰進の官命から二〇年もたっていることから出雲国造家の私撰本、あるいは再撰本とする説も出されている。編纂責任者は、出雲国造で意宇郡の大領を兼任していた出雲臣広島で、補佐の任にあたったと考えられるのが神宅臣金太理である。一般の『風土記』の編纂者が国司層と推測されるのに対して、出雲国の場合には国司層の関与がまったくうかがわれない、というのも特色の一つである。このことはとりもなおさず在地性の強さを意味しており、出雲国造を頂点とする世界が展開され、神話や伝承にも出雲独自と思われるものが数多くとりあげられている。

〔参考文献〕水野祐『出雲国風土記論攷』（早稲田大学古代史研究会昭40）。志田諄一『風土記の世界』（教育社昭54）。瀧音能之『神と神話の古代史』（岩田書院平8）。　（瀧音能之）

いずものくにのみやつこ［出雲国造］⇩出雲国造神賀詞いずものくにのみやつこのかむよごと

いずものくにのみやつこのかむよごと［出雲国造神賀詞］　出雲国造が天皇の長寿・繁栄をことほぐ宮廷儀礼の寿詞。一般的には出雲国造が代替りの際、上京して奏上する服属儀礼とされるが、代替わり以外の理由での奏上もあり、また、単純に服属儀礼といってしまってよいか否か問題がある。文献上の初見は七一六（霊亀2）年で、一地方の豪族が都にのぼって寿詞を奏上するのは出雲国造のみであり、この点からも「出雲国造神賀詞」は特殊といえる。内容的には三段構成をとっている。第一段は、冒頭の「八十日日はあれども今日の生日の足日に、出雲国造（姓名某）、恐み恐み申したまはく」に始まり、天皇の御世を出雲の神々が祝うという内容である。第二段は、天穂日命から続く出雲国造家の歴史と功績をのべ、天皇の繁栄をたたえてみずから守護とすることを誓っている。第三段は、出雲の神々と国造からのさまざまな献上品を列挙し、それらの品々にことよせて天皇の寿命の長久と若返りをのべている。具体的な内容は、「延喜式」祝詞によってみることができる。

〔参考文献〕山田孝雄『出雲国造神賀詞義解』（出雲大社教教務本庁昭35）。松前健『出雲神話』（講談社昭51）。瀧音能之『古代出雲の社会と信仰』（雄山閣平10）。　（瀧音能之）

いずもふるね［出雲振根］　生没年不詳。『日本書紀』の崇神天皇六十年七月条にみえ、弟の飯入根が出雲大神の神宝を振根の留守中に天皇に献上したことに怒り弟を殺害。その後、朝廷から派遣された吉備津彦・武渟河別らによって誅殺されたと伝えられる。　（瀧音能之）

いせ［伊勢］　生没年未詳。平安時代前期の歌人。藤原継蔭の女。八八八（仁和4）年頃、宇多天皇女御温子のもとに出仕。温子の弟仲平や兄時平らとの恋ののち、宇多天皇の寵愛をうけて皇子を生んだ。また、宇多天皇皇子敦慶親王との間に、中務を生む。家集『伊勢集』。（山本令子）

いせいせき［伊勢遺跡］　滋賀県守山市から栗東市にかけて所在する弥生時代後期の集落遺跡。南北四五〇m、東西七〇〇m、面積は約三〇haにおよぶ。遺跡の東側には直線的に一五〇mにわたって南北方向にのびる幅七m、深さ二・一mの大溝が掘られている。遺跡の中心部には二重の柵で囲まれた方形区画域があり、床面積八八㎡の大型建物を中心にL字状に建物が計画的に配置されている。方形区画の周囲からは独立棟持柱付大型建物七棟、屋内棟持柱付大型建物一棟が、直径二二〇m程の円周上に検出されているほ

か、竪穴住居・掘立柱建物などの遺構が七〇棟以上検出されている。（伴野幸一）

いせおおかみ［伊勢大神］⇩天照大御神

いせき［遺跡］　考古学が対象とする資料の一つである。狭義には、動かすことが可能な遺物に対して、移動することが困難で、遺物や遺構が存在したことを示す痕跡を有する土地などをさす。広義には、遺構や遺物が存在する場所であって、一定の拡がりをもつ、空間的・地理的な概念である。したがって物体ではない。さらに当時の人々が一連のひろがりとして認識していた範囲を含むので、集落や墳墓だけでなく、畠や水田などの生産の場、木の実を採り、動物を狩猟し、魚を捕獲する採集・狩猟・漁撈場など、遺構や遺物のないところも含む、景観全体を含めた領域をさす場合もある。一般には、集落遺跡、生産遺跡、墳墓遺跡のように、構築物の種類の呼称をそのまままつける場合や、遺物散布地、泥炭遺跡、宗教遺跡などの現状によってつける場合などがある。

［参考文献］水野清一・小林行雄編『図解考古学辞典』（東京創元社昭34）。（藤尾慎一郎）

いせじんぐう［伊勢神宮］　三重県伊勢市に鎮座する皇大神宮（内宮）と豊受大神宮（外宮）の総称。伊勢大神宮・大神宮・二所大神宮ともいう。明治以後は「神宮」といえば伊勢神宮をさすとされてきた。皇大神宮（伊勢市宇治館町）は天照皇大神宮・天照大神宮・伊須受能宮・渡遇宮などとよび、天照大御神（天照坐皇大御神）を主祭神とし、相殿に天手力男命・万幡豊秋津姫命を祀る。別宮は荒祭宮・風日祈宮・月読宮・月読荒御魂宮・伊佐奈岐宮・伊佐奈弥宮・滝原宮・滝原並宮・伊雑宮・倭姫宮の一〇社、摂社二七、末社一六、正宮と深い関係をもつ神々を祀る所管社は三〇、宮滝原宮に三、同伊雑宮に五となる。豊受大神宮（伊勢市豊洲町）は豊受宮・止由気宮・度会宮などとよび、豊受大御神を主祭神とし、相殿に御共神三座を祀る。別宮に多賀宮・土宮・風宮・月読宮の四社、摂社一六、末社八、所管社四がある。内宮創祀の由来については、『古事記』『日本書紀』『古語拾遺』など、日本の古典に物語られているが、『日本書紀』によれば、崇神天皇六年の条に、宮中殿内に祀っていたのを豊鍬入姫命に託して大和の笠縫邑に磯堅城の神籬を立てて奉斎したと伝える。そして垂仁天皇二十五年三月の条には、倭姫命に託して鎮祭すべきところを求めて近江・美濃をめぐり、「この神風の伊勢国は、常世の浪の重浪の帰する国なり、傍国のうまし国なり、この国に居らむと欲ふ」という神託によって、斎宮を五十鈴の川上に立てて祀ると記載する。その宮を磯宮というと述べているのも見逃せない。外宮の創祀について「止由気宮儀式帳」は、雄略天皇の夢に天照大神の神託があり、朝夕に奉る御饌の神として、雄略天皇の二二年九月、丹波の比治の真奈井原から伊勢の山田原に遷座されたという。神宮で執行されている祭祀の中で大祭とされるのは、祈年祭・神御衣祭（内宮のみ五・一〇月一四日）・月次祭（六・一二月、内宮は一六・一七日、外宮は一五・一六日）・神嘗祭（一〇月、内宮は一六・一七日、外宮は一五・一六日）・新嘗祭と遷宮祭および臨時の奉幣祭である。神嘗祭は六月・一二月の月次祭とともに古くから三節祭あるいは三時祭と称して重視されてきた。遷宮祭は二〇年に一度実施されるところから式年遷宮として注目され、神宮最大の祭儀となっている。伊勢信仰の史脈のなかで重要な画期となったのは、雄略朝・天武朝であるが、遷宮の制は天武天皇の代に定められ、内宮は六九〇（持統天皇4）年、外宮は六九二（同6）年がその第一回とされ、一九七三（昭和48）年の遷宮はその第六〇回にあたっていた。古代の殿舎の規模は、八〇四（延暦23）年の両宮の「儀式帳」によってうかがうことができ、簡素にして雄大な神明造で有名である。茅葺・切妻の白木造で、屋上には千木・堅魚木を置く。四方に大床をめぐらし、階と高欄を付け、階と高欄には五色の玉を配す。床下には柱を立ててこれを心の御柱（斎柱）という。内宮の千木は内削ぎで尖端を水平に切り、外宮では外削ぎで垂直に切る。内宮の堅魚木が一〇本であるのに外宮は九本とされている。両大神宮の中心は南面する正殿で主神と相殿神が祀られている。内宮では正殿の背後に東宝殿と西宝殿があり、外宮では正殿の前面にこの二殿がある。瑞垣をもって囲い、瑞垣の外側には蕃垣・内玉垣・外玉垣・板垣をめぐらし、各々南北に御門がある。この御垣の内を大宮院（内院）という。御垣内には中重鳥居・四丈殿・宿衛屋がある。外宮には東北隅に御饌殿、西北隅に外幣殿が設けられていた。斎宮（斎王）には未婚の皇女をあて、御杖代・斎内親王ともよんだが、明治以降は皇族をもって神宮祭主とした。『続日本紀』の七一一（和銅4）年には渡相神主とみえ、『三代実録』の八七九（元慶3）年には荒木田神主・根木神主・度会神主の名を記す。両宮の「儀式帳」には禰宜として内宮の荒木田氏、外宮の度会氏が記載されている。鎌倉時代に外宮の度会氏を中心に唱えられたのが伊勢神道であり、御師の活躍によって伊勢信仰は各地にひろがっていった。

［参考文献］阪本広太郎『神宮祭祀概説』（神宮司庁昭40）。上田正昭編『伊勢の大神』（筑摩書房昭63）。櫻井勝之進『伊勢神宮』（学生社平10）。千田稔『伊勢神宮』（中公新書平17）。（上田正昭）

いせだいじんぐうじ［伊勢大神宮寺］　伊勢神宮の神宮寺。『大神宮諸雑事記』は七六七（神護景雲元）年に逢鹿瀬寺を神宮寺としたとするが、『続日本紀』には前年に丈六仏を造像したとある。当初は度会郡に所在したが、飯高郡さらに飯野郡外へ移された。（嶋本尚志）

いせつひこ［伊勢津彦］　伊勢国の神。『伊勢国風土記』逸文に、神武天皇東征のとき、天日別命の派兵に畏怖して天孫に国を献じ、みずからは八風を起こし波に乗じて東へ去ったとある。伊賀国安志社に坐す出雲建子命・天櫛玉命としての名もみえる。（大川原竜一）

いせのくに［伊勢国］　東海道に属する国。現在の三重県東部にあたる。西部には鈴鹿山脈や布引山地があり、その東部に鈴鹿川・雲出川・安濃川・櫛田川などの堆積による沖積平野が広がる。大化前代には、県造がおかれたといわれ孝徳朝には、竹（多気）・度会の二評があり、また六六四（天智3）年には多気評から飯野評が分かれたとされる。六八一（天武10）年頃とみられる飛鳥京跡出土の木簡に伊勢国の記載がみえる。「延喜式」では大国とされ、所管の郡は桑名・員弁・朝明・三重・鈴鹿・河曲・奄芸・安濃・壱志・飯高・飯野・多気・度会郡の一三郡。国府は現鈴鹿市国府町で鈴鹿市広瀬町に推定する説もある。国分寺・国分尼寺は河曲郡におかれ、鈴鹿市国分寺跡がある。畿内から東国への出口にあたることから現鈴鹿郡関町に鈴鹿関が設置され、不破関・愛発関とともに三関とよばれた。伊勢神宮とのつながりの深い地域で神三郡や神八郡とよばれる地域もあり、御厨や御薗などの伊勢神宮領も各地でみられた。

〔**参考文献**〕『三重県史』全三〇巻（昭62～）。西垣晴次他『三重県の歴史』（山川出版社昭49）。　（**高橋誠一**）

いせのたいふ［**伊勢大輔**］　生没年未詳。平安時代中期の歌人。大中臣輔親の女。一〇〇七～八（寛弘4～5）年頃、一条天皇中宮彰子に出仕してまもなく、「いにしへの奈良の都の八重桜今日九重に匂ひぬるかな」の詠で名声を博した。娘に康資王母、筑前乳母など。家集『伊勢大輔集』。　（**山本令子**）

いせものがたり［**伊勢物語**］　平安時代中期の歌物語。著者未詳。一巻。成立年未詳。「在五が物語」「在五中将の日記」などともよばれる。現存の完本は、ある男の初冠から始まる一二五の章段からなり、初冠本と称されるが、伊勢斎宮の段を巻頭においた狩使本（散佚）の形態も伝わる。在原業平の歌物語を中心として九〇〇（昌泰3）年頃に原形が成立し、その後一〇世紀中頃までにほぼ現在の形になったと考えられる。成立以後、歌人、連歌師を中心に愛好され、後代の文学に大きな影響を与えた。現行の注釈書として『新編日本古典文学全集12』（小学館平6）『新日本古典文学大系17』（岩波書店平9）などがある。　（**小西茂章**）

いそのかみし［**石上氏**］　中央有力氏族の一つ。六八四（天武13）年、物部連が朝臣を賜り、のち石上朝臣に改めたのを端緒とする。本拠は大和国山辺郡石上郷（奈良県天理市一帯）。物部氏の本宗家で、元日・大嘗会に廷内に楯桙を樹てて威儀を整える役をつとめた。『新撰姓氏録』に神饒速日命の後裔とある。七七五（宝亀6）年、情願により物部朝臣に復すが、七七九（同10）年、石上大朝臣と改姓。宅嗣以後は同氏から議政官に列する者は現れず、平安遷都後衰微する。　（**大川原竜一**）

いそのかみじんぐう［**石上神宮**］　奈良県天理市布留に鎮座し、布都御魂神を主神とする。石上振神宮・石上布都大神社・岩上大明神・布留大明神とも。「延喜式」には「石上に坐す布留御魂神社」と記し、名神大社で、月次・相嘗・新嘗の幣帛をうけた。現在の本殿は一九一三（大正2）年に竣工、瑞垣内を中心に禁足地の伝統がうけつがれている。神府（神庫）の伝承が古くからあり、『古事記』の神武天皇の条や『日本書紀』の神武天皇即位前紀には、建御雷神の霊刀を献じたと述べ、『古事記』はこの刀を佐士布都神・甕布都神・布都御魂とよび、「石上神宮に坐す」と註記する。『古事記』の垂仁天皇の条、『日本書紀』垂仁天皇三十九年三月の条には、剣千口を石上神宮に奉納した伝承を載す。また『日本書紀』の垂仁天皇八十七年二月の条は丹波の桑田の甕襲が勾玉を、同八十八年七月の条には天日槍の将来した「神宝」をめぐる説話があり、同八十七年二月の条には石上の「天神庫」の記述がある。『日本書紀』の天武天皇三（六七四）年八月の条には、忍壁皇子が派遣されて石上神府の武器類をみがかしめたとある。『日本後紀』には八〇五（延暦24）年に石上の兵仗を平安京に運ぶ計画が挫折したことがみえる。物部氏が奉仕し、百済と倭王との交渉を示す七支刀、「日ノ御楯」と称する五世紀後半頃の鉄楯二枚など、貴重な宝物がある。鎮魂の伝統は石上神宮の鎮魂祭にうけつがれている。

〔**参考文献**〕和田萃編『大神と石上』（筑摩書房昭63）。　（**上田正昭**）

いそのかみにいますふるみたまじんじゃ［**石上坐布留御魂神社**］　⇩石上神宮

いそのかみのあなほのみや［**石上穴穂宮**］　安康天皇の宮。所在地は奈良県天理市に想定される。『帝王編年記』には「大和国山辺郡。石上左大臣家西南、古川南地是也」とし、一七三六（享保21）年に成立した『大和志』では、山辺郡田村（天理市田町）に鎮座とする。石上は、石上神宮の鎮座する天理市布留町ではなく、石上市神社の鎮座する天理市石上町の一帯と考えられる。石上市神社の旧社地は天理市石上町の平尾山にあり、仁賢天皇の石上広高宮も同所に伝承されている。　（**和田萃**）

いそのかみのまろ［**石上麻呂**］　⇩物部麻呂

いそのかみやかつぐ［**石上宅嗣**］　729～81　奈良時代後期の貴族。中納言弟（乙）麻呂の子。姓は朝臣、法号梵行（『延暦僧録』）。物部朝臣、石上大朝臣と称す。七五一（天平勝宝3）年、従五位下治部少輔。以後諸国の守などを歴任。七六一（天平宝字5）年一〇月遣唐副使となるが、翌年三月罷免。七六三（天平宝字7）年頃、恵美押勝の排斥を企てた。その後参議、中納言、大納言などを歴任、七八一（天応元）年六月二四日死去した。時に五三歳。正二位を追贈。自らの旧宅を阿閦寺として、外典（仏教書以外の書）を備えた図書館である芸亭を設置した（薨伝）。『経国集』に賦一首、七言一首、『万葉集』に短歌一首（巻一九・四二八二）を残す。　（**川﨑晃**）

いたいじ［**異体字**］　「異字体」とも。印刷術が普及する以前は、文字としての漢字はもっぱら書写されていたから、一つの漢字に数通りの書き方がなされた。これが異体字で、発音と字義が全く同じでありながら、字形が異なるもので、略と畧、跡と蹟などがそれである。それに対し、通常よく使う字体を正字体という。紙以外の素材、たとえば石に刻する碑文などでは、刻字の手間を省くために筆画数を略した異体字がとくに多くみられる。

〔**参考文献**〕阿辻哲次『図説漢字の歴史』（大修館書店昭63）。伏見冲敬編『書道大字典（上）（下）』（角川書店昭49）。　（**愛宕元**）

いたきそじんじゃ［**伊太祁曾神社**］　和歌山市伊太祁曾にある神社。祭神は五十猛神で、これは木の神なので、紀氏に関わる神とみられ、紀伊国では日前国懸社につぐ神格であった。『続日本紀』大宝二（七〇二）年二月丁巳条に伊太祁曽社ほか三社を分け遷すという記事があり、もとは日前国懸社と一体だった可能性がある。（榎村寛之）

いたけるのかみ［五十猛神］『日本書紀』の神代第八段第四・第五の一書にみえる神でスサノオの子。父神とともに地上に降り、そのとき樹木の種をもたらして国土を青山に成したといい、「紀伊国所坐大神」と称される。紀伊国名草郡の伊太祁曽神社の祭神。（菊地照夫）

いたづけいせき［板付遺跡］福岡市博多区に所在する遺跡で、数々の弥生時代の研究史に残る調査が行われてきた。まず一九一六（大正5）年に甕棺が発見され、なかから朝鮮半島製の銅剣と銅矛がみつかり、弥生土器と青銅器が同じ文化に属することがはじめて明らかになった。一九五〇年代に行われた調査では、日本列島初の環濠集落、最古の弥生土器様式、大陸系の農工具類が発見され、弥生時代の初めから完成された農業が存在したことがわかった。また一九七八（昭和53）年には、縄文晩期に属する灌漑施設を備えた水田が発見されたことによって、縄文時代の水田農耕か、それとも弥生時代がさかのぼるのか、という時代区分論争を引き起こすきっかけとなった。

これらの調査の結果、弥生文化は、紀元前五世紀頃に本格的な水稲農耕が始まり、紀元前三世紀頃には環濠集落が成立して、紀元前二世紀前半には朝鮮半島製の青銅器を副葬した首長が誕生するという、弥生社会の成立過程が明らかになったのである。

［参考文献］森貞次郎・岡崎敬「福岡県板付遺跡」『日本農耕文化の生成』（東京堂昭36）。（藤尾慎一郎）

いたづけしきどき［板付式土器］福岡市板付遺跡出土土器を標識とする弥生前期の土器様式である。現在では二期五小期に細分されている。当時縄文土器と考えられていた突帯文土器と共伴して出土したことから、最古の弥生土器様式として設定された。（藤尾慎一郎）

いたはえのそま［板蝿杣］⇨黒田荘

いたぶき［板葺き］板材で屋根を葺くこと。もしくは板材で葺いた屋根。古くは年輪に沿って挽き割った板が用いられた。皇極記、斉明記の「飛鳥板蓋宮」の名称から、七世紀中期頃には、板葺きはあまり例のない貴重な屋根の葺き方であったことがわかる。（植木久）

いち［市］物資の交換や売買取引が行われる場所。もともと生業を異にする人々が必要物資を入手するために、生活圏の境界や交通の要衝で接触した所に生まれた。河内の餌香市や大和の海石榴市など、その存在は六世紀以前から知られるが、律令制の施行にともない、市での取引は関市令によって規定された。藤原から平安にいたる各京には、主に官司と貴族・寺社のために官営の東西市がおかれ、市司が管理した。市の四面には門があり、登録された市人が店舗である廛で取引した。また各国の国府にも市が付設され、国の物資調達に利用された。平安中期以降、各地で特産物が生まれ、公領や荘園内に多くの市が成立した。これらの市では市神が勧請され、官物・年貢などとして中央に送られる物資が取引された。在地住人も日常的に参集するようになり、末期には月三回の定期市（三斎市）も開かれた。鎌倉時代になると、こうした地方の定期市はより発展した。（勝山清次）

いちえん［壱演］803～67「慈済」とも。平安前期の真言宗僧。俗姓大中臣氏。内舎人として嵯峨天皇に仕えていたが、八三五（承和2）年出家。真如親王（高丘親王）に真言密教を学ぶ。藤原良房の帰依をうけ、八六五（貞観7）年権僧正・超昇寺座主。また山崎に相応寺を創建。（藤田琢司）

いちかど［市門］⇨市

いちがみ［市神］⇨市

いちじょうじ［一乗寺］兵庫県加西市にある天台宗寺院。山号は法華山。『元亨釈書』（巻一八）は六五一（白雉元）年の法道仙人による創建を伝え、現在も本尊など白鳳期の観音立像二軀が遺る。平安期以降、観音霊場として信仰を集めた。境内には一一七一（承安元）年頃建立の三重塔（国宝）がある。（毛利憲一）

いちじょうてんのう［一条天皇］980～1011 在位986～1011 平安中期の天皇。名は懐仁。円融天皇の第一皇子で母は女御藤原詮子（藤原兼家の娘、東三条院）。五歳で立太子、七歳で即位し、外祖父の兼家が摂政となった。のち藤原道長が定子（藤原道隆の娘）を皇后、彰子（道長の娘）を中宮としたことから、二后が存在する前例となった。日記『一条天皇御記』の存在が知られるが内容は不明。陵は円融寺北陵（京都市右京区）。

［参考文献］倉本一宏『一条天皇』（吉川弘文館平15）。（瀧浪貞子）

いちじょうてんのうぎょき［一条天皇御記］一条天皇の在位中（986～1011）の日記。原本も写本もないが、『北山抄』に寛弘七（一〇一〇）年五月七日条、『桂史抄』に同年九月十一日条の逸文をひき、『権記』『台記』『花園院宸記』『建武年中行事』『體源抄』『薩戒記』等に取意文・関連記事がみえ、天皇の公務精励ぶりをうかがうことができる。

［参考文献］利田英松『皇室御撰之研究』（明治書院昭8）。米田雄介『歴代天皇の記録』（続群書類従完成会平4）。（所功）

いちだいそつ［一大率］『魏志』倭人伝にみえる三世紀の倭の官名。同書に「女王国より以北には、特に一大率を置き、諸国を検察せしむ。諸国之を畏れ憚る。常に伊都国に治す。国中において刺史のごときあり」と記される。ここから判断すれば、一大率とは女王国（邪馬台国）以北の国々を検察するために、同国から派遣され、伊都国に駐在した官とみられる。伊都国は、現在の福岡県糸島郡付近に存在した邪馬台国連合の一国で、朝鮮半島の帯方郡の使者は、往来にあたってつねにこの国に留まったという。（荊木美行）

いちだいようき［一代要記］はじめに神代、ついで神武天皇から花園天皇までの年代記。代ごとに天皇の略伝と在位中の主要記事および皇族・公卿らの略歴を記す。他の皇室系図や「公卿補任」の欠を補う記事も含まれる。流布本の祖本（四冊）が京都御所東山御文庫にある。

〔参考文献〕今江広道「一代要記について」『書陵部紀要(11)』（昭34）。　（所　功）

いちねん〔一然〕　1206～89　高麗中期の禅宗の高僧。『三国遺事』の編者。俗名は金見明。出身は章山郡（現在の慶尚北道慶山）。九歳で出家し、二二歳で科挙の僧科に合格。諸寺を移り住み、七二歳で王命により雲門寺（清道）の住持。翌年、王から国尊の称号をうける。その後、麟角寺（軍威）に移り、そこで死んだ。諡は普覚。同寺に墓と碑が残る。碑には著作として語録・偈頌雑著・曹洞五位・禅門拈頌事苑などを記すが、『三国遺事』にはみえない。『三国遺事』には自らの見聞も記すが、その死後、弟子の無極らが加えた部分もある。　（田中俊明）

普覚国尊（＝一然）碑（碑閣）
一然が住持をしていた麟角寺にある

いちのつかさ〔市司〕　律令制下で市の管理・運営をつかさどった官司。市での売買を監視するとともに、市内の犯罪の取り締まりなどにあたった。『日本書紀』大化二（六四六）年条が初見。大宝・養老令制では、左右京の東市・西市に東市司・西市司がおかれ、それぞれ左京職・右京職に所属した。長官である市正（東西各一人）以下、佑（東西各一人）・令史（東西各一人）・価長（東西各五人）・物部（東西各二〇人）などの職員がいた。　（荊木美行）

いちのべのおしはのみこ〔市辺押磐皇子〕　生没年不詳。履中天皇の第一皇子で、顕宗・仁賢両天皇の父。磐坂市辺押羽皇子・磐坂皇子・市辺之忍歯王・市辺押歯別王・市辺之押歯王・市辺王とも。母は葛城葦田宿禰の女黒媛。安康天皇崩後、かつて皇位を皇子に伝えようとしていたことを恨んだ大泊瀬稚武皇子（のちの雄略天皇）により、遊猟にさそわれ射殺される。遺体は近江来田綿蚊屋野に埋められたが、のちに顕宗天皇によって陵が造られた。　（大川原竜一）

いちのみや〔一宮〕　律令制的な神祇支配がゆるむと、各国ごとに一宮、二宮、三宮などと独自に神社の順位をつける慣習が生じ、後世これを一宮制という。その始まりは一一～一二世紀頃とみられる。一宮はその国で最高の格式のある神社とされたが、入れ替わることもあった。　（榎村寛之）

いちはらおう〔市原王〕　生没年不詳。奈良時代前期の皇族で歌人。施基皇子の曾孫、安貴王の子。七四三（天平15）年に従五位下、のち正五位下。皇后宮職の舎人として写経に従事し、その後玄蕃頭・備中守・治部大輔・造東大寺司長官などを歴任し東大寺造営に大きな役割をはたした。光仁天皇の女能登内親王を后とし、間に五百井女王と五百枝王がいる。『万葉集』に歌を残すが、いずれも大伴家持編纂の巻にあることなどから、家持との親交が推測されている。　（廣瀬真理子）

いちひじり〔市聖〕　⇩空也

いちびと〔市人〕　平安京の東西両市で交易を行う特権を有した人々。それが女性の場合は市女といった。市人は市籍を有し、市籍帳に登載されて、市司の監督・命令をうけた。彼らは、市町に居住し、その居住地の地子を免除された。　（篠田孝一）

いちぶめし〔一分召〕　諸国の公廨稲を俸禄として一分の比率で分配されることから一分と称する諸国の史生・国博士・国医師などを任命する式のことで、一分召除目ともいう。一分召は、平安初期にはほぼ毎年行われたが、中期以後廃絶した。　（篠田孝一）

いちぼくづくり〔一木造〕　一つの木材から像全体または頭・体の主要部を掘り出す木彫の技法。体側・背面・腕・足部などに別材を矧ぎ合わせる場合も一木造という。八世紀後半から、寄木造の技法が完成する一一世紀までの最も主要な木彫法。用材の干割れを防ぐため、像の背面から内刳（背刳）を施し、蓋板をあてるのが一般的である。なお、一木より概形まで調成した像を、前後または左右に割り、その断面から内刳を施し、矧ぎ合わせる造像法を割矧造という。　（佐古愛己）

いちめがさ〔市女笠〕　外出時の女性用の笠。平安時代以降、用いられた。頭頂部が高くなっている。壺装束に対応。本来は衣をかずいた上にかぶる。後に、薄く長い布を周囲に垂らすようになる。顔を隠すのに適していた。平安時代、行幸時の男性公卿の雨具としても用いられた。　（京樂真帆子）

いちょくざい〔違勅罪〕　天皇の詔勅に違反して処罰され、その時に課される罪。格の発布に際してしばしば違反すれば違勅罪に課することが宣言されているが、その具体的な内容については不明。「職制律」に「詔書」の施行に違反する者は「徒二年」とあるが、これが違勅罪に該当するものかについては議論がある。　（井上満郎）

いっきいっぱん〔一紀一班〕　一紀（一二年）に一度班田収授を行うこと。班田の遅れに対応して八〇一（延暦20）年にはじめて発令された。八〇六（大同元）年には六年一班に復するが、八三四（承和元）年には畿内、九〇二（延喜2）年には全国を対象に一紀一班が発令された。　（山本崇）

いつくしまじんじゃ〔厳島神社〕　広島県佐伯郡宮島町にある神社。祭神は市杵島姫命。史料的初出は『日本後紀』弘仁二（八一一）年七月十七日条で「安芸国佐伯郡」の「伊都岐島神」が名神となるとあり、「延喜式」では名神大社とされている。現在の立地は宮島（厳島）の北東部、弥山北麓の湾奥で、本殿は潟のなかの砂州上にあり、背後に後園の森とよばれる自然林、前方海中には朱塗りの大鳥居がある。この神は本来弥山を神体山として海上交通者の信仰を集めた「神に斎く島」そのもので、瀬戸内海の国家的な海運が盛んになるにつれて、その社会的地位を上昇させていったと思われる。平安時代には一宮となっているが、社格を決定的に上昇させたのは、安芸守となった平清盛との結びつきである。清盛の参籠は一一六〇（永暦元）年で、「平家納経」の奉納が一一六四（長寛2）年、佐伯郡の豪族佐伯景弘が、おそらく平家の後援を得て社殿を全面的に改修したのが一一六八（仁安3）年、そして後白河上皇や高倉天皇が参籠するにいたる。まさに平家の守護神として重視されていたことがよくわかる。「平家納経」からもわかるように、早くから神仏習合の傾向が強かったが、中世以降は山岳信仰の高まりや貴庶の参詣、大内氏や毛利氏による修造をへて一層栄え、明治に神仏分離をうけたが、本殿と五重塔が並存する空間は、神仏習合の様子を今もよく伝えている。

〔参考文献〕『日本歴史地名体系（35）広島県の地名』（平凡社昭57）。『古事類苑』神祇部（4）（吉川弘文館平7）。（**榎村寛之**）

いっさいきょうえ【一切経会】 一切経を供養する法会。一切経書写の記録は六七三（天武2）年三月の川原寺での一切経書写があるが、『初例抄』ほかでは一切経会としての法会開催の初例は一〇六九（延久元）年の宇治平等院での一切経会とされる。（**志麻克史**）

いっしのへん【乙巳の変】 ⇩大化の改新

いっしぶんとく【乙支文徳】 生没年不詳。隋の侵攻を防いだ高句麗の将軍。『三国史記』巻四四に伝があるが、ほぼ『資治通鑑』と『隋書』于仲文伝・宇文述伝に依拠しており、独自な内容はない。『資治通鑑』考異に「革命記、尉支文徳に作る」とあり、本来の姓は尉遅ではないかとみる意見もある。その場合、尉遅は鮮卑系拓跋部の別種とされ、出自が問題となる。六一二年の煬帝の第一次遠征の際に、平壌付近まで迫った隋軍を薩水（清川江）で防いだ。（**田中俊明**）

いっせいげんじ【一世源氏】 ⇩源氏

いつとものおのかみ【五部神】 アメノコヤネ・フトダマ・アメノウズメ・イシゴリトメ・タマノヤの五神をさす。天岩戸神話や天孫降臨神話にみられる神々で、宮廷祭祀に関わる氏族の祖神とされる。朝鮮古代の「五部の制」の反映と見る説が有力だが、それがこの神々の本質か『記』『紀』の文飾かは議論がある。（**榎村寛之**）

いっぽんごしょどころ【一本御書所】 平安時代に世上に流布する稀覯書を一本書写して保管した機関で、内裏（建春門外）の東に所在。別当・預・書手らの職員がいる。平治の乱のときに藤原信頼らが後白河法皇を押し籠めたことで有名。（**朧谷寿**）

いでがわ【井手川】 京都府綴喜郡井手町にある小河川。井手玉川とも。萩と蛙の名所として知られる。川の北側の段丘上には、奈良時代に「井手左大臣」ともよばれた橘諸兄ゆかりの井手寺（円堤寺）跡がある。（**高橋美久二**）

いてき【夷狄】 ⇩華夷思想

いでらこふん【井寺古墳】 熊本県上益城郡嘉島町井寺にある装飾のある横穴式石室の円墳。径約二八m、高さ六・一mを測る。安政年間の地震で石室が開口した。石室はレンガのような切石で構成され、内側を楕円形に刳り抜いた巨大な石を天上に据えている。玄室内に扁平な石を四方にめぐらした石障があり、この面に装飾紋をもつ。直線と円弧を組み合わせた「直弧文」、鍵手文、同心円文をもとにした車輪形、梯子形等があり、赤・白・緑・青の四色で塗りわけられている。五世紀後半と考えられている。（**島津義昭**）

いでわのべん【出羽弁】 生没年未詳。平安時代中期の歌人。平季信の女。上東門院彰子、後一条天皇中宮威子、威子所生の章子内親王に仕えた。『栄花物語』続篇第一部の作者または資料提供者に擬せられる。家集『出羽弁集』。六条斎院禖子内親王家物語合に『あらばあふよの』（散佚）を調進。（**山本令子**）

いでん【位田】 ⇩位田位封

いでんいふう【位田位封】 大宝・養老令制下の班給制度。位封は「いふ」ともいう。位田は有品親王（内親王）と五位以上の有位者に対し、位階に応じて班給された田。品位に対して支給された田をとくに品田とよぶ。女子は、妃・夫人・嬪を除いて男子の三分の二を班給。輸租田で、終身用益が許されていた。田令位田条には、正一位の八〇町から従五位の八町にいたる一〇段階の支給額が規定されるが、外位の位田は七二八（神亀5）年に半減された。いっぽう位封は、食封の一種で、親王・諸王・諸臣に対して与えられた。親王に対するものをとくに品封とよぶ。女子は、妃・夫人・嬪を除いて男子の半給。大宝・養老禄令によれば、支給は三位以上に限られ、正一位が三〇〇戸、従一位が二六〇戸、正二位が二〇〇戸、従二位が一七〇戸、正三位が一三〇戸、従三位が一〇〇戸であった。七〇六（慶雲3）年には正四位・従四位にもそれぞれ一〇〇戸・八〇戸が支給され、三位以上についても令制のほぼ二倍に増額されたが、八〇八（大同3）年に再び令制に復した。

〔参考文献〕高橋崇『律令官人給与制の研究』（吉川弘文館昭45）。（**荊木美行**）

いと【糸】 繊維を細長くして撚りをかけたもの。大麻・苧麻・赤麻・葛などの草皮繊維や藤・楮・穀・科などの樹皮繊維は、水にさらして細く裂いてつなぎ撚りをかけて糸にする。調の品目などで「糸」といった場合は絹糸のことで、数個の蚕の繭から糸を引き出して一本に撚った生糸、その膠質を除去して光沢と手触りを出した練糸、繭を展げて真綿にしてから紡ぎ出した紬糸がある。金糸は金箔を細く切ったもので、糸に金を巻きつけたものは金縷という。（**武田佐知子**）

いど【井戸】 ⇩井

いどう【医道】 古代の医学教育課程。令制では典薬寮に医・針・案摩・呪禁博士各一人がおかれ、医生以下への教授を担当した。教育内容は中国の医学と本草学。諸生は式部省の試験をうけ、内薬司・典薬寮ほかの医療官人に任官した。（古藤真平）

いとくおう［威徳王］ ?～598　在位554～98　百済第二七代の王。聖王の子。諱は昌。北朝の北斉・北周・隋、南朝の陳に遣使朝貢し、五七一年に北斉から都督東青州諸軍事・東青州刺史の称号をえている。東青州は山東半島東部とみて、その実効的支配が認められたとみる意見もある。扶余陵山里寺址から「百濟昌王十三秊太歳在丁亥妹兄公主供養舎利」銘の舎利龕が出土し、生前、昌王とよばれていたと確認。『日本書紀』欽明紀では太子余昌として外征に活躍。（田中俊明）

「昌王」（威徳王）銘の舎利函

いとくたいしぼ［懿徳太子墓］ 中華人民共和国の陝西省西安市にあって、唐の高宗と則天武后の孫で、中宗李顕の長子にあたる、李重潤（682～701）の墳墓。神竜元年（七〇五）に、高宗・則天武后の乾陵の東南隅に陪葬され、懿徳太子の称号が追贈された。南北長二五六・五m、東西幅二一四mの陵園のなかに、一辺約五五・六m、高さ約一八mの方墳が築かれた。南面には、石獅子一対、石武人二対などの石像が立つ。一九七一・七二年に発掘調査されたところ、地下深く全長一〇〇mの墓道・墓室などからなる埋葬施設が検出された。内部の壁面には、四〇幅の大型壁画が描かれていた。壁画は青竜・白虎図、戟架図、闕楼図、儀仗図、伎楽・供奉・内官・官女図など実に豊富な題材からなり、しかも筆致・色彩において芸術性が高い。石槨の内外や小龕内から出土した一〇〇〇点余りの副装品のなかには、玉質の哀冊一一片が含まれる。哀冊文のなかには、「太子重」などの文字がみられた。唐代の社会政治史・経済史・文化芸術史を考えるうえで、重要な発見となった。（西谷正）

いとくてんのう［懿徳天皇］ 在位年不詳。第四代天皇。和風諡号は大日本彦耜友尊。父は安寧天皇。『日本書紀』によれば軽曲峡宮を都とし、后は天豊津媛命（『古事記』は賦登麻和訶比売命）。在位三四年で没した。陵は畝傍山南繊沙谿上陵。（小野里了一）

いとこく［伊都国］ 『魏志』東夷伝倭人条にみえる三世紀の邪馬台国時代の国。末盧国より東南陸行五〇〇里の地にあるとされ、一〇〇〇余戸の人口を擁し、代々王がいたけれども皆女王国に統属し、帯方郡からの使者が常に駐まったと記される。律令制下の筑前国怡土郡の郡名に伊都の名称が継承され、また福岡県糸島郡の地名も古代の怡土郡と志摩郡との合成地名である。伊都国の所在は旧怡土郡すなわち現前原市と推定されているが、とくに三雲や井原の地がその中心であったと考える説が多い。山城跡である雷山神籠石などの考古学的遺跡も数多く発見されており、また旧怡土郡と志摩郡の間には古代において水道が入り込んでいた可能性が強く、きわめて戦略的な要地でもあった。この地域の重要性はその後も継続し、七五六（天平勝宝8）年に起工され七六八（神護景雲2）年にほぼ完成した怡土城もこの地、大宰府の船舶をつかさどった主船司も駐在していた。

［参考文献］藤岡謙二郎編『日本歴史地理総説 古代編』（吉川弘文館昭50）。（高橋誠一）

いとこくのいせき［伊都国の遺跡］ 伊都国は中国の歴史書『魏志』倭人伝に登場する国々の一つ。現在の福岡県前原市を中心とする、東は高祖山、南は背振山系に仕切られた糸島地方一帯に比定される。玄界灘に面した長い海岸線を有し、弥生時代から古墳時代においては海を介してわが国と中国、朝鮮半島地域との政治、文化交流の拠点として栄えた。伊都国の拠点集落は前原市の三雲・井原遺跡で、瑞梅寺川、川原川に挟まれた微高地上に南北一km、東西七〇〇mにわたり展開し、面積は四〇haに達する。歴代王墓とされる三雲南小路遺跡、井原鑓溝遺跡、平原遺跡からは総数一二〇面近くに及ぶ銅鏡、武器、装身具などの多様な威信器財が出土。平原遺跡から出土した直径四六・五cmの国内最大の内行花文鏡は有名。弥生時代早～前期の集落遺跡である石崎遺跡群や井田用会、三雲石ヶ崎などの支石墓群、貨泉、半両銭が出土した御床松原遺跡、楽浪系漢式土器が出土した深江井牟田遺跡、大量の木器が出土した上鑵子遺跡、水晶、碧玉製玉造り工房が出土した潤地頭給遺跡なども重要。（岡部裕俊）

上鑵子遺跡出土犬形木偶
伊都国歴史博物館蔵

いとじょうあと［怡土城跡］ 福岡県前原市大字高来寺、大門、高祖にまたがる奈良時代の山城。一部が国史跡。城域は高祖山（標高四一四m）の西斜面二八〇haに及ぶ。『続日本紀』によれば吉備真備が七五六（天平勝宝8）年に築城に着手、佐伯今毛人に受け継がれ七六八（神護景雲2）年に完成した。大宰府北部および海岸線の防衛拠点として築城された。これまでの調査で山の西裾に築かれた総長二kmの土塁、計七ヵ所の望楼跡、二ヵ所の城門などを確認している。

［参考文献］鏡山猛「怡土城の調査」『日本古代文化研究所報告』六（昭11）。（岡部裕俊）

いどじりいせきぐん【井戸尻遺跡群】 八ヶ岳の南麓、長野県富士見町の中央東線信濃境駅の近辺、直径二㎞ほどの範囲に集中する縄文時代中期の遺跡群。国史跡の井戸尻をはじめ曽利・藤内・九兵衛尾根・唐渡宮・居平などの遺跡からなる。一九五八（昭和33）年以来の発掘と研究はつとに「縄文農耕論」として知られ、八〇年代以降は、土器文様に当時の太陰的な世界観や神話伝承をみてとろうとする図像解釈論が進展している。藤内遺跡の出土品一九九点は国重要文化財に指定されている。（小林公明）

いとないしんのうがんもん【伊都内親王願文】 伝橘逸勢筆。一巻。御物。桓武天皇第八皇女の伊都内親王が、母藤原乙叡の女平子の遺言により、供養のため八三三（天長10）年山階寺（現・興福寺）に香燈読経料として田畠を寄進したときの願文。末尾に「伊都」の自署がある。

〔参考文献〕 角田文衛『王朝の映像』（東京堂昭45）。（所京子）

いなかだていせき【田舎館遺跡】 青森県東津軽郡田舎館村東田に所在する水田遺跡。田舎館村の南西、垂柳遺跡の西一㎞にある。明治時代中頃から遺跡として知られており、出土資料の一部が、辰馬考古資料館に所蔵されており、仙台の旧第二高等学校にも保管されていた。東北大学の伊東信雄が本遺跡から出土した小型装飾壺に注目し、東北北部における弥生土器と推定した。この田舎館式土器の発見から東北北部における弥生時代の稲作農耕文化の究明が始まった。

〔参考文献〕 伊東信雄「青森県田舎館遺跡出土の土器とその性格」『辰馬考古資料館考古学研究紀要（一）』（辰馬考古資料館昭54）。（須藤隆）

いながんざんじょう【慰那巌山城】 ⇩丸都山城がんとさんじょう

いなぎ【稲置】 稲穀などの収納にたずさわった縣や邑の職名。『日本書紀』の成務天皇五年九月の条には「縣邑に稲置を置く」とみえる。田子稲置・乳近稲置・闘鶏稲置をはじめとする例がある。『北史』の倭の条・『隋書』倭国の条には、「八十戸に一伊尼翼を置く。今の里長の如し」とし、「十伊尼翼一軍尼に属す」とするが、実態を反映したものかどうかは疑問である。六四八（天武13）年一〇月、八色の姓を定めたが、その最下位に稲置がある。（上田正昭）

いなさく【稲作】 イネ科の一年草イネを栽培する農耕形態。稲作は中国南部長江中・下流域に起源をもち、日本列島へは朝鮮半島経由で縄文時代晩期後半の紀元前四世紀までに九州北部の玄界灘沿岸に水田耕作が伝わったとみられるが、伝来ルートについては長江下流域からの直接伝来説もありなお決着をみていない。その後約百年の間に西日本各地に広がり、紀元前二世紀までには東北地方北部にまで伝播するなど、弥生時代には水稲農耕として定着した。その年最初の収穫は初穂として首長に貢納され（初穂儀礼）、律令制における田租の原型ともなった。田植えが行われていた可能性もあるが、根刈りによる収穫が一般化するのは平安時代中期以降で、穂首刈りが一般的であった。穂首刈りによる穂に付いたままのイネを穎稲、根刈り後に脱穀して穂から外したイネを稲穀と呼ぶ。根刈り普及以前の八世紀にも多量の稲穀の蓄積が知られるが、これは律令国家が穎稲の糙成を強力に推進した結果である。（渡辺晃宏）

いなだましんこう【稲霊信仰】 稲作を中心とする社会で具体化した稲に霊魂をあおぎみる信仰。稲霊と白鳥の信仰は『山城国風土記』逸文や『豊後国風土記』冒頭の説話などにも反映されている。各地の田植歌に白鷺が歌いこまれたり、東京都府中六所様の御田植祭に傘枠の上に白鷺の形をつくりそえて、田のほとりに立てたりするのも、そのつながりを示唆する。穀倉に稲霊などの穀霊をまつる信仰は、東南アジアをはじめとしてひろく分布する。（上田正昭）

いなのおおむらこつぞうき【威奈大村骨蔵器】 ⇩威奈大村墓誌いなのおおむらぼし

いなのおおむらぼし【威奈大村墓誌】 七〇七（慶雲4）年に没した威奈大村の骨蔵器に記された墓誌。明和年間に現在の奈良県香芝市穴虫字馬場から出土した。中に漆塗骨蔵器を入れ須恵器大甕をかぶせていたと伝えられる。現存するのは鋳銅製鍍金の球形容器。全高二四・二㎝、最大径二四・四㎝。球形のやや下寄りで身と蓋を分け、身蓋とも合欠きの印籠蓋造りとなる。身の底部には高さ一・六㎝の高台を鋲留する。蓋表面に三九行にわたる銘文を放射状に刻む。冒頭に「墓誌銘幷序」と記し、以下に被葬者威奈大村に出自から始めて経歴を詳しくたどり、喪葬の日時を記した後に押韻した銘を付する。日本唯一の中国式に整った墓誌銘となる。墓誌によれば威奈大村は威奈鏡の第三子で、持統朝にはじめて叙位。少納言・侍従・左小弁などを歴任し、七〇五（慶雲2）年に越後城司に任官、七〇七（同4）年二月に正五位下に叙位されるが同年四月に四六歳で病没。同年一一月に大倭国葛木下郡山君里狛井山崗に帰葬された。

〔参考文献〕 飛鳥資料館『日本古代の墓誌』（奈良国立文化財研究所昭52）。（杉山洋）

いなばのくに【因幡国】 山陰道に属する国。現在の鳥取県の東部にあたる。東・南・西を山に囲まれ、北の日本海に面して千代川などの堆積による鳥取平野などが広がる。稲羽国・稲葉国と書かれることもあったが、奈良時代の初めには因幡の表記に統一された。「延喜式」では上国とされ、所管の郡は巨濃・法美・邑美・八上・智頭・高草・気多郡の七郡。『倭名抄』には五〇郷が記されて、田積は七九一四町八段二〇八歩。国府や国分寺は現岩美郡国府町中郷に所在し、国庁の遺構が発掘調査によって確認されている。白絹・帛・白木韓櫃・紙・席・紅花・胡麻油などを産した。播磨国や但馬国から通じる交通路が発達していたために、荘園開発が進み、七五六（天平勝宝8）年には千代川下流域の湖山池沿岸の低湿地が開発され東大寺領高庭荘が設けられたのをはじめとして、石清水八幡宮・賀茂社・北野社などの荘園も各地におかれた。

〔参考文献〕『鳥取県史』全一八巻（昭42〜56）。山中寿夫『鳥取県の歴史』（山川出版社昭45）。（高橋誠一）

いなべ【猪名部】 造船や宮殿建築にあたった渡来系の土木技術者。伴造の姓は造と首で、百済系と物部氏系がいるが、後者も本来は渡来系の氏であろう。『日本書紀』は、応神朝に新羅王が献上した船大工を猪名部の始祖とする。猪名県（摂津国河辺郡為奈郷、兵庫県尼崎市東北部）や伊勢国員弁郡（三重県員弁郡）に拠点をもち、伊賀や越前にも分布する。平安前期の文章博士で、参議従三位に昇進した春澄朝臣善縄は、本姓猪名部造で、伊勢国員弁郡の出身である。（加藤謙吉）

いなりしんこう［稲荷信仰］　稲荷の神を中心とする信仰。京都の伏見稲荷大社の創建については、『山城国風土記』の逸文が有名だが、伊奈利という社名のおこりについては、山の峯に「稲が生る」のによるとする。八二七（天長4）年に神階従五位下となり、しだいに昇進して九四二（天慶5）年に正一位の神となる。倉稲魂の神を主神とし、各地に勧請された。屋敷神として祭祀されるものには稲荷が圧倒的に多い。稲荷信仰の基層には稲と田の神の信仰があり、狐を神の使わしめあるいは田の神の化身とする信仰は広く分布する。ミケツノカミウカノミタマノカミの神名のかかわりもあって民間信仰では田の神としてあおがれ、田中社・田上社・田辺社など、田のまつりにもとづいて祠ができた。狐を神使としてのミサキ（オサキ）とし、狐を専女とよぶ場合もある。民間における田の神と狐の信仰を前提として稲荷信仰は全国的にひろがり、都市では商工業の守護神としてあがめられ、農村ばかりでなく漁村では漁業の守り神となる。その信仰団体としての稲荷講が結成されて、稲荷信仰はさらに拡大した。

［参考文献］山折哲雄編『稲荷信仰事典』（戎光祥出版平11）。（上田正昭）

いなりだいいちごうふん［稲荷台1号墳］　千葉県市原市に所在した径約二八mの円墳。木棺直葬の埋葬施設が二つあり、中心埋葬施設から「王賜□□敬□、此廷□□□□」の銀象嵌銘をもつ鉄剣をはじめ鉄剣五、鉄鏃一〇、短甲一などが出土。北棺に胡籙金具等がある。墳丘からはほかに須恵器無蓋高坏が出土し、その陶邑TK208型式併行の時期から五世紀第Ⅲ四半世紀にさかのぼる。同じ東国でも埼玉稲荷山古墳の「辛亥年」銘鉄剣よりも古く、その「大王」銘よりも先行して「王」のもとに東国地方中小首長が掌握されていたことを物語る。

［参考文献］滝口宏他『「王賜」銘鉄剣概報』（吉川弘文館昭63）。（橋本博文）

いなりだいしきどき［稲荷台式土器］　東京都板橋区稲荷台所在の稲荷台遺跡を標式遺跡とする縄文時代早期前葉の土器型式。一九四一（昭和16）年に稲荷台遺跡の発見者でもある白崎高保が設定した。間隔をあけた縦位の撚糸文や縄文を特徴とする平縁の尖底土器で、その分布は関東地方と周辺地域に及んでいる。押型文土器との共伴関係が問題となり、戦後の研究で一時否定されたこともあったが、今日では肯定する意見が多くなってきた。先行する夏島式土器との分離を困難とする意見もあるが、両者を独立した型式とする意見が多い。戦後の一時期までは、日本最古の縄文土器と考えられており、縄文土器の起源論に大きく貢献した。

［参考文献］白崎高保「東京稲荷台先史遺跡―稲荷台式系土器の研究（一）」『古代文化』一二―八（日本古代文化学会昭16）。（領塚正浩）

いなりやまこふん［稲荷山古墳］　埼玉県行田市にある埼玉稲荷山古墳が著名。他に滋賀県鴨稲荷山古墳、群馬県藤岡市白石稲荷山古墳などが有名。埼玉稲荷山古墳は五世紀後半の前方後円墳で、埼玉古墳群のなかで第二位の全長一二〇mの規模をもつ。前方後円墳としては特異な長方形の二重周濠を有する。後円部側括れ部近くの墳丘および中堤の西側に造り出しを設け、後者には人物埴輪群をはじめとする形象埴輪群を配置する。後円部墳頂には中心からはずれて礫槨と粘土槨の二つの埋葬施設が浅い位置で確認されている。副葬品として、礫槨からほかに同型鏡をもつ画文帯環状乳神獣鏡や帯金具、一一五文字を金象嵌した「辛亥年」銘鉄剣、鉄鏃、挂甲、三環鈴・鈴杏葉などの馬具、勾玉、銀製耳環などが出土した。後円部造り出し付近から出土した須恵器は陶邑TK23型式ないしTK47型式に比定され、「辛亥年」は四七一年説が有力である。「乎獲居臣」以下四代が「獲加多支鹵大王」の治世に代々「杖刀人」の頭として仕え天下平定に貢献したことを伝える。

［参考文献］埼玉県教育委員会『埼玉稲荷山古墳』（昭55）。小川良祐ほか『ワカタケル大王とその時代』（山川出版社平15）。（橋本博文）

いなりやまこふんてっけん［稲荷山古墳鉄剣］　埼玉県行田市さきたま古墳群の稲荷山古墳より出土した鉄剣。稲荷山古墳の発掘調査は一九六八（昭和43）年に実施されたが、その多数の副葬品の保存処置がなされる過程で、七八（同53）年九月、鉄剣の一つに一一五字の金象嵌の銘文のあることが判明した。「辛亥年七月中記」からはじまるこの銘文は、辛亥（四七一）年の七月に記されたものであり、乎獲居臣の祖先とする意冨比垝から乎獲居臣までの八代のタテ系譜を述べる。そして世々、救刀人の首長として奉仕し、現在の獲加多支鹵大王の治天下を補佐してきたことを書きとどめている。獲加多支鹵大王は雄略大王とみなされており、「杖刀人」すなわち儀杖用の刀をおびて大王を護衛する武人の存在と治天下の大王の実相を浮かびあがらせた。『宋書』夷蛮伝倭国の条には、いわゆる倭の五王の遣使朝貢の記事がみえるが、五世紀史をより明確にした金石文であった。その銘文にタテ系譜を記すことや、「七月中」（七月に）という時格の書法も注目される。五世紀後半の歴史と文化を照射する画期的な銘文の検出であった。

［参考文献］上田正昭『古代日本と東アジア』（小学館平3）。（上田正昭）

いにしきいりひこのみこと［五十瓊敷入彦命］　印色入日子命とも。垂仁天皇皇子。母は日葉酢媛命。『古事記』『日本書紀』ともに、河内に遣わされ池をつくったことや、川上宮で剣（『古事記』では横刀）一〇〇〇口をつくり石上神宮におさめたことを記す。（小野里了一）

いぬかいべ［犬養部］　飼養した犬を用いて倭王権に奉仕した部民。『日本書紀』安閑天皇二年条の屯倉の大量設置記事に続けての設置や、犬養の名を元にした門名の存在から、地方にあっては屯倉の、中央にあっては大蔵・内蔵や宮の門の守衛を担当したらしい。（小野里了一）

いぬかみのみたすき［犬上御田鍬］　生没年不詳。七世紀前半の官人。三田耜とも。姓は君、六八四（天武13）年に朝臣。犬

裏面の拡大「獲加多支鹵大王」と記す

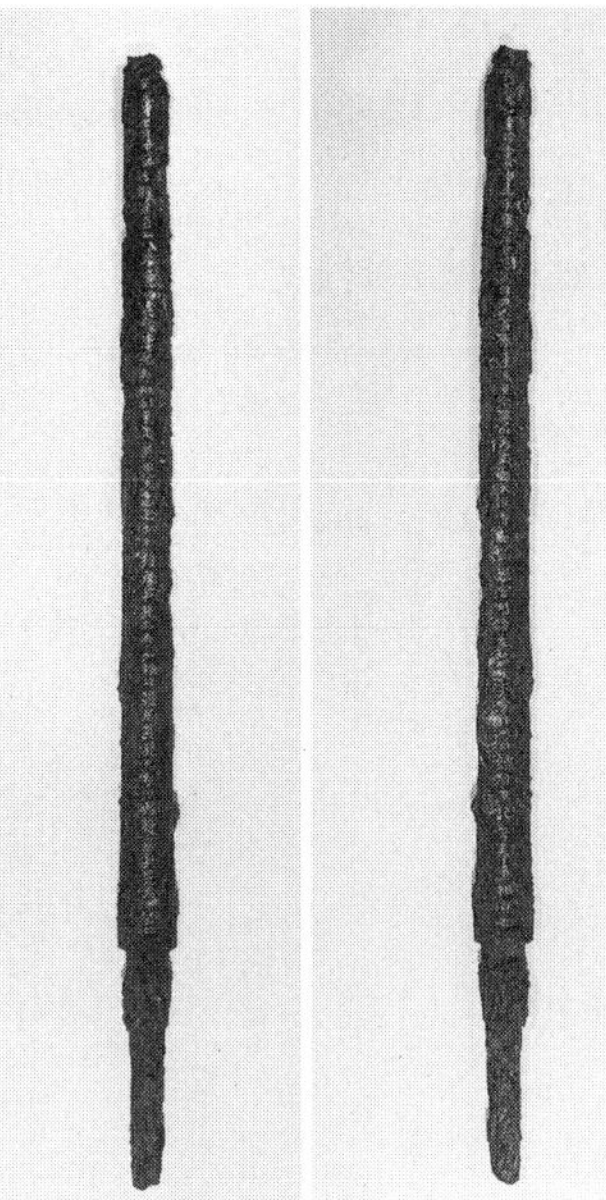

稲荷山古墳出土金錯銘鉄剣
左が表、右が裏
写真提供：埼玉県立さきたま資料館

上君は近江国犬上郡の豪族で、日本武尊の後裔と伝える（『姓氏録』）。六一四（推古天皇22）年六月、遣隋使となり翌年帰国。六三〇（舒明天皇2）年八月最初の遣唐使となり、六三二（同4）年に帰国した。（川崎晃）

いのうえないしんのう【井上内親王】 717〜75　聖武天皇皇女。母は県犬養広刀自。光仁天皇皇后。七二一（養老5）年、斎宮に卜定。七四四（天平16）年、弟安積親王の喪により退下。のち白壁王（光仁天皇）妃となり、七七〇（宝亀元）年、王の即位により立后。東宮には所生の他戸親王が立った。しかし巫蠱（巫女を使って天皇を呪詛）の大罪により廃后。他戸親王とともに大和国に幽閉。母子は同日に死去。桓武擁立を図る藤原百川等による暗殺とされる。陵墓は奈良県五条市に所在する宇智陵。（関口力）

いのうえみつさだ【井上光貞】 1916〜83　昭和期の歴史学者。桂太郎の外孫、井上馨の曽孫にあたる。東京大学文学部卒業、坂本太郎に師事し、東京大学教授となる。日本古代史の研究にすぐれた業績を残し、その実証的研究には注目すべきものが多い。『日本古代史の諸問題』（思索社昭24）をまとめて、部民制などにかんするあらたな考察を公にし、「国造制の成立」（『史学雑誌』六〇―一一）で国県制についての新見解を発表し、上田正昭との間でいわゆる国県制論争が行われた。仏教史についても『日本浄土教成立史の研究』（山川出版社昭31）などの成果がある。『日本国家の起源』（岩波新書昭35）、『日本古代国家の研究』（岩波書店昭40）ほか多数の著作がある。国立歴史民俗博物館設立に努力する。
【参考文献】『井上光貞著作集』（11巻、岩波書店昭60・61）。（上田正昭）

いのまなりぼし【井真成墓誌】「せいしんせいぼし」とも。遣唐留学生の墓誌。中国・西安市内の工事現場でみつかったものを西北大学博物館に収蔵、二〇〇四（平成16）年一〇月に発表。一辺約三九・七㎝の方形の墓誌石に、一二行一七一字を刻む。「姓は井、字は真成、国は日本を号す」とあり、開元22（七三四）年正月、三六歳で歿し、皇上（玄宗皇帝）が「尚衣奉御」の職を贈ったことを記す。同年二月四日長安東側の万年県滻水□原に葬ると述べる。七一七（霊亀3・開元5）年の遣唐留学生として入唐したと考えられる。氏名の三字表記については葛井真成または井上真成の略とみなす説などがある。「日本」の国号がみえるのも貴重。（上田正昭）

井真成墓誌

いばいせき【伊場遺跡】　静岡県浜松市東伊場二丁目にある弥生時代から平安時代にかけて営まれた低地性遺跡。弥生時代の環濠と方形周溝墓、古墳時代中〜後期の竪穴住居跡群、律令期（七世紀後半〜一〇世紀）の地方官衙遺構（掘立柱建物跡や柵跡等）群が発掘された。各時期の土器や木製品をはじめ、弥生時代の朱塗木甲、律令期の木簡や墨書土器などが出土した。隣接する城山・梶子・梶子北・中村の各遺跡を含む約八〇〇m四方で、計一七〇点余の木簡が出土し、遠江国敷智郡衙跡と推定される。（向坂鋼二）

いはかいづか【伊波貝塚】　沖縄県うるま市伊波の座武次原に所在する縄文時代後期の貝塚。伊波集落北方、標高九〇mの丘陵北斜面にあり、一九二〇（大正9）年、大山柏により発掘調査が行われた。伊波式土器の標識遺跡である。口縁部に二叉状工具により、数種の平行沈線、点刻文を施した深鉢形土器を特徴とする。そのほか、石斧、骨製品、垂飾品類の貝製品、海・淡水・陸産の貝魚骨、ジュゴン、イノシシ、イヌなどの獣骨類が出土した。国指定史跡。
【参考文献】大山柏『琉球伊波貝塚発掘報告』（自費出版大11）。（上原静）

いはかせ【医博士】　大宝・養老令制下の典薬寮所属の博士の一つ。定員は一人で、相当位は正七位下。典薬寮の医生らに医疾令に定める諸経や薬方を教授し、毎月

一度試験を行った。典薬寮の医師一〇人のなかから学識・技能の優れた者が採用された。（荊木美行）

いはしきどき【伊波式土器】 沖縄県石川市所在の伊波貝塚を標識とする縄文時代後期の土器。沖縄本島を中心にその周辺の離島に分布する。現在の名称は多和田真淳の型式名にもとづく。一九七六（昭和51）年の沖縄市室川貝塚における発掘調査で、伊波式が荻堂式に先行することが層位的に確認された。伊波式土器は口縁部が朝顔形に開く平底の深鉢形で、口縁部を四個の山形突起で飾る。文様は口・頸部に二叉状工具を用いて数種の平行沈線、点刻文を施す。

【参考文献】高宮廣衛「伊波式土器と荻堂式土器」『日本民族文化とその周辺』（国分直一博士古稀記念論集編纂委員会昭55）。（上原静）

いはふゆう【伊波普猷】 1876～1947 大正・昭和期の沖縄研究者。沖縄学の父といわれる。那覇西村（那覇市西本町）に生まれる。父普済・母マツルの長男。沖縄の中学校在学中、おもろ研究の先駆者田島利三郎とめぐりあう。沖縄人に英語不要を唱えた校長排斥ストのリーダーのひとりとなり処分をうける。三高をへて東大卒業後、初代沖縄県立図書館長となる。一九一一（明治44）年に『古琉球』（中央公論社）を出版。柳田国男・折口信夫の沖縄研究にも影響を与える。沖縄史の研究から、「おもろそうし」の考察、言語学・民俗学・芸能研究など、沖縄研究の基礎を構築した。『伊波普猷全集』（一一巻、平凡社、昭49～昭51）。
【参考文献】外間守善『伊波普猷』（講談社昭53）。（上田正昭）

いふう【位封】 ⇨位田位封

いふきべとこたりひめぼし【伊福吉部徳足比賣墓誌】 七一〇（和銅3）年の鋳銅製骨蔵器の墓誌。この骨蔵器は一七七四（安永3）年六月、因幡国法美郡宮下村（国府町）宮ノ下の無量光寺境内の安倍山から見つかったと伝える。銘文には因幡国法美郡の伊福吉部徳足比売が七〇七（慶雲4）年二月二五日に従七位を賜って奉仕し、七一〇（和銅3）年七月一日に没し、同三年一〇月火葬にしてここに葬ると刻し、後人がこの墓を崩し壊すことを戒めることを記す。伊福吉部（伊福部）氏は、墓の近くにある宇倍神社の祭祀にたずさわったこの地域の有力氏族であった。（上田正昭）

いぶきやま【伊吹山】 滋賀県東北部の米原市伊吹町にあり、近江・美濃国境にそびえる標高一三七七mの近江国の最高峰。『記』『紀』には日本武尊が東国遠征後、この山に荒ぶる神を退治に行き、その逆襲がもとで命を落としたと伝える。『帝王編年記』のなかの「風土記逸文」には、夷服岳（伊吹山）と浅井岳の二岳がその高さを競ったという伝承を載せる。『三代実録』には沙門三修の護国寺が定額寺に指定されたとあり、『今昔物語』にも三修がこの山で修業した話がみえる。山岳修験の霊地で、山中には広大な山岳寺院の跡が残る。（高橋美久二）

いふくりょう【衣服令】 大宝・養老令の編目の一つ。「養老令」では第一九編に相当し、全一四条からなる。皇太子・親王・諸王・諸臣・内親王・女王・内命婦と武官が着用する礼服・朝服・制服の形・色・材質、およびこれらに付属する服飾品について定める。（荊木美行）

いまき【今来】 五世紀後半に渡来した技術者集団、今来漢人（今来才伎とも）が多数住んだ地域名。奈良県高市郡明日香村々域から橿原市域にかけての一帯。旧高市郡域。欽明紀七年七月条に、「倭国今来郡」の表記がみえている。そのほか今来に関わる史料として、新漢擬本南丘（雄略即位前紀）、蘇我大臣蝦夷とその子の入鹿が生前に営んだ今来雙墓（皇極紀元年是歳条）、蘇我倉山田石川麻呂が難波から大和へ逃走した際にみえる今来大槻（大化五〈六四九〉年三月条）などがある。なお建王が六五八（斉明4）年五月に亡くなり、殯に付されて葬られた今城谷については、「城」はキの乙類、「来」は甲類であることから、今来の地とは異なる。（和田萃）

いまきぐん【今来郡】 ⇨今来

いまきのあやひと【今来漢人】 ⇨今来才伎

いまきのあやひとみん【新漢人旻】 ⇨旻法師

いまきのてひと【今来才伎】 才伎（手人）は渡来系の手工業技術者。今来は新来・新参の意。『日本書紀』は今来才伎（手末才伎）の起源説話を雄略朝に掲げるが、五世紀後半以降、朝鮮半島から移住してきた多数の渡来人を、それ以前と区分して今来とよんだらしい。今来才伎は各種の技術をもった倭王権に奉仕したが、東西両漢氏支配下の才伎をとくに今来漢人という。今来才伎には、令制下の生産官司の伴部や品部・雑戸に再編され、前代の職務を継承する者が存した。（加藤謙吉）

いましろづかこふん【今城塚古墳】 大阪平野北東部の淀川北岸にある三島平野の中央部、高槻市郡家新町に所在する。六世紀前半の二重の周濠をもつ西向きの前方後円墳で、墳丘長一九〇m、濠を含めた総長は三五〇mである。くびれ部両側に造り出しがある。墳丘は一五九六（文禄5）年の伏見地震による崩壊のため、段築の状況や埴輪列等は不詳ながら、後円部で墳丘内石積と暗渠排水溝を確認。主体部は横穴式石室とみられ、阿蘇ピンク石（馬門石）製ならびに二上山産凝灰岩（白石）製、竜山石製などの家形石棺が破砕された状態で検出され、『公衡公記』所載の一二八八（正応元）年の盗掘記事が裏付けられている。後円部墳丘上にはガラス玉・鉄鏃片・小札などが散乱していた。埴輪は内堤の内外縁に沿って円筒列、また北側張り出し部の祭祀場に家・盾・大刀・蓋・巫女・武人・鷹飼・力士・鶏・水鳥・柵形などの形象群がみられる。造出で須恵器の蓋杯・器台が出土。古墳形態、埴輪、「延喜式」記載の陵墓所在地などの検討から、真実の継体天皇陵と考えられている。

【参考文献】高槻市立埋蔵文化財調査センター編『史跡・今城塚古墳』（高槻市教育委員会平10～13）。森田克行「今城塚古墳と埴輪祭祀」『東アジアの古代文化』117（大和書房平15）。（森田克行）

いまみやじんじゃ【今宮神社】 京都市北区紫野今宮町に鎮座。旧府社。祭神は、大国主命・事代主命・稲田姫命の三柱。九九四（正暦5）年の疫病流行に際し神輿を船岡山に安置して御霊会を修しており、この一帯が御霊会祭場の一つであったことが知られる。初見は、一〇〇一（長保3）年で、天下疾病により疫神を祀り、その新造の社を今宮と号している。（堀越光信）

いまやまいせき［今山遺跡］ 福岡市西区今宿の瑞梅寺川河口右岸にある標高八五mの今山にある弥生時代の石斧製造跡。ここで産出する硬質玄武岩を原料にして

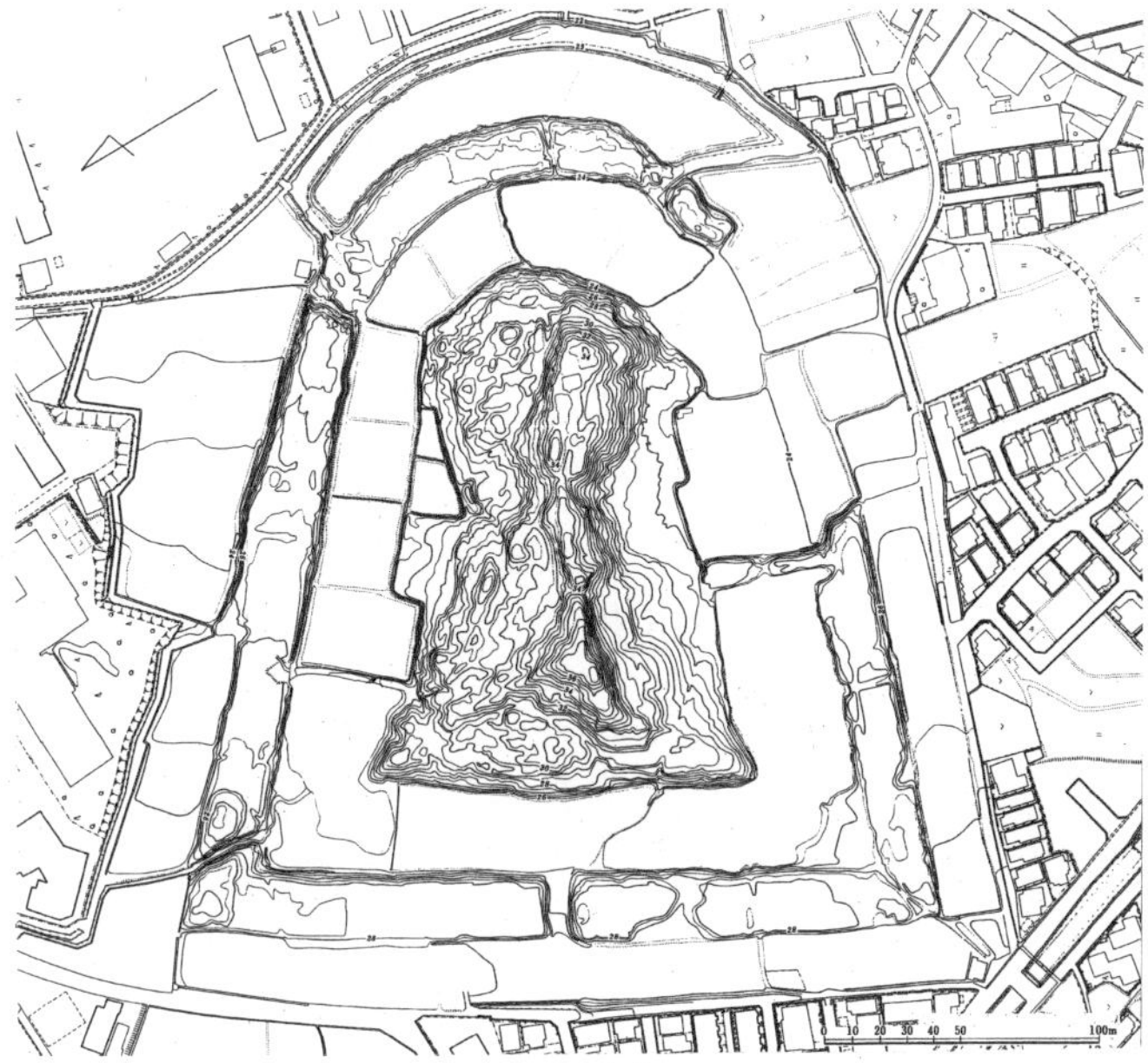
今城塚古墳

太型蛤刃形石斧が製作された。遺跡は一九二三（大正12）年に中山平次郎によって発見。南側中腹で粗割、麓で敲打などの細部加工をしている。最盛期は前期後半から中期前半にあるがその後の調査で弥生初期から製作され、製品が福岡県を中心に佐賀・大分・熊本県に分布し、石斧製作専業集団の存在が想定できると判明した。

〔参考文献〕中山平次郎「筑前糸島郡今山に於る石斧製造址」『考古学雑誌』一四—一四（大13）。（柳田康雄）

いまよう［今様］ 院政期に京都で流行した当世風の歌謡「今様歌」の略称。先行する神楽歌・催馬楽・風俗歌等とならんで宮廷貴族の間で盛行し、遊女や傀儡子の芸能としても普及。これを愛好した後白河院はみずから今様歌集『梁塵秘抄』を編纂した。（竹居明男）

いみ［斎］ いみつつしむこと。忌とも。不浄を避けて忌籠や禊などによって不浄をとり去る斎と忌がある。『日本書紀』の持統天皇五（六九一）年二月の条には「六斎」とみえ、「雑令」に「六斎日」とある。「令義解」は「八日・一四日・一五日・廿三日・廿九日・卅日」の斎とする。仏教ではこれらの日には鬼神が人を害するので持戒せよと教える。「神祇令」では一月の斎を大祀、三日の斎を中祀、一日の斎を小祀とする。（上田正昭）

いみくら［斎蔵］ 倭政権の主要な倉として、斎蔵、内蔵、大蔵の三つがあるが、このうち最も古くからあるのが斎倉。『古語拾遺』に、神武天皇のとき、神物・官物を収納するため、宮の内に斎倉を建てたとする記述がみられる。（植木久）

いみことば［忌詞］ 忌みはばかる言葉の代わりに使う言葉。とくに、神事は死に関わる言葉や仏教関係の言葉を避けた。「延喜式」巻第五に斎宮寮が用いた忌詞を列挙する。仏を「中子」、経を「染紙」、塔を「阿良良岐」、寺を「瓦葺」、僧を「髪長」、尼を「女髪長」、斎を「片膳」という。また、死を「なほる」、病を「やすみ」、哭を「しおたれ」、血を「あせ」、打を「なず」、宍を「くさひら」、墓を「つちくれ」という。同巻第六には斎院司で使われた忌詞を載せる。（京樂真帆子）

いみな［諱］ 死後にいう生前の実名。諡には和風の諡（諡号）と漢風の諡（諡号）があって、和風の諡はその人の葬儀で献呈された例が多い。大王や天皇の漢風の諡（神武天皇から持統天皇まで、元明・元正天皇）は八世紀後半に淡海御船が「勅を奉じて撰ぶ」とみなす説が有力。『日本書紀』仁賢天皇即位前紀に「億計天皇は諱大脚」と記す。雄略天皇（漢風の諡）の大長谷若建命（大泊瀬幼武、和風の諡）の「ワカタケル」は埼玉県行田市の稲荷山古墳出土の鉄剣銘や熊本県和水町の江田船山古墳出土の大刀銘の「獲加多支鹵」にもとづく。（上田正昭）

いもじ［鋳物師］ 銅や鉄の鋳造品製作にあたった職人。呼称の初現は、一〇七九（承暦3）年に正六位上に叙せられた蔵人所鋳物師秦俊任で、一二世紀には、史料や鋳造品の銘文から河内や和泉の鋳物師集団の動向がよくうかがえるようになる。それより早く奈良時代には、内匠寮に属した鋳工や、山城・長門などで銭貨を鋳造した鋳銭司といった官営の鋳造工房が知られるが、これとは別に僧や貴族が采配した私的工房の存在も予想されている。（久保智康）

いものし／てんちゅうし［典鋳司］ 大宝・養老令制の大蔵省被管諸司の一つ。金銀銅鉄の鋳造・鍍金・彫金、ガラス器・玉器の製作などをつかさどった。四等官のほか、伴部の雑工部一〇人と雑戸の雑工戸が所属し、作業にあたった。七七四（宝亀5）年に内匠寮に併合。（荊木美行）

いよ［壱与］ ⇨台与

いよしんのう［伊予親王］ ?～807 桓武天皇第三皇子。母は藤原吉子。三品。式部卿、中務卿、大宰帥等を歴任。八〇七（大同2）年、謀反の嫌疑により川原寺に幽閉。母とともに服毒死した。のち本位に復し、一品を追贈されるが、その怨霊は御霊会の対象となった。（関口力）

いよのくに【伊予国】 南海道に属する国。現在の愛媛県にあたる。南部は石槌山脈で、北の瀬戸内海に面して新居浜平野・今治平野・松山平野などが広がり、中央部北部に高縄半島、西部に佐田岬半島がある。五世紀には五国造が設置され、六世紀後半には凡直国造も設置された。国名の初見は藤原京出土木簡の「伊余国」。「延喜式」では上国とされ、所管の郡は宇摩・新居・周敷・桑村・越智・野間・風早・和気・温泉・久米・伊予・浮穴・喜多(八六六年に宇和郡より分立)・宇和郡の一四郡。当初は伊予郡が中心地であったが、国府や国分寺・国分尼寺が現今治市即ち越智郡に設置されて中心機能も移転した。また南海道は讃岐国から松山平野を南下して土佐国にいたっていたが、阿波国から土佐国に通じる駅路設置によって松山平野経由の駅路は衰退、九世紀には南海道は伊予国府までで伊予大岡駅から南下して土佐国に通じる駅路が開発された。
【参考文献】『愛媛県史』全四〇巻(昭56~平1)。田中歳雄『愛媛県の歴史』(山川出版社昭48)。 (高橋誠一)

いよのくめべのおだて【伊予来目部小楯】 清寧朝の人。磐楯とも。山部連の祖。播磨国に身を隠していた億計・弘計の二王を見出し、宮中に迎え入れた。顕宗即位後、その功により山官に任ぜられ、山部連の氏姓を賜わる。山守部を民として、富は並ぶものがなかったという。 (大川原竜一)

いよのふたなのしま【伊予之二名島】 四国のこと。『古事記』(上巻)の国生み神話では「此の島は、身一つにして面四つあり、面ごとに名あり」として「伊予国は愛比売といひ、讃岐国は飯依比古といひ、粟国は大宜都比売といひ、土左国は建依別といふ」と述べる。『日本書紀』(巻第一)では「伊予二名洲」と記す。 (上田正昭)

いよのゆのおかのひ【伊予湯岡碑】 ⇨道後温泉

いりかすみ【伊梨柯須弥】 ⇨泉蓋蘇文

いりこ【熬海鼠】 海鼠の腸を取り除き、塩水で煮て干したもの。薬料としても利用された。賦役令に調雑物として規定され、「延喜式」には、志摩・若狭・能登・隠岐・肥前・肥後等の国が輸調国としてあげられている。 (岩宮隆司)

いりべ【入部】 ⇨壬生部

いりもやづくり【入母屋造】 屋根形式の一つで、上半部を切妻形式とし、下半部を寄棟形式としたもの。大陸の建築様式が伝わって以降、寺院や宮殿などの建築に多く用いられた。真屋とは切妻造のことをいうが、入母屋とは「入り真屋」、すなわち切妻形式の屋根が内側に入ったものの意という。 (植木久)

いれいじょう【慰礼城】 百済最初の王城。『三国史記』の温祚王即位年の条(B.C.一八年)によると、温祚王は河南慰礼城を都として定めたと記されている。同王一三年の条(B.C.六年)にも漢水(漢江)の南に柵・城・宮闕をたて、翌年に遷都したという記事もみられるが、これらの二つの記事は同年の出来事を分けて記述したという説がある。また、「河南慰礼城」に対応する「河北慰礼城」の存在も指摘されている。両者の位置ははっきりとしないが、河南慰礼城についてはソウル特別市松坡区にある風納洞土城(風納土城ともよぶ)と夢村土城、そして京畿道河南市春宮洞にある二聖山城などがその候補地としてあげられている。そのなかでも最近の発掘調査や史料の考証によって風納洞土城が「河南慰礼城」である可能性が高くなった。この土城は漢江辺に位置し、版築によってつくられ、基底部の幅四〇m、高さ一五m、周囲三五〇〇mにもおよぶ王城にふさわしい規模をもつ。出土遺物には、「大夫」銘土器・三足土器・玉器類・瑠璃類・瓦類などがある。
【参考文献】李道学『百済古代国家研究』(一志社平7)。 (李タウン)

いれずみ【入墨】 皮膚を傷つけて色素をすりこみ文様をつけること。『魏志』倭人伝によれば三世紀の倭人の男子は黥面文身していた。黥面は目の周囲の入墨で、神武記に大久米命の「黥ける利目」と記す。安康記では猪甘(豚飼い)の老人が黥面しており、履中紀には阿曇連に処罰として黥したこと、河内の飼部の黥面をやめたことがみえ、雄略紀には黥面を施して鳥養部とした話があるなど多く動物飼育を行う部民の身体表徴として行われており、処罰の意味もあった。文身は体に入墨することで、潜水する漁民が水中の鮫などの害を避けるために行っていた。景行紀によれば日高見国の蝦夷も文身していた。 (勝田至)

いろく【位禄】 大宝・養老令制下で官人に与えられた給与の一つ。禄令食封条の規定によれば、四位・五位の官人は、その位階に応じて、絁・綿・糸・布・庸布を年一回支給され、三位以上には食封(位封)が給与された。しかし、七〇六(慶雲3)年には、四位も食封の支給対象となり、五位だけが位禄を支給される制度が八〇八(大同3)年まで続いた。位禄として支給する品物には、調庸として大蔵省に集められたものをあてたが、一〇世紀には国衙の管理する穎稲を支給するようになった。 (荊木美行)

いろはうた【いろは歌】 音節仮名四七字を一回ずつ網羅してつくった歌。「いろはにほへとちりぬるをわかよたれそつねならむうゐのおくやまけふこえてあさきゆめみしゑひもせす」。空海作と伝えられるが、「あめつちの詞」と異なることから、一〇世紀後半成立と考えられる。 (山田雄司)

いろはじるいしょう【伊呂波字類抄】 平安末期に橘忠兼によって編纂された語彙辞書。二巻、三巻、一〇巻本がある。跋文によると、二巻本は天養年間より長寛年間、三巻本は天養年間より治承年間、一〇巻本は鎌倉時代初期に成立したと考えられる。全体を伊呂波四七篇に分け、これをさらに天象・地儀・植物・人倫・人体以下名字の二一部に分けてある。育徳財団刊『色葉字類抄』(尊経閣文庫蔵、三巻本)。古典保存会編『色葉字類抄』(黒川家蔵、三巻本)、同『節用文字』、日本古典全集刊行会刊『伊呂波字類抄』(一〇巻本)がある。 (山田雄司)

いろり【煎汁】 古代の調味料の一種。「賦役令」の調雑物に「堅魚煎汁」の品目がみえ、『和名類聚抄』に「加豆乎以呂利」とする。「以呂利」は煎り取りの転訛といい、煮詰めて採取した煮汁のこと。「延喜式」など多くは堅魚煎汁とし、主として鰹が素材であったらしい。　（井上満郎）

いわいのらん［磐井の乱］　日本古代に国家と民族との形成の端緒を開いた事件。五三一年頃、九州北部・中部の諸豪族の権力組織（ツクシ政権）が、倭王権の軍と交戦した。「磐井」はその盟主の名で、尊称は「筑紫君」。本拠地は福岡県久留米市・広川町・八女市一帯とみられ、『筑紫風土記』に生前の磐井が造営した墓とあるのは八女市の岩戸山古墳であろう。『古事記』にも簡単な記事があるが『日本書紀』が詳しい。ただ中国の書籍による作文が半ばを占め、「国造」の「叛逆」とすることなど全体が八世紀初めの観念や用語による叙述である。『日本書紀』の磐井の乱（五二七、八年）は、『百済本記』を資料とした南加羅（金海）滅亡に関する一団の記事の中に組込まれている。それらは五二九～五三二年の史実だが、ひとたび決まっていた継体天皇の歿年（五三四年）を、『百済本記』が伝える「辛亥の変」によって三年繰上げた『日本書紀』編者が、磐井の乱・辛亥の変・南加羅滅亡の三者の関係を認め、三年繰上げたらしい。基本的事実は次のようであろう。五二九年、新羅は加羅東南地域（金海・昌原など）に攻勢をかけはじめ、加羅諸国の盟主的立場にあった大加羅（高霊）の異脳王親らが倭王の継体に救援を要請した。五三〇年、倭王権はツクシ政権の港湾「香椎潟」を王直属の国家施設「糟屋屯倉」として提供させ、九州で徴兵して加羅支援の態勢を敷こうとした。瀬戸内海沿岸のキビ政権の瓦解（五世紀末葉）に危機感を募らせ、百済と倭との王権の直結（六世紀初葉）に不満を抱いていた筑紫君は、大躍進中の新羅が派兵阻止を要請してきた時、ついに新羅と結んで倭王権と対決するに至った。この王権の危機を主因として五三一年「辛亥の変」が起こり、即位した欽明が派遣した物部麁鹿火の軍勢によって磐井は殺された。孤立無援の南加羅などは、五三二年、新羅の軍門に降った。その後「那津官家」を拠点とするミヤケ制支配が九州北部・中部に施行され、対外的交流において長らく独自の地位を保ってきた九州は、「中央」に対する「地方」の関係を固定された。

〔**参考文献**〕森貞次郎『九州の古代文化』（六興出版昭58）。小田富士雄編『古代を考える磐井の乱』（吉川弘文平3）。田村圓澄他『（増補改訂版）古代最大の内戦・磐井の乱』（大和書房平10）。　（山尾幸久）

いわかげいせき［岩陰遺跡］　庇状に張り出した岩壁や巨岩の下、河水などの浸食によって形成された浅い洞穴に営まれた遺跡。住居や墓、祭祀の場として用いられた。同種の遺跡は洞穴遺跡とも洞窟遺跡ともよばれるが、多くの場合、岩陰遺跡とよぶのが実情をより正確に伝えている。おもに利用される生活空間は陽当たりと風通しのよい岩陰の前面周辺である。岩陰という遺跡の性格上、山中や山裾、急崖の下などに位置する。立地上の特徴が示すように、特殊な条件下で短期的に利用されたもので、一般の集落遺跡とは異なった性格を示す場合が多い。日本では旧石器時代での利用はほとんどなく、縄文時代以降に利用例が増える。草創期には岩陰遺跡が多い。代表的な例として、旧石器時代末期の長崎県福井洞穴、縄文時代草創期の愛媛県上黒岩岩陰、山形県日向洞窟。また人物、動物などの多数の形象が壁面に刻まれた珍しい例として、北海道フゴッペ洞窟などがある。広島県帝釈峡遺跡群馬渡岩陰は岩陰遺跡として著名である。　（鈴木忠司）

いわかむつかりのみこと［磐鹿六鴈命］　膳臣の遠祖。大彦命の孫。景行天皇の東国巡幸に随行。堅魚と白蛤を調理して献上し、膳臣の氏姓と膳大伴部を賜わったと伝える。死去の際の宣命により、子孫が膳職や上総・淡の国の長となり、若狭国を領有することを保証されたという。　（加藤謙吉）

いわきのくに［石城（磐城）国］　大化前代に石城国造によって支配されていた国。のちに陸奥国の磐城郡になる地域で現在の福島県いわき市と双葉郡にあたる。また七一八（養老2）年に陸奥国磐城・標葉・行方・宇多・亘理の五郡と常陸国菊多郡を割いて石背国とともに設置された一時的な国でもあった。この律令制下の磐城国の範囲は、現宮城県亘理郡と福島県浜通り地方にあたる地域であったが、石背国とともにすぐに廃止されて元の陸奥国に併合された。さらに磐城国の名称は古代ばかりではなく、明治政府が東北戦争（戊辰戦争）後、陸奥国を陸奥・陸前・陸中・石代・磐城の五国に、出羽国を羽前・羽後の二国に分割した際にも、使用されたが、これは奥羽地方に対する明治政府の支配力を高めて府県制を導入するための布石であったといわれる。　（高橋誠一）

いわくら［磐座］　神が来臨する磐のこと。神社成立以前の神は、高木や巨岩に宿るものとされた。本来自然石であり、奈良県三輪山周辺のほか全国で今でも多くの磐座がみられるが、小さな石をおいて石神として祭る、自然石ではない磐座も各地に存在する。　（榎村寛之）

いわくら［磐座］　祭祀の対象となる神が出現するとき、特定の岩石の上に坐するいは立たれるとして、その岩石の前で祭りが行われる。石神は、その石に神が宿る（憑依する）場合であり、磐境は象形の岩石を配置したり、積み上げたりする祭場舗設で、磐座とは区別される。「延喜式」神名帳には、巨勢山坐石椋孫神社（大和）、石座神社（参河）、伊波久良和気命神社、石倉命神社（伊豆）、石按比古神社、石按比売神社（若狭）、磐座神社、大槻磐座神社、高於磐座神社（越前）、石倉比古神社（能登）など「いわくら」の名のつく神名、神社がある。この他、六国史などにもあり、現在の神社でも祭りの行われている例も多い。茨城県鹿島神宮の要石、長野県諏訪大社の硯石、京都府伏見稲荷の御膳石、同八坂神社の瓜生石、長野県雨境峠の鳴石等、これも各地に例がある。

〔**参考文献**〕大場磐雄「磐座・磐境の考古学的考察」『神道考古学論攷』（葦牙書房昭18。雄山閣昭46再刊）。　（椙山林継）

いわしみずはちまんぐう［石清水八幡宮］　京都府八幡市高坊に鎮座し、誉田別尊・比咩大神・息長帯比売命をまつる。八五九（貞観元）年に僧行教が宇佐八幡神の

「われ都近く移座して国家を鎮座せん」との託宣をうけて翌年に創建。国家鎮護・王城守護の神として朝野の尊崇をうけた。中世二二社に列し、伊勢神宮につぐ第二の宗廟と称された。源氏の氏神としても仰がれ、源頼朝は鶴岡八幡宮を造営。九月一五日（陰暦では八月一五日）の石清水祭は勅祭で、古くは石清水八幡宮放生会と称した。石清水八幡神社・男山八幡神社などの分社も多い。（上田正昭）

いわじゅくいせき［岩宿遺跡］　群馬県新田郡笠懸町に所在し、日本で最初に発見された旧石器時代の遺跡。一九四六（昭和21）年相沢忠洋によって発見され、四九（同24）年明治大学が発掘調査した。表土の黒色土層中には縄文早期の包含層があり、この下の赤色火山灰（関東ローム）層中に二枚の良好な文化層が発見された。下から岩宿Ⅰ、岩宿Ⅱ文化とよばれる。岩宿Ⅰ文化は頁岩製の石刃、刃部磨製石斧で構成され、岩宿Ⅱ文化は切出形ナイフ形石器を特徴とする。両文化とも礫群とよばれる遺構が検出された。礫群は調理に用いられた焼け礫の集積で、日本の旧石器時代を特徴づける重要な遺構である。縄文時代以前の日本列島に居住者がいたことを初めて明らかにし、火山灰層中に生活の痕跡は発見されないという常識を覆えし、またローム層中に上下して発見された文化層は、その後に発達する火山灰編年学の先駆けとなるなど、岩宿遺跡の発見は日本考古学史上最大の発見の一つとなった。国指定史跡。出土品は重要文化財。
〔**参考文献**〕杉原荘介『群馬県岩宿発見の石器文化』（明治大学文学部研究報告・考古学第（1）昭31）。戸沢充則他編『探訪先土器の遺跡』（有斐閣昭58）。（鈴木忠司）

いわじんじゃ［伊和神社］　兵庫県宍粟市一宮町須行名に鎮座。播磨国の一宮。祭神は大己貴神を主神に、少彦名神・下照姫神を配祀。式内名神大社としては「伊和坐大名持御魂神社」と表記。八八一（元慶5）年に正四位下。同社神主補任の文書には藤原宇合の後裔長光から兼俊まで七代の神主補任を記す。（堀越光信）

いわせおやまこふんぐん［石清尾山古墳群］　香川県高松市街の南に接する石清尾山塊に所在する積石塚古墳群。双方中円墳二基、前方後円墳九基、方墳一基、円墳一六基が現存する。このうち、前方後円墳の鶴尾神社四号墳から庄内式併行期の土器や補修孔をもつ獣帯方格規矩四神鏡を、双方中円墳の猫塚古墳から内行花文清白鏡・銅製短剣などを出土したほか、前方部先端がバチ状に広がったり、竪穴式石室をもつものも多く、古墳時代前期の大規模な積石塚古墳群として知られている。（渡部明夫）

いわせせんづかこふんぐん［岩橋千塚古墳群］　広義には和歌山市東部の標高約一四〇mの岩橋丘陵、同七七mの独立丘陵花山、同一〇二mの福飯ケ峯にある古墳群をさす。狭義には岩橋山塊の古墳群をいう。総数七二二基からなるわが国最大級の古墳群である。四世紀から七世紀にかけて築造され、花山・岩橋前山・大谷山・大日山・井辺総綱寺谷・寺内・井辺前山古墳群に分けられている。頂上や支根の主要部に前方後円墳を配置し、円墳・方墳が各尾根に群集する。内部主体は、竪穴式石室・箱式石棺・粘土槨・横穴式石室である。石室の石材は紀ノ川流域に産する緑泥片岩の割石を用いる。ほとんど盗掘をうけているが、直刀・玉類・土器・馬具・形象埴輪等が出土している。とくに横穴式石室は「岩橋型」とよばれ、羨道部・通廊部・玄室からなり、石棚・石梁を架構したものが多くみられる。これらの古墳群は古代豪族紀氏との深い関係が指摘されている。岩橋前山・大谷山・大日山地区は、史跡公園「紀伊風土記の丘」として整備されている。
〔**参考文献**〕関西大学文学部考古学研究室『岩橋千塚』（和歌山市教育委員会昭42）。関西大学文学部考古学研究室『花山西部地区古墳』（和歌山市教育委員会昭42）。同志社大学考古学研究室『井辺八幡山古墳』（和歌山市教育委員会昭47）。（小賀直樹）

いわせのくに［石背国］　『旧事本紀』に石背国造の名がみえる。のちの陸奥国磐瀬（石背）郡の地。奈良時代初期に一時石背国が設置されたがすぐに廃止、再び陸奥国に併合された。現福島県中通り地方の南部の地域。（高橋誠一）

いわとやまこふん［岩戸山古墳］　福岡県八女市にある全長一七〇m、墳長一三八m、後円部径八八m、高さ一三m、前方部幅九八mの九州最大規模の前方後円墳。後円部東北側には一辺四三mの「衙頭」といわれる方形区画の別区が取り付く。内部主体はわかっていない。五二七（継体天皇21）年、筑紫君磐井は大和王権に対して反乱を起こすが、『筑後風土記』逸文にある磐井の墓の記述内容がこの岩戸山古墳に合致することから、この古墳をもって磐井の墓に比定される。また古墳からは、埴輪などとともに樹立された石人・石馬とよばれる阿蘇凝灰岩質の彫像が出土している。『筑後国風土記』には、上膳の山奥に逃げた磐井に激怒した大和側兵士によりそれらが破壊されたとある。六世紀前半の築造で、文献記録により築造年代が明らかな数少ない古墳として、古墳時代研究において重要な位置を占める。一九五五（昭和30）年に国指定史跡になった。
〔**参考文献**〕森貞次郎『岩戸山古墳』（中央公論美術出版昭45）。（片岡宏二）

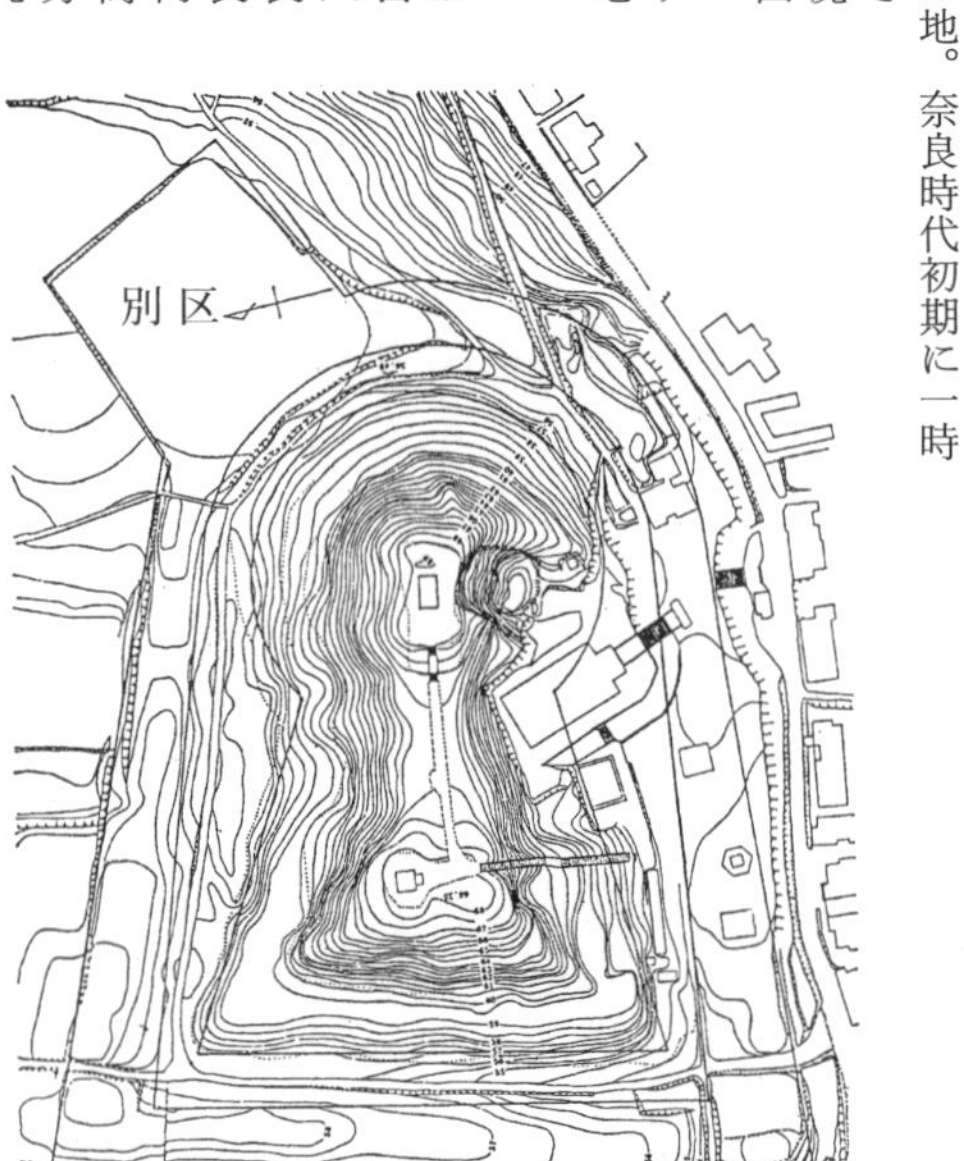

岩戸山古墳実測図

いわのひめ［磐之媛］ 仁徳天皇の皇后。武内宿禰の子葛城襲津彦の女で、履中・反正・允恭天皇らの母。石之日売命とも。『日本書紀』『古事記』ともにほかの妾等に激しく嫉妬する皇后として描かれる。皇后の御名代として葛城部が定められたという。仁徳天皇三五年六月に筒城宮で薨じ、同三七年には乃羅山に葬るとあり、ヒシアゲ古墳（奈良市佐紀町）に比定されている。『万葉集』に歌四首をおさめるが、後代の仮託か。また、七二九（天平元）年八月光明子立后時に臣下の女が立后する先例として名が挙げられている。

（廣瀬真理子）

いわふねのさく［磐舟柵］ 『日本書紀』大化四（六四八）年条に「治磐舟柵設備蝦夷　遂選越与信濃之民　始置柵戸」と初見する城柵。前年には渟足柵がつくられている。『続日本紀』六九八（文武2）年および七〇〇（同4）年には修理された記事がみえる。現在の地名や式内社、岩船潟の存在などから新潟県村上市の浦田山丘陵に存在したと推定されており、一九五七（昭和32）～五九（同34）年の調査で検出された二ヵ所の石組遺構について柵との関連が検討されたが、最近の調査でこれらの遺構は六世紀前半の竪穴系横口式石室であると考えられており、その比定地は確定していない。

（奈良佳子）

いわみのくに［石見国］ 山陰道に属する国。現在の島根県西部にあたる。南西部の中国山地からの江の川・周布川・高津川などが流れ下り、北西部の日本海沿岸に狭小な平野が続いている。『国造本紀』に石見国造の名がみえるが、『日本書紀』斉明三（六五七）年に石見国の名称が初見する。「延喜式」では中国とされて遠国、所管の郡は安濃・邇摩・那賀・邑智・美濃・鹿足（八四三〈承和10〉年に美濃郡から分立）郡の六郡。『倭名抄』には四八八四町九段四二歩の田積が記され、八一三（弘仁4）年には三〇町の国営田が設定された。国府は那賀郡に設置され現浜田市下府町と上府町が推定地、国分寺は浜田市国分町国分、一宮の物部神社は大田市川合町に所在する。柿本人麻呂が石見国で臨終の歌を残して没したという説もある。

〔参考文献〕『新修島根県史』全一〇巻（昭40～43）。内藤正中『島根県の歴史』（山川出版社昭44）。

（高橋誠一）

いわゆのかりみや［石湯行宮］ 伊予熟田津にあった行宮。所在地は愛媛県松山市の道後温泉付近か。六六一（斉明7）年斉明天皇が百済救援のため北九州に向かう途中立ち寄った。

（寺内浩）

いわらやりみぞいせき［井原鑓溝遺跡］ 福岡県前原市井原字鑓溝にある弥生時代の甕棺墓。遺跡は、糸島平野の瑞梅寺川と川原川に挟まれた微高地に所在する三雲遺跡群南部で三雲南小路王墓の南側に隣接している。青柳種信の『柳園古器略考』（一八二二年）によると、天明年間（一七八一～一七八八）に古鏡数十面、刀剣・朱などを入れた壺を発見したという。『柳園古器略考』に掲載された拓本によると、鏡は「漢有善銅」銘を含む前漢末から王莽代の方格規矩鏡が大半で、鈕の数から二一面存在していた。別の図から截頭円錐形巴形銅器大小三個と「鎧の板如きもの」も伴出していることがわかる。時期は、方格規矩鏡の新しい型式と巴形銅器の型式から弥生時代後期前半で、一世紀中頃に想定される。この地域ではこの時期には大型甕を甕棺に使用することがないので、記載されているように大型壺を使用した甕棺墓であろう。

〔参考文献〕柳田康雄「青銅器の創作と終焉」『九州考古学』60（昭61）。

（柳田康雄）

いわれ［磐余］ ⇩磐余池いわれのいけ

いわれのいけ［磐余池］ 大和の磐余の地にあった池。磐余は、天香具山の東北域で、寺川にいたる一帯をさす。『古事記』や『日本書紀』によれば、磐余には、磐余稚桜宮（神功皇后・履中天皇）、磐余甕栗宮（清寧天皇）、磐余玉穂宮（継体天皇）、磐余池辺雙槻宮（用明天皇）など、歴代の諸宮が営まれた。敏達天皇の訳語田幸玉宮は磐余訳語田宮ともされ（『扶桑略記』『帝王編年記』）、崇峻天皇の宮についても、倉椅柴垣宮（倉梯宮）のほかに磐余神前宮が伝えられている（『上宮聖徳法王帝説』）。五世紀前半から六世紀代にかけて、磐余は倭王権の中枢の地であった。磐余池については、履中二年十一月条に磐余池をつくったことがみえ、また同三年十一月に、両枝船を磐余市磯池に浮かべて遊宴した際、掖上の室山から飛来した桜の花が酒杯に入ったので、宮の名を磐余稚桜宮としたと伝える（『日本書紀』）。磐余池は磐余市磯池と称された可能性が大きい。大津皇子が飛鳥から訳語田舎（奈良県桜井市戒重）へ連行される途中、磐余池の堤でつくった歌（『万葉集』巻三―四一六）はよく知られている。『和名抄』に大和国十市郡池上郷がみえ、また大津皇子が訳語田舎へ連行されたルートを考え合わすと、桜井市池ノ内から橿原市東池尻町にかけての一帯に磐余池を想定できる。橿原市東池尻町小字「島井」には、版築された堤があって、その南側一帯に池の痕跡が残る。発掘調査でも古代の池であることが確認されており、磐余池の可能性が大きい。磐余池の所在地については、ほかに桜井市谷に想定する説もある。

〔参考文献〕和田萃「ヤマトと桜井」（『桜井市史』上巻昭55）。

（和田萃）

いわれのいけのべのなみつきのみや［磐余池辺雙槻宮］ 磐余池の辺に営まれた用明天皇の宮。雙槻は、並びそびえる二本の槻（ケヤキ）ではなく、Y字形となった槻。神聖視されて、斎槻とも称された。宮の所在地を示すシンボルとされたのだろう。

（和田萃）

いわれのたまほのみや［磐余玉穂宮］ 磐余の地域に営まれた継体天皇の宮。五〇七（継体元）年に北河内の樟葉宮で即位した継体は、五一一（同5）年一〇月に山背の筒城（京田辺市多々羅付近）、五一八（同12）年三月に弟国（京都府乙訓郡）に移った後、五二六（同20）年九月（一説では同七年）に磐余玉穂宮に入っている。奈良県桜井市池之内付近に想定できるが、遺構は発見されていない。

（和田萃）

いわれのみかぐりのみや［磐余甕栗宮］ 磐余の地域に営まれた清寧天皇の宮。『帝王編年記』では、その所在地を「大和国十市郡。白香谷是也」とする。清寧の諱「白髪」と、「白香谷」の地名（奈良県桜井市白河）を結びつけた説であるが、桜井市白河は初瀬谷の北側高所に位置し、磐余には含まれない。むしろ『大和志』が「池内の御厨子邑」（橿原市東池尻町に鎮座する御厨子神社付近）とする説が注目されよう。想定される*磐余池に近接しているからである。（和田萃）

いわれのわかざくらのみや［磐余稚桜宮］ 磐余地域に伝承された神功皇后・履中天皇の宮。宮名の由来は、『日本書紀』履中天皇三年冬十一月条に詳しい。「延喜式」神名帳に、大和国城上郡に若桜神社がみえ、現在、桜井市谷に若桜神社、同池之内に稚桜神社が鎮座するので、桜井市谷・池之内付近に伝承されていたものとみてよい。（和田萃）

いん［印］ ⇩印章

いん［院］ 退位後の天皇（上皇・法皇）の居所。ために後院とも。そこに居住する人をも院という。本来は建物の集合体のこと。天皇譲位の初例の皇極天皇から院は成立することになるが、実際には平安時代以後に一般化。院で執政される上皇・法皇の政治形態を院政と称した。（井上満郎）

いんがいかん［員外官］ 律令に規定された定員以外におかれた官職。おもに奈良時代、京官や外官（国司・郡司）の次官以下におかれた。本来は多忙な職務を助けるため設けられたが、のち俸禄を目的として任ぜられることが多くなり、七七四（宝亀5）年に員外国司が、七八一（天応元）年には郡司・軍毅を除くすべての員外官が廃止された。（篠田孝一）

いんかく［院覚］ 生没年不詳。平安時代後期の院派の仏師。父は院助。一一三〇（大治5）年法金剛院造仏賞により法橋に、三二（長承元）年法成寺造仏賞により法眼に叙される。（佐伯智広）

いんぎょうてんのう［允恭天皇］ 生没年不詳。第一九代天皇。在位四二年。諡号は雄朝津間稚子宿禰。仁徳天皇の皇子で履中・反正の弟。母は磐之媛命。反正天皇の崩後、群卿の推挙をうけたが固辞し、のちに忍坂大中姫の勧めによって即位。大和遠飛鳥宮に都し、氏姓の錯れを正すため味橿丘にて盟神探湯を行った。また衣通郎姫のため藤原部を定める。『古事記』では没年齢七八歳。河内長野原陵に葬られたという。『宋書』にみえる倭王済とされている。（大川原竜一）

いんごう［院号］ (1)退位した天皇（太上天皇・*上皇）の称号。嵯峨天皇に始まるが、嵯峨院に居住したのでその本人も嵯峨院と称されたような例。(2)天皇の死後に贈られた名称。その死後に居住した居宅にちなみ称号が贈られ、冷泉院に居住したので冷泉院と称されたごときがそれである。(3)高貴な女性に与えられた称号。*女院号とも。一条天皇の母の藤原詮子（道長の姉）の東三条院に始まる。ほかに高級貴族、武家なども院号を称することがあった。（井上満郎）

いんさつじゅつ［印刷術］ 印刷とは文字を刻した版木に墨をつけ、その上に紙をおいた後、馬楝や毛髪などで紙背をこすって文字を刷り出す行為である。印刷術は中国で七世紀後半頃におこったとされ、当初は仏書・字書・占書や暦書等が印刷された。中国書で最古の刊本は、大英図書館蔵『金剛般若波羅蜜経』（八六八年）で、五代（九〇七～九六〇）以降は儒書などを含む本格的印刷文化が始まる。日本では『続日本紀』に記録のある、いわゆる「百万塔陀羅尼」（七七〇年）が最も古く、これは『無垢浄光大陀羅尼経』（七〇四年漢訳）から、根本・自心・相輪・六度の四種の陀羅尼を取り出して印刷したものである。四種には長・短の各二版があり、「根本陀羅尼」の長版には更に二種あるので、合計九種の版木が用いられた。縦五・五×横一五～四九cmの刷物を巻子状に巻き、木製三重小塔におさめた。百万基の塔が作製され近畿の一〇寺に一〇万基ずつ配したが、現在法隆寺にその一部が伝存する。この印刷には木版説以外に銅版説もあり、印刷方法にスタンプのような押印説もある。その後は藤原道長が『法華経』千部を刷ったという記録がある（一〇〇九年、『御堂関白記』）。これは摺経とよばれ、京都が中心で、『法華経』巻二（一〇八〇年、墨記）が最も古い。その影響で奈良興福寺でも印刷が盛んに行われ（春日版）、『成唯識論』（一〇八八年）以下多く知られている。また摺仏も流行した。朝鮮半島では新羅の都慶州仏国寺（七五一年創建）の釈迦塔から、一九六六年に発見された『無垢浄光大陀羅尼経』は、七〇四年の漢訳時から七五一年の間に印刷された現存世界最古の印刷物とされる。高麗では『一切如来心秘密全身舎利宝篋印陀羅尼経』（一〇〇七年）は、原本である中国本より精刻とされる。また厖大な初雕高麗版大蔵経（一〇一一～一〇八七年）や僧義天による仏典注釈書の集大成『続蔵経』（一〇九一？～一一〇一年）・『再雕高麗版大蔵経』（一二三六～一二五一年）など、印刷文化は盛行した。（藤本幸夫）

いんさつじゅつ［印刷術］ 中国の木版印刷物として最古のものは、八六八年の刊記のある敦煌出土の「金剛般若波羅蜜経」であるが、印字の精巧さから、印刷術が発明され実用化されてかなりの年月の経過をうかがわせ、その起源は六～七世紀の唐代の比較的早い時期にまでさかのぼるとみてよい。当初は仏画や陀羅尼など仏教関係のものが印刷され、ついで八～九世紀には暦、字書・韻書、占い書など民間で需要の多いものが印刷されるようになり、唐末には一部の詩文集も印刷出版された。儒教の経書の印刷は五代に官版（政府刊行）として始まり、蜀の地が中心であった。宋代になると、文治主義の政策、科挙制度の整備、さらに紙生産の飛躍的増大などを背景に、木版出版が企業として成立するが、民間業者の出版物は官版に比べて概して粗雑であった。これらは一枚の版木に彫られた整版印刷であるが、宋代中期には粘土製の活字もつくられた。また仏典の集成である大蔵経の出版も宋代に始まり、遼、金代にも出版された。（愛宕元）

［参考文献］T・F・カーター著、薮内清等訳注『中国の印刷術（一）（二）』（平凡社東洋文庫昭52）。

いんじゅ［印綬］ 官印を佩用するための組み紐で、秦漢から魏晋南北朝期まで行われた。地位の高い方から赤綬、緑綬、紫綬、青綬、黒綬、黄綬、青紺綬の区別があり、一寸角の官印の鈕に通して常に腰にぶら下げて地位の証とした。

(愛宕元)

いんじょ［院助］ ?～1108　平安時代後期の仏師。院派の祖。父は覚助と長勢の二つの所伝がある。一〇七七(承暦元)年法勝寺造仏賞により法橋に、一〇五(長治2)年尊勝寺造仏賞により法眼に叙される。 (佐伯智広)

いんしょう［印章］　石、木材、象牙、金属などに文字や絵を彫刻し、個人や政府の印とするもの。B.C.五〇〇〇年代の古代メソポタミアで発明されたとされる。中国では、殷墟出土と伝えられる銅印もあるが、やや疑わしい。確実な印章の使用は戦国頃からであり、官職名を記した官印、敬や恭といった字を記した成語印、動物文様などの肖成印の私印が知られている。古くは璽は印と全く同義であったが、秦の始皇帝が皇帝のもののみを璽とよぶよう定めた。漢代に官印の制度は整備され後世に大きな影響を与えた。皇帝の六璽は白玉製の螭虎鈕、皇后の璽は金製の螭虎鈕、一般の官印は青銅で鋳造され、印面は一寸四方(約二・三㎝)、鼻鈕や亀鈕が一般的であるが、王侯や高位の官印には金銀製や鍍金のものもある。漢印は陰刻篆書で、これは当時の文書が木簡や竹簡を束ねて縄で結び、結び目に粘土を張りつけて刻印して印字を浮き出させるためで、この粘土に陰刻印で印字されたものを封泥といい、伝世品や新出の封泥は漢印以上に多くあり、中国古代の印章の実態を知るうえで重要な資料となっている。紙が普及する隋唐期になると印章は陽刻となり、朱肉をつけて紙面に捺すと朱字が浮き上がる。官印の印面も二寸四方(約五・六㎝)と大型化して携帯に不便となったので、身分を証する符契を入れた魚袋を帯びるようになった。唐の皇帝の璽は寶とよばれ、神寶、授命寶、皇帝行寶、皇帝之寶、皇帝信寶、天子行寶、天子之寶、天子信寶の八種類があり、詔勅の内容や対象によって使い分けられた。征服王朝の金、元、清代の官印には女真文字、パスパ文字、満州文字のものや漢字とならべて刻されるものもあった。また唐宋時代以降には、私印としての雅印が多くつくられるようになる。文人が自作の書画や所蔵する書画に自分の雅号や斎号を玉や象牙に刻して捺すものが雅印である。明清時代には文人自身が雅印を刻すことが文雅とされ、篆刻として多くの流派が形成され、作風を競い合った。清代にはその優劣や真贋を論じる印璽学が盛んとなり、清末の呉雲『二百蘭亭斎古印攷蔵』は印璽学の傑出した研究書である。日本で現存する最古の印章は、後漢の光武帝が倭奴国王に贈ったという「漢委奴国王」金印である。また、『日本書紀』には崇神天皇が四道将軍に印綬を授けたと記載されている。「大宝令」では、天皇御璽、太政官印などの印章制度が制定され、公文書に捺印されるようになった。当時の官印が捺された公文書は正倉院などに残る。 (愛宕元)

いんせい［院政］　平安時代後期の一〇八六(応徳3)年に、白河上皇が始めた譲位後の天皇が執政する朝廷の政治形態。院政の行われた時期として、鎌倉幕府成立以前に限って「院政期」と呼ぶ場合もある。とくに白河・鳥羽・後白河・後鳥羽の四代の上皇は、専制的な性格をもっていたため、その時期を「院政時代」と称することもある。譲位後の天皇が政治に介入することは以前からあったが、王家(天皇家)の家長となった上皇が、皇位決定権や廷臣の人事権、軍事指揮権などを実質的に掌握する特徴は、それらと一線を画す。白河院政期から鳥羽院政期以降、積極的に安楽寿院領をはじめとする院領荘園を集積し、王家の基盤を確立させ、それらを管理する院庁を拡充・整備した。こうして王家が権門として自立するにしたがい、摂関家や寺社などの他の権門との対立や、王家内部の矛盾などをしだいに顕在化させ、国政における武力の占める位置が高まり保元・平治の乱や源平内乱などがおこる一因となる。鎌倉幕府成立以降も、しばらくは院政の性格が大きく変わることはなかったが、一二二一(承久3)年の承久の乱での後鳥羽上皇の挙兵失敗によって、幕府に皇位を左右されるとともに、国政の軍事指揮権も完全に失った。乱後の後高倉院政は、即位の経験のない上皇によるもので、形式的な意味しかもたなかったが、幕府の北条氏によって擁立された後嵯峨天皇は、譲位後その意向にもとづいて院評定制や伝奏の制度を整備した。鎌倉後期の院政は、院評定制から発展した徳政評定と雑訴評定にみられるように、訴訟制度の充実をはかった。しかしいっぽうで、大覚寺統と持明院統に王家が分裂・抗争し、それにともなって幕府の影響力が強まった。幕府を倒して「公武一統」を実現し、雑訴決断所などをつくった後醍醐の政権は、鎌倉後期院政の打破と継承という両面を備えたものであったが、その失敗は院政の実質的意味を失わせることになった。院政という形態自体は、一八四〇(天保11)年に光格上皇が没するまで残存する。

〔参考文献〕橋本義彦『平安貴族社会の研究』(吉川弘文館昭51)。宮内庁書陵部編『皇室制度史料　太上天皇㈠～㈢』(吉川弘文館昭53～55)。美川圭『院政の研究』(臨川書店平8)。 (美川圭)

いんせいじだい［院政時代］　⇩院政

いんのきんしん［院近臣］　中・下級貴族の出身で、院の寵愛をうけ側近として権勢を振るった者。その多くは寵姫や乳母の縁者であった。成功等の経済奉仕を中心とする大国受領系と、政務補佐を中心とする実務官僚系が存在した。 (佐伯智広)

いんのちょう［院庁］　院・女院に付属する庶務機関。下文・牒を発給し雑事を処理した。広義には院司機構全体をさすが、狭義には別当・判官代・主典代の指揮下の、庁官・舎人・雑色等からなる下級の庶務機関をさす。 (佐伯智広)

いんのちょうくだしぶみ［院庁下文］　⇩院庁

いんのつかさ［院司］　「いんし」とも。院・女院・後院等におかれた職員。嵯峨院の時が初見で、宇多院の時に大幅に拡充、円融院の時に主要なものがほぼ整った。庶務を統括する別当・判官代・主典代を中心に、院・女院の身辺に仕える殿上人など、各々の職掌を分担する別納所などの所・文殿・御厩などの機関が存在し、院政期以降は別当のなかに執事・年預・執権などの総括責任者がおかれた。また、白河院は北面を設置、そこに候した北面の武士は院の軍事力の中核となった。

（佐伯智広）

いんぱ【院派】 平安後期以降に活躍した仏師の一派。院の字を名に冠することから院派とよばれ、慶派・円派とならぶ代表的な流派。定朝息覚助の弟子、院助に始まり、京都七条大宮仏所を拠点とする院覚と、六条万里小路仏所の院朝の系統がある。主に朝廷や貴族の造仏に従事した。伝統的でおだやかな作風を継承し、南都復興や一二五一（建長3）年から始まる蓮華王院本堂千手観音像の再興事業でも活躍。鎌倉後期以降は、地方の禅宗・律宗寺院の造像活動にも進出。（佐古愛己）

いんぷもんいん【殷富門院】 1147〜1216 後白河天皇第一皇女亮子内親王。母は藤原成子。一一五六（保元元）年内親王、斎宮卜定。一一五八（同3）年後白河退位により退下。一一八二（寿永元）年安徳天皇准母、皇后。一一八七（文治3）年院号宣下。一一九二（建久3）年落飾、法名を真如観（一説に真如理）。（佐藤文子）

いんべし【忌部氏】 神祇官の祭祀を担当する氏族。中臣氏とならんで王権・国家の祭儀に奉仕し、主に幣帛や供神調度に関する職務を分担した。また天皇即位儀ではレガリアの鏡・剣を捧げもつ役割を担った。平安初期に「忌」字を凶とする観念から斎部と改める。中臣氏主導の祭儀のあり方を不服とし八〇七（大同2）年には斎部広成が『古語拾遺』を著し神祇祭祀の伝統的な職掌は中臣氏のみに帰すべきものではないと主張した。祖先神は太玉命。大和国高市郡の太玉命神社付近（現奈良県橿原市忌部）を本拠とした。（菊地照夫）

いんべのひろなり【斎部広成】 ⇨古語拾遺

いんやくしゃ【印鑰社】 国衙の印とその不動倉の鑰などを神聖視し、その印鑰を祀った神社。全国の国府付近に多数の印鑰社の存在が知られるが、逆に印鑰社や印鑰の地名から国府・国衙が推定されることも多い。（高橋誠一）

いんようごぎょうせつ【陰陽五行説】 中国の古代哲学にもとづいて形づくられた説で陰陽道の教理となる。中国では周代から陰陽の二元をもって自然と社会の事象を説明する考え方があった。『易経』では陰陽の二元から四象・八卦を生じたとし、これを重ねて六四卦の占筮を行った。陰陽八卦説では一年を四時八位一二度四節に分けて月々の行事を定め吉凶を説いた。五行とは木火土金水の五つの元素・性質を意味し、宇宙の森羅万象は五行の変化すなわち五行の相生・相剋の理法によって生滅するとみなす。五行説は戦国時代に具体化したが、漢代に入ってから陰陽説と五行説とが結びついて陰陽五行説となった。十干十二支を陰陽五行に配して天文暦日を考え、五臓五感を陰陽五行にあてて疾病の原因を説いたりした。こうして天文・暦法・医法などあらゆる分野に影響をおよぼすようになる。「大宝令」（「職員令」）には「太政大臣」について「四海に儀形あり、邦を経め道を論じ、陰陽をやはらぎ理めむ」とあり、「同」（「儀制令」）には「国郡は五行の器を造れ」とある。『日本書紀』の天智天皇十（六七一）年是月（正月）条に角福牟について「陰陽に因へり」と記す。陰陽道は奈良時代をへて平安時代さらにひろがりを示す。（上田正昭）

う

ういこうぶり【初冠】 男子が成人するときに初めて髻を結い、冠をつける儀式。加冠とも。冠位十二階の成立以来、冠の有無が官位の有無となったので、初めての任官と一体になった成人儀式として成立したものであろう。（榎村寛之）

うえのはらいせき【上野原遺跡】 鹿児島県霧島市の国分上野原テクノパーク建設にともなって発見された縄文時代早期を中心とした大遺跡。鹿児島湾奥の姶良カルデラ火口壁に続く標高二六〇mの台地上に立地する。一九九一（平成3）年から九六（同8）年に発掘調査され、早期後葉（三工区）の出土品は国の重要文化財に指定され、前葉（四工区）は集落跡として国指定史跡に指定された。後葉（三工区）は、約七五〇〇年前の壺を含む土器類・石器類とともに土偶や滑車形耳飾など、縄文時代早期の南九州における文化の先進性を知る貴重な資料が出土。前葉（四工区）は、約九五〇〇年前に降下した火山灰層の下から、二条の道筋に沿う五二軒の竪穴住居跡を中心とした集落が確認された。住居群とともに調理施設である三九基の集石遺構や一六基の連穴土坑が有機的に繋がって集落の全体を構成する。南九州における定住化初期の様相を典型的に示す大集落であり、日本列島の開始期の遺跡として重要な遺跡の一つ。（新東晃一）

うえやまこふん【植山古墳】 奈良県橿原市五条野の丘陵に築かれた合葬墳。明日香村の甘樫丘から西へ伸びる丘陵南斜面にある東西四〇m、南北三二mの横長の方墳。地山を逆台形に削る濠の底に幅一m、深さ一・二mの溝を設け川原石を詰め、結晶片岩を葺く。墳丘の南斜面に横穴式石室を東西に並び設ける。東石室は石室築造と平行して墳丘を積み上げるが、西石室は、墳丘完成後、石室掘り方を掘っているため、先に東石室を築いている。東石室は、巨石花崗岩を積んだ両袖式の横穴式石室で、全長一三m、玄室長さ六・五m、幅三mあり、幅に対して奥行きが長い。天井石を抜取られ、玄室側壁は、高さ三・一m以上あった。玄室の中央には、阿蘇凝灰岩製の刳り貫き式の家形石棺が主軸に沿って置かれていたが、蓋を半分、南にずらせたまま、折れていた。石棺周囲を排水溝が羽子板の輪郭状に巡る。石室、排水溝など、奈良県広陵町の牧野古墳（被葬者に押坂彦人大兄皇子説がある）に酷似するが、石棺安置方向が異なる。石棺は縄掛け突起端部をわずかに上向きにした形式で、六世紀後半の時期に想定されるもので、石室の形式も勘案すれば、六世紀末まで降る可能性もある。棺内は空であったが、石棺と奥壁の間の排水溝から金銅製歩揺付雲珠、水晶製三輪玉が出土した。西石室も花崗岩と閃緑石（緑泥片岩）を積んだ両袖式の横穴式石室で、全長一三m、玄室長さ五・二m、幅二・五mである。小幅袖の玄門部では、溶結凝灰岩（竜山石）に扉の軸穴を穿った唐居敷石（閾石）がある。遺物は皆無。唐居敷石などから七世紀前半の築造である。付近の神社に扉石を搬出していた。横長の方墳は、大阪府太子町の推古天皇・竹田皇子合葬陵に類似する。推古天皇は、大野丘の竹田皇子墓に合葬された後、現治定陵に改葬された。本墳は、この仮陵の可能性が強い。**〔参考文献〕**浜口和弘他「植山古墳の調査」『かしはらの歴史をさぐる（九）』（奈良県橿原市千塚資料館平13）。 **（猪熊兼勝）**

うかい〔鵜飼〕 川鵜を用いて鮎をとる漁法。日本における鵜養のルーツとしては、中国の四川省・福建省・湖南省などの地域が注目されている。『古事記』『日本書紀』の神武天皇大和入りの説話のなかに、「阿陀（阿太）の鵜養（養鵜部）」の祖先伝承がみえる。『日本書紀』神武天皇即位前紀に記載する歌謡には「嶋つ鳥鵜飼が徒」と詠みこまれている。阿陀は大和国宇智郡の阿陀郷（『和名抄』・五条市東部）のあたりである。「令義解」「職員令義解」には雑供戸として鵜飼・江人・網引をあげる。延喜年間（九〇一—九二三）長良川畔の鵜飼がおり、天皇に鮎を献じて方県郡七郷の地を鵜飼のための篝松料として与えられ、これを鵜飼七郷とよんだという。 **（上田正昭）**

うかいき〔宇槐記〕 ⇩台記

うかのみたま〔倉稲魂〕 稲に宿る霊力。稲霊。稲荷神の主神。「延喜式」大殿祭祝詞の「屋船豊宇気姫」の注に「是れ稲霊なり。俗の詞に宇賀能美多麻」とある。「倉」の字が冠せられているのは、稲を保管する建物である倉で稲霊が育くまれるという信仰によると考えられる。 **（菊地照夫）**

うがやふきあえずのみこと〔鸕鷀草葺不合尊〕 『記』『紀』神話の神。ヒコホホデミ（山幸彦）と海神の娘豊玉姫の間に生まれる。母豊玉姫は龍（『古事記』では鮫）になって出産する姿を夫にみられたことを恥じて海に帰ってしまい、姨の玉依姫に育てられ、そのまま結婚して神武天皇が生まれたという。 **（菊地照夫）**

うかれびと／ふろうにん〔浮浪人〕 浪人ともいう。律令制下において、本貫地を離れて他所に住むことを浮浪といい、その状態にある者を浮浪人と称した。浮浪と似たものに逃亡があるが、実際には両者の区別は曖昧で、しばしば混用された。律令国家は当初、浮浪や逃亡を厳しく取り締まる姿勢で臨んだ。が、やがてその処置に手を焼き、現地で納税させたり、別に名簿を作成するなどして彼らの把握につとめるようになった。その結果、浮浪人も一つの身分として扱われるにいたった。 **（荊木美行）**

うけい〔誓盟（誓約）〕 神に対する形で行われる誓約のこと。『紀』『記』神話ではアマテラスオオミカミとスサノオノミコトが行った事例が有名。これは高天原を訪れたスサノヲが武装して対面し、戦いの意志がないことを誓約させたものである。その具体的な内容は細かい異伝があるものの、神聖な井戸水で清めた物実（アマテラスは珠、スサノヲは剣）を交換し、嚙み砕いて吐き出し、生まれた神が男であれば、心が清いということになるものである。三重県津市六大A遺跡では、泉から勾玉と刀形木製品が出土した例があり、あるいはこうした誓約儀礼に関係するものかともみられている。

史料上確実とみられる「誓盟」としては、天智天皇十（六七一）年十一月丙辰条に、天智の死を前にして大友皇子と左大臣蘇我赤兄以下の五人が交わした「誓約」、天武天皇八（六七九）年五月乙酉条の、天皇、皇后と草壁、大津、高市、忍壁皇子と天智の皇子河嶋、芝基皇子の合わせて六人の皇子が吉野宮で交わした「盟」などが知られるが、それらは言葉による誓約以上のことはわからない。 **（榎村寛之）**

うけもちのかみ〔保食神〕 『日本書紀』の神話、第五段第一一の一書にみえる神。穀霊神。月読尊に殺害されたが、その死体から穀物の種や蚕、牛馬が化成したという。『古事記』でスサノオに殺害されるオオゲツヒメの死体からも穀物の種が化成するが、同じ類型の神話である。 **（菊地照夫）**

うこんのたちばな〔右近橘〕 ⇩左近桜・右近橘

うさじんぐう〔宇佐神宮〕 大分県宇佐市南宇佐に鎮座し、誉田別尊（一之御殿）・比売神（二之御殿）・大帯姫命（三之御殿）を祀る。「延喜式」には八幡大菩薩宇佐宮・比売神社・大帯姫廟神社とみえる。八幡三所大神とも称し、わが国八幡社の根本社。ただし大帯姫命が祀られるようになったのは八二三（弘仁14）年である。七二〇（養老4）年の隼人の乱にさいし神輿に乗って鎮定に赴くと伝える。七四一（天平13）年の閏三月には、前年の藤原広嗣の乱平定の報謝として秘錦冠金字の最勝王経・法華経、僧一〇人、封戸、馬五匹を献じ三重塔を造営。東大寺大仏建立に協力し、七四九（天平勝宝元）年一二月には大神に一品・比売神に二品、翌年二月大神に封戸八〇〇回位田八〇町、比売神に封戸六〇〇戸回位田六〇町を贈る。七六九（神護景雲3）年の道鏡神託事件では和気清麻呂が活躍。「延喜式」の名神大社。八八〇（元慶4）年には三三年ごとの造営の制が定まる。例祭三月の宇佐祭・一〇月の仲秋祭（放生会）のほか宇佐神宮行幸会などがある。 **（上田正昭）**

うさづかい〔宇佐使〕 朝廷から宇佐神宮へ遣わされた勅使。三年か四年に一度の恒例使、天皇即位時に和気使と大神宝使、国家的な危争時に祈願使などがあり、宇佐和気使には八三三（天長10）年以降、和気清麻呂の子孫を勅使にあてられた。 **（所　功）**

うさはちまんぐうしんたくじけん〔宇佐八幡宮神託事件〕 僧道鏡が宇佐八幡神の託宣と称して皇位をうかがったとされる事件。直前の県犬養姉女の巫蠱事件（『続日本紀』）など不穏な状況が続くなかで、その沈静化をはかった称徳女帝政権により道鏡即位が宇佐八幡神の託宣によって実行されようとした。七六九（神護景雲3）年九月、おそらくは夢託をうけた称徳天皇の意を汲んだ大宰府の主神の習宜阿曾麻呂によって「道鏡をして皇位に付かしめば天下太平ならん」との神託が伝えられ(同)、これによって称徳天皇によって宇佐八幡に派遣された和気清麻呂に「我が国は開闢より以来君臣定まりぬ。臣を以て君と為すこと未だこれあらざるなり。天つ日嗣は必ず皇緒を立てよ。無道の人は宜しく早く掃除すべし」(同)との二度目の神託がもたらされ、その託宣を伝えた清麻呂と姉法均は称徳天皇によって流罪とされたが、道鏡の即位は阻止された。阻止の背後には百川を中心とする藤原氏勢力の画策があった。

〔参考文献〕中野幡能『増補八幡信仰史の研究（上）（下）』（吉川弘文館昭和51）。

（井上満郎）

うし【牛】 偶蹄目の獣。家畜のなかでも古くから飼育された動物のひとつ。洪積世の頃から野牛は日本列島に棲息していたが、四、五世紀から飼育の技術が伝わって普及する。宮内省の典薬寮に属した乳戸（五〇戸）は、乳牛を飼育し、乳製品（蘇・酪）を朝廷に献じた。『続日本紀』和銅六（七一三）年五月条には山背国に乳牛戸五〇戸をおいた記事がみえる。平城京長屋王邸跡からは「牛乳」の木簡が出土している。「養老令」（田令）には官田に耕牛を設けており、八世紀には牛の飼育が普及したことを物語る。『続日本紀』養老三（七一九）年六月条には典薬寮乳(牛戸)長上の記載がある。「延喜式」の兵部省による官牧のうち牛牧は一一ヵ国一五牧で島が多い。『同』（民部省下）には蘇の貢進地に四六ヵ国と大宰府をあげる。平安時代初期には典薬寮の別所として京都に乳牛院を設置した。『続日本紀』慶雲三（七〇六）年是歳条には、諸国に疾病が流行し、土牛をつくって疾病の退散を祈願したことを記し、牛馬を殺して雨乞いをしたことは『日本書紀』皇極元（六四二）年七月条をはじめとして数多くの史料に述べる。また『続日本紀』宝亀十（七七九）年九月条などには殺牛して漢神を祭るのを禁じたことを記載す。『続日本紀』天平十三（七四一）年二月の記事では百姓が牛馬を屠殺することを禁じている。なお牛の用途には農耕用・運搬用・乳用・肉食用・皮革用などがある。

〔参考文献〕佐伯有清『牛と古代人の生活』（至文堂昭42）。上田正昭「殺牛馬の信仰」『論究古代史と東アジア』所収（岩波書店平10）。

（上田正昭）

うじ【宇治】 京都府南部の地名。宇遅・菟道・兎道などとも。交通の要衝で古来多くの文献にみえる。ウジの名は『山城国風土記』によれば応神天皇皇子の菟道稚郎子が桐原日桁宮を営み住んだという。「宇治」の表記は平安時代に固定したもの。大和国から発する、「山背道」とよばれた北陸道（古北陸道）が通過する。菟道稚郎子居住の宮の建設は史実としては確認できないが、応神天皇の死後に仁徳天皇・菟道稚郎子・大山守皇子の間の皇位継承をめぐる紛争がおこり、宇治が戦場になったとある（『記』『紀』）。早く北陸道の渡河地点には架橋され、宇治橋として著名。六四六（大化2）年の架橋といい、架橋者は道昭とも道登とも伝える（「宇治橋断碑」ほか）。平安時代には陸路による京都と奈良の通路にあたり、藤原氏の別荘地域となった。その一つを寺院化したのが平等院。古代末の源平内乱でも軍事上の要地であるがために戦場となり、挙兵した源頼政は橋の近くで戦死している。

（井上満郎）

うじかばね【氏姓】 氏は古代社会の政治的同族団体であり、氏にはその政治的地位や家柄・職能を現す姓が与えられた。氏と姓によって政治的身分秩序がととのえられたが、その制度を氏姓制度とよぶ。日本の氏族はクラン（部族社会の基本的単位集団）と同じではない。氏はその首長である氏上とその構成員である氏人とで形づくられ、氏の名は居住の地名によるもの、職掌や職能によるものなどがある。氏の名のなかには血縁的つながりがなくても、政治的に従属している氏の名を名乗っている場合もある。政治的従属関係によって非血縁者を含む例のあることを軽視できない。氏上の地位や職掌は原則として世襲される。氏のもとには部としての農民や技能者集団などが隷属し、奴婢などの氏賤も存在した。氏の奉斎神に氏神があり、本来は氏上がその祭祀権を掌握した。姓の起源は氏族の首長層に対する尊称とみなす説が有力だが、倭王権による政治的身分秩序が整備されてくると、大王あるいは天皇のもとにおける氏の地位・家柄・職能を示すとして、大王や天皇から賜与されるものとなった。君・直・臣・連・首などの姓はその代表的なものである。氏プラス姓プラス名で表記する例が多いが、なかには複氏姓のものもある。六八四（天武13）年には、真人・朝臣・宿禰・忌寸・道師・臣・連・稲置のいわゆる八色の姓が定められた。律令制の確立によって姓はしだいに形骸化する。

〔参考文献〕阿部武彦『氏姓』（至文堂昭35）。

（上田正昭）

うじがみ【氏上】 「氏長」とも書く。氏族の首長のこと。氏の首長は大化前代から存在したが、制度的に整備されたのは七世紀後半のこと。六六四（天智3）年に大氏・小氏・伴造等の氏上を定めたとあるのが初見。六八一（天武10）年には諸氏で氏上を定めていないものがあれば氏上を定めて理官（のちの治部省）に申告することが、翌年には重ねて諸氏の人々が適任者を氏上に定めて申告すべきことや一族が多いときには分けて氏上を定めることなどが通達された。なお、大宝継嗣令では、氏上（「養老令」で氏宗）は勅によって定めることになっていた。氏上は、氏族の代表者として氏人を統率し、氏賤など氏の共有財産の管理、氏神の祭祀、氏女の貢上、氏寺・氏社の管理、改姓の申請などをつかさどった。氏上は、平安時代には氏長者とよばれ、その性格も変化する。氏長者の職権でもっとも重視されたのは氏爵の推挙（氏挙）であった。こうした職権を掌握する氏長者の存在は、九世紀中葉から再統合を始めた各氏の結集に大きな役割をはたした。

〔参考文献〕阿部武彦『氏姓』（至文堂昭35）。平野邦雄『大化前代社会組織の研究』（吉川弘文館昭44）。坂本賞三編『王朝国家国政史の研究』（吉川弘文館昭62）。

（荊木美行）

うじがみ【氏神】 氏族の祭祀する神。後には地域の守護神と重層して地縁神としての産土神と同一視されるようになる。『万葉集』の大伴坂上郎女、「神を祭る歌」（三七九・三八〇）の左註に「大伴氏神」とみえ、『続日本紀』の宝亀八（七七七）年七月条には（藤原氏）の「氏神鹿嶋社を正三位に香取神を正四位上に叙す」と記す。中臣氏（藤原氏）の「祖神」は天児屋根命（天児屋命・天之子八根命とも書く）だが、鹿嶋や香取の神もその氏神として奉斎されるようになる。霊威神や地域神が氏神化した例は多く、『新撰姓氏録』（左京神別）竹田川辺連の条には、大和国十市郡刑坂川のほとりの竹田神社の神を「氏神」とした由来を述べる。正倉院文書のなかには「私の氏神」（宝亀三年〈七七二〉十月の「美努石成請暇解」）などと記したものもある。

【参考文献】荻原龍夫「氏の神」『講座日本の古代信仰』（学生社昭54）。（上田正昭）

うじかみじんじゃ【宇治上神社】 京都府宇治市宇治山田に鎮座の神社。延喜式内社。後代に菟道稚郎子を悼み、墓所近くに社を建て御霊を祀ったことに始まるという。祭神の二座のうちの一座は大鷦鷯尊（仁徳天皇）説、応神天皇説等がある。拝殿は神社建築最古の遺構（平安後期）で国宝。本殿は三間社流造檜皮葺（鎌倉時代）で、菟道稚郎子命像とともに重要文化財。（堀越光信）

うじがわ【宇治川】 京都盆地内を流れる三大河川の一つ。琵琶湖から流れ出た瀬田川が、渓谷を通り京都府宇治市から巨椋池をへて、京都盆地の出口で桂川・木津川と合流するまでの部分を宇治川とよぶ。古くから、近江の木材を平城京や平安京に運ぶ水路として使われた。渓谷から山城盆地に出た部分は、盆地の南北を結ぶ隘路になっており、ここに架けられた宇治橋を挟んで、古来多くの戦争が行われた。古代では、壬申の乱の時、源平の合戦の時の宇治川の合戦はよく知られる。（高橋美久二）

うしかわじん【牛川人】 愛知県豊橋市牛川鉱山で一九五七（昭和32）年に発見され、東京大学の鈴木尚によってヒトの上腕骨中央部と同定された化石の通称。年代は動物相から中期更新世とみなされ、形態は鈴木によるとネアンデルタール人と似ているので、日本で発見された唯一の旧人化石といわれた。しかし、国立科学博物館の馬場悠男は、この化石にはヒトの上腕骨と同定できるだけの形態特徴は見あたらないと主張している。（馬場悠男）

うじぞく【氏族】 ⇩氏姓

うじでら【氏寺】 氏族が建立し、その子孫により帰依相伝された寺。氏の加護・繁栄を祈願するもので、氏の精神的紐帯の機能をもつ。氏人が俗別当として管理権をもち、寺の経営維持を行い、氏出身の僧が多く寺僧や寺別当になった。氏寺の語の初見は九世紀初頭であるが、それ以前から氏と密接な関係をもつ寺が存在した。古くは蘇我氏の向原寺や巨勢氏の巨勢寺、藤原氏の興福寺、和気氏の神護寺、菅原氏の道明寺、秦氏の広隆寺などがある。また源氏にとっての薬師寺のように創立者の支族が氏寺と仰ぐようになった例や、平氏が延暦寺を氏寺にしようとした例もある。飛鳥時代には氏族の本拠地に建てられることが多かったが、都に官人貴族が居住するようになると、都の内外に建立されるようになった。平安時代には、氏寺とは別に個人信仰のための私寺や、近親の追善の場として菩提寺が建立されるようになる。

【参考文献】竹内理三『律令制と貴族政権』第二部（御茶の水書房昭33）。（岩田真由子）

うじのすくねぼし【宇治宿禰墓誌】 鍛造製の薄い銅板に文字と縦罫を刻んだ墓誌。銅板が薄く、上下左右とも原形をとどめていない。この墓誌は一九一七（大正6）年一月、京都府乙訓郡大枝封塚原（京都市西京区大枝塚原町）の丘陵中腹から見つかる。文字に欠落があって銘文には不明の箇所が多いが、宇治宿禰某の死後の「大平」と子孫の安隠を「誓願」したものと考えられる。末尾の「雲二年」については、七〇五（慶雲2）年説と七六八（神護景雲2）年説とがある。（上田正昭）

うじのせん／うじやつこ【氏賤】 「しせん」ともいう。律令制下で氏に所属する賤民のこと。具体的には家人・奴婢をさす。氏の長である氏上が管理・相伝したとみられる。遺産相続について規定した戸令応分条でも、財産分与の対象外とされており、氏上が代々これを継承したことを示唆している。氏賤は、大化前代の豪族の私有民がかたちを変えて残ったものだが、六六四（天智3）年の甲子の宣によって、民部とともに定められた家部のこととする説もある。（荊木美行）

うじのちょうじゃ【氏長者】 一般には特定氏族の長たる者をいうが、普通は平安貴族社会に高級との評価をうけた藤原氏・源氏・橘氏などの長をいう。その氏族の氏神、また大学別曹などを管理し、その氏族の代表者たる位置をしめた。中世以後には形骸化した。

【参考文献】竹内理三『竹内理三著作集㈤』（角川書店平11）。（井上満郎）

うじのみささぎ【宇治陵】 京都府宇治市木幡に所在する陵墓群の総称。宮内庁の治定では、宇多天皇女御・中宮藤原温子陵以下、一七陵三墓であるとされている。木幡の地は藤原冬嗣の後宇治墓（『延喜諸陵式』）が設けられた頃より藤原氏摂関家の葬所に定められ、藤原氏に出自をもつ皇妃の多くもこの場所に葬られた。史料上、これら皇妃の陵は「宇治山陵」「木幡陵」（『中右記』嘉承三〈一一〇八〉年六月二十四日条）、「木幡山陵」（『同』保安元〈一一二〇〉年十二月九日条）と呼称されている。藤原道長はこの地に一族の菩提寺として浄妙寺（跡地は宇治市立木幡小学校付近）を建立した。ただし、現在の「宇治陵」の大部分は木幡古墳群とよばれる古墳時代後期の群集墳であり、平安時代の墳墓である可能性が高いのは「宇治陵第一三号」地に点在する径数mの小塚（約一二〇基）である。

【参考文献】上野竹次郎『山陵』（山陵崇敬会大14、復刻版は名著出版平1）。林屋辰三郎『古代国家の解体』（岩波書店昭30）。宮内庁書陵部陵墓課編『陵墓地形図集成』（学生社平11）。（山田邦和）

うじのわきいらつこ【菟道稚郎子】 応神天皇皇子。『日本書紀』によれば、渡来した阿直岐・王仁から典籍を学んだ。太子であったが、応神崩後、兄の大鷦鷯（後の仁徳天皇）に王位を譲ろうとし、両者が譲り合った結果空位は三年におよび、最後は自ら命を絶った。（小野里了一）

うじばし【宇治橋】 京都府宇治市にあった宇治川に架かる橋。奈良と東国や北国を結ぶ要路にあたり、古くから構造橋が架けられた。この構造橋を維持するために、「延喜式」では宇治橋の敷き板が近江国と丹波国に毎年課せられていた。架橋された年代については、壬申の乱のときに守橋者に命じて、大海人皇子側に物資の運搬をさせないようにさせたとあるので、すでに七世紀中頃には存在していたことがわかる。日本最古の石碑としてよく知られる宇治橋断碑には、山城出身の道登という僧によって六四六（大化２）年に架けられたことが記されている。ところが、『続日本紀』には六七五（文武４）年の道照和尚死去の記事に、宇治橋は和尚の創造するところとしている。道照が橋の創建者なら、経歴や年齢などから六四六年よりはるかに遅く、壬申の乱直前頃となる。この最古の構造橋の建造年代についての解釈めぐっては諸説がある。平安時代以降も平安京と南都を結ぶ要路の橋として重視され、非常の際などには宇治橋が警護された。　（高橋美久二）

うじばしだんぴ［宇治橋断碑］　京都府宇治市の橋寺こと放生院常光寺所蔵の碑で、宇治橋架橋の由来を記したもの。一七九一（寛政３）年に発見されたという碑石で六四六（大化２）年に道登が架橋と伝えるが、『続日本紀』では道昭の架橋という。発見時には上部三行二七字を残すのみで下部に欠損部があったが、発見直後に復元されたものが現在も境内に展示されている。　（井上満郎）

うじびと［氏人］　氏の構成員。氏の長である氏上と共通の氏姓をもち、氏上に率いられて氏神に奉仕した。氏寺の管理経営にあたり、（俗）別当として権力を握る者もいた。　（瀧浪貞子）

うじぶみ［氏文］　氏の起源と系譜、職掌との関係、代々の業績をそれぞれの氏が文章体で記した系図。平安時代初め朝廷は氏に本系帳の提出を求め、『新撰姓氏録』の編纂に利用したが、氏文もその一つか。「政事要略」等に逸文がある「高橋氏文」が復元されている。　（綾村宏）

うしまつり［牛祭］　⇨広隆寺

うじめ／うじひめ［氏女］　律令制下で、氏から貢進され後宮に仕えた女性。天武天皇朝に制度化された。後宮職員令によれば、一三歳以上三〇歳以下の女性を京・畿内の諸氏から集め、女孺として後宮十二司に配した。いったん廃止されたが、八〇六（大同元）年に復活した。　（荊木美行）

うしゅくかいづか［宇宿貝塚］　鹿児島県奄美市宇宿集落の東方約二〇〇ｍの砂丘に立地する。縄文時代後・晩期と一三世紀頃の重複遺跡。一九五五（昭和30）年に九学会奄美大島共同調査団によって調査が行われた。宇宿貝塚は文化層が上・下層に大別され、上層から出土した無文土器を宇宿上層式土器、下層から出土した土器を宇宿下層式土器と命名。下層から出土した南九州の市来式土器や一湊式土器によって、下層の年代は縄文後期に比定された。石器、貝製品のほか、遺構として石組住居址が発見された。国指定史跡。

［参考文献］国分直一ほか『奄美大島笠利村宇宿貝塚発掘報告』（九学会連合奄美大島共同調査委員会編昭34）。　（上原静）

うじりきゅう［宇治離宮］　菟道稚郎子の住したという離宮。桐原日桁宮とも。『山城国風土記』に記すが、所在は不明。近世には宇治上神社を離宮上社、宇治神社を離宮下社、また両社を一体として離宮明神とよび、離宮もこの近辺にあったと伝承されるが詳細は不明。　（井上満郎）

うす［臼］　臼は縄文時代の叩き石に始まり石皿などをへて現代の工業用粉砕機、電動もちつき機にいたるまで、二〇種類以上の形がつくられていく。臼は、堅い固形物を砕いて粉にする道具で、人類の食生活を豊かで幅広いものにした。穀物の脱穀、精白、製粉や鉱物などの粉砕に用いる。粉砕の仕方によって擂りつぶす方法と叩きつぶす方法の大きく二系統がある。擂りつぶす場合は上臼と下臼からなる摺臼が用いられ、叩きつぶす場合は臼に入れた固形物を杵で叩きつぶす方法がとられる。
［参考文献］三輪茂雄『臼』（法政大学出版局昭53）。　（中村修身）

うず［髻華］　頭につける飾り。干受・宇受・干孺等とも。『古事記』『日本書紀』に草木の枝を折って頭に挿したが、冠位十二階の制定により、冠に金属製等の位階によって異なる髻華を儀式につけることがなされるようになった。　（芳井敬郎）

うず［雲珠］　⇨馬具

うすいざか［碓氷坂］　現群馬県碓氷郡の西端。群馬県碓氷郡松井田町と長野県佐久郡軽井沢町の境界にある峠。標高は九五六ｍ。上野と信濃の国境にあたる東山道の要地として、八九九（昌泰２）年、東海道の足柄関とともに碓氷関が設置された。律令制の衰退によって廃絶されたが、のち徳川家康によって中山道のこの地が、重視され横川関所が設置、のちに碓氷関所と改称された。　（高橋誠一）

うすいせき［碓氷関］　⇨碓氷坂

うすきまがいぶつ［臼杵磨崖仏］　大分県臼杵市深田に所在する国宝指定の磨崖仏群。溶結凝灰岩の露頭にホキ・堂ヶ迫・山王山・古園の四群、総数で六〇数体の石仏を刻む。このうち古園石仏群は高さ四ｍ、横幅一八ｍの龕の中央に丈六の大日如来坐像を据え、左右に如来・菩薩など合計一三体の群像を構成して圧巻である。製作年代は、一一世紀後半から一二世紀後半とされ、一画に一一七〇（嘉応２）年などの銘をもつ「中尾の五輪塔」がある。造立者は豊後大神氏の系譜を引く臼杵氏と考えられている。

［参考文献］濱田耕作『豊後磨崖仏の研究』（京都帝国大学考古学研究室大14）。　（真野和夫）

うずまさし［太秦氏］　秦氏の一族。氏名は本拠地、山城国葛野郡太秦（京都市右京区）にちなむ。七四二（天平14）年秦下嶋麻呂が恭仁宮の大宮垣造築の功により太秦公を賜姓されたのに始まり、秦氏の族長的地位を占めた。　（瀧浪貞子）

うすモシリいせき［有珠モシリ遺跡］　北海道伊達市有珠町にある縄文時代晩期から続縄文時代恵山期にかけての貝塚をともなう埋葬遺跡。面積一万㎡ほどの小島全体が遺跡である。多数の埋葬人骨とともに南海産イモガイ製の横型貝輪やゴホウラの可能性のある貝のペンダントなど、総数六〇〇〇点を越える貝製品が出土した。弥生文化との盛んな交流を物語る遺跡として重要である。　（大島直行）

うだ［宇陀・菟田］　大和高原南部の宇陀山地をさす地名。古代から現代にいたるまで宇陀郡に所属する。宇陀川・芳野川の流れる口宇陀と、火山性の山々が続く奥宇陀に分かれる。口宇陀では、古墳時代の発生期から終末期にいたるまで、小規模な古墳ではあるが首長墓が連続して築造されている。とりわけ中期後半の後出古墳群（大宇陀町）や野山遺跡群では、質・量ともにすぐれた武器・武具類を副葬しており、注目される。神武伝承の舞台となったのが口宇陀地域である。中央構造線に近いことから、口宇陀では水銀鉱床が豊富にあり、神仙思想と結びつく伝承も多い。鳥獣や薬草も多く、六一一（推古天皇19）年五月五日には、菟田野へ薬猟が行われた。六八〇（天武9）年三月二三日に、天武天皇は菟田の吾城へ行幸している。また六九二（持統6）年の冬に軽皇子（後の文武天皇）が柿本朝臣人麻呂らを従えて阿騎野に赴いて「かぎろひ」を観たのも（十一月一七日未明と推定）、狩猟を行う旅でのことであった。宇陀水分神社は祈年祭祝詞にみえる四所水分神の一つであり、奈良時代後期には、奥宇陀の室生龍穴神社の近くに室生寺が創建された。口宇陀・奥宇陀地域では、今でも水分信仰が盛んで、古代の水分信仰・龍穴信仰をよくとどめている。

［参考文献］和田萃『新訂　大宇陀町史』第一章（大宇陀町教育委員会平4）。　（和田萃）

うたあわせ［歌合］　詠み手を左右に分けて、同じ題で詠んだ和歌の優劣を競う文学的遊戯。八世紀後半にはその開催例がみられる。規模は小規模なものから、千五百番などの大規模なものまで、また、天皇主催の公的なものから、貴族などが主催の私的なものまであった。　（西山恵子）

うだいじん［右大臣］　大宝・養老令制下の太政官の官職。定員は一人。国政全般を総括・指揮した。職掌・相当位（二品・正従二位）は左大臣と同じ。上席の太政大臣は職掌がなく、則闕の官（適任者がいなければ欠員）なので、左大臣とともに事実上の太政官の首席であった。唐名を右僕射・右丞相・右相府という。　（荊木美行）

うたうら［歌占］　⇨卜占

うたがき［歌垣］　かがひ、つめのあそび、小集楽・野遊、踏歌とも称される。『常陸国風土記』筑波郡の条は、春秋に男女が山に登って歌舞や飲食をし、歌を掛け合ったと記す。男女の出会いを求めた行事であった。山上のほか、海（『常陸国風土記』香島郡条）や市（武烈即位前紀）、橋のたもと（『万葉集』巻一六−三八〇八）等でも行われた。芸能化が進むと、都では天覧歌垣（『続日本紀』天平六〈七三四〉年二月一日条）も行われている。　（市瀬雅之）

うだてんのう［宇多天皇］　867〜931　在位887〜97　光孝天皇第七皇子。母は班子女王。名は定省。元服後侍従に任ぜられ（王侍従と呼ばれる）、陽成天皇に近侍した。八八四（元慶8）年、他の皇子女とともに臣籍に下り源朝臣を賜姓。光孝天皇崩御直前の八八七（仁和3）年、藤原基経の推挙により親王に復し、皇太子となり践祚。即位後は基経に配慮し、関白に任じ、その妹淑子を従一位に叙した。しかし、阿衡事件により基経との溝を深める。基経の死後、菅原道真、藤原保則らを登用し政治の刷新を図った。八九七（寛平9）年、皇太子敦仁親王（醍醐天皇）に譲位。新帝に天皇の政務や日常の心得を記した『寛平御遺誡』を与えた。譲位後は政治的発言力を有しつつ文華の生活を送る。八九九（昌泰2）年、益信を戒師とし仁和寺において出家。太上天皇の尊号を辞し法皇を称した（法皇号の初例）。法名空理。灌頂を受けた後、金剛覚と改め、初代御室となる。日記『宇多天皇御記』、家集『亭子院御集』がある。陵は大内山陵（京都市右京区鳴滝に所在）。

［参考文献］中村直勝『宇多天皇御事紀』（宇多天皇一千年御忌臨時局昭6）。　（関口力）

うだてんのうぎょき［宇多天皇御記］　宇多天皇の在位中（887〜97）の日記。本来一〇巻あり、天皇の御日記（宸記ともいう）としては初例とみられる。今では諸書所引の逸文九〇条ほどしか残っていないが、『寛平御遺誡』とともに天皇の親政実態や信仰・趣味などを伝える貴重な記事が多い。

［参考文献］和田英松『皇室御撰之研究』（明治書院昭8）。米田雄介『歴代天皇の記録』（続群書類従完成会平4）。所功『三代御記逸文集成』（国書刊行会昭57）。　（所　功）

うたのつかさ／うたのりょう／ががくりょう［雅楽寮］　『和名抄』の訓は「宇多末比乃豆加佐」。大宝・養老令制の治部省被管諸司の一つ。四等官のほか、歌師・歌人・歌女、儛師・儛生、笛師・笛生・笛工、唐楽師・唐楽生、高麗楽師・高麗楽生、百済楽師・百済楽生、新羅楽師・新羅楽生、伎楽師・伎楽生、腰鼓師・腰鼓生、楽戸などがおかれた。宮中の諸儀式で内外の歌舞音曲を演奏するとともに、諸生の教習を行った。　（荊木美行）

うたまくら［歌枕］　古歌に詠み込まれた地名・名所をさす。古くは歌を詠む際の便覧・手引きの類もいったが、平安時代後期よりは和歌の題材となる地名・名所をおもに意味するようになった。歌枕にあげられる地名・名所には固有の文学的イメージが固定していた。　（西山恵子）

うだみくまりじんじゃ［宇太水分神社］　祈年祭の祝詞に、四所水分神の一つとしてみえる宇陀水分神を祀る神社。「延喜式」神名帳には、大和国宇陀郡に式内大社として宇太水分神社がみえている。現在、口宇陀を流れる芳野川の上流に惣社水分神社（宇陀郡菟田野町古市場）、中流域に宇太水分神社（菟田野町上芳野）、下流域の宇陀川との合流点近くに宇太水分神社（榛原町下井足）がある。立地や縁起などからみて、延喜式内社の宇太水分神社は、惣社水分神社か古市場の宇太水分神社のいずれかであるが、目下のところ、決定しがたい。中世以来、古市場の宇太水分神社が祭祀の中心となっており、一〇月二一日の同社の例祭には、上芳野の惣社水分神社から神輿の渡御がある。なお古市場に鎮座する宇太水分神社の社殿は三殿から成り、第一殿の棟木か

ら一三二〇（元応2）年三月二三日の上棟墨書が発見されている。三殿ともに国宝に指定。（和田萃）

うちがわまがいひ［宇智川磨崖碑］ 奈良県五條市小島を南流する宇智川左岸河床辺に現存する日本古代における唯一の露岩上の刻字遺品。刻字面は最大値で縦一〇〇cm、横一二〇cm（刻像を含む）。文字は八行、一〇〇余字が確認され、その内容は『大般涅槃経』「聖行品」「高貴徳王品」の抄文である（紀年・人名を除く）。なお刻字左側には蓮華座上に直立する菩薩立像が線刻されている。碑の立地と時期（七七六〈宝亀7〉年もしくは七七八〈同9〉年）から井上内親王の霊をなだめる手段の一つとして作成されたと推測される。（江草宣友）

うちき［袿］ 平安時代の女房装束で、単と袴を着したうえにはおる垂領で広袖の上衣。身分や儀式によって何枚かを重ねて着用し、襟や袖口などの配色が重色目に発展した。正装では袿の上に唐衣、裳、表着などを着すが、平安時代中期には単と袴に袿だけという略装が行われた。（佐藤文子）

うちぎきしゅう［打聞集］ 平安時代末期の仏教説話集。著者未詳。下帖一巻のみ現存。一一三四（長承3）年以前の成立。漢字片仮名交じり文。天竺（インド）、震旦（中国）、本朝（日本）の説話二七話からなる。話のほとんどが『今昔物語集』をはじめ『宇治拾遺物語』や『古本説話集』などのほぼ同時代の説話集と一致し、共通祖本の存在が想定される。『打聞集・研究と本文』（笠間書院昭46）などに翻刻されている。（小西茂章）

うちぎぬ［打衣］ 砧で打って光沢をだした絹や綾の衣。上着の外形を整えるために糊に浸して張りをだし、砧打のあと貝殻で磨くなどする。漆塗の板に糊貼し引き剥がす板引とよばれる方法もとられた。束帯時には衵と下襲の間に着用し、女房の晴の装いには重袿の表着下に用いた。（佐藤文子）

うちこないしんのう［有智子内親王］ 807〜47 嵯峨天皇皇女。母は交野女王。八一〇（弘仁元）年、初代の賀茂斎院に卜定。八二三（同14）年、天皇の花見行幸の際、漢詩を披露し、三品に叙され、のち二品となる。墓は京都市右京区嵯峨小倉山に所在する方墳に比定されている。（関口力）

うちだぎんぞう［内田銀蔵］ 1872〜1919 経済史を中心とする歴史研究者。東京出身。東京専門学校卒業後に帝国大学文科大学（後の東京大学文学部）で国史学を専攻、大学院を修了後同大学講師をへて、京都大学の開設にともない最初兼任についで専任の国史学講座教授として指導・研究にあたった。研究は経済史を中心とし『日本経済史概要』『経済史総論』『日本経済史』（未完）、古代史では「我国中古の班田収授法及近時まで本邦中所々に存在せし田地定期割替の慣行に就きて」（論集では「我国中古の班田収授法」と改題）。「本邦租税の沿革」、また蝦夷・隼人をあつかったこの分野の先駆的業績ともいうべき「日本古代に於ける人民の移住に就きて」や、古代の氏族制度・村落制度などについての研究がある。これらのほとんどは論集の『日本経済史の研究』上・下（一九二一刊）ほかの著作集に収載されている。（井上満郎）

うちつくらりょう／うちのくらりょう／くらのつかさ／くらりょう［内蔵寮］ 『和名抄』の訓は「宇知乃久良乃豆加佐」。大宝・養老令制の中務省被管諸司の一つ。天皇の宝物や日常用いる物品の調達・保管・出納などを担当した。四等官のほか、出納をつかさどる大少主鑰、必要な物品を売買する価長、百済手部をひきいて皮製品をつくる典履などが所属した。（荊木美行）

うちつみやけ［内官家］ ミヤケとして天皇に朝貢を行う国の意で用いられる『日本書紀』の用語。朝鮮諸国、とりわけ任那・百済をさす。神功皇后摂政前紀・継体紀・敏達紀・推古紀・孝徳紀にみえる。（寺内浩）

うちのいやのつかさ／ないらいし［内礼司］ 大宝・養老令制の中務省被管諸司の一つ。宮内の礼儀および非違の禁察を担当（宮外は式部省・弾正台の担当）。四等官のほかに、非違を分察する主礼六人が所属。八〇八（大同3）年に弾正台に併合された。（荊木美行）

うちのおとど［内大臣］ 令外官の一つ。六六九（天智8）年、内臣中臣鎌足が任じられたのが初見。七七七（宝亀8）年には藤原良継が、七七九（同10）年には藤原魚名がそれぞれ内大臣に任じられたが、いずれも左右大臣に次ぐ第四の大臣というべき地位であった。以後は一例を除いて任官がなかったが、一〇世紀末から常置された。（荊木美行）

うちのかしわのつかさ／ないぜんし［内膳司］ 大宝・養老令制の宮内省被管諸司の一つ。「内膳」は大膳職に対する呼称で、天皇の食膳の調理を担当した。他司と異なり、長官は奉膳（定員二人）とよばれ、安曇氏と高橋氏（膳氏の後裔）から任ずるのを常とした。なお、他氏が任ぜられる場合は正と称した。（荊木美行）

うちのかもんのつかさ［内掃部司］ 「ないそうぶし」とも。大宝・養老令制の宮内省被管諸司の一つ。「内掃部司」は掃部司に対する呼称で、宮中の諸行事に用いる備品の管理や設営を担当した。八二〇（弘仁11）年に掃部司と統合され、宮内省掃部寮となる。（荊木美行）

うちのそめつかさ／ないせんし［内染司］ 大宝・養老令制の宮内省被管諸司の一つ。大蔵省織部司に対応し、天皇に供する織維製品の染色を担当した。四等官以外では、染師二人が所属するが、伴部・品部はない。八〇八（大同3）年に中務省縫殿寮に併合された。（荊木美行）

うちのひょうご／ないひょうご［内兵庫］ 大宝・養老令制の官司の一つ。天皇の武器の保管・出納をつかさどったが、職員令には、長官の職掌は左右兵庫頭に準ずるとある。正・佑・令史のほか、使部・直丁が所属したにすぎない。八〇八（大同3）年、左右兵庫に併合された。（荊木美行）

うちろんぎ［内論議］ 「ないろんぎ」とも。平安時代、正月一四日の宮中御斎会の結願の日に、大極殿（後に清涼殿）において、天皇や公卿の前で行われた『金光明最勝王経』の経文に関する高僧たちの論議。なお八月釈奠の翌日の博士の論議をもいう。（竹居明男）

うづえ【卯杖】 正月上卯の日に悪鬼を払うために使われる杖。梅・桃・柳などの木を五尺三寸（約一・六m）に切り、一本ないし数本を束ねてつくる。大舎人寮や六衛府から天皇・皇后・東宮などに献上されたほか、貴族たちの間で贈答する習慣も生じた。（竹居明男）

うつほものがたり【宇津保物語】 平安時代中期の物語。著者は源順とする説もあるが未詳。二〇巻。天禄から長徳年間（九七〇―九九九）頃の成立か。清原俊蔭、その娘、藤原仲忠、犬宮の四代にわたる秘琴伝授の物語と仲忠らの貴宮への求婚譚とを描く。「うつほ」は空洞の意味で、仲忠とその母が北山の大杉の空洞で育ったという首巻「俊蔭」の話による。注釈書に『日本古典文学大系』（岩波書店昭34）『うつほ物語全』（おうふう平7）『新編日本古典文学全集14―16』（小学館平11）などがある。（小西茂章）

うどねり／うちどねり【内舎人】 大宝・養老令制下の中務省所属の品官の一つ。定員は九〇人だが、八〇八（大同3）年に半減された。宮中の宿衛のほか、雑使、行幸時の分衛などをつかさどる。五位以上の貴族の子孫から優秀な者が任じられ、エリートコースの第一歩であった。（荊木美行）

うなて⇩溝

うねびやま【畝傍山】 大和三山の一つ。標高一九九・二mの死火山。近世には「お峰山」「慈明寺山」とも称されていた。「慈明寺山」の呼称は、西北麓の橿原市慈明寺町に雲飛山中宮院慈明寺が所在することにもとづく。畝傍山を詠んだ歌が『万葉集』に散見する。とりわけ中大兄皇子の三山歌が人口に膾炙し、また『古事記』や『日本書紀』の歌謡にもみえる。畝傍山やその周辺には、初代の神武天皇や欠史八代の天皇の宮・山陵の伝承が多い。また東南の軽の地（橿原市大軽町の一帯）には、蘇我大臣稲目・馬子の邸宅があり、皇極朝には蝦夷が畝傍山の東に家を建て、城塞を構えた。（和田萃）

うねめ【采女】 後宮に奉仕した下級女官。もとは、各地の豪族が大和朝廷への服属の証しとして、その子女を貢上したことに始まり、兵衛の貢進と対をなしていた。采女の貢進は五世紀後半に始まり、六世紀には制度的に整備され、采女造氏や采女臣氏に管掌され、朝廷に出仕したようである。大宝・養老令制では、郡司少領以上の姉妹・娘の形容端正なもの（一三歳以上三〇歳以下）を、国司が選定・貢進した。宮内省被管の采女司の管理のもと、後宮十二司の水司に六人、膳司に六〇人が配属されたほか、女孺としてその他の後宮諸司にも仕えた。七〇五（慶雲2）年には、「大宝令」の施行とともに廃止されていた諸国の采女肩巾田（采女の資養にあてられた）が復活している。七四二（天平14）年、それまで郡ごとに采女か兵衛のいずれか一人貢進すればよかった制度が、各郡一人の貢進に変わった。さらに、八〇七（大同2）年には采女の貢進は一時停止され、翌年には中務省の縫殿寮に併合。八一二（弘仁3）年、采女司は再び宮内省の被管としておかれるが、采女は国別貢進となり、定員も縮小されてしだいに形骸化した。

【参考文献】門脇禎二『采女』（中央公論社昭40）。磯貝正義『郡司及び采女制度の研究』（吉川弘文館昭53）。（荊木美行）

うねめし／うねめのつかさ【采女司】 大宝・養老令制の宮内省被管諸司の一つ。采女を管掌し、その勤務評定や後宮十二司への差配などをつかさどった。八〇七（大同2）年に采女の貢進が一時停止されるにしたがい、翌年中務省の縫殿寮に併合された。（荊木美行）

うねめしえいいきひ【采女氏塋域碑】 采女竹良の墓域保全のため、七世紀末にたてられた。現在本碑は失われ、拓本のみが伝来する。高さ五三cm、幅二四・八cmの圭首形を呈していたと推測される。もとは河内国石川郡春日村（現大阪府南河内郡太子町春日）の片原山（形浦山・帷子山とも）にあり、のちに妙見寺境内に移されたとされる。采女竹良墓誌とも称されるが、単なる墓碑ではなく、墓域を荒らされないための立入禁止の標識としての役割ももつ。『日本書紀』天武紀によれば、采女竹良（竹羅・筑羅とも）は天武・持統朝の官人で、遣新羅大使・信濃国への使者などをつとめ、天武天皇の殯宮で内命婦の事を誄している。（江草宣友）

うねめのちくら【采女竹羅】⇩采女氏塋域碑

うねめのひれだ【采女肩巾田】⇩采女

うののさららのひめみこ【鸕野讃良皇女】⇩持統天皇

うばそく・うばい【優婆塞・優婆夷】 仏教教団を構成する七衆のうちの在家二衆で、仏法僧の三宝に帰依し五戒をうけた在俗信者。男性信者をサンスクリットupāsakaの音訳で優婆塞といい、女性信者をupāsikāの音訳で優婆夷という。律令制下では、師主について学問や修行を行う得度前の者をも優婆塞・優婆夷と称し、得度候補者として推薦された。その推挙文書を優婆塞貢進文といい、俗名・年齢・本貫・戸主・読誦できる経典・推薦者（師主・官人・国郡司など）・浄行年数が記載された。貢進文を皇后宮職または出家人試所に提出、審査をうけ、玄蕃寮・治部省・僧綱に報告され得度が認められた。七三二（天平4）年以後の貢進文が正倉院文書に多数現存する。一〇代から四〇代までの幅広い世代が推薦されているが、一〇代、二〇代が約七割を占める。七四五（同17）年のものから記載が簡略化し、読誦経典や浄行年数を記載しなくなる。七四一（同13）年一〇月には橋の造営事業に従事した優婆塞七五〇人の得度が認められ、仏典の修行とは無関係に労役奉仕による得度の認可も始まる。労役奉仕による認可は大仏造立の労働力をえるためにさらに拡大し、貢進文記載の簡略化の背景となる。（岩田真由子）

うばそくこうしんもん【優婆塞貢進文】⇩優婆塞・優婆夷

うばやまかいづか【姥山貝塚】 千葉県市川市柏井一丁目に所在する縄文時代中・

後期の馬蹄形貝塚。貝塚は、標高二三～二五mの台地上に位置し、外径で東西約一三〇m、南北約一二〇mを測る。一九二六（大正15）年に当時の東京帝国大学人類学教室が本格的な調査を実施し、竪穴住居跡がはじめて完全な形で確認された り、五体の人骨が床面に横たわった竪穴住居跡が確認され、人骨の死因や相互の関係をめぐって議論をよぶなど、学史上に残る重要な調査成果があがった。また本貝塚から出土した合計一二〇体以上に及ぶ人骨は、縄文人の身体的特徴を知る上で大きく貢献している。遺跡の航空写真が撮影されたり、放射性炭素による年代測定されたのも、日本では本貝塚がはじめてである。六七（同42）年に国史跡に指定され、現在は史跡公園になっている。

〔参考文献〕松村瞭他「下総姥山ニ於ケル石器時代遺跡」『東京帝国大学理学部人類学教室研究報告（5）』（昭和7）。 （領塚正浩）

うばらきのくにのみやつこ／いばらきのくにのみやつこ［茨城国造］ のちの常陸国茨城郡（茨城県中央部）地域の国造。『記』『紀』の系譜記事および「国造本紀」に天津彦根命の後裔と伝え、『常陸国風土記』茨城郡条に多祁許呂命を祖とする。同行方郡条には、建郡申請者として茨城国造壬生連麿の名がみえる。 （篠川賢）

うぶすながみ［産土神］ ⇩氏神

うぶや［産屋］ 出産をするため、特別に設けた産室や別棟の産小屋のこと。『古事記』『日本書紀』の木花佐久夜毘売や鵜草葺不合尊の話に産屋がみられる。各地の民俗例に存在したが、出産を穢れとする考えから、別火の生活を妊婦にさせるためである。 （芳井敬郎）

うま［馬］ 奇蹄目の動物。馬の飼育は古墳時代に入るとさかんとなり、馬具のほか埴輪の馬など関係遺物が多くなる。桜井市箸中の箸墓古墳後円部の幅約一〇mの周濠に堆積した植物層の中層から木製輪鐙が出土したのが注目される。鉄製馬具としては福岡市老司（四世紀後半）の轡が古い。馬は軍用・輸送用・交易用・農耕用などに使用されたが、馬飼部は馬の飼養にたずさわった。馬飼部としては河内馬飼が有名であり、北河内などには牧の存在を物語る遺物や遺跡がある。河内（西）の文氏の支族に馬史・馬首を名乗る氏がある。律令制下では左右の馬寮が官馬・官牧・貢馬を管掌し、牧の馬は軍馬や官用・駅馬などにあてた。七二一（養老5）年三月には畜馬の限度を定め、親王・大臣は二〇匹以下、諸王・諸臣の三位以上は二駟（四頭立の馬車）、四位は六疋、五位は四疋、六位以下庶人までは三疋とされた。七一八（同2）年には蝦夷八七人が入京して馬千疋を貢上、また七八七（延暦6）・八一五（弘仁6）・八六一（貞観3）年に奥羽の馬を他国へ出すことを禁じている。「延喜式」の左右馬寮の馬飼戸は河内一五九戸、大和八九戸、摂津一六戸、山城一一戸、尾張九戸、美濃六戸、右京三戸とする。官牧は甲斐・武蔵・信濃・上野に三二牧、兵部省の官牧は常陸・下野・武蔵・安房から周防・長門・伊予・土佐・肥前・肥後・日向までの一七ヵ国に二七牧を記す。牛馬を殺して雨乞いをしたことは、『日本書紀』皇極元（六四二）年七月条をはじめとして数多くの史料に記す。止雨にも馬を献じたことは『続日本紀』宝亀六（七七五）年九月条などにみえる。生き馬の貢献がやがて「馬形」となり、さらに絵馬となる。

〔参考文献〕森浩一編『馬』（社会思想社昭49）。上田正昭「殺牛馬の信仰」『論究古代史と東アジア』所収（岩波書店平10）。 （上田正昭）

うまかいべ［馬飼部］ 馬の飼養・調教を職掌とした部民。朝鮮半島から馬と同時にその飼養にかかわる人も渡来したが、彼等を専門集団として編成したもの。河内や大和・山城を中心に集住したらしい。律令制下では左右馬寮所管の飼部とされた。 （小野里了一）

うまがたはにわ［馬形埴輪］ ⇩埴輪

うまのないし［馬内侍］ 生没年未詳。平安時代中期の歌人。源時明の養女。実父は時明の兄致時か。村上天皇女御徽子、円融天皇中宮媓子、大斎院選子内親王、一条天皇中宮定子らに仕えた。中古三十六歌仙の一人。家集『馬内侍集』。『大斎院前御集』に四二首入集。 （山本令子）

うまみこふんぐん［馬見古墳群］ 奈良県北葛城郡河合町・広陵町、香芝市、大和高田市にかけての通称馬見丘陵を中心に、四～五世紀にかけて形成された、大和の三大古墳群の一つである。河合大塚山古墳を盟主とする北群、佐味田宝塚古墳・巣山古墳・新木山古墳・乙女山古墳などの中央群、築山古墳・新山古墳を中心とする南群に加え、南西に離れた狐井城山古墳などにの支群に分けられる場合が多い。大和川沿いに占地する北群を除き、葛城氏の墳墓域の一つとみられるが異説もある。

〔参考文献〕白石太一郎ほか『馬見丘陵における古墳の調査』（奈良県史跡名勝天然記念物調査報告(29)、昭49）。 （藤田和尊）

うまや／えきか［駅家］ 律令制下で駅路上におかれた駅馬を備えた施設。原則的に三〇里（約一六km）ごとにおかれ、所属の駅戸から選ばれた駅長が管理した。駅家には駅路の等級にしたがい規定数の駅馬がおかれ、駅戸によって飼養された。駅馬を利用する駅使は駅にいたる毎に駅馬を乗り換えた。私的な行旅者も五位以上なら駅家での止宿を認められ、初位以上や勲位を有する者も、辺遠の地で村里がない場合なら許された。駅家には運営費用を賄うための駅田（大宝令では駅起田）が付属した。駅家は駅館院とよばれる一区画を成し、周囲を築地塀で囲い、それに開く駅門があった。駅務をとる建物や駅使の宿泊施設などの中心施設のほか、厩・倉・厨・屋などの付属施設があり、駅楼もあった。八〇六（大同元）年五月に出された勅によると、山陽道上の備後・安芸・周防・長門等の諸国の駅家は、外国使節の利用に備えて、瓦葺で粉壁（塗壁）であった。実際に山陽道上には奈良・平安時代の国府系瓦を出土する遺跡が点々と分布し、駅家跡と推定されている。そのうち龍野市小犬丸遺跡は木簡や墨書土器の出土により、布勢駅家であることが知られたが、約八〇m四方の築地塀で囲まれたなかに礎石瓦葺の建物群が確認されている。「延喜式」に各国の具体的駅家名がみえる。

〔参考文献〕高橋美久二『古代交通の考古地理』（大明堂平7）。木下良編『古代を考える古代道路』（吉川弘文館平8）。舘野和己『日

本古代の交通と社会』（塙書房平10）。（舘野和己）

うまやさかでら［厩坂寺］「高市の厩坂」にあった藤原氏の氏寺。のち平城京に移され、興福寺となった（『興福寺流記』）。保井芳太郎氏により、奈良県橿原市の石川池（剣池）のすぐ西北、小字「ウラン坊」に想定されている。古瓦片が散布し、かつて一個の礎石が残っていたが、現在は失われている。（和田萃）

うまやさかのみや［厩坂宮］六四〇（舒明12）年四月に、舒明天皇が伊予へ行幸した後に入った宮。応神朝に軽池・厩坂池をつくり、また百済から渡来した阿直岐に軽の坂上の厩で良馬を飼育させた伝承がみえている。厩坂宮は、奈良県橿原市大軽町から石川町にかけての一帯に想定できるが、遺構はまだ確認されていない。（和田萃）

うまやどのとよとみみのみこ［厩戸豊聡耳皇子］⇩聖徳太子

うまやどのみこ［厩戸皇子］⇩聖徳太子

うまゆみ［騎射］馬上から矢を射ること。「きしゃ」とも。とくに五月五日の端午節会では、射場の馬場殿（のち武徳殿）に天皇が出御し騎射節が行われた。なお、広義には騎射当日の馬場の舗設を含み、狭義には射手の装身具を騎射装束という。（山本崇）

うまゆみのしょうぞく［騎射装束］⇩騎射

うみさちひこ・やまさちひこ［海幸彦・山幸彦］『記』『紀』神話の神。『古事記』では天孫邇邇芸命と木花之佐久夜毘売との間に生まれた三子のうちの二人、兄火照命を海佐知毘古、弟火遠理命を山佐知毘古と称し、『日本書紀』では兄火酢芹命を海幸彦、弟彦火火出見尊を山幸彦とする。サチとは獲物を捕らえる神秘的な霊能のことで、捕獲具、とくに釣針や鏃に宿るものと考えられていた。この兄弟がお互いのサチを交換したところ、弟は兄の釣針を紛失し、兄に返却を強要されたため海神の宮へ行く。そこで釣針をみつけるとともに海神の娘豊玉姫と結婚し、さらに塩盈玉と塩乾玉をえて地上に戻り、この玉の呪力で兄を服属させる。この玉は稲作の水の支配に関わる呪具であり、これをえたことによって山幸彦はその霊能を具有したこととなり、この神話は山幸彦の後裔となる神武以下の天皇が司水の霊能を有することの起源を物語っている。一方兄海幸彦は弟に服従し昼夜の守護人となることを誓い、『日本書紀』第二の一書ではこれを隼人が天皇に奉事することの起源とする。

［参考文献］三宅和朗『記紀神話の成立』（吉川弘文館昭59）。（菊地照夫）

うみのなかみちいせき［海の中道遺跡］福岡市東区の海の中道とよばれる砂嘴の玄界灘側の砂丘に営まれた集落遺跡。一九七九（昭和54）年から八一（同56）年までの間に三次と、九〇（平成2）年の二回にわたる発掘調査で、漁撈と製塩を生業とする海浜集落遺跡であることがわかった。竪穴住居・掘立柱住居・製塩作業にともなう焼土層などの遺構や、釣針・漁網錘・製塩土器・土師器・須恵器のほか、緑釉陶器・輸入陶磁器・銙帯金具・八稜鏡・皇朝十二銭などの遺物が検出された。集落は八世紀後半から一〇世紀にまたがって営まれたが、大宰府主厨司に属する津厨の可能性も指摘されている。（西谷正）

うみはちまんぐう［宇美八幡宮］福岡県糟屋郡宇美町宇美一丁目に鎮座する神社。旧県社。現在の祭神は応神天皇、神功皇后、玉依姫命、住吉大神、伊弉諾尊。『日本書紀』神功皇后摂政前紀、『古事記』仲哀天皇段に、神功皇后が応神天皇をこの地で出産したことを伝え（『日本書紀』応神天皇即位前紀には筑紫の蚊田で生誕したとある）、現在でも安産の信仰を集める。境内には巨大な楠の湯蓋の森・衣掛の森（国指定天然記念物）がある。一月五日の御誕生祭、四月一五日の子安祭、一〇月一五日の放生祭などが行われる。（森哲也）

うめ［梅］バラ科の落葉高木。中国原産で奈良時代以前に伝えられて栽培されていた。『万葉集』には梅を詠んだ歌が多い。梅干・梅酒のほか薬用にも用いられた。平安時代以降「むめ」と表記した例がかなりある。紅梅と区別して、とくに白梅をいう場合もある（『源氏物語』末摘花、『更級日記』）。衣の重ね色を梅あるいは梅重という。表白、裏蘇方または表濃紅、裏紅梅のもので、狩衣・下重ね・衣などに用いた。（上田正昭）

うめのみやたいしゃ［梅宮大社］京都市右京区梅津フケノ川町に鎮座。延喜式内名神大社。大若子神・小若子神・酒解神・酒解子神の四柱の神を祀り、嵯峨・仁明両天皇と檀林皇后（橘嘉智子）・橘清友を配祀する。社地は、檀林皇后みずから葛野川辺に定めたという。橘氏の氏神。天皇の外家神として歴代皇妃の崇敬厚く、奉幣・神階昇叙が確認されるが、平安末期に橘氏衰退の後、藤原氏の氏長者が是定として社司・奉幣等を掌った。（堀越光信）

うめはらすえじ［梅原末治］1893～1983 考古学者。東アジアの青銅器をはじめとする遺物の研究に多大な業績を残した。大阪府南河内郡古市村（現羽曳野市）生まれ。頑強な身体に恵まれず専門的な教育をうける機会をもたないなかで考古学に没頭し多くの研究者との関係を深めた。京都帝国大学に身をおき、宮崎県西都原古墳群をはじめ各地の調査に携わり、朝鮮総督府の調査を助け、慶州金冠塚古墳の整理や金鈴塚古墳などの発掘に従事した。ヨーロッパやロシア、アメリカにおける東アジア資料の調査を中心とした三年あまりにわたる留学をへて、東方文化学院京都研究所研究員の職をえて、京都帝国大学考古学講座で講義を行う。濱田耕作のもとで研究を進め、濱田の死後、教授として講座の運営を主導した。日本古文化研究所の調査で近畿各地の古墳の実測等を実施し、各府県の古墳調査にも力を注いでいる。『銅鐸の研究』など著作多数。遺物それ自体を徹底して調べ上げそこから学説を打ち立てるという学風をもつ。

［参考文献］梅原末治『考古学六十年』（平凡社昭48）。（新納泉）

うらしまでんせつ［浦島伝説］浦島太郎が動物（亀）の報恩によって異郷（常世

国・蓬萊郷・竜宮）を訪問する伝説。浦島太郎の昔話は全国的分布するが、『日本書紀』の雄略天皇二十二年七月条に丹波国（七一三年に丹波の北部五郡分割して丹後国）餘社（与謝）郡管川の浦嶋子が大亀に乗って海に入り、蓬萊山に至る伝承を記すのが古い。『丹後国風土記』逸文には、管川（筒川）の瑞江（水江）浦嶼（嶋）子が亀を得て、その亀が婦（婦人）となり海中の蓬萊山に至り仙人たちとめぐりあう説話を述べる。『万葉集』（巻九）などにも歌われており、『浦島子伝』や『続浦島子伝記』などがある。お伽草子『浦嶋太郎』や謡曲『浦島』でさらにひろまる。京都府伊根町本庄浜の宇良神社（浦島神社）はゆかりの社である。

（上田正昭）

うらじんじゃ［宇良神社］　京都府与謝郡伊根町本庄浜字浦島に鎮座。式内社。浦島子を主神に諸神を配祀。雄略天皇紀をはじめ、『扶桑略記』『釈日本紀』等に水江浦島子の伝が散見するが、社宝にも浦島子にかかわると伝えるものが多く収蔵され、なかでも「浦島明神縁起」や桃山期の小袖は重要文化財に指定されている。

（堀越光信）

うらそえかいづか［浦添貝塚］　沖縄県浦添市字伊祖の標高約七〇mの琉球石灰岩丘陵北斜面に立地する縄文時代後期の貝塚。単一文化層からなり、土器は奄美島特有の面縄前庭式、面縄東洞式、面縄西洞式、嘉徳Ⅰ式のほか、沖縄固有の仲泊式、カヤウチバンタ式、宇佐浜式、それに九州縄文後期の市来式や一湊式土器が検出され、とくに後者は九州との交流を実証する貴重な資料となった。そのほか、石器、貝製品、骨牙製品なども出土した。県指定史跡。

〔参考文献〕新田重清「浦添貝塚調査概報」『南島考古』㈠（沖縄考古学会昭45）。

（上原靜）

うらはま［浦浜］　一般的には崎や岬に対する浦、磯に対する浜という地形用語として使用されるが、領有関係や地域共同体としての歴史的用語としても使用される。贄人・海部・神人・供御人との関連の浦浜、また浦方・浜方など。

（高橋誠一）

うらべ［卜部］　大宝・養老令制の神祇官の伴部。亀卜による吉凶判断や大祓の解除、諸祭祀の雑務に供奉した。大宝官員令では定員の規定はなかったが、「養老令」では二〇人とする。延喜臨時祭式には、伊豆五人・壱岐五人・対馬（上県・下県）一〇人、あわせて二〇人の卜部を貢進させることがみえ、その後も「養老令」の規定が長く続いたことが知られる。七七五（宝亀6）年には、卜部のなかから技術の優れた者二人を選んで卜長上とし（のちにこれを宮主と称する）、卜部を指揮する長上官としている。

（荊木美行）

うらべし［卜部氏］　神祇官の負名氏で、卜占を専業とする氏族。神祇官の卜部は延喜臨時祭式によれば伊豆、壱岐、対馬の三国の卜術に優れた者が上京して任にあたることとされていた。このため氏族の構成は、中央に居住し神祇官の官人として活動する卜部宿禰、地方で中央に出仕させるべき卜術の有能者を管理する卜部直、そして現業技能者として卜占の業に従事する卜部、という形態をとっていた。中央の卜部氏は神祇官の卜占に関わる技能職である宮主・卜部だけでなく、祐・史にも任じられ、中臣氏・忌部氏とともに神祇行政の中心的役割をになった。とくに中臣氏との関係は密接で、系譜的には同族とされ、天児屋根命の一二世の孫雷臣命を祖とする。『日本書紀』には壱岐の卜部氏の祖真根子（応神九年条）・押見宿禰（顕宗三年条）の活躍がみえ、その子孫卜部是雄・同業孝は八六三（貞観5）年、伊伎宿禰の氏姓を賜っている。また平安初期、伊豆より上京した卜部平麻呂は亀卜の術に長じて昇進し、その後裔は後に平野・吉田流卜部氏として発展した。

〔参考文献〕井上辰雄『古代王権と宗教的部民』（柏書房昭55）。

（菊地照夫）

うらぼん［盂蘭盆］　旧暦七月一五日の行事。『盂蘭盆経』にはこの日に百味五菓を盆に入れて自恣の僧を供養すれば七世父母の苦が救われると説く。『日本書紀』推古天皇十四（六〇六）年四月条が初見で、奈良・平安時代には朝廷行事として盆供を有力寺院に送った。貴族の日記では経典にもとづく僧の供養が多く、盆に入れた供物を拝して寺に送った。平安末期には盂蘭盆に愛宕寺（珍皇寺）に参拝して餓鬼に水を与える人々が多かったことが『東山往来』にみえる。鎌倉初期の『明月記』は盆の柱松、両親が揃った人は魚味を食すること、東北院で相撲を催したことなど後世の民俗と共通する行事を記す。

（勝田至）

うりんいん［雲林院］　京都市北区紫野に所在した寺院。淳和天皇離宮であった紫野院の地に仁明天皇皇子常康親王が千手観音を安置、元慶寺別院とされた。中世の一三二四（元亨4）年この地に大徳寺が創建されたことで消失。名跡は紫野雲林町所在の大徳寺境外塔頭に受継がれている。

（佐藤文子）

うるし［漆］　ウルシ科の落葉高木。その樹皮を傷つけてえられる漆汁（主成分はウルシオール）は、適度の高温多湿の環境下で空気にふれると、硬化する特性をもつ。接着性・防水性・防腐性に富むところから、塗料として各種の装身具や工芸品に、また武器・武具類の製作や補修に幅広く利用された。ウルシの実は、ハゼの実と同様、抽出すると蠟をえることができる。漆の利用は、縄文前期には確実に始まっており、縄文晩期には高度の技術水準に達していた。是川遺跡（青森県八戸市是川）で藍胎漆器や赤色漆を塗布した土器や木器、鳥浜貝塚（福井県三方郡三方町鳥浜）では、漆塗りの各種容器類や赤色漆塗り櫛などが出土している。弥生時代以降、漆技術は低下し、土器や武器・武具類への漆塗装などが認められるにすぎない。しかし史料には、漆部やその伴造氏族である漆部造・漆部連・漆部直などがみえ、『和名抄』には、大和国宇陀郡漆部郷や出雲国出雲郡漆治郷の地名もみえるので、大化前代には各地に漆部が設置され、漆汁の採取や武器・武具類の製作・補修、漆器の製作に従事していたかと推測される。古墳時代終末期（七世紀後半～八世紀初頭）にいたって、マルコ山古墳・キトラ古墳・高松塚古墳（いずれも奈良県高市郡明日香村に所在）から漆塗り木棺（外面黒漆塗り、内面は赤漆塗り）、牽牛子塚古墳（明日香村所在）からは、乾漆技法（麻布と漆を何層にも交互に塗り重ねる技法）による夾紵棺が出土していて、技術の進展がみられる。奈良時代には、乾漆技法を用いた優れた仏像（脱乾漆像と木心乾漆像がある）が多数製作されたが、九世紀以降、木彫仏に圧倒されるようになった。

　大蔵省漆部司は漆塗りのことをつかさどり、漆部二〇人が所属。そのうち七人は伴造、他の一三人は品部で、大化前代の漆部が再編されたものである。また大宰府の修理器杖所や国衙の工房では、各種の武器・武具類の製作や修理が行われており、漆塗りの工人の存在が想定される。漆を使用する作業では、容器に入れた漆液が空気にふれて乾燥したり、塵埃が混入するのを防ぐために、その表面を和紙で覆った。その際、反故になった公文書を利用することが多かったため、漆液が染み込んで紙質が強化され、廃棄されて土中に埋まっても腐ることなく遺存し、発掘調査で発見されることがある。それを漆紙文書*という。一九七八（昭和53）年に宮城県の多賀城跡で初めて確認された。（和田萃）

うるしがみもんじょ［漆紙文書］　古代出土文字資料の一つ。漆塗りの作業の際に使用された漆の状態を良好に保つため、容器に入った漆に紙を密着させて蓋をした。その紙に漆が浸み込んで地中に遺存したもの。当時紙は貴重であったため、役所の反故紙が使われたので、貴重な文書が残ったのである。漆紙文書は一九七八（昭和53）年宮城県多賀城跡で初めて発見され、その後全国各地の遺跡から相次いで出土している。とくに都以外の各地で発見される漆紙文書は、地方で作成されて反故となったもので、中央へ上申される以前の行政文書が数多く含まれている点で、貴重である。籍帳類・具注暦*・死亡帳などをはじめ、八世紀末の常陸国の人口を二二万四〇〇〇人～二四万四〇〇〇人と推計することのできた戸口集計簿や、八世紀中頃の役人の書状など、数多く発見されている。なお、漆紙文書の多くは肉眼で文字を読みとることが困難なため、赤外線テレビを使用して解読されている。（平川南）

うるしかん［漆棺］　漆塗りの棺。奈良、大阪の飛鳥時代の古墳より出土する。木棺の内外の表面に漆を塗った木芯乾漆の漆塗木棺（奈良高松塚古墳、マルコ山古墳、大阪御廟山古墳、和歌山岩内山一号墳）と、漆を接着剤とし布を重ね、表面を漆仕上げにした脱括乾漆の夾紵棺（奈良牽牛子塚古墳、天武陵、大阪阿武山古墳、聖徳太子墓）。ほかに石棺内部を漆塗（菖蒲池古墳）、陶棺の内外に漆塗（御坊山古墳）の棺がある。いずれも被葬者が皇族と想定される古墳で、夾紵棺は天皇クラス、乾漆棺は皇子クラスの棺である。畿内以外では茨城県八幡山古墳の木芯乾漆棺がある。中国で最古級の漆棺は漢代の馬王堆漢墓の漆彩色棺、韓国公州の百済時代の武寧王陵や扶余の陵山里古墳群にある。百済滅亡後、百済王の乾漆棺を飛鳥の皇子棺とし、天皇棺として夾紵棺を発案したらしい。
〔**参考文献**〕飛鳥資料館「飛鳥時代の古墳」（昭54）。猪熊兼勝「飛鳥時代の天皇陵の成立序説」『文化財論集Ⅱ』（同朋舎平7）。（猪熊兼勝）

うるちんほうへいひ［蔚珍鳳坪碑］　新羅*の古碑。一九八八（昭和63）年に韓国慶尚北道蔚珍郡竹辺面鳳坪里でみつかった新羅の古碑で、「甲辰」は五二四（法興王11）年とみなされている。碑文には「斑牛」を祭天に用いたことのほか、「律」にかんする記事や「波旦」の地名がみえる。（上田正昭）

うろく［于勒］　加耶琴*の演奏家。五世紀後半、省熱（現在の韓国慶尚南道宜寧郡富林に推定）に生まれ、大加耶の嘉悉王の命をうけて加耶琴の曲を作る。その後、弟子とともに新羅に亡命し、国原（現在の韓国忠清北道忠州）にすまわされる。五五一年に新羅の真興王の前で演奏し、感動した王が新羅人に楽を伝えるように依頼。新羅の大楽として残るようになった。『三国史記』に記録が残る。大加耶の故地高霊に琴を練習したと伝える谷が、忠州には弾琴台がある。（田中俊明）

ウワナベこふん［ウワナベ（宇和奈辺）古墳］　奈良市法華寺町にある古墳時代中期の前方後円墳。佐紀*（盾列）古墳群中の一つ。六基の陪塚（冢）あり。陵墓参考地。二重の周濠をもち、墳丘全長二六〇m。三段築成で、葺石と墳丘段部・外方堤に埴輪列が存在。西側部に造り出しがあり、埴輪と祭祀用品の土師器（ミニチュア・籠目）、初期須恵器が採集された。須恵器は埴輪と酷似した顔料塗彩、赤褐色焼成が行われ、埴輪と同時生産したのが特徴。古墳造営に須恵器工人が動員された例として知られる。（植野浩三）

うわばいせき［上場遺跡］　鹿児島県出水市上大河内字池之段にある後期旧石器時代の多層遺跡。熊本県と鹿児島県との境界にある肥薩山系の一つ矢筈山東部の上場高原（海抜四五〇m）に立地する。一九六五（昭和40）年に発見され、翌年から池水寛治によって五次にわたる調査が行われた。地層は七層に分けられ、基盤層上に五枚の文化層が確認されている。二層が細石刃と爪形文土器・細石刃、三層が細石刃、四層が台形石器・小型ナイフ形石器、六層上が二側辺加工のナイフ形石器、六層下が台形や不定形石器を主体とする石器などを含む。細石刃文化期に属する擂鉢状の断面形をもつ住居址も発見されており、後期旧石器時代の石器群変遷や生活像を知るうえで重要な遺跡である。
〔**参考文献**〕池水寛治「鹿児島県出水市上場遺跡」『考古学集刊』三―四（東京考古学会昭42）。（小畑弘己）

うんきゃく［運脚］　律令制下で、調*・庸などの運京すべき物の輸送に従事した人夫。調・庸運脚は調庸を負担する戸から出て、食糧は自弁で国郡司に率いられて上京し、各国の調邸（調宿処）に宿泊した。食糧不足などのため帰国できなくなった者も多かった。（舘野和己）

うんけい［運慶］　?～1223　平安末・鎌倉初期の仏師*。父は康慶*。写実的で力強い様式を特徴とし、一一八〇（治承4）年に焼亡した東大寺・興福寺の復興に貢献したほか、関東での創作も多い。作例に、東大寺南大門金剛力士像、伊豆国願成就院阿弥陀如来像などがある。（西村隆）

うんこうせっくつ［雲崗石窟］　中国山西省大同の西二〇kmの雲崗にある北魏に開かれた石窟寺院。武周川によって形成された砂岩岸壁に東西一kmにわたり、東に四窟、中央に九窟、西に三〇窟がある。

北魏の太武帝の廃仏後、次帝文成帝は仏教を復興し、文成帝から沙門統に任じられた僧曇曜が四六〇年に最初の五窟を開いた。石窟を鑿ち堅い石の仏像をつくることで、再度の廃仏を被っても仏法を不滅に伝えることを意図したのである。その後も四九四年に孝文帝がはるか南の洛陽に遷都するまでの三五年間にわたって大規模な石窟の造営が続けられた。その後も唐代や燕雲一六州を領有した契丹族の遼代にも造営されたが、仏教美術上で重要なのは北魏の時期のものである。現存するのは五三窟、一一〇〇以上の小龕、造像は五万一〇〇〇余りにも上る。北魏期のものは三期に分期でき、前期は曇曜の主導による中区の一六―二〇窟で、諸仏の衣裳の彫り出しは厚く、彫線は簡潔で、明らかにガンダーラ、グプタ様式の影響が色濃く認められ、三世仏を本尊として釈迦仏や交脚弥勒菩薩が主である。一九窟の大仏は座高一六・八m、二〇窟の大仏は一三・七mある。中期の石窟は中区と東区に開鑿され、大仏は少なくなり、釈迦仏を主として、三世仏、交脚弥勒仏、維摩と文殊菩薩の対座像、さらに本生譚や信者供養人の行列の浮し彫りなど、仏教美術上での中国化が明らかに認められるようになる。後期は四九四年の洛陽遷都後から北魏末までの時期のもので、ほとんどが中小窟であり、釈迦仏、維摩と文殊、本生譚などが主となり、彫像はさらに繊細となって、竜門石窟の造形につながる様式を示す。雲崗石窟は中央アジア、アフガニスタン、西南インドの仏教芸術の影響をうけつつ中国化のプロセスがよくわかり、その後の竜門、鞏県、天龍山などの中国の石窟寺院との歴史的連続性、さらには日本の飛鳥仏との関連において、きわめて重要な意味をもつものである。

【参考文献】水野清一・長広敏雄『雲崗石窟一～一六』（京都大学人文科学研究所昭26～31）。

（愛宕元）

うんしゅうしょうそく【雲州消息】 ⇩明衡往来

うんてい【芸亭】 奈良時代末期に*石上宅嗣が設立した儒教の典籍庫。宅嗣は邸宅を阿閦寺とし、寺内の一隅に書庫を設けて芸亭と名づけ、閲覧を希望する者に対しては自由に許した。わが国最初の公開図書館と位置づけられている。（山田雄司）

うんめいでん【温明殿】 平安京内裏の殿舎の一つで、綾綺殿の東に位置した。身舎の規模は南北九間、東西二間で、身舎の中央を貫通する馬道により南北に分かれ、南半分は三種の神器の一つである神鏡を祀る*賢所、北半分は内侍が伺候する*内侍所となっていた。清和天皇の女御源厳子は温明殿の女御と称された。

（西山恵子）

え

えい【纓】 冠の後ろに垂れたもので、もとは冠（幞頭）の根元を結んだ二本の紐の先が開いているため燕尾といった。後に纓の硬化とともに、纓壺に差し込むようになった。臣下はためた纓が深く垂れ下がる垂纓で、天皇はほとんどためない立纓である。

（芳井敬郎）

えいえい／ようえい【栄叡】 ?～749 奈良時代の僧。七三三（天平5）年、伝戒師招請のため*遣唐使に従い入唐。*鑑真に謁し日本への渡航を懇請した。渡海は困難を極め、数度の失敗ののち、客死。鑑真はそれを悲しむあまり失明したともいう。

（中川久仁子）

えいがものがたり【栄花物語】 平安時代後期の歴史物語。四〇巻（異本系は三〇巻）。著者は正編三〇巻を赤染衛門、続編一〇巻を*出羽の弁とする説がある。正編の成立は長元年間頃、続編は最終記事のある一〇九二（寛治6）年以降間もない頃であろう。内容は宇多天皇から堀河天皇にいたる一五代約二〇〇年間の歴史を編年体で物語風に描いている。*藤原道長、頼通の栄花を中心に宮廷、貴族社会のできごとを仮名書きで記す。「世継」「世継物語」とも。注釈書に『新編日本古典文学全集31－33』（小学館平7）などがある。

（小西茂章）

えいきりつりょう【永徽律令】 唐代には隋代をうけて、記録上で判るだけでも律は七回、令は一〇余回も修定編纂された。永徽律令格式は先行の武徳律令（六二四）、貞観律令（六三七）をうけて、三代高宗の六五一（永徽2）年に修定頒布された。唐の律令の集大成は*開元律令（七一九～七三七）であるが、これはほぼ永徽律令をうけたものである。スタインが敦煌で発見し、現在は大英博物館に蔵せられている永徽職員令の断片は、現存する唐の律令では最古のものである。

（愛宕元）

えいさい【栄西】 1141～1215 平安時代後期の禅僧。道号は明庵。二度の入宋で臨済禅を学び、帰国後日本最初の禅寺建仁寺を創建、臨済宗の開祖となる。著作に『興禅護国論』『喫茶養生記』など。

（佐伯智広）

えいざんじ【栄山寺】 奈良県五條市小島に所在する寺院。もとは前山寺と称したが、平安時代になり栄山寺の文字をあてた。藤原武智麻呂が七一九（養老3）年に創建したと伝えられる。寺の北側には武智麻呂の後阿陀墓がある。八角円堂は藤原仲麻呂が亡父母のために天平宝字年間に建立したもので、国宝に指定されている。天井・柱などには彩色が施され、国宝、薬師如来像・十二神将像・梵鐘は国宝、薬師如来像・十二神将像・

えいざんじもんじょ［栄山寺文書］　奈良県五條市にある栄山寺の古文書。寺には平安時代の寺領関係文書や、後亀山天皇綸旨等、江戸時代のものを含め約一五〇通が伝来。現在国立歴史民俗博物館蔵の平安時代の栄山寺牒（重文）や静嘉堂文庫等に伝わる写本も貴重。『五條市史』所収。（綾村宏）

えいしちょうせん［衛氏朝鮮］　朝鮮半島西北部にあった王国。漢帝国の燕国に仕えていた衛満が、紀元前一九五年ころ、その瓦解とともに、平壌に亡命し、燕・斉・趙などから逃れてくる民と、在地の勢力とをあわせて王になった。その時、すでに箕子の末裔を称する勢力があり、それを倒して王になったとみる意見もある。漢の外臣となり、周囲の臨屯国・真番国を従属させたが、孫の右渠になって、武帝の侵攻をうけ、前一〇八年に滅んだ。故地は楽浪等の郡になった。（田中俊明）

えいしゃく［栄爵］　従五位下の別称。令制で五位以下を通貴といい、六位以下とは待遇などに差があったので、下限である従五位下が栄誉ある貴い爵位と解された。平安中期以降、成功や売位の対象とされ、その叙料を栄爵料・叙爵料といった。（細谷勘資）

えいしゅう［瀛洲］　⇨三神山

えいしょうき［永昌記］　参議藤原為隆の日記。「為隆卿記」とも。書名は為隆の居住した左京四条坊門の唐名呼称永昌坊による。一一〇五（長治2）年から二九（大治4）年までが現存するが欠落部分が多い。白河院政期の基本史料の一つで、公事政務はとくに詳細。『増補史料大成』所収。（松本公一）

えいぜんりょう［営繕令］　「ようぜんりょう」とも。大宝・養老令の編目の一つ。養老令では第二〇編に相当し、全一七条からなる。建物・津・橋・道路・船舶・堤防などの施設と、兵器・陶器などの物品の造営・製作・修理に関する規定をおさめる。（荊木美行）

えいたいこうしゅぼ［永泰公主墓］　唐中宗の第七女李仙蕙の墓。陝西省乾県の高宗と則天武后の合葬墓である乾陵の陪葬墓の一つ。一九六〇〜六二年に発掘され、見事な壁画が見つかった。地表には底辺五六m四方、高さ一四mの方錐台形の版築墳丘を築き、南北三六三m、東西二二〇mの囲墻が取り囲んでいたが、囲墻は現存しない。神道両側には北から石獅子一対、石人二対、華表一対が残る。地下の墓室は、二四mのスロープ状の墓道、五過洞、六天井、二〇・八mの前甬道、七・二五mの後甬道、南北四・七m、東西四・九m、高さ五・三五mの前墓室、南北五・四m、東西五・三m、高さ五・五mの後墓室からなる。甬道と前後の墓室は磚築で、後室の西側に石槨がおかれ、石槨上には見事な宮女等の線刻が施されて、天井部には天文図が描かれている。前後墓室と墓道の壁面は漆喰で塗り込められ、そこに色鮮やかで多彩な壁画が描かれている。墓道の壁画は儀仗、六竿の列戟架、青龍（東壁）、白虎（西壁）などで、墓室の壁画は優雅な宮女や高足杯、燭台といった生活用具が描かれている。とくにこれら壁画の人物像は写実的で、唐代の文武官の公式の服飾や宮女のあでやかな衣裳のビジュアルな資料としてきわめて貴重である。従前の唐代の絵画資料としては敦煌の壁画がほとんど唯一のもので、それに対して長安至近の地の、しかも帝陵に陪葬された公主墓であれば、当時最高級の絵師の手になるもので、その意味でも重要である。高松塚の壁画古墳が発見された際に、もっぱら比較の対象とされたが、芸術的水準の格差は明らかである。本墓は早くに盗掘されていたが、八七八点の俑、五点の磁器、一〇四点の三彩器、八一点の彩絵陶器、その他、金器、銅器、鉄器、錫器、玉器など一三〇〇点の副葬品が出土した。また一・一九m四方の大型の墓誌銘も出土し、彼女の生涯について簡略な文献記録を大幅に補えるようになった。永泰公主は則天武后の逆鱗に触れて七〇一年に自殺させられたが、中宗の復位後の七〇六年に改葬されたのがこの墓である。

【参考文献】「唐永泰公主墓発掘簡報」（『文物』一九六四年一期）。（愛宕元）

えいちょうだいでんがく［永長大田楽］　一〇九六（永長元）年に平安京市中で行なわれた田楽のこと。大江匡房の『洛陽田楽記』に「永長元年の夏、洛陽に大いに田楽の事有り」の記述により永長大田楽と称する（ただし田楽の行われた夏はまだ改元前で実際には嘉保三年）。六月の祇園御霊会から始まり、「閭里から初まり公家に及ぶ」「日夜絶ゆること無し」とするごとく市中の全階級に波及し、「近代奇怪の事」とされるほどの狂乱状態に達した（『洛陽田楽記』）。院政成立直後の高揚した都市平安京の姿をあらわすもの。

【参考文献】井上満郎「永長元年の田楽騒動」『芸能史研究(36)』（芸能史研究会昭47）。（井上満郎）

えいふくじ［叡福寺］　大阪府南河内郡太子町太子に所在する寺。石川寺・磯長寺・御廟寺とも。下太子大聖勝軍寺（大阪府八尾市）、中太子野中寺（大阪府羽曳野市）に対して、上太子とも称される。寺伝によれば、聖武天皇の勅願により、広大な伽藍が建立されたという。境内の北に、六二二（推古天皇30）年二月二二日に薨じた厩戸皇子（聖徳太子）の磯長墓（叡福寺北古墳）があり、聖徳太子信仰の高まりとともに、その墓辺寺として叡福寺が建立されたと推測される。（和田萃）

えいゆうじだい［英雄時代］　原始社会の段階から古代国家の成立にいたる過渡期の時代。古代国家形成の前提となる段階とみなされている。紀元前八世紀のギリシアの農民詩人ヘシオドスは『労働と日々』のなかで、黄金族・銀族・青銅族・英雄族・鉄族の時代を歌いあげ、彼の生きた鉄族の時代と区別される英雄族の時代を設定した。英雄的な人間の行動は変革期に具体化し英雄叙事詩によって伝えられたが、トロヤ戦争前後を中心とするギリシアの『ホメーロス』は、あらゆる英雄叙事詩の代表といってよい。一八世紀初葉のヴィコの「新科学」は、神々の時代と人間時代との中間に位置する段階として英雄時代を認識し、ヘーゲルは何よりもまず英雄は個性であり、個性自身が法である状態に注目し、法律＝国家以前の「中間的時代」を英雄時代として論究した（『美学講義』）。エンゲルスは国家形成の前提となる英雄時代を考察し、「未開の終りまでは厳格な世襲制はなかった」として英雄時代の性格を論じ、「バシレウスは後世の意味における統治権をもっていなかった」と述べた（『家族・私有財産および国家の起源』）。日本の英雄時代が問題となったのは、古代における叙事詩のありようをめぐってであった。津田左右吉や土居光知は、古代日本の叙事詩の存在については否定的であったが、高木市之助は一九三九（昭和14）年に「日本文学に於ける叙事詩時代」を論じて、『記』『紀』歌謡のなかの久米歌（七首）を日本の英雄時代に対応する叙事詩とみなした。石母田正は四八（同23）年「古代貴族の英雄時代」を提起し（『論集史学』）、三～五世紀を「日本古代貴族の英雄時代」と規定した。五〇（同25）年に民主主義科学者協会歴史部会の主催で英雄時代についてのシンポジウムが開催され、翌年の歴史学研究会大会の「歴史における民族の問題」でも大きくとりあげられた。そして英雄時代をめぐる賛否両論が展開され、いわゆる英雄時代論争がくりひろげられた。北山茂夫は石母田の英雄時代論を鋭く批判し（『民族の心』）、上田正昭も三～五世紀を日本の英雄時代とみなすわけにはいかない理由を論述した（『ヤマト王権の歴史的考察』）。井上光貞は石母田正説を支持する見解を表明して上田説を批判し（『日本国家の起源』）、上田はこれに反論した（『戦闘歌舞の伝流』）。文学においても西郷信綱（『英雄叙事詩への道』）らの賛成論に対して土橋寛らは反対した（『久米歌と英雄物語』）。英雄時代の問題はその有無のみが問題ではない。三世紀以前の段階とのかかわりを改めて検証する必要がある。

〔参考文献〕上田正昭『英雄時代』『論集日本文化の起源』（平凡社昭46）。　（上田正昭）

えいんがきょう［絵因果経］　釈迦の伝記である「過去現在因果経」を下段に記し、上段にその経文にあたる絵を描いた経典。天平勝宝年間（七四九～七五七）以降の書写で、画法には、初唐から盛唐の初めの中国画壇の反映がみられるとされる。

〔参考文献〕亀田孔編『新修日本絵巻物全集㈠』（角川書店昭64）。　（宮城洋一郎）

えうん［恵運］　798～869　平安時代初期の真言僧で入唐八家の一人。東大寺で法相教学、東寺で密教を修めた後、八四二（承和9）年に入唐し、長安の青竜寺で義真から灌頂をうけた。八四七（同14）年に帰国し、翌年、安祥寺の建立に際して開基となり、権律師や少僧都を歴任した。没年には異説（871）もある。　（増尾伸一郎）

えうん［恵雲］　①生没年不詳。七世紀の僧侶。六三九（舒明天皇11）年九月に恵隠とともに新羅送使に随って帰国した（入唐の時期は不明）。六四五（大化元）年八月には十師に任じられた（『日本書紀』）。②生没年不詳。唐揚州白塔寺の僧。七五四（天平勝宝6）年に鑑真に従って来日し、東大寺で鑑真から具足戒を受けた。七七〇（神護景雲4）年に持経師位法師、七九八（延暦17）年に律師、八〇二（同21）年には伝灯大法師位についた。③生没年不詳。平安時代初期の唐僧。七九八（延暦17）年正月に律師となり（『日本紀略』）、八〇二（同21）年正月には伝燈大法師位にあって、度者一人を賜った（『類聚国史』）。　（増尾伸一郎）

えおん［恵隠］　生没年未詳。七世紀の僧侶。六〇八（推古天皇16）年九月に、旻や南淵請安らとともに遣隋留学生として大陸に赴き、六三九（舒明天皇11）年に恵雲と一緒に帰国。『日本書紀』には「志賀漢人」とあるので近江国志賀郡の漢人の出身か。帰国の翌年五月五日の設斎にあたり『無量寿経』を講説した。六五二（白雉3）年四月にも内裏で同経を講説したが、この時には恵資が論議者をつとめ、作聴衆は沙門千名を数えたという（『日本書紀』）。　（増尾伸一郎）

えが［恵我］　河内国志紀郡にあった地名。餌香・会賀とも。大和川（旧大和川）と石川が合流する地点の西側、大阪府藤井寺市船橋町・国府・惣社の一帯に想定できる。ここはまた南北に走る東高野街道（雄略紀九年七月条に、「誉田陵の下の道」とみえる）と、大阪平野を東西に横断する大津道とが交わる所でもあり、水陸交通の要衝であった。古市古墳群の北群に含まれる仲哀・応神・允恭陵は、いずれも河内国志紀郡に所在し、それぞれ恵我長野西陵・恵我藻伏崗陵・恵我長野北（原）陵と称された（延喜諸陵寮式）。古くから餌香市が立ち、七世紀後半にはこの地に河内国府がおかれ、国府内の市として機能するようになったらしい。　（和田萃）

えかきべ［画部］　大宝・養老令の中務省被管諸司である画工司に所属する伴部。養老職員令では、定員は六〇人。画師（定員四人）の指揮のもと、絵画の製作や彩色などにたずさわった。職員令集解の跡説には、画師に欠員が生じた場合は画部のなかから採用するとある。　（荊木美行）

えがのいち［餌香市］　古くから河内の恵我の地（河内国志紀郡）に立った市。会賀市とも。餌香（恵我）は、大和川（旧大和川）と石川が合流する地点の左岸にあたり、また南北に走る東高野街道と、大阪平野を東西に走る大津道とが交わる所でもあった。市は道と道とが交わるチマタ（衢・街・巷）に立ったから、餌香市も右の二道が交差するチマタに立った市とみてよい。狭穂彦の玄孫にあたる歯田根命の罪過を祓わせるため、その財物を餌香市の辺の橘の木のもとにおかせたという（雄略紀十三年三月条）。またヲケ王（後の顕宗天皇）が播磨の縮見屯倉首の家で行った室寿ぎの詞章に、「旨酒餌香の市に　直以て買はぬ」とみえる（顕宗即位前紀）。「河内の市」ともみえ、近くに井上寺があった（『日本霊異記』下巻第五縁）。井上寺は、藤井寺市惣社二丁目に所在する衣縫廃寺に想定できる。七世紀後半に河内国府が成立すると、餌香市は国府内に取り込まれたらしい。七七〇（宝亀元）年三月に、会賀市司が任命された。その後については不明である。　（和田萃）

えがのもふせのおかりょう［恵我藻伏崗陵］　⇨天皇陵

えかん［恵灌］　生没年未詳。飛鳥時代の高句麗僧。六二五（推古天皇33）年に高句麗の貢上により来日し、僧正に任じられた（『日本書紀』）。隋で嘉祥大師吉蔵に三論を学んでおり、来日した年の夏に旱魃で祈雨を行った際に、青衣を着て三論を講じたところ大雨が降ったという。元興寺に止住し、後に河内国志紀郡に井上寺を創建して、三論教学の普及と発展に尽力したとされ（『元亨釈書』）、三論宗の

第一伝に位置づけられている（『三国仏法伝通縁起』）。（増尾伸一郎）

えき／えだち［役］　古代に労働力を徴発し造営事業などに従事させた力役のこと。古くは「えだち」といい、六四六（大化2）年二月には上京した諸国の民を留め「雑役」に使うことを禁じる詔が出された。浄御原令制下では租・調などとともに税目として役があったとみられ、調や役の免除記事が散見する。大宝令以後は、役は歳役として規定されたが、実際は実役徴発はされず代納物の庸が徴収され、必要な労働力は雇役で賄われた。（舘野和己）

えきこ［駅子］　⇩駅伝制

えきこ［駅戸］　⇩駅伝制

えきじん［疫神］　疫病を流行させる神。「やくじん」とも。『和名抄』に瘧鬼と書いて「エヤミノカミ」とよむ。疫神を村堺から外へ追放する行事が疫神祓・疫神流。「延喜式」には都の四隅、畿内の堺に疫神をまつる疫神祭がみえる。疫神社が各地にある。（上田正昭）

えきせい［駅制］　⇩駅伝制

えきせいかくめい［易姓革命］　王朝の交替を正当化する政治学説で、戦国時代に論理化されて後世にまできわめて大きい影響力を保持し続けた。太古においては、尭から舜へ、舜から禹へと天子の地位が、有徳の臣下へ譲位される禅譲によったが、禹以後は世襲による継承となり夏殷周三代の王朝時代と見なされる。この王朝の交替を論理化したのが戦国中期の儒家の再興者孟子である。王朝の交替は徳による禅譲ではなく、徳とは正反対の武力による政権奪取であるため、周の文王、武王、周公旦を最高の聖人と見なす儒家学派は、周の武力による政権奪取を正当化する必要があった。天命が時の天子から他者に移り、天命から見離された君主を武力で打倒する放伐が合理化された。天命を革める、すなわち革命は以後の王朝交替の際に新王朝の正統性を主張する理論的根拠とされた。王朝の交替は漢の劉氏から魏の曹氏、隋の楊氏から唐の李氏へのように、皇帝の姓氏が必ず変わることから、易姓による革命という。したがって「万世一系」とされる日本には易姓革命はない。（愛宕元）

えきせん［易占］　『易経』にもとづき、算木と筮竹を用いて吉凶成否を占う方法。令制では、陰陽寮の陰陽師が占筮を行った。聖武朝に率川社（率川神社）に相八卦読みがいたと伝えることから（『日本霊異記』上巻第二四縁）、民間にも陰陽師がいて、易占を行っていた可能性がある。五五三（欽明14）年六月に倭国は易博士の交替と卜書の送付を百済に要請し、五五四（同15）年二月に百済から易博士の王道良が招かれているから（『日本書紀』）、六世紀中頃に百済から易占が伝わったと判断される。平安中期になると、陰陽寮の陰陽師は式盤を用いて占う六壬式占を、儒者・僧侶らは易占を行うようになった。（和田萃）

えきちょう／えきでん［駅田］［駅長］　⇩駅伝制

えきでんせい［駅伝制］　古代において中央と地方を結ぶ公的交通・情報伝達の制度で、駅制と伝馬制からなる。国司や公的使者が利用した。いずれも「大宝令」によって制度的に確立した。それ以前においても六七二（天武元）年の壬申の乱の記事中には、隠駅家・伊賀駅家などの名や駅鈴がみえ、何らか類似の制度の存在が推定される。大宝・養老令制下では、駅制は都城から各地方を結ぶ七道上に、三〇里（約一六km）ごとに駅家をおいた。駅家は駅長が管轄し規定数の駅馬を備え、駅に属す駅戸から出る駅子が駅馬の飼養などにあたった。駅使は、駅鈴に付された剋の数に応じた頭数の駅馬の利用を許され、従者とともに騎乗し、急を要する場合は一日に一〇駅以上、そうでなければ八駅進んだ。諸国に大瑞や軍機・災異・疫疾などが生じた場合や、外国からの救援要請があった場合などに中央にその状況を報告する駅使は、各駅で駅馬を乗り継いだ。また公文書を逓送する場合などは、使者は国毎に交替した。さらに都から遠い諸国から上京する朝集使や、神祇官の奉幣使などの官人も駅馬を利用した。いっぽうの伝馬は各郡五頭ずつおかれ、伝符を支給された官人が、その剋数の伝馬に乗用した。伝使には赴任する国司や国分寺僧、上京したり国内を巡行する按察使などがいたほか、諸国の正税帳には、太政官符などの文書を逓送する官人、上京する相撲人や大宰府官人、賑給などのために管下の国を巡行する大宰府官人など多様なものがみえる。しかし伝符は中務省の主鈴が出納をつかさどり中央政府にはあったが、諸国には原則としてなかったから、厳密な伝使は中央発遣の使者に限られる。伝符によらない伝使の存在など、伝馬制の性格や駅制との関係などをめぐっては議論が多い。伝馬はしだいに国司赴任に乗用が限られ、「延喜式」ではほぼ駅家のある郡にのみおかれる。また駅馬・伝馬ともしだいに剋数以上の馬の乗用、駅馬の脆弱化や国司・駅長による任意乗用、駅戸の過大な負担など矛盾が増大し、駅伝制は平安時代中頃には衰退した。

［参考文献］坂本太郎『坂本太郎著作集八　古代の駅と道』（吉川弘文館平1）。豊田武他編『体系日本史叢書二四　交通史』（山川出版社昭45）。児玉幸多編『日本交通史』（吉川弘文館平4）。舘野和己『日本古代の交通と社会』（塙書房平10）。（舘野和己）

えきば［駅馬］　⇩駅伝制

えきびょう［疫病］　伝染病のこと。疾疫、疫疾、時行、「世の中心地」ともいい、疫病の流行を平安時代には「世間（天下）閑かならず」ともいった。病名不明のものが多いが、天然痘（疱瘡）、麻疹（赤斑瘡）、赤痢、流感（咳病）などが史料にみえる。対策は奈良時代には流行地域への賑給も行われたが、病気の原因と考えられた疫神の祭祀など宗教的な儀礼が中心で、奈良時代には諸社への奉幣をはじめ、八衢の神などに饗応する道饗祭や大般若経の転読が行われ、平安時代には疫神を饗応する陰陽寮主催の四角四堺祭や臨時の仁王会、二十二社などへの奉幣が多い。疫病時には相撲人の招集も停止になった。九九四（正暦5）年をはじめ平安京で疫病が大流行したときには道路や河原に死体が満ちた（『本朝世紀』等）。平安京の周囲で疫神を祭る御霊社も祇園（現在の八坂神社）はじめ船岡（今宮神社）・

花園などが建立され、祇園御霊会や今宮のやすらい祭は都市祭礼として定着した。

【参考文献】新村拓『日本医療社会史の研究』（法政大学出版局昭60）。
（勝田至）

えきれい【駅鈴】 駅使が駅馬を利用する際に天皇から与えられた乗用資格証明用の鈴。駅馬利用数は鈴につけられた剋の数で示し、使者の位階により一〇頭から二頭までであった。駅鈴は中央では中務省の主鈴が出納をつかさどった。また諸国でも駅使を発するために、「養老令」によれば大宰府に二〇口、三関国と陸奥国に四口、大国・上国に三口、中国・下国には二口おかれた。なお隠岐国造家には八稜形の駅鈴が伝わるが、剋がなく、どう理解すべきか未決着。 （舘野和己）

えきろ【駅路】 律令制下で都城と各国を結ぶ、駅家がおかれた道路。大路・中路・小路に分けられ、大路は山陽道で、各駅には駅馬二〇頭がおかれ、中路は東海道・東山道で一〇頭、小路は北陸道・山陰道・南海道・西海道で五頭おかれた。駅家は三〇里（約一六km）ごとにおかれるのが原則。街路樹に果樹を植えた。発掘調査によると駅路は幅六mほどのものから一〇m以上のものまであり、両側に側溝をもち、できるだけ直線になるように設定された。 （舘野和己）

えぐち【江口】 河口を意味する普通名詞であるが、一般的には難波江口をさす。六〇八（推古天皇16）年には、ここに隋の使者を迎えた。瀬戸内海と淀川河川交通の要衝の港町として賑わいをみせた。江口君といえば、ここの遊女をさした。 （高橋美久二）

えぐちのきみ【江口君】 ⇨江口（えぐち）

えげのやまいせき【会下山遺跡】 兵庫県芦屋市三条町に所在する西日本を代表する弥生時代の高地性集落遺跡。六甲山地前山の標高一八〇mの大阪湾をのぞむ尾根上に、弥生時代中期後半から後期前半にかけての生活跡がみつかっている。竪穴住居跡七軒をはじめ、祭祀場跡二基、倉庫跡、火炊き場跡、墓跡、柵跡、塵捨て場跡などの遺構がみられ、弥生土器や石器（石鏃・石錐・石剣・刃器・石弾・叩石など）・鉄器（鉄鏃・鉄斧・鉄鑿・鉄ヤリガンナ・鉄釣針など）・青銅器（銅鏃）などの遺物が発掘されている。漢式三翼鏃は中国渡来の希少品である。一九五六（昭和31）年から発掘調査が行われ、六〇（同35）年までに兵庫県史跡第一号に指定されている。 （森岡秀人）

えごんりつ【衛禁律】 大宝・養老律の編目の一つ。養老律では第二編に相当する。宮城の警備、行幸の警衛と関の管理・守衛に関する刑罰を規定する。大宝衛禁律は現存しない。養老衛禁律は、前半部が散逸し、一部のみ逸文が伝わるが、後半は広橋家旧蔵本によって伝存。養老律では、一部唐律の条文を削除したり、日中の国情のちがいに応じて唐律の内容を変更した条文もあるが、全体として、全三三条からなる唐衛禁律を範としている。 （荊木美行）

えさんかいづか【恵山貝塚】 北海道亀田郡尻岸内町恵山に所在し、続縄文時代の貝塚・墳墓遺跡。津軽海峡と太平洋に臨む恵山岬の標高五五m程の海岸段丘にあり、段丘崖に沿って広い範囲で貝塚が残されている。貝塚には海獣、大型魚の骨類が目につき骨塚の感がある。一九四〇（昭和15）年に名取武光によって、貝塚の一部が調査され、一九基の土壙墓が検出されている。墓壙は長径一七〇cmから七〇cm、短径一二〇cmから六五cmの楕円形で、深さ一四〇cmから五〇cmの深い掘り方をもち、中に土器とともに、緑色片岩製石斧、石鏃、銛先、石槍、石匙、石小刀、軽石、凹石など多様な種類の石器が副葬されている。ことに魚形石器が特徴的な磨製石器である。この石製品は砂質泥岩製で、長さ二一・五cm、高さ五cm、幅二cmの紡錘形を呈する。ほぼ中央部に垂下のための紐痕と漆付着がみられる。名取によってルアー説が提起されている。墳墓から出土する例が多く儀器の可能性が考えられる。出土する続縄文土器は、甕、長頸深鉢、鉢、把手付鉢など多様な形態がみられる。装飾は、縞縄文の施された複雑な波状文などがみられる。貝層出土土器には、多量の長頸甕がみられ、集落で使用された土器が廃棄されたことがうかがえる。

【参考文献】名取武光「網と釣の覚書」『北方文化研究報告（十五）』（北海道大学昭35）。
（須藤隆）

えさんしきどき【恵山式土器】 北海道渡島半島に分布する続縄文土器。亀田郡尻岸内町恵山貝塚から出土した土器群を標式資料とする。津軽海峡以南の前期後半から中期後半の弥生土器に並行する。長頸甕、甕、鉢、台付鉢、把手付鉢、壺などが主要器種である。壺と甕の形態は、時期が新しくなるにしたがって識別しにくくなる。帯状に展開する縞縄文、箆描の鋸歯文、縞縄文を充塡した独特の連弧文、菱形文が体部の主要文様帯をかざる。その型式変化は、三段階に区分されている。

【参考文献】名取武光「網と釣の覚書」『北方文化研究報告（十五）』（北海道大学昭35）。
（須藤隆）

えし【絵師】 古代・中世では特定の集団や機構に属する職業画人をさす。律令制以前には黄文・山背の両氏族が画師の姓をもち、律令制下では中務省に画工司がおかれ、九世紀末には令外官である絵所が設置された。 （佐伯智広）

えじ【衛士】 律令制下で宮中・京の警衛にあたった兵士。諸国の軍団に勤務する兵士のなかから選ばれ、一年を任期として左右衛士府・衛門府に配属され、宮内の警衛、京内の巡検、行幸の警備などにあたった。八〇五（延暦24）年の時点で左右衛士府に各六〇〇人、衛門府に四〇〇人がいた。 （荊木美行）

えじ【慧慈】 生没年不詳。高句麗の高僧。恵慈とも。『日本書紀』によれば五九五（推古天皇3）年五月に倭国へ渡来、厩戸皇子（聖徳太子）は仏教を「慧慈に習」ったと記す。六一五（同23）年に帰国。『日本書紀』推古天皇二十九（六二一）年二月条には、太子信仰を反映して上宮太子（聖徳太子）の死を知った慧慈が、「それ独り生くとも、何の益かあらむ」とその崩を悲しんでなくなったという伝承を載す。『万葉集註釈』に引用する『伊豫国風土記』逸文の湯岡碑文には、太子と慧慈の交遊を記す。 （上田正昭）

えじふ［衛士府］ 大宝・養老令における五衛府のうちの一つ。左衛士府・右衛士府がある。宮門（中門）などの警固、諸所の巡回などを担当した。督・佐・尉・志の四等官のほかに、衛士が所属した。八〇八（大同3）年衛門府を併合し、八一一（弘仁2）年には左右衛門府と改称、消滅した。（荊木美行）

えそう［慧聡］ 生没年不詳。六世紀末、百済からの渡来僧。恵聡とも。『日本書紀』によれば五九五（推古天皇3）年に来日。『三国仏法伝通縁起』によれば聖徳太子の師という。高句麗僧慧慈（恵慈）とともに仏教を広めるのに尽力し「三宝の棟梁」とよばれた。法興寺（飛鳥寺）が完成するとそこに住した。『日本書紀』に五八八（崇峻天皇元）年に来日したと伝える恵総も百済僧であるが別人か。「元興寺伽藍縁起幷流記資材帳」には恵忩が、恵慈や蘇我馬子の長子善徳とともに元興寺を建てたとする。（田中俊明）

えだくみのつかさ／がこうし［画工司］ 大宝・養老令制の中務省被管諸司の一つ。大宝令では画師司と称したか。宮中の絵画・彩色のことをつかさどる。正・佑・令史のほか、画師四人、伴部の画部六〇人が所属。八〇八（大同3）年には同じ中務省被管の内匠寮に併合された。（荊木美行）

えたふなやまこふん［江田船山古墳］ 菊池川の中流域、熊本県和水町江田の標高二八mの清原台地にある北東側（後円部）から南西側（前方部）に延びる前方後円墳。周辺には塚坊主古墳（装飾古墳）、虚空蔵古墳等の前方後円墳、京塚古墳等の円墳がある。ほかにも数基の古墳があったとみられる。江田船山古墳は三段築造をなし、現在の長さは四六mである。一九八五（昭和60）年の調査で後円部の径四一m、高さ一〇m、前方部の長さ二一m、高さ七・五m、全長六二mの規模が確認された。江田船山古墳の主体部は妻入の横口式家形石棺で、石棺の内法は長さ二・二m、幅一・一mで、屋根には前後左右に各一個の縄掛突起を造り出し、妻側に刳り込みをもつ入口をつくっている。

遺物の発見については、発掘時に作成された熊本県と中央官庁との文書（熊本県立図書館蔵「官省一途」）に詳しく記されている。一八七三（明治6）年に地元（江田村）の池田左十が、夢のお告げにより石室を掘削し、遺物を発見。ただちに白川県（熊本県）から国に報告され、同年九月、博覧会事務局（後の東京帝室博物館）が八〇円で池田左十から買い上げた。出土遺物は、銀象嵌銘大刀、銀荘環頭大刀、刀剣類（大刀身・剣身・銀刀装具・鉾身・鉄鏃）、銅鏡（神人馬車画像鏡・画文帯神獣鏡・獣帯鏡・変形四獣鏡）、玉類（硬玉勾玉・石製勾玉・ガラス勾玉・水晶丸玉・銀製丸玉・ガラス玉）、金環、耳飾、冠帽類、金銅斜交文飾金具残欠、金銅飾履、金銅帯金具、金飾金具残欠、甲冑類、馬具類、銅鐶鈴、須恵器等、九〇余点である。一九六五（昭和40）年に一括して国宝に指定されている。

おびただしい遺物のうち、もっとも注目される遺物は銀象嵌銘大刀である。直角の片関の直刀で茎を失っている。現存長は九〇・九cmで棟の部分に銀象嵌の七五字と身に躍動する馬形と十二弁の花形、その逆面に魚形と鳥形の文様がある。銘文は次のように読まれている（東野治之氏による）。

天の下治らしめしし獲□□□鹵大王の世、典曹に奉事せし人、名は无（利）弖、八月中、大鉄釜を用い、四尺の廷刀を并わす。八十たび練り、（九）十たび振つ。三寸上好の（刊）刀なり、此の刀を服する者は、長寿にして子孫洋々、□恩を得る也。其の統ぶる所を失わず。刀を作る者、名は伊太（和）、書する者は張安也。

「獲□□□鹵大王」については埼玉県行田市稲荷山古墳出土金象嵌鉄剣銘文との比較からワカタケル（雄略）大王と推定されている。无利弖は典曹という役所に仕えていた文官、刀の製作者は伊太（和）、銘文の作成者は張安である。ワカタケル大王との政治的な結びつきを主張する内容で、当時の政治的状況を具体的に示す、第一級の資料である。出土品のうち、耳飾、冠帽類は朝鮮半島の百済地区に類例があり、菊池川・有明海を足がかりに彼地との文化的交流を行っていた被葬者が推定される。

出土品の組み合わせから、五世紀後半から六世紀前半にかけて三世代が埋葬されたと推定される。

江田船山古墳出土銀象嵌銘大刀（国宝）
東京国立博物館蔵
Image : TNM Image Archives
Source : http://TnmArchives.jp

〔参考文献〕江田船山古墳編集委員会編『復刻増補　江田船山古墳』（熊本県菊水町平1）。（島津義昭）

えたふなやまこふんたちめい［江田船山古墳大刀銘］ ⇩江田船山古墳

えたふなやまこふんしゅつどてっとう［江田船山古墳出土鉄刀］ ⇩江田船山古墳

えちぐん［愛知郡／愛智郡／依智郡］ ⇩朴市秦氏

えちごのくに［越後国］ 北陸道に属する国。現在の佐渡を除く新潟県にあたる。東部と南東部などは山地であるが、日本海沿岸には信濃川・阿賀川による広大な越後平野や関川・保倉川などによる高田平野などが広がる。もと＊越国で七世紀中葉に蝦夷に対する＊渟足柵・＊磐舟柵が設置された。七世紀末に越前・越中・越後の三国に分割されたが、その際の越後国の具体的な範囲は明らかではない。七〇二（大宝2）年に四郡が越中から編入、七〇八（和銅元）年に出羽郡が設置されたが七一二（同5）年には分割されて出羽国＊が設置されることによってその範囲が決定された。「延喜式」では上国とされ、所管の郡は頸城・古志・三島・魚沼・蒲原・沼垂・石船郡の七郡。『倭名抄』には三三郷が記され、田積は一万四九九七町五段二〇七保とある。国府や国分寺は頸城郡とされるが現新潟県上越市今池・上新町・子安、同直江津、中頸城郡板倉町などの諸説があり、また国府については新潟市沼垂説（沼垂郡）や三島郡寺泊町竹森説（古志郡）などもある。西大寺・東大寺領などの荘園がおかれていた。

〔参考文献〕『新潟県史』全三六巻（昭55～平3）。井上鋭夫『新潟県の歴史』（山川出版社昭54）。（高橋誠一）

えちぜんのくに［越前国］ 北陸道に属する国。現在の福井県北東部にあたる。日本海に面する九頭竜川流域の福井平野と敦賀湾に面する敦賀平野のほかは急峻な山地が広がる。もと＊越国で角鹿国造・三国国造が支配、高志国造の存在も考えられている。七世紀末に越国が分割されたが、越前国の初見は『日本書紀』六九二（持統6）年。このときには＊能登・＊加賀を含んでいたがのちに両国が分置された。「延喜式」では大国とされ、所管の郡は敦賀・丹生・今立・足羽・大野・坂井郡の六郡。国府は現武生市に比定されているが、その具体的な位置は不明である。近江国から通じる現敦賀市南部には古代の＊三関の一つである＊愛発関がおかれたが、これもまた具体的な様相は未解明。九頭竜川河口部の坂井郡三国と敦賀郡角鹿（敦賀）は海上交通の要地として重要視され、付近には渤海使迎接のための松原客館もおかれた。また福井平野には奈良時代以来、多くの荘園が経営されたが、なかでも東大寺領の足羽郡＊道守荘・＊糞置荘、丹生郡椿原荘、坂井郡桑原荘・鯖田国富荘などが知られる。

〔参考文献〕『福井県史』全二三巻（昭57～）。印牧邦雄『福井県の歴史』（山川出版社昭48）。（高橋誠一）

えちぜんのくにあすわぐんくそおきむらかいでんちず［越前国足羽郡糞置村開田地図］ 古代の荘園図。七五九（天平宝字3）年と七六六（天平神護2）年の

越前足羽郡糞置村開田地図（七五九年）正倉院宝物

二図が正倉院宝物として遺存している。いずれも布に描かれた地図で福井市東南部の帆谷・二上地区の二つの小谷付近を描いたものである。二図ともに南・東・西の山を絵画的に表現しているが、天平宝字図は山の稜線と樹木を模式的に描き、山麓線を記入しているところ特徴があり、天平神護図は山を写実風に描いている点が特徴的である。いずれも条里プランによって寺領を標記しているが、東大寺領の設定、開発、誤った収公などの経緯を反映し、近接した年次であるが内容に異なりがある。（金田章裕）

えちぜんのくにあすわぐんちもりむらかいでんちず［越前国足羽郡道守村開田地図］ 古代の荘園図。七六六（天平神

越前国足羽郡道守村開田地図（七六六年）正倉院宝物

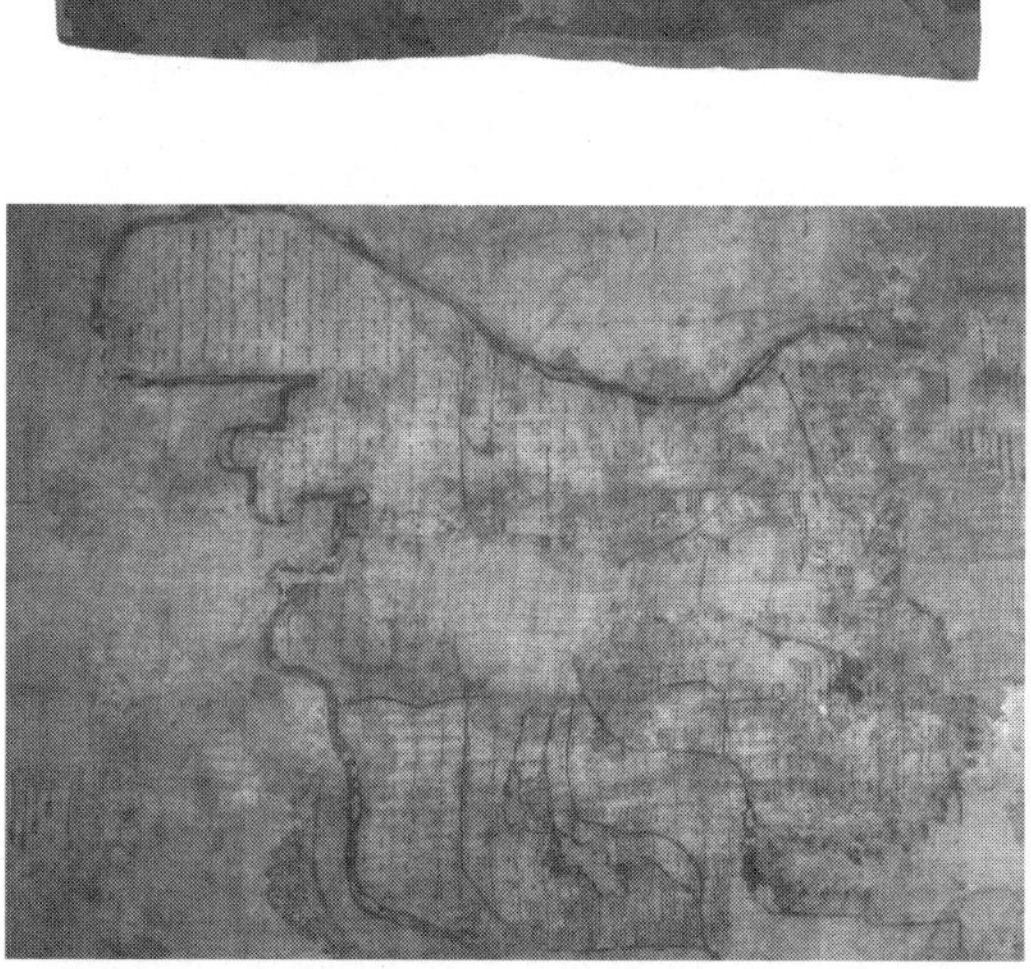

護2）年の布製の地図（一・四四×一・九八m）で、正倉院宝物として遺存している。福井市街西部の足羽山（黒前山・船越山・寒江山・木山）・片糠山（難糟山）・日野川（味間川）・足羽川（生江川）に囲まれた範囲を描き、条里プランによって東大寺領と田辺来女の墾田を標記している。足羽郡大領生江臣東人の寄進田や他の墾田・百姓口分田などの改正田といった寺領の内訳を標記しているが、この時点ではまだ東大寺領への編入が決まっていない寺領域外の田辺来女墾田が標記されている点も興味深い。（金田章裕）

えちぜんのくにしょうぜいちょう［越前

国正税帳〕　越前国における田租と正税出挙稲の一年間の収入・支出、現存量などを政府に報告した文書。七三〇（天平2）年度のものが正倉院文書として残っている。倉庫に関する記載が多くみられる。　（寺内浩）

えちのたくつ〔朴市田来津〕　?～663　七世紀半ばの官人。朴市秦造田来津ともいう。近江国愛知郡を本拠とするか。六四五（大化元）年九月、古人大兄皇子の謀反に加担。許されてのち六六一（斉明7）年に百済救援に従軍、六六三（天智2）年八月白村江で壮絶な死を遂げた。　（川崎晃）

えちのはたし〔朴市秦氏〕　近江国愛智郡（滋賀県愛知郡周辺）を拠点とした秦氏の枝氏。愛智郡の郡領家。氏名を依智秦・依市秦とも。姓ははじめ造、のちに公。古人大兄皇子の謀反に連座し、のち、白村江の戦いで戦死した朴市秦造田来津はその一族。　（加藤謙吉）

えっしゅうよう〔越州窯〕　中国古代に越とよばれた浙江、福建地方の青磁の総称。漢から唐五代まで生産され、唐代には秘色といい、青磁の最高級品とみなされた。灰色の堅くて細密な素地に青緑や黄緑の釉薬をかけて高温で焼成したもので、時代が下るにつれ発色は明るさと美しさを増す。窯跡として安徽省の寿州窯、浙江省の徳清窯や九巌窯、福建省の福州南台窯などかなりの数が確認されている。一九八七年、陝西省扶風県の法門寺塔基から唐代の越州窯産の秘色磁器数点が初めて出土した。　（愛宕元）

えっちゅうのくに〔越中国〕　北陸道に属する国。現在の富山県にあたる。南部と西部は急峻な山地からなるが、富山湾沿岸に庄川・神通川・常願寺川などによる沖積平野が広がる。古くは越国であり、七世紀末に分割されて越中国が成立したとされるが、その明確な年代は明らかではない。越中国の初見は『続日本紀』の七〇二（大宝2）年の記事で、頸城郡などの四郡が越後国に属することになって両国の境が定められた。七四一（天平13）年に能登国に合併されたが七五七（天平宝字元）年に再び分離された。「延喜式」では上国とされ、所管の郡は礪波・射水・婦負・新川郡の四郡。『倭名抄』には田積一万七九〇九町五段三〇歩とある。国府は射水郡、現高岡市伏木古国府ないし古府に比定され付近には国分寺跡も所在するが、礪波郡とする説もある。大伴家持が七四六（天平18）年から七五一（天平勝宝3）年まで越中守であった。また東大寺などの墾田地も多く設置された。

〔参考文献〕『富山県史』全二一巻（昭46～62）。坂井誠一『富山県の歴史』（山川出版社昭45）。　（高橋誠一）

えとり〔餌取〕　律令制で兵部省主鷹司に属する鷹戸。鷹や猟犬などの餌となる馬牛や獣肉の供給に従事。九世紀後半には機能を失って廃された。『今昔物語集』（巻第一五第二七）に「餌取ノ取残シタル馬牛ノ肉」を食する餌取法師夫妻の話がみえる。平安京右京の南北路に恵土利小路があるが、餌取の転用で居所の存在を暗示する。中世には被差別民に対する呼称となり、「えた」はこれの転訛ともいわれる。　（朧谷寿）

えな〔胞衣〕　⇨胞衣壺

えなつぼ〔胞衣壺〕　出産後の胞衣＝後産を入れて埋葬するための容器。誕生した子供の成長と出世を願う習俗として胞衣を埋葬する。縄文時代の竪穴住居跡の埋甕を胞衣壺に推定する考えもある。確実な類例が増えるのは奈良時代まで降る。平城京左京五条四坊三坪では須恵器壺のなかに墨・筆管・和同開珎四枚がおさめられる。近世では男児は胞衣と墨・筆管を、女児は針・糸を埋納するとされるが、奈良時代には明確な女児例は発見されていない。産育習俗の考古学的な類例として貴重である。

〔参考文献〕水野正好「想蒼籬記」（『奈良大学紀要』第13号昭59）。　（杉山洋）

えなんじ〔淮南子〕　漢高祖の孫の淮南王劉安（?～B.C.122）が配下の賓客を動員して編纂した雑家に属する書。秦の呂不韋の『呂氏春秋』に範をとり、先秦諸子の説を集大成しようとしたもので、事項別に巻立していることから百科事典の先駆をなす。原道・俶真訓では道家、天文・時則訓では陰陽家、主術訓では法家、脩務・泰族訓では儒家、兵略訓では兵家の説を取り入れるなど、折衷的で統一性に欠けるが、全体的には道家色が濃く、漢初の政治理念を反映している。　（愛宕元）

えぬまのくにのみやつこ〔江沼国造〕　のちの加賀国江沼郡（石川県南西部）地域の国造。姓は江沼臣。『新撰姓氏録』「越中石黒系図」などに武内宿禰の後裔と伝える。「国造本紀」には、反正朝に武内宿禰の四世孫志波勝足尼が初代国造に任命されたとある。　（篠川賢）

えばらでら〔家原寺〕　大阪府堺市家原町にある真言宗の寺。一乗山。本尊は行基作と伝える文殊菩薩。行基自身が生誕地に七〇四（慶雲元）年に建立したという。釈尊誕生地に比する聖地という。一二四五（寛元3）年叡尊は当寺を中興し初めて別受戒を行った。　（野口孝子）

えふ〔衛府〕　律令制下で宮内・京内の守衛にあたった軍隊組織の総称。大宝・養老令制ではいわゆる五衛府が存在した。七〇七（慶雲4）年には、授刀舎人寮（のちに中衛府に発展）がおかれ、さらに授刀衛（のちに近衛府と改称）・外衛府が新設されて、一時八衛府体制になるが、八一一（弘仁2）年、左右衛門府・左右兵衛府・左右近衛府の六衛府体制に落ち着いた。　（荊木美行）

えぶっし〔絵仏師〕　仏像を製作する仏師を「木仏師」と称するのに対し、仏画を専門とした仏師のことを称する語。平安時代後期には、法橋となった教禅のように僧綱に任じられるものも現れた。　（佐伯智広）

えぼし〔烏帽子〕　男子の頭被りで、烏羽色の帽子の儀。上に立ったものと中折れのものなど変形が多くある。六八四（天武天皇13）年に男子のみが「圭冠」（はしはかうぶり）を被ることを許されており（『日本書紀』）、これが烏帽子の起源といい、この以前から烏帽子は存在したことになる。髻をあげた成人には必要な装束で、公式の場の冠とともに日常の被りものとして用いられた。したがって烏帽子を公式に被ることが公的に成人として認知されるという成人儀礼として歴史民俗的に大きな位置を占めた。すなわち烏帽子親・烏帽子子など主として武家社会での成年式の際に擬制的に親子関係を結んで実親とは別に有力な庇護者となる人物に仮親になってもらうとか、村落では烏帽子着祝がムラの共同体成員となる成年儀礼であるなど、烏帽子と成年、つまりは一人前になるという通過儀礼としての意味は大きく、最近まで継続して烏帽子にかかわる成年儀礼が行われていた地域がある。

〔参考文献〕『古事類苑』礼式部一（神宮司庁明32）。 **（井上満郎）**

えぼしおや［烏帽子親］ ⇩烏帽子

えぼしご［烏帽子子］ ⇩烏帽子

えま［絵馬］ 神仏に祈願あるいは報謝のために奉納した絵の額。もともとは生馬を献じていたのが、馬形となり、さらに馬を描い絵や板絵を奉るようになる。絵馬には大絵馬と小絵馬があり、その内容も多彩となったが、大絵馬は安土・桃山時代以後に数多くなる。牛・馬をいけにえとする習俗は、古墳時代の遺物や『日本書紀』皇極天皇元（六四二）年七月条、あるいは『続日本紀』天平十三年（七四一）二月の記述などにもうかがわれるが、『常陸国風土記』香島郡の条には、香島(鹿島)の神に馬などを献じ、『肥前国風土記』佐嘉郡の条には「人形・馬形を作る」伝えを載す。『続日本紀』文武二（六九八）年四月条には祈雨のために馬を吉野の水分神に奉ったことを記し、あるいは『続日本紀』宝亀六（七七五）年九月条のように、止雨のため白馬や幣帛を丹生川上の神・畿内群神に奉った例などが数多くみえる。八世紀後半の史料では祈雨のおりには「黒色馬（黒馬）」、止雨のおりには「白馬」と書きわけているのが注目される。生馬やがて馬形さらに絵馬への展開が察知されるが、『本朝文粋』には北野天神に色紙絵馬三匹などを奉納したこと、『今昔物語集』には板絵馬のことが述べられている。難波宮跡、平城京長屋王邸宅跡北側、浜松市の伊*場遺跡・梶子北遺跡、奈良県大和郡山市の稗田遺跡、秋田県大仙市の払田柵遺跡、山形県川西町の道伝遺跡などから絵馬が出土しており、かなり早くから絵馬の存在したことがわかる。

〔参考文献〕岩井宏美『絵馬』（法政大学出版局昭49）。上田正昭「殺牛馬の信仰」『論究古代史と東アジア』所収（岩波書店平10）。 **（上田正昭）**

えまき［絵巻］ 「絵巻物」とも。横長の巻物に詞（文章）と絵で表した作品の総称。ただし古くは「○○絵」と称するのが普通。中国の画巻・図巻等の影響のもとに独特の発展をとげ、日本古代・中世絵画史に一大ジャンルを形成した。主題内容は、経典の図解や物語・説話、年中行事や儀式、肖像(列影図)、合戦記、寺社縁起、高僧伝など多岐にわたり、形式面では文字と絵とが上下、または左右交互に配されるもの、画面中に直接、もしくは色紙形に詞を記すものなどがある。文献上から奈良～平安時代にも多くの作品が制作されたことが知られるが、現存するものはごく一部にすぎない。 **（竹居明男）**

えみし［蝦夷］ 古代の東北を中心に居住した原住民。本来は「えみし」といい、後に「えぞ」とよばれるようになる。えみしはアイヌ語のエンジュ（人）に由来するとみなす説が有力。『日本書紀』などの蝦夷観には、当時の支配者層の夷狄観が影響をおよぼしている。史料には狩猟を中心とする「山夷」と農耕をいとなむ「田夷」が描かれているが、漁撈や航海し、交易をする「海夷」とよぶべき人びともいた。倭建命（日本武尊）や上毛野田道らによる蝦夷征討の伝承もあるが、蝦夷征討の説話としては、斉明朝の阿*倍比羅夫の遠征を『日本書紀』は記す。その背後には越の阿倍氏の征討伝承があったと考えられている。蝦夷地については、七〇八（和銅元）年の出羽郡、七一二（同5）の出羽国の設定などをはじめとして、律令制にもとづく陸奥・出羽の国郡制をととのえられ、陸奥には多賀城出羽では出羽柵などの城*柵が設けられた。大野東人や藤原朝獦らが、按察使・鎮守府将軍として蝦夷地の経営を行ったが、七八〇（宝亀11）年の伊*治呰麻呂の乱以後、蝦夷に対する大征討が行われた。坂*上田村麻呂の征夷と蝦夷側の阿氏流爲母礼の戦いとそのまじわりが注目される。八一一（弘仁2）年にも文室綿麻呂の征討が行われた。八七八（元慶2）年秋田城下での蝦夷の反乱などもあった。陸奥国は三八郡一八八郷、出羽国は一一郡五九郷となる。

〔参考文献〕高橋高雄『蝦夷』（吉川弘文館昭38）。関口明『蝦夷と古代国家』（吉川弘文館平4）。 **（上田正昭）**

えみのおしかつ［恵美押勝］ ⇩藤原仲麻呂

えみのおしかつのらん［恵美押勝の乱］ ⇩藤原仲麻呂

えみのくすまろ［恵美久須麻呂］ ⇩藤原仲麻呂

えもんふ／えもんのふ［衛門府］ 大宝・養老令制下における五*衛府の一つ。宮門・宮城門を禁衛し、出入りの検察をつかさどった。四等官のほかに、門部・物部・衛*士が所属。八〇八（大同3）年に廃止され、左右の衛*士府に併合されたが、さらに八一一（弘仁2）年には左右衛士府が左右衛門府と改称した。 **（荊木美行）**

えんかいしゅう［沿海州］ ロシアの極東部、アムール川、ウスリー川、日本海に囲まれた地域。原住民は靺鞨族で、六世紀には中国に朝貢し、六六八年の高*句麗滅亡後にはその亡命者が多数流入し高い文化が移入され、六九八年の靺鞨族最初の国家渤*海が成立した。 **（愛宕元）**

えんかしちねんめいこんどうにょらいぞう［延嘉七年銘金銅如来像］ 大韓民国の慶尚南道宜寧郡大義面下村里で、一九六三年に発見された。光背の銘文によると、五三九（延嘉7）年に高句麗国楽良つまり平壌の東寺の住持と師弟が力を合わせて千仏をつくり、世上に流布することにし、この仏像はその第二九番目にあたるとする。なお、楽良東寺については、ピョンヤン特別市楽浪区域の土城洞廃寺にあてる説がある。現存最古の高句麗仏であるが、加耶もしくは新羅の故地で出土したことは注目される。日本への仏像伝来は、一説によると、前年にあたる五三八年である。また、『日本書紀』欽明天皇十三（五五二）年紀には、百済の聖明王が金銅釈迦仏一体をもたらしたと伝える。そして、その仏像の顔は光り輝いているとも記す。倭人がはじめて見た、そのような仏像とは、延嘉七年銘金銅如来像のようなものであったかもしれない。

【参考文献】黄壽永「新国宝高句麗延嘉七年銘金銅如来立像」『美術資料』8（国立博物館一九六三）。　（西谷正）

えんぎぎしき【延喜儀式】　⇩延喜式（えんぎしき）

えんぎきゃくしき【延喜格式】　⇩延喜式（えんぎしき）

えんぎこうたいしき【延喜交替式】　⇩延喜式（えんぎしき）

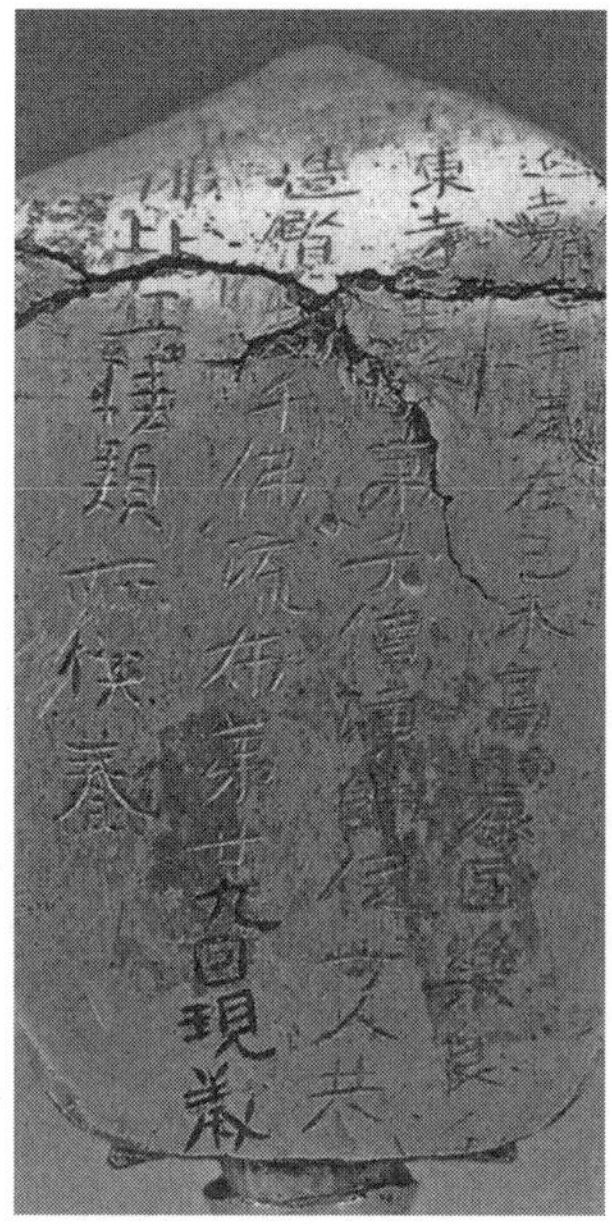
光背の銘文

延嘉七年銘金銅如来像
韓国国立清州博物館蔵

えんぎしき【延喜式】　養老律令の施行細則を集大成した法典。*三代格式の一つ。醍醐天皇の勅により、九〇五（延喜5）年*藤原時平を中心に編纂を開始。九二七（延長5）年藤原忠平らが完成奏進、九六七（康保4）年施行。五〇巻。神祇官関係の式（巻一～巻一〇）、太政官八省関係の式（巻一一～巻四〇）、それ以外の諸司の式（巻四一～巻四九）、雑式（巻五〇）と律令官制にしたがって纏められている。神祇官関係の式には、神社名の一覧（神名帳）や祝詞が含まれる。神名帳は、中世以降唯一神道の隆盛とともに、記載される神社は式内社として社格を誇れた。官司の業務は、律令と同様に「凡」で始まる条文で規定され、儀式や年中行事に関する規定、数量的規定、項目別表記・総覧的規定や公文書の書式などが記されている。「延喜式」施行以前は、弘仁式とそれを部分的に改訂した貞観式が行われていたが、その集大成として「延喜式」が編纂された。施行が大幅に遅れたのはこの事業が実質的効力よりも文化的事業であったことを物語るとされる。古写本には、一一二七（大治2）年の金剛寺本（四巻）、紙背文書で著名な九条家本（二七巻）、一条家本（五巻）など平安時代末期～鎌倉時代初期の写本が伝来する。なお延喜格は、式と同様に、醍醐天皇の勅により藤原時平らが編纂し、九〇五（延喜5）年着手、九〇七年撰進、九〇八年施行。一二巻。貞観格以後の格を官司別に収録。弘仁格、貞観格と併用。写本は伝来しないが、「類聚三代格」「政事要略」に逸文がある。延喜年間には、交替式や儀式も編纂された。延喜交替式は貞観交替式の後をうけて九二一（延喜21）年橘清澄ら勘解由使により撰進。原題は「内外官交替式」。一九二条。令文、法令をそのまま引用したそれまでの交替式と異なり、諸司式にならう構成をとる。延喜儀式も、平安時代の記録により編纂されたことは確実であるが、現在の「儀式」は貞観儀式であるとされる。「本朝法家文書目録」「本朝書籍目録」に、延喜儀式一〇巻とみえる。　（綾村宏）

えんぎしきじんみょうちょう【延喜式神名帳】　九二七（延長5）年に撰進され、九六七（康保4）年に施行された「*延喜式」の巻九・一〇の二巻（神名上・下）の通称。たんに神名帳という場合もある。五畿七道の区分に従って国郡別に神社の名称を列挙したもの。これらは、神祇官からの祈年祭班幣をうける神社のリストであり、いわゆる官社として神祇官の管轄下に入った神社ということになる。冒頭に天神地祇を惣じて三一三二座と記し、複数の神座が一社に祭られる場合もあるので、神社数は二八六一とする。これらは律令制下の奉幣対象としてしだいに増加した結果を示したものであるが、もちろん当時の神社のすべてを網羅しているわけではない。記載される神を「大・小」に格づけし、名神・相嘗・月次・新嘗の各祭儀の奉幣に預かるかどうかの記載も注記する。ただし、祭神の数は大和国二八六座、伊勢国二五三座に対し、上総五座、肥後四座などと、国ごとに大きな差が生じている。これら神名帳所載の神社には、中世戦乱の時期をへて、その所在が知られなくなったところも少なからずあり、近世以降に改めて比定が行われた場合もみられる。

【参考文献】虎尾俊哉編『訳注日本史料　延喜式』㊤（集英社平12）。　（早川万年）

えんぎしきないしゃ【延喜式内社】　⇩延喜式神名帳（えんぎしきじんみょうちょう）

えんぎ・てんりゃくのち【延喜・天暦の治】　*醍醐天皇の治世（八九七～九三〇）の代表年号「延喜」と*村上天皇の治世（九四六～九六七）の代表年号「天暦」を冠して、この両代を理想的な政治の行われた聖代とみる呼称。醍醐天皇は、宇多上皇の後見と藤原時平・忠平兄弟らの協力をえて親政を展開し、いわゆる*王朝国家体制の形成に尽力したので、すでに在位中から聖主視された。ついで承平・天慶の乱を経て朱雀天皇の後を嗣いだ村上天皇は、父帝にならって摂政・関白をおかず、藤原実頼・師輔兄弟や異母弟源高明らの協力をえて親政の実をあげた。そこで、早くも九八〇（天元3）年源順が、また九九三（正暦4）年大江匡衡が、任官申請状などのなかで「延喜・天暦の故事」を顧みて、公正な人事により人材が活用され文雅の盛行した「聖代」と称えている。両代の実態は必ずしも理想どおり進まなかったが、王朝政治の衰退した平安後期以降、抽象的に聖代として懐古され、鎌倉末期に親政回復をめざした後醍醐天皇も後継の後村上天皇も、四〇〇年前の当代に範を求めている。

〔参考文献〕古代学協会編『延喜天暦時代の研究』（吉川弘文館昭43）。　**（所　功）**

えんぎぬひていしれい［延喜奴婢停止令］　延喜年間（九〇一〜九二二）に出された*奴婢身分廃止の法令をいう。『政事要略』巻八四所収の格に「延喜格、奴婢を停止し了んぬ。格後は奴婢あるべからず。」と記載され、史料文通りとすると延喜年間をもって奴婢身分が廃止されたことになる。停止の法令はこれが唯一のもので、訴訟の当事者による主張のなかにみえ、またその訴訟は九八八（長徳4）年と延喜年間より一世紀を隔てた後世のことであり、延喜格そのものの発布を疑う説もある。

〔参考文献〕佐藤宗諄ほか編『部落史史料選集（一）古代・中世編』（部落問題研究所昭63）。　**（井上満郎）**

えんぎのしょうえんせいりれい［延喜の荘園整理令］　九〇二（延喜2）年三月一三日（一通は一二日付）に、一連の太政官符により発令された新制。現在、『類聚三代格』所収の八通のほか『政事要略』にも同日付の官符が知られ、都合九通が確認される。その内容は、勅旨開田や臨時御厨の停止、院宮王臣家の大土地所有および富豪層との結託を抑止せんとするものであるとともに、班田、租の穀納と調庸の上質化、国司交替など原則的な国務の励行を命じ、国衙財政の安定・健全化を図るものであった。また、主要な官符には「百日以内弁行、具レ状言上」なる文言が記され、強い意志により法令の貫徹を求めている点も注意される。従来九通の官符は、荘園整理令と律令制強化令に二分して解され、とくに前者の管符は最初の荘園整理令として注目されてきた。延喜令の前後で「格前格後」の区別がなされるなど、概ね一一世紀半ばまでの荘園整理の基準とされた点は認めうるが、その一方で一連の官符がもつ意味や効力などは別途考える余地が残されている。その際、院宮王臣家の大土地所有に対する禁令は八世紀以来認められること、院宮王臣家と富豪層との結託は遅くとも承和年間頃には徐々に進行していたことなどは見落とすべきではないと思われる。

〔参考文献〕石母田正『古代末期の政治過程および政治形態　著作集6』（岩波書店平1）。村井康彦『古代国家解体過程の研究』（岩波書店昭40）。吉川真司編『平安京　日本の時代史5』（吉川弘文館平15）。　**（山本崇）**

えんきゅうのしょうえんせいりれい［延久の荘園整理令］　一〇六九（延久元）年に発令された荘園整理令。発令を直接示す史料は伝わらないが、寛徳二年以後の新立荘園の停止、それ以前でも券契不分明で国務を妨げる荘園は停止する、などの内容が知られる。荘園の整理は、このとき設置された記録荘園券契所（記録所）の寄人のもと、荘家の提出文書と国衙の注進により、審査しあるいは勅裁を請い決定された。荘園認定に朝廷が積極的に関与した点で特筆されよう。その結果は太政官牒で伝えられたため、国免荘には勅免ないし官省符荘に等しい地位を与える場合もあった。摂関家領も整理の例外ではなく、この後、院領荘園の集積が本格化することになる。　**（山本崇）**

えんきょうじ［円教寺］　兵庫県姫路市書写にある天台宗の寺。書写山。本尊は如意輪観音。九六六（康保3）年、橘氏出の性空（しょうくう）上人の開創。花山法皇の崇敬篤く二度御幸があった。一一六八（仁安3）年には平清盛が一切経を施入。室町時代の重文の建物はどれも雄壮である。　**（野口孝子）**

えんけい［延慶］　⇨藤原刷雄（ふじわらのよしお）

えんさい［円載］　?〜877　平安前期の天台宗僧。大和国の人。最澄に師事、八三八（承和5）年入唐。天台山で天台宗教義の疑問を質し、回答をえて日本に送る。その後も唐に留まり勉学や仏典収集に励む。八七七（元慶元）年帰国の途上に遭難し死去。　**（藤田琢司）**

えんしんけい［袁晋卿］　生没年不詳。唐人。七三五（天平7）年、遣唐使多治比広成（たじひのひろなり）に同行し来日。音博士、大学頭、日向守、玄蕃頭（げんばのかみ）等を歴任。従五位上にいたる。七七八（宝亀9）、清村宿禰（すくね）を賜姓。子に伊予親王の家庭教師を勤めた浄野がいた。　**（関口力）**

えんせいもん［延政門］　内裏内郭の十二門の一つ。東面する三門の南に位置する脇門で、右庇門ともよばれていた。また、門の北脇に中務省所属の内記（ないき）の詰所である内記所があった。　**（西山恵子）**

えんたいじ［円提寺］　⇨井出川（いでがわ）

えんちし［園池司］　「そのいけのつかさ」とも。大宝・養老令制の宮内省被管諸司の一つ。宮城・離宮の苑池を管理し、蔬菜・果樹など供御の食品の生産をつかさどる。四等官のほかに、品部（しなべ）の園戸三〇〇戸が所属した。八九六（寛平8）年、*内膳司に併合。　**（荊木美行）**

えんちん［円珍］　814〜91　平安前期の天台僧で*寺門派の祖。諡号（しごう）は智証（ちしょう）大師。讃岐国那珂郡の出身。父は和気（わけ）宅成、母は佐伯（さえき）氏で空海の姪。一五歳で比叡山に入り、八三二（天長9）年受戒、八五〇（嘉祥3）年に内供奉十禅師（ないぐぶじゅうぜんじ）に任命された。八五三（仁寿3）年に入唐、帰国後は比叡山山王院で門弟の指導などにあたり、八六八（貞観10）年第五代天台座主となった。没する前年の八九〇（寛平2）年には少僧都に任じられた。円珍は、陽成・仁明天皇践祚時に『仁王経』を講説するなど、天台密教の王権護持機能を積極的に高め、藤原良房・基経ら貴族の信仰も篤かった。また*延暦寺に根本中堂の造営を行い、山麓の*園城寺を再興して天台別院とするなど、天台宗の歴史においても画期となる事績を遺した。教学に関する著述は多数あり、*入唐時の旅行記（『行歴抄』など）や*最澄の伝記なども著した。

自ら作成した「和気系図」（円珍系図）は古代氏族研究の基本史料となっている。また円珍の生涯を伝える著述として、九〇二（延喜2）年の三善清行撰「智証大師伝（天台宗延暦寺座主円珍伝）」が高名である。

〔**参考文献**〕『新修大津市史1古代』（大津市役所昭53）。 （**毛利憲一**）

えんちんけいず［円珍系図］ ⇩円珍

えんどう［円堂］ 八角形の堂。古代より多くの八角堂が建てられたが、それらを八角円堂または円堂とよぶことがあった。類似の表現に「八角円殿」がある（「元興寺伽藍縁起并流記資財帳」）。円堂を中心とした寺院内の一区画を円堂院とよぶこともある。 （**藤田琢司**）

えんとうどきぶんか［円筒土器文化］ 円筒土器とは、北海道地方西南部から東北地方北部にかけて分布する縄文時代前・中期の土器型式の総称であり、長谷部言人は円筒形の器形（深鉢）が卓越することに着目し、一九二七（昭和2）年に「円筒土器文化」を提唱した。山内清男は、青森県オセドウ貝塚・笹畑貝塚・一王寺貝塚の調査成果から、円筒土器を前期の下層式a・b・c・dと中期の上層式a・bの六型式に細別したが、その後の研究で上層式はa・b・c・dの四型式あるいはeを加えた五型式に細別され、型式名も円筒下層式や円筒上層式と呼称されるようになった。円筒下層式は、平縁で胎土に繊維が混入されることを特徴とするが、円筒上層式になると波状口縁と隆線文が発達し、繊維の混入は稀になる。

〔**参考文献**〕長谷部言人「円筒土器文化」『人類学雑誌』四二―一（東京人類学会昭2）。 （**領塚正浩**）

えんとうはにわ［円筒埴輪］ ⇩埴輪

えんにん［円仁］ 794～864 平安前期の天台宗の僧。山門派の祖。諡号慈覚大師。俗姓壬生氏。早く父を失い、九歳で大慈寺の広智に、一五歳で比叡山に上り最澄に師事し、伝法灌頂をうけて阿闍梨位をえた。八三八（承和5）年に四五歳で入唐。揚州の開元寺、登州赤山の法華院などに滞在後、新羅人の援助をえて五臺山巡礼をはたしてのち長安に入る。長安では資聖寺に住し、知玄、元簡、元政、法全、宝月らに接して仏教の奥義をえた。八四五年の武宗による会昌の廃仏に遭遇し、八四七（同14）年に還俗姿で帰国し比叡山に戻った。在唐一〇年で、帰国時に将来した経巻典籍は八〇〇巻に上る。八四八（嘉祥元）年に大法師に任ぜられ、翌年五月には延暦寺で灌頂を始修した。さらに翌年の文徳天皇即位に際しては、宝祚祈願の道場として延暦寺に総持院を建立した。八五四（斉衡元）年に六一歳で第三世天台座主となり、天台宗の密教化に貢献し、天台教学の中心人物として活躍し、文徳・清和両天皇や藤原良房らの帰依をうけた。主著『入唐求法巡礼行記』は在唐期間の日記で、唐代研究の貴重な文献とされる。そのほかに『顕揚大戒論』『将来目録』『金剛頂・蘇悉地経疏』などがある。

〔**参考文献**〕小野勝年『入唐求法巡礼行記の研究（一）～（四）』（鈴木学術財団昭39～44、法蔵館昭63再刊）。 （**愛宕元**）

えんねん［延年］ 平安後期以降、大寺院の法会に付随して演じられたさまざまな芸能の総称。寺院の衆徒・稚児・職業的芸能僧などが舞楽・猿楽・田楽・風流・朗詠・白拍子などを演じた。江戸時代以降すたれ、現在は平泉毛越寺や日光輪王寺など一部で行われるのみ。 （**藤田琢司**）

えんのおづぬ［役小角］ 生没年不詳。七世紀後半に活躍した呪術師。『続日本紀』によれば小角は葛城山で修行し民衆の信望をえるようになったが、弟子の韓国連広足の讒言によって、「妖惑」の罪で六九九（文武3）年伊豆に流されたと記す。小角の伝承は『日本霊異記』や『類聚国史』『扶桑略記』『水鏡』『一代要記』『帝王編年記』『神中抄』『三宝絵詞』『今昔物語集』『元享釈書』などにもみえる。大和の賀茂役公の出身で、その呪法には山岳信仰のほか密教や道教の要素が含まれていたことが指摘されている。後に修験道の祖とあおがれる。 （**上田正昭**）

えんのまつばら［宴の松原］ 平安宮内の豊楽院の北側にあった空間地。縁松原とも。歌などには縁にちなんだ掛けことばで読まれるが、どのような使い方をした空間かわからない。内裏を立て替える予備空間と考える説もある。 （**高橋美久二**）

えんふん［円墳］ ⇩古墳

えんみ［厭魅］ 図形あるいは人形などを用いて人を害するまじない。それを用いて人を呪うことを呪詛という。「賊盗律」には厭魅をつくり、また符書（呪文などを記した書きつけ、書符ともいう）をつくって、呪詛し人を殺そうとした場合は徒（懲役）一年、殺せば斬と規定する。『続日本紀』に載す七二九（神亀6）年四月の勅には厭魅呪詛の処罰規定を記す。 （**上田正昭**）

えんめんすずり［円面硯］ ⇩硯／つづり

えんゆうてんのう［円融天皇］ 959～91 在位969～84 平安中期の天皇。名は守平。村上天皇の第五皇子で母は皇后藤原安子（師輔の娘）。九歳で兄冷泉天皇の皇太弟、一一歳で即位。在位中は摂関をめぐる藤原氏の抗争が絶えなかった。二六歳で譲位、翌年出家（法名は金剛法）して御願寺の円融寺に入ったが、出家後も政治に介入する一方、和歌・管弦をたしなむなど風雅な生活を送った。陵は後村上陵（京都市右京区）、火葬塚（竜安寺朱山）もある。 （**瀧浪貞子**）

えんりやくぎしきちょう［延暦儀式帳］ ⇩皇大神宮

えんりやくこうたいしき［延暦交替式］ 原題は「撰定交替式」。国司交替に関する法令を集成。一巻四一条。八〇三（延暦22）年に、勘解由長官菅野真道ら、当時の勘解由使官人によって撰進・施行された。外官（国司）の交替についての法令のみで、式とはいうものの、令・勅・格をそのまま収載する。また、条文に問題があるときは「今案」として勘解由使の見解を付す。 （**荊木美行**）

えんりやくじ［延暦寺］ 天台宗の寺院。滋賀県大津市坂本本町。近江国比叡山上にある。比叡山は早くから神山として崇敬の対象で、麻田陽春は「山静けくして俗塵寂み、谷間けくして真理専にあり」

延暦寺三塔十六谷二別所
(『新修大津市史1』より)

と述べる(『懐風藻』)。山下の滋賀郡古市郷に誕生した最澄は得度・受戒の後に近江国分寺に入るものの、直後に「叡岳に登り草庵に卜居」した(『叡山大師伝』)。最澄の父百枝が子の誕生を願って比叡山で精進勤行したというから早くから山岳信仰の修行の場であって、その伝統をうけての草庵の設置であった。七八八(延暦7)年にいたって一乗止観院と称する仏道を建立、その中心の堂を根本中堂とよび、現在まで伝わる。これが延暦寺の創建で、当初は比叡山寺と称した。ここで鑑真などによって将来されていながら顧みられていなかった天台教学を研究し、南都仏教とは異なる法華経を根本経典とする宗派の開立を目指す。やがて桓武天皇の庇護によって入唐、天台宗の根本道場の天台山で修行、帰国後の八〇六(延暦25)年に日本天台宗を開いた。延暦寺はこの時からその本山となった。ただ出家・得度の権限は延暦寺にはなく、寺内での戒壇設置の運動にあたるが、死後直後の八二二(弘仁13)年に勅許され、延暦寺は独立仏教教団となった。延暦寺の寺域は広大で三〇六町四方と記す史料もある(『山家最略記』)。寺域や伽藍規模は時代によって違いが大きいが、最澄の死後は円仁・円珍の密教を中心とする布教によって寺勢は拡大し、さらに良源が経営の才を発揮して拡大は進み、最終的には東塔・西塔・横川など三塔十六谷二別所として完成した。一〇世紀には円珍門徒が下山、園城寺を拠点とする寺門派を分立させ、これに対して比叡山上にある延暦寺によった勢力は山門派として、両派の対立による紛争が長期にわたって続いたが、修学の中心としての位置は失われず、法然・親鸞・日蓮・一遍などが修行・勉学するなど、日本仏教の根本寺院として繁栄した。

【参考文献】 大津市編『新修大津市史』一(大津市昭53)。木村至宏他編『滋賀県の歴史』(河出書房昭62)。 (井上満郎)

えんりょう・えんぼ【遠陵・遠墓】 平安時代に朝廷で管理していた陵墓のうち、年末の荷前の奉幣のみを奉る陵と墓。近陵・近墓の制が定められたのにともない、生じた制度。近・遠の意は時の天皇との関係の親疎を示すものである。「延喜式」諸陵寮に記載の陵は七三陵で、うち遠陵六三陵、墓は四七墓のうち、三六墓が遠墓である。中世になってしだいに荷前が実施されなくなると、遠陵・遠墓のことも忘却されるようになった。 (福尾正彦)

お

おあねぎみ【小姉君】 ⇨蘇我小姉君

おいかけ【緌】 武官の正装で冠の左右につけて顔の側面を覆う飾り。「大宝令」の服制では五位以上の礼冠、六位以下の頭巾に用いるとする。平安時代のは馬尾で半月形につくったものを掛緒でつける形式のもので六位の武官が常用した。 (佐藤文子)

おうかしそう【王化思想】 王の徳を及ぼし感化すること、およびその思想。単に「化」とも。王の臣民となることをいうが、日本天皇が王であり全ての人民はその徳に化さねばならないとする古代日本の支配理念・政治思想。「帰化」はこの王化に帰すること。王の徳を絶対なものとし、中国のいわゆる中華思想に源流をもち、王化に浴する化内人と浴さない化外人とに区別する。したがって王の「正朔」を受けないことは「王化」に服していない「化外人」ということになり(『日本書紀』崇神紀)、また自国内にあっても「化外人」である蝦夷は王化に浴することができる。後世には擬制的に用いられ、保元の乱の際の謀反人が投降することまでが「王化」に帰すと認識されて降伏と同義となった(「石清水文書」)。 (井上満郎)

おうぎ【扇】 あおいで涼を求める道具で、開閉できるもの。日本で発明された。檜扇と蝙蝠扇がある。檜扇は檜か杉の細長い薄板を複数枚重ねて要で束ね、上部は糸で綴じたもの。奈良時代の遺跡からも出土する。暑中に風を起こしたり、日よけにしたり、あるいは文字を書きつけるなどの用途をもった。蝙蝠扇は竹・木などを骨にし、その片面に紙や絹を貼った扇で、九世紀頃に考案された。後に中国からの逆輸入で両面に紙を貼るようになった。いずれも朝服とともに用いられ、夏は檜扇、冬は蝙蝠扇などと、使用の慣例が生まれた。 (舘野和己)

おうぎし【王羲之】 307?～365? 中国東

王羲之像(『歴代古人像賛』より)

晋の人。山東琅邪の名族王氏であるが、五胡の乱で江南に南遷した。右軍将軍、会稽内史を歴任したので、王右軍などともよばれる。漢魏以来の書を集大成して楷・行・草の書体を書芸術の域にまで高め、後世に書聖と称せられる。近年、南京(当時の都建康)郊外で従兄弟王興之墓が発掘されて墓誌銘が出土し、伝世の王羲之の書体との異同から「蘭亭序」の真偽が問題となった。日本への影響もきわめて大きく、正倉院御物の光明皇后の「楽毅論」は、舶載された唐代の模本を臨模した貴重なものである。 (愛宕元)

[参考文献] 吉川忠夫『王羲之』(清水書院平4)。

おうけん[王建] 877~943 在位918~43 高麗の建国者。本来は王建という名で、王は姓ではない。松岳(現、開城)の出身。家系は不詳。九世紀末に弓裔の武将となり、とくに全羅南道方面に勢力を伸ばして頭角を現し、人望のない弓裔に代わって、九一八年、兵士たちが推戴。松岳を都とし開京とよんだ。九三五年に新羅の最後の王敬順王が降伏し、新羅を併合。翌年、後百済を滅ぼし、統一をはたした。豪族を結集し、北進政策をとり、後梁以下の五代王朝と通交し、日本にも通交を求めた。 (田中俊明)

おうけんし[王献之] 344~88? 中国東晋の書家。王羲之の第七子。官は中書令にまで至り、孝武帝の娘新安公主を娶り、娘は安帝の皇后となった。書を父に学び、骨力ははるかに及ばないが、逸気にすぐれた新書風を生み出し、父とともに二王と称せられる。 (愛宕元)

おうけんじょう[王倹城] 衛氏朝鮮国の王都。衛満がこの地で建国。現在のピョンヤンにあったと考えられるが、詳細な位置や実態は不明。B.C.一〇九から翌年にかけて漢軍が侵攻したが、左将軍荀彘率いる陸軍は西北から、楼船将軍楊僕率いる水軍は南から攻撃しており、大同江の北岸に位置していたとみられる。陥落後、ここを中心に楽浪郡がおかれたと考えられるが、現在一般に楽浪郡治址とされるのは大同江南岸のいわゆる楽浪土城であり、その関係が問題である。 (田中俊明)

おうこうれん[王孝廉] ?~815 渤海国王大元諭が派遣した渤海国使の大使として、八四一(承和8)年に来日した。高い中国的教養を身につけた人物で、わずかな滞在期間でありながら、空海ら当時一流の文化人との詩文や書簡を通しての交流を行った。 (愛宕元)

おうさかのせき[逢坂関] ⇨逢坂山

おうさかやま[逢坂山] 南の醍醐山地と北の比叡山地の間の鞍部をなす山で、古くから近江と山背(城)とを結ぶ最も主要な峠である。大化改新の詔では「畿内」の範囲の北限は「狭々波合坂山」と規定する。官道の東海道・東山道・北陸道が通り、古来さまざまな古典・古歌に登場する。その初源については明らかでないが、逢坂山には関が設けられ、七九五(延暦14)八月に廃されたことが『日本紀略』にみえる。その推定地は大津市逢坂二丁目の長安寺のやや南奥とされるが、未詳。 (林博通)

おうしめいてっけん[王賜銘鉄剣] 一九七七(昭和52)年、千葉県市原市稲荷台1号墳から出土した王賜銘鉄剣。日本で記された最古の銘文をもつ。1号墳は稲荷台古墳群(円墳一二基以上)中の最大規模の古墳で、径二八m、高さ二・二m。一九八七(同62)年に中央施設出土の一本の鉄剣の表裏から銀象嵌の銘文が発見され、表は「王賜□□敬□安」裏は「此廷□□□□」と判読された。本銘文の特色は、①冒頭に年号、干支を欠く、②「王賜□□」以下の文は吉祥句と思われる、③剣身の関近くに表裏にわたって簡潔な文章を記す、の三点である。この剣を出した稲荷台1号墳の副葬品に短甲や胡籙などの武器・武具類が目立つことと、この地域には神門三~五号墳なども存在し、早くから畿内と交渉のあったことから考えて、その被葬者が武人として畿内王権に仕えた証としてこの鉄剣を下賜されたと考えられる。本銘文は古代国家形成期における王の下賜刀の典型的文型であり、しかも規模の小さな古墳から出土したことから、今後、同様の銘文をもった刀剣が東国をはじめ、他の地方からも出土する可能性を指摘できる。 (平川南)

おうしゅうふじわらし[奥州藤原氏] 平安時代後期から末にいたる約百年間、陸奥国磐井郡平泉を拠点として栄えた、清衡・基衡・秀衡・泰衡をさす。初代清衡は秀郷流藤原氏の経清の子だが、母が清原武貞と再婚したため一時期清原氏を称した。後三年の役後、事実上の奥羽の支配者となり、本姓の藤原に改め、一一世紀末から一二世紀初め頃、平泉を本拠とした。京都の仏教文化をとりいれて、清衡は中尊寺、基衡は毛越寺、秀衡は無量光院を建立した。これらを可能にした財源として陸奥の産金が著名であり、中尊寺金色堂は華やかに栄えた平泉文化を今に伝えている。中央との政治的関係では、清衡の代より院・摂関家と結ぶいっぽう、年貢額をめぐって基衡が藤原頼長と争うなど利害の衝突もあった。平氏政権期には、秀衡が鎮守府将軍、陸奥守となった。治承・寿永の内乱では目立った軍事行動を起こさず、源平合戦後、源頼朝と敵対した源義経を秀衡は匿った。秀衡の没後、泰衡は弟忠衡や義経を粛清したが、一一八九(文治5)年八月、鎌倉幕府に攻められて敗北し、奥州藤原氏は滅亡した。 (宮田敬三)

[参考文献] 高橋富雄『奥州藤原氏四代』(吉川弘文館昭33)。東北大学東北文化研究会編『奥州藤原史料』(吉川弘文館昭34)。

おうじょうでん[往生伝] 善業を修め極楽往生した人々の伝記を集めた書。平安時代に唐・宋代の往生伝の影響のもと、浄土教の高揚により、法華・念仏など宗派に拘わらず慶滋保胤『日本往生極楽記』、大江匡房『続本朝往生伝』、三善為康『拾遺往生伝』など数多く作成。また江戸時代には幕府の保護をうけた浄土

宗、一向宗の往生伝の編纂、刊行が盛んとなる。（綾村宏）

おうじょうようしゅう［往生要集］　往生極楽についての経論の文章を集め、教行のなかで念仏が最も大切であると説いた平安時代の浄土教の代表的な著作。比叡山横川の恵心僧都源信著。三巻。九八五（寛和元）年成立。厭離穢土、欣求浄土、極楽証拠、正修念仏、助念方法、別時念仏、念仏利益、念仏証拠、往生諸行、問答料簡の十門からなり、はじめの三門で極楽浄土の様相を示し、つづく六門で念仏の正しい在り方や行法を説き、最後の門は補足説明である。念仏の名号を唱える口称念仏より、阿弥陀仏の相好を観察する観想念仏を重視する。『日本思想大系』所収。（綾村宏）

おうじんてんのう［応神天皇］『記』『紀』に伝える第一五代の天皇。仲哀天皇の皇子、母は神功皇后。諱を誉田別（『記』に品陀和気、大鞆和気）などと称す。仁徳天皇の父。父仲哀の死後、母の神功皇后の朝鮮出兵の際に胎内にあり、帰路に筑紫で生まれたといい、そこから胎中天皇とも呼ばれる。筑紫からヤマトに向かった神功は、応神の異母兄の麛坂王（『記』に香坂王）、忍熊王を討ったという。『古事記』では王権の対外発展を神功・応神母子を通して説明し、中巻に収めるように構想されている。また、応神と子の仁徳の伝承には類似する点が少なくない。宮都を軽島豊明宮（橿原市大軽町付近）、難波大隅宮などに営んだという。陵墓は恵我藻伏崗陵と伝え、羽曳野市の誉田御廟山古墳に比定されている。神秘的な出生譚をもつのは始祖にふさわしく、応神は九州から東遷して新王朝（河内王朝・難波王朝などという）を樹立したとする説、ホムタワケがのちに二人の大王に分化し、ホムタワケ（応神）は始祖、オホサザキ（仁徳）はその後継者として位置づけられたとする説などがある。また倭の五王の讃（『宋書』）をホムタワケに比定する説がある。

【参考文献】吉井巌『天皇の系譜と神話』（塙書房昭42）。直木孝次郎『飛鳥奈良時代の研究』（塙書房昭50）。岡田精司『古代王権の祭祀と神話』（塙書房昭45）。（川崎晃）

おうじんてんのうえがのもふしのおかのみささぎのず［応神天皇恵我藻伏崗陵之図］　応神天皇の陵である恵我藻伏崗陵の現況を記した陵墓地形図。本来は応神天皇陵籍の添付図面として作成されたもの。一九二六（大正15）年に測量、二八（昭和3）年製図し、九二（平成4）年に修正されている。原図はL判（一〇八・四㎝×七五・二㎝）二枚にわたり、縮尺は千分の一に仕上げている。当陵の形状や規模、段築状況、陪冢との位置関係などを知るうえでの基本資料である。（福尾正彦）

おうじんてんのうりょう［応神天皇陵］⇩誉田御廟山古墳（こんだごびょうやまこふん）、天皇陵古墳（てんのうりょうこふん）

おうじんに［王辰爾］　生没年不詳。船連の祖とする有力官人。『日本書紀』によれば五五三（欽明天皇14）年七月、蘇我馬子が勅を奉じて船に関する税を記録させ、王辰爾を船の長にしたと記す。そして船史の姓を与えたという。五七二（敏達天皇元）年五月、高句麗の上表文を読み解くことができなかったのを王辰爾が解読して賞され、殿中に近侍することになったと述べる。烏羽の表を飯気で蒸し、帛を以て羽に印し、その字を写しとったと記す。六八三（天武12）年一〇月船連。『続日本紀』には七九〇（延暦9）年九月、百済王仁貞の上表文を載し、それには、辰孫王の長子太阿郎王の子玄陽君その仲子が辰爾と記す。六六八（天智7）年の「船王後墓誌」には「船氏中祖王智仁首」とみえる。『新撰姓氏録』（右京諸蕃）船連の条などには、王智仁を船連の祖とする。（上田正昭）

おうすのみこと［小碓命］⇩日本武尊（やまとたけるのみこと）

おうたいもんどうたく［横帯文銅鐸］⇩銅鐸（どうたく）

おうちょうこうたいせつ［王朝交替説］　ヤマト王権の発展過程における王権ないし王朝の交替を提唱する説。一九四九（昭和24）年の『民族学研究』（第13巻第3号）に表明された江上波夫の騎馬民族征服王朝説は学界に大きな反響をよびおこしたが、水野祐は五二（同37）年に崇神天皇に始まる古王朝、仁徳天皇を祖とする中王朝、継体天皇の開いた新王朝の「三王朝交替説」を主張した。これとは別に上田正昭は六七（同42）年、奈良盆地東南部の三輪山周辺を中心とする地域の三輪王権（イリ王権）から河内を基盤とする河内王朝への展開過程に注目した。王統譜において応神天皇が前の王権のナカツヒメ、継体天皇が先の王朝のタシラカヒメを娶っている伝承を軽視できない。ヤマト王権の成立と展開を単純な単系発展説で理解するわけにはいかないことを提起した。

【参考文献】水野祐『日本古代王朝史論序説』新版（早大出版部平4）。上田正昭『大和朝廷』（講談社学術文庫平7）。（上田正昭）

おうちょうこっか［王朝国家］　律令国家に続く時代の国家概念。一〇〜一一世紀の摂関時代を指称する。律令制が崩壊するいっぽう、名の形成など、中世の封建制の萌芽がみられる時代とされる。坂本賞三は『王朝国家体制論』において王朝国家体制を概念化し、受領は名を収奪単位とし、基準国図にもとづき地方を支配したとしたが、近年は実証面での批判が出されている。佐藤進一は『日本の中世国家』において官司請負が進行する国家段階とした。（元木泰雄）

おうづかこふん［王塚古墳］⇩寿命王塚古墳（じゅめいおうづかこふん）

おうてんもんのへん［応天門の変］　九世紀中期に起きた疑獄事件。清和天皇の八六六（貞観8）年閏三月一〇日夜、朝堂院の正門である応天門が創建後初めて焼失した。五ヵ月後、この火事は大納言伴善男・右衛門佐中庸父子の放火によると備中権史生大宅鷹取が告発、これをうけて善男への尋問が始まった。そうした折に鷹取の娘が善男の従者の生江恒山・伴清縄に殴殺されるという事件がおき、取り調べの拷問により恒山らは、善男父子が左大臣源信の失脚を狙って放火した、と自白。この結果、善男は伊豆、中庸は隠岐など縁坐あわせて一〇数名が配流となった。正史の『三代実録』は善男の放火とするが、「天火、人火とも知らず」ともあり、善男と信との間に軋轢があったと述べるなど政界の複雑な事情を吐露している。重要なことは事件の捜査段階で太政大臣藤原良房が人臣初の摂政となっている事実である。この事件は応天門炎上を利用して良房が、勢力を伸ばしてきた伴善男や賜姓皇族の源信らの一掃を狙った他氏排斥事件の要素を見逃せない。なお事件の顛末を描いた『伴大納言絵巻』(国宝)は夙に知られるが、冒頭の紅蓮の炎に包まれた応天門の描写は圧巻である。

【参考文献】佐伯有清『伴善男』(吉川弘文館昭61)。（朧谷寿）

おうどうりょう【王道良】 生没年不詳。五五四(欽明天皇15)年二月、百済から派遣された易博士。百済使の三貴が新羅に対する軍事援助を求めて来日したのにともなわれ、暦博士の王保孫、医博士の王有稜陀、僧侶の曇慧ら八人とともに来日した。（愛宕元）

おうどおうみんしそう【王土王民思想】 全国土・全国民は王の所有物であり王によって支配されるとする思想。*中華思想の天子ないし天命の思想にもとづく国土・国民支配の政治理念。律令体制支配の公地公民制を基礎づけ、理論づけるものだが、実際に王土・王民が強調されるのは公地公民制が崩壊し私地私民が一般化する院政時代以後で、王権によって私地私民に対抗する理念として主張されるようになった。院政執行者の上皇・法皇がことさらに「治天の君」を強調し、「制法」にかかわらない統治を行ったことと関係するものであろう。

【参考文献】石井進「院政時代」『講座日本史(二)』(東大出版会昭45)。（井上満郎）

おうばらでら【粟原寺】 奈良県桜井市粟原所在の寺院跡。粟原の集落南端に位置し、塔跡などの礎石が残っている。塔跡の西側には金堂跡があるらしい。粟原寺三重塔伏鉢(談山神社蔵、国宝)に刻まれた銘文によると、願主は仲臣朝臣大嶋で、草壁皇子のために伽藍建立を開始し、比売朝臣額田によって甲午年(六九四)から和銅八(七一五)年にわたり金堂などの造営が行われ、釈迦丈六像がつくられたという。同伏鉢は同年四月に三重塔に上げられたと銘文にある。（鶴見泰寿）

おうほそん【王保孫】 生没年不詳。五五四(欽明天皇15)年二月、百済から派遣された暦博士。百済使の三貴が新羅に対する軍事援助を求めて来日したのにともなわれ、易博士の王道良、医博士の王有稜陀、僧侶の曇慧ら八人とともに来日した。（愛宕元）

おうぼつしゅう【王勃集】 初唐の文学者王勃(649~76)の文集。正しくはその字によって『王子安集』という。王勃は、隋の大儒王通の孫で、絳州竜門の人。祖父の血を引き詩文に優れた才能を発揮し、楊炯、盧照鄰、駱賓王とともに初唐四傑と称され、とくにその詩は華麗で当時の詩壇を圧した。ただ傲慢な性格が災いして官としては不遇で、二八歳の若さで水死した。文集三〇巻は日本にも早くに舶来され、正倉院などに残本が伝わっている。（愛宕元）

おうみおおつきょう【近江大津京】⇩近江大津宮

おうみおおつのみや【近江大津宮】 六六七(天智6)年三月、近江に遷された都。この遷都は白村江の戦いに惨敗し、唐・新羅にいつ攻められるか知れない戦時体制下に行われたもので、のちに人麻呂は「いかさまに 思ほしめせか」とこの遷都に疑義の念を表明している。『日本書紀』『懐風藻』『藤氏家伝』『万葉集』には「内裏」「宮門」「大殿」「内裏仏殿」「漏剋台」「庠序」「浜楼」「淡海之第」など大津宮の構造をある程度推定し得る用語を載せるが、宮そのものの位置については何ら示してはいない。このため、江戸時代からその位置論については百家争鳴で、大津市街地説・御所之内(錦織)説・南滋賀説・滋賀里説・穴太説などがあった。一九七四(昭和49)年、錦織の地で初めて大津宮の建物跡(門と回廊)が発見され、以後、その推定地は建物の新・増・改築等に際して発掘調査が行われることになり、小規模ながら各所で地下遺構の状況が探られた。その結果、大津宮の遺構が集中するのは錦織で、地形からみても、南面して左右対称の建物群を配置する宮殿施設の設置に適した地勢をもつのも錦織であることが判明した。このため、大津京の宮は錦織に営まれたと判断されるにいたった。錦織で断片的に検出された建物遺構群を復原し、文献資料からの見解を加味すると、北に内裏、南に朝堂院をおく宮室が復原される。中軸線上には南から内裏南門・内裏正殿・後殿的性格をもつ東西棟の建物や内裏南門から東西に延びる複廊などが存在する。京域に関しては不分明であるが、北は地形が大きく変化する穴太廃寺、南も地形が大きく屈曲する園城寺(三井寺)までの間が相当するとみられ、当時の汀線は現在よりかなり西側であったと推定される。そして、京内には北から穴太廃寺・崇福寺・南滋賀廃寺・園城寺前身寺院が存在し、これらの設置方位やわずかに検出された溝の方位などから、統一的な一定の都市計画はあったとみられるが、条坊の存在についてはまだ明らかでない。この推定京城の平野部は西高東低で起伏に富んだ地形を有しており、碁盤目状の方格地割が推定京域の全域に施行されたとは考えにくい。

【参考文献】林博通『大津京跡の研究』(思文閣出版平13)。（林博通）

おうみこくちょうあと【近江国庁跡】 滋賀県大津市の瀬田川河口左岸の丘陵上にある。政庁は四方を築地塀で囲み、正面中央に、東西七間、南北七間、南北五間の前殿と、南北を一間縮めた後殿があり、二つの建物を南北に廊下で結び正殿としている。正殿前面には南庭を配し、広場の両側には南北に長く延びる東西の脇殿がある。政庁の建物はいずれも瓦積基壇に、礎石を用いた瓦葺の建物である。この場所には奈良時代中頃に造営され、平安時代初期に大規模な修復が行われている。国指定史跡。

【参考文献】水野正好他『史跡近江国衙跡発掘調査報告』(滋賀県文化財調査報告書第六冊昭52)。（兼康保明）

おうみこくふ【近江国府】⇩近江国庁跡

おうみせんと【近江遷都】⇩近江大津宮

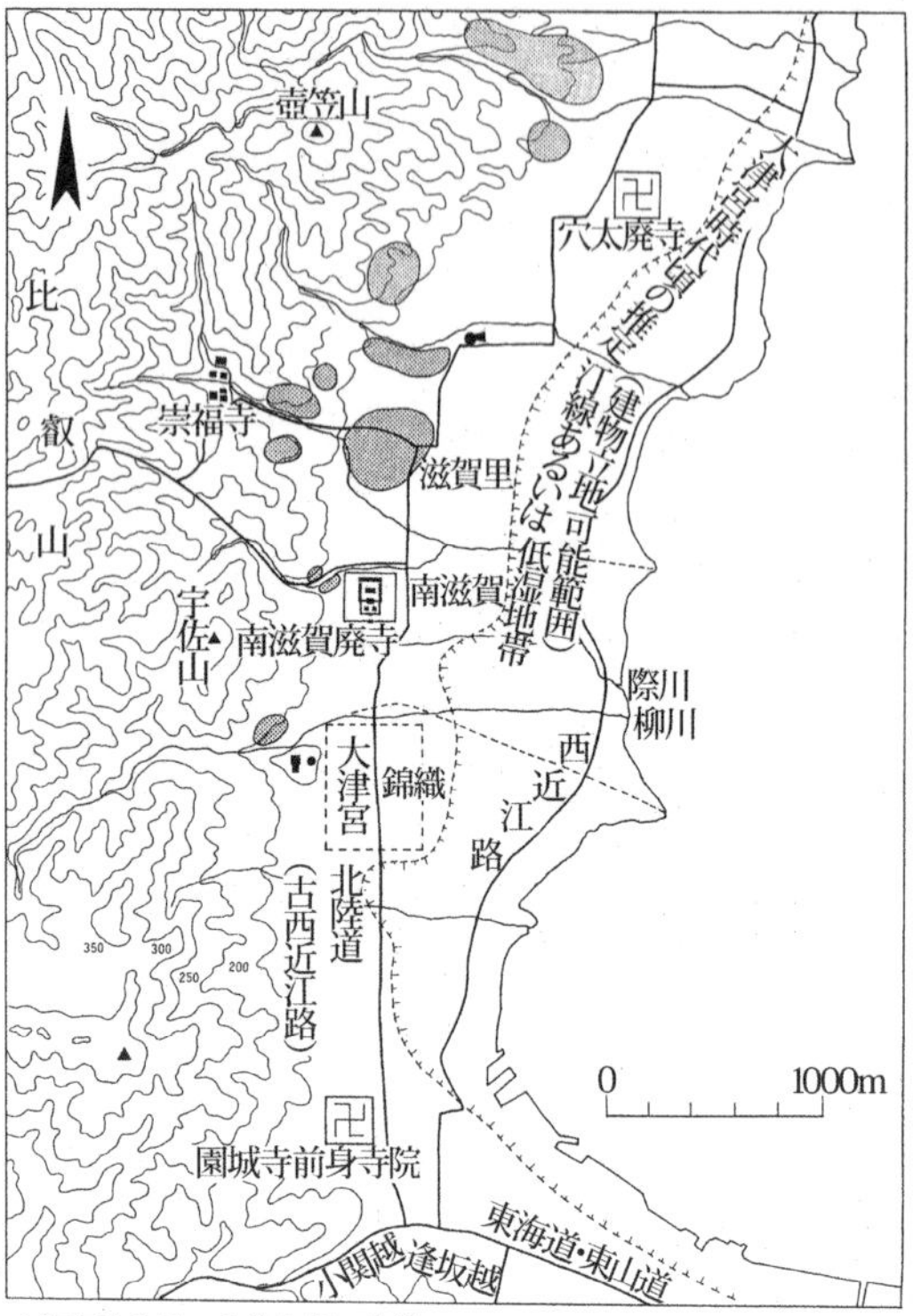

大津宮時代頃の大津北郊の地勢
黒丸等：前・中期古墳
網目：後期群集墳

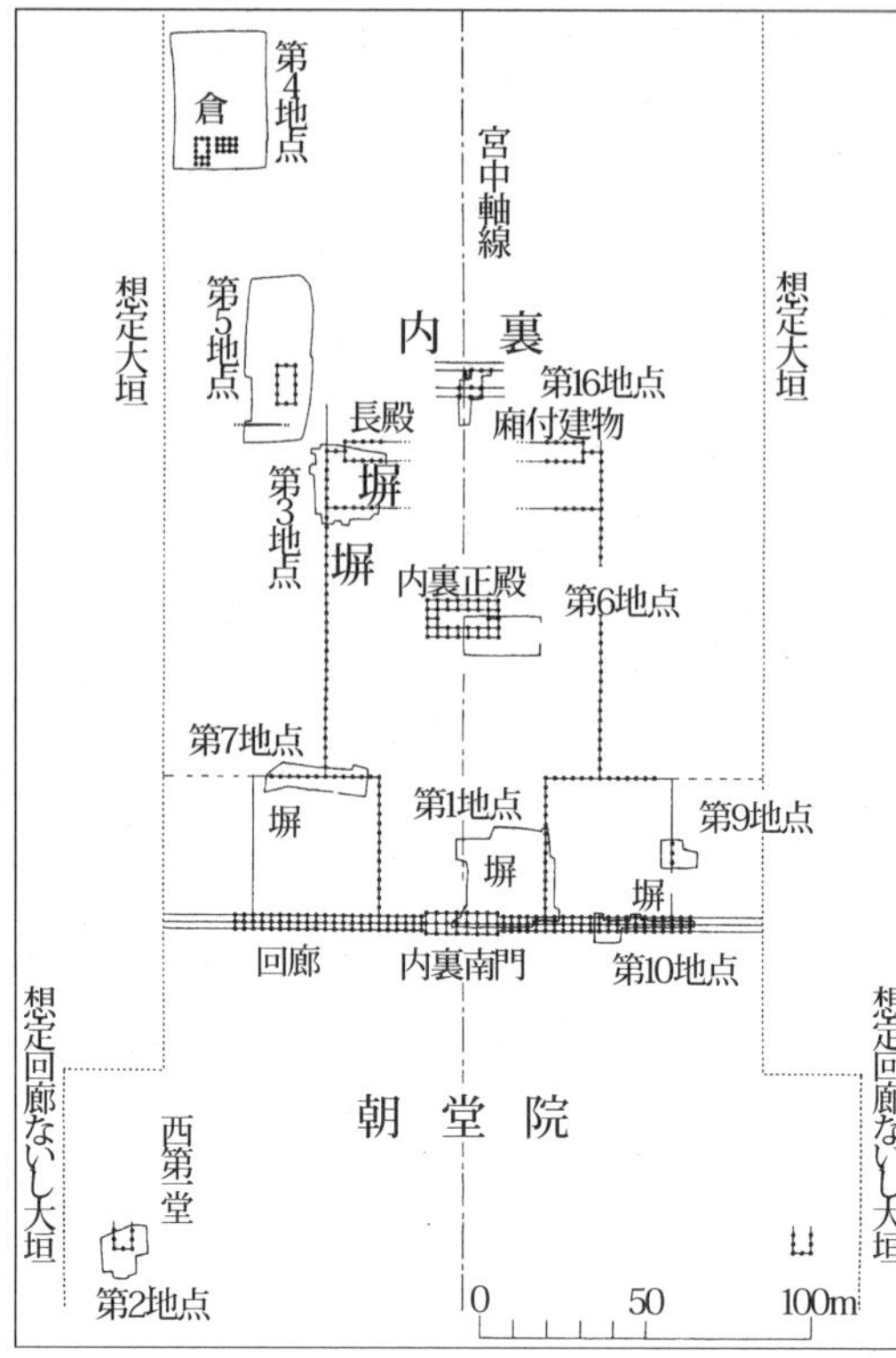

近江大津宮中枢部推定復元図

おうみちょうてい［近江朝廷］⇩天武天皇

おうみのくに［近江国］ 東山道に属する国。現在の滋賀県にあたる。四方を山地に囲まれ、中心部に全面積の約六分の一を占める琵琶湖があり、その沿岸部に沖積平野が広がる。淡海もしくは近淡海とも称される。「延喜式」では大国とされ、所管の郡は滋賀・栗太・甲賀・野洲・蒲生・神崎・愛智・犬上・坂田・浅井・伊香・高島郡の一二郡。国府は現大津市瀬田神領町の三大寺付近に所在し、発掘調査によってその実態が解明されつつある。琵琶湖東岸の東山道が美濃国の不破関へ通じ、長岡京以後の東海道は守山市付近まで東山道と併用道で分岐してのちは伊勢国の鈴鹿関へ、また西岸の北陸道は越前国の愛発関（のち逢坂関に変更）に通じていた。したがって畿内から東日本への出入口にあたり、琵琶湖水運と陸上交通路もあいまって、古くから重要な地域として認識されていた。天智天皇の近江大津宮、聖武天皇の紫香楽宮、淳仁天皇の保良宮なども造営された。

【参考文献】『滋賀県史』全六冊（復刻、名著出版昭46）。木村至宏編『図説滋賀県の歴史』（河出書房新社昭62）。原田敏丸他『滋賀県の歴史』（山川出版社昭47）。 **（高橋誠一）**

おうみのくにへるむらこんでんちず［近江国覇流村墾田地図］ 東大寺の所有する覇流村（現滋賀県彦根市西部）の墾田の地図。正倉院蔵。坪付ごとに区分し、土地面積・水路などが記載され、東大寺領荘園の成立と展開を知る史料。七五一（天平勝宝3）年の作成と推定される。**【参考文献】**金田章裕他編『日本古代荘園図』（東大出版会平8）。 **（井上満郎）**

おうみのくにみぬまむらこんでんちず［近江国水沼村墾田地図］ 東大寺に所有する水沼村の墾田の地図で、水沼村は敏満寺（ビンマン寺。もと弥満寺）の所在から現滋賀県多賀町と推定される。正倉院蔵。坪付ごとに区分し、土地面積・水路などが記載され、東大寺領荘園の成立と展開を知る史料。七五一（天平勝宝3）年の作成と推定される。**【参考文献】**金田章裕他編『日本古代荘園図』（東大出版会平8）。 **（井上満郎）**

おうみのけの［近江毛野］ 生没年不詳。六世紀前半の武人。姓は臣。新羅に敗れた南加羅などの再建のために渡海しようとしたが、磐井の乱に遮られ、平定後渡海したという。任那で金官などを失い（五三二年か）、また暴政を行ったために召還され、その帰途対馬で病没、近江に送葬されたと伝える。 **（川崎晃）**

おうみのみふね［淡海三船］ 722～85 奈良時代の漢詩人・学者。大友皇子（弘文天皇）の曾孫、父は葛野王。幼少時に出家、三〇歳で還俗、中央・地方の官職を歴任した。著作に、鑑真の伝記『唐大和上東征伝』、大乗起信論の注釈『大乗起信論注』（散逸）がある。漢風諡号の選者ともいう。 **（堀川貴司）**

おうみりょう［近江令］ 天智天皇の時代に編纂された日本最初の法典。現存しない。「弘仁格式」序に「降りて天智天皇元年に至りて令二十二巻を制す。世人所謂近江朝廷の令なり」とみえ、また、『家伝』上にも、六六八（天智7）年、天智天皇が藤原鎌足らに命じて律令を刊定させたと記す。ただ、「官位令集解」に「又、上宮太子并びに近江朝廷、唯令を制して律を制さず」とあることなどから、律は編纂されなかったとみられている。『日本書紀』天智天皇九（六七〇）年二月条にみえる造籍（いわゆる庚午年籍）と、翌年正月の太政大臣・左右大臣・御史大夫の任命は、この令にもとづくものであろう。ただし、関係史料の再検討によって近江令の存在を否定する説や、六八九（持統3）年に諸司に班ち賜わった令二二巻（いわゆる飛鳥浄御原令）を、天智天皇朝に編纂が始まった近江令であるとする説もあり、この令の存否、施行不施行については諸説ある。

〔参考文献〕井上光貞他『律令』（岩波書店昭51）。瀧川政次郎『律令の研究』（名著普及会昭63）。青木和夫『日本律令国家論攷』（岩波書店平9）。　（荊木美行）

おうゆうりょうだ［王有稜陀］　生没年不詳。五五四（欽明天皇15）年二月、百済から派遣された医博士。百済使の三貴が新羅に対する軍事援助を求めて来日したのにともなわれ、易博士の王道良、暦博士の王保孫、僧侶の曇慧ら八人とともに来日した。　（愛宕元）

おうらいもの［往来物］　往信・返信一対の消息文を集めた消息文例集を編纂したもの。平安末から明治初期までの初等教科書の総称。藤原明衡の「明衡往来」（「雲州消息」）を先蹤として、「季綱往来」（散逸）「東山往来」「和泉往来」「往来」「高山寺本古往来」などが存する。おもなものは『日本教科書大系』所収。　（松本公一）

おうりゅうき［王柳貴］　生没年不詳。五五四（欽明天皇15）年二月、百済から派遣された五経博士。百済使の三貴が新羅に対する軍事援助を求めて来日したのにともなわれ、易博士の王道良、暦博士の王保孫、僧侶の曇慧ら八人とともに来日した。　（愛宕元）

おうりょうし［押領使］　平安時代の軍事官職。平安初期には兵員の移動・引率を任務としたが、承平・天慶の乱では実戦にもあたるようになった。両乱後、治安維持のため諸国におかれるようになり、在地の有力武士が補任されるか国司が兼任した。数ヵ国を兼ねた者や、荘園内に置かれた事例もある。　（宮田敬三）

おおあまのみこ［大海人皇子］　⇨天武天皇

おおあらいいそざきじんじゃ［大洗磯前神社］　茨城県東茨城郡大洗町に鎮座。式内名神大社。祭神は、大己貴命・少彦名命。八五六（斉衡3）年常陸国の上言によると大洗の海岸に怪石（大己貴命と少彦名命）があらわれ、昔この国をつくり、また民を救うために帰ったと託宣したという。翌年、官社に列し、薬師菩薩名神の号を授けられている。　（堀越光信）

おおいがわ［大堰川］　⇨葛野大堰

おおいしいせき［大石遺跡］　大分県と宮崎県を隔てる祖母山の北麓、大分県豊後大野市緒方町にある縄文時代晩期の遺跡である。五次にわたる調査により大石式と称される土器とともに、扁平打製石器・石庖丁形石器・石皿等の石器や管玉・曲玉および土偶などの遺物が多量に出土した。調査者の賀川光夫は遺跡の立地や打製石器をもとに「縄文晩期農耕論」を唱えた。この説は現在では否定されているが、晩期の米に関する資料や栽培植物の遺存資料は増加しつつある。

〔参考文献〕賀川光夫『縄文式晩期農耕文化研究に関する合同調査』（別府大学昭41）。賀川光夫『農耕の起源』（講談社昭47）。　（宮内克己）

おおいりょう［大炊寮］　大宝・養老令制の宮内省被管諸司の一つ。諸国から貢納される舂米や雑穀を収納・管理し、諸司に分給することをつかさどった。四等官のほか、伴部として大炊部が所属し、大宝令では品部の大炊戸が所属した。平安末期以降、大炊頭を中原氏が占め、大炊寮領を支配した。　（荊木美行）

おおうたどころ［大歌所］　平安宮廷の上西門の内、図書寮の東にあった、五節舞・神楽・催馬楽・諸国の古謡などの歌をつかさどった役所。雅楽寮から発展成立したものか。八一六（弘仁7）年には別当（長官）がおかれていた。ほかに十生・案主・預・歌師・和琴師・笛師がいた。一〇〇五（寛弘2）年焼失するが、二年後再建された。

〔参考文献〕所京子「「所」の成立と展開」『論集日本歴史3　平安王朝』（有精堂出版昭51）。永田和也「大歌所について」『国学院雑誌』九一―一二（平2）。　（所京子）

おおうちさんりょう［大内山陵］　天武天皇と持統天皇を合葬した山陵。五段築成の八角形墳。「延喜式」の諸陵寮条では、天武天皇と持統天皇のそれぞれについて、檜隈大内陵とする。また『続日本紀』の天平勝宝七（七五五）年十月二十一日条には、大内東西陵とみえている。天武天皇は六八六（朱鳥元）年九月九日に崩御。六八七（持統元）年一〇月二二日から大内陵の造営を開始し、翌年一一月一一日に大内陵に葬られた。六九二（同6）年六月、大内陵造営に怠りなく努めた直丁八人に対し官位を与えているので、この頃に大内陵は完成したらしい。六九八（文武2）年正月には、新羅の貢物が大内山陵に献じられている。大内山陵の呼称は、大内丘の谷に造営されたことから生じたらしい（『日本書紀』欽明天皇七〈五四六〉年七月条を参照）。一二三五（文暦2・嘉禎元）年三月、大内山陵は盗掘された。そのときの実見使の記録が「阿不幾乃山陵記」で、一八八〇（明治13）年六月に、田中教忠が京都の高山寺文書のなかから発見した。その内容から、野口（奈良県高市郡明日香村野口）にある「王ノ墓」であることが判明、翌年五月に天武・持統陵と決定され、現在にいたっている。　（和田萃）

おおえし［大江氏／大枝氏］　平安時代、文章道を家学とした氏族。もと土師氏。七九〇（延暦9）年桓武天皇が外祖母土師真妹（の系統）に大枝朝臣を賜姓したのに始まる。八六六（貞観8）年音人のとき、海（江と同意）のように尽きることなく子孫が繁栄するようにとの願いをこめて大江に改められ、江家と通称された。朝綱・匡衡・匡房ら多くの文人学者を輩出、菅家（菅原氏）と並ぶ学者の家となった。　（瀧浪貞子）

おおえせい［大兄制］　井上光貞が提唱し

た、古代における皇位継承法。大兄は「オヒネ」とも訓み、同母兄弟間の長子をいう。『日本書紀』には、(1)大兄去穂別尊、(2)勾大兄皇子、(3)箭田珠勝大兄皇子、(4)大兄皇子(橘豊日尊)、(5)押坂彦人大兄皇子、(6)山背大兄皇子、(7)古人大兄皇子、(8)中大兄皇子という八人の皇子（(1)の大兄は地名か）が登場する。井上は、これらの事例の分析から、皇位の継承は兄弟相続と大兄制の総合であって、まず大兄が即位し、つぎにその弟が皇位をつぎ、次代には大兄の子に継承権が移る慣例があったことを指摘。井上説に対しては、その後、修正・批判が寄せられたが、定説はない。

【参考文献】井上光貞『日本古代国家の研究』(岩波書店昭40)。 (荊木美行)

おおえのあさつな［大江朝綱］ 886〜957
平安時代中期の公卿、儒者。後江相公。音人孫、玉淵男。紀伝道の出身で、専門の儒職から弁官を歴任し、正四位下・参議にいたる。醍醐朝から村上朝の主要な文人で、内宴や摂家の文事にも重用され、維時とともに文章博士に並び立つなど、江家の最盛期を築いた。その文名は高く、『後江相公集』は散逸したが、『本朝文粋』や『和漢朗詠集』の主要な作者となっている。村上朝に『新国史』の編修を督した。 (住吉朋彦)

おおえのおとんど［大江音人］ 811〜77
平安時代前中期の公卿、儒者。江相公。はじめ大枝、八六六（貞観8）年大江に改む。阿保親王男。紀伝道より出身して、専門の儒職や弁官を歴任、従三位・参議・左衛門督にいたる。藤原良房に用いられ、貞観の間、清和天皇の朝政に参与した。後世、儒門・江家の始祖と仰がれる。『貞観格式』『文徳実録』の編修に参画し、自ら『群籍要覧』『弘帝範』を編んだというが散逸。詩句は殆ど伝わらない。 (住吉朋彦)

おおえのこれとき［大江維時］ 888〜963
平安時代中期の公卿、儒者。江納言。音人孫、千古男。紀伝道の出身にして蔵人を兼ね、延喜から天暦の間に儒職を歴任、従三位・中納言にいたる。同属の朝綱と文章博士の職に並び立ち、また村上朝の執政に参与して、江家の最盛期を現出した。九六三(応和3)年没。『日観集』(散佚)を編んで序を記し、『千載佳句』を輯め、また朝綱の跡を襲って『新国史』の編纂を監修した。『本朝文粋』に入集、『天徳闘詩合』等に詩作を伝える。 (住吉朋彦)

おおえのたかちか［大江挙周］ ?〜1046
平安時代中期の官人、儒者。匡衡・赤染衛門男、匡房祖父。紀伝道の出身で、蔵人を勤め、また文章博士等の儒職をへて正四位下・式部権大輔、大学頭にいたる。東宮(敦成親王、のちの後一条天皇)学士。往生伝中の人。『本朝文粋』『本朝続文粋』に入集。「中右記部類紙背漢詩集」『鳩嶺集』にも詩句・長句を伝える。 (住吉朋彦)

おおえのちふる［大江千古］ 866〜924
平安時代中期の官人、儒者。音人男。紀伝道に学び、対策及第して儒職や地方官に任じた。従四位下・伊予権守にいたる。あるいは式部大輔にも任じたか。醍醐朝に参仕して、天皇の侍読を勤めた。詩人として『雑言奉和』『和漢兼作集』等に若干の作例を伝え、また『後撰集』以下の勅撰集に入集する歌人でもある。 (住吉朋彦)

おおえのまさひら［大江匡衡］ 952〜1012
平安時代中期の官人、儒者。維時孫、重光男、赤染衛門の夫。紀伝道に学び、文章博士等の儒職をへて正四位下・式部大輔にいたる。藤原道長の庇護のもと、摂家の文事にも登庸され、一条朝の翰林に重きをなしたが、累代卿相に上るべき儒門の棟梁として、終生その不遇に喘いだ。家集に『江吏部集』(漢詩文)、『匡衡集』(和歌)があり、『本朝文粋』の最多入集者。『本朝麗藻』作者。 (住吉朋彦)

おおえのまさふさ［大江匡房］ 1041〜1111
平安時代後期の貴族。江都督・江帥・江大府卿と称される。父は大江成衡、母は橘孝親女。家業の文章道に優れ、後三条・白河・堀河の三代の東宮学士をつとめる。また弁官を長くつとめ、延久の記録所の寄人となるなど実務にも優れ、後三条・白河の側近として活躍。極位は正二位権中納言。著作に『江記』『江家次第』『江談抄』『匡房集』『本朝神仙伝』『続本朝往生伝』『江都督納言願文集』。 (佐伯智広)

おおおみ［大臣］
大連*とならぶ大和朝廷の最高執政官の称号。臣の姓をもつ氏族のなかの大なる者をいう。『日本書紀』によれば、成務天皇朝の武内宿禰が初見だが、史実としては疑わしい。その後、履中天皇朝の葛城円、雄略・清寧天皇朝の平群真鳥、継体天皇朝の許勢男人が任じられたが、宣化天皇朝の蘇我稲目以後、馬子・蝦夷と蘇我氏が世襲し、権勢を振るった。六世紀末に仏教受容に絡んで物部守屋が討たれて以後、大連は廃絶し、大臣のみとなった。その後は大化改新で左右大臣がおかれるまで存続した。 (荊木美行)

おおかがみ［大鏡］
平安時代末期の歴史*物語。著者は藤原氏説、源氏説多数あるが未詳。諸本の系統により三巻、六巻、八巻本がある。堀河・鳥羽朝頃の成立か。紫野の雲林院の菩提講で出会った一九〇歳の大宅世継と一八〇歳の夏山繁樹という二人の老翁を中心に、繁樹の老妻、三〇歳の若侍を加えた問答形式で物語は進められていく。話題は文徳天皇の八五〇(嘉祥3)年から、一四代一七六年におよび、藤原道長の栄華を中心にその裏面をも紀伝体で語っている。「鏡物」の最初。注釈書*に『新編日本古典文学全集34』(小学館平8)などがある。 (小西茂章)

おおかすがし［大春日氏］
春日氏*と同じ。和珥氏の同族で、大和国添上郡春日郷(奈良市白毫寺町周辺)を本拠地とした氏族。六世紀末までの天皇の后妃にはこの氏族出身とされるものが多くみられる。六八四(天武13)年の八色の姓制定時、朝臣の姓を賜った。 (小野里了一)

おおかみ［狼］
犬に似た野生動物。人畜を襲うことで恐れられたが、いっぽうでは、その神秘的な生態から、「真神」「御犬」と敬称され、山の神の使わしめと考えられた。飛鳥寺が建立された真神原について、『万葉集』では「大口の真神原」と歌われており、飛鳥が開発された当初には、狼が出没するような「原」であった。また狼糞は、昼間、烽で烟を放つ際に使用された可能性がある。烽では昼間は烟、夜には火を放って情報伝達を行った（軍防令昼夜条）。古代ではトブヒを烽・烽火・烽燧・飛火と記したが、中世以降には狼煙・狼火と記されるようになり、実際に狼糞を用いたようである。狼の糞を燃やすと、烟が真っ直ぐに立ち上がるという。（和田萃）

オオキミ 大和朝廷の最高首長の呼称。埼玉県稲荷山古墳出土の辛亥銘鉄剣・熊本県江田船山古墳出土の大刀銘・和歌山県隅田八幡宮所蔵の人物画像鏡銘に大王の称号がみえる。中国では王のうちもっとも有力なものを大王とよぶ例はないが、古代日本では王のうち卓越したものを大王と称したようである。律令制下においては、親王（内親王）を除く五世孫までの天皇の子孫を王と表記し、「おおきみ」と訓じた。女子の場合は、女王とも称した。（荊木美行）

おおきみのつかさ／しょうしんし【正親司】 『和名抄』の訓は「於保岐無太知乃司」。大宝・養老令制の宮内省被管諸司の一つ。皇親の名籍を管理し、季禄・時服の支給を担当した。長官の正は諸王から任官されることが多く、のちに花山源氏の白川家が独占した。（荊木美行）

おおくさかのみこ【大草香皇子】 生没年不詳。仁徳天皇の皇子。波多毗能大郎子・大日下王とも。母は日向髪長媛。皇子の妹幡梭皇女を大泊瀬皇子（のちの雄略天皇）に聘せんとした安康天皇の仰せを了承するも、遣いの根使主が献上品の押木珠縵を盗んで虚偽を天皇に奏上したため、兵をもって殺された。（大川原竜一）

おおくにたまのかみ【大国魂神】 大和国の神。大国主神、大物主神とも。崇神天皇七年、しばしば天災がおきたとき、神は倭迹迹日百襲姫命に憑って大物主神を大田田根子に、また市磯長尾市に自分を祀らせれば、天下安定し外患もなくなると天皇に託宣した。（大川原竜一）

おおくにぬしのみこと【大国主命】 『記』『紀』神話に登場する出雲系の神の代表的存在で、別名として大穴牟遅神・葦原色許男神・八千矛神・宇都志国玉神・大国玉神・大己貴神・大物主神などがある。『出雲国風土記』には、大穴持命と記されているが、大穴持命が「オオ（大）＋ナ（地）＋モチ（所有）」であることから、結局は大国主命と同じと考えられる。多くの別称がみられることは、本来それぞれ固有の伝承をもった神々を大国主命の名のもとに統合して一つの神格を形成したことを物語っている。（瀧音能之）

おおくにのしょう【大国荘】 三重県多気町の櫛田川流域にあった荘園。東寺領。布施内親王賜田の一部一八五町余が、没後の八一二（弘仁3）年東寺に勅施入されて成立した。八三五（承和2）年相博により一円化、八三二（天長9）年・八五六（斉衡3）年には浪人の雑役免除が開発料として認められている。

【参考文献】村井康彦『古代国家解体過程の研究』（岩波書店昭40）。（山本崇）

おおくのひめみこ【大伯皇女】 661～701 天武天皇の皇女で、大津皇子の同母姉。大来皇女とも。母の大田皇女は天智天皇の皇女で、鸕野讃良皇女（後の持統天皇）の同母姉。六六一（斉明7）年正月、百済復興のため、宮廷を挙げて筑紫に向かう途次、大伯の海（備前国邑久郡の海）にいたったとき、大田皇女は女児を出産、それで大伯皇女と命名された。天武天皇即位直後の六七三（天武2）年四月、斎王に卜定されて泊瀬の斎宮に入り、翌年一〇月、伊勢斎宮に赴いた。六八六（朱鳥元）年九月に天武天皇が崩御。その直後に大津皇子は謀反の疑いで捕えられ、刑死したため、大伯皇女は斎王を解任され、飛鳥に戻った。飛鳥池（奈良県高市郡明日香村飛鳥）から出土した木簡に、「大伯皇子宮物」と記すものがある。七〇一（大宝元）年一二月二七日に薨じた（『続日本紀』）。大伯皇女は歌にすぐれ、大津皇子が謀反を起こした直後に伊勢神宮に下った際の歌（『万葉集』巻二―一〇五・一〇六）、大伯皇女が斎王を解任されて大和に上る際の歌（巻二―一六三・一六四）、大津皇子の屍を二上山に移葬したときの歌（巻二―一六五・一六六）は、いずれも弟を想いやる、哀切な歌である。（和田萃）

おおくぼでら【大窪寺】 畝傍山東北の橿原市大久保町に所在した寺院。六八六（朱鳥元）年八月、檜隈寺・軽寺とともに、三〇年を限りとした封戸一〇〇戸が与えられた（『日本書紀』）。同地に所在する国源寺観音堂の境内（大久保町の公民館前）に、大きな塔の心礎が残る。また近傍の神武天皇陵との間に、小字「東金堂」「西金堂」がある。（和田萃）

おおくめのみこと【大久米命】 神武天皇代の人。久米直の祖。『日本書紀』には来目部遠祖天槵津大来目とある。道臣命とともに兄宇迦斯を誅殺し、神武天皇の伊須気余理比売への求婚の仲介をつとめた。その論功として畝傍山以西の川辺の地を賜ったという。（大川原竜一）

おおくら【大蔵】 令制の大蔵省の前身と考えられる機関。『新撰姓氏録』には雄略朝に秦氏が八丈の大蔵を宮の側に建て、貢物をおさめたとあり、『古語拾遺』には雄略天皇の時に、斎蔵・内蔵と合わせて三蔵を蘇我麻智が検校し、秦氏が出納、東西の文氏が帳簿を担当したと伝える。『日本書紀』清寧紀には「大蔵（之）官」、欽明紀には「大蔵省」などの語がみえる。天智紀から持統紀にかけては「大蔵（省）」「難波大蔵（省）」などの存在が記され、天武朝には六官の一つとなっていた。（山元章代）

おおくらしょう【大蔵省】 大宝・養老令制における八省の一つ。おもに調など貢納品の保管・出納を担当し、朝廷行事の設営や器物・衣服などの製作もつかさどった。四等官のほか、品官の主鑰・蔵部・典履、伴部の百済手部・典革・狛部、品部・雑戸の百済戸・狛戸が所属した。典鋳・掃部・漆部・縫部・織部五司を管轄した。（荊木美行）

おおごおりのみや【大郡宮】 大化前代に難波に存在し、外交をつかさどる役所であった「大郡」を六四五（大化元）年の難波遷都にともなって宮に改修したもの。『日本書紀』の白雉二（六五一）年十二月晦、孝徳天皇は「大郡」より難波長柄豊碕宮と命名された新宮に遷り、翌年正月の元日礼が終わった後「大郡宮」に幸している。（中尾芳治）

おおさかのしながのみささぎ【大阪磯長陵】 孝徳天皇の陵。大阪府南河内郡太子町大字山田に位置する。天皇は六五四(白雉5)年一〇月に崩御、同年一二月に「大坂磯長陵」に葬られた(『日本書紀』)。「延喜式」諸陵寮では「大坂磯長陵。難波長柄豊碕宮御宇孝徳天皇、在河内国石川郡、兆域東西五町、南北五町、守戸三烟」と記し遠陵とする。現在、「大坂」を「大阪」とする。元禄年間に現在地に決定したが、ほかにも候補地が古市にあった。陵は丘陵南斜面を利用しており、径約三五mの円墳とされる。八角墳の可能性も指摘されている。古く竹内峠の西側を「鶯関」と称することから、清少納言『枕草子』にいう「鶯陵」にあてる見解もある。かつては北山陵ともよばれていた。(福尾正彦)

おおさわいけ【大沢池】 京都市左京区嵯峨大沢町にある古代以来の苑池。国指定の名勝。平安時代に嵯峨天皇の嵯峨御所(のちの大覚寺)の庭としてつくられ、その庭には有名な名古曽の滝があったが、いまはその滝はわずかな石組みの痕跡しか存在しない。(高橋美久二)

おおし【多氏】 大和国十市郡飫富郷(奈良県磯城郡田原本町多)を本拠とした氏族。太・大・意富・於保とも書く。カバネは初め臣、六八四(天武13)年八色の姓制定に際し本流の一族は朝臣を賜った。飫富の地には、多氏が祀る多坐弥志理都比古神社が鎮座している。多氏は神武天皇の皇子神八井耳命の後裔と称するが、『日本書紀』景行天皇十二年九月条には多氏の祖武諸木の名がみえる。多氏には妹を百済の王子豊璋の妻とした蒋敷、壬申の乱の功臣の品治、『古事記』筆録者の安麻呂がいる。(宮永廣美)

おおしこうちし【凡河内氏】 河内地方の国造氏族。凡川内・大河内とも。天津彦根命の後裔。カバネは初め直、六八三(天武12)年九月に連、六八五(同14)年六月に忌寸を賜った。摂津国菟原郡(兵庫県神戸市灘区)を中心とした西摂地方を本拠とする。朝廷にとって政治的・軍事的に重要な務古水門を掌握していたことにより、河内・摂津・和泉を含む広い領域を統括する国造に任命されたものと考えられている。『新撰姓氏録』摂津国神別には、天穂日命一三世孫可美乾飯根命の後裔とする凡河内氏もみえる。(宮永廣美)

おおしこうちのみつね【凡河内躬恒】 生没年未詳。平安時代前期の歌人。『古今和歌集』撰者の一人。屏風歌を多く手がけた。歌人としての名声は高く、後世、紀貫之と並称された。三十六歌仙の一人。九二四(延長2)年の生存が確認される。家集に『躬恒集』がある。(小林一彦)

おおしのあたいし【凡直氏】 瀬戸内海・南海諸地域に広く分布する氏族。姓の多くは直。凡は大・大押とも称し統率するという意の氏名。凡直は国造の家柄に与えられた氏姓と考えられ、設置に関しては、地域的小国造を併合したより広域の国造とする見解と、国造がまだ設置されていなかった地域の首長を擬似的同族関係の下に組織したものとする見解がある。地名+凡直、または凡+地名+直の型で、著名な氏としては凡河内直氏がある。(大川原竜一)

おおすみしょうはちまんぐう【大隅正八幡宮】 鹿児島県霧島市隼人町大字内に鎮座する鹿児島神宮の古称。延喜式内社(大社)である大隅国桑原郡の鹿児島神社が前身とされる。旧官幣大社。天津日高彦穂々出見尊、豊玉比売命を主神とし、相殿には帯中比子尊(仲哀天皇)、息長足比売命(神功皇后)、品陀和気尊(応神天皇)、中比売命(応神皇后)の四神を祭神とするが、元来祀られていた土着神に八幡神が合祀されたと推定されている。平安後期以降、大隅国一宮として尊崇を集め、その修造は日向・大隅・薩摩の三国に賦課された。例祭は八月一五日である。(森哲也)

おおすみのくに【大隅国】 西海道の一国。鹿児島県の東半部。大隅半島を中心にその基部が含まれる。日向国・薩摩国に接する。大隅地域は霧島山地・高隈山地・肝属山地の高原・台地と志布志湾に望む沖積平野を主とする地域に分けられる。始良カルデラの火砕流の堆積によって形成されたシラス台地は、その後の人々の生活に大きな影響を与えている。七一三(和銅6)年、日向国から肝坏・噌唹・大隅・始羅四郡を割いて大隅国を設置。その後、桑原郡、菱刈郡、熊毛郡、馭謨郡を加えて八郡とした。等級は中国。国衙は国分市府中?、大隅国分寺跡は国分市上小川字古屋敷にある。七二〇(養老4)年大隅隼人の反乱が起こり、国守陽侯史麻呂が殺害され、大伴旅人が征隼人持節大将軍として下向、鎮定にあたった。「伊呂波字類抄」によれば、田数三七七三町、人口三七〇〇〇人。平安時代には島津荘以下、大部分が荘園となり、鎌倉時代には島津・北条氏一門、千葉氏が守護となった。南北朝時代以後、島津氏が支配した。

【参考文献】国分郷土誌編纂委員会編『国分郷土誌』(国分市昭48)。芳即正他監修『鹿児島県の地名』(平凡社平10)。(上村俊雄)

おおすみはやと【大隅隼人】 現在の鹿児島県東部、大隅地方に居住した隼人。『日本書紀』天武十一(六八二)年七月甲午条を初見とし、朝廷に対して阿多隼人(薩摩隼人)とともに定期的に朝貢を行い、服属するようになった。(森哲也)

おおたうえ【大田植】 大規模・集団的に行われる田植え行事。田主を中心とし、田の神が祭られ、酒食をともない、田楽が演じられた。水田稲作が村落共同体を単位として行われたことを示し、現在も各地に名残をとどめる。(井上満郎)

おおたたねこ【意富多多泥古】 三輪君らの始祖とする説話上の人物。大田田根子とも書く。『古事記』によれば、大物主神と陶津耳命の娘とする活玉依毘売の間に生まれた櫛御方命の曾孫とする。『日本書紀』では父は大物主神、母は活玉依媛とし、活玉依媛を陶津耳の娘とするが、別伝(「亦曰く」)では奇日方天日方武茅渟祇の娘と記す。『日本書紀』の崇神天皇七年八月の条には、大田田根子命を陶邑に探しだして大物主神を祭祀せしめたと伝える。桜井市三輪の大神神社の若宮(大直禰子神社)の祭神。(上田正昭)

おおたにこふん【大谷古墳】 和歌山市大谷字東山にある五世紀後半に築造された前方後円墳。和泉山脈から派生した背見山丘陵の西南に延びる支脈の先端標高五〇mにつくられている。全長六七m、後円部径三〇m、高さ約八m、前方部幅四八m、高さ六～一〇mを計る。裾部に円筒埴輪をめぐらす。主体部は、後円部中央に掘り込まれた墓壙におかれた阿蘇溶岩製の組み合わせ式家形石棺である。家形の蓋は二つに分かれ、それぞれ四個の縄掛け突起をもち、身は側石四枚と底石一枚の長持ち形組み合わせである。棺内から、挂甲・鉄鏃・玉類・耳飾・小形鏡・衝角付き冑・刀剣類が、棺外西側から短甲・馬冑・馬甲・鞍・鐙が、東から木箱におさめられた状態で、鏡板・轡・杏葉などの馬具類のほか、小形鉄製農工具や滑石製玉類が出土。金銅装や銀製の獣形を表した銙板や馬具に優れたものが多い。とくに馬冑は韓国の陝川玉田古墳群など加耶地方との関係が注目される。被葬者は、大和朝廷と朝鮮半島の交流にかかわった紀氏関係者と考えられている。

〔**参考文献**〕樋口隆康他『大谷古墳』（和歌山市教育委員会昭34）。大野左千夫他『大谷古墳とその遺物』（和歌山市教育委員会平12）。

（**小賀直樹**）

おおたのしょう［**太田荘**］　広島県世羅町と甲山町（現世羅町）付近にあった荘園。高野山領。一一六六（永万2）年、平重衡が預所職を保持したまま後白河院に寄進し立荘された荒野に由来する。一一八六（文治2）年、後白河院により高野山根本大塔領に寄進された。

（**山本崇**）

おおたのひめみこ［**大田皇女**］　生没年未詳。天智天皇の皇女。叔父の大海人皇子（後の天武天皇）の妃となり、大伯皇女と大津皇子を儲けた。母は蘇我倉山田石川麻呂の女、越智娘。同母の妹に鸕野讃良皇女（後の持統天皇）がいる。六六一（斉明7）年正月、百済復興のため宮廷を挙げて筑紫に向かう途次、船団が大伯海（備前国邑久郡の海）にいたったとき、大伯皇女を出産した。また六六三（天智2）年、娜大津（博多湾）に近い長津宮（磐瀬行宮）で、大津皇子を産んだ。その後、数年のうちに亡くなったらしく、六六七（同7）年二月、斉明天皇と間人皇女を小市岡上陵（越智崗上陵。牽*牛子塚古墳とする説が有力）に合葬した際、大田皇女は陵前の墓に葬られた。

（**和田萃**）

おおたみなみこふんぐん［**大田南古墳群**］　京都府京丹後市峰山町と竹野郡弥栄町にかけて広がる二五基の古墳群で、丹後半島を貫流する竹野川を望む標高約八〇mの尾根上に立地する。そのうち、五号墳（古墳時代前期）の第一主体部の組み合わせ式石棺からは、鉄刀と中国三国時代、魏の青龍三年（二三五）銘をもつ方格規矩四神鏡が出土した。この年号は邪馬台国遣使の四年前で、鏡の入手方法をめぐって新たな議論を巻き起した。また、二号墳からは画文帯環状乳神獣鏡が出土している。

（**原田三壽**）

おおつ［**大津**］　一般的には現滋賀県大津市をさす。近江国南西部の要地で、天智天皇の近江大津宮の頃から交通の要衝また戦略的な拠点として重要視され、七九四（延暦13）年に平安遷都にともなって古津から大津へ改称された。ほかに那大津（現福岡市に比定）など、重要港を表現する地名としても使用された。

（**高橋誠一**）

おおつかいせき［**大塚遺跡**］　横浜市都筑区中川町にある弥生時代の環濠集落遺跡。港北ニュータウン建設に際し、一九七三（昭和48）～七七（同52）年にかけて発掘調査された。遺跡は、標高約五〇mの多摩丘陵上にあり、長径約二〇〇m、短径約一三〇mの繭形をした環濠と、その内部から約九〇棟の住居跡と多数の掘立柱建物跡が検出されている。これらは、いずれも弥生中期後葉（宮ノ台期）に営まれたもので、その分布と重複状態から三群三段階に分けられ、複数の家族的集団が短期間継続して居住した集落跡とされる。環濠に囲まれた弥生集落の全容が解明された貴重な遺跡。国指定史跡。

〔**参考文献**〕岡本勇編『大塚遺跡』遺構編・遺物編（横浜市埋蔵文化財センター平3・6）。

（**田中義昭**）

おおつかやまこふん［**大塚山古墳**］⇩椿井大塚山古墳

おおつどうどじょう［**於乙洞土城**］　朝鮮民主主義人民共和国の平安南道温泉郡城峴里にある漢の楽浪郡時代の土城。台地上に築かれた土城は、それぞれ東西一三七〇m、西面で一二八〇m、南面で一五三〇m、北面で一六七〇mを測る平面長方形をなす。南面中央には城門の痕跡が認められる。城内からは、土器・瓦塼が採集される。城跡の南西約五〇〇m余りの地点に立っていた秥蟬神祠碑の銘文から、この土城が楽浪郡所属の秥蟬県の治所跡であることがわかる。また、付近には漢式の墳墓が分布する。

（**西谷正**）

おおつのおおうら［**大津大浦**］　?～775　奈良時代の陰陽家。八世紀初期に陰陽頭として活躍した大津首の子孫か。藤*原仲麻呂に重用されたが、七六四（天平宝字8）年にその謀叛を密告して従四位上に昇叙し、宿禰の姓を得た。七六五（天平神護元）年の和気王の謀叛に連坐して、兵部大輔美作守から日向守に左遷され、姓も連に戻った。所持した天文・陰陽書も没収されたが、七七〇（宝亀元）年に道鏡が失脚すると復権し、翌年には陰陽頭となって安芸守を兼ねた。

（**増尾伸一郎**）

おおつのみこ［**大津皇子**］　663～86　天武天皇の皇子。母は天智天皇の女の大田皇女。大*伯（来）皇女は同母の姉。六六三（天智2）年、筑紫の那大津で誕生したところから、大津皇子と命名された。幼少時に母の大田皇女が亡くなったため（天智六年二月、大田皇女は斉明天皇陵前の墓に葬られた）、祖父の天智天皇に可愛がられたという。幼い頃から才能を現わし、長じては容貌にすぐれ、文筆を愛す一方で武を好み、人士を厚遇したことから、衆望を集めた。六七二（天武元）年六月、壬申の乱が勃発した際には近江宮にいたが、大分君恵釈らにともなわれて近江宮を脱出、伊勢国朝明郡の迹太川のほとりで、父の大海人皇子（後の天武天皇）の一行に合流した。天武朝には草*壁皇子に次ぐ地位にあり、六七九（同8）年五月五日、吉野宮の会盟に参加。六八三（同12）年二月、二一歳になったのを機に、初めて朝政に加わった。六八六（朱鳥元）年八月、草壁皇子・高市皇子とともに封四〇〇戸を加えられた。同年九月九日、天武天皇は崩御し、同月二四日、飛鳥浄御原宮の南庭に起こされた殯宮で、発哭の儀式が行われたが、その際に皇太子の草壁皇子に対し無礼な行為があった。その直後に飛鳥を脱出して伊勢に向かい、斎王であった姉の大伯皇女に会ったらしい。その後、大津皇子が大和に向かう際、大伯皇女は哀切な歌をつくっている(『万葉集』巻二―一〇五・一〇六)。飛鳥に戻った大津皇子は、一〇月二日に謀反のかどで逮捕され、同時に八口朝臣音橿ら三〇余人も捕らえられた。翌三日、大津皇子は飛鳥から譯語田の舎(奈良県桜井市戒重)に連行され、刑死した。譯語田の舎へ連行される途次、磐余池の堤で歌を作り(巻三―四一六)、また刑死に際して辞世の漢詩を作った(『懐風藻』)。時に二四歳。妃の山辺皇女は髪を振り乱して徒跣で駆け出し、殉じたので、見ていた人は皆、嘆き悲しんだという。事件後、捕らえられた者のうち、礪杵道作は伊豆に流罪、新羅の沙門行心が飛騨の伽藍に移されたほかは、すべて許された。大伯皇女は斎王を解任され、大和に戻る際に歌二首を作った(巻二―一六三・一六四)。また半年ほど後に、大津皇子の屍を二上山に移葬する際、大伯皇女は弟を偲んで、哀切極まりない歌をつくっている(巻二―一六五・一六六)。一八七六(明治9)年九月、大津皇子の墓は二上山の雄岳の頂上(大和国葛下郡二上山)に決定されたが(図書寮「御陵墓往復書類」による)、根拠に乏しい。近年では、当麻山口神社(奈良県葛城市當麻)の北側にある「大池」(葛城市新在家)の西側から発見された鳥谷口古墳とする説が有力視されている。

〔**参考文献**〕直木孝次郎『持統天皇』(吉川弘文館昭35)。 (**和田萃**)

おおどおう〔男大迹王〕 ⇩継体天皇

おおとねり〔大舎人〕 天皇に近侍する舎人の一つ。天武朝からみえ、畿内の豪族子弟をあてた。令制では中務省に属して禁中の宿衛や雑用に従事し、平安時代には蔭子蔭孫で容姿端正な者から選ばれた。平安中期以後は儀式で門のそばに控えたり、節会の宴で饗膳するなどの役目が古記録にみえる。 (**勝田至**)

おおとねりりょう〔大舎人寮〕 大舎人を管轄する機関。中務省に属し、左右二寮あってそれぞれ頭・助・大允・小允の四等官があった。八〇八(大同3)年左右を併せて一寮とし、八二〇(弘仁11)年大舎人の定数が八〇〇人から四〇〇人に削減された。なお追儺の方相氏は大舎人が扮したので、方相氏装束が大舎人寮に保管されていたことが『文徳実録』天安二(八五八)年四月二十四日条にみえる。 (**勝田至**)

おおとのほがい〔大殿祭〕 宮殿の災害を予防して平安を祈願する祭儀。神今食・新嘗祭・大嘗祭の前後や、宮殿の新築・移築、斎王の卜定の後などに、中臣・忌部の官人らによって行われた。『古語拾遺』に祭儀の由来、また「延喜式」に祝詞を収録する。 (**竹居明男**)

おおともし〔大伴氏〕 倭政権下の有力軍事伴造。令制下の上流貴族。姓ははじめ連、後に宿禰。氏名は多くの伴を率いた有力者の意。配下に来目部・靫負・門号氏族などの軍事集団を擁し、宮城の守門の任に就き、地方の平定・反乱の鎮圧・海外出兵などにあたった。大阪湾沿岸の摂津・和泉・紀伊一帯や大和国の十市・城上・高市諸郡(奈良県桜井・橿原両市)に拠点があった。五世紀後半に政治的に台頭し、大連となって王権を支えたが、物部氏との抗争に敗れ、欽明朝に大夫に降格。大化期に長徳が右大臣となり、壬申の乱には馬来田や吹負が軍功をあげ、奈良朝前期までは御行・安麻呂・旅人が大納言に就任するなど、一時的に勢力を盛り返したが、藤原氏に圧倒され、一族の者が橘奈良麻呂の変や藤原種継暗殺事件、承和の変に連座したこともあって衰退。八二三(弘仁14)年、淳和天皇の諱を避けて、氏名を伴と改名。八六六(貞観8)年の応天門の変で、善男が失脚し、以後は全く振るわなくなった。

〔**参考文献**〕直木孝次郎『日本古代兵制史の研究』(吉川弘文館昭43)。志田諄一『日本古代の氏族と伝承』(雄山閣昭46)。大橋信弥『日本古代の王権と氏族』(吉川弘文館平8)。加藤謙吉『大和の豪族と渡来人』(吉川弘文館平14)。 (**加藤謙吉**)

おおともし〔大友氏〕 近江国滋賀郡大友郷(滋賀県大津市坂本以南)を本拠とした渡来系諸氏。村主・漢人・史・曰佐姓の大友氏と複姓の大友桑原史・大友但波史(族)・大友民曰佐の諸氏がいる。一部は後に志賀忌寸や春原宿禰に改姓した。 (**加藤謙吉**)

おおとものうまかい〔大伴馬飼〕 ⇩大伴長徳

おおとものかなむら〔大伴金村〕 生没年不詳。五世紀末~六世紀前半の有力豪族。武烈・継体・安閑・宣化朝の大連。祖父は室屋、父は談、子に磐、囓(咋)、狭手彦がある。大臣平群真鳥、鮪父子を倒して武烈を皇位につけ、大連となったという。また継体即位、磐井の乱鎮定に功があったが、任那四県を百済に割譲した責を問われ五四〇(欽明天皇元)年に失脚した。継体死去(五三一年)から欽明即位に至る紀年には矛盾が多く、欽明元年を五三二年とすると、金村の失脚は継体の死去と関わる。また、安閑・宣化を支持し欽明と対立したという説がある。 (**川崎晃**)

おおとものくい〔大伴囓〕 生没年不詳。七世紀前後の官人。咋、咋子とも。姓は連。五八七(用明天皇2)年物部守屋討伐軍に加わり、五九一(崇峻天皇4)年任那復興軍の大将軍となるが渡海せず、五九五(推古天皇3)年筑紫より帰還。六〇一(同9)年高句麗への使者となり、翌年百済より帰国。六〇八(同16)年には隋使裴世清や新羅使を迎えた。冠位は大徳、吹負の父という(『続日本紀』天平感宝元〈七四九〉年閏五月条)。 (**川崎晃**)

おおとものくろぬし〔大友黒主〕 生没年不詳。平安時代前期の歌人。大伴とも。志賀黒主と号される。猿丸大夫息説は疑わしい。六歌仙の一人。近江国滋賀郡の豪族であったか。光孝・醍醐天皇の大嘗会和歌を献じた。九一七(延喜17)年迄は生存。 (**佐々木孝浩**)

おおとものこしび〔大伴古慈斐〕 695~777 祖父麻呂の子。出雲守在任中の七五六(天平勝宝8)年、朝廷の批判を行ったため禁固刑に処せられた。また橘奈良麻呂の乱に連座し、土佐国に配流されたこともある。のち復し大和守従三位にいたった。 (**関口力**)

おおと

おおとものさかのうえのいらつめ［大伴坂上郎女］ 生没年未詳。奈良時代の歌人。父は大伴安麻呂、母は石川内命婦。旅人の異母妹。家持の叔母で姑。穂積皇子に嫁し、寵愛をうけた。皇子没後、藤原麻呂との交渉が知られるが、異母兄宿奈麻呂に嫁し、坂上大嬢(家持妻)、坂上二嬢を生む。七二八（神亀5）年、太宰府で旅人の妻大伴郎女が没すると、旅人や家持の世話をし、大伴家の家刀自の役を担うために下向。家持の歌人的形成に大きな影響を与えたといわれる。『万葉集』に女性歌人としては最多の八四首が入集。（山本令子）

おおとものさでひこ［大伴狭手彦］ 生没年不詳。六世紀半ばの豪族。金村の三男(『三代実録』貞観三〈八六一〉年八月条)。五三七（宣化天皇2）年新羅に侵攻された任那救援に向かい、五六二（欽明天皇23）年には高句麗に遠征、珍宝をえて帰還したという。五六二年は五五〇年の誤りか。渡海前に娶った女性との別離の悲話(『肥前国風土記』松浦郡条に弟日姫子、『万葉集』巻五・八七一～五題詞に松浦佐用姫)が伝わる。（川崎昇）

おおとものたびと［大伴旅人］ 665～731 安麻呂の子。母は巨勢郎女。家持の父。中納言在任中の七二〇（養老4）年、征隼人持節大将軍として筑紫に赴くが、藤原不比等の病のため帰京。不比等没後は台閣の長老として舎人親王を補佐。しかし藤原氏台頭の時期にあって、中央から遠ざけられ、七二二（養老6）年末頃大宰帥となり赴任。『万葉集』の代表的歌人で、入集歌の多くは帥在任中のものである。任地において筑紫守山上憶良と共に歌壇を形成した。最終官歴は大納言従二位。（関口力）

おおとものながとこ［大伴長徳］ ?～651 七世紀半ばの廷臣。咋の子。御行・安麻呂の父。名を馬養とも。舒明朝より活動。六四二（皇極元）年、舒明天皇の殯宮で誄を奏した。時に小徳冠。職位は大夫か。六四九（大化5）年、大紫位に昇り、右大臣に任ぜられた。（加藤謙吉）

おおとものふけい［大伴吹負］ ?～683 壬申の乱の功臣。馬来田の弟。男吹負・小吹負とも。六七二（天武元）年、大和に退去していた吹負は諸豪族を招いて小墾田兵庫を急襲し、大海人より将軍に任じられた。ついで近江に進軍するも、乃楽山で近江軍に敗れる。しかし援軍をえて、当麻衢および中つ道の戦いで近江軍を破り戦の大勢を決す。大和の地を掌握し、難波に往きて西国の国司を統制した。六八三（天武12）年、壬申の功により大錦中を追贈。『続日本紀』に「常道頭」とある。（大川原竜一）

おおとものまぐた［大伴馬来田］ ?～683 壬申の乱の功臣。吹負の兄。望多とも。大海人皇子に心をよせ、病と称し大和に退いていたが、皇子が吉野を発し東国に赴くにおよんで合流した。六八三（天武12）年、死に臨んで大紫位を授けられた。（大川原竜一）

おおとものみこ［大友皇子］ 648～72 父は天智天皇、母は伊賀采女宅子娘。母の出身地名により伊賀皇子とも称した。妻に十市皇女があり、葛野王をもうけた。また容貌・体軀ともに優れ、博学で文武に才があったという(『懐風藻』)。六七一（天智10）年正月、太政大臣となり近江朝廷の首班となった。翌年の壬申の乱に敗れ山前で自殺。時に二五歳（『懐風藻』）。『懐風藻』に詩二編をおさめる。『扶桑略記』『水鏡』『大日本史』などは即位を認め、一八七〇（明治3）年七月、明治政府は弘文天皇と追諡して歴代天皇に加えた。（川崎晃）

おおとものみつ［大伴の御津］ 『万葉集』にみえる歌語としての地名（巻一・六三、六八、巻四・五六五など）。大伴は摂津から河内にかけての地で、大伴氏の根拠地に由来するか。大伴の御津は難波の御津と同地と推定され、大阪市中央区高麗橋付近説が有力である。（川崎晃）

おおとものみゆき［大伴御行］ ?～701 七世紀後半の上級官人。長徳の子。安麻呂の兄。六八四（天武13）年、宿禰を賜姓。六九四（持統8）年には氏上となる。七〇一（大宝元）年、大納言で没。『万葉集』に「大君は神にしませば」の歌が残る。（中川久仁子）

おおとものむろや［大伴室屋］ 生没年不詳。五世紀の有力豪族。雄略天皇から武烈天皇まで五代の大連。健持（武以）の子、談の父。雄略の即位とともに大連となり、雄略死後の星川皇子の反乱を鎮圧したという。『三代実録』貞観三（八六一）年十一月条、『新撰姓氏録』には佐伯直、佐伯首、佐伯宿禰の祖とある。（川崎晃）

おおとものやかもち［大伴家持］ 718?～85 『万葉集』に最大の歌数を残す歌人。その編集過程に参加。姓は宿禰。生年は不明だがほぼ七一八（養老2）年前後と推定される。父は同じく『万葉集』の歌人で大納言の大伴旅人。晩年、五四歳の子。いっぽう母は不明、家持は七八一（天応元）年、母の喪に服しているので家持を生んだのは一〇歳代であったか。若くして寡婦となった母と、家持は長く生涯をともにしたこととなる。大伴家は古来天皇家につかえた武門であり、古代にあってはことばが武力でもあったので、武芸の家柄ということもできる。祖先のなかには歌とか談とかという人名がある。また父旅人が隼人平定のために実戦に従事しているように、実際上の武門の血統のなかにいる。家持はその家訓を「大君の辺にこそ死なめ顧りみはせじ」という言立てとして歌う。妻は叔母・大伴坂上郎女の娘、坂上大嬢で、弟に大伴書持がいる。家持はまず七三八（天平10）年ごろ内舎人となり、藤原広嗣の乱に際して聖武天皇の東国行幸に供奉する。七四六（同18）年越中国守、少納言（七五三年）、因幡守（七五八年）、参議（七八〇年）。この間正四位下までの叙位があり、七八一年従三位。翌七八二（延暦元）年六月陸奥按察使・鎮守府将軍をかね、翌年には中納言であったことがわかる。翌七八四（延暦3）年には持節大将軍、

大伴家持自署（太政官符宝亀三年正月十三日）（個人蔵）

翌七八五年八月には陸奥按察使・鎮守府将軍として薨じた。多賀城においてと思われる。ただ藤原種継暗殺に加わったとして除名、子の永主は配流、八〇六（大同元）年復位した。この生涯における七三二（天平4）年から七五九（天平宝字3）年までの作歌、長歌四六首、短歌四二六首、旋頭歌一首、連歌一首計四七四首と漢詩を『万葉集』に残す。七五三（天平勝宝5）年頃『万葉集』編集に参加、その後の家持関連の歌が加えられることとなった。

〔参考文献〕中西進『大伴家持』（全六冊、角川書店平6〜7）。　**（中西進）**

おおとりじんじゃ［大鳥神社］　大阪府堺市鳳北町に鎮座の式内名神大社で和泉国一宮。大鳥連祖神・日本武尊を祀る。日本武尊の白鳥飛来伝承により、その霊を祀ったのに始まる。七〇六（慶雲3）年には勅使による奉幣があり、八〇六（大同元）年には神封二戸を賜っている。再三の兵火や火災により社殿・宝物の多くを失い、現在の社殿は一九〇九（明治42）年、再建のもの。九二二（延喜22）年成立の「和泉国大鳥神社流記帳」がある。　**（堀越光信）**

おおなかいせき［大中遺跡］　兵庫県加古川郡播磨町に所在する弥生時代の代表的な集落跡。一九六二（昭和37）年に発見され、弥生時代前期に生活の痕跡がみられるが、弥生後期以降、古墳時代にわたって発展する。数十軒発掘されている竪穴住居跡の平面形は変化に富み、円形・方形・六角形などがみられ、高床部が存在する住居跡も特徴的である。土器・祭祀遺物などが多数出土している。「播磨大中古代村」とよばれる歴史公園として活用されている。国指定史跡。　**（森岡秀人）**

おおなかとみし［大中臣氏］　天児屋根命を始祖とする氏族。七六九（神護景雲3）年中臣意美麻呂の子清麻呂が大中臣朝臣を賜姓されたことに始まり、七九七〜八（延暦16〜17）年と翌年に中臣鷹主以下五一五人にも賜姓され、神祇官や伊勢神宮の要職をつとめた。　**（菊地照夫）**

おおなかとみのきよまろ［大中臣清麻呂］　702〜88　意美麻呂の子。母は多治比阿伎良。もと中臣朝臣。左中弁、神祇大副、神祇伯等を歴任。左大臣正二位にいたる。歴代天皇に信任され、中納言在任中の七六九（神護景雲3）年、大中臣朝臣を賜姓。平城右京二条に邸宅を有した。　**（関口力）**

おおなかとみのよしのぶ［大中臣能宣］　921〜91　平安時代中期の歌人。号は三条。大中臣頼基の男。九七三（天延元）年、伊勢神宮祭守となり在任一九年、正四位下に至る。三十六歌仙の一人。梨壺の五人の一人として、『万葉集』読解と『後撰集』撰進にあたった。家集に『能宣集』。　**（山本令子）**

おおなむちのかみ［大己貴神］　『記』『紀』神話の神。『日本書紀』では大己貴、『古事記』では大穴牟遅、『万葉集』では於保奈牟知・大穴道・大汝、『出雲国風土記』では大穴持と記す。名義は、オオ（美称の大）＋ナ（土地の意）＋ムチ（貴人の意）と解釈して地霊神・地主神とみる説が有力だが、異説もある。『記』『紀』では、『紀』本文がこの神をスサノオの子とするのに対し、『記』はスサノオの六世孫大国主神の別名とする。事蹟の記述は圧倒的に『記』に多く、稲羽の素兎を助け、兄神たちの迫害をうけ、さらに根の国を訪問して試練を克服することにより大国主神となったとする。またスクナヒコナとともに国作りをする。『風土記』や『万葉集』ではこの側面で語られているものが多く、広く民間で国作りの神として伝承されていたとみられる。国譲り神話では、出雲を舞台に葦原中国の支配権を皇孫に譲渡したと伝える。『出雲国風土記』では「所造天下」の大神と記す。出雲大社に祭られる。

〔参考文献〕石母田正『日本古代国家論　第二部』（岩波書店昭48）。　**（菊地照夫）**

おおにえ［大贄］　贄は海産物などの初物を神への貢物として捧げる儀礼に源を発する原初的な税。大化前代に地方豪族が服属の目的で贄を貢納していたことは『日本書紀』などからうかがえるが、藤原京・平城京から出土する「大贄」「御贄」などの付札木簡は、律令体制下の贄の貢納を明らかにした。「大贄」「御贄」と同様、天皇への贄の意味とみるのが妥当だろうが、長屋王家木簡にも「大贄」の付札がみられ、なお問題なしとはしえない論点が残されている。　**（榎村寛之）**

おおのじねまろ［多自然麻呂］　?〜886　平安前期の雅楽家。藤野麻呂の子。本姓は臣、のち宿禰。右近衛将監、下総介等を歴任。外従五位下にいたる。清和天皇の勅を奉じ神楽歌を制定するなど、本朝楽制の改革に大きな役割を果し、楽家多氏の祖といわれる。　**（関口力）**

おおのじょう［大野城］　福岡県太宰府市と同粕屋郡宇美町にまたがる標高四一〇mの四王寺山にある朝鮮式山城。『日本書紀』天智天皇四（六六五）年条に「遣達率憶禮福留、達率四比福夫於筑紫國築大野及椽二城」とあり、六六三（天智2）年の白村江海戦の敗戦後、百済の亡命貴族である憶礼福留、四比福夫の指揮によって国土防衛のために築かれた。馬蹄形にめぐる屋根上に版築による土塁を巡らし、谷には石塁を築いている。延長約六・五km、南側と北側は二重になっている。北に一ヵ所、南に三ヵ所の城門跡が残る。城内は中央の谷に向かって延びる尾根上に、これまで七ヵ所、七〇棟余りの建物跡が確認されている。そのほとんどは梁行三間、桁行四ないし五間の礎石総柱建物で、倉庫だったと推定されている。南側の「太宰府口城門跡」の発掘調査では三期にわたる遺構が確認された。そのうち第Ⅰ期の掘立柱建物跡の柱穴から出土したヒノキの柱根を年輪年代測定法で測定した結果、六四八年プラスアルファの結果が得られ、『日本書紀』に記す築造年代に近似していることは興味深い。　**（石松好雄）**

おおののあずまひと［大野東人］　?〜742　奈良時代の武官。果安の子。七二四（神亀元）年、海道蝦夷の反乱に際しこれを征討。従四位下勲四等が授けられた。以後鎮守府将軍、按察使として東北経営に大きな足跡を残した。「多賀城碑」にはその名が刻まれている。　**（関口力）**

おおののはたやす［大野果安］　生没年不詳。七世紀後半の武将、官人。壬申の乱では近江側の将軍として大海人皇子側の

大野城（ハツ波地区）礎石群　写真：九州歴史資料館

将軍大伴吹負を乃楽山に破った。息子東人の薨伝に「飛鳥朝廷糺職大夫、直広肆」（大宝令制下の弾正台従五位下にあたる）とあり、乱後は天武朝に仕えたことがわかる。（小野里了一）

おおのほむぢ【多品治】　生没年不詳。七世紀後半の官人。大海人皇子領有の美濃国安八磨郡の湯沐令。壬申の乱に先立ち大海人は、当郡の兵を集め、国司を説得して諸軍を動員して不破関を塞ぐことを、品治に命じた。乱時は三〇〇〇の兵を率いて莿萩野（三重県上野市周辺）に駐屯し、近江側の別将田辺小隅を破るなど活躍した。乱後は六八三（天武12）年の国界確定に加わり、六九六（持統10）年には壬申の乱時の功績を褒美された。『古事記』の撰者太安麻呂の父とする史料もある。（小野里了一）

おおのやすまろ【太安万侶】　？～723　奈良時代初期の官僚。太（多）品治の子と伝える。安麻呂とも書く。太安万侶（麻呂）について『続日本紀』は五ヶ所に記す。七〇四（慶雲元）年正月七日に正六位下太朝臣安麻呂に「従五位下を授く」とみえる。七一一（和銅4）年四月七日には正五位下の安麻呂が正五位上になったとあり、七一五（霊亀元）年正月元旦に正五位上から従四位下に昇り、七一六（霊亀2）年九月二三日には氏長になっており、養老七（七二三）年七月七日条に、「民部卿従四位下太朝臣安麻呂卒」と記す。民部卿は民部省の長官だが、民部省は諸国の民生一般と国家の財政を管掌する重要な省であった。『古事記』の序に、和銅五年正月二八日に「正五位上勲五等太朝臣安万侶」が『古事記』を撰上したという記述があるが、そのことが『続日本紀』にまったく記されていないことが注意される。

一九七九年一月に奈良市田原町此瀬の茶畑から、安万侶の墓誌が発見された。銘文には

左京四條四坊
従四位下勲五等
太朝臣安萬侶
以癸亥年七月六日卒之
養老七年十二月十五日乙巳

とあった。（大和岩雄）

おおのやすまろぼし【太安万侶墓誌】　⇩太安万侶

おおはらえ【大祓】　大解除とも。朝廷や諸国で行われた、罪・穢・災などを除いて清浄にする儀式。六七六（天武5）年に初見。令制では、朝廷が行う六月・一二月晦日の恒例と、疫病や災害、大嘗祭等に際して臨時に行われるものとがあり、諸国大祓は臨時に限られた。朝廷の大祓は、大臣以下百官を集め、御祓麻・祓刀等の祓物を朱雀門前の大路にならべ、中臣が大祓詞を読み、卜部が祓を行った。平安時代の儀式書にも詳細な施行規定がみえるが、中期以降はしだいに形骸化。（竹居明男）

おおはらえのことば【大祓詞】　⇩大祓

おおはらのじんじゃ【大原野神社】　京都市西京区大原野南春日町に鎮座。祭神は、健甕槌命・伊波比主命・天児屋根命・比売神の四座。七八四（延暦3）年、長岡京遷都の際、奈良の春日社を勧請。さらに平安遷都にともない、現在の地へ移座し、王城鎮護と藤原氏の氏神として崇敬をうける。（堀越光信）

おおひこのみこと【大彦命】　阿部臣・膳臣等七族の始祖。孝元天皇の皇子。母は鬱色謎命。『古事記』には大毘古命とある。崇神天皇一〇年、四道将軍の一人として北陸に赴き各地を平定。稲荷山古墳出土鉄剣銘の「意冨比垝」にあてる見解もある。（大川原竜一）

おおひしまいせき【大飛島遺跡】　岡山県笠岡市の大飛島北東部の砂州の基部に所在、奈良時代から鎌倉時代の瀬戸内海交通に関わる祭祀遺跡。唐鏡、平安時代の和鏡、ガラス注口壺、金銅の鈴、瓔珞、帯金具、皇朝十二銭、奈良三彩の小壺、緑釉陶器、猿投産須恵器、ミニチュア竈など平安時代中期までの貴重な遺物が出土しており、遣唐使の航行安全を祈願した場所ではないかと考えられている。（亀田修一）

おおふねシーいせき【大船C遺跡】　北海道函館市南茅部町に所在する縄文時代中期後半の集落遺跡。一九九六（平成8）年、三五〇〇m²の調査を行い、住居跡九二軒と盛土遺構を確認。その後の分布調査で遺跡の広がりは約三万m²、住居跡も六〇〇軒に及ぶことが判明。特筆すべき遺構は長さが一〇m前後で深さが二m以上もある楕円形の住居跡、出産後の胎盤を埋納した可能性のある住居内の土坑、土器六個体を副葬した一〇歳前後の男児の土坑墓など。出土遺物は約二〇万点、二五〇個体の土器のほか石皿が一八〇〇点もあるのが特徴。二〇〇二（同14）年国指定史跡。（長沼孝）

おおふべのおお［大生部多］ 生没年未詳。古代東国の人で、富と長寿をもたらす「常世の神」という虫を祀ることを勧めた人物。「不尽河」（富士川）の辺に住み、人々は財を捨て酒を設けてこれに応じたという、道教信仰の地方普及をも示すもの。*秦河勝がこれを討った（『日本書紀』）。（井上満郎）

おおぶろみなみふんぼぐん［大風呂南墳墓群］ 京都府与謝郡岩滝町字岩滝に所在し、特別名勝天橋立を望む標高約六〇mの尾根上に立地する。一・二号墓は弥生時代後～末期の台状墓で、三～一〇号墓はいずれも方墳である。一号墓には、五基の埋葬施設があり、第一主体部は、長大な墓壙と舟底状木棺をもち、ガラス釧のほか、有鉤銅釧一三、貝輪、鉄剣一一、鉄鏃四、ヤス状鉄製品、ガラス勾玉六、管玉一〇〇以上など豊富な副葬品が出土したことから、丹後の首長墓と考えられている。（原田三壽）

おおぼらかいづか［大洞貝塚］ 岩手県大船渡市赤崎町大洞所在の縄文時代後・晩期の貝塚。大船渡湾の奥深く、後ノ入川河口付近の小高い舌状台地の南北斜面に位置している。北斜面の道をはさんだ西側の崖の上にA貝塚（大洞西貝塚）、その崖下がA′貝塚、北斜面の東側がB、南斜面がC貝塚、その後、BとC貝塚との間に発見されたD貝塚の五地区に分けられる。一九二五（大正14）年、東北大学の長谷部言人は人骨採集を目的として、山内清男とA、A′、B、Cの四貝塚を発掘し、一〇数体の人骨と土器資料をえた。また同じとき、小金井良精、大山柏らもB貝塚を掘り、人骨五体をえるなど、人骨出土地として知られるようになった。この貝塚をひときわ有名にしたのは、このとき山内がえた晩期縄文土器をもとに亀ヶ岡系の土器群を大洞各型式として設定したことである。山内は、本貝塚出土土器をもとに、最終的に亀ヶ岡系土器群をB→BC→C_1→C_2→A→A′の六型式に区分した。戦後、江坂輝彌らによる調査では魚骨・貝類などとともに各種の釣針や銛頭など、三陸沿岸の先史漁撈活動の研究に好資料を提供した。また長谷部言人は出土人骨に「外耳（聴）道骨腫」がみられることを指摘した。いずれの調査も正式な報告書が未刊で詳細を知りえないが、出土資料の一部は大船渡市立博物館などに展示・保管されている。県史跡。

［参考文献］山内清男「所謂亀ヶ岡式土器の分布と縄文式土器の終末」『考古学』一―三（東京考古学会昭5）。（中山清隆）

おおぼらしきどき［大洞式土器］ 岩手県大船渡市赤崎町所在の*大洞貝塚を標式遺跡とする土器型式。東北地方の土器型式であるが、近似した土器は東日本を中心に広く分布し、亀ヶ岡式土器とも呼称されている。山内清男は大洞貝塚の調査成果に加え、青森県是川中居遺跡、秋田県藤株遺跡の出土土器を検討し、B・BC・C_1・C_2・A・A′の六型式に細別したが、その後の研究でさらに細別されている。器形には、深鉢・浅鉢・台付鉢・壺・皿・注口・香炉形などがあり、深鉢を中心に精製土器と粗製土器の別がある。縄文以外の部分はよく研磨され、赤色顔料が塗布されることもある。

［参考文献］山内清男「所謂亀ヶ岡式土器の分布と縄紋式土器の終末」『考古学』一―三（東京考古学会昭5）。（領塚正浩）

おおまがき［大間書］ ⇩大間成文抄 おおまなりぶみしょう

おおまなりぶみしょう［大間成文抄］ *除目における任官例を分類集成したもので、『除目大成抄』ともいう。編者は九条良経。全一〇巻。成立は建久年間。先例を項目別に分類し、大間書の形式で記す。さらに成文（申文・請奏など）や関係年時を掲げ、註記を加える。（細谷勘資）

おおまるやまこふん［大丸山古墳］ 山梨県甲府市中道町にある四世紀後半の前方後円墳。全長九九mで、後円部の主体部は、組合せ式石棺の蓋石上にさらに割石小口積の竪穴式石室を設けた特異な形態をとる。出土遺物は、石枕・三角縁神獣鏡・管玉・手斧・鉄斧・鋸・鎌・直刀・剣・鉄鏃・短甲などがある。組合せ式石棺からは男女の骨が発見されている。神獣鏡は、岐阜県岐阜市打越古墳および静岡県磐田市銚子塚古墳の出土鏡との間に同笵鏡の分有関係にある。（田代孝）

おおみやのめのかみ［大宮売神］ ⇩大宮売神社 おおみやめじんじゃ

おおみやめじんじゃ［大宮売神社］ 京都府京丹後市大宮町周枳に鎮座。「延喜式」内名神大社。祭神は、大宮売命と若宮売命を祀る。八五九（貞観元）年に従五位下から従五位上に昇叙。神祇官八神殿の一柱。造酒司の守護神として祀られた。（堀越光信）

おおみわし［大神氏］ ⇩大神田麻呂 おおみわのたまろ

おおみわじんじゃ［大神神社］ 三輪山（標高四六七m）の西麓に鎮座する神社。わが国最古の神社とされ、神社・大神社とも記す。「延喜式」神名帳には、大和国城上郡所在の名神大社として大神大物主神社とみえる。三輪山は、美和山・御諸山・三諸山とも記され、大物主神（意富美和大神）の籠ります*神体山。古来、本殿はなく、三ッ鳥居（大神神社独自の鳥居で、三輪鳥居とも称する）と、それに続く瑞垣が結界であった。拝殿（国重要文化財）は、一六六四（寛文4）年三月に徳川家綱により造営されたもの。創祀の時期は崇神朝にさかのぼるとされる。『古事記』崇神段によれば、崇神朝に疫病が流行した際、崇神天皇の夢に現れた大物主神の教えにより、河内の美努村で見出された意富多多泥古が神主として、御諸山に意富美和大神を祀ったところ、疫病が止んだと伝える。意富多多泥古は、大物主神が陶津耳の女の活玉依毗売との間に儲けた櫛御方命の曽孫で、神君・鴨君の祖。『日本書紀』の崇神天皇七年二月・八月・十一月、八年・十二月条にも、ほぼ同様の伝承がみえ、大物主神と活玉依媛との間に生まれた子が大田田根子であり、茅渟県の陶邑で見出されたとする。河内の美努村は、河内国若江郡の御野県主神社二座（「延喜式」神名帳）付近とされるが、和泉国大鳥郡所在の式内社である陶荒田神社二座（大阪府堺市上之）の近くに「見野山」の地名があるところから、美努村は茅渟県陶邑と同所とみることもできる。須恵器の製作技術は、五世紀初めに伽耶の洛東江流域から伝えられ、倭王権は茅渟県を設置して、須恵器生産を独占して行った。茅渟県から大田田根子が見出され、また三輪山山中から発見される須恵器は、陶邑古窯跡群で焼成されたものであることが判明しており、興味深い。三輪山祭祀は、三輪山を望み見る水垣郷で開始され、しだいに三輪山山麓の各所で、さらに禁足地や三輪山山中で行われるようになった。水垣郷は初瀬川（大和川本流）と穴師川（纏向川）とに挟まれる範囲。古来、水垣郷内に住む人々が大神神社の氏子であり、また水垣郷内には墓をつくらない慣行がある。禁足地は、拝殿背後の三ッ鳥居から奥へ二〇〇mの所にある巨岩までを指し、「辺津磐座」と称される磐座群がある。これまでに禁足地から、須恵器や子持勾玉のほか、大量の滑石製の臼玉（三輪玉と称する）が出土したことが知られており、三輪山祭祀の中心的な祭場であったと考えられる。三輪山山中には、辺津磐座のほか、中腹に「中津磐座」、山頂に「奥津磐座」の磐座群がある。また山麓には、一九一八（大正7）年に開墾中、偶然に発見された山ノ神遺跡のほか、各所に磐座や祭祀遺跡がある。摂社として、大神神社のすぐ北方に狭井神社（狭井坐大神荒魂神社五座）などがあり、また境外摂社として率川神社（率川坐大神神御子神社三座。奈良市本子守町に鎮座）がある。神祇令にみえる季春の鎮花祭は大神・狭井社、孟夏の三枝祭は率川社の祭であり（『令義解』）、また四月・一二月の上の卯の日には、大神祭が行われた。

［参考文献］和田萃編『大神と石上』（筑摩書房昭63）。（和田萃）

おおみわのたまろ［大神田麻呂］ 生没年不詳。宇佐八幡宮の神職。七四九（天平勝宝元）年八幡大神が大仏造営を助けるため上京した際に同行して外従五位下に叙されるが、後に厭魅事件に連座して種子島に配流。七六六（天平神護2）年赦されて豊後員外掾となる。（菊地照夫）

おおみわのまつり［大神祭］ 大和の大神神社で、毎年、四月・一二月の上の卯の日（三卯のある場合は中卯）に行われた祭。『延喜式』によれば、大神祭には、内蔵寮・中宮職・東宮坊の官人らが遣わされて奉幣し、四月祭には近衛府・馬寮の官人も派遣され、走り馬を行った。『日本書紀』の崇神天皇八年十二月乙卯条に、大神氏の祖とされる大田田根子に大物主神を祭らせたことがみえ、大神祭の起源とされるが、『公事根源』では貞観の頃に始まったとする。（和田萃）

おおむらじ［大連］ *大臣とならぶ大和朝廷の最高執政官の称号。連の姓をもつ氏族のなかの大なるものをいう。『日本書紀』によれば、垂仁天皇朝の物部十千根が初見。下って、雄略天皇朝に大伴連室屋・物部連目が大連に任ぜられたことがみえ、以後、大伴金村、物部麁鹿火・尾輿・守屋ら大伴・物部両氏のものがこの地位にあった。六世紀半ば金村が任那経営に絡んで失脚してからは、物部氏が独占したが、六世紀末に守屋が大臣蘇我馬子に滅ぼされて廃絶した。（荊木美行）

おおむろこふんぐん［大室古墳群］ 長野県長野市松代大室（旧高井郡）に所在する古墳群。善光寺平東縁の奇妙山・尼厳山から派出している三つの尾根と二つの谷間に横築されている五〇〇余基の古墳群で、金井山・霞城・北山の尾根上立地の古墳が前方後円墳一基を含む盛土墳であるのに対し、北谷と大室谷に築かれている古墳群は大方が積石塚古墳で構成されている。日本の積石塚古墳の大半は信濃の高井郡に偏在しているが、なかでも大室古墳群の八割は積石塚古墳で、一九九七（平成9）年にはこのうちの大室谷支群が国史跡指定をうけた。全長二キロの幅狭い谷間を埋めている大室谷の積石塚古墳はいずれも小規模な円墳で内部主体は横穴式石室が大半を占めているが、このなかに天井部が切妻の屋根形をなす合掌型石室墳が一〇数基存在し一六〇余基の古墳はこれを核とする小群に細別ができそうである。合掌型石室墳の構築時期は五世紀後半におかれている。（桐原健）

おおものぬしのかみ［大物主神］ 大神神社（奈良県桜井市三輪）の祭神で、神体山である三輪山に籠りいます神。意富美和大神（『古事記』崇神段）ともみえる。『延喜式』神名帳では、大和国城上郡所在の大神大物主神社とする。大物主神の神名は「大いなる霊威をもつ神」の意。手厚く祀れば大いなる幸をもたらすが、祀りを疎かにすれば疫病を流行させ、災害を起こす祟り神とされた。『古事記』や『日本書紀』には、崇神朝における疫病の流行は、大物主神に対する祭祀が疎かになったことが原因と伝える。三輪山の神の神格は、時代とともに変化したようである。もともと三輪山の神は、風雨を起こして雨をもたらし、また夏には雷雲を発声させて雷雨を降らせる龍蛇神（雷神）と観念されていた。三輪山の南側から初瀬谷にかけては大きな気流の流れがあり、低気圧が近づくと三輪山に雨雲が懸かることから、自然発生的に生まれた信仰であろう。雷神と観念されていたことは、『日本書紀』雄略天皇七年七月条や『日本霊異記』巻頭の説話にみえ、その姿はヲロチあるいは小さな細蛇と伝承されていた。そうしたことから大神神社では、今日にいたるまで蛇を神の使いとしている。次の段階になると、順調な風雨の恵みにより稲の豊かな稔りをもたらす三輪山の神は、三輪山を間近に仰ぎ見る奈良盆地東南部（古くは「ヤマト」と称された）では、国造りの神とされるようになり、「倭成す大物主神」と歌われた（『日本書紀』崇神天皇八年十二月条）。「ヤマト」は、磯城・纏向・泊瀬・磐余などの地域からなり、四～六世紀代には、ほぼ一貫して倭王権の諸宮が営まれた。また王自らが三輪山祭祀に預かったことを示す伝承もみえることから、三輪山の神は王権の守護神と観念されるようになり、王権が列島各地に進出していく過程で、各地に三輪山の神を勧請したらしい。その結果、各地に神（美和）神社・大神神社が鎮座し、神（三輪）の地名が広がることとなった。王権の守護神からさらに軍神の神格をも帯びるようになった事例として、筑紫の大三輪社（『日本書紀』神功皇后摂政前紀）をあげうる。ただし『延喜式』神名帳には、同社は筑前国夜須郡の於保奈牟智神社とみえ、問題を残す。原帝紀や原旧辞がまとめられた六世紀中葉になると、三輪山の神は人の姿として出現し、人間界の女性を娶って子を儲ける人格神と観念されるようになる。大物主神が河内の美努村の陶津耳の女、活玉依毗売との間に儲けた櫛御方命の曾孫が意富多多泥古であり、意富美和大神（大物主神）を意富多多泥古に祀らせた（『古事記』崇神段）。大田田根子は、大物主神と活玉依媛の子とも伝える（『日本書紀』

崇神天皇七年八月条)。神武天皇の皇后である伊須気余理毗売は大物主神の子であり(『古事記』神武段)、崇神天皇の叔母である倭迹迹姫命は大物主神の妻になった伝承もみえる(『日本書紀』崇神天皇十年九月条)。 (和田萃)

おおもりかいづか【大森貝塚】 東京都大田区山王一丁目1~3番から品川区大井六丁目27番に所在する縄文時代の地点貝塚。一八七七(明治10)年にアメリカ人動物学者E・S・モース博士により発見、発掘調査され、『SHELLMOUNDS OF OMORI』が報告された。この調査は日本考古学における学術的な発掘調査の先駆けである。報告中で、①土器煮炊きに利用した痕跡を見出したこと、②縄文土器に時期差を予測したこと、③土器を文様ではなく機能別に分類したことの三点は優れた視点として、とくにモースの日本考古学に対する業績として評価できる。貝塚は縄文時代後期の安行式・堀之内式・加曾利B式などの大量の土器をはじめ石器、骨角器が出土した。ほかに、土偶・耳飾などの土製品が発見されている。また多くの貝類・動物・魚類の遺存体は、当時の食生活の復元に役立っている。貝類の組成の変化は、後期から晩期にかけての海水面変動に関連した採集活動の変化を表すとされている。

【参考文献】E・S・モース『大森介墟古物篇』(東京大学明13)。 (岩崎厚志)

おおやまづみじんじゃ【大山祇神社】 愛媛県今治市大三島町宮浦に鎮座。大山積神を祀る。和多志大神、三島大明神とも。「延喜式」では名神大社、伊予国の一宮、朝野の信仰を集め、とくに河野水軍が尊崇する。『伊予国風土記』逸文には、仁徳天皇の世に、この神が「百済国より度(渡)り来まして津(摂津)国の御嶋(三嶋)に坐す」と記す。三四の摂・末社がある。 (上田正昭)

おおやまつみのかみ【大山祇神】 『記』『紀』神話の神。イザナキ・イザナミの神生みのなかで生まれた山の神。『古事記』ではスサノオの妻櫛名田比売の父足名椎の親神であり、またスサノオの子八嶋士奴美の妻木花知流比売、スサノオのもう一人の妻神大市比売の親神でもある。さらに天孫降臨の段でニニギ命の妻神阿多都比売の親神としても登場しており、天上から地上に来臨した神と大山祇の女子が結婚するという神話のモチーフが認められる。伊予国越智郡の大三島に大山祇神社が有名。 (菊地照夫)

おおやまとじんじゃ【大和神社】 大和の大国魂神を祀る神社。大倭社とも。現社地は奈良県天理市新泉町で、上ッ道に面した広大な社叢をもつ。祭神は、大和大国魂神・八千戈大神・御年大神。「令義解」では代表的に地祇として「大倭」をあげ、「令集解」にみえる「釈云」では、大倭忌寸が祀るとする。七三〇(天平2)年の「大倭国正税帳」に「大倭神戸」の所在地は山辺郡に記載されているが、『続日本紀』天平宝字二(七五八)年二月二十七日条には、城下郡の「大和神山」とみえる。『和名抄』では、大和郷は城下郡に所属する。いっぽう、「延喜式」神名帳では、大和国山辺郡に大和坐大国魂神社三座がみえるから、社地は何度か遷座したと考えられる。『日本書紀』によれば、崇神朝に倭大国魂神を淳名城入姫命に託けて祀らせたが、淳名城入姫命は病み衰え祀ることができなくなったので(崇神天皇六年条)、市磯長尾市に祀らせたという(崇神八年八月・十一月条)。別の伝承では、大倭大神を淳名城稚姫命に命じ、神地を穴磯邑に定め、大市の長岡に祀らせたが、淳名城稚姫命は衰弱して祀ることができなくなった。それで大倭直の祖である長尾市宿禰に命じて祀らせたとみえる(垂仁二十五年三月条に引く「一云」)。穴磯邑は桜井市穴師。大市の長岡については、『和名抄』に城上郡大市郷がみえ、箸墓古墳(桜井市箸中に所在する)を大市墓と称するところから、穴磯邑に近い大市郷内に比定できる。また長岳寺(天理市柳本町)付近は旧上長岡村で、中世には大市庄が所在したから、長岡寺付近とすることもできる。 (和田萃)

おおやまとねこひこくにくるのすめらみこと【大日本根子彦国牽天皇】 ⇩孝元天皇

おおやまとねこひこふとにのすめらみこと【大日本根子彦太瓊天皇】 ⇩孝霊天皇

おおやまとひこすきとものすめらみこと【大日本彦耜友天皇】 ⇩懿徳天皇

おおやまもりのみこ【大山守皇子】 応神天皇皇子。長子でありながら太子に立てられなかったことを恨み、応神崩後、太子菟道稚郎子を倒して王位に即こうとしたが、大鷦鷯皇子が太子に密告した為、度子(渡守)に扮した太子の計略にあい溺死した。 (小野里了一)

おおゆかんじょうれっせき【大湯環状列石】 秋田県鹿角市十和田大湯にある縄文時代後期前~中葉の環状列石を主体とする遺跡。一九三一(昭和6)年、耕地整理中に発見され、五一・五二(同26・27)年の文化財保護委員会の発掘調査により、野中堂、万座環状列石の全容が明らかとなった。両列石とも一~三m規模の一〇〇基以上の組石遺構が二重の環状に配置されたもので、野中堂は径四二m、万座は径四八m、両列石間の距離は約九〇m。八四(同59)年から鹿角市教育委員会より継続されている最近の調査により環状列石は配石墓群と考えられている。また、列石の周囲には掘立柱建物跡、フラスコ状土坑等が規則的に分布することが確認されている。国指定特別史跡。 (秋元信夫)

おおゆしきどき【大湯式土器】 大湯環状列石およびその周辺から出土した土器に対し、一九五六(昭和31)年に江坂輝弥が大湯式を設定。一時多用されたが、型式内容が断片的であり、不明確な部分が多かったため、六四年(同39)の磯崎正彦による十腰内編年の発表以降、影をひそめた。十腰内1~2式土器に併行。深鉢、鉢、壺が主体を占めるが、ほかに浅鉢、片口土器、注口土器、有孔土器等がある。文様は磨消縄文による入り組み状曲線文、横位「逆S」字状文、波状文や沈線による幾何学文、曲線文が多用される。 (秋元信夫)

おおわだのとまり【大輪田泊】 摂津国の港。現在の神戸港の西部、和田岬と旧湊川尻の川崎に挟まれた地区。行基の開設と伝えられる五泊の一つともいわれ、八世紀末期から武庫津に代わってその重要性を増した。和田岬によって南西側からの風と波浪を避け得る良港であるが、南東風に対する防潮堤の修築が九世紀以降繰り返され、造大輪田泊使や造大輪田船瀬使などが任命された。平清盛によって大改修が行われ一時は日宋貿易の拠点ともなった。鎌倉時代以降は兵庫津・兵庫島の名でよばれるようになった。 (高橋誠一)

おかだいらかいづか［陸平貝塚］ 茨城県稲敷郡美浦村大字土浦字奥玉に所在し、霞ヶ浦南岸の樹枝状に谷が発達した台地上に位置する、主に縄文時代中期と後期の大規模貝塚。一九九八（平成10）年国史跡に指定された。一八七九（明治12）年東京大学の佐々木忠二郎と飯島魁が、日本人として最初の学術調査を行い、報告書を刊行した。出土土器は、大森貝塚出土の薄手の大森式と対比され、厚手の陸平式の基準資料となった。一九八〇（昭和55）年代後半から陸平調査会により周辺遺跡を含めた継続的調査が行われ、住居跡や墓坑群が検出され、集落構造の解明が進んでいる。
〔参考文献〕I. Iijima and C. Sasaki 1883 Memori Vol.1 Part I of the Science Department, University of Tokyo (菅野智則)

おかだやまいちごうふん［岡田山1号墳］ 島根県松江市大草町の丘陵上に築造された六世紀後半頃の前方後方墳。長さ四七m、幅約二九mの長方形の壇の上に、全長二一・五m、幅一一・五mの二段築成の墳丘を築く。墳丘斜面には葺石があり、くびれ部と後方部墳麓に円筒埴輪と須恵器子持ち壺が集中的に配されている。内部構造は西に開口する横穴式石室で、全長五・六m、玄室長二・八m、同幅一・八m、同高さ二・二mである。玄室中央には主軸方向に組み合わせ式家形石棺がおかれている。副葬品としては、大刀三（金銅装三葉環頭大刀・銀金銅装円頭大刀・鉄地銀象嵌円頭大刀）、刀子三、「長宜子孫」銘内行花文鏡一、金銅製丸玉一六、耳環二、馬具類、鉄鏃、須恵器類などが出土。なかでも残存長五二㎝の銀象嵌大刀は、柄に銀線を巻き、柄頭に亀甲繋鳳凰文を象嵌した秀品で、刀身佩表から「各田卩臣□□□素□大利□」の銘文も発見された。とくに「額田部臣」の四文字はわが国古代の「部民制」「氏姓制」の成立時期を考えるうえできわめて重要な資料である。古墳は二号墳とあわせ、「岡田山古墳」として、一九六五（昭和40）年、国史跡に指定され、出土品は八五（同60）年に一括して国の重要文化財に指定された。

〔参考文献〕松本岩雄編『出雲岡田山古墳』（島根県教育委員会昭62）。 (足立克己)

「額田部臣」銘銀象眼大刀
写真提供：島根県教育委員会

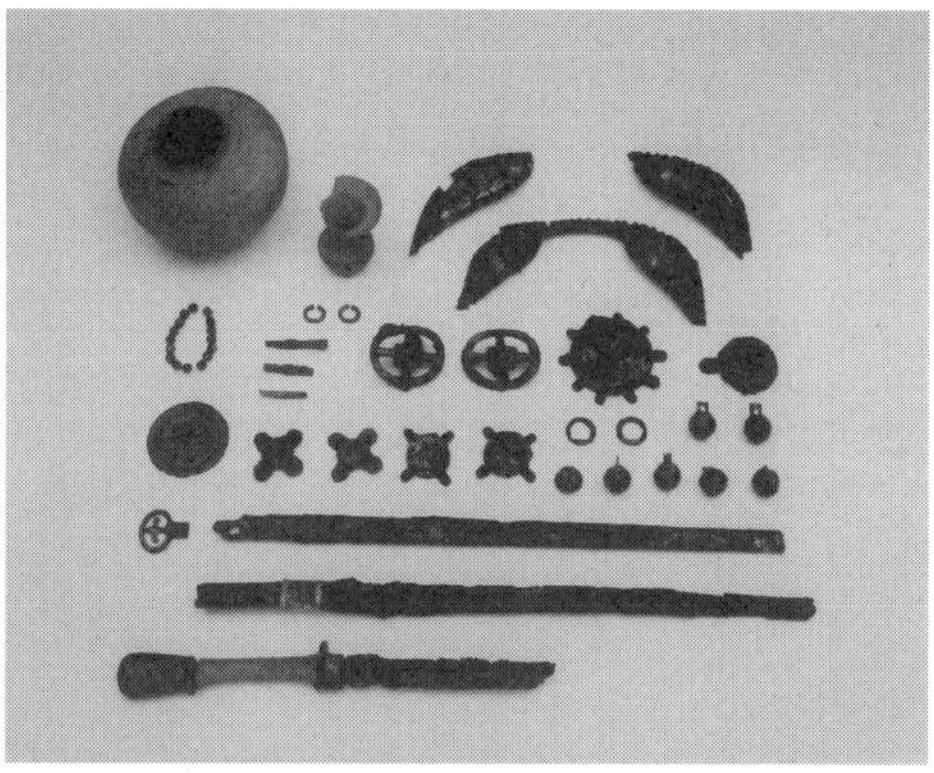
岡田山一号墳出土遺物
写真提供：島根県教育委員会

おかだやまこふん［岡田山古墳］ ⇩岡田山1号墳

おがちじょう［雄勝城］ 出羽国に設置された古代の城柵。七五九（天平宝字3）年に築かれ一〇世紀まで秋田城と並んで出羽国統治の拠点となった。仙北郡仙北町の払田柵遺跡にあてる説などがあるが、確定の段階にはいたっていない。 (高橋誠一)

おかでら［岡寺］ 奈良県高市郡明日香村岡に所在する寺。岡寺山の中腹にある山岳寺院で龍蓋寺と号す。岡寺の呼称は飛鳥岡にあったことにもとづく。創建当初の寺地は、現境内地西側の治田神社の場所で、礎石が少し残り、古瓦が散布する。葡萄唐草文軒平瓦がよく知られている。瓦の文様からみると、創建年代は八世紀初頭。醍醐寺本『諸寺縁起集』では、義淵僧正の創建と伝える。『新撰姓氏録』に岡連がみえ、市往公と同祖とする（右京諸蕃下）。義淵僧正は俗姓市往氏で、その兄弟らに市往氏を改めて岡連を賜ったから（『続日本紀』神亀四〈七二七〉年十二月十日条）、岡寺は市往氏の氏寺であった可能性が大きい。正倉院文書に、岡寺所蔵の経典が写経所に貸し出された事例も散見する。 (和田萃)

おかのみなと［崗水門］ 『日本書紀』の神武天皇、仲哀天皇、神功皇后の条、あるいは『万葉集』などにみえる海上交通の要衝。筑前国遠賀郡にあり、遠賀川河口の現福岡県遠賀郡芦屋町芦屋に比定する説が有力。 (高橋誠一)

おかのみやてんのう［岡宮天皇（岡宮御宇天皇）］ ⇩草壁皇子

おかのやのしょう［岡屋荘］ 京都府宇治市岡屋付近にあった荘園。摂関家領。もと藤原師輔の所領で、没後比叡山楞厳院法華堂に寄進された。ときに田地一二〇町余、地子二、三〇斛。九七一（天禄2）年には年料地子一六〇斛。一二五三（建長5）年近衛家所領目録に同家領とみえる。 (山本崇)

おがわのいち［小川の市］ 『日本霊異記』中巻第四縁にみえる美濃国片県郡所在の古代の市。この市を舞台に、大力の二人の女性（美濃の狐の子孫と道場法師の孫）が闘う。その故地は、岐阜市内の長良川河畔に比定されている。 (福岡猛志)

おぎどうかいづか［荻堂貝塚］ 沖縄県北中城村荻堂後原に所在する縄文時代後期の貝塚。荻道集落北側の石灰岩台地崖下に形成され、一九一九（大正8）年に松村瞭が発掘を行い、暗黒色の遺物包含層を確認した。同層出土の*荻堂式土器は縄文時代後期を代表する土器の一つで、伊波式土器に後続する。石器(石斧、槌石、凹石)、貝製品(貝匙、貝小刀、貝皿、貝製硝子)、骨器(銛、大小の骨針)、貝製装飾品(貝包丁、貝輪、玉類、垂飾)が出土している。国指定史跡。

【参考文献】松村瞭「琉球荻堂貝塚」『東京帝国大学理学部人類学研究室研究報告』(大9)。 (上原静)

おぎどうしきどき【荻堂式土器】 沖縄県北中城村*荻堂貝塚を標識とする縄文時代後期の土器で、*伊波式土器に後続する。沖縄本島および周辺離島に分布。器種には深鉢形と壺形がある。深鉢形は口縁部がすぼまり、胴部が膨らむ平底の器形である。口縁部は伊波式同様四つの山形突起を有するが、荻堂式の突起は瘤状にふくらむ傾向がある。文様は口・頸部に限られ、二叉状工具により数種の平行沈線文、連点文を施す。文様の最下部に鋸歯状文を施す点も特徴的である。

【参考文献】高宮廣衛「伊波式土器と荻堂式土器」『日本民族文化とその周辺』(国分直一博士古稀記念論集編纂委員会昭55)。(上原静)

おきながし【息長氏】 近江国坂田郡息長(滋賀県米原市周辺)を本拠とした古代氏族。姓は公であったが、六八四(天武13)年の八色の姓制定時に真人に改姓。『新撰姓氏録』によれば応神天皇皇子稚渟毛二俣王を氏祖とする。大王家とのつながりについては、応神の母神功皇后の名(または*諡号)が息長帯比売で、応神妃に息長真若中比売が伝わることなどから応神朝の成立に役割をはたしたとの説、天皇や皇后の諡号に氏族名が含まれるのはこの氏族だけであることから*継体天皇の出自氏族であるとの説や、継体擁立の有力支持勢力であったとの説、後の舒明・天智・天武天皇へとつながる敏達天皇皇后広姫の出自氏族として六世紀半ば以降有力氏族化したとの説などがあるが、いっぽうでこれらのことを伝える『記』『紀』伝承は、息長氏が自氏の史的立場を高める意図をもって、天武朝における修史事業のなかで、自氏出身后妃の系譜を架上したり、自氏出身皇族の伝承を修飾したものにすぎず、史実とみなすことはできないとする説もある。

【参考文献】大橋信弥『日本古代国家の成立と息長氏』(吉川弘文館昭59)。 (小野里了一)

おきながたらしひめのみこと【気長足姫尊】 ⇩神功皇后

おきながのみささぎ【息長陵】 敏達天皇皇后広姫の陵。滋賀県米原市山東町大字村居田にある。皇后は敏達天皇四年一一月崩御。『日本書紀』には陵所の記載はないが、「延喜式」諸陵寮に「在近江国坂田郡、兆域東西一町、南北一町、守戸三烟」と記し*遠陵とする。一八七五(明治8)年、村居田の皇后塚を広姫陵としたが、皇后塚は隣接する光運寺改築にともない、元禄年間に削平されていた。出土した宝冠などの入った家形石棺は、隣接する堀居氏の庭に移し埋められた。現陵は石棺埋納地に新たに円墳を築いたものである。皇后塚の墳丘は付属地として、参道脇に取り込んである。 (福尾正彦)

おきなわかいづかぶんか【沖縄貝塚文化】 琉球列島(俗に南西諸島)は大隅諸島・トカラ列島・奄美諸島・沖縄諸島・宮古諸島・八重山諸島の六諸島からなるが、これらの島々に展開した新石器文化は宮古凹地(第四紀)を境に沖縄諸島以北の北方系と先島(宮古・八重山の総称)諸島の南方系に大別される。沖縄貝塚文化とは前記諸島のうち沖縄諸島に展開した新石器時代文化の別称である。同諸島の新石器文化は長い間その起源が不明であった。第二次世界大戦前から縄文(石器時代)文化の系統であるとする見解はあったが、源流が明確におさえられないところから、戦後になって独自の呼称、つまり、貝塚時代という呼び名が一般化していった。沖縄諸島の新石器文化が縄文文化に由来するとわかったのが一九七五(昭和50)年の読谷村渡具知東原遺跡における発掘調査である。この貝塚文化は基本的に縄文文化とそれ以降の固有文化に大別される。以下、前者については縄文時代の編年にしたがって概観する。ちなみに「貝塚時代」の初見は徳永重康による一九三六(昭和11)年の英文の報告書である。現在、沖縄諸島最古の土器として一般に知られているのは爪形文土器であるが、実は爪形文土器に先行する野国第四群土器である。この土器は出土量がきわめて少なく、性格が明らかでない。そのため爪形文土器の記述から始めるのが一般的であるが、沖縄の爪形文土器は本土の爪形文土器よりカーボン年代が三〇〇〇年以上も新しく、また、伴出石器が細石刃ではなく、局部磨製石器を主体とするところから、九州などの爪形文土器とは別系統とする見解が支配的である。沖縄諸島の土器文化の大きな特徴はこの期間を通じて地域性が進行していくことである。縄文前期前半までは曽畑式や条痕文土器などの分布によって、土器文化は九州圏に包摂されるが、後半の室川下層式は種子島以南にしか分布せず、土器文化の南島化の開始を示す土器として注目される。縄文中期になると地域性はさらに進み、奄美・沖縄両諸島に限定された南島中部圏特有の中琉式(中部琉球式の略称)が現れる。縄文後期になると中部圏は分解し、奄美・沖縄とも

沖縄諸島の編年

時代区分		土器形式	沖縄諸島発見の九州系土器	その他の編年資料	備考
縄文時代	草創期	↑ ↑			
	早期	野国第4群		ヤブチ式 6670±140Y.B.P.	
		ヤブチ式土器	} 爪形文土器	東原式 6450±140Y.B.P.	
		東原式土器			
	前期	条痕文土器	条痕文土器	曽畑式(渡具知東原) 4880±130Y.B.P.	
		室川下層式土器			
		曽畑式土器	曽畑式土器		
		神野A式土器			
		神野B式土器			
	中期	面縄前庭Ⅰ式土器 ←	旧具志川A式		
		面縄前庭Ⅱ式土器 ←	旧具志川B式		
		面縄前庭Ⅲ式土器 ←	旧具志川C式		
		面縄前庭Ⅳ式土器 ←	旧神野C式		
		面縄前庭Ⅴ式土器 ←	旧面縄前庭式		
	後期	神野D式土器		伊波式(熱田原) 3370±80Y.B.P.	
		神野E式土器		伊波式(室川) 3600±90Y.B.P.	
		伊波式土器			
		荻堂式土器			
		大山式土器			
		室川式土器			
	晩期	室川上層式土器		入佐式並行 黒川式土器	
		宇佐浜式土器			
		仲原式土器			
うるま時代	Ⅰ	真栄里貝塚	板付Ⅱ式土器 亀ノ甲類似土器		弥生前期
	Ⅱ	具志原式土器	山ノ口式土器		弥生中期
	Ⅲ	アカジャンガー式	免田式土器	アカジャンガー式は中津野式並行か?	弥生後期
	Ⅳ	フェンサ下層式土器		須恵器	古墳時代〜平安時代

◎ 「フェンサ下層式は城時代初期」とする見解もある。
◎ 現時点における「うるま時代」は暫定的区分。

それぞれ独自の土器文化圏を形成するようになる。沖縄の代表的土器が伊波式や荻堂式土器である。晩期には再び分布圏は拡大し、同類の字宿上層式や宇佐浜式土器が奄美・沖縄だけでなくトカラ列島にもおよび、薩摩半島でも一例発見されている。遺跡としての貝塚は前・中・後期に卓越し、早期や晩期は不顕著である。生業の基盤は狩猟採集だが、晩期には農耕の存在も想定されており、また犬も爪形文期にはすでに飼育されていた。この間、九州地方との双方向の交流が知られているが、どちらかといえば九州方面からの南下文物が多い。外国の製品としては晩期に中国燕地方の明刀銭や韓国の孔列文土器などが報告されている。次に、縄文時代以降に展開する先史文化を新石器時代後期あるいは貝塚時代後期と称している。この名称はかつての新石器時代三期編年（前期・中期・後期）の最後の呼称を引き継いでいる。本期は本土編年の弥生～平安時代にほぼ対比され、北海道と同じように続縄文的性格と見なす見解が多い。この時代の土器は変化に乏しく、土器の編年研究は停滞状態にあったが、近年、ようやく曙光が見え、五型式前後の推移が推定されるようになってきた。また、本期の七～八世紀頃の那崎原遺跡から炭化米が検出され、稲作の行われていた可能性が指摘されている。家畜としては豚の報告が一例ある。しかし、遺跡自体は貝塚が多く、狩猟採集が依然として大きな比重を占めていたことを推定せしめる。周辺地域との交流は縄文時代にもまして頻繁になり、九州、遠くは韓国や中国の製品もより多くみうけられるようになる。他方、南島からの移出品としては貝製品が九州や本州だけでなく北海道や韓国にもおよんでいる。（髙宮廣衞）

一九九四（平成6）年から二〇〇四（平成16）年まで発掘調査が実施された名護市屋我地島の大堂原遺跡から、沖縄最古の野国Ⅳ群土器をはじめ、爪形文土器、曽畑式土器、伊波式土器など縄文時代に属するほとんどの型式土器と貝塚時代後期に属する移入弥生土器（松木薗式大型甕など）や在地土器が数多く出土した。土器編年に掲載されているほとんどの型式土器が一ヵ所の遺跡で見つかったことは驚嘆すべきものがあり、それもプライマリーな層序で検出され、高宮暫定編年を証左する極めて重要な発見となった。（岸本義彦）

〔参考文献〕髙宮廣衞「南島の先史世界」日本考古学協会編『日本考古学を見直す』（学生社平12）。

爪形文土器（上：ヤブチ式土器、下：東原式土器）

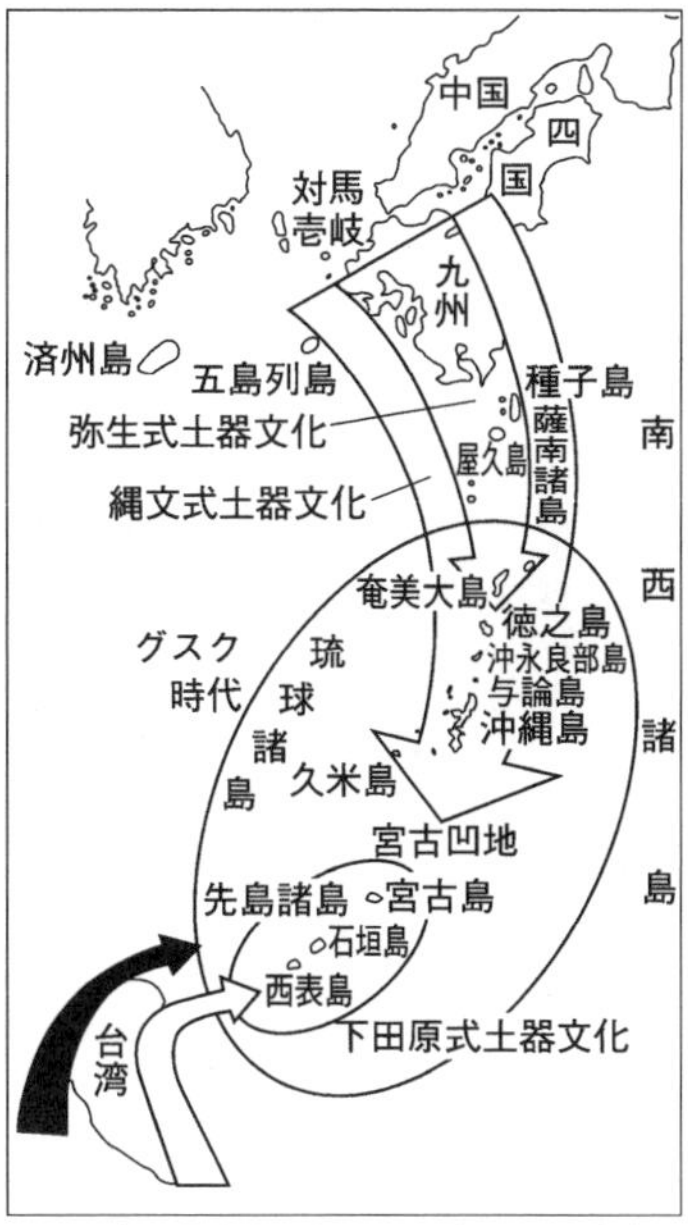

下田原式土器文化の起源と縄文・弥生式文化の影響

おきのくに［隠岐（伎）国］ 山陰道に属する国。現在の島根県隠岐郡にあたる。日本海上の火山島群で、島後水道を境として東の円形の島後と、西の知夫里島、中ノ島、西ノ島の島前に分かれ、ほかに約一八〇の小島からなる。『古事記』には隠伎三子嶋、『日本書紀』には億岐洲、億岐三子洲とみえて神話の舞台として記されており、また屯倉の郷名や地名などからも早くから倭王権とのかかわりの深い地域であったことがわかる。国名の表記は奈良時代後半頃まで隠伎であったことが平城京出土の木簡から明らかであるが、そののちは隠岐の表記が一般化した。「延喜式」では下国とされ、山陰道の最後に位置付けられる遠国かつ辺要国であった。所管の郡は知夫・海部・周吉・穏地郡の四郡で、知夫郡は島前の知夫里島と西ノ島、海部郡は中ノ島、周吉・穏地郡は島後の東南と西北。国府は現島根県隠岐の島町西郷町下西甲ノ原説が有力であるが、西郷町有木・大光寺付近とする説などもある。国分寺は西郷町池田に残り、礎石も存在している。七二四（神亀元）年に遠流の国と定められ小野篁、のちに後鳥羽上皇や後醍醐天皇らも配流された。（高橋誠一）

〔参考文献〕『新修島根県史』（臨川書店、復刻、昭40～43）。内藤正中『島根県の歴史』（山川出版社昭44）。

おきのくにしょうぜいちょう［隠岐国正税帳］ 隠岐国における田租と正税出挙稲の一年間の収入・支出、現存量などを政府に報告した文書。七三二（天平4）年度のものが正倉院文書として残っている。六断簡からなり、周吉郡の記載が完存している。そのほかも一部が欠損しているものの残存状況が良好で、国全体および四郡のこの年の田租と正税出挙稲の収支状況をほぼ完全に復原することができる。（寺内浩）

おきのしまさいしいせき［沖ノ島祭祀遺跡］ 福岡県宗像市大島村に所在。宗像市神湊から五七km、壱岐の芦辺から五九km、対馬の厳原から七五km、韓国釜山まで一四五kmの玄界灘の真只中に位置する周囲約四kmの小さな島で、縄文・弥生時代の土器、石器が出土しており、季節的な移住生活をしていたことがわかっている。

古墳時代の祭祀遺跡は、海抜八〇m前後の宗像大社沖津宮裏の巨岩群を中心に二三ヵ所が知られている。四世紀後半から五世紀前半の岩上遺跡、五世紀後半から六世紀の岩陰遺跡、七世紀から九世紀の露天遺跡があり、継続して祭祀が行われていたことがわかる。岩上遺跡は、一六・一七・一八・一九・二一号遺跡で、三角縁神獣鏡、獣帯鏡などの鏡を主とし、岩陰遺跡は、四・五・六・七・八・九・一〇・一一・一二・一三・一四・一五・二〇・二二・二三号遺跡で、最も多く、金製指輪、金銅製雲珠・杏葉・帯金具、鉄鋌など、朝鮮半島三国時代と関係のある豪華な奉献品と金属製・滑石製の雛形祭祀品を主とし、露天遺跡は、一・二・三号遺跡で、滑石製形代(人形・舟形・馬形)、有孔土器をはじめとする須恵器、金属製雛形品を奉献している。銀製・銅製指輪を出土した大島村の中津宮境内遺跡と宗像市田島の滑石製短甲、滑石製形代を出土した宗像大社辺津宮周辺の遺跡は沖ノ島祭祀遺跡と三位一体の関係にあり、胸形大神を奉る胸形君が倭五王の遺使、遣隋使、遣唐使などの国家的規模の交流の時に遣使の成功と航海安全を祈って祭祀が行われたものと考える。韓国扶安郡辺山面の竹幕洞遺跡は、倭製品と思われる雛形短甲、有孔円板、刀、斧などの滑石製品を多く出土し、沖ノ島の祭祀と共通する部分が多い。港のそばの崖面にある正三位社前遺跡は、土壙のなかから鉄鋌、五世紀の土師器壺が出土している。祭祀者は巨岩群の祭祀とは違って、『万葉集』巻一六の楫取宗形部津麻呂のような航海の実務者を考えることができる。

沖ノ島C号巨岩と6号遺跡
写真提供：宗像大社

沖ノ島全景
写真提供：宗像大社

【参考文献】原田大六ほか『沖ノ島』・『続沖ノ島』(宗像大社復興期成会昭33・同36)。岡崎敬ほか『宗像沖ノ島』(宗像大社復興期成会昭54)。

(佐田茂)

おくやまくめでら【奥山久米寺】 飛鳥時代前期の逸名寺院。奥山廃寺とも。奈良県高市郡明日香村奥山に所在し、現在、浄土宗の久米寺がある。前庭に塔跡が残り、心礎の上に鎌倉時代の十三重の石塔が建つ。蓮華文を配した鬼瓦をはじめ、飛鳥時代前期の瓦が多量に出土することで知られる。境内の発掘調査により、四天王寺式の伽藍配置と推測され、また金堂は七世紀前半に建立されたが、塔はやや新しく七世紀後半の建立であることが判明している。久米寺(奈良県橿原市久米町)の奥の院、あるいは聖徳太子の同母弟である来目皇子の創建などとされてきたが、最近では小墾田の地に所在することから、蘇我氏の同族である小墾田臣が創建した小墾田寺(小墾田禅院)とする説が注目されている。 (和田萃)

おくりな【諡】 死後に追贈する名。諡号とも。諡には和風の諡と漢風の諡とがある。諡は中国では周代からあり、文字の選び方について記したものに『周書』の「諡法解」がある。大王や天皇の和風の諡は、その葬儀のおりに献呈された例が多い。持統天皇の場合は七〇三(大宝3)年一二月の火葬の日に、文武天皇の場合も七〇七(慶雲4)年一一月の火葬の日に諡されている。神武天皇から持統天皇までと元明・元正両天皇の漢風の諡については、八世紀後半(七六二〜七六四年の頃)に淡海御船が撰んだとみなす説が有力。 (上田正昭)

おくろくぐん【奥六郡】 『続日本紀』宝亀七(七七六)年に陸奥国の奥郡がみえるが、『吾妻鏡』などでいう奥六郡は、ほぼ現在の岩手県域、胆沢・和賀・江刺・稗抜・志和・岩手の六郡と推定され、奥州藤原氏の支配圏の及ぶ本拠地。奥の名称はしだいに北上していったと考えられる。類似例として常陸など他地域でも奥郡の名称がある。 (高橋誠一)

おごおりかんが【小郡官衙】 福岡県小郡市にある七世紀後半から八世紀中頃にかけての官衙遺跡。一九六七(昭和42)年、宅地開発の途中に発見され、緊急調査が行われた。大きな掘立柱建物が整然と並び、当地が奈良時代の筑後国御原郡に属すことから、御原郡衙と推定された。全国的にも郡衙構造の実態がわかる遺跡として評価され、七一(同46)年国指定史跡となった。建物群は大きく三時期にわたり建替えがあり、このうち最も整った配置を示すのが七世紀末の第II期段階のもので溝や柵列で約二四〇m四方に区画され、そのなかに正庁・館・倉庫などの建物が区域を分けて整然と建てられた。また北東側の水源付近の発掘調査では、第Ⅲ期の大規模な築地や溝が発見され、郡衙機能以外の可能性もあわせて再評価されつつある。奈良時代の遺構に重なって、大規模な弥生時代の中～後期の集落もあった。

〔参考文献〕工楽善通編『小郡遺跡』(小郡市教委昭55)。　(片岡宏二)

おごおりのみや［小郡宮］　六四五(大化元)年の難波遷都にともない「難波小郡」を宮として改修したもの。『日本書紀』大化三(六四七)年是歳条によれば「小郡」を壊して「小郡宮」を営み、そこで礼法を定めた。白雉元(六五〇)年二月十五日条にみえる白雉献上の儀式が行われた宮も小郡宮のことと思われ、南から「南門、庭と庁、紫門、中庭、殿」がならぶ構造がうかがえる。　(中尾芳治)

おこしたり［上哆唎］　『日本書紀』継体紀にみえる「任那国」の四県の一。下哆唎とともに全羅南道地方に比定される。『日本書紀』のみにみえる。国守穂積臣押山が要請し大伴金村が支持して百済に賜った、とするが、実際には百済が自力で領有。　(田中俊明)

おことてん［ヲコト点］　中世以前、漢文の訓読の仕方を示すために漢字の四隅や脇などに書き込んだ符号類の総称。助詞「を」形式名詞「こと」を示す符号を多用するのでこの名称がある。ほぼ同義の「訓点」は漢字相互の意味的関係を示す符号などを包摂した概念なので、厳密な定義ではヲコト点は訓点の一部である。中国では漢文に補助符号を施す習慣はなく、「ヲコト点を施す」とは漢文に助詞などを補って日本語として読むことである。たとえば『白氏文集』の鎌倉時代の訓読では「撥乱」の「乱」の右肩に朱の墨で点をうって助詞「を」を示し「乱を撥」のように読むことを指定している。どの位置の点でどの助詞・助動詞・形式名詞などを示すかは、学問の流派や寺院の系列によってそれぞれ違っていた。古くヲコト点をテニヲハ点ともよび、転じて助詞そのものをテニヲハとよんだのは、博士家や仁和寺の学統で左下、左上、右上、右下の点が「て、に、を、は」を示していたことに由来する。

〔参考文献〕橋本進吉『文字及び仮名遣の研究』(岩波書店昭24)。中田祝夫『改訂版古点本の国語学的研究　総論篇』(勉誠社昭54)。築島裕『平安時代訓点本論考』(汲古書院昭61)。　(犬飼隆)

ヲコト点の例　金剛寺本『遊仙窟』

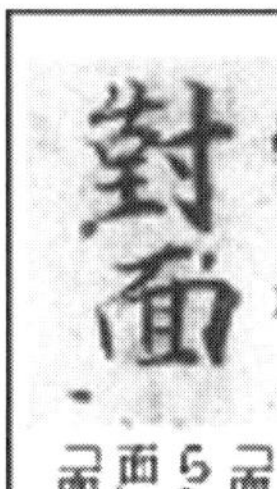

「對」の左下の点が接続助詞「て」、「面」の右上の点が格助詞「を」をあらわし、右脇の片仮名とともに「對面」を「オもてをムけて」と訓読する。「面」の左下の「二」は返り点。

おさ［訳語］　古代の通訳。通事とも。ヲサは古代朝鮮語か。七世紀前半までは、通訳を職掌とする渡来系氏族が中国や朝鮮半島との交渉の際に担当した。その後は留学経験者や唐人・新羅人が選ばれ遣唐使に同行したり、来日した渤海使との交渉にあたった。六〇七(推古天皇15)年七月、遣隋使小野妹子の通事となった鞍作福利は後者の例である。遣新羅使には大・小通事が同行し、大宰府には大唐通事・新羅訳語がおかれた。渤海には学生高内弓(内雄)を留学させ、音声を学ばせているほか、渤海訳語には容貌端正な学者を選んでいる。訳語の養成としては、七三〇(天平2)年、大宝年間に渡唐した僧弁正と唐の婦人との間に産まれた秦朝元らに弟子を付け漢語を学ばせたり、七六一(天平宝字5)年新羅征討を企図して美濃・武蔵国の少年らに新羅語を学ばせたりしている。唐・新羅・渤海の語を解する訳語のほか、蝦夷・隼人・奄美などの語を解する訳語もいた。　(宮永廣美)

おざかたいせき［女方遺跡］　茨城県筑西市にある、縄文時代中期から弥生時代にわたる遺跡。鬼怒川に面した河岸段丘上に立地する。一九三九(昭和14)年から三年間、田中国男によって発掘調査が続けられ、土器をおさめた四三基の土坑が検出された。一つの土坑には壺形土器を主体とする複数の土器が埋納されていた。これらの造営は縄文晩期最終末ないし弥生前期に始まり、中期中葉におよんだ。当初、祭祀遺跡と考えられたが、研究の進展により壺の多くは遺骨をおさめた蔵骨器で、土坑は再葬墓であることが判明した。　(設楽博己)

おざかたしきどき［女方式土器］　女方遺跡の再葬墓から出土した土器を標識として、山内清男により命名された土器型式。弥生時代前期から中期中葉におよぶが、最古の段階が縄文時代にさかのぼるか否かは微妙なところである。この土器型式を五段階ほどに細分した研究もある。これらの土器は、総数一八六個体のうち壺形土器が一五八個体と圧倒的であり、土器型式といっても日常生活の土器群につけられた型式名ではない。最盛期の中期前葉の大型壺は条痕文や縄文をつけたものが多く、なかには口縁に顔を表現したものもある。磨消縄文を施した小型土器がともなう。　(設楽博己)

おさかべしんのう［刑部親王］　?～705　天武天皇の皇子。忍壁・忍坂部とも。母は宍人大麻呂の女檝媛娘。六七二(天武元)年の壬申の乱に際し、父に従い東国に赴く。六八一(同10)年三月川島皇子らとともに帝紀および上古諸事の記定に従事する。六九六(持統10)年の高市皇子没後は天武天皇諸皇子の代表的存在となり、七〇〇(文武4)年三月、大宝律令撰定の勅をうけ主宰、翌年八月完成の功によって禄を賜った。七〇三(大宝3)年初の知太政官事に任命され、太政官の政務を統べる立場に立った。三品で没した。　(廣瀬真理子)

おさかべのみこ［忍壁皇子］　⇩刑部親王

おさださきたまのみや［訳語田幸玉宮］　磐余地域にあった敏達天皇の宮。五七二(敏達元)年四月に即位した敏達天皇は百済大井宮を営んだが、五七五(同4)年に訳語田にあった海部王と絲井王の家地を卜わせたところ、吉と出たので、その地に宮を造営した。それが訳語田幸玉宮である。『扶桑略記』や『帝王編年記』には磐余訳語田宮とみえるので、磐余の域内にあった宮とみてよい。「大和国石名庄坪付案」(『平安遺文』三二七一号)に他田庄の坪付がみえ、十市郡二四条六里を中心とした一帯なので、桜井市戒重付近に訳語田幸玉宮を想定しうる。遺構はまだ解明されていない。大津皇子の訳語田舎も同所付近かと思われる。　(和田萃)

おさだのひまつりべのあたいじんご［他田日奉部直神護］　生没年未詳。八世紀の下級官人。下総国海上郡を本拠とした下海上国造の後裔。七四八(天平20)年の海上郡大郡司の拝命を請う啓(「正倉院文書」)には中宮舎人左京七条の人、従八位下とある。　(中川久仁子)

おさだのみや［他田宮］（おさださきたまのみや）　⇩訳語田幸玉宮

おさべしんのう［他戸親王］　761～75　光仁天皇皇子。母は皇后井上内親王(聖武天皇皇女)。天武系の血を引く皇子として七七一(宝亀2)年立太子。しかし翌年母が厭魅大逆(天皇を呪詛する大罪)により廃后されるに伴い皇太子を廃され、大和国宇智郡に幽閉。皇太子には山部親王(桓武天皇)が立った。七七五(同6)年、母子は同日に死去。一連の事件の背景には山部を擁立する藤原百川等の陰謀があり、死因も毒殺とされる。墓は奈良県五條市御山町に所在。　(関口力)

おさむるつかさ／じぶしょう［治部省］　大宝・養老令制における八省の一つ。五位以上の官人の継嗣や婚姻をはじめ、祥瑞・喪葬・外交をつかさどる。四等官のほか、氏姓に関する訴訟を扱う解部が所属した。雅楽寮・玄蕃寮・諸陵司・喪儀司の二寮二司を管轄した。　(荊木美行)

おしがたもんどき［押型文土器］　文様を刻んだ棒状の施文具を内外面に回転させた土器であり、かつては捺型文土器とも呼称された。北海道から九州地方にかけて広く分布する。縄文時代早期中葉に盛行するが、北海道や青森県などでは縄文時代前期、新潟県や山形県などでは縄文時代晩期にもみられる。文様には、山形文・格子目文・楕円文・市松文・平行線文などがあり、凹凸を逆転させたネガティブな押型文もある。早期中葉の押型文土器は、基本的に深鉢で平縁と波状縁があり、尖底と丸底の底部が主体をなしているが、九州地方などでは平底の底部もみられる。

［参考文献］山内清男「古式縄紋土器研究最近の情勢」『ドルメン』四―一(岡書院昭10)。　(領塚正浩)

おしくまおう［忍熊王］　仲哀天皇の皇子。母は大中姫。神功皇后に皇子(後の応神天皇)が誕生したことを聞き、同母兄香坂王とともに播磨明石に山陵をつくると称して兵を集め謀反をおこしたが、香坂王は祈狩(勝敗を占う狩り)の最中赤猪に食い殺され、忍熊王も武内宿禰らの率いる皇后の軍勢に敗退し、瀬田川の渡し場で死んだという。　(廣瀬真理子)

おしさか［忍坂］　奈良県桜井市忍阪。神武伝承に「忍坂の大室」「忍坂邑」「忍坂道」がみえ、また「忍坂邑」には倭王権の武器庫があった(『日本書紀』垂仁三十九年十月条所引「一云」)。また舒明天皇の忍坂内陵や石仏で名高い石位寺がある。　(和田萃)

おしさかのおおなかつひめ［忍坂大中姫］　允恭天皇の皇后。応神天皇の皇子、稚野毛二派皇子の女で、衣通郎姫の姉。允恭との間に、木梨軽皇子・安康天皇・雄略天皇ら九人を儲けた。病弱であった允恭の即位に尽力したと伝える。皇后のために刑部が設置された。『釈日本紀』に引く「上宮記」に、践坂大中比弥王とみえる。　(和田萃)

おしさかのみや［意柴沙加宮］　和歌山県橋本市の隅田八幡宮に伝えられた人物画像鏡の銘文にみえる宮。銘文は「癸未年八月」で始まるが、癸未年を四四三年とすると、允恭天皇の時代にあたり、允恭の皇后であった忍坂大中姫の宮とみることが可能である。なお允恭の宮については、『古事記』では遠つ飛鳥宮とするのに対して、『日本書紀』では宮の所在地を記さない。意柴沙加は、奈良県桜井市忍阪をさすと思われるが、現在、「忍阪」の地名は「オッサカ」と発音されていて、問題を残している。　(和田萃)

おしさかひこひとおおえのみこ［押坂彦人大兄皇子］　生没年未詳。敏達天皇の皇子。母は皇后の広姫で、大兄の地位にあり、有力な皇位継承候補者の一人であった。『古事記』では、忍坂日子人太子と表記し、またの名を麻呂子王とする。水派宮に住んでいた。水派宮の地については、「城上」とも称したことから(武烈紀三年十一月条)、大和国広瀬郡城戸郷とする説が有力である。『日本書紀』用明天皇二(五八七)年四月条に、いわゆる崇仏・排仏論争の最中、中臣勝海連は押坂彦人大兄皇子と竹田皇子を呪詛し、事の成りがたいことを知り、押坂彦人大兄皇子に加担したことがみえている。しかしその後、皇子に関する記述がないので、この直後に亡くなったらしい。暗殺されたとの説もある。墓は、延喜諸陵寮式に広瀬郡の成相墓とみえ、牧野古墳が有力視されている。　(和田萃)

おしだしぶつ［押出仏］　仏像を浮彫りした鋳銅製の型に薄い銅版を載せて槌などで叩き、造形を浮き出させる技法でつくられた仏像。鎚鍱仏・打出仏とも。文献上の初見は、中国の東晋時代で、隋・唐代の作例が伝わる。日本では飛鳥時代から奈良時代にかけて流行した。一つの型から量産が可能なため、法隆寺玉虫厨子(国宝)内部の押出千仏などの壁面装飾として用いられたり、法隆寺献納宝物の阿弥陀三尊二比丘像のように礼拝の対象として厨子内に貼付されたりした。　(佐古愛己)

おしぬみのつのさしのみや［忍海角刺宮］　履中天皇の皇女で、市辺忍歯別王の妹であった忍海郎女(飯豊王・飯豊郎女・青海郎女)の宮。忍海郎女は清寧天皇没後、葛城の忍海の高木の角刺宮にいたと伝え(『古事記』)、『日本書紀』では、顕宗・仁賢天皇の姉である飯豊皇女(飯豊青皇女・飯豊女王・忍海部女王)は、清寧天皇の没後に忍海角刺宮で称制したと伝える。『扶桑略記』では、「飯豊天皇。廿四代女帝」とする。一七三六(享保21)年に成立した『大和志』には、忍海村(奈良県葛城市忍海)に「角刺宮」の所在を記す。現在、近鉄御所線の忍海駅のすぐ

西に角刺神社が鎮座し、境内には神宮寺であったと思われる忍海寺（現在は無住）がある。（和田萃）

おしまのえみし［渡島蝦夷］『日本書紀』六五八（斉明4）年に、阿部比羅夫の北征に際して、早くから帰属していた津軽蝦夷を介して有間浜で渡島蝦夷を懐柔したことがみえる。渡島とは津軽半島北部と現北海道南西部か。（高橋誠一）

おしょろかんじょうれっせき［忍路環状列石］北海道小樽市に所在する縄文時代後期の大規模な配石遺構。標高二〇mの緩斜面を平坦に造成し、立石を二重に巡らす。規模は南北三三m、東西二二m。一八八三（明治16）年に田内捨六が発掘し、その結果を八六（同19）年に渡瀬荘三郎が『東京人類学会雑誌』二号に紹介し、「環状石籬」とよんだ。立石は土台石や庭石として抜き取られていたが、一九二二（大正11）年の皇太子行幸の際に修復される。本来の姿は不明であるが、わが国最初の発掘・報告が行なわれた大規模な環状列石として六一（昭和36）年に国の史跡に指定。北方五〇mには多数の木・漆製品が出土した同時期の忍路土場遺跡がある。（長沼孝）

おしろい［白粉］記録のうえでは六九二（持統6）年元興寺僧観成が鉛粉をつくり天皇に献上したという『日本書紀』の記事が初見。中国よりもたらされた技法による鉛白・軽粉のほか、穀物を原料とするものがあり、「延喜式」には供御の白粉に用いるものとして「糯米一石五斗、粟一石」とみえている。鉛・水銀を産出する対馬・伊勢は白粉の産地として知られる。（佐藤文子）

おすくに［食国］天皇の支配領域全体をさす語。『古事記』応神天皇段には「食国の政」が「山海の政」と対比する形で用いられていることから、狭義には稲米によって服属儀礼を行う国々を意味し、山の幸・海の幸によって服属儀礼を行う国々と区別されるが、のちにそれが拡大されて広義に用いられるようになったとする説が有力。八世紀以後の即位宣命や立太子宣では、しばしば「食国天の下」「食国の法のまにまに」などと用いられる。

［参考文献］岡田精司『古代王権の祭祀と神話』（塙書房昭45）。（虎尾達哉）

おたぎでら［愛宕寺］京都市東山区小松町にあった寺。現在は珍皇寺と称し臨済宗建仁寺派の寺。空海の創建とも宝皇寺（鳥戸寺）の前身ともいう。早くから東寺の末寺となる。一一世紀には築垣内に四八ヵ寺があったという。小野篁の伝説がある。（野口孝子）

おたぎのはか［愛宕墓］太政大臣藤原良房室源潔姫の墓。潔姫は嵯峨天皇皇女、文徳天皇女御明子の母である。八五六（斉衡3）年死去。神楽岡白川に葬られた。清和天皇の外祖母にあたり、天皇即位の八五八（天安2）年に正一位を追贈され、墓は近墓に列せられた。八八四（元慶8）年には遠墓となる。「延喜式」諸陵寮に「在山城国愛宕郡、兆域東二町、南一町、西一町五段、北一町五段、守戸一烟」とあるが、現在その所在地は不明。同郡田中村（京都市左京区田中町）の東とする説（『山城志』ほか）がある。（福尾正彦）

おちくぼものがたり［落窪物語］平安時代中期の物語。著者は源順説もあるが未詳。四巻。九九〇（正暦元）年頃の成立か。継母に虐待され落窪の間に押し込められていた姫君が、左近少将道頼によって救出され、継母とその一族に復讐するという現存最古の継子いじめの物語。注釈書に『新日本古典文学大系18』（岩波書店平1）『新編日本古典文学全集』（小学館平12）などがある。（小西茂章）

おちのいらつめ［遠智娘］?～649　蘇我倉山田石川麻呂の女。天智天皇の嬪で持統天皇らの母。偸まれた姉の代わりに中大兄皇子（後の天智天皇）の妃となった娘が遠智娘か。六四九（大化5）年、父が讒言のため自殺したことをひどく悲しみ、そのために死んだ。中大兄皇子は哀泣したといい、『日本書紀』には野中川原史満の奉った歌が二首おさめられている。（廣瀬真理子）

おづきし［小槻氏］垂仁天皇皇子を氏祖とする皇別氏族。氏族名は近江国栗太郡を本拠とする。平安前期にその一部が京都に移貫され、太政官の中下級官人として活躍。のち太政官弁官局の実務を取りしきる官務ともよばれる左大史を世襲、ために官務家と称された。（井上満郎）

おつぼやまこうごいし［おつぼ山神篭石］⇨朝鮮式山城

おとえかんじょうれっせき［音江環状列石］北海道深川市音江町向陽の石狩川に向かって突出する丘陵先端部に所在するストーン・サークル群の遺跡である。標高一一四～一一八mの立地に直線状に大小一〇数基のストーン・サークルが存在し、各々の下部には墓壙と考えられるピットがともなうようである。ストーン・サークルの直径は二～五mほどで、朱漆塗の弓やヒスイの玉・石鏃ほかが伴出している。一九一七（大正6）年頃に阿部正巳が、一九五二・五三・五五・五六（昭27・28・30・31）年には駒井和愛が発掘調査し、一九五六年には国指定史跡となった。当遺跡出土の遺物は現在、東京大学より深川市教育委員会が借用し、保管および展示に供されている。（宮宏明）

おとくにのみや［弟国宮］『日本書紀』継体天皇十二年にみえる宮。継体天皇は河内樟葉宮で即位、山城の筒城宮を経て弟国宮に遷り、のち大和の磐余玉穂宮で崩御。弟国は乙訓で、宮の所在地については京都府長岡京市今里の東の明星野などの説があるが確定していない。（高橋誠一）

おとくにのみやあと［弟訓宮跡］『日本書紀』継体天皇十二年条に「遷都弟国」とあり、京都府長岡京市今里の乙訓寺付近にあったといわれているが、宮の存在を示す遺構は未確認。今里の地は、淀川の水運を重視した継体の宮としては、段丘の奥部にすぎる。宮址は、淀川の潟に臨んで存在したとされる「樟葉宮」や河津である「筑紫津」などとともに、川縁の地を考慮すべきであろう。その意味では、三川合流地点で桂川に面し、小泉川左岸の沖積低地に所在する六世紀前半の大規模集落である大山崎町下植野南遺跡の存在が注目される。

［参考文献］（財）京都府埋蔵文化財調査研究

センター『下植野南遺跡』京都府遺跡調査報告書第二五冊(平11)。門脇禎二・森浩一他『継体王朝』(大巧社平12)。 (森田克行)

おとこうか［男踏歌］ ⇩踏歌

おとたちばなひめ［弟橘媛］ 倭建命(日本武尊)の妃。倭建命が三浦半島の走水の海を渡る際におこった暴風を鎮めるため、入水したと伝える。倭建命との間に若建王を生んだ(『古事記』)。若建王はワカタケル大王(雄略天皇)の名とも共通するから、ヤマトタケル伝承の成立経緯とも深く関わりをもつ。 (和田萃)

おとめやまこふん［乙女山古墳］ 奈良県北葛城郡河合町佐味田に所在する。馬見古墳群に属する典型的な帆立貝式前方後円墳で、前方部は南東に面している。古墳時代中期中葉(五世紀中葉)の築造とみられる。墳長一三〇m、後円部径一〇〇mを測り、墳丘には埴輪をめぐらせ、周濠を有している。埋葬主体は粘土槨とみられ、勾玉、刀子、斧など大量の滑石製模造品が出土している。一九五六(昭和31)年国指定史跡。なお、周辺は帆立貝式前方後円墳が集中する地域として知られる。

［参考文献］ 木下亘『史跡乙女山古墳』(河合町文化財調査報告(二)昭63)。 (藤田和尊)

おに［鬼］ 「鬼」と書いて「おに」と読むのは平安時代以降である。『古事記』には「鬼」の表記は一例もないが、『万葉集』には「鬼」表記が一五例ある。「しこ」と読むのが一一例。「しこ」と読むのが四例である。『日本書紀』には「鬼」表記が三例載る。神代紀に、イザナキが妻のイザナミの死体のある殯の部屋に入り、死体にむらがる雷を見て逃げると、雷が追って来たので、桃の実を投げて撃退した行為を、「桃を用て鬼を避ぐ縁なり」と書く。また孝徳天皇即位前紀に、天皇が群臣に忠誠を誓わせた言葉の中に、もし誓約を破れば、「鬼誅し人伐たむ」とある。この二例は「鬼」が直接人前に出た話ではないが、もう一例は人々の前に現れている。斉明天皇は百済救援のため六六一(斉明7)年五月九日に筑紫の朝倉宮に移り、同年七月二四日に急死している。八月一日に天皇の葬儀が行われたが、その日の夕方、朝倉山の上に、「鬼有りて、大笠を着て、喪の儀を臨み視る。ひとびと、皆おかしぶ」と『日本書紀』は書く。この「鬼」は「ものの怪」の「もの」だが、この記述の二ヵ月前の五月二十四日条に、「朝倉社の木をきり除ひて、此の宮を作る故に、神いかりて殿を壊つ。亦、宮の中に鬼火あらわれ、これに由りて、大舎人及び諸の近侍、病みて死せる者多し」と『日本書紀』は書く。大笠を着て山上に現れた鬼は、鬼火となって宮殿を焼き、宮廷の人々を急死させている。鬼火が現れた原因は、朝倉山の神のものである神木を伐って宮殿を建てたからだから、天皇の急死も鬼のたたりと人々は思ったであろう。天皇の葬儀に朝倉山頂に鬼が現れたことが、そのことを示している。神木を伐られた朝倉山の山の神が鬼火や鬼になったのである。山の神は、怒れば宮殿を焼き、宮廷の人々を病死させ、天皇までも殺す魔力をもつ「ものの怪」とみられていた。それが古代の人々の「もの(鬼)」観である。

［参考文献］ 柳田国男「山島民譚集」『柳田国男集(二七)』(筑摩書房昭45)。大和岩雄『鬼と天皇』(白水社平4)。 (大和岩雄)

おにたかしきどき［鬼高式土器］ ⇩土師器

おにのいわやこふん［鬼の窟古墳］ 長崎県壱岐市芦辺町にある円墳。長崎県最大の円墳で径四五m、高さ一三mを計り、墳丘は緻密な版築状工法によって構築されている。石室はほぼ南に開口し、玄室、中室、前室の三室からなり両袖式の横穴式石室構造になっている。石室はいずれも巨大な玄武岩を使用し、全長約一六・五mを計る。石室床面には敷石を敷設している。玄室は一辺三mの正方形に近く高さは三・三mを計る。周壁は三段に構築し、持ち送り構造で天井石を構架している。中室は長さ三m、幅二・五m、高さ一・九mを計り、周壁は一枚の巨石を利用している。前室は長さ三m、幅二・三m、高さは中室と同じく一・九mである。閉塞石は高さ一・七m、幅一・四mの板石を用いている。出土した須恵器・陶質土器から六世紀末〜七世紀初頭と考えられている。江戸時代にはすでに開口しており、幕末に編纂された『壱岐名勝図誌』には「…諸国の客人見に来る所にて、石面に楽書多し」と記されている。

［参考文献］ 芦辺町教育委員会『鬼の窟古墳』(長崎県芦辺町文化財調査報告書第四集平2)。 (正林護)

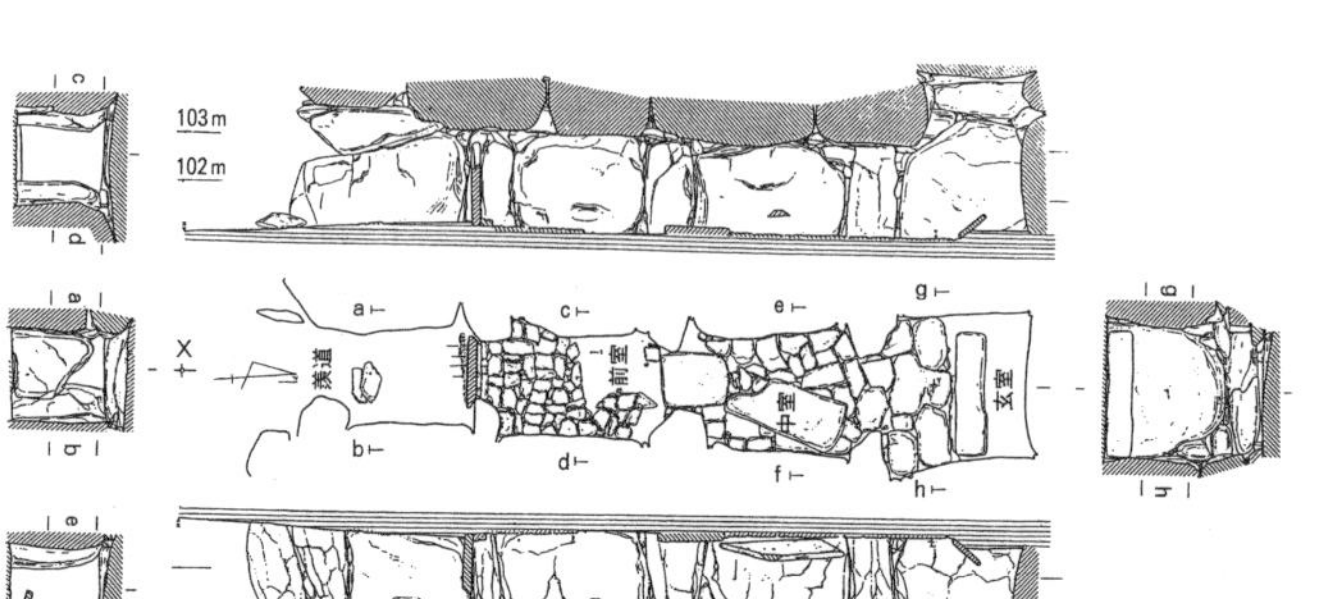

鬼の窟古墳石室実測図

おのごろしま［淤能碁呂島］ 『記』『紀』の国生み神話に登場する島。磤馭慮嶋とも書く。伊邪那岐(伊奘諾)・伊邪那美(伊奘冉)両神の国生みのおり、矛のさきよりしたたる塩が固まってできた島と伝える。 (上田正昭)

おのし［小野氏］ 孝昭天皇の皇子天押帯日子命の後裔と伝える氏族。近江国滋賀郡小野村(滋賀県滋賀郡)を本拠地とし、氏名はそれにちなむというが、山城国愛宕郡小野郷(京都市左京区)や同国宇治郡小野郷(山科区)にも勢力を張っていた。姓は臣、六八四(天武13)年朝臣を賜姓された。一族では遣隋使として派遣された妹子をはじめ毛野・馬養・田守(以上遣渤海使)、石根・滋野・篁(以上遣唐使。ただし篁だけは渡航せず)など外交面での活躍が目立つ一方、永見(征夷副将軍）・春風（鎮守将軍）や好古（追捕使）など軍事面でも手腕を発揮した。また岑守ら文人学者も少なからず輩出、とくに能書家として知られる道風は藤原佐理・藤原行成とともに三蹟と称される。氏神は滋賀郡にある小野神社で、八三四（承和元）年一族の五位以上の者は許可なしで春秋の祭りに出掛けることが許されている。（瀧浪貞子）

おののいもこ［小野妹子］ 生没年不詳。推古朝の臣。六〇七（推古天皇15）年七月、遣隋使として渡海。煬帝に「日出処の天子、書を日没処の天子に致す、恙無きや」という文面の国書を奉り、煬帝は「蕃夷の書、無礼なる者あり」と不快を示したという。『隋書』倭国伝によれば、隋では蘇因高とよばれた。翌年四月、隋使裴世清をともなって帰国したが、煬帝からの返書は百済人に掠奪されたと奏上した。群臣は失態を責めて流刑を主張したが、推古天皇はこれを赦したという。同年九月、大使として再度隋におもむく。六〇九（推古天皇17）年九月に帰国するが、その後の動向を記す史料はない。最初の渡航時は妹子の冠位を大礼と記しているが、『続日本紀』和銅七（七一四）年四月条の小野朝臣毛野卒伝に「小治田朝大徳冠妹子の孫」とある。小野氏は和邇氏から分かれた氏族で、『新撰姓氏録』左京皇別下には、妹子が近江国滋賀郡小野村（現滋賀県大津市志賀町小野）に居住したので小野臣を称するようになったと記す。（大川原竜一）

おののえみし［小野毛人］ 生没年不詳。天武朝の臣。小野妹子の子で、中納言まで進んだ毛野の父。京都市左京区上高野崇道神社裏山にある墓から、金銅版の墓誌（国宝）が出土している。発見は一六一三（慶長18）年で、京都東北郊の旧高野村の小円墳の石函に埋納されていたという。全文「飛鳥浄御原宮治天下天皇御朝任太政官兼刑部大卿位大錦上」（表）「小野毛人朝臣之墓営造歳次丁丑年十二月上旬即葬」（裏）。「丁丑年」は六七七（天武6）年。（大川原竜一）

おののおゆ［小野老］ ?～737 八世紀前期の官人。七一九（養老3）年、従五位下に昇叙。右少弁・大宰少弐・大宰大弐等を歴任し、七三七（天平9）年六月一一日大宰府で没。時に従四位下。翌年、骨送使によって老の骨が大宰府から京へ送られたことが「周防国正税帳」にみえる。（廣瀬真理子）

おののこまち［小野小町］ 生没年未詳。平安時代前期の歌人。町君とも称される。父は小野篁息の良真、母は衣通姫とする説等があるが信じ難い。『古今集』『後撰集』に姉と孫がみえる。安倍清行・文屋康秀・遍昭との贈答歌があり、仁明朝（八三三～八五〇）頃の活動が認められるばかりで、具体的な閲歴は不明。六歌仙・三十六歌仙の一人で、百人一首にも選ばれ、恋歌の名手としての評価は高い。家集に『小町集』があり、仮託の歌学書に『孫姫式』がある。古来美女としての誉れが高く、その艶麗な恋歌の印象の故か、恋多き女、つれない女としての伝承が平安時代後期には成立していた。また平安中期頃の漢文体の一代記『玉造小町壮衰書』（伝空海作）の主人公と混同され、老後の零落が信じられた。小町説話は、説話集や歌学書に繰り返し記述されたほか、「通小町」「卒都婆小町」等の小町物と称される謡曲群や、『玉造物語』『小町草紙』等の室町時代物語等、多くの文学作品の母体となった。全国各地に墓所や伝説が存在する。

［参考文献］片桐洋一『小野小町追跡』（笠間書院昭50）。田中喜美春『小町時雨』（風間書房昭59）。錦仁『浮遊する小野小町』（笠間書院平13）。（佐々木孝浩）

おののこまちでんせつ［小野小町伝説］⇩小野小町

おののたかむら［小野篁］ 802～52 平安時代前期の漢詩人・歌人で政治家。父は岑守。八三四（承和元）年、遣唐副使に任命されたが、最終的に渡航を拒否、左遷される。復帰後、従三位参議に至る。『経国集』などに漢詩文作品が、『古今集』に和歌がおさめられている。（堀川貴司）

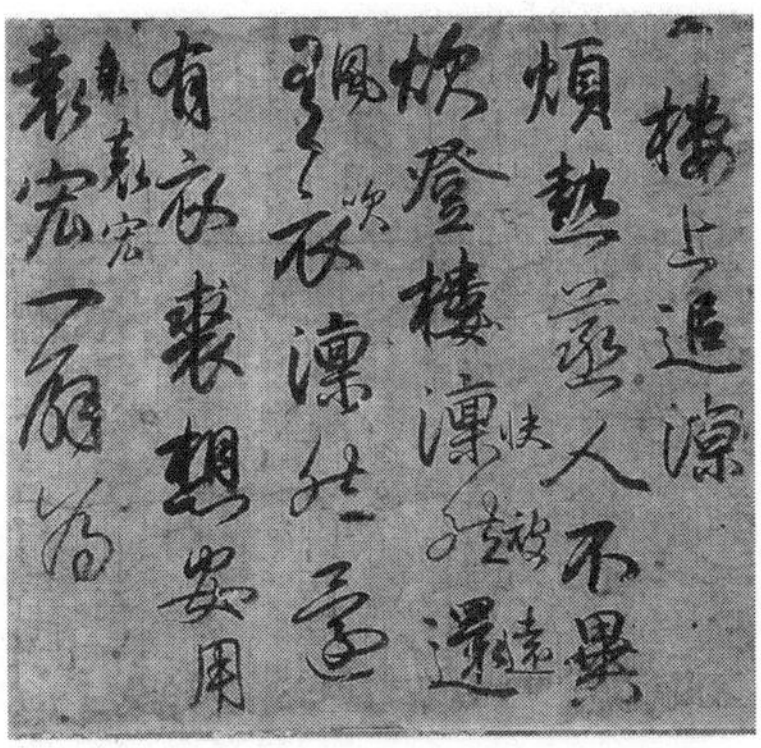

小野道風筆「屏風土代」（部分）
宮内庁三の丸尚蔵館蔵
二玄社「日本名筆選」38「小野道風集」より転載

おののまき［小野牧］ 武蔵国多摩郡小野郷（現東京都八王子市柚木から多摩市・稲城市）に設置され、中央政府によって管理・運営された牧。武士発生の基盤となった。（高橋誠一）

おののみちかぜ［小野道風］ 894～966 篁の孫で、父は葛絃。平安時代中期の能書家。「とうふう」とも。和様とよばれる平安中期以降の日本独特の書風の先駆者で、後世、藤原佐理・行成とならび三蹟と称される。代表作に「屏風土代」「玉泉帖」などがある。（堀川貴司）

おののみねもり［小野岑守］ 778～830 平安前期の官人。永見の子。式部大輔、大宰大弐、勘解由長官等を歴任。参議従四位上にいたる。大宰府に施設続命院を設置。嵯峨朝を代表する文人で、「内裏式」『日本後紀』の編纂、『陵雲集』の撰進などを行った。（関口力）

おののみやけ［小野宮家］ 藤原北家の一流で藤原実頼を祖とする家。家名は実頼が惟喬親王（小野親王とも。文徳天皇皇子）の邸宅（小野宮第）を領有したことにちなむ。実頼・頼忠・実資などの公卿を輩出するが、平安中期以降九条家（実頼の弟師輔を祖とする）が摂関家の嫡流となったため家勢は衰えた。（瀧浪貞子）

おののみやねんじゅうぎょうじ［小野宮年中行事］ 藤原実資（小野宮家祖実頼の孫）が、晩年後（一条天皇朝）「年中行事御障文」に類する三〇〇近い行事項目ごとに、『清涼記』『九条年中行事』などの儀式説明文を抄出し、弘仁・貞観・延喜の三代式や宇多・醍醐・村上の三代御記などを引用した完成度の高い年中行事である。

〔参考文献〕所功「小野宮年中行事の成立」『平安朝儀式書成立史の研究』（国書刊行会昭60）。所功「新撰年中行事と小野宮年中行事」『宮廷儀式書成立史の再検討』（国書刊行会平13）。（所　功）

おののよしふる［小野好古］ 884〜968 平安中期の公卿。祖父は篁、父は葛絃。道風の兄。藤原純友の乱では、九四〇（天慶3）年追捕山陽南海凶賊使長官に任じられ、翌年筑前博多津で純友を撃破。左中弁・大宰大弐等をへて九四七（天暦元）年参議となる。歌人としても有名。（西村隆）

おばすてやまでんせつ［姥捨山伝説］ 老人を生きたまま山に捨てたという伝説。またその山。『大和物語』に信濃更級郡の人が姑を捨てたが後悔して連れ帰った話を載せる。『雑宝蔵経』には難題を老人の知恵で解決したため棄老の制が廃止された説話がみえ、類題型は『枕草子』の蟻通明神縁起にもある。また幼い息子と一緒に親を捨てに行くが、親を運んだ畚を子供が持ち帰ろうとし、将来父を捨てる時に必要だと言ったので親を連れ戻った話（畚型）も『今昔物語集』にみえる。棄老伝説が伝わるのは古く葬地だった場所が多いらしい。（勝田至）

おはらめ［大原女］ 女性の行商人。大原八瀬（現京都市左京区）は炭の産地。それを女性が京で売り歩いた。のちに、大原は主として薪を産するようになり、大原女はそれを頭に載せて売るようになる。（京樂真帆子）

おはりだのみや［小墾田宮］ 飛鳥の小墾田の地に営まれた宮。小治田宮とも。推古朝の小墾田宮がよく知られている。奈良時代に淳仁天皇が一時期、小墾田宮に滞在したことがあった。従来、小墾田宮については、飛鳥川左岸の古宮土壇付近（明日香村豊浦）とする説が有力であったが、一九八七（昭和62）年に飛鳥川右岸の雷丘東方遺跡の発掘調査で、「小治田宮」の墨書のある土器が出土、奈良時代の淳仁朝の小治田宮がこの付近にあったことが確定し、推古朝の小墾田宮も雷丘付近と推定されるようになった。小墾田は、飛鳥寺から阿倍山田道にかけての一帯に想定できる。この地域から、これまで石神遺跡や水落遺跡が検出されており、史料には小墾田兵庫や小墾田寺もみえる。六〇三（推古11）年一〇月、推古天皇は豊浦宮から小墾田宮に移った。『日本書紀』の記述から、小墾田宮の構造を推定できる。六〇八（同16）年八月に隋使裴世清、六一〇（同18）年一〇月には新羅・任那の使者が小墾田宮に入っている。六五五（斉明元）年一〇月、小墾田に宮を造り瓦葺きにせんとしたが、中止された。（和田萃）

おはりだのやすまろ［小治田安万侶］ ?〜729 奈良時代初めの官人。安麻呂とも。七〇七（慶雲4）年二月、従六位下から従五位下に昇った後、七一一（和銅4）年四月に従五位上、七一九（養老3）年正月に正五位上に昇叙された（『続日本紀』）。一九一二（明治45）年に奈良県山辺郡都祁村大字甲岡で、小治田朝臣安萬侶の銅版墓誌と副板2枚が発見された。墓誌によれば、右京三条二坊に住んだ従四位下の安萬侶は、神亀六（七二九）年二月九日に大倭国山辺郡都家郷郡里の崗に葬られた。官職や経歴は不明。（和田萃）

おはりだのやすまろぼし［小治田安万侶墓誌］ 七二九（神亀6）年の鋳銅製の板三枚からなる墓誌。一九一二（明治45）年四月、奈良県山辺郡都祁村で見つかる。主板には「右京三條二坊従四位下小治田朝臣安萬侶、大倭国山辺郡都家郷郡里崗安墓、神亀六年歳は己巳に次る二月九日」とあり、副板（二枚）に「左琴、神亀六年二月九日」「右書、神亀六年二月九日」とある。小治田安万侶は、『続日本紀』によれば七一一（和銅4）年二月に従六位下から従五位下に、七一五（霊亀元）四月に正五位下、七一九（養老3）正月に正五位上と昇進したことがわかる。「左琴」「右書」は、北魏の墓誌に「左琴右書、逍遙自得」とあるように、故人の人柄をたたえた表現であろう。（上田正昭）

おびかなぐ［帯金具］ ⇨馬具

オホーツクしきどき［オホーツク式土器］ ⇨オホーツク文化

オホーツクぶんか［オホーツク文化］ 五〜一三世紀に北海道のオホーツク海沿岸、サハリン南部、南千島に展開した海洋資源を利用した漁撈狩猟民の文化。指標となるオホーツク式土器は一九三三（昭和8）年に河野広道が命名し、縄線文、刺突文、刻文、沈線文、貼付文と変遷する。貼付文は俗称ソーメン文ともいわれるオホーツク式土器の代表的なもの。九、一〇世紀頃には擦文土器の器形で貼付文があるトビニタイ式土器を指標とするトビニタイ文化が形成され、オホーツク文化は擦文文化に吸収されて終焉を迎える。住居は平面が五角形または六角形の大型の竪穴式で、床面積の平均は七〇㎡を超える。床面中央の大型で方形の石囲い炉、炉を囲む作業場とコの字状の粘土を張った土間、ベンチ状の板敷、奥壁にあるクマの頭骨などを重ねた骨塚などが特徴的。墓は土坑墓であるが木槨墓もあり、砂利の被覆や配石をともなうこともある。埋葬形式には伸展葬と屈葬があり、頭位は北西が多いが、南西もある。副葬品には土器、石器、鉄刀、鉄矛、骨角器、装飾品などがあるが、男女による内容の違いがある。また、頭か胸に底部を壊した土器を倒立して置く被甕が特徴的。石器は各種あるが、舟や網漁用の有穴・有溝の大型の石錘もみられる。金属製品では鉄製の蕨手刀などの刀剣類、曲手刀子、矛、板柄・袋柄鉄斧、青銅製の帯飾り、小鐸、鈴、耳飾、錫製の装飾品、さらにガラス玉、碧玉製の管玉など、大陸系と本州系の両方の遺物がある。骨角器は道具類では鏃、銛先、中柄、ヤス、釣針、日常用具ではナイフ、スプーン、針、針入れ、容器、斧、装飾品では牙・爪・サメ歯の垂飾、バックル、円盤状帯留めなど多彩。信仰関連では、歯牙製女性像、クマ・海獣・舟などを象った歯牙・骨・土製品がある。生業は海獣狩猟や漁撈が主体で、食用のブタやイヌの飼育などもみられ、雑穀類の種子の出土や骨鍬の存在から菜園的農耕を考える意見もある。クマ信仰に結びつく骨塚や偶像、さらにシャチ・フクロウ信仰に関連する遺物もあり、アイヌ文化との強い関連性が指摘されている。その担い手については、形質人類学的所見、大陸系の遺物との関連、習俗から、古くは極北のアリュート、エスキモー系説、大陸のツングース系説、中国史書の靺鞨説、最近ではアムール下流域のウルチ民族説、サハリンのニブフ民族説、サハリンアイヌ民族説などがある。いずれにしろオホーツク文化は北東アジア的視点からアイヌ文化の成立を考える上で、鍵となる文化である。

【参考文献】大井晴男編『シンポジウム オホーツク文化の諸問題』(学生社昭57)。宇田川洋他編『北の異界―古代オホーツクと氷民文化』(東京大学出版会平14)。野村崇他編『新北海道の古代2続縄文・オホーツク文化』(北海道新聞社平15)。 (長沼孝)

おみ【臣】 ⇩姓

おみおう【麻績王】 生没年、系譜未詳。『日本書紀』天武天皇四(六七五)年四月辛卯条に、罪のあった三位麻績王を因幡国に、その子も伊豆島(現伊豆大島か)、血鹿島(現長崎県五島列島)にそれぞれ流したとある。『万葉集』『常陸国風土記』には配流地についての別伝を載せる。 (中川久仁子)

おみむらじとものみやつこくにのみやつこももあまりやそらならびにおおみたからほんぎ【臣連伴造国造百八十部幷公民等本記】 『日本書紀』推古天皇二十八(六二〇)年是歳条に、厩戸皇子・嶋大臣(蘇我馬子)によって、天皇記・国記とともに撰録されたとされる書物。現存せず、はたして実際に完成したのかどうかも不明。臣・連・伴造・国造とあることから、天皇に仕える中央・地方の諸氏族の来歴を記したものか。一八〇部、公民ともあるので、品部(職業部)など、朝廷に関わりの深い集団の由来、伝承などもとりまとめた内容かと推測する説もある。 (早川万年)

おもなわかいづかぐん【面縄貝塚群】 鹿児島県奄美諸島徳之島伊仙町面縄地区に所在する四地点の貝塚群。現在の面縄小学校をとりまく低砂丘地に位置する。面縄第一貝塚は同小学校西方、約二〇〇mの断崖下にあり、第二貝塚は面縄川によって回折された砂丘上にある。第二貝塚の北東方、約二三〇mの丘縁部に第三貝塚(兼久貝塚)がある。第二貝塚の北方約一四五mには東西の洞穴とその前庭部に第四貝塚がある。時代は第二、四、五貝塚が縄文時代、第一、三貝塚は弥生～古墳時代に相当する。

【参考文献】国分直一他『奄美大島の先史時代』(日本学術振興会昭34)。 (上原静)

おりくちしのぶ【折口信夫】 1887～1953 大正・昭和期の国文学者・民俗学者・歌人(釈迢空)。大阪府西成郡木津村(大阪市浪速区鴎町)に生まれる。父秀太郎・母こうの九人の子の五男。生家は生薬と雑貨を商い医師を兼ねた。大阪府立五中(天王寺中学)に入学、同級生に武田祐吉・西田直二郎・岩橋小弥太がいる。国学院大学に入学。一九一〇(明治43)年同大学を卒業して翌年一〇月、大阪府立今宮中学の嘱託教員となる。一三(大正2)年、柳田国男らの編集する『郷土研究』に「三郷巷談」を投稿して柳田に認められ、翌年三月今宮中学の職を辞して上京、一五(同4)年四月『郷土研究』に「髯籠の話」が掲載された。柳田に師事して二〇(同9)年五月「妣が国へ常世へ」を発表、翌年沖縄・壱岐探訪の旅。二二(同11)年四月国学院大学教授となり、翌年七月第二回沖縄探訪の旅。来訪する神の信仰―まれびと論が具体化する。二八(昭和3)年四月、慶応義塾大学教授を兼任。『古代研究』(三巻、大岡山書店昭4～昭5)に研究を集成し、三二(同7)年三月文学博士となる。古代学としての折口学を構築し、古代信仰の本質を究明した。神道学のあるべき姿を探究し、芸能史の研究においても注目すべき業績を残した。一九一七(大正6)年『アララギ』の同人となったが、二一(同10)年頃からは『アララギ』を離れ、『日光』の同人となる。二五(同14)年歌集『海やまのあひだ』を出版。『日光』終刊後は『くぐひ』、主宰する『とりふね』を中心に、独自の歌風を形づくる。

【参考文献】池田彌三郎『私説折口信夫』(中央公論社昭48)。西村亨編『折口信夫事典』(大修館書店昭63)。 (上田正昭)

おりべ／おりべのつかさ【織部司】 大宝・養老令制の大蔵省被管諸司の一つ。錦・綾・紬・羅などの高級織物の織成と染色をつかさどった。四等官のほかに、挑文師・挑文生や品部の染戸が所属。大宝官員令別記には、品部として錦綾織・呉服部・河内国広絹織人・緋染・藍染がみえる。 (荊木美行)

おわけのおみ【ヲワケ臣】 ⇩稲荷山古墳鉄剣

おわりし【尾張氏】 尾張国の南部に本拠を有し、律令制以前の東海地域では最も勢力を有した氏族。尾張国造の称を有し、姓はもと連であったが、六八四(天武13)年に、その本宗家は宿禰を与えられている。『日本書紀』神代(天孫降臨段)に、天孫の生んだ子である火明命を尾張連の始祖とし、『新撰姓氏録』(左京神別下)には、尾張宿禰を火明命二〇世の孫、阿曽禰連の後とするように、同祖の氏族はほかにも数多い。また、『古事記』景行天皇段には、ヤマトタケルの東方遠征譚のなかで尾張国造の祖、ミヤズヒメとの出会いが語られる。『先代旧事本紀』(天孫本紀)には尾張氏の系譜が盛り込まれるが、天皇家との婚姻については、継体天皇の妃となり、安閑・宣化両天皇を生んだ目子媛が尾張連草香の娘であるなど、顕著な結びつきがみられる。氏族の本拠地は熱田台地とみられ、墳丘長一五〇mの前方後円墳である＊断夫山古墳は尾張氏と結びつけて捉えられることが多く、熱田社の祭祀もつかさどったと考えられている。奈良時代でも尾張国内のいくつかの郡司の地位を占めるなど、その勢力を維持したようである。

【参考文献】森浩一他編『継体大王と尾張の目子媛』(小学館平6)。 (早川万年)

おわりのおおすみ【尾張大隅】 生没年未詳。尾張国に本拠をもつ尾張氏の一族で、＊壬申の乱の功臣。宿禰の姓を称している。壬申紀(『日本書紀』天武天皇紀上巻)には登場しないが、『日本書紀』持統十(六九六)年五月条に、位を授け水田四〇町を賜うとあり、『続日本紀』霊亀二(七一六)年四月条には贈従五位上とされ、その子に田を賜うとある。また、『続日本紀』天平宝字元(七五七)年十二月条には、大海人皇子が吉野から東国に向かったとき、大隅は迎え参じて、私第(自分の邸宅)を行宮として提供し、軍資も差出したとあり、その功績が大きかったとする。ところが壬申紀には行宮として私第を提供したものの記述はない。そのため、皇子が行宮を設けた美濃国不破の野上に大隅の邸宅があったとする説もあるが、はたしてそのような場所に尾張氏の拠点があったか疑問。むしろ、皇子らが尾張国に入った形跡は認められないので、伊勢の桑名に大隅の私第があったとするのが妥当であろう。

【参考文献】野村忠夫『古代貴族と地方豪族』（吉川弘文館平1）。　（早川万年）

おわりのくに【尾張国】　東海道に属する国。現在の愛知県の西半部にあたる。全面積の約六割が木曾川・長良川・揖斐川によって形成された沖積平野で、南に伊勢湾が広がる。肥沃な農業地域としてその開発の歴史は古く、熱田台地を中心とした熱田国造の尾張氏などが勢力をもっていた。「延喜式」では上国とされ、所管の郡は海部・中島・葉栗・丹羽・春部・山田・愛智・知多郡の八郡。国府と国分寺・国分尼寺は現稲沢市におかれたとされるが、国府については稲沢市松下町・国府宮町のほかに稲沢市下津町や丹羽郡岩倉市稲荷町とする説もある。木曾川による水害が多発し、上流部の美濃国との対立は、すでに古代においても顕著であった。また陶器産地としても知られ、須恵器生産を継承した灰釉陶器が八世紀後半に活発になり、一〇世紀には主として猿投窯で盛んに生産された。さらに一二世紀には知多半島で無釉陶器の生産も始まり、今日も日本の代表的窯業地域としての地位を保持している。

【参考文献】『愛知県史』全四巻・別巻（昭10～15）。林英夫他『図説　愛知県の歴史』（河出書房新社昭62）。塚本学他『愛知県の歴史』（山川出版社昭45）。　（高橋誠一）

おわりのくにぐんじひゃくしょうらのげぶみ【尾張国郡司百姓等解文】　九八八（永延2）年尾張国の郡司や百姓らが国守藤原元命の非法を三一ヵ条にわたって朝廷に訴え、解任を要求した解形式の訴状。公出挙や調庸などの徴収、駅伝に関わる課税の増加、税帳など公文書の偽造、官符の未布告などの非法、乱暴行為を列挙する。一〇～一一世紀の国司の政治に対する上訴の一例で、当時の地方行政の実態を示す重要史料である。なお文章は四六駢儷体の流麗な和風漢文であり、作成には百姓というより在庁官人などの関与が考えられる。鎌倉時代後期の写本が早稲田大学（重文）・東京大学史料編纂所・真福寺（重文）に所蔵されている。『日本思想大系』『稲沢市史』所収。　（綾村宏）

おわりのくにしょうぜいちょう【尾張国正税帳】　尾張国から政府に送られた国衙財政の収支決算報告書。七三〇（天平2）年度と七三四（同6）年度のものが正倉院文書として残っている。後者からは官稲混合された様子がわかる。　（寺内浩）

おんい【蔭位】　⇩蔭子・蔭孫

おんがわしきどき【遠賀川式土器】　弥生時代の土器の総称。弥生土器は、日本における最初の食料生産段階に属する初期稲作文化、すなわち、弥生文化の土器であるとする説は有力であるが、なお最古の弥生土器は遠賀川式土器であって、遠賀川式土器の成立をもって弥生時代の始まりとする論者も少なくない。特徴としては、壺・甕・鉢・高杯という器種から構成されていること、段・削り出し突帯・貼り付け突帯・沈線文・刺突文・列点文・赤彩文を基本とした文様を施すこと、甕の口縁部形態が如意形もしくは逆L字形をなすこと、および、いずれの器種にも器面調整にはハケメ後ヘラミガキもしくはハケメ後ナデが採用されていること、いずれの器種も粘土帯の接合には外傾斜接合を基本としていることがあげられる。最初にこれに注目したのは中山平次郎であって、一九一七（大正6）年にその特徴を指摘していた。後に福岡県遠賀郡水巻町立屋敷、伊佐坐にまたがる遠賀川川床の立屋敷遺跡の発見によって資料が増加した際、これを北部九州に多い無文の弥生式土器とは別系統の有文弥生式土器と考え、無文のものを第1系弥生式土器、有文のものを第2系弥生式土器と命名した。かつ、第1系を古く第2系を新しいものと考えた。小林行雄は、この第2系弥生式土器が西日本一体に分布する土器様式であり、かつ、第1系弥生式土器より古いと修正を行い、これに「遠賀川式土器」の名を与えた。遠賀川式土器は北部九州から東へと伝播したことが確かめられ、その分布の東限は伊勢湾沿岸とされているが、長野県下伊那地方からも出土することが知られるようになった。最近では、遠賀川式土器が若干変容した遠賀川系土器が関東地方を越え東北地方にまで達していることも確認されている。遠賀川式土器の成立過程とその系譜について、渡来人の移住による韓国無文土器の製作とその内的発展から遠賀川式土器が成立するとの考え方や、縄文人の主体性を主に縄文式土器から遠賀川式土器が生れるとする考え方がある。　（中村修身）

遠賀川式土器　立屋敷遺跡前期土器集成

おんぎ【音義】　経典に使われている難解な漢字や熟語を抜き出し、その音（正しい音読）と義（意味用法）を解説した書物。例えば『大般若経音義』なら『大般若経』に専用の字典ということになる。多くは原文の語順に漢字を配列するが、字体や字音に即して編集されたものもある。中国に習って日本でも奈良時代末から多数の音義がつくられた。字音や訓を仮名で示したものもあり、古代の日本漢字の用法や訓読の仕方を知るための貴重な資料になる。（犬飼隆）

おんし・おんそん【蔭子・蔭孫】 令制で父祖の蔭による特権を与えられる子・孫のこと。通常は皇族・五世王を除く諸臣五位以上の場合を意味することが多い。大学への入学・課役免除・刑法上などの優遇があるほか、父祖の位階に応じて蔭位をえた。（細谷勘資）

おんしゅ・くくりだし／おんしゅ・かっしゅつ【隠首・括出】 隠首は、律令制下で籍帳の記載に漏れていた者が、自発的に名乗り出て、登録されること。括出は隠首に対する語で、官司が籍帳に漏れていた者を摘発し登録すること。七三四（天平6）年の『出雲国計会帳』には「括出帳一巻」がみえる。（荊木美行）

おんじょうじ【園城寺】 天台宗寺門派の寺院で同派の本山。滋賀県大津市園城寺町。俗に三井寺といい、三井は御井で聖水への信仰から始まったかともいう。寺伝は大友皇子の子の大友与多麿の創建といい（「園城寺伝記」）、また百済系渡来氏族の大友村主氏の氏寺というも、ともに不詳。ただ園城寺前身寺院があったことは確かで、境内地から白鳳時代の瓦を出土している。在唐六年ののち帰国して延暦寺に入った円珍が八六二（貞観4）年に園城寺の別当に任命され、荒廃していた園城寺の修復に貢献し、滋賀郡少領大友夜須良麻呂の円珍の法統をもって永く別当にあてるという申請が裁可され、ここに八六六（同8）年五月をもって延暦寺の支配下に入り、その別院として園城寺は新たな道を進むことになる。八六八（同10）年に円珍は天台座主に任命され、同時に勅をもって園城寺は円珍に下賜された。多少の誇張はあるにせよ寺域は北は比叡、南は山階、東は琵琶湖におよぶ広大なものだった（「寺門伝記補録」）。ここに円珍は唐院を設立し、入唐時代に入手した典籍を比叡山上から移したという。円珍時代の延暦寺の別院という位置は、円珍の就任後に天台座主がことごとく円珍門徒によって独占され、これに円仁門徒が反発し、円珍・円仁両派が山門・寺門に分裂するなかで大きく変貌する。九九三（正暦4）年の円珍門徒は赤山禅院を襲撃し、これに円仁門徒が反撃して山上から円珍派を追放した。円珍門徒はこれによって別院である園城寺に入り、以後山上に戻ることはなかった。ここに園城寺は寺門派の本山となり、天台座主は山上におり天台宗の総本山の山上の延暦寺であったが、寺門派が戒壇の設置を要求していわば独立を企図したことにより両派の対立は激化し、しばしば園城寺は延暦寺の焼き討ちをうけている。そのため建造物に古代のものは残っていない。

【参考文献】園城寺編『園城寺之研究』（園城寺昭6）。大津市編『新修大津市史（一）』（大津市昭53）。（井上満郎）

おんしょく【蔭贖】 養老名例律における換刑の一つ。名例律贖条によれば、七位・勲六等以上の官人の父母・妻子が、流罪以下の罪を犯した場合、実刑のかわりに相当額の銅をもって換刑すること（贖銅）が認められていた。ただし、加役流など、いわゆる五流には適用されなかった。（荊木美行）

おんそおう【温祚王】 百済の始祖。『三国史記』によれば、父は高句麗の始祖朱蒙で、高句麗で生まれたが、異母兄が父を慕って来たため同母兄沸流とともに南下し、漢江の南の慰礼城（現在のソウル江南）で、紀元前一八年に建国したという（父は死別し、母が朱蒙と再婚したとの異伝も伝える）。事実とみるのは難しいが、百済が高句麗人によって建国されたことを反映しているとみるのが一般的。高句麗系であると主張するのは、政治的意図による可能性もある。（田中俊明）

おんなじょい【女叙位】 内親王以下、宮人の女子を五位以上に叙する儀式。中務省が管掌し、式日や手続き面で男子の叙位と異なる。下級の女官の場合、年労者が巡（順序）によって叙爵され、巡年の法則や切杭・空勘文など独特の慣例があった。（細谷勘資）

おんなしょうぞく【女装束】 女房装束ともいい、宮中での女性の朝服の総称。それは単・袿・裳・唐衣・袴から構成されていて手に檜扇をもつ。平安後期には五領が標準となったことで五衣といわれた。なお単のうえに十二領重ねる十二単の名称の用例は平安時代には熟していない。（朧谷寿）

おんなとうか【女踏歌】 ⇩踏歌

おんのはくし【音博士】 ⇩博士

おんみょうじ【陰陽師】 陰陽判断をつかさどる下級官人。のちには陰陽判断にあたる職業者をもいう。職員令陰陽寮に規定があり、定員六人。職務は占筮と相地で、陰陽頭の配下であった。陰陽師としては安倍晴明が著名だが、正確には官人としての陰陽師ではなく、陰陽判断に長じた達人としての評価をうけたので陰陽師と称された。（井上満郎）

おんみょうどう【陰陽道】 物事に陰陽の判断を行う学問、ないしその方法・技術。中国に起源をもち、内容の伝来は早いが陰陽道の語が定着するのは平安時代になってから。具体的には養老職員令中務省陰陽寮条にみえ、陰陽寮は頭が天文、暦、風雲の気色を見て変異があれば密封して奏上するを職務とし、頭のもとに陰陽・暦・天文・漏刻をつかさどる職員などが配置された。広義にはこれらが陰陽道に含まれることになるが、普通はこのうちの陰陽師・陰陽博士・陰陽生に関わる内容、すなわち筮竹をもって占う「占筮」、地相を判断する「相地」、また諸種の陰陽判断についての学問を陰陽生に指導する陰陽博士のもつ技術とその方法などのこと。ただし実際には陰陽寮管下の天文道・暦道などと混淆された。頭は寮務全体を統括するので、陰陽道の実質的な最高指導者は陰陽博士となる。元来は国家体制・官僚組織の一部分をなす公的な機関と職員であったが、平安時代中期頃よりの貴族社会全盛期に天皇・貴族の私的要請にも応えるようになり、諸儀式・諸行事の日時勘申、病気や出産また怪異などの際の祈禱や占い、などと皇族・貴族の生活文化万般に陰陽判断が求められ、官僚としての用務内容を越えて広範に流布。陰陽寮の枠を越えたこれらのいわば民間での行為も陰陽道と称した。

〔**参考文献**〕斎藤励『王朝時代の陰陽道』(創元社大4)。村山修一『日本陰陽史総説』(塙書房昭56)。 (**井上満郎**)

おんみょうりょう［陰陽寮］ 中務省所管の官庁で、頭・助・允・属からなり、陰陽師・陰陽博士・暦博士・天文博士・漏刻博士と、博士のもとで学習にあたる諸学生や雑務にあたる下級官人などからなる。天文・暦数・風雲の景色を察知して変異があれば天皇に密奏し、また諸種の占いや吉凶判断、時刻の管理などを職掌とした。 (**井上満郎**)

おんめいじょう［恩命帖］ 平安時代中期の書跡。三蹟の一人藤原佐理の伝自筆書状のうちの一通。九八二(天元5)年、佐理三九歳のときの書状。書名は書き出しに「佐理謹奉恩命」とあるのによる。複製が『日本名跡叢刊93』(二玄社昭60)におさめられている。 (**小西茂章**)

か

かいあわせ［貝合］ 平安時代、貴族の間で流行した物合の一種で、左右に分かれ貝を持ち寄り、その珍しさや優美さを競う遊び。のちには左貝、右貝に分けた貝を多く合せ取るのを競う貝覆のこともいった。 (**西山恵子**)

かいいんじ［海印寺］ 慶尚南道陜川郡伽倻山にある。統一新羅時代の八〇二(哀荘王3)年に創建されたと伝えられ、寺域内には統一新羅時代の三重石塔が残っている。『伽倻山海印寺古籍』によれば、朝鮮(李朝)時代の一四八一～八八年にわたって拡張工事が行われたことがわかっており、四棟の蔵経板庫(国宝第五二号)はその当時のものと推測される。蔵経板庫は南側の修多羅殿、北側の法宝殿、東西に雑板庫があり、高麗大蔵経として有名な八万大蔵経は修多羅殿と法宝殿に保管されている。 (**李タウン**)

がいえふ［外衛府］ 令外の衛府の一つで、宮中の警衛をつかさどった。設置の時期は不明だが、七六四(天平宝字8)年の恵美押勝の乱の頃設置されたとみられ、翌七六五(天平神護元)年に官員と相当位が定められている。七七二(宝亀3)年に廃止され、その舎人は近衛・中衛・左右兵衛各府に分配された。 (**荊木美行**)

かいかてんのう［開化天皇］ 『古事記』『日本書紀』系譜上の第九代天皇。和風諡号は稚日本根子彦大日日尊。孝元天皇の第二子。母は鬱色謎命。春日率川宮に都し、皇后の伊香色謎命との間に崇神天皇をもうけた。在位六〇年と伝える。 (**中川久仁子**)

かいがらやまかいづか［貝殻山貝塚］ 愛知県清洲市に所在する弥生時代前期の遺跡。また同時に、濃尾平野の拠点的な大集落遺跡である、朝日遺跡の一地点でもある。現在は国史跡に指定され、史跡公園として整備されている。貝殻山同遺跡の南西地区に位置し、同遺跡で最初に環濠集落が営まれた地区である。濃尾平野での弥生時代前期の標識遺跡となっており、前期前半を中心とした「貝殻山式土器」が設定されている。 (**赤塚次郎**)

かいきしょうほう［開基勝宝］ 日本古代の金銭。七六〇(天平宝字4)年発行。同時に銀銭の大平元宝、銅銭の万年通宝も発行された。これらの法定価値は、金銭・銀銭・銅銭で一〇〇対一〇対一と定められた。開基勝宝・大平元宝は、交換手段として使用された形跡はなく、呪物・宝物などとして用いられたのであろう。大平元宝の遺品は未確認であるが、開基勝宝は、これまでに西大寺境内とその近隣から二回出土している。 (**栄原永遠男**)

かいけい［快慶］ 生没年不詳。平安末～鎌倉初期の仏師。康慶の弟子。安阿弥陀仏と称す。一一八〇(治承4)年に焼亡した東大寺・興福寺の復興に貢献した。作風は優美端正で安阿弥様として尊重された。作例に東大寺僧形八幡神像、同南大門金剛力士像などがある。 (**西村隆**)

かいげんしゃくきょうろく［開元釈教録］ 中国、唐の長安西崇福寺の僧である釈智昇が七三〇(開元18)年に撰した漢文仏典の総目録。全二〇巻で、一～一〇巻は総括群経録で、後漢期の仏教伝来から開元年間までの仏典漢訳者の伝記とその翻訳経典を年代順に記す。一一～一八巻は別録で、本録と他の経録との相違点などが詳細に記される。一九・二〇巻は現定入蔵録で、一〇七七部、五〇四八巻の大蔵経(一切経)に入れるべき教典の目録となっている。奈良時代に将来された大蔵経はこの五〇四八巻の教典数によったものである。 (**愛宕元**)

かいげんつうほう［開元通宝］ 中国、唐初の六二一(武徳4)年に初鋳され、唐代を通じて鋳造された標準貨幣。円形方孔で内外に廓があり、銭文は欧陽詢による八分の篆隷体の書である。径八分、重さ二銖四累(一〇分の一両)と定められているが、時期によりわずかに異なる。早期のものは径二・四cm、重さ三・六g、元の字の第二画の左が跳ねており、背面には無紋か月紋文がある。中期のものは径、重さは早期と同じであるが、元の字の第二画の左右が跳ね、宝の字がやや小さく、背面に月、星、花紋がある。晩期のものは径二・三cm、重さ二・三～二・四g、外廓は幅広となり、銭文はやややくずれる。開元は年号ではなく、開国建元の意味である。ただ開元通宝と対読するか、開通元宝と環読するか様々な議論があるが、後世の貨幣が年号を冠して元宝、通宝と呼称するのは本銭にもとづく。日本では、沖縄を含めて全国の中世出土銭の銭種のなかで五位を占めるほど大量に出土し、模鋳銭やその鋳型も出土しており、模鋳銭は撰銭令の対象とされた。 (愛宕元)

かいげんりつりょう［開元律令］ 中国の成文法の中心をなすのが律令で、律は刑法に相当し、令は行政法・身分法・財産法に相当する。律の成立が最も古く、令も本来は刑法的性格を有していた。律と令が明確に区別されるのは晋の泰始律令（二六七年）以降である。その後、南北朝をへて隋の開皇律令、大業律令でほぼ形式内容が整い、それをうけて、唐代には記録上でわかるだけでも律は七回、令は一〇余回も修定編纂され、その集大成が開元律令で、七一九（開元7）年と七三七（同25）年に編纂された。その内容は、律が一二編五〇二条、令が二七編三〇巻一五四六条である。開元律の注釈書である「唐律疏議」は今日まで伝わるが、開元令は早くに失われ、「大唐六典」が内容をうかがわせるものである。日本では養老律令の令の注釈書である「令義解」「令集解」が伝わり、日中での律と令の後世での政治的機能の違いを示している。つまり一〇世紀以後の宋代には社会の変化にともない政治システムも大きく変わり、令的な統治体制は使命を終えたのである。

［参考文献］仁井田陞『唐令拾遺』（東京大学出版会昭39）。池田温編『唐令拾遺補』（東京大学出版会平11）。 (愛宕元)

かいこうりつりょう［開皇律令］ 隋文帝楊堅の開皇年間（五八一～六〇〇年）に編纂された律令。文帝はその後の南北統一を政治的視野に入れつつ一元的な政治システムを構想しており、その根幹とされたのが律令の制定である。五省・三台・九寺という中央官制の整備、地方行政単位の州・県二級制への統廃合、州刺史の人事権の大幅削減などを盛り込んだ開皇律令は、東洋法制史の最高の到達点とされる唐の律令の形式内容のレベルにほぼ達する高度な完成度にあったとされる。 (愛宕元)

かいこん［開墾］ 原野・荒れ地を切り開き耕地とすること。開墾のためには、用水の確保が必要であり、そのため多くの場合、池や溝の開発をともなった。しかし古代の農業技術水準では、一度開かれた墾田が再び荒廃することも多かった。七二三（養老7）年には開墾奨励のため、三世一身法が出され、新たに溝池をつくり開墾した場合は三世（本人・子・孫あるいは子・孫・曾孫）まで、既存の溝池を利用したなら本人一身の間、墾田を保有できるようにし、その後は収公した。しかし収公期限が近づくと、耕作を放棄し再び荒廃するため、七四三（天平15）年になると収公をやめ、墾田の私財化を認める墾田永年私財法が勅として発布された。ここでは親王一品と一位の五〇〇町から初位以下庶民までの一〇町まで、品位階によって墾田面積に限度を設けたが、これは未墾地の占定面積である。この限度額規定はその後廃止され、「弘仁格」に収載されたこの勅には、その規定が削除されている。また占定後三年以内に開墾しない場合には占定は無効となり、国司は他の人の開墾申請を認めた。 (舘野和己)

かいし［懐紙］ 詩歌・連歌などを正式に詠進する際に用いられた料紙で、おもに檀紙、奉書紙などが用いられた。漢詩、和歌などにより、それぞれ書式が決められていた。また、一般に懐に入れ携帯した畳紙も懐紙と称した。畳紙も備忘の覚えのほか、詩歌などの料紙として使用された。 (西山恵子)

かいしそう［華夷思想］ 中華思想とも。早くから周辺諸民族とは格段に高度な文化を形成してきた漢民族は、文化的な圧倒的優越感から自らを華夏、中夏、中華などと称し、周辺諸民族と区別してきた。中は世界の中心、夏は大の意であるとともに最初の王朝、華は華麗で優越した文化を意味する。前一〇世紀の西周期にすでに周辺諸民族を東夷、西戎、南蛮、北狄として蔑視する観念が形成され、春秋時代には覇者の共通のスローガンとして「尊王攘夷」が唱えられた。儒家思想が優位となる漢代以後には、徳の高い中国の天子が禽獣にも等しい周辺の夷狄を徳化して服属させるもの、すなわち天下はすべて中国のものであるとし、諸外国との対等の関係を一切認めない独善的なものとなった。冊封体制や朝貢貿易などはこの思想にもとづく必然的結果であった。歴代王朝のおかれていた国際関係により強弱があり、王莽期や南北両宋期にとくに強く意識され、唐代前半期は逆に比較的希薄であった。 (愛宕元)

自国を中華と称して他の地域を東夷・西戎・北狄・南蛮とみなす思想として古代日本でも行われた。中華を統治する中国皇帝の支配内に帰属して、その徳化に入る「欽化内帰」を「化帰」「帰化」とよんだが、中国の古典には、例えば「帰化慕義」（『後漢書』）などの用例がある。北内の人と化外の人という認識も、華夷思想にもとづく。律令制成立の段階の頃には、当時の支配者層に日本版中華思想が具体化して、新羅や渤海などを「蕃国」とし、日本列島内の「蝦夷」や「隼人」の人びとを「夷狄」視した。 (上田正昭)

がいじどき［外耳土器］ 沖縄県八重山諸島に分布する把手状の横耳を付す土器。原史時代から歴史時代（中世）に盛行する。鳥居龍蔵はこの土器の形態的特徴に着目し、北海道の内耳土器に対し、八重山の土器を外耳土器と命名した。土器の器種は鍋形を中心として壺形などで構成され、とくに外耳は深鍋形と関係し、二個または四個付く例が多い。外耳の形態は変化に富む。近年、外耳土器の源流が北部九州の滑石製石鍋に求められることがわかった。

［参考文献］鳥居龍蔵「八重山石器時代住民について」『太陽』（東京国立博物館明38）。 (上原静)

かいじゅうぶどうきょう［海獣葡萄鏡］ 中国の隋・唐代に盛行した銅鏡。背面に禽獣文と葡萄文をいっぱいに鋳出する。とくに葡萄文はペルシャなど西方アジアから伝えられた意匠で、繁栄や生命力を象徴していた。日本にも飛鳥時代末から奈良時代にかけて相当数舶載され、高松塚古墳（奈良県明日香村）出土鏡や正倉院宝物、各地の社寺伝来鏡が知られている。また日本では、舶載鏡を原型として型取り鋳造した複製鏡も多数製作され、

奈良・平安時代の祭祀遺跡出土鏡に事例が多い。（久保智康）

かいじょう［開城］ 朝鮮民主主義人民共和国の開城市。高麗王朝の太祖王建が、九一九年に王都をここに定め、宮殿を造営して坊里を五部に分け、およそ四七〇年間にわたって栄えたところとされる。九九五年に開城と命名されるまでは、松岳・松都などともよばれた。王都は当初、北の松岳や南の竜岫山をはじめとする自然の地形を防備線としたが、顕宗（在位1010～31）代にいたって契丹の侵入に備えるため、周囲に石築の羅城が築かれることになり、一〇二九（顕宗20）年に完成した。城壁には大門四、中門八、小門一三を開き、そのうち正西門にあたる宣義門は、上に楼閣を構えた堂々たるものであった。高麗末年の恭譲王のとき、別に内城を築いたが、李朝に入って太祖代に完成された。松岳南麓の高台には、満月台と称される王宮跡がある。ここには殿堂・門廊などの礎石がよく遺存し、その規模は広壮である。王宮の正門を昇平門といったが、さらに南北一列に建つ神鳳門・閶闔門を通り、会慶殿門をくぐると、その背後の高台にあって、満月台では最大規模の正殿である会慶殿にいたる。正殿の背後には、長和殿・元徳殿などがあり、また北西には乾徳殿などがあった。しかし、これらの建造物は、高麗末期の一三六二年に紅巾軍の侵入によって焼失した。殿堂の遺跡からは、石階段に使用した竜頭彫刻や、多数の陶磁器・瓦塼が出土している。満月台の西方には、天体の観測を行った瞻星台跡があり、基石が遺存する。都城の内外には、歴代の王などによって数多くの仏教寺院がつぎつぎと建立された。そのうち、都城内第一の規模を誇った演福寺の銅鍾は、開城市内にある南大門にいまも残る。そのほか、金銅製五重塔を包蔵した仏日寺の五重石塔、霊通寺の大覚国師（義天）碑、開国寺の石灯籠・石塔など、すぐれた石造美術も多く見られる。また、開城市に隣接する開豊郡には、太祖顕陵をはじめとする高麗王室の陵墓が造営された。そのうちの一つ、恭愍王陵は、高麗終末期の一四世紀後半に、恭愍王が力を尽くして亡妃と自身のために築いたもので、往時の姿をいまによく伝えている。

［参考文献］細野渉「高麗時代の開城」『朝鮮学報』（一一六）（平10）。（西谷正）

開城満月台

かいじんしんこう［海神信仰］ 海を支配するとみなされた神への信仰。『記』『紀』神話ではスサノヲノミコトが海の支配を拒絶したとされるが、スサノヲ自体には海神的性格はほとんどみられない。むしろ海の神は氏族単位で異なっていたようで、例えば住吉神の底筒之男、中筒之男、上筒之男命と、宗像神の多紀理毘売、市寸島比売、多岐都比売命はともに禊祓によって生まれるので、水神的という共通性はあるが、相互に直接の関係はない。しかし『記』『紀』神話の山幸彦の海神宮訪問説話では海神は綿津見神、または豊玉彦とされ、普遍的な海神信仰がみられた可能性も指摘できる。（榎村寛之）

かいせい［改姓］ 姓や氏姓をかえること。勅許を必要とし、賜姓という形式をとった。僧尼の還俗、皇親の臣籍降下、奴婢や雑戸の解放、渡来人への無制限賜姓などさまざまな改姓の例があるが、政治的地位の上昇を求めたり、課役を免れるための手段として、卑（無）姓者が貴姓への改姓を請願するケースが一般的。手続き的には、勅をうけた太政官が賜姓の実施を命ずる官符を民部省に下し、民部省が戸籍に新姓を登録して改姓が完了した。（加藤謙吉）

かいぞく［海賊］ わが国での「海賊」の語の初見は、『続日本後紀』承和五（八三八）年二月戊戌条である。古代の海賊の活動地域の中心は、山陽道・南海道の瀬戸内海沿岸地域である。その活動の最初のピークは、貞観年間（八五九～八七七）であった。次いで承平年間（九三一～九三八）に海賊の活動は第二のピークを迎え、九三九（天慶2）年に起こった藤原純友の乱は、海賊を糾合した最大の反乱であった。これに対し朝廷は、当初国司を対応にあたらせたが、後には追捕使・警固使なども任命された。また平安時代後期には、伊勢平氏が平正盛・忠盛・清盛の三代にわたり、たびたび瀬戸内海沿岸の海賊を追討、その多くは平氏の支配下に組み込まれその勢力基盤となった。また、平安時代後期以降に出された公家新制にも、海賊追捕の文言が多くみられる。

【参考文献】長沼賢海『日本の海賊』(至文堂昭30)。杉山宏『日本古代海運史の研究』(法政大学出版局昭53)。松原弘宣『藤原純友』(吉川弘文館平11)。（佐伯智広）

かいだん【戒壇】 戒律授受を行う高壇。七五四(天平勝宝6)年四月、伝戒師である唐僧鑑真によって東大寺大仏殿前に戒壇が設けられ、聖武上皇・光明皇太后ほか四〇〇余人が登壇受戒したのがわが国の初例である。翌年、大仏殿西方に戒壇院がつくられ、七六一（天平宝字5）年には下野国薬師寺と筑前国観世音寺に戒壇が創建され、「日本之三戒壇」が成立した。平安時代初期、最澄は比叡山に大乗戒壇設立を奏上し、八二二(弘仁13)年六月、没後七日目に勅許された。（志麻克史）

かいつうげんぽう【開通元宝】 ⇩開元通宝

かいづか【貝塚】 人間が捕食した貝類の殻を主体とし、ほかの食料残滓、人工遺物を包含した遺構・遺跡。縄文時代の貝塚は、人間や動物の遺体や遺物類の意図的な埋納がみられるので、単なる「ゴミ捨て場」ではなく、再生を願って遺物を集積する「送り場」であったことがうかがわれる。分類には、主体貝類の生息水質によるもの（外海系・内湾系・淡水系、あるいは鹹水性・汽水性・淡水性）や生息地の底質によるもの（岩礁性・砂底性・泥底性）、貝塚の規模や平面プランと位置によるもの（馬蹄形貝塚、環状貝塚、地点貝塚、点在貝塚、斜面貝塚）があげられる。貝塚の土壌は、貝殻の炭酸カルシウムの影響でpH8程度の弱アルカリ性の場合が多い。日本に広く分布する酸性土壌中では、カルシウムを主体とする貝殻や骨格は崩壊しやすいが、貝塚の弱アルカリ性の土壌では良好に保存される。つまり、日本において貝塚は、通常残りにくい脆弱な資料が残される貴重な遺跡なのである。そのため、キセルガイやマイワシ、ドジョウのような小型で脆弱な動物遺存体までもが検出されることがあり、内容物の分析には慎重な水洗作業と顕微鏡下での選別作業が必要である。日本では、北海道から沖縄までほぼ全国にわたって貝塚がみられ、縄文時代から中・近世にいたる長い期間にその形成がみられる。特に、潮汐の干満の差が大きく貝類の生産量が高い太平洋岸周辺に巨大な貝塚が多く分布する。なかでも、仙台湾・東京湾・渥美湾・瀬戸内海・有明海沿岸に、縄文時代の貝塚が集中してみられる。当時の海岸、湖沼、河川の近くに形成されている場合が多いが、貝類の採集地域よりも数一〇㎞も離れた場所や山頂付近に形成される場合もある。貝塚では上下層の区分や攪乱の峻別が容易であることから、日本では人骨や遺物の研究を目的として一九一〇年代前後より盛んに発掘された。さらに七〇年代以降、貝塚に包含された動物遺存体の種類や年齢形質の分析によって、貝層の堆積季節や堆積速度、消費量や栄養内容を復元する分析などが試みられ、自然科学を利用した分析が盛んになっている。（富岡直人）

朝寝鼻貝塚（岡山県岡山市）。汽水性のヤマトシジミを主体とする縄文時代の地点貝塚の一例。混土を掘り込むように、混貝土を埋土とする浅い土壙が残されている。この層中から、ニホンザルの幼獣を埋納した土器が発見されている。手前側は江戸時代に削られ、貝層下の礫層が露出している。

かいでんちず【開田地図】 古代の荘園図のうち、東大寺領のものに多く付された名称。古代日本の律令制下では、国の管理の下にある田（耕地）の標記のために、班田図、校田図が作製された。さらに、必要に応じて施入文書と対となった文図とよばれる概略図や、国司が必要に応じて作った国司図とでもよび得る地図もあった。また、荘園や杣などを単位として描いた庄図・杣図とよばれた地図も作製された。これらには、布に描かれたものも紙に描かれたものもあり、国印などのある図と、押印のない白図と称されるものとがあった。班田図・校田図や開田地区などの公式の図に対し、非公式の地図も作製されたようであり、非公式のものは絵図と称されていた。庄図・杣図などを一括して荘園図と称することとすれ

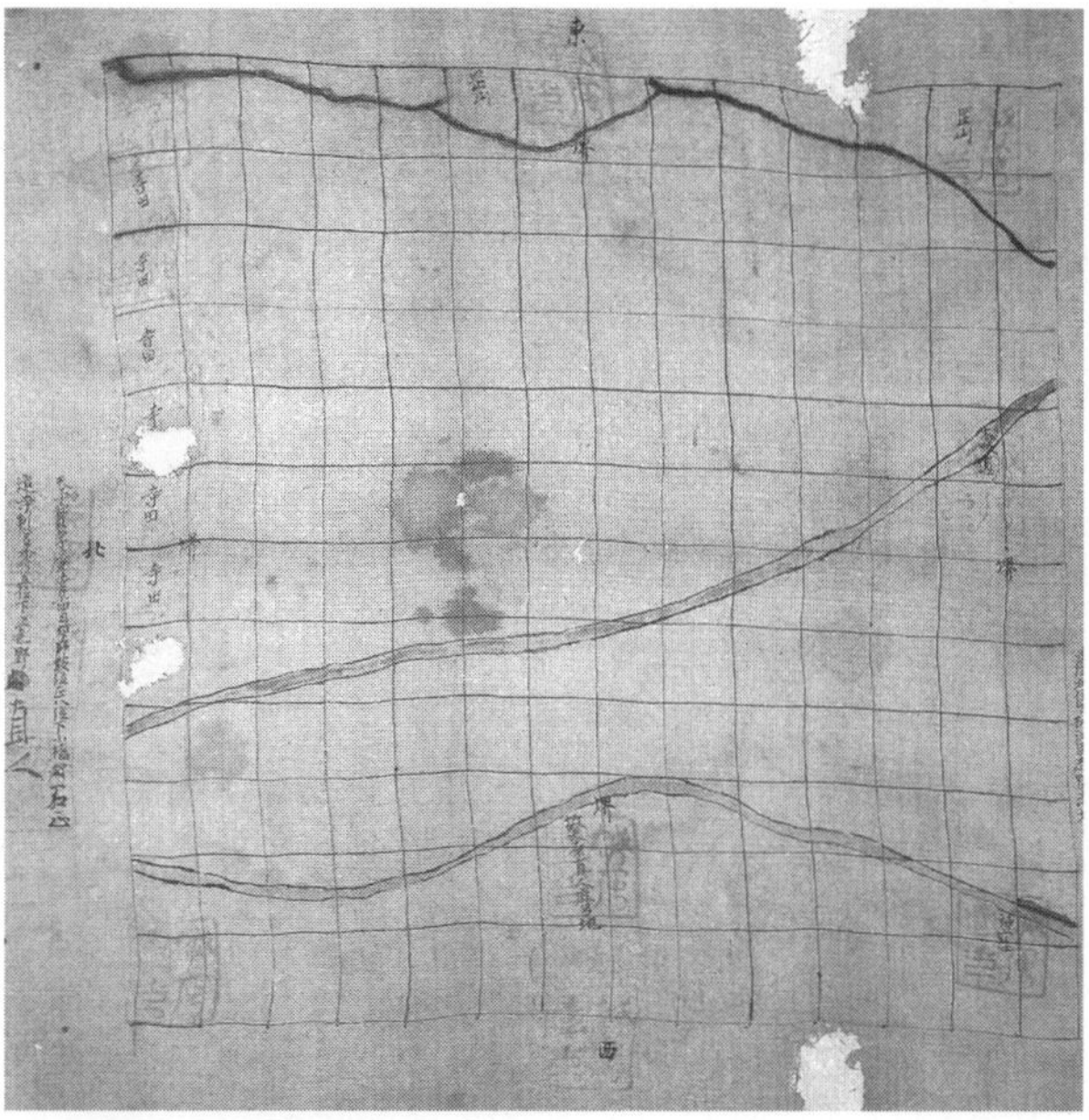

越中礪波郡伊加流伎開田地図（759 年）
正倉院宝物

ば、古代に作製された実物や、早い時期の忠実な写し、あるいは班田図等を基図としたものを含む古代荘園図の遺存数は三五点の多数に及ぶ。これらの半数以上を占めるのが、東大寺正倉院に遺存する古地図群であり、開田地図ないし墾田地図の図名を有するものが多い。このことから開田地図あるいは開田図という表現が、古代の荘園図の通称として使用されている場合がある。開田地図の名称をもつのは、東大寺領の七五九(天平宝字3)年と七六六(天平神護2)年の荘園図に多いが、これらは条里プランによって、一辺約一〇九mの正方形の区画である坊(平安時代以降は坪)を単位として田(耕地)の標記を行い、山・川などの地形の概要を絵図的・絵画的表現で描いているのが一般的である。きわめて詳細な地図ではあるが、条里プランによる土地の標記と絵図的・絵画的表現とが、それぞれ別の基準によって表現されているとみられ、時に両者が矛盾している場合がある。開田地図には、冒頭に図名・所在地・東大寺領の概要等がまず記され、地図部分をはさんで、末尾には年紀と作製にかかわった国司、東大寺僧、竿師など*造東大寺司所属の役人の名前と署名があるのが一般的であり、正本には全面の各所に国印がおされている。

〔参考文献〕 金田章裕他編『日本古代荘園図』(東京大学出版会平8)。金田章裕『古代荘園図と景観』(東京大学出版会平10)。同『古地図からみた古代日本』(中央公論新社平11)。

(**金田章裕**)

かいとうしょこくき[海東諸国紀] 朝鮮王朝一四七一(成宗2)年、領議政の申叔舟が王命をうけて撰述。海東諸国とは日本国と琉球国をさし、外交応接の参考にするために著述。海東諸国総図をはじめいくつかの地図を載せたあと、両国紀で、両国の国情や通交の沿革を記す。また朝聘応接紀で、使人の接待に関する規定などをおさめる。通行本は、その後、琉球国使から聞き取った情報をもとに一五〇一年につくられた「琉球国」や、三浦の図などを補う。日本の国内事情についても貴重な史料をふくむ。

〔参考文献〕 中村栄孝「『海東諸国紀』の撰修と印刷について」『日鮮関係史の研究(上)』(吉川弘文館昭40)。申叔舟『海東諸国紀』(国書刊行会昭50)。

(**田中俊明**)

かいのくに[甲斐国] 東海道に属する国。現在の山梨県にあたる。赤石山脈・秩父山地・関東山地・御坂山地などに囲まれて、そのほぼ中心部に甲府盆地を擁する。銚子塚古墳などの前方後円墳をはじめとする古墳が多く、その開発の歴史は古い。また倭建命の伝承や甲斐の黒駒といわれる特産の馬の貢上などからも倭王権との関係が強かったこともわかる。『日本書紀』天武元(六七二)年の「甲斐の勇者」が甲斐地名の初見であるが、甲斐国の範囲の確定は八世紀末と考えられている。当初は下国であったが宝亀年間(七七〇~七八〇)には中国に昇格、九世紀には上国となった。「延喜式」では上国とされ、所管の郡は八代・山梨・巨麻・都留郡の四郡。国府は奈良時代には現東山梨郡春日居町国府・鎮目におかれたが平安時代には現東八代郡御坂町国衙に移転、国分寺や一宮もこの甲府盆地東部に所在した。

〔参考文献〕 磯貝正義『図説　山梨県の歴史』(河出書房新社平2)。磯貝正義他『山梨県の歴史』(山川出版社昭48)。

(**高橋誠一**)

かいびゃくしんわ[開闢神話] 天地創成の神話。天地創成の神話には、天地はその原初において合一をなし混沌をなしていたとするものと、天と地はその原初から天と地の形で存在し、相互に重なりあっていたとするものとがある。『古事記』の神話では「国稚く浮きし脂の如くして海月なす漂へる時」と表現し、『日本書紀』の神話では「天地いまだ別れず、陰陽分れざりし時」と記述する。『日本書紀』の天地開闢神話には、中国の『淮南子』や『三五歴紀』などの文を借用して表記しているところがある。

(**上田正昭**)

かいふうそう[懐風藻] 漢詩集。撰者未詳。序に「薄官」という。撰者は淡海三船ほか多くの人物が挙げられてきたが、特定されるに至っていない。一巻。七五一(天平勝宝3)年成立。近江朝から奈良朝後期に至る六四人の漢詩一二〇首をおさめる。また詩序七首(うち一首は実質は「啓」)、作者伝九首がある。作品はほぼ時代順に配列されているので、近江朝以降、約八〇年の推移展開をみることができる。序に、近江朝において漢詩文が勃興したが壬申の乱によってほとんどが失なわれたというが、散逸を免れた*大友皇子「侍宴」が巻首に位置する。この詩に象徴される宮廷や離宮での侍宴従駕の詩など、宴の詩が集の基調をなしている。やはり宴の詩であるが、来朝した新羅使を宴する詩群もあり、漢詩文がはたした国際言語としての役割をもの語る。いっぽう少数ながら「述懐」のような作者の個人的感情を詠んだ詩もあり、詩がそうした表現手段として機能していたことが知られる。『日本古典文学大系』(岩波書店)、講談社学術文庫に所収。

(**後藤昭雄**)

かいふぎどうさんし[開府儀同三司] 中国の官名。三司とは漢代の最高の三公のことで、下位の官で三公と同待遇をうけるものを儀同三司と称した。元来は三公のみが独自の官府を開設して人材を集めることができ、これを開府という。漢末には三公以外でも開府するようになり、とくに重要なポストを開府儀同三司とよんだ。その後、開府儀同三司はしだいに有名無実の官と化し、隋代には武官の位階を示すだけの散官となり、唐代でも従一品の文散官の最高位のポストとして名のみ残すだけとなった。

(**愛宕元**)

かいほつりょうしゅ[開発領主] 「かいほつりょうす」とも。未開の荒野を開発し、所有権を獲得した領主。根本領主。史料の上では、鎌倉時代以降、現所有者の先祖である所領の開発者、または荘園領主への寄進者を指称。貴族から農民上層に及ぶが、多くは武士となる。国衙や荘園領主の支援をうけ、浮浪人などを集めて荒野を開墾、館を中心に強力な支配を行う。国衙・荘園領主から与えられた郡司・郷司・保司・下司・公文などの職を子孫に伝えた。

(**元木泰雄**)

かいみん[海民] ⇩海士・海女

かいりゅうおうじ[海竜王寺] 奈良市法華寺町所在の寺院。藤原不比等の邸宅の隅に位置したことから隅寺ともいう。境内から七世紀代の瓦が出土することから、創建は平城遷都以前にさかのぼり、奈良時代に整備されたと考えられる。伽藍配置は金堂の前面に東金堂と西金堂が向い合って建ち、金堂の背後に講堂・食堂などがあり、門は境内の東側に開く。奈良時代の西金堂（重要文化財）と五重小塔（国宝）が現存する。経蔵（重要文化財）は鎌倉時代。（鶴見泰寿）

がいろおう［蓋鹵王］ 在位455〜75 百済の第二一代王。諱は慶司。倭へ弟の昆支を送っている。高句麗の圧力が強まるなか、四七二年にはじめて北魏に遣使し、救援の要請をしたが、うけ入れられなかった。高句麗のスパイを使った謀略により大土木工事を行い国力を疲弊させた。四七五年に高句麗の侵攻をうけ、大城である北城と王宮のあった南城がつぎつぎと陥落し、王も捕らえられて阿且山城下で殺され、王都漢城が陥落した。（田中俊明）

かえき［課役］ 律令制下の公民に課せられた基本的税目の総称。「かやく」とも。唐制では租・調・役（またはその代納物の庸）の三者をさし、それらはいずれも成年男子に賦課される人頭税であったが、日本では租は田積を基準として賦課されたため（田租）、課役の範疇には含まれないのが原則であった。ただ自然災害による不作時の課役免除を定めた「田令」水旱条の規定のみ、課役の語に租が含まれるが、これは唐令文を不用意にそのまま継受したための混乱である。いっぽう、唐制では課役に含まれなかった雑徭は、逆に日本では課役概念に包摂され、したがって日本令における課役とは調・庸・雑徭の総称であるとするのが通説である。しかし根拠は必ずしも十分ではなく、雑徭は含まないとする説も存在する。いずれにせよ、彼我における課役の語の内容にこのような差が生じたのは、わが国の律令租税体系が、それ以前の負担体系の歴史的特質に大きく規制されて成立したためと考えられる。

［参考文献］井上光貞他校注『律令 日本思想大系3』（岩波書店昭51）。長山泰孝『律令負担体系の研究』（塙書房昭51）。鎌田元一『律令公民制の研究』（塙書房平13）。（鎌田元一）

かえるまた［蟇股］ 母屋・神社・仏殿の虹梁などの上におき荷重を支える建築部材の一つで、形が蛙が脚を広げた様子に似ているところからこの名がある。厚い板でつくられた実質的な板蟇股と、厚みが薄く内部を刳り抜いた装飾的な本蟇股があった。（西山恵子）

かえんどき［火焔土器］ 土器の外観が燃えさかる焔（炎）のようにみえることから名づけられた。狭義には、新潟県長岡市関原一丁目所在の馬高遺跡から出土した縄文時代中期中葉の一個体の土器をさす。広義には、新潟県や福島県西部を中心に分布する同一型式の土器をさし、火焔型土器または馬高式土器と呼称されることが多い。器形は、胴部が直線的に立ち上がるキャリパー形の深鉢に浅鉢と台付きが加わり、特徴的な王冠形や鶏冠形の把手がつく。隆線文と沈線文（竹管文を含む）を用いて、S字文・渦巻文・剣先文などの文様が描かれ、新潟県を中心とした地域に分布する。

［参考文献］中村孝三郎「馬高」『長岡市立科学博物館研究調査報告』二（長岡市立科学博物館昭32）。（領塚正浩）

篠山遺跡出土火焔土器　十日町市博物館蔵

かおう［花押］ 一〇世紀ころより用いられるようになったサインの一種。判・判形・押字ともよばれ、印判と区別して書判ともいう。花押は個人を表すものとして文書に証拠力を与えるもので、模倣・偽作を防ぐため種々の工夫が凝らされた。（山田雄司）

平清盛の花押。「後白河院庁下文（永暦元年五月五日）」より　大谷大学所蔵文書

かがく［家学］ 特定の家系で相伝された学問。その始まりは平安中期からの世襲的な博士家の成立にある。紀伝道の菅原・大江氏と藤原氏の北家日野流ほか、明経道の清原・中原氏、明法道の坂上・中原氏、算道の小槻・三善氏、陰陽道の安倍・賀茂氏、医道の丹波・和気氏が著名な博士家。その他有職故実・和歌・雅楽・蹴鞠などの学問・芸能においても特定の家系による相伝傾向が現れた。これらの家系は専門領域や家説をもつことで家学を形成していた。（古藤真平）

ががく［雅楽］ 日本の伝統的音楽と舞だけではなく、ひろくアジアの楽舞を八世紀のはじめに集大成した古典芸能。管絃と舞楽で構成される。楽器には弦楽器・管楽器・打楽器がある。『日本書紀』の允恭天皇四十二年二月の条には新羅の楽人が、欽明天皇十五年二月の条には百済の楽人が渡来したことを記すが、百済・新羅・高句麗をあわせて「三国楽」とよんだことは、例えば天武天皇十二年正月の条にも明らかである。雅楽は伝統の歌・楽・舞のほか、三国楽（のちに高麗楽ともいう）・渤海楽・唐楽・林邑（ベトナム）楽などもとり入れて、日本の古典芸能と

なった。律令制では治部省のもとに雅楽寮があって、舞師・歌人・歌女、三国楽と唐楽の楽師と楽生らが雅楽を教習した。七五二（天平勝宝4）年の東大寺大仏開眼供養会では盛大に雅楽が演奏された。八三三（天長10）年頃までに雅楽は唐楽を中心に左方と、三国楽を中心に右方とに分けられた。京方・奈良方・大坂方のいわゆる三方楽所が主流となって雅楽は継承されていった。一八七〇（明治3）年、宮内省に雅楽局が設けられて（現在の宮内庁職楽部）、雅楽の家元制は崩壊し、民間では八四（同17）年に四天王寺の雅売会、八七（同20）年に春日大社を中心に南都楽所、一九一六（大正5）年に京都の平安雅楽会がそれぞれ結成された。

【参考文献】芸能史研究会編『雅楽』日本の古典芸能第二巻（平凡社昭45）。 （上田正昭）

かがのくに［加賀国］ 北陸道に属する国。現在の石川県南半部にあたる。東南部には急峻な両白山地が広がるが、北西部の日本海に面して幅一〇kmから二〇km程度の沖積平野が展開している。古くは、賀茂（加宜）国造と江沼国造の支配した地域であったが国郡制によって加賀郡・江沼郡となり越前国に属するようになった。そののち、八二三（弘仁14）年に分離して加賀国が設置された。当初は中国であったが上国に昇格、「延喜式」でも上国とされ、所管の郡は江沼・能美・加賀・石川郡の四郡。国府は現小松市古府町におかれたとされるが、現金沢市千木の説もある。九世紀に設置された国であったため国分寺は創建されず八四一（承和8）年に勝興寺がそれにあてられたというが所在は明らかではない。また国分尼寺は造営されなかった。一宮は白山比咩神社（石川県鶴来町）で白山宮と称して奈良時代から白山信仰が北陸地方に広まるとともに強大な勢威を振るった。

【参考文献】高沢裕一編『図説 石川県の歴史』（河出書房新社昭63）。下出積与『石川県の歴史』（山川出版社昭45）。 （高橋誠一）

かがみ［鏡］ 中国の文化圏で中国とともに鏡をとくに愛用したのは古代の日本であった。中国では斉家文化期（B.C.一〇〇〇年頃）という早い時期に墳墓出土という径一〇cm以下の小型鏡が知られているが、本格的に銅鏡が流行し始めるのは紀元前五世紀代の戦国時代からである。わが国では弥生時代前期の末頃に初めて銅鏡が登場するが、それは中国鏡とは系統のちがう朝鮮半島製の多鈕細文鏡であった。その多くは北部九州（七面）に集中しているが、近畿（二面）、中部地方（破片一面）にもおよんでいる。北部九州では七面のうち五面が墳墓出土であるが、近畿では二面とも埋納遺構からの出土である。弥生時代中期後半になると、前漢鏡が北部九州の甕棺地帯から出土するようになる。前漢武帝がB.C.一〇八年に設置した楽浪郡との交渉によるものである。なかには福岡県春日市須玖岡本や前原市三雲南小路のように一つの甕棺墓に三〇数面もの鏡を副葬した例もある。中国の漢墓では鏡一面を副葬するのが通例であり、鏡を化粧箱に入れて副葬した例もあって、姿見の道具であったようだが、わが国では弥生時代から古墳時代を通して鏡は儀器として扱われた。弥生時代後期になると、北部九州では方格規矩四神鏡や内行花文鏡などの後漢鏡が出土するいっぽうで、小型仿製鏡の製作が始まり、

飛禽文鏡（大分県赤塚古墳西側Ｉ号方形周溝墓）
径 9.5 cm
大分県立歴史博物館蔵

神人歌舞画像鏡（大阪府長持山古墳出土）
径 20.0 cm
ボストン美術館蔵

盤龍鏡（出土地不明）
径 10.4 cm
北九州市立自然史・歴史博物館蔵

異体字銘帯鏡（出土地不明）径16・1cm北九州市立自然史・歴史博物館蔵

破鏡が出現するなど、銅鏡の様相は複雑化する。小型仿製鏡はわが国で初めて製作された銅鏡であり、北部九州を中心としながら一部は近畿等でも製作されたが、もともと前漢鏡を模倣して朝鮮半島南部で製作された小型鏡に系譜をもつ。破鏡は完形の中国鏡を故意に割って使用された鏡片のことだが、方格規矩四神鏡や内行花文鏡等の後漢鏡を中心に一部前漢鏡の破片もみられる。小型仿製鏡も破鏡も北部九州を中心に、南九州から関東にかけての広範囲に分布するが、北部九州から遠のくにつれて数は少なくなる。墳墓に副葬される完形の後漢鏡にくらべて、破鏡や小型仿製鏡は墳墓や住居等からも出土するため、多義的な性格をもっていたと考えられる。古墳時代になると、祭祀遺跡出土品もあるが、鏡は主に古墳の副葬鏡として畿内を中心に分布するようになる。鏡式には方格規矩四神鏡や内行花文鏡等の後漢鏡のほかに新しく画文

星雲文鏡（出土地不明）直径10・3cm北九州市立自然史・歴史博物館蔵

帯神獣鏡や三角縁神獣鏡等を含む三国・六朝鏡が加わり、そして各種の仿製鏡が登場する。仿製鏡には中国鏡を手本にした文様をもつものがあるいっぽうで日本独自の文様をもつものがあり、また、鏡径にも超大型から小型まであってその様相は複雑である。古墳時代は銅鏡が質量ともに最も盛行した時期であり、銅鏡に関する諸研究が多い。たとえば、方格規矩四神鏡等の後漢鏡が三角縁神獣鏡等の魏晋鏡とともに同一の古墳に副葬されていた事例をもとに提唱された伝世鏡論をはじめ、三角縁神獣鏡に関する製作地論、型式論、同笵鏡論、年代論、製作技術論等、また、仿製鏡の型式分類論、年代論等多岐にわたっている。ところが五世紀の対外交渉による新来の文物（金銅製品や鉄製甲冑など）に副葬品の主役の座をあけわたし、古墳時代後期になると鏡の製作は急速に衰退する。七世紀に遣唐使による中国との交渉が開始されると、唐鏡の搬入とその技術による仿製鏡の製作が始まる。高松塚古墳の海獣葡萄鏡や正倉院の鏡がある。正倉院鏡の中には唐鏡のほかに日本製のものがみられる。奈良時代になると、社寺堂塔の荘厳具として盛んに使われたが、ほとんどが唐鏡を原型に踏み返した鏡であった。平安時代の中頃になると、鏡の図像文様には唐鏡の系譜を引きながらも和風化した花鳥文への変化が現れ、そして松や楓、梅そして鶴、尾長鳥、雀などへと発展し、文様の表出も薄肉繊細となり、平安後期には平安貴族の趣向を反映した繊細で優雅な和鏡が完成する。藤原鏡ともよばれ、その成立の背景には化粧する階層の増大したことがうかがえる。鎌倉時代は和鏡の成熟期といわれ、材質、製作技術ともに頂点をきわめた。室町時代後期には宋鏡の影響を受けて柄鏡が出現し、以後、和鏡の主流となる。

〔**参考文献**〕小林行雄『古鏡』（学生社昭40）。中野政樹『和鏡』（至文堂昭44）。樋口隆康『古鏡』（新潮社昭54）。

（**藤丸詔八郎**）

かがみつくりし［**鏡作氏**］　鏡作部を率いて、銅鏡の製作や祭祀を行った氏族。その伴造は大和国城下郡鏡作郷（奈良県磯城郡田原本町八尾を中心とする一帯）を本拠とした鏡作造で、六八三（天武12）年一〇月に連の姓を賜った。『古事記』『日本書紀』や『古語拾遺』の伝承を総合すると、鏡作連は天糠戸を祖とし、その児の石凝姥を鏡の製作に際して守護神としたと推測される。各地における鏡作部の実態は不明であるが、河内国若江郡に式内社の若江鏡神社（東大阪市若江南町に鎮座）がみえ、鏡作部の存在が想定される。

（**和田萃**）

かがみつくりじんじゃ［**鏡作神社**］　大和国城下郡鏡作郷に居住していた鏡作りの技術者集団、鏡作氏が奉斎した神社。奈良県磯城郡田原本町八尾の鏡作神社は、式内大社の鏡作坐天照御魂神社であり、近隣に式内社の鏡作伊多神社（同町保津）、石見鏡作神社（奈良県磯城郡三宅町石見）も鎮座している。鏡作神社では祭神を三座とし、主祭神は垂仁朝にこの地で内侍所の神鏡を試鋳した際の鏡を天照国照彦火明命とし、天糠戸命と鏡作麻気神を相殿神と伝える。天照国照彦火明命については、尾張氏や物部氏が奉斎した火明命（天火明命）とする説もある。同社に御神体として伝えられている鏡は、唐草文体三神二獣鏡で、しかも外区が欠失しており、問題を残している。

（**和田萃**）

かがみのおおきみ［**鏡王**］　生没年、系譜ともに未詳。七世紀後半の皇族。王の名は『日本書紀』天武天皇二（六七三）年二月条にしかみえず、万葉歌人額田王の父とする。また、※鏡王女も王の娘とする説もある。

（**中川久仁子**）

かがみのみこ［**鏡王女**］　?～683　万葉歌人。『興福寺縁起』によれば藤原鎌足嫡室。通説では鏡王の女で額田王の姉とされる。『万葉集』に天智天皇や鎌足との相聞歌などが残る。『日本書紀』天武天皇十二（六八三）年七月庚寅条は「鏡姫王薨」と記す。

（**中川久仁子**）

かがわけ［**鹿我別**］　生没年不詳。神功皇后時代の武将。『日本書紀』によれば、神功四九年、荒田別とともに将軍に任じられ、新羅との戦いに派遣された。この話

は『住吉大社神代記』にもみえる。応神一五年に百済へと使いして王仁を連れて帰った巫別と同一人物かとされる。なお『旧事本紀』国造本紀の浮田国造条には成務天皇の代に賀我別王を国造に任じたとある。（小野里了一）

かき［垣］　屋敷・庭園などと外部とを区切る囲い。竹垣、柴垣、玉垣、透垣など材質や用途・形式などにより、種々の名称でよばれる。（西山恵子）

かぎ［鍵］　「鑰」とも。錠前の穴に差込み開閉するための金属性道具。海老錠、南京錠や倉、文箱の錠などに対応しさまざまな鍵がある。海老錠の鍵は平たい棒状で、先端にばねをすぼめるための二つの爪がある。南京錠や倉などの鍵には鍵山がある。枢を外から開ける道具も鍵という。枢は古く、法隆寺にある。（中村修身）

がきぞうし［餓鬼草紙］　仏典に説く六道中の餓鬼道の様相を描いた絵巻。京都国立博物館本（曹源寺旧蔵）と東京国立博物館本（河本家旧蔵）各一巻は画風がやや異なるものの、いずれも平安時代末期頃の制作で、蓮華王院宝蔵に納置されていた「六道絵」の一部とする説もある。（竹居明男）

かきのべのつかさ／みんぶしょう［民部省］　『和名抄』の訓は「多美乃都加佐」。大宝・養老令制における八省の一つ。諸国の籍帳や田図を掌握し、租税や徭役の賦課をつかさどるなど、財政を中心とする民政を担当した。被管諸司に、中央財政の収支をつかさどる主計寮と、地方財政の収支を監査する主税寮がある。（荊木美行）

かきのもとし［柿本氏］　天押帯日子命、天足彦国押人命の後裔氏族の一つ。大春日朝臣などと同祖。柿下とも。氏名は大和国添上郡柿本寺付近の地名（天理市櫟本町東方）にもとづくが、『新撰姓氏録』大和皇別では敏達天皇の御代、家の門に柿の樹があったためとしている。姓は初めは臣であったが、六八四（天武13）年一一月八色の姓制定に際し、朝臣の姓を賜った。柿本氏の一族には『万葉集』などに歌を残す歌人の人麻呂などがいる。（廣瀬真理子）

かきのもとじんじゃ［柿本神社］　兵庫県明石市人丸町に鎮座する旧県社。柿本朝臣人麻呂を祭神とする。一六一八（元和4）年に現在の社地に遷座し、一七二三（享保8）年の人麻呂一千年祭に正一位柿本大明神の神位・神号が宣下された。なお、島根県益田市高津町にも旧県社の柿本神社がある。（中大輔）

かきのもとのひとまろ［柿本人麻呂］　生没年未詳。七世紀に活躍した『万葉集』の歌人。天平時代（七二九年以後）に前代の大歌人として尊重され、『古今集』（九〇五年頃成立）では「歌聖」とさえいわれた。祖先は孝昭天皇の皇子、天押帯日子命（『古事記』）といわれ、和邇氏の一族。敏達天皇の時代に、家の門のそばに柿の木があったから柿本と名乗ったという（『新撰姓氏録』）。姓は朝臣、同族に猿（佐留）を名乗る人物がおり、元来は芸能にたずさわる一族だったか。生年は六五〇（白雉元）年頃か。没年は七〇二（大宝2）年の後、ほどなくか。六七〇（天智9）年頃近江朝廷に仕えていた形跡がある。壬申の乱（六七二年）後の天武朝は野にあり、六八九（持統3）年以後、右大臣、丹比島の庇護のもとに朝廷に復帰、かずかずの挽歌や相聞歌を朝廷に披露したが、七〇一（大宝元）年の死、翌年持統天皇の崩御によって朝廷を退いたと思われる。この履歴を反映して、天武朝の和歌を『万葉集』は欠く。人麻呂の死後、聖武天皇が親政の範を天武持統朝に求め、和歌を尊重し、歌集を編集しようとしたために、人麻呂は前代の歌人の代表と目された。また後代、中世には人麻呂は住吉の神ともなり、歌人たちは人麻呂の画像の前で和歌にはげんだ。柿本神社、人丸神社も各地につくられた。人麻呂が『万葉集』に残す歌は宮廷に仕えたことばの役人としてのあり方を如実に示していて、ことばによる死者の鎮魂、王権の賛美、愛や旅の歌語りなどを題材とする。また死後の伝説もいち早くつくられ、伝人麻呂作の歌、自他とりまぜた『柿本朝臣人麿の歌集』（三七〇首所収）も編集される。編集には聖武天皇の政策が、大きく役割りを演じている。しかし人麻呂の和歌が優れていることが最大の理由であることはもちろんで、近江の荒都の歌、壬申の乱に活躍した高市皇子の挽歌などは古今の秀歌である。

【参考文献】阿蘇瑞枝『柿本人麻呂論考』（おうふう平10）。（中西進）

かきのもとのひとまろかしゅう［柿本人麻呂歌集］　⇩柿本人麻呂かきのもとのひとまろ

かきべ／ぶきょく［部曲］　倭王権期における豪族の領有する民衆。「かき」は区画するという意味で、部曲は諸豪族の支配下に区画され領有された人間の集団をさす。民・民部と表記されることもある。従来、部民の分類論のなかで、大王や王族に領有される名代・子代、大王に具体的な職掌をもって奉仕する品部（職業部）に対して、葛城部・平群部・巨勢部・和尓部・蘇我部などの有力豪族の領有する部民を部曲とする見解が通説となっていたが、現在では否定されている。大小を問わず、豪族の部曲が王権によって公認されて、王権への奉仕の義務を負う部民となるというかたちになっており、名代・子代や職業部の場合も、部民は一方では伴造豪族の部曲という性格をも有している。部曲と部は同一実体で、部曲は豪族による民衆の領有・支配の側面、部は豪族の王権への従属・奉仕の側面を表す。倭王権の民衆支配は豪族の部曲領有を承認し、それを部として王権の下に組織する形態をとった。

【参考文献】鎌田元一『律令公民制の研究』（塙書房平13）。（鷺森浩幸）

かきべ・やかべ［民部・家部］　七世紀後半における豪族の領有する民衆。六六四（天智3）年、大氏、小氏の氏上にそれぞれ大・小刀を、伴造の氏上に干楯弓矢を支給し、その民部・家部を定めた。これは甲子の宣の内容のひとつである。六七五（天武4）年、詔により「甲子年」に諸氏に給わった部曲が廃止された。甲子年は六六四（天智3）年にあたる（いずれも『日本書紀』）。これらの意味するものについては部民制の一時的な復活とする見解をはじめ、さまざまに議論されており、いまだ共通認識には達していない。しかし研究史の上では、大化改新否定論の提起にかかわり大きな意味をもっている。原秀三郎は「民部」を公民と理解し、この段階で初めて部民制の廃止・公民制の成立が達成されたとし、大化改新における部民制の廃止を否定した。この論点が大化改新否定論のなかでも中核をなしているとみられる。しかし、民部も大小氏・伴造の領有するものと理解すべきであり、原の論証には疑問が残る。

【参考文献】原秀三郎『日本古代国家史研究』（東京大学出版会昭55）。朝尾直弘他編『岩波講座日本通史3古代2』（岩波書店平6）。

（鷺森浩幸）

かきょ【科挙】 中国、隋代に創設された官吏登用制度。正式には貢挙という。科目による選挙を略称した科挙の呼称は宋代以降に一般化したもの。魏晋南北朝時代の九品官人法が門閥偏重の弊におちいったのに代わり、家柄にとらわれず有能の人物を試験で選抜登用せんと意図した。創設時の隋代のものはあまり明らかではないが、唐代のものは復元された唐令の選挙令などによって具体的な制度内容がわかる。科目には秀才、進士、明経、明法、明書、明算の六科があり、進士科の受験合格が最もエリート・コースとみなされた。唐初は吏部の所管であったが、七三六年に礼部へ所管が移された。ただ試験に合格するだけでは官僚たる資格がえられるに止まり、さらに吏部の採用審査である身（身体容貌）、言（しかるべき標準語）、書（巧みな筆跡）、判（擬似的訴訟事案に対する律令と古典教養にもとづく判決文）をパスせねばならなかった。とくに身と言は従来の貴族層が幾世代にもわたって世襲的に培ってきたもので、庶人層出身者にとってその突破は極めて難関であった。大宝令や養老令にも学令、選叙令、考課令があり、一定の考査によって官吏を選抜登用したが、中堅の実務官僚がもっぱらその対象で、エリート・コースとは程遠かった。

（愛宕元）

がきょう【瓦経】 二〇～三〇cm四方の粘土板に経文を線刻し焼成した瓦経を埋納した経塚の一類型。二〇〇～五〇〇枚を埋納する。経文は法華経主体であるが、般若心経や真言系経典が含まれる例もある。全国でこれまで四〇数例が発見されており、一〇七一（延久3）年の鳥取県大日寺経塚から一一七四（承安4）年の三重県小町塚経塚までの約一〇〇年間に集中する。粘土製の仏像などの副納品がともなう例がある。一部中世に降る小規模な瓦経がある。

（杉山洋）

かきょうひょうしき【歌経標式】 奈良時代末期の歌学書。藤原浜成著。一巻。序および跋文によると、光仁天皇の命で七七二（宝亀3）年五月に撰したという。「歌式」「浜成式」とも。中国の詩論の影響をうけつつ、「歌病」「歌体」について論じる。形式に流された面はあるが、わが国最古の歌学書として、平安時代以降の歌学に与えた影響は大きい。『日本歌学大系1』（風間書房昭32）に翻刻されている。

（小西茂章）

がくえんじ【鰐淵寺】 島根県平田市別所町にある天台宗の寺。推古朝に智春上人によって開かれ、修験行場として発展した。一二世紀後半に比叡山無動寺末となり、その後出雲大社の別当寺となる。銅造観世音菩薩一躯は六九二（持統6）年に比定されている。

（野口孝子）

かぎょうほっしんのう【覚行法親王】 1075～1105 仁和寺第三代門跡。白河天皇第三皇子。母藤原経子。本名覚念。中御室と号す。一〇八五（応徳2）年出家、九九（康和元）年親王宣下をうけ、初の法親王となる。

（佐伯智広）

かくきょせい【赫居世】 新羅の初代の王。『三国史記』では、卵から生まれ、前五七年に六村の村長から擁立されて王位についたとする。姓は朴氏で、朴氏の始祖であり、新羅の始祖でもあるが、伝説上のこと。居西干を王号とし、赫居世の名は、光明神であることを意味する。

（田中俊明）

五陵にある赫居世陵

かくし【画指】 「指則」とも。中国に起源をもつ自署の代用法。字を書けない者が、自署のかわりに人指し指の長さと関節の位置を記したもの。男は左手の食指、女は右手の食指を用いた。奈良時代の借銭文書・土地売券などに実例が多い。

（荊木美行）

がくし【学士】 東宮学士・皇太子学士とも。東宮職員令に「経を執りて講授することをつかさどる」とあり、皇太子に経（中国古典）を教授した。定員は二人で、相当位は従五位下。平安時代になると、立太子と同時に新たに学士が任命されるようになる。

（荊木美行）

かくじつ【画日】 「御画日」とも書く。詔書において天皇が年月日の日を書き入れること。詔書の本文は、天皇の意をうけて中務省の内記が草したが、これに続く年月日のうち日の部分を天皇が直筆した。大宝公式令ではこれも内記が書くことになっていたが、養老令では天皇が日を直筆するかたちにかえた。画日を加えたものは案文として中務省に留めおかれ、別に一通を写して、中務卿以下が加署して太政官に送られた。太政官では、さらに大臣以下が自署を加え、大納言が天皇に施行の許可を得たうえで、さらに別に一通を写し、これをもって施行した。

（荊木美行）

かくじょ【覚助】 ?～1077 平安時代中期の仏師。父は定朝。一〇六七（治暦3）年興福寺造仏賞により法橋に、翌年円宗寺造仏賞により法眼に叙される。

（佐伯智広）

がくしょ【楽所】「がくそ」とも。蔵人所の管轄下にある所の一つで、楽舞を教習する機関。創設の時期は未詳だが、一〇世紀前半に成立し、院政期に整備されたとみられる。当初は、別当・預・楽所人などがいたが、院政期には別当・預・勾当・寄人・舞人・楽人などで構成された。（荊木美行）

がくしょう【学生】 律令制下の大学・国学で学ぶ学生のこと。ほかに大宰府の府学にも学生がいた。大学には、四〇〇人の学生（ほかに算生三〇人）がおり、教官である博士・助教のもとで経学などを学んだ。また、国学の学生は、国の等級に応じて定員に差があり、国博士の指導をうけた。（荊木美行）

かくちょう【覚超】 960～1034（生没年とも異説あり） 天台宗の学僧。和泉国巨勢氏の出身（異説あり）。比叡山に入って良源の弟子となり、のち兜率院や横川首楞厳院などに住す。一〇二九（長元2）年、権少僧都に任じられる。台密十三流のうち川流の祖といわれる。『東西曼荼羅抄』などの著作がある。（松本郁代）

かぐつちのかみ【迦具土神】『記』『紀』神話の神。『紀』では軻遇突智と表記。イザナキ・イザナミの神生みの中で生まれた火の神。この神を生んだイザナミが陰部を焼かれて死去したため、イザナキによって切り殺されてしまうが、その血や死体の各部からはさまざまな神が化成したと伝える。（菊地照夫）

かくていづか【角抵塚】 中国吉林省集安にある五世紀後半の古墳。截頭方錐形の双室墳。後室天井は平行、三角持送り式になっている。後壁の主屋内に跪座する墓主図像と二人の婦人、男女の侍従が描かれ、左壁に聖樹と二匹の犬、力士を表現した角抵図が描かれる。力士の顔だちは胡人で、その右に杖をつく翁が立つ。右壁に大樹、飾馬を牽く馬夫、轎車などが表わされる。馬車は昇仙する墓主のための乗物であろう。天井に日象三足烏、月象蟾蜍、星宿が描かれる。通路の左壁に犬のような怪獣が描かれる。（東　潮）

かくばん【覚鑁】 1095～1143 真言宗の僧。のち新義真言宗の派祖と称される。興教大師。肥前国藤津庄の人。一三歳で上洛し仁和寺覚助の門に入り、一六歳で得度。唯識倶舎・華厳教なども学び、二〇歳で高野山に登る。のち大伝法院を創建し、また金剛峰寺座主となるも、高野山徒と対立し根来山に退き、同寺が真言宗新義教学の中心地となる基礎を築いた。（松本郁代）

角抵塚主室奥壁壁画
「天馬塚発掘調査報告書」（韓国文化財普及協会刊）より

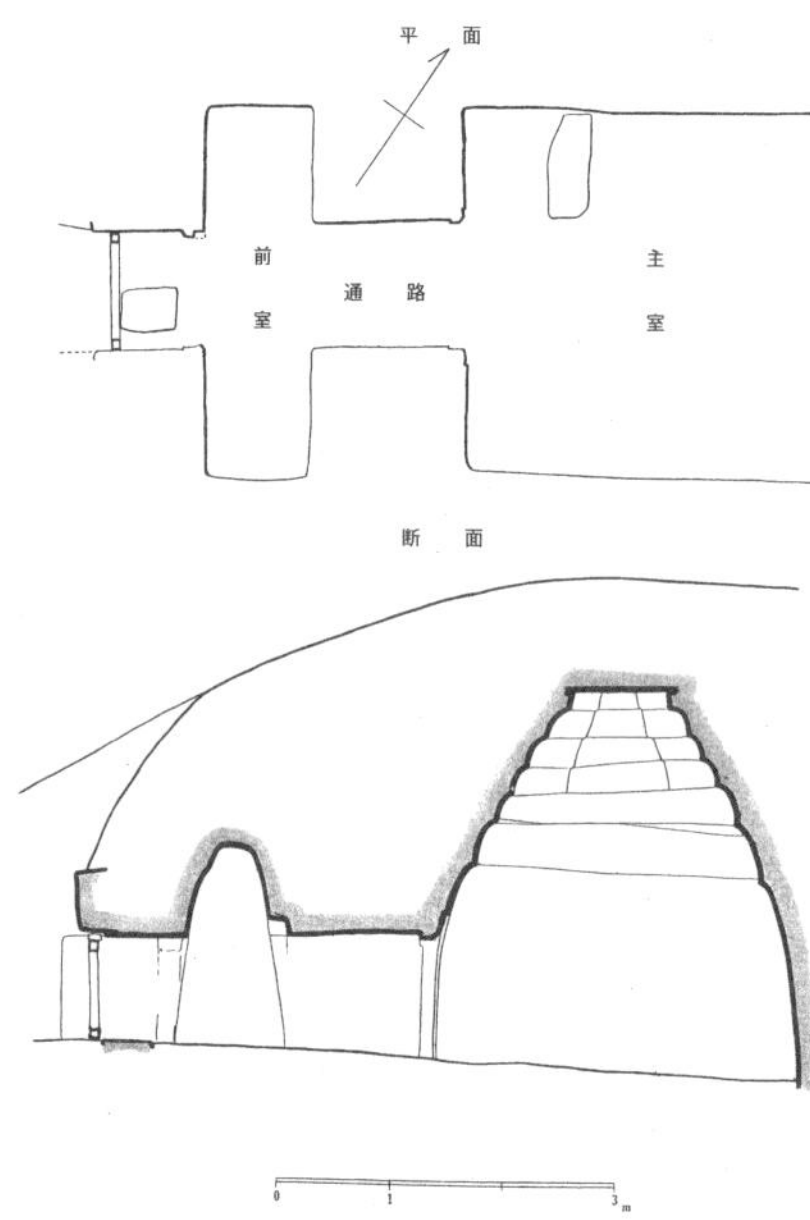

角抵塚石室実測図
「通溝（下）」（日満文化協会刊）より

かくひつ【角筆】 木や竹、象牙などを二〇cm前後の円柱状につくり、先を細く削った筆記具。正倉院に竹製のものが残る。それで紙に文字を書いても窪みができるだけであるから、一見すると文字がないように見える。『蜻蛉日記』には、白い紙に「もののさき」で和歌を書いて人に贈ったということがみえるが、これは角筆で書いたものらしい。メモや経典への訓点・注記などを書くのに用いられた。角筆で書かれた文献史料は、現在では多数確認されており、韓国・中国にも例がある。奈良時代からその例があり、正倉院文書中の七七〇（神護景雲4）年七月の「奉写経所請米解」などには、習書とみられる五〇文字が書かれ、一〇世紀前半の石山寺蔵『沙弥十戒威儀経』にはヲコト点や仮名が施される。角筆は公的な性格のものではないため、口語や日常語が現れやすく、国語資料として貴重である。紙以外にも使われ、中国居延出土の漢代の木簡や、藤原宮跡出土木簡にも角筆で書いたものがあり、法隆寺金堂壁画の下絵を描くのにも用いられた。
【参考文献】小林芳規『角筆文献の国語学的研究』（汲古書院昭62）。同『角筆のみちびく世界』（中央公論社平1）。（舘野和己）

かくべつじょう【覚鱉城】 八世紀に蝦夷攻略の拠点として陸奥に築造された城柵。七八〇（宝亀11）年按察使紀広純の進言により築城されることになったが、伊治呰麻呂の乱が起こったため、完成しなかったとされる。所在地については、岩手県奥州市（前沢町）明後沢、同一関市泥田など諸説ある。（山田雄司）

かくむそう【郭務悰】 生没年不詳。唐の官人。六六四（天智3）年、旧百済領の支配にあたる唐の鎮将劉仁願の使者として、翌年には唐使劉徳高を案内して来朝。その後も六七一（天智10）年とその翌年（天武元）年に来朝、百済の役の戦後処理、捕虜の返還交渉などにあたったとみられる。『善隣国宝記』所引『海外国記』菅原在良勘文（元永元年条）にそのおりの皇帝高宗の国書の記録がある。（川崎晃）

かくめいかんもん【革命勘文】 三善清行（847〜918）が讖緯説により改元を奏請した文書。後漢の鄭玄が加注した『易緯』を論拠に、天智天皇践祚元年（六六一）から二四〇年目の九〇一（昌泰4）年が辛酉年で「大変革命」の禍を防ぐよう主張し、七月一五日「延喜」と改元された。これ以後幕末まで、ほとんど辛酉の年ごとに改元が行われている。（所功）

かぐやま【香具山】 ⇨天香具山あめのかぐやま

かくゆう【覚猷】 1053〜1140 鳥羽僧正・法輪院僧正とも。平安後期の天台宗僧。父は源隆国。園城寺で出家。鳥羽上皇の信任厚く、諸寺の別当・園城寺長吏・天台座主などを歴任する。画業に秀で、「鳥獣人物戯画」はその作と伝えられる。（藤田琢司）

かぐらうた【神楽歌】 神楽に用いる歌謡。通常、『古今和歌集』の「神あそびの歌」一三首、『拾遺和歌集』の「神楽歌」一一首を含む宮廷御神楽の歌をいう。歌本としては、伝源信義自筆本（東京国立博物館蔵、重要文化財）をはじめ、鍋島家蔵本（重要文化財）、伝藤原道長筆の『神楽和琴秘譜』（陽明文庫蔵、国宝）等がある。序曲に庭燎、次いで阿知女作法、次いで採物・前張・星より構成される。また、地方には多くの民間神楽の神楽歌が伝えられている。（堀越光信）

かぐらおか【神楽岡】 康楽岡とも。京都市左京区吉田神楽岡町にある、吉田山とよばれる小丘。古くからの葬地であったらしく、八五六（斉衡3）年には嵯峨天皇の皇女が葬られたが、八六六（貞観8）年には賀茂御祖神社に近いということで葬送が禁じられた。（高橋美久二）

がくりょう【学令】 大宝・養老令の編目の一つ。養老令では第一一篇に相当し、全二二条からなる。大学と国学における教育制度全般についての諸規定をおさめる。教官（博士・助教）の任用規定に始まり、学生の入学資格、釈奠、テキストおよび履修方法、試験・成績判定、休暇の申請、日常生活の心得などについて細則を定める。基本的には唐の学令に倣っているが、唐令の継受にあたって学制そのものはかなり簡素化されている。（荊木美行）

かくりんじ【鶴林寺】 兵庫県加古川市加古川町にある天台宗の寺。五八六（用明元）年に聖徳太子が秦河勝に命じて建立したという。鳥羽天皇より勅額を賜る。国宝の太子堂と常行堂は平安後期の遺構。白鳳期の聖観音をはじめ多くの文化財を蔵する。（野口孝子）

かけぼとけ【懸仏】 円形銅版に仏・菩薩・神像などの立体像を貼り付け、上部に釣鐶を施して懸垂らし、礼拝・奉納したもの。鏡面に神仏を線刻・墨画した鏡像から発展。神仏習合思想により神体である鏡に本地仏が現れるとされ、御正体ともいわれた。初期のものは線彫・半肉彫だが、鎌倉以降大型化した。
〔参考文献〕難波田徹『日本の美術284 鏡像と懸仏』（至文堂平2）。（蟬丸朋子）

かけやまいせき【欠山遺跡】 愛知県宝飯郡小坂井町に所在する弥生時代終末期の遺跡。豊橋平野を流れる豊川の右岸の、小坂井台地と呼ばれる標高八m前後の洪積台地の端に立地する。遺跡は部分的な調査が実施されているに過ぎないが、現在の五社稲荷神社をとりまくように環濠が巡る集落遺跡である。環濠は幅約四mで、深さ約二mの断面V字形を呈する。東三河地域の弥生時代終末期の標識遺跡。（赤塚次郎）

かけやましきどき【欠山式土器】 愛知県宝飯郡小坂井町の欠山遺跡で、昭和二〇年代に環濠の一部が調査された。この資料をもとに久永春男によって「欠山式土器」が設定され、弥生時代後期の土器様式とされた。しかし近年、西春日井郡清洲町の廻間遺跡の調査成果によって設定された、廻間様式との比較研究により、欠山式土器は東三河地域の特色をもつ土器群で、近畿地域の庄内式土器と併行する弥生時代終末期の資料と考えられるようになっている。（赤塚次郎）

かげゆし【勘解由使】 平安初期設置の令外官で、官人の交替を監査する機関。七九七（延暦16）年設置とする説が有力で、当初は国司の交替制度の整備・再編をおもな任務とした。八〇六（大同元）年、いったん廃止されるが、八二四（天長元）年に再設置、以後常置された。再置後は、国司交替の際、引き継ぎ完了を証明するため新任者が前任者に解由状を与える制度が在京の諸官司にも適用されるようになったことから、引き継ぎに問題があった場合に新任者が前任者に与える不与解由状の審査（勘判という）の任にあたった。勘解由使の官人は、長官（一人）、次官（二人）、判官（三人）、主典（三人）などであった。なお、平安前期につくられた審査の先例集である『勘解由使勘判抄』からは、勘解由使の審査の実態を知ることができる。（篠田孝一）

かげゆしかんぱんしょう【勘解由使勘判抄】 ⇨勘解由使かげゆし

かげろうにっき【蜻蛉日記】 平安時代中期の日記文学。藤原道綱母著。三巻。成立は日記の最終記事のある九七四（天延2）年以降であるが、段階的成立説など諸説あり未詳。書名は上巻末に「あるかなきかの心地するかげろふのにきといふべし」とあるのによる。九五四（天暦8）年に摂政藤原兼家と結婚してからの二〇年あまりにおける、不安定な結婚生活への苦悩や嫉妬を描いており、その写実的な内面描写は、のちの日記文学や物語に大きな影響を及ぼした。注釈書に『新日本古典文学大系24』（岩波書店平1）、『新編日本古典文学全集13』（小学館平7）などがある。（小西茂章）

かこ【課戸】 律令制で、戸内に課口のいる戸のこと。課口を一人も含まない戸を不課戸という。国司や郡司には課戸を増す義務があり、課口の増益（課役の増収）が督励されたが、平安時代になると、偽籍の進行により、不課戸が増大した。（鎌田元一）

かこう【課口】 律令制で、課役の負担義務を負う者。支配階級や奴、重度の身障者などを除く一般の成年男子（一七～六五歳）で、正丁・次丁（老丁と残疾）・少丁（中男）の別により負担の程度が異なる。課役を全く負担しない者を不課口という。（鎌田元一）

かこげんざいいんがきょう【過去現在因果経】 宋の求那跋陀羅の訳した経典。釈迦の伝記。釈迦が普光如来より授記をえてより以後さまざまな菩薩道を行い、また八相成道を説くさまを記す。絵入りで描いたものが「絵因果経」で、既に奈良時代より製作があった。（井上満郎）

かごさかおう【香坂王】 生没年不詳。仲哀天皇の皇子。母は大中姫。麛坂王とも。神功皇后に皇子（後の応神天皇）が誕生したことを聞き、同母弟・忍熊王とともに播磨明石に山陵をつくると称して兵を集め謀反をおこしたが、祈狩（勝敗を占う狩り）を行う最中突然赤猪に襲われ食い殺され、忍熊王も武内宿禰らの率いる皇后の軍勢に敗死したという。（廣瀬真理子）

かごしまじんぐう【鹿児島神宮】 ⇨大隅正八幡宮

かさ【笠】 頭上にかぶり、日・雨・雪を防ぐ道具。『和名類聚抄』行旅部に和名が「加佐」とみえる。『日本書紀』神代上に素戔鳴尊が雨降るなか、青草を結って笠蓑としたとあるのが初見。養老令によれば宮内省主殿寮の職掌に供御の蓋笠があり、衛門府隼人司は所属の隼人に竹笠をつくらせ、諸道の駅家には蓑笠を備えた。笠の種類は多く、素材によって竹笠・藺笠・菅笠などがあり、また製作法により編笠・塗笠、形状により平笠・つぼみ笠などがあった。（舘野和己）

かさぎでら【笠置寺】 京都府相楽郡笠置町にある寺院。新義真言宗。大友皇子の創建と伝え、また東大寺の良弁・実忠などの修行も伝えるが不詳。奈良時代に既に弥勒・薬師などの磨崖仏が彫刻され、東大寺との関係を保ちながら平安時代には弥勒信仰の高まりとともに繁栄した。（井上満郎）

かさぎやままがいぶつ【笠置山磨崖仏】 京都府相楽郡笠置町の笠置山頂にある磨崖仏。一三三一（元弘元）年の兵火で焼失剝落したが、中央に高さ一五・七m、幅一二・七mの説法をする弥勒如来と、右に袈裟をもつ摩訶迦葉、左に柄香炉をもつ羅目佉羅を従えた三尊像であったとされる。奈良時代末の製作で、笠置寺の創建にともなうものであろう。奈良県宇陀郡室生村大野寺磨崖仏は本像を模したものといわれる。少し離れて高さ一〇m余り、幅六m余りの花崗岩に、坐高三・八mの菩薩座像が線刻される。虚空蔵菩薩とよばれるが尊名は明らかでない。平安時代後期の作で線刻磨崖仏では現存最古の作例であろう。（杉山洋）

かさね【襲】 平安時代以降、装束の表裏・上下の重なりの配色を類型化したもの。その色目を花木になぞらえた名でよび華やかさを競った。男装では束帯時に下襲の表裏に趣向を凝らしたほか、位色のない狩衣において発達。女装では重着による色目のほか、縁に裏地をせり出して仕立てる「おめり」という表現も行われた。（佐藤文子）

かさのいらつめ【笠女郎】 生没年未詳。奈良時代の歌人。『万葉集』巻三に三首、巻四に二四首、巻八に二首、計二九首の短歌を残すが、すべて若き日の大伴家持に贈った恋歌であり、家持からの返歌も二首ある。同じ万葉歌人の笠金村や笠朝臣麻呂（沙弥満誓）との縁故関係は不祥。（増尾伸一郎）

かさのかなむら【笠金村】 生没年未詳。奈良時代の歌人。『万葉集』に七一五（霊亀元）年から七三三（天平5）年までにつくられた長歌一一首、短歌三二首（歌数には異説がある）を残すが、『続日本紀』など他の史書に関連記事がなく、下級の官人であったか。志貴皇子への献呈挽歌をはじめ、吉野、紀伊、難波、播磨などへの行幸に従駕した際の作歌や、石上卿との親交を物語る唱和歌や羈旅歌のほか、遣唐使に贈る歌など作品は多彩で、柿本人麻呂以後の代表的宮廷歌人として山部赤人と並び称される。（増尾伸一郎）

かざみ【汗衫】 装束の下に汗取りとして用いた単の衣。形は盤領に脇を縫じない闕腋。奈良時代の遺例として正倉院に大仏開眼供養の際のものが伝存している。これら下着としての汗衫のほか、平安時代禁中奉仕の童女の表着として着用されたものがある。（佐藤文子）

かざんてんのう【花山天皇】 968～1008 在位984～86 平安中期の天皇。名は師貞。冷泉天皇の第一皇子で母は女御藤原懐子（伊尹の娘）。二歳で立太子、一七歳で即位するが、藤原兼家の陰謀によって二年足らずで退位させられ、花山寺（元慶寺）で出家した（法名は入覚）。和歌・絵画・造園などに才能を発揮し「風流者」と称された。陵は紙屋上陵（京都市北区）。（瀧浪貞子）

かし【菓子】 古代では主として果物、栗や椎の実などの木の実、餅などをさし、宮中では大膳職の主菓餅が管掌した。甘いものとしては果物のほか、飴（糖と書くことが多い）や甘葛煎が賞味された。今日の菓子に類したものとしては米の粉を蒸した粉熟や米粉・小麦粉・豆などを揚げるなどした各種の唐菓子があり、貴族の宴で供された。垂仁紀で常世国から非時香菓（橘）を持ち帰ったという田道間守が今日では菓子の祖神とされる。（勝田至）

かじ【鍛冶】 金属を鍛造すること、またはその技術者のこと。「かじ」は当て字で、「金打」を約して「かぬち」と訓んだ。畿内では五世紀前半以降、渡来人の鍛冶専業者の集落や工房が出現し、倭鍛冶に代わって韓鍛冶による大規模な鉄器生産が開始される。才伎（手人）とよばれた渡来系工人は韓鍛冶部とされたり、東西漢氏配下の漢人に編入されたりしたが、その生産技術は令制下の鍛冶司の鍛部（伴

部）や鍛冶司・造兵司の鍛戸（雑戸）に継承された。（加藤謙吉）

かしいのみや［香椎宮］⇩香椎廟かしいびょう

かしいびょう［香椎廟］　福岡県福岡市東区香椎四丁目に鎮座する香椎宮（旧官幣大社）の古称。橿日廟、橿日廟とも。現在は本殿に仲哀天皇、相殿に応神天皇、神功皇后、住吉大神を祀る。筑紫橿日宮で没した仲哀天皇を祀ったのが起源とされ、廟と称されたのも、そうした事情が影響していると考えられる。社伝などによれば七二四（神亀元）年が創始という。平安時代に入り神社化が進行し香椎宮と称されるにいたる。平安時代以降、宇佐宮とともに奉幣をうけることが慣例となるが、中絶の時期をへて現在も一〇年に一度勅使が派遣されている。香椎造の本殿は国指定重要文化財。付近には武内宿禰が掘ったという不老水など、神功皇后伝承に関するものが多い。例祭は一〇月二九日。（森哲也）

かじきとう［加持祈禱］　仏の力によって衆生を救済し、祈禱を行うこと。加持とはadhisthanaの訳で、仏力を衆生に付加することであり、そのための祈禱がともなう。仏教伝来以後日本ではたとえば天武天皇によって皇后持統の病気回復を祈って薬師寺が建立されたごとく、早くから仏教は加持祈禱を重要な要素としていた。「金光明経」「仁王経」などの護国経典の重視もその一つで、国家的規模で加持祈禱が行われた。のちとくに密教で重視されて広く流布し、諸災厄を除去するための呪術の性格をもった。（井上満郎）

かじくりはまいせき［梶栗浜遺跡］　山口県下関市梶栗町に所在する弥生時代前期から中期初頭にかけての墓地遺跡。これまでの調査で石棺墓や配石墓、土器棺墓などが検出されており、これらの上部には人頭大の石を並べた墓標が存在した。また、副葬品として多鈕細文鏡や細形銅剣、碧玉製管玉が出土している。墓の構造や副葬品からみて、当時の上位階層の人々が埋葬されたものと考えられ、近接する綾羅木郷遺跡が彼らの居住地であった可能性も指摘されている。（山田康弘）

かしこどころ［賢所］　皇位のシンボルとされる神鏡（天照大神の御霊代＝八咫鏡）を安置した所。神鏡ははじめ後宮女官の蔵司に保管されたが、やがて内侍が守護したので、賢所を内侍所ともいう。その場所は平安前期清涼殿にあったが、のち綾綺殿の東の温明殿へ移された。

［参考文献］所京子「平安時代の内侍所」『皇学館論叢』二―六昭44）。須田春子『平安時代後宮及び女司の研究』（千代田書房昭57）。（所　功）

かじし／たんやし［鍛冶司］「かぬちし」とも。大宝・養老令制の宮内省被管諸司の一つ。銅・鉄などを用いた各種の金属器の製造をつかさどった。正・佑・大令史・少令史各のほか、伴部の鍛部二〇人、品部の鍛戸三三八戸が所属。七四四（天平16）年に廃止され、のち復置されたが、八〇八（大同3）年に木工寮に併合された。（莉木美行）

かしはらいせき［橿原遺跡］　奈良県橿原市畝傍町に所在する縄文時代晩期を中心とする集落遺跡。畝傍山の東南麓の沖積地にあり、現在、奈良県立橿原公苑の運動施設が建てられている。発掘調査は橿原神宮外苑の整備拡張工事にともなって、末永雅雄を中心に一九三八（昭和13）年から二年半をかけて行われた。縄文時

橿原遺跡
西部包含層と須恵器を出土する水路らしき遺構
写真：橿原考古学研究所

代を中心に、弥生時代、飛鳥・奈良時代の遺構や遺物を検出した。縄文時代の集落跡は、陸上競技場の位置で、旧地形から判断すると台地の先端にあり、周辺には低湿地が広がっていた。遺構では炉、小竪穴、集石、埋葬人骨などを検出した。低湿地の一角に丸太杭を打ち込んだ遺構があり、クルミ・トチ・クリなどの核や果皮の出土から水辺の住宅か作業跡を想定でき、周辺を取り込んだ当時の生活空間を示す。遺物はおもに台地の縁辺部から傾斜面に堆積しており、その長さは東側約七四m、西側約一〇〇mにおよぶ。遺物の量は膨大で、その大半は縄文時代晩期である。しかし、少量の中期末から後期前葉の土器や後期中葉の元住吉山式土器、後葉の宮滝式土器を含む。土器のほかには、石鏃、石斧、敲石、凹石、砥石、石錘、土錘、軽石製浮き、土偶、動物形土製品、冠形石製品、冠形土製品、石棒、御物石器、鈎形鹿角製品、小型土器、石製玉類、土製耳飾、半輪状土製品、堅果類、獣骨、外洋性魚骨など種類も豊富である。橿原式土器は橿原遺跡を標識とする七宝文や三角形刳り込み文を施した晩期前葉の土器で、西日本はもちろん関東や東北地方からも出土する。また、他地域からの搬入品や模倣した資料も多く、土器では東北地方の影響をうけた大洞系土器のほかに関東、北陸、中部、東海など非在地土器も目につく。祭祀資料も東日本との関係を示すものが多い。土偶は一九六点出土しており、近畿地方では最大の数を示す。このように橿原遺跡は縄文時代晩期における近畿地方はもちろん西日本でも有数の集落跡である。縄文時代以外の遺構として井戸跡が多く、墨書土器や和同開珎など年代のわかる資料を検出している。

【参考文献】末永雅雄ほか『橿原』（『奈良県史跡名勝天然記念物調査報告』一七昭36）。 （岡崎晋明）

かしまぐんがあと【鹿島郡衙跡】 茨城県鹿嶋市にある古代常陸国鹿島郡の郡衙跡。鹿島神宮の南一・五kmの台地上にあり、『常陸国風土記』の記述に合致する。神野向遺跡ともいう。一九八〇（昭和55）年から八八（同63）年に政庁・正倉・厨家などの遺構が発掘で確認された。郡庁は方約五〇m、正殿・前殿があり、区画施設は掘立柱塀・回廊。正倉は大溝で区画され、掘立柱建物から礎石建物に変化。墨書土器「鹿厨」「鹿」、銅印などが出土。八世紀前半頃成立、九世紀後半頃廃絶。国指定史跡。 （坂井秀弥）

かしまじんぐう【鹿島神宮】 茨城県鹿嶋市所在の神社で、式内社。常陸国の一宮。祭神は武甕槌神。崇神天皇のときに大和大坂山に現れた神の言葉を中臣氏の祖の神聞勝命に解かせ、香島に坐す神との答えをえて太刀・鉾・鉄弓などを奉納したという（『常陸風土記』）。景行天皇の代にも中臣臣狭山命による船の奉納があったといい（同書）、中臣氏と鹿島神宮との関係の深さが知られる。倭政権の東国進出による関東東北部の平定にともない、鹿島地方地元神もその配下に組織され、祭祀を管掌する中臣氏の移住もあったものであろう。そのため中臣氏の分家ともいうべき藤原氏との関係も生じて、やがてその始祖藤原鎌足鹿島誕生伝説も発生するにいたる。蝦夷鎮圧の進行とともに鹿島神宮の重要性はさらに増し、これに藤原氏との密接な関係が加わって、七六八（神護景雲2）年には春日社の第一殿が鹿島神とされるにいたる。七七七（宝亀8）年には藤原氏の「氏神」としてみえている。このとき内大臣藤原良継の病気平癒祈願のために正三位が授けられている（『続日本紀』）。のち八三九（承和6）年に従一位（『続日本後紀』）。「延喜式」では宇佐・筥崎などとならび神宮として重要視された。立地などからして航海の神として、また倭政権以来の北方鎮圧との関係で武神として崇敬をうけ、のちには悪霊退散や巫女の豊凶託宣などの信仰が加わり、鹿島信仰とよばれる。多くの社領を保有し、中世以後も武神として武家の尊崇をうけて繁栄した。天平年間満願による創立という神宮寺が付属し、八三七（承和4）年に定額寺に列しているが、明治時代に廃寺となった。 （井上満郎）

かしまじんぐうじ【鹿島神宮寺】⇨鹿島神宮（かしまじんぐう）

かしましんこう【鹿島信仰】⇨鹿島神宮（かしまじんぐう）

かじゅうじ【勧修寺】 京都市山科区勧修寺仁王堂町にある真言宗の門跡寺院。本尊は千手観音。醍醐天皇母藤原胤子の外祖父宮道弥益宅跡に建立され、九〇五（延喜5）年定額寺となる。第八代長吏寛信は東密勧修寺流を高めるとともに、興福寺別当も兼ねた。 （野口孝子）

かじゅうじけ【勧修寺家】 九世紀半ば、藤原北家の公卿高藤を祖とする家。家名は高藤の息子定方が京都山科に建立した勧修寺（通称「かんしゅうじ」）にちなむ。平安後期には為房などが白河院に寵愛され、近臣として権勢を振るった。 （瀧浪貞子）

かしょ／かそ【過所】 関の通行許可証。軍事、治安維持を目的とする古代の関で過所なしの通行は罪。旅行者は旅の理由、通過関名、行先、従者、携行品等を記して申請。所轄官司をへて京職・国司が発給した。大宝令では竹木（木簡）の過所も認められたが、七一五（霊亀元）年国印をおす制となり紙の過所に一本化。平城宮跡で過所木簡の実物が出土。地方官衙遺跡でも通行許可機能をもつ木簡が出土している。平安末以後関銭を徴収する目的で関が設置されるようになり、過所（過書）は通行税免除状の性格を強める。

【参考文献】木簡学会編『日本古代木簡選』（岩波書店平2）。舘野和己『日本古代の交通と木簡』（塙書房平10）。 （清水みき）

かしょうじ【嘉祥寺】 京都市伏見区深草瓦町にある寺。八五〇（嘉祥3）年頃、文徳天皇が父仁明天皇の追善のために僧正真雅を開基として建立。毎年三月と一〇月の地蔵悔過には各種の料物が供与された。平安末期には仁和寺別院となり中世には廃絶した。現在の嘉祥寺は一六六二（寛文2）年に再興。 （野口孝子）

かしょもっかん【過所木簡】⇨過所（かしょ／かそ）

かしわでし【膳氏】 天皇や朝廷の食膳に奉仕した伴造氏族。比古伊那許士別命（大稲輿命）の子、磐鹿六鴈命の後裔と称する。姓は臣。六八四（天武13）年、朝臣に改姓。本流の一族はその前後に氏名を高橋に改めた。本拠地は大和国十市郡膳夫の地（奈良県橿原市膳夫町）。高橋は大和国添上郡高橋（膳氏の第二の拠点、奈良県天理市櫟本付近）の地名にちなむ。膳氏は中央諸氏の出身者や東国諸国造の子弟などよりなる膳夫のトモを率いて朝廷に出仕。またトモの組織を支え、食料品貢納の目的で全国に設置された膳大伴部を管轄した。外交や対外的軍事行動に関与し、ミヤケの開発・経営に手腕を発揮。大夫を出す家柄となり、婚姻を通して上宮王家とも結びついた。大和国の斑鳩（奈良県生駒郡斑鳩町）にも進出し、聖徳太子の斑鳩移住はこの氏との関係にもとづく可能性が大きい。令制下には膳氏後身の高橋朝臣が、阿曇氏とともに宮内省内膳司の奉膳（長官）の職に任ぜられ、前代の伴造職を継承した。

［参考文献］日野昭「膳氏の伝承の性格」『日本古代氏族伝承の研究』続篇所収（永田文昌堂昭57）。狩野久「御食国と膳氏」『日本古代の国家と都城』所収（東京大学出版会平2）。加藤謙吉「上宮王家と膳氏」『大和政権と古代氏族』所収（吉川弘文館平3）。（加藤謙吉）

かしわでのおおいらつめ［膳大娘］ ⇨膳菩岐岐美郎女

かしわでのかたぶこ［膳傾子］ 生没年不詳。六世紀後半の廷臣。聖徳太子妃の菩岐岐美郎女、来目皇子妃の比里古郎女の父。名を賀拕夫・加多夫古とも。五七〇年、越に派遣され高麗使を饗応。五八七年には大夫の一人として、大連物部守屋の討伐軍に加わった。（加藤謙吉）

かしわでのつかさ［膳司］ 「ぜんし」とも。大宝・養老令制下における後宮十二司の一つ。宮内省の内膳司に対応する官司で、御膳の調理・毒味や各種の料理・酒・餅・野菜・菓子をつかさどる。尚膳（准正五位）一人、典膳（准従五位）二人、掌膳（准正八位）四人と采女六〇人から構成された。（荊木美行）

かしわでのほききみのいらつめ［膳菩岐岐美郎女］ ?～622 聖徳太子妃。膳傾子の女。『聖徳太子伝暦』には膳大娘と記し、立妃の時期を五九八（推古天皇6）年とする。太子との間に八（または七）人の王子女をもうけた。太子の斑鳩移住後は飽波葦垣宮に居住し、のちに宮は長男の泊瀬仲王に継承された。長女の舂米女王は異母兄山背大兄王の妃。六二二（同30）年、太子とともに発病し、太子の一日前に死去。太子や太子の母の穴穂部間人皇女と磯長墓（大阪府南河内郡太子町所在）に合葬されたという。（加藤謙吉）

かすがし［春日氏］ ⇨和珥氏

かすがしんこう［春日信仰］ 奈良市春日野町に鎮座する春日大社の神を中心とする信仰。全国に分布する春日社の総鎮守でもある春日大社の祭神は春日明神とあおがれ、伊勢神宮・石清水八幡宮とならぶ三社として尊崇された。天児屋根命・比売神と武甕槌命・斎主命（経津主命を奉斎するが、藤原氏（中臣氏）の氏神であり、その氏寺としての性格をもつ興福寺と一体となってその信仰がひろまった。

［参考文献］上田正昭編『春日明神』（筑摩書房昭62）。（上田正昭）

かすがたいしゃ［春日大社］ 奈良市春日野町に鎮座し、第一殿に建御賀豆智命、第二殿に伊波比主命、第三殿に天児屋根命、第四殿に比売神をまつる。春日大明神・春日四所明神とも。全国春日社の総本社。七一〇（和銅3）年に創祀すると伝えるが、七五六（天平勝宝8）年の「東大寺山界四至図」には西向きの「神地」が描かれ、南向の社殿が造営されたのは七六八（神護景雲2）年とする説が有力である。藤原氏の氏神として繁栄し、春日の社領や藤原氏の氏寺である興福寺領などに勧請された。「延喜式」では名神大社で官幣にあずかり、春日祭は賀茂・石清水とならぶ三勅祭と称された。二十二社に列し、本殿は春日造の代表的な社殿である。摂社若宮神社は一一三五（長承4）年に創建され、翌年から若宮祭が始まる。毎年一二月の若宮おん祭にその伝統がうけつがれている。

［参考文献］上田正昭監修『春日大社』（角川書店平7）。（上田正昭）

かすがのやまだのひめみこ［春日山田皇女］ 仁賢天皇の皇女。勾大兄皇子（安閑天皇）に求婚され、その即位後に皇后となった。宣化天皇の死後、政務をとることを請われたが固辞。欽明天皇即位後、皇太后と尊称された。匝布・伊甚屯倉はこの皇后の名代とされる。（中川久仁子）

かすがばん［春日版］ 南都興福寺で平安時代末期から江戸時代にかけて印刷、出版された版本の称。明治以降使用の語。藤原氏の氏寺興福寺で刷られ摺経の刊記に、法相擁護の神として春日大明神の「春日神恩」などの語句がみえることから命名。一〇八八（寛治2）年刊記の「成唯識論」（正倉院聖語蔵）が現存最古で、鎌倉時代盛行。板木も興福寺に多数残る。（綾村宏）

かすがまつり［春日祭］ 奈良市春日野に鎮座する春日大社の例祭。賀茂祭・石清水祭とならぶ勅祭で、氏神祭の古儀を今に伝える。古くは毎年二月と一一月の上の申の日に執行されたが、今は三月一三日に実施されている。『万葉集』にも春日祭の折の歌がみえる。（上田正昭）

かすがまんだら［春日曼荼羅］ 春日大社と興福寺の習合思想を背景に平安末から盛んに製作された絵画。春日の神の神影や本地仏を曼荼羅に描いたものや、社殿や社地の景観を鳥瞰的に描いたもの。また近衛基通が夢想で感得した春日鹿曼荼羅や浄土思想と結び付いた春日浄土曼荼羅などがある。（堀越光信）

かずけもの［被物］ 節会などの饗宴で、禄・引出物として上級者から与えられた衣服・絹布の類、およびその行為。名称は、賜与の際にそれらを直接左肩にかつがせて、そのまま退出する所作に由来する。なお綿の場合は、とくに被綿と称した。（竹居明男）

かずさのくに［上総国］ 東海道に属する国。現在の千葉県の一部、北部の下総国と南部の安房国に挟まれた地域。房総半島の一部で中央部には房総丘陵、東に九十九里浜、西の東京湾沿岸にも沖積平野が広がる。古くは「ふさ（総）」といい、七世紀後半の令制国設置によって上総国と下総国が成立した。七一七（養老元）年に平群・安房・朝夷・長狭の四郡を割いて安房国が分置されたが、七四一（天平13）年から七五七（天平宝字元）年の間は上総国に併合、その後、再び安房国となった。「延喜式」では大国とされ、所管の郡は市原・海上・畔蒜・望陀・周淮・天羽・夷灊・埴生・長柄・山辺・武射郡の一一郡。国府は現市原市総社・村上に推定する説が有力であるが、市原市能満とする説もある。国分寺・国分尼寺は市原市総社の国分寺台地上に遺構が確認されている。防人や蝦夷経営の兵力徴発地で俘囚の分置国の一つとされ、九世紀には俘囚の反乱がおきた。（高橋誠一）

【参考文献】三浦茂一編『図説 千葉県の歴史』（河出書房新社平1）。小笠原長和他『千葉県の歴史』（山川出版社昭46）。

かずらき【葛城】 ⇩葛城／葛木

かずらきさん【葛城山】 ⇩葛城山

かずらわらしんのう【葛原親王】 786～853 平安前期の皇親。桓武天皇の第三皇子、母は多治比真宗。大蔵卿・大宰帥・中務卿などをへて一品・式部卿となる。博識で知られた。八二五（天長2）年子女に平朝臣姓を許された。子の高棟王、孫の高望王の系統が桓武平氏として著名。（西村隆）

かせつえ【鹿杖】 上端に手をかける横木をつけた杖。横木の形状が鉦や磬を打鳴らす撞木に似ることから撞木杖とも。また念仏聖らがもつものは鹿角を上端につけた比較的長いもので、身を支える実用性以上に鹿を神聖視する立場からの宗教性が認められる。（佐藤文子）

かぜのかみまつり【風神祭】 ⇩龍田風神祭

かせはくさんこふん【加瀬白山古墳】 神奈川県川崎市幸区の多摩川と鶴見川によって形成された丘陵上に北面して築造された前方後円墳。全長八七mを有したが現存しない。埋葬施設は後円部に三基（木炭槨一、粘土槨二）、前方部に一基（粘土槨）が主軸線の方向で発見。中心埋葬施設は木炭槨で三角縁神獣鏡・内行花文鏡各一、直刀、剣、鏃、斧、鉇、鎌、鑿、錐、玉類などの副葬品が出土している。こうした副葬品の組合せによって、本墳がこの地方の初期（古墳時代前期）の前方後円墳であることが知られる。（茂木雅博）

【参考文献】柴田常恵・森貞成『日吉加瀬古墳』（三田史學會昭28）。

かせん【貨泉】 中国、王莽時代、一四（天鳳元）年に初鋳された貨幣。円形方孔で径一寸（二・三cm）、重さ五銖（三・三g）、貨泉の二文字が右から左へ鋳出される。泉は銭と音通である。民間で私鋳されたものも多く、大きさや重さにかなりのばらつきがある。中国はもとより、朝鮮半島や日本各地の弥生時代遺跡からも出土している。およそ一〇年間というごく短期間にだけ鋳造されたものであるため、出土遺跡の上限年代を決定する重要な手掛かりとなる。（愛宕元）

かそうぼ【火葬墓】 火化し骨化した遺骸を埋葬した墓。日本での火葬の始まりは『続日本紀』文武四（七〇〇）年道昭伝「天下火葬従此而始也」とされ、この後七〇三（大宝3）年の持統天皇に始まり文武・元明・元正各天皇が火葬を採用し、墓誌をともなう例では七〇七（慶雲4）年の文禰麻呂墓を早い例とする。八世紀初頭から火葬墓が一般化したと考えられる。文武天皇陵と推定される中尾山古墳は対辺間二九・四mの三段築成の八角形墳で、内法約一m四方の石室内に蔵骨器をおく台の刳り込みがある。一般の火葬墓では蔵骨器を土壙に埋納する簡単な構造が多い。一部に小規模な墳丘をともなう場合がある。蔵骨器の埋納にあたっては石製の外容器を用いる例や、埋納壙に木炭を詰める例もみられる。鏡や銭貨を副葬する例があるが量や種類は古墳時代と比べると少ない。蔵骨器を用いない場合では小石室に直接火葬骨をおさめる例もある。（杉山洋）

かぞうるつかさ【主計寮】 「しゅけいりょう」とも。大宝・養老令制の民部省被管諸司の一つ。中央財政の収支やその監査（勘会）などを担当。頭・助・大允・少允・大属・少属各一人のほか、計算の実務をつかさどる算師二人が所属した。（荊木美行）

かそりイーしきどき【加曾利E式土器】 千葉市若葉区桜木町所在の加曾利貝塚を標式遺跡とする土器型式。一九二四（大正13）年に甲野勇・八幡一郎・山内清男らが加曾利貝塚のE地点を調査し、堀之内式土器の下層から出土した一群の土器を加曾利E式土器と命名した。深鉢・鉢・浅鉢・有孔鍔付土器・器台などがあり、台付きや注口付きの土器なども稀にみられる。キャリパー形の深鉢や赤色顔料を塗布した浅鉢（鉢）が特徴的である。阿玉台式土器や勝坂式土器に後続し、Ⅰ・Ⅱ・Ⅲ・Ⅳ式の四型式に細別され、関東地方を中心に分布している。東北地方南部を中心に分布する大木8a～10式土器、中部地方東部を中心に分布する曽利式土器と併行関係にある。（領塚正浩）

【参考文献】山内清男「加曾利E式」『日本先史土器図譜』（昭15）。

かそりかいづか【加曾利貝塚】 千葉市若葉区桜木町に所在する縄文時代中・後期の馬蹄形貝塚。標高三二m前後の台地上を中心に形成され、ハマグリやイボキサゴなどを主体とする。直径約一三〇mで環状を呈する北貝塚と長径約一七〇mの馬蹄形を呈する南貝塚が「8」の字形に隣接し、日本でも最大級の貝塚として知られている。一九二四（大正13）年に甲野勇・八幡一郎・山内清男らが調査し、中期後葉の加曾利E式や後期中葉の加曾利B式が設定されたことから、縄文土器の編年研究に大きく貢献した。七一（昭和46）年に北貝塚、七七（同52）年に南貝塚が国史跡に指定され、現在は史跡公園となっている。（領塚正浩）

【参考文献】後藤和民「千葉県加曾利貝塚」『探訪縄文の遺跡東日本編』（有斐閣選書R昭60）。

かそりビーしきどき【加曾利B式土器】 千葉市若葉区桜木町所在の加曾利貝塚を標式遺跡とする土器型式。かつては大森式土器または薄手式土器とも呼称された。一九二四（大正13）年に甲野勇・八幡一郎・山内清男らが加曾利貝塚のB地点を調査し、堀之内式の上層から出土した一群の土器を加曾利B式土器と命名した。器形には、深鉢・鉢・浅鉢・皿・注口・異形台付き・双口・香炉形などがあり、精製土器と粗製土器の別がある。文様には磨消縄文の手法が多用されており、精製土器の多くは黒色に焼成されている。１・２・３の三型式に細別されており、関東地方を中心に分布するが、近似した土器は東日本に広く分布する。

【参考文献】山内清男「加曾利B式」『日本先史土器図譜』（昭14）。　（領塚正浩）

かたあらし【片荒】 平安時代の和歌に詠まれた不安定耕地の一種で、一〜二年ごとに休耕される田畠のこと。用水施設の不備や地力の不足から休耕を迫られたと考えられ、農業の集約化などによって、しだいに克服された。　（勝山清次）

かたうお／かつお【堅魚】 賦役令には、調雑物・調副物として堅魚・煮堅魚・堅魚煎汁が規定されている。堅魚煎汁とは、堅魚の加工時に出た汁を煮詰めたもので、調味料として利用された。「延喜式」には、これらの貢進国として、志摩・駿河・伊豆・相模・安房・紀伊・阿波・土佐・豊後・日向等があげられている。伊豆国からは、堅魚煎汁が贄としても貢進されていた。「高橋氏文」には、天皇供御職に従事するようになった由来として、蛤と堅魚を調理して献上したことが記されている。　（岩宮隆司）

かたおか【片岡】 馬見丘陵西側の葛下川流域をさす地名。肩岡・傍丘とも。奈良盆地中央部の西縁にあたり、香芝市北部から北葛城郡上牧町・王寺町南部にかけての一帯。『日本書紀』によれば、六〇七（推古15）年の冬に肩岡池がつくられた。また聖徳太子が片岡山に遊行して、路傍の飢えた人を哀れんだとの説話もみえる（推古紀二十一年十二月条）。王寺町には式内社の片岡坐神社があって、近くに片岡王寺（放光寺）跡も存在する。奈良時代初めには、長屋王家の所領が片岡に所在した（長屋王家木簡）。片岡にはまた、孝霊天皇の片岡馬坂陵、顕宗天皇の傍丘磐杯丘南陵、武烈天皇の傍丘磐杯丘北陵、茅渟皇子の片岡葦田墓がある（「延喜式」諸陵寮）。　（和田萃）

かたかな【片仮名】 ⇩仮名

かたぎぬ【肩衣】 袖無しの上衣。山上憶良の「貧窮問答歌」（『万葉集』巻五）に〈綿毛奈伎布可多衣（わたもなきぬのかたぎぬ）〉とみえるような庶民の日常着のほか神事や儀礼で用いられた小忌衣や襷なども形状としては同じで後に武士の礼装となる肩衣袴や裃に影響を与えた。　（佐藤文子）

かたたがえ【方違】 翌日に行きたい方向が、陰陽道の説により避けるべき方向にある場合、前夜に別の方角に行って泊まり、方向を変えて赴くこと、また増改築などで悪い方向を避ける場合に長期間行われることもある。六国史などには確認できず、平安時代中期になって始まった風習とみられるが、『源氏物語』や『枕草子』にはすでにみられ、一〇世紀後半には貴族社会に定着していたものと考えられる。忌むべき方向や、災いをもたらす神については複雑であり、誕生した年の干支によるもの、天一神が遊行する方角を避けるものなどは短期のもの。年ごとに決まる金神、季節によって移動する王神・相神のいる方向（王相方）や、三年ごとに位置を変えるという大将軍のいる方向などを避けるのは長期におよぶものである。
【参考文献】ベルナール・フランク『方忌みと方違え』（岩波書店平1）。　（榎村寛之）

かたなし【結政】 太政官の政務の一つ、またその場所（結政所）。官政と外記政の準備段階的なもので、官結政と外記結政の二種がある。聴政の前に内外諸司からの申文を類別し、結政当日、弁官がこれを披閲し、史がこれを結び固める儀式。　（細谷勘資）

かたなしどころ【結政所】 ⇩結政

かたの【交野】 河内国の北部の郡名。その一部が現在の大阪府交野市になる。長岡京建都にあたり、七八七（延暦6）年に「交野に天神をまつる」とあって、都の真南にあたるこの地に中国風の郊祀円丘が祭られた。今の大阪府枚方市の北郊。　（高橋美久二）

かたよろい【肩鎧】 ⇩甲冑

かたりべ【語部】 口から耳へ、耳から口への口頭伝承を語り伝えた部民。宮廷の語部や諸国の語部がいた。「貞観儀式」「延喜式」『北山抄』『江家次第』などには、大嘗祭に美濃・但馬・出雲・因幡・丹波・丹後・淡路の語部が「古詞」を奏上したことを記す。『日本書紀』によれば、六八三（天武12）年九月に語造に語連が与えられたことを述べる。古文献や木簡によって、前記七ヵ国のほか遠江・尾張・近江・備中・阿波などにも語部の存在したことがわかる。語部は語りの部となったが、語部の多くは農民集団で語りの部となったが、語部のなかには海語部といわれる漁民集団の語りの部もあった。
【参考文献】上田正昭「語部と伝承」『古代伝承史の研究』（塙書房平2）。　（上田正昭）

かたりもの【語り物】 事件や物語を口演する芸能。音楽的な対立概念として「うたう」ことを中心とする「謡い物」がある。古代の語部は口承によって皇室や豪族の系譜や神話、伝説などを語り伝えており、『古事記』や『日本書紀』の素材となった。　（山田雄司）

かち【荷知】 五世紀後半の加羅国（大加耶と推定）王。四七九年に南斉に使者を送り、輔国将軍・加羅国王に冊封される（『南斉書』加羅国伝）。加耶諸国からの中国王朝への朝貢は記録上、唯一。大加耶王の嘉悉王にあたると考えられる。　（田中俊明）

かちえ【褐衣】 狩衣に似た男装の上衣で、下級の武官である随身の装束に用いられた。本来脇を綴じた縫腋とされるが、闕腋もあり、色は檜皮色、紫、紺、鈍色などが多い。胸などに蛮絵とよばれる鳥獣紋をつけたものもある。　（佐藤文子）

かちのつ【勝野津】 琵琶湖西岸の滋賀県高島郡にあった古代の湊。「延喜式」に若狭国から京へ物資を運ぶ運賃として、勝野津までの駄賃、勝野津から大津までの船賃が書かれていて、若狭と近江や京を結ぶ拠点の湊であった。　（高橋美久二）

かちべ／すぐりべ【勝部】 出自不詳の氏族。「すぐり」とよみ、古代朝鮮語で村落の首長を意味する語に由来とする説と、「まさ」によんで村落を意味する語と解する説がある。同氏は出雲国を中心に分布する。「出雲国大税賑給歴名帳」・「出雲国計会帳」等に散見し、他に臣・君・造・首姓が存在する。『新撰姓氏録』に百済国人多利須々を祖とする勝氏という渡来系氏族がみえ、近畿周辺諸国に分布するが、勝部氏の分布とは必ずしも一致しないので、一応は区別して考えられる。（大川原竜一）

かちょうまい［加徴米］ 荘園や公領において、正規の官物・年貢に加えて徴収されたる米。一〇世紀末の尾張国郡司百姓等解文によると、国司が非法に加徴米を課した事例が知られ、一一世紀には、荘園にも加徴米賦課の事例が散見しはじめる。（山本崇）

かつお［鰹／堅魚］ サバ科の海産の硬骨魚。関東から東北地方にかけての縄文時代の遺跡からカツオ遺骨が出土しており、古くから食されていた。『高橋氏文』や『万葉集』などにもカツオに関する記述があり、また「生堅魚」と記されている木簡も確認されている（藤原宮木簡）。賦役令には調雑物・調副物として煮堅魚・堅魚煎汁などの規定がある。『延喜式』によれば、「堅魚」は神饌として用いられることが多く、なかでも伊勢神宮と斎宮関係での使用量は群を抜き、その重要性が窺われる。なお古代では「堅魚」と表記され、「鰹」の初見は『宇津保物語』である。（江草宣友）

かつおぎ［勝魚木］ 葛緒木・堅魚木とも。神社建築の本殿の棟上に、これと直行するように水平に並べられた断面円形の短材。古墳時代は豪族の住居にも用いられていたようであり、家形埴輪にも類例が多い。装飾性の強い部材であるが、元は棟を固定する針目を覆い、雨水の浸透を防ぐ構造的な用途があったと考えられるため、堅緒木が元の意味であったともいわれる。『日本書紀』雄略記に、堅魚木が天皇の権威の象徴であったとの記述がある。（植木久）

かつおぶしがたたいしゅ［鰹節形大珠］ 縄文時代にみられる大型の飾り玉で、ふつう五cm以上のものを大珠とよぶ。鰹節形、緒締形、根付形などの形態があるが、鰹節形はその一類型である。長さ一〇cm前後で、通常体部のやや中心寄りに一孔を穿つが、管錐法による穿孔である。ヒスイ（硬玉）をはじめ、蛇紋岩、角閃石、輝石、凝灰岩、コハク、蠟石、滑石、軽石などでつくられ、出土状況から胸飾りと考えられている。ヒスイ製大珠は縄文時代中期後半をピークに全国的に分布するが、中部・関東・東北に多く、蛍光X線分析によって新潟県糸魚川付近の小滝・橋立産ヒスイがほぼ一元的に使われていることが判明している。原石の産地に近い富山、新潟両県を中心に生産遺跡が分布し、蛇紋岩製磨製石斧の生産地帯と分布圏が重なる。ヒスイ製品の最古の事例は山梨県天神遺跡の土壙墓（前期後半諸磯C式期）出土品で、縄文時代前期後半にはヒスイ加工が始まり、中期にいたり新潟県寺地遺跡・長者ヶ原遺跡、富山県境A遺跡などではヒスイ製大珠の工房関連の遺構・遺物が出土している。ちなみに富山県朝日貝塚出土の鰹節形のヒスイ製大珠は長さ一五・九cmをはかる最大の大珠である。ヒスイ製品ほど多くはないが、コハク製の大珠は千葉・東京・山梨・長野などで発見例が報告されている。大珠は墓とみなされる土壙、石棺などから出土しているが、東京都田端環状列石（後期加曽利B式期）ではヒスイ製大珠が石組みの壙に埋納されていた。長野県上木戸遺跡（中期後半）では一つの土壙から五個のヒスイ製大珠が出土している。福岡県山鹿貝塚で埋葬された女性人骨（縄文時代後期）にともなった緑色の鰹節形大珠と長崎県狸山支石墓（晩期後半）出土の鰹節形大珠は長崎ヒスイ（蛇紋岩の一種か）製である。ヒスイ製大珠は権威の象徴であり、一集落で一個程度しか出土せず、個人の装身具というより、社会や集団に関わる象徴的意味なども考えられる。さらに地域間の物流ネットワーク、交易ルート、贈与などを考える際の材料となる考古資料である。

［**参考文献**］江坂輝彌「所謂硬玉製大珠について」『銅鐸』13（立正考古学会昭32）。

（中山清隆）

がっかんいん［学館院］ 橘氏出身の大学生の寄宿舎。八四七（承和14）年以前に、嵯峨天皇皇后の橘嘉智子と弟氏公が創立した。九六四（康保元）年、橘好古等の奏状により大学別曹として公認されたが、平安後期にはその機能を喪失した。（古藤真平）

がっきろん［楽毅論］ 正倉院宝物の一つ。中国・戦国時代の燕の宰相楽毅の事績を記した楽毅論を東晋の王羲之が書き、隋・唐代に羲之のこれは楷書の第一にあげられているが、七四四（天平16）年光明皇后が臨写し、聖武天皇の七七忌に東大寺大仏に献納。

［**参考文献**］宮内庁正倉院事務所『正倉院の書跡』（日本経済新聞社昭39）、同事務所編『正倉院宝物　北倉Ⅰ』（毎日新聞社平6）。

（米田雄介）

がっこう［学校］ 古代の学校は律令で定められた学制による官立学校を中心に展開した。大宝・養老令制では、中央に大学、大宰府に大宰府学、諸国に国学がおかれ、中央貴族・地方豪族の子弟が儒教を中心とする学問を修めることになっていた。この官学制度は中央集権的な律令国家とともに形成されたもので、『懐風藻』序は天智天皇による学校（大学）制度の創設を述べ、『日本書紀』天智十年（六七一）正月是月条には学職頭（大学を管轄する大学寮の長官大学頭の前身）のことがみえている。貴族の子弟の多くは律令官人として必要な教養を身につけるために大学で学び、中国の科挙制度を継受した各種の国家試験をうけて出身する者はごく一部にすぎなかったが、平安前期には文運隆盛の波に乗って紀伝道から多くの文人宰相が輩出した。国学は国ごとに在地任用の博士と医師が一人ずつおかれ、学生と医生の指導を行う定めであった。しかし、中央と地方の知的水準の格差による人材不足のため奈良時代から低調で、平安時代には地方支配の衰退とともに無実化したものと考えられる。国学の学生には大学への編入も認められていたが、中央官人となって栄達した実例は知られていない。大学以外の公的な仕組みの下で伝受される学問としては、陰陽道・医道が挙げられる。陰陽道は中務省管下の陰陽寮、医道は宮内省管下の典薬寮で諸博士が指導にあたった。官学から独立した私立の学校としては吉備真備の二教院、石上宅嗣の芸亭院、空海の綜芸種智院が挙げられるが、そこでなされた教育の実態については空海撰『綜芸種智院式』程度しか史料がなく詳細は不明で、いずれも永続しなかった。大学別曹や大学教官の私塾でなされた学問の伝受は、大学における教育を補完するものと評価できる。

〔**参考文献**〕久木幸男『日本古代学校の研究』（玉川大学出版部平2）。桃裕行『上代学制の研究［修訂版］著作集1』『上代学制論攷著作集2』（思文閣出版平5・6）。 **（古藤真平）**

かつさかいせき［勝坂遺跡］　神奈川県相模原市磯部所在の縄文時代中期を中心とする大規模な集落遺跡。相模川左岸に沿った洪積台地上にある。中期勝坂式土器の標式遺跡としてよく知られ、五領ヶ台式から加曽利E式期にわたって湧水を中心に集落が形成された。遺跡はA～Dの地点名でよばれる。一九二六（大正15）年の大山柏による調査で世に紹介された。ほぼ中期の単一型式の土器が多数出土、勝坂式と命名された。現在のA地点にあたる。大山の報告では出土した五三個の打製石斧を検討して、ヨーロッパの例や土俗例などから「土掻き」と考え原始農耕との関係を論じたことは、縄文農耕論の研究史上注目される。大山の発掘品は惜しくも焼失したが遺跡の大部分は良好に残っている。戦後、岡本勇らによる『相模原市史』第一巻の刊行にあたり、発掘調査が行われ、以後、相模原市教育委員会、神奈川県教育委員会などにより隣接地の範囲確認調査や発掘調査が重ねられている。第四五次調査では草創期の住居跡状遺構などもみつかっている。現地は一九七〇（昭和45）年以降開発の激しい地域で、江藤昭らを中心に勝坂遺跡を守る会が結成され（いわゆる勝坂闘争）、市民運動として発展したことも記憶される。国史跡。

〔**参考文献**〕大山柏「神奈川県下新磯村字勝坂遺跡包含地調査報告」『史前研究会小報（1）』（昭2）。 **（中山清隆）**

かつさかしきどき［勝坂式土器］　神奈川県相模原市磯部所在の勝坂遺跡を標式遺跡とする縄文時代中期中葉の土器型式。大山柏が調査した資料の一部を標式資料として、山内清男が一九二八（昭和3）年に設定した。深鉢・鉢・浅鉢・台付き鉢・有孔鍔付土器・釣手土器などがあり、キャリパー形の深鉢や算盤玉形の底部が特徴的にみられる。隆線文・沈線文・爪形文・角押文などで、図形的な文様を描いており、1・2・3の三型式またはⅠ・Ⅱ・Ⅲ・Ⅳ・Ⅴの五型式に細別されている。関東地方西部を中心とした地域に分布し、中部地方に分布する狢沢式土器・新道式土器・藤内式土器・井戸尻式土器、関東地方東部に分布する阿玉台式土器と併行関係にある。

〔**参考文献**〕大山柏「神奈川県下新磯村字勝坂遺物包含地調査報告」『史前研究会小報第一号』（昭2）。 **（領塚正浩）**

かっしのせん［甲子の宣］　白村江の敗戦による対外危機意識の高まりのなかで、六六四（天智天皇3・甲子）年二月、中大兄皇子（天智）が弟の大海人皇子（天武）に命じて宣布させた法令（『日本書紀』）。六四九（大化5）年の十九階冠位制を改めて二十六階の冠位を定めること、氏上を定め、大氏の氏上には大刀、小氏の氏上には小刀、伴造等の氏上には干楯・弓矢を賜うこと、氏上の民部・家部を定めることの三点を内容とする。三者は相互に関係しており、倭政権を構成する諸豪族を序列化し、整備されつつある官僚機構のなかに位置付け編成していこうとする施策である。民部・家部を定めるとは、孝徳朝以後なお截然とは区別しがたい状態で諸豪族の支配下に置かれてきた旧部民と豪族私民を、それぞれ民部、家部として改めて分離・確定するとともに、国家民たる民部の支配・所有に氏のランクに応じた制限を加えたものである。この民部は六七五（天武4）年二月に廃止された。

〔**参考文献**〕原秀三郎『日本古代国家史研究』（東京大学出版会昭55）。鎌田元一『律令公民制の研究』（塙書房平13）。 **（鎌田元一）**

かっちし［括地志］　中国、唐の太宗第四子魏王李泰が著作郎蕭徳言らに命じて編纂させた地理書。六四一年の成書。もと五五〇巻あったが早くに散逸し、現在は清朝の考証学者が諸書に引かれた逸文を集めた輯本が存するのみである。『初学記』所引の逸文には、六三九（貞観天皇13）年の府州数三五八、県数一五五一が全て列挙され、唐初の地方行政区分を知るうえで貴重な史料となっており、また元本がきわめて詳細な地理情報を満載していたことをうかがわせる。

〔**参考文献**〕賀次君輯校『括地志輯校』（中華書局一九八〇）。 **（愛宕元）**

かっちゅう［甲冑］　弥生時代には祭祀具としての木製短甲が知られる。古墳時代前期には鉄製甲冑が出現し、竪矧板革綴短甲、方形板革綴短甲、小札革綴冑などの型式があるが、革製の甲冑と組み合わせて用いる場合もあったらしい。中期に入ると帯金の採用により定型化がはかられ、頸甲・肩甲・草摺などの付属具も完備する。中期の甲冑は地板形式によって型式分類される。まず、三角板革綴衝角付冑と長方板革綴短甲または三角板革綴短甲のセットとして成立し、中期中葉に鋲留技法が採用されて眉庇付冑や挂甲も出現する。冑は衝角付冑・眉庇付冑ともに小札鋲留式が、短甲は三角板鋲留短甲が主流となる。眉庇付冑には金銅装で装飾されたものもあるが、量産化のために中期後葉に冑・短甲ともに横矧板の地板が採用されると眉庇付冑は少なくなる。後期に入ると挂甲が用いられ、冑は横矧板鋲留衝角付冑からさまざまな型式が生じて飛鳥時代にいたる。とくに中期の甲冑は、複雑な工程をへて製作されることなどから畿内政権からの一元的供給が想定されており、当時の政治的動向を知るうえで有効な考古資料として注目されている。

〔**参考文献**〕末永雅雄『日本上代の甲冑』（木耳社昭8）。野上丈助編『論集武具』（学生社平3）。 **（藤田和尊）**

かつらがわ［桂川］　京都盆地内を流れる三大河川の一つ。丹波から保津峡をへて、山城国の入口の嵐山までを大井川（大堰川、葛野川）、嵐山から宇治川・木津川と合流するまでを桂川という。丹波国から平城京や平安京の造営にあたって、材木運搬の水路として利用された。また、嵐山付近に堰（葛野大堰）が設けられ、潅漑用や運河としても利用された。 **（高橋美久二）**

かつらがわみょうおういん［葛川明王院］　滋賀県大津市葛川坊村町坊村にある天台行門（回峯修験）の別院道場。修行の地を求めて山々を巡った回峯行の祖相応和尚が当地で不動明王を感得し明王院を建立。修験者は七月の蓮華会と一一月の霜

月会には参籠する習いである。（野口孝子）

かづらき［葛城／葛木］ 奈良盆地の西南部をさす広域地名。古代では「かづらき」。『先代旧辞本紀』に、奈良盆地におかれた＊国造として、（大）倭国造と葛城国造がみえるように、もともと奈良盆地の中・南部は、ヤマトとカツラギの二つの広域地名からなっていた。その境界となっていたのは曾我川で、現在の行政区画の多くも曾我川を境としている（例えば橿原市と御所市・大和高田市などとの境界）。葛城の範囲をさらに厳密に定義すると、延喜式内社に、例えば葛木御歳神社や葛木一言主神社のように、「葛木―神社」「葛木坐―神社」とする神社があり、それらの分布をみると、古代の葛城の範囲は、曾我川の西方域で、二上山々麓から金剛山々麓の御所市朝妻付近までとみることができる。葛城地域の西方に、葛城山（標高九五九・七m）と金剛山（標高一一二五m）がそびえる。古代では葛城地域にある山ということで、ともに葛城山と称されたが、金剛山の頂上に金剛山転法輪寺があり、役行者ゆかりの修験の山であることから、むしろ葛城山といえば金剛山をさし、高天山とも称された。現在の葛城山は鴨山とも称された。（和田萃）

かつらぎさん［葛城山］ 奈良盆地の西南部にそびえる山。葛木山とも。古代では、現在の葛城山（標高九五九・七m）と金剛山（標高一一二五m）を併せて、葛城山（古代では、「かづらきやま」）と称した。古代の＊葛城の範囲は、二上山山麓から金剛山東麓の御所市朝妻付近までだったから、葛城地域の西方にそびえる現在の葛城山と金剛山を、併せて葛城山と称した。現在の葛城山は鴨山、金剛山は高天（間）山とも称された。「延喜式内社」に鴨山口神社や高天彦神社がみえる。金剛山の呼称は中世に生じたもので、＊役小角が創建したという金剛山転法輪寺の山号にちなむ。雄略天皇が遊猟して一言主神と出会った葛城山は現在のそれであり（雄略紀四年二月条）、役小角が初め住したという葛木山は（『続日本紀』文武三〈六九九〉年五月丁亥条）、金剛山であった。道鏡も初め葛木山に籠もって如意輪法を修したとみえる（『七大寺年表』）。（和田萃）

かづらきし［葛城氏］ 建内（武内）宿禰の後裔氏族で、大和の葛城地域を本拠とし、五世紀代に后妃を輩出、大王家の外戚として大きな勢威を誇った臣姓の豪族。なお古代では、地名・氏の名の葛城は「かづらき」であったが、現代では地名の葛城は「かつらぎ」と発音している。『古事記』の孝元天皇段にみえる建内宿禰の子である葛城長江曾都毗古（『日本書紀』では、＊葛城襲津彦と表記）は、玉手臣・的臣・生江臣・阿芸那臣らの祖とする。『新撰姓氏録』では、葛城襲津彦を祖とする氏族として、葛城朝臣（左京皇別）、玉手朝臣（右京皇別）、的臣（山城・河内・和泉国皇別）、阿芸奈臣（摂津国皇別）・布敷首（摂津国皇別）、小家連（河内国皇別）、下神（摂津国未定雑姓）がみえる。また『古事記』『日本書紀』によれば、葛城襲津彦の女の磐之媛（石日売命）は、仁徳天皇の皇后（大后）となり、履中・反正・允恭天皇らを生んだ。また葦田宿禰（襲津彦の子）の女の黒媛（黒日売命）は、履中の妃となって、磐坂市辺押羽皇子（市辺之押歯王）や青海皇女（飯豊皇女）らを生み、蟻臣（葦田宿禰の子）の女の荑媛は、市辺押羽皇子との間に仁賢・顕宗・飯豊皇女（忍海部女王）らを生んだ（顕宗即位前紀にみえる「譜第」による）。『古事記』と『日本書紀』にみえる系譜では、やや異同があるものの、五世紀代に葛城氏から后妃が輩出し、履中・反正・允恭や清寧、顕宗・仁賢らは、葛城氏の血筋をひく大王であった。葛城氏の勢力の大きさを十分に想像できる。

葛城氏の勢力基盤であった＊葛城の範囲は、「延喜式内社」で「葛城坐――神社」とみえる事例に注目すると、二上山山麓から御所市朝妻付近までと想定できる（朝妻には「葛城池」が所在）。いっぽう、馬見古墳群の被葬者集団の理解とも密接に関わるが、近現代の北葛城郡と南葛城郡（ほぼ御所市域に相当する範囲）を含む広大な範囲とする見解も存在する。しかし北葛城郡の中・北部は、古代の葛城には含まれない。古代の葛上郡・忍海郡・葛下郡は近現代に北葛城郡と南葛城郡となったが、忍海郡は南の葛上郡と北の葛下郡に挟まれた、東西に長い狭小な範囲であった。「葛城坐――神社」の分布する範囲は、葛上郡・忍海郡と二上山山麓の葛下郡南部に限られる。葛下郡の中・北部には、石園坐多久虫玉神社・調田坐一事尼神社・片岡坐神社が分布し、石園・調田・片岡と称された地域であり、厳密に言えば葛城ではなかった。北葛城郡の中・北部に広がる馬見古墳群については、葛城氏と結びつけて論ずるよりも、有力な王家との関わりを想定すべきと思われる。

葛城氏の祖とされる葛城襲津彦は、神功皇后の時代から仁徳朝にいたるまで活躍し、新羅・加羅を討った伝承や弓月君の率いた人夫を加羅から連れ帰った伝承がみえている（『日本書紀』）。とりわけ注目されるのは、襲津彦が新羅から連れ帰った俘人らは、桑原・佐糜・高宮・忍海の漢人らの始祖とする伝承であろう。神功皇后六十二年条に引く『百済記』に「沙至比跪」とみえ、襲津彦は実在の人物であった可能性が大きい。右の伝承は、実在した葛城襲津彦に関わる史実を核に、語り出されたものと推定される。葛城氏の本宗は、『日本書紀』允恭天皇五年七月条に、反正天皇の殯宮大夫であった玉田宿禰について、葛城襲津彦の孫とみえるので、葛城襲津彦―葦田宿禰―玉田宿禰・蟻臣と復原することができる。雄略即位に際して殺害された円大臣については、系譜未詳であるが、世代からみて葦田宿禰の子か、または玉田宿禰の子にあたると推定される（「公卿補任」では玉田宿禰の子とする）。『古事記』では、葛城襲津彦を葛城長江曾都毗古と記す。長江の地名は、河内の恵賀にもあるが（仲哀・允恭陵の所在地は河内恵賀長江）、奈良県御所市長柄の地とすべきだろう。葛上郡高宮郷の地で、高宮漢人の居住地でもあった。同地には式内社の長柄神社が鎮座する。六八〇（天武9）年九月九日、天武天皇は朝嬬（御所市朝妻）へ行幸して、長柄杜で馬を観閲している。長江が長柄とも表記され、後には現在のように「ナガラ」と読まれるようになったのだろう。襲津彦の女の磐之媛は、「吾が見が欲し国は、葛城高宮　吾家のあたり」と歌っており、高宮の地は葛城氏本宗の拠点の一つだったと推測される。御所市長柄の長柄小学校校庭から、五世紀中葉～六世紀前半の豪族居館が検出されており（長柄遺跡）、葛城氏本宗の居館の一つとみてよい。

御所市長柄から東方約一・五kmに、宮山古墳（室大墓。御所市室に所在）は、全長約二三八mの巨大な前方後円墳（国史跡）で、一九〇八（明治41）年頃、前方部から三角縁神獣鏡・獣首鏡をはじめとする約一一面の鏡片などが出土した。その後の調査で、埋葬施設は後円部に二つ、造り出し部に一つあることが判明。後円部の頂上にある埴輪で囲まれた二つの方形区画のうち、南側の区画が発掘調査された。その結果、緑泥片岩を小口積みにした竪穴式石室（全長約五・五m）が検出され、その中に組合せ式長持形石棺が納められていた。頂上部に樹立されていた巨大な形象埴輪や円筒埴輪は、よく知られている。

允恭天皇五年七月に地震が起こったので、尾張連吾襲に反正天皇の殯宮の様子を見にやらせたところ、殯宮大夫の玉田宿禰の姿がみえなかった。それでさらに吾襲を葛城に遣わし、玉田宿禰の様子を窺わせたところ、男女を集めて酒宴をしていた。吾襲が事情をつぶさに話したところ、玉田宿禰は事の露見することを恐れ、馬一匹を賂として授けた上で、復命に戻る途中の吾襲を襲って殺害、曽祖父にあたる武内宿禰の墓域に逃げ隠れた伝承がみえている（『日本書紀』）。この武内宿禰の墓については、宮山古墳と伝承されていた可能性が大きい。『帝王編年記』に、武内宿禰の墓として「大和国葛下郡室破賀墓」とみえるからである（仁徳天皇七十八年条）。葛下郡は葛上郡の誤り。「室破賀（室墓）」は、葛上郡牟婁郷（御所市室を中心とした一帯）に所在する墓の意で、宮山古墳とみてよい。

一九九八（平成10）年九月二二日に近畿地方を襲った台風七号は、奈良盆地中南部にも激甚な風害をもたらし、宮山古墳の後円部頂上でも何本もの大木が倒れた。その後の復旧作業中、倒れた大木の根方から陶質土器が発見された。発見された層位は、築造当初の封土直上であったことから、宮山古墳の築造年代は五世紀初頭であることがほぼ確定した。まことに貴重な発見であり、その年代からみると、宮山古墳の被葬者は葛城襲津彦である可能性が大きくなったといえよう。

安康天皇が大草香皇子の遺児である眉輪王に暗殺された際、眉輪王は葛城円大臣の家に逃げ込んだ。円大臣は眉輪王を庇い、雄略（安康の弟）に女の韓媛と葛城の七ヶ所の宅を献上して許しを願ったが、雄略は許さず、円大臣の家に火を放ち、円大臣・眉輪王らは焼き殺された（『日本書紀』）。この事件を契機として、葛城氏の本宗の勢力は衰退に向かう。韓媛は雄略の妃となって清寧を儲け、清寧の後、蟻臣の女の荑媛が市辺押羽皇子との間に生んだ顕宗・仁賢が即位するから、蟻臣の後裔が残り、崇峻朝の征新羅将軍となった葛城臣烏那羅が出たのだろう。

なお近年、御所市南郷地域で大規模な圃場整備事業が計画され、それにともなう事前の発掘調査で、南郷安田遺跡で豪族居館、南郷大東遺跡で大規模な水辺の祭祀遺構、南郷下茶屋遺跡などで各種の金属製品を製造した工房群・倉庫群などが検出されている。いずれも五世紀前半から中葉にかけてのもので、葛城氏の支配下にあった葛城地域は、列島最大の、いわばハイテクタウンであったことを物語っている。先にみた長柄の豪族居館の事例とあわせて、葛城襲津彦の連れ帰った高宮・桑原邑の漢人らと深く関わっていたことが推測される。また二〇〇五（平成17）年二月に御所市極楽寺で発見された極楽寺ヒビキ遺跡は、その年代や日本最大規模の居館・柵列が燃えている状況から、葛城円大臣の家であった可能性もある。

〔参考文献〕井上光貞「帝紀からみた葛城氏」『日本古代国家の研究』（岩波書店昭40）。門脇禎二『葛城と古代国家』（教育社昭59）。和田萃「紀路と曽我川」『古代の地方史3畿内編』（朝倉書店昭54）。奈良県立橿原考古学研究所編『南郷遺跡群III』（平15）。　（和田萃）

かづらきにますひとことぬしじんじゃ〔葛城坐一言主神社〕 ⇩一言主神

かづらきのあがた〔葛城県〕 奈良盆地西南部の葛城の地におかれた県で、倭王権が古くから領有していた倭の六御県の一つ。古代では、「かづらきのあがた」と称された。大和国葛下郡の式内大社に葛木御県神社がみえる（奈良県北葛城郡新庄町〈現葛城市〉葛木に鎮座）。六二四（推古天皇32）年一〇月、蘇我大臣馬子は、葛城県は蘇我氏の本居であると主張して、その領有を願い出たが、推古天皇は許可しなかった。　（和田萃）

かづらきのそつひこ〔葛城襲津彦〕 生没年不詳。葛城氏の始祖。武内宿禰の子。玉手臣・的臣・生江臣・阿芸那臣らの祖。女は仁徳天皇皇后の磐之媛。大倭国葛城県長柄里（奈良県御所市名柄）に居住。『日本書紀』は襲津彦を対朝鮮外交に活躍した将軍とし、分注に引く『百済記』の沙至比跪に擬定。襲津彦を四世紀末～五世紀初頭の実在の人物とみる説が有力であるが、むしろ朝鮮に派遣された葛城地方の首長達（葛城氏）の軍事的活動がその人物像に投影されているとみるべきであろう。　（加藤謙吉）

かづらきのつぶら〔葛城円〕 生没年不詳。五世紀後半の葛城氏の首長。「公卿補任」は玉田宿禰の子とする。履中朝に国事を執り、のち安康天皇を殺害した眉輪王を自宅にかくまったため、大泊瀬皇子（雄略天皇）に滅ぼされた。女の韓媛は雄略妃で、清寧天皇の母。　（加藤謙吉）

かづらきのみとしじんじゃ〔葛木御歳神社〕 祈年祭祝詞の筆頭にあげられている御年皇神を祀る神社。奈良県御所市大字東持田の御歳山に鎮座。御歳（年）神は、稲の豊かな稔りをもたらす神。祈年祭に際しては、他の皇神とは異なり、特別に白馬・白猪・白鶏が祭料に加えられたことや、御年神は大年神の子で、大年神の子には他に曾保理神がみえることなどから、もともと葛城地域に住んだ渡来系氏族の間で祀られていた神と推測される。　（和田萃）

かでん〔家伝〕 一般的には一家の事績を記した書だが、日本古代史では藤原氏始祖世代の伝記をいう。『藤原氏家伝』とも称し、上下二巻。上巻は『鎌足伝』（あるいは『大織冠伝』とも）で孫藤原仲麻呂の執筆による藤原鎌足の伝記。下巻は仲麻呂の父の『武智麻呂伝』で僧延慶の著にかかる。ともに七六二（天平宝字6）年頃の成立と考えられ、政権強化のために仲麻呂が父祖の功績を顕彰しようとし

たものであろう。（井上満郎）

がとう［瓦塔］　木造重層塔を模した瓦製の小塔。相輪部、屋蓋部、軸部、基壇の各部に分かれ、高さ一・五～二m前後の五重塔が一般的である。全国で一二〇数例が知られているが、関東地方にとくに出土が多い。奈良時代後半から平安時代前半に集中する。完形品では東京国立博物館所蔵東村山市廻田出土例や奈良国立博物館所蔵静岡県引佐郡三ヶ日町宇志出土例がよく知られている。埼玉県児玉郡美里町の東山遺跡では、掘立柱建物跡から瓦塔・瓦堂各一基が出土した。瓦塔は五重塔で、瓦堂は桁行三間・梁行二間の二重入母屋造りで金堂と推定される。瓦塔造立の目的としては、造塔信仰説、塔婆代用説、墳墓標識説などさまざまであるが、先の三ヶ日町の瓦塔は山中にあった小堂のなかに納置されていたと考えられ、東山遺跡では掘立柱建物跡からの出土であり、堂内に安置され仏像のように信仰の対象として用いられた使用法が推定される。地方における古代仏教需要の様相をよく示す。（杉山洋）

がとう［瓦当］　屋根の軒先瓦の先端部。狭義に解すと軒丸瓦の先端部のみをさすが、広義に解すと軒平瓦の先端部も含む。正しくは瓦瑺と書く。東アジアにおいて最も古い例は中国の西周時代後期の半円形状の半瓦当であり、戦国時代に盛行した。以降、秦・漢時代に円瓦当が一般化する。瓦当面には蓮華文（蓮花文とも書く）をはじめとして鱗文・饕餮文・禽獣文・官署名・吉祥句など多様な文様が用いられ、各時代の特色を表している。韓半島（朝鮮半島）の瓦当は当初は漢代の楽浪郡の影響により文字等を入れたものがみられるが、三国時代に入ってからは蓮華文が主流を占めた。日本で最初に用いられた瓦当文様も飛鳥寺の創建瓦に使用された蓮華文で、桜花形花弁と弁端点珠花弁とがあり、前者の瓦当をつくった工人集団を花組、後者の瓦当をつくった工人集団を星組とよぶ。さらにこれらは瓦当文様だけではなく、製作技法も相違し、その背景に百済の瓦工人の関与が明らかとなっている。
【参考文献】上原真人『歴史発掘⑪　瓦を読む』（講談社平9）。（李タウン）

かどの［葛野］　山城国西北部にあった、八郡の郡名の一つ。律令期以前には葛野とよばれた地域ははるかに広く、『日本書紀』の応神天皇の葛野の国誉め歌は宇治野から北西を見て詠まれたもので、山城北部をさしていた。葛野は古代には渡来系の秦氏の本拠地であった。この秦氏によって、六世紀には太秦蛇塚などの巨石を用いた横穴式石室をもつ前方後円墳が築かれ、七世紀には蜂岡寺（太秦広隆寺、葛野寺）が建立された。（高橋美久二）

かどのおさ［看督長］　検非違使の下級職員で、本来の身分は左右衛門府の火長。主として獄舎の看守をその任務としたが、犯罪の捜索・犯人の追捕などにもあたった。「弘仁式」では左右各二人と定められていたが、のちしだいに増員され、摂関期に左右合わせて一六人、院政期には四〇～五〇人余を数えた。（篠田孝一）

かどのかわ［葛野川］　⇨葛野大堰

かどののおおい［葛野大堰］　丹波国から山城国へ流れる大井川（大堰川、葛野川）に設けられた堰。「政事要略」に引用する「秦氏本系帳」には、秦氏が同族を率いて灌漑用として掘削したもので、天下に比肩のないものだと書かれている。この堰から引かれる用水は、左岸の一の井と右岸の二の井があり、現代にまで生きて使われている。ここには津がおかれ、奈良時代には葛野井津、平安時代には大井津とよばれ、丹波からの物資の集積地としての賑わいもみせた。（高橋美久二）

かどべ［門部］　大宝・養老令制下で衛門府に所属し、宮城門の守衛にあたった者。定員は二〇〇人で、その職を世襲する負名氏から採用された。八一八（弘仁9）年以前の宮城十二門は、大伴・佐伯・壬生・建部など、古来門部としてその門の守衛にあたった氏族の名によって称されていた。（荊木美行）

かとりじんぐう［香取神宮］　千葉県佐原市所在の神社で、式内社。下総国の一宮。祭神は経津主命。「カトリ」は梶取りの転訛との説があるが不詳。ただ当地は鹿島神宮とならんで倭政権の東国進出の拠点として早くから膝下に入ったらしく、それにともない鹿島神宮と同じく中臣氏が祭祀をつかさどるところとなり、そのため主として武神としての崇敬をうけた。中臣氏から分立した藤原氏勢力の拡大・定着とともに香取神宮も藤原氏との関係を強め、奈良時代には藤原氏氏神の春日神社第二殿として祀られるにいたる。以後神階は累進し、八三九（承和6）年には従一位となった（『続日本後紀』）。「延喜式」では宇佐・筥崎などとならび神宮として重要視された。社領も多く、中世以後も武神として武家の尊崇をうけて繁栄した。（井上満郎）

かな［仮名］　日本語の文字の一つ。一字が一音節に対応する。「仮名」という名称は漢字が「真名」であるという意識による。ここで言う「名」は、ものごとのよび名すなわち語から転じて、それを書きあらわす字を意味している。実際に「仮字」と書かれたこともある。平仮名は万葉仮名を草書体に書きくずしたもの、片仮名は同じく一部をとったものであるが、平安時代初期に仮名が成立したときは明瞭な区別がなく、のちに和文用の曲線的な字と漢文注釈用の直線的な字とに分化・整備された。古代の日本人の意識では漢文が公式の文体であり仮名で書く和文は私的な性格であった。このことを反映して平安時代における平仮名の呼称は「女手」であり、「ひらがな」とよばれた確例は室町時代まで下る。「かたかな」は当初から軽視の意をこめてそうよばれた。この意識は明治時代まで続いた。大日本帝国憲法が漢字片仮名まじりで書かれたのも漢文訓読体に公式性を認めたからである。
【参考文献】築島裕『日本語の世界6　仮名』（中央公論社昭56）。森岡健二他編『講座日本語6　現代表記との史的対照』（明治書院昭57）。（犬飼隆）

かないざわのひ［金井沢碑］　⇨上野三碑

かなえどの［釜殿］　宮内省内膳司にあった御釜がおかれた所で、神撰・撰膳・仏供を供した。また大嘗宮のそばにあり、天皇の斎浴の湯を調進する仮舎をもい

う。また釜殿の官人もさす。　（西山恵子）

かなくらやまこふん［金蔵山古墳］　岡山市沢田の操山山塊にある墳長約一六五mの前方後円墳。三段築成の各段には円筒埴輪列がめぐり、斜面は葺石で覆われた壮大な外観を呈する。四世紀第4四半期頃の所産と考えられ、近畿圏をのぞいた西日本では最大規模。埋葬施設は、後円部中央に方形壇を備え、その直下に墳丘軸線に直交して築かれた狭長な竪穴式石槨と、その南にほぼ平行して設けられた同様の竪穴式石槨が知られる。いずれの副葬品にも、青銅鏡一面と各種の玉類を含む装身具類が伴出しているものの、鉄製の武具や武器類の優位性が目立つ。またとくに、中央石槨の東に独立して設けられた副室からは、四個の埴製合子が見出され、各種の武器・農具・漁具・工具その他、合計二四七点が検出されて、首長層の鉄器掌握に対するすさまじいばかりの実態が明らかになった。

［参考文献］西谷真治ほか『金蔵山古墳』（倉敷考古館昭34）。　（葛原克人）

かなさなじんじゃ［金鑽神社］　埼玉県神川町二ノ宮に鎮座し、天照大神・素戔嗚尊を主祭神に、日本武尊を配侍する。「延喜式」では名神大社、武蔵国の二宮。社伝によれば日本武尊が東征の帰りのさいに、倭姫命から与えられた火鑽金を御霊代として御室ヶ嶽に鎮めたのに始まるという。九郷の総氏神で、背後の御室ヶ嶽を神奈備（神体山）として今も本殿はない。旧官幣中社。　（上田正昭）

かなざわのさく［金沢柵］　秋田県にあった古代城柵の一つ。一一世紀半ばの「前九年の役」の後、清原氏は奥羽最大の勢力をもった。しかし、一一世紀末には一族の内紛がおこり、これに陸奥守源義家が介入し、清原一族を滅ぼした。この「後三年の役」の最後の舞台となったのが金沢柵である。遺跡は秋田県横手市金沢にあり、比高九〇mの山頂に立地する。本丸・二の丸・北の丸・西の丸などの郭があり、昭和四〇年代の発掘調査により掘立柱建物跡・空堀跡・溝跡などを検出した。　（桑原滋郎）

かなやまこふん［金山古墳］　大阪府南河内郡河南町にある双円墳。段丘上中央に位置する。古墳時代後期の築造で、墳丘長八五・五m、主丘径五五・四m、副丘三八・六m、幅九mの周濠をもつ。墳丘は三段築成で、各段に貼り石のテラスがまわる。副丘にある両袖式横穴式石室は全長一〇・六mで、玄室、羨道それぞれに刳り貫き式家形石棺がある。ガラス丸玉・銀環（奥石棺内）、金銅製金具片・鉄製革帯金具、鉄刀・刀子片、鉄鏃、鉄製鉸具・土師器・須恵器などが出土している。石室の前には幅四・二mの墓道がある。主丘にも墓道、墳丘内暗渠がある。国指定史跡。　（一瀬和夫）

金山古墳全景
写真：大阪府立近つ飛鳥博物館（「近つ飛鳥写真集」より転載）

かにもりし［掃守氏］　宮殿の掃除を職掌とした掃守部の伴造氏族。『古語拾遺』に、神武天皇の父が誕生する際に掃守連遠祖天忍人命が箒をつくり、蟹を掃いたとする始祖伝承がみえる。『新撰姓氏録』和泉国神別の掃守首条に、雄略天皇の御代に掃除の事を監して姓掃守連を賜ったとみえ、また同書河内国神別に掃守宿禰・連・造氏がみえるが、前者は和泉国和泉郡掃守郷（大阪府岸和田市加守町周辺）を、後者は河内国高安郡掃守郷（大阪府八尾市黒谷・教興寺周辺）を本拠としていた。　（小野里了一）

かにもりじし［掃守寺跡］　奈良県葛城市加守に所在する奈良時代の寺院跡。寺域は広く、北遺跡には回廊に囲まれた塔跡があり、尾根を挟んだ南遺跡には長六角堂跡がある。いずれも凝灰岩製基壇が検出された。北遺跡では興福寺式軒瓦が出土、南遺跡では葡萄唐草文軒平瓦が出土する。正倉院文書に「掃守寺造御塔所解」があり、この寺院跡のこととみてよい。長六角堂西側の加守古墓からは金銅骨蔵器（東京国立博物館蔵、重要文化財）が出土している。　（鶴見泰寿）

かにもりのつかさ［掃部司］　「そうぶし」とも。大宝・養老令制の大蔵省被管の諸司の一つ。朝廷における儀式の際の設営や宮内の清掃などをつかさどった。正・佑・令史各一人のほか、伴部の掃部二〇人が所属。八二〇（弘仁11）年に宮内省の内掃部司と併合し、掃部寮として宮内省被管となった。　（荊木美行）

かぬちべ［鍛冶部］　「鍛部」とも書く。大化前代に、鉄や銅などの金属器生産に従事した部。古くからある倭鍛部と渡来系の韓鍛冶部が存在した。律令制下では、兵部省被管の造兵司や宮内省被管の鍛冶司に所属する雑戸の鍛戸として再編成された。　（荊木美行）

かね［鐘］　叩いて音を鳴らす金属器。仏教寺院の鐘は梵鐘ともいい、現存のものでは京都妙心寺の鐘が六九八（文武2）年鋳造と推定され、太宰府市観世音寺の梵鐘が同一工人作とされる。滋賀県木瓜原遺跡では七世紀末～八世紀初の梵鐘鋳造遺構を発見。また朝廷では六七一（天智10）年漏刻で時を計り鐘と鼓で報じるようになった。　（勝田至）

かねあきらしんのう［兼明親王］　914～87　醍醐天皇皇子。母は更衣藤原淑姫。九二〇（延喜20）年源朝臣を賜姓。左大臣にまで昇るが、藤原兼通の策謀により親王に復し、政権から遠ざかる。御子左・前中書王と号され、『莵裘賦』『池亭記』等の作品がある。　（関口力）

かねのさきのふなせ［金埼船瀬］　福岡県玄海町の鐘ノ岬にあった古代の船の停泊所。七六七（神護景雲元）年に僧寿応に勧められ、筑前国宗形郡大領の宗形朝臣深津夫妻がつくった。『万葉集』に「ちはやぶる金の三埼を過ぎぬともわれは忘れじ志賀の皇神」（七―一二三〇）の歌がある。 （舘野和己）

かねのみたけ［金峯］ ⇨金峯山（きんぷせん）

かねひつのせい／しょうきのせい［鐘匱の制］ 大化改新直後に、民の声を聴くために設けられた意見具申制度。儒教の政治思想にもとづくもので、政治の刷新をはかるために政府が打ち出した施策の一つとみられる。朝廷に設けた鐘と匱を利用して訴えるところから、この呼称がある。改新直後の六四五（大化元）年八月に制定。憂訴人は、伴造または尊長（一族の首長）を通じて、訴状を朝廷においた匱に投じ、天皇がこれを群卿に示して処断した。憂訴人が誤った訴えをして、伴造・尊長がこれを退けることなく上奏すれば、伴造・尊長が処罰された。また、訴えが受理されなかったり、不公正な判断がなされた場合には、憂訴人は鐘を撞いて審理を促すことができた。この制度の制定については、『日本書紀』大化元（六四五）年八月五日条の孝徳天皇の詔に詳しいが、翌年二月十五日条にも繰り返し出てくる。さらにこのとき、匱に投ぜられた諫言にしたがって、処々の雑役を罷める旨の詔がみえる。

［参考文献］関晃『大化改新の研究』（吉川弘文館平8）。利光三津夫・長谷山彰『新版裁判の歴史』（成文堂平9）。 （荊木美行）

かのこシーいせき［鹿の子C遺跡］ 茨城県石岡市鹿の子に存在した奈良～平安時代の国衙にともなう工房遺跡。一九七九（昭和54）年から八二（同57）年にかけて茨城県教育財団が常磐高速自動車道の敷設工事に先立って、一万七〇〇〇㎡を発掘調査した。その結果、竪穴式住居跡一六九棟、掘立柱建物跡三一棟、連房式竪穴遺構五棟、製鉄工房跡一九基などを検出した。とくに注目されるのは大規模な製鉄遺構である。ここで使用された大量の漆紙文書とよばれる文字史料からこの遺跡の年代が天平勝宝から延暦二〇年代をさかのぼらないことが判明し、また判読可能な一八九九文字と不能な七八八文字の発見は、『常陸国風土記』の七三一六文字の欠を補う重要な史料である。これらの文字史料には検田帳、具注暦、計帳、公出挙の借出原簿などが含まれており、さらに一八〇点を越す墨書土器も発見されており、古代常陸を理解するうえで貴重である。また大規模な武器工場跡が当時のわが国の東北経営を知るうえで重要である。しかし道路工事によって削り取られ、保存されなかったことは残念である。

［参考文献］『鹿の子C遺跡』（茨城県教育財団昭58）。 （茂木雅博）

かばね［姓］ 律令制成立以前、諸氏族が有していた称号。天皇（大王）を中心とする政治的身分秩序のなかで、氏族がその家柄や職掌などに応じて倭朝廷から付与され、氏の尊卑や公的地位を示す役割をはたした。本来は、人名に付された尊称だったが、のちには世襲になった。姓による氏族の序列化が進むのは、六世紀前半のこと。「カバネ」の語源については、「かぶね（株根）」に由来するとする説、新羅の骨品制と関連づける説など諸説ある。姓の代表的なものには、臣・連・君・公・直・造・史などがある。六八四（天武13）年には、新たに真人・朝臣・宿禰・忌寸・道師・臣・連・稲置の八つの姓が制定されるが、これは天皇家との血縁関係の親疎を基本に、諸氏族を政治的秩序のもとに再編しようと試みたものであった。同年から翌年六月にかけて、畿内の氏に第四位の忌寸までが順次あたえられたが、道師以下は賜姓されず、道師と稲置の姓は存在しなかった。律令制の確立後も姓は継続して用いられるがしだいに形骸化し、やがてたんに氏族の家柄を示すだけのものに変質していく。
［参考文献］阿部武彦『氏姓』（至文堂昭35）。 （荊木美行）

かふんぶんせき［花粉分析］ 主に泥炭層や湖底など通気性の弱い環境で保存された、堆積した花粉や胞子を検出し分析することで、過去の植生復元や気候変化などを推定する分析法。二〇世紀はじめにノルウェーの地質学者ポスト（L.V.Post）らによって研究法が確立された。植物の花粉や胞子は、強靭な外壁をもっており、長期的におよぶ保存に耐え、またその固有の形態から、植物種の同定が可能となる。検出された花粉や胞子の種類の割合、その層位的な堆積量の変化から、試料採取地周辺での植物群の変動や気候変化、農耕をはじめとする土地開発の歴史を推定することが可能になる。考古学においては、発掘調査によって編成された編年と花粉分析による気候変化の編年との対比が行われ、ヨーロッパでは一九三〇年代から、日本でも一九七〇年代を中心に安田喜憲らによって考古学調査に本格的に導入された。花粉分析は過去の植生や気候変化の把握だけでなく、近年では過去の食生活の復元や、遺構の機能や性格の推定などさまざまな目的で用いられている。

［参考文献］中村純『花粉分析』（古今書院昭42）。安田喜憲『環境考古学事始』（日本放送出版協会昭55）。 （鐘ヶ江賢二）

かべ［壁］ 空間を分断する垂直方向の面的な構造物。一般的には家屋の内部や周囲を区画する構造物をいう。用いられる場所により、外壁、間仕切り壁などがある。集落や城郭など一定の範囲を区画する構造物をいうこともある。土壁、板壁のほかに草壁や網代壁もあった。土壁は材料の入手および施工が容易であり防火にも適していたことから、時代を問わず各種の建物に広く用いられた。神社建築には板壁がおもに用いられた。 （植木久）

かへい［貨幣］ 商品交換の媒介となり、価値の尺度ないし支払いの手段として社会に流通するもの。中国では殷代の貝貨に始まり、春秋戦国時代に入って刀幣（小刀を模した貨幣）・布幣、さらに環幣（円形貨）などの鋳造貨幣がつくられた。円形貨は円孔のものから方孔のものへと発展したが、やがて円形方孔の形式が定着した。唐の六二一（武徳4）年の開元通宝によって、円形方孔（量目一匁＝三・七五g）、内郭のまわりに四文字とする方式が清朝にいたるまでうけつがれた。日本では天武六八三（天武12）年の銅銭（富本銭）にさきだって無文銀銭がつくられていたが、和同開珎では銀銭・銅銭の二種があり、七二一（養老5）年以後銅銭二五に対して銀銭一と定められた。奈良時代に三種、平安時代の九五八（天徳2）年の乾元大宝まで九種の銅銭がつくられた。これを皇朝十二銭という。七一一（和銅4）年の蓄銭叙位令にうかがわれるように、当初はあまり流通しなかったが、平安時代の後期頃からは銭貨の需要などがたかまり、中国・朝鮮・安南などの銭貨が大量に移入されるようになった。中国銭をはじめとする渡来銭の私鋳もさかんであった。室町時代末期頃からは金・銀が貨幣の対象となり、上杉・武田・豊臣・徳川各氏などに金銀貨幣が生まれた。江戸時代に入って、幕府の金銀貨幣制が整い、大判・小判一分金・丁銀・豆板銀の五種の金銀貨ができた。銅銭の流通量はおびただしく、渡来銭が使用されたが、一六三六（寛永13）年から寛永通宝が鋳造され、ようやく統一の方向をたどった。そして七〇（寛文10）年には寛永銭以外の銭貨は通用停止となった。明治政府は一八七一（明治4）年に新貨条例を公布して、円・銭・厘の十進法による貨幣制を採用した。八〇（同13）年から新旧紙幣の整理に着手し、八五（同18）年には日本銀行兌換券を発行、九七（同30）年には金本位制の貨幣法をさだめた。

〔**参考文献**〕小葉田淳『日本の貨幣』（至文堂昭33）。滝沢武雄『日本の貨幣の歴史』（吉川弘文館平8）。

（**上田正昭**）

かぼといせき〔河姆渡遺跡〕 中国浙江省余姚市河姆渡鎮にある新石器時代遺跡。この遺跡を標準遺跡として河姆渡文化が設定された。放射性炭素測定年代にもとづけば、紀元前五〇〇〇年頃から紀元前三〇〇〇年頃まで断続的に営まれたと考えられる。遺物包含層の厚さはおよそ四mあり、第四層から第一層まで大きく四つの文化層に分けられている。遺構としては第四層の木造高床住居が著名である。少なくとも三棟からなり、いずれもいわゆるロングハウス式である。うち一棟は奥行が七mで長さが二三m以上ある。第二層では木組みの井戸が検出されているが、これは中国最古の事例である。また、第三～第一層では墓地が発掘され、人骨とともに若干の副葬品が出土している。人工遺物には土器、石器、骨角器、木器などがある。また、大量の自然遺物が出土している。遺物包含層の大部分が地下水位下に埋蔵されていたため、有機質遺物の保存状態はきわめて良好である。土器は下位の文化層では植物体を混和材として用いる黒色土器が卓越するが、時期が降るとともに砂を混和材とする灰色土器や赤色土器へと移り変わっていく。器種のバラエティーは豊富であるが、各期を通じて最も代表的なものは煮炊器の「釜」と貯蔵器の「罐」である。石器の主体を占めるのは両刃・片刃の石斧類である。その製作技術は時期を追って粗雑なものから精緻なものへと変化している。骨角器の数量はとくに第四、第三層で多く、鋤先、鏃、針、錐、笛などからなる。木器の大部分は第四層出土で、鋤、櫂、杵、杓子などのほか世界最古とされる織機部品もある。その他の人工遺物としては植物製の編み物や縄、瑪瑙製の玦状耳飾、土偶などが注目される。自然遺物のうち動物遺存体としては四七種が同定されており、当時狩猟や漁撈が盛んに行われていたことをうかがわせる。植物遺存体としては菱や堅果類のほか大量の稲が検出されており、その大部分は栽培種であったと鑑定されている。

河姆渡遺跡の発見によって、華北黄河流域の仰韶文化から竜山文化へ、さらに他地域へと新石器定住農耕文化が伝播拡大していったという従来の一元的発展論は決定的に否定されることになった。

〔**参考文献**〕浙江省文物考古研究所『河姆渡―新石器時代遺址考古発掘報告』（文物出版社二〇〇三）。

（**中村慎一**）

かまくら〔鎌倉〕 現神奈川県鎌倉市。すでに『万葉集』にその名がみえ、「正倉院文書」『和名抄』にも相模国鎌倉部鎌倉郷の記載がある。三浦半島基部の相模湾に位置し房総半島へも通じる交通の要衝で、中世には日本を代表する都市となった。

（**高橋誠一**）

かまたりでん〔鎌足伝〕 ⇩家伝

かまど〔竈〕 民俗例では、屋内で食物の煮炊きに用いられる施設として炉と竈がある。炉は居間の床を方形に穿って作られ、イロリ・ヒドコ・ヒジロなど多くの名称がある。暖房・照明も兼ね、家族の着座も規定されて家庭生活の中心をなした。竈はクド・ヘッツイともいわれ、土間にあって炊事専用に用いられたが、これは熱効率がよく、燃料の消費が大きいため、暖房・照明には不適であった。原始・古代の考古資料では、竪穴住居の壁から離れた中央近くの床面を穿ってつくられた火所を炉、竪穴住居の壁に粘土や石材を用いてつくり付けられた火所を竈とよび分けている。縄文時代・弥生時代の竪穴住居にはもっぱら炉が設けられ、古墳時代のある時期から竈が出現する。古墳時代～平安時代頃の竈は一般に、前面には燃料を挿入する焚き口を設け、燃焼部は少し掘り下げ、そこに甕等の底部を支える土製や自然石による支脚をおく例がある。屋外に通じる煙道部を設けている。それまでの炉に比べて数段の熱効率のよさがうかがえる。煙道を竈本体からすぐ主軸方向の屋外に出さず、壁に沿ってL字型に屈曲させる形式のものが近畿と北部九州を中心に分布する。屋内の長い煙道は暖房の効果が高く、東北アジアを中心に分布する暖房施設・炕に通じるものがある。「正倉院文書」や「延喜式」などの文献資料に「辛竈肆具」「韓竈一具」などの用語が散見され、釜・甑もセットとして用いられる。その材料を示すのに「土師」「土師物」とあることから、考古資料として出土する「土師製カマド」「竈形土器」をさすものとみられ、甕・釜・甑も伴出する。文献では宮廷や神社・寺院の祭具として用いられる。出土例も古墳時代後期～鎌倉時代の集落の非日常的祭具あるいは都城や祭祀遺跡の祭具として用いられた状況を示し、滋賀県大津市穴太遺跡の六世紀末～七世紀初頭の渡来人集落では特殊な礎石建ち建物内部から実用品が出土し、渡来系祭祀の祭具としての性格がうかがえる。類似形態の土器は朝鮮半島でも出土している。横穴式石室から出土する明器・ミニチュアカマドセット（竈・甕・釜・甑）は渡来系集団の墳墓の指標となるもので、それを副葬する古墳は近畿地方を中心に分布するが、近江南西部・大和平野南部・河内の石川右岸はとくに集中している。

（**林博通**）

かまどがみ〔竈神〕 家屋の火所に祀られる神。人間の生命を保持する食物を炊事できる火が神聖化されたためである。『古事記』に奥津比売命を竈神とされている。『続日本紀』天平三（七三一）年条に、内膳司に庭火御竈神が常に祀られるように

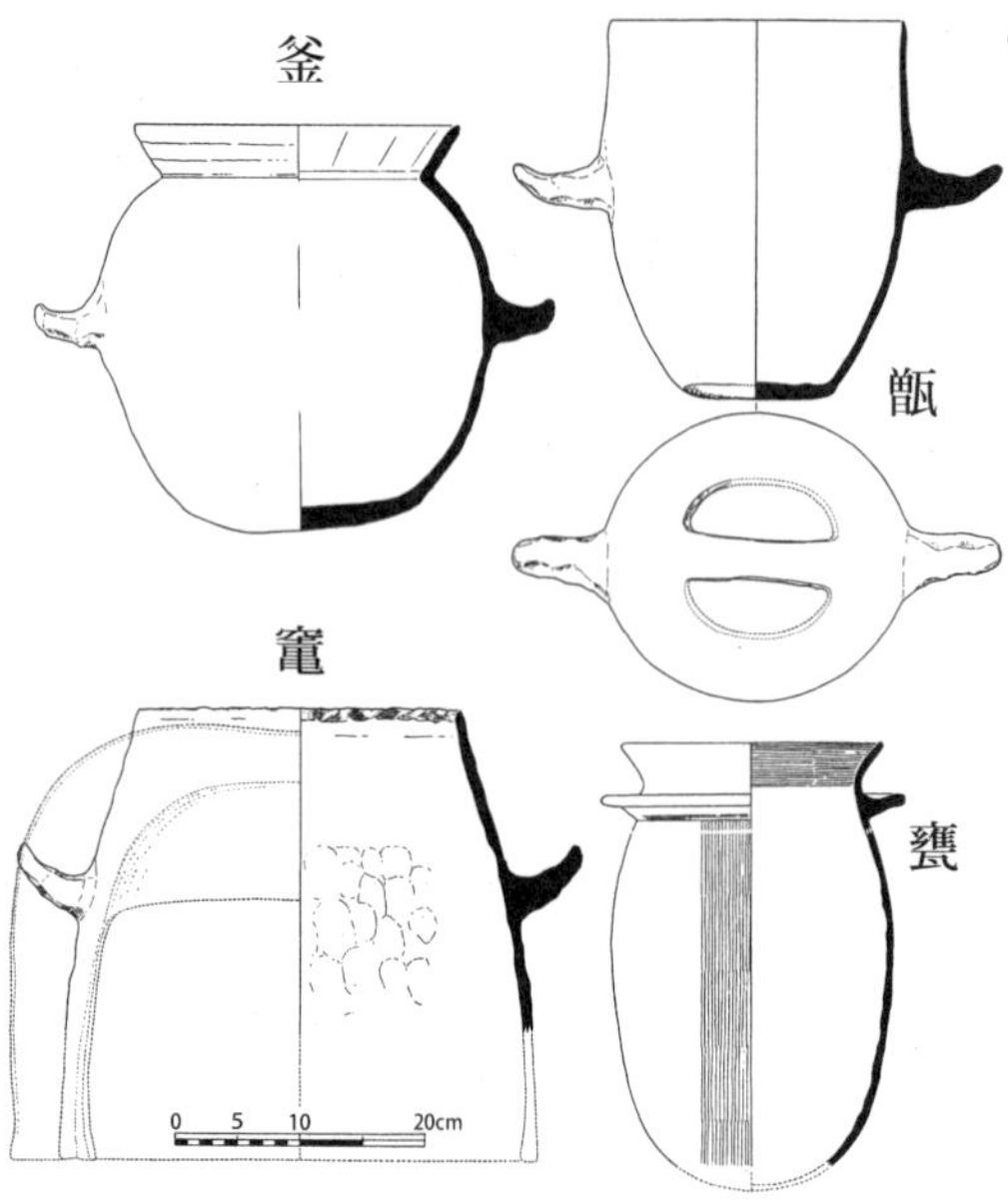

土師製カマドセット
実用品
難波宮跡、下層遺跡出土、７世紀初頭頃

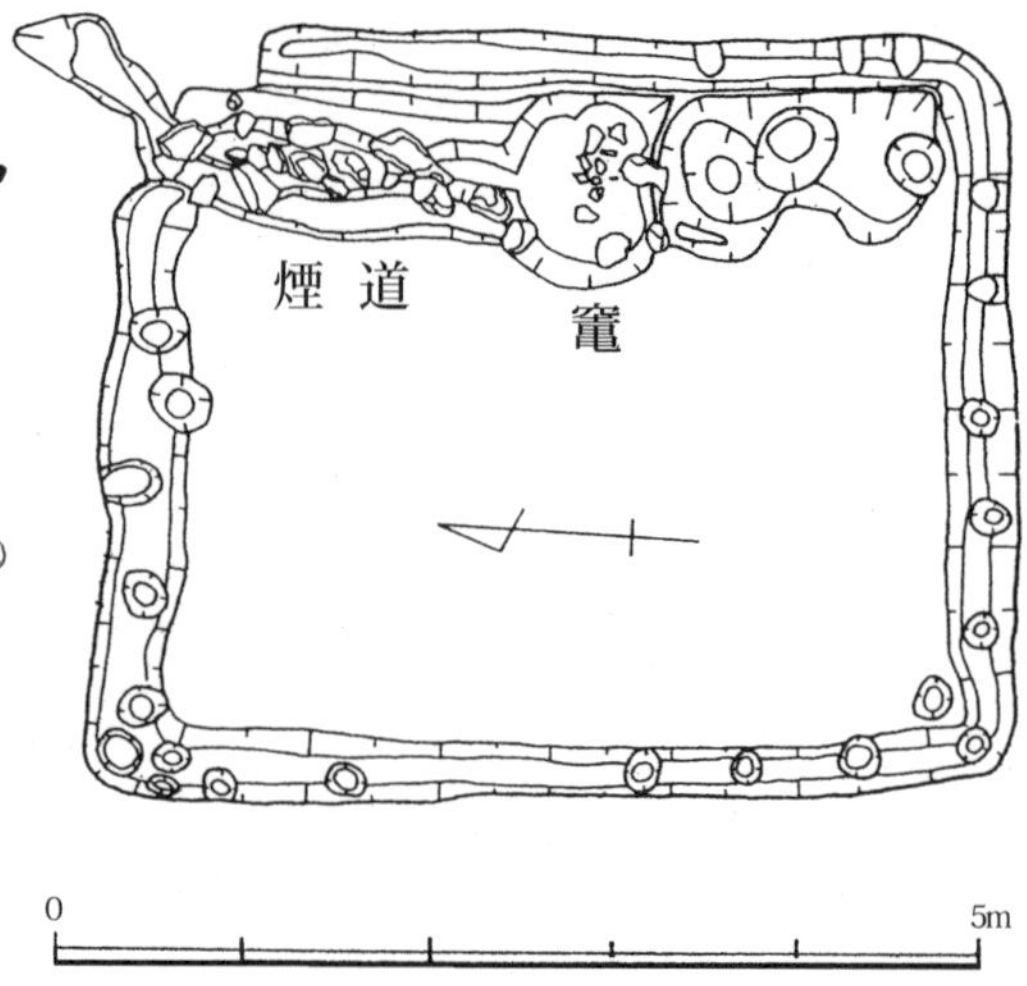

L字型カマド
滋賀県日野町野田道遺跡、８世紀初頭

なったとある。

（芳井敬郎）

かまどづか［窯塚］　土壙内に、丸太のような木材で骨組みをつくり、その上にスサを混ぜた壁土を塗って、平面長方形の墓室とする。普通、南側に入口を設け、墓室内部に木棺などを埋葬した後、火をつけて焼成する。六世紀後半の近畿地方を中心に数ヵ所で調査された側がある。焼成後はそのまま放置しているので、仏法にのっとった、骨上げをともない、遺骨を蔵骨器におさめる火葬とは区別すべきであろう。窯葬墓・竈墓ともよばれる。現在のところ、日本以外では見つかっていない。

（西谷正）

かみ［紙］　植物の繊維を薄く漉いて乾燥させたもの。書画や包装に用いる。推古朝に渡来した高句麗僧曇徴がよく紙墨をつくったという。奈良時代には写経事業用に各種の紙が大量につくられたことが正倉院文書にみえ、また戸籍計帳などの用に全国で紙が漉かれるようになった。原料には穀（カジまたはコウゾ）、麻（アサ、カラムシ）、斐（ガンピ）などが用いられた。奈良～平安初期には繊維を切断してから舂き、細かい繊維にしたものを溜め漉きしていたが、平安時代には繊維を長いまま使い、「ねり」（粘り）を加えて繊維を分散させた紙料液を用いる流し漉きが行われ、薄くて均一な紙を大量につくることができるようになった。平安時代の朝廷で使用される紙は紙屋院でつくられたが、一一世紀には陸奥国から陸奥紙（檀紙）が産出され、厚手で上質な紙として賞翫された。いっぽう紙屋院の紙は院政期には粗悪な宿紙の代名詞となった。平安末期からは播磨椙原荘で生産された杉原紙も上質な紙として登場した。

［参考文献］寿岳文章『日本の紙』（吉川弘文館昭42）。久米康生『和紙文化誌』（毎日コミュニケーションズ平2）。園田直子「素材としての和紙に関する基礎的研究」『国立歴史民俗博物館研究報告　第五七集』（平6）。

（勝田至）

かみ［神］　原初的な威霊をはじめ世にすぐれたかしこきもの。「かみ」には霊威神・祖先神・職業神・常世神・渡来神・怨霊神・疫神などさまざまな「かみ」がある。本居宣長が、日本の神について「古御典等に見えたる天地の諸の神たちを始めて、其を祀れる社に坐す御霊をも申し、又人はさらに云ず、鳥獣木草のたぐい海山など其余付にまれ、尋常ならずすぐれたる徳のありて、可畏き物を迦微とは云なり」と『古事記伝』に述べているのが注目される。そしてさらに「すぐれたるとは尊きこと、善きこと、功しきことなどの優れたるのみを云に非ず、悪きもの奇しきものなども、よにすぐれて可畏きをば神と云なり」と記しているのは卓見である。古典にみえる「祖神」には、例えば『古事記』が綿津見神（海神）を「阿曇連らの祖神」と書くように、職業のつながりによる神もあった。血縁的意識にもとづく祖先神のみが「祖神」ではない。「かみ」観念にも歴史的推移があって多様である。

［参考文献］上田正昭「神々の実相」『古代伝承史の研究』（塙書房平3）。

（上田正昭）

かみいせき［加美遺跡］　大阪市平野区加美東町一帯に所在する加美遺跡は旧大和川水系の河川が形成した沖積低地上に位置している。遺跡の範囲は東西九〇〇m、南北一二〇〇mあり、東接する八尾市の久宝寺遺跡とは一連の遺跡である。一九七六（昭和51）年に実施された加美東小学校の調査は、庄内式土器や畿内第Ⅴ様式系の土器をともなう竪穴住居や井戸をはじめ、鉄剣形の銅剣や銅鏃が出土した溝が検出されて、本遺跡が弥生時代後期末から古墳時代前期の集落跡であることが最初に確認された調査である。加美東六丁目で、一九八三（昭和58）年～八四

（同59）年に中小規模工場団地の建設にともなって行われた調査では、弥生時代中期後半の墳丘墓二基、弥生時代後期末から古墳時代前期の竪穴住居二五棟、井戸二〇、大小の土壙群、溝群、突出部を設けた方形周溝墓および円形周溝墓各一基を含む総数四三基の方形周溝墓、木棺墓一二基、土器棺墓九基、方墳三基が検出され、前方後円墳出現期の集落やその墓域が明らかにされた。近年、遺跡の北部で市営住宅の建て替えなどにともなって行われた調査では、弥生時代中期中葉の方形周溝墓、弥生時代後期末から古墳時代前期の水田址が検出されたほか、古墳時代前期の流路から木製農具や直弧文が刻まれた船の舷側板が出土した。このほか、奈良時代の掘建柱建物群や同時代の流路より墨書人面土器や絵馬、和同開珎、馬骨など祭祀に関わる遺物も出土している。本遺跡は弥生時代中期以来の複合遺跡であり、多岐にわたる遺構や遺物が出土しているが、なかでも弥生時代中期後半のY一号墳丘墓は墳丘の規模が東西一四m、南北二五m、高さが最大三mもあって特筆される。墓の中心にある二重の組み合わせ式木棺に地域を統括した共同体首長であろう遺骸が埋葬されていたほか、周溝内から多量の穿孔や打ち欠きのみられる土器、火にかけられた木器類が出土しており、当時の埋葬や葬送儀礼の様子を究明するうえで注目されている。

［参考文献］田中清美「大阪府加美遺跡」『探訪弥生の遺跡　畿内東日本編』（有斐閣平1）。（田中清美）

かみうた［神歌］　平安後期の歌謡の一種。巫女や傀儡子が歌い、貴族も神社参拝のおり奉納した。『江家次第』によればテンポは遅いものだった。『梁塵秘抄』巻二には四句神歌二〇四首と二句神歌一二一首がおさめられているが、神仏や霊験所、修行者を歌ったもののほか、雑として庶民の感興や巫女、傀儡子、遊女、博打、諸職人の生態を活写する歌や童謡があり、『今昔物語集』本朝世俗部を思わせる。（勝田至）

かみがもじんじゃ［上賀茂神社］　⇨賀茂別雷神社

かみくろいわいわかげいせき［上黒岩岩陰遺跡］　愛媛県上美川村上黒岩（現久万高原町）で、海抜三九九mの仁淀川上流久万川河床面より比高約一〇mの右岸、約二〇mの屏風状に切り立った石灰岩壁の岩陰部に位置する上黒岩の遺跡。発掘調査は六一（昭和36）年～七〇（昭和45）年一一月の最終調査を前後五次にわたって実施された。遺物は第九層から細隆線文土器（上黒岩Ⅰ式）緑泥片岩製の線刻人物像、多量の尖頭器（有舌・木葉状・杏仁状）・石錐・掻器・局部磨製石斧などを出土。

［参考文献］「愛媛県上黒岩岩陰遺跡第四次調査速報」（考古学ジャーナル(37)昭44）。（森光晴）

かみさむらいづかこふん［上侍塚古墳］　栃木県湯津上村（現大田原市）の那珂川右岸の段丘上に南面して築造された古墳時代前期の前方後方墳。全長一一四mで、近くには下侍塚古墳も現存する。一六九二（元禄5）年徳川光圀によって発掘調査が行われ、鏡、石釧、刀鉾、甲、鏃、土師器などが出土している。光圀は当時発見された那須国造碑の銘文を読んで、国造名を明らかにすることを目的に発掘調査を実施したが、墓誌が発見されなかったので、出土品を再埋納させ、上・下両侍塚古墳と国造碑の保存を命じ、今日に至っている。

［参考文献］斎藤忠・大和久震平『那須国造碑・侍塚古墳の研究』（吉川弘文館昭61）。（茂木雅博）

かみつけのし［上毛野氏］　上野国を中心とした有力氏族。崇神天皇の皇子豊城入彦命の後裔とする。姓は君。六八四（天武13）年に朝臣を賜った。同氏の伝承の特質として、仁徳紀の田道や舒明紀の形名の征夷記事、神功紀の荒田別・仁徳紀の竹葉瀬の新羅征討など軍事関係が多い。安閑紀の武蔵国造の争いの時、小杵が上毛野君小熊に救援を求めた記事も有名。大化以後も中央官人として活躍するものが多く、八世紀に入っても蝦夷地経略という同氏の伝統的活動の姿が看取される。しかし七二〇（養老4）年に広人が蝦夷の叛乱にあって殺害され、七二九（天平元）年には長屋王の変に宿奈麻呂が連座する記事がみえる。その後七五〇（天平勝宝2）年に上毛野君姓を賜った田辺史氏の異系が中核的位置を占める。平安時代には、近衛府の下級官人・舎人の職に世襲的につくものが多くみられるが、これは八世紀末以来、宮廷武官として台頭した東国在地首長層の系譜をひくものといわれる。

［参考文献］佐伯有清『新撰姓氏録の研究　研究篇』（吉川弘文館昭38）。志田諄一『古代氏族の性格と伝承』（雄山閣出版昭46）。（大川原竜一）

かみつみち・なかつみち・しもつみち［上ツ道・中ツ道・下ツ道］　奈良盆地を南北に縦走する古道。等間隔で（間隔は四里。一里は五三〇m）、方位は、ほぼ真南北。上・中・下ッ道については、古代・中世の史資料や荘園絵図に散見し、いずれも今なお生活道路として機能している。三道の歴史的意義が再認識されたのは、一九六六（昭和41）年一二月～六九（同44）年に、奈良県教育委員会が行った藤原宮跡の発掘調査に際してであった。歴史部門の指導委員であった岸俊男は、藤原宮の範囲を想定するとともに、上・中・下ッ道や横大路・阿倍山田道といった大和の古道にもとづいて藤原京の京域を復原、さらに平城京との関連をも指摘した。岸のこの創見は、日本古代の都城制研究に大きな影響を与えた。

上・中・下ッ道については、『日本書紀』巻二八の壬申の乱の記述中に次の記事がみえる。大海人皇子（後の天武天皇）に味方して挙兵した大伴連吹負らは、飛鳥古京を制圧した後、乃楽（奈良）山へ進軍した。その途次、稗田（大和郡山市稗田町）で軍勢を分かち、龍田・大坂・石手道を守らせた。稗田は下ッ道沿いにあり、下ッ道の存在を確認できる。また将軍吹負が金綱井（橿原市小綱町に比定。横大路に沿った所）に本営をおいた際、奈良山を超えて大和に侵入した近江朝廷軍に対し、吹負は軍勢を分って「上中下道」に充て、自らは「中道」にあたり、「中道」をとって村屋に進軍した近江の将犬養連五十君軍と対峙した。「上中下道」は上ッ道・中ッ道・下ッ道を、「中道」は「中ッ道」をさす。村屋は奈良県磯城郡田原本町蔵堂の地で、今も式内村屋神社の社殿が中ッ道上に鎮座している。壬申の乱当時、上・中・下ッ道はすでに存在していたから、三道の敷設時期はさらにさかのぼる。その時期を直接に示す史料はないが、斉明朝に飛鳥で大土木工事が行われたから、それと関連させるのが最も説得力をもつと思われる。斉明朝の飛鳥では、後飛鳥岡本宮が造営され、また宮の東の山に石垣を築くため、香具山の西から宮の東の山の山裾まで狂心の渠を掘削するなど、大土木工事があいついだ。三道を等間隔に敷設した背景には、軍事的な目的も想定できるかもしれない。そのほか大量の物資の運搬や、人夫として徴用された多数の人々が各地から飛鳥への往来に利用する交通路として、三道が敷設されたとみるのが妥当と考えられる。

岸俊男による大和の古道の復原案では、中ッ道は、平城京東南隅の五徳池付近から飛鳥の橘寺東門までとされているが、現状では横大路までが残っている。想定案では、香具山の頂上付近を通ることや、飛鳥の石神遺跡で中ッ道が検出されなかったこともあって、近年では中ッ道は横大路以南には存在しないとする説が有力化していた。しかし二〇〇三（平成15）年に横大路からやや南の出合遺跡（橿原市出合町）で、藤原京の朱雀大路に匹敵する道幅をもつ中ッ道が検出され、少なくとも横大路から香具山にいたる地域には存在していたと推定できるようになった。平城遷都に際し、元明天皇は中ッ道をとり、長屋の原（天理市永原町から西井戸堂町にかけての一帯）から平城宮にいたっている（『万葉集』巻一―七八）。

奈良時代になると、下ッ道は平城京内では道幅を拡幅して朱雀大路とされ、また羅城門から南では添上郡と添下郡の郡界とされるなど、奈良盆地全域における条里施行の南北基準線とされた。下ッ道は見瀬丸山古墳に取り付き、紀路（『万葉集』巻四―五四三～五四五）に接続したから、南海道としても機能した。下ッ道は発掘調査により、平城宮朱雀門の下層、稗田遺跡、藤原京の右京五条四坊・同九条四坊（条坊呼称は岸俊男説による）などで、路面や東西側溝が検出されている。平城宮朱雀門下層の下ッ道の側溝から、藤原京時代の過所木簡が出土して注目された。また稗田遺跡では、下ッ道が川（東北から西南に流れる人工河川）に突き当たる箇所で、巨大な橋杭を用いた二時期の橋が検出され、橋杭の近くから木簡や簀巻きにされた人骨などが出土した。木簡の記載内容から、この橋の守衛に衛士が充てられていたことが判明している。藤原京で検出された下ッ道の側溝出土遺物からみると、平安前期まで下ッ道は機能していたらしい。また中ッ道が接続していた平城京左京三坊大路の側溝から、平安初めの告知札や物忌札が出土している。告知札の一つは、「山辺郡長屋井門村」（天理市西井戸堂町付近）から盗まれた「班牡牛一頭」の所在を尋ねるもので、平城京左京三坊大路を経由して中ッ道と結ばれていたことをよく示している。奈良時代には、上・中・下ッ道に沿って国府や郡衙が所在したと考えられるが、まだ確認されていない。

〔**参考文献**〕奈良県教育委員会『藤原京』（昭44）。岸俊男「古道の歴史」（坪井清足・岸俊男編『古代の日本5 近畿』（角川書店昭45）。上田正昭編『探訪古代の道』Ⅰ（法蔵館昭63）。

（**和田萃**）

かみつみちし〔**上道氏**〕 吉備氏の一支族。備前国上道郡（岡山県岡山市東部）を本拠とする。姓は臣。『古事記』に孝霊天皇皇子大吉備津日子命の裔とある。『日本書紀』には御友別の中子仲彦を始祖とする伝承を載せる。上道氏の所伝は雄略紀の吉備上道臣田狭、清寧即位前紀の吉備上道臣の後、途絶えるが、『続日本紀』に上道臣斐太都の活躍が伝えられる。斐太都は橘奈良麻呂の乱鎮圧の功によって朝臣姓を賜り、このときより上道朝臣氏となる。なお八世紀には無姓の上道氏が存在していた。

（**大川原竜一**）

かみつみちのひたつ〔**上道斐太都**〕 ?～767 備前国上道郡（現岡山市上道町を中心とする地域）を本貫とする国造。本姓は臣、のち朝臣。中衛舎人在任中の七五七（天平宝字元）年、橘奈良麻呂の乱を密告した功により従四位下中衛少将となる。極位は従四位下。

（**関口力**）

かみむすひのかみ〔**神皇産霊神**〕 『記』『紀』神話の神。『古事記』の冒頭でアメノミナカヌシ神、タカミムスヒ神とともに高天原に出現する造化三神の一柱。その神話は『古事記』にのみみえ、スサノオの殺害したオオゲツヒメの死体から化成した五穀の種を掌握し、兄神に殺害されたオオナムチを蘇生させ、また同神と国作りをしたスクナヒコナの御祖とされる。出雲神話のなかで活躍するが出雲の神ではなく、宮中の御巫の奉斎する八神のなかでタカミムスヒとともに祭られており、王権最高神に準ずる扱いをうけている。

（**菊地照夫**）

かみやいん〔**紙屋院**〕 図書寮付属の官用の造紙所。そこには造紙手らがいて布・穀皮・斐皮などを原料として造った紙（紙屋紙）を内蔵寮に納入し、そこから諸司に分配された。平安時代は野宮の東に所在。北野神社の西側を流れる紙屋川はこれにちなむ。

（**朧谷寿**）

かみやがみ〔**紙屋紙**〕 ⇩紙屋院

かみよどはいじあと〔**上淀廃寺跡**〕 鳥取県米子市に所在する白鳳寺院。一九九〇（平成2）年度からの発掘調査により、三塔一金堂からなる特異な伽藍配置（北塔は心礎のみ確認）が明らかになった。出土した紀年銘瓦などから、七世紀末の創建と考えられる。一〇世紀前後に焼失した金堂周辺の焼土層から彩色壁画・塑像片が多量に発見されたことで、白鳳寺院の堂内荘厳を発掘資料から復原しうる遺跡として注目されている。後背丘陵上には、寺院建立氏族の居館と推定される建物の遺構群が確認されている。国指定史跡。

〔**参考文献**〕淀江町教育委員会『上淀廃寺跡』（平7）。

（**中原斉**）

かむやいみみのみこと〔**神八井耳命**〕 神武天皇の第二子。神武天皇崩後、長子で庶兄の手研耳命が反逆を企てた際、弟の神渟名川耳尊（後の綏靖天皇）が手研耳命を射殺したことに感服し、弟を王位に即け、みずからはその輔として天祇奉典にあたった。

（**小野里了一**）

かむよごと〔**神賀詞**〕 ⇩賀詞／寿詞

かむろきのみこと・かむろみのみこと〔**神漏伎命・神漏弥命**〕 祝詞にみえる男女一対の皇祖神。「高天原に神留り坐す、皇睦神漏伎命・神漏弥命を以ちて…」という定型句のなかにみられる。カムは神、ロは状態を表す接尾語、キ・ミはイザナキ・イザナミのごとくそれぞれ男・女を表し「神の男」「神の女」の意。「延喜式」では祈年祭、月次祭、大殿祭、大祓、鎮火祭、大嘗祭、鎮御魂斎戸祭、遷却祟神祭の祝詞にみえる。『古語拾遺』は神漏伎をタカミムスヒ、神漏弥をカミムスヒにあてる。 （菊地照夫）

かめがおかいせき［亀ヶ岡遺跡］ 青森県西津軽郡木造町(現つがる市)館岡字亀ヶ岡に所在し、津軽半島の南北にのびる古砂丘のひとつ、亀山丘陵と東側低地に位置する集落跡。津軽藩の『永禄日記』一六二三（元和9）年の記述があり、早くから周知されていた。縄文時代晩期亀ヶ岡式土器の標式遺跡である。一八八九（明治22）年の若林勝邦の発掘に始まり、中空土偶、彩文土器、骨角器など多様な遺物が出土している。一九七三（昭和48）、八一（同56）、八二（同57）年の青森県の調査によって丘陵上に多数の土壙群、低湿地で藍胎漆器、櫛、撚紐、モミなどの植物遺体、ガラス玉などが出土する包含層が確認されている。

［**参考文献**］清水潤三編『亀ヶ岡遺蹟』（三田史学会昭34）。鈴木克彦編『亀ヶ岡石器時代遺跡』（青森県立郷土館昭59）。 （早瀬亮介）

かめがおかしきどき［亀ヶ岡式土器］ 東北地方縄文時代晩期の土器型式。江戸初期から亀ヶ岡遺跡で出土する精巧で華麗な土器として知られ、明治期に東北地方に広く分布することが明らかにされた。一九三〇（昭和5）年に山内清男が大船渡市大洞貝塚出土資料で亀ヶ岡式土器の変遷を捉え、大洞B・BC・C1・C2・A・A'式の六型式を呈示した。器種には粗製深鉢、装飾付き鉢、浅鉢、高坏、壺、注口土器、香炉形土器などがある。入組み三叉文、渦巻文、羊歯状文、雲形文、工字文、変形工字文など多様な装飾がみられる。

［**参考文献**］山内清男「所謂亀ヶ岡式土器の分布と縄紋式土器の終末」『考古学』一-三（東京考古学会昭5）。 （早瀬亮介）

かめかん［甕棺］ 土器でつくった棺のなかでも弥生時代の九州北部にみられる、埋葬専用につくられた大形の土器棺をさす。紀元前五世紀頃の長い胴部をもつ壺が祖型である。当初は頸が細かったため、成人の遺体を納めることができなかったが、しだいに頸が太く、胴が膨らんで甕の形に近づき、紀元前二世紀の前半には甕棺として完成する。高さは六〇㎝から一mを超えるものまである。筑前・筑後・肥前・肥後を中心に分布し、北は壱岐、東は大分県日田、南は薩摩半島、西は長崎県五島列島まで点在する。

朝鮮半島・中国製の青銅器や鉄器、南海産大型貝輪、玉などの宝器が副葬されていることから注目を集め、弥生時代の首長の棺として知られるようになった。紀元前一世紀後半に最盛期を迎えたあと、まず奴国の中心である春日丘陵で衰退しはじめ、伊都国に比定されている旧糸島郡内、筑後、佐賀などに分布が縮小する。しかし伊都国では二世紀頃まで王の棺としてその位置を保ち続けたことが知られている。

［**参考文献**］藤尾慎一郎「九州の甕棺」『国立歴史民俗博物館研究報告』（26）（二八昭63）。 （藤尾慎一郎）

かも［賀茂］ 三河、伊豆、美濃、佐渡、播磨、安芸各国の郡名、また山城国愛宕郡や相楽郡はじめ全国各地にある郷名。古代の賀茂氏が居住した地域に残る地名と推定される。『山城国風土記』によると、賀茂氏の遠祖である賀茂建角身命は、初めは日向の曾の峰に降臨し、大和の葛城山をへて、山城南部の岡田賀茂に移り、さらに北部の久我国の北の山の基に移り定まって、賀茂と名付けたとある。このように賀茂建角身命の移動の伝承地に賀茂の地名や神社が残る。 （高橋美久二）

かもいなりやまこふん［鴨稲荷山古墳］ 滋賀県高島市宿鴨にある、六世紀前半の古墳。墳丘の封土を失っているが、周濠をもつ全長四五mの二段築成の前方後円墳で、墳丘には葺石や埴輪があったと推定される。後円部に横穴式石室があり、二上山の白色凝灰岩製の刳抜式家形石棺をおさめている。石棺の外側にはベンガラ、内側には朱が塗られ、棺内から金銅製冠・沓・魚佩・金製耳飾・鏡・玉類・環頭大刀・鹿角装大刀・刀子・鉄斧など、棺外から馬具・須恵器などが出土した。滋賀県指定史跡。

［**参考文献**］濱田耕作・梅原末治『近江国高島郡水尾村の古墳』（京都帝国大学文学部考古学研究報告第八冊昭12）。 （兼康保明）

かもいわくらいせき［加茂岩倉遺跡］ 島根県雲南市加茂町大字岩倉にある弥生時代の青銅器埋納遺跡。近くには多数の銅剣・銅矛・銅鐸が出土した荒神谷遺跡や景初三年銘の三角縁神獣鏡が出土した神原神社古墳がある。一九九六（平成8）年、農道建設工事中に急峻な山の斜面から銅鐸が出土。埋納坑のほとんどはすでに破壊されていたが、以後の発掘調査で鰭を立てた状態でおかれた入れ子状態の二組四個の銅鐸を発見。最終的に全国最多の三九個の銅鐸を確認するとともに、五組一〇個の埋納状態を復元できた。遺構は残存状況から長さ二m、幅一m程度の方形の埋納坑が推定される。また、埋納坑の西側二mにも同形態の土坑が発見されたが、銅鐸は発見されていない。出土した銅鐸は、器高三〇～三二㎝の小型品（一九個）と、四三～四七㎝の大型品（二〇個）があり、一五組三〇個の入れ子関係が判明している。型式的には新旧二群あり、小型品はすべて古段階の外縁付き鈕1式四区袈裟襷文銅鐸。大型品は古段階の外縁付鈕2式（一一個）と新段階

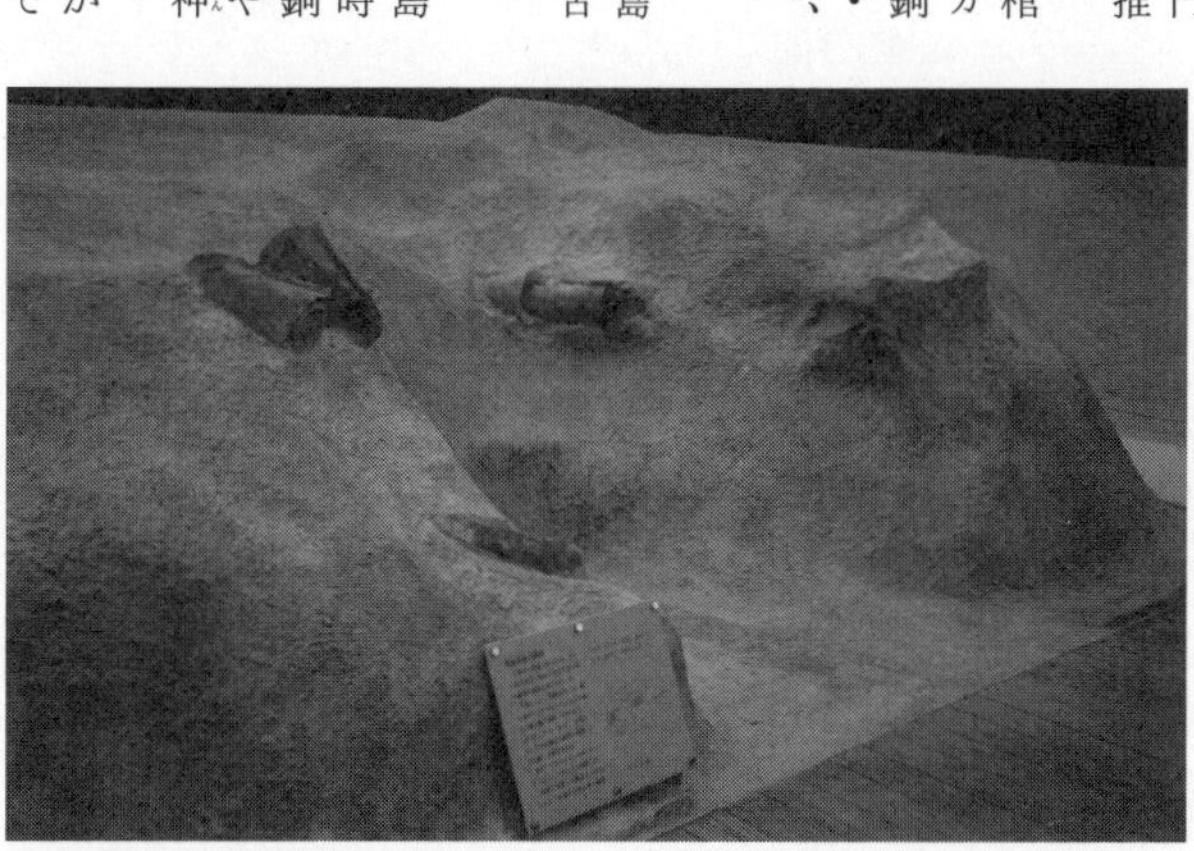

加茂岩倉遺跡（整備後）

の扁平鈕2式（九個）に分かれるが、前者のうち15・28号は扁平鈕1式、後者のうち18・23・35号は突線付き鈕1式にくだる可能性もある。鐸身文様は外縁付鈕2式が二区または三区横型流水文と四区袈裟襷文。扁平鈕2式はすべて四区ないし六区袈裟襷文である。扁平鈕2式には内区にトンボや鹿・猪・犬・四頭渦文、鈕のみに人面や海亀の絵画をほどこすものがあり、これまでの畿内型絵画銅鐸にない特徴をもつことから出雲産の可能性が高い。同笵銅鐸は一五組二六個、他地域の同笵品をふくめると四〇個に達し、他に例をみない。また一つの鋳型から最大六個製作していることも判明した。そのほか、鈕菱環部に×印の刻印をほどこすもの、鰭に一対の飾り耳を有するものなどがある。埋納時期は弥生時代中期後葉から後期。この遺跡は、地理的関係や×印の共通性から荒神谷遺跡と密接に関係し、荒神谷遺跡ともども古代出雲における重要な位置を占めていたと考えられ、弥生時代の青銅器祭祀や社会情勢を考察するうえできわめて重要な遺跡である。国指定史跡。出土銅鐸は一括して国の重要文化財。

加茂岩倉遺跡出土銅鐸
写真提供：島根県教育委員会

［参考文献］ 角田徳幸・山崎修編『加茂岩倉遺跡』（島根県教育委員会・加茂町教育委員会平14）。 **（足立克己）**

がもうの［蒲生野］ 『日本書紀』や『万葉集』に記載され、六六八（天智7）年五月五日、天智・大海人・額田王をはじめ近江朝の官人・貴族たちがこぞって縦猟にでかけた地として知られる。滋賀県蒲生郡日野町・蒲生町・八日市市・安土町・近江八幡市にまたがる広大な原野であったとみられる。雄略天皇が政敵、市辺押磐皇子を暗殺した狩場も、天智天皇が六七〇年、宮地を視察した「匱迮野」も、八〇三（延暦22）年、桓武天皇が行宮をつくらせて一〇日間程滞在したのもこの一画とみられる。 **（林博通）**

かも［賀茂氏］ 古代には二系の賀茂氏がみえる。一つは『新撰姓氏録』大和神別の賀茂朝臣で、大神朝臣と同祖、大国主神の後裔とする。令制前代は君姓。大和葛城地域を本拠とし、葛上郡の鴨都波八重事代主命神社を奉斎した。平安時代には陰陽寮の職務を家職とする。もう一つは姓氏録山城国神別の賀茂（鴨）県主で、祖先の鴨建津之身は八咫烏となって神武天皇を先導したという。主殿寮の殿部を世襲する負名氏。本拠は山城国葛野郡。賀茂別雷神社・賀茂御祖神社とのゆかりが深い。 **（菊地照夫）**

かもじんじゃ［賀茂神社］ ⇩賀茂御祖神社、賀茂別雷神社

かもつはじんじゃ［鴨都波神社］ 大和国葛上郡の名神大社、鴨都波八重事代主命神社二座（『延喜式』神名帳）。葛木鴨社二座（延喜四時祭式）、鴨神社二座（延喜臨時祭式）ともみえ、「令義解」には、地祇として「葛木鴨」をあげる。高鴨神社に対して、下鴨神社とも称された。祭神二座のうち、八重事代主命は明らかであるが、他の一神は未詳。『先代旧事本紀』の地祇本紀に、「鴨都味歯八重事代主神」とみえることから、「都味歯」を弥都波能売の転訛とし、本社の傍らにあって古来神聖視されてきた井戸と結びつける説もある。境内とその周辺には、弥生中期～後期の拠点集落である鴨都波遺跡が広がっている。 **（和田萃）**

かものあがたぬし［賀茂（鴨）県主］ ⇩賀茂氏、賀茂御祖神社

かものくらべうま［賀茂競馬］ ⇩賀茂御祖神社

かものまつり［賀茂祭］ ⇩葵祭

かものみつよし［賀茂光栄］ 939～1015 平安時代中期の陰陽家。父は陰陽家として聞こえた保憲。安倍晴明とならび称された。父から継承した暦道に長じ、その子孫は暦博士を世襲。陰陽家として祓いや吉凶の卜占、また行事の日時選定などの陰陽判断にあたった。 **（井上満郎）**

かもみおやじんじゃ［賀茂御祖神社］ 京都市左京区下鴨泉川町に鎮座。賀茂建角身命とその子神の玉依媛命を主神とする。下鴨神社、下社とも称する。『山城国風土記』逸文によれば賀茂建身命が「大倭の葛木の山」から「山代の岡田の賀茂」、さらに大津川を遡り、「久我の国の北の山其」に鎮まるとの伝承を記す。また『同』逸文には五月の競馬の由来を欽明天皇の代とする記載がある。賀茂祭については六九八（文武天皇2）年に騎射を禁止し、七〇二（大宝2）年にも騎射を禁止したが、「当国の人」は例外として、さらに七一一（和銅4）年には「賀茂の神祭の日」に以後国司が毎年参加して検察したとする記事が『続日本紀』にみえる。七三八（天平10）年四月にも「賀茂の神祭の日」に「人馬の会集」を禁断しているが（『続日本紀』）、人馬が多数集まって「闘乱」の起こったことがその主たる理由と考えられる。その祭祀集団としては賀茂（鴨）県主が古くから奉仕したことは「下鴨系

図」などによっても確かめられる。八世紀のなかば（天平末年から天平勝宝二年の間）上社と下社とに分かれたとみなす説が有力だが、長岡京遷都のおりには賀茂大神に「遷都の由」が奉告されており、賀茂上下二社に神階従二位が贈られている。平安遷都以後はさらに篤く崇敬され、八〇七（大同2）年には正一位の神階に昇叙。賀茂祭は石清水八幡宮南祭に対して北祭と称された。賀茂祭は王朝文学にもしばしば描かれている。伊勢の斎宮の例に準じて斎院が設けられ、皇女を任命。糺の森は高野川と鴨川が合流するデルタ（三角州）の地帯にあり、かつては約四九五万㎢（約一五〇万坪）の原生林であったが、いまもなお約一三万四〇〇〇㎡（東京ドームの約三倍）あり、ケヤキ・ムク・エノキなど約一四〇種、樹齢二〇〇年から六〇〇年の樹林が約六〇〇本生い茂っている。京都の賀茂御祖神社（下鴨神社）と賀茂別雷神社は、全国に分布するカモ（賀茂・鴨・加茂）社約一二〇〇社の総本社として注目される。

〔参考文献〕井上光貞「カモ県主の研究」（『日本古代国家の研究』岩波書店昭40）座田司『賀茂社祭神考』（神道史学会昭47）賀茂御祖神社『下鴨神社と糺の森』（淡交社平15）。

（上田正昭）

かもわけいかずちじんじゃ［賀茂別雷神社］ 京都市北区上賀茂本山に鎮座、上賀茂神社としても知られる。式内名神大社。祭神である賀茂別雷命は、賀茂御祖神社の祭神である賀茂建角身命の女、玉依日売命が川上から流れ来た丹塗の矢を拾い身ごもり産れた。いったん、昇天ののち、父乙訓坐火雷神のもと賀茂の山麓に天降って外祖父に因んで「賀茂」の名を冠したと伝える。六七七（天武6）年、天武天皇が山背国に命じて社殿を造らせたとする。山背の葛野地方の豪族、賀茂県主の産土神にはじまり、奈良中期に下社が分祀されたと考えられている。六九八（文武天皇2）年三月をはじめとして、賀茂祭の日に群衆の騎射を禁止するなど賀茂祭への統制がみられるが、平安遷都後は王城鎮護の大社として崇敬される。七九四（延暦13）年には桓武天皇の行幸があり、八〇七（大同2）年には正一位に叙せられ、八一〇（弘仁元）年には有智子内親王を初代として斎院制が設けられた。一一世紀、二十二社の制の上七社に列し祈年穀奉幣に預かった。本殿および権殿は、下社の本殿と同じく、同形・同大の流造の典型でともに国宝、一八六四（元治元）年の造替。

（堀越光信）

かもんのりょう／かもんりょう［掃部寮］ 令外官の一つ。八二〇（弘仁11）年、大蔵省被管の掃部司と宮内省被管の内掃部司を併せて成立した。宮内省に所属。朝廷における儀式の際の設営や宮内の清掃などをつかさどった。頭・助・允・大少属一人のほか、伴部の掃部四〇人が所属した。

（荊木美行）

かや［加耶］ 朝鮮半島南部にあった諸国の汎称。三韓のひとつ弁韓がおよそ四世紀になって転化したものとみられが、もう少し広い範囲を想定する意見もある。具体的には、慶尚南道を中心とする地域とみる立場と慶尚北道にまで広げて考えようという立場がある。『日本書紀』は加羅、『三国史記』は多く加耶と表記する。ほかに伽耶・迦羅・賀羅・加良・加落・駕洛などもある。いずれも同じ語を漢字にあてたもので、その語義は不明。冠帽説・辺境説・干（首長）の国説などがある。最後までひとつにまとまることなく、百済と新羅とに分割されてしまうが、いくつかの連合体は形成された。加耶のなかで、大加耶とよばれた国がふたつある。金官国（現在の金海）といわゆる大加耶国（現在の高霊）である。それはこの二国が、加耶諸国のなかで有力であることを自他ともに認めたことによるが、そうよばれた時期は異なる。金官国は五世紀初以前、大加耶国は五世紀半ば以降である。それぞれの時期に、それぞれを盟主とし、ほぼ全体を含む諸国連合があったとみて、前期加耶連盟・後期加耶連盟とよぶ意見があるが、それは認めがたい。

池山洞古墳群から高霊全景

『三国遺事』には、六伽耶・五伽耶とよばれる地名群があり、それぞれ金官国・大加耶国を盟主とする諸国連合体をさしているという見方もあるが、それらが有機的に結びついていたとみることができる材料はない。それは単なる国名の羅列とみるべきであろう。それらとは違い、金官国を中心とする加耶南部の海岸に近い諸国の連合体、大加耶を中心とする北部加耶から蟾津江流域にいたる諸国の連合体は、具体的な展開も含めて、想定が可能である。それ以外にも、別の諸国連合があったと考えることができる。最終的には大加耶を中心とする連合体が、五六二年に新羅に降伏し、加耶諸国が消滅した。なお日本では「任那」と同義であるかのように理解することがあるが、「任那」を加耶諸国に対する汎称として用いるのは『日本書紀』のみで、それは倭国と関わりの深かった金官国の別称であることに由来するものである。

（田中俊明）

かやごと［加耶琴］ 大加耶の嘉悉王がつくった楽器。于勒の新羅亡命にともない新羅に伝わり、日本へは新羅琴として伝わった。正倉院では新羅琴として伝わる。一二絃であること、絃をつなぎ緒をとめる緒止めが羊の耳のようなかたち（羊耳頭とよぶ）をしていること、一木のくりぬきで裏板をつけないことが特徴。現行の加耶琴は、一二絃という点だけに古制を残している。于勒がつくった一二曲をはじめとして、当時の曲名は伝わるが、曲はわからない。

〔参考文献〕田中俊明『大加耶連盟の興亡と「任那」』（吉川弘文館平4）。

（田中俊明）

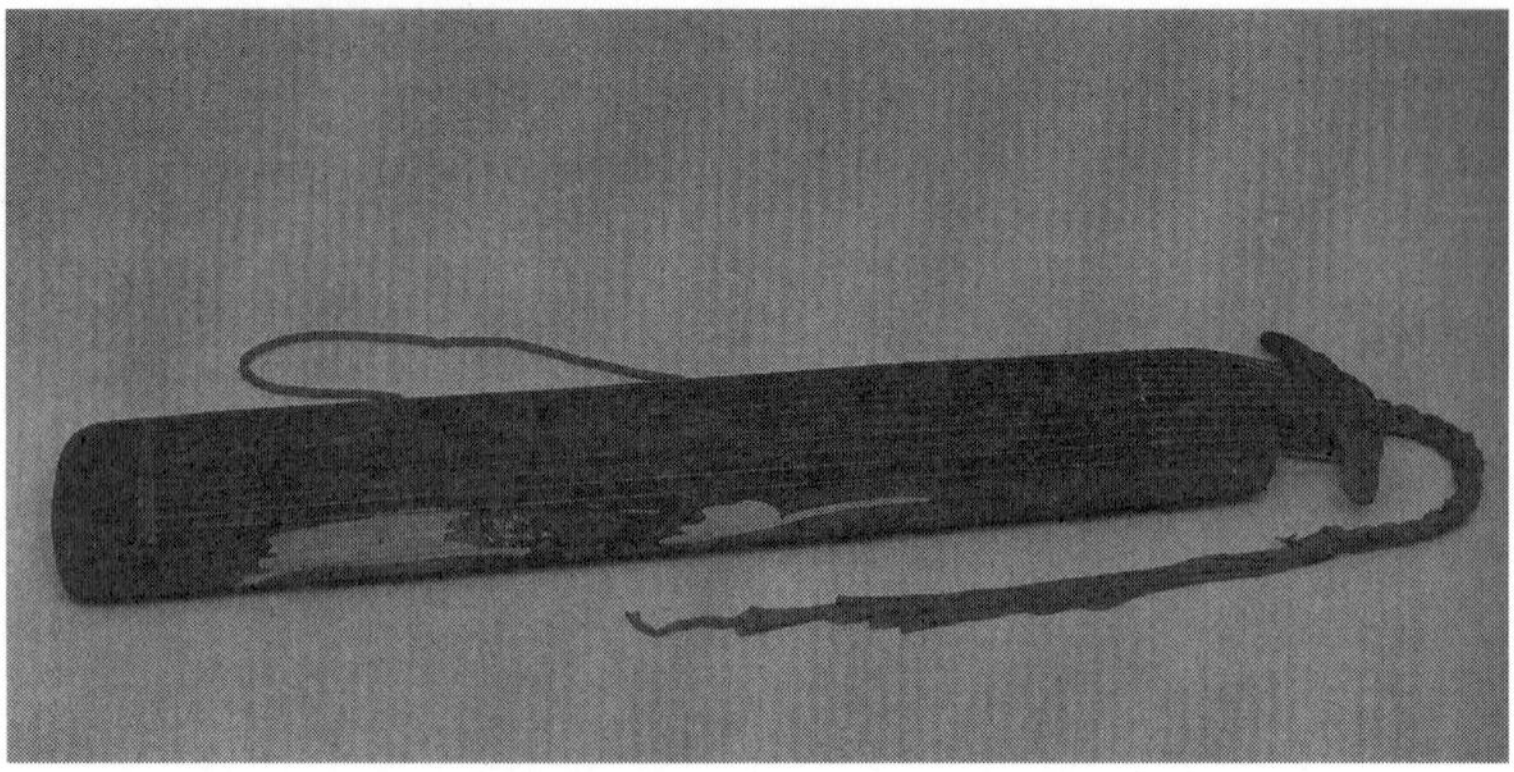

新羅琴
正倉院蔵

かやどき【加耶土器】 朝鮮三国時代の加耶地域で生産された土器。赤褐色軟質土器を含めたり、*三韓時代の土器を含めたりすることもあるが、普通は古式陶質土器を含めた六世紀中葉までの陶質土器をさす。新羅焼とされていた時期もあるが、戦前より新羅地域との地域差は認識されていた。戦後、金元龍により、高坏の二段透かし孔の場合、上下垂直のものが加耶土器、上下交互のものが新羅土器とされた。それに対して、加耶とされた地域から出土するものを加耶土器とすべきとする意見もあった。現在では、基本的に金元龍の認識に依拠しながら、五世紀以降にはほぼ三つの地域性があることがわかってきた。高霊を中心とした地域では、蓋受けのある頸部波状文長頸壺、太く矮小な脚の高坏などが特徴的で、咸安を中心とした地域では、細長い脚の高坏、火炎形透かし孔などが特徴的、固城を中心とした地域では乳頭形つまみの蓋、水平口縁壺、脚が細長い器台などが特徴的である。その分布はほぼ大加耶、阿羅加耶、小加耶の地域を示すものと理解されるが、分布域の縁辺では重複する場合が多く、各々はさらに細かな地域差をみせている。

【参考文献】金元龍『新羅土器の研究』(乙酉文化社一九六〇)。

(定森秀夫)

加耶土器
1/8

かやのいん【高陽院】 平安京中御門南・堀河東にあった摂関家の邸宅。もとは賀陽親王の邸宅のあったところから賀陽院とも記す。親王邸からの経過は不明であるが、*藤原頼通の手により一〇二一(治安元)年に完成した高陽院は方四町にもおよぶ広大なもので、その様子は『*栄花物語』、『駒競行幸絵巻』に詳しい。以後、*里内裏・院御所としても使用された。

(西山恵子)

かやのつ【草野津】 豊前国京都郡の古代の津。「類聚三代格」所引の七四六(天平18)年七月の太政官符にみえる大宰府より瀬戸内海航路につく要津。古代の海岸線や地名などからして現福岡県行橋市の草野付近に立地した可能性が高い。

(高橋誠一)

かやのみや【河陽宮】 平安時代初期に*桓武天皇や*嵯峨天皇が、摂津国水無瀬などの遊猟に利用した*離宮。摂津国境の山城国乙訓郡山崎にあった。はじめは山崎駅を利用して山崎頓宮、山崎離宮などとよばれたが、中国風の嘉名の河陽宮となった。その後、山城国府となった。

(高橋美久二)

かやまかいづか【茅山貝塚】 神奈川県横須賀市佐原に所在する縄文時代早期後半の貝殻条痕文系土器群を主体とする貝塚。茅山下層式・上層式の標式遺跡。東に向いて突き出た台地の先端に位置し、現在でも慈眼院の西側斜面にかけて貝塚が残る。カキが主体の純鹹貝塚である。平作川を間に挟んだ対岸には吉井貝塚が対峙する。明治年間に沼田頼輔により発見された。一九二一(大正10)年以来、赤星直忠によって踏査が行われ、早期後半の*茅山式土器を出す貝塚として知られてきた。四七(昭和22)年とその翌年には西村正衛が、五四(同29)年には茅山式土器の内容把握を目的として、横須賀市博物館の事業として、赤星直忠・岡本勇らが調査している。その結果、最下層から野島式、下部の貝層から茅山下層式、上部の貝層から茅山上層式土器が層位的に出土して、茅山式の細分に大きな成果があがった。土器は尖底あるいは平底の深鉢で、胴部上位に文様帯があり、繊維を含み、貝殻の背による条痕を有する。その後、茅山式土器は細分され、野島式→鵜ヶ島台式→茅山下層式→茅山上層式の序列が確定したが、本貝塚が早期後半の条痕文系土器の編年研究に大きく貢献したことは記憶すべきである。

〔参考文献〕赤星直忠他「茅山貝塚」『横須賀市博物館研究報告（人文科学）』昭32）。　（中山清隆）

かやましきどき［茅山式土器］　神奈川県横須賀市佐原所在の茅山貝塚を標式遺跡とする縄文時代早期後葉の土器型式。赤星直忠・大場磐雄・山内清男らによって設定された。戦後、野島貝塚・茅山貝塚・鵜ガ島台遺跡の発掘を経て、野島式・鵜ガ島台式・茅山下層式・茅山上層式の四型式に細別されたため、狭義には茅山下層式と茅山上層式をさす。茅山下層式は、頸部に一段ないし二段の屈曲がある平底の土器であり、沈線文（凹線文）や刺突文などで文様が描かれている。茅山上層式は頸部が屈曲しない平底の土器であり、隆線文・沈線文・刺突文などで文様が描かれ、東海地方に分布する尖底の粕畑式土器をともなう。両型式とも基本的な器形は深鉢であり、貝殻条痕文を地文として、胎土に繊維が混入されている。関東地方を中心に分布するが、茅山下層式に近似した土器はやや広い分布を示す。

〔参考文献〕岡本勇他「茅山貝塚」『横須賀市博物館研究報告（人文科学）』(一)（昭32）。　（領塚正浩）

かよう［歌謡］　⇩古代歌謡

から［加羅］　⇩加耶

から［加羅］　加耶と同じで、加耶諸国の汎称。または特定の加耶国をさす。加羅という表記は主に『日本書紀』に用いられる。また『宋書』『南斉書』などの中国史書にもみられる。加耶と加羅は音通であり、加羅系統では、迦羅（『隋書』）・賀羅（『続日本紀』）などの表記もある。『日本書紀』の場合、大加耶をさすとみてよい。『宋書』の場合は、倭の五王の称号、都督諸軍事号にみえるもので、これも大加耶あるいはそれを中心とする地域とみられる。　（田中俊明）

から［駕洛］　加耶・加羅と同じ語で、その異字表記。加落とも。具体的にはこの表記は『駕洛国記』（『三国遺事』所引）にみられるもので、その場合は、特定の加耶国である金官国（南加羅）をさしている。その歴史は『駕洛国記』に詳しい。洛東江というおよそ加耶の東を流れる河川に対する呼称は、駕洛の東、という意味である。　（田中俊明）

からかぬち［韓鍛冶］　倭政権に鉄等の金属器の生産をもって仕えた部。倭鍛冶に対し、渡来人技術者によって構成された。『古事記』応神天皇段に百済から手人韓鍛の卓素が渡来したとみえる。韓鍛冶は近江・丹波・播磨・紀伊・讃岐などの諸国に分布していた。　（宮永廣美）

からかまど［韓竈］　⇩竈

からかみ［韓神］　朝鮮半島の韓の神。『古事記』（上巻）の大年神の系譜にみえ、貞観の「儀式」には「園ならびに韓神の祭」を記す。「延喜式」には宮内省に坐す神として「韓神社」を記載する。韓神の鎮座が七六五（天平神護元）年以前にさかのぼることは、『新抄格勅符抄』の「大同元年の牒」によってたしかめられる。宮中の「御神楽」に「韓神」があり、「加良乎支（韓招ぎ）せんや」と歌い舞われる。　（上田正昭）

からぎぬ／からごろも［唐衣］　女装束で上半身につける表衣。下半身につける裳とあわせて裳唐衣とよんで朝服（女装束）の別称とした。平安時代には狭い幅の袖、幅の広い襟を折り返して裏をみせて着るのを特色とした。『源氏物語絵巻』以下に多くの描写がある。　（朧谷寿）

からくにのむらじひろたり［韓国連広足］　生没年未詳。奈良時代初期の呪術的宗教者。葛木山で役小角について呪術（『日本霊異記』の所伝では神仙方術や孔雀王呪法などの密教的呪術）を学んだが、のちにその能力を害されたので、小角が人を妖惑していると讒言したため、六九九（文武3）年に、小角は伊豆に流罪となったという（『続日本紀』）。神亀年間には呪禁師として称揚され（『藤氏家伝』下）、七三二（天平4）年には典薬頭となった。「令集解」に引く「僧尼令」第二条の「古記」（『大宝令』の注釈書）には、「道術符禁」は道士法のことで、辛（韓）国連広足がこれを行う、と伝えている。　（増尾伸一郎）

からこ・かぎいせき［唐古・鍵遺跡］　奈良県磯城郡田原本町大字唐古から鍵にかけて所在する弥生時代から古墳時代の集落跡。なお、古墳時代後期の小規模な古墳群が形成されるとともに平安時代から室町時代にかけての豪族居館跡が重複する複合遺跡でもある。奈良盆地のほぼ中央、標高四六～五〇mの沖積地に立地する。一九〇一（明治34）年、高橋健自が雑誌『考古界』に報告して以来、森本六爾ら多くの考古学者がこの地を訪れ、黎明期の弥生時代の実態解明に尽した。一九三六・七（昭和11・12）年には国道敷設用採土にともない唐古池底の大規模な調査が行われ、弥生時代の総合的な認識をもたらした。また、出土土器は畿内の土器編年の枠組みをつくった。その後、発掘調査は一九七七（昭和52）年に再開され継続されている。集落は多条環濠を有し、大型建物や高床・竪穴住居、木器貯蔵穴、井戸、区画溝などの遺構で構成

南からみた唐古・鍵遺跡

される大規模集落として認識できる。内濠は直径四〇〇mの居住区を囲み、最大五条を有する外濠を含めた全体では約三〇万m²の面積を占める。出土遺物は多量かつ多様で、弥生時代の生活を復元できる各種遺物が良好な状態で出土している。農工具・容器などの木製品、石鏃や石剣などサヌカイト製の打製石器、耳成山産の流紋岩や紀ノ川流域産の結晶片岩製の石包丁など、木製品や石器は原材から製品までの製作工程が辿れる遺物が出土。また、卜骨などの祭祀遺物や骨角器、炭化米や種実類、獣骨類の食料残滓など多種多様な遺物、さらには銅鐸の鋳型などの鋳造関係遺物、褐鉄鉱容器に入った翡翠勾玉、楼閣の描かれた絵画土器など特殊な遺物も出土している。これらの遺構・遺物から本遺跡は、この時代を総合的に把握できる全国的にみても数少ない大集落であり、近畿地方の盟主的な集落として認識できる。

〔参考文献〕小林行雄・藤岡謙二郎『大和唐古弥生式遺跡の研究』奈良県史跡名勝天然記念物調査会報告第16冊（奈良県昭18）。川上洋一・藤田三郎『弥生の風景』（奈良県立橿原考古学研究所附属博物館平8）。 （藤田三郎）

からこいけ〔唐古池〕 ⇩韓人池（からひとのいけ）

からこいせき〔唐古遺跡〕（からこ・かぎいせき） ⇩唐古・鍵遺跡

からこくき〔駕洛国記〕 金官国（＝南加羅。現・金海）の歴史記録。高麗文宗代に知金州事として金海に派遣された人物（不詳。金良鎰や金良鑑とする意見もある）が、一〇七六年に編纂したものと推定。現在、原本は残らず、『三国遺事』に

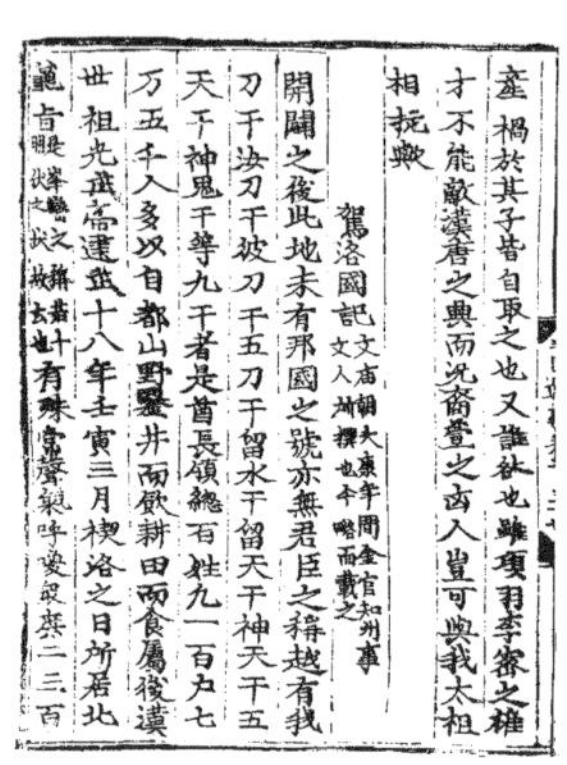
㝎禍於其子皆自取之也又誰欲也雖項羽李密之雄
才不能敵漢唐之興而況裔萱之凶人豈可與我太祖
相抗歟
駕洛國記 文廟朝大康年間金官知州事文人所撰也今略而載之
開闢之後此地未有邦國之號亦無君臣之稱越有我
刀干汝刀干彼刀干五刀干留水干留天干神天干五
天干神鬼干等九干者是酋長領總百姓凡一百戸七
万五千人多以自都山野鑿井而飮耕田而食屬後漢
世祖光武帝建武十八年壬寅三月禊洛之日所居北
龜旨 [illegible] 有殊常聲氣呼喚衆二三百

「駕洛國記」（『三国遺事』巻二所引）

抄録された部分のみ伝わる。紀元四二年の始祖首露王の卵による降臨・建国、阿踰陁国から渡来した許王后との結婚、一九九年の死までの統治を詳述し、五三二年の新羅への降伏に至るまでの九代の王名・事績を簡単に述べる。 （田中俊明）

からさき〔辛崎〕 韓崎・唐崎・可楽埼・韓埼などにつくる。大津市唐崎一丁目の琵琶湖に突き出た扇状地先端部をさし、古代にはこの先端部は今よりやや西寄りにあったとみられる。『万葉集』の柿本人麻呂の歌「ささなみの志賀の辛崎幸くあれど大宮人の船待ちかねつ」など辛崎は船待ち所として登場し、近江朝廷所管の船着場であったようだ。『日本紀略』には平安時代の八一五（弘仁6）年、嵯峨天皇が韓崎に行幸の途次、崇福寺・梵釈寺に寄ったあと韓崎から船に乗り琵琶湖を遊覧したことが記されるが、この頃は景勝の地として知られていた。 （林博通）

ガラス 紀元前二五〇〇年頃に西アジアで発明され、その後エジプトでコアガラスが盛んにつくられた。紀元前後に宙吹き技術が工夫され、容器が量産されるようになる。中国では周代に製作法が伝わり、七星文トンボ玉など独特な製品がつくられた。南北朝から唐代にかけては、ローマやペルシアのガラスが輸入されている。日本へは弥生時代に玉の製作法が伝わるが古墳時代で終わり、その後輸入されたガラス容器が遺跡から出土し、正倉院にも伝世している。 （岡内三眞）

古代の東北アジアでは、文献記録に瑠璃などの呼称がみえる。中国では、周後期から玉類や耳璫に出現するといわれる。漢代に入ると、玉類のほかに璧や容器などにも認められるなど、大きく発展した。朝鮮半島では、無文土器（青銅器）時代に入って、小玉や管玉にガラス製品が現れる。楽浪郡の遺跡からは、ガラス製の小玉・耳璫・啥蟬など種類が豊富に出土するようになる。ガラス製品が多量に出現するのは、三国時代に入ってからのことである。新羅では、五～六世紀の古墳出土品のなかに、装身具としてのガラス製小玉が多量に出土し、色調も多様である。さらに、ガラス製容器は、主として瑞鳳塚・天馬塚などの古墳のほか、皇龍寺塔心礎など寺院跡からも出土し、二〇個ほどになる。器形には、杯・台付き杯・碗・瓶などがあり、技法も多様であるが、色彩は青色もしくは淡青色で華麗である。これらは多くローマ・ガラス類に属し、北方の草原ルートを経由しての伝来を説く説がある。いっぽうで、アルカリ石灰を含むソーダガラスを新羅製品とする見解もある。統一新羅時代でも、数個を数えるガラス製容器は、感恩寺跡など慶州からの出土品に多い。それらのほとんどは、寺院跡の塔跡から発見され、舎利容器としての瓶である。日本では、弥生時代中期にガラス製小玉・璧・釧・管玉・勾玉・塞杆状ガラス器（髪飾り）などが出土する。璧や釧は楽浪郡からもたらされたと考えられる。福岡県春日市の遺跡群では、小玉・勾玉の鋳型や未製品などが出土するので、製作が始まっていたことがわかる。弥生時代以来、主としてアルカリ石灰もしくはソーダガラスであるのに対して、古墳時代に入ると、終末頃から鉛ガラスが増える。古墳時代のガラス製品は、装身具としての頸飾り・手玉などの小玉類が大量に出土する。ガラス製容器は、奈良県の新沢千塚一二六号墳や、福岡県の沖ノ島五号祭祀遺跡など、わずかな出土例しか知られないが、おそらく新羅からもたらされたものであろう。奈良時代では、正倉院宝物の中に碗・瓶・杯・唾壺など六点が含まれるが、やはり統一新羅からもたらされた可能性が高い。そのほか奈良県の法隆寺五重塔で発見された舎利瓶や、奈良県で発見された、七〇七（慶雲4）年銘のある文禰麻呂墓誌と共伴した例のように、蔵骨器として使われた壺など緑色の鉛ガラス製品で知られる。

〔参考文献〕小林行雄『古代の技術』（塙書房昭39）。 （西谷正）

からの〔枯野〕 早く走る船の伝承名。『日本書紀』の応神天皇五年十月の条には伊豆国に命じてつくらせた船が、軽く浮かんで早く走るので枯野と名づけたと記す。同三十一年八月の条には、その船の材を薪として塩を焼いてつくるという説話を載せる。『古事記』の仁徳天皇の条では河内の巨木でつくったと伝える。「枯」は宛字で軽を意味する。 （上田正昭）

からのとまり【韓泊】 播磨国印南郡の古代の港。行基によって開設されたと伝えられる五泊の一つ。「法隆寺伽藍縁起幷流記資財帳」に「加良止麻利山」の名がみえることなどから現兵庫県姫路市の的形町に比定する説が有力。（高橋誠一）

からひとのいけ【韓人池】 応神朝に武内宿禰に命じ、諸の韓人を動員して、つくらせたと伝える池（応神紀七年九月条）。『古事記』応神段には、建内宿禰が渡来した新羅人を率いて「渡りの堤の池」として百済池をつくったとみえている。仲哀段にみえる「渡りの屯倉」の用例を踏まえると、この百済池は百済から新しく伝えられた技術でつくられた、堤をもつ池だったと思われる。すなわち開析谷を塞き止めて一ヵ所に築堤する従来の池とは異なり、韓人池や百済池は、平地につくられた堤を巡らせる池だったのだろう。韓人池については、『大和志』以来、奈良県磯城郡田原本町唐古池とされてきた。しかし近年、地方文書から、唐古池は一七〇三（元禄16）年二月に普請されたことが判明した。城下郡に所在する式内社に、池坐朝霧黄幡比売神社があり、「池坐」は韓人池にちなむ地名と考えられるので、同社の鎮座する田原本町法貴寺付近に、韓人池を想定しうる。

【参考文献】和田萃「古代の田原本」『田原本町史』本文編（昭61）。（和田萃）

からもの【唐物】 中国・朝鮮などからの輸入品の総称で、唐が滅亡後も宋や明などからの輸入品は唐物と称された。一一世紀成立の『新猿楽記』では唐物として薬品、陶磁器、香料・顔料など四〇種類におよぶ品物が唐物として記されている。その買い上げや品質の検査には唐物使がかかわった。（西山恵子）

からもののつかい【唐物使】 平安時代、北九州に来着した唐・宋や新羅の商船から唐物を買い上げるため朝廷が大宰府に派遣した使者。交易唐物使とも。初め右弁官局、のち蔵人所の官人が任命された。唐物使は、一〇世紀以降、存廃が繰り返され、一二世紀に廃絶した。（篠田孝一）

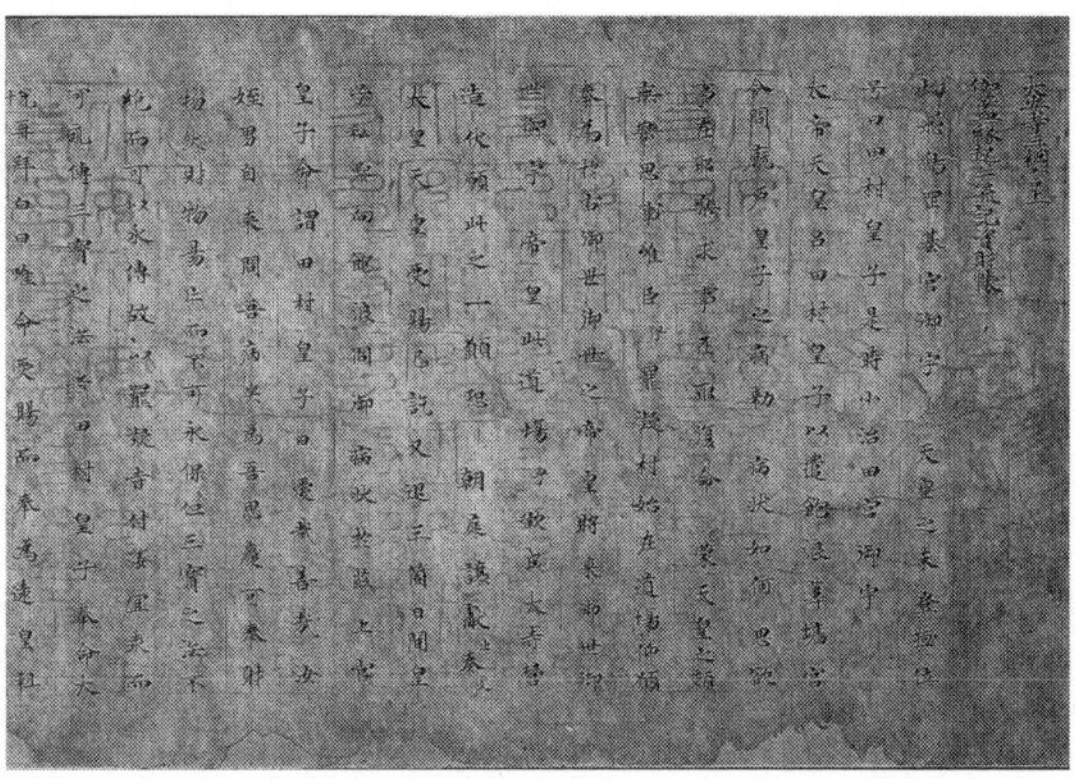

大安寺伽藍縁起幷流記資材帳
国立歴史民俗博物館蔵

がらんえんぎならびにるきしざいちょう【伽藍縁起幷流記資財帳】 寺院の縁起と財産目録を記したもの。『続日本紀』霊亀二（七一六）年五月庚寅条の詔では寺院の合併を命じたほかに、寺院の財物などの管理方式を厳しくするよう命じており、寺院の財物・田園は国師・衆僧と国司・壇越の両方が立会いのもとに検査・帳簿の作成を行い、支出の場合にも両者が立ち会うこととし壇越側がひとり管理することのないように命じている。また七四六（天平18）年一〇月一四日には「寺家の縁起あわせて資財等の物、子細を勘録し早く牒を上るべし」との僧綱所の牒が出されたことが資財帳にみえる。これらにもとづいて作成されたのが伽藍縁起幷流記資財帳である。「弘福寺田畠流記帳」（東大史料編纂所蔵影写本）は七〇九（和銅2）年の作成でこれよりも古く、こうした資財目録は早くから作成されていたと考えられる。伽藍縁起幷流記資財帳は寺院の権益などについて証拠文書としての機能を有するもので、改作・偽作されたものも存在する。現在「大安寺伽藍縁起幷流記資財帳」（国立歴史民俗博物館蔵）・「法隆寺伽藍縁起幷流記資財帳」（法隆寺蔵）・「元興寺伽藍縁起幷流記資財帳」（醍醐寺蔵）・「西大寺資財流記帳」（西大寺蔵）などの写本が伝わっている。記載内容は、最初に寺院の創建された経緯が記され、次いで資財帳として仏像・経典・仏具・雑具・衣類・調度・寺地・伽藍・奴婢・牛馬・水田・園地・山林・庄・米・稲・封戸などの資財が記載される。末尾には資財帳作成の経緯と提出年月日、寺三綱の署判を記して僧綱所へ提出された。僧綱は承認した日付と僧綱署判を加えて寺へ返却した。「大安寺伽藍縁起幷流記資財帳」・「法隆寺伽藍縁起幷流記資財帳」はともに七四七（天平19）年二月一一日に提出され、七四八（同二〇）年六月一七日に僧綱の承認がなされている。「大安寺伽藍縁起幷流記資財帳」は奈良時代末期に作成された、押印や署名なども忠実に模写した写本である。なお、「元興寺伽藍縁起幷流記資財帳」は記述内容に問題が多く、奈良時代末の成立、平安時代末の成立とする説がある。（鶴見泰寿）

【参考文献】竹内理三編『寧楽遺文（中）』（東京堂出版昭56）。

がらんはいち【伽藍配置】 古代寺院の建物は中門・塔・金堂・講堂・僧房などにより構成される。とくに塔・金堂・講堂の配置を伽藍配置といい多様な形式がある。これらの建物の配置については時代や思想的背景など様々な要因によって異なってくる。日本で最初に建立された寺院である飛鳥寺では仏舎利をおさめる塔を中心におき東・西・北の三方に金堂を配置し、これらが回廊で囲まれるのに対して、講堂はその背後におかれる。飛鳥寺の伽藍配置の東金堂を省略した形式に近いのが川原寺で、中門と中金堂が回廊で結ばれたなかに、東に塔、西に西金堂が配置され、回廊の北側に講堂・僧房がおかれる。同じく斉明天皇の菩提を弔うために川原寺と同時期に建立された、筑前の観世音寺は中門と講堂が回廊で連なる内部に、東に塔、西に金堂が向き合って配置され、川原寺と類似した伽藍配置（観世音寺式伽藍配置）が採用されている。中門・塔・金堂を南北に並べたのが四天王寺式伽藍配置で、若草伽藍・山田寺など例が多い。橘寺の場合は伽藍全体が東を向く。この四天王寺式伽藍配置の塔・金堂を九〇度回転させたものが法隆寺式伽藍配置である。回廊に囲まれた東に金堂、西に塔を配置し、回廊の北側に講堂がおかれる。法輪寺や安倍寺はこの形式の伽藍配置であり、百済大寺跡と推定されている吉備池廃寺も同様である。法隆寺式の塔と金堂を入れ替えたものが法起寺式伽藍配置である。四天王寺式伽藍配置の塔を二基として金堂前面の左右に配置したのが薬師寺式伽藍配置である。この伽藍配置では金堂が伽藍の中心となる。そして二基の塔が回廊の外側に配置されたものが東大寺や大安寺の伽藍配置である。このように様々な伽藍配置が出現した契機は、朝廷の仏教観が変化したことにあると考えられている。

【参考文献】森郁夫『日本古代寺院造営の研究』（法政大学出版局平10）。（鶴見泰寿）

かりぎぬ【狩衣】 野外用の装束で、形は両脇を縫じない闕腋、袖口には括紐がある。狩衣の下には細口でやはり括紐のある狩袴を合わせた。位色の規制をうけないため、公家の軽装として用いられたが、鎌倉時代以降武家の正装に用いられた。（佐藤文子）

かりばかま【狩袴】 野外用の装束である狩衣に合わせる袴。衣冠、直衣の際に合わせる指貫が筒の太い八幅仕立であるのに対し、狩袴は六幅で筒がやや短いのが特徴。公家の軽装において用いられたが、鎌倉時代以降武家の正装にも用いられた。（佐藤文子）

かりんのはらえ【河臨祓】 平安時代から行われた陰陽道の祓の一つで、三元河臨祓とも。祈雨のほか、天皇や貴族の息災・除病・安産等の祈願の目的で、水辺で行われた。陰陽師が中臣祓詞を読み、贖物としての人形や撫物の願主の衣などを流す。（竹居明男）

かる【軽】 畝傍山東南の地名。石川池（剣池）の西から西南域にあたり、現在、橿原市大軽町の地名が残る。軽の地には、第四代*懿徳天皇の軽境岡宮・軽曲峡宮、第八代*孝元天皇の軽境原宮、*応神天皇の軽島明宮が伝承され、応神朝には軽池・厩坂池がつくられたという（『日本書紀』応神天皇十一年十月条）。厩坂池については、応神朝に百済から渡来した阿直岐に、軽の坂上の厩で良馬を飼育させたことがみえるので（『日本書紀』応神天皇十五年八月条）、厩坂は軽の地域内に含まれていたことがわかる。軽地域では、東西道である阿倍山田道と奈良盆地を南北に縦断する下ツ道が交わって衢を形成しており、軽の衢（『日本霊異記』の巻頭の説話で「軽諸越の衢」）と称され、定期的に市（軽市）が立ち、七世紀代には最も繁華な所であった。（和田萃）

かるさとおおつか（まえのやま）こふん【軽里大塚（前の山）古墳】 大阪府羽曳野市所在の西向きの前方後円墳。墳長約一九〇m、二ないし三段築成、北側に造り出しがある。幅三〇mの盾形周濠がとりまく。窖窯焼成の円筒埴輪と家形、盾形、蓋形など形象埴輪、須恵器が出土している。墳形は前方部が大きく開いた中期後葉以降の特徴を示す。明治政府は当初、羽曳野市白鳥神社古墳を「白鳥陵」としたが、一八八〇（明治13）年に本墳へと改定された。ボケ山古墳、白髪山古墳、古市築山古墳とともに古市古墳群南部にあって中期後葉から後期前葉に営まれた一群を形成する。（今尾文昭）

かるのいけ【軽の池】 ⇩軽

かるのたいし・かるのおおいらつめ【軽太子・軽大郎女】 *允恭天皇の皇子女。母はともに皇后*忍坂大中姫。二人が同母兄妹でありながら通じたため、天皇の崩御後、諸臣は太子にそむき穴穂皇子（*安康天皇）についた。太子は伊予国に流され、あとを追った大郎女とともに自死したともいう。（中川久仁子）

かるのちまた【軽衢】 ⇩軽

かれい【家令】 「けりょう」ともいう。有品親王・内親王と職事三位以上の家政機関の職員（文学および家令・扶・従・書吏の四等官）の総称としても用いられるが、狭義ではその長官のみをさす。のちには、別当・知家事・*家司など令外の家政職員もおかれた。（荊木美行）

かれいしきいんりょう／かれいしょくいんれい【家令職員令】 養老令の編目の一つ。養老令では第五編にあたり、全八条からなる。有品親王・内親王と職事三位以上の家政機関の職員とその職掌を規定する。唐令の東宮王府職員令のうち、東宮以外の部分に相当。大宝令では家令官員令と称したとされる。（荊木美行）

かろう【花郎】 *新羅の貴族子弟の鍛錬制度。真興王代に女性二人を立て、子弟を二組に分けて争わせたが、嫉妬のため失敗した。そこで一〇代半ばの貴族の優秀な子弟を花郎とし、そこに花郎徒として属させ、互いに鍛錬させた。共同生活で、武術・学問などを競いあわせた。原始青年集会舎の一種で、江戸時代薩摩藩の兵児二才もよく似ている。金庾信など、新羅の三国統一の原動力になった。金大問「花郎世紀」が『三国史記』の花郎記事の出典であるが、近年発見された「花郎世紀」は、真偽が問題になっている。（田中俊明）

かわいのしょう【川合荘】 三重県多気郡多気町の櫛田川流域にあったとされる荘園。東寺領。屋部王（山部親王。後の*桓武天皇）賜田が八〇三（延暦22）年勅施入されて成立したと伝えるが、九、一〇世紀の川合荘関係文書はすべて偽文書とされ、その実在は疑わしい。

【参考文献】竹内理三『寺領荘園の研究　著作集3』（角川書店平11）。村井康彦『古代国家解体過程の研究』（岩波書店昭40）。（山本崇）

かわかみのいらつめ【河上娘】 生没年未詳。*崇峻天皇の嬪か。蘇我馬子の女。五九二（崇峻天皇5）年一一月、馬子の命により天皇を殺した*東漢直駒は、密かに河上娘を偸んで妻とした。娘は死んだものと思っていた馬子はそれを知り、駒を殺したという。（中川久仁子）

かわぐちのかりみや【河口頓宮】 *聖武天皇が一時滞在した仮宮。藤原広嗣の乱の際の東国への行幸のとき、七四〇（天平12年）一一月二日から一二日まで滞在。伊勢国壱志郡（一志郡）にあって「関宮」とも称され、畿内から東国に向かう要衝地であった。三重県白山町（現津市）に川口の地名を残す。（井上満郎）

かわしまのみこ【河嶋（川嶋）皇子】 657〜91 *天智天皇の皇子、母は忍海造小龍の娘色夫古娘。六七九（天武8）年五月、吉野の盟約に加わる。六八一（同10）年には忍壁皇子等とともに「帝紀」および「上古諸事」の記定にあたった。六九一年（持統5）九月、浄大参で死去。葬地は越智野（奈良県高取町越智、『万葉集』巻二・一九四〜五左注）。『懐風藻』によると享年三五、大津皇子の叛意を密告したという。また忍壁皇子の妹、泊瀬部皇女を妻としたと推測される（『万葉集』同右）。『万葉集』に歌一首、『懐風藻』に詩一首を残す。（川崎晃）

かわちおうちょうろん［河内王朝論］ 河内の地域を本拠する五世紀頃の倭の王朝を強調する説。直木孝次郎「応神王朝論序説」（『難波宮址研究』第五昭39）、岡田精司「河内大王家の成立」（『日本書紀研究』第三昭43）などによって主張され、上田正昭『大和朝廷』（角川書店昭42）も別の視点から問題を提起した。論者によってその論拠は必ずしも同じではないが、五世紀の巨大な前方後円墳が河内に集中し（七五七〈天平宝字元〉年、河内南部の大島・日根・和泉三郡があらたに和泉国となる）、国生み神話が大阪湾を舞台とし、さらに河内の池溝開発が進み、官人制が整備されて、「治天下」の「大王」の段階に相当する。応神大王の大隅宮、仁徳大王の高津宮、反正大王の丹比柴籬宮などの宮居伝承のほか、応神（オムタワケ）・履中（イザホワケ）・反正（ミズハワケ）など、和風の諡に「ワケ」をおびるものが多い点も注目される。賛否両論があるが、倭王権の展開を単系的発展とみなす説への批判としてもみのがせない。

〔参考文献〕直木孝次郎『日本古代の氏族と天皇』（塙書房昭39）。岡田精司『古代王権の祭祀と神話』（塙書房昭45）。（上田正昭）

かわちのあやし［西漢氏（河内漢氏）］ ⇩漢氏

かわちのあやし／かわちのふみし［西文市（河内書氏）］ ⇩漢氏

かわちのくじら［河内鯨］ 生没年不詳。七世紀半ばの官人。唐が高句麗を滅ぼした翌年、六六九（天智8）年に唐への使者となる。翌年、唐の高宗に朝見、高句麗平定を祝賀（『新唐書』日本伝、『冊府元亀』巻九七〇）。百済の役後の和平交渉にあたったとみられる。（川崎晃）

かわちのくに［河内国］ 畿内に属する国。現在の大阪府の西北部（摂津）・西南部（和泉）を除いた地域にあたる。東の生駒・金剛山地、南の和泉丘陵、北の淀川に囲まれて、大阪（河内）平野が広がり、その名称は北の淀川の「川の内」に由来すると考えられる。大化前代には国造の凡河内氏の支配する地であったが、その当時はのちの河内国よりも広い範囲を占めていたと思われる。七世紀後半までに国としての河内国が成立したが、七一六（霊亀2）年に西南部が和泉監として分置、七四〇（天平12）年河内国に併合ののちに、七五七（天平宝字元）年に和泉国が分立された。古くから大古墳群の築造や県・屯倉の設置がみられたが、その重要性は古代を通じてかわることがなかった。「延喜式」では大国とされ、所管の郡は錦部・石川・古市・安宿・志紀・丹比・大県・高安・河内・若江・渋川・讃良・茨田・交野郡の一四郡。国府は旧志紀郡に設置され現藤井寺市国府に推定されるが、柏原市とする説もある。国分寺は旧安宿郡の東条廃寺と推定される。
〔参考文献〕『大阪府史』全七巻・別巻一巻（昭53〜平3）。津田秀夫他『図説　大阪府の歴史』（河出書房新社平2）。藤本篤『大阪府の歴史』（山川出版社昭44）。（高橋誠一）

かわちのしながのなかのおのみささぎ［河内磯長中尾陵］ 大阪府南河内郡太子町大字太子に所在する敏達天皇の陵。天皇は崩御後、四年の殯をへて、崇峻天皇四（五九一）年四月、母の石姫皇女の「磯長陵」に合葬された（『日本書紀』）。「延喜式」諸陵寮では「河内磯長中尾陵。訳語田御宇敏達天皇、在河内国石川郡、兆域東西三町、南北三町、守戸五烟」と記し遠陵とする。石姫皇女との合葬陵でありながら、守戸を別置しており、注意される。陵は全長約九三mの前方後円墳。三段に築き、両括れ部に造り出しを有し、空壕がめぐっている。外堤には埴輪列も認められる。（福尾正彦）

かわちのしながのはらのみささぎ［河内磯長原陵］ 欽明天皇皇后石姫皇女の陵。現陵は大阪府南河内郡太子町大字太子に所在する前方後円墳。『日本書紀』によれば、崇峻天皇四年四月、実子である敏達天皇を石姫皇女陵である「磯長陵」に合葬したことがみえ、天皇家における母子合葬の初例としても注目される。「延喜式」諸陵寮は「磯長原墓。在河内国石川郡、敏達天皇陵域内、守戸三烟」と記し遠墓に列する。（福尾正彦）

かわのかみ［河神］ 河川を守護する神。河の神という明確な観念は古代ではほとんどみることができない。有名な茨田連衣子の伝承などでも、河神の定義は明確ではないが、蛇神とみられていた形跡もある。八世紀頃にはむしろ退治される存在で、河神として人格化されることはなかったようである。（榎村寛之）

かわはらでら［川原寺］ 奈良県高市郡明日香村川原に所在する寺。飛鳥川の左岸に位置し、現在、真言宗豊山派の弘福寺が残る。本堂付近に残る白瑪瑙の礎石は、滋賀県大津市の石山寺付近産出のものと推定されている。一九五七（昭和32）年から五九（同34）年に行われた発掘調査の結果、南大門の北にある中門から延びる回廊が中金堂に取りつき、回廊に取り囲まれた空間の東側に五重塔、西側に塔に向かい合う形で西金堂を配し、中金堂の北に講堂、講堂のまわりに三面僧坊をもつ伽羅配置であることが判明した。川原寺跡は国指定史跡。また七三（同48）年の調査で、東門と東南院が検出され、東門の規模は南大門よりも大きいことが判明。同年には、川原寺西北の板蓋神社が鎮座する丘陵斜面から、多数の塼仏、緑釉塼、塑像片が出土し、注目された。二〇〇三（平成15）年には寺域北端の大垣が確認され、湯屋の鉄釜を鋳造した遺構が検出された。川原寺で用いられた複弁八弁蓮華文軒丸瓦と重弧文軒平瓦のセットは川原寺式と称され、東海地方を中心に全国に広く分布している。川原寺の創建年代やその由来については諸説あるが、斉明天皇の飛鳥川原宮を寺とした説（『元亨釈書』や『扶桑略記』にみえる）が最も有力と考えられる。その根拠は次のような事実にもとづく。川原寺の下層から検出された石組み暗渠や溝から出土する土器は、七世紀中頃のものであり、また暗渠に使用されている土管は、吉野宮である宮滝遺跡（奈良県吉野郡吉野町宮滝）の第四三・四四次調査で検出された斉明朝の池出土のものと類似すること、一塔二金堂の伽羅配置は、天智朝に創建された南滋賀廃寺や崇福寺（ともに滋賀県大津市に所在）でも採用されていること、川原寺に関する最も古い確実な史料は、六七三（天武2）年三月に、書生を集めて川原寺で一切経を書写させた記事であること等である。斉明天皇の殯が行われた飛鳥川原の地を、天智朝にいたって寺としたとみてよい。同年には五〇〇戸の寺封が施入された（『新抄格勅符抄』）。六八五（同14）年九月二四日、天武天皇の不予に際して、大官大寺・川原寺・飛鳥寺で誦経が行われ、六八六（朱鳥元）年四月には、皇后宮の私稲五〇〇〇束が川原寺に納められた。また天武天皇崩御までの間、川原寺では薬師経の説法、燃燈供養、諸臣による病気平癒の誓願などが行われ、崩御後の十二月には、無遮大会が大官・飛鳥・川原・小墾田豊浦・坂田の五寺に設けられた。七〇三（大宝3）年正月五日には、前年十二月に崩御した持統太上天皇のために、大安・薬師・元興（飛鳥）・弘福（川原）寺で設斎が行われ、また同年三月・七月にも四大寺の一として、大般若経・金光明経の読誦が行われた。このように川原寺は、天武朝〜文武朝には三大寺あるいは四大寺の一に数えられる大寺院であった。しかし平城遷都に際しては、大安寺・元興寺・薬師寺などが平城京に移されたのに対して、飛鳥古京に残された。奈良時代にも川原寺に関する史料は散見するが、しだいに凋落していった。

【参考文献】奈良国立文化財研究所『川原寺発掘調査報告』（奈良国立文化財研究所昭35）。 **（和田萃）**

かわら【瓦】 粘土をおもな原料として屋根を葺くためにつくられたもの。瓦は世界各地にみられるが、東アジアの諸国で最も発達した。中国における瓦の起源は西周時代早期といわれ、戦国時代から秦・漢時代にいたって発達した。韓半島（朝鮮半島）においては、漢の楽浪郡の影響をうけて瓦生産が始まり、その後、高句麗・百済・新羅は各々特色のある発達をなす。日本における瓦生産は五八八（崇峻天皇元）年、飛鳥寺の創建の際に百済から招かれた麻奈文奴・陽貴文・陵貴文・昔麻帝彌の瓦博士たちの技術指導によって始まり、その後、高句麗・新羅の影響もうけながら独自の瓦生産を展開する。瓦の種類には屋根の面に用いる丸瓦（男瓦）・平瓦（女瓦）、軒先用の軒丸瓦（鐙瓦）・軒平瓦（宇瓦）、垂木の先端を飾る垂木先瓦・大棟や降り棟を高く積み上げる熨斗瓦とその際に生じる平瓦の谷の隙間を塞ぐ面戸瓦、棟端の装飾のためにおかれる鴟尾・鬼瓦、隅木の先端を飾る隅木蓋瓦などがある。

【参考文献】森郁夫『瓦（ものと人間の文化史一〇〇）』（法政大学出版局平13）。 **（李タウン）**

かわらじんじゃ【香春神社】 福岡県田川郡香春町大字香春に所在する神社。延喜式内社（名神小社）として豊前国田川郡に下記の三神が見える。旧県社。祭神は辛国息長大姫大目命、忍骨命、豊比咩命で、香春岳の一の岳、二の岳、三の岳の神を合祀したと伝える。『豊前国風土記』逸文（『宇佐八幡宮託宣集』所引）には、新羅国の神が渡来したとする伝承を載せる。『続日本後紀』には最澄が入唐に際し安全を祈願したことを伝え、八六六（貞観8）年には辛国息長比咩神と忍骨命の神階が従五位上から従四位上へと昇っている。五月五日に神幸祭が行われる。 **（森哲也）**

かわらのいん【河原院】 平安京六条坊門南、万里小路東にあった嵯峨天皇の皇子源融の邸宅。東六条院ともいう。敷地は八町におよんだという。とくに庭園は陸奥の歌枕塩竈の浦のさまを模したことで有名。融の死後、その息昇が宇多上皇に進上し御所となったが、融の亡霊が現れた逸話が『今昔物語集』『江談抄』などに伝わっている。上皇死後は寺となり、九九一（正暦2）年には仁康により、仏師康尚作といわれる丈六釈迦如来像が安置されたが、一〇〇〇（長保2）年、鴨川の氾濫をさけるため、この仏像は祇陀林寺に移されている。 **（西山恵子）**

かわらもの【河原者】 死牛馬の処理を担った被差別民。初見は『左経記』長和五（一〇一六）年正月条の河原人。死牛馬の解体や皮鞣しは奈良時代には京内で行われていたが、触穢思想の肥大化の中で忌避されるべきものとされていった。「延喜式」には、賀茂神社の近辺の河原に濫僧および河原者の前身である屠者の居住禁止規定がある。斃牛馬の処理から、キヨメの役割を担なった。中世には、庭の清掃から庭作りの技能者も出るいっぽう、検非違使の下で河原での処刑に携わり、穢多く人交わりせぬ者とされた。

【参考文献】丹生谷哲一『検非違使』（平凡社昭61）。同『日本中世の身分と社会』（塙書房平5）。 **（森明彦）**

かわるまじきつねののり【不改常典】 「ふかいのじょうてん」とも。元明・聖武・孝謙三天皇の即位の宣命にみえる語で、桓武天皇以後の平安時代の天皇の即位の詔にもほぼ定型化して記される。初出の元明天皇即位の宣命では「不改常典として天智天皇が定めた法により即位する」とあり、また、桓武天皇以後の即位宣命では「近江大津の宮に御宇し天皇の初め賜ひ定め賜へる法」とだけ記される。ただ、これらの文脈には意味を確定しがたい曖昧さがあり、不改常典の解釈をめぐっては、さまざまな説がある。それらを整理すると、これまでの研究でほぼ克服された近江令説を除けば、(1)皇位継承法と(2)その他の二説に大別される。(1)はさらに直系皇位継承法説、嫡子継承法説、皇太子への皇位継承法説などに分かれ、また(2)も、天皇のあり方を定めた法とする説、君臣の義を宣言する説など多岐にわたる。なかでは(1)が有力で、即位の宣命に不改常典が引用される天皇がいずれも天皇の嫡子であることから、嫡子相続の旨を定めたものとする説が説得力をもつ。ただし、いまだに決着をみていないのが現状である。

【参考文献】長山泰孝『古代国家と王権』（吉川弘文館昭63）。田中卓『律令制の諸問題 著作集(6)』（国書刊行会昭61）。篠川賢『日本古代の王権と王統』（吉川弘文館平13）。 **（荊木美行）**

かん【漢】 中国の王朝名（B.C.二〇六〜A.D.二二〇）。秦の始皇帝没後の混乱期に項羽と天下を争い、勝利を収めた劉邦（漢高祖）が建国。国号（王朝名）の漢は項羽配下にあった時に封ぜられた漢中王にもとづく。前朝の封爵が新王朝の国号とされるのはここに始まる。外戚呂氏のクーデター、呉楚七国の乱という有力王族の反乱を経て、七代武帝期に諸制度を整備した古代帝国が完成される。そのため日本でも中国の代名詞として漢族、漢字、漢語、漢方薬などの言い方がされる。*武帝以後は外戚が力を持ち始め、後八年に外戚王莽に一時期政権を簒奪されるが、後二五年に六代景帝末裔の劉秀(*光武帝)によって漢は再興される。再興以前を前漢、以後を後漢とよぶ。後漢では半ば以降は外戚と宦官勢力の権力闘争の激化により政治的な混乱度を深めていくことになる。倭・倭人の存在は前漢期にすでに知られ(『漢書』地理志)、後漢期には光武帝期の五七年の倭奴国王への金印授与、安帝期の一〇七年の倭国王による生口献上、一四六～一八九年の桓帝・霊帝間の倭国大乱(いずれも『後漢書』東夷伝)などとみえる。

〔参考文献〕吉川忠夫訓注『後漢書 列伝』(一)～(岩波書店平14～)。　(愛宕元)

かん［韓］

朝鮮半島南半にいた種族。『魏略』佚文にみえる王莽時代の記事が初見で、廉斯鑡という人物が、辰韓の右の渠帥として登場。『後漢書』光武帝紀には「東夷韓国人」がみえ、韓伝に「韓人廉斯人蘇馬諟」が登場。まとまった記事は、魏代の記録から。『魏略』にも韓伝があったとみられ、『魏志』には詳しい。『魏志』韓伝では、三世紀には、西の馬韓、東の辰韓、その間で南側の弁辰(弁韓)に区別され、馬韓は五〇余、辰韓・弁辰はそれぞれ一二の小国に分かれていた。楽浪郡・帯方郡の設置とそれに対する抗争によって政治的に成長したが、ひとつにまとまることはなかった。三世紀には辰王がいたが、全体を強力に統率していたわけではなく、一部の諸国から外交面の仲介的役割が期待されて擁立されたもの。そのころ有力であったのは狗邪・安邪・臣雲新・憤臣活・月支(目支)など。馬韓のなかの伯済国から百済が、辰韓のなかの斯盧国から新羅がおこるが、それは四世紀。朝鮮史を考えるうえで、中核となる種族で、朝鮮民族の形成においても、大きな役割を担った。　(田中俊明)

かんいじゅうにかい［冠位十二階］

六〇三(推古天皇11)年に*聖徳太子が制定した、わが国最初の冠位制。六四七(大化3)年に七色十三階の新冠位が制定されるまで、四十数年施行された。儒教の徳目である徳・仁・礼・信・義・智を大小に分けて、大徳・小徳・大仁・小仁・大礼・小礼・大信・小信・大義・小義・大智・小智という十二階の位を定め、位に応じた色(錦・青・赤・黄・白・黒か)の冠を与えた。これらの冠位は、個人に対して一代を限って与えられるもので、功績や才能に応じて昇転することもあり、この点が、*氏によって世襲されるカバネとは大きく異なる。ただし、実際に冠位を授けられたのは、畿内とその周辺の中小豪族に限られ、皇族や蘇我氏のような大豪族や地方豪族は対象外とされているので、必ずしも徹底したものではなかった。また、最高位の大徳でさえ、令制の四位にしか相当しないという点で、六四七(大化3)年以降の冠位制と大きく異なるが、これは、*冠位十二階が高句麗など朝鮮半島諸国の位階制を模倣したことに原因があると考えられる。

〔参考文献〕黛弘道『律令国家成立史の研究』(吉川弘文館昭57)。坂本太郎『聖徳太子と菅原道真　著作集(9)』(吉川弘文館平1)。『宮崎市定全集(22)』日中交渉(岩波書店平4)。　(荊木美行)

かんいそうとうせい［官位相当制］

官(官職)と位(品階・位階)との対応関係を定め、その原則にしたがい有位者を*官職に任じるシステム。養老令が巻首におく官位令は、全体を親王と諸王・諸臣に分け、それぞれ一品から四品までの四階、正一位から少初位下までの三十階を設け、個々の位階(品階)に相当する官職を列記する。大宝官位令は現存しないが、養老令のそれとほぼ同じものであったことが確認されている。それに先立つ*飛鳥浄御原令においても、冠位と官職の間にはおおまかな相関関係が定められていたと考えられている。もっとも、官位令の定めるとおりの官位相当制は事実上実行不可能で、官位不相当のケースがしばしば生じた。これに対応するために、選叙令行守条には、帯位が在任官の相当位より高い場合には「行」、逆の場合には「守」の字を用いることが規定されており、位署などの際には厳密に守られた。しかし、平安時代に入ると位階上昇の傾向が強まり、いわゆる官低位高の現象が顕著になり、官位相当制は有名無実化する。

〔参考文献〕黒板伸夫『摂関時代史論集』(吉川弘文館昭55)。律令研究会編『譯註日本律令(9)』(東京堂出版平3)。荊木美行『律令官制成立史の研究』(国書刊行会平7)。　(荊木美行)

かんいりょう［官位令］

大宝・養老令の編目の一つで、位階とそれにふさわしい官職の対応を示した一覧表。養老令では第一編に相当し、全十九条からなる。全体を親王と諸王・諸臣に分け、それぞれ一品から四品までの四階、正一位から少初位下までの三十階を設け、それぞれの位階に相当する官職を列記する。唐官品令に相当するが、唐制では品そのものには価値がなく、官の尊卑を示すものにすぎない。これに対し日本の場合は、位階そのものが個人の身分を示すものとして通用するので、同じ編目でも、実質は日唐両令の間で大きく異なる。　(荊木美行)

かんいん［閑院］

平安時代の貴族邸宅で、*里内裏。平安京内二条大路南・西洞院大路西に所在。閑院大臣とも称された藤原冬嗣の創建にかかり、以後藤原氏に相続、世襲された。九七六(貞元元)年に内裏火災により初めて里内裏として用いられ、以後天皇・上皇との関係を深める。寝殿を中心に池泉などを備えた典型的な寝殿造り様式の邸宅であった。

〔参考文献〕太田静六『寝殿造の研究』(吉川弘文館昭62)。　(井上満郎)

かんえん［翰苑］

唐初の張楚金の撰した類書。宋の雍公叡が注をつけている。ただし本書はそもそも叙事詩をつくる模範を示すもので、歴史的な事実を諸史料から引用し、それをもとに四六駢儷体の韻文を実作している。従って注が不可欠で、大半は原注とみなければならない。雍公叡の注は、簡単な音注程度であろう。本来全三〇巻あったが、現存するのは第三〇巻の蕃夷部のみで、日本の国宝。太宰府天満宮が所蔵。軸装で、平安時代の写本で誤りが多いが、これしか伝わらないので、慎重な利用が必要。写真版(吉川弘文館)が刊行されているが、釈読は湯浅幸孫『翰苑校釈』(国書刊行会)がよい。注に引用された諸史料には、現存しないものが多く含まれており、蕃夷すなわち

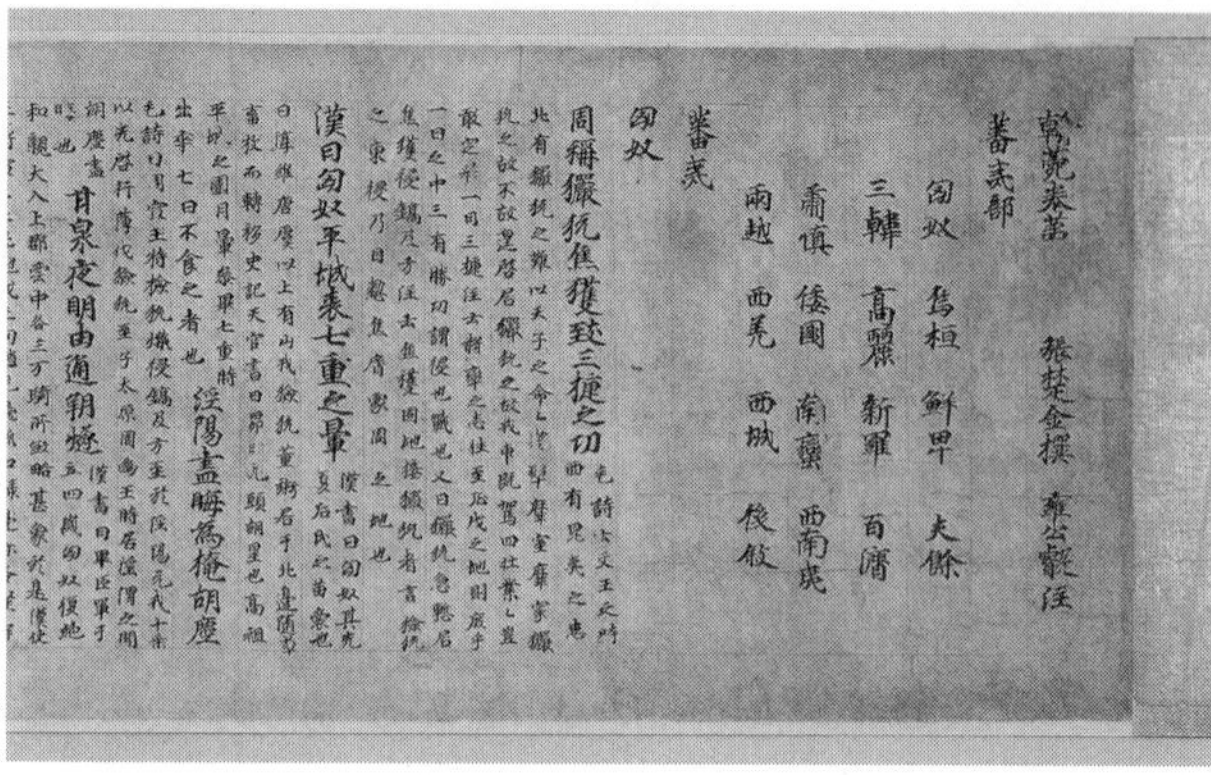
翰苑　太宰府天満宮蔵

中国の周辺諸国、三韓・高麗（高句麗）・新羅・百済・倭国などの研究の上では貴重な史料となる。例えば「魏略」「括地志」をはじめ、高麗条の「高麗記」「前燕録」、粛慎条の「粛慎記」、倭国条の「広志」などである。　（田中俊明）

がんおうち【雁鴨池】　大韓民国の慶尚北道慶州市仁旺洞にある、統一新羅時代の王宮付属の庭園跡。『三国史記』文武王一四（六七四）年の条に、「宮内に池を穿ち山を造り、花草を植え珍禽奇獣を養う」とみえるのが、雁鴨池にあたる。戦後、護岸施設や池の内部が発掘調査された後、史跡公園として復元整備された。東西約二〇〇m、南北約一八〇mの範囲内でかぎ形の池がつくられ、池の内部には南・北に二つの大きい島と、中央に一つの小さい島を配置している。池畔北東には築山があり、巫山一二峰にたとえられる。池の内部からは、丸木舟や金銅製鋏・仏像をはじめ、土器・瓦塼など二万点余りの多種多量の遺物が出土した。とりわけ、調露二（六八〇）年銘のある宝相華文塼は、年代規準の資料として注目される。池岸の西側から北側にわたる楼閣跡や建物跡は臨海殿跡とよばれるが、文武王一四年の雁鴨池の造成と関連するものである。なお、雁鴨池という名称は、李朝時代以後に用いられたもので、統一新羅時代の当時は月池とよばれたようである。

〔**参考文献**〕（大韓民国）文化財研究所（西谷正他訳）『雁鴨池』（学生社平5）。　（西谷正）

かんおん【漢音】　⇩呉音・漢音

かんおんじあと【感恩寺跡】　大韓民国の慶尚北道陽北面竜堂里にある統一新羅時代の寺院跡。新羅の故地・慶州の東方約三四km、日本海（東海）に面して建立された。文武王は、日本海から侵入する倭兵に対する防備を祈願したが、その子神文王は父の遺志をつぎ、文武王の冥福を祈るために、その即位二（六八二）年に感恩寺を完成させた。寺跡の東五、六〇〇mの海中にある大王岩は文武王の陵といわれる。一九五九年に行われた寺跡の発掘調査によって、金堂の前に石塔が東・西に並ぶ南西向きの双塔式伽藍配置と、講堂と中門を結ぶ回廊が、途中で金堂にも取り付くことがわかった。そのうち、金堂の石床と地面の間は高さ約六六cmの空間をもつという特異な構造であった。倭兵の侵入を防ぐため竜となった文武王が金堂まで入れるように東向きの穴を設けたという、『三国遺事』の記録と符合するかのようである。また、西塔が六〇年に解体修理されたところ、三層の塔身から、ガラス製容器を含む豪華な舎利荘厳具が発見された。

〔**参考文献**〕金載元他『感恩寺址発掘調査報告書』（国立博物館特別調査報告(2)一九六一）。　（西谷正）

かんがくいん【勧学院】　藤原氏出身の大学生が寄宿した同氏の大学別曹。八二一（弘仁12）年に藤原冬嗣が創立。平安京左京三条一坊五町に所在し、南曹ともよばれた。公卿別当・弁別当・六位別当（有官・無官）・知院事・案主等の職員があり、藤原氏一門から寄附された封戸・荘園を財源とした。氏院としての性格も重要で、氏長者の指揮をうけ、氏人を統制し、春日社・興福寺関係の事務を管掌した。藤原氏に慶事があった時に行われた同院学生の参賀を「勧学院の歩み」といった。　（古藤真平）

かんがくいんのあゆみ【勧学院の歩み】　⇩勧学院

かんがくえ【勧学会】　儒教・仏教双方の学徒・僧侶が合同で行った学問振興の会。三月・五月の一五日に延暦寺山上ないし京郊の寺院で行われた。浄土信仰の盛行をうけて九六四（康保元）年に成立、以後断続的にもたれている。　（井上満郎）

かんがちょう【官衙町】　⇩諸司厨町

かんがん【宦官】　去勢された男性で後宮の女性達を管理する職務をつかさどったものをいう。遊牧社会で雄の家畜を去勢して馴育する方法がルーツとされる。中国では寺人、奄人、閹人、中官、内竪なども呼び、火者ともよぶのは、インドでの呼称の音訳である。もとは肉体を損傷する刑罰である肉刑の一つの宮刑に処せられたものが宦官とされたが、肉刑廃止後は死刑の罪一等減じられたもの、対外戦争での捕虜などが宦官とされ、民間での貧困者が子や孫を自ら去勢して宦官を志願することも少なくなかった。元来、身分はきわめて低かったが、君主の側近に仕えることから、その権力をぬすんで専権をふるうものがしばしば出現した。宦官の専権者は早くは春秋時代にみえるが、とくに専横を極めて政治を混乱させた時代は、後漢後期、唐後期、明代である。性欲を断ち切られた宦官は異常に物欲が強く、政治関与すると、金権腐敗を必然的に引き起こした。中国の宦官制度は朝鮮や安南では導入されたが、日本では受容されなかった。

〔**参考文献**〕三田村泰助『宦官』（中公新書昭38）。　（愛宕元）

かんきゅうけん【毌丘倹】　?～255　中国、魏の将軍。河東聞喜の人。二三七年、度遼将軍・使持節護烏丸校尉として烏丸族を招撫しつつ遼東の公孫淵を攻撃したが失敗。翌年、司馬懿を総大将とした再征軍に従軍し、遼東平定に大功をあげた。三代五〇年にわたる公孫氏の滅亡で、遼東・玄菟・楽浪・帯方四郡が魏の版図となった結果、二三九年の卑弥呼の遣使が可能となった。その後、高句麗の丸都城を陥落させ、紀功碑を建立した。一九〇六年、この碑の断片が吉林省の輯安で出土している。（愛宕元）

がんぎょう［元暁］ 617～86　新羅華厳宗の高僧。『宋高僧伝』『三国遺事』元暁不羈条や『誓幢和上碑』などの伝記資料があり、『大乗起信論疏』『金剛三昧経論』ほか多くの著述が残されている。俗姓薛氏。父は談捺で、乃末（奈麻）の官位をもっていたことから、王京人と考えられるが、出生の地は押梁郡（現在の慶尚北道慶山）仏地村とされる。義湘とともに唐に向かったが、途中で人生の無常を悟ってひとり帰国したと伝えるが、ともに帰国したともいう。皇龍寺で百座法会を主宰。高仙寺・芬皇寺・穴寺に住す。真平王のむすめ瑤石公主との間に薛聡が生まれる。使者として来日し淡海三船と交歓した薛仲業は孫。（田中俊明）

がんぎょうじ［元慶寺］ 京都市山科区花山河原町にある天台宗の寺。花山寺とも。本尊は薬師如来。清和天皇后藤原高子が、僧正遍照の祈りによって陽成天皇を出産したときに建立。九八六（寛和2）年藤原兼家らの策謀により、花山天皇は当寺で出家させられた。現在はがんけい寺と称している。（野口孝子）

かんくう［寛空］ 884～972　蓮台寺僧正・香隆寺僧正とも。平安中期の真言宗僧。俗姓文室氏。幼少より宇多法皇に近侍、出家後に法皇から受法する。東寺長者、金剛峰寺座主、仁和寺別当などを歴任。また蓮台寺（後に香隆寺）を開創した。（藤田琢司）

かんけこうしゅう［菅家後集］ 菅原道真の漢詩集。道真が九〇三（延喜3）年二月に没するに臨み、九〇一（延喜元）年正月の大宰府左遷以後の作品三九首を編んで紀長谷雄に送ったものが原形。後に七首を増補。『群書類従』文筆部、『日本古典文学大系』所収。（古藤真平）

かんけぶんそう［菅家文草］ 菅原道真が九〇〇（昌泰3）年八月に祖父清公の『菅家集』、父是善の『菅相公集』（ともに散逸）とともに醍醐天皇に献上した漢詩文集。全一二巻（巻第一～六が詩）。道真研究の根本史料。『日本古典文学大系』所収。（古藤真平）

かんげん［管弦］ 広義には笙・篳篥・横笛などの管楽器・吹物と和琴・箏・琵琶などの弦楽器とで合奏することをいうが、狭義には雅楽において舞を入れず、上記の管弦楽器に太鼓・鉦鼓などの打楽器を加え演奏することをいう。これに歌が加わることがあった。（西山恵子）

かんこ［官戸］ いわゆる五色の賤の一つ。官有の賤民をいう。宮内省被管の官奴司に管理され、おもに内廷官司で雑役に従事した。官奴婢とほぼ同じ待遇をうけたが、法的には官奴婢よりもやや上におかれる。七六歳（反逆縁坐の場合は八〇歳）になると良民に復帰した。（荊木美行）

かんごう［寛郷］ 律令制下の班田収授制で、男は二段、女はその三分の二という口分田班給額を満たせるだけの田地がある地のこと。口分田の班給は対象者の本貫のある郡内で行うから、この場合の郷は郡のことである。班給額に足りない地は狭郷といった。（舘野和己）

がんごうじ［元興寺］ 奈良市芝新屋町・中院町ほか所在の寺院。現在は元興寺と元興寺極楽坊の二ヵ所に分かれるが、もとは一つの大寺院である。平城遷都後に飛鳥の飛鳥寺（法興寺・元興寺）を移したもので、七一六（霊亀2）年あるいは七一八（養老2）年に移したといい、後者が有力。南大門・中門・金堂・講堂が南北に並び、東塔は回廊の東外側にある伽藍配置で、講堂の背後には鐘楼・食堂・食殿が南北に並び、その東西両側に僧房が配される。僧房は大房と小子房の組合せが東西ともに各二つずつからなる。極楽坊本堂・極楽坊禅室（ともに国宝）は奈良時代の東室南階大房を伝えるもので、一二四四（寛元2）年頃に別棟に改修され本堂と禅室に分かれた。瓦や部材の一部には飛鳥時代の古材が転用されている。極楽坊本堂には五重小塔（国宝）が伝わる。これは実際の塔を一〇分の一に縮小したもので、奈良時代末頃の製作。元興寺五重塔の雛形ともいわれる。塔跡からは鎮壇具が出土している。

［参考文献］『大和古寺大観（三）』（岩波書店昭52）。奈良県教育委員会『元興寺極楽坊本堂及び東門修理工事報告書』（昭32）。奈良県文化財保存事務所『国宝元興寺極楽坊五重小塔修理工事報告書』（昭43）。岩城隆利編『増補元興寺編年史料』（吉川弘文館昭58）。（鶴見泰寿）

元興寺本堂
写真：矢野建彦

元興寺禅室
写真：矢野建彦

かんごうしゅうらく［環濠集落］ 集落の周囲全体、または一部に濠をめぐらせた集落をさす。機能としては集落を濠で囲むことによって、外敵の侵入や、洪水などから身を守ったものと考えられている。東アジアにおける最古の環濠集落は中国新石器時代前期（B.C.六〇〇〇～五〇〇〇）に相当する興隆窪文化において認められ、内蒙古自治区の赤峰市敖漢旗興隆窪遺跡や林西県白音長汗遺跡などがあげられる。日本における環濠集落は弥生時代前期初頭に出現し、福岡県の板付遺跡や那珂遺跡などで環濠の一部が検出されている。その後、環濠集落は日本各地で認められるようになり、特に弥生時代中期の拠点的な集落には環濠を有することが多い。日本の環濠集落は朝鮮半島に直接の系譜を求めることができ、慶尚道では、これまで一〇数遺跡において環濠集落が確認されている。環濠集落という集落形態は、稲作農耕などとともに弥生時代に伝来した様々な文化要素の一つとして捉えることができよう。（田尻義了）

かんさい［関西］ 伊勢国鈴鹿、美濃国不破、越前国愛発の三関から西の地域。八一〇（弘仁元）年に愛発関が廃止され、近江逢坂関がそれに変わった。以後は近江から西をさすようになったが、関西の語が定着するのは中世以後。七八九（延暦8）年に三関が廃止されたが、天皇の崩御などの重大時には固関が行われたので、関の跡は後世まで残った。（高橋美久二）

かんざき［神崎］ 兵庫県尼崎市の神崎川河口の地名。『摂津国風土記』に神功皇后が新羅征討に出るときに神前松原で加護を祈ったとある。七八五（延暦4）年に、砂が溜まりやすい淀川河口を避けて、三国川（神崎川）が掘削されて、瀬戸内海と淀川河川交通の要衝の地となった。（高橋美久二）

かんざきがわ［神崎川］ ⇩神崎

かんざきのしょう［神崎荘］ 佐賀県神埼郡神埼町一帯にあった荘園。王家領。八三六（承和3）年に勅旨田とされた空閑地六九〇町に由来する広大な荘園で、一〇三六（長元9）年には後院領として相伝されている。院政期には院領で、鳥羽院院司の平忠盛が本荘を拠点に日宋貿易を行った。のち承久没収地となる。

［参考文献］『肥前国神埼荘史料』（吉川弘文館昭50）。（山本崇）

かんざし［簪］ 髪飾具。古墳から金属製耳掻き付の簪状のものが出土している。古くは髪飾りに草花や蔓草をつけた鬘や髻華があり、それが金属等の簪になった。『倭名抄』によると男性の冠を頭に固定させるために巾子に簪を差し、女性の髪上げした平額を留めるために二本足の釵子を差した。釵子には法隆寺に伝わった銀雲形釵子がある。平安時代には垂髪が一般的となったため、髪飾具にみるべきものがなくなり、各種の簪があらわれるのは結髪が一般化した近世期以降である。（芳井敬郎）

かんさつし［観察使］ 平安初期の令外官。八〇六（大同元）年五月、地方行政の監察・刷新のため平城天皇によって設置された。観察使は、初め参議が兼任し、六道におかれたが、翌年四月これを専任として畿内と七道におき、参議を廃止した。しかし八一〇（弘仁元）年六月、参議が復活し、観察使は廃止された。（篠田孝一）

かんざんじょう［漢山城］ 百済の王都の一つ。『三国史記』百済本紀によると、百済の始祖・温祚王が、現在の中国東北地方にあたる卒本扶余から漢山にいたった。そこで河南の慰礼城に都を定めたが、温祚王一三年には新たに漢山の下に柵を立て慰礼城の民を移したとみえる。そして、近肖古王二六（三七一）年には、高句麗の平壌城攻撃から帰国して、都を漢山に移したとある。これらの記事から、百済建国期の都城は漢山城とよばれるようになった。漢山城の遺跡をめぐって、大韓民国ソウル特別市松坡区の風納土城や夢村土城など諸説あるが、いずれも決定的な根拠に乏しいとはいえ、比較的発掘調査が進んだ夢村土城が最も可能性が高い。（西谷正）

がんさんだいし［元三大師］ 第一八代天台座主良源の別名。正月三日（元三）に没したことによる称。諡号は慈恵大師。観音の化身として信仰され、鎌倉時代には彫像や画像が比叡山や周辺の寺院で祀られた。江戸時代には民間でも豆大師や角大師などの護符が信仰を集めた。（藤田琢司）

かんじ［漢字］ ⇩文字

かんし［干支］ 中国起源の十干十二支の事。日本での通称えと（干支）は一〇世紀初頭よりみられ、十干に五行（木火土金水）を配した際の各行二干を兄・弟とする事に由来。十干（甲乙丙丁戊己庚辛壬癸）は殷代に旬日の、十二支（子丑寅卯辰巳午未申酉戌亥）は一二月の名称として生まれ、両者を組み合わせ甲子から癸亥まで六〇日で一巡して日を表す干支紀日法となった。戦国時代に太歳の位置で年に支を割り付ける太歳紀年法がおこり、秦漢移行期頃干支紀年法に発展した。さらに干支は月、支は時刻・方位にも配された。一二獣を当てるのは『論衡』（一世紀）が初見とされる。また陰陽五行説は干支を媒介に時間と方位を結びつける独特の世界観を形成し、禁忌・占いの理論的基盤となった。弥生、古墳時代の遺構より出土する鏡に十二支がみえ、倭人社会には大陸からの移住者や外交によって干支が持ち込まれたと思われる。また稲荷山古墳出土鉄剣銘により、四七一年以前のヤマト王権が干支紀年法を採用していたことが判明する。

［参考文献］川原秀城『中国の科学思想』（創文社平8）。中村璋八他校注『五行大義』（上）（下）（明治書院平10）。大谷光男『東アジアの古代史を探る』（大東文化大学東洋研究所平11）。（細井浩志）

がんしかくん［顔氏家訓］ 中国、北斉の顔之推（531～602）が著した子孫に書き与えた貴族としての教養と仕官のための訓戒の書。顔氏の家系は永嘉の乱で南遷し代々南朝に仕えた貴族で、『周官』『左氏伝』を家学とする学問家系であった。顔之推も学問と文章で当代において著名であったが、梁末の動乱に際して建康から江陵へ、後梁の滅亡で北斉へ、さらに北斉の滅亡で北周、隋へと流亡生活を余儀なくされた。その過酷な体験が現実的、世俗的な人生観と質実な生活態度を生

干支表（数字は暦計算に使う大余番号、振り仮名はえと）

0 甲子（きのえね）	10 甲戌（きのえいぬ）	20 甲申（きのえさる）	30 甲午（きのえうま）	40 甲辰（きのえたつ）	50 甲寅（きのえとら）
1 乙丑（きのとのうし）	11 乙亥（きのとのい）	21 乙酉（きのとのとり）	31 乙未（きのとのひつじ）	41 乙巳（きのとのみ）	51 乙卯（きのとのう）
2 丙寅（ひのえとら）	12 丙子（ひのえね）	22 丙戌（ひのえいぬ）	32 丙申（ひのえさる）	42 丙午（ひのえうま）	52 丙辰（ひのえたつ）
3 丁卯（ひのとのう）	13 丁丑（ひのとのうし）	23 丁亥（ひのとのい）	33 丁酉（ひのとのとり）	43 丁未（ひのとのひつじ）	53 丁巳（ひのとのみ）
4 戊辰（つちのえたつ）	14 戊寅（つちのえとら）	24 戊子（つちのえね）	34 戊戌（つちのえいぬ）	44 戊申（つちのえさる）	54 戊午（つちのえうま）
5 己巳（つちのとのみ）	15 己卯（つちのとのう）	25 己丑（つちのとのうし）	35 己亥（つちのとのい）	45 己酉（つちのとのとり）	55 己未（つちのとのひつじ）
6 庚午（かのえうま）	16 庚辰（かのえたつ）	26 庚寅（かのえとら）	36 庚子（かのえね）	46 庚戌（かのえいぬ）	56 庚申（かのえさる）
7 辛未（かのとのひつじ）	17 辛巳（かのとのみ）	27 辛卯（かのとのう）	37 辛丑（かのとのうし）	47 辛亥（かのとのい）	57 辛酉（かのとのとり）
8 壬申（みずのえさる）	18 壬午（みずのえうま）	28 壬辰（みずのえたつ）	38 壬寅（みずのえとら）	48 壬子（みずのえね）	58 壬戌（みずのえいぬ）
9 癸酉（みずのとのとり）	19 癸未（みずのとのひつじ）	29 癸巳（みずのとのみ）	39 癸卯（みずのとのう）	49 壬丑（みずのとのうし）	59 癸亥（みずのとのい）

み、家訓の基調となっている。本書は序致・教子・兄弟・後娶・治家・風操・慕賢・勉学・文章・名実・渉務・省事・止足・誡兵・養生・帰心・書証・音辞・雑芸・終制の二〇篇からなり、南北朝という分裂の時代の南北の政治、経済、社会にわたる貴族の生活をうかがい知る貴重な資料である。とくに帰心篇では仏教信仰と在俗生活とを両立させる処世訓を述べ、知識人の乱世での生き方を示してくれる。知識人の処世訓のモデルとして後世にまで広く読み継がれた。
〔**参考文献**〕宇都宮清吉訳注『中国古典文学大系顔氏家訓』（平凡社昭44）。 （**愛宕元**）

かんしつかん【乾漆棺】 ⇩夾紵棺（きょうちょかん）

かんしつぞう【乾漆像】 脱活乾漆像と木心乾漆像がある。どちらも塑像の上に、漆で麻布（五～一〇枚）を貼り重ねて大体の形を整えた後、木屎漆（漆に木屑等を混ぜた粘着物）を用いて目鼻や衣文線等の仕上げを行うが、脱活乾漆像は、中を空洞にして木枠を入れるのに対し、木心乾漆像は木心を残す点で異なる。 （**清水真澄**）

がんじつのせちえ【元日節会】 元日の朝*賀の儀の後、内裏（平安時代には主として紫宸殿）で行われた宴会。初見は天武朝末年。天皇出御について、御暦奏・氷様奏・腹赤奏の諸司奏があり、その後に群臣が参入して賜宴・奏楽・賜禄等が行われた。 （**竹居明男**）

がんじどういせき【岩寺洞遺跡】 韓国ソウル特別市江東区岩寺洞所在の新石器時代の集落遺跡。漢江下流域左岸の沖積台地上とその両側の傾斜面に分布する。竪穴住居址（二八基）・積石遺構（五基）・野外炉址（二基）が検出された。土器は丸底・尖底の深鉢が主体で、壺・鉢・椀・高坏形などがある。文様は口縁部・胴部・底部ごとに異なるものと、全面同じものがある。石器では狩猟・漁撈具や農耕・加工具などが出土した。土製の漁網錘・小形匙もみられる。 （**崔鐘赫**）

かんじゃく【勘籍】 律令制下、課役免除のため、戸籍を数比（数回）遡って身元を確認する行政手続。官人として出身するほか、*得度、*徒罪以上の刑に処される場合に行われた。五比（造籍五回分）の勘検を原則とするが、得度の場合は三比であり、また八〇六（大同元）年には*蔭子孫の勘籍が免ぜられ、八六三（貞観5）年には*位子は三比の籍を勘することとなった。勘籍の結果、誤りがなければ蠲符（課役免除の民部省符）が発給される。正倉院の「丹裏文書」中に八世紀の勘籍史料が残る。 （**鎌田元一**）

かんじょ【寛助】 1057～1125 成就院大僧正・法関白とも。平安後期の真言宗僧。源師賢の子。仁和寺経範に師事、性信入道親王から受法。白河法皇の信任厚く、遍照寺・仁和寺別当、東寺長者、広隆寺・法勝寺・東大寺別当などを歴任。広沢流の隆盛をもたらす。 （**藤田琢司**）

かんじょ【漢書】 中国、前漢の歴史を記した一二〇巻の史書。二四種の正史の一。後漢の班固の撰。父班彪が司馬遷の『史記』が武帝期までで終っているのを補って、『史記』以後の歴史『後伝』六五篇を著し、その遺志を継いで前漢全体およびの王莽期の断代史としてまとめたもの。その内容は高帝紀以下本紀一二巻、異姓諸侯王表以下年表八巻、律暦志以下志一〇巻、陳勝項籍伝以下列伝七〇巻の、計一〇〇巻である（現行本は一部が一巻が上中下に分けられるので一二〇巻となる）。古来の諸注を集成した唐の顔師古注を付したものが基本テキストで、宋以降の諸注を集成した清末の王先謙の『漢書補注』一二〇巻も有用なテキストである。地理志の「楽浪海中に倭人あり、云々」の記事は、日本に関する中国史書の最古の言及である。『日本書記』編纂時に本書が参照されたことは確実で、雄略天皇八年の新羅が高句麗軍に包囲される記事、欽明天皇二十八年条の飢饉の記事などは、『漢書』の記述がほぼそのまま用いられている。
〔**参考文献**〕小島憲之『上代日本文学と中国文学（上）（中）（下）』（塙書房昭37・昭39・昭40）。 （**愛宕元**）

かんじょう【漢城】 ⇩ソウル

がんじょうじあみだどう【願成寺阿弥陀堂】 福島県いわき市内郷白水町にある真言宗の寺。泉寺。阿弥陀堂（白水阿弥陀堂、国宝）は岩城氏出の徳尼が一一六〇（永暦元）年に建立。一九〇三（明治36）年に古材を用いて再建されたが常行三昧堂形式をよく残している。阿弥陀三尊と二天を安置する。 （**野口孝子**）

かんじょうしゅうらく【環状集落】 中央広場を中心に住居跡が環状または馬蹄形に分布する縄文時代の集落。中部・関東地方の前・中期の遺跡に多い。住居跡群は一時期ではなく長期間継続的に集落が営まれた結果、環状になったもの。直径が最小でも七〇m、最大のものは一五〇mに及ぶ。中央広場には墓地・貯蔵穴・掘立柱建物などがあることが多い。同心円状に墓地と掘立柱建物が配されるものや住居跡群の一部と墓地がセットとなるものなど、その形態は多様。しかし、環状の住居配置を意識する基本は変わらず、一定の社会的秩序のもとに集落が営まれたことを示す。（長沼孝）

かんじょうせきり【環状石籬】 縄文時代の配石遺構の一つで、北海道小樽市忍路、深川市音江などで用いられた名称。一八八六（明治19）年に渡瀬荘三郎が『東京人類学会雑誌』二号に忍路の発掘調査を紹介した際、配石をイギリスやインドのサークル・オブ・ストーンの類例とみて、環状の石の籬、「環状石籬」と訳したのが最初。一九二四（大正13）年に河野常吉も『北海道史蹟名勝天然記念物調査報告書』で「音江村の環状石籬」とよんだが、忍路、音江とも後に駒井和愛が環状列石とよび、それが一般的となっている。（長沼孝）

かんじょうどり【環状土籬】 北海道中央部から東部で確認されている縄文時代後期末の共同墓地。周堤墓、竪穴墓域、円形区画墓などともよばれる。朱円栗沢遺跡を調査した河野広道が「環状石籬」に対比して用いた用語。円形の竪穴を掘ると同時に掘り上げた土をドーナッツ状に盛り上げる。墓穴を竪穴内につくり、ベンガラを敷き、一体または数体の遺体を埋葬する。木や石の墓標がみられることもある。副葬品は石鏃、石錐、石斧、石棒、漆塗弓、貝輪、玉などがあるが、けっして多くはない。国指定史跡キウス周堤墓群2号墳は、外径七五m、内径三三m、高さ五・四m、縄文時代の大土木工事を示す巨大な記念物である。（長沼孝）

かんしょうふのしょう／かんじょうふのしょう【官省符荘】 太政官符や民部省符により、不輸租や領有を認められた荘園。国免荘との対比で用いられる。官省符の初見は、八四五（承和12）年九月一〇日付の民部省符案（「東寺百合文書」無号之部）による東寺領丹波国大山荘とされるが、この文書を疑問視するむきもあり検討を要する。官省符荘田の不輸の範囲は、九世紀末までは買特・新開田を含む場合があるものの、一〇世紀には概ね官省符記載の荘田のみとされ、一一世紀後半にいたり官物に加え雑公事におよぶ事例も出現する。（山本崇）

かんじょうれきみょう【灌頂歴名】 八一二（弘仁3）年と翌年に空海が高雄山寺（神護寺）で行った灌頂を授けた僧俗の名を記録したもの。三通。八一二年の金剛界・胎蔵界灌頂歴名は空海自筆。わが国における真言灌頂の最古の記録。『弘法大師真蹟集成』所収。（松本公一）

かんじょうれっせき【環状列石】 ヨーロッパ新石器時代のストーン・サークルの訳語で、縄文時代の配石遺構の一種。前期からみられるが、形態の整ったものが後期に北海道・東北北部に分布する。直径が一〇mを超える大型のものと五m以下の小型のものがある。大型は小型の配石遺構が集石して環状となる秋田大湯型と、配石が環状となる青森小牧野型がある。小型は中央に立石がある日時計型、環状または方形の配石のなかに積石があるものなど多様。単独の墓または墓地もあるが、祭祀や儀礼の場と考えられるものが多い。（長沼孝）

かんじん【寛信】 1084または1085～1153 真言宗の僧。藤原高藤の後裔、藤原為房の子。勧修寺流の祖。一〇歳で出家、東大寺の覚樹、勧修寺の厳覚に学ぶ。一一〇八（天仁元）年、勧修寺別当となり、以後、同寺長吏、元興寺別当、東寺長者などを歴任。『東寺要集』『勧修寺旧記』などの著作がある。（松本郁代）

がんじん【鑑真】 688?～763 中国の仏教僧侶。渡日後、唐招提寺を開山し律宗の開祖となる。揚州江陽県の人で俗姓は淳于氏。一四歳で出家し、長安で具足戒をうけ、揚州に戻って教化に努めた。七三三年に戒律の師を求めて入唐した栄叡、普照は、七四二年に揚州大明寺に住していた鑑真を訪れ渡日を懇請した。受諾して渡日の準備が整うも、従行からはずされた弟子僧の誣告で出航できなかった。第一回目の難である。第二回目は出航直後の難破、第三回目は明州（寧波）から出航せんとするも、再び誣告に遭い失敗。第四回目は福建の福州から出帆せんとするも反対者が官憲を動かしてまたも失敗。第五回目は揚州を出帆して暴風雨に遭遇し、広東の雷州にまで流されて渡日の目的は挫折した。七五三年にいたり、遣唐使藤原清河らがあらためて渡日を強く懇請し、敬慕の念から鑑真が唐土を離れることを願わない人々の反対を振りきって、一〇月二九日に揚州を出帆した。従う弟子は法進ら僧一四名、尼三名、優婆塞二四名、仏舎利三〇〇〇粒、仏像、経律論、疏釈、仏具、その他雑品を帯行した。かくて一二月二〇日に薩摩に着き、同二九日に大宰府に入り、難波をへて、七五四（天平勝宝6）年二月四日にようやく平城京に入ることができた。この間、一一年の歳月と五回におよぶ渡航という苦難のため、両目を失明した。鑑真は東大寺に戒壇を設け、天皇、皇后以下四四〇名に菩薩戒を授けたが、これが日本での最初の正規の授戒である。その後、東大寺大仏殿の西に戒壇院をたて、新田郡に邸を賜って寺となした。これが唐招提寺である。本寺を中心に四分律儀、法勵四分律疏、道宣律師鈔などを伝え、ここにようやく日本で律義が定着することとなった。鑑真の伝記には七七九年の成書の淡海三船（出家名真人元開）撰の『鑑真過海大師東征伝』一巻（『大日本仏教全書』第一一一遊方伝叢書第一）がある。『鑑真和尚東征伝』『唐大和尚東征伝』（大正蔵51/988）ともいう。唐招提寺に伝わる鑑真和上坐像は入寂直前につくられたものとされる。

【参考文献】安藤更生『鑑真大和上伝之研究』（平凡社昭35）。同『鑑真』（吉川弘文館昭42）。（愛宕元）

かんしんじ【観心寺】 大阪府河内長野市寺元にある真言宗の寺。檜尾山。「観心寺縁起実録帳案」によれば、役小角が創建し空海が再興した。「観心寺縁起資財帳」（国宝）には、真紹が建立し、八三六（承和3）年に寺域が定められたとある。金

堂、如意輪観音像は国宝。観心寺文書はよく知られている。（野口孝子）

かんぜおんじ【観世音寺】 福岡県太宰府市観世音寺五丁目に所在する寺院で、清水山普門院と号する。現在は天台宗に属し、観世音寺境内及び同子院跡として国史跡指定をうける。『続日本紀』に天智天皇が母斉明天皇の冥福を祈るため建立を誓願したとある。七六一（天平宝字5）年には戒壇が設置され、現在も西隣に戒壇院が所在する（現在は臨済宗妙心寺派、本尊木造盧舎那仏坐像は国指定重要文化財）。平安時代に入り大宰府の権力が衰退するとともに、新たな庇護を求めて東大寺の末寺となり、一一二〇（保安元）年、伝来文書の案文を作成し進上した。これら観世音寺文書は東大寺図書館をはじめ、国立公文書館、東京大学、京都大学などに所蔵されている。室町以降荒廃し、近世に入って藩主黒田氏の援助により諸堂が再建された。『延喜五年観世音寺資財帳』（国宝、東京芸術大学保管）や、一五二六（大永6）年作成の絵図を江戸期に写したとされる『観世音寺伽藍絵図』（観世音寺所蔵）により、往時の寺容をしのぶことができる。また、国宝指定をうける梵鐘は「戊戌年」、すなわち六九八（文武2）年製作の京都妙心寺梵鐘（国宝）と兄弟鐘であり、国指定重要文化財の平安～鎌倉時代の仏像も数多く伝来している。（森哲也）

かんぜおんじえず【観世音寺絵図】 ⇨観世音寺（かんぜおんじ）

かんぜおんじしきがらんはいち【観世音寺式伽藍配置】 ⇨伽藍配置（がらんはいち）

かんぜおんじしざいちょう【観世音寺資財帳】 ⇨観世音寺（かんぜおんじ）

かんぜおんじもんじょ【観世音寺文書】 ⇨観世音寺（かんぜおんじ）

かんせんじ【官宣旨】 弁官下文とも。古文書の様式の一つ。太政官の書記局である弁官局が、上卿の宣をうけて「左（右）弁官下」の書き出しで、その下に充所を記す書式で発給する文書。九世紀中頃初見。一一世紀以降、官印の捺印が不要なことにより、太政官符・牒に代わり荘園争論の裁定などに多用される。（綾村宏）

かんそう【官奏】 諸司諸国の政務における勅裁案件につき、太政官の職事公卿が天皇に自ら奏上し、その裁定結果を弁官に伝達する政務の手続き。令制での規定（大納言による論奏・奏事、少納言による便奏）に代わり、平安時代、主要な天皇聴政として機能する。（綾村宏）

かんそうじるい【官曹事類】 『続日本紀』編纂のために収集された史料を、内容別に分類、編纂したもの。三〇巻。八〇三（延暦22）年成立。ただし現存せず、逸文が『西宮記』等に残り、目録と序が「本朝法家文書目録」にみえる。（綾村宏）

かんそうりいせき【寛倉里遺跡】 大韓民国の忠清南道保寧市舟橋面寛倉里にある、無文土器（青銅器）時代を中心とする大規模な集落遺跡。工場建設工事に先立ち、一九九四年一一月から約一年間にわたって、二三万八五五〇㎡という広大な遺跡が発掘調査された。その結果、海抜三〇m以内の低丘陵地において、住居・倉庫と墳墓が多数と、その低丘陵地の谷合末端部の海抜七、八m付近において水田などの遺構群がそれぞれ検出された。住居は、一〇〇軒以上検出された。一部を除いてほとんどが平面円形の松菊里型竪穴住居である。掘立柱建物が数棟検出された。そのなかには棟持柱のある二間×四間の総柱建物が含まれ、倉庫と考えられる。出土遺物には、大量の無文土器のほか、多量の磨製石器（石庖丁・石鏃・石剣・石斧・砥石など）がある。墳墓で注目されるのは一〇〇基ほど検出された周溝墓で、弥生時代の方形周溝墓との共通点が見い出せるので、両者の関係が問題にされよう。

【参考文献】 尹世英・李弘鍾『寛倉里周溝墓』（高麗大学校埋蔵文化研究所一九九七）。李弘鍾ほか『寛倉里遺蹟―B・G区域―』（同二〇〇一）。（西谷正）

かんだいじ【官大寺】 律令国家成立以前は、天皇の治病・追善・王権の繁栄を祈願するための天皇発願寺院の尊称として「大寺」の語を使用。官大寺は、六八〇（天武9）年四月に制度化され、国の大寺二、三以外は官司が寺院を治めないこと、食封は三〇年に限ることが定められた。大宝禄令では食封五年収公に、七八〇（宝亀11）年には天皇一代限りと改変。また七五七（天平宝字元）年、官大寺に戒本師の布施等、また布薩の費用をまかなうための戒本師田一〇町をおいた。官大寺の内実は明らかではないが、大宝年間、大安・薬師・元興・弘福の四寺が四大寺と称され、『続日本紀』には五大寺・六大寺・七大寺、『扶桑略記』所引「延喜御記」（延長四〈九二六〉年十二月十九日条）には南京七大寺、延喜玄蕃寮式には一五大寺とみえる。（蟬丸朋子）

かんだちめ【上達部】 公卿の和語で摂政・関白・大臣・大納言・中納言・参議の総称。ときには「大臣、上達部」と並称されて納言と参議をさす場合もある。平安時代の女房文学において多用される。上級貴族に属し、二〇人ほどの特権階級。（朧谷寿）

かんちゅうけ【官厨家】 ⇨太政官厨家（だいじょうかんちゅうけ）

かんつう【姦通】 「姧」とも書く。婚姻外の男女の情交をいう。中国では、伝統的に婚姻の礼によらない男女の情交は、和姦・強姦、配偶者の有無を問わず、すべて姦罪として処罰の対象とした。こうした唐律の規定は、そのまま日本にも継受され、雑律二二姧条（逸文が現存）や戸令先姧条は、ほぼ唐律令のまま継承していると考えられる。ただし、古代日本では、未婚の男女の性交渉は比較的自由に行われたので、これらの条文がはたしてどれだけ機能したかは疑わしい点もある。（荊木美行）

かんでん【官田】 もともと養老令で天皇の供御にあてるために設けられた田地。大宝令では屯田という。畿内の大和・摂津・河内・山背に計一〇〇町おかれ、宮内省の管轄のもとで、二町ごとに牛一頭が配され、その耕営には公民の雑徭があてられた。八七九（元慶3）年、官人の給与などの公用を賄うために、五畿内に設置された四〇〇〇町の田地も官田（元慶官田）という。これらは、直営と賃租・

地子制の二方式で経営された。（勝山清次）

かんとう［官稲］ 令制下、田租として諸国の正倉に収納し、出挙利稲により国衙の経費とされた稲。大税、郡稲・駅起稲などの雑官稲からなる。大税は出挙利稲を臨時の経費とするほか舂米として京進され、籾穀はもっぱら貯備され、郡稲は出挙利稲を国衙の運営費や交易進上物の経費に用いられた。七三四（天平6）年正月、駅起稲を除く官稲が混合され一本化。七四四（同16）年国分二寺稲、翌年公廨稲の設置以後、官稲は、正税・公廨・雑稲として把握され、その出挙利稲が諸経費にあてられた。（山本崇）

かんとう［官当］ 「官」をもって罪に「当」てることで、官人のみに適用される免罪規定。名例律に詳細な規定があり、流刑・徒刑に対して一年間の官職の剝脱をもってこれに換えた。位記を棄却されるが、官位相当制においては必然的に官職の剝脱をもともなう。（井上満郎）

かんとう［関東］ 古代の三関、伊勢国鈴鹿関・美濃国不破関・越前国愛発関より東方をさす汎称。『続日本紀』にその用例がみえ、足柄坂・碓氷坂の東を坂東とする用例も並行していた。中世以降、ほぼ古代の坂東が関東とよばれる地域名称に転じて現在にいたる。（高橋誠一）

かんどう［勘当］ 本来の意味は、罪を勘えて刑を当てはめることであるが、勘気を被ることの意にも用いられた。なかでも天皇の勘気を被ることを勅勘という。中世以後は、しだいに親子関係を断絶することをさすようになった。（篠田孝一）

かんとうこんごう［官稲混合］ 郡稲・公用稲・官奴婢食料稲・駅起稲などの雑官稲を正税に混合すること。七三四（天平6）年正月勅により駅起稲を除く官稲が正税に混合され、この時除かれた駅起稲も七三九（同11）年六月に正税に混合された。また同年九月には兵部省符により兵家稲も正税に混合されたことが知られる。出挙の充実とともに、従来個々の目的により出挙し用途とされていた雑官稲を正税に一本化することで、運用の弾力化と不正防止を図ったものであろう。（山本崇）

かんとうたち［環頭大刀］ 把頭が環状を呈する刀。中国漢代に日本に伝わる。環状部の内部に何も造形されない素環頭のほかに内部に種々の造形がみられ、それによって三葉、三累、単鳳、単竜、双竜、獅噛環などに分類される。素環頭・三葉環頭は把頭が刀身と一体の鉄の鍛造でつくられ中国製であるが、その他はほとんど把頭が刀身とは別に青銅製鋳造でつくられる。倭様の刀ではなく渡来系の刀である。朝鮮半島の刀をモデルに渡来系工人が製作に関与し、わが国独自の発達を遂げた。各種の環頭は時期差や身分差・系譜差を表出しているとみられる。最古の国産環頭把頭は奈良県東大寺山古墳出土のもので、後漢の素環頭大刀の把頭を付け替えた、青銅製外環にわが国独自の文様である直弧文を表現した三葉環頭である。なかには奈良県佐味田宝塚古墳出土家屋文鏡にみられる竪穴住居と同様な意匠を付けたものもある。単竜環頭大刀は百済の武寧王陵出土刀をモデルにわが国で製作されたものと考えられる。「わ」に掛かる枕詞として「高麗剣」が『万葉集』にみえ、「東大寺献物帳」でも高麗様大刀とよばれ、当時半島渡来系の大刀と意識されていたようである。

［参考文献］町田章「環頭の系譜」『奈良国立文化財研究所研究論集』Ⅲ（昭51）。穴沢咊光ほか「竜鳳文環頭大刀試論」『忠南大学校百済研究所論文集』（昭51）。新納泉「単竜・単鳳環頭大刀の編年」『史林』六五—四（昭57）。（橋本博文）

かんときのかみのまつり［霹靂神祭］ 山城国愛宕郡の神楽岡（京都市左京区吉田山）西北に鎮座する霹靂神（雷神）三座に対する祭祀。「延喜式」四時祭によれば、四月と一一月の吉日に卜部が祭る。同書臨時祭にも雷鳴・落雷時かと推定される祭の規定がある。（竹居明男）

かんとく［簡牘］ 中国では、紙が普及する以前には文字は一般に木や竹のふだ、つまり木簡や竹簡に書写された。この木簡や竹簡を簡牘という。厳密には竹かんむりがつく簡が竹簡で、片（木片）のつく牘が木簡である。三世紀に戦国時代の簡牘が大量に出土したという記録があるが、二〇世紀になって各地から続々と新たに出土しつつあり、古代史研究の重要な史料となっている。古くは戦国時代の楚や秦のものがあるが、量的に最多なのは漢代のものである。（愛宕元）

がんとさんじょう［丸都山城］ 中国・集安市に所在する高句麗時代の山城。鴨緑江に流れこむ通溝河西岸に位置する。険しい山並が背後を屏風のように囲み、石築の城壁を断続的にめぐらす。全体の規模は周長約七km弱。城壁には女墻を設け、五ヵ所に門を設ける。南正面の門は甕城をなす。内部に大きな谷をかかえ、渓流が流れ出る。城内の小平地には礎石、瓦をともなう建物跡や、点将台とよばれる石積み壇をともなう望楼跡、飲馬池とよばれる貯水池などを残す。門は五ヵ所あり、南正面の門は甕城をなす。丸都は山の名で、山城の固有名は尉那巌城。遺跡名としては山城子山城も使われる。平地の国内城（通溝城）の西北約三kmに位置し、ともに高句麗中期（三世紀初〜四二七年）の王都を構成する。山城の下、通溝河沿いに、積石塚を主体とした高句麗時代の大古墳群が広がる。

［参考文献］東潮他『高句麗の歴史遺跡』（中央公論社平7）。（千田剛道）

かんなぎ［巫］ ⇩巫覡

かんなびやま［神奈備山］ 神の宿る山。三室山と同義。神名備山・神名火山とも。集落から眺められる円錐形の印象的な山や、こんもりと茂った小丘をさす場合が多い。代表的な神奈備山は、大和の青垣の山々の一つである三輪山で、古来、神体山として信仰されてきた。西麓に大神神社（奈良県桜井市三輪）が鎮座する。三輪山は「三諸の岳」とも称され（雄略紀七年七月条）、『万葉集』にも、「三輪山」のほかに「三輪」「三諸の山」「三室の山」などと歌われている。『万葉集』に飛鳥の神奈備山（巻三—三二四）がみえる。「神岳」「三諸の神奈備山」「神奈備の三諸山」ともみえており、橘寺のすぐ南に位置する「ミハ山」をさす。かつて頂上付近に小さな白石が散在し、すぐ東に続く「フグリ山」には今も磐座群がある。八二九

（天長6）年三月に鳥形山に遷され（『日本紀略』）、飛鳥坐神社四座が創祀された。そのほか『万葉集』には、「神奈備の伊波瀬社」「神奈火の磐瀬の社」や「三室の山」がみえ、後者は奈良県生駒郡斑鳩町神南の三室山に比定されている。『出雲国風土記』には、意宇郡の神名樋野（茶臼山。「野」は草地の多い山の意）、秋鹿郡の神奈火山（佐太神社後方の弥山）、楯縫郡の神名樋山（大船山）、出雲郡の神名火山（仏経山）がみえ、大和と同様、神奈備信仰が盛んだったことを示している。

〔参考文献〕和田萃『大神と石上』（筑摩書房昭63）。（和田萃）

かんなめさい［神嘗祭］ 伊勢神宮で毎年九月に行われる祭。収穫祭として宮中の相嘗祭・新嘗祭と対応するもので、最も早くに行われる。外宮では一五・一六日、内宮では一六・一七日に行われる。ともに一日目には、深夜と翌早朝に由貴大御饌とよばれる神饌が、心御柱の前に大物忌によって捧げられ、二日目には懸税稲とよばれる新稲が玉垣の柵に架けられ、斎王や勅使が来て太玉串の奉献や奉幣が行われる。一日目が夜間の神秘的な祭祀なのに対し、二日目は宮廷儀式的な色彩が強い。（榎村寛之）

かんぬし［官奴司］ 「やっこのつかさ」とも。大宝・養老令の宮内省被管諸司の一つ。正・佑・令史などから構成される。官戸・官奴婢の名籍・口分田をつかさどり、彼らを管理・使役した。八〇八（大同3）年、主殿寮に併合された。（荊木美行）

かんぬひ［漢奴婢］ ⇩奴婢

かんのう［勧農］ 農民に農業生産を督励すること、さらにはそのために国家や領主がとった行為をさす。勧課農桑の略語。律令制下、国司は部内を巡行して農業の振興を図らねばならなかった。いっぽう、政府もその励行を求めるとともに、度々、開墾と畠作の奨励や池溝の整備を命じている。平安中期以降も国内の現作田の維持・拡大は、国司にとって重要な課題であったが、私領や荘園が拡大するにつれ、しだいに勧農はそれぞれの領主が担うようになった。それにともない、公領や荘園では秋の収納と並んで、春の勧農が重視され、所領支配を実現するうえで不可欠な行為とみなされた。領主の行う勧農は所領内の田地を満作させるためにとられる行為をさし、灌漑施設の整備、種子・農料の下行、新たな作人の招置と耕地の配分、年貢・公事の減額など、多様な内容を含んでいる。また支配体制が変更される際には、とくに勧農使が派遣され、勧農の結果を記した勧農帳が作成されることもあった。

〔参考文献〕戸田芳実『初期中世社会史の研究』（東大出版会平3）。（勝山清次）

かんのわのなこくおういん［漢委奴国王印］ 福岡県志賀島から出土した金印。一七八四（天明4）年にみつかったと伝える金印で、印台は一辺二・三cm、重さ一〇八g。「漢委奴国王」とある「委奴国」の読み方については「漢の委の奴国」とする説が有力。『後漢書』東夷伝倭の条に建武中元二（五七）年に倭の奴国が後漢に朝貢して、光武帝から「印綬」を与えられたと記し、『翰苑』の倭国の条に「中元の際、紫綬の栄」と述べる記事に対応する。この金印については印文のもとに章や印の字がなく、亀鈕ではなく蛇鈕であることなど、偽印説もあったが、「不臣」の外臣の印であったことがたしかとなった。

〔参考文献〕大谷光男『研究史金印』（吉川弘文館昭49）。（上田正昭）

かんのんじ［観音寺］ 京都市東山区泉涌寺山内町にある泉涌寺の塔頭。新熊野観音寺。天長年間の創建と伝える。一〇一六（長和5）年に没した藤原穆子（藤原道長室倫子の母）の遺骸が移されたのは当寺か。後白河院が一一六〇（永暦元）年に熊野権現を勧請した。（野口孝子）

かんのんじいせき［観音寺遺跡］ 徳島県徳島市国府町一帯に所在する遺跡。阿波国国府内に位置し、国衙西縁を流れていたと推定される自然流路内から、大量の木製祭祀具や多数の木簡が発見され、注目された。国衙で用いられた木簡が自然流路に投棄されたものである。土師器で最も古いものは六世紀末にさかのぼり、木製祭祀具は七世紀を通じて出土している。とりわけ木簡の年代は、日本最古級の論語木簡（七世紀第II四半期のものと推定）から平安中期にまで及んでおり、出土点数が多いばかりではなく、その内容はまことに多彩で、地方出土の木簡としては、長野県の屋代遺跡群に匹敵するものである。

一般国道一九二号線徳島南環状道路改築にともない、一九九六年度から二〇〇〇年度にかけて発掘調査が行われ、その実態が明らかとなった。またその後、国道一九二号線のすぐ北側に延長された調査区においても、阿波国衙にかかわる木簡が出土した。〇二（平成14）年三月に刊行された観音寺木簡の報告書には、一九九六年度～二〇〇〇年度におよぶ発掘調査で出土した八五点におよぶ木簡を取り上げ、その釈文と解説が付されている（和田萃執筆）。その後の調査では、二〇〇二年度に一一点、二〇〇三年度に一点、二〇〇四年度に三一点の木簡が出土した（各年度の『木簡研究』を参照）。

なお観音寺遺跡に北接して敷地遺跡があり、一九九九年度の調査で、二時期（八世紀の第II四半期頃と九世紀前半頃）の建物群が検出され、国司館跡と推定された。八世紀の第II四半期頃の建物の東側に位置する井戸内から、「勝浦板野麻殖那賀」と阿波国の郡名を記した木簡が出土したことも注目される。

観音寺遺跡の所在する鮎喰川の左岸一帯には、鮎喰川の旧河道が幾筋も存在する。そのため自然の湧水がまことに豊富で、検出された自然流路からも絶えず水が湧き出していた。すぐ東に隣接する舌洗池も、自然湧水により形成された池である。多数の木簡や木製祭祀具、大量の建築部材などが検出されたのも、このような恵まれた自然条件による所が大きい。

阿波国府は名方郡に所在した。八九六（寛平8）年に名方郡は名方東郡（名東郡）と名方西郡（名西郡）の二郡に分割されたので、一〇世紀前半に成立した『和名抄』（『和名類聚抄』）では、国府の所在地を名東郡としている。孝徳朝に名方評が立てられ、七世紀後半には阿波国府がおかれたと推定される。

国府の所在地については、これまで観音寺遺跡のある徳島市国府町一帯が有力視されてきた。鮎喰川が形成した扇状地左岸域に条里遺構が広がり、国府の地名が残っていること、国府町矢野に国分寺、石井町尼寺に国分尼寺が所在するからである（石井町尼寺の一画のみが名西郡で、他はすべて名東郡に属する）。これまで国府の範囲については、いくつかの想定案が出されているが、いずれの案をとるにしても、観音寺遺跡は阿波国府の西辺ないし西縁部に位置しており、出土した木簡の内容をみると、阿波国の政務がとり行なわれた国衙と深くかかわるものが多い。

紀年が記された木簡として、「己丑年（持統三〈六八九〉年）□月二十九日」「天平勝寶二年（七五〇）八月十五日」「天平寶字八年（七六四）二月十日」「延暦三年（七八四）四月二十四日」がある。そのほか、「己丑年」木簡の下層から出土する木簡群があり、そのうちに論語木簡がある。杖状の木製品（下端部を少し尖らせている）の四面に隷書風の墨書があり、その一面には『論語』学而篇一の「子曰學而時習之。不亦説乎」を習書しているが、語順や文に異同がある。その出土層位から、七世紀の第Ⅱ四半期のものと推測されている。また二〇〇四年度には、「名東郡」と記す木簡が出土した。八九六（寛平8）年九月五日に、名方郡を分割して名東郡・名西郡とした以降のものである。こうしてみると、観音寺遺跡では、七世紀中頃〜九世紀末におよぶ、ほぼ二五〇年以上にもわたる期間の木簡が出土したことになる。全国の国府関連遺跡で、紀年木簡やそれに準じる木簡により、その存続期間が明確になった初めての事例といえよう。

記載内容で注目される木簡として、阿波での立評を示す「麻殖評伎珥宍二升」、波尓・高志・佐井五十戸の税の束数を記すもの、「板野国守大夫」で始まる、阿波国の国守が板野評を巡行した際の食米の支給記録、「水□里須田二百代」のように、里名・小字名・代数を書き上げたもの、「□子見祢女年五十四」のように、計帳作成にかかわるものなどがある。初期国府の存在、国守の職掌、国衙機能の一端が明らかとなった。

七世紀第Ⅱ四半期の論語木簡が出土していることも合わせ考えると、この地が粟（阿波）国造の本拠であり、孝徳朝に名方評が立てられると、その評衙は粟国造の本拠地近くに設置され（あるいは粟国造の居館そのものが評衙とされた可能性もある）、評の長官たる評督には粟国造が任命された可能性が大きい。そして天武朝に、名方評衙に近接して阿波国府が設けられたと推定することも可能である。同様の事例として、出雲国府と意宇郡衙の事例をあげることができるだろう。

阿波国造碑は、徳島県名西郡石井町に鎮座する中王子神社の御神体として伝わっているもので、かつて中王子神社の本殿北側から出土したと伝え、現在では同町の東王子神社の所有となっている。表面に「阿波国造／名方郡大領正□位下／粟凡直弟臣墓」、裏面に「養老七年歳次癸亥／年立」（／は改行の印）と記す。中王子神社の鎮座地は気延山の西麓にあり、その周辺一帯は徳島県有数の古墳の集中する地域である。気延山北西麓に阿波国分寺・国分尼寺が所在し、その東方一帯が阿波国府の想定域である。気延山の東麓で鮎喰川が形成した扇状地に粟国造の本拠があり、気延山西麓に墓域があったとみることも可能である。観音寺遺跡では、六世紀末から七世紀前半にかけての祭祀遺物も多量に出土しており、粟国造による水辺の祭祀にかかわるものと判断される。

また木簡に記載された地名は、『和名抄』にみえるものが多い。しかしなかには「津迩郷野縁里」「丹生里」「曲マ（「部」を省画したもの）里」のように、みえない事例も散見する。おそらく吉野川の流路の変遷によって、失われた地名と考えられる。

表記史のうえで注目される木簡として、論語木簡のほかに、「奈尓波ッ尓作久矢己乃波奈」（難波津に咲くやこの花）と難波津の歌を習書した木簡、「椿」の字に「ッ婆木」と読みを小書した音義木簡（七世紀末〜八世紀前半）などがある。

木簡からうかがえる観音寺遺跡のもつ意義についてふれておきたい。

第一に、七世紀後半にさかのぼる阿波国府跡から、日本最古級のものを含む多数の木簡が出土した。阿波国府に隣接して、名方評衙が所在していた可能性もある。また孝徳朝の立評以前に、その前身として粟国造の居館などの所在を想定しうる。

第二に、七世紀後半に阿波国府がおかれ、出土した木簡群から、初期国府段階における地方行政の一端が初めて具体的に把握できるようになった。従来、全国の国府跡から出土した木簡のほとんどは八〜一〇世紀のもので、七世紀後半にさかのぼる事例は、出雲国府跡や観音寺遺跡などにすぎない。きわめて注目すべき遺跡であり、出土した木簡群は、今後の日本古代史研究に必須の資料といえる。

第三に、木簡が多数出土した自然流路は、阿波国府内、それも国政の場である国衙の近傍（おそらく国衙に西接する場所）に位置することがほぼ確定した。その存続時期も、木簡や伴出遺物から七世紀後半〜九世紀末におよぶことが判明した。したがって阿波国府は、七世紀後半〜九世紀末にいたるまで、観音寺遺跡や敷地遺跡を中心とした一帯に所在したことが明らかとなり、従来主張されていた国府移転説についても成立し難くなったと判断される。

【参考文献】『観音寺遺跡Ⅰ（観音寺遺跡木簡編）―一般国道一九二号徳島南環状道路改築に伴う埋蔵文化財発掘調査―』（徳島県教育委員会・徳島県埋蔵文化財センター・国土交通省四国地方整備局平14）。 **（和田萃）**

かんのんしんこう【観音信仰】 三三種の姿に変化して慈悲の心で衆生を救済するという観世音菩薩に対する信仰。「法華経」「華厳経」などに語られる観音の功徳を核として、招福攘災などの現世利益や補陀落浄土に対する浄土信仰、阿弥陀の脇侍としてなど、多様な信仰が生みだされた。日本には仏教受容とほぼ同時に流入し、作例は飛鳥時代の法隆寺救世観音像・百済観音像、奈良時代の東大寺三月堂不空羂索観音像など枚挙に暇がない。平安時代には、観音悔過や毎月一八日に宮中で行われる観音供（二間観音供）、清水・長谷・石山などへの寺院参詣など、貴族社会の生活文化に深く浸透する。また院政期以降には熊野信仰が勃興するなど、山岳信仰や航海守護といった多様な信仰を生み出していく。また、六観音、七観音、三十三観音などの変化観音に対する信仰とともに、諸国に西国三十三所・坂東三十三所・百番巡礼などの霊場が誕生した。

【参考文献】速水侑編『観音信仰』（雄山閣出

版昭57)。 (北康宏)

かんのんづかこふん【観音塚古墳】⇩八幡観音塚古墳(やはたかんのんづかこふん)

かんぱく【関白】 天皇を補佐し、国政に「関わり白す」権限をもった、摂政とならぶ朝廷最高の職。語源は中国にあるが日本での初見は平安前期で、八八四(元慶8)年藤原基経に光孝天皇が与えた権限が関白に相当する。職名としての初見は八八七(仁和3)年で、太政大臣基経に「万機巨細、百官惣己」を「関白」せしめたことに始まる(「政事要略」)。この半世紀後に藤原忠平が同じような関白の詔をうけ、その後天皇の幼時には摂政、成年後には関白の設置が慣例となり、原則として天皇の外祖父が、それも藤原北家から摂関が出て、いわゆる摂関政治が成立した。平安時代末期以後は外祖父たるか否かの区別はなく、この家系に世襲され、幕末まで続いた。 (井上満郎)

かんばらじんじゃこふん【神原神社古墳】 島根県大原郡加茂町(現雲南市)神原にある前期古墳。一九七二(昭和47)年、河川改修にともなって発掘調査された。墳丘は三〇m×二六mの方墳で、内部構造は板石積の竪穴式石室。石室は長さ五・八m、幅一m、高さ一・四mで、粘土床に割竹形木棺の痕跡が確認された。石室控積みと墓坑壁の間の土坑から朱と土師器壺五個が出土した。副葬品は石室内から景初三年銘三角縁神獣鏡一面と多量の鉄製品(素環頭大刀一、大刀一、剣二、鏃三六、鍬先、鎌、鑿、鉇各一、斧、錐、縫針各二など)が出土し、蓋石上部から土師器壺や円筒形土器が出土した。鏡は直径二三cmの重列式四神四獣鏡で、銘帯に「景初三年陳是作鏡」以下四一文字が鋳出されている。出土品は一括して国の重要文化財。

【参考文献】松本岩雄ほか編『神原神社古墳』(加茂町教育委員会平14)。 (足立克己)

かんぴょうたいほう【寛平大宝】⇩皇朝十二銭(こうちょうじゅうにせん)

かんぴょうのごゆいかい【寛平御遺誡】 八九七(寛平9)年七月、三一歳の宇多天皇が一三歳の醍醐新帝への譲位に際し書き与えた訓誡書。残欠文と逸文しか伝存しないが、宮中の儀式・行事などの心得や近臣・女官などの批評が具体的に書かれており、御日記とともに帝王学の教科書として後々まで重んじられた。

【参考文献】和田英松『皇室御撰之研究』(明治書院昭8)。所功「寛平御遺誡の復原試案」『平安朝儀式書成立史の研究』(国書刊行会昭60)。 (所 功)

かんぶんがく【漢文学】 日本人が制作した漢詩文。表現手段としての漢字を初め中国文学を規範とする。従って当初は模倣することから出発したが、後には独自の文学を形成した。また仮名文学とも交渉をもち、相互に影響を与え合っている。奈良時代の漢文学は近江朝から奈良朝後期にいたる漢詩一二〇首をおさめる『懐風藻』にみることができるが、その序によれば、近江朝に漢文学が勃興したが壬申の乱でほとんどが失われたという。平安朝に入っては、九世紀初期の嵯峨朝に漢文学の隆盛期を迎えた。相次いで編纂された勅撰漢詩集がその象徴であるが、この時期の漢文学はなお未成立の仮名文字の空白をうめるもので、平安朝文学の最初期を飾る。九世紀中葉には白居易の文学の伝来があり、漢文学の大きな変質を促す契機となる。以後は菅原道真、大江匡衡ら代表的文人の家集が多数編纂されていくが、合わせて平安中期から後期にかけて『扶桑集』『本朝麗藻』『本朝無題詩』などの漢詩の総集、また『本朝文粋』『本朝続文粋』などの漢文の総集が成立するが、これらにおさめられた作品に日本化した漢文学の世界をみることができる。 (後藤昭雄)

かんべ【神戸】 神社の封戸として認められた民衆のことで、その租庸調などは神社の収入となり、神社に奉仕する祝を出すのが原則であった。「神祇令」によると、その管理や事務は国司が行い、神祇官に報告するとしており、正税帳にも神戸の記載がみられるので、神社の直接支配をうける「神奴」的な民という理解はあたらない。『新抄格勅符抄』所載の大同元(八〇六)年牒には一七〇社五八八四戸の神戸が記されているが、そのうち百社以上は戸数一戸から数戸と、寺院封戸に比べて規模が小さく、神社の経済が小規模で簡素だったことの証拠とされることが多い。しかし「延喜式」にみられる官社は二八六一社で、神戸をもたない神社が圧倒的であることを考えると、神戸のみが神社の経済的基盤だったのかどうかはなお問題が残る。なお、神戸と神郡の相違については、神郡は神税、すなわち租の徴収を第一義に行い、公戸の扱いをうけるなど、神郡とは異なるという説と、全戸が神戸だと神郡となるという説があるが、前者の説に説得力がある。

【参考文献】平野邦雄「神郡と神戸」『大化前代政治過程の研究』(吉川弘文館昭60)。熊田亮介「律令制下伊勢神宮の経済的基盤とその特質—神郡を中心として—」『日本古代史研究』(吉川弘文館昭55)。 (榎村寛之)

かんぺい【官幣】 神祇官から祈年・月次・新嘗祭などに格式の高い神社に供進される幣帛。それを机の上か、ほとりにならべたが、「延喜式」によれば、前者を案上官幣(大社三〇四座)、後者を案下官幣(小社四三三座)と称した幣帛の品目や種類は祭祀および神社により異なる。 (朧谷寿)

かんぼう【冠帽】 朝鮮半島から入ってきた金銅製の冠と帽の総称。冠は上部が開放していて鉢巻状となり、帽は上部が閉じている。外冠と内帽の組合せもある。金銅製の透かし彫りのものがあり、新羅の樹枝状冠は両側に鹿角状の立ち飾りをともなう。シャーマンの出立ちを彷彿とさせる。細帯式と広帯式に分かれる。前者は正面に立ち飾りがつく。後者は正面に立ち飾りをつけないことが多い。新沢千塚一二六号墳の竜文透かし彫り金製方形の立ち飾りは鮮卑系の冠である。人物埴輪には貴人の被る冠から盾持ち人の被る帽まで表現されている。身分・職掌によって被り物に差がある。 (橋本博文)

かんまさとも【菅政友】 1824〜97 幕末から明治期の歴史学者。水戸藩の医者の家に生まれ、藤田東湖らに学ぶ。一八五五(安政2)年彰考館の館員となり、後に文庫役に任ぜられる。国史志表の編纂にたずさわる。明治の初め、大和の石上神宮の宮司となり、七支刀などの研究、七七(明治10)年太政官修史局に入り学記となる。修史事業が東大に移りその書記をつとめたが、書記二年で辞任、郷里で逝去。『南山皇胤譜』『古事記年紀考』『漢籍倭人考』『任那考』などの著作がある。石上神宮在任中に禁足地の調査や七支刀についての考察を試みた。（上田正昭）

かんみそまつり【神衣祭】 伊勢神宮の内宮のみで行われる祭。「神祇令」の四時祭条にみえることから、宮廷祭祀とされていたことがわかる。四月・九月の一四日に行われ、九月は神嘗祭と一体である。神衣は多気郡の機殿で調製され、内宮と別宮の荒祭宮にのみ奉納されることから、内宮研究の重大な鍵とされる。応仁の乱以降に廃絶し、一六九九（元禄12）年に機殿を再建、本格的な復興は一九〇〇（明治33）年のことである。（榎村寛之）

かんむ【官務】 太政官弁官局の史の最上首（左大史）の称。太政官少納言局の外記の最上首である局務と併び称された。平安中期以後、五位に任ぜられた左大史は大夫史と称されて太政官の庶務を管掌したが、のち小槻氏がその地位を世襲して官務とよばれるようになった。（篠田孝一）

かんむけ【官務家】 ⇩小槻氏

かんむてんのう【桓武天皇】 737〜806 長岡遷都・平安新京の天皇。光仁天皇と高野新笠の間に生まれる。山部王。七六六（天平神護2）年大学頭、七七一（宝亀2）年で中務卿などを歴任。翌年井上皇后・他戸皇太子が廃されて皇太子となる。光仁崩後即位。七八四（延暦3）年長岡京遷都。翌年造京長官藤原種継暗殺事件がおこり、弟の皇太子早良親王が冤罪憤死。七九四（同15）年平安京遷都。天智天皇↓施基（志貴）皇子↓光仁天皇↓桓武天皇の皇統は、天智系に属し、母高野新笠が百済武寧王の流れの渡来系氏族であり、尚侍百済王明信をはじめとする百済王氏（義慈王の流れ）との密接なつながりをもったことはみのがせない。「桓武」という漢風の諡は、『詩経』周頌「桓」の詩の「桓桓たる武王」に由来する。皇親を重用して官人統制を強化し、雑徭の半減や班田農民の負担の軽減、勘解由使などの令外官を設置などを試みる。八〇五（延暦24）年、軍事（蝦夷征討）と造作（平安京造営）をめぐる藤原緒嗣と菅野真道との論争があって、緒嗣の意見を採用して、軍事と造作を中止した。南郊で天を祀る郊祀執行の天皇であり、八〇四（同23）年の遣唐留学僧には最澄（伝教大師）と空海（弘法大師）が参加していた。『日本後紀』の崩伝には「徳度高峙、天姿巍然」と記す。柏原陵に葬る。（上田正昭）
〔参考文献〕林陸朗『桓武朝論』（雄山閣平6）。平安神宮百年史編纂委員会『平安神宮百年史』（平安神宮平9）。

かんむへいし【桓武平氏】 桓武天皇の子孫で平姓を称した氏族。万多親王・仲野親王・賀陽親王の子女も平姓を与えられたが、葛原親王を祖とする系統が最も繁栄した。八二五（天長2）年に賜姓された高棟王の系統は、廷臣として活躍し、高望王流の武家平氏に対して堂上平氏と称される。親信の系統は代々日記を記し「日記の家」と称された。平安末期には武家平氏の清盛と結んで権勢を振るった時忠が出た。葛原親王の孫で、八八九（寛平元）年に平姓を与えられた高望王は上総介として東国への足掛りを得、その子孫には、一〇・一一世紀に反乱を起した将門・忠常が出たほか、秩父・千葉・三浦など坂東八平氏と称される多くの氏族が分流し、後には執権北条氏など鎌倉幕府有力御家人を輩出した。その一流の国香・貞盛の系統からは、伊勢に進出するものが出て伊勢平氏と称され、清盛の時代には平氏政権を樹立するにいたった。（西村隆）
〔参考文献〕高橋昌明『清盛以前』（平凡社昭59）。

かんむり【冠】 社会的地位を明示するための被りもの。中国大陸東北部から朝鮮半島にかけての地域において、四世紀末頃から五、六世紀頃まで、古墳出土の装身具に、しばしば冠が含まれる。冠には、髪から額にかけての位置に横に巻いた布もしくは革の帯に金製などの立飾がつくものと、帯と立飾が金・銀・金銅製で一体となったものがある。また、冠の内（下）に帽状の内冠をともなう場合もある。日本では五世紀中頃から六、七世紀に、加耶・百済・新羅の影響をうけて製作された、主として金銅製冠が、各地の有力豪族の古墳から出土する。（西谷正）
　熊本県和水町の江田船山古墳や奈良県斑鳩町の藤ノ木古墳などから、朝鮮半島の冠に類似するさまざまな形態の金銅製冠が出土している。七世紀以降、参内や儀礼の際の被りものとして中国式の冠が採用された。六〇三（推古天皇11）年の冠位十二階制に始まる位冠は、絹製の縁のある帽子で、位ごとに色と織を規定したもの。大阪府高槻市の阿武山古墳から金縷の刺繍を施した布の被りものが発見され、大織冠ではないかとの説がある。六八二（天武11）年には位冠を停め、一律に漆紗冠を導入した。七〇一（大宝元）年の服制でも位に関係なく漆冠を定めた。養老衣服令には礼服の礼冠と朝服・制服の頭巾の規定がある。頭巾は黒の絹製で、五位以上と六位以下で素材に違いがある。中空の型（巾子）に髻を入れ、後縁中央の二本の紐（纓）で引き締め、左右の紐（上緒）を頭上で結んで被ったが、平安時代中期には、巾子・纓・上緒が漆で固定され、簪で巾子と髻を貫いて安定させる冠となった。（武田佐知子）
〔参考文献〕鈴木敬三『有職故実図典』（吉川弘文館平7）。高田倭男『服装の歴史』（中央公論社平7）。

かんもん【勘文】 古文書の様式の一つ。朝廷における政事・儀式等に関する諮問に対し、先例、故実、日時・方角の吉凶、災異等を調べて上申する文書。平安時代以降、宣旨をうけて太政官の外記・史が答申する場合が多いが、吉凶などは神祇官・陰陽寮が作成する。『朝野群載』等の文例集に収録。（綾村宏）

がんもん【願文】 古文書の様式の一つ。神仏に対して祈願の意を示すための文書。書き出しに「敬白」等で書き出し、造寺・造塔・造仏・写経・埋経・供養などの祈願の内容と目的を記し、日付と署名をする書式が一般的。『本朝文粋』『朝野群載』等に例文を載せる。血書で認めたものもある。（綾村宏）

かんもんじょう【関門城】 大韓民国慶尚北道月城郡と慶尚南道蔚州郡の境界に位置する長城形式の古代山城。『三国史記』

巻八、聖徳王二十一（七二二）年条の毛伐郡城、『三国遺事』巻二、孝成王条、開元一〇（七二二）年「始めて関門を毛火郡に築く」の「関門」に該当すると考えられている。対日本用に築かれたもので、石築の城壁が東西に尾根線などをつたって約一二km築かれている。門跡が二ヵ所あり、毛火里の門跡では統一新羅時代の瓦が出土している。城壁の東の頂上部には七世紀後半代に築かれたという城周約一・八kmの石築の新岱里山城がある。（亀田修一）

かんろく【観勒】　生没年未詳。飛鳥時代の百済僧。六〇二（推古天皇10）年に来日し、暦本と天文・地理書、遁甲・方術書を貢上した。陽胡史の祖玉陳が暦法を、大友村主高聡が天文・遁甲を、また山背臣日立が方術を学んで、それぞれに業を成した。六二四（同32）年四月に、ある僧が斧で祖父を殴り殺すという事件が起こった際、罰すべきは悪逆の僧であり、一般の僧尼は赦免するよう天皇に進言した。これを契機に最初の仏教統制機関が設けられることになり、観勒は僧正に任じられた（『日本書紀』）。なお『三国仏法伝通縁起』では、観勒は三論宗の法匠で、成実宗にも通じたという。（増尾伸一郎）

き

き【黄】　山吹色。染料に刈安・黄蘗の内皮・支子の実・鬱金の根・鉱物の黄土などを用いる。顔料には黄土と雌黄がある。衣服令制服条で無位の当色と定められた。無品親王や無位の王が加冠の際に用いる袍は浅黄（淡い黄色）である。（武田佐知子）

き【貴】　大宝・養老律令にみえる法律用語の一つ。貴人を意味する。厳密には三位以上の官人を貴、四位・五位の官人を通貴とよんだが、律令用語としては、たんに貴人をさす場合、五位以上の官人をさす場合、三位以上の官人をさす場合の三種の用法が存在する。（荊木美行）

ぎ【魏】　中国の王朝名（二二〇～二六五）。曹操の子丕が後漢最後の皇帝献帝から禅譲をうけて、華北の地にたてた王朝。曹魏ともいう。後漢末の黄巾の乱平定の過程で頭角をあらわした曹操は、華北の群雄を順次勢力下に組み入れ、天下統一を志向するが、二〇八年の赤壁の戦で孫権・劉備連合軍に破れ、その後の魏・呉・蜀漢という天下三分の形勢が定まった。曹操は二一三年に魏国公、二一六年には魏国王となり、後漢政権を完全に自己の手中におさめた。二二〇年に曹操が没すると、子の曹丕が王号を襲爵し、同年一〇月に禅譲により洛陽で帝位に即き、国号を魏と定めた。前朝での爵位を新王朝の国号とするのはここに始まる。三国鼎立にあって魏の国力は最強で、その領域は華北のみならず東北にまで拡大し、司馬懿を派遣して遼東の公孫淵を平定し、さらに毌丘倹に高句麗を討伐させた。卑弥呼の魏への遣使はかくて実現した。二三〇年代以降は司馬懿が実権を握り、司馬氏三代をへて魏晋革命へと展開する。

【参考文献】今鷹真・井波律子・小南一郎訳『三国志Ⅰ・Ⅱ・Ⅲ』（筑摩書房昭52～平1）。（愛宕元）

きいじょう【基肄城】　佐賀県基山町に所在する、大宰府の防御のために築かれた朝鮮式山城。椽城とも書く。六六五（天智天皇4）年に百済の達率憶礼福留らが大野城とともに築いた（『日本書紀』）。外郭線は土塁で、城周は約四・四kmある。三ヵ所に門跡があり、南門は大きな通水口をもつ石垣がよく残っている。城内には四〇棟以上の礎石建物が確認されている。遺物は百済系単弁軒丸瓦、老司系軒丸瓦、畿内系の重弧文軒平瓦などのほか、「山寺」銘墨書須恵器なども出土している。（亀田修一）

きいのくに【紀伊国】　南海道に属する国。現在の和歌山県の全域と三重県の一部にあたる。紀伊半島の西南部を占め、北部の紀ノ川流域のほかに有田川、日高川、富田川などの下流域に平野が広がるほかは、山地が多い。樹木の多いことから木国と表記されていたが、和銅年間（七〇五～七一五）に紀伊国と改められた。日前神の神話や神武天皇の伝承などによって、古くから倭王権との関連の深かったことがわかり、紀伊国造や熊野国造の名もみえる。「延喜式」では上国とされ、所管の郡は伊都・那賀・名草・海部・在田・日高・牟婁郡の七郡。国府は旧名草郡（現和歌山市府中）とする説が有力であるが、国分寺の立地する那賀郡岩出町岡田に推定する説もある。高野山金剛峯寺と粉河寺や南部の熊野大社などがあって、古代以来多くの人達が参詣のために訪れた。とくに平安時代中期以降は院や摂関家による参詣が活発になり、高野街道や熊野街道が整備され、また寺社領や荘園も設置された。

【参考文献】『和歌山県史』二五巻（昭50～）。安藤精一編『図説　和歌山県の歴史』（河出書房新社昭63）。安藤精一『和歌山県の歴史』（山川出版社昭45）。（高橋誠一）

キウスよんいせき【キウス4遺跡】　北海道千歳市に所在する縄文時代後期後葉の周堤墓を含む集落遺跡。一九九三～九八（平成5～10）年に高速道路建設にともない五万㎡が発掘調査され、丘陵上に周堤墓群、緩斜面に住居跡・掘立柱建物跡・土坑・土坑墓・柱穴群とそれを囲む盛り土遺構、低地部に杭列・水場遺構などが確認された。出土遺物は約六〇〇万点、後期後葉の堂林式土器及びそれにともなう石器、各種の土・石製品、木製品、漆製品などがある。遺跡の北東三〇〇mには同時期の国指定史跡キウス周堤墓群がある。（長沼孝）

ぎえん／ぎいん【義淵】　?～728　奈良時代の法相宗の僧侶。大和国高市郡の人で、俗姓市往氏（『扶桑略記』は阿刀氏とする）。六九九（文武3）年一一月に学行優長に対する褒賞として稲一万束を与えられ、七〇三（大宝3）年には僧正となった。義淵は智鳳・智鸞に法相を学び（『三国仏法伝通縁起』）、興福寺に止住した（『扶桑略記』）。天智天皇から草壁皇子の岡宮（岡本宮）を下賜されて、竜蓋寺を創建したと伝え（『東大寺要録』など）、他にも竜門寺・竜福寺ほか五箇竜寺をつくったという（醍醐寺本『諸寺縁起集』）。七二七（神亀4）年に、聖武から先帝元正以来、内裏に供奉した功により岡連の姓を賜与された。玄昉・良弁など弟子は多く、竜蓋寺は岡寺とよばれ、義淵の木像を安置する。　（増尾伸一郎）

ぎおんごりょうえ［祇園御霊会］　京都祇園社（八坂神社）の祭礼で、祇園会・祇園祭とも。社伝では八六九（貞観11）年、疫病流行に際し六六本の矛を立てて消除を願ったといい、九七〇（天禄元）年から六月一四日を祭日として始まったとする説もある。祭礼としては、牛頭天王・婆利女・八王子の神輿（輦）三基が、京内の高辻東洞院に設けられた大政所と称する旅所に遷御。七日間駐輦ののち一四日に盛大な巡幸行列が行われるのが特徴。のち鳥羽院の助成によって設けられた冷泉東洞院の少将井旅所にも婆利女の神輿が巡幸するようになった。後世の山鉾の源流にあたる散楽の空車（山車）の参加は、一一世紀初頭には知られるが、他方、朝廷や院等から進献される馬長も見物人の目を引き、一二世紀半ば以降は京内の富家からも献じられるようになって民衆的祭礼の性格を強めた。都大路でくりひろげられる盛大な巡幸行列の様子は「年中行事絵巻」にも描かれるところである。現在は七月に行われ、日本三大祭の一つ。　（竹居明男）

ぎおんしゃ［祇園社］　京都市東山区祇園町北側に鎮座する神社。祇園社・祇園感神院等と称したが、明治の神仏分離後、現在の八坂神社とした。式内社には列せられなかったが、その後二十二社に列した。祭神は素戔嗚尊、牛頭天王。創祀については諸説あるが、史料上の初見は藤原忠平の『貞信公記』の九二〇（延喜20）年閏六月二三日の記事。御霊信仰の広まりにより人々の信仰を集め祇園御霊会が行われることとなる。社殿は神殿と礼堂を一つの屋根の下に収める他に類例の無い形式で、祇園造と呼ばれる。　（堀越光信）

きか［帰化］　中華思想（王化・華夷思想）にもとづく用語。皇帝の徳に帰服し、その国に帰属する（「欽化内帰」職員令義解大宰府条）意。日本の律令にも移入された。人々が列島へ渡来することを『古事記』や『風土記』は「渡来」とするのに対して、『日本書紀』は律令の理念に従い「帰化」「投化」などとする。　（川崎晃）

ぎが［戯画］　落書きや滑稽な絵、風刺画などの総称。六二三（推古天皇31）年完成した法隆寺金堂釈迦三尊像の台座裏から、人物や鳥、魚などの落書きが発見されたのをはじめ、建築や彫像などの完成後隠れる部分、文書の余白、木簡、木製品や土器、瓦などに、人物や動物、風景など様々なモチーフが描かれ、当時の風俗などを知る資料となっている。平安時代には貴族、僧侶らの手になる戯画が和歌に付して贈答され、鳴呼絵などとして完成されていった。　（山元章代）

きかいがしま［鬼界ヶ島］　鹿児島県鹿児島郡三島村。大隅諸島、佐多岬南西約四〇kmの火山島。硫黄によって黄色の海面となることから黄海島・鬼界島とよばれた。『平家物語』では鬼界島。一一七七（治承元）年、俊寛が流されてその墓もある。　（高橋誠一）

ぎがく［伎楽］　供養音楽として発展した渡来楽舞の一つ。滑稽な身振りをともなう無言の仮面舞踊劇で、主として野外で演じられ、腰鼓、鉦盤、笛などが用いられる。その伝来については、中国西北の亀茲国からとする説のほか、インド説・インドシナ説・ギリシャ説がある。呉楽ともよび、中国では葬祭にも演奏されて楽喪とも称された。中国に伝えられて、倭国へは百済から伝来したという。『日本書紀』の六一二（推古天皇20）年の条には百済の味摩之が渡来して大和の桜井で少年たちを集めて教えたことを記す。『教訓抄』によると橘寺・太秦寺・四天王寺で教習されたと述べ、演伎内容として治道・師子・呉公・金剛・迦楼羅・崑崙・呉女・力士・波羅門・太孤父・酔胡などを記す。大宝令や養老令の「職員会」には、雅楽寮に伎楽師一人をおき、楽生には楽戸をあて、腰鼓生もこれに准じたことがみえる。伎楽面は正倉院や東大寺・法隆寺などに保存されている。伎楽の師子は大阪の四天王寺に伝えられ、獅子舞のルーツとする説がある。　（上田正昭）

きかしゅう／きけしゅう［紀家集］　平安時代中期の漢詩文集。紀長谷雄著。零本一巻（巻一四のみ）。九一一（延喜11）年以後の成立か。宇多天皇の行幸や法会の記、高僧の伝など七編をおさめる。複製が『紀家集』（宮内庁書陵部昭53）に、翻刻が『平安鎌倉未刊詩集』（明治書院昭47）におさめられている。　（小西茂章）

ききかよう［記紀歌謡］　⇩古代歌謡

ききしんわ［記紀神話］　⇩日本神話

ききん［飢饉］　天候不順や虫害などによって作物の出来が悪く、そのため食糧不足になり、多数の人が飢餓状態になること。古代においては疫病とともに、農業技術の限界や自然災害からしばしば起こる飢饉は、大きな社会的脅威であった。律令制下ではそうした事態に備えるため、義倉が設けられ戸毎に粟などを徴収し貯積し、窮民に支給した。また飢饉が起こった際には、天皇の徳を示すために食糧などを支給する賑給も実施された。　（舘野和己）

きく［菊］　キク科の多年草。原産は中国で、周代から延命長寿の薬草として栽培されていた。それが奈良末期に伝来し、漢音がそのまま和訓となる（『和名抄』にはカハラヨモギともみえる）。薬草としてだけでなく秋の代表的な観賞花として広まる。九月九日の重陽宴が菊花宴とも称され、また一〇月五日に残菊宴も催されるようになり、着綿や菊酒・菊合なども行われた。なお、襲の色目の菊は、表が白、裏が紫か蘇芳で、九月一〇月頃用いられた。皇室の菊花紋は後鳥羽天皇がはじめて使われたという。　（所　功）

きくちじょうあと［鞠智城跡］ 飛鳥時代の築城が推定される山城。熊本県山鹿市菊鹿町米原を中心に、菊池市堀切一帯に遺構がある。文献では『続日本紀』文武天皇二（六九八）年に修治記事を初見として、『文徳実録』『三代実録』『類聚国史』に記載がある。一九六七（昭和42）年以来、本格的な発掘が行われている。七〇数棟の建物跡、貯水池等が検出され、古代山城では初の「秦人忍□五斗」という札付き木簡が出土した。兵站基地の役割を担う城とみられる。（島津義昭）

きげん［紀元］ 日時を数えるための出発点となる一定の日時、あるいはこれに基づく数え方。現代世界で最も使用されている紀元はキリスト誕生（とされた）年を紀元とする西暦である。戦前日本の神武紀元（皇紀）は一八七三（明治6）年の太陽暦導入にともなって、『日本書紀』神武天皇即位年辛酉を西暦紀元前六六〇年に当て紀元とすることを明治政府が定めたもので、法律上は戦後も存続する。イスラム教のヘジラ紀元やユリウス日始点、中国暦法の暦元や年号も紀元である。（細井浩志）

きこう［寄口］ 律令制下の戸籍・計帳に戸主との続柄注記のない戸口。寄・寄人とも。戸主と同姓異姓の両方あり、また単独者から家族や奴婢をもつ者まで、存在形態は多様で、戸主家族の隷属労働力か、造籍上の制約による擬制戸口か、説が分かれる。（鎌田元一）

きこうじ［喜光寺］ 菅原寺とも。奈良市菅原町にある法相宗の寺。山号は清涼山。七二二年（養老6）行基の開創と伝える。七四九（天平勝宝元）年行基は当寺で没した。中世には興福寺一乗院に属す。金堂（戦国期）と本尊の阿弥陀如来像（平安末期）は重文。（藤田琢司）

きこうでん［乞巧奠］ 陰暦七月七日の七夕に針などを供えて裁縫の上達を祈る行事。古代中国の行事は『荊楚歳時記』にみえ、日本でも正倉院に大小の針七本が遺存する。平安末期の行事は『兵範記』によると金銀の針や五色の糸、さまざまな食物を供え、九本の燭台を立てる。（勝田至）

きざいはにわ［器財埴輪］ ⇩埴輪

きさいべ［私部］ 大王の后妃のために設置され、その資養にあたった部民。『日本書紀』によると五七七（敏達天皇6）年に設けられた。古くは允恭天皇の皇后忍坂大中姫のための刑部、雄略天皇の皇后草香幡梭姫皇女のための日下部など、特定の后妃ごとに名代の部民がおかれた。しかし后妃の地位が制度的に確立するにともない、各種名代を后妃の私有部民として定立し、私部の名に統一したものと考えられている。地方伴造として私部首などがある。

［参考文献］岸俊男『日本古代政治史研究』（塙書房昭41）。（舘野和己）

きさき［后］ ⇩大后

きし［紀氏］ 紀伊国を本拠とした氏族。木（紀）国造であった紀直と、建内（武内）宿禰の子の紀角宿禰を祖とする紀（木）臣がいる。『古事記』孝元天皇段によれば、孝元と内色許男命の女、伊迦賀色許売命との間に生まれた比古布都押信命は、木国造の祖、宇豆比古の妹、山下影日売を娶って建内宿禰を儲け、建内宿禰の子の木角宿禰は、木臣・都奴臣・坂本臣らの祖とみえている。『日本書紀』では、孝元天皇皇子の彦太忍信命の子の屋主忍男武雄心命が、紀直の遠祖である菟道彦の女、影媛を娶って武内宿禰を儲けたとする（景行天皇三年二月条）。「紀氏家牒」によれば、武内宿禰は紀伊国造宇豆比古（菟道彦の男）の女、宇乃媛を娶って角宿禰を生んだとみえる。紀ノ川下流域には、紀国造家につながる紀直と、その同族で王権との血縁関係を伝える紀臣が分布していた。

宇豆比古を祖とする紀直は、紀ノ川下流域の開発を進めて農耕に従事するとともに、外洋航海にも優れた技術を有していた。五世紀後半から六世紀初頭にかけて国造制が施行されると、紀直の首長が紀国造に任命され、日前・国懸神社（ともに紀伊国名草郡に鎮座する名神大社）の祭祀に預かるとともに、国造軍を率いて大和王権の対外軍事行動に加わり、また対外交渉にも従事するようになった。五八三（敏達天皇12）年七月、敏達は新羅に奪われた任那の復興を計り、火葦北国造阿利斯等の子で当時百済にあって活躍していた日羅を召還するため、紀国造押勝と吉備海部直羽嶋を百済に遣わしたが、百済国主は日羅を惜しんで許可せず、同年一〇月、紀国造押勝はその旨を復命している。

和歌山市岩橋の岩橋山塊に分布する岩橋千塚古墳群は、総数五二五基以上にも達する大規模なもので、五世紀中頃から築造が開始され、六世紀末におよぶ。内部構造が判明しているのは二三七基で、そのうち一九一例が横穴式石室である。横穴式石室の二〇%近くに、玄室内に梁や棚、あるいは梁・棚ともに存在しており、大きな特色となっている。その被葬者集団については、紀直が想定されているが、その規模からすれば、紀直・紀臣をも含めた紀ノ川下流域に居住した氏族の共同の奥津城だったとみたほうがよいと思われる。乙巳の変後の孝徳朝に、全国的に評制が施行され、従来の国造の多くは評造（郡領）に任命され、国造制は消滅した。天武朝に到り、律令国造（新国造）が任命されて、その国の「諸祭祀事」に預かるようになった。木（紀伊）国においても、紀直の一族から律令国造が任命された。七二四（神亀元）年一〇月、聖武天皇は紀伊国海部郡の玉津嶋に行幸したが、その際、名草郡大領外従八位上紀直摩祖を国造とし、位三階を進めている。七二九（同6）年三月二七日には、正八位上紀直豊嶋を紀伊国造とした。以後も紀伊国造の任命記事が散見し、『貞観儀式』巻一〇にも「太政官曹司紀伊国造儀」がみえている。七二三（養老7）年一一月、下総国香取郡・常陸国鹿嶋郡・紀伊国名草郡等の少領已上には、三等已上の親が連任することが認められ、紀伊国造が名草郡々領を連任するとともに、名草郡は神郡とされ、租庸調等を日前・国懸神社の神用に供することが認められた。そのため紀伊国造は後まで継承されることになった。いっぽう、紀臣は建内宿禰の子、木角宿禰を祖とする氏族で、同族に都奴臣・坂本臣がいる。六八四（天武13）年一一月、紀臣・角臣・坂本臣は朝臣の姓を賜った。奈良・平安時代の史料によれば、紀朝臣・紀臣の分布は紀ノ川下流域の那賀・名草郡を中心に、有田・

日高郡にも及んでいる。『古事記』孝元天皇段にみえる建内宿禰の後裔氏族系譜をみると、建内宿禰の子と同名の氏族が筆頭にあげられている。波多八代宿禰…波多臣、許勢小柄宿禰…許勢（巨勢）臣、蘇我石河宿禰…蘇我臣、平群都久宿禰…平群臣、木角宿禰…木（紀）臣とみえ、葛城長江曾都毗古のみ、葛城臣ではなく玉手臣となっている。これは建内宿禰の後裔氏族系譜が成立した時期には、葛城臣の勢力がすでに衰退していたためで、元来は葛城臣であったと考えられる。波多臣・許勢（巨勢）臣・蘇我臣・平群臣・木（紀）臣・（葛城臣）のうち、紀臣を除けば全て奈良盆地を本拠とする臣姓の有力豪族であった。葛城臣・平群臣・巨勢臣・蘇我臣は大臣を出した氏族で、また葛城臣・蘇我臣からは后妃を出し、大王家と姻戚関係を結んだ。そうしたなかで、紀臣のみ奈良盆地ではなく、紀ノ川下流域を本拠としていた。注目されるのは、奈良盆地の西辺に位置する斑鳩の西北、平群谷に紀臣の一族が分布していた事実である。平群谷に名神大社の平群坐紀氏神社（奈良県生駒郡平群町椿井に鎮座）があり、八七〇（貞観12）年四月二三日の「某郷々長解写」（『平安遺文』一六三号）によれば、同社の近傍に紀朝臣春世の所有する家地と建物があって、保證刀禰にも紀朝臣の名がみえている。また同社に近い龍田川左岸に、六世紀中頃に築造された全長三五メートルの前方後円墳、三里古墳（平群町三里）が所在する。横穴式石室の玄室の奥に花崗岩を用いた石棚が存在し、岩橋千塚古墳群の石棚をもつ横穴式石室と同構造である。以上のことから、紀ノ川下流域に分布していた紀臣の一族のなかに、六世紀中頃には奈良盆地の平群谷に移住した人々がいたことを示している。そうした背景のもとに、建内宿禰の子として木角宿禰が語り出されたかと推測される。

『日本書紀』では、紀臣について、応神・仁徳朝に紀角宿禰、雄略朝に紀小弓宿禰、雄略～顕宗朝に小弓宿禰の子の紀大磐宿禰、欽明～崇峻朝に紀男麻呂宿禰の活躍を伝える。いずれも大和王権の朝鮮経略に関わる伝承で、表記も名の下に、「宿禰」の敬称を加え、「臣」の姓を記さない。紀角宿禰に関する伝承は、応神天皇三年是歳条・仁徳天皇四一年三月条にみえ、百済の辰孫王や王族の酒君の無礼を責めた内容で、史実性に乏しい。雄略朝に、紀小弓宿禰・蘇我韓子宿禰・大伴談連・小鹿火宿禰らは新羅征討将軍に任命され、新羅を大いに破ったが、残兵の抵抗にあい、大伴談連は戦死し、紀小弓宿禰は病死した。それで子の紀大磐宿禰は新羅に渡って参戦したが、他の将軍との間に内訌を生じたため、倭国軍は引き上げた（『日本書紀』雄略天皇九年三月・五月条）。帰国後、紀小弓宿禰の妻であった吉備上道采女大海は、大伴室屋大連に夫を葬るべき場所を請うたところ、雄略天皇が大伴大連と紀臣の本拠は近隣であると示唆したので、大伴室屋大連は土師連小鳥に命じて田身輪邑に冢墓を作らせた（同九年五月条）。顕宗朝に、任那にあった紀大磐宿禰は高句麗と結び、三韓の王たらんとして百済と戦ったが兵力尽き、帰国した（『日本書紀』顕宗天皇三年是歳条）。

田身輪邑は大阪府泉南郡岬町淡輪の地で、五世紀代には茅渟海（大阪湾）に面した外港の一つだったと推測される。紀ノ川下流域からは、孝子峠を越えると約六kmほどの所で、紀氏の勢力範囲だったとみてよい。淡輪には、垂仁天皇皇子の五十瓊敷入彦命の墓と伝えられる宇度墓（五世紀後半の全長約一七〇mの前方後円墳。淡輪ニサンザイ古墳ともいう）をはじめ、西陵古墳（五世紀前半～中葉の全長約二一〇mの前方後円墳）、西小山古墳（五世紀中葉の径五〇mの円墳）が所在する。西小山古墳から、かつて金銅装竪矧細板鋲留眉庇付冑が出土しており、紀小弓宿禰の墓の伝承とも、ある程度相応している。

紀男麻呂宿禰は、新羅によって滅ぼされた任那官家の復興のため、五六二（欽明天皇23）年に大将軍として派遣されたが、新羅の経略にかかって失敗した。また五八七（用明天皇2）年七月、蘇我大臣馬子が起こした物部大連守屋討滅軍に加わり、五九一（崇峻天皇4）年十一月には、任那再建のため、大将軍の一人に任命され筑紫に赴いたが、外征軍は発遣されることなく、五九五（推古天皇3）年七月、筑紫から帰還した。

紀臣の同族である都奴臣と坂本臣の本拠地については、それぞれ周防国都濃郡、和泉国和泉郡坂本郷（和泉市阪本町）と推定されている。注目されるのは、史料にみえる紀臣・角（都奴）臣・坂本臣の分布地が、瀬戸内海の四国側のルート、すなわち讃岐沖から備後灘を通り、来島瀬戸を経て、周防の熊毛郡沖にいたる航路沿いにみられることである。また右の航路沿いに、外洋航路に用いられた準構造船の出土地、大型船の造船地、造船に用いるクスの巨木の分布がみられる。こうしたことから、岸俊男は、紀臣は大和王権の朝鮮経略に重要な役割を果たしていたことが確実であり、それが『日本書紀』にみえる伝承に反映していると推定した。六九一（持統5）年八月、十八氏に命じて墓記を上進させたが、その内に紀氏がみえている。また紀朝臣清人は、七一四（和銅7）年二月に、三宅臣藤麻呂とともに国史の撰修を命じられており、『日本書紀』にみえる紀臣関連伝承との関わりが注目されよう。清人（浄人）は学者・文人として著聞し、七二一（養老5）年正月、詔により退朝後、東宮（首皇子。後の聖武天皇）に侍すことになった。また神亀年間には、当代文雅の代表者六人の一人として数えられ、七四一（天平13）年七月、治部大輔兼文章博士となっている。

先にふれたように、紀臣からは大臣を出していない。六七一（天智10）年にいたって紀臣大人が御史大夫となったが、壬申の乱後の動静は不明である。大人の子の麻呂は、七〇一（大宝元）年三月、大納言となった。文武朝に竈門娘が文武天皇の妃となったが、七一三（和銅6）年一一月に嬪号を削られた。紀朝臣麻路は七四三（天平15）年五月に参議に昇った。紀朝臣諸人の女、橡姫は施基親王（志貴皇子）との間に白壁王を生み、白壁王が即位するにおよび、紀氏は光仁天皇の外戚として勢力をえ、桓武朝にかけて広純・家守が参議、船守・古佐美は大納言となり、また諸人・船守・広純らは軍事面でも活躍した。

〔参考文献〕岸俊男「紀氏に関する一試考」『日本古代政治史研究』（塙書房昭41）。末永雅雄他編『岩橋千塚』（関西大学文学部考古学研究室昭42）。栄原永遠男「紀氏と紀伊国」『紀伊古代史研究』第Ⅰ部（塙書房平16）。

（和田萃）

きし［吉士］ 外交に従事した渡来系氏族

集団。十数氏よりなる。キシは首長を表す古代朝鮮語に由来。難波津を本拠とする者が多く、令制下の摂津国東生・西成両郡の郡領を独占した。難波吉士・草香部吉士・三宅吉士が有力であるが、難波吉士は草香部・三宅など数氏をあわせた総称の可能性もある。ミヤケ経営にも関与し、一部は六世紀代に東国に入植している。有力氏のなかには阿倍氏に率いられて大嘗祭で吉志舞を奏し、その同族と称する者が存した。（加藤謙吉）

きじ［紀路］ 畝傍山付近から紀ノ川河口にいたる道。七二四（神亀元）年一〇月の紀伊国行幸に際して、笠朝臣金村が詠んだ歌（『万葉集』巻四―五四三）にみえる。巨勢寺の所在する巨勢谷付近では、「藤原宮の役の民の作れる歌」（巻一―五〇）にみえるように、「巨勢道」とも称された。紀路は自然の地形にそった古道で、奈良県高取町・御所市・五條市域では「東高野街道」と称され、現在もよく残っている。巨勢谷には六世紀に築造された権現堂古墳・新宮山古墳などがあり、また高取町市尾の市尾墓山古墳（六世紀初頭前後）や市尾宮塚古墳（六世紀中葉）の年代からみて、紀路の利用は六世紀に始まったと推定できる。舒明天皇の内野への狩獵（『万葉集』巻一―二）や六一二（推古天皇20）年五月五日の羽田（高取町羽内）への薬獵は紀路を利用したと推測できる。（和田萃）

ぎじおう［義慈王］ 生没年不詳。在位641～60 *百済最後の王。太子時代「海東の曾子」とよばれ、治世の当初、高句麗と歴史的和解をし、新羅に大きく侵略し領土も拡大。跡継ぎをめぐって内紛があったようで、王子*豊璋は倭へ。隆が太子となる。しだいに政治に倦み、成忠や興首の諫言をきかず防御を整えなかったため、六六〇年、唐・新羅連合軍の侵攻をうけると簡単に降伏。太子隆らとともに唐に連れ去られ、洛陽で死ぬ。ただし荒淫耽楽などは新羅からの見方の可能性もある。（田中俊明）

ぎしき［儀式］ 節会・祭事・祝儀など、一定の法式・次第によって行われる行事。古代では主として朝廷で行われる儀礼・行事をいい、その式次第等を記した書物をもいう。儀式には、反復することによって朝廷内の秩序を維持する機能があった。わが国では、中国の制度の影響をうけて推古朝以降しだいに整備され、六九八（文武2）年に朝儀に関する別式が、また八二一（弘仁12）年には最初の勅撰儀式書「内裏式」が撰上された。朝廷編纂の儀式書は、その後「貞観儀式」をへて、一〇世紀後半頃の「新儀式」までで、それより後には『西宮記』『新撰年中行事』『北山抄』『江家次第』などの私撰儀式書がつくられ、儀式遂行の規範となった。なお「延喜式」では朝廷の儀式を大儀・中儀・小儀に三大別して参列する官人の範囲を区別しており、大儀は元日朝拝・即位・外国使節接見、中儀は元日および白馬節会・射礼・新嘗祭等、小儀は告朔・除目・踏歌節会等をいう。（竹居明男）

ぎしきしょ［儀式書］ 儀式は本来、朝廷儀礼の規式で、朝儀・禁式ともいう。大宝・養老の学令に「学生、公私の礼事ある処、儀式を観せしむ」とあり、律令官人に不可欠の心得であった。それは当初個別の「別式」「記文」などに記され、やがては勅撰の「内裏式」「儀式」や私撰の『西宮記』『北山抄』など恒例・臨時の両項目にわたる儀式書が次々編纂された。ただ、恒例年中行事だけの解説書や特定官司用の儀式書も少なくない。

〔**参考文献**〕和田英松『本朝書籍目録考証』（明治書院昭12）。所功『平安朝儀式書成立史の研究』（国書刊行会昭61）。同『宮廷儀式書成立史の再検討』（国書刊行会平13）。（所　功）

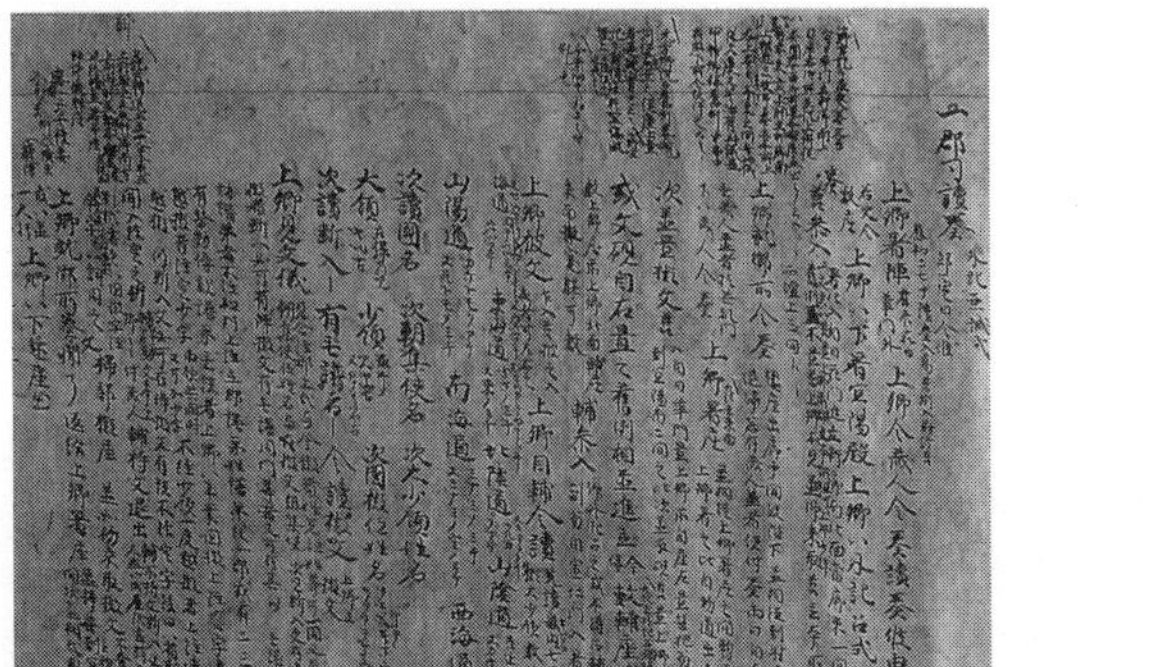

西宮記
宮内庁書陵部蔵

きしちょうせん［箕子朝鮮］ 伝説上、古代の朝鮮にあったとされる国。殷の末王である紂王の一族で賢者とされる箕子が、周に仕えずに東走し、朝鮮に国を開いたという。漢代までには成立していた伝説で、『史記』にもみえるが、史実とは認めがたい。『魏志』韓伝には、漢初、その末裔と称する箕準が平壌地方で勢力をもち、衛満がそれに代わって朝鮮国を建てた際に、準は韓に逃れて王となり、残りはそこにとどまり韓氏となったと伝えるが、楽浪韓氏の造作かとみられる。（田中俊明）

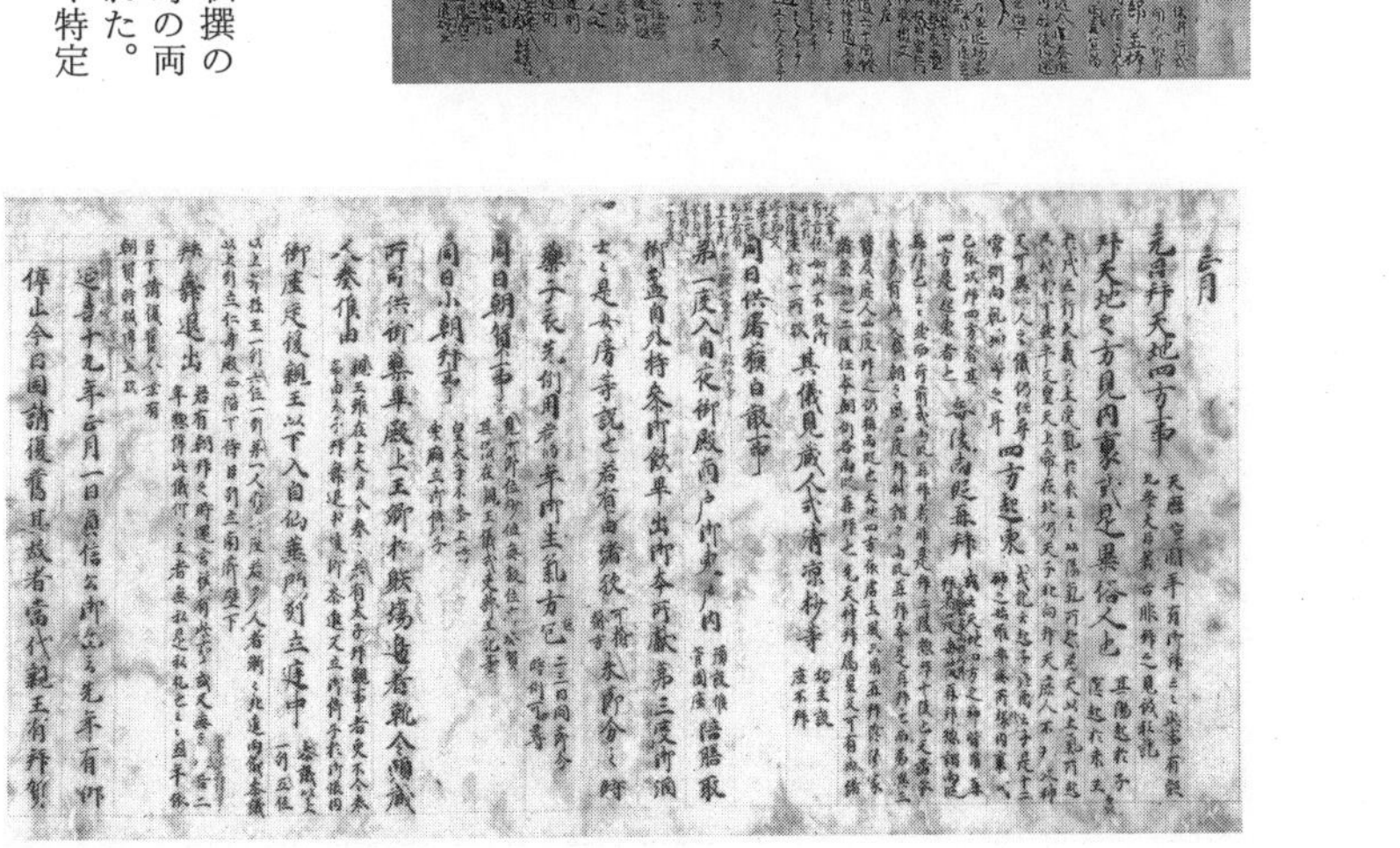

北山抄
平安時代中期の公卿藤原公任の編んだ儀式・公事の書。巻1本文冒頭
宮内庁書陵部蔵

きしつしゅうし［鬼室集斯］ 生没年不詳。

百済から亡命渡来した天智朝の高官。六六〇年の百済滅亡後、百済復興運動の中心となった鬼室福信との続柄は不明であるが、子である可能性が高い。天智天皇のとき、福信の功により小錦下（令制の従五位相当）を授けられた。また、同天皇に重用され学職頭（令制の大学頭に相当）に任じられ、近江国蒲生郡に余自信や百済の男女七〇〇余名とともに移住した。同郡蒲生町にある百済様式の石塔寺三重石塔の建立と関連するのではないかという説がある。その墓碑は同郡日野町の鬼室神社境内にあるが、中世の造立であろう。

【参考文献】西谷正他監修・蒲生町国際親善協会編『石塔寺三重石塔のルーツを探る』（サンライズ出版平12）。 （胡口靖夫）

きしつふくしん【鬼室福信】 ?～663 百済の百済復興運動の英雄。「鬼室」は百済の複姓。初見は韓国の扶余にある「唐劉仁願紀功碑」。百済の武王（義慈王の父）の甥。六二七年に武王の使者として唐に赴く。六六〇年の百済滅亡後、任存城によって叛し、百済復興運動の総帥の地位につき、倭国に遣使して軍隊の救援をうけほぼ成功するかにみえた。しかし、協力関係の僧道琛を殺害し、倭国から迎えた豊璋王に服属しきれず、王を謀殺しようとしたが逆に殺され、百済復興運動の瓦解の大きな原因となった。なお、中国史料に「福信兇暴、残虐過甚」などの文言が頻出するが、手強い敵将に対する人物評価だけに慎重な吟味が必要であろう。 （胡口靖夫）

きしとしお【岸俊男】 1920～87 昭和期の歴史学者。日本古代史の研究にすぐれた業績を残す。京都大学文学部を卒業後、国史研究室の助手、奈良女子大学文学部助教授をへて京都大学助教授（教養部）となり、一九六九（昭和44）年から京都大学文学部教授として研究と教育に従事。京大を定年退官後は、奈良県立橿原考古学研究所長、愛知学院大学教授を兼ねる。史学研究会理事長、木簡学会会長などを歴任。郷里制の研究、古代宮都の考察、戸籍・計帳の解明をはじめとして、古代日本の政治と文化の論究に多大の実証的成果をあげた。主著に『日本古代政治史の研究』（塙書房昭41）があり、『日本古代籍帳の研究』（塙書房昭47）、『宮都と木簡』（吉川弘文館昭49）、『遺跡・遺物と古代史学』（吉川弘文館昭55）、『藤原仲麻呂』（吉川弘文館昭44）などがある。 （上田正昭）

きしのかね【吉士金】 生没年不詳。六世紀末の官人。名を金子とも。五七五（敏達天皇4）年、「任那の調」の貢進を促すため、新羅に派遣され、五九一（崇峻天皇4）年、征新羅軍の筑紫集結の際に、「任那再興」を問いただす目的で、再度新羅に遣わされた。 （加藤謙吉）

きしのながに【吉士長丹】 生没年不詳。七世紀中葉の遣唐大使。六五三（白雉4）年に入唐。時に冠位は小山上。翌年、筑紫に帰着。唐の皇帝に謁見し、多くの文書・宝物をえたことを褒せられ、少花下に叙せられ、封二〇〇個を賜い、また呉氏の姓を賜わった。 （加藤謙吉）

きしべがようし【吉志部瓦窯址】 大阪府吹田市岸部北に所在する平安初期の造宮瓦窯。発掘調査では九基の半地下式の有牀式平窯と、緑釉瓦の二次焼成を行った四基の半地下式有階無段窖窯が確認されたが、後にさらに二基の平窯が認められた。丘陵裾の平坦部では造瓦工房が展開し、掘立柱建物や井戸、轆轤ピット、粘土採掘穴群が確認された。瓦窯と造瓦工房の両面から把握できる重要な造宮瓦窯跡であり、緑釉製品の焼成窯としても最古の発掘例である。一九七一（昭和46）年に国史跡に指定された。

【参考文献】大阪府教育委員会「岸部瓦窯跡発掘調査概報」（昭43）。 （藤原学）

きしまい【吉志舞】 ⇨吉士

ぎしゅうもん【宜秋門】 平安京内裏の外郭西築地の門で、陰明門の西に位置する。門外の築地に沿って北舎・南舎があり、右衛門府の詰所となっていたことから、当門を右衛門陣とも称した。西方は「宴の松原」とよばれる広場となっていた。 （西山恵子）

ぎじょう【義湘】 625～702 義相・義想とも表記。新羅の高僧。朝鮮半島における華厳宗の開祖。『宋高僧伝』『浮石本碑』（『三国遺事』所引）『三国遺事』義湘伝教条など伝記資料は多いが、一致しない点も多い。俗姓は金氏とも朴氏ともいい、王京人で貴族の出身とされる。二〇歳の頃出家し、六五〇年頃入唐をめざすも失敗。六六一年に入唐し、唐の華厳宗第二祖の智儼に師事。第三祖の法蔵は弟弟子。帰国後、浮石寺などを創建。智通・表訓など多くの弟子を教育。日本でも『華厳宗祖師絵伝』などで伝説的に語られる。 （田中俊明）

きしょうもん【起請文】 宣言・契約等の際に、神仏にかけて厳守することを誓った文書。平安末期頃から現れ、やがて誓約文書の代表となった。前段に誓約する内容を記し（前書）、後段には背いた場所に神仏の冥罰をうけることを記す（神文）。 （横澤大典）

ぎしょとういでん【魏書東夷伝】 中国正史の一である西晋の陳寿撰にかかる『三国志』の『魏書』烏丸・鮮卑・東夷伝の略称。東夷伝には夫餘、高句麗、東沃沮、挹婁、濊、馬韓、辰韓、弁韓、そして倭人についての記述がある。この倭人条が『魏志』倭人伝と通称され、全文およそ二〇〇〇字あり、『漢書』地理志につぐ中国史書の日本に関する記録であり、『漢書』に比べてはるかに詳しい。記述内容は、帯方郡を基点として邪馬台国にいたるまでの諸国の戸数、里数、道程、官制、風俗などが記された後に、魏と女王卑弥呼を戴く邪馬台国との景初二年（三年の誤り。二三九年）を最初とする数回にわたる外交交渉が詳細に記される。邪馬台国を含めて三世紀の倭国の状況を知るうえでの貴重な史料である。里数と道程をめぐり邪馬台国を日本列島のどの地に比定するか諸説があり、ジャワ島比定説すらある。また邪馬壹国が正しい国名であるとの説も出されている。 （愛宕元）

ぎしわじんでん【魏志倭人伝】 西晋の陳寿が編集した魏・蜀・呉のいわゆる三国の史書である『魏書』の東夷伝倭人の条。俗に『魏志』倭人伝という。太康年間（二八〇―二八九年）に成立し、『三国志』は『魏書』（三〇巻）、『蜀書』（一五巻）、『呉書』（二〇巻）よりなる。いわゆる『魏志』

倭人伝は(1)帯方郡から邪馬台国へいたる方位・里数・日程などを述べ、(2)倭人の風俗、(3)魏王朝と邪馬台国などとの外交記事を記載する。三世紀の前半を中心とする倭人の政治・社会・経済・文化などの状況を述べた同時代史として古くから注目され、『日本書紀』の気長足姫尊（神功皇后）の巻（巻第九）にも三ヵ所に註記引用する。邪馬台国の所在については畿内説・九州説などがあって、今もなお論争が続いている。所在論ばかりでなく、政治・社会・経済・文化のありようを階級と国家のなりたちの観点からも究明する必要がある。『魏書』のなかの倭人の条として文献批判を加え、さらに当時の東アジアの情勢とのかかわりあいのなかで、考古学・民俗学・文化人類学などの研究成果を総合して考察しなければならない。

〔**参考文献**〕三品彰英『邪馬台国研究総覧』（創元社昭45）。佐伯有清『研究史邪馬台国』（吉川弘文館昭46）。同『研究史戦後の邪馬台国』（吉川弘文館昭47）。山尾幸久『魏志倭人伝』（講談社現代新書昭47）。 （**上田正昭**）

きしん［基真］　生没年不詳。基信とも。奈良時代の僧。七六六（天平神護2）年隅寺の毘沙門天像から舎利が出現したとして法参議大律師に任じられたが、のちにこれは基真の仕組んだ偽りと判明。七六八（神護景雲2）年、師の円興を凌突（犯し欺く）したとして飛驒国に流された。 （**藤田琢司**）

きじん［貴人］　⇩貴

ぎしん［義真］　781～833　平安時代前期の天台宗の僧。俗姓は丸子連。相模国出身。初代天台座主。八〇四（延暦23）年、最澄の訳語僧として入唐。天長勅撰六本宗書の一つ『天台法華宗義集』の著者。 （**志麻克史**）

きしんじょう［寄進状］　古文書の様式の一つ。神仏や権門勢家に土地や財物を寄進するときに作成する文書。奈良時代には物品の場合は献物帳、土地の場合は施入状といい、平安時代以降、寄進状といわれる。書式は定形はないが、多くは冒頭に献、施入、寄進と書き、ついで寄進先、寄進する品目、趣旨を記す。（**綾村宏**）

きしんちけいしょうえん［寄進地系荘園］　土地の寄進によって成立し、重層的な職の体系に特徴が認められる荘園類型の一つ。一一、一二世紀の荘園の主流ともされる。寄進をうけた公家は本家・領家などと称され、寄進者は下司職に補され在地に密着して荘務を担った。

〔**参考文献**〕中田薫『法制史論集2』（岩波書店昭13）。永原慶二『日本封建制成立過程の研究』（岩波書店昭36）。川端新『荘園制成立史の研究』（思文閣出版平12）。 （**山本崇**）

ぎせいかん［議政官］　大宝・養老令制下において、太政官内で国政について審議する権限をもつ官。具体的には、左右大臣・大納言をさし、のち中納言・参議が加わった。大化前代からの朝廷における大夫合議制の伝統をひくとみられる。 （**荊木美行**）

ぎせいりょう［儀制令］　大宝・養老令の編目の一つ。養老令では第一八編に相当し、全二六条からなる。天皇の呼称・行幸の送迎・告朔・辞見・廃朝・祥瑞・元日の拝賀・下馬の礼・儀戈・版位・蓋など儀式・儀礼に関する規定のほか、五行器、春時祭田、五等親制、年号の使用など、多岐にわたる規定をふくむ。 （**荊木美行**）

ぎせき［偽籍］　律令制下、課役をのがれ、口分田を不正に受給するため、年齢・性別を偽ったり、死亡者や逃亡をかくすなど、戸籍に虚偽の記載をすること。国・郡司の不正もこれを助長した。八世紀末以降顕著となり、律令制の崩壊を促進した。 （**鎌田元一**）

きせん［喜撰（法師）］　生没年不詳。平安時代前期の歌人。基泉・其撰・窺詮・窺仙等とも。六歌仙の一人とされるが、伝在歌は三首のみ。宇治山に住したという伝説的人物。百人一首歌人。仮託の歌学書に『倭歌作式（喜撰式）』がある。 （**佐々木孝浩**）

ぎそう［義倉］　飢饉に備え、貧富の程度に応じて粟を徴収する制度。令の規定では戸を上上から下下の九等に分け、戸別に粟を納めることになっているが、九等の資産基準や粟を納める戸の範囲については数回にわたり改定がなされている。天平年間の「越前国義倉帳」、「安房国義倉帳」によると、義倉穀を負担していたのは戸全体の一～二割程度である。従って貯穀量も少なく、備荒制度としては不十分なものであった。 （**寺内浩**）

きそじ［木曾路］　古代には吉蘇路、岐蘇路、吉祖路、岐岨路とも書くが、近世以降は木曾路が一般化した。美濃国と信濃国を結ぶ道路で、『続日本紀』に七〇二（大宝2）年に着工、七一三（和銅6）年に完成したとされるが、その具体的な経路については諸説がある。 （**高橋誠一**）

きたさだきち［喜田貞吉］　1871～1939　徳島中学校をへて第三高等中学校（後の第三高等学校）を一八九四（明治27）年に卒業。帝国大学文科大学（後の東京帝国大学）に進み、九六（同29）年同大学（国史科）を卒業。私立成田中学校校長、新義真言宗豊山派尋常高等中学校普通科主任教授などを歴任して、一九〇一（同34）年に文部省図書審査官に任命。〇八（同41）年教科用図書委員会主査委員、第二部員、起草担任となる。一〇（同43）年南北朝正閏問題勃発、翌年二月、文官分限令によって休職、一三（大正2）年二月休職満期、同年七月京都帝国大学（後の京都大学）専任講師に迎えられ、二〇（同9）年七月京都帝国大学教授に昇任。二四（同13）年九月依頼退職、その後京大文学部講師・宮城県師範学校（専攻科）講師などをつとめる。三三（昭和8）年四月『還暦記念六十年之回顧』を刊行。一八九九（明治32）年に日本歴史地理研究会（後に日本歴史地理学会と改称）を組織し、雑誌『歴史地理』を発行。一九〇九（同42）年学位論文（平城京の研究、法隆寺再建論など）で文学博士を取得。一九（大正8）年に雑誌『民族と歴史』（後に『社会史研究』と改題）を発行。宮都・法隆寺をはじめとする古代史研究のほか、考古学・民俗学など多方面の研究に従事し、日本民族史や部落問題の考察にもとりくむ。

〔**参考文献**〕上田正昭『喜田貞吉』（講談社昭53）。 （**上田正昭**）

きたしひめ［堅塩媛］ 生没年未詳。欽明天皇の妃。蘇我稲目の女。『古事記』は岐多斯比売と記す。橘豊日尊（用明天皇）、豊御食炊屋姫尊（推古天皇）ら七男六女を生む。六一二（推古天皇20）年、檜隈大陵（欽明陵）に改葬された。（中川久仁子）

きたしらかわいせきぐん［北白川遺跡群］ 京都市左京区北白川に所在する縄文時代前～後期の集落遺跡。比叡山西南麓の白川の扇状地に、北白川追分町遺跡、北白川小倉町遺跡、北白川上終町遺跡、京都大学本部・教養部構内遺跡などが立地する縄文遺跡群の総称。幕末の頃から藤貞幹により知られていたが、発掘調査の端緒となったのは一九二三（大正12）年、濱田耕作が北白川追分町から石斧を採集したことによる。三四（昭和9）年の北白川小倉遺跡の調査では大量の土器と石器より、前期と後期の集落跡であることが判明した。この縄文土器を小林行雄は四群に分類したが、のちに近畿地方の前期と後期の土器編年の基準となる北白川下層Ⅰ式、北白川下層Ⅱ式、北白川下層Ⅲ式、北白川上層式の基となる。北白川追分町遺跡では中期末葉の住居跡、後期前葉の配石墓、甕棺と、低湿地部分から埋没林、堅果類、昆虫を検出した。北白川C式という中期末葉の土器型式を設定した。この遺跡は比叡山西南麓を領域とする移動生活の一端を示しているという指摘がある。

［参考文献］梅原末治「京都北白川小倉町石器時代遺蹟調査報告」（『京都府史蹟名勝天然紀念物調査報告16』昭10）。小野山節他「先史時代の北白川」（『京都大学文学部博物館図録第4冊』平3）。（岡崎晋明）

きたしらかわはいじ［北白川廃寺］ 京都市左京区北白川に所在する寺院跡。七世紀後半に創建され、平安時代までは瓦の葺き替えなどがなされている。建物は約八〇m離れて、東に約三六×二三mの瓦積東方基壇、西に一辺約二三・六mの瓦積基壇（のちに乱石積みに改修）の塔が確認されている。遺物は高句麗系軒丸瓦、山田寺式軒丸瓦、紀寺式軒丸瓦、特殊タタキ文様の瓦などがあり、主に岩倉瓦窯跡群から供給されている。造営氏族に関しては、粟田氏と考える説がある。（亀田修一）

きたの［北野］ 平安京の北郊外にあった京都七野の一つ。現在の京都市北区白梅町や上京区馬喰町の北野天満宮一帯。七九六（延暦15）年以後北野でたびたび遊猟が行われる記事があり、平安京近郊の遊猟地であった。また、八三六（承和3）年には遣唐使のために天神地祇が祭られるというように聖地でもあった。この地には北野の右近馬場もあり、後に*菅原道真の死後、道真の怨霊を鎮めるために、*北野天満宮が祭られた。（高橋美久二）

きたのじんじゃ［北野神社］ ⇩北野天満宮

きたのたい［北の対］ *寝殿造の母屋の北に位置する対の称。母屋の後方に位置したため、東対、西対ほど絵巻物などには描かれる機会は少ない。（西山恵子）

きたのてんまんぐう［北野天満宮］ 京都市上京区馬喰町に鎮座。北野神社・北野天神・天満大自在天神宮・火雷天神・北野御廟等とも。全国の天満宮の本社。主祭神は*菅原道真。相殿には中将姫・吉祥女を配す。創立の過程は、「北野天神御託宣記文」「北野天神縁起絵巻」等によりおうことができる。九四二（天慶5）年七月二日、右京七条二坊十三町に居住の巫女、多治比文子に道真の託宣があって、北野の右近馬場に社殿を建てて祀ることが求められたが、「賤妾」のため容易ではなく、柴の庵の辺に小祠をつくり、私的に祀った。九四七（天暦元）年三月三日、近江国比良宮の禰宜神良種の子太郎丸に託宣があって、一夜のうちに数千本の松が右近馬場に生じ、文子は良種および北野朝日寺の僧最珍と協力し、同年六月九日に神殿をつくり、天満天神と崇めたという。その後も社殿の整備が進められ、九五九（天徳3）年、右大臣藤原師輔によって社殿の増築がなされ、堂々たる社殿が出来上がった。現在の社殿は一六〇七（慶長12）年造営のものであるが、平安時代からの形式を受け継ぐ*権現造の代表的な建築である。当初、道真の霊を慰めるものであったが、後に学問の神として発展する。当社の例祭である北野祭は古くは私祭であったが、のち官幣を奉られる（現在、八月四日、もと八月五日）。また、北野臨時祭は、『二十二社註式』には一〇〇五（寛弘2）年にはじめて神宝を賜ったとされるが、一二九〇（正応3）年以後、例祭後に勅使をさして宣命を賜ることとなり、一時中絶したが再興され、一八七三（明治6）年まで続いた。一六〇七（慶長12）年造営の八棟造の社殿は最古の権現造で、本殿拝殿等は国宝、中門・回廊等は重要文化財。「北野天神縁起絵巻」など他にも多くの文化財を蔵する。

［参考文献］『北野誌』全三冊（国学院大学出版部明42・43）。（堀越光信）

きたのまつり［北野祭］ ⇩北野天満宮

きたのりんじさい［北野臨時祭］ ⇩北野天満宮

きたやましげお［北山茂夫］ 1909～84 歴史学者。和歌山県の農家の生まれ。父の鶏太は『源氏物語辞典』を著わす。一九三四（昭和9）年東大文学部国史学科を卒業。在学中に羽仁五郎の影響をうける。卒業後、主として奈良時代を中心とする研究に励む。「大宝二年の筑前国戸籍残簡について」の論文で学界の注目を集めた。三七（同12）年横浜の潤光学園教論、四三（同18）年和歌山県立田辺中学教論となる。戦後は学校と地域の民主化運動に尽力したが、占領軍と地域ボスの圧迫をうける。四九（同24）年立命館大学非常勤講師、翌年教授。『万葉の世紀』（東大出版会昭28）、『日本古代政治史の研究』（岩波書店昭34）、『大化の改新』（岩波新書昭36）など、すぐれた業績を残す。その該博な知識は内乱を中心とする政治史や独自の万葉研究にも遺憾なく発揮されている。基本的にはマルクス主義歴史学の陣営に属したが、教条主義を排し、左右いずれの圧力に属することなく、豊かな感性を歴史と文学の研究に活かした。

［参考文献］松尾尊允編『北山茂夫伝記と追想』（みすず書房平3）。（上田正昭）

きだん［基壇］ 寺院や官衙などの大型建物の基礎となる壇。側面の化粧方法と素材の違いによって切石積、壇上積、塼積、瓦積、乱石積などの種類がある。地覆石の上に羽目石を立て、さらに葛石をのせ

る構造が切石積基壇で、これに束石が加わると壇上積基壇とよばれる。（杉山洋）

きちじょうけか【吉祥悔過】 「きっしょうけか」とも。吉祥天を本尊として罪過を懺悔し、五穀豊穣・天下泰平など攘災招福を祈願する法会。奈良時代後期以降、諸国国分寺や国庁の正月行事として恒例化し、大極殿の御斎会の夜や、諸寺でも行われた。（竹居明男）

きづ【木津】 ⇩木津川

きづがわ【木津川】 京都盆地内を流れる三大河川の一つ。伊賀国から南山城をへて、京都盆地の出口で宇治川・桂川と合流して淀川となる。奈良時代には泉川とよばれて、平城京に運ばれる物資のほとんどが、この川の水運を利用して、泉津で陸揚げされた。なかでも平城京や南都諸大寺の造営用の材木が伊賀、近江、丹波などから運ばれたことから、津の名が泉津から木津に、川の名が泉川から木津川となった。都が平安京に移って以後、泉津から名を変えて木津になってからも、南都諸大寺の津として重要さは変わらなかった。（高橋美久二）

きつき【吉記】 権大納言吉田（藤原）経房の日記。記名は経房が京都の東の吉田に住んだことによる。一一七三（承安3）年から八八（文治4）年の記文が断続的に伝わるが、ほかに「夕郎五代拝賀次第」「親王御元服部類記」に逸文が、本記を抄出した「吉部秘訓抄」「公事問答記」もある。源平争乱期の重要史料で、『玉葉』『吾妻鏡』の欠を補う。『増補史料大成』「新訂吉記」（和泉書院）。（松本公一）

きづきたいしゃ【杵築大社】 ⇩出雲大社

きっこうもん【亀甲文】 文字どおり、亀の甲羅を思わせるような六角形の単位文様を連ねた文様。亀甲繋文とも。亀甲文の内部には、各種の動・植物文を表現することが一般的である。その起源は、中国の漢代にあるが、五世紀以後、中国の石窟寺院壁画や朝鮮半島の三国時代高句麗の古墳壁画のほか、三国時代百済・新羅・加耶の馬具の鞍橋、新羅の装身具の耳飾り・履・銀杯、百済の杯、加耶の刀装具などの装飾文様として多用された。その影響をうけて、日本の古墳時代の鞍橋などに認められる。（西谷正）

ぎっしゃ【牛車】 牛に引かせる乗用車で屋形がそなえられているものをいい、屋形のない荷物用のものは「うしぐるま」とよんだ。屋形の前に轅があり、その先の軛を牛にかけひかせた。後から乗り、前から降りた。身分や位階、用途により多くの種類があった。参内の際、牛車乗用のまま宮門を通行することを許可する宣旨を牛車宣旨という。（西山恵子）

きっしょ【吉書】 年始、政始、代替、改元、任官、元服など、物事の始まりに際して天皇・将軍などが儀礼的に見る文書。平安時代、朝廷で弁官や蔵人所から吉書を天皇に奏上する吉書奏が年中行事化し、同様な儀式が摂関家や幕府でも行われた。（綾村宏）

きったん【契丹】 モンゴル系の遊牧民族。中国文献でKitaiの複数形Kitanを契丹と音写した。四世紀以来、シラ・ムレン流域を原住地として遊牧生活し、突厥、回鶻、高句麗、北魏などに従属していた。ついで唐の羈縻支配に組み込まれると血縁的集団から地縁的な部族集団へと成長し、唐が滅びる一〇世紀初めには周辺諸部族の征服、さらに燕雲一六州という中国内地をも領有する最初の征服王朝遼を樹立した。一二世紀初めに東北部より興った女真族の金に滅ぼされた。（愛宕元）

きつね【狐】 イヌ科の中型野獣。稲荷の神の使者として信仰する人びとが多く、狐をまつる伝承も各地にある。田の神の化身とする地域があり、狐塚（狐神をまつる塚）の地名は全国に分布する。本格昔話のなかの異類求婚譚のなかに、男が狐を助けて、狐が女に化けて女房となり、その間に生まれた子供が母親に尾があるのをみつけ、正体を見破られたので女房は山に去る狐女房がある。狐にとりつかれたとする狐憑きの俗信もある。（上田正昭）

きでら【紀寺】 紀氏の氏寺。『続日本紀』天平宝字八（七六四）年七月丁未条には紀寺の奴益人らが良民となり紀朝臣の姓を賜るよう訴えたことがみえる。六七〇（天智9）年作成の庚午年籍にも記載があったといい紀寺の創建は天智朝以前にさかのぼる。奈良県高市郡明日香村小山には紀寺跡（小山廃寺）がある。南門・中門・金堂・講堂・回廊跡が検出された。平城遷都にあたり飛鳥から移された紀寺跡が奈良市紀寺町にもあり、平城京左京五条七坊に位置し、璉城寺がその後身という。（鶴見泰寿）

きでんたい【紀伝体】 中国の史書編纂の主要な形式の一つ。ほかに編年体、紀事本末体がある。紀伝体は『史記』に始まり、以後の正史はすべてこの形式による。皇帝の事跡や国家的大事を年代順に記す本紀、臣下の伝記である列伝、年表・世系表・人名表などの表、制度・地理などをジャンル別に記す志からなる。この編纂形式は日本や朝鮮でも採用され、『大鏡』『元亨釈書』『大日本史』『三国史記』などは紀伝体形式によっている。（愛宕元）

きでんどう【紀伝道】 大学寮で中国史を専攻した学科の名称。七二八（神亀5）・七三〇（天平2）年の学制改革で設置された文章博士一人・文章得業生二人・文章生二〇人からなる学科が母体。同科は漢文学と中国史を専攻しつつ、式部省が行う令制の秀才と進士の二種の登用試験に対応した。文章博士の官位相当は八二一（弘仁12）年に正七位下から従五位下に上げられて大学教官の筆頭となり、定員も八三四（承和元）年に二人に増員された。この学科を母体として九世紀中葉に紀伝道が成立する。教科書は三史（史記・漢書・後漢書）と文選で、これらは弘仁式では中経、「延喜式」では大経に準じる扱いをうけた。登用試験への対応は秀才試に絞られ、得業生は秀才と別称されるようになった。漢詩作成を課する文章生選抜試験も式部省が行うようになり、受験資格者として擬文章生二〇人がおかれた。紀伝道は大学寮四道の筆頭で、朝廷で儀礼上の問題が起きた時、中国史についての学殖を基盤として勘申を行った。平安前期には漢文学の隆盛もあって菅原道真ほか文人宰相を多く輩出した。

平安京の大学寮の敷地における紀伝道の区画は文章院、その講堂は北堂とよばれた。

〔**参考文献**〕久木幸男『日本古代学校の研究』（玉川大学出版部平2）。桃裕行『上代学制の研究［修訂版］著作集1』『上代学制論攷著作集2』（思文閣出版平5・6）。　**（古藤真平）**

きとう【祈禱】　致福や除病など現世の目的を神仏に祈ること。疫病などで朝廷が諸社に奉幣する場合も祈禱というが、とくに密教の加持祈禱をさす。密教の祈禱は護摩の儀礼によって行う。平安時代には天皇の安穏を祈禱する護持僧が設けられ、貴族も特定の僧を頼んで祈禱させた。　**（勝田至）**

きどう【鬼道】　三世紀の女王卑弥呼の信仰形態。『三国志』の『魏書』東夷伝倭人の条（『魏志』倭人伝）には倭の女王卑弥呼について「鬼道を事として、能く衆を惑わす」と記す。『後漢書』東夷伝倭の条（『後漢書』倭伝）には「鬼神道」と書く。この「鬼道」については、シャーマニズムとみなす説が多いが、『魏書』（『魏志』）の張魯伝や『蜀書』（『蜀志』）の劉焉伝に述べる「鬼道」が道教教団（五斗米道）の「鬼道」を意味しているので、卑弥呼の「鬼道」も道教とみなす説がある。注目すべき見解だが、陳寿が卑弥呼の信仰形態を「鬼道」に類するものとみなしての表現であり、卑弥呼の宗教をただちに道教とみなすわけにはいかない。

〔**参考文献**〕重松明久『邪馬台国の研究』（白陵社昭44）。上田正昭『倭国の世界』（講談社現代新書昭51）。大和岩雄「卑弥呼の鬼道と神仙思想」（『東アジアの古代文化』一一六号）。　**（上田正昭）**

ぎどうさんしのはは【儀同三司母】　?～996　平安時代中期の歌人。名は貴子。高内侍ともよばれる。父は高階成忠。藤原道隆の室となり、儀同三司伊周、中宮定子らを生む。家集はなく、『拾遺集』以下の勅撰集に五首入集。『栄花物語』『大鏡』によれば漢学にも通じた才女だった。　**（堀川貴司）**

キトラこふん【キトラ古墳】　奈良県明日香村阿部山にある壁画古墳。阿部山集落北（北浦・キトラとよぶ）にある丘陵南斜面に築く二段築成をした版築積の円墳。一九八三（昭和58）年、NHKの教養番組で科学探査によるキトラ古墳の調査があり、ファイバースコープにより、凝灰岩の切石積の石室内部を漆喰で塗り、奥壁に玄武を描いた壁画古墳と判明した。南を入口とする石室は、高松塚古墳と同規模の石棺式石室（石槨）と思われるが、天井石を台形に抉り、奥壁は二枚作りらしい。石室の形式はマルコ山古墳に近い。九八（平成10）年に超小型カメラ、二〇〇〇（同12）年の三月と一一月にデジタルカメラで四神像、日月像、天文図をとらえた。四神像のうち玄武、青竜、白虎は高松塚古墳と酷似する。これに朱雀を含めて四神の図像は、奈良県薬師寺金堂薬師如来像台座の四神像の古様式である。〇二（同14）年一月と〇四（同16）年三月の調査によると、奥壁と東側壁の下部で獣頭人身像の寅と子の姿がわかった。復原すると、各側面に三体の十二支像になるらしい。天文図は、北斗七星を囲む内規、地平線を示す外規、さらに、両輪の中間にある天の赤道の三輪が同心円となる。赤道と同径の黄道をずらした四輪とも朱線を引く。外規の内側に金箔の星を朱線で結ぶ星座を配する。これまでの飛鳥古墳から推定して、七世紀後半から八世紀初頭の築造である。墳丘立地、石室構造には百済王陵の影響がある。また、四神像、天文図は高句麗古墳の雰囲気をみせる。そして十二支像は、唐の墓誌を連想させる。東アジアの王権の象徴する図像を凝縮するようである。〇四（同16）年の調査で、墓道に二条の道板抜取り、左右に柱穴痕跡がわかった。今後の調査が期待される。

〔**参考文献**〕明日香村「キトラ古墳保存に伴う探査概報」（平11）。猪熊兼勝「二つの壁画古墳」『東アジアと日本の考古学』（同成社平14）。奈良文化財研究所「キトラ古墳壁画」（奈良文化財研究所平14）。　**（猪熊兼勝）**

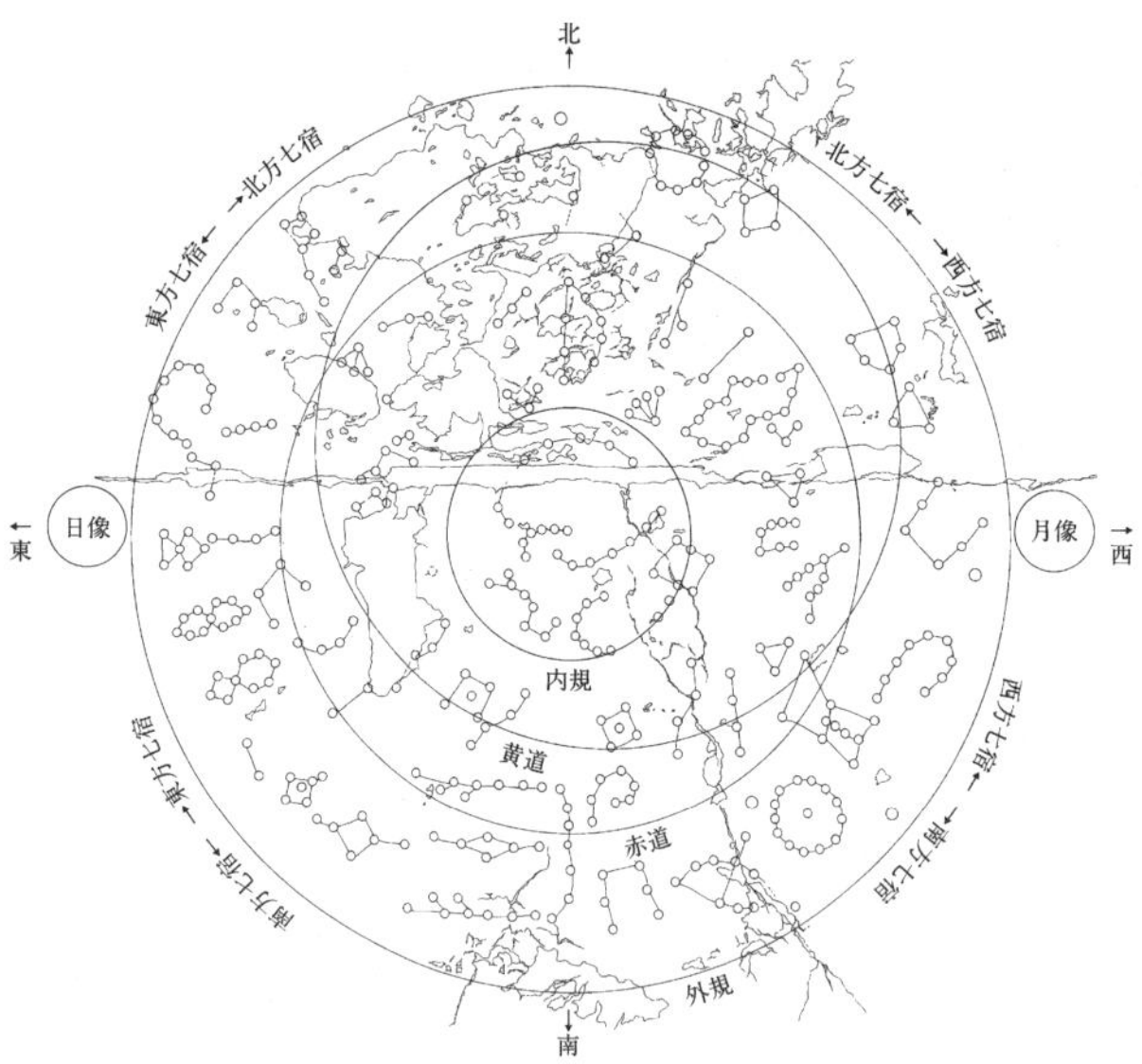

※下から見上げた図

キトラ古墳天文図（配置図）
図：奈良文化財研究所

きない【畿内】　律令制における都とその周囲の特別行政区域。畿内の制は『日本書紀』に記す、六四六（大化元）年正月の条の「改新の詔」第二条にはじめて「畿内国」を設け、東は名墾の横河、南は紀伊の兄山、西は赤石（明石）の櫛淵、北は近江の合坂山を境とすることがみえる。「大宝令」では畿内は大倭（大和）・摂津・河内・山背の四ヵ国とする。したがって四畿内と称され、東海道ほかの七道とあわせて畿内・七道とよばれた。七一六（霊亀2）年に河内南部の大島郡・和泉郡・日根郡を割いて和泉監をおいたが、七四〇（天平12）年に河内に併合されたのち、七五七（天平宝字元）年に再び分立して和泉国となった。そこで五畿内あるいは五畿・七道などというようになる。この畿内制は、中国の王畿（邦畿・京畿・国畿などともよぶ）の制に由来し、周代以来、都を中心とする規定があったが、確実な畿内制の実施は北魏に入ってからという。首都平城を中心に東西南北の四至を定めた平城型と、東魏の首都鄴を中心とする一〇郡、北斉の八郡などの鄴型とがあった。「改新の詔」の畿内国は平城型であり、「大宝令」の畿内制は鄴型といえよう。律令国家の朝廷官人の任用資格は原則として畿内出身者とされており、特別行政区域の色あいが濃厚である。五畿内の順次はもと大和国を第一としたが、八三六（承和3）年には山城国を第一とすることに改められた。

【参考文献】関晃「畿内制の成立」『山梨大学学芸学部研究報告五』（山梨大学昭29）。京都大学近畿圏総合研究会編『近畿圏』（鹿島出版会昭44）。　（上田正昭）

きないこく【畿内国】⇩畿内

きなしのかるのたいし【木梨軽太子】⇩軽太子・軽大郎女

きぬ【衣】　朝鮮半島では、三国時代の百済や新羅において、それぞれ一六等級の官僚群が大きく三段階に分けられ、着用する官服が紫・緋・青色と、一七等級が四つのグループに、紫・緋・青・黄色とに区別されていた。日本でも律令時代には、衣服令によって王臣の衣服は礼服・朝服・制服の三大別に規定され、それぞれ相当の服色を用いた。さかのぼって、弥生時代には、『魏志』倭人伝によると、貫頭衣が着用されていた。佐賀県の吉野ヶ里遺跡などからは、当時の衣服に用いられた麻や絹が出土している。古墳時代の衣服は、人物埴輪像から見て、衣のほか男女がそれぞれ褌や裳を着用していたことがうかがえる。そして、飛鳥時代では、奈良県の高松塚古墳に描かれた人物壁画からうかがえるように、色彩感覚に溢れた大陸風のデザインに触れることができる。なお正倉院に所蔵される衣服や布は、天平時代の衣服の様相をいまによく伝えている。　（西谷正）

きぬ【衣】　着装製品の総称。装束は着装順に単衣・袙衣・袿衣・表衣などとよぶ。なかでも、袙衣と袿衣は防寒用に数領重ねて着用するので、五衣のように重ねの数による呼称が生じ、袙や袿を略してただ衣とだけよぶ習慣となった。　（武田佐知子）

きぬ【絹】　蚕の繭から生産する生糸、およびそれによる織物等の総称。『魏志』倭人伝は倭国に養蚕・紡絹があったと伝える。四～五世紀以降渡来人によって製法が伝えられた。賦役令に調として「正丁一人。絹絁八尺五寸。六丁成疋。」とある。輸調に際しては、絹・絁・布はその織物の端の部分に、糸・綿は包んでその上に、国郡里名・戸主姓名・年月日を記し、国印を押す規定で正倉院にその現物が残る。「延喜主計式」は輸絹国二九ヵ国を挙げる。絹は貴族・諸臣の衣料となり官人給与となったが、祥瑞献上者や蕃客に対する下賜品としても用いられた。また貨幣的機能も有していた。　（江草宣友）

きぬがさがたはにわ【蓋形埴輪】⇩埴輪

きぬぬいべ【衣縫部】　古代の部の一つで、衣服の織成・裁縫に従事した工人の集団。『日本書紀』の応神紀や雄略紀には来目衣縫・呉衣縫・蚊屋衣縫・飛鳥衣縫部・伊勢衣縫らの始祖伝承を載せる。衣縫部は渡来系の氏族倭漢氏に率いられていたと考えられる。　（廣瀬真理子）

きぬべのつかさ／ぬいべのつかさ【縫部司】　大宝・養老令制の大蔵省被管諸司の一つ。官人に給付する衣服の裁縫をつかさどった。四等官のほか、伴部の縫部が所属。縫部は、縫女部を率いて実際に縫製を行った。八〇八（大同3）年、縫殿寮に併合された。　（荊木美行）

きね【杵】　臼に入れたものを搗く木製の道具。脱穀や餅つきに用いる。近世以前は竪臼に竪杵を用い、通常二人組になって使った。伝香川県出土銅鐸の鐸身に描かれ、唐古遺跡など弥生時代の遺跡からも竪杵が出土している。　（勝田至）

きねんさい【祈年祭】　「としごいのまつり」とも。令制下、天皇が仲春（二月。のち二月四日に固定）に宮中で年穀の豊穣を祈り、神祇官登録の全官社に幣帛を班つ祭。神祇官の斎院に神祇官人ならびに大臣以下諸司の官人を集め、中臣氏が祝詞を読み、忌部氏が全国から参集した諸社の祝部に班幣した。天武朝開始説が有力で飛鳥浄御原令で規定されたものとみられ、唐代の祈穀郊の影響も推定される。七九八（延暦17）年には、畿外の神社の大部分を対象とした国司による班幣が始まって、官幣と国幣とに別れ、後者は全官社の三分の二におよんだ。「延喜式」では神名帳記載の全三一三二社（式内社）を対象として行われる規定となっていた。成立以来重視されてきたが、一〇世紀初頭以降、祈年穀奉幣の重視にともなってしだいに形骸化が進み、応仁・文明の乱以後完全に廃絶した。伊勢神宮では現在も古儀にのっとった祈年祭が厳行われている。　（竹居明男）

きのうちせきてい【木内石亭】　1724～1808　江戸時代の愛石家・名石家。近江国滋賀郡坂本村（現大津市坂本町）生まれ。幼名は幾六。少年時代から奇石・怪石に興味を覚え、永年にわたって収集した。そして、収集した石のうち、現在いうところの考古資料もしくは遺物を分類・整理・観察・考証し、数々の著作にまとめた。『雲根志』（一七七三・七九・一八〇一年刊）では、石鏃・車輪石・鍬形品など、現在も使われている用語をはじめて使った。また、『曲玉問答』（一七八三年刊）では、曲玉つまり勾玉を国産の副葬品と考え、雷斧とよばれていた石斧などとともに、人工の製作物とするなど、明治時代以後に始まる近代考古学以前の日本考古学史を語る上で重要な学者。　（西谷正）

きのおひと【紀男人】　682～738　奈良時代前期の官人。麻呂の子で家守の父。七〇五（慶雲2）年一二月従五位下。少納言・大宰大弐・右大弁などを歴任した。大宰大弐として赴任中没した。時に正四位下。『万葉集』『懐風藻』に歌を残す。　（廣瀬真理子）

きのきよひと【紀清人】　?～753　奈良時代の学者。浄人とも。父は紀国益。七一四（和銅7）年、国史（『日本書紀』）撰集に関与。右京亮・文章博士などを歴任。七四四（天平16）年、亡父と紀男人とが争った奴婢を賜り、上表して良民とした。　（京樂真帆子）

きのこさみ【紀古佐美】　733～97　宿奈麻

呂の子。七八〇(宝亀11)年、伊治呰麻呂の乱に際し征東副使、更に七八八(延暦7)年征夷大使となるが、功をあげずに帰京。左兵衛督、但馬守、左中弁、式部卿等を歴任し、大納言正三位にいたる。薨去後従二位が追贈された。（関口力）

きのじょう［椽城］ ⇩基肄城

きのじょう［鬼ノ城］ 岡山県総社市奥坂にふくまれる標高約四〇〇mの山水深険の地に所在する神籠石系古代山城。四周の切り立った鬼城山の九合目あたりを、折れをともないながらめぐる城壁は鉢巻状に結ばれて全周二・八kmに達し、城内面積約三〇万㎡の広さを抱え込む。城壁は、内外を列石または石積で固めた両面築造法。それは平均的にいって、幅七m、高さ六m程度の規模である。城壁の外側面のつくりは、列石の上に版築土塁をのせた工法が全体のほぼ九割を占め、高石垣を築く部位は少ない。しかし城壁基部には、内外ともに平石を敷き詰めた幅一・五mの犬走りが取り付き、石城のような武威を放つ。城門は東西南北の四ヵ所に開き、それぞれに精巧な門礎が残されている。門礎の脇の刳り込みからみて、主柱には角柱と円柱の両様が用いられているが、角柱を使った南門と西門とは三間一戸の雄大な楼門を考えるほかない。いっぽう水門は、水門石垣の上に通水口の開口した明渠構造のもの四ヵ所と、水門石垣の間をしみでる浸透式のものの二ヵ所がみられる。また南西の角においては、外側線から城外へ四mばかり雉状に張り出し、一三mをはかる前縁石垣線のなかにほぼ等間隔に角柱四本を据え立て、上面の平場がおよそ一〇〇畳になる、角楼とよばれる望楼施設がある。さらに城内からは、礎石総柱建物の城庫が七棟ばかり発見されている。今日までに出土した各種須恵器は、七世紀第3四半期を上限とし、その後半期に属するものが圧倒的多数を占め八世紀初頭から末葉に入るもの若干が散見できるものの創築期については議論の余地がある。

［参考文献］坪井清足ほか『鬼ノ城』(鬼ノ城学術調査委員会昭55)。村上幸雄ほか『鬼ノ城城門等確認調査』(総社市教育委員会平12)。（葛原克人）

きのただな［紀斉名］ 957～99 平安時代中期の詩人。「まさな」とも。もと田口姓。大内記・式部少輔を歴任。橘正通の弟子。九九七(長徳3)年の省試をめぐる大江匡衡との論争は有名。長徳年中に七六人の詩を集めた『扶桑集』を撰集。「天下之一物」と言われ、その死を時の人が惜しんだという。（京樂真帆子）

きのつののすくね［木角宿禰］ 応神・仁徳朝に対百済外交で活躍したとされる人物だが、実在したかは未詳。『古事記』孝元段によれば建内宿禰の子で、木臣・都奴臣・坂本臣の祖とされる。（小野里了一）

きのつらゆき［紀貫之］ ?～945(946?) 平安時代前期の歌人・文学者。望行男。『古今和歌集』撰者の一人で、仮名序を執筆するなど、その中心的存在であった。専門歌人として屏風歌を多く手がける一方、和歌が日本の正統的な言語芸術であることを自覚、理論化した。歌枕・縁語・掛け詞など歌語や修辞を洗練させ、日本の和歌表現の規範を築いた功績は甚大。三十六歌仙の一人。著作として『新撰和歌』、女性に仮託した仮名日記『土左日記』が残る。家集に『貫之集』がある。（小林一彦）

きのとものり［紀友則］ 生没年未詳。宮内少輔有朋男。平安時代前期の歌人。『古今和歌集』撰者の一人だが、完成を待たずに九〇五(延喜5)年頃に没したか。紀貫之の従兄弟で、歌人としては先輩格にあたる。三十六歌仙の一人。家集に『友則集』がある。（小林一彦）

きのなつい［紀夏井］ 生没年未詳。平安時代前期の貴族・官人。父は善岑、母は石川氏。忠実に律令にそって政治を運営する政治家で、清廉な態度をもって諸官を歴任した。八六六(貞観8)年の応天門の変に弟豊城に縁坐し土佐国に遠流、紀氏の政治的勢力を減退させた。（井上満郎）

きのなとら［紀名虎］ ?～847 平安時代前期の貴族。父は勝長。娘の種子・静子が仁明天皇・文徳天皇に入内し、多くの親王・内親王をもうけたのでその外祖父として権勢を振るった。静子所生の文徳天皇第一皇子惟喬親王は文徳によって即位を期待されたようだが、藤原良房を外戚とする清和天皇が即位、これにより名虎と紀氏の勢力は低下した。（井上満郎）

きのはせお［紀長谷雄］ 845～912 平安時代前期の貴族・文人。父は貞範。初め都良香に師事、ついで菅原道真に学問を学ぶ。八九〇(寛平2)年に文章博士。八九四(同6)年、遣唐使に任命さるも中止で渡唐せず。九〇二(延喜2)年に参議、九一〇(同10)年に中納言。政治的事績にはみるべきものはないが漢詩文にすぐれ多くの作品を残す。家集は『紀家集』。（井上満郎）

きのみどきょう［季御読経］ 毎年春秋二月・八月に宮中で行われる「大般若経」の転読で、天皇・国家の安泰を祈る行事。奈良時代初頭頃に始まったらしいが平安時代に年二度の年中行事として固定し、おもに紫宸殿でもたれた。（井上満郎）

きのよしつぐぼし［紀吉継墓誌］ 七八四(延暦3)年の塼製の墓誌。罫線を五行分引いてそのうちの四行分に銘文を刻む。「維れ延暦三年、歳は甲子に次る朔癸酉の丁酉、参議・従四位下・陸奥守按察使兼守、鎮守副将軍勲四等紀氏諱は廣純の女吉継の墓誌」とある。吉継についてはほかに記録はないが、父の紀広純にかんしては『続日本紀』に述べる官位の記事と合致する。（上田正昭）

きのよしもち［紀淑望］ ?～919 平安時代中期の貴族・文人。父は長谷雄。漢詩文などにすぐれ、文章得業生をへて大学頭・東宮学士などをつとめた。『古今和歌集』真名序の作者。弟の淑光らとともに文人として紀氏の位置を高めた。（井上満郎）

きのわのさくいせき［城輪柵遺跡］ 山形県酒田市城輪にある平安時代の官衙遺跡。庄内平野北端の低地に立地する。一九三一(昭和6)年に遺跡の一部が発見された。外郭は一辺七二〇mの角材列で区画され、各辺の中央部に八脚門が開き、四隅に櫓を配する。中央部に一辺一一五

mの築地・材木堀で区画された政庁があり、正殿・後殿・脇殿等は三時期にわたり建て替えられている。九世紀前半から一一世紀頃まで存続したと推定され、平安時代の出羽国府と考えられている。出羽国府は九世紀後半に一時移転するが、城輪柵遺跡東方にある八森遺跡（飽海郡酒田市）がそれに比定されている。国史跡。

〔**参考文献**〕角田文衛編『新修国分寺の研究』三（吉川弘文館平3）。 （**熊田亮介**）

きばみんぞくせつ［騎馬民族説］ 大陸北方系の騎馬民族が朝鮮半島から日本列島に到来し、古代王朝を成立させたとみなす説。扶余族系が渡来して「天孫種（民）族」になったとする提言は、例えば喜田貞吉の「『日本民族』とは何ぞや」（『民族と歴史』創刊号大8）をはじめとする「日本民族」形成論にみいだされるが、一九四九（昭和24）年二月の『民族学研究』13―3）に掲載された「日本民族＝文化の源流と日本国家の形成」のなかで、江上波夫があらたな総合的視点から、大陸北方系の文化複合体を帯同した辰王の後裔が日本列島に渡来し、「天皇氏がその中心勢力としてはっきり歴史に浮かびあがって来た」とする騎馬民族征服王朝説を提起した。その「対談と討論」は、前年五月に東京・御茶ノ水で行われた座談会を収録したものであり、石田英一郎の司会で岡正雄・八幡一郎・江上波夫がそれぞれ注目すべき見解を表明した。とりわけ江上の騎馬民族征服王朝説は、学界のみならずジャーナリズムでも大きくとりあげられ、賛否両論が渦まいた。江上波夫説はその後も修補され、『シンポジュウム日本国家の起源』（角川書店昭41）では、かつての四世紀初頭に比定する崇神王朝の「征服」を重視する立場から、新説では四世紀前半における朝鮮半島南部からの北九州への侵入（崇神天皇を主役とする第一回の「建国」）と四世紀末頃の九州から「畿内」への進出（応神天皇に代表される第二回の「建国」）の二段階が想定された。そして一九六七（昭和42）年には『騎馬民族国家―日本古代史へのアプローチ』（中公新書）を公にした。そこではユーラシアにおける農耕民族の歴史的諸類型と騎馬民族の歴史的諸類型を集成し、「古墳時代後期（ここでは応神朝以後の大化前代をさす）は、騎馬民族の歴史的類型―とくに征服王朝のそれにすこぶるよく照応すること」を指摘した。江上騎馬民族征服王朝説は国際的にも反響をよびおこし、論争が続いているが、日本民族の起源や古代国家の成立の研究におよぼした役割は大きく、戦後の研究史における画期的な問題提起となった。

〔**参考文献**〕江上波夫編『日本民族の源流』（講談社学術文庫平7）。 （**上田正昭**）

きびし［吉備氏］ 吉備を本拠とする氏族。姓は臣。単一氏族吉備臣氏がのちに分氏したとする説や、吉備臣と上道臣らは別系統の氏と考える説などがある。いずれにしても古墳の分布などから、必ずしも吉備は単一ではなく、岡山平野の各地域を本拠とした首長等の連合体が存在したとみられている。吉備氏の系譜については、『記』『紀』を通して孝霊紀二年条・応神紀二十二年条・孝霊記の三種を載せるが、伝承形成過程・形成時点について統一した見解がえられていない。また『記』『紀』には国内平定・対外交渉の所伝や后妃伝承が多くみえ、王権と密接な関係を持っていたことが推定される。一方、雄略朝から清寧朝にかけて反乱伝承も載せられており、吉備氏の強大さと独自性を示す。六世紀以降、吉備への部民や白猪屯倉・児島屯倉の設置などを通して、王権への従属を深めたらしい。『新撰姓氏録』左京皇別上に載る吉備朝臣は下道朝臣が改姓した氏族であり、同右京皇別下の吉備臣は岡田毘登が改姓した氏族と考えられる。

〔**参考文献**〕門脇禎二『吉備の古代史』（山陽放送株式会社昭63）。松原弘宣編『古代王権と交流六』（名著出版平7）。吉田晶『吉備古代史の展開』（塙書房平7）。 （**大川原竜一**）

きびだいじんにっとうえことば［吉備大臣入唐絵詞］ 吉備真備が遣唐使として唐におもむいたおりの物語を描いた絵巻。唐の朝廷から吉備真備の才能を試すために種々の難題が課せられるが、阿部仲麻呂が鬼となって現われ、吉備真備を救うという説話を中心とする。鎌倉時代初期の作で『伴大納言絵詞』の作風と類似する。 （**上田正昭**）

きびつじんじゃ［吉備津神社］ 岡山市吉備津に鎮座し、大吉備彦命を主神に若日子建吉備津日子命ほか七神を相殿神とする。中陣には浦凝別命・弟彦命（東笏御崎神という）・稲穂別命・弟彦命（西笏御崎神という）、外陣の四隅には艮御崎・乾御崎、巽御崎・坤御崎を祀る。東笏・西笏の御崎とあわせて六所御崎とよぶ。一〇世紀前半の承平・天慶の乱後には神階一品となり、「延喜式」では名神大社。『梁塵秘抄』に「一品聖霊吉備津宮、新宮・本宮・内の宮、隼人崎、北や南の神客人、艮みさきは恐ろしや」の今様の歌をおさめる。現在の本殿・拝殿は足利義満の造営と伝えて国宝、南北の随神門は重要文化財。釜鳴神事や温羅伝承が有名。背後の中山には吉備津彦の墓と伝える「御陵」があり、その東北の嶺つづきに環状石籬が残る。当社は備中国の一宮。備前国の一宮は吉備津彦神社、備後国の一宮も吉備津神社。

〔**参考文献**〕藤井駿『吉備津神社』（岡山文庫昭48）。 （**上田正昭**）

きびつひめのおおきみ［吉備姫王］ ?～643 皇極・孝徳両天皇の母。『本朝皇胤紹運録』によると欽明天皇の皇子桜井皇子の女。敏達天皇の孫押坂彦人大兄皇子の子茅渟王に嫁して財皇女（皇極天皇）を生む。六四三（皇極2）年に薨じるが、皇極天皇は病臥から発喪まで床の側を去らず、看病したという。天皇は土師娑婆連猪手に詔してその喪を視せしめ、檀弓岡に葬った。『日本書紀』大化二（六四六）年三月条に「吉備嶋皇祖母の処々の貸稲を罷む」とあり、居地の地名の嶋をふして称されていた。 （**大川原竜一**）

きびないしんのう［吉備内親王］ ?～729 天武天皇の皇孫で草壁皇子の皇女。長屋王の妃。七一五（霊亀元）年二月、内親王の男女は皇孫に列することが認められる。七二四（神亀元）年二品に昇叙。七二九（天平元）年二月一二日長屋王の変に際し子の膳夫王ら四人とともに自経、翌一三日夫妻は生駒山に埋葬されたが、無罪の内親王には鼓吹の使用禁止以外は通常の葬儀を行う旨の勅が下った。一九七五（昭和50）年に発掘された平城京左京三条二坊六坪の庭園・住宅遺構と内親王との関係が注目されている。

（廣瀬真理子）

きびのかみつみちのたさ〔吉備上道田狭〕 生没年不詳。五世紀後半の吉備上道の首長。雄略天皇七年、任那国司として赴任中に妻の稚媛を天皇に奪われた。このことを知った田狭は新羅に入り叛いたという。また天皇は田狭を殺して妻を召したという異伝がある。（大川原竜一）

きびのくに〔吉備国〕 *備前・*備中・*備後・*美作を含む地域。『古事記』の孝霊天皇条に大吉備津日子が吉備国を平定したと記す。『日本書紀』崇神天皇十年条には吉備津彦を西道に派遣したと述べる。『日本書紀』天武二（六七三）年三月条に「備後国司」とみえるが、同十一（六八二）年七月には「吉備国」とあり、「備後国司」の記事は後の知識にもとづくと考えられる。同八（六七九）年三月条に吉備大宰、『続日本紀』文武四（七〇〇）年十月条や『播磨国風土記』（揖保郡）にも吉備総（惣）領という職名を記す。『続日本紀』同元（六九七）年閏十二月条には「備前・備中」とあり、藤原宮木簡に「吉備前国」「吉備中国」と記す。備前の六郡を分割して美作国が設けられたのは七一三（和銅6）年である。吉備国は古文化や鉄の文化などにおいても注目すべき地域であり、出雲・筑紫などとともに古代史上の重要な国であった。（上田正昭）

きびのしもつみちのさきつや〔吉備下道前津屋〕 生没年不詳。吉備下道の首長。雄略天皇にみたてた小女や小雄鶏と、自分になぞらえた大女や大雄鶏とを闘わせて、小さい方が勝つと殺していたことを聞いた天皇によって一族とともに謀殺された。分注に国造吉備臣山ともある。（大川原竜一）

きびのまきび〔吉備真備〕 695?～775 奈良時代の学者、政治家。父は下道朝臣圀勝、母は楊貴氏。父は吉備国の下道臣氏から舎人として出仕し、右衛士少尉になった。圀勝の母の*骨蔵器が岡山県矢掛町から出土している。七一七（養老元）年に留学生として入唐し、七三四（天平6）年に帰国した。在唐は一七年間に及び、儒学や天文学、律令学、兵学、音楽など多岐にわたる学芸を修め、多数の典籍や器物を請来した。帰国後、大学助、中宮亮、右衛士督などを歴任し、七三八（同10）年に*橘諸兄が右大臣に就くと、同時に入唐し、帰国した*玄昉とともに重用された。七四〇（同12）年には*藤原広嗣が真備と玄昉の排斥を目論んで反乱を起したが、乱の鎮定後、東宮阿倍内親王（のちの孝謙・称徳天皇）の学士として『礼記』などを講じ、七四三（同15）年に春宮大夫、七四六（同18）年には吉備朝臣と改賜姓され、翌年右京大夫となった。*藤原仲麻呂政権下には不遇で、七五〇（天平勝宝2）年に筑前守、次いで肥前守に左遷され、七六四（天平宝字8）年に造東大寺司長官として帰京するまで、九州での在任は一四年を数えた。この間七五二（天平勝宝4）年から翌年にかけて再び入唐している。帰京した年の秋の恵美押勝（仲麻呂）の乱での軍功により中衛大将、さらに重祚した称徳天皇のもとで中納言、大納言を経て、七六六（天平神護2）年には右大臣に任じられたが、天皇の死と道鏡の失脚を機に引退した。著書に『私教類聚』があり、大和長岡とともに『删定律令』を編纂した。

〔参考文献〕宮田俊彦『新装版　吉備真備』（吉川弘文館昭63）。（増尾伸一郎）

ぎぶしょう〔義部省〕 *藤原仲麻呂政権下の唐風官名の一つ。大宝・養老令制の*刑部省のこと。七五八（天平宝字2）年、儒教の徳目の五常の一つである「義」をとって名づけられた。七六四（同8）年、仲麻呂の失脚とともに旧名に復した。（荊木美行）

きぶっし〔木仏師〕 仏画を描く仏師を「*絵仏師」と称するのに対し、仏像製作を専門とした仏師のことを称する語。（佐伯智広）

きぶねじんじゃ〔貴船神社〕 京都市左京区鞍馬貴船町、加茂川の上流貴船川の川上に鎮座する式内名神大社。古くは貴布禰社。祭神は闇龗神。早くから水神として祀られていたとみられるが、平安遷都後、祈雨・止雨の神として信仰され、一一四〇（保延6）年には正一位、二十二社制では下八社に列した。祈雨には黒馬が、止雨には白馬が献じられた。（堀越光信）

きぶみし〔黄文氏〕 高句麗人久斯祁王の後裔と伝える渡来系氏族。黄書とも書く。カバネは初め造、六八三（天武12）年九月連を賜った。画業を職掌とする*伴造氏族。黄文の語義は、黄文が黄檗をもって染めた料紙すなわち経巻をさすことから、黄文氏は元来、仏教経巻の製作に従事した氏族であったと考えられている。一族には、壬申の乱の功臣である大伴、持統・文武の崩御に際し殯宮の事に供奉した本実らがいる。八世紀以降も*画工司にかかわったものが多い。（宮永廣美）

きぶみのおう〔黄文王〕 ?～757 七二九（天平元）年、父*長屋王の変において、母が藤原不比等の女であったことから死を免れる。のち従四位下に昇るが、七五七（天平宝字元）年、*橘奈良麻呂のクーデター計画に参加したとして捕らえられ、久奈多夫礼と改名され獄死した。（関口力）

きぶみのほんじつ〔黄書本実〕 生没年不詳。七世紀後半から八世紀初めの官人。「黄文」とも。六七一（天智10）年三月、水臬（水準器）を献上。これは六六九（同8）年に遣唐使として渡唐し将来したものか。また、薬師寺の仏足跡図も将来したという。六九四（持統8）年三月、鋳銭司に就任。七〇二（大宝2）年一二月、持統太上天皇の崩御に際して作殯宮司となる。この時、位階は従五位下。七〇七（慶雲4）年六月文武天皇の崩御に際しても殯宮の事に供奉し、同年一〇月に御装司となる。高松塚古墳壁画の画工とする説がある。（宮永廣美）

きへい〔騎兵〕 騎馬の兵士。軍防令によると、騎兵隊は弓馬に便なる者を選び、歩兵と区分して編成すると定めるが、現実に馬や馬具を保有し弓馬に巧みな者は土豪・有力農民などに限られており、特殊な兵力であったと思われる。騎兵は、征夷・造柵などの軍事力のほか、天皇行幸の供奉、唐・新羅などの蕃客や*蝦夷・*隼人らの入朝に際しての儀仗兵としても徴発された。後者の場合、指揮官として、騎兵（大）将軍が臨時に任ぜられることもあった。

【参考文献】薗田香融「わが上代の騎兵隊」『史泉』(23)(24)(昭37)。 (山本崇)

きへいじまいせき【喜兵衛島遺跡】 瀬戸内海にあって、いま香川県香川郡直島町に属し、面積〇・二㎢の小島を喜兵衛島という。この島にある四つの浜で営まれた古代の土器製塩跡を総称して、このようによぶ。それぞれの浜には、おびただしい量の師楽式土器片が分布あるいは堆積し、また耕地が皆無であるにもかかわらず、一六基以上の後期古墳も築かれている。これらの解明に向け一九五三(昭和28)年から喜兵衛島調査団(代表近藤義郎)によって一〇年以上にわたり発掘調査が継続実施された。その結果、用途不明のまま名づけられた師楽式土器は、なかに濃縮した海水を入れ、煮沸煎熬して塩を採る容器、と判明。とくに南東浜の遺跡では、六世紀に属する石敷き製塩炉をはじめ、人為的に固めた平らな作業面や、炭・灰・多数の土器片をふくむ捨て場などが発見され、土器製塩法のほぼ全工程が明らかにされた。古墳に埋葬されたのは、このように生産力を伸長させ力を貯えた、塩づくりの民たちにほかならない。

【参考文献】近藤義郎編『喜兵衛島』(喜兵衛島刊行会平11)。 (葛原克人)

きぼく【亀卜】 亀の甲羅ないし腹甲の表面を連点状ないし小型の穴(鑽)を設けて焼き、生じた亀裂をみて吉凶を占う方法。神奈川県間口洞穴、長崎県串山ミルメ浦遺跡はともに古墳時代後期の遺跡であるが、アカウミガメの甲羅に方形の鑽を掘り十字形の焼灼点を設けている。動物の骨を焼いて占う卜骨の風習は弥生時代に大陸から伝来したと考えられ、長崎県対馬の厳原町豆酘には亀卜が神事として残っている。
【参考文献】安楽勉ほか『串山ミルメ浦遺跡』(勝本町教育委員会平元)。 (正林護)

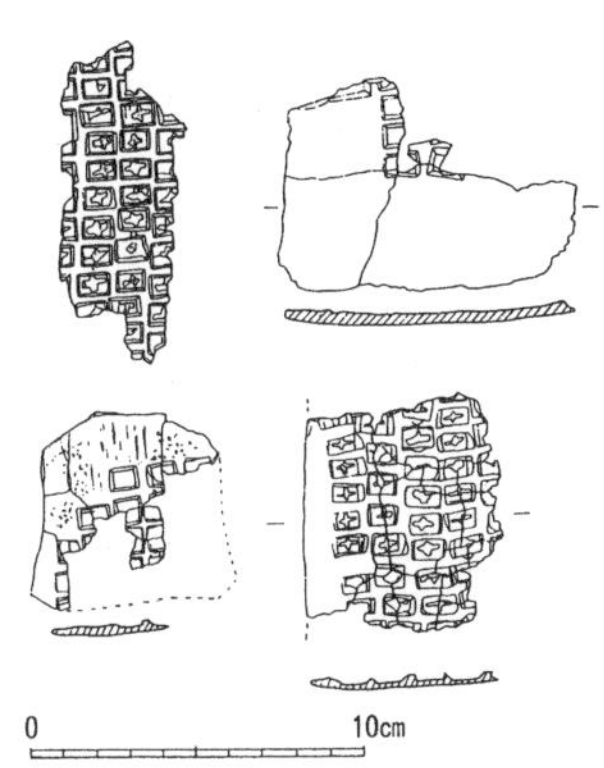

串山ミルメ浦出土の亀卜

きみいでら【紀三井寺】 和歌山市紀三井寺にある真言宗の寺。金剛宝寺。本尊は十一面観音。七七一(宝亀2)年唐僧為光が来朝し、十一面観音を安置して創建。寺名は三つの清泉に由来するとも吉備寺の転訛ともいう。平安時代には観音の霊場となる。 (野口孝子)

きみこべ【吉美侯部(君子部)】 吉弥侯部とも。服属した蝦夷からなる部民で、関東および陸奥・出羽に多く分布した。『続日本紀』によれば、七五七(天平勝宝9)年に君子部から吉弥侯部へと改められた。七六九(神護景雲3)年には多数の吉弥侯部が上(下)毛野某公を賜姓されていることから、旧来の名称表記であり君子部とは君姓の有力氏族、毛野君の従属民であることを示したものとされる。 (小野里了一)

きもん【鬼門】 陰陽道で忌む艮(東北)の方角。中国古代の地理書「山海経」が、東海の度朔山にある大桃樹の東北を鬼門と称し、万鬼の集まる所としたことによる。日本では陰陽道の影響が強まる平安時代に広まり、外出や建築などの際に配慮した。延暦寺は平安京の東北にあり、鬼門を守護する寺とされる。 (難波謙一)

きゃく【格】 ⇩律令格式

ぎゃくしゅ【逆修】 生前に、本来は死後に行われるべき諸仏事を修すること。生前に戒名を付し、また死後の冥福を祈る仏塔を建立するなど。墓石に名を刻み、朱書するなどが現在も一般的に行われる。 (井上満郎)

きゅうえい【弓裔】 ?~918 新羅の末期に、鉄原方面で勢力をもち、摩震国、のち泰封国を建国。新羅第四七代の憲安王の子、あるいは次の景文王の子で、不吉な生まれということで殺されるところを乳母に救われたと伝わる。その時片目を失明。出家して善宗と称した。各地で群雄が立つなか、竹州の箕萱に従ったが重用されず、北原の梁吉に従って頭角を現し、九〇一年に自立。広評省をはじめ官制を整備。その後、みずから弥勒仏と称し、部下の支持がえられず、廃されて王建が代わって即位。 (田中俊明)

きゅうかくじょう【久隔帖】 平安時代初期の書跡。伝教大師最澄が八一三(弘仁4)年一一月二五日に、空海のもとにいた弟子の泰範に宛てて出した書状。現存唯一の最澄の書簡。書名は首句の「久隔清音」による。『平安遺文8』(東京堂出版昭50)に翻刻されている。 (小西茂章)

きゅうきゅうにょりつりょう【急急如律令】 道教で用いられた呪句。中国・前漢代には、律令にすでに規定のみえる事項に関連して命令を下す場合、公文書の最後に「如律令」と記していたが、後漢代になると、道教で用いる呪符などに、「その呪いの効果がすみやかに顕われるように」という意をこめて、「急急如律令」の呪句が用いられるようになった。墓に納められた墓券や朱書陶器に、その事例がみえている。以後、後代にいたるまで、道教の呪符には、「日」「月」「鬼」などの文字を組み合わせた符籙と、「急急如律令」の呪句を記している。古代日本に道教は伝来しなかったが、渡来した人々の間から、道教的信仰(神仙思想)や道教的呪術(道術・道士法)が広がった。道術には、解除・卜占・呪禁などの方術と、針・按摩・医薬などの医術がある。律令国家は方術と医術を公認し、中務省に陰陽寮、宮内省に典薬寮をおいた。そうしたところから、符籙や「急急如律令」の呪句を記す古代の呪符木簡の出土例が増加しつつある。目下のところ、最も古い呪符木簡は藤原京右京五条四坊の下ッ道東側溝から出土したものである。中世木簡の大半は呪符木簡と言ってよい。近世の呪いや修験道関係の書物には、符籙や「急急如律令」の呪句を記すものが多い。 (和田萃)

きゅうきゅうりょう【救急料】 平安時代前期に災害や飢饉・凶作による「飢民」

救済のために設置された備蓄稲（『類聚三代格』天長十〈八三三〉年七月太政官符）。大国一〇万束・上国八万束・中国六万束・下国四万束で、「延喜式」にも引き継がれている（主税寮式上）。「救急」の語そのものは七八九（延暦8）年にみえているが、天長年間制定の救急料とは異なる。（井上満郎）

きゅうこりつ［厩庫律］　「くこりつ」ともいう。大宝・養老律の編目の一つで、倉庫令・厩牧令に対応。養老律では第五篇がこれにあたる。大宝・養老律ともに現存せず、逸文のみが残る。官馬牛の飼育・管理・利用にかかわる刑罰や、国家の倉庫の管理と物品の保管・受給に関する刑罰を規定する。（荊木美行）

きゅうじょう［鳩杖］　頭部に鳩の飾りがある杖。鳩は物を食べるときむせないとして古代中国で長寿の臣下に天子が与えた。日本では老臣に杖を与えることは『続日本紀』にもみえるが、鳩の飾りのついた杖を実際に賜ったのは一二〇三（建仁3）年藤原俊成の九十の賀が最初とされる。（勝田至）

きゅうじょうじゅうにもん［宮城十二門］　宮城の四面に三門ずつ配された宮城門の総称。長岡宮後期に宮城が拡大されて東西面の北に各一門付加され一四門となり、平安京に踏襲された。平城宮東面には東張出部が所在し、南面に二門配置されたことが知られるが、東面の門数は不明。藤原宮は三〇〇〇大尺四方の方形と推定され、南・北・西面中央門及び東面北門が確認されている。一二門とは藤原宮四面に三門ずつ配された宮城門に由来し、長岡宮以降に付加された二門を除く。門号は大化前代以来、大伴氏の管掌下に諸門の警護にあたった軍事関係や天皇近侍氏族が、律令制成立後も宮城門を守衛したことによるとされる。八一八（弘仁9）年の改号により訓をもとに好字二字をつけた唐風呼称に改められた。ただし長岡宮において付加された二門は上東・上西門とされ、唐風に改められることはなかった。長岡宮（（　）内は「延喜式」にみる平安京の呼称）では南面は東から壬生（美福）・大伴（朱雀）・若犬養（皇嘉）門、西面は南から玉手（談天）・佐伯（藻壁）・伊福（殷富）門、北面は西から海犬養（安嘉）・猪使（偉鑒）・丹比（達智）門、東面は北から県犬養（陽明）・山（待賢）・建部（郁芳）門と呼称されたが、平安宮当初の東面は山・建部・的門であったとされ異なる。さらに平城宮以前には小子部門や県犬甘小宮門等の名称が知られ、藤原京左京七条一坊西南坪に所在した衛門府跡からは門部の可能性のある建部君・的臣等の記載のある木簡が出土し、東面門号に関連する資料は豊富だが、比定には諸説あり定説をみない。宮城東部を中心に構造が変化し、門の配置が幾多の変遷を遂げたことに起因する。平城宮東張出部東面を一門と仮定して県犬甘門にあて、南面の二門を東から建部・小子部（的）門とする説があるが、藤原・平城・平安三宮の史料にみられる山（部）門、長岡宮における的門の位置あるいは消長の背景など未解決の問題も多い。

【参考文献】佐伯有清「宮城十二門号と古代天皇近侍氏族」『新撰姓氏録の研究　研究編』（吉川弘文館昭38）。今泉隆雄「長岡宮宮城門号考」『古代宮都の研究』（吉川弘文館平5）。渡辺晃宏「平城宮東面宮城門号考」虎尾俊哉編『律令国家の政務と儀礼』（吉川弘文館平7）。（山中章）

きゅうじょうもん［宮城門］⇨宮城十二門

きゅうせっきじだい［旧石器時代］　イギリスのJ・ラボックによって一八六五（慶応元）年『先史時代』という著作のなかで初めて定義された石器時代の一つの時期。人類の出現と道具の製作をもって開始された時代で、加工または使用があきらかな打製石器を主に使用した時代をさす時代区分の用語。ほぼ地質学上の第四紀更新世に相当する。アフリカ・ヨーロッパの基準によれば、前期・中期・後期に分けられ、それぞれ特徴的な石器が原人・古代型新人・現代型新人という化石人骨に随伴している。極東地域では、中期旧石器段階にはルヴァロワ伝統も看取できず、後期旧石器段階にわが国の石斧にみられるように磨製技術が出現するなど、ヨーロッパの編年観に合わない独特の石器文化が展開している。（小畑弘己）

ぎゅうにゅう［牛乳］　大部分が蘇とよばれる固形状の乳製品に加工され、生乳で飲まれることは、ほとんどなかった。『政事要略』には、七〇〇（文武4）年に「使を遣わして蘇を造らせた」とある。「延喜式」には、諸国が貢進する順番と年次が規定されている。『新撰姓氏録』「類聚三代格」には、孝徳朝に呉国主の子孫が牛乳を献上し、和薬使主の姓と乳長上の職を賜ったとある。職員令によると、典薬寮の乳戸から一〇人ずつが上番し、乳牛の飼育や乳製品の製造にあたっていた。

【参考文献】滝川政次郎「日本上代の牛乳と乳製品」（『増補日本社会経済史論考』名著普及会昭58）。（岩宮隆司）

きゅうひんかんじんほう［九品官人法］　中国、三国魏に始まり隋の科挙制創設まで行われた官吏登用法。魏初に親漢的人物を排除するための臨時のものであったが、その後常法化された。制度内容は、郡に中正という官をおき郡内の有能の士を郷里での評判にもとづき九等の郷品いずれかに等級付けし、同時に徳行や才能についての中正官の評価である状を添えて中央に送付する。中央では九等の九品官制が設定され、ほぼ郷品より四等低い官に初任官として任命する。しかし貴族が中正官を独占するようになった結果、貴族の家格に応じた郷品が自ら定まり、門地二品という常に郷品二品を与えられる家柄が固定化することとなった。名門貴族が政治的特権を世襲的に保持し続ける門閥貴族制の成立には、この制度が大きく与っている。ただ漢代までは官僚の上下関係が秩二〇〇〇石というような俸禄の多寡で直接的に標示されたのに対し、一品から九品までの抽象的等級で標示されるようになったことは、後の律令官制でも継承され、日本にも導入された。（愛宕元）

きゅうぼくりょう［厩牧令］　「くもくりょう」ともいう。大宝・養老令の編目の一つ。養老令では第二三編に相当し、全二八条からなる。官畜にかかわる諸規定をおさめ、官馬牛の飼育、牧の管理、駅・駅馬・伝馬の設置とその運営、軍団の官馬の調習などを規定する。（荊木美行）

きゅうれき［九暦］　藤原師輔の日記。抄出、部類記、逸文などの形で伝わり九三〇（延長8）年から九六〇（天徳4）年の記事が存する。儀式・作法などの故実に詳細で、師輔の九条流故実をうかがう上でも貴重。また儀式書の『西宮記』も本記を多く引用する。『大日本古記録』所収。（松本公一）

ぎょうえん［行円］ 生没年不詳。一〇一〇（寛弘7）年に六〇余歳であったという。いつも鹿皮の衣をまとっていたので革聖・皮聖人とも。平安中期の僧。九州出身。一〇〇四（寛弘元）年京都一条に行願寺（革堂）を創建。多くの仏教行事を催し、貴族から庶民まで多くの帰依者を集めた。道路改修など社会事業にも携わる。（藤田琢司）

きょうおうごこくじ［教王護国寺］ ⇩東寺

きょうかん［京官］ 内官ともいう。外官に対する呼称で、在京の諸司ないしはそこに勤務する官人をさす。いわゆる二官八省一台五衛府・左右馬寮・左右兵庫・内兵庫・左右京職・東西市司、さらには後宮・東宮関係職員がこれにあたるが、例外的に摂津職も京官にふくまれた。（荊木美行）

ぎょうがんじ［行願寺］ 京都市中京区寺町にある天台宗の寺。平安時代には一条大路北にあった。一条革堂。一〇〇四（寛弘元）年、皮聖行円の創建。寺額は藤原行成が書いた。法華八講、四十八講などが頻繁に催され、結縁の貴賤が多く集まった。（野口孝子）

きょうかんじもく［京官除目］ ⇩司召除目

ぎょうき［行基］ 668～749 奈良時代の僧侶。河内国（のち和泉国）大島郡に、渡来系氏族高志氏の子として生まれる。家原寺は行基の生家を寺にしたものという。飛鳥寺で道昭などに学ぶ。以後、山林での苦行の後、里に下り民衆布教を開始し、平城京など畿内で活動した。布施屋や院をつくり、狭山池や宇治橋を築造するなど多くの社会、土木事業もなしとげた。初め、小僧行基とさげすまれ、寺院以外での布教は、国家の弾圧の対象となった。のち、一転して土木工事の組織者としての能力をかわれ、大仏造立などの国家的な土木、建設事業にも手腕をふるい、大僧正にまで任じられ、民衆からは行基菩薩とあがめられた。平城京右京の菅原寺（奈良市）の東南院で没し、竹林寺（生駒市）に火葬墓が設けられた（史跡行基墓）。金銅製の舎利容器に刻まれた墓誌断片（奈良国立博物館蔵）が伝わる。墓誌の全文は『大僧正舎利瓶記』（唐招提寺蔵）で知られる。ほかに行基関連の遺跡として、裁頭方錐形に土を積み上げた大野寺土塔（堺市、史跡）では、神亀四年（七二七）の文字瓦が出土し、『行基年譜』に記す築造年代をうらづける。人名を記した多数の瓦は、民衆の知識による築造を示す。摂津・河内・和泉、大和、山城に「行基四十九院」と伝承される寺院が分布する。

［参考文献］ 井上薫『行基』（吉川弘文館昭34）。吉田靖雄『行基と律令国家』（吉川弘文館昭62）。摂河泉古代寺院研究会『行基の考古学』（塙書房平14）。（千田剛道）

ぎょうきしょうぐん［驍騎将軍］ 中国、漢武帝期に初設された将軍号。隋唐期には各左右の翊衛、驍騎衛、武衛、屯衛、禦衛、候衛の十二衛からなる中央禁軍の一翼を担うようになる。つまり各衛に正三品の大将軍一人、従三品の将軍二人がおかれた。（愛宕元）

ぎょうきず［行基図］ 行基作と称されるもの、もしくはそれに類似した日本図。各国の位置と名称を描いた簡略な地図で、行基作との説明が付されているものもある。現存最古の行基図は一三〇五（嘉元3）年の年紀を有する仁和寺蔵日本図であり、山城国を中心とする七道諸国の構図は少なくとも九世紀以降の状況である。これとは別に金沢文庫蔵日本図の系統のものもあり、行基図は近世初期頃までの代表的日本図であった。行基図の成立には、『日本霊異記』とともに中世の東大寺周辺との関連が推定されている。八世紀には七三八（天平10）年と七九六（延暦15）年に「国郡図」あるいは「諸国地図」が作製されたことが知られるので、それらの索引図的な日本図が作製されたとすれば、行基図と同様の構図となる可能性が高い。「延喜式」国郡部の記述が示す国土把握の状況や、『二中歴』所載図も同様であり、この推定の傍証となる。なお一五世紀頃には、『混一疆理歴代国都之図』や『海東諸国紀』所載図など、行基図系の形状の日本を含むアジア図ないし世界図も作製された。

［参考文献］ 秋岡武次郎『日本地図史』（河出書房昭30）。応地利明『絵地図の世界像』（岩波書店平8）。金田章裕「古地図の機能と表現対象」『古代荘園図と景観』（東京大学出版会平10）。（金田章裕）

ぎょうきねんぷ［行基年譜］ 行基関係の史料を編年順に配列した伝記。一一七五（安元元）年、泉高父編。巻首を欠き原題は不明。東京大学史料編纂所の謄写本が現在知られる唯一の写本。八〇四（延暦23）年の菅原寺の記録や、「行基菩薩伝」、関係寺社の縁起資財帳、説話など多様な資料を含む。行基の事績や行基信仰の基本史料で、院政期の寺院史の史料として、また多くの地名、土木関係記事は地域史料としても重要。

［参考文献］ 井上薫編『行基事典』（国書刊行会平9）。井上光貞『日本古代思想史の研究』（岩波書店昭57）。（鈴木景二）

きょうきんしょう［教訓抄］ 雅楽に関する最古の総合的楽書。南都楽所左舞手狛近真撰。十巻。一二三三（天福元）年成立。前半は狛嫡流や他家相伝の舞曲および高麗楽について、後半は舞楽の故実・口伝・楽器等の口伝を記す。（山田雄司）

きょうけ［京家］ 藤原四家の一つ。藤原不比等の四男麻呂を祖とする家。家名は麻呂が左京大夫に任じられていたことにちなむ。浜成・冬緒などの公卿も出たが、ほかの三家に比して栄えなかった。（瀧浪貞子）

きょうけち［夾纈］ 古代染色法の一つ。文様を彫り込んだ二枚の版木の間に折り畳んだ裂を挟んで締め、版木の背面に穿たれた穴から染料を流し込んで文様を染め出したもの。八世紀頃に中国より伝来し、正倉院宝物などに遺品資料が残る。（武田佐知子）

きょうこ［京戸］ 律令制下で都城の左・

右京の戸籍に登録された戸。左・右京職の支配下にあった。官人のほか商工業者、一般農民もいた。京では調は半減、庸は全免されたが、造営事業などに雇役で徴発されることが多かった。七三三（天平5）年「右京計帳」が実態を知る手がかりとなる。（舘野和己）

ぎょうこう［行幸］ 天皇の移動のこと。行幸は本来、国見や国誉め、食国、狩猟などの儀礼を伴うもので、その行く先の土地の支配確認儀礼を行う、令制以前の大王の巡検行為として発生したものと考えられる。八世紀になると、京や官僚組織が確立される一方で、聖武天皇の遷都につながる行幸など、長期にわたる大掛かりな行幸が顕著になる。近年ではこの時の内印の所在や、皇太子監国制など京の留守官のありかたなどが問題になり、行幸は王権の性格を考えるうえで重要な儀礼と考えられるようになった。九世紀以降、天皇の京外への大規模な行幸は姿を消し、「動かない王」という平安時代天皇制の重要な特色が現れてくるが、いっぽうで、象徴的な支配確認儀礼として、賀茂川までの数百mの「大嘗祭御禊行幸」や、大原野など近郊で行う鷹狩の「野行幸」などが国見的性格を残す重要な儀礼になったと考えられている。この時期には京内はもちろん、平安宮内の天皇の移動についても行幸と記されることが通例となり、行幸は本質的な意味を喪失するのである。

【参考文献】仁藤敦史「古代国家における都城と行幸」『古代王権と都城』（吉川弘文館平10）。仁藤智子「行幸時における留守形態と王権」『平安初期の王権と官僚制』（吉川弘文館平12）。鈴木景二「日本古代の行幸」『ヒストリア』(125)（大阪歴史学会平元）。榎村寛之「野行幸の成立」『ヒストリア』(141)（大阪歴史学会平5）。中嶋宏子「大嘗祭における御禊行幸の成立と特徴」『國學院大學大学院文化研究所紀要』(21)（平2）。（榎村寛之）

きょうじ［経師］ ⇨写経師

きょうしき［京職］ 『和名抄』の訓は「比多利乃・美岐乃）美佐止豆加佐」。大宝・養老令制下で、京の管轄を行った官司。左京を左京職が、右京を右京職がそれぞれ管轄した。諸国における国司に相当。養老職員令によれば、大夫一人・亮一人・大進一人・少進二人・大属一人・少属一人と使部・直丁・坊令から構成され、ほかに東西市司も統括した。すでに、『日本書紀』天武天皇十四（六八五）年条に「京職大夫」の名がみえ、以後、藤原京でもおかれていたと考えられるが、左右に分かれたのは大宝令からである。九世紀になると、しだいにその機能を検非違使に奪われた。（荊木美行）

きょうしゅ［強首］ 生没年不詳。新羅、七世紀半ばの文章家。『三国史記』巻四六に伝がある。新羅の中原京（現在の忠清北道忠州）沙梁部の出身で、父は昔諦奈麻。母が角のある人をみて妊娠し生んだという。自ら、もとは任那加良（金官国）の人であるとする。孝経・曲礼・爾雅・文選を読み、文章で知られる。新羅の厳格な身分制のなかで、武烈王に召し出され、唐の詔書を解読し評価をうけ、王京に移住、文翰職をつとめる。文武王は沙飡の地位を授け、神文王代に死す。（田中俊明）

きょうしゅん［慶俊］ 生没年不詳。「けいしゅん」とも。慶峻・敬俊とも。奈良時代の僧。俗姓は葛井氏。大安寺の道慈に師事、七五六（天平勝宝8）年律師に任じられる。道鏡の台頭とともに地位を去るが、道鏡失脚後少僧都に就任。著書に『一乗仏性究竟論記』。（藤田琢司）

きょうしょでん［校書殿］ 平安京内裏の殿舎の一つで、紫宸殿の西に位置、累代の書籍や文書がおさめられていたことから文殿・納殿ともよばれた。身舎の規模は南北九間、東西二間。身舎中央は納殿、東庇には右近衛陣、西庇には蔵人所、北東には弓場殿が置かれていた。（西山恵子）

きょうしょどころ［校書所］ 宮中の書籍や文書のことをつかさどった役所。清涼殿の南に所在の校書殿の西庇の南側に置かれた。この北側には蔵人所があった。いずれも嵯峨天皇の頃に設置されたと考えられる。（朧谷寿）

きょうず［京図］ 宮都の京域を画いた図。奈良西大寺旧蔵の平城京の右京図など数点を除き、現存図はすべて平安京図である。とくに東京国立博物館所蔵の九条家本「延喜式」付図には、左京・右京図や宮城・内裏・八省院・豊楽院の指図があり、とくに左京図は一二世紀前半の院宮邸宅などの所在を記し詳細である。また一三一九（元応元）年写の陽明文庫所蔵品や『拾芥抄』所収図も貴重。（綾村宏）

きょうぜん［教禅］ ?～1075 平安時代中期の絵仏師。丹波講師をへて、一〇六八（治暦4）年後冷泉天皇御祈のための法成

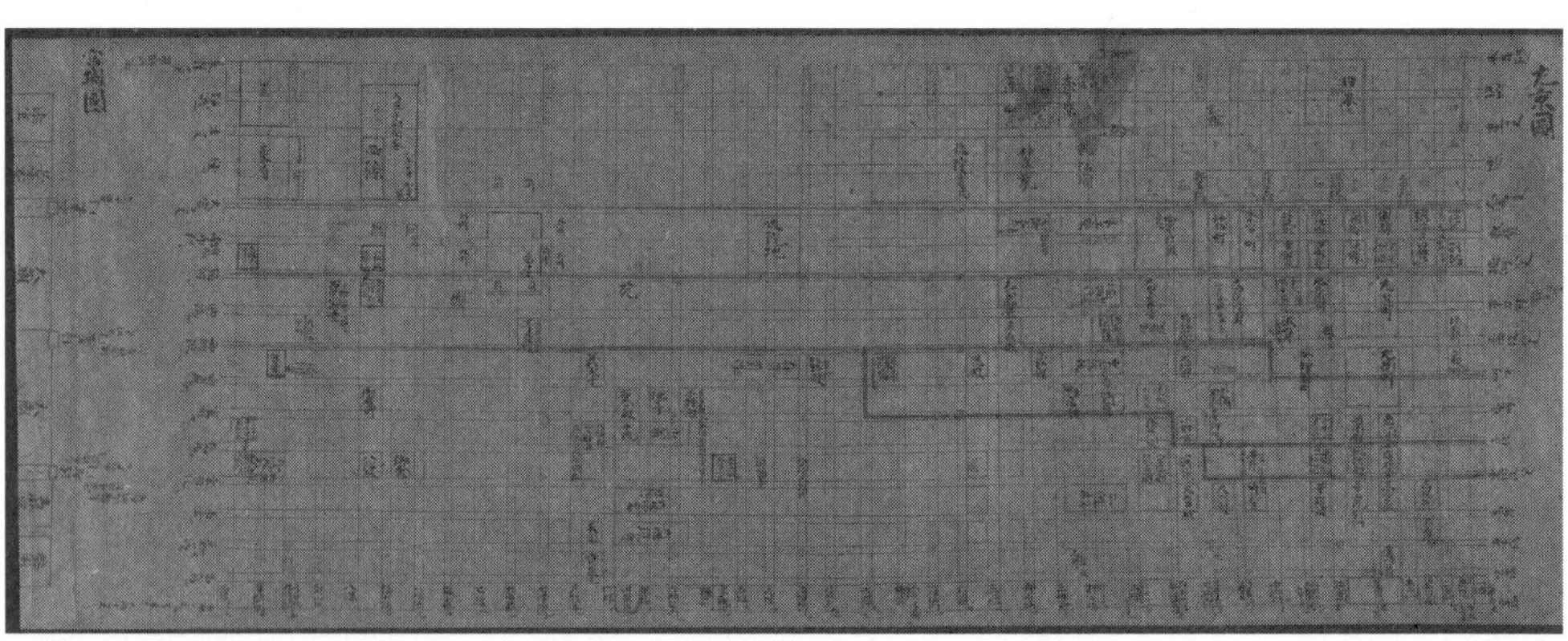

九条家本「延喜式」左京図
東京国立博物館蔵（国宝）
Image:TNM Archives Source:http://TnmArchives.jp

寺丈六仏絵像を描いた功により法橋に叙され、絵仏師として初の僧綱となった。（佐伯智広）

ぎょうそん【行尊】 1055～1135 平安時代後期の僧、歌人。平等院僧正と称される。父は源基平、母は藤原良頼女。天台密教・修験道に長じ、熊野三山検校・園城寺長吏等を歴任、大僧正に至る。家集は『行尊集』。（佐伯智広）

きょうちょかん【夾紵棺】 飛鳥時代、王陵級の陵墓に用いられた脱括乾漆製の棺。漆を接着剤として布・漆・布を交互に繰り返して張り重ね、厚みをもたせて笵を外す。製作途中、隅丸の稜を木屎で調整する。牽牛子塚古墳の場合、厚さ一・二cmの段階で稜角を調整し、全体を二・三cm（三五枚の布）に重ねる。表面を黒漆でクロメ、内面を朱彩する。完形品は大阪府高槻市・阿武山古墳出土品がある。天武天皇陵の内部を記した「阿不幾乃山陵記」、聖徳太子墓の「実見記」で布張の棺と記され、両陵墓とも夾紵棺らしい。なお、大阪府柏原市安福寺蔵の絹地製の夾紵板も木口部の棺片である。夾紵棺は、乾漆の漆塗木棺より上位の被葬者用と思われる。

【参考文献】猪熊兼勝「夾紵棺」『論集 終末期古墳』（塙書房昭48）。（猪熊兼勝）

きょうづか【経塚】 教典を主体として埋葬した遺跡。平安時代後期に天台宗の法華経護持信仰から発生したとされる。金峯山経塚に藤原道長が埋納した一〇〇七（寛弘4）年銘経筒が最古。その後、一二世紀前半以降、全国的に流行し近世まで続く。平安時代末から鎌倉時代の埋経の経塚、一六～一七世紀の納経の経塚、江戸時代の一石経の経塚に大別する。埋経の経塚は紙本経の銅製経筒に入れ、小型の石組みのなかに埋納するのが一般的。瓦経や銅板経など特殊な経塚もある。刀子・鏡・合子といった副納品をともなう例が多い。複数の経塚が群集し経塚群を構成する場合が多く、福岡県の四王寺山経塚群や三重県の朝熊山経塚群などが有名。納経の経塚は六十六部廻国納経を奉納した経塚。廻国聖が写経の入った小型経筒を埋納、または納経所へ奉納して歩く。一石経の経塚は小型の川原石に一字から数字の経文を墨書して埋納するもので、礫石経・一字一石経とよばれる。大型の土壙に埋納し経碑をともなう場合が多い。（杉山洋）

きょうづつ【経筒】 経塚に埋納する紙本経を直接入れた経容器。鋳銅製が一般的だが、銅板製・鋳鉄製・陶製・滑石製・木製など様々な材質と型式がある。埋経の経塚では藤原道長が埋納した一〇〇七（寛弘4）年銘経筒を最古とし、以後銅鋳製・銅板製経筒を主体に地域によって材質や型式に特徴がある。銘文を有するものや保護するための外容器がともなう例も多い。納経の経塚では小型の円筒形や六角形経筒が多い。（杉山洋）

ぎょうでん【宜陽殿】 平安京内裏の殿舎の一つで、身舎の規模は南北九間、東西二間で、紫宸殿の東に位置した。身舎は累代の御物をおさめる納殿になっており、また、西庇には公卿の座、南東の隅には議所が置かれていた。（西山恵子）

きょうと【京都】 ⇨平安京

ぎょうどうめん【行道面】 寺塔の落慶供養や、舎利会・来迎会（迎講）等の行列の仮装に用いる仮面。師子・師子頭・師子子・䶊・八部衆・十二天・二十八部衆・菩薩・天童などの種類がある。法要の形式が整備された平安時代後期の作品が各地に現存する。（竹居明男）

きょうびんおうりょう【恭愍王陵】 朝鮮民主主義人民共和国の開城市開豊郡にある、高麗時代末期の恭愍王（一三七四年没）と同王妃の陵墓。一四世紀後半に、恭愍王は亡妃と自身のため生前に寿陵を築造したが、それぞれ玄陵・正陵とよばれる。王陵は、鳳鳴山より南にのびる丘陵の中腹にあって南面する。西側にある王の玄陵は、東側にある王妃の正陵とはわずかに約六五cmの間隔をおいて並存する。このように、玄陵は正陵と同じ墓域にあって双陵の形式をなす。すなわち、直径約一四m、高さ約六・六mの円墳が二基並び、それぞれの裾には花崗岩を用いた護石を平面一二角形にめぐらす。護石に並行して、その周囲に石欄干がある。陵の四囲には石虎と石羊、そして、前方には石灯籠や文・武の石人などを配置する。戦後になって玄陵の内部が発掘されたところ、横穴式石室であることと、玄室の壁面で頭部に一二支神像を表現した一二人の人物像が描かれていることがわかった。なお、正陵用として製作された「正陵」銘のある象嵌青磁碗が、福岡県の大宰府史跡観世音寺僧房跡で出土している。

【参考文献】今西龍「高麗諸陵墓調査報告書」『大正五年度古蹟調査報告』（朝鮮総督府大6）。（西谷正）

ぎょうぶしょう【刑部省】 大宝・養老令制における八省の一つ。裁判の審理・判決や良賤の名籍などをつかさどった。四等官のほか、品官の解部・判事が所属した。贓贖司・囚獄司を管轄。一〇世紀以降は、その機能をしだいに検非違使に奪われた。（荊木美行）

ぎょかく【御画】 詔書の作成に際して、天皇が自筆で日付を、また覆奏に際して裁可を意味する「可」字を書き加えること、あるいは書き加えられた文字そのもの。前者を画日、後者を画可という。「ごかく」とも。「養老令」の公式令詔書式条に画日・画可の規定がみえるが、「大宝令」には明文がなく、古記は年月日すべてを自筆とする。論奏・奏弾を裁可した「聞」、施入勅書にみえる「勅」、沙金請文などにみえる「宜」も画可と同様の意味であろう。なお、平安時代の儀式書には、御画の規定は勅書にもみられる。（山本崇）

きょかん【居館】 ⇨豪族居館

ぎょくじょう【玉杖】 三・四世紀の大型古墳の竪穴式石室内の割竹形木棺から出土する副葬品。桜井茶臼山古墳から完形品が出土している。全長約五〇cm。鉄芯に、碧玉製の玉（管玉と鐓）をはめ込み、指揮棒として使用されたとみられる。メスリ山古墳からは、頭部に勾玉状の飾りがつけられたものも出土しており、単なる装飾品というより、王者もしくは大将軍の位の象徴かと考えられる遺品である。三重県石山古墳からも完形の玉杖が二個出土している。（清水真一）

きょくすいのえん【曲水宴】 三月三日の

上巳の日に屈曲した流水に盃を流し、作詩して前に流れてきた盃の酒を飲む風流の行事。王羲之の蘭亭での曲水流觴が有名。（愛宕元）

曲水の宴の遺構としては、朝鮮半島の統一新羅時代に、慶州の鮑石亭がよく知られる。日本では、奈良時代に平城京左京三条二坊六坪にあたる貴族の邸宅跡において、池を中心に建物を配した庭園跡が検出され、曲水の池の可能性が指摘される。（西谷正）

日本では「ごくすいのえん」とも。三月三日の年中行事で、参会者が、曲水に浮べた酒杯が自分の前を通り過ぎるまでに詩歌を詠じた。漢代以来の三月上巳の行事に由来。九世紀初めの節会としての廃止以後はおもに貴族の私邸で催された。（竹居明男）

ぎょくせんじょう【玉泉帖】 平安時代中期の書跡。『白氏文集』のなかから選んだ律詩四首を、小野道風が、草書を主体に行書、楷書を織り交ぜて書いたもの。書名は巻頭の「玉泉南澗花奇怪」による。複製が『日本名跡叢刊98』（二玄社昭61）におさめられている。（小西茂章）

ぎょくでんこふんぐん【玉田古墳群】 韓国慶尚南道陜川郡双冊面城山里に所在する三国時代の古墳群。内部主体は木槨（四世紀前半～五世紀末）、竪穴式石室・石槨（五世紀後半～六世紀中葉）、横口式石室（六世紀中葉）、横穴式石室（六世紀後半）の順で変遷していく。竪穴式石室・石槨墓は、隔壁による主副室・槨の分離がみられる。首長墓とみられる大型墳からは、金銅製冠帽・甲冑・馬冑・ローマングラスなどが出土。『日本書紀』記載の加耶諸国中の多羅国支配階層の墳墓と考えられる。（定森秀夫）

ぎょくへん【玉篇】 中国、梁の顧野王撰の字書。『説文解字』の体裁にならいながら、文字の構造に拘ることなく広く経伝、史書、諸子の書の用例に徴して字義を説くのを特徴とする。原本三〇巻は散逸し、日本に数巻分の写本が残るのみである。『日本書紀』の字音の注、「令集解」にみえる古記や令釈などの注釈書に利用され、また空海編とされる『篆隷万象名義』は本書の抜粋であり、日本での幅広い利用ぶりが知られる。（愛宕元）

きょくむけ【局務家】 平安時代中期以降、大外記に在任のまま五位に昇進する大夫外記を世襲し、外記局の実務を掌握した、明経道の中原・清原の両氏を指す語。（佐伯智広）

ぎょくよう【玉葉】 九条兼実の日記。『玉海』とも。一一六四（長寛2）年から一二〇〇（正治2）年までと、一二〇一（正治3）年・一二〇三（建仁3）年の記事が残る。平氏政権の盛衰・源平争乱・鎌倉幕府確立等当時の政治的動向はもとより、朝廷の動静、兼実自身の宗教界との関わり・文化的関心にも筆を割く。国書刊行会本『玉葉』『図書寮叢刊』『訓読玉葉』高科書店。（松本公一）

ぎょしたいふ／ぎょしたゆう【御史大夫】 天智天皇朝におかれた官職の一つ。あるいは近江令に定められた議政官の呼称か。『日本書紀』天智天皇十（六七一）年正月条には、蘇我果安・巨勢人・紀大人を任命したことがみえる。同条の分注には「蓋し今の大納言か」とある。なお、七五八（天平宝字2）年には、藤原仲麻呂が大納言を御史大夫と改称している。（荊木美行）

きょじんでんせつ【巨人伝説】 巨人の大地創成にかかわる伝説。巨人を大人ともいう。伝説の巨人は身体が長大であり、怪力を示して、その足跡を各地に残す。『播磨国風土記』の託賀郡の条には、身の丈が高く天につかえるので常に身をかがめて歩き、その踏んだ足跡が沼になったとする大人の伝説を載せ、『常陸国風土記』の那賀郡の条には、体は長大で、身は岡のうえにありながら手で海辺の大蛤を取り、その足跡は長さ三〇余歩、広さ二〇余歩、尿の穴跡は二〇余歩ばかりという大人の伝説を記す。巨人伝説は各地にあって、例えば東京都世田谷区代田橋はダイダラボッチが架けたといい、その巨大な足跡の窪地を伝える。長野県諏訪市の手長神社の社伝ではデイラボッチの足跡を物語り、長崎県小浜町の伝説では味噌五郎という巨人がおり、右足は肥前の多良嶽、左足は天草にかけて、千々岩湾で足を洗ったと伝える。その巨人をダイダラ坊・ダイダラ法師とか大人味噌五郎・弥五郎などとよぶ。

【参考文献】柳田国男『一目小僧その他』（小山書店昭9）。（上田正昭）

ぎょたい【魚袋】 中国、本来は随身魚符を身につけるための袋。魚符とは左右二つに分割できる銅製魚形の割符で、発兵、差科、徴発、地方長官の交替などの際に照合して確実を期した。秦漢以来、銅虎符であったが、唐では虎の字は避諱であるため、李と音通の鯉形とされた。（愛宕元）

きよはらし【清原氏（京）】 天武天皇の皇子舎人親王を祖とする氏族。平安時代初期に小倉王・貞代王などの子が、清原真人の姓を賜ったことに始まる。『日本後紀』「令義解」の編纂に携わり右大臣となった夏野や、深養父・元輔（清少納言の父）などの歌人を輩出。また広澄流の一族は明経道を家学とし、平安時代中期以降大外記在任のまま従五位下となる大夫外記の地位を世襲、中原氏とともに局務家として外記局の実務を掌握した。（佐伯智広）

きよはらし【清原氏（出羽）】 出羽国山北（秋田県雄勝・平鹿・仙北の三郡）の豪族。『陸奥話記』に「出羽山北俘囚主清原真人光頼・舎弟武則」、『奥州後三年記』に「真衡が一家はもと出羽国山北の住人なり」などとみえる。武則は前九年の役での軍功により、山北と併せて安倍氏の旧領である陸奥国奥六郡をも治めるようになった。しかし、嫡孫の真衡の代に清原氏の内紛を起因として後三年の役が起こった。真衡はまもなく急死し、彼の異母弟家衡と叔父武衡は源義家らによって討たれ、清原氏は衰えた。以後、奥羽の覇権は奥州藤原氏に移った。（宮田敬三）

きよはらのいえひら【清原家衡】 ?～1087 平安時代後期の奥羽の豪族。後三年の役の主要人物。清原武貞と安部頼時女の間の子。清衡（異父兄）と結んで真衡（異母兄）と争い、真衡死後には、清衡の殺害を謀った。清衡は陸奥守源義家に支援を請い、一〇八七（寛治元）年一一月、

家衡は義家らによって討たれた。（宮田敬三）

きよはらのきよひら［清原清衡］ ⇨藤原清衡ふじわらのきよひら

きよはらのしげのりき［清原重憲記］ 権少外記清原重憲の日記。一一〇三（康和5）年から四四（天養元）年（内閣文庫）、一一四四（天養元）年から四五（久安元）年（宮内庁書陵部）の二種が存する。ただし、〇一（康和3）年の記事も存す。いわゆる「外記日記」ではなく、他の貴族の日記と同様の私日記で、宮廷の動静・儀式・年中行事等を記す。まとまった翻刻はなく、『大日本史料』の当該条にわずかに翻刻されるのみ。（松本公一）

きよはらのたけのり［清原武則］ 生没年不詳。平安時代中期、出羽国山北の俘囚主。前九年の役で、源頼義方に勝利をもたらす決定的なはたらきをした。この軍功により一〇六三（康平6）年、従五位下鎮守府将軍に任じられ、安倍氏の旧領である陸奥国奥六郡も領するようになった。（宮田敬三）

きよはらのたけひら［清原武衡］ ?～1087 平安時代後期の奥羽の豪族。後三年の役の主要人物。清原武則の子。武貞の弟。一〇八六（応徳3）年に沼柵（現・秋田県横手市、岩手県大曲町）で源義家を破った甥の家衡を誘い、金沢柵（現・秋田県横手市）でともに義家軍と戦った。しかし八七（寛治元）年一一月に敗られ、斬られた。（宮田敬三）

きよはらのなつの［清原夏野］ 782～837 平安時代前期の公卿。清原氏の祖。双岡大臣・比大臣と号す。父は舎人親王孫小倉王、母は小野縄手娘。八〇四（延暦23）年、清原真人を賜姓。蔵人所設置後初の蔵人や左近中将・参議・右大臣などを歴任。親王任国の設置を奏請したことは有名。『日本後紀』を撰修し、「令義解」を奏撰、「内裏式」を改修。漢詩もよくした。（京樂真帆子）

きよはらのふかやぶ［清原深養父］ 生没年不詳。平安時代中期の歌人。父は豊前介房則。（曽）孫に清少納言。九三〇（延長8）年従五位下。『古今集』の主要歌人で、後に中古三十六歌仙・百人一首に選ばれる。家集に『深養父集』がある。（佐々木孝浩）

きよはらのもとすけ［清原元輔］ 908～90 平安時代中期の歌人。父は下総守春光（一説に深養父）。娘に清少納言。従五位上肥後守に至る。梨壺の五人の一人として、『万葉集』の読解と『後撰集』の撰集を行った。三十六歌仙・百人一首に選ばれる。家集に『元輔集』がある。（佐々木孝浩）

きよはらのよりなり［清原頼業］ 1122～89 平安時代後期の官人・学者。本名顕長、頼滋と改名の後、さらに頼業と改名。父は祐隆。家職である大外記として、長く外記局の局務の地位にあった。一方で、若年で藤原頼長に認められるなど家学明経道の学才にも優れ、明経博士・高倉天皇侍読となったほか、晩年は藤原兼実の家司となり、その政治を補佐した。（佐伯智広）

ぎょぶつせっき／ごもつせっき［御物石器］ 縄文時代の特殊な磨製石器。晩期前半に流行した呪術具で、北陸・中部に多く分布する。現在、全国で五〇個ほど出土しているが、とくに岐阜県を中心とした益田川・飛驒川・神通川沿いで発見例が多い。「枕石」ともいわれるように、形態が枕に似ており、比較的大型（長さ二〇～四〇cm程度）で、重量感がある。中心からやや偏った位置に大きな抉りがみられ、両側面に渦巻文・E字状文・弧状文などの文様が浮き彫りもしくは陰刻されている。文様のないものもある。天羽利夫が文様構成によって型式分類したのに対し、橋本正は横断面によって下面（背面）が広い濃尾型と下面が狭まる逆三角形で、やや細身の北陸型に分類して編年を行った。安山岩・砂岩・黒色粘板岩・緑泥片岩などを使用し、敲打ないし研磨でつくられている。赤色顔料を塗った例もあり、形やつくりから呪術具・儀礼具と考えられる。一遺跡で一例という場合が多く、集団の儀礼に関わる石器と考えられるが、具体的な用途は不明である。石川県御経塚遺跡では石囲いの中におかれた状態で出土している。一八七七（明治10）年、石川県比良遺跡で一農民によって初めて発見された。近くの寺から二個が京都の本願寺に寄進され、本願寺からさらに明治天皇に献上されて帝室博物館の蔵品（帝室御物）となったことから御物石器の名の由来がある。その名称が用途と関係なく付けられたため、「比良型呪具石器」とよぼうとする意見もある。

【参考文献】橋本正「御物石器論」『大境』6（昭51）。

（中山清隆）

きよみがせき［清見関］ 駿河国庵原郡興津付近、現静岡県清水市の海岸線に設けられた関。『日本紀略』元慶三（九四〇）年初見。『更級日記』などにもみえる。関所のおかれた地は清見潟とよばれ風光明媚さが後世まで著名であった。（高橋誠一）

きよみずでら［清水寺］ ⇨坂上田村麻呂さかのうえのたむらまろ

ぎょろぐしょう［魚魯愚抄］ 除目に関する儀式書。編者は洞院公賢。正篇八巻、別録八巻。成立は延文年間（一三五六～一三六一）。中文や『西宮記』『江家次第』『綿書』『春玉秘抄』などの諸書から除目記事を採り、勘物や私註を加えたもので、写本は大きく二系統にわかれる。（細谷勘資）

ぎらんもん［儀鸞門］ 平安京大内裏の豊楽院の内郭南面中央の門で、豊楽門の北に位置する。基壇上に建ち、東西五間で瓦葺、三つの扉を有し、北側は塀となっていた。元日の豊楽院の宴では当門外で吉野の国栖が歌笛を奏した。（西山恵子）

きりかね［切金］ 截金とも。金・銀の箔を線状に細く切って、仏画や仏像彫刻、工芸品の文様や装飾とする技法。中国伝来の技法として奈良時代に早い例があるが、平安時代後期の作品に最も華麗かつ洗練された技法がみられる。（竹居明男）

きりしまやま［霧島山］ 宮崎県、鹿児島県にまたがる霧島火山群の総称。標高一七〇〇mの韓国岳を最高峰とし新燃岳や高千穂峰など。『記』『紀』に天孫降臨の神話があり、八三七（承和4）年には霧島の神が官社に列せられたことがみえ

る。平安中期より霧島信仰が盛んとなった。（高橋誠一）

きりつぼ［桐壺］ ⇨淑景舎（しげいしゃ）

きろく［季禄］ 律令制下の俸禄制度の一つ。在京の文武の職事および大宰府・壱岐・対馬の官人で、八月から翌年正月まで、二月から七月までの半年ごとに一二〇日以上勤務した者に対して、二月上旬に春夏の禄を、八月上旬に秋冬の禄を給付した。禄は官職の相当位に応じて支給され、調庸の絁・綿・布・鍬などがこれに充てられた。また、内舎人・別勅才伎長上・兵衛・宮人にも支給されている。奈良時代末期にはしだいに支給が困難となった。（宮地明子）

きろくじょ［記録所］ 院政期以降、文書の調査などを行うために朝廷におかれた役所。一〇六九（延久元）年荘園整理令実施の一環として、*荘園の公験を調査するために設けられたのが始まりで、一一一一（天永2）年、五六（保元元）年、八六（文治2）年にも設置され、荘園をめぐる係争の審議ばかりでなく、朝廷の公事用途の注進も行った。その後、鎌倉時代を通じて存続したが、後期には裁判機関として整備され、さらに建武政権では政治の中心機関となった。（勝山清次）

きんいん［金印］ ⇨印章（いんしょう）、漢委奴国王印（かんのわのなこくおういん）

きんかいいせき［金海遺跡］ 大韓民国の慶尚南道金海市鳳凰洞の海抜四六・五mの鳳凰台とよばれる丘陵地にある、無文土器（青銅器）時代から三国時代加耶・*新羅にわたる遺跡。そのうち、東南部のもと会峴里に位置し、金海貝塚の名で知られてきた地点が戦前に発掘調査された結果、各種の遺構や遺物が検出された。まず、無文土器時代には、支石墓一、箱式石棺墓五、甕棺墓三からなる墓地が営まれた。甕棺墓の内外からは、碧玉製管玉・細形銅剣・銅鉇が出土し、また、石棺墓内からは、丹塗磨研土器と磨製石鏃が出土した。ついで、原三国（弁韓）時代では住居が営まれ、貝塚が形成された。住居跡は、炉跡をともなう敷石の竪穴式である。貝層は東西約一二〇m、南北約三〇mの範囲で、とくに丘陵南面の厚いところは厚さ約六mに堆積する。貝層出土の土器は、赤褐色をした無文土器系統の土器に加えて、黝青色の灰陶質土器が加わる。骨角器・鉄器・炭化米・貨泉など特色ある遺物もみつかった。三国時代では、金官加耶と新羅の土器を出土したが、遺構は不明である。戦後では鳳凰台全体に対して本格的な発掘調査が行われた。その結果、鳳凰台西側斜面の海抜一七m付近で、三世紀末ないし四世紀初頃に掘り込まれたと思われる金官加耶時代の環濠の一部が検出されたことから、ここに環濠集落が営まれていたことが推測された。鳳凰台の頂上部から斜面にかけては、数個所に貝層が堆積している。そのすぐ上位で竪穴住居跡群が検出されたところがあることから、鳳凰台が金官加耶国成立時の中心をなす拠点集落であった可能性がある。

［参考文献］濱田耕作他『金海貝塚発掘調査報告』（大正九年度古蹟調査報告）一、大12、朝鮮総督府。榧本杜人「金海貝塚の甕棺と箱式石棺」『考古学雑誌』四三─一（日本考古学会昭32）。釜山大学校博物館『金海鳳凰台遺蹟』『研究叢書』（一三）（一九九八）。（西谷正）

きんかいから［金海加羅］ ⇨加耶（かや）

きんかいしきどき［金海式土器］ 大韓民国の慶尚南道金海市にある、金海会峴里貝塚出土の土器に因んでつけられた二種の土器形（型）式。一つは、原三国（三韓）時代の土器で、還元焔焼成によって製作され、灰青色を基調とする灰陶質を呈する。器表面には、格子目・縄帯・平行文叩きの成形痕を残す。最近では瓦質土器と呼ばれるこの種の土器は、弥生時代後期の北部九州に主として流入している。もう一つは、同遺跡で検出された弥生土器の大形甕棺に因んで、弥生時代前期末の大形甕棺の標式的な土器型式の名称となっている。同型式の大形甕棺は、朝鮮半島でほかには見つかっていない。（西谷正）

きんかふ［琴歌譜］ 和琴の歌曲の譜本。九八一（天元4）年、多家安が大歌師前丹波掾多安樹本を書写し、近衛家に伝えられたもの。現在、陽明文庫蔵、重要文化財。他書にみられぬ独自の古代歌謡をおさむ。曲名ごとに歌詞を書き、その右に朱で奏法を記し、なかには歌の由来を記したものもある。（堀越光信）

きんかんづか［金冠塚］ 大韓民国慶尚北道慶州市路西洞にある五世紀末の古墳。一九二一年に民家の床下で埋葬施設が発見された。積石木槨墳で、金製の山（出）字形立飾・帽・鳥翼形前立飾・帯金具・釧・指輪・耳飾り、金銅製の外冠・鳥翼形前立飾、銀製の冠帽飾・帯金具・釧・指輪、木皮製冠帽、高句麗製の青銅四耳壺、中国製鐎斗、三累環頭大刀をはじめとする鉄製武器・武具などが大量に出土した。新羅文化の象徴といえる古墳で、この発見をきっかけに博物館が建設され

金冠塚出土黄金宝冠側面
「古蹟調査特別報告第一冊」（朝鮮総督府）より

た。（東　潮）

きんざきこふんぐん［金崎古墳群］ 島根県松江市西川津町金崎にある古墳群。もとは前方後方墳二基と方墳九基からなっていたが、宅地造成で約半数が破壊され、現在は一～五号墳が残るのみである。一号墳は、一九四七（昭和22）年に梅原末治の指揮で発掘調査された全長三二ｍの前方後方墳で、内部主体は竪穴式石室である。副葬品には仿製内行花文鏡や勾玉、管玉、棗玉などの玉類、大刀、鉄剣、鉄矛、鍬先、須恵器類があり、とくに須恵器は山陰の須恵器編年Ⅰ期の標式となっている。二～四号墳はいずれも方墳。五号墳は全長二二ｍの前方後方墳である。国指定史跡。（足立克己）

きんじき［禁色］ 身分によって着用が禁止された衣服の色。令制では位階によって当色が定められ、自己の位階より上位の色を禁色といった。平安中期以後は天皇・皇族の衣服の色を禁色とした。女房の場合は青色・赤色の有紋の唐衣をさした。貴族の一部は天皇の恩典として禁色の着用を許可する禁色宣旨を与えられた。（勝田至）

きんしゅんじゅう［金春秋］ 603～61 在位654～61 新羅第二九代の王。諡は武烈王。祖父は真智王であるが、父が王位を継承せず、順調に王位を継承できなかった。おば善徳女王に対する毗曇のクーデターを鎮圧し、真徳女王を擁立。義兄の金庾信とともに、新羅の統一を進める。高句麗・倭・唐に使者として出向くなど外交の面で活躍。『日本書紀』にも伝える。真徳女王の死後、即位。唐と連合して百済を滅ぼす。子の文武王が継承し、高句麗を滅ぼし三国統一をはたす。（田中俊明）

武烈王陵

きんしょうこおう［近肖古王］ ?～375 在位346～375 百済第一三代王。『日本書紀』の肖古王・速古王。「近」は、第五代肖古王を造作したとき、区別してつけたもので、もとはこちらが肖古王。実質的に百済を興起させる。先進の高句麗と対決し、子の近仇首とともにしばしば交戦、故国原王を戦死させる。漢城地域のなかで王宮を移動。加耶南部と通交し、それを介して倭と関係が成立し、七支刀を贈る。さらに東晋に朝貢し、東晋・百済・加耶南部・倭の同盟関係を成立させる。（田中俊明）

きんせきぶん［金石文］ 金文すなわち金属の類に刻された文字、あるいは石文すなわち石材に刻された文字をあわせて金石文という。通常それらの文字を銘文とよぶ。これに準ずるものとしては瓦・磚・土器・漆紙など記された文字あるいは木札の類の木簡がある。中国では陰刻文を款、陽刻文を識という。『後漢書』東夷伝倭の条に記す五七（建武中元2）年の倭奴国王に与えた志賀島の金印、奈良県天理市の東大寺山古墳出土の後漢中平年間（一八四―一八九）の鉄刀銘、天理市布留の石上神宮蔵の三六九（泰和4）年の七支刀銘や前漢・後漢・魏・呉などの鏡銘、あるいは五世紀中葉から後半の早い時期の築造とみなされている千葉県市原市の稲荷台1号墳の「王賜銘」鉄剣、四七一年（辛亥）銘の埼玉県行田市稲荷山古墳出土の鉄剣銘、五世紀後半の熊本県菊水町の江田船山古墳の大刀銘などが有名である。（上田正昭）

中国では金文の主なものには殷周時代の青銅礼楽器、兵器、戦国以後の度量衡器などがある。石刻文には碑、碣、墓誌、塔銘、経幢、造像、摩崖などがあり、秦漢以降のものがほとんどで、隋唐のものが最多である。中国研究において拠るべきほとんどの文献が編纂史料であるため、同時代史料である金石文はきわめて重要な史料的価値をもつ。（愛宕元）

朝鮮半島の金文は、新羅古墳出土の広開土王壺杅銘銅壺や、延壽元年銘銀合子、百済・武寧王陵出土の銀釧のほか、慶尚南道宜寧郡発見の延嘉七年銘金銅如来像光背など、五～六世紀の製品にみられる。石刻文には、五世紀初の高句麗・広開土王碑、六世紀前半の百済・武寧王陵買地券、六世紀後半の新羅・真興王巡狩碑など、少なからず知られ、三国時代から統一新羅時代にかけての古代史研究の重要な資料となっている。（西谷正）

きんせきへいようじだい［金石併用時代］ 一九一〇年代に中山平次郎が、北部九州で、現在の弥生時代にあたる、先史（石器）時代と原史（古墳）時代の移行期に、石器と金属器（銅器・鉄器）を同時に併用していることを確かめ、そのような時期を金石両器併用の時代と位置づけ、中間時代と仮称することを主張した。それに対して、濱田耕作は、一九世紀後半のイタリアで提起されていた銅石期を、金石併用期と意訳して、石器時代末期または金属使用初期の時代呼称とした。そして、朝鮮半島東南部の金海貝塚など、石器と鉄器を出土する遺跡を、金石併用期の所産と考えた。このような金石併用期説は、朝鮮半島の他律性史観の形成に利用されたが、現在では朝鮮半島独自の時代区分が確立する過程で使われなくなっていった。（西谷正）

きんだいちきょうすけ［金田一京助］ 1882～1971 大正・昭和期の言語学者。岩手の出身で、東京帝国大学文科大学在学中からアイヌ語の研究をめざし、一九〇六（明治39）年からたびたび北海道・樺太の調査におもむく。アイヌの口頭伝承「ユーカラ」やアイヌ語の採訪・筆録につとめ、研究の基礎を構築した。日本語系統論・音韻論・文法論などの著書も多い。同郷の友が石川啄木であった。東大・国学院大・早大などの教授をつとめ、五四（昭和29）年、文化勲章受賞。『金田一京助全集』（全一五巻）。
【参考文献】藤本英夫『伊波普猷・金田一京助』（講談社昭53）。（上田正昭）

きんでい【金泥】 金箔をすりつぶした粉末を膠水で泥状にした絵具。紺地に金泥を用いて写経する金字経などの経巻装飾をはじめ、仏像彫刻の地塗・彩色、来迎図・曼荼羅など仏画にも用いられた。金銀泥によって描かれた絵画を泥絵とよぶ。（佐古愛己）

きんでんせい【均田制（隋、唐）】 中国律令制時代の国家による人民支配の基本をなす制度。田土の公有を前提として、田土の給田と還授を規定した田令と、賦税役である租庸調雑徭について規定した賦役令によってその制度内容がわかる。ここでは開元二五年令によって唐制を述べる。丁男（二一～五九歳）と一八歳以上の中男に永業田二〇畝と口分田八〇畝の計一頃が給田される。一頃は古来小農家族の基本的な農業経営面積と観念されるもの。永業田は還授の対象外の土地で、王公以下の有爵者に一〇〇～五頃、五品以上の官に六〇～五頃、勲官に三〇頃～六〇畝の官人永業田が給せられる。田土の公有を建前としながら、永業田は事実上の私有地である。その他、官の品位に応じて一二頃～八〇畝の職分田、官署の公用にあてる四〇～一頃の公廨田があった。敦煌文書や吐魯番文書に均田制の実施を窺わせるものがあるが、唐代に内地全域に実施されたことを示す証拠は現在のところない。中国での実態はともかく、日本の班田収授法のモデルとされた。（愛宕元）

きんとうみょう【均等名】 一つの荘園内で、面積がほぼ等しくなるように編まれた百姓名のこと。普通、一町から二町程度の規模である。荘園領主権が強力な畿内に多く、公事夫役を名別に均等に賦課するために人為的に編成された。（勝山清次）

きんとのまき【近都牧】 平安時代、遠国から貢上される馬を飼育するために設置された牧。令制の牧が再編されるなかで成立。左右馬寮の所管に属し、摂津・近江・丹波・播磨に七牧設けられた。のちに荘園化し、貴族の所領となるものもあった。（勝山清次）

きんぴしょう【禁秘抄】 禁中抄・禁秘御抄などとも。順徳天皇が承久年間（一二一九～二一）宮中の心得を総合的に解説したもの。宮中の器物・殿舎、恒例行事・臨時儀式の作法など一一二項目にわたり、平安朝の儀式書や日記類を引きながら的確に説明するのみならず、近代（承久当時）の不本意な状況を厳しく批判している。本書は早くから帝王学・有職故実の指南書として使われ、また牟田橘泉・壺井義知・速水房常・神村正隣・滋野井公麗・伴信友・関根正直らによる注釈書も多い。
【参考文献】和田英松『皇室御撰之研究』（明治書院昭8）。所功「禁秘御抄の研究史」『宮廷儀式書成立史の再検討』（国書刊行会平13）。（所　功）

きんふしょく【金富軾】 1075～1151 高麗仁宗時代の宰相。『三国史記』を編纂。新羅系の人物で、曾祖父魏英は、新羅滅亡時、慶州にとどまり州長となる。兄は富轍で、蘇軾・蘇轍にならって付けられた。科挙に及第して官途につき、政敵の李資諒や西京派の僧侶妙清らを次々に倒して門下侍中にまでのぼりつめ、七〇歳を前に致仕して編纂事業を推進した。優位に立った新羅系の代表として、その歴史的由来を『三国史記』のなかに根拠づけようとして、すでにあった『旧三国史』を改編した。（田中俊明）

きんぷせん【金峯山】 奈良県吉野郡の山上ヶ岳（大峯山。約一七〇〇m）を中心とする大峰山系をいう。紀伊半島の中央部に位置し、古来から山岳信仰の霊場として聞こえ、多くの修行者が入山した山岳修験の霊地。役行者創建、醍醐寺聖宝中興という金峯山寺（「きんぷ」と発音）があり、山上（山上ヶ岳）・山下（吉野山）の中心として蔵王権現を祀る。早くから「かねのみたけ」とも称され、平安時代には金峯参詣が盛行。天皇・皇族や貴族が頻繁に訪れた。かねのみたけ神社ともよばれた金峯神社があり（式内社）、末法思想の普及とともに境内には埋経が行われ、とくに藤原道長の一〇〇七（寛弘4）年のそれは著名で、経筒などの遺品が残る（国宝。京都国立博物館保管・金峯神社蔵）。多数の僧兵をかかえた金峯山寺の寺勢は中世にまで続き、源平内乱や南北朝内乱の帰趨を決するほどのものであった。（井上満郎）

きんぷせんきょうづか【金峯山経塚】 奈良県天川村洞川の標高一七二〇mの山上ヶ岳山頂の大峰山寺周辺の経塚群の総称。元禄年間から明治・大正にかけて大量の経塚遺物が出土し、一九七九（昭和54）年には山上本堂の解体修理にともなう発掘調査でも経塚遺物が出土した。経筒・経箱・経巻・銅板経・金製仏像・青銅像・鏡像・懸仏・仏具・銅製宝塔などの遺物がある。藤原道長が一〇〇七（寛弘4）年に埋納した経筒や、一〇九二（寛治6）年の白河上皇の埋納品に推定される金銅花鳥唐草毛彫経箱などが有名。（杉山洋）

きんぷせんじ【金峯山寺】 ⇩金峯山きんぷせん

きんめいてんのう【欽明天皇】 509?～71 在位539～71 第二九代天皇。『日本書紀』によると、和風諡号は天国排開広庭天皇。父は継体天皇、母は手白香皇女。磯城島金刺宮を都とした。内政面では屯倉・田部の設置を、外交面では任那問題の行き詰まりを伝える。仏教公伝はこの天皇のときだが、『日本書紀』は五五二（欽明天皇13）年、「元興寺縁起」『上宮聖徳法王帝説』は五三八（戊午）年とする。また継体崩後すぐに欽明が即位し、いっぽうで安閑・宣化天皇が即位したとする、両朝が分立状態にあったとする研究もある。（小野里了一）

きんや【禁野】 天皇家の猟場として一般の狩猟を禁止した地域。七世紀後半以降に成立したと考えられている。畿内とその近辺、さらに美濃や備前などに設置された。山城の北野、河内の交野、大和の宇陀野などが一〇世紀の『西宮記』にもみえる。（高橋誠一）

きんゆしん【金庾信】 595～673 金官国最後の王仇亥の子武力の孫。仇亥が妻子をともなって新羅に帰投。新羅は真骨身分を与え特別待遇。武力は真興王の領土

金庾信墓

拡大に活躍。父は舒玄。母は真興王の弟の娘。父の任地万弩郡（現在の忠清北道鎮川）で生まれる。一五歳で花郎となり、鍛錬を積む。妻は武烈王（金春秋）の第三女。妹は武烈王妃。武烈王とともに新羅の三国統一を進めた。とくに軍事面で活躍し、百済を滅ぼす戦いのほか数々の戦闘に出陣。太大角干の地位まで昇る。のちに興武大王とされる。（田中俊明）

きんようわかしゅう［金葉和歌集］　平安時代後期にできた五番目の勅撰和歌集。一〇巻。白河天皇の命により源俊頼が撰進した。二度撰定し直し、一一二七（大治2）年に成立。それぞれの撰集を、初度本、二度本、三奏本と区別しているが、二度本がもっとも流布した。源俊頼、源経信、藤原顕季らの歌約六五〇首をおさめ、三代集以来の伝統を脱した新しい歌風がみられる。注釈書に『新日本古典文学大系9』（岩波書店平1）などがある。（小西茂章）

きんりょう・きんぼ［近陵・近墓］　平安時代に朝廷で管理していた陵墓のうち、年末の荷前奉献に常幣のほかに別貢幣も献じた陵と墓。近陵が具体的に判明するのは八二四（天長元）年で、荷前を献ずる使者を参議以上もしくは三位以上とする八陵をあげており、八五八（天安2）年には近陵一〇ヵ所、近墓四ヵ所のいわゆる十陵四墓が定められた。近陵・近墓の加除は平安時代末頃まではしばしば行われたが、天安年間以降、近陵数の増減はなかったので、十陵の制ともいった。（福尾正彦）

きんれいづかこふん［金鈴塚古墳］　千葉県木更津市長須賀の小櫃川の左岸に西南面して築造された古墳時代後期の前方後円墳（古くは二子塚古墳と呼称）。後円部のみが現存していたが、一九五〇（昭和25）年千葉県教育委員会によって発掘調査が行われ、全長一一〇mであることが判明した。埋葬施設は横穴式石室で、多数の副葬品が発見された。とくに装飾付き大刀一一（圭頭三、鳥首三、頭椎二、円頭一、方頭一）、銅鋺、垂飾具、金鈴、馬具、式具、金銅製葆および須恵器などは注目される。築造年代は六世紀末から七世紀初頭である。
［参考文献］滝口宏ほか『上総金鈴塚古墳』（早稲田大学考古学研究室昭27）。（茂木雅博）

く

くうかい［空海］　774〜835　平安時代前期の僧侶。真言宗の開祖。讃岐国多度郡屏風浦（現善通寺市に想定）に誕生、父は佐伯田公、母は阿刀氏。俗姓佐伯氏は蝦夷の子孫が讃岐国に移住させられたことに起源をもつという（『新撰姓氏録』右京皇別）。外舅阿刀大足は伊予親王の師で空海に勉学を教えたという。系譜は異なるが中央の佐伯氏と同族を主張し（『性霊集』ほか）、佐伯今毛人の庇護をうけた。上京して大足・岡田牛養・味酒浄成らに諸学問を学び、儒教・仏教・道教を比較研究ののち仏教に傾倒、阿波大滝・土佐室戸の山間に入って修行した。こののち『三教指帰』を執筆、八〇四（延暦23）年に東大寺戒壇院にて受戒・出家、空海と号す。同年入唐を命じられ、遣唐大使藤原葛野麻呂に従い最澄とともに渡唐、長安青竜寺の恵果について密教などを修学。八〇六（大同元）年帰国。山城国高尾山寺（神護寺）、同乙訓寺などに居住、この間最澄が空海の灌頂をうけまた経典の貸借を行うなど両者は親密な関係にあったが、のち交際は決裂。八一六（弘仁7）年高野山の下賜を願い許可され、八一八（同9）年に参上に登り翌年に金剛峰寺の伽藍建立に着手。八二〇（同11）年東国に布教、翌年には出身地讃岐国の満濃池の修復に築満濃池別当となり、「父母の如く」（『弘法大師行化記』）人々が協力しこれを成功させている。天皇・朝廷との関係にも意を用い、八二三（弘仁14）年には官寺であった平安京の東寺の下賜をうけ、これを京都布教の拠点とした。東寺下賜によって宗教活動は活発化し、朝廷での仏事をしばしば主導し、八二四（天長元）年には神泉苑で請雨祈禱しこれを成功、また室生寺再興・綜芸種智院創立などがある。八三五（承和2）年二月高野山で病臥、同三月に死去。九二一（延喜21）年に弘法大師の号が与えられた。厳しい山岳修行の結果えられた呪力・霊力と、卓越した仏教研究、さらには請雨にみられるごとき民衆に支持とによって現在にいたるまで長く信仰の対象として崇敬をうけている。弟真雅、甥真然も高僧で、園城寺の円珍は外甥。

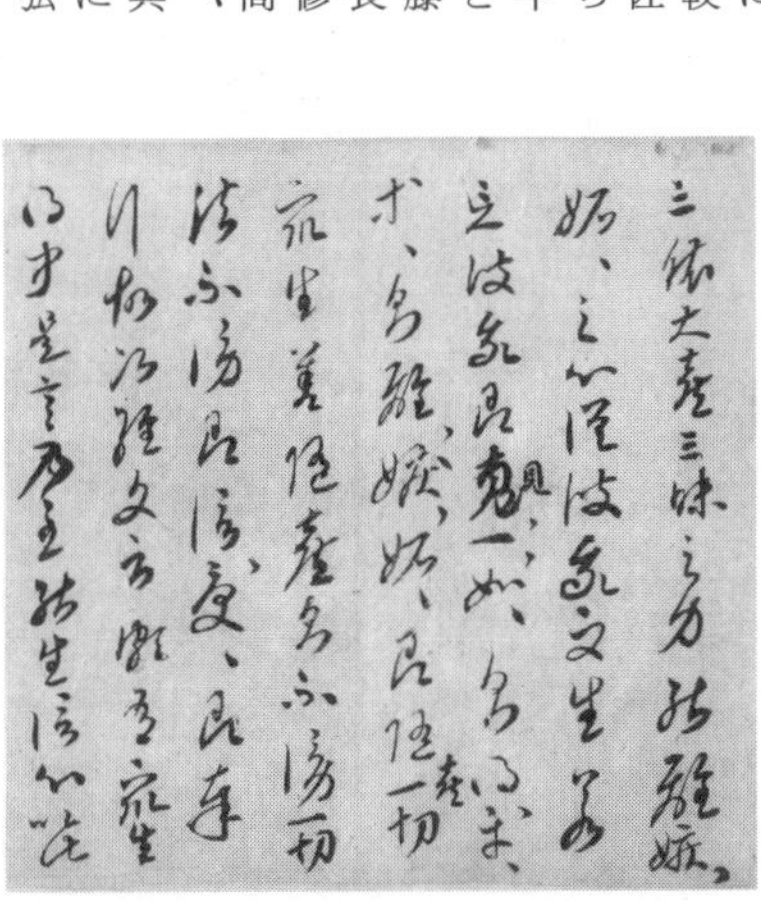
空海筆金剛般若経開題残巻
奈良国立博物館蔵

〔参考文献〕密教文化研究所『増補・再版弘法大師伝記集覧』（昭45）。『空海』（日本思想大系（五）昭50）。 （井上満郎）

ぐうけ［郡家］ ⇨郡衙跡

くうや［空也］ 903～72 平安時代中期の僧侶。「市聖」「阿弥陀聖」とよばれた。醍醐天皇第五子、あるいは仁明天皇皇子常康親王の子ともいう。在俗の修行者として諸国を巡歴後、二〇歳の頃に尾張国分寺で出家、空也と名乗る。九三八（天慶元）年に京都に入り、民衆に念仏を布教。九四八（天暦2）年、天台座主延昌より受戒、戒名を光勝としたが、空也を名乗り続けた。西光寺（後の六波羅蜜寺）で七〇歳で入滅。 （志麻克史）

くうやどう［空也堂］ 京都市中京区亀屋町にある天台宗の寺。こうやどう。空也堂極楽院。紫雲山光勝寺。念仏弘通の空也に帰依した平定盛が建立したという。もと左京の三条櫛笥小路にあって、櫛笥道場といわれた。本尊は空也上人立像。 （野口孝子）

くうやねんぶつ［空也念仏］ 平安中期の僧侶空也*によって唱えられた念仏活動。従来の念仏は死者の霊魂を浄土に導くものであったのに対し、空也のそれは自己の救済と利益をも説き、都市京都の葬送地などを場として活動は展開され、都鄙の衆庶の支持をえた。 （井上満郎）

くうやるい［空也誄］ 空也*の伝記。源為憲著。一巻。九七二（天禄3）年に没した空也を悼んで撰述されたもので、空也の行跡を集めた序文と四字一句の頌詞からなる。後世の空也伝のもととなった。一一二五（天治2）年の奥書の真福寺蔵本がある。 （橋本正俊）

くえいでん［公営田］ 大宰府管内に設置された国営耕作の田地。民間の私営田の経営方式を模倣し、当時の国家財政の逼迫のなかで調・庸の確実な収取をはかったもの。八二三（弘仁14）年に立案され、良田一万二〇〇〇余町に六万人余の公民を投入、正丁に食料を支給し、収穫はすべて国庫に納入された。最初三〇年が提案されたが、結局は四年間の時限をもうけて実施。一部地域は以後も継続して実施され、また大宰府管内以外の国にもおよんだ。実際には民間の有力農民である「正長」に経営は委託された。
〔参考文献〕村井康彦『古代国家解体過程の研究』（岩波書店昭40）。小林昌二『日本古代の村落と農民支配』（塙書房平12）。 （井上満郎）

くえりょう［宮衛令］ 「くうえりょう」とも。大宝・養老令の編目の一つ。養老令では第一六編に相当し、全二八条からなる。諸門の出入り・開閉や兵衛・衛士による警備、兵庫・大蔵など庫蔵の防火・警備、行幸*の際の車駕・鹵簿の警備、兵器の搬出入、諸門からの物資の搬出などについて規定する。なお、大宝令では宮衛令が存在せず、軍防令にその内容がふくまれていた可能性がある。 （荊木美行）

くがい／くげ［公廨］ もともと官衙の建物をさしたが、転じてそこに収蔵された財物、さらに官司の経費の重要な部分を占める官人の給与を意味するようになった。国司の給与にあてられる公廨稲*をさすことも多い。 （勝山清次）

くがいでん／くげでん［公廨田］ 大宝令制下の職田*の一種で、大宰府官人と国司の職田を公廨田と称した。不輸租田*。養老令では職分田*に統一された。七五七（天平宝字元）年、大学寮*・雅楽寮*・陰陽寮*・内薬司・典薬寮学生の供給料としての「公廨之田」が設置され、各官衙の独自財政としての性格を強めた。 （山本崇）

くがいとう／くげとう［公廨稲］ 令制下の官稲*の一種。七四五（天平17）年一一月、不動穀*の欠損や出挙未納を補うため国毎に設置された。本稲を出挙し、利稲をもって欠損を補塡したうえで、その残りを国守以下が一定の割合で配分し得分とした。 （山本崇）

くかたち［盟神探湯］ 古代の神判法の一つ。允恭朝に姓の混乱を正すために、飛鳥の甘樫丘で玖珂瓮をすえ、盟神探湯を行ったと伝える。神に誓約した上で、熱湯のなかの泥を探ったり、あるいは熱した斧を掌におき、もし手が爛れなかったなら、その主張するところは正しいと判断された（允恭紀四年九月条）。ほかにも応神紀九年四月条（「探湯」とする）、継体紀二四年九月条（「誓湯」）や、『隋書』倭国伝に、小石を沸湯の中に置いて、それを探らせた事例がみえる。 （和田萃）

くがはらいせき［久が原遺跡］ 東京都大田区久が原に存在する遺跡。多摩川の左岸に広がる台地には、旧石器時代から古墳時代にかけて人々が暮らし、なかでも弥生時代後期前半が最も活気にみちていた。それは住居跡が一〇〇〇近く推定されるからで、一辺五m前後の隅丸方形の竪穴住居跡からは、炊事・貯蔵用の台付き甕・壺・鉢・高坏形の土器がともない、入り組んだ谷では水稲耕作をし、東海地方との交流で、人口が増大したと考えられる。 （関俊彦）

くがはらしきどき［久が原式土器］ 東京都大田区久が原出土の南関東地方弥生時代後期前半の様式名。器種は台付き甕・壺・無頸壺・鉢・高坏からなり、甕は煮炊きに用いたためか、つくりが粗く、輪積み痕が器表面にみられる。壺は縄文帯・棒状凸帯・小形円盤・赤色顔料で飾ったものが多く、文様が器形のなかでも変化に富んでいる。この様式に装飾性が強いのは、先進地域東海地方との交流によるものである。 （関俊彦）

くぎ［釘］ おもに木材同士を接合するための細い鉄材。飛鳥池遺跡から釘の製作跡や注文の木簡が出土しており、正倉院文書や「延喜式」には平釘、打合釘、切釘、鴈釘、呉釘、花形釘などの名がみえるが、名と形状の対応は明らかでない。鉄釘と銅釘があった。『今昔物語集*』や『中右記*』によれば、金物は貴重品なので、火事場には釘拾いがみられた。 （勝田至）

くぎょう［公卿］ 高位・高官の上級貴族の総称。「論語」・「史記」などの漢籍に多く見え、もとは中国古代の三公九卿のこと。古代日本では厳密な規定はなく、和語マエツギミ、すなわち天皇の前、近くにあって政務に当たる上級臣下のことを公卿と表現する。初出が『日本書紀』天武4年（675）条であるごとく律令国家体制が整備されていくなかで漢語が導入されて日本語として定着したが、当初は広い概念で4・5位をも含むものであったらしい。平安時代になると摂政・関白・太政大臣・左右大臣などを「公」、大納言・中納言・参議・非参議などを「卿」として、主に国政に参加する議政官とそれに準じる地位のものを総称して公卿と呼ぶようになった。（井上満郎）

くぎょうぶにん【公卿補任】 公卿の位階官職・姓名等を記録編纂したもの。当初の編著者不明。使用の際史料批判が必要であるが、神武天皇から一八六八（明治元）年分が伝存し、国史大系におさめられ、ほかの善本も（独）国立公文書館内閣文庫等に所蔵されている。（野村玄）

くく【九九】 中国伝来の一から九の掛け算表、またその暗誦法。官人は計算能力を素養とし、それには九九の暗誦と算木の使用を必要とするから、律令制成立期には普及したとみられる。七世紀の九九表の木簡が長野県屋代遺跡から出土しており、『万葉集』にも九九を用いた戯訓がある。また一〇世紀後半の初歩教科書『口遊』にも九九表がみえる。これらはいずれも、現在とは逆に「九×九」からさかのぼるもので「九九」の名称もそれによる。呪句にも用いられた。

【参考文献】大矢真一『和算以前』（中公新書昭55）。鈴木景二「算木と古代実務官人」『木簡研究』一八号（木簡学会平8）。（鈴木景二）

くぐつ【傀儡】 人形芸に携わる者および集団。木偶を依代として神の寿詞を唱えた。やがてその芸は、課役を逃れて浮浪する民の保持するところとなり、交通の要所である港・津・宿を拠点に移動し、その女の多くは淫売をも事とすることがあった。（山田雄司）

くぐつき【傀儡子記】 平安時代末期の芸能者についての記。大江匡房著。匡房晩年の執筆と思われる。「傀儡子」とは、剣術・人形つかい・奇術などをする男や倡歌・売春などをする女のことをいう。注釈書に『日本思想大系8』（岩波書店昭54）などがある。（小西茂章）

くくりのみや【泳宮】 『日本書紀』景行天皇四年にみえる行宮。現岐阜県可児市久々利にあったとされる。美濃国東部の中心地域で交通の要地でもあり、『万葉集』一三に歌がある。（高橋誠一）

くくりひめのかみ【菊理媛神】 『日本書紀』の神話、第五段第十の一書にみえる神。イザナキとイザナミがこの世と黄泉国の境界である黄泉津平坂で離別する時、何らかのことばをイザナキに伝えて去る。ククリはココロ（心）かともいわれるが不明。加賀国白山神社の祭神。（菊地照夫）

くげようもんじょ【公家様文書】 古文書学における様式分類の一つ。律令の公式令に規定された文書様式（公式様文書）に代って、平安時代に朝廷政務運営の変化にともない使用されるようになった公文書の総称。主たるものに、内侍宣・口宣案など宣旨系統、官宣旨など下文系統、綸旨、院宣、御教書など奉書系統があり、下文、御教書は武家様文書にも引き継がれた。（綾村宏）

くげん【公験】 公権力発行の権利保証文書。僧尼対象の身分証明書と、一般対象の所領・所職権の保証書に大別される。前者には、得度時に与えられる度牒・受戒時の戒牒・師位時の告牒の三種があることが、「僧尼令集解」任僧綱条所引格より知られる。後者は本公験、根本公験とも称され、土地の売買・譲与にともなう公認申請の解状・辞状に、京職・国衙が公判を加えた形式が多い。所有の根拠として重要視され、平安中期以降は院宣・下文等による私人の財産・権利保証も公験と称された。（沢田瞳子）

くご【箜篌】 古代・中世にアジア諸国で使われた弦楽器。曲形の枠に多数の弦を張って弾奏する。正倉院御物の箜篌は曲尺型で高さ一・二三m。箜篌には響胴のないもの、立奏の大型のもの、琴に似た臥箜篌などがある。百済琴ともよぶ。（上田正昭）

くごにん【供御人】 平安後期以降、天皇に食料をはじめとする様々な物品を貢納した人々。古代の工人や贄人の系譜をひき、禁裏供御人ともいう。主に内廷関係の官衙に所属し、給免田や課役免除の特権を与えられ、関所の通行権も認められていた。（勝山清次）

くさかのはたひのひめみこ【草香幡梭皇女】 仁徳天皇の皇女。『日本書紀』履中紀には履中皇后で中磯皇女を生んだとあるが、安康紀には安康が皇女の兄・大草香皇子を殺して王の遺児・眉輪（目弱）王に殺され、その眉輪を征した雄略が即位して皇女を皇后とした経緯を記す。（中川久仁子）

くさかべのみこ【草壁皇子】 662～89 天武天皇の皇子。母は天智天皇皇女の鸕野讃良皇女（後の持統天皇）。日並知皇子尊とも称され、七五八（天平宝字2）年八月九日、岡宮御宇天皇と追尊された。阿閇皇女（元明天皇）との間に、軽皇子（文武天皇）、氷高皇女（元正天皇）、吉備内親王（長屋王の妻）を儲けた。六六二（天智元）年に筑紫の長津宮（磐瀬行宮）で誕生。六七二（天武元）年六月、壬申の乱が勃発した際には、十一歳で吉野宮からの脱出行に加わった。天武朝には、天武天皇の一〇人の皇子のうち、常に筆頭に記されており、六八一（天武10）十二月に皇太子に立てられ、万機を摂した。立太子とともに、嶋宮に住んだと思われる。六八六（朱鳥元）年七月、天武天皇の不豫に際し、母の鸕野皇女とともに天皇大権を委任され、天皇崩御後は、その殯宮儀礼を全て主宰した。殯宮儀礼終了後、即位を予定されていたが、六八九（持統3）年四月十三日に薨じた。真弓の岡（地域をより限定すれば、佐太の岡）に営まれた殯宮では、柿本朝臣人麻呂が挽歌を献呈し（『万葉集』巻二―一六七～一七〇）、草壁皇子の舎人らも挽歌を作っている（巻二―一七一～一九三）。舎人らの挽歌には、嶋宮の景観や佐太の岡の様子が歌われている。島庄遺跡（奈良県高市郡明日香村島庄）の発掘調査では、一辺四二mの方形池の周辺で、七世紀後半の正方位の建物・柵列などが検出されており、草壁皇子の嶋宮に関わる遺構と推定される。薨去に際し草壁皇子は、佩持していた黒作懸佩刀を藤原朝臣不比等に託した。この佩刀は後に不比等を介して、軽皇子（文武天皇）・首皇子（聖武天皇）に伝えられた。草壁皇子（岡宮御宇天皇）の真弓丘陵（延喜諸陵寮式）は、幕末に奈良県高市郡高取町森の「王ノ墓」に決定され、現在にいたっている。しかし近年では、高取町佐田の春日神社境内で発見され、八角形墳で特殊な横口式石槨をもつ束明神古墳が有力視されるようになっている。（和田萃）

くさどせんげんちょういせき【草戸千軒町遺跡】 広島県福山市に所在する中世の集落遺跡。芦田川が福山湾に注ぐ河口近くに立地し、一三世紀後半から一六世紀初頭頃に、備後南部の流通拠点として繁栄した港町・市場町・門前町。当時の地名は、「草津」・「草井地」。遺跡は一九二〇年代後半（昭和初期）、芦田川の付け替え工事中に発見された。発掘調査は一九六一（昭和36）年に実施された。その後、一九九五（平成7）年まで、河川敷部分の約六万七〇〇〇㎡が発掘された。中世考古学の先駆けとして、歴史研究に考古学が大きな役割をはたすことを示した遺跡である。建物や井戸・水路などがみつかり、漆器・下駄などの日常生活品や信仰・呪術・遊戯具をはじめとする膨大な資料が出土し、中世民衆生活の復元が可能になった。また農産物の活発な取引が行われていたことが、出土木簡からわかった。中国・ベトナム・朝鮮産の陶磁器や中国銭が大量に出土し、東アジア地域の製品が広く流通していたことも明らかになった。

【参考文献】広島県草戸千軒町遺跡調査研究所編『草戸千軒町遺跡発掘調査報告』Ⅰ～Ⅴ（広島県教育委員会平5～8）。（岩本正二）

くさなぎのつるぎ【草薙剣】 ⇩三種神器

くさぶき【草葺き】 茅、葦、稲藁、麦藁などの植物の茎もしくは葉により屋根を葺くこと。あるいはこれらにより葺いた屋根。材料の入手が容易であり、施工も簡易であったため、建物の屋根葺き材として最も多く用いられた。（植木久）

くし【櫛】 髪を梳く、飾るための用具。縄文時代には骨に彫刻したもの、朱漆を塗った木製のもの等が出土。弥生時代には彫刻して赤い顔料を塗った木製のもの、竹を細く割って頭部で束ねて漆で塗り固めたもの等がみられ、古墳時代にも木・竹製が出土している。これらは竪に長い櫛であるが、現在もみられる横長の櫛は正倉院宝物にみられる。『古事記』には「湯津々間櫛」が登場し、櫛が呪力のあるものとなっている。『万葉集』の歌には黄楊の櫛がみられる。（芳井敬郎）

くし【苦使】 養老令に規定された、僧尼にのみ科される刑罰。経典の書写など、仏への功徳となる労役。僧尼令諸条には、僧尼の犯罪に対して苦使何日という規定があるほか、俗法上、杖以下の罪を僧尼が犯した場合にも換刑として苦使が適用された。（荊木美行）

くじ／くうじ【公事】 本来公務や朝廷の儀式をさしたが、平安中期以降、朝廷の行事や建造物の造営費用を賄うために課される諸税も公事とよばれた。やや遅れ、荘園領主も年中行事などの諸用途を公事として賦課するようになった。（勝山清次）

くしいわまどじんじゃ【櫛石窓神社】 兵庫県篠山市所在の神社。祭神は櫛石窓命・豊石窓命らで、アマテラスが岩戸籠りをした際に「殿門」を守ったという（『古語拾遺』）。ともに天太玉命の子に系譜づけられることからわかるように（同書）、斎部氏と密接な関係をもつ神社と考えられる。（井上満郎）

くしきようもんじょ【公式様文書】 古文書学における様式分類の一つ。律令の公式令に規定された文書様式の総称。養老令には、天皇の命を伝える詔勅、天皇に上奏する奏、皇太子と東宮坊の間に取り交わされる令旨と啓、官司間で授受される符・移・解、官人が官司へ申し入れるときの牒・辞、叙位に用いられる位記など二一種の書式を掲げる。平安時代以降、公家様文書等の出現により、しだいに儀礼文書に限定され使用されるようになるが、一部江戸時代まで使われた。（綾村宏）

くしきりょう【公式令】 大宝・養老令の編目の一つ。養老令では第二一編にあたり、条文数は三〇編目中最多の八九条。詔勅をはじめ、論奏・奏事・便奏・令旨など公文書の様式とその作成手続き、施行手続きなどに関する規定をおさめる。ほかに平出・闕字・内外印・駅伝制・官位の定義・朝儀参列の際の席次・政務処理の期日・訴訟の手続き・意見封事の制・授位任官の手続き・化外人到来の際の報告など、文書行政を中心に、政務全般についてのさまざまな細則をふくむ。唐公式令を範としているが、相違点も多い。（荊木美行）

くしほう【亀旨峰】 『三国遺事』に引用する『駕洛国記』にみえる加耶（伽耶・加羅）の慶尚始祖首露が降臨したと伝える峰。韓国慶尚南道金海に伝承地がある。『古事記』が天孫の降臨した場所を「高千穂の久士布流多気」とし、また『日本書紀』（巻第二）の第一の「一書」が高千穂の槵触峰」と記す「クシ」も亀旨峰の「くし」との関連を示唆する。
【参考文献】上田正昭『日本の神話を考える』（小学館平6）。（上田正昭）

くじほんぎ【旧事本紀】 ⇩先代旧事本紀

くしめもんどき【櫛目文土器】 朝鮮半島新石器時代の代表的な土器で、深鉢を主な器形とし、そのほか、浅鉢・椀などの器種もみられる。貯蔵・調理などを用途とする。特徴としては、器面に櫛状の工具で押しひきした点・線・円などの幾何学文があげられる。櫛目文土器は器形・文様などから地域性がみられ、東北・西北・中西部・中東部・南部地方など五つの文化圏に分けることができる。また、各地方でも時期ごとに文様の種類・施文技法・施文部位などが変遷する。（崔鐘赫）

くしゃしゅう【倶舎宗】 倶舎論を根本とする宗派。南都六宗の一つ。世親を宗祖とする。法相宗の祖の玄奘三蔵がこの経典を漢訳してその研究が盛んとなり、ために法相宗に付随する宗派として扱われた。理論研究・宗教哲学の側面が強い。（井上満郎）

くじょういん【九条院】 1131～76 近衛天皇皇后藤原呈子。太政大臣伊通の娘。一一四八（久安4）年美福門院養女、また五〇（久安6）年摂政藤原忠通養女となり左大臣藤原頼長養女多子入内に対抗して入内。五五（久寿2）年近衛天皇崩御に際し落飾、法名を清浄観。六八（仁安3）年院号宣下。　（佐藤文子）

くじょうかねざね［九条兼実］ ⇩藤原兼実

くじょうけ［九条家］　五摂家の一つ。摂政藤原忠通の三男兼実を始祖とし、以後子孫は摂政・関白に任じられた。のち二条家・一条家が分立。　（佐伯智広）

くじょうどの［九条殿］　平安京左京九条三坊六町にあった藤原師輔の邸宅で、師輔を九条殿と称するのはこの邸宅による。師輔の祖父基経、父忠平も九条に邸宅を有していたことが知られており、基経の代よりの伝領の可能性もある。師輔はこの九条邸で死去するが、その後の伝領は不明であるが、一一〇六（嘉承元）年、藤原道子が九条殿御所跡であった父能長領に御堂を建立した記事がみえるから、この時期には藤原道長の孫能長の所有となっていたことがうかがえる。　（西山恵子）

くず［国栖］　吉野川流域に住み、古い山の文化を濃密に伝えていた人々。国樔・国巣とも。吉野宮の所在地である宮滝（奈良県吉野郡吉野町宮滝）から少し上流にさかのぼった吉野町国栖・南国栖の一帯を居住地とした。「類聚三代格」に引く寛平7（八九五）年六月二六日の太政官符にも、丹生川上神社（吉野郡東吉野村小の丹生川上神社中社）の神域に接して、国栖戸の百姓・浪人らが居住することを記しており、右の想定を裏づける。『古事記』にみえる神武東征伝承では、巌を押し分けて出現した尾のある国つ神「石押分の子」を、吉野の国巣の祖とする。また応神紀十九年十月条に、応神天皇が吉野宮に行幸した際、醴酒を献じて歌い、歌い終わって口鼓を打って笑う仕種を伝え、「今、国樔が土毛（土地の産物）を献ずる際にも、同様の仕種をする」と記す。八世紀以降、諸節会や大嘗祭に、吉野の国栖は御贄を献じ、歌笛などの古風を奏し（国栖奏）、国栖舞を行った。こうした奉仕は寿永年間（一一八二〜八四）に絶えたが、国栖の人々は大海人皇子（天武天皇）に所縁深い和田山（吉野町南国栖）の天皇淵に浄御原神社を創祀し、国栖奏を奉納するようになったと伝える。現在も毎年、旧正月一四日に国栖奏が行われている。　（和田萃）

くすいこ［公出挙］ ⇩出挙

くすいし［鼓吹司］　「つづみふえのつかさ」とも。大宝・養老令制の兵部省被管諸司の一つ。軍の行進・戦闘などに用いる鉦鼓・笛の教習を担当した。四等官のほか、品部の鼓吹戸が所属。八〇八（大同3）年に治部省喪儀司を併合、八九六（寛平8）年には左右兵庫司・造兵司の三司とともに兵部省に併合され、兵庫寮となる。　（荊木美行）

くすこのへん［薬子の変］　平安時代の初期におきた、天皇家に側近が絡んだ抗争。八〇九（大同4）年、病弱の平城天皇は皇太弟の嵯峨天皇に譲位した。寵愛をうけた藤原薬子とその兄仲成は平城上皇の重祚をはかり、上皇とともに卿相・官人らを率いて平城旧京に遷居した。上皇側は平城遷都の動きとともに朝政に干渉して嵯峨天皇側と対立した。天皇側は蔵人所をもうけて機密の保持につとめ、ここに「二所朝廷」の感を呈した。翌年、上皇側が平城旧京への遷都を命じたことで対決となり、天皇側は三関を固め、平安京にいた仲成の身柄を拘束、薬子を追放処分とした。焦った上皇は薬子らと東国に入って挙兵しようと企てたが失敗、仲成は射殺され、薬子は自殺、上皇は出家して平城京に蟄居となり、三日で決着した。上皇の皇子高丘親王は皇太子を廃された。平安遷都後十数年にしておきたこの変は平城京への根強い人心を背景としていると考えられ、これを契機として平城回帰は断ち切られた（『方丈記』には「嵯峨天皇定都」）。この変を契機に藤原北家が躍進した。

［参考文献］目崎徳衛『平安文化史論』（桜楓社昭43）。　（朧谷寿）

くすし［薬師］　大化前代における姓の一つ。難波薬師・奈良薬師・蜂田薬師のほか、使主姓の和薬使主・後部薬使主があった。いずれも渡来系氏族で、医術をもって倭朝廷に仕え、大宝・養老令制下でも典薬寮・内薬司で医療に従事した。『続日本紀』天平宝字二（七五八）年四月己巳条にみえる難波薬師奈良らの奏上によれば、彼らの祖薬師恵日は、雄略天皇朝に百済から渡来した高句麗人徳来の五世の孫で、唐で医術を学んだために薬師の姓を与えられ、その子孫が難波薬師を称したとある。　（荊木美行）

くすしえにち［薬師恵日］　生没年不詳。七世紀前半の外交官。医恵日とも。六二三（推古天皇31）年七月、新羅の使節に随って唐から帰国し、在唐留学生の召喚と唐との通交を進言する。六三〇（舒明天皇2）年八月、第一回遣唐使として入唐。六五四（白雉5）年にも渡唐している。　（宮永廣美）

くすだま［薬玉］　五月五日の節日に、菖蒲・蓬・紅花など、辟邪の効能があるとされた強い香りを放つ植物を毬状とし、それに五色の糸をつけたもの。続命縷・長命縷とも称された。この日、昼御座の母屋の南北の柱に薬玉を結びつけるほか、内外の文武官人にも薬玉が下賜され、各自、臂にかけた。推古朝から開始された薬猟の遺制とみることができる。　（和田萃）

くずのそう［国栖奏］ ⇩国栖

くずはのまき［楠葉牧］　河内国交野郡の淀川中流域左岸（枚方市楠葉）にあった摂関家領の牧。殿下渡領の一つで、地方からの貢馬が放たれた。田地も開かれたが、住人は摂関家の権威を背景に、負担をめぐってしばしば国司と争論している。　（勝山清次）

くずひと［国栖人］ ⇩国栖

くずまい［国栖舞］ ⇩国栖

くすりがり［薬猟］　薬草を摘んだり、鹿を狩って薬用となる鹿の若角を取る習俗。『万葉集』にみえる「乞食者の詠」（巻一六—三八八五）では、「…四月と五月と間に　薬猟　仕ふる時に…」と歌われ、民間では四月から五月にかけて薬猟を行ったらしい。宮廷儀礼としての薬獵の初見は、六一一(推古天皇19)年五月五日で、この日、鶏明に藤原池(奈良県高市郡明日香村小原付近の池)の辺りに官人たちが集い、曙に出発して菟田野(奈良県宇陀郡大宇陀町の一帯)に向かった。この時、粟田細目臣を前の部領、額田部比羅夫臣を後の部領とし、諸臣の服色は冠の色に従い、おのおの髻花を着けたという(『日本書紀』)。宮廷をあげての大行事であった。翌年五月五日には、羽田(奈良県高市郡高取町羽内)で薬獵を行っている。以後、六一四(推古天皇22)年五月五日、六六八(天智7)年五月五日にも薬獵を行った記事がみえている。『日本書紀』では、日の干支に続けて記事を掲げるが、薬獵の記述では五月五日と記していて、異例である。六六八年五月五日、天智天皇は蒲生野(滋賀県蒲生郡の野。安土町から八日市市にかけての一帯)で薬獵を行っており、この時、大皇弟の大海人皇子、諸王、内臣の中臣鎌足および群臣の悉くが従ったから(『日本書紀』)、文字通り宮廷をあげての盛大な行事であった。この蒲生野への遊獵に際して、額田王と大海人皇子は歌を交わしており(『万葉集』巻一—二〇・二一)、額田王は「あかねさす紫野行き標野行き野守は見ずや君が袖振る」と歌いかけているから、後宮の女性達も薬獵に参加し、また蒲生野にはムラサキ(紫草)などを植えた薬草園があって、一般の人々の立ち入りを禁ずる標が立てられ、禁野とされていたことがわかる。薬獵では、男性は馬を駆って鹿を捕え、薬効著しい鹿の若角を得、また女性は薬草を摘んだ。五月五日の薬獵は、六一一(推古天皇19)年から宮廷儀礼として開始されたが、それ以前から民間では、『万葉集』の「乞食者の詠」にみえるように、四月から五月にかけて鹿を狩ってその肉を食用とし、角・皮などを工芸用として利用したり(巻一六—三八八五)、また春先に若菜を摘む習俗があった。しかし推古朝に薬獵が宮廷儀礼として開始された歴史的背景として、高句麗では王室儀礼として、三月三日に楽浪の丘で鹿を狩り、天および山川の神に捧げて祭祀が行なわれていた。六一一(推古19)年五月五日に菟田野で薬獵が行われた際、諸臣らが冠に着けた髻花は、大徳・小徳は金の飾り、大仁・小仁は豹の尾、大礼より以下は鳥の尾であり、こうした服飾は高句麗のそれと共通している。倭国における薬獵の源流の一つとして、高句麗の王室儀礼の影響を指摘することが出来るだろう。また梁の宗懍が六世紀半ば頃に著わした『荊楚歳時記』によれば、江南では悪疫の流行する五月は悪月とされ、五月五日には、艾を採り人形に作って門戸の上に懸け、また菖蒲の葉を刻んで酒に入れて飲んだり、種々の薬草を摘んで毒気を祓う習俗があった。高句麗の王室儀礼や江南の習俗は、渡来した人々により倭国に伝えられ、推古朝にいたり、それらの儀礼や習俗にもとづき、五月五日の薬獵が宮廷儀礼として位置づけられたものと考えられる。高句麗王室では、三月三日に楽浪の丘で鹿や猪を狩っていたが、倭国では鹿の若角が生える五月五日に移されたのだろう。奈良時代になると、五月五日には天皇が薬獵に参加する餝騎を観閲したり、甕原の南の野、松林苑(北松林)、南苑などでの騎射を見るにすぎず、薬獵は形骸化していた。その傾向は平安時代になるとさらに顕著となり、五月五日の端午節に、天皇は馬埒殿や武徳殿に出御して、騎射を見るといった宮廷内行事と化した。

〔**参考文献**〕和田萃「薬獵と本草集注」『日本古代の儀礼と祭祀・信仰(中)』(塙書房平7)。

(**和田萃**)

くぜかんのん[**救世観音**] 法隆寺夢殿に伝わる、樟材の一木造りに金箔をほどこした、高さ一七九・九㎝の観音菩薩立像。七世紀前半の作。国宝。聖徳太子等身の観音と伝える。救世観音とは聖観音の別名で、平安時代以降、法華経や聖徳太子信仰の高まりのもと、太子の本地を救世観音とする説が生まれ、本像が救世観音とよばれるようになった。

(**竹森友子**)

くぜん[**口宣**] 口頭で伝来する命令の意であるが、とくに蔵人頭が上卿に口頭で伝える天皇の命令(詔勅)をいい、それはしだいに文書化されて手交されるようになる。書式は初行に年月日と一字あけて「宣旨」と書き、次行以下に詔勅の内容、末行に奉者の位署を記す。鎌倉時代以降、同じ書式で初行右肩に上卿の名前、端裏に「口宣案」と書き、主に人事関係文書として使われたが、これを口宣案という。

(**綾村宏**)

くそおきのしょう[**糞置荘**] 八世紀中頃に成立した越前国足羽郡の東大寺領荘園。正倉院宝物として、七五九(天平宝字3)年と七六六(天平神護2)年の二面の糞置村開田地図が残っている。前者には開田二町五段三一六歩と未開一二町五段二八八歩、計一五町一段二四四歩の寺領が、後者には見開田四町二段一一歩、未開一一町六段二五七歩、計一五町八段二六八歩が標記されている。天平宝字図が作製された翌年の校田には、寺が開田した田を寺田と注さずに新しい田として公田の目録に入れたために、いったん口分田・乗田とされてしまい、後に記録を改めて寺田とし、天平神護図が作製された。両図の表現の相違には、単に表現法の違いのみならず、この経緯をも反映しているものとみられる。糞置荘は、一〇世紀中頃の記録に、天平神護図と同一の面積が記されたり、足羽郡庁が糞置荘田のことを聞いたことがないと記すなど、すでに荒廃していた可能性が高い。

〔**参考文献**〕金田章裕「越前国足羽郡糞置村開田地図」『古代日本の景観』(吉川弘文館平5)。栄原永遠男「越前国足羽郡糞置村開田地図」金田他編『日本古代荘園図』(東京大学出版会平8)。金田章裕『古地図からみた古代日本』(中央公論新社平11)。

(**金田章裕**)

くそべら[**糞篦**] ⇩籌木

くだしぶみ[**下文**] 古文書の様式の一つ。初行に「下」とあり、その下に充所を書く下達文書。「下」の上に命令を出す役所名が書かれることが多い。起源は、太政官の弁官局が発給する弁官下文ともいわれる官宣旨で、さらに諸官司、令外官、院宮諸家の執務機関や武士個人からも出されるように拡大した。公家様文書、武家様文書の主要文書様式の一つである。

(**綾村宏**)

くだら[**百済**] 朝鮮古代の王朝で三国の一つ。前身は馬韓の伯済国で、ソウル江南(漢城)に興った。伝説では始祖温祚王が、高句麗の始祖朱蒙の子で、高句麗から逃げて、前一八年に建国した、とする。その伝承も含め、みずから高句麗と同族・同源であると主張するが、真偽は不明。高句麗と対抗する上での政治的主張である可能性もある。少なくとも住民の主体は韓族。四世紀中葉の近肖古王代までには、周囲の小国をあわせた連合体に成長。当初より高句麗とは鋭く対立し、友好勢力を南に求め、四世紀後半に倭・加耶南部と同盟関係を結ぶ。七支刀を倭に贈ったのもその頃。中国へは三七二年に東晋に遣使して以来、長く南朝にのみ朝貢し冊封をうける。四七五年、高句麗の侵攻をうけて漢城が陥落し、蓋鹵王も殺さる。まもなく熊津（公州）で再興されるが、北方の領土を失う。そのため南方にも関心をもち、朝鮮半島西南部の馬韓残存勢力を制圧。六世紀初の武寧王代に加耶へも進出。その王陵が一九七一年に発見された。聖王（聖明王）代の五三八年には泗沘（扶余）に遷都。仏教文化が栄え、一塔一金堂形式伽藍の寺院が多く造営され、日本へも仏教を伝える。聖王は新羅との戦いで戦死し、新羅よりも劣勢となる。王都は計画的に造営され、羅城に囲まれたなかは五部二五巷に区画された。地方には五方とよぶ拠点に方領・方佐を派遣、郡・城を統括した。中央には二二部司を設置し、六佐平が統括。佐平以下、一六等の官制を整備。義慈王代の六四二年に仇敵高句麗と連合し、新羅と対立。唐・新羅連合軍によって六六〇年に滅亡。王と太子隆は唐に連れ去られる。その時、全体で七六万戸あった。復興運動が興り、倭国に滞在中の王子豊璋が迎えられる。その際に織冠の地位を与え、天皇の臣下に位置づけるが、百済が倭国の下に位置づけられるのはそれが最初。六六三年に日本からの救援軍も白村江で全滅し、完全に鎮圧さる。王族・貴族は日本に亡命し、百済王氏などとして存続した。（田中俊明）

寺名が百済時代までさかのぼるといわれる定林寺

くだらおおてら［百済大寺］　舒明天皇の誓願によって造営が開始され、皇極天皇（重祚して斉明天皇）・中大兄皇子らにより造営が継続された天皇家の大寺。六三九（舒明11）年七月、舒明天皇が大宮と大寺の造営を詔したので、百済川の辺を宮地と決定し、西国の民に大宮を、東国の民に大寺をつくることを命じ、書直縣を大匠とした。同年十二月には百済川の辺に九重塔を造営し――造営開始とみるべきだろう――、翌年十月に百済宮に移ったが、六四一（同13）年十月に舒明天皇は百済宮で崩御した。六四二（皇極元）年七月の大旱に際し、蘇我大臣蝦夷は、大寺の南の庭に仏菩薩像と四天王像を荘厳し、衆僧を屈請して大雲経などを読ませ、自らは香炉を取って香をたき発願したが、小雨が降っただけだったという。大寺は百済大寺をさすかと思われるが、蘇我氏の氏寺であった飛鳥寺の可能性も残る。同年九月、皇極天皇は大臣蝦夷に詔して、大寺を起し造りたいので、近江と越（北陸地方をさす）の丁を動員し、また諸国に船舶をつくらせるように命じた。舒明朝に開始された百済大寺の造営継続を命じたものと解される。六四五（大化元）年八月八日、使者を大寺に遣わして詔し、沙門狛大法師以下恵妙にいたる十僧を十師に、また別に恵妙を百済寺の寺主に任命した。大寺については飛鳥寺説と百済大寺説とがあるが、前者をとるべきと思われる。百済寺は百済大寺であり、この時までに完成していたとみられるが、国家的には飛鳥寺が百済大寺よりも優位にあるとされていた。以後、百済大寺に関する記事はみえず、六七三（天武2）年一二月一七日に、造高市大寺司が任命されている。百済大寺については、七四七（天平19）年二月一一日に言上された「大安寺伽藍縁起幷流記資財帳」に、『日本書紀』とは異なる、やや説話的な縁起がみえている。田村皇子（後の舒明天皇）は、飽波葦墻宮で病床にあった厩戸皇子（聖徳太子）を見舞ったが、その際に羆凝村の道場を大寺につくることを託された。それで六三九（舒明11）年二月、舒明は百済川の辺にあった子部社を切り払い、寺や九重塔を建て、三〇〇戸の封を施入したが、子部社の神の怨みにより失火、九重塔や金堂・石鴟尾は焼破した。舒明は崩御に際し、太后尊（後の皇極天皇）に寺の再建を遺言した。それで後岡本宮御宇天皇（斉明天皇。皇極が重祚して斉明）は、阿倍倉橋麻呂と穂積百足の二人を造寺司に任命した。斉明崩御に際し、中大兄皇子と仲天皇（孝徳天皇の皇后だった間人皇女。中大兄皇子の妹）は、力を合わせて引き続き寺を造営することを誓った。その後、六七三（天武2）年十二月、造寺司に小紫御野王と小錦下紀臣訶多麻呂の二人を任命、寺地を百済から高市に移し、六七七（同6）年九月には高市大寺を改めて大官大寺と號したという。六七三年十二月の造寺司の任命は、『日本書紀』にもみえている。「大安寺伽藍縁起幷流記資財帳」にみえる伝承では、六三九（舒明11）年に子部社の神の怨みによる失火で堂塔伽藍が焼破した後、斉明朝に造寺司を任命したとするが、『日本書紀』には百済大寺焼亡の記述はない。また『日本書紀』にみえる皇極朝の造営事業には言及しておらず、やや信を置きがたい所も見受けられる。

八八〇（元慶4）年一〇月二〇日に、大和国十市郡の百済川辺の田一町七段一六〇歩と、高市郡夜部村の田一〇町七段二五〇歩は大安寺に返入された（『日本三代実録』）。十市郡の百済川辺に百済大寺、高市郡夜倍村に高市大寺が所在したことを示している。同日条に引く大安寺三綱の申牒には、「大安寺伽藍縁起幷流記資財帳」と同様の伝承を記しており、また『扶桑略記』舒明十一（六三九）年条や天武十二（六八三）年条も同様である。

百済大寺の所在地については、奈良県北葛城郡広陵町百済に百済の地名が残り、同地には百済寺が所在し、鎌倉期建立の三重塔がある。また室町時代の作成と推定される多武峯寺領の「百済庄差図

（談山神社所蔵）」には、北葛城郡広陵町付近の条里坪付を記載し、その内には「百済寺」の寺名もみえている。こうしたところから、この地に舒明天皇の百済大宮や百済大寺を想定するのが通説となっていた。しかしそのように想定すると、推古朝から平城遷都にいたるまで、大和に宮が営まれる場合には、飛鳥とその周辺地域に限られていたのに対し、舒明の百済大宮のみ奈良盆地中央部に離れることになり、その理由をうまく説明できない。

百済の地名は飛鳥の近くにも存在した。大伴氏の百済の家である。壬申の乱の前夜、大伴連馬来田と吹負の兄弟は、時世の不利な状況をみて「倭の家」に退いていた。壬申の乱が勃発、大海人皇子側に立った吹負は大和の有力豪族を糾合し、六七二（天武元）年六月二九日、兵を率いて百済の家の南門を出て、飛鳥寺北側の道から飛鳥寺西側の槻樹広場にあった飛鳥古京を守る留守司を急襲して占拠した。この記事からみると、大伴氏の百済の家は飛鳥寺からあまり遠くない所にあった。後のことになるが、大伴連旅人は、大伴氏の家の所在地を「香具山の故りにし里」と歌っており（『万葉集』巻三―三三四）、大伴氏の百済の家が香具山の近くにあったことを示している。また高市皇子は香具山宮に住んでいたが、六九六（持統10）年七月十日に薨じ、その柩は百済の原を通って城上の殯宮に運ばれた（『万葉集』巻二―一九九）。このように百済の地名は、香具山の近傍にも存在したのである。現在でも藤原宮朝堂院の一郭に小字「東百済」「西百済」が残り、藤原宮域内に百済川という小川の流れがある。以上の事実にもとづき、百済大宮や百済大寺の所在地を香具山北西麓とする説が提唱され、その候補地として木之本廃寺（奈良県橿原市木之本町付近に想定される）が有力化するようになった。

一九九七（平成9）年一月から三月にいたり、桜井市吉備の吉備池南東隅に残る土壇の発掘調査が実施され、巨大な金堂基壇が検出された。東西三七m、南北二八m、高さ二mの規模で、その基壇面積は山田寺金堂の三・一倍、藤原京の官寺である本薬師寺金堂の一・九倍にも及ぶ。翌年には、金堂基壇の西方から巨大な塔の基壇も検出された。一辺約三〇m、高さ二・一m以上もある巨大な基壇で、心礎抜き取り穴は東西約六m、南北約八mにも及ぶ。『大安寺伽藍縁起幷流記資財帳』にみえる通り、九重塔であった可能性がきわめて高くなった。金堂と九重塔との心々間距離は八四m前後で、法隆寺西院伽藍のそれが三一・五mであるから、その伽藍はきわめて大規模であった。その後の調査で、東面・南面・西面の回廊、金堂の南方に中門、北方に僧坊などが検出されたが、講堂・北面回廊は未検出であり、中門や回廊の規模が小さいことなどが今後の検討課題となる。

吉備池廃寺から出土する軒丸瓦は、六四三（皇極2）年に創建された山田寺金堂（『上宮聖徳法王帝説』の裏書による）のそれにやや先行するもので、六三九（舒明11）年に造営が開始された百済大寺の年代に相応し、その伽藍規模も勅願寺たるにふさわしい。軒丸瓦・軒平瓦は創建時の組み合わせに限られ、補修用の瓦が存在しない。丸瓦・平瓦の出土量もわずかで、礎石はすべて抜き取られている。こうした状況は、百済大寺が短期間のうちに他に移建されたことを示す。香具山北西麓の木之本廃寺（瓦の出土が知られているのみで、伽藍はまだ確認されていない）から、吉備池廃寺と同笵の軒丸瓦・軒平瓦がまとまって出土する事実は、百済大寺は天武朝にいたってこの地に移建され、高市大寺と称されたことを物語っている。

〔参考文献〕小沢毅「吉備池廃寺の発掘調査」『仏教芸術』二三五号（平9）。和田萃「百済宮再考」『季刊　明日香風』第一二号（飛鳥保存財団昭59）。奈良文化財研究所編集『大和吉備池廃寺　百済大寺跡』（吉川弘文館平16）。

（和田萃）

くだらがく【百済楽】⇩三国楽（さんごくがく）

くだらかんのん【百済観音】　法隆寺大宝蔵殿に伝来する、樟材の木心乾漆造りに彩色をほどこした、高さ二一〇・九㎝の観音菩薩立像。七世紀中頃の作。国宝。一六九八（元禄11）年の記録には「虚空蔵菩薩、百済国より渡来云々」とみえるが、それ以前の伝来は不明である。

（竹森友子）

くだらき【百済記】⇩百済三書（くだらさんしょ）

くだらさんしょ【百済三書】　『日本書紀』に分註として所引されている「百済記」「百済新撰」「百済本記」の総称。三書はいずれも首尾の完結しているものではなく、また『紀』以外の古史関連史料にも姿をみせない。『紀』の記載を追うと、㈠「百済記」は神功六二年・応神八年・同二五年・雄略二〇年、㈡「百済新撰」は雄略二年・同五年・武烈四年、㈢「百済本記」は継体三年・同七年・同九年・同二五年・欽明二年・同五年（八ヵ所）・同六年・同七年・同一一年（二ヵ所）・同一七年、以上のようである。三書本文に用いられている漢字数は、あわせて九一九字でしかない（「百済記」が三〇九字、「百済新撰」が一七五字、「百済本記」が四三五字）。したがって三書それぞれの本来の分量や成立背景などは不明であり、三書を個別的に取り扱うのにも無理があろう。だが三書中には重要な史実にかかわる叙述もみられる。ともかく分註中にも百済の古書名が明記されているのは看過できない。三書には七〇例ほどの固有名詞が字音仮名字によって表記されている。河内を加不至と写しているような例である。このような字音仮名字は三書中に五八字ほど拾えるが、そのうちの半数近くが「日本書紀仮名一覧」（大野晋『上代仮名遣の研究』所載）にはみえないのである。そこで昭和中期以降、百済三書の字音仮名字を「百済史料字音仮名字」とよぶようにもなった。百済三書の表記法体系は推古期遺文のそれにも大きな影響をおよぼしたようである。推古期遺文には、清音の字音仮名字が七八例あるが、このうち有・意・哥・己・至・非・移の七例は「日本書紀仮名一覧」にはやはりみられないのである。このような現象は百済三書と似通っている。では百済三書はいつ、どこで、誰が記したのかと問われるのだが、明確に答えることはできない。しかし百済三書の内容を検討していくと、渡来系の百済人によって推古期ないしはそれをあまり降らない時期に成立したのではないかと考えられる。

〔参考文献〕木下礼仁「『日本書紀』と百済史料」『日本書紀と古代朝鮮』（塙書房平5）。笠井倭人「加不至費直の系譜について」『古代の日朝関係と日本書紀』（吉川弘文館平12）。

(木下礼仁)

くだらし【百済氏】 百済系渡来人で百済を称した一族。旧姓は余。王(こにきし、こきし)・公・朝臣・宿禰・伎などの姓を賜っている。このうち族長的立場にあったのが六九三(持統7)年に百済王を賜姓された義慈王の子禅広(善光とも。舒明朝に来日)の後裔で、河内国交野(大阪府)を本拠とし、百済王敬福・俊哲などの武人を輩出した。桓武天皇が、生母高野新笠が百済系氏族の和氏であったことから「朕の外戚」とよんで厚遇したのもこの百済王氏で、明信など垣武の信任をえて後宮を差配した女性も少なくない。 (瀧浪貞子)

くだらしんせん【百済新撰】 ⇩百済三書

くだらでら【百済寺】 ①大阪府枚方市中宮西之町所在の寺跡。百済王氏(百済義慈王の子、百済王禅広の後裔)の建立という。奈良時代後期の創建で、平安時代まで存続したと推定される。一九三二(昭和7)年と六五(同40)年の発掘調査によって方一町半の寺域に双塔式の伽藍を配置し、中門の両側から出た回廊が東西両塔を囲んで金堂に取りつき、さらに講堂にも翼廊の存在した可能性が示唆され、統一新羅時代の感恩寺の伽藍配置と類似することが指摘されている。国指定特別史跡。②滋賀県東近江市愛東町所在の天台宗の古刹。聖徳太子の開創という。古代に多くの渡来人の居住した地域に相応しい寺名であるが、隣接する金剛輪寺・西明寺とあわせて、天台湖東の三山の「ひゃくさいじ」の名で知られる。中世には山坊を連ねた山岳伽藍として発展するが、一四九八(明応7)年と一五〇三(文亀3)年の二度の火災と、さらに一五七三(天正元)年には織田信長の焼討ちに遭い、かつての威容を取りもどすことはなかった。③『日本書紀』に六三九(舒明天皇11)年大宮と大寺を百済川河畔に建立し、同年一二月に九重塔を建てたとある。桜井市大字吉備に所在する吉備池廃寺がその有力な候補地で、一九九七(平成9)年以来の調査で東西約二三〇m、南北約三〇〇mという壮大な寺域をもち、法隆寺式伽藍配置であることが明らかとなった。塔基壇は一辺約三〇m、高さ二m以上を測り、金堂基壇も東西三七m、南北二八m、高さ二m以上に復原され、飛鳥時代最大の規模を誇る。

〔**参考文献**〕①岸本準二ほか『百済寺阯の調査』(『大阪府史跡名勝天然記念物調査報告書』4昭9)。藤澤一夫ほか『河内百済寺跡発掘調査概報』(大阪府教育委員会昭40)。『幻のおおでら—百済大寺』(奈良国立文化財研究所飛鳥資料館図録(33)平11)。 (大竹弘之)

くだらのかわなり【百済河成】 782〜853 平安時代前期の官人・絵師。本姓は余氏で百済系渡来氏族。八四〇(承和7)年に百済朝臣姓に改姓。下級官人であるが画業をよくし、絵師として特筆された人物で、その絵画は「生けるが如し」と評判された。 (井上満郎)

くだらのこにきしし【百済王氏】 古代の渡来系氏族。百済滅亡のおりの義慈王の子孫で、持統朝の頃から百済王をその氏の名とする。義慈王の王子の豊璋と善光(禅広)は六三一(舒明2)年頃に渡来したが、豊璋は百済復興のために帰国し、善光の系統が百済王氏を称した。「王」の称を与えられた氏族には高句麗系の背奈王氏がある。善光の子の昌成が六七四(天武3)年に死去したおりには、小紫位(従三位相当)を贈られている。昌成の子が郎虞(良虞)で、その三男が敬福である。当時陸奥守であった百済王敬福は、東大寺造立のために、黄金九〇〇両を献じたことは有名である。その敬福の子が理伯であり、理伯の娘が藤原継縄(最後は右大臣となる)の妻となった明信である。明信は桓武天皇の信任をえて、尚侍(内侍所の長官)となった。百済王氏の出身でその頃の後宮に入侍した者は少なくとも九名を数え、七九〇(延暦9)年二月の詔には、「百済王氏らは朕が外戚なり」と述べられている。百済王氏の女人は平城朝・嵯峨朝・仁明朝の後宮にも入っている。

〔**参考文献**〕今井啓一『百済王敬福』(綜芸舎昭40)。上田正昭「桓武朝廷と百済王氏」『論究・古代史と東アジア』所収(岩波書店平10)。 (上田正昭)

くだらのこにきしきょうふく【百済王敬福】 698〜766 郎虞の子。陸奥守在任中の七四九(天平感宝元)年、小田郡(宮城県遠田郡)から出た黄金九〇〇両を、東大寺大仏の鍍金に使用するため献上。従五位上から一挙に従三位に叙された。のち宮内卿、常陸・讃岐・出雲・伊予等の国守、南海道節度使、外衛大将、刑部卿などを歴任。藤原仲麻呂の乱に際しては、兵を率い、淳仁天皇を捕えた。政治的資質に恵まれた豪放な性格ゆえに聖武天皇の信任をえた。また物欲に囚われず、酒色を好んだという。

〔**参考文献**〕今井啓一『百済王敬福』(綜芸社昭40)。 (関口力)

くだらのこにきしぜんこう【百済王善光(禅広)】 ?〜693? 飛鳥時代の百済亡命王族である百済王氏の祖。百済最後の王・義慈王の子、復興「百済」の豊璋王の弟。もと余善光(禅広王とも書く。「余」は百済の王姓)。『続日本紀』天平神護二(七六六)年六月二十八日条によれば、舒明朝に豊璋とともに入侍。兄は百済復興運動の英雄である鬼室福信の送還要請により帰国したが、善光は百済滅亡のために帰国しなかった。持統朝に百済王と賜姓。六九三(持統7)年正月没か。正広参を追贈された。六六四(天智3)年三月から難波に居住した。後に百済郡が現大阪市南部に成立するのも、善光の難波居住と無関係ではあるまい。大阪市天王寺区堂ヶ芝町の堂ヶ芝廃寺を百済王氏の氏寺とする説や、善光を高松塚古墳の被葬者とする説がある。

〔**参考文献**〕千田稔他編『飛鳥・藤原京の謎を掘る』(文英堂平12)。 (胡口靖夫)

くだらのこにきしみょうしん【百済王明信】 737〜815 右大臣藤原継縄室。『三松家系図』によると、理伯の子で七九歳をもって薨じたとある。桓武天皇の優遇をうけ、夫の昇進とともに昇叙。七八七(延暦6)年、高橋津(京都市南区吉祥院あたり)行幸の際には、天皇が継縄第に立ち寄ったことにより従三位に叙される。また平安京遷都の折には新京に家をつくるための国稲を賜わる。夫の薨去後は尚侍として桓武の後宮に入り、能登国羽咋・能登両郡の地を賜っている。平城朝にいたり官を辞す。極位は従二位。

〔**参考文献**〕藤本孝一「三松家系図」(『平安博

物館研究紀要（七）』昭57)。 （関口力）

くだらのてひとべ［百済手部］ 令制下、内蔵寮と大蔵省に所属し、靴・履・鞍具など皮革製品の生産に従事した渡来系の工人。令制前のトモ（伴）身分に由来する。内蔵寮に一〇人(ロ)、大蔵省に一〇人が配され、それぞれ常勤の典履二人に統轄された。内蔵寮の百済手部は供御のもの、大蔵省の百済手部は賞賜のものを製作した。内蔵寮・大蔵省に所属した一〇人は、五人一組に編成され、交替して工房に上番した。大蔵省所属の者は、一人あたり一ヵ月に履を一六両縫うことが定められていた。百済手部は雑戸とされ、調徭役を免除されていた。 （宮永廣美）

くだらほんぎ［百済本記］ ⇨百済三書

くちずさみ［口遊］ 平安時代の学習書。源為憲著。一巻。九七〇（天禄元）年の序あり。当時七歳の松雄君（藤原誠信）のために編した暗唱用の幼学書で、一九門に分類して語句をあげる。後世の辞書に影響を与えた。一二六三（弘長3）年写の真福寺蔵本がある。 （橋本正俊）

くちなし［支子・梔子］ アカネ科の常緑低木。果実を黄色の染料として用い、内蔵寮に属する園から貢進された。茜や紅花と交染したものは色の深浅に応じて深梔子・浅梔子とよばれたが、禁色の黄丹に紛れるとして九四二（元慶5）年禁制された。 （勝田至）

ぐちゅうれき［具注暦］ 年月日の吉凶などを注記した暦。陰陽寮の暦博士が作成。毎年一一月一日に奏上し内外諸司に頒布された。一年を上下二巻あるいは一巻とする。月の大小・一年の日数をはじめ、二十四節気、七十二候、日月蝕などの天文記事と六十卦、日の出・日没の時刻や昼夜の百分比などを注記する。『御堂関白記』のように公家の日記に利用された。最古のものは七二九（神亀6）年の木簡暦（断簡）であるが、紙を用いたものは正倉院文書の七四六（天平18）年のものが残る。 （松本公一）

くつ［沓］ 足の甲を覆う履き物。その形や作りによって、舃・履・鞋・靴等に分けられる。「養老令」衣服令には男性は礼服・朝服に烏皮舃、制服に皮履または草鞋、女性は礼服に三位以上が緑舃、四位以下が烏舃、朝服に烏皮履を着けるように規定されている。舃は甲の先の反り上がった浅沓で鼻高沓ともいわれた。『和名抄』に、舃は底が何重にもなったもので、履は一重と記されている。烏皮履は黒い革製である。靴には上部に靴氈といわれる錦のつけた深沓である。 （芳井敬郎）

くつ／か［靴］ ⇨沓

くつ／り［履］ ⇨沓

くつかわくるまづかこふん［久津川車塚古墳］ ⇨久津川古墳群

くつかわこふんぐん［久津川古墳群］ 京都府城陽市の東部山麓に広がる古墳群。西山、平川、尼塚、芝ヶ原の支群に分かれ、西山、尼塚支群は各七基、芝ヶ原支群は一三基で構成される。平川支群の中央部には久津川車塚古墳（五世紀前半頃）がある。これは、周濠を持つ全長一八三mの前方後円墳で、後円部の竪穴式石室には長持形石棺があり、鏡や鉄器類、石製模造品など多数の遺物が出土している。古墳群の形成は四世紀代に始まり、方墳が多く、小型墳が密集するなどの特徴がある。 （原田三壽）

くっそう［屈葬］ 埋葬法の一つで、一次葬のうち、脚部を膝と腰で曲げた姿勢をとる土葬形態。縦位では座葬、横位・斜位では屈葬とよばれ、併せて蹲葬（長谷部言人の訳語）ともいう。屈葬する場合、脚部をかるく曲げたものから、身体全体をつよく丸めて縄などでかたく縛ったかと思われるものまである。横位の場合、仰臥もしくは側臥姿勢をとることが多い。屈（蹲）葬の理由については、墓壙を掘る労力の節約、胎児の姿勢で母なる大地に回帰し再生を願う、死霊がさまようのを防ぎ墓中に封じ込むなどの説があるが、証明は難しい。縄文時代には基本的にほぼ人間ひとりが入る大きさの墓穴や場所が用意され、遺体が埋葬された。屈葬・座葬で埋葬する場合は一m余りの円形の墓穴が多く、伸展葬の場合は長方形・長楕円形をとるのが普通である。屈葬は人類最古の葬法といわれ、ヨーロッパでは後期旧石器時代にはじまり、新石器時代に盛行した。日本では縄文時代に一般的であるが、中期以降は屈葬と伸展葬が併用される。北部九州弥生時代の甕棺墓・石棺墓には屈葬が多く、近畿地方の土壙墓や木棺墓では屈葬と伸展葬が併存する。 （中山清隆）

くっぽりいせき［屈浦里遺跡］ 朝鮮民主主義人民共和国の咸鏡北道先鋒（元雄基）郡屈浦里西浦項洞にある前期・後期旧石器時代の開地遺跡。西浦項洞の東北側山斜面にある。一九六〇～六二年に行われた新石器時代・青銅器時代の発掘調査中に貝塚の下の層から搔器一点が発見されたことが契機となって、一九六三～六四年に調査された。朝鮮半島で解放以後最初に発見された旧石器出土遺跡であり、学史的に重要な遺跡である。旧石器時代の文化層は二枚確認され、Ⅰ文化層（六層）が中期旧石器時代（一〇万年前）、Ⅱ文化層（五層）が後期旧石器時代（四～三万年前）とされる。Ⅰ文化層からは礫が一・五×八mの範囲に分布した遺構が発見され、住居跡と考えられている。石器には石英・花崗岩製の尖頭器・ナイフ・石核・剝片などがある。Ⅱ文化層からは珪岩・角頁岩製の搔器・削器などが出土している。最近ではこの屈浦里Ⅱ期は中石器時代と報告されている。

［参考文献］後藤直「朝鮮半島」『日本の旧石器文化』4（雄山閣昭51）。 （小畑弘己）

くつわ［轡銜］ ⇨馬具

くとうじょ［旧唐書］ ⇨唐書

くとうじょとういでん［旧唐書東夷伝］ ⇨唐書

くないしょう／みやつかさ［宮内省］ 大宝・養老令制の八省の一つ。天皇の食膳など、宮中の庶務一切をつかさどる、内廷的性格の強い官司。大膳職、木工・大炊・主殿・典薬の四寮、正親・内膳・造酒・鍛冶・官奴・園池・土工・采女・主水・主油・内掃部・筥陶・内染の一三司

を管轄した。　（荊木美行）

くなこく［狗那国］　『魏志』東夷伝倭人条にみえる国名。「此れ女王の境界の尽くる所なり」とし、ついで「其の南に狗那国有り、男子を王と為す。其の官に狗古智卑狗有り」、また「倭の女王*卑弥呼、狗那国の男王卑弥弓呼、素より和せず（狗那国の男王卑弥弓呼素、和せず）」と記される。その所在地に関しては、熊襲、日向、熊野、毛野などの諸説があるが、いずれとも決していない。　（高橋誠一）

くに［国］　古くは中国の『漢書』・『後漢書』・『魏志』などに邪馬台国などの地域名称としての国の表現がみられるが、次第に倭王権を中心として行政区画としての国が新設されて各地の首長層を*国造に任命していった。七世紀半ばには中央集権的な地方統治が推進され、国・評（大宝令では郡）制が天武朝にはほぼ成立していたと考えられている。各国は*畿内と*七道に所属し、各国には国府・国庁が設置され、中央から派遣された*国司が職務にあたり、さらにその下に基本的には地方豪族出身の*郡司がおかれた。八世紀初めは五八国三島であったが、そののち分国や併合によって八二四（天長元）年以降は六六国二島となった。これらの国はその規模や重要性によって大・上・中・下の四等に格付けされたが、この等級はときとして変更されることもあった。また京からの距離によって、近・中・遠の三種に分けられていた。国名はその成立期では一定しなかったが、ほぼ八世紀の初めには好字二文字で表記されるようになった。　（高橋誠一）

くにうみしんわ［国生み神話］　『古事記』や『日本書紀』などに記す国土創成の神話。伊邪那岐（伊奘諾）・伊邪那美（伊奘冉）の両神による国生み神話の内容は、『古事記』と『日本書紀』本文、そして『日本書紀』の別伝（「一書」）とでそれぞれに違いがある。例えば『古事記』が豊秋津島以外の島々に淡路の穂の狭別島・伊伎島（壱岐）・津島（対馬）をあげて大八島国とするのを、『日本書紀』本文では豊秋津洲のほかに越洲・大洲（山口県大島か）・*吉備子洲を列挙する。国生み神話の原像は島生みの伝承にあって、海洋の泡から生物や人間・神々が出現したとする神話は蒙古語族のカルミュク族の神話にもあり、また天から降った神が鉄棒で海をかき廻し、液体の一部が固まって大地になったとする蒙古の伝承もある。　（上田正昭）

くにきょうあと［恭仁京跡］　⇩恭仁宮

くになかのきみまろ［国中公麻呂］　?～774　亡命百済人国骨富の孫で、百済系渡来人の家系を有する奈良時代の技術官人。もと国君麻呂。東大寺大仏造立に深くかかわり、七四五（天平17）年に外従五位下、翌年造仏長官、七四九年には*聖武天皇の大仏殿行幸に際し従五位上に叙される。七五八（天平宝字2）年、本貫地である大和国葛下郡国中村にちなみ、国中連を賜姓。のち公麻呂と改名。七六一（同5）年造東大寺司次官となり、薬師寺、石山寺の造立にも関与した。遠江・但馬の員外介を兼帯し、従四位下にいたった。　（関口力）

くにのみや［恭仁宮］　恭仁京の宮城部分をいう。恭仁京は七四〇（天平12）年一二月に遷都、七四四（同16）年二月に廃都となった宮都で、宮域はこの時期の日本国政の中心部として造営された。恭仁京建設は同時に平城京の廃都であり、恭仁宮はその移築建物を中心に造営されたらしい。宮跡の所在地については戦前からの議論があったが、現在は京都府加茂町例幣の地、南に木津川、北・東・西に山を控えた場所に確定されている。既に岡田離宮・甕原離宮などの名がみえていて（『続日本紀』）、景勝地として知られていたが、宮跡は北から南になだらかに下る傾斜地で、宮の西辺は切り立った小谷で区切られている。七四一（天平13）年の朝賀が「宮垣未だ就らず、繞すに帷帳を以てす」とあるごとく（同）、宮の未完成なままの遷都であって、翌年八月に秦下島麻呂の寄付によってやっと「大宮垣」が成ったというから（同）、宮の建設は難航していたらしい。これには造恭仁宮使が編成されなかったことも関係しているか。宮跡の解明は昭和49年度からの京都府による本格的な発掘調査の開始によって進められ、平城宮の大極殿を移築し、さらに廃都後に山背国分寺金堂に施入されたとある恭仁宮大極殿跡の土壇をそれと確認、大極殿院回廊・朝堂院南門・大宮垣などが確定された。宮域は東西約五六〇m・南北約七五〇mの縦長で、広さは直前の平城宮の宮域の三分の一にとどまり、宮域全体の調査はなお将来を待たねばならないが、両宮都における国政機関の立地や国政の在り方に問題を残している。

［参考文献］足利健亮『日本古代地理研究』（昭60）。加茂町編『加茂町史（一）』（昭63）。磯野浩光「恭仁宮」『歴史と地理（550）』。　（井上満郎）

くにのみやつこ／こくぞう［国造］　倭政権の地方官。原則として地方の有力豪族が任命され、その地位は多くは世襲されたと考えられる。遅くとも七世紀初め頃までには、全国的に国造が設置されたと考えられ、『隋書』倭国伝に「軍尼一百二十人あり、なお中国の牧宰のごとし」とある「軍尼」は、一般には国造をさすとみられている。「国造本紀」には、東北南部から九州南部までおよそ一三〇の国造名を載せる。国造は地域の有力豪族としての伝統的地位に依拠しつつ、倭政権の地方官として国内の統轄と秩序の維持にあたったと考えられ、律令法以前に「国造法」の段階を設定するべきであるとの説もある。中央に対しては、種々の力役や貢納物を負担したとみられるが、とくに海外出兵などに際しては、国造を中心に組織される「国造軍」が大きな役割を果たしたと推定される。律令制下においても国造は存在し、「国造田」も全国的に設置されていた。　（篠川賢）

くにのみやつこほんぎ／こくぞうほんぎ［国造本紀］　全国の*国造を列挙し、その初任について記した書。『先代旧事本紀』の一部で、その巻一〇にあたる。『先代旧事本紀』は蘇我馬子らによる序とする文がつけられているが、実際は平安時代前期に物部氏系の人物によって編纂されたと推定される。ただし『国造本紀』は、そのときにすべて創作されたのではなく、何らかの原史料に基づくものと考えられる。原史料については、『続日本紀』大宝二（七〇二）年四月条にみえる「国造記」を想定する説が有力である。その内容は、序文と本文とからなり、本文には大倭国造にはじまり、北は東北南部、南は九州南部にいたる一三〇ほどの国造名が、*畿内・七道の順に掲げられ、それぞれについて、国造設置時期と初代国造任命者およびその系譜が記載されている。その記事内容をそのまま事実とみることはできないが、そこに掲げられた国造名は、原則として六世紀中葉から七世紀後半に実在した国造をさすと考えられ、その系譜もそれぞれの国造氏が称えたものと推定される。

〔**参考文献**〕鎌田純一『先代旧事本紀の研究』(吉川弘文館昭38)。 (**篠川賢**)

くにはかせ/くにのはくし【国博士】 ①いわゆる*乙巳の変直後の六四五(皇極4)年六月、孝徳天皇の即位践祚・中大兄皇子の立太子の際に、左右大臣・内臣とともにおかれた官。*僧旻と*高向玄理が任じられた。改新政府のブレーンとして、国政全般の諮問や政策立案にかかわった官職か。②大宝・養老令制下で地方に設けられた*国学の教官。諸国に一人ずつおかれ、*学生を指導した。国内または近隣諸国からの採用を原則としたが、やがて人材難のため、やがて中央の*大学寮の学生などから採用、派遣された。 (**荊木美行**)

くにびきしんわ【国引き神話】 『出雲国風土記』にみられる神話のなかでも、とりわけ知られた神話のひとつ。八束水臣津野命という巨人神が、四つの地域から土地を引いてきて縫い合わせ、島根半島をつくったという内容をもつ。具体的には、意宇郡の郡名由来で最初に志羅紀(新羅)の方にあまっている国があるかとみわたしたところ、あるというので三身の網をかけて「国来国来」と引いてきたのが、去豆から支豆支御埼にかけての一帯で、現在の日御碕(簸川郡大社町)のあたりとされる。次に北門の佐伎国から国引きを行い、多久から狭田国にかけての地域をつくったとされ、これは現在の鹿島町の一帯とされる。北門からはさらに農波国(波良国)からも国引きを行い、宇波から闇見国の一帯をつくった。最後に高志(北陸)の都都の三碕から国引きをして、三穂埼(現在の美保関町)をつくったとされる。そして、国引きを終えた八束水臣野津命が最後に「おゑ」という言葉を発したのが意宇の地名由来であるとしている。

〔**参考文献**〕和田萃『日本古代の儀礼と祭祀信仰(下)』(塙書房平7)。関和彦『風土記と古代社会』(塙書房昭59)。瀧音能之『出雲国風土記と古代日本』(雄山閣平6)。 (**瀧音能之**)

くにます【国枡】 一国単位の公定枡。国斗とも。国衙に常備され、諸税の計量に用いられた。史料のうえでは平安中期よりみられるが、鎌倉時代にはしだいに使用されなくなった。 (**勝山清次**)

くにゆずりしんわ【国譲り神話】 葦原中国の主宰神である*大国主命がその支配権を*高天原に譲るという内容の神話で、『古事記』『日本書紀』『出雲国風土記』「出雲国造神賀詞」などのなかにみられる。とりわけ、『記』『紀』のなかでこの神話の果たす役割はとても大きく、このあとに続く天孫降臨神話の必然性をのべている。さらに、『記』『紀』神話全体からみるならば、天皇家の日本列島支配の正統性をものべる役割をはたしているといえる。つまり、『記』『紀』神話において国譲り神話は、高天原と葦原中国とを結ぶ機能をもっており、この神話がなければ天孫降臨へとつながらず、神武東征に始まる天皇支配の正当性は説得力に欠けてしまうことになる。したがって、この神話は単に『記』『紀』神話のなかの代表的なものの一つというよりもむしろ、欠かすことのできない神話といえる。また、『出雲国風土記』にみえる国譲り神話では舞台が出雲の東部になっている点や「出雲国造神賀詞」では天穂日命が功労者となっている点など興味深い記述がみられる。

〔**参考文献**〕上田正昭『日本神話』(岩波書店昭45)。水野祐『出雲神話』(八雲書房昭47)。瀧音能之『古代の出雲事典』(新人物往来社平13)。 (**瀧音能之**)

ぐふくじ【弘福寺】 ⇩川原寺

ぐふくじでんばたるきちょう【弘福寺田畠流記帳】 ⇩伽藍縁起幷流記資財帳

ぐふくじりょうさぬきのくにやまだぐんでんず【弘福寺領讃岐国山田郡田図】 七三五(天平7)年という、現存の地図の中で最も古い年紀を有する地図。ただし、弘福寺所蔵の原本ではなく一一世紀後半の写本。現在の高松市街南東方の香川郡境に沿った山田郡の弘福寺領の土地を面積一町の方格を基準として表現しており、条里呼称法の編成直前の状況を示している。方格の各区画には、小字地名的名称と田の等級・直米(小作料)額が記入され、畠には彩色が施されており、基本的には畠からも直米を徴収していたことが知られる。 (**金田章裕**)

くぶんでん【口分田】 律令国家の*班田収授制において、戸口数に応じて戸を単位として班給された田地。良人の男に二段(一段は約一一八八㎡)、女はその三分の二(一段一二〇歩)、家人・私奴婢は良人男女の三分の一(官戸・公奴婢は良民と同額)が法定班給額とされたが、国ごとに独自にこれより少ない基準額を定めて班給することも認められていた(郷土法)。また地味がやせ、隔年にしか耕作できない*易田は倍給された。年齢上の受田資格は六年以上で(私奴婢は七二三〈養老7〉年に一二年以上に改定)、死ねば収公される規定であり、六年ごとに作成される*戸籍に基づき、籍年の二年後(のちには三年後)の班田年に収公された(六年一班)。本貫の居住地に近接して班給するのが原則であるが、水田不足の地方などでは遠隔地に班給することも行われた。口分田は売買・譲渡・質入等は禁じられ、一年を限度とする賃租が許されるだけであったが、九世紀以降、班田制の弛緩につれてしだいに農民の私有地と化した。

〔**参考文献**〕虎尾俊哉『班田収授法の研究』(吉川弘文館昭36)。虎尾俊哉『日本古代土地法史論』(吉川弘文館昭56)。鎌田元一『律令公民制の研究』(塙書房平13)。 (**鎌田元一**)

ぐまいき【愚昧記】 左大臣三条実房の日記。一一六六(仁安元)年から九五(建久6)年までの記事が断続的に残るが、欠落が多い。源平の争乱期の重要史料であるとともに、記主が有職故実に通じていたことから、故実典例についての記事も詳細である。『大日本史料』第四編。 (**松本公一**)

くまそ【熊襲】 熊曾とも書く。南九州の日向・大隅・薩摩・肥後の地域の地名あるいはそれらの地域に居住した人びとの集団。『古事記』はその国生み神話に筑紫国・豊国・肥国・熊曾国を記すのをはじめとしてすべて熊曾と書き、地域名として用いている。『日本書紀』では地域名のほか人間集団としての族名としても用いる。クマソの語義についてクマは勇猛を意味し、ソ（襲）の形容と本居宣長はみなしたが（『古事記伝』）、クマは肥後国球磨郡、ソは大隅国贈於郡のクマ・ソに由来すると考えるのが妥当であろう。クマソを「球磨贈唹」と書く用例もある（甲類『西海道風土記』）。（上田正昭）

くまの【熊野】 紀伊半島の南部一帯をさす地名。牟婁とも称する。古代では紀伊国牟婁郡に属した。和歌山県紀伊田辺市から三重県尾鷲市におよぶ地域。熊野は「奥まった野」の意で、もともと熊野川河口に広がる野をさしたらしい。熊野村（『古事記』神武段、『日本霊異記』下巻第一縁）は、熊野川河口の和歌山県新宮市や三重県熊野市をさしている。

『国造本紀』に熊野国造がみえ、成務朝にニギハヤヒ命の五世孫、大阿斗足尼を国造に定めたと伝える。牟婁采女と称された熊野直広浜がみえるから（『続日本紀』）、熊野直が熊野国造だったと推定できる。六五八（斉明4）年十月、斉明天皇は紀の温湯（牟婁温湯）に行幸、中大兄皇子以下、宮廷の主だった人々の大半が従駕した。その最中、有間皇子の謀反事件が起こったが、その実情については不明なところが多い。しかし斉明紀四年十一月十日条に引く「或本」によれば、有間皇子はかなり具体的な軍事行動を計画していた。熊野は、記紀にみえる神武伝承の主要舞台の一つであり、建御雷神が高倉下の家に下した横刀について、「布都の御魂」とも称し、「石上神宮に坐ます」と記す。神武の一行は熊野の神邑にいたり、「天の磐楯」に登った。熊野速玉大社の旧社地である神倉山である。中腹に「ゴトビキ岩」と称する巨岩があり、古来、御神体とされてきた。かつて岩陰から銅鐸の破片や数多くの経塚遺物が発見されている。『日本書紀』の神代紀に、イザナミ命を熊野の有馬村に葬り、花の時には花を飾り、また鼓・笛・幡旗を用いて、歌舞して祭ると伝える。その場所を同地に所在する海蝕洞穴「花の窟」と伝えている。熊野では古墳が稀薄で、太田川河口の下里古墳（那智勝浦町下里）が知られているにすぎない。全長約六〇mの前方後円墳で、五世紀の築造と推定されている。熊野では、海蝕洞穴や沖合の小島に遺骸を遺棄する風習があったようで、こうした状況が海の彼方に常世があるとする他界観念を生み、また平安時代から開始された補陀落渡海の習俗に結びついたと思われる。

〔**参考文献**〕和田萃「古代の熊野」『国文学　解釈と鑑賞』（平15）。（和田萃）

くまのおうじ【熊野王子】／くまのかいどう【熊野街道】 ⇩熊野信仰

くまのさんざん【熊野三山】 本宮（和歌山県東牟婁郡の熊野本宮大社）・新宮（新宮市の熊野速玉大社）・那智（東牟婁郡那智勝浦町の熊野那智大社）の総称。もともと別個の神社だったが、平安中期には三社がそれぞれほかの二社の祭神を併祀し、院政期の熊野詣でも三社を巡拝するのが慣例となった。白河法皇は熊野三山検校を任命し、三山の組織が確立した。（勝田至）

くまのしんこう【熊野信仰】 熊野三山と称される熊野本宮大社（本宮）・熊野速玉大社（新宮）・熊野那智大社（那智）とその周辺の山岳・海上への信仰。本宮はかつて現社地前の川の中州にあり、穀霊神であったらしい。新宮の速玉神は現社地背後の山中が旧社地といい、巨岩への磐座信仰から発する。また那智大社は霊なる瀑布への信仰から始まり、現飛滝神社が旧社地であって、三社それぞれが独立した信仰対象と修行者・信者をもつ信仰体であった。那智の境内から飛鳥・白鳳時代の遺物が発見されているごとくすでに早くから信仰を集めていたが、この信仰の盛んになる平安時代の京都からは同一の地域とみなされるにいたり熊野権現・三所権現などとも総称されるようになり、一体のものと認識された。近辺の山地を霊山とする信仰にあわせて海上への信仰も強く、那智は補陀落渡海の地と意識され、後年高野山で出家し那智で入水往生した平維盛は著名。熊野詣は平安時代に盛行し、「蟻の熊野詣」とよばれるほどであった。とくに院政期には頂点に達し、天皇・上皇・法皇が大規模な行幸・御幸を企てた。途中の各地に熊野王子と称する遥拝所が設置され、今もその参詣路であった大辺路・中辺路・大雲取越・小雲取越などの古道である熊野街道に残る。

〔**参考文献**〕宮家準編『熊野信仰』（雄山閣出版平2）。（井上満郎）

くまのすいぐん【熊野水軍】 紀伊熊野地方を拠点とした水軍、海賊。戦国時代まで活躍。平治の乱では熊野別当湛快が熊野詣途上の平清盛の帰京に助力し、その子湛増も源平争乱の当初は平氏方についた。しかし、後に源氏方に転じ、壇ノ浦の合戦などで伊予河野氏とともに源氏方の水軍を構成し、源氏の勝利に貢献した。（西村隆）

くまのなちたいしゃ【熊野那智大社】 和歌山県東牟婁郡那智勝浦町に鎮座。熊野本宮・熊野速玉大社とともに熊野三山の一つ。本来、那智の滝を神体としたとみられるが、現在は別宮の飛滝権現に祀り、当社の主神であり万物の生産をつかさどる夫須美神に加えて本宮の家津御子神および新宮の速玉神を祀る。なお、飛瀧権現参道入り口近くの枯池からは大量の金銅仏等の埋納遺物が発見されている。（堀越光信）

くまのはやたまたいしゃ【熊野速玉大社】 和歌山県新宮市上本町に鎮座する式内大社で熊野本宮・那智大社とともに熊野三山の一つ。主神は熊野速玉大神で、はじめに巨大な「ゴトビキ岩」を磐座とする神倉山に降臨し、のちに現在地に祀られたため新宮と称する。当社は、熊野速玉大神以下、七柱の神像（いずれも重要文化財）をはじめとして神倉山で発見された多くの埋納物・国宝の玉佩等、数多くの宝物を有する。祭祀としては、神霊の御幸である御船祭や神倉神社で行われる御燈祭は有名。（堀越光信）

くまのほんぐうたいしゃ【熊野本宮大社】 和歌山県田辺市本宮町に鎮座する式内名神大社。熊野速玉・那智大社とともに熊野三山の一つ。主神の家津御子神は須佐之男尊の別称で、食物を意味する「ケ」から穀霊神とみられる。当社は、本来熊野川の上流の岩田川と音無川の合流地点の中州、大斎原に祀られていたが、一八八九（明治22）年、十津川と熊野川の大洪水により壊滅的な被害をうけ現在地に遷座した。なお、『熊野本宮幷諸末社図絵』（当社蔵）によって往時を偲ぶことができる。（**堀越光信**）

くまのまんだら【熊野曼荼羅】 熊野三山の社殿や神・本地仏などを描いた垂迹画。現存するのは鎌倉時代以後の遺品で、三社の景観を描いたクリーブランド美術館本、また上に八大童子、中に本地仏、下に役行者や円珍などを配した聖護院本など描き方は一様でない。中世後期には那智参詣曼荼羅が盛んに制作された。（**勝田至**）

くまのもうで【熊野詣】 ⇩熊野信仰

くまやまいせき【熊山遺跡】 岡山県熊山町（現赤磐市）の熊山（標高五〇八ｍ）の山頂部に所在する石積み遺構群。大小含めて三三ヵ所確認されており、一辺約一二ｍの方形石組みの上に、基底部一辺約八ｍの方形三段のピラミッド状の石組みをのせたものが有名である。二段目の四面には龕があり、方形石組みの中央には直径約八〇㎝、深さ約二ｍの竪穴がある。この竪穴のなかから須恵質筒形容器、奈良三彩小壺、巻物状のものなどが出土しており、奈良時代後半の仏塔と考える説が近年優勢である。（**亀田修一**）

くみもの【組物（斗栱）】 寺院建築や宮殿建築において柱の上にあって桁を支えるために組まれた部材。方形の斗と長い肘木（栱）からなり、その組み合わせによってそれぞれ名称がつけられている。時代が降るにしたがって神社建築にも用いられた。（**山田雄司**）

くめうた【来目歌・久米歌】 来目部が伝承した戦闘歌謡。『古事記』では、神武天皇が大伴連等の祖道臣命と久米直命等の祖大久米命を率いて、宇陀に兄宇迦斯、忍坂に土雲の八十建を倒し、登美毘古や兄師木・弟師木を討伐した際に詠まれた歌として六首を残す。『日本書紀』の同箇所には八首が残されている。とくに『日本書紀』は、歌い手が神武天皇の場合に「御謡」「謡」と記し、道臣命や来目部の場合は「歌」と書き分けている。また、

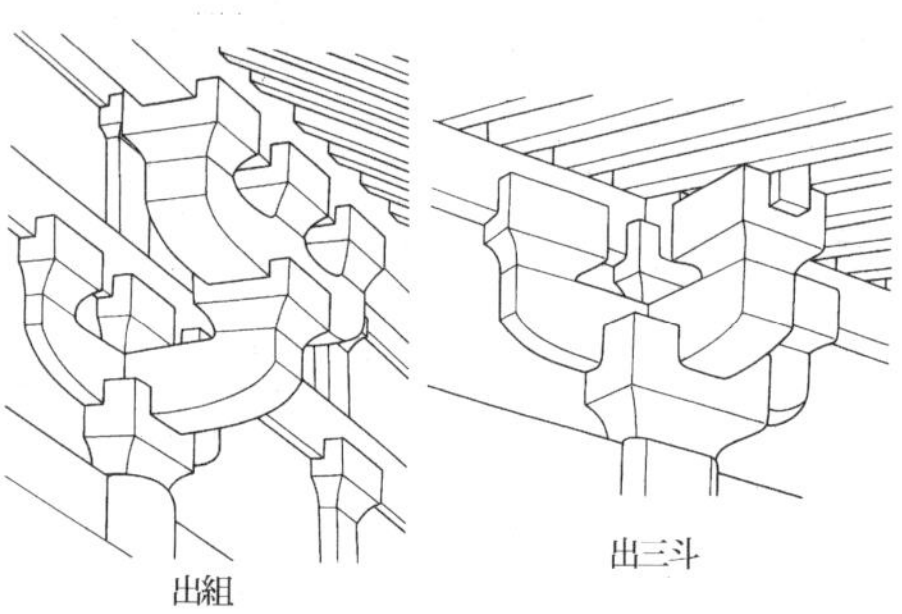

組物（斗栱）

「此は歌へる者を的取して名づくる」と記されていることで、歌曲名が伝承者に由来することを伝える。さらに、「今し楽府に此の歌を奏ふには、猶し手量の大き小きと、音声の巨き細きと有り」と注記されていることから、楽府において奏された経緯を知ることができる。「令集解」職員令には「久米舞は、大伴琴を弾き、佐伯刀を持ちて舞ふ、即ち蜘蛛を斬る。」とあり、「延喜式」は、大嘗祭において久米舞の奉仕があったことを伝えている。

〔参考文献〕 斉藤静隆「日本書紀『来目歌』伝承の形成序説」『上代文学』（昭54）。多田元「来目部の役割」『古代文学』（平成1）。楠木千尋「『天神御子』と〈久米歌〉」『国語と国文学』（平5）。（**市瀬雅之**）

くめし【久米氏】 久米部を率いる伴造系氏族。来目とも。姓は直。本貫は伊予国久米郡（愛媛県松山市）か。『古事記』では祖神・天津久米命が大伴連の祖神・天忍日命と並んで降臨したと伝えることから、久米直は久米部を率いて中央に上番し、武力をもって大王に奉仕したが、のちに大伴連の指揮下に靫負として奉仕したと推測される。『記』『紀』の久米歌を戦闘歌舞、あるいは土風歌舞とする説がある。治部省雅楽寮に伝わる久米舞は靫負部の総括者である大伴氏とその同族の佐伯氏とによって演奏され、久米氏の関与はみられない。（**川崎晃**）

くめだいけ【久米田池】 七三四（天平6）年行基が開発した池。現大阪市岸和田市に所在。この池の管理のために建立されたのが久米田寺で、一時期は衰微したが一三世紀の行基信仰の隆盛にともなって復興。多数の中世文書を所蔵する。（**高橋誠一**）

くめだでら【久米田寺】 ⇩久米田池

くめでら【久米寺】 畝傍山東南麓の奈良県橿原市久米町に所在する寺。出土する瓦からみると、奈良時代初めの創建。聖徳太子の同母弟である来目皇子の創建とする説（「和州久米寺流記」）や、久米仙人とする説（『扶桑略記』）もあるが、この地を本拠とした久米氏の氏寺かと推測される。久米寺の初見史料は、八二五（天長2）年九月に弘法大師空海の撰した「益田池碑銘幷序」で、益田池の艮に「来目精舎」が鎮まると記す。また空海の「遺告」には、「高市郡久米道場東塔」とみえるから、平安初期には東西両塔のあったことが知られる。（**和田萃**）

くめのせんにん【久米仙人】 吉野の竜門寺に住み、空を飛んだという僧侶。『今昔物語集』本朝仏法部第一一四にみえる。『元亨釈書』第一八には、「深山に入って仙法を学び、松葉を食して薜茘を服す」とみえている。僧尼令第一三条にもとづき、竜門岳（標高九〇四・三ｍ）に山居して修行し、仙薬を服餌したことから、空を飛ぶ仙人（飛仙）になったとの伝承が生じたと推測される。竜門寺は、飛鳥池遺跡（奈良県明日香村飛鳥）から出土した寺名木簡により、天武朝には創建されていたことが判明した。（**和田萃**）

くめのみこ【来目皇子】 ?～603 用明天皇の皇子。久米王とも。母は穴穂部間人皇女。厩戸皇子の同母弟。六〇二（推古天皇10）年、撃新羅将軍として筑紫嶋郡に屯し、船舶を聚め軍糧を運んだが、翌

年病で薨じた。のち河内埴生山岡の上に葬られる。（大川原竜一）

くめまい【久米舞】 ⇩久米氏

くもんじょ【公文所】 公文（公文書）を保管し、取り扱う機関。諸国の国衙や院宮諸家・寺社等におかれ、所領関係の文書を管理して関連事務にあたった。源頼朝も諸家の例に倣い公文所を設置し、政所の整備後はその一部局として存続した。（横澤大典）

くやかんこく【狗邪韓国】 『魏志』倭人伝にみえる狗邪韓国は、『魏志』弁辰伝では弁辰狗邪国と記される。この狗邪国の所在地は、現在の大韓民国慶尚南道の金海市付近、すなわち、洛東江河口に面した右岸地域一帯に比定される。狗邪国時代には海が奥深く入り込んでいた。その海に面した扇状地先端に位置する鳳凰台とよばれる海抜四六・五mの独立丘陵の東・西・南側の縁辺の斜面に貝塚を残している。そのうち、東南方に舌状に伸びた丘陵の末端付近には、金海会峴里貝塚がある。鳳凰台の頂上部にはもともと住居が営まれていたと思われるので、鳳凰台遺跡は狗邪国のなかでも重要な位置にあったろう。それに対して、そこから西方約八km地点にある良洞里には、墳墓遺跡がある。これまでに発掘調査された五四八基の墳墓群のなかには、木槨墓の副葬品として、後漢鏡や鉄製武器など豪華なものがみられるので、ここが王・王族の墓域であることを推測させる。そして、倭製品も出土するなど、当時の日本列島と密接な関係にあったことも考えられる。狗邪韓国は、やがて三世紀中頃以後に、金官加耶国へと発展する。

〔**参考文献**〕西谷正「朝鮮（帯方郡・狗邪韓国）」『季刊考古学』（六）（雄山閣出版昭59）。（西谷正）

くら【鞍】／くらかなぐ【鞍金具】 ⇩馬具

くらきざきかいていいせき【倉木崎海底遺跡】 奄美大島宇検村の宇検集落の近海海底から、一九九四（平成6）年に発見された。遺物の分布範囲を確認する調査が予備調査を含めて四回実施され、貿易船の積荷と考えられる一二世紀後半から一三世紀前半の青磁・白磁・青白磁・黒釉天目碗・黄釉陶器・褐釉陶器・土器等が約二三〇〇点確認されている。海底に分布している遺物範囲は、九〇〇m×二〇〇mにおよぶ。出土遺物は、総じて摩滅が少ない特徴を備えているため、沈没船の可能性を含めて、さらに多数の遺物が海底に埋蔵されていると考えられている。（高梨修）

くらした【倉下】 高床式倉庫の床下部分で、物品の収納に使われたもの。七三〇（天平2）年の「越前国大税帳」や七三八（同10）年「周防国正税帳」などには、動用穀や穎稲を収納した倉下がみえるが、それは正倉全体のなかではごく一部にすぎない。本来収納の場所でない所を用いたときに限って倉下とよばれたらしい。倉庫内に収納された稲穀とは異なり、利用するには便利であったから、蓄積せず出挙などに用いた動用穀や穎稲を収納したとみられる。（舘野和己）

くらつくりし【鞍作氏】 六・七世紀に活躍した渡来系氏族。鞍・鞍部・按作・按師・案部とも。カバネは村主、首とも表記。雄略天皇七年、百済から*今来才伎の一人、鞍作堅貴が渡来。東漢氏の管理下、鞍作部を管轄した。しかし、確実な氏祖は敏達朝に活躍した鞍作村主*司馬達等か。堅貴との関係は不明。司馬達等は仏法に信心し、達等の娘は日本初の出家者である。本拠は大和国高市郡坂田寺付近（奈良県明日香村阪田）とする説、河内国渋川郡鞍作（大阪市平野区加美鞍作町）とする説がある。（宮永廣美）

くらつくりのけんき【鞍部堅貴】 五世紀後半に百済から献上されたという*今来才伎。東漢氏の管理下で鞍や馬具の製作を担当。雄略天皇七年、渡来した当初は河内国渋川郡跡部郷（大阪府八尾市跡部・渋川・植松付近）、のちに大和国高市郡上桃原・下桃原・真神原（奈良県明日香村島庄・飛鳥）に移ったという。（宮永廣美）

くらつくりのたすな【鞍作多須奈】 生没年不詳。*司馬達等の子、*鳥の父。五八七（用明天皇2）年、用明天皇の病気平癒のため出家、丈六仏像・寺の造立を申し出た。坂田寺（奈良県明日香村阪田）の木の丈六仏像と挟侍菩薩は、多須奈の発願という。五九〇（崇峻天皇3）年出家し、徳斉法師と称した。（宮永廣美）

くらつくりのとり【鞍作鳥】 生没年不詳。七世紀前半の*仏師。司馬鞍首止利とも書く。*司馬達等の孫、*多須奈の子。六〇五（推古天皇13）年四月、飛鳥寺造営に際して丈六像の造仏工となった。翌年四月に完成。五月、仏本（仏像の雛形・原図）の献上や仏像製作・安置の功績により大仁の位が与えられ、近江国坂田郡の水田二〇町を賜った。鳥はこの水田をもとに、推古天皇のために金剛寺（坂田寺）を造立。代表作は法隆寺金堂釈迦三尊像で、中国南北朝時代の様式を伝えている。（宮永廣美）

くらはしのおかのみささぎ【倉梯岡陵】 ⇩崇峻天皇倉梯岡陵

くらひと【倉人】 令制以前に朝廷の財政を担当した蔵の職に関係した氏族。椋人・蔵人とも。『新撰姓氏録』摂津国諸蕃には、石占忌寸と同祖で阿智王の後とする蔵人がみえる。また同書右京諸蕃上には、阿智使主の子武勢の後とする椋人がみえる。また同書右京諸蕃上には、阿祖使主の子武勢の後とする椋人がみえる。*阿智使主を祖とする東漢氏を構成した枝氏。（宮永廣美）

くらひとべのはたのくま【椋部秦久麻】 生没年不詳。七世紀前半の*秦氏一族の技官。*天寿国繡帳の令者（製作責任者）。椋部は令制*大蔵省・*内蔵寮の蔵部（伴部）の前身にあたる官名。『*上宮聖徳法王帝説』所引の同繡帳銘にみえ、中宮寺蔵の繡帳残片にも「令者椋」の字が残る。（加藤謙吉）

くらべ【蔵部】 大化前代における職業部の一つ。倉庫管理をつかさどった。『日本書紀』『古語拾遺』には、履中天皇朝に蔵部を定めたことがみえる。大宝・養老令制下中務省被管の内蔵寮と*大蔵省に所属する*伴部の蔵部は、この流れをくむ。内蔵寮は、天皇の宝物や日常用いる物品の調達・保管・出納などをつかさどる官司で、蔵部（定員四〇人）はその出納実務を担当した。また、大蔵省の蔵部（定員六〇人）は、主鑰の命をうけて大蔵省の正蔵の開閉にあたった。（荊木美行）

くらべうま【競馬】 二人一組で、騎乗の馬の走行速度を競う競技。八世紀初期より朝廷の年中行事として端午節会に挙行された。また平安中期頃より離宮や摂関家の邸宅等で臨時の競馬が盛んに催され、賀茂社等、神社の神事としても行われた。（横澤大典）

くらまがいじえんぎ【鞍馬蓋寺縁起】⇨鞍馬寺（くらまでら）

くらまでら【鞍馬寺】 京都市左京区鞍馬本町にある鞍馬弘教の寺。「鞍馬寺縁起」や「鞍馬蓋寺御縁起」によれば、七七〇（宝亀元）年、鑑禎が毘沙門天像を彫り草庵を営み、弘仁年間（八一〇〜八二四）に藤原伊勢人が堂を建てた。天永年間（一一一〇〜一一三）天台座主忠尋が入山し天台宗になる。以後延暦寺に鞍馬寺検校職がおかれた。数回の焼亡ののち、毘沙門天像、吉祥天像（国宝）などは再制作され広く信仰された。本堂背後の山腹には一二世紀以降の経塚が多く散在している。（野口孝子）

くらまでらきょうづか【鞍馬寺経塚】⇨鞍馬寺（くらまでら）

くりからとうげのたたかい【倶利伽羅峠の戦】 一一八三（寿永2）年、越中・加賀国境の倶利伽羅峠で木曽義仲軍が平維盛軍を破った戦い。礪波山の戦ともいう。義仲は牛の角に松明をつけて平氏軍を奇襲したという。一一八〇（治承4）年信濃に挙兵し、北陸道に進出した義仲は、この勝利により平氏を追って京都に入った。（西村隆）

くりくまおう【栗隈王】 ?〜676 敏達天皇の孫、又は曾孫。栗前王とも書く。橘諸兄、牟漏女王の祖父。六七二（天武元）年の壬申の乱に際し、筑紫率として近江朝廷から発兵命令をうけるがこれを拒否。乱後、兵政官長に任じられた。（中川久仁子）

くりくまのあがた【栗隈県】 現京都府宇治市・城陽市におかれた古代の県。『日本書紀』仁徳天皇と推古天皇の条に栗隈溝が掘削されたとあり、この地域の農業的開発の進展がうかがえる。平安時代には歌枕や遊猟地としての栗隈山・栗隈（前）野などの地名もみえる。（高橋誠一）

くりそうずいこふん【久里双水古墳】 佐賀県唐津市双水字サコ他にある前方後円墳。唐津平野の最奥部、松浦川の上流域に突き出た丘陵端に位置する。一九八〇（昭和55）年に発見される。一九九四（平成6）年に学術調査が実施され、全長一〇八m、後円部径六二・二m、前方部幅四二・八mの規模をもつことがわかった。墳丘築成は後円部と前方部下半分が地山削り出しで、前方部上半分が盛り土で自然地形を利用したもの。後円部墳頂の墓壙内に隅丸長方形の粘土で被覆された石室が検出された。石室は砂岩、玄武岩の板石を積み上げた竪穴石室で、内径長さ二・五〇m、幅〇・八〜〇・九八m、高さ約一・〇m、壁面と床面に赤色顔料が塗布され、床面に断面U字形で両端が反り上がる特異な粘土床が検出された。石室内から、盤龍鏡一面と碧玉製管玉二点、天井石と石室壁面の間で鉄刀子一点が出土した。出土した土師器などから古墳時代前期、四世紀初頭の大型前方後円墳と考えられ、玄界灘沿岸部における古墳文化の成立過程を検討する上で重要な古墳である。

［参考文献］田島龍太編「久里双水古墳概要報告(2)」（平5）。中島直幸編「久里双水古墳調査概要(3)」（平6）。中島直幸「佐賀県久里双水古墳」『季刊考古学65』（平7）。（田島龍太）

くりふね【刳り船】⇨船（ふね）

くりやがわのさく【厨川柵】 古代東北地方の城柵の一つ。「くりやがわのさく」とも。前九年の役に安倍貞任が立て籠った。また奥州合戦の際にも源頼朝軍が利用した。北上川と雫石川の合流点付近、現岩手県盛岡市安部館または里館とする説があるが、具体的な遺構は確定していない。（高橋誠一）

くるすのがようあと【栗栖野瓦窯跡】 京都市左京区岩倉幡枝町に所在し、盆地内の独立丘陵の裾部に分布し、国の史跡に指定されている。それらは、「延喜式」木工寮にみる「栗栖野瓦屋」であることを、一九二九（昭和4）年木村捷三郎が初めて明らかにした。四〇基以上の窯が確認され、平安時代前期の瓦や緑釉陶器の素地を焼成する窖窯、平安時代後期の分焔床式平窯、飛鳥時代の瓦陶兼業窯などがあり、多岐にわたる製品を焼成し、官窯系瓦窯の中心的存在として重要な役割を担っていた。（堀内明博）

くるま【車】 履中紀や『新撰姓氏録』に車持部がみえるが、どのような車かは明らかでない。奈良時代から牛に引かせる荷車は広く使われ、賃銭を取って運送する業者を車借といった。平安時代には貴族の間に牛車が広く使われ、唐廂車・檳榔毛車・網代車など各種あった。人に引かせる車を輦車といい、「輦車の宣旨」を下された人が宮門まで輦車で出入りした。葬式では「喪葬令」に貴族の棺を運ぶ轜車の規定がみえ、平安末期には悪行を積んだ人が死ぬとき火車が迎えるという観念が現れた。（勝田至）

くれ【榑】 (1)丸太を年輪に沿って挽き割り板材としたもの。屋根葺材として多く用いられた。(2)貢納品や商品として用いられた板材の一つ。平安時代の規格では、長さ一二尺、幅六寸、厚さ四寸であった。（植木久）

くれがく【呉楽】 供養音楽として法会などで奏す。「令義解」に「伎楽、謂ふこころは呉楽」、「令集解」穴記に「伎楽腰鼓等、いま呉楽と云ふ是なり」などと述べる。『続日本紀』の七四九（天平勝宝元）年十二月、七六一（天平宝字5）年八月、七六七（天平神護3）年二月の各条に呉楽の演奏を記す。（上田正昭）

くれはとり【呉織】⇨漢織呉織（あやはとりくれはとり）

くろ【黒】 漆の黒色や墨の濃淡の黒色。他にも、深く濃い色は黒と認識され、紫を帯びた黒、赤の濃厚な黒(濃色)、藍の深い黒(搗色)、緑を帯びた黒などがある。

白とともに、祭典や法会の際に、僧侶や神人の表衣の色とされた。（武田佐知子）

くろいたかつみ［黒板勝美］ 1874～1946 明治・大正・昭和期の歴史学者。東京帝国大学文科大学で学び、東大史料編纂員・東大講師をへて助教授、「日本古文書様式論」で文学博士、一九一九（大正8）年教授。正倉院の調査や『新訂増補国史大系』（全六四巻）の編纂を指導、三五（昭和10）年、定年退職後名誉教授、日本古文化研究所所長、国宝保存会委員、日本考古学協会会長、帝室博物館顧問などをつとめる。日本古文書学の確立に貢献し、エスペラント語の普及にも尽力した。号は虚心。著書に『国史の研究』（全三巻）、『虚心文集』（全八巻）などがある。（上田正昭）

くろいみねいせき［黒井峯遺跡］ 群馬県子持村（現渋川市）で一九八二（昭和57）年に発見された古墳時代後期の集落遺跡。海抜二五〇mの吾妻川に面した河岸段丘最上段の南側先端部に立地する。発掘調査の結果、厚さ二mほど堆積した軽石層の下から、集落を構成する種々の遺構群が姿を現した。軽石層は、榛名山の火山爆発によって放出されたもので、田植えの季節に、住居の種火が消えるまでの一瞬のうちに集落は埋没したようである。遺構群は、竪穴住居のほかに、納屋・作業小屋・家畜小屋などとして使われたと推定される平地式ならびに高床式建物などからなり、それらは垣根によって囲まれていた。建物群は、三棟の小規模なものから、一四棟の比較的大規模なものまであるが、それらは八～一〇のグループをなしていた。建物群の間では、畑の畝がよく遺存し、また祭祀跡も認められた。さらに、建物群を結ぶ道が検出されたほか、緩やかな斜面では水場や、台地の下では小区画水田が広がっていたこともわかった。住居跡内部からは、土器のほか米・小豆・麻・ハトムギ・ヒョウタンなどが出土した。国指定史跡。（西谷正）

くろうど［蔵人］ ⇩蔵人所くろうどどころ

くろうどどころ［蔵人所］ 天皇に近侍した蔵人の役所。蔵人は令外官であるが、奈良時代から納殿（内裏に数ヵ所あった倉）を管理してきた。その一つで内裏の重要書類や調度品等をおさめた納殿のある＊校書殿に、天皇の信任篤い側近が常侍して、勅旨を伝宣したり諸政を上奏するなどの要務を行うために設けられた。その創設は、八一〇（弘仁元）年、平城上皇・尚侍藤原薬子と対立した嵯峨天皇が、機密の漏洩を防ぎ身近の護衛もさせる必要から、腹心の巨勢野足と藤原冬嗣の二人を蔵人頭（蔵人所の長官・定員二人）に任じ、清原夏野・朝野鹿取ら有能な官人を蔵人に用いた（ほかに文武の本官がある者を宣旨で蔵人に兼補した）ことに始まる。やがて宇多天皇の寛平年間頃から段々に、別当一人・頭二人・五位蔵人二人・六位蔵人六人・非蔵人数人・＊雑色八人・所衆二〇人・出納三人・小舎人一〇人前後・滝口二〇人前後・＊鷹司一〇人などの陣営が整えられ、天皇の代替わりごとに東宮以来の側近が多く選ばれた。平安中期以後、皇太子・上皇や摂関のもとにも蔵人所を設けた例がある。

［参考文献］森田悌『平安初期国家の研究』（現代創造社昭47）。玉井力「九・十世紀の蔵人所に関する一考察」『名古屋大学日本史論集㊤』（吉川弘文館昭50）。（所　功）

くろうどのとう［蔵人頭］ ⇩蔵人所くろうどどころ

くろだのしょう［黒田荘］ 三重県名張市付近にあった＊荘園。東大寺領。前身は、七五五（天平勝宝7）年、孝謙天皇が東大寺に勅施入した板蝿杣である。一〇三四（長元7）年には四至の確定と杣人・杣工等の臨時雑役免が、一〇三八（長暦2）年には杣内見作田六町余の＊不輸租がそれぞれ認められ、後の黒田本荘の基盤となった。黒田本荘二五町余は、一〇五四（天喜2）年に不輸不入を認められ成立するが、以後約一〇〇年にわたり国衙との相論を繰り返すこととなる。一一七四（承安4）年、後白河院庁下文により、出作田二四八町とそれに相交わる公田三〇町（新荘）が寺領となり、ここに広大な黒田荘が成立した。

［参考文献］赤松俊彦『古代中世社会経済史研究』（平楽寺書店昭47）。石母田正『中世的世界の形成』（岩波文庫昭60）。竹内理三『日本上代寺院経済史の研究　著作集2』（角川書店平11）。竹内理三『伊賀国黒田荘史料』（吉川弘文館昭50）。（山本崇）

くろづかこふん［黒塚古墳］ 奈良県天理市柳本町に所在する、古墳時代前期前半の前方後円墳。全長一三一m、後円部径七二m、前方部幅六〇mで、前方部が西に向く。段築の有無は不明瞭で、葺石や埴輪などは出土しなかった。堤で仕切られた水位の異なる周濠が現況では巡るが、築造当初にさかのぼるか不明。後円部頂には底部穿孔の二重口縁壺が並んでいたらしい。主体部は、後円部中央にある南北長軸の竪穴式石室で、内法長八・三m、北小口幅一・三m、南小口幅〇・九mある。構築に際しての作業道が前方部側に開き、墓道としても利用され、埋葬終了後に排水溝が敷設されることが判明した。石室内には復原長六・三mのクワ材を用いた＊割竹形木棺があり、棺内から画文帯神獣鏡一面と刀剣類三点などが出土しており、装身具がない。棺外からは三角縁神獣鏡が三三面、鉄製品として刀・槍・鏃などの武器、小札の甲冑類、斧等の工具、U字形鉄製品等がほぼ原位置を保って出土した。墳丘・主体部の築造工程と、埋葬にかかわる過程を整合的に復原することができ、前期古墳のなかでも標準となる古墳である。

［参考文献］奈良県立橿原考古学研究所編『黒塚古墳調査概報』（学生社平11）。（宮原晋一）

くろひめやまこふん［黒姫山古墳］ 大阪府南河内郡美原町にある古墳時代中期前半の前方後円墳。段丘上中央に位置し、周囲に六基の帆立貝式古墳および円墳が分布する。墳丘長一一六m、二段築成、造出しのつく前方後円墳である。斜面に葺石、墳頂外縁・テラスに埴輪列が巡る。後円部頂には石室、石棺があったと推測され、滑石製紡錘車、冑・須恵器片が出土する。上部には方形壇があり、周囲を形象埴輪群が囲む。前方部頂では副葬品庫として用いた竪穴式石室があり、襟付きのものを含む鋲留式短甲と冑が二四領のセットとなるほか、鉄刀・剣・矛・鏃が納まる。国指定史跡。（一瀬和夫）

くわ［桑］ クワ科クワ属の落葉高木の総称。江戸時代から昭和二〇年代まで養蚕用として盛んにヤマグワを栽培してい

黒姫山古墳全景
写真：大阪府立近つ飛鳥博物館

た。昭和三〇年代まで紫色の実はよく食べられていた。根皮は薬用にもする。先史時代には男は狩猟、女は野草や木の実採集といった生活をしていたと思われる。初夏になると紫紅色に熟した桑の実を、先を競って収集したであろう。たまたま、その枝につくられた繭の中にこもる蚕踊のうまさに気付いて、女達の関心は桑の実から繭へとひろがり、その殻から絹作りの道がひらかれたと考えられる。

［参考文献］千曲会編『桑の文化誌』（郷土出版社昭61）。　（中村修身）

くわ［鍬］　土中に刃をうちこむ農具。本来「く」が「くい入る」または「くらう」などの「く」であり、「は」は歯で、歯の如くに土にくい入ると言う意味。現在鍬の字が用いられている。しかし本来、漢字でこれに当たるものは鋤であり、長い間誤り伝えられてきた。日本には弥生時代に稲作とともに木製鍬が伝えられた。その後、農業の発達とともに農地や作物などに合わせた多様な形が生みだされた。大蔵永常は『農具便利論』に全国の鍬の形を図示している。

［参考文献］鋳方貞亮『農具の歴史』（至文堂昭40）。　（中村修身）

くわがたいし［鍬形石］　古墳時代に用いられた碧玉製腕飾の一種。鍬身を連想させることから、江戸時代に「鍬形」とよばれ、後には「鍬石」の名称も使用された。実際は南海産の巻貝ゴホウラを縦切りにした腕輪を模したものである。前期～中期初頭を代表する副葬品であり、石釧・車輪石とともに碧玉製腕飾類と称される。これら三種のなかでは、もっとも分布域が狭く、初期のヤマト王権の勢力の浸透を知るうえで欠くことのできない威信財である。　（福尾正彦）

くわづしきどき［桑津式土器］　大阪市東住吉区桑津町・駒川町一帯にある桑津遺跡から出土した、弥生時代中期前半の土器に付与された土器様式。一九三七（昭和12）年当時の京都帝国大学と大阪府による遺跡内三地点の発掘調査の出土品を分析して、小林行雄が命名した。この様式名は、今ではほとんど使用されないが、考古学史的な意味をもつ。遺跡自体は、その後の調査によって旧石器時代から中世にいたる複合遺跡と判明した。

［参考文献］小林行雄「大阪市住吉区桑津町弥生式遺跡」『大阪府史蹟名勝天然記念物調査報告⑫』（大阪府昭17）。大阪市文化財協会『桑津遺跡発掘調査報告』（平10）。大阪の弥生遺跡検討会『大阪の弥生遺跡⑵』（平10）。　（秋山浩三）

くわのよぼろ［钁丁］　大化前代に、屯倉の田地の耕作にたずさわった農民。農繁期にのみ臨時に徴発された労働力で、田部とは区別される。『日本書紀』安閑天皇元年閏一二月条には、天皇に良田を献上しなかった大河内味張が、謝罪のために天皇に春秋に五〇〇人ずつの钁丁を出すことを約束する話がみえる。　（荊木美行）

くわばらのしょう［桑原荘］　越前国坂井郡堀江郷（福井県あわら市桑原付近）の地九六町余りを、七五五（天平勝宝7）年に大伴宿禰麻呂から買得して成立した東大寺領荘園。荘園の経営・施設・備品などについての史料が豊かである。経営には、律令国家の官司である造東大寺司*と、越前国足羽郡大領の生江臣東人、越前国史生安都宿禰雄足、専当田使曾禰連乙麻呂が関与し、田地を農民に賃租に出す形で行われていたことや、現地側三者連署の管理報告の形式などが知られる。桑原荘には計八棟の荘所の倉屋があり、全長一二三〇丈にも及ぶ溝をはじめ三本の用水路と、最大五丈に及ぶ用水を渡す樋を有していた。また、田坏二〇〇、大きな釜二など計二二種もの食器・釜・農具などを所有していたが、農具は鎌二、鍬二〇など意外に少ないことも知られる。桑原荘の経営は全体として、律令国家機構を背景に、むしろそれに寄生する形で行われ、同時に国家機構の消長に経営が左右されたことが知られる。

［参考文献］岸俊男『日本古代政治史研究』（塙書房昭41）。原秀三郎「八世紀における開発について」『日本史研究』（六一）（昭37）。金田章裕『条里と村落の歴史地理学研究』（大明堂昭60）。　（金田章裕）

くわはらのはらか［桑原腹赤］　789～825　平安時代前期の官人、儒者。都良香*の叔父。八二二（弘仁13）年、都宿禰に改姓。七八九（延暦8）年生。秋成男。紀伝道*より出身し、儒職を歴任して正五位下・文章博士*にいたるも、早世した。紀伝道における貴種優遇政策への反論で知られる。嵯峨朝に文人として活躍し、勅撰三集全てに入集、自ら編集に関わった『文華秀麗集』での台頭が著しい。『内裏式』の編纂にも関わり、『本朝文粋』巻二には腹赤所述の大学寮解を引く。　（住吉朋彦）

ぐん／こおり［郡］　評制や唐の州県郷里制などをもとに、七〇一（大宝元）年に設置された地方行政区画・組織。郡数は、古代・中世を通じて五五五～六〇〇であり、郡名は、七一三（和銅6）年より二字の好字で表記するようになった。管掌するサト（里・郷）の数によって、小郡（二・三里）・下郡（四～七里）・中郡（八～一一里）・上郡（一二～一五里）・大郡（一六～二〇里）に分かれていた。その等級に応じて、統轄者である郡司の人数が定められた。郡司は、各郡に設置された郡家（郡衙）とよばれる役所で政務を行った。郡家は、クニ（国）に設置された役所である国衙の下級組織として、律令国家の実質的な地方支配を担っていた。しかし、新興勢力の台頭や荘園の増置などによって地域社会のあり方が変化していくと、一〇世紀には郡家は廃絶し、一一世紀末から一二世紀前半頃には郡の機能が国に吸収されていった。その後、国が

直接郡内の支配を行うようになり、郡はその補助的な役割を担うだけとなった。（岩宮隆司）

くんい［勲位］ 大宝・養老令制下で軍功のあった者に授与された位階。勲一等から勲十二等までの十二等級がある。おもに蝦夷・隼人の征討者に与えられたが、恵美押勝の乱の平定に関与した者にも授けられている。官位令には勲位と位階の対応が定められているが、最高位でも正三位に相当するにすぎない。また、一般の位階にくらべると処遇も低く、勲位にもとづく特典も少ない。平安時代前期には衰退し、九世紀末には神社の帯勲が残るだけとなった。（荊木美行）

ぐんがあと［郡衙跡］ 古代の郡の役所跡。「衙」とは役所を意味するが、「郡衙」の語は奈良時代の史料にはなく、一〇世紀以降にみえる。奈良時代の文献記録には「郡家」（ぐうけ・こおりのみやけ）と記され、「古郡」「郡山」などの地名がその遺跡地の場合がある。郡衙の遺跡が確認されている事例は五〇例ほどあり、立地や構造・規模などの実態がかなり明らかになっている。このうち、国指定史跡は陸奥国白河郡・亘理郡、常陸国新治郡・鹿島郡・筑波郡、下野国那須郡、駿河国志太郡、摂津国嶋上郡、筑後国御原郡など十数カ所である。

郡衙は郡の中枢の行政施設であるため、古代の官道や内水面などの交通に利便な場所で、平野に面した台地上など安定した地形に立地するものが多い。郡衙跡の周辺には、有力な後期・終末期古墳や郡名寺院などの古代寺院が存在する場合がある。郡司は国造などの在地有力者から選任されたことや、郡司氏族が寺院を建立したことが想定される。

一一世紀前半の「上野国交替実録帳」によれば、郡衙は郡庁・正倉・館・厨家からなり、館には伝馬をつなぐ厩屋があった。遺跡からみた郡衙の一般的なあり方は以下のとおりである。

郡衙の各建物施設は初期のものを除けば方位に一致し、南に面している。郡庁は郡衙の政庁で、郡の行政の中枢施設である。行政実務のほか儀式・饗宴が行われた。一般的な郡庁の構造は、おおむね一辺五〇m程度の正方形ないしはこれに近い長方形の広さを板塀や築垣、大溝によって区画し、内部の正面には正殿、その前方左右には長大な脇殿を配し、中央は広場とする。左右対称の、コの字型配置をとる。正殿は東西に長く、廂をもつ格式が高い構造であり、前殿・後殿がともなうこともある。これ以外に豪族の居宅を踏襲した非対称の郡庁もあるとされる。

正倉は田租などの収納施設である。建物は大型の掘立柱あるいは礎石建ちの高床式が一般的。建物は大溝などで囲まれた方形区画のなかに規則的にされることが多く、区画の規模は一辺一〇〇から二〇〇mほど。高燥の地におくこと、側に池・渠を開くことなどを規定した「倉庫令」は遺跡のあり方とほぼ符号する。正倉は奈良時代後期から平安時代にかけて「神火」により焼失した事例があり、しばしば炭化米が出土する。郡庁と正倉は同じ場所で建て替えられることが多く、奈良時代後期頃からは掘立柱建物から礎石建物あるいは瓦葺にかわる事例も多い。

厨家は郡衙の食料供給を担当する部署・施設で、館は郡衙に所属する宿泊施設である。これらは郡庁や正倉のような、大規模で典型的な建物配置をとらない。建物に井戸がともなったり、厨家は「厨」の墨書土器が出土する例がある。

郡衙跡からの出土遺物としては、木簡、墨書土器、律令祭祀具、銙帯金具、三彩・緑釉陶器、都城系土師器などである。

郡衙を構成する各施設は、一カ所に集中する場合のほか、一定の地域内において分散が想定される場合がある。『出雲国風土記』には、郡家とはべつに郷におかれた正倉の記載がみられ、郡衙の別院であることを示す。発掘事例でも、検出遺構や立地からみて正倉あるいは館・厨家など以外の施設の併存は想定できないものがあり、別院の存在を裏付ける。また、移転が考えられる場合もある。郡衙は郡の中心的な施設であり、郡に所属する工房や雑舎のほか、国府の出先機関・駅家などが周辺に点在していた事例もある。

律令期においては、郡・郡司は、行政のほか窯業・鉄などの生産・流通において、大きな役割をはたしており、物資の運搬・集散施設などの郡衙の出先・関連機関の存在も想定される。

郡衙跡の盛衰は律令体制の成立・変容に呼応している。成立は七世紀末から八世紀初頭で、大宝令以前の「評」段階のものも確実にある。一方、衰退は九世紀後半ころのものが多い。九世紀後半から一〇世紀にかけては、大規模な建物を核とする有力者の居宅跡が成立する事例がみられ、郡衙に替わる在地の政治・経済の拠点となることが想定される。

〔**参考文献**〕山中敏史ほか『古代の役所』（岩波書店昭60）。山中敏史『古代官衙遺跡の研究』（塙書房平6）。（坂井秀弥）

ぐんきものがたり［軍記物語］ 軍記・軍記物とも。戦乱・合戦を主題として叙述され、これに関わる人物・集団の動向が叙事文学的に描かれる物語のこと。「語り」と「読み」を媒介として伝来するため歴史史料としてはその利用に限界があるが、中世社会成立以後の武士や庶民の時代の躍動を伝える文学作品である。一〇世紀半ばの承平・天慶の乱を題材とする『将門記』を嚆矢とし、『陸奥話記』『保元物語』『平治物語』、さらには琵琶法師によって平曲としても語られた『平家物語』へと続く。

〔**参考文献**〕永積安明『軍記物語の世界』（岩波書店昭53）。（井上満郎）

ぐんじ［郡司］ 地方行政区画・組織の郡を統轄する官人。国造の後裔氏族などの在地有力者が任命された。律令国家の地域支配で重要な役割を担ったが、官位相当のない終身官であることや選限が長いこと、譜第が重視されたことなど、律令官僚制原理を越える性格を有した。大領・少領・主政・主帳の四等官に分かれ、郡の等級に応じて、設置される人数が異なっていた。郡務全般をつかさどり郡領とも総称される大領・少領と実務をつかさどる主政・主帳との間には、任用方法や待遇などに相違がみられる。郡司は国司が推薦した現地の人を中央政府が選考して任用された。国司の推薦を得たが、まだ中央政府から正式に任用されていない者は擬郡司（擬任郡司とも）とよばれた。擬郡司は、任用手続きの間に郡務が滞ることを避けるために八世紀前半に創出された。その後、郡司への就任要求が高まるとともに地域社会のあり方が変化していくと、九世紀には定員以外の擬郡司を設置することが一般的となった。一〇世紀以降に国務と郡務が一体化すると（擬）郡司は国衙官人の一員として活動するようになった。

〔参考文献〕 米田雄介『郡司の研究』（法政大学出版会昭51）。磯貝正義『郡司及び采女制度の研究』（吉川弘文館昭53）。 **（岩宮隆司）**

ぐんじめし［郡司召］ 平安時代の郡司補任の儀式。国司が候補者を詮擬し（国擬）、ついで式部省で候補者を集め功過を調べ、考試を行い、その結果により擬文を作成して天皇に奏上し（郡司読奏）、六月三〇日以前に太政官曹司庁にて本人を召し正式任官された。最後の郡司に任命する儀式を郡司召という。一〇世紀になると遅延・停止が常となり、一一世紀前半には廃絶。その次第の詳細は『西宮記』『北山抄』などにみえる。 **（松本公一）**

ぐんしゅうふん［群集墳］ 限定した墓域のなかに小規模な古墳が集中的につくられた形態。六世紀後半に盛行。横穴式石室を内部主体とする小円墳は、前方後円墳体制が崩壊しはじめる段階から急激に数を増やすようになる。墳丘をもつ古墳は、地上標識としての有効性をもっていたが、身分制・税制の確立にともなって、純粋に墓としての機能が強くなった。墓域が固定され、二、三世代間継続して営まれた結果の表現が群集墳である。小円墳は家長の死を契機として築造され、家長と血縁関係のあるものが葬られている。

五世紀後半代には、単体埋葬の小石室を内部主体とする小円墳群が形成される。六世紀前半代には群集墳の断絶する時期があり、六世紀中葉以降、家族単位で埋葬する横穴式石室を内部主体とする小円墳が急激に数を増やす。奈良県天理市の龍王山古墳群、大阪府柏原市の平尾山古墳群、福岡県の耳納山麓古墳群のような大規模群集墳もつくられる。同種の性格をもつものに群集横穴墓がある。 **（佐田茂）**

ぐんだん［軍団］ 律令兵制の基本単位。兵士が所属して訓練をうけた。通常兵士一〇〇〇人で構成され、大毅一人、少毅二人が統率した。兵士五〇人で一隊をなし隊正（五十長とも）が領し、一〇〇人ごとに旅帥（百長とも）、二〇〇人ごとに校尉（二百長とも）が指揮した。ほかに文書作成を担当する主帳がいた。軍団は国司の統轄下にあり、大毅・少毅は部内の内外六位以下の散位や勲位などの有力者、あるいは庶人の武芸に秀でた者から任じた。兵士は養老令では同戸内で三丁ごとに一人取られる規定であった。これはほぼ一戸に一人、すなわち一郷（里）から五〇人の兵士が出ることを意味するとみられるから、二〇郷に一軍団がおかれる割合であったろうが、兵士が一〇〇〇人に満たない軍団もあった。軍団の具体的な数や配置状況などはわからないが、『出雲国風土記』によれば同国内には三軍団があった。兵士は一〇人で一火という単位を作り行動した。軍団は鼓・大角・少角を常備し一隊ごとに二人の弩手をおいた。七九二（延暦11）年陸奥・出羽・佐渡と大宰管内諸国を除き兵士は廃止され、かわりに健児制がとられた。

〔参考文献〕 橋本裕『律令軍団制の研究 増補版』（吉川弘文館平2）。 **（舘野和己）**

ぐんとう［郡稲］ 令制下の公出挙稲の一つ。郡ごとにおかれ、出挙利稲でもって国郡衙の諸経費をまかなった。収支の詳細は「越前国郡稲帳」や「播磨国郡稲帳」などから知られる。出挙量は正税出挙稲に比べて少ないが、支出は伝使食料、国司部内巡行食料など多方面にわたっている。その起源については、国造の時代にまでさかのぼるという説と、律令制下になって成立したとする説とがある。七三四（天平6）年他の雑官稲とともに正税に混合された。 **（寺内浩）**

ぐんぴょうろんそう［郡評論争］ 七世紀後半に設置された地方行政組織のコオリ（コホリ）は「郡」と「評」のどちらであるかをめぐっておきた研究対立。井上光貞は、大宝令が施行される以前のコオリを、『日本書紀』大化二（六四六）年正月条の大化改新詔などが「郡」と記しているのに対して、それ以外の金石文などが「評」と記していることから、コオリは大宝令の施行によって評から郡へと変化したこと、大化改新の詔は大宝令文にもとづいて文飾されている部分が多く信憑性に欠けることを一九五一（昭和26）年に指摘した。それに対し坂本太郎は、金石文などに評が使われているのは、郡の字がすぐに全国で使用されなかっただけであり、郡の施行時期や大化改新の詔の内容に関する『日本書紀』の記述には問題がないという見解を翌年に提示した。その後多くの古代史研究者を巻き込んだ論争になった。この論争は、単に用字の問題だけにとどまらず、八世紀の律令制的地方支配がどのように成立したのか、律令国家の建設の基点になったとされる大化改新は実際に行われたのか、編纂者によって史実の書き換えが行われている『日本書紀』の記事からどのような歴史像を描けるのか、といった問題に発展していった。しかし一九六六（昭和41）年から開始された藤原宮跡の発掘調査で出土した木簡によって、この論争に終止符が打たれた。地方から都に送られてきた税物につけられた荷札木簡では、コオリの表記は大宝令の編纂が完了した七〇一（大宝元）年を境として「評」から「郡」へと変わっていたのである。編纂史料である『日本書紀』よりも、日常業務の中で用いられた木簡の方が、史実を反映している可能性が高いことから、現在では、地方行政組織は大宝令の編纂・施行によって評制から郡制へと移行したと考えられている。しかし、この論争によってクローズアップされた大化改新の実在性や『日本書紀』の信憑性の問題などについては、今後も多面的な検討が必要である。

〔参考文献〕 『井上光貞著作集（一）』（岩波書店昭60）。『坂本太郎著作集（六）』吉川弘文館昭63）。 **（岩宮隆司）**

ぐんぷもっかん［郡符木簡］ 公式令の符式にもとづき、郡司がその管下のもの（里長など）に命令を下す際に用いた木簡。木簡は、ふつう約三〇cmすなわち古代の一尺に相当するが、この郡符木簡は出土例でみるかぎり、その倍の六〇cm前後、二尺の長さがある。郡符木簡の重要な特徴は、廃棄された場所が宛所（里長など）ではないという点にある。郡符木簡によって命令をうけた責任者（宛所）は召喚人等を引き連れて召喚先に赴く際に木簡を携行する。したがって、郡符木簡は差出し側に戻り、郡司等の点検をうけたのちに廃棄されたと考えられるのである。 **（平川南）**

け

け【仮】 「假」とも書く。律令官人の休暇のこと。彼らには原則として六日に一日の休日（六假）があったが、仮寧令には、ほかに農繁期の休暇（田假）、畿外に住む父母を訪ねるための休暇（定省假）、親族の服喪のための休暇など、各種の休暇が規定される。（荊木美行）

げ【解】 律令制下で、被管官司から所管官司への上申文書として公式令に規定される文書様式。実際には官司間でのやりとりに限らず、個人の上申文書としての解が、正倉院文書や平城宮をはじめとする遺跡から出土した木簡群にみられる。（北村有貴江）

げい【外位】 大宝・養老令に規定される位階の一系列。唐の視品制を参考に設定された。外位そのものは天武天皇朝から存在したが、大宝・養老官位令では、内位三十階のうち、正五位上以下少初位下の二十階について、外の字を冠した位階を設け、これを内位に対して外位と称した。郡司・軍毅・国博士・国医師・帳内・資人が授与の対象とされたほか、蝦夷や隼人の有功者にも授けられた。位階にともなう特典はおおむね内位と同じであったが、七二八（神亀5）年、外位の処遇に格差を設けるとともに、中央官人の一部は外従五位下をへて内位に昇進することに改められた。
〔参考文献〕野村忠夫『律令官人制の研究』（吉川弘文館昭42）。（荊木美行）

けいか【恵果】 746～805　中国唐代、京兆府昭応県の人。真言宗付法第七祖。入唐した空海に金剛界・胎蔵界および阿闍梨位の灌頂を授けた。姓は馬氏。二〇歳で出家して具足戒をうける。善無畏・不空に師事し密教の秘奥を学ぶ。長安の青竜寺東塔院に住み、多くの尊崇をうけた。（松本郁代）

けいかい【景戒】 ⇨日本霊異記

けいかいちょう【計会帳】 律令制下においては行政文書が正しく伝達されたか否かを確認するため、授受した文書を記録し後に照合することになっていた。計会帳はこのために作成された文書。公式令の規定では、太政官が下した文書の目録、諸国が授受した文書の目録、中央諸司が授受した文書の目録をつくり、後二者を太政官に送って照合することになっていた。出雲国計会帳（七三四〈天平6〉年）、伊勢国計会帳（七三六〈同8〉年以前か）は諸国が授受した文書目録の実例。（寺内浩）

けいこうてんのう【景行天皇】 第一二代天皇。在位六〇年。諡号は大足彦忍代別。垂仁天皇の子。母は日葉酢媛命。日本武尊の父。大和纒向日代宮に都す。自ら熊襲征討に出かけ、日向国で熊襲梟帥を平らげた。一〇六歳（『古事記』は一三七歳）で崩じ、山辺道上陵に葬られた。（大川原竜一）

けいこくしゅう【経国集】 平安時代初期の勅撰漢詩文集。二〇巻（現存六巻）。淳和天皇の命により、良岑安世が滋野貞主らと編纂したもので、『凌雲集』『文華秀麗集』に続く第三の勅撰集。八二七（天長4）年の成立と思われる。文武天皇の七〇七（慶雲4）年以降一二〇年間にわたる一七八人の賦・詩・序・対策を分類したもの。平安初期漢詩文の集大成。『群書類従・文筆部』『日本古典全集』（現代思潮社昭57）などに翻刻されている。（小西茂章）

けいし【家司】 上級の皇族・貴族の家政をつかさどる職員。本来は公的な国家の官僚であったが、やがて私的職員となる。家の大小などによりその編成も多様で、員数にも多少があった。平安中期以後の貴族社会の発展により一層複雑化し、自家の荘園支配や他家との交渉などに手腕を発揮した。（井上満郎）

けいしゅう【慶州】 韓国慶尚北道の地方都市。『魏志』韓伝にみえる辰韓一二国の一つ斯盧国の故地。新羅はまわりに領土をひろげて成長するが、慶州は発祥の地であり、新羅の滅亡まで王都として中心でありつづけた。当時は金城・金京、また一般的に王京・京都などとよばれた。唐からみて東都とよばれることもあったが、新羅国内に五小京があり、その一つ金官小京が東原京・東京ともよばれており、慶州を東京とよぶのは高麗時代以後である。高麗では平壌を西京、楊州（ソウル）を南京としていた。慶州の名も高麗時代以後。新羅国は旧斯盧国の住民（王京人）が全体を集団的に支配する構造であったため、新羅王都は特別の意義をもっていた。七世紀中葉までは、官位が京位と外位の二元体系をなしており、地方人は外位しか与えられなかった。また新羅には骨品制という厳格な血縁的身分制があったが、それに関わるのは王京人のみであった。地方から王京への移住は自由ではなく、特権的な意識をもつ王京人の住む特別な街であった。七世紀後半に王京の改造がなされ、条坊制が整えられた。五・六世紀にすでに条坊制が施行されたとみる意見もある。王宮は月城にあり、七世紀後半にはその東北と北に太子宮としての東宮と、時として王宮の機能をもつ北宮を造営した。当初の条坊は、方形の区域内に設定されたと考えられるが、その後、拡張されていく。条坊の区域を囲む羅城は設けられなかった。王陵を含むと思われる味鄒王陵地区（古墳公園）とそれにつづく路西洞・路東洞古墳

慶州（古墳公園付近）

群は、条坊制施行以前につくられたもので、条坊の内側にとりこまれた。王宮の近くには、護国道場としての皇龍寺や、最初の伽藍寺院興輪寺をはじめ、国家的な造営・修築がなされた霊廟寺・永興寺・奉徳寺・奉聖寺などが存在し、仏教文化が花開いた。東南の郊外、吐含山の麓には仏国寺があり、中腹には石窟庵（石仏寺）がある。これらは八世紀の石造物を中心とする新羅文化の粋であり、世界文化遺産に登録されている。（田中俊明）

けいしゅうよう［邢州窯］ 中国、邢州（河北省内邱県）にあった唐代の白磁窯。「銀に類す」「雪に類す」と称せられるように、雪のごとくやわらかい色合いをもつ白磁で、陸羽の『茶経』にも浙江の越州窯と邢州窯を比較する記述があり、唐代を代表する名窯であった。唐中期の八世紀を最盛期に、以後次第に衰退して同じ河北省の定州窯に取って代わられた。長らく窯の遺跡は不明であったが、一九八〇年代になってようやく窯跡が内邱県で発掘された。（愛宕元）

けいじゅんおう［敬順王］ ?～978 在位927～35 新羅最後の王。第五六代諱は傅。文聖王の末裔で孝宗伊飡の子。王都に乱入した甄萱が景哀王を自殺に追い込み、王族の中から傅を選び即位させた。九三一年に甄萱と対立する高麗の王建を王都に迎え入れて会談。九三五年に王族・官僚をともなって高麗の都開城に行って降伏し、新羅は滅亡。王建は長女を嫁がせ、太子より上位の正承公に封じた。九七八年に死に、郊外（現在の韓国京畿道漣川郡長南面）に葬られた。現在も墓と墓碑が残る。（田中俊明）

敬順王陵

敬順王陵碑

けいしょうはにわ［形象埴輪］ ⇨埴輪

けいず［系図］ 系譜を系線によって図式化したもの。氏系図、家系図、国造・神主職や寺院別当など地位の継承次第などがある。系図の語の初見は『続日本紀』の『日本書紀』撰進記事「紀卅巻系図一巻」（養老四〈七二〇〉年五月二十一日条）。系図をその発生からみると、口頭で伝えた口承系図、それを文字化した文章系図、さらに世代間をつなぐ系線を用いたいわゆる系図（縦系図・横系図）へと発展したと推測されている。埼玉県行田市稲荷山古墳出土鉄剣銘は口承系図を文章化したものとみられる。「其の児某」で上祖オホヒコからヲワケ臣までをつなぎ、「丈刀人の首」として大王に奉仕した由来を述べているが、「其の児」とは親子関係ではなく、代々奉仕した族長の地位継承関係とみられる。文章系図は「其の児（子）」「娶生児（子）」の形式をとる。また、始祖から子孫へのつながりを縦に系線で結ぶ縦系図（柱系図）には、九世紀初頭に成立した「海部系図」「和気系図」（円珍系図）などの氏族系譜がある。中世以降には、親子関係を縦の系線で、兄弟関係を横の系線で示す横系図（複合系図）が一般的な形式となる。

［参考文献］ 佐伯有清『新撰姓氏録の研究（索引・論考篇）』（吉川弘文館昭59）。溝口睦子『日本古代氏族系譜の成立』（学習院昭57）。義江明子『日本古代系譜様式論』（吉川弘文館平12）。（川﨑晃）

けいそさいじき［荊楚歳時記］ 中国、六世紀に梁の宗懍が著した年中行事に関する書物。書名が示すように、長江中流域の四季折々の一般庶民の生活記録で、当時の人々の信仰、風習、季節的行事などが儒家的なフィルターを介せずに活写されている点、貴重な書である。隋の杜公瞻が注をほどこし、本文のやや簡略に過ぎる部分を大幅に補い、この注釈書もまた多くの文献に引用されている。ただ、伝写の過程で少なからざる誤脱を生じ、本文と注釈の区別が困難となっている。（愛宕元）

けいたい・きんめいちょうのないらん［継体・欽明朝の内乱］ 『日本書紀』は継体没年について五三一（継体25・辛亥）年（「百済本記」）と五三四（安閑元・甲寅）年（「或本」）の二説を載せる。いっぽう、『古事記』は五二七（継体21・丁未）年とし、『書紀』編者はこれを知っていたようで、本文で「継体二五年二月丁未」として処理している。さて『書紀』本文は継体「譲位」のことを記しながら、安閑即位を五三四年とし、二年の「空位」をおいている。「百済本記」には五三一年に天皇と太子・皇子が没したとの伝聞記事を載せており、何らかの政変（辛亥の変）が起こった可能性がある。さらに欽明即位年の問題もある。『上宮聖徳法王帝説』「元興寺伽藍縁起幷流記資財帳」では欽明即位を五三二年とし、『書紀』は五四〇年とする。これらの紀年の混乱を解決するため、喜田貞吉は欽明と安閑・宣化による二朝並立説を唱えた。これをうけて林屋辰三郎は筑紫君磐井の反乱・武蔵国造の争いや全国的な屯倉設置、そして辛亥の変の記事を利用しながら、二朝並立説を発展させ内乱説を提起したが、坂本太郎・三品彰英らによる批判がある。いっぽう、山尾幸久・川口勝康・大橋信弥らは新たな視角を踏まえて、内乱説を強化する見解を提起している。しかし継体陵と考えられる大阪府高槻市の今城塚古墳や新池窯跡の発掘成果から、継体没後に殯と関係する祭祀が厳粛に行われたとし、内乱状態は想定できないとする見解もあり、依然問題を残しているといえよう。

［参考文献］ 吉村武彦編『古代を考える　継体・欽明朝と仏教伝来』（吉川弘文館平11）。同編著『古代史の基礎知識』（角川書店平17）。

（江草宣友）

けいたいてんのう【継体天皇】 生没年不詳。六世紀前半の天皇。名は男大迹、応神天皇五世孫。父は彦主人王、母は振媛。目子媛（尾張連草香娘）との間に安閑・宣化両天皇を、手白香皇女（仁賢天皇娘）との間に欽明天皇を儲ける。『日本書紀』によれば、後継者のいない武烈天皇死後、大連大伴金村が中心となってまず仲哀天皇五世孫の倭彦王擁立を図るがはたせず、あらためて越（『古事記』では近江）から継体を迎えている。継体は五〇七（継体元）年に河内の樟葉宮（大阪府枚方市）で即位し、五一一（同5）年に山背の筒城（京都府京田辺市）、五一八（同12）年に弟国（京都府向日市・長岡京市付近）に遷都し、五二六（同20）年（五一三〈同7〉年とするものもある）に大和の磐余玉穂宮（奈良県桜井市付近）に入っている。大和入りに長い年月を要しているのは、敵対勢力の存在を窺わせるが、いっぽうで外交問題との関連も指摘されている。治世中に任那四県割譲事件にみられるように百済との外交問題や筑紫君磐井の乱が起こった。没年は五二七年（『古事記』）・五三一年（『書紀』本文）・五三四年（『書紀』或本）など明確ではなく、この前後に何らかの政変（辛亥の変）があったとする説もある。陵は三島藍野陵。現在宮内庁が指定しているのは太田茶臼山古墳（大阪府茨木市）だが、今日では今城塚古墳（大阪府高槻市）をあてる見解が有力である。

〔**参考文献**〕吉村武彦編『古代を考える 継体・欽明朝と仏教伝来』（吉川弘文館平11）。

（江草宣友）

けいちょう【計帳】 律令国家が八世紀を中心に、支配下人民の出生・死亡・移動の把握と調庸等の課税のため、国司・郡司等に毎年作成させた重要な台帳。計帳の制度は戸籍より遅れ、大宝令と七一七（養老元）年の大計帳式の制定が画期らしい。戸籍と異なり、いわゆる計帳には「帳」「国帳」「大計帳」「大帳」「計帳」「計帳歴名」「計帳手実」「手実」「目録」等の多様な表現があり、古代の官人も時には混用するので、その制度的変遷は完全には解明されていない。一説によれば、六月三〇日以前に戸ごとに家口の姓名・年齢を記した手実を提出させ、これを整理して戸籍に似た計帳歴名を作成。国司はこれをもとに国内の課戸・不課戸、課口・不課口等を集計した大計帳を作成。八月三〇日以前に太政官に提出。この時、計帳歴名も添付したとする有力な説がある。

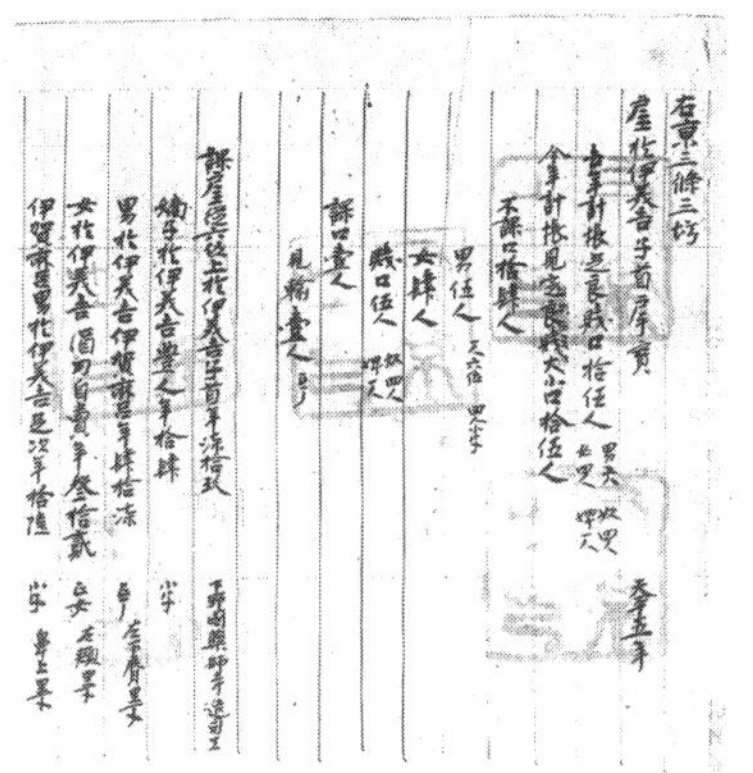

天平五年右京計帳の一部
二行目「戸主於伊美吉子首戸手実」とある。人名列記の五行目の戸口於伊美吉足次は「鼻の上に黒子」とある。
宮内庁正倉院蔵

現存の計帳はほとんどが計帳歴名である。その戸の戸口や課税の集計を首部で行い、各自の身体的特徴を記し、死亡・逃亡者には当年月を注し、戸籍よりも詳細。

〔**参考文献**〕岸俊男『日本古代籍帳の研究』（塙書房昭48）。梅村喬『日本古代財政組織の研究』（吉川弘文館平1）。鎌田元一『律令公民制の研究』（塙書房平13）。

（南部昇）

けいとくちん【景徳鎮】 中国、江西省浮梁県にある中国最大の窯業地。早くは六世紀の南朝陳代に宮中用の陶磁器を焼成したとされる。唐代の窯跡や遺物が発見されている。一〇世紀の五代に青磁や白磁が生産されるようになり、宋代に青白磁（影青）が完成された。元代にペルシア世界から回青（コバルトブルー）顔料が伝わると、高温焼成と相まって見事な青花白磁（染付）を生み出した。日本では発色のすぐれた青花が好まれ、伊万里（有田焼）にその影響をみることができる。

（愛宕元）

けいとくでんとうろく【景徳伝灯録】 中国、禅宗の伝灯法系を詳述した書で、宋の道原撰。三〇巻。過去七仏より始まり、摩訶迦葉、阿難等の天竺一五祖以下、達磨が中国に伝えて一〇世紀の法眼にいたるまでの五家五二世、一七〇一人の禅僧の伝記および語録を整然たる体裁で記載している。具体的には、釈迦以前の過去七仏、迦葉より達磨にいたる西土二八祖、達磨から慧能にいたる東土六祖、慧能から分派する南岳・青原二派、南岳から分派する仰為臨済二宗、青原から分派する曹洞・雲門・法眼三宗という禅宗の法灯の継承系譜が記されており、禅宗史伝中での傑出した文献とされる。ただ分派継承関係についてはやや信用し難い部分もある。巻頭に本書の裁定と潤色をした翰林学士楊億の序文、西来年表等、巻末にも同じく裁定にあたった李維へあてた楊億の書が付されている。一〇〇四（景徳元）年に道原が朝廷に奉ったので、年号を冠してかく呼称される。本書の思想系譜を叙述する体裁は、朱子の『伊洛淵源録』などにも影響を与えた。

〔**参考文献**〕柳田聖山『初期禅宗史書の研究』（法蔵館昭42）。

（愛宕元）

けいばつ【刑罰】 犯罪の懲戒や犯人の隔離を目的として、犯罪を犯した者に対して科せられる制裁。古来、日本では「つみ」を犯した者に対して「はらい」が科せられたが、やがて律令法の導入にともない、犯人の懲戒などを目的とする中国風の刑罰が行われた。律の規定する刑罰には、大別して(1)正刑、(2)換刑、(3)付加刑の三種があった。(1)は正規の刑罰であり、笞・杖・徒・流・死の五刑をいう。(2)は正刑に換えて科せられる刑罰で、贖・加杖・留住役などがあり、さらに僧尼に科せられる苦使があった。(3)は(1)に付加される刑罰で、有位者に科せられる免所居官・免官・除名のほか、士庶を問わず科せられる没官、僧尼に対する還俗などがこれにあたる。

（荊木美行）

けいほうぼう【桂芳坊】 内裏北方にあった坊舎で、朔平門の東にあった。楽所として使用されたほか、村上天皇は当坊で

誕生したこと、また納殿があり、累代の御物などが収納されていたことが知られている。 (西山恵子)

けいほくはんでんず［京北班田図］ 正確には大和国添下郡京北班田図。西大寺領荘園図として伝存するのが現状であるが、その基図は班田図であることが明記されている。同図は、平城京の北西部に相当する添下郡京北一・二・三・四条の一～六里部分を表現しているが、三条部分は弘仁二年班田図（大同三年校田図）、四条部分は宝亀四年班田図（宝亀三年校田図）を基図としている。校班田図が一条ごとに一巻の様式であったこと、先行する校田図を修正して班田図とした場合があったことをはじめ、多様な歴史的事実を示している。大和国の校班田図が各里を個別に分離して表現する様式であったことも示している。現存の京北班田図は、西大寺と秋篠寺との寺領相論の中で一三世紀後半頃に作製されたものと推定されているが、西大寺に所蔵されているものと、東京大学所蔵のものとの二点があり、表現内容に若干の違いがみられる。前者は西大寺側で、後者は秋篠寺側で、一連の訴訟の過程において作製されたものと推定されている。
〔**参考文献**〕佐藤信編『西大寺古絵図の世界』（東大出版会平17）。 (金田章裕)

げいもんるいじゅう［芸文類聚］ 中国、唐初の六二四年に欧陽詢らに命じて編纂された勅撰の類書。一〇〇巻。類書とは多くの文献中にみえた記事を分類し、項目別に編纂したもので、詩や文をつくる際の欠かせない参考書であった。完本として伝わる類書としては、隋代編纂の『北堂書鈔』一六〇巻についで古く、やや遅れて玄宗期編纂の『初学記』三〇巻よりはるかに内容は豊富である。本書は、天・歳時・地・州・山・水・符命・帝王・后妃・儲宮・人・礼・楽・職官・封爵・治政・刑法・雑文・武・軍器・居処・産業・衣冠・儀飾・服飾・舟車・食物・雑器物・巧芸・方術・内典・霊異・火・薬香草・宝玉・百穀・布帛・菓・木・鳥・獣・鱗介・虫・祥瑞・災異の四五部門ごとに古来の文献に記す事柄および関連する詩文をあげる。日本でも早くから読まれたことは『日本国見在書目録』に本書が著録されていることからわかり、事実、『日本書紀』や『懐風藻』に明らかな影響が認められる。 (愛宕元)

げいん［外印］ 太政官の印。白銅製で方二寸半。印文は「太政官印」（陽鋳）。内印（天皇御璽）に対していう。大宝令では太政官・諸司の案文と六位以下の位記に捺す規定であったが、七二〇（養老4）年から諸国に下す小事の符にも捺されることとなった。 (鎌田元一)

けか［悔過］ 三宝に対して自己の罪を懺悔する仏教行事。招福攘災・五穀豊穣のなどの現世利益を求める法会として定着。『日本書紀』にみえる六四二（皇極天皇元）年の祈雨の悔過を初見とし、六八六（朱鳥元）年には天武天皇の病平癒のために川原寺で行われた。奈良時代以降は、薬師如来・阿弥陀如来・吉祥天などを本尊として広く貴族社会や諸寺で挙行されるようになる。 (北康宏)

ケガレ きたなくよごれること。ケガレの原義については、日常（褻）の生命力が枯れる・離れる、すなわち褻枯れ・褻離れとみなす説がある。異常な状態、不浄な状態をさす。『古事記』『日本書紀』などの神話では死後の黄泉国を訪問した伊佐那岐命（伊弉諾尊）が禊祓をする神話は、死のケガレ観を反映する。死穢のほか産穢・血穢などがある。ケガレに触れることを触穢という。『伊呂波字類抄』では触穢を「ソクエ」とよむ。「延喜式」は人の死は三〇日、産は七日、六畜の死は五日、肉食は三日などと忌に服することを記す。また「延喜式」には「凡そ甲の処に穢あり、乙其の処に入らば、乙及び同処の人は皆穢と為す。丙乙の処に入らば、只丙の一身のみ穢となり、同処の人は穢とならず、乙が丙の処に入らば、同処の人皆穢となり、丁が丙の処に入るとも穢とならず､其の死葬に触れたる人は、神事の月に非ずと雖も、諸司並に諸衛の陣及び侍従所等に参著するを得ず」とみえる。 (上田正昭)

げかん［外官］ 「大宝令」公式令および「養老令」公式令の規定で、京官と称される在京の官司・官職以外の官司・官職の総称。大宰府、国司、郡司や軍団などの地方官をいう。 (篠田孝一)

げきせい［外記政］ 平安時代、年中行事化した官政にかわって公卿が外記庁で行った実質的な政務。その初見は嵯峨天皇の八二二（弘仁13）年で九世紀中頃には常儀となっていて月に五日の休日と廃務の日を除き毎日挙行された。開始の時間は季節で異なり三～七月は午前八時、九～一月は同九時半、二・八月は同九時であった。しかし一〇世紀中頃には弛緩の状況がみられはじめた。弁・少納言・外記・史らの結政のあと上卿以下公卿が参着して史が読申する諸司の申文について裁決し、請印をする。
〔**参考文献**〕橋本義則『平安宮成立史の研究』（塙書房平7）。 (朧谷寿)

げぎょ［懸魚］ 屋根の破風部分の拝の下に垂れ下げた装飾的彫刻。棟木・桁の先端を隠し、妻の飾りとする。火災から建物を守るために、火除けのまじないとして取り付けたのが始まりと考えられる。 (山田雄司)

げきょう［外京］ 平城京における左京の東張り出し部。同京では左京・右京とも基本形は南北九条、東西四坊だが、左京の二条から五条にかけては七坊まで広がる。ただし一条部分にまで広がるかどうかは不明確。外京は関野貞による学術用語であり、古代では左京のなかである。外京のなかには興福寺や元興寺、紀寺・佐伯院などの諸寺院があり、東の京外には東大寺が位置した。外京部分は平城京造営当初からあり、十分な京域の確保のため、興福寺を京内に含めるためなどの理由で設けられたとみられる。 (舘野和己)

げこ［下戸］ 『魏志』倭人伝にみえる身分を表す用語の一つ。「大人」に対し、その身分の下にある被支配者層をさすと考えられる。倭人伝には、下戸は大人を恭敬し、二、三婦であるという。下戸については、『魏志』では、ほかに夫餘・高句麗・濊・韓の各条にみえる。 (荊木美行)

げこく［外国］ 畿内の大和・河内・摂津・和泉・山背以外の国をさす。ウチツクニに対するヨモノクニ（四方国）に由来。官人制で官人の任用や叙位において、畿内を優遇し、外国を差別するという規定があった。（高橋誠一）

けごんえ【華厳会】 「華厳経」を奉読講讃する法会。東大寺では七五二（天平勝宝4）年の大仏開眼供養会に創始され、十二大会の一つとして隆盛を極めた。法華寺でも光明皇后の発願によって華厳会が始修されたことが『三宝絵詞』よりうかがわれる。（志麻克史）

けごんきょう【華厳経】 大乗経典の一つ。正式名称は大方広仏華厳経。紀元一世紀～二世紀頃に最古の章が成立し、四世紀に華厳経としてまとめられた。漢訳は六〇巻三四章からなる旧訳（六十華厳）と八〇巻三九章からなる新訳（八十華厳）がある。内容は、仏が菩提樹下で悟りを開き、口、眉間から光明を放ち国土や仏・菩薩を照らし出し、諸仏の由来などを述べ、さらに、光の仏、太陽の輝きの仏である教主毘盧遮那仏（旧訳では盧遮那仏）の華厳世界を説く。また、善財童子が文殊菩薩にはじまり普賢菩薩にいたる五三人の指導をうけ修行を進めていく求道の物語をおさめている。唐・法蔵により華厳教学が大成され、日本には道璿、審祥らにより伝えられ、審祥は七四〇（天平12）年東大寺の前身・金鐘寺で良弁による華厳経の講説の講師として招請され、「六十華厳」を講じた。これにより、華厳世界の現出をはかる聖武天皇の大仏造立の発願へとつながり、東大寺は華厳宗の本山としてその教学の中心となった。
【参考文献】堀池春峰『南都仏教史の研究（上）』（法蔵館昭55）。（宮城洋一郎）

けさだすきもん【袈裟襷文】 ⇩銅鐸

げし【下司】 荘園を現地で管理する荘官。開発領主あるいはその子孫が補任される場合と、荘園領主が派遣する場合とがある。荘民の支配、年貢・公事などの上納、治安維持などにあたり、荘園領主からは反対給付として給田・給名を与えられた。（宮田敬三）

げしゃく【牙笏】 主に朝廷官人が儀式等で手にした象牙や犀角の笏。大宝律令では天皇及び親王、五位以上の高位の臣下が用いることになっている。後に大儀の礼服着用の際に、使用するようになった。正倉院宝物に伝えられている。（芳井敬郎）

けしょう【化粧】 身を装うという行為は木櫛などの出土例により縄文時代にさかのぼることが知られるが、記録上では『魏志』倭人伝に三世紀の倭において「黥面文身」や身体に朱丹を塗るという行為が行われていたことがみえる。六世紀後半以降、中国大陸や朝鮮半島との交渉のなかでもたらされた化粧は上級階級に享受され、そのあとの美意識追求のための化粧の原型となった。紅、白粉が使われ、三日月形の眉作り、花鈿という眉間や頬の紅印が行われた当時の化粧の様子を高松塚古墳壁画や正倉院伝存の「鳥毛立女屛風」にうかがい知ることができる。一〇世紀後半にいたって女性の髪型が結髪から垂髪に変化するなか、白粉を厚く塗り、眉を抜いて黛で引眉をし、頬と唇に紅を施す化粧が貴族女性の間で流行した。また成年女性については歯を黒く染める鉄漿が行われた。白粉や引眉、鉄漿については平安時代末期にいたって貴族男性にも及んだ。（佐藤文子）

げた【下駄】 主に木製の台に鼻緒がつき、足の指を通す履き物。弥生時代には農耕用の田下駄、古墳時代になると石製模造下駄がみられ、奈良時代に入ると平城宮跡から底をくりぬいた歯をもつ下駄が出土している。また各絵巻物にも登場する。（芳井敬郎）

けたたいしゃ【気多大社】 石川県羽咋市寺家町に鎮座。式内名神大社で一宮、入らずの森がある。祭神は大己貴命。古くより信仰を集め、『万葉集』には大伴家持社参時の短歌をおさめる。神階は、八五九（貞観元）年に正二位勲一等より従一位に昇叙。両流造の本殿、一重入り母屋造り妻入りの拝殿、四脚の切り妻造り神門、ほか摂社若宮神社本殿および同白山神社本殿はいずれも重要文化財。また、平国祭・御贄祭・鵜祭等の特殊神事が多い。（堀越光信）

けちょう【家牒】 「かちょう」とも。古文書の様式の一つ。諸家政所が官司や僧綱に宛てて出した文書。三位以上の公卿や親王には、家政を行うために家令などの職員が置かれたが、その家政機関から律令官司へは牒が出された。五位以上の家政機関から出す宅牒を含むこともある。（綾村宏）

けっかい【結階】 律令制下、官人の毎年の勤務評定を所定年数分で総合し、叙位の階数を決定すること。選叙令に計算法が規定される。年数は官職によって六～一二年の四種があり（大宝令）、七〇六（慶雲3）年にそれぞれ二年ずつ短縮。（竹居明男）

げっかもん【月華門】 平安京内裏の紫宸殿の前庭の西側、安福殿と校書殿の間に位置する。東側の日華門と相対する。月華門北には右近衛陣が設置されていたため、右近陣とも称された。『年中行事絵巻』の賭弓、踏歌の場面には月華門が描かれている。（西山恵子）

けっこん【結婚】 戸令第二四条～三〇条に結婚許可年齢や婚約不履行、離婚に関する規定などがあるが、実態を反映したものとは考えがたい。古代の結婚について、婿取婚の存在を論証した高群逸枝の古典的研究を端緒に多くの議論が生まれた。貴族層の婚姻居住については、妻訪・妻方居住・新所居住・夫方居住があり、論者によって比重の置き方が変わるが、中世に向けておよそ妻方から夫方へと転換していく。また、『源氏物語』等の平安文学作品により、男女の歌の贈答から三日間の通い、その後の露顕の儀により社会的認知をえるという手続きがとられたことがわかる。九世紀後期には社会的に認められた妻としての正妻があらわれ、他の妻たちとの格差を生むことになった。庶民の結婚については、新所居住や夫方居住がみられるが、婚姻手続きについては不明である。いずれにせよ、国家による認知制度はなく、婚姻関係を維持しようとする当事者の意思が必要であった。
【参考文献】高群逸枝『招婿婚の研究 1・2』（理論社昭41）。関口裕子『日本古代婚姻史の研究 上・下』（塙書房平5）。（京樂真帆子）

けつじ【闕字】 公文書で敬意を表すべき語の上を一字分空白にし、字を闕くこと。養老公式令闕字条に、大社・陵号・乗輿・車駕・詔書・勅旨・明詔・聖化・天恩・慈旨・中宮・御（天皇・三后に付された敬称）・闕庭・朝庭・東宮・皇太子・殿下の一七語をあげ、「右は、此の如き類は、並びに闕字せよ」とあるが、のち適用の範囲が拡大した。闕字のほか敬意を表すべき語がある場合に、改行してその語を行頭に記す平出もあるが、闕字はこれよりも軽い。 （荊木美行）

けっしはちだい【欠史八代】 綏靖天皇から開化天皇までの八代をいう。『古事記』『日本書紀』の記載では系譜が中心で、それ以外の歴史に関する記述がほとんどない。そこで「欠史」といわれてきたが、八代の前の神武天皇の説話もすべて史実とみなすわけにはいかない。八代の和風諡号には後の諡号の反映と考えられるものが多い。たとえば孝安天皇のタラシヒコクニオシヒトはタラシヒコとクニオシヒトの合成であり、タラシは舒明・皇極、クニオシは安閑・宣化・欽明の和風諡号に、孝霊・孝元・開化に共通するヤマトネコは持統・文武・元明・元正の和風諡号に類似する。その宮居の伝承地は奈良県の御所市・大和高田市・橿原市・田原本町内に分散し、前期古墳の分布地とも対応しない。その系譜はすべて父子相続となっているが、五世紀以後の王位の継承は傍系相続を含み、父子相続が明確になるのは持統天皇以後である。しかしその后妃の出自には師木（磯城）県主や十市県主の娘などの伝承があって、そのすべてを虚構とすることはできない。 （上田正昭）

げっしゃくせん【月借銭】 古代の高利貸で出挙銭の一種。出挙銭が長期の貸し付けであるのに対し、月借銭は一ヵ月毎の利息が定められる。「正倉院文書」には造東大寺司の写経生が写経所から金銭の借用をした文書が多量に残されており、利率などの実態がよくわかる。多くは返済日を給料・布施の支給日に設定し、布施や家地を質にしたものや、返済不能な場合には家族を売るというものもあり当時の下級官人層の苦しい生活がうかがわれる。 （鶴見泰寿）

げっしゃくせんのげ【月借銭解】 月単位で銭を借りる際に提出した解。正倉院文書中に、造東大寺司の写経所に対して写経生が出した、宝亀年間（七七〇～七八〇年）の月借銭解が多数残る。それによれば、一ヵ月単位の利息が一三～一五％で、質物（担保）として将来支払われるべき布施のほか、口分田や家地、屋などがあった。月借銭は官司による銭の出挙であり、写経所以外の官司でも行われた。七四四（天平16）年四月、各官司に公廨銭を支給し出挙させ、その利を公用に充てさせるようにしたが、これが中央官司の銭出挙実施の画期になったとみられる。 （舘野和己）

げっそう【月奏】 毎月一日に参議以上および天皇に近侍する官の前月の出勤日数（上日という）を天皇に上奏する儀式。参議以上のほか少納言・外記・弁官・史・出居侍従・内記・殿上・蔵人所・諸所諸陣の上日を上奏した。 （篠田孝一）

けってきのほう【闕腋袍】 平安時代、束帯の最上衣に着る袍のうち、武官に用いられたもので、両脇を縫合わせていない袍。中国北方民族に用いられた袷の上衣を起源とし、令制下に採用された位襖の系統をうける。元服前の幼年期にも用いられる。 （佐藤文子）

げつりょう【月料】 ①律令制度下の官僚に支給される食料で、稲米をあてる。大炊寮へ納入の年料舂米などが財源とされて全官僚対象に、さらにそのうちの要職者へ別途の追加支給などもあったが、八〇九（大同4）年閏二月になって財政削減のために一本化、一律に日別米二升とされた。②月毎に支出される物品。 （井上満郎）

けにょうりょう【仮寧令】 大宝・養老令の編目の一つで、官人の休暇（仮・假）についての諸規定をおさめる。唐令の仮寧令にならったもの。養老令の第二五編に相当し、全一三条からなる。六假・供奉諸司の別給假・田假・定省假などの諸休暇について、その期間などを定める。 （荊木美行）

けにん【家人】 律令では隷属民の一つ。奴婢より身分が高く、売買の対象とはならず、家族を有することもできた。平安時代に入ると、皇族や五位以下の貴族に仕える者を「王臣家人」と称したことから、皇族・貴族の従者を意味するようになり、貴族なども含むことになる。さらに武士の郎等も家人と称した。平氏のもとでは、郎等のうちでも独立性の強い「家礼」（家来）に対し、より従属度が高い存在とされた。鎌倉幕府では、将軍と主従関係にある者を御家人と称した。 （元木泰雄）

げにん【下人】 下層身分に対する呼称。本来は一般の農民なども含む被支配身分全般に対する用例が多いが、平安後期になるとしだいに貴族・武士などに隷属し、売買の対象となる者を指称するように変化。所従とも称する。 （元木泰雄）

けぬこく【毛野国】 毛野は「けの」とも。現群馬県（上毛野国）と現栃木県南部（下毛野国）の古代の地域名称。碓氷峠を通じて越や出羽へいたる要衝として重要視された。「国造本紀」に仁徳朝に毛野国を上下に分けたとある。 （高橋誠一）

けびいし【検非違使】 九世紀の前半に設置され、京都の警察や裁判を管掌した令外官。唐名は廷尉。役所の名称を検非違使庁といい、左右に分かれ、略して使庁ともいった。『日本文徳天皇実録』嘉祥三（八五〇）年の記事に、八一六（弘仁7）年二月、左衛門大尉吉田書主に検非違使のことを兼行させたことがみえ、これが文献上の初見である。「延喜式」によると、その職員は左右各佐、尉、志、府生各一人、火長九人であった。八三四（承和元）年には、左右検非違使を統括する使別当がおかれ、その唐名は大理であった。主として中納言ないし参議を帯する左右衛門督から補せられた。別当宣は、勅に匹敵するとされるほどの権威をもっていた。一〇世紀後半頃からは国衙などにもおかれ、その職務を行う役所は検非違所と称された。非違所、検非違使所ともいう。『本朝書籍目録』には法典の『左右検非違使式』と使庁の構成員を示す名鑑である『検非違使補任』がみえるが、現存するのはわずかに後者の第一〇巻のみである。

〔参考文献〕谷森饒男『検非違使ヲ中心トシタル平安時代ノ警察状態』(柏書房昭55)。小川清太郎『検非違使の研究、庁例の研究』(柏書房昭55)。渡辺直彦『日本古代官位制度の基礎的研究』(吉川弘文館昭45)。
(川北靖之)

けひじんぐう［気比神宮］ 福井県敦賀市曙町に鎮座する名神大社。祭神は、伊奢沙和気大神を主神に、仲哀天皇・神功皇后・日本武尊・応神天皇・玉姫命・武内宿禰の七神を祀る。『日本書紀』に、神功皇后は征韓ののち、息誉田別尊を武内宿禰とともに遣わせたとある。八九三(寛平5)年には正一位勲一等にいたっている。七七六(宝亀7)年には気比神宮司がおかれ、松原客館(渤海使節の滞在用施設)を検校させている。越前国の一宮。八〇六(大同元)年の牒には「気比神二百四十四戸」の封戸がみえており、八三九(承和6)年には遣唐使の帰着が祈られ、一〇一七(寛仁元)年には一代一度の奉幣が行われるなど、朝廷の厚い信仰を受けた。八七八(元慶2)年には、神宮での怪を穢れとして越前国に下知して「洒掃」し、読経せしめている。また、一〇八〇(承暦4)年には神祇官御体御卜によって気比神に中祓を課している。旧本殿は一六〇二(慶長7)年に結城秀康により造営が始められた両流造檜皮葺のもので、国宝に指定されていたが一九四五(昭和20)年七月戦災で焼失。気比神宮の例祭は「気比の長祭」とよばれ、そのほかにも特殊神事が多い。 (堀越光信)

けまり［蹴鞠］ 「しゅうぎく」とも。革製のまりを八人で蹴り、落とさぬよう、多く蹴り続ける遊戯。柳・桜・楓・松に囲まれた鞠庭で行われた。七〇一(大宝元)年五月五日に蹴鞠会を奏したのが最初といわれ、院政期より殊に公武の間で流行し、難波・飛鳥井家などが蹴鞠の家となっていった。 (西山恵子)

けまん［華鬘］ 梵語クスママーラーの漢語訳。糸で生花をつづり合せたインドの装身具を、仏堂の柱間等に吊るす荘厳具としてとりいれたもの。金銅・牛皮・木等でつくり、団扇形で中央に総角結、左右に迦陵頻伽(極楽にすむとされる鳥)を配する意匠が一般化した。(竹居明男)

げやくりょう［外薬寮］ 天武天皇朝の官司の一つ。医薬にかかわることをつかさどったとみられる。近江令によって設置された官司である可能性も考えられるが、『日本書紀』天武天皇四(六七五)年正月一日条に「大学寮の諸の学生・陰陽寮・外薬寮及び舎衛の女・堕羅の女・百済王善光・新羅の仕丁等、薬及び珍異しき等物を捧げて進る」とあるのが唯一の例。

大宝・養老令制では、医薬に関する官司として、中務省被管の内薬司と宮内省被管の典薬寮が存在し、それぞれ天皇と官人一般の医薬を分掌していた。右の記事にみえる外薬寮の「外」が「内」に対する意味で用いられているとすれば、まず令制典薬寮との関連が考えられる。むろん、この記事については、『日本書紀』編纂当時の官制の知識にもとづいて潤色されている可能性を考慮する必要もあるが(「寮」の字は潤色であろう)、外薬寮という呼称は大宝・養老令制にはみえないので、その実在性についてはある程度信頼がおける。この記事でとくに注目されるのは、「薬及び珍異しき等物を捧げて進る」と記されている点である。これが、のちに元日御薬の儀式として年中行事化する制度の先蹤であったとすれば、外薬寮と令制内薬司との関係が問題となる。すなわち、養老医疾令合相御薬条や「内裏式」進御薬式などによれば、元日御薬の儀式は、典薬寮よりもむしろ内薬司が主体となって行うべき行事で、八世紀段階では元日御薬は内薬司の職務であったと推定されている。とすれば、元日御薬をつかさどっている外薬寮は、のちの内薬司的な職掌もふくんでいたことになり、たんなる典薬寮の前身官司とはいいがたい。ただ、天皇の医療を担当する官としては、同じく天武天皇紀に「侍医」の名がみえている(朱鳥元〈六八六〉年四・六月条)。これが、系譜的に令制内薬司につながる官司であったとすれば、どのようなかたちで外薬寮と職務の分掌を行っていたのかが問題となるが、この点についてはじゅうぶんに解明されていない。

それはともかく、天武天皇朝の外薬寮を以上のように把握するとすれば、つぎに、それが中央官制のなかでどのような位置を占めていたかが問題となる。大宝・養老令の医療官司のうち、典薬寮は宮内省の被管とされていたから、天武天皇朝の時点でも、外薬寮と宮内官省の前身官司)との関係について考えておく必要がある。しかしながら、同寮が天武天皇朝当時、宮内官の被管諸司の一つであったかどうかは、右の記事をみただけでは判然としない。唯一、手がかりともいえるのが、朱鳥元年九月条の天武天皇大葬の際の誄の記録である。ここには外薬寮の名はみえないので、同寮は、このとき誄を奉っている「宮内」のなかに包括されていたとみることが可能である。ただ、この「宮内」が宮内官をさしているとは断定できないので(宮内官とそれ以外の宮中にかかわる内廷的官司群の総称かもしれない)、外薬寮がこのなかにふくまれていたとしても、それがただちに宮内官の被管であることを意味するとは限らない。そのため、たしかなところは不明とするほかないが、いちおう宮内官の被管であった可能性を想定してよいであろう。

なお、外薬寮の名は、天武天皇朝以降の史料にはみえず、飛鳥浄御原令制下で同寮がどのようなかたちで存在したのかはあきらかでない。ただ、天武天皇朝にすでに外薬寮が存在したのであれば、つづく飛鳥浄御原令においても、医療関係の官司がなんらかのかたちで存続した可能性が大きい。藤原宮出土木簡には「外薬□」と記されたものが一点あり、しかも、この木簡は多数の医療関係の木簡とともに出土している。これが外薬寮をさすのであれば、同寮が飛鳥浄御原令制下でも存続した可能性は大きい。また、これとは別に、『日本書紀』持統天皇五(六九一)年十二月条にはのちの典薬寮所属の博士である医博士・呪禁博士の名もみえるので、典薬寮の前身官司が大宝令成立以前からかなり整備されていたことがうかがえる。しかも、『続日本紀』文武天皇三(六九九)年正月条によれば、内薬官といった内薬司の前身官司とみられる官司の存在も確認できるので(これは天武天皇紀にみえる「侍医」の後身か)、大宝令成立以前に、すでに令制典薬寮・内薬司に相当する二官司が確立していたとみることも不可能ではない。

〔参考文献〕新村拓『古代医療官人制の研究』

（法政大学出版局昭58）。荊木美行『初期律令官制の研究』（和泉書院平3）。丸山裕美子『日本古代の医療制度』（名著刊行会平10）。（荊木美行）

げゆ【解由】 奈良・平安時代、官人の交替の際に、引き継ぎ完了を証明するため新任者が前任者に与えた文書。当初は国司の交替に際してのみ作成されていたが、八〇九（大同4）年以後、在京の諸官司にも適用された。また、諸般の問題があって直ちに引き継ぎができない場合は、新任者から前任者に不与解由状が与えられた。（篠田孝一）

げゆじょう【解由状】 古文書の様式の一つ。奈良・平安時代に官人が交替のときに、後任者が前任者の業務が滞ってないことを認めて渡す文書。前任者はこれを太政官に提出して、交替事務の引継ぎが完了したことになる。とくに国司の解由が重要視され、解由状の観察のため、平安時代初め勘解由使が設置され、事務引継ぎができないときには、不与解由状が作成された。（綾村宏）

けんえい【巻纓】 冠の背後に垂らす纓の先を内に巻込んで輪状にし黒塗の夾木でとめたもので武官のとった形。これとは別に五位以上の貴族が非常時に行った柏夾があり、先を外にして巻き白木で挟むものであったがしだいに混用された。（佐藤文子）

げんえい【玄叡】 ?～840 平安前期の三論宗僧。大安寺安澄に三論を学び、ついで西大寺に住す。八二六（天長3）年権律師、翌年律師。八三〇（同7）年、淳和天皇の命により三論宗を代表して撰述した『大乗三論大義鈔』は天長六本宗書の一つ。（藤田琢司）

けんえん【賢円】 生没年不詳。兼円とも。平安後期の仏師。円勢の次男、長円の弟。円派の仏師として白河院・鳥羽院などのために多くの造仏を行った。鳥羽安楽寿院の阿弥陀如来像はその作品と伝えられる。（藤田琢司）

けんかい【兼海】 1107～55 浄法房とも。平安後期の真言宗僧。紀伊国の人。高野山で覚鑁に師事。一一四〇（保延6）年金剛峰寺衆徒の襲撃により師とともに根来山に移る。四七（久安3）年院宣により高野へ帰山。四九（同5）年高野山に覚皇院を建立。（藤田琢司）

げんかい【元海】 1093～1156 平安後期の真言宗の僧侶、松橋大僧都と号す。父は大納言源雅俊、母は高階公俊の女。叔父定海に師事、一一三二（長承元）年、定海の譲りで醍醐寺座主。三宝院座主にも就任。著書に『厚双紙』などがある。（元木泰雄）

けんかいろん【顕戒論】 最澄著。三巻。天台宗を確立し、比叡山に大乗戒壇設立を朝廷に求めるため、八一九（弘仁10）年に著した「天台法華宗年分度者回小向大式」（四条式）に対し、南都僧綱が行った抗論への反論の書。（志麻克史）

けんかん【兼官】 中国、両官に任じられたとき、一を正官、余を兼官という。唐制では兼・行・守・試、さらに広義では検校・摂・判なども兼官に含まれる。行は散官位の官品が高くて職事官の官品が低い場合、守はその逆の場合につける。（愛宕元）

げんきもん【玄輝門】 平安宮内裏内郭の北面中央の門で、外郭の朔平門と相対する。三間一戸の八脚門で、屋根は切妻造り檜皮葺。五節舞姫参内の通用門。また二宮大饗は、この門の東西の廊を用いたことが儀式書や「年中行事絵巻」にみえる。（竹居明男）

けんきょう【賢璟】 714～93 賢憬とも。平安時代初期の興福寺僧。尾張大僧都。俗姓は荒田井氏、尾張国の人。興福寺宣教に師事して法相教学を学ぶ。七七七（宝亀8）年、律師在任中に山部親王（後の桓武天皇）の病気に際し、大和国の室生山中で延寿法を修し、この後、室生寺を創建した。七七九（同10）年の少僧都をへて、七八四（延暦3）年に大僧都に就任。弟子に修円・明福らがいる。（志麻克史）

けんけん【甄萱】 新羅末期に韓国西南部で勢力を築き、後三国時代の一角をなす後百済を建国。もとの姓は李。のち甄姓に改姓する。尚州出身の農民の子で八九二年に反乱をおこし、旧百済地域で台頭。九〇〇年に百済王として即位。新羅や弓裔勢力と対峙し、一時は新羅王都まで迫った。息子の金剛に位を譲ろうとしたがその兄神剣・良剣・竜剣が反逆し、金剛は殺害され、甄萱は幽閉された。そのあと高麗の王建を頼り、神剣らを殺害。後百済を滅亡においこんだ。（田中俊明）

けんげんたいほう【乾元大宝】 ⇨皇朝十二銭

げんごう【元号】 年号とも。特定の起点（元）を決め、それに名称を付して年数を数える方法のこと。中国を起源とし、周辺諸地域に普及。中国文化圏内の東アジアにのみ行われ、中国では満州国の一時的使用はあったが辛亥革命による清朝の滅亡した一九一一年に、朝鮮でも日本の韓国併合とともに一九一〇年に、ベトナムでも一九四五年に年号は廃絶し、現在では日本のみに残存。年は天のつかさどるもので、年号制定は天子である皇帝の権限に属した。またその年号を使用することは（正朔を奉じる）その皇帝の支配に服することをも示し、朝鮮・ベトナムで独自の年号とは別に中国年号を用いたことがある。魏・秦などに先駆があるが前漢の武帝が即位翌年を建元元年（紀元前一四〇）と号してから本格的な年号使用が始まった。日本では律令体制の整備とともに年号制度が導入されて天皇の大権として行われた。大化年号の採用が最初で、断続的使用ののち大宝元（七〇一）年以後は継続して使用。多くは唐以前の漢籍（書経・周易・文選など）に典拠を求め、日本典籍による年号命名はない。二字を原則とし、藤原仲麻呂政権下頃のみ中国則天武后の例にならい四字が用いられた。年号の改定理由は天皇即位・辛酉革命・甲子革命・祥瑞出現・天変地異忌避などによるもので、古代では祥瑞出現による改元が比較的多くを占める。これらは天皇によって制定されるいわば公式年号であり、これとは別に主として仏教信仰による法興などの私年号があり、中世以後に多い。

【参考文献】森鷗外「元号考」『鷗外全集20』

（昭48）。森本角蔵『日本年号大観』（昭8）。久保常晴『日本私年号の研究』（昭42）。

（**井上満郎**）

けんごしづかこふん［牽牛子塚古墳］ 奈良県明日香村越の真弓丘にある飛鳥時代の古墳。丘陵を版築で整形し、その上に築いた墳丘は、竜山石の切石の外護列石で装飾する。列石の遺存状況から版築積の八角形墳らしい。南に開口する横長の石室（石槨）は、二上山から運んだ凝灰岩巨石を刳り貫く。中央に厚さ〇・五mの仕切り壁を設け、東西に同形同大の石室を削り出す。石室は、天井四隅を丸くする鬼雪隠・俎古墳形をし、ともに長さ二・一m、幅一・二m、高さ一・三mあり、床に長さ一・九m、幅〇・八m、高さ〇・一mの棺台を、それぞれ東壁と西壁によせる。扉は、二重構造で凝灰岩製内扉の四方に装飾金具をつける穴がある。外扉は、竜山石製。遺物は、二棺分の*夾紵棺の破片と、金銅製八花形座金具、金銅製六花座金具、金銅製稜角金具、ガラス玉のほか、七宝亀甲形飾金具がある。出土した四〇歳前後の女性歯牙から、斉明天皇と合葬された間人皇女（孝徳天皇の皇后）とする説がある。

［参考文献］明日香村『史蹟牽牛子塚古墳』（昭52）。

（**猪熊兼勝**）

けんざきながとろにしいせき［剣崎長瀞西遺跡］ 群馬県高崎市北西部の剣崎町にある縄文～古墳時代の遺跡。南北を碓氷川と鳥川とに挟まれた東西に長い略三角形の丘陵上の北端にある。遺跡には五世紀前半代の剣崎長瀞西古墳が存在し、第二主体部が発見されている。一九九六（平成8）年度から高崎市教育委員会が調査し、縄文～古墳時代の住居一四四軒、五世紀代と七世紀代の群集墳三五基（積石塚五基含む）、馬の埋葬土坑等を検出。轡を装着した馬骨、金製垂飾付き耳飾り・韓式系土器などが出土し、渡来人との関連が指摘されている。

［参考文献］「群馬文化」第249号（群馬県地域文化研究協議会平9）。「高崎市史研究」第12号（高崎市平9）。

（**関晴彦**）

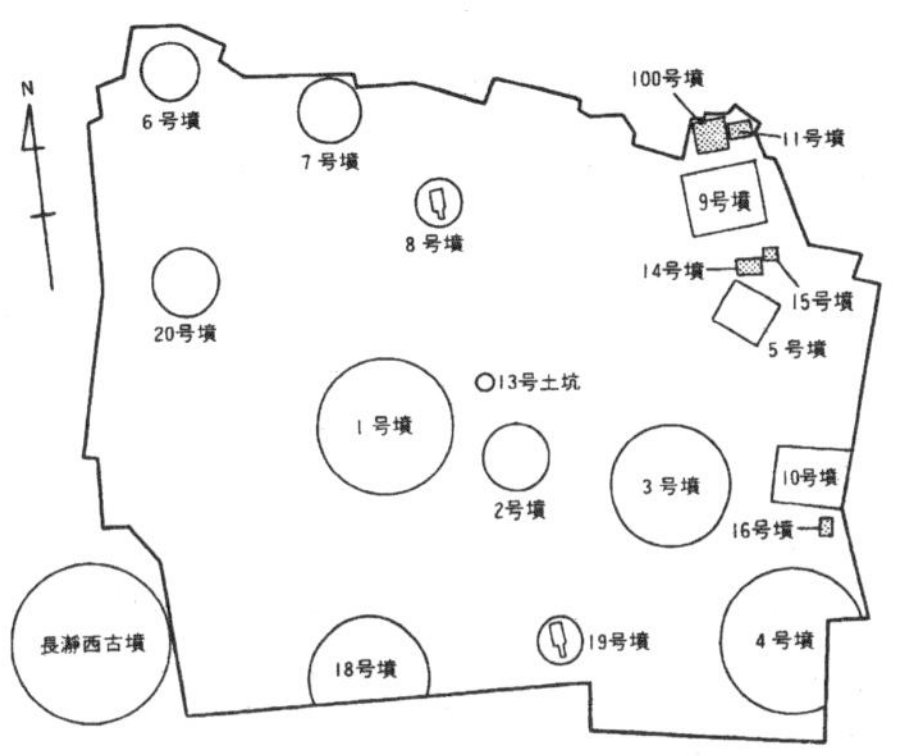

剣崎長瀞西遺跡西側調査区概念図
出典：黒田晃「剣崎長瀞西遺跡と渡来人」『高崎市研究第12号（高崎市発行）』

げんじ［源氏］ 天皇・皇族を祖先とする氏族。*『尊卑分脈』では*嵯峨源氏・仁明源氏・文徳源氏・清和源氏・陽成源氏・光孝源氏・宇多源氏・醍醐源氏・村上源氏・花山源氏・三条源氏・後三条源氏・順徳源氏・後嵯峨源氏・後深草源氏・亀山源氏・後二条源氏の一七流をあげる。成立の根拠は、最初の源氏である八一四（弘仁5）年の嵯峨源氏について嵯峨天皇は、子女が「辱なくも封邑を累ね空しくも府庫を費やす」からと宣言していて（「類聚三代格」）、財政削減のための政策であった。同じ源氏といっても氏族としての性格はそれぞれに異なるが、存在形態としては武士として活躍する武家流と、貴族・政治家としての公卿流とがある。平安前期・中期には嵯峨・文徳・宇多・醍醐・村上源氏などが公卿として朝廷の要職をしめ、とくに村上源氏は平安時代後期に院政を支える勢力となり、公卿数で藤原氏を越えたこともある。武家としては清和源氏が最も著名で、経基王に始まり、満仲から頼信・頼義・義家の三代は河内地方を拠点として棟梁としての勢力を確立し、諸地方内乱の鎮圧や京都の治安の維持に貢献、頼朝にいたって武家政権を樹立、後世源氏といえばこの家系をさした。武家流の家系は多くが受領として下向し土着した子孫で、中世以降広く地方社会に繁栄した。武家流と公卿流は截然と区別できるものではなく両者混合した流も多い。

［参考文献］林陸朗「賜姓源氏の成立事情」『上代政治社会の研究』（昭44）。元木泰雄『武士の成立』（平6）。

（**井上満郎**）

げんじものがたり［源氏物語］ 平安時代中期の物語。五四巻。*紫式部著。一〇〇一（長保3）年以後の起筆とされるが、成立年代は未詳。「桐壺」から「藤裏葉」までを第一部、「若菜上」から「幻」までを第二部、「匂宮」から「夢浮橋」までを第三部とする。桐壺帝と桐壺更衣の間に生まれた、光り輝く美貌とたぐいまれな才能をもった主人公光源氏は、藤壺宮への密通という罪を犯しながらも、紫上を正妻とし、準太上天皇までのぼりつめ栄華をきわめる（第一部）。晩年光源氏は、朱雀帝の女三宮を妻として迎えるが、その女三宮と柏木との密通により、自分自身の罪の報いを痛感し、紫上の死とともに出家する（第二部）。光源氏の死後、柏木と女三宮との間の子薫を主人公とし、そこに明石中宮の子匂宮と、零落した宇治八の宮の姫君たちを配し、自分の出生の秘密を感じながらも、姫君への恋にひかれていく薫の姿を描く（第三部）。この宇治を舞台とした最後の一〇巻をとくに「宇治十帖」という。日本古典の最高峰とされ、後世の物語をはじめ、謡曲、俳諧、連歌などに与えた影響は計り知れない。現行の注釈書も鎌倉時代以降数多いが、現行のものとしては、『新古典文学大系19～23』（岩波書店平5～9）、『新編古典文学全集20～25』（小学館平6～10）などがある。

（**小西茂章**）

げんじものがたりえまき［源氏物語絵巻］ 平安時代末期の絵巻物。絵は藤原隆能、詞書は藤原伊房、雅経らの筆と伝えられるが未詳。成立の時期は、画法上の特色からみて保安・保延年間頃と考えられる。現存するのは詞二〇段、絵一九段のみ。『源氏物語』の各帖から数場面を選んで絵を描き、それに対応する本文を美しい料紙に抜き出したもの。現存するものから、全体で八〇～九〇段が一〇～一二巻の絵巻として制作されたものと推定される。人物は*引目鉤鼻、建物は吹抜屋台様式を用いた*大和絵。『日本絵巻大成1』（中央公論社昭52）所収。

（**小西茂章**）

けんしゅんもん［建春門］ 平安京内裏の

源氏物語絵巻「竹河の二」
徳川美術館蔵

外郭東面の門。門外の築地の塀沿いには南北の舎があり、左衛門府の詰所となっていたため、左衛門陣とも称した。当門の様子は『年中行事絵巻』の内宴の場面でうかがうことができる。また、当門の東には太政官の外記庁があった。（西山恵子）

けんしゅんもんいん【建春門院】⇨平滋子（たいらのしげこ）

けんしょう【顕昭】 生没年不詳。平安末～鎌倉初期の歌人。左京大夫藤原顕輔の猶子。法橋に叙せられる。歌道家六条家の一員として、歌学研究を行い多くの著作を遺した。一二〇九（承元三）年頃は生存。私撰集『今撰集』、歌学書『袖中抄』等のほか多くの注釈書がある。（佐々木孝浩）

げんじょう【玄奘】 602～64 中国、唐の僧。俗姓は陳氏、陳留（河南省偃師県）の人。一三歳で出家し、兄とともに洛陽の浄土寺で経論を学んだが、隋末唐初の兵乱に遭い、約一〇年間各地に師を求めて遍歴した。この間、毘曇、摂論、具舎、成実等、仏教教義の理解を深めたが、既存の漢訳教典に少なからざる矛盾や疑義を見出した。そこで原典を求めて、六二九年に国禁を犯して単独でインドへの求法の旅に出た。膨大なサンスクリット経典を携えて六四五年に帰国し、太宗の庇護の下、七五部一三三五巻の翻訳を完成させた。玄奘に先行する鳩摩羅什らの漢訳仏典の総数が一二〇〇余巻であり、玄奘の「新訳」仏典の多さがわかる。彼の遠大な往復路やインドと西域での仏教研究、多くの仏跡巡礼については『慈恩寺三蔵法師伝』に、西域の風俗や地理については『大唐西域記』に詳述されている。新訳仏典により法相宗、具舎宗が開かれ、入唐僧により日本にも伝えられた。また彼のインド遍歴から漢訳成就までの一代記を描いた鎌倉後期の『玄奘三蔵絵巻』（『法相宗秘事絵巻』）が存する。（愛宕元）

げんしょうてんのう【元正天皇】 680～748 在位715～24 天武天皇の孫。草壁皇子と元明天皇の皇女で文武天皇の姉。諱は氷高（日高）、また新家皇女。諡号は日本根子高瑞浄足姫天皇。七一五（霊亀元）年九月元明天皇から譲位され即位し、七二四（神亀元）年二月皇位を皇太子首皇子（聖武天皇）に譲った。七四七（天平19）年一二月病のため大赦が行われたが、翌年六九歳で薨じた（『本朝皇胤紹運録』、『皇年代略紀』などでは六八歳）。同月二八日佐保の山陵（奈良市法蓮町）で火葬、のち七五〇（天平勝宝2）年一〇月奈保山陵（奈良市奈良阪町）に改葬された。（廣瀬真理子）

けんじょうのそうじ【賢聖障子】 内裏紫宸殿の母屋と北庇との間を仕切る襖障子。中央の一間をはさんだ東西各四間の表面（南面）には中国唐代までの賢人や聖人・名臣など三二人の肖像が描かれた。九世紀末頃に成立し、以後たびたびつくりなおされた。（竹居明男）

けんしらぎし【遣新羅使】 倭国・日本から新羅へ派遣した使者。とくに七世紀後半以降が主である。百済復興の戦いで敵対していた新羅が、唐との関係悪化によって六六八（天智7）年に使者を送ってきたのをうけて、使者の往来が盛んになった。その頃やはり敵対していた唐へは遣唐使が派遣されず、七〇二（大宝2）年に再開するまで、遣新羅使のみが派遣された。日本の律令制形成期において、新羅および遣新羅使の果たした役割は大きい。新羅が唐との関係を修復するにつれ、新羅の態度がかわり、使者が追い返されることもあった。新羅が対日本防衛のために遣使の通路に遮断城壁を造ったが、それを目撃した使者もあった。『万葉集』巻一五に載せる遣新羅使歌は七三六（天平8）年派遣の一行の行程における作歌。一行は追い返されており、大使らも病死するなど悲運の遣新羅使として知られる。六六八年以降、三〇回以上の遣新羅使が知られ、日本の記録では八三六（承和3）年を最後に、『三国史記』では八九二年を最後とする。九世紀には、遣唐使の漂着に備えて事前に協力を求める場合もあった。（田中俊明）

げんしりょう【関市令】 大宝・養老令の編目の一つ。唐令の関市令にならったもので、おもに関や市にかかわる規定をおさめる。養老令では第二七編に相当し、全二〇条。関の通過、外国人との交易、市の運営、度量衡などにかかわる諸規定がある。（荊木美行）

けんずいし【遣隋使】 推古朝に倭から隋に派遣された公式の使節。遣隋使は政治・外交のみならず、先進的文物の日本への移入が目的とされ、使者とともに多くの留学生、留学僧が万里波涛を越えて隋に渡った。遣使の記録は『日本書紀』、『隋書』帝紀、『隋書』東夷伝に、六〇〇（推古天皇8）年から六一四年（同22）にかけて六回記載されている。①六〇〇年、遣使。倭王の姓は阿毎、名は多利思比孤という（東夷伝）。②六〇七（推古天皇15）年七月、小野妹子を派遣（『書紀』）。国書に「日出る処の天子、書を日没する処の天子に致す」とあったという（東夷伝）。③六〇八（推古天皇16）年三月、遣使（帝紀）。煬帝、裴世清を倭に派遣（東夷伝）。四月妹子・裴世清筑紫にいたる（書紀）。④六〇八年九月、裴世清帰国、妹子に「東天皇」の書を託す（『書紀』）。裴世清に随い倭国の使者来朝（東夷伝）。⑤六一〇（推古天皇18）年、遣使（帝紀）。⑥六一四（推古天皇22）年、犬上御田鍬を派遣、翌年帰国（書紀）。これらの記事をどう矛盾なく解釈するかによって六回〜三回説があるが、②と③を別の使者とみて六回とするか、あるいは一連の経過とみて五回とするのが穏当か。①は四七八年の倭王武以来の遣使となるが、国書持参の痕がうかがえず、西海豪族によるとする説（本居宣長）、隋国偵察の非公式の使節（坂本太郎）とする説などがある。倭の五王時代と異なり、大国として高句麗の下位に位置づけられることを避けて、朝貢はするものの官爵の除正は望まなかった。隋と対等の関係の文書形式である「致書」や「天子」の語を用いて紛議を引き起こし、裴世清の来朝という事態にいたった。また、中国皇帝を天極とする中華的観念を、「日出処」「日没処」、「東天皇」「西皇帝」といった地理的観念に相対化し、国内の称号「大王」に対して、対隋外交向けの称号「アメタラシヒコ」「日出る処の天子」「東天皇（大王・大皇）」を生みだした。六一八年に隋が滅んだため、六一四年の遣隋使が最後となったが、朝貢はするが冊封はうけないという外交方針は遣唐使に引き継がれた。遣隋使にともなって留学した高向玄理、僧旻、南淵請安らの留学生・留学僧が、隋・唐の興亡を目の当たりにして、帰国後その知識を政治改革にいかした。

〔参考文献〕増村宏「隋書と日本書紀の遣隋使記事」『鹿児島経大論集』一三—三・四（昭48）。坂元義種「遣隋使の基礎的研究」井上薫教授退官記念会編『日本古代の国家と宗教』巻（吉川弘文館昭55）。（川崎晃）

隋側からみれば倭国からの朝貢使である。派遣記録は『日本書紀』に六〇七、六〇八、六一四（推古天皇15、16、22）年の三回、『隋書』東夷伝倭国条に六〇〇、六〇七、六〇八（文帝開皇20、煬帝大業3、同4）年の三回、『隋書』煬帝紀に六〇八、六一〇（大業4、同6）年の二回がみえ、前後四回派遣されたとする説もあるが、中国側史料からみれば隋朝に実際に到着したのは六〇〇、六〇八、六一〇年の三回とみるのが妥当であろう。『日本書紀』によると、前二回は使人として小野妹子、通事として鞍作福利が、第三回は使人として犬上御田鍬と矢田部造某が派遣された。第二回目には小野妹子は「日出ずる処の天子、書を日没する処の天子に致す、恙なきや、云々」（東夷伝）という国書を提出し、それを見た煬帝は「蛮夷の書、無礼なるものあれば、復た以て聞する勿れ」ときわめて不機嫌であったという。小野妹子は隋使裴世清をともなって帰国したが、これは煬帝側の倭国の国状を知る意図があったと考えられる。小野妹子は帰国の途次に百済で煬帝から授かった国書を盗まれたと奏上し、裴世清が持参した「皇帝、倭の皇に問う、云々」（『書紀』）で始まる国書だけが届けられた。裴世清の帰国に際して、小野妹子が再び隋に派遣され、彼が持参した国書は「東の天皇、敬しんで西の皇帝に白す、云々」（『書紀』）というものであった。これらの国書はいずれも本物かどうか疑わしい。華夷の区別をうるさくいう中国にあっては、相手国との国としての上下関係によって国書には厳密な書式があり、上記の国書はいずれもその書式から大きく逸脱するからである。とくに『書紀』にみえるものは改作されている可能性が大きい。（愛宕元）

隋の煬帝
閻立本『帝王図巻』（ボストン博物館蔵）より

げんせい［減省］ 保管するべき正税稲の法定量を削減すること。正税は地方行政の財源であり、その貯蔵量の規定数が定められていたが、水旱虫霜などの被害をうけた場合臨時的にその年のみの貯蔵量が下方修正された。平安時代中期以後の律令体制の崩壊とともにこの減省は当該年度を越えて恒常的となり、地方財政は弱体化した。（井上満郎）

けんぜいし［検税使］ 律令制下、諸国の正税を検査するために、朝廷より派遣された令外官。はじめ按察使が臨時的な検税を行っていたが、七三四（天平6）年専任の検税使がおかれ、翌年および七七六（宝亀7）年に全国に派遣された。（勝山清次）

けんぞうてんのう［顕宗天皇］ 第二三代天皇。父は市辺押磐皇子。母は荑媛。仁賢天皇の弟で名は弘計王・袁祁之石巣別命。父が雄略天皇に殺されたのち播磨に隠れ、のち清寧天皇の時代に迎えられる。清寧崩後、即位して近飛鳥八釣宮に居した。在位三年（『古事記』は治世八年、没年齢三八歳）、傍丘磐坏丘南陵に葬られる。（大川原竜一）

げんそう［玄宗］ 685〜762 在位712〜56 中国、唐第六代の皇帝。姓名は李隆基、廟号は玄宗、諡号は至道大聖大明孝皇帝（略称は明皇）、陵は泰陵。睿宗の第三子。七一〇年、中宗の皇后韋氏の乱を誅滅し、さらに七一三年には政権介入を強める太平公主をも排除して皇親勢力を一掃し、皇帝親政を回復した。治世の前半期は名臣姚崇や宋璟を宰相に登用し、官制改革、奢侈禁止、冗官整理などにより開元の治と称せられる唐代の最盛期を現出させた。後半期の天宝年間には政治に倦んで楊貴妃を溺愛し、朝政は李林甫や楊国忠に委ね、玄宗の私的恩寵のみを権力基盤とする楊国忠と安禄山の鋭い対立を引き起こし、遂には安史の乱を勃発せしめるにいたった。乱によって蜀に蒙塵する途中、楊貴妃は馬嵬坡で護衛の兵士に殺された。玄宗と楊貴妃との関係は白居易の「長恨歌」に描かれ、かつ戯曲化されるなど、後世にまで有名である。また楊貴妃の死は替え玉で、日本に脱出したという説すら生まれた。山口県の二尊院にその墓と称するものがある。（愛宕元）

げんぞく［還俗］ 僧尼の籍に入っていた者が、俗人に戻ること。自発的なものと、懲罰として国家から強制されたものに大別できる。律令制下では僧俗の籍は官許である得度により厳格に区別されていたため、前者の場合には、所属寺院の三綱が、京であれば僧綱、地方なら国司を経て治部省に届けるべき旨が「僧尼令」自還俗条に定められる。また後者は俗法の徒罪以上を犯した僧尼に適用され、この場合還俗は徒一年に相当し、還俗後、本来の刑罰から還俗分の徒一年を引いた刑が執行された。このような処罰的還俗の場合、本貫・姓名・年記・臈数を記した文書を治部・民部省に送り、戸籍を変更するべき規定が延喜刑部省式にある。また律令に規定はないがこれらのほかに、医術等の技能者登用のため、還俗を官命する例も奈良時代初期以降に散見され、延喜玄蕃寮式はその手続きを、「凡僧尼并沙弥等、身死及犯罪、因才還俗者、収其度縁、年終申官毀之、寮案具注事状」と記している。

〔参考文献〕井上光貞『日本古代の国家と仏教　井上光貞著作集8』（岩波書店昭61）。中井真孝『日本古代仏教制度史の研究』（法蔵館平3）。（**沢田瞳子**）

けんたんらし［遣耽羅使］ 耽羅は古代朝鮮の済州島の国名。七世紀後半倭国に計九次にわたり使節を送ってきた。これに対し倭国の遣耽羅使は、使者名不明の六七九（天武8）年と県犬養連手繦が大使となった六八四（同13）年の二回の派遣のみ。八世紀以降両国の関係は疎遠になった。（**胡口靖夫**）

けんたんりいせき［検丹里遺跡］ 大韓民国慶尚南道蔚山市蔚州区熊村面に所在する、韓国の青銅器時代を中心とした環濠集落遺跡である。釜山大学校によって全面的な発掘調査が行われ、遺跡の詳細な分析が可能となった。遺跡はIII期に細分され、このうち環濠はII期に掘削される。環濠は平面楕円形を呈し、長径一一五×短径七〇mを測る。遺構としては環濠の内外で、住居跡・竪穴遺構・墳墓などが検出された。検丹里遺跡は、日本の弥生時代環濠集落の系譜を考えるうえで重要な遺跡といえよう。

〔参考文献〕釜山大学校博物館『蔚山検丹里マウル遺蹟』（釜山大学校博物館平7）。（**田尻義了**）

けんでん［検田］ 奈良・平安時代、国司が行った田地の調査。奈良時代より行われていたが、平安時代に強化された。田地の所在地・田積・作付の有無や耕作者等が調査され、租や正税賦課のもとになる検田帳が作成された。検田のなかで荘園内の公領の収公や段米の賦課も行われ、国司が荘園を規制するに際して、有力な武器ともなった。いっぽう、荘園領主は国衙による検田の実施を嫌ってその排除に努め、また自らも荘田に対する検田を行った。（**勝山清次**）

けんでんし［検田使］ 奈良・平安時代、検田のために国衙から派遣された使者。田地に対する課税が強化された平安期には、しばしば派遣され、荘園内の公領の収公も行った。いっぽう、荘園領主はその入部を拒否できる権限の獲得をめざした。（**勝山清次**）

けんとうし［遣唐使］ 日本から唐に派遣され、日中間を往復した公式使節。任命回数は異論はあるが二〇回とするのが通説。うち四回は使節の任命はあったが派遣は中止され、実際に入唐したのは一六回。正使・副使などからなる政治使節と、留学生・留学僧その他からなり、具体的な編成は時期により異なる。船舶数も異なるが、後世「四つの船」と称されたごとく四船が原則だが初期は二船で編成。航路は、対馬海峡を横断、朝鮮半島西岸沿いに北上、山東半島に上陸する新羅道とも称された北路、いったん南西諸島・沖縄諸島などへ南下、中国江南地方に遣する南島路、九州からいっきに東支那海を横断する南路、の三種がある。初回遣唐使は六三〇（舒明天皇2）年派遣で、遣隋使をも務めた犬上御田鍬などが渡航。以後六六九（天智8）年の七回までが前期で、初回と二回の間が二一年間中断することを除けば頻繁な派遣があった。この間は一回が南島路をとったが、他は比較的安全な北路をとった。七〇一（大宝元）年任命の八回からは新羅との外交関係の悪化などがあって、一回の例外を除き南路・南島路をとった。ために遭難・漂流や行方不明などにしばしば逢着、文学作品ではあるがそのさまは井上靖『天平の甍』に活写されている。危険をかえりみず唐に旅立った遣唐使たちの気概は注目されるべきであろう。遣唐使に同行した吉備真備や最澄・空海たち留学生・留学僧による中国の文化・文物の日本導入は頻繁で、奈良・平安時代の日本の社会・文化の発展に大きく寄与・貢献した。八九四（寛平6）年、大使菅原道真・副使紀長谷雄からなる二〇回遣唐使が編成されたが、道真は在唐僧中瓘からえた情報により「大唐凋弊」（道真奏状）と航路の危険性を理由として廃止を提言、国家使節としての遣唐使はその使命を終えた。ほぼこの頃に日本・新羅間、日本・渤海間の外交関係も新羅・渤海の滅亡などによって途絶えたが、日本は鎖国状態になったわけではなく、日本と中国・朝鮮などとの人物の交流や物品の伝来は遣唐使廃止後の時代にむしろ頻繁に行われ、消滅したわけではないことには留意が必要である。

〔参考文献〕森克已『遣唐使』（至文堂昭41）。東野治之『遣唐使船』（朝日新聞社平11）。古瀬奈津子『遣唐使の見た中国』（吉川弘文館平15）。（**井上満郎**）

唐初六三〇（舒明天皇2）年から八九四（寛平6）年に黄巣の乱のために中止されるまで一六回実施されたが、長安にまでいたったのは一三回である（ただし、数え方に諸説ある）。大使・副使以下、判官・録事・通事、それに留学生・留学僧を加えた総勢五〇〇～六〇〇人が四隻の遣唐使船に分乗して渡航した。当初は一二〇人乗りの船二隻で朝鮮半島西岸経由で山東半島に上陸したが（北路）、新羅との関係が悪化したため、八世紀以後は貿易風を利用して東シナ海を横断して長江河口に直行する航路がとられ（南路）、そこから大運河を北上した。そのため毎回のように遭難し、遣唐使を忌避する傾向すら生じた。そこで朝廷では使節を一層厚遇するとともに、歴代天皇陵や全国の神社仏閣に海路の安全を祈願するなどした。八三四（承和元）年に副使に任じられた小野篁は大使藤原常嗣と争い病と称して渡航せず、隠岐に流罪となっている。八世紀以降に用いられた遣唐使船は長い海洋航海に耐えうるよう、中国などの造船技術を導入して安芸国でつくられたもので、全長三〇m、幅九mの大きさと推定されている。朝貢貿易の形をとりながら、唐の先進文化・制度の輸入が主目的であり、同時に日本の国際的地位の向上を図ることも意図された。例えば七五三年の元旦の長安の含元殿での朝賀の儀において新羅を上位とされた席次を争い、大使藤原清河・副使大伴古麻呂が強硬に抗議して日本を上位に変更させた。これは新羅の台頭に対する日本の対抗意識を示すとともに、国威を高めようとする意図が窺える。ただ唐側の日本に対する関心は低く唐使の来日は少なかった。唐にとっては直接の利害のない海を隔てた東夷に過ぎなかったからである。随伴の留学生や留学僧、帰国にともなって来日した唐人や唐僧たちのその後の日本文化に与えた影響は絶大なものがある。八三八（承和5）年に随行入唐した天台僧円仁の旅行記『入唐求法巡礼行記』は航海の困難さや晩唐の事情を知るうえでの貴重な史料である。

【参考文献】増村宏『遣唐使の研究』（同朋舎出版平1）。田島公「日本、中国・朝鮮対外交流史年表」（橿原考古学研究所『奈良・平安の中国陶磁』平2）。　（愛宕元）

げんとぐん【玄菟郡】　漢の武帝が設置。紀元前一〇八年に衛氏朝鮮を滅ぼしたあと、翌年に日本海岸の沃沮と鴨緑江中流域の高句麗を統括することを目的として設置。郡治は沃沮県（夫租県。現在の咸鏡南道咸興）。前八二年に臨屯郡が廃され、その六県が編入。前七五年には高句麗の成長によって沃沮県やその六県を楽浪に改編し、あらたな郡治を高句麗県においた（遼寧省新賓県永陵）。後一〇五年頃、高句麗の圧迫によってさらに後退したが（郡治は撫順）、継続して高句麗統括をめざした。四世紀後半になって、遼河以東から消滅。

【参考文献】田中俊明「高句麗の興起と玄菟郡」『朝鮮文化研究二』（東京大学文学部朝鮮文化研究室平6）。　（田中俊明）

げんばりょう【玄蕃寮】　『和名抄』の訓は「保宇之万良比止乃豆加佐」。大宝・養老令制の治部省被管諸司の一つ。玄は僧侶、蕃は蕃客の意。京内の仏寺、僧尼の管理、外国使節の応対・饗応、在京の蝦夷などをつかさどり、仏教関係と蕃客関係に職務が二分された。　（荊木美行）

げんぴん【玄賓】　?～818　平安時代初期の法相宗の僧。法相六祖の一人。俗姓は弓削氏。興福寺宣教に師事して法相唯識を学ぶ。桓武天皇・平城上皇の治病を行うなど中央で活躍するが、名利を嫌い、伯耆国などに隠遁生活を送る。　（志麻克史）

げんぷく【元服】　男子の成年式の一種。女子の場合をいうことも。元は首、服は冠をいい、初めて冠を頭にかぶる儀式。初冠の名が示すように最初は皇族・貴族階級などの儀式であったが、のち庶民の成年儀礼にも及んだ。とくに決まった年齢はないが、一〇歳代の後半に行われるのが普通。

【参考文献】服藤早苗『家成立史の研究』（校倉書房平3）。　（井上満郎）

げんぺいそうらん【源平争乱】　平安末期、源平両氏の抗争の形を取って行われた全国的内乱。年号から治承・寿永の内乱などともいう。争乱の結果、鎌倉幕府が成立した。一一七九（治承3）年平清盛によって樹立された平氏政権に叛し、翌年四月以仁王が挙兵、八月には源頼朝が伊豆で挙兵し、一〇月には鎌倉に本拠を定め富士川合戦で平氏軍を敗走させた。八一（養和元）には高倉院・清盛が死去し、八三（寿永2）年になると、平氏は倶利伽羅峠の戦で源義仲に敗北して安徳天皇とともに都を落ち、義仲が入京した。この間朝廷工作を続けた頼朝は、十月宣旨をえて復官し、翌年、孤立した義仲を源範頼・義経を派遣して滅ぼした。ついで義経らは、勢力を回復しつつあった平氏を一の谷合戦・八五（文治元）年二月の屋島合戦で破り、三月、壇ノ浦の合戦で平氏は滅亡した。その後、義経は頼朝と対立。頼朝は守護・地頭を設置し、八九（同5）年義経と奥州藤原氏を滅ぼして一〇年にわたった内乱は終結し、国内静謐・天下落居と認識された。

【参考文献】川合康『源平合戦の虚像を剝ぐ』（講談社平8）。上横手雅敬他『日本の中世8』（中央公論新社平14）。　（西村隆）

げんぼう【玄昉】　?～746　奈良時代の法相宗の僧。俗姓阿刀氏。七一七（養老元）年、吉備真備とともに入唐留学、智周大師について法相の教学を学ぶ。玄宗皇帝により三品に准じて紫衣を賜わり、七三五（天平7）年、多治比真人広成に従い帰国。光明皇后の「五月一日教」の本経となった『開元釈教録』所載一切経五〇〇〇余巻・仏像等を持ち帰る。翌年二月に封一〇〇戸・水田一〇町・童子八人を賜わり、更に翌七三七（同9）年八月には僧正に任じられ内道場に供奉。同年一二月、皇太夫人藤原宮子の看病・快癒に勤めて寵愛をうけ、絁千疋・綿千屯・糸千絇、布千端を賜わる。橘諸兄政権下で吉備真備と権力を振るうようになったため、七四〇（同12）年藤原広嗣の乱でその政治から遠ざけることを要求されたが、その後も国分寺建立のへ関与などの活動がみられる。七四五（同17）年、観世音寺造立のために筑紫へ派遣され翌年死去。『続日本紀』は藤原広嗣の怨霊に害されたという伝えを載せる。

【参考文献】林陸朗『光明皇后』（吉川弘文館昭61）。横田健一『白鳳天平の世界』（創元社昭48）。堀一郎『堀一郎著作集三　学僧と学僧教育』（未来社昭53）。　（蝉丸朋子）

けんぽうじゅうしちじょう【憲法十七条】
⇨十七条憲法

けんぼっかいし【遣渤海使】　渤海国へ派遣した使節。遣渤海使のなかにも送渤海使を兼ねたものが多い。史料には七二八（神亀5）年から八一一（弘仁2）年まで、一五回の遣渤海使の出発事例がみえる。平城宮跡出土の木簡には七五八（天平宝字2）年帰国の遣渤海使を「遣高麗使」と書いているのが注意される。　（上田正昭）

げんめいてんのう【元明天皇】　661～721　在位707～15　阿閇（倍）内親王。草壁皇子妃。元正・文武両天皇、吉備内親王を生む。父は天智天皇、母は蘇我倉山田石川麻呂娘の姪娘。草壁皇子死後は「皇太妃」として遇されていたらしい（藤原宮出土木簡）。七〇七（慶雲4）年、文武天皇の病死により即位する。在位九年の間に大宝律令による国家体制の整備が進められるが、なかでも特筆すべきは平城遷都である。七〇八（和銅元）年に武蔵国からの「和銅」献上を契機として改元が行われ、その直後に平城遷都が明示されるが、元明自身は遷都に一抹の不安を抱えていたようである(『万葉集』)。だが七一〇(同3)年に遷都をはたす。七一二(同5)年には『古事記』が撰上され、翌年には『風土記』編纂が命じられている。七一五(霊亀元)年に氷高内親王に譲位し、七二一(養老5)年六一歳で死去。陵は奈保山東陵。なお奈保山東陵碑(元明天皇陵碑)とよばれる石碑が確認されているが、現在は元明陵域内の覆屋におさめられているため公開されていない。

〔**参考文献**〕上田正昭『古代日本の女帝』(講談社学術文庫平8)。荒木敏夫『可能性としての女帝』(青木書店平11)。同『日本の女性天皇』(主婦と生活社平15)。　(**江草宣友**)

けんもつちょう［献物帳］　寺院等に宝物を献上したときの趣旨、献納品の目録等を記したもの。正倉院には五通の『東大寺献物帳』が伝わっている。①七五六(天平勝宝8)年六月二一日『国家珍宝帳』、②同日『種々薬帳』、③同年七月二六日『屏風花氈等帳』、④七五八(天平宝字2)年六月一日『大小王真跡帳』、⑤同年一〇月一日『藤原公真跡屏風帳』である。①は聖武天皇の七七忌に光明皇后が東大寺大仏に天皇遺愛の品六百数十点を献上したとき、献上の趣旨と献上品の目録を記したもの。②は皇后が①とは別に六〇種の薬物を大仏に献上したもの。③はさきの献納に洩れた屏風や花氈などを追加献納。④は二年後に、皇后は*王羲之・献之父子の書巻を献上したもの、⑤はその半年後に皇后が父*藤原不比等の書を屏風に仕立て献上したもの。献上の趣旨について、㋐死後も生前の愛用品に囲まれる、㋑永久保存を目的とする、㋒工芸的美術的に価値あるものを献上、㋓天皇の聖霊に献上、㋔天武天皇の嫡系以外に聖武天皇の遺愛の品を継承されるのを拒否するため等の説がある。しかし東京国立博物館に保存されている⑥七五六(天平勝宝8)年七月八日付『法隆寺献物帳』によると、光明皇后は遺愛の品を数種ずつに分けて金光明寺(東大寺)等一八寺に献上すると記しているから、天皇遺愛の品は東大寺・法隆寺以外の寺院にも分散献納されていたことになる。したがって、天皇遺愛の品を盧舎那仏に献上した献物帳は、天皇の冥福を祈念してのものであった。

〔**参考文献**〕宮内庁正倉院事務所編『正倉院宝物』北倉III(毎日新聞社平7)、米田雄介『正倉院と日本文化』(歴史文化ライブラリー 吉川弘文館平10)。　(**米田雄介**)

けんもんたいせい［権門体制］　日本中世の国家体制に関する歴史学上の概念。黒田俊雄が一九六三(昭和38)年に「中世の国家と天皇」で提唱。従来、中世国家は武士と公家・寺社との対立を中心に説明されたのに対し、公家・寺社・武家という諸権門が、競合しながらも、相互に補完しながら、天皇を中心に国家を構成していたとする。この点で、荘園領主と在地領主の対立を基軸とする領主制論と鋭く対立。公家は王家・摂関家など、寺社は*延暦寺・*興福寺など、武家は幕府をさす。公家は古代以来の貴族を、寺社は僧侶・神官と本末関係を通した地方寺社を、幕府は主従関係を通して武士である家人を、それぞれ組織した。また、いずれも荘園・公領を経済基盤とし、家政機関を備えて文書を発給するとともに、一定の武力を有した。国家全体において、公家は公事・儀礼を、寺社は宗教的儀礼を、そして武家は軍事・警察面を担当し、国家統治において相互に補完する側面があった。摂関時代はその過渡期、*院政期を成立期とする。摂関時代を初期権門、院政期を複合権門の時代とする説も提唱されている。

〔**参考文献**〕黒田俊雄『黒田俊雄著作集　第一巻』(法蔵館平6)。　(**元木泰雄**)

けんりょう［乾陵］　中国、唐三代高宗と則天武后の合葬陵。西安の西北西七〇km、陝西省乾県北の梁山にある。二代太宗の昭陵以降の過半の唐陵は巨大な自然の山塊を陵本体として利用する造営方式がとられ、乾陵も海抜一〇四八mの梁山を利用し、その南面中腹に二〇mの深さにまで斜めに掘り込まれた墓道が確認されている。内外二重の牆垣が梁山を取り囲み、周長五九二〇mの内垣の四隅には観闕が設けられ、各面中央に門が開かれ、門外に一対の石獅子がおかれている。南門の朱雀門から南に伸びる三五〇〇mの神道両側には多数の石人・石獣が配置されている。唐陵で多数の石刻群が並べられるのは乾陵が最初である。神道の南から、まず華表、有翼馬、駝鳥が各一対、石馬と牽馬石人が五対(東一体は欠)、文武官の石人が一〇対、その北側の東に有名な無字碑、西に武后御撰の述聖記碑がある。両碑の北側には六〇体の蕃酋石像があるが、全て首が切り落とされている。関中一八陵と総称される唐陵中で、乾陵は最もよく整備されており、唐陵の全体構造が一目でわかる。　(**愛宕元**)

乾陵の陪塚として知られる*永泰公主墓の壁画は、*高松塚古墳や*渤海の*貞恵公主墓の人物群像図としばしば比較される。また、章懐太子墓の礼賓図もしくは客使図の人物像のなかに、古代朝鮮からの使節を示すものが含まれる。乾陵の前方に配置された石人・石獣に象徴される唐の陵墓制度は、統一新羅に影響を与えている。　(**西谷正**)

けんれいもん［建礼門］　平安京内裏の外郭南面の門。門前は大庭となっており、*白馬節会、*射礼、射遺、*荷前などの年中行事が行われ、「*年中行事絵巻」に描かれている。また、『続日本後紀』には門前で宮市と称して唐物の交易が行われたことがみえている。　(**西山恵子**)

けんれいもんいん［建礼門院］　⇩平徳子

けんれいもんいんうきょうのだいぶしゅう［建礼門院右京大夫集］　鎌倉時代初期の私家集。二巻。自撰。一二三二(貞永元)年頃の成立。一一七四(承安4)年以降の歌をほぼ年代順におさめる。建礼門院への宮仕え、平資盛との恋愛、大原への建礼門院訪問などを日記的に描く。注釈書に『新編日本古典文学全集47』(小学館平11)などがある。　(**小西茂章**)

こ

こ／へ［戸］ 律令制下で戸籍や計帳に登録されて組織された人間集団。戸令に規定するように、戸主を中心に血縁関係を有する者を主とし、さらに奴婢や寄口などを含んだ法的家族集団。五〇戸で一里を構成し、徴税や兵役賦課などの単位となった。（舘野和己）

こ［海鼠］ ナマコ綱の棘皮動物の総称。賦役令や「延喜式」には調として煎海鼠や海鼠腸がみえる。煎海鼠は海鼠の腸を抜いて塩水で煮て乾燥させたものである。古代においては鮑・堅魚などとともに重要な海産物であった。『本朝食鑑』によると鼠に似た形から、その名がつけられたという。（江草宣友）

ご［呉（三国）］ 中国、春秋時代の兵法家孫武の子孫と称する孫氏が江南に立てた王朝（二二二～二八〇）。三国時代を形成した一国。しかしその出自は同姓付会で、江南土着の豪族である。後漢末の黄巾の乱平定で頭角を表した孫堅は、その子策と二代の間に江南の土着豪族を結集して長江下流域に地盤を築いた。策の弟権は荊州に拠る劉備と同盟して曹操の南下を赤壁に破り（二〇八年）、天下三分の形勢を決定づけた。入蜀後の劉備と荊州領有を争って勝ち、二二二年には黄武という独自の年号を立て、二二九年に帝位に即き、都を建康に、国号を呉と定めた。呉は湖南・江西・福建の土着民である南越を平定し、さらにインドシナ方面にまで領土を広げた。二五二年の孫権の死後、政権は不安定になり、二八〇年、晋に併合された。日本では東晋以後の南朝をも呉とよんでしばしば使節を送っている。また後世でも『三国志演義』が愛読され、孫呉はよく知られた中国の王朝であった。（愛宕元）

こあどの［小安殿］ 平安京内裏、大極殿の後方にある殿舎で、大極殿後殿、大極殿後房、後殿ともいう。八〇九（大同4）年に薬師法を修した記事が初見。一一七七（治承元）年の火災以後、再建はされなかった。長岡京以前は大極殿院北面回廊と結ばれており、長岡京以後回廊から独立した殿舎となった。（西山恵子）

こいちじょういん［小一条院］ ⇩敦明親王

ごいちじょうてんのう［後一条天皇］ 1008～36　在位1016～36　平安中期の天皇。名は敦成。一条天皇の第二皇子で母は中宮彰子（道長の娘）。道長待望の皇子で誕生の様子は『紫式部日記』に詳しい。四歳で立太子、九歳で即位、道長ついで頼通が摂政となった。陵は菩提樹院陵（京都市左京区）。（瀧浪貞子）

ごいん［後院］ 天皇の本宮に対する、その備え、予備としての宮殿。のち譲位後の居所をいい、その院名が天皇の諡号となることが多かった。冷泉院・朱雀院などが著名であるが、院司がおかれ、鳥羽殿などでは院政が行われて政治の拠点となった。
［参考文献］橋本義彦『平安貴族社会の研究』（吉川弘文館昭51）。（井上満郎）

こう［興］ ⇩倭の五王

ごう［郷］ 律令制下で郡の下部の地方行政組織。一郷は五〇戸で構成された。もと里といったが、七一七（霊亀3）年に郷と改称し、そのなかを二、三に細分し、それを里という郷里制を施行した。七三九（天平11）年末頃里は廃止された。（舘野和己）

こう［香］ 香料。主として南方に産する香木を用い、沈、薫陸、麝香、丁子、青木香、白檀、龍脳、安息、甘松などがある。はじめ仏前への供香に用いられたが、平安時代には貴族の生活に浸透した。薫物には種々の香料を蜜などで練り合わせて用い、調合により梅花、荷葉、侍従など各種あった。（勝田至）

こうあんてんのう［孝安天皇］ 第六代と伝えられる天皇。在位一〇二年。諡号は日本足彦国押人。孝昭天皇の子。母は世襲足媛。孝昭崩御により即位し、葛城室秋津島宮に都する。一三七歳（『古事記』は一二三歳）で崩じ、玉手丘上陵に葬られる。（大川原竜一）

こうい［更衣］ 『源氏物語』で「女御、更衣」とあるように中宮・女御の下に位置づけられた妃の一つ。五位を旨とし、なかに四位に進む者もいた。天皇の衣更えに従事した後宮の女官であったが、後に寝所に候するようになり、摂関期にはその数も多かった。（朧谷寿）

こういせき［国府遺跡］ 大阪府藤井寺市惣社、国分を中心に存在する旧石器から奈良時代の遺跡。大和川と石川の合流地点の西側の丘陵端にある。遺跡の存在は一八八九（明治22）年、山崎直方の報告文による。発掘調査は一九一七（大正6）年に当時京都帝国大学の濱田耕作により行われた。ほぼ同時期の鳥居龍蔵、大串菊太郎、小金井良精なども実施している。旧石器時代については、粗製大形石器の存在よりその可能性は指摘されていたが、五八（昭和33）年、鎌木義昌らは層位的に確認し、国府型ナイフ型石器として紹介した。縄文時代の遺構は住居跡と馬蹄形の墓域からなり、約一〇〇体の人骨を確認している。この人骨例から埋葬法、抜歯や叉状研歯の状況、玦状耳飾の使用法の研究をはじめ、日本民族論にも影響を与えた。弥生、古墳時代も拠点集落として存在する。河内国府の設置については、考古学的に明確な遺構を検出していない。七四（同49）年国史跡に指定。
［参考文献］濱田耕作「河内国府石器時代遺蹟発掘調査報告」（『京都帝国大学文科大学考古学研究報告第2冊』大7）。（岡崎晋明）

こういんねんじゃく［庚寅年籍］ 六九〇（持統4）年、庚寅の年につくられた戸籍。前年六月の飛鳥浄御原令の班賜にともない、その戸令の規定にもとづいて作成された。庚午年籍（六七〇〈天智9〉年）後最初の全国・全階層にわたる大規模な造籍で、この間確実な造籍は知られていない。本戸籍は現存しないが、以後の戸籍六年一造制の基点となったもので、良賤制や村落制度の上でも画期となったことが知られており、律令制的戸籍制度の直接の出発点として、重要な意義をもつ戸籍である。 （鎌田元一）

こうえき［交易］ 財貨をもって交換取引を行うこと。銭貨のほか、布や稲穀などの現物貨幣も用いられた。律令制下における国家財政は、調庸などの実物貢納経済を原則とし、それによって成り立つものであった。それを補うために、官衙における必要物資の入手は流通経済に依存し、交易が行われた。すなわち中央官衙が都の東西市などで直接行う交易、国衙から中央で必要とする物資を進上するために行われる交易、国衙において国衙の必要とする物資を入手する交易などがあった。このうち国家財政においてもっとも重要であるのは、中央に貢納するために国衙において正税を用いて行われる交易で、「延喜式」に各国ごとに決められた品目と数量がみえる交易雑物制と、必要に応じて行われる臨時交易進上制があった。その淵源は令制以前の国造による貢納制にあると考えられている。八世紀後半以降は調庸の未進などから財政が逼迫し、交易制への依存度は増していった。また民間における交易も各地の市を中心に行われ、『日本霊異記』には平城京と敦賀を往還交易した楢磐嶋が登場する。
〔**参考文献**〕栄原永遠男『奈良時代流通経済史の研究』（塙書房平4）。 （黒田洋子）

こうえきぞうもつ［交易雑物］ 令制下、諸国が郡稲（のち正税）を交易して進上した物品。年料交易進上物と臨時（年料外）交易進上物に大別され、「延喜式」民部下は前者を交易雑物とする。朝集使貢納物（「大宝令」）、諸国貢献物・土毛（「養老令」）などの各条を根拠としたものであろう。 （山本崇）

こうえん［皇円］ 生没年不詳。肥後阿闍梨・功徳院阿闍梨とも。『扶桑略記』の著者。平安後期の天台宗僧。藤原重兼の子。比叡山の皇覚・成円に師事。のち東塔功徳院に住し、法然らを教える。晩年に遠江国の桜池に入って竜蛇と化したとの伝説がある。 （藤田琢司）

こうか［考課］ 律令制下における官人の勤務評定。大宝・養老令制下の考課のシステムは、つぎのとおり。当時の官職は、(1)内長上、(2)内分番、(3)外長上、(4)外散位に区別されていたが、一年間の勤務評定をうけるためには、(1)(3)は年間二四〇日、(2)(4)は年間一四〇日の勤務日数（上日）が前提とされた。所属官司の長官は、毎年官人の勤務評定を行い、報告書（考文）を作成し、その審査基準は善・最とよばれた。善は儒教的徳目で、徳義有聞・清慎顕著・公平可称・恪勤匪懈の四善。最は個々の官職の職務内容にもとづく評価基準で、養老考課令では四二種を規定した。官人は、この善・最の獲得数によって評価されたが、(1)は九等（上上～下下）、(3)は四等（上・中・下・下々）、(2)(4)は三等（上・中・下）の評定等級があった。こうした毎年の勤務評定（これを「考」という）を一定年数積み重ねたのちに、その総合評価によって位階の昇叙が決定した（これを「選」という）。総合評価をうけることを成選といい、その年数を選限と称した。大宝考仕令（養老考課令に相当）では、(1)は六年、(2)は八年、(3)は一〇年、(4)は一二年であった。七〇六（慶雲3）年の格によってそれぞれ二年短縮されたが、養老律令の施行で一時的に旧に復し、さらに七六四（天平宝字8）年に慶雲三年格制に戻った。
〔**参考文献**〕野村忠夫『律令官人制の研究』（吉川弘文館昭42）。同『古代官僚の世界』（塙書房昭44）。同『日本官僚の原像』（PHP研究所昭58）。 （荊木美行）

こうかいどおう［広開土王］ ⇩好太王

こうかいどおうひ［広開土王碑］ ⇩好太王碑

こうがでら［甲賀寺］ 滋賀県甲賀市にあった寺院。七四三（天平15）年一〇月、聖武天皇は紫香楽宮で大仏造立の詔を発し、寺地を開いたが、そこに造られたのが甲賀寺である。しかし平城京還都により造寺は中止された。今日では国史跡「紫香楽宮跡」を甲賀寺の遺構とみる説が有力である。 （毛利憲一）

こうがのみや［甲賀宮（甲加宮、甲可宮）］ ⇩紫香楽宮跡

こうかもんいん［皇嘉門院］ 1122～81 崇徳天皇中宮藤原聖子。父は忠通。一一二九（文治4）年入内して女御、翌年摂関家の娘として八〇年ぶりの立后をはたし中宮となる。五〇（久安6）年院号宣下。法名を清浄恵また蓮覚と称した。 （佐藤文子）

ごうき［江記］ 平安時代末期の公卿大江匡房の日記。『匡房卿記』『江中納言記』『江都督記』『江帥記』とも。現在は大部分が散失し、匡房二五歳の一〇六五（治暦元）年から六八歳の一一〇八（天仁元）年までの逸文二〇〇条余（年月が明確なもの）が確認されるのみである。後三条・白河・堀河天皇時代に活躍したことから貴重な条文もみえる。
〔**参考文献**〕木本好信『江記逸文集成』（国書刊行会昭60）。 （木本好信）

こうきゅう［後宮］ 天皇の居住区である内裏の常寧殿・清涼殿の後方（南）に所在する皇后以下の生活空間とその人および仕える女官の総称。天皇の妻について、大宝令に妃（内親王）二員、夫人（上級貴族）三員、嬪（中級貴族）四員とあり（皇后は内親王から）、平安時代には中宮（皇后）・女御・更衣・御息所らが皇族、貴族の娘から上がり、摂関期には彼らがあまた侍った。平安京の内裏における彼女たちの居住域は中央に承香殿以下の七殿があり、その左右に淑景舎（桐壺）以下の五舎が配され、天皇の居所の近くには高位の妻の殿舎があった。
〔**参考文献**〕角田文衛『日本の後宮』（学燈社昭48）。 （朧谷寿）

こうきゅうしきいんりょう／こうきゅうしょくいんりょう［後宮職員令］ 養老令の編目の一つ。養老令では第三編にあたり、全一八条からなる。大宝令では後宮官員令と称したか。天皇の配偶者である妃・夫人・嬪の号名・定員・品位、内侍司以下後宮十二司の職員とその職掌などを規定。唐令の内外命婦職員令にあたる。 （荊木美行）

こうきょ【貢挙】 ⇩科挙

こうきょう／こうけい【孝経】 中国、儒教経典の一つ。孔子とその弟子曽子の孝道についての問答形式で記述される。戦国時代の成書。孝道を家庭道徳の基本、ひいては治国の根本とみなし、孝について原理的かつ実践的に説く。後漢以降の歴代王朝できわめて尊重され、『論語』とともに初学者の必読書とされた。多くの注釈がつくられたが、中国ではほとんどが失われ、日本に伝存した『古文孔安国伝（注）』が中国に逆輸入されたことからも、日本での普及度が知れよう。（愛宕元）

こうぎょくてんのう【皇極天皇】 ⇩斉明天皇

こうきんのらん【黄巾の乱】 中国、後漢末の農民反乱。後漢中期頃からの内政の乱れや天災飢饉により、流民が激増し従来の村落共同体は大きく崩壊していった。このような社会状況の下、霊帝の時、鉅鹿（河北省南部）の人張角が民間信仰を合わせた太平道（中黄太一道）という新宗教を唱え、貧民や土豪の支持をえてたちまちに信徒数十万を擁し、方とよばれる教団を組織した。これが貧民や土豪の反権力的な性格を反映したものであったため政府は弾圧策を講じたが、信徒はさらに団結を強化し、一八四（中平元）年蜂起したちまち大反乱となった。この乱を黄巾の乱とよぶのは、乱徒が漢の火徳にかわるという意味で土徳の黄色を標識とし、黄巾を身につけたからである。政府の黄巾軍討伐や張角の死により力は衰えたものの、これに応じるように各地で反乱がおこり、そのうえ中央でも政治は乱れ、地方の太守や将軍が都洛陽を攻めたり地方で自立するなどしたため、後漢王朝の滅亡は決定的となった。（高井たかね）

こうくり【高句麗】 朝鮮古代の王朝で三国の一つ。高麗とも表記する。貊族の国。日本では狛とも表記。古墳壁画に描かれた騎馬軍団から、騎馬民族としてのイメージが強いが、生業は農耕主体。始祖は朱蒙（鄒牟）とされ、その出生神話は卵生と日光感精の複合型。高句麗の名の初見は玄菟郡の中の県名として。語義は不明であるが、現地でのことばを漢字表記したもの。玄菟郡は高句麗族に対する統治をめざして漢の武帝が設置。高句麗はそれに抵抗して成長し前一世紀初めに興起。玄菟郡を徐々に駆逐。当初の根拠地は鴨緑江とその支流渾江流域。那集団（有力なものを五部）とよぶ地縁集団の連合体であった。前期は卒本（遼寧省桓仁）、中期は三世紀初に国内城（吉林省集安）、後期は四二七年に平壌（平壌郊外）へと遷都。伝統的な王都は平地の居城と背後の逃げ城のセット。沃沮・濊を支配し、二四四年に魏の侵攻をまねく。四世紀から百済・倭と対抗。新羅を従属下に。四世紀末に仏教が伝わるが、寺院はおもに平壌地方に造営。多くは一塔三金堂式。広開土王が大きく領土拡大。子の長寿王の時代五世紀が最盛期で最大版図。西北は遼河、北は吉林省農安方面、東北は豆満江下流、南は韓国中部に及ぶ。前期中期の墓制は積石塚が中心で、集安の太王陵・将軍塚が最大。広開土王碑（好太王碑）も近くに立つ。中国へは南北両朝へ朝貢。両朝から外国王として最高の地位をえる。五世紀に一三等の官位制を整備。地方には諸大城・諸城などに地方官を派遣。烏骨城（遼寧省鳳城）をはじめとする巨大山城を拠点とし、その連携による支配体制をつくる。五八六年新羅の成長に対抗し、現在のピョンヤン市街へ遷都。長安城ともよぶ。羅城・条坊制をもつ中国的都城に。五七〇年から倭へも通交。推古期の高句麗僧慧慈は著名。隋は中国を統一し高句麗侵攻を繰り返すも四回失敗して滅亡。唐もしばしば侵攻。六四二年、泉（淵）蓋蘇文がクーデターで権力掌握。百済と連合するも内紛もあり、唐・新羅連合軍によって六六八年に滅亡。壁画古墳が約一〇〇基知られる。

［参考文献］東潮・田中俊明『高句麗の歴史と遺跡』（中央公論社平7）。（田中俊明）

高句麗中期王都集安の全景

こうくりがく【高句麗楽】 ⇩三国楽

こうけい【康慶】 生没年未詳。平安末期から鎌倉初頭の仏師。運慶の父。彼が中心となって造立した、現存興福寺南円堂本尊不空羂索観音像・法相六祖坐像（一一八八〈文治4〉年～八九年造立）などは、鎌倉初頭に慶派仏師が活躍する基礎を築いた作品といわれる。（上島理恵子）

ごうけしだい【江家次第】 「江次第」なども。大江匡房（1041～1111）が関白後二条師通の命を受け晩年に仕上げた宮廷儀式行事の的確な解説書。全二一巻のうち、第一一までが恒例行事、第一二が神事、第一三が仏事、第一四・第一五が践祚（即位）、第一六欠失、第一七以下が臨時行事からなる。『江次第抄』は一条兼良の注釈書。

［参考文献］和田英松『本朝書籍目録考証』（明治書院昭11）。所功『平安朝儀式書成立史の研究』（国書刊行会昭60）。（所　功）

ごうけぶんこ【江家文庫】 平安時代末期の大江家の文庫。大江匡房は累代の蔵書を収蔵するため二条高倉の邸内に文庫を建て、やがてこれを樋口南西洞院東に移した。しかし、千草（千種）文庫ともよばれたこの文庫は、一一五三（仁平3）年四月に類焼し、数万巻の書は灰燼に帰した。公卿の平信範は「朝の遺恨、人の愁悶なり」と惜しんだ（『兵範記』）。（木本好信）

こうけんてんのう【孝謙天皇】 ⇩称徳天皇

こうげんてんのう【孝元天皇】 第八代と

伝えられる天皇。在位五七年。諡号は大日本根子彦国牽。孝霊天皇の子。母は細媛命。孝霊天皇の崩御により即位し、軽境原宮に都する。一一六歳（『古事記』は五七歳）で崩じ、剣池島上陵に葬られる。（大川原竜一）

こうげんど［高元度］ 生没年不詳。八世紀半ばの官人。七五二（天平勝宝4）年、入唐した大使藤原清河を迎えるための使者（入唐大使）となり、七五九（天平宝字3）年に渤海使を送って入唐。安史の乱のため清河は唐に残留、玄宗皇帝は元度に弓を作るための牛角を送るよう要請、七六一（同5）年八月帰国。のち参河守、左平準令（平準署長官）などを歴任。（川崎晃）

ごうこ・ぼうこ［郷戸・房戸］ 古代律令制下の地方行政村落である里（のちに郷）は五〇戸に編成される規定であったが、この里（郷）を構成する戸を郷戸という。郷戸の称は、七一七（霊亀3）年の郷里制の施行により従来の里を郷と改称したことに始まるが、それ以前の里制下の戸も含めて郷戸の称で代表させることが多い。いっぽう郷里制下にあっては、郷を機械的に二、三の里（コザト）に分割したことに連動して、一郷戸のなかをさらに二、三の戸（小家族）に分割し、これに徴税単位としての公法上の位置を与えることが行われた。この郷戸内の下部単位としての戸を房戸という。農民の実態をより正確に把握し、貢租・徴税の強化をはかったものと考えられるが、七三九（天平11）年末から翌年初めにかけての頃の郷里制の廃止にともない、房戸もまた廃され、以後は五〇戸一郷の郷制となった。郷戸については、それを当時の家族の実態とみる郷戸実態説と、徴税単位としての法的擬制を重視する郷戸擬制説とがある。

〔参考文献〕門脇禎二『日本古代共同体の研究』第二版（東京大学出版会昭56）。岸俊男『日本古代籍帳の研究』（塙書房昭58）。（鎌田元一）

こうごいし［神籠石］ ⇨朝鮮式山城

こうごう［皇后］ 天皇の正妻のこと。古くは天皇の正妻を大后と称したようだが、皇后との制度的な関係は不明。皇后の資格については後宮職員令にも規定はないが、原則として内親王・皇女に限定されたのであろう。しかし、七二九（天平元）年、藤原不比等の娘安宿媛（光明子）が聖武天皇皇后に立ってからは、藤原氏出身の者が多く皇后となる。大宝・養老令制では、中務省被管の中宮職が三后（皇后・皇太后・太皇太后）の家政を取り扱うことになっており、立后にしたがって適宜設置された。養老公式令には、皇后をふくむ三后の命令を下達する文書は、皇太子の令旨に準じることが定められ、中宮職が発議した案件について皇后の承認を得るための文書も、皇太子の場合と同じく「啓」と称された。なお、安宿媛立后の際には、それ以前にすでに皇太夫人藤原宮子に中宮職が設置されていたため、あらたに皇后宮職がおかれた。同職には多くの司・所などが所属し、のちに造東大寺司に継承される造寺・写経などさまざまな事業が行われた。さらに同職は、七四九（天平勝宝元）年の孝謙天皇即位の際、紫微中台と改称されたが、その長官には藤原仲麻呂が任じられた。なお、白河上皇が皇女媞子を堀河天皇の准母であることを理由に皇后に立てて以来、妻后でない内親王を皇后とする例があらわれ、鎌倉時代末まで続いた。
〔参考文献〕橋本義彦『平安貴族社会の研究』（吉川弘文館昭51）。宮内庁書陵部編『皇室制度史料。后妃(1)～(5)』（吉川弘文館昭62～平3）。小林敏男『古代女帝の時代』（校倉書房昭62）。（荊木美行）

こうごうぐうしき［皇后宮職］ 令外官の一つで、皇后の家政をつかさどった。大宝・養老令制では、中務省被管の中宮職が三后（皇后・皇太后・太皇太后）の家政を取り扱うことになっており、立后にしたがって適宜設置された。七二九（天平元）年八月に藤原光明子が立后した際、すでに皇太夫人藤原宮子に中宮職が設置されていたため、あらたに皇后宮職をおいたのが同職のはじまり。同職は中務省が管掌した。大夫・亮・大進・少進・大属・少属（定員各一人）や舎人（一五〇人）・掌（二人）などから構成され、職員の相当位は中宮職のそれに準じた。同職には多くの司・所などが所属し、のちに造東大寺司に継承される造寺・写経などさまざまな事業を担当した。七四九（天平勝宝元）年の孝謙天皇即位の際、同職は紫微中台と改称され、藤原仲麻呂がその長官となり、仲麻呂への権力の集中に大きな役割をはたした。紫微中台は、七五八（天平宝字2）年に坤宮官と改称されるが、光明皇太后の没後まもなく廃止された。その後も、皇后のために皇后宮職がおかれたが、醍醐天皇朝の藤原穏子のときに令制に復した。

〔参考文献〕瀧川政次郎『律令並びに令外官の研究』（角川書店昭42）。宮内庁書陵部編『皇室制度史料　后妃3』（吉川弘文館平1）。鬼頭清明『古代木簡と都城の研究』（塙書房平12）。（荊木美行）

こうこうてんのう［光孝天皇］ 830～87 在位884～87 仁明天皇第三皇子。母は藤原沢子。名は時康。常陸太守、中務卿、大宰帥、式部卿等を歴任し一品となる。藤原基経に擁立され即位。基経を初代関白に命じ、彼との連携で政務を行った。陵は後田邑陵。（関口力）

こうごねんじゃく［庚午年籍］ 六七〇（天智9）年、庚午の年につくられた戸籍。ほぼ全階層にわたり、全国的規模で作成された最初の戸籍であるが、現存せず、その様式・内容については議論が多い。いわゆる近江令との関係についても明確でない。このときの造籍は氏姓の決定に重要な意義をもったらしく、通常の戸籍の保存期間が五比（三〇年）であるのに対し、この戸籍だけは永世保存とされ、律令国家における身分・氏姓の根本台帳として重視されたが、一一世紀頃には散佚した。（鎌田元一）

こうさく［告朔］ 視告朔とも。朝堂院で毎月一日に、諸司が天皇に公文を献上して前月の行政報告を行う儀式。六七六（天武5）年に初見し、儀制令や「延喜式」に規定。九世紀には四孟月（一・四・七・一〇月）のみとなり、一〇世紀以降に廃絶。（竹居明男）

こうざんじかいづか［高山寺貝塚］ 和歌山県田辺市稲成町糸田の高山寺境内にある縄文時代早期の貝塚遺跡。一九三八（昭和13）年に発見された近畿地方で最初の押型文土器の標式遺跡。会津川の河口から約一km上流の右岸にあり、会津川と支流の稲成川とに挟まれた南西に伸びる丘陵の先端に位置。標高は三〇m前後。南斜面に第一号貝塚、北西斜面に第二号貝塚、北東斜面に第三号貝塚がある。一九三八年、六六（同41）年、八三（同58）年に発掘調査が行われている。厚いところでは数一〇cmの貝層があり、カキ・アカガイ・ハイガイ・ハマグリ・シジミ等が多い。貝層中からクマ・タヌキ・イノシシ・シカ・サメ・ボラ・ブリ・スズキ・タイ・ヒラメ等の骨が発見されている。尖底で口縁が朝顔花状に大きく開く深鉢形土器や礫器などの石器は、おもに貝層直下の厚さ約一五cmの暗褐色粘質土層から出土している。この遺跡の土器を標識として高山寺式が設定されている。国指定史跡。

〔**参考文献**〕潮見浩『探訪縄文の遺跡』（有斐閣選書昭60）。（**中村貞史**）

こうざんじしきどき［高山寺式土器］　和歌山県田辺市稲成町糸田にある高山寺貝塚出土の土器を標識として設定された近畿地方の縄文時代早期の土器様式。押型文土器のなかでも新しい時期のもの。器形は、口縁部が朝顔花状に大きく開く深鉢で、器壁は一cm前後と厚く、底部は少しふくらみをもってすぼまる尖底が多いが、乳房状に近いものもみられる。外面は、全面に押型文を施す。細かい山形文や楕円文のほか、粗大な山形文や菱形に近い楕円文（格子目文とする説）などがある。撚糸文のものや無文のものもある。内面に押型文を施したものはなく、内面上半部に口縁に対し斜めの凹線を密に施すものが多い。凹線の間隔が四～五cmのもの、凹線がみられないものもある。石器は、円礫を粗く打ちかいただけの礫器が特徴的で、石英およびサヌカイト製の石鏃、石斧、敲石、石錘、凹石などもある。高山寺式土器および類縁の土器は、北九州地方から中部地方にいたる広い地域で発見されている。

〔**参考文献**〕潮見浩『探訪縄文の遺跡』（有斐閣選書昭60）。（**中村貞史**）

こうし［孔子］　B.C.551（552?）～479　中国、春秋時代の思想家、儒学の開祖。諱は丘、字は仲尼。魯国陬（山東省曲阜）の人。父は没落貴族で貧しかったが、武勇に優れ魯国の豪族に仕えた。孔子は早くに父母を失い貧しい中に育ったが、幼い頃から向学心が強く学問に励んだ。周王朝の名政治家である周公旦を理想の人物として、その精神により君主権の衰えた魯国の政治を改革しようとしたが失敗し、前四九八年国外に出奔せねばならなくなった。弟子たちを連れて諸国を訪問し、政治改革を他国で実行しようとするがこれもかなわず、前後一三年におよぶ放浪のすえ、ついに前四八四年故国魯に戻った。現実の政治活動で失敗した孔子は、余生を弟子たちの教育と『詩経』『書経』など古典の整理編纂に力を注ぎ、前四七九年に世を去った。彼の言行は弟子たちがまとめた『論語』に残されており、「仁」という徳を中心とした思想は、その後の中国思想界を長く支配し、絶大な影響を与え続けた。（**高井たかね**）

こうし［郊祀］　平安時代の祭祀の一つ。中国古代において、国都郊外で皇帝が天や地を祀ったが、その祭祀を日本で採用したのが、桓武・文徳両天皇である。桓武天皇の場合、七八五（延暦4）年と七八七年に河内国交野の柏原において、天神を祀らしめている。後者では、天神とともに父である光仁天皇を配祀させている。当時、朝廷では唐礼の採用に務めているが、この祭祀はその後の日本に根付くことはなかった。

〔**参考文献**〕王仲殊「唐長安城円丘の日本交野円上への影響について」『東アジアの古代文化』(122)（大和書房平17）。（**川北靖之**）

こうじ［講師］　律令制下の僧官の一つ。七〇二（大宝2）年、諸国におかれた国師を七九五（延暦14）年に改称したもの。中央の諸寺から国ごとに一人派遣され、経論の講説などにあたった。当初、一任ののちにはたやすく替えないとされたが、八〇五（同24）年には任期を六年とした。（**荊木美行**）

こうしゅう［公州］　⇨熊津

こうじょ［康助］　生没年不詳。平安時代後期の奈良仏師。覚助の孫、父は頼助か。一一一六（永久4）年に春日社塔造仏賞で法橋に任じられたほか、摂関家関係の造仏に多く関わる。独自の寄木造を用いていたことが知られる。（**佐伯智広**）

こうしょう［康尚］　生没年不詳。平安時代中期の仏師。父は源康信（一説に康行）。定朝の父。法成寺無量寿院の丈六九体仏をはじめ、藤原道長が願主の仏像を多く製作、土佐講師・近江講師となり、定朝以後の隆盛の基礎を築いた。（**佐伯智広**）

こうじょう［定考］　考定とも。律令制下、太政官に所属する官人の考（勤務評定）を定める儀式。毎年八月一日に太政官庁で弁官申政ののちに行われる。当日は長上官の考文を大臣に上申し、その決裁をえたのちに朝所での酒宴に移った。（**竹居明男**）

こうしょうてんのう［孝昭天皇］　第五代と伝えられる天皇。在位八三年。諡号は観松彦香殖稲。懿徳天皇の子。母は天豊津媛命（『古事記』は賦登麻和訶比売命）。葛城掖上池心宮を都とする。一一三歳（『古事記』は九三歳）で崩じ、掖上博多山上陵に葬られる。（**大川原竜一**）

こうしん［皇親］　律令制下における天皇の親族のこと。大宝律令では四世王までが皇親と称され、天皇の兄弟・姉妹と皇子・皇女は親王・内親王と称された。七〇六（慶雲3）年には五世王までが皇親とされたが、七九八（延暦17）年には旧に復した。（**荊木美行**）

こうしんしんこう［庚申信仰］　庚申（かのえさる）の夜に徹夜することで長生をえようとする信仰。『抱朴子』などによれば、中国では三尸という虫が人間の体内におり、庚申の日にこれが天に昇って司命神に人間の過失を報告し早死にさせようとするので、それを防ぐために徹夜するといった。日本では円仁の『入唐求法巡礼行記』に、中国の習俗は日本の正月庚申の夜と同じと記し、この習俗が日本にもかなり早く入っていたことを示す。平安時代には殿上の庚申があり、貴族の家でも行われたが、和歌や漢詩をつくったり、音楽、囲碁、談話などで楽しみ眠気を払った。六〇日の庚申の晩ごとにきちんと行うわけではなかったらしい。貴族の家の侍が庚申の晩に乱行におよぶ事件もあり、また院政期や鎌倉期には七月七日が庚申にあたるときは京都各所に宴席が設けられたことが『中右記』『百練抄』等にみえる。中世後期以後仏教化して青面金剛が祭られ、江戸時代には庶民にも普及して庚申講が結ばれ、庚申塔が建てられた。

〔**参考文献**〕窪徳忠『庚申信仰』（山川出版社昭31）。 （**勝田至**）

こうしんせいじ［皇親政治］ 歴史学上の用語。六七二（天武元）年の壬申の乱に勝利をおさめて即位した天武天皇は、旧近江朝廷の豪族層の発言力を封じ、これに代わって天武の諸皇子を中心とする皇親が国政の諸方面で指導的役割をはたしつつ、天皇の専制的支配を助けた。このような政治のあり方を皇親政治と称する。皇親政治は天武亡きあとの持統朝にも継続され、皇親の政治参加の度合いを徐々に弱めながら、八世紀前半にまでいたるとするのが通説である。

〔**参考文献**〕北山茂夫『日本古代政治史の研究』（岩波書店昭34）。竹内理三『律令制と貴族政権』I（御茶の水書房昭32）。倉本一宏『日本古代国家成立期の政権構造』（吉川弘文館平9）。 （**虎尾達哉**）

こうじんだにいせき［荒神谷遺跡］ 島根県簸川郡斐川町神庭字西谷にある弥生時代の青銅器埋納遺跡。神庭荒神谷遺跡、神庭遺跡とも。付近一帯は『出雲国風土記』記載の神名火山といわれる仏経山山麓の出雲郡建部郷にあたる。一九八四～八五（昭和59～60）年の発掘調査で、狭隘な谷間の南向き斜面で銅剣三五八本と銅矛一六本・銅鐸六個がそれぞれ出土。発掘調査によって青銅器の埋納状況が判明した数少ない例で、一ヵ所からの銅剣出土数としては全国最多。銅鐸・銅矛の同時埋納例としては全国初。初年度発見の銅剣は、二段に掘り込まれた加工段の下側の長さ二・六m、幅一・五mの隅丸方形の埋納坑に、四列に鋒と茎を水平にして刃を立てた状態で出土。銅矛・銅鐸の埋納坑は、七m離れた谷奥にあり、長さ二・一m、幅一・五m。銅鐸は埋納坑中央に鈕を向かい合わせにして三個ずつ二列に鰭を立てた状態で、銅矛はその東側に鋒を交互に向け、刃を立てて置く。両埋納坑とも青銅器を置いたのち粘土で覆い、その後覆屋状の簡易な建物を建てる。銅剣はすべて中細形銅剣C類に相当し、全長四八・一～五三・九cm。鋳放しの銅剣が一本（B六二号）あり、二～五本を一組とした同笵品四三組、一一三本を確認。三四四本の茎に×印の刻印がある。銅矛は中細形銅矛a類と中広形銅矛a類、同b類の三種類で、刃部に研ぎ分けを行うもの七本、水銀朱を塗るもの（六号）などがある。銅鐸はいずれも高さ二二～二三cmの小型品。菱環鈕1式横帯文銅鐸（五号）から外縁付き鈕1式四区袈裟襷文銅鐸までと外縁付鈕2式の可能性のある四区袈裟襷文（一号）がある。とくに一号鐸は袈裟襷文の内区に市松文様や重弧文をほどこす独特な文様をもつ。各青銅器の型式から銅剣も銅矛・銅鐸も弥生時代中期後葉以降に埋納されたと推定される。元来青銅器の稀少な出雲地域でのこの遺跡の発見は、西日本における青銅器分布圏の再検討をはじめ青銅器の埋納時期や製作地問題など、青銅器をめぐる諸問題の再考を促し、四隅突出型墳

(左)荒神谷遺跡銅剣出土状況
写真提供：島根県教育委員会

(右)荒神谷遺跡銅矛・銅鐸出土状況

丘墓の展開と結びついて考古学者の山陰連合体論を引き出したほか、古代史家を巻き込んだ原古代出雲王国論議に発展した。遺跡は国指定史跡。出土青銅器は一括して国宝に指定されている。

〔参考文献〕足立克己・松本岩雄編『出雲神庭荒神谷遺跡』（島根県教育委員会平8）。

（足立克己）


こうずけさんぴ［上野三碑］　群馬県西南部、高崎市山名町の山ノ上碑・金井沢碑、多野郡吉井町の多胡碑の総称。国特別史跡。山ノ上碑は「辛己歳集月三日記　佐野三家定賜健守命孫黒賣刀自此　新川臣児斯多々弥足尼孫大児臣娶生児　長利僧母為記定文也　放光寺僧」と記される。「母為」に端的なように日本語構文規則に従って漢字を並べる史部流表記の典型例で『万葉集』略体歌に類似する。「辛己(巳)歳」は、年号を用いていないこと、文体、寺院の存在などから六八一（天武10）年とみられる。完全な形で現存する日本最古の石碑である。「長利僧」がその母「黒賣刀自」のために建てた墓碑で父母双方の系譜を記す。隣接する截石切組積の横穴式小円墳との継承性も議論されている。多胡碑は七一一（和銅4年）年銘の建郡記念碑で「弁官符上野国片岡郡緑野郡甘良郡并三郡内三百戸郡成給羊　成多胡郡和銅四年三月九日甲寅　宣左中弁正五位下多治比真人　太政官二品穂積親王左太臣正二　位石上尊右太臣正二位藤原尊」と刻む。『続日本紀』和銅四（七一一）年三月辛亥条と対応するが、記載形式、「弁官符」「太臣」、議政官を「尊」と記す撰文されたとみられる。「羊」については、渡来系の人名と捉え「給羊」を「羊が郡司に擬せられたこと」と解する説が最も有力である。金井沢碑は、山ノ上碑にみえる「三家」の子孫が七二六（神亀3）年に建立した信仰表白碑で「上野国群馬郡下賛郷高田里　三家子孫為七世父母現在父母　現在侍家刀自池（他?）田君目頬刀自又児加那刀自孫物部君午足次馸刀自次乙馸　刀自合六口又知識所結人三家毛人　次知万呂鍛師礒部君身麻呂合三口如是知識結而天地誓願仕奉　石文　神亀三年丙寅二月廿九日」と刻むが、字の残り方は悪い。平安遷都以前の建立で完全な形で現存する碑が十指にみたないなかでの本地域の集中度は非常に高く、周辺に渡来系氏族が多いことや上毛野氏関係氏族との関わりについても注目されている。

〔参考文献〕尾崎喜佐雄『上野三碑の研究』（尾崎先生著書刊行会昭55）。

（熊倉浩靖）


こうずけのくに［上野国］　東山道に属する国。ほぼ現在の群馬県にあたる。大部分が山地によって占められるが、利根川の上流域の河川沿いに平野や盆地が存在し、南東部は関東平野の一角。古くは毛野とよばれていたが、古代国家形成にあたって渡良瀬川によって上・下に分けられてその西部が上毛野と称されるようになり、律令制施行にともなって上野国とよばれるようになった。「延喜式」では大国とされ、所管の郡は碓氷・甘楽・多胡・緑野・片岡・群馬・勢多・利根・吾妻・那波・佐位・新田・山田・邑楽郡の一四郡。もとは上国であったが、八一一（弘仁2）年に大国となり、八二六（天長3）年には上総・常陸国とともに国守には親王が任命されるようになった（親王任国）。国府は現前橋市元総社付近に推定され、その北西方に国分寺もあるが、ほかに碓氷郡松井田町国衙の地名とする説もある。御牧のおかれる馬の供給地としても知られ、また榛名山などの噴火にも悩まされた。

〔参考文献〕『群馬県史』全三七巻（昭52〜）。西垣晴次『図説　群馬県の歴史』（河出書房新社平1）。山田武麿『群馬県の歴史』（山川出版社昭49）。

（高橋誠一）


こうずけのくにこうたいじつろくちょう［上野国交替実録帳］　一〇三〇（長元3）年頃、上野国の国司交替に際して作成された文書草案。「九条家本延喜式」の紙背文書として伝わる。当時の国衙管轄の財物、国郡や社寺の施設などの状況につき、新旧の国司の主張が記録され、国衙行政の実態に関する重要な史料。内容からみて、不与解由状とするべきか。

（綾村宏）


こうせいさんぼ［江西三墓］　朝鮮民主主義人民共和国南浦市にある六世紀末〜七世紀の古墳群。大墓を中央に西北九五mに中墓、東北八五mに小墓が立地する。三基とも方形基壇をもつ円形墳。大墓・中墓に壁画がある。切石積みの玄室の四壁全面に四神図像が描かれる。小平野の中央部に立地し、周囲に三基以外の古墳は存在しない。墳丘や石室構造・壁画、立地条件からみて、大墓（径約五二m・高さ約九m）は「平崗上好王」の諡号をもつ「平原王」墓にふさわしい。

（東　潮）

こうせん［考選］　⇩考課

こうそ［皇祖］　天皇の祖先神。皇祖神とも。アマテラスオオ（ミ）カミ・タカミムスヒノミコトをさす場合が多い。『日本書紀』の神代巻に「皇祖高皇産霊尊」、神武天皇の巻（巻第三）に「皇祖之霊」などとみえる。『古語拾遺』には「皇天二祖」と記す。『続日本紀』に収載する文武天皇・元明天皇の即位宣命には「遠天皇祖」とか「遠皇祖」と述べる。『万葉集』には「皇祖」「皇神祖」「皇御祖」「皇御祖」などと書いてスメロギと訓む。（上田正昭）

こうそ［高祖（漢）］　B.C.247（一説に256）〜195　在位B.C.206〜195　中国、前漢の初代皇帝。姓は劉、諱は邦、字は季。沛郡（江蘇省沛県）の中流農家出身で、父は太公、母は劉媼（劉ばあさんの意）と伝えられる。秦末の前二〇九年、陳勝と呉広が反乱を起こした際、遊侠の徒の頭目であった彼も兵をおこし、項羽ら諸将と連合して秦と戦った。前二〇六年に秦の都咸陽を攻陥して秦を滅ぼした後、項羽との激しい抗争をへて、前二〇二年についに天下を統一して皇帝となり、国号を漢として都を長安に定めた。

（高井たかね）

ごうそ［強訴］　「嗷訴」とも。延暦寺・園城寺・興福寺等、大寺社の衆徒や神人が集団で神輿・神木を奉じて入洛し、宗教的権威を背景として、朝廷や幕府に訴訟の裁許を強要した行為をいう。院政期に本格化して最盛を極め、室町末期まで続いた。その内容は人事問題や諸国の末寺・所領をめぐる国司との紛争等である。とくに興福寺は春日社神木、延暦寺は日吉社神輿を動座させて大規模な強訴を展開し、後者は白河院によって「賀茂川の水、雙六の賽、山法師」（『源平盛衰記』）と天下三不如意の一つにも数えられた。

（横澤大典）

ごうそう［郷倉］ 律令制下、郡の正倉を郡内の郷に分置したもの。「類聚三代格」所載の七九五（延暦14）年閏七月一五日の官符で、貢納の便を図り延焼を防ぐため、各郷に一院をおくこととされたが、同年九月一七日の官符では複数の郷の中心においてもよいとされた。（山元章代）

こうそうでん［高僧伝］ 中国、仏教の伝来から梁の武帝までの四五三年間にわたる高僧の伝記。梁の慧皎撰、一四巻。五一九年に編集を終えたが、それ以降の記事も含む。既存の僧伝を参考のうえ、さらに古老を訪ねて史料を収集し、徳行ある僧を集めて高僧二五七人、付見者二四三人の伝記を収録した。多くの高僧を訳経、義解、神異、習禅、明律、遺身、誦経、興福、経師、唱導の一〇科に分類し、序録一巻、本文一三巻よりなる。華北の事情に関しては叙述が簡略にすぎるとの批判はあるものの、中国初期仏教史の研究において重要な史料であり、後出の唐の道宣『続高僧伝』、北宋の賛寧『宋高僧伝』、明の如惺『大明高僧伝』（これらと本書をあわせて「四朝高僧伝」という）などの模範となった。テキストには大正大蔵経本（第五〇巻史伝部）があり、また和刻本には一六五一（慶安4）年の京都西村又左衛門刊の明蔵本による『高僧伝』がある。（高井たかね）

ごうぞくきょかん［豪族居館］ 古墳時代の首長が居住し、首長権を行使するために構築した居館。これには大・中・小の規模のものがあり、大型居館には群馬県の三ツ寺I遺跡や原之城遺跡などがある。三ツ寺I遺跡は周囲に幅三〇mの水濠がめぐり、内部は外郭を塀で囲み、政治を行う建物、祭祀用の石敷遺構を配した空間と生産に関連する工房をおく空間とが区分されていた。中・小型のものは、群馬県荒砥荒子遺跡、兵庫県松野遺跡などがあり、堀で囲み、周囲に塀をめぐらし、内部に建物を配している。このように居館は外郭に防御施設をともない、政治を行う主屋と付属建物を配し、祭祀用施設を設け、祭祀遺物が出土するものが少なくない。居館に建てられた建物は、住居を表現した家形埴輪のような掘立柱建物のほかに、東国の居館では、中心建物でも竪穴住居であることが少なくない。居館の大半は存続期間がごく限られており、付近に同時期の前方後円墳が築造されているものが多い。（小笠原好彦）

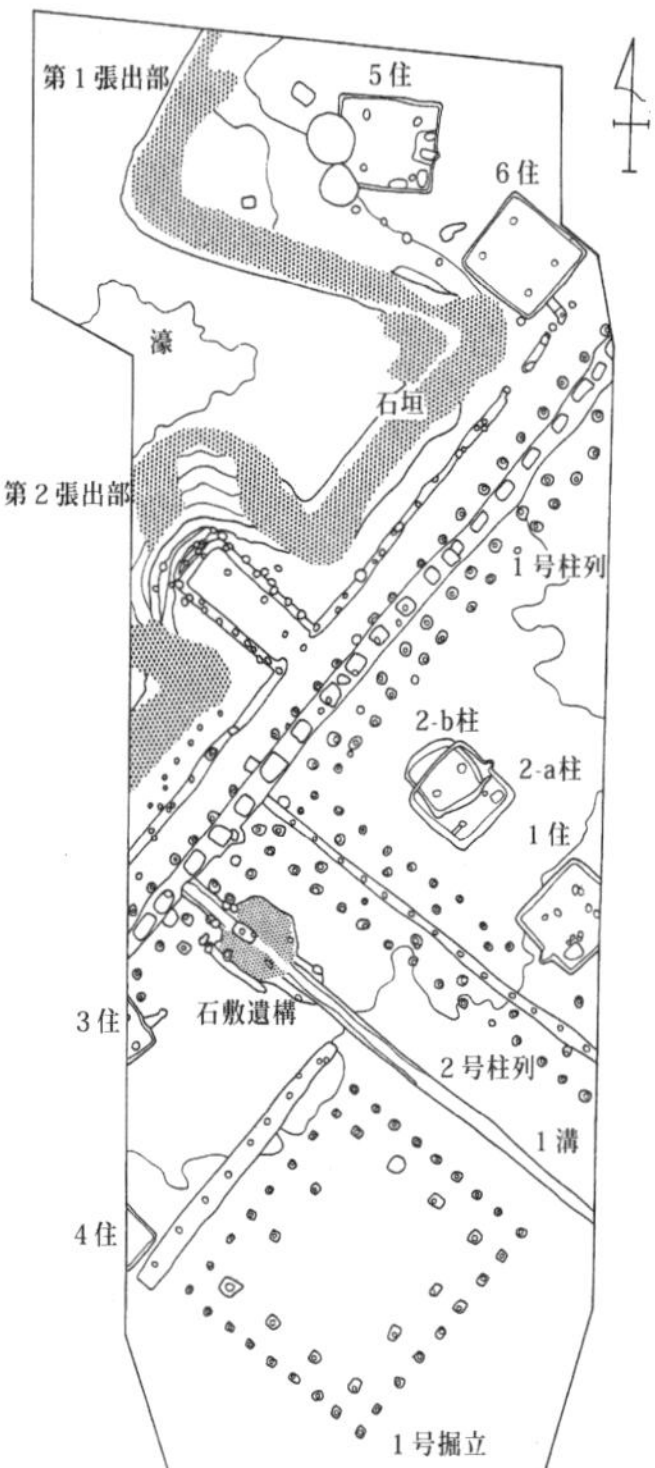

三ツ寺I遺跡調査区全体図

こうそんこう［公孫康］ ⇩公孫氏

こうそんし［公孫氏］ 中国、後漢末から三国時代にかけて活躍した遼東（遼寧省遼陽）の豪族。初め郡吏であった公孫度（字は升済）が董卓の推薦をうけて遼東太守となった。彼は東は高句麗、西は烏丸（桓）、南は東莱の諸県を討って領土を広げ、一九〇（初平元）年中国内部の動乱に乗じて挙兵し、自立して遼東侯、平州牧と称した。度の死後、子の公孫康が位を嗣ぎ、二〇七（建安12）年に袁尚を斬ってその首を魏の曹操に献じると、襄平侯に封じられ左将軍となった。康の死後、その子が幼少であったため弟の公孫恭が立ったが病弱で国を治められず、康の子である公孫淵に位を奪われる。その後、魏は淵を大司馬とし楽浪公に封じたが、来朝を命じても応じず、淵は自立して燕王と称し百官をおいて年号を紹漢と定めた。二三八（景初2）年、魏は司馬懿を遣わして淵父子を攻め、公孫度以来三代五〇年にわたり遼東に勢力をふるった公孫氏を滅ぼした。卑弥呼の遣使はこの直後のことである。（高井たかね）

こうそんど［公孫度］ ⇩公孫氏

こうたいおう［好太王］ 374～412 在位391～412 一般には高句麗の広開土王をさす。太王は王に対する美称であり、好太王とよばれる王も複数ある。つまり好太王は固有の名ではない。広開土王は死後「国罡上広開土境平安好太王」などとよばれたが、「国罡上」はその葬地、それ以下は事績に対する評価である。その最後の部分をとって通称する。広開土王は第一九代王で、諱は談徳。永楽大王ともよばれ、永楽を年号として用いた。諡号に示されるように広く領土を開いた。その治績は好太王碑に詳しいが、それ以外にも、仇敵慕容氏（後燕）から平州牧・遼東帯方二国王に冊封され（安という名で）、その慕容氏との戦いを終息させ、あとをうけた馮氏の北燕と友好関係を結び、遼河までを国境として西北領土を安定化させた。また平壌に九寺を創建。子の長寿王の時に全盛期を迎えるが、その基盤をつくった。その王陵は、太王陵と将軍塚のいずれかと考えられる。新羅の都慶州では王の名を記した青銅製合子がみつかっている。（田中俊明）

こうたいおうひ［好太王碑］ 広開土王碑。高句麗広開土王の業績を顕彰し、守墓人体制を維持するため、あとをついだ長寿王が四一四年に建立。王都のあった吉林省集安市に立つ。角礫凝灰岩で六m余りの巨碑で、四面に文字。内容はおよそ三つの部分に分かれる。まず高句麗の建国伝説から広開土王の即位・薨去までを簡略に述べて全体の序としたあと、年次（永楽幾年＋干支で表記。永楽は王の年号）ごとに、王の事績を記し、最後に守墓人について記す。王は諡号に示されるように、広く土境を開き平安な治世を築いた大王であり、碑文に記された事績も領土

好太王碑（碑閣とも）

拡大に関わることが中心。五（三九五）年に稗麗（契丹族の匹黎尓部）を討ち、六、七〇〇営の野営集落を獲得、六年に百済を攻撃して五八城・七〇〇村を奪取、八年に粛慎を討ちその朝貢をひきだし、九年に平壌まで南下し、一〇年に新羅の要請によって対倭の救援軍を派遣し、新羅の朝貢をよびこむ。一四年に帯方界に侵入した倭軍を駆逐。一七年に、文字が欠けて不確かながら、おそらく百済に再征して六城を獲得、二〇年に東夫餘に親征して降伏させている。実際の領土拡大としては、百済からの六四城と七〇〇村で、すべて百済から。六四城の名をすべて記す。弥鄒城（仁川）・関弥城（漢江河口付近）・阿旦城（ソウル東部あるいは忠北丹陽）など。年次記事は王の軍事行動を伝えるが、五年・六年・一四年・二〇年は王の親征、八年・一〇年・一七年は軍を派遣するだけ、と分類でき、前者は「王躬率」（王みずから……軍を率いて）という文字を書き、また親征の理由を記す。後者は「教遣」（王が教を出して……軍を派遣して）と記すのみで、理由を記さない。王が親征する理由は、高句麗にとって不利な状況で、王の親征によってそれが解消されたとすることで、王の偉大さを示す修辞をなす。倭が登場することで知られるいわゆる辛卯年条は、そうした理由を記した部分にあたり、誇張が考えられる。現地の拓工が石灰を塗って字画を鮮明にしたことがあり、拓本もそれ以前のもの（原石拓本）がよい。

【参考文献】武田幸男『高句麗史と東アジア』（岩波書店平1）。　（田中俊明）

こうたいごう【皇太后】　三后の一つで、天皇の母で后位にのぼった者。孝謙天皇即位ののち、その母である聖武天皇皇后の藤原光明子を立てたのが、確実な初例。大宝・養老令では、中宮職が皇太后に奉仕することになっていたが、九世紀後半からは皇太后宮職がおかれた。　（荊木美行）

こうたいし【皇太子】　「ひつぎのみこ」ともいい、儲君・春宮・東宮などとも書く。律令制下において皇位継承の資格をもつ者で、ただ一人が定められた。皇太子の地位につくことを立太子といい、皇太子になった人物のためには、傅・学士が任じられ、その家政機関として春宮坊がおかれた。大化前代には、大兄・太子などの皇太子制の先蹤とみられる皇位継承の原則があったと考えられるが、王位継承資格者は必ずしも一人ではなく、その制度についても不明な点が多い。皇太子制が整備されたのは飛鳥浄御原令からで、珂瑠皇子（のちの文武天皇）がそのはじめであろう。また、立太子の儀式が整えられたのは、阿倍内親王（のちの孝謙天皇）の頃からと考えられている。平安時代に入ると、天皇の即位後はおおむね皇太子が定められ、立太子と同時に学士や春宮大夫の任命が行われた。皇太子制の確立は、古来宮廷内部において跡を断たなかった皇位継承をめぐる内紛を回避するうえで大きな役割をはたしたが、いっぽうで、いったん皇太子となった人物が天皇によってその地位を追われるという、いわゆる廃太子の問題を生んだ。

【参考文献】井上光貞『日本古代国家の研究』（岩波書店昭39）。荒木敏夫『日本古代の皇太子』（吉川弘文館昭60）。　（荊木美行）

こうたいしき【交替式】　律令制下で、内外の官人の交替に関する規則を集成した法令集。官撰のものでは、八〇三（延暦22）年に撰進された延暦交替式（原題は「撰定交替式」）が最初。以後、八六七（貞観9）年に貞観交替式、九二一（延喜21）年に延喜交替式が、それぞれ撰進されている。　（荊木美行）

こうたいじんぐう【皇大神宮】　⇩伊勢神宮

こうたいじんぐうぎしきちょう【皇大神宮儀式帳】　⇩伊勢神宮

こうたいぶにん【皇太夫人】　天皇の生母で、夫人の地位にある者。七二四（神亀元）年二月、聖武天皇の生母藤原夫人（宮子）を大夫人と称したが、直後の三月に皇太夫人と改め、大御祖と発音したのが、確実な初見。一〇世紀以後、天皇生母の女御を皇太后に立てるようになり廃絶した。　（荊木美行）

ごうだんしょう【江談抄】　平安時代後期の説話集。六巻。大江匡房の言談を藤原実兼が筆録したもの。長治・嘉承年間頃の成立。有職故実や人物評、説話などをのせる。漢詩文や漢学関連の記事も多い。後の『古事談』『宇治拾遺物語』などに与えた影響は大きい。注釈書に『新編日本古典文学大系32』（岩波書店平9）などがある。　（小西茂章）

こうちき【小袿】　貴族女性の上衣。重袿の表着には唐衣を着けるのが正装であるのに対し、日常のやや改まった場面での表着に用いる。形は袿に似ているがやや丈が短く、色文様は唐衣に準じる。後宮では中宮や女御の日常に用いられた。　（佐藤文子）

こうちせいしゅうらく【高地性集落】　山や丘陵の上に形成された集落で、とくに弥生時代のものをさす。昭和初年に森本六爾が、低地性集落に対する概念として措定して以来の用語であるが、定義はあいまいである。一般には水稲耕作に不向きで、畑作集落か、または軍事的性格（逃げ城としてや、のろし台など通信伝達的用途も含む）を中心として、特殊な用途をもつ集落と考えられている。常時居住するものか、季節的・一時的に移動をするものかによって用途も変わるため、その追究が重要視されている。島田川遺跡（山口県）の調査を通して、小野忠熙が、二世紀のいわゆる倭国の大乱と結びつけて解釈し、瀬戸内海地域にとくに集中していたこともあって定着していったが、同地域の盛期は紀元前二〜一世紀にさかのぼることがわかり、別の解釈が求められるようになった。いまなお同地域が分布の中心といえるが、北部九州・山陰・北陸・北関東などでも確認されている。環濠（溝）集落との対比も必要である。

【参考文献】『古代文化』54巻4号・高地性集落特集号（財団法人古代学協会平14）。

（田中俊明）

こうちょうし【貢調使】 大帳使・税帳使・朝集使とともに、いわゆる四度使の一つ。律令制下で調庸などの京進を担当する国司をいう。調庸の現物とともに、調帳とその枝文も進上した。七七五（宝亀六）年からは専当国司の目以上があてられた。

（荊木美行）

こうちょうじゅうにせん【皇朝十二銭】 律令国家発行の銅銭の便宜的な総称（富本銭は含まず）。日本古代銭貨と呼ぶ方が適当。和同開珎（七〇八年発行）・万年通宝（七六〇）・神功開宝（七六五）・隆平永宝（七九六）・富寿神宝（八一八）・承和昌宝（八三五）・長年大宝（八四八）・饒益神宝（八五九）・貞観永宝（八七〇）・寛平大宝（八九〇）・延喜通宝（九〇七）・乾元大宝（九五八）。ほかに銀の和同開珎（七〇八）・大平元宝（七六〇）、金の開基勝宝（七六〇）がある。中国以外のアジア諸国の独自銭貨発行は、西域諸国では単発的、それ以外は一〇世紀以降。八世紀初頭から約二五〇年も継続したのは日本だけである。律令国家は、銭貨に高い法定価値を与え、銅銭を支払いに用いて利益をえた。そのため私鋳銭が横行し、銭貨価値は下落した。これに対して律令国家は、旧銭の一〇倍の法定価値をつけた新銭の発行を繰り返し、私鋳銭を厳罰に処した。新銭はしだいに小型軽量化し、鉛の含有量が増えたにもかかわらず、高い価値をつけたので信用が落ち、律令国家の衰退とともに、銅銭の流通は一〇世紀末頃衰えた。

【参考文献】栄原永遠男『奈良時代流通経済史の研究』（塙書房平4）。栄原永遠男『日本古代銭貨流通史の研究』（塙書房平5）。

（栄原永遠男）

こうづか【壺杆塚】 大韓民国慶尚北道慶州市路西洞にある六世紀前半の古墳。一九四六年、韓国国立博物館（金載元館長）によって発掘された。積石木槨墳で、金銅製山字形冠や漆塗り鬼面文装飾の胡籙などとともに、「乙卯年国岡上広開土地好太王壺杅十」という銘の青銅盒が出土。高句麗の長寿王三（四一五）年にあたる乙卯年に製作されたもので、広開土王碑文の字体に類似する。この青銅盒は同時期に新羅慶州に流入、伝世されて、六世紀前半に副葬された。

（東　潮）

こうてい【皇帝】 中国、秦の始皇帝以降、歴代王朝の天子に用いられた尊称。秦以前の殷、周代では、各国の統治者を王、あるいは天子とよんだ。前二二一年に秦王政が中国全土の統一をなし遂げ、中国最初の統一帝国を建設した際、この新しい帝国に君臨する最高統治者としてより尊大な称号を必要とし、新たに皇帝号を称することになった。かれはみずからを始皇帝とし、その後を二世皇帝、三世皇帝と万世にわたって伝えようとしたが、

壺杆塚出土青銅壺杅
「1946年発掘報告」（国立博物館）より

壺杆塚遺物出現状態

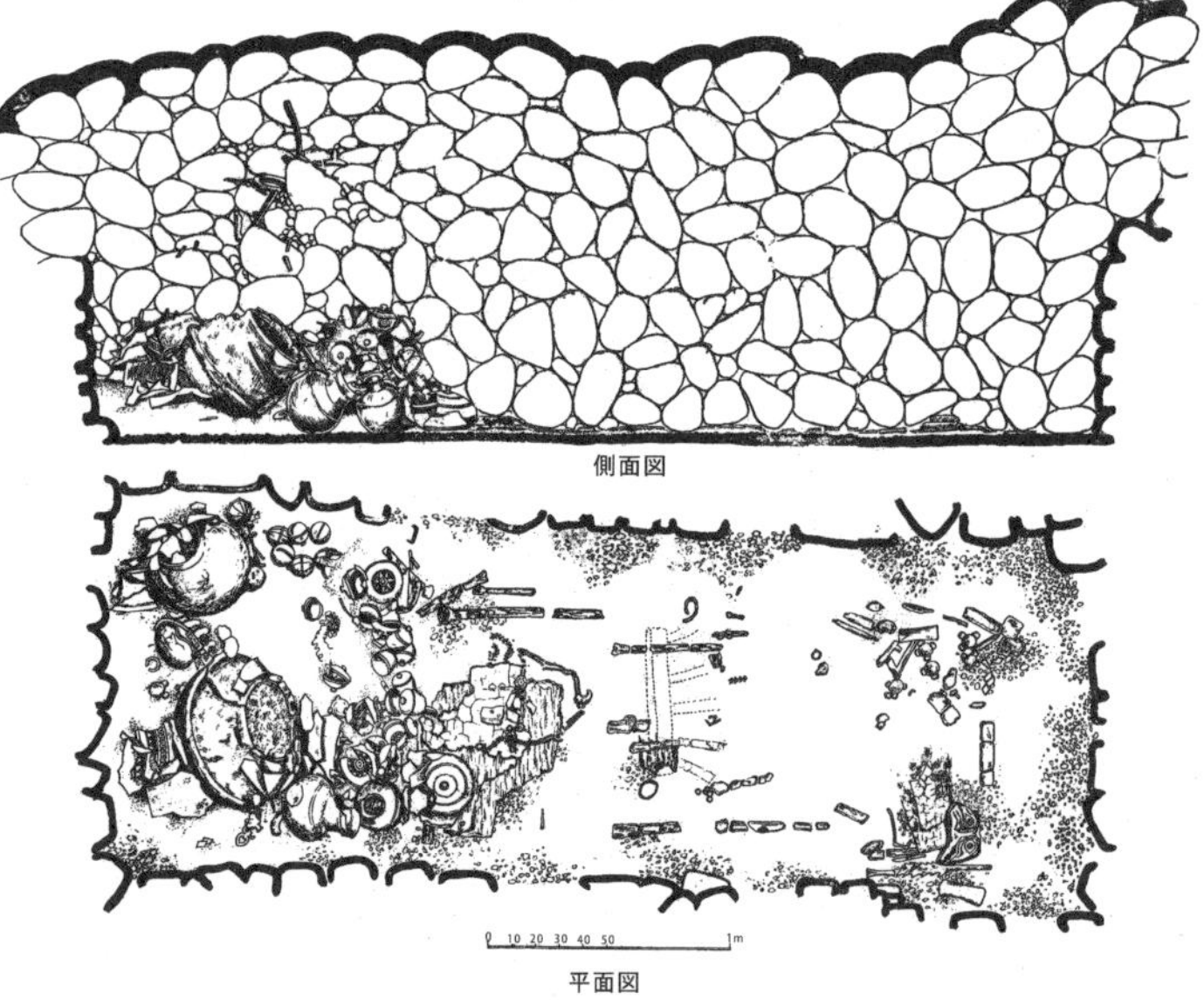

「1946年発掘報告」（国立博物館）より

秦は早くも三世で滅び、その後をうけた漢の高祖が皇帝の位についてより、皇帝号が歴朝天子の正式の尊号となった。前漢時代には皇帝権を拡大し王侯を抑圧する政策がとられたが、後漢になると豪族勢力が台頭し、以後の皇帝は豪族、貴族勢力により制約をうけるようになる。しかし唐末、五代の混乱によって旧来の貴族勢力が没落すると、宋代には科挙官僚を基盤とした中央集権的君主独裁制が確立し、皇帝が政策の決定権を掌握する形態にかわっていった。（高井たかね）

こうでん【公田】 令制下の田種の一つ。令規によると、官田（屯田）、駅田（駅起田）や乗田など無主田をさす用語で、乗田のみを指す用法も認められる。七四三（天平15）年の墾田永年私財法以降、口分田も公田とされ、平安時代までに口分田と乗田を公田とする用法が一般化した。（山本崇）

こうでん【功田】 令制下、功臣に対して給される田。不輸租田。大功田のみが永世世襲田であり、上功田・中功田・下功田は、それぞれ三世（曾孫）・二世（孫）・子までの相伝を認められていた。ただし、田積に関する規定を欠き給田の基準は詳らかにしえない。（山本崇）

こうでん【校田】 令制下において、班田に先だち実施される田地の調査。検田とも。京・畿内では中央から派遣される校田使が、畿外諸国では国司または巡察使が、前回の校田以後の田主や田籍の異同を調査し、その結果を校田帳・校田図に記して太政官に報告した。（山本崇）

こうでん【荒田】 令制下の田種の一つ。かつて熟田でありながら荒廃して耕作できなくなった田。不堪佃田・荒廃田・常荒田などともいい、未墾地である荒地とは異なる。令規によると、三年以上不耕の荒廃田は、私田は三年、公田は六年を限り借佃が認められている。（山本崇）

こうでんし【校田使】 律令制下、班田に向けて田地を調査するために派遣された官人。京・畿内では中央から校田使が遣わされ、畿外では国司または中央派遣の巡察使が調査にあたった。その結果は校田帳に記され、太政官に上申された。（勝山清次）

こうでんたいせい／くでんたいせい【公田体制】 鎌倉・室町時代の支配体制をあらわす概念。入間田宣夫が一九六九（昭和44）年に提唱した。これによると、公家・武家両政権に結集するすべての支配階級は、公田を共通の基盤に統一的人民支配を維持していたのであり、公田は、所当官物・一国平均役、御家人役などの賦課基準として大田文に登録された定田で、荘園・公領のいずれにも存在したとされる。その特徴は、中世における公田を領主階級の結集原理と捉える点に認められるが、公田の語義は時代によって異なり、大田文記載の田地が一貫して公田と称されたか否かには異論もある。

【参考文献】入間田宣夫『百姓申状と起請文の世界』（東大出版会昭61）。（山本崇）

こうどう【講堂】 ⇩伽藍配置

ごうとう【強盗】 事前・事後を問わず威や力をもって他人の財物を取る行為。単なる盗みの窃盗とは区別される。「賊盗律」によれば、未遂の場合（徒二年）から武器を用いた場合（遠流）まで、内容により刑罰の規定が異なった。（横澤大典）

ごうとうじょうこじょう【敖東城古城】 吉林省敦化市を流れる牡丹江左岸の自然堤防上にある古城。外城壁は東西四〇〇m・南北二〇〇m、内城壁は一辺八〇m。城壁は土を盛り上げて築造し、外城の南壁に甕城の痕跡が残る。城内から靺鞨甕が出土し、渤海建国時におかれた旧国に比定されることが多かった。しかし、城壁が二重に巡り甕城が設けられていることから、遼金時代の造営とする説が有力となっている。城内から、白磁、陶質土器、瓦などが出土。

【参考文献】朱栄憲『渤海文化』（雄山閣一九七九）。李強「渤海旧都即敖東城ロ疑」『东北亚历史与文化』（沈阳书社一九九〇）。（小嶋芳孝）

こうとくてんのう【孝徳天皇】 596?～654 在位645～54 第三六代天皇。和風諡号は天万豊日天皇。父は敏達天皇孫の茅渟王。六四五（大化元）年の蘇我本宗家滅亡後（所謂大化改新）即位。宮をそれまでの飛鳥から難波長柄豊碕宮に移した。翌年以降、改新の詔をはじめ、諸々の政策をうちだしたが、政権末期に皇太子中大兄皇子と不仲になり、皇子等は天皇の許しをえず飛鳥に移ってしまった。陵は大坂磯長陵。従来は改新政権の主導は中大兄とする説が一般的であったが、孝徳を積極的に評価する研究もある。また改新の詔を後世の偽作とみる説や、改新自体を否定する説もある。（小野里了一）

ごうとくなごんがんもんしゅう【江都督納言願文集】 大江匡房の起草した願文集。六巻（巻四欠）。平安時代後期成立。一〇〇編を超える大江匡房作の願文を集め、施主の身分別に分類したもの。法会儀礼が盛行していた院政期の文化を知るうえで重要である。一四三五（永享7）年写の六地蔵寺蔵本のほか、数点の零本が伝わる。（橋本正俊）

ごうどふんぼぐん【神門墳墓群】 千葉県市原市国分寺台に存在した関東地方最古級の古墳群（三世紀後半）。古くは前方後円墳三基、円墳一基、方墳三基から構成されたが、宅地造成により五号墳を除いて削平された。これらのなかで三基の前方後円墳は近年纒向型前方後円墳と呼称されるわが国最古の前方後円墳である。その規模は三号墳（全長四九・一m）、四号墳（四八・八m）、五号墳（四二・六m）などで、中国鏡を副葬せず、弥生土器が墳丘から発見される。埋葬施設は木棺直葬で少量の武器が副葬された。

【参考文献】田中新史『上総市原台の光芒』（市原古墳群刊行会平12）。（茂木雅博）

こうなんおおつかこふん【皇南大塚古墳】 大韓民国慶尚北道慶州皇南洞にある五世紀中葉～後半の古墳。南・北墳径八〇m、直径一二〇mの瓢形墳。一九七三～七五年に国立文化財研究所により発掘された。皇南洞一帯の古墳群のなかでは最大級。墳丘の重複関係から、南墳がまずつくられ、北墳が連接されたと考えられる。南北墳とも積石木槨墳で、金・銀・金銅製の冠帽・耳飾・銙帯・飾履、三累環頭大刀・鉄鋌・農工具など大量の鉄器、ローマ系のガラス器、玉虫装飾の金銅透かし

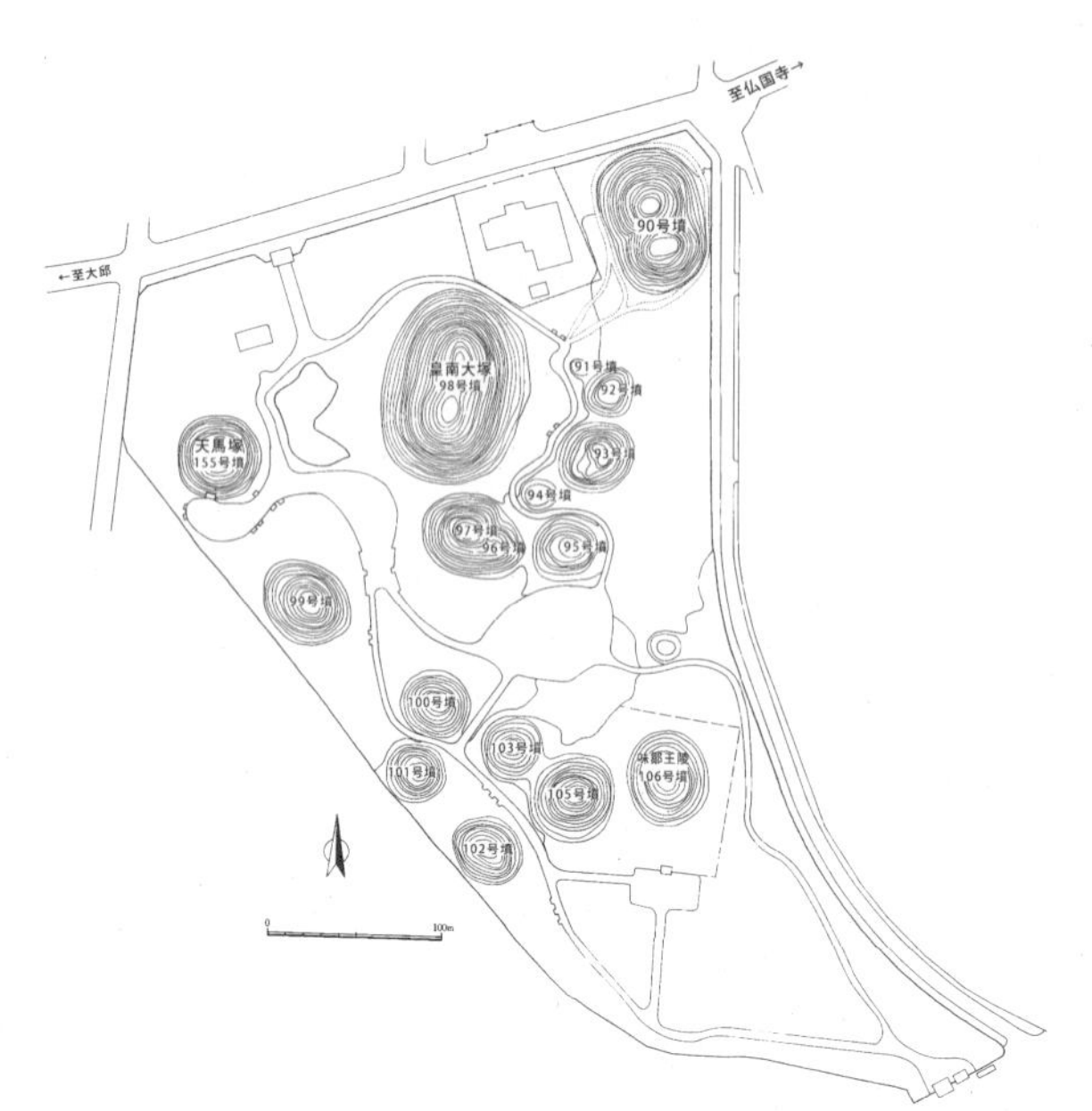

皇南大塚周辺古墳分布図

皇南大塚主槨内部遺物露出状態

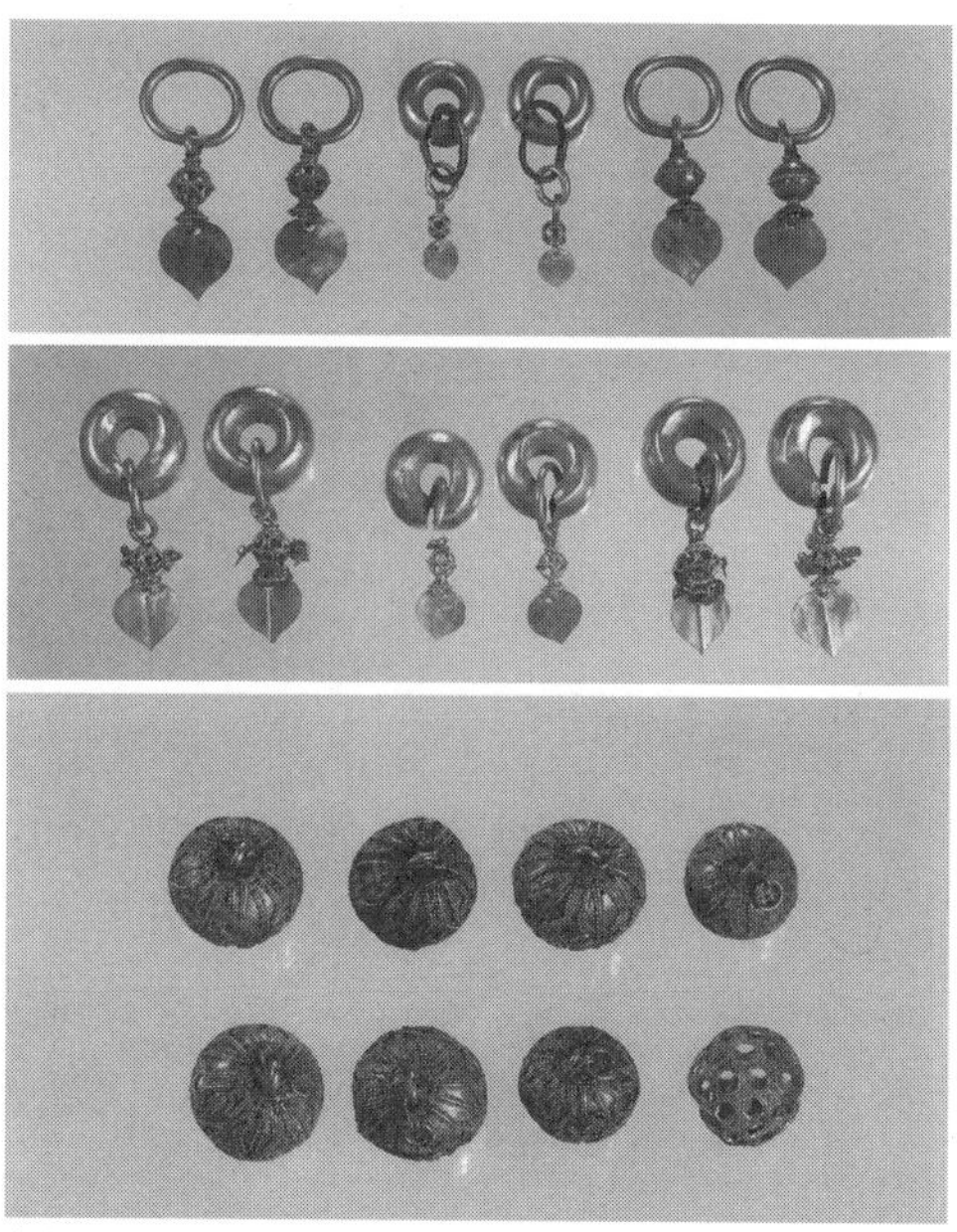

皇南大塚出土品
「皇南大塚南発掘墳調査報告書」(文化財管理局文化財研究所)より

彫鞍金具などが出土している。鉄鏃・太環耳飾・簪・漆器など高句麗系の遺物も多い。年代について、南墳を四五一年に没した訥祇王の墓とみる考えもある。北墳では「夫人帯」銘の銀製端金具が出土しているので、被葬者は王妃となろう。新羅最大の古墳で、しかも王陵である。その構造や副葬品などが明らかになったのであり、新羅王権、諸技術など、今後ともさまざまな点が解明されるであろう。

〔参考文献〕国立文化財研究所『皇南大塚北墳発掘調査報告書』(一九八五)。文化財研究所『皇南大塚南墳発掘調査報告書』(一九九三)。

(東　潮)

こうにん・じょうがんぶんか［弘仁・貞観文化］　平安前期九世紀の文化。嵯峨天皇の弘仁(八一〇〜八二四)、清和天皇の貞観(八五九〜八七七)の年号による。宮廷を中心に貴族や官人の間で唐風文化が開花した。学問・教育分野では、藤原氏の勧学院、和気氏の弘文院などの大学別曹が設置されたり、明経・紀伝(文章)・明法・算など諸道が整えられたり、空海による綜芸種智院などの独自の私学も現れた。さらには漢詩文が隆盛し、『凌雲集』『文華秀麗集』『経国集』などの勅撰漢詩集が編纂された。仏教では最澄・空海による天台・真言の立宗があり、仏教行事が整備されるとともに密教が盛んとなり、両界曼荼羅などの密教美術が現れ、神仏習合も進んだ。唐風全盛ながらも、仮名文字が新しい展開を示すなど、実際には国風文化の基礎をつくっているということができる。

〔参考文献〕蓮見重康編『弘仁・貞観時代の美術』(東京大学出版会昭37)。川崎庸之『平安の文化と歴史　著作選集3』(東京大学出版会昭57)。

(山田雄司)

こうにんきゃくしき［弘仁格式］　いわゆる三代格式のうち、最初に編纂されたもの。格は一〇巻、式は四〇巻よりなる。桓武天皇朝に編纂が開始されたが、天皇の死によって中断。その後、嵯峨天皇朝に再開され、格式ともに八二〇(弘仁11)年に完成。しかし、その後も修訂が続けられ、八三〇(天長7)年にいたって施行。なお、施行後も修訂が継続され、八四〇(承和7)年には改正された格式が再施行されている。

(荊木美行)

こうにんきゃくしょう［弘仁格抄］　弘仁格一〇巻の格文の要旨と日付を、弘仁格の配列にしたがい抜粋したもの。抄本ではあるが、亡佚した弘仁格の原形や類聚三代格の欠失部分の復原・推定に役立つ。大正時代に九条家所蔵の写本が公開され、はじめて世に知られた。現在では『新訂増補国史大系』第二五巻に収録。

(荊木美行)

こうにんしき［弘仁私記］　多朝臣人長が八一二(弘仁3)年六月から翌

年にかけて、宮廷で行った『日本書紀』講書の講義録。三巻。「国史大系」所収の「日本書紀私記（甲本）」の原本とされる。「私記（甲本）」は語句の読み方などを注記したもので、八二三（弘仁14）年四月以降に書かれた序文が付されている。（加茂正典）

こうにんしき【弘仁式】 いわゆる三代式のうち、最初に編纂されたもの。諸司が行う政務に関する細則を、官司別に類聚。全四〇巻。桓武天皇朝に藤原内麻呂・菅野真道らによって編纂が開始されたが、天皇の死によって中断。その後、嵯峨天皇朝に藤原冬嗣ら六人が委員となり編纂が再開され、八二〇（弘仁11）年に、格とともに完成。しかし、その後も修訂作業が続けられ、八三〇（天長7）年にいたって奏進・施行された。なお、施行後も修訂は継続され、八四〇（承和7）年には改正弘仁式が再施行されている。条文の多くは散逸したが、巻一九式部下・巻二五主税上の断簡が九条家本「延喜式」の紙背に存するほか、逸文の存在も知られている。（荊木美行）

こうにんてんのう【光仁天皇】 709～81 在位770～81 天智天皇孫。施基親王の子。母は紀橡姫。名は白壁。桓武天皇の父。大納言正三位であった七七〇（宝亀元）年、称徳天皇崩御後、皇太子となり即位。皇統は天武系から天智系に移った。陵は長良市の田原陵。（関口力）

こうねんだいりゃっき・こうねんだいしき【皇年代略記・皇年代私記】 歴代天皇の治績を中心として記された年代記の一種。『群書類従』帝王部所収『皇年代略記』は、神代から起筆し、後陽成天皇まで書き継がれ、さらに、桜町天皇までの記事を追補している。内容は、まず天神七代、地神五代のことを記し、次に神武天皇以下、歴代天皇ごとに、諱、諡号、父母、在位年数、皇居、略歴、年号、治世間の事項を記載している。また、『史籍集覧』所収『皇年代私記』も同じ体裁で桜町天皇までをおさめ、『皇年代略記』と同系統に属する。（加茂正典）

こうひょうじん【高表仁】 生没年不詳。唐の官人。唐から来日した最初の使人。父は高熲、妻は太寧公主（隋の文帝の孫娘）。六三〇（舒明天皇2）年に派遣された最初の遣唐使を送って、六三二（同4）年八月に来朝。倭国を中華思想にもとづく礼の秩序に従わせようとしたが失敗し、皇帝の命を宣することなく翌年正月に帰国した。時に新州刺史（『旧唐書』倭国伝）。（川崎晃）

ごうふうぞう【綱封蔵】 律令制下で仏教行政を統括した僧綱によって鎰が管理された蔵。寺院資財が収納された。法隆寺の綱封蔵が特に有名。これに対して勅旨が鎰を管理する蔵を勅封蔵という。（植木久）

こうふくじ【興福寺】 奈良市登大路町に所在する法相宗大本山。藤原鎌足が死去したとき妻鏡女王が山科の邸宅に伽藍を建立して山階寺としたのが最初で、藤原不比等により藤原京厩坂の地に移されて厩坂寺となり、七一〇（和銅3）年平城遷都に際し現在地へ移されたとされる。南大門・中門・金堂・講堂が南北に並び、東に東金堂・五重塔、西に西金堂がある。講堂の北および東西に僧房があり、僧房西室の西に北円堂がある。東金堂は聖武天皇が元正太上天皇の病気平癒を願い七二六（神亀3）年に建立したもので、現在のものは一四一五（応永22）年の再建。五重塔は光明皇后の発願により七三〇（天平2）年に建立されたもので、現在のものは一四二六（応永33）年の再建。北円堂は藤原不比等を供養するため不比等の一周忌である七二一（養老5）年に元明太上天皇と元正天皇が建立した八角円堂で現在のものは一二一〇（承元4）年の再建。東金堂・五重塔・北円堂はいずれも国宝。伽藍西南にある三重塔は一一四三（康治2）年の創建で現在の塔は鎌倉時代前期の再建（国宝）。興福寺には八部衆像、十大弟子像、十二神将像、無著・世親菩薩像、天燈鬼・竜燈鬼像（いずれも国宝）など多数の仏像等が伝わる。

【参考文献】 岩波書店『奈良六大寺大観（七）（八）』（昭44・45）。（鶴見泰寿）

こうぶてい【光武帝】 B.C.6～A.D.57 在位25～57 中国、後漢の初代皇帝。諱は秀、字は文叔、廟号は世祖。父は劉欽、母は樊氏。遠祖は前漢の景帝。一族は南

興福寺北円堂
写真：矢野建彦

八部衆立像　阿修羅
興福寺蔵

陽郡蔡陽県の大地主であり土着豪族であった。彼は地主として農地経営を切り回す一方、遊侠の徒との交友もあり、王莽政権が動揺するなか二二年に地方豪族を組織して決起し、首領として王莽討伐に出る。翌二三年に昆陽での王莽軍との決戦に勝利して後、河北、山東、関中の農民軍も平定し、二五年に帝位につき洛陽を都とした。『日本書紀』の壬申の乱での瀬田の戦は『後漢書』の昆陽の戦の記述を引き写したものである。（高井たかね）

こうぶんいん［弘文院］ 和気氏の大学別曹。和気広世が大学寮の別当になった延暦後半（八〇〇年頃）、亡父清麻呂の志を継いで大学南辺の私宅を「弘文院」と名づけ、儒書・仏書数千巻と墾田二〇町を寄進し、学生らの図書館兼勉学所とした。これがのちに大学寮付属の別曹として公認され、九世紀末頃まで機能した。

〔参考文献〕 桃裕行『上代学制の研究』（吉川弘文館昭22）。所功「平安時代の大学別曹と私学」（『日本教育史』仏教大学通信教育部昭60）。（所　功）

こうぶんてんのう［弘文天皇］ ⇩大友皇子

こうべつ［皇別］ 『新撰姓氏録』における氏族区分の一つで、その先祖が天皇・皇子である氏族のことをいう。神別・諸蕃に対する言葉。同書では、平安時代初期の平安京・五畿内居住の古代氏族の内、皇別氏族三三五氏をあげている。（加茂正典）

こうほくしきどき［後北式土器］ 北海道の続縄文文化の土器群。後期北海道式薄手縄文土器の略称で、前期北海道式薄手縄文土器（前北式）とともに一九三三（昭和8）年に河野広道が命名。江別式、坊主山式とも。口縁部の山形突起、擬縄貼り付け文、隆起線文、帯状縄文、刺突文などの有無や特徴からA・B・C_1・C_2—D式の四段階に分けられる。分布はA・B式は道央部、C_1式以後は全道的に広がり、C_2—D式はサハリン、南千島、東北北部、さらに新潟西部に及ぶ。河野本道は胴部文様を編み籠、編み手下げ袋、魚網と見立て、魚網をアイヌ文様の起源と考える。（長沼孝）

こうみょうこうごう［光明皇后］ 701～60 聖武天皇の皇后。父は藤原不比等、母は橘三千代。実名は安宿媛。既に異母の姉の宮子が文武天皇夫人となり、また母三千代は歴代の後宮に勢力をもち、早くから聖武天皇への入内が期待された。七一六（霊亀2）年に首皇太子の妃となり、七一八（養老2）年に阿倍皇女をもうけ、ついで聖武天皇即位の翌年の七二七（神亀4）年には基皇子が誕生。ただちに立太子するも、翌年に死去。この年に聖武天皇は県犬養広刀自との間に安積親王をもうけ、光明皇后および藤原氏の立場は微妙となる。しかし七二九（天平元）年には藤原氏は政敵長屋王を失脚させ、以後兄の武智麻呂・房前・宇合・麻呂の藤四子が政権を運営。七三七（同9）年に四子が天然痘で死去後に橘諸兄政権が成立するも、その政権下で七三八（同10）年に阿倍内親王を立太子させ、聖武天皇・阿倍皇太子体制が成立、七四九（天平勝宝元）年には阿倍が即位して孝謙天皇となる。この間に光明の政治的に果たした役割は明らかでないが、この年に皇后宮職を紫微中台と改称して甥にあたる仲麻呂がその長官に就いており、仲麻呂は則天文字・四字年号採用また唐風官名改称など則天武后（武則天）に光明をなぞらえての政治を行っているので普通は仲麻呂の画策とされるが、光明の合意のもとでのことと思われる。また七五七（天平宝字元）年には乱への不穏な動きに際して再度皇太后の詔を発して事の沈静化をはかっており、依然としてそれなりの権力を確保していたことが知れる。翌年には中台天平応真仁正皇太后の尊称を奉られ、同時に皇后宮職の改称である紫微中台を、太政官の改称された乾政官に対応する坤宮官とさらに改称して併立させており、これも仲麻呂の主導ではあるが権力の強化をはかっている。正倉院建立や施薬院・悲田院設置など諸救済事業、また五月一日経書写などの諸仏教事業がうかがえる温和・平和な人物像とあわせて、こうした光明皇后の奈良時代政治史上の重要な役割に注意する必要がある。墓所は佐保山東陵（奈良市法蓮町）。

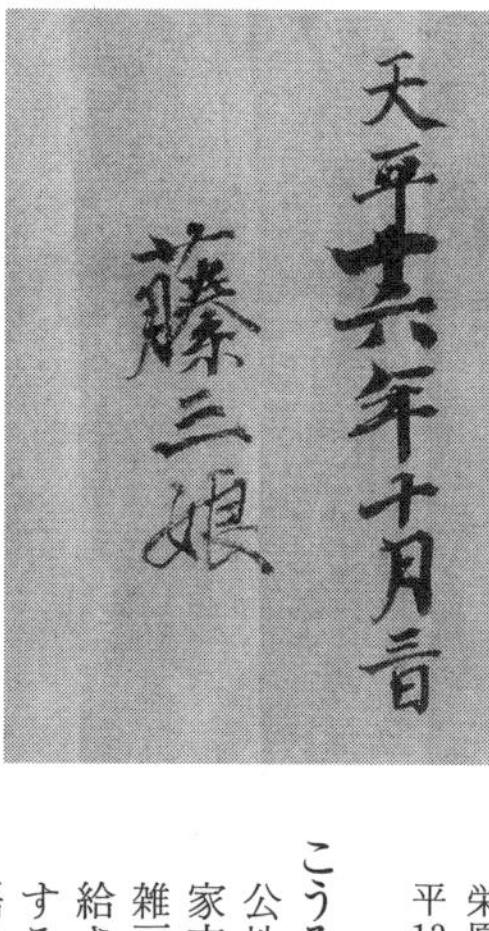

光明皇后が四十四歳のときの筆跡
正倉院蔵

〔参考文献〕 『光明皇后御伝』（光明皇后会昭28）。林陸朗『光明皇后』（光明皇后会昭36）。岸俊男『日本古代政治史研究』（塙書房昭41）。栄原永遠男『奈良時代の写経と内裏』（塙書房平13）。（井上満郎）

こうみん［公民］ 訓は「オホミタカラ」。公地公民制などのように律令体制下で国家支配をうける人民一般をさし、品部・雑戸や奴婢を含まず、普通に口分田を班給され課役を負担する「良」身分を意味することが多い。それ以前からも公民の語はあったが、律令体制下では「天下公民」などと称されることが一般的。「私民」と対応して論じられることもあるが、「私民」の語は律令体制下には存在しない。（井上満郎）

こうやさん［高野山］ ⇩金剛峰寺

こうやさんもんじょ［高野山文書］ 和歌山県高野山金剛峰寺とその子院に伝来する古文書群。江戸時代に成巻など表装された本寺の『宝簡集』『続宝簡集』『又続宝簡集』の約三五〇〇通（国宝）をはじめ、子院の金剛三昧院・西南院（重文）などにも多数残る。寺領荘園や寺内組織に関係する文書等が多く貴重資料。『大日本古文書』所収。（綾村宏）

こうやひじり［高野聖］ 高野山や空海に対する信仰を各地に広め、納骨を勧めて全国を勧進した下級僧侶。九九四（正暦5）年の大火後の高野山復興につとめた定誉（祈親上人）に始まり、院政期には教懐・覚鑁が組織化し、とくに念仏が導入される。学侶・行人とともに山内三派を形成し、山内の各別所に居住した。中世には時宗化が進んだ。

〔参考文献〕 五来重『高野聖』（角川書店昭40）。

（難波謙一）

こうらい【高麗】 朝鮮の王朝（九一八～一三九二）。都は開城（開京）。新羅末、後三国時代の混乱のなかで、九一八年に地方豪族の王建が自立して建国。国号の高麗は高句麗に因む。各地の豪族を統合しながら勢力を拡大、九三五年に新羅の敬順王が投降し（新羅の滅亡）、翌年には後百済を滅ぼした（後三国の統一）。唐、宋の制度を取り入れ、また田柴科という官僚への土地支給制度を整備して、しだいに集権的な国家体制を確立した。中国中原の五代の諸王朝や宋に朝貢してさかんに交流したが、北方の契丹、金（女真）の侵攻をうけて朝貢関係に入るなど、外交政策に苦慮した。一一七〇年にクーデターによって武臣政権が成立したが、武臣間の権力争いによって政情不安が続くなかモンゴルの侵攻をうけ、一二五九年には支配下に入った。反乱軍の三別抄を平定した元（モンゴル）の皇帝は、以後歴代の高麗国王を娘婿とすることで、高麗に対して強い影響力を行使した。二回にわたる日本征討が行われ（文永、弘安の役）、高麗は軍事、経済上の大きな負担を強いられた。一四世紀半ば、元が衰退すると紅巾軍の一部が開京に侵入、倭寇の被害にも苦しみ、明の建国後は、高麗では外交政策をめぐって親元派と親明派が対立するようになった。紅巾軍や倭寇の討伐によって頭角をあらわした武臣李成桂は、朱子学の素養をもつ親明派の新興官僚の支持をえて、一三八八年にクーデターによって実権を握り、九二年に即位した（朝鮮王朝、李朝）。高麗では仏教がさかえ、契丹とモンゴルの侵攻をうけた多難な時期に、それぞれ大蔵経の膨大な数の版木が彫られた。

〔参考文献〕武田幸男『高麗史日本伝（上）（下）』（岩波文庫平17）。

（山内弘一）

こうらいせいじ【高麗青磁】 朝鮮半島の高麗時代を代表する陶磁器。中国・浙江省の越州窯系青磁の影響をうけて、全羅南道康津で生産が開始された。その時期については、一〇世紀頃と考えられるが、九世紀前半説から一〇世紀後半説まで諸説ある。第一期の青磁は、釉薬が深く、また、均一に塗られて発色がよく純粋な青磁色を出し、秘色あるいは翡色青磁とよばれる。素文のほか陽刻・陰刻による唐草・鸚鵡・蓮弁・花などの文様で飾られた各種の容器類と、硯滴・香炉・枕などの造形物がある。象嵌青磁に特徴づけられる第二期は、一二世紀中頃からのほぼ一世紀間にわたる。もともと金属器に施された象嵌が陶磁器に応用されたといわれる。雲鶴・楊柳・宝相華・菊花・唐章・柘榴など豊富な象嵌文様で飾られた、碗・梅瓶・瓶など各種の器形が知られる。第三期は、一三世紀中頃からおよそ一四世紀後半にかけて衰退期にあたる。その初期に蒙古の侵入で国土が疲弊し、国力が衰えを見せはじめたことから、高麗青磁は衰退した。象嵌文様は散漫な構図と粗雑な筆致となり、やがて李朝時代初期の粉青沙器へと移行する。器種においても、梅瓶が減少し、小型の皿・碗類が多くなる。また、鉄砂などを使う鉄絵青磁も多く製作された。それには、宋・元の修武窯や磁州窯の影響をうけたものがみられる。高麗青磁は、貿易陶器として中世の日本列島にわずかながら輸入された。

〔参考文献〕金元龍（西谷正訳）『韓国美術史』（名著出版昭51）。

（西谷正）

こうらいだいぞうきょう【高麗大蔵経】 漢訳された仏教聖典を集大成したものを大蔵経、または一切経といい、板木に付されたのは北宋初め九七一～八三年に蜀の成都で雕造された一三万板が最初で、北宋版、蜀版とよばれる。大量に木版印刷された北宋版大蔵経は、西夏、女真、高麗などにもたらされ、東アジア各地の仏教の発展に大きく貢献した。高麗で最初に大蔵経が木版に雕造されたのは、第八代顕宗が父母追善のために創建した玄化寺への奉納を契機としたものである。六〇年以上の年月をかけて一〇八七年に完成した第一次の高麗版大蔵経は、一二三二年のモンゴル軍の侵略で兵火に焼かれてすべて焼失した。高麗では仏力の加護でモンゴルを打ち払うことを祈願してその複刻を図り、一五年をかけて一二五一年に第二次の大蔵経の雕造が完成した。これが韓国尚慶南道陜川の海印寺に完全な板木として残された現存の高麗版大蔵経である。白樺の木版は三年間海水に浸し、さらに塩水で蒸して長期の保存に耐える処置が施された後に刻字された。縦二四cm、横六九・五cm、厚さ三cmの木版には二三行で行毎に一四字の経文が刻られ、全体で八一二五八枚、経典の種類にして一五六〇部、六八一五巻が現存する。日本に現存する大蔵経版木には、黄檗山万福寺の鉄眼禅師が一六八一年に完成した六万余枚の黄檗版（鉄眼版）大蔵経があるが、高麗版大蔵経の版木は時代的には四三〇年も古く、量的にも二万枚以上多い。高麗版大蔵経の版木で印刷されたものは高麗本、麗本とよばれ、誤字や脱字のきわめて少ない最良の漢訳仏典とされる。高麗本が日本に最初に将来されたのは一三八九年の天竜寺僧春屋妙葩によるもので、以後もしばしば高麗版がもたらされ、その一本が東京芝の増上寺に伝えられている。現在、仏教研究で基本テキストとされる一九三二年に完成した『大正新脩大蔵経』は、増上寺の高麗本を底本としながら諸本と校勘したものである。

（愛宕元／安田純也）

こうらいほんぞう【康頼本草】 「やすよりほんぞう」とも。平安時代の薬物書。『医心方』の編者である丹波康頼（912～995）撰と伝えるが仮託とされる。『本朝類編日本勅号記』『本朝和名伝鈔』とも。草・木・菜など一〇種に分類し、八七五種を収録。各種につき効能、調製法などを記す。

（綾村宏）

こうらたいしゃ【高良大社】 福岡県久留米市御井町に鎮座。「延喜式神名帳」では「高良玉垂命神社」と表記。式内名神大社。神階は、七九五（延暦14）年に従五位下に授位以後、八九七（寛平9）年に正一位にいたる。筑後国の一宮。主神はこの地の古代豪族の祖先神とみられる高良玉垂命で、相殿には八幡・住吉大神を祀る。当社の境内地に広くめぐらされた神籠石は、山城の土塁の根止めとして用いられた列石である。

（堀越光信）

ごうりせい【郷里制】 古代律令制下の地方行政制度。戸令規定の五十戸一里制を改め、七一七（霊亀3）年五月頃に施行された。それまでの里を郷と改称し、その郷を機械的に二、三の里（コザト）に分割して下部単位としたもので、郷には郷長、里には里正を置いた。この改正は同時に戸の編成にも及び、従来の戸を郷戸と称するとともに、一郷戸のなかを二、三の房戸（小家族集団）に分割し、これに公法上の位置を与えた。令規定どおり一郷は五〇戸（郷戸）からなるが、郷里制下の戸籍である七二一（養老5）年の下総国葛飾郡大嶋郷戸籍によれば、大嶋郷を構成する三つの里の戸数はそれぞれ房戸数によって集計されており、郷の戸数が郷戸数とは別に房戸によって集計されたことが知られる。同様に郷里制下の計帳（大帳）である阿波国計帳（年次未詳）においても、一国全体の戸数が課不課別に房戸によって集計されており、房戸が課役賦課の単位として機能したことを示している。郷里制の施行については、従来『出雲国風土記』に「霊亀元年の式に依り、里を改めて郷となす」とあることにより、七一五（霊亀元）年とするのが通説であったが、平城宮・京跡出土木簡等の検討により、それが七一七（同3）年の事実であることが近年明らかにされた。『出雲国風土記』の記載は「霊亀三年」の誤写と考えられる。郷里制は形式的には唐の郷里制（百戸一里、五里一郷）を模したとも考えられるが、郷戸・房戸制を採用し、郷を構成する里数・房戸数に定数がないなど、内容は大きく異なっている。里制から郷里制への改正については、従来の行政単位をさらに細分し、地方行政における統制を強化することによって、貢組・徴税の実をあげることを図った現実的意図をより重視すべきである。しかし郷里制は機械的に里を設定したもので村落の実態に則したものではなかったため、期待したほどの効果はあげえず、七三九（天平11）年末から翌年初めにかけての頃に里と房戸は廃され、以後は単に郷制となった。

〔参考文献〕岸俊男『日本古代籍帳の研究』（塙書房昭48）。鎌田元一『律令公民制の研究』（塙書房平13）。　（鎌田元一）

こうりゅうじ【広隆寺】 京都市右京区太秦の寺。真言宗御室派別格本山。三論・真言兼学の寺。蜂岡寺・葛野秦寺・太秦寺とも。六〇三（推古天皇11）年に秦河勝が聖徳太子から授かった仏像（宝冠弥勒とも）を安置するために造立された秦氏の氏寺で、六二二（推古天皇30）年には新羅将来仏像も安置。旧寺地は北野廃寺跡だとも言われ、平安遷都にともない現在地へと移転されたようである。延暦年中には寺内勢力の分裂があり、八一八（弘仁9）年には火災にあう。承和年間以降、別当道昌のもと再建。霊験薬師を本尊に据える。京都の貴賤の信仰を集め、参籠する貴人も多かった。一一五〇（久安6）年の再度の火災で推古天皇十一年像を失った可能性もあり、以降は推古天皇二四年新羅伝来の伝承をもつ弥勒半跏思惟像（泣弥勒）が本尊とされて、四天王寺系の太子信仰が隆盛する。平安末から鎌倉時代にかけて上宮王院や桂宮院が造立され、聖徳太子信仰の寺となる。一一六五（永万元）年の講堂（赤堂）は市内では現存最古の建築。基準作例となる多くの仏像のほか、八七三（貞観15）年の広隆寺縁起資財帳、八九〇（寛平2）年の広隆寺資財交替実録帳が伝来する。伽藍神大酒神社の祭礼牛祭は、毎年一〇月一二日の夜に、慈覚大師が勧請した摩多羅神が牛に乗って境内を一巡する京都の三奇祭の一つ。

〔参考文献〕橋川正『太秦廣隆寺史』（京都太秦聖徳太子報徳會大12）。田中重久『聖徳太子御聖蹟の研究』（全国書房昭19）。林南壽『廣隆寺史の研究』（中央公論美術出版平15）。　（北康宏）

こうりゅうじあと【皇龍寺跡】 大韓民国慶尚北道慶州市に所在する新羅最大の寺院。新羅の王城である月城の北東約六〇〇mに位置する。『三国史記』などの記録によると、五五三（真興王14）年に造営が始まり、一二三八（高麗の高宗16）年の蒙古侵入によって灰燼に帰すまで法灯は続いたようである。寺城は南北約二八四m、東西約二八八mの広さで、創建時の伽藍配置ははっきりしないが、七世紀代には金堂が東西に三つ並ぶ独特の一塔三金堂式になっている。塔は高さ約八〇mの九重の木塔で、金堂の丈六金銅仏とともに新羅三宝となっている。遺物は多種多量の瓦塼類や土器類のほか、銀製盒・銅鋺などの金属容器類、金銅如来仏などの仏像類、唐の白磁小壺などの中国製陶磁器類、金銅製垂飾付き耳飾、銅鏡、玉製品、石製品など多種多様のものが出土している。

〔参考文献〕大韓民国文化財管理局文化財研究所編『皇龍寺跡発掘調査報告書Ⅰ』（本文編昭57、図版編昭59）。　（亀田修一）

こうりゅうじえんぎしざいちょう【広隆寺縁起資財帳】 ⇨広隆寺

こうりょうでん【後涼殿】 「こうろうでん」とも。平安京内裏の殿舎の一つで、身舎の規模は南北九間、東西二間で、清涼殿の西に位置し、清涼殿とは渡殿によりつながっていた。中央を東西に通る馬道により南北に分断され、それぞれが納殿となっていた。また、東西の庇には内侍司、御厨子所や御膳宿があった。　（西山恵子）

こうれいちさんどうこふんぐん【高霊池山洞古墳群】 大韓民国慶尚北道高霊郡池山洞にある五～六世紀の古墳。一九七六年に封土墳七二基が確認されている。主山城からのびる尾根線上から山麓一帯に分布する。これまで池山洞一～三、三〇、三二～三五、四四・四五号墳などが発掘された。古墳群は竪穴式石室が中心で、六世紀には横穴式石室墳が出現している。四四号墳は主副室の竪穴式石室と三二基の小形石室、四五号墳は一墳丘内に二基の大形石室と一一基の小形石室がある。墳丘の盛り土の状況や小形石室の配置などから殉葬墓と推定されている。三〇号墳およびその周囲で竪穴式石槨・横口式石槨・横穴式石室・土壙墓など三五〇基が発掘された。眉庇付冑も出土している。丘陵・尾根上だけでなく、谷間の至る所に古墳がつくられているが、王墓級の古墳は未発掘。山麓に王宮推定地もある。近辺に高霊壁画墳などが分布する。大加耶国の中心勢力の墳墓群で、洛東江とその支流の南江地域に、「高霊型」という特色のある加耶土器が分布する。

〔参考文献〕啓明大学校博物館『高霊池山洞古墳群』（一九八一）。嶺南埋蔵文化財研究院『高霊池山洞三〇号墳』（一九九八）。　（東　潮）

こうれいてんのう【孝霊天皇】 第七代天皇。在位七六年。諡号は大大和根子彦太瓊。孝安天皇の皇子。母は押媛命。孝安天皇の崩御により即位し、黒田廬戸宮を都とする。一二八歳（『古事記』では一〇六歳）で崩じ、片丘馬坂陵に葬られる。　（大川原竜一）

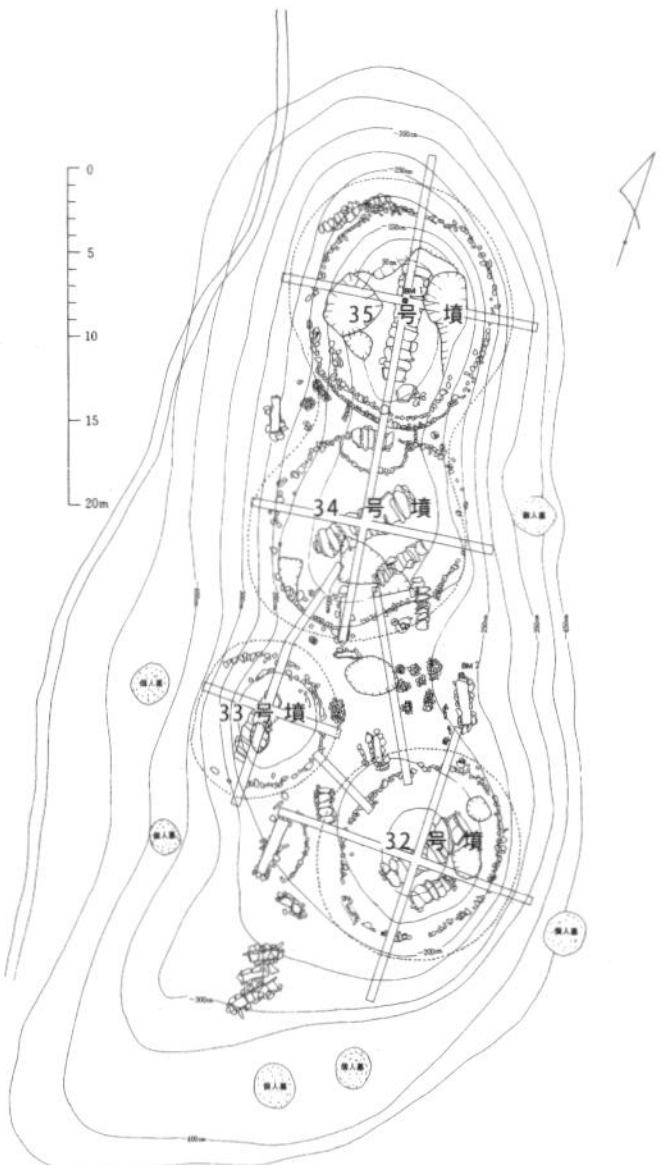

（右）池山洞 32～35 号墳　地形図　発掘区割図
（上）金銅冠（32 号墳石室出土）
「高麗池山洞古墳群」（啓明大学校博物館）」より

こうろかん[鴻臚館] 平安時代、平安京・摂津・筑紫に設置された外国使節等の接待機関。前身は客館とよばれたが、平安時代嵯峨天皇の頃に唐風に鴻臚館とよび変えられた。この名称は唐の外蕃をつかさどる役所「鴻臚寺」に由来する。「平安京鴻臚館」は京都市にあり、七条大路の北、朱雀大路を挟んで東西にそれぞれ方二町の鴻臚館があったとされる。建物規模や構造は不詳だが、国ごとの使い分けがあったとも考えられている。入朝外国使節、とくに渤海国使が頻繁に利用したが、渤海国の滅亡により一〇世紀半ば以降には衰退した。「摂津鴻臚館」は大阪湾に面した大阪市上町台地にあったと考えられている。これは八四四（承和11）年、官舎が摂津国府に転用され廃止された。「大宰府鴻臚館」は福岡市中央区城内、国史跡福岡城跡にあった。三ヵ所の鴻臚館遺跡のうち、唯一遺構が確認されている。前身は筑紫館とよばれ、六八八（持統2）年に新羅国使金霜林らを筑紫館で饗したという『日本書紀』の記事が初出である。大宰府の外交機能「蕃客、帰化、饗讌」をつかさどった蕃客所の付属施設であり、外国使節のほか遣唐使・遣新羅使ら遣外使節も利用した。外国との正式交通が絶えると、来日商人の安置供給施設、交易所に姿を変え、一一世紀半ばまで存続した。商品として持ち込まれた大量の中国陶磁が出土し、交易所としての性格を如実に示す。また、兵馬、甲冑がおかれ防御の役割も負っていた。鴻臚館廃絶後、交易所の機能は、中世都市博多に引き継がれる。奈良時代には、東西七四m、南北五六mの塀で囲まれ、東側に八脚門をもつ同形同大の区画が、堀を挟んで南北に存在した。平安時代の建物も堀の南北に同時に存在した。八五八（天安2）年、帰朝した入唐僧円珍が遊行した「鴻臚北館門楼」（『園城寺文書』）、八六一（貞観3）年、高丘親王入唐の際鴻臚館に滞在したが、その時唐商人が滞在していた「鴻臚北館」（『入唐五家伝』）は谷北側の建物群をさす。一〇世紀以降には北側に建物が集約されたと考えられる。

[参考文献]森克己『新訂日宋貿易の研究』（国書刊行会昭61）。中山平次郎『古代の博多』（九州大学出版会昭59）。（池崎譲二）

大宰府鴻臚館出土の中国産陶磁器

こえき[雇役] 律令国家による有償の強制雇傭労働。その労働の対価を雇直あるいは功直という。政府は大宝令の施行により、従来の無報酬の役をやめ、公民から庸を徴収した。造営工事等に動員される雇役民に対する雇直及び食料は、この庸によって支弁された。まもなく中央における雇役の雇直としては、和同開珎などの銭貨が多く用いられた。雇役民は、*国司が貧富や戸口の多少を基準に調査した帳簿から、その国に割当てられた人数分を差配した。差点に際しては、富裕で強壮な成年男子の多い戸から順に指名された。報酬が支払われるとはいえ、自由な契約に基づく雇傭労働ではなく、また年間五〇日（閑月）も強制的に徴用されたため、公民にとっては大きな負担であり、逃亡者も少なくなかった。また往復の食料は自弁であった。八世紀における平城・恭仁・難波・長岡・平安京などの大規模な宮都の造営事業などは一般に雇役で行われた。なお、強制をともなわない雇傭労働である和雇も存在した。

[参考文献]青木和夫『日本律令国家論攷』（岩波書店平4）。栄原永遠男『日本古代銭貨流通史の研究』（塙書房平5）。（俣野好治）

ごえつ[呉越] 中国、五代十国の一（九〇七～七八）。唐末の混乱期に自衛団を基盤にした銭鏐は、唐の滅亡とともに自立して杭州を中心としたほぼ浙江省全域の地に呉越国を建国した。荒田開発などにつとめ、乱世にあってその国内は比較的安定した。小国を維持するため遠交近攻的な外交政策をとり、*契丹や*高麗と海上ルートで通じ、日本への貿易船が来航している。また仏教信仰が盛んで、五代銭弘俶がつくらせた陀羅尼経を納めた八万

四千鉄塔は日本にも渡来している。（高井たかね）

ごえふ［五衛府］ 大宝・養老令制下で宮内・京内の守衛にあたった軍隊組織の総称。具体的には、衛門府・左右衛士府・左右兵衛府の五つをさす。しばしば廃合があり、八一一（弘仁2）年には左右衛門府・左右兵衛府・左右近衛府の六衛府体制となった。（荊木美行）

ごおう［牛黄］ 薬の一つ。牛の胆嚢中に稀に生ずる結石で、小児病や熱病に効能があるとされる。厩牧令では牛黄があれば貢進することを定めており、『左経記』一〇一六（長和5）年正月二日条には河原人が死んだ牛の皮を剝いだら牛黄が発見され、鶏卵大だったと記す。（勝田至）

こおおぎみ［小大君］ 生没年未詳。平安時代中期の歌人。系図未詳。九八六（寛和2）年の三条院立坊後、女蔵人として出仕。少将時代の藤原朝光と恋愛関係にあったほか、兼盛、道信、実方、公任、為頼、高光らとの贈答歌が知られる。三十六歌仙の一人。家集『小大君集』。（山本令子）

こおり［評］ 国造が統治していたクニなどを再編成して、七世紀中葉の孝徳朝に設置された行政区画・組織。評の成立・発展過程については、孝徳朝に全国一斉に設置されたとみなす説、孝徳朝から天武・持統朝にかけて段階的に設置されたとみなす説、評制と国造制が並存していたとみなす説などが提示されている。評の統轄者については、評督・助督の二等官とみなす説や、評造から評督・助督に発展したとみなす説などがある。軍事的な性格を有していた朝鮮諸国のコオリなどの影響をうけながら成立した評は、行政・軍事・交通などの多様な機能を有し、中央集権的な国家体制を構築していく上で重要な役割を担った。七世紀後葉に国制が整備されてくると、軍事権と交通権は、軍団と駅家に分離されて国の管轄となり、評は、行政的な機能に限定されていき、七〇一（大宝元）年に郡と改称された。

［参考文献］鎌田元一『律令公民制の研究』（塙書房平13）。（岩宮隆司）

こおりやまいせき［郡山遺跡］ 宮城県仙台市太白区に所在する飛鳥時代後半から奈良時代初めにかけての官衙跡（Ⅰ期官衙・Ⅱ期官衙）。Ⅰ期官衙（七世紀中頃以降）は、東西三〇〇m、南北六〇〇mほどのなかに大型の建物跡や倉庫跡がある。Ⅱ期官衙（七世紀末から八世紀初め）は、四二八m四方のなかに正殿、石敷広場、石組み池跡などがあり、それらの南方には郡山廃寺がある。Ⅰ期は東北地方で最古の柵跡、Ⅱ期は多賀城以前の陸奥国府とみられている。（長島栄一）

ごおん・かんおん［呉音・漢音］ 日本漢字音のうち、呉音は五～六世紀頃の南朝音を母胎とし、漢音は七～九世紀頃の唐代北方音を母胎としている。例えば、人間・兄弟・和尚は、呉音ではニンゲン・キョウダイ・ワジョウ、漢音ではジンカン・ケイテイ・カショウ。呉音の清濁は『切韻』（六〇一年撰）のそれとよく一致する。漢音は唐代北方音の全濁音無声化を反映して、「貧」「弟」「強」と清音になり、次濁音の鼻音要素弱化を反映して、「米」「内」「人」のように濁音になる。仏典は一般に呉音で読まれ、漢籍は原則として漢音で読まれる。奈良時代の万葉仮名資料は大半が呉音系である。『日本書紀』は基本的に漢音系であり、特に巻一四～二一、二四～二七の仮名は唐代北方音で直接音訳されている。漢音系の仮名の初出例は、徳島市観音寺遺跡出土木簡の「伎珥」（雉キジ）である。なお、古墳時代や推古時代の金石文は朝鮮の影響をうけた古韓音系の仮名が多い。（森博達）

こがく［胡楽］ 中国における外来音楽を一般に胡楽といい、とくに西域から伝わったものをさす。漢魏、晋の中国固有の音楽に対し、南北朝隋、唐の音楽の中心を占め、宋以降の音楽の先駆となった。主として北魏の末より北周の初期以降の北朝で胡楽が愛好され、南朝にも少なからざる影響を与えた。唐代にはますます盛んとなり中国の伝統音楽の姿を一変させるほどで、日本の飛鳥、奈良、平安期の仏教音楽は大きな影響をうけている。（高井たかね）

こかちょう［估価帳］ 奈良・平安時代、都の東西市や諸国の市司が物価を記した帳簿。関市令によれば、市司は品物ごとに上中下三等の価格を定め、一〇日ごとに帳簿にまとめ、それらを季節ごとに京職や国司に報告しなければならなかった。（勝山清次）

ごがつついたちきょう［五月一日経］ 光明皇后が父・藤原不比等、母・県犬養三千代の追善のために発願した一切経。奥跋に七四〇（天平12）年五月一日とあり、この名称がつけられた。唐より帰朝した玄昉将来の『開元釈教録』の写経を目標に、七三六（同8）年より事業が開始され、一時中断があったが、七五六（天平勝宝8）年まで続けられ、総巻数は約七〇〇〇巻におよぶと推定される。諸大寺の学僧の蔵書を借用するなど『開元釈教録』にない経典もあり、写経所が極盛期にあったことを示している。

［参考文献］田中塊堂『日本写経現存目録』（思文閣昭48）。（宮城洋一郎）

こがねいよしきよ［小金井良精］ 1858～1944 明治・大正期の人類学者・解剖学者。一八八〇（明治13）年、第一大学医学校（東大）を卒業、ドイツに留学、八五（同18）年帰国。翌年東大教授となり解剖学担当。八八～八九（同21～22）年北海道の調査におもむき、それ以後アイヌの人類学的研究に重点をおく。九三（同26）年日本解剖学会を設立、九三～九六年東大医科大学学長をつとめた。その著書『アイヌ族の研究』（明37）は、当時高く評価された。妻喜美子は森鷗外の妹。（上田正昭）

こがねづかこふん［黄金塚古墳］ 大阪府和泉市上代にある前方後円墳。丘陵端頂部を利用してつくられ、前方部が低く広がらない和泉地方の代表的な古墳である。古墳時代前期末、墳丘長八五m、後円径五七m、前方幅三四mで埴輪、葺石が存在し、丘陵側に掘割がある。後円部頂には三基の粘土槨が平行に並ぶ。中央槨は長さ八・七mの割竹形木棺をもち、東槨は長さ四mの箱形木棺がある。双方は同時期と考えられるが、西槨のものは前二者よりも小ぶりで作りが雑な箱形木棺である。中央槨から出土した半円方格帯四神四獣鏡には景初三年（二三九）の紀年銘があり、これは邪馬台国の卑弥呼が中国の魏に遣使を送った年と目される。ほかには二神二獣鏡、玉類、石釧、車輪石、筒形水晶製品、鉄刀・剣・刀子・斧・鎌などが出土している。東槨・西槨とも遺物が多数出土するが、東に三角板革綴短甲、西に三角板革綴衝角付き冑があるほか、東からは京都府椿井大塚山古墳出土鏡と同笵の三角縁波文帯龍虎鏡が出土した。国指定史跡。

【参考文献】末永雅雄・島田暁・森浩一「和泉黄金塚古墳」『日本考古学協会調査報告(5)』（綜芸社昭29）。（一瀬和夫）

こがねやまじんじゃ【黄金山神社】 宮城県涌谷町所在の神社。祭神は金山彦神などだが、式内社小田郡黄金山神社については宮城県牡鹿町所在の通称金華山神社をこれにあてる説もある。天平年間に百済王敬福から貢上された黄金の産地を記念して建立されたもので、社地からは奈良時代遺物も発見されている。（井上満郎）

こかほう【估価法】 古代・中世における公定の売買価格や換算率のこと。令の規定によれば、政府は估価帳に記された価格のうち、中等の価格によって物資を調達しなければならなかった。税制において交易制の比重が高まるにつれ、その重要性も増し、国衙の行う交易や国衙から朝廷への交易物の納入にあたっても、估価法が用いられた。朝廷では平安中期から、たびたび估価法の制定が議論され、鎌倉時代には幕府も物価の安定を図るため、その法を定めている。（勝山清次）

こかわでら【粉河寺】 和歌山県粉河町（現紀の川市）にある粉河観音宗の寺。もと天台宗。『粉河寺縁起絵巻』によれば、七七〇（宝亀元）年葛木孔子古が千手観音を安置して以後観音の聖地となる。紀伊大伴氏の氏寺。平安後期には花山法皇はじめ貴顕らが参詣した。（野口孝子）

こかわでらえんぎ【粉河寺縁起】⇨粉河寺

こかんし【拒捍使】 平安中期以降、強制的な徴税を行うために任命・派遣された官人。当初は検非違使が任じられる例が多く、畿内を中心に官物や臨時雑役の未納・未進の徴収にあたったが、しだいに諸国にも設置されるようになった。（勝山清次）

ごがんじ【御願寺】 天皇の御願を修する寺で平安時代に盛行した。皇室の私寺的性格が強く、天皇のための祈禱所、崩御後の菩提所として建立された。譲位出家後の後院としての性格も備える。皇后、親王、貴族なども建立することができた。初期の御願寺は年号や天皇の名を冠する寺名が多い。仁和寺やその寺域内に建てられた四円寺、洛東白河に建立された六勝寺等はその代表である。寺の経営は座主・別当・三綱等によってなされ、師から弟子へ道を伝える。（野口孝子）

ごかんじょ【後漢書】 中国、後漢王朝についての紀伝体の歴史書。全一二〇巻。うち本紀一巻、列伝八〇巻は南朝宋の范曄の著、志三〇巻は晋の司馬彪の著である。もとは両者が別々に著した書であったが、范曄の『後漢書』に志が欠けていたため司馬彪の『続漢書』の志があてられるようになり、一〇二二年正式に合本されて現行の『後漢書』となった。范曄以前にも数種の『後漢書』があり、彼はこれらをもとにしつつも、原史料を自分の言葉で書き改めて独自の思考を表現し、みずからの史観を展開するため論評に力を注いだ。また巻一一五東夷伝には倭国の条があり、後漢時代の倭について述べられている。これは『三国志』の『魏志』倭人伝をもとに記したものであるが、范曄はこれに対しても独自の解釈を加え、倭国の大乱の時期を桓・霊帝の間とし、卑弥呼が「鬼道」をよくするなど、注目すべき記述がみられる。紀伝には唐の章懐太子李賢、志には南朝梁の劉昭による注がある。（高井たかね）

こき【古記】 大宝令の注釈書。「令集解」に引用されて部分的に残存しており、「古私記」とも称される。七三八（天平10）年頃の成立。作者は大和長岡、山田白銀、秦大麻呂など諸説あるが不明。失われた大宝律令の条文を復元する上での基本史料であるばかりでなく、多くの格式や天平度の遣唐使が持ち帰った典籍なども引用しており、また当時の実際の慣行を「今行事」として具体的に記していて貴重である。のちの養老令の注釈書に与えた影響も大きい。（鎌田元一）

こき【国忌】 「こっき」とも。天皇忌日に特定寺院（奈良時代には東大寺など、平安時代以降は東寺・西寺など）で行われた国家的な追善斎会。神事は延引、廃朝・廃務。六八七（持統元）年に行われた天武国忌に始まる。大宝儀制令により対象が持統天皇以降の歴代忌日に拡大、増加。七九一（延暦10）年には天子七廟制にならって親尽（血縁が遠くなった天皇など）の国忌を廃止するシステムが導入された。

【参考文献】古瀬奈津子『日本古代国家と儀式』（吉川弘文館平10）。（北康宏）

ごきしちどう【五畿七道】 古代の地域区分。五畿は山城・大和・河内・和泉・摂津の五国の総称。当初は大和・河内・摂津・山背の四畿であったが、七五七（天平宝字元）年和泉国の河内国からの分立によって五畿、平安時代になって山城・大和・河内・和泉・摂津の順に記されるようになった。七道は東海道・東山道・北陸道・山陰道・山陽道・南海道・西海道のことで、都に近い順に国名を列記するのが通例であった。（高橋誠一）

こきでん【弘徽殿】 平安京内裏の後宮七殿の一つで、常寧殿の西に位置し、常寧殿とは渡廊で結ばれていた。身舎は南北七間、東西二間で、中央に馬道が通り、身舎は南北に分断され、北の西半分は納殿として塗籠となっていた。身舎は主に皇妃の居所として使用された。（西山恵子）

こきゅう【胡弓】 擦弦楽器の一種。鼓弓とも書く。形は三味線に似ているが三味線よりは小さく、胴に皮を張り、棹をつけて三ないし四本の弦を、馬尾毛の弦で引く。箏や三味線と合奏する場合もあるが、胡弓本来の歌曲（本曲）がある。（上田正昭）

ごきょう／ごけい【五経】 中国、儒学の五つの経典。聖人の教えや言行を記した書で、いずれも孔子の編纂によるものとされていた。前漢時代には儒学が官学となり、武帝は前一三六（建元5）年に五経博士をおき、官学を設けて講義させているが、これ以降、多くの人々に学ばれ知識人必修の書物となった。五経の異同を検討した結果なった後漢の班固『白虎通義』五経篇では、五経は『周易』『尚書』『詩経』『礼』『春秋』をさし、『礼』は『儀礼』『礼記』『周礼』の三礼のうち『儀礼』のことである。先秦の頃はこれに加えて『楽経』があり六経であったが、秦の焚書で失われたため五経となった。唐代では『礼』は『礼記』をさし、『春秋』も『左氏伝』を含めるようになった。唐の太宗は顔師古に五経を校訂させて『五経定本』を、五経の解釈である注疏を統一するため孔穎達らに『五経正義』をつくらせ、これらを標準テキストとした。

（高井たかね）

こきょういぶん［古京遺文］　近世後期の考証学者である狩谷棭斎の著述で、平安初期以前の金石文についての考証を行ったもの。一八一八（文政元）年の自序が付されている。推古朝とされる銘文をはじめ三〇点の資料を収集しており、今日では失われたものも含まれる。

（早川万年）

ごぎょうしそう［五行思想］　木・火・土・金・水の五つ（五行）によって王朝の交代や自然現象を説明する古代中国の思想。陰陽説と結びついて陰陽五行説といわれ、日本にも伝わった。十二支とともに年や日を表す十干（甲乙丙丁戊己庚辛壬癸）は木火土金水をそれぞれ兄と弟に分けたもの。季節では二十四節気での春夏秋冬を木火金水にあて、土は各季の末に一八日ずつ配当する（土用）。方位では時計回りで東南西北に木火金水をあて、土を中央とする。また中国医学では肝心脾肺腎の五臓などに木火土金水を配当する。

（勝田至）

ごきょうせいぎ／ごけいせいぎ［五経正義］　中国、唐代に編纂された五経の注釈書。一八〇巻。孔穎達らが勅命により撰したもので、六三八（貞観12）年につくりはじめ六五三（永徽4）年になった。『周易』『尚書』『詩経』『礼記』『春秋』の五経に対する疏である。漢魏には経文に対する注がつけられ、南北朝時代にはこの注に対する注釈である義疏の学が盛んとなって、多くの解釈が行われた。しかし隋代に科挙が始まりこれら諸注がそのまま用いられて混乱を生じ、しかも南人と北人とで従う注が異なり諸説紛々としていたため、唐の太宗は五経の注とその解釈を統一することにした。まず諸注のうち、『周易』は王弼・韓康伯注、『尚書』は孔安国伝、『詩経』は毛亨伝・鄭玄注、『礼記』は鄭玄注、『春秋』は『左氏伝』杜預注と定め、それぞれについての従来の注釈の疏を選んで解釈も一定のものとした。『五経正義』が出て以降、五経の解釈は定まったが、ほかの注や義疏が滅んで経学の固定化を招いた。（高井たかね）

ごぎょうたいぎ［五行大義］　隋の蕭吉が陰陽五行説を集大成した書。五巻。『旧唐書』経籍志に「蕭吉五行記五巻」とみえる。その名は『宋志』芸文志にもみえるが、その後に、中国では忘佚した。わが国には、元弘相伝本（重要文化財）、天文鈔本（天理図書館蔵）などが伝存する。中務省陰陽寮には陰陽生一〇人がおかれていたが（「令義解」職員令第九条）、学令には陰陽生が学ぶべき経書は定められていない。七五七（天平宝字元）年一一月九日、勅により陰陽生が学ぶべき経書として、周易・新撰陰陽書・黄帝金匱・五行大義が定められた。また「日本見在書目録」にも、「五行大義一（巻）」がみえている。

一九九三（平成5）年に奈良県橿原市の藤原京右京九条四坊から出土した木簡に、「五行大義」巻五にみえる「八卦遊年」にもとづく記載があり、注目される（『木簡研究』第一六号）。三五歳のある男性の当年の禁忌を占断したものであり、また裏面の記載内容は、その男性の宮仕えに良い日は、「慶雲二年乙巳三月十一日庚寅」であることを占ったものであることが判明した。八卦遊年による占断は、「八卦法」あるいは「八卦忌」などと称され、これまでの史料上の初見は、「日本三代実録」の八六五（貞観7）年八月二十一日条であるが、本木簡により、それが八世紀初頭にさかのぼることが判明した。また「五行大義」が七〇五（慶雲2）年には確実にわが国に将来されていたことが判明、画期的な発見となった。

［参考文献］黒岩重人「藤原京出土木簡と陰陽五行」『東アジアの古代文化』八〇号（大和書房平6）。

（和田萃）

こきんわかしゅう［古今和歌集］　平安時代初期にできたわが国最初の勅撰和歌集。二〇巻。九〇五（延喜5）年四月、醍醐天皇の勅命で、紀友則・紀貫之・凡河内躬恒・壬生忠岑の四人の撰者によって編集された。成立については諸説あるが、所載歌の詠作年代では九一三（同13）年の「亭子院歌合」の歌が最後であることから、最終的な成立はこの頃と考えられる。おさめられた歌は約一一〇〇首、それを春（上・下）・夏・秋（上・下）・冬・賀・離別・羇旅・物名・恋（一～五）・哀傷・雑（上・下）・雑体・大歌所御歌の二〇の部立に分類整理している。紀貫之作とされる仮名序と紀淑望作とされる真名序が前後に添えられている。歌風は、七五調を主とし、縁語、掛詞などの修辞が目立つ。理知的で技巧的な歌風は、素朴で直情的な『万葉集』と比べ、女性的とされる。歌風だけでなく、その構成もともに後世の和歌集に大きな影響を与えた。最近の注釈書としては『新日本古典文学大系5』（岩波書店平1）『新編日本古典文学全集11』（小学館平6）などがある。

（小西茂章）

ごく［獄］　「ひとや」とも。大宝・養老令制下で未決囚や徒刑の囚人を拘禁する場所。刑部省被管の囚獄司（のちに左右検非違使）が管理した。平城京・長岡京では左右の別がなかったが、平安京には左獄（東獄）・右獄（西獄）と称され、それぞれ左京一条二坊一四町・右京一条二坊一二町におかれた。

（荊木美行）

こくうぞうぐもんじほう［虚空蔵求聞持法］　虚空蔵菩薩にすがって見聞したことを記憶に止どめる能力を養う修法。単に聞持法とも。唐代に善無畏の漢訳した虚空蔵求聞持法によって修する。早く持統朝に渡来した唐僧神叡によって自然智宗が開立されたという。空海が一僧侶からこの法を教授され仏教への道に入ったことは著名。

（井上満郎）

こくがく【国学】 大宝・養老令制下で諸国におかれた教育機関。国博士・国医師各一人がおかれ、そのもとで学生（大・上・中・下国に、それぞれ五〇・四〇・三〇・二〇人）・医生（大・上・中・下国に、それぞれ一〇・八・六・四人）が学んだ。学生はおもに郡司子弟から採用され、成績優秀者は大学に進学したり、出身する道が開かれていた。国博士・国医師は、国内または近隣諸国から採用されたが、人材難のため、まもなく中央から派遣された。しかしなお充足が難しかったのか、七二三（養老7）年、国博士は畿外では按察使の常駐する国のみに限定され、七七九（宝亀10）年、ようやく旧に復した。 （荊木美行）

こくがぐんせい【国衙軍制】 平安時代中期から末期における国単位の地方軍制を説明する概念。一九七〇（昭和45）年前後、石井進・戸田芳実によって提唱された。「館ノ者共」「館侍」などと称される国司の直属軍（私的従者や在庁官人）と、「国ノ兵共」「国侍」などとよばれる国司に組織された地方豪族によって構成される。中央貴族と主従関係を結びうる辺境軍事貴族は、いわば国司と対等であるため利害関係に応じて行動した。兵士役・兵粮徴収の体系も存在した。

〔**参考文献**〕戸田芳実・石井進・上横手雅敬「共同研究・日本中世初期権力構造の諸問題」『法制史研究』（20）（昭和45）。 （宮田敬三）

こくがりょう【国衙領】 荘園にあらざる国衙支配下の土地。公領、国領とも。領域型荘園が出現する一一世紀後半以降、令制下の郡郷制は変質し、国衙のもとに並列的に直結する郡・郷・保・別名などの新しい支配単位を生み出した。これらが国衙領の中核で、開発領主らは郡司・郷司・保司・別名領主などの諸職を国衙から保証され、国衙支配の末端を担った。鎌倉時代の大田文によると荘園が国衙領を大きく上回ることはなく、また両者の収取形態や内部構造には同質性が認められる。

〔**参考文献**〕村井康彦『古代国家解体過程の研究』（岩波書店昭40）。石井進『日本中世国家史の研究』（岩波書店昭45）。 （山本崇）

こくぐんりせい【国郡里制】 唐の州県郷里制をもとに、七〇一（大宝元）年に設置された地方の行政区画・組織。その後、地域支配を徹底化させるために七一七（霊亀3）年五月下旬頃に国郡郷里制へと変更された。国と郡は、段階的な役割分担に応じて地域支配を行う行政単位であったが、里は、独自の行政権をもたず、人民を編成して徴税などを行うための財政単位としての性格が強かった。唐では、都市と農村の区別なく州県郷里制を施行するとともに、人為的な行政区画である郷・里と自然村落の坊・村をともに人民編成の公的単位として採用し、州・県を統治する刺史・県令は中央からの派遣官人であった。それに対し日本では、都市（都）では京条坊制を、農村では国郡里制を施行するとともに、人為的な行政区画である坊・里だけを人民編成の公的な単位として採用し、国を統治する国司のみが中央からの派遣官人であった。 （岩宮隆司）

こくけんせい【国県制】 倭王権の行政的組織。国造の国と県主の県とによる統治のしくみ。いわゆる大化前代の国県制については、さまざまな見解があったが、これを国・県ないし国・県・邑の区分をもつ「地方行政組織」として「権力的に作りあげられた政治的制度」であるとみなして、遅くとも七世紀初頭には成立していたとする見解を表明したのは、井上光貞の「国造制の成立」（『史学雑誌』六〇―一一号昭26）であった。国と県を上下の地域的行政組織とみなす見解に対して上田正昭は「国県制の実態とその本質」（『歴史学研究』二三〇号昭34）で、県主制から国造制への歴史的過程を重視した。両者の間で国県制論争が展開されたが、井上の研究は国造制の方から、上田の考察は県主制の方からそれぞれに究明している。この論争を前提に、より実証的な論究が続いた。

〔**参考文献**〕新野直吉『国造と県主』（至文堂昭40）。 （上田正昭）

こくし【国司】 大宝・養老令制下の地方官。中央から諸国に派遣され、郡司を統率し、任国の政務をつかさどった。大化改新直後、東国国司を派遣した例があるが、国司の制度が最終的に整えられたのは大宝令から。国司は、守（長官）・介（次官）・掾（判官）・目（主典）の四等官と史生・国博士・医師・陰陽師・弩師・書生・国雑掌などから構成され、必要に応じて員外官がおかれた。当時の国は、大・上・中・下の四等に分けられ、等級に応じて四等官・史生の定員やその相当位にちがいがあった。国司の任期は大宝令では六年だが、七〇六（慶雲3）年に四年に短縮され、以後はおおむね四年。同じ国の国司を再任することを重任、国司に任じられても赴任しない者を遥任と称した。国司の職掌は多岐にわたり、祭祀・行政・司法・警察・軍事の各方面で強大な権限を有した。国司が必ずしも忠実に職務を遂行しなかったことは、すでに八世紀から巡察使・按察使・観察使などの国司監察官が任じられていることからもうかがえるが、のちには国司の交替を監査する勘解由使がおかれた。こうした不正が生じる背景には、在任中に得られる莫大な収入の問題があった。九世紀に入ると、国司の収入目当ての遥任国司が増加したが、いっぽうで、一〇世紀には受領の権限が拡大し、その収入への期待から、国史のポストをめぐって激しい猟官運動が展開された。

〔**参考文献**〕吉村茂樹『国司制度崩壊に関する研究』（東京大学出版会昭32）。吉村茂樹『国司制度』（塙書房昭37）。黛弘道『律令国家成立史の研究』（吉川弘文館昭57）。 （荊木美行）

こくし【国師】 地方仏教掌握のため、七〇二（大宝2）年、諸国に設置された僧職。主に中央官大寺の僧が僧綱推挙の上で官符をうけ地方に下向、僧尼の管理・教導や経典講説のほか、国分寺造営、各寺家の財物検校等に国司と携わった。奈良時代末には一国三、四人であったが、七八三（延暦2）年には一人ないし二人の定員が定められた。七九五（同14）年に講師と改称。併せて定員各国一人と変更された。この際に六年の任限も終身とされたが、これは八〇五（同24）年旧に復した。 （沢田瞳子）

こくじ【国字】 たとえば「神の木」から「榊」のように漢字の字体にならって日本でつくられた字。平安時代初期から実例がある。訓でだけよむのが原則であるが、

「働」のように音よみもあるもの、「腺」のように訓のないものもある。　（犬飼隆）

こくしゅ【国守】　令制下の国司の長官。官位相当は大国守が従五位上。以下、上国・中国・下国の順に、従五位下・正六位下・従六位下である。任国に赴かない遥任は、八世紀半ばには既に確認されるが、八二六（天長3）年、上総・常陸・上野三国を親王任国とし、長官（太守と称す）を遥授の官とするにいたり、その風潮は盛んとなった。平安時代中期以降顕著となる公卿兼国は、遥任をさらに一般化せしめたと解されるが、一方で、史料上遥任と受領の判定は困難であるとの指摘もある。　（山本崇）

こくしょ【国書】　前近代の中国を中心とした東アジア諸国間で交わされた文書の総称で、中国皇帝は詔勅と慰労詔書を、諸国君主は中国皇帝へ上表を用いた。ただ漢と匈奴、唐と突厥、宋と遼などのようにほぼ対等の関係にある時には、中国側の国書の冒頭は「皇帝敬問」で始まり、それ以外の君臣関係の諸国には「皇帝問」、あるいは「勅」とされた。日本からのものとしては隋の煬帝にあてた国書、唐の玄宗が聖武天皇にあてた国書が有名である。　（愛宕元）

中国を中心とする国際社会では、皇帝と周辺諸国の君主の関係は君臣関係に位置づけられた。諸国の君主が皇帝に差し出す文書は表（上表）の形をとった。倭王武は宋皇帝の臣下として上表文を奉ったが、遣隋使は対等関係の文言である「天子」や「致書」を用いて紛議を招いた。隋皇帝から倭王に宛てた文書様式は「皇帝倭王に問う」の書き出しになる臣下への詔書（慰労詔書）であった。唐皇帝は諸国の君主に冊書、慰労制（詔）書、論事勅書の三種の書式を用いたが、慰労制書には「皇帝敬問某」、「皇帝問某」で始まる二種があった。唐皇帝から日本国王（聖武）宛の国書は「日本国王主明楽美御徳に勅す」と臣下への「勅某」（論事勅書）の書式が用いられた（『全唐文』巻二八七など）。また、八世紀の日本では新羅王や渤海王に対して唐皇帝と同様の「天皇敬問某王」で始まる書式（慰労制書）を用いたため両国と紛議を起こしたが、唐と対立していた渤海王は天皇に対し臣下の「表」「啓」の書式をとった（『続日本紀』など）。

【参考文献】中野高行「慰労詔書に関する基礎的考察」『古文書研究』23（昭59）。中村裕一『唐代制勅研究』（汲古書院平3）。西嶋定生『倭国の出現』（東京大学出版会平11）。石井正敏『古代東アジアの外交と文書』『日本渤海関係史の研究』（吉川弘文館平13）。　（川﨑晃）

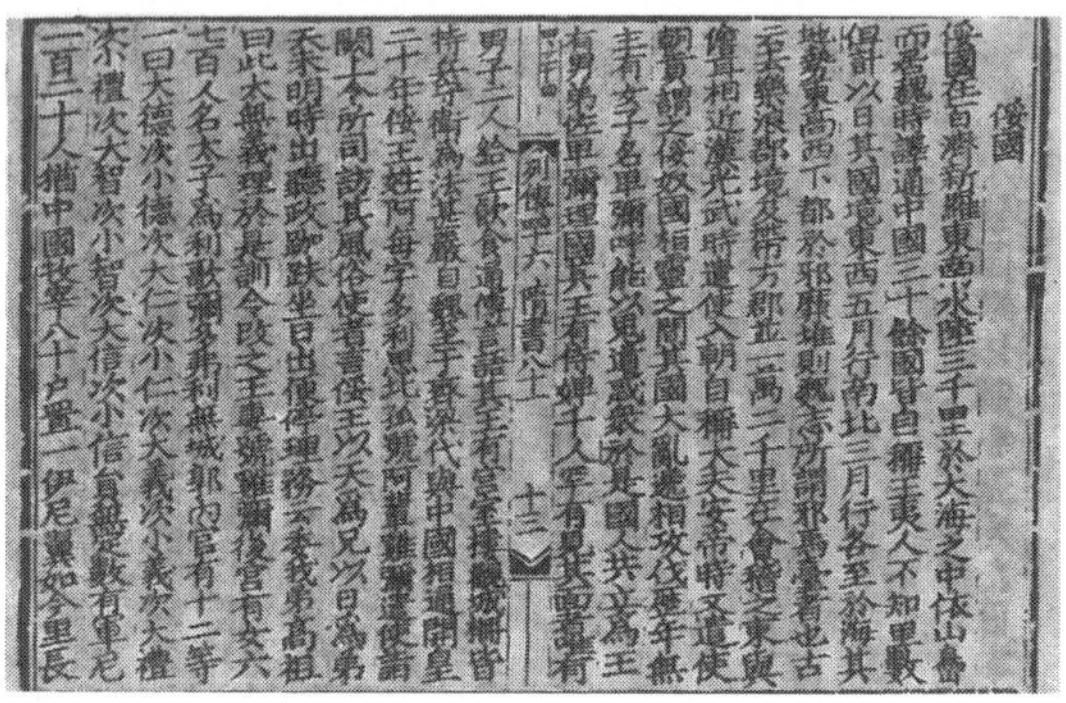

「隋書」倭国伝（百衲本）

こくず【国図】　古代の班田図や校田図のこと。班田収受に際し作成され、田地の種別、面積と所有者名などが記された。一〇世紀以降、班田が行われなくなると、最新の国図にその後の変動が追記され、荘田の確定に用いられた。　（勝山清次）

こくそういん【穀倉院】　平安時代の令外官。九世紀初頭、京内の窮民のため米穀を備蓄する貯蔵庫として設けられたもので、のちしだいに機能を拡大し、内蔵寮とともに内廷経済を支える官司となったが、平安後期に形骸化した。職員は、公卿別当、四位別当、五位別当および預、蔵人からなる。　（篠田孝一）

こくぞうぐん【国造軍】　⇨国造くにのみやつこ／こくぞう

こくぞうでん【国造田】　⇨国造くにのみやつこ／こくぞう

こくぞうほう【国造法】　⇨国造くにのみやつこ／こくぞう

こくちょ【国儲】　令制下の官稲の一種。七二四（神亀元）年三月、正税稲の一部を割き成立したもので、公用稲との関係については諸説がある。その出挙利稲は朝集使以下の粮食として用いられた。七三四（天平6）年の官稲混合以降、その機能は正税利稲に引き継がれた。　（山本崇）

こくちょう【国庁】　⇨国府跡・国庁跡こくふあと・こくちょうあと

こくないじょう【国内城】　⇨集安しゅうあん

こくはん【国判】　国司が任国内の売券・譲状など当事者の作成した証文に認可の文言と署名を加えて、効力を生ぜしむる行為、またはその文書。もとは余白や貼り継いだ料紙などに国司全員が連署したが、のち受領のみが署判した。　（山本崇）

こくふあと・こくちょうあと【国府跡・国庁跡】　国府は、律令制下の地方行政の要となる国の役所、またはそれがおかれたところ。その中心となる行政施設である政庁が国庁。「国衙」も国の役所を意味するが、史料上には平安中期以降多用される。これらの用語の異同には諸説がある。考古学では、遺跡のあり方から、国庁と周囲に存在する関連施設を含めて「国衙」という場合が一般的である。諸国のうち、東北の多賀城・秋田城はそれぞれ陸奥・出羽の国府を兼ねる。各地の「国府」「府中」などの地名が遺称地とされ、かつては、その地割や地名などから、国府は中央の宮都の縮小版であり、方八町の都市計画をそなえていたとされていた。しかし、近江・伯耆・下野・肥前など二〇カ所ちかくで国府とそれに関連する遺跡が確認され、この説は修正されている。九カ所の遺跡が国府跡・国庁跡として国指定史跡となっている。国府は、台地上など安定した地形で、官道や河川などの水陸交通の便がよく、国内のうちでも都に近い立地が多い。国府には、地方行政の象徴的な施設である国庁や国司が任期中に滞在する国司館のほか、官人の宿舎、兵舎・学校・市などの関連施設が配置された。諸施設の方向は一般的に方位に一致し南面する例が一般的である。国庁は、元日朝拝や郡司告朔などの儀式や饗宴、文書作成などの政務に使われた。発掘で明らかになった国庁の構造はおおむね以下のとおりである。正方形かそれに近い長方形の敷地の北寄り正面に正殿、その前方左右には脇殿を配し、中央を「前庭」という広場とする。建物配置は左右対称で、コの字型あるいは「品」の字型をとる。この形式は基本的に平城宮などの*大極殿と朝堂に対比できる。敷地の広さは、一辺五〇mから一五〇mほどの幅がある。正殿の南北に前殿あるいは後殿をおくことがある。敷地の周囲は築地ないしは掘立柱の塀や溝で区画し、南辺に門を開く。一院を形成し、国庁院ともいう。建物や区画施設は同じ位置で建て替えて、建物配置の形式が長く継承される。ただし、八世紀後半ないしは九世紀に、建物は掘立柱から礎石建ちにかわる。瓦葺きとなる場合は、国分寺建立を契機とするらしく、それと同じ瓦を使う傾向にある。国司館は、陸奥、下野、筑後などで確認されている。塀や溝で区画された敷地内に、大型建物のほか庭園をそなえた例もある。「守」「介」などの墨書土器や高級陶磁器などの出土が一般的である。九世紀以降、国司勢力の伸張にともない、国司館は国庁にかわる政治経済の拠点となる。このほか、国府の給食や食料・食器の調達・管理にあたる国厨家、兵器などを製作する工房、税物や兵器などを収納する倉庫などの施設があった。近江の惣山遺跡は一二棟の大型倉庫群である。これらは国府だけでなく離れた土地に別におかれたものもある。国府津などの港湾施設の存在も推定される。国府にはかつて説かれたような、条坊制類似の街路と明確な国府域は認められない。しかし、国庁の南には朱雀路ともいうべき南北道路がとりつく例があり、館や関連施設が周辺に集中している。また住居などの分布密度も高く、郡衙や駅家、*国分寺・国分尼寺などの施設が併置され、ある程度都市的な空間があったとみられる。国庁は八世紀前半から中頃・後半に成立する事例が多い。信濃・阿波では、七世紀後半段階の国に関する記載内容をもつ木簡が出土しており、何らかの国の官衙が成立していた可能性がある。一方、国庁とその周辺の関連施設は、多くは一〇世紀頃には廃絶する。律令制の変容にともなって、役所のあり方も大きくかわるとともに、主要な施設は他所に移動したことが考えられる。しかし、一一世紀以降の史料にみえる、政所・田所・税所などの「所」も含めて、国府に関係する明確な遺跡は、ほとんど確認できない。

〔**参考文献**〕山中敏史ほか『古代の役所』（岩波書店昭60）。『国立歴史民俗博物館研究報告第二〇集』（平元）。山中敏史『古代官衙遺跡の研究』（塙書房平6）。

（**坂井秀弥**）

こくふうぶんか【国風文化】 平安時代中期・後期に展開した文化。それ以前の唐風（中国風）文化に対比していう。平安時代前期が遣唐使派遣を中心とする中国文化の全盛、*漢文学の盛行に象徴される中国の影響から脱し、日本的な文化が形成された時代とされる。むろんそれは中国文化との交流が消滅したということではなく、逆に民間的レベルでは以前より頻繁に中国のみならず朝鮮など、むしろユーラシア世界の一貫としての文化が形成されたことに特徴がある。貿易も遣唐使時代より頻度は高くなっている。始期は唐風文化の衰退する一〇世紀、終期は院政が始まり、武家文化の芽生える一一世紀におく。政治史では藤原氏が政権を運営する*摂関政治時代にほぼ該当し、ために藤原文化とも称される。天平文化で日本化が始まり、反動としての弘仁・貞観文化の中国傾斜があり、然るのちに確固たる日本文化の原型・基本型が形成される時代であった。*院政が行われ、武士が歴史の表面に登場するとともに国風文化は衰退する。内容としてはまずカナ文字の発明がある。平カナ・片カナが確立し、漢籍の知識がなくとも文学世界に参加できるようになったし、漢文学とともに、あるいは代わって和歌が文学表現の主流となり、*『源氏物語』を頂点とする物語文学が発達した。宗教でもまず*本地垂迹説が成立し、あいまいだった*神仏習合が論理的に整合され、さらに浄土思想が普及し、日本では一〇五二（永承7）年と考えられた末法の到来にともなう極楽往生への信仰が盛んになった。宋に逆輸入された恵心僧都源信*『往生要集』が著されたのもこの時代のことである。建築物でも浄土思想普及にかかわるものが多く、藤原道長の*法成寺、その子頼通の*平等院など、また仏像彫刻では阿弥陀像が多く制作された。生活文化のうえでも*寝殿造が流行し、*女房装束が成立するなど、中国文化の模倣を脱した独自の日本文化が形成された。

〔**参考文献**〕笹山晴生「唐風文化と国風文化」『日本通史（五）』（岩波書店平7）。

（**井上満郎**）

こくふもっかん【国符木簡】 国司から郡司に宛てて命令を下す際に用いた木簡。*郡符木簡に比して出土例が少ないが、長野県屋代遺跡群出土の「更科郡司等」に宛てられた国符は、更科郡から始まり水内・高井・埴科の各郡へと逓送され、埴科郡家の地（屋代遺跡群）で廃棄されたと考えられる。兵庫県袴狭遺跡の国符も「出石郡司□」に宛てたもので、二点とも下部欠損で長さは不明であるが、文字は比較的大きい。『日本霊異記』の説話にみえる国司の召喚状（木札）は「四尺札」とあり、郡符二尺の倍の長さとして、架空されたか。実際には国符は郡符をわずかに上回る長さと想定される。（**平川南**）

こくぶんじ【国分寺】 律令国家が鎮護国家のために、各国ごとに建立した寺。*聖武天皇の発願による。天武朝に諸国に家ごとに仏舎をつくり仏像を礼拝供養させ、持統朝に毎年正月に金光明経を誦えさせた。聖武朝にいたって、七四一（天平13）年二月、*疫病の流行や藤原広嗣の乱等社会不安が広がるなかで、聖武天皇により国分寺建立の詔が発せられた。その内容は、国ごとに国分僧寺（金光明四天王護国之寺）と国分尼寺（法華滅罪之寺）との二寺を建立する、七重の塔をつくり天皇宸筆の金字の最勝王経を安置する、僧寺には封戸五〇戸と水田一〇町を施入し二〇僧をおき、尼寺には水田一〇町を施入し一〇僧をおく、僧尼は毎月八日に最勝王経を転読し、月の半ばに戒羯磨を唱える、*六斎日には殺生を禁止する等であった。国分寺建立は、七三七（天平9）年三月に国毎に釈迦仏一躯をつくらせたことに始まるとする説、これは詔を出す準備であってこの翌年に詔が発布されたとする説、さらに「類聚三代格」に従い七四一（同13）年二月一四日に発布とする説、『続日本紀』に従い同年三月

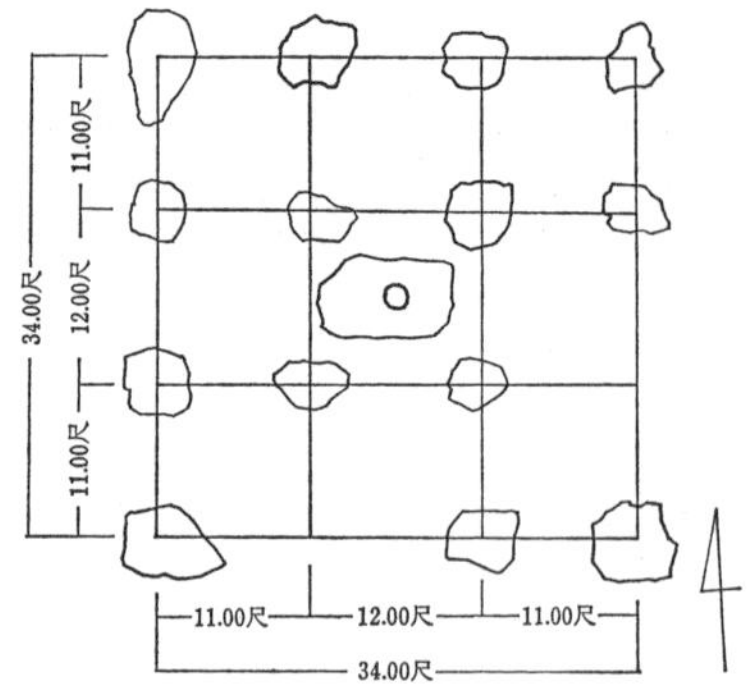

讃岐国分寺塔跡礎石配置図
『新修国分寺の研究5上』（吉川弘文館）より

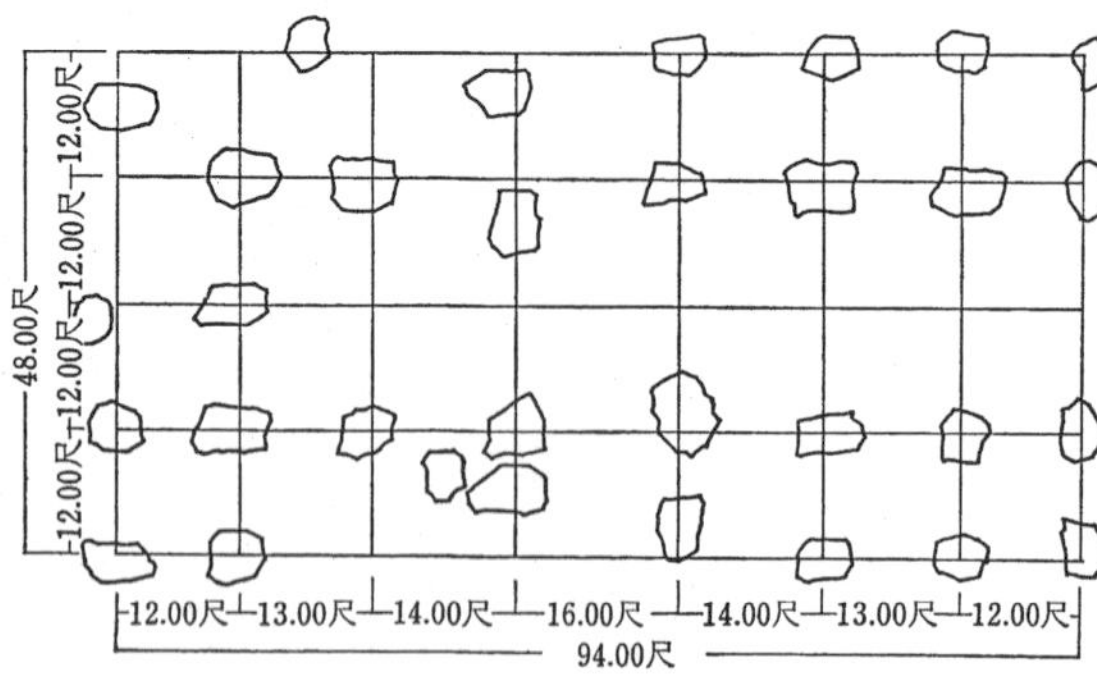

讃岐国分寺金堂跡礎石配置図
『新修国分寺の研究5上』（吉川弘文館）より

二四日に発布とする説がある。国分寺は唐の大雲寺に倣ってつくられたと考えられている。国分寺には国司の監督の下に寺務を執る三綱がおかれ、尼寺には鎮がおかれた。国師が国司とともに国分寺を監督し、国分寺の建立も国司と国師の協力の下で行われ、行基も参与した。また聖武天皇だけではなく、光明皇后の意向も働いていたと考えられる。朝廷は国分寺造営のために墾田を施入し、国司を督促した。国司は正税や郡司等による財物の寄進を財源とし、農民を雑徭で徴発した。その結果、国によって異なるが、国分寺は宝亀年間にほぼ完成した。国分僧寺は国府に近接して建てられ、尼寺は僧寺と三町から四町隔てて東西に並ぶ例が多い。規模や伽藍配置は七五九（天平宝字3）年に国分二寺の図を天下に頒下したことが『続日本紀』にみえ一定の基本様式があったようである。二町四方、東大寺式の例が多いが国によって異なる。一例として、上総国国分寺は、市原医王山清浄院国分寺として現存し、現国分寺の南に塔址が残る。現国分寺は旧国分僧寺伽藍の北半を占める。尼寺址は僧寺址の北東約五〇〇mのところにあり、他の国分尼寺と同様、僧寺に比して小規模である。平安時代には、国分寺の破損があっても修理もままならず、また火災による焼失があっても再建することが出来ずに定額寺を国分寺に充てることもあった。本尊も薬師信仰が盛んになるとともに、釈迦如来像から薬師如来像とする国分寺が増えていった。国分寺で行われた法会の主なものとして最勝会・仁王会・吉祥悔過・薬師悔過・安居会等がある。

〔参考文献〕井上薫『奈良朝仏教史の研究』（吉川弘文館昭41）。角田文衛編『新修国分寺の研究（一）・（五）・総括・補遺』（吉川弘文館昭61・平9）。佐伯有清編『日本古代政治史論考』吉川弘文館昭58）。　（蟬丸昌子）

こくぶんそうじ【国分僧寺】　⇩国分寺（こくぶんじ）

こくぶんにじ【国文尼寺】　⇩国分寺（こくぶんじ）

こくめんのしょう【国免荘】　国司免判により成立した荘園をさす呼称。一〇世紀以降諸国行政の実権が国衙に委ねられるなかで出現した。免除の決定は国司の裁量により、その期限は一般に任期内に限られたため、国司交替に際してあらためて国判を必要とする場合が少なくなかった。

〔参考文献〕泉谷康夫『日本中世社会成立史の研究』（高科書店平4）。　（山本崇）

こくようせき【黒曜石】　火山ガラスで構成された火山岩。十勝石で知られ、赤系の模様のものを花十勝とよんでいる。打製石器の原材料で、国内の原石産地は七九地点が確認されている。旧石器時代では、国内最古（約三万年前）の遺物として野尻湖遺跡群中町遺跡で青森県出来島産と信州和田峠、霧ヶ峰産が使用され、富山県立美遺跡に深浦町産原石が、東海大学構内王子ノ台遺跡の旧石器時代に北海道の白滝産が、奈良県桜ヶ丘遺跡に霧ヶ峰産が使用されている。北朝鮮の白頭山産黒曜石は、朝鮮民主主義人民共和国の会寧城外遺跡、後期旧石器時代末に約一五〇〇㎞離れたフーミ遺跡で使用されている。縄文時代では、白滝産がサハリンのソコル遺跡に伝播し、三内丸山遺跡では、東北地方産黒曜石の他に白滝、十勝、置戸、赤井川、佐渡、和田峠、霧ヶ峰産など遠距離伝播した原石がみられる。佐賀県腰岳系黒曜石は九州地方で多用され、沖縄県阿波連浦貝塚、韓国の東三洞貝塚で使用されている。また、和田峠産黒曜石が多摩ニュータウン遺跡の勾玉に用いられた例は初めてである。

〔参考文献〕藁科哲男他編『考古学と年代測定学・地球科学』（同成社平11）。　（藁科哲男）

ごくらく【極楽】　阿弥陀仏の浄土のこと。無量寿仏土・蓮華蔵世界などとも。はるか西方の、十万億土の彼方にあるとされる幸福のある世界。この国に生まれ暮らす人々には諸々の苦難がなく、楽のみのある世界で、阿弥陀如来はこの浄土で常に説法をしているという。日本では一〇五二（永承7）年が末法開始の時と認識されるにともない、極楽への往生が当時の人々の宗教的課題となった。　（井上満郎）

ごくれい【獄令】　「ごくりょう」とも。大宝・養老令の編目の一つ。律の断獄律と対をなすもので、裁判・刑の執行に関する条文、とりわけ司法関係の官吏の執務についての諸規定をおさめる。「養老令」では第二九篇に相当し、全六三条から構成される。「大宝令」でも同名の編目が存在したことが知られているが、獄令集解が残っていないため、古記の記載などから条文の内容を復原することはできない。中国では獄官令と称し、早く晋令・梁令にその編目名がみえる。わが国の獄令は唐令の獄官令にならった編目で、犯罪が発覚した時に初審を行う担当官司、裁判手続き、刑の執行手続き、罪人の移送、流徒囚の管理、官人の連坐、除免官当、謀叛以上の告言、議請減、贖銅、獄囚の処遇、没官物の返還、刑具の規格と使用法などに関する詳細な規定をおさめる。なお、律令の裁判手続きについては、獄令の断獄手続きと公式令訴訟条による手続きとがあるが、この手続きの差異については諸説ある。

〔参考文献〕井上光貞ほか『律令』（岩波書店昭51）。利光三津夫・長谷山彰『新・裁判の歴史』（成文堂平9）。（荊木美行）

ごけい［御禊］ 天皇・三后・東宮・伊勢斎宮・賀茂斎院などが行う祓の儀式。天皇即位にともなう大嘗祭、石清水・賀茂の臨時祭などに先立って、内裏より鴨川の河原への行幸があり、御禊が行われた。文武の官人が供奉する華やかなセレモニーとして、文化面でも大きな意味をもった。（北康宏）

こけらぶき［柿葺］ 屋根葺の一種。檜・榎・椹などの木材を薄く剝いだ板でふいたもので、板の厚さの順に栩葺（九～三〇mm）・木賊葺（四・五～六mm）・柿葺（一・五～五mm）がある。割板（柿板・木羽板）を葺足三cmぐらいに重ねてふいていく。（山田雄司）

こけん［沽券］ 古文書の様式の一つで、土地・財物の売券のこと。沽は売買の意。中世の売券の書き出しに「沽却」などの語句があることによる。（綾村宏）

こげん［固関］ 律令制下で、非常事態時にいわゆる三関（伊勢国の鈴鹿関・美濃国の不破関・越前国の愛発関）を閉鎖する戒厳措置。具体的には、天皇・上皇の不豫・死去や謀反などの際に朝廷から特使（固関使＊）が派遣されて関を閉鎖することをいう。固関には、京で叛乱を起こした首謀者が東国へ逃入し、そこを拠点に反撃するような事態を未然に防ぐ意味があったとされる。奈良時代には、元明太上天皇の崩御の時をはじまりとし、聖武・称徳・光仁三天皇の崩御に際して固関が行われたほか（『続日本紀』天平勝宝八〈七五六〉歳五月丙辰条・宝亀元〈七七〇〉年八月癸巳条・天応元〈七八一〉年十二月丁未条）、長屋王＊の変（天平元〈七二九〉年二月辛未条）・恵美押勝の乱（天平宝字八〈七六四〉年九月乙巳条）・称徳天皇の行幸（天平神護元〈七六五〉年十月庚申条）・光仁天皇不豫（天応元〈七八一〉年四月己丑条）・氷上川継の謀反（延暦元〈七八二〉年閏正月甲子条）の際の固関が知られる。平安時代になると、しだいに固関の形骸化が進み、藤原薬子の変ではすでに廃止されていた「故関」が形式的に廃止されるなど、実質を失う。儀式化された固関使発遣の儀式については、『儀式』固関使儀に詳しい次第がみえる。
〔参考文献〕岸俊男『日本古代政治史研究』（塙書房昭41）。（荊木美行）

ごげんきん［五弦琴］ わが国独特の古代の弦楽器。弦数が五本であることが特徴で、正倉院の聖武天皇の御物、伊勢皇太神宮の御神宝のなかに残っている。弥生・古墳・奈良時代を通じてみられ、共鳴箱（槽）をもつものと、板状のものがあり、頭尾が大きく張り出したものは、鵄尾琴とよばれている。弥生時代のものは福岡県春日市の辻田遺跡、古墳時代のものは滋賀県守山市の服部遺跡などで出土している。類似した弦楽器には、前漢代からみられる弦数の多い琴・瑟、シルクロードを通ってきた五弦琵琶がある。（佐田茂）

こげんし［固関使］ 固関＊の際に朝廷から派遣され、三関＊を閉鎖する特使をいう。固関とは、律令制下において、天皇・上皇の不豫・死去や謀反などの非常事態に、伊勢国の鈴鹿関・美濃国の不破関・越前国の愛発関を閉鎖する戒厳措置をいう。固関使の発遣については、『儀式』固関使儀に詳しい次第がみえる。（荊木美行）

ここうそんえきちょう［戸口損益帳］ 律令制下の公文書。前回造籍後の戸・戸口の変動をまとめ記した文書で、六年ごとの造籍年に作成され、戸籍＊に添えて京進された。七〇八（和銅元）年の陸奥国、七三三（天平5）年の平城右京のものが正倉院文書中に遺存する。（鎌田元一）

ここくげんおう［故国原王］ ？～371 在位331～71 高句麗＊の第一六代王。諱は斯由・釗。美川王の子。三四二年、燕王慕容皝に王都が攻撃されて陥落。父の屍と母を連れ去られる。取り戻すため燕に従属する姿勢をとり、征東大将軍・営州刺史・楽浪公・高句麗王に封ぜらる。平壌に移居したと伝え、百済との戦いで平壌で戦死。安岳3号墳の被葬者とみる意見もあるが、諡号の故国原（国岡上ともいう）は葬地であり、王都国内城（集安）を意味するため、該当しない。（田中俊明）

こごしゅうい［古語拾遺］ 忌部（斎部）氏の職掌伝承を中心として記された歴史書。斎部広成著。一巻。内容は神代から天平年間にいたり、神代の故事にもとづいて、忌部氏の神祇祭祀における伝統を主張するとともに、広成在世期における朝廷祭祀について、その不備な点一一カ条を列挙して、忌部氏の不遇を訴える。忌部氏は中臣氏＊とともに朝廷祭祀に奉仕していたが、奈良時代後半には中臣氏が有力となり、とくに伊勢神宮奉幣使の任命問題で両氏が対立、双方が提訴する事態にまで発展し、八〇六（大同元）年八月には勅命による決裁が下る。翌（大同2）年二月に広成は平城天皇の召問に応じて本書を撰進する。本書の執筆目的は、祭祀における中臣氏の専権を非難し、忌部氏の職掌を主張することと思われるが、本書の跋に同年は造式の年にあたるとあり、造式の資料のために記したとする説もある。『記』『紀』にみえない、忌部氏独自の古伝承を記載する貴重な史料。『群書類従』雑部、『岩波文庫』、『新撰日本古典文庫』などに所収する。（加茂正典）

ごさんじょうてんのう［後三条天皇］ 1034～73 在位1068～72 平安時代中期の天皇。父は後朱雀天皇、母は三条天皇皇女の禎子内親王。立太子後二三年にして即位、在位五年弱で病弱もあって退位し、わが子貞仁親王（白河天皇）に譲位、同時に同じわが子で二歳の実仁親王を皇太子とした。あるいは院政＊開始をめざしての早い退位ともみられるが不詳。後三条自身は母が藤原氏でなく、したがって摂関家の拘束から比較的自由で、藤原氏主導による摂関政治からの離脱を考えていたともいう。宣旨枡の制定、估価法による物価統制など強力な王権を基礎とした政策をとり、摂関政治の意向を無視して政治をすすめた。とりわけ記録荘園券契所の設置は貴族の荘園を整理・縮小することに目的があり、反発もあったが天皇親政を指向したために摂関政治は相対的に弱まり、来たるべき院政への道を開いた。

〔**参考文献**〕河野房男『平安末期政治史研究』(東京堂出版昭54)。 (**井上満郎**)

ごさんじょうてんのうぎょき〔**後三条天皇御記**〕　後三条天皇の在位中(1068～72)の日記、原本も写本もないが、『後朱雀天皇御記』とともに「後二代御記」と称し、醍醐・村上の二代御記とならび重んじられた。『江家次第』『殿暦』『玉葉』『世俗浅深秘抄』『魚魯愚抄』などに逸文が二〇条近くみえる。

〔**参考文献**〕和田英松『皇室御撰之研究』(明治書院昭8)。米田雄介『歴代天皇の記録』(続群書類従完成会平4)。 (**所　功**)

ごさんねんのえき〔**後三年の役**〕　一〇八三(永保3)年から八七(寛治元)年に、清原氏の内紛と源義家の介入によって起こった戦乱。八三年、清原氏の嫡流の真衡に対し、同族の吉彦秀武が挙兵すると、清原家衡・同清衡は秀武に味方した。真衡は陸奥守源義家の支援をえたが急死。義家は、調停策として奥六郡を三郡ずつ分割して家衡と清衡に与えた。その後、家衡は清衡を襲い、逃れた清衡は義家に助けを求めた。義家らは家衡を攻めたが苦戦。家衡は叔父武衡とともに戦いを続けたが、八七年一一月に両人とも義家らによって討伐された。義家は自らの戦いを朝廷に私戦とみなされたため恩賞をえられなかったが、清衡は奥羽の覇権を握り奥州藤原氏発展の基礎を築いた。 (**宮田敬三**)

こし〔**輿**〕　着座する台の下に轅を通し、人が担って運行する乗物。多数の駕輿丁が肩に担ぐ輦輿と、少人数が腰のあたりで支える腰輿とがある。輦輿には、屋形頂上の装飾により天皇専用の鳳輦、三宮や斎王等も乗用する葱花輦があった。 (**竹居明男**)

こじいん〔**孤児院**〕　保護者による養育ができない子どもを収容し、養育する施設。和気清麻呂の姉広虫は恵美押勝の乱後、八三名の孤児を養ったという。八六七(貞観9)年には京中の捨て子を検非違使が施薬院に送るよう命じており、主として悲田院で養育された。淳和皇后正子も多数の孤児を養育したという。 (**勝田至**)

こじき〔**古事記**〕　序によれば七一二(和銅5)年正月二八日に「献上」された古典。フルコトブミとよむ。序と三巻。上巻は神代の巻、中巻は神武天皇から応神天皇まで、下巻は仁徳天皇から推古天皇までを主たる対象とする。ただし系譜は天智・天武両天皇の父にあたる舒明天皇にもおよび、皇子名を記さずに「岡本宮に坐しまして天の下治らしめしし天皇」と書く。文体は和文的漢文体(亞漢文体)であり、中・下両巻は天皇の代にかけて記し、年月による編年体の叙述はとらない。訓注などの注記はあるが、別伝の記載はなく、古き世を重視して仁賢天皇以降の記述には旧辞的部分(氏族伝承など)はほとんどない。その体裁と内容は『日本書紀』とおもむきを異にする。『序』によれば、天武天皇の「帝紀(皇室の系譜を中心とする)」を撰録し、旧辞を討覈して、「偽りを削り実を定めて、後葉に伝へむと欲ふ」の詔を発端として、稗田阿礼に「勅語」しての誦習が始まる。そして元明天皇が七一一(和銅4)年九月二八日に、太安万侶に詔して筆録が行われて完成し、翌年の正月二八日に「献上」されたことになる。『古事記』偽書説をめぐる論争史もあるが、『古事記』は日本古典の代表的な一つで、その写本としては名古屋市の真福寺本『古事記』が有名である。

〔**参考文献**〕上田正昭編『古事記』鑑賞日本古典文学第一巻(角川書店昭53)。 (**上田正昭**)

ごしきづかこふん〔**五色塚古墳**〕　神戸市垂水区五色山四丁目にある兵庫県下最大の前方後円墳。全長一九四m、三段築成の墳丘斜面の葺石は推定総数二二三万個、総重量二七八〇t。三重にめぐらされた埴輪の推定総数二二〇〇本。鰭付き円筒埴輪が多く鰭付き朝顔形埴輪が五分の一程度混じり、小量の蓋形・盾形の埴輪も存在する。埋葬施設は竪穴式石室に石棺をおさめたと推定されるが未調査。推定築造年代は四世紀末～五世紀前葉。西側に接して直径六七mの円墳である小壺古墳が存在する。国指定史跡。

〔**参考文献**〕喜谷美宣『史跡五色塚古墳環境整備事業　中間報告Ⅰ』(神戸市教育委員会昭45)。神戸市教育委員会事務局社会教育部文化課編『史跡五色塚古墳復元・整備事業概要』(神戸市教育委員会昭50)。 (**喜谷美宣**)

ごしきのせん〔**五色の賤**〕　大宝・養老令制の賤身分の総称。陵戸・官戸・公奴婢(官奴婢・官賤)・家人・私奴婢の五つの身分をさす。養老戸令では、賤民の等級を陵戸・官戸・家人・公奴婢・私奴婢の順としていた。陵戸は、治部省被管の諸陵司のもと、課役にかえて陵墓の守営を行う。官戸は、宮内省被管の官奴司のもと、官田の耕作その他の雑役に駆使され、おなじく公奴婢も官奴司のもとで使役された。家人・私奴婢は、いずれも私家に所属する奴婢である。この五種の賤民は、身分法上は、陵戸、官戸・家人、公奴婢・私奴婢の三つに分類することができる。陵戸は、死の穢れと関係の深い陵墓の管理にあたるために賤民に数えられたが、実際は雑戸の一種であり、官戸・家人は、良民と公奴婢・私奴婢の中間に位置し、官有か私有かの別を除けば、その待遇はほぼ等しかった。公奴婢・私奴婢は、法的にみて官戸・家人の下に位置する身分で、官有・私有の別にかかわらず共通点が多い。大宝・養老令では、唐制にならって良賤の区別、賤民の等級を詳細に定めたが、八世紀半ば頃から「放賤従良」などの手続きによって賤民の解放が進み、こうした賤民制は、一〇世紀には解体された。

〔**参考文献**〕瀧川政次郎『増補日本奴隷経済史』(名著普及会昭60)。同『律令賤民制の研究』(名著普及会昭61)。神野清一『日本古代奴婢の研究』(名古屋大学出版会平5)。 (**荊木美行**)

こしきぶのないし〔**小式部内侍**〕　?～1025　平安時代中期の女流歌人。橘道貞女。母は和泉式部。母とともに上東門院彰子に仕えた。藤原定頼のからかいに応じた「大江山いく野の道の遠ければまだふみも見ず天の橋立」の即興歌は『百人一首』にも採られ名高い。 (**小林一彦**)

こしのくに［越国］ 日本海沿岸の敦賀湾以北を総称する広域的な地域名称。高志、古志、古之とも書く。七世紀末に越前・越中・越後の三国に分立。八世紀に越後から出羽、越前から能登、九世紀に越前から加賀が分置された。若狭と佐渡は含まれない。『日本書紀』の国生み伝説では「大日本豊秋津洲」とは別に「越洲」をあげることが多く、かなり遅くまで畿内との直接的かかわりの薄い独立性を有した地域であったと考えられる。（高橋誠一）

こしのはまはいじあと［腰浜廃寺跡］ 福島県福島市腰浜町一帯の阿武隈川西岸の平地に立地し、一九六〇（昭35）年より対岸の瓦窯跡を含めて四次の調査を行い、後に市教委の数度の調査がある。時代は八～九世紀で、寺院跡と推定されたが、付近に炭化米出土地などがあり、官衙も隣接している可能性がある。遺跡は瓦の散布、移動礎石などがあるが、遺構は破壊されていて不明。丹塗瓦や鴟尾片があり、東岸で「寺瓦作」銘の瓦が出土している。瓦は単弁の八弁蓮花文・重弧文セットと花文旋回文系セットがあり、とくに後者は朝鮮半島系文様として注目されている。

［参考文献］福島市教育委員会『腰浜廃寺』（昭40）。（伊藤玄三）

こしのはらいせき［小篠原遺跡］ 滋賀県東南部野洲市にある神体山の三上山の北側に続く弥生時代の遺跡。大岩山山麓から二度にわたり銅鐸二四口が出土している。一八八一（明治14）年に地元の少年二人が入れ子になった三口の銅鐸を発見したのを機に計一四口が見つかった。また、一九六二（昭和37）年には新幹線建設工事用の土砂の採掘中に一〇口の銅鐸（国重要文化財指定）が発見された。一口を除きすべて新段階の突線鈕式で、近畿式と三遠式が混ざり合う。二世紀後半～三世紀前半のものと考えられる。なお、出土地は土取りにより消滅しているが、現在大岩山銅鐸出土地の石碑が建つ。

［参考文献］水野正好編『古代を考える近江』（吉川弘文館平4）。（吉田秀則）

こしのはらおおいわやまいせき［小篠原大岩山遺跡］ ⇨小篠原遺跡(こしのはらいせき)

こじま［児島］ 瀬戸内海中央部にあった島。海上交通の要衝で、児島屯倉がおかれた。航路は、児島の北側の水道を通っていたが、しだいに浅くなるにともない、南側に移った。備前国に属し、小豆島などとともに児島郡を形成していた。（栄原永遠男）

こじまのみやけ［児島屯倉］ 備前地方の児島におかれていた屯倉。『日本書紀』によると、欽明一七年に大臣蘇我稲目を派遣して設置させ、葛城山田直瑞子という者を田令に任命して管理させたという。瀬戸内海交通の要衝に位置するこの屯倉は、筑紫の那津官家、難波の難波屯倉と連動して、瀬戸内海交通を維持・管理することを最大の目的としていた。『日本書紀』敏達天皇十二年条には、百済から招いた日羅が、この屯倉をへて難波にきたことがみえる。（栄原永遠男）

こじまのりゆき［小島憲之］ 1913～98 昭和・平成期の国文学者。京都帝国大学に学び、大阪市立大学教授・龍谷大学特任教授などをつとめる。古代の文学・漢文学に造詣が深く、『日本書記』の成立論に大きな功績をあげた。上代日本文学と中国文学』で学士院恩賜賞を受賞。『懐風藻』『文華秀麗集』の注釈のほか、著作に『国風暗黒時代の文学』などがある。（上田正昭）

こしゅうきょう［湖州鏡］ 中国の宋代に浙江省湖州で製作された鏡。鏡の外形には花文形、円形、方形などがある。蒲鉾形の縁と小さな鈕をもち、銘文以外には文様のないのが普通だが、飛雲、蜻蛉、蝶を配した例もある。銘文は「湖州石家」や「湖州真石家」等、湖州の鋳鏡家である「石」姓を示した短文を長方形の枠内におさめている例が多い。日宋貿易でわが国に輸入され、西日本を中心に、平安～鎌倉時代の経塚や墳墓出土例に多くみられるが、神社への奉納鏡もある。（藤丸詔八郎）

湖州六花鏡（北九州市足立山頂出土）
径10.1cm
御祖神社蔵

ごじゅうのとう［五重塔］ 屋根を五層につくった仏塔。日本の木造塔では三重塔とともに最も一般的。わが国初の本格的寺院である飛鳥寺（法興寺）の塔も五層であった。現存最古の五重塔は奈良法隆寺塔。京都東寺の塔は高さ約五五ｍで現存最高。（藤田琢司）

ごしゅせん［五銖銭］ 前漢の武帝が紀元前一一八（元狩4）年に初鋳した青銅の貨幣。直径二六㎜の方孔円銭で、重さが五銖（三・二五ｇ）あり、周郭をつけて削り取るのを防いでいる。前漢から南北朝をへて隋の時代まで改鋳されながら流通し続けたので、字体や型式に多くの変異がある。代表的な例は、赤側五銖、穿上横文五銖、穿上半星五銖、四角決文五銖、直百五銖、永安五銖、常平五銖、隋五銖などがある。墓に数枚ほど副葬した例から、数千枚をまとめて甕に入れ地下に埋蔵した例まである。中央アジアから中国、モンゴル、インドシナ、朝鮮、日本など、広くアジア各地で発見されている。朝鮮では楽浪郡の墳墓から出土するほか、慶尚南道茶戸里や済州島山地港の墓からも出土している。日本では山口県宇部市沖ノ山の弥生時代の遺跡から、大阪府和泉黄金塚の古墳時代の遺跡までにわたり、おもに西日本で出土している。日本では貨幣としては流通せず、もっぱら銅の地金や装飾品として使われたようである。（岡内三眞）

ごじゅっこいちりせい［五十戸一里制］ 地方行政区画・組織の末端部であるサト（里・郷）を編成するための原理。唐の一〇〇戸一里制をもとに、七世紀後半に創出された。日本では、五十の戸ごとに一つのサトを設置したことから、サトを「五十戸」と表記する場合があった。とくに天武朝以前の諸史料にみえる五十戸は、五十戸一里制の成立過程を考えていく上で重視されている。現在、五十戸編成は、仕丁の徴発などのために、公民化された部民集団を組織したことから発生したと考える説が有力である。日本の里制は、唐に比べて、戸数が厳守され、課丁数が均一になるように編成されていた。これは、五十戸編成が創出されて以来、サトが徴税・財政単位的な性格を有していたためである。その後、八世紀前葉に郷里制や郷制が施行されていくなかで、サトは、しだいに地域性をもった行政単位となっていった。なお大化改新の詔には、仕丁の徴発基準を三十戸から五十戸に改めることが記されている。両者の関係や三十戸編成の歴史的な展開などについては、不明な点が多い。

【参考文献】岸俊男『日本古代文物の研究』(塙書房昭63)。 **(岩宮隆司)**

ごしょどころ【御書所】 平安時代、宮中の書籍の管理にあったところで、書籍の書写にもたずさわり、職員には別当、預のほかに書手も所属していた。内裏式乾門の東脇におかれていた。 **(西山恵子)**

ごしらかわてんのう【後白河天皇】 1127~92 在位1155~58 平安時代末期、鎌倉時代初期の天皇、法皇。治天の君として三〇年にわたる院政を行う。法名は行真。鳥羽天皇の第四皇子、母は待賢門院璋子。生誕まもなく親王宣下、雅仁と称す。一一五五(久寿2)年、異母弟近衛天皇の死去により即位。これは彼の皇子守仁(二条)即位までの中継ぎとされる。翌五六(保元元)年、鳥羽の死後、勃発した保元の乱で兄崇徳上皇・左大臣藤原頼長らを打倒。五八(同3)年、二条天皇に譲位。政務の実権を握った信西と、後白河近臣の藤原信頼・源義朝らが対立、五九(平治元)年、平治の乱が勃発。信頼らは信西を殺害するが、平清盛に討伐された。乱後、院政・親政をめぐり二条天皇と対立するが、六五(永万元)年に二条が死去すると、六八(仁安3)年には清盛の義妹滋子が生んだ高倉天皇を即位させ、院政を本格化し清盛とも協調。七一(承安元)年、清盛の女徳子を高倉の中宮に冊立、福原の日宋貿易にも参加。六九(嘉応元)年には清盛とともに出家。しかし七六(安元2)年、滋子の死去後、清盛との対立が顕在化。翌年、院近臣らが平氏打倒を図った鹿ケ谷の陰謀が露顕、近臣藤原成親、西光らを失う。以後、清盛との対立は激化し、七九(治承3)年には清盛の武力蜂起を招く。多数の院近臣や関白基房が解官・配流され、後白河自身も鳥羽殿に幽閉されて、院政停止に追い込まれた。翌八〇(同4)年、福原遷都に際し福原に連行。同年、源頼朝が挙兵。これは後白河の密命によるとされる。八一(養和元)年、高倉院・清盛の死去で院政を復活。八三(寿永2)年、平氏の都落に際し、延暦寺に脱出。平氏の没落を必然化した。入京した源義仲軍の狼藉に苦しみ、頼朝に東国支配権を与えて入京を促すが、義仲の怒りを招き、院御所法住寺殿を襲われ幽閉される。翌八四(元暦元)年、頼朝の弟範頼・義経が上洛、義仲を倒すと、一ノ谷合戦で入京を目指した平氏をも討伐させる。京の治安維持を担当した義経を近臣化。八五(文治元)年、壇の浦で平氏を滅ぼした義経が頼朝と対立すると、義経に頼朝追討を命じた。しかし義経は没落、頼朝は報復のために院に迫って諸国に国地頭などを設置させた。八九(文治5)年、頼朝は奥州藤原氏を討滅、翌九〇(建久元)年、上洛した。後白河は頼朝に権大納言・右大将、日本国惣追捕使・総地頭の地位を与え事実上和解。九二(建久3)年死去。六六歳。墓所は法住寺陵。後白河が集積した多大の荘園群は長講堂領と称される。また、当時の俗謡今様に造詣が深く『梁塵秘抄』を編纂した。

後白河法皇木像
長講堂蔵

【参考文献】安田元久『人物叢書 後白河上皇』(吉川弘文館昭61)。古代学協会編『後白河院 動乱期の天皇』(吉川弘文館平3)。 **(元木泰雄)**

こしろ【子代】 隷属民である部民の一種。皇妃・皇子の宮に所属し、その養育・哺育などにあたる部民であると思われ、壬生部の前身とするのが通説。名代・子代と併称されることが多い。子代は子供のない天皇・皇族がその名を残すために設置したというが、子代の実態、また名代との違いは明確ではない。 **(井上満郎)**

こしろのかりみや【子代離宮】 六四五(大化元)年の難波遷都にともない正宮である長柄豊碕宮が完成するまでの間、孝徳天皇が巡居した仮宮の一つ。『日本書紀』大化二(六四六)年正月の条に「天皇、子代離宮に御す」とあり、その記事の分注に「難波狭屋部邑の子代屯倉を壊ちて、行宮を起つ」とあることから、安閑天皇の妃宅媛に賜ったと伝えられる難波屯倉を改修した仮宮と考えられる。 **(中尾芳治)**

ごすざくてんのう【後朱雀天皇】 1009~45 在位1036~45 平安時代中期の天皇。父は一条天皇、母は藤原道長娘の彰子。兄後一条の後をうけて即位。優秀な資質にめぐまれたが、叔父にもあたる藤原頼通が関白として政治を主導、後朱雀が政権を運営することはなかった。 **(井上満郎)**

ごずてんのう【牛頭天王】 日本では主として祇園社系統の神社にまつられている疫神。もともとは祇園精舎の守護神であったと伝えるが、中国に伝わって疫神の信仰と習合する。朝鮮半島にも牛頭天王の信仰はあるが、わが国では疫病・害虫そのほかの邪気を除去する疫神信仰として発展した。『備後国風土記』逸文には、北海の武塔神が、南海の神の娘のところへ妻問いにおもむく途中、蘇民将来兄弟に宿を借りたが、富める弟はこれを拒否し、貧しい兄が宿をする。年を経て八柱の子神を率いておとずれて報謝し、「茅の輪を着けしめよ」といって、兄の蘇民の娘のみを生かしたとする説話を記載する。そこでは武塔神はスサノオノミコトとされており、長岡京跡から「蘇民将来」の木簡が出土している。京都東山の祇園社（八坂神社）では牛頭天王とスサノヲとが習合し、播磨の広峰・備後の疫隅などの社の信仰も有名。陰陽道の教典の一つである『簠簋内伝』によれば天刑（形）星が牛頭天王とする。京都市上京区大将軍八神社や京田辺市の朱智神社の牛頭天王像あるいは京都妙法院蔵の「神像絵巻」の牛頭天王が参考になる。 （上田正昭）

こせがさわどうけついせき［小瀬ヶ沢洞穴遺跡］ 新潟県東蒲原郡上川村神谷に所在する縄文時代草創期・早期の洞穴遺跡。標高約二〇〇ｍの急傾斜地にあり、洞穴は幅約一・五ｍ、奥行き約七ｍを測り、東側に開口している。一九五八・五九（昭和33・34）年に長岡市立科学博物館の中村孝三郎らが調査し、草創期の隆線文・爪形文・櫛目文・押圧縄文土器や早期の撚糸文・縄文・沈線文・押型文土器をはじめ、尖頭器・植刃・石鏃・舟底形石器・磨製石斧・打製石斧・スクレイパー・石匙・石錐・石皿・磨石、骨器、動物遺体など約一万三五〇〇点の遺物が出土したが、明確な遺構は確認されていない。落盤により層位的な調査は困難であったが、植刃や断面三角形の錐などの渡来石器が多数出土し、縄文文化の起源論に大きく貢献した。

【参考文献】中村孝三郎「小瀬が沢洞窟」『長岡市立科学博物館研究調査報告』（三）（長岡市立科学博物館考古研究室昭35）。 （領塚正浩）

こせき［戸籍］ 律令国家が、八、九世紀を中心に六年に一度、統治下の全人民を把握するため国司や郡司に作成させ提出させた、支配のための重要な登録台帳。その目的は、兵役を含めた課役の徴発、氏姓の確定、良賤身分の掌握、班田収授制の実施など多様。戸（郷戸）を単位とし、戸主を筆頭にその妻妾・直系親・傍系親、時には「寄口」「寄人」とよばれた人々を記し、富裕な戸は奴婢（氏姓をもたない）も登録。一人一人の氏姓、年齢、少丁（中男とも、一七～二〇歳）・正丁（二一～六〇歳の男）・兵士、少女（一七～二〇歳）・丁女（正女とも、二一～六〇歳）等々の区分を明記し、一戸の人口を集計。五〇戸（里、のち郷と改称）ごとにまとめ、里全体の人口と区分別の人数を整理して一巻とし、例えば「御野国加毛郡半布里大宝弐年戸籍」「下総国葛飾郡大嶋郷養老五年戸籍」と称した。戸籍の起源は六世紀に屯倉（皇室直轄領）の田部（屯倉の農民）を帳簿に登録したことに始まるらしい。吉備地方で百済系渡来人の指導下に「田部丁籍」「田部名籍」なるものがつくられたという。古い書式を残している七〇二（大宝2）年の御野（美濃）国戸籍にも新羅の影響があるといわれている。最初の全国的な戸籍は六七〇（天智9）年の庚午年籍であるが、六年一造制は浄御原令の戸令にもとづいた六九〇（持統4）年の庚寅年籍に始まる。大宝令・養老令の戸令は、造籍を六年に一度、一一月着手、翌年五月までに完成と規定。唐令の三年に一度、正月着手、三月までに完成、という条文を改変したものであろう。戸籍は三通を作成し、一通は国府におき、二通は中央の民部省と中務省に送られ三〇年間保管された。美濃・下総・筑前・豊前・阿波・周防等の戸籍が現存し古代の家族・親族・婚姻・氏姓・班田制・万葉仮名等を研究する重要史料となっている。日本の一戸は十数人から三十数人が一般的で、一家を一戸に編成した中国の戸よりはるかに大きい。同籍は同居に一致せず、戸の性格については多くの論争がある。

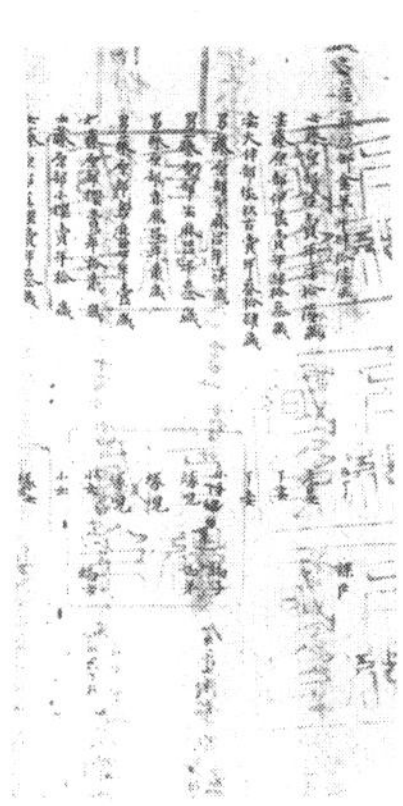

下総国戸籍
一行一名。氏姓を省略しない。国印を押す。八世紀の標準的な戸籍。
宮内庁正倉院蔵

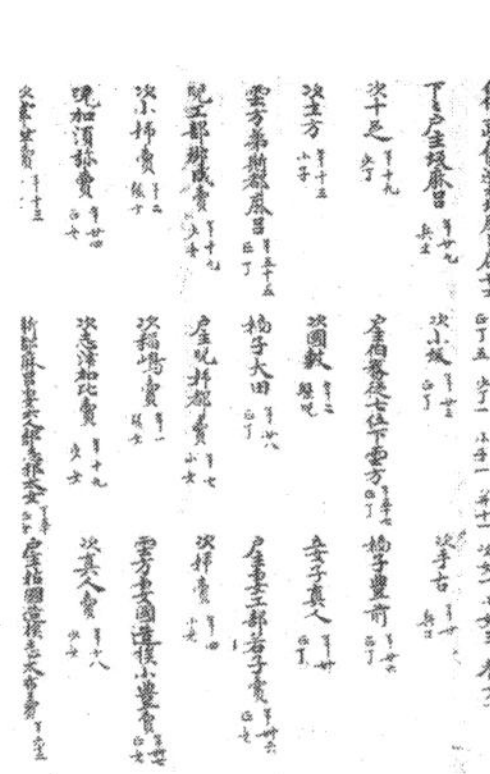

御野国戸籍
首都で集計し、一行に三名を記し、男系親の氏姓を省略している。国印も押さない。
宮内庁正倉院蔵

【参考文献】門脇禎二『日本古代共同体の研究〔第二版〕』（東京大学出版会昭46）。岸俊男『日本古代籍帳の研究』（塙書房昭48）。南部曻『日本古代戸籍の研究』（吉川弘文館平4）。 （南部曻）

こせし［巨勢氏］ 大和国高市郡巨勢郷（奈良県御所市古瀬）を本拠とした在地土豪。氏名を許勢・己西・居勢とも。武内宿禰の七男の一人、許勢小柄宿禰を祖とする。姓は臣。六八四（天武13）年に朝臣に改姓。外交・軍事氏族として六世紀代に台頭。『日本書紀』は許勢男人を継体朝の大臣とするが、疑わしい。欽明朝の稲持以降、用明・崇峻朝の比良夫、推古朝の大海、推古・舒明朝の大麻呂、皇極朝の徳太と、代々、大夫を輩出し、物部守屋の討伐、推古死後の王位継承問題、上宮王家の滅亡、乙巳の変などの重要事件にもかかわった。徳太は六四九（大化5）年、左大臣となり、六七一（天智10）年には比等（人）が御史大夫に就任。この頃、氏族的全盛期を迎えた。奈良時代に入っても、麻呂・邑治（中納言）、奈弖麻呂（大納言）、堺（関）麻呂（参議）らが議定に列したが、次第に勢力を失い、平安時代初期に一時的に野足が中納言に任ぜられたものの、以後は凋落の一途をたどった。

【参考文献】直木孝次郎「巨勢氏祖先伝承の成立過程」『日本古代の氏族と天皇』所収（塙書房昭39）。和田萃「紀路と曽我川」『古代の地方史』三畿内編所収（朝倉書店昭54）。高島正人『奈良時代諸氏族の研究』（吉川弘文館昭58）。 （加藤謙吉）

ごせちえ［五節会］ 令制で定められた七節日のうち、平安時代初頭に停止された二つを除く、五つの節日に行われた宴会。元日・白馬（正月七日）・踏歌（正月一六日）・端午（五月五日）・豊明（一一月中辰日）の節会をいう。 （竹居明男）

ごせっけ[五摂家] 鎌倉中期以降、摂政・関白に就任する近衛・鷹司・九条・二条・一条の諸家の総称。平安時代末、藤原忠通の後、摂関の地位を長子基実、二男基房、三男兼実に始まる家が、互いに争い、源義仲に与同した基房の家が没落したあと、基実—基通の近衛家と兼実の九条家が確立する。承久の乱後、九条家から良実・実経を祖とする二条家・一条家が分立し、近衛家からも兼平を祖とする鷹司家が分立した。 (美川圭)

こせでら[巨勢寺] 奈良県御所市古瀬に所在する寺院。飛鳥時代の創建で『日本書紀』には六八六(朱鳥元)年に封二〇〇戸を巨勢寺に施入したとある。塔跡は国史跡に指定されており、塔心礎は直径九〇cmの穴の中央に舎利孔があり、それを廻る円形の溝から直線溝がのびて心礎外部へ水が排出される構造となっている。発掘調査が実施され、東西約一〇〇m、南北約二〇〇mの寺域の北寄りに主要伽藍があり、伽藍配置は塔と金堂が横並びで、回廊・講堂をともなうことが判明している。巨勢氏の氏寺と考えられる。 (鶴見泰寿)

こせのかなおか[巨勢金岡] 生没年未詳。平安時代前期の絵師。唐本の模写作業やまた人物像、屏風絵を描くなど、画業に活躍したが、その作品は現存しない。後世に巨勢派の祖とされた。 (井上満郎)

こせのとこだ[巨勢徳太・巨勢徳太古] ?~658 孝徳・斉明朝の官人。徳陀・徳多・徳陀古とも。「法隆寺伽藍縁起幷流記資財帳」には許世徳陁高臣。六四三(皇極2)年、蘇我入鹿の命で山背大兄王を襲い斑鳩宮を焼く。六四五(同4)年、中大兄皇子が入鹿を殺したとき、漢直らを説き退散させる。六四七(大化3)年、宣により法隆寺に食封三〇〇烟を施入。六四九(同5)年、大紫位・左大臣に昇進。六五一(白雉2)年、新羅貢調使を追い返した際、新羅征討を奏す。「公卿補任」に「大化五年、年五十」とある。 (大川原竜一)

こせやまこふんぐん[巨勢山古墳群] 奈良県御所市南部の巨勢山丘陵に所在する。室宮山古墳の築造を契機として営まれた総数七〇〇基を超えるわが国最大規模の群集墳である。五世紀前葉から七世紀中葉まで継続して営まれるが、群形成のピークは六世紀中葉にある。内部主体は木棺直葬から横穴式石室へと転換するが、その導入時期や副葬品内容などに支群ごとに個性が見出せ、各古墳の被葬者は広い地域から集められたものと考えられる。
[参考文献] 藤田和尊『巨勢山古墳群Ⅱ』(御所市文化財調査報告(6)昭62)。藤田和尊『巨勢山古墳群Ⅲ』(同(25)平14)。木許守『巨勢山古墳群Ⅳ』(同(26)平14)。 (藤田和尊)

こそで[小袖] 本来袖口が狭い衣のこと。即位の際の礼服の大袖の下に着用するものを小袖と称することがあるが、より一般には平安時代後期、袍や袿の下に着用した筒袖の衣をいう。しだいに袖下に袂が設けられるなどの変化が生じ、本来は下着であったが、鎌倉時代以降は表着として発達した。 (佐藤文子)

こだいかよう[古代歌謡] 『古事記』『日本書紀』『風土記』『続日本紀』の歌謡をはじめ、仏足石歌・神楽歌・催馬楽・東遊歌・風俗歌・雑歌などの歌謡。歌謡には民衆の間でつくられ歌われる民謡、職業的な芸能者によってつくられ歌われる芸謡、さらに宮廷歌謡・物語歌や時人の歌・童謡・謡歌などがある。古代歌謡の研究は古代の文学のみならず、宮廷や民謡の生活と文化を究明するさいにも重要である。ここで雑歌というのは琴歌譜の歌謡・大和舞歌謡・鎮魂歌・鳥名子舞歌・伊勢神宮神事歌謡などを含む。
[参考文献] 土橋寛『古代歌謡と儀礼の研究』(岩波書店昭45)。同『古代歌謡の世界』(塙書房昭43)。 (上田正昭)

こだいぎれ[古代裂] 安土桃山時代以前の染織品の残片の総称。日本の染織発達史を知る手がかりとなるものが多い。特に献納宝物を含む法隆寺・正倉院伝来品は、織技の絶えた経錦・緯錦・織成・羅、技法不詳の夾纈などを含んでおり重要である。 (武田佐知子)

ごだいさんじゅんれい[五台山巡礼] 五台山は中国山西省北東部にある仏教の聖地で、中国仏教四大名山の首位にある。東アジアにもその名を知られ内外から多くの巡礼者が訪れた。多くの寺廟が林立し、とくに山腹の台懐鎮には顕通寺、菩薩頂真容院、大塔院寺など主な寺院が集まっている。初めは神仙道の人々によってひらかれたといわれるが、五世紀頃から文殊菩薩の霊場として仏教信仰の一大中心となり、唐代には最盛期を迎えた。奈良・平安時代の留学僧はこの地に巡礼するのを常とし、唐代には玄昉、霊仙、円仁、恵運、宗叡、宋代には奝然、成尋らがこの山を訪れた。とくに円仁は五台山仏教最盛期の様子を詳しく伝えている。元代の初めにラマ教が伝わると、清代にはその一大拠点となり、現在では禅宗を中心とした寺院、ラマ教寺院が併存している。五台山は長期にわたり寺廟の建立がくり返されてきたため中国各時代の建築物があり、唐代建造の南禅寺大殿、仏光寺東大殿は現存する中国最古の木造建築である。 (高井たかね)

ごだいじっこく[五代十国] 中国、九〇七年の唐滅亡から九六〇年に宋が成立して九七九年全国統一を達成するまでの軍閥興亡の時代。この間、華北に後梁、後唐、後晋、後漢、後周の五王朝が興亡したことから五代と称し、その他の各地に前蜀、後蜀、呉、南唐、呉越、閩、南平(荊南)、楚、南漢、北漢(山西省北部)などの諸国がほぼ併存したので十国という。この時代は黄巣の乱以降の唐末の争乱をうけ、武人が節度使となって各地に割拠し政権の交替が激しかった。しかし後唐の明宗や後周の世宗は君主権の集権化につとめ、また旧来の門閥貴族による支配が崩れたことで、新興の文臣官僚が勢力をつけるなど、宋代にうけ継がれる要素も多い。経済面でも、従来後進地域であった華中・華南での開発が進み、唐末の混乱で荒廃した北方を圧倒する素地が形成された。さらに各国君主が大いに特産品の産出につとめたので、商品流通が盛んとなり鎮という中小都市が各地に生まれた。唐宋間は中国史上で「唐宋変革期」とされる大きな歴史上の転換期であり、この時代はその過渡期にあたる。 (高井たかね)

ごだいみょうおう【五大明王】 「五大尊」「五大忿怒」とも。不動明王を中心とした降三世、軍荼利、大威徳、金剛夜叉（天台宗では烏枢沙摩）の各明王の総称。平安時代には五大明王を本尊として、調伏や安産を祈願する五壇法が盛んに行われた。（志麻克史）

こだま【樹霊】 『日本書紀』孝徳紀には、神木を斬ることへの畏怖意識がみられるが、古代人にとって、巨木は神の座であるとともに、それ自身が神聖な霊的存在であった。大殿祭の祝詞の注記には「木霊」とあり、また「延喜式」神祇式には遣唐使船を造るときに木霊と山神を祭ることが記されている。（榎村寛之）

こっき【国記】 神代から推古天皇の代にいたる史書と考えられる。『日本書紀』推古天皇二十八（六二〇）年是歳条には、厩戸皇子（聖徳太子）と嶋大臣（蘇我馬子）が「天皇記・国記」などを編纂したと記す。六四五（皇極天皇4）年六月には蘇我蝦夷らが誅滅されたさいに、「天皇記・国記、珍宝」を焼いたが、国記の一部は取り出されたと述べる。（上田正昭）

こつじき／ほがひ【乞食】 「僧尼令」非寺院条に規定された練行としての托鉢行為。乞食行にあたっては、所属する寺の三綱の連署と国郡の許可を必要とし、午刻には終える必要があった。市辺や門に立ち、食を乞い、施し手に寿言・謝辞をのべる芸能人である「ホカヒ人」、零落者となった「カタヒ」の行為は乞食行を行う僧と類似していることから、乞索児・乞丐などの字とともに乞食の字が彼らをさす語となった。奈良時代の後期になると、凶年には多数の乞食が京に出現するようになる。平安時代中期には、乞食は非人として賤視され、また組織化された。
【参考文献】山本尚友『被差別部落史の研究』（岩田書院平11）。林家辰三郎『中世芸能史の研究』（岩波書店昭35）。（森明彦）

こつぞうき【骨蔵器】 ⇨蔵骨器ぞうこつき

こっぴんせい【骨品制】 新羅独特の身分制。血縁によって定まり、インドのカーストと対比される。聖骨・真骨・六頭品・五頭品・四頭品・三頭品・二頭品・一頭品に分かれる。聖骨は王族のみであるが、聖骨は二八代の真徳王までで、次の武烈王からは真骨になったという記録がある。ただし聖骨身分をもつ王族が実際にいたかどうかに疑問もあり、死後に追贈されたという見方もある。真骨は王族・貴族であり、六頭品・五頭品がそれにつぎ、四頭品以下は、まとめて平民とされる。ただし新羅のおこった斯盧国の地（現在の慶州）にあった六村が改編された六部の人たちだけがその対象であり、地方人は最初から対象外であった。新羅が領土を広げたあとには、骨品身分をもつひとにぎりの六部人が、地方人を支配する構造になっていた。遅くとも六世紀までには体系として整えられた。身分による差別は厳格で、官人として昇進していく場合、官位に身分による上限の規定があり、官職は官位と連動していたため、真骨でなければ昇進できない官位・官職があった。とくに上級官庁の長官は、制度的に真骨のみに限られた。また、衣服・履き物・車の装飾・鞍の装飾・金銀の器・家屋の大きさ・屋根の装飾・垣根など、社会生活のあらゆる面に規制がおよんだ。『三国史記』雑志には衣服・車騎・器用・屋舎という項目で詳細な規定が記されている。（田中俊明）

こでらいせき【古照遺跡】 愛媛県松山市江戸町にて一九七三（昭和48）年に検出された古墳時代の生産遺構。遺構は一次では一三mと二四mのL字状の堰が、二次では八mの堰と水の取り入れ口を検出した。これらの堰材に転用された建築部材から、四世紀の切妻造り高床建物（桁行三間・梁間二間）が復原された。また堰に堆積した遺物や動植物遺体から、畑・水田作の害虫のほかに桃の栽培や養蜂等の生産がみられ、また、多量の堰材から周辺の埴生を復原することができる。
【参考文献】古照遺跡調査本部『古照遺跡』（遺跡発掘報告昭49）。（森光晴）

こと【琴】 東洋の絃楽器。中国では琴・瑟とよばれる弦楽器が前漢の頃から用いられており、朝鮮半島では玄琴・新羅琴・百済琴・伽耶琴などとよばれる琴が使われた。「こと」という楽器名は『古事記』『日本書紀』『風土記』などにもみえ、古墳時代の和琴も数多く出土している。弾琴の人物埴輪もある。唐代の十三弦の箏がわが国に伝承し、後に雅楽の箏（楽箏）と俗箏とを区別するようになった。平安時代には七弦の琴を「きんのこと」、十三弦の箏を「そうのこと」、六絃の琴を「やまとごと」とよんだ。江戸時代以後、一弦琴（須磨琴）・二弦琴（八雲琴）がつくられ、大正・昭和におよんで、大正琴・短箏・十七弦琴などが考案された。（上田正昭）

ごとうしゅいち【後藤守一】 1887～1960 神奈川県鎌倉市生れ。一九一七（大正6）年東京高等師範学校地理歴史科卒業。二一（同10）年に東京帝国博物館の監査官。四〇（昭和15）年退官。四九（同24）年明治大学文学部教授に就任。六〇（同35）年東京教育大学から博士号を授与。『日本考古学』『日本歴史考古学』を刊行し、日本考古学研究の指針を示した。『古墳とその時代』に載せた「古墳の編年研究」は古墳編年の基礎となった。『上野国佐波郡赤堀村今井茶臼山古墳』や『漢式鏡』などを執筆する。古墳とその出土遺物の研究に力を注いだ。晩年服飾史に独自の成果をあげた。登呂遺跡調査会長や東京都文化財専門委員会長、文化財保護委員会専門委員として、文化財保存に力を注いだ。

【参考文献】明治大学考古学研究室『後藤守一先生著作目録』（昭35）。（中村修身）

ことしろぬしのかみ【事代主神】 島根県松江市の美保神社などに鎮座。八重言代主神とも称され、一般に託宣神として知られる。『記』『紀』の国譲り神話において父神である大国主命から決定権をゆだねられ、国譲りに同意し、「出雲国造神賀詞」でも皇孫に服従している。（瀧音能之）

ことだましんこう【言霊信仰】 言語に内在する霊力の信仰。『古事記』の雄略天皇の条に記す「禍事も一言善事も一言、言離の神」とする葛城一言主大神の信仰や『日本書紀』の天武天皇元（六七二）年七月にみえる神託する事代主神の伝承などにも、言霊信仰が反映されている。『万葉集』で柿本人麻呂が〝言霊のたすくる国〟、山上憶良が〝言霊のさきばふ国〟と歌ってい

るのも、古代日本の言霊信仰にもとづく。（上田正昭）

ごとばてんのう【後鳥羽天皇】 1180～1239 在位1183～98 鎌倉時代前期の天皇・上皇。高倉天皇の第四皇子。母は修理大夫坊門信隆の娘殖子（七条院）。名は尊成。一一八三（寿永2）年、平氏が安徳天皇を奉じて都落ちしたため、後白河法皇の詔によって践祚した。九八（建久9）年、為仁（土御門天皇）に譲位した後、順徳・仲恭と三代にわたって院政を行った。二一（承久3）年、執権北条義時追討宣旨を出させて挙兵、承久の乱をおこすが、やぶれて隠岐に配流され、その地で亡くなった。（美川圭）

ことりづかい【部領使】 「ぶりょうし」ともいう。人の引率や物資の運搬にたずさわる使者。おもに国司・軍団の職員・郡司などの地方官が任じられ、兵士・防人・衛士・仕丁・俘囚・流人などを引率して目的地まで送り届けるほか、馬・鷹などの動物、米・贄などのさまざまな物資を輸送運搬した。諸国の相撲人を徴募するために派遣された相撲使も、部領使または相撲部領使とよばれた。天平年間（七二九～七四九）の諸国正税帳には部領使に対して、路次の国々が食料を支給した記載が多数みえる。（荊木美行）

ごにじょうもろみちき【後二条師通記】 藤原師通の日記。「後二条関白記」「後二条殿記」などとも。任内大臣の直前の一〇八三（永保3）年から関白在任中に薨去する九九（康和元）年までの一七年間分が残るが、うち五年分を欠く。白河院政初期の重要史料。『大日本古記録』所収。

このえじん【近衛陣】 左・右近衛府官人の詰め所でたんに陣とも称した。左近衛陣は紫宸殿南庭の東門の日華門内、右近衛陣は同西門の月華門内にあり、官人が詰めて警衛にあたった。公卿政務が行われた紫宸殿東北廊の南面の陣座は宜陽殿西庇にあった左近衛陣座が移転したもの。（朧谷寿）

このえてんのう【近衛天皇】 1139～55 在位1141～55 諱は体仁。鳥羽天皇の第九皇子で、母は美福門院。生後三ヵ月で立太子した後、三歳で即位。在位中は父院の鳥羽院が院政を行った。その没後の皇位継承問題は、保元の乱の一因となった。（横澤大典）

このえふ【近衛府】 令外官。八世紀中期に授刀衛の改編により成立、九世紀初頭に中衛府を取りこんで左・右近衛府とし、六衛府の筆頭となった。禁中諸門の開閉と警衛や行幸の警固に従事したが、一〇世紀以降、上級官人は名誉職化し、下級官人は舞楽等にたずさわる儀仗兵化した。官人には大将（蔵人頭の兼務者を頭中将と称した）・中将・少将・将監・将曹以下がいる。（朧谷寿）

このおかごりょう【木岡御陵】 一二〇〇（正治2）年に『諸陵雑事注文』に記載された陵名の一つ。「近江国」という場所を記すのみで、被葬者は不明。「延喜式」諸陵寮などにはその表記はない。滋賀県大津市の琵琶湖西岸の木の岡丘陵および大宮川北方の平野部に、前方後円墳一基、帆立貝式古墳一基、円墳五基からなる木の岡古墳群がある。このうち、丸山（本塚）と称する帆立貝式古墳は全長約九〇mを計り、木岡陵として下坂本陵墓参考地となっている。丸山には天智天皇皇后倭姫王陵とする説も付会している。（福尾正彦）

このじんじゃ【籠神社】 京都府宮津市大垣に鎮座。式内名神大社。丹後国の一宮。現在は、正式名称を「元伊勢宮丹後之国一宮・籠神社」としている。八七七（元慶元）年に従四位上。祭神は彦火明命を主神に諸神を配す。社宝に、宮司家に歴代相伝された竪系図の「海部氏系図」（国宝）や伝藤原佐理筆の扁額や石造狛犬、社殿前の経塚出土の銅製の経筒や鏡（以上重要文化財）などがある。（堀越光信）

このはなさくやひめ【木花開耶姫】 『記』『紀』神話の神。オオヤマツミの娘。地上に降臨したホノニニギと結婚するが、一晩で妊娠したことを疑われ、潔白を証明するため、無事に産まれれば無実の証しとして産屋に火を放ち、ホデリ・ホヲリ（海幸彦・山幸彦）を産むと伝える。（菊地照夫）

こはた【木幡】 平安京の南東郊外の宇治市にある地名。奈良時代には東国や北陸に向かう交通の要衝で、「応神記」には、天皇が近江国へ行く途中の木幡村で女を見そめる話がある。平安時代には京から宇治や南都に向かう交通路上にあった。藤原氏の葬地も設けられ、藤原氏一族の供養のための浄妙寺が建立された。（高橋美久二）

こばやしゆきお【小林行雄】 1911～89 考古学者。古墳時代の研究に尽した。兵庫県神戸市生まれ。神戸高等工業学校で建築学を学びながら、弥生土器の研究に励み、森本六爾とともに弥生土器の集成を進めた。濱田耕作のもとで京都帝国大学考古学講座の助手となり、『弥生式土器聚成図録』を刊行、『大和唐古弥生式遺跡の研究』で、弥生土器の様式編年を確立した。内蒙古にある遼代の王陵慶陵の調査にも参加。戦後は、大阪府紫金山古墳や三重県石山古墳をはじめとする古墳の発掘調査を精力的に実施し、三角縁神獣鏡の同笵関係や伝世鏡説を軸に、初期倭政権の成立と実態を論じた。『日本考古学概説』や『古墳の話』、『図解考古学辞典』（共著）など、啓発的な著作にも力を注いだ。小林の研究は、遺物の詳細な観察にもとづく精緻な編年から歴史を描きあげようとしたところに特色がある。

【参考文献】小林行雄『古墳時代の研究』（青木書店昭36）。同『古墳文化論考』（平凡社昭51）。（新納泉）

ごひでん【御樋殿】 平安時代の便所で、単に樋殿ともいう。寝殿造では、納戸や御湯殿のそばに設けられていた。また対屋か細殿の一部を几帳、衝立でおおい、そのなかに樋筥（便器）がおかれる場合もあった。清涼殿では滝口のそばに設置されていた。（西山恵子）

ごぶ【五部】 高句麗・百済にみられた制度。高句麗の五部は、『魏志』高句麗伝に最初にみえ、涓奴部（『後漢書』では消奴部）・絶奴部・順奴部・灌奴部・桂婁部をいう。四部まで「奴」字がつくが、『三国史記』にみえる藻那・朱那などの集団と同じ性格のもので、那集団とよばれる。

高句麗長安城銘文城石（五部のうち「後部」銘）

地縁共同体＝地域集団でありいわば小国である。高句麗国家は、この那集団が連合しつつ成長していく。集団数は、当然五つに限られるものではなく、多数あったことが確実であるが、五部は、そのなかの有力なものとして位置づけてよい。いっぽう「高麗記」（『翰苑』註所引）など七世紀の記録を中心に、上下前後内の五部（別名として、東西南北内、青白赤黒黄が用いられることもある）がみえるが、『魏志』の五部と系譜的につながるかどうかは不明。両者区別して、さきの五部を五族とよぶこともある。後者の五部は王都の地域区分のようであるが、内部は王族で、東部はそれよりも上で、高句麗末期の権力者蓋蘇文の父が属しており、蓋蘇文が大人の地位を継承した、ということから、人的組織であるともいわれる。百済の五部は、五方五部の項を参照。（田中俊明）

こふん【古墳】 古代の墳墓の一種。墳丘をもつすべての墓をよぶこともあるが、日本考古学では歴史概念として古墳をとらえ、ヤマト王権の衰凋と密接な関係を有するものとし、三世紀半ば以降の定型的な前方後円墳の成立以降、七世紀代の墳丘を有する墓までを古墳とすることが多い。その場合、弥生時代の墳丘をともなう墓は墳丘墓、奈良時代以降のものは墳墓とよび、時代区分の指標ともしている。日本の古墳の特徴として、その多様性と巨大性が指摘できる。古墳には、前方後円墳・前方後方墳・円墳・方墳のほか、双方中円墳・帆立貝式古墳・双円墳・上円下方墳などの墳形があり、埋葬施設も竪穴式石室・横穴式石室などに各種の棺が加わり、変化に富んでいる。副葬品についても、時期や墳丘規模により変異が大きい。墳丘をもたないことの多い横穴や地下式横穴についても、副葬品等に共通するところが多いことから、古墳に含めることが一般的である。全長二〇〇mを超える前方後円墳が現在三五基もあり、その頂点に立つのが全長四八六mを測る大阪府大仙古墳（仁徳陵古墳）である。日本の古墳の墳形を代表する前方後円墳は、主たる埋葬施設のある円丘部に方丘を連結した形状を示している。弥生時代の墳丘墓の突出部が発達したものとする見解が有力であるが、その機能については祭壇説が根強いものの、円丘部にいたる道とする説も唱えられている。近年、列島に特徴的と考えられていた前方後円墳が朝鮮半島西南部で発見され、その起源が半島か大陸にある可能性も指摘されている。現状では半島の前方後円墳が年代的に新しいため、そのルーツとするには疑問が残る。古墳は、古くは古式古墳・新式古墳という二期区分が用いられ、その後、前期・中期・後期・終末期の四期に区分されることが多かったが、近年では前期・中期・後期を前方後円墳を指標として一〇期に細分する説が有力であり、前方後円墳の終焉後は終末期と称している。壁画古墳で有名な奈良県高松塚古墳もこの時期のものである。古墳の変化は、ヤマト王権の消長や性格の変化と密接に関係し、その政治的秩序を鋭敏に反映しているとする説が有力である。

【参考文献】小林行雄『古墳文化論考』（平凡社昭51）。石野博信ほか編『古墳時代の研究』全一三巻（雄山閣出版平2〜5）。（福尾正彦）

ごふん【胡粉】 白色の顔料。古くは白土（白色粘土やガラス系の火山灰）をさす。奈良時代には鉛白（鉛を酢で蒸してえる塩基性炭酸鉛の粉）も胡粉と称して用いたが、人体に有毒なため、室町時代からは牡蠣殻を焼いた粉末を胡粉とした。（武田佐知子）

こふんじだい【古墳時代】 前方後円墳をはじめとする古墳がさかんに築かれた時代。三世紀中頃から六世紀末ないし七世紀初頭までをさす場合が多い。古墳文化は九州の南端から東北地方の北部を除く地域にまでおよび、七世紀から八世紀に東北地方北部や北海道に伝わったが、前方後円墳の分布は岩手県までに限られる。古墳時代は、北海道では続縄文文化期、沖縄では貝塚時代に併行する。律令国家に向かって地域的な統合が進み、国家的な諸制度が整備されていく時代である。およそ三五〇年の間に、墳長二〇m程度の小規模なものから墳長四八六mの大阪府大仙古墳（大仙陵古墳、仁徳陵古墳）まで、およそ五〇〇〇基の前方後円墳や前方後方墳が築かれており、古墳の総数は一五万基ともいわれる。弥生時代にも、方形周溝墓や、台状墓、墳丘墓などの墳墓が築かれており、岡山県楯築弥生墳丘墓のように全長八〇mにおよび、古墳と比べても遜色がないものがある。しかし、山陰や北陸を中心に分布する四隅突出型墳丘墓のように、一般的に地域性が大きい。前方後円墳の起源については諸説があるが、中国や朝鮮との交流が進み各地において形成された墳墓築造の伝統のなかで、魏をはじめとする中国の諸勢力との政治的交渉を契機に、伝統の統合と飛躍がなされ、比較的均質な内容をもつ古墳が広い地域で受け入れられたと考えるのが自然であろう。古墳時代の終わりについては、かつては大化薄葬令（六四六年）をあてることが多かったが、近年は前方後円墳の築造が終わり飛鳥寺などの寺院の建立が始まる六世紀末ないし七世紀初頭までを古墳時代とみなすようになってきている。七世紀には、天皇陵に八角墳が採用され、切石による横口式石槨が用いられるなど著しい変化がみられるが、引き続き小規模な古墳が群集墳などの形で築造され続ける地域は少なくない。古墳時代は、前期・中期・後期に三区分されることが多いが、前期・後期の二分法が用いられる場合もある。後期の指標として、横穴式石室の普及を重視する説が一般的であったが、埼玉県稲荷山古墳の鉄剣銘発見以後、円筒埴輪の型式差とも符合することから、五世紀後葉に画期を求めることが多くなっている。前期には鏡や装身具、武器、農工具などをしばしば副葬し祭祀的色彩が濃厚である。しだいに古墳の大型化が進んだが、中期にあたる四世紀末以降に大型化が頂点に達し、副葬品にも大量の武器・武具が用いられるなど被葬者の世俗的な性格が強まる。後期には、鏡や農工具の副葬は下火となり、装飾付き大刀など原初的な位階制とかかわる可能性のある遺物も認められるようになる。そうした高い階層の古墳のほかに、小規模な円墳などが密集する群集墳や横穴墓などが爆発的に築かれたことも、後期の特色である。古墳時代には畿内地域の優位がほぼ一貫して認められるが、出雲地域では前方後方墳が継続的に築造され、九州の中・北部には装飾古墳が集中し、九州南部では地下式横穴墓や地下式板石積石室・立石土坑墓が用いられるなど、さまざまな地域色が認められる。韓国南部の全羅南道などにも前方後円形の墳墓が分布しており、五世紀から六世紀にかけて列島内の勢力との密接な関係のもとに築造されたと考えられる。弥生時代の高地性集落や環濠集落は古墳時代に入ると姿を消し、豪族居館が集落から独立して設けられるようになる。群馬県三ツ寺I遺跡の豪族居館は、周囲に濠をめぐらし、手工業生産や祭祀の機能も備えている。水田や畑の拡大および農具の発達による農業生産の拡大や、手工業生産の発達、物資の流通の拡大などにより、階層的格差が拡大していったのである。いっぽう、中国からもたらされた方位や度量衡の使用は限定的であり、文字の使用も刀剣の象嵌など一部に限られ、貨幣は採り入れられていない。都市の発達も顕著ではなく、墳墓の築造にやや不均衡ともいえる多大なエネルギーを傾けた時代といえよう。

【参考文献】都出比呂志編『古代史復元6』(講談社平元)。近藤義郎編『前方後円墳集成1~5』(山川出版社平3~6)。石野博信他編『古墳時代の研究1~13』(雄山閣出版平3~10)。 (新納泉)

こふんぶんか【古墳文化】 ⇩古墳時代(こふんじだい)

ごほ【五保】 律令制下における地方行政の末端組織で八世紀初頭にはみえる。近隣の五戸をもって編成し、一人の保長のもと連帯責任による相互扶助・犯罪防止・徴税などを目的としたもの。平安京においても四町を一保とする区画単位の保が出現する。 (朧谷寿)

ごほうごぶ【五方五部】 百済の統治制度。王都は五部に、地方は五方に分けられた。五部は、中期の熊津時代からすでに存在した。上(東)・下(西)・前(南)・後(北)・中の五部で、部の下はそれぞれ五巷に分けられた。五方は後期の泗沘時代になってからで、北方(旧都熊津)・中方(古沙城。現古阜)・東方(得安城。現恩津)・西方(刀先城。現不明)・南方(久知下城。現不明)で、方領・方佐を派遣。方にはおよそ一〇郡が属し、郡には郡将を三人派遣した。 (田中俊明)

五部のうち前部銘・上部前部銘標石

ごぼうやまこふん【御坊山古墳】 奈良県生駒郡斑鳩町竜田所在の三基の終末期古墳の総称である。三号墳は背面に隍をめぐらせる直径八mの円墳で、横口式石槨は南に開口する。石槨は花崗岩製で、鬼の俎・雪隠古墳のごとく、底石の上に刳り抜かれた蓋石を被せ、栓状の閉塞石で閉じる。内部には漆塗陶棺があり、琥珀製枕に頭をのせた青年男性が三彩有蓋円面硯と筆の軸とみられるガラスの筒とともに葬られていた。このほか、一号墳からは金銅製の環座金具が出土している。

【参考文献】泉森皎『竜田御坊山古墳』(奈良県史跡名勝天然記念物調査報告(32)昭52)。 (藤田和尊)

ゴホウラせいかいわ【ゴホウラ製貝輪】 奄美諸島以南に生息している大型巻貝のゴホウラを素材として製作された腕輪。材料となる貝殻については、長らくオオニシやテングニシ等とされてきたが、永井昌文によりゴホウラである事実が突き止められた。九州地方を中心とする弥生~古墳時代の埋葬人骨にしばしば装着されている。貝殻の利用部分と形態の特徴から、広田型、金隈型、土井ヶ浜型、諸岡型、立岩型等に分類されている。弥生時代に使われたもの(金隈型、土井ヶ浜型、諸岡型、立岩型)と古墳時代に使われたもの(広田型)に大別できる。広田型を除いてほとんど男性の右腕に装着され、装着事例がきわめて限られているため、腕輪を装着している人物は司祭者や統率者等の社会的地位にあったと考えられている。装身具として強い呪術的性格を有していたと考えられ、貝輪製作に並行して模倣化も進められた。弥生時代中期後半には銅器化され(銅釧)、さらに古墳時代前期になると玉器化された。

【参考文献】橋口達也「腕輪・指輪」『弥生文化の研究』(雄山閣出版昭62)。 (高梨修)

こほんせつわしゅう【古本説話集】 平安時代末期または鎌倉初期の説話集。二巻。編者未詳。唯一の伝本である鎌倉中期の写本には、題箋も内題もないため、仮に「古本説話集」とよばれている。上巻には和歌説話四六話を、下巻には仏教説話二四話をおさめる。注釈書に『新日本古典文学大系42』(岩波書店平2)などがある。 (小西茂章)

こまいかずちか【駒井和愛】 1905~71 東京都牛込生。一九二七(昭和2)年早稲田大学文学部東洋史卒業、同年に東京帝国大学副手となる。翌年東亜考古学会第一回留学生として北京大学に入学以来、東亜考古学会の事業に参加し、中国東北地区での発掘に従事。三〇(同5)年立教大学講師、三五(同10)年朝鮮古蹟研究会助手となり、楽浪郡の遺跡調査を開始。三八（同13）年東京帝国大学講師、四五（同20）年三月東京帝国大学助教授となる。敗戦後は東亜考古学会の調査地を北海道に移し、登呂遺跡、西都原古墳群などの調査に委員として参加。五一（同26）年東京大学文学部教授となり、以後は各種委員をつとめ、日本各地の大学で集中講義を行う。六五（同40）年退官、五月名誉教授、七一（同46）年一一月心筋梗塞で永眠。戦前は中国、朝鮮での調査研究業績が多く、戦後は北海道での調査研究に成果を残している。主要著書に『牧羊城』（昭14）、『東京城』（昭14）、『中国古鏡の研究』（昭28）、『音江』（昭34）、『斐太』（昭37）、『楽浪』（昭47）、『中国考古学論叢』（昭49）などがある。（**岡内三眞**）

こまいぬ［狛犬］　魔除けのためにおかれる阿吽一対の動物像。インドで仏前に獅子を配したことに由来するらしい。名称は狛＝高麗で「異国の犬」を意味し、「多度神宮寺資財帳」の楽具の項に「高麗犬」とあるのが初見。形状は唐風の獅子が和風化されたものだが、いっぽうに角があることが多い（こちらをとくに狛犬ともいう）。古くは玉虫厨子に同種の絵がみられ、平安後期以降には作例が増加する。そのほとんどは木製。おもに神殿の縁側におかれ、また几帳の鎮子としても使用された。紫宸殿の賢聖障子にも描かれた。鎌倉初期には宋風の狛犬がもたらされ、末期頃から石造で屋外におく例が増えた。
［参考文献］京都国立博物館編『獅子・狛犬』（京都国立博物館平9）。（**難波謙一**）

高麗若光の墓所

こまおうじゃっこう［高麗王若光］　?～748　武蔵国高麗氏の始祖と伝えられる人物。『続日本紀』に、七〇三（大宝3）年に従五位下の高麗若光に王姓を賜わったとある。百済の王族善光に「百済王」姓を与えたのと同様、形式的に天皇の下に高麗（高句麗と同じ）王を位置づけようとしたものである。『日本書紀』には、六六六（天智5）年の高句麗からの使節のなかに玄武若光がみえるが、同一人物か。七一六（霊亀2）年に武蔵国に高麗郡が設置されたが、その中心地、現在の埼玉県日高市の高麗神社の社伝では、その時に若光も族長格で含まれていたとする。高麗神社に近い聖天院に墓と伝えるものがある。（**田中俊明**）

こまがく［高麗楽］　⇨三国楽

こまきのいせき［小牧野遺跡］　青森県青森市野沢字小牧野に所在する縄文時代後期前半につくられた環状列石（ストーンサークル）を主体とする遺跡。環状列石は推定約五〇〇kgの巨石を中心に、直径二・五m、二九m、三五mの三重の輪からなる。列石の組み方が特異で、縦横に石を組み規則的にくり返した石垣状の配列（「小牧野式」と呼ばれる）は珍しく、国内では秋田県伊勢堂岱遺跡の環状列石の一部で「小牧野式」配列がみられる。これまでの発掘調査によって環状列石のほかに土器棺墓（再葬墓）や土壙墓群、貯蔵穴群、廃棄場、竪穴住居跡、道路状遺構、水路状施設などが確認され、付近には湧水もある。各種の縄文土器をはじめ土偶や鐸形土製品、各種の石器や三角形岩板など日常用道具のほか、祭りや儀式に使われたと推定される遺物が出土している。とくに三角形岩板は三〇〇個以上出土しており、配石遺構での祭儀に使われた可能性が大きく、環状列石の性格を考える上で注目される。二〇〇一（平成13）年現在、約九〇〇〇㎡が国史跡に指定されているが、遺跡は現在も逐次発掘調査が進行している。
［参考文献］児玉大成「環状列石にみる縄文時代の土木技術」『月刊文化財』第485号（第一法規平16）。（**中山清隆**）

こまし［高麗氏］　高句麗からの渡来系氏族。狛・巨万とも。旧姓は肖奈公、のち肖奈王・高麗朝臣・高倉朝臣と改姓。本拠は武蔵国高麗郡高麗郷（埼玉県日高市高麗本郷）一帯。六六八（天智7）年高句麗の滅亡後に来日し、七一六（霊亀2）年五月、駿河・甲斐・相模・上総・下総・常陸・下野の七国に居住していた高句麗人一七九九人が武蔵国高麗郡に移された際、同地に居住したと思われる。一族には、『懐風藻』に二首を収め、七二一（養老5）年明経（儒教の経書に通じている）に優れているとして褒賞された肖奈王公文がおり、その甥の福信は、相撲に巧みであるとして内竪所に侍し、聖武天皇に重用された。以来、藤原仲麻呂の信を受け紫微少弼となったが、仲麻呂の乱が起こる前には反仲麻呂に従ったことが窺える。七六五（天平神護元）年従三位に昇った福信、七五四（天平勝宝6）年四月入唐判官で従五位下となり、七六一（天平宝字5）年一〇月遣高麗使（遣渤海使）となった大山、七四九（天平21）年正月から写経所官人としてみえ、七六二（天平宝字6）年四月に遣唐副使となった広山、七七七（宝亀8）年遣渤海使となった殿継などがおり、外交交渉の場に関わった人物が多くみられる。武蔵国高麗郡には、七七九（同10）年高麗朝臣福信が高倉朝臣を賜わった後も高麗を名乗った傍系の高麗氏がいた。この高麗氏は、七〇三（大宝3）年四月、王姓を賜わった高麗若光を始祖とする。若光は『日本書紀』に六六六（天智5）年来日したと記される「玄武若光」と同一人物と考えられている。埼玉県日高市新堀にある高麗神社に伝わる「高麗氏系図」（東大史料編纂所には写本「高麗氏古系図」が所蔵されている）によれば、七四八（天平20）年に没した若光の長子家重によって、若

高麗神社神門（埼玉県日高市）

光の霊が祀られたことが窺える。また、七五八（天平宝字2）年六月に多可連を賜わった高麗使主馬養・浄日らの枝氏がいた。

〔参考文献〕埼玉県編『新編埼玉県史 通史編1』（ぎょうせい昭62）。佐伯有清『新撰姓氏録の研究 考証篇』㈤（吉川弘文館昭58）。 （宮永廣美）

こまじゃく［高麗尺］ 東魏尺ともよばれるように、中国北朝の東魏時代にあたる五三六（天平3）年に制定された、東魏尺に起源がある。その尺度が朝鮮半島の高句麗に伝えられたところから、このような呼称が生まれた。そしてさらに、飛鳥時代の日本にもたらされた。一尺は、現在の三五・〇～三六・〇cmに相当する。古墳時代後期から終末期の墳丘と横穴式石室の築造や寺院建造物の建築には高麗尺が用いられたという説がある。この尺度は、『続日本紀』によると、七一三（和銅6）年に廃止された。 （西谷正）

こまじんじゃ［高麗神社］ 埼玉県日高市新堀に鎮座。七一六（霊亀2）年、高麗王若光が駿河・甲斐・相模・上総・下総・常陸・下野からの高麗人一七九九人を率いてこの地を開拓し、没後若光を祀った。このほか、祭神として猿田彦命・武内宿禰を配す。旧県社。本殿は一間社流造。一二一一（建暦6）年～一八（建保6）年書写の大般若経四百五十六帖（重要文化財）および渡銀鳩榊彫文長覆輪太刀（重要美術品）、高麗氏系図などを所蔵。 （堀越光信）

こまでらあと［高麗寺跡］ 京都府相楽郡山城町に所在する古代寺院跡。七世紀前半に飛鳥寺瓦と同笵の瓦で創建され、七世紀後半に川原寺瓦と同范の瓦などで本格的に伽藍が整備され、少なくとも平安時代までは修理などが行われている。記録では、『日本霊異記』に天平年間のこととして高麗寺の僧「栄常」の名前がみえる。寺域は約二町四方で、伽藍配置は法起寺式である。建物は金堂などの瓦積基壇が有名である。遺物では金銅破風拝み金具、観音菩薩像線刻平瓦などが珍しい。南山城の中心的な寺院である。 （亀田修一）

こまのふくしん［高麗福信］ 709～89 奈良時代の貴族。武蔵国高麗郡の人。もと肖奈公のち肖奈王。六六八年の高句麗滅亡後渡来した福徳の孫。少年の頃平城京に入る。七四三（天平15）年六月外従五位下春宮亮に任じられた（時の皇太子は阿倍内親王）。七六五（天平神護元）年正月従三位に昇叙。造宮卿・武蔵守・近江守を歴任。七七九（宝亀10）年三月「肖奈王から高麗朝臣に賜姓されてありがたいが、渡来系を示す高麗を高倉と改めていただきたい」と上書して許された。七八五（延暦4）年二月弾正尹兼武蔵守として致仕した。 （胡口靖夫）

こまひき［駒牽］ 毎年八月に、御牧（勅旨牧）からの貢馬を内裏で牽き回し馬寮や諸臣に分配する儀式。式日は国や牧により異なる。また五月五日節の走馬・騎射等に先立って、出場する馬を天皇臨席のもとに武徳殿で点検する儀式をもいう。 （竹居明男）

こみなとふわがねくいせき［小湊フワガネク（外金久）遺跡］ 鹿児島県奄美大島の名瀬市小湊字外金久の海岸砂丘に所在する弥生時代から鎌倉時代の複合遺跡。飛鳥時代に位置づけられるヤコウガイ製貝匙の製作跡、掘立柱建物跡等の遺構をはじめ、ヤコウガイ製貝匙、貝札、貝玉等の貝製品、兼久式土器、鉄器、石器等の遺物が多数確認されている。当該包含層を挟んで、上層に鎌倉時代並行期、下層に弥生時代並行期、古墳時代並行期の良好な包含層も認められる。 （高梨修）

コムンモルいせき［コムンモル遺跡］ 朝鮮民主主義人民共和国の平壌市祥原郡祥原邑にある祥原江の堤防工事中に発見された石灰岩洞窟遺跡（海抜一一七m）。朝鮮半島で最も古い前期旧石器文化の遺跡で、その年代は一〇〇万年とも五〇万年ともいわれる。三〇m余りの長さの洞穴で、堆積層は最も厚いところで二・五mである。一九六六～七〇（昭41～45）年まで調査が実施され、五枚の地層が確認され、Ⅰ・Ⅳ層から動物化石が出土した。動物骨は七目一七科二三属二九種が発見されたが、動物構成からⅠ層が寒い時期であるミンデル氷期、Ⅳ層が温かいミンデル・リス間氷期と評価されている。石器は第四区第Ⅳ層から出土し、青灰色珪岩製のハンドアックス形石器・台形石器・尖頭石器・剥片石器などがある。台石打法や直接打法を使用し、二次加工はきわめて少ないという。石器の粗雑さや簡単な加工法、そして石器中にインドのソアン文化や中国の周口店や匼河などの石器と共通点があることなどから、人類発展の非常に古い時期の所産として報告されている。この加工痕に関しては報告者も自然的に生じた変形と区別しにくいと報告しており、石英岩や石灰岩の塊も一緒に出土する。このような状況から、生活遺跡としての可能性を疑問視する意見もある。

〔参考文献〕後藤直「朝鮮半島」『日本の旧石器文化4』（雄山閣昭51）。 （小畑弘己）

こもちまがたま［子持勾玉］ 古墳時代の石製品の一つ。そのほとんどを滑石製が占めるが、稀に碧玉製もある。大型の勾玉形を基本に、側面や腹背に小突起物を数個取り付けている。江戸時代は石剣頭、つまり石剣の把頭と考えられていた。その後も特異な形態からさまざまな性格や起源論が示されたが、単独で出土することが多く、遺構出土例や伴出遺物が少ないこともあって、万人の理解をえるにはいたっていない。福岡県沖ノ島などのいわゆる祭祀遺跡から出土することもあり、基本的には祭祀用具の一種と考えられよう。 （福尾正彦）

こやでら［昆陽寺］ 「こんようじ」とも。兵庫県伊丹市寺本に所在する高野山真言宗の寺院。本尊は薬師如来、山号は崑崙山。小屋寺・児屋寺とも書かれる。『古今著聞集』では行基が薬師如来の霊験により建立したとするが、『行基年譜』にみえる昆陽施院を前身とする寺院と考えられている。「延喜雑式」によれば、雑事は摂津国司が別当僧とともに検校していた。『今昔物語集』には、当寺の鐘が盗まれる説話があり、平安後期の様子がうかがえる。 （嶋本尚志）

こよみ［暦］ ⇩暦法

ごりょういせき［五領遺跡］ 埼玉県東松

山市若松町にある古墳時代の遺跡。市川をのぞむ松山台地北端のゆるやかな斜面に広がる。ことに古墳時代前期の集落跡から出土する土師器の一群が注目された。集落は中央部に空間をとって住居跡が環状に配され、そこから弥生時代後期末から古墳時代前期に移行する段階の各器形の土器が一括して出土した。南関東地方ではこれを古式土師器と称し、五領式土器と命名した。　（関俊彦）

ごりょうかいづか［御領貝塚］　熊本県下益城郡城南町にある縄文時代後期の淡水産の貝塚。木原山から延びる台地の先端部に位置し、数地点の貝殻の分布があるが、全長一〇〇m、幅三〇mの、西日本では最大級の貝塚。貝は大部分がシジミ、ほかにアカガイ・ハマグリ・カキ等がある。出土遺物は御領式土器・打製石斧・鹿骨斧等である。発掘で貝層中から抜歯をした人骨が出土した。貝塚の西側の平坦地が縄文時代の集落地であるとみられる。　（島津義昭）

ごりょうしきどき［御領式土器］　御領貝塚から出土した土器を標式とする縄文後期末の土器型式。深鉢・浅鉢・椀・注口土器・高杯等の多種からなる。深鉢は頸部に立ちあがる紋様帯をもち、胴部が「く」字形に屈曲する形が基本である。口縁部は山形に隆起し、その先端に楕円形の押点をもつものがある。土器の表面は研磨され光沢がある。これ以前の縄文土器にはみられない器形の多様性から、その背景に生産力の向上があったことを考える説がある。　（島津義昭）

ごりょうしんこう［御霊信仰］　政治的事件に関与して失脚・死去した実在の特定個人の霊魂が災厄をもたらすと考え、その鎮圧を願い信仰するもの。二次的には災厄をもたらす全てのものの鎮圧を願う信仰に広がった。「御霊」の初見は八六三（貞観5）年で、この時に平安京神泉苑において早良親王以下六座の怨霊を祭神として御霊会が行われたことがみえ、これら怨霊が「疫病繁く発り死亡甚だ衆し」（『日本三代実録』）という状況の原因と認識された。特定の除去されるべき災厄が現実に存在して成立する信仰で、その災厄は都市化現象が激しくなって拡大する疫病・火災などが主であり、平安時代中期頃より急速に広まった。これ以前にも「疫病多く起こ」った原因として大物主神（『日本書紀』）、玄昉の死は藤原広嗣霊の「害する所」という例などがあるが（『続日本紀』）、社会的広がりを持たなかった。蘇我蝦夷（『扶桑略記』）・長屋王（『日本霊異記』）などが疫病流行の原因との記載もみられるが、史料性から考えて後世の付託と思われ、のち八所御霊として固定された中には入っていない。御霊に祀られる条件は(1)冤罪だが大罪を犯した、(2)遠方に配されそこで死去した、の二点でその遠方から怨みをもった霊魂が立ち返り報復していると意識された。また荒ぶる神のスサノオ神は疫病鎮圧の威力をもつと看取されたが、祇園御霊会の盛行にみられるごとくこのスサノオ神も御霊信仰の対象となった。

〔**参考文献**〕柴田実編『御霊信仰』（雄山閣昭59）。西山良平「御霊信仰論」『日本通史』5（岩波書店平7）。　（井上満郎）

ごれいぜいてんのう［後冷泉天皇］　1025〜68　在位1045〜68　平安中期の天皇。名は親仁。後朱雀天皇の第一皇子で母は東宮妃藤原嬉子（道長の娘）。一三歳で立太子、二一歳で即位したが、在位中は頼通が関白として専権を振るった。皇子に恵まれず、そのことが院政が開かれる遠因となった。日記『後冷泉院御記』を残したが現存しない。陵は円教寺陵（京都市右京区）。　（瀧浪貞子）

これかわいせき［是川遺跡］　青森県八戸市是川中居・堀田・一王寺に所在し、縄文時代前期から弥生時代前期の拠点集落遺跡。新井田川を約九km（直線距離で約五km）さかのぼった左岸の標高一五〜二〇m、東西五〇〇m、南北四〇〇m程の台地に立地する。台地北東部の中居地区は住居群、土壙墓群、低湿地包含層が確認されており、晩期集落の中枢である。南半の一王寺地区に前、中期の円筒土器が出土する。北東にある堀田台地には中期と弥生前期の遺物が出土する。一九一〇（明治43）年頃から泉山岩次郎、斐次郎によって発掘され、五〇〇〇点をこす亀ヶ岡式土器と漆塗り飾り弓、漆塗り飾大刀、篦状木製品、腕飾り、櫛、籃胎漆器など多種類の植物製遺物が出土し注目をあびた。二八（昭和3）年に大山柏・甲野勇などが発掘調査を行い、クルミ、トチを多量に出土する「特殊泥炭層」とよばれる低湿地性の植物遺物包含層を明らかにした。九九（平成11）年から八戸市が総合的に遺跡確認調査を行い、中居地区南半の低湿地、台地西部と北辺低地において包含層、住居跡、土壙墓などを精査した。低湿地包含層から弓、装飾漆塗り容器、朱漆塗り腕輪、朱漆塗り櫛など優れた技術の漆製品が土器、土偶、加工柱、自然木、クルミ、トチの殻などとともに多数出土した。出土植物遺体の年代測定、花粉分析、樹種同定が行われ、晩期縄文文化の年代、複雑な技術基盤の研究が進んでいる。

〔**参考文献**〕小金井良精「是川研究号」『史前学雑誌』二―四（昭5）。杉山寿栄男・喜田貞吉『日本石器時代植物性遺物図録』（刀江書院昭7）。保坂三郎編『是川遺跡出土遺物報告書』（八戸市教育委員会昭47）。宇部則保他「是川中居遺跡」1『八戸市埋蔵文化財調査報告書』91。　（須藤隆）

これたかしんのう［惟喬親王］　844〜97　文徳天皇第一皇子。母は紀静子。八五〇（嘉祥3）年、文徳天皇即位にともない、第四皇子惟仁親王（清和天皇、藤原良房の外孫）が皇太子に立ったことにより、皇位継承の道を絶たれる。八五七（天安元）年元服、四品に叙され、大宰帥、弾正尹、常陸・上野太守等を歴任。八七二（貞観14）年出家（法名素覚）。山城国愛宕郡小野郷（京都市左京区の北部）に住す。小野宮と号し、京の邸宅は藤原実頼が伝領。在原業平などと親交があった。木地師の祖とする伝承がある。　（関口力）

これはり（る）じょう［伊治城／此治城］
⇩伊治城

これむねのただすけ［惟宗允亮］　生没年未詳。平安時代中期の法学者。『令集解』編者の惟宗直本の曾孫。のち令宗氏と改姓。検非違使などをへて明法博士。律令を講義するなど法学者として聞こえ、『政事要略』を編纂した。　（井上満郎）

これむねのなおもと［惟宗直本］　生没年

未詳。平安時代前・中期の法学者。本姓は渡来系氏族の秦氏で、八八三（元慶7）年に兄直宗らとともに惟宗氏に改姓、同時に讃岐国から平安京内に移貫。諸官をへて明法博士となる。「律集解」（現存せず）・「令集解」の編纂にあたった。（井上満郎）

ごろうやまこふん【五郎山古墳】 福岡県筑紫野市に所在。独立丘陵上に位置する径三二mの円墳。六世紀後半の築造で、七世紀前半までの追葬が認められる。全長一一・二mの複室構造の横穴式石室を内部主体にもち、後室奥壁を中心に、奥壁に近い両側壁、前室奥壁に彩色壁画が認められる。靫、鞆、弓、人物、同心円、珠文、動物、鳥、船、騎馬人物、家、旗などの絵がみられ、被葬者の再生を願う殯行事から常世に航行する行程を描いて、被葬者の辟邪鎮魂を祈念した絵画と解釈されている。国指定史跡。（佐田茂）

ころもがわのせき【衣川の関】 岩手県胆沢郡衣川村（現奥州市）におかれた関。白河関から外ヶ浜にいたる陸奥大道の中央と表現される要地であった。安倍氏の反乱は衣川関を封ずることに始まったとされる。衣川は岩手県南西部の胆沢郡衣川の高倉山に発した北股川が旧殿付近で南股川と合流して、平泉町の中尊寺付近で北上川に注ぐ全長五四kmの川で、その流域には関・柵・館・営など、前九年・後三年の役に関連する軍事的施設が多く設営されていたが、奥州藤原氏政権の滅亡によって衰退した。（高橋誠一）

ごんかん【権官】 律令に規定された官の正員以外に、権に任じた官。奈良時代に初めておかれ、七八一（天応元）年、員外官が廃止されるとこれにかわってしだいに増加し、平安時代には正員と並んで恒常的におかれるようになった。権官は、京官・外官ともおかれたが、とりわけ外官（国司など）には俸禄を目的として任ぜられることが多かった。（篠田孝一）

ごんき【権記】 権大納言藤原行成の日記。九九一（正暦2）年から一〇一一（寛弘8）年までの二〇余年の日次が残る。またほかに「改元部類記」などに逸文が多く存す。内容は行成が頭弁・参議弁・大納言であった頃のため、政治・社会・儀式に詳細。一条天皇時代の宮廷政治の重要史料。『増補史料大成』『史料纂集』所収。（松本公一）

こんくのあがた【紺口県】 河内国の古代の県の一つ。『新撰姓氏録』に紺口県主がみえる。河内国石川郡の紺口郷にあたるとみられ、現大阪府南河内郡河南町にある寛弘寺の地名がその遺称と考えられる。また「延喜式」の式内社咸古神社など。（高橋誠一）

こんごうしょうじ【金剛証寺】 三重県伊勢市朝熊山上にある臨済宗の寺。もと真言宗。勝峯山兜率院。本尊は虚空蔵菩薩。欽明朝に暁台が創建。「朝熊岳儀軌」によれば、八二五（天長2）年に空海が再興。伊勢神宮との関係が深い。山上には平安末期の経塚群がある。（野口孝子）

こんごうぶじ【金剛峰寺】 真言宗の寺院で、高野山真言宗総本山。開祖は空海。和歌山県伊都郡高野町所在。遣唐使随行からの帰朝後に真言宗を開いた空海は、高野山寺（神護寺）・乙訓寺などの留住・修行をへて八一六（弘仁7）年六月に嵯峨天皇に「紀伊国伊都郡高野峯」を「入定の所」として下賜を申請（「続性霊集」）、「高山深嶺」の地で「修禅」に最適だからという。この申請をうけて翌七月に勅許、「伊都郡以南の深山中の高野」の空地が下賜された（「高野山文書」）。八一八（弘仁9）年に高野山に登り、以後空海は高野山を主たる居住地とした。翌年に伽藍建立に着手、結界を定め鎮守神を勧請した（『弘法大師行化記』）。広大な寺地のためその後の造営は徐々に進展したらしく、八三二（天長9）年にようやく金剛峰寺の称号を名乗る。翌年には弟子の真然に付属され、八三五（承和2）年には定額寺となり直後に空海は高野山金剛峰寺において死去、奥院に埋葬された。以後の高野山の経営は弟子の真然・実慧があたり、翌年には紀伊国司が金剛峰寺俗別当となって高野山金剛峰寺の維持管理を担当した。のち同じ宗派ともいうべき東寺・神護寺との対立をまねき、平安京からかなりに遠方にあったこともあって勢力を喪失した。しかし一〇世紀初頭に東寺の末寺になり体制の整備が進み、また九二一（延喜21）年に弘法大師の称号を与えられるなどにともない空海入定の地としての信仰が高まり寺勢を回復した。火災などもあったが藤原道長・頼通など摂関家のあつい庇護をうけて伽藍も急速にととのい、院政期には白河・鳥羽・後白河などが頻繁に参詣した。同時に寄進を主とする大量の高野山領荘園も蓄積されて巨大寺院となり（「高野山文書」）、この頃の文化財も多い。

［参考文献］勝野隆信『比叡山と高野山』（至文堂昭34）。江頭恒治『高野山領荘園の研究』（有斐閣昭13）。密教文化研究所『増補・再版 弘法大師伝記集覧』（昭45）。（井上満郎）

こんこうみょうさいしょうおうきょう【金光明最勝王経】 七〇三（長安3）年、唐・義浄が訳出した大乗経典。北涼・曇無讖によって「金光明経」が訳され、国王がこの経典を読誦すれば、四天王が国土を擁護すると説いたことから護国経典として流布していった。日本では、六七五（天武5）年に「金光明経」の講説がなされ、義浄訳の新訳本は七一八（養老2）年に道慈が将来したとされる。聖武天皇は、国家の平安を祈るために新訳本を諸国の僧尼に転読させている。また、国分寺造営に際して「金光明護四天王国之寺」をその正式名称とし、この経典の一部を必ず備えさせるなど、国家護持の経典として重視された。空海による宮中真言院の創設により、その役割を終えている。

［参考文献］金岡秀友『金光明経の研究』（大東出版社昭55）。（宮城洋一郎）

こんこうみょうじ【金光明寺】 ⇩東大寺

こんじきいん【金色院】 京都府宇治市白川にあった寺院。白川金色院。この寺を継承する地蔵院に残された室町時代の「勧進帳」によれば、一一〇二（康和4）年に藤原頼通娘で後冷泉天皇后寛子が建立。発掘によって平安末期の一間四面の堂が確認されている。（野口孝子）

こんじゃくものがたりしゅう【今昔物語集】 平安時代後期の説話集。三一巻。

そのうち八、一八、二一の三巻を欠く。古くは源隆国撰とされたが、現在では否定されており未詳。成立は説話・人物の下限から、一二世紀前半と推測される。天竺（インド）五巻、震旦（中国）五巻、本朝（日本）二一巻の三部構成となっている。名目的には一〇七九話であるが、そのなかにはまるごと欠落しているもの二〇話、題目だけのもの一九話、本文の首尾のいずれかを欠くもの一三話を含んでいる。これらの欠話や欠巻は、原初以来のもので、本書は未完成的な作品であろうと考えられる。登場人物は皇族・貴族から霊鬼・動植物までにわたり、平安時代の説話の一大集成を成している。とくに本朝世俗部には傑作も多く、芥川龍之介など近代小説の材料ともなっている。当時の民俗・社会史の史料としても重要。注釈書に『新日本古典文学大系33～37』（岩波書店平8～11）『新編日本古典文学全集35～38』（小学館平11～14）などがある。
（小西茂章）

こんしょうじ［金勝寺］　滋賀県栗東市荒張にある天台宗*の寺院。草創は聖武天皇の勅願により良弁*が開いたと伝えるが、実際は弘仁年間（八一〇～八二四）に興福寺僧願安が伽藍を建立したことに始まる。当初は金勝山大菩提寺と称し、八三三（天長10）年には定額寺*となった。
（竹森友子）

ごんぞう［勤操］　754～827　平安時代前期の三論宗の僧。石淵僧正。大和国高市郡の人。俗姓は秦氏。一二歳で大安寺信霊に師事、のちに同寺善議について三論教学を学ぶ。七九六（延暦15）年、法華八講を創始。
（志麻克史）

こんだごびょうやまこふん［誉田御廟山古墳］　大阪府羽曳野市誉田にあり、墳丘中心部を台地端におき、内堤が巡る古市古墳群内にある古墳。西側の外堤の一部は谷部にかかる二重濠の古墳だが、東側は外堤に相当する部分は見当たらず、内堤部分も先行して造られた二ッ塚古墳を避けるように「く」の字に入り込む。古墳時代中期前半、墳丘長四一五m、後円径二五〇m、前方幅三〇〇mの日本第二位を誇る前方後円墳である。三段築成の墳丘に前方部側面側くびれ部に造出しがつく。円筒・朝顔形、蓋形、盾形、靫形、家形、水鳥形などの埴輪、イカや魚形の土製品、土師器、須恵器が出土。周濠からは大形の笠形木製品が出土する。北側に接した径四五m円墳、誉田丸山古墳で精巧な金銅製鞍金具が二セット出土する。一方、一辺四五～五〇mの誉田御廟山古墳と同時期の方墳が側面堤に沿って左右両側にあり、西側に東山古墳、野中アリ山古墳の二基、東側に栗塚古墳の一基が配置される。西側の最も小さなアリ山古墳では大量の武器が納められていた。現在、墳丘・内堤は応神陵として宮内庁によって管理されるが、『日本書紀』雄略天皇九年条には、田辺史伯孫が夜道に応神陵のほとりで自分の葦毛の馬と赤馬をとりかえたが翌朝自分の家にあるのは埴輪の馬だったという説話がある。外堤は国指定史跡。
（一瀬和夫）

こんでい［健児］　律令兵士制度の崩壊後の軍事制度で、一種の選抜兵士制度のこと。律令体制の徴兵制度は庚寅年籍によって成立、のち軍防令によって完成し、正丁の「三丁毎に一丁」を取ることを原則とした。この制度を陸奥・出羽・佐渡および大宰府管内諸国の「辺要地」以外は七九二（延暦11）年六月に「皆停廃に従い」、かわって健児制度を採用した（「類聚三代格」）。職務は「兵庫・鈴蔵および国府」を「守衛」することで、「郡司子弟」が「簡び差され」た（同）。人数は和泉国二〇人、近江国など二〇〇人と差があるが、総数で三千余人（「延喜式」では四〇〇〇人弱）で国家の軍事を担いうる数値ではなく、ほどなく数ヵ国で兵士制が復活したこととあわせて、辺要地以外での軍事を想定しない施策となっている。健児そのものは早くからみえ、チカラヒトと訓まれて屈強な男子をさす一般名詞。「近江国志何郡計帳」には七二五（神亀2）年から大友吉備麻呂について「健児」の注記がみえており（「正倉院文書」）、何らかの軍事制度として存在したものと思われる。おそらくは兵士中の強健なものを指定したものだろうが、租・雑徭など軽減の特典が付されていた。さらに藤原仲麻呂政権下の七六二（天平宝字6）年に伊勢・近江・美濃・越前国などに兵士とは別に健児が設定され、郡司子弟など武芸に練達した者がこれについたがごく限定的なもので詳細は不明。延暦の健児制度はこれに次ぐものである。平安時代史料にも断片的にその名が登場するがその活躍は不明で、やがて自然消滅したものであろう。

〔**参考文献**〕井上満郎『平安時代軍事制度の研究』（吉川弘文館昭55）。
（井上満郎）

誉田御廟山古墳全景
写真：近つ飛鳥博物館・門前昇

こんでん［墾田］　田種の一つ。訓は「はりた」。新たに開墾した田をさす用法が一般的であるが、未墾地に対する現作田をさす用法や、占定地全体を「墾田地」とし、「見開田（熟田）」と「未開野地（未開地）」に区別する用法も認められる。七四三（天平15）年の墾田永年私財法*以降、墾田は単なる開墾田としてではなく、班田収授対象外の永年私財田を意味する用語として用いられ、この概念が平安時代に継承された。
（山本崇）

こんでんえいねんしざいほう［墾田永年私財法］　七四三（天平15）年五月二七日に出された法令。開墾地を収公せず、私有地とすることを認める施策で、四項から構成される。すなわち、七二三（養老7）年の三世一身法*による三世・一身を限った収公期限を撤廃し、墾田*の私有を永久に認める規程、墾田地の私有面積に品階・位階による限度を設け、郡司に特例措置を置く規程、国司在任中の墾田地の取り扱いに関する規程、開墾地の占有のための手続きと有効期限についての規程である。有力者による無制限の開墾が進むなかで、日本が班田制の手本とした中国の均田制がもつ田地の分配とは別のもう一つの側面、すなわち田地の所有限度額を設けるという側面を積極的に導入しようとするものである。開墾地を含めた田地を総体的に掌握できる、より強固な土地支配を実現を目指すものとして、三世一身法の延長上に位置づけて評価すべき施策であり、律令国家の公地公民制の変質、ひいては律令国家崩壊の端緒とみる理解は正しくない。

［参考文献］吉田孝「墾田永年私財法の基礎的研究」『日本古代の国家と社会』（岩波書店昭58）。

（渡辺晃宏）

こんどうぶつ［金銅仏］　鋳銅鍍金製の仏像。中国では四世紀頃から多くの小型金銅仏が製作され、朝鮮半島でも三国時代以降盛んに小型金銅仏が製作された。日本では『日本書紀』欽明天皇十三（五五二）年十月条に百済聖明王が「釈迦仏金銅像一体」を遣わしたと記され、仏教初伝時から金銅仏の存在が知られる。最初の本格的な仏教寺院として建立された飛鳥寺の本尊は六〇九（推古天皇17）年完成の鞍作止利作金銅丈六釈迦坐像である。同じ作者による六二三（同31）年製の法隆寺金堂釈迦三尊像は飛鳥時代金銅仏の代表作である。同期には像高三〇cmほどの小金銅仏が大量に製作された。法隆寺献納宝物四八体仏が有名である。七世紀後半には唐様式がもたらされ山田寺仏頭や法隆寺夢違観音像などの名品が知られる。奈良時代には世界最大の金銅仏である七五二（天平勝宝4）年開眼の東大寺盧舎那仏像をはじめ、薬師寺薬師三尊像、蟹満寺釈迦如来坐像などの大型金銅仏が造立された。平安時代になると木彫像が主流になり金銅仏は少なくなったが、経塚や山岳信仰遺跡などから当該期の金銅仏の出土が知られる。鎌倉時代になると寄せ木造りの影響をうけ、腕など各部を別鋳とした精巧な金銅仏が作られる。

（杉山洋）

ごんろう［今良］　古代の身分の一つで、官戸・官奴婢の解放されたもの。新たに良民となった者という意味であるが、よみは「ごんら」「いままいり」など諸説ある。官戸・官奴婢は八世紀中頃以後、集団で解放され今良となったが、その多くは官戸・官奴婢と同様に諸官司で雑役に従事した。

（篠田孝一）

こんろんさん［崑崙山］　中国の伝説上の神山。昆侖とも記す。春秋戦国時代から秦漢にかけて、中国の西の果てに崑崙山があると信じられ、ここが黄河の源であり玉を産する地とされていた。漢の武帝期に于闐（現在のホータン）にある山を河源とする説があり、武帝はこれを崑崙と名づけたという。神仙説によればこの山は西方の楽土で西王母が住むといい、また黄帝が登ったという話もある。実在の地名にある崑崙山脈は中国最長の山脈でチベット高原の北辺にある。

（高井たかね）

さ

ざ［座］　平安末期から戦国時代、本所に所属して特権を与えられたさまざまな職能者の集団。平安末期以降、商工業者、猿楽などの芸能者や馬借などの交通業者は朝廷・寺社等を本所にして座を結成し、奉仕労働や貢納生産を行い、その代償に本所から課役免除などの特権を与えられた。商品経済が発展する鎌倉後期以降になると、座は自立性を高め、営業のための集団としての性格を強めて、専売権など営業上の特権も獲得した。

［参考文献］豊田武『座の研究』（吉川弘文館昭57）。

（勝山清次）

さいいん（いつきのいん）［斎院］　賀茂の斎王の居所。同時に斎王自体をもさし、「阿礼乎止女」ともいう。その創置は、嵯峨天皇が平城上皇と対立した際、賀茂大神に祈願して冥助をえたので、皇女有智子内親王を賀茂社へ遣したことに始まるという。ただ、その時期は弘仁元（八一〇）年説（『一代要記』『賀茂斎院記』）と弘仁九（八一八）年説（『中右記』『帝王編年記』）とがある。『延喜式』（斎院司式）によれば、伊勢斎王と同じく天皇即位の初め、未婚の内親王（または女王）がト定された。初斎院をへて紫野院へ入り、斎宮と同じく不浄を避けながら生活し、毎年四月（旧暦）の賀茂祭に上下両社へ赴いて奉仕した。嵯峨天皇朝から土御門天皇朝まで三二代約四〇〇年間三五人におよぶ。斎宮と異り、必ずしも天皇の代替りごとに交替せず、怡子内親王は四代二六年、婉子女王は二代三六年間、選子内親王は五代五七年も奉仕している。

［参考文献］浅井虎夫『新訂女官通解』（講談社学術文庫昭60）。所京子『斎王和歌文学の史的研究』（国書刊行会平1）。同『斎王の歴史と文学』（国書刊行会平12）。

（所京子）

さいいんし［斎院司］　「いつきのいんのつかさ」とも。平安初頭、嵯峨天皇皇女の有智子内親王を初代とする賀茂の斎王に付属された役所。その設置は八一八（弘仁9）年五月。職員は長官・次官・判官各一人で、それぞれ従五位下・従六位上・従七位上相当、主典は二人で従八位下相当という（『類聚三代格』）。のち史生三人、使部六人が加えられた（『延喜式部省式』）。さらに別当・女蔵人・采女・女孺などもおかれ（『延喜斎院司式』）、また宮主が祭祀に奉仕した。

［参考文献］浅井虎夫『新訂女官通解』（講談社学術文庫昭60）。所京子『斎王和歌文学の史的研究』（国書刊行会平1）。

（所京子）

さいえき［歳役］　古代律令制下の基本的税目（課役）のひとつ。古来の「えたち」を唐制に倣って再編したもので、造都・造寺などの中央的力役に従う義務であった。飛鳥浄御原令制の詳細は不明だが、京畿をも含めて実役の徴発を基本とした。大宝・養老令制では、京畿を除く全国の正丁に年一〇日（老丁は五日）の義務を課したが、実際は庸として布・米・塩などを代納させ、それを財源として雇役する形態が一般化した。また七〇六（慶雲3）年には庸が半減され、以後それが定着した。　（鎌田元一）

さいおう／いつきのひめみこ［斎王］　伊勢神宮の天照大神および賀茂大社の大神に奉仕した未婚の内親王（または女王）。伊勢の斎王（斎宮）は伝承上、豊鍬入姫命（崇神皇女）や倭姫命（垂仁皇女）に始まるが、制度上、大伯（来）皇女（天武皇女）を初代とする。賀茂の斎王（斎院）は、有智子内親王（嵯峨皇女）を初代とする。それ以来、伊勢は祥子内親王（後醍醐皇女）まで、賀茂は礼子内親王（後鳥羽皇女）まで存続した。

〔参考文献〕浅井虎夫『新訂女官通解』（講談社学術文庫昭60）。所京子『斎王和歌文学の史的研究』（国書刊行会平1）。『斎王の歴史と文学』（国書刊行会平12）。　（所京子）

さいおんじけ［西園寺家］　藤原氏北家閑院流、公実の男通季を始祖とする堂上公家。家格は清華。平安時代には、通季の子孫に、公通・実宗・公経等がいる。家名は、一二二四（元仁元）年に公経が京都北山に造営した、西園寺に由来する。　（宮田敬三）

さいかいどう［西海道］　五畿七道の一つ。九州とその島嶼部の行政区画と、この地域の官道。もとは筑紫・豊・肥・熊襲であったが、七世紀末には筑前・筑後・豊前・豊後・肥前・肥後が成立、熊襲国は日向国となりさらに八世紀には薩摩・大隅国が分置された。ほかに対馬島・壱岐島および多禰島が七、八世紀の史料にみえる。この九国三島を統括していたのが大宰府であった。「延喜式」によれば九七の駅家と六〇五疋の駅馬がおかれている。　（高橋誠一）

さいかちどいせき［歳勝土遺跡］　横浜市都筑区大棚町にある弥生時代の墓地遺跡。遺跡は、標高約五〇mの多摩丘陵上にあり、小さな谷を隔てて環濠集落の大塚遺跡と相対し、同集落にともなう墓地と理解されている。検出されたのは方形周溝墓二五基で、大きく三群に分けられている。各方形墓は整然と列をなして構築されており、計画的に順次造営されたことをうかがわせる。また、それぞれの墓は直線的に浅く掘られた溝で囲われ、四隅は途切れている。埋葬遺体は方形部中央に長方形の土壙を掘って納め、他に土器棺を溝の中に横たえている。大塚遺跡では同時期におよそ百数十人が居住したと推定されるが、そのなかでの家族の長と小数の家族員がここに葬られたと考えられる。このように、集落としての大塚遺跡と墓地である本遺跡がセットをなしていることから、弥生中期の社会構成のありようを具体的に追求できる点が重要である。

〔参考文献〕岡本勇編『歳勝土遺跡』（横浜市港北ニュータウン埋蔵文化財調査団昭50）。　（田中義昭）

さいかん［祭官］　神まつりを行う官職をさすが、宮廷のまつりにたずさわった神祇官の先行官司とみなす説が有力。「中臣氏系図」に引く延喜本系には中臣御食子・中臣國子について「前事奏官兼祭官」と記す。『古語拾遺』では六五三（白雉4）年に斎部首佐賀斯を「神官頭」としたと述べるが、「本朝月令」所引の同文（尊経閣本）には「祠官頭」とみえる。『日本書紀』天武天皇二（六七三）年十二月条、同五（六七六）年九月条、同六（六七七）年十一月条には「神官」と記す。祭官から神官へ、さらに神祇官へと発展したプロセスがうかがわれる。

〔参考文献〕岡田精司「日奉部と神祇官先行官司」『古代王権の祭祀と神話』所収（塙書房昭45）。上田正昭「古代国家と祭儀」『論究・古代史と東アジア』所収（岩波書店平10）。　（上田正昭）

さいきゅうき［西宮記］　西宮抄などとも。源高明が大納言在任中（九五五～九六四）頃編纂し晩年（九八二年没）補訂した宮廷儀式行事の総合的な解説書。ただ現行本は源経頼あたりが長元年間（一〇二八～三六）頃原撰本を大幅に修訂したもので、醍醐・村上両天皇朝の勘物が多く引かれている。平安末期の古写本がある。

〔参考文献〕和田英松『本朝書籍目録考証』（明治書院昭11）。所功『平安朝儀式書成立史の研究』（国書刊行会昭60）。　（所　功）

さいきょう／せいけい［西京］　中国、隋唐時代は首都長安と陪都洛陽の両都制であったので、相対的な地理上の位置から長安を西京、洛陽を東京とよぶ。宋代でも開封を東京、洛陽を西京とよぶ。日本では都城の西半部の右京を西京とも称し、また維新後の京都を西京とよぶことがある。　（愛宕元）

さいぎょう［西行］　1118～90　平安末期・鎌倉初期の僧、歌人。俗名藤原義清（憲清・則清・範清）。出家して西行、また円位。父は藤原秀郷流の康清。母は源清経女。一一三五（保延元）年に兵衛尉に任じられて以後、鳥羽院下北面、徳大寺実能の家人といった経歴をもつ。四〇（同6）年に遁世した。その後、和歌や仏道修行、各国への旅、寺社参詣を重ねた。八六（文治2）年、東大寺再建の勧進のため、源頼朝・藤原秀衡を訪ねた事績も著名である。九〇（建久元）年二月、河内国弘川寺で入寂。『新古今和歌集』に九四首採られている。　（宮田敬三）

さいぐう［斎宮］　「いつきのみや」とも。伊勢の斎王の居所。同時に斎王自体をもさし、天照大神の御杖代とも称する。その起源は、大和時代（三世紀後半か）の豊鍬入姫命（崇神皇女）や倭姫命（垂仁皇女）に求められるが、制度上の初代は大伯（来）皇女（天武皇女）と考えられる。「延喜式」（斎宮）などによれば、天皇即位の初めに未婚の内親王（又は女王）のなかから卜定されると、まず宮城内の便所（雅楽寮や大膳職）を初斎院（職員八〇人）として約一年間、ついで宮城外の野宮（平安初期以降は嵯峨野、職員一四五人）において約一年間、潔斎生活をする。さらに卜定後三年目の九月、天皇から別れの御櫛を賜り、監送使（長奉送使）以下数百人を従えて伊勢へ群行する。その経路は八八六（仁和二）年以降、近江の国府・甲賀・垂水、伊勢の鈴鹿・一志の頓宮から多気の斎王宮に到る。斎王は平生この多気御所で過ごし、神宮の三節祭（六月・一二月の月次祭・九月の神嘗祭）に外宮と内宮へ赴き奉仕した。在任中、仏事や身の不浄を避け、「斎宮忌詞」（十六言）を用いる。退下の理由は原則として当代天皇の譲位か崩御だが、本人の病気・過失により解任されることもある。斎宮制は後醍醐天皇朝に廃絶するまで六百数十年間続き、六十数名が卜定されている。

【参考文献】浅井虎夫『新訂女官通解』（講談社学術文庫昭60）。山中智恵子『斎宮志』（大和書房昭55）。同『続斎宮志』（砂子屋書房平4）。所京子『斎王和歌文学の史的研究』（国書刊行会平1）。同『斎王の歴史と文学』（国書刊行会平12）。 **（所京子）**

さいぐうあと【斎宮跡】 三重県多気郡明和町斎宮にあり、伊勢神宮の祭祀に奉仕する未婚の皇女あるいは女王の宮殿とそれを運営する役所（斎宮寮*）跡。その始まりは『日本書紀』の伝承によると崇神朝までさかのぼるが、制度上の整備は天武朝の大来（伯）皇女からで飛鳥時代から南北朝期の後醍醐朝まで約六六〇年間存続した。『延喜式』等から寮頭以下の官人女官の総数が五〇〇人を越える大規模な役所であった。初期斎宮の遺構は未解明だが、奈良時代後期には溝と道路を巡らす一辺一二〇mの東西七列南北四列の方格地割が設けられ、その中央部には斎王の宮殿（内院）が、北側には神殿・寮庫がみつかっている。少数の竪穴住居を除くと斎宮の建物は、瓦を用いない掘立柱建物でおびただしい建て替えがある。三彩・緑釉の陶器、蹄脚・羊形・鳥形・円面・風字等の陶硯、石帯のほか人面墨書土器、土馬等祭祀遺物も出土。一九七九（昭和54）年に一三七haの広大な遺跡全体が国史跡に指定された。

【参考文献】山中裕他編『幻の宮伊勢斎宮』（朝日新聞社平11）。 **（山澤義貴）**

さいぐうぐんこう【斎宮群行】 天皇の名代として斎王*に選ばれた未婚の皇女が、初斎院・野宮での潔斎ののち、伊勢の斎*宮へ下向すること。その道中、五ヵ所の頓宮（仮設の宿所）に泊し、総勢五〇〇人余が随行する。天武皇女大伯（来）皇女から亀山天皇の愷子内親王まで約六〇余人が群行している。

【参考文献】浅井虎夫『新訂女官通解』（講談社学術文庫昭60）。所京子『斎王和歌文学の史的研究』（国書刊行会平1）。『斎王の歴史と文学』（国書刊行会平12）。 **（所京子）**

さいぐうのにょうごしゅう【斎宮女御集】 平安時代の他撰家集。撰者未詳。諸本により収録歌数が異なり、一〇二首から二六五首までの伝本が伝わる。斎宮女御徽子女王が入内した九四八（天暦2）年末から薨去した九八五（寛和元）年までの歌を集めたもので、村上天皇崩御までの歌と伊勢下向時の歌が中心。『私家集大成1』（明治書院昭48）に翻刻されている。 **（小西茂章）**

さいぐうりょう【斎宮寮】 斎王*の伊勢滞在中の役所（令外官）。三重県多気郡明和町の櫛田川下流域にあった。職員は寮頭・助・大允・少允・大属・少属のほか、主神、および舎人司など十二司がある。のち勅別当や女別当・内侍・宣旨などもおかれた。斎王の御殿・神殿のある内院、役人のいる中院、主神司、十二司のつとめる外院からなる。

【参考文献】所京子「平安時代の斎宮女官」『斎王和歌文学の史的研究』（国書刊行会平1）。榎村寛之「斎宮の女官について」『Miehistory』（平5）。 **（所京子）**

ざいけ【在家】 平安後期以降、公事賦課の対象となった庶民の家のこと。一一世紀中葉、非農業民をその家を通じて把握したことが始まりで、国衙領や荘園でも広く在家の検注が行われた一二世紀には、一般的な公事賦課の単位となった。 **（勝山清次）**

さいし【釵子】 頭髪を結ったり、調えるときなどに使う用具。材質には、金属・竹・木などがある。細長い両脚のヘアピン形態をなす。髪を掻き上げるのに用いる笄や、髪に挿して飾る簪などとともに、理髪具を構成する。古くは、古墳の出土品に金・銀製品が知られる。薬師寺の吉祥天画像にみられるように、奈良時代には実用の結髪・調髪などとともに装飾品として用いられた。 **（西谷正）**

さいじ【西寺】 京都市南区唐橋西寺町にあった寺院。平安京内に国家鎮護を祈るために東寺*とともに建立された官寺。右京九条一坊九町から一六町を占める。南から南大門、中門、金堂、講堂、食堂が南北の中軸線上に配置された。東寺とは反対に伽藍の西方に五重塔がおかれた。これらの伽藍は寺域の南半に建てられ、北域には大衆院、倉垣院塔がつくられたが建立年代は不明な点が多い。東寺西寺ともに平安京造営当初からつくられたが、八一九（弘仁10）年僧勤操が少僧都で造東寺別当を兼ねるが、のち大僧都になって造西寺別当に転じていることなどから、当初は西寺の方が格が上であった。しかし東寺は空海に与えられ、大師信仰をもって長く繁栄をみるが、国家の法事等国家管理が執り行われるようになった西寺は皇室の衰退と運命をともにした。九九〇（正暦元）年焼亡した後再建されたようであるが、『明月記』一二三三（天福1）年一一月の記事によると再び炎上した。

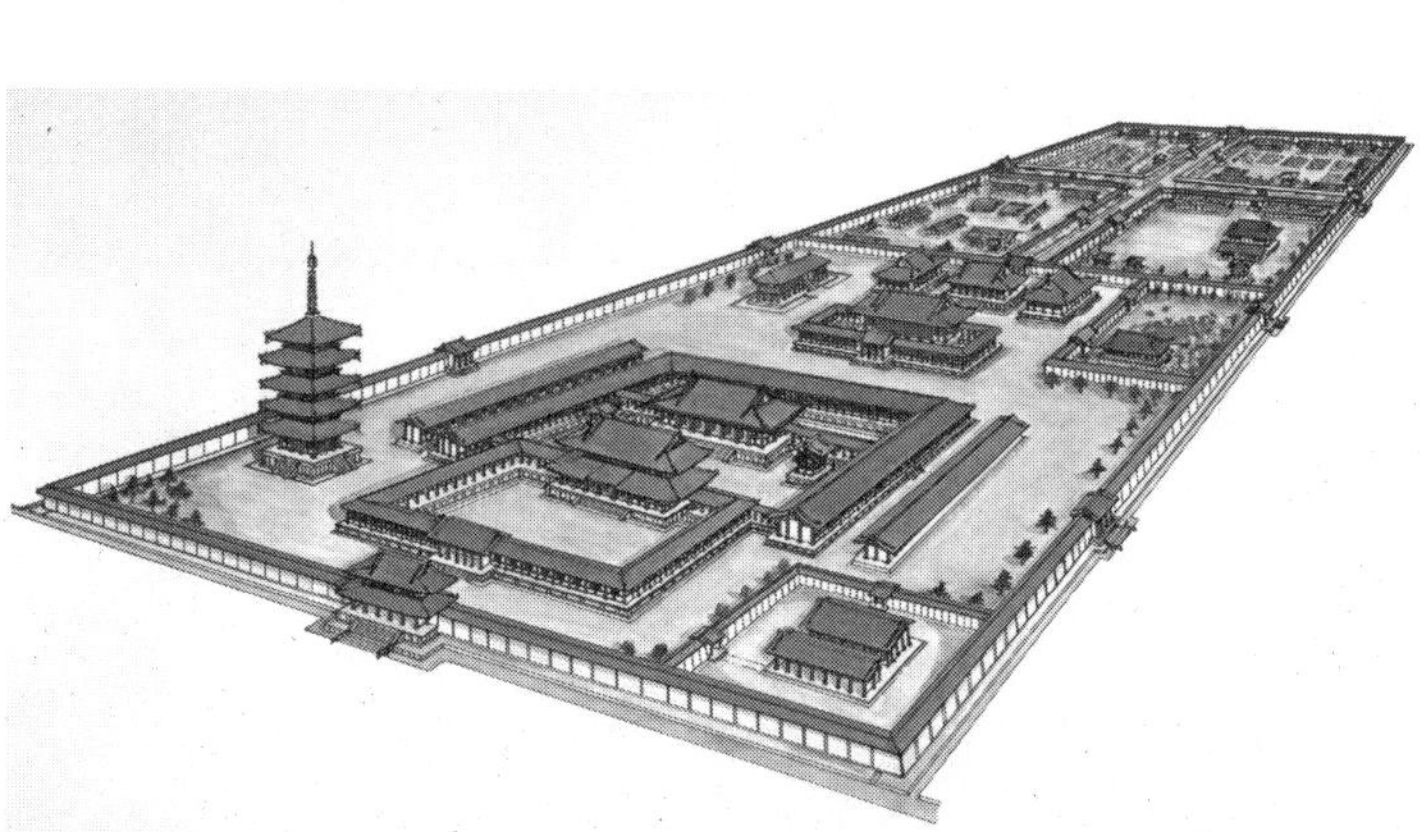

西寺復原図（南東から）
梶川敏夫画

【参考文献】鳥羽離宮跡調査研究所編『史跡西寺跡』（昭54）。『福山敏男著作集 三』（中央公論美術出版昭58）。 **（野口孝子）**

さいしいせき【祭祀遺跡】 祭祀を行った遺跡。祭祀を行った後、その場に放置され、自然に埋没した例を中心に、取り片付けられて近くに、あるいは特別な場所に埋納された例もある。時代は、縄文、弥生、古墳、歴史の各時代にわたるが、それぞれの時代により、かなり異なる。神道考古学を樹立した大場磐雄は、祭祀遺物が出土すること、伝承・伝説等があること、対象物の想定されることなどを条件としてあげ、後二者はあるが、今日では遺物の発見されていない地点は祭祀関係遺跡として分けている。

近年では各時代の遺跡・遺構も増え、好資料があげられるようになったが、とくに古墳時代では祭祀専用の器具、奉納品が広範囲に存在していることから、狭義の祭祀遺跡は古墳時代を中心に語られることがある。もともと、古墳時代の墳墓、集落、住居などの範疇に入らないものを独立させて扱いはじめた経緯もある。しかし泥炭・湿地遺跡などの調査や、中近世遺跡の調査なども増加し、神社跡や河原での祓いなどの遺跡が調査されるようになったことにより、時代幅は拡大した。また、縄文時代や弥生時代の神観念の復元はかなり困難な部分を含むが、古墳時代になると、その後の観念と通じるものが多く、観察されることもあり扱いやすくなっている。

縄文時代では立柱遺構、配石遺構あるいは集落内の大型竪穴など宗教性・呪術性を有する遺構をはじめ、土偶、石偶、石棒、石剣、御物石器、特殊化した土器など遺物が宗教性をもっているものもある。

弥生時代では鏡や銅鐸など新しい文化遺物が扱われるほか、前代との関係は不明のまま土偶、木偶、石偶、小型土器などがあり、銅鐸の埋納地点が岩石の近くあるいは井戸枠の例もあって、後の信仰との関連が指摘されることもある。また墳墓に関係して九州を中心に行われた鏡の複数埋納や破砕などの行為もその後の継続性がみられる。集落の中心に大型掘立柱建物もみられ、祭殿建築とも考えられている。

古墳時代に入ると弥生時代の流れをうけているものと別個に進展している例があり、多くは対象となる岩石、山、峠、岬、渕、井戸、泉等々が存在している。使用される祭具・奉納品としては、木製(植物性)、石製、土製、金属製等々があり、形状は鏡、玉、武器、紡績具、農工具等数多くのものを含むが、日本の神には食物の供献がともなうので、これらの什器類もあり、また今日残っていない木の葉などによる器も想定できる。著名な遺跡としては、宗像沖ノ島などがあげられる。この沖ノ島は玄界灘の真只中にあって、宗像三神が祀られ、四世紀末以降継続的に祭祀が行われ、その場に放置されてほとんど土に埋没することがなかった。数回の調査によって、ほぼその全容がうかがわれるようになった。島の西南部中腹の巨大な岩石がごろごろとする地点にまず形成され、当時の古墳への埋納と同じく古い例では鑑鏡が多数ある。六世紀の遺跡ではきらびやかな馬具類や純金製指輪、ローマンガラスの碗などがある。また、鉄製、石製、銅製などの小形模造品も多く、五弦の琴の模造品もある。当時舶来の一級品も多いことから海の正倉院ともよばれている。

飛鳥・奈良時代以降になると、新しく大陸などから取り入れられた祭具もみられるようになり斎串(幣串)、絵馬や、祓いの具として人形、馬形、舟形などがあり、衣類は残っていないが帯の金具や奈良三彩の小壺など前代と異なる祭りが推定される。なお、古墳時代以降の祭祀遺跡は今日でも信仰され続けているものが多い。（椙山林継）

さいしょうえ［最勝会］ 『金光明最勝王経』を講賛して国家安穏を祈願する法会。とくに宮中（正月。御斎会とも）、奈良薬師寺（三月）、京都円宗寺のものが著名。南京三会の一つに数えられた薬師寺最勝会の講師を務めることは官僧の登竜門ともなった。（竹居明男）

さいしょうこういん［最勝光院］ 京都市東山区新熊野付近にあった寺院。一一七二（承安2）年に後白河天皇女御建春門院滋子が法住寺一角に建てた御願寺。寺域には小御堂や南御所等があり「天下第一の仏閣」といわれた。滋子はここで没した。のち、後宇多天皇が東寺に寄進。（野口孝子）

さいしょうじ［最勝寺］ ⇨六勝寺

さいじんじゃ［狭井神社］ 大神神社（奈良県桜井市三輪）境内のすぐ北方、狭井川の南に鎮座する神社。大神神社の摂社。「大倭国正税帳」に「佐為神戸」がみえる。「延喜式」神名帳には、大和国城上郡に狭井坐大神荒魂神社五座がみえ、三輪山に籠もります大物主神の荒御魂を祀る神社である。神祇令に季春の官祭として鎮花祭がみえ、大神神社と狭井神社で、春の花が散る頃、疫病が流行するのを鎮遏するために行われた（「令義解」）。延喜四時祭式にも、鎮花祭二座として、大神社一座・狭井社一座がみえている。（和田萃）

さいせい［歳星］ 木星のこと。天球上の一二次を一年で一次進み、約一二年で一周する（実際の公転周期は一一・八六二年）。留まる星次で年を示す歳星紀年法もある。中国占星術では東方・春・木を象徴し、君主の過失や農業などを支配するとされた。（細井浩志）

さいせきじんぶんか［細石刃文化］ 幅一cm未満の石刃を細石刃といい、これを主な狩猟や生活の道具として使用する文化のこと。細石刃は二万年前頃、東シベリアのバイカル湖周辺で石刃の小型化によって誕生したといわれ、その後中国東北部・朝鮮半島・日本・アラスカなどに伝播し、完新世の初期まで使用されている。シベリアにおいては新石器時代の開始される八〇〇〇年前頃まで使用され、その終焉の時期は地域によってまちまちである。初期の細石刃はトナカイの角で作られたシャフトに装着され、草原性群棲動物の狩猟用の投槍として発達を遂げたが、中石器時代になり鏃やナイフの刃として使用され、新石器時代には短剣の刃へと変化する。わが国における細石刃文化は二万年前頃北海道に、一・八万年前頃本州北部や九州にそれぞれ北と南から伝わり、縄文時代草創期まで残存する。細石刃剝離技術の差からおおまかに西南日本と東北日本の二つの地域的な文化が存在したことが明らかである。（小畑弘己）

さいせっき［細石器］ 後期旧石器時代後半から新石器時代初頭にかけて出現する小型石器。とくに後氷期（一万二〇〇〇年前）以降六〇〇〇年前まで、ヨーロッパ・アフリカ・南西アジア・カスピ海沿岸・南ウラルの地域で発達する小石刃の周辺を刃潰しした台形や半月形などの幾何学形の小形石器のことをさし、東北アジアの細石刃と区別して用いる。骨角製の柄や軸に溝を彫って嵌め込み、槍や銛・ナイフや鎌などの刃や逆刺として使用したり、単独で鏃としても使われた。最近の調査成果によると、アフリカでは中期旧石器文化後半（七万年前）にすでに出現しているという。　（**小畑弘己**）

さいせっきぶんか［細石器文化］　幾何学形の小型石器の組み合せ道具を主な道具として使用する先史時代の文化。その中心はヨーロッパ・アフリカ・南西アジア・ロシア西部などユーラシアの西側の地域であり、時期的には後期旧石器末～新石器時代初頭である。森林地帯において鏃や槍先の先端や逆刺として使用されたり、草原地帯において野生小麦・大麦などの植物採集の鎌として使用するものなど、同じ細石器であってもその使用法はさまざまである。西アジアの後氷期には、肥沃な三日月弧の東西に地中海性気候のカシ・ピスタチオ疎林帯を背景とするナトゥーフ文化とポスト・ザルジ文化が、その北側には森林適応のトリアレト文化、その南側にはステップ対応の細石器文化が展開しており、後に続く新石器時代の農耕牧畜社会への基盤をなしたが、多様な環境下で細石器が組み合せ道具として利用されたことを物語っている。

〔**参考文献**〕藤井純夫『ムギとヒツジの考古学』世界の考古学16（同成社平13）。（**小畑弘己**）

さいそうぼ［再葬墓］　遺体を埋葬や風葬にした後、遺骨をとりあげて再び埋葬するなど、葬儀が複数回にわたる埋葬方法を再葬とよび、その墓を再葬墓という。再葬墓は中国新石器時代の仰韶文化など、世界各地のいろいろな時代にあり、現在行っている地域もある。日本では縄文時代にすでに認められ、弥生時代前半の東日本で制度として発達した。この場合の再葬は、遺骨を壺形土器などにおさめて土坑に埋葬したものである。縄文・弥生時代の再葬の背景には死者儀礼と再生観の発達がある。古墳時代にも再葬は認められ、改葬あるいは二次葬などともよばれている。　（**設楽博己**）

さいだいじ［西大寺］　奈良市西大寺芝町にある真言律宗総本山。秋篠山。称徳天皇の発願で建立。七六五（天平神護元）年に四天王像の鋳造が始まり、宝亀末年頃まで造営が続いた。その規模は、「西大寺資財流記帳」によると、薬師寺金堂・弥勒金堂をはじめ一一〇余宇の堂舎を有し、寺域も平城京随一であった。東の東大寺に対し「西のおおてら」と称され繁栄をみた。平安時代初期には官十大寺に数えられ、泰演をはじめ多くの名僧を輩出した。しかし『七大寺巡礼私記』によるとたび重なる火災や災害に見舞われ、平安時代中期には食堂・四王堂・東塔のみを残す状態であった。寺領荘園も喪失し、興福寺の支配下に入り法相七大寺に属した。別当職も興福寺兼別当・諸院家等が兼帯した。鎌倉時代に叡尊が出て戒律復興の中心的道場とした。現在年中行事の一つとして行われている大茶盛は叡尊の説いた一味同心の名残という。一五〇二（文亀2）年兵火により多くの伽藍が焼失した。金光明最勝王経・十二天像などの国宝をはじめ、「西大寺文書」や叡尊像・四天王像など多くの文化財を蔵す。

〔**参考文献**〕福山敏男『日本建築史研究　続編』（墨水書房昭46）。長谷川誠『西大寺』（中央公論美術出版昭41）。『奈良六大寺大観〈西大寺〉』（岩波書店昭48）。　（**野口孝子**）

さいだいじもんじょ［西大寺文書］　⇩西大寺

さいちょう［最澄］　?～822　平安時代初期の僧侶で、日本天台宗の開祖。名は三津首広野。度縁（「来迎院文書」）により父は三津首百枝で、出身地は近江国滋賀郡古市郷、首の左と右肘上に黒子。先祖は「東漢献帝の孫」で応神朝に来朝というので（『元亨釈書』）、滋賀郡の地に多い百済系渡来人である。生年は七六六（天平神護2）年説（「来迎院文書」など）と七六七（神護景雲元）年説（「叡山大師伝」など）とがあるが確定しがたい。七歳にして「聡明絶倫」、一二歳で行表について出家（『元亨釈書』）、ついで近江国分寺僧の最寂の死去にともなう欠員補充で得度、七八五（延暦4）年に東大寺戒壇で受戒、正式の僧侶として国分寺に入った。しかし直後に去って近接する比叡山に入り「草庵に卜居」（「叡山大師伝」）、山林修行に専念。前年には平城京から長岡京への遷都が行われ、また寺院の移転と僧侶の俗的活動の禁止など、時代の急激な変化期のことで、清浄な山林の環境で真摯な修行生活がもたれた。七八八（同7）年には延暦寺の中心となる根本中堂を建て、籠山修行を終えた七九七（同16）年に内供奉十禅師になり朝廷護持の要職に就任。仏教界の改革にあたる桓武天皇の方針とも一致し、重用された。和気氏の後援によって高雄山寺（後の神護寺。京都市右京区）での法華講で名をあげ、ために八〇四（同23）年に還学生として入唐修行の機を得た。中国天台宗の拠点の天台山で修行は行われ、在唐は八ヵ月。帰国の翌年に天台宗（天台法華宗）は公認され、二名の年分度者が与えられた。しかし得度・受戒は東大寺で行うのでなお独立した教団とはいえず、南都仏教からの自立と天台宗独自の戒壇設立の最澄の苦闘がはじまるが、庇護者であった桓武の崩御で最澄に不利な状況となった。

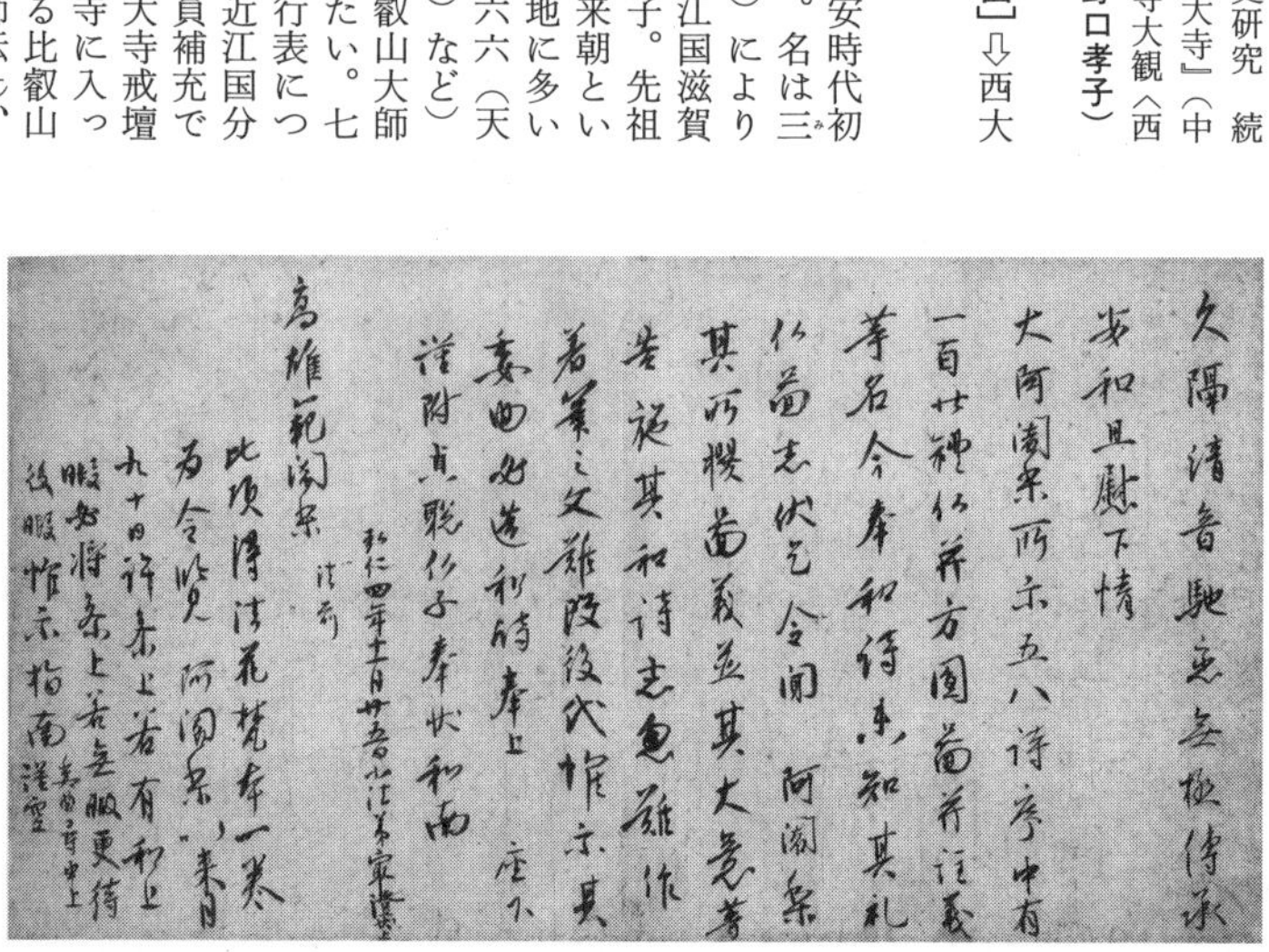

最澄筆「久隔帖」巻頭
奈良国立博物館蔵

九州と東国に巡遊して布教にあたり、とくに会津の徳一との三一権実論争は熾烈であった。この間天台宗の基礎の学則ともいうべき『山家学生式』を執筆、徳一との論争過程での『守護国界章』と合わせて最澄の主著となる。戒壇設立は生前ついに公認されず、五六歳で死去した。死後七日目に嵯峨天皇の勅許によって戒壇設立が認可されている。

【参考文献】田村晃祐『最澄』（吉川弘文館昭63）。辻善之助『日本仏教史』上世編（岩波書店昭44）。薗田香融『平安仏教の研究』（法蔵館昭56）。（井上満郎）

ざいちょうかんじん【在庁官人】 平安時代中期から鎌倉時代にかけて、国衙で行政にあたった役人。官名として、権守・介・大掾・少掾・目、惣大判官代・大判官代・判官代・惣検校などがある。留守所の下に分課された税所・田所・大帳所・調所・健児所・検非違所・船所などの役所に属し、国役徴収・勧農・検断などの行政一般を担った。国衙直領である在庁名を支配する領主としての一面も有する。治承・寿永の内乱では軍事に関わり、鎌倉幕府の御家人となった者も少なくない。（宮田敬三）

さいどうし【採銅使】 採銅所の長官をさす平安時代の官職名。八五九（貞観元）年の長門国採銅使海部男種麿が初見で、山城国岡田山や豊前国、備中国採銅使が知られる。採銅所は元来国司の管轄だったが、鋳銭料銅を確保するために設けられた一時的な官職で、長門国採銅使弓削秋佐は、鋳銭司判官も兼任した。採銅使の配下には、技師としての掘穴手や破銅手がおり、仕丁・徭夫などがその下で使役された。九世紀後半には銅の採掘量が減少し、鉛が多くなって銭貨の質が悪くなった。そして長門・豊前・備中の各採銅所の銅・鉛生産の衰退にともない、九八〇年代には皇朝十二銭の発行も終焉する。（池田善文）

さいどうしょ【採銅所】 九世紀以降、主として鋳銭用の銅・鉛を確保するため、官営銅山におかれた機関名。長門・豊前・備中国のものが知られる。長門国の採銅所と考えられる長登銅山跡は、八世紀から一〇世紀の長門国司直轄の官衙で、製錬関係遺物と共に出土した大量の木簡によって、古代銅生産の実態を知ることができる。一〇世紀中頃、藤原純友の乱で周防鋳銭司が打撃をうけ、「延喜式」にみえる採銅地も産出量の減少により衰退した。一二世紀以降、新たな産銅地の摂津国能勢に採銅所がおかれ、伊勢大神宮などに配分されたが、後には壬生家（官務家）の荘園となった。（池田善文）

さいとばるこふんぐん【西都原古墳群】 宮崎県西都市大字三宅にある古墳群。一ツ瀬川右岸の標高六〇m（比高五〇m）の洪積台地（東西二・六km、南北四・二km）に位置し、前方後円墳三二基、円墳二七九基、方墳一基、地下式横穴墓一〇基・横穴墓一二基で構成された四〜七世紀前半の古墳群である。一〇〇号墳の後円部から土師器高杯が出土したことから、四世紀前半から台地縁辺部に三〇〜九〇m級の前方後円墳が次々と造営される。五世紀前半になると男狭穂塚古墳（墳長一五四m）・女狭穂塚古墳（墳長一七六m）という九州最大規模の巨大古墳が造営され、当古墳群ばかりでなく日向全域の盟主墳でもある。両古墳の陪塚である一六九号墳からは重文の舟・子持家形埴輪が出土している。五世紀後半から六世紀前半は前方後円墳の築造が停止するいっぽう、五世紀後半には複数の甲冑を副葬した四号地下式横穴墓という南九州独特の墓制が造営される。六世紀後半には当古墳群唯一の巨石の横穴式石室を有する円墳である鬼の窟古墳が造営され、また、六世紀末には前方後円墳の造営は終了する。七世紀初頭から中葉にかけて台地の斜面に横穴墓群が造営され、古墳の造営が終了する。これらの背景をもとに当地域は、以後、台地下に国府・国分寺・国分尼寺がおかれ、日向における政治の中心となった。

【参考文献】宮崎県編『宮崎県西都原古墳調査報告書』（大6）。（長津宗重）

さいばら【催馬楽】 宮廷で奏された歌謡。日本古来の歌謡を唐楽風に編曲したもので、八五九（貞観元）年を史料上の初見とする（『日本三代実録』）。内容は庶民的であり、素朴な感情は貴族社会の余興として愛好されたと思われる。

【参考文献】『神楽歌・催馬楽・梁塵秘抄・閑吟集』（小学館平12）。（山田雄司）

さいみょうじ【西明寺】 滋賀県犬上郡甲良町池寺にある天台宗の寺。竜応山。八三四（承和元）年仁明天皇の勅願で三修上人が、薬師如来等を刻み堂を建立したのに始まる。鎮護国家の道場として栄えた。本堂・三重塔（国宝）は鎌倉時代の建立。（野口孝子）

さいめいてんのう【斉明天皇】 594〜661 在位655〜61 七世紀中葉の女帝。舒明天皇の皇后で、舒明天皇崩御後に即位し、皇極天皇（在位642〜45）となる。また同母弟の孝徳天皇崩御後、重祚して斉明天皇。諱は宝皇女。和風諡号は天豊財重日足姫尊。父は茅渟王（敏達天皇の孫。押坂彦人大兄皇子の子）、母は吉備姫王（欽明天皇の孫。桜井皇子の子）。初め高向王（用明天皇の孫）の妻となり、漢皇子を生んだが、後に父の異母兄弟である田村皇子（後の舒明天皇）の皇后となり、葛城皇子（中大兄皇子。後の天智天皇）・間人皇女（孝徳天皇の皇后）・大海人皇子（後の天武天皇）を儲けた。

六四二（皇極元）年八月、大旱に際し、南淵の河上で四方拝を行ってみずから雨乞いをしたところ、たちどころに雷鳴して大雨が降り五日間も雨が続いた。それで人々は「至徳まします天皇」と讃えたという。皇極天皇が巫女王としての性格をあわせもつ女帝だったことが知られる。同年九月、蘇我大臣蝦夷に対し、以下のことを命じた。舒明天皇が発願して造営中であった百済大寺（奈良県桜井市吉備の吉備池廃寺とする説が有力）を完成させるため、近江と越の丁を徴発すること、また九月から一二月までの間、新しい宮（飛鳥板蓋宮か）を造営するための材木を国々に伐採させ、遠江から安芸にいたる国々より宮を造営する丁を徴発することなどである。百済大寺の造営継続と新しい宮の造営は、斉明朝における飛鳥での大土木工事とともに、皇極・斉明朝の大きな特色といえよう。東アジア世界における倭国の国威発揚といった色合が濃い。同年十二月二一日、舒明天皇を滑谷岡（場所は未詳）に葬った後、小墾田宮に遷り（東宮南庭の権宮ともみえる）、翌二年四月二八日、新築になった*飛鳥板蓋新宮に移った。皇極朝には蘇我大臣蝦夷とその子の蘇我臣入鹿、とりわけ入鹿に専横な行為が多かったが、皇極天皇はそれを阻止することができなかった。六四五（皇極4）年六月十二日、乙巳の変がおこり、入鹿は飛鳥板蓋宮で斬殺され、翌日、大臣蝦夷は甘樫丘の邸宅に火を放ち自尽し、ここに蘇我氏の本宗家は滅亡した。十四日に皇極天皇は位を弟の軽皇子に譲り、軽皇子が即位した。孝徳天皇である。

　孝徳朝の政治は、孝徳天皇・中大兄皇子・内臣の中*臣連鎌足らを中心として進められたが、六五三（白雉4）年にいたり、孝徳天皇と中大兄皇子との間に決定的な対立が生じ、中大兄皇子は皇祖母尊（退位した皇極天皇）・間人皇女（孝徳天皇々后）・大海人皇子らを率いて、大和の飛鳥の河辺行宮に入った。そのため孝徳は退位を考え、山碕（京都府乙訓郡大山崎町の地）に宮をつくらせたという。六五四（同5）年十月十日に孝徳天皇は崩御し、十二月八日に大坂磯長陵に葬られた。即日、中大兄皇子は皇祖母尊を奉じて飛鳥の河辺行宮に遷り、翌年（六五五＝斉明元年）正月三日、皇祖母尊は飛鳥板蓋宮で即位した。斉明天皇である。

　斉明朝には飛鳥で大土木工事が相次いで行われた。『日本書紀』斉明二（六五六）年是歳条によれば、飛鳥岡のもとに後*飛鳥岡本宮を造営し、田身嶺（奈良県桜井市多武峯の談山神社を中心とした一帯）に垣を巡らせて、嶺の上には両槻宮をおこした。また香具山の西から後飛鳥岡本宮の東の丘陵（*酒船石のある丘陵）にいたるまで大溝を掘削し、石上山（奈良県天理市石上町に所在する豊田丘陵）の石を舟二〇〇隻で運び、丘陵に石垣を巡らせた。さらに吉野宮をつくった。これらの大土木工事に対して、当時の人々は大溝を「狂心の渠」と称し、また「石の山丘は作ってもすぐに壊れるだろう」などと謗ったという。

　従来、この記事については、『日本書紀』編者らによる文飾とする見解が多かったが、近年の発掘調査で、飛鳥における大土木工事と吉野宮の造営は史実であったことがほぼ確定した。また新たに発見された船酒石遺跡の亀形石槽を中心とする湧水遺構や飛鳥京跡の苑池は、斉明朝につくられ天武朝に再整備されたことが判明した。激動する東アジア情勢のなかで、飛鳥の防備を固めるとともに、外国使節に対して倭国の国威を誇示する狙いがあったものと考えられる。六五八（斉明4）年四月、六五九年三月、六六〇年三月の三次にわたり、越国守の*阿倍引田臣比羅夫に命じて、齶田（秋田県秋田市付近）・淳代（秋田県能代市付近）の蝦夷や粛慎を討たせた。六五八年に唐は高句麗に出兵しており、六六〇年には唐・新羅の連合軍は百済を滅亡させているから、倭国は日本海沿岸の東北部を支配下において、北方に備える必要性があったものと考えられる。

　六五八年五月に孫の建王が八歳で亡くなり、今城谷（奈良県吉野郡大淀町今木付近）の上に殯に付された。斉明は生まれつき物の言えなかった建王を溺愛していたらしく、自分の死後には建王を山陵に合葬すべきことを命じ、三首の挽歌をつくっている。同年十一月、孝徳天皇の遺児で斉明天皇の甥にあたる*有間皇子の謀反事件がおこった。しかしその際の処断を中大兄皇子に委ねており、対処の仕方に大きな違いがあるのは、舒明天皇の皇統を守る意識が強かったからであろう。

　翌年七月、坂合部連石布・津守連吉祥らを唐に派遣したが（第四回遣唐使）、一行の内には蝦夷の男女二人が含まれていた。『日本書紀』に引く*伊吉連博徳の記録によれば、高宗は使節らに対して蝦夷のことをさまざまに質しており、国威を示そうとした遣唐使派遣の意図は十分にはたされたとみてよい。

　六六〇年七月、唐・新羅の連合軍が百済を攻めて滅亡させた。その報は同年九月に倭国に伝えられ、また十月には、百済の遺臣佐平鬼室福信らの要請により、それまで人質として倭国にいた百済の王子*余豊璋の帰国と救援軍の派遣を決定。翌年正月、斉明は中大兄皇子以下の宮廷の重だった人々を率いて難波津を出航し、三月に娜の大津（博多港）に到着、磐瀬行宮に入り、五月には*朝倉橘広庭宮に遷ったが、七月には同宮で崩御した。その後、斉明の柩は海路難波津に運ばれ、十一月に飛鳥の川原で殯に付された。六六七（天智6）年二月にいたり、斉明は娘の間人皇女とともに小市岡上陵に合葬された。延喜諸陵寮式には越智崗上陵とみえる。同陵は、幕末の文久修陵に際し、奈良県高市郡高取町車木の小字「ケントク」の地に決定され、現在にいたっている。しかし近年では、同郡明日香村越に所在する終末期古墳、*牽牛子塚古墳が八角形墳である可能性が大きく、その石槨も巨大で精緻なことから、真の斉明陵とする見解が有力なものとなっている。

〔**参考文献**〕黛弘道「皇極女帝」『古代史を彩る女人像』（講談社学術文庫昭60）。（**和田萃**）

さいりゅうじ［西隆寺］ 奈良市西大寺町にあった尼寺。七六七（神護景雲元）年、*称徳天皇によって平城右京に創建され、*西大寺の管理下に入った。古図によれば南大門と金堂が一直線上にならび金堂東南に塔があった。知識銭木簡や墨書土器などが発掘されている。（**野口孝子**）

さいりんじ［西琳寺］ 大阪府羽曳野市古市二丁目に所在する寺院。所在地は、竹内街道と東高野街道が交わる「嚢ノ辻」の東北域。西文首の氏寺であった古代の西琳寺（古市寺・西林寺とも）の法灯を伝え、現在は高野山真言宗。一二七一（文永8）年に西琳寺の惣持が書写した「河内国西琳寺縁起」に引く「天平十五年十二月晦日記」によると、欽明朝の己卯（五五九）年九月七日に、文首阿志高が諸親族を率いて、西琳寺と阿弥陀丈六仏像をつくったと記す。しかし年次があまりにも古すぎるので、干支を一巡繰り下げた六一九（推古天皇27）年とみるのが一般的である。西琳寺から出土する最も古い素辨軒丸瓦の年代観とも矛盾しない。

　一九四九（昭和24）年に行われた発掘調査で、塔跡や回廊跡が検出され、法起寺式の伽藍配置と推定されている。巨大な花崗岩を用いた塔心礎は、円形柱穴の四方に添木柱穴を彫ったもので、柱穴の側面に舎利穴を穿つ。心礎の底面には「刹」の字を刻んでいる。「河内国西琳寺縁起」に引く「天平年中記」に、「毗盧遮那丈六仏」のあったことを伝えており、井上光貞は「天平十五年資財帳」にもとづくものと推定した。東大寺大仏の造営は、七四〇（天平12）年に聖武天皇が難波宮に行幸した途次、河内国大県郡の智識寺に坐す盧舎那仏を拝したことに端を発すが〔『続日本紀』天平勝宝元〈七四九〉年一二月二七日の聖武太上天皇の宣命〕、当時、中河内の智識寺や西琳寺に、華厳経にもとづいて盧舎那仏が造建されていた事実は興味深い。
〔**参考文献**〕井上光貞「王仁の後裔氏族と其の仏教」『史学雑誌』第五四巻九号（山川出版社昭20）。 **（和田萃）**

さえきし【佐伯氏】 古代氏族の一。*大伴氏と同祖の連姓と地方豪族の直姓、他に造姓や首姓がいた。佐伯直は瀬戸内海諸地域におかれた佐伯部を統率して中央に上番し、これを佐伯連が管掌した。連姓は大化以前から軍事面で活躍し、六八四（天武13）年、宿禰を賜る。衛府高官を輩出するが、総じて中下級貴族の地位に止まった。平安時代以降は、大嘗祭に開門のことを掌り、形式的には門号氏族としての伝統は保った。直姓は全国各地に所在が知られ、讃岐佐伯直からは空海を出している。 **（大川原竜一）**

さえきのいたち【佐伯伊多治】 生没年不詳。伊太智・伊達などとも。八世紀後半の武人。七六四（天平宝字8）年進路を断ち、近江国に奔る*藤原仲麻呂の先廻りをして勢多橋を焼いて越前国に到り藤原辛加知を斬った。ついで仲麻呂が愛発に向かうのを拒んで、八、九人を射殺し撃退する。七六五（天平神護元）年、勲二等、翌年には功田二〇町を賜わる。以後出世を重ねた。「正倉院文書」年月未詳「仏事捧物歴名」に右衛士督従四位上とみえ、また淡海三船卒伝や『日本霊異記』にも伊多治の話を載せる。 **（大川原竜一）**

さえきのいまえみし【佐伯今毛人】 719～90 人足の子。七四三（天平15）年より東大寺造営に関わりをもち、七四八（同20）年に成立した*造東大寺司の次官となった際には、六階級特進し正六位下に叙された。七五五（天平宝字7）年以後、長官をつとめること三度におよび、その間、*怡土城や*西大寺の造営も手がけた。七八四（延暦3）年、*造長岡宮使となり、佐伯氏では前例のない参議に昇進。のち民部卿、大宰帥を歴任、正三位にいたる。兄真守とともに佐伯氏の氏寺である佐伯院（香積寺）を建立した。
〔**参考文献**〕角田文衛『佐伯今毛人』（吉川弘文館昭38）。 **（関口力）**

さえきのこまろ【佐伯子麻呂】 生没年不詳。*乙巳の変の功労者。六四五（皇極4）年、中大兄皇子とともに蘇我入鹿を殺した。また皇子の命で兵を率い、古人大兄皇子を斬る。六六六（天智5）年、病に倒れた時には、天皇みずから家に見舞い、仕えてきた功を思って慨歎したという。 **（大川原竜一）**

さえきべ【佐伯部】 大化前代における部の一つ。宮廷の警衛など軍事的職務をつかさどった。佐伯部を統率する伴造氏族は、佐伯連氏・佐伯造氏・佐伯直氏など。『日本書紀』景行天皇五一年条には、日本武尊が伊勢神宮に献じた蝦夷が播磨国など西国の五国に移され、佐伯部の祖となったとある。瀬戸内海沿岸地域を中心に分布した。 **（荊木美行）**

さえのかみ【塞の神】 ⇩道祖神

ざおうしんこう【蔵王信仰】 *金峯山を中心とする*修験道の主尊、（金剛）蔵王権現への信仰。金峯山は奈良県吉野郡天川村洞川に所在する山（標高一七一九m）。山上ヶ岳とも称す。史料の上では、『吏部王記』に「金剛蔵王菩薩」とみえるのがもっとも古い（承平二年〈九三二〉二月一四日条）。中世にいたり、熊野権現との結びつきから、垂迹神とみなされるようになり、蔵王権現の呼称が一般化した。一三三七（延元2）年の撰述とされる『金峯山秘密伝』では、濁世に出現する魔物を降伏させる尊像として、役行者が青黒い忿怒相の「金剛蔵王」を涌出させたという。蔵王権現の姿は、一面三目二臂の青黒い忿怒形で、左足は磐石を踏み、右足で空中を踏む。一一世紀以降、蔵王権現は鏡像や懸仏、木造・銅造の彫像として、盛んに製作されるようになった。一〇〇一（長保3）年の銘をもつ東京・総持寺の鋳銅刻画蔵王権現像（国宝）は有名。 **（和田萃）**

さおとねりりょう【左大舎人寮】 大宝・養老令制の中務省被管の諸司の一つ。*大舎人を管掌した。頭・助・大允・少允・大属・少属（定員は各一人）と大舎人（定員八〇〇人）などからなる。八〇八（大同3）年に右大舎人寮を併合し、八一九（弘仁10）年には大舎人の数が半減された。 **（荊木美行）**

さかいべのまりせ【境部摩理勢】 ⇩蘇我境部摩理勢

さがいん【嵯峨院】 右京区北嵯峨大沢池畔に営まれた*嵯峨天皇の退位後の居所の後院で、もとは親王時代の宮。譲位後居所となり、嵯峨院と称した。没後嵯峨皇女で淳和皇后であった正子内親王により寺とされ、勅許をえて*定額寺に列し*大覚寺と号した。 **（佐藤文子）**

さかおりのみや【酒折宮】 『古事記』景行天皇の倭建命東征説話にみられる甲斐国の宮。その所在は明らかではないが、現山梨県甲府市酒折町に酒折宮神社があって日本武尊を祀る。 **（高橋誠一）**

さがげんじ【嵯峨源氏】 *嵯峨天皇の皇子女を始祖とする源氏。八一四（弘仁5）年嵯峨天皇が皇室経済の負担を軽減するため信ら男女八人の皇子女に源朝臣を与え左京に貫したのが始まりで、賜姓源氏の先蹤となった。賜姓の基準は生母の尊卑にあり、臣籍に降下された皇子は皇位継承資格を失った。その後も賜姓は行われ、五〇人にのぼる嵯峨の皇子女のうち賜姓者は三二人におよんだ。常・融など左大臣に昇ったものがいる一方、順・昇のような文人も多数輩出した。この系統は男子の名が一字であるのが特徴。 **（瀧浪貞子）**

さかたでら【坂田寺】 飛鳥の坂田の原にあった*鞍作氏の氏寺。金剛寺とも。現在、奈良県高市郡明日香村阪田に、その法灯をつぐと伝える金剛寺がある。五二二（継体16）年に渡来した*司馬達等（『扶桑略記』では「司馬達止」）は、坂田の原に草堂を営み、仏像を安置して帰依礼拝したという（『扶桑略記』所引の『法華験記』）。司馬達等の子である*多須奈と嶋（出家して*善信尼）も仏教信仰に厚く、五八七（用明2）年四月、多須奈は用明天皇の病気平癒を願って出家し、丈六仏像と寺をつくることを発願した。それが坂田寺の木造の丈六仏像と脇侍の菩薩像と伝える

(『日本書紀』)。坂田寺跡から出土する軒平瓦は、若草伽藍出土のものよりやや新しく、右の伝承とは年代が合わない。六〇六(推古天皇14)年五月に多須奈の子である鞍作鳥(止利仏師)は、推古天皇から賜った近江国の水田二〇町で、天皇のために金剛寺(南淵の坂田尼寺)をつくったことがみえ(『日本書紀』)、年代的にも整合性をもつ。これまでの発掘調査で、飛鳥前期に創建された坂田寺は、八世紀後半に再建された際に完全に破壊されたことが判明している。再建された坂田寺は、ほぼ西面し、金堂と推定される建物(七間×四間)に回廊が取り付く伽藍配置だったらしい。金堂内から須弥壇が検出されており、また東回廊は、一〇世紀後半~一一世紀前半に起こった土石流により倒壊して埋まった状況で検出された。なお正倉院文書に、坂田寺の尼僧信勝の名が散見し、右の「南淵の坂田尼寺」の記述とあわせて、尼寺であったと推定される。 (和田萃)

さかつらいそさきじんじゃ［酒列磯前神社］ 茨城県ひたちなか市磯崎町所在の神社。祭神は少彦名命で、式内社。「延喜式」では酒列磯崎薬師菩薩神社とある。大己貴命を祀る大洗磯前神社(「延喜式」では大洗磯前薬師菩薩神社)と密接な関係にある。「薬師菩薩名神」とされたのは八五七(天安元)年で、神仏習合が著しかったことを示すものか。 (井上満郎)

さがてんのう［嵯峨天皇］ 786~842 在位809~23 桓武天皇皇子。母は藤原乙牟漏。名は神野。即位後、薬子の変を平定し蔵人所、検非違使を設置。「弘仁格式」「内裏式」の編纂や『陵雲集』『文華秀麗集』「経国集」の勅撰事業を主導し、弘仁文化とよばれる時代を築いた。皇子女が多く、財政軽減のためその一部に源朝臣を賜姓。政治的権力は絶大であったが、崩御直後に承和の変が勃発。藤原氏専政の道が開かれた。譲位後は嵯峨院(のちの大覚寺)に住す。陵は嵯峨山上陵。 (関口力)

さかのうえし［坂上氏］ 渡来人系の東漢氏の後裔。後漢霊帝の子孫と伝える。姓は直から連・忌寸・大忌寸をへて七八五(延暦4)年大宿禰を賜った。伝統的な軍事氏族で孝謙上皇時代、藤原仲麻呂の乱で活躍した苅田麻呂や桓武朝で東北経営にあたった田村麻呂父子は有名。桓武天皇と外戚関係を結び、歌人や明法博士も輩出した。 (瀧浪貞子)

さかのうえのあきかね［坂上明兼］ 1079~1147 平安後期の法曹官僚。父は範政。中原姓を称し、晩年坂上姓へ復す。左衛門志・検非違使・大判事・明法博士等をつとめ、正五位下にいたる。法家坂上氏の基礎を築き、『法曹至要抄』『禁法略抄』の著者とされる。 (横澤大典)

さかのうえのかりたまろ［坂上苅田麻呂］ 728~86 渡来人の子孫で、犬養の子。田村麻呂の父。忌寸、大忌寸、大宿禰と改姓。武官として秀で、藤原仲麻呂の乱に際してはその子訓儒麻呂を射殺し従四位下となる。のち陸奥鎮守府将軍、右衛士督、左京大夫、下総守等を歴任し従三位にいたる。 (関口力)

さかのうえのきよの［坂上浄野］ 789~850 平安前期の武官。田村麻呂の第四子。八一九(弘仁10)年叙爵。陸奥鎮守将軍となる。按察使、薩摩守、右馬頭、因幡守、相模守等を歴任。右兵衛督正四位下にいたる。「少慣家風、武芸絶倫」と評された(『文徳実録』)。 (関口力)

さかのうえのこれのり［坂上是則］ 生没年未詳。平安時代中期の歌人。坂上好蔭の男。望城の父。九〇八(延喜8)年大和権少掾、九二四(延長2)年従五位下加賀介にいたる。大井川行幸和歌に詠進するなど、醍醐朝有数の歌人であった。三十六歌仙の一人。家集『是則集』。 (山本令子)

さかのうえのたむらまろ［坂上田村麻呂］ 758~811 平安時代初期の有力官僚。東漢氏の出身で坂上苅田麻呂の子。桓武天皇にその才能を認められて、七九一(延暦10)年七月、大伴弟麻呂(征夷大使)の副使として蝦夷の征討におもむく。七九七(同16)年一一月、征夷大将軍に任命、陸奥・出羽の按察使、陸奥守・鎮守将軍を兼ねる。八〇一(同20)年二月「節刀」を与えられて鎮定にとりくむ。「出ずる毎に功あり。寛容士を待し」、その「将帥の量」は、現地の人びとにも浸透したという(『日本後紀』)。翌年四月には、勇将阿氐流為、副将母礼らが帰属。田村麻呂は阿氐流為・母礼の武勇と器量を高く評価し、戦後の東北経営に登用するよう進言したが、公家たちの反対によって河内で斬殺された。八〇二(同21)年胆沢城、翌年志波城を築く。八一〇(弘仁元)年の薬子の変にも功績をあげた。文武の要職を歴任、大納言・右近衛大将となり、没後、従二位を贈らる。京都東山の清水寺は田村麻呂の創建と伝える。

〔参考文献〕新野直吉『田村麻呂と阿氐流為』(吉川弘文館平7)。 (上田正昭)

さかのうえののりまさ［坂上範政］ 生没年不詳。平安後期の法曹官僚。父は中原定成または坂上俊光。法家坂上氏の祖とされる。左衛門志・尉および検非違使・明法博士をつとめたが、一一〇五(長治2)年、祇園会での追捕事件により延暦寺に訴えられ解官された。 (横澤大典)

さかのうえのひろの［坂上広野］ 787~828 平安前期の武官。田村麻呂の第二子。右兵衛佐、右衛門佐、右近衛少将、伊勢守、陸奥守等を歴任。右衛門督従四位下勲七等にいたる。卒伝には「以武勇聞、無他才芸、…飲酒過度病発而卒」(『日本紀略』)と記される。 (関口力)

さかふねいし［酒船石］ 奈良県高市郡明日香村大字岡に所在する。酒船石は伝承飛鳥板蓋宮跡の東の丘陵上にある長さ五・三m、幅二・二七m、厚さ約一mの石英閃緑岩で造られた石造物。形状は楕円形を呈しており、上面には長さ約五〇cm、幅約九cmの楕円形をした窪みとそれぞれ繋ぐ幅約一〇cm、深さ三cmの断面U字形をした溝が樹枝状に彫られている。現状ではこれらの溝は石取りによって酒船石の両端が切断されているため途切れているが本来はさらに両端へ伸びていたものと考えられる。酒船石の底には長さ八〇cmの枕石があり、酒船石が東から西へ約五・五度の角度で設置されていることからこの石は傾斜を保つために設置されたものであることがわかる。酒船石が設置されている場所はこれまでの調査などから版築によって人工的に盛られた丘であることや周囲を四重の石垣を巡らしていることが明らかとなっている。この石垣を巡らした丘については『日本書紀』斉明天皇二（六五六）年条にある「宮の東の山に石を累ねて垣とす」や「石の山丘」に相当する遺構の蓋然性が高いことなどから、酒船石の性格や用途についてはこれらの遺構との関わりのなかで考える必要があるだろう。

〔参考文献〕明日香村教育委員会『明日香村遺跡調査概報』（平4～14年度）。奈良文化財研究所飛鳥資料館編『あすかの石造物』（平12）。 **（西光慎治）**

さかふねいしいせき［酒船石遺跡］ 奈良県高市郡明日香村大字岡に所在する遺跡。丘陵の頂部には酒船石*が設置されている。この丘陵は版築*によって人工的に盛られたもので一九九二（平成4）年に丘陵中腹から天理砂岩（凝灰岩質細粒砂岩）でつくられた石垣が発見されており、その後の調査で丘陵の周囲を約七〇〇mにわたってめぐっていることが判明している。この石垣は『日本書紀』斉明天皇二（六五六）年条に記されている「宮の東の山の石垣」に関連する遺構として注目されている。二〇〇〇（平成12）年には丘陵北側の谷底から亀形石造物を主とした導水施設や石敷、石垣の遺構などが検出されている。導水施設は湧水施設から流れ出た水を小判形石造物でろ過し、亀形石造物の水盤に水を溜める構造となっている。この亀形石造物を中心に約一二m四方にわたって石敷が施され、丘陵斜面には石垣が築かれている。これらの遺構は七世紀中頃の斉明朝に造営されたもので、その後、天武朝に大規模に改修を行い使用されていたことが明らかとなっている。遺跡の性格については天皇祭祀や禊、庭園、山城などの諸説がある。

〔参考文献〕明日香村教育委員会『明日香村文化財調査概報』（平成4～13年）。 **（西光慎治）**

さがみのくに［相模国］ 東海道に属する国。現在の神奈川県の東部を除く地域にあたる。西部に関東山地と丹沢山地、南東部に三浦半島があり、その間に低平な丘陵や平野が存在する。『日本書紀』天武四（六七五）年に相模国の名称がみえ、この頃には令制国として成立していたと考えられる。

「延喜式」では上国とされ、所管の郡は足上・足下・余綾・大住・愛甲・高座・鎌倉・御浦郡の八郡。国府は移転を繰り返したこともあって定説はないが、現神奈川県小田原市永塚・下曽我、平塚市四之宮、中郡大磯町国府本郷の三説が主な説である。国分寺についても海老名市や小田原市などの説があるが、海老名市とする説が有力といわれる。東海道は、当初は足柄坂を越えてのち東進して三浦半島基部から浦賀水道を渡って房総半島へ通じていたが、八世紀後半に武蔵国が東山道から東海道に編入されるのにともなって、県の中央部から武蔵国に向かう道路が開かれた。

〔参考文献〕『神奈川県史』全三六巻（昭45～昭58）。中丸和伯『神奈川県の歴史』（山川出版社昭48）。 **（高橋誠一）**

さかむかえ［坂迎］ 境迎とも。平安時代、新任国司*が任国に到着した際、国衙の官人らが国境で出迎える儀礼、ならびにその後の饗応をいう。吉日を選び、国境の峠でそれぞれの国の風習に従って行われた。前代から現地豪族が行っていた慣習に由来。 **（竹居明男）**

さがむのくにのみやつこ［相武国造］ 相模（神奈川県中央部）の国造*。『古事記』景行天皇段に、倭建命を火攻めにし逆に討たれたとする説話がみえ、「国造本紀」には武刺国造と同祖と伝える。七六八（神護景雲2）年に漆部直伊波が律令制下の相模国国造に任命されている。 **（篠川賢）**

さかもとたろう［坂本太郎］ 1901～87 歴史学者。静岡県生まれ。一九二六（大正15）年東大文学部国史学科を卒業。主任教授黒板勝美のもとで『新訂増補国史大系』の校訂に従事。三五（昭和10）年東大助教授となり、四五（同20）年教授に昇任した。五一（同26）年から史料編纂所の所長を兼ねる。東大退官後六二（同37）年から八三（同58）年まで国学院大学教授をつとめる。古代史の実証的・基礎的研究ですぐれた業績を残し、井上光貞をはじめとする俊秀の後進を育成した。学位論文『大化改新の研究』（至文堂昭13）や『日本古代史の基礎的研究』（東大出版会昭36）など多くの注目すべき著作がある。戦争中もいわゆる皇国史観に同調せず、戦後のマルクス主義歴史学にも批判的であった。史学会理事長、日本歴史学会会長などを歴任し、五八（昭33）年学士院会員、七二（同47）年文化功労者、八二（同57）年に文化勲章受章。

〔参考文献〕『坂本太郎著作集』全12巻（吉川弘文館昭58）。 **（上田正昭）**

さき［佐紀］ 奈良盆地北端に位置する奈良市佐紀町周辺は古代の大和国添下郡佐紀郷にあたる地域。古墳時代には大和を代表する大古墳群の一つである佐紀盾列古墳群（四～五世紀）が営まれ、神功皇后陵・成務天皇陵・日葉酢媛命陵・平城天皇陵・磐之媛陵・コナベ古墳・ウワナベ古墳など二〇〇mを越える大型前方後円墳古墳が集中する。奈良時代には平城宮*がつくられ背後の丘陵地帯に松林苑が設けられた。佐紀神社、超昇寺跡、法華寺、海竜王寺などがある。 **（鶴見泰寿）**

さきくさのまつり［三枝祭］ 養老神祇令にみえる、孟夏（四月）に率川神社で行われた官祭。三枝の花で酒樽を飾るところから、三枝祭と称された（「令義解」）。三枝祭は神祇令集解に引く「古記」にみえており、大宝神祇令でも官祭と定められていた。大神*（大三輪）氏の氏宗が定まると、大神氏の人々により祀られた（「令集解」）。サキクサを歌った歌は「柿本人麿歌集」にみえる（『万葉集』巻十一一八九五）。サキクサについては、ササユリ・ミツマタ・フクジュソウなどの説があるが、大神神社の境外摂社である率川神社（奈良市子守町に鎮座）では、毎年六月一七日に酒樽をササユリで飾り、「三枝まつり（ゆりまつり）」が行われている。 **（和田萃）**

さきたてなみこふんぐん［佐紀盾列古墳群］ 奈良市佐紀町から歌姫町・法華寺町にかけての、平城宮跡の北縁丘陵に位置する古墳時代前・中期の古墳群。一七基の前方後円墳を中心とした古墳群で東西の二群にわけられる。順次築造される大形墳がその都度毎の最大級の墳丘形態細部と共通して変化していくのが特徴である。墳丘長二七五mの前方後円墳である五社神（神功皇后陵）古墳や二一八mの佐紀石塚山（成務陵）古墳をはじめとする前期後半の大型墳が西側に集まる。なかでも佐紀陵山（日葉酢媛命陵）古墳の後円部墳頂には特殊な竪穴式石室と埴輪、鏡、石製腕飾類・模造品の出土がある。東側は墳丘長二七〇mの前方後円墳であるウワナベ古墳やコナベ・ヒシアゲ（磐之媛陵）古墳など中期前半の大型墳が集まる。また、前方部が平城宮造営時に削平され、後円部が平城天皇陵として残る市庭古墳や墳丘の高まりを大極殿に利用された神明野古墳もある。なお、ウワナベ古墳に接する大和六号墳からは大量の鉄鋌が出土している。これらのうち西群のものに限れば、前期後半の時期には日本列島で最も秀でた古墳がつくられたことになる。さらにその南西には、墳丘長二二七mの宝来山（垂仁陵）古墳もある。盾列の名とは『記』『紀』にある神功皇后・成務天皇陵の陵名「狭城盾列陵」にちなむ。（一瀬和夫）

さきたまいなりやまこふん［埼玉稲荷山古墳］　埼玉県行田市埼玉にある埼玉古墳群の北端で南西に面して築造された前方後円墳。古くは曾根家古墳とも田山古墳とよばれ、一九三七（昭和12）～八年に前方部が土砂採取によって削り取られた。一九六八（同43）年「さきたま風土記の丘古墳発掘、石室整備事業」として発掘調査が行われた。その結果全長一二〇mで後円部に二基の埋葬施設が発見された。第二主体は盗掘をうけていたが、第一主体の礫槨は完全に保護されており、鏡一、玉類、帯金具一式、武器、武具、馬具、工具などが検出された。そのなかの鉄剣には両面合わせて一一五文字が金象嵌で刻まれていた。それらは現在以下のように判読されている。「辛亥年七月中記乎獲居臣上祖名意富比垝其児多加利足尼其児名弖已加利獲居其児名多加披次獲居其児名多沙鬼獲居其児名半弖比」「其児名加差披余其児名乎獲居臣世々為杖刀人首奉事来至今獲加多支鹵大王寺在斯鬼宮時吾左治天下令作此百練利刀記吾奉事根原也」

　この資料の発見によって、熊本県江田船山古墳の鉄刀銘との比較研究が可能となり、古墳時代研究上貴重な資料が追加されることになった。

〔参考文献〕斎藤忠ほか『埼玉稲荷山古墳』（埼玉県教育委員会昭55）。『埼玉稲荷山古墳辛亥銘鉄剣修理報告書』（埼玉県教育委員会・埼玉県文化財保護協会昭57）。（茂木雅博）

さきたまこふんぐん［埼玉古墳群］　埼玉県行田市埼玉の標高一七～一八mの低台地上にある古墳時代後期の古墳群。古くは三〇基以上から構成されていたが現存は前方後円墳八基、円墳二基が現存し、「さきたま風土記の丘」として整備されている。一九六八（昭和43）年の稲荷山古墳の発掘調査から本古墳群の本格的な調査が開始され、とくに一九八三（同58）年から五ヵ年計画の国庫補助事業によって、全ての古墳の確認調査が実施された。その結果二子山古墳（全長一二八m）、稲荷山古墳（一二〇m）、鉄砲山古墳（一〇八m）、丸墓山古墳（直径一〇五m）、将軍山古墳（一〇二m）、奥の山古墳（九〇m）、中の山古墳（七九、二m）、瓦塚古墳（七一m）、愛宕山古墳（五三m）などの規模が判明した。とくに丸墓山古墳は東日本最大の円墳であり、稲荷山古墳や将軍山古墳の副葬品はわが国の古代国家研究にとって欠くことの出来ない資料を提供している。さらに確認調査によって各古墳から発掘された埴輪は、東日本の埴輪研究の中心的な資料として活用されている。

〔参考文献〕斎藤忠ほか『埼玉稲荷山古墳』（埼玉県教育委員会昭55）。『埼玉古墳群発掘調査報告書』第2集～第7集（埼玉県教育委員会昭60～平1）。（茂木雅博）

さきのちゅうしょおう［前中書王］　⇨兼明親王

さきもり［防人］　西海の防衛にあたった兵士。「サキモリ」は崎守の意か。防人については、六四六（大化2）年に出された大化改新の詔にもみえるが、実際には、白村江の敗戦直後の六六三（天智2）年に対馬・壱岐・筑紫に防を配備したのが初見。律令制下の防人の制度については、軍防令に詳細な規定がある。これによれば、諸国の軍団兵士から採用され、国司に引率されて津にいたり、津から大宰府へは部領使にひきいられて大宰府に向かった。大宰府では、同府被管の防人司の差配にしたがって守備につき、付近の空閑地を耕作して食料を得た。任期は軍防令の規定では三年で（実際には、任期は守られないことが多かった）、一〇日に一日の休暇があり、三ヵ月ごとに任所を交替し、離任後は三年間兵士としての勤務が免除された。七三〇（天平2）年に、諸国の防人はいったん停止されたが、その後復活。七五七（天平宝字元）年には東国防人が廃止され、かわりに西海道の兵士を鎮戍にあてることになったが、七九五（延暦14）年にいたって壱岐・対馬以外の防人がすべて廃止された。防人には主として東国の兵士が多く、『万葉集』巻一四・二〇の東歌に防人歌が多数残る。

〔参考文献〕岸俊男『日本古代政治史研究』（塙書房昭41）。野田嶺志『防人と衛士』（教育社昭55）。（荊木美行）

さきもりうた［防人歌］　防人とは崎を防備する人をさし、防人やその家族が残した歌を防人歌という。『万葉集』巻二〇には、「天平勝宝七歳乙未の二月に、相替りて筑紫に遣はさるる諸国の防人等が歌」として、「遠江」「相模」「駿河」「上総」「常陸」「下野」「下総」「信濃」「上野」「武蔵」の各国の防人たちから、部領使を介して集められた歌の一部が収載されている。東国訛りが多く、防人として異境に暮らす身の上で故郷を思い家族を思慕する歌が多い。『万葉集』にはほかに、主典刑部少録正七位上磐余伊美吉諸君が抄写し、兵部少輔大伴宿禰家持に贈ったという「昔年の防人が歌」（巻二〇・四四二五～四四三二）、上総国大掾大原真人今城が伝承したという「昔年に相替りし防人が歌一首」（同・四四三六）が残されている。同巻一三には「防人妻の歌」と伝承される歌が残され、巻一四には「防人歌」の部立のもとに歌が残されている。これらの歌の一部には、東国方言が認められない歌も含まれている。

〔参考文献〕吉野裕『防人歌の基礎構造』（筑摩書房昭59）。林田正男『万葉防人歌の諸相』（新典社昭60）。（市瀬雅之）

さぎりつ［詐欺律］　大宝・養老律の編目の一つ。養老律では第九編にあたる。いずれも現存せず、ともにわずかな逸文が残るのみだが、唐の開元二五年律の詐欺律二七条は、『唐律疏議』によって知ることができる。印の偽造・盗用、公文書の詐造、財物の詐取などについての規定が

あった。　　　　　　　　　　　　（荊木美行）

さくこ［柵戸］　「きのへ」とも。古代東北の柵・城に配置されて、軍事的役割をもはたした戸のことで、いわば武装植民。東北地方に多くみえ、西辺の九州にも配置されたことになっているが詳細は不明。まず柵・城とよばれた防衛設備が設置され、主として東国地方から徴発された民戸が移住させられて、普段は農耕にあたり、その戸の正丁は非常の軍事にも備えたものであろう。蝦夷との戦争の拡大する七世紀中期からみられ、延暦年間には伊治城九〇〇〇人、胆沢城四〇〇〇人などの多数の例もある。蝦夷との戦争の終決とともに地元民化したものと思われる。

〔**参考文献**〕高橋富雄『蝦夷』（吉川弘文館昭38）。　　　　　　　　　　　（井上満郎）

さくしょ［冊書］　長文を複数の短冊にまたがって書いたもの。中国戦国時代や漢代の木簡では、『儀礼』や『孫臏兵法』などの著書や記録を多数の木簡を用いて書写し、紐で綴じ合わせた。紙を用いるようになるとなくなり、日本の木簡にもない。　　　　　　　　　　　（舘野和己）

さくていりつりょう［刪定律令］　中国、国家権力の公法的法典としての律令は戦国期頃から編纂が始まり、秦漢にほぼ体系化がなされた。近年発見の秦律の一部や漢初の蕭何の九章律（前二〇〇年頃）が今のところ最古のもので、それに続くのが三国魏の新律一八篇である。西晋の泰始律二〇篇・令四〇篇（二六八年）は刑罰法規としての律と非刑罰法規である行政法的規定としての令とを明確に分離させたものとして重要な意味をもつ。南北朝期では、北魏の太和律令（四九二年）、北斉の河清律令（五六四年）、梁の天監律令（五〇三年）などの編纂がある。ただ新出の秦律も含めて、歴代の律令はごく一部が佚文として伝わるだけで、具体的内容はよくわからない。隋代には開皇律令（五八一～六〇〇年）、大業律令（六〇五～六一六年）が編纂され、形式内容は大いに整い唐の律令に継承される。唐代には律は七回、令は一〇回以上も補正修正されて刪定され、その集大成が開元後律令（七三七年）である。日本の飛鳥浄御原律令、「大宝律令」はもっぱら唐の完成された律令に依拠するものである。

（愛宕元）

さくほうたいせい［冊封体制］⇩華夷思想

さくら［桜］　バラ科サクラ属の落葉樹。東アジアに広く分布し、特に日本では山桜など国産種が多いので、わが国を代表する花として広く愛され、今も国花となっている。山桜を好んだ本居宣長は、『古事記伝』に、木花之佐久夜比売に関して「万の木の花の中に、桜ぞ勝れて美しき故に、殊に開光映てふ名を負ふて佐久良とは云へり。……古今集序の歌に、難波津に咲くや木花とあるも是なり」と説いている。『万葉集』では桜（四二首）より、梅（一一八首）が多く詠まれているが、『古今集』以下では桜が圧倒的に多い。すでに八一二（弘仁3）年二月、嵯峨天皇が神泉苑で花宴を開いており（日本紀略）、『古今著聞集』にも「春は桜、……秋は菊をもて第一とす」とみえる。その種類は、山桜・彼岸桜・児桜・婆桜・糸桜・熊谷桜・火桜・朱桜・浅黄桜・八重桜・不断桜など一〇〇以上ある。明治の初めに東京の染井で品種改良された花が先に開く染井吉野は、今や全国に広まっているが、「花びら大きに葉の色濃き」（枕草子）花と葉がともに開く古来の山桜などとは趣が異なる。襲の色目の桜重は、表地が白、裏地が花色か濃蘇芳などで、春の晴着に広く用いられた。

〔**参考文献**〕山田孝雄『桜史』（講談社学術文庫平2）。斎藤正二『日本人とサクラ』（講談社昭55）。大貫恵美子『ねじ曲げられた桜』（岩波書店平15）。　　　　　　　　　　　（所　功）

さくらいちゃうすやまこふん［桜井茶臼山古墳］　奈良盆地の東南部、桜井市外山の地にあり、鳥見山から北へ伸びた支丘を切断して造営した、典型的な丘尾切断形の前方後円墳。全長約二〇〇m、後円部径約一〇〇m、高さ二〇m、前方部幅約六〇m、高さ二五mを計る。周囲に人頭大の花崗岩の葺石をめぐらすが、埴輪はない。墳頂には方形にとりまく壺の列があった。竪穴式石室は全長六・七五m、幅一・一三m、高さ一・六mあり、天井石は一三枚。内部のコウヤマキ製の割竹形木棺の内部から、多量の水銀朱とともに鏡・玉・剣等の副葬品や、王者の権威の象徴たる玉杖が出土しており、被葬者の性格が推定できる。一九七三（昭和48）年、国史跡に指定されたものの、周辺の開発が著しい。築造時期は、四世紀の初頭と推定されている。

〔**参考文献**〕上田宏範ほか『桜井茶臼山古墳付櫛山古墳』（奈良県教育委員会昭36）。

（清水真一）

さくらがおかいせき［桜ケ丘遺跡］　神戸市灘区桜ヶ丘町の標高二四〇mの尾根上に位置する銅鐸一四点・銅戈七点の一括埋納遺跡。一～三号鐸は外縁付き鈕式の流水文銅鐸で、いずれも同笵銅鐸の存在が知られている。一号鐸には影絵風の人物・動物が、二号鐸には線描の鹿が鋳出されている。四～一四号鐸は扁平鈕式の袈裟襷文銅鐸で、その内四・五号鐸は身の袈裟襷文で囲まれた区画内には線描の絵が鋳出されていることで有名である。ここに描かれた狩猟・漁撈・脱穀の様子や弥生人の周囲で遊ぶ動物たちの姿は農耕賛歌だといわれている。六号鐸には弥生人の暮らしの中心を占める水を表現したのではないかと推定される渦巻文が象徴的に鋳出されている。桜ヶ丘遺跡以東の六甲山の山麓部には銅鐸発見地が数kmの間隔で続いているが、桜ヶ丘以西は約二一kmにわたって銅鐸未発見地が続いている。このことから、桜ヶ丘発見の銅鐸・銅戈は、桜ヶ丘以西の村々で使われていたものが集められたと推定される。銅鐸・銅戈は国宝。

〔**参考文献**〕桜ヶ丘銅鐸・銅戈調査委員会『桜ヶ丘銅鐸・銅戈調査報告書』（兵庫県教育委員会昭44）。神戸市立博物館編『国宝桜ヶ丘銅鐸・銅戈』（財団法人神戸市体育協会平12）。

（喜谷美宣）

さくらのばばいせき［桜馬場遺跡］　佐賀県唐津市桜馬場四丁目に所在する弥生時代中期から後期の甕棺墓遺跡。唐津湾岸に沿って海流と河川によって形成された砂丘列の上に形成される。一九四四（昭和19）年、防空壕の工事中に発見された合口の甕棺墓から、鏡などの副葬品が出土し、地元の研究者龍渓顕亮によって、出土状況図などの覚書が残された。副葬品は、銅鏡二枚、巴形銅器三個、有鉤銅釧二六個と豊富である。鏡は径二三・二cmの流雲縁方格規矩四神鏡と径一五・四cmの素文縁方格規矩渦文鏡でいずれも銘文をもつ優品である。スイジガイを祖形とした巴形銅器は円鈕に六脚をつけた有鉤と無鉤のものとがある。有鉤銅釧は二種類の鋳型で製作されたものと考えられ、南海産のゴホウラ貝の形状を残すものである。その後、杉原荘介等明治大学による調査や採集によって、内行花文鏡や広形銅矛の破片が発見されている。後漢時代の舶載鏡や国産の特異な青銅器を保有し、唐津平野を代表する末盧国の王墓である。

〔**参考文献**〕梅原末治「肥前唐津市発見甕棺遺物」『考古学雑誌』三六―一（日本考古学会昭25）。杉原荘介「桜馬場遺跡」『日本農耕文化の生成』（日本考古学協会昭35）。

（**田島龍太**）

さくらまちいせき［桜町遺跡］　富山県小矢部市桜町にある。小矢部川の支流、子撫川右岸の丘陵谷間にある低湿地遺跡。一九八八（昭和63）年から調査が行われている。これまで、従来の定説を覆すこととなる縄文時代の高床式建物の建築部材が、水場遺構に転用された状態で発見されている。これら建築部材の中には、貫穴、栈穴など高度な技術が認められる。編み物や木製道具などの豊富な出土品とともに縄文時代の生活を知るうえで貴重な遺跡である。

（**関　清**）

さけ［酒］　アルコールを含有する飲料。諸種の植物材料から作る。縄文時代に果実酒が存在したというも不詳。『魏志』倭人伝に倭国では「人性酒を嗜む」とあり、少なくとも弥生時代には飲酒習慣があったが酒造材料は不明。『古事記』応神天皇段に仁番（別名須々許理）が渡来、「新撰姓氏録」も仁徳天皇朝に兄曾々保利・弟曾々保利が「韓国」から渡来とし、ともに酒造技術の渡来を述べ、あるいは麴カビの伝来を物語るものか。『魏志』倭人伝記事と合わせ考えて在来の酒造技術との重層を示すものであろう。酒造技術が簡単であったこともそれを示し、山上憶良は「貧窮問答歌」に「糟湯酒」を貧家でも飲んだといい、男女が集まる席で普通に飲まれたこと（『常陸風土記』）、「君がため醸みし待ち酒」（『万葉集』）の表現、さらに口に米を含み唾液で発酵させる口醸み酒のことが諸書にみえるように（『大隅国風土記』「本朝月令」など）、低度の酒造技術でも酒造できた。しかし高度の酒造には専門的技術が必要であったらしく、酒部・酒人などに関係する酒造氏族が多数みられ、また律令制下では造酒司が編成されて酒造を担当した。酒の用途は主として神事での使用であり、神に捧げられ、かつ飲酒によって共同体意識を高めるのに効能をもった。諸種の酒があり、醴酒・清酒・黒酒・白酒などが「延喜式」にみえる。

〔**参考文献**〕坂口謹一郎『日本の酒』（岩波書店昭39）。加藤百一『日本の酒5000年』（技報堂昭62）。秋山裕一『日本酒』（岩波書店平6）。石毛直道編『酒と飲酒の文化』（平凡社平10）。

（**井上満郎**）

さけいき［左経記］　参議左大弁源経頼の日記。日記の名は記主の官と名の一字をとったもの。一〇一六（長和5）年より三五（長元8）年の日次記と後人のまとめた『類聚雑例抄』があり、逸文を含めると、一〇〇九（寛弘5）年から三九（長暦3）年までの記事が残る。藤原道長・頼通の時代の政治・儀式について、同時期の『小右記』*ともに基本史料。『増補史料大成』所収。

（**松本公一**）

さけのつかさ［造酒司］　「ぞうしゅし」「みきのつかさ」ともいう。大宝・養老令制の宮内省被管諸司の一つ。供御の酒・酢類の醸造などを担当した。四等官のほか、伴部の酒部、品部の酒戸が所属。酒戸は、官員令別記によれば、大和・河内などに一八五戸存在した。

（**荊木美行**）

さこうかげあき［酒匂景信］　1850～91　旧島津藩士。日向国都城（現、宮崎県都城市）生まれ。陸軍士官学校卒業。陸軍参謀本部時代に、中国の北部から東北部に派遣され、情報収集と調査にあたる。その当時、陸軍中尉であった酒匂は、現在の吉林省集安市にある、好太王*（広開土王）碑の碑文の写しである双鉤本を、一八八三（明治16）年に日本に持ち帰った。それを契機に、碑文の解読・解釈が行われるようになるなど、好太王碑文研究の端緒を開いた。

（**西谷正**）

さごろもものがたり［狭衣物語］　平安時代後期の物語。六条斎院禖子内親王の宣旨源頼国の女著。四巻。一〇七〇（延久2）年頃、院政以前の成立。狭衣大将の、従妹の源氏の宮に対するとげられぬ恋心を軸に、女二宮や飛鳥井姫君との恋を描く。和歌や漢詩の引用をふまえた巧みな冒頭部に特徴がある。注釈書に『新編日本古典文学全集29・30』（小学館平11・13）などがある。

（**小西茂章**）

さこんのさくら・うこんのたちばな［左近の桜・右近の橘］　平安宮の紫宸殿*の南庭階下の東西、左近衛府と右近衛府の官人が陣列をしく先の辺に植えられた桜と橘。その由緒は諸説あるが、『帝王編年記』『江談抄』『禁秘抄』『拾芥抄』等の所伝によれば、ここは平安遷都以前から橘本大夫か秦河勝の宅地で、もともと橘の樹があり、桓武天皇が紫宸殿を建てた際、橘の東隣に梅の樹を植えた。梅も橘も中国伝来のものだから、唐風文化尊重の表明ともみられよう。それが仁明天皇の承和年間（八三四～八四八）に枯れたので、代わりに日本古来の桜（山桜）を植えた。和風と唐風の両方を尊重する国風*文化のシンボルとみることもできる。その後、内裏の焼亡や改築のたびに植え替えられ今に伝わっている。村上天皇朝頃から、二月か三月に桜の前で花宴を催すようになり、『源氏物語』花宴にも「南殿（紫宸殿）のさくらの宴せさせたまふ」とみえる。いっぽう、橘は初夏に花が咲き実を結ぶ。なお、今では紫宸殿に擬えて、平安神宮・白峰神宮・平野神社などの前庭左右にも桜と橘が植えてある。

〔**参考文献**〕山田孝雄『桜史』（講談社学術文庫平2）。斎藤正二『日本人とサクラ』（講談社昭55）。

（**所　功**）

ささきじんじゃ［沙沙貴神社］　滋賀県蒲生郡安土町大字常楽寺に鎮座。式内社。大彦命を主神に、少彦名命・仁徳天皇・宇多天皇、および佐々木源氏の祖敦実親王を配す。古代氏族である狭狭城山君氏の本貫地に立地する祖霊信仰にかかわるとみられる。

（**堀越光信**）

さざなみのかわち［楽浪河内］　生没年未

詳。奈良時代の渡来系文人官僚。高丘連河内ともいう。『藤氏家伝』下に文雅の人と評され、『万葉集』に短歌二首がある。七二一（養老5）年首皇子（聖武）の東宮侍講、七二四（神亀元）年に高丘連の姓を賜与された。右京亮、紫香楽宮の造離宮司、伯耆守などを歴任し、恵美押勝の乱を告発した子の比良麻呂の卒伝（『続紀』神護景雲二（七六八）年六月二十八日条）によれば、最後は正五位下で大学頭をつとめた。（増尾伸一郎）

さしでん［左氏伝］　中国の書名。孔子の『春秋』に対する注釈である。もとは『左氏春秋』、のち『春秋左氏伝』と称されるようになり、略して『左伝』ともいう。全三〇巻。『公羊伝』『穀梁伝』とともに春秋三伝の一つ。春秋時代、孔子の弟子である魯の左丘明が著したといわれるが、彼に関して詳しいことはわかっておらず、成立年についてもはっきりしない。初め春秋学といえば『公羊伝』『穀梁伝』の二伝だけあったが、前漢末の劉歆が初めて『左氏伝』を紹介し、それ以降広く読まれるようになった。編年体で著され、『春秋』をもとに春秋時代各国の政治・軍事・経済・文化などについて、魯の前七二二（隠公元）年から前四六八（哀公27）年までの記事がある。三伝のうち史実を最も詳細に伝えている。『左氏伝』の注には、最古のものに晋の杜預『春秋経伝集解』があり、さらにこれを注釈した唐の孔穎達らの『春秋左伝正義』がある。（高井たかね）

さしぬき［指貫］　衣冠、直衣、狩衣に合わせ用いる袴。本来布製であったため布袴とも。裾に括紐をとおした袴を指貫と総称するが、六幅の狩袴や小袴と区別して八幅のものをとくにいう。上級貴族に用いられるに及んで絹製となり、色や文様にも年齢や家格によるきまりが生じた。（佐藤文子）

さしば［翳］　儀式用の道具の一種。団扇に長柄をつけたものである。奈良県高松塚古墳壁画の女官が掲げているものが有名。『倭名類聚抄』では翳を「八」とし、「和名波」とする。神事に用いられたものには紫翳・菅翳などの名がある。弥生・古墳時代の翳形といわれる埴輪、木製品や石製品があるが、近年、翳でなく別の用途の可能性が指摘されている。（福尾正彦）

さじん［左衽］　衣服のうちあわせを左の上に右を重ねること。現在の女性の洋服の襟の形。ひだりまえともいう。人物埴輪にみられるもので、襟の合わせ方を左前し、紐で二ヵ所を結んでいる。中国では左衽に着ることを蛮人の習俗とした。（芳井敬郎）

さだいえあそんき［定家朝臣記］　平定家の日記。一族の日記「平記」の一部。流布本は一〇五八（天喜6）年より六二（康平5）年を、陽明文庫本には五三（天喜元）年より六二（康平5）年までの記事をおさめる。朝廷の儀式に関するものと藤原頼通とその一族にかかわる記述とが詳しい。流布本は『群書類従』雑部、陽明文庫本は『陽明叢書』所収。（松本公一）

さだいじん［左大臣］　大宝・養老令制下の太政官の官職。定員は一人。国政全般を総括・指揮する。職掌・相当位（二品・正従二位）は右大臣と同じ。上席の太政大臣は職掌がなく通常は欠員なので、右大臣とともに実際上の太政官の首席であった。唐名は左僕射・左丞相・左相府などに相当する。（荊木美行）

さたくしょうめい［沙宅紹明］　？～673　百済から亡命渡来した天智朝の高官。韓国の扶余にある「唐平百済碑」では「沙吒」、同じく「百済砂宅智積造寺碑」には「砂宅」とある。百済の大姓八族の筆頭。百済の亡命貴族のなかでは、百済王一族を除けば余自信につぐ地位にあった。名は「昭明」とも書く。天智天皇のとき、大錦下（令制の従四位相当）を授けられ、また法官大輔（令制の式部大輔〈上級次官〉に相当）に任じられた。人となりは聡明で深い知性があり、時に秀才と称された。死去のとき、天武天皇は驚いて、恩情をもって外小紫位を追贈し、重ねて本国百済の大佐平位を授けた。（胡口靖夫）

さだずみしんのう［貞純親王］　生年不詳～916　平安前期の皇親。清和天皇の皇子。母は棟貞王の娘。桃園親王と号す。八七三（貞観15）年親王宣下。四品に叙せられ、中務卿・兵部卿等を歴任。子の源経基は清和源氏の祖となる。ただし、貞純親王と経基の系譜関係を疑問視する説もある。（西村隆）

さちひこ［沙至比跪］　⇨葛城襲津彦

ざっこ［雑戸］　律令制下で、特定の官司に所属した技術者集団。大化前代の職業部の系譜をひく。毎年一定期間所属官司に上番して労役に服するか、一定量の製品を貢納することによって、かわりに課役を免除された。百済手部・雑工戸・甲作・鍛戸・筥戸・飼戸など軍事的なものが多く、「大宝令」の官員令別記によればその数一六〇三戸。品部とともに良民にふくまれるが、品部が公戸籍に付されたのに対し、雑戸は雑戸籍に登録された。八世紀初頭からしだいに解放され、九世紀半ばにほぼ消滅した。
［参考文献］狩野久『日本古代の国家と都城』（東大出版平2）。（荊木美行）

ざっしょう［雑掌］　古代・中世、特定の雑務をとるもの。国から派遣される四度使に随行したものが奈良期からみえるが、平安期には朝廷との折衝で大きな役割をはたすようになり、国雑掌とよばれた。荘園領主も支配のために雑掌をおいた。（勝山清次）

さっぷげんき［冊府元亀］　中国の書名。北宋の王欽若・楊億らが真宗の勅命を受け編纂した。一〇〇〇巻、目録一〇巻。一〇一三（大中祥符6）年に成立。歴代君臣の政治に関する事跡を上古から五代までの史籍から採録し、三一部、一一一五門に分類して記す。史料は主に正史から探るが、唐・五代の史料には正史にないものも多く史料的価値は高い。現存する宋刊本は五五三巻で、不足部分は明刊本と明抄本で補わねばならない。中華書局の影印本がある。（高井たかね）

さつまのくに［薩摩国］　西海道に属する国。現在の鹿児島県西半部にあたる。大部分が山地であるが、海岸線に沿って、川内平野などの平野や内陸部にも大口盆地などが存在している。『日本書紀』白雉四（六五三）年に薩摩の地名が初見するが、七世紀には主として「阿多」の呼称が用いられていた。七〇二（大宝2）年大宰府が令制国郡の設置を図ったが反乱がおこり、その鎮圧後に薩摩国が設置、しかし七二〇（養老4）年大隅国でおこった隼人の反乱が薩摩に波及するなどの事件もあった。「延喜式」では中国とされ、所管の郡は出水・高城・薩摩・甑島・日置・伊作・阿多・河辺・給黎・頴娃・揖宿・谿山・麑島郡の一三郡。古代末期には多くの院・郷・別符がおかれ、島津荘が薩摩国にも拡大した。国府は現鹿児島県川内市御陵下町・国分寺町に推定されており、国分寺も国分寺町の川内川右岸の台地上にあり継続的な発掘調査が行われている。

〔参考文献〕『鹿児島県史』全七巻（昭和14～49）。原口虎雄『鹿児島県の歴史』（山川出版社昭48）。『日本史大事典』（平凡社平4～6）。

（高橋誠一）

さつまのくにしょうぜいちょう［薩摩国正税帳］　薩摩国から政府に送られた国衙財政の収支決算報告書。七三六（天平8）年度のものが「正倉院文書」として残っている。他国と同様正月読経、釈奠、賑給などが行われたことがわかる一方、高城郡の酒が隼人一二郡にあてられるなど隼人支配の一端を示す記載もある。また、遣唐使船に稲・酒が供給されたことがみえる。

（寺内浩）

さつもんどき［擦文土器］　北海道の続縄文文化の後、七世紀から一三世紀頃まで製作、使用された土器。名称は擦痕状の器面調整痕（木片によるハケ目）に由来。一九三一（昭和6）年に新岡武彦が「擦紋土器」、その後河野広道が刻文土器を含めて「擦紋土器群」、名取武光が「擦紋式土器群」とよび一般化した。続縄文文化の土器を母胎に東北北部の土師器の影響を受けて成立。器形は深鉢形、浅鉢形、坏形、高坏形などで、壺形や片口がまれにある。無文の土師器とは対照的に文様があり、口縁下の横走沈線文、短刻線文、胴部上半の縦横斜めの刻線文などが特徴的。全道的に分布し、サハリン、南千島、青森に及ぶ。

（長沼孝）

さつもんぶんか［擦文文化］　北海道の続縄文文化に後続して、六、七～一二、一三世紀に擦文土器群を製作・使用した文化。一部東北北部に及びサハリン南部、南千島にも広がる。東北北部の土師器をもつ文化の影響を強くうけ、道東のオホーツク文化と併存する。遺跡は河川の中下流域に分布し、大規模なものは河口に多い。道北日本海沿岸や道東常呂・標津では一〇〇〇を超える住居跡が窪みとして確認される。住居は方形の竪穴式でカマドをともなう。墓は土坑墓が一般的であるが、道央では八、九世紀に盛り土と周溝が伴う北海道式古墳がある。副葬品は土器のほか蕨手刀などの刀剣類や各種の鉄製品がある。生業の主体はサケ・マス中心の河川漁撈で、ムギ、アワ、ヒエ、ソバなどの種子が出土していることから雑穀類の原初的な農耕の存在も考えられる。鉄製品は斧、鋤・鍬先、鎌などがあり、フイゴの羽口や鉄滓の出土から、野鍛冶の存在が考えられる。オホーツク文化とともに近世アイヌ文化の母胎となった文化である。

〔参考文献〕藤本強『擦文文化』（教育社昭57）。横山英介『擦文文化』（ニューサイエンス社平2）。

（長沼孝）

さとだいり［里内裏］　里第、里内などとも称す。平安京内裏に対しての里第（私第）の意。九七六（貞元元）年の内裏焼亡の時、藤原兼通の堀川院が仮皇居として用いられたのが初例。以後、内裏再建後も平安京内裏・里内裏が併用して使用される場合も多くみられる。一条院、高陽院などが里内裏の代表的なものといえる。鳥羽天皇の時には里内裏が天皇の平常の御所、内裏は晴の儀式の場となり、内裏は荒廃し、また後白河天皇の時には内裏が再度復興されたが、以後の火災などにより、内裏は完全に衰退した。現在の京都御所も南北朝時代の北朝の里内裏・土御門東洞院殿に源を発している。

（西山恵子）

さどのくに［佐渡国］　北陸道に属する国。現在の新潟県の佐渡島にあたる。北西部に大佐渡山地、南東部に小佐渡山地があり、その中間地域に国中平野が広がり、北東側に両津湾、南西側に真野湾が湾入している。沖縄本島を除く日本最大の島。すでに国生み神話に佐渡洲の名がみえるが、大化改新後に佐渡国になった。七四三（天平15）年には越後国に合併され、七五二（天平勝平4）年に再び分立した。「延喜式」では下国とされ、所管の郡は羽茂・雑太・賀茂郡の三郡。国府と国分寺は佐渡郡真野町とする説が有力で一部発掘調査も実施されているが、ほかに佐渡郡羽茂町とする説もある。大宝令下では遠国とされ遠流の地として多くの罪人が配流された。また辺要地として佐渡軍団が設置された。平安時代には、金を産出することが知られており、その後も金山の開発が継続された。

〔参考文献〕『新潟県史』全三六巻（昭55～平3）。井上鋭夫『新潟県の歴史』（山川出版社昭54）。藤岡謙二郎編『佐渡の歴史地理』（古今書院昭46）。

（高橋誠一）

さとはまかいづか［里浜貝塚］　宮城県東松島市鳴瀬町宮戸に所在する日本最大規模の貝塚。宮戸島の丘陵、斜面、汀線に近い低地に貝層、包含層がひろがり、東西約八四〇m、南北二〇〇mにおよぶ縄文時代前期から晩期の大規模貝塚。弥生時代の貝層も確認されている。一九九三（平成5）年に国史跡に指定された。一九一八（大正7）年、松本彦七郎が層位的に発掘し、日本考古学上画期的な調査となった。五〇年代から宮戸島遺跡調査会が継続調査し、層位的資料により縄文時代後期の宮戸式編年が呈示された。七九（昭和54）年から東北歴史資料館が悉皆調査を進め、全土壌を篩にかけ、豊富な亀ヶ岡式土器、骨角製漁労具、装身具、石器などとともに、多量の動物遺存体がえられた。こうした遺物の分析で、貝塚形成過程、生業活動の季節性、土器製塩など縄文晩期の生業基盤、生活様式の解明が進んだ。

〔参考文献〕松本彦七郎「宮戸島里浜貝塚の分層的発掘成績」『人類学雑誌』34-9（大8）。東北歴史資料館「里浜貝塚I～X」『東北歴史資料館資料集』5、7、9、13、15・19、22、32、36、43（東北歴史資料館昭57～60、62、63、平3、6、9）。

（菅野智則）

さなげこようしぐん［猿投古窯址群］　愛知県豊田市と瀬戸市の境にある標高六二

九mの猿投山西南麓丘陵一帯には、約二〇㎢にわたり、古墳時代から中世はじめにかけての古窯址一〇〇〇基以上が分布する。とくに密集するのは名古屋市東部の東山、日進市から三好町にかけての岩崎・折戸・黒笹や周縁の鳴海地区で、古窯址名はそれぞれの地区名を冠した号数でよばれている。一九五五(昭和30)年以降、愛知用水建設計画にともなう発掘調査が愛知県教委と名古屋大学を中心にすすめられ、古窯址群の実態が明らかになった。現在までに東山地区で五世紀代にさかのぼる須恵器址跡が確認されているが、その盛期は奈良時代中期以降の灰釉陶器にある。平安時代には、中国陶磁を模した尾張瓷器が中央に貢納され、製品は東北から九州まで広がったが、平安時代末期には中国陶磁の輸入拡大におされ、日常雑器の量産に転じた。鎌倉時代に入り山茶碗生産が主体になると、周辺の瀬戸・常滑窯の隆盛の前に廃絶を余儀なくされた。(大下武)

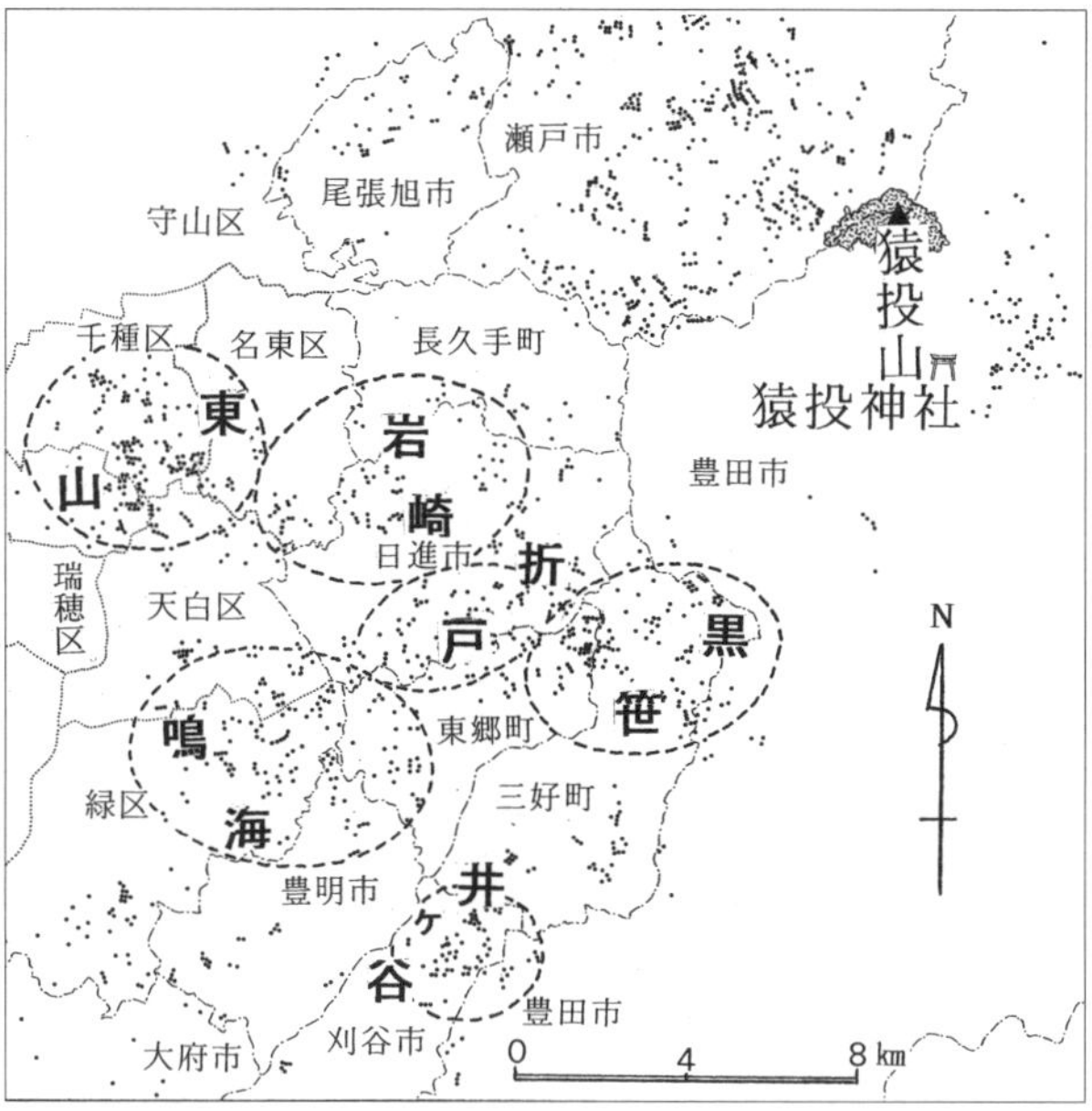

猿投古窯址群分布図

サヌカイト 非顕晶質古銅輝石安山岩と定義され、石基は透明ガラスと磁鉄鉱の結晶粒で構成され、斜方輝石が多く、単斜輝石は少なく、微量の斜長石とざくろ石を含み、緻密な黒色で貝殻状割れ面を示す岩石を一般にサヌカイトと称していて、サヌキトイドを含む広い意味の岩石をさすことが多い。産地は瀬戸内海を中心に西北九州まで分布している。旧石器時代では、奈良県二上山産は三重県カリコ遺跡、和歌山県土生池遺跡で、兵庫県岩屋産は原産地を中心に五〇km以内である。香川県の金山・五色台地域産は高知、岡山県恩原遺跡では二上山産と共に使用されている。広島県冠山地域の飯山産は備讃瀬戸諸島の遺跡に伝播している。縄文時代では、二上山産は静岡県天宮遺跡、石川県中海遺跡、兵庫県三宅早詰遺跡、高知県双海遺跡に伝播し、金山産は、静岡県逆井遺跡、石川県岩内遺跡、大分県大畑遺跡、宮崎県永迫第二遺跡、佐賀県多久産は福岡、熊本、大分の各遺跡で使用が確認されている。兵庫県女代南遺跡では管玉の穿孔用ドリル材として、鳥取県馬の山、二上山、金山産サヌカイトが使用されている。

[参考文献]藁科哲男他編『考古学と年代測定学・地球科学』(同成社平11)。(藁科哲男)

さぬきこくぶんじあと [讃岐国分寺跡] 香川県高松市国分寺町国分に所在し、一九五二(昭和27)年に国特別史跡に指定される。四国霊場第八〇番札所の国分寺が旧寺域内にあり、鎌倉中期の本堂が現存する。史跡整備にともなう発掘調査で、築地跡四辺、回廊跡、鐘楼跡、僧房跡、掘立柱建物跡などが検出され、現国分寺の境内に残る中門跡(現仁王門)、塔跡、金堂跡、講堂跡(現本堂)などとあわせ、東西二二〇m、南北二四〇mの寺域のうち、西から四分の一の南北線を中軸線とする大官大寺式の伽藍が明らかになった。(渡部明夫)

さぬきのくに [讃岐国] 南海道に属する国。現在の香川県にあたる。南部は讃岐山脈、北部は瀬戸内海に面して讃岐平野が広がる。北西部の荘内半島にある紫雲出遺跡は弥生時代の高地性集落として有名で、また古墳や製塩遺跡などの考古学的遺跡が数多く発見されている。したがって早くから開発が行われて重要視されてきた。六六七(天智6)年に唐・新羅の侵攻に備えて、大和の高安城や対馬の金田城とともに屋島城が築かれたことも、この地域が戦略的に重視されたことを物語る。『延喜式』では上国とされ、所管の郡は大内・寒川・三木・山田・香川・阿野・鵜足・那珂・多度・三野・刈田郡の一一郡。国府は現坂出市府中に設置され、国分寺もその東の現高松市国分寺町に建立された。大河川に乏しくかつ降水量が少なくて干ばつに苦しんできたが、満濃池(仲多度郡満濃町・仲南町)などの溜池灌漑によって農業も発達した。菅原道真が国司として赴任した地、また空海や円珍などの出身地でもある。(高橋誠一)

[参考文献]『香川県史』全一五巻(昭60~平3)。市川輝士・山本大『香川県の歴史』(山川出版社昭46)。

さぬきのすけにっき [讃岐典侍日記] 女房日記。作者は讃岐前司藤原顕綱女長子。現存二巻(元三巻か)。一一〇九(天仁2)年頃の成立。上巻は典侍として近侍した堀河院の発病から死までを、下巻は幼い新帝鳥羽への再出仕を記す。江戸時代以前の伝本はない。『群書類従』『日本古典文学全集』等に所収。(佐々木孝浩)

さねやすしんのう [人康親王] 831~72 仁明天皇第四皇子。母は藤原沢子。八四五(承和12)年元服、四品となる。上総・常陸太守、弾正尹を歴任。八五九(貞観元)年、病により出家(法名法性)。女に藤原基経室となり、時平、忠平らを儲けた女性がいた。(関口力)

さののちがみのおとめ [狭野茅上娘子] 生没年不詳。万葉歌人。『万葉集』の巻一五に中臣宅守との贈答歌二三首を残す。閲歴については、巻一五の目録により、蔵部の女官であったこと、配流された中臣宅守と婚姻関係にあったことしかわからない。率直で情熱的な表現で知られている。（上野誠）

さはり［佐波理（砂張）］ 銅に錫と鉛を加えた合金。さまざまの容器を鋳造した後、ロクロ挽きして仕上げる。製品を叩くと、よい音が出るところから、響銅ともよばれる。正倉院や法隆寺献納の宝物中に、大小各種の有蓋・無蓋の鋺・皿・水瓶などがよく知られるほか、寺院跡の塔心礎から出土する、舎利容器として使われた有蓋銅鋺などがある。正倉院の重鋺にはクッションとして新羅文書の反故紙が使われていたことから、重鋺が新羅製であると推測される。事実、同種の製品は慶州市の出土品に認められる。佐波理は、朝鮮語で鉢を意味するサバルに語源があるともいわれる。（西谷正）

さふるかみのまつり［障神祭］ 「さえのかみのまつり」とも。障神（道祖神。境界において悪神の侵入を防ぐ神）の祭。蕃客（外国の使人）入京の二日前に京城四隅で行う祭として、『延喜式』臨時祭のなかに祭物の種類・分量の規定がある。道饗祭に類似。（竹居明男）

さほ［佐保］ 奈良盆地北東隅に位置する奈良市法蓮町周辺は佐保とよばれる地域。北側の丘陵には藤原宮子佐保山西陵・聖武天皇佐保山南陵・光明皇后佐保山東陵や元明天皇奈保山東陵・元正天皇奈保山西陵など奈良時代皇族の山陵が営まれた。また長屋王は佐保に別邸をもっており『懐風藻』に「作宝楼」「宝宅」とみえる。また佐保には藤原北家の邸宅佐保殿もあり平安時代の藤氏長者による興福寺・春日大社参詣の際には宿舎として利用された。（鶴見泰寿）

さほどの［佐保殿］ 奈良市法蓮町付近にあった藤原北家の邸宅。もと藤原房前・冬嗣の邸宅と伝えられ、山背遷都後も藤原北家が伝領、佐保殿預がおかれるとともに、大和国山辺郡佐保庄が所領として付属していた。平安期以降、氏長者の春日詣をはじめ氏人の南都下向に際して宿所として用いられた。一一八〇（治承4）年、平重衡による南都焼討で焼失したとされるが、室町期にいたるまで殿下渡領の一つとして伝領され、維持されていたことが確認できる。（山本崇）

さほひこ・さほひめ［狭穂彦・狭穂姫］ 開化天皇皇子彦坐王の子。狭穂姫は垂仁天皇皇后。兄の狭穂彦は狭穂姫に垂仁の暗殺を命じたが失敗、かえって垂仁によって討伐をうけ、稲城を築いて防戦したが、垂仁の将軍八綱田に火を放たれ、兄妹共に攻め殺された。（小野里了一）

さほろう［作宝楼］ 奈良時代前半に大臣をつとめた長屋王の邸宅の一つ。佐保宅とも。平城京左京一条南大路を中心とする、いわゆる佐保の地にあったと考えられ、候補地の一つに一条三坊一五・一六坪がある。新羅使や官人を招いて詩宴が催されたほか、聖武天皇や元正太上天皇もそこを訪れたことが、『懐風藻』や『万葉集』から知られる。また、同所では写経事業も行われたらしく、七二八（神亀5）年の長屋王願経の奥書には「作宝宮判官」がみえる。（西村さとみ）

さみだたからづかこふん［佐味田宝塚古墳］ 奈良県北葛城郡河合町佐味田に所在する馬見古墳群中の一基で前期後葉の築造である。墳長一一二mの北東に面する前方後円墳で、墳丘には埴輪をめぐらせているが周濠はないらしい。中心主体は伝聞によれば、粘土槨の周囲に礫を用いた排水溝がめぐるものとみられるが、副葬品によって埋め尽くされており、人体埋葬の余地はなかったらしく、あるいは本来の埋葬主体はその下部に存在した可能性がある。家屋文鏡や三角縁神獣鏡を含む三六面にものぼる銅鏡のほか、鍬形石・車輪石・石釧の腕飾類、合子や滑石製模造品、巴形銅器などの出土が知られる。一九八七（昭和62）年国指定史跡。**［参考文献］** 梅原末治『佐味田及新山古墳研究』（岩波書店大10）。（藤田和尊）

さむらい［侍］ 貴族の家に奉仕した六位以下の下級官人層。平安中期以降、有力貴族の家政機関の拡充とともに、低い身分の官人たちが組織され、侍と称された。侍所に統括され、主君の身辺雑事や警護、儀式の準備等を担当した。地方でも、国衙に国侍が組織された。侍は六位以下の位階を有し、身分として侍品と称され、五位以上の諸大夫、無位の凡下と区分される。侍品に武士が多くなったことから、しだいに侍と武士を同義とする観念が成立した。（元木泰雄）

さやまいけ［狭山池］ 大阪府大阪狭山市にある灌漑用溜池で、湛水面積は約三六haある。『日本書紀』では崇神天皇の六二年に、『古事記』では垂仁天皇の三五年に池の築造記事があり、最初の築造は五世紀頃と考えられてきたが、一九八八（昭和63）年〜二〇〇二（平成14）年に実施した洪水調整用のダム化工事にともなう発掘調査で、北堤の最下層から出土した木樋の年輪年代法による測定から、六一六年頃に造られたことが判明した。池は東の羽曳野丘陵と西の泉北丘陵の間を北流する天野川と今熊川の合流する谷を東西方向の堤で堰き止めて造り、各時代の改修工事により堤をかさ上げして、貯水容量を確保してきた。七三一（天平3）年に行基が、一二〇二（建仁2）年に重源が、一六〇八（慶長13）年には片桐且元が改修しているが、この間にも大小の補修の手が加えられていることが発掘でも判明。また「重源狭山池改修碑」が出土し、そこに記された石樋が古墳の石棺を転用したものであることがわかるなど、これらの土木遺産を後世に継承するため、池脇に府立狭山池博物館が二〇〇一（平成13）年に開館した。（工楽善通）

さらしなにっき［更級日記］ 平安時代後期の日記文学。菅原孝標女著。一巻。一〇五九（康平2）年頃成立。父の任国上総国から帰京した一三歳の頃から、夫であった橘俊通との死別の翌年、五二歳の頃までを回想的に記した作品。『源氏物語』への憧憬と夢の記事が多い。書名は巻末近くの「月も出でで闇に昏れたる姨捨に何とて今宵尋ねきつらむ」という歌が、『古今和歌集』などにある「わが心慰めかねつ更級や姨捨山に照る月を見て」をふまえていることによる。注釈書に『新古典文学大系24』（岩波書店平1）、『新編日本古典文学全集26』（小学館平6）などがある。（小西茂章）

藤原定家筆「更級日記」
宮内庁三の丸尚蔵館蔵

さらやまこふんぐん［佐良山古墳群］ 岡山県津山市の南西部、皿川流域（旧佐良山村）の山々に築かれた古墳群の総称。近藤義郎の主導のもとに徹底的な分布調査がなされ、総数一六八基からなる古墳群であることが確認された。その圧倒的多数は横穴式石室をもつ小形円墳で、うち中宮一号墳、門の山一号墳、祇園畝一号墳、同二号墳が発掘調査された。それらの成果をふまえ、また小墳多数の分布状態を視野に入れ、これら古墳の被葬者は、従来の共同体的な枠組みを打破し台頭してきた家父長家族であるという、後期古墳に対する新たな視点を提示した。【参考文献】近藤義郎編『佐良山古墳群の研究』（津山市教育委員会昭27）。（葛原克人）

さるがく［猿楽］ 八世紀頃日本に渡ってきた散楽を起源とする芸能。猿楽は散楽の曲芸・幻術・滑稽の要素のうち滑稽を受け継いだ芸であり、『新猿楽記』から、滑稽な物まねや言葉の寸劇であったことがうかがえる。大寺院での修正会・修二会では翁猿楽が演じられ、観阿弥・世阿弥によって芸が大成され、劇を前面に出した猿楽能が盛んとなり、能といえば猿楽能をさすようになった。（山田雄司）

さるたひこのかみ［猨田彦神］ 『記』『紀』神話の神。『古事記』の天孫降臨の段では降臨するニニギ命を高天原と葦原中国の間の天の八衢に出迎え、先導役をつとめる。その正体を明かにしたアメノウズメに送られて伊勢の阿邪訶（三重県一志郡）にいた時、漁の最中にヒラブ貝に手をはさまれて溺れてしまうと伝える。神名はサ（神稲）＋ル（助詞のノ）＋タ（田）と解し神稲の田の男神とみられる。しかし神話では道祖神的な神とされており、アメノウズメとの組み合わせは道祖神が男女交合の形をとることと関わる。（菊地照夫）

さるめ［猿女］ 女官の一つ。『記』『紀』神話で猿田彦神を顕した天鈿女命の子孫とされる猿女君氏の女性が任命された。縫殿寮に属して鎮魂祭では舞を奏し、大嘗祭では中臣氏や忌部氏らとともに天皇が大嘗宮へ入るとき前行した（『延喜式』）。八一三（弘仁4）年には近江国和邇村と山城国小野郷に猿女の養田があったことから小野臣や和邇部臣が猿女を出すようになっていたのを改め、猿女君氏から貢進することを定めている。（勝田至）

さわらしんのう［早良親王］ 750〜785 光仁天皇第二皇子。母は高野新笠。桓武天皇の同母弟。七七〇（宝亀元）年、光仁天皇の即位により親王となるが、それ以前に東大寺において出家。のち大安寺に遷る。親王宣下後も東大寺、大安寺との関係は深く、宝亀年間の『正倉院文書』には「親王禅師」、また宝亀六（七七五）年作成の『大安寺碑文』には「皇子大禅師」と記される。七八一（天応元）年、桓武天皇の即位にともない皇太弟となるが、このとき正式に還俗したと思われる。七八五（延暦4）年、長岡京造宮長官藤原種継暗殺事件に連座し、乙訓寺（京都府長岡京市）に幽閉。淡路国への配流の途中、自ら食を絶ち船中で死去。淡路国に葬られる。皇太子には天皇の第一皇子安殿親王（平城天皇）が立った。死後に異変、災厄が続き、親王の祟りと恐れられたことから、天皇号（崇道天皇）が贈られ、その墓は山陵に改められた。のち山陵は大和国に移され、八嶋陵（奈良市八嶋町）と称された。現在京都には親王の霊を祀る崇道神社、上御霊、下御霊神社がある。（関口力）

さんい［散位］ 「さんに」ともいう。律令制下で位階をもちながら官についていない者をさす。散位の名帳は散位寮がつかさどった。五位以上は散位寮に長上し、六位以下は番上して上日をうけ、在外の散位は国衙に番上し、それぞれ労を続いだ。（荊木美行）

さんいちごんじつろんそう［三一権実論諍］ 天台宗の最澄と法相宗の徳一との間で交わされた論争。八一七（弘仁8）年から八二一（同12）年におよぶ。天台宗の法華一乗思想・悉皆成仏論と法相宗の三乗思想・五性格別論の対立や法華経が権教（仮の教え）か実教（真実の教え）かという問題を論争した。徳一は『仏性抄』『中辺義抄』『遮異見章』などを著し最澄を批判したのに対し、最澄は『照権実鏡』『守護国界章』『法華輔照』などで反論した。（松本公一）

さんいんどう［山陰道］ 五畿七道の一つ。中国地方日本海沿岸地域の行政区画と、この地域の官道。中国山地の北側ゆえに山陰の名称、「そとも」（背面）とも。丹波・丹後（七一三年に丹波国より分置）・但馬・因幡・伯耆・出雲・石見・隠岐が含まれる。『延喜式』には三七の駅家と二三〇疋の駅馬が設置されていたとされるが、駅路としては小路の扱いであった。また隠岐へは出雲から海路で結ばれていた。（高橋誠一）

さんかいき［山槐記］ 内大臣中山（藤原）忠親の日記。記名は中山と大臣の唐名槐門とをあわせたもの。逸文も含めると一一五一（仁平元）年から一一九四（建久5）年の日記が現存。保元・平治の乱の記事などは欠くが、平氏の興亡や源平の争乱を知る好史料。『増補史料大成』所収。（松本公一）

さんがいきょう［三階教］ 中国、隋代に信行が始めた仏教の一派。普法宗ともいう。末法思想にもとづき、経や仏菩薩を選ばず、あらゆる仏説を学びすべての仏を敬う（普法、普仏）態度を説いた。信行は五八九（開皇9）年に隋の文帝によって長安に迎えられ、真寂寺に三階院を置いて布教につとめた。またここに無尽蔵院をおき、信徒の布施により豊かな財産を蓄えた。隋から唐の初めにかけて華北を中心に民間で広く信奉されるが、たびたびの弾圧をうけて八世紀半ばには衰亡した。（高井たかね）

さんかいだん【三戒壇】 東大寺*・下野*国薬師寺・筑前国観世音寺の戒壇の総称。七五五（天平勝宝7）年、伝戒師である唐僧鑑真によって東大寺戒壇院が建立された。下野国薬師寺と筑前国観世音寺は七六一（天平宝字5）年に創建され、これ以降、信濃国以東の東国一〇ヵ国の沙弥は下野国薬師寺の戒壇で、西海道諸国の沙弥は筑前国観世音寺の戒壇での受戒が定められた。（志麻克史）

さんがく【散楽】 中国から伝わった渡来楽舞の一つ。中央アジアから中国へ入り、さらに日本に伝来する。曲芸・物真似などを含み、百戯・雑戯ともいう。散楽は散楽戸などによって教習されたが、七八二（延暦元）年に廃止され、民間に流布するようになる。相撲の節会などに近衛府の下級楽人によって行われた例もあるが、正倉院御物の弾弓や「信西古楽図」には散楽が描かれている。散楽のなかには舞楽化して「猿楽*」と称されるもの、「さるごう」として滑稽な物真似になるものなどがあり、平安時代中期の頃には、それらのすべてを猿楽とよぶ。猿楽はやがて能楽へと発展し、その雑芸的要素は田楽にうけつがれてゆく。（上田正昭）

さんかくえんしんじゅうきょう【三角縁神獣鏡】 肉彫りの神像・獣形を主要な鏡背文とする神獣鏡のなかでも、文字どおり周縁の断面が三角形状に尖っている鏡。鏡径が二〇cmをこえる大型品が多く、後漢代の画像鏡*や画文帯神獣鏡*の諸要素を取入れて創出された規格性の高い一群の鏡である。外区が鋸歯文帯、複線波文帯、鋸歯文帯からなる画一的な文様構成であるいっぽうで、内区は四個あるいは六個の乳で分割し、神像と獣形の向きや配置等をかえることにより、また、銘文や文様帯を変化させることによって、多様な文様構成を生み出している。内区の神像・獣形の数によって四神四獣鏡、二神二獣鏡、三神三獣鏡等とよび分けている。同じ鋳型で製作された同笵（型）鏡がとくに多く、なかには九面にもおよぶものがある。以上のような特色は三角縁神獣鏡が意図的に量産されたことを示唆している。なお、作りの精巧なグループと稚拙なグループがあり、前者が舶載鏡、後者が日本で製作された仿製鏡といわれ、合わせて五〇〇面近くが知られている。主に古墳時代前期の古墳から出土し、その分布は近畿地方を中心に九州から東北地方の広い範囲におよんでいる。とりわけ同笵（型）鏡については分布状況をもとに大和を中心とする権力と地方権力との交渉過程を復元する説があり、同笵鏡論とよばれている。舶載鏡のなかには「景初三年（二三九年）」や「正始元年（二四〇年）」という魏の年号をもつ鏡があり、魏、晋と邪馬台国との数次におよぶ交渉によって入手されたとする魏晋鏡説があるいっぽうで、中国本土や朝鮮半島からはまだ一面も出土していないことを根拠に呉の工人が日本に渡来して製作したものという説がある。近年の主な三角縁神獣鏡の研究には神獣の表現や配置等を根拠に工人グループを三派に大別した研究、長方形の鈕孔や外周突線等に着目して製作地を中国東北部に推定した研究、鏡体の厚さや傘松形文様の変化等を根拠に数段階の型式変遷を推定した研究などがある。総じて、後漢代の神獣鏡等の模倣に始まり、しだいに図像の配置等がくずれて三神三獣鏡に収斂していく変化が想定されている。

【参考文献】日中合同古代史シンポジウム『三角縁神獣鏡の謎』（角川書店昭60）。王仲殊『三角縁神獣鏡』（学生社平4）。近藤喬一『三角縁神獣鏡』（東京大学出版会昭63）。（藤丸詔八郎）

三角縁獣文帯四神四獣鏡（京都府椿井大塚山古墳出土）
径 22.4 cm
京都大学総合博物館蔵

さんがくしんこう【山岳信仰】 ⇨修験道

さんがくぶっきょう【山岳仏教】 山岳を場として展開される仏教形態ないし仏教活動をいう。人里離れた山間地で修行することは中国でもあり、仏教全般が基本的には東アジアでは都市を主たる布教対象としたのと異なり、俗塵から離脱した山間での厳しい難行・苦行を中心課題とする信仰の展開があった。葛城・吉野・比良・比叡などがそれで、とりわけ奈良時代のいわゆる南都仏教が俗事との結合を深めていくのに対してそれと対蹠的に清浄な山林での修行が尊ばれ、日本古来の信仰の山岳修行と外来の仏教とが習合するところとなった。両者は深く関係しており、たとえば僧護命が月の前半は深山で修行したが後半は都市の寺院で研鑽したというように。古代日本の僧侶には山林での修行は不可欠で、その結果は道鏡が葛城山での修行によって呪力を身につけ、孝謙上皇の病気を治癒させたというごとく、ただ山間で修行したというに止まらず、現世での験力をもつものとして期待された。また実際に本寺から離脱して聖として純粋に仏道修行を求める僧侶もあった。（井上満郎）

さんかしゅう【山家集】 ⇨西行

さんがつどう【三月堂】 東大寺上院地区の中心となる堂舎の一つで、法華堂・羂索堂とも。不空羂索観音像（国宝）を本尊とし、毎年三月に法華会が行われたことからこれらの名称がつけられた。「東大寺山堺四至図」（正倉院宝物）には南面する堂が描かれ「羂索堂」と注記される。

東大寺山堺四至図（部分）
正倉院蔵

当初は寄棟造り本瓦葺きの正堂と檜皮葺きの礼堂が軒を接して並ぶ双堂形式であったが、鎌倉時代初期に改築をうけ、礼堂部分が本瓦葺きとされて一堂となった。正堂はほぼ奈良時代のままである。建立時期は、『東大寺要録』は七三三（天平5）年に良弁が金鐘寺として建立したものとするが、「正倉院文書」などから七四八（天平20）年頃の創建と考えられる。須弥壇上には不空羂索観音立像、四天王像、金剛力士像、日光・月光菩薩像（いずれも国宝）、梵天・帝釈天立像（重要文化財）が林立し、本尊背後の厨子内には秘仏執金剛神立像（国宝）が安置される。国宝。

〔参考文献〕岩波書店『奈良六大寺大観（九）（一〇）』（昭43・45）。近畿日本鉄道『東大寺法華堂の研究』（昭23）。奈良県文化財保存事務所『国宝東大寺法華堂修理工事報告書』（昭47）。（鶴見泰寿）

さんかん［三韓］ 朝鮮半島南部にいた韓族を三つに区分し、馬韓・辰韓・弁韓（弁辰）とよぶが、その総称。『魏志』韓伝に伝える。倭とともに帯方郡が管轄。後代には高句麗・百済・新羅をさすこともある。韓についての記録は『魏略』が古く、王莽の時代の韓人に関する記事もある。三世紀の韓は、馬韓五〇余国、辰韓・弁韓ともに一二国、あわせて八〇弱の小国が分立。その国名はすべて記録されている。馬韓は大国が万余家、小国が数千家、あわせて一〇万余戸。辰韓・弁韓は、大国が四～五千家、小国が六～七百家、あわせて四～五万戸という。諸国には首長がいて、臣智とか邑借などとよばれていた。全体を統率する首長はいなかったが、有力な国として月支（目支）・安邪・狗邪・臣濆沽・新雲新などがあり、その臣智たちが中心になって辰王を擁立。おもに外交をつかさどる役割を期待してのもので、かつて存在した辰国の王の末裔か、それを標榜する人物。百済の前身の伯済、新羅の前身の斯盧もすでに存在したが、それらが成長するのは四世紀。（田中俊明）

さんぎ［参議］ 太政官において議政に参与する令外官。七〇二（大宝2）年に五人の官人を朝政に参議させたのがはじまりで、七三一（天平3）年、諸司の推挙で六人を任じた際に、職封八〇戸を支給され、制度的に確立した。さらに七四三（同15）年からは参議の名称で除目により任命されるようになる。八〇七（大同2）年、いったん廃止され観察使になるが、八一〇（弘仁元）年には復旧。その際、観察使の定員八名を継承したので、のちに八座とも称された。相当位はないが、当初は四位クラスの者が任じられ、平安時代には三位以上か要職を歴任した四位の者が任じられた。三位以上で参議でない者を非参議と称した。（荊木美行）

さんぎょうぎしょ［三経義疏］ 聖徳太子の作といわれる『法華経義疏』四巻、『維摩経義疏』二巻、『勝鬘経義疏』一巻。太子真撰説についてはこれを疑問視する説が多い。たとえば敦煌本のなかの『勝鬘経本義』は六世紀後半の写本だが、その文章は太子の作とする『勝鬘経義疏』と類似しており、そのおよそ七割が同文であることが指摘されている。（上田正昭）

さんげがくしょうしき［山家学生式］ 最澄が天台宗年分度者について定め、嵯峨天皇に奉った三つの式の総称。八一八（弘仁9）年五月一三日に定めたのが「天台法華宗年分学生式」（六条式）、同年八月二七日に定めたのが「勧奨天台宗年分学生式」（八条式）、八一九（弘仁10）年三月一五日に定めたのが「天台法華宗年分度者回小向大式」（四条式）である。六条式は「比叡山天台法華院得業学生式」とともに、「請先帝御願天台年分度者随法華経為菩薩出家表」に添えて、大乗戒の小乗戒に対する優位性を強調する四条式は「請立大乗戒表」に添えて提出された。八条式は六条式の細則的な式であった。最澄は八〇六（延暦25）年に桓武天皇の勅許で天台業の年分度者二人を認められていたが、その修業年限や課程について定めつつ、大乗戒壇の必要性を主張し、朝廷に公認を求めるという目的があった。しかし、僧綱から反対され、最澄は『顕戒論』を著すことになる。『伝教大師全集』『日本思想大系最澄』所収。（古藤真平）

さんげん［三関］ 日本の律令制度における最重要な三つの関の総称。伊勢国鈴鹿関、美濃国不破関、越前国愛発関の三つがそれであり、それぞれ東海道、東山道、北陸道が近江国から隣国に出る国境に配置された。九世紀初めには愛発関が除かれて近江国逢坂関にかえられた。配置の年代は明かではないが、壬申の乱を契機としてその重要性が確認され、特別視されるようになった。「考課令」や「軍防令」の本文や注釈書からすると、「大宝令」には三国関とあったらしい。令の規定や国史の記事をみると、伊勢、美濃、越前の三関国が重視されていた様子を知ることができる。軍防令によれば、三関には鼓吹軍器が設置され、国司によって守固される規定であった。三関設置の第一の目的は、非常に備えることであった。しかし、それは東国から中央への進入に備えたというよりは、都での天皇の崩御や反乱などの事変が東国に波及するのを防止することにあった。平時は国司によって守固されるが、天皇崩御や反乱などの非常時には、朝廷から固関使が派遣されその守備を厳重にした。七六四（天平宝字8）年九月の恵美押勝の乱に際しては、近江より愛発関を越えて越前へ脱出しようと謀ったが官軍に阻止され、押勝らは進退に窮して敗死している。この事実は、三関設置のおもな目的が謀反人らの東国入りを阻止するということにあったことを考えると、その役割を十分にはたしている。朝廷は、謀反人らが東国で勢力を増強させて再度都に攻め入ることを、最も警戒していたからである。桓武天皇朝になると三関のもつ軍事的重要性は希薄になり、七八九（延暦8）年には、勅により廃止されている。廃止の理由は、国内政治が安定して関の内外を区別して非常に備える必要がなくなったこと、公私の往来に不便で交通の阻害要因となっているのを取り除くことなどであった。

〔参考文献〕岸俊男『日本古代政治史研究』（塙書房昭41）。横田健一『白鳳天平の世界』（創元社昭48）。（川北靖之）

さんごう［三綱］ 各寺院におかれ、僧侶の監督指導や寺院の管理運営を担った役僧。上座・寺主・都維那（維那）の三者をさす。「大宝令」制定の頃に、唐の制度を倣って設けられた。具体的な職掌として、①仏事の勤修（寺内の学僧の世話）、②寺院の資材や施設の管理（寺院縁起や資材帳の作成）、③僧尼の指導・監督（乞

食や山林修行など、僧尼の活動の管理）があり、律令政府は三綱を通じて各寺院および僧尼の統制を図った。（志麻克史）

さんごうしいき［三教指帰］ 空海が二四歳の七九七（延暦16）年に著した出家宣言の書。三巻。巻上・亀毛先生論では、亀毛が、兎角公から依頼され、兎角の外甥で無頼の蛭牙公子に儒教の立場から教戒し、改心させる。巻中・虚亡隠士論では、虚亡が道教の教えを説き、亀毛以下が心服する。巻下・仮名乞児論では、仮名が仏教の教えを説き、虚亡以下が心服し、仮名の一〇韻の詩によって締めくくられる。その文章は中国六朝時代の四六駢儷体で『文選』の影響が大きい。内容は空海の三教についての学殖の深さを物語り、『十住心論』の思想の前提とされる。出家の理由について語る序は、一五歳で母方の叔父阿刀大足の下で学問を始め、一八歳で大学に入学し、その後阿波国大瀧嶽・土佐国室戸崎で修行したことを空海が自ら記した伝記記述としても貴重。同じ年紀を有する別本『聾瞽指帰』（金剛峯寺蔵。国宝）があり、空海自筆本とされている。『弘法大師全集』『日本古典文学大系』などに所収。（古藤真平）

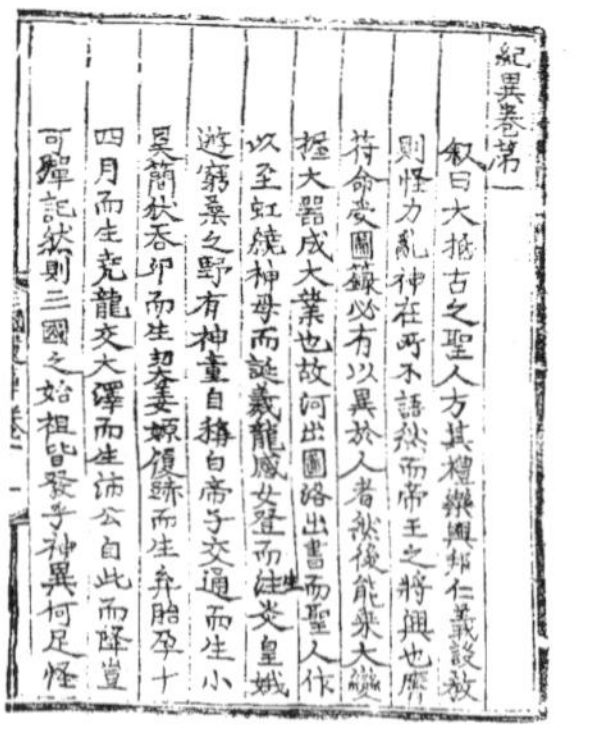
紀異巻第一
叙曰大抵古之聖人方其禮樂興邦仁義設教
則怪力亂神在所不語然而帝王之將興也膺
符命受圖籙必有以異於人者然後能乘大變
握大器成大業也故河出圖洛出書而聖人作
以至虹繞神母而誕羲龍感女登而注炎皇娥
遊窮桑之野有神童自稱白帝子交通而生小
昊簡狄呑卵而生契姜嫄履跡而生弃胎孕十
四月而生堯龍交大澤而生沛公自此而降豈
可殫記然則三國之始祖皆發乎神異何足怪

「三国遺事」

さんごくいじ［三国遺事］ 高麗の高僧一然が編纂した三国の説話集・歴史書。朝鮮古代の歴史・文化を知るうえで不可欠。全五巻と王暦とからなり、最初の二巻（紀異篇）は古朝鮮から駕洛国記まで歴史の変遷に即した叙述。残る三巻は興法・塔像・義解・神呪・感通・避隠・孝善の諸篇目に分けて仏教説話を中心に叙述。一二八〇年代にほぼ成立。ただし一然の死後も、弟子が引き継いで補完。不正確な引用もあるが、現存しないものもあって貴重。一六世紀初の刊本が通行している。（田中俊明）

さんごくがく［三国楽］ 高麗（高句麗のこと）楽・百済楽・新羅楽をあわせていう。三国楽とよぶのは日本での表現。大宝令により雅楽寮が制定され、唐楽に対してのいっぽうの柱として三国楽が伝習され、儀式の場で演奏された。『日本書紀』では天武紀一二年に朝廷で「三国楽」を演奏したことがみえる。允恭紀には新羅が楽人を派遣したと記すが、それは別としても、欽明紀には百済から楽人が来ている。雅楽寮の楽人として当初、唐楽師一二人に対して、三国それぞれ四人ずつで計一二人、楽生も六〇人で同数。その後減少するも、ほぼ匹敵した。（田中俊明）

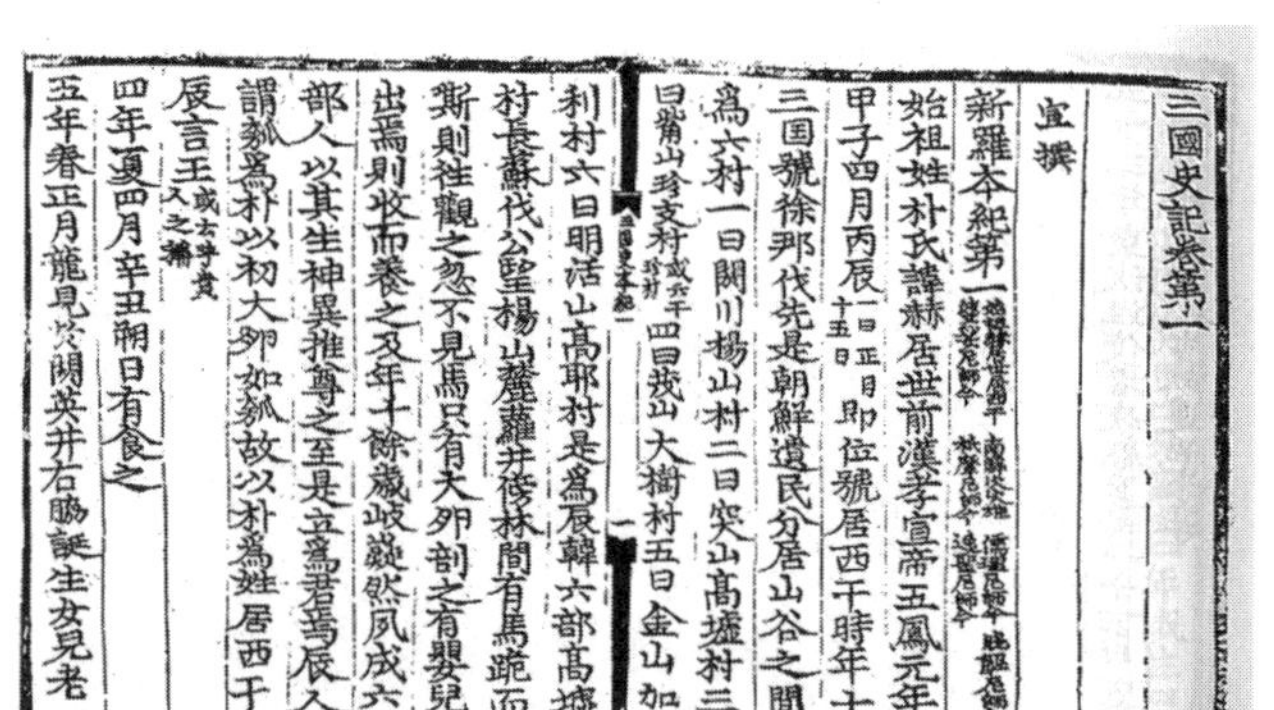
三國史記巻第一
宣撰
新羅本紀第一
始祖姓朴氏諱赫居世前漢孝宣帝五鳳元年
甲子四月丙辰一曰正月十五日即位號居西干時年十
三國號徐那伐先是朝鮮遺民分居山谷之間
爲六村一曰閼川楊山村二曰突山高墟村三
曰觜山珍支村或云干珍村四曰茂山大樹村五曰金山加
利村六曰明活山高耶村是爲辰韓六部高墟
村長蘇伐公望楊山麓蘿井傍林間有馬跪而
嘶則往觀之忽不見馬只有大卵剖之有嬰兒
出焉則收而養之及年十餘歲岐嶷然夙成六
部人以其生神異推尊之至是立爲君焉辰人
謂瓠爲朴以初大卵如瓠故以朴爲姓居西干
辰言王或云呼貴人之稱
四年夏四月辛丑朔日有食之
五年春正月龍見於閼英井右脇誕生女兒老

「三国史記」

さんごくし［三国志］ 中国、三国時代についての歴史書。西晋の陳寿撰。『魏志』三〇巻、『蜀志』一五巻、『呉志』二〇巻の全六五巻からなり、表と志は欠けている。陳寿は、魏が漢から禅譲により政権をうけ継いだことを認め、またみずから仕えた晋のよって出たのが魏であることから、魏を正統な王朝とした。そのため魏帝に関しては帝紀を立てているが、蜀・呉帝は伝を立てるのみであり、魏晋革命についても、晋に不都合な部分は記述を避けたり擁護する点がみられる。いっぽう、彼は蜀に仕えたこともあるため、蜀に対しては詳細で好意的に記している。このような偏向はあるものの、史料の取捨選択は慎重になされ、全体としてよくまとまっているので、正史中の良史とされている。『魏書』の東夷伝には日本に関する記述があり（『魏志』倭人伝）、文献として最古のもので日本古代史研究上で極めて価値の高い史料である。この書に対しては、南朝宋の文帝が元嘉中（四二四〜四五三）に裴松之に命じて注をつくらせている。（高井たかね）

さんごくしき［三国史記］ 高麗の高官金富軾が中心となって編纂した三国の歴史書。仁宗の命をうけ一〇名の史官で推進し、一一四五年に進上。新羅本紀一二巻、高句麗本紀一〇巻、百済本紀六巻、年表三巻、雑志九巻（祭祀・楽・色服・車騎・器用・屋舎・地理・職官）、列伝一〇巻の全五〇巻。紀伝体であるが、三国をともに本紀とするのが特徴。すでに勅撰の旧三国史があったが新羅至上主義をめざして重撰。一四世紀末の版本も一部残るが一六世紀初の版本が通行。（田中俊明）

さんごくじだい［三国時代］ 朝鮮の三国は、高句麗・百済・新羅をさす。『三国史記』では新羅の建国を紀元前五七年、高句麗を前三七年、百済を前一八年とするが、そのまま紀元前一世紀に三国対立の時代になったとみることはできない。高句麗は前一世紀初に興り、早くに成長したが、韓族の百済・新羅はずっと遅れ、百済は三世紀末から四世紀なかばに、新羅は四世紀後半に、成長してくる。百済は馬韓の伯済国、新羅は辰韓の斯盧国が前身であるが、伯済国が馬韓を、斯盧国が辰韓を統合して、百済・新羅になったというわけではない。従って三国時代は四世紀後半に始まるといってもよい。ただし五六二年までは百済と新羅の間の南側に加耶諸国が分立しており、名実ともに三国対立の時代になるのはそれ以後。先進の高句麗に対して、百済は対抗していく道をえらび、倭に接近する。いっぽう新羅は当初、従属する道を選んだが、五世紀にはその従属下から離れ自立していく。百済は三七一年に高句麗との戦闘で高句麗王を戦死させるなど優勢な時期もあったが、広開土王の大侵攻をうけ、さらに四七五年には王都漢城が攻め落とされ王も殺され、いったん滅ぶことになる。六世紀なかばには新羅が大きく領土を拡大し、また百済の聖王を戦死させるなど圧倒するようになり、驚異をおぼえた高句麗は、倭に使者を送り接近してくる。新羅もそれに対抗して倭に遣使し接近した。その頃以後は、みつどもえの戦いがつづくが、唐が成立し、突厥・高昌など北方の問題を解決すると、東方に関心を変えた。そのため東方の諸国が危機感をもつようになり、高句麗では六四二年に淵(泉)蓋蘇文のクーデタがおこり、また長く続いた仇敵関係を解消して百済と連携するようになる。孤立した新羅は唐に頼るしかなく、従属して救援を求め、連合して百済・高句麗を滅ぼし、さらに唐を駆逐して三国を統一した(領土的には、百済旧領はすべて領有したが、高句麗領はごく一部のみ)。 (田中俊明)

さんさくしょ【山作所】 建築用材の伐採・作材を行った組織。「正倉院文書」により、造東大寺司の下の、伊賀・甲賀・田上・高島山作所などの存在がしられる。木工・鉄工・仕丁や運夫たちを管理し、木材の伐採・加工・運搬などを行った。 (竹森友子)

さんじゅうさんしょかんのん【三十三所観音】 ⇨観音信仰

さんじゅうろくにんしゅう【三十六人集】 平安時代後期の私家集集成。成立については諸説あるが、一一世紀中頃には原型が成立していたものと思われる。藤原公任の『三十六人撰』におさめられた柿本人麻呂、紀貫之ら三十六歌仙の家集をまとめたもの。早くから数多く書写され、伝本も多いが、なかでも西本願寺本は、美術史的にも書道史的にも価値が高い。『私家集大成2』(明治書院昭57)などに翻刻されている。 (小西茂章)

さんじゅうろっかせん【三十六歌仙】 藤原公任撰の『三十六人撰』に基づく、柿本人麻呂・紀貫之・凡河内躬恒・伊勢・大伴家持・山部赤人・在原業平・僧正遍昭ら、平安中期までの三六人の代表的歌人。平安後期以降、これにならって中古三十六歌仙・女房三十六歌仙などと称するものが多数定められたほか、その姿を描き詠歌を書き添えた三十六歌仙絵が流行するなどした。略伝は『三十六人歌仙伝』(群書類従)に記される。 (山田雄司)

さんしゅのしんき【三種神器】 大王位・皇位のシンボルとしての剣・鏡・玉。神璽とも記す。『日本書紀』では「神璽の剣・鏡(鏡・剣)」、『古語拾遺』では「三種の神宝」などと書く。「大宝令」「養老令」でも剣・鏡の二種とする。『日本書紀』(巻第二)の「一書」では「八坂瓊の曲玉及び八咫鏡・草薙剣」を「三種の宝物」と記す。「三種」のたしかな伝承は、『百錬抄』の一二四二(仁治3)年の正月の記事からである。『播磨国風土記』賀古郡日岡比礼墓をめぐる伝承では大帯日子命(景行天皇)が剣・勾玉・鏡をおびて登場する。 (上田正昭)

さんじょ【散所】 本来所属している本司や機関から人や物を出向ないし貸し出した先の所。天平年間の「正倉院文書」に法隆寺所蔵経典の貸出し先を散所とするものが初見。「延喜式」には行幸の際には散所から衛士を召集して供奉させる規定がみえる。内舎人・近衛・雑色なども本司に籍をおきながら権門諸家に赴いて散所随身となり、やがて本司の行事を解怠するものも現れた。被差別民としての散所非人の古い例は、『中右記』にキヨメ役を担った山科散所がみえる。

【参考文献】丹生谷哲一『検非違使』(平凡社昭61)。同『日本中世の身分と社会』(塙書房平5)。 (森明彦)

さんじょうてんのう【三条天皇】 976〜1017 在位1011〜16 父は冷泉天皇、母は藤原兼家の娘超子。平安時代中期の天皇。在位期間はまさに藤原道長の政権の絶頂期で、外孫後一条天皇の即位を望む道長の圧力や自身の眼病により六年で退位した。陵は京都北区の北山陵。 (西山恵子)

さんしょうりくぶ【三省六部】 中国、唐代の官制。三省は中央政府最高機関で中書省が詔勅を起草、門下省が詔勅を審議し、尚書省が六部を通じ政策を天下に施行する。六部は官吏を選任する吏部、財政の戸部、祭祀教育の礼部、軍事の兵部、司法の刑部、土木の工部の総称。中国では古来、三公が宰相であったが、後漢に尚書が、南北朝には門下・中書が権限を強め、唐代には制度が完備した。唐初は門閥貴族の勢力が強く、天子の命令を下達する中書と貴族の意見を代表する門下の合議制として三省制がとられた。三省の長官は中書令二人、門下侍中二人、尚書令はおかず左右の僕射が代行し、この六人が宰相の任にあたった。しかししだいに貴族の勢力が衰え玄宗頃より中書と門下はほぼ一つのものとなり、長官には同中書門下平章事(同平章事)が任命され宰相となった。その後、五代をへて宋代には君主権の強化が進み、三省制は崩壊して南宋時代には消滅した。いっぽう、六部はいったん滅びるも復活し、清代まで存続した。 (高井たかね)

さんしんざん【三神山】 中国、東海中(渤海湾)にあって仙人が住むと信じられた蓬萊・方丈・瀛州の三神山(島)。秦の始皇帝や漢の武帝が不老不死薬を求めて失敗におわった幻の島として有名。渤海湾は蜃気楼の発生しやすい海面で、これが三神山のイメージを生み出したと思われる。始皇帝の派遣した徐福が日本に渡来したという伝承を生み、そこから東海の果ての日本が三神山とみなされ、さらに日本では富士山や熊野や熱田がそれにあたるとされるようになった。 (愛宕元)

さんすいが【山水画】 東洋画の一部門で、山川を主に自然の風景を描いたもの。起源は漢代の神仙山水に求められる。日本では、平安時代の大和絵のなかに山水表現がみられ、寝殿造建築の成立は大和絵山水画を流行させ、絵巻でも山水画が多用された。 (山田雄司)

さんぜいっしんのほう【三世一身法】 七二三(養老7)年四月一七日に出された

法令。田地や灌漑用の池溝の開発を奨励するための施策。新たに灌漑施設を造成して開墾した場合は曾孫の代まで（本人・子・孫の三代とする見方もある）、既存の灌漑施設を利用して開墾した場合は本人一代の間、それぞれ開墾した土地の占有と用益の権利を認めるというもの。古くは律令国家の公地公民制の変質、ひいては律令国家崩壊の端緒とみる理解が一般的であったが、人口増加に見合うだけの口分田と灌漑施設が不足する実情を打開するための政策であって、私功の導入による律令国家の積極的な勧農政策として理解すべきであり、七四三（天平15）年の墾田永年私財法とともに、律令国家の土地支配拡充の契機となった政策として評価すべきであろう。（渡辺晃宏）

さんせき［三蹟］ 平安中期の和様の代表的能書家、小野道風・藤原佐理・藤原行成の三人、またはその書のこと。王羲之の書法や三筆などの流れをうけて、和様書道の確立をみた。道風から発した真行草の三体が、佐理の草書では自由奔放な動きをみせ、行成に至り、繊細優美でスマートな行書の書風へと変貌した。なお、三蹟の語が用いられるのは江戸時代以降と考えられる。（山田雄司）

さんぜんいん［三千院］ 京都市左京区大原にある天台宗の門跡寺院。本尊は薬師瑠璃光如来。本堂は往生極楽院。最澄が比叡山開創に際し、東塔南谷に住坊をおいたのに始まるという。円仁が中国から伝えた声明の地。梶井宮法親王に属した魚山の本坊である。（野口孝子）

さんだいきゃく［三代格］ ⇩類聚三代格

さんだいきゃくしき［三代格式］ 九世紀から一〇世紀初頭にかけて編纂された格式の総称。具体的には、弘仁格・弘仁式、貞観格・貞観式、延喜格・延喜式をさす。格はいずれも現存しないが、三代の格をその内容によって類別・再編成した「類聚三代格」があり、これによってかなりの内容が知られる。また、式については、「延喜式」五〇巻がほぼ全文伝存。弘仁式・貞観式の条文は「延喜式」に吸収・合体されたために、両式は早くに亡佚したが、弘仁式については巻一九式部下・巻二五主税上の断簡と逸文が現存しており、貞観式についても逸文が伝わっている。（荊木美行）

さんだいじつろく［三代実録］ ⇩日本三代実録

さんてんだいごだいさんき［参天台五台山記］ 平安時代後期の紀行文。成尋著。八巻。一〇七三（延久5）年成立。京都岩倉の大雲寺の寺主であった作者が入宋し、天台山・五台山を巡拝したことやその間の見聞を記す。当時の中国の都市の様子や交通・経済事情なども克明に記録しており、歴史資料的な価値も高い。『参天台五台山記校本並に研究』（風間書房昭53）『改定史籍集覧』（臨川書店昭59）などに翻刻されている。（小西茂章）

さんどう［算道］ 大学寮の数学専攻学科。令制の数学専攻課程を母体とし、九世紀中葉にその名称が成立したらしい。算博士二人・算得業生二人・算生二〇人で構成され、九章・周髀・綴術・六章など中国の数学書・天文学書を専攻した。（古藤真平）

さんとのだいいせき［三殿台遺跡］ 横浜市磯子区岡村町にある縄文・弥生・古墳時代の集落遺跡。一九五九（昭34）～六一（同36）年発掘。遺跡は、大岡川と禅馬川に挟まれた標高約五〇mの多摩丘陵上にある。約一haの丘陵頂上の平坦部を全面的に調査した結果、縄文・弥生・古墳の三時代にわたる約二五〇基の竪穴住居址が密集・重複状態で発見された。丘陵の斜面には縄文・弥生貝塚が残されていた。検出された住居址の六割以上は弥生時代のもので、この点から南関東地方を代表する弥生集落跡として知られる。弥生集落は中期後葉（宮ノ台期）から後期末・古墳時代初頭にわたり、各時期毎の集落構成とその変遷がとらえられて、長期に継続して営まれた拠点型集落と認定されたことの意義は大きい。遺跡の発掘は、考古学者と市民・学生が一体となった共同・協力組織によって遂行され、調査完了後には遺跡の保存・復元と出土品の収蔵施設が建設され、国指定史跡に指定された。現在は野外博物館として活用されている。市民のエネルギーをもとに遺跡の保存と活用を実現したケースとしても注目される。

［参考文献］和島誠一編『三殿台』（横浜市教育委員会昭43）。（田中義昭）

さんないまるやまいせき［三内丸山遺跡］ 縄文時代前期から中期にかけて（約五五〇〇～四〇〇〇年前）の円筒土器文化圏を代表する拠点的大規模集落跡で、青森市に所在する国指定特別史跡。発掘調査により、竪穴住居・大型竪穴住居・成人用土坑墓・小児用甕棺墓（埋設土器）・環状配石墓・掘立柱建物・大型掘立柱建

（右）三内丸山遺跡大型掘立柱建物（復元）
（左）出土した土偶・岩偶・三角形土製品
写真提供：青森県教育庁

物・盛り土・捨て場・粘土採掘穴・貯蔵穴・道路などの多様な遺構がみつかり、集落全体像の解明が進められている。なかでも東西に四〇〇m以上延びる道路の両側に沿って配置された成人用土坑墓や南北に二〇〇m近く延びる道路と環状配石墓は当時の墓制や社会を知るうえで貴重である。遺物の出土量は膨大で、土器・石器のほかに日本最多の出土点数の土偶・装身具、低湿地から骨角器・木製品・漆器や動・植物遺体が大量に出土し、当時の自然環境や生業を知ることができる。さらにヒスイ・琥珀・黒曜石・アスファルトなど他地域との交流・交易を示す遺物も出土している。高精度年代測定による暦年代の推定、遺伝子分析によるクリの栽培化など自然科学的分析が積極的に行われ、重要な知見がえられている。（岡田康博）

さんにりょう・さんいりょう［散位寮］ 大宝・養老令制の式部省被管諸司の一つ。内外文武の散位に関するあらゆることをつかさどるほか、諸国朝集使の上日にもかかわった。散位は本寮に出仕し、他の官司の臨時業務やさまざまな使者の仕事について労を続いだ。八九六（寛平8）年、式部省に併合。（荊木美行）

さんのういちじつしんとう［山王一実神道］ ⇨山王信仰

さんのうしんこう［山王信仰］ 比叡山東麓にある近江の日吉大社に対する信仰。『古事記』には日枝の山に大山咋神が鎮座すると書かれているが、これはのちの二宮（東本宮）にあたり、比叡山の地主神であった。延暦寺創建後、天智朝に三輪大神を勧請したと伝える大比叡神（大宮、西本宮）が主神となり、大山咋神は小比叡神とよばれるようになる。九世紀後半には大比叡・小比叡・聖真子（宇佐宮）の三社があり「山王三聖」と称された。山王の名は唐の天台山の守護神である元弼真君を山王と称したことによる。八八七（仁和3）年は円珍の申請により大比叡神・小比叡神に年分度者が与えられた（『三代実録』）。同年、相応が大宮の宝前に卒塔婆を立て、また二宮社殿を造立したという（『天台南山無動寺建立和尚伝』）。十二世紀初めまでには上七社といわれる大宮・二宮・聖真子・八王子・客人（白山宮）・十禅師（樹下宮）・三宮が揃い、中世には中七社・下七社をあわせて山王二十一社と称した。七の数は北斗七星の信仰による。早くから延暦寺と結びついて神仏習合が進み、院政期には大宮の本地釈迦、二宮の本地薬師など各社の本地仏の設定が行われた。一〇七一（延久3）年の後三条天皇の行幸を最初として天皇や上皇の参拝もしばしば行われたが、延暦寺の衆徒が山王の神輿を奉じて強訴におよぶことも多く、一〇九五（嘉保2）年の強訴に対して武士に矢を射させ、僧や神人を死傷させた関白師通が壮齢で死去したのは山王の罰によるとされた（『平家物語』等）。鎌倉期には日吉の神使としての猿が文献にみえる。鎌倉末〜南北朝期には山王の文字の縦と横の字画を天台宗の三諦即一の教義と結びつけ、山王を至高の神とする山王神道が出現した。近世初期の延暦寺僧天海はこれを発展させて山王一実神道と称し、この神道に基づいて徳川家康を東照大権現として祭った。

【参考文献】菅原信海『山王神道の研究』（春秋社平4）。嵯峨井健『日吉大社と山王権現』（人文書院平4）。（勝田至）

さんのうはいじあと［山王廃寺跡］ 群馬県前橋市総社町に所在する寺院跡。一九二一（大正10）年発見の塔心礎により存在が知られ、地名によりこの名称でよばれる。石製鴟尾・石製根巻石、緑釉陶器、瓦片多数が出土。塔の西に金堂が位置する法起寺式の伽藍配置と判明している。「放光寺」の文字瓦が出土して寺名と考えられ、山上碑・上野国交替実録帳に記す「放光寺」とされる。創建は七世紀後半で、宝塔山古墳・蛇穴山古墳の時期と併行する。近年の調査で廃棄土坑から七世紀後半〜八世紀前半の菩薩像などの塑像破片が出土した。

【参考文献】『山王廃寺跡第七次発掘調査報告書』（前橋市教育委員会昭57）。『群馬県史 資料編2』（群馬県昭63）。（関晴彦）

山王廃寺復原図
図版提供：前橋市教育委員会文化財保存課

さんぴつ［三筆］ 平安初期の空海・嵯峨天皇・橘逸勢の三人、またはその書のこと。平安初期には漢詩が愛好されるとともに書も盛んとなり、奈良時代に受容した晋唐の書風を根底に、その模倣に終わることなく独自の主張を加えた潤いのある書法を展開させた。なお、三筆の語が用いられるのは江戸時代以降と考えられ、これにならい寛永の三筆、黄檗の三筆、幕末の三筆などの称も生まれた。（山田雄司）

さんぼうえことば［三宝絵詞］ 「三宝絵」とも。平安時代中期の仏教説話集。源為憲著。三巻。九八四（永観2）年成立。一八歳で出家した冷泉天皇皇女尊子内親王のために編まれた、仏・法・僧の三宝を具体的にやさしく解説した仏教入門書。本来は絵をともなったらしいが、散逸している。注釈書として『新日本古典文学大系31』（岩波書店平9）などがある。（小西茂章）

さんまいづかこふん［三昧塚古墳］ 茨城県行方市玉造町に所在する五世紀末の前方後円墳。全長八五m。墳丘片側を土取りによって失った後、一九五九（昭和34）年、後藤守一・斎藤忠らが発掘調査を実施。主体部は長持形石棺の影響をうけた縄掛け突起をもつ雲母片岩製の組合せ式箱形石棺が直葬されていた。副葬品に仿製四神四獣鏡・乳文鏡各一面と金銅製馬形透かし彫飾りつき広帯式冠のほか、竹櫛一、金銅製垂飾つき耳飾一対、碧玉管玉一二、ガラス丸玉四六八、ガラス小玉

一七九二、鹿角装大刀・鉄剣各一、挂甲一、鉄鎌五〇、刀子三などがある。隣りの木棺からも挂甲一のほか衝角付き冑、横矧板鋲留式短甲、鉄鏃一六〇、鉄地金銅張f字形鏡板付き轡、戟、砥石などが出土。墳丘を三重に円筒埴輪列が廻り、人物埴輪や馬形埴輪もみられる。霞ヶ浦の水上交通を掌握した被葬者が想定される。

〔参考文献〕斎藤忠ほか『三昧塚古墳』(茨城県教育委員会昭35)。 (橋本博文)

さんまいどう［三昧堂］⇩法華三昧堂

さんもんは［山門派］⇩延暦寺

さんようどう［山陽道］ 古代の地方行政区画の五畿七道のうちの一つで、この地域を通る古代の官道をもさす。行政地域としての山陽道には、播磨・美作・備前・備中・備後・安芸・周防・長門の八国が属する。このうち備前・備中・備後・美作国の範囲は古くは吉備国とよばれて吉備国造に支配されていた。また美作国は七一三(和銅6)年に備前国から分かれて設置された。この山陽道は北部は中国山地が東西に連なり、南部は瀬戸内海に面して平野が存在する。温暖な気候に恵まれた肥沃な地域としてその開発の歴史は古く、西海道と畿内を結ぶ重要地域として産業・経済・文化の発達が顕著であった。また官道としての山陽道は、大宰府に通じる道路として七道のうち唯一の大路とされ、「延喜式」では播磨国明石駅から長門国小川駅にいたる五六駅を数え、駅馬はあわせて九五四疋、駅使の往来も最も多かった。

〔参考文献〕藤岡謙二郎編『古代日本の交通路』(大明堂昭53・54)。 (高橋誠一)

さんりょうし［山陵使］ 即位・立太子・不予・兵乱・外患・変異などの重大事件を陵墓に報告・陳謝して、守護を祈るために朝廷から発遣される使者。対象陵墓は、天智・桓武陵および当代近陵、加えて特定の時代や事物を象徴する山陵(外交の神功陵、東大寺大仏の聖武陵など)のなかから、事件に応じて選択される。 (北康宏)

し

し［死］ 人間や動物が生命を終えること。制度的には天皇・太上天皇・太皇太后・皇太后・皇后の死を崩、親王と三位以上の死を薨、五位以上と皇親の死を卒、六位以下庶人の死を死といった。崩以外は「喪葬令」に規定がある。 (勝田至)

じい［侍医］ 「おもとくすし」とも。大宝・養老令制における内薬司所属の医師。定員は四人で、相当位は正六位下。天皇の診候、薬の調合・毒味などをつかさどった。八九六(寛平8)年、内薬司が典薬寮に併合されるにともない、配置転換された。 (荊木美行)

じいがまつこふん［爺ヶ松古墳］ 香川県坂出市西庄八十八に所在する前方後円墳。後円部は積石、前方部は盛り土で築造する。一九七五(昭和50)年に香川教育委員会が測量調査を実施。全長四九・二m、後円部は二段築成で直径二五・四m、高さ約三m、前方部は長さ約二三・八m、くびれ部の幅約一〇・一m、バチ状に広がった先端部は一部が破壊されているが、復元すると一八m前後の幅をもつ。後円部に長さ五・七m、幅〇・九～一m、高さ約一・三mの東西方向の長大な竪穴式石室をもち、ガラス玉、鉄器片・土器片が出土した。 (渡部明夫)

しいねつひこ［椎根津彦］ 倭国造の祖神。『日本書紀』の神武天皇即位前紀にみえ、東征する神武の水先案内をつとめ、また大和の土着勢力を制圧するための祭儀を補佐するとともに、軍事的作戦の提案も行うと伝える。『古事記』では槁根津日子と称す。 (菊地照夫)

しいん［私印］ 家印と個人印からなる個々の印章。古代においては官印が主体であった。七五八(天平宝字2)年に恵美押勝の名を賜った藤原仲麻呂が「恵美家印」の使用を許されているのを初例として(『続日本紀』)光明皇后の「積善藤家」、平安時代に入っては桓武天皇妃の酒人内親王の「酒」、九二〇(延喜20)年、右大臣藤原忠平家牒(『東寺文書』)の「藤」、一一世紀初の藤原行成の「成」(『雑記』)、一二世紀中期の藤原頼長の「頼」(『台記』)などが知られ、このほか多くの古印が現存する。いっぽう八六八(貞観10)年には諸家に大きさ一寸五分を限度とする私印の使用を公認している。なお鎌倉時代以降には渡海の禅僧らがもたらした宋・元の文人印の影響で私印が普及して種類や用途が増え、使用階層も皇族・貴族・僧侶から武将・学者文人へ広まった。材質など古代には銅製、陽刻、朱肉であったが中世以降になると黄楊などの木材が多くなり、陰刻、墨肉も使用された。

酒人内親王私印

〔参考文献〕荻野三七彦『印章』(吉川弘文館昭41)。国立歴史民俗博物館『日本古代印集成』(平8)。 (朧谷寿)

じいんえんぎ［寺院縁起］ 寺院建立の由来や伽藍、本尊、仏具、敷地、所有の土地等の財産目録などを記述した資料。『日本書紀』によると六二四(推古天皇32)年九月に寺、僧尼を調査して寺院創設の縁(由来)、僧尼の入道の理由、得度の年月日を記録したとあり、寺院四六、僧八一六、尼五六九との数を示している。また、六四五(大化元)年八月には諸寺を巡行して僧尼、奴婢、田畝の実を尽く調べ、奏上せよとの命が出されている。奈良時代に入ると、七四七(天平19)年に法隆寺、大安寺、元興寺が「伽藍縁起幷流記資財帳」を僧綱所の命により提出している。元興寺の場合は、『日本書紀』編纂の資料となったとされる「古縁起」と称すべき部分もあり、早い段階から縁起の作成がなされていたことがわかる。また、これらの寺院縁起は、天皇との結びつきの強さを強調するなど、朝廷の仏教興隆政策とかかわり、寺院統制の意味をもっていた。このことが、寺格の等級をつけたり、定額寺とするなど、平安時代の寺院政策につながっていくとされる。

〔参考文献〕桜井徳太郎他編『寺社縁起』（日本思想大系⒇岩波書店昭50）。（宮城洋一郎）

しうでやまいせき［紫雲出山遺跡］　香川県三豊市詫間町大浜に所在する弥生時代の高地性集落遺跡。遺跡は荘内半島の先端寄りにある標高三五二ｍの紫雲出山の山頂部に立地し、円形竪穴住居跡・掘立柱建物跡各一棟、包含層や小規模な貝塚などが検出され、弥生時代中期後半の土器、武器とみられる三二一点におよぶ多量の打製石鏃のほか、石槍・打製石庖丁・石匙・石錐・磨製石斧・石錘・凹み石・分銅形土製品・土製紡錘車・鹿角製結合式釣針・貝輪、板状鉄斧などとみられる鉄製品、魚骨・獣骨・貝殻などが出土した。（渡部明夫）

しえいでん［私営田］　平安前・中期、民間で私財を用いて経営が行われた田地のこと。王臣家・国郡司・富豪の輩が営み、国家が国費を投入し、公民を使役して直接経営にあたる公営田と対比される。周辺の農民や従属民に種子・営料を与え、収穫物をすべて収取する直営方式を中核として営まれた。通常、私出挙をともなっており、農民の未進調庸を代納することによって、彼らを労働力として確保していた。経営の主体を私営田領主とよぶこともある。（勝山清次）

じえだいしゆいごう［慈恵大師遺告］　慈恵大師こと良源の遺言。一八代天台座主良源（912〜85）が延暦寺一山の僧侶に遺言の形式をとって九七二（天禄3）年に記したいわば訓戒で、坊舎の管理・経済収入たる荘園経営・遺産の分配などに触れ、死後に混乱の残ることを回避しようとしたもの。座主就任直後の火災によって壊滅状態になった比叡山の復興に比類のない能力を発揮し、今日にいたる延暦寺の基礎を築いた良源が後顧を憂いて書き残した。京都市の盧山寺に自筆本が残る。国宝。（井上満郎）

じえん［慈円］　1155〜1225　平安末期から鎌倉前期の天台宗の僧侶。父は摂関藤原忠通。同母兄に九条兼実がいる。幼少時に延暦寺青蓮院に入り、一一九二（建久3）年には三八歳で天台座主に就任し、法会・伽藍の整備に尽力した。また、兄兼実の没後は九条家の後見役をつとめた。『愚管抄』を著し、公武関係のあり方や歴史観などを記した。さらに、家集『拾玉集』を残すなど歌人としても活躍。（上島理恵子）

しえんじ［四円寺］　京都市右京区仁和寺の周辺にあった。平安時代中期仁和寺の御願寺の総称。いずれの寺名の頭にも「円」の字を冠する。①円融天皇の円融寺。現在の竜安寺御陵の下町にあたる。寛朝の住坊が円融上皇の御料となり、九八三（永観元）年に薬師堂を建て、三月二一日に供養した。一二三一（寛喜3）年焼亡。②一条天皇の円教寺。現在の右京区谷口円成寺町・花園円成寺町付近にあたる。九九八（長徳4）年供養。一〇一八（寛仁2）年焼亡。再建され、一二世紀まで記録が残る。③後朱雀天皇の円乗寺。現在の仁和寺付近にあたる。後朱雀上皇はすでに崩御していたが一〇五五（天喜3）年に供養。はじめ円教寺の新堂として建立した。一一〇五（長治2）年焼亡。④後三条天皇の円宗寺。現在の右京区御室竪町・小松野町付近。一〇七〇（延久2）年に供養。諸堂の前には池が存した。一四世紀中期まで堂宇が残っていた。いずれも仁和寺を本寺とし、検校職は仁和寺が掌握していた。天皇の後院としての性格が強い。

〔参考文献〕杉山信三『院家建築の研究』（吉川弘文館昭56）。平岡定海『日本寺院史の研究』（吉川弘文館昭56）。（野口孝子）

しお［塩］　「延喜主計式」には塩の輸調庸国として一八ヵ国が挙げられ、都城跡（藤原京・平城京・長岡京）出土の塩木簡では一三ヵ国が確認されるが、北陸（若狭）から東海（三河）以西の西日本に偏在していることが特徴である。輸納量は正丁一人につき調は三斗、庸は一斗五升である。輸納された塩は官人層以外にもさまざまな雇傭労働力に対しても給付された。また国司の部内巡行とそれに随行する官人の「出張旅費」として支給量が定められていた（「延喜主税式」）。不足分は京の東西市などで購入されていたようである。（江草宣友）

しおうじ［四王寺］　四王院とも。新羅の呪詛による災いをはらうために建てられた寺。七七四（宝亀5）年筑前国大野城（福岡県）の地に四天王像を安置し、浄行僧四人によって「金光明最勝王経」が読誦された。八六七（貞観9）年伯耆・出雲・長門の諸国にも建立。（藤田琢司）

しおがまじんじゃ［鹽竈神社］　宮城県塩竈市一森山に鎮座。主税寮式に塩竈神を祀る料一万束があてられているが、神名帳にみえない。祭神は、本殿に武甕槌神・経津主神、別宮に塩土老翁神を祀る。多賀城の外港たる塩竈を見下ろす位置に立地。（堀越光信）

しおつ［塩津］　琵琶湖北岸の滋賀県浅井郡にあった古代の湊。「延喜式」に越前国はじめ北陸道の各国から京へ物資を運ぶ運賃として、国津から敦賀津までの船賃、敦賀津から塩津までの駄賃、塩津から大津までの船賃が書かれていて、北陸道諸国と京を結ぶ拠点の湊であった。（高橋美久二）

しおつちのおじ［塩土老翁］　『記』『紀』神話の神。海神宮訪問神話で兄から借りた釣鉤を紛失して茫然と海辺をさまようヒコホホデミ（山幸彦）を海神宮へ導き、また神武天皇東征の段では東方に都とするにふさわしい地のあることを神武に伝えたという。『古事記』では塩椎の神とする。（菊地照夫）

しおやきおう［塩焼王］　?〜764　天武天皇皇孫、新田部親王の子。室に聖武天皇皇女不破内親王がいる。七四二（天平14）年、伊豆国に配流されるが理由は不明。七四三年後帰京。本位正四位下に復す。七五七（天平宝字元）年、不謹慎のため道祖王が孝謙天皇の皇太子を廃された際、後任の候補の一人となるが退けられる。同年、橘奈良麻呂の乱に関わったとされ臣籍降下。氷上真人を賜姓。のち累進し中納言従三位にいたるが、藤原仲麻呂の乱において擁立され、今帝を称すが、近江への逃走中斬殺された。（関口力）

しか［鹿］ 食用となるほか、工芸用・薬用として余すところなく利用される動物。『万葉集』にみえる「乞食者の詠」（巻一六―三八八五）には、鹿（ニホンジカ）の角・耳・目・爪・毛・皮・肉・肝・胃の利用法が歌われている。賦役令には、調の副物として雑腊・鹿角がみえ（調絹絁条）、平城宮跡出土木簡に「鹿宍」と記すものがある。また「延喜式」には、神社に奉献される幣帛（幣物）として鹿角・鹿皮がみえるほか（四時祭式・臨時祭式）、年料別貢雑物に筆用の鹿毛、交易雑物に鹿角・鹿皮・鹿革（ともに民部式）、中男作物に鹿皮（主計式）、諸国進年料雑薬に鹿角・鹿茸（典薬寮式）などがみえている。縄文時代以来、鹿は狩猟の対象とされたが、弥生時代の絵画土器や銅鐸には鹿を描くものが多い。鹿は稲を食い荒らす害獣でもあったが、その一方で、稲の生育とともに角が生えはじめ、稲の稔る秋には立派な角を持つことから、むしろ霊獣視されることが多かった。とりわけ鹿角は不死のシンボルともされたから、杖頭の飾りとされたり、鹿角・鹿茸は薬用とされた。また鹿の肩胛骨は卜占に用いられ、『万葉集』には鹿卜を歌ったものが散見する。（和田萃）

しかうみじんじゃ［志賀海神社］ 福岡県福岡市東区大字志賀島に鎮座する神社。延喜式内社（名神大社）として筑前国糟屋郡に志加海神社三座とある。旧官幣小社。祭神は底津綿津見神、仲津綿津見神、表津綿津見神で、この島を拠点とした安曇氏によって奉祀された。八五九（貞観元）年、従五位下志賀海神に従五位上が授けられており、『小右記』には志賀社司の対宋通交記事もみえる。高麗時代の鍍金鐘（国指定重要文化財）を伝える。（森哲也）

しかくしきょうさい［四角四境祭］ 四角四界鬼気祭とも。天下に疾疫があるとき、鬼魅を駆逐する目的で行われた、陰陽道の祭祀。朝廷が、吉日を選んで勅使・陰陽寮官人を一定の祭場に派遣し、疫神を祀って追却せしめた。大内裏外の四隅と京師の四隅を祭場とするものを四角祭、山城国の四界（和邇または竜華、逢坂、大枝、山崎または関戸）を祭場とするものを四境祭という。平安時代初期までの、神祇官の卜部が行っていた類似の祭祀が中期頃以降に移行したもの。（竹居明男）

しがさといせき［滋賀里遺跡］ 滋賀県大津市滋賀里町にある縄文時代晩期の遺跡。琵琶湖の西岸、比叡山の東麓に広がる扇状地の先端部に位置する。一九四七（昭和23）年に調査され、宮滝式に続く晩期初頭の標準遺跡となった。一九六五（同40）年にも湖西線建設の際に調査され、小貝塚と甕棺墓、土壙墓が検出されたほか、数回の調査が行われている。滋賀里式土器のほか北陸、東北地方の晩期土器、弓、石斧柄、櫂状木器、籃胎漆器などが出土している。（小笠原好彦）

しがさとしきどき［滋賀里式土器］ 滋賀県滋賀里遺跡を標準遺跡とする縄文晩期初頭の土器型式。細いヘラや半截竹管による弧状文を主体とする文様を多くつけ、ヘラ磨きされた黒褐色をなす精製土器の浅鉢や、文様が少なく条痕をとどめたり、ヘラ削りした粗製の深鉢から構成される。この型式の土器には九州地方の黒色磨研技法の影響が顕著にみられ、また晩期の東北地方に分布する亀ヶ岡式土器の大洞B、BC式が共伴することが注目される。（小笠原好彦）

しがさんじ［志賀山寺］ ⇩崇福寺

しかのしま［志賀島］ ⇩漢委奴国王印

しがのたかあなほのみや［志賀高穴穂宮］ 『日本書紀』では景行天皇がこの宮で執政し、ここで崩御したことを記し、『古事記』ではその子成務天皇も引き続きこの宮で政治を行ったとする。また、次の仲哀天皇も笥飯宮（敦賀市）に遷宮するまでここで執政したとみられ、これらタラシ系の天皇の政権が大和王権の一時期を画する政権、近江王朝とみる学説がある。その伝承地は大津市穴太二丁目付近。（林博通）

しかまのいち［飾磨市］ 播磨国飾磨郡にあった市。現兵庫県姫路市飾磨区。『枕草子』にも「市は飾磨の市」とあるほど栄えた。飾磨は『万葉集』や『続日本紀』、『播磨国風土記』などにもみえ、飾磨津や飾磨御宅などもおかれた要地。（高橋誠一）

しがらきのみや［紫香楽宮］ 聖武天皇時代の離宮・宮都。七四〇（天平12）年一〇月に九州で生じた藤原広嗣の乱に追われた聖武天皇は、東国行幸の詔を発して平城京を脱出、伊賀・美濃・近江と彷徨を重ねたすえ、同一二月には山背国の恭仁京を新宮都とした。翌年一一月に「大養徳恭仁大宮」（『続日本紀』。以下同じ）の正式名称が決定された直後の七四二（同14）年二月、「新京創草にして宮室未だ成らず」と宣言するいっぽうで、宮都恭仁京から紫香楽宮の近江国甲賀郡へ通じる「恭仁京東北道」が開かれた。その完成時期は不明も、同八月一一日に「紫香楽村」に行幸の詔を出し、同時に「造離宮司」を任命しているのでこの時には新道は完成したものであろう。またこのことから当初は紫香楽宮は離宮として建設されたことが知られる。八月には恭仁京などの留守官を任命して紫香楽宮への行幸が行われており、一応の離宮の施設は短期間で完成したものか。その後聖武天皇は恭仁京と併用に近い頻度で紫香楽宮への行幸をくり返し、翌年九月には甲賀郡の調庸を畿内に準じていて、遷都宣言はないものの紫香楽宮は宮都に準じた扱いとなり、直後には東海・東山・北陸三道のみではあるが調庸物を紫香楽宮へ輸送させている。ほぼ同じ頃には大仏建立の詔が出され、同一二月には「紫香楽宮を造る。よって恭仁宮の造作を停む」とあるごとく紫香楽宮を宮都とする準備が進められている。この間恭仁京・難波宮・紫香楽宮を行き来するという紆余曲折があったが、聖武天皇念願の大仏建立は順調に進んだようで、七四四（同16）年一一月には大仏の「体骨柱」が完成、聖武天皇みずからがその起工式に望んだ。そして翌年正月に紫香楽宮は「新京」

と称されていて、離宮から正規の宮都となっている。造離宮司の設置からほぼ二年半、かなりに施設は完成していたとみてよく、官庁の整備も進んでいたらしい。ただこの直後から不審火が頻発し、紫香楽宮への遷都に反対の勢力が強かったことが想像されるが、諸司官人が平城京帰還を願ったことをもうけて五月には平城京にもどり、ここに紫香楽宮はその歴史的使命を終えた。

【参考文献】栄原永遠男『今よみがえる紫香楽宮』（信楽町教委平6）。瀧浪貞子『帝王聖武』（講談社平12）。（井上満郎）

しがらきのみやあと【紫香楽宮跡】　滋賀県甲賀郡信楽町にある聖武天皇が造営した宮都。文献史料には甲賀宮、甲可宮とも記す。享保年間の『近江輿地志略』には信楽町内裏野が寺野ともよばれ、礎石があり、瓦が散布することから甲賀寺で、また紫香楽宮でもあると記す。一九二三（大正12）年、黒板勝美が踏査し、一九二六（同14）年に国の史跡に指定された。その後、一九三〇（昭和5）年、肥後和男が発掘調査し、東大寺式伽藍であることが明らかになった。さらに一九七五（同50）年、国史跡の北二kmにある宮町で圃場整備事業中に径五〇cmの柱根三本がみつかったことから、一九八四（同59）年度から発掘調査が行われ、多数の掘立柱建物、塀、溝が検出され、ほぼ四〇〇mの範囲におよぶことが判明した。とくに第四次調査で「奈加王」と記した木簡、第一三次調査で天平一五年と記された越前からの調の荷札木簡などが出土し、紫香楽宮の一部であることが確実視された。さらに、二〇〇〇（平成12）年秋、中央南半部で桁行二一間（九一・五m）以上、梁行四間（一一・八m）の長大な朝堂が検出され、翌年に朝堂が左右対称に配され、その間に大型東西棟建物二棟が配置された朝堂院が明らかになった。『続日本紀』によると、七四二（天平14）年二月に恭仁京から東北道がつくられ、八月に紫香楽に離宮が造営された。翌年の一〇月に紫香楽で盧舎那仏の造立を開始した。七四四（同16）年二月に恭仁京から難波遷都が行われたが、その直前に聖武天皇が紫香楽に行幸し、宮都の大造営が行われ、七四五（同17）年正月一日には大盾と槍が樹てられ、紫香楽宮への遷都が明らかにされた。七日に大安殿で五位以上の者が宴を催し、朝堂で主典以上の官人が饗宴した。このように紫香楽宮は、当初は離宮として造営されたが、七四四（同16）年から宮都となった。しかし、五月には山火事、地震がおき、平城京へ還都した。宮町遺跡でみつかった朝堂院は、宮都としての紫香楽宮の中枢部とみなされる。

紫香楽宮の朝堂前殿（南から）

紫香楽宮の東朝堂（南から）

【参考文献】小笠原好彦『聖武天皇と紫香楽宮の時代』（新日本新書511新日本出版社平14）。（小笠原好彦）

しかわかしゅう【詞花和歌集】　平安時代末期にできた第六番目の勅撰和歌集。下命者は崇徳上皇、藤原顕輔撰。一〇巻。一一五一（仁平元）年成立。全四〇九首を『金葉和歌集』にならい、春・夏・秋・冬・賀・別・恋（上・下）・雑（上・下）に部類する。曾禰好忠、和泉式部、大江匡房などの歌が多く、当代歌人の歌は少ない。清新な歌風に特徴があるが、俳諧的なざれ歌も目立つ。注釈書として『新日本古典文学大系9』（岩波書店平1）などがある。（小西茂章）

しかん【紫冠】　大化前代に大臣の身分に授けられた冠。推古天皇朝に制定された冠位十二階とは別に定められたとみられる。『日本書紀』皇極天皇二（六四三）年十月条には蘇我蝦夷が子の入鹿に私に紫冠を授けて大臣に擬したとある。のち六四七（大化3）年に制定された新冠位でも第三位に紫冠があり、やはり大臣に授けられた。（荊木美行）

しき【式】　⇩律令格式

しき【史記】　中国古代の通史。前漢の司馬遷撰。全一三〇巻。司馬遷は武帝のときに父のあとを継いで暦・記録をつかさどる太史令となり、父の遺志に従いこの著作を書きあげた。初め太史令の書という意味で『太史公書』とよばれたが、魏晋時代に『史記』と名称が定まった。中国正史の初めをなすもので、一王朝のみの史書である断代史ではなく、太古の黄帝から漢武帝の時代にいたる二千数百年にわたる歴史を記した通史である。本紀一二巻、表一〇巻、書八巻、世家三〇巻、列伝七〇巻からなり、本紀は本書の中心となる部分で歴代帝王の興亡を年代記で記し、表は部門別の年表、書は制度文物の変遷、世家は封建諸侯の年代記、列伝は個人の伝記である。本紀と列伝を兼ね備えた紀伝体という歴史書の型式は司馬遷が創出したもので、その後の正史はすべてこのスタイルに従った。注釈書には南朝宋の裴駰『史記集解』、唐の司馬貞『史記索隠』、唐の張守節『史記正義』などがある。（高井たかね）

しきいんりょう／しょくいんれい【職員令】　律令体制下での官僚組織を規定し

た令。中央の三省六部以下の京官、地方の州県以下の外官すべての定員と職掌を詳細に規定する。唐「開元令」では三師三公台省・寺監・衛府・東宮王府・州県鎮戍岳瀆関津・内外命婦の各職員令の六篇目があり、「開元令」全三〇篇目中の二割を占める。日本の「大宝令」や「養老令」では官員・後宮官員・東宮官員・家令官員令の全三〇篇目中の四篇目である。唐代中期以降には社会の多様な変化に硬直的な律令的統治システムでは十分に対応できなくなり、節度使をはじめとする使職が続設されるようになる。日本の平安時代から設けられる令外官がそれで、職員令規定外の官僚ポストの新設である。（愛宕元）

しきがみ【式神】 識神とも。陰陽道の式占を掌る神で、占者に従う。陰陽師に使役され自在に姿を変えるが、一般の人には見えない。『大鏡』『今昔物語集』では、陰陽師の呪力の示現という性格をもち、安倍晴明や智徳法師が式神を駆使する話がみえる。（蝉丸朋子）

しきけ【式家】 藤原四家の一つ。藤原不比等の三男宇合を祖とする家。家名は宇合が就任していた式部卿にちなむ。聖武天皇時代、宇合の子広嗣が乱をおこし衰退するが、良継や蔵下麻呂らによって勢力を回復、とくに百川が桓武天皇の擁立に尽力したことから権力者の地歩を固めた。しかし造宮長官として長岡京の造営にあたっていた種継が暗殺され、その子仲成・薬子兄妹が事件をおこしたあとは衰退した。（瀧浪貞子）

しぎさんえんぎえまき【信貴山縁起絵巻】 一二世紀制作の絵巻。奈良県朝護孫子寺蔵。「山崎長者の巻（飛倉の巻）」「延喜加持の巻」「尼公の巻」の三巻からなる。大和国信貴山で修行した命蓮上人の説話を描く。説話は『古本説話集』等にも載る。国宝。（綾村宏）

しぎさんじ【信貴山寺】 信貴山中腹に位置する山岳寺院。朝護孫子寺といい、奈良県生駒郡平群町に所在。信貴山真言宗。創建は未詳だが、元は生駒山地に営まれた小規模な山岳寺院の一つで、平安中期に命蓮が醍醐天皇の病気平癒のために中興して以後寺勢を拡大した。命蓮の行跡を描いた『信貴山縁起絵巻』は著名。（井上満郎）

しきじかん【職事官】 職事ともいう。律令制下において、中央官庁や大宰府・諸国に勤務する四等官・品官など、官位相当のある官（後宮十二司に勤務する掌以上の女官もふくむ）のこと。これらの官に就任している人をさす場合もある。のちには、令外官の蔵人頭および五位・六位の蔵人も職事と称した。（荊木美行）

しきしないしんのう【式子内親王】 1149～1201 後白河天皇皇女。母は藤原成子。一一五九（平治元）年、賀茂斎院に卜定。藤原俊成を師とする新古今集の代表的歌人。家集『式子内親王集』がある。また俊成は内親王のために歌論集『古来風体抄』を著した。生年は京都大学所蔵『兵範記』嘉応元（一一六九）年七月二四日条の断簡裏書に「斎王 高倉三位腹 御年廿一」とあるによる。

【参考文献】石丸昌子『式子内親王伝』（朝日新聞社平1）。小田剛『式子内親王全歌注釈』（和泉書院平7）。（関口力）

しきしまのかなさしのみや【磯城嶋金刺宮】 『日本書紀』にみえる欽明天皇の宮（欽明紀元年七月条）。『古事記』では「師木嶋大宮」。『法王帝説』には「斯貴嶋宮」、また同書に引く「天寿国繡帳」には「斯帰斯麻宮」とみえる。初瀬川（大和川本流）が奈良盆地に注ぎ込んで形成した扇状地が磯城であり、その内でも初瀬川と粟原川に挟まれた一帯が磯城嶋で、地形語のシマ（嶋）によく適っている。『太子伝玉林抄』以来、奈良県桜井市慈恩寺小字「式嶋」を中心とした一帯に想定されている。（和田萃）

しきしゃでん【職写田】 地子を京職の公用にあてる田のこと。京職が計帳手実未提出戸を過年度の旧帳を再写して処理したところから、その強制収公した未提出戸の口分田についた名称。賃租して地子を京職の財源にし、本来は臨時的措置であったが、のち恒常的財源に化した。（井上満郎）

しきしんのう【志貴親王】 ⇩志貴皇子（しきのみこ）

しきせいりつ【職制律】 大宝・養老律の編目の一つ。官人の服務規定への違反行為に対する罰則などを定める。養老律では第三編にあたる。大宝律は現存しないが、養老職制律は全五六条が完全に残る。大宝・養老律ともに、唐の永徽律の同じ編目を模倣したとみられる。（荊木美行）

じきちょう／じきてい【直丁】 大宝・養老令制下で、諸司で日常的な雑役に従事した者。諸国から貢上された仕丁のなかから採用された。直丁とならぶものに駈使丁があるが、こちらは特定の現業部門担当の諸司に配属された。養老職員令神祇官条以下の諸条には、諸司の直丁の定員が記される。（荊木美行）

しきでん・しきふう【職田・職封】 養老令制下において、ある定められた官職に就く官人に給された田と封戸。職田は、大納言以上職田・在外諸司官人公廨田・郡司職田からなり、郡司職田のみ輸租田である。のちに、諸道博士や軍毅などの下級官職も支給対象とされた。職封は、大納言以上の議政官が対象で、任官に際して支給され、致仕もしくは理を以てする解官では半減、罪による解官もしくは薨卒では収公とされた。令規のほかに、中納言・内臣・参議・観察使職封もみえる。（山本崇）

しきないしゃ【式内社】 「延喜式」の巻九・巻十の両巻（「神名帳」）に記載されている神社。延喜式内社・式社とも。巻九は「神名上」として、宮中・京中・五畿内・東海道の神社を、巻十は「神名下」として、東山・北陸・山陰・山陽・南海・西海の神社を記す。神祇官の神名帳に記載されて、祈年祭の奉幣などをうけたいわゆる官社は、奈良時代以降、しだいに増加し、「延喜式」に記載する社の数は二八六一所、祭神数三一三二座におよぶ。神祇官の祭祀する官幣と国司の祭祀する国幣とがあって、大・小の差があった。社名の下に「名神大」あるいは「大」と註記するのが大社であり、註記のない社はすべて小社であった。「名神大」は官幣・国幣ですべてが大社、崇敬の篤い有名な社として「名神」と称し、「延喜式」では三〇六座・二二四所となる。なお伝承などによって式内社あるいは国史現在社と称する神社が二社以上あって、結論のでていない神社を式内社あるいは国史現在社の論社という。 （上田正昭）

しきねんせんぐう［式年遷宮］ ⇩遷宮（せんぐう）

しきのみこ［磯城皇子］ 生没年未詳。天武天皇の皇子。母は宍人臣カジ媛娘。六七九（天武8）年、天皇、皇后、諸皇子らと千歳の無事を誓った吉野の会盟にも参加しておらず、六八六（朱鳥元）年八月に志貴皇子とともに封二〇〇戸を加増されたこと以外、確かな事績は伝わらない。『三代実録』貞観四年五月己丑条で清春真人を賜姓されている坂井王は、磯城親王五代の孫という。『新撰姓氏録』左京皇別には官位は浄広壱で、三国真人・笠原真人の祖とする。 （中川久仁子）

しきのみこ［志貴皇子（芝基皇子、志紀皇子）］ ?～716 天智天皇の第七皇子。母は越道君伊羅都売。白壁王（光仁天皇）・湯原王らの父。六七九（天武8）年、吉野にて天皇、皇后、草壁皇子らと千歳の無事を誓う会盟に参加。六八九（持統3）年に撰善言司に任じられ、七一五（霊亀元）年には二品に叙せられた。『続日本紀』によれば翌年八月に没。七七〇（宝亀元）年、光仁天皇の即位により春日宮天皇と追尊され、山陵の地から田原天皇とも称された。『万葉集』に六首を残す。 （中川久仁子）

しきのみぞうし［職御曹司］ 平安京の大内裏にあった中宮職の曹司・庁舎で、大内裏左近衛府の西、外記庁の北に位置し、一辺四〇丈を占めた。本来は中宮職の事務を行うところであったが、除目が行われたり、皇后の居所となったこともある。 （西山恵子）

しきのみや［斯鬼宮］ *稲荷山鉄剣銘文にみえるワカタケル大王（雄略天皇）の宮。磯城の地に営まれた王宮をさす。雄略の宮は、長谷朝倉宮（『古事記』）、泊瀬朝倉宮（『日本書紀』）と伝える。『古事記』垂仁段に、「師木の登美の豊朝倉の曙立王」の呼称がみえ、曙立王に冠された美称をみると、師木（磯城）の範囲内に朝倉の小地名が含まれている。したがって、「シキ宮」は、もともと雄略の宮の呼称であったが、後に欽明天皇の*磯城嶋金刺宮が営まれるにいたり、雄略の王宮の所在地をより限定して、泊瀬朝倉宮と称されるようになったと考えられる。 （和田萃）

しきふ［職封］ ⇩職田（しきでん）・職封（しきふう）

じきふ［食封］ 古代の封禄制度。食封に指定された戸を封戸という。『日本書紀』大化二（六四六）年正月条に初見し大宝令にて整備された。令規によると、品封・位封・職封・中宮湯沐・功封・寺封・別勅封があり、封戸にあてられた戸の調庸のすべてと田租の半分（のち、租も全給）を封主に給するとともに、規定にはないが*仕丁も給されたらしい。「延喜式」民部上には、東宮湯沐・無品親王封・中納言参議の職封がみえ、規定はないものの神封・院宮封も知られる。 （山本崇）

しきぶしょう［式部省］ 『和名抄』の訓は「乃利乃豆加佐」。大宝・養老令制における八省の一つ。*藤原仲麻呂政権下では文部省と改称。大宝令制前の法官は、その前身とみられる。内外の文官の人事や養成・行賞などをつかさどる重要な官司で、大学寮・散位寮を管轄した。 （荊木美行）

しきゃくもん［四脚門］ ⇩門（もん）

しきょう［詩経］ ⇩四書五経（ししょごきょう／ししょごけい）

しきょうるいじゅう［私教類聚］ *吉備真備の家訓書。一巻。七七〇（宝亀元）年頃成立。北斉の顔之推の『顔氏家訓』を模倣。目録と逸文が伝わるのみだが、儒仏の尊重、道教の排斥、医術・算術などの実学重視の思想が窺われる。『日本思想大系』（岩波書店昭54）所収。 （古藤真平）

しきんざんこふん［紫金山古墳］ 大阪平野北東部の淀川北岸に展開する三島古墳群の西部に位置する全長一〇〇mの前方後円墳で、茨木市室山に所在する。一九四七（昭和22）年の調査で、後円部で竪穴式石室を確認するとともに、葺石と円筒埴輪列を検出している。副葬品は石室内と石室壁体上部の二ヵ所にまとまっていた。石室内からは方格規矩四神鏡・三角縁神獣鏡・勾玉文帯神獣鏡等一二面の鏡鑑をはじめ、筒形銅器・玉類・石製品・貝輪・短甲・籠手・刀剣類・鏃・農工具が、また壁体上部からは刀剣類・銛・馬鍬が出土している。築造時期は四世紀中頃とみられる。

〔**参考文献**〕京都大学考古学研究室編『紫金山古墳と石山古墳』（京都大学文学部博物館平5）。 （森田克行）

じくん［慈訓］ 691?～777 「じきん」とも。奈良時代の僧侶。河内国の船氏の出身。興福寺で良敏や*玄昉に法相を学んだ。審祥に随って入唐し、法蔵に華厳を学んだという（『扶桑略記』）。七五五（天平勝宝7）年に宮中講師となり、看病禅師・華厳講師として藤原仲麻呂政権下で勢力を伸ばした。七五六（同8）年には少僧都、さらに興福寺別当となったが、七六三（天平宝字7）年、*道鏡により僧綱解任。道鏡失脚後の七七〇（宝亀元）年、少僧都に再任された。 （増尾伸一郎）

じげ［地下］ 内裏の清涼殿殿上の間に昇る資格のない官人。堂上・殿上人の反対概念。蔵人以外の六位以下、四・五位の諸大夫で、昇殿を認められていない者をさす。一時的に昇殿を禁じられた*公卿などにも用いる。 （元木泰雄）

しげあきらしんのう［重明親王］ 906～54 父は醍醐天皇、母は源昇（嵯峨天皇の孫）の娘。上野太守・中務卿などの諸官を歴任。延喜・天暦の天皇親政をよく支えた。式部卿（唐名を吏部）をもつとめたので日記は『*吏部王記』と称される。 （井上満郎）

しげいしゃ［淑景舎］ 平安京内裏の後宮五舎の一つで、昭陽北舎の北に位置し、庭に桐が植えられていたことにより、桐壺ともよばれた。南舎・北舎の二棟があり、身舎の規模は『大内裏図考証』によれば、両者ともが東西五間、南北二間。*藤原伊尹が直廬として使用していたこともあった。 （西山恵子）

じけいせき［寺家遺跡］ 石川県羽咋市寺

家町の海岸砂丘にある遺跡。八～九世紀にかけて住居や大型掘立柱建物がおかれ、奈良三彩小壺、海獣葡萄鏡などの祭祀遺物が多数出土。住居群の周囲には工房があり、鍛冶炉や製塩炉、ガラス坩堝を検出している。大型掘立柱建物群の周囲では、「宮厨」「司館」と墨書した土器が出土。また、砂丘窪地に祭祀場があり、火を焚いた上をきれいな山土で覆った跡や、祭祀遺物を埋納した土坑、土器や鏡、直刀などを集積した箇所などが検出されている。この遺跡は、古代から中世の気多神社の管理施設と神戸の住居群と工房や祭祀場などで構成されたと考えられる。一一世紀頃から一辺五〇mの土塁で囲まれた郭が造営され、内側に建物や井戸がおかれていた。一五世紀に砂丘の移動が起こり、これらの施設はすべて砂に覆われて廃絶している。気多神社は、神階が七八四（延暦3）年に正三位、八五九（天安3）年には従一位に昇叙するなど、律令政府から重視されていた。その背景には、能登が北日本や渤海への渡航地となっていたことが考えられる。

〔参考文献〕小嶋芳孝ほか『寺家遺跡発掘調査報告Ⅰ』（石川県立埋蔵文化財センター昭61）。小嶋芳孝ほか『寺家遺跡発掘調査報告Ⅱ』（石川県立埋蔵文化財センター昭63）。

（小嶋芳孝）

しげおかのかわひと［滋岳川人］　?～874　平安時代前期の陰陽家。陰陽博士などを歴任し、陰陽判断に長じていた。『世要動静経』など多くの書物を著わしたことが卒伝にみえ（『日本三代実録』）、「止ん事なき陰陽師」（『今昔物語集』）と讃えられた。

（井上満郎）

しげののさだぬし［滋野貞主］　785～852　平安時代前期の公卿、儒者。本姓伊蘇志臣。滋相公。家訳男。紀伝道の出身で仁明朝に重んぜられ、大蔵卿、式部大輔等をへて正四位下・参議にいたる。嵯峨朝以来、宮廷詩壇の主要な作家で、嵯峨天皇の嫡男・仁明天皇の外戚でもあった。勅撰三集にそれぞれ入集。自ら『文華秀麗集』の編集に参画し『経国集』はその主編に係り、また「内裏式」「秘府略」の編纂にも参与した。

（住吉朋彦）

しげひとしんのう［重仁親王］　1140～62　平安時代後期の皇族。父は崇徳天皇、母は僧信縁の娘。崇徳天皇の後継者と目されその密約のもとでの弟近衛天皇即位と考えられるが、近衛死後、後白河天皇が立ち、不満をもつ崇徳上皇と鳥羽法皇との間の確執が表面化、鳥羽没後に保元の乱となる。親王が主体的役割をはたすことはなく、乱後仁和寺に入り出家。

（井上満郎）

しごう［諡号］　⇩諡

しこうはちもんせい［四行八門制］　条坊制による都城の町割で、庶民の宅地単位を規定する制。四辺を大路に囲まれた坊を一六分割した単位を町といい、上級貴族の邸宅地の基準とされていたが、四行八門制は町をさらに細分するもので、『拾芥抄』にこの町を東西四分割・南北八分割にして三二分割する町割の法がみえている。これによって区切られた南北五丈東西一〇丈の単位を戸主といい、一戸主が初期平安京における京戸一戸分の宅地班給の基準と考えられている。

（佐藤文子）

じごく［地獄］　地下にある牢獄の意味。苦しみのみがある世界で、極楽と対をなす。現世に悪業をはたらきそのために死後に報いの責め苦をうける場所、ないしはその内容のこと。衆庶を仏教信仰に勧誘するための基本となる認識であり、経典に種々に規定され、無間・八熱・八寒・孤独などの種類があると説かれる。『日本霊異記』『今昔物語集』などにさまざまに記され、また『地獄草紙』諸本には絵画として描かれる。

（井上満郎）

じごくそうし［地獄草紙］　経典に依拠して地獄の種々相を描いた絵巻。後白河院を中心に作成され、蓮華王院宝蔵におさめられていた。奈良国立博物館本・東京国立博物館本・益田家旧蔵本甲巻（個人蔵）・同上乙巻（文化庁保管）が残る。『日本の絵巻』（中央公論社昭62）所収。

（山田雄司）

しこん［紫根］　⇩紫草根

しざい［死罪］　重大な犯罪を犯した者に対し、自身の死をもってあがなわせる刑罰。律令法に規定される五刑のなかでもっとも重い。絞・斬の二つがあり、謀反・大逆・既遂謀叛・近親の謀殺などが絞にあたり、謀大逆・未遂謀叛は斬にあたる。しかし日本では、仏教思想や死の穢れを忌避する思想の影響から、九世紀初めの薬子の変の際に藤原仲成が死刑に処せられて以後、保元の乱まで三四七年間、死刑が執行されたことはなく、減刑によって死罪を流罪に減じるなどの慣例に従っていた。

（荊木美行）

ししがたにじけん［鹿ヶ谷事件］　一一七七（治承元）年後白河院の近臣が平氏打倒を企てた事件。平清盛一門の勢力伸張に対抗する藤原成親・西光・平康頼などが、俊寛の京都東山鹿ヶ谷の山荘で謀議したとされる。参加者の一人である多田行綱の密告によって発覚し、西光は斬首、成親は備前へ流罪の後殺害、俊寛・康頼・成親の子成経は鬼界ヶ島へ流罪となった。事件の経緯は『平家物語』に詳述されている。この事件により平氏と後白河院の対立は決定的となった。

（西村隆）

しじさい［四時祭］　律令制下、神祇官が行ったり、奉幣したり、使を派遣したりした恒例の四季の祭祀。養老神祇令には宮・京内で行う月次祭・鎮魂祭・新嘗祭・道饗祭・鎮火祭、特定の神社に幣帛を供える月次祭・祈年祭・新嘗祭・相嘗祭、個別神社で行われる神嘗祭・神衣祭（伊勢神宮）、鎮火祭・三枝祭・大忌祭・風神祭等が列挙される。「延喜式」には各祭の期日や神饌、儀式次第等を規定するが、大殿祭や春日社・賀茂社等の祭が加わっている。

（竹居明男）

しじつがん［資治通鑑］　中国の編年体で書かれた通史。北宋の司馬光著。全二九四巻。一〇六五（治平2）年英宗の命を受けてより、一九年を費やして完成し一〇八五（元豊7）年に神宗に献上された。はじめは通史と名づけたが、皇帝が政治の参考に資することができるとして『資治通鑑』の名を賜った。内容は、戦国時代がここから始まるとして前四〇三（周威烈王23）年の韓・魏・趙による三家分晋より書きおこし、五代後周の九五九（顕徳6）年までの一三六二年間にわたる。孔子の『春秋』を継ぐ意味で『左氏伝』

にならって編年体を採用したという。正史以外にも豊富な史料を採用し、とくに隋・唐・五代の部分は正史と同等に近い史料的価値があるとされる。同時に、考証に必要な史料を収めた『資治通鑑考異』、年表の『資治通鑑目録』各三〇巻が編纂されており、本書を調べるうえで便利である。また注釈書には宋末元初の胡三省『資治通鑑音注』があり、本文の記事を補正し別の史料も提供して有益である。（高井たかね）

じしでん［地子田］ 律令制下、租ではなく地子を負担した田。輸地子田とも。収穫の二割が地子とされ、太政官に送られた。乗田・無主位田などの無主田、没官田などの収公田を含むが、なかには不輸租田に変更されるものもあった。（勝山清次）

しじみづかいせき［蜆塚遺跡］ 静岡県浜松市蜆塚四丁目に所在する縄文時代後期の貝塚を残す集落跡。径約九〇mの円環上に四つの貝塚がならび、貝塚に沿って平地式住居跡と墓地が発掘されている。貝塚は八割以上をヤマトシジミが占め、縄文土器や各種石器のほか、貝の腕輪・骨のもり先・骨のかんざし・硬玉の玉類・土製耳飾り等が出土した。墓地には人骨が遺存した。東海を代表する貝塚として国史跡に指定され、縄文土器や人骨の抜歯様式から、東西両日本の地域性を分ける接点にあるとされている。（向坂鋼二）

しじみのみやけ［縮見屯倉］ 播磨国美嚢郡におかれた*屯倉。『日本書紀』清寧天皇紀に見えるが、設置時期は未詳。現兵庫県三木市志染町付近と推定される。『播磨国風土記』に志深里、『倭名抄』に志深郷の地名がみえる。加古川支流の志深川の流域。（高橋誠一）

じじゅうでん［仁寿殿］ 平安京内裏の殿舎の一つで、*紫宸殿の北に位置し、紫宸殿、*承香殿とは渡殿で連結していた。身舎の規模は東西七間、南北四間で、内裏の中央に位置するので中殿、または紫宸殿の北にあるため北殿、後殿、*清涼殿の東にあるため東殿などともよばれた。九世紀ころまでは、天皇の常御所として機能していた。天皇の常御所が清涼殿にうつってからも、内宴、灌仏などの行事は行われていた。（西山恵子）

ししょ［四書］ ⇩四書五経／ししょごきょう／ししょごけい

しじょうこふん［四条古墳］ 奈良県橿原市四条町に所在したが、墳丘部は藤原京造営により破壊された。周辺では現在八基の古墳が確認され、四条古墳群が形成されていた。古墳が築造されたのは五世紀後半頃と推定される。検出された遺構は、一辺約二八mの方墳で西側に造出しがある。また古墳の周囲には長方形の二重濠が巡っている。おもな出土遺物は埴輪と木製品で、埴輪は濠の北西部に集中し、人物一三、馬三、鹿二、鶏二、犬一などがあり、木製品は濠東辺と南辺に集中した。おもな出土品は笠四六、杭三〇、石見型盾形二七で、このほかに鳥、翳、櫂、刀、弓、鉾がみつかっている。これらは墳丘に立てならべたと推定されている。（泉　武）

しじょうず［四証図］ 七四二（天平14）年・七五五（天平勝宝7）年・七七三（宝亀4）年・七八六（延暦5）年に作成された*班田図をいう。平安時代初期に崩壊しはじめた*班田収授制の実施に際して、参照するべき基準図とされたもの。律令体制下の土地支配の根本である班田制を維持するために、班田が律令本来の規定に基づき行なわれたと考えられる時代の田図四種を指定した。公地制の大きく変化する*墾田永年私財法の実施直前の天平一四年図を起点とし、変化後の三例をあわせてそれとしたものと思われる。

〔参考文献〕岸俊男『日本古代籍帳の研究』（塙書房昭48）。宮本救『律令田制と班田図』（吉川弘文館平10）。（井上満郎）

しじょうのみやしもつけ［四条宮下野］ 生没年未詳。平安時代中期の歌人。源政隆の女。後冷泉天皇皇后四条宮寛子に仕えた。一〇五一（永承六）年の六条斎院歌合や一〇五六（天喜4）年の皇后宮春秋歌合などに出詠。為仲、師賢、経信、筑前らと親交があった。家集『四条宮下野集』。（山本令子）

ししょごきょう／ししょごけい［四書五経］ 中国、儒教の経典。四書とは『大学』『中庸』『論語』『孟子』の総称。『大学』と『中庸』はもとは『礼記』の篇名で単行の書ではなかったが、一〇世紀の宋代に儒学の新しい学風が形成されると、聖人の教えを簡明に記述したものとして『論語』『孟子』とともに尊崇されるようになり、単行本として多くの注がつくられ、南宋の朱子が『四書集註』『四書或問』をつくるにいたって経典としての地位は不動のものとなった。明代には科挙の試験で朱子学の説が正解とされたので『四書集註』の解説書が多くつくられ、一四一五年、永楽帝の勅命によってそれらを総合した国定教科書として『四書大全』三六巻が編纂され、広く受験参考書として読まれた。『四書大全』は一六五一（慶安4）年、一六九一（元禄4）年の和刻本があり、江戸時代の儒学者に広範に読まれた。五経とは『易経（周易）』『書経（尚書）』『詩経（毛詩）』『礼』『春秋』の総称。経はたて糸、つまり根本道・常道の意味。『易経』は万物の変化を不変の法則性で説明したもの。『書経』は堯舜から周公旦までの聖人の言の記録。『詩経』は古来からの祭祀の歌詞や各地の民謡を儒家が取捨選択して道徳的解釈を付したもの。『礼』は社会秩序を維持するための倫理的規範で、『周礼』『儀礼』『礼記』の三礼がある。『春秋』は春秋時代魯の国の年代記で、編纂者とされる孔子の歴史事実に対する微言大義が記されたとされ、『公羊伝』『穀梁伝』『左氏伝』の三伝（注釈）いずれかを必ずともなって読まれる。前漢武帝期に*五経博士がはじめて設けられ儒教が国教化され、以後の歴代王朝において常に正統イデオロギーとされ続けるとともに、士大夫階級の必習の書となった。唐代の『*五経正義』、宋代に出揃う『十三経注疏』（易・書・詩・三礼・春秋三伝・孝経・爾雅・論語・孟子）などは各時代の経典注釈の集大成である。六世紀前半に*百済より倭国に五経博士が派遣され儒教が伝えられた。（愛宕元）

ししん［四神］ 四方の守り神とされる空想上の動物で、東は青竜、南は朱雀、西は白虎、北は玄武である。元来は天空四方の星座で、中国古代では軍陣の名称、あるいは天子の鹵簿行列の旗模様ともされた。四色は五行の配当に基づくもので、木は東で青、火は南で赤(朱)、金は西で白、水は北で黒（玄）という五行の配当に基づくものである。朱雀は赤い雀ではなく鳳凰のこと、玄武は亀と蛇の合体した空想上の動物として表される。最古の事例とされるのは、一九八七年に河南省濮陽で発見された新石器仰韶文化期の墓葬中の貝殻で造形された竜虎の図像で、遺体の東側に竜、西側に虎が配せられていた（『文物』一九八八—三）。漢代には四神を図像化した方格規矩四神鏡が流行し、弥生中期以降に日本へも舶載された。また墓室の四壁に四神を描き、外から悪霊の侵入を阻むことも古くからみられ、日本にも大きな影響があったことは、キトラ古墳や高松塚古墳の壁画に見出せる。（愛宕元）

朝鮮半島では、三国時代の高句麗を中心に、一部、百済の古墳壁画に知られる。高句麗では、五世紀前半の薬水里古墳でみるように、生活風俗画を主要な題材とする壁画の一部に出現し、六・七世紀には壁画の主題は四神図となる。百済では、六世紀前半の宋山里六号墳のように、中国・南朝の影響を強くうけた塼築墳に四神図が描かれる。七世紀の陵山里東下塚の横穴式石室に描かれた四神図には高句麗からの影響が考えられる。（西谷正）

日本では早く高松塚古墳壁画・キトラ古墳壁画・正倉院宝物白石板・薬師寺金堂薬師如来像台座などにみえる。また『続日本紀』によれば、七〇八（和銅元）年の平城遷都は四神相応の地を選んで行われたという。また、この四神を描いた四神旗は元日朝賀や即位礼のとき、大極殿前の庭中に日像幢・月像幢とともに伏旗として立てられた。（北康宏）

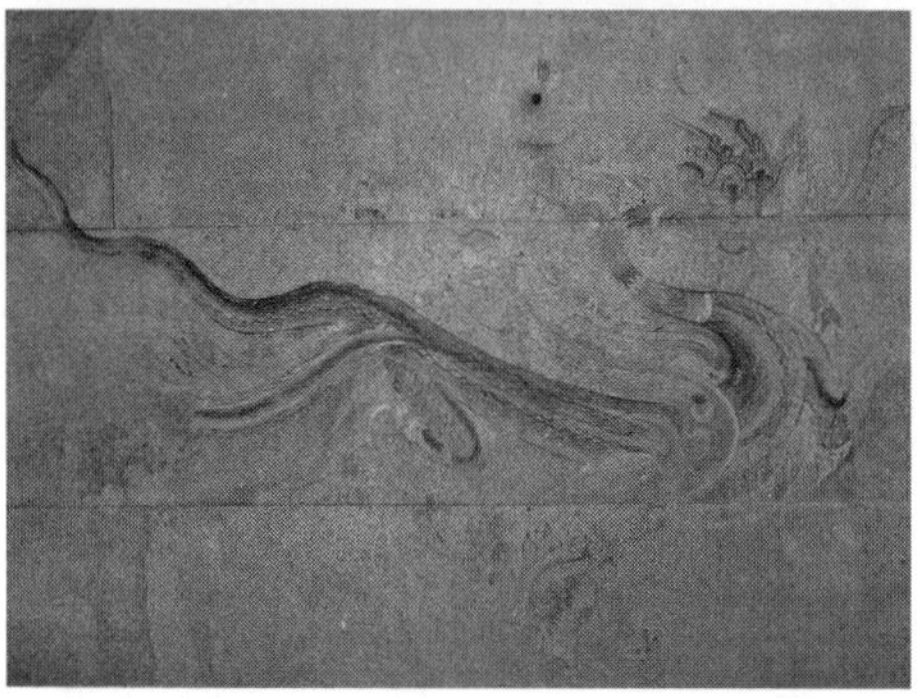

四神のうち朱雀（上）、青龍（左）、玄武（右）江西三墓

しじん［資人］ 律令制下において、一定以上の位階や官職をもつ者に与えられた従者。五位以上の諸王・諸臣に与えられる位分資人と、大臣・大納言・中納言に与えられる職分資人があり、いずれも本主の警固や雑務に従事にたずさわった。（荊木美行）

じしん［地震］ 古語は「なゐふり」。ナは土地、ヰは居という。初見は允恭天皇5年で(『日本書紀』)、この頃より地震の記録が存在したか。五九九（推古天皇7）年に「舎屋」が多く破壊され、その鎮圧を祈る地震神が祀られている。平安時代には天文博士が凶事としてこれを勘申し、また改元の原因ともなった。（井上満郎）

しじんき［四神旗］ ⇩四神

ししんづか［四神塚］ 中国吉林省集安にある六世紀前半の古墳。玄室・羨道からなる単室墓。玄室各壁の全面に青龍・白虎・玄武・朱雀の四神が描かれる。玄室の四隅に畏獣（鬼神）像が配置。天井部に日象三足烏、月象蟾蜍、畏獣（鬼神）、龍に乗る天人、鶴や鹿に乗る天人、怪鳥二羽、北斗七星、人首龍身の伏犠と女媧、蛇を呑む怪鳥、畏獣が描かれ、天井頂部全面に龍が表現される。畏獣の横に「敢宍不知口」の墨書がある。羨道の両側壁に半身裸形の鬼神像がみえる。（東　潮）

ししんでん［紫宸殿］ 平安京内裏殿舎の一つで、内裏の中央南よりに位置するため、正殿、南殿とも称され、内裏の中心をなす殿舎。身舎の規模は東西九間、南北三間で、殿舎の前は南庭とよばれる庭となっており、左に桜、右に橘の樹が植えられていた。本来は天皇の日常政務の場であったか、平安時代の中頃より、大極殿などにかわって即位・朝賀・節会など重要儀式が行われる場となった。（西山恵子）

しすいこ［私出挙］ ⇩出挙

しずかごぜん［静御前］ 生没年不詳。平安末期の白拍子。源義経の愛妾。母は磯禅師。一一八五（文治元）年土佐房昌俊による義経襲撃を察知し義経を救ったという。義経とともに没落するが捕らえられた。翌年鎌倉に送られ、出産した男子は殺された。（西村隆）

しずはたやまこふん［賤機山古墳］ 静岡県静岡市宮ヶ崎町浅間神社裏山に築かれた古墳時代後期の円墳。径約三二m、高さ約七mの墳丘内に、長さ一八・二mの横穴式石室を組み、その墓室に長さ二・九m、幅一・一m、高さ一・一mの家形石棺を据える。盗掘されていたが、須恵

器・土師器・冠帽・各種玉類・金銅で飾った大刀と馬の装具・鉄矛・鉄鏃・銅鏡・銅鋺等多種類の副葬品がみつかった。上質で豊富な副葬品と巨石を使った静岡県内最大の石室が特徴で、静岡平野最有力の豪族の墓とみられる。国指定史跡。（向坂鋼二）

しせい【史生】 「ししょう」とも。律令制下の下級官職の一つで、官位相当のない雑任。公文書の浄書・複写・装丁を行い、四等官の署名をとるなどした。大宝令施行当初は、官・省クラスの諸司にのみおかれたが、その後諸司にも新置された。（荊木美行）

しせい【四姓】 日本史上に功績を残した四つの姓の源・平・藤（藤原）・橘をいう。その成立時期は不明だが氏族の成立順は藤・橘・源・平で、源平が冒頭に配されることからして武士勢力のあり方を基準にするもので、四姓成立は両氏が武士として時代や社会を動かす勢力をもつ平安末期ないし鎌倉初期のことであろう。（井上満郎）

しせい【賜姓】 古代において、天皇が身分秩序の称号である姓を与えること。初見は『日本書紀』垂仁天皇二十三年十一月条の鳥取造への賜姓記事。大化前代では職掌に応じた氏族への賜姓が多い。天武朝において八色の姓が制定され、新姓賜与により皇親を中心とする氏姓秩序の再編がはかられた。律令制下では、臣籍降下した皇親、還俗した僧尼、解放された奴婢、渡来人などの無姓の者に賜姓する場合と、地位の変化や身分の上昇に応じて、官人などの良民に賜姓する場合がある。（加茂正典）

しせいせいど【氏姓制度】 ⇩氏姓

しせきぼ【支石墓】 世界の新石器時代から初期鉄器時代にかけての文化段階に広く分布、ドルメンの呼称で知られる巨石墳墓の一種。アジアでは、朝鮮半島において盛んに築かれた。日本では、縄文時代晩期後半（弥生時代早期）の稲作文化開始期に、朝鮮半島の東南部から、まず北部九州に伝播した。その後、弥生時代中期後半まで、北部九州を中心に、一部は南部九州まで分布するようになった。これまでに一〇〇遺跡余り、五〇〇基以上知られている。いずれも碁盤形をなすが、朝鮮半島のものに比べて小型化している。地下の埋葬施設には、石棺・木棺・土壙に加えて、甕棺がみられることが特徴的である。当初は、朝鮮半島からの渡来集団が築いた墳墓であったと推測されるのに対して、消滅期には、在地性の高い大形甕棺墓群のなかにあって、ごく一部で標識的に巨石がおかれるといったように、変容が認められる。初期には、副葬品として磨製石鏃などをともない、小型壺が供献されることがある。

【参考文献】 西谷正編『東アジアにおける支石墓の総合的研究』（九州大学平9）。（西谷正）

しせん【私銭】 ⇩私鋳銭

じせん【寺賤】 寺院が所有した賤民の総称。寺家の家人である寺家人（女性の場合は寺家女）や寺家の奴婢である寺奴婢をさす。東大寺をはじめとする有力寺院が奈良時代に多くの寺家人や寺奴婢を所有したことが、「正倉院文書」や寺院の資財帳の記載からわかる。（荊木美行）

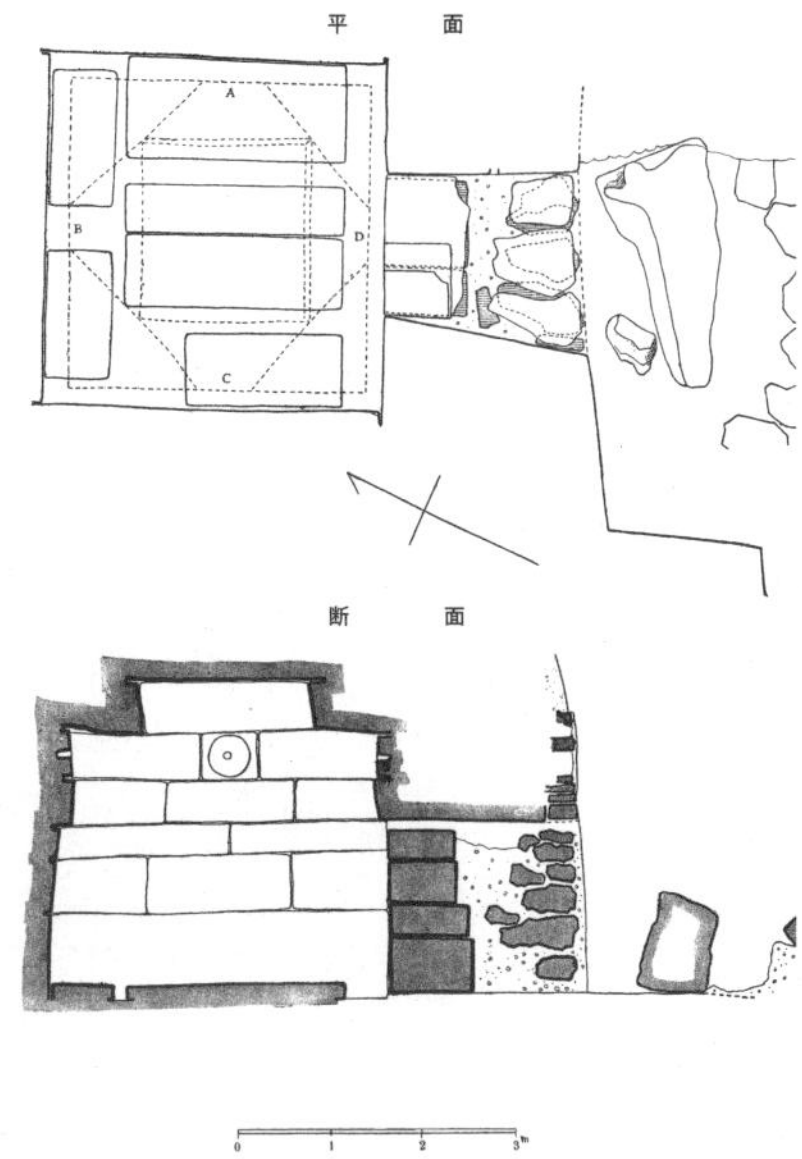

四神塚石室実測図
「通溝（F）」（日満文化協会）より

四神塚石室壁図配置図

四神塚石室壁図

福岡県糸島郡志摩町新町遺跡支石墓群

しそうこん【紫草根】 紫色の染料や薬に使われたムラサキ科の多年生草本。大宰府跡からは西海道諸国が紫草を貢納した際の荷札木簡が出土している。七三七（天平9）年の豊後国正税帳には「紫草園」とあり、国守が「紫草使」をつれて年三回部内を巡行している状況が記されていたことがわかる。「延喜式」に交易雑物としてみえる。（江草宣友）

じぞうしんこう【地蔵信仰】 釈迦が入滅してから五六億七千万年後に、弥勒が下生・成仏するまでの無仏の間、六道に輪廻して苦しむ衆生を救済するという地蔵菩薩に対する信仰。典拠は『地蔵菩薩本願経』や『地蔵十輪経』など。また平安末期に日本でつくられた偽経には『延命地蔵経』『地蔵十王経』がある。日本では八世紀にその信仰が始まり、当初は現世利益が重視されたが、しだいに来世救済が中心となる。特に平安中期以降末法思想の普及とともに民衆にも広がり、十王信仰と結びついて地獄の救済仏としての性格も強まった。地蔵講も行われ始め、百体・千体地蔵の造立もさかんになった。地蔵の霊験譚は、古くは『日本霊異記』にみられ、一一世紀中頃には実叡が『地蔵菩薩霊験記』を著した（同書には六道のそれぞれで衆生を救済する六地蔵の記述がある）。また『今昔物語集』には同書にもとづくものをはじめ、多数の説話がおさめられている。時代が進むにつれて地蔵信仰は一層浸透し、さまざまな民間信仰と結びついて多彩に展開した。（難波謙一）

【参考文献】速水侑『地蔵信仰』（塙書房昭50）。桜井徳太郎編『地蔵信仰』（雄山閣出版昭58）。

しぞくし【氏族志】 古代氏族の系譜を集成した書。七六一（天平宝字5）年、撰氏族志所が設置され、諸氏族に系譜記録である本系帳の提出が命じられた（『中臣氏系図』所引「延喜本系」）。これらをもとに、氏族系譜を勘造し、『氏族志』の編纂が進められたが、七六四（同8）年の恵美押勝の乱、淳仁天皇の廃位事件などのため未完成に終わった（『新撰姓氏録』序文）。本書の書名は唐の『氏族志』に倣ったものという。氏族系譜の集成は『新撰姓氏録』の成立まで待つこととなる。（加茂正典）

しぞくほんけいちょう【氏族本系帳】⇩氏族志

じそんいん【慈尊院】 和歌山県伊都郡九度山町にある真言宗の寺。寺名は空海護持堂からとる。本尊は八九二（寛平4）年の銘のある弥勒菩薩。平安中末期頃、貴顕の高野山詣の宿泊施設、また慈尊院座主（東寺長者）の寺領経営基地として発展した。一一七一（承安元）年に慈尊院・護摩堂以下ことごとく焼失。三年後に検校禅信の私力で慈尊院のみ再興された。一〇八八（寛治2）年頃には当院を起点とする高野山詣道上に、町数を注した卒塔婆札が立ちならんでいたという。（野口孝子）

したく【思託】 生没年未詳。奈良・平安初期の唐僧。鑑真の弟子。唐の沂州の出身で俗姓は王氏。台州の開元寺から天台山に移って律と天台を修め、鑑真の日本への渡航計画に最初から従った。七五四（天平勝宝6）年以降、平城京において鑑真を補佐しつつ東大寺戒壇院での授戒や唐招提寺の建立に尽力した。唐僧道璿の要請をうけて大安寺で法励の『四分律疏』などを講説し、自らは天台沙門と称した。著作に鑑真の事績を詳記した『大唐伝戒師僧名記大和上鑑真伝』三巻、『延暦僧録』十巻があるが、ともに散佚。前者を抄録した淡海三船『東大和上東征伝』が現存する。（増尾伸一郎）

しだぐんがあと【志太郡衙跡】 静岡県藤枝市にある古代駿河国志太郡の郡衙跡。御子ヶ谷遺跡ともいう。一九七七（昭52）年の発掘調査で、掘立柱建物三〇棟と区画の板塀・門、板塀に沿う道路跡などと「志太」「大領」「少領」「主帳」「志太厨」などの墨書土器が多数出土。郡衙遺跡であることが確認され、国指定史跡に。建物は規則的な配置をとるが、比較的小規模で、典型的な郡庁や正倉の建物構成とは異なり、厨家や館などの可能性が高い。八世紀前半から九世紀まで継続する。（坂井秀弥）

しだらがみ【設楽神】 志多羅神とも。一〇世紀以降、平安時代民間で信仰された疫神・御霊神の一つで、九州から入京する。宇佐八幡の関係神か。「しだら」の語源は神を祭る人々が集まって歌舞する際に拍子を打つこと。九四五（天慶8）年に志多羅神の神輿が、摂津国から石清水八幡宮に移座。一〇一二（長和元）年にも舟岳紫野に入った。

〔**参考文献**〕『京都の歴史二』（學藝書林昭45）。　　（**蟬丸昌子**）

しちかんこふん［七観古墳］　大阪府堺市旭ヶ丘の段丘端にある円墳。墳丘長三六〇mの上石津ミサンザイ古墳（履中陵古墳）に北接する古墳時代中期前半、径五〇mの二段築成の円墳である。墳頂には方形に埴輪列が巡り、少なくとも三基の粘土槨があった。約一八〇本の刀剣など大型墳に接する古墳の大量副葬が特徴的である。出土遺物には甲冑、農工具、馬具があり、とくに初期の馬装、本来位階を示すと思われる金銅製帯金具が甲にとりつくことが注目される。　　（**一瀬和夫**）

しちしとう［七支刀］　奈良県天理市の石上神宮に伝世する貴重な呪刀。日朝関係史を物語る銘文がある。全長七四・八cm、刀身およそ六五cmの鍛鉄両刃の刀で、刀身の左右に三つずつの枝が互い違いに出ている。社伝では「六叉刀」「六叉鉾」「六支鉾」などと称されているが、銘文に「七支刀」とある。刀身の表（三四字）、裏（二七字）に六一字の金象嵌の銘文がある。泰和四年については東晋の太和四年（三六九）とみなす説が有力である。七支刀銘文の釈文・解釈については諸説があって、百済王の倭王への献上説あるいは百済王の倭王への下賜説をはじめとする見解の対立があるが、『日本書紀』の記述によって、百済王が倭王に服属の証として献上したとみなすような説はなりたたない。銘文の最後に「後世に伝示せよ」とあり、「百済王世団」とみえるのもみのがせない。「百済王の世子（後の近仇首王）」とよむ説もある。いずれにしても注目すべき金石文である。

〔**参考文献**〕和田萃編『大神と石上』（筑摩書房昭63）。　　（**上田正昭**）

七支刀　石上神宮所蔵

しちしゅつ［七出］　⇩離婚

しちじょうおおみやぶっしょ［七条大宮仏所］　平安左京七条大宮に営まれた仏所（木仏師が集団で仏像を造る工房）。定朝の孫とされる院助を祖とする院派の門脈をいう。院政期における造寺造仏の盛行を背景として発展。院助の子院朝は分家して六条万里小路仏所を営んだ。　　（**関口力**）

しちだいじ［七大寺］　⇩南都七大寺

しちだいじじゅんれいしき［七大寺巡礼私記］　一一四〇（保延6）年に南都七大寺などを巡礼した際の見聞記。大江親通著。東大寺・大安寺・西大寺・興福院・興福寺・元興寺・唐招提寺・薬師寺・法隆寺の順に、縁起・堂舎・仏像等についても詳細に記述。一二世紀頃の南都諸大寺の状況を知る重要史料。『校刊美術史料』寺院篇（上）所収。　　（**松本公一**）

しちだいじにっき［七大寺日記］　南都七大寺などを巡礼した際の見聞記。一帖。平安時代末の一一〇六（嘉承元）年の大江親通撰とされてきたが、成立年代、撰者ともに検討を要する。ただし、『七大寺巡礼私記』には本書の記事が引用される。東大寺・興福寺・元興寺・大安寺・西大寺・興福院・唐招提寺・薬師寺・法隆寺（末尾欠）の順に縁起・堂舎・仏像等について簡潔に記す。「七大寺修行要事大略」が旧題か。一二世紀の南都寺院の実態を知る重要史料。『校刊美術史料』寺院篇上、『続群書類従』釈家部、『大日本佛教全書』所収。　　（**松本公一**）

しちだいじねんぴょう［七大寺年表］　二巻。六八二（白鳳11）年から八〇二（延暦21）年の間の僧綱の補任を記したもので、僧侶・寺院・法会などの仏教関係の記事も編年体で記される。東大寺東南院院主恵珍が一一六五（永万元）年に編む。興福寺本「僧綱補任」を基に諸史料を材料に増補して一二巻とした「僧綱補任」の一・二にあたる。名古屋真福寺蔵「七大寺年表」は原本の一部とみられる。「僧綱補任抄出」（『群書類従』補任部）は本書の抄出で欠失部を補うことができる。『続群書類従』釈家部、『大日本佛教全書』所収。　　（**松本公一**）

しちどう［七道］　⇩五畿七道

じちゅうぐんよう［侍中群要］　蔵人の職務に関する有職書。侍中は蔵人の唐名。著者不詳。一一世紀摂関期の成立か。一〇巻。蔵人の日常業務、恒例・臨時の儀式での作法等蔵人の職務全般について項目ごとにつき詳述。一三〇六（嘉元4）年金沢貞顕書写の金沢文庫本は重文。　　（**綾村宏**）

しちゅうせん［私鋳銭］　民間で私的に鋳造された銭貨。古代では、律令国家はみずから発行する銭貨に高い法定価値を付与した。このため私鋳銭の利益は大きく、盛行した。私鋳銭は、法定価値の下落、銭貨の混乱を招き、律令国家の銭貨政策の根本をゆり動かすので、厳罰が科された。六国史には摂津・大和・伊賀などの私鋳銭人のことがみえ、『日本霊異記』には、銅仏を盗んで私鋳銭の材料とする話がある。私鋳銭の現物は確認されていない。（栄原永遠男）

しちょう［仕丁］　「つかえのよぼろ」とも。律令制下における労役の一つ。大化前代からある日本独自の力役制度で、唐賦役令にはない。大宝・養老令制では、五〇戸（一里）ごとに正丁（二一歳以上六〇歳以下の男子）二人を徴し、直接雑役にあたる立丁とその食事の世話などにあたる廝丁に分けた。仕丁の生活費は郷土の負担であった。「大宝令」には期限の規定がなく、七二二（養老6）年に三年交替となり、「養老令」もこれにしたがったが、実際には長期にわたり使役された。なお、女性から採る女丁（仕女）もわずかながらあり、こちらは後宮で使役された。

【参考文献】弥永貞三『日本古代社会経済史研究』（岩波書店昭55）。（荊木美行）

しちょう／かしわで［廝丁］　律令制下の労役の一種。直接労役に就く人のために汲炊の労をとる者をいう。令制では一里から、仕丁は立丁一人と廝丁一人、飛驒匠は匠丁八人と廝丁二人を徴発する規定であったが、仕丁の立丁・廝丁の別は奈良中期には形骸化した。（鎌田元一）

じちんぐ・ちんだんぐ［地鎮具・鎮壇具］　建設工事・整地工事や作壇工事に先立ち工事の安全と建物の安寧を祈願するために埋納された鎮物。最古の例は川原寺塔跡から出土した半截された無文銀銭一点と金銅円板二点がある。奈良時代になると南都の諸大寺から多くの地鎮具・鎮壇具が発見されている。なかでも東大寺と興福寺の発見品が双璧をなす。東大寺大仏殿では大仏殿須弥壇上の三ヵ所から金銀装大刀・銀製鍍金狩猟文小壺・銀製鍍金蟬形鏁子など大量の遺物が出土した。興福寺では中金堂の基壇土中から唐式鏡・金銅大盤・金銅鋺など供養具類、砂金・延金・金小玉・銀板・和同開珎などの金銀銭貨類、水晶・琥珀・珊瑚・瑠璃など珠玉類が発見された。ほかの寺院でも様々な地鎮具・鎮壇具が発見されている。法華寺・西大寺・元興寺の塔跡では、基壇築成にともなって銭貨が埋納された。奈良市横井廃寺金堂跡・京都府井手廃寺・京都府周山廃寺・奈良県霊安寺塔跡では唐式鏡を中心とした埋納物が発見された。このほか銭貨を主体とし土師器・須恵器を容器に用いる地鎮具・鎮壇具は、寺院に限らず京内の宅地や地方の官衙跡などからも多数の類例が発見されている。（杉山洋）

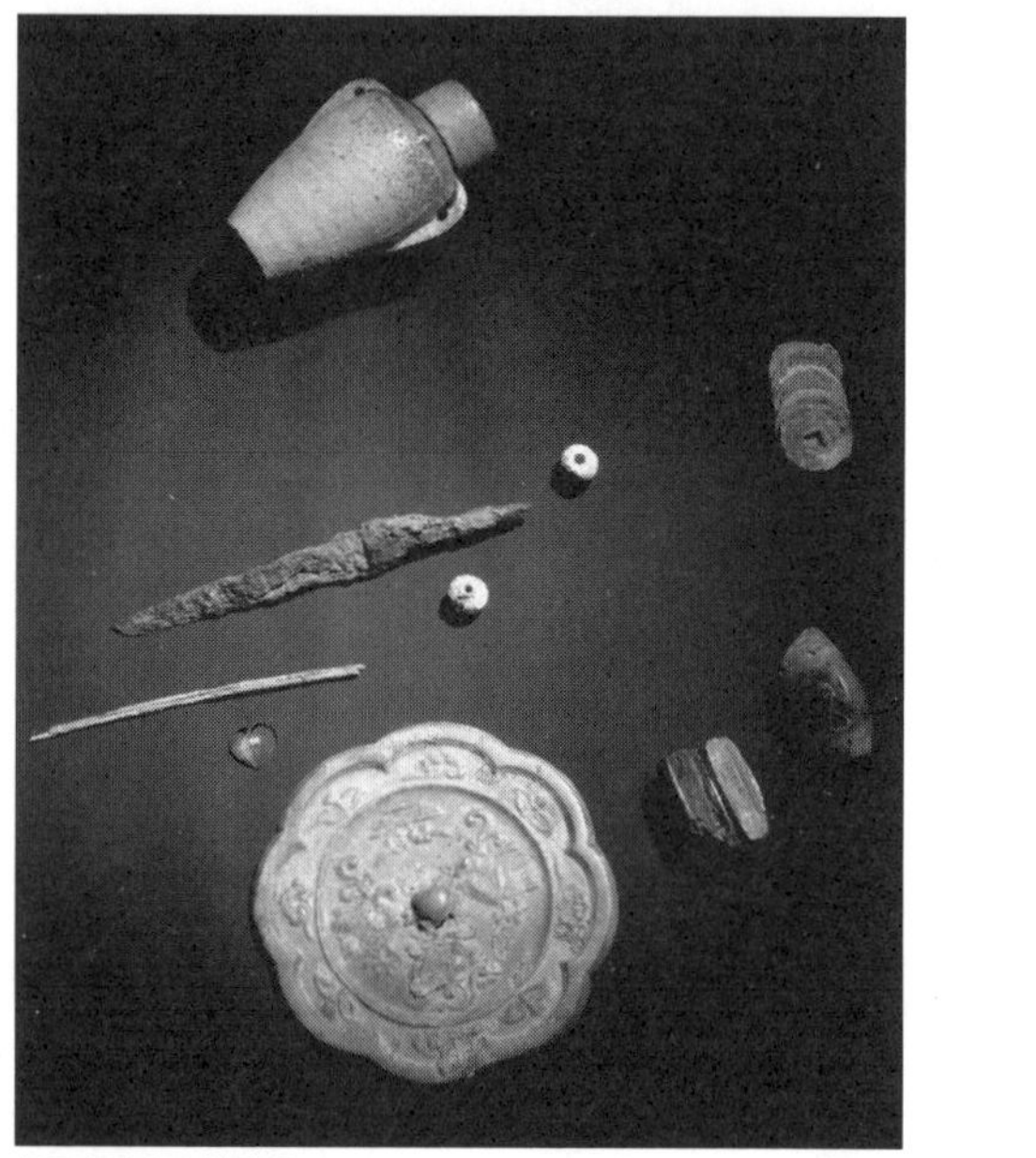
坂田寺跡出土鎮壇具
写真提供：奈良文化財研究所

じちんさい［地鎮祭］　建設工事や整地工事に先立ち工事の安全と建物の安寧を祈願する祭祀行為。最古の記録は『日本書紀』持統五（六九一）年の藤原京造営に先立つ「鎮祭新益京」の記述である。奈良時代には法華寺阿弥陀浄土院や石山寺造営工事で地鎮祭が行われている。法華寺阿弥陀浄土院では特定の建物だけでなく敷地全体をさす院中を対象にした鎮祭の存在や、五色の幣帛や五穀が用いられ、楽人が参加したことなどが知られる。石山寺では陰陽師が鎮祭を執り行っている。（杉山洋）

しつげい［漆芸］　⇩漆

じっけんこうこがく［実験考古学］　過去の人間の考えや思想、信仰、行為や行動、技術などを解明する考古学研究法。遺跡や遺構、遺物を復元し、製作方法や構築技術、活動のしかたを確かめる。さらに複製品を使用し、廃棄、埋没、消滅させて、機能と使用方法、破壊度や廃棄パターン、腐朽と消滅の変遷過程あるいは物質資源の循環などを探る。また遺構や遺物に残った痕跡から技術の復元を試み、人間の行為、行動を再現し比較研究する方法である。（岡内三眞）

しっしゃかん［漆紗冠］　紗という薄絹でつくり漆をかけてかためた冠。唐の紗帽の制をひくもので、六八二（天武11）年に男性官人の位冠を停め、官位に関係なく一律に着用させた。奈良県明日香村の高松塚古墳壁画の男子像が被る冠はこれにあたる。（武田佐知子）

しったん［悉曇］　仏典はもともと古代インドの文語であるサンスクリットで書かれた。その文字が梵字である。漢訳された後も経典中の呪文にあたる陀羅尼はサンスクリットでとなえる。「悉曇」は吉祥成就を祈る言葉の発音を漢字表記したもので、陀羅尼などのはじめにつけられる。転じて、経典に用いられた梵字の体系とその音韻論的研究をさして悉曇とよんだ。文字の体系は悉曇章とよばれ、一二の母音字「摩多」と三五の子音字「体文」からなる。（犬飼隆）

じっちゅう［実忠］　726～?　奈良・平安時代前期の東大寺僧。東大寺別当・大僧都の良弁に師事し、その目代として造東大寺司の財政運営を担った。東大寺の造営修理においても活躍し、大仏光背を造り、東塔に露盤を据えた。称徳天皇の信任も篤く、七六四(天平宝字8)年の恵美押勝の乱後は西大寺や西隆寺の造営にもあたった。七七四(宝亀5)年に寺主、七八〇(同11)年に造瓦別当となり、土座、知事、華厳供大学頭などの要職を歴任した。その業績は『東大寺要録』権別当実忠二九ヵ条に詳しい。 (増尾伸一郎)

しでん [私田] 公田に対して用いられた概念。令規では、私田は口分田・位田・職(分)田などの有主田をさす用語であったが、七四三(天平15)年の墾田永年私財法以降その概念は変化し、墾田などの永年私財田をさして用いられるようになった。 (山本崇)

しでん [賜田] 令制下、別勅により個人に給される田。古記は輸租田とする。奈良時代の賜田は一〇町程度で褒賞の意味合いが強くむしろ功田と近しい。平安時代初期には親王以下近臣に数十町から数百町におよぶ荒廃田・未墾地などを賜わる親王賜田がみえ、王臣家領荘園の一翼を担った。 (山本崇)

じでん [寺田] 伝法田・仏餉田とも。寺院所有の田地で、寺院の維持費・修造費に充てられた。国家から施入または認定されて不輸租田となった。起源は律令制以前にさかのぼり、六〇六(推古天皇14)年には、聖徳太子が給わった播磨国の水田百町を法隆寺に施入(『法隆寺伽藍縁起幷流記資財帳』では五九八〈推古天皇6〉年)。七四九(天平勝宝元)年に寺院に墾田が認められると墾田による寺田が増加。田令義解は不税田、延喜主税寮式では不輸租田とする。 (岩田真由子)

してんのう [四天王] 仏法守護神。仏教世界観で須弥山中腹の四方に配されていることから、須弥壇の四方におかれる。東方を持国天、西方を広目天、南方を増長天、北方を多聞天が守護する。甲冑を身にまとい、足下には邪鬼を踏む姿が通例。 (志麻克史)

してんのうじ [四天王寺] 大阪市天王寺区元町にある和宗本山。荒陵山を号し、荒陵寺ともよばれた。『日本書紀』の崇峻天皇即位前紀によれば、蘇我馬子が物部守屋らを討伐したおり、厩戸皇子(聖徳太子)は馬子の軍に加わり、四天王像をつくって、勝利すれば「護世四王のために」寺塔を建立すると誓約したと記す。この記事には四天王寺が聖徳太子の発願に由来することを強調した要素が強いが、推古天皇元(五九三)年是歳の条には「四天王寺を難波の荒陵に造る」と述べる。『日本書紀』の推古天皇三十一(六二三)年七月の条には、新羅・任那の使節が来朝したおり、仏像は葛野の秦寺に、金塔・舎利・観頂幡・小幡などは四天王寺におさめたと伝える。『荒陵寺(四天王寺)御手印縁起』には、物部守屋の奴婢・所領・資財を没収して寄進したと記載する。発掘調査によって、金堂・塔・中門・南大門が直線にならぶいわゆる四天王寺式伽藍配置であったことが明確となり、金堂や塔周辺・中門から飛鳥時代前期の瓦が多量に出土して推古朝末年のころまでに造営されていたことがわかる。講堂や回廊の基壇は築成されていたが、建物の建立は奈良時代前期の頃と推定されている。六四八(大化4)年二月には仏像四躯を塔内におさめたことを『日本書紀』に記載する。七〇三(大宝3)年二月には持統太上天皇七七忌にさいして勅使を四天王寺をはじめとする三三寺に派遣・設斎。七三四(天平6)年食封二〇〇戸施入、七六七(神護景雲元年)年墾田五〇〇町など崇敬をうける。南北朝にはしばしば兵馬の巷となり、兵火・震災などの被害にあったが、慶長・元和・文化の再興をへて明治に入る。一九三四(昭和9)年の大風害で塔・中門が倒壊したが再建、一九四五(同20)年の空襲によって伽藍焼失。現在の伽藍は創建の規模さながらの再現。 (上田正昭)

してんのうじごしゅいんえんぎ [四天王寺御手印縁起] ⇩四天王寺

してんのうじしき [四天王寺式] ⇩伽藍配置

しど [私度] 律令制下において官度をへず私的に得度すること。律令公民制を揺るがすものであるため僧尼令で禁止。しかし、たびたびの禁令からその広範な存在が確認される。私度の出とみられる薬師寺僧景戒の『日本霊異記』には、私度僧の実態が生き生きと描かれている。平安時代になると、官度制の弛緩とともに私度禁止政策も放棄される。 (岩田真由子)

じとう [地頭] 荘園の管理者またはその職掌の一つで、下司などと並ぶ。平安時代よりみえ、土地そのものないし現地の意味と、それが転化した地主・領主ないし特定の職掌をさす場合がある。鎌倉幕府の主要機関としての地頭はこの後者が転化したもの。一二世紀半ばより史料にみえ、平氏政権も地頭を設置した兆候があり、その性格には議論があるものの鎌倉幕府の地頭職設置に先行する。

[参考文献] 上横手雅敬『日本中世政治史研究』(塙書房昭45)。 (井上満郎)

しとうかん [四等官] 律令制官司における長官・次官・判官・主典の区分。長官は官司を統括し、次官はその補佐を行い、判官は非違の検察、事案の決裁、文案の審査、主典は記録・文書の起草を職務とした。官司のランクによって、定員・相当位などにちがいがあった。 (荊木美行)

しどうしょうぐん [四道将軍] 主として崇神天皇の代に北陸・東海・西道(山陽)丹波の各方面に四人の将軍を派遣したという伝承。『日本書紀』によれば、崇神天皇一〇年九月の条に大彦命を北陸へ、武渟川別を東海へ、吉備津彦を西道へ、丹波道主命を丹波へ派遣したことを記す。『古事記』の崇神天皇の条には大毘古命を高志道へ、建沼河別命を東方一二道へ、日子坐王を旦波(丹波)へ遣わしたと述べる。『古事記』では崇神朝のできごととしてはいわゆる三道派遣しかみえず、『古事記』孝霊天皇の条に、大吉備津日子命と若建吉備津日子命が、針間(播磨)の氷河の前に忌瓮をすえて、針間を道の口として吉備を平定したという伝承を記す。『日本書紀』の崇峻天皇二年七月の条には、近江臣満を東山道へ、宍人臣鴈を東海道へ、阿倍臣を北陸道へ派遣したことを記載しているのも参考になる。 (上田正昭)

じとうてんのう［持統天皇］ ?～702　在位690～97　天武天皇の皇后で、皇太子の草壁皇子薨去後に即位した女帝。天智天皇の皇女。母は、蘇我倉山田臣石川麻呂の女の越智娘。大田皇女は同母の姉。また越智娘の妹の姪娘も天智の嬪となり、阿陪（阿閇）皇女（後の元明天皇）を生んだから、持統と元明は異母姉妹となる。実名は鸕野讃良皇女（鸕〈菟〉野皇女・沙羅羅皇女にも作る）。北河内を本拠とした渡来系馬飼集団の伴造、沙羅羅馬飼造あるいは菟野馬飼造（ともに六八三〈天武12〉年一〇月に連の姓を賜う）出身の女性が乳母だったことによる。叔父の大海人皇子（後の天武天皇）の妃となり、六六二（天智元）年に草壁皇子を生んだ。姉の大田皇女も大海人皇子の妃となり、六六一（斉明7）年に大来皇女、六六三（天智2）年に大津皇子を生んだ。大田皇女は大津皇子を生んで数年のうちに亡くなったので（六六七〈天智6〉年二月に、斉明天皇陵の陵前の墓に葬られた）、鸕野皇女が正妃となった。

大海人皇子は天智朝に大皇弟の地位にあって天智を補弼し、最も有力な皇位継承者であったが、六七一（天智10）年正月に天智が実子の大友皇子を太政大臣としたことから身の危険を感じ、天智から後事を託された際も、多病を理由に辞退して出家、吉野宮に入って隠棲した。鸕野皇女も大海人皇子に従って吉野宮に入って苦楽をともにし、六七二(天武元)年六月、壬申の乱が勃発した際にも、幼い草壁皇子をともなって、吉野宮からの脱出行に加わった。大海人皇子が壬申の乱に勝利し、六七三（同2）年二月、飛鳥浄御原宮で即位すると、鸕野皇女は皇后に立てられた。

鸕野皇女は父の天智天皇の資質を受け継いだ優れた政治力の持ち主で、天武の親政をよく補弼した。六七九（同8）年五月五日、天武は吉野宮において、草壁・大津・高市・忍壁皇子と天智の皇子で天武の皇女を娶っていた河嶋・芝貴皇子の六皇子を集め、「千載の後までも、互いに背くことのないように」と誓わせた。その誓約の場に加わっていた鸕野皇女も、六皇子を抱き、吾が子として同様に慈しむと誓っている。天武が鸕野皇女の優れた政治能力に全幅の信頼を寄せていたことを如実に示す事例である。六八一（同10）年二月、天武は皇后の鸕野皇女とともに大極殿に出御し、親王・諸王および諸臣を召して律令制定を命じ、この日、草壁皇子を立てて、皇太子とした。六八六（朱鳥元）年七月、すでに発病していた天武は、「天下の事、大小を問わず、皇后および皇太子に啓せ」と勅したので、以後、皇后と皇太子が政治権力を掌握し、同年九月九日に天武が崩御すると、皇后鸕野皇女が称制した。同月十一日に飛鳥浄御原宮の南庭で殯宮がおこされ、二四日から種々の殯宮儀礼が開始されたが、その時に大津皇子の謀反事件がおこった。その直後、大津皇子は伊勢に赴いたが、十月二日に飛鳥に戻って捕えられ、翌三日に刑死する。その処断を下したのは皇后の鸕野皇女であった。六八八（持統2）年十一月十一日、殯宮儀礼が全て終了して天武は大内山陵に葬られた。後は草壁皇子の即位を待つばかりとなっていたが、草壁皇子は翌年四月十三日に亡くなった。そのため鸕野皇女は六九〇(同4）年正月一日に即位した。持統天皇である。

それまで女帝として即位したのは、推古・皇極・斉明（皇極重祚）天皇である。それぞれの即位の背景をみると、崇峻天皇が暗殺された時点では、欽明の皇子らがまだ多数いたし、舒明崩御の際には、山背大兄王(厩戸皇子の子)、舒明の皇子である古人大兄皇子（母は、蘇我大臣馬子の女の法提郎媛）、中大兄皇子(母は宝皇女。即位して皇極天皇）がいた。有力な皇位継承者が複数いたため、いわば中継ぎとして、推古・皇極が女帝として擁立されたと推測される。斉明が重祚した背景はやや異なる。孝徳天皇崩御の原因が中大兄皇子との不和にあったため、中大兄皇子の即位については、群臣の間でも異論があったと推定され、また孝徳天皇の遺児である有間皇子がまだ年少であったこともあって、斉明重祚という異例の事態となったものと思われる。

天武天皇が崩御し、続いて草壁皇子が薨去した時点で、有力な天武の皇子として、高市・忍壁・穂積皇子らがいたが、鸕野皇女はすでに称制して政治権力を掌握していたので、その即位については天武の皇子たちや群臣の間で異論はなかったものと考えられる。持統即位後の六九〇（持統4）年七月、高市皇子を太政大臣、丹比真人嶋を右大臣とした。天武朝の政治形態は、天武が親政し、皇后の鸕野皇女がそれを補弼、六八一（天武10）年二月に草壁皇子は皇太子に立てられ万機を摂し、六八三（同12）年二月に大津皇子も朝政に参画した。天武朝と持統朝の政治形態を比較すると、持統の政治権力は相対的に弱体化したとみなしうる。太政大臣の高市皇子は後皇子尊の尊称でよばれており、天武朝の草壁皇子尊の事例に次ぐから、忍壁・穂積皇子ら、他の天武の皇子たちと比較して、その地位は隔絶していた。したがって高市皇子が太政大臣に任命された時点で、暗黙のうちに次の皇位継承を予定されていたとみることもでき、それはまた持統天皇が草壁皇子の遺児である軽皇子(後の文武天皇)を、将来、立太子させる深慮に出るものであった可能性もある。そのいっぽうで、持統は中臣鎌足の次男であった藤原朝臣不比等を重用するようになる。六八九(持統3）年二月、竹田王ら九人を判事としたが、その内に藤原朝臣史（不比等）が含まれていた。同年四月一三日に草壁皇子は薨じたが、その際、愛用の佩刀を不比等に授け、軽皇子の将来を託した。後に軽皇子が六九七（文武元）年八月に即位すると、不比等は女の宮子を後宮に入れて夫人とし、宮子は七〇一（大宝元）年に首皇子（後の聖武天皇）を生んだ。

高市皇子を太政大臣とした直後から、藤原宮の造営事業が開始された。『日本書紀』にみえる記事を列挙すると、持統四年十月に高市皇子、十二月には持統天皇がそれぞれ藤原の宮地を観た。五年十二月、右大臣以下、無位に至る官人に宅地を班給。六年正月、持統は新益京の道路をみ、五月には藤原の宮地を鎮祭、また使者を遣わして、伊勢・大倭・住吉・紀伊の四社の大神に奉幣し、新宮のことを報告した。六月に持統天皇は藤原の宮地をみ、同七年二月には造京司衣縫王に命じて、造京事業のさなかに出土した尸を収容させた。同年八月および八年正月にも藤原の宮地に行幸。八年十二月に藤原宮に遷居した。

藤原宮および新益京の造営事業は、実は天武朝にすでに新城として計画され、一部で実施されていたものである（なお『日本書紀』には「新益京」とみえる。藤原京の用語は、近代になって作られたもの)。六七六(天武5)年に天武天皇は新城に都を造ろうと計画したが中断、六八二(同11)年三月に再開した。六八三年七月の京師巡行、翌年三月の京師巡行と宮室の地の決定は、新城の造営事業と結びつくものとみてよい。藤原宮内の下層から、先行する条坊道路や側溝が検出されており、また藤原宮大極殿の北側で検出された南北大溝(幅約七m、深さ二m)からは、約一三〇点の木簡が出土した。その内には、「壬午年(天武11年)」「癸未年(同12年)」「甲申年(同13年)」と記す木簡が含まれている。したがって六八四(同13)年三月の京師巡行の際には、後の藤原宮内に大藤原京と結びつく道路や側溝がすでに敷設されていた。六八六(朱鳥元)年九月九日に崩御した天武天皇の大内山陵が、藤原京朱雀大路の南への延長線上に正しく位置している事実は、藤原宮の位置がすでに決定していたことにもとづく。六九〇(持統4)年十月から開始された藤原宮の造営事業では、それらの大溝・道路を埋め立てて整地し、大極殿基壇が造成されたのである。

　藤原京の範囲については、大別すると岸*俊男説(岸説藤原京)と大藤原京に分かれる。岸説藤原京では、大和の古道である中ツ道・下ツ道・阿倍山田道・横大路を、それぞれ東西南北の京極大路とする東西四里・南北六里(一里は約五三〇m)とし、東西四坊ずつ、南北一二条とする。大藤原京説では、『周礼』冬官考工記にもとづいて東西一〇里・南北一〇里とし、東西五坊ずつ、南北一〇条とする。大藤原京だと、東西南北の京極大路は、それぞれ中ツ道から東へ三里のライン、下ツ道の西三里、阿倍山田道から南へ一里のライン、横大路の北三里となる。その京域は大和三山を含み込む広大な範囲となり、平城京域よりも広くなる。これまでの発掘調査で、橿原市新口町で北京極大路が検出されている(二〇〇五〈平成17〉年三月段階では、さらに京域が北方に延びるが否かは未確定)。平城遷都直前には大藤原京であったことはほぼ確定したが(ただし南方域や香具山の周辺については異論がある)、天武朝における新城造営の段階で、すでに大藤原京の京域であったのか否か、当初は岸説藤原京の範囲であり、大宝令施行にともなって京域が拡大され、大藤原京となったのか、議論が分かれている。こうした現状を踏まえると、新城や新益京(藤原京)という呼称は、飛鳥浄御原宮の宮域あるいは倭京を、新たに拡張したミヤコ(京)という意味ではなく、新しく造営された広大なミヤコ(京)と理解すべきかと思われる。

　六八九(持統3)年六月の飛鳥浄御原令制定後、翌年九月に戸令にもとづいて戸籍(庚寅年籍)がつくられた。庚寅年籍では、良賤身分の再編成が行われたが、それにともなって生じた問題に対処するため、六九一(同5)年三月に良賤身分を区別する基準が定められ、四月には、氏の祖の時に賤身分を解放されて庚寅年籍で奴婢の籍から除かれた者については、氏の眷属らが氏の私奴婢と主張することを禁じた。また十月には陵戸(当時は陵守)を定めた。六八一(天武10)年三月に、川嶋皇子らに帝紀および上古諸事の記定を命じたが、六九一(持統5)年八月に大三輪氏以下の一八氏に「其の祖等の墓記」を上進させたのは、いわば天武朝史局を再編成して、持統朝にも史書の編纂事業が継続されていたことを示すものかもしれない。同年九月に、音博士であった大唐の音博士の続守言・薩弘恪や書博士百済末士善信らに、人ごとに銀二〇両を賜ったことや、翌年十月に山田史御形に務廣肆を授けたことも、そうした持統朝史局に関わることかと思われる。

　同年二月、持統は諸官に対し、三月三日を期して伊勢に行幸することを詔したが、中納言大三輪朝臣高市麻呂は農事を妨げる旨を上表して諫言した。三月には行幸にともなう留守司の任命があったので、高市麻呂は、その冠位を脱いで重ねて「農作の節に行幸すべきでない」と諫めたが、持統はそれに従わず、伊勢に行幸した。行幸の目的は不詳であるが、伊勢神宮との関わりを想定しうるかもしれない。

　六九六(同10)年七月、皇位継承を予定されていた高市皇子が急死した。そのため宮廷内では皇嗣をめぐって紛糾したが、『懐風藻』の葛野王伝にみえるように、持統天皇の意を汲んだ葛野王の主張により、草壁皇子の遺児である軽皇子が皇太子に立てられた。翌年二月に当麻真人国見を東宮大傅、路真人跡見を東宮大夫に任じているから、立太子の時期は同年正月か二月初めと推定される。同年八月一日に持統天皇は譲位し、軽皇子が即位した。文武天皇である。文武天皇即位後も持統は太上天皇として政治権力を保持し、文武を扶けた。七〇一(大宝元)年八月には「大宝律令」が完成する。六八一(天武10)年二月に律令制定を命じる詔が出されてから、二〇年をへて律令が備わり、ここに律令国家体制が確立した。翌年十月十日、持統太上天皇は参河国に行幸し、尾張・美濃・伊勢・伊賀をへて藤原宮に還幸したが、ほどなく不予となり、同年十二月二二日に崩じた。一年近く殯宮儀礼が行われ、七〇三(大宝3)年十二月十七日、大倭根子天之広野日女尊と諡された後、飛鳥岡で火葬に付され、同月二六日に大内山陵に合葬された(『続日本紀』)。仏式葬儀にもとづく火葬としては、七〇〇(文武4)年三月に物化した僧道昭が栗原(奈良県高市郡明日香村栗原)で火葬に付された事例に次ぐ。なお「栗原」については「粟原」とする写本もあって、その場合には奈良県桜井市粟原となるが、倭漢氏の本拠地であった栗原とみるべきだろう。持統が仏教信仰に厚く、道昭に深く帰依していたことを示すものとみられる。また大倭根子天之広野日女尊という和風諡号は、『日本書紀』では高天原広野姫とする。その背景には、七二〇(養老4)年五月に完成した『日本紀』(『日本書紀』)編纂の過程で、日本神話にみえる天照大神を、高天原世界を統治する最高女神であるとともに、皇祖神(歴代天皇の祖神)とする観念が確立したことと深く関わっているかと推測される。天照大神とその孫で葦原中つ国に降臨したニニギ尊の姿が、女帝である持統天皇と皇孫で即位した文武天皇に重ね合わされた結果、持統天皇の和風諡号が改められたとみられる。

　なお持統天皇は在位中および太上天皇になってからも、たびたび吉野宮行幸を行っており、計三二回にも及ぶ。他に例をみないことで、持統による治世の大きな特色と言ってよい。行幸の理由として、まず春秋の好季節に吉野の山河を愛でる、壬申の乱勃発前後の往時を回想する、といったことがあげられる。しかし厳寒期の行幸もみえるので、祭祀に関わる理由もあったかと思われる。吉野宮は奈良県吉野郡吉野町宮滝の宮滝遺跡であることが確定しており、宮滝の吉野宮の地からは、ほぼ真南に青根ヶ峯を望みうることが注目されよう。吉野川の川筋で青根ヶ峯を遠望しうる地点は、宮滝に限られる。青根ヶ峯は、古代に水分山とされた山であり（『万葉集』巻七―一一三〇）、近世初頭以前、式内社の吉野水分神社は、青根ヶ峯から象谷方向へ、やや下った「ヒロノ」に鎮座していた。宮滝の吉野宮からだと、吉野川を舟で渡り、象谷を流れ下る象の小川沿いを遡った所にある。『万葉集』には、象谷や象の小川を歌ったものが多い。六七五（天武4）年に始まった祈年祭の祝詞にも、四所水分神の一つとして吉野水分神がみえている。そうしたことを考え合すと、吉野の水分神に奉幣し、大和のみならず全国土の風雨が順調で、豊かな稲の稔りを祈願することが行幸の目的の一つだったかとも思われる。六九八（文武2）年四月二九日に、馬を芳野水分神に奉って雨を祈っている（『続日本紀』）。また奈良時代後半からは、吉野川のさらに上流の丹生川上神社へ、祈雨・止雨のために黒馬・白馬を奉納するようになった。こうした持統天皇の度重なる吉野宮行幸が、吉野を神仙境とする観念を生んだと推測される。

〔**参考文献**〕直木孝次郎『持統天皇』（人物叢書）（吉川弘文館昭35）。上田正昭『日本の女帝』（講談社現代新書）（講談社昭48）。和田萃「持統女帝の吉野宮行幸」『日本古代の儀礼と祭祀・信仰』（下）（塙書房平7）。 **（和田萃）**

しどじ［志度寺］ 香川県大川郡志度町にある真言宗の寺。補陀落山。本尊は一〇世紀末の十一面観音。藤原不比等が伽藍を建立し行基の開基と伝える。謡曲「海士」の舞台として知られている。『保元物語』によれば、崇徳天皇は当寺で崩じた。 **（野口孝子）**

しとしせきぼぐん［志登支石墓群］ 福岡県前原市の北東部、標高五mの沖積微高地上にある弥生時代の墓地で国史跡。一九五四（昭和29）年の発掘調査で、弥生時代早期の支石墓一〇基、前期〜中期の甕棺墓などが調査された。支石墓のうち四基の主体部調査が行われ、四号支石墓から四本の柳葉形磨製石鏃が、九号支石墓から打製石鏃が六個出土した。北部九州における弥生時代墓制の変遷を知るうえで重要であるとともに、わが国における最初の本格的な支石墓調査例としても貴重である。

〔**参考文献**〕文化財保護委員会『志登支石墓群』（昭31）。 **（岡部裕俊）**

しどのこうぶん［四度公文］ ⇩四度使

しどり［倭文］ 日本古来の織物で、麻や穀などの繊維で文様を織り出したもの。しずり・しずおりともいう。『日本書紀』垂仁天皇三九年条に「倭文部」がみえ、『古語拾遺』に倭文の遠祖天羽槌雄命に文布を織らせたとあるなど、古くは倭文部が生産していたと考えられる。「延喜式」によると伊勢神宮などへの幣帛や神衣、出雲国造の負幸物に用いられている。文様は『釈日本紀』に「有青筋文之布也」とあり、縦縞や格子とも考えられるが、実態は不明。 **（武田佐知子）**

しとりじんじゃ［倭文神社］ 鳥取県湯梨浜町所在の神社で、式内社。「シトリ」はシツ・オリで渡来の韓織りに対する倭織りをいう。倭織り技術をもって奉仕する伴造の倭文氏の氏神的性格をもつ神社。九四〇（天慶3）年に正三位に叙されている。なお境内には経塚が営まれ、一一〇三（康和5）年の銘文をもつ経筒が発見されている。 **（井上満郎）**

しなが［磯長］ 『古事記』や「延喜式」（諸陵寮）にみえる河内国の地名で、現大阪府南河内郡太子町を流れる飛鳥川流域と考えられる。古代の難波と大和を結んだ竹内街道に沿う地で、磯長谷には敏達・用明・推古・孝徳天皇と治定される陵墓（総称を梅鉢御陵）があり、聖徳太子の磯長墓（叡福寺）や小野妹子の墓もある。「遠つ飛鳥」に対する「近つ飛鳥」もこの付近一帯を称したと推定されている。 **（高橋誠一）**

しながのはか［磯長墓］ 聖徳太子の墓。大阪府南河内郡太子町大字太子の叡福寺内にある。『日本書紀』には六二二（推古天皇29）年二月、磯長陵に葬ると記す。「延喜式」諸陵寮に「在河内国石川郡、兆域東西三町、南北二町、守戸三烟」とあり遠墓とする。墓は磯長谷をのぞむ五字ヶ峯の南斜面に築造された円墳。八角墳とみなす見解もある。円墳とした場合、径は三八m前後となる。周囲は二重の結界石により区画され、南面には唐破風屋根の覆屋がある。その奥は横穴式石室となっている。かつては石室内を拝することができ、多くの古記録を残している。古来三棺がおさめられていることから古来三骨一廟と称され、ほかの二棺を母穴穂部間人皇女と妃膳部臣菩岐々美郎女にあてる。しかし、『日本書紀』や「延喜式」には合葬についての記載がない。梅原末治によりその石室構造が復元され、白石太一郎によって「岩屋山式の横穴式石室」とされた。古墳編年上の基準の一つとされるが、石室の年代観や叡福寺の創建年代などから、近年疑問も呈示されている。 **（福尾正彦）**

しながのやまだのみささぎ［磯長山田陵］ 大阪府南河内郡太子町大字山田に所在する推古天皇の陵。天皇は『日本書紀』によれば遺詔により竹田皇子の墓所に葬られた。『古事記』には陵は大野岡上にあって、のちに科長大陵に遷すと記載されている。「延喜式」諸陵寮では磯長山田陵とし、「在河内国石川郡、兆域東西二町、南北二町、陵戸一烟、守戸四烟」とし、遠陵に班している。陵はやや東西に長い方墳で、三段に築成されている。二基の横穴式石室が東西に並行していたことが知られ、そのうち一基の石室には石棺が二基並列していたことが報告されている。近年、大野岡上の初葬地を奈良県橿原市植山古墳に当てる見解が提示されている。 **（福尾正彦）**

しなののくに［信濃国］ 東山道に属する国。現在の長野県の大部分にあたる。木曽山脈・赤石山脈・筑摩山地・飛騨山地などの高峻な山岳地帯であるが、太平洋に注ぐ天竜川や日本海に注ぐ千曲川などの河川に沿って盆地や狭小な平野が存在する。すでに古墳時代には、この二河川の流域による南北の文化圏が形成されていた。七二一（養老5）年に諏訪国が分置されたが七三一（天平3）年に再び信濃国に合併された。「延喜式」では上国とされ、所管の郡は伊那・諏方・筑摩・安曇・更級・水内・高井・埴科・小県・佐久郡の一〇郡。国府はもと小県郡にあったが九世紀には筑摩郡に移転したといわれ、現上田市常入（国分寺など）や松本市惣社（総社など）などが推定地。八世紀以降には御牧が設置され「延喜式」によれば一六の御牧があったとされる。また八世紀末から九世紀にかけて凶作や大地震・山津波・洪水などの天災に度々見舞われたことが記録にみえる。

〔参考文献〕『長野県史』全四〇巻（昭46～平4）。吉川貞雄編『図説　長野県の歴史』（河出書房新社昭63）。塚田正朋『長野県の歴史』（山川出版社昭49）。（高橋誠一）

しなべ／とものべ［品部］　部民の総称。品は「しなじな」の意味で、語義としてはさまざまな部の意。従来、部民の分類論のなかで、大王などに領有される名代・子代、有力豪族に領有される部曲に対して、山部・海部・土師部・忌部・馬飼部のような大王に種々の具体的な職掌をもって奉仕する部民（いわゆる職業部）を品部とする見解が通説となっていたが、史料的な根拠に乏しく、現在では否定されているとみるべきである。部民は豪族の領有する部曲を大和王権が公認し、王権への奉仕の義務を負わせたものである。諸豪族は部民を統括する地位にあって直接的に王権へ奉仕する。奉仕の形態には一族のなかから伴を出し大王などに近侍させる形や、なんらかの生産物を貢納する形などがある。ただし臣姓の有力豪族の王権への奉仕は多分に理念的なものにとどまる。部民制は律令体制の導入にともない廃止されたが、部分的に部民制的な要素が官司機構の下部において残された。これを品部・雑戸制という。

〔参考文献〕鎌田元一『律令公民制の研究』（塙書房平13）。（鷺森浩幸）

しぬひ［私奴婢］　⇨奴婢

しねんごう［私年号］　朝廷が正式に定めた年号に対して私的に使用された年号。異年号・偽年号とも。源平政権の移動期には和勝・迎雲、南北朝には南朝方のなかで勢力の挽回を願って白鹿・天靖が用いられた。そのほか弥勒という私年号は一一七一（承安元）年頃から、一五〇六（永正3）～〇八（同5）年、一五三一（享禄4）年頃からというように、たびたび登場する。仏教などの宗教思想にもとづくものが多い。（上田正昭）

しのびごと［誄］　殯宮で行われた儀礼の一つ。故人を偲び、その幽魂を慰撫するために奏上された詞。古代中国では誄は六辞の一つで、死者を弔う文体を指し、弔い文を読むことをも意味した。『日本書紀』では、誄は「シノビゴト」あるいは「シノビゴトタテマツル」と読まれており、敏達天皇の殯に際して、蘇我馬子宿禰らが誄したとみえるのが初見で、所作をともなった。大王・天皇の殯宮では、誄儀礼の最後に皇統譜とも言うべき日嗣が奏上され、和風諡号が献呈された。和風諡号の献呈は、六世紀前半の安閑・宣化朝から開始されたので、その頃に古代中国の殯儀礼とともに誄儀礼が倭国に導入され、大王の喪葬儀礼の盛大化につながったと考えられる。誄の内容は、天武天皇の殯宮で奏上された数多くの誄でも明らかなように、亡き天皇に服属を誓い、その幽魂を慰撫するものであった。しかし敏達天皇の殯宮における穴穂部皇子の誄は、自らの即位を公言した内容であり、誄が政治的事件を引きおこす場合もあった。（和田萃）

しはいもんじょ［紙背文書］　典籍、日記や文書の料紙の裏面に書かれている文書。文書としての機能を果たして反古となった料紙の文字のない裏面を利用して、再度、典籍、日記や文書またその草案を書いた場合、先に書かれていた文書を紙背文書という。（綾村宏）

しばじょう［志波城］　古代の城柵の一つ。子波、斯波とも書き「しわ」とも読む。造志波城使の坂上田村麻呂により八〇三（延暦22）年に設置。以前は紫波郡に比定されていたが、発掘調査によって太田八丁遺跡（岩手県盛岡市）を志波城とする説が有力になった。（高橋誠一）

しばたっと［司馬達等］　生没年不詳。六世紀後半に百済から渡来した人物。鞍部村主司馬達等・按師首達等・案部村主司馬達止とも。多須奈の父、鳥の祖父。五八四（敏達13）年九月、蘇我馬子が修業者を求めた際に池辺直氷田とともに使者となり、播磨国で高麗の還俗僧恵便を得た。これを契機に馬子・氷田・達等は仏法を深く信じるようになった。また、『扶桑略記』には、達等は五二二（継体16）年二月に渡来し、草堂に本尊を安置し帰依礼拝したという、いわゆる仏教公伝以前に達等が仏教を伝えたとする伝承があるが疑問も多い。（宮永廣美）

しひ［泗沘］　百済の後期王都。熊津から遷都した五三八年から、六六〇年の滅亡までの王都。現在の忠清南道扶余にあたる。熊津はもともと予定されていた都ではなく、それまでの王都漢城が高句麗によって攻め落とされたあと、たまたま再興されたところであった。そのため当初から、別の地に移ることが考えられ、十

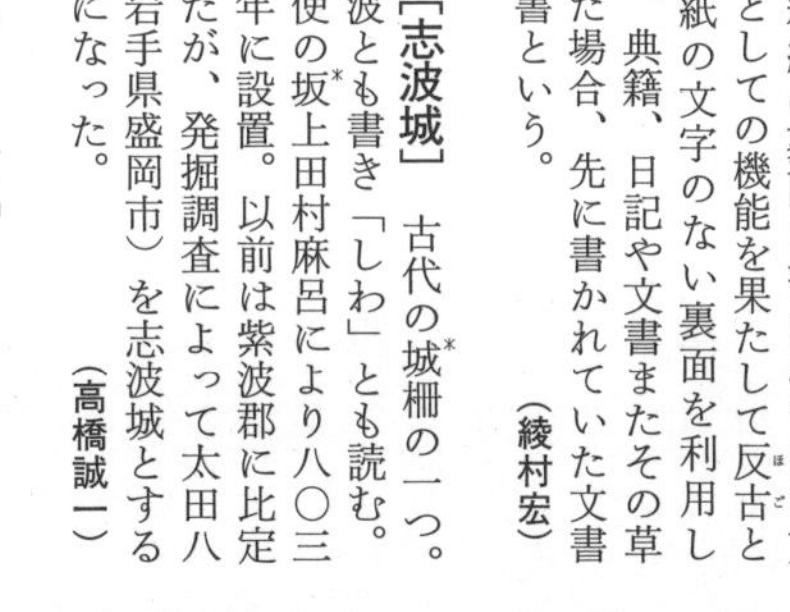

扶余全景
扶余市街西から

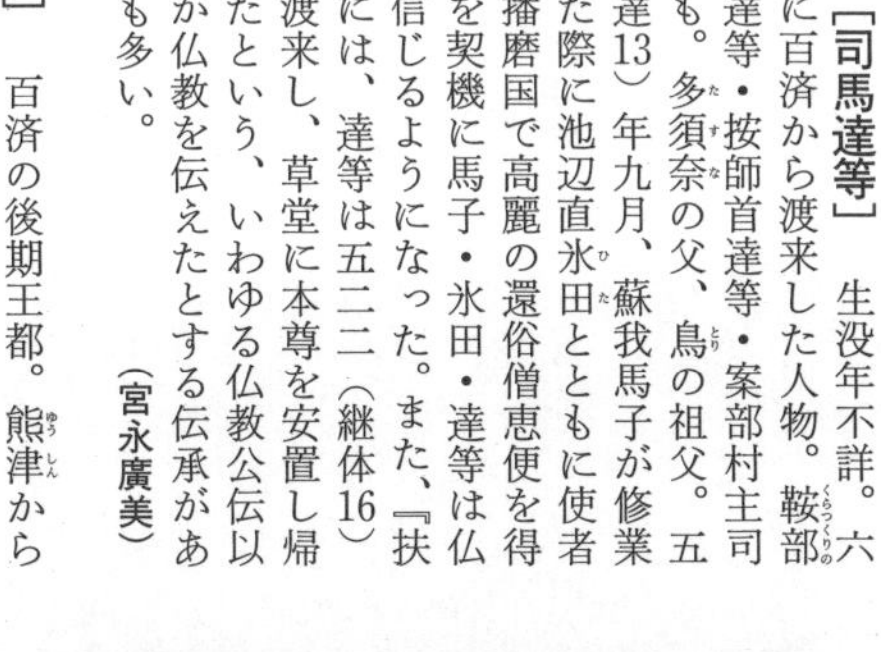

扶余邑
正面に扶蘇山城

分に計画された。遷都以前に有力な勢力はなく、まったく新たに造営。錦江に面し、北に扶蘇山城を配し、その東西に羅城がのびる。東羅城は、陵寺・陵山里古墳群の内側を通過して、錦江近くまで続く。西羅城はかつて考えられたところが自然堤防と判明し、規模は不明であるが、まったくなかったとは考えにくい。王宮の位置はまだ明確ではないが、扶蘇山城の南麓城外と推定。南北の道路遺構や方形の池、建物址などが確認されている。都市区画としては、全体が上下前後中の五部にわかれ、そのそれぞれがさらに五巷に分かれる(部巷制)。五部はすでに熊津時代にもあったが、巷は遷都以後。中国南朝の都建康にも巷があり、その影響とみられる。 (田中俊明)

しびちゅうだい［紫微中台］ 七四九（天平勝宝元）年八月に創設された令外の官。光明皇后の命令を諸司に頒下することを職掌とした。唐の中書省と尚書省を改称した紫微省と中台に倣って名づけられた。光明皇后が娘孝謙天皇の即位を契機として、皇后宮職を皇太后宮職にするに際して拡大改組して成立したが、その背景には孝謙天皇に代わって政治を行い、また甥である藤原仲麻呂をもって長官紫微令に任じ、その後見として仲麻呂の政治的主導権を確立しようとする意図があった。四等官は、次官の大弼二員・少弼三員、判官の大忠・少忠各四員、主典の大疏・少疏各四員の二二員で、数で太政官に匹敵するのみならず、文武の要職にある重要官人をもって任命し、権力の集中をはかった。その後、七五七（天平宝字元）年五月に仲麻呂は仇敵の橘奈良麻呂の反乱に備えて、紫微令を大臣に準じ、軍事をも総轄する権を併せた紫微内相とした。翌年八月には太政官が乾政官と改称されたのにともない坤宮官と併称されるようになったが、仲麻呂が大保(右大臣)に転ずると急激に政治力を喪失し、七六一（同5）年秋頃、光明皇后の一周忌をへて停廃された。

【参考文献】瀧川政次郎『律令諸制及び令外官の研究』（角川書店昭42）。岸俊男『藤原仲麻呂』（吉川弘文館昭62）。木本好信『律令貴族と政争』（塙書房平13）。 (木本好信)

しぶ［使部］ 「つかいべ」ともいう。大宝・養老令制の諸官司において雑使にあてられた下級職員で、雑任。大部分の在京諸司に配属され、統計四〇四人であった。位子の下等（身材劣弱で文算を識らない者）や散位の身材劣弱、不堪理務の者から任じた。 (荊木美行)

じふ［寺封］ 寺院の封戸。調庸と仕丁は封主である寺院に全給。年限は六八〇（天武9）年四月に三〇年とされた。禄令には寺封規定はなく、別勅により与える場合は五年以下。七世紀にはすでに法隆寺・大安寺・弘福寺・飛鳥寺に施入されており、また実際には無期限の寺封も多く、『新抄格勅符抄』に記載された八〇六（大同元）年当時の寺封には、奈良時代以来の由来をもつものが多数みられる。寺田が主に寺院の経営・維持費であるのに対し、封戸は寺院造営・造像費という性質をおびている。一一世紀末には封物納入が悪化、便補保が設定され荘園化する傾向がみられる。 (岩田真由子)

しほうはい［四方拝］ 元日早朝の寅一刻に天皇が属星・天地四方・父母の山陵を拝して年災を払い、宝祚の長久を祈った年中行事。起源は不明だが、既に「内裏儀式」には清涼殿東庭の御座三所で黄櫨染の袍を着して行う儀式次第がみえる。のち、広く院宮や摂関家でも行われるようになっていく。

【参考文献】山中裕『平安朝の年中行事』（塙書房昭47）。 (北康宏)

しぼく［紙墨］ 文具としての紙と墨。製紙法は、後漢・和帝の一〇五（永元17）年に宦官の祭倫が発明したとされ、中国から朝鮮半島に伝えられた。六一〇（推古天皇18）年三月、高句麗僧曇徴により、製紙法は彩色（絵具）や墨の製法とともに、倭国に伝えられた（『日本書紀』）。七世紀後半には全国規模で庚午年籍や庚寅年籍が作成されたから、近江宮や飛鳥浄御原宮において、かなりの規模の製紙が行われていたと推定されるが、実態は未詳。「大宝令」施行とともに、中務省図書寮に造紙手・造筆手・造墨手がおかれ、藤原宮内で紙・筆・墨の製作が行われるようになり、また山代国に紙戸五〇戸がおかれ、十月～三月に製紙を行った。天平年間になると、写経事業が国家的規模で始まり、紙・筆・墨の生産量も飛躍的に増大したと考えられる。又地方の国衙や国分寺でも写経事業が進められたので、製紙が盛んになり、越前・美濃・播磨・美作・出雲国で漉かれた紙は、写経料紙としてよく用いられた（「正倉院文書」）。平安時代になると、紙は中男作物として四一ヵ国から貢進されている（延喜主計式）。京都市の紙屋川沿いにあった紙屋院は図書寮の製紙場で、上質の紙を抄造したことが知られている。

墨についても、紙と同様のことを想定でき、近年における古代木簡の出土点数の増加は、墨が都のみならず地方にも普及していたことを示している。現存する古代の墨には、正倉院に伝来したものと、発掘調査で出土したものとがある。正倉院伝来の墨は一六挺で（一挺のみ白墨）、円筒状の二挺を除けば全て鱲子形。その内には、「新羅武家上墨」「新羅楊家上墨」と陽刻したもの、「…貞家墨／開元四年〈七一六〉丙辰秋作…」と朱書したものがあり、舶載の珍重された墨と考えられる。また別に東大寺大仏開眼会に用いられた「天平宝物墨」（長さ五二・五cm、幅六・二cm、厚さ二・二cm）がある。古代の遺跡から出土した墨は九例あり（二〇〇二年現在）、そのうち平城京跡出土は四例。いずれも胞衣壺からの出土で、男の子の文才を願って、筆とともに埋納されたものと推定されている。 (和田萃)

しまだのただおみ［島田忠臣］ 828～92 平安時代前期の漢詩人。田達音とも称する。父は未詳。菅原道真の父是善に学び、若い頃から詩人としての才能を発揮、八五九（貞観元）年・八八三（元慶7）年の二回、渤海からの使節と漢詩の贈答を行った。八九二（寛平4）年に作られた道真の追悼詩があることから、この年の没と推定される。詩集『田氏家集』は現存する数少ない平安時代の別集（個人の詩文集）で、白居易の影響を強く受けた平明で内省的な詩に特色がある。道真は娘婿にあたる。 (堀川貴司)

しまのくに［志摩国］ 東海道に属する国。現在の三重県鳥羽市と志摩郡にあたる。志摩半島の一角を占め、海岸線付近に狭小な平野が存在する。リアス式海岸は伊勢志摩国立公園に指定され、風光明媚な観光地としても知られる。「延喜式」では下国とされ、所管の郡は答志・英虞郡の二郡。律令制下の国としてはきわめて小規模な国であったが、一国として認定されていたのは、古くから海産物に恵まれて朝廷に貢進する「御食国」としての伝統をもっていたためといわれる。『古事記』にも志摩の語源が島の多さによることとともに、志摩の贄貢上が記される。また平城京出土木簡にも志摩の地名が多く認められる。国府は英虞郡（現志摩郡阿児町国府）とされて国分寺もこの地にあるが、ほかに鳥羽市とする説もある。隣接する伊勢国との国境争い『続日本紀』七五九（天平宝字3）年にみえるなど、その範囲はしばしば変動した。

〔参考文献〕『三重県史』全三〇巻（昭62〜）。西垣晴次・松島博『三重県の歴史』（山川出版社昭49）。

（高橋誠一）

しまのしょういせき［島庄遺跡］ 奈良県高市郡明日香村大字島庄に所在する縄文時代から中世にかけての複合遺跡。この地域は古く「桃原」と呼ばれ、『日本書紀』や『万葉集』の記述等から蘇我馬子の「飛鳥川の傍の家」や草壁皇子の「嶋宮」があったとされる場所である。これまでの調査では一辺約四〇mの方形池（勾池）や掘立柱建物、堀、石組溝等、七世紀代の遺構が検出されている。方形池の南側では近年、七世紀前半から後半にかけての掘立柱建物群が見つかっており、これらの遺構が「飛鳥川の傍の家」や「嶋宮」の年代と重なっていることから、その関連性が注目されている。

〔参考文献〕明日香村教育委員会『明日香村文化財調査概報』（平15）。明日香村教育委員会「島庄遺跡」明日香の文化財（四）〜（六）。

（西光慎治）

しまのみや［嶋宮］ 七世紀後半から八世紀中葉まで、飛鳥の桃原の地（奈良県高市郡明日香村島庄の一帯）に所在した宮。天武朝には草壁皇子の宮となり、六八一（天武10）年二月に草壁皇子が皇太子に立てられると、東宮となった。嶋宮という呼称からみると、桃原の地にあった蘇我大臣馬子の嶋の家に由来すると考えられる。『日本書紀』推古三十四（六二六）年五月条にみえる大臣馬子の薨伝によれば、馬子は飛鳥川の辺に家を建て、庭の内に小池を掘り、小さな嶋を池中につくったことから、「嶋の大臣」と称されたという。嶋の家は蝦夷・入鹿に伝領されたが、六四五（皇極4）年六月に起った乙巳の変後に没官され、大王家所有の宮となり、離宮として機能したと思われる。天智・天武天皇の父方の祖母である糠手姫皇女（舒明天皇の母。田村皇女ともよばれた）は、嶋皇祖母命とも称されたから（六六四〈天智3〉年六月に薨じた）、嶋宮に住んでいた可能性がある。六七一（同10）年十月十九日、出家した大海人皇子は近江宮を離れ、その日は嶋宮で宿って、翌日、吉野宮に入った。また壬申の乱終焉後、六七二（天武元）年九月十二日に大海人皇子は倭京に戻って嶋宮に入り、十五日に後飛鳥岡本宮に移った。

嶋宮に関わる史料は比較的多い。『日本書紀』によれば、六七六（同5）年正月十六日に飛鳥浄御原宮の西門で大射が行われた後、天武天皇は嶋宮に御して宴しており、また六八一（同10）年九月、周芳（周防）国から貢進された赤亀を嶋宮の池に放った。同年二月に立太子された草壁皇子は東宮の嶋宮に住み、草壁皇子尊と称されて即位を予定されていたが、六八九（持統3）年四月十三日に薨じた。その殯宮で柿本朝臣人麻呂が献呈した挽歌（『万葉集』巻二―一六七〜一七〇）や、草壁皇子尊の舎人らが慟傷んでつくった歌（巻二―一七一〜一九三）に、嶋宮の景観が歌われている。それらによると、嶋宮には勾池・上池（勾池を上池と称したか。上池に対して下池もあったとみてよい）があって、池中には嶋がつくられ、ツツジの植え込みがあって荒磯がめぐり、鳥小屋も作られていた。池では鳥が放ち飼いされていた。嶋宮の東に大きな門があり、その傍らには滝があった。おそらく冬野川から引かれてきた水を利用して、滝としたものと思われる。

嶋宮の範囲は未詳であるが、明日香村島庄を中心とする広大なものだったと推測される。同地にあった旧高市小学校（石舞台古墳の西方に所在した。現在、村営の駐車場になっている）の北側から、一九七二〜七四（昭和47〜49）年に一辺四二mの広大な方形の池が検出された。その後、池の北東から建物群、二〇〇四（平成16）年三月には旧高市小学校の校庭から、七世紀前半の大型建物群が検出された。その時期や『日本書紀』の記述からみて、少し問題は残すものの、蘇我大臣馬子の嶋の家と、その家の内につくられた池である可能性が大きい。池や大型建物群は西から北へ方位を振るが、一方、七世紀後半の正方位の大型建物群も、池の東北や旧高市小学校の校庭から検出されており、これらは嶋宮に関わるものと認められる。したがって嶋宮は、広大な方形池とその北東と南側に広がる大型建物群を含み、また池の東側に小字「甲殿」「下殿」なども所在することから、その範囲は、ほぼ大字島庄と重なるものであったと推測できる。先にあげた舎人らの歌のなかに、「橘の嶋の宮」と歌ったものがあり（巻二―一七九）、飛鳥川を挟んで西方の橘寺近くまでをも含み込んでいた可能性もある。大字島庄は大字橘から分かれたことや、「護国寺本諸寺縁起集」には、橘寺の項に「嶋宮御田十一町」とみえることも参考になるだろう。橘寺の東側から検出された東橘遺跡も注目される。嶋宮の奴婢に関わる記載は、七三四（天平6）年の「造仏所作物帳」（『大日本古文書』一―五六〇）、七三八（天平10）年の「但馬国正税帳」（『大日本古文書』一―五六）、七五〇（天平勝宝2）年の「官奴司解」（『大日本古文書』三―三五九）などに散見し、また同年二月二六日の「太政官符」（『大日本古文書』三―三六六）によれば、同元年十二月二七日に孝謙天皇の勅により、嶋宮の奴三四人と婢四九人は官奴婢一一七人とともに、大倭国の金光明寺に施入された。嶋宮が草壁皇子から、文武天皇―聖武天皇―孝謙天皇へと伝領されていったことが推測される。

（和田萃）

しめの［標野］ ⇩禁野

しもいけやまこふん［下池山古墳］ 奈良県天理市成願寺町に所在する広義の大和古墳群中の一基。古墳時代前期前葉の築造。現状で墳長一二〇mを測る南面する前方後方墳で、後方部は一辺六〇mである。後方部二段以上、前方部二段の築成であるが、埴輪はないらしい。後方部中央に墳丘主軸平行の竪穴式石室が構築されている。石室は持ち送りが著しく、被覆の過程で赤や黒に染め分けた麻布を縞状に敷きこんでいた。割竹形木棺も比較的遺存しており、貴重な事例である。これ以外に竪穴式小石室が墓壙北西隅にあって、内部から幾重もの布に包まれ、漆箱に入れられた直径三七・六cmもの大形内行花文鏡が出土した。

〔参考文献〕卜部行弘ほか『下池山古墳・中山大塚古墳』(橿原考古学研究所編 学生社平9)。 (藤田和尊)

しもがもじんじゃ［下鴨神社］ ⇩賀茂御祖神社

じもく［除目］ 諸司・諸国の官人任命の儀式。字義は旧官を除き新官を授ける意。前者つまり京官を司召、後者の地方官を県召と称し、ほかに坊官(立太子)・宮司(立后)除目などがある。大きな関心事は県召でその凄まじさは『枕草子』にもみえる。 (朧谷寿)

しもつけこくふあと［下野国府跡］ 栃木県栃木市田村町の都賀郡にある。国庁は辺長約九〇mの塀で区画され、前殿と脇殿を確認。正殿は宮辺神社と重なり未発掘。塀の外には道路があり、ほぼ一町の地割りで設定された。八世紀前半から一〇世紀前半の間に四期の変遷がある。二期の建物が七九一(延暦10)年頃に焼失、三期には瓦葺建物に改修された。最も整備された二・三期には、幅九mの大路が南に延び、塀で区画された官衙があった。復元される府域は、東西五町、南北七町の広さと考えられている。国指定史跡。 (須田勉)

しもつけのくに［下野国］ 東山道に属する国。現在の栃木県にあたる。北西部は奥羽山地・足尾山地、東部は八溝山地で、その間に那須野原など、また南部には関東平野の一角が広がる。もとは下毛野国造と那須国造の支配地域であったが、七世紀後半に律令制の国として成立した。六八九(持統3)年に那須国造が評督に任命された記事をもつ那須国造碑は大宝令以前の国—評制にかかわる貴重な金石文史料とされる。『延喜式』では上国とされ、所管の郡は足利・梁田・安蘇・都賀・寒川・河内・芳賀・塩屋・那須郡の九郡。国府は都賀郡におかれたとされ現栃木市田村町宮延では八世紀後半から一〇世紀にいたる国庁遺構が発見されており、国分寺・国分尼寺も東方の国分寺町国分に遺構が残る。しかし国府については、ほかに栃木市田村町大房地や同市国府町、同市柳原町府中などとする説もある。下野薬師寺は七六一(天平宝字5)年に戒壇が設けられて東国の授戒儀の中心となった。道鏡が造下野薬師寺別当として左遷されたことでも知られる。

〔参考文献〕『栃木県史』全三二巻(昭48～59)。大野雅美『栃木県の歴史』(山川出版社昭49)。 (高橋誠一)

しもつけのし［下毛野氏］ 東国の大氏族。『日本書紀』崇神天皇四八年条に夢占の結果、皇子豊城命に東を治めることを命じた話がみえ、これが上毛野君・下毛野君の始祖とされる。『旧事本紀』国造本紀の下毛野国造条は仁徳朝に毛野国を上下に分け、豊城命四世孫奈良別を初代国造に任じた話を伝える。大化前代の動向は不明だが、六、七世紀の古墳分布を参考にすれば、下野国都賀郡(栃木県小山市から壬生町)がその中枢地であったと思われる。八世紀には古麻呂や虫麻呂など学問分野で活躍した人物がいる。 (小野里了一)

しもつけののこまろ［下毛野古麻呂］ ?～709 律令制形成期の官人。六八四(天武13)年、八色の姓で朝臣をえた。六八九(持統3)年に私有の奴隷六〇〇人を解放し、七〇〇(文武4)年には「大宝律令」編纂の功により禄を賜わった。右大弁、兵部卿などを歴任し、没した時には正四位下・式部卿であった。 (増尾伸一郎)

しもつけやくしじあと［下野薬師寺跡］ 栃木県河内郡南河内町にある日本三戒壇の一つで、東国僧授戒の寺として著名。下毛野君の氏寺として七世紀後半に創建され、八世紀前半には官寺に列した。七四九(天平勝宝元)年には、法隆寺・四天王寺とともに五〇〇町歩の墾田が定められ、鎮護国家での東国の拠点として重視された。金堂・講堂・回廊などの主要伽藍と南北約三六〇m、東西約二五〇mの寺院地が確認されている。南北朝時代に安国寺と寺名を改称、下野薬師寺の名は消滅した。一九二一(大正10)年、国指定史跡。 (須田勉)

しもつみち［下ツ道］ ⇩上ツ道・中ツ道・下ツ道

しもつみちし［下道氏］ 吉備氏の一支族。備中国高梁川流域を本拠とする。姓は臣。六八四(天武13)年、朝臣を賜る。『古事記』に孝霊天皇皇子若日子建吉備津日子の裔、『日本書紀』には稲速別を始祖としたとある。所伝としては、雄略紀の吉備下道臣前津屋が著名で、一族悉く滅ぼされている。七三九(天平11)年「備中国大税負死亡人帳」にみえる本拠地居住者もいたが、下道朝臣圀勝や下道朝臣真備(吉備真備)のように中央において活躍するものも多い。 (大川原竜一)

しもつみちのくにかつくにによりはははふじんぼし［下道圀勝圀依母夫人墓誌］ 七〇八(和銅元)年の骨蔵器の蓋に記した墓誌。この骨蔵器は高さ二三・一cm、厚さ〇・七cm、重さ七kgの容器。「銘、下道圀勝・弟依朝臣、右二人の母夫人の骨蔵器なり、故知りて後の人明らかに移し破るべからず」「和銅元年歳は戊申に次る十一月廿七日己酉を以て成る」と記す。「己酉」とあるのは、「乙酉」の誤刻であるが、「圀」という則天文字を用いているのもみのがせない。 (上田正昭)

しもながいせき［下長遺跡］ 滋賀県守山市に所在する弥生時代末から古墳時代前期にかけて営まれた集落遺跡。東西七〇〇m、南北五〇〇mの範囲に竪穴住居跡、掘立柱建物等が多数検出されている。遺跡内には方形の区画冉がいくつも掘られ、内側からは大型の掘立柱建物が検出されている。遺跡中央には幅二〇mほどの旧河道が検出されており、組帯文を施した儀仗や準構造船の部材などが出土している。この他、銅鐸の飾耳・小型仿製鏡・碧玉製釧・琴など多数の遺物が出土している。 (伴野幸一)

しものごういせき［下之郷遺跡］ 滋賀県守山市に所在する弥生時代中期後半の環濠集落。東西三三〇m、南北二六〇mの範囲に三条の環濠が掘られ、さらに遺跡の東側を中心に六条の大冉が弧状に巡る。環濠の内側には柵がみつかっているほか、濠や集落内部から折れた銅製や木製の盾・弓・戈の柄、石鏃・石剣など多数の武器・武具が出土している。集落内からは掘立柱建物や壁立式建物、井戸などの遺構が検出されている。環濠内からは木偶や杓子などの木製品が多数出土している。（伴野幸一）

しもふさこくふあと【下総国府跡】 市川市の下総台地南西端国分台（標高二〇～二五m）一画の国府台遺跡群域に所在すると推定される。国庁や国府域を確認できるまでにはいたっていないが、前方後円墳法皇塚古墳をはじめ古墳群（六世紀後半）が形成されて以降、この一帯からは平安時代にいたる集落跡や掘建柱建物・道路遺構が数多く発掘されている。律令制下の葛飾郡にあたり、下総の先進地域である。また、周辺遺跡からは「博士館」・「右京」・「郡」の墨書土器や軒瓦も出土している。（岡本東三）

しもふさこくぶんじ【下総国分寺】 国府が推定される国府台遺跡群の東側、国分台に位置する。寺域は冉で区画され、逆台形状（推定北辺三六〇m、南北三三六m）を呈するが、塀などの施設は確認されていない。伽藍は寺域の西三分の一寄りに位置し、塔を西に金堂を東に配した法隆寺式伽藍。造営方位の違いから、塔や寺域（西偏）の造営が先行し、金堂・講堂（東偏）がつくられたことが判明する。寺域北辺溝も土橋は塔中軸線上に架けられる。軒瓦は独自の宝相華文を用いる。（岡本東三）

しもふさこくぶんにじ【下総国分尼寺】 僧寺跡の北西に隣接してつくられる。寺域は冉で区画され、地形の制約のためか、不整な矩形を呈する（東辺約三〇三m）。伽藍は寺域の東三分の一寄りに位置し、南門・中門・金堂・講堂・尼房を南北中軸線上の配置する。寺域・伽藍とも東偏した方位をもち、僧寺の整備に合せて造営が開始される。伽藍域は溝で区画され、回廊の代わりに掘立柱塀が金堂・講堂を囲む。区画施設は二時期の変遷が認められる。（岡本東三）

しもふさのくに【下総国】 東海道に属する国。現在の千葉県北部、茨城県南西部、埼玉県東部、東京都東部にあたり、北は常陸国・下野国・西は武蔵国、南は上総国に接する。大部分が利根川流域などの沖積平野で一部に台地・丘陵が存在する。古くは「ふさ（総）」といわれたが、七世紀後半の令制国設置に際して下総国と上総国が成立した。「国造本紀」などにみえる印波・下海上・千葉国造の地域が下総国の範囲と考えられている。「延喜式」では大国とされ、所管の郡は千葉・印旛・埴生・匝瑳・海上・香取・猨島・葛飾・相馬・結城・豊田郡の一一郡。国府は現市川市国府台に推定されていて、国分寺・国分寺尼寺も市川市国分に遺構がある。「延喜式」の京との距離は上り三〇日、下り一五日の遠国。九世紀には俘囚の乱がおき、また一〇世紀には平将門の乱、平忠常の乱もおきた。
【参考文献】『茨城県史』全七巻（昭47～61）。小笠原長和他『千葉県の歴史』（山川出版社昭46）。瀬谷義彦他『茨城県の歴史』（山川出版社昭48）。（高橋誠一）

しもふさのくにかつしかぐんおおしまごうこせき【下総国葛飾郡大嶋郷戸籍】 七二一（養老5）年の戸籍断簡。正倉院文書。同年同国の倉麻（相馬）郡意布郷・釬托（香取）郡少幡郷の戸籍とともに、郷里制下の戸籍として、郷戸・房戸の区別を立て、里別に房戸および戸口の集計を行うなどの特徴をもつ。大嶋郷は一郷五〇戸で、甲和・仲村・嶋俣の三里に分かれ、ほとんどが安康（穴穂）天皇の名代とみられる孔王部姓の者で占められていた。現在の東京都葛飾区・江戸川区内に比定される。『大日本古文書』一、『寧楽遺文』上に収録。（鎌田元一）

しゃ【赦】 国家が、罪人の罪を消滅または減殺させる措置。日本全土を対象として行われる大赦と、地域を限定して行う曲赦があった。大赦は、即位・立太子・元服・改元をはじめとして、祥瑞・災異・仏事・特定の人物の延命祈願・朔旦冬至などの理由により、曲赦は行幸・宮都の造営・祥瑞などの理由により行われた。（荊木美行）

しゃえい【舎衛】 シュラーヴァスティーの漢訳。中インドの古代王国コーサラ国の都城。釈尊はこの近郊の祇園精舎で二五年間にわたり説法した。五世紀初めに法顕が、七世紀には玄奘がこの地に巡礼している。サヘート・マヘートで舎衛城址が発見されている。（愛宕元）

しゃきょう【写経】 仏教経典を書写すること、または書写した経典。奈良時代には、経典書写の功徳が説かれて、聖武天皇、光明皇后らにより大規模な写経事業が展開し、書写する経師、写経生や校正にあたる校生などを組織する写経所も設けられた。
【参考文献】栄原永遠男『奈良時代の写経と内裏』（塙書房平12）。（宮城洋一郎）

しゃきょうじょ【写経所】 奈良時代の写経機関。諸系統がある。皇后宮職系統のものは、七三〇（天平2）年から確認できる。写経司としてみえ、七四一（同13）年に福寿寺写一切経所となった。翌年に金光明寺写一切経所と改称されるとともに、皇后宮職から離れ、造東大寺司の管下に入った。称徳朝には活動を中断。その後光仁朝に奉写一切経所として活動再開、七七六（宝亀7）年に活動を停止し、まもなく廃止された。「正倉院文書」はこの系統の事務書類である。これとは別に内裏系統の写経機関、貴族の写経所もあった。皇后宮職系統、内裏系統の写経所は、五月一日経・先写一切経・後写一切経・二十部六十華厳経・千部法花経・金剛般若経等三六〇〇巻・周忌斎一切経、先一部・始二部・更二部の合計五部の一切経などの国家仏教の基本経典を次々と写した。
【参考文献】福山敏男「奈良朝に於ける写経所に関する研究」『寺院建築の研究（中）』（中央公論美術出版昭57）。栄原永遠男『奈良時代の写経と内裏』（塙書房平12）。栄原永遠男『奈良時代写経史研究』（塙書房平15）。（栄原永遠男）

しゃきょうのしょう【写経生】 ⇨写経

しゃく【尺】 ⇨度量衡

しゃく【勺】 ⇨度量衡

しゃく【爵】 ⇩爵位（しゃくい）

しゃく【笏】 儀式等で手にもつ長方形で薄板状のもの。もとは備忘のための事項を記したといわれている。牙・木製があり、木製には椎・樫・桜・檜・櫟等を用いた。『朝野群載』によると、長さ一尺二寸、厚さ三分で、上広下狭となっている。（芳井敬郎）

しゃくい【借位】 仮に高い位階を授けることで、借叙ともいう。一般にある人物を何かの職務に任用する際、本人の位階が低い場合、任務担当の位階を仮に与えて務めさせ、のちにその成績を勘案して、正式に叙位を行う。また、神階の一つ。（細谷勘資）

しゃくい【爵位】 律令制下における位階の別称。唐の封爵制では爵号と虚封を与え栄典としたが、日本は爵号を継承しなかったこともあり、一般に位を爵とも称した。爵は後に年爵・栄爵・氏爵・叙爵のように従五位下を意味した。（細谷勘資）

しゃくにほんぎ【釈日本紀】 卜部兼方が著述した現存最古の『日本書紀』全巻の注釈書。二八巻。成立は一三世紀後半。父兼文の一条家における『日本書紀』神代巻講義録と、それ以前の『日本書紀』研究を集大成したもの。開題（『書紀』に関する解題）・注音（音読語の読み）・乱脱（読み方の順序）・帝皇系図（国常立尊より持統天皇までの系図）・述義（難解語句の注釈）・秘訓（古訓）・和歌（和歌の解釈）の七部門よりなる。注釈に際して、『上宮記』『風土記』「日本紀私記」など、多くの現在散逸した古書を引用しており、逸文研究上も貴重。『新訂増補国史大系』・『神道大系』に所収する。（加茂正典）

じゃくれん【寂蓮】 ?～1202 平安時代末期の僧侶歌人。藤原氏北家長家流。俗名定長。阿闍梨俊海男。俊成の甥で猶子となる。俊恵・西行と親しく、後鳥羽院の信任も厚かった。新古今歌壇の中心歌人。家集に『寂蓮法師集』がある。（小林一彦）

しゃこうきどぐう【遮光器土偶】 ⇩土偶（どぐう）

しゃみ【沙弥】 仏教教団を構成する七衆のうちの出家五衆の一つで、七歳で仏門に入り十戒をうけてから二百五十戒の具足戒をうけて比丘になるまでの間の男子見習僧。サンスクリットsāmaneraの音訳。息慈と訳す。七～一三歳を駆烏沙弥、一四～一九歳を応法沙弥、二〇歳を過ぎても具足戒をうけない者を名字沙弥という。日本では官度をへない者を私度沙弥、剃髪してなお妻子を持ち生業を営む者を在家沙弥といった。一〇世紀初頭の三善清行の意見封事十二ヶ条で免税を目的とした私度沙弥の増加が指摘されている。（岩田真由子）

しゃみまんぜい【沙弥満誓】 生没年不詳。奈良時代の歌人。俗名笠麻呂。官人として美濃守などを歴任、七二一（養老5）年元明太上天皇の病に際して出家、満誓と号する。のち観世音寺建立のため筑紫（福岡県）に赴任。大宰帥大伴旅人らとも文雅の交わりをもった。（藤田琢司）

じゃらい【射礼】 大射とも。毎年正月一七日に朝廷で行われた歩射の儀式。平安時代には天皇臨席のもと、豊楽院または建礼門前の大庭で、親王以下五位以上の官人ならびに衛府の官人が射たが、しだいに規模は縮小していった。（竹居明男）

しゃりようき【舎利容器】 舎利を入れ塔におさめるための容器。舎利は釈迦の遺骨をさし、これに替わるものとして玉類・水晶などが入れられた。七世紀代の舎利容器として崇福寺と法隆寺の例が有名。いずれも内側からガラス・金・銀・銅の入子状容器を塔心柱礎石中に納置。崇福寺では金蓋ガラス舎利瓶を金・銀の箱形容器に入れ、格狭間のある金銅箱に入れ、無文銀銭や金銅背鉄鏡などの荘厳具とともに納置。法隆寺は銀栓ガラス舎利瓶を金・銀の卵形透彫容器に入れ、鍍金響銅宝珠鈕合子に入れて鎖を掛けた後、荘厳具とともに響銅大椀に入れて納置。やや簡略化した形に大阪府太田廃寺や三重県縄生廃寺の例がある。太田廃寺ではガラス瓶がなく金・銀の箱形容器を銅製有蓋鋺に入れ、石製容器を外容器とする。縄文廃寺ではガラス製卵形舎利瓶を滑石製有蓋壺に入れ唐三彩椀を蓋とする。奈良県法輪寺ではガラス製卵形舎利瓶を白銀箱に入れるがともに逸失し、それらを入れた鍍金宝珠鈕壺のみ現存する。岐阜県山田寺でも同様な銅製宝珠鈕有蓋鋺が発見されている。（杉山洋）

しゃりんせき【車輪石】 古墳時代に使用された碧玉製腕飾の一種。江戸時代に「車輪石」とよばれ（『雲根志』）、その名が今に踏襲されている。オオツタノハ製の貝輪を模して製作されたもので、扁平な卵形を呈し、中央に卵形もしくは円形の穴をもち、表面には放射状の彫刻がある。前期～中期初頭を代表する副葬品であり、石釧・鍬形石とあわせて碧玉製腕飾類とよばれる。とりわけ、石釧とは密接な関係を有する。九州西部から関東にかけて分布し、初期のヤマト王権の勢力浸透を知るうえで欠かすことのできない威信財である。（福尾正彦）

しゅ【朱】 古来より使われた赤色顔料（水に溶けない赤色の粉末）の一つ。主成分の化学組成は硫化水銀。天然には辰砂という鉱物を磨りつぶしてえられ、日本、中国、スペイン等で産出する。人工的につくる方法も古くから知られ、明代の『天工開物』に記載されている。金属水銀と硫黄をあわせ黒色硫化水銀をえ、これを昇華させてつくる。近代の製法は、前述の黒色硫化水銀を塩基性水溶液で処理してつくっている。比重は八で大変重く感じる。酸やアルカリにも安定で、非常に美しい赤色。硬度は二～二・五で爪なみ。顔料粒子は微粉化しやすい。粒度（粒子の大きさ）により色が漸次変化する代表的な顔料である。古代では器物の装飾の他に、葬送儀礼で汎世界的に使用されている。また、中国では不老不死の仙薬の主原料とされた。なお、朱という呼称は、鉛を原料とする丹（たん・に）と同様に、本来の化学組成とは関りなく、古代の赤色顔料全般を総称する場合も多い。

【参考文献】 R・J・ゲッテンス、森田恒之訳『絵画材料事典』（美術出版社昭48）。（本田光子）

じゅうあく【十悪】 唐律に定められた、

謀叛などとくに重い一〇の罪。日本では、『日本書紀』持統天皇六（六九二）年七月条、『続日本紀』文武天皇三（六九九）年十月条、同四年（七〇〇）八月条にみえる。これらにより、飛鳥浄御原令に対する律は編纂されず、唐律を準用していたとする説がある。（荊木美行）

しゅうあん［集安］ 高句麗の王都の一つ。中国の吉林省集安市に属し、鴨緑江中流域右岸の、長さ十数kmほどにわたって細長く延びる沖積平野にあたる。市の中心部はかつて輯安とか通溝とよばれたが、現在では洞冉とよばれる。この地は、三国時代高句麗の中期に首都がおかれ、四二七（長寿王15）年の平壌遷都まで続いた。その当時の中枢部は国内城で、一辺約七〇〇mのほぼ平面方形の石築の城壁に囲まれていた。現在も城壁と城門・馬面などの遺構が遺存する。国内城の北西約三kmの山城子山には、丸都山城にあたる周囲約七～八kmの山城跡が残る。また、およそ東西八km、南北三kmの洞溝一帯には、B.C.一世紀からA.D.七世紀にまたがる古墳群が一万基以上も知られる。初期のものは積石塚であるが、中期以後は封土墳となる。積石塚のなかには、五世紀初頃の太王陵古墳があり、近くに立つ好太王碑と合わせて、好太王陵と推定されるものが含まれる。封土墳のなかでは、華麗な壁画が描かれるものが、二〇基近く知られる。（西谷正）

しゅういぐそう［拾遺愚草］ 鎌倉時代初期成立の私家集。藤原定家自撰。本編三巻と員外一巻。六家集の一つ。一二一六（建保4）年に本編が成り、その後一二三三（天福元）年の出家の頃まで増補がなされる。総歌数は三八〇〇首前後におよぶ。中世以降数々の抄出本や注釈書が生まれた。『私家集大成4』（明治書院昭50）『新編国歌大観3』（角川書店昭60）などにおさめられている。（小西茂章）

じゅういちめんかんのん［十一面観音］ 六観音の一つ。人々のすべての憂いと悩み、病苦障害、悪心を除くことを誓願している菩薩とされ、聖観音についで早くから人々の信仰を集めた。救済者としての観世音菩薩の種々相を十一の顔で表しており、正面三面を慈悲面、左三面を瞋怒面、右三面を狗牙上出面、後の一面を暴悪大笑面、頂上を仏面とする。最古の作例として絵画では法隆寺金堂壁画、彫刻では奈良聖林寺・京都観音寺（京田辺市）の乾漆像がある。（山田雄司）

しゅういわかしゅう［拾遺和歌集］ 平安時代中期にできた第三番目の勅撰和歌集。撰者は花山法皇か。二〇巻。成立は、官位の表記から、一〇〇五（寛弘2）年六月九日から一〇〇七（同4）年正月二八日までの間と推定されている。藤原公任の私撰集『拾遺抄』を、花山法皇自らが中心となって私的に増補したものと考えられる。流布本の天福本では歌数一三五一首で、紀貫之や柿本人麻呂の歌が多い。春・夏・秋・冬・賀・別・物名・雑（上・下）・神楽歌・恋（一～五）・雑春・雑秋・雑賀・雑恋・哀傷に部立されている。注釈書に『新日本古典文学大系7』（岩波書店平2）などがある。（小西茂章）

しゅうえ（じょうえ）［集会］ 本義は人々が会合し何らかの結論をえる会議、ないしは僧侶と俗人が集まって飲食をともにすることをいうが、転じてそれぞれの宗派においてその宗派・教団の宗教活動前半を決定する会議をいうようになった。教団の内部規定や行動方針、また予算・決算など広範囲な審議を行い、寺院全体のいわば民主的決定機関としての機能をはたした。延暦寺や南都諸大寺の僧兵の行動もこうした決定によって定められたもので、各寺主の専制的支配によるものではない。（井上満郎）

じゅうきょあと［住居跡］ 後期旧石器時代後半に鹿児島県などで竪穴式住居跡の発見が報じられている。それより古くは現在のところ資料はないが、洞窟や岩陰などが住居に使われた可能性は高い。縄文時代以降は、方形竪穴式住居や円形竪穴式住居などをつくっている。地中を掘り込んで基礎部をつくり、その上に壁と屋根を架ける。縄文時代早期から古墳時代前期の屋内には炉が設けられ、調理や暖、夜の明りとして使われた。古墳時代後期以降は炉に代わって竈が普及する。弥生時代後期から古墳時代初頭にかけて屋内に高床部をもつ住居がある。弥生時代前半にみられる住居跡のなか（松菊里型住居跡）には韓国の無文土器時代の住居跡の影響をうけたものがある。とくに弥生時代以降平地住居や高床式住居の存在が指摘されるが、その実態は不明。縄文時代後期の床面に石を敷いた敷石式住居は平地住居との指摘もある。竪穴式住居がつくられなくなるのは鎌倉時代と考えられ、住居の主流は高床住居に変わった。

［参考文献］大林太良編『家』（社会思想社昭50）。（中村修身）

しゅうぎょくひしょう［秋玉秘抄］ 秋の除目に関する儀式書。編者は源有仁。成立は平安時代後期。同編『春次第』（『春玉秘抄』）の具書の一つで、当初、『秋次第』（一巻）とよばれたが、のちに徳大寺実定により数巻に改編・改名。現存は第一・第三の二巻。（細谷勘資）

しゅうごくし／しゅごくし／しゅごくのつかさ／ひとやのつかさ［囚獄司］ 『和名抄』の訓は「比止夜乃官」。大宝・養老令制の刑部省被管諸司の一つ。罪人を収監し、徒刑囚の使役の監督、決杖・決笞をつかさどった。四等官のほか、刑の執行にあたる伴部の物部四〇人と、民部省から分配された仕丁をあてて獄を守衛させる物部丁二〇人が所属した。（荊木美行）

しゅうこんごうじん／しつこんごうしん［執金剛神］ 梵語名はVajrā-dharaといい、「金剛杵をもつもの」を意味する。仏法を守護し仏敵を金剛杵で砕破する薬叉神である。ガンダーラの仏伝浮彫では釈迦に付き従って表される。本来独尊であったが、山門の左右に二体一組で安置される仁王が主流となる。東大寺の前身とされる金鐘寺において、金鷲行者が本尊とした像が東大寺法華堂の塑像執金剛神像（国宝）といわれる。独尊・着甲の神将像に表わされる。秘仏として堂北面の厨子に安置され毎年一二月一六日のみ開扉される。（榊拓敏）

しゅうさい［秀才］ 「大事之要略」を問う方略策という論文を二題課した令制最高の登用試験。上々（文章・理論ともに高度）・上中（文章・理論の一方が高度で他方は標準的）・上下（文・理ともに標準的）・中上（文・理ほぼ通じている）の評定を受けると合格で、上々・上中及第者には正八位上・正八位下の位が授けられた。平安時代に入ると、同試を受験することが明確に定められた文章得業生のことを秀才と別称するようになった。（古藤真平）

しゅうざんりこふん【修山里古墳】　朝鮮民主主義人民共和国大安市水山里にある五世紀末の古墳群。玄室・甬道・羨道からなる単室墓。後（北）壁全面に帳房が描かれるが、墓主夫婦像などは剝落して不明。右壁に天蓋が飾られた墓主と侍従、夫人、侍女の群像があり、墓主とその夫人像が強調して表現される。左壁にも墓主図像がある。また前壁左側壁にも墓主像、右側壁に夫人像が描かれる。羨道に環頭大刀と槍を持つ門衛像がある。これらは、後壁から羨道にいたるまで墓主の昇仙を表現したものであろう。（東　潮）

修山里古墳　玄室西壁　夫人図

じゅうしちじょうけんぽう【十七条憲法】　六〇四（推古天皇12）年に聖徳太子が制定したとされる日本最初の成文法。『日本書紀』推古天皇十二（六〇四）年四月戊辰条に「皇太子親ら肇めて憲法十七条を作る。…」として引用。君臣秩序の維持に必要な道徳的訓戒を十七条の漢文で書き記したものである。「私」の観念や「私利」を否定し、君臣の和合を主張する点に特徴があるが、律令制的な中央集権国家への志向をもつものではなく、旧来の伴造制を基礎とする国制を維持するための理念的な主張にとどまる。仏教を新たな共通の価値基準に据えたところに新機軸がみられる。論語・孝経・尚書・礼記などの儒教教典、管子・韓非子などの法家典籍からの引用によって叙述されており、思想的な統一性があるわけではない。文章は正格な漢文で、後周の蘇綽の六条詔書や北斉の五条の文と内容的に類似した点もある。「十七」という条数は、陰の極数八と陽の極数九の和で、陰陽を合せ天地を統べるという意味をもつといわれ、中世の御成敗式目、建武式目などにも影響を与えた。【参考文献】坂本太郎『大化改新の研究』（至文堂昭13）。坂本太郎編『聖徳太子全集』第一巻（龍吟社昭17）。石母田正『日本古代国家論』第一部（岩波書店昭48）。（北康宏）

じゅうじゅうしんろん【十住心論】　空海撰。一〇巻。「秘密曼荼羅十住心論」とも。八三〇（天長7）年、淳和天皇の勅により著述。人間の心のあり方を一〇の段階（住心）に分け、それに応じて仏教各宗の教義と対応させ、比較・検討し、密教とその悟りを最高に位置づけたもの。本書の略論が『秘蔵宝鑰』である。『弘法大師全集』『大正新修大蔵経』『日本思想大系』所収。（松本公一）

しゅうしょもっかん【習書木簡】　古代の木簡で、文字の練習、典籍の学習などの目的で文字や語句、文章を何度も繰り返し記したもの。使用済みの木簡・木片に何度も重ねて練習したものや、練習したものを削った削片などが飛鳥～平安時代の遺跡から出土している。『論語』や『千字文』、公文書などの一部分や、和歌、九九などが書かれたものがよくみられる。和歌では難波津の歌を記したものが多い。習書木簡からは当時の下級役人の教養や文化を知ることができる。（鶴見泰寿）

じゅうぜんじ【十禅師】　宮中内道場で天皇護持などを担った一〇人の僧。十禅師には持戒浄行・治病効験など、僧尼としての資質が求められ、欠員が出ると、随時補充された。七七二（宝亀3）年に秀南・広達ら一〇人の僧が任じられたのが初例。（志麻克史）

しゅうそう【舟葬】　原義は、舟に死者をおさめ海に流す水葬の一種。海のかなたに死者の霊魂を舟で送るという海上他界観にもとづく風習。北欧バルト海・イギリスの海岸沿い、地中海沿岸、環太平洋沿岸、アメリカ北西部の海洋諸民族の葬法として広く知られている。考古学的には舟を棺とした埋葬をいう。日本列島の舟葬の存否については、民族・民俗学や古典文学の世界では肯定的である。考古学界でも戦前、後藤守一によって古墳時代の船形の棺・槨の存在から舟葬論が提唱されたが、小林行雄や伊東信雄の批判によって戦後は否定的に扱われてきた。しかし、千葉県館山市大寺山洞穴の発掘調査で、古墳時代（五～七世紀）の丸木舟を用いた一〇数基の舟棺墓が検出され、はじめて舟葬の存在が考古学的に証明された。古墳から出土する船形埴輪や円筒埴輪の線刻船、装飾古墳の天鳥船も舟葬に関連するものであろう。【参考文献】千葉大学文学部考古学研究室『千葉県館山市大寺山洞穴第1～7次調査概報』（平5～平10）。（岡本東三）

しゅうばのとう【僦馬の党】　九世紀末から一〇世紀初めにかけて坂東で活動した運送業者集団。「僦馬の党」の語は、八九九（昌泰2）年の太政官符（『類聚三代格』所収）に引用された上野国解にみえ、「僦」は「雇」の意。彼らの実態は坂東諸国の富豪の輩で、駄馬をもって運送業に携わっていたが、東山・東海両道に出没して運送用の馬を略奪し、群党をなして凶賊と化しているとして糾弾された。これに対し、上野国では他国とも協力して追討が行われたが、相模国足柄坂・上野国碓氷坂から逃れてしまうため、両所への関の設置が求められている。このように僦馬の党の活動は、その機動力を生かして広く西坂東諸国におよんでいた。また当時、坂東では九世紀末より群党の蜂起が継続しており、武蔵・上総・下総国に検非違使がおかれたほか、八八九（寛平元）年には「東国強盗首」と称された物部氏永の蜂起があり、また九〇一（延喜元）年にも「東国乱」と称される大規模な蜂起があったことが知られる。

【参考文献】戸田芳実『初期中世社会史の研究』（東京大学出版会平3）。（横澤大典）

しゅうほうしゃ［襲芳舎］　平安京内裏の後宮五舎の一つで、身舎の規模は南北二間、東西五間で、内裏の北西隅に位置する。渡廊により凝花舎と通じる。庭に落雷をうけた木があったことにより「雷鳴の壺」の別称がある。『古今和歌集』には当舎での秋の宴で詠まれた紀貫之、凡河内躬恒の和歌が載せられている。（西山恵子）

しゅうりゅうじょう［周留城］　『三国史記』『日本書紀』などに記され、百済が新羅と唐の連合軍に降伏した六六〇年から滅亡する六六三年まで復興運動の拠点となったところ。豊王（『日本書紀』には豊璋王と記す）が復興運動のために居住していたところでもある。その位置については諸説があり、忠清南道舒川郡乾芝山城・同燕岐郡唐山城・同洪城郡長谷面石城山城、そして全羅北道扶安郡位金岩山城などが比定されている。

【参考文献】全榮來『百済滅亡と古代日本―白村江から大野城へ―』（雄山閣平16）。（李タウン）

じゅうりょうしぼ［十陵四墓］　数多い天皇・皇后陵、皇族・功臣墓の中で、在位中の天皇に関係の深いものを指定し、特別な祭祀を行うことがあった。それに選ばれた陵や墓を「近陵・近墓」とよぶ。毎年一二月に行われる陵墓祭祀の荷前には、朝廷管轄下の全陵墓について行われる常幣と、近陵・近墓に対して特に行われる別貢幣の区別があった。そして、八五八（天安2）年一二月九日、清和天皇の詔によって近陵十ヵ所、近墓四ヵ所が定められた（『三代実録』同日条）。これが十陵四墓の制である。この時選ばれたのは、天智・光仁・桓武・平城・仁明・文徳の各天皇陵、春日宮（施基皇子）・崇道（早良親王）の両追尊天皇陵、贈太皇太后高野新笠（桓武天皇母）・贈太皇太后藤原乙牟漏（平城・嵯峨両天皇母）の両国母陵、藤原不比等（鎌足説もあり）・同冬嗣・同美都子（冬嗣室、文徳天皇外祖母）・源潔姫（藤原良房室、清和天皇外祖母）の各外戚墓であった。その後、変化がなかったのは天智・光仁・崇道・桓武・仁明の各天皇陵だけで、それ以外の近陵・近墓はしばしば入れ替えられた。近陵は交替しながらも数は十ヵ所に固定されていたが、近墓は八七二（貞観14）年に藤原良房墓を加えて五ヵ所となり（『三代実録』同年十二月十三日条）、やがて『延喜諸陵式』の段階で八ヵ所、九四九（天暦3）年には九ヵ所（『日本紀略』同年一二月二十四日条）へと増加している。（山田邦和）

じゅうりんいん［十輪院］　奈良市十輪院町にある真言宗の寺。本尊は空海作と伝える地蔵菩薩。七一五（霊亀元）年、吉備真備の息ともいう朝野宿禰魚養が元正天皇の宮殿を拝領して開いたという。元興寺の奥の院、飛鳥房、南光院とも称す。弘仁年間に空海が留錫して以後真言宗になる。中世には地蔵信仰の一中心となった。（野口孝子）

じゅかりつじょのず［樹下立女図］　正倉院に伝わる鳥毛立女屏風の図は樹下美人図の代表的なものの一つであるが、古くはインダス文明と共に霊樹に樹神が宿ると考えられ、樹神は樹木の精としての女神、ヤクシニーとして表され、豊饒・幸福の女神を示している。かかる樹下美人図は古代エジプトをはじめオリエントに広く分布しており、ササン朝ペルシャにおいて描かれた図には、天空の海あるいは星のなかにある聖なる樹があり、その樹液を飲むと不老不死を得られるという思想が表れているという。その図は東方にも広く伝播し、その樹木には繁殖と生命の誕生をもたらす霊力があると考えられており、オリエントに広がるアナヒーター女神像もその一つである。さらに女神だけではなく、正倉院宝物中の屏風の図柄にみえる羊木屏風や象木屏風、あるいは驎鹿草木夾纈屏風などは代表的な樹下動物文である。

【参考文献】林良一『シルクロード』（時事通信社昭63）。森豊『樹下美人図考』（六興出版昭50）。（米田雄介）

じゅきたいばん［朱器台盤］　大盤とも。藤原氏の氏長者交替に際し、渡荘券文、長者印などとともに授受伝領された朱塗りの器とそれをおく台盤。『江家次第』には、藤原北家の祖冬嗣の御物と記されている。藤氏長者と摂関を兼ねるようになって以後は、摂関初任の大饗や正月の大饗に使用された。（西山恵子）

じゅきょう［儒教］　中国、春秋末の孔子が神から人間の自立を主張した思想に始まる。これを契機に、その後の戦国期の諸子百家といわれる多様な思想が展開した。したがって儒教は儒学、儒家思想と同義で宗教ではなく、尊卑の身分秩序（礼秩序）を強調し、家族から国家へと及ぼすべき仁愛を最高の徳目として、天下国家を論じる倫理的政治論である。孔子の後、儒家学派は八派に分かれて衰えたが、戦国中期に孟子が出て他学派を論駁して復興させた。戦国末の荀子は礼の意味を内的道徳性より外的規制に重点を移して、政治的統一へと向かう時代相に合致するよう再構成した。秦始皇帝の弾圧で衰微するが、漢代には復活し、董仲舒の献策をうけた武帝によって「儒家一尊」、つまり国教化され、以後、歴代を通して国家イデオロギーの地位を保持することになる。これは国家統治の現実は法家思想に立脚しながらも、露骨な法的強制力の行使を儒家的な道徳性によってカムフラージュする政治的作為である。後漢では豪族の成長にともない、彼らの宗族維持の重要なイデオロギーとなり、私塾の盛行により儒家思想は広範に普及し、経典の注釈が数多くつくられた。魏晋期には清談に代表される道家思想が流行し、儒教を道家思想で解釈する風がおこった。また仏教の教義をも道家思想で解釈する格義仏教が行われ、六朝から隋唐時代には儒教・仏教・道教を合わせて三教とよんだ。唐初には『五経正義』が編纂されて思想的展開は停滞するが、唐後半の韓愈は仏教に対抗する立場から儒家思想を内面的な人間考察として掘り下げ、その後の宋学（新儒学）への思想的新展開の道を開いた。宋学は性理学、理学ともよばれ、朱子学として大成される。朱子学は万物の根源たる理を客観的事物に即して究めようとするのに対して、同時代の陸九淵は心即理を主張し、明代の陽明学へと継承発展していく。

【参考文献】武内義雄『中国思想史』（岩波書店昭11）。『武内義雄全集』八（岩波書店昭53）。（愛宕元）

しゅく【宿】 旅人のための宿泊施設・地域、また非人たちの組織。前者は平安後期に発達し、なかには都市的賑わいをみせる宿もあった。後者は『日本三代実録』に貞観期に悲田院とは別に乞索児宿屋が建てられ京職の管理となっていることがみえる（貞観九〈八六七〉年八月条）。しかしほどなく廃絶したようであり、非人宿との系譜をみることはできない。一三世紀にはすでに興福寺を本寺として奈良坂や清水坂のもとに組織化されていたことが知られており、寺院の役割を想起させるものの、その成立時期は明らかではない。

【参考文献】児玉幸多『宿駅』（至文堂昭35）。山本尚友『被差別部落史の研究』（岩田書院平11）。（森明彦）

しゅくしん【粛慎】 中国の東北に居たとして古典に古くから登場する種族。『書経』『国語』『春秋左氏伝』などに周の武王・成王の時に楛矢（楛でつくった矢）を貢いだとあり、多くの古典に東北の夷狄の代表として現れる。『史記』に、禹が九州を定めた結果来貢したとする北方の外夷の息慎も同じ。三世紀に黒龍江省東部にいた挹婁を、粛慎氏とよぶこともあるが、それは挹婁が楛矢を献じたことをもとにして結びつけただけで、かつての粛慎とは関係がない。（田中俊明）

しゅくようぎょう／すくようぎょう【宿曜経】 文殊師利菩薩及諸仙所説吉凶時日善悪宿曜経の略称。インド天文学を著した経典で、二十八宿、十二宮、七曜の運行を人の運命に関連付けて、生誕日によって吉凶や禍福を占う拠り所とされた。密教僧不空によって七六四年に漢訳された。七曜名にサンスクリットのほか、日曜日に密と付記しているのはペルシア語 Mir の音写である。日本には入唐僧により平安初期に将来され、星占・暦算・祈禱といった呪術的傾向の強い宿曜道の基となった。（愛宕元）

しゅげいしゅちいん【綜藝種智院】 空海が八二八（天長5）年頃に東寺の東隣に開設した学校。学則にあたる「綜藝種智院式」には、僧俗・貴賤を問わず学ぶことができ、教授内容は仏教・儒教その他諸家におよび、教師・学生の生活を保証するとある。八四五（承和12）年東寺伝法会の財源とするため売却、丹波国大山荘の地が購入された。

【参考文献】久木幸男他編『空海と綜芸種智院』（思文閣出版昭59）。（難波謙一）

しゅげんどう【修験道】 日本の山岳信仰を前提に、密教的・道教的要素が習合して成立した信仰。山岳に登拝して験力を獲得する山臥（山伏）は験者とも称されたが、修験道の祖として平安時代後期のころから役行者が仰がれるようになる。数珠を手にし、錫杖をたずさえ、観音経や阿弥陀教などを誦し、頭髪を蓄え浄衣を着用、刀をさすなど、そのいでたちそのものが習合のかたちであった。中世になると天台密教系の聖護院に本拠をおく本山派と、真言密教系の醍醐寺三宝院を本拠とする当山派とが形づくられ、本山派は熊野から大峰にかけての地域を、当山派は吉野金峰山から大峰にかけての地域をその修行の聖地とした。大峰山は修験道の中枢で、大峰入りが重視され、その案内をする山伏を先達と称した。修験道の霊山としてはほかに出羽三山・石槌山・彦山などがある。

【参考文献】和歌森太郎『修験道史研究』（河出書房昭18）。（上田正昭）

しゅこうしょ【主工署】 大宝・養老令制における春宮坊の被管諸司の一つ。皇太子のために、土木・金属の製造にあたった。首（従六位下相当）・令史（少初位下相当）のほか、工部六人、使部六人、直丁一人、駈使丁六〇人が所属した。九世紀に停廃されたらしく、延喜春宮坊式にはみえない。（荊木美行）

しゅごこっかいしょう【守護国界章】 最澄撰。三巻。八一八（弘仁9）年成立。三一権実諍論の最も包括的な書。すべての人は成仏できるとする天台一乗思想と法相の成仏できる人とできない人の区別を認める三乗思想との論争。天台三大部（『法華文句』「摩訶止観」「法華玄義」）をめぐる論争などからなる。『伝教大師全集』『大正新修大蔵経』所収。（松本公一）

じゅごんし【呪禁師】 呪を唱えて病気や災害をはらう呪師。呪禁師には仏教系の仏呪と道教系の道呪があった。律令制度では宮内典薬寮に呪禁師二人、呪禁博士一人がおかれた。『日本書紀』敏達六（五七七）年十一月条には、百済王が呪禁師らを倭国に派遣したことを記す。（上田正昭）

じゅさんぐう【准三宮】 准后とも。三宮（太皇太后・皇太后・皇后）に准じた待遇（封戸・年官・年爵など経済的措置が主目的）を与える事またはその人。それをうけるのは天皇と関係深い皇族・公卿・僧侶らで初の人臣摂政藤原良房を初例とする。（朧谷寿）

しゅじつ【手実】 古代における個人データの自己申告書の総称。計帳作成の基礎資料として各戸主が毎年六月末までに戸口の姓名・年齢などを申告する計帳手実、造東大寺司写経所において写経生が作業実績について月ごとあるいは作業の切れ目ごとに報告する手実などの事例が知られる。いずれも個人の実態である点が重視され、申告者本人の自筆とは限らず、手実を浄書した計帳歴名も手実と称する事例があり、写経所の手実にも数人分を一紙に一括した例がある。（渡辺晃宏）

しゅじゃくもん【朱雀門】 ⇨朱雀

しゅしょうえ【修正会】 修正会とは、寺院において正月に修する法会のことで、南都の東大寺、法隆寺、薬師寺、などの大寺院はもとより北嶺の延暦寺等の寺院は、今日も厳修されている。毎年正月にあたり国家安穏を祈り修する法会がそれである。この修正会がもとより注意されることは、日本の各地域の農耕儀礼と深く関係を持って、日本農村社会に長い歴史的を経ながら今日まで定着していることとである。のちに述べる、寺院の修正会と関係が深い祭礼「オコナイ」行事はその例である。

さて、修正会の我が国の最初の出典は『東宝記』に記載される「大外記師諸勘進記」に載する所の「天長四年正月、東西寺一七箇日薬師法悔過、修正濫觴」という記録がある。京都の東寺、西寺にて八二七（天長4）年に始まったという。この文中の「薬師悔過」とは、薬師仏の前にて罪過を懺悔することであって、これが修正会の主だった意味であった。『東宝記』は東寺の事跡を一三五二（観応3）年にまとめた書物でこの編者がこのように言っているのである。修正会が悔過法要を主な儀礼とすれば、それより古く観音悔過、吉祥悔過などが文献に出てくる。古く

勅、畿内七道諸国、一七日間、各於ニ国分金光明寺一行ニ吉祥天悔過之法一、因ニ此功徳一天下太平、風雨順レ時、五穀成就、非民快楽、十方有情同霑ニ此福一

とある。これは『続日本紀』神護景雲元（七六七）年正月巳未（八日）条の記事である。『続日本紀』（七九七年成立）は『日本書紀』の次に記された史書で、神護景雲元（七六七）年に全国の国分寺に、吉祥天悔過の法を行ない、その功徳によって、天下太平、風雨が順調にゆき五穀成就になることを祈願せよとの、天子の仰せがあったと記されている。この記録によると、少なくとも全国の国分寺にて、正月の七日間にこの悔過の法会が行なわれて、その祈願の一つに五穀成就がある点、注目しておく必要がある。これが後に寺院の修正会の型となり、寺院の正月法会として、五穀成就の祈願が実施されていたことは重要である。

中世になり、修正会が盛んに各寺院で行われ広がりを見た。特に荘園内に住む人々が鎮守と宮寺にて秋の修学祭定まって修正会が正月の法要になり、それを単に正月の「オコナイ」と呼ばれるようになった。具体的に、寺院の修正会がどのように農村に定着していったかは不明だが、仏教が農村の行事と習合したということは、仏教の民俗化であるということができる。

さて具体的には、このときの修正会はどのような内容であったのか。奈良県香芝市下田の鹿嶋神社文書が残る。その文書の中に「法楽寺法則次第」（永正元（一五〇四）年」に正月一日から一六日までの修正会が記載されている。この記録は宮座の人々が持っていたもので、宮座の人々が行事の必要な任にあたる記事が記されている。その行事内容は、一日と三日は「ショウコンノコト（荘厳の事）」として記され、供え物の「ケヒヤウ（花餅）」や「コヲウシャシカミ（牛玉呪師紙）」などの記事から修正会の準備、八日「ソミンノコト（祖民初来）」、一二日「オタウエノコト（お田植え神事）」、一六日「ケイチンノコト」、など二週間にわたる一連の修正会の行事のことが記載されている。奈良県下の農村ではこのような修正会が一五世紀には見られた例があることがわかる。

今日、近畿の農村には、「オコナイ」として、村の鎮守の社、ないしその鎮守の神宮寺にて、僧侶が導師となり村人が花餅という供物を準備し、乱声、カンジョナワ、ユミウチなどの儀礼がともないその祈禱の時の牛玉札をもらって帰るという村の行事として残存する。村人の正月の祈願である、予祝の行事（豊作を願うまつり）と、寺院の修正会の法会とが習合して生まれたのがこの農村に残る修正会「オコナイ」の行事である。

つまり寺院の修正会は、日本の農村社会において豊作祈願と結合しやすい面があるということである。寺院の修正会が農村社会と結びついて成立した修正会「オコナイ」行事は、古代農村社会の構造を考える上に大切な祭礼である。

（浦西勉）

しゅしょうしょ［主漿署］ 大宝・養老令制における春宮坊の被管諸司の一つ。皇太子の粥・果実などをつかさどった。首（従六位下相当）・令史（少初位下相当）のほか、水部一〇人、使部六人、直丁一人、駈使丁六人が所属した。八〇七（大同2）年八月の格により、主膳監に併合。

（荊木美行）

しゅしょしょ［主書署］ 大宝・養老令制における春宮坊の被管諸司の一つ。皇太子に書・薬・筆・墨・紙・硯などを供進した。首（従六位下相当）のほか、使部六人、直丁一人が所属した。八〇七（大同2）年八月の格により、主蔵監に併合。

（荊木美行）

じゅず［数珠］ 「念珠」とも。仏号（念仏）唱誦や陀羅尼唱念の際に用いる仏具。珠を糸や紐に通して輪状にしたもの。平安時代初期、真言を念誦する密教修法の隆盛により、数珠は必須の法具となり、多用された。

（志麻克史）

しゅぜいりょう／ちからりょう［主税寮］ 大宝・養老令制の民部省被管諸司の一つ。地方財政の管理を担当した。四等官のほか、計算実務を担当する算師二人などからなる。毎年国司が提出する正税帳・租帳・青苗簿などによって、諸国の田租の収納や蓄積などを把握し、監査を行った。

（荊木美行）

しゅぜんげん［主膳監］ 『和名抄』の訓は「美古乃美夜乃加之波天乃豆加佐」。大宝・養老令制における春宮坊の被管諸司の一つ。皇太子の食膳のことをつかさどった。正・佑・令使のほか、膳部六〇人、使部六人、駈使丁二〇人が所属。八〇七（大同2）年八月の格により、主漿署を併合した。

（荊木美行）

しゅせんし［主船司］ 大宝・養老令制の兵部省被管諸司の一つ。摂津国におかれ、官私の船や舟具のことをつかさどった。四等官のほか、難波津において船を管理する品部の船戸が所属。「延喜式」にはみえず、大同年間（八〇六～八一〇）頃に廃止されたとみられる。

（荊木美行）

じゅせんし［鋳銭司］ 「ちゅうせんじ」とも。古代の銭貨鋳造官司名。令外の官司でその置廃は複雑な経過がある。史料の初見は『日本書紀』持統天皇八（六九四）年条の大宅朝臣麻呂で、六九九（文武3）年には中臣朝臣意美麻呂が任命されており、近年飛鳥池遺跡で出土した富本銭がこの時代に該当すると考えられている。七〇八（和銅元）年には和同開珎の発行にあたって、鋳銭を督促する催鋳銭司多治比三宅麻呂が任命され、河内国に鋳銭司が設置される。七三〇（天平2）年には長門鋳銭所が確認され、その後、田原鋳銭長官として七六七（神護景雲元）

年、阿部朝臣三県や同三年の阿部朝臣清成の名がみえるが、山城国岡田山鋳銭司・葛野鋳銭所など、その所在地や設置期間は定かでない。八一八（弘仁９）年に長門国司を改め鋳銭使がおかれるが、八二五（天長２）年には周防鋳銭司に移転し、以後周防鋳銭司が皇朝十二銭の終焉まで長く存続した。鋳銭司の官司構成は、長官、次官、判官、主典、史生、将領、医師、鋳銭師、造銭形師、鋳手、鉄工、木工などが確認されるが、一時採銅所の官司も兼任するなど定員の増減があった。（池田善文）

じゅそ【呪詛】 おのれにとって不都合なものあるいは対立者や敵対者をまじない呪うこと。呪法や呪術は不幸や災害を避け、生命の長生や生活の安全をはかるために、事前もしくは事後になされたが、他者を呪うためにも行われた。『古事記』や『日本書紀』にも呪詛の記事がみえる。「養老律」（賊盗律）には呪詛の罰則が記されており、「およそ憎み悪む所ありて、厭魅を造り、及び符書（呪文などを記した書きつけ）呪詛を造りて、以て人を殺さむとせらむは、謀殺を以て論じて二等減ぜよ」とある。七二九（神亀６・天平元）年四月の勅には、「厭魅呪詛して、百物を害い傷つける者あらば、首は斬し、従は流さん」と述べられている。平城宮跡や長岡宮跡などからは呪いの人形が出土している。（上田正昭）

しゅぞうげん【主蔵監】 大宝・養老令制における春宮坊の被管諸司の一つ。皇太子の宝物を管理し、衣服の縫製などをつかさどった。正・佑・令史のほか、使部六人、直丁一人、駈使丁二人が所属。八〇七（大同２）年八月の格により、主書署・主兵署を併合したが、その後停廃されたらしく、延喜春宮式にはみえない。（荊木美行）

しゅっけ【出家】 俗家を出て仏道を修すること。沙弥・沙弥尼・式叉摩那・比丘・比丘尼の別がある。日本最初の出家者は女性で、五八四（敏達天皇13）年の善信尼ほか二人。律令制下では官度を原則とし、得度時に度牒、受戒時に戒牒と称する公験が発行されたが私度僧も広範に存在した。平安時代には在家で剃髪した入道や後家尼など多様な出家の形が発生する。（岩田真由子）

じゅっし【十師】 乙巳の変（大化改新）後の六四五（大化元）年八月、僧尼を統制するために設けられた中央の僧官。僧尼自身による僧尼教導や仏教界全体の管理統制といった自治的性格を有した。十師は一時的な僧官で、天武朝には僧綱制にかわった。（志麻克史）

しゅでんしょ【主殿署】 『和名抄』の訓は「美古乃美夜乃止乃毛里乃豆加佐」。大宝・養老令制における春宮坊の被管諸司の一つ。皇太子が使用する施設などの維持管理・清掃などを担当した。首（従六位下相当）・令史（少初位下相当）のほか、殿掃部二〇人、使部六人、直丁一人、駈使丁一〇人が所属した。（荊木美行）

じゅとうえい【授刀衛】 七五九（天平宝字３）年に設置された令外の衛府。天皇の側近を護衛した。それまで中衛府の指揮下にあった授刀舎人を管轄したと思われる。七六四（天平宝字８）年の恵美押勝の乱では、孝謙上皇方の武力として活躍し、翌年、近衛府と改称された。（荊木美行）

じゅとうとねりりょう／たちはきのとねりりょう【授刀舎人寮】 授刀寮・帯剣寮とも称する。天皇の警固にあたる授刀舎人を統括する令外官。七〇七（慶雲４）年に設置。七二八（神亀５）年に新設された中衛府に吸収され、授刀舎人の名も消えるが、七四六（天平18）年、騎舎人を改めるかたちで復活した。（荊木美行）

しゅにえ【修二会】 毎年二月初めに寺院で厳修する法会で修二月とも言う。『塵添壒嚢抄』の修二月の項に次のごとくある。「修二月とは二月は卯の月也。これ天竺の孟春也。春の正味春の正方なる結えに二月を初月とする。」そして「日本の修二月の始めを言はば良弁僧正の弟子実忠和尚観念持呪の都卒の内院に神遊して四十九重の摩尼殿を拝見し給えり。其の内常念観音院の修法儀、心肝に銘じて尊かりければ、聖衆に乞に、一つの規範を与えたり。覚めて後に現此の軌あり。此の修行せんとするに本尊なき事を愁へ給へり。ある時摂州難波の浦を通り給ふに十一面観音の像」見つけこれを祀り、東大寺のお水取りの由来である。これ以降、多くの寺院はこの東大寺の修二会を模倣したようである。

東大寺お水取りの行事である、東大寺の修二会の法会がどのようにして各地に広まったのかは不明であるが、『三宝絵詞』の修二月の項には『この月（二月）の一日よりもしは三日、五夜、七夜、山里の寺々の大いなる行い也。つくり花をいそぎ、名香をたき、仏の御前をかざり』法要が営まれていたとある。興福寺においても伝法院の寿広が八七〇（貞観12）年に小観音を安置して修二会を始めている。平安時代になって、各地の寺院では修二会が行われていた。

中世になり荘園内でも、やはり農耕との結びつきが強いのは、修二会も修正会と類似する。修正会のオコナイと修二会のオコナイの二回の法会が荘園の鎮守と神宮寺にて行われた。修二会はどちらかと言えば、農耕において春の直接労働をし始める直前にあたり、民衆においては、こちらの方が重要な儀礼であった。そのため、豊作祈願としての餅・花・削りかけ等の作り物が多く娯楽性も強いのも特徴である。東大寺の修二会に見られる椿の造花や華表の餅や削りかけなどの作り物はその典型である。農村ではこの修二会の方が実生活と結びついていたようで、今日でも重要な祭礼行事として滋賀県や奈良県を中心に各地に伝えられている。（浦西勉）

しゅへいしょ【主兵署】 大宝・養老令制における春宮坊の被管諸司の一つ。皇太子の兵器・儀杖をつかさどった。首（従六位下相当）・令史（少初位下相当）のほか、使部六人、直丁一人が所属。八〇七（大同２）年八月の格により、主書署とともに主蔵監に併合された。（荊木美行）

しゅみせんせき【須弥山石】 一九〇二（明治35）年に石神遺跡から出土した花崗岩製の石造物。上下三段に石が重なり、上段・中段の二石には山襞を、下段石には波頭を浮き彫りにする。下段石の四方に小孔があり下段石内部の石槽につながる。別に下段石の側壁内にも上下に通る二本の通水孔があく。通水孔によって下段石内部に供給された水が四方の小孔からほとばしり出て、噴水として使用されたと推定されている。六六〇（斉明6）年に石上池辺に作られた須弥山（『日本書紀』）に比定する考えもある。（杉山洋）

しゅみだん［須弥壇］　仏堂内で仏像群や厨子などを安置し荘厳する壇。堂内の床面が土間やせん敷きとなる古代の堂では切石を用いた壇上積基壇が多く、羽目石には格狭間を刻む場合が多い。平安時代以降堂内が板床になると、須弥壇も木造になり高欄をめぐらすようになる。なかには中尊寺金色堂のように漆塗螺鈿仕上げに飾金具を施す華麗なものも生まれた。（杉山洋）

じゅめいおうづかこふん［寿命王塚古墳］　福岡県嘉穂郡桂川町にある六世紀後半の装飾古墳。一九三四（昭和9）年、土取り中に石室を発見。復原全長約八六mで、遠賀川流域では最大の前方後円墳。浅い濠を巡らし、石を葺き、埴輪（円筒・蓋・家？）をまばらにたてる。くびれ部に近く、北西に開口する全長約六・五mの横穴式石室は、古式タイプの複室。後室は、石棚・二体用石屋形（肥後系）・灯明台石一対・石枕二を備えた他に類例のない複雑な構造で、横口上部に小窓を設けるのも珍しい。前室両側壁以外の壁面には、三角文、蕨手文（筑後系）、双脚輪状文、武器・武具、騎馬人物像など多様な図文を、赤・白・黄・緑・黒の五色を駆使して描くが、同心円文は目立たない。閉塞石に追葬の痕跡を残し、未盗掘墳であったが、豊富な副葬品は、発見時にいったん持ち出されたことがわかっている。その名に恥じない豪壮な奥津城であり、被葬者の交流範囲の広さをおのずと物語る。保存整備され、春秋二回、公開。隣接の王塚装飾古墳館で、石室レプリカを常時公開（除月曜日ほか）。国指定特別史跡。

〔参考文献〕小林行雄ほか『筑前国嘉穂郡王塚装飾古墳』（京大報告⑮昭14）。川上市太郎『筑前王塚古墳』（福岡県文報⑪昭10）。町教委編『王塚古墳』（桂川町文報⑬平6）。（石山勲）

しゅめしょ［主馬署］　『和名抄』の訓は「美古乃美夜乃牟万乃豆加佐」。大宝・養老令制における春宮坊の被管諸司の一つ。皇太子の乗る馬および馬具をつかさどった。首（従六位下相当）・令史（少初位下相当）のほか、馬部一〇人、使部一〇人、直丁一人が所属した。（荊木美行）

しゅめりょう［主馬寮］　令外官の一つ。律令制下で中央政府が用いる馬の飼養・調習などをつかさどった。七八一（天応元）年以降の史料にみえることから、令制の左右馬寮を統合して誕生したと考えられる。八〇八（大同3）年に内厩寮・主馬寮・兵馬司を再編・整備して、あらたに左右馬寮が生まれた。（荊木美行）

しゅもう［朱蒙］　高句麗の始祖。諡名は東明聖王。鄒牟・衆牟・都慕などとも表記。建国神話は広開土王碑にみえるものが最も古く、北夫餘で卵から生まれた鄒牟が南に逃れて忽本の西で建国したとする。ついで『魏書』高句麗伝で、朱蒙という表記では最古。同じく北夫餘で、河の神のむすめが日光に感応して卵で産む。神話としては卵生型と日光感精型の複合。朱蒙とは善射を意味する語ともいう。『高麗記』では、夫餘から来た朱蒙が馬多山（白頭山か）で馬に出会ったとする。（田中俊明）

（右）改装後の東明王陵（平壌）
（左）東明王陵（改装前）

しゅもんきょう［珠文鏡］　わが国で製作され、古墳時代に流行した径四～一三㎝の小型鏡。鏡の主文様が列状にならんだ円い凸点（珠点）からなるためにこの呼称がある。古墳出土例が最も多く、祭祀遺跡や集落跡からも出土するが、集落跡出土例は主に近畿以東にみられる。宮崎県から宮城県にわたる広い範囲に分布し、朝鮮半島南部にもおよんでいる。これまでに二二〇面以上が知られているが、同笵鏡はほとんどない。珠点の例は一条から三条のものまであり、一条のものがより古い形式である。（藤丸詔八郎）

しゅゆし［主油司］　「あぶらのつかさ」とも。大宝・養老令制の宮内省被管諸司の一つ。諸国から調副物として京に進上された膏（猪脂）・油（胡麻油・麻子油・荏油など）を管理。八九六（寛平8）年に主殿寮に併合された。（荊木美行）

珠文鏡（北九州市 平石棺出土）
径 7.8 cm
個人蔵

しゅら【修羅】 ⇨八島塚古墳周濠の修羅(やしまづかこふんしゅうごうのしゅら)

しゅらい【周礼】 ⇨五経(ごきょう/ごけい)

しゅりしき/おさめつくるつかさ【修理職】 『*和名抄』の訓は「乎佐女豆久留豆加佐」。令外官の一つ。宮の施設の造営・修理をつかさどった。八一八（弘仁9）年に設置され、八二六（天長3）年に停廃、*木工寮に併合されたが、八九一（寛平3）年に復置されて以後、常設の官となった。　（荊木美行）

しゅりょうごんいん【首楞厳院】 比叡山横川の一院。横川中堂。八三三(天長10)年*円仁が如法写経を轆轤塔に納め、それを安置する堂として建立。帰朝後円仁は如法堂を檜皮葺五間堂に改修。九八六(寛和2）年以降当院僧徒が「二十五三昧式会」を行った。この念仏結社の一員であった恵心僧都源信は如法堂を多宝塔形式に改めた。一〇三一（長元4）年には覚超が発願して経塚を造営。出土した金銅経箱（国宝）はこのとき助成し、自筆の経もおさめた*上東門院彰子のものか。　（野口孝子）

しゅろおう【首露王】 金官国（南加羅）の始祖。『三国遺事』に引く「駕洛国記」に伝える建国神話では、四二年、天上から六卵が降下し、そのうちの最初に人になったのが首露王、残る五つから、五つの加耶国（阿羅伽耶・古寧伽耶・大伽耶・星山伽耶・小伽耶）の始祖が生まれた。のちに阿踰陁国から王女が来て、王妃として迎えた(許皇后)。一五八歳で、一九九年に死んだという。崔致遠『釈利貞伝』では、伽倻山神の正見母主と天神との間にできた悩窒朱日と悩窒青裔がそれぞれ大伽耶・金官国の始祖になったとし、後者が首露であるとする。　（田中俊明）

首露王陵

しゅんかん【俊寛】 ⇨鹿ヶ谷事件(ししがたにじけん)

しゅんき【春記】 参議・*春宮権大夫藤原資房の日記。記名は春宮権大夫の一字をとったもの。一〇二六（万寿3）年から五四（天喜2）年の記事が残るが、欠巻が多い。記主自身の感慨などが記される点はほかの日記と異なる特色といえる。摂関体制から院政への転換期の史料として重要。『増補史料大成』『訓読春記』(近藤出版社)。　（松本公一）

しゅんぎょくひしょう【春玉秘抄】 春の*除目次第を詳述した儀式書。編者は源*有仁。『本朝書籍目録』には八巻と記す。成立は平安時代後期。田中教忠旧蔵本（国立歴史民俗博物館蔵）の奥書によれば、当初、有仁が一一四六（久安2）年頃に『春次第』一巻を編纂したが、その後、徳大寺実能・中原師業が書写・校合し、次いで一一七八（治承2）年、徳大寺実定が、部立を整え八巻に改編、『春玉秘抄』と名づけたとされる。『春玉抄』『花園左府抄』『花抄』など異称も多い。　（細谷勘資）

しゅんこうでん【春興殿】 平安京内裏の殿舎の一つで、紫宸殿の南東に位置し、北には日華門、南には左掖門があった。身舎の規模は南北七間、東西二間で、武具をおさめるところであった。また、東庇には*内竪所が設けられていた。　（西山恵子）

じゅんさつし【巡察使】 大宝・養老令制下で地方行政の監察のために中央から派遣された使い。唐の巡察使を範としたもの。使者の構成は、使—録事、使—判官—史、使—判官—主典、などさまざまある。太政官に所属するが常設の官ではなく、必要に応じて臨時に任命し、諸国を巡察させた。使者には内外官のなかから清正灼然たる者を選んであてた（養老職員令）。六八五（天武14）年、国郡司・百姓の消息を巡察するために東海・東山・山陽・山陰・南海・筑紫に使者を派遣したのが、確実な初見。六九四（持統8）年、六九九（文武3）年にも巡察使の派遣のことがみえ、飛鳥浄御原令にも巡察使について規定されていたことが知られる。大宝令施行後では、七〇三(大宝3）年に東海以下七道に巡察使を派遣したのが最初で、七一二（和銅5）年に毎年派遣されることが在京中の諸国朝集使に宣せられた。七五八（天平宝字2）年にはそれが三年に一回と改められたが、実行されたかどうかは不明。なお、巡察使そのものは八二五(天長2）年まで続いた。巡察使は、検察の結果を中央に報告したが、報告内容から判断して、巡察使派遣の目的は違法の検察、国司・郡司の治績、国内の豊倹得失などの監察にあったとみられる。ただしこうした任務の一部は、按察使・惣管・鎮撫使・観察使と重複する。

〔参考文献〕林陸朗『上代政治社会の研究』（吉川弘文館昭44）。井上辰雄『正税帳の研究』（塙書房昭42）。　（荊木美行）

じゅんし【殉死】 主人の死去にさいして身近に仕えていた従者が自殺すること。夫の死に妻が殉じた例もある。『三国志』『魏書（魏志）』東夷伝倭人の条（倭人伝）には、卑弥呼の死に「奴婢百余人」が「殉葬」したと記す。『日本書紀』垂仁天皇二十八年十一月条には倭彦命の死に近習者を集めて殉死させたという説話を載す。そこで垂仁天皇は「古の風」だが殉死をやめさせたと記す。『同』垂仁天皇三十二年七月条には、野見宿禰が「君王の陵墓」に「生人」を埋め立てるかわりに埴輪をつくったエピソードを載せる。七二九(神亀6）年二月、長屋王が自害に追いこまれ、妻の吉備内親王らが殉死した例が注目される。近世初頭になると殉死の風習が具体化したが、幕府は一六六三（寛文3）年に殉死を禁じた。一九一二（大正元）年九月、明治天皇の大葬の当日乃木

希典と妻静子が殉死。 （上田正昭）

しゅんじゅう［春秋］ ⇩四書五経ししょごきょう／ししょごけい

じゅんそう［殉葬］ 高貴な方の墓に近接して、自殺もしくは強制的に殺された者が葬られること。馬の場合も含めることが多い。『魏志』倭人伝に卑弥呼の「葬に徇う者、奴婢百余人」とあり、『日本書紀』垂仁天皇二十八年十一月条には倭彦命の死と近習者の殉死に関わる伝承、同三十二年七月条に殉死と埴輪起源に結びつく説話が記されている。また、いわゆる六四六（大化2）年三月の、大化薄葬令に人馬の殉死などの旧俗を禁止する記載があり、大化五（六四九）年三月条に蘇我倉山田麻呂の死に際して妻子が殉じる記事がある。大化の二例と卑弥呼や倭彦命にかかわる殉葬とは、その意味が異なっていることには注意したい。考古学的には人の殉葬の明確な物証はえられていない。なお、千葉県大作遺跡などで意図的に斬首されたと思われる馬の埋葬坑が確認されており、これを殉葬の証拠とみなすことも多い。 （福尾正彦）

じゅんないん［淳和院］ 右京四条二坊一町～一四坊に所在した淳和天皇の後院。親王時代からの宮ではじめ南池院。平安京右京（西京）にあるので西院とも称した。八二八（天長5）年後院と定められ淳和院と称した。淳和上皇没後その皇后正子内親王の居所となり、のち尼寺として存続。公卿別当がおかれ源氏長者の世襲職となった。 （佐藤文子）

じゅんなてんのう［淳和天皇］ 786～840 在位823～33 桓武天皇皇子。母は藤原旅子。名は大伴。嵯峨・平城天皇の異母弟。文人として秀で、「令義解」「新撰格式」「経国集」の撰進を命じ、漢詩も多く残した。譲位後は淳和院に住す。陵は京都市の大原野西嶺陵。 （関口力）

じゅんにんてんのう［淳仁天皇］ 733～65 在位758～64 天武天皇孫。舎人親王の子。母は当麻山背。名は大炊。室に粟田諸姉がおり、彼女は藤原仲麻呂の亡男真従の妻であった関係から、仲麻呂の田村第に居住。その庇護下におかれた。七五七（天平宝字元）年、不謹慎を理由に皇太子を廃された道祖王にかかわり立太子。仲麻呂政権下において即位するが、仲麻呂の乱により天皇を廃され淡路国に配流。淡路廃帝と称された。墓はのち山陵に改められた（淡路陵、兵庫県南あわじ市南淡町に所在）。 （関口力）

じょいはかせ［女医博士］ 宮中の婦人の治療にあたる女性医師、すなわち女医を養成する医博士で、男性が任ぜられた。七二二（養老6）年一〇月の勅によって設置が指示され、翌年一一月配備された。内薬司に所属し、定員一人、相当位は医博士と同じ正七位下。 （荊木美行）

しょう［詔］ ⇩詔みことのり

じょう［杖］ 律に規定される五刑のうち、笞について軽いもの。杖とよばれる、弾力性のある鞭で臀部を打つ刑。杖は、長さ三尺五寸（約一〇五㎝）、手もとの直径四分（約一二㎜）、先の直径三分（約九㎜）で、笞より一分太い。打つ数によって、六〇・七〇・八〇・九〇・一〇〇の五等級がある。中国風の刑罰で、『隋書』倭国伝によって、日本でもはやくから行われていたことが知られる。 （荊木美行）

じょうえ［定恵］ 643～65 七世紀中頃の僧侶。中臣鎌足の長子。母は車持君国子の女・与志古娘。藤原不比等の同母兄。俗名は真人（『尊卑文脈』）。貞恵（慧）とも書く。六五三（白雉4）年五月、一一歳で第二次遣唐使とともに学問僧として入唐し、遊学すること一〇余年、内経外典に通暁して六六五（天智4）年に帰国。同年十二月、大原（奈良県高市郡明日香村小原）の邸にて二三歳で没した。定恵を孝徳天皇の落胤とするのは後世の俗説。 （中川久仁子）

しょうえん［荘園］ 奈良時代後半から室町時代にかけての社寺・貴族などの私的領有地。荘園の歴史には成立期の八～九世紀のいわゆる自墾地系荘園（初期荘園）と一〇世紀以後のいわゆる寄進地系荘園がある。前者は律令制の変質過程で有力な寺院・貴族などは墾田地の占有をすすめ、九世紀に入ると、天皇家の財政を補うための勅旨田、親王家に与えられる親王賜田なども設定された。勅旨田の経営は各地の国司が行い、社寺・貴族らは田使を現地へ派遣して開田と収益にあたらせた。平安時代に入ると、荘園内の荒地を自力で開いて治田として自営化した農民や土地所有を進めていた豪族たちも、それらの田地を有力な寺社・貴族たちに寄進して、その権威のもとに国司・郡司の支配から免れようとした。九〇二（延喜2）年にはこうした荘園の停廃が命令されたが（荘園整理令）、荘園の発展はやまず、豊臣秀吉による太閤検地によって、名実ともに荘園は消滅した。初期荘園は納租の義務があって、寺田や神田は不輸租田と定められていた。しかし一〇世紀の頃からはしだいに荘民の課役免除がひろがり、一一世紀頃からは荘園が不輸租の特権をもつようになった。荘園の成立について国の公認をあおぐ手続きを立券荘号とよび、その荘園を官省符荘といった。免組・免役はやがて国司が荘園内に立ち入ることを拒否する不入権の成立を促し、一三世紀には国司や検非違使が犯罪人を追捕するための立入をも拒否するようになった。そしてそれは中世の守護不入権にうけつがれる。荘園制は律令制的土地所有から大名領地制へのプロセスにおける重要な土地領有のシステムであった。

〔**参考文献**〕安田元久『日本荘園史概説』（吉川弘文館昭32）。 （上田正昭）

しょうえんえず［荘園絵図］ 主として中世の荘園を描いた地図の総称。古代では荘園を描いた地図をさす「庄図、開田地図、墾田地図」といった表現があり、いっぽう絵図の語は、簡略な地図・非公式な地図をさして使用されたとみられ、古代のものについては荘園図と総称するのが適当であろう。中世の荘園絵図には、荘園の立券の状況や開発結果を表現した領域型の荘園絵図と、堺相論の状況や和与・下地中分の結果を表現した相論型の荘園絵図が多い。このほか、「土帳・坪付図」といった呼称でよばれた絵画的要素の少ない地図や「差図・郷村図」などの呼称を有するものもある。これら中世の荘園絵図には、古代の班田図などを基図としたものもあるが、ほとんどの場合、それぞれの荘園で必要に応じて作製されたものであり、表現の個別性が高い。農業関係の施設や境界にかかわる事象、集落・寺社・山川・植生など、各荘園絵図ごとに記号化の方向性はみられるが、文字標記と一体となったもので、必ずしも明確ではない場合が多い。

〔参考文献〕葛川絵図研究会編『絵図のコスモロジー』（上）（下）（地人書房昭63・平元）。金田章裕他編『日本古代荘園図』（東京大学出版会平8）。金田章裕『古代荘園図と景観』（東京大学出版会平10）。 （金田章裕）

しょうえんせいりれい〔荘園整理令〕 平安時代から鎌倉時代前期にかけて発令された*荘園と公領を確定するための新制。九〇二（延喜2）年の延喜令以後一二二五（嘉禄元）年まで確認され、全国を対象とする全国令と国司の申請にもとづき一国規模で発せられた一国令が知られる。最初の整理令とされる延喜令は、九八四（永観2）年の永観令や一〇〇二（長保4）年の若狭国一国令が「格後」荘園を停止対象とするように、一一世紀半ばまでの整理の基準とされた。一〇四五（寛徳2）年の寛徳令は、前司任中以後の荘園を停止する新方針によるもので、寛徳以後の荘園停止はこれに続く整理令の基本路線となった。一〇六九（延久元）年の延久令は、寛徳・天喜例の路線を継承・強化したもので、このとき記録所が設置され実務を担った。これに対して、一一五六（保元元）年の保元令は、整理の基準を後白河天皇即位の久寿以後の宣旨なき荘園に改めた点で特筆され、領域型荘園の成立に対応する新たな整理令といえる。なお、荘園整理令は、単に荘園を抑制するものではなく、条件さえ満たせば公的な承認を与える性格を有していたが、近年、寛徳以後の全国令は内裏焼亡を契機とし、直接的には造内裏役賦課範囲を確定するために発令されたとする理解もある。

〔参考文献〕石母田正『古代末期の政治過程及び政治形態　著作集6』（岩波書店平1）。泉谷康夫『律令制度崩壊過程の研究』（高科書店平4）。竹内理三『院政と平氏政権　著作集6』（角川書店平11）。 （山本崇）

しょうかいたいしぼ〔章懐太子墓〕 中華人民共和国の陝西省乾県にある、唐の章懐太子李賢の墳墓。章懐太子は、高宗と則天武后の間に生まれた第二子で、その墳墓は、高宗と武后が合葬された乾陵の東南方約三km地点に陪葬されている。墳墓は、地上に一辺約四三m、高さ約一八mの截頭方錐形の墳丘を築いた。一九七一、二年に発掘調査されたが、墳丘の南方約四〇mのところに入口をもつ墓道を斜めに降りて、前室をへて後室にいたる。その間の全長は七一mに達する。後室の入口前面におかれた墓誌は、李賢が七〇六（神竜2）年に、雍王の身分で埋葬されたときのものである。それに対して、後室に安置された家形石棺の東側におかれていた墓誌は、七一一（景雲2）年に章懐太子の称号を追贈され、同妃の清河房氏とともに、乾陵に陪葬されたときのものである。内部は盗掘をうけていたが、それでも三彩や緑釉などの陶俑や陶器を中心に副葬品は六〇〇点余りにのぼった。章懐太子墓でとくに注目されるのは、壁面の随所に描かれた五〇組余りの壁画である。礼賓図・馬毬図・儀仗図・狩猟出行図・四神図など、豊富で華麗な内容で知られる。

〔参考文献〕西谷正「唐・章懐太子李賢墓の礼賓図をめぐって」『古文化論叢』（児嶋隆人先生喜寿記念事業会平3）。 （西谷正）

しょうがくいん〔奨学院〕 皇族出身の大学生の寄宿舎。八八一（元慶5）年に*在原行平が創立し、九〇〇（昌泰3）年に大学別曹として公認された。平安京左京三条一坊四町に所在し、南曹ともよばれた。その機能は一二世紀初めには失われていた。 （古藤真平）

じょうがくじ〔定額寺〕 奈良～平安時代、官大寺・国分二寺に準ずる寺格を備えた寺院。定義については、「定額」の字義にもとづいた一定数を限った寺院、「定額」を「額を定む」と解し、額（寺額）を国家が公認した寺院など、諸説ある。七四九（天平勝宝元）年、諸寺と並んで定額寺に一〇〇町の墾田が認められており、この頃にはその存在が認められていた。九世紀以降、皇族・貴族・僧侶・地方豪族の発願による寺院が定額寺として追認され、定額寺は増加した。 （志麻克史）

しょうかくつきかぶと〔衝角付冑〕 ⇩甲冑

しょうかくどういちごうふん〔松鶴洞1号墳〕 大韓民国の慶尚南道固城郡固城邑の松鶴洞の独立丘陵上に立地する、三国時代加耶の古墳。この古墳は、六基からなる松鶴洞古墳群のなかで、規模が最大で、最も高所に位置することから、盟主的な存在といえる。松鶴洞一号墳に対して、一九八三年に*前方後円墳であるとする問題提起があり、賛否両論の議論が湧くとともに、その後の韓国の前方後円墳の調査・研究の進展にとって端緒となった。しかし、史跡整備に先立って、二〇〇一、二年に行われた発掘調査の結果、前方後円墳ではなく、円墳が三基相次いで築造されて連接したものであることがわかった。

〔参考文献〕東亜大学校博物館『古自国（小加耶）のタイムカプセル松鶴洞古墳群』（第三回国際学術大会発表要旨二〇〇一）。 （西谷正）

しょうかげ〔請暇解〕 写経生が提出した休暇届。律令官人は*仮寧令の規定により、六日ごとに一日の休暇があったが、地位の低い写経生には適用されていなかった。そのため、仕事の切れ目などを機に、二～三ヵ月ごとに請暇解を出して数日間の帰宅休暇をとっていた。その理由のなかには、本人や家族の病気をあげるものも多く、長時間勤務が原因と思われる足病・腰病や、赤痢、下痢などの消化器系の病名が記載され、下級官人の生活実態を表している。 （宮城洋一郎）

じょうがんぎしき〔貞観儀式〕 八七七（貞観19）年頃までに成立したと推定される勅撰の宮廷儀式書。全一〇巻のうち三巻を占める「践祚大嘗祭儀」は、大嘗祭儀式の典拠として後々まで尊重された。本書の一部（賀茂祭儀）を補訂した「延喜儀式」はわずかな逸文しか伝存しない。

〔参考文献〕和田英松『本朝書籍目録考証』（明治書院昭11）。所功『平安朝儀式書成立史の研究』（図書刊行会昭60）。 （所　功）

じょうがんきゃくしき〔貞観格式〕 いわゆる三代格式の一つ。*藤原氏宗らが、清和天皇の命をうけて編纂。格一二巻は、八六九（貞観11）年四月に撰進、同九月に施行、式二〇巻は、八七一（同13）年八月撰進、一〇月施行。格は、弘仁格以降の法令を官司順に整理・集成。式は、弘仁式を増補・改正する条文のみを集成している。格式ともに現存せず、逸文が残るのみ。（荊木美行）

じょうがんこうたいしき［貞観交替式］ 正式名は「新定内外官交替式」。上下二巻からなり、下巻のみ現存。国司の交替に関する規定を集めた延暦交替式を増補したもので、内外官の交替に関する諸規定を集める。八六七（貞観9）年に完成し、翌年施行された。（荊木美行）

じょうがんじ［貞観寺］ 京都市伏見区深草坊町にあった寺。八五九（天安3）年、清和天皇降誕に際して大僧都真雅と藤原良房によって建立。はじめ嘉祥寺西院と称したが八六二（貞観4）年に改名し、毘盧舎那宝塔などの諸堂を整えた。中世に廃絶した。（野口孝子）

じょうがんせいよう［貞観政要］ 中国の書名。唐の呉兢撰。全一〇巻。唐の太宗が貞観年間（六二七～六四九）に群臣と交わした政治上の論議や、名臣たちの事績を四〇篇に分類して記したもの。一篇ごとに一つのテーマを論じ、君子としての心得、道徳規範などがテーマとして取りあげられている。太宗と群臣との問答や『太宗実録』にもとづいて書かれ、史書として一定の価値をもつが、政治の手本を示した書として、唐中期より後世まで多くの皇帝によって読まれた。貞観中の記事に関しては『旧唐書』『新唐書』『資治通鑑』よりも詳細であるが、本書中にはこれらの史書と異なる記事がある。本書には、「戈直集解本」とよばれる元の戈直の校勘本がある。日本にも早くに伝わって広く読まれ、古抄本が現存する。江戸時代に翻刻されて、鳥飼本、南紀学習館本（一八二三、文政6）などがあり、『国訳漢文大成』にも収められている。（高井たかね）

じょうがんでん［貞観殿］ 平安京内裏の後宮七殿の一つで、常寧殿の北に位置し、常寧殿とは渡廊で結ばれ、また、左右の登華殿、宣耀殿との間にも反橋が設けられていた。身舎の規模は東西七間、南北二間。裁縫のことにかかわる御匣殿の女官の詰所となっていたため御匣殿ともよばれた。また、皇后宮庁の正庁がおかれていた。（西山恵子）

しょうきくりいせき［松菊里遺跡］ 大韓民国の忠清南道扶余郡草村面松菊里に位置し、標高三〇m前後の低い丘陵地に立地する、無文土器（青銅器）時代の大規模集落遺跡。その面積は六一haもしくは三〇haともいわれる、朝鮮半島で最大級の規模を誇る。これまでに竪穴住居跡四二軒のほか、袋状竪穴式貯蔵穴・土器窯跡・小型甕棺墓群などの遺構群が検出されている。丘陵先端部では住居群を取り囲むようにして、丘陵くびれ部に掘られた濠の一部や、その濠に切られて、それに先立つ時期の木柵列が確認された。とくに木柵列は、集落の縁辺部をめぐるものであるが、総延長四七〇mにわたって調査された。個々の住居跡には、中央に楕円形のくぼみと双穴があり、松菊里型住居とよばれる。住居跡からは大量の無文土器が出土しているが、口縁部がゆるやかに外反する特徴から松菊里型土器とよばれる。石器には、各種の磨製石器がある。住居跡からはまた、扇形銅斧鋳型が出土して注目される。貯蔵穴からは大量の炭化米が出土したが、すべてジャポニカ（短粒）型である。集落の一角で見つかった箱式石棺墓から、遼寧式銅剣・磨製石剣・石鏃や碧玉製管玉・天河石製勾玉が伴出したことも重要である。松菊里型の住居・土器や遼寧式銅剣は、弥生文化形成期の日本列島にも影響を与えた。

［参考文献］韓国国立中央博物館『松菊里』Ⅰ～Ⅳ（『国立博物館古蹟調査報告』11・18・19・23、79・86・87・91）。韓国国立公州博物館『松菊里』Ⅴ（一九九三）。（西谷正）

しょうきのせい［鐘匱の制］ ⇩鐘匱の制

じょうきょうでん［承香殿］ 平安京内裏の後宮七殿の一つで、仁寿殿の北に位置する。身舎の規模は東西七間、南北二間で、南北に馬道が通り、東庇には内御書所が設けられていた。天皇、女御の居所としても使用された。（西山恵子）

じょうきょうりゅうせんふあと［上京龍泉府跡］ 中国黒龍江省牡丹江市寧安の渤海鎮に所在。牡丹江東岸の微高地に造営されている。上京龍泉府は、七五五年頃～七八五年と七九四年～九二六年までの二回にわたり渤海の都がおかれた。渤海鎮の東に東京城鎮があり、戦前にはこの遺跡を東京城とよんでいた。遺跡は、東西四五〇〇m、南北三四〇〇mの外城

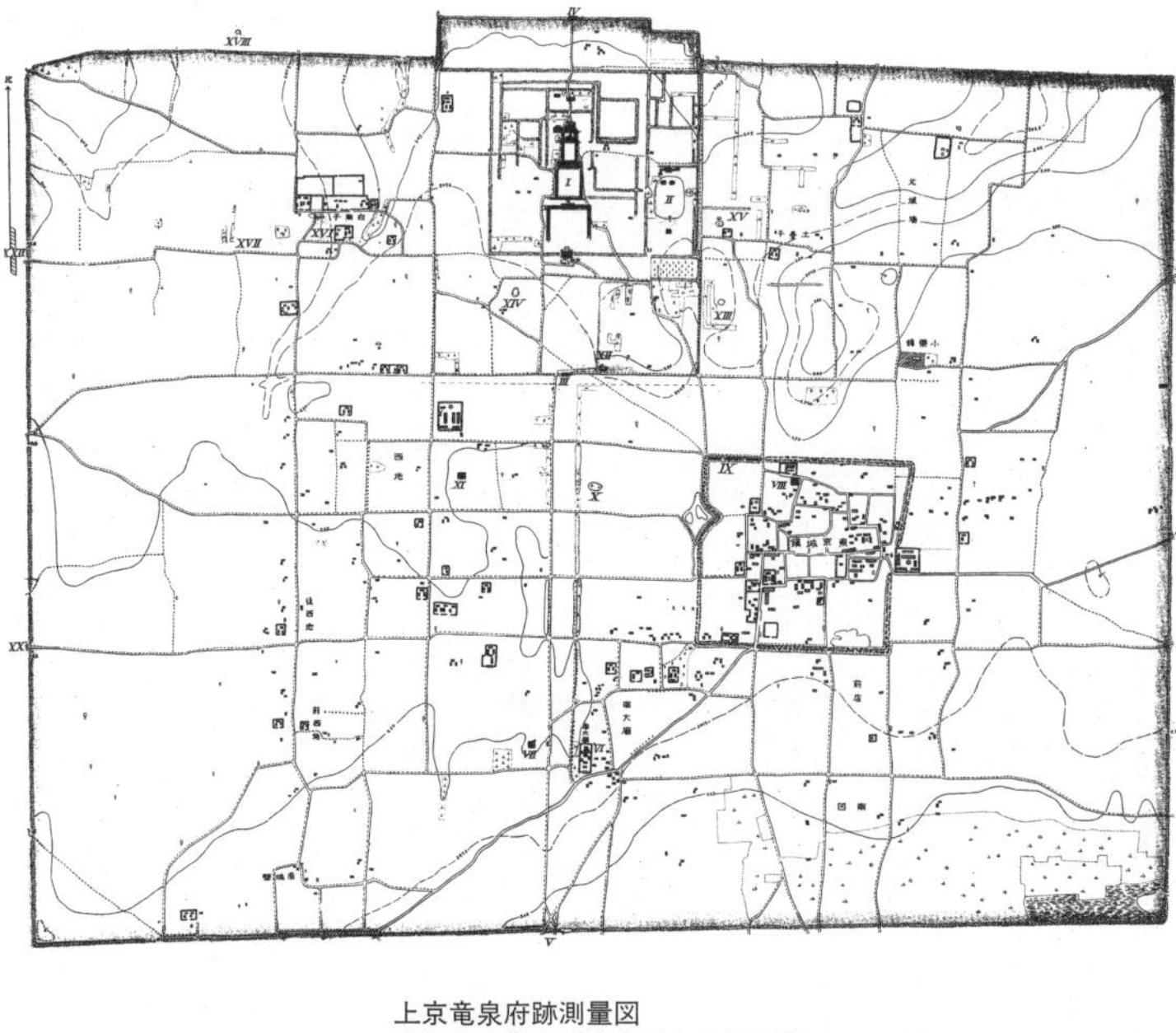

上京竜泉府跡測量図
東亜考古学会『東京城』より転載

壁で囲まれ、城壁の外側は幅約五mの堀がめぐっている。城内の北部に、東西一〇〇〇m、南北一三〇〇mの城壁で囲まれた皇城があり、その内部に東西六二〇m、南北七二〇mの城壁で囲まれた宮城がおかれている。宮城では、南北に五基の宮殿基壇が残っている。第一宮殿の前面は広場で、その南は宮城を囲む城壁と午門がある。第一宮殿の左右から回廊が延び、広場の東西を区画している。第一宮殿と第二宮殿はオンドルなどの暖房設備が設けられておらず、皇帝の執務空間と考えられる。第四宮殿にはオンドルが二系列備えられ、皇帝の居住空間と考えられる。宮城の東側には、南北一九〇m、東西一一〇mの楕円形を呈する池に築山が三基おかれた庭園が造営されている。皇城では、宮城を囲む城壁の南に幅九二mの東西道路がある。また中央部に幅約二〇〇mの大路もしくは広場が設けられ、その東西では検出された建物群は官庁と考えられている。皇城の外側には広大な京域があり、皇城南門から南下する幅一一〇mの中央大路で東西に区画され、さらに南北の街路で坊が区画されている。上京龍泉府跡では、九カ所以上の寺院遺構が検出されている。このうち二カ所は外城壁の北側におかれ、京域に七カ所がおかれている。中央大路の西側に三カ所、東側で四カ所である。二号寺跡には、玄武岩製で高さ六mの石灯籠が残っている。

〔**参考文献**〕東亜考古学会『東京城』(一九三九)。『중국 동북 지방의 유적 발굴보고』(社会科学院出版社一九六六)。中国社会科学院考古研究所編著『六顶山与渤海镇』(中国大百科全书出版社一九九七)。 (**小嶋芳孝**)

しょうくう[証空] 1177〜1247 善慧房・鑑智国師とも。鎌倉前期の僧。浄土宗西山派の祖。源親季の子。一一九〇(建久元)年法然の弟子となり、「選択本願念仏集」の作成にも関与。法然没後、京都西山の善峰寺往生院に移り、善導大師の教えを講説した。 (**藤田琢司**)

しょうくう[性空] 910?〜1007 平安中期の天台僧。父は橘善根。三六歳の頃出家し霧島山などで修行、五七歳で播磨国書写山に入った。その後当地に円教寺を創建。花山院の二度の行幸をはじめ、皇族・貴族などの篤い信心をうけた。死後、数種の伝記がつくられ、説話も数多く伝わっている。 (**毛利憲一**)

じょうぐうおういん[上宮王院] 奈良県生駒郡斑鳩町にある。現在の法隆寺東院。厩戸皇子(聖徳太子)などを中心とした上宮王家の斑鳩宮の跡に、七三九(天平11)年、行信僧都によって建立された。実際一九三四(昭和9)年の発掘調査で、下層から斑鳩宮の一部とされる大型掘立柱建物群が見つかった。八角円堂の夢殿には、聖徳太子等身の像といわれる救世観音像が安置されている。伝法堂は「橘夫人」邸を施入、移築したものである。なお広隆寺(京都市)にも上宮王院が存在し、聖徳太子像を安置する。 (**亀井健太郎**)

じょうぐうおうけ[上宮王家] 古代の王族名。厩戸皇子(聖徳太子)とその子山背大兄王を中心とする一族をさす。『日本書紀』用明天皇元年四月条には厩戸皇子が「上宮」にますと記し、推古天皇元(五九三)年四月条には、用明天皇の磐余池辺双槻宮の南の「上殿」に居住せしめたと述べる。「上宮」は宮内庁本や『釈紀秘訓』などでは「カミツミヤ」と訓むが、本居宣長は「ウヘノミヤ」と訓むべきとする(『古事記伝』)。『日本書紀』は厩戸皇子を「上宮厩戸豊聡耳太子」と称し、『上宮聖徳法王帝説』は「上大殿(上宮)」に住むのによって「上宮王と号す」と記載する。上宮王家の名称はこの「上宮」にちなむ。その所在地は奈良県桜井市上の宮のあたりと推定されている。厩戸皇子とその妃四人子一三人、孫一四人が確認される。

〔**参考文献**〕仁藤敦史『古代王権と都城』(吉川弘文館平10)。 (**上田正昭**)

じょうぐうき[上宮記] 現存しないが、『釈日本紀』巻一三、『聖徳太子平氏伝雑勘文』等に引用され、系譜的な記述が残される。本来はその名称の通り、上宮皇子すなわち聖徳太子の事績を伝えた書物、あるいはその宮に伝えられた伝記資料と推測される。成立については諸説あるが、七世紀にさかのぼる可能性が高い。『釈日本紀』所引上宮記の一云に、『古事記』『日本書紀』にみられない応神天皇から継体天皇にいたる系譜が残されている。 (**早川万年**)

じょうぐうしょうとくたいしでんほけつき[上宮聖徳太子伝補闕記] 聖徳太子伝の一つ。平安時代初期の成立。編者未詳。膳部臣の家記と調使の家記をもとに撰述。神仙思想と結びつく所伝が多く、ほかの太子伝にはみえない独自の記事も多く含む。『聖徳太子伝暦』には本書が多く引かれることより、本書は神秘的な太子伝の先駆的なものといえる。『大日本仏教全書』、『群書類従』(伝部)、『飯田瑞穂著作集(1)』(吉川弘文館)所収。 (**松本公一**)

じょうぐうしょうとくほうおうていせつ[上宮聖徳法王帝説] 聖徳太子の伝記史料。一巻で本文は五つの部分からなる。略称『法王帝説』とも。聖徳太子に関する諸伝を集成し、第一の部分には聖徳太子を中心とする系譜、第二の部分には太子の行状・事績、第三の部分には法隆寺金堂薬師像光背銘・同釈迦像光背銘とその注釈・天壽国繡帳銘と注釈・巨勢三杖の追悼歌など、第四の部分は太子の事績の再録、追補、第五の部分には欽明天皇から推古天皇までの五天皇(大王)の在位年数・崩名・陵名と太子の生没年・墓所などを記す。知恩院本には裏書があり、豊浦寺・山田寺・般若寺、観勒・鞍作鳥、蘇我馬子の逝去などの記述がある。本文の各部分はそれぞれに成立の事情が異なっており、第一の部分は大宝・慶雲(七〇一〜七〇八)以前、第二の部分は奈良時代、第三の部分は平安時代中期ごろ、第四の部分は和銅(七〇八〜七一五)以後平安時代初期以前、第五の部分は大宝・慶雲以前とみなす説が有力である。その系譜には『帝紀』のたぐいの資料に基づく要素があり、他の部分にも『日本書紀』などとは所伝を異にする記事があって、仏教の公伝年を『元興寺縁起』と共に戊午年(五三八)と記したり、聖徳太子の歿年を壬午年(六二二)とするなど注目すべき記載がかなりある。また天壽国繡帳銘のすべてをこの書によってうかがうことができるのも貴重である。

〔**参考文献**〕家永三郎『上宮聖徳法王帝説の研究増訂版』(比較文化研究所平13)。(**上田正昭**)

しょうぐんづか【将軍塚】 中華人民共和国の吉林省集安市にある、三国時代高句麗の典型的な段築式の平面方形の積石塚。ていねいに調整した花崗岩の石材を使って七段の方壇をピラミッド式に築き上げている。最下段は一辺約三〇m余り、最上段は一辺約一六m、基底部からの高さ約一二～一三mの規模を有する。最下段の四面には、各三個ずつ合計一二個の、長さ三mほどの自然石を無造作に立てかけている。墓室は、第三段の上面に床面をおき、最上段の上部とほぼ同じ位置に天井石がくる横穴式石室で、羨道が南西方向に開口する。玄室の四辺と高さはそれぞれ約五mを測る。玄室床面には、破損した棺座が二つ横たわるので、合葬されたことがうかがえる。将軍塚の基壇の周囲には、幅四mにわたって地覆石の敷石があり、その外側にさらに、幅三〇mの範囲で石敷がある。この石敷の北東側後方に約三二mを隔てて、陪塚が数基以上配される。長寿王陵とする説もある。その規模から考えて、高句麗の陵墓であることはまちがいないといわれている。 (西谷正)

しょうけい【上卿】 太政官の行う諸種の公務を取り仕切る公卿のこと。公務の内容により担当者は異なるが、多くは中納言以上の上級公卿がこれにあたり、貴族社会内での序列を示す職でもあった。
【参考文献】土田直鎮『奈良平安時代研究』(吉川弘文館平4)。 (井上満郎)

じょうこう【上皇】 譲位した天皇の称である太上天皇の略。その称は中国の太上皇または太上皇帝に由来する。大宝儀制令では、譲位した天皇は自動的に太上天皇と称せられることになっていたが、八二三（弘仁14）年に嵯峨天皇が、譲位にあたって太上天皇の尊号を辞退したため、あらためて淳和天皇が詔して尊号をたてまつった。以後、譲位後新帝が尊号をたてまつるのが例となる。譲位自体は六四五（大化元）年の皇極天皇が最初の例だが、初めて太上天皇を称したのは六九七（文武元）年に譲位した持統天皇である。以後、江戸時代末の光格天皇まで、六二人を数える。律令法のもとでは、太上天皇の権能は天皇と同等とされたが、平安後期の院政のもとでは、いわゆる「治天の君」とされた王家の家長である上皇と、それ以外の上皇との権力とは大きく異なることになった。また、本来、天皇が有していた人事権や軍事指揮権も、「治天の君」となった上皇が実質的に掌握するようになり、天皇とは異なった権能を行使するようになる。
【参考文献】宮内庁書陵部編『皇室制度史料 太上天皇㈠～㈢』(吉川弘文館昭53～55)。美川圭『院政の研究』(臨川書店平8)。 (美川圭)

じょうこう【成功】 朝廷の行事や殿舎の営繕・寺社の堂塔の修理・法会などの費用に、資材を提供して希望の官職や位階をえること。即ち「功」を「成」させて、その官職に補任する売官制度の一種。起源は銭を納めて「労」に代える続労銭にさかのぼる。平安中期頃から盛行し、特に受領への任官・重任・遷任を求める成功(受領功)が恒常化すると、国家の新財源と評価する観念も生まれた。成功はひろく下級官職におよび、南北朝時代まで続いた。 (細谷勘資)

しょうこおう【肖古王】 ⇨近肖古王

しょうごぞう【聖語蔵】 正倉院の南に所在する校倉造の蔵。もとは、東大寺尊勝院にあった経蔵で、同院が復興した一二〇〇（正治2）年には建てられていた。光明皇后御願経、称徳天皇勅願経などの奈良時代の写経をはじめ、隋・唐代の経巻、東大寺の学僧である宗性、凝然らの著述などを収納していた。一八九四（明治27）年、正倉院に献納され、現在の場所に移築された。「正倉院聖語蔵経巻目録」(奈良帝室博物館正倉院掛編、一九三〇〈昭和5〉年）により、その全容を知ることができる。 (宮城洋一郎)

じょうごりはいじあと【上五里廃寺跡】 朝鮮民主主義人民共和国のピョンヤン特別市大城区域林興洞にある、三国時代高句麗の寺院跡。一九三九年に発掘調査が行われた結果、平面八角形の建物跡と、その東・西で南北に長い平面長方形の建物跡がそれぞれ一カ所ずつ検出された。そのほかの建物跡は未調査であるが、少なくとも塔を中心に東・西に金堂を配置したことまでは明らかである。ここから西北に約二km地点にある清岩洞廃寺と同様に、おそらく一塔三金堂式の伽藍配置であったと思われる。「東」字刻印平瓦、金銅製隅角金具・心葉形垂飾などが出土している。 (西谷正)

じょうさいもんいん【上西門院】 1126～89 鳥羽天皇第二皇女統子内親王。母は大納言藤原公賢娘の璋子（待賢門院）で後白河天皇とは同母。一一二七（大治2）年賀茂斎王に卜定。三二（長承元）年病により退下。五六（保元3）年後白河天皇の准母として、皇后にたてられる。五九（平治元）年院号宣下。六〇（永暦元）年出家して法名を真如理。 (佐藤文子)

じょうさく【城柵】 都市・集落の防御のために築かれた施設・設備。城も柵も訓読みは「キ」。古く『魏志』倭人伝に倭国のこととして「城柵」の存在を記すが、この場合は吉野ヶ里遺跡の発掘調査例などからして弥生時代以後に広く見られる環濠・木柵などをいうものであろう。古代日本において城柵として構築されたものには、⑴西日本地域の山城と、⑵東北日本の城郭とがある。前者の山城建設は七世紀中葉から後半にかけての国際的危機によるもので、六六三（天智天皇3）年の唐・新羅連合軍との白村江での敗戦によって両国の倭国への軍事攻勢が差し迫ったと意識され、その防衛対策の一つとして山城が各地に建設された。その築城は大野城・椽城が憶礼福留・四比福夫によって行なわれているように(『日本書紀』)、多くが百済滅亡にともない渡来した亡命百済人の指導による。現在知られている遺跡は二〇カ所ほどで、対馬の金田城（長崎県美津島町）から大和・河内国境の高安城（大阪府八尾市高安山）までにいたる。基本的には平地の集落に対して、山地・高地に城郭施設という構造をとる。後者は蝦夷への軍事対策で構築され、柵が木柵の意であるごとく周囲に木垣をめぐらす簡単な防御施設が最初であった。六四七（大化3）年に渟足柵（新潟市）と翌年に磐舟柵（新潟県村上市）が蝦夷対策として設置されたという記事がみられるように(『日本書紀』)、律令国家の体制整備が行われる頃より設置は本格化。さらに版図の北進にともない蝦夷との軍事対立が深刻化するにつれ平安時代前期までに多数建設され、蝦夷鎮圧の基地となった。

【参考文献】藤井功・亀井明徳『西都大宰府』（NHK出版昭52）。高橋富雄『蝦夷』（吉川弘文館昭38）。阿部義平「古代の城柵跡について」『蝦夷と倭人』（青木書店平11）。　（井上満郎）

しょうしないしんのう【昌子内親王】 950～90　平安中期の皇族。父は朱雀天皇、母は保明親王女の熙子女王。九六七（康保4）年冷泉天皇の皇后となる。九七三（天延元）年皇太后、九八六（寛和2）年太皇太后。深く仏法を信じたといい（『権記』）、岩倉に観音院を創建、荘園を寄進した。和歌も多く残す。（井上満郎）

じょうしのせつ【上巳の節】 上巳は旧暦三月の最初の巳の日。古くから中国では禊や祓を行う風習があり、魏の時代に三月三日に定着したのをうけて、雑令でも三月三日を節日とし、内裏で曲水宴が催された。桓武天皇の忌月により節日としては廃止された。（竹居明男）

しょうじゅうりんおう【小獣林王】 生没年不詳。在位371～84　高句麗第一七代王。小解朱留王ともいう。故国原王の子。諱は丘夫。父の戦死のあとをうけて即位。前秦から仏教が伝えられ、平壌に肖門寺・伊弗蘭寺を建立。大学を立て、律令を頒布した。前秦に通交し、新羅使も随行させた。子がなく、その死後は弟故国壌王が継いだ。（田中俊明）

しょうしょ【詔書】 ⇩詔

しょうしょしょう【尚書省】 ⇩三省六部

じょうじんあじゃりのははのしゅう【成尋阿闍梨母集】 平安時代中期の私家集。二巻。巻一は記事の終わる一〇七一（延久3）年八月頃、巻二は一〇七三（同5）年五月頃の成立か。入宋請状を出したわが子成尋と八〇歳を超えた高齢で離別する悲嘆と、わが子への思いやりを歌日記的に綴った家集。『私家集大成2』（明治書院昭58）などにおさめられている。（小西茂章）

しょうずい【祥瑞】 世の中にめでたいことや吉事のあることのしるし。瑞祥とも。わが国では珍しい形や色の雲、あるいは珍しい鳥獣などの出現を祥瑞とした例が多い。「養老令」（儀制令）では麟鳳亀龍の類に連理木を大瑞とする。白雉・朱鳥・慶雲・霊亀・神亀・天平（亀背の「天王貴平治百年」の吉字）・神護景雲などの年号も祥瑞思想にもとづく。祥瑞は民間信仰にもみいだされる。（上田正昭）

しょうせい【称制】 天皇が在位しないとき、皇太子や皇后が一時的に政治を行うこと。清寧天皇の崩後、飯豊青皇女が執政したのが記録に残る古い例で、斉明天皇崩後の皇太子中大兄皇子（天智天皇）と、天武天皇崩後の皇后、鸕野讃良皇女（持統天皇）が、それぞれ三年間政治を執っている。奈良時代になると、文武天皇の崩後、元明天皇が践祚に先だって二ヵ月間万機を摂行したのも称制の例といえる。このほか、仲哀天皇の崩後に神功皇后が政務を執ったことを『日本書紀』は摂政と記すが、これなども称制にふくまれるものである。（荊木美行）

しょうぜい【正税】 古代律令制下、国家の基礎財源として京職や諸国の正倉に蓄積され、農民に出挙された稲。古くは大税と称したが、天平年間（七二九～七四九）前半を境に正税の呼称に変化する。その収入源は田租と出挙で、前者を籾穀（不動穀・動用穀）として主に貯積に充てるいっぽう穎稲を出挙運用し、年料舂米その他の用途に充てた。とくに七三四（天平6）年、郡稲や公用稲などの雑色官稲が正税に一本化（官稲混合）されて以後は、地方行政の経常費や中央への交易進上物の費用はもっぱら正税出挙によって賄われることとなった。この正税の一年間の収支をまとめた帳簿が正税帳で、国司の一員が任ずる正税帳使によって毎年京進された。「正倉院文書」に天平年間のものが二三通遺存し、「延喜式」にはその書式がおさめられている。七四五（同17）年の諸国正税出挙稲額の論定、公廨稲の別置により、正税出挙の制度はさらに拡大・整備されるが、律令制の変質・衰退にともない、一〇世紀には地税化するにいたる。

【参考文献】薗田香融『日本古代財政史の研究』（塙書房昭56）。早川庄八『日本古代の財政制度』（名著刊行会平12）。（鎌田元一）

しょうせいこん【招婿婚】 ⇩妻問婚

しょうぜいちょう【正税帳】 律令制下、諸国が中央に上申した収支決算の報告文書。正税帳の成立については、これを明示する史料はなく、具体的なことは不明であるが、八世紀初頭に正税帳の原型ができ、七〇八（和銅元）年の不動穀設置にともない、正税帳制度が確立したと考えられる。七三四（天平6）年、諸国に別置されていた正税・郡稲・公用稲など雑官稲は正税に混合されたが、それ以前はそれぞれ正税帳・郡稲帳・公用稲帳などが作成、進上されていた。正税帳は二通が正税帳使とよばれる国司によって進上され、政府が諸国の正税の管理・運用の実態を把握・監察し、他の帳簿と勘会するための資料となり、一通は国に留めおかれて次年度の税帳作成などの資料となった。正倉院には、天平期の正税帳が、郡稲帳も含め二六通伝存している。また一二世紀前半の「摂津国正税帳案」も存在する。天平期の正税帳の書式は、国によって区々であるが、基本的には国内集計部分（首部）および、郡別の記載（郡部）から成り立っており、首部・郡部それぞれ前年度繰越部分である初表示、その年の正税の移動についての収支の具体的項目を記載した中間表示、そして当年の差引残高、すなわち次年度繰越部分である末表示の三つの部分から構成されている。また「延喜式」にも、正税帳式がみえるが、その様式は基本的に天平期正税帳とは異ならない。正税帳の中央への提出期限は、天平期のものは当年末から翌年七月までというようにまちまちであるが、のちには年度の翌年の二月三〇日が提出期限となったことが「延喜式」によって知られる。八世紀末には、国司に対する観察強化の一環として、正税帳の勘会が強化され、旧年未納欠負分を国の等級にしたがって補塡させ、それに応じずに未納が記されている正税帳は返却処分とされた。しかし、九世紀後半になると、正税の未納が顕著になり、その補塡が行われなくなると、正税帳自体の未進もめだち、正税帳制度そのものが形骸化してゆく。

〔参考文献〕井上辰雄『正税帳の研究』（塙書房昭42）。沢田吾一『奈良朝時代民政経済の数的研究』（柏書房昭47）。林陸朗他編『復元天平諸国正税帳』（現代思潮社昭60）。

（俣野好治）

しょうぜいちょうし〔正税帳使〕⇩正税帳

しょうそう〔正倉〕　律令制下、諸国の正*税を収納した倉。国司の管轄下に置かれたが、正税成立の経緯を背景に、国府ではなく郡ごとに郡家に置かれるのが一般的で、発掘調査においても正倉の発見が郡家遺跡と認定する重要な指標の一つとなっている。郡内の複数箇所に分置された例もある。本来は大税を収納する倉のみの称で、七三四（天平6）年の官稲混*合により地方官稲が正税として一本化された後、正税の倉の呼称として引き継がれた。正倉には、収納物により不動倉・動用倉・穎稲倉・粟倉・糒倉など、壁面の構造により甲倉・板倉・土倉・丸木倉などの区別があった。高床が一般的で、床下を穎稲などの収納場所として利用することもあり、これを倉下と呼ぶ。いくつかのブロックに分けて整然と配置され、ブロック名として方位と番号によって呼ばれ、また区画を構成して正倉院と称されることも多い。なお、寺院の主要な倉を正倉と呼ぶこともあり、東大寺の正倉院はその一例である。（渡辺晃宏）

しょうそういん〔正倉院〕　奈良市雑司町に所在の奈良時代以来の木造倉庫。東大*寺の北西三〇〇mに所在し、かつて東大寺の倉庫群の中にあったが、現在、一棟のみで、宮内庁が管理している。正倉とは、奈良時代から平安時代の官衙・寺院などで主要な品物をおさめる倉をさし、*正倉の立ちならぶ一画を正倉院といった。しかし正倉・正倉院はしだいに歴史上から姿を消し、正倉・正倉院は普通名詞から固有名詞に変化した。正倉は寄棟造の一棟三室、各室は独立して北から北倉、中倉、南倉と言う。北倉と南倉は校木による校倉造、中倉は東西両面を板で囲った板倉造である。当初、この倉は双倉といい南北二倉からなり、中央部は空洞であったが、双倉の成立した五、六年後に、二倉の中の間を仕切って三倉とした。正倉は南北三三m、東西九・四m、高さ一四m、床下二・七m、建物を支える束柱は四〇本、いずれも礎石のうえに建てられている。建物の出入り口は東面のみ。宝庫には、日本のみならず、東アジア、さらにシルクロードをへて伝えられた世界的な宝物をほぼ九〇〇〇件収納。細かく見ると、文書は一万通を越え、染織品は断片を数えると数十万点におよぶ。なお現在、これらの宝物は、鉄筋鉄骨コンクリート造りで空調の効いた東西両宝庫に収納している。

東大寺の正倉の成立時期は明確でないが、七五六（天平勝宝8）年五月二日に聖武天皇が崩御し、ついで六月二一日に聖武天皇の七七忌が行われたが、その日、光明皇后は天皇の冥福を祈って遺愛の品六百数十点や六〇種の薬物を東大寺に献納しているから、その時までには成立していたと考えられる。皇后はその後も天皇または皇后に縁の宝物を東大寺に献納したが、これらの献納宝物は、北倉に納められ、爾来、北倉の開扉は天皇の勅許を必要とし、のちに勅封として管理された。一方、南倉には、大仏開眼会をはじめ、東大寺での法要関係品をおさめ、東大寺の管轄下に置き、南倉の開閉は僧綱

螺鈿紫檀阮咸背面
正倉院蔵

八角鏡　平螺鈿背
正倉院蔵

の許可による綱封倉とした。さらに双倉の成立後からまもなくの七六一（天平宝字5）年に南北両倉の中間の空洞部分を板で囲い中倉とし、当初は頻繁に出蔵していた薬物を北倉から移納していたが、やがて東大寺での儀式関係品や東大寺の造営を担当した造東大寺司関係の品物などもおさめ、平安時代末には勅封になっている。宝庫に収納の宝物は、鳥毛立女屏風、臈纈屏風、赤漆文欟木御厨子、金銀平文琴、金銀鈿荘唐大刀、平螺鈿背円鏡、螺鈿紫檀五絃琵琶や螺鈿紫檀阮咸、漆胡瓶、白瑠璃碗、大唐花文錦など、奈良時代を代表する作品である。その特色を整理すると、①敷物、厨子、屏風、鏡などの調度品、琵琶や阮咸、あるいは和琴や新羅琴、その他、笙や竽、笛、尺八などの楽器、囲碁、双六などの遊戯具、刀、弓矢、馬具などの武具、筆、紙、墨、硯などの文房具、金属や陶器の飲食器、袈裟、数珠、如意、幡、香具などの仏具のように種類が多い、②金、銀、銅、鉄などの金属質のもの、瑪瑙、翡翠、水晶、琥珀などの鉱物質のもの、馬、牛、鹿、鯨など動物質のものなどと材質も多い、③金工、木工、竹工、革工、漆工、染織などさまざまな技法がみられる、④献物帳に記載の宝物や宝物自体に大仏開眼会などの年月日を記した宝物など、由緒がわかる、⑤地上での伝世品であること、⑥中国・朝鮮半島、さらにシルクロードをへての伝来品など国際性に富んでいる。前の六〇種の薬物などは東アジアはもとより東南アジア産のもので、すべてが輸入品と言われている。国内で作られたものでも、材質などに東南アジア、インド産のものがあり、デザインなどにも中国・朝鮮はもとより、遠くイラン、イラクなどのものもある。なかでも宝物の故国では既に残存しないものが正倉院に伝わっているなど、世界的に貴重な宝物が多い。また中国・唐で作成されていた、いわゆる唐三彩に倣って、わが国独自の方法によって造られた正倉院三彩のような例、またササン朝ペルシャに由来したデザインにもとづく染織品をわが国の技術で再現しようとしたものもある。

〔**参考文献**〕和田軍一『正倉院案内』（吉川弘文館平8）。米田雄介『正倉院と日本文化』（歴史文化ライブラリー）（吉川弘文館平10）。同『正倉院宝物と平安時代』（淡交社平12）。

（**米田雄介**）

しょうそういんさんさい［**正倉院三彩**］⇩
正倉院

しょうそういんほうもつ［**正倉院宝物**］⇩
正倉院

しょうそういんもんじょ［**正倉院文書**］
正倉院に伝来の文書。宝物の由来を示す『東大寺献物帳』以下、宝物の曝涼点検に関する曝涼帳、出入帳など宝物の出納関係文書、丹を包んでいた丹裹文書など宝物とともに伝わった文書群と、奈良時代の写経所関係文書群がある。とくに後者は一万点を越え、奈良時代文書のほとんどを含んでいる。写経所は七三六（天平8）年ごろから光明皇后の皇后宮職のなかにおかれ、やがて造東大寺司の写経所に発展、その間、「天平十二年五月一日経」とよばれる光明皇后の御願経をはじめ一切経の書写が行われているが、これらの事業にかかわる写経の割当をはじめ用紙の配分、墨や筆などの筆記用具、写経生の給与、食料などの請求書類や写経所の買物帳、あるいは写経生が休暇・欠勤・借金その他を写経所に申請する書類などが伝わっている。ところがかかる用紙の裏面には七〇二（大宝2）年の御野（美濃）国や北九州の筑前・豊前・豊後国の戸籍の一部が記されている。もともとこれらは民部省に納められていたが、保管期限（戸籍の場合は三〇年）が来ると廃棄されるが、当時、紙は貴重品であったから再利用がはかられ、民部省から皇后宮職の写経所に反故紙として払い下げられたもの。これらのなかには、計帳、正税帳、計会帳など農民支配に関する文書や地方財政の実体を示す文書があり、また興福寺西金堂の造営文書や石山寺造営関係文書など、寺院史、建築史、美術史にかかわる文書が少なくない。江戸時代末、反故紙の重要性に気づいた穂井田忠友は、紙背にみえる文書から、神祇官の文書を冒頭に、八省以下の中央官庁や諸国からの上申文書、また印章のある文書などを配列し、新しく奈良時代の代表的な古文書標本集を作成した。明治時代になると、その他の文書が内務省や教部省、さらには宮内省御物整理掛において整理された。現在、穂井田忠友の整理した正集四五巻をはじめ、続修五〇巻、続修後集四三巻、続修別修五〇巻、続々修四四〇巻二冊、塵芥文書三九巻三冊、計六六七巻五冊に整理されている。なお明治時代に東大寺から宮内省に献上され、正倉院で保管の「東南院文書」は東大寺荘園など寺院経営にかかわる文書群であるが、「正倉院文書」とはいわない。

〔**参考文献**〕東京大学史料編纂所編『大日本古文書』編年文書二五冊、宮内庁作成マイクロフィルム「正倉院文書」、なお国立歴史民俗博物館によるコロタイプや、正倉院事務所による影印本（八木書店）は現在進行中。杉本一樹『日本古代文書の研究』（吉川弘文館平13）、石上英一・加藤友康・山口英男編『古代文書論―正倉院文書と木簡・漆紙文書―』（東京大学出版会平11）

（**米田雄介**）

しょうそういんやくぶつ［**正倉院薬物**］⇩
正倉院

じょうだいとう［**上大等**］　新羅の最高官職。上臣（『日本書紀』の古訓ではマカリタロ）とも表記。基本的に一王代に一人。五三一年に哲夫が任命されたのが最初（『日本書紀』では、それ以前に伊叱夫礼智干岐が上臣であったと記す）。新羅末まで、『三国史記』では四三名の記録が残る。七世紀なかばまでは貴族を代表して王権を掣肘する存在。統一後は最高官庁の執事部が政治的実権を握り、上大等は弱体化した。しかし八世紀末以後は、王の弟や叔父など近親が任命され、王位を継承することも少なくなかった。

〔**参考文献**〕李基白「上大等考」『新羅政治社会史研究』（学生社昭57）。

（**田中俊明**）

しょうちゅうれき［**掌中歴**］　平安時代末期の百科辞典的書物。源為憲著『口遊』を三善為康が増補し、部門別に分類編集。もと四巻だが、現存は上巻のみ。成立は一二世紀前半とされる。本書と『懐中歴』と併せて『二中歴』が作られた。（**綾村宏**）

しょうちょう［**荘長**］　初期荘園の荘官の一つ。力田之輩、殷富之輩などともよばれた富豪層で、王臣家の荘園で経営にあたった。調庸を免れようとする農民が荘長に保護されて荘園に寄住することや、荘長が私佃を営んで農民を使役すること

の禁制が七九七（延暦16）年に出された（『類聚三代格』）。（勝田至）

じょうちょう［定朝］　?～1057　平安時代中期の仏像作家。阿弥陀信仰の全盛期に登場し、多くの仏像を制作した。藤原道長の法成寺の仏像制作に携わったのを初めとし、工房を主宰して大仏師として多くの仏師を率いて制作にあたるいっぽう、法橋となり僧政にも参画した。とくに宇治平等院の阿弥陀如来像が著名。均整のとれた円満なその作品は「仏の本様」と賞され、定朝様とよばれて後世の仏像制作の模範となった。

【参考文献】水野敬三郎『大仏師定朝』（至文堂昭56）。（井上満郎）

しょうちょうじゅいん［勝長寿院］　神奈川県鎌倉市雪ノ下大御堂にあった寺。南御堂。大御堂。本尊は奈良仏師成朝作の阿弥陀如来。源頼朝の建立。一一八五（文治元）年一〇月、園城寺の僧公顕を導師に開堂供養を営む。源氏の菩提所として栄えたが室町時代に廃絶。（野口孝子）

しょうでん［昇殿］　天皇の居所である清涼殿南庇の殿上の間への伺候を許されること。公卿・蔵人のほか四、五位の貴族から選ばれ（後者を殿上人と称した）、昇殿を許されない地下人と区別された。内昇殿のほかに院・女院・東宮のそれもある。（朧谷寿）

じょうでん［乗田］　古代の律令制の下で、国家が「田」として管理していた耕地のうち、国家が直接賃租に出し地子を徴収していた田。口分田が期限付とはいえ、個人に分与される土地であり、八世紀頃には私田と称されていたのに対し、乗田は公田と称されていた。（金田章裕）

じょうとういせき［上東遺跡］　岡山県倉敷市上東にある、足守川下流西岸の微高地上に形成された弥生時代後期の標識遺跡。早くから、退化凹線文を頸部にとどめる長頸壺や鋸歯文で飾られた大形器台その他が上東式土器として紹介されてきたが、そのような土器の分布圏は広く中部瀬戸内を覆う。この遺跡は東西約一km、南北約二kmと推定され、これまでに多数の竪穴住居、土壙、井戸、製塩炉などのほか、大堤に似た波止場状遺構も見つかっている。湾内からは、航海の安全祈願祭に用いられた一〇〇〇個体以上の上東式土器や若干の韓式土器にまじえて、小形鉢形土器が見出されている。その側面には、カマキリ、竜、猪、牙をむき出した悪霊などが描かれており、当時の精神生活の一端を知ることができる。

【参考文献】下澤公明ほか『下庄遺跡・上東遺跡』（岡山県教育委員会平13）。（葛原克人）

じょうとうじん［杖刀人］　埼玉県行田市稲荷山古墳出土の四七一年（辛亥）銘鉄剣にみえる杖刀をおびて大王の側近で仕える武人の官職名。辛亥銘鉄剣には乎獲居臣とその祖先たちが大王に「世々、杖刀人首と為り、奉事し来り今に至る」と記す。七五六（天平勝宝8）年の『東大寺献物帳』や「令義解」（医疾令）に「杖刀」とみえる。儀杖用の刀をおびて奉仕する官人の職名とみなす説が有力。（上田正昭）

じょうとうもんいん［上東門院］　988～1074　一条天皇中宮藤原彰子。摂政太政大臣道長娘。九九九（長保元）年入内して女御、翌年中宮。後一条天皇、後朱雀天皇を産み、道長の外戚としての地位に貢献した。紫式部はこの彰子に仕えていた。一〇二六（万寿3）年出家、院号宣下。三〇（長元3）年道長の冥福のため法成寺東北院を建立。（佐藤文子）

じょうどきょう［浄土教］　阿弥陀仏の本願にすがって極楽浄土に誕生し、悟りをえようとする他力本願の思想と実践のこと。浄土門とも。浄土は各仏菩薩がそれぞれにもつ清浄な国土だが、日本ではとくに阿弥陀浄土が主たるもので、日本浄土教はこの阿弥陀浄土を希求する信仰ないし思想。インド・中国でも現世での仏の加護、来世でのその浄土への往生が願われて盛行し、仏教伝来とともに日本にも伝わった。したがって浄土教は仏教伝来以来の信仰・思想ではあるが、日本では一〇五二（永承7）年の末法開始に近くなる頃より、現世の「穢土」を逃れはるか西方の彼方の阿弥陀如来の「浄土」を希求する「厭離穢土、欣求浄土」の願望は急速に強くなり、その浄土への往生を目指して「南無阿弥陀仏」の念仏を唱え、極楽浄土を求める信仰が貴賤衆庶の間に盛行した。無量寿経・観無量寿経・阿弥陀経の浄土三部経が尊重された。これによって阿弥陀如来の仏像が多く製作され、また浄土宗・浄土真宗などの宗派はここより発生して現在にいたる。

【参考文献】『井上光貞著作集（七）』（岩波書店昭60）。大野達之助『上代の浄土教』（吉川弘文館昭47）。（井上満郎）

じょうどきょうびじゅつ［浄土教美術］　浄土三部経（『無量寿経』『阿弥陀経』『観無量寿経』）など、浄土教関連の経典をもとに、西方極楽浄土へ往生しようとする思想によって創作された美術。中国では五世紀初頭より浄土信仰が発達し、六世紀以降に最盛期を迎えた。竜門石窟で無量寿仏として阿弥陀如来が造立され、また、阿弥陀三尊や浄土世界を表す「西方極楽浄土変」が多数制作された。日本では奈良時代より本格的に浄土教美術が制作された。光明皇太后の死後、追善を目的として諸国で阿弥陀浄土図がつくられたほか、法華寺に阿弥陀浄土院が建立された。平安時代になると、源信の著した『往生要集』によって、厭離穢土・欣求浄土の思想が昂揚したが、とりわけ重視されたのが阿弥陀仏の観察法と臨終時の往生法で、これらを思想的背景として、平等院鳳凰堂に代表される阿弥陀堂の建立が促進され、また、「阿弥陀聖衆来迎図」といった阿弥陀来迎図が多く描かれた。（志麻克史）

しょうとくたいし［聖徳太子］　574～622　六世紀末から七世紀初の政治家・宗教思想家。厩戸豊聡耳皇子・厩戸皇子・厩戸王・豊聡耳王・上宮・法大王・法主王なども記す。法起寺の塔露盤銘に「聖徳皇」、『播磨国風土記』に「聖徳王」とし、『日本書紀』にも「豊耳聡聖徳」と書く。早くから「聖徳」の皇子（王）とする信仰があって、『日本書紀』の厩戸皇子に関する記述には潤色がある。父は用明天皇、母は穴穂部間人皇女だが、用明天皇の母は堅塩媛（蘇我稲目の娘）、間人皇子の母は小姉君（堅塩媛の妹）であり、刀自古郎女（蘇我馬子の娘）を娶って、山背大兄王・片岡女王らをもうけている。厩戸皇子の王統には蘇我氏とのつながりが深く、その政治は蘇我氏と協調して展開された。推古天皇が即位して「万機」を委ねられたと『日本書紀』に述べるが、のちの摂政とは異なり、大王代行者の要素が強い。内政では六〇三(推古天皇11)年冠位十二階を実施し、翌年には十七条憲法を制定したという。この憲法は教化法であり、その用語には後の作為がある。斑鳩宮を造営して斑鳩へ移り(六〇五年)、蘇我馬子と共議して「天皇記・国記」を記録せしめたという(六二〇年)。外交では遣隋使を派遣し、倭王武(雄略天皇)の遣使朝貢以後中絶していた中国との国交を再開して、自主対等のまじわりをめざした。新羅征討計画を中止し(六〇三年)、百済・新羅・高句麗との善隣友好につとめた。仏教についての造詣は深く、「三経義疏」を著わしたとされているが、敦煌本の六世紀後半の「勝鬘経本義」と太子作という「勝鬘経義疏」の類似が指摘されている。法隆寺(斑鳩寺)・四天王寺など太子の造立と伝える寺も多い。大阪府太子町叡福寺境内に、母の間人皇女・妃の膳郎女とともに葬られた三骨一廟墓がある。

〔参考文献〕上田正昭『聖徳太子』(平凡社昭53)。坂本太郎『聖徳太子』(吉川弘文館昭59)。　(上田正昭)

しょうとくたいしえでん[聖徳太子絵伝] 聖徳太子の生涯を説話的に絵画化したもの。現存最古の作は、一〇六九(延久元)年の秦致貞によって描かれたもの。絵伝の成立には仏伝図などからの影響が指摘されている。東京国立博物館蔵、国宝。　(竹森友子)

しょうとくたいしぞう[聖徳太子像] 太子信仰の対象として、聖徳太子の逸話を具象化した彫刻や絵画の肖像。南無仏太子、孝養太子、摂政太子などの諸型式がある。御物唐本御影「聖徳太子像」は八世紀前半頃の作で、現存する最古の太子像の可能性が高い。　(武田佐知子)

しょうとくたいしでん[聖徳太子伝] ⇩聖徳太子伝暦

しょうとくたいしでんりゃく[聖徳太子伝暦] 聖徳太子の伝記。二巻。藤原兼輔が九一七(延喜17)年に編集した。聖徳太子を讃仰した伝承は数多くつくられたが、『日本書紀』や『聖徳太子伝補闕記』などをはじめとする太子伝承を集成する。　(上田正昭)

しょうとくたいしのはか[聖徳太子墓] ⇩磯長墓

しょうどうたく[小銅鐸] ⇩銅鐸

しょうとくてんのう[称徳天皇] 718〜70 孝謙天皇として七四九〜七五八年在位した後、重祚して七六四〜七七〇年在位。聖武天皇の皇女。母は光明皇后。諱は阿倍。七三八(天平10)年、初の女性皇太子となり、七四九(天平勝宝元)年七月に聖武の譲位により即位した。ただしの橘奈良麻呂の変などから彼女を皇嗣と認めない勢力の存在が知られる。同八年、聖武が崩御するとその遺詔によって新田部親王の子・道祖王を皇太子とするものの翌年廃し、かわって立てた舎人親王の子・大炊王(淳仁天皇)に七五八(天平宝字2)年、譲位。だがのちに不和となり、七六二(同6)年、国家の大事と賞罰はみずから行うと宣言。七六四(同8)年には淳仁を擁する藤原仲麻呂が反乱をおこすことになる。それを討伐した上皇は出家の身でありながら重祚し、以後、僧道鏡を重用して七六九(神護景雲3)年の宇佐八幡神託事件など政治的混乱を招く。七七〇(宝亀元)年八月、崩御。同日その遺詔によるとして白壁王(光仁天皇)が立太子した。　(中川久仁子)

じょうどしゅう[浄土宗] 法然によって開立された仏教宗派。智恵第一の法然房と称され、初め比叡山に学び、『往生要集』やその他の経典を学習し、一一七五(安元元)年念仏を唱えれば極楽浄土に往生できるという専修念仏の境地に達して一宗を開いた。九条兼実など貴族層のほか武士・庶民にも急激に広まったが、南都北嶺など旧仏教側からの非難にもさらされ迫害をうけた。　(井上満郎)

じょうどしんこう[浄土信仰] 仏国土へ往生することを願う信仰。浄土とは「清浄国土」を省略した表現で、仏が住む清浄な国土を意味し、煩悩で穢れた現世の国土(穢土)に対する仏教的理想郷を示す。弥勒菩薩の住する須弥山中の兜率天を表した弥勒浄土のほか、東方阿閦仏の妙喜浄土(妙喜世界)、西方阿弥陀如来の西方極楽浄土、薬師如来の東方薬師浄土(東方浄瑠璃世界)など、諸尊それぞれを説く経典にもとづいた数種類の浄土が存在する。一般に浄土という場合、その多くが浄土三部経(『無量寿経』『阿弥陀経』『観無量寿経』)など、浄土教関連経典に説かれる阿弥陀如来の西方極楽浄土を意味しており、浄土信仰は阿弥陀浄土信仰と同義で用いられる場合が多い。インドにおいて、初期大乗仏教の中心人物竜樹や唯識派三大論師の一人である世親によって説かれた浄土教は、中国に伝わった後、二世紀頃から浄土三部経の訳出が始まり、以降、浄土教興隆が進んだ。東晋の慧遠は念仏結社白蓮社を作って念仏三昧の法をひろめ、北魏の曇鸞は空思想によって浄土教を教理的に確立、曇鸞の浄土思想を継承した道綽は『観無量寿経』を重視して称名往生を強調した。道綽の教義を継承し、中国浄土教を大成したのが善導である。この時期、極楽浄土を描いた浄土変や西方変とよばれる壁画が多数描かれているが、とくに『観無量寿経』によって描かれた観経変は善導によって大成された。彼の浄土教学は日本へも伝わり、法然・親鸞に多大な影響を及ぼしている。日本では、飛鳥時代にすでに『無量寿経』の講説が行われており、阿弥陀仏の造立も進められた。奈良時代、光明皇太后没後に諸国で阿弥陀浄土図が制作されたほか、法華寺に阿弥陀浄土院が建立されている。平安時代、源信の『往生要集』によって念仏が教学的に確立されると、それに基づき阿弥陀堂の建立や阿弥陀如来の造立、阿弥陀来迎図の制作が促進された。

〔参考資料〕井上光貞『日本浄土教成立史の研究』(山川出版昭31)。　(志麻克史)

しょうなごん[少納言] 大宝・養老令制における太政官の官職。定員三人で、相当位は従五位下。中務省の品官の侍従を兼任した。小事の奏宣、駅鈴・伝符・内印の授受、太政官印の捺印などをつかさどった。平安時代になると、奏宣の機能は蔵人に移り、少納言の職務は形骸化した。　(荊木美行)

じょうなんりきゅう【城南離宮】 平安京の南郊、山城国紀伊郡に設けられた離宮。八七七（元慶元）年以後、神泉苑の水を「城南」に引く記事がみえる。その後、白河上皇の離宮、鳥羽離宮が創建され鳥羽離宮の別称となった。現在の城南宮はその一画にある。鳥羽離宮には白河上皇や鳥羽上皇の院の御所などが設けられたために、白河とならぶ院政期の政治の拠点ともなった。 （高橋美久二）

しょうにんがひらいせき【上人ヶ平遺跡】 京都府相楽郡木津町字市坂に所在し、木津川によって形成された台地上に立地する。弥生時代から室町時代の複合遺跡であるが、奈良時代の遺構として、九間×四間の掘立柱建物跡四棟と小型の掘立柱建物跡九棟などを確認した。平城宮瓦編年のIII期（七四五～七五七）の瓦が大量に出土していることから、建物跡は瓦生産を行った工房跡と考えられる。焼成は南斜面にある市坂瓦窯で行い、再び運んで検査し、直線距離で約三km離れた平城宮へ瓦を送ったと想定される。 （原田三壽）

じょうねいでん【常寧殿】 平安京内裏後宮七殿の一つで、貞観殿の南、承香殿の北に位置し、両殿とは渡廊で結ばれていた。身舎の規模は東西七間、南北二間。豊明節会に先立ち、天皇がその年の五節舞姫をみる帳台試が行われたことにより五節所ともいい、また、もとは皇后、中宮の居所であったところから后町の呼称もある。 （西山恵子）

しょうねいひ【昌寧碑】 五六一年建立の新羅碑。慶尚南道昌寧に現在も立つ（本

昌寧碑

来の位置ではない）。北漢山碑・黄草嶺碑・磨雲嶺碑とならぶ真興王巡狩碑の一つであるが（紺岳山にもう一つあったと考えられる）、性格はやや異なる。一九一四年に確認、紹介された。五六二年の大加耶に対する攻撃を前に、対岸昌寧（当時は比子伐）で示威したもの。王の境域統治に対する宣言と、昌寧に会した高官たちの歴名を記す。四方軍主・上下州行使大等・于抽悉直河西阿郡使大等など、ほかにみえない地方官名を記録しており、貴重である。 （田中俊明）

じょうのこしいせき【城ノ越遺跡】 福岡県遠賀郡遠賀町にある弥生時代の貝塚遺跡。北部九州の弥生時代の土器様式である「城ノ越式」の標式遺跡となっている。貝塚の層位学的検討から、弥生時代中期の土器様式の整理が行われた。すなわち、発掘当時の中期土器様式としての須玖式土器は、時期差が存在すると想定され「須玖I式」と「須玖II式」と仮称されていたが、城ノ越遺跡の発掘によって両様式の前後関係が層位学的に明らかにされ、I式～IV式に細分された出土土器群のなかでも「須玖I式」土器に相当したIII式に対して、新たに「城ノ越式」の様式名が与えられた。城ノ越式は、その後の整理から現在は中期初頭に相当し、続いて須玖I式、須玖II式と中期土器様式が設定されている。そのほかに磨製石器類や弓筈形鹿角製品などの遺物が出土した。 （鐘ヶ江賢二）

しょうぶいけこふん【菖蒲池古墳】 奈良県橿原市五条野町に所在する終末期古墳。現状では墳丘は失われており天井石の一部が露出している。埋葬施設は花崗岩を用いた両袖式横穴式石室で玄室部分は二段積みとなっており三枚の天井石が架構されている。羨道部分は未調査で不明。石室の壁面全体には漆喰が塗られている。玄室の長さは約七・三m、幅二・六m、高さ二・六mを測る。内部には竜山石製の刳貫式家形石棺が二棺安置されている。石棺の天井部には棟飾りのような装飾があり、両棺とも規模はほぼ同様である。石棺の内部には黒漆が、外面には朱が施されている。築造年代は七世紀中頃と考えられる。 （西光慎治）

じょうへい・てんぎょうのらん【承平・天慶の乱】 平安中期承平・天慶年間（九三一～四七）に、関東と瀬戸内海地方で起こった平将門の乱・藤原純友の乱の総称。将門は一族間の私闘から、純友は海賊活動から、国家への反乱に発展したが、前者は九四〇（天慶3）年、後者も翌年敗死。両乱に連携はなかったが、朝廷に与えた衝撃は大きかった。後代、これらの乱の平定に当った武将の子孫から軍事貴族が生まれることとなる。 （西村隆）

じょうへいしょ【常平所】 平安時代初期におかれた米価の安定を図るための施設。八六七（貞観9）年常平所が初めて東西京におかれ、八七七（元慶元）年には同じく東西京中に常平司がおかれたとみえるほか、穀倉院内の常平所も知られる。 （山本崇）

じょうへいそう【常平倉】 穀物の価格を平均にし民衆を救済するために設置された施設。七五九（天平宝字3）年、諸国公廨稲を割いて設置され、京におかれた左右平準署が管理した。七七一（宝亀2）年左右平準署は廃止されるものの、その後も同様の施策は継続する。 （山本崇）

しょうぼう【聖宝】 832～909 真言宗の僧。理源大師。光仁天皇六世孫で、兵部大丞葛声王の子。醍醐寺の開祖。一六歳で真雅について出家、その後、三論・法相・華厳を学ぶ。八七一（貞観13）年より密教修行に入り、また役小角を慕って修験道の基礎を築き、修験道当山派の祖となる。貞観寺座主・東寺長者・東寺別当・東大寺別当・七大寺検校などを歴任。 （松本郁代）

じょうぼうせい【条坊制】 古代都城における都市計画。東西・南北方向に走る大路・小路によって、都城内が区画された。東西方向には二条大路・三条大路などの

大路が、南北方向には朱雀大路を中心に左京（右京）には東（西）二坊大路・三坊大路などの大路が走り、それらによってできる東西方向の帯が条、南北方向の帯が坊である。例えば二条大路と三条大路に挟まれた間が三条、東（西）二坊大路と東（西）三坊大路の間が左京（右京）の三坊であり、両者が交わる所が左京（右京）三条三坊ということになる。平城京以後、都城の平面形は南北は九条、東西は左・右京とも四坊までというのが基本だが、平城京は左京の一部が東に張り出す。すなわち二条（あるいは一条の一部も含まれるか）から五条までは、七坊まであった。この張り出し部を学術用語として外京とよぶ。条坊制が明確に成立したのは藤原京からとみられるが、その大きさは十条十坊説が有力だが、まだ決着はついていない。左京三条二坊のように周囲をすべて大路で囲まれた区画も坊とよばれ、その中は東西・南北とも三本ずつ走る小路によって、一六の小区画に分かれた。小区画は平城京では坪、平安京では町とよばれ、それらは左京（右京）○条×坊△坪（町）という形で、数字で位置を特定することができた。平城京では大路の計画基準線は一八〇〇尺（一五〇〇大尺）ごと、小路の計画基準線は四五〇尺（三七五大尺）ごとに設定され、その両側に幅をとって道路をつくった。しかしこれでは周囲の道路幅の広狭によって、坊・坪内の宅地面積に大小ができるため、平安京では各町は四〇丈（四〇〇尺）四方とし、その外側に道路を設定することによって、宅地面積の均等化を図った。道路の両側には側溝が掘られ、街路樹として柳が植えられ、二条大路木簡によると平城京では槐もあった。また南北方向に左・右両京とも堀河が掘られ水運に用いられたことが、平城京・平安京では知られる。

【参考文献】岸俊男『日本古代宮都の研究』（岩波書店昭63）。舘野和己『古代都市平城京の世界』（山川出版社平13）。小澤毅『日本古代宮都構造の研究』（青木書店平15）。

（舘野和己）

じょうぼだいいんのみささぎ【成菩提院陵】 白河天皇の陵。京都市伏見区竹田浄菩提院町にある。天皇は鳥羽泉殿に三重塔を建立し、ここへの納骨を遺詔。一一二九（大治4）年崩じ火葬に付された。遺骨は鳥羽の三重塔が凶方にあたり、吉方になるまで香隆寺に仮安置された。一一三一（天承元）年、三条西殿の西対屋を鳥羽泉殿に移し御堂とした成菩提院の落慶供養の後、遺骨を三重塔に移し埋納した。塔は一二四九（建長元）年焼失、所伝を失った。一八六四（元治元）年に現陵に修補を加えた。最近の発掘により、一辺約五五mの方形を呈し周囲に幅八・五mの堀がめぐっていたことが判明した。

（福尾正彦）

しょうまい【春米】 穎稲または稲穀を脱穀・搗精したもの。白米。穎稲一束から稲穀一斗、春米五升が得られる。租の一部を舂いて貢進する規程であった（年料舂米）が、実際には正倉に蓄積された正税を財源とすることが多かった。

（渡辺晃宏）

しょうみずき【小水城】 ⇩水城

しょうみょう【声明】 本来は音声・言語の学問の意だが、のち転じて儀式の際に経文に節をつけて唱えることをいう。梵唄とも。平安時代になって天台宗・真言宗が伝来して以後盛んとなり、仏事において声明が誦された。のち念仏や和讃が盛行してからこれらの音調に影響されて変化がみられたが、天台宗では大原勝林院など、真言宗では上品蓮台寺などに継承され、日本音楽の源流となった。こうした声明を研究・実習する人々を声明家と称した。

（井上満郎）

じょうみょうじ【浄妙寺】 藤原道長が京都府宇治市木幡に建立した寺。木幡寺とも。先祖の菩提を弔うために、一〇〇四（寛弘元）年に着手、翌年には三昧堂が完成し法要を行った。以降道長は宇治別業への途次には必ず参詣した。一一六七（仁安2）年藤原基実の遺骨が京外の西林寺からここに移されるなど長く摂関家の維持管理のもとにあったが、室町時代には廃絶。現在木幡小学校辺が推定地とされ、発掘で三昧堂の遺構が確認された。道長の墓地は三昧堂の東南方に比定されている。

（野口孝子）

しょうみょうじかいづか【称名寺貝塚】 神奈川県横浜市金沢区金沢町・寺前町に所在する縄文時代中・後期中心の地点貝塚。標高五～一〇mの砂丘上に立地しており、古墳時代や江戸時代の貝塚もみられる。吉田格によってA・B・Cの三地点が調査され、縄文時代後期前半の土器・石器・骨角器・貝器・動物遺体が大量に出土し、東京湾沿岸の漁労活動の一端が明らかになった。Ⅰ・Ⅱの二型式に細別される後期初頭の称名寺式土器の標式遺跡としても知られる。A貝塚は上部貝層から称名寺Ⅰ式土器、下部貝層から加曽利E式土器、貝層下から五領ケ台式土器と勝坂式土器が層位的に出土し、B貝塚は称名寺Ⅱ式土器、C貝塚は堀之内式土器が各々主体的に出土する。

【参考文献】吉田格「横浜市称名寺貝塚発掘調査報告」『東京都武蔵野郷土館調査報告書（一）』（武蔵野文化協会昭35）。

（領塚正浩）

しょうむてんのう【聖武天皇】 701～56 在位724～49 文武天皇皇子。母は藤原不比等の女宮子。幼名は首。七〇七（慶雲4）年、文武天皇の崩御後、幼帝は認めない当時の原則から、中継ぎとして、元明・元正と女帝が即位し、首の成長を待った。七一四（和銅7）年、元服。皇太子となり、七一六（霊亀2）年、不比等の女安宿媛（光明皇后）を妃とする。在位中は、皇親勢力と藤原氏との確執により政情は安定せず、長屋王の変、安宿媛の立后、疫病による不比等の四子の死、橘奈良麻呂の乱などが相次いで起った。殊に七四〇（天平12）年の藤原広嗣の乱に際しては、天皇は平城京を離れ、都を恭仁、紫香楽、難波と転々と移した。仏教に深く帰依し、東大寺や諸国に国分寺、国分尼寺を創設、出家後は勝満と名乗った。七五四（天平勝宝6）年、東大寺において孝謙天皇とともに鑑真より菩薩戒をうけた。七五六（同8）年崩御。佐保山南陵に葬られ、天璽国押開豊桜彦尊と謚された。その遺品は正倉院宝物として今に伝わる。

【参考文献】東大寺編纂『聖武天皇御伝』（東大寺昭31）。

（関口力）

じょうめいもん【承明門】 平安京内裏の内郭一二門の一つで、南の正門にあたる。南庭を挟んで紫宸殿に対する門で内裏の門のなかでも重要度の高い門であった。宮中の行事責任者である内弁、外弁はこの門を挟んでのことをいう。『年中行事絵巻』の朝覲行幸には当門の姿がみえる。 (西山恵子)

しょうもんき［将門記］ 平将門の乱の経緯を叙述した書。作者・成立年未詳。ただし、作者は東国在住の者か、あるいは都の文人的貴族か僧侶の手によるとの説がある。一巻。将門の一族の私闘から国家への反逆、そして乱の終結までを記す。軍記物の嚆矢ともみなされる。『群書類従』『日本思想大系』『東洋文庫』所収。 (松本公一)

じょうもん（しき）どき［縄文（式）土器］ 縄文土器といえば、一つは、縄文が施された土器をさし、もう一つは、形態・装飾で多種多様な土器群を、由来が共通し、みな一体的なものと捉える縄文土器一系統論をさす。まず、土器装飾としての縄文は、エドワード・S・モースが、一八七九（明治12）年に刊行した大森貝塚の発掘調査報告書（Shell mounds of Omori）で、出土土器の表面の細かな凹凸を「cord mark」と記した、その訳語としてやがて定着したものである。縄文の施文方法を明らかにしたのは山内清男である。縄文原体が植物繊維を紐（縄）状によりあわせたものであり、よりあわせの仕方には多くの方法がある。縄文の大半はその紐（縄）を回転したものであり、中にはよった紐（縄）を棒状のものにからげそれを回転させたものがあることなどが明らかにされた。と同時に、山内が縄文土器一系統論を提唱した。山内は、縄文以外の装飾方法や深鉢形や浅鉢形などの形態も分析しながら、貝殻文や沈線文で装飾された土器、棒状の施文具を回転した押型文土器、胎土中に少量植物繊維を含む土器、諸磯式土器、厚手式土器、薄手式土器、亀ヶ岡式土器など、それまでに多くの研究者によって発見され議論されてきたさまざまな土器型式が、どのような先後関係あるいは並行関係にあるかを昭和一〇年代に体系的に明らかにした。この研究は、分布が限定され短時日の所産と考えられるよく似た土器どうしを型式（地方的・年代的単位）と認定し、日本列島各地方に見出された多くの型式を、早期・前期・中期・後期・晩期の五大別の中に縦横に編成（編年研究）したものである。この型式編年研究のコンセプトは、亀ヶ岡式（大洞B～A'式）とそれに平行する各地方の型式で縄文土器はほぼ同時に終焉をむかえるというものである。それにいたる縄文土器の内実は、日本列島各地方には順序よく変遷する型式群が連なり（型式の漸進的変化）、同時期に各地方にはそれぞれ別の型式が並立し（型式の異所的布置）、ある型式の優品が交易で別型式圏に移入されさらに模倣されるので、孤立した型式はない、というものである。つまり、縄文土器は、地方的・年代的単位である土器型式を基準にみると、縦横に連絡具合が良好なので、地方差・年代差にもかかわらず一体的であると考えられることになる。これに伝播というパラダイムが加わって、一見すると形態・装飾で多種多様な縄文土器は、大陸のどこかからその祖型が渡来し、その後は大陸からの影響がみられないまま日本列島に広く根付いた一体的な土器であるという、縄文土器一系統論が山内によって唱えられたのである。アジア・太平洋戦争によって山内自身による縄文土器型式編年研究は一時中断を余儀なくされたが、昭和二〇年代～三〇年代には多くの研究者が参加して早期～晩期中の型式の空白は汎列島的規模でほぼ埋まった。そして、撚糸文土器や押型文土器より古い土器が各種見つかるなかで、福井洞穴における隆起線文土器と細石器の共伴という事実は縄文土器の起源問題に大きな進展を与え、昭和三〇年代後半には隆起線文土器・爪形文土器や多縄文土器などをまとめた草創期という大別が早期の前に加えられ、大陸に縄文土器の起源を求めて最古の縄文土器を探る動きは本格化し、縄文土器一系統論が広く受け入れられたといえよう。今日、縄文土器は草創期・早期・前期・中期・後期・晩期の六大別の下で型式編年整備がますます進められているが、さまざまな問題点がある。放射性炭素年代測定法による測定値によって、たとえば草創期隆起線文土器の年代が更新世末期に入ることから、日本列島における完新世の新石

埼玉県谷畑遺跡出土縄文土器
埼玉県埋蔵文化財センター蔵

鋳物師屋遺跡出土人体文様付き有孔鍔付き土器
南アルプス市教育委員会蔵

器文化の表徴として縄文土器を位置づけることが難しくなっている上に、大陸から縄文土器の祖型が渡来するという見方自体が妥当かが問われ始めている。九州前期の曾畑式は朝鮮半島の土器文化と関わりが深いという指摘は、列島外からの影響は稀薄であるという縄文土器の在り方に疑問を投げかけている。さらに、並行型式双方の要素が併用されるキメラが多くの地方で多くの時期に見出され、漸進的ではない型式変化が判明しているので、今現在、縄文土器一系統論自体を見直す必要があるといわれ始めている。

【参考文献】山内清男編『日本原始美術1』（講談社昭39年）。小林達雄編『縄文土器大観1～4』（小学館昭63年・平1）。大川清他編『日本土器事典』（雄山閣平8）。 （大塚達朗）

じょうもんじん【縄文人】 縄文時代に日本列島に住んでいた人々。人口はおよそ一〇万～三〇万人と推定されている。乳幼児死亡率が高かったので、零歳児平均余命（いわゆる寿命）は二〇歳以下だったが、成人した人々の平均死亡年齢は四〇歳弱と推定されている。成長不良や貧血は多かったが、ガンや結核はほとんどなかった。骨折などの外傷や関節炎の頻度は高かった。虫歯は少なく、一人あたり二～三本しかなかった。顔は幅広く寸詰まりで、眉間が出っ張り、鼻根はくぼむが、鼻梁は高いので、立体的だった。縄文人の風貌は、その直系の子孫であるアイヌの人々と同じと考えてよい。顎の骨は頑丈で、咀嚼筋が発達していた。歯は平らに著しく減っており、硬く粗末な砂混じりの食物を食べていたことを示している。縄文人は、男性平均身長一五七cmほどと小柄だが、弥生時代以降の日本人と比べると、腕や脚の末端が相対的に長く筋肉が発達していた。採集・狩猟・漁労・原始的農耕のような多角的な食料獲得、あるいは住居の建築などによって全身が鍛えられていたらしい。縄文人の起源については、考古遺物では北方アジアとの関連が強いが、人骨や歯の形態では南方アジア人と似ており、少数例の古人骨DNA分析では東アジア各地の人々と似ているので、結論がでていない。

【参考文献】山口敏『日本人の生いたち』（みすず書房平11）。 （馬場悠男）

じょうもんぶんか【縄文文化】 約一万五〇〇〇年前、世界に先駆けて後の日本列島になる範囲のなかに土器（深鉢）が出現し、日本列島ができあがった後も約二五〇〇年前まで、北は北海道から南は琉球列島の間、各地方にさまざまな変化をたどった先史土器文化があった。これが縄文土器文化で、略して縄文文化とよばれる。深鉢中心の煮炊き用土器が製作使用された文化である縄文文化が存続した時代は、縄文時代とよばれる。縄文時代は、縄文土器の草創期から晩期までの六大別で時代区分される。草創期には、細石刃、有舌尖頭器、石槍、局部磨製石斧、矢柄研磨器、石鏃などが使用され、女性の姿を線刻した小礫や女性の形をした土偶などが現れた。竪穴住居や堅果類用の貯蔵穴が登場するが、キャンプサイトの開地遺跡が多い。洞穴も広く利用された。早期に入ると、気候の温暖化にともない海面が上昇し、入り江が形成され、貝塚が出現するので、狩猟・採集活動に加えて漁労活動が本格化したといえる。竪穴住居や磨石・石皿や貯蔵穴が広く出現するが、集落の規模は大きくない。前期には、気候の温暖化がさらに進行し、海水面の上昇は最高に達し、各地の平野に海水が深く浸入し、内陸奥にも貝塚が形成された。東日本には、竪穴住居が環状に配置される集落が出現し、平地式の大型住居、墓地、配石遺構などをともなう場合があった。貯蔵穴は一般化した。耳飾、勾玉などの装身具も顕著になった。抜歯もみられる。中期には、集落の規模が拡大し、東日本では、広場や墓域を中心に掘立柱建物・竪穴住居や貯蔵穴などが環状に配置されるようになった。大規模な環状貝塚が沿岸部に形成される地方もある。土偶・石棒などの遺物が増加し、抜歯の様式化がうかがえ、以後に続く。地方によっては、回転式離頭銛などから、外洋性漁労活動が発達したといえる。気候が冷涼化に向かう後期も、多数の貝塚が形成され、漁労活動が盛んであった。さまざまな形をした土偶がつくられ、東日本では、環状列石や環状盛り土遺構が営まれた。地方によっては、大規模な集団墓地が営まれ、墓制も多様になる。晩期も気候が冷涼で、土器型式圏が再編成されるのが特色である。晩期の基準となる亀ヶ岡式土器の型式圏では、藍胎木胎漆器の漆工芸と、装身具や各種玉類製作が盛んで、土偶、土版、石剣、石刀などもよくみられる。黒色磨研土器、凸帯文土器など単純な文様の土器が続く西日本では、土偶は減少した。西日本の晩期末に水田跡が発見されるので、この時期を弥生早期として縄文時代晩期から区別する見方もある。晩氷期から完新世初頭に入る草創期や完新世初頭の早期では、遺物・遺構とくに集落などから判断すると、地方によっては定住生活が実施されていないようであるが、大きくみれば、縄文時代は狩猟・採集・漁労に依拠しながら一年を通して同じ地域に住む定住生活が営まれたことが特徴である。つまり、日本列島は南北に長く、各地方の自然環境の違いが大きいので（北海道の北半は針葉樹、北海道南半と東北・関東には落葉広葉樹、関東以西の本州・四国・九州には照葉樹、琉球列島には亜熱帯樹）、各地方の縄文人は、季節ごとに狩猟・採集・漁労を併用し（北ではより漁労と狩猟に、南ではより採集に比重をかけ）、そして貯蔵穴の広範な発達にみられるように貯蔵技術を駆使しながら各地方の食料資源変動を克服して、縄文時代の大部分の時代と地方で定住生活を営んでいたと考えられる。とくに、完新世として気候条件に恵まれた前期・中期には、東日本では環状集落が顕著になる点が特色であるが、異系統土器や石材や装身具などの分布からみると、日本列島の遠隔地間を結ぶ人の交流やモノの交易が安定し、列島規模での人の往還と物流がうかがえる。気候条件が悪化する後期・晩期には、各地方で独自な適応がみられ、階層化した社会の出現も唱えられている。

【参考文献】西田正規『縄文の生態史観』（東京大学出版会平1）。渡辺仁『縄文式階層化社会』（六興出版平2）。安斎正人編『縄文社会論（上・下）』（同成社平14）。 （大塚達朗）

しょうゆうき【小右記】 小野宮右大臣藤原実資の日記。記名は小野宮右大臣に由来。九八二（天元5）年から一〇三二（長元5）年までの記事が現存。「小記目録」・逸文によれば、九七七（貞元2）年から一〇四〇（長久元）年まで書かれたことがわかる。宮廷の儀式をはじめ自己の家庭にいたるまで詳細に記述され、円融天皇から後朱雀天皇の六代の政治・社会の基本史料。また時の権力者、藤原道長について批判的な記述も随所にみられる。『大日本古記録』『増補史料大成』所収。 (松本公一)

しょうようしゃ［昭陽舎］ 平安京内裏の後宮五殿の一つで、淑景舎の南に位置し、身舎の規模は東西五間、南北二間、北には北舎があり、北舎の身舎の規模は東西五間、南北二間であった。庭に梨の樹があったことにより梨壺ともよばれた。九五一(天暦5)年には撰和歌所がおかれ、源順らが『万葉集』の訓点や『後撰和歌集』の選集作業にたずさわった。また、東宮の曹司として用いられることも多かった。 (西山恵子)

じょうりせい［条里制］ 班田収授のため、条里地割とそれを結合した土地表示システムである条里呼称法とが一体となった土地制度の存在を想定した概念。実際には、班田収授の開始を六五二(白雉3)年とすれば、約九〇年間、六九二(持統6)年とすれば約五〇年間、条里呼称法なしで班田収授が実施されてきたことが判明し、班田制と条里呼称法の整備は全く別の起源を有するシステムであることが判明した。従って条里呼称法と条里地割とからなる土地管理システムを「条里プラン」とよんで概念と議論を明確化することが適当であろう。

条里呼称法が導入・整備されて条里プランが完成するのは八世紀中頃のことであった。三世一身法と墾田永年私財法をうけて、土地制度が大きく転換し、墾田が急増した時期であり、口分田・乗田の記録・確認に加え、墾田の許可やその記録、さらにはこれらの峻別といった行政手続の煩雑化と実務量の激増に対応すべく導入・整備されたのが条里プランであり、これを図示したのが班田図であった。条里プランの完成の時期は、おそらく実務上の要請に従って国によって遅速があり、山背国・尾張国・上野国などでは七四二(天平14)年、伊賀国では七四八(同20)年、越前国では七五五(天平勝宝7)年頃、讃岐国・阿波国が七五七(天平宝字元)年頃、摂津国は七五六～七六七年の間、といった状況であった。条里プランは、国ごとに基本的に郡を単位として編成され、面積一町の正方形の区画と坊(後に坪)、三六坊からなる正方形の区画を里、里の列を条ないし図と称した。ただしこの前段階には坊に相当する区画に対応した小字地名的名称によって表示された時期が存在し、条里呼称法編成後も併用された時期がある。八世紀中頃に完成した条里プランを律令の条里プランとよぶとすれば、班田収授が行われなくなった一〇世紀頃以後は、校班田図が国図と称されて土地管理の国定的基準として用いられ続けた場合が多く、この時期の機能を国図の条里プランとよぶことができる。さらに一二世紀頃から、荘園を単位とした土地表示システムとして再編される場合があり、これを荘園の条里プランとよぶことができる。

〔参考文献〕岸俊男『日本古代籍帳の研究』(塙書房昭34)。金田章裕『条里と村落の歴史地理学研究』(大明堂昭60)。金田章裕『古代景観史の探究』(吉川弘文館平14)。 (金田章裕)

しょうりゃくじ［正暦寺］ 奈良市菩提山町にある真言宗の寺。菩提山竜華樹院。本尊は白鳳期の金銅薬師如来。九九一(正暦2)年、一条天皇の命により藤原兼家息兼俊が創建。現楼門の跡から堂塔にいたるまで、八〇余の僧坊があったというが、一一八〇(治承4)年の兵火で焼失、荒廃した。 (野口孝子)

しょうりょうえ［聖霊会］ 旧二月二二日の聖徳太子忌日に法隆寺や四天王寺の聖霊院で行われる法会。舞楽を奉納する。法隆寺では七四八(天平20)年に始められた(『法隆寺別当次第』)。四天王寺では一一世紀までに楽所が整備されており、聖霊会の舞楽も平安時代に遡ると思われる。現在四天王寺では四月二二日に行われる。 (勝田至)

しょうりょうしゅう［性霊集］ 平安時代前期の漢詩文集。空海の弟子の真済の編。一〇巻。八三五(承和2)年頃の成立。「遍照発揮性霊集」とも。師空海の詩賦・碑銘・表啓・願文など約一一〇首を集成したもの。一〇巻のうち八～一〇巻は散逸したが、一〇七九(承暦3)年に済暹が、遺稿を集め『続遍照発揮性霊集補闕鈔』として三巻に編み、追補した。そのため数編、空海の作であるか疑わしいものがふくまれている。古註も多いが、現代の注釈書に『日本古典文学大系71』(岩波書店昭44)などがある。 (小西茂章)

しょうりんえん［松林苑］ 奈良市佐紀町・歌姫町付近に所在する奈良時代の苑。『続日本紀』には松林苑・松林宮で宴や騎射が行われた記事がある。平城宮の北側に位置し、東西・南北一kmの広大な敷地の中央やや西寄りにある内郭部分には大型建物があり、古墳を利用して庭園なども設けられた。この付近には衛門戸・歌姫などの地名があり、衛門府や雅楽寮との関わりが想定される。奈良県による発掘調査が継続して行われ、現地には今も築地塀跡が土塁として残る。 (鶴見泰寿)

しょうりんざんこふん［松林山古墳］ 静岡県磐田市新貝の丘に、後円部を東に向けて築かれた古墳時代前期の前方後円墳。全長一〇七m、後円部径六六・五m、前方部幅四八m、後円部を三段に築き葺石と埴輪を備える。後円部頂下に主軸と直交して長さ七・九m、最大幅一・三mの板石小口積み竪穴式石室を設ける。石室内に銅鏡三面をはじめ水字貝の腕輪・石製腕輪・玉類・大刀・剣・やじり・農具類・工具類等古式の副葬品がおさめられていた。東日本を代表する近畿型の前期古墳として名高い。県指定史跡。 (向坂鋼二)

しょうりんじ［聖林寺］ 奈良県桜井市下にある古刹。木心乾漆十一面観音立像は国宝に指定されている。霊園山遍照院と号し、現在は真言宗の単立寺院。寺伝によれば、藤原鎌足の子の僧定慧が当地に庵を結び、また鎌倉時代に中興開山性亮玄心が平等寺(桜井市三輪)の遍照院を移したとするが、確証はない。近世以前には多武峯寺(明治維新後に談山神社となる)の境外仏堂となっていた。一八六八(慶応4)年五月、大神神社の神宮寺であった大御輪寺(大神寺・三輪寺)の本尊、木心乾漆十一面観音立像が当寺に移された。像高二〇九cmで、天平時代後半の作と推定されている。 (和田萃)

じょうりんじあと［定林寺跡］ 韓国の忠清南道扶餘郡扶餘邑東南里に所在する。

「大平八年戊辰定林寺大蔵當草」文字瓦の出土によって定林寺跡とよばれている。しかし、この寺院名は文献史料にはみられず、「大平八年」は一〇二八(高麗顕宗19)年にあたり、創建時(百済の泗沘時代)から定林寺とよばれていたかについては明らかではない。発掘調査によって多量の瓦と、滑石製浮彫三尊仏・塑造仏像・陶俑などが出土した。そのなかでも陶俑は中国の北魏の影響をうけてつくられている。主要伽藍は、中門・塔・金堂・講堂が南北一直線上にならぶ、いわば「四天王寺式」ともよばれる百済の典型的な伽藍配置をなし、中門の南側からは蓮池跡が発見された。現在、五重石塔(国宝第九号)と石仏坐像(宝物第一〇八号)とが遺存している。前者は創建時のもので高さ八・三三mを測り、百済の数少ない石塔の一つである。後者は高麗時代の再建時のもので高さ五・六二mであり、現在講堂跡に残っている。

〔**参考文献**〕尹武炳『定林寺』(忠南大学校博物館昭56)。 (**李タウン**)

じょうわのへん [承和の変] 嵯峨上皇の死を契機としておきた政変。上皇の死の二日後、八四二(承和9)年に春宮坊帯刀の伴健岑・但馬権守橘逸勢(三筆の一人)らの謀反が発覚した。それは阿保親王から太皇太后橘嘉智子へ送られた密書によってもたらされた。健岑らは東宮恒貞親王を奉じて東国で挙兵し国家を傾けようという趣旨のものであった。二人は拷問にも屈しなかったが、結果として大納言藤原愛発・中納言同吉野・参議(東宮大夫)文室秋津らの左遷、恒貞親王廃太子、健岑の隠岐、逸勢の伊豆への流罪。このほか春宮坊官人を中心とする六〇人近い人に累がおよんだ。廃太子から一〇日後には仁明天皇皇子の道康親王(文徳天皇)の立太子が見られた。親王の母は中納言(事件直後に大納言に昇進)藤原良房の妹順子である。この事件で廃された東宮および健岑らに叛乱におよぶ理由が見あたらないだけに陰謀の色彩が濃厚。それは良房が甥の立太子を企図し、そのために恒貞親王の廃太子とその一派の追放を狙ったものであった。きたる人臣初の摂政への伏線ともみられる。 (**朧谷寿**)

じょおうこく [女王国] 『三国志』の『魏書』東夷伝倭人の条(『魏志』倭人伝)に、「女王国より以北、その戸数・道里は略載すべきも、その余の帝国は遠絶にして得て詳かにすべからず」と記す国名。また「郡(帯方郡)より女王国に至る万二千余里」とも述べる。女王国イコール邪馬台国とみなす説が多いが、女王国という表記は邪馬台国とは別で、女王の統治する国とする説もある。 (**上田正昭**)

しょきしっかい [書紀集解] 尾張藩士河村秀根とその子、益根によって著された『日本書紀』の注釈書。河村家による六国史集解の一つ。完成したのは一八〇六(文化3)年頃、その刊行は天保年間前半と考えられている。書紀の語句の出典論に特色があり、漢籍を幅広く参照し注記を行っている。 (**早川万年**)

しょきしょうえん [初期荘園] 八世紀中頃から数多く設定された荘園。野地を占定して開墾した場合が多く、平安時代中期以後に増大する寄進地系荘園に対し、墾田地系荘園の類型もほぼ同義で使用されている。律令国家は公地・公水を原則としていたので、八世紀初め頃までは、「王公諸臣」や「寺社」などの有力者が「山野・田野」を広く占有する現象を禁止していた。しかし、七四三(天平15)年の墾田永年私財法により、位階に応じた上限が定められたのみで私的な墾田を承認し、七四九(天平勝宝元)年には、東大寺・大安寺などに各一〇〇町の墾田が勅施入され、有力寺院に一〇〇〇町以上もの広大な墾田所有枠も定められた。とくに四〇〇〇町もの枠をえた東大寺は活発に占定を進め、一〇世紀中頃には総面積約四八〇〇町にものぼった。これらの荘園については正倉院宝物の開田・墾田地図をはじめ、多くの荘園図が伝存している。初期荘園の多くは、律令制の下での賃租(小作)を基本とした経営が中心であったとみられ、平安時代中頃には多くが衰退の過程にあった。

〔**参考文献**〕竹内理三『寺領荘園の研究』(畝傍書房昭17)。金田章裕『条里と村落の歴史地理学研究』(大明堂昭60)。金田章裕『古地図からみた古代日本』(中央公論新社平11)。 (**金田章裕**)

しょきょう [書経] ⇩四書五経 ししょごきょう/ししょごけい

しょくえ [触穢] ⇩ケガレ

しょくしゅげん [続守言] 生没年不詳。唐の人。六六〇(斉明6)年の百済との戦争で捕虜となり、翌(斉明7)年に倭に送られたか(前年とも、六六三年とも伝える)。のち音博士となった(持統紀五年九月など)。『日本書紀』編纂にたずさわったとする説がある。 (**川﨑晃**)

しょくどう [贖銅] 律における換刑の一つ。皇親・有位者とその家族・老小・癈疾などの者が、相当額の銅を払うことで実刑に換える制度。名例律笞罪条以下には、笞一〇に換える贖銅一斤から、死罪の贖銅一〇〇斤までが注記される。実際には布や銭などで代納させたのであろう。 (**荊木美行**)

しょくにほんぎ [続日本紀] 主に八世紀を扱う勅撰の編年体史書。四〇巻。六国史の一つで二番目。その名は『日本紀』(『日本書紀』のこと)の続編の意味で、それをうけて六九七(文武元)年から桓武天皇の七九一(延暦10)年までを扱う。奈良時代に関する主要史料。七九七(延暦16)年に完成したが、成立過程は複雑である。すなわち七九四(延暦13)年八月と七九七(同16)年二月の二つの上表文によると、まず淳仁天皇の時に、文武天皇から七五七(天平宝字元)年(前年に聖武上皇死去)までの六一年間を扱った曹案三〇巻が作られた。次に光仁天皇時代にその修正が石川名足・淡海三船らによって行われたが、その作業は不十分で二九巻のみを奏上し、天平宝字元年紀は稿本を失ってしまった。またそれに次ぐ天平宝字から宝亀年間(淳仁朝から光仁朝まで)にいたる時期については、石川名足・上毛野大川らに命じて二〇巻にまとめさせたが完成しなかった。そして桓武朝に至り、右大臣藤原継縄・菅野真道・秋篠安人らが後者を一四巻にまとめ七九四(延暦13)年に奏上した。これが現『続日本紀』の巻二一から巻三四(天平宝字二〈七五八〉年から宝亀八〈七七七〉年まで)にあたる。その後七七八(宝亀9)年から七九一(延暦10)年までの三四年間を六巻にまとめることが、継縄が死去した七九六（同15）年までになされ（巻三五から巻四〇まで）、さらに菅野真道・秋篠安人・中科巨都雄らが七五七（天平宝字元）年までの分に手を加え二〇巻に編集し（巻一から巻二〇まで）、翌年にすべてをまとめて四〇巻として奏上したのである。しかし完成後も内容が変更された。すなわち七八五（延暦4）年におこった藤原種継暗殺事件に関わる一連のできごとが、この事件で死去した早良親王の怨霊を恐れる桓武天皇によって削除された。その後平城天皇の時に、種継の子で寵臣の藤原仲成・薬子の意向によって復活したが、彼らが失脚した八一〇（弘仁元）年の薬子の変後に嵯峨天皇によって再び削除されたのである。その記事は『日本紀略』にみえる。（舘野和己）

しょくにほんこうき［続日本後紀］ 六国史の第四。二〇巻。仁明天皇の治世（八三三～五〇年）について記した正史。文徳朝に撰修が始まり、清和朝の八六九（貞観11）年に完成して藤原良房・春澄善縄の二名が奉進。『新訂増補国史大系』『増補六国史』に所収。（古藤真平）

しょくろうせん［続労銭］ 資銭とも。律令制下、定員外の内位・外位の六位以下の散位と勲位を有する者、及び蔭子孫・位子が、銭貨を納めて考の資格を得る制度、またはその銭貨をいう。七二一（養老5）年にはその存在が知られ、七三七（天平9）年に一旦停止されたが、藤原仲麻呂政権下の七五八（天平宝字2）年に復活、七六四（同8）年に再度停止されるにいたる。平城宮跡から、神亀年間の続労銭の付札木簡が一〇点余り出土しており、一人あたりの納入額は五〇〇文。（渡辺晃宏）

しょしくりやまち［諸司厨町］ 平安京内に設けられた官衙付属の宿所ないしその所在地の総称。官衙ごとに設営されたところから官衙町の名もある。厨町とはそこに所属する下級官人や諸国から徴発された課役民が非番のときに寝食起居したことにちなむ。三善清行の「意見十二箇条」（九一四〈延喜14〉年）のなかに諸国から上京して来た六衛府の舎人らが非番には東西の帯刀町に休寧する、とあるのがよき例。『拾芥抄』の記事と所収図および諸種の平安京図などによるとその場所が左京の二条以北に集中していることがわかる。個々の名称は官衙名型（木工・東宮・采女町など）、居住者名型（衛士・舎人・仕丁町など）、複合型（左近衛府衛士・織部司織手町など）に分類できる。それらは造都の進展にともなって官衙が整備されていく過程で登場したと考えられ、『日本後紀』によれば八〇八（大同3）年一〇月八日の「左衛士坊」を初見として史料に散見するが焼亡記事としての出典が多い。厨町も平安末期ともなれば官衙の衰退にともない有名無実化していくが、なかには帰国せずに住民化し、構成の座で生きるものもいた。

［参考文献］村井康彦『古代国家解体過程の研究』（岩波書店昭40）。（朧谷寿）

しょしゃざん［書写山］ ⇩性空

じょしん［女真］ または女直。松花江・牡丹江・黒竜江下流域・沿海州地方を居住地としたツングース系民族。もとは隋・唐代に靺鞨とよばれた部族に属し、五代のころより女真と称す。後に中国征服王朝である金や清を建てたのはこの民族の一派である。契丹文字を模したと思われる女真文字を創製した。（高井たかね）

じょてい［女帝］ 女性の天子。女帝といえば、推古・皇極・斉明（皇極の重祚）・持統・元明・元正・孝謙・称徳（孝謙の重祚）の各天皇を想起する。しかし女帝は古代ばかりでなく江戸時代にも存在した。明正（在位1629～42）、後桜町（在位1762～70）両天皇がそれである。女性の王者は邪馬台国の卑弥呼や台（壱）与などに先例があり、神功皇后や清寧天皇のつぎに王者となったのではないかとして飯豊王（忍海郎女）を日本の女王のなかに入れる説がある。これらの伝承には巫女王としての要素が濃厚であり、シャーマニズムとの関連をみのがせない。ところが推古天皇から持統天皇までの女帝は、いずれもが先帝の皇后としての前歴をもち、推古天皇や皇極天皇にみいだされるように神まつりとのつながりをなお保有している。そこには巫女王から女帝へのプロセスをみいだすことができよう。元明天皇から称徳天皇までの女帝は、奈良時代の女帝で、奈良時代七代の天皇のうち四代までが女性の天子である（実数は三人）。したがって、この時代は女帝の世紀とも称される。この段階の女帝には皇后の前歴をもつ女性はなく（元明天皇には皇太子妃の前歴）、元明天皇を除いて女帝は正式の配偶者をもたぬ未婚であったことも軽視できない。女帝には次の皇位継承者が成熟するまでの中継の天子としての性格を有した天皇もあったが、奈良時代や江戸時代の女帝の背景に、政争の渦が存在したことを改めて注意する必要がある。

［参考文献］折口信夫「女帝考」『折口信夫全集』第二〇巻（中央公論社昭31）。井上光貞「古代の女帝」『日本古代国家の研究』（岩波書店昭40）。上田正昭『古代日本の女帝』（講談社学術文庫平8）。（上田正昭）

しょのはかせ／ふみのはかせ／しょはかせ［書博士］ 大宝・養老令制における大学寮所属の教官。学生（職員令に専属の学生はみえないが、学令には書学生を規定する）を対象に筆跡・書体を教授した。定員は二人で、相当位は従七位上。内外諸司印・諸国印の字様を書くこともつかさどった。（荊木美行）

しょばん［諸蕃］ 『新撰姓氏録』における氏族区分で、中国・朝鮮の、主として王族を祖先と主張する氏族のこと。同書序文によると「大漢三韓の族、之れを諸蕃と謂う」とあり、いわゆる渡来系氏族がこれにあたる。『新撰姓氏録』では皇別・神別・諸蕃の順で配置され、本文三〇巻（ほかに目録一巻）のうち二一巻から二九巻までに左京諸蕃上・下、右京諸蕃上・下、山城国諸蕃、大和国諸蕃、摂津国諸蕃、河内国諸蕃、和泉国諸蕃の記載をもつ。各巻は漢・百済・高麗（高句麗）・新羅・任那の順に、三二六氏が記載されている。祖先と主張する国別では漢が最も多く一六三氏、ついで百済一〇四氏・高麗（高句麗）四一氏・新羅九氏・任那九氏となっている。皇別・神別・諸蕃の総計は一〇六五氏だから、三〇%が諸蕃となる。なお別に『新撰姓氏録』には未定雑姓の区分があるが、そこにも実質的に諸蕃と判断される氏族の記載があり、四八氏が諸蕃と認められる。

〔参考文献〕佐伯有清『新撰姓氏録の研究』全一〇冊(吉川弘文館昭37～平13)。 (井上満郎)

じょふくでんせつ【徐福伝説】 徐福は中国、秦代の方士。生没年不詳。斉(山東)の人。『史記』では徐市とつくるが『史記正義』では徐福とする。長生不死に異常な関心をもつ秦の始皇帝にとり入り、東海中に仙人の住む三神山(蓬萊・方丈・瀛洲)があるので不老不死薬を求めに行くと奏し、前二一九(秦始皇帝28)年に童男童女数千人を連れて出航した。その後の消息は不明で、日本に到着したという伝説を生んだ。日本にも彼らの船が紀伊の国熊野浦についたが薬はえられず、結局国には帰らず土地の人間となり、同行の童男童女を養育したという伝説がある。和歌山県新宮市をはじめ日本各地に徐福の墓と称するものがあり、その他郷土史や口碑にも多くの伝説を残している。

〔参考文献〕陸志保『徐福伝説考』(一季出版平3)。 (高井たかね)

じょめい【除名】 「じょみょう」ともいう。律において重罪を犯した官人に対する付加刑。名例律の規定では、八虐・故殺人など特定の罪を犯した官人は、五刑に加えて、歴任の官位・勲位すべてを剝奪される。ただし六年経過すれば、再び叙位・叙勲が許された。 (荊木美行)

じょめいてんのう【舒明天皇】 ?～641 在位629～41 推古天皇崩御後に即位した非蘇我系の天皇。即位する前は田村皇子と称された。岡本天皇・高市天皇とも記す。敏達天皇の孫で、押坂彦人大兄皇子の子。母は父の異母妹である糠手姫皇女(田村皇女)。皇后の宝皇女(後の皇極・斉明天皇)との間に、葛城皇子(中大兄皇子。後の天智天皇)、間人皇女(孝徳天皇の皇后)、大海人皇子(後の天武天皇)、また蘇我大臣馬子の女の法提郎女との間に古人大兄皇子、吉備の蚊屋采女との間に蚊屋皇子を儲けた。推古天皇崩御後、天皇の遺詔が不明瞭であったため、蘇我大臣蝦夷が主宰する群臣合議の場では、嗣位に山背大兄王(厩戸皇子の子)と田村皇子を推す意見が対立したが、大臣蝦夷の支持により、六二九(舒明元)年正月に田村皇子が即位した。即位の場所は不明。翌年十月に飛鳥岡の下の飛鳥岡本宮に移った。六三六(同8)年六月に飛鳥岡本宮に火災が起こったため田中宮に遷り、六三九(同11)年七月から百済大宮と百済大寺の造営を開始した。翌年四月、伊予の温湯宮から還幸した後、厩坂宮に入り、同年十月、完成した百済(大)宮へ遷った。六四一(同13)年十月、百済宮で崩御。宮の北に百済大殯が起され、中大兄皇子が誄を行った。なお百済大寺は天皇家が建立した最初の寺院で、その場所については、これまで奈良県北葛城郡広陵町百済の百済寺付近とされてきたが、近年、桜井市吉備で発見された吉備池廃寺が有力視されるようになった。舒明天皇の和風諡号は息長足日広額天皇。六四二(皇極元)年十二月、亡き舒明天皇の喪を発した際、息長山田公が日嗣を誄したことからみると、息長氏出身の女性が田村皇子の乳母となり、養育に当たったかと推定される。同月二一日に滑谷岡(その場所は未詳)に葬られた。同二年九月、押坂陵(桜井市忍阪)に改葬された。「延喜諸陵寮式」に押坂内陵とみえ、またその陵内に母の田村皇女の押坂墓、陵域内に大伴皇女の押坂内墓、陵域内の東南に鏡女王の押坂墓が営まれた。押坂内陵については、桜井市忍阪の段ノ塚古墳(現、舒明陵)とみてよい。古墳時代末期の八角形墳である。『万葉集』に、舒明天皇が香具山に登って国見をした時の御製歌(巻一—二)や、小倉山の歌(巻八—一五一一)がみえている。 (和田萃)

しょりょうざつじちゅうもん【諸陵雑事注文】 諸陵寮の所領の公事の目録。一一七七～八一(治承年間)の注文をもとに一二〇〇(正治2)年に作成。山科・中尾・栗前・深草・摂津島上・和泉・松崎愛宕御陵・田原・白鳥・近江国木岡御陵などへの供物・料・職員・給田等を記す。『丹鶴叢書』所収。 (松本公一)

しょりょうし【諸陵司】 『和名抄』の訓は「美佐々岐之豆加佐」。大宝・養老令制の治部省被管諸司の一つ。諸陵を管理し、陵霊の祭り、喪礼、陵戸の名籍をつかさどった。四等官のほか、伴部の土部が所属。大宝令制下では諸陵司であったが、七二九(天平元)年、諸陵寮に昇格した。 (荊木美行)

しょりょうりょう【諸陵寮】 大宝・養老令制の治部省被管諸司の一つ。諸陵を管理、陵霊の祭り、喪礼、陵戸の名籍をつかさどった。大宝令制下では諸陵司だったが、七二九(天平元)年に寮に昇格し、増員。頭・助・大允・少允・大属・少属の四等官(各一人)のほか、八〇二(延暦21)年には史生四人がおかれた。 (荊木美行)

しらいし【白猪氏】 ⇩白猪史

しらいのひろなり【白猪広成】 ⇩白猪史

しらいのふひと【白猪史】 欽明朝に百済から渡来した王辰爾の甥、胆津を祖とする氏族。王辰爾は、五五三(欽明天皇14)年七月に蘇我大臣稲目の命をうけ、淀川を往来する船舶の賦を記録した功績により、船史の姓を与えられた人物。膽津は、五六九(欽明天皇30)年正月に吉備の白猪屯倉に派遣され、同年四月、田部の丁の籍を検定した功により、白猪史の姓を賜り、田令の副官に任命された。白猪史は、七二〇(養老4)年五月に葛井連、七九一(延暦10)年正月に宿禰の姓を賜った。その本拠は河内国志紀郡長野郷で、大阪府藤井寺市に所在する葛井寺を中心とした一帯。葛(藤)井寺は葛井連の氏寺で、本尊の千手観音菩薩像は国宝。また同寺は西国三十三所巡礼の第五番札所でもある。近接して、式内社の長野神社(河内国志紀郡)が鎮座する。奈良時代には、白猪(葛井)氏から中級官人が輩出した。入唐留学生で大宝律令の撰定者の一人であった白猪史骨、遣新羅使となり備後守・中務少輔などを歴任した葛井連広成らがよく知られている。七四八(天平20)年八月二一日、聖武天皇は葛井連広成の宅に行幸して留宿し、翌日、広成とその妻である県犬養宿禰八重に正五位上を特授した。八重は、光明皇后の母である県犬養宿禰三千代の一族だった関係で、光明皇后に女官として仕え、県犬養命婦・犬甘命婦として正倉院文書にその名が散見する。二〇〇四（平成16）年に中国・長安で発見された遣唐使の墓誌にみえる井真成は、白猪史（葛井連）の出身者であった可能性が指摘されている。（和田萃）

しらいのみやけ［白猪屯倉］ 古代の屯倉。所在地には、瀬戸内海沿岸部、吉備平野の主要部、吉備北部山間部の産鉄地域などの諸説があるが、白猪部の木簡の出土からみて、瀬戸内海沿岸部が重要。『日本書紀』によると、五五五（欽明天皇16）年に大臣蘇我稲目によっておかれ、五六九（同30）年に胆津に命じて「白猪田部丁籍」を検定して「田戸」を定めさせ、彼を「田令」としたという。「田戸」「籍」から直ちに律令制的な籍帳・編戸制度の先駆と速断することはできないが、屯倉に新しい管理・支配方式が導入された最初とみられる。（栄原永遠男）

しらかわ［白河］ 平安京の東郊の愛宕郡の地名。比叡山から白砂を運ぶ白川が流れることから、東山山麓の扇状地の地名となった。平安時代の院政期の一〇七四（承保元）年に白河天皇が法勝寺を建立した。その後、尊勝寺などの皇室の御願寺である六勝寺が建立された。院の御所などが設けられたために、一時は洛南の鳥羽とならぶ政治の拠点ともなった。（高橋美久二）

しらかわてんのう［白河天皇］ 1053～1129 在位1072～86 平安後期の天皇・上皇。譲位後に堀河・鳥羽・崇徳と三代にわたり院政を行った。後三条天皇第一皇子。母は権中納言藤原公成の娘茂子。名は貞仁。一〇八六（応徳3）年、異母弟輔仁の立太子を防ぐため、藤原賢子の生んだ第二皇子善仁（堀河天皇）に譲位し院政を開始した。しかし、剛直な関白藤原師通の在世中は、院政は本格的なものにはならなかった。一〇九六（永長元）年、愛娘郁芳門院が早世すると、悲嘆のあまり出家し法皇となる。一〇九九（康和元）年の師通死後、法皇の権力は増大しつつあったが、一一〇七（嘉承2）年に堀河天皇が亡くなり第一皇子宗仁（鳥羽天皇）が五歳で践祚すると、専権は揺るぎないものとなった。一一（天永2）年には、後三条天皇の例にならって記録所を設置する。一三（永久元）には政敵輔仁親王を疑獄事件で失脚させ、二〇（保安元）年関白藤原忠実を事実上罷免した。二三（同4）年、中宮藤原璋子が生んだ鳥羽天皇第一皇子顕仁（崇徳天皇）に譲位させる。藤原氏末茂流、道隆流、良門流や高階氏などの富裕な受領を重用して財政基盤を強化する。藤原氏勧修寺流など実務官人を抜擢し、太政官政務の掌握などにもつとめた。法親王制の創設をはじめ、寺社権門内部にも人脈を広げるが、それが寺社騒乱や強訴を惹起する場合も多くなる。それらに対応するなかで、源義家や平正盛・忠盛父子などの近臣武力を育成し、院北面の整備をそれに連動させるとともに、院御所での公卿会議で迅速な対応につとめた。在位中・譲位後を通じて、白河地区の法勝寺をはじめとする御願寺群（六勝寺）などの多数の仏寺を創建。おびただしい数の仏像をつくらせ、一切経をはじめとする多数の経典を書写させる。譲位に際して広大な鳥羽殿を造営し、離宮・院御所として利用するとともに、京内でも六条地区を中心に院御所を多数営んだ。晩年は厳しい殺生禁断令を出して、世間を困惑させた。

［参考文献］角田文衞『待賢門院璋子の生涯』（朝日新聞社昭63）。美川圭『白河法皇』（日本放送出版協会平15）。（美川圭）

しらかわのせき［白河関］ 陸奥白河郡に設置された関所。東山道を下野国から陸奥国に越えるときに通過する要衝で、八三五（承和2）年に西方の長門関とともに白河・菊多関の勘過が行われている（『類聚三代格』）。設置時期は明確でないが七九九（延暦18）年に守衛のための関守が置かれたといい（『河海抄』）、東北地方への律令国家権力の伸張とともに設けられたものか。関東地方が安定して以後、白河関は王朝貴族たちにとって東北地方への出口と認識され、通過する人々によって歌枕として多くの登場をみる。（井上満郎）

しらぎ［新羅］ 朝鮮古代の王朝で三国の一つ。四世紀頃～九三五年。前身は辰韓の斯盧国で、韓国東南の慶州に興る。卵生の始祖神話をもつ。伝説上は朴・昔・金の三姓交代であるが、確認できるのは金氏の王からである。三七七年に前秦に遣使し国際舞台に登場。五世紀前半には高句麗に従属し、その駐留を甘受。斯盧国を構成した六村が、行政区分としての六部に転化。五世紀末から周辺に領土をひろげ、旧斯盧国の地が王京となった。六部人＝王京人のみが、骨品制とよぶ血縁的身分制によるいずれかの身分（真骨・六頭品など）をもち、全体として支配者共同体を構成。六世紀初に内政の整備をはたし、対外的進出策を推進。法興王は、兵部を設け法幢軍団を創設。律令を頒布、官位は王京人に京位、地方人に外位という二重体制で差別。最高の官職として上大等をおき、独自の年号も始めた。仏教は五世紀に伝わり王室も信奉したが、正式の受容は五二七年。以後、国家仏教として栄え、王京は寺院であふれる。特に皇龍寺が護国の中心道場で、その九層塔・丈六仏は新羅三宝のふたつ。飛躍的な領土拡大は、次の真興王代。西海岸に進出し、加耶をも領有。一時は咸鏡南道まで達す。対外的発展に活躍したのが花郎集団。集団の中心になる人物を花郎という。統一の英雄金庾信はその一人。六世紀半ばには百済を圧倒するようになり、六四二年の百済侵入以後は鋭く対立。唐に接近。金春秋（のち武烈王）が外交で活躍。六五一年、行政の最高機関の執事部を設置。中央集権的な官僚機

慶州・月城にある雁鴨池
（王都に造営された園池。大量の遺物が出土した。）

構がしだいに成立。武烈王・文武王の時代に百済・高句麗を滅ぼし、連合した唐の勢力を駆逐し、統一を達成。大同江のやや南までを領有。次の神文王代以後、王権は専制化。王京も大きく改造し、条坊制を施行。全領土を九州に分け、その中を州郡県に分ける独特な郡県支配を進める。七世紀後半には日本ともさかんに通交し、正倉院にも新羅文物が多く残るが、八世紀末以降、公的な外交は中断。北に渤海が成立し唐と交戦すると、唐側に立って出兵し、大同江以南の地区を領有。八世紀中葉の景徳王代に唐風文化を受容。七六八年以降、王権も動揺し、内乱も勃発。九世紀中葉まで王族どうしによる王位争い・簒奪が続く。清海鎮の張保皐は、海上貿易で勢力を蓄え、外戚をめざしたが失敗。九世紀後葉から地方の土豪層が台頭し、後百済・高麗が自立し、新羅は地方政権に転落。最後の王敬順王が九三五年に高麗に降伏して滅亡。（田中俊明）

しらぎがく［新羅楽］ ⇩三国楽

しらぎごと［新羅琴］ 正倉院宝物のなかの新羅琴とよばれる一二弦の琴。桐の一木を刳り貫いてつくり、裏板はなく、尾端に羊耳形の緒留をもつ。片側の面には懸緒の穴が二つあって、そこに紐を通して、奏者がこれを頸ないし肩にかけて弾奏したことがうかがえる。「東大寺献物帳」には、金鏤新羅琴とみえる。三国時代新羅の王都・慶州の味鄒王陵地区鶏林路一六地区三〇号墳出土の長頸壺の肩部に、腹のふくれた身籠った女性が膝に琴を載せて演奏している装飾がつけられているが、その琴の形態は、正倉院の新羅琴と類似する。（西谷正）

しらぎさんさい［新羅三彩］ 朝鮮半島の統一新羅時代に製作された、三彩釉を施した陶器。遺品は数少なく、大韓民国の国立中央博物館所蔵の有蓋高坏や台付き蓋坏などが知られる。これらは蔵骨器として使われ、また、慶州出土と伝える。新羅三彩の分布は、おそらく王都があった慶州に限られ、使用者も王・王族・貴族・高僧など、きわめて限られた階層の人びとであったろう。統一新羅時代に、唐と新羅の間の頻繁な交流の過程で慶州にもたらされていた、唐三彩を模倣して新羅土器の器形を踏襲しつつ、三彩が製作されたと考えられる。（西谷正）

しらぎし［新羅使］ 新羅から倭・日本へ派遣された使者。倭・日本と新羅との関係は概してよくなく、新羅は基本的に日本を敵視していたが、朝鮮半島において新羅のおかれた国際条件によって、日本に依存する必要が生じる時期もあった。『日本書紀』に記された新羅使として最も早い例は、神功紀の毛麻利叱智ら三人で、人質としてきていた微叱許智をとりもどす目的であったが、微叱許智を送り返したあと殺される。『三国史記』に伝える朴堤上（毛末）・未斯欣の伝承と同内容である。六世紀後半には高句麗と対抗して倭に遣使し「任那の調」をもたらしたという。本格的に使者の往来が始まるのは、白村江の戦い後、唐と対立した新羅が使者を派遣してからである。九世紀初めまで四〇回以上を数える。唐との関係が修復されるにつれ、使者派遣の意味がなくなり、態度がかわる。日本ではそれを責め、使者を追い返すことが多くなる。七五二（天平勝宝4）年には「王子」金泰廉が大船団とともにやって来るが、目的は交易が主体。その後まもなく、使者の派遣もなくなり、私貿易に変化していく。（田中俊明）

しらぎそんらくもんじょ［新羅村落文書］ 正倉院中倉所蔵の「華厳経論」の帙の裏打ちに使われた紙に記されていた文書。民政文書・帳籍・官文書などとよばれることもある。一九三三（昭和8）年の修理の際に偶然発見されたが、その際もとどおりに裏打ちに用いたので、現在はその際の白黒写真を通して読むしかない。二枚からなり、一枚は某県（不明）の沙害漸村（A村）と同県の薩下知村（B村）、もう一枚は某県某村（前部を欠く）（C村）と西原京の某村（D村）の四つの村についての記録である。西原京は現在の忠清北道清州にあたり、その付近の村とみられる。およそ村の周囲の長さ、村全体の田地、口数の多寡によって九等に分けられた戸数、年齢別の口数、樹木数などが村単位で記されている。「乙未年」（六九五年・七五五年・八一五年・八七五年説があり、特定できない）作成の文書であるが、その三年前とその年の戸口数が記録され、さらに別筆で、その後の訂正がされている。C村には中央の内省の長官内視令がみえ、内省に関わる文書とみられる。

〔参考文献〕武田幸男「新羅の村落支配」『朝鮮学報』八一（昭51）。（田中俊明）

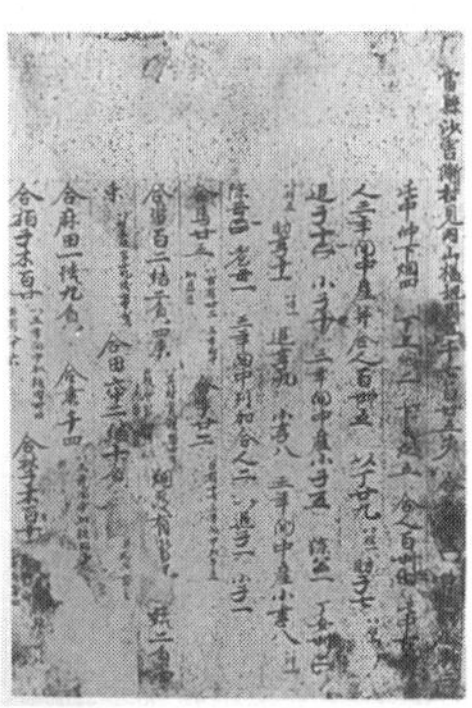

新羅村落文書
正倉院蔵

しらぎどき［新羅土器］ 朝鮮三国時代の新羅地域の陶質土器。二段透かし孔高坏が上下交互透かし孔であることを最大の基準とする。長頸壺は脚付きのものが多い。四世紀末頃から上下交互透かし孔が出現すると思われる。五世紀から六世紀前半には器表に多様な文様が施される。高坏は六世紀後半には短脚化し、文様も半円鋸歯文のみとなる。慶州地域のものは洗練されていて、慶州から離れると地域的特色が出てくるが、加耶土器ほど地域性の解明は進んでいない。慶州皇南洞一帯からは人物・動物・器物などの装飾付きのものが多く出土する。（定森秀夫）

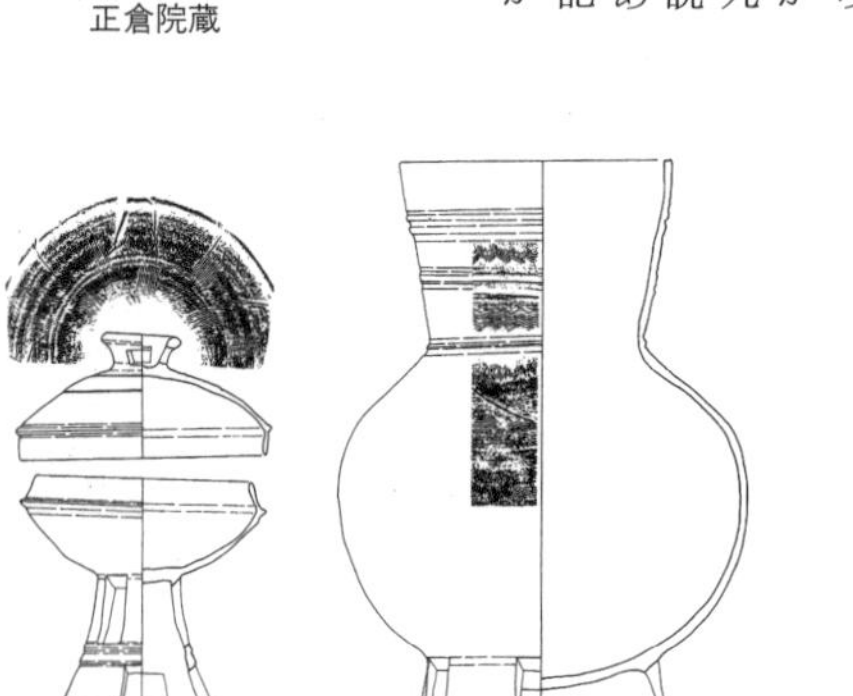

新羅土器
縮尺：1/8

しらくしきどき【師楽式土器】 岡山県邑久郡牛窓町大字師楽に散布するゆえ、土地名に因んで名づけられた、製塩土器の名称。当地には、素焼きでありながら弥生土器と異なる薄い土器片多数の散布状態がみられる。その一角に一九二九（昭和4）年、水原岩太郎によって発掘調査の鍬が入れられ、灰炭をともなうところから同氏は、特殊な窯跡を推定しつつ、これらの土器を師楽式と命名した。のち、近藤義郎らによって土器製塩法が実証され、海水を煮沸煎熬する製塩土器と判明。今日なお製塩土器の別称として親しまれている。

〔参考文献〕水原岩太郎編『師楽式土器図録』三九（昭14）。（葛原克人）

しらたきいせきぐん【白滝遺跡群】 北海道白滝村にある一〇〇ヵ所以上の遺跡の総称。黒曜石原石山の赤石山一帯と村内を流れオホーツク海に注ぐ湧別川と支湧別川流域に所在し、旧石器時代の遺跡が多い。吉崎昌一の調査・研究、「湧別技法」の提唱や明治大学の服部台遺跡、木村英明の幌加川遺跡遠間地点の調査などは細石刃文化研究には欠かせない成果。最近の高速道路建設にともなう九万m²に及ぶ調査では四五〇万点、九tの石器類が出土。大小の尖頭器、大型両面調整石器、舟底形石器、各種の細石刃核などがあり、さらにそれらの製作状況がわかる接合資料も多い。赤石山に通じる八号沢と湧別川の合流点に近い六ヵ所の遺跡二二・六haが国指定史跡となっている。（長沼孝）

しらとりくらきち【白鳥庫吉】 1865〜1942 日本の東洋史学者。一八九〇（明治23）年東大文科大学史学科を卒業後、学習院教授、文科大学教授、東宮御用掛を歴任し、一九一九（大正8）年に帝国学士院会員に推挙された。ほぼアジア全域にわたる歴史、民俗、神話、伝説、言語、宗教、考古といったきわめて幅広い分野に多大の業績をあげた。日本語の系統論や邪馬台国に関する論考もある。主要著書に『西域史研究』がある。

〔参考文献〕『白鳥庫吉全集』（岩波書店昭44〜46）。（愛宕元）

しらとりりょうこふん【白鳥陵古墳】⇨軽里大塚（前の山）古墳かるさとおおつか（まえのやま）こふん

しらびょうし【白拍子】 平安末期から鎌倉時代にかけて行われた男装の遊女。水干・袴姿の男装で歌いながら舞い、伴奏には鼓、時には笛・銅拍子が用いられた。*『平家物語』にみられる祇王・祇女・仏御前・静御前らが白拍子の名手として知られる。（山田雄司）

しらみずあみだどう【白水阿弥陀仏】⇨願成寺阿弥陀堂がんじょうじあみだどう

じりき【事力】 大宝・養老令制下で国司・大宰府官人に支給された従者。おもに外官に与えられる職分田の耕作に従事した。上等戸の正丁から採用され、一年交代であった。課役は免除されたが、負担は大きかった。軍防令給事力条に支給対象・人数についてみえる。（荊木美行）

シルクロード 絹の道、絲綢之路とも。シルクロードは特定の交易路や通商路をさす言葉ではない。一九世紀末にドイツの地理学者リヒトホーフェン（Ferdinand von Richthofen 1833〜1905）が、ビザンチン帝国と唐との間に行われた絹を代価とする東西交易を総称して、その交易路をシルクロードとよんだ。その後、唐代以前にも、漢と匈奴との間の絹と馬を交換する、いわゆる絹馬貿易などの実態が明らかにされ、漢以前にも東西交易が存在したことが、豊富な出土文物から証明されつつある。漢から匈奴に渡された絹は、遠くローマ帝国に及び、シリアのパルミラ遺跡からは、漢錦が出土している。このため、シルクロードの西端はローマにまでおよぶことになった。中国王朝の歴代王朝は西方からの文物・珍奇な動物、香辛料や香料を含む各種各物の導入に寛大であったために、宗教（景教、祆教、マニ教、仏教など）も伝えられることが多かった。なかでも、*仏教はその後の東北アジアに多大の影響を残した。内陸アジアを東西に横断するシルクロードは、北方の草原のルート、砂漠間に点在するオアシスを結ぶオアシス（砂漠）ルートがある。時代や気候条件、民族の興亡によりルートは変化することが多かった。タラスの戦以後の中央アジアのイスラム教化後は、一般にシルクロードとはよばないことが多い。いっぽう、中国南北朝以後の青磁に代表される窯業製品は、船舶によって遠くアフリカ大陸にまで交易された。このため貿易陶磁といわれている。この海上の道を海のシルクロードとよぶことが多い。シルクロードは、大別すると草原の道、砂漠の道、海の道があり、時代的には千年にもおよぶ。

わが国では、弥生時代に早くも西方起源の*ガラスを再加工するなど、中国大陸、朝鮮半島を経由した東西交易の東端にあることが、出土文物から確認されている。古墳時代には西アジア製のガラス容器や金製品も出土している。飛鳥・奈良時代のものは法隆寺と正倉院に伝世していて、日本列島がシルクロードの東端に位置していたことを如実に示している。奈良時代には、ソグド人である安如宝（?〜815 中央アジアのブハラを出身地とする僧）が、*鑑真に随従してきて、のち唐招提寺住職寺二世となっている。他にも文献に名を残さなかったものもあったようである。日本文化において、シルクロードが、もっとも大きい影響を残したのは、仏教である。仏教伝来はまさにシルクロードのルートそのものを反映しているものといえよう。それを器物から示すのが*正倉院宝物で、西は地中海周辺、南はインド・東南アジア産出の香料・薬品、宝飾品の原料である宝石やラピスラズリーがあり、シルクロードとのつながりを示しているといえよう。（菅谷文則）

しろいしいなりやまこふん【白石稲荷山古墳】 群馬県藤岡市西部の白石にあり、鮎川左岸の上位段丘の東端に立地する。一九三三（昭和8）年、開墾を契機とする発掘調査で竪穴式石槨を二基確認した。全長一七〇mの前方後円墳で、自然地形を利用した削り出しと盛り土による三段築成である。捩文鏡・直刀、多種の滑石製模造品、二階建て倉庫を含む八個の家形埴輪、短甲埴輪、青銅製鈴付き柄頭・竪櫛等のほか、縦ハケ目のある円筒埴輪類が出土。白石古墳群中、最古の五世紀前半と考えられている。

〔参考文献〕後藤守一ほか『群馬県史跡名勝天然記念物調査報告第三輯 多野郡平井村白石稲荷山古墳』（群馬県昭11）。『群馬県史 資料編3』（群馬県昭56）。『藤岡市史 資料編 原始・古代・中世』（藤岡市平5）。（関晴彦）

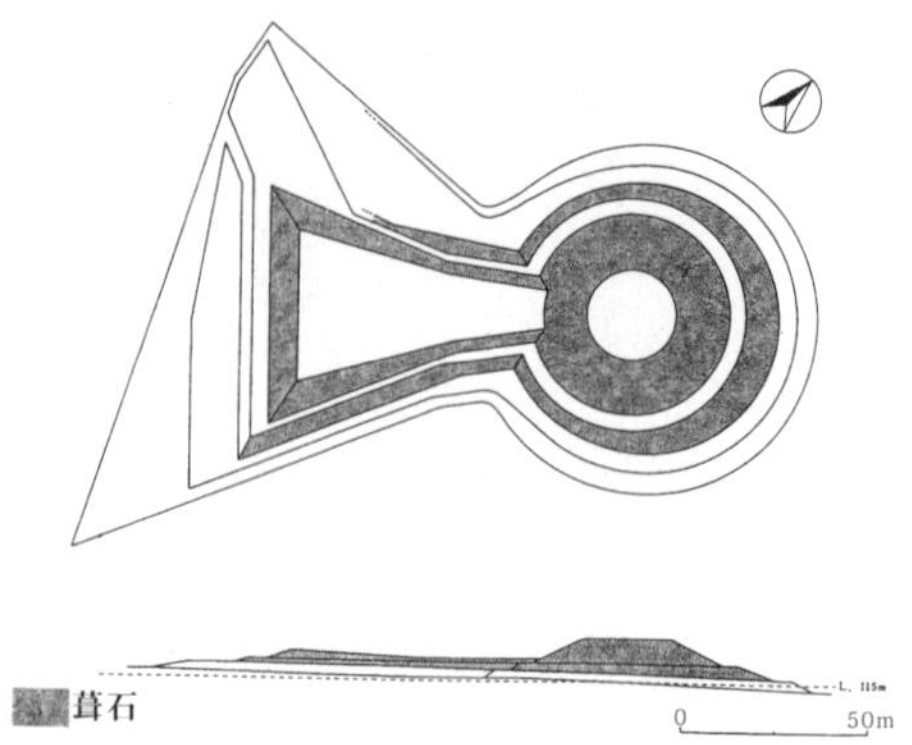

白石稲荷山古墳墳丘復元模式図
『白石稲荷山古墳』（藤岡市教育委員会）より

しろこく［斯盧国］ ⇩三韓

しろせい［代制］ 古代の面積の単位。本来は穎稲一束を収穫できる土地の面積をいう。しだいに田の肥沃さに関係なく一定面積をいうようになり、高麗尺六尺四方＝一歩、五歩＝一代として浄御原令制下まで代制が用いられたと考えられる。一〇〇代＝二段、五〇〇代＝一町に換算される。 （渡辺晃宏）

しん［晋］ 中国の王朝名（二六五～四二〇）。司馬懿（字は仲達）以来三代にわたって曹魏政権で実力を蓄え、孫の司馬炎（武帝）に至って魏に替わり晋王朝を開いた。武帝は二八〇年に呉を併合して三国分裂に終止符を打ったが、二代恵帝の暗愚から帝室諸王の激しい権力闘争を引き起こし、次いで永嘉の乱で五胡勢力が華北で次々と自立し、三一七年に晋は都を洛陽から建康（現南京）に移さざるを得なくなった。これ以前を西晋、以後を東晋とよぶ。南遷した東晋政権を主導したのは北来の山東系貴族で、以後の南朝期を通じて貴族勢力は門閥として高位高官を独占する。詩の陶淵明や謝霊運、書の王羲之、画の顧愷之ら、南朝の貴族文化が花開くのは東晋に始まる。東晋の四一三（安帝義熙9）年に倭国が高句麗とともに方物を献じたという記事は（『晋書』安帝紀）、讃に始まる倭五王の遣使に先立つものとして注目されてきたが、その方物が高句麗特産の「貂皮・人参」であることなどから、倭国からの正式の使者であったかどうか疑義が出されている。

〔参考文献〕川勝義雄『中国の歴史 魏晋南北朝』（講談社平15）。坂元義種『倭の五王 空白の五世紀』（教育社昭56）。 （愛宕元）

しん［秦］ 中国の王朝名（前二二一～〇七）。西周以来の侯国で、戦国時代には七雄の一となり、秦王政の時に他の六国を併合して中国史上で最初の領土国家としての統一を達成した。これが始皇帝である。始皇帝は度量衡、車軌、文字、貨幣の統一などを矢継ぎ早に実施したが、青銅鋳造貨である統一貨幣「半両銭」の円形方孔という形態は、その後の中国だけでなく日本でも踏襲された。絶大な権力の頂点を極めた始皇帝は不老不死の願望にとりつかれ、詐欺師まがいの方士の言を信じて、各地に不老不死薬を探求させた。その一人が東海中に三神山ありと称して大船団を率いて船出した徐福で、彼は行方知れずとなる。そのために日本への渡来伝説が生まれ、和歌山県新宮市などに彼の墓なるものがある。始皇帝は焚書坑儒、長城など大土木事業への強制労働により、後世の評判はきわめて悪いが、渡来系の秦氏がその末裔と称するように、日本古代でも知られた存在であった。

〔参考文献〕吉川忠夫『中国の英傑 秦の始皇帝』（集英社昭61）。 （愛宕元）

じん［陣］ 内裏内で武官が整列し、上番・勤務するところ。左衛門陣は建春門、右衛門陣は宜秋門、左兵衛陣は宣陽門、右兵衛陣は陰明門、左近衛陣は宜陽殿の西廂（のち紫宸殿の東北廊南面に移る）、右近衛陣は校書殿の東廂にそれぞれおかれた。 （篠田孝一）

しんいけいせき［新池遺跡］ 大阪平野北東部の淀川北岸に展開する三島古墳群の中央部に位置する大規模埴輪生産遺跡で、高槻市土室地区に所在する。土室は『日本書紀』の欽明天皇二十三年条所載の「摂津国三嶋郡埴廬」の遺称。遺跡は奈佐原丘陵から派生する中位段丘一帯にひろがる東部遺構群とその西側の段丘にある西部遺構群からなる。遺構は三期に分かれ、A期では五世紀中頃の半地下式窖窯三基、竪穴式工房三棟、工人集落の竪穴住居六～七棟、B期では五世紀後半の地下式窖窯五基、工人集落の竪穴住居七棟、C期では六世紀前半～中頃の地下式窖窯一〇基および西部遺構群での竪穴住居兼工房五～六棟である。A期は一対の窯と工房を三対組み合わせたユニットで埴輪を生産し、太田茶臼山古墳に搬出していた。またB期は二子山や番山など、C期は今城塚や昼神車塚など、おもに三島の諸古墳に埴輪を供給していた。約四万m²の遺跡の主要部分四一六三・九九m²が国史跡に指定され、新池ハニワ工場公園として公開されてい

新池遺跡の埴輪生産遺構

る。

【参考文献】森田克行編『新池』（高槻市教育委員会平5）。鐘ヶ江一朗「新池遺跡の調査」『高槻市文化財年報　平成八年度』（高槻市教育委員会平10）。（森田克行）

しんいせつ【讖緯説】　中国古代の予言説。讖は予言のことで、緯は儒教の経書に対して緯書といい、経書を補う思想が記されているというが、かなり神秘的内容である。主に後漢期に流行し、前漢末の王莽は帝位簒奪にこれを巧みに利用した。日本では『日本書紀』における神武紀元がこの讖緯説による辛酉革命説に拠ったとの説がある。中国では晋以降この思想はたびたび禁じられたので、讖緯の書は断片が伝わるのみである。（高井たかね）

しんおう【辰王】　三世紀頃の朝鮮半島南部の王。三世紀前後、辰王が馬韓の一国月支国に都をおき、辰韓・弁韓（弁辰）の半数一二国を支配した。代々辰王は馬韓から立ったが、自ら王となることはできなかったという（『三国志』魏書東夷伝韓条）。魚豢『魏略』は辰王は流移の人であったために馬韓から規制をうけたとする。また、遼東に自立した公孫氏が辰王を介して半島経営を行おうとしたとみる説がある。なお、騎馬民族日本征服説では、辰王の後裔が列島に渡来したとする。（川崎晃）

しんが【真雅】　801～79　貞観寺僧正・法光大師とも。平安前期の真言宗僧。空海の実弟。兄に師事して密教を学ぶ。東大寺別当などを歴任、藤原良房の支援により八五二（仁寿2）年貞観寺を開創。八六〇（貞観2）年東寺長者、八六四（同6）年に僧正。（藤田琢司）

じんか【神火】　主として奈良時代末から平安時代初にかけて起こった原因不明の火災。本来は火山の噴火等をいうが、正倉保管の正税などを滅失する人為的火災で、正税の虚偽の納入やまた横領の粉飾のために人為的に起こされた。「奸枉の輩郡任を奪わんと謀り、言を神火に寄せて多く官物を損なう」（「類聚三代格」宝亀一〇年官符）などとあるごとく、多くはあらたに勃興した新興豪族が郡司職をねらって正倉の管理責任のある郡司を追放するために放火したものと考えられる。下総・陸奥・上野などとくに東国で頻発し、この時期盛んになる蝦夷鎮圧の軍事行動により東国社会に変動が起こったことに原因するものであろう。
【参考文献】森田悌『古代の武蔵』（吉川弘文館昭63）。（井上満郎）

しんかい【神階】　神の位階。奈良時代には宇佐八幡などとくに功績のあった神社に位階を贈ることはあったが、本格化するのは平安時代に入ってからである。全国の主要な神に五位以上の位を与えることで、神祇統制の再編を図ったものと考えられている。なお、位は与えられても、位禄などをともなうわけではなく、位記も官人のそれとは異なっていた。また、伊勢神宮のみは神階授与の対象外であった。（榎村寛之）

しんがいこふん【新開古墳】　滋賀県栗東市安養寺にある古墳時代中期の古墳。野洲川左岸の広大な平野を見下ろす丘陵端部に古墳時代前期～中期につくられた多くの古墳群の一つ。新開古墳群は数基か

新開古墳出土金銅製帯金具

らなるが一号墳・二号墳が調査された。遺存状態のよい一号墳は直径三六ｍの円墳で、二つの主体部はいずれも箱式木棺の直葬。鏡・装身具・工具・武器・武具・馬具など副葬品が豊富で、甲冑には革綴・鋲留の新旧技法の二種があり、装身具には金銅製帯金具など大陸式技法の第一波のものがある。二号墳には鉄鋌を副葬。五世紀中頃の代表的古墳の一つである。（林博通）

しんがいめいてつけん【辛亥銘鉄剣】　⇩稲荷山古墳鉄剣

しんかん【辰韓】　⇩三韓

じんぎかん【神祇官】　律令国家において神祇統制と祭祀事務を司った組織。太政官と並び、格式は高いが、長官である伯の位ははるかに低く、実質的には下部組織的であった。令制以前から「祭官」などと称された神祭りのための官は存在したらしいが、全国の神社・神戸の名帳を預るなど、その権能ははるかに大きなものであった。平安時代中期以降、白河神祇伯家が王氏として伯を、大中臣氏が大副を勤めるのが慣例となる。（榎村寛之）

しんぎしき【新儀式】　九六三（応和3）年以後まもなく成立したとみられる宮廷儀式書。全六巻のうち巻四・巻五の臨時上下と前半の恒例年中行事部分の逸文しかない。その内容は天皇の作法に詳しく、村上天皇親撰『清涼記』や天暦の『蔵人式』に近似している。
【参考文献】清水潔「清涼記と新儀式と天暦蔵人式」『皇学館論叢』九―二（昭51）。所功『平安朝儀式書成立史の研究』（国書刊行会昭60）。（所　功）

じんぎはく【神祇伯】　律令官制の二官八省の頂点に立つ太政官・神祇官のうちの神祇官の長官のこと。「職員令」によれば神祇の祭祀、祝部、神戸の名籍、大嘗、鎮魂、御巫、卜兆などをつかさどる。相当位は従四位下。これはいっぽうの太政官の長官である太政大臣の相当位の一位からすると著しく低位で、二官とはいいながらも神祇官は太政官に比して低位に

置かれたことをものがたる。神祇関係氏族の中臣氏が伯に任じられることが多かったが、やがて他氏にも広がり、八七六（貞観18）年の棟貞王以後は皇族が任命されることが多くなり、一一六五（永万元）年の顕広王の任命以後はその子孫の白川家の世襲となり、白川家はまた伯家とも称された。（井上満郎）

じんぎれい／じんぎりょう［神祇令］ 大宝・養老令の編目の一つで、国家による神祇祭祀の大綱を定める。「養老令」では第六編にあたり、全二〇条からなる。唐の祀令を参照しているが、日本独自の編目。天神地祇の祭祀、即位にあたっての祭祀・月次祭などについて詳細を規定する。（荊木美行）

しんぎわおう［親魏倭王］ 二三九（魏の景初3）年、邪馬台を都とする卑弥呼が魏帝（斉王芳）から任命され金印紫綬とともに授けられた地位。使臣も「率善中郎将」「率善校尉」とされた。「東夷」では夫余王・高句麗王に次いで現れた。一、二世紀の「倭の奴国王」などは皇帝に封建された倭人の中の一侯王。五世紀の倭の五王は種族規模の王権をもつ「倭国の王」。その中間に位置を占め、倭人種族全体の代表可能性を持つ唯一の資格。「倭王」の出現は古代史を展望する重要な視点である。後漢帝国は一八〇年代から「天下大乱」（『魏志』陳登伝）状態だったが、環渤海地域に独立国家を樹てた公孫氏（燕）は、後漢王朝に密着し楽浪郡を後ろ楯にしていた奴国ではなく、邪馬台国の臣属を認めたらしい。燕を倒した魏の厚遇はこれを継受するとともに、倭地の所在を呉の対岸と考えていたため呉の動きを牽制する意図もあったとみられる。蜀の戦略に対抗してクシャン朝のヴァースデーヴァを「親魏大月氏王」に冊封した（二二九年）のと共通する。（山尾幸久）

じんぐうこうごう［神功皇后］ 仲哀天皇の后で応神天皇の母と伝える息長氏の女性。『古事記』では仲哀天皇の条にその伝承を記し、『日本書紀』では巻第九を神功皇后の巻にあてて、その前紀と摂政元年から六九年までの年紀を述べる。その名をオキナガタラシヒメ（息長帯比売・気長足姫）と称し、息長氏出身のすぐれた女性の伝承が、その説話の核に存在する。『日本書紀』では摂政三九・四〇・四三年の条に『魏志』を引用し、『日本書紀』の編集者たちが、神功皇后を卑弥呼に比定したと考えられる。『古事記』では新羅征討説話を記すが、『日本書紀』では新羅のほか百済王・高麗（高句麗）王の服属にも言及する。『記』と『紀』の叙述に差異があるだけでなく、『紀』の征討説話には矛盾が多い。『懐風藻』では神功皇后を「神后」と表記する。（上田正昭）

〔**参考文献**〕岡本堅次『神功皇后』（吉川弘文館昭34）。

じんぐうじ［神宮寺］ 神仏習合思想にもとづいて建てられた寺。神宮院・宮寺・神願寺・神護寺などとも。霊亀年間の越前国気比神宮寺、養老年間の若狭国若狭彦神宮寺などが早い例で、神宮寺は八世紀初頭から出現すると考えられている。神仏習合思想については、奈良時代に豊前国の宇佐八幡宮から神輿が上京し東大寺の鎮守の八幡宮になったように、神は寺院の鎮守神・仏法の守護者であり（護法善神）、地方において民間僧満願が鹿島神宮や箱根社、多度神社等に神宮寺を建立したことや神身離脱・神前読経にみられるように、神も煩悩の衆生と同じであり、仏法により解脱を望む、仏法による救済の対象であるとする考え方が今日の定説となっている。しかし、これは仏家の見解であり、一般の信仰とは関係がなかったものがしだいに受容されていったとする考え方もある。平安時代に入ると、熱田権現・熊野権現のように仏が権に神と化して現われたとする権現号がみられるようになり、さらに神社の祭神に本地仏を設定する本地垂迹説が盛んになるなかで、半僧半俗形式の宮寺制の確立、本地仏を安置する神宮寺の建立などがみられるようになる。（蟬丸昌子）

〔**参考文献**〕村山修一『神仏習合思潮』（平楽寺書店昭32）。田村圓澄『飛鳥仏教史研究』（塙書房昭44）。石田一良編『日本精神史』（ぺりかん社昭63）。

しんぐん［神郡］ 律令制下で、特定の神社の祭祀に奉仕するため、租・庸・調などをその費用にあてることとされた特定の郡をいう。伊勢国多気郡・度会郡（伊勢神宮に奉仕）以下、安房国安房郡（安房神社）、下総国香取郡（香取神宮）、常陸国鹿島郡（鹿島神宮）、紀伊国名草郡（日前神社・国懸神社）、出雲国意宇郡（熊野神社・杵築大社）、筑前国宗像郡（宗像神社）がそれである。伊勢神宮に奉仕する神郡は、九世紀末、多気・度会二郡に飯野郡が加えられたのをはじめとして（これらを神三郡と称する）、以後一二世紀末までに員弁・三重・安濃・朝明・飯高の五郡が加えられ、合わせて神八郡と称された。（篠田孝一）

しんごう［賑給］ 律令制下において病人・困窮者・被災者らに米・塩・布などを支給する救済制度。実施の契機は即位や崩御といった国家の慶事や凶事をはじめ疫病・飢饉・災害など多様である。平安時代には京内の貧窮者らに重点がおかれ、それも中期以降は毎年五月の年中行事となり、形骸化とともに鎌倉時代には廃絶した。（朧谷寿）

しんこうおう［真興王］ 534～76 在位540～76 新羅の第二四代王。法興王の弟立宗の子。母は法興王の娘。大きく領土を拡大し、各地を巡狩し、記念碑を残した（昌寧碑・北漢山碑・黄草嶺碑・磨雲嶺碑）。百済と和議を結び、竹嶺を越えて高句麗領へ進出。加耶琴の名手于勒をみいだし、その楽を新羅楽に採り入れた。漢城を奪取し、百済と決裂。百済の聖明王を戦死させた。北斉・陳の南北両朝に通交。護国仏教の道場皇龍寺を創建。統一の原動力となった花郎制度も創始。（田中俊明）

しんこく［辰国］ 漢代、朝鮮半島の南部にあった国。宋版本『史記』朝鮮伝には「真番の旁らの辰国」とあり、『漢書』朝鮮伝は「真番辰国」とする。辰国が漢に通じようとしたときに衛氏朝鮮がさえぎったため、武帝が衛氏朝鮮を攻撃した。『魏志』韓伝には、三世紀には辰王がいたことを伝えるが、その時点で「いにしえの辰国」とあり、すでに辰国は存在していなかった。辰王とは流移の人で馬韓に制されていたため、大きな権力を持ち得なかったが、かつての辰国の王の末裔である可能性もある。（田中俊明）

じんごじ［神護寺］ 京都市右京区梅ヶ畑高雄町にある寺で、古義真言宗別格本山。和気氏の氏寺高雄山寺の地に、和気清麻呂が宇佐八幡の神願を果たすために延暦年中（七八二～八〇六）に神護寺として建立した。八〇二（延暦21）年最澄らを請じて法華会を修した。八一〇（弘仁元）年には帰朝後の空海が鎮護国家の修法をおこない、その後最澄以下の僧俗に金剛界・胎蔵界灌頂を授けた。平安末期には荒廃したが文覚が再興。金堂本尊の木造薬師如来立像は創立当時のもの。 （野口孝子）

しんごんいん［真言院］ 平安京の大内裏、中和院の西、豊楽院の北に設けられた修法道場。宮中真言院、修法院、曼陀羅道場とも。八三四（承和元）年一二月、空海の上奏により唐の内道場に倣って建てられ、毎年正月の後七日御修法が行われた。 （志麻克史）

じんごんじき［神今食］ 「かみ（む）いまけ」とも。六月と一二月の月次祭の夜、中和院神嘉殿で行われる神事で、天皇が出御して神との共食を二度行う。新嘗祭と相似するが、旧穀が供される点が異なる。初見は奈良時代初頭。 （竹居明男）

しんごんしゅう［真言宗］ 空海によって開宗された仏教の一派。「大日経」「金剛頂経」を重要経典とする密教宗派。真言は真実絶対の言葉のことで密教用語。空海は四国の山林での修行によって密教的境地に達し、さらにその理論化を求めて入唐。長安青竜寺の恵果に密教を学び、両部の灌頂をうけ、多数の密教経典を携えて帰国、はじめて体系的な密教を日本にもたらした。八一二（弘仁3）年の高尾山寺（神護寺）で最澄が灌頂をうけるほどに空海の立場は高く、やがて密教を中心とした宗派として真言宗を開創。八一六（同7）年に高野山に金剛峰寺を建立、ついで八二三（同14）年には平安京の東寺が空海に下賜されて密教道場となり、同年に真言宗僧五〇人の常住が認定された。八三五（承和2）年には年分度者三人が認められて、宗派として正式に真言宗は成立した。この間、南都六宗との協調などにみられる空海の人間的魅力・個人的才覚と合わせて、宮廷に真言密教の道場として真言院が設置されるなど空海と個人的に親交のあった嵯峨天皇の援護が大きい。その後東密とも称されるごとく東寺を中心として密教を主とし、加持祈禱など現世利益的活動で貴族階級の広い支持をえた。のち醍醐寺を中心とする小野流（醍醐流）と、遍照寺を中心とする広沢流に分かれ、さらにのちには両者から合計十二分派を形成するにいたるが、互いに錬磨して真言宗の発展に寄与した。

〔参考文献〕三浦章夫『増補二版弘法大師伝記集覧』（密教文化研究所昭60）。辻善之助『日本仏教史（上世編）』（昭44岩波書店）。家永三郎他『日本仏教史（古代編）』（法蔵館昭37）。 （井上満郎）

しんこんせつわ［神婚説話］ 神と人間の婚姻を物語る伝承。男神が人間の女に妻問いする場合と、女神が人間の男と婚姻する場合がある。神婚譚ともいう。前者の神婚伝承では、男神が顔や姿を隠して妻問いし、その正体を知ろうとした女が禁を破ってのぞき見をして破綻するタイプや男神が動物や事物などに身を変じて女に近づき結ばれるタイプがある。後者の神婚譚では羽衣型（白鳥処女型）あるいは異類女房型あるいは他界女房型などがある。日本の神婚説話としては古典にみえる三輪山の神が蛇に変身して妻問いしたり、賀茂の神が丹塗矢となって乙女と通じたりする伝承が有名である。『古事記』には大物主神が蛇身となって活玉依毘売のもとへ通い、男神の正体をつきとめるために、糸を衣のすそに縫いつけ、その糸をたどる苧環型の神婚譚を記す。『日本書紀』では大物主神の禁の破った倭迹迹日百襲姫が箸で女陰をついてなくなる神人隔絶型の伝承を記す。苧環型の伝承は朝鮮半島・中国東北・東南アジアなどにもみられる。羽衣型は『近江国風土記』逸文、『丹後国風土記』逸文などに物語られており、異類女房型や他界女房型としては記・紀の豊玉毘売（姫）の産屋の神話や『丹後国風土記』逸文の浦嶋子の伝承などが有名である。

〔参考文献〕三品彰英『建国神話の諸問題』（平凡社昭46）。 （上田正昭）

しんさるがくき［新猿楽記］ 平安時代後期に漢文で書かれた随筆。藤原明衡撰。一巻。一〇五二（永承7）年頃の成立と考えられる。西京の右衛門尉一家が猿楽の見物に来たときの状況について記し、当時の芸能を知る好資料。 （山田雄司）

じんじゃけんちく［神社建築］ 日本の宗教建築のうち、大陸より伝来の仏教建築と対比して考えられる場合において、日本古来の宗教にかかわる建築をさす。一般的には今日に伝承された神社にかかわる建築に関してのみを建築史学上の用語としては使用している。ただし、その際にもとくに歴史時代より前の宗教建築が考古学上で指摘され祭祀遺跡とよばれるが、これらの一部を神社建築の遺跡に加えることが考えられよう。たとえば、宗像大社（福岡県所在）沖ノ島の祭祀遺跡において、近年の考古学的調査によって神祭りの場所の歴史的変遷過程は「巨岩→岩陰→半岩陰→半岩陰・半露天→露天」となったことが検出され、その後ついに「神社建築の建設」となったことを提示したが、歴史の研究としては「神社建築の建設」より後のみを切り離して考えることはできないであろう。今日では神社建築は多くの建造物群から成り立つ複合建築である。祭神が居られる本殿をはじめ、神饌を人が準備する殿舎、神を讃えて人が拝んだり舞ったりする拝殿や舞殿などや神宝をおさめておく宝庫などである。そして、これらの建造物群を幾重にも取り囲む垣や塀、出入り口にある門や鳥居などがある。ただし、鳥居は最も広い神域を限る表示として設置されていることも多い。これらの神社建築の各々に対して、それらの建築形式は分類化が既になされ、類型化が出来上がってしまっている。たとえば、古代の神社建築の内で本殿の形式のみ揚げると、「神明造」、「大社造」、「住吉造」、「流造」、「春日造」、「八幡造」、「日吉造」、「祇園造」、「権現造」などである。これらの本殿の形式は、なにも現存の建築遺構の年代の古さを示しているばかりではなくて、式年造替という同形式の伝承を続ける建設方法によって、ずっと古い形式を伝えたことが歴史的研究で証明されてきた。さらに、最近の建築史研究者はこうした本殿の形式に関する起源や成立についての問題に関心が強く、考古学上の遺跡や出土建築用部材から想像復元した建物を資料として当問題を追究し始めた。しかし、いずれも想像の域を出ないという限界も指摘されている。本殿の建築形式について今日までの長い歴史を考えた場合、式年造替より以前における歴史も含めると、それまでの様々な形式化への試みが「造形の収斂化」という日本建築の歴史がもつ特異な展開過程を経て一定の形式に落ち着いた、と理解できよう。

〔参考文献〕稲垣栄三『神社と霊廟』(『原色日本の美術』16小学館昭55)。（山本輝雄）

しんじゅうきょう［神獣鏡］ 後漢の中頃に出現し、三国・西晋時代に流行して南北朝まで続いた鏡。当時の民間信仰に登場する神仙や瑞獣を鏡背文に取入れ、それらを肉彫りで表現した鏡である。おもな神仙には陰陽を象徴する西王母と東王父、陰陽の調和をはかるという楽（琴）を奏でる伯牙等があり、瑞獣には龍や虎等があって、鏡の銘文にも登場する。神仙や龍虎等の配置をもとに、環状乳神獣鏡、重列式神獣鏡、画文帯同向式神獣鏡、対置式神獣鏡、三角縁神獣鏡、斜縁二神二獣鏡等の数型式に分類され、それぞれ流行した時期や製作地に違いがある。神獣鏡には年号鏡が多く、しかも三世紀代に集中している。わが国へは弥生時代終末期の北部九州に画文帯環状乳神獣鏡等が鏡片（破鏡）として登場するが、数は少ない。古墳時代前期になると、画文帯神獣鏡や三角縁神獣鏡等が近畿の古墳を中心に分布するものの、古墳時代中～後期には画文帯同向式神獣鏡の分布が語るように近畿から分散する様相がみられる。

〔参考文献〕樋口隆康『古鏡』（新潮社昭54）。

画文帯対置式神獣鏡（京都府椿井大塚山古墳出土）
径 13.8 cm
京都大学総合博物館蔵

画文帯環状乳神獣鏡（出土地不明）
径 12.6 cm
北九州市立自然史・歴史博物館蔵

（藤丸詔八郎）

しんしゅうほんぞう［新修本草］ 中国、唐代の本草書。蘇敬ほか二二人の編纂。六五九（顕慶4）年に成る。本文二〇巻、目録一巻、薬図二五巻、図経七巻の全五三巻。初めての勅撰本草書で、薬図をつけたことが大きな特徴である。日本でも天平時代（七二九～七四九）にはすでに伝わり影響を与えた。完本は現存せず、仁和寺に一〇巻が伝わり、一八八九（明治22）年この伝抄本が中国に渡り、さらに一巻が加えられた。英国博物館に敦煌発見の残巻二片がある。（高井たかね）

しんじょ［晋書］ 中国、晋代の正史。唐の房玄齢らの撰。本紀一〇巻、志二〇巻、列伝七〇巻、載記三〇巻よりなる全一三〇巻。唐の太宗の勅撰で、従来の正史は一個人の著作であったが、これ以降国家の編纂となり多人数で分担して執筆するようになった。そのため広く史料を収集するものの記述に矛盾や不統一が多く、史書としては難があるが、現存する唯一の晋史であり、とくに五胡十六国について記した載記は貴重である。（高井たかね）

しんしょうきゃくちょくふしょう［新抄格勅符抄］ もと一〇巻以上あった『新抄格勅符』の第一〇巻を抄出した法令集。社寺諸家の封戸の戸数、所在地を記する八〇六（大同元）年太政官牒などを主として収録。平安時代初期の神戸、寺封に関する唯一の史料。（綾村宏）

じんしんのらん［壬申の乱］ 六七二年（壬申）に勃発した皇位継承をめぐる争乱。六六八（天智7）年に即位した天智天皇は（或本では六六七年即位と伝える）、大海人皇子を皇太子としたが、六七一（同10）年に伊賀采女との間に生まれた実子大友皇子を太政大臣とした。大海人皇子は天智天皇の大友皇子を後継にしようとする意図を察して吉野に引退したが、病床にあった天智天皇は重臣を集めて大友皇子の守護を誓わせた。天智天皇は同年一二月三日に崩じた。近江朝廷と吉野の大海人皇子との関係は険悪化して、大海人皇子は翌年六月二二日に挙兵を決意し、同月二四日吉野を出発して東へ向かい、美濃の野上（岐阜県関ヶ原町野上）に本営を置いた。近江朝廷軍との戦いは大和路と近江路を中心にくりひろげられたが、七月二三日に大津宮を陥落させ、大友皇子も自害した。近江朝廷側は吉備・筑紫にも使者を派遣して協力を求めたが拒否されたのに対して、大海人皇子の軍には美濃・尾張・甲斐をはじめとする豪族らが募兵に応じた。戦いに勝利した大海人皇子は、大和の飛鳥で即位し、その宮を飛鳥浄御原宮と命名した。壬申の年の争乱であったから、古代の史料にすでに壬申の乱と記されているが、この争乱を勝ち抜いて、実力をもって皇位についた天武天皇の代から天皇の神格化と律令体制の整備が急速に進んだ。壬申の乱は古代における天皇制と律令制の確立の大きな画期となった。

〔参考文献〕直木孝次郎『壬申の乱』（塙書房昭36）。星野良作『研究史壬申の乱』（吉川弘文館昭48）。北山茂夫『壬申の乱』（岩波新書昭53）。（上田正昭）

しんせい［信西］ ⇨藤原通憲

しんせいおう［真聖王］ 在位 887～97 新羅第五一代の女王。この時期の新羅は後三国時代とよばれるように、尚州と原州には元宗・哀奴・梁吉・弓裔らが、光州には甄萱が自立し、国土の分裂が進行している時期であった。ただこの時期に新羅文化史上で特筆すべき「三代目」の編集がある。これは八八八年頃に魏弘角干と大炬和尚が王命によって郷歌を集めたもので、その内容は散逸してほとんど

伝わらないが、叙情味あふれる詩歌であったと推測されている。（愛宕元）

しんせきこうか［臣籍降下］ ⇨賜姓

しんせん［神饌］ 神に供献する供え物の総称。みけ・みけみきともいう。みけは御食、みきは御酒で、御食には穀類・野菜・鳥獣魚貝など、御酒には白酒・黒酒・清酒・濁酒・醴酒などがある。「延喜式」の祝詞、例えば祈年祭の場合には初穂・汁・穎のほか、甘菜・辛菜、鰭の広物・鰭の狭物・奥つ藻菜・辺つ藻菜、明妙・照妙・和妙・荒妙、白馬・白猪・白鶏など種々の色物と述べられている。後には朝廷や政府などからは神饌幣帛料が供えられた。（上田正昭）

しんせんえん［神泉苑］ 平安宮南方にあった禁苑。長安城南東部の興慶宮に模したものか。東大宮大路・壬生大路・二条大路・三条大路に囲まれ、南北四町・東西二町の合計八町におよぶ広大な庭園。初出は八〇〇（延暦19）年で、平安京遷都にともなって造営されたと思われる。二条城築城と近代の道路建設で規模は縮小したが、現在も二条城に南接して真言宗当時派寺院としてその姿をとどめる。平安初期より天皇の遊幸先としてみえ、また狩猟なども行われた。船遊びもたれていて、一九九一（平成3）年には京都市営地下鉄工事にともなう発掘調査で船着場と思われる施設が発見され、高瀬舟三艘が神泉苑に送られたという記事（『日本三代実録』元慶八〈八八四〉年九月条）が実証されており、広大な園池をも備えていた。園内はほぼその中央に池と中島、その北側に主要建物が配置された。中心建物は乾臨閣で、その左右に東西の閣を付属、そこから長い廊下によって池の釣殿につながる。発見遺物には緑釉瓦があって、平安京においては緑釉瓦を用いるのは大極殿・豊楽院など国家的建造物で、神泉苑も国家的規模であることが理解される。しばしば祈雨の祈願も行われ、とくに空海によるものは著名。また八六三（貞観5）年には疫病鎮圧祈願の御霊会が行われ、禁苑にもかかわらず「苑の四門を開き、都邑の人の出入を聴」した（『日本三代実録』貞観五年五月条）。また平安京内のほとんど唯一の水源でもあったので、干害にともなって城南の農地に池水が開放されてしばしば灌漑され、農民生活にも貢献した。平安時代末期には池の浚渫が行われたといい、この頃から池底は上昇をはじめ、神泉苑を南北に二分する、三条坊門小路に相当する御池通りも形成されはじめたかと思われる。

［参考文献］西田直二郎『京都史蹟の研究』（吉川弘文館昭36）。太田静六『寝殿造の研究』（吉川弘文館昭62）。（井上満郎）

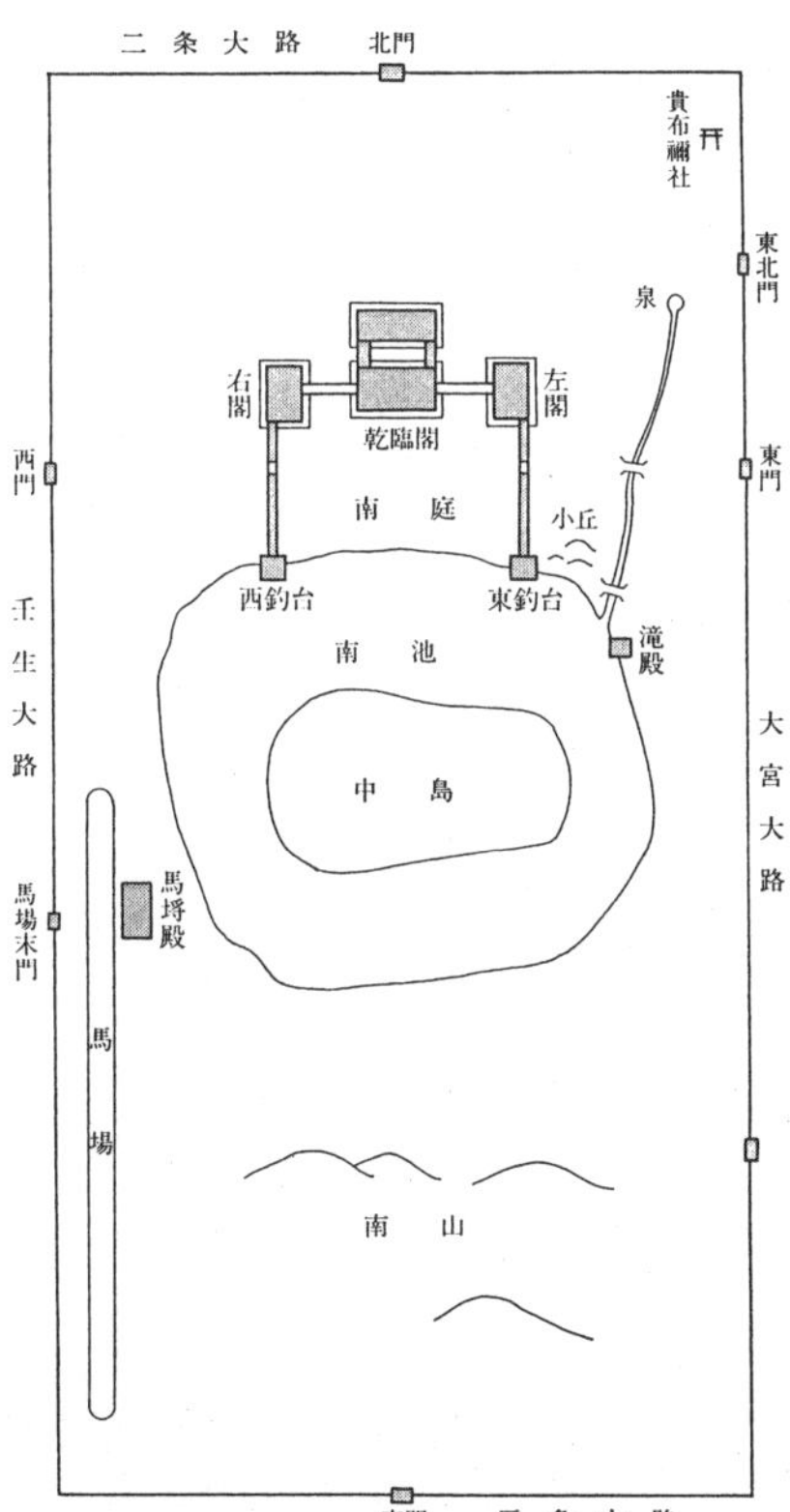

神泉苑復元図（嵯峨天皇の弘仁頃）
太田静六原図

しんせんきそうき［新撰亀相記］ 神祇官の卜部の伝承、職掌を記した書。成立・作者は本文中に、八三〇（天長7）年八月一一日、卜長上従八位下卜部遠継とあるが、なお定かでない。本来、甲乙丙丁の四巻構成であったとするが、現存するのはほぼ甲のみに該当するようである。天御中主神以来の神話や歴史を述べながら、卜部の起源、亀卜の方法などについて記載する。『古事記』や祝詞と一致する箇所もみられる。難解な内容を含み、その史料的性格についても不明の部分が多い。（早川万年）

しんせんじきょう［新撰字鏡］ 平安時代前期成立の漢和辞書。最初三巻、のち一二巻に増補。昌住著。九世紀末・一〇世紀初完成。漢字約二万一〇〇〇字を収載し、偏・旁によって分類、発音・意味・和訓を記載。和書のほか漢籍も多彩に引用されている。『群書類従』雑部所収。（井上満郎）

しんせんしそう［神仙思想］ ⇨道教

しんせんしょうじろく［新撰姓氏録］ 平安京・五畿内居住の古代氏族の系譜を集成したもの。万多親王、藤原園人、藤原緒嗣らの撰。三〇巻、目録一巻。八一五（弘仁6）年七月二〇日奏進。『日本紀略』によると八一四（同5）年六月一日に一旦完成し撰上されたが、同時期に行われた皇子皇女の臣籍降下のため、源朝臣・良岑朝臣などの諸氏の本系を付け加えて翌年七月に再度奏進された。一一八二の氏族をその出自より、皇別・神別・諸蕃の三体に分け、平安左右京・山城・大和・摂津・河内・和泉の順に系譜を記載し、最後に未定雑姓（系譜未詳の氏族）を掲げる。記事は各氏族により精粗があるが、出自、氏姓名の由来、始祖、別祖と枝流氏族、改氏姓などが記述される。収録される一一八二氏の内訳は皇別三三五氏、神別四〇四氏、諸蕃三二六氏、未定雑姓一一七氏となる。氏族系譜の集成はすでに奈良時代に計画されており、七六一（天平宝字5）年に『氏族志』の編纂が命じられているが、この時は恵美押勝の乱などにより未完成に終わった。序文によると、本書は七九九（延暦18）年一二月に桓武天皇が諸氏族に本系帳の提出を命じ、氏族系譜の撰勘事業に着手したことから始まるが、編纂途中に桓武天皇は崩御する。嵯峨天皇が事業を継承し、万多親王以下に勅命を下して本書を完成させた。京畿諸氏族の出自と改氏姓の推移の実態を明確にし、氏姓秩序の混乱を断ち、氏姓秩序を確立することが本書の目的とされる。完本は伝存せず、現存は抄録本。古代氏族研究上、必須の史料。『群書類従』雑部、佐伯有清『新撰姓氏録の研究　本文篇』、田中卓『新撰姓氏録の研究　著作集9』に所収する。

【参考文献】栗田寛『新撰姓氏録考證』（吉川弘文館明33、『神道大系　古典編　新撰姓氏録』〈神道大系編纂会昭56〉に再録）。佐伯有清『新撰姓氏録の研究』研究篇、考証篇一〜六、索引、論考篇、拾遺篇（吉川弘文館昭38〜平13）。田中卓『新撰姓氏録の研究　著作集9』（国書刊行会平8）。（加茂正典）

しんせんねんじゅうぎょうじ【新撰年中行事】　藤原行成が参議兼侍従の頃作成した「拾遺年中行事」を治安年間（一〇二一〜二四）前後頃にみずから補訂完成した年中行事書。最近発見された完本（東山御文庫本）は、公的行事と私的行事を含む六四〇項目に、「延喜式」『蔵人式』など五〇数種の書物を引用している。

【参考文献】西本昌弘「東山御文庫所蔵の二冊本『年中行事』について」（『史学雑誌』一〇七―二（山川出版社平10）。所功「新撰年中行事と小野宮年中行事」『宮廷儀式書成立史の再検討』（国書刊行会平13）。（所　功）

しんぞう【神像】　神祇信仰で、礼拝対象として神の姿を偶像化した彫刻・絵画。八世紀後半から九世紀初頭の神仏習合のなかで、仏教の影響のもとに発生した。本地垂迹説を思想基盤として、多様な神像や本地仏がつくられた。初見は「多度神宮寺伽藍縁起資財帳」に七六三（天平宝字7）年満願禅師が多度大菩迦像をつくったという記事。東寺・松尾大社・薬師寺の僧形八幡像などは初期の作例である。

【参考文献】岡直己『神像彫刻の研究』（角川書店昭41）。（北康宏）

じんだいもじ【神代文字】　漢字伝来以前に日本語表記に用いられたとされる固有の文字。しかし『隋書』倭国伝では、「文字なし、ただ、木を刻み縄を結ぶのみ。仏法を敬す。百済において仏経を求得し、始めて文字あり」とし、日本固有の文字の存在を否定している。八〇七（大同2）年二月に斎部広成が著わした『古語拾遺』でも同様で、「蓋し聞けらく、上古の世に、未だ文字あらざるときに、貴賤老少、口々に相伝へ、前言往行、存して忘れず」とする。神代文字に言及した最初は、ト部兼方の著わした『釈日本紀』で、漢字の伝来は応神朝のことにすぎず、和字すなわち仮名の起こりは神代とした。しかし仮名が漢字から生まれたものであることは明白で、成立しがたい。近世にいたり、平田篤胤は『神字日文伝』で、初めて神代文字の標本を示した。それは五種の母音と一〇個の子音を表わす単音母文字を組み合わせたもので、李氏朝鮮の世宗の時代に制定された諺文（ハングル）を範としており、今日では神代文字の存在は全く否定されている。（和田萃）

しんたく【神託】　神が人にのり移って神意を伝えること。のり移る対象は神官や女性・子供である。託宣の神として八幡神が知られ、道鏡事件でも宇佐八幡の託宣が物を言った。皇位継承では重要な役割を担い、即位時の宇佐使発遣もそれによる。（朧谷寿）

しんでん【寝殿】　①天子の平素起臥する宮殿・南殿。②寝殿造の主要な建物で、中央にあって主人が居住し、儀式・行事を行った場所。正面三間あるいは五間、側面二間の母屋を中心とし、その周囲に庇・孫庇・簀子をめぐらす。檜皮葺で、塗籠とよばれる小室が壁と板扉によって仕切られた密室であるほかは壁を造らず、周囲に蔀戸をつり、妻戸を設け、室内は板敷とし、畳・茵などを敷き、屏風・簾・几帳などで間仕切りをした。（山田雄司）

しんでん【神殿】　祭神の御座を設けた神社の本殿（正殿）。御座には、鏡・剣・玉などの神体が安置される。神祇官の西院には、御巫の祭る八神殿があった。神マツリの形式を分類すると、①ヒモロギや磐座、あるいは森に神を迎えて祭る、②臨時の仮殿（ヤシロと称される。屋代・社）を設け、神を迎えて祭り、祭祀終了後に撤去する、③常設の社殿で祭る、三形式がある。①→②→③と変化したが、現在も①や②の形式が残っている。①として、三輪山（奈良県桜井市）は神体山として信仰されており、現在でも大神神社には本殿がない。②として、大嘗祭の悠紀殿・主基殿、京都市の上賀茂神社の御阿礼神事に際して仮設される青柴で囲まれた「みあれ所」、民間の頭屋神事における「お仮屋」などの事例がある。常設の社殿は奈良時代になって一般化した。社殿の最も古い事例としては、櫟本高塚遺跡（奈良県天理市櫟本）が注目される。柵列に囲まれた内から、二間（一・五m）×一間（〇・八m）の小規模な建物が検出され、背後の平坦面から、廃棄された土師器の高坏が多量に出土した。六世紀後半のもので、場所は『古事記』『日本書紀』にみえる和爾（和珥）坂にあたる。なお近年、考古学研究者の間で、弥生時代前期中頃〜七世紀後半の、独立した棟持柱のある大型建物を、「神殿」と表現されることが多くなった。右に述べた神マツリの三形式からすると、「神殿」の定義やその出現時期については、検討すべき課題が残されているように思われる。

【参考文献】櫟本高塚遺跡発掘調査団『櫟本高塚遺跡発掘調査報告書』（平1）。（和田萃）

しんでん【神田】　神社の用途に充当する田地。みとしろともいい、御刀代・御戸代あるいは神戸田地と書く。『日本書紀』神功皇后摂政前紀（仲哀天皇九年四月条）には「神田を定めて佃る」と記し、古訓はミトシロとよむ。また同持統天皇四年正月条には畿内の天神地祇に幣帛を献じ「神戸田地」を増したことを述べる。神田には特定の土地を神田としたものと、神戸とした公民の口分田を神田にしたものとがある。「大宝令」や「養老令」では、神田・寺田は班給の対象にあらずとされ、律令制においては不輸租とされ、田租は神税として神宮・神社の用途に充当した。荘園制の発展によって神領に神田は含まれ、伊勢神宮などの場合は御厨などと称された。（上田正昭）

しんてんそう【伸展葬】　伸葬とも。屈葬とともに先史時代から行われている埋葬方法で、死者の両脚を伸ばして葬る方法。死者の向きにより仰臥、横臥、俯臥に分けられる。縄文時代前期末の熊本県轟貝塚では出土人骨すべてが屈葬である。後期、晩期には屈葬と伸展葬がみられる。ここは屈葬が主体をなしている。弥生時代・古墳時代と時代が下るにつれ伸展葬

東三条殿復元模型
国立歴史民俗博物館蔵

が増える。また、身分の高い人物ほど伸展葬の傾向を示す。 **(中村修身)**

しんでんづくり［寝殿造］ 平安時代の貴族住宅の形式。この名称は一八四二（天保13）年の沢田名垂『家屋雑考』による造語。方一町の敷地を基準とし、南北に通る中心軸上に主屋である寝殿*を東西棟におき、その東西に対を南北棟に配して、その間を透渡殿という吹放しの廊および梁間二間の渡殿*によって結ぶ。東西の対から中門廊*を南にのばし、その途中に中門を開き、端に釣殿・泉殿を設ける。寝殿・東西対の北側に対や廊があることもあり、中門廊の外側には侍廊・車宿などがあり、このほか敷地内には雑舎とよばれる多くの附属棟が建っていた。寝殿の南側には庭・池・築山を造り、中島・橋などを設け、遣水として京内の土地の高低差を利用して池の水を北方から引いた。代表的な寝殿造として、東三条殿*・高陽院*などが著名であるが、このような寝殿造の建物群は遺構からは裏付けられていない。平安後期以降になると、非対称化と小規模化が進んだとされる。

〔参考文献〕 太田静六『寝殿造の研究』（吉川弘文館昭62）。 **(山田雄司)**

しんとう［神道］ 日本の神祇に関する信仰。「神道」の語は、道教の典籍類にみえるが、日本の古典で、「神道」と書かれている例としては、『日本書紀』の用明天皇即位前紀や孝徳天皇即位前紀、六四七（大化3）年四月の詔の註記が早い。それらは、神そのもの、神の権威、神のはたらきをさす。神道に全国に奉斎されて神社を中心とする神道（神社神道）のほか、仏教と習合した両部神道、伊勢外宮や京都の吉田神社など、特定の神社と結びついた神道（伊勢＝度会神道、吉田神道）もあれば、山崎闇斎や平田篤胤の唱えた神道（垂加神道、平田神道）、あるいは天理教・金光教・黒住教などの教派神道もある。明治政府は「神道は宗教に非ず」とし、神道を国民道徳の核とした、いわゆる国家神道を組織したが、一九四五（昭和20）年一二月、GHQ（連合軍総司令部）が神道と国家の分離を命じた「神道指令」によって、国家神道は解体した。民衆生活の民俗に息づいている民俗神道は神道の基層を形づくる。 **(上田正昭)**

しんとうしょ［新唐書］ ⇩唐書

しんどうはいじあと［新堂廃寺跡］ 大阪府富田林市緑ヶ丘町の石川西岸に形成された中位段丘の縁辺近くに立地する。飛鳥時代に創建された南河内最古の古代寺院跡。創建時の伽藍配置は未確定であるが、完成した奈良時代の伽藍配置は南門・中門・塔・金堂・講堂が南北一直線上にならび、塔と金堂の西方には礼堂のような大型の東向き南北棟建物がある。この西方建物と対称の位置に東方建物があった可能性も指摘されている。出土瓦は、弁端に点珠文を配する百済系軒丸瓦が創建瓦として使われており、飛鳥寺の垂木先瓦と同笵のものも出土した。遺跡の北西約一〇〇mの位置にヲガンジ池瓦窯跡があり、さらにその上方にお亀石古墳がある。ヲガンジ池瓦窯跡では二基の瓦窯が検出され、新堂廃寺と需給関係をもつことがわかった。お亀石古墳では、横口式石棺の外側にヲガンジ池瓦窯で生産された飛鳥時代の平瓦が護壁状に積み上げられている。同古墳の被葬者と新堂廃寺とのかかわりがうかがえる。

〔参考文献〕大阪府教育委員会『新堂廃寺』（大阪府埋蔵文化財調査報告平13）。富田林市教委『新堂廃寺跡・オガンジ池瓦窯跡・お亀石古墳』（富田林市埋蔵文化財調査報告35平15）。（李タウン）

しんにょしんのう［真如親王］ ⇩高丘親王（たかおかしんのう）

しんのう［親王］　律令制下の天皇の兄弟・姉妹・子女の呼称。女子は、内親王。一〜四品に叙せられ、令には品階に応じた官職・封戸・家令について規定される。平安時代初期以降は、宣下をうけた者だけが親王（内親王）を称することができた。（荊木美行）

じんのさだめ［陣定］　平安中期から鎌倉時代に行われた公卿による政務執行の一形式。陣定は、左近衛または右近衛の陣座で行われたことからそうよばれ、陣議、仗議ともいわれる。まず上卿が天皇の勅をうけて現任公卿に開催を事前通告する。ついで当日、議題に関係する申請文書や先例などの文書を回覧した後、末席者から順に意見を述べる。諸公卿の意見は大弁を兼任する参議*が書き留めて定文を作成する。さらに上卿が蔵人頭に付して天皇に上奏し、裁可を仰ぐ。以上が手続の概略である。定文には、意見の相違があっても両論が併記されたが、これは陣定が議決機関ではなく審議機関だったことによる。陣定の議題は、朝廷の儀式、地方行政および人事、軍事、司法、対外関係など、国政全般にわたっている。
〔参考文献〕谷口昭「諸国申請雑事」（『中世の権力と民衆』創元社昭45）。藤木邦彦『平安王朝の政治と制度』（吉川弘文館平3）。（篠田孝一）

しんのみはしら［心御柱］　伊勢神宮*の内・外宮の本殿床下にある柱。半ば地面に埋まり、頭頂部が露出し、そこに榊がとりまくように結び付けられ、廻りには天平瓮とよばれる素焼きの土器が積み上げられているという。正殿建築ができる以前のヒモロギだとする説が有力だが、定期造替の際の定点になる柱だとする説もある。中世になるとこの柱に対する信仰が高まり、さまざまな解釈がなされるようになり、中世伊勢信仰の核ともいえる存在となる。（榎村寛之）

しんばんぐん［真番郡］　漢の武帝が衛氏朝鮮を滅ぼして設置した四郡の一つ。衛氏朝鮮に服属していた真番国の故地に、前一〇八年に設置され、前八二年に廃止。『漢書』武帝紀の註に引かれた「茂陵書」（茂陵は武帝の陵号）によれば、郡治は雪県で、長安から七六四〇里離れ、一五県あった。その位置は不明で、かつては楽浪郡よりも北に在ったという説が盛んであったが（現在も中国では有力）、『漢書』朝鮮伝の「真番辰国」の表現からも南になければおかしい。（田中俊明）

しんぱんほう［神判法］　神など超自然的な存在の意をうけて判定をする裁判の一形態。アジア・アフリカ・ヨーロッパなどでも、被疑者の火傷・中毒・唾液の分泌状態や動物に接触されるか否かなどによって判定する多様な神判法があった。古代日本においては、沸騰した湯または泥湯に被疑者の手を入れ、火傷の有無によって、事の真偽を判断する盟神探湯が行われていた。その後中世になると、湯起請、鉄火、参籠起請、籤などさまざまな神判が行われた。（亀井健太郎）

しんぷくじかいづか［真福寺貝塚］　埼玉県さいたま市岩槻区真福寺に所在する縄文時代後・晩期の貝塚。標高約一二mの台地上に形成されており、ヤマトシジミやニホンシジミなどの貝類を主体とし、西側に晩期の遺物を出土する泥炭層が隣接する。一九二六（大正15）年に大山柏らが最初に調査し、甲野勇の調査報告によって広く知られるようになった。四〇（昭和15）年に当時の東京帝国大学人類学教室が調査し、建て替えられた晩期の大型住居跡を確認している。山内清男は貝塚と泥炭層から出土する土器が異なることに注目し、安行式土器の細別と大洞式土器との併行関係を明らかにした。七五（同50）年に国史跡に指定されている。

〔参考文献〕甲野勇「埼玉県柏崎村真福寺貝塚調査報告」『史前研究会小報』㈠（昭3）。（領塚正浩）

しんぶつしゅうごう［神仏習合］　在来の神々への神祇信仰と、外来の仏教信仰とが統一的に理解され位置づけられた現象と思想。仏教は「蕃神」（『日本書紀』）・「他国神」（『元興寺縁起』）とあるごとく外来の新たな神として把握され、したがって在来神と外来神との統一がはかられ、習合現象が起こることになる。最初は在来神とは別の神として信仰対象となったが、仏教の世界性をもつ教義の普及と教団の形成とともに両者の接近が起こり、神も仏に帰依するという思想が成立。気比神宮・伊勢神宮などに神宮寺*が建設され、また仏教を護持する護法の神とも位置づけられて東大寺八幡神など寺院に鎮守神が付設された。神祇側は強力な教団組織をもたなかったために神仏の優劣については仏教優位の位置づけがされたが、平安時代頃には神は元は仏で仏が権りに迹を垂れて神の姿をとって現われるという考えが生まれ（権現）、その上にたって神仏の統一的理解である本地垂迹*思想が発生した。具体的な仏と神が対応し、伊勢神宮のアマテラス神は大日如来、八幡神は阿弥陀如来などと結びつけられるにいたる。

〔参考文献〕村山修一『神仏習合思潮』（平楽寺書店昭32）。『桜井徳太郎著作集2』（吉川弘文館昭62）。（井上満郎）

しんぺいおう［真平王］　生没年不詳。在位579〜632　新羅*第二六代王。真興王の太子銅輪の子。叔父真智王のあとをうけて即位。治世が五四年におよび、位和府・調府・乗府・礼部・領客府などの上級官庁を設置し、官制を大きく改革し、統一の基盤をつくった。隋・唐と通交。高句麗との対立関係があって、倭に期待するところがあり、しばしば遣使したが、倭では「任那の調」という名目の貢品を要求した。男子がなく、あとを娘の善徳が継いだ。（田中俊明）

しんべつ［神別］　古代氏族の出自の分類の一つ。平安初期の『新撰姓氏録*』は当時の氏族の出自を皇別*・神別・諸蕃*に分類し、天神地祇*の後裔を神別とした。神別はさらに天神・天孫・地祇に分けられ、同書には天神二六五、天孫一〇九、地祇三〇の神別氏族がみえる。（菊地照夫）

じんぽう［神宝］　神のものとされた宝物

のこと。古墳時代の沖ノ島祭祀遺跡では、古墳と共通する祭祀遺物が確認され、貴重品を神に捧げる行為自体は古くにさかのぼる。律令制下では神の生活具という性格が強まり、とくに伊勢神宮や熊野大社、春日若宮などの神宝は有名。 （榎村寛之）

しんぼく［神木］ 神の依代となる神聖な樹木。原始信仰では、樹木を神が宿るものとする。神体山の樹木、祭神の由緒に関係の深い木、老木・巨木などは、信仰の対象とされた。標縄を張り柵がめぐらされ、伐採が禁止される。時に祟りをなす。興福寺の僧兵が春日大社の榊の老木を担いでしばしば入京強訴したことは有名。その他に、稲荷や大神神社の杉、太宰府天満宮の梅、北野天満宮の一夜松、日吉大社の桂などがある。 （蟬丸昌子）

しんぼくどうざ［親木動座］ ⇨神木

じんむてんのう［神武天皇］ 『古事記』『日本書紀』に、初代とされる天皇。神々と、歴代天皇をつなぐ存在として位置づけられた伝承上の天皇。幼名は狭野尊、諱は彦火火出見尊。そのほか若御毛沼命、豊御毛沼命などの名が伝えられている。神倭伊波礼毗古命（『古事記』）・神日本磐余彦尊（『日本書紀』）は、六世紀中葉に贈られた和風諡号。「神々しいヤマトの磐余の英雄」の意。ヤマトは奈良盆地東南部を、磐余はヤマトの域内で、寺川左岸の香具山東北域をさす。神武は、八世紀後半に撰定された漢風諡号。神武は、高天原から高千穂の峰に降臨した瓊瓊杵尊の曾孫にあたり、天日高日子波限建鵜葺草不合命の子。母は海神の女である玉依毗売命。同母の兄に五瀬命・稲氷命・御毛沼命がいる。「御毛」は御食・御饌で、神や天皇の食事をさす。稲は太陽の光と水の恵みにより育つから、若御毛沼命・豊御毛沼命の名は、太陽女神である天照大神と海水や川の水を支配する海神の血筋を引いており、瑞穂の国（稲穂が豊かに稔る国）の初代の統治者として伝承されたことを示している。神武東征伝承は、神武（神倭伊波礼毗古命）を主人公とした大和平定の物語である。日向を出発した神武と三人の兄達は、瀬戸内海沿いを東進して河内にいたるが、登美長須泥毗古の抵抗にあって退き、海路、紀伊半島を迂回、熊野村に上陸する。大熊の出現で神武の一行は疲れ伏すが、高倉下がもたらした神剣の霊力で回復。その後、八咫烏の導きで吉野河の河尻に出、宇陀にいたった。宇陀の弟宇迦斯や大伴連等の祖道臣命の活躍で、兄宇迦斯、土雲八十建、登美毗古、兄師木・弟師木らを討ち、宇陀や奈良盆地を平定、畝傍山の麓の橿原宮で即位し、天下を治めた（『古事記』）。神武東征伝承では、熊野や宇陀が伝承の主舞台となっており、大伴連・物部連に関わる伝承に彩られていることが注目され、その原伝承の成立時期は、原「帝紀」がまとめられた六世紀中葉と推定される。その段階でカンヤマトイハレビコは初代王に位置づけられ、「ハツクニシラス天皇」の称号が与えられた。しかし「ハツクニシラス天皇」の称号は、第一〇代とされる崇神（ミマキイリヒコ）にもみえており、元来、この称号が崇神に対するものであったことを示している。神武が系譜の上で初代王とされた段階で、神武にも同様の称号が付されたと考えられる。『日本書紀』に神武天皇が辛酉年正月朔に橿原宮で即位したとするのは、讖緯説（未来予言の説）にもとづく。中国・漢代に流行した讖緯説は、倭国へは七世紀に伝えられた。辛酉革命説はその一つで、辛酉の年には天命が革まり（革命）、二一回目（一蔀という）の辛酉年には大革命が起こるとする。六〇一（推古天皇9）年は辛酉年にあたり、それから一蔀（一二六〇年）遡った辛酉年を、神武元年（西暦紀元前六六〇年）としたと考えられている。そのため『日本書紀』にみえる神武～応神の宝算（亡くなった時の年齢）は、一〇〇歳を越える事例が多い。神武の即位年をあまりに古く措定したために、宝算の引き伸ばしが行われた結果である。

神武は日向にいた時に、阿多の小椅君の妹、阿比良比売との間に多芸志美美命を儲け、また即位後、三輪山の大物主神の女、伊須気余理比売を皇后とし、日子八井耳命・神沼河耳命（第二代の綏靖天皇）をもうけた（『古事記』）。山陵は、「畝火山の北の方、白檮の尾の上にあり」（『古事記』）、畝傍山東北陵（『日本書紀』、延喜諸陵寮式）とみえる。壬申の乱に際し、大海人皇子軍の将軍大伴連吹負が金綱井（奈良県橿原市小綱町）に駐屯していた時、高市郡大領の高市県主許梅が神憑りし、事代主神と生霊神が、神日本磐余彦天皇の陵に、馬および種々の兵器を奉るよう託宣した。当時、金綱井から畝傍山にかけての地域に、神武天皇陵が伝承されていたことを示している。現在の神武天皇陵は、幕末の文久修陵に際し、神武田・ミサンザイ・ツボネガサなどと称されていた小丘や芝地を大規模に整備したもので、修陵工事中に埴輪・土師器・須恵器や古瓦類などの出土したことが知られている。近年、畝傍山の東北にあたる橿原市四条町の一帯で、四条古墳群の存在が確認されていて注目される。五世紀前半～六世紀中葉に築造された古墳群で、いずれも天武朝に削平され、現地表に墳丘を残さない埋没古墳である。四条古墳群のなかで天武朝に削平されずに残された古墳の内に、当時、神武天皇陵と称されたものがあったと推定される。現状では、四条塚山古墳（現在の綏靖天皇陵）であった可能性が大きい。

［参考文献］津田左右吉『日本古典の研究』（津田左右吉全集第一・二巻（岩波書店昭38）。植村清二『神武天皇』（至文社日本歴史新書昭32）。 （和田萃）

しんめいづくり［神明造］ 伊勢の神宮（皇大神宮および豊受大神宮）の正殿などに用いられる神社建築の形式。神宮の正殿は桁行三間・梁行二間で、切妻造、平入。柱は白木の円柱で掘立とし、床を高く張る。周囲は、正面の板扉のほか横板壁で、簀子縁をめぐらす。屋根は萱葺で棟に堅魚木を並べ、破風は屋根を突き抜けて千木となる。棟木が長く延びて、壁から遊離した棟持柱が両端を支持する。皇大神宮は六九〇（持統天皇4）年、豊受大神宮は二年後に始まる式年遷宮は室町・戦国期に中断があり復興されるが、『皇太神宮儀式帳』により復元されるとあまり差異がないものとみられている。 （堀越光信）

しんもつどころ［進物所］ 令外官の一つ。もと内膳司被管、のち蔵人所の管轄下におかれ、天皇の供御にかかわった。初見は八七六（貞観18）年。職員に別当・頭・預・執事・膳部がみえ、別当には公卿・

近衛次将が、預には内膳司奉膳が任ぜられた。（山本崇）

しんやきょう［新益京］ ⇩新益京 あらましのみや

しんやくしじ［新薬師寺］ 奈良市高畑町所在の寺院。『東大寺要録』によると七四七（天平19）年光明皇后が聖武天皇の病気平癒を願って新薬師寺と七仏薬師像を造立したとする。「東大寺山堺四至図」（正倉院宝物）には南面する単層七間の仏堂が描かれ「新薬師寺堂」と注記される。本堂（奈良時代末）・本尊の薬師如来像（平安時代初期）・十二神将像（天平年間、昭和補作の一体を除く）は国宝。創建当初の新薬師寺は現在の場所の西側を中心とする。（鶴見泰寿）

しんやまこふん［新山古墳］ 奈良県北葛城郡広陵町大塚に所在する馬見古墳群中の一基で、前期後葉の築造とみられる。墳長一三七mの南西面する前方後方墳で、前方部は撥形に開き、埴輪の存在も知られる。伝聞によれば後方部中央に小石室があり、その下には石棺があるという。知られる遺物はほとんど小石室からの出土で、直弧文鏡や三角縁神獣鏡など三六面にもおよぶ銅鏡のほか、中国晋王朝からもたらされたとみられる帯金具や、鍬形石・車輪石・石釧の腕飾類、筒形・椅子形・鏃形の碧玉製品、滑石製斧頭などがある。陵墓参考地。

〔**参考文献**〕梅原末治『佐味田及新山古墳研究』（岩波書店大10）。（藤田和尊）

しんゆうかくめい［辛酉革命］ 中国、漢代に儒教の経書を補完するものとして讖緯説が流行し、「辛酉革命」「甲子革令」ということがいわれた。辛酉の年には革命つまり易姓革命が、甲子の年には革令つまり革政が行われるという予言である。王莽は讖緯説を利用して簒奪を行い、その直前の平帝の辛酉（紀元元）年に元始と改元しており、後漢末の黄巾の乱も甲子の年（一八四年）に蜂起している。日本では延喜改元（九〇一）年以後、大きな変革を避けるためにほとんどの辛酉年に改元されている。（愛宕元）

しんらみょうじん［新羅明神］ 園城寺の鎮守神。智証大師円珍が唐より帰国の船中に老翁が現れ円珍のために護法神となると誓った。そこでその姿の明神像を彫って北院内に安置した。源義光はこの新羅明神の社前で元服したので新羅三郎の名がある。（朧谷寿）

す

ずい［隋］ 中国の王朝（五八一～六一八）。五八一（開皇元）年北周の外戚であった楊堅（高祖文帝）が禅譲により皇帝となり、都を大興城（現西安）において隋朝をたてた。五八九（開皇9）年には南朝の陳を征服し、三国時代以来分裂状態にあった中国を再統一した。隋は中央集権を強化するために様々な政策を実施し、北魏以来の均田制を採用、府兵制を強化した。中央官制は三省六部制が整い、科挙制度を創設して地方官を含めてすべて官吏は中央で任命することにした。しかし南北を結ぶ大運河建設や三度にわたる高句麗遠征の失敗などで疲弊した人民の不満がたまり、蜂起が全国的におこって混乱するなか、三帝三八年で隋は滅亡し唐があとをうけた。唐は隋の諸制度を多く継承している。また隋は日本からの遣隋使を四回うけ入れている。六〇七（大業3）年の第二回では、聖徳太子が小野妹子を派遣して「日出ずる処の天子、云々」の国書を煬帝にあてたことで名高い。（高井たかね）

すいえき［水駅］ 古代律令制において河川沿岸に位置して船を配した駅。「みずうまや」と称せられたと思われる。「令義解」厩牧令水駅条に、船四隻以下二隻以上をおくという規定がみえるが、その実態は明らかではない。「延喜式」兵部省諸国駅伝馬条に、出羽国の最上川沿いの野後駅伝馬船五隻・避翼駅伝馬船六隻・佐芸駅伝馬船一〇隻と雄物川沿いの白谷駅伝馬船五隻の配備が規定されており、水陸兼送の駅であったことがわかる。他地域にも水駅があったとする説もあるが、確定はしていない。（高橋誠一）

すいぎん［水銀］ ⇩朱 しゅ

すいこ［出挙］ 古代における利息つきの貸借。その起源については、種稲分与という共同体的機能に求める説と、ミヤケの田部を対象に開始されたとする説がある。浄御原令施行期には、国宰（国司）の管理下に大税が出挙されていた。官が行うものを公出挙、民間で行うものを私出挙といい、公出挙は毎年春・夏二季に稲を農民に貸し付け、秋に利息とともに回収するもの。雑令はその利息の限度を、公出挙の場合は年五割、私出挙は年一〇割と規定している。出挙の対象となるものは、稲・粟などのほか、銭や布類であった。大宝令施行後、諸国では公民から徴収した田租は消費せずに国郡の正倉に蓄積し、代わってかねてから蓄積されていた大税（正税）・郡稲・公用稲など雑色官稲とよばれる穎稲（穂付きの稲）を出挙し、その利稲を国衙の経常・臨時の諸経費に充てた。七三四（天平6）年に雑官稲は正税に混合されて、公出挙制の強化がはかられた。いっぽうで私出挙による農民生活の破壊が進むと、公出挙の円滑な運営をはかるため、七三七（同9）年、政府は私出挙を禁止したが、私出挙はその後も盛んに行われた。天平一〇年代にはいって、戦乱や造寺・造都が相つぎ歳出は急激に増大する一方、出挙稲の未納が顕著になるなかで、七四五（同17）年に公廨稲が設置された。大国四〇万束以下を新たに出挙して、不動穀の欠失と正税出挙未納の補塡、さらに国内の儲物に充て、その残余を国司の得分とするものである。この時設置された公廨稲の額は、ほぼ正税に匹敵し、八世紀末に一時停止されたが、この正税・公廨の二本立は、以後一〇世紀初頭にいたるまで、国衙財政の基本となった。九世紀以降、正税支出において、新たに位禄支給など国費の増大にともない、田租収入は蓄積されるという従来の原則が崩れ、これを消費したのみならず、出挙利稲収入までこれに充てざるを得ないという状態になり、人別に貸付された出挙は、しだいに土地を単位に賦課されるようになった。

【参考文献】薗田香融『日本古代財政史の研究』(塙書房昭56)。早川庄八『日本古代の財政制度』(名著刊行会平12)。 (保野好治)

すいこてんのう【推古天皇】 554～628 在位592～628 六世紀末から七世紀初の天皇。諱は額田部。和風諡号は豊御食炊屋姫尊。父欽明天皇、母蘇我稲目の娘堅塩媛。用明天皇の同母妹。五七六(敏達天皇5)年異母兄敏達天皇の皇后となる。五九二(崇峻天皇5)年に、異母弟である崇峻天皇が蘇我馬子に暗殺されると、群臣などの推挙により、豊浦宮で最初の女帝として即位する。その即位理由は、血統・資質・統治能力に加え、崇峻暗殺や王位継承など王権内部の紛争を回避・緩和する目的によるものといわれる。即位後は、大臣蘇我馬子や厩戸皇子(聖徳太子)とともに、六〇三(推古天皇11)年に冠位十二階、六〇四(同12)年に憲法十七条を制定し、六二〇(同28)年には『天皇記』『国記』の編纂、そして六〇七(同15)年に小野妹子の隋への派遣、また仏教の興隆などの政策を進めた。六二八(同36)年に小墾田宮で崩御。陵は大阪府南河内郡太子町の磯長山田陵。

【参考文献】荒木敏夫『可能性としての女帝』(青木書店平11)。 (亀井健太郎)

すいさき【水左記】 左大臣源俊房の日記。記名は「源」の字の偏、水と官名による。一〇六二(康平5)年から八六(応徳元)年の間の日記と一一〇七(嘉承2)年と一一〇八(天仁元)年の部類記が残る。記事は簡潔だが、前九年の合戦の関連記事なども記されている。『増補史料大成』所収。 (松本公一)

ずいざんまがいぶつ【瑞山磨崖仏】 忠清南道瑞山郡雲山面龍賢里にある巨岩に彫られた三尊仏像(国宝第八四号)。寺院名は不明であるが、六〇〇年頃の作品と推定される。高さ二八〇cmの本尊像を中心に、左側(向右像)には高さ一六六cmの半跏思惟像を、右側(向左像)には高さ一七〇cm立像を配置している。この三尊仏は法華経に由来する授記三尊仏像と推測されている。これに類似したものとしては忠清南道泰安邑に泰安磨崖三尊仏像がある。 (李タウン)

ずいしょ【隋書】 中国、隋代の正史。唐の魏徴ら撰。唐の太宗が六二九(貞観3)年詔して隋史を編纂させ、六三六(同10)年に本紀五巻、列伝五〇巻が完成する。その後、梁・陳・北斉・北周・隋五代の志の編纂を命じ、六五六(顕慶元)年に一〇志三〇巻が成立した。現行の『隋書』はこの両者を併せたものであるため、志の部分では隋だけでなく南北朝後半の制度・経済・学芸などについても知ることができ、とくに経籍志は『漢書』芸文志以来の文献総目録として重視されている。また巻八一「東夷伝」倭国条(隋書倭国伝)には、倭国に関して位置、漢以来の中国との関係のほか、制度・信仰・風俗など多岐にわたる詳細な記述があり、推古朝を補う重要な史料となっている。たとえば推古女帝在位の六〇〇年に男性の倭国王が隋に遣使したという記事もあり、さまざまな議論がなされている。本書に関する研究書には清の万斯同『隋書王世表』、章宗源『隋書経籍志考証』など多数ある。 (高井たかね)

すいしょう【水晶】 石英の結晶。結晶は六方晶系に属す。普通透明である。不純物が混ざるものは黒・紫・黄などをおびる。縄文時代と弥生時代には石鏃などに用いられている。古墳時代以降装身具や装飾品の材料として用いられるようになる。鎌倉時代には五輪塔形の水晶製舎利容器が流行する。奈良時代には水晶を水精と書いた。 (中村修身)

ずいじん【随身】 上皇や摂政・関白、近衛大・中・少将等、貴人の身辺警護にあてられた武官。身分に従い員数の規定がある。近衛府の下級官人・舎人から支給されたが、やがて本主との私的な主従関係を強め、随身の家柄も固定化した。 (横澤大典)

すいじんびらいせき【水神平遺跡】 愛知県豊川市一宮町に所在する弥生時代前期の遺跡。昭和初期に出土した壺や深鉢類は独特の条痕文をほどこすもので、弥生時代前期のきわめて特徴的な土器として、杉原荘介により水神平式土器と命名された。水神平式土器は、現在では弥生時代前期末の東三河地域の土器型式だが、弥生時代前期の条痕文系土器の総称として、縄文時代から弥生時代にいたる過程で独自の文化があったことを推測させる資料である。 (赤塚次郎)

すいぜいてんのう【綏靖天皇】 第二代と伝えられる天皇。在位三五年。諡号は神渟名川耳。神武天皇の子。母は媛蹈鞴五十鈴媛命。神武崩後、兄の神八井耳命とともに庶兄の手研耳命を殺し即位。葛城高丘宮に都す。八四歳(『古事記』では四五歳)で崩じた。 (大川原竜一)

すいちゅうこうこがく【水中考古学】 考古学に属する専門分野の一つで、陸上の遺跡を扱うのではなく、海、河川、湖沼などで常に水面下にある遺跡を研究対象とする。水中遺跡には自然環境の変化や地殻変動が原因で水没したものや沈没した船などがある。 (林田憲三)

すいにち【衰日】 陰陽五行思想において諸行為を忌むべき凶日とされた日。徳日・得日とも。平安中期の貴族社会で発生、後世まで続いた。各人の年令に応じてその日は決定され(行年衰日)、たとえば一六歳のそれは寅日・申日となり(『拾芥抄』)、儀式・典礼・外出など全ての行為を慎んだ。また生年の干支に応じて日が決まるものもあり、たとえば子年・丑年生まれは丑日・未日が衰日とされる(同書)などであった(生年衰日)。
【参考文献】土田直鎮『奈良平安時代史論集』(吉川弘文館平4)。 (井上満郎)

すいにんてんのう【垂仁天皇】 崇神天皇の皇子。母は大彦命の娘御間城姫。記紀に活目入彦五十狭茅天皇という。兄豊城命と夢占を行い、三輪山の上で粟を食べる雀を追い払う夢をみたことにより皇位を継承する。最初の皇后狭穂姫はその兄狭穂彦の命令に従って天皇殺害を企てるが果たせず兄とともに死ぬ。次の皇后は丹波道主王の娘日葉酢媛。この所生の倭姫命に天照大神を祭らせて伊勢神宮を創祀したとする。田道間守に命じて常世国に不老長寿の実を取りに遣わす間に没す。陵は菅原伏見陵と伝える。 (菊地照夫)

すいにんてんのうすがわらのふしみのひがしのみささぎ［垂仁天皇菅原伏見東陵］　垂仁天皇の陵。奈良市尼辻西町に所在。『古事記』に陵は「菅原之御立野中」とし、『日本書紀』は安康天皇陵と同名の菅原伏見陵とする。ほかの諸書に菅原伏見野陵、菅原伏見山陵などがみえる。『続日本紀』霊亀元（七一五）年条は櫛見山陵とし、守陵三戸をあてたことがみえる。「延喜式」諸陵寮は菅原伏見東陵として「在大和国添下郡、兆域東西二町、南北二町、陵戸二烟、守戸三烟」とし、遠*陵に班する。かつては活目陵、蓬萊山、丸山ともよばれた。全長二二七ｍの前方後円墳で、同一面の周濠をめぐらし、前方部東側周濠内には「田道間守墓」と称される浮島があるが、一八七九（明治12）年作成の山陵絵図にはその記載がない。
（福尾正彦）

垂仁天皇菅原伏見東陵
写真：奈良市観光協会

すうふくじ［崇福寺］　滋賀県大津市にあった寺院。八世紀半ばまでは、史料上は志賀山寺とあることが多い。『扶桑略記』によると六六八（天智7）年、大津宮西北の山中に造営された。八、九世紀は天智天皇ゆかりの官寺として十大寺の一つに挙げられ隆盛したが、平安末期までには衰退したらしい。大津市滋賀里町の山中にその遺跡があり、三つの尾根にまたがって、金堂・講堂・塔などの跡が検出されている。また塔心礎出土の舎利容器は国宝に指定されている。
（毛利憲一）

すえき［須恵器］　窖窯による高温の還元焔焼成によってつくられた焼き物の一種で、全般に青灰色を呈する。古くは「行基焼」や「祝部式土器」などと呼称されたが、『倭名類聚抄』に記載の「須恵宇都波毛乃」からこの名が定着した。その源流は中国新石器時代末期の灰陶にさかのぼるとされるが、直接的には朝鮮半島南部地域の陶質土器に技術的・様式的に求められる。五世紀前半頃、朝鮮半島からの製作者の移住にともない生産が開始されたと考えられる。当初は和泉陶邑窯跡群が唯一の生産地であったが、五世紀末〜六世紀初に各地に窯が拡散するとともに、斉一的な器形が広まる。その用途は古墳時代では古墳での供献・祭祀を主とし、器種には蓋坏・高坏・広口壺・𤭯・提瓶・横瓶・平瓶・甕・器台のほか、装飾付きのものや皮袋形・角杯形など特殊な器形もみられ、波状文や鋸歯文など文様にも装飾性が認められる。六世紀末〜七世紀初になると、仏教文化の導入にともない、金属器を模倣した埦・皿が出現する。さらに、律令期にも顕著な様式変化がみられ、同じ器形でも大小に分化したり、規格化するほか、硯や蔵骨器なども出現する。また、文字を刻んだり墨書するものがあり、調などの貢納品として、またはほかの貢進物を入れる容器として用いられた。須恵器の製作技法をみると、成形段階では粘土紐を巻き上げるが、甕などの大形品ではそれを工具によって叩き締めたため、外面に平行状・格子目状の叩き板の痕跡、内面に同心円状の当て具痕を残す。調整段階では回転ヘラ削りや、ハケ状の工具を回転台上で動かして施すカキ目技法、横ナデ技法などが用いられる。七世紀頃までは「ヘラ記号」とよばれる線刻・円文を器面に刻む場合があるが、製作者の識別のためと考えられる。須恵器の技術は初期の瓦生産に利用されるほか、その後も奈良三彩や、九世紀の灰釉・緑釉陶器・山茶椀などに引き継がれ、中世の信楽・備前・丹波などの陶器生産にも影響を与えた。

（右）大阪府大庭寺遺跡出土初期須恵器
財団法人大阪府文化財センター蔵
（左）岐阜県老洞１号窯跡出土資料
岐阜市歴史博物館蔵

〔**参考文献**〕田辺昭三『須恵器大成』（角川書店昭56）。菱田哲郎『須恵器の系譜』歴史発掘一〇（講談社平8）。
（岡田裕之）

すえつくりべ［陶作部］　陶部とも書く。大化前代、須*恵器の製造にたずさわった職業部。須恵器の製造技術は、朝鮮半島南部に起源をもち、日本でも五世紀初頭から製造が行われた。ただし、史料に乏しく、陶作部の分布や伴造氏族については不明。
（荊木美行）

すえながまさお［末永雅雄］　1897〜1991　文学博士。大阪府南河内郡狭山村（現　大阪狭山市）生まれ。高瀬真郷、関保之助に師事したのち、一九二六（大正15）年から京都大学にて濱田耕作の指導をうける。一九三四（昭和9）年、『日本上代の甲冑』を刊行し最年少で帝国学士院賞受賞。一九三八（同13）年、橿原考古学研究所を創設。大谷大学教授、大阪経済大学教授就任、一九五二（同27）年、関西大学教授をへて一九七〇（同45）年から同名誉教授。一九八八（同63）年、文化勲章受章。奈良県では唐古・橿原・宮滝遺跡、石舞台古墳・桜井茶臼山古墳・大和天神山古墳・室宮山古墳（室大墓）・新沢千塚・高松塚古墳・飛鳥宮跡・藤原宮跡など、他府県では和泉黄金塚古墳・岩橋千塚・隠岐島総合学術調査などの主要遺跡の調査を担当または指揮・指導した。著書にはほかに『日本上代の武器』（昭和16）、『池の文化』（同22）、『日本の古墳』（同36）、『日本武器概説』（同46）、『古墳の航空大観』（昭50）、『常歩無限』（同61）など多数。　（藤田和尊）

すえむら［陶邑］　『日本書紀』崇神天皇七年条に「茅渟県陶邑」とあるのが唯一の文献記載例である。「陶」は須恵器、「邑」はムラを意味する。一方、大阪府南郊の堺市南部・和泉市・岸和田市・大阪狭山市にまたがる泉北丘陵一帯には日本最大の須恵器窯跡群が分布するほか、「陶器山」「陶器川」などの地名が残り、中世には「陶器庄」などとよばれていた。このことから、この一帯を「陶邑」に比定し、一般に陶邑窯跡群と総称している。陶邑窯跡群は自然地形によって、陶器山（略称MT）・高蔵寺（TK）・富蔵（TM）・栂（TG）・光明池（KM）・大野池（ON）・谷山池（TN）の七地区に区分される。五世紀前半から一〇世紀まで窯が営まれ、総数は六〇〇基以上、未確認の窯も含めると一〇〇〇基を越すとみられる。陶邑開始期の窯から出土した須恵器は、加耶地域の陶質土器に類似しており、朝鮮半島南部地域の技術者がこの地に渡来し、最初に須恵器生産を開始したと考えられる。

〔**参考文献**〕中村浩『和泉陶邑窯の研究』（柏書房昭56）。中村浩編『須恵器集成図録　第一巻　近畿編Ｉ』（雄山閣出版平7）。　（岡田裕之）

すえむらこようしぐん［陶邑古窯址群］　大阪府の南郊、堺・和泉・大阪狭山・岸和田の四市におよぶ泉北丘陵に所在する、古墳時代後半（五世紀前半）から平安時代（一〇世紀）の間、操業したわが国最古最大の須恵器窯址群。窯址総数千基に達すると考えられ、ほかに集落遺跡や古墳・墳墓群などの遺跡群が位置する。窯址分布は、自然地形から、陶器山（略称MT）、高蔵寺（TK）、富蔵（TM）、栂（TG）、大野池（ON）、光明池（KM）、谷山池（TN）の七地区に区分される。窯には斜面を利用した登窯と斜面を掘り抜いた平窯がある。生産が長期間継続していたことから、須恵器の型式変化を理解する最適な資料として、陶邑出土須恵器の型式編年が、古墳時代から平安時代までの時期判断を行う指標の一つとして広く利用されている。なお現在、最古とされるのは堺市大庭寺所在のTG二二一、二三二号窯址である。とくに韓国南部のいわゆる加耶地域で出土する陶質土器と形状、手法の酷似する須恵器が生産されており、わが国陶器生産の系譜関係を知ることができる。陶邑製品は古墳時代以来、全国に供給され、やがて製品のみならず技術も広く伝播していった。

〔**参考文献**〕中村浩『和泉陶器窯の歴史的研究』（芙蓉書房平13）。中村浩『和泉陶邑出土須恵器の型式編年』（芙蓉書房平13）。　（中村浩）

すおう［蘇芳］　インド、マレー半島原産のマメ科の常緑樹。その心材には赤色色素が含まれ、蘇芳、蘇芳木とよばれ、中国では古来、南海貿易によって輸入され赤色の染料として、紙の染色、木製家具、器物の塗装などに用いられた。また漢方薬の薬材としても収斂剤や吐瀉剤とされた。日本へも飛鳥時代以降に中国より輸入され、赤色染料として珍重された。正倉院に伝わる木工芸品の赤色塗装は蘇芳を用いたものである。　（愛宕元）

すおうこくふあと［周防国府跡］　山口県防府市にある。従来、国府跡の典型として「土居八町」とよばれる方八町の国府域と、その中央北寄りに方二町の国庁をおく復元案が示されてきた。一九六一（昭和36）年国庁域の調査が行われたが、遺構は確認されていない。七六（同51）年以来、防府市教育委員会によって継続的な調査が行われており、国庁域の北側で庭園遺構をともなう国司館跡と推定される遺構や木簡などが検出されている。また府域外でも官衙関係の遺構が確認されるなど新たな国府像が明らかになりつつある。　（石松好雄）

すおうちゅうせんじ［周防鋳銭司］⇩鋳銭司

すおうのくに［周防国］　山陽道に属する国。現在の山口県東部にあたる。北部は中国山地、南部は瀬戸内海に面して平野が広がる。もとは周芳と記したが大宝令以後は周防の表記に統一された。『日本書紀』の六八一（天武10）年に国司の管轄する国として初見する。「延喜式」では上国とされるが、もとは中国で七九三～八四九（延暦12～嘉祥2）年の間に上国に昇格した。所管の郡は大島・玖珂・熊毛・都濃・佐波・吉敷郡の六郡。国府は佐波郡に設置され、現防府市国衙における発掘調査と地割調査によって、八町四方の規模であると推定されている。府域内に国衙・朱雀・船所・細工所・市田・大領田などの地名も残存する。国分寺は国府の西北に現存し、また惣社の金切神社（佐波神社）は国府の西北隅、一宮の玉祖神社は佐波川下流の右岸。山陽道が瀬戸内海寄りを通過して長門国にいたる。八二五（天長2）年には長門国から吉敷郡に鋳銭司が移されて官銭の鋳造が行われた。

〔**参考文献**〕三坂圭治『山口県の歴史』（山川出版社昭46）。　（高橋誠一）

すおうのくにしょうぜいちょう［周防国正税帳］　周防国から政府に送られた国衙財政の収支決算報告書。七三四（天平6）年度と七三八（同10）年度のものが正倉院文書として残っている。後者には周防国を通過した人々の記載が多くみられ、西海道の国司の他、流人、相撲人、大宰府進上品部領使、骨送使など種々の人々が山陽道を往還したことがわかる。また、帰郷する防人に食料を供給したこともみえる。　（寺内浩）

すがのし［菅野氏］　百済国の貴須（首）

王（都慕王の一〇世孫）の後裔と伝える氏族。五七四（敏達3）年王牛（王辰爾の弟）が津史を賜姓されたのに始まる。七五八（天平宝字2）年連に改姓、七九〇（延暦9）年津連真道らの上表によって菅野朝臣を賜姓された。氏名は居地菅野村（奈良県宇陀郡御杖村）に由来するという。九世紀半ば以降は菅野氏と同祖の船・葛井氏から菅野朝臣に改賜姓される者が少なくなかった。（瀧浪貞子）

すがののまみち［菅野真道］ 741～814 百済系渡来氏族出身の官人。本姓は津連。山守の子。図書頭在任中の七九〇（延暦9）年、菅野朝臣を賜姓。造宮亮を兼ね平安京建設を推進。八〇五（同24）年、藤原緒嗣と徳政論争を展開。平安京造営、蝦夷征討の続行を主張するが敗れる。左兵衛督、左大弁、勘解由次官、大宰大弐、常陸守等を歴任。参議従三位にいたる。参議制が一時廃止された際には山陰道、東海道観察使をつとめた。『続日本紀』『官曹事類』『延暦交替式』等の編纂に携わった。（関口力）

すがわらし［菅原氏］ 平安時代、文章道を家業とした氏族。もと土師氏。七八一（天応元）年古人・道長ら一五人が土師氏の職掌が凶儀に限られつつあった現状を嫌って改賜姓を請願し、居所大和国添下郡菅原郷（奈良市菅原町）にちなんで与えられたのに始まる。姓は宿禰。七九〇（延暦9）年同族の大枝・秋篠とともに朝臣に改姓された。古人が桓武天皇の侍読をつとめたのをはじめ、その子清公、孫是善、曾孫道真の三代が文章博士となっており、菅原氏の祖業はこの頃に確立したといってよい。ちなみに清公が私邸の廊下に設けたのが私塾「菅家廊下」で、道真が主催者となりますます盛名を馳せた。なお道真左遷後も文時・在良などの文人学者を輩出、菅家ともよばれ、大江氏（江家）とならぶ紀伝道の家として繁栄した。（瀧浪貞子）

すがわらでら［菅原寺］ 奈良市菅原町所在の寺院。法相宗。喜光寺とも称する。『行基菩薩伝』『行基年譜』によると七二一（養老5）年に寺史乙丸が邸宅を行基に施し、翌年これを菅原寺とした。平城京右京三条三坊のうち五町を占めたという。七四八（天平20）年には聖武天皇の行幸があり喜光寺の寺額を与えたとする。『行基菩薩伝』「行基墓誌銘」によれば行基は「天平二十一年」（天平勝宝元＝七四九年）に菅原寺東南院で入滅したとある。現在の本堂は一五四四（天文13）年頃のもの。本堂と阿弥陀坐像は重要文化財。（鶴見泰寿）

すがわらのあつしげ［菅原淳茂］ ?～926 平安時代中期の貴族・学者。父は道真。父の左遷とともに播磨に左遷。のち京都に召喚されて大学頭・文章博士を歴任。渤海使を接待するなどにもあたったが、位は正五位下にとどまった。（井上満郎）

すがわらのこれよし［菅原是善］ 812～80 平安時代前期の貴族・文人。父は清公で、道真の父。幼時より才能を謳われ諸官をへて八七二（貞観14）年に参議。文徳・清和天皇に進講し、また『日本文徳天皇実録』『貞観格式』の編纂に参加するなど学者として貢献。（井上満郎）

すがわらのたかすえのむすめ［菅原孝標女］ ⇩更級日記

すがわらのふるひと［菅原古人］ 生没年未詳。奈良時代末の官人。もと土師宿禰。宇庭の子。遠江介従五位下であった七八一（天応元）年、本貫地である大和国添下郡菅原郷（奈良市菅原町）の名にちなみ、菅原宿禰（のち朝臣）に改姓することを願い許された。（関口力）

すがわらのみちざね［菅原道真］ 845～903 平安時代前期の官僚・文人。菅原是善の子、母は伴氏。菅原氏はもと土師氏で、七八一（天応元）年六月菅原氏に改む。古人↓清公↓是善と家学をうけつぎその塾は「菅原廊下」とよばれた。幼名は阿古（阿呼）とよび、三男であったので菅三とも称された。八六二（貞観4）年、文章生（進士）のテストに合格、文章得業生（秀才）となり、下野権少椽となる。八七〇（同12）年、当時の最高国家試験（方略試）に及第する。玄蕃助・兵部少輔などを歴任して八七七（元慶元）年文章博士となった。八八六（仁和2）年讃岐守に任じられたが、八八八（同4）年一〇月の頃上京した。

関白任命の詔に「阿衡」とあったのにこじつけて、藤原基経が位のみあって職掌なきポストと政務をかえりみなかったのを諫言する。八九〇（寛平2）年帰任、その後栄進して参議兼式部大輔となり、八九四（同6）年には遣唐使派遣中止を奏し、翌年には中納言、八九九年（昌泰2）には右大臣となった。九〇一（同4）年左大臣藤原時平の讒言によって大宰権帥に左遷され、当地で没。『菅家文草』『菅家後集』にその作品がおさめられている。御霊神、詩文や芸能の神としてあがめられ、太宰府天満宮・北野天満宮をはじめとする天満天神として崇敬される。

［参考文献］坂本太郎『菅原道真』（吉川弘文館昭37）。平田耿二『消された政治家』（文春新書平12）。（上田正昭）

すき［鋤］ 人力で土に押し込んで土を掘り上げる道具。弥生時代からみられるが当初は木製で、五世紀から刃先に鉄を装着したものが現れた。耕起や土木工事に用い、『出雲国風土記』には神が出雲国を広くしようと「童女の胸鉏」で土地を切り離して引いた神話がある。牛などに引かせて土を起こすものは犁と書き、平安初期には内膳司の園で牛に犁を引かせて耕作した（「延喜内膳司式」）。平安後期には地方でも犁を使う大名田堵が登場した（『新猿楽記』）。（勝田至）

すきざきこふん［鋤崎古墳］ 福岡市西区今宿所在の前方後円墳で、全長六二m、後円部径三九mである。三段築成で、葺石・埴輪をめぐらす。後円部石室は割石を小口積みにして持ち送り、狭小な羨道部を設け、墓道を墳頂平坦面から急角度に掘り込むなど、初期の横穴式石室の特徴をもつ。石室内には棺三つをコ字形に配し、くびれ部付近でも埴輪棺三・小石棺一が検出された。副葬品は鏡六・短甲・大刀二・蕨手刀子三などがある。四世紀末～五世紀初頭に比定される。国指定史跡。（岡田裕之）

すぎはらそうすけ［杉原荘介］ 1913～83 東京都日本橋小舟町に生れる。一九四三（昭和18）年明治大学専門部地歴科卒業、四六（同21）年文部省に勤務し「くにのあゆみ」の編集にあたる。四八（同23）

年明治大学専門部助教授に就任。五三（同28）年には同大学文学部教授に就任。文学博士。享年七一。若い頃から東京考古学会同人として活躍。岩宿遺跡を調査してその出土石器群が先土器時代の所産であることを明らかにし、その後の旧石器時代研究の基礎を開いた。弥生時代の研究においても、登呂遺跡発掘調査や日本考古学協会弥生式土器文化総合研究特別委員会の委員長として活躍し『日本農耕社会の形成』の刊行に中心的役割をはたした。『原始学序論』『日本先土器時代の研究』『弥生式土器集成』など優れた著作がある。

〔**参考文献**〕「杉原荘介氏追悼号」『長野県考古学会誌』（四八）（昭59）。 （**中村修身**）

すくおかもといせき［**須玖岡本遺跡**］ 福岡県春日市岡本町の丘陵部にある北部九州を代表する弥生時代遺跡。一八九九（明治32）年、熊野神社西北一〇〇mに位置する大石の下に埋設された弥生時代中期後半の甕棺から、鏡と銅剣・銅矛・銅戈などの武器形青銅器、ガラス製璧・ガラス製勾玉などが出土した。鏡の面数は明らかではないが、草葉紋鏡三面を含む前漢鏡が約三〇面と推定されている。当地が中国正史に記される「奴国」にあたり、墓の主は奴国王と考えられる。この王墓周辺の調査も進展し、王を支える有力集団の墓地と考えられる約二〇m×二五mの同時期の墳丘墓も発見され、墳丘内部からは、鉄剣・鉄矛を副葬した甕棺・土壙墓が発掘された。王墓に近接する南側丘陵にある岡本遺跡からは王墓と同時期の弥生中期後半の住居跡や甕棺墓、土壙墓・木棺墓などが発掘され、「奴国」王を支えた集団の一集落と考えられる。その祭祀遺構からは小銅鐸の滑石片岩製鋳型も発見されている。さらにその周囲の遺跡群からは、相次ぎ鋳型・鋳造施設など青銅器生産にかかわる遺跡が発見され、須玖岡本遺跡の王墓を頂点とした奴国の社会構造を解明する資料が蓄積しつつある。

〔**参考文献**〕春日市教委編『須玖岡本遺跡』（吉川弘文館平6）。 （**片岡宏二**）

すくしきどき［**須玖式土器**］ 北部九州弥生時代中期の土器様式。春日市須玖*遺跡出土の土器を指標として設定された。諸器種で上端を平坦に整形した口縁形状を有すことが最大の特徴である。あわせて、企画的かつシンプルな製作技術が採用され、いっぽう、祭祀土器にみられる赤色顔料の塗布と研磨による美的表現も卓越する。資料の増加にともなう細分化も進むが、大枠として、中期前半から中葉の須玖Ⅰ式と後半から末のⅡ式に大別される。 （**片岡宏二**）

すくなひこなのかみ［**少彦名神**］ 『記』『紀』神話の神。『古事記』ではカミムスヒ、『日本書紀』ではタカミムスヒの手の指の間から生まれた神とし、海上彼方より来臨してオオナムチとともに国作りを行い、その後常世国に帰っていくと伝える。『風土記』にも両神による国作りの伝承が多くみえる。穀霊、とくに稲霊の神格化であり、土地の神格化であるオオナムチと結合して稲作農耕社会の形成が両神の国作り神話として表象されている。常世国と葦原中国を行き来するのは、稲霊が他界で再生して現世で稲の稔りをもたらすという観念にもとづくと思われる。 （**菊地照夫**）

すくね［**宿禰**］ ⇩姓

すくようかんもん［**宿曜勘文**］ ⇩宿曜道

すくようじ［**宿曜師**］ ⇩宿曜道

すくようどう［**宿曜道**］ 唐の禱の術。宿曜とは、日月五星にインドの想像上の星の計都、羅睺を加えた九曜と二十八宿のこと。平安初期に空海*が『宿曜経』『七曜攘災決』等の占星書をもたらしてはいたが、九五七（天徳元）年には延暦寺僧日延が呉越国から符天暦を伝えて九曜の位置の推測が可能になり、ここに日本の宿曜道が成立する。宿曜師は個人の生誕時刻における九曜の位置を算出し、それを図に示してその人の運命を占った。宿曜道は平安中期に盛行し、興福寺を中心に宿曜師を輩出した。宿曜師は貴族や天皇のために運勢を占って宿曜勘文（宿曜師が星占を行い、個人の運勢・災厄を勘申した文書）を勘申した。また、九九五（長徳元）年から一〇三七（長暦元）年まで仁宗、仁統、証昭の宿曜師が、暦博士の賀茂氏*とともに造暦の宣旨を蒙り、その後も宿曜師は朝廷において造暦や日月食の予報、星供等を行った。

〔**参考文献**〕桃裕行『暦法の研究下 著作集八』（思文閣出版平2）。 （**蟬丸昌子**）

すぐり［**村主**］ カバネの一つ。古代朝鮮語で村長を意味するスグリに由来するか。おもに中小の渡来系氏族に与えられた。『坂上系図』には、仁徳天皇朝に渡来したと伝えられる高向村主など三〇の村主姓氏族がみえるが、彼らは東漢*氏の支配下におかれた伴造氏族であった。 （**荊木美行**）

すげのあそまろ［**習宜阿曾麻呂**］ ⇩中臣習宜阿曾麻呂

すけひとしんのう［**輔仁親王**］ 1073～1119 平安時代後期の皇族。父は後三条天皇、母は源基子。後三条の早期退位は基子所生の実仁（早世）即位からこの輔仁親王即位へ予定のことであったともいう。しかし白河天皇*が退位後、皇子堀河天皇に譲位しこの筋書きは崩壊、その後も朝廷に勢力をもったが一一一三（永久元）年鳥羽天皇暗殺事件に関与して失脚、政界を去った。 （**井上満郎**）

すごういせき［**菅生遺跡**］ 千葉県木更津市菅生にある弥生・古墳時代の遺跡。東京湾に流れる小櫃川の氾濫原に営まれた弥生時代中期から中世にかけての集落跡。弥生中期と古墳後期の竪穴住居跡群や井戸跡、中世の建物跡は残存状態がよく、当時の生活を知るうえで参考となる。ことに古墳後期の水路跡、幅一・五m、深さ一m前後の検出は人々の舟のかかわりを、また多くの木器・木製品の出土から、その加工技術・用途を探る好資料を提供している。 （**関俊彦**）

すごろく［**双六**］ 盤・駒・賽を用いて行われる室内遊戯。『日本書紀』持統天皇三（六八九）年十二月条に「禁断双六」とあるのが初見。しばしば禁断されるがさかんに行われた。盤をはさんで二人が相対し、盤上に白と黒の駒各一五個を配置して、両者交互に筒に入れた二個の賽を振ってその目数により駒を進め勝負す

る。『鳥獣人物戯画』『長谷雄草紙』に双六をする人物が描かれる。江戸時代にさかんとなる絵双六とは全く異なる。（山田雄司）

ずざい［徒罪］ 大宝・養老律に規定された五刑の一つ。徒罪・徒刑ともいう。杖についで重く、流よりも軽い。所定の期間、労役にしたがわせる刑罰で、今日の懲役刑に相当。一年・一年半・二年・二年半・三年の五等級がある。（荊木美行）

すざくいん［朱雀院］ 天皇家累代の後院の一つで、四条北、朱雀大路西に位置し、八町という広大な敷地を占めた。嵯峨天皇が譲位後の御所として造営したのに始まり、以後宇多天皇も退位ののち後院として使用、さらに朱雀天皇も退位後は母穏子とともに当院を居所とした。（西山恵子）

すざくおおじ［朱雀大路］ 都城の中央を南北に走り、京を左右に二分する道路。京の出入口、羅城門から大内裏の正門である朱雀門にいたる。「延喜式」によれば、築地心心間の距離は二八丈（約八四m）、路面幅は二三丈四尺（約七〇m、平城京の発掘調査では約六七mに復原）で、その規模は他の大路と一線を画していた。路の両側には柳が植えられ、条間小路への入口すなわち坊門を除く門の開口が禁じられるなど、国家の威信を示す空間として、とくに整備された。（西村さとみ）

すざくてんのう［朱雀天皇］ 923〜52 在位930〜46 平安中期の天皇。名は寛明。醍醐天皇の第一一皇子で母は皇后藤原穏子（基経の娘）。三歳で皇太子、八歳で即位、摂政（のち関白）は忠平（外舅）。在位中、承平・天慶の乱がおこる。母の言に従って弟成明親王（村上天皇）に譲位したことを後悔したという。法名は仏陀寿。諡号は後院の朱雀院にちなむ。陵は醍醐陵（京都市伏見区）。（瀧浪貞子）

すざくもん［朱雀門］ 宮城の南辺中央にある門。史料上の初見は六四九（大化5）年の難波長柄豊碕宮のもの。それに相当するとみられる門の遺構が検出されたが、当時朱雀門の称があったかどうかは不詳。藤原宮以後の都城では宮城には、各辺三ヵ所ずつ計一二門の宮城門があったが、朱雀門はそのなかで最も重要な門であった。七三四（天平6）年二月には聖武天皇は朱雀門に出かけ、その前で二四〇人余の男女によって演じられた歌垣を見ている。平城宮以前では宮城門は佐伯門・若犬養門などと氏族名をつけてよばれていたが、朱雀門は大伴門ともよばれた。八一八（弘仁9）年嵯峨天皇が殿閣や門号を唐風に改めた結果、佐伯門は藻壁門、若犬養門は皇嘉門などと改められ、朱雀門では大伴門の呼称が廃された。平安宮の朱雀門は、桁行七間、梁間二間で中央五間に扉があり、重層瓦葺き。藤原宮・平城宮のそれは桁行五間（柱間一七尺）、梁間二間（柱間一七尺）。平城宮跡では一九九八（平10）年、重層入母屋造り、瓦葺きの朱雀門が復原された。

［**参考文献**］奈良国立文化財研究所『平城宮朱雀門の復原的研究』（平5）。（舘野和己）

すさのおのみこと［須佐之男命］ 天照大神・月読命とともに「三貴子」のなかの一神とされる。非常に高い出自をもつが、荒ぶる神で高天原での乱暴の結果、出雲へ追放される。そこで八岐大蛇を退治して奇稲田姫と結ばれるという『記』『紀』にみられる出雲系の典型神である。しかし、これは、あくまでも『記』『紀』にみられる様相であり、『出雲国風土記』をみると、これとまったく異なった須佐之男命の姿が描かれている。これをどのように理解するかは難しい問題であるが、『出雲国風土記』のほうが原形と考えられる。（瀧音能之）

すし［鮨］ 鮓とも。養老賦役令に「鰒鮓・貽貝鮓・雑鮨」がみられ、平城宮跡から発掘された木簡にも鮓の記載がある。「延喜式」に近江の阿米魚鮨、越中の鮭鮨、若狭の貽貝保夜交鮨、丹波の鮎鮨等、諸国の貢納品の鮨があげられている。これらの鮨は魚貝等を塩と米飯に漬け込み、自然発酵されたものである。長期の保存に耐えるため、遠距離から運ばれたと考えられる。今日のように魚を主に、飯とともに食するようになったのは醸造酢が発達したためである。（芳井敬郎）

ずし［図師］ 古代・中世、国衙において田図や検注帳の作成にあたった者。荘園の立荘にあたって、荘民とともに四至内の田畠・在家・栗林などを確定する作業も行った。おもに郡司クラスの下級官人や荘園の荘官が任じられた。（荊木美行）

ずし［厨子］ ①仏像・仏画・経典・舎利などを安置する容器。豆子とも書き、仏龕ともよぶ。箱型・扉付を基本とする。玉虫厨子など仏像・仏画の容器は宮殿とよばれた。②調度で書画・食物などを載せる棚。二階棚の一部を扉とする二階厨子などがある。（榊拓敏）

すしゅんてんのう［崇峻天皇］ ?〜592 在位588〜92 第三二代天皇。名は泊瀬部。長谷部若雀・長谷部天皇・倉橋天皇ともいう。欽明天皇の皇子。母は蘇我稲目の女小姉君。物部守屋追討に加わり、炊屋姫や群臣の勧めを受けて即位。五九一（崇峻4）年、任那復興のため大軍を筑紫まで進駐させる。五九二（同5）年、献上の山猪をみて「何の時にか此の猪の頸を断る如く、朕が嫌し所の人を断らむ」と述べ兵仗を備えるも、東国の調貢進の日に蘇我馬子の命をうけた東漢直駒に殺害され、倉梯岡陵に埋葬された。（大川原竜一）

すしゅんてんのうくらはしのおかのみささぎ［崇峻天皇倉梯岡陵］ 崇峻天皇の霊廟。奈良県桜井市大字倉橋にある。『日本書紀』によれば、崇峻天皇は五九二（崇峻天皇5）年一一月に蘇我馬子により殺され、即日倉梯岡陵に葬られた。『古事記』には陵は倉椅崗上にありと記す。「延喜式」諸陵寮は倉梯岡陵とし「在大和国十市郡、無陵地幷陵戸」とする。当時すでに陵地は不明であった。元禄年間以来、岩屋山（赤坂天王山古墳）と天皇屋舗が主に候補地とされたが、一八七六（明治9）年には一転、倉橋村雀塚に決定された。しかし、一八八九（同22）年に天皇と縁故ある地、柴垣宮伝承地と天皇位牌を安置する観音堂のある天皇屋舗の両所をひとまとまりとして倉梯岡陵と改定し、陵を修営した。（福尾正彦）

すじんてんのう［崇神天皇］ 生没年不詳。『記』『紀』系譜上で第一〇代とされている天皇。和風諡号は御間城入彦五十瓊殖。父開化天皇。母伊香色謎命。『日本書紀』に

「御肇国天皇」、古事記に「所知初国御真木天皇」とあることから、崇神天皇を実在する事実上の初代天皇とする説がある。また崇神天皇が三輪大神の司祭的性格を有し、磯城瑞籬宮など三輪山を本拠にしている点や崇神天皇や垂仁天皇の諡号に「イリ」を含むことから、三輪王朝・イリ王朝ともいわれている。またこの王朝から応神天皇の河内王朝・ワケ王朝への王朝交代も指摘されている。崇神天皇を任那出身の王族とし、日本列島を征服したとする騎馬民族説も提起された。このように崇神天皇をめぐりさまざまな説が提示されているが、いずれも依然として賛否分かれている。陵は奈良県天理市柳本町にある山辺道勾岡上陵。（亀井健太郎）

すじんてんのうやまのべのみちのまがりのおかのえのみささぎ【崇神天皇山辺道勾岡上陵】 崇神天皇の陵。奈良県天理市柳本にある。行灯山、ニサンザイ山ともいう。『日本書紀』に山辺道上陵に葬るとあり、『古事記』では陵は山辺道勾之岡上にありという。『延喜式』諸陵寮は山辺道上陵とし、「在大和国城上郡、兆域東西二町、南北二町、陵戸二烟、守戸一烟」と記して遠陵とする。景行天皇陵と陵号を同じくすることもあり、かつては混同されることもあった。谷森善臣の考察により（『山陵考』）、文久年間に現在地とされ、一八六五（慶応元）年修補がなった。守戸を兼務した山辺郡の衾田墓に近く「延喜式」の記載に合うことが根拠の一つとなっている。陵は全長約二四二mの前方後円墳で、一八六二（文久2）年に内行花文を描いた大形銅板が出土している。（福尾正彦）

すずかおう【鈴鹿王】 ?～745 高市皇子の子で長屋王の弟。七二九（天平元）年二月長屋王の変に坐したが、すぐに勅により赦除される。同年三月に正四位上。七三一（天平3）年八月に参議、七三七（同9）年舎人親王の後をうけ知太政官事となり、のち式部卿も兼任した。（廣瀬真理子）

すずかとうげ【鈴鹿峠】 伊勢国と近江国の境界、現三重県亀山市関町と現滋賀県甲賀市土山町の境にある標高三五七mの峠。峠を東に下った関町には古代三関の一つの鈴鹿関が設けられ東国への出入口として重要視された。平安時代には山賊が出没した。（高橋誠一）

すずきぬまいせき【鱸沼遺跡】 宮城県角田市鱸沼に所在し、阿武隈川左岸に位置する標高一〇m前後の舌状丘陵に立地する、縄文時代晩期終末から弥生時代中期の集落遺跡。一九六九・七〇（昭和44・45）年に志間泰治が調査し、遺物包含層から中期前葉の鱸沼式土器、土偶、石庖丁、蛤刃石斧、鑿形石斧、独鈷石、石鏃、石錐、炭化米、また遠賀川系土器などが出土した。鱸沼式土器は、甕、装飾深鉢、蓋、鉢、高坏、壺で構成され、装飾では縄文が施される太い篦描の入組文、王字文、渦巻文が特徴である。

【参考文献】志間泰治『鱸沼遺跡』（東北電力宮城支店昭46）。（土屋和章）

すずり／つづり【硯】 墨をする道具。わが国に移入されたり、国内で制作された古代の硯には陶製や石製のものがあり、それには中国や朝鮮半島の強い影響がみられる。さまざまな形態があるが、大きくは硯面の形から、円形の円面硯と「風」の字形を呈する風字硯に分けられる。円面硯の多くは硯面部と台部で構成され、硯面部は水平となり墨をする部分と周縁の墨を溜める海からなる。現在の硯の原型と考えられる風字硯は後部に脚を付けて傾斜させ、前方部にすった墨を溜める海をつくる。（横田賢次郎）

すずりばこ【硯箱】 硯を中心に、筆、墨、水滴、刀子、錐などの文具を納める箱。一般に木製漆塗で、被せ蓋あるいは印籠蓋造とし蒔絵や螺鈿で飾る。奈良時代から平安時代前期までの硯は蹄脚硯、円面硯、形象硯といったように大型で硯箱をともなわなかった。文献等から硯箱の存在が知られるようになるのは一〇世紀末からで、平安後期には寝殿造りの室内調度の一つとして、絵巻などにも描かれるようになる。一二世紀の方形入角形被せ蓋作の洲浜千鳥螺鈿硯箱が現存最古の遺品である。籬菊蒔絵螺鈿硯箱（一三世紀、鶴岡八幡宮）や尾形光琳作八橋蒔絵硯箱（東京国立博物館）などが代表的作品である。（杉山洋）

すだはちまんじんじゃじんぶつがぞうきょう【隅田八幡神社人物画像鏡】 和歌山県橋本市隅田八幡神社所蔵の鏡で、国宝である。径一九・六cm。この鏡には地名や人名等を和風式の漢文で書いた銘文があり、「癸未年八月日十、大王年、男弟王、在意柴沙加宮時、斯麻、念長寿、遣開中費直、穢人今州利二人等、取白上同二百旱、作此竟」と読まれ、大意は「男弟王が意柴沙加宮に在ったとき、斯麻が開中費直と今州利らに白上銅二百旱でこの鏡を作らせた」というもの。一九一四（大正3）年に「在銘最古の日本鏡」として紹介され、年号鏡研究の口火となった鏡である。主文は騎馬像と歌舞する人物像を表した画像文だが、その表出は稚拙である。四個の乳のうち、一個には乳座がなく、乳の配置にも秩序がない。反りがなく、鏡体も異常に厚い。モデルになった鏡は五世紀に中国南朝との交渉で輸入された可能性の高い、神人歌舞画像鏡（大阪府藤井寺市長持山古墳出土鏡等二面の同型鏡がある）である。モデル鏡が出土した古墳の年代等を考慮して「癸未年八月日十」を四四三年にあてる説が有力であるが、五〇三年説もある。

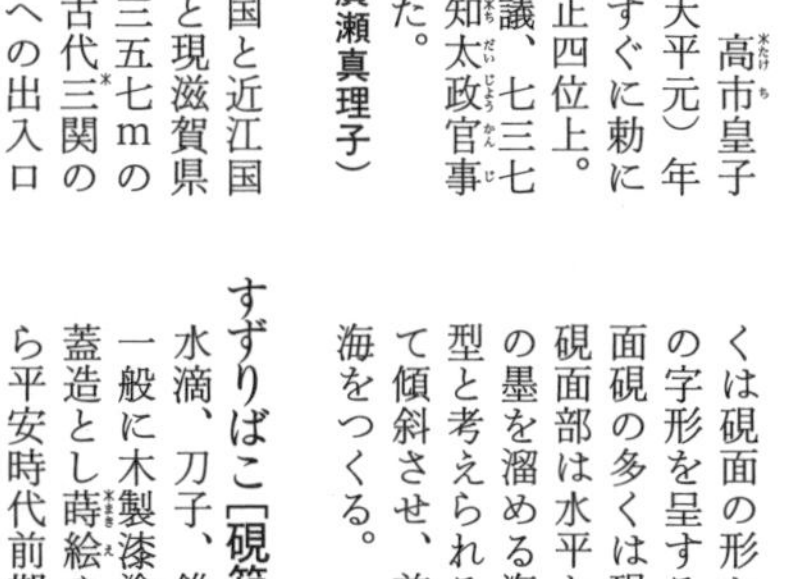

隅田八幡神社人物画像鏡径20・0cm
隅田八幡神社蔵

【参考文献】田中琢『古鏡』（講談社、日本の原始美術昭54）。（藤丸詔八郎）

ずとう【頭塔】 奈良市高畑町にある土塔。七六七（神護景雲元）年に東大寺の良弁の命で実忠が造営した。玄昉の首塚との伝承からの命名。発掘調査によって今見る上層遺構の下に下層遺構が存在することが明らかとなった。上層遺構は一辺三二m、高さ一・五mの基壇上に方形の石組壇を七壇築き、奇数段に石仏を計四四体配し瓦屋根を有する。下層遺構一段目石組みは一辺二〇～二一mで二段目まで確認。頂上には心柱と小堂が建つ。心柱は礎石を有し落雷で焼失後銭貨・琥珀玉などを埋納して埋め戻す。

〔参考文献〕奈良国立文化財研究所『史跡頭塔発掘調査報告』（奈良国立文化財研究所平13）。 （杉山洋）

すとくてんのう【崇徳天皇】 1119～64 在位1123～41 諱は顕仁。鳥羽天皇の第一皇子で、母は待賢門院。祖父白河院の子ともいわれ、その意向により五歳で即位したが、やがて父鳥羽院の意志により弟近衛天皇に譲位を余儀なくされた。近衛天皇の没後、我が子重仁親王の即位を願うがはたされず、一一五六（保元元）年に鳥羽院が没すると、左大臣藤原頼長と結託して保元の乱を起こした。しかし合戦に敗れて讃岐国に配流され、一一六四（長寛2）年に死去。 （横澤大典）

ストーン・サークル ⇩環状列石

すなざわいせき【砂沢遺跡】 青森県弘前市大字三和字下池神砂沢にある遺跡。遺跡岩木山東麓の標高一六～一八mの侵食谷にあり、縄文時代後期、晩期終末から弥生時代中期の集落遺跡、弥生時代前期の砂沢式土器の標識遺跡である。一九八四（昭和59）～八八（同63）年に、弘前市教育委員会による発掘調査で、砂沢式期の水田跡三八五㎡、六枚と水路跡が検出された。水田跡は二期あり、下層水田跡は、長方形に畦畔がめぐり、七〇～一〇〇㎡五枚、二〇〇㎡のもの一枚である。炭化米、種子、プラントオパールが出土しており、東北地方北部の津軽平野で晩期終末から直後にかけて水稲農耕が行われていたことが明らかになった。包含層からは、深鉢、鉢、高坏、壺、注口土器と蓋など多量の砂沢式土器、土偶、土版、動物土製品、匙形土製品とともに、遠賀川系の甕、壷、多頭石斧、環状石斧などの石器が出土している。晩期終末からの継続性と新たな農耕文化の受容のあり方が明らかとなった。

〔参考文献〕村越潔他『砂沢遺跡発掘調査報告書』（青森県弘前市教育委員会平3）。 （須藤隆）

すなざわしきどき【砂沢式土器】 青森県弘前市三和砂沢遺跡を標式とする東北地方北部の弥生時代前期の土器。器種、装飾、製作技術は縄文時代晩期終末の大洞A′式土器を踏襲する。西日本の遠賀川系土器の器形、技術、装飾意匠が導入される。亀ヶ岡式の伝統的器形である深鉢、鉢、高坏、壺と遠賀川系の甕、広口壺、蓋がともなう。さらに注口土器と蓋がセットでみられる。高坏、鉢、壺の装飾には整った変形工字文が盛行し、亀ヶ岡式の伝統をうけつぐ。遠賀川系土器は刷毛目手法と壺に特有な平行線・刺突文が目につく。精巧なつくりで弥生時代に土器づくり技術が一段と高揚したことがうかがえる。この様式は津軽地方から馬淵川水系、北上川上流、雄物川流域に及ぶ。最上川流域の生石2式、北上川流域の山王Ⅳ層式は類似した併行様式である。津軽平野で五所式、下北・八戸地方では二枚橋式が後続する。

〔参考文献〕芹沢長介「縄文土器」『世界陶磁全集』1（平凡社昭33）。村越潔他『砂沢遺跡』（弘前市教育委員会平3）。 （須藤隆）

すま【須磨】 現兵庫県神戸市須磨区南部の地区。旧武庫郡に属していた。山陽道が通り、また明石海峡を隔てて淡路島に対する交通の要地で、摂津国の西端すなわち畿内の西端にあたることから軍事上の要衝でもあった。「延喜式」の須磨駅家も設置された。須磨浦は白砂青松の景勝地として古くから有名で、多くの歌に詠まれ、『古今集』には在原行平の歌、『源氏物語』須磨の巻にもその景観が描写されている。現在は須磨浦公園。 （高橋誠一）

すまいのせち【相撲節】 毎年七月に宮廷年中行事として行われた相撲会。諸国から集められた相撲人を左右近衛府に分属させて対抗戦で行われ、天皇や群臣が観覧。のち酒宴が催された。もと七月七日の式日は、やがて七月下旬ないし末日となった。 （竹居明男）

すまいのつかい【相撲使】 七月の相撲節にそなえ、諸国から相撲人を集める使者。相撲部領使とも。はじめ国司が兼任したようであるが、平安期には二～三月、左右近衛府から諸国に派遣された。 （勝山清次）

すまでら【須磨寺】 兵庫県神戸市須磨区須磨寺町にある真言宗の寺院。上野山福祥寺。八八六（仁和2）年聞鏡上人が光孝天皇の勅命によって建立。のち荒廃したが源頼政が再興。源平の戦いで敗れた平家の武将敦盛の青葉笛・首塚などがある。 （野口孝子）

すみ【墨】 松煙や油煙などの煤を膠で練り、乾燥させたもの。推古紀によれば高句麗の僧曇徴がよく紙墨をつくったという。正倉院には唐と新羅の墨が伝来する。令制では図書寮に造墨手がおかれ、延喜民部省式によれば丹波・播磨・大宰府からも貢納された。『新猿楽記』は淡路墨を特産とする。『枕草子』は墨は丸いのがよいとするが、長小判型の唐墨かという。古代には黒漆の色を出すのに用い、眉墨にもした。 （勝田至）

すみさか【墨坂】 宇陀山地と奈良盆地との境に位置する坂。神武伝承に男坂・女坂とともにみえ、崇神朝に赤盾八枚・赤矛八竿で墨坂神を祀ったと伝える（崇神紀九年三月条）。現在の西峠（奈良県宇陀市榛原町墨坂）にあたり、一四四九（文安6）年までは、西峠の「天の森」に墨坂神社が鎮座していた。現社地は宇陀川南岸の榛原町萩原。 （和田萃）

すみでら【隅寺】 ⇩海龍王寺

すみのえのなかつみこ【住吉仲皇子】 仁徳天皇皇子。仁徳崩後、兄である皇太子去来穂別（後の履中天皇）に叛して、その殺害を図るも失敗。去来穂別は弟瑞歯別（後の反正天皇）に皇子の殺害を命じ、その命をうけた隼人によって殺された。 （小野里了一）

すみよしたいしゃ【住吉大社】 大阪市住吉区住吉町に鎮座する有名な古社。住吉神社とも称し、全国に分布する住吉神社の総本社。住吉造の当社の第一本宮には底筒男命、第二本宮には中筒男命、第三本宮には表筒男命、第四本宮には息長足姫命を祀る。筒男三神が当初からの奉斎神で墨江の三前の大神とあがめられた。『古事記』『日本書紀』の神代巻の伊邪那岐神（伊弉諾尊）の禊祓の神話にみえる神々で、『万葉集』に〈住吉のわが大御神〉〈住吉のあら人神〉などと歌われ、『播磨国風土記』や『摂津国風土記』逸文などには「住吉大神」と記されている。『日本書紀』の神功皇后摂政前紀などにもみえるが、その奉斎氏族に津守連があり、住吉神を祭祀する神主としても活躍し、「遣唐神主」「渤海神主」ともみえ、外交にも従事した。「延喜式」の名神大社であり、二十二社の第十五に列し、摂津国の一宮であった。社蔵の『住吉大社神代記』は貴重である。

〔参考文献〕西本泰『住吉大社』（学生社昭52）。上田正昭編『住吉と宗像の神』（筑摩書房昭63）。 （上田正昭）

すみよしたいしゃじんだいき【住吉大社神代記】 ⇨住吉大社

すみよしものがたり【住吉物語】 鎌倉時代初期の物語。二巻。作者不詳。『源氏物語』に名前のみえる古本が円融朝末頃に成立、その後一条朝初期に改訂されて現存諸本の原型が出来、広く流布していったものと思われる。継子いじめを中心に、初瀬霊験譚や住吉信仰の要素を含んでいる。注釈書に『新日本古典文学大系18』（岩波書店平1）などがある。 （小西茂章）

すめかみ【皇神】 スメは皇親・皇孫など神や皇室を尊び讃美して冠する形状言。『万葉集』では、ある一地域を領し代表する神をさすことが多い。「延喜式」祝詞では、何らかの意味において、天皇を中心とする祭政の目的達成に参加・貢献する神で、天皇の幣帛に与る神をさしている。 （白江恒夫）

すもう【相撲】 「すまひ」ともよばれ、「角力」とも書く。メソポタミアの紀元前四〇〇〇年紀から三〇〇〇年紀にかけての遺跡から相撲を描いた壁画が発見されており、広くアジアに同種の競技がみられる。『日本書紀』によると、垂仁天皇七年七月に野見宿禰と当麻蹶速が力を争ったことがわが国における相撲の始まりとされるが、古墳から力士埴輪が出土することから、葬礼の際の鎮魂と関係して相撲が行われたことが推測される。隼人が朝廷で服属儀礼として相撲を行ったことも呪的芸能とされ、荒魂を鎮め追い払う宗教行事として相撲が行われた。一方、平安初期になると七月七日の相撲節が恒例行事となり、天皇が宮庭で観覧して武力を錬磨することが目的とされた。また、相撲には豊穣儀礼の側面があり、こうした相撲は神事相撲として各地の神社に残されている。

〔参考文献〕下中弘『相撲の宇宙論』（平凡社平5）。長谷川明『相撲の誕生』（新潮社平5）。新田一郎『相撲の歴史』（山川出版社平6）。 （山田雄司）

スヤンゲいせき【垂楊介遺跡】 大韓民国の忠清北道丹陽郡赤城面艾谷里垂楊介にある中期旧石器～青銅器時代の複合遺跡。南漢江岸に位置し、一九八三～二〇〇一年にかけて七次の調査が行われた。調査面積が一二五〇㎡と、旧石器時代の遺跡としては韓国では最も広く発掘された。文化層は、中期旧石器文化層（Ｖ層）～青銅器文化層（Ⅱ層）があり、中期旧石器文化層は、礫層直上にあり、直接打撃で作った削器、尖頭器、クリーバーなどの石器が出土した。後期旧石器文化層（Ⅳ層）からは五〇ヵ所以上の石器製作址（遺物集中区）が発見され、一〇〇〇点以上の石器が出土した。石材の九〇％以上に頁岩が使用されている。特徴的な石器としては、細石刃石核（一九五点）と有茎尖頭器（五五点）があり、シベリアや日本との関連を考えるうえできわめて貴重な遺跡である。この有茎尖頭器は九州地方の剝片尖頭器と類似するため、朝鮮半島からわが国へ招来された石器と考えられた。多量の細石刃石核は北方地域に主に分布する削片系のクサビ形細石刃石核を主体とするもので、多用な剝離技術が接合資料をもって復元されている。有茎尖頭器と細石刃石器群は平面的な分布を違えて集中しており、分離される可能性がある。本層からは一六四〇〇と一八六三〇の14Ｃ年代がえられている。

〔参考文献〕李隆助『丹陽垂楊介旧石器遺跡発掘調査報告』『忠州ダム水没地区文化遺跡延長発掘調査報告書』（忠北大学校博物館昭60）。 （小畑弘己）

ずりょう【受領】 平安時代に、任国に赴いた国司のうち最も上席の国司。多くは守であるが、守不在の場合は権守、あるいは介である。令制下の国務は四等官の共同責任により遂行されたが、早くも八世紀半ばから任国への赴任を免ぜられる遥任国司が現れはじめるとともに、九世紀には上席の国司に政務の権限が集中しはじめ、一〇世紀初頭には受領が国務を掌握し下僚の国司は国務から疎外されるにいたった。しかし、平安時代後期以降は留守所に目代を派遣する方式が一般化する。

〔参考文献〕吉村茂樹『国司制度崩壊に関する研究』（東京大学出版会昭32）。北山茂夫『王朝政治史論』（岩波書店昭45）。森田悌『受領』（教育社歴史新書昭53）。 （山本崇）

するがのくに【駿河国】 東海道に属する国。現在の静岡県中東部、大井川以東の伊豆半島を除く地域にあたる。北部は赤石山脈や天子山地また富士山などの山地で、駿河湾に面して平野が続く。富士川以東の「珠流河国」の名が駿河の語源と考えられる。この珠流河国造と廬原国造の支配領域がもとになって駿河国が形成されたのは七世紀半ばとされており、六八〇（天武9）年に伊豆国が分置された。「延喜式」では上国とされるが、もとは中国で七六八（神護景雲2）年頃までに上国に昇格した。所管の郡は志太・益頭・有度・安部・廬原・富士・駿河郡の七郡。国府は現静岡市長谷町付近とされてきたが、国分寺や総社との関係で静岡市城内・安東・横内・千代田地区などとする説も有力である。正倉院文書に七三七（天平9）年などの正税帳断簡があり、それによれば人口は約七万人と推定される。一〇世紀の平将門の乱はこの国にも波及した。

〔参考文献〕『静岡県史』全三五巻（平1）。永原慶二他『図説　静岡県の歴史』（河出書房新社昭62）。若林淳之『静岡県の歴史』（山川出版社昭45）。 （高橋誠一）

するがのくにしょうぜいちょう【駿河国正税帳】 駿河国から政府に送られた国衙財政の収支決算報告書。七三七（天平9）年度と翌年度のものが正倉院文書として残っている。国司の部内巡行や国衙で製造された武具についての記載がある。また、駿河国を通過した人々への給粮記事が多くみられ、采女、国師、俘囚部領使など数多くの人々が東海道を往還したことがわかる。（寺内浩）

すわしんこう［諏訪信仰］⇩諏訪大社

すわたいしゃ［諏訪大社］ 諏訪大社は二社四宮で、上社の本宮は長野県諏訪市中洲に鎮座、祭神は建御名方神、上社の前宮は茅野市宮川に鎮座、祭神は八坂刀売神、下社の春宮は諏訪郡下諏訪町に鎮座、建御名方・八坂刀売両神のほか八重事代主神を配祀、下社の秋宮の鎮座地は下諏訪町で、祭神は春宮と同じ。上社の前宮は本宮の前身と考えられており、下社では一月一日から七月末まで祭神を春宮で奉斎、八月一日に遷座して一二月末まで秋宮で奉斎する。『日本書紀』に「須波神」、『延喜式』に「南方刀美神社」とみえる。『梁塵秘抄』に「諏訪の宮」「南宮」とも記し、『吾妻鏡』には「諏方社」「諏訪社」「諏訪南宮上下社」と記載する。一四世紀の「諏訪大明神画詞」をはじめとして「上諏訪大明神」「下諏訪大明神」と称されるようになる。信濃一宮であったが、一八九六（明治29）年四月に官幣中社となり、一九一六（大正5）年一二月に官幣大社となる。上社前宮の御頭祭など注目すべき特殊神事がある。なかでも寅歳と申歳に執行される御柱祭は有名である。諏訪大社の分社は六四六七社だが、このほかにも小社・小祠があって、全国に一万余を数えるという。諏訪信仰には海の守護神としての要素が強い。
［参考文献］信濃毎日新聞社編『諏訪大社』（信濃毎日新聞社昭55）。上田正昭他『御柱祭と諏訪大社』（筑摩書房昭62）。上田正昭監修『図説御柱祭』（郷土出版社平10）。（上田正昭）

すわのくに［諏方国］ 七二一（養老5）年信濃国より分割されて設置された国。七三一（天平3）年に廃止され信濃国に併合された。その範囲については諏訪・伊那両郡のほかに筑摩・安曇郡を含むか否かなどの諸説がある。（高橋誠一）

せ

せいいし［征夷使］⇩征夷大将軍

せいいたいしょうぐん［征夷大将軍］ 蝦夷鎮圧のために設置された官職。令外官。もと征夷使・征東使などと称し、七九三（延暦12）年に正式に征夷使と統一・改称。その長官が征夷大将軍で、初見は翌年の大伴弟麻呂。ついで就任した坂上田村麻呂は数度にわたって蝦夷鎮圧を担当、東北地方の経略に功績があり、これによって征夷大将軍の地位は定まった。以後は蝦夷鎮圧は終了したものと認識され、本職への任命も平将門の乱の藤原忠文にとどまる（ただし征東大将軍）。武将の棟梁の認識は後世にまで受け継がれ、平安時代末期に木曾義仲・源頼朝が就任。武事をもって統治にあたるべき人物が就くべき官職と認識され、鎌倉・室町・江戸の各武家政権の長が征夷大将軍となった。

［参考文献］野田嶺志『律令国家の軍事制』（吉川弘文館昭59）。（井上満郎）

せいえんいせき［製塩遺跡］ わが国の原始・古代における食塩の原料はもっぱら海水に依存し、土器製塩法によって採取された。あらかじめ濃縮した海水を土器に注ぎ、さらに煮沸煎熬して水分を蒸発させ、塩の結晶をえる方法である。その過程で用いられる容器を製塩土器とよぶ。土器製塩法の始原は、縄文時代後葉までさかのぼり、関東や東北地方にあるらしい。西日本においては、弥生時代中期に岡山県児島地方を中心に成立した。当時の製塩土器は、口径一〇～一五㎝、深さ一〇数㎝ぐらいの鉢形の体部にやや大ぶりの台脚をもつ形である。後期に入ると、口径・台脚ともに小形化するが、製塩炉自体の発見が相次ぐ。岡山県上東遺跡例によると、平面は隅丸方形で、長辺一五〇㎝、短辺九五㎝。四周に壁が立ち、炉床は七〇個ほどの台脚付き製塩土器が並ぶ広さである。古墳時代後期にいたって、大きな画期をむかえる。香川県喜兵衛島では石敷炉が現れ、製塩土器も台脚のない丸底球形に変容し、著しい量産化を遂げる。この現象は、中部瀬戸内から東部瀬戸内、紀伊と若狭地方でもみられる。

［参考文献］近藤義郎他『土器製塩の研究』（青木書店昭59）。（葛原克人）

せいえん［製塩］⇩製塩遺跡

せいえんどき［製塩土器］⇩師楽式土器

せいおう［聖王］⇩聖明王

せいおうぼ［西王母］ 中国の女仙。漢代には崑崙山中に穴居する怪神とみなされていたものがしだいに仙女化し、『淮南子』には西王母がもつ不死の薬を姮娥が盗み食いして月に昇ったという伝説を記している。六朝時代には道教神にとり入れられ、宋代には授子育児の女神へと発展するいっぽう、不老不死薬である桃を漢の武帝に授けたという物語が六朝から唐に伝わり、この西王母が日本の王朝雅楽にもとり入れられ桃果の異名で親しまれた。（高井たかね）

せいかかん［棲霞観］ 右京区嵯峨清涼寺境内の地に所在した左大臣源融邸宅。清和上皇臨時の在所となった。融没後阿弥陀堂が建立、棲霞寺と号す。のち源重明により釈迦堂が建立、一〇一六（長和5）年になって奝然が宋より請来した釈迦像が安置され、勅許をえて清涼寺を号した。（佐藤文子）

せいがんりいせき［清岩里遺跡］ 朝鮮民主主義人民共和国ピョンヤン特別市にある、平壌市街の東北に位置する高句麗時代の土城と寺院跡。清岩里土城は大同江の北岸に沿って半月状に造営されている。城壁（土塁）は周約五㎞丘陵尾根線上にめぐらされ、門跡は東西南北の四ヵ所で確認されている。城内の一画に清岩里廃寺跡があり、八角塔を中心とした三金堂の伽藍配置をとる。清岩里土城は、四二七年に集安の国内城から遷都した平

壌城にあたる。その東北に大城山城が立地する。（東　潮）

せいこう［生口］　『後漢書』東夷伝倭の条および『魏志』倭人伝に、倭人が中国皇帝に献上したと記されるもの。贈与・売買・賠償の対象となる隷属民の一種とみられるが、奴婢と異なり、戦争などによって捕獲された非戦闘員を称したものであろう。（荊木美行）

せいしょうなごん［清少納言］　生没年未詳。平安時代中期の女性文学者。『枕草子』の作者。天武天皇皇子孫からはじまる清原氏で、父は元輔。曾祖父深養父も歌人として知られたが、父元輔も三十六歌仙の一人でもあり歌人として著名な人物であった。しかし歴任した官職はいずれも低く、元輔は従五位上・肥後守を極位・極官とし、朝廷においては清原氏は受領階級に属する中下級貴族の家系であった。少女期に父に従い周防に下向し、帰京後に橘則光と結婚。翌年則長を出産したが、二子以上の子をもうけながらもこの結婚生活はほぼ一〇年で解消したらしく、そののちには藤原棟世と再婚したようだが、やがて宮中に出仕し、定子に仕えるところとなる。定子は一条天皇の皇后（最初は中宮）で、中関白こと藤原道隆の娘である。道隆と対抗関係にある藤原道長の娘で、従姉妹にあたる中宮彰子と同じく対抗関係にあった。この彰子のもとには紫式部が仕えており、競争のなかですぐれた平安文化のサロンがともに形成された。定子は父道隆の死去と兄伊周・隆家の花山天皇への暴力事件にともなっていったん宮中を出て出家する。これで中関白家の勢力は衰退し、定子はやがてすぐに還俗、一条天皇とのあいだに一男二女をもうけるものの第一皇子の敦康親王は即位することができなかった。この第一皇子出産とほぼ同時に外戚の地位を目指す道長が彰子を一条天皇に入れたからである。翌年定子は第三子出産とともに死去、この前後に清少納言も宮廷を去ったようであるが、この頃に宮廷生活を振り返って平安文学の傑作『枕草子』は執筆されたらしい。文学者としての清少納言はすぐれた資質と感性をもっており、『枕草子』の随所にそれはあらわれている。また教養という点でも多様なものをもっており、和歌はむろんのこと、男性の貴族・官僚の必読書ともいうべき『史記』『漢書』や『白氏文集』『論語』などを読破していた。このことは当寺の宮廷サロンでよく知られたことであったらしく、紫式部は清少納言のことを「したり顔にいみじう侍りける人。さばかりさかしだち、真名書きちらして侍ほども、よく見れば、まだいと足らぬこと多かり。」（『紫式部日記』）と、「真名」すなわち漢字を使っての創作はあるけれども質が低く、賢こぶっているだけの人物だと評している。晩年は不明だが、落魄・零落伝説があり、月輪（京都市東山区）に隠棲して死去したというも不詳。

［参考文献］岸上慎二『清少納言』（吉川弘文館昭37）。（井上満郎）

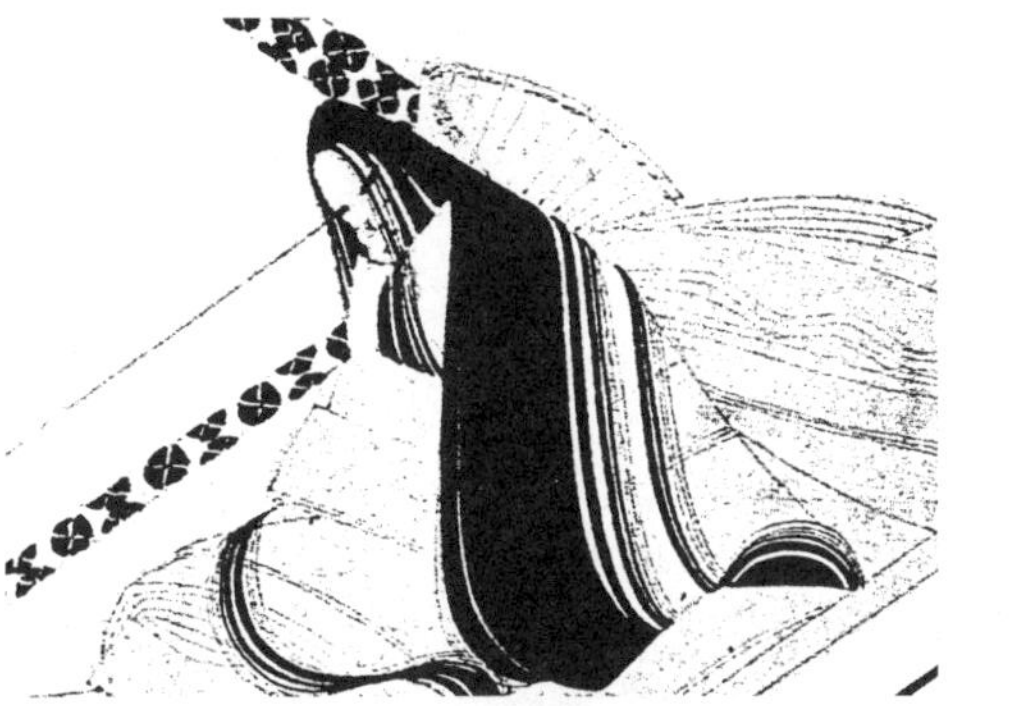

清少納言像　「枕草子絵詞」（『日本の絵巻』10所収）

せいじようりゃく［政事要略］　平安時代の政務、法制書。藤原実資の依頼により明法博士惟宗允亮編。当時の政務全般に関する制度・事例を収集し、年中行事、公務要事、交替雑事など類別に編集したもの。一〇〇二（長保4）年頃成立、その後允亮没まで書き継ぐ。もと一三〇巻、うち二五巻現存。（綾村宏）

せいしんせいぼし［井真成墓誌］　⇨井真成墓誌

せいてい［正丁］　律令制下で調・庸や力役・兵役などの主たる担い手である良民の成年男子。正丁の年齢範囲は当初二一～六〇歳だったが、藤原仲麻呂政権下の七五七（天平宝字元）年と翌年に、それぞれ二二歳以上、五九歳以下に短縮された。（荊木美行）

せいてつ［製鉄］　⇨製鉄遺跡

せいてついせき［製鉄遺跡］　広義には、鉄の原料である砂鉄や鉄鉱石の採掘跡、原料から鉄素材を取り出す製錬遺構、鉄素材から不純物を取り除く精錬遺構、鍛冶遺構、鋳造遺構そして炭窯跡や粘土採掘跡などの総称。狭義には、砂鉄や鉄鉱石と木炭を炉で燃焼加熱することにより還元鉄をえた製錬遺構をいう。弥生時代では、これまで明確な鍛冶遺構は検出されていない。後期の福岡県赤井手遺跡などから溶解した鉄板や鉄塊が出土しており、簡単な熱処理作業が行われたと考えられている。確実な鍛冶遺構は、古墳時代初頭とされる博多遺跡群第五九次調査地点が最古の類である。本格的な鉄製錬が開始されるのは古墳時代後期であり、それ以前の鉄素材は、おもに朝鮮半島から入手していたと考えられている。このことは、素材や鉄器の金属学的分析からも裏付けられている。近年の発掘調査により、六世紀から七世紀にかけての製鉄炉が、北部九州、中国、畿内で発見されている。五世紀後半と推定される福岡県潤崎遺跡出土の鉄滓は、金属学的分析の結果、製錬滓であるとされていることから、列島での製錬の開始時期も当該時期に遡る可能性がある。この時期の代表的な遺跡として福岡県柏原遺跡群M遺跡、岡山県千引カナクロ谷遺跡、滋賀県古橋遺跡などがある。炉形としては、箱形炉が多い。奈良・平安時代には、製鉄遺跡は北海道を除くすべての地域に普及し、当時の経済的基盤を支えた。律令制度の浸透による社会基盤の整備が大きな要因と考えられる。また、この時期に還元帯の長い竪形炉が出現し、銑鉄生産技術が確立する。出土した獣脚鋳型から、おもに香炉などの仏具が生産されたと考えられ、仏教の浸透が鋳鉄生産に拍車をかけたことが窺える。平安時代末には送風装置にも改良が加えられ、量産化の基礎が整えられるとともに、流通機構の整備にも支えられ、各地に特産品が生まれる。一一世紀初めに書かれた『新猿楽記』には、備後の鉄、備中の刀、播磨の針、能登の釜、河内の鍋などの記事が見られる。中世になると製鉄遺跡は、手工業生産に適した地域に集約されるようである。中国地方では、小舟とよばれる防湿構造をもつ炉が出現し、近世への命脈を保つようであるが、他の地域では単発的な鉄生産の後、消息を絶つ。近世になると良質な砂鉄原料を背景とした「たたら吹き生産」が中国地方を中心に盛行し、幕末の洋式高炉導入までわが国の鉄供給の要となった。

【参考文献】東潮『古代東アジアの鉄と倭』(溪水社平11)。たたら研究会『日本古代の鉄生産』(六興出版平3)。 (関 清)

せいどうき【青銅器】 青銅器は銅(Cu)に錫(Sn)や鉛(Pb)などの金属を八〇〇度前後の温度で混ぜ合わせ、融解した金属を型に流し込み製作されたもので、さまざまな形をもつ。東アジアにおける青銅器は、中国河南省に分布の中心がある二里頭文化期(B.C.二〇〇〇頃)に飛躍的に発達し、刀子・戈・爵などの製品が知られる。中国では、当初より武器や礼器が製作され各地に広がっていった。つづく商代では世界的にも卓越した技術で、大形の青銅器を製作しており、おもに儀礼的場面で役割を果たす酒器として利用される。また、同じ頃の長江上流域では、三星堆文化といわれる全く意匠の異なる青銅器文化が栄える。日本では弥生時代中期(B.C.一〇〇頃)以降、朝鮮半島から流入し、本格的に青銅器が出土する。その後すぐ、銅鐸・銅剣・銅矛・銅戈・銅鏃・銅鉇・銅鋤先・銅釧・巴形銅器・筒形銅器・銅鏡などの各種製品が、九州地方や近畿地方を中心に製作される。日本における青銅器は、当初から実用性を備えた工具などをあまり製作せず、武器や装飾具などの製品が多い。なかでも、弥生時代後期には銅鐸や銅矛などを、大型化して共同体の祭器として用いたようである。銅鐸のなかには高さ一・二mを測るものもあり、異彩を放つ。大型化した青銅器は山中などに埋納され、最近では島根県荒神谷遺跡(銅鐸六個、銅矛一六本、銅剣三五八本)や島根県加茂岩倉遺跡(銅鐸三九個)などにおいて多量に出土している。古墳時代には銅鏡や筒形銅器・巴形銅器・馬具・冠など装飾品として首長が保持する威信財、奢侈財に変容する。その後、六世紀以降には仏教系の文物として、銅鋺など多くの器物が製作されるようになる。近年は青銅器に含まれる鉛同位体の比率から、鉛の産地を推定する研究が進められており、今後の成果が期待される。

【参考文献】岩永省三『歴史発掘(7)金属器登場』(講談社平9)。 (田尻義了)

せいとうしょうぐん【征東将軍】 中国、征東、征西、征南、征北の四征将軍号の一。四征将軍号は漢代に始まるが、常設のポストではなかった。魏になって常設の将軍号とされ、四鎮将軍、四安将軍、四平将軍より上位の第二品であった。その後、地位はしだいに下がって隋代には正六品下の武散階となり、唐代に消滅した。日本でも七八四(延暦3)年に大伴家持が「持節征東将軍」に任ぜられ、紀古佐美も七八八(同8)年に「征東将軍」と称されている。七九三(延暦12)年に征夷大将軍に改称された。九四〇(天慶3)年に藤原忠文が「征夷大将軍」に任じられている。倭の五王が冊封された安東(大)将軍号は四安将軍の一である。 (愛宕元)

せいとくおうりょう【聖徳王陵】 大韓民国の慶尚北道慶州市朝陽洞にあって、統一新羅時代にあたる新羅第三三代聖徳王の陵。古くから聖徳王陵と伝承されてきた信憑性の高い王陵と考えられる。ここから南約五〇m地点に亀趺があり、その付近から石碑断片が出土している。『三国史記』が二代後の景徳王一三(七五四)年に聖徳王の碑を立てたと記すのは、この亀趺の上に立っていた陵碑のことを示すのであろう。直径約一七mの円墳の裾には護石がめぐり、それに接して、丸彫で獣頭人身の十二支神像が配される。さらに、円墳の周囲に石獣四基と、前方に石床一基、文・武の両石人を東西に一基ずつ配置している。 (西谷正)

せいねいてんのう【清寧天皇】 在位年不詳。第二二代天皇。和風諡号は白髪武広国押稚日本根子天皇(『古事記』は白髪大倭根子命)。父は雄略天皇。磐余甕栗宮を都とし、その事績を後世に伝えるべく白髪部を定めたという。陵は河内坂門原陵。 (小野里了一)

せいびょうぼ【青苗簿】 古代において、国郡内におけるすべての田の実数と実際の耕作者を把握するためにつくられた帳簿。国司が作成し大帳使に付して京に進上した。苗簿、青苗簿帳ともいい、書式は、「延喜式」主税寮下にみえる。七一七(養老元)年、はじめてその書式が諸国に頒布された。平安初期にはほとんど作成されなかったらしく、八四二(承和9)年には毎年の作成が命じられたが、八四五(承和12)年には損年のみ作成することとされている。 (山本崇)

せいむてんのう【成務天皇】 在位年不詳。第一三代天皇。和風諡号は稚足彦天皇(『古事記』は若帯日子天皇)。父は景行天皇。『古事記』によれば志賀高穴穂宮を都とし、国々の堺や国造・県主を定めたとされる。陵は狭城盾列池後陵。 (小野里了一)

せいめいおう【聖明王】 ?～554 在位523～54 百済の第二六代王。武寧王の子。諱は明襛。『三国史記』では聖王、『日本書紀』では聖明王とそれぞれ表記。安羅の要請をうけて下韓を通過して安羅に進駐し、新羅と対峙。五三八年に泗沘(扶餘)に遷都。王都に部巷制、地方には郡令・城主を派遣して統治。五四一年に新羅に和議を求め、そのいっぽうで加耶諸国に百済への接近を懇請。倭へも仏像・経文を送り、援助を要請。漢城を高句麗から奪回するも新羅に奪われて新羅と交戦。管山城で戦死。 (田中俊明)

せいりゅうじ/しょうりゅうじ【青龍寺】 中国、唐の長安城左街(東半)新昌坊におかれた寺。その前身は隋代創建の霊感寺。唐初に廃せられたが、六六二年に観音寺として再建され、七一一年に青龍寺と改称された。本寺のある新昌坊が城内東端に立地することから、東方を守護する四神の青龍が寺名とされたと考えられる。本寺には不空三蔵の弟子恵果ら密教の高僧が歴代住し、日本からの留学僧の多くがここで密教を伝授された。最も著名なのは恵果に師事した空海で、帰国後に真言宗を興している。天台宗の円仁・円珍、真言宗の真如親王・宗叡・円行・恵運らもいずれもここで密教を伝授されている。八四五年の会昌の廃仏で廃寺となったが、八五二年に護国寺として復興し、ついで青龍寺の旧称に復した。しかし唐末の長安城の荒廃とともに廃寺となってしまい、長く旧址の所在は不明であったが、一九六三年来の発掘調査で伽藍配置のほぼ全貌が明らかとなり、日本の真言諸派の基金でいくつかの建物が再建されている。（愛宕元）

せいりょうき【清涼記】 村上天皇（在位926〜67）が九五一（天暦5）年以前に作成し藤原師尹が加注した宮廷の儀式書。原五巻は伝存せず逸文しかないが、恒例行事・臨時儀式の両方からなる。天暦の『蔵人式』『新儀式』と密接な関係があり、『小野宮年中行事』の本文構成などに活用されている。

【参考文献】和田英松『本朝書籍目録考証』（明治書院昭11）。所功『平安朝儀式書成立史の研究』（国書刊行会昭60）。（所　功）

せいりょうじ【清涼寺】 京都市右京区嵯峨にある浄土宗の寺。もと華厳宗。五台山。本尊の釈迦如来（国宝）にちなみ嵯峨釈迦堂ともいう。九八六（寛和2）年、東大寺僧奝然が宋より五臓六腑の模型などを胎内におさめた釈迦如来像や宋版一切経などを請来。中国五台山大清涼寺を模した寺院を建立する勅許をえ、準備をすすめたが延暦寺の訴訟によって成功しなかった。奝然没後弟子の盛算によって、源融の別荘棲霞観の一堂に釈迦如来を安置し、清涼寺と号した。（野口孝子）

せいりょうじしきしゃかぞう【清涼寺式釈迦像】 奝然が宋から請来した清涼寺の釈迦如来像を模刻した像。現存最古の像は一〇九八（承徳2）年の三室戸寺像。鎌倉時代には叡尊・忍性らの真言律宗によって釈迦信仰が広がり、中世を通じて多くの像が製作された。（藤田琢司）

せいりょうでん【清涼殿】 平安京の内裏の殿舎の一つで、紫宸殿の西北に位置、中殿、本殿、後寝ともよぶ。平安時代中頃よりは天皇の日常の居所となった。身舎の規模は南北九間、東西二間で、天皇の寝所である夜御殿のほか御湯殿、朝餉間などの天皇の私的生活の場と、日常政務の場であった昼御座、公卿などが祗候する殿上間など公的性格の濃い空間があった。また、叙位・叙目、四方拝、小朝拝、灌仏など多数の行事が行われた。（西山恵子）

せいわいん【清和院】 平安京左京北辺四坊七町に所在した清和天皇の後院。もとは摂政藤原良房の邸宅染殿の一部。良房娘明子が清和天皇の生母であった関係で譲位後の居所となった後、一演僧正の手になる地蔵菩薩が安置され寺院となる。盛衰後、後水尾院勅により現在地（七本松一条上ル）へ移転。（佐藤文子）

せいわげんじ【清和源氏】 源氏を賜姓された清和天皇の皇子・皇孫。最も栄えたのは、第六皇子貞純親王の子経基に始まる系統である。ただし一〇四六（永承元）年の源頼信告文は、経基を陽成天皇の皇子元平親王の子としている。承平・天慶の乱の鎮定にあたった経基は、九六一（応和元）年に源姓を与えられ、その子満仲は摂津国多田に本拠をおいた。同所を相伝した長子の頼光や子孫の頼政等は摂津源氏と称される。満仲の同母弟満政は美濃・尾張・三河源氏、満仲の二男頼親は大和源氏、同三男頼信は河内源氏の祖となった。頼信の子孫である頼義・義家・為義・義親・義朝等は中央に出仕して軍事貴族として活躍し、頼朝は鎌倉幕府を開いた。河内の本拠地は義家まで継承されたが、その跡は義時に継がれた。義家の弟義光は武田・安田・小笠原等の甲斐・信濃源氏、義親の弟義国は新田・足利の祖となる。清和源氏の諸流は平安末・鎌倉初期の合戦で多くの武勲を挙げた。そのいっぽうで、美濃・尾張・摂津・甲斐源氏等のように、源平合戦・承久の乱での敗北や頼朝の抑圧などで勢力を弱めた一族も少なくない。鎌倉将軍家は三代で滅んだ。

【参考文献】安田元久『日本初期封建制の基礎研究』（山川出版社昭51）。朧谷寿『清和源氏』（教育社昭59）。元木泰雄『武士の成立』（吉川弘文館平6）。（宮田敬三）

せいわてんのう【清和天皇】 850〜80　在位858〜76　文徳天皇第四皇子。母は藤原良房女明子。名は惟仁。外祖父良房の一条第で誕生。生後八ヵ月で立太子。九歳で即位。幼少のため良房が万機を摂行、人臣初の摂政となり、その死後は基経が補佐し、藤原氏による摂関政治体制の基礎が形成された。陽成天皇に譲位した後、八七九（元慶3）年出家（法名素真）。陵は水尾山陵（京都市右京区嵯峨に所在）。なおその子孫は源朝臣を賜姓。清和源氏とよばれ、武門の棟梁の家となった。（関口力）

せき【関】 制度的には律令制で確立。律令国家の政治的な地域区分により、①三関（伊勢・鈴鹿、美濃・不破、越前・愛発）、②摂津関・長門関、③その他とランクづけされた。基本的には国境におかれ、通行人の検索と、関によっては軍事的機能をはたした。

【参考文献】館野和己『日本古代の交通と社会』（塙書房平10）。（八賀晋）

せきざんぜんいん【赤山禅院】 京都市左京区修学院にある天台宗の寺。赤山明神は泰山府君神ともいい、慈覚大師円仁が唐よりともなって帰国した外来の護法神。この神を八六四（貞観6）年比叡山の西坂本口に祀り赤山禅院と称し、東坂本の日吉山王とともに比叡一山・天台一宗の守りとした。（野口孝子）

せきざんほっけいん【赤山法華院】 中国、山東省登州文登県赤山浦（現在の栄成市斥山鎮）の山麓にあった仏寺。唐代の山東半島は海上貿易に従事する新羅人の集落が少なくなく、入り江の港である赤山浦にも彼らの集落があった。この地区の多数の新羅人を管轄したのが登州勾当新羅所で、その責任者が張宝高である。彼は新羅人を掠取して唐に売る海賊の取締りを進言し、新羅の興徳王から清海鎮大使の称号を認められ赤山法華院を建立した。住僧のほとんどは新羅人で、赤山新羅院ともよばれた。入唐僧円仁（慈覚大師）が入唐直後の八三九年六月と会昌廃仏後の帰国直前の八四五年八月の二度にわたり、この寺で懇切な待遇をうけたことは、彼の旅行記『入唐求法巡礼行記』に詳しい。近年、斥山鎮で赤山法華院とおぼしき遺構が発見されたが、中国ではほとんど注目されていない。比叡山延暦寺の鎮守神とされる赤山明神はもと赤山法華院の山神で、円仁が本願達成を祈願して、帰国後に禅院建立を誓って果たせず、弟子の安慧が勧請したもので、延命・富貴の神として信仰された。
〔参考文献〕小野勝年『入唐求法巡礼行記の研究』（鈴木学術財団昭60、のち法藏館平1）。 （愛宕元）

せきしつぶんかんぼくのおんずし【赤漆文欟木御厨子】 正倉院宝物の一つ。欟は欅の古名、赤漆という蘇芳で着色し半透明の生漆をかけ、木目の美しさを生かしている。『国家珍宝帳』に記載のもので、聖武天皇の『雑集』、元正天皇の『孝経』、光明皇后の『楽毅論』、あるいは王羲之の書などの書巻類、刀子、御帯、念珠などを収納していた。この厨子は、天武天皇から持統天皇、さらに文武、元正、聖武、孝謙と天武天皇の皇統に連なる各天皇に伝えられたが、孝謙天皇から東大寺大仏に献納。由緒の確認できる最古の宝物。
〔参考文献〕宮内庁正倉院事務所編『正倉院の木工』（日本経済新聞社昭53）。同事務所編『正倉院宝物』北倉Ⅰ（毎日新聞社平6）。 （米田雄介）

せきじょうひ【赤城碑】 六世紀半ばの新羅の碑文。一九七八年に忠清北道丹陽郡丹陽邑の赤城で偶然に発見された。現在も現地に立つ。真興王碑の一つであるが、他の四碑とはやや性格が異なる。二二行にわたって文字が彫られており、上部は破損しているが、断片がいくつか残されている。五四〇年代、新羅は慶尚北道と忠清北道の境をなす小白山脈を越えて、高句麗領へ進出していった。その最初の段階で獲得したのが赤城の地であり、赤城の也尓次という人物が新羅と内通して、その進出を助けた。碑文建立の目的の一つは、也尓次に対する顕彰であり、そして今後、新羅がさらに高句麗領に大きく進出していくにあたり、これに倣って新羅に通じることを勧めるためのアピールとするものであった。碑の冒頭には、領土拡張事業を推進している高官たちと、現地に派遣された地方官の名が列挙されており、これからの新羅の施政方針を布告する。新羅の官位・外位史料としても貴重。 （田中俊明）

赤城碑

せきじん【石人】 ⇩石人・石馬（せきじん・せきば）

せきじん・せきば【石人・石馬】 中部九州を中心に五世紀前半から六世紀後半にかけて盛行する阿蘇溶結凝灰岩でつくられた石製品の総称。武装人物、短甲、馬、靫、盾、刀、壺などがみられるところから石製表飾品ともよばれている。形象埴輪と同じく墳丘上に樹立されており、実寸に近いものが多い。福岡八、熊本一五、大分二、佐賀一、鳥取一の分布を示しており、有明海沿岸に集中している。初期のものは、短甲形と武装石人で、有明海沿岸の福岡県筑後市の石人山古墳、大牟田市の稲荷山古墳、高田町の石神山古墳と豊後水道に面した大分県臼杵市の下山古墳、臼塚古墳にみられる。遠く離れた二ヵ所に初見が求められる要因はよくわかっていない。

主として、前方後円墳の表飾として立てたもので、筑紫国造磐井の墓である福岡県八女市の岩戸山古墳で最盛期を迎える。『筑後国風土記』には、別区に猪を盗んだ偸人を裁判する様子、墳丘に石人・石盾が六〇枚ずつ立てられていたと記載されている。出土した石人、石馬は一〇〇点以上に及び、武装石人・裸体石人・石馬・石水鳥・石鶏・石猪・石靫・石盾・石刀・石蓋・石翳・石壺などバラエティにとんでいる。複数以上出土しているのは、熊本県竜氷川町の姫ノ城古墳で靭一一、蓋六、石見型盾五、菊池市の木柑子高塚古墳で石人四がみつかっている。初期のものが短甲形、武装石人であるところから、被葬者を守護する目的ないしは辟邪のために樹立させたと考えられているが、岩戸山古墳以降は小型化し、八女市の童男山三号墳のように赤ん坊を背負った女性、乳房を表現した熊本市の富ノ尾石人、木柑子高塚古墳の貴人、巫子、裸婦、伎人のように、武闘的なたたずまいとはことなった石製品がみられるようになり、性格の変化を読みとれる。

中国でも秦漢時代以降、宮殿、墳墓などに石彫の人物、獣を樹立するが、関係は認められない。

岩戸山古墳の靫負石人
写真提供：八女市教育委員会

【参考文献】小田富士雄編『石人・石馬』(学生社昭60)。（佐田茂）

せきせいもぞうひん【石製模造品】 古墳時代に軟質の石材を使用し、祭祀などのために各種の器物を模造した製品。碧玉製、滑石製のものがあるが、碧玉製品は少なく、年代的にも古いものが大半を占める。碧玉製の腕飾類や合子、滑石製の石枕などは石製品とよび、石製模造品とは区別する。古墳の副葬品としてだけではなく、祭祀関係遺跡などからも出土する。とりわけ、祭祀関係遺跡からは同種類の製品が多量に出土することが多い。その場合は一部に小孔が穿たれ、樹枝などにつり下げたと考えられている。いっぽう、小孔が認められない機織具や酒造具などは並置するなど別な使用法が想定されている。精巧なつくりのものが前期後半に出現し、中期になると粗製品が目立つようになり、同種類のものを大量に使用する。後期には減少する。模造の対象品は、鏡・勾玉・臼玉などの服飾具、剣・鏃・短甲などの武器・武具類、刀子・斧などの農工具類、紡錘車などの機織具、坩などの容器類、そのほか舟や馬などがある。用途が不明なものも多い。（福尾正彦）

せきそんどうこふんぐん【石村洞古墳群】 大韓民国のソウル特別市松坡区石村洞にある、三国時代百済の古墳群。石村洞の地名の由来となった積石塚は、一九一六年当時、六六基が確認されていたが、一九八七年の発掘調査でも新たに発見された。そのうち、石村洞三号墳は、東西五〇・八m、南北四八・四mの大形で、平面方形三段築成のピラミッド形をした積石塚である。出土遺物の中の東晋の陶磁器は、百済と中国・南朝との交流を物語るものとして注目される。この古墳の南方八〇mの地点に築かれた石村洞四号墳は、一辺約三〇mの中規模で、三号墳と同じ外形を示す。ともに、埋葬施設はすでに削平されていて不明であるが、外形は高句麗の積石塚と共通する。これらの積石塚のほかに、小形の封土墳の内部主体と考えられる土壙墓や、石槨墓・甕棺墓なども検出されている。いずれも四世紀代の建国期の王族・貴族の陵墓群として、百済の出自・支配構造の問題、もしくは、高句麗や東晋との関係を考える上で、重要な遺構・遺物を出土して重要である。（西谷正）

せきたい【石帯】 古代の律令体制下にあって、官人は官職・位階、そして、それにともない衣服が規定されていた。遺物としては銙帯と石帯という二つの革帯があって、それぞれ青銅製の銙と玉・石製の石銙が取り付けられた。石帯は、青銅製の鉸具と玉・石製の巡方・丸鞆、そして、玉・石製もしくは青銅製の鉈尾などから構成される。石帯には、革帯に取り付けるため、裏面に糸を通す孔が開けられている。七九六（延暦15）年に隆平永寳の銅銭を支えるため銙帯を禁じており、それ以後は代って白玉や雑石が用いられたようである。ところが、八〇七（大同2）年から三年間に雑石だけは禁止された。つまり、八一〇（弘仁元）年にいたって銙帯の代りに雑石も使用することが確立された。このように、石帯は銙帯に代って平安時代に主として使われた。

【参考文献】亀田博「銙帯と石帯」関西大学考古学研究室開設参拾周年記念考古学論叢（昭58）（西谷正）

せきちょう【籍帳】 ⇩戸籍、計帳

せきでら【関寺】 滋賀県大津市逢坂にあった寺。南北朝頃に衰退。五丈の弥勒仏があったが九七六（貞元元）年の地震で破損、源信の弟子延鏡が再興。清水寺の僧が寄進した牛が霊牛であるとの噂がたち、藤原道長夫妻も参詣して牛を見た。（野口孝子）

せきてん／しゃくてん【釈奠】 先聖先師を祭る儀式。『礼記』にみえ、釈も奠もおくという意味で菜と幣帛を供えて祭る。古くは先聖先師として誰を祭ったか明らかでないが、漢代以後には儒教が重んじられると孔子を祭るようになり、一九一四年には祀孔と改称された。日本でも七〇一（大宝元）年から行われ、唐の制度にならって毎年二月八月に孔子とその弟子顔回らを参拝し、経書の講義がなされた。平安時代も引き継がれたが応仁の乱で絶え、江戸時代になって再興された。（高井たかね）

せきば【石馬】 ⇩石人・石馬

せごんこうこふん【千金甲古墳】 熊本県小島下町勝負谷にある装飾古墳。横穴式石室の円墳で、径約一二m、高さ三mを測る。石室は羨道部が未発掘、推定三・六mの細長い羨道に続き、奥行二・七m、幅二・六mの玄室内に高さ八〇cm、厚さ一五cmの阿蘇凝灰岩の石障をめぐらす。石障の内部をさらに板石で区画して屍床をつくっている。石障内面に装飾紋がある。奥壁には靫と同心円紋を相互に刻む。また奥壁に平行する仕切り石には六個の同心円紋を刻む。ほかの石障には靫の表現はなく同心円と対角線で構成される。同心円は三重の半肉彫りで中心にコンパスの中心穴がみられる。色は中心部から赤・青・黄・赤の順に塗り分けている。遺物は碧玉製管玉一個が知られている。六世紀初めの古墳と考えられている。（島津義昭）

ぜじょう【是定】 橘氏、王氏の氏長者にかわって氏爵の推挙権をもつ他氏の者（公卿）の称。一〇世紀末に橘氏で公卿となる者がいなくなり（叙位の儀に出られない）、藤原氏・源氏の長者がその権能を代行した（橘氏是定）。ただし氏院たる学館院の別当職は橘氏の長者の手に残る。王氏の場合は第一親王、後には諸王中の長者が是定となった。（朧谷寿）

せちえ【節会】 節日その他重要な公事のある日に、天皇が群臣を集めて行った饗宴。正月一日の元日節会、同七日の白馬節会、同一六日の踏歌節会、五月五日の端午節会、七月七日（のち七月下旬）の相撲節会、九月九日の重陽節会、一一月新嘗の豊明節会などの恒例の節会と、立后・立太子・任大臣等に際しての臨時の節会があった。それぞれに、中国からの輸入、あるいは民間に由来する独自の行事が催され、歌舞演奏や賜宴・賜禄があった。（竹居明男）

せついん【切韻】 中国の韻書。隋の陸法言撰。六〇一（仁寿元）年になる。全体を平声五四韻・上声五一韻・去声五六韻・入声三二韻の四声に分け、さらに韻と音によって分類して収録し、反切によって

発音を注してある。これらのスタイルは後の字書の模範となり、中国語の音韻を知るための貴重な史料である。原書は散逸したが、近代になって敦煌で唐代写本の残本が三種発見され、原書の大略を知ることができるようになった。（高井たかね）

せっかん［石冠］ 縄文時代晩期の磨製石器。特異な形で、江戸後期の弄石家木内石亭も『雲根志』で紹介している。冠帽のような形状のものがあることからこの名があり、明治時代の神田淡厓の文献にみられる。冠石ともよばれるが、用途がはっきりしないので凸字形石器、凡字形石器とよばれたこともある。おもに飛驒・越中・美濃など中部地方の山間部に分布し、東北地方にも点在するが、関東には希薄である。砂岩質の自然礫を敲打で成形したのち、磨研して仕上げたものが多い。側面形が斧状・円形状の頭部になるものと、球頭状（把手形）頭部になるものなどがある。基底部は上からみると楕円形や長楕円形が多く、底面はやや くぼむものもあるが平坦もしくは弧状をなし、ここに棒状の木の柄を着装して武器として使用したとする説があり、球頭状の頭部をもつ石冠は処女の破瓜に用いたとする珍説もあった。胴部に文様を彫刻した美麗なものが多く、いずれにせよ日常的な道具ではなく、呪術・儀礼に用いた宗教的な用具とみるのが一般的で、同形の土製品（土冠）が存在することもそれを支持する。土冠は東北地方の晩期中葉の遺跡に多く、関東、中部でも出土する。石冠・土冠は東日本の縄文文化に特徴的な遺物で、三角壔形石製品・土製品、独鈷石、御物石器、多頭石斧、石棒、三脚石器などと時期や分布が重なることも注意される。

以上、本州の石冠とは別に、北海道の南西部から道央部にかけて、かさね餅もしくは棒状を呈し、やや大型の粗いつくりのものが存在する。北海道式石冠とよばれ、縄文時代早期末の貝殻文尖底土器群から前～中期の繊維土器・円筒土器類に伴出する。石皿・石臼などを共伴することがある。安山岩や石英粗面岩などかための石材を用い、胴部に敲打による凹帯をめぐらしたものや山形に整えたものなどがあるが、いずれも底面は平滑で、擦痕や摩滅がみられる。製粉具など日常的な用途が考えられる。（中山清隆）

せっかんけ［摂関家］ 摂政・関白の地位を世襲する家系のこと。執柄家とも。清和天皇の外戚として藤原良房が人臣最初の摂政、その子（養子）基経が摂政、ついで関白となったことに始まる。しばらく中断したのち基経の子忠平、忠平のあとはいったん実頼・師輔系に分裂するが兼家以後は藤原北家師輔流（九条流）に摂関は固定した。平安末期・鎌倉初期に近衛・鷹司・九条・二条・一条の五家に細分化。摂関家には膨大な所領が集積され、摂関家の家政のみならず摂関政治を支える経済基盤となった。（井上満郎）

せっかんせいじ［摂関政治］ 藤原氏出身の摂政・関白によって執行される政治形態をいう。「摂政」はすでに神功皇后や聖徳太子にその前例があるが（『日本書紀』）、臣下の摂政就任は藤原良房を初例とし、天皇を代理して国政を執る。関白は藤原基経が初例。普通天皇が幼少時には摂政、長じてからは関白とされるが、例外も多い。良房・基経は九世紀中期・後期に属するが、この時代はまだ恒常的に摂関の設置はされておらず、ために両者の国政執行を前期摂関政治として区別することがある。この場合の摂関は国政を執行するにとどまり、天皇の代理の意味はなかった。摂関が常置されるのは九六七（康保4）年藤原実頼からだが、九六九（安和2）年に安和の変によって左大臣源高明が左遷されて藤原家の覇権が確立して以後を摂関政治とよぶ。これ以後の摂関は天皇を代理し、貴族政治の全盛期となる。藤原氏摂関家が政治を主導する慣例が成立したが、その摂関の地位をめぐって藤原氏内部の対立・抗争が今度は繰り返され、最終的には兼家の末子の道長の系統に摂関の地位は落ち着いた。摂関政治の特徴は摂政・関白の強大な権限だが、両職は職務規定がないが、主要官職の任命権、広大な荘園の所有などが摂関政治を支えた。藤原道長は摂関に就任せず長期間にわたって左大臣のまま政治を執行したように、個人的力量も重要な摂関政治運営の要素となった。この政治形態の成立するためには天皇の外祖父であることが必要と認識され、したがって親権が摂関政治を支持する要件となる。外祖父の関係は多分に偶然性に支配され、事実頼通は摂関にはなるが外孫をもたず、急速に摂関政治は衰退し、摂関の地位は継続するものの一一世紀末をもって摂関政治は終焉、院政にとって替わる。

［**参考文献**］橋本義彦『平安貴族社会の研究』（吉川弘文館昭51）。同『平安の宮廷と貴族』（吉川弘文館平8）。坂本賞三『藤原頼通の時代』（平凡社平3）。（井上満郎）

せっくつあん［石窟庵］ 大韓民国の慶尚北道慶州郡陽北面凡谷里に属し、吐含山の東側中腹、標高五六五mのところに立地する石窟寺院。統一新羅時代の景徳王一〇（七五一）年に、金大城が創建したと推定される。岩壁の下、自然の湧水のあるところで、石材を巧妙に組み立てた上に、封土墳のような盛り土を行って、人工の石窟がつくられている。石窟を主拝殿とする寺院建造物がその前面にあり、それら全体を石仏寺とよぶが、一般には石窟庵とよばれる。石窟は、平面円形の主室と横長の長方形の前室、そして、それら二室を連結する間道もしくは扉道から構成される。入口は、南東すなわち東海（日本海）側を見下ろす位置に開いている。主室から前室までの長さは約一四・三mを測る。主室の天井は穹窿状をなし、その上を封土で覆っている。前室には、もともと屋根が架かっていたと考えられるところから、一九六四年の改修時に、入母屋造りの木造建築で被覆された。前室の左右両壁に八部神衆を四体ずつ、花崗岩の板石に陽刻したり、前室の北壁左右に仁王像一体ずつ、間道左右には四天王像がある。間道から主室に入る入口には八角の双柱が立つ。主室の中央には、結跏趺坐、降魔触地印の高さ三・二六mの釈迦如来坐像が、高さ一・五八mの台座の上に安置されている。この本尊の周囲の壁面には、後面中央に十一面観音像とその左右に五体ずつ合計一〇体の羅漢像を、また、入口左右にはそれぞれ天部像と菩薩像を一体ずつ配置している。

［**参考文献**］黄壽永他『石窟庵修理工事報告書』六七（大韓民国文化財管理局）。（西谷正）

せっこうじ【石光寺】 奈良県葛城市染野（もと北葛城郡当麻町大字染野）に所在する寺。大和国葛下郡当麻郷に所在し、当麻氏ゆかりの寺だったらしい。古くは三論宗、中世には真言宗であったと伝え、現在は浄土宗。牡丹の名所としても知られる。「当麻曼荼羅縁起」や「当麻寺縁起」によれば、横佩大臣の娘（中将姫）の祈願により現れた化尼（阿弥陀如来）が蓮糸を石光寺の井戸（染井）で五色に染めたと伝えられることから、染寺の呼称が生まれた。南門前に塔跡の土壇と礎石が残り、出土する塼仏や古瓦から、七世紀後半の寺院と推定される。『元亨釈書』によれば、天智朝に染井の傍らの精舎が夜ごと光を放つので、勅使を遣わしたところ、三つの大きな石があって仏像に似ていた。それで勅により、三つの石に弥勒三尊像を刻み、それを覆う堂舎をつくったという。

一九九一（平成3）年、文化年間（一八〇四～一八）に建てられた弥勒堂の建て替えにともなう発掘調査で、現基壇の下から、南北五間、東西三間以上の礎石建物の一部と須弥壇、また須弥壇を断ち割ると総柱の礎石建物が検出された。さらに弥勒堂から東へ六mの地点で、中世の土層中から白鳳期の石造如来坐像と台座の残欠が発見された。そのほか塼仏、文様のある多数の塑壁片、古瓦類なども出土した。石造如来坐像は二上山の凝灰岩を彫り出したもので、現状では体部に頭部を差し込む形式であるが、当初は一石でつくられていたらしい。石仏の姿は、当麻寺金堂本尊の弥勒菩薩像（国宝）に類似する。検出された須弥壇をもつ建物は、東西四間、南北五間の金堂と推定されている。須弥壇の上に石造弥勒仏と左右に脇侍の石仏が安置され、堂内は塼仏や文様塑壁で荘厳されていたらしい。『元亨釈書』にみえる光を放つ三つの大石の伝承は、新たに発見された石造弥勒三尊像の由来を伝承化したものと推測される。

【参考文献】奈良県立橿原考古学研究所編『当麻石光寺と弥勒仏 概報』（吉川弘文館平3）。

（和田萃）

石窟庵本尊仏

ぜっこでん【絶戸田】 令制下の田種の一つ。戸口全員が死に絶えた戸を絶戸といい、その戸に付属する田を絶戸田という。令規によると、まず五等親以上の親族が相続するが、該当者がない場合五保に管理を委ね、班年にいたり口分田と園地は収公するものとされた。

（山本崇）

せっしょう【摂政】 天皇を代行して政治を行う職、ないしはその人。政を摂べる、の意。初例は推古天皇の摂政の皇太子厩戸（聖徳太子）で、国務を「摂政」し「万機」を「委ね」られたとある（『日本書紀』）。ほかに中大兄皇子・草壁皇子も皇太子として在位中の天皇に代わって国政を執っているが、ともに「摂政」の表現はみられない。人臣摂政は八六六（貞観8）年の藤原良房に始まり、九歳で即位しこの年一七歳の清和天皇の外祖父として太政大臣のまま「天下の政を摂行」するこの職についた（『日本三代実録』）。以後成人後の関白とあわせて、天皇幼少時の摂政は国政執行の最高職となった。一〇世紀後半頃から摂政または関白はほぼ常置され、近代に及んだ。

（井上満郎）

せっしょうきんだん【殺生禁断】 生類を殺すことを禁止すること。神祇信仰にも生きものを殺すことを忌避する思想はあるが、殺生禁断は主として仏教によって流布した思想。四悪・十悪の一つとして定めており、僧侶・俗人にともに禁止した。実際には時期・場所を限って鳥獣魚類の捕獲を禁断した。「養老令」雑令にはすでに六斎日には「公私皆な殺生を断ず」とあるごとく、奈良時代にはすでに法令として明文化されている。平安時代には王権の自己主張としてしばしば殺生禁断令が発布され、とくに院政期には白河上皇などによって網代の破却をはじめ頻繁に禁令が出された。

（井上満郎）

せっつしき【摂津職】 令制官司の一つ。京官の扱い。摂津国を管轄したので、その職務はおおむね他の地方官と共通する。しかし津済・上下公使・舟具の検校などの特有の職掌は、難波津の管理を重視したことを示す。また市廛、度量、道橋の職掌が京職と共通するので、難波京の管理も重要な職務であった。職員には、大夫・亮・大少進・大少属の四等官その他がある。七九三（延暦12）年難波大宮の停止にともなって廃止され、かわって摂津国司がおかれた。

（栄原永遠男）

せっつしきしまのかみぐんみなせのしょうず【摂津職島上郡水無瀬荘図】 東大寺の所有する荘園の水無瀬荘の地図で、水無瀬荘は現在の大阪府島本町と推定される。正倉院蔵（東南院文書）。坪付を記すものの簡明で、むしろ周辺の山川など全体環境に記載の力点があるか。全面に摂津職印を押す。七五六（天平勝宝8）年の作成と推定される。

【参考文献】金田章裕他編『日本古代荘園図』（東大出版平8）。

（井上満郎）

せっつのくに【摂津国】 現在の大阪府北部と南西部および兵庫県南東部にあたる。北部に北摂山地や六甲山地があり大阪湾に面して淀川などによる沖積平野が広がる。大化前代から難波津が重要視され、この津を摂るところから摂津と称された。大宝令制では特別行政区として摂津職の管理下にあった。摂津職は七九三（延暦12）年に廃止され、以後は一般の国と同格の摂津国となった。「延喜式」では上国とされ所管の郡は住吉・百済・東生・

西成・島上・島下・豊島・能勢・河辺・武庫・兎原・八部・有馬郡の一三部。国府は摂津職当時の役所を使用したと考えられ、現大阪市の長堀・道頓堀付近とする説などがあるが不詳。八〇五（延暦24）年に江頭に移転したがその場所も大阪市天満橋付近との説があるものの具体的な位置は不明。八二五（天長2）年河辺郡への移転計画が立てられたが中止された。開発の歴史は古く、中央貴族の位田・職田や勅旨田・親王賜田・有力寺社や貴族の荘園も多く設置された。

【参考文献】『大阪府史』全七巻（昭53〜平3）。『兵庫県史』全二六巻（昭49〜）。藤本篤『大阪府の歴史』（山川出版社昭44）。八木哲浩他『兵庫県の歴史』（山川出版社昭46）。

（高橋誠一）

せつどし【節度使】　中国、唐中期以降、五代期におかれた軍事関係の代表的使職（令外官）。府兵制の崩壊により、八世紀初めに辺境に一〇節度使が傭兵軍団の司令官としておかれ、安史の乱を契機に国内要衝にも内地節度使が続設されるようになった。有力な節度使は兵権のみならず広域な行政権をも掌握し、藩鎮とよばれる地方軍閥化して中央政府の統制からは半ば自立してしばしば連合して反乱を起こした。九世紀初めに両税法が軌道にのると、税制面からの締め付けと平行して、弱小藩鎮に対して個別分断して軍事攻勢を加えて唐の中央集権はある程度回復された。その後は藩鎮内部の節度使と傭兵との対立が激しくなり、唐末の黄巣の乱後は反乱軍降将、群盗出身者、異民族首領などが節度使となって、五代十国の軍閥政権興亡へと時代は移っていく。日本でも令外官としての節度使が七三二〜三四（天平4〜6）年に辺境防備の強化のため、七六一〜六四（天平宝字5〜8）年には対新羅戦争を想定しておかれている。

（愛宕元）

せつぶん【節分】　暦で、立春・立夏・立秋・立冬のそれぞれ前日をいう。平安時代の貴族社会では、このときに方違をする習慣があり、これを節分違と称した。室町時代頃から立春前日が重要視され、江戸時代にはほぼ一般化した。

（竹居明男）

せつもんかいじ【説文解字】　中国、後漢の許慎が撰した現存する最古の字書。説文ともいう。全一四編を五四〇部に分けて当時の正字である小篆九三五三字と先秦の字体である古文・籀文など一一六三字（重文）について、漢字の字義と字形を解説する。まず文字の意味を解説し、次に字形について六書の理論（指事・象形・形声・会意・転注・仮借）によって解説してその漢字の構成や音を示す。さらに古典を引用して考証するが、引用されている古典は現在では散逸しているものが多く、貴重な史料となっている。テキストには、五代宋初の徐鉉・徐鍇兄弟の『説文解字繫伝』四〇巻がある。宋代以降の金文研究の蓄積や二〇世紀初頭以来の甲骨文などの新しい文字資料によって漢字の文字学は著しく進歩し、本書の解釈の誤りがいくつか指摘されるようになったが、古典研究上での本書のきわめて重要な価値に変りはない。注釈書として最もすぐれているのは清の段玉裁『説文解字段注攷正』（段注）で、日本語訳に尾崎雄二郎編訳『訓読説文解字注』（東海大学出版会　昭56〜平2）がある。

（愛宕元）

せどうか【旋頭歌】　歌のかたちの一つで「五七七五七七」からなる。『万葉集』には六二首が収載されている。そのうち、柿本人麻呂歌集所出のものが、三五首と過半数をしめている。したがって、従来から人麻呂と深い関わりがある歌体であるといわれている。一般には、問答形式・呼び掛け形式・繰り返し形式と、その他に分類されている。近年の研究においては、その民謡的、集団的性格に加えて、記載文芸としての性格も明らかにされつつある。

（上野誠）

せやくいん【施薬院】　貧しい病人に薬を与え治療する施設。七三〇（天平2）年に光明皇后が皇后宮職に設置したのに始まる。平安京では左京九条唐橋に設けられ、孤独者・捨子の収容も行った。財政基盤は諸国の所領のほか藤原冬嗣の食封などによった。

（朧谷寿）

せやま【兄山】　和歌山県伊都郡かつらぎ町の紀ノ川北岸にある山。背山とも。六四六（大化2）年正月の大化改新の詔に、畿内国の南限として「紀伊の兄山」がみえ、『万葉集』にも「紀の国の妹兄の山」（巻四―五四四）と歌われている。紀ノ川を挟んで対岸に妹山が伝承されているが、妹山の所在地は吉野とみるべきだろう。吉野川沿いにある妹山（奈良県吉野郡吉野町河原屋に所在。標高二六〇m）の南麓に、式内大社の大名持神社が鎮座するからである。

（和田萃）

ぜん・さい【善・最】　大宝・養老令制下で毎年行われる官人の勤務評定（考）の審査基準。善は、儒教的徳目で、徳義有聞・清慎顕著・公平可称・恪勤匪懈の四善。最は、個々の官職の職務内容にもとづく評価基準で、考課令には四二項目がみえる。官人は、善・最の獲得数によって評価され、成選の年に総合評価をうけた。

（荊木美行）

せんがいきょう【山海経】　中国、現存最古の神話と地理の書。「五蔵山経」「海外四経」「海内四経」「大荒四経」「海内経」の五部一八巻から成る。「五蔵山経」は洛陽を中心とした地域の山脈、河川、物産、山神とその祭祀などを記し、「海外経」「海内経」はその周辺の奇怪な国々の怪神や異物を記す。一時に成ったものではなく、最古の部分は戦国以前に、さらに漢、魏、晋代に付け加えられて現行のものになったとされる。「海内北経」に「蓋国は倭の北に在り」と記すのは、倭に関する最古の記録である。

（愛宕元）

せんがいそぶん【泉蓋蘇文】　?〜665　高句麗末期の権臣。本来の姓は淵で、唐の高祖李淵の諱を避けて唐の記録では同じ意味の泉で表記。『日本書紀』では伊梨（淵・泉の意）柯須弥（音訳）と表記。東部大人の子に生まれるも、乱暴がたたって支持をえず、民に頓首して大人になったという。唐の脅威から千里の長城の造営を指揮。六四二年に栄留王を殺してその甥、宝蔵王を立て、莫離支として実権を掌握。その強権のもとで唐の侵略に対抗。死後、子の男生と男産・男建との権力争いで唐の介入を招き高句麗が滅んだ。

（田中俊明）

せんかてんのう【宣化天皇】　467〜539

在位536～39（『日本書紀』による）継体天皇の第二皇子。母は尾張連草香の女目子媛。安閑天皇の同母弟。名は檜隈高田皇子、諡を武小広国押盾天皇という。皇嗣のない安閑の後を継いで即位した。（中川久仁子）

せんぐう【遷宮】 伊勢神宮または各地の神社で神座（神体）を遷すこと。正遷宮と仮殿（権殿）遷宮とに分ける。遷座ともいう。本殿の造替などで、神座を仮殿（権殿）へ遷す祭儀を仮殿（権殿）遷座祭あるいは外（下）遷宮といい、仮殿（権殿）から本殿に遷す祭儀を正（上）遷宮とよぶ。伊勢神宮では七世紀後半の天武朝に式年遷宮（二〇年に一回）の制が定まり内宮は六九〇（持統4）年から、外宮は六九二（同6）年から第一回の遷宮が始まったと伝える。中世戦乱期に遅滞したこともあるが、現在まで続く。伊勢神宮では同一の敷地に旧殿と新殿があって、神座が新殿に遷し終ると旧殿は取り除かれ、その敷地は古殿地となる。各地の神社では定期の式年遷座と臨時の遷座祭が営まれる。（上田正昭）

ぜんくねんのえき【前九年の役】 一一世紀中頃に陸奥国で起こった安倍氏の反乱。同国奥六郡の郡司安倍頼良が国司支配地にも進出するようになったため、一〇五一（永承6）年、陸奥守藤原登任・秋田城介平重成が頼良を攻めたが大敗した。朝廷が源頼義を陸奥守に任じると、頼良は頼義に服従し頼時と改名した。五六（天喜4）年、権守藤原説貞の子らが襲われた際、頼義は頼時の子貞任を犯人と断定して討伐しようとし再び戦乱状態に戻った。翌年に頼時は討死したが、一一月の黄海の戦いで貞任方が大勝するなど安倍氏の優勢が続いた。しかし六二（康平5）年、頼義の誘いに応じた出羽の清原武則らの参戦により形勢は逆転し、九月に貞任が討たれ、弟宗任も降参した。（宮田敬三）

せんげんしんこう【浅間信仰】 富士山の信仰のうち浅間神社を中心とするもの。古代から駿河や甲斐に浅間神社が祀られた。甲斐八代郡の浅間神社は『三代実録』貞観七（八六五）年十二月九日条によると前年の噴火を機に浅間明神の託宣があって祀られたといい、のち甲斐国一宮とされた。山梨県にはこの一宮町の浅間神社のほか富士吉田市や河口湖町に鎮座する。静岡県側では富士宮市、静岡市に大社がある。都良香の「富士山記」（『本朝文粋』）には富士の山頂に白衣の美女二人が舞うのがみえたとあり、その名を浅間大神と記すが、浅間神社の祭神は木花開耶姫とされる。『更級日記』には赤い紙に黄の文字で来年の除目を記したものが富士川を流れ下ったとの説話を記すように、富士は古来日本を代表する山として神格化されていた。『本朝世紀』によれば一一四九（久安5）年駿河国の末代という行者が山頂に仏閣を築いたと記し、これ以後仏教色が強まり富士の神は浅間大菩薩とも称された。（勝田至）

ぜんこうじ【善光寺】 長野市元善町にある寺。単立。寺中には三九院坊がある。本尊は善光寺式阿弥陀三尊。「善光寺縁起」によると、五五二（欽明13）年、百済より渡来の三尊仏を安置したのに始まる。平安時代末期には阿弥陀信仰の一中心地となり、鎌倉時代以降善光寺式三尊像の模造仏が多くつくられた。園城寺末となったが、別当はおもに在京。また聖徳太子信仰が盛んになり、善光寺聖の活躍も目立つようになった。一一七九（治承3）年の焼亡後、源頼朝によって再建された。（野口孝子）

せんこうしゅくはちまんよんせんとう【銭弘俶八万四千塔】 中国の唐末五代にあたる九五五年の頃、現在の揚子江下流、浙江省付近にあった呉越国の王・銭弘俶は、インドの阿育王による造塔の故事にならって、銅や鉄で八万四〇〇〇の小塔を造り、諸方諸国に配って供養した。日本へも五百基が入唐僧によって請来されたが、そのうち五基が現存する。塔身の四面に本生図、すなわち、釈迦の前世での善業を説いた図を表わす。（西谷正）

せんこうりつ【擅興律】 大宝・養老律の編目の一つ。養老律では第六編にあたる。唐律は二四条からなるが、日本律は現存せず、養老律の逸文が伝わるのみ。擅は軍事、興は土木の意で、兵制・軍事と官司の造作に関する刑罰を規定した。（荊木美行）

せんこつそう【洗骨葬】 遺体の軟部が腐敗した後、骨を集め洗浄し容器を改めて葬ること。洗骨した骨は土中に埋める場合と洞窟や石室中に安置する場合がある。日本では縄文時代後晩期に発見される壺棺の中に成人骨がおさめられていた例が、近畿以東にみられ再葬と把握されている。これらの中に洗骨葬の可能性が指摘される。日本全国に現存する両墓制（葬り墓と祈り墓の二つの墓をもつ）を日本古来に洗骨葬の風習があった名残と考える説がある。沖縄などでは葬り墓を一定期間して掘り、軟部のなくなった骨を集め洗浄し、甕におさめて祈り墓に埋葬する風習が残っている。この風習は東アジア諸地域の民族の間に広く行われている。（中村修身）

せんざいわかしゅう【千載和歌集】 平安時代末期にできた第七番目の勅撰和歌集。藤原俊成撰。二〇巻。後白河法皇の院宣による。一一八八（文治4）年の成立。院宣が下る前に俊成が編纂していた『三五代集』という私撰集をもとに、撰述したものと思われる。歌数は流布本で一二八六首で、源俊頼、藤原俊成、基俊、和泉式部などの歌が多い。春（上・下）・夏・秋（上・下）・冬・離別・羇旅・哀傷・賀・恋（一～五）・雑（上・中・下）・釈教・神祇に部類されている。注釈書として『新日本古典文学大系10』（岩波書店平5）などがある。（小西茂章）

せんじ【宣旨】 ①古代における文書様式の一つ。本来は、上級者（宣者）が口頭で下す命令を下級者（奉者）が書き留めたものをいう。八世紀から多様な「宣」の実例が存するが、九世紀後半以降、しだいに形式・発行手続きが整えられた。平安時代に盛行したのは官宣旨で、これは、勅命が蔵人により上卿に伝えられ（太政官の命令の場合はここまでの手続きがない）、上卿の宣を外記・弁官がうけて下達する形式のものをいう。ほかにも、書式や内容により多くの種類がある。②平安時代以降における女官・女房の称。上皇・中宮・東宮・斎宮・斎院のほか、摂関家などにもおかれ、乳母とともに重んじられた。（荊木美行）

ぜんじ【禅師】 禅定(沈潜して瞑想すること)に通暁した高僧のこと。日本古代ではとくに呪術の能力をもち、治病招福など現世利益の験力のある僧侶を称する。*道鏡は「看病禅師」としてあらわれ(『続日本紀』)、*孝謙上皇の看病にあたり能力を発揮した。その験力は青年期の葛城山での「禅行」と称された厳しい山林での修行で養われ、奈良時代政界の混乱を鎮圧する能力をもつとも認識された。称徳(孝謙)女帝のいわゆる寵愛はこうした能力への期待を示すものである。後世にはただ禅宗の高僧をさすようになった。
〔参考文献〕舟ヶ崎正孝『国家仏教変容過程の研究』(雄山閣昭60)。 (井上満郎)

せんしないしんのう【選子内親王】 964～1035 平安時代中期の歌人。村上天皇第一〇皇女。母は女御*藤原安子。円融朝の九七五(天延3)年、一二歳で*賀茂斎王に卜定されて以来、花山、一条、三条、後一条の五代五七年間にわたって在任、大斎院とよばれた。一〇二四(万寿元)年、一品に除される。一〇三一(長元4)年、老病のため退下、落飾。そのサロンは、*藤原定子、彰子サロンへも影響を与える、洗練された文化圏であった。家集に、『大斎院前御集』『大斎院御集』『発心和歌集』。 (山本令子)

せんじます【宣旨枡】 後三条天皇が制定した公定枡。制定された一〇七二(延久4)年の年号を冠し、延久宣旨枡とも。一升は京枡の六合二勺余にあたる。南北朝期頃まで京都を中心に広く用いられたが、しだいに私枡に圧倒された。 (勝山清次)

せんじもん【千字文】 中国、南朝梁の周興嗣撰。漢字一〇〇〇字を重複のないように「天地玄黄、宇宙洪荒」で始まる四字一句で二五〇句の対偶押韻にしてある。初学者の習字手習いとして唐代以降に大いに普及した。また数字代わりの番号としても広く用いられた。多くの書家の筆跡が残るが、最も有名なのは唐初の智永の真草千字文で、日本にも唐代模本が伝わる。日本には応神天皇の時に王仁が論語とともに伝えたとされるが疑わしい。ただ八世紀には確実に伝わっている。 (愛宕元)

ぜんしゅう【禅宗】 中国、六世紀初めに菩提達磨がインドから伝えた。禅とは梵語 dhyana の訳で、座禅による宗教的瞑想を意味する。五祖まで相承され唐初に北宗と南宗に分派し、会昌の廃仏以後はもっぱら南宗が栄えた。宋代以降は浄土宗とともに中国仏教の主流となった。日本へは七三六(天平8)年に道璿が北宗禅を、九世紀前半に義空が南宗禅を伝えたが、本格的には一一六八(仁安3)年に入宋した栄西が伝えた臨済宗、一二二三(貞応2)年に入宋した道元が伝えた曹洞宗を待たねばならなかった。 (愛宕元)

せんじゅうひき【撰集秘記】 *藤原為房(1049～1115)が晩年に編纂し白河上皇に献進した儀式類書。全四〇巻(恒例・臨時各二〇巻)のうち写本九巻しか伝存しないが、各項目に『装束記文』『清涼記』『蔵人式』『九条年中行事』『西宮記』『北山抄』『新撰年中行事』を忠実に引用しており、各書の古態解明に役立つ。

〔参考文献〕和田英松『本朝書籍目録考証』(明治書院昭11)。所功「撰集秘記の写本と構成引用書」『宮廷儀式書成立史の再検討』(国書刊行会平13)。 (所 功)

ぜんじょうじ【禅定寺】 京都府綴喜郡宇治田原町にある曹洞宗の寺。九九一(正暦2)年、東大寺別当平崇が堂を建て十一面観音を安置したことに始まる。藤原頼通の所領寄進をはじめ摂関家の援助をえて発展。多くの平安時代文書を蔵す。藤原期の仏像がある。 (野口孝子)

せんじょれい／せんじょりょう【選叙令】 「養老令」の編目の一つ。第一二編にあたり、全三八条よりなる。官人の叙位・任官についての詳細な規定をおさめる。「大宝令」では選任令と称された。また、飛鳥浄御原令には考仕令という編目が存在したことが知られるが、これは「養老令」の考課令(大宝令では考仕令)と選叙令をあわせたものと考えられている。叙位の期日・手続き、位階の勅授・奏授・判授の区別、官職の勅任・奏任・判任・式部判補の区別と選任の原則にはじまり、内長上・内分番・外長上・外散位の成選の年限および結階法、郡司・国博士・医師の任用、帳内・資人の貢挙、秀才・明経・進士・明法の各科の及第者の銓衡基準と叙位、蔭位の制などを規定する。考課令とならんで、律令官僚制の基盤となる重要な編目であった。唐の選挙令に対応するが、日唐の官僚制の相違から、唐令の任官関係の条文を叙位の規定に改めており、編目名の相違も、これらの事情を反映したものである。

〔参考文献〕井上光貞ほか『律令』(岩波書店昭51)。野村忠夫『古代官僚の世界』(塙書房昭44)。 (荊木美行)

ぜんしんに【善信尼】 生没年不詳。六世紀末の人。日本初の出家女性。*司馬達等の女、俗名は嶋(斯末売)。五八四(敏達13)年一一歳で出家し、善信尼と称す。五八八(崇峻元)年百済に留学し、五九〇(同3)年に帰国。帰国後は桜井寺(奈良県明日香村豊浦にあった豊浦寺の前身)に住み、多くの尼を育成した。 (宮永廣美)

せんぜんげんし【撰善言司】 『善言』という書物を撰進した役所。「よきことをえらぶつかさ」という。『日本書紀』の雄略天皇五年二月条や天智八(六六九)年十月条の「善言」のような説話を集成したものであろう。その稿本は『日本書紀』編集の参考にされたと思われる。六八九(持統3)年六月には、施基皇子・佐味朝臣宿那麻呂・羽田朝臣斉・伊余部連馬飼・調忌寸老人・大伴宿禰手拍・巨勢朝臣多益須らが撰善言司のメンバーとなった。 (上田正昭)

せんそ【践祚】 皇嗣が天皇位を継承すること。天皇崩御後に行われる諒闇践祚と天皇譲位による受禅践祚がある。神祇令践祚条にみられるように、奈良時代まで践祚と即位は区別されなかった。だが桓武天皇以降に両者は区別され、崩御・譲位と同時に神璽・宝剣という神器が新天皇に渡される践祚が行われるようになった。これにより即位式を待たずに天皇位の継承が明確になり、天皇位の空白が回避された。なお現行の皇室典範には、践祚の規定がない。 (亀井健太郎)

せんぞくこふん【千足古墳】 岡山市新庄下の低い尾根上につくられた帆立貝形前

方後円墳で別称を造山五号墳ともいう。墳長は約七〇m、三段積の後円部の径は約五五m。内に安山岩の割石を小口積みした吉備最古の横穴式石室が構築されている。羨道は不明であるが、玄室は長さ三・四五m、幅二・六m、高さ二・六m。玄室の奥には、奥壁に接して四辺を凝灰岩切石で箱形に組み立てた棺床が設けてある。この手前の障石の正面と上面には直弧文と鍵手文が刻まれている。副葬品としては、仿製五獣鏡一、碧玉製管玉一、ガラス小玉、鉄鏃などが知られる。また、羨道上部の封土中の埋葬施設から、仿製五獣鏡一、巴形銅器一二、管玉、小玉、斧頭、刀剣類、甲冑などが出土したと伝えられる。

［参考文献］ 梅原末治「備中千足の装飾古墳」『近畿地方古墳墓の調査(3)』(日本古文化研究所昭13)。 **(葛原克人)**

せんそくいしき【践祚即位式】 ⇨大嘗祭

せんだいくじほんぎ【先代旧事本紀】 平安初期に成立したとされる史書。冒頭に聖徳太子・蘇我馬子によって撰述されたむねの序文が見えるが、本文には『古事記』『日本書紀』『古語拾遺』からの引用がしばしばみられ、序文の信用し難いことは明らかである。ただし、巻一神代本紀から始まり巻一〇国造本紀にいたるなかには、独自の内容もみられ、とくに物部氏や尾張氏関連の系譜的記事、諸国の国造の祖先を記載した箇所に注目される。九世紀に入ってから物部氏関係の史料をもとに編纂されたと考えられている。

［参考文献］ 鎌田純一『先代旧事本紀の研究』(吉川弘文館昭37)。 **(早川万年)**

ぜんつうじ【善通寺】 香川県善通寺市にある真言宗善通寺派の大本山。空海誕生の霊跡で五岳山屛風浦誕生院という。八〇七(大同2)年、唐から帰朝後、空海は勅許をえて、父佐伯善通の居宅を真言道場とした。本尊は薬師如来。「一字一仏法華経序品」(国宝)を蔵す。 **(野口孝子)**

せんと【遷都】 宮都をある場所から他の場所に遷すことをいい、多くは「都を某々に遷す」とあらわす。古代史上の宮都はその実在性はともかくとして神武天皇畝原宮からはじめておよそ六〇ヵ所が知られ、その都度に遷都が行われたことになる。天皇一代に一宮都が原則で、複数の宮都を営んだ天皇もある。この点はアジアの中国大陸や朝鮮半島の、恒常的使用を実態とする宮都のあり方と大きく異なる。日本宮都が遷都を慣例とする理由は不明だが、建物使用木材の耐用年限による、皇太子の宮が新宮都になる、死の穢をさけるため他の地に遷す、新天皇の即位場所に遷す、などの説があるが確定できない。推古天皇朝から中国都城制原理が日本に導入され、律令体制が整えられ国家規模が大きくなっていくにしたがい宮都の規模も拡大、天皇交替毎の遷都は物理的にも困難になり、難波宮は断続的とはいえ数次にわたって宮都として使用されている。都城制の採用が確実なのは藤原京で、これ以後は同一宮都が複数の天皇によって宮都とされ、聖武天皇の恭仁京・難波京・紫香楽宮遷都などの例外はあるが、天皇代替り遷都の慣例は後退する。遷都は政治的課題解決の手段として行われるようになり、飛鳥から離れた平城京への遷都は飛鳥近辺に根拠地をもつ豪族を地元から切り離し国家の政治家・官僚として組織するという目的により、長岡京・平安京は新王朝樹立を意識した桓武天皇の意図を実現するもの、などとして遷都されている。中世以後の遷都は福原京・東京の二つのみ。

［参考文献］ 岸俊男『日本古代宮都の研究』(岩波書店昭63)。『日本の古代宮都』(岩波書店平5)。 **(井上満郎)**

せんとう【仙洞】 太上天皇の御所。仙洞御所。仙洞とは仙人のすみかを意味する。天皇と上皇の居所は古くは同じ宮内にあったが、平城天皇の仙洞が平城宮を利用して営まれたことが先例となって、内裏と仙洞が分離するようになった。 **(山田雄司)**

せんとうごしょ【仙洞御所】 ⇨後院

ぜんとうぶん【全唐文】 中国、唐と五代に撰せられた文章を網羅的に集めた一〇〇〇巻の総集。一八一四年の奉勅撰。一七〇七年に成った『全唐詩』と対をなす。収載作者数は三〇三五人、作品数は二〇〇二五篇におよぶ。体例は皇帝・后妃・宗室・百官・釈道・女性・経歴不明者・闕名者・宦官・外国人に分類し、ほぼ時代順に配列している。本書は『文苑英華』『唐文粋』などの総集から、史書・類書・雑記・筆記・金石碑刻までの広範囲におよんで採録しており、史料的価値は高い。 **(愛宕元)**

せんどきじだい【先土器時代】 日本列島に人類が移住しはじめた時から今日に至るまでの長い日本列島史のなかで、縄文時代以前の時代を表す時代区分の呼称の一つ。完新世と更新世の境が不明瞭な段階において、土器出現以前の石器文化が完新世までおよぶ可能性を考慮して土器の発生を基準に、それ以前の時代をよぶ用語として杉原荘介によって提唱された。ほぼ三万年以後の時期に限定される。ただし、土器の出現が草創期または更新世の末期におよぶにつれ、この概念では把握できない状況がでつつある。また、「先」という言葉が間接的・相対的な表現であり、文化内容や自体の特質をよく表していないなどの批判もある。 **(小畑弘己)**

せんどきぶんか【先土器文化】 縄文時代以前の土器を使用しない石器文化の呼称。地質学的に後期は更新世～完新世末初期に展開した文化と考えられるが、縄文時代草創期などの完新世初期の土器の登場によって、その概念が揺るぎつつある。使用されたおもな道具は打製を基本とした石斧・チョッパーなどの礫器やナイフ形石器・槍先形尖頭器・細石刃、スクレイパー、彫器などの剝片石器であり、狩猟や採集をおもな生業とした移動生活を送っていた。生活場所は台地の河川沿いの谷や山岳地帯の洞穴などで、残された主な遺構としては、石器製作跡、住居跡、集石、炉、落し穴などがある。芸術品はきわめて稀で、石を刻んだビーナスや線刻礫などがあるが、ヨーロッパやロシアの後期旧石器時代のものに比べると芸術性や写実性に乏しい。 **(小畑弘己)**

せんぷくじどうけつ【泉福寺洞穴】 長崎県佐世保市瀬戸越町にある洞窟遺跡。相浦川の支流泉福寺川の谷に面した標高約九〇mの砂岩露頭に四つの小洞穴が開口している。一九七〇～七九（昭和45～54）年の発掘調査によって、一二枚の文化層が確認された。このうち、一二・一一層は旧石器時代、一〇層は縄文時代草創期豆粒文土器の文化層で、細石核三〇七点、細石刃三〇九八点などが共伴出土した。復元された豆粒文土器は、径一三㎝、高さ二四㎝のラグビーボール形で、丸底に近い平底をもち、豆粒状の粘土塊を縦に並列させる。九～七層は隆起線文土器の文化層で細石核三四一点、細石刃は九五五六点などが共伴した。六層は爪形文土器、五層は押引文土器に細石核と細石刃が数量を減じながら共伴した。四層は縄文早期の条痕文土器で細石核・細石刃は姿を消し石鏃が出現している。同県福井洞窟で確認された隆起線文土器の下層で豆粒文土器が確認されて土器出現期がさらに古くなることが確認された。

【参考文献】麻生優編著『泉福寺洞穴の発掘記録』（佐世保市教育委員会昭60）。（**正林護**）

せんぶつ［塼仏］　方形や火頭形の粘土板に仏像を型造りで浮彫り表現し焼成した陶製品。七世紀後半に多い。川原寺裏山遺跡をはじめ、橘寺、山田寺、紀寺、夏見廃寺の出土品が有名。特に川原寺裏山遺跡からは塼仏をはじめ緑釉水波文塼、塑像などが大量に出土した。塼仏は大型独尊塼仏一点を除いてすべて方形三尊塼仏で、同型品が橘寺、壺阪寺、当麻寺、広隆寺、海会寺で出土している。押出仏などと同様、堂塔内の腰壁などに取り付け、堂内の荘厳に用いた。（**杉山洋**）

ぜんぽうこうえんふん［前方後円墳］　平面円形の主丘に方形の突出部がつくことで鍵穴型を呈する、日本列島で代表的な墳丘形式。一八〇〇（文化5）年に蒲生君平が『山陵志』のなかで「前方後円」と記述したことにこの名称の由来がある。その起源については、宮車表象説・盾形模倣説・方墳円墳結合説・主墳陪塚結合説・丘尾切断説のほか、墳丘祭壇合一説（漢墓模倣説）など諸説があった。近年では、弥生時代の墳丘墓の周冉部に渡した陸橋部や四隅突出型墳丘墓の張り出し部が、前方部に発達したとする説が有力である。弥生時代後期後葉の岡山県楯築墳丘墓は、直径約四三mの円丘から二方向に張り出す突出部を設けた大型の墳丘で、墳丘斜面に列石、墳丘上には特殊壺形・特殊器台形土器を有し、前方後円墳に直結する要素を備える。また、古墳時代初頭の奈良県纒向石塚（墳長九三m）や同ホケノ山古墳（墳長約三〇m）は前方部が未発達な「纒向型前方後円墳」であるが、後者は後円部三段築成で、葺石や不整形の濠状掘割を有するなど、弥生時代の墳丘墓の延長線上にあるが古墳的な要素も備える。一般に、前方後円墳とは、奈良県箸墓古墳（墳長二八〇m）以降の大型化・「定型化」した前方後円形の墳丘をいう。「定型化」とは、墳丘平面が整った鍵穴型を呈し、数段の壇状に盛土などを行って段築構造をとり、墳丘斜面には葺石を並べ、墳丘上には円筒埴輪を配列するなどの諸要素が備わった段階をいう。また、後円部三段築成が中国の郊祀制の影響を変容させ、首長位継承儀礼の場として定式化した点にその意義を認める立場もある。さらに、長大な竪穴式石室と割竹形木棺による埋葬施設、多量の中国鏡を含む副葬品、埋葬頭位の共通性など、墳形以外の諸要素を総合すると、弥生時代の墳丘墓とは共通項をもちつつも飛躍があり質的に区別される。いっぽうで、讃岐地方のように、古墳時代前期には積石塚や双方中円墳など弥生時代以来の墓制の伝統を保持する地域もあり、必ずしも斉一的な墳丘形式が整わない点も指摘される。墳丘形態の変遷をみると、古墳時代前期は前方部が後円部に比べて低く、前方部の先端は撥形に開くがその形状は多様である。中期には、前方部が後円部に近い高さになり、前方部幅が後円部径に近くなる。近畿地方では巨大古墳が盛行し、墳丘周囲に馬蹄形または盾形の周濠を造るものや、くびれ部の両側または片側に方壇状の造り出しをもつものがみられる。後期には総じて小型化し、前方部が後円部より高く前方部幅も広くなる。全時期をとおして、墳丘は版築状の盛土によって築かれるが、丘尾切断による地山整形や一部のみ盛土するものもみられる。前方後円墳は三世紀中葉に築造を開始し、近畿地方では六世紀中葉の奈良県見瀬丸山古墳（墳長三一八m）を最後に停止する。六世紀後半以降、七世紀初頭頃まで築造する地域もあるが、多くは群集墳中の小規模なものである。前方後円墳の出現から消滅までを政治史的に「前方後円墳体制」と捉える見解がある。すなわち、前方後円墳を頂点として、その下位に前方後方墳や円墳・方墳を位置づける階層秩序が列島規模で存在したとする。また近畿の大型古墳と各地の主要古墳の築造企画に共通項を見出し、ヤマト政権の政治支配の表現と捉える見解もある。さらに大和盆地や河内平野の巨大古墳群が消長する現象を、墓域や王権の移動と捉える議論や、それが各地の前方後円墳の消長および首長層の動向と連動すると捉える「首長系譜論」も盛んである。前方後円墳は列島各地に分布する。現在、最北端は岩手県角塚古墳、最南端は鹿児島県塚崎古墳群中の四基の前方後円墳である。いっぽう、朝鮮半島西南部の栄山江流域でも前方後

前方後円墳　大仙古墳（仁徳陵古墳）
写真：国土画像情報（国土交通省カラー空中写真）

円形の古墳一一基余りが確認され、そのうち五基の後円部には横穴式石室を設ける。また、光州広域市月桂洞１号墳では周冉内から石見型盾形埴輪状木製品・笠形木製品と円筒形土器が伴出し、同じく明花洞古墳では円筒・朝顔形土器列が確認された。当初は列島の前方後円墳の起源とされたが、五世紀中頃から六世紀中頃の築造であることや、造出しなどの施設がないことから否定される。しかし、列島との交渉下に成立したことは明らかで、その被葬者をめぐって在地首長説・移住倭系集団説・倭人系百済官僚説など諸説がある。

【参考文献】甘粕健『前方後円墳の研究』（同成社平16）。近藤義郎『前方後円墳の成立』（岩波書店平10）。白石太一郎編『古代を考える・古墳』（吉川弘文館平1）。北条芳隆他『古墳時代像を見なおす』（青木書店平12）。

（岡田裕之）

せんみょう【宣命】 天皇の命令を和文体（宣命体）で記した文書。元日朝賀、即位、改元、立后、立太子などの儀式に用いられた。詔・勅は漢文体で記されたが、宣命書は用言の語尾や動詞・助動詞などを一字一音式の万葉仮名で表記した。藤原宮出土の宣命文を記した木簡では助詞を大書きにしているのが注目される。大書きから小書きへと推移したと考えられる。『続日本紀』には文武天皇の即位宣命から淡路廃帝（淳仁天皇）の宣命まで三二例を記載する。平安時代に入ると神社・山陵・任大臣・贈位などの告文に用いられるようになった。

【参考文献】御巫清勇『宣命詳釈』（右文書院昭11）。

（上田正昭）

せんみょうたい【宣命体】 ⇩宣命

せんみょうれき【宣明暦】 ⇩暦法

せんめんこしゃきょう【扇面古写経】 扇面法華経冊子とも。一二世紀中葉頃に作成された装飾経。風俗・花鳥・風景を下絵に描いた扇紙の表裏に、経文（法華経八巻・無量義経・観普賢経）を書写し、粘葉装の冊子に仕立てた。四天王寺（国宝）等に所蔵。

（上島理恵子）

せんようでん【宣耀殿】 平安京内裏の後宮七殿の一つで、貞観殿の東に位置した。身舎の規模は東西二間、南北七間。東の淑景舎とは渡廊でつながっていた。後宮に仕える女房の曹司ともなっていた。

（西山恵子）

ぜんりんこくほうき【善隣国宝記】 瑞渓周鳳編。三巻。古代から中世にいたる外交史および外交文書集。一四七〇（文明２）年成立。上巻は垂仁天皇八八年から一三九二（明徳３）年までの編年外交史、中・下巻は九八（応永５）年から一四八六（文明18）年までの明・朝鮮間との外交文書と外交文書の別幅などをそれぞれ収める。ただし、一四七〇年以後のものは後人による加筆。後世への指針・参考として作成。『続群書類従』『改定史籍集覧』『訳註日本史料』（集英社）所収。

（松本公一）

ぜんりんじ【禅林寺】 京都市左京区にある浄土宗西山派の総本山。永観堂。八五三（仁寿３）年、空海の弟子真紹が創建。定額寺となる。永観が入寺して阿弥陀如来像（見返り阿弥陀）を安置して浄土行を修した。絹本着色「山越阿弥陀図」（国宝）を蔵す。

（野口孝子）

そ

そ【祖】 令制下、田籍を基準に課された税。田租とも。令規によると段別二束二把（不成斤）、慶雲三年格により成斤制で段別一束五把と改定されるが、租率は収穫量の約３％でほぼ一定していた。収穫時期の早晩により、九月中旬から一一月末までにおさめるものとされた。租は、その一部が米に舂いて京進されたほかは、諸国の郡衙におかれた正倉にもっぱら蓄積するものとされ、その使用は賑給などに限られていた。

（山本崇）

そ【蘇】 牛乳を煮詰めてつくった濃縮乳状の古代の乳製品。発酵製品ではないのでチーズとは異なる。「延喜式」や『斉民要術』にその製法がみえる。「延喜式」には、辺境地域を除く畿外の諸国が、干支により二年交替で分担して貢進する規程がある。平城宮跡から近江国の生蘇、平城京跡から美濃・参河・武蔵・上総各国の蘇の荷札（いずれも二条大路木簡）が出土している。いずれも一〇cmに満たない小型の荷札で、小容器（土器）での貢進を示す。

（渡辺晃宏）

そう【宋】 中国、南朝の一王朝（四二〇～七九）。東晋末の孫恩の乱の平定や桓玄の簒奪を阻止した寒門武人劉裕が建国。一〇世紀の趙宋と区別して劉宋ともいう。武帝劉裕は土断法を実施して税役上の不平等を正し、三代文帝は三〇年間の元嘉の治とよばれる平和を築いた。東晋の遺民陶淵明や、謝霊運・顔延之が詩文の世界で活躍したのもこの時期である。四代以降は宗室間での骨肉の権力闘争に明け暮れ、武人蕭道成（南斉高帝）に取って変わられ、八代六〇年で滅びた。

（愛宕元）

そうい【僧位】 僧侶の徳行や学識に応じて授与される位階のこと。類似のものはすでに七世紀よりみえるが、七六〇（天平宝字４）年に良弁・慈訓らが、「像教」が「季」をむかえたので僧侶に「褒貶」を行い仏道を奨励すべきと奏請した四位一三階よりはじまる（『類聚三代格』）。曲折をへて近代まで続いた。

（井上満郎）

ぞうい【贈位】 生前の功績を称えて、死後に位階を贈ること。養老選叙令には贈位者の蔭位についての規定があるが、ここでは「贈官」と書く。贈位は当初、壬申の乱の功臣に対して贈られる例がほとんどで、大宝令施行後にその適用の範囲が広がった。

（荊木美行）

そうえんふん【双円墳】 ⇩古墳

そうぎし【喪儀司】 大宝・養老令制の治部省被管諸司の一つ。凶事の儀式とこれに用いる喪葬具を管掌した。正・佑・令・史の四等官と使部・直丁から構成される。八〇八（大同3）年、兵部省被管の鼓吹司に併合された。（荊木美行）

ぞうきょうし［造京司］　令外官の一つ。京の造営にあたって、京域の整地・区画整理・道路造成などをつかさどった。藤原京造営の際に造京司がおかれ、七〇八（和銅元）年には造平城京司が設置されている。長岡京・平安京の造営でも造営を行った。

［参考文献］井上薫『日本古代の政治と宗教』（吉川弘文館昭36）。（荊木美行）

そうぎょうはちまん［僧形八幡］　八幡神を剃髪僧衣の姿で表現した彫像・画像。神仏習合思想を背景に空海が神護寺や東寺で八幡神を祀ったのが古く、東寺八幡宮や薬師寺八幡宮・東大寺手向山八幡宮の彫像が著名。また快慶の東大寺の彫像は失われた神護寺の画像を写したもの。（竹居明男）

ぞうぐうしき［造宮職］　令外官の一つ。宮の造営・修理をつかさどった。藤原宮の造営の際におかれた造宮官が七〇一（大宝元）年に職に準じる扱いをうけ、造宮職となった。七〇八（和銅元）年、平城宮造営にともない造宮省に昇格したが、同省は七八二（延暦元）年に廃止された。（荊木美行）

ぞうぐうのつかさ［造宮省］　令外官の一つ。宮の造営・修理をつかさどった。七〇八（和銅元）年、平城宮造営の開始にともない、それまでの造宮職を昇格させて造宮省とした。その後も、平城宮の改修のほか、副都である恭仁宮の造営などを担当。七八二（延暦元）年に廃止され、その職掌は木工寮に継承された。

［参考文献］井上薫『日本古代の政治の宗教』（吉川弘文館昭36）。（荊木美行）

そうこう／そうごう［僧綱］　律令制下で寺院や僧尼の監督・統制にあたった僧官。六二四（推古天皇32）年、観勒が僧正に、鞍部徳積が僧都に任じられ、六八三（天武12）年には律師が加わった。大宝・養老令制の僧綱は、僧正・大僧都・少僧都・律師・佐官で構成されたが、律師以上は徒衆の推挙によって任じられた。僧尼令によれば、治部省玄蕃寮のもとで僧尼の名籍の管理、寺院資財の管理、僧尼の教導、教学の振興などにあたったが、その管轄は京内に限られ、地方は国司が統轄した。七七一（宝亀2）年、佐官を廃して威儀師をおいたのをはじめとして、僧綱の定員は増加したが、多くは名誉職的なものであった。（荊木美行）

そうごうぶにん［僧綱補任］　僧綱の任命、昇進について歴年により記録した書。興福寺本、宝生院真福寺本、彰考館本、残欠本の四本と「僧綱補任抄出」とが存在。六二四（推古天皇32）年以降一一八五（元暦2）年までが断続的に残る。以上の諸本を集成し、僧名ごとに編成した平林盛得・小池一行編『僧歴綜覧』がある。興福寺本・残欠本は『大日本仏教全書』、『僧綱補任抄出』は『群書類従』にそれぞれ収録。（松本公一）

ぞうこつき［蔵骨器］　火化し骨化した遺骸を埋葬のために納める容器。ガラス製、金属製、陶製、木製など様々な素材と、壺形、箱形など様々な形態がある。七〇七（慶雲4）年の墓誌をともなう文禰麻呂墓では、ガラス製蔵骨器が金銅製外容器におさめられていた。金銅製蔵骨器では威奈大村墓・下道圀勝圀依母夫人墓・伊福吉部徳足比売墓で器表に墓誌を刻む。陶製蔵骨器には青磁、三彩、緑釉、灰釉、須恵器、土師器がある。青磁蔵骨器としては福岡県立明寺跡出土とされる越州窯系青磁三足壺が有名である。三彩蔵骨器では神奈川県川崎市登戸や和歌山県橋本市高野口町出土品が有名である。いずれも石製の外容器をともなう。緑釉では八九一（寛平3）年入寂の金剛峯寺真然の蔵骨器である緑釉草文四足壺が基準資料である。須恵器では薬壺と称される壺Aが一般的に用いられる。木製では墓誌をともなった小治田安万侶墓や太安麻呂墓で櫃形蔵骨器が発見された。下道圀勝圀依母夫人墓誌に骨蔵器とあり、この名称を使用する場合もある。（杉山洋）

そうこりょう［倉庫令］　大宝・養老令の編目の一つ。官の倉庫と収納財物についての規定をおさめる。養老令では第二二編にあたるが、「令義解」「令集解」にはこの編目が欠けているため、完全なかたちでは伝わらない。しかし、令集解目録から、条文数は二二条であったことが判明し、さらに「令義解」「令集解」「政事要略」などにひかれた逸文から、そのうちの一六条の全文と二条の一部が復原できる。ただ、条文名や各条文の配列については不明な点も残る。なお、瀧川政次郎は、唐倉庫令との比較から、該当する条項を規定した条文が養老令にも存在した可能性のあることを指摘した。しかし、大宝・養老倉庫令が範をとった唐倉庫令も、わずかに七条が知られるだけで、比較すべき材料に乏しい。今日確認できる条文には、庫の設置場所、田租の収納手続き、倉庫の官物の出納手続き、穀物の貯蔵年数、書類庫の管理、在京倉庫の巡察、調庸を京に送る手続き、倉庫管理責任者の交替にかかわる事務引き継ぎ、収納物の欠損の補塡、収納物の盗犯の監察などについての規定がみえる。

［参考文献］利光三津夫『律令制とその周辺』（慶應通信昭42）。井上光貞ほか『律令』（岩波書店昭51）。瀧川政次郎『律令の研究』（名著普及会昭63）。（荊木美行）

そうじ［荘子］　B.C.370?～B.C.300?　「そうし」とも。中国、戦国時代、宋国蒙の思想家。名は周。その著作『荘子』内篇七・外篇一五・雑篇一一の計三三篇が伝わる。荘子の思想の中心は、全ての存在を生滅変化させながら、それ自身は不変である道と、道に従って自在に生きる遊であり、論理学的、認識論的性格を色濃くもつ諸子百家中でもユニークなものである。老子の思想を発展させたとされて老荘思想と総称され、六朝期の清談や初期仏教の受容（格義仏教）に絶大な影響を与えた。（愛宕元）

ぞうし［曹司］　宮中・官庁の庁舎のこと。また、宮中・官庁や貴族の邸宅の部屋をいい、とくに官人・女官が執務・休息・宿泊するために与えられた部屋をさす。このほか、大学寮の教室あるいは寄宿舎のことをさすこともある。（篠田孝一）

ぞうし［蔵司］　「くらのつかさ」とも。大宝・養老令制における後宮十二司の一つ。神璽・関契や天皇・皇后の御用に供する衣服などを管理した。尚蔵（准正三位）・典蔵（准従四位）・掌蔵（准七位）と女孺（准少初位）が所属。十二司のなかでも重職であったが、平安時代には内侍司や新設の御匣殿に職掌を奪われ、衰退した。 (荊木美行)

ぞうしき［雑色］ 雑色人の略。令の規定では、品部・雑戸を指称するとされるが、実際には令制諸官司、諸家・諸国に従属する伴部・使部などの雑任の下級職員の総称として用いられた。雑務に従事したが、手工業などの特殊な技術を有する者が多い。また、国家的な造営事業等に携わった工匠も雑色と称された。蔵人所にも雑色が設置されたが、のちに蔵人に昇進できたことから、名誉の職として公卿の子孫も就任した。 (元木泰雄)

そうじゃ［総社・惣社］ 国内神社の管理・祭祀は国司の任務であったため、神拝・奉幣の便や国衙中心に在庁官人・国人層結集のための精神的紐帯として機能させるために国内の一定地域の諸神を一ヵ所に集め勧請・合祀。最も顕著なものは国単位の総社で、国府内もしくは国府近くに一堂に集めて祀られたもの。初見は、一〇九九（承徳3）年の『時範記』二月五日の条で、因幡守平時範は国府到着後、直ちに神拝の事を命じ、二六日に総社での神拝行事を済ませ、のち近辺の主な神社への神拝を行っている。文献上確認できる総社は鎌倉期までで約五〇ヵ国におよんでいる。 (堀越光信)

そうしょ［宋書］ 中国、南朝宋六〇年の歴史を記した断代史の書で、正史の一つ。撰者は南斉・梁代の著名な文人政治家である沈約で、四八八年に完成した。本紀一〇巻、志三〇巻、列伝六〇巻の一〇〇巻から成る。本紀は武帝劉裕以下八代の皇帝の記録。志は律暦・礼・楽・天文・符瑞・五行・州郡・百官の八志で、内容的に詳しいのが特徴である。列伝には恩倖と二凶という特異な伝を立てており、寒門による側近政治、骨肉の血みどろの権力闘争を特筆している。 (愛宕元)

そうじょう［僧正］ 僧綱最高位の僧官。六二四（推古天皇32）年、百済僧観勒が任ぜられたのが初見。平安時代初期までは、主に南都諸大寺僧から選任されていたが、しだいに天台・真言両宗の僧からも任ぜられるようになった。後に僧正の上位に大僧正、下位に権僧正が設けられ、大僧正には東寺長者・天台座主・園城寺長吏・東大寺別当が任ぜられた。 (志麻克史)

そうしょくこふん［装飾古墳］ 古墳や横穴のうち、五～七世紀にかけて、棺や墓室の内外に、各種の文様や図像を表現するものの総称。濱田耕作が命名した。壁画古墳ともいい、大陸では壁画墳とか壁画墓とよぶのが通例。表現法には、彫刻系と彩色系と両者を併用する例とがあり、石棺に直弧文などを浮彫して赤く塗る福岡県石人山古墳を最古例とする。彩色に際しては地塗りしないのが原則。単に周壁全面を赤く塗りつぶす例は除外。消滅例を含めても約六〇〇基と稀少で、熊本の一八〇基以上や福岡の約七〇基等、鹿児島を除く九州に約半数が集中する。山陰、関東・東北にも分布するが、畿内では高松塚・キトラ両古墳は例外的存在にすぎず、中枢にではなく周縁部に偏在し、きわめて地域性が強い。絵画的な特色は、(1)墓主像を描かない、(2)幾何学的文様を主体とする、(3)各種の文様・図像は影絵的な表現をとる例が多い、の三点に集約され、写実性を欠く。表現力に起因するのではなく、一定の禁忌や規範に従った結果と思われる。絵具は、赤・白・黄・緑・青・黒の六色で、手近な粘土や岩を原料としたが、色によっては一元的供給の可能性も残るという。共通色の赤はベンガラ系が目立つが、緑や黒は地域が限定される。全体として単純な文様の多用が目につくので、大同小異との印象をうけるが、熊本の紐付き同心円文、福岡の蕨手文、福島の大型渦状文など、局地的にしか使用されない例もあり、斉一性を保ちつつも独自性を維持しようという先人の心情を読みとれる。個々の文様の意味は難解だが、円文は、鏡・太陽・眼などの象徴とされた。壁画を描く意義は、(1)亡き人の霊を冥界に封じこめる、(2)冥界の静けさを保ち、守る、(3)墓標として冥界の所在を明示する、等があげられる。列島では、あの世とこの世とは別とされ、あらかじめ死後の世界での生活に備えるという配慮はほとんどない。刺激や着想の伝播は別にしても、大陸に直接のモデルはない。当時の列島における精神構造の多様性を示唆するとともに、特定の地域における首長達によって、連帯の証しとしてことさらに造営されたという政治的側面を併せもつ。

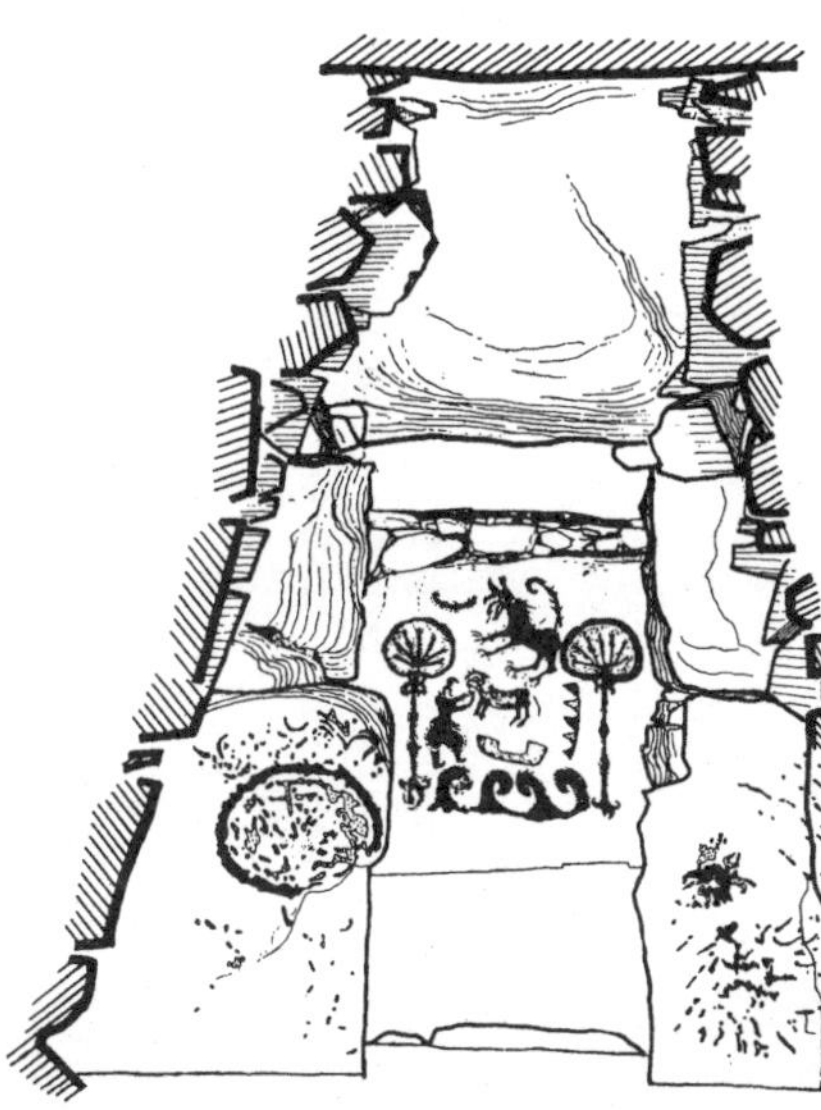

竹原古墳の入口から見た前室および奥壁の壁画
森貞次郎「図説竹原壁画古墳」より

〔参考文献〕濱田耕作・梅原末治『肥後に於ける装飾ある古墳及横穴』（京大報告1大6）。小林行雄『装飾古墳』（平凡社昭39）。斎藤忠『装飾古墳の研究』（講談社昭48）。 (石山勲)

そうしょわこくでん［宋書倭国伝］ 中国、南朝宋の歴史書である宋書巻九七夷蛮列伝東夷中の倭国の条のこと。ここに有名な倭の五王が宋に遣使したことが記されている。武帝永初年（四二一）と文帝元嘉二年（四二五）に讃、ついで珍、元嘉二〇年（四四三）と同二八年（四五一）に済、孝武帝大明六年（四六二）に興、そして順帝昇明二年（四七八）の武まで、少なくとも九回の遣使がなされ、いずれも倭国王に冊封されたとある。最後の武の上表文は堂々たる内容で、五世紀の倭国での漢語・漢文の修得状況を知る上で重要である。（愛宕元）

そうしんぐ［装身具］ 身体や衣服を装飾するために着装される物品の総称。首飾・耳飾・腕輪・指輪・櫛・簪等がある。櫛や簪、あるいは被り物（帽子・手袋等）や履き物（靴・足袋等）のような実用性を備えているものも若干含まれるが、基本的に美しく飾り装うという人類の本能的欲求にもとづいて使用されるものが中心となる。その材料も、容易に入手できない宝石・貴金属・貝殻等の宝物的素材を用いている事例が多く、遠隔地交易の発達を促す一因としても重要である。日本では、弥生～古墳時代に盛行した貝製腕輪の材料である南海産大型巻貝（ゴホウラ・イモガイ等）が南西諸島から運び出された事例がよく知られている。装身具を着装する目的としては、単なるアクセサリーとしての装飾的意味にとどまらず、本来、魔除けや護身のための呪術的意味や、性別・婚姻・帰属等を表示するための社会的意味、あるいは身分階層や政治権力の象徴としての社会的意味を強く備えていた。（高梨修）

そうず［僧都］ 仏教界を統轄する中央の僧官の一つ。僧正の下に位置する。六二四（推古天皇32）年、僧による祖父殴打事件を契機として、僧尼検校を目的に鞍部徳積が任じられたのが最初。後に大僧都・権大僧都・少僧都・権少僧都に細分化された。（志麻克史）

そうずだいいせき［早水台遺跡］ 大分県日出町にある旧石器時代・縄文時代早期の遺跡。数次にわたる発掘調査が行われ旧石器時代では後期のナイフ形石器や細石器に加え、下部の礫層上面から石英粗面岩類を素材とする石器が出土した。その石器認定をめぐり「前期旧石器論争」がおこったが、いまだ決着をみない。縄文時代早期の押型文土器は土器編年上の標式とされ、九州の広い範囲に分布する。［参考文献］大分県教育委員会編『大分県文化財調査報告書第一二集 早水台』（大分県教育委員会昭40）。（宮内克己）

そうせい［葬制］ 原始・古代の東アジア諸地域において、それぞれ特色ある葬制がみられた。新石器文化段階の中国・朝鮮・日本では、共通して土葬が一般的で、土壙墓を埋葬施設とし、しばしば屈葬を行った。そして、幼小児の埋葬にあたっては、日常用の容器を転用した土器棺も使われた。青銅器文化段階になると、土壙墓に加えて、中国の東北地方から朝鮮半島をへて、北部九州まで広範な地域で、支石墓・箱式石棺墓などの新たな埋葬施設が出現した。そこには、磨製の石剣・石鏃などの副葬品が少なからず認められる。とくに無文土器（青銅器）時代の朝鮮半島では、支石墓が顕著な展開をみた。また弥生時代前期末から後期初の北部九州においては、大形甕棺墓が盛行した。その中には銅剣・銅矛・銅戈や中国の漢鏡などの副葬品をもつものがあって、その被葬者が有力階層であったことを思わせる。一方、弥生時代中・後期の山陰や近畿地方を中心に、それぞれ四隅突出型墳墓や、方形周溝墓・墳丘墓など、地域性を示す墳墓が知られる。紀元前一〇八年に、朝鮮半島西北部に設置された漢の楽浪郡の遺跡は、ピョンヤン付近に残るが、そこで検出される木槨墓や漢鏡などは、朝鮮半島南部や西日本の葬制に影響を与えた。初期古代国家形成期には、王・貴族などの支配階級が、壮大な古墳を築造し、豊富で豪華な装身具や副葬品を埋納した。朝鮮半島では、高句麗・百済・新羅・加耶でそれぞれ特色ある墳墓を築いた。高句麗では四〇〇年頃を境に、方形の積石塚から封土墳に変遷するが、後者の横穴式石室には壁画を描くものがある。百済では横穴式石室を包蔵する円形封土墳が盛行した。中期の六世紀前半には、武寧王陵のように、中国南朝の影響を強くうけた塼室（築）墳が築かれるなど、稀有な例もある。新羅では、円形の積石木槨墳や一部の双円墳に特色があり、とくに金製装身具などに豪華さが認められる。加耶の古墳は、竪穴式石室が一般的で、副葬品埋納用の木槨墓をともなうものがまれに認められる。日本の古墳時代には、前方後円墳という特色ある古墳が顕著であったほか、円墳・方墳などの古墳が全国各地で築造された。内部の埋葬施設には時期的特色があるが、五世紀を境に竪穴式石室・粘土槨などから、横穴式石室へと大きく変遷する。土壙墓や石棺墓も珍しくはない。被葬者は、玉類や金製製品などの装身具を身にまとい、銅鏡、鉄製武器・武具、農工具、馬具などの副葬品をともなうことがしばしばみられる。六世紀の日本に、百済や高句麗から仏教文化が伝来すると、やがて七〇〇（文武4）年の僧道昭の火葬の頃から、高級僧侶・天皇・貴族らの間で火葬が広まっていった。統一新羅時代の朝鮮半島では、やはり僧侶・王・貴族の間で火葬が普及し、遺骨は散骨されたり、蔵骨器におさめられた。また、聖徳王陵のように、円墳の裾に十二支石像や、周囲・前方にそれぞれ石獣・石人のほか陵碑を配置するものもあるが、これは中国唐の陵墓制度の影響をうけたものである。日本では、律令制時代に入って、大宝令で陵墓制が施行された。（西谷正）

そうせん［宋銭］ 中国、宋代の鋳貨。宋代の鋳貨には銅銭と鉄銭の二種類あるが、普通には銅銭をさす。宋初のものは宋通元宝、ついで太平通宝・淳化元宝・至道元宝のように改元ごとにその年号をつけて鋳造した。宋初には年間七万貫（一貫は一〇〇〇銭）ほど鋳造されていたが、経済活動が活発になるにしたがって増鋳され、神宗期には五〇〇万貫にもおよんだ。大量につくられた宋銭はアジア諸国で流通し、日本にも大量に輸入されて中世流通した通貨の主体であった。（高井たかね）

そうそう［曹操］ 155～220 中国、沛国譙（安徽省亳）の人。祖父の曹騰は宦官で、父曹嵩がその養子となった。曹操は二〇歳で孝廉に挙げられ、黄巾の乱に際して頭角を表し、乱後の群雄割拠の中で袁紹を盟主とする反董卓同盟に参加した。董卓の死後、献帝を許昌に迎えて天下に号令する立場を獲得した。二〇〇年に袁紹との官渡の戦いに勝利して華北での覇権をほぼ確立したが、二〇八年の孫権・劉備連合軍との赤壁の戦いに敗れて、ここに天下三分の形勢が定まった。二〇八年に丞相、二一三年に魏公、二一六年には破格の魏王に昇進した。二二〇年に病没すると子の曹丕が王号を襲爵し、同年献帝より禅譲されて帝位に即き、国号を魏と定めた。前朝の爵位を王朝名にすることはここに始まる。曹操は政治力、軍事的才能、儒家的教養、文学的才能いずれの面においても孫権や劉備をはるかに凌ぐが、『三国志演義』以来、曹操の奸悪なイメージが史実と混同されて定着してしまった。 （愛宕元）

そうそうぎれい［喪葬儀礼］ 服喪の期間や埋葬に際して行われる儀礼。より具体的には、殯の期間（服喪の期間でもある）における儀礼、葬送儀礼、埋葬に際しての儀礼、追善儀礼などに分類することができる。日本の古代においては、人が亡くなると、遺骸を柩におさめて喪屋や殯宮に仮安置し、その期間、遺族らは日常と異なる生活をして哀しみを表わし（服喪）、親しい者たちは歌舞・飲酒して死者の幽魂を慰めた。それを殯という。『魏志』倭人伝によれば、三世紀前半の倭国では、人が亡くなると柩を十余日とどめておき（「停喪十余日」）、その期間、遺族は肉を食べない、喪主は哭泣する、人々は死者の家に赴いて歌舞・飲酒する、などの習俗を伝えている。殯の萌芽形態がすでに存在したとみてよい。また埋葬が終わると、遺族は水中で澡浴すると記すから、死のケガレがすでに意識されていた。日本神話にも喪屋がみえている。天若日子が亡くなった際、父や妻子らは喪屋をつくったが、弔いにやって来た阿遅志貴高日古根神が天若日子と酷似していたことから、父や妻が間違えたため、怒った阿遅志貴高日古根神は十掬の剣で喪屋を切り伏せ、足で蹶離したという（『古事記』）。古代では喪屋で殯する習俗が一般的であり、また殯が終われば喪屋を直ちに撤去したことを反映している。

大王・天皇が亡くなると、新たに建物（殯宮）が起こされ、その内に柩を安置して、各種の儀礼が殯宮の内外で長期にわたり行われた。殯が終了すると、柩は葬所に運ばれて（葬送）、埋葬された。古墳に樹立された埴輪群像からみると、地方首長が亡くなった際にも、大規模な喪屋が起こされたと推測されるが、史料にはみえない。六世紀前半の安閑・宣化朝頃に、古代中国の殯斂儀礼が導入されて、大王の殯宮儀礼は盛大なものとなった。七世紀初めの倭国の習俗を記した『隋書』倭国伝には、貴人は三年外に殯し、庶民は日を卜して埋葬すると記す。貴人が亡くなると、家の外に営まれた殯宮・喪屋で三年にも及ぶ殯が行われたのに対し、庶民はごく短期間の殯にすぎず、身分によって殯の期間に長短があったことがわかる。『日本書紀』によれば、敏達天皇の殯の期間は五年八ヵ月、斉明天皇のそれは五年三ヵ月にも及んだ。皇位継承に問題があったためで、一般的には一年内外だったと思われる。なお発掘調査で殯宮が確認された事例はまだない。喪屋と思われる遺構は、神戸市東灘区の住吉一号墳（五世紀後半に築造された全長約二四mの帆立貝式古墳）や、奈良県高取町の清水谷古墳群（六世紀中頃〜七世紀中頃）の高貝地区などで検出されている。

殯宮が起こされた場所は、①宮の南庭…小墾田宮の南庭（推古天皇）、難波長柄豊碕宮の南庭（孝徳天皇）、飛鳥浄御原宮の南庭（天武天皇）、②宮内の殿舎を利用…近江宮の新宮（天智天皇）、藤原宮の西殿（持統太上天皇）、③宮の近傍…百済宮の北（舒明天皇）、真弓の岡・佐太の岡（草壁皇子）、城上宮（高市皇子）、④宮から遠く離れた場所…河内の古市（欽明天皇）、などである。大和の磯城嶋金刺宮で崩御した欽明天皇が、河内の古市で殯に付された理由は未詳。殯宮は垣で囲まれ、舎人らによって守衛されていた。大王・天皇の柩は殯宮内に安置され、肉親の女性達や宮人らが籠もって伺候したらしい。敏達天皇の殯宮に額田部皇女（後の推古天皇）が籠もっていたことがみえ（『日本書紀』用明天皇元年五月条）、また天智天皇の不予・崩御・殯に際して歌われた挽歌（『万葉集』巻二―一四七〜一五四）は、いずれも女性たちの歌だからである。天武天皇の殯の期間中、鸕野皇女（後の持統天皇）に関する記事が『日本書紀』にほとんどみえないのも、殯宮に籠もっていたからと思われる。仲哀天皇を豊浦宮で殯に付した様子を、「无火殯斂」と記すから（『日本書紀』仲哀天皇九年二月条）、夜は燭を灯さなかったらしい。殯宮へは遊部が伺候して、酒食を献じたり、矛や剣を身に帯びて死者の魂の荒ぶことを防ぎ、また邪霊が死者に寄りつくのを阻止した。もともと遊部として奉仕したのは伊賀の比自岐和気であったが、その氏人が絶えたので、比自岐和気の女を妻としていた円目王（垂仁天皇の後裔）とその子孫が奉仕するようになったと伝え、藤原宮の時代には大和国高市郡に遊部が居住していた（「令集解」喪葬令遊部条に引く「古記」による）。兵庫県加古川市の行者塚古墳（全長一〇〇mの帆立貝式の前方後円墳）では、西造出部の中央に喪屋を思わせる家形埴輪（ヒレ付き屋根）がおかれ、その前には粘土でつくられた魚・鳥・アケビ・餅などの供え物が容器に入れておかれていた。殯宮内部での儀礼が私的なものであったのに対して、殯宮の前庭で行われた儀礼は公的なもので皇位継承（予定）者が主催した。そのため殯庭での儀礼は政治的な色彩を帯び、亡き大王・天皇の霊魂を慰めるものであるとともに、皇位継承者に対して服属を誓約するという側面を有するようになった。殯の期間に穴穂部皇子や大津皇子の謀反事件が生起したのは、そうした背景に基づく。殯の庭で行われた諸儀礼については、天武天皇の殯宮での事例が詳しい。発哀・発哭（大声をあげて涕泣する）、誄（故人を悼む言葉を述べる）、歌舞の奏上などの儀礼が行われた。とりわけ重要なのは誄の奏上で、天皇に所縁ある人物、各官司の長官、諸国司や国造、大隅・阿多の隼人、倭・河内の馬飼部造、百済王氏、蝦夷らが、繰り返し行った。そして誄の最後に日嗣が奏上され、和風諡号が献呈されて、殯庭での儀礼は完了した。殯の終了後、柩は墓所に運ばれた。そうした葬送（野辺送り）の情景は、物部影媛が恋人の平群臣鮪を乃楽山に葬った際に歌った「石の上　布留を過ぎて…」の歌にうかがえる（『日本書紀』武烈即位前紀）。この歌はもともと物部氏の本拠地である布留（奈良県天理市布留町の石上神宮の一帯）の地で歌われていた葬送の歌であり、それを、物部影媛をめぐる平群臣鮪と武烈天皇の物語に用いたものと思われる。

奈良県天理市の黒塚1号墳（六世紀中葉に築造された全長約三七mの前方後円墳）の周濠内から、多数の須恵器（完形品が多い）や木製品が出土し、木製品のうちには、マツでつくられた日本最古の横笛やヒノキ製の琴状木製品のほかに、コウヤマキ製のものが多数あった。古墳時代における葬送の実態を知る手がかりとなると思われる。葬送に際しては、行道の曲を笛や琴で奏しながら、会葬者らは葬送用に作られたコウヤマキ製の葬具を携えて古墳に向かう、そんな情景が想像される。天若日子が亡くなった際、河雁を岐佐理持、鷺を掃持、翠鳥を御食人、雀を碓女、雉を哭女としたとみえるのも、葬列に加わった人々や所持する葬具を示している。奈良時代の事例であるが、笠朝臣金村は七一六（霊亀2）年八月十一日に薨じた志貴親王の葬列を歌っている（『万葉集』巻二—二三〇。詞書きでは七一五〈霊亀元〉年九月とする）。葬列の松明の火が高円山の麓を取り巻く様が歌われており、葬列の出発は夜であったことがわかる。親王は二品で薨じたから、喪葬令葬送具条にもとづけば、二〇四人からなる鼓吹隊、幡や楯をもつ三五七人の衛府の舎人、それに松明を手にして道を照らす白丁が一人ずつついた。親王の葬儀には、数百人の会葬者のほかに、一〇〇〇人以上の葬儀者が参加したから、その行列は延々数十町にも及んだものと推定されている。葬所には、葬列を飾った幡が立てられ、葬具なども小机の上に並べられたのだろう。歌舞や匍匐も行われた。埋葬に際しては、死者に食事が供えられたが（墓前炊飯）、それは死者に冥界の人になったことを認識させるためであった。横穴式石室内から出土する土師器や須恵器に、貝殻が残されたり有機物の残存が認められる場合があり、墓前炊飯に用いられたものと考えられる。イザナミ命が黄泉戸喫をしたために黄泉国の人となり、夫のイザナギ命は黄泉国からイザナミ命をつれ戻すことができなかったという神話は、墓前炊飯を踏まえて語り出されたものである。埋葬が終了すると、横穴式石室の羨道入口部は石で閉塞された。イザナギ命が千引の石を黄泉比良坂に引き塞えて、イザナミ命に「事戸を度した」とみえるのは、横穴式石室を閉塞した習俗を反映している。なお七世紀中頃を境に横穴式石室はつくられなくなり、大和の飛鳥・斑鳩、河内の飛鳥など、限られた地域で、横口式石槨をもつ古墳が造営された。その数も少なく、被葬者も身分の高い人物に限定される。なかには、高松塚古墳やキトラ古墳のように、石槨内の壁面に漆喰を塗り、壁画を描くものがある。天武天皇の殯宮に僧尼が初めて加わり、仏教的色彩が加わるようになった。続いて持統太上天皇・文武天皇は火葬に付されたため、殯の期間が著しく短縮化されるようになった。それにともなって殯宮儀礼は簡素化され、七日目ごとに読経を行うなど、仏教儀礼が行われるようになった。六八九（持統3）年に制定された飛鳥浄御原令に喪葬令の編目があったらしいが、その実態は不明である。「令集解」に引く「古記」などによって復原できる大宝令の喪葬令や「令義解」に引く養老令の喪葬令によれば、律令国家における官人の喪葬は公葬制というべきものであった。百官が在職中に亡くなれば、その官職や位階に応じて治部省の官人が喪を弔い（遺使弔条）、職事官が亡くなると、その位階に応じて賻物が支給され（賻物条）、葬送に必要な用具（轜車・幡）・楽器（鼓・大角・小角・金鉦鐃鼓）・武具（楯）や遊部などは、身分や位階に応じて数量・人数が定められており、必要に応じて治部省から貸与された（葬送具条）。なお服紀についても規定されており、例えば君（天皇）・父母・および夫・本主の為には一年、祖父母・養父母の為には五ヵ月であったが（服紀条）、遵守されることはなかった。しかし奈良時代末頃にいたり、吉凶の観念が明確になるにしたがい、服紀が問題とされ政治問題にもなった。

〔**参考文献**〕和田萃「殯宮儀礼の再分析」「飛鳥・奈良時代の喪葬儀礼」『日本古代の儀礼と祭祀・信仰』上巻所収（塙書房平7）。瀧川政次郎「志貴親王の葬列と素服」『万葉律令考』所収（東京堂出版昭52）。

（**和田萃**）

そうそうれい／そうそうりょう［喪葬令］　大宝・養老令の編目の一つ。「養老令」では第二六編にあたり、全一八条からなる。葬事全般について規定するが、具体的には皇陵の管理、天皇の喪服着用、官人の死に際しての弔使派遣、京官三位以上の葬儀の次第、死亡した皇親・官人に対する賻物、葬送具の支給、埋葬場所、墓の造営を認める範囲、墓碑、服喪期間などについて定める。全体として唐喪葬令を模倣しているが、唐令のほうが規定が詳細で、日本令はこれをかなり簡素化している。

（**荊木美行**）

そうついぶし［惣追捕使］　平安時代末期にみられる軍事官職。一一八四（元暦元）年の摂津国、同年から翌年の播磨・美作・備前・備中・備後五ヵ国の土肥実平・梶原景時、八五（文治元）年から翌年の畿内近国などの諸事例より、兵士役・兵粮米の徴集、軍勢の指揮などの職務が想定される。これらは、鎌倉幕府守護制度の前身として位置づけられる。このほか、「鎮西ノ惣追捕使」（保元物語）・日本国惣追捕使といった用例や、一一八一（養和元）年鹿島社の惣追捕使、一一八三（寿永2）年大和国の辰市五箇条惣追捕使なども認められる。

（**宮田敬三**）

ぞうとうだいじし［造東大寺司］　八世紀後半、東大寺の造営を担当するために置かれた令外の官司。東大寺の前身にあたる金光明寺の造営担当部局を拡充する形で、七四八（天平20）年に成立。造営担当の現業官司の巨大な集合体で、全体を統括する政所のほか、造仏所・造物所・造瓦所・鋳所・木工所・写経所・甲賀山作所・田上山作所・泉木屋所など、多くの「所」から構成された。最盛期には、長官一人、次官一人、判官四人、主典四人が置かれ、八省に匹敵する規模の官司として、東大寺の造営だけではなく、石山寺や新薬師寺の造営、東大寺領荘園や杣の経営、天皇や皇后発願の写経事業など、多岐にわたる国家事業を担当した。藤原仲麻呂政権の拠点としての役割を果たしたことでも知られる。長岡遷都後の七八九（延暦8）年、東大寺三綱管下の東大寺造寺所に格下げされた。管下の写経所の帳簿群は「正倉院文書」として伝来し、一次文書の戸籍・計帳・正税帳など、奈良時代の公文類を今日に伝える役割を果たした。

（**渡辺晃宏**）

そうに［僧尼］　僧と尼。もとは修行者集団を意味したが、中国や日本では仏法を修行し、これを布教する人々個人をさすようになった。厳密には受戒前の沙弥・沙弥尼ではなく、具足戒を受戒した者を意味し、僧は比丘、尼は比丘尼をいう。

（**志麻克史**）

そうにれい／そうにりょう［僧尼令］　大宝・養老令の編目の一つ。養老令では第七編にあたり、全二七条からなる。僧尼に対する禁制とそれを犯した際の刑罰などを規定する。大宝僧尼令は現存しないが、逸文から養老僧尼令とほぼ同じ内容であったことが知られる。僧尼令に相当する編目は唐令になく、内容的には唐の道僧格を範としたものである。この格のなかから、道教の道士・道士女に関する事項を除き、僧尼だけに限定したのが僧尼令である。禁止的条項が多く、令のなかでは異例の編目といえる。（荊木美行）

そうはんだいぞうきょう［宋版大蔵経］　中国宋代に刊行され、日本に舶載された仏典を集大成した大蔵経の総称。九七一（開宝4）年、北宋の太祖は大蔵経五〇四八巻の木版による印刷・刊行を命じ、太宗の九八三（太平興国8）年に蜀の成都で完成、蜀版・勅版または開宝蔵とよばれた。入宋僧の奝然は完成直後の蜀版を下賜された。北宋後半には福州に私刻版最古の崇寧万寿大蔵とそれに続く毘盧蔵があり、日本に入った福州版は両者の混合と思われる。南宋では湖州に前後二回の思渓版（南宋版）が出た。（中畠俊彦）

そうびざんいちごうふん［象鼻山1号墳］　岐阜県養老郡養老町橋爪に所在する古墳時代初頭の前方後方墳。濃尾平野を一望できる標高一四二mの丘陵上に立地し、関ヶ原を通る交通路が見える位置にある。全長は四〇・一mであり、箱形木棺内に双鳳紋鏡一、碧玉製琴柱形石製品三、鉄刀二、鉄剣六、朱入り壺一をおさめ、棺上に鉄鏃四四点以上をおく。墳丘の築造工程と墓道をもとに、葬送儀式が復元されている。調査者は、本古墳を狗奴国王墓の一つと推定している。

［参考文献］養老町教育委員会・富山大学人文学部考古学研究室『象鼻山1号古墳』（第一次・三次発掘調査の成果平9・平11）。

（宇野隆夫）


そうへい［僧兵］　武装した僧侶の集団。江戸時代の史書にみえる名辞であり、古くは「悪僧」「濫僧」等とよばれる。袈裟で頭や顔を包み目を覗かせた裏頭姿で、刀杖弓箭等の武具を帯し、徒党を組んで活動した。とくに延暦寺の山法師、園城寺（三井寺）の寺法師、興福寺の奈良法師等、南都北嶺の悪僧がよく知られる。こうした裏頭・武装等の特徴を備えた悪僧の姿がうかがえるようになるのは一〇世紀頃からで、延暦寺で刀杖を帯する「裏頭妨法者」が禁制対象とされているほか（『二十六箇条制式』）、また興福寺でも裏頭し杖を携えた「南都悪僧」が存在していた（『慈慧大僧正伝』）。南都北嶺の悪僧は、大寺院間での紛争や合戦、また平安後期より頻発化した朝廷への強訴等の中心となり勢力を増大させた。さらに平安末期以降になると、公武の対立に際して公家側の武力として蜂起・与同することが多く、治承・寿永の内乱や承久の乱、また南北朝の内乱等でも武力活動がみられた。

［参考文献］日置昌一『日本僧兵研究』（平凡社昭9）。辻善之助『日本仏教史1』（岩波書店昭19）。勝野隆信『僧兵』（至文堂昭41）。

（横澤大典）


そうほうちゅうえんふん［双方中円墳］　⇩古墳

そうみん［僧旻］　⇩旻法師

そうもんか［相聞歌］　歌の分類の一つで、一般的には恋歌と考えてよい。『万葉集』においては、「雑歌」「挽歌」とならぶ三大部立の一つである。しかし、『万葉集』における相聞歌は、男女間においてやり取りをした恋歌ばかりではなく、家族・親族・友人間でやり取りをした歌も、相聞歌に分類されている。『万葉集』において相聞歌として収載されている歌の数は一七五〇首あり、そのうちの約九五％が、男女間でやり取りされた歌である。
（上野誠）

ぞうよう［雑徭］　律令制下の力役の一。和訓は「クサグサノミユキ」。起源は明らかではないが、和訓より天皇等の行幸奉仕役に求める説があり、浄御原令制下には存在した。国郡司の差発により、正丁一人について年間六〇日を限って徴発された。雑徭日数は七五七（天平勝宝9）年、政権を掌握した藤原仲麻呂によって三〇日に半減されたが、間もなく旧に復し、再び七九五（延暦14）年に半減された。さらに八六二（貞観4）年には、畿内の雑徭が三〇日から一〇日に削減され、その二年後には全国的に二〇日に統一されたが、その結果、政府は不足する徭役を雇役で補うという方針をとった。その力役の内容は、官田（屯田）の耕作、京に供する藁・藍等の採取・運搬、行幸や蕃客来朝等の臨時の公事のための伝達など、中央政府が必要とする力役がかなりの部分を占める。従来、雑徭は調・役（庸）とともに課役に含まれると考えられてきたが、近年はこれを課役の範疇外とする見解が有力である。
［参考文献］長山泰孝『律令負担体系の研究』（塙書房昭51）。吉田孝『律令国家と古代の社会』（岩波書店昭58）。鎌田元一『律令公民制の研究』（塙書房平13）。（俣野好治）

ぞうりつ［雑律］　大宝・養老律の編目の一つ。養老律では第一〇編にあたる。他の編目にはおさめきれない条文をふくむ。大宝・養老律ともに現存せず、わずかに逸文のみが残る。私鋳銭・賭博・姦通・失火・放火・違令違式などに関する規定をおさめる。（荊木美行）

そうりょう［総領（総令）］　「惣領」「総令」とも書く。七世紀後半に集中して設置された地方官。『日本書紀』では、坂東・吉備・周防・伊予・筑紫におかれ、とくに吉備と筑紫のそれは大宰とも記される。大宰の称は、当時国司を宰と称したことによる。複数の国を統括する上級官司だが、その性格については諸説ある。大宝令施行後は、筑紫大宰が大宰府として残っただけで、他は消滅した。

（荊木美行）

ぞうりょう［雑令］　大宝・養老律の編目の一つで、律の雑令と対になるが、内容的には必ずしも雑律の条文には呼応しない。養老令では、最後の第三〇編にあたり、全四一条からなる。第二九編の獄令までの編目にはおさめきれなかった条文を一括して収載する。雑令義解が現存し、養老雑令の条文はこれによって伝わるが、雑令集解は散逸した。ただしその逸文は、内閣文庫旧紅葉山文庫所蔵「令義解」の書き入れおよび裏書きなどに引用され、かなりの数が残る。さまざまな内容をふくむが、度量衡の単位や測定原器、造暦と暦の頒布、陰陽寮の諸生の採用、禁書などの取り扱い、鉱山・山川藪沢の利用、用水、渡船、官人に対する牀席・

座席の支給、訴訟の期日、財産の処分、出挙、私的な旅行における駅の利用、薪の進上、外国使節の往還に関する制限、官戸・奴婢の管理、外官の赴任と現地での経済活動に関する制限、公廨雑物の申告、僧尼の造籍、節日、大射などについて諸規定がある。これらは、いずれも唐の雑令を模倣したもので、対応する条文が相当数確認されている。

〔**参考文献**〕井上光貞ほか『律令』（岩波書店昭51）。仁井田陞著・池田温ほか編集代表『唐令拾遺補』（東京大学出版会平9）。

（**荊木美行**）

ソウル　大韓民国の首都・ソウル特別市。李氏朝鮮の太祖李成桂が、一三九四年に当時、漢陽とよばれていた現在のソウルの中心部にその王都を定め、都城を築き、王宮を営んで以来、首都としての都市的発展を遂げてきた。ソウルの歴史は、中浪区面牧洞で旧石器が採集されるように、古くさかのぼる。ソウル市内を流れる漢江の河岸では、江東区岩寺洞に櫛目文（新石器）時代の集落遺跡が知られ、竪穴住居跡群と多様な土器・石器が検出された。無文土器（青銅器）時代に入ると、松坡区の可楽洞、江南区の駅三洞、江東区の明逸洞、城東区の鷹峰洞などの丘陵地で集落遺跡が、また、中浪区の忘憂洞や江東区の高徳洞などでは支石墓がそれぞれ認められる。続く原三国(三韓)時代では、漢江左岸に立地する江東区の風納土城があり、そこを帯方郡の郡治跡に比定する見方もあったが、現在では否定的である。三国時代に漢山とか漢城とよばれたこの付近には、三国時代百済初期の遺跡が多い。風納土城は、百済初期の都城として、土城の城壁が部分的に残る。漢江を挟んで対岸の俄嵯山には、高句麗の堡塁遺跡がある。風納土城から南方に四㎞ほど離れた蠶室地区一帯には、都城跡や古墳群が濃密に分布する。夢村土城は、風納土城に続く百済前期の都城跡と考えられる。可楽洞の古墳群は、土壙墓・甕棺墓を埋葬主体とする小形で方形の封土墳であるのに対して、松坡区の石村洞古墳群は、方形段築の積石塚であり、大形のものもあるが、埋葬主体は土壙墓のようでもある。同じく松坡区の芳荑洞の古墳群は、割石を小口積にした横穴式石室を内部構造にもつ中・小形の円墳群である。一方、城東区中谷洞の横穴式石室墳は、六世紀まで年代が下ると考えられるが、六世紀中頃に立てられた北漢山の新羅の真興王拓境碑と合わせ考えると、新羅の影響の可能性が高い。統一新羅時代では、銅雀区の舎堂洞で新羅土器の窯跡が調査されている。高麗時代からソウルは南京となったが、この時期の遺跡はほとんどわかっていない。

（**西谷正**）

そがし〔蘇我氏〕　建内（武内）宿禰の後裔氏族で、臣姓の大豪族。宣化～皇極朝に、稲目・馬子・蝦夷の三代は大臣として強大な政治権力を掌握した。蘇賀・宗我・宗賀・巷宜・巷哥にも作る。『古事記』孝元天皇段にみえる建内宿禰の後裔氏族系譜によれば、建内宿禰の子の蘇賀石河宿禰は、蘇我臣・川辺臣・田中臣・高向臣・小治田臣・桜井臣・岸田臣らの祖とする。蘇我氏の本拠地については諸説あるが、大和国高市郡に式内大社の宗我坐宗我都比古神社二座（奈良県橿原市曽我町に鎮座）がみえるので、もともと曽我川中流域から起こった氏族と推定できる。「紀氏家牒」にも、蘇我石河宿禰の名の由来は、その家が大倭国高市県蘇我里にあったからとする。欽明朝に大臣稲目は身狭の地（橿原市見瀬町の一帯。「見瀬」は身狭に由来する）に屯倉を設置したが、それを契機として、蘇我氏の本拠を、曽我川の中流域から、軽の地（橿原市大軽町を中心とした一帯）に移したらしい。軽は畝傍山の南東域で、身狭に隣接する。軽には、稲目の「軽の曲殿」や馬子の「槻曲の家」が営まれ、軽から東方域の石川・向原の地には、稲目の「向原の家」や馬子の「石川の宅」もあった。同族である田中臣・桜井臣の本拠は、飛鳥川に近い田中（橿原市田中町）や桜井（明日香村豊浦）であった。飛鳥には、稲目の「小墾田の家」や馬子の「嶋の家」が営まれ、同族の小治田臣は小墾田を本拠とした。稲目や馬子の時代に、蘇我氏の本宗や同族は、軽から飛鳥にかけての一帯を本拠とするようになったのである。蘇我氏の同族の内には、高向臣のように、南河内の石川沿い（河内国石川・錦部郡）を本拠とするものもあった。後代になると、八七七（元慶元）年十二月二七日の石川朝臣木村らの奏言にみえるように（『日本三代実録』）、始祖武内宿禰の子の宗我石川は河内国の石川の別業で生まれたので石川を名とし、後に大和の宗我の大家を賜ったので、宗我宿禰の姓を賜与されたとの説が生じた。しかしこれは、蘇賀石河宿禰を河内の石川と結びつけた後の伝承と思われる。

「公卿補任」や「蘇我石川両氏系図」によると、蘇賀石河宿禰の後は、満智－韓子－高麗と続く。『日本書紀』履中天皇二年十月条に、蘇我満智宿禰は平群木菟宿禰とともに国事を執ったとみえるが、信を置きがたい。『古語拾遺』には、雄略朝に大蔵を立て、蘇我麻智宿禰に三蔵（斎蔵・内蔵・大蔵）を検校させ、秦氏・東西文氏にそれぞれ物資の出納と帳簿の勘録・管理をさせたこと、また満智宿禰の子や孫に韓子・高麗の名がみえることなどから、五世紀後半、蘇我満智は大和王権の対外交渉に従事し、渡来系氏族と結んで王権の財政を掌握したことにより、勢力を伸長させたと考えられる。蘇我満智宿禰について、百済の木満致（木劦満致）と同一人物とする説もあるが、蘇我氏は建内宿禰の後裔氏族で、大和を本拠とする臣姓氏族であることからすると、問題が残る。五三六（宣化天皇元）年二月、蘇我臣稲目は大臣に任命され、また五三九（同4）年十二月に欽明天皇が即位すると、大臣に再任された。五四〇（欽明天皇元）年九月、大伴大連金村は継体朝に任那の四県を百済に割譲したことを責められて失脚したので、大和王権は物部大連尾興と蘇我大臣稲目による執政体制となった。稲目の女の堅塩媛は欽明の妃となり、大兄皇子（後の用明天皇）・額田部皇女（後の推古天皇）ら七男六女を儲け、妹の小姉君も妃となり、穴穂部皇子・泊瀬部皇子（後の崇峻天皇）ら四男一女を生んだので、稲目は大王家の外戚として大きな勢力をもつようになった。大臣稲目は主として王権の財政面を担当し、大きな功績があった。五五三（欽明天皇14）年七月、王辰爾に命じて淀川を往来する船舶の賦を勘録させた。五五五(同16)年七月には吉備に派遣されて白猪屯倉、翌年七月に吉備に児島屯倉、同年十月には、大和国高市郡に韓人大身狭屯倉・高麗人小身狭屯倉を設置した。これらの一連の記事をみると、大臣稲目は、王辰爾とその一族、韓人・高麗人らを動員して、屯倉の設置やその経営に手腕をふるったことがわかる。大臣稲目はまた、仏教信仰に厚かった。『上宮聖徳法王帝説』(以下、『法王帝説』とする)や「元興寺伽藍縁起幷流記資財帳」(以下、「元興寺縁起」とする)によれば、「戊午年(五三八年)」に百済から仏教が伝えられた。『日本書紀』では、五五二(欽明天皇13)年十月に百済の*聖明王は使者を遣わして、金銅の釈迦仏像一軀と幡蓋や経論を献じたとする。稲目は釈迦仏像を譲り受け、小墾田の家に安置して勤修するとともに、向原の家を喜捨して寺としたという。五七〇(同31)年三月に稲目は薨じ、翌年四月、欽明も崩御した。

五七二(敏達天皇元)年四月、敏達天皇が即位し、物部弓削連守屋を大連、稲目の子の蘇我馬子宿禰(?～626)を大臣に任命した。五七四(同3)年十月、大臣馬子は吉備に派遣され、白猪屯倉と田部の拡充に努めている。五八四(同13)年から翌年にかけて、いわゆる崇仏・排仏論争が起こり、父稲目と同様に仏教の篤信者であった大臣馬子は苦境に追い込まれた。五八四(同13)年九月、鹿深臣・佐伯連が百済から持ち帰った弥勒の石像一軀と仏像一軀を、大臣馬子は請い受けた。そして播磨で見出された高句麗の還俗僧恵便を招いて師とし、*司馬達止の女ら三人の少女を出家させた。翌年二月、大臣馬子は大野丘の北に塔を建て、大会の設斎を行うとともに、先にえた舎利を塔の柱頭に蔵めたが、その直後から国内に疫病が流行しだした。同年三月、物部弓削守屋大連と中臣勝海大夫は、疫病流行の原因は大臣馬子が仏法を流布したことにあると奏言、それをうけて敏達が仏法を禁じたので、馬子はさまざまの迫害をうけたという。仏教崇拝の可否をめぐるいわゆる崇仏・排仏論争については、伝承的要素が色濃い。むしろ新興氏族勢力を代表する蘇我大臣馬子と、旧来の伝統的氏族勢力である物部弓削大連守屋の王権内における政治権力をめぐる争いとみるべきものである。政治史的にみれば、大王の敏達が守旧派氏族を擁護したため、大臣馬子が孤立化したというのが実情であった。

五八五(敏達天皇14)年八月に敏達は崩御、同年九月に蘇我氏の血筋をひく用明(欽明天皇皇子)が即位するに及んで、立場が逆転した。五八七(用明天皇2)年四月、病床にあった用明は、群臣に対し仏教に帰依することを表明したが、物部守屋大連と中臣勝海連は反対し、大臣馬子は賛意を表わした。形勢不利とみた守屋は、本拠である河内の阿都(河内国渋川郡跡部郷の地。大阪府八尾市跡部付近)に退き、*押坂彦人大兄皇子(敏達天皇皇子)の水派宮を頼った中臣勝海連は殺害された。同月、用明は崩じた。同年六月、大臣馬子は佐伯連丹経手らに命じて、*穴穂部皇子の宮を囲んで殺害、ついで宅部皇子(宣化天皇皇子)をも殺させた。同年七月、大臣馬子は諸皇子や有力氏族を結集して、河内の渋川の家に籠る大連守屋を攻めて滅ぼし、蘇我大臣馬子の覇権が確立した。さらに大臣馬子の妻は大連守屋の妹であったことから、守屋が所有していた中河内の所領や奴の過半を領有することになり、また同族の居住していた南河内と併せて、蘇我氏の経済的基盤は飛躍的に増大した。同年八月、額田部皇女(後の推古天皇)と群臣らは、泊瀬部皇子(欽明天皇皇子)を皇位に推戴した。崇峻天皇である。穴穂部皇子の同母弟で、大臣馬子の甥にあたる。崇峻は、大伴糠手連の女、小手子を妃とし、蜂子皇子と錦代皇女を儲けたが、皇后を立てなかった。五八八(崇峻天皇元)年、百済から恵総・聆照らの僧侶、仏舎利、寺工・鑪盤博士・瓦博士・画工らが遣わされたのを契機に、蘇我大臣馬子は飛鳥の真神原に、蘇我氏の氏寺として法興寺(元興寺・*飛鳥寺)の建立を開始した。崇峻朝には、寺の用材を伐採し(崇峻天皇3年十月)、仏堂・歩廊の造営が開始されている(同5年十月)。

崇峻は蘇我氏の血を引く大王であったが、しだいに大臣馬子と対立するようになった。その原因として、蘇我氏の血縁者を后妃としなかったことや、対外政策をめぐり両者の間で意見の相違を生じたことなどが推測される。五九二(崇峻天皇5)年十一月、馬子は*東漢直駒に命じて崇峻を弑逆させた。強大な政治権力を手中にした大臣馬子の一大汚点となった行為である。五九二(同5)年十二月、敏達天皇の皇后で、用明の同母の妹であった額田部皇女が豊浦宮(奈良県高市郡明日香村豊浦)で即位した。推古天皇である。六世紀代、歴代の王宮は香具山北東域の磐余およびその周辺地域に営まれたのに対し、豊浦は蘇我氏本宗の本拠であった軽に近く、また大臣稲目の「向原の家」の地でもあった。飛鳥の盆地部は五世紀後半以降、*今来漢人により開発が進められた地域であり、今来漢人は蘇我氏と密接な結びつきをもった東漢(倭漢)氏の支配下にあったから、推古は、いわば蘇我氏の膝下の地に宮を営んだことになる。推古の母は稲目の女の堅塩媛だから、推古は大臣馬子の姪にあたる。

五九三(推古天皇元)年四月、推古は甥の厩戸皇子(*聖徳太子)を立てて皇太子とし、万機を掌らせた。厩戸皇子は馬子の女の刀自古郎女を娶り、*山背大兄王らを儲けたから(『法王帝説』)、大臣馬子は厩戸皇子の舅でもあり、その勢威は従前にも増して大きなものとなった。推古朝における遣隋使派遣、六〇四(同12)年の冠位十二階の施行、憲法十七条の制定、朝礼の改定、六〇七(同15)年の壬生部の設置などは、厩戸皇子が主導したとみられる。一方、同年に大和・山背・河内に池を作り、国ごとに屯倉を設置したことや、六一三(同21)年十一月、大和に掖上池・畝傍池・和珥池を作り、また難波より飛鳥に至る大道(大阪平野を東西に走る大津道・丹比道や奈良盆地の東西道である横大路)を敷設した大土木工事は、欽明・敏達朝に大臣稲目・馬子が推進した吉備・大和における屯倉設置と共通するところがあり、大臣馬子が主導したものと推測される。また近年の発掘調査によって、河内の狭山池や古市大溝は推古朝に掘削されたことが判明した。これらの大土木事業も、大臣馬子が主導したものとみてよい。

六二〇(推古天皇28)年に厩戸皇子と大臣馬子は、天皇記・国記や諸氏の本記の編纂に従事するようになった。厩戸皇子は六二二(同30)年二月二二日に薨じたから(『法王帝説』に引く「天寿国繡帳銘」による)、天皇記などの編纂事業は、その後も大臣馬子や大臣蝦夷によって蘇我氏の本宗家で進められたらしい。六四五(皇極4)年六月、乙巳の変に際し、大臣蝦夷は甘樫丘にあった自邸を焼いて自尽したが、その時に*船史恵尺が火中に飛び込んで国記を取り出し、中大兄皇子に献じたという有名なエピソードがみえるからである。

　五八八（崇峻天皇元）年に造営が開始された法興寺（飛鳥寺）では、五九三（推古天皇元）年正月に仏舎利を心礎に置き刹柱を立て、塔の建立が開始され、五九六（同4）年十一月に至って全ての伽藍が整った。馬子の長子である善徳臣が寺司に任命されており、法興寺が蘇我氏の氏寺として建立されたことをよく示している。六〇五（同13）年四月、推古天皇は、厩戸皇子・大臣馬子および諸王・諸臣に詔して、銅と繡の丈六仏像二軀の製作を誓願させ、鞍作鳥を造仏工とした。六〇六（同14）年四月、銅・繡の丈六仏像が完成し、銅造の丈六仏像は元興寺（法興寺）の金堂に安置された。

　六一二（推古天皇20）年二月、大臣馬子が主宰して、堅塩媛を欽明天皇の檜隈大陵に改葬する儀式が軽のチマタ（術）で盛大に執り行われた。欽明の妃にすぎなかった堅塩媛（推古天皇の生母）が、欽明の檜隈大陵（檜隈坂合陵）に改葬されたのは、推古が欽明王統の正当な継承者であることを示す政治的意図にもとづくもので、盛大な改葬儀礼を主宰した大臣馬子がもつ絶大な政治権力を示すものでもあった。檜隈大陵については、見瀬丸山古墳とする説と、梅山古墳（現在、欽明陵に治定）でよいとする説とが対立している。六二四（同32）年十月、大臣馬子は葛城県は蘇我氏の本居であるとして、その割譲を要求したが、推古は、もともと葛城県は天皇家の所領であるとして、その要求を拒絶した。馬子の専横を示す行為とみなしうる。

　六二六（推古天皇34）年五月、大臣馬子は薨じた。『日本書紀』にみえる薨伝によれば、桃原の墓に葬られたこと、武略・辯舌にすぐれ、三宝を恭敬したこと、飛鳥川の辺に家があって、庭の内に小池を掘り、池中に小さな嶋を築いたところから、「嶋の大臣」と称されたことを記す。近年の横穴式石室についての編年研究によれば、石舞台古墳（奈良県高市郡明日香村島庄に所在）を桃原の墓に宛てる研究者が多い。六世紀末～七世紀第I四半期の大王陵は大型方墳に変化するが、石舞台古墳も大型方墳（上円下方墳か）であることや、それまでに存在していた小円墳を破壊して、西側の外堤を築造していることなどの理由にもとづく。また飛鳥川に近接する島庄遺跡では、七世紀前半に作られた一辺四二mの方形池や、すぐ南側にそれと同方位の大型建物群が検出されていて、大臣馬子の嶋の家とみる見解が有力である。

　六二八（推古天皇36）年三月、推古天皇は崩御した。推古は後継の嗣位について、田村皇子（後の舒明天皇）と山背大兄王（厩戸皇子）の二人に、内意を洩らしていたが、その内容が不分明であったために混乱を生じた。蝦夷はすでに大臣の地位にあり、田村皇子擁立を決意していたが、群臣の反対を恐れ、自邸に群臣を集めて協議した。しかし意見が対立し、事態は紛糾した。当時、蘇我氏の諸族は悉く集まって、馬子の桃原の墓の造営に当たっていたが、山背大兄王を支持していた境部臣摩理勢（馬子の弟か）は、田村皇子を推す蝦夷に不満を持ち、墓所の廬を壊って蘇我の田家に退いたため、立腹した蝦夷は兵を興して摩理勢とその子を殺害した。翌年正月、田村皇子は即位した。舒明天皇である。

　推古崩御後、舒明即位までの事態の推移をみると、絶大な政治権力を掌握していた大臣馬子の死を契機に、蘇我氏内部で分裂が起こり、大臣蝦夷の優柔不断な性格もあって、蝦夷の政治権力が相対的に低下したと判断される。蝦夷が田村皇子を推したのは、大臣馬子の女の法提郎女が田村皇子の妃となり、古人大兄王を生んでいたことによる。山背大兄王は、同じく馬子の女の刀自古郎女が蘇我氏の血筋を引く厩戸皇子との間に儲けた子で、蝦夷の甥であったにもかかわらず、蝦夷は支持しなかった。

　六四一（舒明天皇13）年十月、舒明天皇が崩じ、翌年正月に、その皇后であった宝皇女が即位した。皇極天皇である。舒明・皇極朝における大臣蝦夷とその子の入鹿には、専横な振る舞いが目立つ。六三六（舒明天皇8）年七月、大派王は大臣蝦夷に対し、群臣らの朝参怠慢を責めたが、蝦夷は従わなかった。六四二（皇極天皇元）年、蝦夷は蘇我氏の祖廟を葛城の高宮（大和国葛上郡高宮郷。奈良県御所市長柄・森脇付近）に立て、古代中国では皇帝のみが行なう八佾の儛をなした。また全国の人民を動員して、自らと入鹿のために雙墓を今来（今来郡とも称された高市郡の一画。奈良県高市郡明日香村から橿原市域に及ぶ一帯）に起こし、大陵・小陵とよばせた。その際、上宮王家の乳部の民を悉く使役したので、上宮大娘姫王は激怒したという。六四三（同2）年十月、蝦夷は病により参内せず、私に紫冠を入鹿に授けて大臣の位に擬した。同年十一月、入鹿は巨勢臣徳太らを斑鳩に遣わし、山背大兄王を中心とする上宮王家を襲撃させ、王家一族を自尽させた。その暴挙を聞いた蝦夷は、激怒して入鹿を叱責したという。六四四（同3）年十一月、大臣蝦夷と入鹿は甘檮丘に家を並べ建て、大臣の家を上の宮門、入鹿の家を谷の宮門と称し、その男女を王子とよばせた。家の外には城柵をつくり、門の傍らには兵庫をつくって防備を固め、門ごとに水舟や木鉤数十をおいて防火に備え、力人らに武器を持たせて家を固めた。畝傍山の東にも家を建て、同様に防備を固めた。大臣蝦夷と入鹿に対する人々の反感を察して、こうした防備態勢を整えたと考えられる。六四五（同4）年六月十二日、入鹿は飛鳥板蓋宮において中大兄皇子や中臣鎌足らにより殺害され（乙巳の変）、翌日、蝦夷は甘檮丘の家に火を放ち自尽、ここに蝦夷氏の本宗は滅亡した。乙巳の変後の孝徳朝に、蘇我倉山田石川麻呂（馬子の孫、倉麻呂の子）は右大臣となり、また石川麻呂の弟である連子・赤兄らも天智朝に左右大臣となった。連子の子である安麻呂は、六八一（天武10）年か六八二（同11）年頃、氏の名を石川臣と改め、六八四（同13）年十一月、石川朝臣を賜姓された。

〔参考文献〕門脇禎二『新版飛鳥―その古代史と風土』NHKブックス（日本放送出版協会昭52）。黛弘道編『蘇我氏と古代国家』（吉川弘文館平3）。和田萃『飛鳥―歴史と風土を歩く―』岩波新書（岩波書店平15）。**（和田萃）**

そがのあかえ［蘇我赤兄］　生没年未詳。天智朝の左大臣。大臣馬子の孫、倉麻呂（雄正）の子。兄は蘇我倉山田石川麻呂。赤兄の女の常陸娘は天智天皇の嬪となって山辺皇女を生み、また大蕤娘は天武天皇の夫人となり、穂積皇子・紀皇女・田形皇女を生んだ。六五八（斉明4）年十月、斉明天皇が紀温湯へ行幸した際、赤兄は留守司となり、同年十一月、有間皇子に天皇の三失政を告げ、皇子が同意したのを口実に捕え、紀温湯に護送した。六七一（天智10）年正月、巨勢人臣とともに賀正の事を奏上、時に大錦上。同月、大友皇子が太政大臣に任命された際に、赤兄も左大臣となった。天智天皇不豫に際し、同年十一月、内裏西殿の仏殿において、大友皇子と赤兄ら重臣五人は、心を同じくして天皇の詔を奉じることを誓約した。壬申の乱では、大友皇子を支えたが敗れ、乱後に配流された。その後の赤兄の動向は不明である。（和田萃）

そがのいなめ［蘇我稲目］ ?～570　宣化・欽明朝の大臣。伊那米・伊奈米とも。大臣馬子、欽明天皇妃の堅塩媛・小姉君、用明天皇妃の石寸名らの父。用明・崇峻・推古天皇の外祖父にあたる。宣化天皇即位の際に大臣に任命され、欽明天皇即位に際しても再任された。五五三（欽明天皇14）年七月、王辰爾に命じて淀川を航行する船の賦を記録させ、また五五五（同16）年七月に吉備の白猪屯倉、五五六（同17）年七月に吉備の児島屯倉、同年十月に大和の韓人大身狭屯倉・高麗人小身狭屯倉を設置するなど、大和王権の財政基盤の拡充に努め、多大の功績があった。いっぽう、仏教の篤信者であり、『元興寺縁起』や『日本書紀』の記述によると、欽明朝に百済から仏教が伝えられると、群臣のなかでただ一人、仏法に帰依して、釈迦仏像を小墾田の家に安置し、向原（奈良県高市郡明日香村豊浦の地）の家を喜捨して寺としたと伝える。稲目の家は、ほかにも軽曲殿（欽明二十三年八月条）がみえる。五七〇（欽明天皇31）年に薨じた。見瀬丸山古墳（奈良県橿原市五条野町・見瀬町・大軽町）については、欽明天皇陵とする説が有力であるが、稲目の墓とする説もある。（和田萃）

そがのいるか［蘇我入鹿］ ?～645　蘇我大臣蝦夷の子で、皇極朝に政治権力を掌握した人物。林臣・林大郎・宗我大郎・鞍作とも。『藤氏家伝』によれば、中臣連鎌足とともに、隋から帰朝した僧旻の学堂に学び、その学識は比肩する者がなかったという。六四二（皇極天皇元）年正月、皇極天皇即位に際し、蝦夷は大臣に再任されたが、子の入鹿は自ら国政を執り、その勢威は父の蝦夷を凌いだ。同年、蝦夷は今来（明日香村から橿原市域にかけての一帯）に雙墓を築き、自らの墓を大陵、入鹿の墓を小陵と呼ばせた。翌年十月、病に伏した蝦夷は、ひそかに紫冠を入鹿に授け、大臣の位に準えており、名実ともに入鹿が最高権力者となったことを示している。同年十一月、入鹿は巨勢臣徳太らに命じて斑鳩を襲わせ、山背大兄王をはじめとする上宮王家を滅ぼした。その報を聞き、蝦夷は入鹿を大いに叱責したという。六四四（同3）年十一月、大臣蝦夷と入鹿は、甘檮丘（明日香村豊浦の「豊浦山」）から西南に延びる丘陵一帯をさす）に家を雙べ建て、蝦夷の家を「上の御門」、入鹿の家を「谷の御門」と称して、防備を固めた。翌年六月一二日、入鹿は飛鳥板蓋宮で中大兄皇子や中臣連鎌足らにより殺害された。この日は雨で庭に水が溢れ、入鹿の屍は席障子で覆われたままだったという。翌日、大臣蝦夷は甘檮丘の家に火を放って自尽、中大兄皇子は、遺族に蝦夷と入鹿の屍を墓に葬って哭泣することを許した。

［**参考文献**］門脇禎二『蘇我蝦夷・入鹿』（吉川弘文館昭52）。（和田萃）

そがのうまこ［蘇我馬子］ ?～626　敏達～推古朝の大臣。名を馬古・汗麻古・有明子とも。大臣稲目の子。堅塩媛・小姉君の兄弟。妻は物部大連守屋の妹（崇峻即位前紀）。蝦夷・倉麻呂（雄正）の父。女の刀自古娘・法提郎女は、それぞれ厩戸皇子（聖徳太子）・田村皇子（後の舒明天皇）の妃。敏達天皇即位に際して大臣に任命され、以後、用明・崇峻・推古天皇の即位に際しても、大臣に任命された。五七四（敏達天皇3）年十月に吉備に派遣され、白猪屯倉と田部の増益に功績があった。仏教信仰に篤く、五八五（同14）年に起こった、いわゆる崇仏・排仏論争では苦境に追い込まれたが、甥の大兄皇子（用明天皇）が即位し、崇仏の立場を明らかにするに及んで、しだいに優位に立つようになった。五八七（用明天皇2）年四月に用明が亡くなると、馬子は即位を窺っていた穴穂部皇子を殺害し、また同年七月、諸皇子や諸臣を糾合して物部大連守屋を滅亡させ、強大な政治権力を掌握するにいたった。同年八月には、甥の泊瀬部皇子（崇峻天皇）を即位させたが、対外政策をめぐって両者の間にしだいに対立が生じ、五九二（崇峻天皇5）年十一月、馬子は東漢直駒に命じて崇峻を暗殺させた。六一〇（推古天皇18）年十月、新羅・任那の使人らが小墾田宮に到った際、馬子は廳の前に立って四大夫らの報告を聞き、また六二〇（同28）年には、厩戸皇子とともに天皇記・国記などの史書の編纂にあたった。厩戸皇子薨去後の六二三（同31）年に大臣馬子が主導して征新羅軍を興したが、そのさ中に新羅の貢調使が来朝し、計画は失敗に終わった。翌年十月、馬子は、蘇我氏の本居の地であるとして葛城県の割譲を要求したが、推古天皇の拒否に会い、果たさなかった。特筆されるのは、馬子が父の稲目と同様に仏教の篤信者だったことである。五八八（崇峻元）年に飛鳥の真神原で、蘇我氏の氏寺として法興寺（飛鳥寺）の建立を開始し、六〇六（推古天皇14）年四月（『元興寺縁起』に引く「丈六光銘」では、六〇九〈同17〉年四月八日とする）にいたり、丈六仏像が完成した。出土瓦からみると、飛鳥寺に続き尼寺として豊浦寺を創建したようである。大臣馬子は六二六（同34）年五月に薨じた。『日本書紀』に馬子の伝記がみえ、馬子を桃原墓に葬ったこと、馬子は武略にすぐれ弁舌の才があって三宝を敬ったこと、飛鳥川の辺に家を営み、庭中に小池を掘り、池の中に小さな嶋を作ったことから、時人は「嶋大臣」と称したという。奈良県高市郡明日香村島庄にある石舞台古墳は、近年の横穴式石室の編年研究によれば、馬子の桃原墓の可能性が大きい。また島庄遺跡の発掘調査により、旧高市小学校の北側で、七世紀前半に作られた一辺四二mの方形池や、池の周辺からは池の方位に合う建物・柵列などが検出されている。また二〇〇四（平成16）年三月には、旧高市小学校の校庭から、やはり同方位の七世紀前半の大型建物が検出され、馬子の「嶋の家」である可能性がさらに大きくなった。なお島庄遺跡では、七世紀後半の正方位の建物群が重なって検出されており、それらは馬子の「嶋の家」を継承した嶋宮であることも想定できるようになった。（和田萃）

そがのえみし［蘇我蝦夷］ ?～645　舒明・皇極朝の大臣。名は毛人とも記す。豊浦大臣とも。大臣馬子の子で入鹿の父。山背大兄王（厩戸皇子の子）と古人大兄皇子（舒明天皇皇子）は甥にあたる。六一〇（推古天皇18）年十月、新羅・任那の使人らが小墾田宮に至った際、大伴咋連らとともに朝庭に伏した。大臣に任命された時期は不明であるが、六二六（同34）年五月に大臣馬子が薨じた直後か。六二八（同36）年三月、推古天皇崩御に際し、遺詔では、山背大兄王と田村皇子（後の舒明天皇）のいずれを嗣位とするか不明瞭であったために、宮廷内が混乱した。大臣蝦夷は群臣合議の席で田村皇子を推したが、叔父の蘇我（境部）臣摩理勢は山背大兄王を推し、群臣の意見の一致をみなかった。当時、蘇我氏の一族は、大臣馬子の桃原墓の造営に動員されていたが、摩理勢は墓所の廬を壊して蝦夷に反抗、山背大兄王とその異母弟の泊瀬仲王を頼んだため、立腹した蝦夷により殺害された。皇極即位に際しても大臣に任命され、子の入鹿とともに権勢を振るった。六四二（皇極天皇元）七月、大旱に際し大寺（飛鳥寺か）で香炉をとり自ら雨を祈ったが、少し雨が降っただけであった。同年、葛城の高宮（奈良県御所市長柄付近）に祖廟を建てて八佾の儛を行い、また多くの部民や上宮王家の乳部を動員して、今来（明日香村から橿原市域にかけての一帯）に自分と入鹿のため雙墓を営み、大陵・小陵とよばせるなどしたため、非難を浴びた。翌年十月、病のために朝参せず、私的に紫冠を入鹿に授け、大臣の位に準えた。いずれも蝦夷・入鹿の専横を示す行為とされる。同年十一月、入鹿が斑鳩の上宮王家を襲って滅亡させた際には、大いに叱責したという。六四四（同3）年十一月、大臣蝦夷と入鹿は、甘檮丘に家を並べ建て、また畝傍山の東にも家を起し、防備を固めた。翌年六月十二日、入鹿は飛鳥板蓋宮で殺害され、翌日、蝦夷は甘檮丘の家に火を放って自尽した。その際、船史恵尺は燃え盛る火の中から国記を取り出し、中大兄皇子に献じたという。（和田萃）

【参考文献】門脇禎二『蘇我蝦夷・入鹿』（吉川弘文館昭52）。

そがのおあねのきみ【蘇我小姉君】 生没年未詳。蘇我大臣稲目の女。堅塩媛の妹。欽明天皇の妃となり、泥部穴穂部皇女（用明天皇の皇后となり、厩戸皇子を生む）や泥部穴穂部皇子・泊瀬部皇子（後の崇峻天皇）ら、四男一女を儲けた。『古事記』では、これらの皇子女を生んだのは、堅塩媛の姨の小兄比売とする。（和田萃）

そがのきたしひめ【蘇我堅塩媛】 生没年未詳。蘇我大臣稲目の女で、小姉君の姉。岐多斯比売とも。欽明天皇の妃となり、大兄皇子（後の用明天皇）や額田部皇女（後の推古天皇）ら、七人の皇子と六人の皇女を儲けた。六一二（推古天皇20）年二月、堅塩媛は欽明天皇の檜隈大陵に改葬されたが、その際、蘇我氏の本拠である軽の衢で、大規模な誄儀礼が行われた。檜隈大陵については、見瀬丸山古墳（奈良県橿原市五条野町・見瀬町・大軽町）とする説が有力である。（和田萃）

そがのくらやまだのいしかわまろ【蘇我倉山田石川麻呂】 ?～649 孝徳朝の右大臣。大臣馬子の孫で、倉麻呂（雄正・雄當）の子。赤兄は弟、日向（身狭・武蔵・無邪志臣とも）は異母弟。入鹿は従兄弟にあたる。蘇我山田石川麻呂・蘇我石川万侶・山田大臣・倉山田臣などとも記す。中臣連鎌子（鎌足）は、乙巳の変に備えて石川麻呂を味方につけることを計り、石川麻呂の長女を中大兄皇子の妃としようとしたが、同族の身狭臣が奪ったため、次女の遠智娘（美濃津子娘・造媛）を妃とした。遠智娘は中大兄皇子との間に、大田皇女・鸕野皇女・建皇子を儲けた。遠智娘の妹の姪娘も中大兄皇子の妃となり、御名部皇女（高市皇子の妃）と阿陪皇女（後の元明天皇）を儲けた。また女の乳娘は孝徳天皇の妃となった。孝徳天皇即位に際して右大臣に任命され、六四六（大化2）年二月、詔を宣した。六四九（同5）年三月、義母弟の日向の讒言により、長子の興志が建立に当たっていた山田寺（奈良県桜井市山田）に逃れ、自経して果てた。石川麻呂の資財が収納された際、石川麻呂は無実だったことが判明、造媛は傷心のあまり亡くなったという。山田寺は倉山田家の氏寺として六四一（舒明13）年三月から造営が開始されており（『上宮聖徳法王帝説』の裏書）、石川麻呂の発願にかかる。（和田萃）

そがのさかいべのまりせ【蘇我境部摩理勢】 ?～628 推古朝の武人・政治家。大臣稲目の子で馬子の弟。蝦夷の叔父にあたる。毛津・阿椰の父。蘇我境部臣は、軽と檜隈との境（坂合）付近を本拠としていたらしい。六〇〇（推古天皇8）年に征新羅大将軍として新羅に派遣された境部臣は、摩理勢であった可能性が大きい。六二八（同36）年三月、推古天皇崩御の後、大臣蝦夷が主宰して、嗣位を山背大兄王（厩戸皇子の子）と田村皇子（後の舒明天皇）のいずれにするか、群臣合議がなされた際、田村皇子を推す蝦夷に対し、摩理勢は山背大兄王を支持したために紛糾し、結論は出なかった。当時、蘇我一族は、馬子の桃原墓を造営するために動員されていたが、摩理勢は墓所の廬を壊して蝦夷に反抗、斑鳩の山背大兄王とその異母弟の泊瀬仲王を頼った。しかし最後は蝦夷に攻められて、子の阿椰と共に殺害された。長子の毛津も畝傍山で自殺した。（和田萃）

そがのまち【蘇我満智】 蘇我氏の祖。名を麻智とも。石川宿禰の子で、韓子の父。履仲朝に国事を執り、雄略朝に朝廷内の斎蔵・内蔵・大蔵の三蔵を検校したという。百済の権臣木（劦）満致が亡命し、蘇我満智になったとする説がある。（加藤謙吉）

そかんとうたち【素環頭大刀】 把頭にさまざまな環状の飾りをつけた大刀のうち、環の内部に特別な装飾をもたないものをいう。内反りのものが多い。中国では漢代以降に発達し、わが国では北部九州を中心とした弥生時代の遺跡からも出土するが、前期古墳からの出土例が目立つ。木製や鹿角製の装具を介在させ、把頭に装着する半円状もしくはC字形の金具をともなう製品も、素環頭大刀に含めて考えた方が、その系譜関係を理解しやすい。（福尾正彦）

ぞくじょうもんぶんか【続縄文文化】 北海道の縄文文化に続き擦文文化に先行する文化。本州の弥生・古墳時代に相当し、東北北部を含める考えもある。概念や名称は昭和一〇年前後に山内清男によって考えられた。前半と後半に分かれ、前半は地域色が豊かで、道南の恵山式、道央の古手の後北式、道東の宇津内式、下田の沢式などを主体とする土器文化が展開し、遺跡は河川流域や海岸部に多い。後半は道央の後北式が全道的に広がり、北大式に引き継がれ、遺跡は河川流域に多い。生業は縄文文化同様の狩猟採集漁撈であるが、河川漁撈の比率が高く、前半では海洋漁撈の占める割合も高い。稲作は行われていないが、道央以南ではソバなどの栽培の可能性もある。住居は舌状の突出部がついた円形の竪穴式。墓は土坑墓で土器などの副葬品が多く、前半は各種石器のほか漆塗弓、骨角器、貝製品などもみられ、後半では鉄製品もある。石器は各種あるが、恵山文化の靴形石器（石製ナイフ）や魚形石器（擬餌）、後北式、北大式の小型円形掻器が特徴的。恵山文化の有珠モシリ遺跡出土の南海産大型イモガイ製貝輪などは続縄文文化の列島規模での交流を物語る。

〔**参考文献**〕加藤晋平他編『縄文文化の研究』6続縄文・南島文化（雄山閣昭57）。野村崇他編『新北海道の古代』2続縄文・オホーツク文化（北海道新聞社平14）。（**長沼孝**）

そくしんじょうぶつ［即身成仏］　即身は今現在のこの身体をいい、諸修行を経由することなくそのままで現世に悟りを開くこと。現身成仏・現生成仏とも。遠い将来・未来に成仏できるとする旧仏教に対して、密教ではそのままに成仏することが可能とされた。とくに真言宗で強く主張され、空海によって体系化された。すなわち「即身成仏義」を著わし、衆生も手印を結び、真言を唱え、座禅すれば大日如来の力によって成仏できると述べ、即身成仏を理論化した。空海自身が死去した（入寂）のではなく、禅定（宗教的瞑想状態）に入った（入定）のであり即身成仏したと伝承される。出羽三山の一つの湯殿山が即身成仏の山といわれるなど、山間での苦行を重視する在来の山岳信仰とも結びついて即身成仏思想は広く流布し、今も各地に即身仏が残されている。（**井上満郎**）

そくてんぶこう［則天武后］　624～705　唐高宗の皇后。唐を中断して周を建てた中国史上唯一の女帝。姓は武、諱は曌。一四歳のとき太宗の後宮に入り、その死後尼となったが、再び高宗の後宮に入った。六五五（永徽6）年王氏に代わって皇后となり、長孫無忌らの貴族官僚を弾圧、皇太子の忠を廃して実子を立てるなど、政治を独裁した。実子の中宗・睿宗を相次いで廃位し、六九〇（載初元）年、唐朝を簒奪、即位して女帝となり、国号を周とした。これを武周革命という。七〇五（神竜元）年、張柬之らが武后の寵臣張易之らを倒して中宗を復位、唐室を復興し、武后はその年病死した。彼女の事績は、遣唐使が日本に伝え、また光明皇后が女性として武后を意識したこともあって日本への影響も多大で、日本の国分寺・国分尼寺は、自らを弥勒の下生と称した武后が全国に建てた大雲寺がモデルと考えられ、武后が作らせた曌（照）、圀（国）など一〇余の則天文字は日本でもかなりよく用いられた。

〔**参考文献**〕外山軍治『則天武后』（中公新書昭41）。『旧唐書　巻六』（中華書局昭50）。気賀沢保規『則天武后』中国歴史人物選4（白帝社平7）。（**中畠俊彦**）

そくてんもじ［則天文字］　中国唐代の女帝・則天武后（六九〇～七〇五年在位）が六九〇年に制定した独特の文字。「𠀑（君）」「𠁈（臣）」など十数文字が知られている。中国では武后の死の直後から使用禁止となった。わが国では七〇七（慶雲4）年書写の正倉院宝物『詩序』（王勃集）にすでにみえ、その後も都から離れた地方各地の古代遺跡で出土する墨書土器に「𠀑（天）」「𠁈（地）」「𤯔（人）」など数多く確認できる点が興味深い。なお「圀（国）」は、中世以降も永く用いられた。（**平川南**）

ぞくとうりつ［賊盗律］　大宝・養老律の編目の一つ。養老律では第七編にあたる。大宝律は散逸したが、養老律は全条が現存する。唐賊盗律（全五四条）の内容を模倣するが、監臨主守自盗条のみ削除している。謀反・大逆・殺人・呪詛・強盗・窃盗・略奪などの犯罪とその関連事項を規定した。（**荊木美行**）

そせい［素性］　生没年不詳。平安時代前期の歌人。俗名を良岑玄利とする説あり。父は僧正遍昭。『古今集』の主要歌人の一人で、後に三十六歌仙や百人一首に選ばれる。九〇九（延喜9）年頃までは生存。家集に『素性集』がある。（**佐々木孝浩**）

そせんじん［祖先神］　先祖の神。祖神とも。先祖の神とするものには、血縁のつながりにもとづく祖先神もあるが、たとえば『古事記』（上巻）に、「此の三柱の綿津見神は、阿曇連らの祖神ともちいつく神なり」と記し、また『日本書紀』（巻第一）に「鏡作部の遠祖天糠戸者」とか「玉作部の遠祖豊玉」などと述べるのは、それらの氏族の職業にもとづく職能神であって、いわゆる血縁神ではない。首長・家父長の世襲化が進むと霊威神や職能神を祖先神とする観念のほかに、祖神の血縁神化がひろまる。氏神は本来それぞれの氏族の祖先神とするものが多かったが、地縁化してそれぞれの土地の守護神（産土神）と氏神とが同一視されるようになる。（**上田正昭**）

そちき［帥記］　大納言源経信の日記。記名は兼任した大宰権帥による。一〇六五（治暦元）年より八八（寛治2）年までが残るが欠落が多い。なお「御産部類記」「改元部類記」等に逸文が存する。『水左記』とならび、摂関後期から院政期における基礎史料。『増補史料大成』。（**松本公一**）

そっけつかん［則闕官］　⇨太政官

そていほう［蘇定方］　592～667　唐の将軍。名は烈。定方は字。冀州武邑の出身。六六〇年に唐の高宗の命をうけ、水軍を率いて百済を攻撃し、滅亡させた。山東半島を出発、新羅船団と徳物島でいったん会したあと、錦江河口から百済王都に攻め上り、義慈王を降伏させた。すぐに王・太子らを連れて帰国。六三〇年の突厥遠征や、百済討滅後の吐蕃・吐谷渾遠征などでも活躍し、左驍衛大将・邢国公となる。陝西省咸陽東北郊外の順陵（武則天の母の墓）付近にある蘇君墓は、その墓とみられる。（**田中俊明**）

そではん［袖判］　古文書学の用語。文書料紙の右端部分（袖という）の余白に据えられた花押のこと。袖判文書の初見は一〇八九（寛治3）年大宰府庁下文案で、その後庁宣や下文に使用。日下や奥（左

端部分）に据える花押より相手に対して尊大。（綾村宏）

そとおりのいらつめ［衣通郎姫］ 『日本書紀』によれば允恭天皇の皇后忍坂大中姫の妹で、同皇后の嫉妬をうけながらも天皇の寵愛をうけた弟姫のこと。いっぽう『古事記』によれば、忍坂大中姫の子軽大郎女のことであり、同母兄の木梨軽太子と奸した人物とされている。なお『日本書紀』では衣通郎姫と軽大郎女は別人として設定されている。（廣瀬真理子）

そとば［卒塔婆］ 梵語のstupaの音訳。単に塔とも、また塔婆・浮図とも。古代インドの高塚の墓をいい、釈迦の死後にその遺骨（仏舎利）をおさめた墓の上にサーンチ（インド）などのごとく構築物が築かれて記念物となり、日本では五重塔や多宝塔などとなった。（井上満郎）

そなかしち［蘇那曷叱知］ 任那（伽耶・加羅）の官人。『日本書紀』崇神天皇六五年の条に、任那から朝貢してきたとある。同垂仁天皇二年是歳の条に、帰国に際して、手厚く賞賜があり赤絹一〇〇匹を持たせて任那王に贈った。ところが、新羅人が彼を遮り、それを奪った。任那と新羅両国の憎しみは、この時から始まったと記録されている。（胡口靖夫）

そねのよしただ［曾禰好忠］ 923?～1003以降没。平安時代中期の歌人。万葉語や漢詩文の摂取、農事を詠うなど斬新な作風で知られ、定数歌の創始者としても功績は大きく、後世における評価は高い。中古三十六歌仙の一人。家集に『好忠集』がある。（小林一彦）

そのからかみしゃ［園韓神社］ 平安京宮内省に祀られた社。式内名神大社で「宮内省坐神三坐」とみえる。七六五（天平神護元）年にはすでに園神に二〇戸、韓神に一〇戸の神封があてられた（『新抄格勅符抄』）古社であったが、平安遷都にともない遷坐しようとしたところ、託宣があって、この地に坐して帝王を護り奉る旨、宮内省に鎮座することとなったという（『江家次第』等）。（堀越光信）

そのからのかみ［園韓神］ 宮中、宮内省に祀る神。『大倭神社註進状』は園神を大物主神、韓神を大己貴命・少彦名命にあて、もとは渡来人の祀る神であったという。八五〇（嘉祥3）年一〇月に従五位下、八五五（斉衡2）年名神祭、八五九（貞観元）年従三位に列した。園韓神祭は、二月の春日祭後の丑の日と一一月の新嘗祭前の丑の日に、神前で歌舞・芸能が行われる（『儀式』『西宮記』『江家次第』などに詳しい）。平安末期以降、しだいに衰微したとみられる。（堀越光信）

そばたかいづか［曾畑貝塚］ 熊本県宇土市岩古曽にある縄文時代の純鹹水産の貝塚。縄文前期、曾畑式土器の標式貝塚。宇土半島基部の木原山から延びる台地に位置する。北側に沖積平野が続く。一九二三（大正12）年に清野謙次、一九五九（昭和34）年に江坂輝弥が発掘調査を行った。縄文前期の貝塚のほか、地点を異にして縄文後期の貝塚があることがわかった。貝塚の西側の低地で前期のドングリの貯蔵穴が多数発見された。（島津義昭）

曾畑式土器（渡具知東原遺跡出土）

そばたしきどき［曾畑式土器］ 曾畑貝塚から出土した土器を標式とする縄文前期の土器。器形は深鉢形丸底を基本とする。外面と内面の口の部分に棒状の道具で平行線紋・綾杉紋・鋸歯紋等がみられる。滑石粉や雲母を混入させた生地を使うものもある。分布は九州山脈の西側に分布し、北は朝鮮半島の南部、韓国釜山市東三洞貝塚、南は沖縄県まで分布する。環海的な文化だと思われる。（島津義昭）

そふく［素服］ 白い生地でつくられた服のこと。『礼記』郊特牲に「皮弁素服して祭る。素服は以て終を送るなり」とあり、もとは中国で凶事の喪服に用いられた。日本では『続日本紀』によると元正天皇崩御に際して素服を命じたというが、おそらく単に質素な服という意味であり、奈良時代には天皇・皇后などの死に際して、素服の記事がある場合とない場合があって喪服制度として定着していなかったと思われる。平安以後もしばしば素服を免除する記事がみえる。（中畠俊彦）

そみんしょうらい［蘇民将来］ 疫病除けの神。『釈日本紀』所引『備後国風土記』逸文の疫隅国社の縁起には、北海の武塔神（スサノオ神）が来訪した際、富裕な巨旦将来はその宿泊を拒んだために滅ぼされたが、貧乏な兄の蘇民将来は歓待したため、茅の輪を腰に着けることにより一族は疫疾から救われた、という。六月晦日の夏越の祓における茅の輪くぐりの由来である。スサノオ神と牛頭天王が習合し、牛頭天王は薬師如来の垂迹とされることから、各地に広く蘇民将来の信仰がみられ、「蘇民将来之子孫」と記した護符や注連飾りが流布している。近年、長岡京跡や壬生寺境内遺跡などで八世紀から九世紀初期の蘇民将来符木簡が出土しており、この信仰は古代まで遡ることが明らかになった。（増尾伸一郎）

そめどの［染殿］ 平安京左京北辺四坊六・七町に所在した摂政藤原良房の邸。「染殿后」とよばれた文徳天皇女御明子は良房の娘であり、この邸で清和天皇を産んだ。清和天皇女御藤原高子（良房の姪）もまたここで陽成天皇を産んでいる。七町の南部分は清和上皇の後院清和院となった。六町は具平親王以降村上源氏に受継がれた。（佐藤文子）

そめどののきさき［染殿妃］ ⇨藤原明子

そんえきちょう［損益帳］ 令制下、主計寮・主税寮などの中央官司が、諸国から提出された帳簿の監査に際して、前年の帳簿との増減を書き記した帳簿。大(計)帳・租帳・(正)税帳・調庸帳など重要な帳簿についてのみつくられたらしい。（山本崇）

そんごう【尊号】 天皇・太上天皇・皇后などへの尊称。太上天皇号・皇太后号など地位・身分を表す位号と、孝謙太上天皇の宝字称徳孝謙皇帝や聖武天皇に対する追贈号である勝宝感神聖武皇帝などのように個人に限定される称号の二種がある。持統太上天皇を初例として、これまで譲位をした天皇を自動的に太上天皇としていたが、嵯峨天皇の譲位を契機として、新帝が太上天皇号という尊号を奉ることにより太上天皇とする尊号宣下制が始まった。
【参考文献】日本学士院『帝室制度史(六)』（吉川弘文館昭54）。（亀井健太郎）

そんでんほう【損田法】 田地の損害の度合に比例して、戸毎に租税課役を減免する令の規定。賦役令では各戸の損害の程度を一〇分法で表し、損害が五分以上なら租、七分は租・調、八分以上は租と課役すべてを免除した。また四分以下の戸にも慣習として、損害に応じて租を減免した。（勝山清次）

た

たい【対】 ⇩寝殿造

だいあんじ【大安寺】 奈良市大安寺町所在の寺院。『大安寺伽藍縁起幷流記資財帳』によると、百済大寺を舒明天皇が六三九（舒明11）年に建立、これを六七三（天武2）年に高市に移して高市大寺となり、さらに大官大寺となったものが大安寺の前身という。聖徳太子建立の熊凝精舎を起源とするのは後世の仮託であろう。平城京の大安寺は七一六（霊亀2）年に左京六条四坊へ移されたもの。『資財帳』には塔院・坊幷僧房等院・禅院食堂幷太衆院・池幷岳・半賤院・苑院・倉垣院・花園院などが記される。伽藍配置は南大門・中門・金堂・講堂が南北に並び、回廊は金堂に取りつくものと金堂・講堂を囲むものの二重になっている。塔院は六条大路を挟んで南大門の南側に四町占地され、七重の東塔・西塔が対称に配置される。旧境内は発掘調査され伽藍の確認が進められている。現在の大安寺は金堂南から南大門にかけての部分にあたり、本堂は明治時代のもの。観音像五体と四天王像は重要文化財。
【参考文献】大安寺史編纂委員会『大安寺史・史料』（昭59）。岩波書店『大和古寺大観(三)』（昭52）。（鶴見泰寿）

たいいんたいようれき【太陰太陽暦】 ⇩暦法

だいうんじ【大雲寺】 京都市左京区岩倉にある寺。単立。九七一（天禄2）年、藤原文範が真覚を開基として創建。九八五（寛和元）年、円融天皇皇太后昌子内親王は寺内に観音院を建立、ここで崩じた。『源氏物語』若紫の「なにがし寺」は大雲寺であるという。（野口孝子）

たいおう【大王】 天皇号を称する以前の倭国の王者の称。「おおきみ」とも。埼玉県行田市の稲荷山古墳出土鉄剣銘に「獲加多支鹵大王」、熊本県菊水町の江田船山古墳大刀銘に「大王」などとみる。ただし『万葉集』では天皇を「大王」と表記する例がある。高句麗好太王（広開土王）碑文に「太王」、慶州の瑞鳳塚出土の銀製合わせ壺などにも「太王」などとみえる。（上田正昭）

だいがく【大学】 律令制の教育・官吏養成機関。大宝・養老令では式部省管下の大学寮に頭以下の四等官と博士以下の教官がおかれ、後に明経道・算道となる二学科しかなかったが、沿革をへて九世紀中葉に紀伝・明経・明法・算の四道が成立。官僚の子弟は大学で儒教を中心とする学問を教養として学び、一部の者は秀才・明経・明法・算などの試験をへて学者官人となった。平安前期には紀伝道が文人宰相を多く輩出して隆盛したが、その後は振るわなかった。（古藤真平）

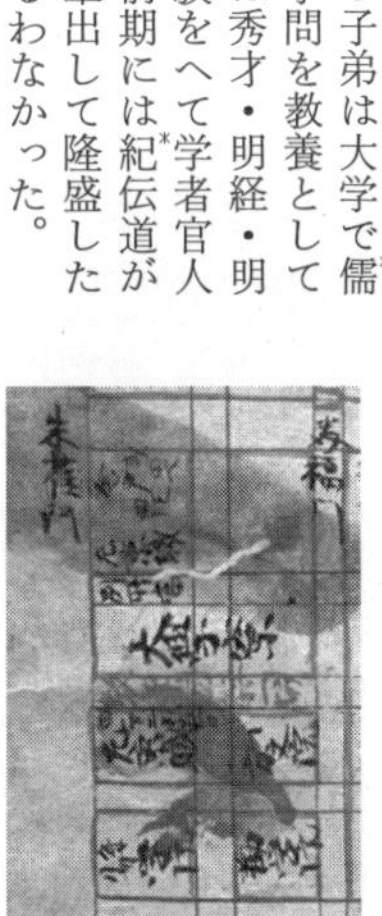

平安京における大学と弘文院・勧学院・奨学院。九條家本延喜式所収左京図（国宝、東京国立博物館蔵）より
Image:TMN Archives
Source:http://TnmArchives.jp

だいかくじ【大覚寺】 京都市右京区嵯峨にある真言宗大覚寺派の寺。本尊は五大明王像。八七六（貞観18）年、嵯峨天皇の離宮を淳和太后が寺としたことに始まる。宇多法皇はここで寛空から灌頂を受けた。寺地の大沢池は嵯峨院の頃から詩宴の場であった。（野口孝子）

だいがくべっそう【大学別曹】 有力氏族がその氏出身の大学生のために設けた寄宿舎で、公認を受けたもの。原義は本来の大学寮の曹司。大学生は寮内の曹司に寄宿する定めだったが、平安時代に入り、和気氏が弘文院、藤原氏が勧学院、橘氏が学館院、王氏が奨学院を設立し、勧学院・奨学院・学館院の順に別曹として公認された。財源は各氏の有力者からの寄附による。学制上は大学に従属していたが、別曹内での教育活動の存在は十分に想定できる。（古藤真平）

だいがくりょう【大学寮】 大宝・養老令制の式部省被管諸司の一つ。官吏養成を担当した。四等官のほか、博士・助教（大宝令では助博士）以下、音博士・書博士・算博士がおかれ、本科（のちの明経道）と算科があった。七二八（神亀5）年、

文章・明法の二科が加わるなど、奈良時代を通じて整備された。学生は、秀才・明経・進士などの課試をへて官吏に登用された。（荊木美行）

たいかのかいしん［大化改新］ 六四五（皇極天皇4）年の蘇我入鹿斬殺に始まり、以後六五四（白雉5）年ころまでに、皇太子中大兄皇子を中心に進められた政治改革。『日本書紀』によると、経過は次のとおり。六四五（皇極天皇4）年六月、飛鳥板蓋宮において、中大兄皇子・中臣鎌足らが蘇我入鹿を斬殺、その父蘇我蝦夷もいったんは軍陣を設け、攻撃の姿勢を示したが、自殺し蘇我本宗家は滅亡した。この政変は乙巳の変と呼ばれる。この事態をうけて、皇極天皇は位を退き、同母弟である軽皇子が即位（孝徳天皇）。同時に皇太子中大兄皇子、左大臣阿倍内麻呂、右大臣蘇我倉山田石川麻呂、内臣中臣鎌足、国博士僧旻・高向玄理からなる新しい政治体制が確立した。孝徳・中大兄らは群臣を集めて誓約させ、大化の年号を立て政治改革を開始した。八月、東国国司を任命、戸籍の作成や田畝の校検などを命じ、僧尼を大寺に集めて十師・法頭を任命、寺院の僧尼・奴婢・田畝を実検させた。九月、古人皇子の謀反事件の後、使を諸国に派遣、民の数を調査させ、一二月には難波に遷都した。六四六（大化2）年正月、根本的な政治方針を示す詔（大化改新詔）が出された。その内容は大きく四項目からなる。(1)屯倉、田荘および名代・子代、部曲を廃止する、(2)京師・畿内国・郡司などの地方制度や関塞・斥候・防人および駅制を創設する、(3)戸籍・計帳を作成し、班田収授を実施する、(4)調・仕丁・采女などの税制を実施する、がそれである。三月、中大兄はみずからの所有する入部と屯倉を天皇に献上し、八月には部民制を廃止し、新たに百官を設け位階を定めた。六四七（同3）年四月、再度、部民制の廃止の実行を促した。六四八（同4）年四月、冠位十二階を停止、十三階の冠位制を実施、六四九（同5）年二月には十九階の冠位制へと改定した。三月、阿倍内麻呂が死去、蘇我倉山田石川麻呂も讒言により自殺し、四月、かわって左大臣巨勢徳陀古、右大臣大伴長徳が任命された。この年には全国的に評が設置されたとされる（「天下立評」）。翌年二月には祥瑞である白い雉が現れ、白雉の年号が立てられた。一〇月、難波宮の造営が本格化、六五一（白雉2）年末には天皇が新宮に移り、難波長柄豊碕宮と命名された（前期難波宮にあたる）。六五三（同4年）、中大兄は倭京に戻ることを奏請し、孝徳に拒否されたが、皇祖母尊（皇極）らとともに飛鳥に戻った。六五四（同5）年一〇月、孝徳は死去、翌年正月、皇極が飛鳥板蓋宮で重祚した（斉明天皇）。大化改新は律令体制の導入の起点となる政治改革として重要視されてきたが、研究上の問題点は多い。すでに戦前に大化改新詔の文献批判が行われ、『日本書紀』所載の改新詔が後の令の文章によって修飾されていることが指摘されていたが、戦後大きく展開した。井上光貞は詔にみえる「郡」の表記に対する疑問やそれ以前の研究成果の上に、現改新詔から発布された段階での詔（原詔）を抽出することを試み、さらに木簡などから「郡」の文字で「こほり」を表記するのは大宝律令以後で、それ以前は「評」の文字であったことが明白となり、それを契機として原秀三郎らによって、改新詔の存在自身を否定する見解が提示された（いわゆる大化改新否定論）。大化改新否定論を支える最も重要な論点は部民制の廃止＝公民制の成立の過程に関するもので、原は本格的な公民制の成立は天智から天武期に達成され、それ以前で公民制にふれる改新詔の(1)は信頼できないという見解を示した。ただし、論証には疑問もあり、広く受け入れられているとはいえない。改新詔の信頼性や改新そのものの評価についてもいまだ共通認識に達しているとはいえない。前期難波宮の発掘調査も進行し、木簡などによって七世紀後半の歴史像が明らかになりつつある。また当時、唐の巨大化により朝鮮三国でもあいついで権力集中が行われており、東アジア全体を視野に入れた議論も活発である。このような状況のもとで。さらに議論を深めていく必要がある。

［参考文献］井上光貞『日本古代国家の研究』（岩波書店昭40）。原秀三郎『日本古代国家史研究』（東京大学出版会昭55）。朝尾直弘他編『岩波講座日本通史3古代2』（岩波書店平6）。

（鷺森浩幸）

たいかのかいしんのみことのり［大化改新詔］ 六四六（大化2）年正月甲子朔に出された詔（『日本書紀』）。主文四ヵ条からなり、第二条以下にはそれぞれ数項の細目規定（副文）がつく。改新の大綱を宣布したものとされるが、書紀編者の造作とみる説もあり議論が多い。（鎌田元一）

たいかのはくそうれい［大化薄葬令］ ⇩薄葬令

だいかや［大加耶］ 加耶諸国のなかで有力な国に対する呼称で、少なくとも二国がそのようによばれた。一つは金官国（金海）で、もう一つは伴跛国（高霊）。前者は五世紀初めまで、後者は五世紀半ばから加耶諸国が消滅するまで続いた。そのため一般的に大加耶といえば、後者をさす。固有の名が伴跛であることについては異論もあるが、『魏志』韓伝にあらわれる弁韓一二国の中の半路国（「路」字に問題はあるが）の後身と考えられる。成長基盤は鉄生産であろうが、まだ製鉄遺構はみつかっていない。建国神話では、伽倻山神の正見母主と天神との間に生まれた兄弟の兄が大加耶の、弟が金官国の始祖になったと伝える。四七九年に南斉に遣使した荷知は、大加耶の嘉悉王をさす。その時までに加耶西部の諸国を糾合して連合体（大加耶連盟）を形成し、盟主となっている。嘉悉王のつくった加耶琴は、その後楽師于勒が新羅へ伝え、日本では新羅琴とよばれた（正倉院所蔵）。連合体の広がりは高霊型とよばれる土器が分布する文化圏とも一致。当初は百済と対抗し、新羅と連携した。五一〇年代に百済が加耶へ進出しはじめ、蟾津江流域の己汶・多沙を攻撃。大加耶は連合諸国とともに抵抗したが止めることができなかった。そのため新羅といっそう提携すべく、異脳王が新羅王女をめとる婚姻同盟を結んだ（五二二年）。しかし新羅もまた加耶への進出をはじめ、両大国いずれとも敵対するようになり、連合体は両国にしだいに分割されていった。五四〇年代には、国王の下に上首位・二首位とよぶ支配層が存在。その頃から百済と結んだが、百済が新羅との戦いで敗れて（五五四年）命運が決した。五六二年に新羅の攻撃に

現在の高霊の全景　左上の稜線に池山洞古墳群

よって大加耶が降伏し、残っていた諸国も最終的に滅亡。高霊で最大規模の池山洞古墳群が陵墓群と考えられる。直径三〇mを越える大型古墳も多い。金冠（現、湖巌美術館蔵）や金銅冠が出土。一九七七年の四四号・四五号の発掘では、殉葬とみられる副槨が多くみつかっている。（田中俊明）

だいかんだいじ【大官大寺】　持統・文武朝の四大寺の一つ。寺の歴史は、舒明天皇発願の百済大寺にさかのぼり、これを六七三（天武2）年に高市の地に移して高市大寺と称したが、六七七（同6）年に大官大寺と改称した。縁起では完成をみたのは文武朝とされる。平城遷都後は平城京左京六条・七条四坊に移され、大安寺とよばれるようになった。百済大寺は近年の調査によって吉備池廃寺（桜井市吉備）であることが確定した。大官とは天子の意味であり、天皇勅願の寺として国家による運営が行われ、巨大な九重塔が建設された。江戸時代から奈良県明日香村小山に残る土壇がその遺跡とされてきた一九七三（昭和48）～八二（同57）年に発掘調査が行われ、藤原京左京九・十条四坊の六町を占める広大な寺域に、中門・金堂・講堂が南北に並び、金堂の南東に塔を配した特異な伽藍配置が判明した。中門の建設途上に火災に遭遇し全焼したことが確認されたが、これは『扶桑略記』の七一一（和銅4）年の焼失記録を裏付けるものであろう。一九二一（大正10）年に国史跡に指定。

【参考文献】狩野久編『古代を考える　古代寺院』（吉川弘文館平11）。奈良文化財研究所『大和吉備池廃寺』（吉川弘文館平15）。奈良国立文化財研究所『大官大寺』（飛鳥資料館カタログ第8冊昭60）。（松村恵司）

たいき【台記】　左大臣藤原頼長の日記。記名は大臣の唐名三台による。一一三六（保延2）年から五五（久寿2）年の日次が残る。後世の抄出である「宇槐記抄」「台記抄」は本記の欠失を補うものである。また、本記を補うものとして「台記別記」もある。内容は儀式に詳細であるとともに、頼長の学問研鑽もうかがえる点、特色がある。『増補史料大成』所収。（松本公一）

だいげき【大外記】　令制の太政官に所属する官職の一つ。少納言の下で、中務省の内記が作成した詔書を勘正し、太政官の奏文を作成するほか、先例の調査、儀式・公事の執行などをつかさどった。定員は二人で、相当位は当初正七位上であったが、重要かつ繁忙な官職であったことから、七八三（延暦2）年、正六位上となった。（篠田孝一）

たいげんのほう【太元帥法】　大元帥法とも。太元帥明王を本尊とする密教の修法。「帥」の字はよまないのが慣例。九世紀半ば頃に常暁が唐より請来し、以後、宮中で正月の後七日御修法と併行する大法となった。とくに怨敵退散に効験があるとされた、東密を代表する秘法。（竹居明男）

たいけんもんいん【待賢門院】　1101～45　藤原璋子、鳥羽天皇の中宮。父母は権大納言藤原公実と堀河・鳥羽両天皇乳母の典侍藤原光子。白河法皇の猶子となり、一七歳で入内し、二年後に崇徳（実父は法皇という）・後白河天皇らを生む。二四歳で院号宣下。法金剛院を建立し、崩後この北に葬られた。（朧谷寿）

たいこう【退紅】　少量の紅花で染めた、ピンク系のごく薄い紅色。褪紅とも記す。色名としては「あらぞめ」と読む。荒染や洗染の表記もあるが、短時間に染めた結果色が薄いという意味や、紅が現れて色落ちしたという意味での当て字。（武田佐知子）

たいこう【大后】　「おおきさき」ともいう。「太后」とも書く。律令制下において、皇后に対し、皇太后もしくは太皇太后を略して大后と称した。古くは天皇（大王）の嫡妻をさす語で、『古事記』では『日本書紀』が皇后とするものを大后と表記している。（荊木美行）

たいこうたいごう【太皇太后】　天皇の祖母で皇后位に昇った女性。令制では妃・夫人の場合、太皇太妃・太皇太夫人とされるが、孝謙天皇の即位後祖母の藤原宮子は皇太夫人であったにもかかわらず太皇太后とされている。また祖母でなくても太皇太后とされる例も少なくなかった。皇太后・皇后の上に位置づけられ、付属の役所として太皇太后宮職がおかれた。（瀧浪貞子）

たいこうてんのう【大行天皇】　天皇の死後、諡号が奉呈されるまでの間用いられる尊称。中国では古くからそのような尊称として「大行」があり、のち「大行皇帝」のごとく用いられたが、これが日本にも伝わった。単に先帝の意で使用されることもある。六八九（持統3）年五月の詔が天武天皇を「大行天皇」と称した例（『日本書紀』）や、七一〇（和銅3）年一一月の伊福吉部徳足比売骨蔵器銘文が文武天皇を「藤原大宮御宇大行天皇」と記した例が、知られるものとしては早い。（虎尾達哉）

だいごくでん【大極殿】　宮城内にあって、即位儀、朝賀等の儀式を行う殿舎。高御座が常置。『日本書紀』皇極天皇四（六四五）年条の飛鳥板蓋宮大極殿が初見だが、遺構は未確認。『日本書紀』天武十（六八一）年条以降にみえる大極殿は伝承飛鳥板葺宮跡南東から検出された「エビノコ郭」とする説が有力。藤原宮では宮城の中心に配置され、南に十二朝堂を伴ってその正殿として機能した。平城宮では造営当初、朱雀門の北（中央区）に大極殿院が設けられた。磚により化粧した壇上に大極殿を建設し、前面には広大な朝庭を設けた。七四〇（天平12）年に遷都した恭仁宮にはこの大極殿が移建された。七四五（天平17）年、平城京に還都するが、大極殿は中央区へは戻されなかった。代わって遷都当初掘立柱建物であった太政官院（十二朝堂からなる朝政、告朔、選叙の場）が礎石建物に改修され、その正殿が大極殿とされた(東区)。以後長岡宮、平安宮に継承される。

〔参考文献〕 福山敏男『大極殿の研究』（平安神宮昭30）。今泉隆雄『古代宮都の研究』（吉川弘文館平5）。橋本義則『平安宮成立史の研究』（塙書房平7）。奈良文化財研究所『大極殿関係史料』（平15）。

（山中章）

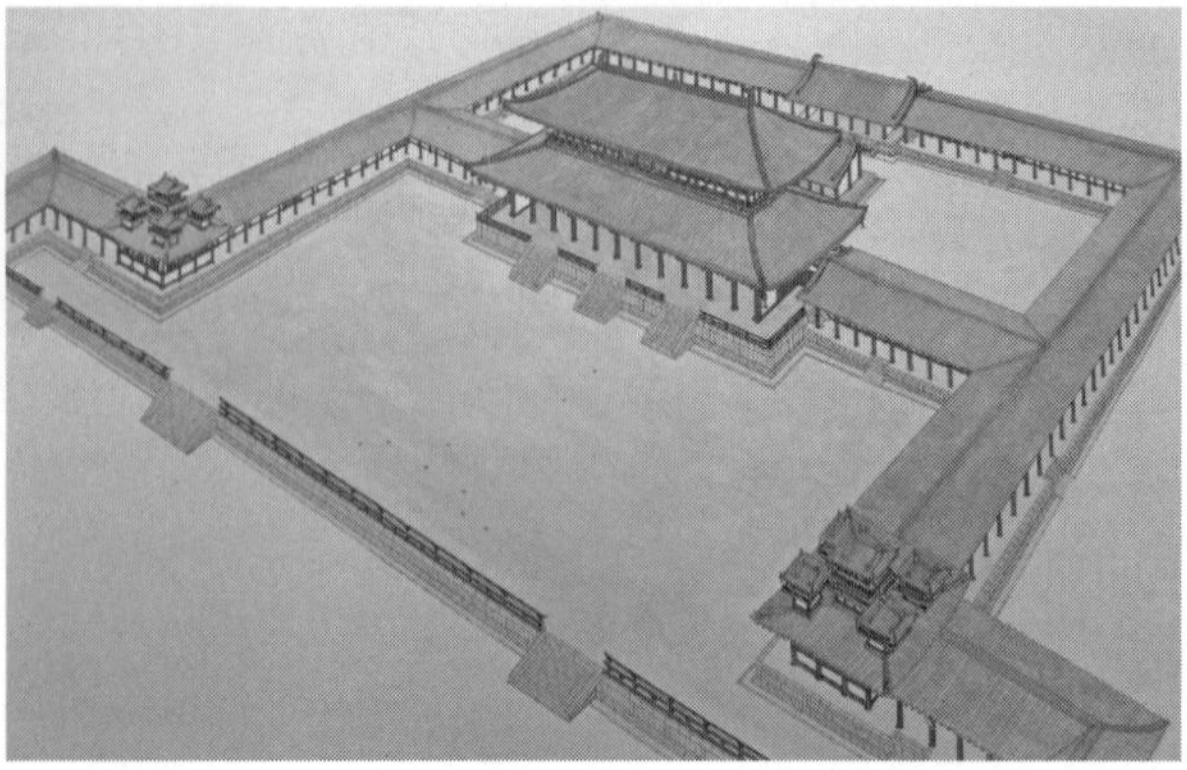

平安京 大極殿復原図（南東から）
梶川敏夫画

だいごじ 〔醍醐寺〕 京都市伏見区醍醐東大路にある真言宗醍醐派の総本山。深雪山。上醍醐と下醍醐よりなる。八七四(貞観16)年、聖宝が笠取山上に草庵を営み、准胝・如意輪両観音像を彫り、堂宇を建て安置したのに始まる。山岳仏教の地である石山寺との関係が深い。またこの地は醍醐天皇の母方宮道氏の影響のもとにあったことなどから、九〇七（延喜7）年醍醐天皇の御願寺となって以降発展をみた。上醍醐には多くの堂宇が建立されたが、一切の寺務を執り行っていたのは三体の如意輪観音像を安置する延命院であった。下醍醐は座主観賢によって造営され、九二六（延長4）年、醍醐天皇の御願によって下醍醐の中心となる釈迦堂が建立された。九五一（天暦5）年には五重塔も建てられた。真言宗東密小野流の中心地として繁栄。院政期には白河天皇以下皇族の尊崇篤く多くの僧が宮廷諸行事へ参加した。寺地内には金堂・薬師堂・五重塔などの建造物や五大尊像をはじめとする多くの国宝がある。二月に行われる五大力には各地から参拝者がつめかける。

〔参考文献〕 佐和隆研他『秘宝醍醐寺』（講談社昭42）。佐和隆研『醍醐寺』（東洋文化社昭51）。

（野口孝子）

だいごぞうじき 〔醍醐雑事記〕 平安時代末期に醍醐寺僧慶延が、醍醐寺の堂塔・行事・所領などに関する史料を収集、類別的に編集現存一五巻、もと六三巻か。慶延自筆本や義演書写本などが現存。「慶延記」とも。

（綾村宏）

だいごてんのう 〔醍醐天皇〕 885〜930 在位897〜930 平安前期の天皇。名は維城のち敦仁。宇多天皇の第一皇子で母は藤原胤子(高藤の娘)。九歳で立太子、一三歳で即位した。その折り父宇多から与えられた『寛平御遺誡』の教訓に従って藤原時平と菅原道真を左・右大臣に登用し政務を推進したが、時平らの讒言により九〇一（延喜元）年道真を大宰権帥に左遷した。以後主導権を握った時平とともに班田の励行や荘園整理令の発布など諸改革にのり出す一方、『三代実録』「延喜格式」『古今和歌集』などの編集、勅撰を行っている。三三年間の在位（平安時代では最長)中、摂政・関白をおかなかったこともあって後世「延喜の治」とよび理想的な時代とする見方が生まれた。九三〇（延長8）年道真の怨霊と恐れられた宮中落雷事件のあと病臥し譲位、一週間後に出家（法名は金剛宝）しその日に没。陵は後山科陵(京都市伏見区)。日記『醍醐天皇御記』は次の『村上天皇御記』と合せて「二代御記」とよばれ、清涼殿に保管されて歴代天皇の教訓書とされた。

（瀧浪貞子）

だいごてんのうぎょき 〔醍醐天皇御記〕 醍醐天皇の在位中（八九七〜九三〇）の日記。原本も写本もないが、本来二〇巻以上あり、諸書所引の逸文が五五〇条ほどある。『村上天皇御記』とともに早く一条天皇朝ころ部類記『延喜天暦御記抄』(二代抄ともいう)がつくられ、天皇親政の手本として後世まで尊重された。

（所　功）

たいさい 〔太歳〕 歳星と逆方向に動く仮想の天体。中国戦国時代に天の赤道を一二分して十二支を配し、一年に一支（一辰）動いて年の支を表すものとされた。更に暦注では歳星の精で八将神の筆頭。太歳対位前後の日があり、季節と日の干支で決められた。

（細井浩志）

たいさく 〔対策〕 令制の官吏登用試験で、受験者が問題に解答すること。秀才の試験では方略策、進士では時務策が出題された。平安時代には対策といえば紀伝道学生の秀才試受験を意味するようになった。形式上は江戸時代末まで存続。

（古藤真平）

たいさんじ 〔太山寺〕 大山寺とも。神戸市西区にある天台宗の寺。藤原鎌足の子、不比等の兄の定恵による創建と伝えるが、平安中後期に寺容はととのったらしい。この頃から鎌倉・室町時代にかけて全盛で、多くの僧兵を擁した。国宝本堂のほか多くの文化財を蔵する。

（井上満郎）

たいざんふくん 〔泰山府君〕 道教の主要神の一つ。中国では古くから泰山信仰があり、人の魂が集まる場所として仏教の閻魔大王のような位置づけで信仰を集めたが、やがてより権威的な東岳大帝の呼称がおこると、泰山府君の呼び名は廃れた。日本では天台宗の円仁が勧請して比叡山麓に赤山明神を祭ったが、のちには陰陽道の代表的な祭りとして泰山府君祭が行われ、平安時代の貴族や鎌倉時代の武士の信仰を集め、長寿や厄除けを祈願した。

（中畠俊彦）

たいししんこう【太子信仰】 聖徳太子を聖者と崇める信仰。時代ごとにさまざまな形態で現れ、太子講などの形で現在も続く。聖徳太子に関する諸文献では信仰の対象としての太子像が顕著なため、太子の実像と虚像を見極めて信仰の原点を探る必要がある。法隆寺金堂釈迦三尊像は、光背銘に太子の浄土往生を祈念した太子等身像と記され、ここに信仰の発生を求める説もある。最古の太子伝『上宮記』は、逸文の用字法などから七世紀末以前の成立と考えられる。『日本書紀』は儒仏道の三教によって粉飾された数多くの事績や説話を採録して、太子聖人観を打ち出し、以後の太子伝の土台となった。八世紀半ば、鑑真の一派の天台系僧侶によって太子の慧思禅師後身説が広められ、『明一伝』や『上宮皇太子菩薩伝』が記され、最澄以下の天台僧の熱烈な太子信仰へと繋がっていく。また、七六一（天平宝字5）年の「上宮王院縁起資財帳」が法隆寺夢殿の救世観音像を「上宮王等身観世音菩薩木像」と記すことから、太子を観音とする説がおこる。九世紀に成立した『上宮聖徳太子伝補闕記』は太子の事績を神秘化し、救世観音の化身として礼拝の対象にまで崇めようとした。一〇世紀には先行太子伝の集大成『聖徳太子伝暦』が著され、その記事内容が太子の事績そのものと考えられるようになり、後世の太子観に大きな影響を与えた。『伝暦』は聖徳太子像の造像も盛んになり、『伝暦』に準拠してさまざまな俗形像がつくられた。現存最古の太子絵伝・法隆寺東院絵殿の障子絵（現法隆寺献納宝物）も『伝暦』の内容によって構成されている。貴族層では太子信仰から出た四天王寺参詣が盛んになり、一〇〇七（寛弘4）年に太子の未来記『四天王寺御手印縁起』が出現すると、予言者的な性格の太子信仰が展開する。鎌倉時代に入ると天台系僧侶ばかりでなく真言系や鎌倉仏教の祖師達も太子を日本仏教の祖と仰いだため、太子信仰はますます高揚して諸階層に浸透し、後に庶民信仰としての太子信仰をも発展させた。

〔参考文献〕 林幹弥『太子信仰の研究』（吉川弘文館昭55）。田中嗣人『聖徳太子信仰の成立』（吉川弘文館昭58）。武田佐知子『信仰の王権　聖徳太子』（中公新書平5）。

（武田佐知子）

だいししんこう【大師信仰】 民衆の間に浸透した弘法大師信仰のこと。大師とは、もとは仏の尊称であるが、中国や日本では、朝廷から高僧に贈られた諡号であり、八六六（貞観8）年、最澄に「伝教大師」、円仁に「慈覚大師」の称号が贈られたのが最初である。大師号は、天台宗や真言宗の僧をはじめ、真宗・曹洞宗・臨済宗・浄土宗・時宗・黄檗宗・日蓮宗などの僧、併せて二三人に贈られたが、通常、大師信仰という場合、大師は、真言宗開祖の弘法大師空海をさす。空海は、八三五（承和2）年高野山奥之院にて示寂し、九二一（延喜21）年に諡号の弘法大師が下された。空海の示寂後に広まった弘法大師信仰は、空海の存在を視覚的にとらえることのできた、弘法大師像を祀る御影堂と、空海が座禅姿のまま生き続けていると伝えられる高野山奥之院の廟を中心にして広まっていった。その中核となる信仰が、弘法大師入定留身信仰である。この信仰は、空海が高野山奥之院に入定したままこの世に留まっており、救いを求める人々のそばにおりそれらの人々を救いながら、五六億七千万年後、再び弥勒菩薩とともに現世に現れ人々を救済する、というものである。一一世紀後半以降、末法思想を背景として、高野山奥之院が浄土世界に擬せられ、また、空海が未来の救世主として人々の苦しみを救うものとしてとらえられ、一〇二三（治安3）年藤原道長が高野山に参詣して以降、貴族や法皇の参詣があいついだ。また、奥之院の廟周辺には分骨が行われ、法然、親鸞、織田信長、徳川吉宗などの供養塔が所狭しと立ち並んでいる。現在も、高野山奥之院には多くの参詣者が訪れている。また、弘法大師信仰の形態としては、主に、大師伝説・大師講・大師粥・四国八十八箇所札所廻り・高野山信仰・入定信仰・厄除け大師信仰、大師堂・大師像などの建立などがあげられる。大師信仰が全国的広がりをみせたのは、空海の弟子をはじめとする高野聖や廻国行者が全国各地を行脚して勧進活動を行い、また、聖徳太子や行基などに対する信仰とあいまって、信仰自体の内容が多彩なものとなったためである。

〔参考文献〕 五来重『増補高野聖』（角川書店昭50）。日野西真定編『弘法大師信仰』（雄山閣出版昭63）。橋本初子『中世東寺と弘法大師信仰』（思文閣出版平2）。

（松本郁代）

本図は鎌倉時代の高野山奥院の様子が描かれているもので、左から承和二（八三五）年三月二一日、弘法大師空海が入定し遺身が祀られている御廟、その右の建物が灯籠堂である。そして参道から御廟にかけては、卒塔婆が立てられている。
『天狗草紙』東寺巻・高野山奥之院
東京国立博物館蔵
Image:TMN Archives　Source:http://TnmArchives.jp

たいしゃ【大赦】 日本全土を対象に、罪人の罪を消滅または減殺させる措置。地域を限定して行う曲赦に対するもの。確実な初見は、『日本書紀』大化二（六四六）年三月条だが、その後、「大赦天下」「赦天下」などとして頻出する。『続日本紀』以降の史書には、赦詔の内容が詳しく記され、大赦の際に出される詔が唐の赦詔を範としたものであることが知られる。大赦を行う理由には、即位・立太子・元服・改元をはじめとして、祥瑞・災異・仏事・特定の人物の延命祈願・朔旦冬至がある。ただし、その傾向は時代によってやや異なる。

（荊木美行）

たいしゃくきょういせきぐん［帝釈峡遺跡群］ 広島県の北東部、東城町・神石町・油木町・豊松村一帯の帝釈石灰岩地帯にある縄文時代を中心とした洞窟・岩陰の遺跡群。二〇km四方の範囲に約五〇遺跡が知られ、一九六二（昭和37）年から広島大学を中心に調査研究が継続されている。馬渡岩陰遺跡では旧石器時代から縄文時代への移行の様相、そして、寄倉岩陰遺跡・観音堂洞窟遺跡・弘法滝洞窟遺跡では洞窟・岩陰遺跡の特徴でもある縄文時代全般の土器文化の推移変遷が明らかになっている。住居に関連しては、名越岩陰遺跡では縄文時代中期から弥生時代にかけての柱穴列・貯蔵穴、東山岩陰遺跡では縄文時代前期の立石・敷石・石列・礫群が検出され、いっぽう寄倉岩陰遺跡と猿神岩陰遺跡では縄文時代後・晩期の改葬人骨群などが確認されている。また馬渡遺跡からオオツノジカ、観音堂遺跡からゾウ・ヒョウ・ニホンムカシジカなどの絶滅動物の獣骨が検出され、後期更新世以降の動物相や狩猟動物の時代的変遷も明らかになっている。

〔**参考文献**〕帝釈峡遺跡群発掘調査団『帝釈峡遺跡群』（亜紀書房昭51）。広島大学文学部帝釈峡遺跡群発掘調査室『広島大学文学部帝釈峡遺跡群発掘調査室年報』I～XVI（昭53～平14）。潮見浩『帝釈峡遺跡群』（吉備人出版平11）。

（**中越利夫**）

たいしゃづくり［大社造］ 出雲大社本殿（国宝）を代表とする神社本殿形式。切妻造で妻入。出雲大社本殿は梁行二間、桁行二間で、一辺三丈六尺（一〇・九m）、千木の先端まで高さ八丈の建築物で、正面向かって右側に片寄って入口を設ける。屋根は檜皮葺、大棟上の両端の千木と三本の堅魚木をおく。正面東柱間に板扉を設け、西柱間には蔀戸を釣り、他の三方は板壁とする。周囲に組高欄の縁をめぐらせ、正面東柱間前に組高欄と傾斜屋根をもつ階段を設ける。前後中央の柱は棟持柱とし、壁心をはずし外へ出る。殿内中央にもとくに太い柱が立ち、この柱の右側面との間を板壁で仕切り、その奥に内殿を左向きに安置する。この形式の最古のものは、一五八三（天正11）年再興の神魂神社本殿（松江市大庭町、国宝）。近年、出雲大社境内遺跡から平安末期の本殿の柱（三本の柱材を鉄輪で一本の柱にしたもので直径約三m）などが出土し、その後の調査でも「宇豆柱（心御柱）」が出土したが、千家に代々伝えられる「金輪御造営差図」にほぼ一致することが知られているが、束ねた丸太の配置では食い違いがみられたという。当時の本殿は、『口遊』に東大寺大仏殿を凌駕する規模の建造物であったことが記されている。

（**堀越光信**）

だいじょうえのびょうぶうた［大嘗会屏風歌］ 大嘗祭の辰日・巳日節会において豊楽殿に立てる屏風に書かれた和歌。ほとんどの歌に地名が詠みこまれるのが特徴。悠紀帳・主基帳それぞれの東西に立てる四尺屏風六帖に名所とともに絵所が書いた。

（**竹居明男**）

だいじょうかいだん［大乗戒壇］ 大乗菩薩戒を授けるための壇で、戒律をうける儀式を行うための特別の壇をいう。戒壇には大乗戒壇と小乗戒壇とがあり、すでに南都仏教では三戒壇とよばれた下野国薬師寺・奈良東大寺・筑紫観世音寺の小乗戒壇があったが、大乗戒壇は最澄の要請を受けて八二三（弘仁14）年に初めて設立が勅許され、正式に天台宗の僧侶が成立することになった。その後八二七（天長4）年に比叡山上の延暦寺に戒壇院が設置され、さらにのち延暦寺から分立した園城寺でも設置をみた。

（**井上満郎**）

だいじょうかん／だじょうかん／おおいまつりごとのつかさ［太政官］ 大宝・養老令制下の国政運営上の最高機関。唐の尚書六部を統轄した尚書都省を模倣したものだが、貴族の権益を代表する門下省の要素も加味している。その内部は、（1）その人を得なければ則ち欠くことになっていた太政大臣（則闕官）や大臣・大納言（のちに中納言・参議・内大臣が加わり、全体で公卿とよばれる）からなり、天皇の諮問にかかわるとともに、国政を審議する部門、（2）少納言（侍従兼任）・外記・史生からなり、事務処理を担当する部門（少納言局）、（3）左右弁・史からなり、八省を統轄し、諸司・諸国と（1）のパイプ役を担う部門（左右弁官局）の三つに大別される。狭義の太政官は、（1）のみをさすが、（1）～（3）すべてをふくむ場合や、さらには八省をふくむ中央官制の総称として用いられる場合もあり、その用例は複雑である。太政官は、律令の編纂にともない七世紀後半に整備されたとみられるが、その成立過程については諸説ある。平安時代になると、陣定とよばれる公卿の会議によって国政の重要事項が審議されるようになる。また、そのいっぽうで外記の機能が拡大し、（2）は外記局ともよばれた。（3）においても史の事務的機能がしだいに重視され、二局をあわせ、筆頭の史が官務と称するなど、太政官も大きく変質していった。

〔**参考文献**〕原秀三郎ほか編『大系日本国家史（1）』（東京大学出版会昭52）。早川庄八『日本古代官僚制の研究』（岩波書店昭61）。橋本義則『平安宮成立史の研究』（塙書房平7）。

（**荊木美行**）

だいじょうかんちゅうけ［太政官厨家］ 本来は太政官付属の官人の常食を給した厨房。遅くとも長岡京期には公田地子を管掌し、地子米や交易物を保管・頒給・使用して太政官の財政を運営した。「延喜式」等によれば別当と預がおかれ、別当は少納言・弁・外記・史から各一人が兼務し、預は太政官及び左右弁官の史生各一人があたった。平城京では八世紀後半に左京三条二坊一町に、長岡京でも同八町に、平安京では左京の中御門大路と猪熊小路の交差点の北東に所在した。

〔**参考文献**〕橋本義彦「太政官厨家について」『平安貴族社会の研究』（吉川弘文館昭51）。今泉隆雄「長岡京太政官厨家の木簡」『古代木簡の研究』（吉川弘文館平10）。

（**山中章**）

だいじょうさい［大嘗祭］ 「おおにえのまつり」とも読む。天皇即位の儀式の後の皇位継承の祭儀。新嘗祭を拡充した祭で、「大宝令」や「養老令」の神祇令では「毎年」の大嘗（新嘗）と「毎世」の大嘗と記されている。貞観の「儀式」「延喜式」『北山抄』など、大嘗祭に関する記述はかなりある。践祚大嘗祭・大嘗会ともいう。天皇の即位の儀式が七月以前であればその年の一一月に、以後であれば翌年の一一月に執行された場合が多い。祭儀に先立って国郡の卜定があり、悠紀・主基の両国を定める。一一月の寅の日に鎮魂祭があり、卯の日から午の日まで大嘗の祭儀が続く。卯の日に廻立殿で潔斎した天皇は、大嘗宮（悠紀殿・主基殿）に入り、八重畳の神座に着座する。神饌行立、神饌親供、御食の秘儀などが執行され、殿外では国栖奏悠紀・主基の両国風俗歌舞、語部の古詞奏上、隼人舞などが演奏された。辰の日（悠紀節会）巳の日（主基節会）には両国の風俗歌舞などがあり、午の日（豊明節会）には国栖奏、久米舞、両国の風俗歌舞などが行われた。この大嘗祭には日本の祭の基本的な要素が集約されているといってよい。卯の日はハレ（晴）の中心的な神事が執行される時間と空間であり、辰・巳の日はハレからケ（褻）への直会、午の日はその饗宴に相当する。大嘗祭の確実な例としては、『日本書紀』の持統天皇五（六九一）年の記載が注目される。「飛鳥浄御原学令」の施行によって具体化したとする説が有力である。中世末大嘗祭は断続の状態にあったが、江戸時代に復興して現在におよぶ。

〔参考文献〕岡田精司『古代祭祀の史的研究』（塙書房平4）。 （上田正昭）

だいじょうさんじょう［大城山城］ 北朝鮮・平壌特別市大城区域所在の高句麗時代の山城遺跡。大同江の北にあり、高句麗時代後期（四二七―六六八年）の王都平壌城を守護する山城。六つの峰をむすぶ石築の城壁は総長七km余りの規模をもつ。城壁には多数の方形の張り出し（雉）をともない二〇ヵ所に門を設ける。正門は南西にあり、二重の城壁をもつ。その北の谷間に設けられた門では、城壁は三重となる。城内には大きな谷をかかえ、多くの小池がある。南西約三kmにある平地の王宮遺跡とみられる清岩里土城（平壌特別市大城区域清岩洞）とセットとなる。出土瓦からみると、五八六年の長安城（後期平壌城）遷都後も修築がつづけられており、山城として機能は継続している。朝鮮半島で最大級の山城でもある。

〔参考文献〕東潮他『高句麗の歴史遺跡』（中央公論社平7）。 （千田剛道）

だいじょうだいじん／おおいまうちぎみ［太政大臣］ 『和名抄』の訓は「於保萬豆利古止乃於保萬豆岐美」。大宝・養老令制における太政官の長官。定員は一人、相当位は一品・正従一位。養老職員令には、天皇の道徳上の師範であり、人民の模範たることがうたわれており、適任者がなければ欠員とされているが、これは唐の三師三公にならったものである。太政大臣は、六七一（天智10）年正月に大友皇子が任じられたのが初見。大宝律令施行以前では、ほかに持統天皇朝に高市皇子が太政大臣に任じられており、これが大化前代の皇太子執政の伝統を継承したものであったことがうかがわれる。太政大臣はこのように伝統的に高貴なポストであり、また常置の官でなかったことから、奈良時代には、藤原不比等が死後太政大臣を贈られたほか、七五八（天平宝字2）年に藤原仲麻呂が大師に、七六五（天平神護元）年に道鏡が太政大臣禅師に、それぞれ任じられただけであった。その後、藤原良房が文武天皇朝に太政大臣に任じられると、以後、良房の子孫がつぎつぎと太政大臣となった。しかし、一〇世紀には、摂政・関白が政治上最高の地位とされ、太政大臣はしだいに名誉職的な存在に変質した。

〔参考文献〕橋本義彦『平安貴族』（平凡社昭61）。律令研究会編『譯註日本律令10』（東京堂出版平1）。 （荊木美行）

たいしょくかん［大織冠］ 「だいしきかん」ともいう。大化改新直後の六四七（大化3）年に制定された七色十三階の冠位制における最高の冠位。大織冠の称はその後も、六四九（同5）年二月の十九階の冠位制、六六四（天智3）年二月の二十六階冠位制においても継承され、やはり最上位に位置づけられている。ただし、大織冠を実際に授けられたのは藤原鎌足一人で、後世、大織冠は鎌足の代名詞となり、鎌足の伝記である『家伝』上も「大織冠伝」と称される。なお、大阪府茨木市と高槻市の境にある阿武山古墳の石室の乾漆棺から全面に金モールの刺繍をほどこした冠帽が確認されており、これを大織冠とみて、同古墳を鎌足の墓にあてる説が有力視されている。 （荊木美行）

だいず［大豆］ 稲作と前後して中国から伝えられ、醬や糊の原料・牛馬の飼料・薬料として利用された。「延喜式」には、交易雑物の貢進国として、近江・丹波・但馬・因幡・播磨・美作・備前・備中・備後・紀伊・阿波・讃岐・伊予等があげられている。 （岩宮隆司）

たいぜいしんごうれきみょうちょう［大税賑給歴名帳］ 諸国進上公文の一つで、大税の賑給を受けた者を書き上げた文書。七三九（天平11）年の出雲国のものの断簡が正倉院文書として残っている。それによると、高年・鰥・寡・惸・独・不能自存の別、姓名、年令、支給量などが郡郷ごとにまとめられている。被支給者は五〇〇名を越え、賑給のあり方だけでなく、出雲国の氏姓を知るうえでも貴重な史料。 （寺内浩）

たいせいどうこふんぐん［大成洞古墳群］ 韓国慶尚南道金海市大成洞の小独立丘陵とその周辺に立地する原三国時代から三国時代にかけての古墳群。遺構には、木棺墓・木槨墓・竪穴式石室墓・横穴式石室墓・横口式石室墓・甕棺墓・土壙墓などがある。発掘調査によって、土器多量副葬・陶質土器出現・金工品副葬・殉葬などの特徴をもつ二九号土壙木槨墓が築造された三世紀末には先行墓制を破壊する北方文化が入ってきたこと、四世紀から五世紀前葉にかけての大型古墳は金官加耶の首長墓と考えられることなどが明らかとなった。出土遺物で注目されるのは、外来系文物である。北方系文物としては、銅鍑・虎形帯鉤がある。倭系文物としては巴形銅器・鏃形石製品・滑石製異形石製品・布留系軟質土器・碧玉製管玉・翡翠製勾玉・紡錘車形石製品がある。筒形銅器は金海・釜山地域から計六七点出土し、これまで日本製と考えられてきたことに疑義が生じた。加耶史の究明だけでなく、中国・北方民族・倭などとの対外交流を考えていく上で、極めて重要な遺跡である。

〔参考文献〕申敬澈他編『金海大成洞古墳群Ⅰ』（慶星大学校博物館二〇〇〇）。申敬澈他編『金海大成洞古墳群Ⅱ』。（慶星大学校博物館二〇〇〇）。 （定森秀夫）

たいぜいふしぼうにんちょう［大税負死亡人帳］ 諸国進上公文の一つで、大税出挙をうけたが死亡したため返済を免除された者を書き上げた文書。七三七（天平9）年の河内国、七三九（同11）年の備中国のものの断簡が残っている。後者によると、最初に国全体の死亡者数、免除額が記され、次に死亡者の姓名、免除された頴(えい)・穀の量、死亡年月日などが郡郷ごとにまとめられている。当時の出挙の実態がわかる貴重な史料。 **(寺内浩)**

だいせんこふん【大仙古墳】 大仙(大山)古墳(仁徳陵古墳)は大阪府堺市大仙町にあり、古墳時代中期前半の築造。墳丘長が日本第一位の四八六mの前方後円墳。第二位の上石津ミサンザイ古墳(履中陵古墳)とともに、大仙古墳のある大阪湾岸沿いの台地端には、大王級の古墳が南北にならぶ。もともと大仙古墳のある百舌鳥古墳群の古墳は一〇〇基をこえる規模と考えられるが、現在は四六基を数える。三段築成の造り出しのつく墳丘周囲には二重の周濠とさらに外周溝がそのまわりに巡り、総じて三重濠となり、総長は八五〇m、後円径二四九mとなる。前方幅三〇五mの墳丘と内外の堤には葺石と埴輪を備える。埴輪には円筒・朝顔形・家形・蓋形(きぬがさがた)・馬形・水鳥形・巫女形・男子形のものが確認されている。内部の状況については一七五七(宝暦7)年の『全堺誌志』に後円部頂上にあった「石ノ唐櫃」が伝えられたほか、一八七二(明治5)年に前方部で斜面が崩れ、長さ三・九mの竪穴式石室、長さ二・七mの長持形石棺と金銅装の横矧板(よこはぎいた)鋲留短甲・眉庇付き冑、刀、ガラス容器、玉などの出土がある。また、伝仁徳陵出土とされる鏡、環頭大刀、馬鐸がアメリカのボストン美術館にある。古墳周囲には外堤上にある円墳の茶山・大安寺山古墳のほか、外堤周囲に丸保山・収塚・塚廻・竜佐山の帆立貝式古墳、永山・長塚の前方後円墳、銅亀山の方墳がある。なお、仁徳天皇陵については、『古事記』に毛受之耳原、『日本書紀』に百舌鳥野、「延喜式」に百舌鳥耳原中陵とみえる。

【参考文献】大阪府立近つ飛鳥博物館『仁徳陵古墳』(平8)。 **(一瀬和夫)**

(右) 大仙古墳全景
(左) 大仙古墳復原予想図
写真：大阪府立近つ飛鳥博物館

だいぜんしき/だいぜんしょく【大膳職】 『和名抄』の訓は「於保加之波天乃豆加佐」。大宝・養老令制の宮内省被管諸司の一つ。諸国の調雑物の出納、朝廷における饗膳の料理をつかさどった。四等官のほかに品官として主醤(しゅしょう)・主菓餅(しゅかへい)、伴部の膳部(かしわで)、品部の鵜飼・江人(えびと)・網引(あびき)などの雑供戸(ざつくこ)が所属した。 **(荊木美行)**

だいせんしんこう【大山信仰】 中国地方の最高峰である鳥取県の大山(伯耆(ほうき)大山)を対象とした山岳信仰。大山は『出雲国風土記』の国引き神話にも記載されており、古くより霊山として畏敬された。主峰である弥山は、役行者が開いたとの伝説があり、平安期以降、山岳信仰が仏教化するにともない、大山寺(だいせんじ)(天台寺院)を中心とした修験道場として発展した。大山寺は一〇九四(寛治8)年、衆徒三〇〇人を擁し朝廷に強訴するまでの勢力を有した。のち庶民の間にも山詣が盛んとなっていった。

【参考文献】圭室文雄編『大山信仰』(雄山閣出版平4)。 **(関口力)**

だいぞうきょう【大蔵経】 仏教関係典籍の集成。経(釈迦やその弟子の教説)・律(教団の戒律・規定)・論(後人による教理研究など)の三蔵を中心に、さまざまな仏教関連典籍を含む。一切経(いっさいきょう)・三蔵聖経とも。日本で最初につくられたのは江戸時代で、鎌倉時代までは中国から輸入された。七三五(天平七)年、玄昉(*げんぼう)は唐より経論五〇〇〇余巻を持ち帰り、九八三(永観元)年には奝然(*ちょうねん)が宋より将来、平安末期から鎌倉時代の入宋僧も宋版大蔵経を日本にもたらした。 **(中畠俊彦)**

だいそえい【大祚栄】 ?~719 渤海*国の建国者。粟末靺鞨(まつかつ)族で、父は族長の乞乞(きつきつ)仲象。高句麗に従属していたが、その滅亡後、一族で営州(遼寧省朝陽)に移されていた。契丹(*きったん)の李尽忠が唐に対して反乱を起こした際、もとの本拠地東牟山(吉林省敦化)に逃げ戻って自立(六九八年)。則天武后による追討軍をしのぎ、みずから震国王と称し突厥(とっけつ)と連携した。武后の死後、唐も冊封下におく方針に変更。突厥の唐への臣従後、唐は大祚栄を渤海郡王に任じた(七一三年)。渤海国の国号はこれにちなむ。 **(田中俊明)**

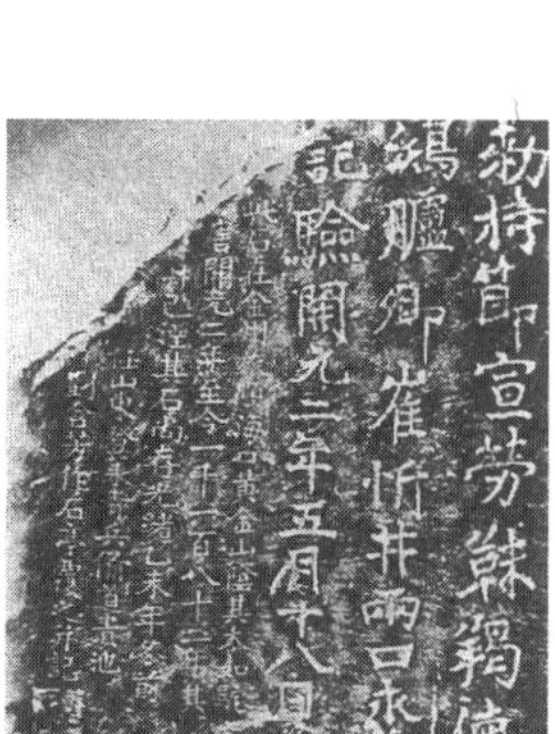

鴻臚井の碑
崔忻が大祚栄を冊立した帰途、旅順に井戸を掘った記念碑

たいちょう【泰澄】 682~767 越前・加賀・美濃にまたがる白山の開山と伝えられる僧。一〇世紀半ば成立の『泰澄和尚伝記』によれば、越前国麻生津出身で、父・三神安角(やすずみ)、母・伊野氏。一四歳で越知(おち)山に入り修行、七一七(養老元)年に白山を開いた。以後、元正天皇の病気治

寮、行基・玄昉との会見、大和尚位の賜与などを伝え、七五八（天平宝字2）年に越知山帰参後、当地で没したとする。『泰澄和尚伝記』は、泰澄と天皇・高僧との関係の濃密さを記して白山の宗教的権威を高める意図があり、無批判に信を措けないが、山林修行の意義や山岳信仰史、北陸地域の古代文化史を知るための貴重な文献でもある。

〔参考文献〕本郷真紹『白山信仰の源流』（法蔵館平13）。 （毛利憲一）

だいちょうし［大帳使］ 律令制下、諸国の戸数・口数・調庸額を集計した大帳（計帳）を京進するための使者。四度使のひとつで、毎年八月末日までに進納する定めであった。多くの付属関連帳簿（枝文）等を併せて持参し、民部省で勘会をうけた。 （鎌田元一）

だいとうかいげんれい［大唐開元礼］ 中国唐の儀礼書。蕭嵩等撰。一五〇巻。七三二（開元20）年成立。貞観礼・顕慶礼の欠点を補うため、七二六（同14）年、王嵒が上疏し、張説が建策したのに従って編纂を始めたが進まなかった。七三一（同19）年に蕭嵩が学士となると起居舎人王邱に編纂させ、翌年『大唐開元礼』一五〇巻が完成した。構成は序例三巻、吉礼七五巻、賓礼二巻、軍礼一〇巻、嘉礼四〇巻、凶礼二〇巻。律令とならんで唐の国家制度を形成し、後世にも長く基準とされた。 （中畠俊彦）

だいとうさいいきき［大唐西域記］ 中国唐代の地理書・巡礼記。玄奘述、弁機撰。一二巻。六四六（貞観20）年成立。六二九（同3）年から六四二（同16）年に至る旅行で玄奘が直接訪問あるいは伝聞した国の事情を太宗の勅をうけて撰述したもの。直接訪問した国一一〇、伝聞した国二八、計一三八のほか、附記一六国もあり、伝聞も含めると、その範囲は西はイラン・地中海東岸、北は中央アジア、南はインド・スリランカ、東はインドネシア一帯におよぶ。第一巻では自序と往路通過の三四ヵ国、第二巻から第一一巻ではインドについて、第一二巻では帰路の中央アジア諸国について記す。特に第八・九巻では仏教の中心地マガダ国について詳述する。仏教関係記事のほか、風俗・自然・物産などにも詳しい。『大唐大慈恩寺三蔵法師伝』の伝える内容と異なる点も多いが、西域の事情をよく伝える貴重な資料である。現在底本としては高麗版大蔵経の信頼が高いが、わが国には平安末期から鎌倉期の古写本も伝わる。

〔参考文献〕玄奘著・水谷真成訳『大唐西域記』（中国古典文学大系22平凡社昭54）。 （中畠俊彦）

だいどうるいじゅうほう［大同類聚方］ 平安時期に成立した医薬書。一〇〇巻。平城天皇の勅命により、八〇八（大同3）年五月、安倍真直・出雲広貞が撰進した（『日本後紀』）。古来より日本に伝わる古医薬方の亡佚をおそれて集大成したものであるが、原本は散逸した。流布本は後世の偽書とされる。 （加茂正典）

だいとけい［大刀契］ 皇位のシンボルである神璽の一つ。『塵袋』に「タイトケイ」とよみ、節刀契ともいう。『禁秘抄』に「伝国璽櫃」について「大刀契・鈴印等」と記し、『本朝世紀』『扶桑略記』『日本紀略』『小右記』『中右記』『御堂関白記』『百錬抄』などにもみえる。『禁秘抄』では「百済より渡さる所」、『中右記』には「本是百済国献ずる所」、『塵袋』にも「百済国ヨリタテマツル所」などと述べる。『日本後紀』が八〇六（延暦25）年三月条に記す「璽ならびに剱櫃を以て東宮に献る」の「剱櫃」には大刀契があったと考えられる。一二四六（寛元4）年正月の後深草天皇譲位のおりには「大刀契・鈴印・時簡など、同じく之を渡される」とみえるが（『葉黄記』）、一三五二（観応3）年八月の後光厳天皇践祚の際には「大刀契・鈴印、之を渡されず、紛失せしめしか」とある（『匡遠記』）。

〔参考文献〕上田正昭「百済国の大刀契」（『古代伝承史の研究』所収（塙書房平3）。 （上田正昭）

だいなごん［大納言］ 大宝・養老令制における太政官の職員の一つ。定員四人で、相当位は正三位。ただし、七〇五（慶雲2）年に中納言が設置され、定員は二人に削減。唐の門下省長官の侍中に範をとった官で、大臣とともに政務を審議し、天皇に近侍して大事奏上や勅命の下達などをつかさどった。大納言自体は、飛鳥浄御原令制下ですでに設置されていた。 （荊木美行）

だいねんじこふん［大念寺古墳］ 島根県出雲市今市町の台地上にある県内最大級の前方後円墳で、県下最大の横穴式石室を備えた六世紀後半代の古墳。墳丘は全長約九二mの三段築成で、墳丘上には埴輪がめぐる。石室は複式構造で巨大な自然石で築かれており、全長約一三m。奥室に据えられた凝灰岩製の刳抜式横口家形石棺は、長さ三・三m、幅一・七m、高さ一・七mあり、前室にも長さ二・八m、幅一・一mの組合せ式家形石棺がある。石室の開口は一八二六（文政9）年で、金銅製履、金環、ガラス製小玉、大刀、鉄鉾、刀子、鉄斧、馬具類、須恵器等が出土したとされるが、現在はその一部のみが大念寺に伝わる。国指定史跡。 （足立克己）

たいはくせつ［太伯説］ 倭人を呉の太伯の子孫とする説。『晋書』の四夷伝倭人の条には、倭人が「自ら太伯の後を謂う」と記し、『梁書』の諸夷伝倭の条にも倭が「自ら太伯の後と云う」と述べる。この呉の太伯後裔説は、一四世紀頃にも禅僧中巌円月（1300～75）らが主張し、林羅山（1583～1657）も呉の太伯説を支持した。北畠親房（1294～1354）は『神皇正統記』で、一条兼良（1402～81）は『日本紀纂疏』で呉の太伯説を批判した。天皇の祖を呉の太伯とみなす説もあって近世の国学者らは否定した。 （上田正昭）

たいはん［泰範］ 778～？ 平安前期の真言宗僧。俗姓・出身不詳。元興寺で出家、のち最澄に師事してその高弟として信任をえる。その後空海から真言を学ぶが、そのまま空海の弟子となり最澄を落胆させた。高野山の開創に尽力、八三七（承和4）年には東寺定額僧の上首であった。 （藤田琢司）

だいはんにゃきょう［大般若経］ 初期大乗経典の一つ。唐・玄奘訳『大般若波羅蜜多経』の略称。紀元一世紀頃から多くの般若経典が作成されたが、それらを集大成して玄奘が最晩年に完訳した。そこでは、無常の道理を洞察する般若（智慧）

の完成と、それを支える空思想が説かれている。また、この経典を書写、読誦、受持することに功徳があり、これを供養するものは諸神によって護持されると述べている。これにより、国家護持の経典の一つとして災異を除くための儀式に用いられ、写経の対象ともなった。（宮城洋一郎）

【参考文献】栄原永遠男『奈良時代の写経と内裏』（塙書房平12）。

たいふ／まへつぎみ［大夫］ 大化前代における、大臣・大連につぐ政治的地位をいう。「マヘツギミ」は「前つ君」で、天皇の御前に伺候する侍奉官の意か。六世紀から七世紀にかけて、畿内に本拠をもつ臣・連姓の有力豪族を中心に任じられ、天皇への奏上や勅命の下達をはじめ、皇位継承などの重要事項の合議決定などにかかわった。ただし、大宝・養老令制下の大夫は、五位以上または四位・五位官人の呼称となり、平安時代以降はたんに五位の官人の通称となった。（荊木美行）

だいぶつかいげんくようえ［大仏開眼供養会］ 東大寺の盧舎那大仏入魂の法要。七四〇（天平12）年に河内国大県郡の盧舎那仏を礼拝した聖武天皇は、大仏の造立を発願し、七四三（同15）年の一〇月一五日に大仏建立の詔が発布した。七四六（同18）年一〇月には、大仏の原型ができあがり、翌年から七四九（天平勝宝元）年まで八回におよぶ鋳込みの難事業が行われた。東大寺の初代別当は良弁であり、造仏のリーダーとして活躍したのは、渡来系の仏師国中連公麻呂であった。七五二（同4）年四月、盛大な大仏開眼供養会が執行された。『続日本紀』には「なすところの奇偉、あげて記すべからず、仏法東帰より、斎会の儀、未だかくのごとく盛んなることはあらざるなり」と記す。聖武太上天皇・光明皇太后・孝謙天皇をはじめ貴族・官人、内外の僧らが集い、開眼の導師波羅門僧菩提僊那で、華厳経の講師律師隆尊、読師延福法師のほか林邑（ベトナム）の僧仏哲（仏徹とも書く）唐僧道璿らも開眼供養会に列した。開眼の後、雅楽が演奏された。その詳細は『東大寺要録』に述べる。（上田正昭）

【参考文献】青木和夫『奈良の都』（中央公論社昭40）。上田正昭『大仏開眼』（文英堂昭43）。

たいへいぎょらん［太平御覧］ 中国宋代の類書。李昉ら奉勅撰。一〇〇〇巻。太宗の九七七（太平興国2）年に命が下され、九八三（同8）年に完成。太宗自ら読了したから『御覧』の名になったという。五五部門、五四二六項目を掲げ、引用書数は一六九〇種におよぶ。引用は原書からの直接引用ではなく、大部分はそれまでの類書に拠るが、散佚書の内容を伝える点で貴重である。完成後も宮中に蔵して公開されず、日本では藤原頼長『台記』康治二（一一四三）年に『御覧』の記事が現れる。（中畠俊彦）

たいほうぐん［帯方郡］ 『魏志』韓伝によると、後漢末の建安年間（一九六～二二〇）に、中国の遼東地方を掌握していた公孫康は、楽浪郡の南方にあたる屯有県以南の辺鄙な土地を分割して帯方郡を設置したと伝える。そして、『三国史記』高句麗本紀は、美川王一五（三一四）年に、その帯方郡を攻略したと記す。帯方郡は、『晋書』地理志によれば、首県である帯方県のほかに六県があり、戸数は四九〇〇戸という。一方、『魏志』倭人伝では、「倭人は帯方の東南大海の中にあり」とか、「郡より倭に至るには」とか、さらには「郡より女王国に至る万二千余里」などと、倭・女王国にとって、帯方郡が重要な外交拠点であったことをうかがわせる。（西谷正）

たいほうぐんちあと［帯方郡治跡］ 三世紀前半頃の倭にとって重要な外交的位置にあった帯方郡の治跡に関して、『漢書』地理志をみると、楽浪郡下の含資県の割注で「帯水は西帯方に至り海に入る」とあるところから、帯方郡が西海岸にあって帯水の流域であることがうかがえる。そうなると、帯水をどこに比定するかということが、帯方郡やその治所の位置を決める鍵となる。そこで、帯水をそれぞれ、朝鮮民主主義人民共和国の載寧江の支流である瑞興川に考える説と、大韓民国の漢江に考える説が生まれ、さらに、帯方郡の治所が当初の漢江流域から瑞興川流域へ移ったとする説まで現われることになった。帯方郡瑞興川流域説を取った場合、黄海北道鳳山郡の智塔里土城が帯方郡治跡となり、また、周辺にある古墳群のなかに、「使君帯方大守張撫夷」有銘塼を使った塼築墳があり、帯方郡大守墓の可能性が高まる。ただ、最近、智塔里土城の西方に隣接する黄海南道載寧郡の青山里土城を帯方郡治跡にあてる説も出ている。そして、智塔里土城の西方にあたる黄海南道信川郡にも土城があり、その付近で、「太康四年三月昭明王長造」有銘塼が出土していることから、昭明県治跡に推定される。さらに、同じ信川郡と安岳郡からは、それぞれ長岑と含資の有銘塼が発見されていて、黄海南道に帯方郡下の諸県が分布することを示す。一方、漢江流域説に立つと、ソウル特別市松坡区の風納土城が郡治跡の候補地となるが、現在のところ積極的な資料に欠ける。そして、近くに塼築墳のような中国式の顕著な遺跡も認められない。（西谷正）

【参考文献】西谷正「朝鮮（帯方郡・狗邪韓国）」『季刊考古学』（六）（雄山閣出版昭59）。

たいほうりつりょう［大宝律令］ 唐の永徽律令を藍本として、八世紀初頭に日本で編纂された法典。編者として、刑部親王・藤原不比等・下毛野古麻呂・伊吉博徳・伊余部馬養ら一九名が知られる。律六巻、令一一巻から構成されていたというが現存せず、他の典籍に引用されて逸文が残るのみである。編纂・施行の過程については諸説あるが、『続日本紀』によれば、令が先に編纂されたらしく、七〇〇（文武4）年三月以前にすでに編纂を終えており（施行は翌年）、この時点からさらに律の編纂に入ったとみられる。そして、律は七〇一（大宝元）年三月に完成し、翌年一〇月に令とともに天下諸国に頒下された。律・令それぞれの編目の詳細は不明だが、一部を除けば養老律令に準じ、個々の条文の内容も養老律令との差異は少ないと推定されている。大宝律令は、わが国の律令法の一つの到達点を示すもので、後世の書物も「律令の興、蓋し大宝に始まる」「大宝元年、甫めて律令定まる」と記す。七五七（天平宝字元）年に養老律令が施行されるまで実法的効力をもっていた。『訳註日本律令』『日本思想大系』所収。

【参考文献】瀧川政次郎『律令の研究』（名著普及会昭63）。坂本太郎『律令制度　著作集

〔7〕』（吉川弘文館平1）。　（荊木美行）

たいまい［玳瑁］　赤道を中心とした南海に生息しているウミガメの種類。甲羅の成分はケラチンが中心で、湿気を加えながら加熱すると軟らかくなる性質があるため、装身具等の原料として古くから利用されてきた。本来、玳瑁細工とよばれていたが、江戸時代から鼈甲細工とよばれるようになり盛行した。利用部分は、背甲・腹甲・爪の三カ所である。一九九一（平成3）年にワシントン条約で輸入が禁じられ、原料が獲得できない事態が発生している。　（高梨修）

たいまつ［松明］　タキマツ（焚松）の音便。苧殻・竹・松などを利用。主に脂の多い部分の松（コエ松・ヒデ松）を割り、束ねてつくる。『伊呂波字類抄』に「続松」とある。片手でもつものから、背丈以上のものまである。夜間の照明に用いられてきたが、民俗例では各地の火祭で利用。　（芳井敬郎）

たいまでら［当麻寺］　二上山の東南山麓、奈良県北葛城郡當麻町當麻（現、葛城市當麻）に所在する寺。背後に麻呂子山（標高二一三m）がある。高野山真言宗（塔頭に中之坊・西南院などがある）・浄土宗（塔頭に奥院・来迎院など）を兼帯。伽藍は、南面する東西両塔・金堂・講堂と、東面する本堂（曼荼羅堂）などから成る（東西両塔・曼荼羅堂は国宝、金堂・講堂は国重要文化財）。綴織当麻曼荼羅（国宝）や中将姫の伝承でよく知られている。当麻寺は、大和国葛下郡当麻郷を本拠とした当麻氏の氏寺として創建された。当麻氏は、用明天皇の皇子である当麻皇子（麿子王・当麻王）を祖とする氏族で、姓は公。六八四（天武13）年十月に真人の姓を賜った。当麻皇子の名は、生母が当麻之倉首の出身だったことによる（『古事記』『上宮聖徳法王帝説』）。壬申の乱に際し、当麻氏は大海人皇子に味方し、吉備国守であった当麻公広嶋は近江朝廷の使者樟使主磐手により殺害されたが、当麻真人国見は壬申年の功によって天武朝に功封一〇〇戸を給わっており、七〇一（大宝元）年七月、その功は中功とされ、その四分の一を子に相続させることが許された。一族の内には、宝亀年間（七七〇～七八〇）頃までに従五位下以上に昇った者が多い。なかでも六八一（天武10）年七月に遣新羅小使となった当麻公楯、天武・持統天皇の大葬に際して誄を奏上した当麻真人国見・智徳らが注目される。また当麻真人老の女、当麻山背は舎人親王の妃となり、大炊王（後の淳仁天皇）を産んだ。「当麻曼荼羅縁起」や「当麻寺縁起」によれば、当麻王が二上山の西麓に前身寺院（万法蔵院禅林寺）を創建したと伝えるが、確証はない。むしろ「白鳳九年（辛巳。天武10〈六八一〉年）」に当麻王の孫である当麻真人国見が現在地に建立を開始したとする伝承をとるべきと思われる。金堂本尊の弥勒仏坐像（国宝）は新羅仏の影響が顕著であり、当麻公楯が遣新羅小使となったこととの関連がうかがえ、また金堂東側にある鐘楼の梵鐘（国宝）や、金堂前の凝灰岩製八角形石灯籠（国重要文化財）の年代も天武朝とみて問題はない。東西両塔はともに国宝で、東塔は奈良時代に、西塔は平安前期までに建立された。東塔の建立には、淳仁天皇の母である当麻山背の助力があったと推測される。本堂（曼荼羅堂）の前身堂は、西塔造営の頃に創建されたらしい。二上山の東麓（香芝市大字良福寺）出身の源信（恵信僧都　942～1017）は、浄土教の興隆に重要な役割をはたしたが、当麻寺との深い関係が推定されている。毎年、五月十四日に行われる迎講（練供養）は、源信が始めたと伝える。

〔参考文献〕『大和古寺大観(二)』（岩波書店昭53）。　（和田萃）

たいまのくにみ［当麻国見］　生没年未詳。壬申の乱の功臣で、天武～文武朝の官人。当麻皇子（用明天皇皇子）の孫で、豊浜の子。六八六（朱鳥元）年九月、天武天皇の殯宮で左右兵衛のことを誄し、六九七（持統11）年二月、軽皇子の立太子に際し、東宮大傅に任じられた。六九九（文武3）年十月、衣縫王らとともに斉明天皇の越智山陵に派遣され、その修造にあたった。七〇一（大宝元）年七月、壬申の乱の功が中功と認められ、天武朝に給わった功封一〇〇戸の四分の一を子に相続させることが許された。護国寺本の『諸寺縁起集』などには、当麻寺は「白鳳九年（辛巳。天武一〇年〈六八一〉）」に国見が建立したと伝える。　（和田萃）

たいまのけはや［当摩蹶速］　垂仁天皇時代の力士。当麻邑で常に力自慢をし、力比べを望むものがあれば命を賭けると豪語していることが天皇の耳に入り、出雲国から召された野見宿禰と相撲をとったが、宿禰に腰の骨を踏み砕かれ殺された。　（小野里了一）

たいままんだら［当麻曼荼羅］　当麻寺*（奈良県北葛城郡當麻町當麻。現、葛城市當麻）に伝来する綴織りの観無量寿経変相（国宝）。縦横の法量は四mに近い。織成された年代は八世紀と推定されている。平安時代初め頃、当麻寺では曼荼羅を安置するため、本堂（曼荼羅堂）の前身堂が建立された。当初、曼荼羅は吊り下げられていたらしい。曼荼羅堂の解体修理に際し、奈良時代にあった簡素な二棟の堂の部材を利用して、前身堂が建てられたことが判明している。一一六一（応保元年）年に前身堂の前に外陣が作られ、現在の曼荼羅堂となった。一二四二（仁治3）年五月二三日、「前右近衛大将源頼朝」「征夷大将軍頼経」らの結縁者により、長六角形の厨子が寄進され、曼荼羅は麻布貼りの板に貼装されて厨子に納められるにいたった。その後、曼荼羅の損傷が激しくなったため、鎌倉時代以降、何回か転写が行われた。一二一七（建保5）年に第一回の転写が行われたが（建保曼荼羅）、畠山氏の争乱で消失したと伝えられ、現存しない。第二回は一五〇三（文亀3）年に法橋慶舜が描いたもので（文亀曼荼羅）、現在、厨子に納められているものである。原本の曼荼羅は、一六七七（延宝5）年に板から剝がして別絹の上に断片化した部分を貼り付けられ、今日に至っている（根本曼荼羅と称する）。「当麻曼荼羅縁起」や「当麻寺縁起」によれば、七六三（天平宝字7）年六月一五日に当麻寺に入って尼となった横佩大臣の娘（中将姫）は、この世で生身の阿弥陀仏を拝みたいと七日間祈願したところ、二〇日の夜、一人の化尼（阿弥陀如来）が現れ、蓮の茎一〇〇駄を集めるように言ったので、この事を聞いた淳仁天皇は、忍海連に命じて近江・河内・大和から蓮の茎一〇〇駄を集めさせた。化尼は集まった茎から糸を紡ぎ出し、それを染寺（石光寺）の井戸（染井）で五色に染め、二三日の夜に現れた化女（観音菩薩）の助けをえながら、色糸を用い一日がかりで縦横一丈五尺の観無量寿経変相を織り上げたと伝える。当麻曼荼羅は蓮糸で織成されたと伝えられているが、実際は綴織り（綴錦をまねて、色糸で模様を織り出した織物）である。曼荼羅の中央には、阿弥陀如来が宝相華の上に座し、転宝輪印を結んで説法し、左右に観音菩薩・勢至菩薩、まわりに三七尊を配し、下方には蓮華池があって、廻りには天人が舞い奏楽している。三方の外縁には、右は上から下へ極楽を観相する手段を、下は右から上品上生から下品下生までの往生の様を、左は下から上へ観無量寿経に説かれた韋提希夫人の物語を描いている。文亀曼荼羅の下縁中央に銘文帯があり、当麻曼荼羅を織成した経緯を簡略に記し、文末に「天平宝字七年歳次癸卯年夏六月廿三日」と記す。根本曼荼羅では下半を欠失しており、同様の銘文があったか否か不明である。根本曼荼羅の製作時期については、古くから天平宝字説が信じられてきたが、近年では織成技法から、唐代に中国・中原地域で製作されたとする説が有力視されている。

〔**参考文献**〕『大和古寺大観(二)』（岩波書店昭53）。 **（和田萃）**

たいみつ［台密］　天台宗による密教のこと。真言宗の東寺を拠点とする東密と並び称される。空海が入唐によってえた密教により真言宗が繁栄したのに対して、最澄も密教を伝えたものの天台宗は最初密教を重視しなかった。円仁・円珍が入唐するにおよび密教を新たに将来し、延暦寺を中心として密教化が進んだ。最澄が天台宗の根本経典として法華経重視から大日経尊重へと移り、最澄の顕教・密教同等から円仁・円珍では顕教を劣位とし密教が重視されるにいたった。平安後期には台密十三流と称される多数の流派が成立した。

〔**参考文献**〕辻善之助『日本仏教史』上世編（岩波書店昭19）。 **（井上満郎）**

たいようしんこう［太陽信仰］　太陽を守護神と考える信仰。天皇家は天照大御神を守護神であるとともに系譜的祖神とするが、「アマテル」系の太陽信仰は各地にあり、とくに伊勢湾や紀伊などでは、海民との関係が深かったとみられている。 **（榎村寛之）**

たいらのきよもり［平清盛］　1118～81　平安後期の武将。平氏政権の樹立者。平相国と号す。法名は静海。伊勢平氏平忠盛の嫡男。『平家物語』は母を祇園女御とし、実父を白河院とするが、疑問。ただし実母は白河院に近侍した女房であった。一一二九（大治4）年、叙爵。三五（保延元）年には父忠盛の海賊追討の賞で従四位下に昇進。鳥羽院近臣として地位を上昇させる。中務権大輔、肥後・安芸守などを歴任。五六（保元元）年の保元の乱では後白河天皇側に立って勝利し、播磨守に昇進。五九（平治元）年の平治の乱では、熊野参詣の途中から帰京、源義朝・藤原信頼を打倒。乱後、公卿に昇進した。その後、後白河院政派と二条親政派の間を巧みに遊泳したが、六五（永万元）年に二条が死去すると後白河に接近。室時子の妹滋子が後白河との間に儲けた憲仁親王（高倉）擁立をめざした。六六（仁安元）年には院近臣で初めて内大臣となり、翌年には太政大臣に昇進。ついで六八（仁安3）年に高倉天皇の即位を実現、七一（承安元）年には娘徳子を高倉に入内させた。この間、六八（仁安3）年に病気で出家、別荘のある福原に居住、大輪田泊で日宋貿易を展開し、後白河もこれに参加した。七六（安元2）年、滋子が死去すると、後白河との対立が顕在化、翌年には院近臣が平氏打倒を図った鹿ケ谷の陰謀が露顕、清盛は藤原成親・西光らを殺害した。七九（治承3）年、後白河は関白藤原基房と結んで清盛を圧迫したため、清盛は武力で京を制圧。院近臣や基房を配流し、後白河を鳥羽殿に幽閉して院政を停止。事実上独裁権力を握り、平氏政権を樹立した。八〇（同4）年には、外孫安徳を即位させ、これに反発する以仁王の挙兵を鎮圧した直後、権門寺院との対立を恐れ、福原に実質的な遷都。宮都として整備の最中に源頼朝が蜂起し、大規模な内乱に突入した。清盛は京に還都するとともに、南都・園城寺や近江源氏などの反対勢力を打倒、ついで翌八一（養和元）年には総官制を導入して荘園・公領から兵粮米・兵士を大量に徴発。荘園領主権門を従属させ、内乱鎮圧をめざすが、熱病のために急死した。墓所について、『平家物語』は福原とするが、『吾妻鏡』は播磨国山田の法華堂とする。

伝平清盛坐像
六波羅蜜寺蔵　写真：浅沼光晴

〔**参考文献**〕上横手雅敬『平家物語の虚構と真実　上・下』（塙書房昭61）。五味文彦『人物叢書　平清盛』（吉川弘文館平13）。元木泰雄『平清盛の闘い』（角川書店平13）。 **（元木泰雄）**

たいらのくにか［平国香］　?～935　平安時代中期の常陸の土豪。良望とも。桓武平氏。父は高望王。子に貞盛・繁盛。常陸大掾・鎮守府将軍を歴任。石田庄（現茨城県真壁郡明野町）を本拠とする。九三五（承平5）年、弟良兼と甥将門との対立に際して弟に付く。将門との戦いの中で敗死。 **（京樂真帆子）**

たいらのこれひら［平維衡］　生没年不詳。平安時代中期の武士。伊勢平氏の祖とされる。父は平貞盛。伊勢に本拠をおきながら、藤原顕光・藤原道長らの家人としても活動。九九八（長徳4）年、伊勢において同族の平致頼との闘乱事件を起こす。一〇〇六（寛弘3）年、伊勢守に。備前守・常陸介などを歴任。（京樂真帆子）

たいらのさだもり［平貞盛］ 生没年不詳。平安時代中期の武士。平太とよばれる。父は平国香。京に出て左馬允に。九三五（承平5）年父の死により、常陸へ戻り、従兄弟の平将門と戦う。いわゆる天慶の乱である。常陸掾として対応にあたる。九四〇（天慶3）年、下野押領使藤原秀郷とともに将門を討つ。その功により右馬助に。鎮守府将軍・陸奥守などを歴任。京の公卿たちとの関係を保ちながら、在地の支配にもあたるという軍事貴族としての性格をもっていた。（京樂真帆子）

たいらのしげこ［平滋子］ 1142〜76 平安時代後期の貴族女性。建春門院。父は平時信、母は藤原顕頼の娘祐子。異母姉妹に平時子（平清盛室）がいる。後白河天皇の後宮に入り、一一六一（応保元）年、憲仁（高倉天皇）を生む。その後、女御に。天皇即位とともに皇太后に。六九（嘉応元）年院号宣下。七三（承安3）年、最勝光院を建立し、所領を寄進。建春門院領となり、平徳子らに伝領。女房に『たまきはる』の著者（藤原定家の姉）がいる。（京樂真帆子）

たいらのしげひら［平重衡］ 1157〜85 平安時代後期の軍事貴族。父は平清盛、母は平時子。左馬頭・蔵人頭・左近権中将などを歴任。源平の争乱において、一一八〇（治承4）年、南都攻撃の総大将となり、東大寺大仏殿などを焼き払った。八四（寿永3）年、一の谷の合戦で捕虜に。興福寺・東大寺の要求により処刑された。（京樂真帆子）

たいらのしげもり［平重盛］ 1138〜79 平安時代後期の軍事貴族。小松内大臣。父は平清盛、母は高階基章の娘。子に維盛。鳥羽院蔵人・参議・内大臣などを歴任。平治の乱（一一五九年）では大内裏攻撃を行い活躍。『平家物語』などには人望の厚い穏健派として描かれるが、藤原基房への報復（「殿下乗合事件」）などを行う一面ももつ。病のため四二才で没。（京樂真帆子）

たいらのただつね［平忠常］ ⇩平忠常の乱

たいらのただつねのらん［平忠常の乱］ 平安中期、房総におこった内乱。一〇二八（長元元）年、上総・下総地方に勢力をもっていた忠常が、安房守平惟忠を焼殺したことで公然化。政府は追討の宣旨を下すとともに、追討使として検非違使の平直方・中原成通を派遣したが、直方と私的に敵対関係にあった忠常は徹底的に抵抗し、房総半島は荒廃したために追討使は順次更迭された。一〇三〇（長元3）年、忠常を家人としていた源頼信が追討使になると、忠常は戦わずして降伏した。（野口実）

たいらのただまさ［平忠正］ ?〜1156 平安時代後期の武士。父は平正盛。平清盛の叔父にあたる。左兵衛尉・左馬助などを歴任。藤原頼長に臣従し、高陽院泰子の殿上人に。保元の乱（一一五六年）のとき、崇徳上皇・頼長方につき、敗北。三人の息子とともに六波羅で清盛によって処刑された。（京樂真帆子）

たいらのただもり［平忠盛］ 1096〜1153 平安時代後期の武士。父は平正盛。子に清盛。左兵衛少尉・検非違使・越前守・刑部卿などを歴任。白河上皇・鳥羽上皇の院近臣として活躍。鳥羽院の院別当・年預などをつとめる。一一二七（大治2）年、追討使として山陽・南海道の海賊を追捕。瀬戸内海地域の在地勢力を統括し、以後、平氏の基盤の一つとなる。三二（天承2）年、昇殿を許される。歌人としても知られ、軍事貴族としての平氏の地歩を確立した。（京樂真帆子）

たいらのときこ［平時子］ 1126?〜85 平安時代後期の貴族女性。二位尼。父は平時信。同母弟に平時忠。異母姉妹に平滋子（高倉天皇生母）。平清盛の妻。子に宗盛・知盛・重衡・徳子。一一八五（文治元）年平家滅亡のとき、壇ノ浦において孫の安徳天皇を抱いて入水したという。（京樂真帆子）

たいらのときただ［平時忠］ 1127?〜89 平安時代後期の公卿。父は平時信。同母姉に時子。異母姉妹に平滋子。蔵人・左衛門尉・参議・権大納言などを歴任。鳥羽院の院司にも。平家全盛期に「この一門にあらざらむ者は皆人非人たるべし」と豪語したという。一一八五（文治元）年、壇ノ浦で捕虜に。神鏡を保持した功により流罪に。能登国（現石川県輪島市）の時国家は時忠の子孫と伝えられる。（京樂真帆子）

たいらのときのぶ［平時信］ 生没年不詳。平安時代後期の貴族。父は平知信。桓武平氏。子に時忠・時子（平清盛妻）・滋子（高倉天皇生母）がいる。経歴は不詳ながら、『尊卑分脈』に「正五位下兵部大輔・贈左大臣正一位」とみえる。（京樂真帆子）

たいらのとくこ［平徳子］ 1155〜1223? 平安時代後期の貴族女性。建礼門院。父は平清盛・母は平時子。高倉天皇中宮。安徳天皇生母。一一七一（承安元）年、後白河法皇の猶子となり高倉天皇に入内、女御に。翌年中宮に。七八（治承2）年、安徳天皇を生む。八一（養和元）年、院号宣下。源平の争乱において平家一門と行動をともにする。八五（文治元）年、壇ノ浦において入水するが、救助される。同年出家。大原の寂光院に隠棲。そこを後白河上皇が訪れた話は有名。女房に歌集を編んだ建礼門院右京大夫がいた。墓は大原西陵（京都市左京区大原）と伝える。（京樂真帆子）

たいらのとものぶあそんき［平知信朝臣記］ 日記。平知信著。四巻。一一二七（大治2）年から一一三二（長承元）年まで。知信は関白藤原忠実の政所家司であり、摂関家関係の記事が多く見られる。陽明文庫所蔵の二軸（重要文化財）等の写本が知られる。（松田敬之）

たいらのとももり［平知盛］ 1152〜85 平安時代後期の軍事貴族。父は平清盛、母は平時子。蔵人・武蔵守・権中納言などを歴任。武蔵国の武士を組織する。熊谷直実は家人。武勇で知られ、父の寵愛をうける。源平の争乱では平家の中心と

なって活躍。一一八五（文治元）年、壇ノ浦において「見るべき程の事は見つ」と言い入水したという。（京樂真帆子）

たいらのなおかた［平直方］ 生没年不詳。平安時代中期の軍事貴族。北条氏の祖。父は平維時。検非違使・能登守などを歴任。藤原頼通の家人。東国に基盤をもっていた。一〇二八（長元元）平忠常の乱の追討使になるが、鎮圧に失敗し更迭。娘と源頼義との間に生まれたのが義家である。源氏の東国経営の契機をつくった。（京樂真帆子）

たいらののぶのり［平信範］ 1112～87 平安時代後期の公卿。父は平知信、母は藤原惟信の娘。兄に時信。西洞院を称す。蔵人頭・兵部卿などを歴任。一一六九（嘉応元）年、延暦寺強訴の処理に失敗し、備後国に配流。翌年、帰京。一一七七（安元3）年出家。藤原忠実・忠通・基実の家司として活躍。鳥羽上皇・後白河上皇の院司にも。日記の『兵範記』は当時の政治・儀式を知るための重要な史料。「日記の家」として知られる一門の記録類の整備にもあたった。（京樂真帆子）

たいらのまさかど［平将門］ ?～940 平安時代中期の下総の土豪。桓武平氏。父は高望王の子良持。良将とも。下総国豊田・猿島（現茨城県）を本拠とする。藤原忠平に出仕したこともある。九三一（承平元）年、叔父の良兼と対立。九三五（同5）年、叔父国香とも対立し、殺害する。ここから従兄弟貞盛らを巻き込む一族の対立へと発展する。九三九（天慶2）年、武蔵国の国司と郡司の対立に介入。さらに常陸国内の紛争にも介入するにいたって、国家に対する反乱とみられるようになる。これが天慶の乱とよばれる争乱に発展。自らを「新皇」と称する。京の公卿たちは危機感をもち、追討を命令。九四〇（同3）年、平貞盛・藤原秀郷らによって鎮圧。将門は矢に当たり死亡。乱の経緯は『将門記』に詳しい。後世になって、東国の独立を目指した彼を英雄視し、数々の将門説話が生まれた。

〔参考文献〕梶原正昭他『将門伝説』（新読書社昭41）。福田豊彦『平将門の乱』（岩波書店昭56）。（京樂真帆子）

たいらのまさかどのらん［平将門の乱］ 一〇世紀前半に平将門が引き起こした内乱。将門は関東土着平氏の良将の子で、京都朝廷にも出仕したという。乱に関する基本史料は作者未詳の『将門記』で、これ以外には断片的な記録を残すのみ。乱の原因は「女論」とも、また田畑をめぐる抗争ともいう。戦闘は常陸国西部を主戦場に九三五（承平5）年より本格的に始まり、将門と叔父国香・源護一族の間で私闘的に展開、一進一退となる。この間在京していた国香の子の貞盛の関東帰郷、将門の京都政界への運動など、関東地元豪族をも巻き込む動きと合わせて乱は広がりをみせ、九三七（同7）年よりさらに激化。将門は九三九（天慶2）年には常陸守藤原維幾と住人藤原玄明の紛争に介入、常陸国府を襲撃して放火・掠奪を行い（『将門記』）、このときから公然たる国家反乱になる。武蔵権守興世王の「一国を討つと雖も公の責め軽からず。同じくは板東を慮掠」せよの言をうけてさらに下野・上野国を攻撃・占領、この年末に自ら「新皇」に即位し、足柄・碓氷を防衛線とし、下野・上野・常陸・上総・安房・相模・伊豆・下総の国司を任命するなど、板東八ヵ国を独立国化した。ついで下総国に王城を定め、その他の「左右の大臣・納言・参議・文武百官・六弁八史」の諸官職の任命を行ったが、暦日博士のみは人材をえることができなかったという（『同』）。これらはすべて京都朝廷の模倣であり独創性はない。翌年二月に平貞盛・下野押領使藤原秀郷連合軍と戦闘して敗死、首は京都に送られた。将門の国家構想は官職の任命に独創性がなく京都の模倣であることが示すように古代的であったが、瀬戸内海中心に起こった藤原純友の乱と合わせて朝廷に深刻な衝撃を与え、古代律令国家の解体を早めた。

〔参考文献〕『竹内理三著作集（五）』（角川書店平11）。『石母田正著作集（七）』（岩波書店昭63）。古典遺産の会編『将門記』（新読書社昭38）。福田豊彦『平将門の乱』（岩波書店昭56）。（井上満郎）

たいらのまさもり［平正盛］ 生没年不詳。平安時代後期の武士。父は平正衡。伊勢平氏。子に忠盛。検非違使・讃岐守・右馬権頭などを歴任。一〇九七（承徳元）年、六条院（白河天皇娘郁芳門院菩提所）に伊賀国にあった所領を寄進し、白河上皇の院の北面に抜擢。六波羅に所領を買得し、一一一〇（天永元）年堂舎を築く。これが後の平家の本拠地六波羅第の基礎となる。白河上皇の造寺事業を支え、成功を得る。武力をもって京の治安維持にもつとめ、平氏が軍事貴族となっていく契機を作った。（京樂真帆子）

たいらのむねもり［平宗盛］ 1147～85 平安時代後期の軍事貴族。父は平清盛、母は平時子。遠江守・参議・内大臣などを歴任。長兄重盛の死後、嫡子となる。清盛の死後、反平家勢力の鎮圧に失敗。源平争乱において安徳天皇を奉じて西国へ。一一八五（文治元）年、壇ノ浦において捕虜に。鎌倉に送られた後、再び京に戻る途中で斬首。『平家物語』では、人望厚い異母兄重盛や武勇で知られる同母弟知盛とは対照的に、凡庸な人間として描かれる。（京樂真帆子）

たいらのやすより［平康頼］ ⇩鹿ヶ谷事件

たいらのよしかね［平良兼］ ?～939 平安時代中期の下総の土豪。桓武平氏。父は高望王。娘は平将門の妻。下総介。九三一（承平元）年、甥の将門と対立。兄国香・甥貞盛らを巻き込む一族の紛争に。これがいわゆる天慶の乱へと発展していく。（京樂真帆子）

たいらのよしふみ［平良文］ 生没年不詳。平安時代中期の下総の土豪。村岡五郎。桓武平氏。父は高望王。鎮守府将軍。詳しい事績は不明であるが、『今昔物語集』にその武勇を伝える逸話が残る。子孫は土肥・畠山・千葉・三浦家として繁栄した。（京樂真帆子）

たいらのよりもり［平頼盛］ 1132～86 平安時代後期の軍事貴族。父は平忠盛、母は藤原宗兼の娘宗子（池禅尼）。母の邸宅である池殿にちなんで池大納言と称される。常陸介・大宰大弐・権大納言などを歴任。異母兄清盛とは微妙に距離を取りつつ、政界をわたる。平家が西走したときには、途中で京に引き返す。一一五九（平治元）年平治の乱のとき、母が源頼朝の助命に尽力したことによってか、頼朝とのパイプももっていたらしい。一一八四（寿永3）年、官職を取り戻す。翌年、出家。（京樂真帆子）

たいらのろくだい［平六代］ 生没年不詳。父は平維盛、母は藤原成親の娘。平重盛の孫。平家一門西走のとき、同行せず母とともに潜伏。一一八五（文治元）年、平家滅亡後にその残党狩りのなかで密告され、京都大覚寺付近において北条時政に捕まる。文覚の助命によって助けられ、出家。妙覚と号す。その後高雄に暮らしていたが、再び捕われ処刑されたという。（京樂真帆子）

だいり［内裏］ 天皇の住む宮殿。内、大内、大宮、本宮、禁内、禁中などとよび、三重の構造をもつ宮城の一番内側に位置することから、内重（内隔）とも。本来天皇の居所で、原則として天皇とそれに奉仕する宮人と舎人だけがいる閉鎖的空間であった。しかし奈良時代末、平城宮において、光仁期に皇后宮が取り込まれ、桓武期に後宮が成立することによって、天皇の后たちの居住空間ともなった。さらに男性官人たちも出入りするようになって開放的空間となり、平安時代に入ると公卿聴政の場や蔵人所がおかれるようになる。このような構造上の特徴は、長岡宮を介して平安宮へとうけ継がれたが、平安宮を描く古図にみられるような構造が定着するのは、嵯峨朝、平安宮に定都されて内裏をはじめとする宮内諸殿閣門の号が決められ、また儀式の場が整備された頃からである。なお、平安宮の内裏は九六〇（天徳4）年に初めて焼失し、以後しばしば焼失して一二二七（安貞元）年以後廃絶した。（橋本義則）

だいりしき・だいりぎしき［内裏式・内裏儀式］ 平安初期に編纂された宮廷儀式書。「内裏式」全三巻は、嵯峨天皇の勅命により八二一（弘仁12）年撰集され、八三三（天長10）年部分修訂が加えられた。一方「内裏儀式」は、「内裏式」の編纂素材（別式・記文など）をまとめたものか、「内裏式」の不備を補ったものとみられるが、内容の類似する両書は早くから混同され、現存本も残欠のため諸書所引の逸文で慎重に復原しなければならない。「内裏式」とともに、天皇の側において朝儀の典拠とされた。

〔**参考文献**〕所功『平安朝儀式書成立史の研究』（国書刊行会昭60）。西本昌弘『日本古代儀礼成立史の研究』（塙書房平9）。所功「内裏儀式と内裏式の関係」『宮廷儀式書成立史の再検討』（国書刊行会平13）。（所　功）

だいりゅうじ［大竜寺］ 兵庫県神戸市生田区再度山にある真言宗の寺。再度山。七六八（神護景雲2）年、和気清麻呂が称徳天皇の勅をうけて創建。摩尼山と号した。八〇四（延暦23）年、空海が入唐する際、当山に参籠、帰朝後も参詣したので再度山という。（野口孝子）

たいりょう／だいりょう［大領］ ⇩郡司

たいろう［大粮］ 律令制下、中央諸官司で働く衛士・仕丁・采女らに支給された食料（米・塩・布・綿）。財源は庸で、毎月民部省から各官司に出給された。諸司が出した七四五（天平17）年の大粮申請文書が正倉院文書中に多数残存する。（鎌田元一）

たか［鷹］ タカ目タカ科に属する猛禽類のこと。同じタカ目に属す鷲との明確な区別はなく、比較的大きいものを鷲、小さいものを鷹とよぶ。歴史的にみると、狩猟に利用できるものをそうよぶことが多く、鷹狩などに用いた。律令制下では、兵部省主鷹司被官の鷹戸が鷹を調習し、後に蔵人も管轄した。また諸国の国司や郡司なども調習し、天皇や貴族などに進上した。だが八世紀後半以降、天皇権限の強化のため、私鷹養禁断令がたびたび出された。（亀井健太郎）

たかいだよこあなぐん［高井田横穴群］ 大阪府柏原市高井田に所在する横穴墓群。東西四五〇m、南北二〇〇mにわたり、約一六〇基確認されているが、もとは二〇〇基ほどが存在したと推定される。玄室プランは正方形や長方形、天井はドーム形のものが多い。側壁と天井の境には、軒先のような段を設ける。造り付け石棺をもつものもある。約三〇基には線刻壁画がみられ、花、鳥、騎馬像やゴンドラ形の船に乗る人物が有名である。出土遺物は、須恵器や土師器、ミニチュア炊飯具形土器、鉄製刀剣や鏃、馬具、琥珀製棗玉、棺の釘や鎹がある。六世紀中葉から七世紀初頭にかけて築造されたと考えられる。（伊藤聖浩）

たかおかしんのう［高丘親王］ 高岳とも。生没年未詳。平城天皇皇子。母は伊勢継子。八〇九（大同4）年、嵯峨天皇の即位にともない皇太子となるが、翌年の薬子の変により廃太子。八二二（弘仁13）年東大寺において出家。法名真忠、のち真如と改称。道詮・空海等に師事。阿闍梨位に昇る。八五三（仁寿3）年大和国に超昇寺を建立。東大寺大仏修理にも携った。八六二（貞観4）年入唐。西明寺に住し、青龍寺法全より仏法灌頂を受く。天竺行を志し出発するが、マレー半島南端の羅越国で没したとされる。

〔**参考文献**〕杉本直治郎『真如親王伝研究』（吉川弘文館昭40）。（関口力）

たかかいべ［鷹甘部］ 「鷹養部」とも。大化前代の職業部の一つ。狩猟の際に用いる鷹・犬の飼育・調教などにしたがった。『日本書紀』仁徳天皇四十三年条にはじめて鷹甘部を定めたという伝承がみえる。大和・河内など各地に分布するが、全体を管掌する伴造は不明で、地域ごとの伴造にひきいられた。律令制下においても、一部は兵部省被管の主鷹司の品部である鷹戸（鷹養戸）として残った。（荊木美行）

たかがり［鷹狩］ 放鷹とも。猛禽類の鷹などを飼い慣らして鳥類・小獣を捕獲する狩猟。仁徳天皇が鷹を用いて雉を捕らせ、鷹甘部を設置し、鷹を養わせたことが記録上の初見（『日本書紀』）。令制下では、兵部省管下の主鷹司、その後蔵人もつかさどった。（亀井健太郎）

たかくらかいづか［高蔵貝塚］ 名古屋市熱田区高蔵町を中心に熱田台地東縁に広がる弥生時代前期～後期の遺跡群の総称。多くの貝塚が点在する。弥生時代中期末葉を示す「高蔵式土器」の標式遺跡であり、熱田貝塚とも。調査歴は古く、一九〇八（明治41）年の『東京人類学雑誌』にも報告されたが、以後の調査はすべて小規模で、遺跡の全体像ははっきりしない。かつて濱田耕作は高蔵出土の丹塗り壺をパレススタイル（宮廷式）とよび、今も東海を代表する弥生土器として知られている。（大下武）

たかくらじ［高倉下］ 神武東征説話に登場する人名。一行が熊野で神の毒気にあたり寝込んだとき、熊野の人高倉下の夢枕に武甕雷神が立ち、その刀剣フツノミタマを授けたという。高倉下がこれを天皇に奉ると、天皇以下一行は覚醒し、正気を取り戻したという。（小野里了一）

たかくらてんのう［高倉天皇］ 1161〜81 在位1168〜80 平安末期の天皇。諱は憲仁。後白河院の第七皇子、母は平時信の娘滋子（建春門院）。平清盛の娘徳子を中宮とする。後白河院と清盛の提携の結果、一一六六（仁安元）六歳で立太子、六八（治承2）年即位。父後白河院と岳父平清盛との対立に悩んだ。八〇（同4）年、皇子安徳天皇に譲位。退位後最初の社参に安芸国厳島神社を選んだことは、延暦寺など畿内寺社の反発を招いた。学芸に優れた。陵墓は京都市の後清閑寺陵。（西村隆）

たかしなし［高階氏］ 天武天皇の孫長屋王の後裔氏族。姓は真人。七七三（宝亀4）年長屋王の子安宿王（藤原不比等の外孫。その関係でいわゆる長屋王の変では死を免れた）が賜姓されたのに始まる。ただし繁栄したのは八四四（承和11）年に賜姓された峯緒（安宿王の異母弟桑田王の曾孫）の子孫で、摂関期から院政期にかけて活躍した。一条天皇中宮定子の外祖父、成忠（峯緒の玄孫。朝臣を賜姓されている）をはじめ、受領として財を蓄え摂関家の家司、ついで院の近臣となって活躍した業遠や成章・為章、後白河院の寵をえて権勢を振るった栄子（丹後局）などが出ている。なお成忠の祖父師尚（斎宮恬子内親王が在原業平と密通して生んだ子という伝承がある）は茂範（峯緒の子）の養子となって高階氏を継いだ人物であるので、その出生から、師尚以後高階家の人びとは伊勢神宮への参拝は行わなかったと伝える。（瀧浪貞子）

たかしなのえいし［高階栄子］ ?〜1216 後白河法皇の寵妃。丹後局と称される。法皇皇女覲子内親王（宣陽門院）の生母。父は延暦寺執行法印澄雲。最初は法皇の近臣平業房に嫁し、その後法皇の寵愛をうけ、一一七九（治承3）年のクーデターで鳥羽殿に幽閉された法皇に近仕することをゆるされた。平氏滅亡後のその発言力は強大で、源頼朝の大姫入内問題において暗躍したほか、一一九六（建久7）年の九条兼実の失脚をめぐって、源通親に協力したことが知られる。（美川圭）

たかしなのためあき［高階為章］ 1059〜1103 平安時代後期の貴族。父は為家、母は藤原義忠の娘。各国の受領を歴任して富を蓄積。白河法皇の院近臣として活躍し、その院政を支えた有力者の一人。（井上満郎）

たかしなのためいえ［高階為家］ 1038〜1106 平安時代後期の貴族。父は成章。各国の受領を四〇年以上にわたって歴任して富を蓄積。子の為章とともに白河院政を支え、成立期の院政政権で重要な役割をはたした。（井上満郎）

たがじょう［多賀城（多賀柵）］ 陸奥国に築かれた古代城柵。多賀城碑には七二四（神亀元）年に鎮守府将軍大野東人がおくと記す。陸奥から出羽柵へ直線路を開こうとした『続日本紀』天平九（七三七）年記事に多賀柵がみえる。文献上の初見は、『続日本紀』宝亀十一（七八〇）年三月の記事で、伊治城で伊治呰麻呂が反し按察使紀広純を殺害、さらに多賀城を襲撃し、略奪・放火した事件のときである。その後、政府と蝦夷とは戦争状態になり、多賀城に兵士を集結させる等、戦争の中枢機関として文献上にしばしば登場する。九世紀初頭には北上盆地に胆沢城・志波城が相次いで築かれるが、その後も多賀城に兵士五〇〇人を配置する（八一一〈弘仁2〉年）や、援兵一〇〇〇人を派遣する（八三九〈承和6〉年）ような記事がある。創建当初から陸奥国府・鎮守府がおかれた。九世紀半ば以降は文献にはみえない。降って一二世紀半ば以降「多賀国府」とみえるが、多賀城とは直接関係ないと思われる。遺跡は宮城県多賀城市市川・浮島にある。仙台平野の北端に位置し、東から西に伸びる海抜五〇m級の低丘陵上から数mの低地にかけて立地する。形はいびつな方形で、周囲を幅三m、高さ五mの瓦葺きの築地が囲み、九町四方位の大きさをもち、南・東・西に門を開く。南門を入ると、南北の道路があり、三〇〇mほど北に進むと政庁に至る。政庁は一〇〇m四方の規模で南門・正殿・脇殿・後殿等を整然と配す、いわばミニ朝堂院とみられる。城内各所の平坦面には、実務官衙がある。かつては、軍事基地的とみられたが、発掘調査の結果は、東北一円を治める巨大な官衙とみなされるようになった。東南一kmの多賀城市高崎に付属の寺院（多賀城廃寺）をもつ。八世紀初頭から一〇世紀半ば頃まで機能して、律令政府の衰退とともに維持管理されなくなり自然崩壊した。九世紀以降、多賀城跡南面から西にかけて、東西一km、南北八〇〇mほどの町並みが形成されることが最近判明した。

［参考文献］『多賀城跡〈政庁跡本文編〉』（宮城県多賀城跡調査研究所昭57）。『多賀城跡〈政庁跡図録編〉』（宮城県多賀城跡調査研究所昭55）。（桑原滋郎）

たがじょうはいじ［多賀城廃寺］ ⇩多賀城

たがたいしゃ［多賀大社］ 滋賀県多賀町所在の神社で式内社。「延喜式」には「多何神社二座」とみえる。祭神は伊邪那岐神らで、早く『古事記』にこの神は「淡海の多賀に坐すなり」とあるのが多賀大社と考えられる。ただ一方で伊邪那岐神はその「幽宮を淡路」に造ったともあり（『日本書紀』）、また中世まで多賀大社はイザナギ神を祀るものではなかったのでその隠棲地は「淡海の多賀」でなく淡路とする説もある（日本思想大系『古事記』補注）。初見は神封六戸が寄進された七六六（天平神護2）年。繁栄をみるのは中世以後で、伊勢信仰の高まりとともに天照大神の親であるイザナギ神ということで崇敬を集めた。（井上満郎）

たかちほのみね［高千穂峰］ 宮崎県西諸県郡高原町・都城市・鹿児島県霧島市霧島町にまたがる霧島山に属する火山。標高一五七四m。建国神話の天孫降臨の地

として知られ山頂には天ノ逆鉾像があるが、神話との関係は不明。（高橋誠一）

たかつかいせき［高塚遺跡］　岡山県岡山市高塚の沖積地に展開する弥生時代後期から中世にわたる重複遺跡。足守川西岸から砂川東岸の間、東西約一㎞を対象に一九八九（平成元）年、岡山県古代吉備文化財センターが山陽自動車道の建設に先立って発掘調査を実施した。その結果、埋葬土壙をともなう流水文銅鐸の発見にひき続き、一括出土した二五枚の貨泉、破片になった袈裟襷文銅鐸、青銅品の原材料とみられる棒状青銅品などの検出にも注目が集まった。また五世紀代に属する竈付き方形竪穴住居跡からは、多種多様の韓式土器あるいは陶質土器が出土し、朝鮮半島から渡来した集団の居住環境が視野に入るようになった。

［参考文献］岡本寛久他『高塚遺跡・三手遺跡2』（岡山県教育委員会平12）。（葛原克人）

たかのつかさ／しゅようし［主鷹司］　大宝・養老令制の兵部省被管諸司の一つ。大宝令では放鷹司と表記された可能性がある。遊猟の際に使う鷹・犬の調教をつかさどった。四等官のほか、品部の鷹戸などが所属した。殺生禁断政策により停廃をくり返した。（荊木美行）

たかののにいがさ［高野新笠］　?〜789　白壁王（光仁天皇）の妃。桓武天皇・早良親王の母。百済系渡来氏族の出身。本姓は和史。父は和乙継。母は土師真妹。真妹は桓武天皇の外祖母にあたることから天皇即位一〇年後にあたる七九〇（延暦9）年、正一位が追贈され、さらに土師氏は本貫地山城乙訓郡大枝（京都市西京区大枝）の地名に因み、大枝（のち大江）朝臣を賜姓されている。父乙継も高野朝臣と記されるが、当時は既に没していたと思われ、おそらく追贈であったろう。従って、高野朝臣を名乗った唯一の人物が新笠であったことになる。こののち、七七八（宝亀9）年、従三位に叙され、七八一（天応元）年、桓武天皇が即位すると正三位皇太夫人となる。七八九（延暦8）年一二月に薨去。大枝山陵に葬られた。皇太后が追贈され、天高知日子姫尊と諡された。八〇六（大同元）年、孫の平城天皇が即位すると太皇太后が追贈された。（関口力）

たかはしかいづか［高橋貝塚］　鹿児島県金峰町高橋に所在する縄文時代晩期（夜臼式）から弥生時代（高橋1式・2式）の貝塚。吹上浜砂丘内縁の低い台地上に位置する。籾痕土器・鉄器・抉り入り柱状片刃石斧・磨製石鏃・石剣・石鎌・石包丁・牙製釣針・紡錘車・蕨手形土製品などが出土。沖縄・奄美諸島で発見されている弥生土器の多くは薩摩半島産のものである。南海産貝輪（ゴホウラ・オオツタノハ）の出土は、高橋貝塚が交易の拠点であったことを示唆している。

［参考文献］河口貞徳「鹿児島県高橋貝塚」『考古学集刊』3−2（東京考古学会昭40）。（上村俊雄）

たかはしし［高橋氏］　⇩膳氏

たかはしのうじぶみ［高橋氏文］　七八九（延暦8）年高橋氏が朝廷に提出した「家記」とそれに添えられた七九二（同11）年の太政官符をいう。高橋氏は令制以来阿曇（安曇とも）氏とともに内膳司（宮内省の被官）に奉仕していたが神事の序列について阿曇氏と対立、そこで高橋氏の由緒からときおこして自家の優位を主張し、その結果高橋氏の優位を認める太政官符が下されたというもの。全文は伝わらないが「本朝月令」「政事要略」などにおさめる逸文からほぼ全容を知ることができる。ちなみにそれを不服とする阿曇氏が新嘗の日に勅旨に背いて退出したため佐渡に配流されその地位を失った。（瀧浪貞子）

たかはしのむしまろ［高橋虫麻呂］　生没年不詳。奈良時代の歌人。『万葉集』に長歌一四首、短歌一九首、旋頭歌一首が載る。他に作者に異説のある長、短歌各一首があるが、これらは『高橋虫麻呂歌集』（佚書）から採られた。作歌の時期が明確なのは、七三二（天平4）年に西海道節度使の藤原宇合に献呈した壮行の歌（巻六・九七一、九七二）だけである。正倉院文書の山背国優婆塞貢進解に「天平十四年十二月少初位上高橋虫麿」とあるのは同一人物とみられるが、経歴には不詳な点が多い。水の江の浦島子、真間の手古名、菟原の処女などの伝説を詠んだ長歌に特色がある。（増尾伸一郎）

たかまついん［高松院］　1141〜76　二条中宮で鳥羽天皇第五皇女姝子内親王。母は美福門院（藤原得子）。母の里邸にて養育され、一一五四（久寿元）年内親王宣下。五六（保元元）年東宮女御。五八（保元3）年二条天皇即位とともに立后。六〇（永暦元）年出家。六二（応保2）年院号宣下。（佐藤文子）

たかまつづかこふん［高松塚古墳］　奈良県明日香村下平田の丘陵南斜面にある壁画古墳。墳丘は、南北二五ｍ、東西二〇ｍ、高さ三・五〜九・五ｍの版築積の円墳。一九七二（昭和47）年発掘の結果、南を入口とする内部の天井が平らな石棺式石室（石槨）は、高さ一・一三四ｍ、幅一・〇三五ｍ、奥行き二・六五五ｍである。天井石、床石は各四枚、側石は各三枚、奥壁石、扉石各一枚の凝灰岩、一六石で構成する。石室内部は側壁と奥壁、天井の漆喰に壁画を描く。北の奥壁に玄武、東壁に青竜、西壁に白虎の四神を描くが、南の扉内側は漆喰が剝離し、朱雀の存否はわからない。側壁の四神の手前に各四人の男性像、奥に各四人の女性像の合せて一六人の人物群像を描く。男性像は、舎人たちで漆紗冠を被り、手には、大刀袋、打球杖、胡床を持ち、東壁のなかには、蓋を持つ人物がいる。女性像は、女孺たちで、南に歩み出る一瞬を捉えており、先頭は、翳を持ち、ほかに如意、麈払いなどの儀具を持つ。人物群像は、その持ち物から六九七（文武元）年「文物の儀ここに備われり」の正月元旦の儀式を彷彿させる。この人物群像は唐代の永泰公主墓の壁画と共通する。青竜と白虎の上には、日月像がある。天井には、中央に北斗七星、その四方に、それぞれ七個の星座を模式化した星宿を金箔と朱線で描いた。扉石は中央上部を盗掘で破られ、土砂が流入していたが、床から金箔貼りの漆塗り木棺片、金銅製宝相華文飾り金具、銀製唐装飾り大刀金具、白銅製海獣葡萄鏡が出土した。この鏡は、同笵鏡が六面あり、内二面が唐墓から出土する。また熟年の男性骨が出土したところから、被葬者を刑部皇子など天武天皇の皇子説、渡来人説などがある。

高松塚古墳西壁女子群像（模写）
写真：奈良文化財研究所飛鳥資料館

〔参考文献〕奈良県立橿原考古学研究所『壁画古墳高松塚』（昭47）。文化庁記念物課「特別史跡高松塚古墳保存施設設置に伴う発掘調査概要」『月間文化財（一四七）』（昭50）。
（猪熊兼勝）

たかまのはら〔高天原〕　神話における天上の世界。「たかまがはら」とも。北方系の垂直的世界観にもとづく。ただし、「たか」を地名とし「あま」を海と解釈して水平的な世界観にもとづくとする説もある。高天原の主宰神については、葦原の中つ国平定をめぐって『古事記』では天照大御神、『日本書紀』の本文、第四・第六の「一書」などでは高皇産霊尊とし、天孫の降臨を命ずる神を『古事記』では天照大御神と高木神（高御産巣日神）とし、『日本書紀』の本文、第四・第六の「一書」などでは高皇産霊尊とする。

〔参考文献〕上田正昭『日本の神話を考える』（小学館平6）。
（上田正昭）

たかみくら〔高御座〕　即位式や朝賀に際し、大極殿に敷設された八角形の天皇の御座で、天皇位の象徴。『続日本紀』にみえる天皇即位の宣命には、ほぼ例外なく「天つ日嗣高御座の業」の表現がみえ、それは皇祖以来、連綿として受け継がれてきたことが強調されており、高御座が天皇位の象徴であったことを示している。また大殿祭の祝詞には、高天原の「天つ高御座」に坐ます皇御孫命の表現がみえ、皇御孫命である歴代の天皇は、大八洲豊葦原の瑞穂の国の人々や神々（地祇）を統治する存在であるとともに、高天原の神々（天神）をも支配する最高存在とする観念がうかがえ、興味深い。

高御座は大極殿や豊楽殿に常設されていたのではなく、臨時に敷設された。たとえば朝賀に際しては、その前日に内匠寮の官人が木工長上や雑工等を率いて大極殿に敷設した（延喜内匠寮式）。「延喜式」によって天皇が大極殿に出御する事例をあげると、大儀である即位式、朝賀、諸蕃使の上表および献物、小儀である孟月の視告朔や出雲国造の神賀詞奏上、斎内親王の伊勢斎宮への出立などに際してである。また豊楽殿への出御の事例は、元日節会および諸節会、践祚大嘗祭の午の日、大嘗祭後の直会などである。高御座の構造については、「文安御即位調度図」が参考になる（『群書類従』巻九二、『大内裏図考証』第三之上）。一四四四（文安元）年正月に藤原光忠が書写したもので、「延喜式」や「保安記」を引用しているから、その内容は平安後期にまでさかのぼらせてよいと思われる。挿入されている図や内容によると、高御座は三層の継壇より成る。下壇は黒漆塗りで格座間の透かしがあり、壇上の周囲には朱塗りの勾欄を巡らせ、坤と乾の隅には孔雀の屛風を立てる。その上に八角形の屋形が据えられ、蓋上中央に南面する金色の大鳳凰、八角の各棟に小鳳凰を飾り、玉・幡・帳などで装飾している。高御座の内部には、青地錦の上に繧繝縁の畳二枚、大和錦縁龍鬢土敷一枚、大和軟錦毯代一枚、東京錦毯代一枚を重ね敷いて御座とし、左右には螺鈿の案（小机）があって、その上に剣と璽がおかれた。

なお現在、京都御所の紫宸殿に常置されている高御座は、「文安御即位調度図」などを参考にして定められた一九〇九（明治42）年二月十一日公布の登極令附式にもとづき新しく造られたもので、大正天皇即位に際して用いられたものである。「文安御即位調度図」と大きく異なるのは、内部の玉座が御椅子に変更されたことである。

高御座の構造でとりわけ注目されるのは、天皇の御座が高い壇上におかれ、中壇の屋形が八角形であることである。八角形状の事例として、法隆寺の夢殿に代表される八角円堂と、古墳時代終末期に出現する八角形墳があげられる。八角円堂は、その呼称からも類推されるように、円形の覆鉢塔（スッーパ）を模したもので、木造建築で円形に近づけようとすると、八角堂あるいは六角堂となる。

一方、八角形墳は、飛鳥とその周辺地域、および山科（京都市山科区）に所在し、いずれも山陵である可能性が大きい。それらの八角形墳を年代順に並べると、忍坂段ノ塚古墳（段々塚古墳とも。奈良県桜井市忍坂に所在。現在、舒明天皇陵に治定）—牽牛子塚古墳（奈良県高市郡明日香村越に所在。真の斉明天皇陵である可能性が大きい）—山科御廟野山古墳（京都市山科区御陵上御廟野町に所在。現在、天智天皇陵に治定されており、真陵とみて間違いない）—野口王墓古墳（奈良県高市郡明日香村野口に所在。「阿不幾乃山陵記」によれば、天武・持統合葬陵であることが確実）—束明神古墳（奈良県高市郡高取町佐田に所在。発掘調査により、八角形墳であることが判明。岡宮天皇と追尊された草壁皇子の真弓丘陵である可能性が大きい）—中尾山古墳（奈良県高市郡明日香村平田に所在。整備に先立つ発掘調査で、八角形墳であることが確認された。真の文武天皇陵であるとみて、間違いない）となる。これらの八角形墳は、舒明天皇とその皇后の皇極天皇（重祚して斉明天皇）、二人の間に所生した中大兄皇子（天智天皇）と大海人皇子（天武天皇）、天武と皇后の持統との間に生まれた草壁皇子、その子の軽皇子（文武天皇）に限られる。なお兵庫県の中山荘園古墳、広島県の尾市古墳、群馬県の三津屋古墳など、八角形墳の存在が知られており、これらについては右とは違った視点からの説明が必要となる。

高御座や八角形墳の形状は、天皇（大王）に対して、「やすみしし　わが大君」という讃え言葉が用いられていることと関わりがあるかと思われる。「やすみしし　わが大君」の表現は、『古事記』景行・雄略段にみえ、「やすみしし」を「夜須美斯志」と表記し、『万葉集』では、舒明天皇が宇智野に遊猟した時、中皇命が間人連老に命じて献呈させた歌に、「八隅知之我大王」とみえるのが嚆矢である（巻一—三）。『古事記』歌謡の事例は、舒明朝以降に成立したものとみられる。「八隅知之」の表記は、国土の四方八方を統治する意とみられ、「八隅」は国土を大八洲（オホヤシマ・オホヤシマグニ）と表現し、公式令詔書式に朝庭の大事に用いられる辞「明神御〻大八洲〻天皇詔旨」などとも共通する。高御座が八角形をとるのも、国土の四方八方を、具体的には大八洲を統治する象徴として用いられたのであり、また舒明陵～文武陵が八角形墳とされたのも、同様の理由からだと推測される。高御座が高い壇上に敷設されるのも、歴史的な背景があると推測される。大和王権の諸王の即位式について、推測すべき史料はほとんどないが、注目されるのは、ワカタケル大王（雄略天皇）について、有司に命じ壇を泊瀬朝倉に設けて即位したとみえることである（『日本書紀』雄略天皇即位前紀十一月十三日条）。こうした壇上即位の事例は、雄略・清寧・武烈・孝徳・天武についてみえており、とりわけ孝徳・天武の事例は確実なものである。五世紀後半にまでさかのぼるのか否かは断定できないが、高御座を壇上に敷設するのは、壇上即位の伝統を踏襲したものであったと推論することができる。

〔**参考文献**〕和田萃「タカミクラ—朝賀・即位式をめぐって—」『日本古代の儀礼と祭祀・信仰』上巻（橘書房平7）。　（**和田萃**）

たかみむすひのかみ［高皇産霊尊］　『記』『紀』神話の神。『古事記』では高御産巣日神と記し、天地初発の時に出現した造化三神の一柱で、アマテラスとならぶ高天原の最高神として活躍するが、高木神ともいう。ムスヒは霊威の生成・再生を意味し、天皇（律令制以前は大王）の霊威を生成・再生する神として王権最高神とされた。とくにアマテラスが皇祖神となる七世紀後半以前の最高神であった。律令制下では宮中神祇官の八神殿に祭られた神。『新撰姓氏録』では多くの伴造系氏族の祖神とされている。　（**菊地照夫**）

たかむくのくろまさ／たかむこのくろまろ［高向玄理］　?～654　七世紀中頃の学者・官人。高向黒麻呂・高玄理とも書く。六〇八（推古天皇16）年九月、遣隋使小野妹子に従って留学。六四〇（舒明天皇12）年一〇月、学問僧南淵請安とともに新羅経由で帰国。六四五（大化元）年乙巳の変の後、僧旻とともに国博士となった。六四六（同2）年九月新羅の使いとなる。時に位は小徳。翌年、帰国。六五四（白雉5）年、大錦上（一説に大花下）遣唐押使として入唐。皇帝高宗に拝謁したが、唐において客死。　（**宮永廣美**）

たかむねおう［高棟王］　804～67　桓武天皇孫。葛原親王の第一王子。八二五（天長2）年、平朝臣を賜姓。堂上（公家）平氏の祖。大学頭、大蔵卿、按察使等を歴任し、大納言正三位にいたる。山城国葛野郡（京都市右京区嵯峨野）の別荘を改め、平等寺を建立した。　（**関口力**）

たかもちおう［高望王］　生没年未詳。平安前期の官人。桓武天皇の曾孫。高見王の子。子に国香・良文などがいる。八八九（寛平元）年平朝臣を賜姓。上総介として下向、土着。武門流桓武平氏の祖といわれ、東国武士団発展の基礎を築く。極位は従五位下。　（**関口力**）

たかやすじょう［高安城］　奈良県平群町と大阪府八尾市にまたがって、高安山（標高四八八m）から信貴山（標高四三七m）周辺にかけて所在した朝鮮式山城。『日本書紀』の記事により、六六七（天智天皇6）年に、讃岐屋島城、対馬金田城とともに築かれたことがわかる。その後行幸や修築、壬申の乱における使用の記事などがみられる。廃城は七〇一（大宝元）年となっているが、七一二（和銅5）年の行幸行事（『続日本紀』）や出土遺物から八世紀前半頃までは城として機能していたと考えられている。明確な外郭線は確認されていないが、四×三間の礎石総柱建物が六棟確認されている。このうち二棟が発掘調査され、八世紀前半の土器などは出土したが、瓦は出土していない。これらの建物は、六六九、六七〇（天智天皇8、9）年条の記事にみられる米や塩などを蓄えていた倉庫の一部と考えられている。このほか城内施設としては、七一二（和銅5）年条の記事によって烽火のための施設（高安烽）などがあったと考えられている。

〔**参考文献**〕小田富士雄編『北九州瀬戸内の古代山城』（名著出版昭58）。　（**亀田修一**）

たかやのひらひとぼし［高屋枚人墓誌］　七七六（宝亀7）年の高屋連枚人の墓誌。砂岩に一行八字で四行、五行目は五字、計三七字が陰刻されている。出土地は大阪府太子町叡福寺の東北三〇〇mほどにある丘陵の低地を俯瞰する南向きの斜面というが、正確な出土地は不明。銘文には「故正六位上、常陸国大目高屋連枚人の墓、宝亀七年歳は丙辰に次る十一月乙卯朔廿八日壬午葬る」とある。高屋連の本貫は、『続日本紀』や『新撰姓氏録』によれば河内国古市郡高屋にあったと伝える。　（**上田正昭**）

たかゆかけんちく［高床建築］　地上ないし水上よりも上方に、生活面あるいは使用する床面を設けた建築形式。こうした床の高い建築形式を用いる建物の機能について、住まいまたは倉庫あるいは特別の宗教的建物のいずれかの議論が国内ではしばしば起こる。民族学者は、世界における住まいの形式分布を調べる過程において、こうした床の高い住まいを杙上住居とか水上住居と表現してきた。国内においては、遺跡研究および建物を想像できる遺物などの考古学的研究によって、竪穴住居に対応させて、この高床住居をとり上げてきた。とくに、この高床住居に関しては、歴史上の発生や起源などに関する研究が近年は目立つ。ただし、日本の地理的環境を地球的規模で捉えて、いっぽうは大陸の北方に起源をもつらしい竪穴式住居、他方は大陸の南方や太平洋諸島に起源をもつらしい高床住居という二つの系統論も未だ根強い指摘であろう。　（**山本輝雄**）

たからづかいちごうふん【宝塚1号墳】 三重県松阪市宝塚町に所在する五世紀初頭の前方後円墳。全長一一一m、後円部径七五m、高さ一〇mを測る伊勢地域最大の古墳。前方部北側に土橋で接続された特異な造り出し部と、船形埴輪をはじめとする埴輪群が発掘された。造り出し部は上端で一三m×一〇mの方形で、壺形埴輪列、入口を示す二本の柱状埴輪の内方に、覆屋をもった井戸、導水施設である囲形埴輪や家形埴輪が、造り出し部の東西両側に配置され、祭祀に臨む神の儀礼行為を具現する。船形埴輪は、造り出し部と前方部の間におかれる。船は全長一四〇cmと大形の準構造船で、二重の甲板をもつ。船上には王権を示す大刀、蓋、威杖の立飾をたてた王船である。発掘時、これらの器財は船底に収納されており、祭祀の際ごとに飾り立てた。本古墳の埴輪群の種類と配置は、霊魂の考え方や古墳祭祀儀礼の様相を知る貴重な資料である。古墳造営の背景には、倭政権による東国支配の軍事的拠点の存在とその王の姿を示すものである。国指定史跡。

（参考文献）『三重県松阪市史跡宝塚古墳 本文編・図版編』（松阪市教育委員会平17）。 （八賀晋）

宝塚1号墳から出土した船形埴輪

たぎしみみのみこと【手研耳命】 『日本書紀』によれば、神武天皇が日向にいたときにもうけた皇子で、神武東征に参加。神武崩御後、異母弟である神八井耳命と神渟名川耳尊（後の綏靖天皇）を殺そうと図ったが、神渟名川耳尊に射殺された。 （小野里了一）

たきのはらのみや【滝原宮】 伊勢神宮の別宮の一つ。三重県度会郡大紀町滝原に所在。旧熊野街道沿いの山中に立地する。天照大神を祭り、遥宮とも称された。すでに「皇太神宮儀式帳」にみられる古社である。その由来は、鎌倉時代の『倭姫命世記』は、倭姫命の巡幸時の宮の一つとするが、不詳とすべきだろう。なお「延喜式」には「伊勢と志摩の境の山中にあり」としており、本来は神宮領の南界を示す神社だった可能性もある。中世には一時神宮支配を離れたが、現在は神宮管社に復帰している。 （榎村寛之）

たきものあわせ【薫物合】 平安時代に流行した香遊びの一様式。参加者が左右に列に並び、種々の練香をもち寄ってこれをたき、判者がその優劣を評して勝負を決める宮廷遊技。左右いずれかが勝ちあるいは持となり、一番から六番あるいは十番位まで勝負があった。 （山田雄司）

だきゅう【打毬】 長柄に叉手をつけた道具で毬門に打ち込む競技。大陸伝来のもので、騎馬打毬と徒打毬があるが一般的には前者をさす場合が多い。九世紀初期には武徳殿で「打毬の態」が行われた史料がみえる。 （西山恵子）

たくじゅん【卓淳】 「とくじゅん」とも。加耶諸国の一つ。喙淳とも表記。位置については慶尚南道の昌原・馬山説、宜寧説、玄風説、霊山説や、慶尚北道の大邱説などがあるが、南海岸に位置していたとみるべきである。『日本書紀』には神功紀四六年・四九年および欽明紀二年・五年にみえる。神功紀四十六年条では倭国から使者斯麻宿禰を派遣、卓淳王末錦旱岐が百済との通交を仲介し、倭と百済との通交が始まる。五三〇年頃に新羅に降ったが、百済がその復興をめざすことを名目にして加耶諸国に干渉した。 （田中俊明）

たくせん【託宣】 神の言葉を伝えること。『日本書紀』仲哀紀にみられる神功皇后の託宣伝承に顕著なように、古代においては、託宣は女性が行い、男性が音楽や記録などの形で助けたものと考えられる。この場合女性は神の代行者であり、和気清麻呂への宇佐八幡の託宣などとは少し性格が異なる。平安時代に入っても、平将門の乱やしだら神の事件、また、長元四年の斎王託宣など、政治的に重要な局面で託宣が行われたことが知られている。 （榎村寛之）

たくまのためとお【宅磨為遠】 生没年不詳。平安時代後期の絵仏師。宅磨派の祖。高野山大伝法院の両界曼荼羅等の製作を手がける。豊前守に任じられ、出家後は勝智と号し法印に叙された。 （佐伯智広）

たけうちりぞう【竹内理三】 1907～97 荘園史・史料学などを中心とする歴史研究者。愛知県出身。東京帝国大学卒業後、東京帝国大学史料編纂所に勤務。九州大学をへて一九五九（昭和34）年東京大学教授、同大学定年後に早稲田大学教授。八八（同63）年文化功労者・学士院会員、九六（平成8）年文化勲章受章。荘園史研究では早く『奈良朝時代に於ける寺院経済の研究』を刊行、『日本上代寺院経済史の研究』『寺領荘園の研究』などがある。また九州大学在任を契機として九州地方の荘園史料収集にもあたる。政治・制度研究にも貢献し、それらは『律令制と貴族政権』Ⅰ・Ⅱに集成された。一方で実証主義歴史家として史料収集・公開や史料学の構築に尽力、『寧楽遺文』『平安遺文』の刊行による古代史料の公開・刊行は古代史学の進歩に多大の功績を残した。著作のすべては『竹内理三著作集』全八巻に収録されている。（井上満郎）

たけしうちのすくね［武内宿禰］ 景行朝から仁徳朝まで長期にわたって天皇に近侍した忠臣と伝承される人物。建内宿禰とも。『古事記』孝元天皇段によれば、七男二女を儲け、波多八代宿禰をはじめとするそれぞれの子は、波多臣・許勢（巨勢）臣・蘇我臣・平群臣・木（紀）臣・葛城臣らの祖となったと伝える。紀臣を除けば、いずれも奈良盆地を本拠とする有力な臣姓氏族で、なかでも葛城臣・平群臣・巨勢臣・蘇我臣は大臣を出していて注目される。その人物像は、「世の長人」と讃えられた蘇我大臣馬子や、「たまきはる内朝臣」という賛辞から、中臣連鎌足などを原型として、語り出されたものと推定されている。また弟の味内宿禰とともに「内宿禰」と称されていることから、大和国宇智郡を本拠とした有至（内）臣との関わりを想定する説もある。葛城襲津彦の孫である玉田宿禰が曾祖父の武内宿禰の墓域に逃げ隠れたことがみえ（『日本書紀』允恭天皇五年七月条）、『帝王編年記』には「室破賀」とすることから、古代には室宮山古墳（室大墓。奈良県御所市室）を武内宿禰の墓とする伝承があったらしい。（和田萃）

たけだのみこ［竹田皇子］ 生没年未詳。敏達天皇皇子。竹田王、小貝王とも。母は豊御食炊屋姫。五八七（用明天皇2）年、中臣勝海が竹田皇子の像をつくって厭う話がある。同年、物部守屋討伐に加わる。六二八（推古天皇36）年、天皇は崩後、皇子の陵に合葬するよう遺詔したという。（大川原竜一）

たけちのおおくに［高市大国］ 八世紀中頃の大鋳師。高市真国とも。東大寺大仏の鋳造に従事し、七四八（天平20）年に連姓を、翌（天平勝宝元）年に外従五位上、同年従五位下を、更に翌年には正五位下を授けられた。いずれも大仏鋳造にかかわってのことである。（小野里了一）

たけちのくろひと［高市黒人］ 生没年未詳。『万葉集』の第二期を代表する歌人の一人。『万葉集』には一八首の歌が収載されている。行幸に従ったことを示す題詞記事から、持統・文武朝に仕えた下級官人であったことは推察されるが、そのほかの閲歴については一切不明である。旅の歌が多く、すべての歌に地名が詠み込まれているという特徴があり、内省的で悲愁性のある歌風で独自の境地を示した歌人として評価されている。（上野誠）

たけちのみこ［高市皇子］ 654～96 天武天皇の長子で、壬申の乱の英雄。持統天皇即位後の六九〇（持統4）年七月、太政大臣となり国政を総覧、後皇子尊と称された。母は胸形君徳善の女の尼子娘。妻は天智天皇々女の御名部皇女で、長屋王・鈴鹿王らの父。壬申の乱では、一九歳で大海人皇子（後の天武天皇）軍の総指揮をとった。母親の出自から、皇位継承順位は第八位とされるが、六七九（天武8）年五月五日の吉野宮での盟約が加わり、また爵位や封戸は草壁・大津皇子に次ぐ。香具山宮に住み、異母妹の但馬皇女を資養した。六九六（持統10）年七月に香具山宮で薨去。『扶桑略記』には薨年四三とみえる。高市皇子の柩は百済の原を通って城上の殯宮に運ばれ、柿本朝臣人麻呂が挽歌を献呈した（『万葉集』巻二―一九九）。桜井市吉備で検出された吉備池廃寺は、舒明・皇極朝に造営された百済大寺であることがほぼ確定したので、百済の原は桜井市吉備付近に想定できる。すぐ南方の青木廃寺（桜井市橋本）では、長屋王邸出土の瓦と同じものが出土し、またかつて「延喜六年造檀越高階茂生」の銘文のある軒平瓦が出土している。長屋王と藤原不比等の女との間に生まれた安宿王らは、後に高階真人の姓を賜っているから、同寺は、奈良時代初めに長屋王が父の高市皇子の菩提を弔うために創建した寺と推定されている。長屋王家木簡に「木上司」と記すものがあり、城上（木上）はもともと高市皇子が育った場所であろう。高市皇子の三立岡墓（延喜諸陵寮式）の所在地は未詳。

［参考文献］大脇潔「忘れられた寺」（『翔古論集―久保哲三先生追悼論文集』追悼論文集刊行会平5）。（和田萃）

たけとりものがたり［竹取物語］ 平安時代初期の物語。一巻。著者は男性文人かと思われるが未詳。九世紀末頃の成立。『源氏物語』絵合巻に「物語の出で来はじめの親」として「竹取の翁」の書名がみえ、作り物語の始祖と位置づけられている。竹取の翁が竹のなかから見つけた少女は、光り輝く女性へと成長し、かぐや姫と名づけられる。やがて、石つくりの皇子・くらもちの皇子・右大臣阿部のみむらじ・中納言石上のまろたり・大納言大伴のみゆきという五人の貴公子が求婚するが、かぐや姫は結婚の条件としてそれぞれに、仏の御石の鉢・蓬萊の玉の枝・火鼠の皮衣・燕の子安貝・竜の頸の玉という難題を出し、失敗させる。さらには帝の求婚をも退け、八月一五夜、月の世界に帰っていくという内容。天人女房譚をもとに、求婚難題譚などを取り込みつつ物語化している。注釈書に『新古典文学大系17』（岩波書店平9）、『新編古典文学全集12』（小学館平6）などがある。（小西茂章）

たけはにやすひこのみこと［武埴安彦命］ 孝元天皇皇子。崇神天皇の代、北陸に遣わされた大彦命が道中少女の歌を聞き、怪しんで天皇に奏上した所、埴安彦の謀叛が発覚する。天皇は大彦と和珥氏の祖彦国葺を遣わし輪韓河（今の木津川）にこれを討った。（小野里了一）

たけはらこふん［竹原古墳］ 福岡県若宮市若宮町にある、六世紀後半の装飾古墳。尾根の先端に位置し、地形の制約をうけた径約一八mの円墳か。壁画は、一九五六（昭和31）年、採土中に発見され、既盗掘墳。全長約六・七mの横穴式石室（複室）は、南西に開口し、奥壁上部に巨石を突き出させて石棚を設けているのが特色である。壁画は、赤と黒の二色で、奥壁と前室左右両後壁（袖石）の計三ヵ所に描かれており、閉塞石外側からの視野を計算し尽くした構成力は非凡。奥壁の壁画の解釈は、水辺に牝馬をひきだして龍をよび、その種を授かって駿馬を得るという龍媒説話を描いたとみる金関丈夫説が魅力的だが、なぜこれを主題に選んだのかは不明。前室には朱雀と玄武が描かれ大陸高句麗系思想が導入されてはいるが、四神の表現や理解は、あくまで日本的である。現存する副葬品には、耳環二組、圭頭大刀二口、杏葉三組などが含まれており、少なくとも二体が埋葬されていた。保存施設が整備されており、保存状態も良好で、常時、公開中（除月曜日ほか）。国指定史跡。

〔参考文献〕森貞次郎「福岡県鞍手郡若宮町竹原古墳の壁画」『美術研究』一九四（昭32）。金関丈夫「竹原古墳奥室の壁画」『ミュージアム』二二五（昭44）。石山勲他「竹原古墳」『若宮町文報』四（昭57）。 （石山勲）

たけべたいしゃ［建部大社］ 滋賀県大津市所在の神社で式内社。祭神は日本武尊らで、近江国の一宮。社伝では景行天皇四六年の創立というが不祥。九六二（応和2）年には正三位。鎮座地周辺は古代近江国の軍事上の要地で、倭政権の軍事集団であった建部を率いた豪族建部氏の氏神的性格をもつ神社である。 （井上満郎）

たけみかづちのかみ［武甕槌神］ 『記』『紀』神話の神。イザナキが火神カグツチを斬り殺したとき、その剣についた血が岩に付着して化成した神。国譲りの使者として派遣され、オオクニヌシに葦原中国の支配権を天孫に譲渡することを認めさせたという。鹿島神宮の主神、春日大社の祭神。 （菊地照夫）

たけみなかたのかみ［建御名方神］ 長野県諏訪市の諏訪大社の祭神。『古事記』の国譲り神話に姿をみせる。国譲りに同意せず、建御雷神に力くらべをいどむが敗れて信濃へ逃げたとされる。大国主命の子神とされるが、本来は諏訪の神であろう。 （瀧音能之）

たけるべ［建部］ 「武部」とも書く。大化前代の軍事的部民の一つ。建部君氏が管掌。『日本書紀』景行天皇四十三年条や『出雲国風土記』出雲郡条には、日本武尊の巧名を伝えるために建部を定めたという伝承をのせるが、これは建部の名から付会されたものか。東は常陸から西は薩摩まで広範囲に分布する。 （荊木美行）

だこうじょうてっき［蛇行状鉄器］ 蛇行する形態的な特徴から、このようによばれる。鉄製の蛇行状の棒の一端に、浅くU字形に湾曲したものが取り付く。この湾曲部が鞍の後輪に装着されて、馬の尻部の立飾り、すなわち寄生として用いられた。朝鮮半島では、三国時代高句麗の古墳壁画に使用図が描かれている。同じく新羅や加耶の古墳出土品のなかに、一〇数例知られる。日本では、六世紀前半から七世紀初頭の古墳や、七世紀末の飛鳥寺塔心礎などから八例出土している。埼玉県の行田酒巻一四号墳出土の馬形埴輪には、寄生として表現されていて注目される。東北アジアにおける馬装の交流史を考えるうえで、重要な遺物である。なお、この異形鉄器の用途として、天蓋・旗竿の可能性も指摘される。 （西谷正）

たごし［手輿］ 腰輿とも。少人数が腰のあたりに轅を支えて運行する軽便な輿。肩に担う輦輿の下位にあった。緊急時の出行や狭い場所や難路での運行に適するが、平安時代の天皇は内裏の内郭への移動等に用いた。 （竹居明男）

たごのひ［多胡碑］ ⇨上野三碑

だざいふ［大宰府］ 律令制下、筑前国に設置された地方官庁で、西海道諸国の統括（調庸物等の検収・京進、公文の勘会、管内国司・郡司の考課等）と対外交渉を担当した。和訓はオホミコトモチノツカサ。その遺跡は福岡県太宰府市観世音寺四丁目に所在する（国指定特別史跡）。養老職員令大宰府条により官人の構成を示すと（カッコ内は定員）、主神（1）、帥（1）、大弐（1）・少弐（2）、大監（2）・少監（2）、大典（2）・少典（2）、大判事（1）・少判事（1）、大令史（1）・少令史（1）、大工（1）・少工（2）、博士（1）、陰陽師（1）、医師（2）、算師（1）、防人正（1）・佑（1）・令史（1）、主船（1）、主厨（1）、史生（20）となり（その後変更あり）、中央政府の縮小版ともいうべき規模を誇る。ためにのち「遠の朝廷」とも呼ばれた。また、筑前国を兼帯することも定められていたが、時期により兼帯の有無があった。大宰府の前身として、いわゆる那津官家や筑紫大宰が想定されているが、大宰府政庁が現在の場所に成立したのは、六六三（天智2）年の白村江の敗戦後のことで、水城や大野城などの建設と一連の事業と考えられている。政庁跡では、掘立柱建物の第Ⅰ期（七世紀後半）、礎石建物で朝堂院形式をとる第Ⅱ期（八世紀前半）・第Ⅲ期（一〇世紀中葉）の遺構が検出されており、その東には大宰府学校院跡がある（国指定史跡）。政庁の西には管内諸国の調庸物を検収した蔵司がおかれたと考えられ、政庁周辺に官衙域が広がっていた。政庁を中心として条坊制も施行されたようであるが、その規模については諸説ある。藤原広嗣の乱後、一時大宰府は廃止され鎮西府がおかれたが、七四五（天平17）年に復置された。平安時代に入り、帥や権帥、大弐が遥任化すると、在地の有力者が監・典などに任じられ府官として実務を担うようになり、権官なども含めてその数が激増した。鎌倉時代に入り鎮西奉行がおかれ、蒙古襲来後、博多に鎮西探題が設置されると、その実権は失われた。

〔参考文献〕九州歴史資料館編『大宰府政庁跡』（吉川弘文館平14）。倉住靖彦『古代の大宰府』（吉川弘文館昭60）。竹内理三・川添昭二編『大宰府・太宰府天満宮史料』（太宰府天満宮昭39〜）。太宰府市史編集委員会編『太宰府市史　考古資料編』『太宰府市史　建築美術工芸資料編』『太宰府市史　古代資料編』（福岡県太宰府市平4・10・15）。 （森哲也）

だざいふあと［大宰府跡］ 福岡県太宰府市に所在し、飛鳥・奈良・平安時代にわたって、いわゆる西海道（現在の九州全域）を統括していた古代の役所跡。大陸・半島との外交や交流の窓口となり、また西辺の軍事的な防備に重要な役割を担っていた。一九六八（昭和43）年から大宰府の中枢建物である政庁跡の発掘調査が行われ、三時期の建物の変遷が明らかとなった。太宰府市の北辺中央部の現在地に設置されたのは六六四（天智3）年頃とみられ、八世紀の初めには律令体制の整備にともなって、都の宮殿に倣った建物配置（朝堂院形式）の礎石（柱の基礎石）を使用した大陸風の建物に建て替えられている。政庁は、正殿を中心として建物が左右対称に整然と並び、その規模は東西約一二〇m、南北約二一五mである。そして、この建物は九四一（天慶4

年の*藤原純友の兵火により焼失するが、間もなく再建される。現地に残る礎石はこの時期のものである。政庁は主に朝賀等の儀式を執り行う所であった。大宰府には「学校院」「蔵司」等一九の所司がおかれていたことが記録のうえから伺われるが、日常の行政実務を行うこれらの多くの建物は政庁の周囲に設けられていたと考えられる。発掘調査では政庁前面地区をはじめとして、多数の建物遺構が見つかっている。これらは、九地区にまとまってあり、先述のいずれかの役所に比定されるのであろうが、明らかではない。九地区の一つである不丁地区官衙の溝から荷札木簡が出土し、西海道諸国から調物が大宰府に集められたことが証明された。また、大宰府には都と同じく条坊制があったとされ、東西各一二坊、南北二二条の条坊復原案が示されている。近年の発掘調査の成果から導きだされた意見として、政庁第II期の街区割りで、一辺約九〇mの方格地割りが行われている可能性が指摘されている。

[参考文献]鏡山猛『大宰府都城の研究』(風間書房昭43)。九州歴史資料館『大宰府政庁跡』(平14)。

(横田賢次郎)

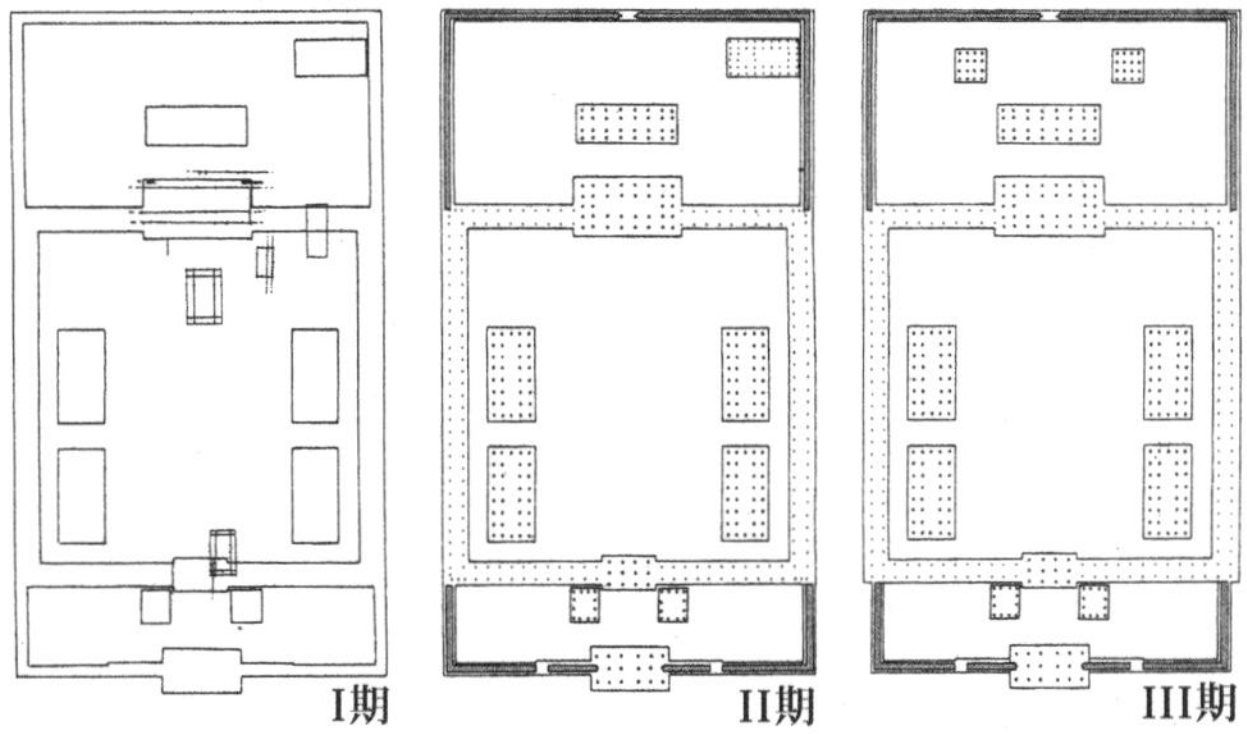

大宰府政庁建物期別変遷図

だざいふせいちょうあと[大宰府政庁跡] 福岡県太宰府市にある。奈良時代前期から平安時代にかけて西海道(九州)を統括するとともに外交、防衛の任にあたった官司の遺跡。政庁は京の朝堂院に相当する一画で、その跡は現在、「都府楼跡」ともよばれており、多数の礎石が遺存している。一九六八(昭和43)年から福岡県教育委員会によって継続的に発掘調査が行われ、三期にわたる遺構が明らかとなった。第I期の遺構は掘立柱建物によって構成されるが、全体的な建物配置については不明な点が多い。時期的には上層遺構との関係などから七世紀後半代と推定されている。第II期は礎石を使用した建物に建て替えられ、東西対称に配置した、いわゆる朝堂院形式の建物配置をとる。東西一一九m、南北二一四mの範囲に南門、中門、正殿、後殿が南北にならび回廊、築地によって連結される。南門は正面五間、奥行二間で築地がとりつく。中門は正面三間、奥行二間の八脚門。正殿は凝灰岩切り石の壇上積み基壇で、正面七間、奥行四間の四面廂建物である。この中門と正殿との間は回廊によって囲まれ、その内部に東西対称に二棟ずつ脇殿が配されている。脇殿はいずれも正面七間、奥行四間の南北棟建物で、基壇は塼積みによっている。正殿後方は築地によって囲まれる。南門、中門の基壇中央部から水晶、琥珀、小石などを埋納した須恵器短頸壺の鎮壇具が検出されており、その形態から第II期建物の造営時期は八世紀初頭頃と推定されている。第III期の遺構については南門基壇の拡張や回廊柱間の縮小など若干の違いはあるが、基本的に第II期の建物配置と大きな相違はない。造営時期については建物が焼土を整地した上に造営されていること、南門拡張基壇下で検出された瓦溜りに含まれている瓦の特徴などから九四一(天慶4)年の*藤原純友の乱後、一〇世紀中頃以降に再建されたとみられている。遺物としては多量の瓦類、土器類のほか、正殿背後で検出された土壙から木簡および削り屑が多量に出土している。

(石松好雄)

大宰府政庁跡復原模型　九州歴史博物館蔵

だざいふてんまんぐう[大宰府天満宮] 福岡県太宰府市大字太宰府に鎮座。祭神は*菅原道真。九〇三(延喜3)年に配所であった大宰府南館に没した道真を送る柩車を引く牛が止まって動かなくなった地を廟所と定める。九〇五(延喜5)年八月、門弟味酒安行が祠堂を創建。『天満宮安楽寺創日記』には安楽寺も安行の建立とする。左大臣藤原仲平は勅を奉じて大宰府に下り、九一九（同19）年にいたって造営が成ったという。九二三（延長元）年、道真は右大臣に復し正二位を追贈され、九九三（正暦4）年六月に左大臣正一位、同年閏一〇月には太政大臣を贈られた。（堀越光信）

たじひし［多治比氏］ 宣化天皇の子上殖葉皇子を祖とする皇親氏族。多治比古王の臣籍降下・多治比公賜姓にはじまり、八色の姓制定時に真人を賜る。丹比・蝮とも。持統・文武朝の左大臣嶋につづき議政官を一族で相承した。元正朝から孝謙朝に最盛期を迎える。橘奈良麻呂の乱で打撃をうけ、往時の勢いをなくすも、遣唐使など外交官的任務に多くついた。九世紀以降、丹墀に改めたが、八六六（貞観8）年に旧に復し、多治を氏名とした。他に丹比部の伴造氏族の連姓（のちに宿禰姓）や部姓の氏族がいた。丹比連氏は門号氏族として軍事的役割を担う。（大川原竜一）

たじひのあがたもり［多治比県守］ 668～737 奈良時代前期の官人。左大臣嶋の子。丹比とも。七〇五（慶雲2）年一二月従五位下。七一七（養老元）年遣唐押使として渡唐、帰朝後は按察使・持節征夷将軍・中務卿・大宰大弐などを歴任。七三一（天平3）年従三位で参議、翌年中納言および山陰道節度使に任命された。中納言正三位で没した。（廣瀬真理子）

たじひのあやこ［多治比文子］ 生没年未詳。平安時代中期の巫女。平安京の住民であったが、九四二（天慶5）年に菅原道真を北野に祀れとの託宣をうけ、私宅に祀った。のち近江比良宮神官神良種の子太郎丸の託宣をもうけ、良種と北野朝日寺最珍とで九四七（天暦元）年に初めて北野天満宮を創建した。（井上満郎）

たじひのしま［多治比嶋］ 624～701 七世紀後半の官人。宣化天皇の曾孫多治比王の子で池守・県守・広成・広足らの父。丹比、志麻・志摩とも。六八二（天武11）年四月に筑紫大宰として大鐘を貢上した。六八九（持統3）年閏八月直広壱（正四位下）。翌年正月、持統天皇即位に際して諸臣の筆頭として賀騰極を奏した。同年七月に右大臣正広参（従二位）、七〇一（大宝元）年に左大臣正二位で没した。（廣瀬真理子）

たじひのひろなり［多治比広成］ ?～739 奈良前期の公卿。嶋の第五子。下野守・越前守・按察使などを歴任、七三二（天平4）年遣唐大使に任命されて翌年入唐、吉備真備・僧玄昉らをともなって帰国した。七三七（同9）年中納言従三位。『懐風藻』に詩三首をおさめる。（瀧浪貞子）

たじひみち［丹比道］ 『日本書紀』の壬申の乱の記事中にみえる河内の古道。竹内街道の前身とされるが、堺市の金岡神社からまっすぐ東へ延び、誉田御廟山古墳の後円部にいたる直線道路とする説が有力。竹内街道の東半部は曲折するが、曲折部から延長して西北に向かう斜向道路の痕跡を本来の丹比道にあてる説もある。大和の横大路と接続する幹線道路で、六一三（推古天皇21）年に設置された難波と飛鳥京を結ぶ大道は、丹比道や横大路を含むと考えられる。（加藤謙吉）

たじまのくに［但馬国］ 山陰道に属する国。現在の兵庫県北部にあたる。大部分が中国山地によって占められるが、豊岡盆地などの盆地も点在し、日本海沿岸に狭小な平野が存在する。『古事記』には多遅摩や多遅麻と表記される。天日槍伝説などからも、この地域が古くから朝鮮半島と緊密な交流をしていたことがわかる。『延喜式』では上国とされ所管の郡は朝来・養父・出石・気多・城崎・美含・二方・七美郡の八郡。国府や国分寺・国分尼寺は現兵庫県城崎郡日高町に設置されたが、その具体的な場所としては町内の松岡・水上、市場・府中新・上郷などの推定地があげられる。七一三（和銅6）年に白雉を献上したこと、また七一六（霊亀2）年には大嘗会の須伎（主基）国になった。平安時代に渤海人が漂着したことも記録にみえ、大陸や朝鮮半島との関係が依然として続いていたことがわかる。

［参考文献］『兵庫県史』全二六巻（昭49～）。八木哲浩・石田善人『兵庫県の歴史』（山川出版社昭46）。（高橋誠一）

たじまのくにしょうぜいちょう［但馬国正税帳］ 但馬国から政府に送られた国衙財政の収支決算報告書。七三七（天平9）年度のものが「正倉院文書」として残っている。一部分が残存するだけだが、当年の国衙財政支出のほとんどを知ることができる。部内巡行国司・駅伝使・造難波宮司雇民への食料費、武具製造費、正月読経供養料などが支出内容としてみえる。（寺内浩）

たじまのひめみこ［但馬皇女］ ?～708 天武天皇の皇女。母は藤原朝臣鎌足の女の氷上娘。多治麻内親王とも。但馬皇女が高市皇子の香具山宮にいた時、異母兄の穂積皇子と恋愛関係に陥り、そのことが人々の噂にのぼった折に情熱的な歌を作った（『万葉集』巻二―一一四～一一六）。二人の恋は引き裂かれたが、穂積皇子は後々まで皇女のことを思っていたらしい。七〇八（和銅元）年六月に皇女が亡くなって後、雪の降る日に穂積皇子は吉隠（奈良県桜井市吉隠）の猪養の岡に築かれた皇女の墓を遠望し、悲傷流涕してつくった歌がよく知られている（巻二―二〇三）。藤原宮跡から出土した大宝初年頃の木簡に、多治麻内親王の宮の政人であった陽胡甥が三種の薬を請求したものがある。（和田萃）

たじまもり［田道間守］ 天日槍の裔で但馬清彦の子。三宅連の始祖。垂仁天皇九〇年、天皇の命で常世国に行き、非時香菓を求める。えて帰ってきた時には、天皇は既に崩じており、田道間守は悲歎して天皇の陵に至り、叫哭して死んだという。（大川原竜一）

だじょうかんぷ／だいじょうかんぷ［太政官符］ たんに官符ともいう。「符」は公式令符式条に規定される文書形式の一つで（「大宝令」と「養老令」で若干異なる）、所管の上級官司から被管諸司に発せられるものをいう。なかでも太政官符は、太政官から諸司・諸国に発給された下達文書で、弁官が作成にあたった。（荊木美行）

たしらかのひめみこ［手白香皇女］ 継体

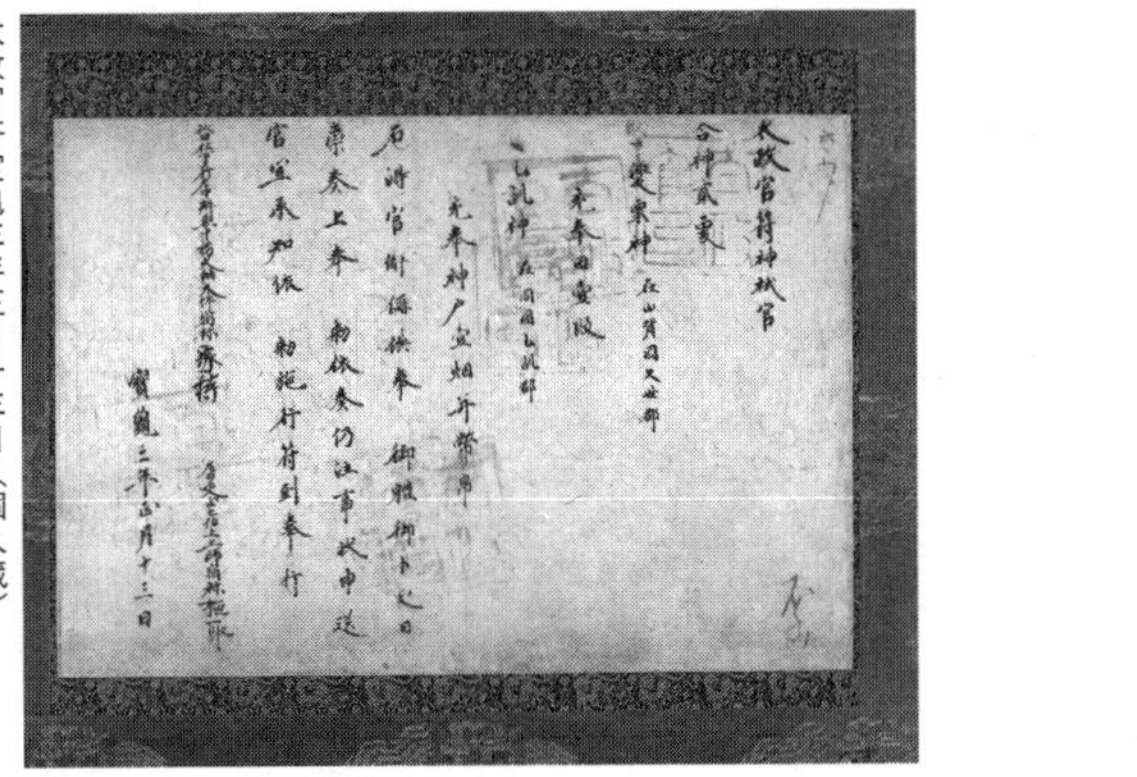

太政官符宝亀三年正月十三日（個人蔵）

天皇の皇后。仁賢天皇の皇女で、雄略天皇の孫娘にあたる。継体即位に際して、従来の大和王権の血筋を引く手白香皇女を皇后に立てたことから、継体の政治的基盤が強化されたと考えられる。手白香皇女の衾田墓は大和国山辺郡に所在したが（延喜諸陵寮式）、一八七六（明治9）年にいたり、西殿塚古墳と決定された。しかし西殿塚古墳は四世紀初頭前後に築造されたことが確実視され、年代があわない。現在では、西殿塚古墳のすぐ北西にある西山塚古墳とする説が有力視されている。（和田萃）

ただすつかさ／だんじょうだい［弾正台］ 『和名抄』の訓は「太々須豆加佐」。大宝・養老令制における官司の一つで、二官八省の行政機関からは独立していた。官人の綱紀粛正や行政諸官司の非違の摘発をつかさどった。九世紀以降はしだいに検非違使に職務を奪われ、形骸化した。（荊木美行）

ただすのもり［糺森］ 京都市左京区下鴨の神苑。賀茂川と高野川が合流する河合にあったので、河合森とも。北側にある下鴨神社（賀茂御祖神社）への参道が中央を走る。平安時代以来禊斎の場として歌に詠まれた。現在もここで行われる下鴨神社の神事の一つ矢取神事などは、平安時代の禊祓の遺風を伝えるものという。（高橋美久二）

ただのいん［多田院］ 兵庫県川西市（摂津国多田）にあった寺院。清和源氏の祖源満仲が九七〇（天禄元）年に創建。当初は天台宗寺院であったが、鎌倉時代に忍性が修造後、真言律宗西大寺末寺となった。また鎌倉時代以降、源氏の宗廟として崇敬され、警固の御家人が設置された。とくに足利尊氏以後、歴代将軍が厚く信仰した。江戸時代には徳川家綱が再興。明治時代の神仏分離以後、満仲らの廟所を中心に多田神社となり、現在にいたる。中世・近世文書を多数蔵する。（上島理恵子）

ただのしょう［多田荘］ 兵庫県川西市・宝塚市北部・三田市東部・猪名川町付近にあった荘園。近衛家領。源満仲が摂津守在任中に開発した所領に由来する、河辺郡北部域を占める広大な荘園である。治承・寿永の内乱で多田氏は当地を追われ、大内惟義に預けられたが承久没官地。以後北条得宗家が地頭職を相伝した。（山本崇）

ただのみつなか［多田満仲］ ⇩源満仲

たたみ［畳］ 敷物の一つ。平安時代の畳は薦の莚を十数枚重ねて綴じ、表に藺草の莚をつけた。帖と書く。部屋全体に敷くのではなく、部分敷で寸法も種々あり、縁は繧繝端、高麗端、紫端、緑端、黄端などがあって身分により使い分けた。（勝田至）

たたら／ふみふいご［踏鞴］ 近世の和式製鉄炉に用いられた送風装置。足で板を踏みながら風を送る天秤鞴のことをいい、踏鞴ともいう。転じて昔の製鉄炉や製錬を行う建物をさす意味でも用いられる。（関　清）

たたり［祟り］ 本来は、神がなんらかの形でこの世に現れて意思を示すことを意味する語。祟りはすべての神の本質的属性であったといえる。それが転じて、人の死霊・生霊をはじめとして、動植物、石、器物などにこもる神霊が人間や社会に災厄をもたらすことを意味するようになった。七世紀後半までの神の祟りは個人に対して現れるものであり、災異として社会全体に危害がおよぶ性格のものではなかった。祟りがおきるとその原因が究明され、神祇・仏教・陰陽道にその鎮撫が期待された。（山田雄司）

たち［大刀］ 古墳・飛鳥・奈良時代の刀は「大刀」、平安時代以降の刀は「太刀」と表記することを慣用とする。前者は基本的には反りのない直刀である。木装の実用刀と儀仗用の装飾大刀があり、後者は直弧文を施した鹿角装大刀のほか、金属製の各種把頭の形態から円頭・圭頭・頭椎・方頭・鶏冠頭・環頭の各大刀に分けられる。倭様の大刀と環頭大刀を中心とする渡来系の大刀がある。大刀形埴輪のモデルは倭様の大刀で、鈴や各種玉で把部を飾る。古くは杖をついていたが、七世紀頃から佩用金具で吊すようになった。（橋本博文）

たぢからおのかみ［手力雄神］ 『記』『紀』神話の神。天の石屋戸の段では、アマテラスが外のようすをうかがうためわずかに戸をあけたところを、その手をとって強引に引き出したという。『古事記』ではホノニニギの天孫降臨に随伴したと伝える。伊勢神宮内宮に相殿神として祭られている。（菊地照夫）

たちきりいせき［立切遺跡］ 鹿児島県熊毛郡中種子町立切に所在。旧石器時代終末期・縄文時代草創期に細石刃・さらに約三万年前の火山灰層をはさんで後期旧石器時代初めの文化層を確認した。調理用の礫群・磨り石・たたき石・貯蔵穴等の発見によって、種子島では三万一〇〇〇年前の後期旧石器時代初めに本土と異なる植物質食料をとる生活様式があったことをうかがわせる。調理場跡や焚き火・貯蔵穴等生活の痕跡を示す遺構が、一緒に検出されたのは全国で最も古い事例である。（上村俊雄）

たちはきのとねり［帯刀舎人］ 「たちわきのとねり」「たてわきのとねり」とも。奈良末期以降、武器を帯して東宮の身辺警護にあたった舎人。七七六（宝亀7）年に一〇人がおかれた後、順次増員されて三〇人におよんだ。帯刀の長は帯刀先

生とも称され、平安末期には源平の軍事貴族が多く選ばれた。（横澤大典）

たちばな［橘］ 日本古代に神聖視された植物。橘（学名表記はタチバナ）は常緑の小高木で、温帯から亜熱帯にかけて分布する。自生地は室戸岬の最御崎寺付近の山腹のほか、瀬戸内海沿岸や黒潮の洗う海岸に近い場所であり、橘のつく地名の分布ともよく対応する。垂仁朝にタヂマモリ（多遅摩毛理）が常世の国から持ち帰った「時じくの香の木の実」は橘と伝えられ（『古事記』垂仁段）、また大伴家持は橘を「常世物」と歌っている（『万葉集』巻一八―四〇六三）。橘を聖樹とする観念が、常世と結びついたのであろう。六四四（皇極3）年七月、東国の不盡河の辺に住む大生部多が広めた宗教運動は常世虫を祀るもので、常世虫は常に橘の樹やホソキ（曼椒）に生まれるとするのも（『日本書紀』）、同様の観念に基づく。ヤマトタケル伝承にみえる弟橘比売をはじめ、但馬橘大娘皇女（允恭天皇々女）・橘豊日皇子（用明天皇）など、橘を含む人名の多いことも同様である。県犬養宿禰三千代は七〇八（和銅元）年十一月二五日、元明天皇の大嘗祭に際しての御宴で、飛鳥浄御原朝廷から藤原大宮にいたるまで、日夜、君側にあって忠誠を尽くして奉仕した功績により、橘宿禰の姓を賜った。この時、元明天皇は杯に橘を浮かべて詔したが、そのなかで橘の実・枝・葉をたたえ、橘は金・銀に交わっても、より一層美しいと言っている（『続日本紀』天平八〈七三六〉年十一月丙戌条）。日本古代における橘に対する観念を的確に表わしたものと言ってよい。（和田萃）

たちばなし［橘氏］ 栗隈王（敏達天皇の孫とも曾孫とも）の孫葛城王と佐為王の兄弟を祖とする氏族。七三六（天平8）年葛城王（賜姓後諸兄と改名）らが、臣籍に下り母三千代（七三三年没）が賜った氏名を後世に伝えたいと請願して与えられたのに始まる。三千代は七〇八（和銅元）年元明天皇の即位大嘗祭で橘の花を浮かべた杯を賜り、それにちなんで橘宿禰を賜姓されていた。七五〇（天平勝宝2）年朝臣に改姓。諸兄は藤原不比等の四子急逝後政界の首班となったが、諸兄の没後子の奈良麻呂が藤原仲麻呂打倒のクーデターを企てて失敗、橘氏の勢力は一気に後退した。隆盛を取り戻したのは平安初期、嘉智子（奈良麻呂の孫）が嵯峨天皇の皇后となり皇子が仁明天皇として即位したことによる。一族の教育機関として学館院を創設したのも嘉智子である。しかし八四二（承和9）年逸勢（奈良麻呂の孫）がいわゆる承和の変で流罪となり、ついで八八七（仁和3）年広相が阿衡事件で失脚して以後急速に衰退した。いわゆる四大氏族（源平藤橘）の一つに数えられるが、摂関時代には殆ど勢力を失い是定（氏爵の推挙権）は藤原氏が代行した。氏寺は井手寺（京都府綴喜郡井手町）、氏神は梅宮神社（京都市右京区）。（瀧浪貞子）

たちばなでら［橘寺］ 飛鳥時代に創建された寺。橘尼寺・菩提寺・橘樹寺とも。現在も奈良県高市郡明日香村橘に所在し、県道を挟んで北側には川原寺跡がある。正式には、仏頭山上宮王院菩提寺という。『上宮聖徳法王帝説』に「橘寺」、七四七（天平19）年の「法隆寺伽藍縁起幷流記資財帳」には「橘尼寺」とみえ、聖徳太子建立七ヶ寺の一つとされる。六八〇（天武9）年四月に、橘寺の尼坊の失火により十房が焼けたとみえる（『日本書紀』）。『万葉集』にみえる歌（巻一六―三八二二）からも、橘寺は尼寺であったことがうかがわれ、僧寺である川原寺と対になる寺であった。創建の時期や由来は未詳であるが、川原寺にやや遅れて創建されたらしい。一九五三（昭和28）年から一九五七（同32）年にかけて行われた発掘調査により、東面する四天王寺式の伽藍配置で、北門は県道を挟んで川原寺の南大門と向かい合っていたことが判明。塔の心礎は中央に円形を彫り込み、さらにその三方に、添え木をうけるための半円形の彫り込みがある珍しいもので、河内の西琳寺や野中寺の心礎と類似する。出土する瓦は、川原寺式の複弁八弁蓮華文軒丸瓦・重弧文軒平瓦など、七世紀後半のものが多いが、七世紀前半の素弁蓮華文軒丸瓦も出土する。一九九四（平成6）年四月、塔跡の南約一三〇mの所で、七世紀前半の巨岩で護岸した水路かと思われる遺構が検出され、また同年夏にも、橘寺の太子殿東側から、同時期の掘立柱列も検出された。以上の発掘調査成果を踏まえると、七世紀前半に小規模な仏堂の存在した可能性もあるが、むしろ居館があって、七世紀後半になり、橘尼寺が創建されたと考えられる。したがって聖徳太子建立七ヶ寺の一つとされるようになったのは、奈良時代になってからのことと推測される。平安時代になると、聖徳太子の誕生地を橘寺とする説が生じた。聖徳太子の父、橘豊日天皇（用明天皇）の宮の所在地を、橘寺の地とする説にもとづく。しかし『古事記』や『日本書紀』では、用明天皇の宮を磐余池辺雙槻宮と伝えており、成立しがたい。（和田萃）

たちばなのうじきみ［橘氏公］ 783～847 清友の子。母は粟田小松泉子。嵯峨天皇皇后嘉智子の弟として昇進。蔵人頭、右近衛中将等を歴任し、八三三（天長10）年参議となり、右大臣従二位にいたる。死後正一位を追贈。山荘の所在地に因み井手右大臣と号した。（関口力）

たちばなのおおいらつめ［橘大郎女］ ①允恭天皇の皇女。母は忍坂大中姫。安康、雄略天皇の同母妹。但馬橘大郎女ともいう。②位奈部橘王のこと。敏達天皇の孫。尾張王の子。聖徳太子の妃で、その死後「天寿国曼荼羅繡帳」を作成させたという。（中川久仁子）

たちばなのかちこ［橘嘉智子］ 786～850 清友の女。母は田口氏。神野親王（嵯峨天皇）に東宮妃として入侍。即位後夫人となり、仁明天皇を生む。八一五（弘仁6）年皇后、八二三（同14）年皇太后、八三三（天長10）年太皇太后となり、祖父奈良麻呂の乱により凋落した橘氏の勢力を回復させた。弟氏公と協力し、一族の教育機関として学館院を設立。また仏法に帰依し、嵯峨に檀林寺を建立。檀林皇后と称された。崩御に際し薄葬を命じたため山陵は築かれなかったが、のち嵯峨陵が営まれた。（関口力）

たちばなのきよとも［橘清友］ 758～89 奈良時代末の下級官人。奈良麻呂の子。嵯峨皇后嘉智子の父。最終官歴は内舎人正五位下。仁明天皇の外祖父にあたることから、太政大臣正一位が追贈。橘氏ゆ

かりの山城国相楽郡井手（京都府綴喜郡井手町）の地に葬られた。　（関口力）

たちばなのならまろ［橘奈良麻呂］　721～57　奈良時代前期の官人。父は橘諸兄で母は藤原不比等の女多比能。七三六（天平8）年、父とともに橘宿禰姓を賜い橘奈良麻呂と改称したが、それ以前の名は不詳。七四〇（同12）年従五位下。摂津大夫・民部大輔・侍従などを経て七四九（天平勝宝元）年に参議となり、兵部卿・右大弁などを歴任する。七五七（天平宝字元）年、廃太子された道祖王や大伴・佐伯・多治比氏らとともにかねてより反発していた藤原仲麻呂の殺害や皇位奪取などを計画したが、事前に発覚し未遂に終わった。奈良麻呂は捕らえられ、獄死した。時に三七歳。のち八四三（承和10）年従一位を、八四七（同14）年には太政大臣正一位を贈られている。　（廣瀬真理子）

たちばなのならまろのへん［橘奈良麻呂の変］　⇩橘奈良麻呂たちばなのならまろ

たちばなのはやなり［橘逸勢］　?～842　入居の子。承和の変による配流の途中、遠江国で卒去。能書家で、嵯峨天皇、空海とともに三筆と称される。後世橘以政により『橘逸勢伝』が著された。平安京左京三条に邸宅蛟松殿があり、当地には逸勢社が建てられた。　（関口力）

たちばなのひろみ［橘広相］　837～90　平安前期の学者。峰範の二男で母は藤原末永の娘。はじめ博覧と称したが八六八（貞観10）年釈迦十大弟子のひとり舎利弗の別称（博覧比丘）を避けて広相と改称。文章博士・東宮学士・蔵人頭などを歴任し八八四（元慶8）年参議。道真の父菅原是善に師事して字を朝綾といったが、娘義子が宇多天皇の女御となった関係で宇多から格別の恩寵をうけた。八八七（仁和3）年におきた阿衡事件は広相の作成した勅書の文言が原因で、事件の落着後一年余りで没した。『橘氏文集』『蔵人式』などの著作があるが現存しない。神護寺鐘銘の序文も広相の選。　（瀧浪貞子）

たちばなのみちよ［橘三千代］　?～733　八世紀初めの宮人。県犬養宿禰東人の女。はじめ美努王に嫁し葛城王（橘諸兄）、佐為王（橘佐為）、牟漏女王（藤原房前の妻で永手・真楯の母）を生んだ。七〇八（和銅元）年一一月、元明天皇即位の大嘗祭の宴で天武朝以来の歴代への忠誠を嘉し、杯に浮かぶ橘とともに橘宿禰を賜姓された。七一七（養老元）年正月、従四位上から従三位、七二一（同5）年正月にはさらに正三位に進んだが、同年五月、元明太上天皇の重病を機に出家入道した。その後も食封・資人は収公されず、七三三（天平5）年正月、内命婦正三位で没し、散一位に準じる葬儀ののち、従一位を追贈された。このときにも食封・資人は収公されていない。七六〇（天平宝字4）年八月、不比等が淡海公に封じられた際に正一位と大夫人の称号を贈られている。法隆寺所蔵の橘夫人厨子（国宝）は、その墨書銘などから彼女の念持仏と伝えられる。　（中川久仁子）

たちばなのもろえ［橘諸兄］　684～757　奈良時代前期の公卿。美努王と県犬養橘三千代の子で、光明子の異父兄にあたる。藤原不比等の女多比能を妻とし奈良麻呂をもうけた。初め葛城（木）王と称する。七一〇（和銅3）年无位から従五位下に叙され、翌年馬寮監、七二九（天平元）年左大弁に任じられる。七三一（同3）年には諸司の推挙により参議となり、翌年従三位に昇叙した。七三六（同8）年一一月、母三千代が賜わった橘宿禰姓を継ぐことが許され名を諸兄と改める。翌年不比等の四子が相次いで病没すると大納言、その後七三八（同10）年に正三位右大臣となり、政治の実権を握った。僧玄昉や吉備真備を重用したが、それに反発し藤原広嗣の乱が七四〇（同12）年におこり、恭仁京遷都にもつとめたが、台頭してきた藤原仲麻呂にしだいにおさえられた。七四三（同15）年に従一位左大臣、七四九（天平勝宝元）年正一位に昇叙、翌年朝臣姓を賜わるが、七五六（同8）年七三歳で致仕し、翌年正月六日七四歳で没した。『万葉集』に短歌八首を残す。山城国相楽郡井手（綴喜郡井手町）の別業にちなみ井手左大臣とも称された。

〔**参考文献**〕横田健一『白鳳天平の世界』（創元社昭48）。川崎庸之『川崎庸之歴史著作選集1』（東京大学出版会昭57）。　（廣瀬真理子）

たちばなのよしふる［橘好古］　893～972　平安中期の官人。右京大夫公材の第一子で母は橘貞樹の娘。大学頭、左中弁、右大弁などをへて九五八（天徳2）年参議に任じられた。九七〇（天禄元）年大宰権帥を兼任、二年後任所で没。この間大納言に昇任。有能な官人で「才幹名誉の者」と称された。従三位。　（瀧浪貞子）

たちばなぶにんねんじぶつ［橘夫人念持仏］　法隆寺に伝来する金銅製の阿弥陀三尊像。天蓋を頂く厨子中に安置される。七〇〇（文武4）年前後の作。国宝。呼び名は光明皇后の母橘三千代の念持仏とする伝承による。蓮池の水面をあらわした台盤から三本の蓮華が立ち上がり、その上に三尊が乗る。背後の後屏には天衣を上方になびかせた菩薩等が浮き彫りされ、中尊の円形の光背には細緻な透かし彫りが施される。三尊の像容はやや古様の要素と、初唐様の自然さ、柔らかさを併せ持つとされる。　（山元章代）

たちばなぶにんのずし［橘夫人厨子］　法隆寺に伝来する八世紀初め頃の厨子。国宝。高さ二六八・九cm。天蓋を乗せた仏龕と須弥座、台脚からなる。呼び名はこれを光明皇后の母橘三千代の念持仏の厨子とする伝承による。須弥座の四面には白土地に蓮華化生などの彩色画が描かれる。龕身部四面の扉は一枚が失われるが、漆地に如来・菩薩・金剛力士・四天王の線描画が施される。天蓋部は法隆寺金堂の箱型天蓋と同様の構造をもち、やはり同様の彩色文様で飾られている。　（山元章代）

たちゅうさいもんきょう［多鈕細文鏡］　弥生時代前期末にわが国へ初めて登場した銅鏡。多鈕粗文鏡から発展して朝鮮半島で生まれた鏡であり、姿見の道具ではなく、シャーマンの呪具であったといわれている。縁の断面形が蒲鉾形で、中心から縁寄りのところに複数の鈕があり、細線で表出した同心円や三角文を鏡背文にもつ凹面鏡である。北部九州（七面）を中心に近畿（二面）と中部地方（一面）

にみられるが、北部九州では主に墳墓から、近畿では埋納遺構から出土する等その扱いに地域差がみられる。（藤丸詔八郎）

多鈕細文鏡（小郡市若山遺跡出土）
径 16.0 cm　文化庁蔵

たづかい／でんりょう［田令］　屯倉の田地の耕作のためにおかれた田部を監督・管理する者。『日本書紀』欽明天皇十七年条には「陀豆歌毗」。同条には、蘇我稲目らを備前の児島郡に派遣して屯倉を設置し、葛城山田直瑞子を田令としたとあり、同三十年条にも白猪屯倉の田部の丁籍を定めた功績によって、王辰爾の甥の胆津に白猪史の姓を賜い、田令に任じたとみえる。また、七〇一（大宝元）年に廃止された田領は、大化前代の田令の系譜をひく可能性が考えられる。（荊木美行）

たつたたいしゃ［龍田大社］　奈良県三郷町立野に鎮座。天御柱命・国御柱命を祀る。摂社に龍田比古龍田比売神社がある。「延喜式」の「龍田風神祭祀詞」には崇神朝に凶作がつづき、天皇の夢に龍田の神が現れて創祀したという。『日本書紀』天武四（六七五）年四月条には、勅使を派遣して風神を龍田の立野に祀ることを記す。「大宝令」・「養老令」の神祇令には孟の夏の龍田風神祭と廣瀬大忌祭を記載する。「延喜式」の四時祭上・太政官式・式部式にもみえる名神大社。八五〇（嘉祥3）年従五位上、八五九（貞観元）年に従三位。七三〇（天平2）年の「大倭国正税帳」に「神戸稲四三〇束八把」、『新抄格勅符抄』に「龍田神三戸」とある。風・水に関する信仰は現在にもつづいている。（上田正昭）

たつたふうじんさい［龍田風神祭］　龍田大社の祭。四月・七月に行われる風神の祭。龍田祭とも。「延喜式」に龍田風神祭の祝詞がある。崇神朝に凶作がつづき、天皇の夢に天御柱命・国御柱命が現れて、龍田の立野に創祀し、幣帛を奉り「天下公民」のつくる稲を「悪しき風・荒き水」にあわないように祈願することを述べる。『日本書紀』天武四（六七五）年四月条に勅使を派遣して風神を龍田の立野に祀ると記す。（上田正昭）

たつのいち［辰市］　平城京東市の後身と考えられる古代から中世に栄えた市。平城京の八条二～三坊に比定される。『枕草子』に大和の椿市・飛鳥市とともに「市は辰の市」と記されるほど繁栄した。（高橋誠一）

たてあなしきせきしつ［竪穴式石室］　古墳時代の埋葬施設の一種。横穴式石室とは対比的に使用される。墳頂部に広大な壙を掘り、床に粘土や礫石を敷いて長大な割竹形木棺をおき、扁平な石材で四壁を構築し、数枚の蓋石を横架した後、その上を粘土で被覆し、壙を埋めて仕上げている。その間、数度にわたり、埋葬にかかる各種儀礼と密接に関連したと思われる赤色塗彩を行っている。基本的には、追葬に適さない。出現期の古墳では、ほぼこのように共通する構造をしているが、中期になると、長さが減じるいっぽう、幅が拡がるものとなる。前期から中期の竪穴式石室の多くは棺と側壁の間がきわめて狭く、石室というよりも、石槨の名がふさわしい。中期・後期にはおそらくは朝鮮半島南部の墓制の影響下、石室の構築後に埋葬したと思われるような事例もあり、石室とよぶべきであろう。しかし、いつ棺が安置されたか、判断に苦慮するものも多く、多くは石室の名称が踏襲されているのが現状である。（福尾正彦）

たてあなじゅうきょ［竪穴住居］　全世界中にかつて建設された住まいの形態上での普遍的な一形式。住生活の床面を地上より掘りくぼめて造成するために、発掘調査によってかつての生活面までも調査できることから、考古学においては歴史のさまざまな復元にとって、貴重な建物の遺構と考えられている。日本においても、旧石器時代から江戸時代まで、分布域も南は沖縄県から北は北海道まで広く、その歴史的な存在は確認されているが、今日では建設されていない。竪穴の平面形や柱穴や囲炉裏や竈などの在り方は、日本各地においていろいろな歴史的展開をしていることがしだいに分ってきた。竪穴上の屋根覆いの推定復元研究は近年の埋没家屋の検出などにより、従来の想像復元よりもより根拠をもつようになった。竪穴床面の丁寧な作成過程についての近年の指摘は、日本住宅史研究上重要である。なお、竪穴住居をして、高床住居に対しての階級対立のみでの国内での捉え方については、依然異議が残る問題であろう。（山本輝雄）

たていわいせき［立岩遺跡］　福岡県飯塚市にある弥生時代前期後半から後期の遺跡群の総称。丘陵上と周辺の低地に立地し、その範囲は南北一km、東西六〇〇mにおよぶ。一九三三（昭和8）年に発見され甕棺墓と石庖丁製作地として著名となる。一九六三（同38）・六五（同40）年に調査された堀田遺跡からは前漢鏡、鉄器、貝の腕輪などが大量に発見される。北部九州の有力遺跡であり、一帯を『魏志』倭人伝に記された「不弥国」とする学説もある。石庖丁などの石器は前期末から製作が始まり、中期前半に隆盛を迎え、その交易活動で栄えた。焼ノ正遺跡から中細銅戈鋳型、下方遺跡から銅剣鋳型が発見されており青銅器が製作されている。立岩小学校裏遺跡の近くでは鉄加工遺構も検出されている。墓地は堀田、夫婦石、竜王寺など一二ヵ所で発見されている。中期中葉から成人用大型甕棺墓が出現し中期後半に絶頂期を迎える。堀田遺跡の一〇号甕棺墓には前漢鏡六面、中細銅矛・鉄剣・砥石などが副葬されており首長墓と考えられる。

〔参考文献〕福岡県飯塚市立岩遺蹟調査委員会編『立岩遺蹟』（河出書房新社昭52）。（嶋田光一）

たてがたはにわ［盾形埴輪］　⇩埴輪

たてつきいせき［楯築遺跡］　⇩楯築弥生墳丘墓

たてつきふんきゅうぼ［楯築墳丘墓］ ⇩楯築弥生墳丘墓

たてつきやよいふんきゅうぼ［楯築弥生墳丘墓］ 岡山県倉敷市矢部地内の片岡山とよばれる丘陵上に築かれた、弥生時代で最大の墳丘墓。発掘調査は、一九七六（昭51）年、七八（同53）年、七九（同54）年にわたり岡山大学考古学教室（代表近藤義郎）によって行われた。その結果、中央の円丘部は径約四〇m、高さ約五mで、北東と南西に突出部が取り付く双方中円形を呈し、墳長約八〇mの規模と判明。南西突出部の先端は、墓域を画するように丘尾切断のあとをとどめ、墳端基部に割石を貼り付け整えたことが明らかになったものの、北東突出部の大部分は団地の造成工事によって削平され不明。円丘部は自然地形を活かした上に盛り土で整形され、墳頂面は広く、その周囲に花崗岩質の巨石がいくつも立つ。斜面には石列が二列めぐりその間を円礫で埋める。円丘のほぼ中央直下に設けられた中心の埋葬施設は、大きな墓壙内におさめられた木槨木棺で、棺底には一面に厚く朱が敷かれていた。副葬品としては、翡翠の勾玉一、瑪瑙の棗玉一、碧玉の管玉二七と、鉄剣一や多数の細小管玉やガラス丸玉小玉などがあり、また棺のうえから落下したと思われる碧玉の管玉一八も検出されている。さらに墓壙内では人頭大の石を組んだ厳重な排水施設が確認されたばかりでなく、封土中からも破砕された弧帯石、人形土器、土製勾玉、土製管玉のほか、おびただしい量の土器片が見出されている。このほか、墳頂東部で木棺一基が発見されており、なお若干の副次埋葬の存在が予測される。墳丘の各所において、弥生時代後期の前葉または中葉に属する特殊器台形土器と特殊壺形土器に加え高杯形や壺形土器の破片多数が発見されており、盛大な首長霊継承の儀式が行われたことを歴然と示している。なお、この遺跡と不可分の関係にあって表面に組紐文の刻まれた弧帯石は、国の重要文化財に指定されて現地に保管されている。

〔参考文献〕近藤義郎編『楯築弥生墳丘墓の研究』（楯築刊行会平4）。 （葛原克人）

たてはぎしき［竪矧式］ 古墳時代の甲冑の地板の一種。おもに鉄製品に限定される。短甲使用例は革綴式のみ、冑では衝角付冑、眉庇付冑両者に認められ、いずれも鋲留式である。冑の場合、矧板の幅により竪矧細板、竪矧広板と二分する。竪矧板使用例は初現期の短甲として位置づけられ、山梨県大丸山古墳などで出土しているが、個体差が大きい。眉庇付冑の場合もその出現期にみられる。衝角付冑は細板式が鋲留式の導入期に認められるのに対し、広板式は後期古墳から出土し、後世の厳星兜への系譜をたどることができる。 （福尾正彦）

たてふしまい［楯節舞］ 楯をもって舞う芸能。『日本書紀』持統天皇二（六八八）年十一月条に、天武天皇の殯宮で、楯節舞を奏した記事がみえ、『続日本紀』の天平勝宝四（七五二）年四月条の東大寺大仏開眼供養会の記載に、楯伏舞を演じたことを述べる。『東大寺要録』にはそのおりの楯伏舞を、檜前忌寸二〇人、土師宿禰二〇人が奉仕したことを記す。本来はいくさ舞で、楯伏とは楯を伏せる服属芸能であったとみなす説がある。 （上田正昭）

たと［田堵］ 平安前期から後期にかけて、農業経営の専門家をさした呼称。田刀とも。田とその垣根をさすとも、また田刀禰の略ともいわれる。荘田の請作者としてしばしば登場するが、本拠は公領にあり、自分の名で田地の耕作と納税の責任を負ったことから、負名ともよばれた。請作の規模によって、大名・小名に分けられるが、いずれも在地における有力者であった。名編成が進むにつれ、しだいに名主の呼称にとってかわられた。 （勝山清次）

たどころ［田荘］ 令前において、豪族・寺院などが領有した農業経営の拠点。田地とそれに付属する屋・倉などからなり、部民・奴婢などが耕作にあたったとみられる。六四六（大化2）年の改新の詔第一条によると、子代の民・屯倉、部曲の民とともに廃止し、代わりに食封・布帛を支給するとみえるが、その後も田荘の記載は認められ、所領そのものは存続していたらしい。ともに廃止された屯倉の経営形態との類似も指摘されるが、史料に乏しくその解明は今後の課題である。 （山本崇）

たどじんぐうじ［多度神宮寺］ 伊勢国の多度神社の神宮寺。寺号は法雲寺。七八八（延暦7）年成立とされる『多度神宮寺縁起幷資財帳』によれば、七六一（天平宝字5）年に多度神が神身を離れ仏法に帰依したいという託宣があり、満願が小堂を建立したことに始まる。八三九（承和6）年に天台別院となるが翌年には停止され、八四九（嘉祥2）年に真言別院となる。一〇七五（承保2）年以降、延暦寺との間に所属をめぐる論争が起き、一一〇七（嘉承2）年、東寺末寺であることが確認された。延喜玄蕃寮式では、度牒は国分寺に準じて扱われていた。 （嶋本尚志）

たなすえのてひと［手末才伎］ 手末（手端）は手の先、才伎（手人）は職人・技術者の意で、手末才伎とは渡来系の手工業技術者をさす。『日本書紀』によれば、雄略朝に百済王が今来才伎を献上しており、今来才伎のことを手末才伎とも記している。 （加藤謙吉）

たなばた［七夕］ 五節句の一つ。天の川両岸にある牽牛星と織女星が年に一度であうという七月七日の夜の星まつりの年中行事。牽牛星や織女星については、『史記』の「天官書」をはじめとして中国の天文書にかなり早くからみえるが、後漢の末頃には七月七日に牽牛と織女がであうという伝承が具体化している。漢代には道教の最高の仙女とされる西王母が織女神、最高の男仙とされる東王父が牽牛神になり、織女（西王母）が牽牛（東王父）を訪れるという七夕信仰をはぐくんでいった。西晋の張華の『博物志』にも七夕伝承が記載されている。五世紀の初めの頃に、朝鮮半島に七夕伝承が伝わっていたことは、朝鮮民主主義人民共和国の南浦市徳興里壁画古墳に天の川と牽牛・織女の像が描かれているのにも明らかである。わが国土においていつ頃、七夕の行事が具体化するか。少なくとも天武・持統朝には七夕の行事が行われており、奈良時代には宮廷を中心に七夕の歌宴はさかんとなる。そして七月七日には相撲が行われていた。八二〇（弘仁11）年七月七日の神泉苑相撲節会まで続く。八二六（天長3）年には相撲節会は七月一六日と改められたが、必ずしも固定せず、八八四（元慶8）年には七月二五日を相撲節会とした。七月七日の相撲節会は七一九（養老3）年から七二八（神亀5）年の間の頃から始まるとする説が有力である。

【参考文献】上田正昭「七夕の伝流」（日本風俗史学会編『日本の風と俗』所収（つくばね舎平12）。 （上田正昭）

たなばたしんこう［七夕信仰］ 中国、旧暦の七月七日夜、牽牛・織女の二星をまつる年中行事。最古の文献記録として後漢期の豪族の年中行事を記した崔寔『四民月令』に、この日に書物の虫干しをするとともに、酒果を供えて牽牛・織女二星に願い事をするとみえ、農作物の稔りを占ったり祈願する農耕儀礼に起源をもつ宗教的な信仰観念が根底にあったことを窺わせる。牽牛と織女はもと夫婦であったが、天帝の怒りにふれて年に一度、七夕の日にだけ会えるという話も後漢ころより形成され始め、五世紀頃にはこの日に鵲が翼を天漢に連ねて架けた橋を織女が渡って牽牛を訪れるという物語に成長したようである。牽牛と織女の結婚という神話の構造は、古くは両性具有の西王母が様々な一対の男神と女神に分裂したものの一組の神々との説が有力である。本来は農耕儀礼に発する共同体的信仰観念であったものが、後漢以降の共同体社会の解体をへて南北朝期になると、古い信仰的要素はなくなり、初秋の年中行事の一つとなり（旧暦では七月が初秋）、牽牛と織女という二神の年に一度の陰陽交会の神話も人間化された男女の悲恋の物語へと変貌する。六世紀の梁代に成った長江中流域地方の年中行事を記した『荊楚歳時記』では、牽牛と織女が会合する七月七日の夜に、女性たちは種々の色糸を七本の針に通し、庭先に季節の果物をお供えして、針仕事の上達を祈願すると記している。女性の主要な家事労働の一つである衣服の繕いなど針仕事が上手になれるようにという願望を込めて、女性達の祭として乞巧奠と称せられて後世にまで受け継がれることになる。日本では男女を問わず願い事を短冊に書いて竹竿につるすのは、その名残である。

【参考文献】小南一郎『中国の神話と物語り』（岩波書店昭59）。 （愛宕元）

たなべし［田辺氏］ 河内国安宿郡田辺（現大阪府柏原市）を本拠とした渡来氏族。文筆・記録の任にあたったフヒト（史部）の一員で、姓は史。七五〇（天平勝宝2）年に田辺史難波らが上毛野君に改氏姓。八一〇（弘仁元）年には朝臣姓を賜わる。皇別の上毛野史と同祖で、豊城入彦命の裔と称したが、本来は思須美や和徳、知惣らを祖とする百済系の氏。史部としての伝統を継承し、八・九世紀代にも百枝・首名・大川・穎人らの文人・学者や外交官を輩出した。 （加藤謙吉）

たなべのおおすみ［田辺大隅］ 生没年不詳。七世紀後半の人。『尊卑分脈』によれば、藤原不比等（史）は、幼い頃、山科（山背国宇治郡山科郷、現京都市山科区）の彼の家で養育され、田辺氏の史の姓にちなんで史と名付けられたという。大隅の名は他にみえないが、壬申の乱の近江軍の別将に田辺小隅がおり（『日本書紀』）、同一人かまたは近親者の可能性がある。山科には中臣鎌足の家（山階陶原家）があり、地縁的な関係により大隅は鎌足と結びつき、その側近となったのであろう。 （加藤謙吉）

たなべのはくそん［田辺伯孫］ 河内国飛鳥戸郡（大阪府柏原市）の人。『日本書紀』によると、雄略朝に誉田陵（応神陵か）のしたで貴人と馬を交換し、翌朝その馬が埴輪の馬に変わっていたという。田辺史の祖で、『新撰姓氏録』には陵辺君百尊とする。 （加藤謙吉）

たにかわことすが［谷川士清］ 1709〜76 江戸時代中期の国学者。名は昇、公介、号は淡斎、卯斎など。現在の三重県津市において代々医業を営む家に生まれ、若くして京に出て、医学のほか垂加神道、和歌を学び、一七三五（享保20）年に帰郷。以後、医業に携わりながら、家塾を開き学問と著作に従事した。その著『日本書紀通証』は、垂加神道の影響がうかがわれるものの、語句の出典論に特色が見られる。晩年に著した『和訓栞』は浩瀚な五十音順国語辞典である。 （早川万年）

たにもりよしおみ［谷森善臣］ 1817〜1911 江戸時代末期から明治時代の国学者。京都の人。伴信友に国学や和歌などを学び、菫壺、靖斎と号した。幕末期には山陵の調査と修築にあたり、明治時代には修史事業を推進した。主な著書に『諸陵徴』『山陵考』『帝室略譜』などがある。収集・校訂した史籍は『国史大系』の底本に用いられたものが多い。 （増尾伸一郎）

たねがしま［種子島］ 鹿児島県の大隅半島最南端の佐多岬から南東約四〇㎞の海上に位置する島である。面積は四四五・〇九㎢、平坦で細長く伸びる地形は隣の屋久島と対照的である。一九九二（平成4）年の横峯C遺跡の調査において、礫石器群など後期旧石器時代の遺物や遺構が種子島ではじめてまとまった形で検出され、種子島においても非常に早い時期から生活が営まれていたことが明らかになった。また、横峯D遺跡では縄文草創期の土器が発見されており、それ以降も前期の曾畑式や中期の阿高式、後期の市来式土器など九州本土からもたらされ、影響をうけた遺物が多く出土し、広域の交流に支えられた独自の文化体系が形成されていたことがうかがえる。また、弥生時代から古墳時代にかけては、遺体の埋葬後に自然礫を配石する覆石墓群が検出された鳥ノ峯遺跡と、多数の埋葬跡と貝製品が発掘された広田遺跡が著名である。貝製品の副葬のような特徴ある埋葬習俗や人骨の形質の系譜など、熊毛諸島の文化と各地との交流を考えるうえで、きわめて重要な資料を提供している。

【参考文献】南種子町郷土誌編纂委員会『南種子町郷土誌』（昭62）。 （鐘ヶ江賢二）

たねがしまひろたいせき［種子島広田遺跡］ ⇨広田遺跡ひろたいせき

たねしま［多禰嶋］ 鹿児島県西之表市と熊毛郡の島。大隅半島の南四〇㎞、薩南諸島北部主島の種子島。多褹島とも書く。『日本書紀』天武天皇六（六七七）年二月、同八年十一月、同十年八月・九月、同十一年十一月、同十二年三月、持統天皇九（六九五）年三月の各条をはじめとして

『続日本紀』などにもみえる。大宝年間、国に準じて熊毛・熊満の二郡をおき、八二四（天長元）年には熊満郡を熊毛郡に合わせて一郡一島とした。天文年間（一五三二―五五年）にポルトガル人によってこの島に鉄砲が伝来したので、その種の鉄砲を種子島銃という。（上田正昭）

たのいせき【田能遺跡】 兵庫県尼崎市田能六丁目一帯に所在する弥生時代前期から古墳時代初頭にかけての集落跡。猪名川左岸に接し、東西一一〇m、南北一二〇m以上に広がる。住居、溝、土坑、多数の小穴のほか、壺・甕棺墓、土坑墓、木蓋土坑墓、木棺墓等一七基などの遺構が発見された。第一六号木棺墓では六三二個以上の碧玉製管玉を胸部に、第一七号木棺墓では白銅製釧を左腕に着装した状態の人骨を検出した。銅剣鋳型が中期前半の土器と共伴している。国指定史跡。（福井英治）

たのちょう・こべつのちょう【田之調・戸別之調】 ともに『日本書紀』大化二（六四六）年正月といわゆる大化改新の詔文中にみえるもの。田之調は田の面積に比例して課税する調、戸別之調は戸口（個人）でなく戸単位で課税する調。いずれも律令制度下での課税基準と異なる。戸別之調は中国で古くにはみられるが、日本律令が継受の対象とした隋・唐時代には衰退していた。（井上満郎）

たふさぎ【犢鼻褌】 褌の古名。神代紀下には火酢芹命（山幸）が犢鼻をつけ、赭を顔と手に塗って溺れる真似をしたとみえ、水泳時や相撲に着用した。絵巻によれば形状はいわゆる六尺褌と同様。（勝田至）

たべ【田部】 大化前代の職業部の一つで、屯倉の田地の耕作者。『日本書紀』安閑天皇元年条は、大河内味張が贖罪のために钁丁を献上したのが三嶋竹村屯倉のはじまりで、河内県の部曲を田部とすることの起源であるとのべる。同じく欽明天皇十七年条には、韓人の大身狭屯倉・高麗人の小身狭屯倉を設置した際に、各地にいる韓人や高麗人を田部としたとある。このことから、田部は豪族私有の農民や渡来人をあてたことが知られる。また、同三十年条には、吉備の白猪屯倉で田部の丁籍を確定したこともみえ、六世紀後半には戸籍によって田部を管理していたことがうかがえる。（荊木美行）

たま【魂】 ⇩和魂・荒魂

たまたきのしょう【玉滝荘】 三重県阿山郡阿山町付近にあった荘園。東大寺領。九五八（天徳2）年橘元実が先祖相伝の山野と墓地を施入した玉滝杣に由来する。東大寺はこの杣の拡大一円化を図り、一二〇一（健仁元）年にいたり四至内の一円支配に成功した。（山本崇）

たまたきのそま【玉滝杣】 ⇩玉滝荘

たまつくりべ【玉造部】 「玉作部」とも書く。大化前代の職業部の一つ。各地に分布し、勾玉・管玉・丸玉など玉類の製造をつかさどった。地方では玉造氏が玉造部をひきい、中央では伴造氏族の玉造連氏が管掌した。「延喜式」臨時祭式には、出雲国意宇郡の神戸玉作氏が毎年一〇月に玉を貢上したことがみえる。（荊木美行）

たまつしま【玉津島】 『万葉集』や『古今和歌集』などにみられる地名で、歌枕としても使用された。現和歌山市和歌浦中三丁目にあった島で、現在は陸続きとなっている。玉津島神社があり、名勝和歌浦に近いことから熊野詣の途中に立ち寄る人が多かった。七二四（神亀元）年には聖武天皇行幸の玉津島頓宮の地でもあった。（高橋誠一）

たまむしのずし【玉虫厨子】 法隆寺に伝来する七世紀頃の厨子。国宝。高さ二三三cm。宮殿部と須弥座、その下の台脚からなる。呼び名は宮殿部の透彫金具の下に敷かれた、玉虫の翅に由来する。須弥座には右側面に「捨身飼虎図」、左側面に「施身聞偈図」、正面に供養図、背面に須弥山の図が、宮殿部には前面扉に天王、左右側面の扉に菩薩、背面に霊鷲山の図が、漆地に漆絵・油絵の技法を用いて描かれている。須弥壇上部の請花には、切金の技法による菱形文が残る。宮殿部は仏殿を模してつくられ、特に鴟尾を乗せた錣葺の屋根部分に、精緻な表現がなされている。軒の出を支える雲形肘木が法隆寺の金堂・塔のものに類似するなど、飛鳥時代の建築技法を知る手掛りとされている。内部には一面に、銅板を打出した千仏像が貼られており、七四七（天平19）年の「法隆寺伽藍縁起幷流記資財帳」に「宮殿像弐具」とあるうち、「一具金埿押出千仏像」とあるものが玉虫厨子に相当すると考えられている。

【参考文献】上原和『玉虫厨子』（吉川弘文館平3）。（山元章代）

たまよりひめ【玉依姫】 海神の娘、豊玉姫命の妹。火遠理命と豊玉姫命の子の乳母。のちに甥鸕鶿草葺不合命の妻となり、神武天皇を産んだという。『記』『紀』、『風土記』においては、神霊を宿してその子を生む女性の普通名詞としてタマヨリヒメが現れる。（宮永廣美）

たむけやまじんじゃ【手向山神社】 ⇩手向山八幡宮

たむけやまはちまんぐう【手向山八幡宮】 奈良市雑司町に所在する神社。東大寺大仏の守護神として宇佐八幡を勧進したもので、七四九（天平勝宝元）年一一月に迎えられた。当初は鏡池東側に所在したが一一八〇（治承4）年に焼失、源頼朝によって現在の社地に再建された。（鶴見泰寿）

たむらだい【田村第】 平城京左京四条二坊の東半分に所在した藤原仲麻呂の邸宅。七五二（天平勝宝4）年には孝謙天皇の御在所となったことがあり、大炊王（淳仁天皇）は仲麻呂後見のもとここに居し立太子したため田村宮ともよばれた。東西に楼を構え、南面の門は櫓であったという。また奈良時代末期には渡来系の神である今木神が祀られていたことが知られる。「田村記」があったというが（『続日本紀』）、詳細は不明。なお七八四（延暦3）年ごろに藤原是公の邸宅田村第があるが、仲麻呂の田村第との関わりは不明。（佐藤文子）

たむらのあわび【耽羅鰒】 耽羅は、韓国済州島の古名。あわびに冠したこの地名が示すものが、種類なのか、産地なのか、加工法なのか定説がない。延喜主計式には、肥後国と豊後国からそれぞれ三九斤・一八斤の耽羅鰒を調として貢進する規定があり、また「耽羅鰒六斤」という人別負担の基準が示されているが、実態は不明。志摩国から七四六(天平18)年に供進された平城宮出土木簡に「御調耽羅鰒六斤」の記載がみられるが、この解釈も定まっていない。（福岡猛志）

ためひらしんのう【為平親王】 952〜1010 平安中期の皇族。村上天皇の第四皇子で母は皇后藤原安子(師輔の娘)。九六五(康保2)年三品、のち一品式部卿。冷泉天皇の皇太子(弟)の候補者であったが、源高明の娘を妻としたため藤原氏によって立太子を阻まれた。九六九(安和2)年におこった為平擁立をめぐる疑獄事件が安和の変。（瀧浪貞子）

ためふさきょうき【為房卿記】 平安時代末期の公卿藤原為房の日記。『大府記』『大記』『大御記』とも。逸文をも含めて一〇七〇(延久2)年から没年一一一五(永久3)年までのものが断続的に、また一〇八一(永保元)年の自筆一軸も伝わる。蔵人・弁官・家司の三職を兼官したことから、院政期の政治事情の記事が詳細。（木本好信）

たれやなぎいせき【垂柳遺跡】 青森県南津軽郡田舎館村垂柳に所在する水田遺跡。八甲田山南山麓から津軽平野を西流する浅瀬石川の左岸にのびる標高三〇mの微高地にひろがる弥生中期田舎館式期の遺跡で、国史跡に指定されている。一九五七(昭和32)年に籾痕土器と炭化米が発見され、同年、伊東信雄が調査した。白色火山灰下の黒色土包含層から多量の田舎館式土器とともに、緑泥片岩製擦切り石斧、石鏃、二〇〇粒をこす炭化米が出土した。土器は甕、長頸深鉢、鉢、台付鉢、台付き浅鉢、無頸壺、広口壺、蓋など多様である。台付き浅鉢、小型壺には籾圧痕がみられ、この地で稲作が行われたことが指摘された。一九八三(昭和58)年から八五(同60)年に、青森県教育委員会が調査し、三九六七㎡、六五六枚をこす水田跡、水路、大畔が発見された。水田は最小一・一㎡、最大二二㎡、平均八・二㎡の畔区画が碁盤の目状に営まれ、東西八五〇m、南北二〇〇m程の範囲に広がることが確認されている。垂柳出土土器は、器形の一部、縄文施文法、装飾意匠などに北海道続縄文土器と共通する特徴がみられ、山内清男は続縄文土器と位置づけ、伊東の弥生土器説と鋭く対立した。水田跡の確認で田舎館式が強い地域色をもつ弥生土器であることが確定した。大陸系磨製石器はみられない。木製の斧柄、クマ頭飾り付き柄杓、火きり臼とともに鍬が出土しており、弥生農耕文化の受容が明らかになった。

［参考文献］村越潔他『垂柳遺跡発掘調査報告書』(青森県教育委員会・垂柳遺跡発掘調査会昭60)。田舎館村教育委員会『昭和63年度垂柳遺跡範囲確認調査報告書』(平1)。田舎館村教育委員会「垂柳遺跡調査報告書(6)」『田舎館村埋蔵文化財調査報告書(6)』(平3)。田舎館村教育委員会「垂柳遺跡調査報告書(7)」『同(7)』(平4)。田舎館村教育委員会「垂柳遺跡調査報告書(8)」『同(8)』(平5)。（須藤隆）

たわらのとうた【田原(俵)藤太】 ⇩藤原秀郷

だんおつ【檀越】 寺院や僧尼に布施寄進する世俗信者。施主・檀那・檀家・檀主。サンスクリット dānapati の音訳。特定寺院と密接な関係を結び寺院を経済的に支える。皇室と勅願寺、氏族と氏寺の関係など。『日本霊異記』には地方寺院を支えた檀越の姿がみえる。檀越は三綱の補任など寺院経営に深く関わっていた。他方で七一六(霊亀2)年には檀越の子孫が寺院の田を妻子を養うために利用、衆僧に供しないことが問題となり、禁令が出されている。また八世紀末以降には、檀越や檀越と称する王臣家によって寺院の財物や田が横領される問題も発生する。（岩田真由子）

たんか【短歌】 五七五七七の五句三一音からなる歌のかたち。『万葉集』においては四五三六首のうち四二〇八首をしめる。その歌体の確立は天武朝にさかのぼるが、以後一三〇〇年にわたり、和歌の中心的歌体となって今日にいたっている。（上野誠）

たんかいこう【淡海公】 ⇩藤原不比等

だんくん【檀君】 神話上の朝鮮民族の始祖。『三国遺事』によれば、天帝桓因の子桓雄が太白山に降臨し、地上にいた虎と熊の願いを聞いて人間にしようとした。虎は物忌みできず失敗したが、熊が女性になり、その熊女が桓雄と結ばれて生んだ子が檀君で、箕子に先立って朝鮮を統治したという。『帝王韻記』には諸民族を統合したと伝える。両書は一二世紀末に書かれたが、伝承はさらに古くさかのぼる可能性がある。その後も民族統合のシンボルとされる。後代の史書に記す年代観により、前二三三三年が檀君紀元とされる。朝鮮民主主義人民共和国では、一九九三年に、平壌の東の江東郡にある、高麗時代から檀君墓と伝わる高句麗石室を発掘し、出土した人骨を電子スピン年代法で測定したところ前三〇〇〇年前後になるとして、それを檀君の骨ととらえ、高句麗時代に改葬したものとみて、檀君は実在し、伝承よりも古いと主張している。（田中俊明）

たんご【端午】 本来は、月の最初の午の日または五日。中国漢代以来五月五日に固定し、令制でも節日とされた。この日に邪気を払う風習をうけて古くから薬猟が行われたほか、宮廷では菖蒲の献上や賜宴・騎射等が催された。（竹居明男）

たんこう【短甲】 古代の甲の一形式。前胴と後胴からなり、肩から腰部までを庇護する。使用する地板の形状と接合法により、三角板革綴式、横矧板鋲留式などのように分類される。鉄製品がよく知られているが、木製など有機物の製品もある。長く日本固有の甲とされてきたものの、近年朝鮮半島からの出土例が増加しつつあり、その出自をめぐる論争が盛んである。『東大寺献物帳』には短甲と記され、挂甲と区別されているが、これを古墳時代の短甲と同一視することについては疑問がある。（福尾正彦）

たんごのくに【丹後国】 山陰道に属する国。現在の京都府北部にあたる。丹後山地などの山がちの地域が広い面積を占めるが、由良川や竹野川の流域や舞鶴湾・宮津湾・日本海の沿岸部に平野が広がる。

久美浜町の函石浜遺跡から出土した新（八～二三年）の王莽の貨泉によってもわかるように、古くから中国大陸との交渉があり、加悦町蛭子山古墳、作山古墳、丹後町神明山古墳などの大古墳も築造された。また伊根町宇良神社は、全国に分布する浦島太郎伝説の故地と伝えられる。もとは丹波国であったが七一三（和銅6）年に分かれて丹後国が成立した。『延喜式』では中国とされ所管の郡は加佐・与謝・丹波・竹野・熊野郡の五郡。丹波郡が含まれることから旧丹波国の中心はむしろ丹後国であったと考えられる。国府・国分寺は現宮津市府中にあったと推定する説が有力であるが、与謝郡岩滝町男山、舞鶴市の由良川流域とする説もある。名勝天ノ橋立はすでに『風土記』にみえる。

【参考文献】赤松俊秀他『京都府の歴史』（山川出版社昭44）。 （高橋誠一）

たんごのつぼね【丹後局】 ⇨高階栄子

たんじょうぶつ【誕生仏】 釈迦が誕生した時の姿を表現した仏像。右手で天を、左手で地をさし「天上天下唯我独尊」と唱えた姿を表す。四月八日の灌仏会（仏生会・花祭り）の本尊として水をかけて供養する。東大寺には奈良時代の金銅像と付属の灌仏盤が伝わる。 （藤田琢司）

だんじょのほう【男女の法】 良民と奴婢の間にできた子の身分を定めた法。大化改新直後に出された施策の一つで、身分法の確立をめざした。『日本書紀』大化元（六四五）年八月庚子条にみえる。これによれば、良民どうしの子は父に、良民の男と婢の間に生まれた子は母に、良民の女と奴の間に生まれた子は父に、主人のちがう奴と婢の間に生まれた子は母に、それぞれ付す。また、寺家の仕丁は、原則として良人に準じる扱いをうけた。 （荊木美行）

たんぞう【湛増】 1130～98 平安末期・鎌倉初期の熊野別当（第二一代）。父は一八代湛快。紀伊国田辺を本拠とし、熊野水軍を統率。源平争乱では、当初平氏方として新宮方を攻撃した。後に源氏方に転身し、伊予河野氏などとともに壇ノ浦の合戦に加わった。 （西村隆）

だんのうらのかっせん【壇ノ浦の合戦】 一一八五（文治元）年三月二四日、源氏平氏両軍によって長門国赤間関壇ノ浦で行われた合戦。二月の屋島の合戦で源義経に敗北した平氏軍は、平知盛を中心に長門彦島に拠った。五〇〇余艘で彦島を出撃した平氏軍は、山鹿秀遠・松浦党・阿波民部大夫成良の軍勢を主力とした。源氏方は、これに先立って範頼軍が九州に渡って平氏の退路を断った。義経軍は伊予河野氏・熊野水軍・周防船所五郎正利などを加え、従来手薄であった水軍を増強して八四〇余艘で戦いに臨んだ。当初は平氏方が優勢であったが、源氏方は、潮流の変化に対応し、成良の内応、非戦闘員である水手・梶取の殺傷戦法などにより勝利をおさめた。戦いの結果、知盛・教盛・経盛ら平氏方の多くが討死・自害し、ここに平氏一門の主流は滅亡した。宗盛清宗親子・建礼門院徳子・時忠らは生虜となった。安徳天皇は二位尼時子に抱かれて入水し、三種神器のうち神剣は失われた。 （西村隆）

たんばし【丹波氏】 渡来系氏族。後漢霊帝八世の孫孝日王の後裔とも、霊帝の曾孫阿智王の後と称する坂上氏から分かれたとも伝えるが、不明。一〇世紀末に医学書『医心方』を撰進した康頼が出て以降名医を輩出し、代々典薬頭・医博士・侍医などを歴任した。康頼のときに宿禰を賜姓され、一一世紀始め忠明（康頼の孫）が朝臣を賜ったとする系図もあるが、確証はない。なお丹波・丹後両国に分布した国造家の丹波氏（姓は直）は建稲種命（火明命とも）の後とする尾張氏の一族である。 （瀧浪貞子）

たんばのくに【丹波国】 山陰道に属する国。現在の京都府中部と兵庫県東部にあたる。大部分が丹波山地などの山がちの地域であるが、保津川流域に亀岡盆地、由良川流域に福知山盆地が広がる。畿内に接することから文献史料に多く記されており、倭王権の支配下に早くから入っていたと考えられる。山陰道最初の国として重要視され、丹波国を掌握することは山陰道の掌握にもつながると意識されていた。藤原仲麻呂が都督四畿内三関近江丹波播磨等国兵事使としてこの国を押さえようとしたことからも、この国の重要性が理解できる。『延喜式』では上国とされ所管の郡は桑田・船井・天田・何鹿・多紀・氷上郡の六郡。七一三（和銅6）年に従来の丹波国から五郡が分割されて丹後国が分立した。国府・国分寺・国分尼寺は現亀岡市におかれたが、国府に関しては、亀岡市千代川の推定地に次いで船井郡八木町屋賀にも設置された時期があったと考えられている。

【参考文献】赤松俊秀『京都府の歴史』（山川出版社昭44）。八木哲浩・石田善人『兵庫県の歴史』（山川出版社昭46）。 （高橋誠一）

たんばのやすより【丹波康頼】 912～95 平安時代中期の医家。渡来系氏族漢氏の一族。丹波国の出身豪族なので丹波氏と名乗ったともいうが、『新撰姓氏録』諸蕃にいう丹波史氏か。針博士・医博士などを歴任し、日本最初の本格的医学書ともいうべき『医心方』三〇巻を編纂、九八四（永観2）年に朝廷に献上した。こうした功績などにより丹波氏は康頼子孫が、和気氏とならんで医道を世襲するところとなった。 （井上満郎）

だんぷさんこふん【断夫山古墳】 名古屋市熱田区旗屋町一丁目神宮公園内にある、東海地方最大の前方後円墳。墳丘長一五一mの三段築成で、後円部径八〇m、同高一三m、前方部幅一一六m、同高一六m。造り出し・周濠・葺石をともない、未発掘であるが採集された円筒埴輪や墳形から六世紀初めの年代が推定されている。熱田社に近く、古来尾張氏の祖ミヤズ媛の墓と伝えられてきたが、築造年代からみて継体天皇を支持した尾張連氏にかかわる墓とする説が有力である。国指定史跡。 （大下武）

だんようじ【段楊爾】 生没年不詳。日本に交代で派遣された百済五経博士の最初。五一三（継体7）年六月、任那四県の百済への割譲を仲介した穂積押山が百済から帰国する際、百済使の姐弥文貴や州利即爾とともに来日した。五一六（同10）年九月、後任の漢高安茂と交代した。『周書』百済伝に「其の秀異なる者、頗る文を属するを解す」とあるが、百済五経博士はこうした百済知識人の代表と考え

上空よりみた断夫山古墳

られ、その交代での来日は、文化輸入に大きく貢献した。（中畠俊彦）

たんら［耽羅］ 古代の済州島、または済州島にあった国。『魏志』韓伝では、州胡と表記。五世紀末から六世紀初めにかけて、百済と通交するようになり、その後、従属した。五八九年に隋船が漂着し、百済が隋に送り返している。百済滅亡後の六六一年には王子の阿波伎を日本に派遣し、その王の儒李都羅が唐に遣使している。六六二年に「耽羅国主佐平徒冬音律」が新羅へ降っている。佐平は百済の官位で、百済の官制を受け入れていたことがうかがえる。徒冬音律と儒李都羅との関係は不明。日本へはその後、六九三年までに八回、遣使しており、王子の場合が多い（六七五年には国王の姑如が来ている）。日本も二回遣使している。しかしこの間の六七九年に新羅が攻略し、その後はほぼ新羅の従属国になった。七三八年に耽羅島人が長門に漂着している。高麗成立後は、高麗に従属し遣使をつづけるが、一一〇五年に耽羅郡として高麗領となる。産物として「橘子・牛黄・牛角・牛皮・螺肉・亀甲・真珠」などがあった。近年の発掘調査では、在地の新羅土器も発見されている。（田中俊明）

三姓穴
耽羅国始祖誕生伝説の地

だんりんじ［檀林寺］ 京都市右京区嵯峨にあった寺。承和年間（八三四～八四八）に嵯峨天皇后 橘嘉智子（檀林皇后）が建立。皇后の要請によって、八四七（承和14）年、唐僧義空を止住させ禅学興隆の道場とした。九二八（延長6）年の火災以後衰退した。（野口孝子）

だんれい［弾例］ 八世紀に編纂された例の一つ。行政監察や官人の非違検察のための基準や弾正台が職務執行に必要な細則などを集めた法令集。七二〇年代に編纂された旧弾例（条数不明）、これに補訂を加え、七九二（延暦11）年に制定された新弾例（八三条）、八〇七（大同2）年に制定された弾例（一五条）の三種がある。その内容は、弘仁式以下の三代式に継承されたため、いずれも現存しない。（荊木美行）

ち

ち［笞］ 律に規定される五刑のうち、もっとも軽いもの。唐律では「笞刑」。笞と呼ばれる弾力性のある鞭で臀部を打つ刑。笞は、長さ三尺五寸（約一〇五㎝）、手もとの直径三分（約九㎜）、先の直径二分（約六㎜）で、杖より一分細い。打つ数によって、一〇・二〇・三〇・四〇・五〇の五等級がある。（荊木美行）

ちいさこべ［小子部］ 小子部氏（連）に管掌された子供よりなる部。侏儒や大王護衛の少年兵とする説もあるが、宮廷内で雷神制圧の呪術や祭祀にあたった集団であろう。雄略朝に小子部連蜾蠃は嬰児を聚めたり、雷を捉えたと伝えられる。（加藤謙吉）

ちかしきよこあな［地下式横穴］ 南九州の東側半分の地域に宮崎平野部から内陸部にかけての地域と大隅半島の平野部で、古墳時代中期から後期にかけて盛んに造営された墓制である。地上から垂直方向に竪坑を掘り、横方向に玄室を作る。北部九州に導入された横穴式系埋葬施設の影響を受けて成立したと考えられている。近年の研究では、内陸部で成立し、それが各地に広がった可能性が指摘されている。副葬品は鉄製武器類が大半を占める。とくに、刀剣・鏃は多い。また、甲冑も比較的多く出土するが、装身具類は少ない。従来、被葬者は隼人＊と結びつけられることが多かったが、文献に隼人がはじめて登場するのは天武朝の時期であり、地下式横穴墓の被葬者と隼人の所属年代にはギャップがある。人骨の分析では、宮崎平野部に北部九州弥生人に類似するグループの存在が指摘されている。また最近、南九州の内陸部に、縄文人的特徴を残しながらも、渡来系の遺伝子をある程度受け入れた集団（宮崎県えびの市島内地下式横穴墓群）が居住していたとの研究成果も公表された。地下式横穴墓は地下に埋葬施設を設ける特異な構造から、前方後円墳など墳丘を有する古墳との差異が強調される傾向が強かった。しかし、地下式横穴墓は階層に応じて大~小の墳丘を有していた可能性が高いこと、副葬品も列島各地の古墳と大差がないことなどから、あえて特殊な墓制として扱う必要はないと考えられる。

【参考文献】第4回九州前方後円墳研究会実行委員会『九州の横穴墓と地下式横穴墓』（九州前方後円墳研究会平13）。中野和浩『島内地下式横穴墓群』（えびの市教育委員会平13）。（大西智和）

ちかつあすかのみや【近飛鳥宮】 顕宗天皇の宮。『古事記』『万葉集』には允恭天皇の宮を「遠飛鳥宮」とよび、『古事記』『日本書紀』では顕宗天皇の宮を「近飛鳥宮」とする。この「遠」「近」を時代の遠近とみなし、いずれも大和国高市郡内とする説もあるが、「遠淡海（遠江）」「近淡海（近江）」のように距離の遠近とする説が有力。大阪府の羽曳野市飛鳥から柏原市国分にかけての地域が安宿（飛鳥戸）郡だが、この郡は一八九六（明治29）年に南河内郡に編入されるまで存在した。『日本書紀』雄略天皇九年七月条には「飛鳥戸郡（評）」と記し、いわゆる河内飛鳥にかんする史料は『日本書紀』のほか、『続日本紀』『万葉集』『日本霊異記』『新撰姓氏録』『正倉院文書』など数多くの古文献にみえる。近飛鳥宮はこの河内飛鳥の宮とする見解が多い。

【参考文献】上田正昭「河内飛鳥の再発見」（『なにわ大坂再発見』6号平15）。（上田正昭）

ちかのしま【値嘉島】 現長崎県西部の五島列島とその周辺の古称。『倭名抄』に肥前国松浦郡値嘉郷とある。九世紀の一時期に庇羅（平戸島）と合わせて値嘉島とし壱岐・対馬と並ぶ行政地域となったがすぐに廃されて肥前国に復した。交通・軍事上の要衝。（高橋誠一）

ちかのぶちょうき【親信卿記】 日記。平親信著。四巻。九七二（天禄3）年から九七四（天延2）年まで。蔵人・検非違使在職中の記事が中心。五代後裔にあたる平信範らの書写の、陽明文庫所蔵の四軸が重要文化財に指定されている。（松田敬之）

ちぎょうこく【知行国】⇨知行国主

ちぎょうこくしゅ【知行国主】 知行国を与えられたもののこと。その国の長官である守に子弟などを申任し、朝廷におさめる公納物を除いた国守の取得分などをえることができた。院政期に上層貴族に対する給付の一つとして知行国の制が広がるにつれ、公卿や寺社があいついで国を与えられ、その国主となった。（勝山清次）

ちくごのくに【筑後国】 西海道に属する国。現在の福岡県南部にあたる。南東部に耳納山地や筑肥山地があるが、北部と西部の筑後川流域には広大な沖積平野が広がる。五~六世紀には八女地方を中心とする筑紫君が国造として支配していたが磐井の乱の後に没落した。岩戸山古墳をはじめとする八女古墳群はその一族のものとされ、装飾古墳や石人石馬などの特徴的な文化が栄えた。また久留米市高良山と山門郡の女山には七世紀の築造と推定される神籠石がある。もとは筑紫国であったが、律令制の成立によって前・後に分割された。「延喜式」では上国とされ所管の郡は御原・山本・御井・竹野・生葉・上妻・下妻・三潴・山門・三毛郡の一〇郡。国府や国分寺は現久留米市（旧御井郡）におかれたが、その詳細は不明である。七三八（天平10）年の正税帳の一宮は高良大社。

【参考文献】『福岡県史』全四〇巻（昭57~）。平野邦雄他『福岡県の歴史』（山川出版社昭49）。（高橋誠一）

ちくごのくにしょうぜいちょう【筑後国正税帳】 筑後国から政府に送られた国衙財政の収支決算報告書。七三八（天平10）年度のものの一部が「正倉院文書」として残っている。俘囚、多褹嶋に帰る使や僧侶、帰郷する防人などに食料を供給したことがみえる。（寺内浩）

ちくせん【式占】 楓子棗の心木で作り、回転して吉凶を占う。式は栻とも書き陰陽道の道具。『日本書紀』天武元（六七二）年六月条には大海人皇子（天武天皇）が式をもって占った記事がみえる。（上田正昭）

ちくせんじょいほう【蓄銭叙位法】 奈良時代前期の銭貨普及政策の一つ。七一一（和銅4）年一〇月発布（一二月に追加法制定）。一定額の銭貨を蓄積し、それを政府への納入したものに位階を与える制度。売位政策の一種。六位~大初位上は一〇貫ごと、初位は五貫ごとに位一階、無位・白丁は七貫・一〇貫で少初位下を与える。正六位以上で一〇貫以上の場合は勅による。同年一一月の叙位が唯一の実施例であり、どの程度実施されたか不明である。（栄原永遠男）

ちくぜんのくに【筑前国】 西海道に属する国。現在の福岡県北西部にあたる。博多湾に面する福岡平野や玄海灘に面して糸島平野などの沖積平野、また背振山地や三郡山地など。もとは筑紫国であったが律令制成立によって前・後の二国に分割された。七〇二（大宝2）年の戸籍に筑前国の名が初見する。古くから中国大陸や朝鮮半島に対する門戸として重要視され、福岡市の板付遺跡や春日市の須玖遺跡、宗像郡の沖ノ島祭祀遺跡、金印などの著名な遺跡・文化財に恵まれ、また那津・水城・大野城なども築かれた。とくに現太宰府市に設置された大宰府は西海道を統括する中心地として長く栄えた。「延喜式」では上国とされ所管の郡は怡土・志麻・早良・那珂・席田・御笠・糟屋・宗像・遠賀・鞍手・嘉麻・穂浪・夜須・下座・上座郡の一五郡。国分寺は現太宰府市に設置されたが、大宰府との関係で独自の国府は形成されなかったという説が有力とされる。

【参考文献】『福岡県史』全四〇巻（昭57~）。平野邦雄他『福岡県の歴史』（山川出版社昭49）。（高橋誠一）

ちくぜんのくにこせき【筑前国戸籍】 東大寺正倉院文書の一部である、古代の筑前国嶋郡川辺里の戸籍。七〇二（大宝2）年一一月に着手し、翌年五月までの完成が予定された。同年次の豊前国戸籍・豊後国戸籍とともに「西海道戸籍」と一括され、同年次の御野（美濃）国戸籍とは大いに異なる。中央に提出されて三〇年後に廃棄され、裏側が写経所でさまざまな帳簿として使用されたため、二八戸分が現存。完全なものは八戸であるが、卜部・物部・建部・大家部・葛野部・中臣部など、この地方の氏姓の分布がわかり、とくに郡の長官肥君猪手の総数一二四人の大型戸が、一二人分を欠くが現存しているのは貴重。各戸の末尾に口分田の総額を記すのは西海道戸籍の特色であるが、嶋郡では、一歳以上の良民の男六〇〇歩・女四二〇歩、奴一八〇歩・婢一二〇歩が基数。氏姓の不明な良民の行には「筑前国印」を押さないことや、一六・二二・三二・四二歳の男女が異常に多い事実も注目される。

【参考文献】虎尾俊哉『班田収授法の研究』（吉川弘文館昭36）。岸俊男『日本古代籍帳の研究』（塙書房昭48）。南部昇『日本古代戸籍の研究』（吉川弘文館平4）。　（南部昇）

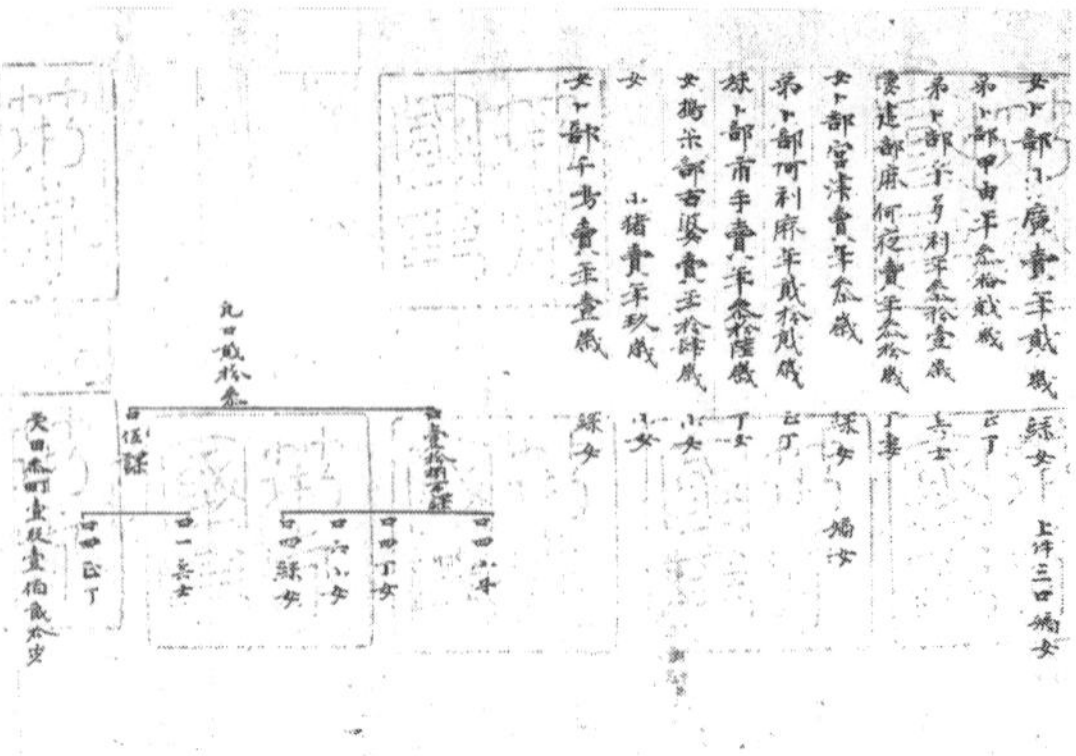

筑前国戸籍の一部
九行目の小猪売は氏姓が記入されず、「筑前国印」が押されなかった。この一戸は二三人で、受田は「参町壱段壱百弐拾歩」とある。
宮内庁正倉院蔵

ちくぶじま［竹生島］　琵琶湖の北部に浮かぶ信仰の島。滋賀県長浜市びわ町に属す。周囲二kmの孤島。島には西国三十二番の宝厳寺と式内社の都久夫須麻神社がある。『帝王編年記』のなかの『近江国風土記』逸文には、夷服岳（伊吹山）の多多美比古命と浅井岳の浅井比売命がその高さを競い、負けた多多美比古命が浅井比売命の首をはねたところ、その首が琵琶湖に落ちて、竹生島となったという伝承を載せる。　（高橋美久二）

ちくぶしま（つくぶすま）じんじゃ［都久夫須麻神社］　⇨竹生島

ちくまくどういせき［竹幕洞遺跡］　大韓民国の全羅北道扶安郡辺山面格浦里竹幕洞にある、三国時代百済から統一新羅時代・高麗時代をへて、李朝（朝鮮王朝）時代に及ぶ祭祀遺跡。遺跡は、西海岸に突出した海岸絶壁上の平坦面に形成された。そのうち、祭祀行為を示す遺物がそのまま遺存したのは、百済時代のものに限られる。二〇×一五m²の平坦面が祭場であったと推測される。ここからは、各種多量の遺物を出土したが、土器はその九〇%以上を占める。そのほかには、金属器・石製模造品・土製模造品・玉製品・陶磁器などがある。土器には、壺・器台・甕を中心に、高坏・蓋坏・把手付埦などがある。これらは、四世紀中頃から七世紀前半にまたがるが、大部分は五～六世紀の年代を示す。とくに、大形甕は、五世紀中頃から六世紀前半のものである。金属器には、鉄製の矛・剣・鏃などの武器、鉄製の鞍橋・杏葉・環・鈴・鉄具や銅製の環・帯金具・鈴などの馬具、そのほか銅鏡・鉄鏡・鉄鋌などがある。石製模造品は、有孔円板・鏃・鏡・勾玉・刀子・短甲・鎌・鐸、そして、土製模造品は、馬・人などからなる。そのほか、ガラス製小玉・硬玉製勾玉や、中国南朝時代の青磁も認められる。遺跡は、主として航海の安全を祈願した、百済の露天祭祀の祭場であったと推定される。そして、中国南朝の陶磁器や倭の石製模造品が出土したことにより、倭と百済、さらには百済と南朝との交流に係わる祭祀遺跡として注目される。　（西谷正）

ちくらのおきと［千位置戸］　チクラ（多くの物をおく設備）ノ（であって）オキト（おく場所）の意。罪を贖う祓物を載せる台で、「千座置座」（大祓祝詞）ともいう。『古事記』『日本書紀』の神話に、スサノヲ命が千位（座）置戸を科せられ高天原から追放された伝承を載せる。　（白江恒夫）

ちさんどうこふんぐん［池山洞古墳群］　韓国慶尚北道高霊郡高霊邑にある三国時代の古墳群。高霊は大加耶の故地であり、池山洞古墳群はその支配階層の古墳群である。山城のある主山から南に延びる丘陵の尾根には王陵と目される大型円墳が五基並び、その南東側斜面に大小の円墳と無数の竪穴式石槨が存在する。円墳の内部主体には、竪穴式石室、竪穴式石槨、横穴式石室、横口式石室がある。甕棺墓も確認されている。発掘調査された五世紀後葉の四四号墳は王族級の古墳で、長さ九・四m、幅一・八mの長大な竪穴式石室と二つの副室をもち、それらには殉葬の痕跡があった。その周囲に三二基の小石槨が配置されていた。一八基から七～五〇歳代の男女二二体の人骨が発見され、これらは殉葬墓と判断された。副葬品には陶質土器、鉄器などがある。注目される遺物には、倭系鈴付き剣菱形杏葉、百済系銀装鉄矛、南海産ヤコウガイ製容器があり、当時の倭、百済との交渉関係を示唆している。また三二号墳からは、福井県二本松山古墳出土品と類似の金銅冠が、また四五号墳からは倭鏡片がそれぞれ出土している。

【参考文献】尹容鎮他編『大伽倻古墳発掘調査報告書』（高霊郡一九七九）。金鍾徹『高霊池山洞古墳群』（啓明大学校博物館一九八一）。金東淑他編『高霊池山洞古墳群』（慶尚北道文化財研究院二〇〇〇）。　（定森秀夫）

ちしき［知識］　善知識の略で、本来は良き知人・仏教の教導者の意。転じて仏との結縁のため、造寺等に財物・労力を寄進する人。また七四三（天平15）年の詔で聖武天皇が大仏造営を「朕智識」と称したように、寄進行為や意志、財物そのもの、寄進目的で結成された団体もさす。　（沢田瞳子）

ちしきじ［智識寺］　仏教信仰仲間であり、金品・労力などを出し合って写経・造寺造仏活動を行う人々を「智識」と称したが、これらの智識らによって建てられた寺をいう。主なものに大阪府柏原市太平寺二丁目にあった奈良時代創建の寺院がある。同寺に七四〇（天平12）年に聖武天皇が参詣し、盧舎那仏を拝すことにより東大寺盧舎那仏を造立発願したことが『続日本紀』にみえる。七六五（天平神護元）年には称徳天皇により五〇戸の食封が与えられた。（竹森友子）

ちしょうおう［智証王］ 生没年不詳。在位500～14 朝鮮新羅第二二代の王。智度路王・智哲老王とも。『三国史記』巻四新羅本紀は、五〇三年一〇月に国号を新羅と定め、君主号は従来の麻立干から王に改めたことや、五〇二年殉葬禁止、五〇六年州県制導入と軍主任命など多くの事績を記す。そのほか、この王には各種制度の創作伝承がある。すべてを史実とは認め難いが、新羅の飛躍的発展の反映であろう。一九八九年慶尚北道で発見の「迎日・冷水里碑」には五〇三年九月の日付があるが、すでに王号がみえる。（中島俊彦）

ちしょうだいしでん［智証大師伝］ ⇨円珍

ちだじょうかんじ［知太政官事］ 太政官におかれた令外官の一つ。親王・諸王が任じられ、大臣に準じる職能だったと考えられる。「延喜式」にもみえるが、任官は、天武天皇系の刑部親王・穂積親王・舎人親王・鈴鹿王の四名のみで、八世紀前半に集中する。（荊木美行）

ちっかん［竹簡］ ⇨木簡

ちていき［池亭記］ 平安時代の漢文体の随筆。慶滋保胤著。九八二（天元5）年の成立。作者が六条坊門町尻南東に築いた池亭での生活や、当時の平安京の様相を描く。右京の荒廃と左京の繁栄、とくに四条以北の人家の密集と東の鴨川周辺や北部郊外への拡がりが描かれており、一〇世紀末の平安京の状況を知る貴重な資料となっている。その叙述や姿勢は、鴨長明の『方丈記』に大きな影響を与えている。本文は『本朝文粋12』におさめられており、『新訂増補国史大系29下』（吉川弘文館昭40）や『新日本古典文学大系27』（岩波書店平4）で読むことができる。（小西茂章）

ちてんのきみ［治天の君］ 王家の家長として国政の実権をにぎった上皇や天皇のこと。王家（天皇家）が天皇の地位を継承する家として確立すると、政治の実権は王家の家長が事実上掌握することになる。王家が確立するのは、白河上皇が院政を開始する白河院政期である。これ以降、院政を行った上皇や法皇が、治天の君と考えられるが、王家の家長が在位中の天皇であり、親政を行っている場合にも治天の君ととらえてよい。とくに、鎌倉後期の両統分立のなか、上皇が複数存在する場合に、国政の実権を有する上皇をさすのに有効な用語である。（美川圭）

ちとうりどじょう［智塔里土城］ 朝鮮民主主義人民共和国の黄海北道鳳山郡智塔里に位置し、瑞興川右岸の沖積地に立地する土城。平面台形をした土塁は、総延長が二kmを超える。土城内からは、帯方郡設置以前は県治跡であったことを示す後漢の光和五（一八二）年から、帯方郡時代の西晋の泰始七（二七一）年にかけて、数世紀間にわたる紀年銘塼をはじめとする瓦・塼・土器・銭貨などが出土している。帯方郡は、楽浪郡の南部を分割して置かれたので、その郡治跡は、楽浪郡治跡の南方に隣接する地域と考えるのが自然であり、楽浪郡治跡の南方七〇kmほどのところに位置する智塔里土城こそ帯方郡治跡というべきであろう。戦後の発掘調査で、土城の下層に櫛目文土器（新石器）時代の文化層が、また、上層からは原三国（古朝鮮）時代の遺物や礎石建物跡が、それぞれ検出された。さらに最近になって、新たに下層の土塁がみつかり、その規模は幅約六・五m、高さ約三mを測った。出土遺物から見て、下層の土塁が無文土器（青銅器）時代のものとされるのに対して、上層の土塁は古朝鮮時代後期といわれる。そのうち、上層の土塁は版築技法によっていることや、青銅製三角鏃・灰色瓦片などが出土しているので、漢代以降にあたり、おそらく帯方郡治跡の城壁としても利用されたことであろう。

［参考文献］ 谷井済一「黄海道鳳山郡ニ於ケル漢種族ノ遺蹟」『朝鮮古蹟略報告』（朝鮮総督府大3）。朝鮮民主主義人民共和国科学院考古学および民俗学研究所『智塔里原始遺跡発掘報告』『遺跡発掘報告』（八）（科学院出版社一九六一）。ナム・イルリョン「ピョンヤン地方の古代土城」『朝鮮考古研究』（九五）（社会科学出版社一九九五）。（西谷正）

ちぬのみや［珍努宮］ 茅渟宮とも書き、和泉宮ともいう。允恭天皇の離宮および奈良時代の離宮で、『日本書紀』によると允恭天皇八年に皇后の嫉妬を恐れた天皇が衣通郎姫を住まわせた。また、『続日本紀』には七一六（霊亀2）年三月に河内国の和泉・日根両郡を割いて珍努宮に供したとあり、翌月には大鳥郡を加えて和泉監をおいたことが記されている。七四〇（天平12）年には和泉監は河内国に併されたが宮は維持されており、その後も行幸があった。この宮の所在地としてのちの和泉国府の地が比定されている。（高橋誠一）

ちまた［衢］ 道と道とが交わる空間。三叉路や四つ辻をさす。チ（ミチ〈道〉）のマタ（股）の意。漢字では、衢のほかに街・巷をあてる。大和では、海石榴市のチマタ、軽のチマタ、当麻のチマタ、石上のチマタがよく知られていた。チマタでは、定期的に市が立ち、歌垣が行われたり、見せしめのために刑罰が執行された。夕暮れ時のチマタでは、言霊の力に頼って、夕占を行う習俗もあった。チマタは非日常的空間と認識されていたので、椿・欅・橘などの神聖な樹木が目印として植えられた。また都城が成立すると、朱雀門の前の広大な空間や、京や宮の四隅もチマタと認識され、六月・十二月の晦日の夕暮れ時に、大祓・道饗祭・鎮火祭などが行われた。チマタは、中世になるとツヂと称されるようになり、国字の「辻」をあてるようになった。（和田萃）

ちもりのしょう［道守荘］ 越前国足羽郡（現在の福井市西部）にあった東大寺領。足羽郡大領生江臣東人が郡領就任以前に開拓した墾田の寄進一〇〇町と東大寺から派遣された平栄らによる占定地から成っていた。七六六（天平神護2）年の道守村開田地図が正倉院宝物として伝存しており、同図には、損滅部を除いて寺田八〇町余り、野一三七町余りを標記しており、この時点では東大寺領ではない田辺来女の墾田も表現している。地形が一まとまりであり、同じ用水路を使用しているという理由で寺領に編入しようと

いう意図を反映しているとみられる。（金田章裕）

ちゃ［茶］ ツバキ科の常緑低木、チャの若葉を摘んで加工した飲料。『日本後紀』には桓武天皇が八一五（弘仁6）年梵釈寺で茶を飲んだ記事があり、僧の喫茶は史料に散見する。朝廷の季御読経では引茶と称して僧に茶を与えた。『菅家文草』にも道真が茶を飲むことを述べた詩があるが、貴族の間では喫茶の風俗は古代には普及しなかった。（勝田至）

ちゃうすやまこふん［茶臼山古墳］ ⇨桜井茶臼山古墳

ちゃくし［嫡子］ 家あるいは家督を継ぐ者。大宝令では官人貴族層（八位以上）の蔭による位階（蔭位）の継承者をさす概念であったが、養老令ではさらに蔭位のない庶人についても観念的な家の継承者の意でこの概念が用いられた。実際には単に嫡妻の長子をさす用例もある。

〔参考文献〕義江明子『日本古代の氏の構造』（吉川弘文館昭61）。（虎尾達哉）

ちゃくだのまつりごと［著鈦政］ 平安時代に行われた*年中行事の一つ。強盗・窃盗や私鋳銭など徒罪を犯したものを、*検非違使が毎年五月と一二月に東西市に引き出し、鈦（足枷）で一繋ぎにして獄舎まで連行する儀式。当日は衛門佐以下が出席し、姓名・年齢・罪状・該当刑などを記した著鈦勘文によって対象者に判決を言い渡し、*看督長に命じて実施させた。同日に、笞罪・杖罪の未決囚に対する刑の執行なども行われた。「年中行事絵巻」にその様子が描かれる。（竹居明男）

チャシ 北海道のアイヌ文化期の遺跡で、一六～一八世紀につくられたもの。「チャシ」はアイヌ語で砦、館、柵、柵囲いを意味する。語源は知里真志保の朝鮮語説と金田一京助のアイヌ語説がある。チャシの研究は一九〇六（明治39）年の河野常吉の「チャシ即ち蝦夷の砦」に始まり、現在では全道で五〇〇ヵ所近く確認されている。釧路、根室、日高地方に多く、東北、サハリン、千島にも類似するものがみられる。河川流域、湖岸、海岸の見通しの良い丘陵や段丘の先端・縁辺に立地することが多い。形態は一～三条の壕で一定の区画をつくるのが一般的で、舌状丘陵を壕で区切る丘先式、段丘の縁辺に半円形やコの字状の壕を巡らす面崖式、独立丘に周壕またはテラス状の削り出しをする丘頂式、湖や湿地に島状にある孤島式（河野広道分類）及びその複合式に分類される。江戸時代の文献では防御や戦闘用の砦、ユーカラでは闘争、聖域、儀礼、談合の場と語られ、発掘調査では内部に建物跡、壕の周囲に柵列などが確認されることが多い。本来的には日常の場から区切られた聖域で、儀礼や談合の場であったものが、アイヌ社会内または対和人との抗争のなかで、防御・戦闘的な性格が強まった可能性がある。

〔参考文献〕北海道教育庁文化課編『北海道のチャシ』（北海道教育委員会昭58）。北海道チャシ学会編『北海道のチャシ集成図』（北海道出版企画センター昭60）。同『アイヌのチャシとその世界』（北海道出版企画センター平6）。（長沼孝）

ちゃどりいせき［茶戸里遺跡］ 大韓民国の慶尚南道昌原市東面茶戸里にある、原三国（三韓）時代から統一新羅時代にかけての墳墓遺跡。墳墓群は、海抜二〇mの低丘陵から、平地にまたがって築かれた。一九八八年から二〇〇〇年の間に六次の発掘調査が行われた。その結果、原三国時代の木棺墓七〇余基・甕棺墓若干と、三国時代加耶の竪穴式石室・横口式石室、および三国時代新羅から統一新羅にかけての横穴式石室など、三〇数基が検出された。そのうち特筆されるのは、原三国時代の茶戸里一号墓である。ここでは、割竹形に近い木棺が遺存するとともに、その内外から多種多量の青銅器・鉄器・漆器・鉄素材などの副葬品が出土したことから、地域集団の首長墓と推定される。副葬品のなかには、星雲鏡・五銖銭といった前漢製品のほか、中広形銅矛のような倭製品が含まれる。そのほか、各種の漆器とともに筆の軸が出土したことは、文字の使用を物語るものとして注目される。なお、木棺墓には、木材を箱形に組み合わせたものもみられる。（西谷正）

ちゅうあいてんのう［仲哀天皇］ 生没年不詳。『記』『紀』に伝える第一四代の天皇。父は倭建命（日本武尊）、母は垂仁天皇の女両道入姫皇女。熊襲征討のため筑紫に至る。その時、新羅征討の神託をえるが、信じなかったために筑紫に没したという。崩年五二歳。（宮永廣美）

ちゅうえふ［中衛府］ 令外の衛府の一つ。七二八（神亀5）年に、それまでの授刀舎人寮を強化するかたちで設置。天皇の側近に侍し、警衛等にあたった。大将・少将・将監・将曹のほか、府生・番上各六人・中衛舎人三〇〇人（のち四〇〇人、おもに地方豪族出身者から採用）から構成される（のち中将も設置）。八〇七（大同2）年、右近衛府と改称された。（荊木美行）

ちゅうかしそう［中華思想］ ⇨華夷思想

ちゅうかもん［中和門］ 内裏西方に隣接する中和院の東門で、内裏との往来に使用される。中和院で行われる*新嘗祭・*神今食などの祭礼の折りに天皇が通過する慣例になっていた。（井上満郎）

ちゅうぎ［籌木］ 排便の後始末をする木片。ちょうぎ、糞箆ともよばれる。長さ二〇～三〇cm、幅一・五cm前後、厚さ約五mm。割り箸状に粗く削ったものが一般的だが、宮都や官衙の遺跡では反古になった*木簡を割って籌木に転用したものもある。平安時代末までは糞便の堆積と一緒に出土する例が多いが、鎌倉以降は少ない。人糞の肥料への利用と関係するのであろうか。民俗例でも、使用済みの籌木は便槽に落とさず、集めて田圃で焼き、肥料に利用するものがある。（黒崎直）

ちゅうぐう［中宮］ 中国で后妃の居所または后妃そのものをさしたが、令制でも*皇后・*皇太后・*太皇太后（あわせて三后という）の居所（建物）をいい、転じてその三后の総称とされた。「丙寅年」（六六六〈天智5〉）の大阪府野中寺弥勒菩薩半跏像銘文の「中宮天皇」を初例とするが、この中宮を后妃とみることには異論もある。のち七二四（神亀元）年、聖武天皇の即位後、その母で文武天皇の夫人藤原宮子が皇太夫人とされて中宮に住み中宮職が設けられたことから、中宮は天皇の生母（皇太夫人）の別称となった。それが九二三（延長元）年、醍醐天皇の女御藤原穏子が中宮とされ正妻の扱いをうけたことにより皇后の別称として用いられるようになる。これを利用したのが藤原道長で、一〇〇〇（長保2）年娘彰子の入内に際して一条天皇の中宮だった藤原定子を皇后に改め、彰子を中宮に立てて正妻とした。これ以後中宮と皇后はいずれも天皇の正妻として立てられることになるが、国母（天皇の母）という中宮の伝統から皇后よりもその立場は優位とされた。　**（瀧浪貞子）**

菩薩半跏像
中宮寺蔵

ちゅうぐうじ【中宮寺】　法隆寺の東院伽藍（上宮王院）の東隣に所在する尼寺（所在地は奈良県生駒郡斑鳩町法隆寺）。もともと中宮寺は、現在地の東方約五五〇mの斑鳩町幸前小字旧殿にあった。寺記によれば、永正年間（一五〇四～二一）頃に現在地に移建されたという。中宮寺・中宮尼寺と記され、聖徳太子建立七ヶ寺の一つ（『上宮聖徳法王帝説』「法隆寺伽藍縁起幷流記資財帳」）。中宮寺の創建時期を示す史料には問題が多い。『上宮聖徳法王帝説』によれば、戊午年（五九八〈推古天皇6〉年）に推古天皇は上宮王（聖徳太子）に勝鬘経の講説を要請した。上宮王はそれに応じて三日にわたり勝鬘経を講説したので、推古天皇は播磨国の佐西の地五〇万代を布施し、聖王はそれを法隆寺の地とした。七四七（天平19）年の「法隆寺伽藍縁起幷流記資財帳」もほぼ同じ内容であるが、布施の五〇万代の地を三分して、伊河留我本寺（法隆寺）・中宮尼寺・片岡僧寺に施入したという。したがって五九八（推古天皇6）年に中宮寺は創建されていたことになる。一方、『聖徳太子伝暦』や『聖徳太子伝私記』によれば、聖徳太子は母の穴穂部間人皇女の没後、その宮を中宮寺としたとする。しかし穴穂部間人皇女と聖徳太子は、ほぼ時を同じくして亡くなったから、この伝承にも問題がある。

一九六三（昭和38）年と八〇（同55）年に斑鳩町幸前小字旧殿の発掘調査が行われ、金堂跡・塔跡が検出されて、四天王寺式の伽藍配置であることが判明した。中宮寺跡では、飛鳥時代の古瓦が多数出土し、それらは生駒郡三郷町勢野に所在する平隆寺の創建瓦と同笵である。七四（昭和49）年に実施された平隆寺の寺域確認調査で、塔心礎の位置が確定し、その時期も飛鳥時代に遡ることが確実になった。したがって中宮寺の創建時期もほぼ同じとみてよいが、中宮寺伽藍の中軸線の振れは、斑鳩宮・若草伽藍のそれと大きく異なるので、推古朝末年頃に降るかと推測される。したがって穴穂部間人皇女の宮が寺とされたとしても、それは聖徳太子によってではなく、上宮王家によりなされたと考えられる。　**（和田萃）**

ちゅうぐうしき【中宮職】　「なかのみやのつかさ」「みやのつかさ」「しき」ともいう。「中宮」は、皇后・皇太后・太皇太后の汎称。皇后は天皇の嫡妻、皇太后は天皇の母で后位にのぼった人、天皇の祖母で后位にのぼった人をいう。中宮職は、大宝・養老令制の中務省被管諸司の一つで、立后にしたがって適宜設置され、三后関係の家政をつかさどった。大夫（従四位下相当）・亮（従五位下相当）・大進（従六位上相当）・少進（従六位下相当）・大属（正八位下相当）・少属（従八位下相当）と舎人四〇〇人・使部三〇人・直丁三人から構成される。皇太夫人に対して設置されることもあり、七二四（神亀元）年には皇太夫人藤原宮子のために中宮職がおかれた。これをうけて、七二九（天平元）年八月に藤原光明子が立后した際、新たに皇后宮職がおかれた。その後、八五八（天安2）年に皇太后藤原順子のために皇太后宮職がおかれ、さらに八六四（貞観6）年には藤原順子が皇太后から太皇太后に進んだため太皇太后宮職も設置され、中宮職は皇后だけの機関となった。

【参考文献】橋本義彦『平安貴族社会の研究』（吉川弘文館昭51）。宮内庁書陵部編『皇室制度史料　后妃（3）』（吉川弘文館平1）。鬼頭清明『古代木簡と都城の研究』（塙書房平12）。　**（荊木美行）**

ちゅうげんこうくりひ【中原高句麗碑】　韓国忠清北道中原郡（現在、忠州市に編入）可金面龍田里立石で発見され、現在もそこに立つ。昔から村の入口に立っていたが（村名の由来）、文字はないと考えられてきた。一九七九年に、地元の郷土史愛好グループが文字を確認。高さ二〇三cmの四角柱で、四面に文字が確認されているが、そのうち二面はほとんど判読できない。およその内容は「高麗太王」「祖王」が「東夷」の「新羅寐錦」（森羅王）に対して、兄弟のように共に天を守ろう、とした上で、衣服（高句麗の官服）を賜与し、新羅土内（領土内）からの徴兵を求めている。高句麗の中華意識が明確で、新羅を従属的に位置づけている。年代は、内容や碑文にみえる日付干支「十二月廿五日甲寅」などを通して検討され、五世紀としてまちがいないが、さらに四二〇年前後とみるか四八〇年前後とみるかで意見が分かれる。高句麗長寿王の時代であるが、同王代には存在しなかった「太子」が記されており、問題も残る。　**（田中俊明）**

中原高句麗碑

ちゅうしょおう［**中書王**］⇩兼明親王（かねあきらしんのう）

ちゅうしょしょう［**中書省**］⇩三省六部（さんしょうりくぶ）

ちゅうせんいせき［**銭鋳遺跡**］　奈良・平安時代に銭貨の鋳造をつかさどった役所の跡。『日本書紀』『続日本紀』に官吏の任命や銅銭鋳造の記事がある。遺跡としては京都府相楽郡賀茂町、山口県下関市長府覚苑寺境内、山口市大字鋳銭司などが知られている。このうち下関市長府覚苑寺境内からは寛永年間に和同開珎の銭笵が発見され、その後一九一一（明治44）年には銭笵、坩堝、鞴羽口が出土している。しかし鋳銭所に関する遺構は明らかではない。一九二九（昭和4）年、「長門鋳銭所跡」として国の史跡に指定された。山口市大字鋳銭司所在の遺跡は一九六六（昭和41）年から数次にわたる発掘調査が行われ、掘立柱建物、井戸、溝などの遺構が検出されている。遺物としては「長年大宝」をはじめ坩堝、鞴羽口がある。とくに注目すべき遺物に「宗□私印」の銘がある印影粘土板があり、遺跡の年代を推定するうえで貴重である。一九七三（昭和48）年、「周防鋳銭司跡」として国の史跡に指定された。（**石松好雄**）

ちゅうせんし［**鋳銭司**］　古代の官銭鋳造にあたった役以前にも設置されたが、八世紀初めの和同開珎鋳造以後山城・河内・近江・長門・周防の地に随時設置された。最も長く稼働した周防鋳銭司では発掘調査の結果司域二丁四方、司外の東北部一帯に倉庫群、東郊一帯に鋳銭師・鋳銭形師ほか鋳手などの工人集落の存在が推測されている。平安時代の鋳銭司は長門・周防だけとなるが、両国内に長登・蔵目喜・達理山などの銅鉱山が早くから開発されていて良銅がえられたこと、渡来の技術者の存在等の条件に適していたからであろう。鋳銭司の長官は九世紀に入り国守が兼任した。『和名類聚抄』には「じゅぜんのつかさ」と読むとある。なお「山城国葛野郡鋳銭所」「長門鋳銭所」などの「鋳銭所」は「鋳銭司」とは表記されていないことから、役所機関としての体制をもたない鋳銭作業所で区別されていたという考え方もある。

［**参考文献**］岩橋小弥太『上代官職制度の研究』（吉川弘文館昭37）。小葉田淳『日本の貨幣』（至文堂昭38）。（**中村徹也**）

ちゅうせんじこふんぐん［**仲仙寺古墳群**］　島根県安来市西赤江町にある弥生時代から古墳時代の墳墓群。一九七〇（昭45）年に発見。平野に面した低丘陵の屋根上に立地し、中央の八～一〇号四隅突出型墳丘墓（弥生後期）が有名。代表格の九号墓は一八・五×一五・五mの低い長方形墳丘の四隅に突出部をつけ、墳裾に石列を巡らす。墳頂に木棺を入れた土壙等三カ所の埋葬部があり、裾部でも箱形石棺三個が存在。この墳墓群は、四隅突出型弥生墳丘墓の発見で話題をよんだが、開発のため八・九号墓等を除き破壊された。八・九号墓は国指定史跡。

［**参考文献**］田中義昭編『山陰地方における弥生墳丘墓の研究』（島根大学考古学研究室平4）。（**田中義昭**）

ちゅうぜんじ［**中禅寺**］　栃木県日光市中宮祠にある寺院。七八四（延暦3）年、僧勝道によって二荒山（現・男体山）山麓に建立、補陀洛山神宮寺と称した。第一五代聖宣の時代に藤原敦光が『中禅寺私記』を執筆。本尊は千手観音。現在は日光輪王寺の所管。（**野口孝子**）

中尊寺金色堂内陣
写真提供：中尊寺

ちゅうそんじ［**中尊寺**］　岩手県西磐井郡平泉町にある天台宗の東北大本山。関山。平安末期藤原清衡が建立。一〇八三（永保3）年の後三年の役に勝利した清衡は、江刺郡豊田館から磐井郡平泉に館を移し、中尊寺の建立に着手したとされる。初めは釈迦・多宝両像並坐で、法華経にもとづいて営まれた。平泉の地を後三年の役後の軍事施設としてではなく法華経による法の城とし、寺号も法華経にある「仏人中尊」にもとづいて名付けられた。一一二六（大治元）年の「供養願文」には「四神具足の地」など建立の趣旨が述べられている。清衡は東北の王者という自覚にたち、前九年・後三年の役に非業の死を遂げた戦士たちの抜苦与楽の鎮魂のため、さらに鎮護国家のために修繕を行ったのである。寺域内には主要堂塔四

○余宇がある。その中央には多宝寺があり、釈迦堂・両界堂・金色堂など、堂内皆金色であったという。金色堂は一一二四（天治元）年、清衡によって建立された仏堂である。堂は宝形造、一間四面の小さな阿弥陀堂で、組物は平三斗、中備に本蛙股を用いる。堂内外のほぼ全面に金箔が張られていることから「光堂」とよばれる。内陣には阿弥陀三尊と二天、六地蔵菩薩像が三組安置され、周囲には一二光仏を蒔絵した巻柱が立つ。内部の荘厳は当時流行した浄土教の影響を強く受けたものである。この堂は本来墓堂であり、中央須弥壇の下には法華経の多宝入定の信仰にもとづき、中央には清衡、左右に基衡・秀衡の藤原三代のミイラが安置されている。なお、堂の外には室町時代に建てられた方五間の鞘堂があったが、戦後の改築の際、移築され、現在は鉄筋コンクリートの覆屋である。金色堂内の荘厳仏具や経蔵堂内具は、木造天蓋や螺鈿平塵案をはじめ多くが国宝に指定されている。

〔**参考文献**〕高橋富雄『奥州藤原氏四代』（吉川弘文館昭33）。高橋富雄『図説奥州藤原氏と平泉』（河出書房新社平5）。中里壽克編『中尊寺の漆芸』（「日本の美術」至文堂平4）。

（**野口孝子**）

ちゅうそんじこんじきどう〔中尊寺金色堂〕 ⇩中尊寺

ちゅうてつ〔鋳鉄〕 炭素の含有量が一・七～四・五％の鉄である。銑鉄とも呼ぶ。製品化の際は溶鉄状態であるため鋳型に流し込む。わが国では奈良時代以降、釜、仏像、梵鐘の生産に採用された。鋳造鉄器は堅固である反面で展性を欠いている。したがって、利器に採用する場合は脱炭等の熱処理による刃部の軟化処理が不可欠であり、中国では戦国時代においてすでに脱炭炉を用いた熱処理を可能としていた。

（**村上恭通**）

ちゅうなごん〔中納言〕 太政官を構成する職員の一つ。すでに飛鳥浄御原令制下にみえるが、大宝令でいったん廃止された。七〇五（慶雲2）年、令外官として大納言の定員二人を減じて再置（定員三人、相当位は正四位上）。職掌は大納言に準ずる。

（**荊木美行**）

ちゅうなん〔中男〕 律令制下における年齢区分のなかで、一七歳以上二〇歳以下の男のこと。大宝令では少丁といった。二一歳以上六〇歳以下の正丁、六一歳以上六五歳以下の老丁とともに、課税対象となったが、庸の負担はない。調負担料は正丁の四分の一で、七五七（天平宝字元）年と翌年の改正で、負担軽減のため、正丁の年齢は二二歳以上五九歳以下、中男は一八歳以上二一歳以下となった。七一七（養老元）年正丁の調副物と中男の調を廃止し、代わりに諸国が中男を役して中央政府の必要物資を調達する中男作物制が実施された。

（**舘野和己**）

ちゅうなんさくもつ〔中男作物〕 ⇩中男

ちゅうゆうき〔中右記〕 右大臣藤原宗忠の日記。記名は、家名の中御門と官名の右大臣から。一〇八七（寛治元）年から一一三八（保延4）年におよぶが、中間を一部欠く。一一二〇（保安元）年には一六〇巻に達しており、全体では二〇〇巻を超えたものと推定される。さらに部類記も一三巻が伝わる。白河・鳥羽院政期の政務朝儀をはじめ、社会、文化にいたる史料である。とくに薨卒記事の人物批評は生彩があり、本記の特色といえる。『増補史料大成』『大日本古記録』『陽明叢書』（記録文書編）所収。

（**松本公一**）

ちゅうゆうきぶるい〔中右記部類〕 ⇩中右記

ちょう〔牒〕 養老公式令に規定された公文書の様式の一つ。二種ある。一つは、公式令牒式条に定める牒で、内外主典以上の官人が諸司に上申する際に用いられた。ただし、実例はほとんどない。いま一つは、公式令移式条に定める牒で、「移」は直接の所管・被管関係にない官司が相互に授受する文書だが、僧綱・三綱が諸司と文書のやりとりをする場合には、この移式を転用して牒とした。その場合は「移」の字にかえて「牒」を用いたが、こうした転用の規定は大宝令にはなかった可能性が大きい。

（**荊木美行**）

ちょう〔調〕 律令制下の租税の一。和訓は「ツキ」「ミツキ」。六四六（大化2）年の改新詔には田調・戸調がみえるが、実態は不明。人身賦課の調の成立は、庚寅年籍の作成などから、浄御原令が施行された七世紀末の持統朝と考えられる。「養老令」の規定では、正丁・次丁・中男（少丁）から絹・絁・糸などの繊維類（正調）や、鉄・塩・海産物（調雑物）、さらには付加税として調副物を徴収するもの。原則として中央に送られ、大蔵省に納入されたあと、諸司に分配、あるいは官人に禄として支給された。八世紀前半には、京・畿内の調の銭納が定められたり、副物を廃止し代りに中男作物が新たに加えられるなど、調制の整備が行われた。奈良時代末以降、調庸の麁悪・違期・未進が顕著になると、調の不足を正税交易物で補うことが行われるようになった。正倉院には諸国から調として送られた繊維品が伝存しており、また藤原宮や平城京・長岡京跡などからも、調の荷札が出土している。

〔**参考文献**〕狩野久『日本古代の国家と都城』（東京大学出版会平2）。早川庄八『日本古代の財政制度』（名著刊行会平12）。

（**俣野好治**）

ちょうあん〔長安〕 漢の長安城は、廃墟となった秦の咸陽城南の離宮土壇上にまず未央宮や長楽宮などの宮殿群が造営され、その後に宮殿区全体を城壁で囲み込んだため、平面プランはかなり不規則な形状を呈し、とくに北壁は河川に規制されて屈曲が著しい。この屈曲は天空の北斗七星を写したものとして斗城と後世によばれるが、当初のプランは方形であったことは、各面三門、南面中央の安門が中軸線基点として終南山子午谷と対応することなどで確認できる。宮殿など公的空間が城内の三分の二以上を占め、古代の都城のあり方をよく示している。五胡期の前秦、後秦、北魏分裂後の西魏、北周と繰り返し都城とされたこともあって、現在でも城壁は比較的よく残っている。隋唐の長安城は、隋の建国二年目に文帝によって漢長安城の東南一〇㎞の地にまったく新しく造営が開始され、七〇余年後の唐の高宗期にようやく外郭城と九門が完成した。近年の発掘調査で、東西九七二一m、南北八六五二mの実測値が得られ、文献にいう城周六四里余とほぼ一致することが確かめられた。宮殿区である宮城、官庁区である皇城を外郭城北辺中央に配し、皇城南門の朱雀門、外郭城南門の明徳門を結ぶ朱雀大街を中軸線とした見事な左右対称の都市計画に基づいた都城であった。古来、都城の理想的モデルとみなされてきた『周礼』考工記の周の王城のプランがほぼ正確にここに実現され、日本古代の都城制にも絶大なる影響を与えた。宮城と皇城を除く外郭城内は東西の二市と一〇八坊にブロック化され、街路で区画される各坊は坊墻で囲まれ、二～四の坊門は日没時に閉ざされ夜間の城内外への外出は禁じる夜禁制が行われた。一〇八坊とは九州×一二月の数で、皇帝が全土と時間を支配することを意味する。朱雀大街の東半分が左街、西半分が右街とよばれるのは、天子南面の原則に因る。現在の京都市の左京区と右京区の呼称もこれを倣ったものである。

〔**参考文献**〕愛宕元『中国の城郭都市』（中央公論社平3）。 (**愛宕元**)

ちょうあんじょう［長安城］ 北朝鮮・ピョンヤン特別市平川区域、中区域、牡丹峰区域にまたがる高句麗時代後期の都城遺跡。南に大きく湾曲する大同江の北岸、普通江東岸との間に位置する。五八六年に平壌城（前期平壌城）から遷都し、六六八年の滅亡まで存続した。遷都後の都城に対しても平壌城の名が使われているので、後期平壌城ともよび区別することがある。石築の城壁（総長二三㎞）で囲んだ内部は大きく南から外城、中城、内城、北城にわかれる。外城、中城はほぼ平地で、内城、北城は小丘陵をとりこむ。王宮は内城にあったと推定され、中城には官衙の存在が想定される。外城には方格地割があり、寺院跡もある。城壁の石に刻まれた銘文には築造工事の年月、工事区、監督者などが記されており、築城の経過が知られる。

〔**参考文献**〕東潮他『高句麗の歴史遺跡』（中央公論社平7）。 (**千田剛道**)

ちょうえん［長円］ ?～1150 平安後期の*仏師。円派の創始者円勢の長子。円派仏師の正系として白河院・鳥羽院をはじめ皇族や貴族のために多くの仏像を製作、円派の隆盛をもたらす。二二九（大治4）年清水寺別当に任じられ、死ぬまでその地位にあった。 (**藤田琢司**)

ちょうか［長歌］ 五音句と七音句を基調として句を繰り返してゆく歌のかたち。一般的には、七句以上の歌が長歌として定義されている。ただし、『記』『紀』の歌謡には、三音句と四音句を基調としている歌もある。それが、*柿本人麻呂の時代に、五七のかたちが定着し、五七七のかたちで歌いおさめられる形式が確立する。『万葉集』には、二六五首が収載されている。しかし、古今集時代になるとほとんど制作されなくなった。 (**上野誠**)

ちょうが［朝賀］ 正月元日、*大極殿に敷設された高御座に出御した天皇に対し、文武百寮の群臣たちが拝賀する儀礼。元正朝賀・元会・朝拝ともいい、「みかどおがみ」とも読まれる。朝賀の儀式次第は「貞観儀式」（『儀式』）に詳しい。また元日には、各国々においても、国司が僚属や郡司を率いて国庁（国衙の庁）に向かって朝拝し、その後に国守は国衙の官人や郡司等から拝賀をうけた（儀制令）。国司以下、庁に向かって朝拝する時刻は、天皇が大極殿の高御座に出御する時刻（「貞観儀式」によれば辰の一刻以降）と推定されるので、正月元日には、都と地方の全官人らが天皇に対して拝賀を行い、天皇がそれをうけるという儀礼構造であった。蕃夷が入朝していた際には、それらの使者も朝賀に加わったから、日本古代の律令国家では、いわば日本天皇を中心とする小世界が観念されており、正月元日に天皇に対し朝賀を行うことで服属を誓約するという側面を有していた。「延喜式」によれば、元正朝賀、即位式、諸蕃使の上表および献物は大儀とされた（左右近衛府式、左右衛門府式、左右兵衛府式）。「貞観儀式」には、巻五に天皇即位儀、巻六に元正朝賀儀がみえ、儀礼の次第が記されている。両者を比較すると、元正朝賀の記事は詳細で、即位儀はそれを省略したものである。すなわち九世紀における両儀は、儀礼構造としては同じものであり、相違するのは即位式では叙位が行われるのに対し、朝賀では奏賀・奏瑞が行われ、大極殿に皇后も出御すること、宣命の内容に違いがあること等にすぎない。もっとも養老神祇令の践祚条（正確には践祚即位式とすべきもの）にみえるように、八世紀代の践祚即位式では、中臣が「天神の寿詞」を奏し、忌部が神璽の鏡剣を捧呈したから、この点は異なる。しかし九世紀になると、中臣による天神の寿詞の奏上は大嘗祭に移り、忌部による神璽の鏡剣の捧呈は践祚式に移された。その結果、「貞観儀式」にみるように、朝賀と即位式はほぼ同一の儀礼構造となったのである。

朝賀は古代中国に淵源し、漢代から唐代にいたるまで正月朝賀（元会）が行われた。朝賀とは、臣下が朝廷におもむき皇帝に祝辞を述べることで、正月朝賀のほかに、月朔朝賀や冬至朝賀もあった。正月朝賀は、前漢・武帝の天漢四年（紀元前九七）と後元二年（紀元前八七）の春正月条に、諸侯王を甘泉宮に朝せしめた記事がみえ（『漢書』巻六武帝紀）、また後漢代には歳首に百官が正月を賀したから（『後漢書』礼儀志）、漢代にすでに正月朝賀が行われていたことは確実である。晋の武帝にいたり、元会儀が定められた（『晋書』巻二一）。『晋書』によれば、正月朔日にはさらに皇帝の元服、大赦、改元が行われたことも散見する。また『宋書』『南斉書』『梁書』『陳書』などの南朝の正史にも、こうした傾向がうかがえる。北朝の北魏やその後の東魏でも同様に元会が行われた。『隋書』巻九の礼儀志では、梁・陳代の元会や北朝の後斉（北斉）の正会に言及し、隋では正会と冬至の朝賀が行なわれていた。唐代にも『旧唐書』本紀に元会の記事が散見し、『唐会要』巻二四に詳しい記述がある。

東アジア世界に眼を転じると、新羅の真徳王の五年（六五一）正月朔に、王は朝元殿に出御して百官の正賀をうけており、これを賀正の礼の初例としている（『三国史記』巻五）。真徳王三年正月に初めて中朝の衣冠を服していること、同四年に中国の永徽年号を使用したこととあわせ、この頃、新羅では盛んに中国文化の導入をはかっていたことを示している。そしてほぼ時を同じくして、倭国でも朝賀が開始された。

乙巳の変直後の六四五（大化元）年十二月に難波長柄豊碕に宮を移し、翌年正月一日に賀正礼を終えた後、大化改新の詔が出された。この時点では難波長柄豊碕宮は完成しておらず（六五二〈白雉3〉年九月に完成）、子代離宮でのことと思われるが、大化改新の詔にはいろいろ問題があることから、この日に賀正礼が行われたか否か、問題を残している。しかし孝徳朝には、大化四年・五年、白雉元年・三年の正月一日にも賀正礼の記事がみえる。また六五〇（大化6）年二月十五日、穴戸国から白雉が献じられた際、某宮（味経宮か）で行われた儀礼の様を、「元会の儀の如し」と記しており、すでに朝賀が慣例化していることを思わせる。六五二（白雉3）年九月に完成した難波長柄豊碕宮（前期難波宮）では、内裏前殿と後殿、朝堂院が備わり、とりわけ朱雀門にみるように、きわめて中国的な宮殿構造をもつ。孝徳朝の難波宮では、中国的な立礼が導入された（『日本書紀』天武十一年九月壬辰条）こととあわせ、孝徳朝には新羅と同様に朝賀が開始されたとみて誤りないように思われる。

六九〇（持統4）年正月一日、持統天皇の即位式が行われた。物部麻呂朝臣が大盾をたて、神祇伯中臣大嶋朝臣が天神の寿詞を読み、それが終わって忌部宿禰色夫知が神璽の剣・鏡を皇后鸕野皇女に捧呈し、鸕野（うの）皇女は即位した。持統天皇である。公卿百寮は連なって天皇を拝し、手を拍った。『日本書紀』によれば、正月即位の事例は多いが、確実なものは舒明・皇極・斉明・天智（或本の説では三月）・持統であり、正月一日の即位に限れば、持統のみである。神武・応神・顕宗も正月一日即位の事例であるが、暦法の採用という点からみて除外できる。正月一日即位の嚆矢は持統であり、その背景には、孝徳朝からすでに朝賀が開始されていたことをあげうる。六九〇年正月一日に持統の即位式が行われ、翌二日には公卿百寮が拝朝し、その様は「元会の如し」とみえ、次いで丹比嶋真人と布勢御主人朝臣が騰極（ひつぎ）を賀す言葉を奏した。二日の儀礼は朝賀そのものであり、正月一日に伝統的な即位式が行われたため、二日に朝賀が行われたとみてよい。なお高御座が敷設される大極殿は飛鳥浄御原宮で成立した可能性が大きいので（『日本書紀』の天武十年二月二十五日条および同年三月十七日条に、大極殿がみえる）、それ以前の朝賀は内裏前殿（外安殿）で行われていたと推測される。前期難波宮や飛鳥浄御原宮では、内裏前殿が確認されている。七〇一（大宝元）年正月一日に藤原宮の大極殿で行われた朝賀は盛大なもので、「文物の儀、ここに備われり」（『続日本紀』）と表現されている。朝賀は九九三（正暦4）年を最後に廃絶し、元日には小朝拝のみが行われるようになった。

〔参考文献〕倉林正次「大嘗祭の成立」竹内理三編『古代の日本』（二）（角川書店昭46）。和田萃「タカミクラ―朝賀・即位式をめぐって―」『日本古代の儀礼と祭祀・信仰』（上）（塙書房平7）。 （和田萃）

ちょうきんぎょうこう【朝覲行幸】 天皇が年頭に上皇・皇太后の居所に行幸し、父・祖父たる上皇や母后に歳首の礼をとる行事。八〇九（大同4）年嵯峨天皇が平城（へいぜい）上皇に行ったのが初見。院御所に近づくと警蹕（けいひつ）がとどめられ、天皇は敬意を表すために中門外で御輿を降り、拝観にむかう。年頭のほか践祚・即位・元服の際行われた。 （佐藤文子）

ちょうげん【重源】 1121〜1206 紀季重の子。房号は俊乗。南無阿弥陀仏と号す。一三歳の時、醍醐寺で出家。その後、四国修行、大峯修行を重ね、また熊野・葛城などでの修行をはたす。一一六七（仁安2）年、入宋し、天台山・阿育王山などを訪ね、翌年帰国する。八〇（治承4）年、東大寺*が平家による焼き討ちによって焼失すると、翌年八月、重源はその復興のため東大寺造営勧進職に補任された。時に六一歳。その後、大仏の鋳造を終えて八五（文治元）年、開眼供養が行われ、次いで大仏殿の再建事業に着手した。重源は再建のための資材調達の必要から、造営料所や港湾の整備を積極的に行った。しかし復興事業の困難さから、一時、職の辞退を申し出るが、逆に八九（文治5）年、大勧進職に補任された。一方、高野山に念仏道場の新別所を開いたり、近年では和泉国狭山池の改修工事を行っていたことが、発掘された改修碑によって明らかにされるなど、さまざまな事業に関与した。後半生を東大寺再建に尽くし、東大寺で没した。

〔参考文献〕小林剛編『俊乗房重源史料集成』奈良国立文化財研究所史料（四）（吉川弘文館昭40）。小林剛『俊乗房重源の研究』（有隣堂昭55）。南都仏教研究会編『重源上人の研究』（昭30）。 （松本郁代）

ちょうこうどう【長講堂】 京都市下京区にある浄土宗寺院。本来は後白河院が院御所六条西洞院殿に設置した持仏堂。正式には「法華長講弥陀三昧堂」と称す。一一八三（寿永2）年から九二（建久3）年までの間に設置。九二年の後白河死去後に寺院となる。後白河は長講堂に付随する荘園を多数集積し、のちに八条院領とならぶ中世王家の荘園群となる。後白河没後、命日などに盛大な供養が行われた。壮大な堂舎を有したが鎌倉時代に火災で焼失、戦国時代天正年間に現在地に移転した。 （元木泰雄）

ちょうこうどうりょう【長講堂領】 ⇩長講堂（ちょうこうどう）

ちょうごそんしじ【朝護孫子寺】 ⇩信貴山寺（しぎさんじ）

ちょうこほうこふん【長鼓峰古墳】 大韓民国の全羅南道海南郡北日面方山里にある、三国時代百済の前方後円墳。朝鮮半島では西南部の栄山江流域において一〇数基の前方後円墳が認められる。そのなかで、この古墳は分布の南限を示すとともに、最大規模を誇る。南側に平野が広

長鼓峰古墳
撮影：守屋宏毅

がる丘陵地末端の海抜二〇m付近に立地する。ほぼ北向きに築かれた長軸の長さは、約七六mを測る。後円部の直径約四三m、高さ約一〇mに、前方部の幅約三七m、高さ約九mをそれぞれ測る。後円部には、墳丘基底部からの高さ約五mにあたる位置に基底部を置き、玄室の奥壁が後円部中央より少し南東寄りの位置にくる、西向きの横穴式石室が築かれた。玄室は、長さ四・六m、幅が東壁（奥壁）で二・四m、西壁で二・一m、高さが東壁で一・九m、西壁で一・八mの規模をもつ。幅〇・五八m、高さ一・一五mの玄門を挟んで、長さ四m、幅一・二m、高さ約一・七～一mの羨道が伸びる。側壁は割石を小口積みした後、赤色顔料を全面に塗っている。ひどい盗掘をうけており、玄室内部の部分的な調査で、甲冑の一部と思われる鉄片、冠などについていたと考えられる金銅製歩揺が出土したにすぎない。五世紀後半頃の百済と倭の関係を考えるうえで重要な古墳である。（西谷正）

ちょうごんか【長恨歌】 中国唐の白居易（楽天）の詩。七言一二〇句。「琵琶行」とならぶ彼の代表作。八〇六（元和元）年、盩厔県尉の時に、陳鴻・王質夫と三人で会し、王の勧めでつくった。唐の玄宗と楊貴妃の恋愛と、貴妃の非業の最期を詠む。題名は末尾の「天長地久有時尽、此恨綿綿無尽期」に依る。陳鴻が付した小説『長恨歌伝』も傑作で、詩の注解にもなっている。日本では一種の翻訳として説話『唐物語』がつくられるなど、さまざまな形で多くの文学作品に影響を与えた。（中島俊彦）

ちょうさく【張鷟】 ⇨遊仙窟（ゆうせんくつ）

ちょうさん【朝参】 本来は、全官人が毎日朝堂の朝座に着座すること。この朝参による執務が朝政である。律令制下にあっては、このような執務形態が毎月朔日に朝堂院の朝庭に会集・列立する朔参として儀式化された。この朔参も朝参である。

【参考文献】岸俊男『日本古代宮都の研究』（岩波書店昭63）。（虎尾達哉）

ちょうしゅうえいそう【長秋詠藻】 平安時代末期の私家集。三巻。守覚法親王の求めにより、一一七八（治承2）年に、藤原俊成が自撰した。上巻に久安一〇〇首・述懐一〇〇首をおさめ、中巻・下巻はそれぞれ四季・賀・恋と雑・釈教・神祇に部類される。歌数は約四八〇首。書名は俊成が皇后大夫だったことから、皇后宮の唐名「長秋宮」による。注釈書に『日本古典文学大系80』（岩波書店昭39）『和歌文学大系22』（明治書院平10）がある。（小西茂章）

ちょうしゅうき【長秋記】 権中納言源師時の日記。記名は師時の官職、皇后宮（唐名長秋宮）権大夫による。一一〇五（長治2）より三六（保延2）年までの日次が残る。儀式の記述に詳しく、白河・鳥羽院政期の基本史料の一つ。『増補史料大成』。（松本公一）

ちょうしゅうし【朝集使】 大帳使・貢調使・正税帳使とともに、いわゆる四度使の一つ。律令制下で、国司が毎年上京し、その年の政務について報告するための使い。四度使のなかでもっとも重視され、国司の目以上の者が任じられ、ほかに朝集雑掌が随行した。毎年一一月までに、国司・郡司の考文やその他種々の公文を携えて上京し、太政官や式部省・兵部省の監査に応じるとともに、冬至・元日朝賀などの朝廷の儀式にも参列した。平安時代になると衰退し、一二世紀には行われなくなった。（荊木美行）

ちょうじゅうじんぶつぎが【鳥獣人物戯画】 紙本墨画の戯画絵巻。鳥羽僧正覚猷の筆と伝えられるが確証はない。現在四巻であるがもとは五巻であったと考えられる。一二世紀中頃から一三世紀中頃の作品。兎・猿・蛙などの動物戯画と人物戯画とからなる。京都市高山寺蔵。（山田雄司）

ちょうじゅおう【長寿王】 394～491 在位413～91 高句麗第二〇代王。諱は璉。諡号のとおり長寿で、『三国史記』では享年九八、『魏書』では百余歳とする。四五一年に延寿（瑞鳳塚銀合子銘）という年号を用いている。広開土王の長子で、領土をさらに拡大し、最大版図・最盛期を現出。四二七年に平壌に遷都したあと、とくに南下策を進め、四七五年に百済の王都漢城を攻陥。北燕・北魏および宋・南斉と通交。当時の中国周辺の王として最高の車騎大将軍の地位をえる。（田中俊明）

ちょうしょうじ【超昇寺】 奈良市佐紀町に所在した寺院。平城天皇の皇子高丘親王（真如親王）により創建されたとされる。『三代実録』には八六〇（貞観2）年の記事に不退寺とともに記されており、その頃にはすでに創建されていた。真如親王は八六二（同4）年に入唐し、八六五（同7）年に壱演を座主とした。『諸寺縁起集』によると阿弥陀堂には本願の真如親王御影が祀られた。一四五九（長禄3）年に塔坊自焼したといい、一五七八（天正6）年の超昇寺城攻めの際にも焼失した。（鶴見泰寿）

ちょうせい【長勢】 1010～91 平安時代中期の仏師。定朝の弟子。三条仏所の祖。法成寺・円宗寺の造仏賞により法橋・法眼に叙され、一〇七七（承暦元）年法勝寺造仏賞により、仏師として初の法印となる。（佐伯智広）

ちょうせん【調銭】 調として納入された銭。律令の規定では調は物品で納入されたが、和同開珎の鋳造により銭貨流通の促進をはかるために新設された税制。当初京・畿内にのみ課されたが、七二二（養老6）年には伊賀・伊勢・尾張・近江・越前・丹波・播磨・紀伊など周辺国にまで拡大された。平安時代には京・畿内に再び限定されたらしく、「延喜式」主計寮式では左右京・山城・大和・河内・摂津・和泉の銭納が規定されている。（井上満郎）

ちょうせんしきしょうどうたく【朝鮮式小銅鐸】 ⇨銅鐸（どうたく）

ちょうせんしきやまじろ【朝鮮式山城】 西日本に築かれた朝鮮半島系の古代山城の総称。一部石築のものもあるが、基本的に土塁によって山の頂上部付近を区画したもので、外郭線の長さはだいたい一・九～六・五kmの大規模なものである。土塁は基本的に版築によって築かれ、基部に列石や柱穴を使用するものが多い。外郭線には門や水門を築き、城内には管理棟や倉庫などの建物が建てられていたようである。『日本書紀』などの記録に記されたものを「朝鮮式山城」とよび、記録にみられないものを神籠石（神籠石式山城など）とよび分けてもいるが、最近の発掘調査によって両者の違いがあいまいになり始め、最近では古代山城とまとめてよぶことが多くなっている。狭義の朝鮮式山城は六六四（天智天皇4）年から六六七（同6）年の、白村江の戦いの敗戦後に築かれたと考えられている筑紫国大野城、倭国高安城など七ヵ所であり、これに場所未定の備後茨城などを含めると、一一ヵ所になる。神籠石は、切石の列石が神社のある山を囲んだ状況で発見されたことなどから、聖なる場所の区画施設であると考えられ、このような名称がつけられた。その後この霊域説と朝鮮半島と関連すると考える山城説が長く対立し、神籠石論争として有名になった。しかし昭和三〇年代以降のおつぼ山神籠石などの発掘調査によって列石が土塁の土留めのためのものと考えられるようになり、現在では山城と考えることが一般的である。これまで確認されている神籠石は福岡県、佐賀県、山口県、岡山県、兵庫県、愛媛県、香川県におよび、合計一六ヵ所である。神籠石の築造主体と目的と時期に関しては、最近では狭義の朝鮮式山城と同じようにヤマト政権が朝鮮半島での混乱に対して、七世紀後半を前後する時期に築いたと考えられている。

最近の神籠石研究におけるおもな論点は、その築造時期が狭義の朝鮮式山城の前か、後か、またはその前後におよぶのかである。

【参考文献】小田富士雄編『北九州瀬戸内の古代山城』（名著出版昭58）。 **（亀田修一）**

ちょうそ【重祚】 退位した天皇が再び即位すること。実例としては、皇極天皇（のち斉明天皇）と孝謙天皇（のち称徳天皇）の二女帝がある。なお、祚は天子の位を表す語で即位の意味はなく、『日本書紀』『続日本紀』にも重祚の語はみえない。後世の造語か。 **（虎尾達哉）**

ちょうたんぶせい【町段歩制】 土地面積の表示法。七世紀以前の度地法は代制であったが、大宝令において町段歩制が採用された。大尺（高麗尺）五尺（約一・八m）を一歩とし、一歩四方の面積を一歩、三六〇歩を一段、一〇段＝三六〇〇歩（六〇歩四方）を一町とする。一町は令前の五〇〇代にあたる。七一三（和銅6）年、唐の尺制を採用したが、高麗尺（令大尺）と唐大尺（令小尺）との比率は六対五で、同時に一歩を六尺と改めたので、歩の実長・面積には変化はなかった。 **（鎌田元一）**

ちょうちょう【調帳】 律令制下、諸国から毎年貢納される調の品目・数量などを書き上げた帳簿で、四度使のひとつである貢調使によって調の現物とともに京進された。八世紀末頃の常陸国調帳の断簡、一二世紀初頃の摂津国調帳案が遺存している。 **（鎌田元一）**

ちょうてい【朝廷】 本来は、天皇が執政する場所をさす語。具体的には、朝堂や朝庭をさす語で、「朝庭」とも表される。広義には、天皇の居処を含めた執政機構全体を表す観念。「難波朝廷」「平城朝廷」のように所在地を冠する用法もある。 **（虎尾達哉）**

ちょうどういん【朝堂院】 大内裏の正庁で内裏の南西に位置する宮内の中心的施設。八省院とも称す。構造は北から天皇が出御する大極殿、臣下が朝政で着する朝堂、また参集した臣下の待機場所である朝集堂となっている。朝堂は南の会昌門を入ると、東に昌福堂、含章堂、承光堂、明礼堂、西に延久堂、含嘉堂、顕章堂、延禄堂、南に暉章堂、康楽堂、修式堂、永寧堂の十二の建物がならぶ。また、竜尾道付近の回廊が曲折所には、東西に蒼竜楼、白虎桜が、また応天門の左右には栖鳳楼、翔鸞楼が設けられていた。南外郭の中央に応天門がある。もともとは政務・儀式・宴会の場であったが、平安時代の早い時期からは内裏が用いられるようになった。平安時代では八六六（貞観8）年、八七六（貞観18）年、一〇五八（康平元）年に火災に遭い、その度に再建がなされているが、一一七七（治承元）年の火災により全焼して以後、再建はなされなかった。

【参考文献】橋本義則『平安宮成立史の研究』（塙書房平7）。 **（西山恵子）**

ちょうない【帳内】 律令制下で、有品の親王・内親王に与えられ、本主の警固・雑務を行う従者。諸王・諸臣に支給された位分資人に対応する。官品に応じて給付人数が異なり、内親王は親王の半分であった。六位以下の子および庶人から任用された。 **（荊木美行）**

ちょうにん【重任】 任期終了後その官職に再任すること。とくに平安中期以降の国司に多くみられ、彼らは任期中に朝廷・寺社等の造営に奉仕し、その功によっ

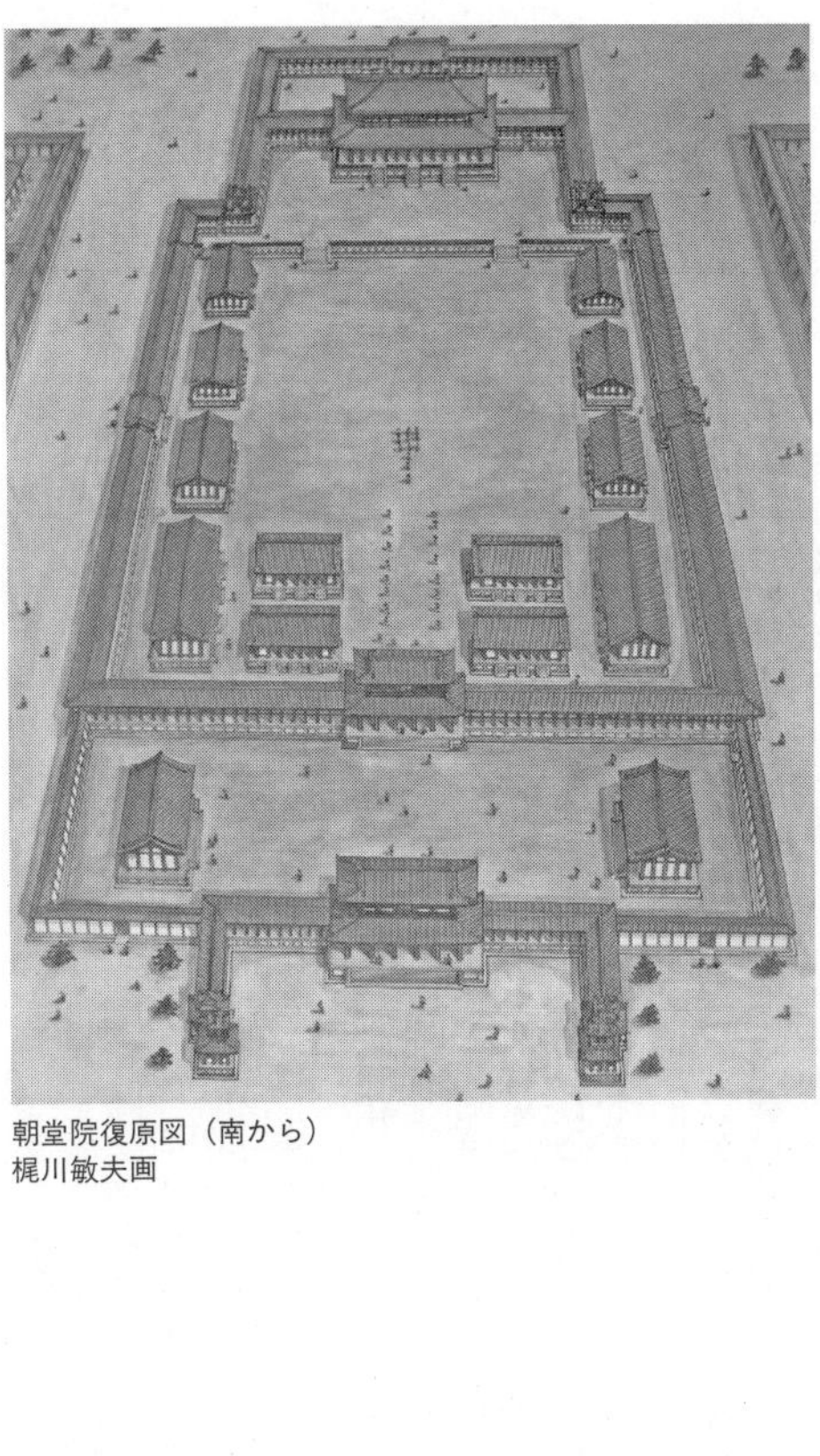

朝堂院復原図（南から）
梶川敏夫画

て再任をえた。ほかに延任（任期の延長）、遷任（他国の守）などがある。いずれも成功の一形態。（朧谷寿）

ちょうねん【奝然】 938～1016　東大寺の僧。東大寺東南院の観理に三論を、石山寺の元杲に真言を学ぶ。九八三（永観元）年、弟子嘉因・盛算らと入宋をはたし、同年九月、天台山、翌年三月には五台山に赴く。その間、太宗に謁し、法済大師号を与えられる。九八六（寛和2）年、多くの経巻や在宋中に模刻した釈迦如来像とともに帰国。翌年、釈迦如来像を安置するため都の西北に清凉寺の建立を申請したが、在世中には実現しなかった。釈迦如来像は三国伝来の仏として信仰を集めた。九八九（永延3）年、東大寺別当に補任された。（松本郁代）

ちょうふく【朝服】　朝廷出仕の際に着用する衣服。位階によって服色を定めた。初見は六八五（天武14）年で、六九〇（持統4）年に改正され、大宝・養老の衣服令では、五位以上の官人が特に重要な儀式で着用する礼服に対して、有位の官人が日常の朝廷公事に着用するものとされた。親王以下諸王・諸臣は頭巾・衣・笏・白袴・腰帯・白襪・履・袋、武官は頭巾・緌・位襖・腰帯・横刀・白襪・履・袋、内親王・女王・内外命婦は衣・紕帯・裙・白襪・烏皮履。（武田佐知子）

ちょうほうこう【張宝高】　⇨張保皐

ちょうほうじみなみばらこふん【長法寺南原古墳】　京都府長岡京市長法寺南原に所在する墳丘長六二mの前方後方墳。一九三四（昭和9）年、竹薮の開墾中に竪穴式石室が発見され、内部から舶載三角縁神獣鏡四面をはじめ、盤龍鏡、内行花文鏡、石臼、石杵、鉄製武器類、玉類などが出土した。以来、仿製鏡や碧玉製腕飾類を含まない最古相の前方後円墳の一つとして注目されてきたが、一九八一（昭和56）年から八九（平成元）年にかけて大阪大学と長岡京市が行った調査により、鰭付き円筒埴輪をもつ古墳時代前期後半の前方後方墳であることが判明した。前方部にも小竪穴式石室が一基設けられている。（福永伸哉）

ちょうほこう【張保皐】 ?～846　新羅の貿易商、武将。中国側の記録では張保皐、日本側では張宝高、張弓福、張弓巴などとみえる。初め唐に渡って徐州の軍将となり、帰国して八二八年清海鎮（全羅南道康津郡）大使となって新羅・唐・日本三国間の海上交易の権益を掌握し、莫大な富を築くとともに私的な軍団をも擁するようになった。唐では揚子江下流から山東の海岸部にかけて、新羅では全羅道沖の多島海を拠点に活発な海上交易を行い、当時入唐する日本人の多くは彼の配下の船団にたよっていた。その勢力を背景に新羅の王位継承争いに関与し、神武王と文聖王の擁立に成功し、清海将軍となった。のち文聖王が彼の女を妃にする約束を破ったので反乱を起こし暗殺された。慈覚大師円仁が二度にわたり滞留した山東半島の赤山法華院は彼の建立で、五台山巡礼や帰還の渡海を援助した張押衙や崔兵馬司らはいずれもその配下である。

なお清海鎮の遺跡は、莞島の西南沖に浮かぶ将島において大規模な城郭遺構と、莞島の西南海岸部で法華寺跡などが、それぞれ発掘調査されている。（愛宕元）

ちょうめいじ【長命寺】　滋賀県近江八幡市長命寺町にある天台宗の寺院。単立。聖徳太子作の十一面観音を安置して長命寺と称したという。武内宿禰長寿伝説がある。九八五（寛和元）年、花山天皇が臨幸して歌を詠む。これが御詠歌の始まりという。（野口孝子）

ちょうやぐんさい【朝野群載】　平安時代後期の詩文・文書文例集。三善為康編。自序によれば、全三〇巻で一一一六（永久4）年編とあるが、その後も増補されている。現存は二一巻。中級官人の実務用文例集と文学的詩文集としての性格をあわせもつ。（綾村宏）

ちょうよう【重陽】　九月九日の節日。天武朝の宴が初見だが、同天皇の忌日により停止。平安時代初頭より復活し、紫宸殿で、天皇出御のもと、文人による詩賦の宴が催された。この日には、また菊酒を飲むなどして邪気を払い、長寿を祈った。（竹居明男）

ちょく【勅】／【勅旨】ちょくし　⇨詔

ちょくししょ【勅旨所】　令外官の一つ。天皇の私的な勅旨の執行機関で、その職掌は七八二（延暦元）年に廃止された勅旨省の後身と考えられる。しかし八一〇（弘仁元）年の嵯峨天皇のときに創設された蔵人所にその機能は吸収されていった。（朧谷寿）

ちょくししょう【勅旨省】　奈良時代の令外官。天皇の私的意志の執行機関。『続日本紀』によれば、称徳天皇践祚直後の七六四（天平宝字8）年十月二十日条を初見とするので設置は天皇の意向によるか。勅旨田の管理、宮中の調度等の調進を職掌とするが、七八二（延暦元）年に勅旨所に引き継がれた。（朧谷寿）

ちょくしでん【勅旨田】　奈良時代半ばから平安時代にかけて存在した田種の一つ。不輸租田。開発後、賜田や施入田に転化する事例も認められる。勅旨田が全国に設置された点はほぼ認められているが、その性格は、王家の私的大土地所有とする見解と国家的開発とする見解に分かれ、その特徴は、勅旨による空閑地・荒廃田の占拠と開発、公水および開発料としての国衙正税の使用などとされるものの、正税使用以外を否定する見解もあり一定しない。延喜新制において勅旨開田は停止されるが、その後も勅旨田は存続しており、国司による経営のもと諸国公田があてられ、その地子は穀倉院・内蔵寮ないし院別納などに収納されている。なお、一〇世紀の勅旨田・院勅旨田は中世王家領の中核と理解されている。

【参考文献】石母田正『古代末期の政治過程および政治形態　著作集6』（岩波書店平1）。泉谷康夫『律令制度崩壊過程の研究』（高科書店平4）。村井康彦『古代国家解体過程の研究』（岩波書店昭40）。吉川真司編『平安京　日本の時代史5』（吉川弘文館平15）。（山本崇）

ちょくしのまき【勅旨牧】　平安時代、朝廷に貢納する馬を飼育するために設定された牧。御牧とも。「延喜式」によれば、甲斐・武蔵・信濃・上野の四国に三二牧あり、毎年八月に貢上した。貢馬が到着すると、駒牽が行われ、左右馬寮に分給

された。（勝山清次）

ちょっこもん【直弧文】 古墳時代前期から後期に及んで各種の器物などに用いられた特有の文様。濱田耕作による直線と弧線を基本として、その交叉した組合せ文様とする理解にもとづく。初期の多線帯表現が後に五線帯表現になり、一部では早くから三線帯表現も出現している。半浮彫の彫刻的表現が主であるが、施文対象によっては平面的線刻もある。施文対象は特殊器台や弧文円板のようなものから靫・盾・刀剣装具・石棺・石障・埴輪各種にみられる。広く古墳時代に象徴的な意味をもつ文様として使用されたものと理解され、朝鮮半島にも及んでいる。【参考文献】濱田耕作他『肥後に於ける装飾ある古墳及横穴』京都帝国大学文科大学考古学研究報告(1)（大6）。小林行雄『古墳文化論考』（昭51）。伊藤玄三『直弧文』（昭59）。（伊藤玄三）

ちん【朕】 天子の自称。中国で古くは身分の高下を問わず用いられた一人称であったが、秦の始皇帝のときに「天子は自ら称して朕と曰う」と定められた。日本でも同じく天子の自称として用いられ、『日本書紀』でも「我・吾」とともにみられる。（中畠俊彦）

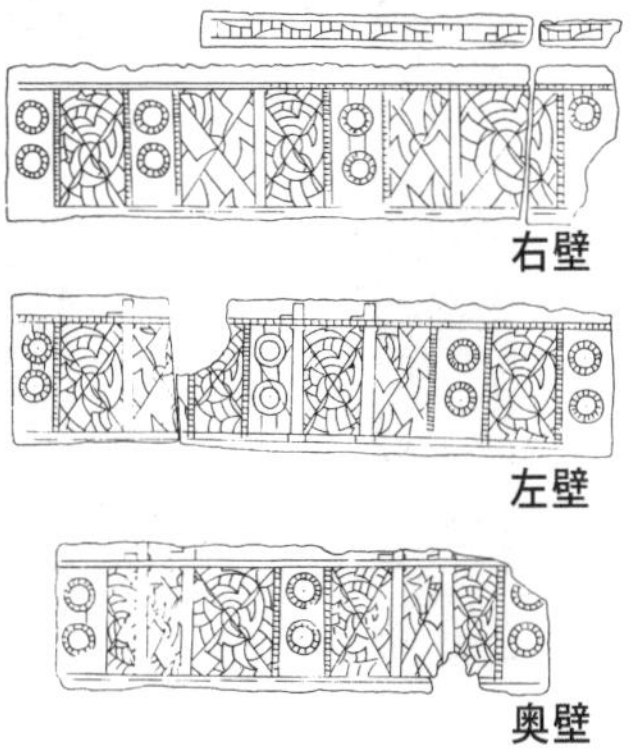

熊本県井寺古墳の直弧文

ちんかさい【鎮火祭】 古代の朝廷祭祀。「ほ〈ひ〉しずめ」祭とも。火による災害の鎮圧を願う祭祀で、「神祇令」では季夏（六月）・季冬（一二月）に行う規定。宮城の四方の外角で行い、卜部らが火を鑽ってこれを祀り、「火災を防ぐ」ための祭礼。祭神は火の神の火結神。「延喜式」に鎮火祭祝詞がある。（井上満郎）

ちんかさい【鎮花祭】 古代祭祀の一つで花の霊を鎮める。「はなしずめ」祭とも。「神祇令」では季春（三月）に行われ、大神・狭井両神社で執り行われた。春の花の散る季節に疫神が分散して疫病を流行させるので、その鎮圧を祈る祭礼であり、ために鎮花祭と称される。花の散る晩春・初夏は疫病流行の季節でもあり、花の霊を祀る*疫神祭礼は多い。（井上満郎）

ちんごこっかしそう【鎮護国家思想】 天候不順や地震などの自然災害、政情不安による内乱や外敵の侵入といった人的災害に対し、仏法によって国家を守護するという考え。『仁王般若経』や『金光明最勝王経』には、国王がこれらの経典を受持読誦することによる国土守護や国家繁栄の功徳が説かれている。六七六（天武5）年一一月、諸国で『金光明経』『仁王経』が講説されて以降、これらの経典による護国を目的とした法会が頻繁に行われた。（志麻克史）

ちんこん【鎮魂】 「みたましずめ」とも。「令義解」などには「離遊の運魂を招ぎ、身体の中府に鎮む」と述べているが、『日本書紀』天武天皇十四（六八五）年十一月の条の「招魂」を古訓がミタマフリとよんでいるように、たましいを振起する魂振りの鎮魂もあった。奈良県天理市の布留に鎮座する石上神宮は「振神宮」とも記され、石上の鎮魂祭にはミタマフリの伝統がうけつがれている。『梁塵秘抄口伝集』鎮魂について「是はたましひを振をこす、ゆらゆらとをこすなり」と記している。一一月寅日の宮中の鎮魂祭の内容も貴重である。（上田正昭）

ちんこんさい【鎮魂祭】 ⇨鎮魂

ちんじゅふ【鎮守府】 陸奥国におかれた軍政府。前身とみられる陸奥鎮所が七二二（養老6）年に初見し、多賀城碑によると七二四（神亀元）年に大野東人が設置したとある。当初多賀城にあったが、八〇二（延暦21）年、坂上田村麻呂が胆沢城に移した。構成員は、設置以後改変・整備されていき、八一二（弘仁3）年には、将軍一名、軍監一名、軍曹二名、医師・弩師各一名と定められている。坂東諸国から徴された鎮兵が属した。平安時代中期以後、本来の軍政府としての役割はなくなり、鎮守府将軍の官職が有力な武士等に与えられるようになった。（宮田敬三）

ちんじゅふしょうぐん【鎮守府将軍】 ⇨鎮守府

ちんそ【賃租】 古代における耕地の一年売りを意味する律令用語。一般的には売買の語を以て称されたが、永売とは区別される。価直を春の耕作前に取る方式を賃、秋の収穫後に取る方式を租という。価直は各地域の売買価格に従うが、公田の賃租については八世紀も早い頃から、田品に応じた標準穫稲数の五分の一の租価を地子として取る方式（地子制）が定着した。田地の賃租は一年を限りとしたが、園地は年を重ねて賃租し、また永売することも認められていた。（鎌田元一）

ちんだんぐ【鎮壇具】 基壇や須弥壇などの壇築成時に、壇の安寧を祈願するために埋納された鎮物。地鎮具との区別は明確ではない。寺院関係の類例の多くは鎮壇具と考えられる。なかでも東大寺大仏殿須弥壇と興福寺中金堂基壇から発見された大量の鎮壇具が有名。この他法華寺・西大寺・元興寺では塔基壇築成に伴って銭貨が埋納された。奈良市横井廃寺金堂跡・京都府井手廃寺・京都府周山廃寺・奈良県霊安寺塔跡では唐式鏡を中心とした埋納物が発見された。これら寺院の鎮壇作法は『陀羅尼集経』の壇法が典拠と考えられている。（杉山洋）

つ

つ［津］　一般的には現三重県津市のことをさす。博多津・坊津と並ぶ三津の一津であった安濃津が栄えた。ただし「津」の名称は、本来は水上交通の要地のことを示す普通名詞であった。古代律令体制下では民部省管掌のもとに国司・郡司の管理をうけるのが通例で、全国の各地におかれていた。国府の外港としての国津もその伝統を受けたもので、市も付設されることが多く、都市としての発展の契機となった例もみられる。（高橋誠一）

ついそん［追尊］　天皇の死後に尊んで贈る称号の一つ。追崇とも。『史記』の始皇本紀などにみえ、中国の制度をとりいれたものであるが、日本においては天皇の実父などに贈る例がみえ、『続日本紀』の七一六（霊亀2）年八月甲寅（一一日）条に、七七〇（宝亀元）年に天智天皇皇子施基皇子（光仁天皇父）を追尊して春日宮天皇と称したという記事が早い例である。他に草壁親王（文武天皇父）には岡宮御宇天皇、舎人親王（淳仁天皇父）には崇道尽敬皇帝と追尊されている。また天皇の実父ではないが、光仁天皇皇子の早良親王に対しては、その怨霊を慰撫するため、八〇〇（延暦19）年に崇道天皇の追尊が贈られている。なお明治になって典仁親王（光格天皇父）の慶光天皇の例がある。（松本公一）

ついな［追儺］　大儺・鬼やらいとも。中国漢代以来の、大晦日の夜に悪鬼を追い払う行事を移入したもの。七〇六（慶雲3）年初見。宮中では方相氏に扮した大舎人寮官人が、桃弓や葦矢をもった官人らとともに、見えない鬼を追った。（竹居明男）

ついぶし［追捕使］　平安時代の軍事官職。九三二（承平2）年に西国の海賊蜂起に対して追捕海賊使が定められている。将門・純友の両乱に対しては、九四〇（天慶3）年から九四一（同4）年に東海東山山陽道追捕使や追捕南海賊使が朝廷より任じられた。これらは、各道を管轄し反乱勢力の討滅をその任務とした。両乱後の一〇世紀後半以後には越前追捕使・近江追捕使などのように国単位の追捕使がみられる。この場合は国内の治安維持を主な職務とし、国衙によって任命された。荘官の名称としての事例もある。（宮田敬三）

ついぶなんかいどうし［追捕南海道使］　⇨追捕使

つうき［通貴］　⇨貴

つうけんにゅうどうぞうしょもくろく［通憲入道蔵書目録］　⇨藤原通憲

つうこう［通溝］　⇨集安

つえ［杖］　『古事記』に、伊弉諾尊が黄泉の国から帰ってきた時に、身を清めその時投げ捨てた杖から、衝立舟戸神（つきたつふなどのかみ）が生まれたという話が載せられている。フナドは、境を示すサイノカミと同一視される神といわれている。この話は、杖の霊力の存在が古代から存在することを示す説話である。また山伏や念仏聖たちも杖をたずさえて修行するのも単に杖が実用のもののみではなく信仰と関わりがあると思われる。次に二つの杖に関わる民俗事例を報告しておく。

①、正月修正会及び二月修二会の牛玉杖正月の修正会や二月の修二会では、和紙に牛玉宝印と版木で刷りそこに朱印を押した牛玉紙を発行する。この牛玉紙は柳やウルシの木に挟み、田の畦に立て、虫除けや豊作を祈るところが多い。これを牛玉杖と呼ぶ。修正会・修二会の時にランジョウという儀式にウルシの木をもちうることが多い。柳やウルシの木を、堂の床を強く打ちたたき、その木の先を割り、後でその割れ目に牛玉宝印を挟み込む。牛玉杖の柳やウルシの木には呪力が存在すると考えられていたと思われる。

②、また伝説として、杖にまつわる話が各地に残る。その一例として弘法大師の杖により各地に弘法大師の井戸が発見されたという伝説が残る。多くは水に困る村に訪ねて来た僧が指し示した杖により井戸水が出たという伝説である。このように杖が呪力を持つというのは重要である。また、杖を大地に刺すことにより弘法杉の伝説が存在する。杖を地面に刺しそれが大きな杉に成長したという伝説がともなう。これも杖に呪力があるという信仰の一例である。また行く道を決めるために杖を倒して方向を決める杖占いの民俗も存在する。（浦西勉）

つかさめしじもく［司召除目］　京官除目、秋除目（平安後期以降）の名もある。主として在京官の任官者を定める儀式で二夜にわたることが多く、一夜で終わる場合もあった。京官のほかに地方官の任命もみられた。三夜におよぶ県召除目に比して種々の点で簡略化されている。（朧谷寿）

つかのおみ［都加使主］　東漢氏の伝説的な祖。東漢直掬とも。応神朝に父の阿知使主とともに党類一七県を率いて来帰。雄略朝に今来漢人を統率し、天皇死後、星川皇子の反乱を平定。東漢氏は彼の子の代に三つの系統に分かれたという。（加藤謙吉）

つかみょうじんこふん［束明神古墳］　奈良県高市郡高取町佐田の丘陵斜面に築かれた七世紀末頃の終末期古墳。発掘により、上三段、下二段の八角形墳と推定され、対角長は約三〇数m、当時の一二〇尺と判断された。内部構造は二上山産の凝灰岩切石約五〇〇個を家形に積み上げた横口式石槨である。盗掘でほとんど荒らされていたが、木製漆塗りの棺台と漆塗りの木棺があったと考えられる。歯牙が一部のこり被葬者は青年後半から壮年にわたる年齢が想定されている。当古墳が草壁皇子の岡宮天皇真弓丘陵である可能性は極めて高い。

［参考文献］河上邦彦『束明神古墳の研究』（橿原考古学研究所研究成果第2冊平11）。（河上邦彦）

つきなめさい【月次祭】 伊勢神宮で六月と一二月に行われる祭で、宮廷の神今食に対応するもの。「神祇令」では四時祭に入れられている。外宮では一五・一六日、内宮では一六・一七日に行われる。月次の語義は本来毎月実施したとする説もあるが未詳。『皇太神宮儀式帳』によると、初日は食物奉献を中心とする在地色の強い祭祀、二日目は斎王や勅使が参向する宮廷儀式的な祭祀で、その構成は神嘗祭と共通するが、祈年祭と同様とする記述もあり、問題なしとしない。（榎村寛之）

つきのおうみのにっき【調淡海日記】 六七二（天武元）年、壬申の乱のとき、大海人皇子に付き従った調淡海の日記。現存せず、その断片が「安斗智徳日記」とともに『釈日本紀』巻一五の「私記」に引用され、皇子が唐人に戦術を尋ねたと記している。本来どのような記録であったか、またその記述の年代も問題になるが、それらはすべて不明。調淡海は『万葉集』巻一（五五番歌）に七〇一（大宝元）年九月の歌を残し、『続日本紀』和銅二（七〇九）年正月条に従五位下を授けられ、のち、七二三（養老7）年にいたって正五位上とされる。（早川万年）

つきのおかこふん【月岡古墳】 福岡県うきは市吉井町にある古墳中期の前方後円墳。若宮神社境内に日岡古墳と並んである。全長八〇m、前方部の端と周溝間のテラスを含めると全長九五mにおよぶ。部分的に途切れる三重の周溝をもつ。築造時期は五世紀中頃と考えられている。「月岡所獲古器圖」により後円部竪穴式石室の長持形石棺から金銅装眉庇付冑など重要文化財に指定される副葬品の出土が知られる。前方部とくびれ部にもそれぞれ埋葬施設が発見されたが未発掘である。（片岡宏二）

つきのわこふん【月の輪古墳】 岡山県美咲町飯岡にそびえる太平山頂に築かれた大形の造り出し付き円墳。直径約六〇m、高さ約一〇mで北に造り出しがつき、円丘部の中ほどに幅一mの段がめぐる。斜面には全面に葺石をふき、墳頂縁辺と段と墳裾に埴輪円筒を据え立てる。また墳頂に方形区画をもうけ、内に楯・靫・甲・蓋・家などの形象埴輪を配置。墳丘のほぼ中央直下でみつかった木棺粘土槨からは、男性の遺骸とともに珠文鏡と剣・刀・鉄鏃・銅鏃・槍などの武器や横矧板革綴式短甲、刀子・鑿・鉇などの工具類が出土。また南の木棺粘土槨からは、女性の遺骸のほか、内行花文鏡や剣・刀・環状鉄器に加え、竪櫛、石釧、滑石製とガラス製の小玉千数百個などが発見された。いっぽう、造り出しで検出された木棺粘土槨には何一つ副葬品がみとめられなかった。円筒埴輪のいくつかは、タテハケの調整、透かし孔が長方形または三角形で、四世紀末ないし五世紀初葉の築造と考えられる。この古墳はまた、一九五三（昭和28）年、住民総参加をめざして進められた国民運動の記念碑的な遺跡として名高い。

【参考文献】近藤義郎編『月の輪古墳』（月の輪古墳刊行会昭35）。（葛原克人）

つきよみのみや【月読宮】 月読神を主祭神とする神社。月夜見・月弓と表記する社もある。最も有名な社は伊勢皇大神宮（内宮）の別宮である月読宮（伊勢市北中村鎮座）と豊受大神宮（外宮）の別宮である月読宮・月読荒御魂宮（伊勢市宮後町鎮座）。『古事記』や『日本書紀』などの神話によれば、三貴子のなかの月神で、『日本書紀』（巻第一）の第一一の「一書」には月読（月夜見）神と保食神との神話を記す。『日本書紀』の顕宗天皇三年二月の条には、月神の託宣を述べて、山背（城）国葛野郡の歌（宇多）の田を奉ったと伝える。「延喜式」が山城国葛野郡の「葛野に坐す月読神社」と記載する古社は、京都市西京区嵐山宮町に鎮座する松尾大社の摂社の月読神社である。（上田正昭）

つくしのくにのみやつこいわい【筑紫国造磐井】 ⇨磐井の乱

つくしのくにのみやつこいわいのらん【筑紫国造磐井の乱】 ⇨磐井の乱

つくしのむろつみ【筑紫館】 福岡県福岡市中央区舞鶴公園に所在した鴻臚館の前身。『日本書紀』持統二（六八八）年二月条に、新羅国使を筑紫館で饗したとあるのが初見で、平安初期に鴻臚館と改称した。中山平次郎が『万葉集』巻一五の遣新羅使人の歌などをもとに現地比定を行った。（森哲也）

つくしのめたのくにのみやつこ【竺志米多国造】 のちの肥前国三根郡米多郷（佐賀県東端部）を中心とした地域の国造。姓は米多君。『古事記』応神天皇段に若野毛二俣王の子意富々杼王の後裔とあり、「国造本紀」に稚沼毛二俣命の孫都紀女加が成務朝に初代国造に任命されたとある。（篠川賢）

つくばさん【筑波山】 現茨城県筑波郡・新治郡・真壁郡にまたがる筑波山地の主峰で女体山（八七六m）と男体山（八〇〇m）の二峰には筑波女大神・筑波男大神が祀られ中腹には筑波山神社がある。『万葉集』に歌垣、また『常陸国風土記』にも記された信仰の山。（高橋誠一）

つくまのみくりや【筑摩御厨】 琵琶湖の北東の朝妻湊付近にあった、宮内省内膳司の食糧調達のため料所。今の滋賀県坂田郡米原市筑摩にあたり、筑摩神社がある。「延喜式」には、琵琶湖産の煮塩年魚、醤鮒、鮨鮒などを貢進した。（高橋美久二）

つくもいせき【津雲遺跡】 ⇨津雲貝塚

つくもかいづか【津雲貝塚】 岡山県笠岡市西大島にある縄文時代の貝塚で国指定史跡。一九一五（大正4）年から、のち六年間、一八次にわたって、おもに縄文人骨の採集を目的として発掘調査が行われた。その結果、総数一六六体におよぶ人骨が検出され、形質人類学的研究を深化させた。その他、人骨にともなう貝輪の着装例や鹿角製腰飾り・耳輪・針などの発見によって、性別による装身具の違いが判明した。また、抜歯の習俗がひろまり、性別や年齢によってある種の法則性がみられることなども問題提起された。この貝塚は、縄文時代中期から後期・晩期に隆盛をきわめ、さかのぼって、早期・前期の土器片が若干みとめられる。

【参考文献】「備中津雲貝塚発掘報告」『京都帝国大学文学部考古学研究報告5』（大9）。（葛原克人）

つくもところ［作物所］ 平安時代前期に*蔵人所の管轄下におかれた所の一つ。宮中の調度品の調進を担った。初見は八四〇（承和7）年であり、成立はこれ以前であろう。別当・預以下の職員がおかれ、別当は蔵人頭が兼ねることが多い。（山本崇）

つくよみのみこと［月読尊］ 『記』『紀』神話の神。月弓尊・月夜見尊とも。アマテラス・スサノオとともに三貴子の一つ。『古事記』では黄泉国から戻ったイザナキが日向の阿波岐原で禊を行った際右目を洗った時に化成し「夜の食国」の支配を命ぜられる。『日本書紀』第五段第十一の一書には保食神を殺害し、その死体から五穀の種が化成したという穀物起源神話がある。『万葉集』（巻六・九八五）などに「月読壮子」とみえ男神とみられている。山城国葛野郡と綴喜郡、壱岐島壱岐郡に月読神社。また伊勢神宮の別宮に月読宮があり馬乗男神の神像。（菊地照夫）

つくりやまこふん［作山古墳］ 岡山県総社市三須にある超大形の前方後円墳。本墳は、造山古墳の西方およそ二kmを隔て、低い独立丘陵を利用して三段に築かれ、墳長二八六mを測る。その大きさは吉備において第二位、全国第九位である。後円部径一七四m、高さ二三mに対し、前方部幅一七四m、同高さ二二mで、両者の頂の比高差は近接している。また後円部から前方部へ向かって右側のくびれ部につく造り出しは、ずいぶん前寄りに位置する。斜面には葺石がふかれ、各段に円筒埴輪列がめぐる。円筒埴輪は赤褐色ないし帯紫褐色に発色し、やや硬質、タガの突出度も低い。形象埴輪には蓋と肩甲が知られる。墳形や埴輪の特徴から推して、この古墳の造営は五世紀中葉頃と考えられ、造山古墳のあとをうけ吉備の全領域に君臨した大首長の墳墓とみられる。（葛原克人）

つくりやまこふん［造山古墳］ 岡山県岡山市新庄下と新庄上にまたがって造営された県下最大の、全土的にみても第四位の規模を誇る巨大な前方後円墳。吉備津からもほど近く旧山陽道の北に営まれたこの古墳は、三段築成で墳長約三六五m。後円部径二二〇m、高さ三二・五m、前方部幅二三〇m、同高さ二七mを測り後前高差は四〜五mもあり、くびれ部の両脇に台形の造出がつく。葺石がふかれ、円筒埴輪列が各段に沿ってめぐるほか、楯・靫・蓋・家などの形象埴輪が配置されていたらしい。前方部頂には刳抜き式長持形石棺の身と蓋の一部が現存する。南西の丘陵上にある六基の陪塚のうちの一つ、榊山古墳からは、わが国内で出土例の少ない馬形帯鉤や陶質土器の出土があって、朝鮮半島との交流の深さを示し、五世紀前半期における吉備政権の強大さを物語る。一九二一（大正10）年国指定史跡。（葛原克人）

造山古墳全景
写真：岡山県広報協会

つげ［都祁］ 奈良盆地の東に広がる大和高原南半地域をさす呼称。闘鶏・竹谿・都祁とも。布目川沿いに都介野盆地が広がり、祈年祭の祝詞にみえる都祁水分神社が鎮座する。允恭二年二月条に、闘鶏国造が皇后の忍坂大中姫に無礼な行為があったため、稲置に貶められた伝承がみえている。都介野盆地には、百数十基の小円墳が分布するが、五世紀後半に築造された三陵墓東古墳のみが前方後円墳で（全長一一〇m）、その被葬者は闘鶏国造に結びつく可能性が大きい。都祁では年平均気温が低いことから、氷の製造に適し、宮内省主水司や長屋王家の氷室がおかれた。仁徳紀六二年条に、闘鶏氷室の起源伝承がみえている。七一五（霊亀元）年六月、平城京から都祁にいたる「都祁山の道」が開削され、また七四〇（天平12）年十一月の東国行幸に際し、山辺郡竹谿村の堀越頓宮に宿している。（和田萃）

つげのくに［闘鶏国］ ⇨都祁

つげのひむろ［都祁氷室］ 奈良盆地の東方、大和高原の都祁地域におかれた氷室*。「都介氷室」とも。『日本書紀』仁徳六二年是歳条に、その起源伝承がみえ、また『延喜式』には、大和国山辺郡都介氷室一所と氷池三〇処がみえている（宮内省主水司条）。天理市福住町の氷室神社の近くに、氷池と推定される遺構が残る。長屋王家木簡に、王家所有の都祁氷室に関わるものがあり、七一二（和銅5）年二月に作られた氷室の構造は、右の『日本書紀』の記事にみえるものと類似し、また七一一（和銅4）年六月から八月に長屋王家に届けられた氷の数量などが記載されていて、興味深い。（和田萃）

つげのみくまりじんじゃ［都祁水分神社］ ⇨都祁

つじぜんのすけ［辻善之助］ 1877〜1955 大正・昭和期の歴史学者。姫路の門徒衆の商家に生れたが、父善次郎の信仰心の感化をうけたという。東京帝国大学文科大学で学び、姫路出身の三上参次（1865〜1939）に師事、一九〇二（明治35）年東大史料編纂員となり、一一（同44）年六月、文科大学助教授兼任、同年八月から翌年一〇月まで欧米留学、二三（大正12）年同大教授、二九（昭和4）年史料編纂所長となる。四四（同19）年から『日本仏教史』（全一〇巻）の刊行を開始、一九四八（同23）年から『日本文化史』（全七巻）の刊行を始める。文化財保護審議会会長などもつとめ、一九五二（同27）年文化勲章受賞。その実証的な歴史と人物の研究は注目に値する。とくに仏教史研究の業績は高く評価されている。（上田正昭）

つしまいせき【津島遺跡】 岡山県岡山市いずみ町にふくまれる、旭河西岸の沖積地に形成された重複遺跡。岡山県の管理下にある運動公園内の各所において、縄文時代晩期から中・近世までの遺構・遺物が見出されている。一九六八（昭和43）年、武道館建設にともなう無届け発掘を機に、全国的な保存運動が高まるなかで、学術的な成果と保存方式との両側に関心が寄せられた遺跡である。その結果、弥生時代前期前半に属する微高地からは、掘立柱建物や舟形土壙や貯蔵穴などが検出されるとともに、多量の土器群のなかに松菊里式土器が混在する点で注目を集めた。微高地端の湿地には矢板を打ち込み護岸施設となした水田跡も検出されるにおよび、弥生時代前期前半期における生活の場と生産の場とが一体的に捉えられる、数少ない遺跡であると評価されるようになった。こうして、当初の武道館建設予定地を中心に約五・六haが国指定史跡になっている。

【参考文献】島崎東ほか『津島遺跡 1・2・3』（岡山県教育委員会平11・12・13）。

（葛原克人）

つしまのいせき【対馬の遺跡】 対馬は日本列島の西北端、対馬海峡の中央に位置し、南北八〇km、東西一八kmで面積七〇〇km²、海抜五〇〇mほどの山岳地帯が続き、九割近くを山林が占め耕地は一割にも満たない。島の北端鰐浦から韓国の釜山まで四九km余り、南端の厳原から九州本土の博多までは約一三〇kmである。対馬の風土が端的に紹介されるのは、『魏志』倭人伝の「初めて一海を渡ること千余里で対馬国に到着する。その国の大官を卑狗、次官を卑奴母離という。居るところ絶島で広さ四百余里平方ばかり、山は険しく森林が多く道路は獣のふみわけ道のようである。千余戸があり良田はなく、住民は海産物を食べて自活し、船に乗って北や南と交易して暮らしている。」という記述であり、複雑に出入りする海岸線や崖、背後にせまる山々と、狭い平野のなかで、海に活路を求めていた当時の人びとの姿が描かれている。

旧石器時代の遺跡はまだ発見されていないが、縄文時代の遺跡は一六ヵ所が知られ、そのうち八ヵ所の発掘調査が実施され六ヵ所から朝鮮半島系の遺物が出土している。対馬と朝鮮半島の一番古い交流は韓国の隆起文土器を出土する越高遺跡で、韓国南岸地域の代表的な土器である櫛目文土器は夫婦石遺跡やヌカシ遺跡から出土している。縄文時代中期の代表的貝塚である佐賀貝塚は東海岸に位置する。豊富な骨角器の銛や結合式釣針などが出土し、西北九州型の影響を強くうけた遺跡であることが判明した。しかし、骨角器のなかにキバノロ製の装飾品が一点出土している。本来キバノロは大陸に生息している動物で朝鮮半島からの搬入を考えるのが自然という。

弥生時代の遺跡は、「浦」とよばれる良好な入り江に面し、その奥にまとまってみられる。しかし、なんといっても特徴的なことは、海に臨んだ丘の上や岬の突端に板石を組み合わせた埋葬遺構が群集していることであり、西北九州に顕著な甕棺墓の流行はほとんどみられない。倭人伝には当時の対馬は戸数千余戸とあり、「一支国」と比較すると大きな島の割には戸数が少ない。これは平野部が形成されない結果とも考えられる。

この頃の対馬の地域勢力は、細長い地形のなかで五地域に分けられる。島北端の比田勝港の岬突端に位置する塔の首遺跡の三号石棺墓からは、北部九州でつくられた広形銅矛二本と楽浪系銅釧、朝鮮半島系壺のなかにはガラス玉八〇〇個以上が入れられていた。また四号石棺からは鉄斧と方格規矩鏡が副葬され弥生時代後期の有力な集団の存在を感じさせる。さらに南に下った佐護川流域では島内一の平野が形成されるが、その一番奥まったクビル遺跡から一九二一（大正10）年石棺から銅鍑がみつかり、白岳遺跡からは後期の土器、陶質土器、角形銅器、細形銅剣が出土した。この一帯には一四ヵ所の遺跡が集中し、二本の銅矛が神社に納められていることから、かなりの勢力が存在したことが考えられる。西海岸のほぼ中央部の三根湾にも重要な遺跡が数多く点在している。ガヤノキ遺跡は、弥生後期から古墳時代にかけての墓地が築かれ、後期の石棺から出土した中広および広形の銅矛を

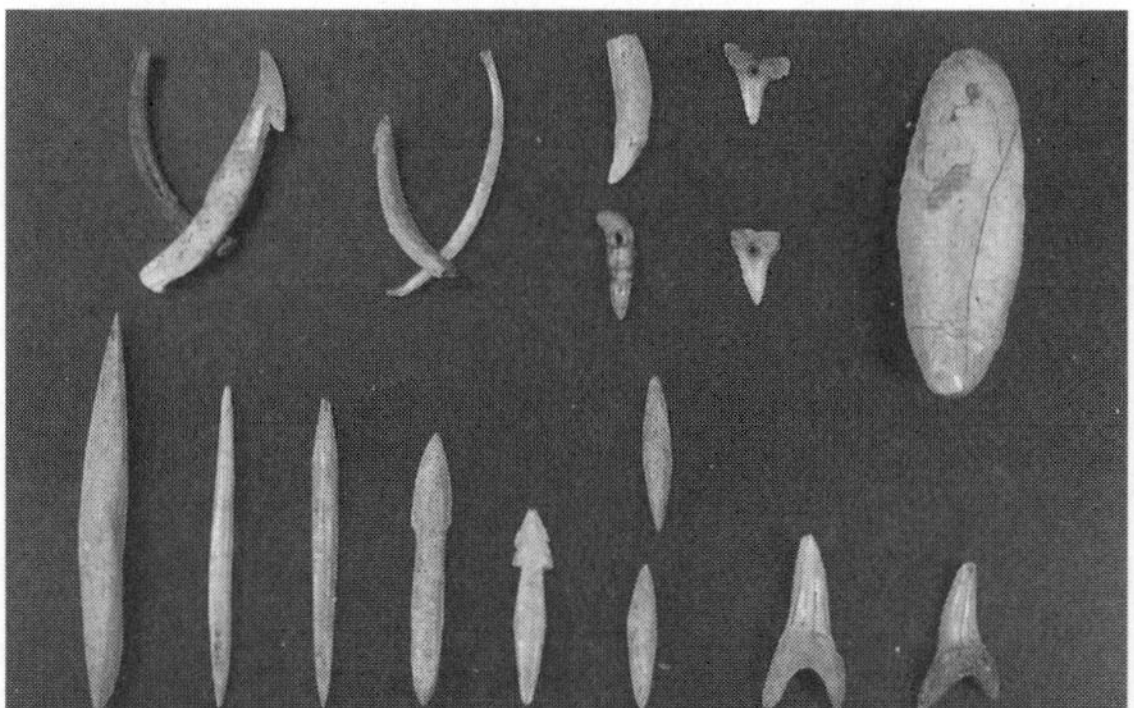

対馬市峰町佐賀貝塚出土骨角器

対馬市上対馬町塔の首第3号石棺検出状況

はじめ、鉄斧、金銅製釧、前漢鏡などの豊富な副葬品は群をぬいている。対岸のタカマツノダン遺跡からは細形銅剣、触角式剣把頭、小型仿製鏡などが出土しており、まさに対馬における中枢部にふさわしい。このことを裏付けるように三根遺跡山辺地区では拠点集落が確認され、クニの存在も考えられる。その点でもう一つ重要な地域は、リアス式海岸で知られる浅茅湾が最も東に延びた二位浅茅の一角である。この地域の、東の浜遺跡、ハロウ遺跡、ソウダイ遺跡からは多くの青銅製品が出土している。そのなかのシゲノダン遺跡から偶然発見された遺構からは双獣付き十字形把頭飾、粟粒文十字形把頭飾、馬鐸、貨泉、変形細形銅剣など、類例のないものが出土しており、この地域にも権力の集中をみることができる。このほかにも雲流文剣把頭飾が出土したかがり松鼻遺跡など、有望な遺跡は多い。対馬における初期の古墳は大将軍山古墳で、四世紀後半とみられる。五世紀以降になると須恵器や陶質土器を出土する遺跡はにわかに増加する。高塚古墳は、四世紀後半から五世紀初頭の出居塚が畿内型古墳の特徴を備え、重要な位置を占める。対馬も壱岐と並んで交易を中心とした「南北市糴」の島とよばれたように、海人集団による交流が盛んに行われていたのである。

〔**参考文献**〕武末純一「壱岐」「対馬」『三世紀の考古学㊦』(学生社昭58)。『長崎県の原始古代』(長崎県教育委員会平7)。長崎県教育委員会『対馬』(長崎県教育委員会昭49)。 (**安楽勉**)

つしまのくに(しま)［対馬国(島)］ 西海道に属する国。現在の長崎県上県郡と下県郡にあたる。朝鮮半島と九州本土の中間にある島で、南北二島と意識される場合が多いが地勢的には一つの島で、面積は約七〇〇㎢。隆起準平原のために山頂は平坦であるが、山地を刻む谷が発達しているために険しい地形となっていて、平野がきわめて狭小で農業用地も少ない。『古事記』には津島と記されて、いわゆる大八洲の一つとされた。『魏志』倭人伝には千余戸あるが良田が少ないために南北に交易することが記されている。六六三(天智2)年白村江の戦の後に国防の最前線となり防人・烽が配備、六六七年(天智6)には金田城も築かれた。古くから対馬国と称されていたが、律令制の成立によって対馬島として、壱岐とともに国に準ずる扱いをうけた。「延喜式」では下国とされ所管の郡は上県・下県郡の二郡。国府や国分寺は現下県郡厳原町で府中の地名も残る。

〔**参考文献**〕瀬野精一郎『長崎県の歴史』(山川出版社昭47)。 (**高橋誠一**)

つだそうきち［津田左右吉］ 1873～1961 歴史学者。白鳥庫吉に師事し、一九一八(大正7)年早稲田大学教授、『古事記』『日本書紀』をはじめとする日本古典の実証的研究、中国古代思想史の考察などにすぐれた業績をあげたが、四〇(昭和15)年二月には、『古事記及び日本書紀の新研究』『神代史の研究』『古事記及日本書紀の研究』『日本上代史の研究』『上代日本の社会及び思想』が発売禁止となり、同年三月津田ならびに津田の著書を出版した岩波茂雄が出版法違反で起訴、四二(同17)年五月には東京刑事地方裁判所で津田に禁錮三ヵ月、岩波に禁錮二ヵ月の判決があった。しかし訴訟手続きが進まず時効となる。一九四九(同24)年一一月文化勲章受賞。

〔**参考文献**〕家永三郎『津田左右吉の思想史的研究』(岩波書店昭47)。上田正昭「津田史学の方法と課題」『日本古代国家成立史の研究』(青木書店昭34)。 (**上田正昭**)

つちぐも［土蜘蛛］ 先住の異俗の人々。土雲とも。『古事記』神武天皇の大和平定説話には「土雲八十建」、『日本書紀』神武天皇即位前紀に「三処の土蜘蛛」と記す。そして『日本書紀』は「身短くして手足長し、侏儒と相類」と述べる。『日本書紀』の景行天皇一二年一〇月条や神功摂政前紀にもみえる。このほか『肥前国風土記』の巻首・佐嘉郡・小城郡・松浦郡・杵島郡・藤津郡能美郷・彼杵郡浮穴郷の各条、『豊後国風土記』の日田郡・直入郡・大野郡・速見郡の各条、『日向国風土記』逸文などにもあり、『摂津国風土記』逸文は土蛛、『越後国風土記』逸文は土雲、『常陸国風土記』の茨城郡の条には都知久母、久慈郡の条には土雲、『陸奥国風土記』逸文には土知朱と表記する。 (**上田正昭**)

つちみかどどの［土御門殿］ 土御門南、京極に位置した藤原道長の邸宅。上東門第、京極殿とも称された。現在の京都御苑内大宮御所の北部にあたる。岳父源雅信の兄弟の重信から道長妻源倫子を経て、道長に伝領された。道長の外孫後一条・後朱雀天皇は当第で誕生しており、まさに道長家にとって「勝地」であった。 (**西山恵子**)

つつがたどうき［筒形銅器］ 古墳時代の青銅器の一種。長さ十数cm、径二cm前後の中空の筒形鋳造品。一端は開き、他端はやや拡がり、袋状に塞ぐ。例外はあるものの、節などにより上下二段に分かれ、各段に四方向の細長い透かし孔を有し、上端突帯には目釘孔がある。ヤリなどの石突、剣柄、杖頭などと考えられていたが、近年では石突とみなすようになってきた。前期から中期初頭の古墳から出土する。朝鮮半島南部での出土例が多いことから、同地からの舶載品とみなす見解もある。 (**福尾正彦**)

つつきのみや［筒城宮］ 『日本書紀』に、仁徳天皇の皇后磐之媛と継体天皇に関連してこの宮の名がみえる。現京都府京田辺市多々羅付近と想定されているが、この地は地理的に継体天皇の即位した樟葉宮に通じる。 (**高橋誠一**)

つつみちゅうなごんものがたり［堤中納言物語］ 平安時代後期の短編物語集。編者不詳。一〇編の短編物語と一編の断片とからなる。中の一編「逢坂越えぬ権中納言」は、一〇五五(天喜3)年の六条斎院禖子内親王家の物語合に小式部が提出したものであるが、それ以外の作者、成立年代は不明。それぞれ短編物語らしい機知とユーモア、テンポを備えており多彩である。注釈書に『新日本古典文学大系26』(岩波書店平4)『新編日本古典文学全集17』(小学館平12)などがある。 (**小西茂章**)

つてん［通典］ 中国の制度史書。唐の杜佑撰。二〇〇巻。八〇一年(貞元17)成立。食貨(産業・経済)・選挙(科挙)・職官・礼・楽・兵・刑・州郡・辺防の九部にわたって諸制度の変遷を古代から唐天宝年間(七四二～七五六)の範囲で通史的に記す。正史の志部を独立・再編した体裁は、類書のなかでも独特の位置にあり、以後、鄭樵『通志』・馬端臨『文献通考』などに引き継がれてあわせて三通とよばれる。日本での用例は多くない。（中畠俊彦）

つどうしろやまこふん［津堂城山古墳］ 大阪府藤井寺市津堂にあり、古市古墳群の最北端、河内平野に面する微高地先端に立地する。古墳時代前期末の築造で、墳丘長二〇八mの前方後円墳である。周囲に幅八〇mに及ぶ周堤帯（二重堤）がある。三段築成の墳丘には造り出しがつき、さらに内側周濠の前方部側面側左右両側には方形の島状遺構がとりつく。墳丘には葺石があり、円筒・朝顔・蓋・盾・さしば・水鳥・家形埴輪、土師器が出土した。後円部墳頂には凝灰岩製天井石の竪穴式石室、中に精巧な亀甲文付き長持形石棺があり、八面の銅鏡、巴形銅器、勾玉・管玉・棗玉、石製腕飾類・模造品、金銅製品、三角板革綴短甲などが出土している。（一瀬和夫）

つぬが［角鹿］ 現福井県敦賀市の古称。『日本書紀』崇神紀にその所伝がみえ、朝鮮半島や大陸との通交の要地として重要視された。敦賀の字は七三一（天平3）年の越前国正税帳に初見。（高橋誠一）

つぬがあらしと［都怒我阿羅斯等］ 伽耶の金官国（金海）の王子。『日本書紀』垂仁天皇二年是歳条によると、倭国の聖皇（崇神天皇）に帰属を願い（別伝では結婚しようとした乙女が、倭国へ逃げたのでそれを探して）穴門（長門国）に着き、日本海沿いに出雲国をへて越国の笥飯浦（敦賀）に渡来した。福井県敦賀市曙町に鎮座する角鹿神社（気比神宮の境内摂社）の祭神。（胡口靖夫）

つねあきらしんのう［常明親王］ 906～44 醍醐天皇第五皇子。母は源和子（承香殿女御）。初名将明。九一一（延喜11）年、他の兄弟とともに改名。九一八（同18）年、はじめて参内。九二一（同21）年、清涼殿において元服。四品をもって薨去。同母弟に式明・有明親王がいる。（関口力）

つねさだしんのう［恒貞親王］ 825～84 淳和天皇皇子。母は正子内親王（嵯峨皇女）。八三三（天長10）年、仁明天皇の皇太子となる。しかし承和の変に連座し廃太子。のち出家（法名恒寂）。母ゆかりの大覚寺の開山となる。伝記『恒貞親王伝』がある。（関口力）

つねさだしんのうでん［恒貞親王伝］ ⇩ 恒貞親王

つのつかさ／つし［津司］ 津の管理のためにおかれた役所。『続日本紀』養老四（七二〇）年正月条には「渡嶋津軽津司」を靺鞨国に派遣して、その風俗を観察させたとみえる。ただし、この「渡嶋津軽」の解釈には諸説あり、津司をどこにあてるかについても複数の説がある。津国（摂津国）におかれた摂津職も、広い意味では津司としての性格をもつ。長官である大夫の職掌には「津済」がみえるが、これは具体的には難波津をさす。（荊木美行）

つのふひと［津史］ 港湾とくに難波の津の税などを掌った氏族。『日本書紀』敏達二（五七三）年十月条には、王辰爾の弟の牛が津史となったと記す。七五八（天平宝字2）年連に改姓、さらに七九〇（延暦9）年津連真道が菅野朝臣に改氏姓、翌年他の同族も津宿禰・中科宿禰に改姓した。本居は大阪府羽曳野市北宮の大津神社のあたりと考えられる。（上田正昭）

つばいおおつかやまこふん［椿井大塚山古墳］ 京都府相楽郡山城町に所在する古墳時代前期初頭の前方後円墳。西方に木津川を望む上下二段の河岸段丘上に立地し、東西方向の墳丘主軸に対して、ほぼ中央を南北にJR奈良線が分断している。墳丘規模は全長約一七五m、後円部径約一一〇mを測り、後円部高約二〇m

椿井大塚山古墳（上方が南）

に対して前方部は約一〇mと低い。墳丘表面には全面葺石が施され、後円部四段（東側三段）、前方部二段の段築構造をもつ。後円部東側の墳端は地形の制約によりほぼ段築一段分を省略しているが、本来の設計上の規模を復元すると全長約一九〇mとなり、奈良県桜井市箸墓古墳の三分の二の相似形となる。古墳築造当初、後円部墳頂には大型の壺形土器が並べられ、前方部テラス面では土器を使用した祭祀が行われていた。一九五三（昭和28）年、墳丘を分断する鉄道斜面の改修工事が実施され、後円部中央の竪穴式石室内他から多量の副葬品が乱掘状態で取り出された。全長六・九m、高さ約三mの長大な石室は主軸をほぼ南北に向け、粘土床に高野槙製の割竹形木棺を納置していた。出土・回収した遺物には、棺を囲むようにして立てて並べてあったとされる三角縁神獣鏡三十数面や方格規矩鏡の他に、内行花文鏡二面や画文帯神獣鏡一面があり、多彩な鉄製品には、武器・武具（銅・鉄鏃、刀、剣、甲冑）や農工具（鎌、斧、鑿、錐、鉇、刀子）、漁具（銛、魚叉、釣針）等がある。当時、当墳から多量に出土した三角縁神獣鏡と各地の古墳出土鏡との同笵関係に注目した考古学者の小林行雄は、同笵鏡論・伝世鏡論によって古墳の出現と政治関係を考究し、後の古墳時代研究を飛躍的に前進させた。一九九二（平成4）年、出土遺物は一括して国重要文化財に指定され、二〇〇〇（同12）年、「学史上きわめて重要な位置を占めている遺跡」として墳丘の大半を含む土地が国史跡に指定された。

〔**参考文献**〕樋口隆康他『昭和二八年椿井大塚山古墳発掘調査報告書』（京都府山城町埋蔵文化財発掘調査報告書第二〇集平10）。山城町教育委員会『椿井大塚山古墳』（同発掘調査報告書第二一集平11）。（中島正）

つばいち［海柘榴市］ 大和や豊後・因幡などにあった市。(1)奈良時代桜井市金屋にあった市。海石榴とも書く。海柘榴は椿のこと。『日本書紀』武烈天皇即位前紀ほかにみえ、『同』用明天皇元（五八六）年五月条には炊屋姫（のちの推古天皇）の別業（別荘）を「海石榴市宮」と記す。六〇八（推古天皇16）年八月には隋使裴世清は大和川をさかのぼって海柘榴市から大和飛鳥の宮へ赴く。『万葉集』では歌垣の場としても歌われている。『元興寺縁起』には「都波岐市」と記す。(2)『日本書紀』景行天皇十二年十月条には豊後の海石榴市がみえ、『豊後国風土記』大野郡にも海石榴市の伝承を記す。(3)『延喜式』神名帳に因幡国八上郡の「都波只知神社」を記載する。（上田正昭）

つばきおおかみやしろ［椿大神社］ 三重県鈴鹿市山本町にある神社。祭神は猿田彦大神ほかとされるが、中世以降修験色の強い神社となった影響とみられ、本来の神は明らかではない。「延喜式」に椿大神社とあり、その初出は八世紀にさかのぼる。中世には伊勢国一宮とされたが、一宮は河曲郡の都波岐神社だとする説もある。（榎村寛之）

つぼいしょうごろう［坪井正五郎］ 1863～1913 明治・大正期の人類学者・考古学者。東京帝国大学に学び、在学中の一八八四（明治17）年に本郷弥生町で白井光太郎らと弥生土器を発見、人類学会を創設、八九（同22）年『人類学会雑誌』を創刊、のちに会長に就任。八九年東大理学部助手となり翌年から三年間イギリスに留学。帰国後東大理学部教授として人類学を講義。埼玉県吉見百穴・東京都西ヶ原貝塚・芝公園丸山古墳などを発掘調査、また日本の原住民としてコロボックル説を提唱。一九一一（同44）年欧米学事視察、一三（大正2）年ロシアのペテルブルク第五回万国学士院連合大会に出席中客死。著書に『坪井正五郎集』（全二巻）などがある。（上田正昭）

つぼきりのたち［壺切太刀］ 皇太子相伝の護り刀。宇多天皇が立太子した敦仁親王（後の醍醐天皇）に賜ったものとされ、以後代々立太子の際に天皇から授けられた。元来は藤原氏の刀で、同氏を外戚とする皇太子の地位安定を象徴するものとされた。（竹居明男）

つぼさかでら［壺阪寺］ 奈良県高市郡高取町壺阪に所在する寺。所在地は、高取山の西、飛鳥と吉野を結ぶ壺阪峠の直下。正式名は壺阪山平等院南法華寺。本尊は千手観音で、俗に壺阪観音と称し、西国三十三所巡礼の第六番札所。近世以前は壺坂寺と記した。白鳳期の瓦が出土するので、七世紀後半～末葉に創建されたた山岳寺院とみてよいが、創建の由来は未詳。『帝王編年記』には、七〇三（大宝3）年善信という尼僧が建立したと伝え、また笠置上人貞慶が一二一一（建暦元）年に著わした『南法華寺古老伝』には、七〇三（大宝3）年に元興寺僧弁基（俗姓は大石村主安麻呂）が創建したとの説を伝えている。八四七（承和14）年十二月二一日、長谷山寺とともに壺坂山寺は定額寺とされた（『続日本後紀』）。（和田萃）

つまどいこん［妻問婚］ 夫が妻の居所に通う婚姻形態。通い婚、訪婚ともいう。婚姻居住規制としては分離居住婚に属する。本来は女性からの通いも含む。八世紀頃までのおもな婚姻形態で、夫婦の結合は緩やか。生涯にわたる通いもあるが、多くは数年後に妻方で妻の親と同居した。律令制下の支配階層は妻問に始まり、妻方居住婚を挟んで、夫婦単独の共住に落ち着く新処居住婚へと移行したと推測される。姑と嫁の間には同火の禁忌があり、父夫婦と息子夫婦の同居はなかった。一〇世紀頃には通い自体が基本的に消滅し、結婚当初から妻方居住が行われた。このように妻家における婿取り形式で成立する婚姻を招婿婚・聟入婚というが、数年後には新処居住に移行するため嫁入婚の一形態とみなされている。その後も一一世紀頃までは妻方居住をへた新処居住が主であり、やがて当初からの新処居住が主流となった。一貫して、社会生活上、夫方親族と妻方親族の影響力はともに大きく、親族関係は双系的に構成されていた。

〔**参考文献**〕関口裕子『日本古代婚姻史の研究』（上）（下）（塙書房平5）。栗原弘『高群逸枝の婚姻女性史研究』（高科書店平6）。（武田佐知子）

つみ［罪］ 今日の犯罪にあたる古語。ただし、律令法継受以前の日本では、悪事・悪行・疾病・災厄・醜穢などを広く「ツミ」と称した。「延喜式」がのせる大祓の祝詞は、天津罪として畦放・溝埋・樋放・頻蒔・串刺・生剝・逆剝・屎戸の八つを、国津罪として生膚断・死膚断・白人・胡久美・己が母犯せる罪・己が子犯せる罪・母と子と犯せる罪・子と母と犯せる罪・

畜犯せる罪・昆虫の災・高津神の災・高津鳥の災・畜仆し・蠱物せる罪の一四をあげる。ここには疾病（不具）・災厄・穢れなどもふくまれており、古くはこうした「ケガレ」までもが「ツミ」と認識され、「ハライ」の対象とされたことがわかる。（荊木美行）

つみいしづか［積石塚］ 石を積み上げて墓室を覆ったもので、石塚とかケルンcairnとも。古墳の表面だけを覆った葺石・貼石とは区別される。日本列島では、古墳時代前期から後期まで、全国各地で知られる。前期の香川県・石清尾山古墳群は、丘陵頂上部に築かれた、前方後円墳を含む積石塚群として著名である。長野県・大室古墳群は、中期に始まり、後期に中心があるが、丘陵地斜面に円墳が密集して築かれている。福岡県・相島の積石塚群は、海辺にあって、後期に主として築かれた。同じ海辺に築かれた、山口県・ジーコンボ積石塚のように、奈良時代まで降るものもある。積石塚の起源をめぐって、その系譜を大陸に求める考え方が古くからあるが、むしろ、近くに石材が豊富にあれば、土砂の代りにそれを用いたと考えるのが自然であろう。なお、『魏志』高句麗伝に、「石を積んで墳丘を作り」とあるように、朝鮮半島の三国時代高句麗の前・中期に特徴的にみられる。いずれも方墳であって、鴨緑江とその支流域一帯の川辺で自然発生的に出現し、独自の発達を遂げたものと思われる。（西谷正）

つみいしもっかくふん［積石木槨墳］ 墳丘が石積みで、内部の埋葬施設に木槨がみられる古墳。東アジアでは、朝鮮半島東南部において、四～六世紀頃の新羅古墳に特徴的な構造。木槨内部には木棺が安置され、その内外から多種多量の副葬品などが出土する。木槨の上に石塊を積み上げるに際して木枠を組んでいる場合もある。積石はさらに封土で覆われるので、封土墳の外観を示す。中央アジアのパジリク古墳などにおいては、封土はなく、文字どおり、積石木槨墳をなし、新羅古墳としばしば比較される。（西谷正）

つもりし［津守氏］ 摂津国住吉郡（大阪市住吉区）を本拠とする氏族。津守は住吉津など津の管理にあたったことに由来する。姓は連、六八四（天武13）年に宿禰。住吉大社の神主職を世襲し、住吉郡の郡領を占めた。外交にたずさわり、また遣唐・遣渤海使の神主（主神）を多く輩出した。神功皇后摂政前紀は津守連の祖を田裳見宿禰（宮内庁書陵部蔵『津守氏系図』に手搓足尼）とするが、『新撰姓氏録』（摂津国神別・津守宿禰）は、尾張宿禰と同祖、火明命八世の子孫大御日足尼（同上『津守氏系図』、『住吉大社神代記』に大御田足尼）の後裔とする。また和泉国神別に津守連があり火明命の男、天香山命の後裔とする。（川崎晃）

つもりのむらじとおる［津守連通］ 生没年不詳。陰陽家。「道」とも、あるいは名は「みち」か。七一五年、正七位上より従五位下、美作守。七二一（養老5）年、陰陽の学に優れ賞を賜い、翌々年、従五位上。忍海手人大海らの外祖父という（『続日本紀』神亀元〈七二四〉年十月条）。『万葉集』に大津皇子が石川女郎と通じたことを占いで露わにしたと伝える（巻一・一〇九題詞）。（川崎晃）

つりどの［釣殿］ 寝殿造の東西の対から池に臨み造られた建物で、中門廊や対屋と廊で繋がっていた。納涼や釣りに使用する目的の建物で、一般的には壁や間仕切りはなされない。邸宅によっては東釣殿、西釣殿の両方があるケースもあった。（西山恵子）

つりばり［釣針］ 魚釣の釣針は北欧ではすでに中石器時代に出現しているが、日本では縄文時代以降とくに東北地方のリアス式海岸で多くつくられた。素材は鹿角、鹿・猪など動物の管状骨、猪の下顎犬歯（牙）などが利用され、後に青銅・鉄製品もつくられた。朝鮮半島東南部海岸では櫛目文土器にともなって石材を軸に用いた鰲山里型釣針もある。形状は多様であるが、単式の釣針と軸・針を組み合わせた結合式釣針がつくられた。
［参考文献］網野善彦ほか編『列島の文化史』（日本エディタースクール出版部昭60）。（正林護）

つるが［敦賀］ ⇩角鹿

つるがおかはちまんぐう［鶴岡八幡宮］ 神奈川県鎌倉市雪ノ下に鎮座。祭神は応神天皇・比売神・神功皇后の三柱。清和源氏の氏神。一一八〇（治承4）年一〇月、鎌倉に入った源頼朝は、先祖頼義が奥州征伐の際、ひそかに石清水八幡宮を勧請した由比若宮を現社地に遷座し、その後しだいに社容を整えていったが、一一九一（建久2）年三月の大火で灰燼に帰したが、一一月には本宮を造営し、新たに石清水八幡宮を勧請し鶴岡八幡宮を造営した。籬菊螺鈿蒔絵硯箱（国宝）・木造弁才天坐像・鶴岡八幡宮文書（以上、

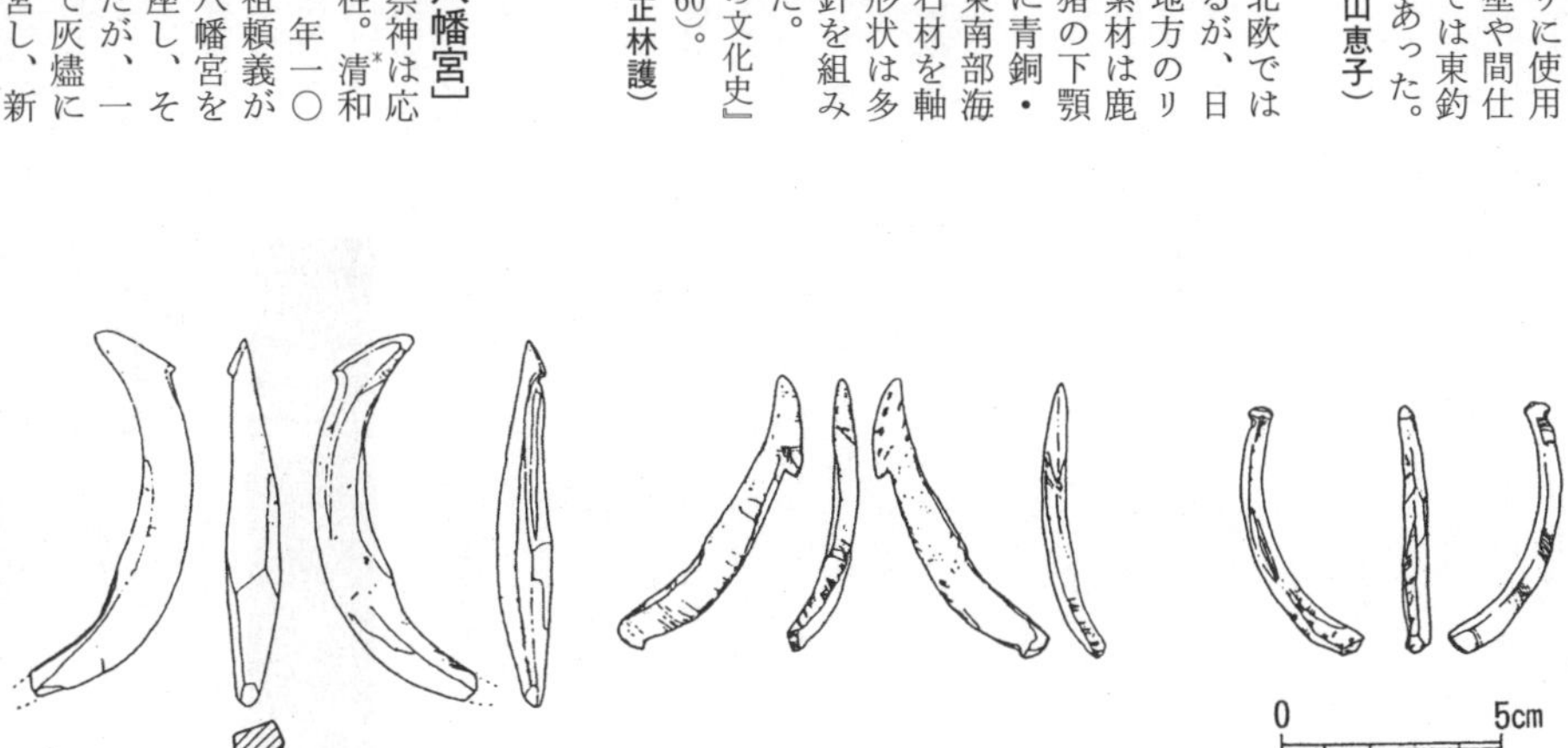

猪牙製結合式釣針（対馬佐賀貝塚遺跡出土、縄文後期）

重要文化財）など多くの社宝を伝えている。（堀越光信）

つるがのつ［敦賀津］ 越前国の古くから栄えた港湾都市。現福井県敦賀市。もとは角鹿と書いたが八世紀には敦賀の用字。早くから朝鮮半島や大陸との交易・通交の要地であり、松原客館が設けられて渤海使などの接遇に利用された。また国内の物資輸送の要港としても繁栄し、北陸道からの官物はすべてこの地を経由した。中世になると敦賀は単なる港としてだけではなく物資集散地としていっそうの発展をとげ、軍事上の要衝ともなった。（高橋誠一）

つるぎのいけ［剣池］ 奈良県橿原市石川町に所在する池。『万葉集』に「御佩を 剣の池の 蓮葉に…わが情 清隅の池の…」（巻一三―三二八九）と歌われており、清隅池とも称された。古来、池底に剣が埋まっていると言い伝える。現在では石川池と同一視されているが、もともと剣池は、孝元天皇陵（剣池嶋上陵）の周囲を巡る池であったが、一九〇〇（明治33）年に拡張され、石川池になった。六四四（皇極3）年六月、剣池の蓮に、一本の茎に二つの花の咲くものがあり、豊浦大臣（蘇我大臣蝦夷）は蘇我氏が栄える瑞祥として喜び、その旨を金泥で書き、大法興寺（飛鳥寺）の丈六仏（飛鳥大仏）に供えたという（『日本書紀』）。

［参考文献］和田萃『飛鳥』（岩波新書平15）。（和田萃）

つるばみ［橡］ 櫟の古名。実の皀斗や樹皮などを煎じた汁で染めた茶褐色は橡色とよばれ、同じくブナ科の椚・樫などで染められたものは全て橡色と称したと考えられる。衣服令では家人・奴婢の制服として「橡墨衣」が定められた。「延喜式」では染料に関係なく、薄い茶色を白橡、赤みのある茶色を赤白橡、青みのある茶色を青白橡とよぶ。喪服の橡袍が黒橡（五倍子に鉄媒染した黒褐色）であったため、平安時代中期以後、橡といえば黒橡をさすようになった。（武田佐知子）

つわもののつくりのつかさ／ぞうへいし［造兵司］ 大宝・養老令の兵部省被管諸司の一つ。武器の製造をつかさどった。四等官のほか、武器の生産にたずさわる雑工部・雑工戸が所属。七四四（天平16）年にいったん廃止されたが、その後復活し、八九六（寛平8）年には左右兵庫・鼓吹司と併せて兵庫寮となった。（荊木美行）

つわもののとねりのつかさ／ひょうえふ［兵衛府］ 大宝・養老令における五衛府のうちの一つ。左兵衛府と右兵衛府に分かれ、天皇の近辺を警衛した。養老令によれば、それぞれ督（大宝令では率）・佐（大宝令では翼）・大尉・少尉・大志・少志のもとに兵衛四〇〇人が所属。兵衛は、郡司の子弟や内六位以下八位以上の嫡子から採用された。（荊木美行）

つわもののみち［兵の道］ 平安中期における武者の心得、道徳。『将門記』や『今昔物語集』『古事談』など、平安～鎌倉時代の文学作品にみえる。武士道の起源ともされる。「兵」は、本来、武器・武具を意味したことから、本来は合戦の戦法や用兵術、騎射を中心とする武芸そのものを指称。『将門記』に、和解に訪れた武蔵郡司竹芝側の行動を誤解して逃亡した武蔵介源経基を「いまだ兵の道に練れず」とあるのはその用例。『今昔物語集』では、武蔵国で源宛・平良文の両者が「兵の道」を競ったとし、有能な武将源頼信は「兵の道」に怠りなかったとする。さらに、転じて武者の一般的な心得として用いられるようになる。具体的には、油断なく弓射などの武芸に励み、合戦の戦術や故実などに通じるとともに、沈着冷静で思慮深く、将帥としての威厳を有し、武名・名誉を重んじ、さらには女性や弱者に対して保護を加えることなどをさすとされる。（元木泰雄）

つわものりょう／ひょうごりょう［兵庫寮］ 『和名抄』の訓は「豆波毛乃々久良乃官」。令外官の一つ。八九六（寛平8）年に、左右兵庫と兵部省被管の造兵司・鼓吹司を併せて新たに設置された。儀仗用の武器の製造と管理・出納をつかさどるほか、鼓吹の教習なども行った。（荊木美行）

て

ていおうひつぎ［帝皇日継］ ⇩帝紀・旧辞

ていき・くじ［帝紀・旧辞］ 王位・皇位の継承を主とする記録と氏族の伝承を中心とする記録。『古事記』の序には「帝紀」を「帝皇日継」「先紀」とも書き、「旧辞」を「本辞」「先代旧辞」とも記す。『日本書紀』天武天皇十（六八一）年三月条には「帝紀及び上古諸事」と述べる。武田祐吉説では帝紀の中身を①歴代天皇の即位順序、②皇子・皇女の事、③特筆すべき事件とし、旧辞の中身を①祭祀の思想・祭祀に関連した伝承、②氏族の歴史、③歌謡や興味の多い物語とする。

［参考文献］武田祐吉『古事記研究』帝紀攷（青磁社昭19）。同『古事記説話群の研究』（明治書院昭29）。（上田正昭）

ていけいこうしゅぼ［貞恵公主墓］ 渤海の第三代王大欽茂の二女、貞恵公主の墓。中国吉林省敦化市の六頂山墓群にある。一九四九年の発見時に延辺大学が調査し、一九五九年に吉林省博物館、一九六四年に中国と朝鮮民主主義人民共和国が共同調査を実施。墳丘は一辺が約一〇m、高さ約一・五mの方形で、内部に玄武岩の切石積墓室がおかれている。墓室は方形で、南北二・八m、東西二・六六m、高さ二・六八m。墓室の壁面には厚さ一cmの石灰が塗られ、床面には磚が敷かれている。天井は隅三角持送り構造である。羨道は墓室の南にあり、幅一・一m、長さ一・七四mで、側壁表面に石灰の痕跡がある。羨道から墓碑と二体の石獅子、鍍金円帽銅釘などが出土。羨道の前面には、長さ一一m、幅二・四五mの墓道がある。墓道は羨道に向かって傾斜し、床面には角石が敷かれていた。墓碑によると、貞恵公主は七七七（宝暦4）年に亡くなり七八〇（宝暦7）年に埋葬され、珍陵の西原に埋葬したと記されている。

〔**参考文献**〕王承礼「敦化六顶山渤海墓清理发掘记」『社会科学战线』(1979)。王承礼ほか「吉林六頂山渤海古墓」『考古』(1961)。『중국동북지방의유적발굴보고』（社会科学院出版社 1966）。中国社会科学院考古研究所編著『六顶山与渤海镇』(中国大百科全书出版社 1997)。

（**小嶋芳孝**）

ていこうこうしゅぼ〔**貞孝公主墓**〕 渤海の第三代王大欽茂の四女、貞孝公主の墓。中国吉林省和竜県の竜頭山墓群にある。丘陵尾根筋に平坦面を造成し、地下三・四mの深さに長さ三・一m、幅二・一m、高さ一・九mの墓室がある。壁面に石灰を塗り、その上に楽人や従者、武人など一二人の人物画を描いている。墓室中央には、長さ二・四m、幅一・四五m、高さ〇・四mの磚積棺床があり、その上に人骨があった。墓室入口に墓碑がおかれていた。墓碑の石材は花崗岩質、高さ一・〇五m、幅〇・五八m、厚さ〇・二六mで、表面に一八行七二八文字の文章が書かれている。墓誌によると、貞孝公主は七九二（大興56）年六月九日に三六歳で亡くなり、同年の冬一一月二八日に染谷の西原に埋葬したと記されている。発掘時には倒壊していたが、墓室の地上部には磚塔が築かれていた。渤海では、磚塔の基部に遺体を埋葬する事例が本例のほか馬滴達墓と霊光塔の二例ある。

〔**参考文献**〕王承礼「唐代渤海国《貞孝公主墓志》研究(上)」『博物馆研究二期』（一九八四）。同「唐代渤海国《貞孝公主墓志》研究（中）」『博物馆研究三期』（一九八五）。同「唐代渤海国《貞孝公主墓志》研究（下）」『博物馆研究一期』（一九八五）。延辺朝鮮族自治州博物館「渤海贞孝公主墓发掘清理简报」『社会科学战线馆一期』（一九八二）。

（**小嶋芳孝**）

ていじいん〔**亭子院**〕 左京七条二坊一三・一四町にあった宇多上皇の後院。もとは淳和天皇女御永原原姫の住い。のち宇多天皇女御藤原温子に受継がれ、温子没後は宇多上皇に伝領。その名は池の中島に亭子が設けられていたことにちなみ、文人たちが招かれ遊宴などが催された。

（**佐藤文子**）

ていじいんのうたあわせ〔**亭子院歌合**〕 九一三（延喜13）年宇多法皇が女御藤原温子の遺邸亭子院で催した三〇番六〇首の歌合。頭・方人・歌読・算刺童・講師・判者の構成が整う晴の歌合として後世に影響を与えた。凡河内躬恒・紀貫之・伊勢など当代一級の歌人が集い、判者は法皇自身がつとめている。これらのうち多くが『古今和歌集』に採録されている。

（**佐藤文子**）

ていしないしんのう〔**媞子内親王**〕 1076〜96 平安時代後期の皇族。父は白河天皇、母は藤原賢子。一〇七八（承暦2）年に伊勢斎宮となるものち母の死により退下。九三（寛治7）年に郁芳門院の院号宣下。父白河が溺愛し、夭折後にその居宅の六条院を寺とした。ここに平正盛が領地を寄進して勢力拡大の契機としたことは著名。

（**井上満郎**）

ていしんこうき〔**貞信公記**〕 関白太政大臣藤原忠平の日記。記名は忠平の諡による。日記は子の実頼の抄出した抄本の形で伝わる。九〇七（延喜7）年から九四八（天暦2）年までの日次が残り、さらに『北山抄』『西宮記』『小野宮年中行事』などの諸書に逸文がある。史料の少ない一〇世紀前半の基本史料として重要。『大日本古記録』。

（**松本公一**）

ていゆうだ〔**丁有陀**〕 生没年不詳。百済の採薬師。官位は固徳。五五三（欽明14）年六月、日本が百済に諸博士の派遣と、医薬などの送付を要請したのに応じ、翌年二月、同じく採薬師の潘量豊や、そのほかの諸博士・技術者とともに渡来した。それまで医薬は百済からの輸入に頼っていたことや、日本が医薬の自前調達をめざして技術者派遣を要請したことがうかがえる。『周書』百済伝には「(百済は)医薬卜筮占相の術を解す」とある。

（**中畠俊彦**）

ていりょうじ〔**定陵寺**〕 北朝鮮・ピョンヤン特別市力浦区域所在の高句麗時代の寺院跡。伽藍は南面し、東西二二三m、南北一三三mの規模。回廊で五つに区画し、一八棟の建物、塼による円形施設、石造の方形基礎がある。中枢部は八角建物とその東西の建物、回廊をはさんだ北側の建物とで一塔三金堂式の配置とされることがある。寺名は、出土土器に刻まれた「定陵」「陵寺」の文字による推定だが、「定」は不確実。背後に寺と密接な関係をもつ真坡里古墳群がある。

（**千田剛道**）

てつ〔**鉄**〕 鉱産資源としての鉄は酸素と結合した酸化鉄として地球上に存在する。したがって鉱石の還元によって鉄は抽出され、鉄器への加工がはじめて可能となる。世界の青銅器文化が繁栄した地域では人工鉄に先行して隕鉄の利用が認められるが限定的な存在であった。紀元前二〇〇〇年紀前半のヒッタイト古王国時代には製鉄の開始が想定され、紀元前一二世紀のヒッタイト帝国の崩壊が古代の中近東世界に鉄技術の拡散をもたらした。東アジアでは商代の中国で隕鉄の段階使用を経て、西周時代末期に人工鉄（錬鉄）が登場する。春秋時代までの鉄は利器の身ないしは刃部のみへの採用が限られ、他の材質の柄に装着される場合が多い。春秋時代後期より鋳造・鍛造二つの技術がみられるようになり、戦国時代後期になると機能性も優れ、その普及度も高い鉄器文化を迎えたと考えられる。

（**村上恭通**）

てつがい〔**手結**〕 手番とも。朝廷年中行事である射礼・賭弓・騎射に先立って行われる演習。二人の射手を組み合わせて優劣を競わせた。予行的な荒手結と本式の真手結の二回にわたることもある。なお射手の名簿も手結（文）という。

（**竹居明男**）

てつぎしょうもん【手継証文】 古代・中世、土地の権利が移動する際に作成される譲状・*売券・相博状・*寄進状などを順次貼り継いだもの。権利の移動時、新たに作られた証文とともに新知行者に与えられ、その土地に対する権利の正当性を保証した。 (勝山清次)

てつたて【鉄盾】 奈良県天理市*石上神宮に日盾として伝世する二枚の鉄の盾。それぞれ上、下縁が中央部よりもやや広い長方形を呈しており、わずかに大きさが異なる。大きい方の盾は全長約一四三㎝、上部幅約七四㎝、下部幅約八〇㎝を測る。その文様構成は大阪府豊中市狐塚古墳出土の革盾に共通する。裏面には支板と考えられる杉板の付着がある。製作地に関しては諸説あるが、古墳時代の鉄製甲冑と技術を共有するとして国産説が有力である。 (村上恭通)

てってい【鉄鋌】 平面が短冊状あるいは撥形を呈する鉄の薄い延べ板。『日本書紀』の記述では鉄鋌を「ねりがね」と呼び、また『常陸国風土記』では「枚鉄」という表現があり、鉄鋌に比定されている。古墳での出土が最も多く、*祭祀遺跡、*住居跡でも出土例がある。わが国では五世紀前葉に出現し、中葉・後葉に盛期を迎え、六世紀中葉には姿を消す。その起源は朝鮮半島にあり、三韓時代の板状鉄斧がしだいに形態と厚みを変化させ、四世紀には板状鉄斧の特徴を残しつつ、薄い鉄板となる。五世紀以降、大きさにも多様性が生じ、六世紀前半にはみられなくなる。朝鮮半島では皇南大塚、わが国では大和6号墳例のように大量副葬される場合があり、またしばしば紐で縛られた痕跡を有する。*濱田耕作が慶州市金環塚の出土品を鉄の地金と評価し、鉄素材説の嚆矢とみられるが、その後、貨幣説、財宝説、買地券説等の諸説が唱えられ、副葬状況の特殊性から祭祀品という評価もある。また、わが国の鉄鋌はすべてを朝鮮半島製とする見方もあるが、国産の鉄鋌の存在を認める立場もある。 (村上恭通)

てひと【才伎】 『日本書紀』雄略天皇七年是歳条に、百済からの技術者の渡来伝承が記録され、これを「*今来才伎」(*手末才伎)とよんでいる。これは倭国への新来の渡来人を意味し、陶器製造・鞍作・画家・錦織・通訳などの技術者を含んでいた。 (胡口靖夫)

てみやどうくつ【手宮洞窟】 北海道小樽市手宮に所在する凝灰岩の海蝕洞窟で、すでに一九二一(大正10)年には国指定史跡となっている。洞窟壁面の記号的線刻は、古くから「手宮の古代文字」として有名であった。一八六六(慶応2)年、石工の長兵衛によって発見され、一八七八(明治11)年には、すでにジョン・ミルンによって海外にも紹介された。その後、この線刻の解釈をめぐっては、諸説が示され、さらには偽刻説まで登場したが、一九五一(昭和26)年、*フゴッペ洞窟から類似の線刻が多数発見されたことで、偽刻説はしりぞけられた。一九八九・九〇(平成元・2)年には、修理事業にともなう発掘調査が実施され、続縄文期に帰属する線刻であるとの見解が示されている。一九九五(平成7)年には、手宮洞窟保存館が完成し、多くの見学者を魅了している。 (宮宏明)

でわのくに【出羽国】 東山道に属する国。現在の山形・秋田県にあたる。奥羽山脈をはじめとする山地が連なっているが、日本海沿岸に庄内・本庄・秋田・能代平野が広がり、内陸部にも米沢・山形・新庄・横手・大館・鷹巣などの盆地が存在する。『日本書紀』斉明四(六五八)年*阿倍比羅夫の北航の際に記録に現れるのが初見で越国の管轄下にあったが、七〇八(和銅元)年に越後国に出羽郡が建てられ七一二年(和銅5)に出羽国が設置された。「延喜式」では上国とされ所管の郡は最上・村山・置賜・田川・出羽・飽海・河辺・雄勝・平鹿・山本・秋田郡の一一部。国府は最初現鶴岡市付近におかれたが、七三三(天平5)年に北上して現秋田市寺内高清水岡の*出羽柵(秋田城)に移され、奈良時代末期には再び庄内平野に南下して現酒田市の城輪柵に移転した。国分寺も庄内平野に設置された。九世紀から一〇世紀にかけて*俘囚の乱があったが前九年の役で清原氏が栄え後三年の役で滅びると*奥州藤原氏が出羽にも強い影響力をもつようになった。

〔**参考文献**〕『秋田県史』全一六巻(昭35~42)。『山形県史』全三六巻(昭35~63)。今村義孝『秋田県の歴史』(山川出版社昭44)。誉田慶恩他『山形県の歴史』(山川出版社昭45)。 (高橋誠一)

でわのさく【出羽柵】 八世紀初頭から半ばの古代*城柵。『続日本紀』は、七〇八(和銅元)年に越後国が新たに出羽郡を建てると記し、さらに翌年、蝦狄を征するため、出羽柵に諸国から兵器を送らせるとあることから、建造はこの頃と考えられる。位置は山形県庄内地方と推定されるが、遺跡の所在地は不明。本柵は七三三(天平5)年秋田高清水岡に移転する。場所は、雄物川河口付近、*秋田城跡のある秋田市寺内である。八世紀半ば頃秋田城に改組・改称されたらしい。 (桑原滋郎)

てんか【天下】 全世界を意味する語。起源である中国では、天から命をうけて世界を支配する者が*天子であり、その支配のおよぶ場所が天下であった。理念的には天子を中心とする世界全体を意味し、また天の連想からしばしば権威・普遍性を含意する。日本でも遅くとも六世紀以降には、天皇が天下を治めるとの表現は多くみられるが、その場合の天下とは範囲を「日本」全土に限ったうえで、そのなかでの権威・普遍性・唯一性を強調するものである。 (中畠俊彦)

でんか【田假】 律令制下の官人の假(休暇)の一つ。農繁期の五月・八月にそれぞれ一五日ずつ与えられたが、土地により種収の時期が異なるので、適宜調整することが認められていた。*学令によれば、大学・国学の*学生にも五月に田假が与えられた。 (荊木美行)

てんがい(みずうす)【碾磑】 「みずうす」は水力利用の脱穀製粉用の石臼をいう。いっぽう「てんがい」は、古代の有力寺院に備えつけられていたとみられる大型の石臼をさす。*法隆寺や*大安寺には「碓屋」、*東大寺には「碓殿」が設けられた。一二世紀の『*七大寺巡礼私記』に東大寺には「碾磑亭一宇、七間瓦屋、置碾磑」があったと記す。もっともこれらの動力源、稼働装置、用途は不明。大型の石臼の実物は、福岡県大宰府市の*観世音寺に伝世品があるほか東大寺の食堂院北

方からの出土品がある。（今尾文昭）

でんがく［田楽］　平安時代から行われた芸能。田植えの際、穀霊の生命力を囃したてるために、摺りササラ・腰鼓などを用いた田楽が行われた。一方、田楽を職能とする田楽法師は、座を形成してビンザサラ・腰鼓などの楽器を用いて社寺での祭礼芸能を行ったが、これは大陸から渡来した散楽の一種と考えられる。一〇九六（永長元）年に大流行した永長大田楽がよく知られている。南北朝期に猿楽の能に押されて田楽能は衰退した。（山田雄司）

てんぎょうのらん［天慶の乱］　⇩承平・天慶の乱

てんし［天子］　天命をうけて支配する君主。天帝の子、すなわち天子である。中国の統一政権における君主の称号は、殷周では王、秦漢以後は皇帝であったが、天子は道徳的な統治（徳治）の支配者の意味において使われる尊称あるいは自称であった。『日本書紀』の履中天皇五年十月の条にみえるのが、日本の古典における初見であり、『隋書』東夷伝倭国の条には「日出処天子」とみえる。古代日本の「儀制令」では「天子」は「祭祀に称する所」と記す。（上田正昭）

中国、王朝の君主の称。君主の称号は殷周や戦国時代では王号、秦の始皇帝が初めて皇帝号を称して以来、歴代王朝の君主は皇帝号を正式の称号とした。これに対して、天子号は中華の君主としての意味合いよりさらに広く、中華以外の周辺の夷狄世界をも抱摂した天下、つまり全世界の君主を意味した。君主は宇宙を支配する至上神である天からの委命をうけて、天神の子、すなわち天子として世界を統治するとされる。これは天神の意志によって人々を治めるという、血縁的共同体を中心とした古い部族国家期の神権政治に起源を発する思想であるが、戦国時代以降の諸子百家の議論をへて、とくに儒家によって天命をうけた天子による天下統治という独自の政治哲学的原理にまで発展した。他派からの攻撃に対して儒家思想を実践的な政治哲学へと強化したのが戦国中期の孟子で、天命に見離された亡徳の君主は有徳者によって放逐されることを肯定した。これが天命が革まること、革命であり、殷が周に滅ぼされたこと、つまり殷周革命を正当化した。この革命思想はその後の王朝交替に際して恰好の正統性の論理的理由付けとなった。秦の始皇帝は天下を統一すると「受之天命、皇帝寿昌」と刻した伝国璽をつくったことからも、天下の統治者として天命をうけることが、すでにいかに重要であると意識されていたかがわかる。この伝国璽は各王朝の正統性を証明するものとして受け継がれた。始皇帝は君主専用の印璽として「皇帝行璽」「皇帝之璽」「皇帝信璽」「天子行璽」「天子之璽」「天子信璽」をつくり、皇帝と天子を初めて明確に使い分けた。唐代には「神宝」「受命宝」「皇帝行宝」「皇帝之宝」「皇帝信宝」「天子行宝」「天子之宝」「天子信宝」が君主専用の印璽とされ、「天子行宝」は「四夷の書に報ずる」、「天子之宝」は「四夷を労する」、「天子信宝」は「兵を四夷に召す」ものであり、天子号は皇帝号とは明確に区別されて使われた。

〔参考文献〕伊藤東涯『制度通』（岩波文庫平3）。（愛宕元）

てんじく［天竺］　本来は、インドをさす呼称で、天竺・震旦（中国）・本朝（日本）を三国、また唐・天竺とも並称した。次第に日本とは異なった異界を示す用語としても使用されるようになった。（高橋誠一）

でんしゃ［殿舎］　御殿。館。宮廷、貴人の邸宅、寺社などの大小の建物。元来、「殿」は広大な建造物を表す語であり、「舎」は比較的小さいもの、付属的な建物のことをさした。「後宮十二殿舎」からその区別がうかがわれる。（山田雄司）

てんじゅこくしゅうちょう［天寿国繡帳］　聖徳太子（厩戸皇子）の没後、妃の橘大郎女が天寿国にある太子を偲んでつくらせたという二張の繡帳。中宮寺に所蔵されている繡帳残欠（額装）は、一二七四（文永11）年に、中宮寺の信如尼が法隆寺綱封蔵でみつけた繡帳断片と一二七五（建治元）年に作成された新繡帳の断片を貼りまぜたものである。もとの繡帳には、亀甲一〇〇匹を縫いつけ、それぞれの亀の背におのおの四字ずつ縫った銘文のあったことがたしかめられている。銘文のある亀甲図は、中宮寺の額装断片四つと中宮寺の別の断片（坐像の三人物と香炉と「利令者椋」の亀甲図）、倉院蔵の繡帳断片である。しかし銘文のおよそは『上宮聖徳法王帝説』によってうかがうことができる。七四七（天平19）年の『法隆寺伽藍縁起幷流記資財帳』に記す「繡帳弐張」はおそらくこの「天寿国繡帳」であったと考えられる。銘文によれば東漢末賢・高麗加而溢・漢奴加己利が下絵を描き、椋部秦久麻が指導して采女たちが刺繡したことがわかる。

〔参考文献〕大橋一章『天寿国繡帳の研究』（吉川弘文館平7）。（上田正昭）

天寿国繡帳　その残存部分を鎌倉時代に修補
中宮寺蔵

てんじょうびと［殿上人］ 雲上人・雲客などとも称す。四位・五位のなかから選ばれ、内裏清涼殿の殿上の間に昇ることを許された天皇の近侍者。天皇の代替わりごとに選定され、蔵人頭の指揮のもと殿上の間に伺候して天皇の雑事にかかわり、交替で陪膳や宿直にあたった。殿上の間への上日・上夜者は日給簡にその名が記された。記録に「上達部・殿上人」と頻出するように殿上の間への昇殿がかなうのは公卿・殿上人（それに六位蔵人）で、かなわぬ地下人と対比され特別視された。人数は三、四〇人。昇殿の制は院・女院・東宮にもみられた。 （朧谷寿）

てんじりょう［天智陵］ 天智天皇の陵墓。京都市山科区御陵上御廟野町所在。山科陵と称し『陵墓要覧』では上円下方墳。天智天皇の陵については『日本書紀』は記載を残さないが、『万葉集』に額田王が天智の「山科御陵」を訪ねたといい、天智の陵としてほぼ問題ない。詳細な調査はないが噴形は八角で、高さ約八mで二段築成。後年その子孫の桓武天皇が即位し、父光仁陵・祖父志貴皇子陵とならんでしばしば曾祖父天智陵への使節派遣が行われた。

〔参考文献〕森浩一編『天皇陵古墳』（大巧社平8）。 （井上満郎）

てんじんしんこう［天神信仰］ 天神をあおぎ祀る信仰。普通には天神は菅原道真を天満天神とする信仰をさすが、日本の天神にはさまざま神格がある。中国のいわゆる天神・地祀としての天神は、皇(昊)天上帝をはじめ日・月・星辰・風師・雨師など、文学どおりの天上の神だが、日本の天神は高天原の神あるいは高天原から降った神で、皇室や伴造系の氏族の祖とする神が多い。また雷両神を天神と称する例もある。九〇三（延喜3）年に菅原道真は左遷された大宰府で亡くなるが、死後御霊神・詩文の神あるいは芸能の神などとあおがれ天満天神といえば菅原道真の天神を意味する。 （上田正昭）

てんじんちぎ［天神地祇］ 天神は天上の神、地祇は地の神。日本の天つ神・国つ神とは内容を異にする。天神は昊天上帝・日月星辰・司中・司令・風師・雨師など、地祇は合土・社稷・五祀・五岳など。天つ神は皇室ゆかりの高天原系の神であり、国つ神は在地の神で豪族などの祀る神が多い。日本の天神には、天上の神の天神のほか、雷雨神・天つ神そして菅原道真を天満天神とする信仰がある （上田正昭）

てんじんやまこふん［天神山古墳］ 奈良盆地の東南部、天理市柳本町にあり、崇神天皇陵とされる行灯山古墳を中心に築かれた柳本古墳群の中核を占める。北に後円部をおく全長一〇三m、後円部径五八m、高さ九m、前方部幅四七m、高さ七mを計る前方後円墳である。国道一六九号線が開設されるときに墳丘東半分を切られてしまった。中央の竪穴式石室は、南北六・一m、幅一・四mで、扁平な石材で小口積みし、合掌式の天井をとる。内部からは割竹形木棺が検出され、仕切り板で三分割されていた。鏡二三面、鉄刀三口、鉄剣四口などとともに、水銀朱四一kgが出土し、布留式土器を伴出している。四世紀初頭期の築造であろう。伊那奈岐神社の境内地に所在する。 （清水真一）

獣文縁方格規矩四神鏡（高松市鶴尾神社４号墳出土） 径 18.2 cm
個人と高松市教育委員会蔵

でんせいきょう［伝世鏡］ 製作された時から世代をこえて伝えられてきた鏡のこと。一九三三（昭和8）年、香川県高松市石清尾山麓出土（一九八三〈昭和58〉年に鶴尾神社四号墳出土と判明）の方格規矩四神鏡には手ずれの痕や小孔をあけて紐で綴ってまで使用した痕跡があるとして、古墳の副葬鏡中に伝世鏡のあることが初めて指摘され、副葬鏡は古墳時代の上限を示すにすぎないものとなった。戦後、前期の古墳に三角縁神獣鏡等とともに副葬された後漢鏡（方格規矩四神鏡や内行花文鏡等）に特別な扱いを受けた例が相次いで発掘されたことから、後漢鏡はすでに弥生時代後期に渡来し、共同体の祭器として伝世されていたが、やがて首長権力の伸長にともなってその役割を終え、首長の死とともに古墳に副葬されたという伝世鏡の解釈が生まれた。しかし、弥生時代終末期にみられる破鏡のように古墳時代以前に伝世を終えた後漢鏡片があり、また、古墳時代中期まで伝世した三角縁神獣鏡もある。中国でも漢鏡が副葬されていた晋墓があるなど、伝世鏡には実証性という点ではなお解決すべき課題が残っている。

〔参考文献〕小林行雄『古墳時代の研究』（青木書店昭36）。白石太一郎編『古代を考える古墳』（吉川弘文館平1）。 （藤丸詔八郎）

てんそうじん［典曹人］ 熊本県和水町江田船山古墳（五世紀後半）出土の大刀銘にみえる官人・職名。『三国志』の呂父伝に「典曹都尉」などとみえるのが参考となる。文書関係の仕事を典どった官人の職名と考えられる。 （上田正昭）

てんそうちふさい［天曹地府祭］ 陰陽道の祭祀。天変地異の祈攘や延命息災を祈願して、一一世紀以降天皇や貴族・将軍の間で行われた。泰山府君祭と類似するが、一二神座以外に北帝大帝・六曹判官ほかの四神を祀るのが特徴。のち天皇一代一度の祭儀も成立。 （竹居明男）

てんそんこうりんしんわ［天孫降臨神話］ 高天原から神が天降る神話。『古事記』・『日本書紀』をはじめとする古典にみえる。『記』『紀』神話によれば、国譲りのあと、皇孫（ニニギノミコト）が高千穂の峰に降臨することになる。『古事記』では降臨を命ずる高天原の主宰神は天照大神と高木神であり、『日本書紀』の本文および第四・第六の「一書」では高皇産霊尊になっている。高千穂の峰の伝承についても、「筑紫の日向の高千穂」（『記』、『紀』第一の「一書」）、「日向の襲の高千穂」（『紀』本文、第四・第六の「一書」）という表記の差がある。「久士布流多気」（『記』）、「槵觸峰」（第一の「一書」）、「添山峰」の「クシ」「ソフル」は古代朝鮮語（地名）に由来する。天から神が天降る伝承は『常陸国風土記』や『出雲国風土記』などにもみえる。

〔参考文献〕上田正昭『日本の神話を考える』（小学館ライブラリー平6）。（上田正昭）

てんだいざす［天台座主］　天台宗を統率する延暦寺の最高の僧職。最澄は生前に「山家学生式」を制定して、比叡山上に大乗戒壇の設立を熱望したが南都諸教団の抵抗によってかなわなかった。それをうけて門弟の光定やまた最澄を後援していた良峯安世・藤原冬嗣たちの努力で没後七日目に勅許され、天台宗独自の得度・受戒が可能となり、八二四（天長元）年に天台座主がはじめて任命されるにいたる。初代は最澄の後継者の義真で、この任命により天台宗は僧綱による国家・政権の干渉をうけない独立した仏教教団として成立する。代々の座主の略歴を記した『天台座主記』がある。（井上満郎）

てんだいさん［天台山］　中国浙江省天台県の北にある山。華頂峰を最高峰とし、赤城・桐柏など八峰がある。もとは道教の神仙が住む地として知られたが、晋代以後仏教の勢力が増大した。南朝陳の五七五（太建7）年に智顗が入山し、五九七（開皇17）年、智顗の死後に隋の晋王広（後の煬帝）が国清寺を創建して天台宗の聖地となった。最澄以後、円珍・成尋・重源・栄西・俊芿ら多くの日本僧が入山した。南麓の国清寺、仏隴峰の真覚寺・高明寺などが現存する。（中畠俊彦）

てんだいしゅう［天台宗］　仏教の一派。中国一三宗・日本八宗の一。天台法華宗・法華円宗とも。中国隋代の智顗が浙江省天台山に入って開き、その弟子の灌頂が継承・大成した。以後やや振るわなかったが、八世紀に湛然が出て再興し、その弟子の道邃・行満のもとで八〇四（延暦23）年に最澄が受学、帰国後日本天台宗を開いた。仏の説法を時期的に五時、内容・教義的に八教に分けて体系化し、『法華経』を根本経典とし、『法華玄義』『法華文句』『摩訶止観』を根本聖典とする。（中畠俊彦）

てんちてんのう［天智天皇］　626〜71　称制661〜68　在位668〜71　乙巳の変を断行し、律令体制の導入につとめた天皇。名は葛城皇子。通称は中大兄皇子。和風諡号は天命開別天皇。父は舒明天皇、母は皇后宝皇女（皇極・斉明天皇）。同母弟妹に大海人（天武天皇）・間人皇女（孝徳皇后）、子には大友・施基・鸕野（持統天皇）・阿倍（元明天皇）らがいる。『日本書紀』には中臣鎌子（藤原鎌足）らとともに乙巳の変を起こす過程が記されるが、これ以前の皇子に関する記録は簡略である。六四五（皇極4）年、中臣鎌子らと謀り三韓進調の儀の場で蘇我入鹿を惨殺した(乙巳の変)。変の背景には唐の興隆や、高句麗・百済・新羅の内紛や対立関係という緊迫した東アジア情勢への対応があったとみられる。変後、皇極天皇は初の生前譲位をし軽皇子が即位した（孝徳天皇）。中大兄は孝徳・斉明の皇太子となった。六四六（大化2）年正月には改新詔を出し、内政改革に着手。『日本書紀』が載せる改新詔の文言や内容には問題があるが、詔の文言は当時のものではないにしても何らかの改新政治自体は実行されたと考えられている。六六一（斉明7）年新羅遠征の行軍の最中に斉明天皇が病死、中大兄は皇位には就かず政務をとった（称制）。六六三（天智2）年白村江の戦での大敗を契機に対外防衛につとめ、大宰府防衛のため水城を築き、北九州から瀬戸内海沿岸にかけては山城を設けた。また翌年には冠位を十九階から二十六階に改め、氏族の管理を進める(甲子の宣)などの内政改革を行った。六六七（同6）年には飛鳥から近江の志賀に遷都し近江大津宮を造営、翌年即位した。六七〇（同9）年作成の庚午年籍は日本最古の戸籍である。なお六六八（同7）年に近江令を制定したとされるが、体系的な令としての存在を疑問視する意見は根強い。近江大津宮で崩御。山陵は山科陵（京都市山科区御陵上御廟野町）。死後その後継をめぐって壬申の乱が勃発した。

〔参考文献〕熊谷公男『日本の歴史03　大王から天皇へ』（講談社平13）。（北村有貴江）

てんちょうせつ［天長節］　天皇の誕生日の旧称。唐の玄宗が『老子』の「天長地久」に基づき天子の長寿を祝う日を設けたのをうけて、日本では光仁天皇が七七五（宝亀6）年一〇月一三日の誕生日に天長節の儀を行い、宴を催したのを嚆矢とする。平安時代を通じて行われた。（山田雄司）

てんどうしんこう［天童信仰］　天童は天道とも書き、長崎県対馬を中心として展開する一種の太陽神信仰。農業との関係が強く穀霊信仰の要素をもつが、またいっぽうで仏教とも習合し、天道法師・天道菩薩などが崇敬の対象となった。天道山ともよぶ龍良山など多くは社殿をもたない聖地・神域に対する原始的な信仰で、近世には二〇数ヶ所の祭祀の場があったといい、別に「おそろしところ」ともよばれて人の立ち入りが排除された。これらの聖地・神域がアジールの性格をもったこともよく知られている。

〔参考文献〕『三品彰英論文集（四）』（平凡社昭47）。平泉澄『中世に於ける社寺と社会との関係』（至文堂大15）。（井上満郎）

てんねんとう［天然痘］　疱瘡・痘瘡などとも。古代最大の流行病で、もがさ、また豌豆瘡とも称するように豌豆に似た発疹をともなう高熱を発する。死亡率が高く、七三五（天平7）年から七三七年にわたって大流行があった。前年冬帰国の遣唐使が病原菌を持ち帰ったらしく、九州から畿内に及んだ。

〔参考文献〕服部敏良『奈良時代医学の研究』（科学書院昭55）。（井上満郎）

てんのう［天皇］　日本の君主の称号。「すめらみこと」とよむ。「大宝令」「養老令」(儀制令)では、天皇は「詔書に称する所」と記す。中国では天皇は三公（天皇・人皇・地皇）の一つだが、道教では扶桑大帝東王公を「天皇」としたり、北極星を神格して「天皇大帝」と称した。わが国土でいつ頃から天皇号が使われるようになったかについては諸説がある。推古朝からとみなす説は、中宮寺に伝わる『天寿国繍帳』の銘文に「天皇」とあるのを有力な根拠とする。ただし銘文には崩年干支のずれなどがあり、天武朝あるいは持統朝ごろにあらたに制作されたとみなす説がある。天智朝の頃からと考える説は、六六八（天智天皇7）年の「船王後墓誌銘」に「天皇」とあるのに注目する。大阪府羽曳野市の野中寺の弥勒菩薩像台座銘については儀鳳暦が採用された持統朝以降とする見解があり、仏像そのものを後代の作とする見方がある。天武・持統朝に天皇号が使われていたことは、奈良県明日香村の飛鳥池遺跡出土の木簡に「天皇聚露」とあり、対朝鮮関係には、「大宝令」施行以前に天皇号が使われていた。「治天下天皇」が「御宇天皇」となるのは「大宝令」以後である。一八八九（明治22）年の「大日本帝国憲法」で天皇を正式の公称と定めたが、外国の元首への親書や国際条約の批准書・宣戦の詔などには皇帝の称が用いられており、一九三六（昭和11）年以後はすべて天皇を使うこととなった。一九四六（同21）年元日には天皇の神格化を比定したいわゆる「人間宣言」がなされた。

〔参考文献〕津田左右吉「天皇考」『津田左右吉全集』第三巻（岩波書店昭38）。大津透『古代の天皇制』（岩波書店平11）。　**（上田正昭）**

てんのうき・こっき［天皇記・国記］　『日本書紀』推古天皇二十八（六二〇）年是歳条に、厩戸皇子・嶋大臣（蘇我馬子）によって、『臣連伴造国造百八十部幷公民等本記』とともに編纂されたとされる書物。いずれも現存せず。天皇記は歴代天皇の事績、系譜を記載したものか。国記は『風土記』のような諸国の地誌とも日本の国の歴史とも考えられているが実態は不明。六四五（皇極4・大化元）年、入鹿とともに滅ぼされた蘇我蝦夷はこれら天皇記・国記を焼いたが、船史恵尺は国記を救い出して中大兄皇子に献上したとされる。　**（早川万年）**

てんのうざんこふん［天王山古墳］　奈良盆地の東南部、桜井市倉橋出屋敷の地にあり、音羽山から北東に伸びた支丘上に造営されている。六基の横穴式石室墳からなるが、最大の一号墳を天王山古墳と称している。一辺四五m、高さ九・一mの方形墳で、三段築造。埴輪や葺石をもたない。横穴式石室は、全長一七m、玄室長八・五m、幅三m、高さ四・二mの天井部の高い形式をとる。内部に、二上山産の凝灰岩でつくられた刳抜式家形石棺が安置されている。副葬品は不明ながら、石室や石棺等から六世紀末葉の築造が推定される。崇峻天皇の倉橋岡陵を、この古墳にあてる例が多い。国指定史跡。　**（清水真一）**

てんのうりょうこふん［天皇陵古墳］　宮内庁書陵部が管轄する天皇・皇后・皇族の陵墓および参考地（候補地）、陪冢のうちで考古学上、古墳と判断できるものをいう。陵墓古墳とよばれることもある。陵墓は皇室典範第二七条に「天皇、皇后、太皇太后及び皇太后を葬る所を陵、その他の皇族を葬る所を墓」、同法附則に「現在の陵及び墓は、これを第二十七条の陵及び墓とする」と規定される。現在、宮内庁所管の陵は一八八陵、墓は五五二墓、陵墓参考地四六ヵ所などを含めて総数八九六、箇所としては四五八ヵ所（二〇〇四〈平成16〉年四月現在）にのぼる。このうちの約八〇基が天皇陵古墳の対象とされてきた。とくに巨大前方後円墳の多くが含まれている。大阪府堺市の大山古墳（大仙陵古墳とも称する。現仁徳陵）、羽曳野市の誉田山古墳（誉田御廟山古墳とも称する。現応神陵）をはじめ墳丘規模の上位五〇位のなかでほぼ三分の二にあたる二九基が該当する。このような大形前方後円墳とは別に奈良県桜井市の段ノ塚古墳（現舒明陵）、大阪府太子町の叡福寺北古墳（現聖徳太子墓）、奈良県明日香村の野口王墓古墳（現天武・持統陵）といった大和・河内地域の後・終末期古墳のなかで被葬者の特定や編年の基準となるような古墳も陵墓になっている場合が多い。実数は大形前方後円墳の周囲に配された小さな方墳や円墳からなる陪塚や京都市東山区の一条天皇の皇后藤原定子の鳥戸野陵のように現陵墓域内に群集墳が営まれている場合もあって、さらに増加するものと見込まれる。ついては二〜三〇〇基にのぼる可能性がある。

陵戸・守戸を配置した古代の陵墓制は中世前半までに破綻、変質を遂げ、陵墓の多くは所在地すら不明の状態となる。現陵墓の大半は、江戸時代の元禄・享保・文化の考定をへて幕末の文久から慶応年間（一八六一〜六八年）にかけて決定された。一八八一（明治14）年の奈良県橿原市丸山古墳から野口王墓古墳への天武・持統天皇の檜隈大内陵の治定変更など若干の特例はあるが、明治政府は基本的に江戸幕府による陵墓考定を踏襲しており、今日にいたるまで固定化する。修築事業も継続された。奈良県橿原市の現神武陵（いわゆる埋没古墳が現陵域に重複する可能性が高い）や大山古墳に典型的だが、天皇制強化の一環として天皇陵古墳の修築が進められた点は看過できない。陵墓の固定化は、現在の歴史学の成果からみると問題が多い。たとえば六世紀前半に没した「継体天皇」の皇后手白香皇女の衾田陵は、一八七四（明治7）年に奈良県天理市の西殿塚古墳に決定された。しかし墳丘形態や埴輪の型式学研究の進捗などから、西殿塚古墳は前期前葉の古墳だとみなされるようになっている。「延喜式」に記された「衾田墓」は、西殿塚古墳の西側にあり後期前葉に築かれたと推測される西山塚古墳とするのが一般的である。天皇陵古墳に対する調査は、宮内庁陵墓の範囲外での当該教育委員会などの発掘調査がある。大阪府藤井寺市の津堂城山古墳の調査はその代表例である。ここは後円部頂上のみが陵墓参考地で宮内庁管轄下にあるが、前方部を含めて周辺は藤井寺市教育委員会による発掘調査と整備が進められている。一九八三（昭和58）年には、前方部東側周濠内に「島状遺構」と水鳥形埴輪の存在が確認された。いっぽう、宮内庁書陵部は例年、陵墓営繕工事を実施しており、そのうちの一基から数基あて事前発掘調査が行われる。調査結果は『書陵部紀要』（一九五一〈昭和26〉年創刊）に報告され、出土遺物を含めた所蔵品の展観も不定期に開催（一九七六〈同51〉年に第一回展示会）される。事前発掘調査時には報道機関の一部と、学会代表者に限定して調査部分の見学を許可している（第一回見学会は一九七九〈同54〉年に羽曳野市白髪山古墳において実施）。しかしながら日常的には陵墓は非公開であり、歴史研究ならびに文化財の保護、活用面に支障が生じている。考古学、歴史学関連の各学会では陵墓公開を求める運動が現在もつづけられている。

〔参考文献〕森浩一編『天皇陵古墳』（大巧社平8）。堀田啓一『日本古代の陵墓』（吉川弘文館平13）。　**（今尾文昭）**

てんのうれい［天皇霊］　天皇を天皇たらしめる威力の根元の霊。『日本書紀』の敏達天皇十年閏二月条に、蝦夷が初瀬川の中流で三輪山に向って、「子々孫々、清明心をもって奉仕する。もしその盟に違えば、天地の諸神及び天皇霊が子孫を滅さ

ん」と語ったことを記す。（上田正昭）

てんのしそう［天の思想］ 王権の力が天に由来する、もしくは王権の祖が天であるとする思想。六世紀末では『隋書』倭国伝に記すように、倭王は天を兄、日を弟とするという擬制的兄弟関係を結んでいた。『記』『紀』では天孫降臨神話として再構築され、天皇は天との血統的連続性を権威の根拠とするようになる。なお、天の空間的表象としての高天原は『古事記』に多く出てくるが、『日本書紀』では一書に数ヵ所表れるにすぎず、一般的な観念であったとはいいがたい。（河内春人）

てんぴょうぶんか［天平文化］ 奈良時代の文化。美術史や文化史の時代区分として用いられる場合が多い。奈良時代には聖武朝の天平（七二九年〜七四八年）をはじめとして天平を冠する年号がしばしば用いられたが、その内実は非天平であり、長屋王の変（七二九〈神亀6〉年）のあと、藤原広嗣の乱（七四〇〈天平12〉年）・橘奈良麻呂の変（七五七〈天平宝字元〉年）・藤原仲麻呂の乱（七六四〈同8〉年）と政変や内乱があいついだ。七二九（神亀6）年八月五日に天平と改元して同月一〇日、藤原夫人（光明子）が立后するが、そこには藤原氏らの苦心の演出があった。鎮護国家を願望して、国分寺や東大寺が創建され、国家仏教の色彩がより濃厚となる。そして唐・渤海・新羅との交渉により、唐文化を中心に多彩な天平文化が結実した。律令国家が整備され、首都としての平城京が建設されたが、『古事記』『日本書紀』のほか『風土記』『懐風藻』『万葉集』などが編集され、日本文化の発展に大きく寄与した。七五二（天平勝宝4）年四月の東大寺大仏開眼供養会は未曾有の盛儀であったが、天平文化の精華は東大寺法華堂・唐招提寺金堂・正倉院などをはじめとする建築や東大寺法華堂の不空羂索観音像・唐招提寺鑑真和上像・興福寺阿修羅像など、数多くの美術・工芸品にもその文化が反映されている。

【参考文献】千田稔『平城京の風景』（文英堂 平9）。（上田正昭）

てんま［天馬］ 空想上の動物。中国で天帝が乗るといわれる馬をさし、転じて最上の馬という意味に用いられた。『史記』大宛列伝に、はじめは烏孫の馬が良くて「天馬」とよんだが、大宛の馬はもっと優れていたので烏孫の馬を「西極」に改名して、大宛の馬を「天馬」と名づけた、とある。ギリシア神話には有翼の天馬としてペガススが登場し、西アジアでも天馬が流行した。日本の熊本県江田船山古墳出土の太刀に描かれる雲をともなった天馬はその東伝として説明される。（中畠俊彦）

神仙思想にみえる天空を飛ぶ馬。神馬・龍馬とも。その出現は祥瑞とされ、延喜治部省式の祥瑞条では、神馬を大瑞とする。翼があって天空を駆けることができ、死者の魂を崑崙山に届けるともされた。装飾古墳である竹原古墳（福岡県若宮市若宮町竹原）の奥壁に、武人により渚に引き立てられた馬の上方に、馬に似た怪獣が描かれている。龍媒説話を描いたものとされ、その怪獣は龍馬と推定されている。『日本書紀』にも龍馬の伝承がみえている。雄略朝に河内国飛鳥戸郡の人、田辺史伯孫が月明に誉田陵（応神天皇陵）のもとで赤い駿馬に乗った人と出会い、馬を交換したが、その赤馬は「龍のごとくに飛ぶ」と記されている（雄略天皇九年七月条）。『文選』による文飾であるものの、注目される。また欽明朝に倭国今来郡檜隈邑の川原民直宮がえた子馬が生長して、大内の谷（天武・持統陵〈檜隈大内陵〉のある谷間）を飛び越えること、一八丈であったという（欽明天皇七年七月条）。いずれも史実ではないが、渡来系氏族の間で天馬が伝承されていたことは興味深い。（和田萃）

でんま［伝馬］ 律令制下において、駅馬とならび公的使者などを輸送した馬。郡ごとに五頭の馬がおかれ、諸国に赴任する国司や不急の官人、相撲人や移送される罪人などがそれを乗り継いで利用した。伝馬は官馬（軍団の馬）をそれに充て、富裕で複数の男丁がいる戸に飼育させた。伝馬の利用にあたっては伝符が支給され、それに施された剋の数で利用馬数を示したが、馬数は使者の位階の高下によって三〇頭から三頭まで等級がつけられた。伝符は中務省の主鈴が出納をつかさどったように中央政府にはあったが、諸国には原則としてなかったから、厳密な伝使は中央発遣の使者に限られるが、実際には地方発遣の伝使も多いため、伝馬制の性格理解については議論が多い。なお伝馬がおかれた場所については郡家説が有力。伝馬はしだいに国司赴任にのみ用いられるようになり、「延喜式」段階ではほぼ駅家のある郡にのみおかれた。（舘野和己）

てんまづか［天馬塚］ 大韓民国慶尚北道慶州市皇南洞にある五世紀末から六世紀初めの古墳。一九七三年、慶州古跡の保存、古墳公園整備計画の一環として発掘された。長さ六〇m、幅五二m、高さ一

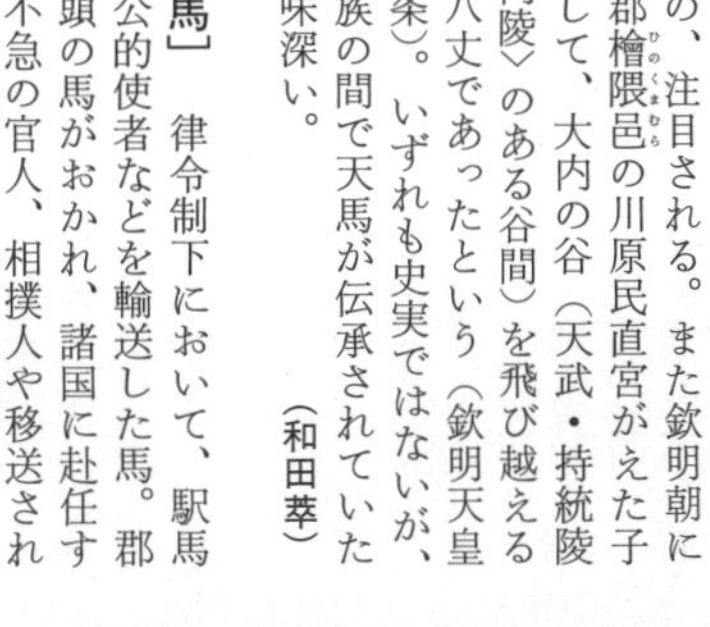

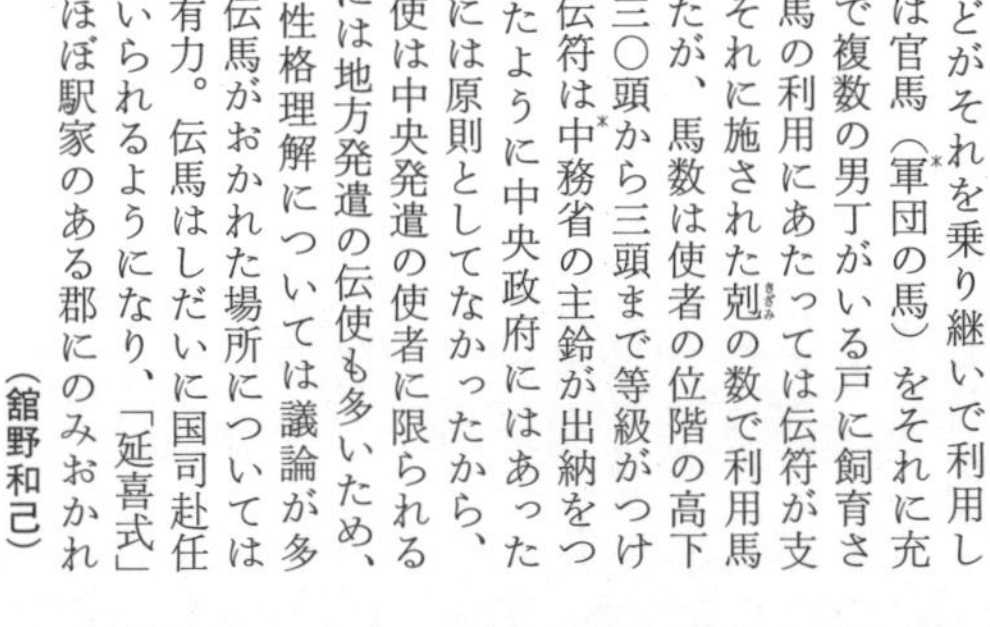

（右）天馬塚出土金冠
（左）白樺樹皮製天鳥図障泥 露出状態
「天馬塚発掘調査報告書（韓国文化財普及協会）」より

三mの積石木槨墳。積石木槨の架構構造、築造方法なども解明されている。金製冠など一万二〇〇〇点が副葬され、馬具の白樺製障泥に描かれた天馬図像から天馬塚と命名された。その木槨構造や副葬遺物から、炤知王（～五〇〇年）か智證王（～五一四年）墓と推定される。（東　潮）

てんむじとうがっそうりょう［天武持統合葬陵］ ⇨檜隈大内陵

てんむてんのう［天武天皇］　?～686　在位673～86　壬申の乱に勝利して飛鳥浄御原宮で即位し、律令国家体制を確立した天皇。舒明天皇と皇后の宝皇女（後の皇極・斉明天皇）との間に生まれた皇子で、中大兄皇子（後の天智天皇）は同母の兄、間人皇女（孝徳天皇の皇后）は同母の姉。名は大海人皇子。皇后の鸕野皇女（天智天皇々女）との間に草壁皇子、妃の大田皇女（鸕野皇女の姉）との間に大津皇子など、計一〇人の皇子を儲けた。また額田王との間に生まれた十市皇女は、大友皇子（天智天皇々子）の妻となった。文武天皇の祖父、聖武天皇の曾祖父にあたる。『本朝皇胤紹運録』に、天智の生年を六一四（推古天皇22）年、天武のそれを六二三（同31）年とするが信をおきがたい。中大兄皇子は、六四一（舒明天皇13）年の舒明天皇の殯に際し、十六歳で誄をしているから（『日本書紀』）、その生年は六二六（推古天皇34）年であることが確実だからである。大海人皇子の呼称は、尾張の大海氏出身の女性が乳母として養育したことにもとづく。天武崩御後におこされた殯宮での誄儀礼の最初に、大海宿禰菖蒲（凡海宿禰麁鎌にも作る）が壬生の事を誄している。

斉明天皇崩御後、中大兄皇子は称制し、大海人皇子が補佐した。六六七（天智6）年三月、中大兄皇子は都を近江に移し、翌年正月に即位した（『日本書紀』天智〈六六八〉七年正月三日条に引く「或本」の説では、天智六〈六六七〉年三月に即位）。大海人皇子は大皇弟（皇大弟）の地位につき、天皇を補弼したが、六六九（天智8）年十月に中臣鎌足が薨じたのを契機として、天智はしだいに大友皇子を重用するようになり、大海人皇子との間に疎隔が生じた。六七一（同10）年正月、天智は大友皇子を太政大臣、蘇我臣赤兄を左大臣、中臣連金を右大臣に任命したが、同年九月に発病、十月十七日には重態となり、大海人皇子を枕元によび後事を託した。しかし大海人皇子は、事前に蘇我臣安麻侶（連子の子）から密謀のあることを知らされていたので、自らの多病を理由にその申し出を辞退し、皇后の倭姫に天下を授けて大友皇子を皇太子とすべきことを進言、自らは出家することを申し出て許された。即日、出家した大海人皇子は十九日に近江宮を離れ、同日、飛鳥の嶋宮に宿り、二十日に吉野宮に至った。吉野宮は、奈良県吉野郡吉野町宮滝の宮滝遺跡であることが判明している。

その後の半年余におよぶ間の大海人皇子の動静は明らかでない。六七二（天武元）年五月、大海人皇子の舎人であった朴井連雄君は私用で美濃に赴き、吉野宮に戻って、「近江朝廷は美濃・尾張の国司に命じ、天智陵造営のため人夫を徴発させているが、人ごとに武器を持たせているのは何か事を構えようとしているのではないか」と報告した。また別のある者は、「近江朝廷側は、近江京から倭京に至るまで各所に斥候をおき、また宇治橋の橋守りに命じて、大海人皇子の舎人らが私粮を吉野宮に運ぶのを妨害している」と言上した。それらを聞いて大海人皇子は、「自分が位を譲って吉野宮に隠れ住んでいるのは、病を治し身を全うしたいと思うからだ。それなのに仕方なく禍をうけてよいものだろうか。どうして黙止したまま身を滅ぼしてよいものか」と言った。『日本書紀』では、近江朝廷側の挑発があったから、大海人皇子はやむなく立ち上がったと主張している。

六月二二日に至り、大海人皇子は美濃出身の舎人、村国連雄依・和珥部臣君手・身毛君広らに、「美濃に急行し、安八磨郡の湯沐令多臣品治に機要を告げて当郡の兵を興し、国司らにも報告して諸軍を差発し、不破の道を塞ぐように」命じた。そして六月二四日の午前に吉野宮を脱出、不眠不休で美濃に向かった。壬申の乱の勃発である。以下、大海人皇子一行の美濃への脱出行と戦闘の経緯は省略するが、『日本書紀』の記述は複雑でわかりにくい。とくに近江朝廷側の記録が散逸したためか、近江朝廷軍の動向には、何時のことなのか、不明なものが多い。吉野宮を脱出した大海人皇子の一行に、近江宮で軟禁されていた高市皇子と大津皇子がうまく合流し、また二六日の早朝、大海人皇子の一行が伊勢の朝明郡家に至る手前で、村国連雄依が美濃から到り、兵三〇〇〇で不破の道を塞いだと報告した。二五日の夕刻までに不破の道を塞いだことになる。これらは偶然の結果とは考えにくい。少なくとも大海人皇子・高市皇子・村国連雄依ら三人の舎人・湯沐令多臣品治らの間で、六月二四日に大海人皇子が吉野宮を脱出することや、その脱出ルート、不破の道を塞ぐ手筈など、かなり綿密な事前の打ち合わせと準備が行われていたと考えなければ説明しにくい。壬申の乱は大海人皇子による近江朝廷打倒の軍事クーデターとしての側面が濃いように思われる。

壬申の乱に勝利した大海人皇子は、九月十二日に飛鳥に戻って斉明朝の後飛鳥岡本宮に入り、同年冬にはその南に飛鳥浄御原宮を造営。翌年二月二七日に飛鳥浄御原宮で即位した。天武天皇である。

天武朝政治の特色は、まず第一に天武天皇による親政が行われたことである。天智朝では、天智が国政を主導し、大皇弟の大海人皇子と内大臣の中臣鎌足が補弼した。天智朝末年には、太政大臣の大友皇子を中心に、左大臣蘇我臣赤兄、右大臣中臣連金、御史大夫の蘇我臣果安・巨勢臣人・紀臣大人らによる合議制がとられた。それに対して、天武朝では天武が親政し、持統皇后がそれを輔弼し、後になると草壁皇子・大津皇子らの有力な皇子たちも聴政に加わった。天武朝には左右大臣・御史大夫らの任命はみえない。こうした政治形態が可能となったのは、天武が地方の中小豪族層の勢力を糾合して壬申の乱に勝利し、政治権力を確立したことと、中央豪族層の弱体化をあげることができる。第二に、こうした政治形態のもとで、律令国家体制の基盤整備とも言うべき諸政策が実施された。部曲を廃止し、皇子・諸王・諸臣・諸寺の所有する山沢・嶋浦・林野・陂池を収公（六七五〈天武4〉年二月）、国司を任用する際の位階を規定（六七六〈同5〉年正月）、内外文武官人の考課法を制定（六七八〈同7〉年一〇月）、官人登用法の制定（中央豪族出身者…六七三〈同2〉年五月、地方豪族出身者…六七六〈同5〉年四月）、律令制定の詔（六八一〈同10〉年二月）、宮廷における礼儀・言葉を規定（六八二〈同11〉年八月）、朝廷での跪礼・匍匐礼を廃して立礼を採用（同年九月）、八色の姓の制定（六八四〈同13〉年十月～同年一二月）、諸王以上一二階、諸臣四八階の爵位を制定（六八五〈同14〉年正月）などである。

第三に、遣唐使の派遣がなかったことがあげられる。六六九（天智8）年から七〇一（大宝元）年まで、三〇年余、遣唐使は途絶した。そのいっぽうで遣新羅使は盛んに派遣された。六七五（天武4）年七月に第一回の遣新羅使が派遣され、天武朝では計四回、持統朝に三回、文武朝に一回派遣されている。結果的には、この期間に白鳳文化の花が開いた。第四に、壬申の乱により時代が大きく変革したとの認識が生まれ、過去の歴史に対する再評価が高まったことがあげられる。六八一（天武10）年三月に、天武は川嶋皇子・忍壁皇子以下に詔して、帝紀および上古諸事の記定を命じている。『日本書紀』編纂の開始ともされるが、『古事記』序文にみえるように、諸家で所持していた帝紀や旧辞を朝廷に提出させ、天武朝史局とも言うべき役所で整理作業を開始したとみるべきかと思われる。その成果が『古事記』編纂や、後には『日本紀』（『日本書紀』）編纂に際し基本史料とされたのだろう。飛鳥京跡の第一〇四次調査で出土した多数の木簡削屑の内に、「辛巳年」（天武10年）と記すものや、「大津皇（子）」「大友」「伊勢国」など、壬申の乱に関わるかと思われるものがあって注目される。天武朝における急速な律令国家体制の整備・確立により諸官制がほぼ整い、中央・地方豪族出身の官人たちが飛鳥とその周辺地域に居住するようになり、飛鳥浄御原宮はそれまでの飛鳥の諸宮に比し、その規模は飛躍的に拡大された。これまでの飛鳥京跡の発掘調査により、第Ⅰ層は舒明朝の飛鳥岡本宮、第Ⅱ層については問題を残しているが、皇極朝の飛鳥板蓋宮とする見解が有力である。第Ⅲ層のA期は斉明朝の後飛鳥岡本宮、B期は天武・持統朝の飛鳥浄御原宮であることがほぼ確定している。飛鳥浄御原宮は内郭・エビノコ郭・外郭から成り、内郭は斉明朝の後飛鳥岡本宮を踏襲したものである。後飛鳥岡本宮の南に飛鳥浄御原宮を造営したとする『日本書紀』の記述は、後飛鳥岡本宮に、わずか二、三ヵ月の間に小規模な改修を加え、飛鳥浄御原宮としたことを示している。天武朝になって、内郭の東南にエビノコ郭がつくられ、さらに内郭・エビノコ郭を囲む広大な外郭がつくられた。内郭から検出された内裏前殿（東西七間、南北四間）と内裏正殿（東西八間、南北四間）、およびエビノコ郭の正殿（東西九間、南北五間）は、それぞれ『日本書紀』にみえる外安殿・内安殿・大極殿と推定されている。外郭内の状況は、まだほとんど判明していない。内郭のすぐ北西で、東西八〇m、南北二〇〇mにもおよぶ広大な苑池が検出された。斉明朝につくられ、天武朝に再整備されたことが判明しており、『日本書紀』にみえる白錦後苑（天武十四〈六八五〉年十一月条）か、御苑（持統五〈六九一〉年三月五日条）と推測されている。一方、六七六（天武5）年に天武は新城において都をつくろうと計画したが、中止になった。六八二（同11）年三月に新城で造都事業が再開され、六八九（持統3）年九月に官人らに新城を見させている。また六八三（天武12）年七月、天武は京師を巡行し、翌年三月にも京師を巡行して、宮室の所を定めた（『日本書紀』）。藤原宮内の下層から藤原宮以前の道路・水路が検出され、大宮土壇をつくる以前の大きな南北の水路から、六八三年、六八四（同13）年頃の木簡が出土している。こうしたことから、新城と京師は同じ造都事業をさし、それは後の藤原宮や藤原京に結びつくものであったことがほぼ確定した。広大な飛鳥浄御原宮に加えて、天武は新たな都城建設をも計画したのである。天武はまた宗教にも深い関心を寄せていた。基層信仰についてみると、壬申の乱に際し、伊勢の朝明郡の迹太川の辺で、天照大神を望拝し、乱後には大来皇女を伊勢神宮の斎王に任命した。三重県多気郡明和町の斎宮跡（国史跡）では、七世紀後半から鎌倉時代におよぶ遺構が検出されているが、その嚆矢は大来皇女が斎王だった頃と推定される。また六七五（天武4）年四月・七月から、龍田風神祭・広瀬大忌祭が官祭として開始され、祈年祭も同年二月から開始された可能性が大きい。神祇令祭祀は天武朝に始まるとみてよい。大海人皇子は出家して吉野宮に隠棲した。早くから仏教に親しんでいたと思われるが、六八〇（同9）年十一月、皇后の鸕野皇女の病気平癒のため、薬師寺建立を誓願し、六八八（持統2）正月には薬師寺で無遮大会が設けられたから、その頃には金堂が完成していたと推定される。伽藍が整ったのは、六九八（文武2）年十月のことであった。この薬師寺は橿原市城殿町の本薬師寺である（国史跡）。桜井市山田にある山田寺は、蘇我倉山田石川麻呂が発願し、六四一（舒明天皇13）年三月に造営が開始され、二度の中断をへて、六八五（天武14）年三月二五日に丈六仏像に仏眼を点じている（『上宮聖徳法王帝説』の裏書きによる）。皇后鸕野皇女の祖父は蘇我倉山田石川麻呂であった。石川麻呂が悲劇的な死を遂げ、造営事業は中断、六六三（天智2）年に塔の建設が開始されたが、再度、中断したらしい。塔の心柱が建てられたのは、壬申の乱後の六七三（天武2）年のことであり、天武朝に造営事業が進捗したのは、鸕野皇女の尽力と天武の助力があったからだと思われる。丈六仏像開眼後の六八五（同14）年八月十二日に天武が山田寺（浄土寺）に行幸しているのは、そうしたことと関わる。また天武の殯宮で僧尼らがたびたび発哭・発哀を行っているのも、天武の仏教信仰と結びつく。

天武は天文・遁甲をよくし、また壬申の乱に際し、隠（三重県名張市）の横河（名張川）で黒雲の立つのを見て、式占を行い、「天下、二分の兆しであるが、自分が天下を得るだろう」と占った。道教的な呪法（道術）に詳しく、神仙思想にも関心をもっていたらしい。天武の和風諡号は天渟中原瀛真人天皇で、「瀛」は三神山の一つである瀛洲、「真人」は八色の姓の筆頭で、道教では「道の奥義に達した人」「神仙（仙人）」の意であるから、神仙思想と深く結びついた諡号と考えられる。天武天皇は六八八（持統2）年十一月に大内陵に葬られた。延喜諸陵寮式では、檜隈大内陵とみえ、現在、奈良県高市郡明日香村野口の王ノ墓に治定されている。幕末の一八六二～八一（文久2～明治14）年五月まで、見瀬丸山古墳とされていたが、「阿不幾乃山陵記」の発見により、王ノ墓であることが確実になり、王ノ墓に治定替えとなって現在に至っている。

〔参考文献〕川崎庸之『天武天皇』岩波新書（岩波書店昭27）。北山茂夫『天武朝』中公新書（中央公論社昭53）。（和田萃）

てんもんはかせ【天文博士】 大宝・養老令制下で陰陽寮におかれた教官。定員は一人で、のちに権博士一人が加わった。相当位は正七位下。天文・気象の観測や天文生の教習を行った。一〇世紀後半の安倍晴明以降、安倍氏（のちに土御門家）がこの地位を世襲した。（荊木美行）

てんやくりょう【典薬寮】 宮内省被管の役所。五位以上の官人の診療、医療を学ぶ医生らの養成、薬物の管理や保管、薬園の運営などにあたった。「久須里乃豆加佐」（『和名類聚抄』）と訓む。前身となる官司は、飛鳥浄御原令制下の外薬寮（『日本書紀』天武四〈六七五〉年正月条）。藤原宮跡出土の木簡に、大宝初年頃に一括投棄された典薬寮関係の木簡群があり、薬物の付札、薬の請求、処方箋などのほか、「典薬」と記すもの、薬園生のテキストであった「本草集注」と記すものなどがあり、注目される。なお天皇・中宮・東宮の診療や医薬の処方は、中務省被官の内薬司が担当したが、八九六（寛平8）年九月七日に典薬寮に併合された（「類聚三代格」巻四）。（和田萃）

でんりゃく【殿暦】 関白太政大臣藤原忠実の日記。記名は「殿下日暦」を略したものと考えられる。記事は一〇九八（承徳2）年から一一一八（元永元）年におよぶ。白河院政期の摂関家の記録として重要であるとともに、当該期の基礎史料。『大日本古記録』。（松本公一）

てんれいばんしょうめいぎ【篆隷万象名義】 わが国最古の辞書。六帖。前半四帖は空海の撰で、八二七（天長4）年から空海の没年八三五（承和2）年までの間の成立。後半二帖は撰者・成立とも未詳。中国梁の顧野王が編んだ辞書『玉篇』を基に、約一万六〇〇〇字の漢字を五四二の部首別に排列し、篆書・隷書で見出しをあげ、音を反切、字義を漢文で示している。原本『玉篇』の大部分が現存しないため、『玉篇』の内容を知るうえでも貴重な資料である。『弘法大師全集6』（密教文化研究所昭41）に収録。（小西茂章）

と

ど【弩】 弓の中央に腕木をつけ、矢を発射する洋弓に似た武器。中国の戦国時代から三国時代まで盛んに使用された。日本では唯一、一九九九（平成11）年宮城県築館町の伊治城跡で、奈良時代末から平安時代初めの純日本製弩（青銅製）の一部分が、発見されている。（宍道正年）

とい【刀伊】 ⇩刀伊の入寇

どいがはまいせき【土井ヶ浜遺跡】 山口県豊浦郡豊北町神田上に所在する弥生時代前期から中期にかけての墓地遺跡。これまでに三〇〇体を超える人骨が石棺墓や配石墓、土坑墓などから出土している。これらのなかには鳥を抱いた者や、腕輪などの貝製品を身につけた者もある。人骨の形質が縄文時代のものとは異なることや、墓地の構造が大陸の影響をうけていることなどから、出土した人骨は弥生時代になって新しく大陸から渡来してきた人々の子孫のものと考えられている。（山田康弘）

といのにゅうこう【刀伊の入寇】 平安中期、大陸の沿海州地方に住むツングース系女真族（刀伊）が北九州を襲撃した事件。一〇一九（寛仁3）年三月から四月にかけて、刀伊は五〇余隻の船団で対馬・壱岐、ついで筑前に侵入し、食料を奪い、老人・子どもを殺し、壮年男女を連行するなど各地で暴虐をつくした。これに対して大宰権帥藤原隆家は「府のやんごとなき武者」とよばれた大宰府管内の軍事貴族を動員して防戦につとめ撃退した。当初、政府は高麗による侵略を疑ったが、隆家は刀伊を追撃するに際して、高麗の国境を侵さないように命じている。日本を撤退した刀伊の船団は高麗を襲うが、高麗軍がこれを撃退し、捕虜となっていた日本人三〇〇余名は高麗に救出・保護されて、高麗の使者にともなわれて帰国している。この事件で勲功のあった大蔵種材・平為賢・藤原蔵規ら大宰府関係の武者たちの子孫は、一二世紀には原田・阿多・菊池氏など、有力武士団として九州各地に展開することになる。

〔参考文献〕土田直鎮『日本の歴史5王朝貴族』（中央公論社昭40）。（野口実）

とう【党】 平安中期における武装集団の名称。武士団の初期の形態ともされる。九世紀頃から台頭した富豪層が形成した集団で、土着国司などの富豪浪人、俘囚などを含み、集合離散をくり返し、騎射を中心とする戦闘形態をとった。九世紀後半に関東では群党の蜂起が発生し、内乱状態に陥った。八九九（昌泰2）年に追討官符が下された僦馬党は、最も著名な党の一つ。彼らは駄馬を用いた輸送業者で、駄馬を掠奪する目的で農民を殺害したため追捕が命じられたが、機動力を生かして逃走し、容易に追討されなかった。東国では、こうした集団を組織化して、桓武平氏以下の有力な軍事貴族が成立したとされる。党は東国以外にも成立し、反国衙闘争を行ったため、国衙の治安対策の対象となったが、しだいに武士団に組織され、姿を消してゆく。一方、平安末期に成立した武士団の中で、惣領の権力が弱く、中小武士団が並立し、緩やかに連繋する状態を党と称した。摂津渡辺党、武蔵七党、肥前松浦党などが知られる。

〔参考文献〕戸田芳実『初期中世社会史の研究』（東京大学出版会平3）。（元木泰雄）

とう【唐】 中国の王朝。六一八年、高祖李淵が長安を都に建国。淵の子で実質的建国者の世民は第二代皇帝（太宗）に即位すると、名宰相をえて政治につとめ、「貞観の治」とよばれた。国制は多く隋にならい、律令を整え、均田制・租庸調制・府兵制を支配体制とし、三省六部の官制や、科挙、州県制など諸制度も整った。

彼の治世の六三〇（貞観4）年には日本から第一回遣唐使が派遣された。三代高宗のときには百済・高句麗・突厥を下したが、軍事的脅威として直接・間接に日本に衝撃を与えた。武韋の禍をへて、玄宗の前半は唐の最盛期で開元の治と称されるが、同時に律令体制の崩壊期でもあり、玄宗末年の安史の乱は唐朝の画期である。乱鎮圧後も各地に節度使という軍閥が割拠し、両税法導入などの改革もあったが、宦官の暗躍、官僚党争の激化などで中央政府の弱体化は進んだ。八七五年、黄巣らの民衆反乱がおき、九〇七年、反乱軍から唐に寝返った節度使朱全忠が哀帝に禅譲を迫り、唐は滅びた。

【参考文献】宮崎市定『大唐帝国』（中公文庫昭63）。永田英正他『アジアの歴史と文化2』（同朋舎出版平7）。礪波護他『隋唐帝国と古代朝鮮』世界の歴史(6)（中央公論社平9）。　　**（中畠俊彦）**

どう【銅】　元素記号Cuの鉱物である。銅は地下水位面より上面では、孔雀石・赤銅鉱などの酸化銅として多く存在し、自然銅として一部露頭しているものもある。地下水位面より下では、黄銅鉱などの硫化銅として存在する。酸化銅は一一〇〇度前後で精錬することによって銅を取り出し、さまざまな器物を製作する。比較的加工が容易なことから、世界各地で利用されており、錫や鉛と混ぜ合わせることによって青銅器を製作した。日本では七世紀末～八世紀初頭より、山口県長登銅山などが開発された。　**（田尻義了）**

とうか【踏歌】　古代の歌舞。阿良礼走とも。足で土地を踏みながら歌舞する。隋・唐の民間行事で、正月上元の夜の観灯会に行われたのに由来する。『日本書紀』持統天皇七（六九三）年正月十五日条には「漢人等踏歌」とみえ、同八（六九四）年正月十七日条には「漢人踏歌」、同正月一九日条には、「唐人踏歌」と記す。後に正月一五日は男踏歌、正月一六日には女踏歌となる。『釈日本紀』には「私記に曰く」として、「今、俗に阿良礼走と曰ふ」と書き、「師説」として「この歌曲の終、必ず万年阿良礼と称し、今改めて万歳楽と曰ふ。是古語の遺なり」と記述する。『日本紀略』や『類聚国史』には、延暦十四（七九五）年正月十六日の条に踏歌を載す。「万年阿良礼」は万年に生命あられよの意味であり、「走」は跳躍のことと考えられる。「延喜式」では「京中の踏歌一切禁断」とあって、しばしば禁止されたことがわかる。　**（上田正昭）**

とうがく【唐楽】　唐から渡来した楽舞。「大宝令」「養老令」の職員令には、治部省の雅楽寮に唐楽師一二人・楽生六〇人の所属を記す。七三一（天平3）年七月は、雅楽寮の雅楽生の人員を定め、唐楽は三九人とし、その出自は中国・朝鮮を問わず、教習に堪たる者を取ると規定した。七三五（同7）年の正月をはじめとして、たびたび唐楽は演奏された。雅楽の左方の中心を形づくる。　**（上田正昭）**

とうかでん【登華殿】　登花殿とも。平安京内裏の後宮七殿の一つで、弘徽殿の北に位置し、身舎の規模は南北七間、東西二間。一条天皇中宮定子（藤原道隆娘）は当殿を居所としており、『枕草子』にもその様子がふれられている。**（西山恵子）**

どうきょう【道教】　中国におこった明確な教祖をもたない一種の自然宗教で、道家、神仙、陰陽五行、易、術数、卜筮、讖緯などの諸思想や諸説諸術、さらに古来からの民間信仰や呪術なども取り入れたきわめて雑然たるものである。しかるべき教義をもった最初の道教教団は、後漢末の太平道と五斗米道である。太平道は華北で張角が、五斗米道は蜀で張陵が始めたもので、いずれも病気の原因を犯した罪過とみなし、それを厳しく懺悔することで治癒するとした。太平道は宦官の牛耳る腐敗した後漢政権を打倒するために黄巾の乱をおこして鎮圧されたため、教団組織は壊滅した。五斗米道は後漢末の動乱期に張陵、張衡、張魯の三代にわたって蜀と漢中に三〇年余も宗教王国を維持し、その後、曹操に降って教団としては安堵されて三張道教（三師道、天師道）として南北朝に継承される。その後、仏教経典の漢訳が進むと、道教側は仏教の教義、儀礼、教団組織を巧みに取り入れて教団の組織化を図り、釈迦に対比して老子を教祖とみなすようになる。仏教の経・律・論という三蔵をそのまま模倣した道蔵は、その後ろめたさもあってことあるごとに我こそが中華固有の宗教であるとして仏教に強い対抗意識をもち、仏道論争を引き起こすこととなった。三武一宗の廃仏の前三回はともに道教教団が王朝権力と結託して仏教を弾圧させたものである。北魏の寇謙之は仏教的儀礼を大幅に取り入れ、道教の外形面を整えて新天師道を唱えた。これと前後して、南朝の宋では陸修静、梁では陶弘景が出て、道教経典の整理と体系化を行った。唐代には、宗室が老子（李耳）と同姓であることからその祖先とされ、則天武后期を除き道先仏後の宗教政策がとられ、とくに玄宗はその廟号が示すように道教を篤く信奉した。道教教義の特徴は徹底して現世利益、とくに不老長寿を求める点にあるが、精神修養を主眼とする内丹と、金丹など薬物を重視する外丹とがあり、一二世紀におこった全真教では内丹を重視し、従来の外丹での薬物中毒の弊害は少なくなった。

【参考文献】福井康順他監修『道教』全三巻（平河出版社昭58）。　　**（愛宕元）**

中国で具体化し、日本に伝わった現世の幸福と不老長生の神仙信仰などを中心とする、現世利益的性格の濃厚な宗教。民間信仰や神仙説に易・陰陽・五行・卜筮・巫祝・方術などをとりいれたが、民間道教と教団道教とに大別することができる。後世道教の信者を道家とよぶ場合もあるが、老子・荘子の学としての道家と宗教としての道教を混同してはならない。古来儒教・仏教に道教を加えて三教とよんだ。後漢の順帝のころ（二世紀のはじめ）に前後して太平道と五斗米道が成立した。干吉が唱えて張角が組織した太平道の信徒が中心となって黄巾の乱（一八四―一九二年）をおこす。五斗米道は張陵が唱導して、子の張衡がうけつぎ、孫の張魯が完成した。魯は陵を天師・衡を嗣師、みずからを系師あるいは師君と称した。この三人を三張・三師とよび、五斗米道を三張道教・天師道ともいう。その後教理の確立がこころみられ、魏伯陽の『周易参同契』や葛洪の『抱朴子』などがまとめられた。北魏の寇謙之の新天師道、梁の陶弘景の茅山派（上清派）などが勢力を伸張したが、金朝治下に全真・太一・真大道のあらたな教団が成立した。道教の神界は元始天尊を最高とする多神教で、道教の一切経を道蔵、その寺院を道観とよぶ。道教はベトナム・カムボジアから朝鮮半島などにひろまったが、五世紀の初めの頃に高句麗に伝来していたことは、徳興里壁画古墳の「仙人」「玉女」などの姿と墨書によって察知することができる。『三国史記』の伝承や買地券石などによって、少なくとも六世紀前半頃までに百済に道教が受容され、ついで新羅にも道教が入った。高句麗では七世紀の前半に五斗米道や元始天尊像などが伝わり、道士が渡来したことを『三国史記』『三国遺事』などに記す。一二世紀初葉には道観も建立された。古代の日本に道教が流伝していたことは、『日本書紀』に百済僧の観勒が「方術書」をもたらしたことを記載するばかりでなく、七世紀には薬獵が年中行事化し、大祓のさいには東・西の文氏の呪言奏上をはじめとして、道教の信仰が流入していたことをたしかめることができる。「急々如律令」（道教の呪言）の木簡なども出土している。しかし現在のところ教団道教の存在を示す確認はない。神仙思想や西王母の信仰は、神話や鏡の文様などにも反映されている。

〔**参考文献**〕福永光司編『道教と東アジア』（人文書院平1）。上田正昭「道教文化とその流伝」『論究・古代史と東アジア』所収（岩波書店平10）。

（**上田正昭**）

どうきょう［**道鏡**］　?～772　奈良時代の僧侶、政治家。はじめ岡寺を開創した義淵に師事し、次いで東大寺の良弁に就いて学んだ後、宮中内道場の禅師となって密教や梵文を修めたらしい。七六一（天平宝字5）年に宿曜秘法を用いて孝謙上皇の病気を治癒して信をえた。七六四（同8）年、恵美押勝（藤原仲麻呂）の乱の直後に大臣禅師、翌年には太政大臣禅師となり、重祚した称徳天皇のもとで仏教中心の諸政策を強行した。殺生禁断、諸国国分寺の造営促進、西大寺の建立、百万塔陀羅尼の奉納などを推進するいっぽうで、貴族・豪族層の墾田を禁止し、大寺院による開発は容認したため反発を買った。七六九（神護景雲3）年には、弟の大宰帥弓削浄人らが宇佐八幡宮の神職達と共謀して、道鏡を天位につけようという神託が降りたと奏上したが、和気清麻呂に阻まれた。その後も故里の河内国若江郡弓削郷に由義宮を造営して西京とよび、天皇は再度行幸したが、翌年天皇が没すると道鏡は下野薬師寺別当に左遷され、二年後にその地で没し、庶人として葬られた。

〔**参考文献**〕横田健一『道鏡』（吉川弘文館昭34）。北山茂夫『女帝と道鏡』（中央公論社昭44）。

（**増尾伸一郎**）

どうきょう［**銅鏡**］　弥生時代に朝鮮半島から多鈕細文鏡が渡来して以来、明治時代に西洋から大型のガラス鏡が輸入されて真鍮製の柄鏡が駆逐されるまで、ほぼ二〇〇〇年の間日本の鏡は基本的には銅鏡であった。形式では柄のない円形の鏡が弥生時代以来千数百年続き、室町時代以降は柄鏡が主流になっていく。弥生時代および古墳時代における銅鏡の用途は中国の前漢・後漢代の例とは違い、儀器として扱われたが、奈良時代には社寺堂塔の荘厳具となり、そして和鏡が成立する平安時代中期以降には銅鏡本来の姿見の道具として普及していく。銅鏡の表面は研磨されてツルツルだが、背面にはさまざまな文様が鋳出されており、その意匠には時代の流行が比較的顕著に表われている場合が多い。なかでも弥生時代から古墳時代にかけての銅鏡はこれまでに五〇〇〇面近くにものぼっており、中国周辺地域のなかでも銅鏡をとくに愛用したことがわかる。それらは墳墓や古墳に副葬された銅鏡がほとんどであり、とりわけ弥生時代に大陸との交渉でもたらされた中国鏡は遺跡の年代を決める指標となっている。

〔**参考文献**〕森浩一編『鏡』（社会思想社、日本古代文化の探求昭53）。岡村秀典『三角縁神獣鏡の時代』（吉川弘文館平11）。

（**藤丸詔八郎**）

とうきょうりゅうげんふ［**東京竜原府**］　七八五～七九四年にかけての渤海の宮都。唐書に「竜原東南瀕海」とあり、日本海に近く立地。中国吉林省琿春市にある八連城と朝鮮民主主義人民共和国清津市にある富居城の二遺跡が推定地。八連城は戦前には半拉城とよばれ、図們江東岸の微高地に立地。東西七〇〇m、南北七四〇mの規模で、城外に三ヵ所の寺院跡がある。城内の宮殿基壇が一九四〇年代に発掘されている。寺院跡から多量の石仏が出土している。富居城は石の城壁が周囲をめぐり高句麗時代に創建されたようであるが、規模や構造は未報告である。

〔**参考文献**〕斎藤優『半拉城と他の史蹟』（半拉城址刊行会昭63）。在日本朝鮮社会科学者協会歴史部会編『高句麗・渤海と古代日本』（雄山閣出版平5）。

（**小嶋芳孝**）

とうぐう［**東宮**］　「みこのみや」ともいう。皇太子の居所。五行説では東を季節の春に位置づけるところから、若い皇太子の宮を御所の東におき、東宮または春宮と称することが行われ、のちには皇太子そのものの謂としても用いられた。大宝・養老令には、東宮に関する編目に東宮職員令（大宝令では東宮官員令か）があり、傅・学士・春宮坊に関する規定をおさめる。なお、東宮職員令では、皇太子をさす場合は東宮、その付属の機関をいう場合には春宮坊と区別している。東宮職員令によれば、傅（東宮傅）は、道徳をもって皇太子を輔導する官で、皇太子傅ともいわれた。定員は一人で、相当位は正四位上。また、学士（東宮学士）は、皇太子に中国古典を教授する官で、皇太子学士ともいわれた。定員は二人で、相当位は従五位下。これらの官とは別に、皇太子の家政機関として春宮坊があり、啓令をつかさどり、東宮職員全体を統轄した。同坊の被管諸司に舎人・主膳・主蔵三監と主殿・主書・主漿・主工・主兵・主馬六署があり、皇太子に関する職務を分掌した。これら諸官司は、さながら中務省・宮内省被管の諸司を縮小した観がある。

〔**参考文献**〕荒木敏夫『日本古代の皇太子』（吉川弘館昭60）。九州大学国史研究室編『古代中世史論集』（吉川弘文館平2）。律令研究会編『譯註日本律令⑽』（東京堂出版平1）。

（**荊木美行**）

とうぐうぼう［**春宮坊**］　『和名抄』の訓は「美古乃美夜乃豆加佐」。大宝・養老令制下の皇太子の家政機関の中心的官司。啓令をつかさどり、東宮職員全体を統轄した。被管諸司に舎人・主膳・主蔵三監と主殿・主書・主漿・主工・主兵・主馬六署があり、皇太子に関する職務を分掌した。

（**荊木美行**）

どうけついせき［洞穴遺跡］　洞穴や岩陰を利用した遺跡の総称。水食・風食などの浸食作用によってできた洞穴・岩陰を人類は古くから住居や墓として使用している。洞穴遺跡は、氷河期の寒冷期における旧石器時代人の格好の住居空間であった。北京原人が利用した周口店洞穴をはじめ、ヨーロッパの洞穴壁画をもつアルタミラ洞穴・ラスコー洞穴など、著名な遺跡が多い。日本列島でも現在、約七〇〇ヵ所の洞穴遺跡が確認されている。洞穴は各時代にわたって継続的に利用され、また落盤や浸水によって間層が形成されるため層位学的研究や編年学的研究とって重要なフィールドとして発掘調査が行われてきた。日本では長崎県福井洞穴のように先土器時代からその利用方法が始まり、縄文時代草創期に顕在化する。そのため洞穴遺跡の発掘成果は、縄文文化の起源の解明に大きな役割をはたしている。縄文時代を通して居住空間や狩猟・漁撈のキャンプ・サイトとして利用された洞穴は弥生時代以降、埋葬や祭祀の場として、その利用が変化する。

［参考文献］麻生優『日本における洞穴遺跡の研究』（発掘者談話会平13）。　（岡本東三）

どうごおんせん［道後温泉］　愛媛県松山市にある温泉。『伊予国風土記』は大己貴（大国主）命・少彦名命の二神が開いたとする。また同書には聖徳太子が葛城臣・恵慈とともに来湯し、湯の岡に碑文を立てたと伝える。『日本書紀』舒明十一（六三九）年十二月条には舒明天皇が「伊予温湯宮」に行幸し、斉明七（六六一）年正月条には斉明天皇一行が百済救援のため北九州へ向かう途中「石湯行宮」に立ち寄ったとある。『万葉集』巻三には山部赤人が「伊予温泉」に至って作れる歌一首を載せる。　（寺内浩）

とうごくこくし［東国国司］　六四五（大化元）年八月に「東国等」に任命された国司のこと。改新のクーデター直後に東国統治のために派遣されて戸籍の作成や田地の校勘などにあたり、任期半年で帰京している。律令制下の国司と同様のものとする説もあるが、倭王権と特殊な関係をもつ東国地方を統制するための任命であろう。東国の範囲も諸説あるが、「東方八道」とあって*尾張・美濃、ないし遠江・信濃以東とするのが一般的。　（井上満郎）

とうさんさい［唐三彩］　中国唐代の陶磁器の一種。白の素地を、鉛釉で複数色に染め分けたもので、三色とは限らない。低火度焼成で技術的にも容易である。中国ではその用途の大部分は貴族などの墓に埋葬する明器であったが、貴族の没落とともに、八世紀前半を最盛期に以後衰退した。日本では出土品から奈良時代の舶載が知られるが、奈良大安寺出土の唐三彩のように陶枕が多いのが特徴である。形だけ枕を模したものも含まれるだろうが、全体としても長頸瓶など実用品が多い。　（中畠俊彦）

とうさんどういせき［東三洞遺跡］　大韓民国釜山広域市影島区東三洞所在の海辺に位置する貝塚遺跡。新石器時代の全期間にかけて形成され、朝島・牧島・釜山・頭島・影島の五期に分けられる。土器は隆起線文・豆粒文→押し引き系→沈線文の変遷がみられる。また、石製結合式釣針・スクレイパー・石斧・砥石・石鏃・骨角製結合式釣針・貝輪が出土した。最近の発掘調査では住居跡が検出され、日本の縄文土器も多く出土した。朝鮮半島新石器文化や日本との交流・伝播の問題を考えるうえで注目される。　（崔鐘赫）

とうじ［東寺］　平安京内に建立された官立寺院。のち真言宗となり、現在は真言宗東寺派で京都市南区所在。教王護国寺を正式名称とする。平安京建設は寺院新設禁止令のなかで行われたが、官立寺院は禁止対象外で、*羅城門の東西に東に東寺、西に西寺と対照的位置に建設された。建設着手は七九六（延暦15）年といい（『扶桑略記』）、八〇〇（同19）年には東寺用材として「巨樹直木」の伐採が特別に許されており（『類聚国史』）、また八〇四（同23）年には造東寺司がみえるので（『日本後紀』）、平安遷都と時を同じくしての創立は確実であろう。造営の経費として朝廷から墾田や封戸も施入されており、官寺として建設が進められたことが理解される。八二三（弘仁14）年には*空海に下賜されて民間寺院となり真言宗僧侶五〇人が居住、「他宗僧の雑住」が禁止されて真言宗寺院となった（『類聚三代格』）。以後金剛峰寺とならぶ真言宗の中心として、嵯峨天皇の後援をも得て繁栄。なおこの年に教王護国寺と称したというが未詳で、あるいは中世成立の呼称かと思われる。八三四（承和元）年には真言宗僧侶中から*三綱も任命されるようになった。高野山が都市から隔絶した信仰拠点であるのに対し東寺は都市内部にあり、貴族階級の支持を集めることに成功し、空海の唐より将来した*密教が東寺を中心に栄え*東密と称された。伽藍配置は中門・金堂・講堂が一直線上に立地し、門は南大門ともに九条大路に向かって南面する。しばしば火災にあうも空海書状をはじめ諸文化財を所蔵する。
［参考文献］赤松俊秀「東寺の歴史」『京都寺史考』（法蔵館昭47）。『弘法大師伝記集覧』（密教文化研究所昭45）。　（井上満郎）

どうじ［童子］　僧尼に随侍する剃髪得度していない年少者。寺院に止住し、法会の雑用や僧の身辺雑事を勤めた。また、年齢に関係なく童形のまま寺院や貴人に近侍する者も童子という。仏教では、仏・菩薩の侍者または菩薩の異称。　（佐古愛己）

どうじ［道慈］　?～744　奈良時代の学僧。大和国添下郡に生まれた。俗姓は額田氏。七〇二（大宝2）年に入唐、長安の西明寺でとくに三論教学を修め、七一八（養老2）年に帰国した。七二九（天平元）年に律師となり、*大安寺の平城京移建や『日本書紀』編纂にも携った。著書に『愚志』一巻、『浴像経開題』一巻があるが散佚した。『続日本紀』に卒伝、『懐風藻』に詩二首と略伝が載る。　（増尾伸一郎）

とうしかでん［藤氏家伝］（武智麻呂伝）
⇩家伝

とうしちょうじゃ［藤氏長者］　藤原氏の*氏長者。氏長者になるとその象徴である朱器台盤をうけ取り、殿下渡領などを伝領した。氏中の官位第一の者をもって任じたが、九世紀中期の摂関登場後、氏長者と摂関とが必ずしも同一人ではなかったが、一〇世紀末の摂関*兼家（任摂政直後に右大臣を辞し、摂政が三大臣の上に列した）以降は摂関が氏長者となることが常態となった。一一世紀中期に関白忠通は父忠実に義絶され氏長者を奪われたが(弟の頼長がなった)、保元の乱で頼長が敗死すると朝廷は一方的に忠通に氏長者を与え、以後は氏長者は摂関補任にともなって宣下されることとなった。

〔**参考文献**〕竹内理三著作集（五）『貴族政治の展開』（角川書店平11）。　　（**朧谷寿**）

とうじひゃくごうもんじょ〔東寺百合文書〕　東寺伝来の文書のうち、一六八五(貞享2)年加賀藩主前田綱紀が寄進した片仮名、平仮名のいろは順に函号を付す一〇〇合の文書箱におさめて伝来した二万四〇〇〇余通の古文書をいう。平安時代の太政官文書をはじめ綸旨、院宣、御教書、御判御教書、奉行人奉書など各時代、各様式の文書が多数残る。中世の寺院組織や荘園経営などの実態を示す重要史料。現京都府立総合資料館蔵。なお東寺にはまだ東寺文書として指定されている九一巻の文書をはじめ、巻子、掛幅に装幀された多数の文書が残る。国宝。　　（**綾村宏**）

とうじゃく〔唐尺〕　唐尺とよばれるように、中国の唐代に制定された尺度に起源がある。日本では、七〇一（大宝元）年の大宝令によって、大尺と小尺の二種類が制定された。そのうち大尺は高麗尺(東魏尺）にあたり、小尺が唐尺である。前者は、後者の一・二倍の長さを示すとともに、それぞれ測地と常用に使い分けられたが、七一三(和銅6）年に廃止され、小尺に統一された。天平尺ともよばれる唐尺の一尺は、現在の二九・三四～三一・三五cmにあたる。唐尺の実物は、正倉院宝物のほか、平城京跡・大宰府跡などから出土している。山形県米沢市の古志田遺跡で出土した木製の尺には、表裏に二種類の目盛りが刻まれているが、一方は高麗尺系統の可能性もある。　　（**西谷正**）

とうじょ〔唐書〕　中国唐朝の正史。新旧二種類がある。『旧唐書』は五代後晋の宰相劉昫奉勅撰。本紀二〇、志三〇、列伝一五〇の計二〇〇巻。九四五（開運2）年完成。『新唐書』は北宋の欧陽脩ら奉勅撰。本紀一〇、志五〇、表一五、列伝一五〇、計二二五巻。一〇六〇（嘉祐5）年完成。すでに唐代には唐前半に関する史書があり、『旧唐書』はそれらの書物を参照して編纂された。その関係で唐前半には詳しいが、唐後半は史料の亡失もあって不備が多い。北宋になると史学が盛んとなり『新唐書』が編纂された。新発見史料の使用で不備が補われ、新興士大夫の儒学的歴史観で統一され、古文による記述は簡潔だが、それだけ史料の改変も多く、史料をよく保存する点では『旧唐書』が優れる。『旧唐書』東夷伝は倭国と日本国の両伝を並立し「日本国は倭国の別種なり。」と記す不体裁もある。『新唐書』は日本伝に統一し、奝然献上の「王年代記」をも参考にしたようであるが、内容はほぼ『旧唐書』を出ない。

〔**参考文献**〕石原道博編訳『旧唐書倭国日本伝　宋史日本伝　元史日本伝』（岩波文庫昭61）。　　（**中畠俊彦**）

どうしょう〔道昭〕　629～700　法相宗の僧。道照とも。河内国丹比郡の出身。父は船恵尺(釈）。元興寺で出家し、六五三(白雉4）年学問僧として入唐、玄奘三蔵に学び六六〇（斉明6）年帰国、元興寺の東南隅に禅院を建つ。各地に井戸を掘り、船を設け橋をつくったという。『続日本紀』の卒伝には山背国の宇治橋も道昭が建立したと記し、七二歳で歿し、弟子らが遺教によって火葬にしたと述べる。そして「天下の火葬、これより始まる」と記載する。死後禅院を新京（平城京）に移したのが「今の平城右京禅院是なり」と伝える。『日本霊異記』にもその伝承がみえる。なお宇治橋の道昭創建の伝えについては、道登を誤って道昭としたとみなす説や道登が創建し道昭が修造したとする説がある。　　（**上田正昭**）

とうしょうだいじ〔唐招提寺〕　奈良市五条町にある律宗の総本山。招提寺とも。唐の高僧鑑真和尚の開基。鑑真は入唐僧栄叡・普照の熱請にこたえて「是法事のためなり、何ぞ身命を惜しまむ、諸人去かざれば我即ち去かんのみ」と苦難障害をのりこえて、渡海六度目で失明しながらも来日する。七五三（天平勝宝5）年一一月薩摩国秋妻屋浦に到着、翌年二月平城京に入って、その四月、聖武太上天皇・光明太上皇后・孝謙天皇をはじめ諸僧に授戒、七五五（同7）年東大寺境内に戒壇院が建立されて、鑑真和上は伝戒に専当、七五七（天平宝字元）年新田部親王の邸跡を与えられて、戒律専門の道場としての唐招提寺が造営された。南大門・中門・金堂・講堂が南北にならび、回廊外に塔を設ける東大寺式伽藍配置だが、その完成には相当の年月を要した。東塔の建立は八一〇（弘仁元）年という(『招提寺千載記』)。金堂上の西側の鴟尾は有名である。金堂の解体修理のなかで、修理司刻印の瓦や奈良時代の邪鬼三体などがみつかっている。「天平の甍」として有名、天平の律宗を象徴する。

唐招提寺金堂
写真：奈良市観光協会

〔**参考文献**〕『唐招提寺』（毎日新聞社昭48）。　　（**上田正昭**）

とうしょうりつ〔闘訟律〕　大宝・養老律の編目の一つ。養老律では第八編にあたる。唐律は六〇条からなるが、養老律の条文数は不明。養老闘訟律は三条が現存するが、大宝闘訟律は逸文のみが伝わる。闘殴・殺傷・訴訟・告言・誣告・越訴にかかわる犯罪についての諸規定をおさめる。　　（**荊木美行**）

どうそうかく〔道僧格〕　中国唐代の律令格式の格の一つ。道士・女冠・僧尼に対する取締り法規。成立年代は不詳であるが、唐太宗の貞観年間、僧玄琬の建策で制定、のち数回の改訂をへたようである。日本の令にある僧尼令は、唐の令には相当するようなものは見当たらず、この道僧格をもとにして手を加えたものである。道僧格自体は散佚したが、「令義解」などこの僧尼令の注釈や、中国の『唐六典』『唐律疏議』などから逸文が収集されている。（中畠俊彦）

どうそじん［道祖神］　さえのかみ（塞神）とも。他所と境界の道の分岐点（チマタ）に坐すと考えられた道の神。のち祖先神と習合し、道祖神とも表記され、ドウソジンとも読まれるようになった。追ってきた魔物を追い返した「道反」神、分岐点に立つ「道俣」神・「岐」（くなと・ふなと）神などが『記』『紀』にみえていて、早くからこの神への信仰があったことがわかる。（井上満郎）

とうだいじ［東大寺］　奈良市の平城京跡の東方に位置し、興福寺の北東に隣接する東大寺はわが国最大の寺院で、奈良時代以来、鎮護国家の中心的寺院である。現在、同寺は華厳宗総本山で、その本尊は華厳経にもとづく盧舎那仏である。七四三（天平15）年一〇月聖武天皇は人々の知識を集めて大仏の造顕を発願する詔を発し、直ちにその造顕に着手した。当時、天皇は平城京から紫香楽宮に遷都しており、造顕の詔は紫香楽宮で発せられ、造顕それ自体も宮の近辺の甲賀寺に体骨を建てて始められた。しかし貴族・官人をはじめ僧侶や多くの民衆は平城京への還都を望んだことから、天皇は七四五（天平17）年に平城京に還り、同年八月大仏造顕は山金里の地、現在の大仏鎮座地において鋳造を開始した。現在地が造寺・造仏の地として選ばれたのは、聖武天皇の皇子で早亡した皇太子基王の菩提を弔うために造立されたとされる金鍾寺があったからとか、福寿寺とよばれる寺院がすでに存しており、華厳経の研鑽道場となっていたからといわれている。しかし七四一（天平13）年、国分寺の造営にあたり、既存の金鍾寺と福寿寺を併せて大和国の金光明寺とし、既存の寺名によって金鍾寺と称していた。平城京に還都したとき、華厳経の道場のある金鍾寺の地に大仏を造顕することにした。そもそも大仏造顕は、聖武天皇が河内の国の知識寺に行幸し、同寺の盧舎那大仏を拝したのに由来するが、同天皇が大仏造顕に際し、民衆の支持を集めていた僧行基を勧進僧に登用し、民衆の知識を結集して大仏造顕を実現しようとしたからであるという。七四七（天平19）年以降、大仏は八回にわたって段階的に鋳造され、金箔を塗布した大仏がほぼ全貌を見せたのは、七五二（天平勝宝4）年四月の大仏開眼会の直前である。同じ頃、一一間（八六m）×七間（五〇m）、高さ四七m、現在の建物の一・五倍の大きさと伝えられる大仏殿も完成していたと考えられる。同月九日、大仏の開眼会が聖武太上天皇・光明皇太后をはじめ、孝謙天皇に率いられた貴族・官人、一万人を越える僧侶らの参列をえて、わが国に仏教が伝来して以来、最大の行事として行われた。しかし開眼会当時、金色に輝くとはいえ大仏の全体は完成して居らず、いま僅かに現存する台座が完成したのは開眼会から四年後の七五六（天平勝宝8）年のことであり、大仏の光背が完成したのは七七一（宝亀2）年のことであった。それから一〇〇年後の八五五（斉衡2）年におこった地震のため か仏頭が地上に落下したことがある。そのときは平城天皇の皇太子であった高丘親王（さきに薬子の変に連座して皇太子を廃され、真如親王として東大寺に入寺していた）が、修理東大寺大仏検校となって仏頭の修理にあたっている。奈良時代以降、多くの堂塔の建築や修理がなされ、寺内の整備が進んでいるが、平安時代半ばの記録によると、常に斧の音が絶えなかったと言われている。一方で、講堂や三面僧坊、あるいは西塔などの焼失も伝えられている。東大寺にとって最大の火災は、平安時代末の平重衡による大仏殿の焼き討ちと戦国時代末の三好・松永の合戦で大仏殿以下の諸堂舎が炎上したことであろう。ただ鎌倉時代の俊乗坊重源、江戸時代の公慶上人の尽力によって再建されている。現存の大仏殿ならびに大仏は江戸時代の再建・修理になるものである。現存の大仏殿は世界最大の木造建造物である。

［参考文献］平岡定海『東大寺辞典』（東京堂平7、新装版）。吉川眞司『東大寺の古層』（『南都仏教』（53）平13）。奈良国立博物館・東大寺外編『東大寺のすべて』（展覧会目録、朝日新聞社平14）。（米田雄介）

東大寺盧舎那仏坐像
写真：矢野建彦

とうだいじけんもつちょう［東大寺献物帳］ ⇨献物帳

とうだいじさんかいしいしず［東大寺山堺四至図］　東大寺の寺域を定めるため、七五六（天平勝宝8）年に製作された図。正倉院宝物。縦二九九cm・横二二三cmの料布（調庸布製）に朱線方格を引き、墨で図を描いて、緑・薄緑・薄茶・黄・桃の彩色をほどこす。右下隅の墨書には良弁と官人四名が署名し、東大寺印八顆を捺すが、一部は追筆らしい。決定された寺域は一〇の「堺」で示され、その内部に東大寺伽藍・大伴寺・春日「神地」・新薬師寺・香山堂といった宗教施設、それらを結ぶ道、佐保川・吉城川・能登川などの流れと取水施設、春日奥山・御蓋山・飯守峯の山容、さらに田・薗・人家・瓦屋・興福寺東松林などが描かれる。山林寺院から出発した草創期東大寺の様相を視覚的に示し、平城京東郊域の人文・自然環境を研究するうえでも第一級史料。ただし描図上のデフォルメがみられ、建築物については図に描かれていなくても当時存在したもの、描かれていても未完成だったものがあり、利用には注意を要する。

〔参考文献〕岸俊男『日本古代文物の研究』(塙書房昭63)。金田章裕他編『日本古代荘園図』(東京大学出版会平8)。 (**吉川真司**)

とうだいじとうなんいん［東大寺東南院］ 奈良市にある東大寺の一院。現在は同寺本坊。八七五(貞観17)年に聖宝が薬師堂を建立し、九〇四(延喜4)年には、この付近に香積寺が移建され、併せて東南院となった。院名は大仏殿との位置関係による。一〇七一(延久3)年からは東南院主が三論宗長者を兼ね、院政期以降は南都行幸の御所となるなど隆盛を極めたが、一五世紀には衰退した。一八世紀に再興され、その際、東大寺の印蔵が東南院内に移築された。ここに伝来し明治初年に皇室に献納された古代・中世文書群がいわゆる東南院文書である。 (**毛利憲一**)

とうだいじふじゅもん［東大寺諷誦文］ 平安時代初期の法会用文例の覚書。原題はない。原本は戦災で焼失し複製本が残る。東大寺関係の僧の手控えらしく、紙背には『華厳文義要決』が記される。漢字仮名混じり文の現存最古の訓点資料で「方言」の初見資料。『日本霊異記』と、成立の時期や環境が近く、古代の在地社会での仏教や法会の実態を示す史料としても重要。勉誠社文庫所収。

〔参考文献〕中田祝夫『改訂新版東大寺諷誦文稿の国語学的研究』(風間書房昭54)。築島裕『東大寺諷誦文稿總索引』(汲古書院平13)。鈴木景二「都鄙間交通と在地秩序」『日本史研究』三七九号(日本史研究会平6)。 (**鈴木景二**)

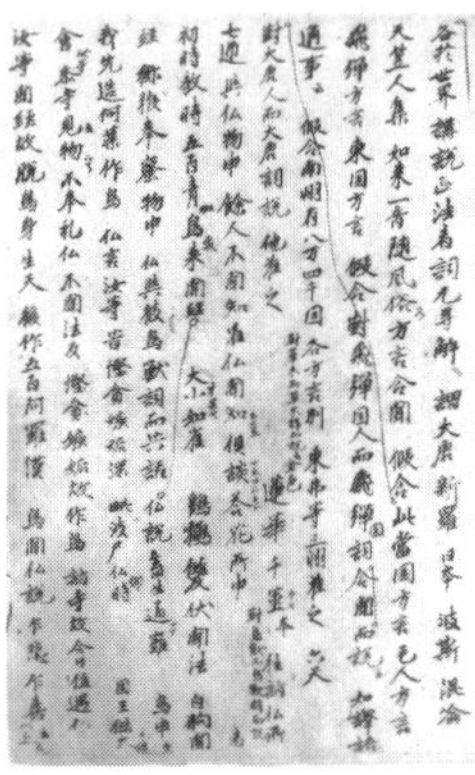

東大寺諷誦文

とうだいじもんじょ［東大寺文書］ 東大寺の印蔵に伝来した古文書群。東大寺に伝わる成巻文書一〇〇巻(九七九通)と未成巻文書八五一六通(以上、国宝。東大寺図書館蔵)の他、一八七二(明治5)年に皇室に献上され正倉院に保存される東南院文書一一二巻(八六七通)をはじめ、寺外に伝来するものを合わせると総数は二万通にも及ぶ。奈良時代から江戸時代に及ぶ多様な文書からなり、寺領荘園の経営や訴訟、寺家の運営や文書の管理、造営と勧進、法会の執行や教学研究など、その内容は多岐にわたる。文書形式も官宣旨・院宣・御教書などの公文書、売券・寄進状などの証文や帳簿類、起請文や切符など多彩である。平安時代文書や、装幀・修理の手の加わらない文書を多く含む点に大きな特徴があり、また平安時代末の別当寛信による文書整理を嚆矢として、文書の整理・分類・修補・管理に多大な労力が注がれ、保管用の唐櫃の伝来ともあいまって、文書の成立・整理・伝来の過程を辿りうる稀有の史料群といえる。

〔参考文献〕堀池春峰監修、綾村宏・永村眞・湯山賢一編集『東大寺文書を読む』(思文閣出版平13)。 (**渡辺晃宏**)

とうだいじやまこふん［東大寺山古墳］ 奈良県天理市櫟本町の南北にのびる丘陵の尾根上に築かれた前方後円墳。全長約一四〇m、後円部径約八四mの規模で四世紀後半頃の築造と推定される。後円部の埋葬施設は墳丘主軸に一致する粘土槨で、箱形または割竹形木棺があったと推定されている。棺内の副葬品は首飾り類と頭部に置かれた鍬形石、車輪石、滑石製坩がある。粘土槨の両側からは鉄製刀、剣、槍、矢、南小口では短甲と草摺が粘土内に塗り込められていた。「中平□年」の銘が発見された鉄刀も棺外東側から出土した。 (**泉　武**)

とうだいじようろく［東大寺要録］ 東大寺の縁起、諸院、所領、諸会、別当、末寺などにつき、記録・伝聞を収集編集された寺誌。編者不明。一一〇六(嘉承元)年成立。一一三四(長承3)年寺僧観厳により増補、再編。鎌倉時代の写本二巻が醍醐寺に、室町時代の写本九冊が東大寺に伝存。 (**綾村宏**)

とうだいわじょうとうせいでん［唐大和上東征伝］ 唐僧鑑真の伝記。淡海三船(真人元開)撰。一巻。七七九(宝亀10)年成立。『法務贈大僧正唐鑑真過海大師東征伝』『鑑真過海大師東征伝』『鑑真和尚東征伝』などとも。鑑真に従って来日した弟子思託は『大唐伝戒師僧名記大和上鑑真伝』(『大和尚伝』『大和上伝』とも。現存せず)三巻を著したが、大部なうえに、日本人には難解な漢文で、鑑真に帰依した三船に依頼し、三船は鑑真の行状なども参考にして本書を著した。内容は鑑真の出自、出家の因縁や年次、受具、受学の師などに触れ、帰郷後、律の化主と仰がれたこと、日本から伝戒師を求めて入唐した栄叡・普照に会って鑑真みずからが不惜身命、日本に渡る決意をしたことを記し、一二年の歳月をかけ、六度目にしてようやく成功した渡航の様子を詳細に述べ、最後に日本での活躍に触れてその死去で結ぶ。いくつかの古写本が伝わり、また刊本として一七六二(宝暦12)年の戒壇院本が知られる。 (**中畠俊彦**)

どうたく［銅鐸］ 弥生時代に製作・使用された青銅製の祭器の一つ。その直接の祖型は朝鮮半島の小銅鐸とよばれる青銅製の鈴である。遅くとも中期前半までには日本に流入し、祭器として広まったと考えられる。列島化に際し、大形化、有文化等の特徴が加わった。主として近畿地方を中心に製作・使用された。この近畿系の銅鐸は鈕の非実用化(大形化)を基準にⅠ式(菱環鈕)、Ⅱ式(外縁付鈕)、Ⅲ式(扁平鈕)、Ⅳ式(突線鈕)に大別される。鐸身には横帯文・流水文・袈裟襷文などの文様が陽刻され、絵画をもつものもある。当初は石製鋳型で製作されていたが、Ⅲ式の新段階頃から真土形に変わる。これに対し九州でも若干の銅鐸が製作・使用されたことが近年明らかになった。九州系の銅鐸は「福田型」とよばれる。横帯が多用され、鐸身に型持ち孔がみられないという特徴がある。中子の固定に巾木を用いたと考えられており、銅矛と共通する技法がみられる。鋳型が先に知られていたが、製品も佐賀県吉野ヶ里遺跡で発見された。用途・機能については、祭器という以上不明な点が多いが、近畿系の銅鐸は農耕儀礼にかかわる祭祀に用いられたという意見が有力である。また境界にかかわる祭祀や、首長権にかかわる祭祀に用いられたという意見も出されている。兵庫県桜ヶ丘遺跡、島根県加茂岩倉遺跡、滋賀県大岩山遺跡など大量埋納される場合もみられる。北部九州では、文様のある小銅鐸が副葬される例があるが、大部分は埋納もしくは廃棄された状態で出土する。吉野ヶ里銅鐸は埋納されているが、倒置という近畿の一般的な例とは異なる状態をみせている。近畿よりやや下位のレベルの祭祀で用いられたと考えられる。ほぼ弥生時代終末までには製作、使用とも終わっている。

〔参考文献〕杉原荘介編『世界考古学大系日本II』(平凡社昭35)。金関恕他編『弥生時代の研究(6) 道具と技術II』(雄山閣昭60)。

(宮井善朗)

香川県明神原出土銅鐸
福岡市博物館蔵

左からI式、II式、III式、IV式
左から東京国立博物館、東京国立博物館、国立民俗歴史博物館、東京国立博物館蔵(国立歴史民族博物館・毎日新聞社「銅鐸の美」より転載)

どうたくがたどせいひん〔銅鐸形土製品〕 弥生時代の中期以降に認められる高さ約一〇cm以下の銅鐸の形をした土製品である。銅鐸のかたちを忠実に模倣したものから、ただ鈕のみをつけたものまでさまざまなバリエーションがある。九州から関東までの範囲を中心に認められ、近畿・東海地方の土製品は袈裟襷文銅鐸をモデルにした有文のものが多く、九州地方の製品は無文で小銅鐸をモデルにしたものが多い。機能については銅鐸を補完するための祭祀遺物とする説などがある。

(田尻義了)

とうだん〔投弾〕 弥生時代前・中期を中心に、紡錘形・球形をした土製品(土弾)や、自然礫を利用した石製品(石弾)がある。主として西日本に分布するが、一部東日本でも出土する。重量は、土弾より石弾が重いが、平均すると三〇g台である。武器としての投擲用のほか、鳥・小形動物を捕獲するための狩猟用が考えられる。弥生時代後期の高地性集落や中・近世の山城などでは、石弾あるいはつぶて石が出土することがある。前者の場合、倭国の乱ともかかわる可能性がある。

(西谷正)

とうたんこく〔東丹国〕 契丹が渤海を滅ぼして建てた国。遼の太祖耶律阿保機は九二六(天賛5)年、渤海討滅後、当地に東丹国を建て、都東京城を天福と改め、皇太子の倍(八九九～九三六)を人皇王として封じた。歳貢は課したが、官僚制も整え、高い独立性をもたせた。遼太祖死後、東丹王は遼の帝位を弟徳光(太宗)に譲ったが、これと対立して医巫閭山に隠居して詩文に親しみ、また絵画も得意であった。さらに後唐明宗に身を寄せたが、のち明宗とともに殺された。

(中畠俊彦)

とうちょくふ〔謄勅符〕 公式令の勅旨式に定められた勅旨を施行するにあたっては、在京諸司には直ちに勅旨一通を写し、これに施行を命じる太政官符を副えて下したが、在外諸司に対しては勅旨をそのまま下すのではなく、その中に勅旨を謄し込んだ太政官符を作成して下した。この官符を謄勅符という。似た言葉に騰勅符があるが、「謄」は「つたえる」の意で、これは勅旨式の勅旨に限らず、広い意味での勅命を施行する太政官符をいい、在京諸司に対する場合も含むと解されている。

(鎌田元一)

とうちん〔陶沈〕 ⇩唐三彩

どうとう〔道登〕 生没年不詳。高句麗学生。元興寺の僧で山背国の恵満の家より出たと伝える(「宇治橋断碑」『日本霊異記』)。六四五(大化元)年八月、十師のひとりとなす。翌年山背の宇治橋をつくるという(「宇治橋断碑」『日本霊異記』)。『日本書紀』白雉元(六五〇)年二月条には、長門から白雉を献じたおりに、白雉を祥瑞と進言したエピソードを記載する。

(上田正昭)

とうのべん〔頭弁〕 中弁または大弁で蔵人頭を兼帯した者の称。頭中将とならび任ぜられる例が多い。頭弁は、天皇と太政官とを取り次ぐ重要な職務を担った

ことから、上級貴族が任ぜられる頭中将と異なり、実務能力に優れた中級貴族から選任された。（篠田孝一）

とうのみね［多武峰］ 奈良県桜井市に所在する山。寺川の源流に位置し、御破裂山（標高六〇七・七m）を中心に、頂上直下の南側には、藤原鎌足を祀る談山神社が鎮座する。六五六（斉明2）年に、田身嶺の頂上近くに垣を巡らせ、また嶺の上の両槻の辺りに両槻宮がつくられ、天宮とも称された（『日本書紀』）。（和田萃）

どうはんきょう・どうけいきょう［同笵鏡・同型鏡］ 同笵鏡とは一つの鋳型をくり返し使用しながら鋳造された複数の同形・同文の鏡であり、同型鏡とは一面の鏡原型から複数の鋳型をつくり、その一つ一つの鋳型からそれぞれ一面の鏡を鋳造してえられた複数の同形・同文の鏡である。弥生時代の小型仿製鏡のように鋳型が石製であれば同笵鏡しかありえないが、鋳型が土製となると、鋳型が複数面の鋳造には耐ええないという考え（同型鏡）と耐えうる（同笵鏡）という考えがある。鋳型が土製と考えられる同形・同文の鏡はすでに中国の戦国時代にあり、魏晋六朝代の神獣鏡等にもしばしばみられるが、とりわけ古墳時代前期にみられる三角縁神獣鏡では同形・同文の鏡が種類、数量ともに傑出している。まだ鋳型が出土していないこともあって、同笵鏡、同型鏡の両論がある。他方、古墳時代中～後期の画文帯同向式神獣鏡には同形・同文の鏡が二〇数面もみられ、これらは同型鏡でほぼ落ち着いている。［参考文献］小林行雄『古代の技術』（塙書房昭37）。樋口隆康『三角縁神獣鏡綜鑑』（新潮社平4）。（藤丸詔八郎）

とうぼう［逃亡］ ⇨浮浪・逃亡

とうぼうき［東宝記］ 東寺（教王護国寺）の寺誌。三編八巻。東寺観智院の初代杲宝編・二代賢宝増補。仏宝編（一～三巻）は草創・真言密教などの東寺の基本事項と堂舎・仏像等について、法宝編（四～六巻）は諸法会と聖教について、僧宝編（七・八巻）は寺の人事についてそれぞれ根拠となる文書・記録をひき詳述する。東寺の歴史を知る根本史料。東宝記刊行会編『国宝東宝記原本影印』『続々群書類従』宗教部に所収。（松本公一）

三角縁獣文帯三神三獣鏡
大分県赤塚古墳出土
径 22.4 cm
京都国立博物館蔵

三角縁獣文帯三神三獣鏡
福岡県石塚山古墳出土
径 22.4 cm
宇原神社蔵

とうまこく［投馬国］ 『魏志』倭人伝に記された倭国のなかの国名で、「つまこく」とも読まれる。不弥国に次いで記され、「南のかた投馬国に至る。水行二十日。官を弥弥と曰い、副を弥弥那利と曰う。五万余戸可り。」とある。その所在については邪馬台国をどこに考えるかによって諸説があって確定的な説はない。一般的には邪馬台国九州説では薩摩、日向児湯郡都万神社付近、あるいは筑後国上妻・下妻などに比定されることが多く、邪馬台国畿内説では周防佐波郡玉祖郷、備後鞆津などのほかに、出雲や但馬などに想定する説がある。（高橋誠一）

とうみつ［東密］ 東寺を拠点として展開された真言宗の密教のこと。空海によって開創された真言宗は金剛峰寺と東寺の二拠点をもったが、都市平安京にある東寺が皇族・貴族たちへの教勢の拡大の拠点となったのが東寺で、ために東寺を中心として展開した密教を東密と称した。もとはインドの大乗仏典の一つである密教経典であったが、唐の最盛期に中国に伝来し、さらにそれが空海によって日本にもたらされた。まず空海が大日経などの高度な経典を基本とする密教を中国より将来したのだが、のち益信・聖宝が出てこれを広め広沢流・小野流になり、さらに三〇以上の派が分立して栄えた。天台宗も同様の発展を示し、両宗あいまって日本密教の全盛期を築いた。（井上満郎）

とうもく［湯沐］ 律令制下において、皇太子や中宮の資養のために諸国に設置された封戸。大化前代の名代・子代の流れをくむ領地か。養老禄令には「中宮湯沐二千戸、東宮一年雑用」、延喜春宮坊式には「東宮湯沐二千戸」とみえる。（荊木美行）

どうやくぼし［道薬墓誌］ 奈良県天理市岩屋町西山で偶然に発見された奈良時代の墓誌。「佐井寺の僧道薬師。族姓は大楢君、素止奈の孫なり。和銅七年（七一四）歳は甲寅に次る二月廿六日命過ぐ」と銀製短冊の両面に銘文が刻まれる。佐井寺は桜井市狭井神社付近にあてる説、大和郡山市長安寺町の佐比寺（西寺）にあてる説などがある。僧道薬はほかにみえないが、銘文から大楢君出身であることがわかる。墓誌発見場所の西方には現在も楢町の地名が残っている。国重要文化財。（鶴見泰寿）

とうりくてん［唐六典］ 中国唐の法制書。唐玄宗勅撰・李林甫ら注。三〇巻。七二二（開元10）年編纂の勅が出され、李林甫らが七三八（同26）年に完成した。もとは玄宗が起居舎人の陸堅に命じたが進まず、やがて徐堅・韋述ら一〇数人の手をへて完成し、最後に宰相李林甫が注をして奏上した。「六」は、儒学の経書『周礼』が記す官制が天地春夏秋冬各官の六官であることから官僚機構の総体を意味し、本書の三師・三公・三省・九寺・五監・一二衛の六分類も、これに由来するが、本書には六分類以外の東宮関係や地方関係の官制を含む。各官について、その組織や職掌のほか、沿革や関連法規も掲載し、散佚した唐令の内容を知る手掛かりとなる。『三代実録』「令集解」などから、日本でも唐令とともに参照されていたことが知られる。完成時点での法制は開元二五年令式であるが、編纂に多年を要したから、内容は開元七年令式に基づく。日本で一七二四（享保9）年に出版された近衛本が最良のテキストとされる。

〔**参考文献**〕仁井田陞『唐令拾遺』（東京大学出版会昭58）。広池千九郎点・内藤智雄補訂『大唐六典』再版（広池学園出版部平1）。　**（中畠俊彦）**

とうりつそぎ［唐律疏議］　中国唐律の官撰注釈書。唐の長孫無忌ら奉勅撰。三〇巻。唐代律令格式の律に関して、注を施し、条文の文言を解釈するが、律の注釈書は一般に律疏とよび、本書も当初単に『律疏』とよばれた。唐律はこの書物によって伝存した。中国では、現存中最古の完備した刑法典として当時の法律学の成果を示し、また唐・五代のみならず、元まで六〇〇年間の長きに用いられるなど、唐律だけでなく、中国法制史研究のうえでも欠かせない。内容は名例（総則）・衛禁・職制・戸婚・厩庫（家畜・倉庫）・擅興（軍事・建設）・賊盗・闘訟・詐偽・雑律・捕亡・断獄律の一二編五〇〇条。現存「故唐律疏議」は旧来永徽年間（六五〇～六五六）成立の律疏であるとされ、大半が失われた「大宝律」「養老律」の原型として注目されてきたが、近年の研究では七三七（開元25）年の律に基づく開元律疏であることがわかり、そうした意味での重要性は失われたが、やはり日本の律研究上の重要資料である。

〔**参考文献**〕律令研究会編『唐律疏議訳註篇(1)～(4)』訳註日本律令(5)～(8)（東京堂出版昭54～平8）。　**（中畠俊彦）**

とうりつりょう［唐律令］　中国唐代の法典の総称。法律の名称としての律と令は古くから存在したが、刑法典としての律、民法・行政法典としての令とそれに付随する格と式という法体系が確立したのは、唐律令およびその前身の隋律令からである。唐律令はたびたびの改訂が行われ、おもなものでも「武徳律令・式」「貞観律令格式」「永徽律令格式」「垂拱律令格式」「神竜律令格式」「開元七年律令格式」「開元二五年律令格式」がある。日本では唐律令の影響下に大宝律令・養老律令が編纂されたが、とくに律は唐律とほぼ同じと考えられる。日本では律は失われたが、令は「令義解」を通じて残り、逆に中国では唐令は失われたが、唐律は官撰注釈書の『唐律疏議』を通じて現存する。唐令や格・式は、和漢の典籍での引用や、敦煌・トルファンなどの出土文献から復元する努力が行われ、特に唐令については仁井田陞『唐令拾遺』が半ば以上の復元に成功している。

〔**参考文献**〕仁井田陞『唐令拾遺』（東京大学出版会昭58）。仁井田陞著・池田温編集代表『唐令拾遺補』（東京大学出版会平9）。　**（中畠俊彦）**

とうりゅうもんどき［豆粒文土器］　長崎県佐世保市所在泉福寺洞穴で出土した縄文時代草創期の標識土器。泉福寺洞穴では隆起線文土器（九～七層）よりさらに下層（一〇層）で多量の細石器をともなって豆粒文土器が確認されたことで、現時点では日本最古級の土器とされる。ほぼ完形に近き復元資料があり、口径一三cm、高さ二四cmで胴部に最大径があるラグビーボール状の鉢形土器で底部は円盤貼り付けの丸底になっている。

〔**参考文献**〕麻生優編著『泉福寺洞穴の発掘記録』（佐世保市教育委員会昭60）。　**（正林護）**

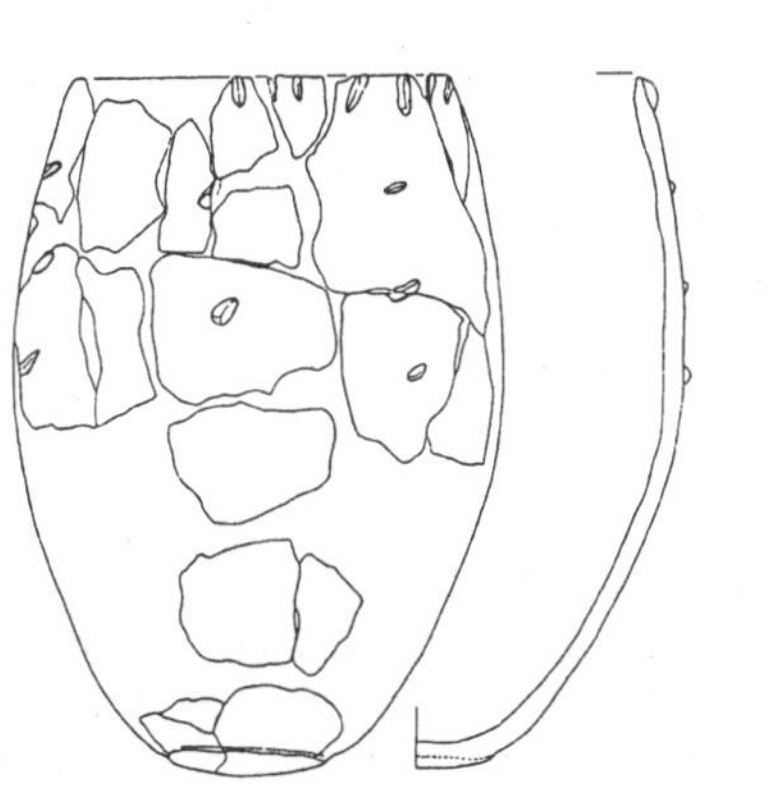

泉福寺洞穴の豆粒文土器

とうりょう［棟梁］　武家の棟梁・武門の棟梁などと称し、武士の一族一門を統率した存在をいう。平忠常の乱、前九年・後三年の役などの鎮圧を通じて、源頼信・頼義が東国武士たちを指揮して武名を高め、義家にいたって「天下第一武勇の士」と称されるごとくその武名とともに特殊な地位をかため、あわせて都の軍事貴族たちをも結集し、棟梁とみなされるようになった。保元の乱前後頃の平清盛・源義朝にいたって地方武士を組織化して武士階級全体の棟梁としての実は整い、平氏政権・鎌倉幕府形成への道が開かれた。

〔**参考文献**〕元木泰雄『武士の成立』（吉川弘文館平6）。　**（井上満郎）**

とうれい［唐令］　⇩唐律令とうりつりょう

とうれい［唐礼］　唐代の儀礼制度。中国では唐初には太宗貞観年間の『大唐儀礼』（貞観礼）一〇〇巻、高宗時代の『顕慶礼』一三〇巻の両礼があったが、七三二（開元20）年に『大唐開元礼』一五〇巻が完成した。これは礼制の集大成とよぶべきもので、律令とならんで唐の国家制度の根幹をなし、後世にも長く規範とされた。『続日本紀』は七三五（天平7）年に吉備真備が『唐礼』一三〇巻（顕慶礼）を献上したと記し、まもなく『開元礼』ももたらされた。そのほか日本律令におよぼした影響も多い。　**（中畠俊彦）**

とおちのひめみこ［十市皇女］　?～678　天武天皇の第一皇女。母は額田王で、大友皇子の妃となり、六六九（天智8）年に葛野王を儲け、壬申の乱後は飛鳥に戻った。六七五（天武4）年二月、阿閉皇女とともに伊勢神宮に赴いた際、波多の横山で吹芡刀自は皇女に寿歌を献じた（『万葉集』巻一―二二）。六七八（同7）年四月七日、倉梯の河上に建てられた斎宮への行幸の矢先、十市皇女は宮中で急死した。心労が重なっての自害とも推定される。同月一四日、赤穂に葬られた。赤穂については、奈良市の赤穂神社や、広瀬郡赤部村（奈良県北葛城郡広陵町三吉）の地に想定されているが、檜隈（明日香村桧前）の安古の地とみるべきだろう。文武天皇陵（檜隈安古岡上陵。安古は赤穂。真の文武天皇陵は中尾山古墳とする説が有力）の近傍である。なお『扶桑略記』や『宇治拾遺物語』などに、十市皇女は、壬申の乱に際し近江朝廷に関する情報を、父の大海人皇子（後の天武天皇）に通報していたとの所伝がみえている。（和田萃）

とおつあすかのみや［遠飛鳥宮］　允恭天皇の宮。『古事記』『万葉集』にみえるが『日本書紀』にはみえない。『古事記』と『日本書紀』にみえる「近飛鳥宮」（顕宗天皇の宮）に対して「遠飛鳥宮」とよぶ。大和国高市郡内に比定する。（上田正昭）

とおとうみこくふあと［遠江国府跡］　遺跡は、静岡県磐田市中泉にある御殿・二之宮遺跡付近に想定されている。この遺跡からは国司館跡とされる掘立柱建物や祭祀具、木簡、墨書土器などが出土している。奈良時代後半から平安初期の土層から出土した「綾生」と記された墨書土器は、綾などの高級織物生産を行う国衙工房と関連するものとみなされる。ここは一〇世紀の初めには廃絶し、北二kmにある見付に移った可能性が高い。北の国府台に遠江国分寺跡と国分尼寺跡がある。（小笠原好彦）

とおとうみのくに［遠江国］　東海道に属する国。現在の静岡県西部にあたる。大井川より西の地域で、北部は赤石山脈などの高峻な山地であるが、南部には天竜川などによって形成された沖積平野や扇状地などが広がる。国名は近ッ淡海＝琵琶湖（近江）に対する遠ッ淡海＝浜名湖（遠江）に由来すると考えられている。遠淡海・久努・素賀の三国造の支配領域がもとになって七世紀に成立したと考えられている。「延喜式」では上国とされ所管の郡は麁玉・引佐・敷智・浜名・長上・長下・磐田・山名・山香・周智・佐野・城飼・蓁原郡の一三郡。国府は現磐田市見付にある総社の淡海国玉神社付近にあったとする説が有力であるが詳細については不明な点が多い。国分寺跡は磐田市国府台にあり国指定史跡とされている。平安時代には関白藤原頼通の荘園や蒲御厨をはじめとする伊勢神宮領が多数おかれた。

［参考文献］『静岡県史』全三五巻（平1〜）。永原慶二他編『図説　静岡県の歴史』（河出書房新社昭62）。若林淳之『静岡県の歴史』（山川出版社昭45）。（高橋誠一）

とおみづかこふん［遠見塚古墳］　仙台市若林区遠見塚に所在する、古墳時代前期の前方後円墳。自然堤防上に立地し、墳長一一〇m。後円部だけが二段築成となっており、葺石・埴輪はない。後円部頂で、主軸に平行する二基の粘土槨を、同一墓壙におさめた主体部が発見された。墓壙には、前方部に向け延びる墓道がともなう。副葬品はきわめて少なく、東槨から櫛や管玉・ガラス小玉が出土しただけである。国指定史跡。（藤沢敦）

とからのくに［吐火羅国］　覩貨邏・堕羅とも書き、『日本書紀』の六五四（白雉5）年四月、六五七（斉明天皇3）年七月、六五九（同5）年三月、六六〇（同6）年七月、六七五（天武天皇4）年正月の各条にみえ、「職員令」の玄蕃寮の条の「古記」には、「謂ふこころは、堕羅・舎衛・蝦夷等、朝聘の外を除き、在京唐国人等」と記す。西域のウズベックのボハラ説のほか九州の南の土噶喇諸島説、ミャンマーのイラワジ河中心の驃国説などがあるが、タイ国メナム河下流のドヴァラヴァティ説が有力。（上田正昭）

とがりいしせき［尖石遺跡］　長野県茅野市豊平南大塩の長峯状台地全面を占める縄文中期遺跡。宮坂英弌が生涯をかけて調査した縄文集落で一九五二（昭和27）年に国の特別史跡に指定された。台地の南斜面に三角錐の岩があって遺跡名はこれに由来する。検出された遺構は炉址五三基、住居址三三軒で中期中葉の集落は尾根の裾を馬蹄形に囲み、後葉の住居は南側にかたまって列石や小竪穴群が設けられている北側の広場に臨んでいる。遺跡に接しては尖石縄文考古館が建設され、遺跡整備が進んでいる。（桐原健）

とかんしま［度感嶋］　奄美大島の南西五〇kmに位置する徳之島。『続日本紀』の六九九（文武天皇3）年七月の条には「多褹・夜久・奄美・度感らの人、朝宰に従ひて来りて方物を貢す」とみえる。そして「その度感嶋、中国（日本）に通ふこと是に始まる」と記す。（上田正昭）

どき［土器］　粘土を材料とし、釉薬を使わず、七〇〇〜八五〇度の温度で焼きあげた素焼きの焼き物で、人間が化学反応を利用してつくった最初の道具である。日本列島で最も古いものは、暦年代で今から約一万六〇〇〇年前に比定されている、青森県蟹田町大平山元Ｉ遺跡で出土した土器である。日本列島は世界的にも最も早く出現した地域の一つである。その起源は諸説があるが、それまで用いていた有機質の容器の形を、材質を変えてうつすことによって成立したという説がよく知られている。出現期の土器には、煮炊き用と貯蔵用があるが、日本列島では前者が先に現れた。煮炊き用土器の出現によって、それまで食べることができなかった堅い繊維質の食料を、煮たり蒸したりすることで柔らかくして食べられるようになった。その結果、食料の範囲が広がり、栄養的にも大きな恵みを縄文人にもたらすことになった。土器は人間の意志によって形や文様を自由につくることができるという、可塑性をもっている。多様な器形や文様を利用して日本考古学では型式学を発達させ、世界に誇る先史時代の土器編年網を確立している。縄文土器は一型式約一〇〇年、弥生土器にいたっては約二五年と、世代ごとの土器の変化が追える域まで到達している。日本列島を含む北東アジアでは、農業や牧畜よりも土器が先に出現するという地域的特性をもつ。土器の出現も、農業や牧畜の開始も、最終氷期が終わることによっておこった環境変動に対する、人間側の適応行動の一つという考え方によるとすれば、栽培に適した野生の草原種子があったところでは農業が始まり、栽培が難しい森林性食料が豊富だったところでは、それを食するために必要な加工・保存を行うための土器が出現したと考えられる。したがって、農耕・牧畜がないから新石器時代ではないという議論は再考すべきときに来ている。
［参考文献］水野清一・小林行雄編『図解考古学辞典』（東京創元社昭34）。（藤尾慎一郎）

ときおう［直支王］　生没年不詳。在位405〜20　百済第一八代王。『三国史記』では腆支王。『宋書』『梁書』は映とするが、『梁職貢図』は腆、『通典』は腆につくっており、腆の誤りか。直支はおもに『日本書紀』の表記。阿花王（阿莘王）の子。王子時代に倭国に人質として滞在。父の死を聞いて帰国。倭兵が護送。『日本書紀』応神紀にも倭国に居たことを伝える。東晋に通交し、四一六年には使持節・都督百済諸軍事・鎮東将軍・百済王に冊封されている。（田中俊明）

ときじくのかぐのこのみ［非時香菓］ 時を定めずに実る果実。『古事記』は垂仁天皇の条に、多遅摩毛理（田道間守）が常世国におもむいて、登岐士久能迦久能木実をもとめた説話を記し、『日本書紀』には垂仁天皇九十年二月条に非時香菓を求めた伝承を載せて、「今、橘と謂ふは是なり」と述べる。『続日本紀』天平八（七三六）年十一月の条には「橘は果子の長上」との記事がある。（上田正昭）

どきせいえん［土器製塩］ 塩つくりの一方法。塩つくりはいつから始まったか、はっきりしないが、現在知られている塩つくりとしては最も古い方法である。縄文時代後晩期に関東と東北地方で、土器に海水を注ぎ煮沸して結晶塩を採取している。これを土器製塩法あるいは土器煎熬法という。これに使う土器は日常生活用の土器と区別され塩つくり用につくられた土器で、製塩土器という。西日本では弥生時代中期中葉ないし後葉に、岡山県備前瀬戸で製塩土器が出現する。古墳時代になると全国で土器製塩が行われたが、福井県若狭湾の土器製塩が脚光を浴びている。大型鉄鍋の出現によって、七世紀後葉から八世紀にかけて土器製塩は衰退あるいは消滅する。［参考文献］近藤義郎『土器製塩の研究』（青木書店昭59）。（中村修身）

ときのぶき［時信記］ 正五位下兵部大輔平時信の日記。一一三〇（大治5）年より三一（天承元）年までの記事が残る。「平記」の一つ。実務官人の日記として、朝覲行幸、内侍所御神楽など年中行事の記述に詳しい。『陽明叢書』記録文書篇六。（松本公一）

ときのふだ［時簡］ 平安時代、内裏において時刻を掲示するために用いられたといわれる木札。清涼殿の殿上の間の小庭に設置され、時刻を示す時杭を刺しこんで掲示したらしい。時簡に時杭を刺すときには音がしたこと、時杭は鳥がくわえ去る程度の大きさのものであったことが知られるが、時杭と時簡の関係を含め、実態は不詳。殿上雑物として代々の天皇に相伝された。（渡辺晃宏）

ときのりき［時範記］ 右大弁平時範の日記。一〇九七（永長2）年一〇月、一〇九九（承徳3）年春がまとまったものであるが、逸文も多く、一〇七七（承暦元）年より一〇九九（康和元）年までが断続的に伝わる。一〇九九（承徳3・康和元）年二月～四月の記事は因幡守として任国に下向し、国務執行の様子が具体的に記され貴重。『書陵部紀要』(14)(17)(32)(38)所収。（松本公一）

ときべ［解部］ 大宝・養老令制で刑部省・治部省に所属した品官。訴訟の事実審理をつかさどり、被疑者の罪状を取り調べたが、とくに治部省の解部は譜第の争訟を鞫問。『日本書紀』持統天皇四（六九〇）年正月条に、刑部省に解部一〇〇人を任じたとあるのが初見。（荊木美行）

とぎやまいせき［伽山遺跡］ 大阪府南河内郡太子町にある、弥生時代から中世におよぶ複合遺跡。弥生時代や古墳時代の竪穴住居、六世紀末から七世紀前半の柵列をともなう掘立柱建物群がみつかり、とりわけ奈良時代の墳墓の存在が注目される。墳墓上部はほとんど削平されていたが、版築状の墳丘盛り土が残存していた。主体部は、周壁に擬灰岩切石を組み合わせた石槨で東西に主軸をもち、内法長二・六五m、幅一・六三mを測る。内部は木棺が安置され、木炭で覆うものである。墳墓からの出土遺物は銀製銙帯（鉸具一、巡方四、丸鞆六、鉈尾一）、刀子、鉄釘がある。この墳墓は、主体部構造や銙帯から、八世紀の初頭から前半の築造と考えられる。（伊藤聖浩）

ときよしんのう［斉世親王］ 886～927 平安時代前期の皇族。父は宇多天皇、母は橘広相の娘。醍醐天皇の弟にあたるが、妻は菅原道真の娘でその左遷事件に関わって出家。道真が醍醐にかえて斉世親王を新天皇に立てようとしたというが不詳。（井上満郎）

とくいつ［徳一］ 生没年不詳。平安時代初期の法相宗の学僧。奈良（東大寺か）で修業したのち東国に移り、常陸国筑波山の中禅寺を創建し、陸奥国の慧日寺に止住して菩薩とよばれた。八一五（弘仁6）年に空海が弟子を東国に派遣した際、徳一にも書簡を送って密教経典の書写に協力を求めたが、徳一は真言教学への疑義を十一箇条にわたって列挙した『真言宗未決文』を著し、空海も反論した。さらに八一七（同8）年頃からは最澄に対して天台教学の一乗思想を厳しく批判し、法相教学の三乗思想こそが真理であることを主張して『仏性抄』『中辺義鏡』『遮異見章』など多数の著作をまとめ、最澄との間に三一権実論争を展開した。［参考文献］田村晃祐編『徳一論叢』（国書刊行会昭61）。（増尾伸一郎）

どぐう［土偶］ 土を人間の形（ひとがた）につくった造形物で、塑像の製品。乳部や臀部を強調して表現した女性像が多い。西アジアやヨーロッパの新石器時代の社会においては、農耕を背景に多産と豊饒にかかわる地母神像と考えられているが、墓への副葬にも供された。チェコスロバキアのドルニ・ヴェストニーツェ遺跡（旧石器時代後期、オーリニャック期）の竪穴住居跡出土の粘土製ヴィーナス（女性像）を最古例として新石器時代の世界各地に分布がみられる。東シベリアではマリタ遺跡（後期旧石器時代）でマンモス牙製のヴィーナスが知られるが、極東地域の中国東北地方からアムール流域、沿海州では各種の土製品が一般的で、遼西では大型の石偶もみられる。赤峰の西水泉出土例（仰韶文化期併行）は細身で単純な表現であるが、紅山文化の塑像製人物像などのように巨大化したものもある。ヒト以外の動物形土製品・石製品も多く、伝統的に狩猟・採集を基盤とした定住的な社会を背景に生まれた産物で、華北以南のコメを基盤とした農耕社会とは異なった祭祀形態に胚胎したものといえよう。朝鮮半島では東北朝鮮の西浦項、嶺南東南海岸の新岩里などで簡略化された土偶が発見されているが、それぞれ隣接する沿海州の文化や縄文文化の影響を受けたものである。縄文文化では女性を誇張した土偶が多く、一遺跡から出土する数も多い。日本列島では沖縄をのぞく全域でみられ、国立歴史民俗博物館の集計によると、今日まで発見された総数はおよそ一万五〇〇〇点におよぶ。概して東日本に出土例が多く、時期や地域による違いが顕著で、宗教・信仰・祭祀などに関わる遺物であるが、つくり・形・文様など土器と相関関係にあり、型式・様式の変遷が明らかである。縄文時代草創期に出現し、中期以降に盛んにつくられ、縄文時代の終焉とともにほぼ消滅する。明治時代前期に「埴輪土偶」と区別して「貝塚土偶」の名が使われ、明治の人種論争などの一環として論戦の対象となったこともある。大分県岩戸遺跡で出土した旧石器時代のこけし形石偶や縄文時代草創期とされる愛媛県上黒岩岩陰遺跡出土の線刻礫など彫像系の石製品と、のちの土偶との関係は明確ではない。現在最古の土偶は三重県粥見井尻遺跡で出土した逆三角形塊状のもので、早期には茨城県花輪台貝塚や千葉県木の根遺跡などで出土した逆三角形で板状のものが現われる。早期前半の撚糸文系土器に伴い、関東東部に少数発見される。つづいて近畿の押型文系土器に伴って同種の簡略化されたものが現われる。早期後半にも出土例があるが、その数は少ない。前期も土偶の数はそれほど多くないが、中期になると東日本を中心に土偶づくりが盛んになる。目口鼻をはっきりと表現し、ヒトのかたちを立体的に表現するいわゆる立像土偶が本格的につくられるようになり、大型の土偶もあらわれる。各地に地域色のある土偶が出現する。東北北部では円筒上層式土器にともなう扁平な十字形土偶、東北南部の大木式土器にともなう立体的な土偶、関東西部の勝坂式土器には手を両側に伸ばした特徴的な土偶が多く、子抱き土偶などもみられる。北陸の河童形土偶や伊那地方の出尻土偶なども地域の特徴をよくしめす。中期には青森県三内丸山遺跡や山梨県釈迦堂遺跡などのように出土数が一〇〇〇点をはるかに超える遺跡がある。後期になると関西以西、九州へと分布が拡がるが、その数は多くない。関東地方では後期前半の堀之内式土器にともなってハート形土偶や筒形土偶が、中頃の加曽利B式土器には頭を三角にした山形土偶があり、後半から晩期初めの安行式土器には目を円く大きくしたミミズク形土偶などが継起する。東北北部では板状の土偶から頭部や四肢が立体化し、自立する土偶が十腰内I式にみられる（青森県有戸・鳥井平4遺跡など）。中部山岳方面では特徴的なものもみられるが、しだいに減少する傾向がある。晩期の土偶は東北地方の遮光器土偶に代表される。イヌイットの雪メガネのような目が特徴で、中空の大型品もあり、亀ヶ岡式土器の各型式の文様が体部にうつされている。縄文時代晩期には北海道などで男女のペア土偶が土壙に副葬されていたり、中部・東海方面ではやがて「土偶形容器」が出現したり、本来の機能や祭祀の実態が変質するようである。土偶は完全な状態で遺存することは少なく、頭や胴、四肢が破損したバラバラの状態で出土することが多い。八幡一郎は病気や痛みを治癒するため、故意に患部にあたる部位を破壊した行為の結果だと解釈した。しかし、東北・北海道では完形もしくは完形に復しうる例が多く、また大型で完形の優品もあるので、機能・用途が一様でなかったことがわかる。また石で囲んだ施設から出土したものや遺構にともなうものもあるが、その例は少なく、本来の目的や取り扱いには不明なところが多い。

人形（ひとがた）は、土偶のほかに素材によって、岩偶・石偶、骨偶、角偶、牙偶、木偶がある。縄文時代の木偶は、トーテムポール状木製品を指す場合がある。歴史時代の製品は「でく」とよむ。

〔**参考文献**〕江坂輝彌『土偶』改訂増補版（校倉書房昭42）。原田昌幸『土偶』（至文堂平7）。

（**中山清隆**）

青森県木造町亀ヶ岡遺跡出土遮光器土偶
国宝、東京国立博物館蔵
Image:TMN Archives　Source:http://TnmArchives.jp

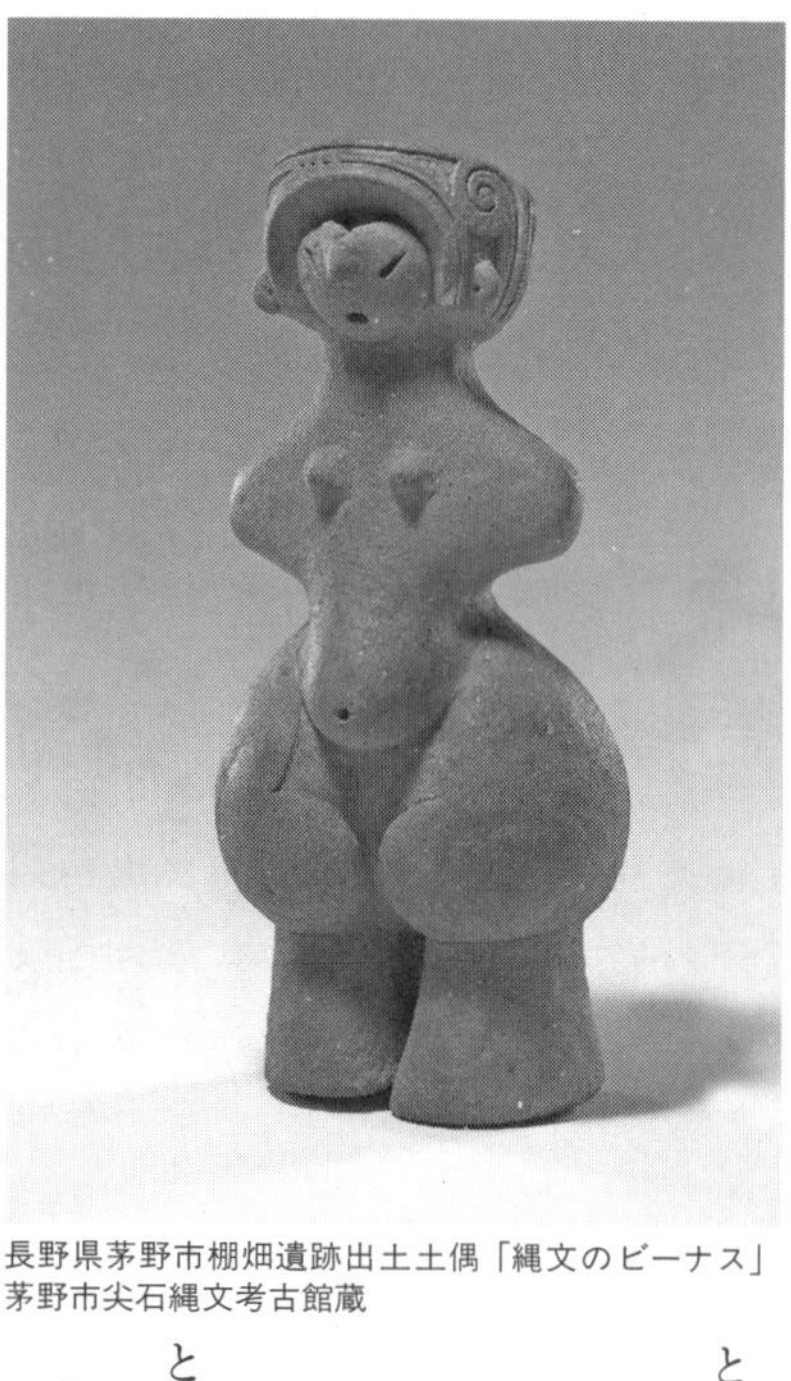

長野県茅野市棚畑遺跡出土土偶「縄文のビーナス」
茅野市尖石縄文考古館蔵

とくごうしょう［**得業生**］　七三〇（天平2）年に大学・典薬・陰陽寮に設置された最高課程の学生。とりわけ大学寮のそれは明経・文章・明法・算の諸道に二～四名いた。平安中期以降、家格の固定化にともない特定氏族の子弟が補任されるようになった。衣服・食料を支給された。（**朧谷寿**）

とくことん［**喙己呑**］　加耶諸国の一つ。位置は不明。『日本書紀』継体紀二十一年条・欽明紀二年条によれば南加羅（金官）・喙己呑・卓淳の三国が五二〇年代に新羅によって滅ぼされた国とされる。新羅の金官国攻撃は五二四年以後であり、その次の段階が喙己呑であったとみられる。同一ルート上にあるとすれば、順序からみて、喙己呑は金官国以西で卓淳国以東にあったはず。ただし卓淳にも諸説あり、別ルートと考える意見もある。 （田中俊明）

とくしないしんのう［篤子内親王］ 1060〜1114 平安時代後期の皇族女性。父は後三条天皇、母は藤原茂子。賀茂斎院となったがのち退下、甥にあたり二〇歳近く年少の堀河天皇の中宮となるも子をもうけることはなかった。堀河の崩御により出家。 （井上満郎）

とくしゅきだい・とくしゅつぼ［特殊器台・特殊壺］ 特殊器台と特殊壺は、上東式土器に源流をもち、弥生時代後期の中葉に現れ、前方後円墳の成立とともに円筒埴輪へと変貌をとげる。特殊器台形土器は、精選された素地を用いて大ぶりの円筒に仕上げ、基部が短く開いてとじた形である。平均的にいって、胴径四〇〜五〇cm、器高九〇cm前後で、胴部に数条のタガ（凸帯）をつけ、タガ間は規則的に文帯と無文帯とが交互にめぐる。古い段階の文様は分割された綾杉文や銀杏文が横につらなり、やがて連続するS字状文が主流を占める。表面には丹が塗布されて、マジカルな文様と真紅の色彩とがあいまってこの器物の神秘性を高めてやまない。また、特殊器台の上にのせて用いられた特殊壺は、長い頸部と玉葱形の胴部からなり、その胴部に二〜三条のタガをもち、鋸歯文その他で飾られ、丹が塗られる。これらの土器は、吉備地方を中心とした首長の墳墓にもちこまれ、首長霊の継承儀礼の過程で使われた不可欠の道具立てであったと考えられている。

〔**参考文献**〕近藤義郎「特殊器台と弥生墳丘墓」『えとのす』(25)（新日本教育図書昭59）。 （葛原克人）

とくたんじょう［徳丹城］ 岩手県矢巾町西徳田にある城柵。八一一（弘仁2）年の建議により、しばしば水害にあう志波城を約一〇km南東に移したもの。遺跡は約三五〇m四方で材木塀と溝で囲まれており、中心に約七五m四方の政庁があり、正殿・脇殿があった。 （山田雄司）

とぐちあがりばるいせき［渡具知東原遺跡］ 沖縄県読谷村渡具知の比謝川河口に面した標高二〜三mの低地に立地する縄文時代早・前期の遺跡。文化層は基本的に、上・下層に二分され、上層からは曽畑式土器、条痕文土器、室川下層式土器が出土、下層からは東原式土器やヤブチ式土器など爪形文系土器が出土し、沖縄土器文化が縄文時代早期末までにさかのぼることがわかった。爪形文土器に打製石斧、局部磨製石斧、錐、掻器、イノシシ製骨錐をともない、また、曽畑式土器層からは石斧、石鏃、石槌、凹石、磨石、石皿、掻器など豊富な石器が出土した。

〔**参考文献**〕読谷村教育委員会『渡具知東原』（読谷村教育委員会昭52）。 （上原静）

とこよしんこう［常世信仰］ 他界の信仰。「とこ」は床で永久不変・安定長久の義。『日本書紀』神代巻で少彦名命が常世郷へ、また『紀』神武天皇即位前紀に三毛入野命が常世郷に赴くとする常世は海上他界の観念の反映とみなされる。『紀』垂仁天皇二十五年三月条の「常世の浪」も同じ。道教の神仙思想と結びつくと『紀』雄略天皇二十二年七月条の「蓬萊山」を古訓で「トコヨノクニ」と訓んだり、『紀』皇極天皇三年七月条にみられる「常世神」の信仰と重なったりするようになる。『古事記』神代巻に少名毘古那神が常世国へ、垂仁天皇（『日本書紀』では垂仁天皇九十年二月条）に多遅摩毛理（田道間守）が常世国へ行く伝えを載せる。『万葉集』にも常世国を詠んだ歌がある。 （上田正昭）

渡具知東原遺跡遠景（読谷村）

ところあて［所充］ 平安・鎌倉時代に行われた、別当を定める儀。公卿・殿上人を蔵人所所管の諸司・所々・諸寺の別当に任ずる殿上所充、弁・史を太政官所管の別当に任ずる官所充、院宮司をそれぞれの所の別当に任ずる院宮所充などがあった。 （竹居明男）

ところいせきぐん［常呂遺跡群］ 北海道のオホーツク海に面する常呂町の常呂川河口からサロマ湖の東岸までの広大な地域に所在する遺跡の総称であり、遺跡は縄文早期から近世アイヌ文化期におよぶ。竪穴は現在でも表面からその窪みが明瞭に確認でき、特に常呂川河口から西に延びる砂丘上五kmにわたってみられる史跡「常呂遺跡」は、栄浦第一・二遺跡および常呂竪穴群からなり、二五〇〇あまりの竪穴住居址が現存、一九七四（昭和49）年に国指定史跡となる。一九五六（同31）年から東京大学文学部によって調査され、一九六五（同40）年には東京大学文学部附属北海文化研究常呂実習施設研究棟および資料陣列館が完成。一九九二（平成4）年には常呂町教育委員会による「ところ遺跡の館」（資料館）が「ところ遺跡の森」に開館した。 （宮宏明）

とさじんじゃ［土佐神社］ 高知県高知市所在の神社。式内社で「延喜式」では「都佐坐神社」。祭神は味鉏高彦根命で、また「土佐高賀茂神社」ともあって一言主神とも伝える（『土佐国風土記』逸文）。天武天皇朝に「土佐大神」が神刀を進めたというのが初見（『日本書紀』）。高鴨神は雄略天皇朝に大和から土佐に移座し、さらに大和に移ったともいう（『続日本紀』）。 （井上満郎）

とさにっき【土佐日記】 平安時代中期の日記紀行文。一巻。紀貫之著。古くは「土左日記」と書く。著者が、九三四（承平4）年一二月二一日に任国土佐を出発してから、翌年二月一六日に帰京するまでの道中の見聞や、船中での様子などを描いたもの。旅中のメモを基に書いたものと思われ、成立は帰京後数年の間であろう。男性の日記の形を借りつつ、一行に随伴した女性に仮託されて仮名文で書かれている。当時男性官人の書いていた漢文の日記ではなく、仮名文で書くことによって、土佐で失った女児への追慕や海賊への恐怖など細やかな心情を表現することが可能になり、後の仮名文学にも大きな影響を与えた。当時の交通や風俗を知る史料としても重要。また、貫之の自筆本を忠実に模写した藤原為家らの写本が現存しており、国語学の面でも非常に貴重である。注釈書に『新古典文学大系24』（岩波書店平1）『新編古典文学全集13』（小学館平7）などがある。 （小西茂章）

とさのくに【土佐国】 南海道に属する国。現在の高知県にあたる。大部分が四国山地の山がちの地域であるが、土佐湾に面して仁淀川や物部川によって形成された高知平野、西南部には四万十川による中村平野などがある。『古事記』の国生み神話に建依別という別称が記されている。もと都佐・波多両国造の支配する地域であった。七二四（神亀元）年に遠流の国とされ、多くの人の配流先となった。古くは伊予国を経由する官道が通じていたが、七一八（養老2）年に阿波国から土佐国に入る道が開かれ、七九六（延暦15）年にも別道が開かれた。「延喜式」では中国とされ所管の郡は安芸・香美・長岡・土佐・吾川・高岡・幡多郡の七郡。水産物や紙を貢納した。国府や国分寺は旧長岡郡におかれ、現南国市比江には国庁・府中・内裏・惣社などの地名も残る。国司として紀貫之も赴任した。

【参考文献】『高知県史』全一〇巻（昭43～昭53）。山本大編『図説 高知県の歴史』（河出書房新社平3）。山本大『高知県の歴史』（山川出版社昭44）。 （高橋誠一）

とじ【刀自】 古くは女性の一般名称で、人名にも用いられた。豪族女性の社会的尊称とされ、八世紀には富豪層でも家内部を管理統率する女性を家刀自と称した。平安時代には、宮廷の御厨子所などで奉仕する下級女官の官職名となった。 （武田佐知子）

としもんじゅう／としぶんしゅう【都氏文集】 平安時代初期の漢詩文集。六巻。都良香著。八七九（元慶3）年頃の成立。現存するのは巻三～五の三巻で、七二編をおさめる。詔書・勅書・省試・試判などをおさめており、平安時代の政治や学問の様子を知るうえでも重要な資料である。『群書類従』文筆部に所収。 （小西茂章）

とじょう【都状】 泰山府君祭や天曹地府祭などの陰陽道祭祀に用いられた祭文の一種。黄紙（天皇は青紙、院は浅黄紙）に朱書するのが通例で、発願者の官位・姓名・年齢・捧物等の記載に続く末尾の署名と日付は発願者が自筆で記すのが特徴。 （竹居明男）

とじょうせい【都城制】 中国の城郭をもつ首都に淵源をもち、律令法の導入とともに七世紀末以降つくられた計画都市。内裏や大極殿・朝堂院などの朝政の場を中心とした宮城と、条坊制により区画された街区である京とからなる。街区は朱雀大路を挟んで左右に分かれ、京職が管轄し、位階に応じて班給された官人の宅地のほか、官営の市などもおかれた。それ以前は正宮を現在の板蓋宮伝承地に固定化し京域は「倭京」と称されたが、それは明確な範囲を示すものではなく、周辺に条坊制を施した街区はなかった。条坊制を備えた都城として確認されるのは藤原京（新益京）以降である。藤原京は中ツ道などの既存の古道を条坊の大路として取り込み設計されている。京域はまだ確定していないが、十条十坊の京域をもち、宮をその中央に配したとする説が有力である。大宝律令によって行政的に左・右京に分かれたとみられる。続く平城京では宮が京の北寄りにあり、京域は基本を九条八坊とし右京北方に北辺坊を、左京に一部張り出す外京を設ける。このように左右京が不均等な形態をとるのは平城京のみである。また京南面正門である羅城門の両側には羅城が設けられていた。複都制を廃して七八四（延暦3）年に遷都した長岡京は、宮を京の北端におき九条八坊の南北に長い京域を推定する説が有力である。平安京も北端中央に宮をおき九条八坊の京域が設けられた。なお藤原京・平城京では条坊大路の心心距離一八〇〇尺（一五〇〇大尺）を基準線として、その両側に幅をとって大路・小路をつくるという条坊街区の割付けが行われた結果、宅地面積が不均一になっていたが、長岡京ではこれを改めるため街区に数種の規格を設け、平安京にいたり四〇丈（四〇〇尺）四方の町を基準とし全宅地が均一化された。このような都城の淵源について藤原京は『周礼』考工記との類似が指摘されており、平城京や平安京は唐の長安城（隋の大興城を増築）を原型とするとみられている。

【参考文献】岸俊男『日本古代宮都の研究』（岩波書店昭63）。小沢毅『日本古代宮都構造の研究』（青木書店平15）。山中章『日本古代都城の研究』（柏書房平9）。 （北村有貴江）

としょりょう／ずしょりょう【図書寮】 「ふみのつかさ」とも。大宝・養老令制の中務省被管諸司の一つ。宮中の図書の保管と書写、国史の編纂、経典・仏像の管理、宮中の法会、筆記用具などをつかさどった。四等官のほか、写書手・装少手・造紙手・造墨手や品部の紙戸が所属した。 （荊木美行）

とっかりこふんぐん【徳花里古墳群】 朝鮮民主主義人民共和国の平安南道大同郡徳花里にある三国時代高句麗の古墳群。そのうちの徳花里二号墳は、羨道のついた単室の横穴式石室が、東西二三m、南北二六mの方墳に近い墳丘のなかに築かれた。玄室と正八角平行持ち送り天井の全面に漆喰が塗られ、そこに壁画が描かれた。四壁には人物風俗画と四神図が、天井には日・月・星と種々の雲文・蔓草文が、それぞれみられる。とくに、一五個の星座の一部または全部を示す七二の星図が遺存するが、室星・壁星・胃星・井星・柳星の五つの星の名が墨書される点は、二八宿の存在を示すものとして注目される。 （西谷正）

どっこいし【独鈷石】 縄文時代の特異な

石器の一つ。古くから神代石の一つとして知られていた。広い意味で、磨製の両頭石斧といってよく、縄文時代後・晩期の東日本に多いが、北海道や九州などでも同種のものが分布する。左右対称の身をもち、中央に抉りによるくぼみが一周し、その縁に馬鞍のような一対の隆起した節をめぐらせたものが多い。両端は両刃の石斧状、鈍い槌状もしくはまるく尖る、などさまざまである。中央のくぼまった部分に身と直交するように柄を取り付けて使ったものであろう。中央の節をもたず、帯状に凹部がまわる例が古い形態で、安山岩や石英粗面岩などかための石材を用いたものが、のちには軟らかい粘板岩質でやや弓なりにつくり、研磨されたものが多くなり、祭祀・儀器的な性格をおびるようになってくる。長野県氷遺跡などでは土製品（縄文時代晩期末）が出土していることはこれを裏付ける。用途ははっきりしないが、元来は闘斧、石斧、敲具など実用の道具であったようである。形状が密教法具の独鈷杵に似ることから明治時代以来独鈷石あるいは石鈷の名でよばれるようになった。岡本孝之は独鈷石を白河型石器とよぶ。

〔**参考文献**〕吉朝則富「独鈷石集成」『飛騨の考古学遺物集成』（高山市教育委員会昭六二）。 **（中山清隆）**

とっこうりこんふん［徳興里古墳］ 朝鮮民主主義人民共和国の平安南道大安市徳興里にある、三国時代高句麗の壁画古墳。封土は原形をとどめていなかったが、現在は復元整備されている。内部には地下深く南向きの横穴式石室が築かれている。羨道・前室・甬道・玄室の順序に連接し、全長約八ｍを測る。石室は加工した石材で積み上げられ、表面には漆喰が塗られていた。墓室のほぼ全面に描かれた壁画により、高句麗の文化や風習、さらに政治の一端に触れることができる。羨道では、槍をもった門守などが目につく。前室には、一四行六〇〇字余りの墨書銘があり、被葬者の名が鎮で、築造が永楽一八（四〇八）年であることを示す。また、前室には被葬者の肖像画、被葬者である幽州刺史に向かって伺候する一三郡の太守図、そして、被葬者一行の行列図などがあって、いわば被葬者の公的な場面を描く。玄室の壁画は、被葬者の私的な生活図が中心となっている。この古墳は、すでに盗掘をうけていて、遺物は出土しなかったが、被葬者と年代が特定できる希有な例である。

〔**参考文献**〕朝鮮民主主義人民共和国社会科学院・朝鮮画報社『徳興里高句麗壁画古墳』（講談社昭61）。 **（西谷正）**

徳興里古墳壁画　西側透視図（朝鮮民主主義人民共和国社会科学院・朝鮮画報社　1986）

とどろきかいづか［轟貝塚］ 熊本県宇土市宮荘にある縄文前期の純鹹水貝塚。宇土半島の基部に位置し熊本平野の南縁にあたる。轟*式土器の標式遺跡である。現在の海岸線から約三㎞を測る。大正時代以来、数回の発掘調査が実施されている。一九六六（昭和41）年の調査では貝塚の下層から壮年女性の屈葬人骨二体が発見された。そのうち一体は穴の周りに人頭大の石を配置していた。ともに貝輪を装着していた。 **（島津義昭）**

とどろきしきどき［轟式土器］ 轟貝塚*から出土した縄文早期から前期にかけての土器。轟Ａ式から轟Ｄ式の四類に分類されている。轟Ａ式は砲弾形の深鉢形土器で、内外面は貝による粗い調整が特徴。轟Ｂ式は口縁部に四条程度の隆起帯をもつ。轟Ｃ・Ｄ式は刺突紋・爪形紋があり平底になる。轟Ｃ・Ｄ式は曾畑式との類似点が多く、時期的に近接したものと推定される。中九州・南九州に多く分布しており東は島根県、広島県まで分布する。また玄界灘の北、韓国の南部の島嶼域からも出土している。 **（島津義昭）**

となみのしるし［礪波志留志］ 生没年不詳。奈良時代中期の官人。越中国礪波郡（富山県）を本拠とする豪族。利波とも。七四七（天平19）年造営中の盧舎那仏（東大寺大仏）の知識として米を寄進し、無位から外従五位下に叙された。七六七（神護景雲元）年越中員外介に任じられる一方、越中国内に所有していた墾田を東大寺に寄進して従五位上に昇叙、以後同国内の東大寺領の検校を行う。七七九（宝亀10）年伊賀守に任じられて以後は不明。 **（瀧浪貞子）**

とね［刀禰］ 様々な集団で有力者を表す呼称。官人社会では主典以上のものをさす。在地では八世紀末から郷で土地の売買を保証する刀禰が現れ、ついで一〇世紀には平安京の保刀禰も姿を見せる。一一世紀になると、郷・村の刀禰は在地刀禰とよばれ、村落社会の有力者として、土地売買を保証するほか、検注や徴税の機能をも担った。津や浦でも刀禰がおかれたが、京周辺では検非違使庁の管轄のもとで津の管理にあたった。 **（勝山清次）**

とねり［舎人］ 天皇・皇族・貴族に近侍し、その護衛・雑務などにあたった下級官人。大化前代には、地方豪族の子弟が中央に出仕して大王らに奉仕したが、律令制下の舎人は、その伝統を継承した。大宝・養老令の規定によれば、天皇・皇后・皇太子に近侍する内舎人*・大舎人、中宮舎人、東宮舎人がある。このほか、左右兵衛府に所属する兵衛や親王（内親王）・貴族に与えられる帳内・資人（位分資人・職分資人）なども「とねり」とよばれ、ほかにも、令外の皇后宮職舎人や授刀舎人があった。（荊木美行）

とねりげん【舎人監】 大宝・養老令制の春宮坊被管諸司の一つ。東宮舎人を管掌した。正（従六位上相当）・佑（正八位下相当）・令史（少初位上相当）のほか、舎人六〇〇人、使部一〇人、直丁一人が所属。「延喜式」にみえず、九世紀にはすでに廃止されていたと考えられる。（荊木美行）

とねりしんのう【舎人親王】 676〜735 天武天皇の皇子。母は天智天皇の皇女新田部皇女。淳仁天皇（大炊王）らの父。七一八（養老2）年一品に叙され、長老格となる。勅命により『日本書紀』編纂を主宰、七二〇（養老4）年五月一七日完成奏上する。同年八月藤原不比等没後、知太政官事となる。七三五（天平7）年一一月一四日没し、太政大臣を贈られる。七五九（天平宝字3）年、大炊王即位により崇道尽敬皇帝と追号される。『万葉集』に短歌三首を残す。（廣瀬真理子）

とのもりのつかさ／でんし【殿司】 大宝・養老令制の後宮十二司の一つ。尚殿（准従六位）・典殿（准従八位）・女孺（准少初位）が所属した。職掌は主殿寮と重複するが、同寮と協力して後宮の輿・蓋・湯沐・薪油などをつかさどった。一〇世紀半ばには官司としての独立性を失う。（荊木美行）

とのもりりょう【主殿寮】 『和名抄』の訓は「止乃毛里乃豆加佐」。大宝・養老令制の宮内省被管諸司の一つ。殿舎および行幸の際の施設の維持管理・清掃などを担当した。四等官のほか、伴部の殿部四〇人や使部・直丁・駈使丁が所属。殿部は日置・子部・車持・笠取・鴨の負名氏から採用された。（荊木美行）

とばてんのう【鳥羽天皇】 1103〜56 在位1107〜23 第七四代天皇。堀河天皇第一皇子。母は藤原苡子。名は宗仁。一一〇七（嘉承2）年父の急死により五歳で即位、祖父の白河院による院政本格化の契機となった。二三（保安4）年、白河院の意向により藤原璋子（待賢門院）所生の崇徳天皇（一説に白河院の子）に譲位した。二九（大治4）年白河院死去により院政を開始、白河院政下で失脚していた摂関家藤原忠実の復権や、四一（永治元）年の崇徳天皇から藤原得子（美福門院）所生の近衛天皇への譲位など、その政策基調は白河院政の否定にあった。また、院近臣と摂関家や、摂関家内部の対立など、複数の勢力の競争の上に調停者として君臨したが、五五（久寿2）年近衛天皇が死去し後白河天皇が即位すると対立は深刻化、翌一一五六（保元元）年に鳥羽院が死去すると保元の乱が勃発した。四一（永治元）年に出家、法名は空覚。墓所は京都市伏見区鳥羽の安楽寿院陵。

〔**参考文献**〕橋本義彦『藤原頼長』（吉川弘文館昭39）。元木泰雄『院政期政治史研究』（思文閣出版平8）。同『藤原忠実』（吉川弘文館平12）。（佐伯智広）

とばどの【鳥羽殿】 一〇八六（応徳3）年の白河院政開始にともなって、平安京の南郊、鴨川と桂川の合流地に建設された王家の離宮。最初の規模は一〇〇町あまりで、四八町におよぶ池が設けられた。当初、南殿、北殿をはじめとする院御所が建設され、遅れて証金剛院以下の御堂がつくられた。院近臣を中心とする貴族の邸宅、王家の家政に関わる施設や倉庫群なども設けられ、白河院政後半以降、白河・鳥羽・近衛天皇陵もつくられ、王家の一大拠点に成長する。後白河院政期に一時衰退するが、後鳥羽上皇によって復興された。（美川圭）

とばのつくりみち【鳥羽作道】 平安京の朱雀大路の京外延長路で羅城門より南下の道。その名は鳥羽郷を通ることによる。条里にはのらないが鳥羽殿の出現（一一世紀末）以前に存在したことは『徒然草』一三二段の指摘の通りで、平安京造営時にさかのぼる可能性が高い。京より南下の際の重要路であった。（朧谷寿）

どばん・がんばん【土版・岩版】 縄文時代晩期の長方形や楕円形の板状品。亀ヶ岡文化・安行型文化に特徴的な遺物で、東北・関東地方に分布し、土偶や石剣・石棒などと同じく宗教・呪術的な性格の強い考古遺物である。土版と岩版は材質が違うだけで、同一の機能・役割をもった遺物である。すでに明治時代、E・S・モースが大森貝塚出土の土版を紹介し、その用途を述べたが、護符説はいまでも一般的に支持されている。大野延太郎の論文以来、土版・岩版の呼称がほぼ定着した。長さ一〇cmほどの扁平な板状品で、隅丸長方形もしくは楕円形などを呈し、ふつう表裏に文様がある。上部左右に小孔を穿ったものもある。文様は大洞諸型式や関東の晩期安行型式の土器文様に対比され、年代的序列が把握できる。これまでの研究によると、土版・岩版は東北地方では大洞B式からA′式の6型式の段階に分類され、関東地方では安行3b式と3c式の2型式に分けられる。晩期初頭の大洞B式期にまず岩版が出現し、東北北部の馬淵川流域で盛行し、凝灰質泥岩に入り組み渦巻文や三叉文を浮き彫り的に彫刻したものが特徴である。次に岩版に遅れて、土版が大洞BC式に出現し、その影響のもとに姥山2式期以降関東地方に分布が拡がり、大洞A式以後は東北地方でも土版の数が岩版を上まわる。関東地方では安行3d式期まで存続するが、東北地方では大洞A′式期までみられ、最終段階では岩版はほとんど姿を消し、土版のみが残り、やがて亀ヶ岡文化の終焉とともに消滅する。大まかにいうと岩版は東北地方の日本海側に、土版は北上川流域や関東地方に多く分布し、馬淵川流域や陸奥湾周辺では両者がみられる。完形で発見されるものが多く、また東北地方の第二段階には上方に眼や口を表現した人面意匠も現われるが、土偶との直接的な関係はない。関東では土偶や石剣などと共通するやや特殊な「I字状文」が流行する。土偶・土版の本来の機能や用途については不明であるが、懸垂用の小孔があるものもあり、モース以来の護符説はいまだ有効である。

〔**参考文献**〕米田耕之助「土版」、稲野彰子「岩版」『縄文文化の研究』（九）（雄山閣出版昭58）。（中山清隆）

とびら【扉】 出入り口、窓、戸棚などにつけられる開き戸。開き方に片開き、両

開き、両折両開きがある。弥生時代終末から古墳時代初頭に、福岡県金山遺跡や和歌山県鳴神Ⅱ遺跡から両開きの扉が出土している。平安時代末期に書かれた『石山寺縁起絵巻』には引き戸と開き戸が描かれ、古くから併用されていることがわかる。（中村修身）

とほ【杜甫】 712～70　中国唐（盛唐）の詩人。字は子美、号は少陵。玄宗のときに検校工部員外郎を務め、杜工部ともよばれる。湖北の襄陽の人。西晋の文人将軍杜預以後一三代目にあたるといわれ、祖父の審言は則天武后期の詩人。二三歳頃科挙に失敗して旅に出、その後李白・高適らと会った。七五一（天宝10）年に賦を献上して玄宗に仕え、安禄山の乱では安軍に捕らえられるが、逃亡して粛宗の下で左拾遺に就任した。その後辛酸を味わうが、四八歳で成都に入り、友人の節度使厳武の保護下で庵（浣花草堂）を結んで安住した。数年後、故郷を目指して長江を下ったが、湖南に至り、五九歳で舟上生活中に死没した。その誠実な人柄で、社会悪を描き出し、人間の憂愁を思いやりをこめて詠み、とくに出征に苦しむ農民を描いた諸作は圧巻である。内容だけでなく、その規則に厳格な詩作でも知られ、「詩聖」（最高の詩人）とよばれる。李白とは李杜と並称され、中唐の詩人杜牧の小杜に対して大杜・老杜という。北宋の王洙編『杜工部集』二〇巻がある。

【参考文献】吉川幸次郎『杜甫私記』（筑摩叢書昭55）。黒川洋一『杜甫詩選』（岩波文庫平3）。（中畠俊彦）

とみおかけんぞう【富岡謙蔵】 1873～1918　南画の大家、富岡鉄斎の長男として京都で生まれ、幼少から父より典籍の素養を受ける等終生独学であった。桃華と号した。もともと清朝の考証学派の影響を受け、金石学に造詣が深かったが、むしろ古鏡の研究家として著名である。一九〇八（明治41）年には京都帝国大学文科大学講師として史学、金石学、古鏡等について後進の指導にもあたった。古鏡の研究は金石学の蓄積をもとに主に銘文の研究から始まったが、その対象は中国の前漢、後漢代から三国、六朝代の鏡にわたり、わが国出土の弥生時代や古墳時代の鏡にまでおよんでいる。なかでも、「始建国二年（一〇年）」銘鏡の銘文、文様、鏡体を考察して方格規矩四神鏡の中に「新」の王莽代の鏡があることを指摘した論文と、大阪府柏原市国分茶臼山古墳出土の三角縁神獣鏡の銘文「銅出徐州、師出洛陽」を「魏」代のことと考定し、三角縁神獣鏡を『魏志』倭人伝にみえる卑弥呼の銅鏡一〇〇枚に初めて結びつけた論文は著名である。

【参考文献】富岡謙蔵『古鏡の研究』（大9）。梅原末治『桃華盦古鏡図録』（大13）。（藤丸詔八郎）

とみざわいせき【富沢遺跡】　宮城県仙台市太白区にある旧石器時代から近世にかけての複合遺跡。標高九～一六mの後背湿地に立地しており、面積は九〇haである。一九八八（昭和63）年の旧石器時代の調査（第三〇次調査）で、二万年前の人類の活動が自然環境との関連性をもって復元されている。調査は面積約一一〇〇㎡の範囲で行われ、対象となった層準は、地表下五mの基本層二五～二七層で、その標高は六・五～七・〇mである。自然環境を明らかにしたのは、基本層二五層～二七層に残されていた湿地林の跡で、調査区中央部の凹地を中心として広がっている。高木は針葉樹が主体を占め、その多くは常緑性のトミザワトウヒ、落葉性のグイマツで、広葉樹はカバノキ属やハンノキ属がわずかにみられる。低木ではツツジ科やハシバミ属、草本ではカヤツリグサ科、キク科などが多い。これとよく似た湿地林は、現在のサハリン南部から北海道北部にあることから、当時の富沢は年平均気温が七～八度低い大陸性の気候であったことが推定された。また、基本層二五層からはシカのフンのまとまりが二一カ所でみつかり、その越冬地の可能性が考えられている。

発掘成果をもとにして復元した2万年前の富沢遺跡の様子（細野修一画）『仙台市史通史編1原始』より

人類の活動の痕跡がみつかったのは基本層二七層上面で、凹地の縁辺部にあたる標高七m前後の場所である。石器一一一点が、たき火跡と考えられる直径七〇～八〇㎝ほどの炭化物片集中箇所を、半径二・五mほどの半円状に取り囲むように分布している。残されていた石器の種類は、折れたナイフ形石器二点と石器製作に伴う石核、剝片、チップなどであり、たき火のまわりで二～三人が、狩猟にともなう装備の更新を行っていたことが推定され、一時的な野営の跡と理解されている。これらのことから、二万年前の富沢は、亜寒帯性の針葉樹を主とする湿地林が広がり、人類の長期的な居住の場としては適していなかったが、シカのフンがみつかっていることから、狩猟の場として利用されていたことが考えられ、その一端を一時的な野営の跡が示しているといえる。この調査地区は、地底の森ミュージアムにおいて、発掘されたままの状態で保存公開されている。

【参考文献】『富沢遺跡第三〇次発掘調査報告書第二分冊』（仙台市教育委員会平4）。斎野裕彦「富沢遺跡の景観と人類」『仙台市史通史編1原始』（仙台市平11）。（斎野裕彦）

どもう【土毛】　「くにつもの」とも。その土地の作物のこと。古くはその献上は服属を意味し、『日本書紀』応神天皇十九年には、吉野の国樔人が栗・菌・年魚などの土毛を献じたことがみえる。賦役令土毛条によれば、土毛を臨時に用いる際は当国の時価に准じ、郡稲を当てて購入した。実例として多禰国の支子・莞子（『日本書紀』天武天皇十〈六八一〉年八月条）、武蔵国の蓮子（二条大路木簡）などが知られる。また朝貢関係にある新羅が貢調

を勝手に土毛と称して「失常礼」とされ放還された事例が、『続日本紀』に散見する。（北村有貴江）

ともえがたどうき［巴形銅器］ 弥生時代後期から古墳時代前期を中心にみられる、円形の座（体部）から鈎状の脚が四本以上つく巴形の青銅器である。座の裏側に鈕を持ち、また脚の裏側には綾杉文を施すものもある。弥生時代には九州を中心とする西日本に主に分布し、製作に使用した鋳型も佐賀県吉野ヶ里遺跡などで出土している。脚の数は六本前後が多い。形態は南島産のスイジガイをモデルにしたともいわれている。機能については鈎形の形態になんらかの呪術的意味をもたせて、盾にとりつけられたと考えられている。（田尻義了）

ともし［伴氏］ もとは大伴氏。八二三（弘仁14）年大伴親王こと淳和天皇の即位によって諱に触れるため、大伴宿禰を伴宿禰に改めた。大伴氏時代、奈良朝から平安初期の政変にしばしば関係し衰退を重ねたが、八四二（承和9）年のいわゆる承和の変で健岑が配流され、八六六（貞観8）年応天門の変で大納言善男が失脚したあと没落の一途を辿った。以後参議従三位となった保平（善男の曾孫）以外は殆ど五位どまりであった。八三四（承和元）年山城国葛野郡上林郷に氏神を祀る地として賜ったのが住吉大伴神社（現京都市右京区）と伝える。（瀧浪貞子）

とものくにみち［伴国道］ 768〜828 継人の子。七八五（延暦4）年、藤原種継暗殺事件に父が関与していたことにより縁坐、佐渡に配流。八〇五（同24）年恩赦により帰京。官人として有能であったらしく、のち右中弁、勘解由長官等を歴任、参議従四位下にいたった。（関口力）

とものこわみね［伴健岑］ 生没年・出自未詳。平安初期の下級官人。仁明天皇皇太子恒貞親王に春宮坊帯刀舎人として仕える。八四二（承和9）年、嵯峨上皇の崩御直後、恒貞親王をたてて謀反の企てをなしたとする承和の変が起こり、橘逸勢とともに捕えられる。恒貞親王は皇太子を廃され、道康親王（文徳天皇、母は藤原良房の妹順子）が皇太子となった。健岑は隠岐国、逸勢は伊豆国へ配流。八六五（貞観7）年、恩赦により放免。一時入京するが、のち勅により出雲国へ遷された。（関口力）

とものなかつね［伴中庸］ 生没年未詳。平安初期の官人。善男の子。八六六（貞観8）年、父の命により応天門に放火したとして隠岐に配流。のち石見国に移される。右京五条一坊に邸宅を有したが、配流後当邸は中国からの渡来人崔勝の所有となった。（関口力）

とものみやつこ［伴造］ 大化前代において、伴や部を管轄し、大和朝廷のさまざまな職務を分掌した氏族。広義には、ある氏族を統轄する首長をさすが、『日本書紀』が「臣・連・伴造・国造」という表記を用いていることからもわかるように、七世紀になると、臣・連（蘇我・巨勢・大伴・物部などの諸氏）を除く下級の中央豪族を伴造と称した。律令制下では、伴造氏族の多くは伴部とよばれる下級の実務官僚に組み込まれ、各官司において伝統的職務にたずさわった。（荊木美行）

とものみやつこ［伴部］ 「ともべ」「はんぶ」とも。律令制下において諸官司に所属した下級の技術官人。品部・雑戸をひきいて特定の業務にあたった。雑任で、式部判補。番上して考課にあずかり、課役を免除された。画工司の画部、掃部司の掃部、主殿寮の殿部などがこれにあたる。（荊木美行）

とものよしお［伴善男］ 811〜68 平安前期の官人。参議国道の子。本姓は大伴宿禰。大伴氏は八二三（弘仁14）年、淳和天皇の諱である大伴を避け、伴宿禰と改姓。右小弁在任中の八四六（承和13）年、法隆寺檀越・登美直名が法隆寺の奴婢、財物を売却した時の銭を隠匿したとの理由により訴えられ、遠流の処断が下された際、これを弁護し勝訴した。八四八（嘉祥元）年参議に列し、以後右大弁、右衛門督、検非違使別当、式部大輔、民部卿等を兼帯。大納言正三位にいたる。この間『続日本後紀』の編纂に携わった。八六六（貞観8）年、応天門が焼失した際、従来対立関係にあった左大臣源信に嫌疑がかかった。しかし大宅鷹取の告発により、善男・中庸父子が断罪され、善男は伊豆に、中庸は隠岐に配流。善男の莫大な財産はすべて没収された。これにより古来の名族であり、当時も隠然たる勢力を有した伴氏（大伴氏）は没落した。なお事件の真相は不詳ながら、藤原氏による他氏排斥策の一環であったと考えられる。

［参考文献］佐伯有清『伴善男』（吉川弘文館 昭61）。（関口力）

ともひらしんのう［具平親王］ 964〜1009 平安中期の皇族。文人。二品中務卿。通称後中書王・六条宮・千種殿。村上天皇の第七皇子で母は女御荘子女王（代明親王の娘）。慶滋保胤に師事して文才を発揮、詩歌・音律・陰陽・医術のほか能書家としても著名。仏書『弘決外典抄』なども撰述している。（瀧浪貞子）

どゆうきしょう［土右記抄］ 右大臣源師房の日記。記事は一〇二七（万寿4）年から七六（承保3）年までのものであったらしいが、現在は一〇三〇（長元3）年から七六（承保3）年までの記事の大部分が部類記・逸文として残るのみ。ただし、一〇六九（延久元）年は四月から六月まではまとまって残っている。『続史料大成』『書陵部紀要』⑿。（松本公一）

とゆけじんぐう［豊受神宮］ ⇩伊勢神宮

とゆけのおおかみ［豊受大神］ 伊勢神宮外宮の主祭神。止由気宮儀式帳によれば、アマテラスが伊勢に鎮座ののち雄略天皇の夢に現れて、御饌を供する神として丹波国比治の真奈井の「等由気大神」を求めたため、天皇はこの神を丹波から遷して度会の山田原の御饌殿を造営し、アマテラスの朝夕の御饌を供奉させたという。『古事記』の天孫降臨段には「登由気神、こは度相に坐す神ぞ」とある。トユケはトヨウケの約。トヨは美称、語幹はウケ。保食神のウケと同じく食物、とくに稲のこと。（菊地照夫）

とゆけのぐうぎしきちょう［止由気宮儀式帳］ 八〇四（延暦23）年三月に、伊勢神宮（豊受宮）の禰宜神主五月麻呂、大神宮司大中臣真継らによって中央の神祇官に提出された文書。同年八月の「皇太神宮儀式帳」、および「延喜式」巻四（大神宮式）とともに、古代の伊勢神宮を研究する上の基本史料。初めに雄略朝における豊受宮（外宮）奉祭の由来を述べ、正殿以下の舎屋、遷宮の際の行事、禰宜以下の職掌、年中恒例の行事等、豊受宮の全容を九条に分けて記述しており、平安初期の神宮の詳細を伝えている。（早川万年）

とゆらでら［豊浦寺］ 飛鳥川左岸の豊浦の地にあった尼寺。建興寺とも。現在も同地（奈良県高市郡明日香村豊浦）に豊浦寺の法灯を伝える向原寺があって、境内に礎石が残る。豊浦の地は、飛鳥川が甘樫丘と雷丘の間で西方へ大きく屈曲し、さらに西北方向へ流れ出す淀みの場所にあり、「豊浦」の地名を生じた。甘樫丘とそれに続く丘陵の西方域は、向原と称された一帯で、豊浦は向原の東端にあたる。豊浦には「桜井」と称する泉（井戸）があった。豊浦寺創建の由来は不明瞭であるが、七四七（天平19）年二月の「元興寺伽藍縁起并流記資財帳」にみえるところを参照すると、次のような経緯だったと思われる。五三八（戊午）年十二月に百済から仏教が伝えられた際、蘇我大臣稲目は向原の家を喜捨して寺とした。稲目の女の堅塩媛が欽明天皇との間に儲けた額田部皇女（後の推古天皇）は、戊午年に百済から伝えられた太子像を牟久原（向原）の後宮に安置していたが、五八三（敏達天皇12）年に牟久原殿を楷井（桜井）に遷して桜井道場をつくった（豊浦の地に仏堂を営んだらしい）。五九二（崇峻天皇5）年十二月に額田部皇女は豊浦宮で即位し（推古天皇）、六〇三（推古天皇11）年十月に小墾田宮に移ったが、その際に豊浦宮を寺とし、「等由良寺（豊浦寺）」と称した。『日本書紀』には、天武天皇崩御後の六八六（朱鳥元）年十二月に、大官・飛鳥・川原・坂田寺とともに「小墾田豊浦寺」五ヵ寺で無遮大会を設けたことがみえる。小墾田の豊浦寺とも称されたらしい。また『万葉集』には、丹比真人国人の「故郷の豊浦寺の尼の私房に宴する歌三首」（巻八―一五五七～一五五九）がみえている。八八二（元慶6）年八月に、当時の別当伝燈大法師位義済と蘇我稲目の子孫と伝える宗岳朝臣木村が別当職を争っているので（『日本三代実録』）、九世紀後半には豊浦寺は僧寺となっていたことがうかがわれる。一九五七・七〇（昭和32・45）年と七〇年の発掘調査で、南から塔・金堂・講堂をほぼ一直線に配した四天王寺式の伽藍配置と推定されるようになった。しかし寺地は、北で西へ約二〇度の傾きをもつ狭小な地形で、塔跡も金堂・講堂の中軸線から外れており、またかなり隔たった場所に位置することから、南面する整然とした伽藍配置ではなかったらしい。金堂の創建瓦は、飛鳥寺や若草伽藍と同笵の軒丸瓦を使用しているので、七世紀初頭に創建されたとみられる。金堂創建以後には、高句麗系の軒丸瓦や大阪府藤井寺市の船橋廃寺式の軒丸瓦が採用されており、それらは京都府宇治市の隼上り窯、岡山県の末ノ奥窯、兵庫県の高丘窯など、遠隔地の瓦窯で焼成されたものであることが判明している。また金堂・講堂の基壇下層から、石敷をともなう掘立柱建物が検出されており、「元興寺伽藍縁起并流記資財帳」の記載から、推古天皇の豊浦宮の一部とみてよい。向原寺では、検出された遺構を「推古遺跡」として公開している。（和田萃）

とゆらのみや［豊浦宮］ 明日香村豊浦の向原寺付近にあった推古天皇の宮。五九二（崇峻天皇5）年十二月に豊浦宮で即位し、六〇三（推古天皇11）年十月に小墾田宮に移った。向原寺の庫裏やその南側の豊浦公民館の発掘調査で、豊浦寺の創建当時の講堂・金堂が検出され、さらにその下層から、石敷をともなう掘立柱建物が検出された。その年代や、「元興寺縁起」の記載から、豊浦宮の可能性が大きい。現在、向原寺では、宮殿遺構を現状で保存し、「推古遺跡」と命名して公開している。（和田萃）

とよ［臺与（台与）］ 三世紀後半の倭の女王。壹与（壱与）とする説もある。『三国志』魏書東夷伝によると、三世紀半ば、女王卑弥呼の死後に男王が立ったが、国中が服さず内乱状態となった。そこで卑弥呼の宗女（親族）である一三歳の臺与を王にしたところようやく安定した。臺与は魏の使者である張政らを送るため、掖邪狗らを派遣し、男女生口などを献上したという。また『晋書』の「泰始初年」（二六五年頃）に使者を派遣した女王も臺与と考えられている。（川崎晃）

とよすきいりひめのみこと［豊鍬入姫命］ 崇神天皇の皇女。母は紀伊国荒河戸畔の女遠津年魚眼眼妙媛。豊鉏入日売命とも。崇神天皇は天照大神と倭大国魂神の二神を皇居に祭るのは畏れ多いとし、天照大神を豊鍬入姫命につけて倭の笠縫邑（位置未詳）に祭らせた。のち崇神天皇二五年に天照大神は豊鍬入姫命から離され、倭姫命に託され伊勢国に祭られたとして、伊勢神宮起源説話となっている。（廣瀬真理子）

とよたまひめ［豊玉姫］ 豊玉毘売とも。海神の娘。なくしてしまった兄海幸彦の釣針を探すため、海神の宮に来た山幸彦の彦火火出見尊と結婚し、鸕鷀草葺不合尊を産んだ。出産の際、産屋の中を見ないと約束したが破られたため怒って海神の宮に帰り海坂を閉ざしてしまったという。姫の生んだ子は姫の妹玉依姫に育てられ、成長すると玉依姫と結婚、四子を儲け、末子が神武天皇になったとされている。（廣瀬真理子）

とよのあかりのせちえ［豊明節会］ 新嘗祭の翌日の辰日、または大嘗祭の後の午日に行われる公的な宴会。奈良時代後期には西宮前殿で行われた例があるが、平安時代では、豊楽殿または紫宸殿に出御した天皇が皇太子以下群臣とともに御膳を食する。その間、吉野の国栖の歌笛の奏や御贄献上、大歌所歌人の大歌、舞姫の五節舞、雅楽寮楽人の立楽などがあり、のち賜禄・叙位があった。新嘗祭では、祭に供えられた白酒・黒酒を用いる直会的要素もあった。（竹居明男）

とらいじん［渡来人］ 海外から日本列島に渡ってきた人。『日本書紀』には「帰化」・「化帰」の用語の例が多いが、『古事記』や『風土記』などには「渡来」あるいは「参渡来」と記す。「帰化」は「内帰欽化」の略語で中華思想や王化思想にもとづく用語である。「大宝令」や「養老令」

に「帰化」の語はみえており、例えば「戸令」の没落外蕃の条に、「唐令」(戸令)に「化外人帰朝者」とあるのを「化外人帰化者」と記載する。王化の外の「夷狄」が王化を慕って「帰化」するとの思想にもとづき、具体的には「籍(戸)貫に附す」すなわち戸籍に登録して本居を定めることとなる。帰化すべき国家が成立していない段階・戸籍が存在していない時代に、帰化人とよぶべき人はありえない。「大宝令」や「養老令」によれば、「帰化者」に対しては「衣粮を給し」て「申奏」させ、ある一定の期間課役(調・庸・雑徭など)を免除することになっている。「帰化」に類する語に「投化」がある。海外から渡来した人びととその後裔が、日本の歴史と文化の発展に寄与した役割は大きい。
【参考文献】上田正昭『帰化人』(中央新書昭40)。井上満郎『古代日本と渡来人』(明石書店平11)。　(上田正昭)

とらづかこふん【虎塚古墳】　茨城県ひたちなか市中根の那珂川の小支流中丸川に面する丘陵上に西面して築造された前方後円墳。一九七一(昭和46)年から一九七六(同51)年にかけて、勝田市史編纂事業の一環として調査が行われた。その結果全長五六・五mを測り、後円部に横穴式石室が発見された。石室内の奥壁と左右の側壁には赤色顔料を使用して武器、武具などの壁画が描かれていた。しかし画題が完全に解釈された訳ではない。被葬者は成人男性で武器少量を副葬していた。墳丘に埴輪は樹立せず、七世紀初頭の古墳である。
【参考文献】大塚初重ほか『虎塚壁画古墳』(勝田市史編さん委員会昭53)。　(茂木雅博)

とりいりゅうぞう【鳥居龍蔵】　1870～1953　明治・大正・昭和期の人類学者。徳島船場町に生まれ、一八七六(明治9)年観善小学校に入学、翌年中退。小学校・中学校の課程を独習。八六(同19)年東京人類学会に入会、九三(同26)年東京帝国大学理科大学人類学教室標本整理係となる。坪井正五郎のもとで学び、同教室主任をへて、一九二二(大正11)年助教授に昇任。翌年国学院大学教授となり、ついで上智大学教授、東方文化学院で研究・教育にあたる。三九(昭14)年北京の燕京大学から招聘され客座教授となって、中国の各地を調査旅行、翌年太平洋戦争勃発のため燕京大学は閉鎖されたが、そのまま北京に留まる。四五(昭20)年燕京大学再任、五一(同26)年燕京大学を退職して帰国。その調査は日本国内はもとよりのこと、千島・樺太・中国東北部・朝鮮・モンゴル・沿海州におよび人類学・考古学の発展に貢献した。とくに中国東北部の石器時代から漢代までの研究、遼代文化の研究などが有名。『鳥居龍蔵全集』(全一二巻・別巻一)がある。
【参考文献】八幡一郎『白鳥庫吉・鳥居龍蔵』(講談社昭53)。　(上田正昭)

とりかいのまき【鳥飼牧】　大阪府摂津市鳥飼の淀川沿いにあった、近都牧。「延喜式」の左右馬寮には、「摂津国鳥養牧、右寮」とあり、右馬寮が国司をへずに直接放牧する牧であった。　(高橋美久二)

とりかへばやものがたり【とりかへばや物語】　平安時代末期の物語。三巻または四巻。著者未詳。古本とそれを改作した今本があり、古本は散逸した。古本は白河・堀河朝頃、今本は高倉朝頃の成立と思われる。男女を取り替えて育てられた兄妹の物語。注釈書に『新日本古典文学大系26』(岩波書店平4)『新編日本古典文学全集39』(小学館平14)などがある。　(小西茂章)

とりげりゅうじょのびょうぶ【鳥毛立女屏風】　正倉院伝来の六扇一曲の屏風。三扇は樹下にたたずむ女性、別の三面には岩に腰掛ける女性を一人ずつ描いている。墨絵のように見えるが、着衣・樹木・岩石などに日本特産のヤマドリやキジの羽毛を貼付していた、また屏風の裏打ち紙に「天平勝宝四年六月」の年紀のある「買新羅物解」が使われていることから、本屏風は国産品である。しかし屏風のモチーフ樹下立女像は西方から唐に伝わり、女性の衣装や化粧法、とくに眉間の四点の花鈿や口の両側の靨鈿などは盛唐に流行していたから、大陸の影響をうけた画家の手になるものと考えられる。
【参考文献】宮内庁正倉院事務所編『鳥毛立女屏風修理報告』(『正倉院年報』⑿平2)。同事務所編『正倉院宝物』北倉Ⅰ(毎日新聞社平6)。　(米田雄介)

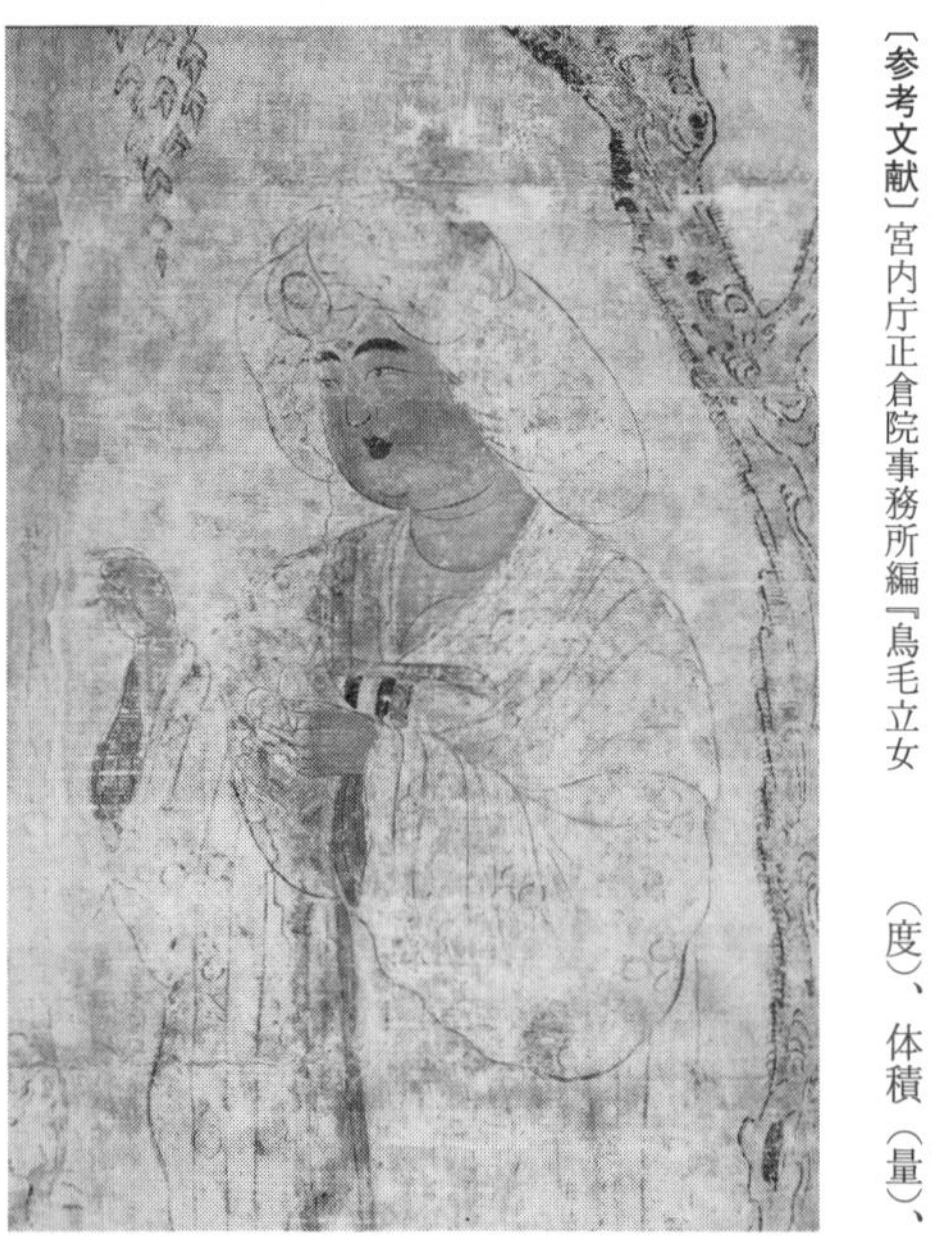
鳥毛立女屏風第三扇（部分）
正倉院蔵

とりはまかいづか【鳥浜貝塚】　福井県若狭町鳥浜にある縄文時代草創期・早期・前期の低湿地遺跡。前期は貝塚をともなう。遺構は竪穴住居、杭群。遺物は土器、石器、骨角器、豊富な木製品や繊維製品、瓢箪・緑豆・シソなどの栽培植物が出土した。　(森川昌和)

とりべの【鳥部野・鳥辺野】　愛宕郡鳥部郷にあった鳥部寺周辺の野をいい、平安京の東郊にあった葬地。平安京の北西郊外にあった化野とともに、平安時代には京内に葬ることが禁じられたために、この京郊外の二大葬地がよく知られる。　(高橋美久二)

どりょうこう【度量衡】　度量衡は長さ(度)、体積(量)、重さ(衡)、ないしはそれらを計測する物差し・枡・秤のこと。正確な度量衡を確定することは、徴税や商取引などにとって不可欠であるから、為政者はその統一につとめた。律令制下では、度の単位は丈・尺・寸、量の単位は斛・斗・升・合・勺で、いずれも十進法である。それに対し権衡の単位は斤・両・銖であるが、一斤は一六両、一両は二四銖。度量衡いずれも計測対象にしたがい大小二種あり、度では小一尺二寸を大一尺とし、土地を測る際に大尺を用い、量では小三升を大一升とし、衡では小三両を大一両とし、銀銅穀を量るのに大升・大両を用いる。小さい物・貴重な物を計測するには小を用いるのである。また度量衡の統一のため、それを用いる官司には、銅製の様（標準原器）を支給し、官私の度量衡は毎年二月に大蔵省あるいは諸国府で精度検査をすることになっていた。小尺は唐尺、大尺は高麗尺ともよばれた。七〇二（大宝2）年三月、度量を初めて天下諸国に頒布しているのは、大宝令制度量衡の施行に関わってのことである。七一三（和銅6）年二月度量衡の制度は改正されたが、その内容としては、それまで度地にあたって五尺で一歩であったのを、六尺にしたことが知られる。しかしこれは大尺をやめて小尺にしたものであって、一歩の長さ自体に変更はない。平城京の造営にあたって、道路幅などがほぼ大尺で設定されたことが知られる。奈良時代の調の荷札や「延喜式」主計上にみえる調の分量・重量は賦役令に規定された量の三分の一のものが多く、賦役令は小を用いていることがわかる。これらの度量衡が実際にどれほどのものかは、建物遺構の柱間や遺存あるいは出土した物差し・枡・分銅などから計測されるが、それによると奈良時代での小一尺は約二九・六㎝、大一升は約八〇〇g、大一斤は約六七〇gであるが、尺は時代が下るにしたがって長くなる傾向がある。平安時代以降、度量衡が次第に乱れ、一〇七二（延久4）年、後三条天皇は宣旨枡という公定枡を定めた。

（舘野和己）

とるふぁんもんじょ［吐魯番文書］ トルファンの古墓中から発掘された文書。トルファンは中国新疆ウイグル自治区の天山山脈東側に位置する交通の要地で、四六〇年、漢人が高昌国を立て、六四〇年に唐が滅ぼすまで続いた。当地には死者の衣類や鞋、冠、ときには棺桶まで紙でつくって埋葬する習慣があったが、紙は貴重だったので役所や故人の廃紙が用いられ、それが中国でも屈指の暑さと乾燥という気候によってミイラ化した死体に付着して残り、古墓の発掘によって墓誌類などとともに世に出ることとなった。二〇世紀初頭、日本の橘瑞超ら大谷探検隊はこの出土文書に最初に注目・収集し、大谷文書とよばれる。中華人民共和国は一九五九年から七五年にかけて高昌故城北西のアスターナとカラホージョを中心に一三回にわたる本格的発掘を行い、漢文文書およそ一六〇〇点を発掘した。今後も古墓の発掘にともなう新資料の発見が予想される。文書の時期は高昌国から唐支配期におよぶ。

〔**参考文献**〕『吐魯番出土文書』一～一〇（文物出版社一九八一～九一）。

（中畠俊彦）

とろいせき［登呂遺跡］ 静岡市登呂にある弥生時代後期の遺跡。静岡平野の南部、安倍川扇状地の末端に位置し、自然堤防状微高地に集落跡、後背湿地に水田跡が営まれる。一九四三（昭和18）年軍需工場建設の際に発見、四三・四七（同22）～五〇（同25）・六五（同40）年の六次にわたる調査により、平地住居跡一二軒、高床倉庫二棟からなる集落跡、スギを主体とした森林跡、河川跡とともに、堰、下樋を備えた灌漑用水路、杭・矢板で補強した畦畔で区画された水田跡五〇面が約八haの範囲で確認され、弥生農村の全容が周辺環境を含めて明らかになった。また、農具・生活用具・建築材など多種多様な木器が出土し、当時の生活文化を復原するうえで重要な資料となった。水田跡が確認された最初の遺跡として学史上著名である。敗戦直後に学界の総力を挙げて実施した学際的総合調査は、新生日本を象徴する出来事であり、神話から科学的歴史研究への転換点として学史的意義も大きい。一九五二（同27）年国特別史跡に指定、「登呂遺跡公園」として保存・復元整備されている。

〔**参考資料**〕日本考古学協会編『登呂前編』（毎日新聞社昭24）。同『登呂本編』（同昭29）。

（山田成洋）

とんこうせっくつ［敦煌石窟］ 中国甘粛省敦煌市の東南約二五㎞の鳴沙山東麓の断崖に造営された仏教石窟群で、雲崗石窟、龍門石窟とならんで中国三代石窟寺院の一つに数えられる。千仏洞または莫高窟とよばれる。最古の窟は五胡期の前秦三六六年のもので、以後、北魏から元にかけて現存するもので大小四九二窟、壁画の総面積四万五〇〇〇㎡、彩色仏像は二四〇〇体以上を数える。一九〇〇年に第一七窟蔵経洞から発見された四万点以上の経巻、仏画、紙背の古文書は、敦煌文書としてあまりにも有名で、これらを基に敦煌学とよばれる新しい学問分野が生まれた。石窟の時代分布は北朝期が三六窟あり、各窟は一仏二菩薩の組合せが多く、壁画は本生譚や千仏などである。隋唐期は三〇〇窟以上と最も多く敦煌仏教の全盛期で、唐代後半期には龕を鑿たずに窟内中央に台座を設けてその上に仏像を安置する新形式の大型の窟が出現する。代表例は一四八窟の長さ一五mの涅槃仏とその背後に配せられた七二弟子像である。隋代は一仏、二弟子、二天王または四菩薩が主流で、二力士や四天王が加えられることもある。唐代は一仏、二弟子、二天王、二力士の七体または九体の組合せが多い。壁画の題材もきわめて多彩となり、変相図が出現することは注目すべき点である。変相図とは経典の絵解きで、僧侶が信者を前に図を示しながら解り易く講唱説法（変文）するもので、敦煌文書には類似のものを含めて約一〇〇種の変文が確認されている。前期では観無量寿経変、東方薬師経変などがあり、後期には金剛経変や華厳経変などが新たに登場し、一窟内に一五種もの多種の変相図が描かれることもある。また後半期には密教の流行を反映して、如意輪観音や不空羂索観音なども登場する。敦煌は七八一年以降は吐蕃に占領されるが造営は絶えることなく、唐末にこの地を奪回した張議潮の一五六窟の出行図は個人の功業を描く最初のものである。張氏を継いだ曹氏の寄進による造営も少なくなく、六一窟の五臺山図は縦五m、横一三・五mもある敦煌壁画中の最大のもので、山川、城郭都市、寺廟、街道と橋、店舗、多様な人々が描かれ、唐代社会を知るうえで貴重な絵画資料となっている。

〔参考文献〕『中国石窟　敦煌莫高窟』全五巻（平凡社昭57）。（愛宕元）

とんこうもんじょ〔敦煌文書〕　中国甘粛省敦煌県の莫高窟から出土した文書。一九〇〇年に道士の王円籙が第一七窟で発見し、一九〇七年にイギリスのスタインが、翌年にフランスのペリオが大量に購入して本国に送ったので世界に知られた。総数は四万件を超え、仏典が九五％を占めるが、残りの内容も四部（経・史・子・集）にわたって多岐で、貴重書も少なくない。時期は四〇五（五胡十六国西涼建初元）年から一〇〇二（北宋の咸平5）年までにおよぶが、中唐から宋初のものの件数が多い。大部分は漢文で八～九割を占め、チベット文が次ぎ、そのほか、トルコ文、ソグド文、サンスクリットなども含む。大部分は写本で、印刷物も数一〇点含まれるが、中国や中央アジアでこのような大量の写本が発見されたことはほかに例がない。一部は大谷探検隊の橘瑞超によって日本にもたらされた。敦煌文書を用いた研究は敦煌学と称され、唐代の律令の研究に貢献し、日本でも仏教研究を中心に多くの成果を残している。

〔参考文献〕杉森久英『大谷光瑞　(上)(下)』（中公文庫昭52）。松岡譲『敦煌物語』（講談社学術文庫昭56）。（中畠俊彦）

どんちょう〔曇徴〕　生没年不詳。七世紀の高句麗僧。『日本書紀』によると六一〇（推古天皇18）年三月、高句麗の嬰陽王より貢進された。五経を知り、彩色（絵具）や紙・墨、また碾磑（水車によって動くひき臼）をつくったという。製紙技術はすでに伝わっていたと思われるから、彼は新しい製紙技術を伝えたのだろう。『聖徳太子伝暦』には太子が曇徴らを斑鳩宮に入れ、ついで法隆寺に安置したとある。（中畠俊彦）

どんらん〔曇鸞〕　生没年不詳。中国北魏時代の浄土宗僧。山西省雁門または汶水出身。一時道教を信じたが、洛陽でインド僧の菩提流支に会って浄土教に帰依した。のち并州（山西省太原）に住み、晩年は彼自身の創建ともいう玄中寺に移った。主著に世親造・菩提流支訳『無量寿経優婆提舎願生偈』（『浄土論』『往生論』とも）を注釈した『浄土論註』（『往生論註』とも）二巻があり、中国での浄土思想定着に貢献した。日本浄土宗浄土五祖の初祖、浄土真宗七高僧の第三祖。（中畠俊彦）

な

ないかん〔内官〕　京官ともいう。外官と対をなす語で、在京の諸司ないしはそこに勤務する官人をさす。いわゆる二官八省一台五衛府・左右馬寮・左右兵庫・内兵庫・左右京職・東西市司、さらには後宮・東宮関係職員がこれにあたるが、例外的に摂津職もふくむ。（荊木美行）

ないきゅうりょう〔内厩寮〕　恵美押勝の乱直後の七六五（天平神護元）年に新設された令外官。宮中の厩のことをつかさどった。職員とその相当位は左右馬寮と同じ。八〇八（大同3）年、内厩・主馬二寮と兵馬司を併せて左右馬寮に再編成され、廃止された。（荊木美行）

ないきょうぼう〔内教坊〕　令外官の一つで、女楽の教習をつかさどる機関。八世紀から活動が確認できる。平安時代は内裏左近衛府の北におかれた。別当以下、預師・妓女・倡女等がおかれ、節会・内宴などで踏歌・舞楽を奉仕することを主要職務とした。（上島理恵子）

ないこうかもんきょう〔内行花文鏡〕　方格規矩四神鏡とともに後漢代を代表する鏡。「永平七年（六四年）」の年号鏡がある。幅広い素文縁の内側に渦文をもつ松葉文帯と八個の弧形が連なる内行花文帯をもつ。鈕の四葉座部に「長宜子孫」の吉祥句をもつ例が多い。図像文がなく、幾何学文だけで構成されるのは前漢鏡的な要素である。中国各地や朝鮮半島の楽浪郡の墳墓、また、わが国の弥生時代後期の墳墓や古墳時代前期の古墳からも出土している。古墳時代仿製鏡の手本にもなった鏡である。（藤丸詔八郎）

四葉座鈕内行花文鏡（佐賀県一本谷遺跡出土）　径17.0cm　佐賀県立博物館蔵

ないじせん〔内侍宣〕　古文書の様式の一つ。天皇に近侍する後宮の内侍司の女官が、天皇の仰せをうけて、太政官の上卿、諸官司や検非違使に伝達した文書。本来は天皇の命令は、口頭で伝達されたと考えられるが、平安時代になりその内容を記した文書が作成され、交付されるようになった。（綾村宏）

ないしどころ〔内侍所〕　平安時代に成立した所で、後宮の機関。典侍・掌侍・女孺などの職員がおり、儀式時の奏上、神事・儀式への奉仕などを主要職務とした。内裏温明殿におかれ、殿舎南部分の賢所には神鏡が納められた。そのため神鏡自身が内侍所・賢所とよばれた。（上島理恵子）

ないしどころみかぐら〔内侍所御神楽〕　賢所御神楽とも。一二月吉日に神鏡（内侍所、また賢所）のおかれた温明殿西面で行われた神楽。一条朝に成立し、白河朝より毎年恒例となった。天皇御拝ののち、庭燎歌、阿知女作法、採物歌、催馬楽曲、星歌などの順に演奏。（竹居明男）

ないしのかみ〔尚侍〕　大宝・養老令制の内侍司の長官。定員二人。養老禄令の給禄規定では従五位に準じたが、八〇七（大同2）年には従三位に改定。天皇に常侍して身辺に奉仕することをはじめ、奏請・伝宣、女孺の検校、内外命婦の朝参、後宮の礼式などを担当した。八世紀には尚蔵を兼任することが多く、有力貴族の妻妾が多く就任した。平安時代になると、天皇の寵愛をうける者が増え、尚侍はキサキへと変質し、実務は典侍が行った。（荊木美行）

ないしのつかさ／ないしし［尚侍司］　大宝・養老令制の後宮十二司の一つ。後宮職員令によれば、尚侍二人（准従五位）・典侍四人（准従六位）・掌侍四人（准従七位）と女孺一〇〇人から構成される。天皇に常侍してその身辺に奉仕することをはじめ、奏請・伝宣、女孺の検校、内外命婦の朝参、後宮の礼式などをつかさどった。尚侍の准位は蔵司の尚蔵や膳司の尚膳に比べて低いが、のちにしばしば改訂があり、八〇七（大同2）年に尚侍は従三位、典侍は従四位、掌侍は従五位に改められた。平安時代初期には後宮でもっとも重きをなしたが、一〇世紀初頭には蔵人所が台頭し、尚侍司の機能は低下した。（荊木美行）

ないじゅ［内豎］　「内供奉豎子」とも書く。『和名抄』の訓は「知比佐和良和」。宮中で日常の雑事に供奉する令外の下級官人。はじめ豎子と称し、七六三（天平宝字7）年、内豎と改称したが、その後は廃置をくり返した。年少者が多いが、成年男子の例もある。（荊木美行）

ないじゅしょう［内豎省］　令外の官司の一つで、下級官人である内豎を統轄した。七六七（神護景雲元）年に内豎所が昇格して内豎省になったが、七七二（宝亀3）年に内豎とともに廃止。内豎はその後廃置をくり返すが、八一一（弘仁2）年、内豎の復活とともに内豎省も内豎所として再置された。（荊木美行）

ないじゅどころ［内豎所］　令外官司の一つで、内豎を統轄した。もとは豎子所といい、七六三（天平宝字7）年、豎子を内豎と改称した際に内豎所となり、七六七（神護景雲元）年に内豎省に昇格。七七二（宝亀3）年に内豎とともに廃止された。内豎はその後廃置をくり返すが、八一一（弘仁2）年、内豎の復活とともに内豎省も内豎所として復活した。（荊木美行）

ないしょうりょう／たくみりょう［内匠寮］　『和名抄』の訓は「宇知乃多久美乃豆加佐」。令外官の一つ。七二八（神亀5）年に設置され、中務省に所属した。供御物など、さまざまな手工業製品の製作にあたったが、その職掌は延喜内匠寮式に詳しい。のちに典鋳司・画工司・漆部司を合併・吸収し、長上工二〇人、番上工一〇〇人を擁した。（荊木美行）

ないしん／うちつおみ［内臣］　大化改新直後に新たにおかれた官。内臣の称は、中国および高句麗に例がある。六四五（大化元）年六月、軽皇子（孝徳天皇）即位に際して、左右大臣・国博士とともに、中臣鎌足を内臣に任じたのが初見。皇太子中大兄皇子に近侍して、その補佐にあたったのであろう。のち、七二一（養老5）年に参議藤原房前が内臣となり、さらに七七一（宝亀2）年に中納言藤原良継が任じられてからは、左右大臣に次ぐ第四の大臣に位置づけられる令外官となった。藤原良継・魚名は内臣をへて内大臣に任じられており、両者は密接に関連する。（荊木美行）

ないしんのう［内親王］　皇族の身分呼称の一つ。天皇の兄弟・姉妹・皇子・皇女を親王と称するが、とくに女子を男子と区別し内親王と称する。内親王の呼称は大宝令において初めて使用され、また親王と異なりわが国独自のものと考えられている。（廣瀬真理子）

ないとうこなん［内藤湖南］　1866～1934　東洋史学を中心とする歴史学者。秋田県出身、本名虎次郎、湖南の号は十和田湖による。秋田県師範学校卒業後上京、「日本人」「大阪朝日新聞」「万朝報」などの記者として活躍。京都大学の開校直後に京都大学文科大学の東洋史講座に奉職、中国史の研究・指導にあたった。中国史の時代区分に独自の見解を示し、また『日本文化史研究』などで日本文化論にも独創的な見方を示したが、とりわけ「古代の歴史を研究する必要は殆どありませぬ。応仁の乱以後の歴史を知って居ったらそれで沢山です」（同書「応仁の乱に就て」）の言は著名。日本古代史では『魏志』倭人伝を本格的に分析、「卑弥呼考」において邪馬台国大和説の近代史学における最初の提唱を行った。京都大学出身者は大和説であるという巷説はここに始まることでも重要。著作は『内藤湖南全集』全一四巻にすべて収録。（井上満郎）

［参考文献］三田村泰助『内藤湖南』（中央公論昭47）。

ないどうじょう［内道場］　宮中に設けられた仏教施設。中国では東晋の頃に確認され、唐代に隆盛した。日本では奈良時代に同制度が導入された。その後、八三四（承和元）年に空海によって唐の内道場に倣った宮中真言院が設けられた。

（志麻克史）

ないみょうぶ［内命婦］　「うちのみょうぶ」とも。五位以上の位階を帯びた婦人のこと。五位以上の官人の妻を外命婦とよぶのに対する。内命婦の名帳は、縫殿寮が管理し、その考選・叙位は中務省が行った。中国では、内命婦は皇帝の配偶者である三夫人以上の九嬪・世婦・女御をさした。（荊木美行）

ないやくし［内薬司］　大宝・養老令制の中務省被管諸司の一つ。天皇・中宮・東宮の医療を担当した。四等官のほか、診療にあたる侍医、薬品調製にあたる薬生などから構成され、七二二（養老6）年には女医博士が加わった。八九六（寛平8）年、典薬寮に併合された。（荊木美行）

ないらん［内覧］　天皇に奏上し、また天皇が下付する文書を事前に内見する特権的職務のこと、またはその人。職務内容はすでに光孝天皇による太政大臣藤原基経への、奏上などのことはまず基経にはかれとの例にみえる。ふつう醍醐天皇幼少の即位に際して宇多天皇が定めた大納言藤原時平・権大納言菅原道真が正式の内覧の初例とされるが、内覧の職名はみえない。摂関のごとく詔勅でなく宣旨によって与えられ、この内覧宣旨をうけた初例は藤原兼通である。以後断続的に内覧は任命されたが、とくに藤原道長はこの内覧の権限を活用して摂関政治の推進にあたった。天皇を代行する関白に類似するが、職務権限に明白さを欠き、就任する個人の資質や政治情勢の違いによって権能に差があった。

〔参考文献〕山本信吉「平安中期の内覧について」『続日本古代史論集(下)』(吉川弘文館昭47)。 (井上満郎)

ナウマンぞう〔ナウマン象〕 長鼻目ゾウ科パレオクソドン属の一種。学名 Palaeoloxodonnaumanni. 第四紀更新世中期～後期（約三〇万～二万年前）に棲息した。北海道から沖縄まで二〇〇ヵ所以上で発見されており、日本で最も産出量の多い長鼻類化石。中期更新世の後半には中国北部の黄土動物群の要素として北海道南部まで分布していた。日本海南部や太平洋側の伊良湖岬沖の海底で発見されており、当時海水面低下などにより陸域が拡大し大陸と連続していたことを示す。わが国の中期旧石器時代末から後期旧石器時代前半期の狩猟対象の一つと考えられ、一万七〇〇〇年前頃まで棲息していた。 (小畑弘己)

なおいのうじ〔負名の氏〕 令制諸官司の伴部に任用される特定の氏族をさす。「おいなのうじ」とも。「名を負う」とは、世襲的に朝廷に奉仕する一定の職務をみずからの名として負っているという意味。朝廷の職務を伝統的に担当する伴部は、その職務を世襲的に担当してきた特定の氏族（伴造後裔氏族）から任命され、その多くは職掌に由来する名称をウジ名とした。その例をあげると、神祇官の神部(中臣・忌部氏)、諸陵司の土部(土師氏)、囚獄司の物部(石上氏など)、掃部司の掃部（掃部氏）、大膳職・内膳司の膳部（高橋・安曇氏)、主殿寮の殿部(日置氏など)、造酒司の酒部(酒部氏)、主水司の水部(水取・鴨氏)、衛門府の門部（大伴・佐伯など門号十二氏)、左右馬寮の馬部(馬氏など）などがある。大伴家持の歌からは軍事をもって朝廷に奉仕した大伴氏の「名負いの氏」としての意識がうかがえる(『万葉集』巻一八・四〇九四、巻二〇・四四六五など)。しかし、「延喜式」をみると、諸官司の伴部に欠員が生じた場合、負名の氏の入色（官途につく有資格者）から任じるのを原則とはしているが、他の氏族の有資格者や白丁（無位・無官の一般農民）を以て定員を補充している。九世紀以降こうした負名の氏の体制はしだいに衰退していった。

〔参考文献〕阿部武彦『日本古代の氏族と祭祀』(吉川弘文館昭54)。笹山晴生『古代国家と軍隊』(中公新書昭50)。 (川﨑晃)

なおびのかみ〔直日神〕 『記』『紀』神話の神。黄泉国から逃げ戻ったイザナキが日向のアワギハラで禊祓を行ったとき、汚垢からマガツヒの神が化成し、そのマガ（禍・曲＝誤り）を直すために化成した神。神直日神と大直日神の二神一対。「延喜式」の大殿祭祝詞にもみえる。 (菊地照夫)

なおらのぶお〔直良信夫〕 1902～85 大分県臼杵市に生まれる。一九一七（大正6）年早稲田大学付属工手学校に入学。二〇（同9）年岩倉鉄道学校卒業。二四(同13)年直良音と結婚。徳永重康に師事し、古生物学、地史学を学ぶ。六〇（昭和35）年早稲田大学教授に就任。晩年をすごした島根県出雲市にて死去。享年八三。旧石器時代から古墳時代まで、貝塚研究、銅鐸研究など幅広い研究に今日の学会の水準の基礎となっている。とくに三一（同6）年四月一八日明石市西八木海岸での「明石原人」腰骨の採集、五〇(同25)年「葛生人骨」上腕骨の発見はその後の旧石器時代研究に大きな影響をあたえた。晩年は『日本産狼の研究』や『古代遺跡発掘の脊椎動物遺体』など古代人と動物に関する研究に専念した。

〔参考文献〕直良信夫『古代人の生活』(至文堂昭38)。 (中村修身)

ながおかきゅう〔長岡宮〕 七八四（延暦3）年から七九四（同13）年まで山背国乙訓郡長岡村に設けられた正都。宮城と都城の造営が七八四年六月から開始され、七八八（延暦7）年前後を境として二時期にわけて実施された。都城の造営は前期に始まり、新たに長岡京型条坊制により宅地を中心とした町作りが行われた。唐長安の基本構造を踏襲しているところに大きな特徴があり、居住階層によって宅地の位置や規模を変えるなど多様な社会階層の居住空間として対応できる初めての首都になった。北京極の北には広大な苑地が建設され、離宮や栽培植物用の池なども備えられた。『続日本紀』によれば七八五（延暦4）年正月元日朝賀の儀が大極殿で行われたことがみえる。わずか半年で完成した。元日に大極殿前庭に立てた宝幢の基礎跡が確認されている。七八六（同5）年七月には百官がはじめて太政官院の朝座に着いたとあり、このころ中枢施設が整った。大極殿跡、太政官院・朝堂跡から発見された諸殿舎の規模や構造は後期難波宮の施設と多くの共通点をもち、出土瓦の大半は難波宮式軒瓦である。大極殿院西側にも同型式瓦を出土する地域があり、平安宮豊楽院相当施設の存在が推定されている。前期の宮城は二坊四方の方形で、造営は主に聖武朝に建設された副都難波宮の施設を移築して行われた。『続日本紀』に七八九（同8）年二月、西宮から東宮へ遷御とあるほか、「造東大宮所」と記載した木簡も知られ、はじめて内裏が太政官院から独立した。大極殿の東から築地回廊に囲繞された内裏跡が確認され、大量の平城宮式軒瓦や長岡宮式軒瓦が出土。内裏内郭から検出された諸殿舎の配置は平安宮のものと酷似し、その原形であると判明。後期の宮城は南へ半坊拡大され、造営は平城宮の施設を移建するとともに、新たに資材を調達して行われた。拡大された宮城内には春宮坊、大蔵など主要施設が確認できる。後期の造営と併せて宮城の東西の京域を中心に猪隈院他の離宮が建設され、太政官厨家、造館舎所等の官衙が配置された。七九一（同10）年九月には平城宮から宮城門が移建されて後期造営は一段落する。しかし翌年六月、安殿皇太子の病の原因が早良親王の祟りと出るにおよんで政情はにわかに不安定となり、七九三（同12）年正月一五日に廃都が決定され、同二一日には宮城の解体が始まる。平安京への遷都までの一年余は宮城の北東部に所在した東院で諸政務が執り行われた。長岡京域から出土する遺物は多種多様で、中国文化の強い影響のもと生産された緑釉陶器、個人用硯として成立した風字硯、「物忌」の開始を告げる木簡など、転換期にあった往時の都の文化を知る貴重な材料となっている。

〔参考文献〕中山修一先生古稀記念事業会編『長岡京古文化論叢』(同朋舎出版昭61)。山中章『長岡京研究序説』(塙書房平13)。清水みき『長岡京の研究』(奈良女子大学平14)。 (山中章)

ながおかきょう［長岡京］⇩長岡宮

ながおかきょうあと［長岡京跡］⇩長岡宮

ながしんのう［長親王］　?～715　天武天皇の皇子。母は天智天皇の女、大江皇女。那我親王とも。『続日本紀』によれば天武天皇第四皇子、『続日本後紀』では第二皇子。七一四（和銅7）年、ほかの四親王と共に封戸租全給の優遇措置が取られている。没時、一品とあるが昇叙の時期は不明。『万葉集』に短歌五首を残す。　（廣瀬真理子）

なかすけおうき［仲資王記］　「ちゅうしおうき」とも。白川伯王家の仲資王（1157～1222）の日記。仲資王は一一七六（安元2）年神祇官の長官伯に任官。父は、白川伯王家の神祇伯世襲の基礎を確立した顕広王。一一七七（治承元）年から一二一三（建保元）年にわたる日記が遺る。平安時代末から鎌倉時代初めの神祇官祭祀などを窺う史料となる。『伯家五代記』の一書として『続史料大成』に所収する。　（加茂正典）

なかすじいせき［中筋遺跡］　群馬県渋川市行幸田にある縄文時代～近世の複合遺跡。榛名山東部の標高二〇〇m前後の緩斜面で、南に開ける小規模な扇状地に立地し、面積約一八万㎡と推定されている。六世紀初頭に噴火した榛名山二ッ岳のテフラ（Hr-S）直下から古墳時代の集落が発見された。土屋根の竪穴住居（中筋型屋根）・平地建物の構造が復元され、祭祀の場、畠、垣根、道も検出された。当時の地表面が火山災害で埋没したため、集落内および周辺遺跡の同時性を前提とする研究が可能である。

［参考文献］『中筋遺跡　第2次発掘調査概要報告書』（渋川市教育委員会昭63）。『中筋遺跡第8次　第9次』（昭34）。　（関晴彦）

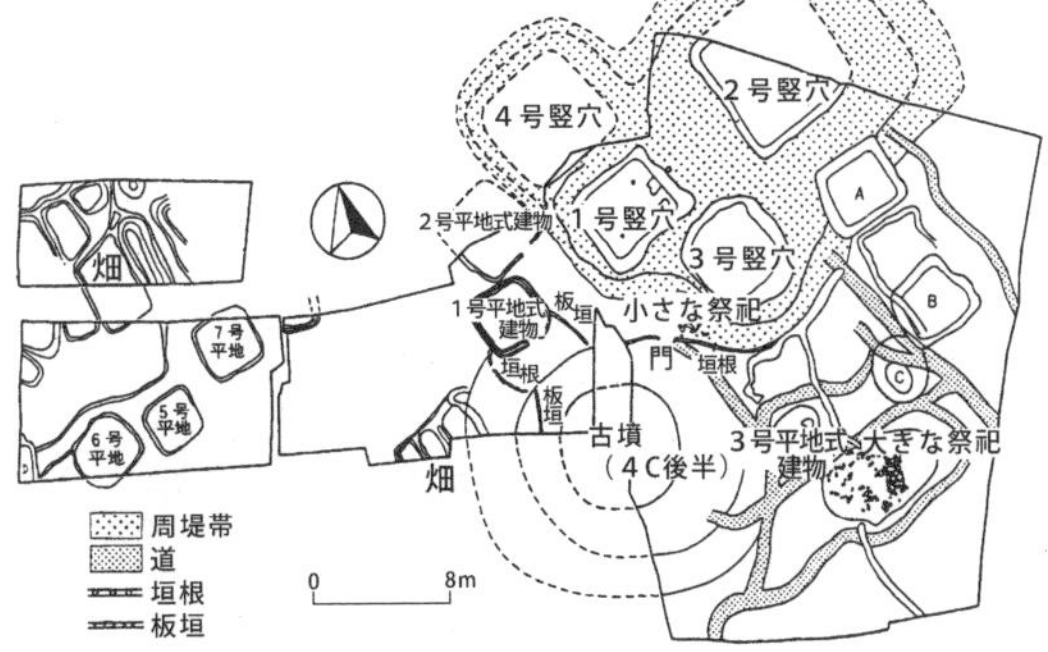

中筋遺跡古墳時代遺構全体図
『中筋遺跡―火砕流からよみがえった古墳時代の村』（渋川市教育委員会生涯教育課）より

ながすねひこ［長髄彦］　神武東征説話に登場する人名。膽駒山を越えて大和に入ろうとした神武一行を孔舎衛坂で妨げ、神武兄の五瀬命を戦死させた。その最後は『古事記』では久米歌のなかに綴られるだけだが、『日本書紀』では主君として仕えていた天孫饒速日命によって殺されたとする。　（小野里了一）

ながすのしょう［長洲荘］　兵庫県尼崎市長洲東・西通付近にあった荘園。鴨御祖社領。散所として奉仕していた住民を父藤原教通から伝領した皇太后藤原歓子が、一〇八四（応徳元）年、鴨御祖社領山城国来栖郷の田地と相博し同社領が成立した。　（山本崇）

ながせたかはまいせき［長瀬高浜遺跡］　鳥取県中部地方の海岸部には、北条砂丘が形成されているが、その東端が長瀬高浜遺跡である。古砂丘のうえに縄文時代から中世にかけての生活面が「黒砂層」として検出され、縄文晩期・弥生前期、布留式期の竪穴住居跡や生活面が現れ、後に後期古墳が築かれ、平安～室町朝にも墳墓群と化している。竪穴住居跡からは多量の土師器が検出され、鳥取県中部の古式土師器編年が打ち立てられた。また集落から墳墓へ変化する古墳時代中期に、形象埴輪を用いた祭祀が執り行われた。家形・甲冑形・盾形・蓋形や円筒などの埴輪が約八〇個体分復元された。　（清水真一）

ながそねおおみぞ［長曾根大溝］　大阪府堺市長曾根町・金岡町にある大溝。伝仁徳天皇陵古墳の約二km東に位置する。古墳時代中期から奈良時代前期まで使用された。長さは六〇〇m以上に伸び、旧谷間を通じて大阪湾に達していたと考えられ、幅約四m、深さ一mである。大溝内の最古の出土遺物は、五世紀後半の須恵器有蓋高坏である。飛鳥・奈良時代の官道である丹比道は、長曾根大溝と直交している。上田正昭は、河内王朝論と関連づけて大溝の重要性を指摘した。　（森村健一）

なかだかせかんのんやまいせき［中高瀬観音山遺跡］　群馬県富岡市中高瀬の鏑川右岸にあり、東西三五〇m・南北七〇〇m・標高二三〇mほどの丘陵上に立地する旧石器時代から中近世までの複合遺跡。周囲の水田との比高は約五〇m。弥生時代後期の住居一四〇棟のほか掘立柱建物一〇棟があり、これらを囲むような柵列（柱穴群）が検出された。竪穴住居の焼失割合が高く、炭化した建築部材

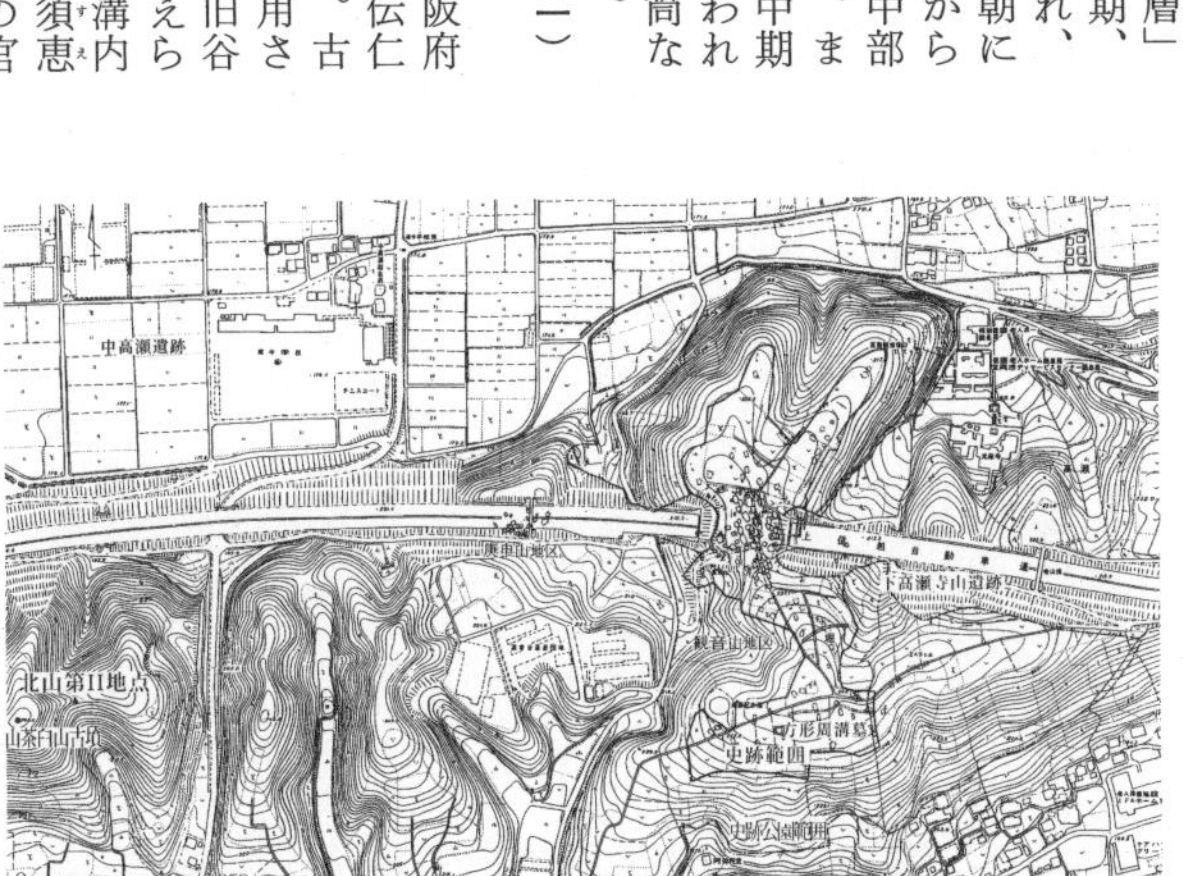

中高瀬観音山地形図
『中高瀬観音山遺跡』（財）群馬県埋蔵文化財調査事業団より

や種子、鉄鏃が出土している。弥生時代後期における富岡・甘楽地域の拠点的集落の一つである。

〔**参考文献**〕『中高瀬観音山遺跡』(財団法人群馬県埋蔵文化財調査事業団平7)。『中高瀬観音山遺跡　範囲確認調査報告書』(富岡市教育委員会平5)。 **(関晴彦)**

ながたじんじゃ［長田神社］　神戸市長田町所在の神社で式内社。祭神は事代主神。山陽道に面して立地し、神功皇后のときに事代主神が自分を「長田国」に祀れといったのに始まると伝える(『日本書紀』)。八五九(貞観元)年に従四位下。中世以後は武家の尊崇を集めた。 **(井上満郎)**

なかつかさしょう［中務省］　大宝・養老令制下の八省の一つ。四等官のほか、品官の侍従・内舎人・内記・監物・主鈴・典鑰が所属し、中宮職・左右大舎人・図書・内蔵・縫殿・陰陽の六寮、画工・内薬・内礼の三司を管轄し、天皇や宮中にかかわりの深い業務を広く分掌した。八省の筆頭で、卿の官位相当も他省より高い正四位上であった。 **(荊木美行)**

なかつみこのみこと［中皇命］　『万葉集』(巻一・三~四題詞、同一〇~一二題詞)にみえる七世紀後半の歌人。「中皇命」をナカツスメラミコトと訓み、中天皇と解し、「中つ天皇」(『続日本紀』)、「仲天皇」(『大安寺縁起』)、類似の「中宮天皇」(野中寺弥勒菩薩銘)などの検討から、間人皇女、斉明(皇極)天皇、倭姫王などに比定する諸説があった。しかし、長屋王家木簡例から「中皇命」をナカツミコノミコトと訓む説が有力となり、新たに間人皇女、中大兄皇子に比定する説が出されている。 **(川崎晃)**

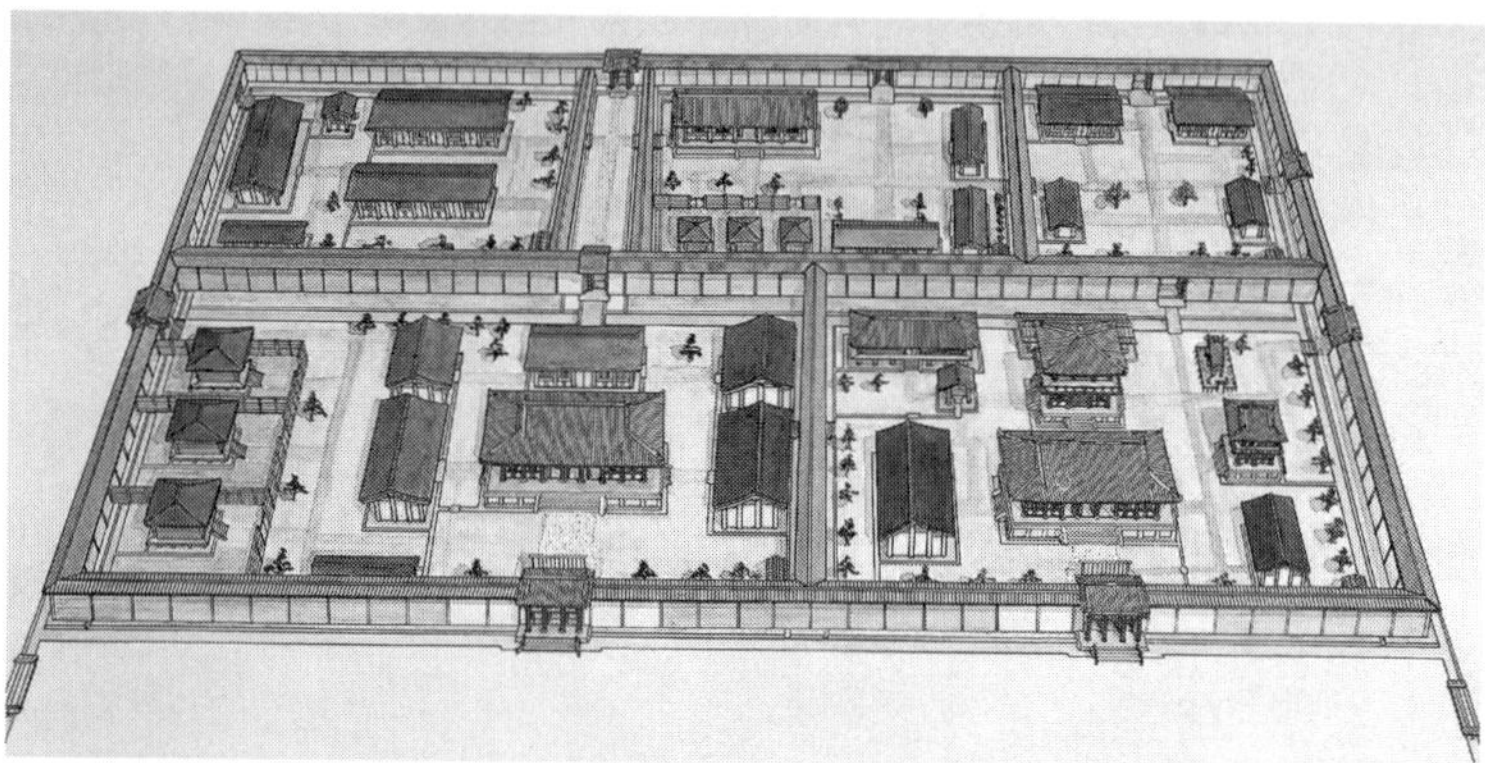
中務省復原図(南から)
梶川敏夫画

なかつみち［中ツ道］　下ツ道かみつみち・なかつみち・しもつみち　⇩上ツ道・中ツ道・下ツ道

ながとのくに［長門国］　山陽道に属する国。現在の山口県西部にあたる。中央部は中国山地西部の冠山山地であるが、北・西・南の三方の海岸線には平野が存在し、西端部は狭い関門海峡によって九州に面している。律令制以前は南西部を穴門国といい穴門国造の支配する地域であった。長門の国名は六六五(天智4)年が初見。山陽道の西端に位置し関門海峡に面する戦略的要地として重要視され、白村江の敗戦によって天智年間には長門城が築かれた。しかし、その所在については火の山もしくは四王司山とする説が有力であるが、具体的な遺構は確認されていない。主要な銅産出国として知られ、鋳銭司が設置され和同開珎や富寿神宝などが鋳造された。「延喜式」では中国とされ所管の郡は厚狭・豊浦・美禰・大津・阿武郡の六郡。国府は現下関市長府におかれた。

〔**参考文献**〕三坂圭治『山口県の歴史』(山川出版社昭46)。 **(高橋誠一)**

ながとのくにしょうぜいちょう［長門国正税帳］　長門国から政府に送られた国衙財政の収支決算報告書。七三七(天平9)年度のものが正倉院文書として残っている。首部と豊浦郡の部分が残存。神税の記載がみえ、また豊浦郡に国衙所有の製塩用鉄釜があったことなどがわかる。 **(寺内浩)**

なかとみし［中臣氏］　古代の有力氏族。六世紀の半ばの頃から祭官兼前事奏官として活躍したが、しだいに政界においても重きをなすようになり、中臣鎌足のおりには朝廷の実権者のひとりとなった。中臣という氏の名の由来について、「皇神の御中、皇孫の御中執り持ち」(『本系帳』)とか「世々天地の祭を掌り、神人の間を知す、仍りてその氏に命じて中臣と曰ふ」(『家伝』上)と記す。神と人、天皇と諸臣の中をとりもつ氏という性格が中臣の氏の名の由来とする説は興味深い。六六九(天智天皇8)年一〇月、天智天皇は中臣鎌足の死の直前に藤原の氏を与えたが、六九八(文武天皇2)年八月、文武天皇は「藤原朝臣(鎌足)に賜ふところの姓は、宜しくその子不比等をして之を承しむべし、ただし(中臣)意美麻呂らは神事に供するによりて、旧姓に復すべし」と詔し、藤原不比等の系統が藤原氏を、神事にたずさわる中臣意美麻呂らの系統は中臣氏を称することになる。不比等の四男は武智麻呂(南家)・房前(北家)・宇合(式家)・麻呂(京家)それぞれが四家の祖となったが、藤原北家から一条・二条・九条・鷹司・近衛の五摂家が登場する。中臣氏のもともとの本拠は常陸とする伝えもあるが、河内・摂津とのつながりも軽視できない。

〔**参考文献**〕上田正昭『藤原不比等』(朝日新聞社昭61)。 **(上田正昭)**

なかとみしけいず［中臣氏系図］　中臣氏の系図。同氏には多くの系図があるが、最も代表的なのは『群書類従』におさめられた九〇六(延喜6)年の「中臣氏本系帳」によるもので、六世紀前半頃の黒田の子常盤に始まり、嘉暦(一三二〇年代)頃までの系図を載せている。常盤の子可多能祜に御食子・国子・糠手子の三子がおり、はじめに国子の系統を記し、つづいて糠手子、御食子の順にそれぞれの系統を載せている。国子の孫が意美麻呂で、この系統が神祇官の要職を占め、また御食子の子が鎌足である。 **(菊地照夫)**

なかとみのおおしま【中臣大嶋】 ?～693 七世紀後半の官人。許米の子。六八一（天武10）年川嶋皇子を中心とする『帝紀』・上古諸事の記定事業では、平群子首とともに筆録にあたり、六八三（同12）年伊勢王らとともに天下を巡行して諸国の境界を定め、六八六（朱鳥元）年天武天皇の殯宮では兵政官のことを誄している。『日本書紀』では六八五（天武14）年以降藤原朝臣とみえるが、持統天皇の即位儀（持統4年）や大嘗祭（同5年）で神祇伯として天神寿詞を奏上する際には中臣朝臣とされている。没年の位階は直大弐。（菊地照夫）

なかとみのおみまろ【中臣意美麻呂】 ?～711 奈良時代の官人。大中臣清麻呂の父。当初藤原朝臣と称したが、六九八（文武2）年神事に仕えるため旧姓の中臣に復す。六九九（同3）年鋳銭司長官、七〇八（和銅元）年神祇伯兼中納言。没年の位階は正四位上。（菊地照夫）

なかとみのかつみ【中臣勝海】 ?～587 六世紀後半の廷臣。大連の物部守屋とともに排仏を主張し、朝廷内で孤立。五八七（用明2）年、押坂彦人大兄皇子と竹田皇子の像を造り厭詛したが失敗。逆に彦人大兄皇子の側につこうとして、迹見首赤檮に殺された。（加藤謙吉）

なかとみのかね【中臣金】 ?～672 天智朝の重臣。糠手子連の子。六七一（天智10）年、右大臣に就任。天皇危篤の際に、大友皇子らと詔に違わぬことを誓約。翌年の壬申の乱で捕虜となり、浅井の田根（滋賀県長浜市）で処刑され、子も配流された。（加藤謙吉）

なかとみのかまこ【中臣鎌子】 ⇩中臣鎌足

なかとみのかまたり【中臣鎌足】 614～69 孝徳～天智朝の政治家。中臣御食子の子で、藤原不比等の父。もと鎌子と称す。『日本書紀』および『家伝』上（『大織冠伝』）などにその活躍を伝える。父の御食子は前事奏官兼祭官であったが、鎌足は「神祇」の官に任じられたが、これを辞退して、摂津三島の別宅で時機をまつ。中大兄皇子（のちの天智天皇）と近づき、蘇我氏打倒の計画に参加、大きな役割をはたす。改新政府の内臣として活躍し、大錦冠をうける。正妻は鏡女王であったが、采女安見児を与えられたおりの歌が『万葉集』におさめられている。斉明朝には大紫冠となり、天智朝の大津宮遷都の推進者となった。天智天皇と大海人皇子の調停役となったが、病に倒れ、六六九（天智8）年一〇月一〇日、天智天皇みずからが鎌足の病床を見舞った。同年一〇月一五日、大海人皇子を遣わして大織冠と藤原の氏を与えた。翌日薨去し、同月一九日には天智天皇は再度鎌足の家におもむいて弔問し、金の香炉を贈る。高句麗僧道顕の『日本世記』にも鎌足の薨去の記事がみえる。『家伝』上には「山階精舎に葬る」と記す。藤原氏の氏寺となる興福寺のもとは鎌足が造営した山科精舎であった。墓は摂津国の阿武山につくられたが、後に大和国の多武峰の霊所に祀られる。

【参考文献】田村圓澄『藤原鎌足』（塙書房昭41）。（上田正昭）

なかとみのきみまろ【中臣清麻呂】 ⇩大中臣清麻呂

なかとみのすげのあそまろ【中臣習宜阿曾麻呂】 生没年未詳。奈良末の官人。習宜は本貫地の大和国添下郡内の地名にもとづく。大宰主神在任中、道鏡の即位により天下は治まるとの八幡神の教えを述べるが、和気清麻呂の神託上奏により偽りと判明。七七〇（宝亀元）年多褹嶋守に左遷、のち大隅守となった。（関口力）

なかとみのはらえ【中臣祓】 大祓には、六月と一二月の晦日に朱雀門等で親王以下百官人らの罪を祓によって除く恒例のものと、大嘗祭、斎宮や斎院の卜定、疫病災変の折に行われる臨時のものとがあり、そこでの祝詞（大祓詞）の宣読は中臣氏の専掌であった（養老神祇令・「延喜式」巻第八）。これら公的性格をもつ大祓に対し、中臣氏が随時私的に行う祓とその祝詞を中臣祓と称した。大祓詞は参集した諸人に宣べ聞かせる宣読体をとるが、中臣祓は神に対し申し上げる奏上体をとり、神との関係が直接的となる。（白江恒夫）

なかとみのやかもり【中臣宅守】 生没年不詳。奈良時代の官人。東人の子。狭野茅上娘子との結婚に何らかの問題があったとみられ、七三八（天平10）年頃越前国に配流される。この時の夫婦の贈答歌六三首が『万葉集』巻一五におさめられている。七四〇（天平12）年の大赦では対象とならなかったが、七六三（天平宝字7）年には従五位下に叙せられていることから、すでに赦されている。後に神祇大副。中臣氏系図に「宝字八年九月の乱に依り除名」とあることから、仲麻呂の乱に連座したとみられる。（菊地照夫）

なかとみのよごと【中臣寿詞】 天皇の即位や大嘗祭に中臣氏が奏上した寿ぎ言。天神寿詞とも。『日本書紀』持統四（六九〇）年正月に中臣大嶋が「天神寿詞を読む」とみえ、「大宝令」や「養老令」の神祇令には、「凡そ践祚の日、中臣天神之寿詞を奏す」と記す。『台記』の別記には一一四二（康治元）年近衛天皇の大嘗祭に中臣氏の奏上した「中臣寿詞」が収録されている。（上田正昭）

なかのおおえのみこ【中大兄皇子】 ⇩天智天皇

なかのかんぱくけ【中関白家】 ⇩藤原氏

なかのビーいせき【中野B遺跡】 ⇩函館空港遺跡

ながのぼりどうざんあと【長登銅山跡】 山口県美祢郡美東町大字長登地域内にあった銅山。県中央部の秋吉台の東南麓にある。古代に開発された日本最古の銅山で、江戸前期、明治・大正と栄枯盛衰をくり返しながら一九六〇（昭和35）年まで稼業された。長登銅山跡は、一五の採掘坑群と一〇の製錬跡の総称であるが、古代の遺跡は、山頂部に点在する榧ヶ葉山露天掘跡や鐘追坑道跡と、麓に広がる大切製錬遺跡がある。八世紀から一〇世紀にわたる国直轄の採銅・製銅官衙跡で、皇朝十二銭や奈良の大仏の原料銅を供給したことで著名である。発掘調査で検出された遺構に、銅製錬炉跡、製錬作業場、選鉱作業場、粘土採掘坑跡、木炭窯跡、暗渠排水溝跡、大溝跡などがある。また、出土遺物には、須恵器、土師器、緑釉陶器、製塩土器、木製品、木簡、動植物遺体のほか、製錬関係遺物として要石、石槌、羽口、炉壁片、坩堝、砥石などがある。とくに木簡は、現在までに八二八点が出土し、製銅官衙の様相を示す貴重な資料である。文書木簡は、苻式の「苻雪邑山□□〔長等カ〕□□□×」のほか、請求、上申、進上、送付などがあり、封緘木簡も一点出土している。貢進物木簡は庸米、舂米、調塩などがあり、渚鋤里や作美郷槻原里、雪伏里、美祢郷、岑郷、荒穂郷、久喜郷など、長門国内からの供給が多く、時期は天平年間を中心としている。短くて厚手作りの製銅付札は、部内での出来高個票で、「豊前門司五十七斤枚一／秦マ酒手三月功」などと、一般的に宛先、製銅斤数、枚数、工人名、仕業月などが記載され、工人技術者名や製銅インゴットの量、製銅の配分先を知ることができる。また、製銅個票を集計した大型木簡も出土し、出荷量も推測できる。工人名は、額田部、凡海部、忍海部、日下部、矢田部、安曇部、大伴部、膳大伴部、大神部、下神部、神部、日置部、大田部、語部、杖部、車持部、靫部、秦部、宇佐恵勝、弓削部などがみえ、出来高は二二斤から一一五斤とまちまちである。出荷配分先には、太政大殿、家原殿、豊前門司、節度使判官、椽殿、少目殿などがある。そのほか、炭の搬入や食料・人員の移動を記した部内の帳簿木簡が出土しており、古代銅製錬の実態を把握するうえで欠かせない資料となっている。

〔参考文献〕美東町教育委員会『長登銅山跡(1)(2)(3)』(平2、平5、平10)。同『長登銅山跡出土木簡』(平13)。同『古代の銅生産』(平13)。（池田善文）

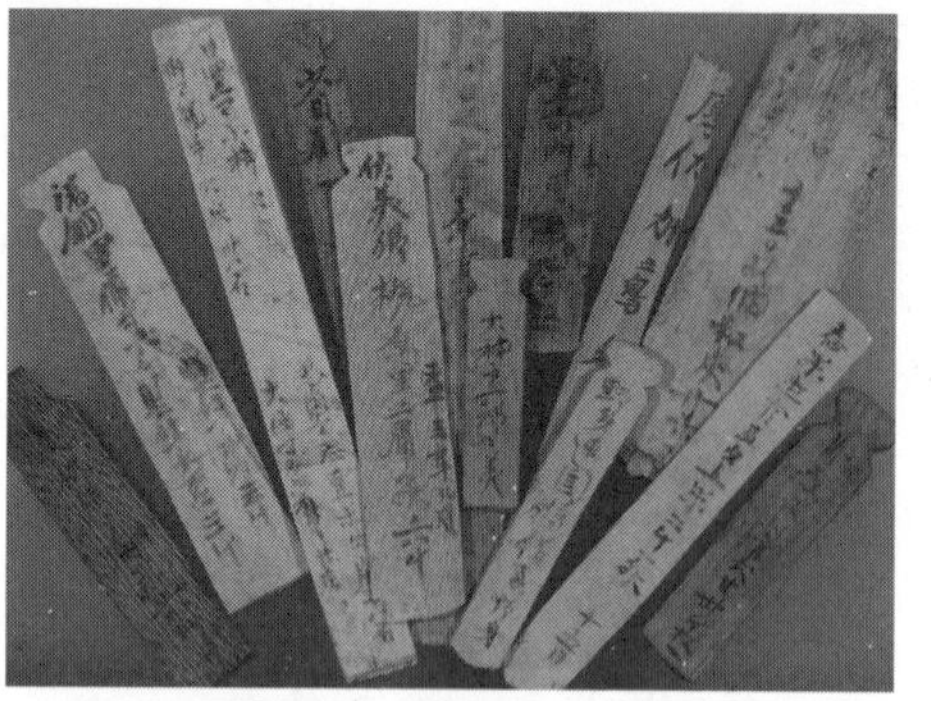

長登銅山跡　大量に出土した木簡

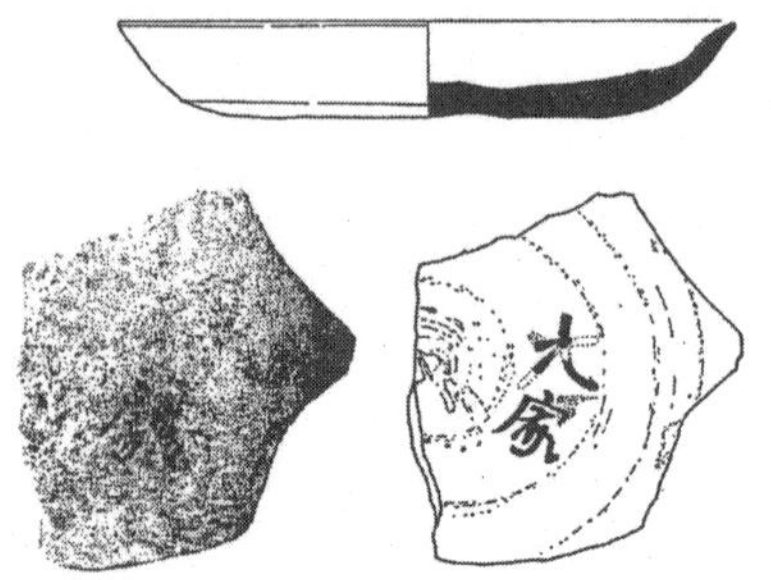

長登銅山跡　官衙遺跡の裏付となった墨書土器「大家」

長登銅山跡　大切４号坑口

なかはらし【中原氏】　十市首勝良を祖とする氏族。勝良の孫有象が九七一(天禄2)年に中原宿禰の姓を賜り、三年後に朝臣に改姓。その子致時の子孫は明経道を家学とし、平安時代中期以降大外記在任のまま従五位下となる大夫外記の地位を世襲、清原氏とともに局務家として外記局の実務を掌握した。このほか、明法道を家学とする系統や、蔵人所出納を家職とする系統などの分流が出た。（佐伯智広）

なかばるいせき【仲原遺跡】　沖縄県うるま市与那城町伊計島字仲原に所在する縄文時代晩期の集落遺跡。仲原式土器の標識遺跡。標高約二四mの平地から、竪穴住居跡が二三棟発見された。竪穴遺構は平面形が隅丸方形で縁辺部に石灰岩の石組みを有する。大きさは大型が約五m×五m、小型が約三m×二・五m。炉は大形住居跡のみで、一般的な小型住居跡には認められない。土器は仲原式土器を主体とする深鉢形の尖底土器や壺形土器からなり、石斧、磨り石、叩き石、サメ歯製骨製品なども出土した。国指定史跡。

〔参考文献〕沖縄県教育委員会『伊計島の遺跡』(昭56)。（上原靜）

ながやおう【長屋王】　?～729　奈良時代前期の政治家。天武天皇の孫、父は高市皇子。母については『尊卑分脈』などは御名部親王の娘とするが、「公卿補任」に「近江天皇女」(和銅二年条)、『一代要記』に御名部皇女とあり、年齢からも天智の娘、御名部皇女とみられる。『懐風藻』は享年を五四歳(寛政刊本に四六歳)、『扶桑略記』などは四六歳とする。前者に従えば六七六(天武5)年生まれ、後者に従えば六八四(天武13)年生まれとなる。妻は吉備内親王で、長屋王との間に膳夫王、葛木王、鉤取王があったが、いずれも長屋王の変で自殺した。また藤原不比等の娘(長娥子)との間に山背王、安宿王、黄文王、教勝ら、安倍氏の娘(木簡の「阿倍大刀自」)との間に賀茂女王(『万葉集』巻八・一六一三題詞注)、石川氏の娘(木簡の「石川夫人」「石川大刀自」など)との間に桑田王(『本朝皇胤紹運録』)らの子女があった。七〇四(慶雲元)年に無位から正四位上に叙位、規定より三階高いのは二九歳で最初の蔭位制の適用をうけたためとする説がある。最初の任官は宮内卿、以後式部卿、七一八(養老2)年大納言となり、台閣に列した。七二一(同5)年右大臣、七二四(神亀元)年には正二位左大臣となったが、七二九(同6)年密告から謀反の嫌疑をかけられ妻子とともに自害した(長屋王の変)。『万葉集』に歌五首、『懐風藻』に詩三首を残す。仏教信仰にもあつく写経事業を行い、七一二(和銅5)年文武天皇の死を悼み『大般若経』六〇〇巻(和銅経)、七二八

(神亀5)年にも両親の霊と聖武天皇のために『大般若経』(神亀経)を書写させている。神亀経は光明子の夭折に関わるか。また唐の僧に施した袈裟が鑑真来朝の縁になったという(『唐大和上東征伝』)。なお発掘調査により左京三条二坊一・二・七・八の四坪が長屋王邸であることが判明した。長屋王邸は「作宝宮」(神亀経奥書)、「長王宅」、「長屋王宅」、「宝宅」、「作宝楼」(『懐風藻』)、「左大臣宅」、「佐保宅」(『万葉集』)などと表記されているが、左京三条二坊の長屋王の邸宅と「佐保宅」「作宝宮(楼)」は別の地の可能性が高い。遺跡から発見された約三万五〇〇〇点の木簡は、「長屋王家木簡」とよばれる。木簡によると、長屋王家には二つの家政機関が存在し、一つは長屋王の、他の二品相当の家政機関は亡父高市皇子のものを継承した可能性が高い。職員には赤染、秦、置始など新羅系渡来後裔氏族が多い。

【参考文献】奈良国立文化財研究所『平城京二条二坊・三条二坊発掘調査報告』(平7)。東野治之『長屋王家木簡の研究』(塙書房平8)。寺崎保宏『長屋王』(吉川弘文館平11)。(川崎晃)

ながやおうけもっかん【長屋王家木簡】 平城京左京三条二坊一・二・七・八坪の長屋王邸跡から出土した奈良時代初期の木簡群。一九八八(昭和63)年に奈良市二条大路南一丁目で実施された百貨店建設予定地の発掘調査で、邸宅内の井戸やごみ捨て用の溝から約三万五〇〇〇点の木簡が出土した。文書木簡や荷札木簡の宛先として「長屋王家」「長屋親王宮」「長屋皇子宮」「北宮」とみえることなどから、邸宅の居住者が、左大臣長屋王と妻吉備内親王などの一族であることが判明した。

木簡は七一〇(和銅3)年頃から七一七(霊亀3)年頃までのもので、内容は、家政機関内で連絡を行った文書木簡、片岡・木上・矢口・佐保・耳梨・都祁・山背・大庭・高安・渋川など大和・河内を中心に各地に所在する御田・御薗とよばれる所領から邸宅に進上された作物に関する物品進上木簡、長屋王一族など居住者や邸宅内に設けられたさまざまな部署に勤務する労働者などに食料を支給した時の伝票木簡、家政機関職員の勤務評定に関わる考課木簡、封戸から貢進された封物の荷札木簡などであり、長屋王家の家政機関で使用された木簡を一括して廃棄したものが大半を占めている。

木簡には、律令に規定された家令や資人などの公的な家政機関職員のほかに、要帯師、沓縫、縫殿、染司、大刀造、御鞘作、御弓造、御鞍具作司、鋳物所、鍛冶、鏤盤所、経師、書法模人、画師、帙師、紙師、仏造司、轆轤師、籠作、障子作人、馬司、犬司、鶴司などが食料支給の対象などとしてみえ、服飾・武器・武具・仏像・仏具・写経・建具などのさまざまな部門の職員が長屋王邸内に存在したことが知られる。

この木簡群は奈良時代初期貴族の家政機関に関する史料群としては質量ともに充実しており、これにもとづく研究の論点は、奈良朝貴族の生活や経済基盤、家政機関、家産の相続、封戸経営などのほか、交通史、宗教史、国文学・国語学など多岐にわたっている。

【参考文献】奈良国立文化財研究所『平城京木簡』一(平6)。奈良文化財研究所『同』二(平12)。(鶴見泰寿)

長屋王家木簡
写真提供：奈良文化財研究所

ながやおうていあと【長屋王邸跡】 ⇩長屋王

ながやおうのへん【長屋王の変】 ⇩長屋王

なかやまかいづか【中山貝塚】 広島市東区中山にある、縄文時代後期から弥生時代中期の鹹水性貝塚。五層にわたる貝層により、中山B式(縄文時代晩期中葉)、中山I～IV式(弥生時代前期～中期中葉)が設定された。中山II式にともなって、太型蛤刃石斧・石庖丁などの石器類や石製・土製紡錘車、弭状鹿角製品、骨製指輪、ゴホウラ製・サルボウ製貝輪などが出土している。縄文時代から弥生時代への推移と、貝を採取しなければならなかった初期稲作社会の様相が明らかになった。(中越利夫)

なかやまへいじろう【中山平次郎】 1871～1956 京都市上京区下立売出水に生まれる。一九〇〇(明治33)年東京大学医学部卒業。福岡医科大学、九州大学医学部教授などを歴任。医学博士。三一(昭和6)年九州帝国大学名誉教授。病理学者であると同時に考古学者として著名。とくに福岡県地方の考古学研究に大きな足跡を残した。漢委奴国王印の出土地、奴国王の墓、立岩遺跡の石包丁製作遺跡、甕棺遺跡などの現地調査を重視した研究を行った。一九一七(大正6)年に『考古学雑誌』一―一〇～八―三に発表した「九州北部における先史原史両時代中間期間の遺物について」をはじめ弥生文化の研究に大きな業績を残した。なかでも、弥生文化が『金石器併用期』であることをはっきり指摘した業績は大きい。

【参考文献】中山平次郎『古代乃博多』(九州大学出版会昭59)。(中村修身)

ながらのやまかぜ【長等の山風】 江戸時代後期の国学者である伴信友の著述。成立年は明確でなく、信友は晩年まで加筆訂正を続けていたと推定される。もとは「淡海朝考」との表題であった。上下二巻、これにかなりの分量の付録(壬申紀證註・年号の論等)がつく。天智天皇の子である大友皇子の事績の考証を軸に、『大日本史』に賛同してその即位を述べ、陵所を滋賀郡長等山に比定し、そこに園城寺が創建されたとする。近世における近江朝廷、壬申の乱研究の代表的著作。(早川万年)

ながらのやまさきのみささぎ【長等山前

陵］　大友皇子（弘文天皇）の陵。滋賀県大津市御陵町にある。皇子は一八七〇（明治3）年七月、皇統に列せられ、陵所の探索もより本格化した。元禄年間以降、諸処諸説があったが、七六（同9）年に滋賀県令籠手田安定は亀丘の古墳を発掘し、鏡剣鏃をえた。同所は長等山の東麓の園城寺境内地内にあり、父の家地に御子与多王が建立したという縁もあって、翌年六月陵とし、修理を加え、長等山前陵と号した。　（福尾正彦）

なきさわめのみこと［啼沢女命］　『記』『紀』神話の神。妻イザナミを亡くしたイザナキがその遺体の枕辺と足元に腹這って動哭し、その涙が化成した神。古代の葬儀に泣いて死者の魂をよび戻す「泣女」という巫女的性格の女性がいたが、その神格化とみられる。　（菊地照夫）

なごしのはらえ［夏越祓］　六月祓とも。旧暦六月晦日の行事。古来、朝廷において六月と一二月の晦日に行われていた大祓のうち六月祓のみが残ったもの。茅輪のなかをくぐって罪や穢を払うが、人形などに穢を移して川に流す風も広く行われた。　（竹居明男）

なこそのせき［勿来関］　常陸国と陸奥国の境界に設置された関所。本来は菊多関で白河関・念珠関とともに奥羽三関といわれたが、しだいにその機能を失い、平安中期以来、文学的表現としての勿来関の名が一般化していった。現福島県いわき市勿来関町と推定されているが確証はない。　（高橋誠一）

なしつぼ［梨壺］　⇩昭陽舎

なしめ［難升米］　三世紀前半の倭の有力者。「なんしょうまい（べい）」などとも。二三九（魏・景初3）年、魏への使者となり、帯方郡、さらに魏の都にいたり、少帝より率善中郎将に任じられ、銀印青綬を賜った。また二四五（魏・正始6）年、少帝より黄幢（黄色い軍旗）が帯方郡に付託され、難升米は二四七（同8）年かそれ以後に拝受した。　（川﨑晃）

なしもといん［梨本院］　平安京大内裏のうち、内裏の東北、職御曹司の北隣にある方四〇丈の一郭。『文徳実録』仁寿三（八五三）年二月庚辰条によると、仁明天皇の別館と記しており、このときから翌年四月一三日に天皇が冷泉院に遷るまで、梨本院が皇居となった。　（山田雄司）

なしろ・こしろ［名代・子代］　部民の一種。刑部・日下部・穴穂部・長谷部・春日部・石上部・檜前部・金刺部・他田部のような大王などの居住地（王宮）の名を冠するもの。五、六世紀を中心に設置された。部民のなかでも中核となるものである。王宮の主と個別的な服属関係をもち、舎人・靫負・膳夫という伴を出し、その王宮へ出仕させ、資養の義務を負う。出仕した伴は伴造のもとに編成されて主に近侍し奉仕する。当時大王は通常「某宮治天下大王」と称され、王宮の名は大王の人格や治世の象徴であった。名代・子代は大王などの経済的基盤であると同時に、その名を後世に長く伝えるためのものでもある。設置した大王などから王宮とともに名を継ぐ子孫へと継承されたと思われる。名代と子代の同異については正確には不明であるが、名を伝えるためのもの（名代）が具体的には子に継承されるべきもの（子代）であることから、同一の実体を別の視点から表現したものと考えるのが妥当であろう。

［参考文献］狩野久『日本古代の国家と都城』（東京大学出版会平2）。鎌田元一『律令公民制の研究』（塙書房平13）。　（鷺森浩幸）

なすこくぞうひ［那須国造碑］　栃木県北部の大田原市湯津上村所在の笠石神社蔵。国宝。保存顕彰に尽力した徳川光圀建立の石碑。「永昌元年己丑四月飛鳥浄御原大宮那須国造　追大那須直韋提評督被賜歳次康子年正月　二壬子日辰節殄故意斯麻呂等立碑銘偲云尓　仰惟殞公廣氏尊胤国家棟梁一世之中重被貳　照一命之期連見再甦砕骨挑髓豈報前恩是以　曾子之家无有嬌子仲尼之門无有罵者行孝之　子不改其語銘夏堯心澄神照乾六月童子意香助坤作徒之大合言喩字故無翼長飛无根更固」と刻む。前半三行と後半五行に分かれ、和文脈の前半は永昌元年己丑（六八九年）、那須国造で追大壹の位にある那須直韋提が（那須）評督に任じられたこと、康（庚）子年（七〇〇年）韋提は没し、息子とみられる意斯麻呂らが建碑したことを記し、後半は行・徳を偲ぶ壮麗な漢文体となっている。唐（周）の則天武后年号「永昌」の使用、国造と評督（後の郡司）との関係など、持統・文武朝の中央政府と地方との関係を知るうえで貴重な文物である。

［参考文献］斎藤忠ほか『那須国造碑・侍塚古墳の研究』（吉川弘文館昭61）。　（熊倉浩靖）

なすはちまんづかこふん［那須八幡塚古墳］　栃木県那珂川町の那珂川の段丘上に西面して築造された古墳時代前期の前方後方墳。全長六八mで北側に隣接して温泉神社古墳が存在する。一九五三（昭和28）年、小川町古代文化研究会が主催して発掘調査が行われた。その結果後方部頂に東西両端を白色粘土で押えた木棺直葬が確認された。副葬品として夔鳳鏡一、剣、鉄製農工具類が共伴した。特に夔鳳鏡は文様構成も精巧で、保存状態も良く、明らかに舶載品である。また墳丘から検出した土師器と合わせて、当古墳は四世紀代と考えられる。

［参考文献］三木文雄他『那須八幡塚古墳』（小川町古代文化研究会昭33）。真保昌弘他『那須八幡塚古墳』（小川町教育委員会平9）。　（茂木雅博）

なちさんきょうづか［那智山経塚］　和歌山県那智勝浦町那智山にある経塚。熊野那智大社の神体である那智滝に通じる参道の両側から大量の経塚遺物が発見された。一九一八（大正7）年と三〇（昭和5）年に偶然に大量の経塚遺物が発見された。軽筒には一一五三（仁平3）年から一五三〇（享禄3）までの紀年銘のものが含まれる。多種の副納品がみられ、とくに密教大壇を構成する金剛界三十七尊三昧耶形や金銅仏の出土が注目される。沙門行誉による埋納の経緯を記した一一三〇（大治5）年奥書の『那智山滝本金経門縁起』が知られ、出土品との比較が試みられている。　（杉山洋）

なつしまかいづか［夏島貝塚］　神奈川県横須賀市夏島町所在の縄文時代早期の貝塚で、夏島式土器の標式遺跡。貝塚は島の小丘陵の南端に近い標高四六mほど（杉原荘介らの報告では二〇mとなっている）の緩斜面に立地している。夏島はかつて東京湾に浮かぶ小島であったが、大正時代に日本海軍の飛行場建設の際、島の一部が採土され埋め立てられて地続きとなった。戦前、桑山龍進の報告によって貝塚の存在が知られるようになったが、当時は日本軍の要塞で一般の立ち入りは禁じられ貝塚の内容は不明であった。戦後、杉原荘介は米軍の管轄におかれていた本貝塚の調査の許可をえて、明治大学を中心として、一九五〇・五五（昭和25・30）年の二次にわたり、本格的な調査を行った。その結果、三枚の貝層からなりそれぞれ混土貝塚（中間土層）をはさんで七つの文化層を形成している状況が明らかになった。貝層はいずれも早期のもので、とくにローム層の上に堆積する第一貝層（マガキ、ハイガイが主体）は厚いところで六〇cmにも達し、ここから出土した撚糸文土器は「夏島式」とよばれる。井草・大丸式から夏島式の新旧関係が層位的に確かめられ、また縄文時代最古級の貝塚の一つとしても重要な遺跡である。第一貝層からは、礫器、局部磨製石斧、石皿などの石器類、針釣などの骨角・貝製品、魚骨、鳥骨、獣類遺体などが多数出土した。とくに早期に属する犬の骨は注目される。また貝層下のローム層上面には石敷や炉跡もみつかっている。貝層出土のカキ殻と木炭を米・ミシガン大学で放射性炭素年代測定した結果、今から約九〇〇〇年以上も遡る値が出て、世界的にも古い貝塚として、当時学界で論議をよんだ。国史跡。

【参考文献】杉原荘介他『神奈川県夏島における縄文文化初頭の貝塚』（明治大学文学部昭32）。　**（中山清隆）**

なつみはいじあと【夏見廃寺跡】　三重県名張市夏見の丘陵南斜面に造営された古代寺院跡。傾斜地のためか、西に金堂、東に塔、西南に東面する講堂を配し、寺域南面を掘立柱柵、ほかの三面を築垣で囲う。乱石積基壇金堂は身舎と庇の礎石が同数の三間×二間の建物で、奈良県山田寺・滋賀県穴太廃寺にしかみられない特異な建築構造を示す。流麗な塼仏と「甲午年」銘塼・瓦当等から創建が七世紀末、塔・講堂が八世紀中頃に整備され、一〇世紀末に焼亡。大来皇女の建立説もあるが、異説もある。　**（山澤義貴）**

ななせのはらえ【七瀬祓】　平安時代、天皇や貴族が川や海の岸辺七ヵ所で行わせた祓の儀式。川合・一条・土御門～二条各大路末の賀茂七瀬のほか、大井川等の周辺で行う霊所七瀬（耳敏川以下）、さらに大規模な大七瀬（難波以下）があった。　**（竹居明男）**

なにわ【難波】　「ナニワ」の語源については、潮流が速いので「ナミハヤ（浪速）」といい、訛って「ナニワ（難波）」となったとする神武即位前紀など諸説があるが、いずれも海とのかかわりが強い。古代において難波とよばれた地域の範囲は明確でないが、『日本書紀』『万葉集』「正倉院文書」に「浪速国・難波国」とあることなどからすると、おそらく難波津を中心としてまとまって地域をなしていたと考えられる。現代では上町台地を中心とする律令制のいわゆる摂南四郡（東生・西成・百済・住吉）の地を難波の範囲とすることが多いが、住吉郡を難波の範囲に含めることについては異論もある。　**（中尾芳治）**

なにわおごおり【難波小郡】　古代の難波に存在した朝廷の出先機関。「大郡・小郡」があり、「大郡」が外交をつかさどるのに対し「小郡」は内政のための役所の施設であったと考えられる。壬申の乱に際し、大伴吹負は「難波小郡」に留まり、以西の諸国司らに官鑰・駅鈴・伝印を進めさせている。　**（中尾芳治）**

なにわきょう【難波京】　六八三（天武12）年一二月の複都制の詔に「百寮のものは各往りて家地を請え」とあることや、七三四（天平6）年九月の宅地班給記事を手がかりに天武朝あるいは聖武朝に条坊制にもとづく難波京の存在が推定されているが、その実態については不明な点が多い。難波宮中軸線に一致する古道や四天王寺付近に残る九〇〇尺方眼の地割の存在などから難波京条坊の復元の試みがなされているが、考古学的な裏付けを欠いた図上の復元の段階に止まっている。孝徳朝における条坊制都城の存在については否定的な見解が強い。　**（中尾芳治）**

なにわだいどう【難波大道】　一九八〇（昭和55）年に堺市大和川・今池遺跡で幅一八m、延長一七〇mの南北の古道痕跡が検出された。この古道は難波宮中軸線上に位置すること、側溝出土土器の型式から七世紀中葉に建設されたものと考えられること、道路幅が下ッ道の幅とほぼ等しいことなどから、前期難波宮（難波長柄豊碕宮）中軸線を南下して大津道、丹比道と接続する「難波大道」と仮称している。

【参考文献】大和川・今池遺跡調査会『大和川・今池遺跡Ⅲ』（昭56）。　**（中尾芳治）**

なにわづ【難波津】　古代における瀬戸内海交通や対外交通の起点。大阪湾の最奥の位置を占め、淀川・大和川の二大河川が交わる難波一帯の地には古くから港津が発達した。『日本書紀』にみえる桑津、猪甘津、祝津、高津などは広義の難波の津の一つである。こうした港津のなかで、五世紀以後、開削された「難波堀江」との密接な関係の下に、大和政権の外港として整備され、国家的港津の地位を占めたのが「難波大津・難波御津（三津）」ともよばれた狭義の難波津であった。その名は応神記や仁徳紀六十二年五月条をはじめとして古代の文献に数多くみえるが、難波津は国内交通の要衝であるとともに、中国・朝鮮との海外交通の発着港として重要な国際港でもあった。狭義の難波津の所在については諸説があるが、地名考証のうえから大阪市中央区三津寺町辺に比定する説と、自然地理的な古環境の復元から大川（難波堀江）に東横堀川が合流する中央区高麗橋辺に比定する説がある。

【参考文献】直木孝次郎『難波宮と難波津の研究』（吉川弘文館平6）。　**（中尾芳治）**

なにわのおおごおり【難波大郡】　大化前代の難波に置かれた外交をつかさどる役所の施設。五六一（欽明天皇22）年、百済・新羅の使者を「難波大郡」で次序し、六〇八（推古天皇16）年九月には隋使を供応している。六三〇（舒明天皇2）年に「難波大郡」を三韓館とともに「修理」していることから「大郡」が行政区画の名称でないことがわかる。　**（中尾芳治）**

なにわのきし【難波吉士】　吉士集団の最有力氏。その実態については不明の点が多いが、難波津を拠点として外交任務にあたった草香部吉士・三宅吉士などの吉士系諸氏が六世紀後半に同族団的な総称として、難波吉士の氏姓を名乗った可能性がある。　（**加藤謙吉**）

なにわのながらとよさきのみや［難波長柄豊碕宮］　*大化改新の難波遷都にともなって造営された*孝徳天皇の宮室。六四五（皇極4）年六月、蘇我本宗家を倒して新政権を樹立した孝徳天皇らは、その年の一二月、都を「難波長柄豊碕」に遷した。「*難波大郡・小郡」など既設の官衙を宮に改修してそれに拠るいっぽう、東漢直荒田井比羅夫を「将作大匠」として六五〇（白雉元）年、新宮の造営に着手した。六五二（同3）年九月に完成し、地名を取って「難波長柄豊碕宮」と命名された宮殿のかたちは言葉に尽くしがたいほど立派であったと『日本書紀』は伝えている。難波における正宮として「難波宮」ともよばれた長柄豊碕宮は、六五四（同5）年の孝徳天皇の死去と飛鳥遷都の後も存続した。六七七（天武6）年には「摂津職」の、六七九（同8）年には「羅城」築造の記事がみえる。六八三（同12）年の複都制の詔によって飛鳥とならぶ都の一つになったが、六八六（朱鳥元）年正月、「大蔵省」からの失火によって全焼し、「兵庫職」のみ残ったと『日本書紀』は記している。長柄豊碕宮の所在地は長らく不明であったが、一九五四（昭和29）年に始まる山根徳太郎らの発掘調査によって、大阪市中央区馬場町・法円坂一丁目一帯の地に発見された前期難波宮跡がその遺構である可能性が高い。

［参考文献］直木孝次郎『難波宮と難波津の研究』（吉川弘文館平6）。中尾芳治『難波宮の研究』（吉川弘文館平7）。　（**中尾芳治**）

なにわのほりえ［難波堀江］　上町台地の東側に広がる湖沼・湿地の水はけをよくするために掘られた人工の水路。『日本書紀』仁徳天皇十一年十月の記事に「宮（難波高津宮）の北の郊原を掘り、南の水を引きて西の海に入る。因りて其の水を号けて堀江と曰う」とあり、天満砂堆を横断して開削されたと考えられる現在の大川（天満川）にあてるのがほぼ定説になっている。　（**中尾芳治**）

なにわのみやあと［難波宮跡］　六四五（大化元）年一二月の難波遷都にともなって造営された難波長柄豊碕宮以来、奈良時代の難波宮をへて八世紀末に廃絶するまで首都あるいは副都として難波に存続した宮都の遺跡。『日本書紀』『続日本紀』「正倉院文書」『万葉集』に多くの記録を残す難波宮については江戸時代から地誌的な研究が行われてきたが、多くの異説があってその所在地を確定するにいたらなかった。特に孝徳朝の難波長柄豊碕宮については、大阪城辺とする上町説と地名考証のうえから旧西成郡長柄・本庄（現北区）に比定する下町説があって、長年にわたる論争が続いた。一九一三（大正2）年、大阪城南の地から出土した奈良時代の古瓦は、それまでの地誌的研究に対して考古学的研究の端緒となったが、一九五四（昭和29）年に始まる山根徳太郎を中心とする発掘調査の結果、大阪市中央区馬場町・法円坂一丁目一帯の地に前期・後期に二大別される宮殿跡が発見された。後期難波宮跡は、重圏・重郭文や蓮華・唐草文軒瓦など奈良時代の屋瓦を伴出すること、一尺＝二九・六cmのいわゆる天平尺で設計・造営されていること、平城宮跡の内裏・第二次大極殿と近似した規模と殿舎配置をもつことなどから、七二六（神亀3）年一〇月、聖武天皇が式部卿従三位藤原宇合を知造難波宮事として造営に着手し、七三二（天平4）年頃完成した奈良時代の難波宮に比定される。前期難波宮跡は、奈良時代の後期難波宮跡より明らかに時代の古い宮殿跡である。全て掘立柱で屋瓦をともなっていないことや天平尺よりも短い一尺＝二九・二cmという尺度が基準となっていることに加えて、全面に火災の跡を残していることから六八六（朱鳥元）年正月に失火で全焼したと天武紀に記録される難波宮に比定することができる。問題はその造営年代と孝徳朝の長柄豊碕宮との関係がどうなるかということである。前期難波宮創建時の整地層や難波宮下層遺跡から出土する土器の型式にもとづく年代観から、七世紀中葉を大きく下らぬ時期に前期難波宮が造営されたと考えられることや、一九九九（平成11）年に前期難波宮の推定宮城の北西隅近くから出土した「戊辰年」紀年銘木簡を含む木簡群などから考えると、前期難波宮跡が長柄豊碕宮の遺構である可能性は極めて高い。難波宮跡は長年にわたる保存運動の結果、中心部約九haが国の史跡として指定され、「難波宮跡公園」として環境整備が進められている。二〇〇一（同13）年一一月、宮跡の一隅に開館した大阪歴史博物館に出土品が展示されている。

［参考文献］『難波宮址の研究（1）～（11）』（難波宮址研究会・難波宮址顕彰会・大阪市文化財協会昭31～平12）。直木孝次郎『難波宮と難波津の研究』（吉川弘文館平6）。中尾芳治『難波宮の研究』（吉川弘文館平7）。　（**中尾芳治**）

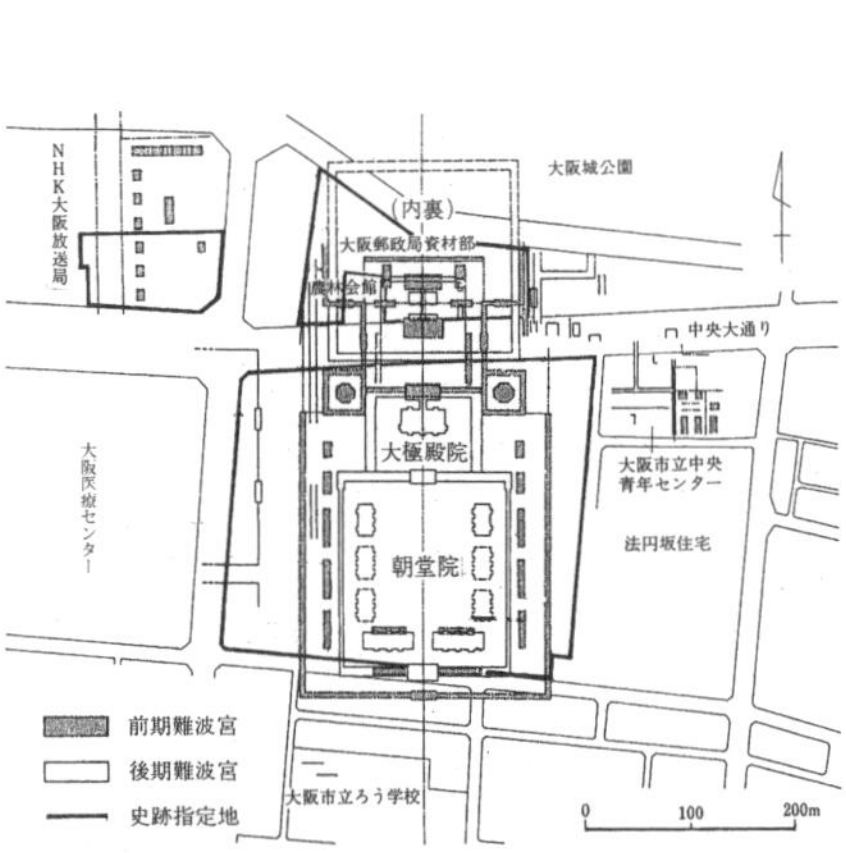

難波宮跡位置図

難波宮跡全景（南から）

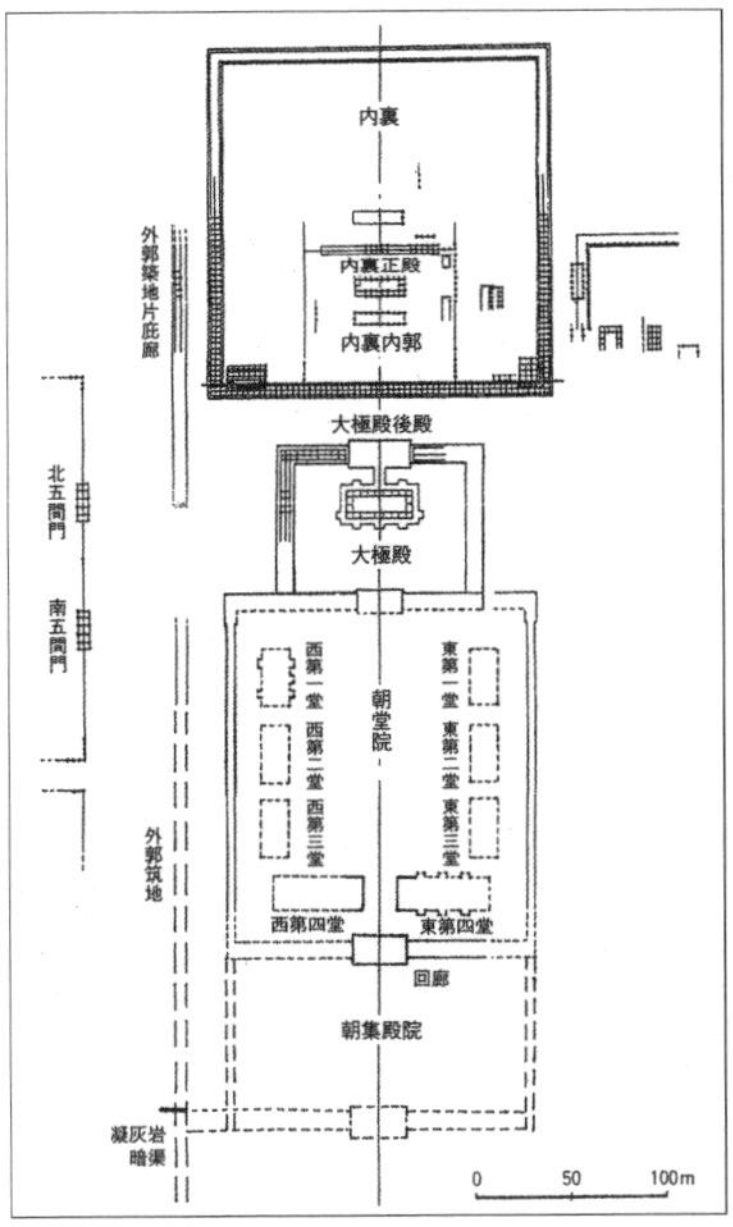

後期難波宮跡
作図：中尾芳治

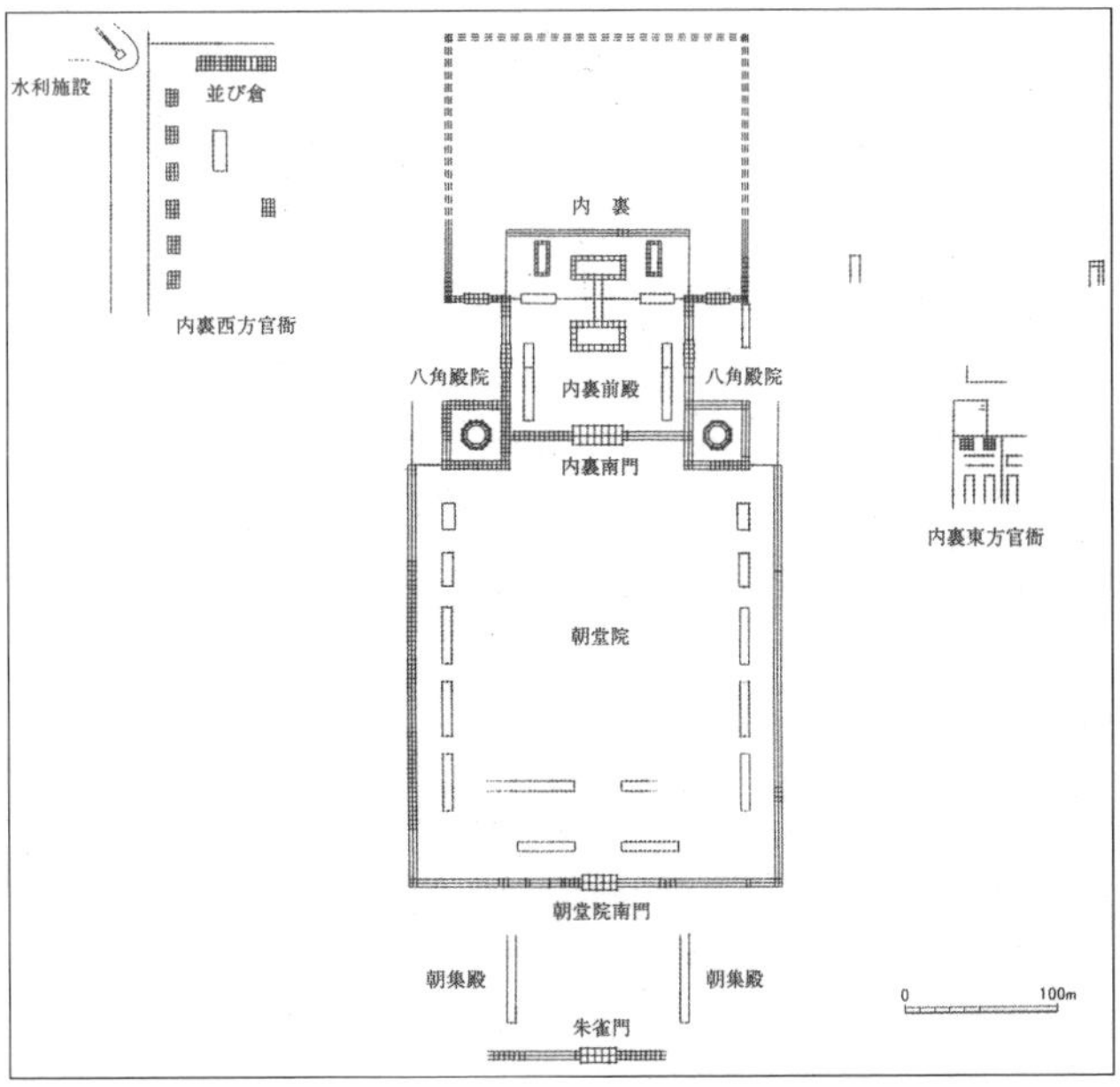

前期難波宮跡

なにわのむろつみ［難波館］ 古代の難波に設けられた外国使節の饗応・宿泊のための迎賓館的施設の総称。「難波高麗館、難波百済客館堂、三韓館」の別称があり、六〇八（推古天皇16）年四月に隋使を安置するための「新館」を難波高麗館の近くにつくっていることなどからみて、朝鮮三国・中国それぞれ国ごとに館が設けられていたことがわかる。（中尾芳治）

なのあがた［儺県］ 古代の県の一つで、『日本書紀』仲哀天皇八年正月己亥条に、熊襲征討のため仲哀が儺県にいたったとある。儺は那、奴なども表記され、現在の福岡県福岡市博多区付近から春日市にかけての地域をさすと考えられる。（森哲也）

なのおおつ［那大津］ 古代の儺県にあった津。娜大津また那津ともいう。儺県は現福岡県福岡市博多区、『魏志』東夷伝倭人条にみえる奴国の地でもあったと考えられている。津は那珂川の河口にあったと推定され、『日本書紀』宣化天皇元年五月条に「宮家を那津の口に修り造てよ」、また斉明天皇七（六六一）年三月条に「御船、還りて娜大津に至る」とある。斉明天皇はこのとき、磐瀬行宮に滞在し津の名を長津と改めた。『続日本紀』にある博多大津（博多津）と那大津が同じであるか否かは検証を要するとされる。（高橋誠一）

なのくに［奴国］ 『魏志』東夷伝倭人条にみえる国名。伊都国の記述に続いて「東南至奴国百里……有二万余戸」とある。現福岡県福岡市博多区とする説が有力で、その遺称は『日本書紀』仲哀天皇八年条にみえる「儺県」にも引き継がれた。『後漢書』倭伝に五七（建武中元2）年に後漢に朝貢したことがみえ、この時に光武帝から賜った印が「漢委奴国王」印。（高橋誠一）

なのつのみやけ［那津官家］ 『日本書紀』宣化元年五月辛丑朔条に、官家を那津の口に修造せよ、とみえることにもとづく用語で、本来の名称は不明である。同条によれば、ここに各地の屯倉から穀を集めることが命じられており、大和政権による北部九州の管轄・対外関係の拠点とみられることから、後の筑紫大宰、大宰府の起源を考察するうえで注目されてきた。古くは福岡県福岡市南区三宅の地を比定していたが、近年は六世紀中頃～七世紀の大型倉庫群などが検出された、福岡市博多区博多駅南の比恵遺跡（国指定史跡）が注目されている。（森哲也）

なばたけいせき［菜畑遺跡］ 佐賀県唐津市に所在し、低丘陵の先端部に位置する、縄文時代前期から弥生時代前期にかけての遺跡。とくに縄文時代晩期の水田遺跡が注目され、弥生時代早期論の発端となった遺跡でもある。出土した磨製石器の類にも大陸文化の影響が強くうかがわれ、朝鮮半島から伝わった農耕文化を国内で受容した初期の農耕遺跡に位置付けられている。畦畔と水路により区画された約四m×七mの水田が検出され、石包丁・石鎌・諸手鍬・馬鍬・えぶり等の農耕具もある。抽出された炭化米の大半はジャポニカ種である。アワ・オオムギなどの雑穀類も検出され、多種類の動物遺体も出土した。動物遺体のうち多くを占めるイノシシ、シカなどの大型獣は飼育の可能性も指摘されている。
〔**参考文献**〕中島直幸他編『菜畑遺跡』（唐津市教委昭57）。（片岡宏二）

なばり［名張］ 伊賀国南部の郡名。伊賀盆地の南西部で現三重県名張市とその周辺。隠、名墾とも書いた。大化改新詔に畿内の東の境界として「名張の横河」がみえる。壬申の乱の際には大海人皇子が到り隠駅家を焼いた。（高橋誠一）

なほやまのはか［那富山墓］ 聖武天皇皇太子の墓。その名は不詳である。七二八（神亀5）年死去、那富山に葬られた。墓は一八七九（明治12）年、現在地に治定。奈良市法蓮町の丘陵上に位置する長径約一一mの楕円丘である。墓の四隅には隼人石、七匹狐、犬石と称される、獣頭人身像を線刻した自然石計四体が立つ。もと近隣の「大こくが芝」にあったこともある。古く藤貞幹『好古小録』などにも紹介され由来も諸説あったが、近年では新羅の十二支像の系譜を引くものと考えられている。（福尾正彦）

なます［膾］ 細く切った肉のことであり、鱠とも。魚肉を酢に漬けた食物を示すことが多いが、蛤や鳥獣の肉（『日本書紀』景行紀・雄略紀）、鹿肉（『播磨国風土記』讃容郡柏原里筌戸条）等の獣肉一般をさす。（岩宮隆司）

なみつきのみや・ふたつきのみや［両槻宮・二槻宮］ 奈良県桜井市の多武峰の頂上付近につくられた斉明朝の離宮。六五六（斉明2）年、田身嶺の頂上近くに、冠を被ったような形状に垣を巡らせ、また嶺の上の両槻の樹の辺りに観を起て、両槻宮と名付けられ、天宮とも称された（『日本書紀』）。七〇二（大宝2）年三月には、大倭国に命じて二槻離宮を繕治させている（『続日本紀』）。他の離宮とは異なり、高所にあったことから、天宮と称された。斉明朝における神仙思想の高揚と結びつく。亀形石槽の見つかった酒船石遺跡を両槻宮の一部、あるいは両槻宮への入り口施設とする見解もあるが、多武峰とは直線距離にして約二・八km も隔たり、また両者の比高差は約四五〇mで、なおかつ間に細川谷古墳群があることから、賛同しがたい。両槻宮の所在地については未詳であるが、近世には、中世以来営まれてきた多武峰の墓地の頂上（「ネヅキ」と称する）に比定された。現地を踏査すると、稜線に人工的な平場がみられ、人為的に矢を打ち込んで割った花崗岩が散在している。（和田萃）

ならざか［奈良坂］ 奈良と京都の境界をなす坂の奈良側の坂をいう。奈良時代より平城京から北方に向かう道として使用されたが、長岡・平安遷都後に奈良・京都間の陸路での要路となり、とりわけ東大寺・興福寺を中心とする地域が都市的発展をとげることによって奈良坂は頻繁に人々の通行に用いられた。古代末以後には京都清水坂とならび乞食・非人の集住地となった。（井上満郎）

ならさんさい［奈良三彩］ 奈良時代に日本でつくられた三彩陶器。鉛ガラスを釉に使う鉛釉陶器で、白い胎土の上に緑釉と褐釉を塗り分ける。須恵器や土師器からの影響をうけた坏皿椀類・壺類、金属器に由来する浄瓶・合子・火舎・多口瓶、*唐三彩に由来する鼓胴・陶枕・長頸壺など様々な器形がある。正倉院所蔵の三彩陶器群が質量ともに群を抜く。全国の遺跡からの出土例も増し、おもに寺院や祭祀遺跡からが多いが、畿外の住居跡からの出土も目立つ。奈良三彩を焼成した窯跡は未発見であるが、七三三（天平5）年からの興福寺西金堂造営に関する正倉院文書「造仏所作物帳」に、三彩製作用度の一覧があり、必要に応じて平城京近辺の官営工房で製作されたのであろう。その技術的系譜については唐三彩との関連を説く考えがあったが、近年では七世紀代の緑釉陶器からの技術的発展に加えて、朝鮮半島の鉛釉陶器技術との関連を重視する考え方が一般化しつつある。（杉山洋）

ならじだい［奈良時代］ 政権所在地を基準とする時代区分で、普通は平城京が宮都であった七一〇（和銅3）年から長岡京遷都の七八四（延暦3）年までをいう。平安時代は平安遷都によって始まるとすれば終期は七九四（同13）年となる。途中の七四〇（天平12）年から七四五（同17）年までは平城京は宮都でないが、便宜上や奈良時代に含める。政治は基本的に律令を中心に運営された。大宝律令は大宝元年に制定・施行、七一八（養老2）年に部分改定があったが古代末まで通用、政治ばかりでなく経済・文化にも大きな影響を及ぼした。奈良時代は七、八〇年におよび社会の実相も変化があったが、律令本体は改廃されず格・式の発布によって対応がなされ、実情との整合がはかられた。政権構成は流動的で頻繁な交替があり、皇位も基本的には天武天皇、草壁皇子の血縁子孫が継承したが、中継ぎ的な女帝が元明・元正・孝謙・称徳と四代もみられるなど必ずしも安定的でなかった。政権運営ははじめ平城京遷都を実現し大宝律令制定・『日本書紀』編纂などにあたった藤原不比等が主導、七二〇（養老4）年の不比等死後は長屋王が右大臣・左大臣として政権運営にあたり良田百万町歩開墾計画・三世一身法などの実施にあたるものの、藤原氏を中心とする勢力の攻撃によって失脚、次は藤原四子（武智麻呂・房前・宇合・麻呂）の政権が成立。聖武天皇・光明皇后との協調により政権は運営されたが七三七（天平9）年に四子ともに死去、元皇族葛城王の橘諸兄が首班となる。藤原広嗣の乱・安積親王（聖武天皇皇子）急死などの事件はあるが国分寺・大仏建立やまた墾田永年私財法などの画期的政策を実施し、奈良時代では異例の約二〇年の長期政権を築いた。この間藤原仲麻呂の勢力が台頭、安積急死も仲麻呂による暗殺との説が有力で、七五七（天平宝字元）年諸兄死去の直後にその子奈良麻呂が謀反、これを打倒して仲麻呂政権が成立した。ついで道鏡が称徳天皇の庇護のもとに進出、仲麻呂は謀反に追い込まれ七六四（同8）年失脚、道鏡政権が誕生した。翌（天平神護元）年には太政大臣禅師となり僧俗の頂点に立ち、古代日本では異例な政教一致の政権運営にあたる。道鏡政権は七七〇（宝亀元）年称徳天皇の崩御とともに終了、替わって藤原良継・百川兄弟たちにより政権は運営され光仁・桓武朝政治が始まり、政治の流れという意味ではここから平安時代的な要素が強くなるが、奈良時代政権は拡大する藤原氏勢力とそれへの反発勢力の交互の運営で推移したことが特徴的である。

国家経済は公地公民制を基軸として運

営されたが、当初設定された租・調・庸制度などはやがて行き詰まり、七四三(天平15）年には墾田永年私財法が施行されて本来は課税の対象とならない私地の墾田にも課税されるようになり、一時的には国家財政は好転した。一方で権門の私地蓄積が国家の許容範囲を越えて飛躍的に拡大し、荘園が全国に形成された。公地公民制の原則は時代の進展とともに変質、平均的な公民を前提とした律令制的経済支配は崩壊した。文化面でも著しい発展がみられ、前代の白鳳文化すなわち朝鮮・中国の影響から脱しえない状況から、奈良時代には海外の影響を吸収した上で日本的な有り様を示す天平文化が栄えた。それは仏教文化にとどまらず、記紀万葉など、後世の日本文化の原点となる諸作品が成立した。そしてこれらの文化活動の背後には三度の中止を含めて九度の遣唐使派遣（遣新羅使・遣渤海使もほぼ同数）が示すように頻繁な国際文化との接触があり、そのなかで日本のアイデンティティー形成への志向が高まり、南都六宗の教学体系成立をはじめとする天平文化へと結実するにいたったと考えられる。

〔**参考文献**〕笹山晴生『日本古代史講義』（東大出版昭52）。吉田孝『古代国家の歩み』（小学館昭63）。

（**井上満郎**）

ならびがおか〔双ケ丘〕　双ヶ岡とも。平安京の北西に接してあるなだらかな稜線の独立丘陵。京都市北区御室双ヶ丘町にあり、南北に三つの丘が並び、北から南に大小となり一ノ丘、二ノ丘、三ノ丘とよぶ。平安京内からよく見えるため、古くから歌枕となる。一ノ丘頂上には巨大な円墳があり、双ヶ丘の大臣とよばれた清原夏野の墓と伝えられているが、じつは古墳時代後期の巨石の横穴式石室がある古墳である。

（**高橋美久二**）

ならやま〔平城山〕　奈良盆地と京都盆地の境界をなす標高一〇〇m前後の大阪層群の丘陵。那羅山、奈良山、乃楽山とも書く。大和と山背（城）を結ぶ歌姫越などの交通路が通じ、奈良盆地側には佐紀盾列古墳群や平城京がある。『万葉集』にも数多く詠われた。

（**高橋誠一**）

ならやまがようしぐん〔奈良山瓦窯跡群〕　奈良県奈良市平城宮跡北側の奈良山丘陵に点在する瓦窯群。平城宮建設にともなって必要となる大量の瓦を宮北側の丘陵に瓦窯を築いて生産した。これまでに中山瓦窯（一〇基）、押熊瓦窯（六基）、音如ヶ谷瓦窯(四基)、歌姫西瓦窯(六基)、山陵瓦窯（一基）などが発見されている。中山瓦窯が古く登窯を主体に構成され、ついで歌姫西瓦窯がつくられ、やや遅れて山陵・押熊瓦窯がつくられる。この段階では登り窯が少なくなり平窯が主流を占める。続く音如ヶ谷瓦窯ではロストル（火格子）をもつ平窯に変化していく。

（**杉山洋**）

なりあいじ〔成相寺〕　京都府宮津市成相寺にある真言宗の寺。本尊は聖観音菩薩。観音の霊場として著名。七〇四(慶雲元)年、真応が建立、文武天皇の勅願所となったという。「成相寺縁起絵巻」や「八字文殊曼陀羅」などを蔵す。

（**野口孝子**）

なりかわいせき〔成川遺跡〕　鹿児島県指宿市山川町にある遺跡。一九五八（昭和33）年に文化庁によって行われた調査では、弥生時代の立石墓群と古墳時代の土壙墓が発掘され、多くの人骨にともなって副葬品と思われる一〇〇点近い鉄製品が出土した。その後八一（同56）年と翌年に行われた鹿児島県教育委員会の調査では、縄文時代後期を中心とする住居跡や集石遺構、弥生時代中期の住居跡、古墳時代前期と考えられる土壙墓群が発掘された。

（**鐘ヶ江賢二**）

なりどころ〔別業〕　田地とそれに付属する宅の総体。「べつぎょう」とも。「なり」は生産物ないし生産そのものをいい、田宅・田荘・田家などと表記される（『日本書紀』)。「別」は宮都・本宅とは別所に設置のための表現か。平安時代にはたとえば宇治別業のごとく、農地の意味はほとんど失われ、別荘・邸宅を示すようになる。

（**井上満郎**）

なるたきいせき〔鳴滝遺跡〕　和歌山市善明寺にある五世紀後半の遺跡。和泉山脈から南に延びる舌状支脈の先端、標高二四～二八mの尾根上に営まれている。東西五〇m、南北七〇mの範囲に、中央南寄りに二棟、西側南北に五棟の大型掘立柱建物群を配置している。いずれも桁行四間、梁間四間の総柱建物である。この建物群は切妻・高床と考えられていて、妻側中央には棟持柱をもうけ、妻内側・中央内側の六カ所は、同一堀方内に柱と支柱を組合わせている。西側建物列のうち、北から三棟は桁行八・八m、梁間七・三m、南側二棟は八・八m、六・六mと少し小振りである。中央部の二棟はより大型で桁行九・四mと一〇m、梁間七・三mと八mである。柱はすべて抜き取られた痕跡を示す。遺物には陶質の大型甕・壺・器台・高坏のほかに黒色研磨土器壺がある。大谷古墳や陶質土器が出土した楠見遺跡に近い。短期間のうちに移動した遺跡であることから、朝鮮半島から輸入した物資を一時的に保管した施設でないかと考えられている。

〔**参考文献**〕武内雅人『和歌山市善明寺所在鳴滝遺跡発掘調査概報』（和歌山県教育委員会昭58)。

（**小賀直樹**）

なわしろ〔苗代〕　稲の種を蒔き、苗を育てる場所。一部で直蒔きも行われたが、苗代をつくり田植するのが一般的だった。苗代の肥料として草を敷いたことが『播磨国風土記』にみえる。『為忠家初度百種』には門田早苗として、水口に斎串を挿すことがみえるが、現行民俗でも水口に牛王札などを挿すことが多く、この習俗は『古語拾遺』の御歳神の説話にも遡るものであろう。

（**勝田至**）

なんかいどう〔南海道〕　律令制下の行政区画である五畿七道の一つ。またはそこを通る官道。行政区画としては、紀伊・淡路・阿波・讃岐・伊予・土佐が所属する。官道としての南海道は小路で、「延喜式」によると駅家数は二二。四国内の南海道のルートは、当初は阿波・讃岐国府から伊予国府をへて土佐国府に至っていたが、七一八（養老2）年に四国を環状するルートにかわり、七九六（延暦15）年からは阿波・讃岐国府をへて大岡駅で伊予国府と土佐国府に分かれる「延喜式」のルートになる。

（**寺内浩**）

なんけ〔南家〕　藤原四家の一つ。不比等の長男・武智麻呂の別称。彼の邸宅が平城宮の南方にあったことから、南家または南卿とよばれ、その子孫も南家を称した。長男の豊成は従一位右大臣までのぼり、その子継縄は『続日本紀』の編纂にあたった。次男仲麻呂は正一位大師（太上大臣に相当）まで昇進したが乱をおこして敗死。三男乙麻呂の子孫は伊予親王事件に巻き込まれたが、その末裔はのちに伊東、土肥などの関東武士となった。　（中川久仁子）

なんし［南史］　中国南朝の正史。唐の李延寿撰。本紀一〇巻、列伝七〇巻、計八〇巻。宋・南斉・梁・陳の四朝の通史。延寿は、父大師が南北朝各朝の正史に偏向や齟齬が少なくないことを嫌って新しい通史を作ろうとした遺志をうけ、また唐初に『隋書』編纂にたずさわって官府の史料を利用できた立場を生かして、『南史』『北史』を完成させた。『南史』は四朝の各正史を縮約しただけで、間違いも多いが、その便利さから南朝各正史は読まれなくなったという。　（中畠俊彦）

なんしょく（だんしょく）［男色］　男性同士の性愛行動をいう。「かはつるみ」とも（『宇治拾遺物語』）。寺院など男性のみの社会に多く、美少年（稚児など）を寵愛する風習が古くからみえる。『日本書紀』神功皇后紀の小竹祝と天野祝による「あづなひ」の罪をそれとする説があるが、不詳。しかし禁忌の低度は低く、また広く古代社会に一般的にみられた行動か。諸文献に散見し、とくに藤原頼長の男色は著名で、子孫などにみられることを想定した日記に詳細にそれを書き付けており（『台記』）、ほかにも仁和寺覚法法親王・白河法皇の例などもあり、男女をともに性愛の対象とするケースが多く、また秘事ではあっても恥ずべきものという意識はない。

〔参考文献〕東野治之「日記に見る藤原頼長の男色関係」『ヒストリア』（昭59）。　（井上満郎）

なんせいしょ［南斉書］　中国南朝斉の正史。蕭子顕撰。本紀八巻、志一一巻、列伝四〇巻、計五九巻。梁天監年間（五〇二～五一九）奏上。撰者子顕は斉朝創始者の蕭道成の孫で、また梁朝も斉と同族であるから、斉朝賛美の向きがある。唐初にできた北朝北斉の正史『斉書』と区別して『南斉書』とよぶ。志は江庵がつくった一〇志にもとづき、またそのほか当時既に存在した斉の史書を参照している。巻五八東南夷伝中の倭人条は分量わずか六〇字余で内容も乏しい。　（中畠俊彦）

なんたいさん［男体山］　栃木県にあって、二荒山、黒髪山、国神山ともよばれる。日光火山群の中心的存在で、標高二四八四mの円錐状成層火山である。麓の中禅寺湖畔には二荒山神社中宮祠が祀られ、頂上には奥宮がある。火口壁の南西端には太郎山神社が祀られ、この周囲から多量の遺物が発見された。勝道上人によって七八二（天応2）年に開山されたことが、弘法大師空海によって書かれたという「沙門勝道歴山水瑩玄珠碑」（文章のみ残る）にある。女峰、太郎、大真名子、小真名子、奥白根、前白根、赤薙の日光八連峰の中心で、観音浄土、補陀落山ともよばれ、日光修験の霊地であり、宇都宮など関東平野からも望見できることから広く信仰された。この男体山を神体山として日光山内には二荒山神社本社があり、延喜式内名神大社、旧国幣中社とされ、後に東照宮が祀られると再整備が行われた。　（椙山林継）

なんたいさんちょういせき［男体山頂遺跡］　栃木県の二荒山神社の神体山として、日光連山の中心である男体山の頂上にある修法遺跡。南正面頂上の西、噴火口の火口壁上に太郎山神社が祀られている。断崖の北方には太郎山の全容が迫る。この神社の周囲の岩石の間を中心に多量の遺物が発見された。一八七七（明治10）年米国人モースも遺物を採集しているが、その後も鏡、銅印、土器などが採集されていた。一九五九（昭和34）年斎藤忠を中心に発掘調査が行われた。八稜鏡を中心とした鑑鏡一三四面以上、御正体八、銅印七、錫杖など三五、独鈷杵、三鈷杵、羯磨、三鈷鐃など密教法具二七、火打鎌四四、鉄鐸一三一、銅鈴五〇、鉄鈴一三七、武器として鉄剣二〇〇以上、鉄鉾一七〇、二叉鉾三〇、大刀五、短刀、刀子四六〇、鉄鏃一一〇、鉄製弓矢等。武具として兜鉢残欠、鐙、轡など馬具、鉄鎌、のみ、斧など農工具。禅頂札、社殿飾金具、古銭一三〇〇、玉類（丸玉、小玉、算盤玉、平玉、蜻蛉玉、管玉、切子玉、勾玉など）、馬形鉄製品、土器、陶器、磁器等二〇〇〇点以上、等々が出土した。これらの年代は、仏具、法具、鑑鏡など奈良時代あるいはそれ以前のものもあるが、平安時代以降、とくに一〇世紀以降、鎌倉時代のものが多い。銅印も平安から鎌倉時代、経筒や御正体は鎌倉時代以降、一部は江戸時代禅頂札も室町時代から江戸時代のものである。これらが奈良時代末頃から平安時代の初めに埋納されはじめ、平安時代後期、藤原期頃に盛んとなり、その後も継続して納められていたことがうかがわれる。

なぜこのような多量の遺物がこの地にもたらされたかについては、下野国府（現在の栃木県小山市付近）にも近く、当時東北地方の乱などもあり、これらに関係するとする説もある。しかし、勝道上人の登拝をはじめ、山嶽仏教、修験道などを中心とする行法の行われたこと、あるいは鉄製馬形品などから水を求める信仰など多くの信仰、祭祀の結果残されたものであろう。

〔参考文献〕日光二荒山神社『日光男体山　山頂遺跡発掘調査報告書』（角川書店昭38）。　（椙山林継）

なんとう［南嶋］　「南嶋」という漢字は、『日本書紀』にある六九八（文武2）年文忌寸博士ら八人を南嶋に遣わしたという記述が初出である。しかし、大和と南島の関係はそれ以前に遡っており、六一六（推古天皇24）年の三月、「掖玖人、三口帰化」、五月、「夜勾人、七口」、七月、「掖勾人、廿口」、あわせて三〇人が大和に来たことが公的な記録の最初になっている。縄文・弥生時代の関係はもっと古く遡ることができる。

六一六年の掖久を初出に六七七（天武6）年に多禰島が記録され、六七九（同8）年には大和から多禰に公的な使者を遣わしている。帰京した使者らは、多禰島の地理、風俗、産物のほか、稲が豊かで一度植えて二度とれることなどを記録し報告している。『日本書紀』には六一六年から六九九年までの間に掖久、多禰、阿麻弥、度感の名が記録され、七世紀末にはそれらをひっくるめて「南嶋」とよんでいたことがわかる。

八世紀に入ると、七一四（和銅7）年一二月に太朝臣らが南嶋奄美、信覚、球美らの嶋人五二人を率いて南嶋より至る。翌七一五（同8）年の正月、蝦夷とともに南嶋の奄美、夜久、度感、信覚、球美ら来朝して方物を貢す。その七七人に位を授く、と記録している。信覚、球美らが新たに加わっていることがわかる。以後、南嶋については七二〇（養老4）年、南嶋の人二三二人、七二七（神亀4）年、一三二人が来朝したことと、七五四（天平勝宝6）年に使者高橋連牛養を南嶋に遣わしたことが記録されただけで、文献史上の「南嶋」はしばらく消えている。大和からみる南嶋の概念は、今の種子島、屋久島、奄美大島、徳之島、久米島、石垣島、ということになる。なぜか沖縄島と宮古島はみえていない。七世紀初葉から八世紀中旬までの大和と南嶋との交流には、大和王朝の歴史的成立過程と中国の隋、唐、朝鮮の百済、高句麗、新羅の興亡と無関係ではないであろう。特に四回の遣隋使、一四回の遣唐使の航路には、九州から新羅側の北路をとるか、屋久島伝いの南路をとるか、重要な問題だったであろう。とくに新羅との緊張関係の時期に大和は「南嶋」を積極的に意識しているらしく、遣唐使の航路は南路が多い。　（外間守善）

なんとしちだいじ【南都七大寺】　平城京とその周辺に所在した七寺の総称で七大寺とも。一般に東大寺、興福寺、元興寺、大安寺、薬師寺、西大寺、法隆寺の七寺をさし、「延喜御記」（『扶桑略記』延長四〈九二六〉年十二月条所引）にみえる。『続日本紀』天平勝宝八歳（七五六）五月丁巳条に七大寺で誦経したとみえるがその内訳は不詳。このときまだ西大寺は創建されておらず、『続日本紀』天平勝宝元年（七四九）閏五月癸丑条では大安寺、薬師寺、元興寺、興福寺、東大寺だけが五寺として挙げられ、次いで法隆寺・弘福寺・四天王寺・崇福寺・香山薬師寺・建興寺・法華寺が挙げられている。当初の七大寺はこの配列からみて、大安寺、薬師寺、元興寺、興福寺、東大寺に法隆寺と川原寺・四天王寺のいずれかを加えたものと推測される。

【参考文献】太田博太郎『南都七大寺の歴史と年表』（岩波書店昭54）。　（鶴見泰寿）

なんとろくしゅう【南都六宗】　奈良時代に形成された仏教の学問集団・学派。三論・成実・法相・倶舎・華厳・律の六つからなるので南都六宗と称された。初めは三論、のち法相が優勢であった。国家的な要請からの組織化ではあったが、各派では仏教理論の研究が熱心に進められ教学は発展し、いっぽうでの護国仏教・鎮護国家の実践とあわせて、教勢は大きく進展した。

【参考文献】速水侑『日本仏教史・古代』（吉川弘文館昭61）。　（井上満郎）

なんぼくちょう【南北朝】　中国の時代区分。江南では東晋の後、宋斉梁陳の四王朝が交代し、華北では北魏が五胡十六国を統一し、続いて西魏・東魏、さらに北周・北斉が立った。北朝は北魏の均田制や三長制、西魏の府兵制など、後の隋唐も継承する諸政策で国力増強に努めた。南朝は強固な貴族制が特徴で、皇帝は単に軍事的実力者で、その権威は名門貴族におよばなかった。はじめ南北朝の境界はおおむね淮水であったが、四川・湖北を北朝が取ってから南朝は衰え、西魏・北周系の隋が五八九年に陳を滅ぼして南北を統一した。江南に成立した三国呉・東晋・南朝四朝の六王朝で栄えた貴族的文化を六朝文化とよび、書の王羲之、詩人の陶潜・謝霊運、絵画の顧愷之や『文選』などが名高い。北朝では質実な文化が尊重され、『水経注』（地理）『斉民要術』（農政）『顔氏家訓』などの著作が出た。宗教面では、仏教では慧遠・達磨などの活躍や雲崗・竜門の石窟、道教では寇謙之による教団形成などがあげられる。

【参考文献】礪波護他著『隋唐帝国と古代朝鮮』世界の歴史(6)（中央公論社平9）。川勝義雄『六朝貴族制社会の研究』（岩波書店昭57）。同『魏晋南北朝』中国の歴史(3)（講談社昭49）。　（中畠俊彦）

に

に【丹】　⇩朱しゅ

にいざわせんづかこふんぐん【新沢千塚古墳群】　奈良県橿原市の旧新沢村（現、一町付近）に所在し、貝吹山を主峰とする低山性の丘陵一帯に分布するA～F地区の約六〇〇基の古墳を総称してよぶが、それぞれが独立した地形であり、本来は五つの群集墳と一つの盟主墳の分布域が隣接したものと捉えるべきであろう。群集墳形態を採るのはともに低い独立丘陵で、隣接するA・Bの両地区である。A地区には約一九〇基、B地区には約一六〇基の小規模墳が密集する。両地区には典型的な前期古墳はなく、中期から後期前葉にかけて群形成がなされており、甲冑をはじめとする武器・武具を副葬する古墳が多く知られる。また、ガラス椀・ガラス皿や青銅製熨斗・各種金銅製品などシルクロードや百済経由とみられる遺物の出土で著名な一二六号墳もA地区に所在するが、一辺二〇m級の長方墳にすぎない。前期古墳として知られる五〇〇号墳はこれらとは異なりC地区に所在する。墳長六二mの前方後円墳で、粘土槨に接して設けられた副槨から鏡六面や各種石製品、甲冑などが出土した。

【参考文献】伊達宗泰他『新沢千塚古墳群』（奈良県史跡名勝天然記念物調査報告（39））昭56）。　（藤田和尊）

にいだのぼる【仁井田陞】　1904～66　中国法制史学者。東大東洋文化研究所教授をへて、同研究所長。『唐令拾遺』『唐宋法律文書の研究』『支那身分法史』『中国法制史』などの著作があり、日本における東洋法制史の研究水準を大幅に高めた。とくに一九三三（昭8）年に刊行された『唐令拾遺』は、散逸した唐令の逸文や関係令文を諸書から集め、原書の半ばを復元したもので、中国法制史や唐代史研究で必読の書であるだけでなく、日本古代の律令国家研究でも必須の書である。　（愛宕元）

にいたべしんのう・にったべしんのう【新

田部親王〕 ?～735　天武天皇の第七皇子。母は藤原鎌足の女五百重娘。道祖王・塩焼王の父。七一九（養老3）年一〇月、舎人親王とともに首皇太子（聖武天皇）を輔佐する皇親の重鎮として、舎人、封戸などを賜る。その翌年、藤原不比等の死の翌日には知五衛及授刀舎人事となって軍事を統括し、七二四（神亀元）年、聖武天皇の即位にあたり二品から一品に叙された。七三五（天平7）年九月、疫病流行の最中に没した。　**（中川久仁子）**

にいなめさい〔新嘗祭〕　新穀を天神・地祇に献ずる収穫祭。「にいなめのまつり」「しんじょうさい」とも。宮中の新嘗祭と各社・民間の新嘗祭がある。宮中の新嘗祭は毎年天皇親祭で新穀による神饌を諸神に献じみずからも食する。一一月の卯の日に執行され、二度ある時は下の卯の日、三度のおりは中の卯の日に行われた。「大宝令」や「養老令」に毎年大嘗とあるのは恒例の新嘗祭であり、毎世大嘗とあるのは践祚大嘗祭をさす。『常陸国風土記』筑波郡の条には、「新栗の初嘗」と記す。　**（上田正昭）**

にいはりぐんがあと〔新治郡衙跡〕　茨城県筑西市協和町大字古郡にある古代常陸国新治郡の郡衙跡。一九四一（昭和16）年、四三（同18）年に高井悌三郎が礎石建物の基礎を探査し、郡衙の正倉・郡庁と想定される計五一棟を確認。四群の建物のうち東群一三棟は焼失痕跡があり、『日本紀略』弘仁八年（八一七）の不動倉十三宇焼失記事と合致した。遺跡の範囲は東西・南北とも約三〇〇m。郡衙の遺跡が確認された初例。文献と発掘が一致し、郡衙研究の起点となる。北方に新治廃寺跡がある。国指定史跡。　**（坂井秀弥）**

にうかわかみじんじゃ〔丹生川上神社〕　「延喜式」神名帳に、大和国吉野郡所在の名神大社としてみえる古社。社名は、吉野川支流の丹生川の辺（あるいは上流）に鎮座することにもとづく。神武天皇は、椎根津彦と弟猾に命じて、天香具山の埴土を採り、それで八十平瓮・天手抉八十枚・厳瓮をつくり、「丹生川上」に遡って天神地祇を祀らせたという（『日本書紀』神武即位前紀戊午年九月条）。しかし同条には続けて「菟田川の朝原」とも記すので、「丹生川上」を大和国宇陀郡に所在する丹生神社とする説もある。丹生川上神社に関する最も古い確実な史料は、『続日本紀』天平宝字七（七六三）年五月二十八日条で、「幣帛を四畿内の群神に奉る。それ丹生河上神には、黒毛の馬を加ふ。旱すればなり」とみえる。延喜臨時祭式には、祈雨神八五座の内に丹生川上社一座がみえ、丹生川上社と貴布禰社の幣帛には、祈雨には黒毛の馬、止雨には白毛の馬が加えられること、また幣を丹生川上神に奉る際には、大和社（大和神社。大和国山辺郡に所在する大和坐大国魂神社）の神主が官使に随行するとの規定がみえている。平安時代中期から中世にかけては二十二社の一に列し、祈雨・止雨など、事あるごとに奉幣に与かったが、戦国争乱のなかで衰微し、その所在地すら不明となった。江戸時代初期、寛文年間（一六六一～七三）に板行された白井宗因の『神社啓蒙』では、丹生川上神社を下市（吉野郡下市町）の山中とし、一七三六（享保21）年に成った『大和志』でも、その説を踏襲して吉野郡丹生村の神社とした。そうした経緯から、一八七一（明治4）年十二月にいたり、丹生川に臨む長谷の地（吉野郡下市町長谷）の丹生神社を丹生川上神社と決定し、官幣大社とされた。その後、八九五（寛平7）年六月二六日の太政官符（「類聚三代格」に所引）にみえる大和国丹生川上雨師神社の四至に合わないことから、一八九六（明治29）年に吉野郡川上村迫の神社を官幣大社丹生川上神社上社とし、下市村長谷の神社を官幣大社丹生川上神社下社とした。さらに後になって、東吉野村出身の森口奈良吉は、東吉野村小の蟻通明神の社地が八九五（寛平7）年の丹生川上雨師神社の四至に合致することを考証した。それで一九二二（大正11）年に同社は丹生川上神社中社とされ、三社を一社として官幣大社となった。現在も丹生川上神社上社・中社・下社を合わせて、丹生川上神社とされている。

〔参考文献〕森口奈良吉『吉野離宮』（丹生川上神社社務所昭31）。　**（和田萃）**

にえ〔贄〕　神や天皇に貢進された山野河海の獲物。共同体の神や首長への初物貢納を起源とし、ヤマト王権の勢力拡大とともに、服属儀礼や天皇供御の性格をともなう食料品貢納制度として発展していった。改新の詔では、調副物とともに贄の貢納が命じられたが、令文には規定されなかった。そのいっぽうで、木簡などの出土事例から、令制下においても贄が京進されていたことが判明する。令規定にもとづかない貢進のあり方や、初物貢納に系譜すると考えられる物品が調雑物・調副物の中に含まれることから、天皇や調と贄との関係・貢納集団の性格をめぐって、諸説が示されている。贄制度を具体的に示しているのは、一〇世紀に編纂された「延喜式」である。宮内省式・内膳司式によれば、贄は、贄戸や贄人からだけではなく、正税交易や調物・中男作物などによっても調達され、旬料・節料・年料として、各地に設定された御厨や国衙などの地方官衙を通して京進されていた。　**（岩宮隆司）**

にえしょ〔贄所〕　淀御贄所・淀供御所ともいう。九世紀末に定まった四衛府による贄の調達・保管・貢納を担当した機関で、淀津（京都市伏見区）に置かれた。預・執行がおかれ、これに引率される狩取が、贄所を拠点に淀川水域で漁労を行い、供御にあてた。　**（荊木美行）**

にえどの〔贄殿〕　平安宮内にあった贄を保管した殿舎。「延喜式」宮内省によれば諸国から貢進された諸国例貢御贄（「同」内膳司では諸国貢進御贄中の年料）は、直接内裏に送られ贄殿に収納されて供御に供された。『西宮記』や『日本紀略』長和二（一〇一三）年十一月二十九日条によれば内膳司内にあった。　**（舘野和己）**

にえのはじし〔贄土師氏〕　贄土師部を管掌した伴造氏族。贄土師部の設置は、『日本書紀』雄略天皇十七年三月条にみえ、大和・河内に居住し、供御の土器製炊飯具や食器の製作をつかさどった。延喜主計式にも「贄土師竈」「贄土師鋺形」の品目がみえる。　**（荊木美行）**

にかんはっしょう〔二官八省〕　大宝・養老令制の行政組織の総称。神祇・太政の二官と中務・式部・治部・民部・兵部・刑部・大蔵・宮内八省をさす。ただし、神祇・太政の二官は並称されるが、その地位や権限には格差があり、神祇官は行政上、太政官の指揮下におかれていた。八省の前身は、天武天皇朝では法官（式部省）・理官（治部省）・大蔵（大蔵省）・兵政官（兵部省）・刑官（刑部省）・民官（民部省）と称された。これに中務省と宮内省が加わり八省となるのが、飛鳥浄御原令のときか大宝令以後かについては議論が分かれている。
（荊木美行）

にぎたつ［熟田津］ 愛媛県松山市にあった港津。具体的な所在地については、三津浜、堀江・和気など諸説があるが、詳細は不明。『日本書紀』には、六六一（斉明7）年斉明天皇が百済救援のため北九州に向かう途中「伊予の熟田津の石湯行宮に泊つ」とある。この時に額田王が詠んだ「熟田津に船乗りせむと月待てば潮もかなひぬ今は漕ぎ出でな」（『万葉集』巻一）の歌は有名。山部赤人が「伊予温泉」で詠んだ歌にも「飽田津」（『万葉集』巻三）としてみえる。
（寺内浩）

にぎはやひのみこと［饒速日命］ 物部氏の遠祖。天照国照彦天火明櫛玉饒速日尊、天火明命、天照国照彦火明尊、膽杵磯丹杵穂命、邇芸速日命とも。神武即位前紀に、天磐船にのって大倭に天降り、神武東征に際して長髄彦を殺して帰服したとある。
（大川原竜一）

にきみたま・あらみたま［和魂・荒魂］ タマは超自然的霊格の一つで、その性質をニキ（柔らか・穏やかなさま）とアラ（生硬・烈しいさま）に分けて考えたもの。「霊ちはふ神も吾をば打棄てこそ」（『万葉集』巻一一・二六六一）はタマとカミが融合しているが、タマの方が古い観念であろう。神功前紀は「和魂服㆓王身㆒而守㆓寿命㆒、荒魂為㆓先鋒㆒而導㆓師船㆒」と、その働きを記す。
（白江恒夫）

にしかわついせき［西川津遺跡］ 島根県松江市西川津町に所在し、朝酌川沿いに立地する低地遺跡。中心となる時期は弥生時代前期から中期にかけてであり、その規模と内容から当時では日本海側屈指の大集落であったと推定される。集落内で大陸系磨製石器や管玉、木製農具の生産が行われていたことに加え、出土遺物のなかには朝鮮半島や北部九州、吉備、近畿などからもたらされたものもあることから、物資・情報の集積発信拠点として栄えていたと考えられている。
（山田康弘）

にしごりべ［錦部］ 錦織部とも書く。大化前代、錦・綾の織成にたずらわった職業部。百済より渡来した技術者を組織した部とみられ、畿内を中心に各地に分布した。錦部全体を管掌する伴造はなく、各地の伴造が統率した。律令制下でも、一部が品部として残った。
（荊木美行）

にししがかいづか［西志賀貝塚］ 名古屋市北区西志賀町から西区貝田町にかけて広がる尾張の代表的な弥生時代の遺跡。昭和に入り、吉田富夫をはじめ多くの研究者が調査を行い、その成果は弥生時代研究の基礎となった。弥生時代前期遠賀川式土器の東限遺跡としても知られ、縄文系の条痕文土器と共存する土器群に対し「西志賀式」の様式名が与えられた。戦後杉原荘介は貝田町地区を調査し、弥生時代中期後葉の土器に「貝田町式」の様式名を付した。石器・骨角器の出土も豊富である。
（大下武）

にしだなおじろう［西田直二郎］ 1886～1964 歴史学者。一九一〇（明治43）年京都帝国大学文科大学史学科一期生として卒業。内田銀蔵に師事し、日本文化史の研究に大きく貢献した。一九二〇（大正9）年から二二年までケンブリッジ大学・ベルリン大学で学び、二四（同13）年京帝大教授となる。学位論文「王朝時代ノ庶民階級」、三浦周行亡きあと京大の日本史学を指導、『日本文化史序説』をはじめとす著作を公にして、西田文化史学を構築した。

［参考文献］柴田實他『西田直二郎・西村真次』（講談社昭53）。
（上田正昭）

にじゅうにしゃ［二十二社］ 平安中期以降、朝廷よりとくに崇敬をうけ、国家の大事や天災などに際し奉幣に預かった神社で、その数二十二社。とくに意味はないが、社格の一種ともされた。醍醐天皇朝頃（八九七～九三〇）までに、伊勢・石清水・賀茂上下・松尾・平野・稲荷・春日（以上、上七社）、大原野・大神・石上・大和・広瀬・竜田・住吉・丹生川上・貴布禰の十六社奉幣は定着したとみられる。その後、九九一（正暦2）年に吉田・広田・北野の三社、九九四（正暦5）年に梅宮、九九五（長徳元）年に祇園社、一〇三九（長暦3）年に日吉社が加えられ二十二社となり、奉弊は室町期まで行われている。
（堀越光信）

にじょういん［二条院］ 平安京左京二条二坊一二町に所在した邸。醍醐皇后藤原穏子の居所。朱雀上皇や陽成上皇の後院となった。その後白河皇女令子内親王・鳥羽皇女姸子内親王・堀河皇女悰子内親王の居所として用いられたが、一一五二（仁平2）年焼失。
（佐藤文子）

にじょういんのさぬき［二条院讃岐］ 生没年不詳。平安末～鎌倉初期の歌人。父は源頼政。二条院・後鳥羽天皇中宮任子に出仕し、長期間歌人として活躍。百人一首の作者。一二一六（建保4）年頃までは生存。家集に『讃岐集』がある。
（佐々木孝浩）

にじょうおおじもっかん［二条大路木簡］ 平城京左京二坊の二条大路上の南北両路肩に掘られた濠状遺構から出土した木簡群。左京三条二坊一・二・七・八坪には、奈良時代初頭に長屋王邸であったことが、邸内から出土した木簡群（長屋王家木簡）から判明したが、八坪北側の二条大路上では南北両路肩に素掘りの溝が掘られていた。南路肩の溝は八坪北辺全体に及び、北路肩の溝は、大路北側の二条二坊五坪南辺中央の門の所で途切れ、その両側に掘られていた。いずれの溝も幅二m以上、深さ一mほど。総計で約七万四〇〇〇点の木簡が出土したが、それらは溝の南北両側の宅地から廃棄されたものである。書かれた年紀は七三五（天平7）・七三六年が多く、七三九年頃に廃棄されたとみられる。内容を見ると、内膳司解・中衛府奏や兵衛府・芳野行幸に関係したもの、門や皇后宮の警備にあたった人の名を記したもの、中宮職から兵部省卿宅政所への移などの文書木簡のほか、多くの贄を含む荷札木簡などがある。これらの内容の検討から、南側の長屋王邸跡には、七二九（天平元）年八月に立后した光明皇后の宮が営まれ、そこを兵衛府や中衛府が警備していたこと、北側の五坪には藤原麻呂邸のあったことがわかった。左大臣長屋王は七二九年二月に謀反の疑いをかけられ自殺に追い込まれたが(長屋王の変)、それは光明子を皇后につけようとする藤原氏の策謀によるとみられている。二条大路木簡は光明子が没官された長屋王邸跡地に宮を営んだこと、その北側に彼女の兄の麻呂邸があったことを明らかにした。これまで光明皇后宮は父不比等の旧邸(後の法華寺)にあったとみられてきたが、木簡は一連の政治史に新たな知見を提供した。さらに皇后宮や麻呂邸の日常生活を物語る多くの木簡があるとともに、七三六(天平8)年六、七月の聖武天皇夫妻の芳野行幸に当時兵部卿で左・右京職大夫であった麻呂の家政機関が関与したことなど、皇后宮と麻呂邸との関係をうかがわせる木簡も含まれ、長屋王家木簡とともに一括出土した木簡群としてきわめて重要な史料である。

〔**参考文献**〕奈良国立文化財研究所『平城京左京二条二坊・三条二坊発掘調査報告』(平7)。(**舘野和己**)

にじょうさん [二上山] 奈良県と大阪府の境にある山。奈良盆地の中和・南和地域から見ると、雄岳(標高五一五m)と雌岳(標高四七四m)が相寄る山容は美しく、印象的である。古代では「フタガミヤマ」、中近世には「二上ヶ嶽」と称され、近現代では「ニジョウサン」と呼び慣わしている。二上山を主峰とする二上火山群は、第三紀中新世に噴出し、安山岩や凝灰岩から成る。古銅輝石安山岩(サヌカイト)は石器、安山岩は前期古墳の竪穴式石室の石材、凝灰岩は古墳時代後期の家形石棺や終末期の横口式石槨の石材、古代寺院の基壇石などに利用された。延喜式神名帳には、大和国葛下郡所在の大社として葛木二上神社二座がみえ、雄岳と雌岳にいます男神・女神を祭神としていたと考えられる。中近世には雄岳の頂上に、雨乞いの神である「ダケの権現」を祀る小祀があったらしい。明治になって式内社の葛木二上神社二座とされ、また一八七六(明治9)年には隣接して大津皇子の墓が治定された。六八六(朱鳥元)年十月に謀反のかどで逮捕された大津皇子は刑死し、半年ほど後にその屍が二上山に移葬された際、姉の大来皇女は哀切きわまりない歌を詠んでいる(『万葉集』巻二一一六五・一六六)。大津皇子の墓については、二上山の雄岳の頂上に営まれたとは考えにくい。終末期古墳の立地に合わないからである。近年、当麻山口神社(奈良県北葛城郡当麻町当麻。現、葛城市當麻)の北にある鳥谷口古墳とする説が有力視されている。大和と河内を結ぶ古道として、二上山の北側を越える穴虫峠越え、南側を越える竹内峠越えや、二上山の雌岳の頂上近くを越える岩屋越えの難路がある。岩屋峠には国史跡の岩屋(大阪府南河内郡太子町)があり、また岩屋を越える道が竹内街道と合流する近くに国史跡の鹿谷寺跡がある。また奈良県側の二上山山麓には、当麻寺・石光寺・加守廃寺・只塚廃寺などの古代寺院や、鳥谷口古墳・加守火葬墓など、終末期古墳や火葬墓が点在している。(**和田萃**)

にじょうてんのう [二条天皇] 1143~65 在位 1158~65 平安後期の天皇。名は守仁。後白河天皇の第一皇子で母は藤原懿子(大納言経実の娘)。一三歳で立太子、一六歳で即位、しかし父の院政を否定し親政を行おうとして対立した。平治の乱(一一五九年)では内裏を女装で脱出したことは有名。譲位の翌月に崩御。陵は香隆寺陵(京都市北区)。(**瀧浪貞子**)

にせえ [似絵] 鎌倉時代に流行した像主に似た姿を描いた肖像画。写生的・記録的要素が強い点が、礼拝の対象としての御影と区別される。宮廷貴族藤原隆信が技法の創始者とみなされ、以降その細密な画法は、子の信実から為信、豪信へと継承された。着衣は類型的だが、面部は目・鼻・口などを細かい線で何度も引き重ねていくところに技法的特色がある。神護寺蔵の伝源頼朝像、伝平重盛像、伝藤原光能像や水無瀬神宮蔵の後鳥羽上皇像が著名である。(**山田雄司**)

にちゅうれき [二中歴] 鎌倉初~中期頃に成立した百科全書。一三巻。編者未詳。命名は『掌中歴』と『懐中歴』を合わせたことによる。貴族に必要とされた知識を八〇余りの項目に分類して網羅。『改定史籍集覧』『尊経閣善本影印集成』(複製)に所収。(**古藤真平**)

にちら [日羅] ?~583 倭系百済官僚の出世頭の一人。父は百済にいる火葦北国造阿利斯等。日羅は現地の女性との間に生まれた韓子。父の勢威を背景に百済王朝に仕え、軍功などによってその地位を獲得したか。敏達天皇は、任那復興計画を樹立するために日羅を五八三(敏達天皇12)年に召喚した。来倭後、百済威徳王が懸念したように百済の対倭政策を暴露してしまい、その結果、監視役として同行していた百済高官によって同年一二月に暗殺された。難波の小郡の西のほとりの丘の前に埋葬された。伝日羅墳跡が、大阪市北区天満橋二丁目の毛馬桜の宮公園内にある。

〔**参考文献**〕小笠原好彦『難波京の風景』(文英堂平7)。(**胡口靖夫**)

にっかもん [日華門] 平安京内裏の内郭東側の門で、宜陽殿と春興殿の間に位置する。左近衛府官人の詰所であったことにより左近陣ともよばれた。陣座とも近かったため儀式や節会の際の通用門となることが多かった。また、当門には時刻を知らせる時杭が立てられていた。(**西山恵子**)

にっき [日記] 日次形式の記録。報告書や歴史書を含むこともあるが、狭義には貴族層において行われた個人記録をいう。九世紀中頃以降盛んとなり、具注暦の余白に記されることが多かった。有職故実が重視されるにしたがい日記を伝える有職の家を「日記の家」と称する風がうまれた。(**佐藤文子**)

にっきのいえ/にきのいえ [日記の家] 先祖からの多くの日記を伝え有職故実の知識を提供した貴族の家。『小右記』『春記』等を伝える藤原氏小野宮流と『平記』『時範記』『兵範記』等の桓武平氏高棟流をさす。平安中期には外記日記等の公日記が衰退・廃絶したが、代って個人の日記が先例校勘のために重要視され、多くの日記が作成された。日記の家では、日記を家記として伝領するとともに、故実の研究、部類記・写本の作成、他家の日記の収集なども行い、その知識を朝廷や主家の政務・儀式の運営のために提供した。

〔参考文献〕松園斉『日記の家』（吉川弘文館平9）。（西村隆）

にっしょく・げっしょく【日食・月食】 日食は月が太陽を、月食は地球の本影が月を覆う現象で、中国天文学でも大体同様に、インド天文学では仮想の星の羅睺・計都がおこすと考えた。日食は君主に、月食は皇后や臣下にかかわる天変として重視され、日食の場合朝廷は廃務となった。（細井浩志）

にっそうぼうえき【日宋貿易】 日本と宋（九六〇～一二七七）との間にもたれた貿易関係のこと。九〇七（延喜7）年の唐滅亡後、唐末・五代の内乱で中国は疲弊、これを宋が統一。その「唐季の乱」よりの中国国家の衰退を宋皇帝が日本僧奝然に嘆いたことはよく知られる（『宋史』日本伝）。宋は隋・唐間に蓄積された文化・文明の失われたことの回復を企図し、文学・思想や科学技術、また産業・貿易の振興につとめ、日本との接触も頻繁にもたれた。国家間の交流は遣唐使廃止後途絶えたが、平家政権が日宋貿易を経済基盤のひとつにしたごとく民間での日宋間の貿易は隆盛で、中国宋はむろん朝鮮半島の高麗商人も仲介貿易を行った。とりわけ宋の陶磁器製作技術の向上は著しく、平安京内からは日宋貿易によってもたされた多くの宋代の陶磁器が出土している。貿易品目は多岐にわたるが、藤原明衡『新猿楽記』には膨大な「唐物」の輸入品目があげられている。輸入品は香料・染料・薬品・宝石・瑠璃・織物・経典・文房具や砂糖・茶など、輸出品には金銀銅・水銀・硫黄・真珠や刀剣・螺鈿などの工芸品などがあった。

〔参考文献〕森克巳『新訂日宋貿易の研究』『続日宋貿易の研究』『続々日宋貿易の研究』『日宋文化交流の諸問題』（『森克巳著作選集』1・2・3・4吉川弘文館昭50）。（井上満郎）

にっちゅうかんけい【日中関係】 「山海経」海内北経に蓋国が倭の北にあるとみえ、『論衡』に周の時に倭が朝貢したとあるのが日本についての中国側の文献の初見であるが、『漢書』地理志に「楽浪海中に倭人有り、分かれて百余国を為す、歳時を以て来たりて献見すと云う」とみえるのが確実な記録の最初である。前一〇八年の漢武帝による朝鮮征伐で楽浪以下四郡がおかれ半島北部が直轄支配下に組み込まれた結果、東海中の倭の存在が知られるようになったと思われる。紀元後五七年に倭奴国が後漢に奉貢し印綬を賜ったのが（『後漢書』東夷伝）、志賀島出土の「漢委奴国王」の金印であるとされる。一〇七年には倭国王帥升が後漢へ遣使しており（同前安帝紀、東夷伝）、以後は二三九年の邪馬台国女王卑弥呼の三国魏への遣使まで、中国側の倭に関する記録は途絶える。卑弥呼は四三年、四七年にも遣使しており、その都度魏使が来航し（『三国志』『魏志』東夷伝倭人条）、この時期の日中の国交は活発であった。これは遼東方面で三代五〇年にわたり自立してきた公孫氏政権を魏がこの直前に併合し、半島部の楽浪・帯方二郡を領有した結果である。その後の倭の遣使は西晋初めの二六六年（『晋書』東夷伝）と東晋末の四一三年（同前安帝紀）にみえる。四一三年の遣使は倭王讃（応神または仁徳または履中天皇）によるもので、珍（仁徳または反正天皇）、済（允恭天皇）、興（安康天皇）、武（雄略天皇）のいわゆる倭の五王の中国南朝への遣使が続く（『宋書』倭国伝、『梁書』倭伝等）。いずれも半島情勢と密接に関わる結果である。その後は遣隋使、遣唐使の時代となり、日中関係はより具体的に明らかとなる。『日本書紀』には中国から舶載された書籍の記述をそのまま利用している箇所が少なくない。これも古代の日中関係の一こまである。例えば雄略天皇の遺詔は『隋書』文帝紀のそれであり、壬申の乱の瀬田川の戦いの記述は『後漢書』光武帝紀の昆陽の戦いの記述をほぼそのまま引き写したものである。

〔参考文献〕田島公『日本、中国・朝鮮対外交流史年表　大宝元年～文治元年』（奈良県立橿原考古学研究所編『奈良・平安の中国陶磁』所収　便利堂平2）。（愛宕元）

にっとうぐほうじゅんれいこうき【入唐求法巡礼行記】 日記。円仁著。四巻。請益僧として唐に渡った円仁の漢文体の旅行記。八三八（承和5）年六月の博多での乗船に始まり、赤山・五台山・長安等を巡った後、八四七（同14）年の大宰府到着後一二月までを記す。かなり詳細な記述で多くの文書も記録されており、遣唐使の様子や唐の政治・経済・風俗・仏教等の事情を具体的にうかがうことができる。とくに武宗による廃仏の記事は重要である。東寺観智院旧蔵の古写本（国宝）がある。（橋本正俊）

にっとうごけでん【入唐五家伝】 平安時代前期に入唐した五名の求法僧の伝記集。一巻。恵運（八四二〈承和9〉年入唐、八四七〈同14〉年帰国）。宗叡（八六二〈貞観4〉年入唐、八六六〈同8〉年帰国）、常暁（八三八〈承和5〉年入唐、翌年帰国）、真如（八六二〈貞観4〉年入唐、客死）、円行（八三八〈入承5〉年入唐、翌年帰国）の伝記を収録。東寺観智院の賢宝が一三五七（延文2）年頃に個別の伝の史料をまとめて一巻としたものと考えられる。『続群書類従』伝部、『大日本仏教全書』に所収する。（加茂正典）

にっとうはっけ【入唐八家】 九世紀前半から中頃にかけて、遣唐使に随行するか、帰国する唐の商船に便乗して入唐し、中国各地で修行及び研鑽を積み、日本に帰国して密教を伝えた最澄・空海・円行・恵運・円仁・円珍・宗叡・常暁の八人の入唐僧の総称。安念の『諸阿闍梨真言密教部類惣録』に引く「往生院記」や心覚編『入唐記』（阪本龍門文庫蔵）に略伝がみえ、持ち帰った経典・仏像・仏具はそれぞれの請来目録に詳しい。（田島公）

にっとうぼうえき【日唐貿易】 日本と唐（六一八～九〇七）との間にもたれた貿易関係のこと。遣唐使による公的なものと民間貿易による私的なもの、また中国大陸と直接に文物が交易された場合と新羅商人・渤海商人などを媒介とするものとがあった。遣唐使によって中国に朝貢されたものは銀や織物・糸・布類などがあった（「延喜式」）。唐からの将来物は織物・香料類や経典・漢籍などがあった。それらの多くは今も正倉院宝物にみることができる。民間的な貿易については詳細は不明だが、「養老令」関市令にみるように国家の先買権があったごとく、民間での貿易関係は遣唐使時代も盛んであった。平安京からは中国大陸で製作された陶磁器類が多く出土しており、これらの多くは民間の日唐貿易によってもたされたものであろう。日本と唐（中国）との交流を国家間使節の遣唐使を唯一の媒介として考えることは誤りである。

〔参考文献〕森克巳『遣唐使』（至文堂昭41）。木宮泰彦『日華文化交流史』（冨山房昭30）。東野治之『遣唐使と正倉院』（岩波平4）。

（井上満郎）

ににぎのみこと［瓊瓊杵命］ 天孫降臨神話にみえる神。『日本書紀』では天津彦彦火瓊瓊杵尊といい、『古事記』では天津日高日子番能邇邇芸命とする。系譜のうえでは天照大神の孫にあたり、天忍穂耳尊と栲幡千千姫の間に生まれた神。高天原より日向高千穂に天下り、この地で木花開耶姫を娶って、彦火火出見尊などをもうけた。『日本書紀』本文には、高屋産霊尊が真床追衾にくるんで瓊瓊杵命を葦原中つ国に下したとある。

（大川原竜一）

にのあぜ・よこまくらいせき［二ノ畦・横枕遺跡］ 滋賀県守山市と野洲市野洲町にかけて所在する弥生時代中期末に営まれた環濠集落。南北五五〇m、東西四〇〇m、幅四～六m、深さ約一・五mの環濠が巡る。集落内から六〇棟以上の竪穴住居跡、掘立柱建物が検出されている。一九九五（平成7）年の調査で二基の井戸がみつかり、縦板組みの井戸枠が出土した。年輪年代測定を行った結果、スギの井戸枠材は紀元前六〇年、他の井戸の枠材はスギ・ヒノキ材ともに紀元前九七年に伐採された木材が使用されていることが判明した。

（伴野幸一）

にほん［日本］ わが国の国号。中国や朝鮮の古文献には「倭」「大倭」とみえるが、「やまと」あるいは「おほやまと」とよんだ国名を「日本」と称するようになったのは、七世紀後半の頃からである。中国の史書においては『魏志』が倭人の条、『後漢書』は倭の条、『宋書』『隋書』などは倭国の条と変化するが、日本国と記すようになるのは『旧唐書』からである。『新唐書』の東夷伝日本の条には六七〇（咸亨元）年に、高句麗平定を賀す使者（河内直鯨らの遣唐使）の「後稍夏音に習ひ、倭の名を悪み、更めて日本を号す」とみえる。そして「使者、自ら言ふ、国日出づる所に近し、以て名と為す」と述べる。『三国史記』の新羅本紀、六七〇（文武王10）年二月の条には「倭国更めて日本を号す。自ら言ふ、日出づる所に近し、以て名を為す」と記す。七〇二（大宝2）年に施行された「大宝令」（公式令）には外国に対しては「日本天皇」を称する定めになっており、それ以前に日本の国号が使用されていたことはたしかである。『日本書紀』には高句麗の僧道顕が書いた『日本世記』が引用されているが、『日本世記』は天武朝の頃にまとめられた書と推定されており、また『日本書紀』以前に『日本書』という書が存在した可能性も指摘されている。『隋書』の東夷伝倭国の条には、六〇七（大業3）年の倭国の国書に「日出づる処の天子」と記したことが述べられているが、これは「日出づる処」と称した例であって、「日本」国号を使用した記事とするわけにはいかない。なお『古事記』や『日本書紀』には「大和」の用例はなく、国名として「大和」が用いられているのは「養老令」であり、「養老令」が施行された七五七（天平宝字元）年五月以前には、「大倭」「大倭国」が使われ、七三七（天平9）年一二月二七日から、七四七年の三月二一日までは「大養徳国」が用いられた。日本は奈良時代以後、「にほん」あるいは「にっぽん」と音読されている。

〔参考文献〕上田正昭『大王の世紀』（小学館昭48）。同『大和朝廷』（講談社学科文庫平7）。

（上田正昭）

にほんおうじょうごくらくき［日本往生極楽記］ 平安時代中期、慶滋保胤撰による往生者の伝記。一巻。往生伝の先駆であり、皇族から庶民まで僧俗四五人の伝記をおさめる。九八三（永観元）年から九八六（寛和2）年の間に一応成立したのを、永延年間（九八七～九八九）に聖徳太子・行基などを増補。

（綾村宏）

にほんかい［日本海］ アジア大陸、日本列島、サハリンに囲まれたアジア大陸の縁海で、面積は約一〇〇万km²。一九世紀にロシアの航海者による海図に初めて日本海の名がつけられた。朝鮮半島では東海とよばれてきた。朝鮮半島と九州の間の対馬海峡、本州と北海道の間の津軽海峡、北海道とサハリンの間の宗谷海峡、サハリンとアジア大陸の間の間宮海峡とで、それぞれ東シナ海、太平洋およびオホーツク海に通じるが、これらの海峡は水深二〇〇m以内で浅い。日本海盆南西部に最深部（約三七〇〇m）、中央部にある大和海嶺の上に大和堆・北大和堆をのせる。東側を日本海流（黒潮）の分流の対馬暖流、西側を東鮮暖流が対馬海峡から北上し、沿海州沿いにリマン寒流などが南下する。アジア大陸や朝鮮半島との交流がこの日本海を通じて行われたことはいうまでもなく、環日本海文化や東アジア地中海などの視点による研究がさかんに行われつつある。

（高橋誠一）

にほんかんれいろく［日本感霊録］ 仏教説話集。漢文体。本元興寺の僧義照の編纂。原撰本は上下二巻で五八話を採録するものであったが、現存本は一五話をおさめる抄録本。ほかに『東大寺要録』『南法華寺古老伝』に各一話、『因明疏抄』に断片の逸文がある。成立時期は明確でないが、九世紀中頃か。仏、菩薩、護法の諸神の善事悪報を語る話であるが、本元興寺、奈良元興寺を中心とする奈良の寺を舞台とし、時代的には九世紀前半に限られ、編者周辺の狭い範囲で採録されている。辻英子『日本感霊録の研究』（笠間書院昭56）に校本、書き下し文がある。

（後藤昭雄）

にほんぎきょうえんわか［日本紀竟宴和歌］ 朝廷における『日本書紀』講書の終了後に行われた竟宴で詠まれた和歌。八一三（弘仁3）年以下、平安時代に知られる計六回の講書のうち、和歌は八八二（元慶6）年、九〇六（延喜6）年、九四三（天慶6）年の三度の詠作八〇余首がまとまって現存する。『史記』などの漢籍の竟宴における詠史詩の風習にならったもので、内容は『日本書紀』所見の神や人物などを題材としており、和歌史上、初期の題詠歌としての意義が少なくない。

（竹居明男）

にほんきりゃく［日本紀略］ 一〇三六（長元9）年までを収録した史書。原本の編纂は白河・堀河朝頃か。現行本は三四巻あるが、神代上下二巻は『日本書紀』を書写して後補したものである。神武紀～

光孝紀は六国史の抄出だが、『続日本紀』のに載せられていない記事（藤原百川伝・藤原種継事件）や『日本後紀』の欠本の内容を伝える。宇多紀～後一条紀は『新国史』などから編集。『新訂増補国史大系』に所収。（古藤真平）

にほんこうき［日本後紀］ 六国史の第三。四〇巻。但し一〇巻が現存するのみ。桓武朝の七九二（延暦11）年から平城・嵯峨・淳和までの四朝について記す。八四〇（承和7）年に完成して藤原緒嗣以下七名が奉進。『新訂増補国史大系』『増補六国史』に所収。（古藤真平）

にほんこくげんざいしょもくろく［日本国見在書目録］ 平安時代の勅撰の漢籍目録。一巻。藤原佐世撰。当時日本に将来されていた漢籍（仏典を除く）の目録。約一六〇〇部一七〇〇〇巻程の漢籍を、四〇部門に分け収録。古写本に奈良室生寺旧蔵の平安時代末期の一帖の抄本が伝わる。（綾村宏）

にほんこくげんぽうぜんあくりょういき［日本国現報善悪霊異記］ ⇩日本霊異記

にほんこくごう［日本国号］ ⇩日本

にほんさんだいじつろく［日本三代実録］ 六国史の第六。五〇巻。清和・陽成・光孝の三朝について記す。宇多朝に撰修が始まり、醍醐朝の九〇一（延喜元）年に完成して藤原時平・大蔵善行の二名が奉進。『新訂増補国史大系』『増補六国史』に所収。（古藤真平）

にほんしょき［日本書紀］ 七二〇（養老4）年五月に完成した古代の史書。正しくは『日本紀』。三〇巻で、もとは系図一巻があった。巻第一・第二がいわゆる神代巻であり、巻第三が神武天皇の代で、巻第三〇の持統天皇の代までの叙述する。歌謡などを除いて漢文体で記し、本文以外に別伝を載せる。『魏志』『晋起居注』のほか百済三書（『百済記』『百済本記』『百済新撰』）、『日本世記』『伊吉連博徳書』など、さらに『一書』『一本』『旧本』『或本』など九種類の伝承を引用する。神武天皇以降は編年体で述べる。日本国の紀としてのおもむきが濃厚であり、雄略天皇の巻（巻第一四）以後は外交関係記事が増加して実録風に構成されている。完成時は舎人親王がその編纂の代表的存在となったが、その背景には藤原不比等らの役割があったと想定される。近時の音韻や文章の解明によれば、三つのグループの系列に分類され、その述作者たちが推定されている。『日本書紀』の修史事業は、六八一（天武天皇10）年三月の「帝紀」および「上古の諸事」の記定から始まり、七一四（和銅7）年二月の「国史」撰集をへて、七二〇年（養老4）五月に撰上された。『日本書紀』のなりたちに遣唐外交とのかかわりのあったことは、巻第一九の仏教関係記事には七〇三（長安3）年に唐の義浄がまとめた新訳の『金光明最勝王経』によって書かれた箇所があり、その伝来は七〇四（慶雲元）年～七一八（養老2）年の間であって、留学僧道慈ら（帰国は七一八年）によってもたらされたとみなす説が有力である。『日本書紀』の六六八（天智天皇7）年二月の系譜には、阿倍皇女（元明天皇）について「後に都を乃楽に移す」と記す。この記事は七一〇（和銅3）年の平城遷都以後に執筆されたことを物語る。『日本書紀』の伝承の虚実を文献批判して活用する必要がある。『日本書紀』は『古事記』とならぶ日本古典の白眉である。

〔参考文献〕津田左右吉『日本古典の研究』『津田左右吉全集』第一巻・第二巻（岩波書店昭38）。上田正昭『藤原不比等』（朝日新聞社昭61）。森博達『日本書紀の謎を解く』（中公新書平11）。（上田正昭）

にほんしょきつうしゃく［日本書紀通釈］ 一八九二（明治25）年に完成した『日本書紀』の注釈書。著者は飯田武郷。全七〇巻にわたる浩瀚な注釈書であり、谷川士清・本居宣長・河村秀根・鈴木重胤ら、先行諸説を多く引き、明治初期までの日本書紀研究を集大成している。（早川万年）

にほんしょきつうしょう［日本書紀通証］ 江戸時代中期の国学者、谷川士清の著述。全三五巻。『日本書紀』全般にわたる注釈書。一七五一（宝暦元）年に成稿、一七六二（宝暦12）年刊。その解釈には垂加神道の影響がみられるものの、語句の出典論に注目される。本居宣長にも影響をおよぼしている。（早川万年）

にほんしんわ［日本神話］ 日本列島に伝えられている神話。神話はもともとこの世の初めにおけるカミとヒトとの間における重要なできごとを語り伝えた聖なる言葉である。口頭伝承としての神話はやがて記録されるようになる。記録化にあたって作為や潤色のなされた場合も多い。日本神話といえば、『古事記』と『日本書紀』のいわゆる『記』『紀』が代表的なものとされるが、『風土記』や『古語拾遺』『万葉集』『先代旧辞本紀』「延喜式」所載の祝詞などにも神話伝承はみえている。古典にみる神話によって、神話の本源を探究し、近隣諸民族をはじめとする神話との比較研究を進めることが必要となる。他民族の神話との共通性・類似性を明らかにし、あわせて日本の神話の独自性をみきわめることが肝要である。

〔参考文献〕上田正昭『日本神話』（岩波新書昭45）。大林太良『日本神話の起源』（角川書店昭48）。（上田正昭）

にほんみんぞく［日本民族］ 民族とは本来、なんらかの文化的共通性に基づいて他から区別される人々の集まりを意味する。しかしここでは自然人類学の立場を加味して、先史時代以来日本列島に住み、文化的ならびに遺伝的に現代まで連続している集団を考えることにする。現在のところ、現代日本人と遺伝的につながると思われる最古の骨は、沖縄で発見された港川人をはじめとする後期旧石器時代（最終氷期末期）の化石で、年代はほぼ一万五〇〇〇～二万年前と推定される。日本の後期旧石器時代人は、遺伝学的には多少疑問があるものの、形態分析からみると東南アジアに住んでいた原アジア人の系統をひくと考えられる。その移動の時期と経路は現在のところ不明だが、おそらく多様な経路をとって日本列島に入ったと想像される。これらの集団はその後縄文人に進化し、また縄文人集団がアイヌを含む現代の日本人の基層となった。縄文人はほぼ一万年にわたり、日本列島のなかでやや孤立した集団を形成していたが、縄文後期以後になると大陸からの渡来が始まったと思われる。この渡来は弥生時代になってからとくに活発になり、以後七世紀頃までほぼ一〇〇〇年にわたって続いた。これらの渡来人の大部分は北東アジアの集団で、主として朝鮮半島経由で渡来したと思われるが、中国から直接、または中国→朝鮮半島南部→日本列島の経路をとった可能性も考えられる。これらの人々は在来の東南アジア系集団（縄文人）とは形態的・遺伝的にかなり大きく違っており、さらに米を主体とする農耕や金属器の使用など、高度な文化をもたらした。したがって弥生時代以後になると、人骨の形態からみて在来系と渡来系との二重構造が形成されるようになったが、おそらく文化の面でも縄文系（採集狩猟または原始農耕中心）と渡来系（水稲耕作中心）の二重構造ないしは混合が生じたであろう。渡来集団はまず北部九州や本州西端部に住み、その後しだいに本州を東方に向かって拡散するとともに在来系集団との混血が進んだ。また渡来系集団は多くの小規模なクニをつくったが、やがてそれらが統合されることによって朝廷の基礎が築かれたと思われる。古墳時代になると、人骨のうえで西日本では渡来系の特徴をもつ個体が増え、これに対して東日本では在来系の特徴が比較的濃厚に残った。同様の現象は九州南部や南西諸島でも認められ、骨形態の二重構造がさらに顕著になった。古代から中世にかけてエミシやクマソ・ハヤトなどとよばれた人々は、おそらく在来系の特徴と縄文的文化を残していた集団と思われる。『日本書紀』『続日本紀』などに記録されている彼らの身体的・文化的特徴は、縄文人の名残をとどめるものと考えても矛盾はない。歴史時代に入ると渡来系集団の特徴が本州、九州、四国の各地に拡散するが、その程度は地方によって異なっていた。つまり、朝廷がおかれた畿内を中心として渡来系の特徴が濃厚に分布するようになるいっぽう、東日本では在来系の特徴が比較的多く残った。南部九州や南西諸島でもほぼ同様である。これは、朝廷の中枢部が渡来系集団によって構成されたことに加えて、大陸から積極的に招致した渡来系氏族が畿内に濃厚に居住したことによると思われる。渡来系集団の影響は北海道や琉球（沖縄）を含む南西諸島にはほとんどおよばず、したがってこれらの地方では在来系と渡来系との混血も本土に比べて格段に少なかった。そのため、アイヌおよび琉球の集団と本土集団との差がしだいに顕著になり、現在のような地方的特色がみられるようになったのだが、縄文人という祖先集団を共有する点においては本土集団とかわらない。また文化的要素をやや狭く考えると、日本人集団の中でいわゆる大和民族、アイヌ民族、および琉球民族が区別されるかもしれない。さらにエミシ、クマソ、ハヤトなどの在来系集団も当時の支配層からみれば異民族だっただろう。したがって、日本はその国家成立の当初から複合民族国家だったとも考えられる。

〔**参考文献**〕池田次郎『日本人のきた道』（朝日新聞社平10）。埴原和郎『日本人の成り立ち』（人文書院平7）。同『日本人の誕生』（吉川弘文館平8）。

（埴原和郎）

にほんもんとくてんのうじつろく【日本文徳天皇実録】 六国史の第五。一〇巻。文徳天皇の治世について記す。八七一（貞観13）年に撰修が始まり、八七九（元慶3）年に完成して藤原基経・菅原是善・島田良臣の三名が奉進。『新訂増補国史大系』『増補六国史』に所収。 （古藤真平）

にほんりょういき【日本霊異記】 日本最初の仏教説話集。薬師寺僧景戒撰。平安時代初期成立。上中下三巻。正式書名は『日本国現報善悪霊異記』。仏教の説く因果応報思想を具体的な日本の説話を通して説いたもの。八世紀段階の僧侶の存在形態や民衆の仏教受容の状況もうかがえる。『岩波古典文学大系』『新潮日本古典集成』『岩波新日本古典文学大系』。

（松本公一）

にもうさく【二毛作】 同じ耕地に時期を分けて、一年に二種の作物を栽培すること。水田に麦を植える二毛作は一二世紀初頭に確認される。畠地でも平安後期には始まっており、夏には大豆や荏胡麻、冬には麦や紅花が植えられた。鎌倉中期になると、幕府が裏作の田麦への課税を禁止しており、この時期、水田二毛作は畿内・西日本で広く行われていたとみられる。その背景には品種改良や施肥技術の改善などによってもたらされた集約的農業の進展があった。 （勝山清次）

にゅういせき【丹生遺跡】 大分県大分市東方約八kmに所在する丹生台地上の遺跡群。丹生台地は大野川下流の東岸に広がる西辺約五km、北辺約四kmの直角三角形状の丘陵性台地である。一九六二（昭和37）年に富木隆と中村俊一によって発見された。遺跡は一三地区に分れ、一九六二年より六七（同42）年にかけて古代学協会によって四八ヵ所の地点が調査された。両面加工の大型礫器を特徴的にもつ石器群であり、アフリカのカフ・オルドヴァイやインド・東南アジアのパジータン・ソアン文化などの前期旧石器文化との対比から、日本最古の石器文化として位置付けられ、この可否についてはいわゆる「丹生論争」とよばれる学界における激しい論争を引き起こした。その後三〇年をへて、鈴木忠司らによる再整理の結果、局部磨製石斧を含む斧状石器や少量のチョッパー・チョッピングツールを含む石核などで構成される石器群であり、後期旧石器時代初頭に属することが明らかにされた。

〔**参考文献**〕鈴木忠司他『大分県丹生遺跡群の研究』（財団法人古代学協会平4）。

（小畑弘己）

にゅうぎゅう【乳牛】 牛乳をとる牛。典薬寮に付属する乳牛院が右近馬場付近にあり、摂津国味原牧から母牛と仔牛を上せて乳を搾った。牛乳は天皇・三宮の供御とした。『小右記』には天台座主慶円の痢病の薬として牛乳を献ずる記事がある。 （勝田至）

にゅうぎゅういん【乳牛院】 ⇩乳牛にゅうぎゅう

にゅうつひめじんじゃ【丹生都比売神社】 和歌山県かつらぎ町所在の神社。「延喜式」では丹都比女神社。祭神は丹生都比売命など四座。この神は伊邪奈岐・伊邪奈美の子で、高野山中に降臨した地主神という。空海が高野山の地に金剛峰寺を創立したときに道案内をし、それにより寺の鎮守神としたともいう。平安時代以後、高野山金剛峰寺の発展とともに勢力を築き、一一八三（寿永2）年従一位。

（井上満郎）

にゅうのはふりのうじぶみ［丹生祝氏文］ 丹生都比売神社の神官家（祝）の丹生氏に伝来した、丹生都比売神社に奉仕する同氏の由縁についての記録。八〇〇（延暦19）年の成立といい、本居内遠は『丹生祝氏文考』で詳細な分析を加えている。（井上満郎）

にょいじ［如意寺］ 京都市左京区の如意ヶ岳山中にあった寺。如意輪寺。園城寺別院で円珍の開基と伝える。「園城寺絵図」によると、東西八kmにわたる広大な敷地に多くの伽藍があった。室町時代に廃絶。発掘で伽藍の一部が確認されている。（野口孝子）

にょういん［女院］ 天皇の母后、太皇太后、皇太后、皇后（中宮）、内親王、女御らのなかで院号宣下をえた者。太上天皇に准ずる待遇を与えられた。九九一（正暦2）年に一条天皇生母の藤原詮子（兼家の娘）が出家に際して東三条院の号を宣下されたのを初例とし江戸末期の新待賢門院まで一〇〇余名を数える。（朧谷寿）

にょうご［女御］ 「にょご」とも訓む。後宮において天皇の寝所に侍した女性で皇后・中宮につぎ更衣の上位に位置した。平安初期の桓武天皇朝において登場し、当初は令制の嬪に准ずるものであったが、平安中期頃に地位を高め皇后（中宮）に昇るのを常とした。（朧谷寿）

にょうぼう［女房］ 宮中・院・諸宮・貴族に奉仕した女官の総称。その名は房（部屋）を与えられたことによる。出自により上臈・中臈・下臈の三段階に分けられ、その階級によって遊び相手や子女の教育やほかの雑務などに従事した。とくに摂関期に活況を呈した。呼称は父兄や夫の官職名にちなむものが多い。（朧谷寿）

にょじゅ／めわらわ［女孺］ 大宝・養老令制の後宮の下級女官。諸司の雑務に従事した。後宮職員令によれば、内侍司に一〇〇人、蔵司に一〇人、書司に六人、薬司に四人、兵司に六人、闈司に一〇人、殿司に六人、掃司に一〇人がそれぞれ配されていたが、のち他の官司にもおかれた。采女とともに散事と称されたが、勤務評定では長上官の扱いをうけた。（荊木美行）

にょにんきんせい［女人禁制］ 寺院などで女性の立ち入りを禁ずること。古代では主に山岳寺院でみられ、比叡山や金峰山に登ろうとした女性が雷電にあった等の説話が生まれた。山岳寺院では中腹に女人堂を設け、その先への登山を禁じた。（勝田至）

にょにんこうや［女人高野］ 室生寺の別称。仏教では女性は修行の妨げとされ、高野山や比叡山など、多くの寺院や霊場では女性の立入りが禁じられたが、室生寺では女性の参詣が許されたため、女人禁制の高野山に対し、女人高野と称された。（志麻克史）

にょにんどう［女人堂］ ⇩女人禁制

にょほう［如宝］ 726〜815 奈良時代後期から平安時代前期の律宗の学僧。唐（胡国とも）の人。七五四（天平勝宝6）年に鑑真に従って来日。東大寺戒壇院で受戒し、律学を修めた。下野薬師寺に止住したのち唐招提寺に移り、七六三（天平宝字7）年に鑑真が遷化した後は、同寺の運営の中枢を担った。聖武天皇と光明皇后の戒師を務め、桓武天皇と后妃・皇太子にも菩薩戒を授けた。伝灯大法師位を経て、八〇六（大同元）年には少僧都となった。（増尾伸一郎）

ニライ・カナイ 沖縄には海の彼方に「ニライ・カナイ」という楽土がある、という信仰。そこは死んだ人たち（祖先）が行く他界でもあるが、だからこそ神になった祖先たちとともに安らぎと幸せが満ち満ちている聖空間であるという信仰も息づいている。四面海に囲まれた島社会では、海の彼方にパラダイス的な原郷を幻想するということはきわめて自然な信仰であろう。古代日本の「根の国」「常世の国」「黄泉の国」信仰に対応すると思う。ポリネシア文化圏のハワイ、フィジー、ニュージーランドなどでは、海の彼方にある、と信じているパラダイスを「ハワイキ」とよんでいるし、アイヌの「ポクナ・モシリ（地下の国）」、アイルランドの「ティル・ナ・ノグ（常若の国）」信仰も海の彼方にあり、原理的には通ずる信仰であろう。古文献『おもろさうし』には、海の彼方にある世界を「にるや・かなや」、天上にある世界を「おぼつ・かぐら」と記し、二つの世界の神の力で地上世界に秩序と豊穣と幸せがもたらされている。ニライの語源は、ニ（根）、ラ（空間を表す接尾語）、イ（方位を表す接尾語）で、「根になる所」の意である。（外間守善）

にんけんてんのう［仁賢天皇］ 在位年不詳。第二四代天皇。和風諡号は億計天皇（『古事記』は意祁王）。父は履中天皇皇子市辺押磐皇子。清寧天皇崩後、弟の弘計王（後の顕宗天皇）を天皇に即け、顕宗崩後、石上廣高宮で即位した。陵は埴生坂本陵。（小野里了一）

にんとくてんのう［仁徳天皇］ 在位年不詳。第一六代天皇。『日本書紀』によれば、和風諡号は大鷦鷯天皇（大鷦鷯は天皇の実名）。父は応神天皇、母は仲姫命。応神崩後、異母弟の太子菟道稚郎子と天皇位を譲りあうも太子が自殺し、難波高津宮に即位。即位後、百姓の窮乏を知り三年間の課役を免じ、後に民が進んで宮の修復を行ったとするなど、聖帝として描かれる。これらは書紀編者が応神・仁徳王系最後の武烈天皇を易姓革命思想から暴君として描くことと対応する。『宋書』にみえる倭の五王のうち、讃または珍に比定する説がある。陵は「延喜諸陵式」によれば百舌鳥耳原中陵。（小野里了一）

にんとくてんのうりょう［仁徳天皇陵］ ⇩大仙古墳

にんなじ［仁和寺］ 京都市右京区御室大内にある真言宗御室派の総本山。宇多天皇が父帝光孝天皇の御陵近くに仁和年間（八八五〜八八九）に建立した寺。本尊は光孝天皇等身の阿弥陀像三尊。宇多天皇は八九九（昌泰2）年当寺で出家、本寺の南西に御所（御室）を営み御在所とした。寛朝（父は敦実親王）のときに皇室や宇多源氏との連携を強化し、広沢池近辺に遍照寺を建て自坊とした。そのために仁和寺の流派を広沢派という。寺域に

は四円寺を含む多くの院家が営まれた。（野口孝子）

にんのうえ【仁王会】『仁王般若経』を講読して鎮護国家・除災招福を祈願する法会。宮中・十五大寺・諸国国分寺などで行われ、天皇一代に一度の大仁王会、毎年春秋二期（二月と七月）の仁王会、また臨時仁王会の三種があった。（竹居明男）

にんみょうてんのう【仁明天皇】 810〜50 在位833〜50 平安前期の天皇。名は正良。嵯峨天皇の第一皇子で母は皇后橘嘉智子。一四歳で立太子、二四歳で即位し、淳和上皇の皇子恒貞親王を皇太子としたが、承和の変（八四二年）により天皇の第一皇子道康（のちの文徳天皇）がかわって皇太子とされた。学問を好み医学にも詳しい。生前居所としていた清涼殿で没したため殿舎は没後、陵（深草陵、京都市伏見区）の傍らに移建して寺とされ、当時の年号をとって嘉祥寺とよばれた。（瀧浪貞子）

にんみょうてんのうりょう（ふかくさりょう）【仁明天皇陵（深草陵）】 現陵は京都市伏見区深草に所在。仁明天皇は平安前期の嵯峨天皇の皇子で『続日本後紀』によると、八五〇（嘉祥3）年三月二五日に「山城国紀伊郡深草山陵」に葬られたとある。つづいて陵に隣接して陵寺の嘉祥寺が子の文徳天皇によって建てられた。「延喜式」諸陵寮では近陵として扱われたが、中世以降は管理が不備となり所在を失なった。幕末には、推定嘉祥寺跡および貞観寺跡に近い「東車塚」とよばれる塚を陵墓に考定し、現在にいたる。（今尾文昭）

ぬ

ぬいどのりょう／ほうでんりょう【縫殿寮】 大宝・養老令制の中務省被管諸司の一つ。女王・内外命婦・宮人の名帳と考課、および宮中で用いる衣服の縫製を担当した。実際には、後宮の縫司に裁縫させ、製品を内蔵寮に送付することをつかさどった。八〇八（大同3）年には大蔵省の縫部司や宮内省の采女司を併合。（荊木美行）

ぬいのつかさ【縫司】 大宝・養老令制における後宮十二司の一つ。尚縫（准正四位）・典縫（准従五位）・女孺（准正八位）が所属した。中務省の縫殿寮に対応する女司で、後宮の衣服の製作や女功・朝参をつかさどった。十二司では、膳司とならんで、蔵司についで重視された。（荊木美行）

ぬかたでら【額田寺】⇨額田寺伽藍並条里図

ぬかたでらがらんならびにじょうりず【額田寺伽藍並条里図】 古代の大和国額田寺とその周辺を描いた地図。図の三辺が破損して失われており、かつてさまざまによばれてきたが、国宝指定の際にこの図名とされた。東大寺領荘園図以外では、現存唯一の布製古代荘園図であり、全面に「大和国印」がおされている。この国印の成立時、標記された人物名およびその位階、大和国の校班田の実施状況から、七七二（宝亀3）年頃の作製の可能性が高い。この図には条里プランによって土地が標記されているだけではなく、額田寺の伽藍、川・池・岡・古墳などが描かれており、古代の景観をよく示している。表現対象は大和国京南路西九・十条三・四里付近であり、現在の大和郡山市の額田部丘陵の額安寺付近一帯である。条里プランの表現の特徴は、大和国京北班田図などと同様に、里が一里分ずつ若干の間隔をおいて表現されていること、実際の条里地割の方位や方格網のくい違いを無視して整然とした形で描いていることなどであり、古墳・伽藍・地・岡などの詳細な表現によってその状況を確認することができる。

【参考文献】大和郡山市『よみがえる古代の額田部』（大和郡山市平7）。金田章裕他編『日本古代荘園図』（東京大学出版会平8）。金田章裕『古代荘園図と景観』（東京大学出版会平10）。（金田章裕）

ぬかたのおおきみ【額田王】 生没年不明。初期万葉を代表する万葉歌人の一人。『万葉集』に一二首の歌が収載されている。父は鏡王で、はじめ大海人皇子の妻となる。斉明・天智朝においては、行幸や遷都、宮廷での宴席、さらには天智天皇の葬礼などの晴れの場で歌を披露している。これは、額田王がこの両朝において宮廷歌人として枢要な位置を獲得していたことを物語るものである。しかも、万葉女性歌人としては珍しく長歌を残している。宮廷儀礼の場における長歌の制作は、取りも直さず宮廷歌人として活躍の場が与えられていたことを証明するものである。その作品に顕著な点は、宮廷行事の趣旨や雰囲気をつかんだ表現を探り、その場に集う人々に感動を与える歌をつくった点にある。しかし、壬申の乱以降は、その主たる活躍の場を失っていたようであり、代わって人麻呂の時代を迎えることになったと考えられる。

【参考文献】橋本達雄『万葉宮廷歌人の研究』（笠間書院昭50）。（上野誠）

ぬかたべ【額田部】 大化前代の部の一つ。起源については、応神天皇の子額田大中彦の名代とする説をはじめ、諸説ある。全国に分布し、中央の伴造は大和国平群郡額田郷を本拠とする額田部連氏で、地方では額田部臣氏・額田部直氏・額田部君氏がつかさどった。（荊木美行）

ぬかたべのひめみこ【額田部皇女】⇨推古天皇

ぬきさきじんじゃ【貫前神社】 群馬県富岡市所在の神社で式内社。現社名は一之宮貫前神社。上野国の一宮で、祭神は経津主命ら。社伝に安閑天皇朝創立というも、不詳。九一六（延喜16）年従二位。（井上満郎）

ぬたりのさく【渟足柵】 七世紀半の古代城柵。『日本書紀』には、六四七（大化3）年渟足柵をつくり柵戸をおく、その翌年磐舟柵を治り蝦夷に備えるとある。さらに六五八（斉明4）年には都岐沙羅柵造が渟足柵造とともにみえる。この三者は、新潟県中央部から山形県境一帯につくられた最古の城柵で、越国とその北に住む蝦夷に備えておかれたものであろう。いずれも遺跡は明確でない。八世紀の出羽柵・秋田城や多賀柵の先駆をなす柵だけに、遺跡の発見が待たれる。（桑原滋郎）

ぬなかわひめ［沼河比売］　『出雲国風土記』には「奴奈宜波比売命」とみえる。『古事記』大国主神神話で、八千矛神（大国主神の別名）が高志国に妻問いした相手。続けて宗像の女神との結婚を記すが、これら辺境の女性との結婚譚はこの神が大八島国の隅々まで支配力を手に入れたことを示すとされる。（小野里了一）

ぬひ［奴婢］　律令制下における賤身分の一つ。奴は男性、婢は女性をさし、それぞれ「やつこ（おのやつこ）」「めのやつこ」と訓む。奴婢的な隷属民は早くから存在したようで、『魏志』倭人伝に生口のことがみえるほか、『隋書』倭国伝にも盗人で賠償のできない者が奴とされたとある。律令制下の奴婢には、官奴婢・私奴婢の区別があるが、両者を併せて公私奴婢と称した。官奴婢は官賤・公奴婢ともいい、官戸と併せて官戸奴婢と称された。官戸と官奴婢は法的にやや異なる扱いを受けたが、共に官奴司の指揮のもと官田の耕作やその他の雑役に駆使された。官奴婢は六六歳になるか廃疾になれば官戸とされ、七六歳（反逆縁坐の場合は八〇歳）になると解放されて良民となった。私奴婢はたんに奴婢とも称され、家人と併せて家人奴婢と称された。両者は、法的にはやや異なる扱いをうけたが、いずれも私有の奴婢であって、本主のために使役された。官奴婢は、八世紀半ば頃から順次解放され、私奴婢もこれに続いたので、一〇世紀初頭には奴婢の身分は実体を失った。

【参考文献】瀧川政次郎『増補日本奴隷経済史』（名著普及会昭60）。同『律令賤民制の研究』（名著普及会昭61）。神野清一『日本古代奴婢の研究』（名古屋大学出版会平5）。（荊木美行）

ぬひていしれい［奴婢停止令］　⇨延喜奴婢停止令

ぬりべのつかさ／ぬりべし［漆部司］　「うるしべのつかさ」ともいう。大宝・養老令制の大蔵省被管諸司の一つ。漆塗りのことをつかさどった。正・佑・令史をはじめ、漆部二〇人・使部六人・直丁一人から構成される。八〇八（大同3）年、中務省の内匠寮に併合された。（荊木美行）

ね

ねこづかこふん［猫塚古墳］　奈良県五條市西河内に所在する。古墳時代中期中葉築造の一辺三〇mの方墳で、谷地形に占地する点に特徴がある。墳丘中央には谷の主軸方向に直交する全長五・二mの竪穴式石室がある。このほかに、石室に隣接して木棺直葬とみられる施設もあり、その直上には埴輪を立て並べる。小墳ながら副葬品には朝鮮半島とのかかわりの点で特筆すべきものが多く、鍛冶具では鑿・鉄鉗・金槌・金床・砥石がセットとしてある。甲冑では、類例のない金銅装小札鋲留蒙古鉢形眉庇付き冑や金銅装頸甲のほか、二鉢の金銅装小札鋲留眉庇付冑や初期の挂甲などが注目され、装身具には二種の金銅製透かし彫銙帯金具がある。

【参考文献】網干善教『五条猫塚古墳』（奈良県史跡名勝天然記念物調査報告(20)昭37）。（藤田和尊）

ねづかいせき［根塚遺跡］　長野県下高井郡木島平村に所在する。千曲川下流右岸の沖積地に聳立している自然残丘を墓域としている弥生後期の遺跡で、一九九六（平成8）年から調査がなされている。丘陵上には円形周溝墓が設けられ、周溝外の残丘斜面に貼り石を施す。裾部は方台状に削出され周りを柱穴が囲む。墓壙内からは鉄剣・玉類・土器が出土している。根塚にはこのほかに数基の土壙墓があり、渦巻文装飾のある鉄剣、「大」と刻書された土器片が検出されている。（桐原健）

ねつルミネッセンスねんだいけっていほう［熱ルミネッセンス年代決定法］　土器や石器中に含まれる石英などの鉱物の粒子は、五〇〇度程度で熱すると放射熱ルミネッセンスとよばれる蛍光を発する。この蛍光量は、土器の焼成時や調理の利用によって熱をうけた際に鉱物の発光能力がいったんゼロとなり、その後の埋没過程で、周囲からうけた微量の放射線の量に比例するようになる。こうした天然の放射線量が一定である場合、発せられる蛍光量は年代に比例するという原理を用いて遺物の年代を測定する方法。（鐘ヶ江賢二）

ねのおみ［根使主］　『記』『紀』にみえる人物。安康天皇が弟大泊瀬皇子（後の雄略）に大草香皇子の妹幡梭皇女をめあわそうとして遣わされたが、偽りの報告をして結婚受諾の証の玉縵を横領。後にその玉縵を幡梭皇女に目撃されてことが露見し殺される。坂本臣の祖。（菊地照夫）

ねのくに［根国］　根は根本の意味で、根本の他界。『古事記』では「根の堅州国」と記し、『古事記伝』は「堅（上下）の片隅にて下つ底の方を云なり」と述べる。『日本書紀』では一一の用例があり、そのなかには「遠き根国」(二)、「母の根国」(一)、「下して根国」(一)、「底つ根国」(一)、「退国に帰る」(一)と記す例がある。根国を遠き国あるいは下の底の国とするもの、母の国とするものなどがあり、「根の堅州国」には死の国（黄泉の国）のイメージが重なる。「延喜式」所収の道饗祭の祝詞では「根国底国」と書き、大祓の祝詞では「根国底国に坐す速佐須良比咩といふ神」と述べて、漁中の国としてとり扱っている。沖縄のニライ・カナイと同系の他界観とみなす説もある。（上田正昭）

ねのひのあそび［子日遊］　正月初子の日

に行われた野遊の総称。またこの日の宴を子日宴と称した。宮中の子日宴は八世紀半ば頃にはみえるが、平安時代の貴族たちの間では、野辺に出て小松を引き、摘んだ若菜で羹をつくって食する風習が広くみられた。　（竹居明男）

ねんかん［年官］　年給制度の一つ。院をはじめ皇族・公卿に毎年除目の際に一定の官職を申請する権利を与え、院・公卿らは任官希望者を募って彼らから任料を収納してその官職に申任する一種の封禄制度。平安初期に始まり、中期には盛行した。　（朧谷寿）

ねんきゅう［年給］　平安時代、官位任叙者を申請する権利を貴族に給した制。給主は任叙者から利得をえたと考えられている。官職を給するものを年官、位階を給するものを年爵という。寛平年間にはおおむね制度化され、鎌倉時代初めまで機能した。　（佐藤文子）

ねんしゃく［年爵］　平安時代、院（太上天皇）と三宮（太皇太后・皇太后・皇后）に従五位下に叙す者を申請する権利を給与し、叙爵希望者から利得をえさせた制。毎年叙爵一人のほか三宮にはさらに女爵一人が給された。　（佐藤文子）

ねんじゅうぎょうじ［年中行事］　毎年一定の時期に特定の集団によってくり返し行われる儀式・行事。一種の拘束性をもつとともに、行事の参加者の間に集団への帰属意識を醸成する役割があった。日本においては農耕生活開始以来の農事暦や宗教的祭儀に萌芽があり、やがて中国の影響などもうけて、天武朝以降に国家的年中行事の整備をみた。神祇令に規定する各種の祭儀、また雑令の「節日」の規定はその代表。平安時代に入ると、朝廷における恒例・臨時の儀式、節会、政務の式次第が「内裏式」『儀式』等として集大成されて朝儀として完成し、八八五（仁和元）年藤原基経献上という宮中清涼殿の「年中行事障子」が象徴するように、政務の運営と朝儀の体系は不可分の関係となった。平安時代中期以降、『西宮記』『北山抄』『江家次第』や『年中行事秘抄』ほか多くの儀式書・年中行事解説書等が著されるとともに、貴族の家においてもそれぞれ年中行事が行われるようになった。　（竹居明男）

ねんじゅうぎょうじえまき［年中行事絵巻］　平安後期の絵巻。原本の絵師は常磐光長と推定される。もとは六〇巻前後とされる。原本は失われ住吉如慶らが筆写した模写本が残る。後白河院の命により、宮廷儀式、神祭、仏儀、貴族・庶民の芸能など年中行事を描く。（山田雄司）

ねんじゅうぎょうじひしょう［年中行事秘抄］　宮廷年中行事の各項目に簡単な来歴などを注記したもの。「年中行事御障子文」より仏事項目などの多い大江匡房編の『江家年中行事』を参考に、中原師遠（一一三〇年没）が作成したとみられる。その書写過程で師遠の子孫らの加筆したものが今に伝わっている。

［**参考文献**］所功「年中行事秘抄の成立」『平安朝儀式書成立史の研究』（国書刊行会昭60）。　（所功）

ねんじゅうぎょうじみそうじぶみ［年中行事御障子文］　平安宮廷の年中行事を衝立障子の表裏に列挙したもの。はじめ八八五（仁和元）年太政大臣藤原基経より光孝天皇に献上したものが清涼殿の広廂南に置かれ、平安中期まで随時加除され固定した三〇〇近い行事項目が、藤原行成らにより写し継がれて今に伝わる。

［**参考文献**］甲田利雄『年中行事御障子文注解』（続群書類従完成会昭56）。所功『平安朝儀式書成立史の研究』（国書刊行会昭60）。　（所功）

年中行事絵巻（近世の模本）宮内庁書陵部蔵

ねんだいそくていほう［年代測定法］　遺物・遺跡の年代を自然科学的手法によって決定または推定する方法。放射性炭素法（^{14}C法）、ルミネッセンス法、電子スピン共鳴法、フィッション・トラック法、カリウム・アルゴン法などは原子核の壊変または放射線に起因する現象を利用する方法であり、放射年代測定法とよばれる。この他に年輪年代法、考古地磁気法、黒曜石水和層法、アミノ酸ラセミ化法、火山灰層序法などさまざまな方法がある。それぞれの方法は特定の自然現象を応用し、対象とする資料と測定可能な年代範囲が異なる。最もよく利用される放射性炭素法は、木材、草本、骨、貝など炭素を含む有機物を測定試料として約三〇〇〇～五万年前の年代をカバーする。放射性炭素法の一方法である加速器質量分析法では数ミリグラムの炭素試料で測定する

加速器質量分析計（AMS）

ことが可能であり、土器に付着した炭化物や古文書の紙片などの測定例がある。ルミネッセンス法は土器、窯跡、火山灰、堆積土などに含まれる鉱物粒子を試料として、約一〇〇〜一〇〇万年前をカバーする。年輪年代法は樹皮を含む樹木試料の年輪パターンを暦年標準パターンと照合することによって一年単位で伐採年代を決定することができる。暦年標準パターンは、日本では約三三〇〇年前（スギ）まで、ヨーロッパやアメリカでは約一万年前（オーク、ヒッコリーマツ）まで作成されている。窯跡、火砕流堆積物、火山灰、泥流堆積物などを対象とする考古地磁気法は試料に含まれる磁性鉱物の残留磁化の方向を地磁気永年変化と照合して年代を決定する方法であり、約二〇〇〇年前（中部・西南日本では約一万二〇〇〇年前）までの年代を決定することができる。地磁気の逆転現象を利用する古地磁気層序法では数一〇〇万年前まで推定可能である。火山灰が広く分布する日本では遺跡の年代を推定する有力な方法として火山灰層序が利用される。年代測定にあたっては資料に適した測定法を選択し、複数の方法でクロスチェックすることが望ましい。また、測定された年代値と考古年代との関係に注意する必要がある。

【参考文献】長友恒人編『考古学のための年代測定学入門』（古今書院平11）。松浦秀治他編『考古学と年代測定学・地球科学』（同成社平11）。　（長友恒人）

ねんどかく【粘土槨】　古墳の埋葬施設の一種。墓壙内の木棺の上下四周を粘土で包み覆ったもの。木棺は腐朽して消滅するため、粘土部分のみをとどめることが多い。一九一五（大正4）年の宮崎県西都原古墳群の報告例がその初現である。前期前半の竪穴式石室は墓壙内の粘土床上の木棺を四壁に積んだ板石で囲っており、粘土槨はその板石積みを粘土に代えたものと考えられている。前期中頃から中期にかけて多くみられ、同一墳で竪穴式石室と併存することもある。その場合は副葬品等から、やや低位の埋葬施設とみなされている。　（福尾正彦）

ねんぶつ【念仏】　文字どおりに仏を念ずること。もとは中国の思想だが、一般に念仏により滅罪し往生することを願うことをいう。のち天台宗に浄土教が起こり、同宗にいう四種三昧念仏（不断念仏）によって念仏がまず貴族社会内に普及し、ついで貴族・僧侶を中心とする念仏結社活動が盛んとなった。しかし普通には念仏といえば浄土教によって流布され、庶民間に広まった行為をいう。従来の宗教的救済から漏れた庶民の死霊追善にも念仏が用いられ、葬礼の行えない階層にも念仏は普及し、この上に立って空也*による自己救済的な、つまりは念仏を唱えれば極楽への往生が可能という念仏活動へと進んだ。

【参考文献】速水侑『日本仏教史　古代』（吉川弘文館昭61）。　（井上満郎）

ねんぶつひじり【念仏聖】　特定の仏教教団から離脱し、庶民間に念仏*を勧める僧侶のこと。浄土教の広まりとともに盛行した。貴族社会での念仏の普及とは別に、市聖と称された空也の流れを汲み、旧来の救済対象から漏れた都鄙の衆庶に南無阿弥陀仏の念仏を勧め歩いた。ために阿弥陀聖とも称する。　（井上満郎）

ねんぶんどしゃ【年分度者】　毎年国家が得度させるべき僧侶のこと。六九六（持統10）年の一〇人を初例とし、八〇三（延暦22）年にこれを三論・法相(ほっそう)各五人とし、さらに八〇六（同25）年には天台二人を加えて華厳二人・律二人・三論三人・法相三人とした。国分寺僧などの得度規定はこれとは異なる。「延喜式」玄蕃寮式に詳細な規定がある。　（井上満郎）

ねんりんねんだいほう【年輪年代法】　樹木の年輪の間隔は気候変動等により変化するので、その間隔には疎密のパターンが生じる。伐採年のわかっている多数の現生木から年輪幅の計測値を総平均して、暦年標準パターンを作成する。次に古建築部材、遺跡出土材からも同様に計測し、先の標準パターンと重複した部分で連鎖させ、長期にさかのぼる暦年標準パターンをえる。年代不明の材について年輪幅を計測してパターンを作成し、暦年標準パターンと一致する所を探して年代を知る方法。日本では、奈良文化財研究所において、ヒノキについて現在から前九一二年、スギについて前一三一三年までの暦年標準パターンが作成されている。年輪年代法で決定された年輪の炭素14年代を測定して比較することで、炭素14年代を実際の年代に対応させることが行われている。大気中の炭素14濃度の変化の影響を補正するためで、国際的に暦年較正データーベースがつくられている。

【参考文献】奈良国立文化財研究所『年輪に歴史を読む』（奈良国立文化財研究所学報（48）平2）。光谷拓実「年輪年代法」馬渕久夫他編『文化財科学の事典』（朝倉書店平15）。　（本田光子）

の

のあそび【野遊】　野に出て草木や若菜を摘むなどの遊びをすること。春正月の子の日に行う*子日遊(ねのひのあそび)は著名で、一年の予祝の意味もあった。すでに奈良時代からみられ、平安中期以後貴族たちの春夏の野での娯楽として一般的となり、詩歌などの創作の場ともなった。　（井上満郎）

のういん【能因】　988〜?　平安時代中期の歌人。俗名、橘永愷(ながやす)。橘元愷(もとやす)の男で、兄為愷の養子になったか。文章生(もんじょうしょう)となったが、一〇一三（長和2）年頃出家。多くの旅の歌を残した。家集『能因集』。『玄々集(げんげんしゅう)』を撰じ、『能因歌枕』を著した。　（山本令子）

のうし【直衣】　平安時代以降の天皇および公卿の日常の装束。衣冠と同様指貫(さしぬき)とあわせて着用する。直衣の袍(ほう)は位色を用いない縫腋(ほうえき)袍で雑袍と称した。中納言以上、大臣の子孫二代、公卿以上は勅許をえて直衣での参内を許された。　（佐藤文子）

のぎょうこう【野行幸】　天皇の遊猟行事。禁野*での遊猟は天皇の特権であり、在地からの奉献がともなう権力行動であった。『日本書紀』仁徳紀に天皇が百舌鳥野で鷹を遣い雉を捕ったとされるのが記録上の初見。平安時代以降行事化し、交野・大原野・嵯峨野など都の郊野で行われた。（佐藤文子）

のぐちおうのはかこふん［野口王墓古墳］
⇩檜隈大内陵ひのくまのおおうちのみささぎ

のさき／のざき［荷前］ ⇩荷前使のざきのつかい

のざきのつかい［荷前使］ 陵墓へ荷前を献ずる際、幣物を運ぶ勅使のこと。荷前には諸陵寮が管掌し、すべての山陵を対象とする常幣があったが、平安時代にはこれと並行して、天皇の近親の山陵・外戚墓を対象とする別貢幣が行われた。荷前使は、後者をもたらす使者のこと。荷前の際には天皇が出御し、幣物も内蔵寮が準備した。八五八（天安2）年には、荷前の対象となる一〇陵四墓が定められたが、「延喜諸陵式」では一〇陵八墓となっており、流動的であった。同使には闕怠が多く、「延喜諸陵式」には処罰規定がみえる。（荊木美行）

のじま［野島］ 淡路国の地名。『日本書紀』や『万葉集』に「野島の海人」が多く見えており、海人集団の居住地であった。とくに中世以降は歌枕として知られた。現兵庫県淡路市北淡町の旧野島村とする説が有力であるが、ほかに南あわじ市南淡町や淡路市淡路町とする説もある。一九九五（平成7）年兵庫県南部地震の際に生じた断層は野島断層と名づけられた。（高橋誠一）

のちのあすかおかもとのみや［後飛鳥岡本宮］ ⇩飛鳥岡本宮あすかおかもとのみや

のとのきゃくいん［能登客院］ 能登国（石川県）に設置された渤海使応接のための施設。八〇四（延暦23）年、渤海使の来着が能登国に多いことから客院の建造が命ぜられた（『日本後紀』六月二十七日条）。所在地は福浦津（富来町）説のほか、気多神社付近（羽咋市）がある。（川崎晃）

のとのくに［能登国］ 北陸道に属する国。現在の石川県北部にあたる。大部分が能登半島で、北部は奥能登丘陵、南東部は宝達丘陵などであるが、日本海や七尾湾などに面して平野が存在する。羽咋国造・能登国造が支配していたが、律令制下に越前国に属し、七一八（養老2）年に分離して能登国が成立した。その後、七四一（天平13）年に越中国に併合されたが、七五七（天平宝字元）年に再び能登国として確定した。『日本書紀』斉明天皇六（六六〇）年の阿倍比羅夫配下の能登臣馬身龍の戦死記事などからも、この地域が大和朝廷による東北経営の拠点であったことがわかる。奈良・平安時代には渤海使や遣渤海使の発着国として重要視された。「延喜式」では中国とされ所管の郡は羽咋・能登・鳳至・珠洲郡の四郡。国府は総社のある現七尾市古府町あるいは印鑰社のある同市本府中町におかれたと推定されるが、詳細は不明である。

［参考文献］高沢裕一編『図説　石川県の歴史』（河出書房新社昭63）。下出積与『石川県の歴史』（山川出版社昭45）。（高橋誠一）

のなかアリやまこふん［野中アリ山古墳］ 大阪府藤井寺市野中にあった古墳。誉田御廟山（応神陵）古墳の外堤西側、谷を隔てた段丘端の南北に古墳時代中期前半築造の二基の方墳がならぶが、本古墳はその北側の一辺四五mの古墳である。円筒、蓋形、盾形、甲冑形などの埴輪が出土し、三基の施設が南北にならぶ。長さ三mの北の施設では一五四二本をこえる鉄鏃や八五本の刀剣などの鉄製武器を上にならべ置き、下に鍬、鎌、斧、蕨手刀子はじめ、総数二七〇〇点をこえる鉄器を納めていた。古墳時代中期の河内における鉄製武器の集中を象徴する。（一瀬和夫）

のなかこふん［野中古墳］ 大阪府藤井寺市野中三丁目に所在する一辺三七mの方墳。二段築成で堀をめぐらす。全長二二五mの墓山古墳の北の陪冢的位置にあり国史跡。一九六四（昭和39）年に発掘され、五群の副葬品列が検出された。もとは鉄釘を用いた木櫃におさめられたと考えられている。圧倒的多数の鉄製武器・武具類が出土し、墳頂部には朝鮮半島の加耶製とされる須恵質土器も多く認められた。古墳時代中期の政権中枢部の権力基盤などを知るうえで重要な古墳である。（福尾正彦）

ののみや［野宮］ 伊勢の斎王（斎宮）が群行に先立ち、宮城内の初斎院に続いて潔斎のために入る宮城外の浄野につくられた仮宮。天武朝の「泊瀬斎宮」が初見か。平安朝では主に嵯峨野に設けられ、現在の野宮神社もその跡の一つ。小柴垣・黒木の鳥居などがあった。

［参考文献］所京子「斎王野宮の位置と造営」『斎王和歌文学の史的研究』（国書刊行会平1）。同『斎王の歴史と文学』（国書刊行会平12）。（所京子）

のぼりがま［登窯］ 傾斜地に数室～十数室の部屋（房・袋）を階段状に連続させて築いた窯。各部屋間には複数の通焔孔があり、焔はそこを通って一段高い部屋に昇り抜ける。各部屋は蒲鉾形の天井部からなり、最下段の部屋は焚口・燃焼部で、胴木間や大口とよばれる。窯の下方には物原があり、失敗品や窯道具が捨てられる。中世以前の窖窯や大窯も広義の登窯に含まれる。中世末の古唐津に始まるとされ、近世の陶磁器生産に広く利用された。（岡田裕之）

のみのすくね［野見宿禰］ 土師氏の祖と伝えられる人物。土師弩美宿禰にも作る。『新撰姓氏録』によれば、土師氏は天穂日命の後裔とされ（右京神別下）、建比良鳥命（天菩比命の子）を祖する出雲国造と同祖関係にある（『古事記』誓約段）。『日本書紀』によれば、垂仁天皇七年七月七日、出雲国から召された野見宿禰は、当麻蹶速と力競べして勝った。相撲の起源伝承とされる。同三二年七月、皇后の日葉酢媛が薨じた際、出雲国の土部一〇〇人を喚び、埴土で人・馬および種々の形の物の形をつくり、殉死に代えて陵墓に立てることを進言。それが採用され、その「立物」を埴輪と称するようになり、野見宿禰に土師臣の氏姓が与えられと伝える。いわゆる埴輪起源伝承であるが、今日では四世紀初頭前後に蓋形埴輪・家形埴輪・鶏形埴輪がまず出現し、五世紀中葉前後になって、ようやく人物埴輪が出現するので、事実ではない。『播磨国風土記』によれば、野見宿禰は播磨国揖保郡の立野で亡くなったと伝える。「延喜式」の神名帳によると、摂津国嶋上郡に野身神社、因幡国高草郡に大野見宿禰命神社がみえ、それぞれの地で野見宿禰伝承のあったことが推定される。（和田萃）

のもり【野守】 天皇の直轄地で、一般には立ち入りの許されない「標野」の管理者ないしは番人をいう。『万葉集』の額田王作「あかねさす紫野行き標野行き野守は見ずや君が袖振る」（一―二〇）で知られる。烽の烽長・烽子も野守とよばれることがあった。（荊木美行）

のりくにき【範国記】 平範国の日記。「平記」の一つ。一〇三六（長元9）年四月より一二月までの日次記が現存。後一条天皇の崩御から後朱雀天皇の践祚・大嘗祭の記事が中心。『陽明叢書』。（松本公一）

のりと【祝詞】 ノル（呪力をもった発言をする）の名詞形にト（呪的な言語や事柄につける接尾語）の接続したのがノリトで、祭祀の場で神に奏したり、あるいは、同時に参集の人々に宣べ聞かせる詞章をいう。とくに「延喜式」巻第八所収の二七篇、第一六所収の「儺祭詞」一篇、および「中臣寿詞」一篇の計二九篇をさしていう。成立年代は各祝詞によって異るが、「祈年祭」「大祓」等は飛鳥か藤原時代のものとして古く、「平野祭」「久度・古関（開）」等は平安時代に入ってからのもので新しい。作者には、祭祀関係の役人や中臣・斎部・出雲国造の各氏族が想定される。文体は「東文忌寸部献二横刀一時咒」の漢文体一篇を除き和文体。表記は宣命書きで、国語の語序に従って自立語と用言の語幹は表意の、付属語と活用語尾は表音の文字体系によって書き分けるのを原則とする。用語は、文辞に流動性を有する宣命に比べると文語性・保守性を有する。古写本には、祖本にほぼ忠実な九条家旧蔵本（国宝）、小字部にも上代特殊仮名遣いを残す卜部兼永自筆本、卜部兼右自筆本があるが、古写本訓は各語ごとの検討が必要。尚、中世のものだが、地方神社の祝詞でまとまって伝わるものに若狭彦神社の「詔戸次第」（重文）がある。

［参考文献］西宮一民『日本上代の文章と表記』（風間書房昭45）。青木紀元『祝詞古伝承の研究』（国書刊行会昭60）。（白江恒夫）

のりゆみ【賭射】 賭弓とも。平安時代、射礼翌日の正月一八日に、天皇出御のもと近衛・兵衛両府の射手が左右に分かれて弓射を競う年中行事。勝方は賭物を賜り、負方は罰酒を課されたほか、勝方の近衛大将は射手を自邸に招いて饗応した。これを還饗という。（竹居明男）

は

ばいけん【売券】 古文書の様式の一つ。沽券、沽却状ともいう。土地、屋敷、所職などを財産を売却するときに売主が作成して買主に渡す証文のこと。売主、買主、売買対象、代価を記載。八世紀から一〇世紀は、売買には解などの公文書によったが、平安時代中期から当事者同士間で売券が取り交わされるようになった。（綾村宏）

はいせい【裴清】 ⇨裴世清

はいせいせい【裴世清】 生没年不詳。遣隋使小野妹子が帰国する際に同行した隋使。名門河東（山西）の裴氏の出。六〇八（推古天皇16、隋大業4）年、遣隋使小野妹子が帰国するのに同行して日本に渡り、筑紫・難波を経由して八月に飛鳥小墾田宮に来朝した。翌月帰国の途についたが、再び妹子が大使となると同行し、高向玄理、僧旻、南淵請安らを留学生としてともなった。官職は江州刺史（正四品下）にいたった。なお唐代は太宗以後その諱（世民）を避けて斐清と記した。（中畠俊彦）

ばいちけん【買地券】 土地の売買証明書のこと。考古学では墓地から出土し、死者が死後の生活の場である墓地を購入したことを証する板状の副葬品をさす。中国では後漢以降、長く行われ、石、塼、鉛、玉、鉄などの板に、年月日、被葬者の住所・氏名・姓別・年齢、墓の所在地、土地の値段、土地の範囲などを記す。中国以外の例としては、韓国百済武寧王陵出土品が有名である。日本では岡山県倉敷市真備町尾崎出土の、七六三（天平宝字7）年白髪部毗登富比売塼券がある。一九七九（昭54）年には福岡県太宰府市の宮ノ本遺跡一号墓から鉛製買地券が発見された。「男好雄」が亡父の墓地用地を購入した旨が記される。（杉山洋）

はかせ【博士】 律令制下で各分野の専門的知識や技能をもって学生を教習する職掌の官。養老令の規定では、陰陽寮に陰陽・暦・天文・漏剋の各博士、大学寮に博士（明経博士）・音・書・算博士、典薬寮に医・針・按摩・呪禁博士がおかれたほか、大宰府・諸国にもそれぞれ博士・国博士がおかれている。（荊木美行）

はかま【袴】 五世紀以前、人形埴輪にみる衣褌姿は魏晋南北朝時代北方民族の服装の影響下にあったと思われるが、律令制下においては礼服・朝服・制服に関して唐制に倣った白袴の着用が規定された。平安時代以降、束帯には表袴と大口袴、衣冠・直衣に指貫というように装束によって着すべき袴にきまりが生じ、また女装においても袴が着用されるようになった。（佐藤文子）

はかまたれやすすけ【袴垂保輔】 ⇨藤原保

輔

はかり［秤］ 重さを量る道具。古くから中国との交易の場などでは棹秤が使われたと考えられ、長崎県壱岐の原の辻遺跡からは後漢製の権（錘）とみられる青銅製品が出土している。雑令では官司には銅製の様（基準器）をおくと定めた。室町時代には薫物売りが棹秤を使う様子が『七十一番職人歌合』に描かれている。（**勝田至**）

ばぐ［馬具］ 馬につける装具の総称。車馬を轢くための馬に装着される車馬具といわゆる騎馬に用いられる馬具とに大別され、古代中国などではおもに前者に比重がおかれた。馬具には馬の制御のための轡（および面繋）、騎乗者の安定を確保するための鞍および鐙、取り付けることで装飾性を増す杏葉や馬鐸・馬鈴、それらを繋（馬の飾りベルト）に留めるための雲珠・辻金具や帯金具、そして、とくに戦場での馬体を保護するための馬冑や馬甲などがある。なかでも最も重要な役割を果たすのは制御に関わる轡で、出土例も多い。轡は口に入れる部分である銜、銜の両端に付けてその遊びをなくす鏡板、銜と連結してそこに手綱を取り付けるための引手からなり、鏡板の形状によって環状鏡板付き轡・棒状鏡板付き轡・板状鏡板付き轡に大別される。いっぽう、鞍は人が乗る部分である居木、その前後に取り付けられた前輪・後輪などから構成されるが、実際に馬に装着する場合は、鞍の下に布や皮の下鞍を敷き、鞍の左右に泥除けの障泥を吊り下げることが多い。木製の前輪や後輪の表面に取り付ける金具を鞍金具とよび、材質や形状によって鉄装や鉄地金銅張りなど、いくつかの種類が認められる。雲珠・辻金具は繋の交差部につける飾り金具で、繋を取り付けるための脚が三～四脚のものを辻金具、五脚以上のものを雲珠とよび、その周囲にやはり飾り金具の一種である杏葉を吊り下げる。帯金具は繋の端に付ける金具の総称である。このような日本列島における騎馬の文化は四世紀末から五世紀前半にかけて、兵庫県行者塚古墳出土の方形鏡板付き轡や楕円形鏡板付き轡のような金属製の轡類という形で、朝鮮半島を経由して将来されたものと考えられている。さらに、奈良県箸墓古墳の周溝から出土した木製輪鐙の評価によっては、その到来が四世紀の早い段階までさかのぼる可能性もある。これらの馬具類は六世紀にいたって本格的に列島内で生産されるようになり、大量の鉄製環状鏡板付き轡や、鉄地金銅張りの複雑な意匠に富んだ板状鏡板付き轡や杏葉類、それらを留める多彩な雲珠・辻金具を生み出した。

〔**参考文献**〕森浩一編『馬の文化叢書1　古代埋もれた馬文化』（馬事文化財団平5）。（**宮代栄一**）

馬具

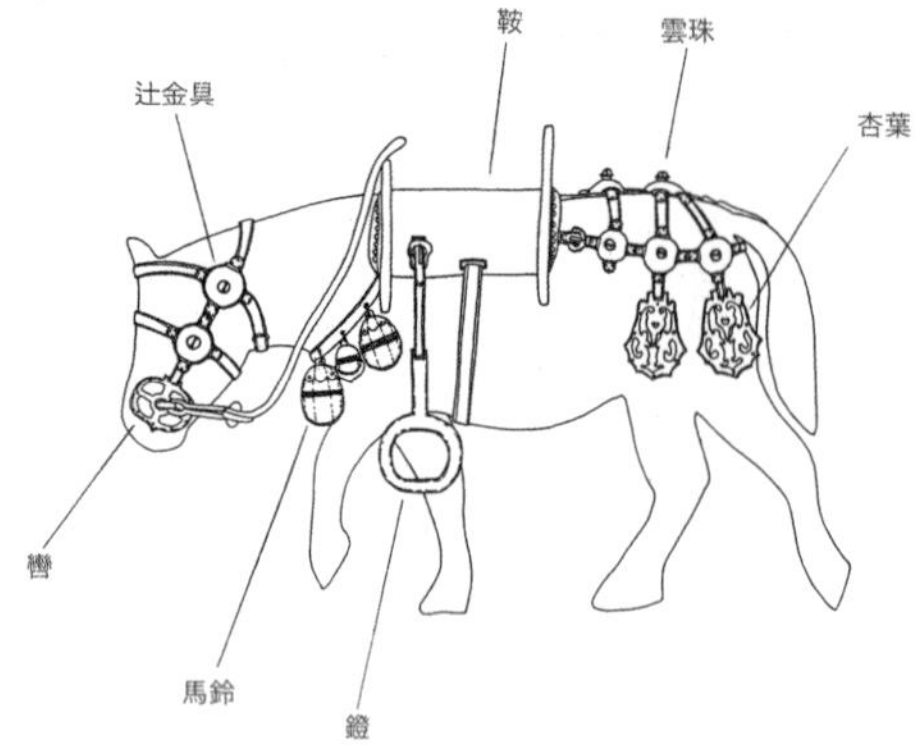

はくぎ［博戯］ 後世の「ばくち」のこと。博奕とも。金品を賭けて双六・囲碁などで勝ち負けを争うこと。古代では多くは双六により行われた。持統天皇朝には双六禁止のことがみえ、以後も平安時代を通じて公家新制などによってしばしば禁令が出されており、時代を越えて流行した。白河法皇の「賀茂川の水、双六の賽、山法師」の天下三不如意は著名。（**井上満郎**）

はくきょい［白居易］ 772～846　中国唐（中唐）の詩人。下邽（陝西）の人。字は楽天、号は香山居士。祖父・父ともに官吏ではあったが、暮らしは貧しかった。七九八（貞元14）年に二九歳の若さで進士となり、何度か中央と地方を出入りした後、刑部尚書（法務大臣）を最後に引退した。彼はみずからその作品を、人民の窮状を訴えて社会の不正に憤る「諷諭詩」、田園での静かな暮らしを歌う「閑適詩」、ことに触れての感動を素直に表現した「感傷詩」とその他「雑律詩」に四分類して前二者を重視したが、人々にはむしろ雑律詩や感傷詩「長恨歌」が好まれた。彼は生前から詩名が高く、また詩作に強い自負があって生前から作品を整理した。八二四（長慶四）年に友人の元稹が『白氏長慶集』五〇巻をつくり、以後五次の続集で二〇巻、さらに続後集五巻を加えて、八四五（会昌5）年に七五巻三八四〇首の全集が完成した。その『白氏文集』は日本の平安朝でもてはやされ、『枕草子』では「書は文集・文選」といわれた。

〔**参考文献**〕平岡武夫『白居易　生涯と歳時記』（朋友書店平10）。森亮『白居易詩鈔』（東洋文庫昭40）。（**中畠俊彦**）

はくさんしんこう［白山信仰］ 石川県・福井県・岐阜県の県境にそびえる白山を中心とする山岳信仰。白山を霊山とする山岳信仰のもとを築いたのは泰澄大師と伝える。自然崇拝・精霊崇拝の信仰に修験者の修行霊場が加わって、山頂や行場に社祠が営まれ、霊験を伝える縁起が形づくられてゆく。祭神は菊理比売命を主神とし、白山比咩ともよんで、白山七社ができる。本社は白山の山頂にあり、禅定本宮と称した。白山七社は白山比咩の本社と摂末社。登拝口は石川県側を加賀馬場といい、石川郡内の中つ社が白山比咩神社である。福井県側の登山口は越前馬場とよび平泉寺が栄えたが、明治初年の神仏分離によって白山神社に改められた。岐阜県側は美濃馬場と称し、泰澄が白山神を勧請して長滝寺を創建したという。平安時代末から戦国時代にかけての争乱でも三馬場の社僧が活躍し、その信仰は中部から関東の各地におよぶ。

〔**参考文献**〕本郷真紹『白山信仰の源流』（法蔵館平13）。（**上田正昭**）

はくしもんじゅう［白氏文集］ 中国、唐の白居易の作品集。もと前後集合わせて七五巻あった。前集五〇巻は友人元稹が八二四（長慶4）年に編纂したので『白氏長慶集』とよび、後集二五巻は自撰で八四五（会昌5）年に成った。全体で三八四〇首以上の詩文をおさめ、唐代の文集中で最多である。現行本は一部を失い七一巻。流麗で平易な内容から日本でも『枕草子』に言及があるように、平安時代以来、長く愛読された。また日本には白居易在世中の留学僧恵蕚の写本の重抄本が残る。　（愛宕元）

はくすきのえのたたかい／はくそんこうのたたかい［白村江の戦い］　百済復興運動救援に向かった倭の船団が全滅した戦い。六六〇年、唐と新羅の連合軍が百済王都に侵攻し、義慈王が降伏して百済が滅亡。義慈王は唐に連れ去られ、王都泗沘には唐・新羅軍が駐留したが、残された遺臣たちが立ち上がり、王都の奪回、百済の復興をめざした。その中心は王族の鬼室福信・僧侶の道琛らで、倭国に滞在していた義慈王の子豊璋を迎えて王とした。倭国は百済との関係から、豊璋を送りとどけ、復興運動に深く関わっていく。最初は優勢であったが、福信と豊璋が対立し、福信が殺されたことから、しだいに劣勢になり、六六三年、白村江の戦いのあと、それに近い拠点周留城（州柔城）も陥落して、復興運動はほぼ終焉を迎えた。百済の王族・貴族はその後、多く倭国へ亡命した。百済の故地はその後新羅と唐との対立をへて、新羅が領有。周留城の位置は、舒川・扶安・洪城・燕岐などの諸説があるが、福信らは「江西」で蜂起し旧王都を攻撃しているから、錦江より西の舒川説が有力で、白村江もそれに近い錦江の河口であったとみるのが有力。　（田中俊明）

錦江河口

はくそうれい［薄葬令］　『日本書紀』大化二（六四六）年三月二十二日条の詔にみえる新しい喪葬規定。それまでの古墳築造に比べて、規模を縮小・簡素化した部分があるところから、この名がある。年号にちなみ大化薄葬令とも称する。この詔によれば、王以上、上臣、下臣、大仁・小仁、大礼以下小智以上、庶民の六等に分け、副葬品・棺・墓の規模および石材・造営に要する役夫の人数や日数、葬礼に用いる帷帳や轜車の使用などを規定する。さらに、殯を全面的に禁止するほか、埋葬地の限定、殉死・殉葬や財宝の埋葬禁止、死者のために自らの髪を切り股を刺して誄することの禁止など、旧来の葬礼に関する旧俗を厳しく禁じたところに特色がある。これらの禁令に違反した場合、死者の一族が処罰された。薄葬令の存在を疑う説もあるが、改新政府が身分秩序の徹底をめざして実際に出したものとみる考えが有力。

〔参考文献〕森浩一編『論集終末期古墳』（塙書房昭48）。朝尾直弘他『日本の社会史（7）』（岩波書店昭62）。関晃『大化改新の研究　著作集（2）』（吉川弘文館平8）。　（莉木美行）

はくちょうりょう（しらとりりょう）［白鳥陵］　ヤマトタケルは伝説上の記述が多く、史実性に問題がある。『日本書紀』景行天皇四十年条には伊勢国の「能褒野陵」に葬られたのち白鳥と化して飛び去り、倭の「琴弾原」と河内の「舊市邑」に留まったのでそれぞれに陵をつくったとある。三つの陵を人々は白鳥陵とよんだ。現在、それに因んで三重県亀山市に「日本武尊能褒野墓」、奈良県御所市に「琴弾原白鳥陵」、大阪府羽曳野市に「旧市白鳥陵」を治定するが、いずれも曲折ののち明治期に決定されたものである。　（今尾文昭）

はくほうぶんか［白鳳文化］　文化史や美術史でいう七世紀後半の白鳳時代の文化。六四五（大化元）年から七一〇（和銅3）年までの時代を白鳳時代とよぶ。白鳳は「びゃくほう」とも。飛鳥文化と天平文化との中間に位置し、天智期を境にして前期と後期に分けられている。前期の仏像には飛鳥時代にはみられなかった宝髻（まげ）が現れ、顔つきも柔和となり人間味が増す。三面頭飾や仏体を飾る瓔珞も具体化した。後期に入ると、山田寺仏頭、薬師寺薬師三尊像・同寺聖観音像や東塔、法隆寺金堂壁画などの傑作が出現する。奈良県明日香村のキトラ古墳の壁画も後期の頃のものとみなされている。そして乾漆や塑像の製作も始まり、当麻寺の四天王像（乾漆）弥勒像（塑像）などがある。朝鮮半島では百済、ついで高句麗が滅び、白村江の戦い（六六三年）、壬申の乱（六七二年）など、激動の時代であったが、後期には大王から天皇へ、倭国から日本国へと、国家意識も高まった。漢詩・漢文学や和歌の世界においても画期を形づくり、柿本人麻呂をはじめとする宮廷歌人が活躍した。初唐文化の影響もみいだすことができるが、唐風文化が強まる天平文化の前提は白鳳文化があった。　（上田正昭）

はこいしはまいせき［函石浜遺跡］　京都府京丹後市久美浜町湊宮小字箱石ほかに所在する遺跡。弥生時代の実年代を知る手がかりとなる貨泉が採集されたことで、考古学史上重要な遺跡である。出土遺物には貨泉のほか、弥生土器、鉄鏃、管玉、勾玉、石斧、各種貝製品などがある。遺跡の範囲は二五万㎡と広く、右記以外にも古墳時代の石棺墓や縄文土器、宋・明銭がみつかっており、この地が長期にわたって交易上の要衝であったことがうかがえる。　（山田康弘）

はこざきぐう［筥崎宮］　現福岡県福岡市東区箱崎町に鎮座。旧官幣大社で、「延喜式」神名帳には八幡大菩薩筥崎宮、「石清水文書」九三七（承平7）年に筥崎宮と記される。祭神は応神天皇・神功皇后・玉依姫命。宇佐八幡宮の託宣によって創設されたと伝えられ、神宮寺も建立、宇佐宮との関係が密であった。宇佐、石清水とともに日本三八幡宮といわれる。蒙古襲来の際には敵国降伏の神として崇敬を集めた。「敵国降伏」の掲額は有名。 (高橋誠一)

はこだてくうこういせきぐん【函館空港遺跡群】 北海道函館市の東部、津軽海峡を望む標高四〇~五〇mの海岸段丘上に立地する。函館空港が所在するこの段丘には幾筋もの小河川が流れ、その流域に縄文時代各時期の遺跡が数多く残されている。とくに中野A(縄文早期の竪穴住居跡四〇軒ほか)・B遺跡および石倉貝塚(縄文後期の墓域および祭祀関連遺跡と縄文早期の集落跡ほか)など、大遺跡が隣接している。中野B遺跡は空港拡張工事にともなって一九七五・七六(昭和50・51)年に函館市教育委員会、一九九一~九六(平成3~8)年には北海道埋蔵文化財センターによる遺跡全域の発掘調査が実施され、縄文早期の大集落跡であることが判明している。二度の調査によって竪穴住居六二九軒、土壙など四〇〇基、Tピット二七八基ほか多数の遺構が検出された。出土遺物総数は五〇万点をこえている。Tピットを除くほとんどの遺構と遺物が当該期のものであり、さらにその七割以上が縄文早期中葉の貝殻文尖底土器期のものとみられる。帯広市八千代A遺跡でも竪穴住居跡が一〇〇軒をこす大遺跡が発見されている。これも中野B遺跡と同時期の縄文早期中葉の遺跡である。このような大集落の出現過程は広く東日本の縄文文化の展開のなかで考えることが可能である。

【参考文献】高橋和樹他『中野A遺跡(Ⅰ)・(Ⅱ)』(北海道埋蔵文化財センター平4・5)。高橋和樹他『中野B遺跡(Ⅰ)・(Ⅱ)』(北海道埋蔵文化財センター平8)。越田賢一郎他『中野B遺跡(Ⅲ)・(Ⅳ)』(北海道埋蔵文化財センター平10・11)。 (宮宏明)

はこね【箱根】 相模国足柄下郡。現神奈川県足柄下郡箱根町など。八世紀末の富士山の噴火で足柄道が通行不能となって八〇二(延暦21)年に箱根道が開かれた。のち足柄道が復旧して官道はもとに戻ったが、平安時代末期から箱根道の方が主要道路となった。 (高橋誠一)

はごろもでんせつ【羽衣伝説】 天女の羽衣を隠した男と天女が結ばれる天人女房にもとづく伝説。隠された羽衣をみつけて昇天する単純なタイプのほかに、『近江国風土記』逸文のように、男との間生まれた子供がその地の豪族となったとする伝承や、『丹後国風土記』逸文が物語る伝説のように、天に帰らず奈具の社の神となったと伝えるものもある。静岡県の美保に伝わる天女も天に帰らず土地の神として祀られることになる。房総半島や出雲、喜界島から沖縄にかけて広く分布する。

【参考文献】関敬吾『昔話の歴史』(至文堂昭41)。 (上田正昭)

はさみ【鋏】 二枚の刃で物を切る道具。奈良県珠城山古墳から握り鋏が出土し、正倉院には中間支点の金銅製の鋏がある。『類聚雑要抄』では化粧具として鋏がみえ、和鋏の図を載せる。鶴岡八幡宮の伝北条政子所用の鋏や阿須賀神社古神宝の鋏なども和鋏型である。儀式の時の整髪が主用途だったと思われる。 (勝田至)

はし【箸】 食物をはさむ木・竹・金属・象牙などでつくった細く小さな二本の棒。平城宮跡などからは木製の二本箸が多数出土し、正倉院には銀製の箸が伝わる。『日本書紀』崇神天皇十年九月条には百襲姫命をめぐる箸墓伝承があり、『紀』天武元(六七二)年七月条には箸陵がみえる。古代では箸と匙とを併用し、貴族たちは銀・銅・象牙などの箸を、一般の人びとは檜・柳・杉・竹などの箸を使った。禅堂などでは箸と匙の併用がつづいたが、中世になると匙との併用はなくなる。 (上田正昭)

はし【橋】 河川を渡るための施設。橋の種類は多く、単に川の浅瀬に飛び石をおいただけの石橋、狭い川に板を渡した打橋・棚橋、船を平行に並べて繋ぎ、その上に歩行のための板を渡す船橋(浮橋)から、橋脚をもつ橋まであった。律令制下では重要な道路上の渡河点に、橋か渡船を設け交通を確保することは国家の責務であり、国司・郡司がその任にあたり、毎年秋に津橋道路の修理を行った。こうした国家的架橋としては、七世紀後半に架けられた勢多橋や、七八四(延暦3)年の山崎橋などがある。その目的は都城を中心とした交通路の確保や、税の貢進用の道路の整備などであった。しかし律令国家は全体としては渡河施設の整備には消極的で、八〇一(同20)年には調庸の貢進時期にのみ、船や浮橋を整備するという策をとっている。小規模な河川には共同体によって架けられた橋が多かったとみられ、また僧侶が知識を募って架けたり修造した橋も多くあった。その例としては道昭(照)による宇治橋・山崎橋、行基の泉大橋・山崎橋・高瀬大橋などがある。

【参考文献】網野善彦他『いまは昔むかしは今2 天の橋地の橋』(福音館書店平3)。舘野和己『日本古代の交通と社会』(塙書房平10)。 (舘野和己)

はじき【土師器】 弥生土器の系譜をひく古墳時代以降の赤色軟質素焼きの土器。中世以降の素焼き土器は土師質土器や「かわらけ」とよび、区別することが一般的である。その名称は「延喜式」(九二七年成立)によったもので、奈良・平安時代のものと同系統であるということで、古墳時代に遡らせて土師器と称している。土師器は弥生土器から漸移的に発展したものであり、両者の間を明確に区分することは難しいが、森本六爾・小林行雄は初期の土師器を「地域の別を超えて(中略)均一性に富んだもの」としている。また、古墳祭祀と関係する小型丸底土器の成立をもって分別するという見解もある。器種も当初は煮沸用の甕類と貯蔵用の壺類、供膳用の坏・高坏・器台などから構成されていた。その後、須恵器の出現により貯蔵用には主として須恵器が使用されるようになり、土師器は煮沸用へと使い分けされるようになっていった。供膳用としての坏などは両者ともに使用され、とりわけ土師器皿・土師質土器とも称される「かわらけ」は現代まで使用されている。集落遺跡の調査例の多い東日本、とくに関東で和泉・鬼高・真間・国分各式という編年観が提示され、その後、和泉式に先行する五領式が加わった。いっぽう、西日本の畿内では早く丸底で文様の乏しい特徴をもつ土師器に布留式という名称が与えられ、後に弥生土器と布留式をつなぐ庄内式が提唱されるなど、その型式学的研究が進んでいった。ただし、弥生土器から土師器への変化は前方後円墳の出現などとも関係させる視点が不可欠であり、その確認のための研究が進展中である。土師器は、須恵器の出現、および西弘海による「律令的土器様式」の成立をもって大きく三大別できる。須恵器の出現までは、日常土器は弥生土器の系譜をひき、比較的地域色が豊かな段階である。須恵器出現後、前述したように土師器と須恵器の器種分化が始まり、須恵器の入手しにくい地域ではその形態を模倣した土師器が製作されている。七世紀になると、銅鋺などの金属器を指向した「律令的土器様式」が成立し、量産的・規格的生産となり、平安時代以降、粗雑化が進む。粗雑化と相前後して轆轤の使用や、黒色土器・瓦器も加わり、中世的世界への展開を認めることができる。

〔参考文献〕杉原荘介他編『土師式土器集成』本編1～4（東京堂昭46～49）。西弘海『土器様式の成立とその背景』（真陽社昭61）。

（福尾正彦）

はじきかま［土師器窯］　土師器を焼成した窯。土師器焼成窯・坑・遺構ともいう。土師器は焼成温度も低く、弥生土器と同じく構造的な窯を用いず、野焼きにて焼成されたと考えられていた。近年、不整形に掘りくぼめた土壙内に、灰や炭、焼土が埋積した遺構が確認され、覆い焼きといわれる方法で焼かれていたと推測されている。現在、古墳時代の検出例は明らかではない。

（福尾正彦）

はじし［土師氏］　土師部の伴造氏族。土師部は、土師器や埴輪の製作に従事し、また亡くなった大王・在地首長の喪葬儀礼を行い、古墳の造営やその管理にあたった。土師氏の姓は連で、六八四（天武13）年十二月に宿禰の姓を賜った。土師連らの祖である野見宿禰は、垂仁朝に殉死に代えて立物（埴輪）を皇后の日葉酢媛の墓に立てた功により、歴代天皇の喪葬儀礼を掌ることになったと伝える（『日本書紀』垂仁三十二年七月条）。六〇三（推古天皇11）年二月に土師連猪手は来目皇子の殯のことを、六四三（皇極天皇2）年九月に土師娑婆連猪手は吉備嶋皇祖母命の喪を掌ったことなど、土師連（宿禰）が大王家の喪葬儀礼に関与した事例は多い。また外交・軍事面でも活躍した。土師氏には四系統あり、その一は、河内国志紀郡土師郷を本拠とし、七世紀後半には氏寺として土師寺（道明寺）を建立。その枝氏は河内国丹比郡土師郷にも居住した。その二は、大和国添下郡菅原郷に住んだ土師氏で、七八一（天応元）年六月に菅原宿禰に改姓した。その三は、大和国添下郡秋篠郷に住んだ土師氏で、七八二（延暦元）年五月に秋篠宿禰に改姓。その四は毛受腹の土師氏で、和泉国大鳥郡土師郷を本拠としていたが、七九〇（同9）年十二月、桓武天皇の外祖母である土師宿禰真妹が正一位を追贈された際、大枝朝臣を賜った。この時、同時に菅原宿禰・秋篠宿禰も朝臣の姓を賜っている。それぞれの居住地が古市古墳群（その一）、百舌鳥古墳群（その二・三）、佐紀盾列古墳群（その四）など、四世紀後半～五世紀代の巨大前方後円墳の集中している地域に対応していることが興味深い。

〔参考文献〕直木孝次郎「土師氏の研究—古代的氏族と律令制の関連をめぐって—」『日本古代氏族と天皇』（塙書房昭39）。

（和田萃）

はしでら［橋寺］　字義は橋のたもとに建立された寺の意。したがって多くの橋寺があったが、とくに著名なのは宇治橋と泉橋の寺で、後者は泉橋院として行基建立の救済施設がのち泉橋寺になった。宇治橋のそれはよく知られ、六四六（大化2）年の橋建立を伝える碑文を寺に残し、今に現存する。

（井上満郎）

はしはかこふん［箸墓古墳］　奈良盆地東南部、桜井市箸中にあり、宮内庁は倭迹々日百襲姫の大市墓としている。全長二八〇m。後円部径一五六m、高さ三〇m。前方部幅一三二m、高さ一六mで、後円部五段前方部三段築成である。各段には葺石をめぐらし、後円部頂には特殊器台を樹立させている。埋葬施設は竪穴式石室とみられ、大阪府芝山の玄武岩片が北の大池で採集される。副葬品は不明である。一九九八（平成10）年の台風七号の被害で、大木の根元から特殊器台・特殊壺の破片が採集されている。この他、周囲の工事にともなう調査で、周濠や陸橋の遺構が検出され、庄内式でも新しい時期の土器片が出土している。この古墳を最古の前方後円墳と位置付ける説が強く、『魏志』倭人伝に登場する卑弥呼の「径百歩」の墳墓にあてる研究者も多い。小字は箸塚山である。

（清水真一）

はしもと［橋本］　京都府八幡市にある淀川左岸の地名。七四一（天平13）年に行基が架設した山崎橋にちなむ。京都盆地を流れる三大河川が合流して淀川となる場所で、京都盆地への西側からの入口にあたる要衝の地である。行基はこの山崎橋を守るために右岸に山崎院、左岸に久修園院を建立した。

（高橋美久二）

はせでら［長谷寺］　奈良県桜井市初瀬に所在する寺院。真言宗豊山派の総本山。山号は豊山神楽院。別称は豊山寺、泊瀬寺、初瀬寺など。西国三十三所観音霊場の第八番札所。その創建については、天武朝に川原寺の僧道明が西岡に三重塔を建立し（本長谷寺）、その後、聖武朝に播磨の僧徳道が東岡に観音堂を建立したとされるが（後長谷寺）、僧道明が沙弥徳道らを率いて七二〇（養老4）年～七二七（神亀4年）年頃に創建したとする説もある。当初は東大寺の支配下にあったが、九九〇（正暦元）年に興福寺の支配するところとなった。平安時代には貴族の参詣が盛んになり、長谷詣の様子は『源氏物語』『枕草子』にも記されている。本尊は銅造の十一面観音だが、長谷寺本堂はたびたび大火に見舞われて焼失しており、現在の本尊は一五三八（天文7）年に復興されたもの。寺宝として、国宝の千仏多宝塔銅板や法華経二八巻などの経典類がある。

〔参考文献〕逵日出典『長谷寺史の研究』（巌南堂書店昭54）。

（中大輔）

はせべことんど［長谷部言人］　1882～1969　解剖学者、人類学者。京都帝国大学助教授、東北帝国大学医学部長、東京帝国大学理学部人類学教室教授。日本人類学会会長、日本学士院会員。専門の形質人類学分野では、「石器時代人＝原日本人説」を確立し、縄文人が「時流化」によって現代日本人に変化したという「変形説」を唱えた。直良信夫が明石市西八木海岸で発見した寛骨化石に「ニッポナントロプス・アカシエンシス」という学名を与え、明石原人をよみがえらせた。広く人間と文化の関係を考察し、「働態学」を提唱し、「結縛」の重要性を説いた。考古学の分野でも、「円筒式土器」の命名や貝塚出土犬骨などの業績を残した。
（馬場悠男）

はせもうで［長谷詣］ 長谷寺への参詣のこと。「霊験所の第一」と称され（『春記』）、貴賤の信仰を集めた長谷寺はとくに平安時代後期に観音信仰の拠点の一つとなり、西国三十三所観音巡礼の制も成立し、この頃に参詣が流行した。『蜻蛉日記』には詳細な長谷詣の描写がある。
（井上満郎）

はたけ［畑・畠］ 雑穀や蔬菜などが栽培される耕地。「畠」は水がなく乾いている耕地を意味する「白田」からつくられた国字で、「畑」は文字通り焼畑を意味する国字である。令規によると、桑漆を植える園地や宅地など畠地に関わる条文は認められるものの、「畠」は明確に規定されていない。なお、畠地に類する語として陸田が知られるが、税が賦課される畠地を陸田と称したとみるのが妥当であると思われる。
〔参考文献〕泉谷康夫『律令制度崩壊過程の研究』（鳴鳳社昭47）。
（山本崇）

はたし［秦氏］ 渡来系の巨大氏族。配下に秦人・秦人部・秦部などの大集団を擁した。応神朝に弓月君が一二〇県の民を率いて来帰したと伝え、のちに秦の始皇帝の後裔と主張。秦氏は全国に分布し、多くの系統に分かれるが、中心は山背の秦氏で、葛野の太秦（京都市右京区）や深草（京都市伏見区）がその本拠。大和葛城の朝妻や腋上（奈良県御所市）から山背へ移住した者も存する。氏名の由来を朝鮮語のパタ（海）やハタ（大・巨）に求める説、朝鮮の古地名（波旦）と結びつける説などがあるが、秦氏を単一の氏族とみることには無理がある。ミツキ（調）の貢納を目的として六世紀半ばに編成された擬制的な同族組織が秦氏で、機織製品が貢納品の中心を占めたために、ハタが氏名とされたとみなす説もある。財政や殖産興業の分野にも優れた手腕を発揮した。主流の一族は天武朝に造から連を経て忌寸に改姓。八世紀半ばに傍流の秦下氏が太秦公の氏姓を賜わり、以後、族長の地位についた。
〔参考文献〕井上満郎『渡来人』（リブロポート昭62）。大和岩雄『秦氏の研究』（大和書房平5）。加藤謙吉『秦氏とその民』（白水社平10）。
（加藤謙吉）

はたし［波多氏］ 大和国高市郡波多郷（奈良県高市郡高取町市尾・羽内を中心とする一帯）を本拠とした臣姓の有力氏族。六八四（天武13）年十一月に、朝臣の姓が賜った。建内（武内）宿禰の子の羽田八代宿禰を祖とする氏族で、同族に林臣・波美臣・星川臣・淡海臣・長谷部君らがいる（『古事記』孝元段）。「延喜式」神名帳に大和国高市郡所在の大社として、波多甕井神社がみえ、高取町羽内に鎮座している。また六一二（推古天皇20）年五月五日に、羽田で薬獵が行われた（『日本書紀』）。一族の内には、六二三（同31）年に征新羅軍の副将軍となった小徳波多臣広庭、七〇〇（文武4）年十月に周防捴領、七〇一（大宝元）年六月に造薬師寺司に任命された正五位上波多朝臣牟胡閇、大宝三年九月に遣新羅大使となった従五位下波多朝臣広足らがみえ、中級官人を輩出した氏族であった。
（和田萃）

はたのかわかつ［秦河勝］ 生没年不詳。山背国葛野（京都市西部）を本拠とした秦氏の族長。六〇三（推古天皇11）年、厩戸皇子より仏像を授かり、皇子の没する六二二（同30）年に広隆寺（蜂岡寺）を創建。六一〇（同18）年、新羅・任那使入京時には、新羅使の導者となる。六四四（皇極三）年、大生部多が東国富士川の辺りで虫を祭り、常世神信仰を起こすと、人心を惑わすとして多を打ちこらしめた。物部守屋討伐戦に軍政人として厩戸皇子を守護したとの伝えもあるが、事実かどうか疑わしい。
（加藤謙吉）

はたのきみいろぐ［秦公伊侶具］ 生没年不詳。秦中家忌寸らの祖。「延喜式」神名帳頭註所引『山城国風土記』逸文に、伊奈利社（伏見稲荷）の縁起を掲げ、伊呂具が餅を弓の的にしたところ、白鳥となって飛び去り、山の峯で稲に化したので社の名としたとする。伊侶具は伊侶巨の誤写と考えられる。
（加藤謙吉）

はたのしものしままろ［秦下嶋麻呂］ ?～747 造宮録。七四二（天平14）年、恭仁宮の大宮垣を築いた功で、正八位下から一躍従四位下に叙せられ、秦氏の族長号に因む太秦公の氏姓を賜わった。のち、伊美吉に改姓し、造宮輔・長門守を歴任。女は藤原葛野麻呂の母。
（加藤謙吉）

はたのちょうげん［秦朝元］ 生没年不詳。奈良時代の官人。七〇二（大宝2）年に入唐した父の僧弁正と唐の女性の間に生れ、七一八（養老2）年に来日したらしい。医家として活躍するいっぽう、漢語も教授した。七三三（天平5）年に入唐し、帰国後の七三七（同9）年に図書頭、七四六（同18）年に主計頭（外従五位上）となった。
（増尾伸一郎）

はたのみやつこさけ［秦造酒］ 生没年不詳。秦氏の伝承的な祖。雄略天皇の寵臣。氏姓名を秦公酒とも。分散していた秦の民を雄略朝に集め酒に賜わったが、酒は彼等を率い、絹製品を調・庸として献上し、朝廷に積み上げたので、禹豆麻佐の姓を賜わったという。
（加藤謙吉）

はちおかでら［蜂岡寺］ 京都市右京区太秦蜂岡町に所在し、京都最古の寺院で、後身は広隆寺と称する。推古天皇十一（六〇三）年十一月一日条の『日本書紀』に聖徳太子より仏像を授けられた秦造河勝が、蜂岡寺を創建したとされる。ただ創建時の寺は北野白梅町にある北野廃寺に想定され、それが当地に移転されたという。現境内には平安時代の講堂が残るだけで、調査により塔とそれを囲む築地跡、東限を画す築地、梵鐘鋳造遺構などが確認されている。
（堀内明博）

はちぎゃく［八虐］ 養老名例律が規定する八つの罪名。大宝名例律にも存在。謀反・謀大逆・謀叛・悪逆・不道・大不敬・不孝・不義の諸罪の総称。これらはいずれも支配秩序を乱したり、儒教的倫理に違反する悪質な犯罪として重視され、裁判手続きや刑の適用・執行は厳しかった。ただし、刑罰の重さはさまざまで、杖八〇から斬まであった。八虐は、唐律の十悪（八虐に不睦と内乱が加わる）を継受したもので、十悪のなかの不睦にあたる罪の大半を不道に併せ、内乱を削除して一部を不孝に編入して八つに整理した。（荊木美行）

はちじょういん【八条院】 1137～1211　鳥羽天皇第三皇女暲子内親王。母は美福門院（藤原得子）。一一三八（保延4）年内親王宣下。五七（保元2）年落髪し、法名を金剛観。六一（応保元）年院号宣下。なお八条院領は鳥羽上皇から譲与された所領および美福門院の遺領をもととする巨大なものであった。（佐藤文子）

はちだいしゅう【八代集】　『古今和歌集』『後撰和歌集』『拾遺和歌集』（以上を三代集ともいう）『後拾遺和歌集』『金葉和歌集』『詞花和歌集』『千載和歌集』『新古今和歌集』の、平安時代初期から鎌倉時代初期にいたる八つの勅撰和歌集の総称。（小西茂章）

はちまんしんこう【八幡信仰】　八幡神を中心とする信仰。大分県宇佐市南宇佐に鎮座する宇佐神宮は八幡神の根本社で、誉田別尊（応神天皇）・比咩神を祀り、八二三（弘仁14）年頃に大帯姫神が加えられた。早くから神仏習合して、僧形八幡像や八幡大菩薩の称号が具体化する。八五九（貞観元）年に僧行教が託宣をうけて、翌年に創建された石清水八幡宮、さらに賜姓源氏の氏神化して鎌倉の由比郷の地に石清水の八幡神を一〇六三（康平6）年に勧請したという。源頼朝は一一八〇（治承4）年鎌倉に入って、小林郷北山の地にその社を遷すと伝え、九一（建久2）年改めて本宮（上宮）・若宮（下宮）を造営した。鶴岡八幡宮がそれである。八幡神社は広く武家の守り神として祀られ、八幡信仰が各地にひろまった。（上田正昭）

はちまんばやしいせき【八幡林遺跡】　新潟県長岡市にある、奈良～平安時代の官衙関連遺跡。遺跡は、半島状の丘陵部と周囲の低湿地からなり、約四haの広がりをもつ。四次におよぶ発掘調査の結果、大型の四面庇付建物を中心とした多数の掘立柱建物や、鍛冶工房を思わせる連房状の竪穴建物、道路、木道、井戸などが検出された。出土遺物も多種におよび、帯金具・大刀金具・奈良三彩・陶硯・木簡・墨書土器といった、官衙に特徴的なものが目立つ。木簡には完形の郡符や、「沼垂城」の記載があるもの、「上大領殿門」と宛書された封緘木簡などがあり、約一〇〇点が出土している。墨書土器は四〇〇点をこえ、「郡」「石屋大領」「大領」「大家駅」「南殿」「北家」「田殿」「大厨」「厨」など、施設名・官職名を記したものが多い。遺跡の具体的性格については、文字資料に「大領」にかかわる記述が卓越することから、越後国古志郡の大領（長官）である可能性が高い。一九九五（平成7）年三月国指定史跡。

【参考文献】和島村教育委員会『八幡林遺跡』（和島村埋蔵文化財調査報告書第(1)(2)(3)集平4～6）。（田中靖）

はつくにしらすすめらみこと【御肇国天皇】　国土統治の最初の天皇。『古事記』には崇神天皇を「初国知らす御真木天皇」と記し、『日本書紀』崇神天皇十二年九月条には崇神天皇を「御肇国天皇」と述べる。なお『日本書紀』は神武天皇元年条に神武天皇を「始馭天下之天皇」と書く。『日本書紀』大化三（六四七）年四月の詔には「始治国皇祖」とみえる。（上田正昭）

はっけ【伯家】　神祇伯を世襲した家。花山天皇皇子清仁親王の子延信王に始まり、平安末の顕広王以後世襲するようになり伯家といわれた。顕広王の孫の資宗王・業資王の時に二流に分かれたが後者が存続。白川家を家名とし、神祇伯在任中は王名を、以外は源氏を称した。
【参考文献】今江広道編『神道大系論説編(11)伯家神道』（神道大系編纂会平1）。（蟬丸朋子）

ばっし【抜歯】　健康な歯を意図的に除去する風習。縄文時代前期から見られるがとくに晩期に盛行し、弥生時代以降の事例も存在する。除去される歯は上下の切歯、犬歯、小臼歯と多様である。縄文時代に多く見られるものは上顎左右の犬歯を抜くもので、これは施行年齢（一二歳から一八歳頃）からみて、成人式などの通過儀礼にともなうものであったと考えられる。また、婚姻時や近親者の死亡時にも抜歯を行ったとする説もある。（山田康弘）

はつせ【泊瀬・長谷・初瀬】　初瀬川（河川法では大和川本流）上流の東西に長く延びる狭隘な谷間、初瀬谷をさす地名。そうした地形により、泊瀬の枕詞として「隠口の」が生まれ、また「長谷」とも表記された。「泊瀬（長谷）小国」の表現もみえる（『万葉集』巻一三―三三一一・三三一二）。初瀬谷を流れ下る初瀬川は、三輪山西南麓の桜井市脇本付近で奈良盆地に注ぎ、北西に転ずる。初瀬川は、古代には泊瀬川とみえ、三輪山周辺では三輪川とも称された。泊瀬には、雄略天皇の泊瀬朝倉宮、武烈天皇の泊瀬列城宮が伝承されている。泊瀬朝倉宮については、稲荷山鉄剣銘文に「斯鬼宮」とみえ、その異同が問題となる。泊瀬は磯城の小地域名であり、もともと雄略の宮は斯鬼（磯城）宮と称されていたが、後に欽明天皇の磯城嶋金刺宮と区別するため、泊瀬朝倉宮の呼称が生じたと解しうる。なお一九八四（昭和59）年に発掘された脇本遺跡で、五世紀後半の大型宮殿建物が検出されており、泊瀬朝倉宮との関連が注目されている。（和田萃）

はつせがわ【泊瀬川】　⇨泊瀬（はつせ）

ばていあん【馬丁安】　生没年不詳。百済の五経博士。位階は固徳。五五四（欽明天皇15）年二月、百済は下部杆率将軍三貴・上部奈率物部烏等を日本に遣わして援軍を求めたが、そのとき一緒に来日し、それまで日本で仕えていた百済五経博士の王柳貴と交代した。『日本書紀』にみえる百済五経博士交代の記事は継体天皇七年・十年条にもあるが、この記事が最後で、以後のことはわからないが、大陸の高度な文化を伝えるものとして引き続き大きな役割を果たしたものと考えられる。（中畠俊彦）

はなあわせ【花合】　平安時代の宮廷遊技。左右に分かれて競う物合の一つ。多くの場合桜で行われ、和歌を添えて優劣を競った。挿花して行われたため、しだいに花器にも趣向が凝らされるようになった。一一〇五（長治2）年堀河天皇主催の中宮篤子内親王花合がとくに知られる。（佐藤文子）

はなわだいかいづか［花輪台貝塚］　茨城県北龍ヶ崎市利根町早尾に所在する縄文時代早期前葉の地点*貝塚。標高約二三mの台地上に位置する。一九四六・四八（昭21・23）年に吉田格らによって調査された。早期前葉に属する竪穴住居跡五軒と竪穴状遺構一軒が確認され、土器・石器・土偶・骨角器・牙器・貝器・動物遺体などの豊富な遺物が出土し、一時は最古の集落跡として学界の注目を集めた。汽水産のヤマトシジミを主体とする主淡貝塚であるが、鹹水産のハマグリなどが含まれることから、縄文海進を考える上でも重要な位置を占める。Ⅰ・Ⅱの二型式に細別される早期前葉の花輪台式土器の標式遺跡であり、撚糸文土器の編年研究にも大きく貢献した。
〔参考文献〕吉田格他「花輪台式文化解説」『縄文文化編年図集第一回配本』（昭24）。
（**領塚正浩**）

はにやすのいけ［埴安池］　香具山の北西麓にあったと想定される池。現在、池の名を残さず、所在地や広さについては未詳。『万葉集』の「藤原宮の御井の歌」では、持統天皇が「…埴安の　堤の上に　あり立たし　見したまへば…」として、藤原宮の東・西・北の大御門の方角に、香具山・畝傍山・耳成山の大和三山があることを歌う（巻一―五二・五三）。また「高市皇子尊の城上の殯宮の時に、柿本朝臣人麻呂の作る歌」に、「埴安の　池の堤の隠沼の　行くへを知らに　舎人は惑ふ」（巻二―二〇一）とみえている。続く「或書の反歌一首」に、「泣沢の　神社に神酒据ゑ　禱祈れども…」とみえるから、泣沢女神を祀る畝尾都多本神社（橿原市木之本町字宮之脇に鎮座）に近接して、埴安池が広がっていたと推定される。ちなみに同社は「泣沢女の森」の中にあり、本殿はなく、井戸を玉垣で囲っている。埴安の地名は、香具山の埴土を呪力あるものとする信仰にもとづく。
（**和田萃**）

はにわ［埴輪］　古墳の墳丘およびその周辺に立てられた土製の造形物の総称。『日本書紀』垂仁天皇三十二年七月条にある「埴輪」が初出で、「立物」ともいっている。古墳出土品と『日本書紀』の埴輪を結びつけたのは、松下見林『前王廟陵記』（一六九六年）であろう。埴輪は中空の製品で、土馬などの中実の小形土製品は含まない。土師器と同じく、赤褐色系の色調を呈するものが多いが、古墳時代中期前半以降の窖窯による製品には灰色に近く硬質に仕上がったものがある。また、大阪府宇度墓古墳出土例のように、製作手法においても須恵器の影響をうけた堅緻な須恵質の製品もある。出土地は古墳や窯などの製作遺跡が大半であるものの、奈良県布留遺跡のように、これら以外の遺跡から出土することもある。その起源は、弥生時代後期の吉備地方の特殊壺およびそれをのせる特殊器台にあると考えられ、さらにその形象化が進み、特殊円筒埴輪・特殊壺形埴輪となっていった。その成立の場所は大和盆地東南部と考えられる。やがて円筒埴輪・朝顔形埴輪へと形状が定型化し、前期後半には、蓋・靫・楯・甲冑などを模した器財埴輪や家形埴輪が出現し、中期中頃以降には動物・人物埴輪などの形象埴輪が登場する。後期中頃になると西日本では急速に埴輪は消滅していくが、関東では後期末頃まで人物をはじめとする形象埴輪も盛んにつくられている。いわゆる木製埴輪（樹物）、さらには石製表飾品（*石人石馬）には形状や使用方法において、形象埴輪

武人埴輪
池田遺跡出土
大和高田市教育委員会蔵

埴輪「踊る人々」
埼玉県江南町野原出土
東京国立博物館蔵
Image:TMN Archives　Source:http://TnmArchives.jp

家形埴輪
今城塚古墳出土
高槻市教育委員会蔵

との間に共通点と相異点が認められる。最も多く出土する円筒埴輪は、全国の古墳に編年の指標を与え、その研究を大いに進めることとなった。また、その性格としては後出の鰭付き製品に象徴されるように聖域を画する意味が強いが、蓋・盾形埴輪などは墳頂部の家形埴輪を取り囲んで配置されることが多く、場を荘厳し守護したものであろう。その後、馬形などの動物埴輪、巫女や鷹匠などの人物埴輪などの登場は古墳祭祀をより豊かなものとしていった。近年、大阪府狼塚古墳など「導水施設形埴輪」の検出例が増加しており、祭祀の場を埴輪に表現した好例として位置付けられるとともに、従前の埴輪に対する理解を再検討する端緒となっている。加えて埴輪の具体的な表現は、当時の服飾、美術、建築など各分野の貴重な研究資料として多大な貢献をしている。

〔**参考文献**〕石野博信編「古墳Ⅲ埴輪」『古墳時代の研究9』（雄山閣出版平4）。

（**福尾正彦**）

はねずいろ〔朱華色〕 唐棣は初夏に朱色の花をつける庭梅の古称。『万葉集』に退色しやすい色として詠われ、紅花染による淡紅色と想定されている。六八五（天武14）年七月の勅で、明位・浄位の皇子・諸王の朝服の服色と定められた。

（**武田佐知子**）

はねだとおる〔羽田亨〕 1882～1955 東洋学者。京大教授、同総長、東方文化研究所長を歴任した。二〇世紀初頭に相次いで発見された中央アジアの諸言語資料を卓越した言語学的造詣を駆使して中央アジア史研究に活用し、西域の歴史研究に新たな方法論を確立した。その著作『西域文明史概論』『西域文化史』はいずれも必読の名著である。東洋学の発展、組織化にも意をそそぎ、とくに晩年の一九四七（昭22）年には東方学会を組織して会長としてすぐれた手腕を発揮した。

（**愛宕元**）

はふ〔破風〕 二つの相対する傾斜面で構成される屋根を考える場合、屋根面に直交する面において、両屋根面の最先端の山形の部分をさす。家形埴輪には幅広の破風板の際立った表現があるが、出土建築用部材のなかには現在もこうした幅広の破風板は見つかっていない。（**山本輝雄**）

はふり〔祝〕 神職の名称の一つ。「祝部」ともいう。語義については諸説あるが、穢れをはらうの意か。一般に、神主・禰宜につぐ神職とされるが、神職の総称としても用いられた。職員令義解によれば、祝は国司が神戸のなかから簡定した。

（**荊木美行**）

はまだこうさく〔濱田耕作〕 1881～1938 考古学者。京都帝国大学に考古学講座を開設し、東アジア考古学の研究を推進、のちに京都帝国大学の総長となった。号を青陵という。大阪府南河内郡古市村（現羽曳野市）に生まれ、東京帝国大学史学科に進み西洋史学を専攻。京都帝国大学に赴任ののち、三年間にわたってヨーロッパに留学、イギリスのピトリーに学び、ギリシャ・ローマをはじめヨーロッパ各地の遺跡を踏査した。帰国後、一九一三（大正2）年日本で初めて開設された考古学講座において、海外で身につけた新しい研究法に従って、発掘調査をはじめとするフィールドワークを積極的に推進し、その成果は、濱田が執筆・指導した『京都帝国大学文学部考古学研究報告』全一六冊として結実した。また、『通論考古学』は、考古学研究法の教科書として長く活用されている。各地の史蹟調査事業の指導を行い、史蹟保存事業にも貢献した。朝鮮総督府の古蹟調査事業にかかわり、朝鮮古蹟研究会をおこして『楽浪彩篋塚』などの調査成果を刊行し、中国においても東亜考古学会を設立して調査を推進し、『貔子窩』をはじめとする『東方考古学叢刊』の刊行につとめた。さらに、「満州国」において日満文化協会のもとでも高句麗時代遺跡の総合調査を遂行し、『通溝』を刊行するなど、植民地支配下の考古学調査を推進した。『東亜文明の黎明』は、東アジア地域の文明の源流とその黎明期について幅広い視野から概述した著作である。濱田は、それまで系統差とみられがちであった縄文土器と弥生土器の関係について大阪府国府遺跡の調査をもとに層位的な関係を論じ、「前方後円墳の諸問題」では、天皇陵の実測図を用いて前方後円墳の外形の変遷を論じるなど、その後の研究の方向をさし示す研究を行っている。濱田のもとで、梅原末治、小林行雄ら多くの研究者が育った。

〔**参考文献**〕濱田耕作先生著作集刊行委員会編『濱田耕作著作集1～7』（同朋舎出版昭62～平5）。

（**新納泉**）

はままつちゅうなごんものがたり〔浜松中納言物語〕 平安時代後期の物語。現存五巻で首巻を欠く。菅原孝標女の作とされる。一〇六〇（康平3）～六八（治暦4）年頃の成立。「みつの浜松」とも。中国と日本を舞台とし、主人公浜松中納言と女君たちとの悲恋や輪廻転生を軸に描かれる。注釈書に『新編日本古典文学全集27』（小学館平13）などがある。

（**小西茂章**）

はやしやたつさぶろう〔林屋辰三郎〕 1914～98 歴史学者。古代・中世史に注目すべき業績を残す。研究の対象は古代から明治維新におよぶが、民衆の文化を重視し、「部落史・地方史・女性史」からの究明を提唱した。芸能史や部落史の研究にも努力し、『古代国家の解体』（東大出版会昭30）、『中世芸能史の研究』（岩波書店昭35）など多大の成果を残す。立命館大学教授・京都大学教授を歴任し、一九七四（昭和49）年より七八年まで京都大学人文科学研究所長をつとめる。

〔**参考文献**〕林屋辰三郎『一歴史家の軌跡』（悠思社平5）。

（**上田正昭**）

はやたまのおのかみ〔速玉之男神〕 『日本書紀』の神話、第五段第十の一書にみえる神。黄泉国においてイザナキが妻イザナミと決別する儀の中で吐いた唾が化成した神。玉の神格化。唾と玉との関係は海神宮訪問にもみえる。紀伊国牟婁郡の熊野速玉神社の祭神とみなされる。

（**菊地照夫**）

はやと〔隼人〕 古代の九州南部に先住した人びと。とくに大隅・薩摩の人びとを大隅隼人・薩摩隼人とよんだ。ハヤトの語源については、『新唐書』の波邪にもとづくとする説、早人説、ハヤ（南）人説・鳥隼説などがある。隼人が蝦夷とともに日本列島のなかの「夷狄」とみなされたことは、「隼人、毛人、本土にこれを夷人と謂ふ」（「令集解」所引「古記」）とあるのにも明らかである。『古事記』や『日本書紀』には「隼人らの始祖」とする海幸彦が山幸彦に服属する神話をのせるが、隼人には海民ばかりでなく農耕に従事した人びともいた。隼人の抗戦は七二〇・七二一（養老4・5）年を最後とするが、隼人の朝貢は七〇九（和銅2）年一〇月から制度化され、七一六（霊亀2）年五月からは六年を限って交替することを定めた。上番出仕した隼人のほか、畿内及びその周辺に移住せしめられた隼人もいた。律令政府のもとには隼人司があって、歌舞を教習し（「大宝令」）隼人司には大衣・番上隼人・今來隼人・作手隼人・歌舞隼人が出仕していた（「延喜式」）。七一七（養老元）年四月からは「風俗歌舞」（「土風歌舞」）の奏上がなされたが、八〇五（延暦24）年正月に停止された。

【参考文献】中村明蔵『隼人と律令国家』（名著出版平5）。 （上田正昭）

はやとたて【隼人楯】 儀式に整列した隼人たちが立て並べた威儀用の楯。「延喜式」隼人司に「長五尺。広一尺八寸。厚一寸。頭部に馬髪を編著し、紅白土と墨をもって鉤形を画く」とある。その実物は、井戸枠に転用されたもの一〇数枚が平城宮跡から発掘されている。それは山形に尖る頭部をもつ長さ約一五〇cm、幅五〇cm、厚さ二・五cmの板材で、表面には墨線で渦紋と鋸歯紋を画き、全面を白・墨・赤の彩色で埋める。渦紋は表面の大部分を占めて画かれ、鋸歯紋は上端と下端に画かれる。また、頭部には多数の小穴があり、ここに馬の髪を綴じつけて飾りとしたようだ。 （黒崎直）

はやとのつかさ／はやとし【隼人司】 大宝・養老令制の衛門府被管諸司の一つ。おもに、畿内とその周辺に移住された隼人を管掌した。隼人司に上番した隼人は、朝儀への参加、行幸への供奉、竹器などの製作にしたがった。一時停廃されたが、八〇八（大同3）年、復置され、兵部省に移管。 （荊木美行）

はやとまい【隼人舞】 践祚大嘗祭や賓客の入朝などに際して、薩摩や大隅地方の隼人が演じた古代の風俗歌舞。隼人は、蝦夷とともに最後まで大和勢力に抵抗しており、その服属は古代国家の統一を象徴する出来事であった。隼人舞も、隼人の祖であるウミサチヒコ（ホデリノ命）が海に溺れるしぐさを真似ることに起源をもつと伝えられ、その意味するところは服属儀礼を繰り返して演じさせることなのであろう。『続日本紀』養老元（七一七）年四月には、隼人が天皇の前で歌舞を奏したとみえる。 （黒崎直）

はやぶさわけのみこ・めとりのひめみこ【隼総別皇子・雌鳥皇女】 応神天皇の皇子女。雌鳥皇女を異母兄の仁徳天皇の妃とするため使者となった隼総別皇子は、皇女と密通した。その後、皇女とともに伊勢神宮に逃れようとしたが、二人は伊勢蔣代野で殺されたという。 （中川久仁子）

はやまじりしせきぼ【葉山尻支石墓】 佐賀県唐津市半田字葉山尻に所在する、弥生時代前期から中期の支石墓、甕棺墓。唐津平野の南東奥の低丘陵上に立地する。一九五一（昭和26）年、果樹園造成時に発見され、翌年、調査が実施された。南北約三〇m、東西約二〇mの範囲に、支石墓六基、甕棺二六基が確認されている。丘陵頂上部に支石墓が形成され、その後甕棺墓が周辺に営まれるなど、支石墓に始まる弥生時代の墓制の変遷過程を示す遺跡として最初に学術調査された研究史上重要な遺跡である。 （田島龍太）

はらい【祓】 罪・穢を去り災厄を除く行事。ハラへとも。「祓除」は中国周代の官制を記した『周礼』にもみえ、後漢の許慎（三〇—一二四）の『説文解字』にも「祓」は「悪を除く祭なり」と記す。禊・祓のおこりについては、『古事記』や『日本書紀』などにイザナキノミコトが、筑紫の日向の橘の小門（小戸）の檍原に禊・祓をしたのに始まると伝えるが、禊について、『後漢書』（礼儀志）をはじめとして「祓禊」「禊濯」などと記載する。祓には罪・穢の消滅を目的とする「善解除」と吉瑞を招くことを目的とする「悪解除」があった。六月末・一二月末大祓が恒例の行事となったのは、天武・持統朝の頃からだが、臨時に行われる場合もあった。『日本書紀』天武天皇五（六七六）年八月条には、四方の「大解除」に用いる祓柱について国別に国造が負担するのは馬一匹・布一常、郡司は刀一口・鹿皮一張・钁一口・刀子一口・鎌一口・矢一具・稲一束、また戸ごとに麻一條を記す。「養老令」（神祇令）では郡ごとに刀一口、皮一張、鍬一口及び雑物等、戸ごとに麻一條、国造は馬一匹とある。宮中の大祓の祓詞は中臣氏が、呪詞は東西の文氏が宮中で奏した。七瀬祓のように河瀬で行う祓もあれば難波津などでも行われた。また罪科に対して、例えば八〇一（延暦20）年五月の太政官符のように、大祓・上祓・中祓・下祓の四ランクに分けて、解除料は大祓に二八種、上祓に二六種、中祓および下祓に二二種の贖物を科すような場合もあった。祓行事をするために設けた殿舎を祓殿という。 （上田正昭）

はらやましせきぼぐん【原山支石墓群】 長崎県南島原市北有馬町にある縄文時代晩期の支石墓遺跡。もと三群一〇〇基以上があったとするが、今では二群六〇基が雲仙南麓二五〇mの丘陵上に現存する。支石で支えた上石の下に、①方形に近い石棺墓、②楕円形石囲墓、③甕棺墓、④土壙墓などの墳墓本体を構築している。出土した刻目突帯文土器などから晩期終末に位置づけられ、土器についた籾の圧痕などから稲作との関係が指摘されている。

【参考文献】高野晋司他『国指定史跡原山支石墓群　環境整備事業報告書』（北有馬町教育委員会昭56）。 （正林護）

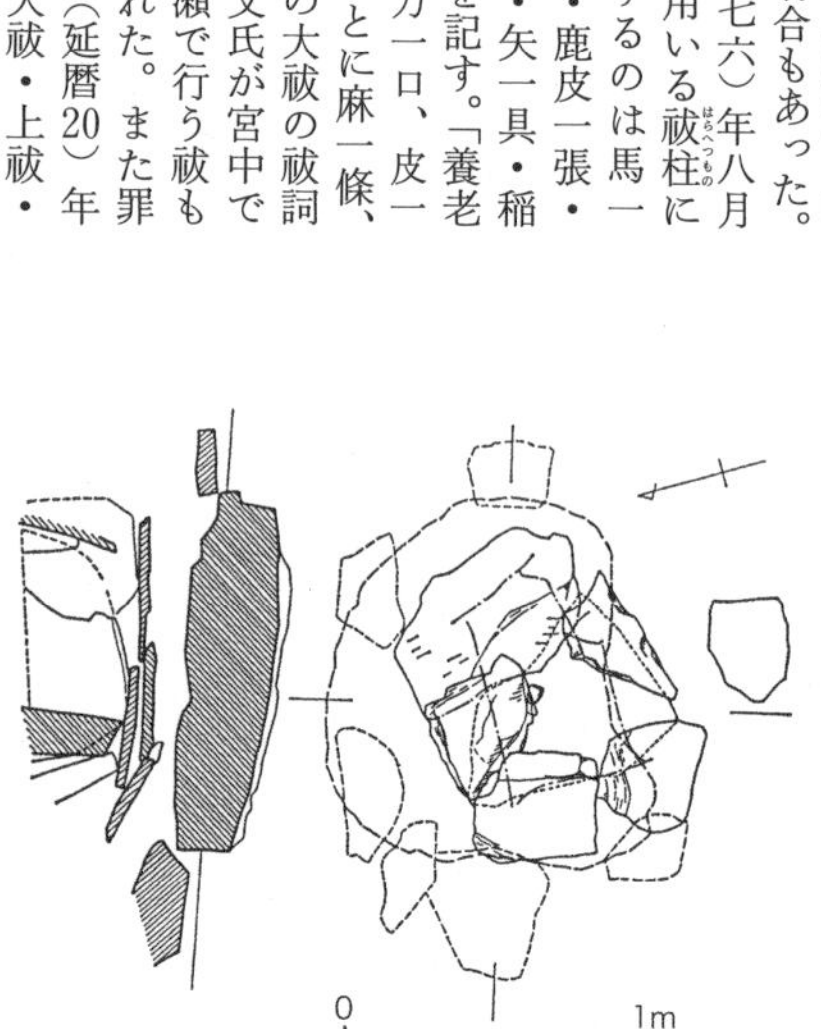

原山支石墓群遺構実測図

はり［針］ 裁縫に使う細い棒状の金属。正倉院には乞巧奠用の針七本が残る。古代から穴のある針が使われ、『新猿楽記』や『今昔物語集』巻一二第三四話によれば播磨が産地として著名で、また京都西七条でも針が作られた（『中右記』嘉保二〈一〇九五〉年六月二十五日条）。 （勝田至）

はりはかせ［針博士］ 大宝・養老令制下で宮内省被管の典薬寮に所属した教官の一つ。従七位下相当。針生とよばれる学生の指導・試験を担当。同じ典薬寮所属の針師五人のなかから優れた者を採用したのであろう。典薬寮にはほかに医・按摩・呪禁博士がいた。 （荊木美行）

はりまのくに［播磨国］ 山陽道に属する国。現在の兵庫県西南部にあたる。北部は山地であるが、瀬戸内海の播磨灘に面して播磨平野が広がる。大化前代には明石・針間鴨・針間の三国造が支配していたとされ、大和朝廷による縮見屯倉や飾磨屯倉などもおかれていた。『播磨国風土記』には天日槍伝説があり、また『日本書紀』や『古事記』にもこの地域の重要性を示す記事が多く記載されている。『延喜式』では大国とされ所管の郡は明石・賀古・印南・飾磨・揖保・赤穂・佐用・宍粟・神崎・多可・賀茂・美嚢郡の一二郡。国府は旧飾磨郡におかれ、現姫路市の国府寺町・本町もしくは国分寺町鴻塚付近に推定されているが詳細は不明。瀬戸内海沿岸での製塩と山間部での製鉄が盛んであった。魚住泊や韓泊などの港が開かれ、山陽道が東西に通る水陸交通の要地でもあり、東大寺をはじめとする荘園も多く設けられた。

［参考文献］『兵庫県史』全二六巻（昭49）。八木哲浩他『兵庫県の歴史』（山川出版社昭46）。 （高橋誠一）

はりまのくにふどき［播磨国風土記］ 七一三（和銅6）年の官命をうけて編纂された地誌。全一巻。編纂にかかわった人物としては、七一二（同5）年七月時点で播磨国大目であった楽浪（高丘）河内が有力視されるが、詳細は不明。『常陸国風土記』と同様、七一五（霊亀元）年頃まで続いた郷里制による地名表記を採用することから、官命が出てまもなく提出されたとみられる。本風土記は、現存する五風土記のなかでは最もおくれて世に出たもので、一七九六（寛政8）年に柳原紀光が、一八五二（嘉永5）年に谷森善臣が、それぞれ三条西家本（現天理図書館蔵、国宝）の書写を許可され、その写本が流布した。この三条西家本は、現存するすべての伝本の祖本となるが、巻首の部分を欠き、賀古（冒頭一部欠）・餝磨・揖保・讃容・宍禾・神前・託賀・賀毛・美嚢九郡の記事が、この順で記されている。『釈日本紀』八のひく逸文から、冒頭の欠落部分に明石郡の記載が存在したことは確かだが、赤穂郡の記事の存否については不明。土地の肥沃の度合いや地名の由来を詳しくのせるのが本風土記の特色で、官命で要求された項目を忠実に記載している。『日本古典文学大系』『新編日本古典文学全集』所収。

［参考文献］井上通泰『播磨風土記新考』（大岡山書店昭6）。浅田芳朗『図説播磨国風土記への招待』（柏書房昭56）。播磨学研究所編『播磨国風土記』（神戸新聞総合出版センター平8）。 （荊木美行）

はるすみのよしなわ［春澄善縄］ 797～870 平安時代前中期の公卿、儒者。澄相公。名は、「よしただ」「よしつな」とも。本姓猪名部造。八二七（天長5）年、春澄姓を賜る。豊雄男。卑位より出でて＊紀伝道に学び、碩学の功を認められ、仁明・文徳朝に儒職を歴任、従三位・参議、式部大輔の高位に達した。学閥に与せず、神仙の術や陰陽道に心を寄せた。『続日本後紀』撰述の中心にあってその序を執筆、『経国集』『本朝文粋』に詩文を録する。 （住吉朋彦）

はるのつじいせき［原の辻遺跡］ 長崎県壱岐市（壱岐島）芦辺・石田両町にある弥生時代の環濠集落。島のほぼ中央を東西に流れる幡鉾川流域にある南北約七〇〇m、東西約三〇〇mの低位丘陵を中心に展開する。本遺跡は大正期から知られ調査も行われてきたが、一九九三（平成5）年以降の調査で、大規模な多重環濠をもつこと、祭祀場と考えられる高床式建物跡とその部材が出土したこと、船着き場や道路遺構をもつこと、住居跡群と複数の墓地があることなどが確認された。これらの遺構にともなって夥しい数の土器・石器、銅鏡・銅釧・銅鏃などの青銅器、木器などに加えて貨泉・大泉五十などの中国系遺物、無文土器・陶質土器などの朝鮮半島系土器多数が共伴出土した。本遺跡は旧石器時代～平安時代にまたがる遺跡であるが、弥生時代とくに中期後半～後期においては、『魏志』倭人伝に記された「一支国」の中心集落である可能性がより高まったことが指摘されている。

［参考文献］長崎県教育委員会『原の辻遺跡』（原の辻遺跡調査事務所調査報告書第9集上・下平10）。同『原の辻遺跡』（原の辻遺跡調査事務所調査報告書第11集平11）。同『原の辻遺跡』（原の辻遺跡調査事務所調査報告書第16集平11）。 （正林護）

ばんか［挽歌］ 死に関わる歌。『万葉集』においては二六七首を数え、雑歌・相聞と並んで三大部立の一つとなっている。中国の挽歌詩は、棺を挽くときに歌う詩であるが、『万葉集』においては、以下のような歌も含まれている。たとえば、自らの死に際して詠んだ歌、肉親の死を悼んだ歌、他人の死を悲しんだ歌、行き倒れになった人を悼んだ歌、伝説の主人公の死を悼んだ歌などである。また、歌われた時でみた場合には、危篤状態の時に詠んだ歌、亡くなった直後に詠んだ歌、殯の儀礼をしているときに詠んだ歌、埋葬したときに詠んだ歌、埋葬後に詠んだ歌、遥か昔に死んだ人間を悼んだ歌など

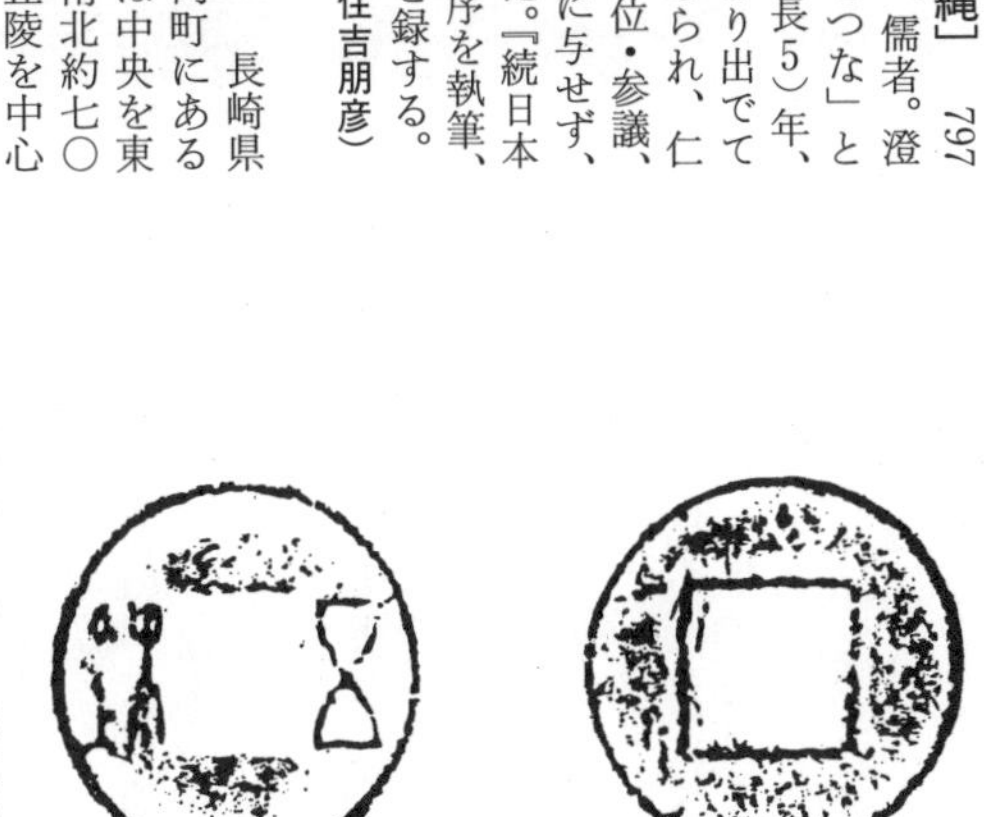

原の辻遺跡出土五銖銭拓影（前漢時代）

がある。また、挽歌の歴史については、初期万葉において、女性が歌う挽歌があり、続いて第二期に男性の挽歌が登場するという変遷を認めることができる。
〔**参考文献**〕上野誠『古代日本の文芸空間―万葉挽歌と葬送儀礼』（雄山閣出版平9）。（**上野誠**）

はんかしいぞう［**半跏思惟像**］　左足を垂下し右足を左膝上に重ね（半跏）、右手で頬杖をついて沈思の姿をとる（思惟）菩薩像。造像は三世紀後半のガンダーラにはじまり、中国では南北朝時代を通じて流行し、唐代まで続いた。朝鮮半島では、三国時代に盛んな弥勒信仰を反映して流行し、八世紀に入るとほとんど姿を消す。日本には朝鮮半島より七世紀に伝来し、七・八世紀に流行したが、九世紀にはほとんど製作されなかった。広隆寺・中宮寺（国宝）・東京国立博物館蔵（法隆寺伝来）・野中寺（丙寅年銘を有す）の半跏思惟像が有名。（**竹森友子**）

はんこ［**班固**］　⇩漢書

ばんじょう［**番上**］　分番ともいう。律令制の勤務方式の一つ。常時勤務する長上に対し、番をつくって交替で勤務する方式をいい、この方式で勤務する官人のことも番上という。史生・諸舎人・兵衛・伴部・使部・帳内・資人など、雑任の官がこれにあたる。勤務評定には、年間一四〇日以上の出勤を条件とし、上・中・下三等の評価をうけ、八考（のち六考）で選ばれた。（**荊木美行**）

ばんしんこう［**蕃神考**］　江戸時代後期の国学者、伴信友の著述。古代の神社に中国・朝鮮半島からの渡来人たちの祭神が奉祀されていることを述べたもの。山城国の平野神社をはじめ、河内国の飛鳥神社・杜本神社などをとりあげている。（**早川万年**）

はんぜいてんのう［**反正天皇**］　名は多遅比瑞歯別、蝮之水歯別命。父は仁徳天皇、母は葛城磐之媛。淡路宮で生まれたとされる。仁徳天皇没後、皇太子の去来穂別（履中天皇）と住吉仲皇子（いずれも兄）が皇位継承で争った際、住吉仲皇子を討った。履中天皇の皇太子となり、即位後河内の丹比柴籬宮を都とした。在位五年、六〇歳で亡くなったと伝える。田出井山古墳（堺市三国ケ丘町）、土師ニサンザイ古墳（堺市百舌鳥西之町）、大山古墳（堺市大仙町。現仁徳陵）などが反正陵として比定されている。反正天皇を『宋書』にみえる倭王珍に比定する説が有力。（**廣瀬真理子**）

ばんだいなごんえことば［**伴大納言絵詞**］　平安時代後期の絵巻。八六六（貞観8）年の応天門の変の有様を描く。もと一巻仕立てであったが、現在三巻よりなる。応天門の火災現場に駆けつける人々の様子は躍動的。詞書は『宇治拾遺物語』収録の説話とほぼ同内容。一二世紀後半制作か。

伴大納言絵詞
出光美術館蔵

作者は常磐光長と推定されている。中世より若狭国新八幡宮に伝来したが、小浜藩主酒井家をへて現出光美術館蔵。国宝。（**綾村宏**）

はんちく［**版築**］　建物の基壇、築地塀、城壁などの築成のため、板で枠をつくって、中に粘土や砂利、砂などを交互に層状に入れ、棒状の杵でつき固めたもの。もしくはその技法。わが国へは、仏教建築の導入とともに大陸より伝えられた。（**植木久**）

はんでんし［**班田使**］　律令制下で班田を行うために畿内諸国に派遣された官人。『日本書紀』持統天皇六（六九二）年九月条に班田大夫を四畿内に遣わしたとみえるのが初見。延喜主税式によれば、四等官と算師・史生で構成され、四等官には傔人（護衛官）と従（従者）がついた。当初は、班田の前年に田地の増減や田主の変動などを調査する校田も職務としたが、八世紀末には別に校田使がおかれた。ちなみに、畿外の諸国では、班田は国司の担当であった。（**荊木美行**）

はんでんしゅうじゅほう［**班田収授法**］　律令制下、口分田の支給を基軸に運営された土地制度。支給面積は一人あたり男は二段、女はその三分の二の一段一二〇歩と定められ、六年に一度作成される戸籍に登載された六歳以上の者に、造籍年の二年後の年（班年）に支給された。官戸と官奴婢も良人と同面積、家人と私奴婢はその三分の二であった。死亡の場合には次の班年（大宝令ではさらに次の班年か）に収公された。班年は八世紀末以降その間隔が開き、一紀一行（一二年に一回）が常態化し、九〇二（延喜2）年を最後に班田制の施行は途絶えた。口分田の制度は中国の均田制を継受したものであるが、均田制を構成するもう一つの要素である世襲される永業田の制度を取り入れず、また口分田の面積を受田の限度額ではなく実際の支給額として規定するなど、開墾などによる限度額以上の土地所有に対しては運用にゆとりのない制度であったため、後に三世一身法や墾田永年私財法によって改善が図られることになった。

〔参考文献〕虎尾俊哉『班田収授法の研究』（吉川弘文館昭36）。（渡辺晃宏）

はんでんず〔班田図〕 律令制の下で、基本的に六年ごとに実施された班田の結果を表現した地図。班田図そのものは伝存していないが、荘園図の基図として使用された形でその実情を知ることができる。班田図は、条里プランの一条ごとに一巻の様式で作製され、全貌を知りえる上野国では、八六巻を基本としていたとみられる。最初の班田図が作製されたのは七四二（天平14）年であり、以後基本的に六年に一回作製されたが、校田図として作製された図を基本に若干の修正を施して班田図としたり、その逆もあった。班田図の作製開始は、条里プランの編成とかかわっており、国によってその編成年度が異なる。七四二（天平14）年の編成が知られるのは山背国・尾張国・上野国などである。班田図のうち、七四二年、七五五（天平勝宝7）年（蔵）、七七三（宝亀4）年、七八六（延暦5）年の四年度のものを四証図として後に重要視した場合がある。長大な巻子の形の校班田図は国府に保管され、例えば上野国の場合は各年次のものの総計が一五〇〇巻以上に達する量となるはずであった。校班田図は、同時に民部省にも届けられたとみられ、後に「民部省図」として史料にみえるものとなった。

〔参考文献〕岸俊男『日本古代籍帳の研究』（塙書房昭48）。金田章裕『古代荘園図と景観』（東京大学出版会平10）。同『古地図からみた古代日本』（中央公論新社平11）。（金田章裕）

ばんどう〔坂東〕 古代において足柄坂・碓氷坂（のち箱根坂）の東を称する地方名称で、「公式令」朝集使条に見え、「令義解」は「駿河と相模との界坂なり」と注している。中世以降かつて愛発関・不破関・鈴鹿関以東を意味した「関東」が「坂東」と同義となっていった。利根川を坂東太郎とよぶのもこれによる。（高橋誠一）

ばんのぶとも〔伴信友〕 1773～1846 江戸時代後期の国学者。若狭小浜藩士山岸次郎太夫惟智の四男。同藩士伴平右衛門信当の養子となる。号は事負。藩主酒井忠貫・忠進に仕え、江戸・京都で勤仕、酒井家の文庫を預って古典研究につとめる。一八二一（文政4）年に隠居し、数多くの注目すべき著作を残す。壬申の乱の研究である『長等の山風』をはじめ『中外経緯伝』『瀬見小河』『蕃神考』『大刀契考』『神名帳考証』『高橋氏文考註』など実証的な研究をまとめた。平田篤胤、橘守部、小山田与清と共に「天保の四大家」と称された。『伴信友全集』（全五巻、国書刊行会）。（上田正昭）

ひ

ひ〔緋〕 ⇨緋（あけ）

ひ〔妃〕 令制に定められた天皇の后妃で皇后につぐ地位。定員は二人で、内親王（皇族）から選ばれた。ただし平安前期の為子内親王（醍醐天皇妃）を最後に廃絶。なお東宮（皇太子）の妻の呼称としても用いられた。（瀧浪貞子）

ひい〔避諱〕 中国でみられた人の名を諱といって使用を避ける習慣。諱は君主や父親などだけが呼び名に用い、普通は字でよんだ。とくに皇帝の諱字は当該王朝を通じて使用が禁止され、ときには同音や類似の文字までも対象となり、代替の字を用いたり（改字）、筆画の一部を欠いた（欠筆）。例えば唐では太宗の諱により、世は代に、民は人に改めた。日本でも『続日本紀』和銅七（七一四）年以降諸書に避諱の記事がみえ、光仁、淳和期に一時的に行われた。（中畠俊彦）

ひいかわ〔斐伊川〕 出雲地域を流れる最大河川。船通山の北麓を水源とし、現在は宍道湖に注いでいるが古代には神門水海に注いでいた。『古事記』『日本書紀』に肥川・簸川、『出雲国風土記』に出雲大川とあり、スサノオ神の八岐大蛇退治の舞台とされる。（瀧音能之）

ひえ〔稗〕 禾本科の一年生草木。原産地としては東アジア・インドの二地域が推定されている。日本列島では稲作以前から栽培されており、『日本書紀』の神話では殺された保食神の屍体から稗などが発生したと伝える。『古事記』では大気都比売神の屍体から粟などが発生するが、稗はみえない。生育期間が比較的短く、低温・湿地・旱魃などでも生育し、少肥でもある程度の収穫が可能。長期間の貯蔵ができ栄養価も高い。粥・団子・餅などにも使われ、家畜の飼料・味増・醤油などの原料にもなる。（上田正昭）

ひえ・なかいせき〔比恵・那珂遺跡〕 福岡県福岡市にある複合遺跡。鏡山猛による比恵遺跡の環溝の調査以来、都市化の進展にしたがい多数の遺物・遺構が発掘された。後期旧石器時代の遺物や、縄文時代晩期終末の二重環濠、また古代の那津官家の一部と推定される建物群など、拠点的性格をもつ集落として繁栄を続けたが、特筆されるのは弥生時代の遺跡である。中期前半には、比恵遺跡で銅剣を副葬する甕棺墓などを主体部とする墳丘墓が造営され、中期後半以降は井戸や掘立柱建物群、運河状遺構など台地上に遺構がきわめて濃密に分布する。弥生時代終末期には、道路の側溝と考えられる二条の溝が集落を縦断する。遺物は、青銅器の鋳型や取瓶などが出土し、近隣の須玖遺跡群とともに青銅器生産のもう一つの中心地として機能した。また、朝鮮半島や瀬戸内・山陰・畿内など他地域の土器が出土しており、各地との活発な交流があったことがうかがえる。こうした状況から、弥生時代の当遺跡は、「奴国」の中枢部に相当する都市的な性格をもっていたことが想定されている。

〔**参考文献**〕鏡山猛『九州考古学論攷』（吉川弘文館昭47）。（**鐘ヶ江賢二**）

ひえいざん［**比叡山**］　平安京の北東、京都府と滋賀県境にそびえる霊山。標高八四八mの山頂から東側にやや下がった滋賀県側に天台宗の総本山延暦寺がある。延暦寺が開かれる以前から霊地であって、『古事記』上巻には大山咋神が「近淡海国の日枝山に坐」したとある。入唐僧最澄は七八五（延暦4）年にこの山で草庵をむすんで修業し、七八八（同7）年に比叡山寺を建立した。後に平安京が遷都され、延暦寺の勅号を賜って、王城鎮護の霊山となった。（**高橋美久二**）

ひえき［**飛駅**］　「ひやく」とも。律令制下において緊急事態の際の連絡のために駅使を発すること。令文には意味合いの似た馳駅の語もあるが、飛駅が名詞であるのに対し馳駅は動詞。公式令には中央・諸国間で飛駅を発した場合の勅命下達・上奏文書の書式が規定される。（**舘野和己**）

ひえだのあれ［**稗田阿礼**］　生没年不詳。七世紀後半の舎人。『古事記』序によれば天武天皇が阿礼に「勅語」して、「帝皇日継（帝紀）」と「先代旧辞（旧辞）」を「誦習」させ、阿礼の誦むところの「旧辞」を太安万侶が「撰録」して『古事記』が成書化したと記す。「誦習」のおりに二八歳、聡明で「めにわたればロに誦み、耳にふるれば心に勒す」という。「弘仁私記」序では天鈿女の後裔とする。（**上田正昭**）

ひおうぎ［**檜扇**］　⇩扇

ひかく［**皮革**］　毛のついたものを皮、毛と表皮を除去してなめし処理をしたものを革という。毛皮は敷物や皮衣、乗馬のさい両足を覆う行縢などに用いられ、敷物としては舶来の虎や豹の皮は珍重された。「延喜式」によれば神事にも鹿や猪の皮が用いられた。革は令制では大蔵省に典履・典革がおかれ、百済手部や狛部など渡来系工人を監督して靴や染革を製作した。牛革など銀面を残すものを皺文革といったが、鹿革は銀面も除去し、脳漿でなめした。七八〇（宝亀11）年諸国がつくる年料の甲冑を革製にすることが定められ、以後牛や馬の革の甲が普及した。（**勝田至**）

ひがしさんじょういん［**東三条院**］　⇩藤原詮子

ひがしさんじょうどの［**東三条殿**］　平安京左京三条三坊一・二町に所在した藤原北家の邸宅。摂政良房の創設になる。基経・忠平・兼家・道隆・道長・頼通らに受継がれ、その間重明親王の居所となり、また陽成上皇・宇多上皇の後院となった。一〇〇五（寛弘2）年道長の代に大きな増築が行われ、すぐ一条天皇の里内裏となったのを初例に、三条・後朱雀・二条天皇の里内裏となり、院政期以降とくに重要な政治舞台となった。その後数度の火災、造替をくりかえすが、憲仁親王の居所であった六六（仁安元）年の焼失以後廃絶した。（**佐藤文子**）

ひがしとのづかこふん［**東殿塚古墳**］　奈良県天理市中山町に所在する。南北に主軸をおく前方後円墳で全長約一三九m、後円部径約六五m。古墳の築造は四世紀初頭と推定される。墳丘部の調査により、標高一四〇m付近から上は盛り土により築造され、下部は地山整形であることが判明した。また、前方部両側裾部では一画に一〇本以上の埴輪を樹立した祭祀場が検出された。埴輪は鰭付き円筒埴輪、朝顔形埴輪、鰭付き楕円筒埴輪など特異な形態を示している。鰭付き楕円筒埴輪のなかに三面にわたって準構造船を線刻するものもある。（**泉　武**）

ひがしならいせき［**東奈良遺跡**］　大阪府茨木市所在の遺跡。弥生時代から鎌倉時代までの低地にある複合遺跡で、一九七三（昭和48）年から本格的な調査が行われ、弥生時代の方形周溝墓や諸種の遺物が発見されている。とくに銅鐸の鎔笵の発見は貴重で、流水紋銅鐸の鎔笵三例などが発見されていて、香川県・大阪府・兵庫県などの出土銅鐸の鎔笵と推定され、銅鐸の製作と流通の実態を知ることのできる実例として注目される。全体で銅鐸石製鎔笵六個体以上、銅戈鎔笵二個体以上、あわせてガラス製勾玉二個体以上が確認されている。完形の石製の銅鐸鎔笵が発見されたことと合わせて、これまで銅鈴鎔笵は砂製と考えられていた説をもくつがえしたことは重要な成果である。

〔**参考文献**〕東奈良遺跡調査会『東奈良』（東奈良遺跡調査会昭51）。（**井上満郎**）

ひがしのいち・にしのいち［**東市・西市**］　⇩市

ひかみのかわつぐ［**氷上川継**］　生没年未詳。奈良末平安初期の官人。天武天皇曾孫。塩焼王の子。母は聖武天皇皇女不破内親王。七六四（天平宝字8）年、仲麻呂の乱に父が連座するが、母が皇女であったことから罪を赦される。しかし七八二（延暦元）年、天智系の桓武天皇に対し、天武系皇統の回復を目指す謀反の企てが露見。光仁天皇の諒闇中のため、死一等を減じられ、伊豆国に配流。連座者も三〇名に及んだ。七九六（同15）年恩赦により復権。従五位上に叙され、典薬頭、伊豆守等に任じられた。（**関口力**）

ひかみのしおやき［**氷上塩焼**］　⇩塩焼王

ひかわじんじゃ［**氷川神社**］　埼玉県さいたま市所在の神社で、式内社。祭神は須佐之男命・大己貴命・稲田姫らで、武蔵国一宮。社伝では孝昭天皇朝に出雲国から勧請し、ために簸川にちなみ氷川を社名としたという。初見は七六六（天平神護2）年で、八七八（元慶2）年正四位上。中世・近世には武家政権所在地近隣の神社として崇敬を集めた。（**井上満郎**）

ひきめかぎばな［**引目鉤鼻**］　平安時代に創案された、人物の顔貌の描写にみられる技巧。目を線状に引き、鼻を鉤形に書き、小さい赤い点で口を表し、太い眉を描く。この極度に単純化された技法は、読み手に感情を移入させる効果があり、貴族の顔を書くのに用いられた。（**山田雄司**）

ひぎょうしゃ［**飛香舎**］　平安京内裏の後

引目鉤鼻の例
「源氏物語絵巻」第三九巻「夕霧」
五島美術館蔵

宮五舎の一つで、凝華舎の南に位置し、身舎の規模はは東西七間、南北二間。前庭に藤が植えられており、藤壺とも称され、藤花の宴が催された史料もみえる。村上天皇中宮安子、一条天皇中宮彰子など有力皇妃の居所となった。（**西山恵子**）

ひこいますのみこと［彦坐命］ 日子坐王とも。開化天皇皇子。『古事記』に玄孫にまでおよぶ系譜を載せるが、その登場人物は山代・春日・沙本・近淡海・丹波といった地名を冠す。また同書は崇神天皇のとき、旦波国に遣わされた話を載せ、『日本書紀』はその子丹波道主命の丹波派遣を載せる。これらの点は彦坐王の系譜がワニ氏や息長氏を中心とする畿内北部の豪族によって伝えられていたことを示す。なおその子沙本毘古王の反乱伝承が垂仁朝にみえることから、崇神・垂仁の皇統と対立して彦坐王・沙本毘子王の皇統があったとする説もある。（**小野里了一**）

ひごのくに［肥後国］ 西海道に属する国。現在のほぼ熊本県にあたる。東部は高峻な九州山地であるが、有明海・八代海沿岸には熊本平野・菊池平野・八代平野が広がり、内陸部にも阿蘇谷や人吉盆地がある。また西部には宇土半島と天草諸島。装飾古墳や石人石馬などの特色ある文化が栄え、火・阿蘇・葦北・天草国造が支配する地域であった。もと肥前国と合わせて肥国（火国）であったが六九〇（持統4）年頃に分かれて成立した。軍事的に重要視された国で、益城軍団など四軍団が設置され、また鞠智城も築城された。「延喜式」では大国とされ所管の郡は玉名・山鹿・山本・菊池・合志・阿蘇・飽田・託麻・益城・宇土・八代・天草・葦北・球磨郡の一四郡。国府は旧益城郡（現下益城郡城南町宮地）にあったが、天平年間に旧託麻郡（現熊本市出水町国府）に移り、九世紀後半に旧飽田郡（現熊本市二本木町）に移転した。

［参考文献］『熊本県史』全八巻（昭36～40）。森田誠一『熊本県の歴史』（山川出版社昭47）。（**高橋誠一**）

ひこほでみのみこと［彦火火出見尊］ 記・紀神話の神。『古事記』では日子穂穂手見命。地上に降臨したニニギと大山祇の子鹿葦津姫（『古事記』では木花佐久夜毘売）との間に生まれた三子の一人。一夜にして妊娠したことをニニギに疑われた鹿葦津姫が産屋に火を放ち、無事であれば天孫の子である証として出産に臨み、火勢の弱まった時に生まれたので別名火折尊という。海神宮訪問神話では山幸彦として活躍。海神の娘豊玉姫との間に神武天皇の父であるウガヤフキアエズ尊が生まれる。名義はヒコは男子の美称、ホホデミは穂出見で稲穂が出る神の意。（**菊地照夫**）

ひさご［瓠］ 瓢箪のこと。瓠瓢・匏とも書く。中身を腐らせて実を取りだし乾燥させて容器とする。二つに割って柄杓にもした。『日本書紀』仁徳天皇十一年十月条に河内の茨田堤の築造に関して、河の神に瓠を沈めることができなければ偽りの神なりといけにえになること拒否したエピソードを記す。瓠は信仰の呪物ともなる。昔話では蛇や河童が人間の娘に求婚したとき瓠を用いて防いだ話がある。瓢箪を子供の腰につけさせてお守りにするところもある。採物にちなむ神楽歌に杓がある。（**上田正昭**）

ひさんぎ［非参議］ ⇩参議

ひしお［醬］ 大豆・糯米・小麦・酒・塩等からつくった液体状の発酵調味料。宮内では諸国から交易雑物として貢進されてきた醬大豆などをもとに、大膳職が醸造を行った。食料として、官人や写経生などに支給された。（**岩宮隆司**）

びしゃもんどうけつ［毘沙門洞穴］ 神奈川県三浦市南下津町にある海蝕でできた洞穴。これを利用して、近くに住んだ縄文から平安時代の人たちが、断続的に漁撈や製塩の場、墓とした。利用度は弥生時代後期が高く、釣針・銛・貝刃・貝庖丁・貝輪・卜骨・土器・須恵器・魚介・鹿・猪などの遺存体、人骨が確認された。包含層により遺物の年代決定が安易で、卜骨の出土例が多いこと、海上交易が活発だったことが特筆される。（**関俊彦**）

ひじり［聖］ 特定の寺院や教団に所属しないで仏教教化にあたる僧侶のこと。日本古代の僧侶への統制は国家優位で行われ、国家の企図とは異なる宗教的理想をもつ僧侶は寺院・教団を離れ、民間的に庶民に交わる以外の道はなかった。役小角や初期の行基などに象徴的なように、国家の規制の外で仏教の布教にあたる僧侶が多くおり、彼らを聖と称した。市聖とよばれた空也、革聖とよばれた行円などや、吉野・熊野・葛城・白山・那智などの厳しい環境で修行した聖たちが、その厳しい修行の故に霊力を宿す存在として人々の崇敬を集めた。高野山への納骨と大師信仰を勧めた高野聖は著名。

［参考文献］ 五来重『高野聖』（角川書店昭40）。（**井上満郎**）

ひすい・こうぎょく［翡翠・硬玉］ 翡翠のなかのジェード輝石を硬玉とよび、比重三・二～三・四、硬度七、繊維質で強靭である。色は白、緑、紫、青があり、白色と緑色は大珠、垂飾、勾玉、丸玉などの玉材として使用されている。産地は新潟県糸魚川市・青海町が有名でさまざまな色の硬玉が産出し、兵庫県大屋町産では白色が主体で、岡山県大佐町産は白色に薄い淡緑、淡紫を含むものがみられ、長崎県三重町産は淡緑、濃緑の硬玉が産出している。縄文時代前期の天神遺跡出土の大珠が最も古い。三内丸山遺跡出土の四九七gの大珠にも糸魚川・青海産硬玉が使用され、遠距離伝播としては、縄文時代後期に糸満市兼城上原二遺跡の遺物および北谷町クマヤー遺跡の垂玉に使用されている。また、弥生時代では北海道大川遺跡、佐賀県牟田辺遺跡で勾玉に使用されている。また、出雲大社の勾玉は緑色の透明度の高い最高級の糸魚川・青海産硬玉でつくられている。縄文、弥生、古墳時代の合計八八遺跡からの四二四個に糸魚川・青海産硬玉が使用されている。

〔参考文献〕藁科哲男他編『考古学と年代測定学・地球科学』（同成社平11）。 （藁科哲男）

ひすまし［樋洗］ 平安時代に高貴な女性に仕えて便器の清掃や外出時の際には便器の運搬に従事した下級の侍女（下臈）。便所のことを樋殿といい、そこには大便の箱と小便の虎子がおいてあり、おまるを樋といった。 （朧谷寿）

びぜんくるまづかこふん［備前車塚古墳］ 岡山県岡山市四御神と湯迫にかけてのびる標高一二〇mの尾根上に築かれた県下最古の前方後方墳。湯迫車塚古墳ともいう。墳長四八・三m、後方部幅二三〜二四、五m、前方部は撥形にひらいて前端幅二二mを測り、頂部の比高差は約二・五mと著しい。この墳形は大和箸墓古墳の六分の一にあたる相似形とみられる。後方部中央に設けられた竪穴式石槨は全長約五・九m、幅一・二〜一・三m、高さ一・五m。昔日、乱掘によって一三面の舶載鏡が出土。うち後漢代の内行八花文鏡と平縁画文帯神獣鏡をのぞく一一面は三角縁神獣鏡で、これらは京都府椿井大塚山古墳をはじめ東は群馬・神奈川から西は福岡にいたるまでの八県一三古墳のものと同笵関係にある事実が確認されている。その他、鉄製の県・刀・鉾・鏃・斧・鉇などに加え、土師器壺・高坏なども検出されている。

〔参考文献〕近藤義郎他「備前車塚古墳」『岡山県史考古資料』（岡山県昭61）。 （葛原克人）

ひぜんこくふあと［肥前国府跡］ 佐賀県佐賀市大和町に所在する。奈良時代から平安時代にかけての肥前国庁を中心とする都城跡。その範囲は明確ではないが、正方位に合わせた方六町から八町の地割が推定されており、西海道がその南を東西に走る。国庁は南北約一〇五m、東西約八三mの範囲を溝と築地塀で長方形に区画し、内部に正殿・後殿・前殿・左右の脇殿などを整然と配置する。国庁の周辺には多くの官衙的建物群がある。国庁跡は国指定史跡。 （蒲原宏行）

ひぜんのくに［肥前国］ 西海道に属する国。現在のほぼ佐賀県と長崎県にあたる。背振山地から西の地域でその南には筑紫平野、国の西部は東松浦半島・北松浦半島や西彼杵半島、さらに南には島原半島などの屈曲に富む地形が続き海岸線も複雑に近いために先進的な文化が栄えて、吉野ヶ里遺跡をはじめ著名な遺跡・遺物も多い。七世紀に国土防衛のために基肄城が築かれ、多くの軍団や烽が設置されたことなどからも、この地域の軍事的重要性がわかる。もとは肥後国と合わせて肥国であったが、六九〇（持統4）年頃に分かれて成立した。初めは中国であったがのちに昇格し、「延喜式」では上国とされ所管の郡は基肄・養父・三根・神埼・佐嘉・小城・杵島・藤津・松浦・彼杵・高久郡の一一郡。国府や国分寺は現佐賀郡大和町にあり、発掘調査によって遺構が確認されつつある。

〔参考文献〕『佐賀県史』全三巻（昭42〜43）。城島正祥『佐賀県の歴史』（山川出版社昭47）。瀬野精一郎『長崎県の歴史』（山川出版社昭47）。 （高橋誠一）

びぜんのくに［備前国］ 山陽道に属する国。現在の岡山県東南部にあたる。北部は中国山地であるが南部には瀬戸内海に面して沖積平野が広がる。もとは吉備国であったが、天武朝頃に備前・備中・備後三国に分割されて成立した。七一三（和銅6）年には備前国北部が美作国として分立した。古くから開発が進み、浦間茶臼山・備前車塚・両宮山・神宮寺山・金蔵山・湊茶臼山などの大規模な古墳が多く存在する。六世紀頃には大和朝廷の進出が進み、屯倉や県も設置された。「延喜式」では上国とされ所管の郡は和気・磐梨・邑久・赤坂・上道・御野・津高・児島郡の八郡。国府は現岡山市国府市場とする説が有力であるが岡山市三門に推定する説もあって確定はしていない。国分寺は赤磐郡山陽町馬屋、国分尼寺は山陽町穂崎付近に推定されている。塩・鉄・魚などを貢納していたことが平城京出土の木簡によってわかる。平安時代には鹿田荘などの荘園もおかれた。

〔参考文献〕『岡山県史』全三〇巻（昭56〜平3）。近藤義郎他『図説 岡山県の歴史』（河出書房新社平2）。谷口澄夫『岡山県の歴史』（山川出版社昭45）。 （高橋誠一）

ひぜんのくにふどき［肥前国風土記］ 七一三（和銅6）年の官命をうけて編纂された地誌。全一巻。体裁・内容の上で『豊後国風土記』と共通するところが多く、大宰府で一括して編纂されたと考えられる。編者は不明。七二〇（養老4）年に撰進された『日本書紀』を素材にしていること、七四〇（天平12）年頃まで実施された郷里制にもとづく地名表記を採ることから、この期間に完成したとみられる。国内すべての郡・郷について記載があるわけでなく、抄本の体裁をとる。『日本古典文学大系』『新編日本古典文学全集』所収。 （荊木美行）

ひそでら［比蘇寺］ 竜門岳（標高九〇四・三m）の西南麓にあった古代寺院。奈良県吉野郡大淀町比曾の世尊寺境内に比蘇寺跡があり、数多くの礎石が残る。国指定史跡。吉野寺・現光寺とも。本尊の由来は欽明紀十四（五五三）年五月条に詳しい。比蘇寺跡は東西両塔をもつ薬師寺式伽藍配置であるが、東塔に比し西塔はやや新しい。飛鳥時代と白鳳期の瓦が出土するので、伽藍配置が法起寺式から薬師寺式に変化したとも推測されている。明日香村の石神遺跡から出土した天武朝の寺名木簡に「吉野」とみえ、吉野寺（比蘇寺）の可能性がある。奈良時代になると、比蘇寺は南都諸大寺の僧侶が山林修行を行う場となり、それらの僧侶の間で、虚空蔵求聞持法にもとづき、経典の暗誦力を高める自然智宗とよばれる学派が形成された。 （和田萃）

ひたかみのくに［日高見国］ 『日本書紀』景行天皇二十七年に「東夷の中に日高見国有り」とみえ、また「延喜式」祝詞や『釈日本紀』には「大倭日高見国」とみえる。前者は常陸よりも北方の蝦夷にかかわる地域名を連想させるのに対して、後者は大倭（大和）の美称と考えられる。これに関連して古くから多くの説があるが、定説はない。いずれにしても、奈良時代以降のこの語には、大倭の美称と蝦夷の地にかかわる仮想的な名称の二通りがあったことになる。（高橋誠一）

ひたたれ【直垂】 袴と合わせて用いる上衣。裾を袴に入れて着用する。垂領で胸紐があり、袖付、背などに菊綴が、袖下に括袖の名残の露がある。平安時代庶民の服装であったが、鎌倉時代以降武家の平服となり、更にしだいに礼服の性格を帯びた。これらとは別に「直垂衾」とよばれる夜具に用いられる綿入の直垂がある。（佐藤文子）

ひたちのくに【常陸国】 東海道に属する国。現在の茨城県の南西部を除く地域にほぼあたる。北部は阿武隈山地や八溝山地であるが南部には広大な沖積平野や常陸台地・霞ヶ浦が広がる。大化前代には新治・筑波・茨城・仲・久自・高の六国造が支配していたとされるが、四世紀末には大和王権の勢力圏に属していたと考えられる。『常陸国風土記』にも肥沃な土地が広がっていることが記され、開発の歴史は古い。陸奥国に近いことから東北開発・支配の拠点として重要視され、藤原宇合や石上宅嗣など有力な国司も任命され、九世紀には親王任国となった。「延喜式」では大国とされ所管の郡は新治・真壁・筑波・河内・信太・茨城・行方・鹿島・那珂・久慈・多珂郡の一一郡。国府は現石岡市石岡とする説が有力であるが同市若松や茨城とする説もあって詳細は不明。また国分寺・国分尼寺・総社も石岡市にあったほか、郡寺ともいうべき古代寺院も多くつくられた。

【参考文献】『茨城県史』全七巻（昭47～61）。瀬谷義彦『茨城県の歴史』（山川出版社昭48）。（高橋誠一）

ひたちのくにふどき【常陸国風土記】 七一三（和銅6）年の官命をうけて編纂された地誌。全一巻。撰者の候補としては、和銅・養老年間に常陸国に国司として赴任していた石川難波麻呂・藤原宇合らがあげられるが、なかでも香島郡などの四六騈儷体による華麗な文章は、宇合によるものとする説が有力。郷里制にもとづく地名表記を採るところから、郷里制の施行された七一五（霊亀元）年以前に編纂されたとする説が、江戸後期の伴信友以来有力。しかし、その後の追筆を思わせる記事もあり、最終的な完成は養老年間とみるべきであろう。現存する写本はいずれも抄本で、総記と行方郡以外の部分には「以下略之」と記された省略箇所がある。また、現存本には、白壁（真壁）・河内二郡の記事がなく、これらは、もとから備わっていなかったのかもしれない。「倭武天皇」や景行天皇の巡幸説話とのかかわりで説かれる地名の起源説話が多く、歌垣に関する記述や孝徳天皇朝の建郡（評）記事など、豊富な内容をふくむ。『日本古典文学大系』『新編日本古典文学全集』所収。

【参考文献】志田諄一『常陸国風土記とその社会』（雄山閣出版昭49）。井上辰雄『常陸国風土記にみる古代』（学生平1）。志田諄一『「常陸国風土記」と説話の研究』（雄山閣出版平10）。（荊木美行）

びたつてんのう【敏達天皇】 ?～585 在位572～85 第三〇代天皇。和風諡号は渟中倉太珠敷天皇。父は欽明天皇、母は宣化天皇皇女石姫皇后。訳語田幸玉宮を宮とした。内政では白猪屯倉と田部の増益、日祀部・私部の設置を行った。対外的には新羅討伐、任那復興という欽明の遺詔をうけ、高句麗・百済・新羅と交渉し、この過程でまず経典・僧侶・造仏工等が、次いで仏像がもたらされた。最初は仏法の受容を認めたが、のちに物部守屋・中臣勝海の奏上により禁止。最終的に蘇我馬子独りのみに仏法を許した。陵は河内磯長陵。（小野里了一）

ひだのくに【飛騨国】 東山道に属する国。現在の岐阜県北部にあたる。飛騨高地などの高峻な山地が広がり、飛騨川に沿う高山盆地などの狭小な平地が点在する。斐太・斐陀と表記されたが、七〇八（和銅元）年頃に飛騨の字に統一された。律令制下では飛騨匠丁（工）を貢進する特別な国として位置づけられ、里ごとに一〇人、調庸免除の代わりに都での宮殿・寺院の造営や修理に従事するという義務を負わされた。この負担はきわめて厳しく、逃亡も絶えないということで日数の短縮も行われたが、一〇世紀中頃には廃絶されたと考えられる。「延喜式」では下国とされ所管の郡は大野・益田・荒城郡の三郡。国府は高山市国府町あるいは高山市岡本町に推定されるが、前者から後者に移転したとする説のほか、益田郡に比定する説もある。また国分寺は高山市総和町、国分尼寺は高山市岡本町にあった。

【参考文献】『岐阜県史』全二三巻（昭40～47）。中野効四郎『岐阜県の歴史』（山川出版社昭45）。（高橋誠一）

ひだのたくみ【飛騨匠】 飛騨工とも。律令制下に飛騨国から徴発された木工で、仕丁の一形態としての性格をもつ。飛騨国では調庸が免ぜられるかわりに、里ごとに匠丁十人（うち二人は廝丁）が徴発され、都の木工寮・修理職などの官司に配属されて一年交替で労働に従事した。「延喜式」によれば定員は一〇〇名であるが、時期によって増減があった。制度的には平安時代中期以降に廃絶したが、以後も優秀な木工の代名詞とされ、説話中に名工として登場する。（中大輔）

びっちゅうのくに【備中国】 山陽道に属する国。現在の岡山県西部にあたる。北部は中国山地や吉備高原、南部は瀬戸内海に面して岡山平野などの沖積平野が広がり、児島半島などもある。もとは吉備国であったが、七世紀後半に分割されて備前・備中・備後国が成立した。すでに古墳時代には先進的地域となっていたことは、造山古墳や作山古墳などの大規模な前方後円墳の存在によっても理解できる。六世紀には屯倉や部民などが認められ、大和王権の支配が及んでいたと考えられる。「延喜式」では上国とされ所管の郡は都宇・窪屋・賀夜・下道・浅口・小田・後月・哲多・英賀郡の九郡。国府は現総社市金井戸付近と推定され、国分寺・国分尼寺は発掘調査によって同市上林に存在したことが確認されている。また国府推定地の北方にある鬼ノ城は白村江の戦いの後に築かれた朝鮮式山城と考えられている。奈良時代に活躍した吉備真備はもと下道姓で備中に本貫をもっていた。

〔参考文献〕『岡山県史』全三〇巻（昭56～平3）。近藤義郎他『図説　岡山県の歴史』（河出書房新社平2）。谷口澄夫『岡山県の歴史』（山川出版社昭45）。（高橋誠一）

ひでんいん【悲田院】　施薬院とともに病者・孤児・貧窮者を収容した施設。七二三（養老7）年興福寺に建てられ、七三〇（天平2）年には光明皇后が皇后宮職においた。平安時代には平安京南辺の東西に悲田院がおかれ、掃部寮の古畳を毎年施薬院・悲田院に下行したが、一〇一七（寛仁元）年七月には洪水で悲田病者三百余名が流される事件もあり、平安後期には東悲田院は三条京極へ移建された。この三条の悲田院は薬王寺と密接な関係にあり、聖・上人による救済活動の拠点となり寺院化した。中世には泉涌寺との関係が深く、近世泉涌寺山内に移転して現在に至る。（勝田至）

ひとえ【単】　裏をつけない仕立てで公家の装束で最も下に着用する衣。夏冬ともに用い、男女ともに垂領であるが、男子用は脇を縫いつけず身丈が短く、女子のそれは裄や身丈が長い。夏には男子は生絹、女子は羅が用いられた。（朧谷寿）

ひとがた【人形】　木・藁・竹・紙などで人の形をあらわし、年中行事や呪術などに用いる。玩具や鑑賞用などのものは「ひとがた」とはよばずに「にんぎょう」という。工芸技術の進歩にともなって、飾り人形が流行するようになる。しかし流し雛や虫送りなどで雛人形や簡単な人形を河・海や村境に送る習俗は現在もつづいている。平城京跡や長岡宮跡などからは呪いの人形が出土した。送りの人形・呪いの人形のほか神霊の形代・依代としての人形や山車・屋台の人形や飾り人形もある。芸能としては人形芝居がある。（上田正昭）

ひとことぬしじんじゃ【一言主神社】⇩一言主神

ひとことぬしのかみ【一言主神】　葛城山の霊異神。雄略天皇が葛城山に登ったおり、天皇の容儀と似たこの神が現れた説話が『記』『紀』に載る。『古事記』の雄略天皇条ではこの神が「吾悪事も一言、善事も一言、言離神、葛城の一言主神ぞ」と名乗る。そこで刀・弓矢・官人の衣服を脱いで「拝み献りき」と述べる。『日本書紀』雄略天皇四年二月条には、この神が「現人の神ぞ」と答え、また「一事主神なり」と告げて天皇とともに狩を楽しんだと記す。『土佐国風土記』逸文では土佐の高賀茂大社の神を一言主尊とし、一説には味鉏高彦根尊と伝える。『続日本紀』天平宝字八（七六四）年十一月条には土佐の高鴨神がみえる。『日本霊異記』や『今昔物語集』では役小角が葛城の鬼神を呪縛した説話を記載する。「延喜式」神名帳に「葛木に坐す一言主神社」とみえ、奈良県御所市森脇に鎮座する。古代の言霊信仰を今に伝える。（上田正昭）

ひとせい【人制】　ワカタケル大王（雄略天皇）の時代に確認できる大王への奉事の形態。稲荷山古墳出土鉄剣には「杖刀人」、江田船山古墳出土鉄刀には「典曹人」とあり、五世紀後半の倭国には、何らかの職掌をもって大王に仕えた首長層を「〇〇人」と呼称し、編成する制度が成立していたが、この「〇〇人」という称自体は倭の五王の時代に宋との外交のなかで齎されたと考えられる。これは五世紀末頃、百済の影響をうけ成立した部民制のなかで「〇〇部」のかたちに再編成されたが、部民制は出仕するトモと、その維持のため設定されたべ集団を併せた支配制度であることから、人制と部民制との質的な差異は大きいとされる。（小野里了一）

ひとせい【人姓】　姓の一種。酒人・倉人・漢人など「〇人」の形の姓を指す。これらは主に職掌と関係あるものと、氏族または種族名と関係あるものとに大別できるが、前者は大王の下、名に伝わる職掌に従事していた人の職名が「〇人」の形に氏族名化し、やがて姓へと転化したと考えられる。後者は本来は「漢人」の様に出自集団（この場合は渡来人）を示す普通名詞的な呼称であったものが、その集団の階層分化のなか、下級階層者の姓に転化したとされる。なお、「〇人」と「〇人部」は別個の姓として取扱うべきとの指摘がある。（小野里了一）

ひとばしらでんせつ【人柱伝説】　人間を神へのいけにえとして捧げたという伝説。堤や橋などの難工事のおりに人の生命とひきかえに工事の完成をはかったという伝えは、日本の各地にもある。『日本書紀』の仁徳天皇十一年十月の条には茨田堤の工事に、武蔵人強頸を人柱とした説話を記す。『記』『紀』の倭建命（日本武尊）の東征説話には弟橘姫（媛）が海神に身をささげた伝承がみえる。経ヶ島における松王健児の人柱、掃部長者にかかわる佐用姫の人柱など、さまざまな伝説がある。（上田正昭）

ひなもり【卑奴母離】　『三国志』の『魏志（魏書）』東夷伝倭人の条（倭人伝）にみえる辺境防備の官。対馬国・一大（壱岐）国・奴国・不弥国の副に卑奴母離（夷守）がおかれていたと記す。（上田正昭）

ひのいて【肥猪手】　650～?　奈良時代前期の筑前国嶋郡（福岡県糸島郡地方）の大領。七〇二（大宝2）年「筑前国嶋郡川辺里戸籍」に君姓で戸主・追正八位上・勲十等とみえる。ときに五三歳。猪手の戸口は戸主の配偶者と直系親属・傍系親属・寄口・奴婢からなり、当地域において最大の一二四名にも上る。そのうち奴婢が戸主奴婢・戸主母奴婢・戸主奴婢に分け記載されていることが特徴。口分田は計一三町六段一二〇歩で、その他大領としての職分田六町が支給された。（廣瀬真理子）

ひのおかこふん【日岡古墳】　福岡県うきは市の若宮神社境内に月岡古墳と並んである前方後円墳。全長が約七四m、後円部径約四〇m、前方部巾約三五m。日本を代表する装飾古墳の一つで、一九二八（昭和3）年に国史跡に指定された。横穴式石室で壁には赤・青・緑・白の四色を使った彩色壁画が描かれている。奥壁の六個の大きな同心円文が有名で、日輪・矢の的など諸説がある。同心円紋や連続三角文など幾何学的文様の隙間には楯・靫・馬・獣・魚・蕨手などの具象的な文様も描かれている。（片岡宏二）

ひのおまし【昼御座】　天皇の昼間の居所で、内裏清涼殿母屋の南半分に設けられていた。北は夜御殿、南は殿上の間と接していた。室内には日記厨子、置物厨子

などの調度も配置されていた。（西山恵子）

ひのくま［檜隈］　奈良県明日香村檜前。檜前・檜坰とも。『続日本紀』宝亀三（七七二）年四月条には坂上苅田麻呂の上表文がみえ、東漢氏の祖とする阿智使主が応神朝に渡来してこの地域を本拠としたとある。「坂上系図」に引用する『新撰姓氏録』逸文にも同様の記事を載せる。宣化天皇宮を檜隈（坰）盧入野宮と伝え、威奈大村の墓誌銘には檜隈五百野宮と記す。『日本書紀』雄略天皇八年二月条の檜隈民使博徳、檜隈邑の人川原民直宮など、早くから渡来系氏族が居住した。キトラ古墳や高松塚古墳も古代の檜隈に位置した。（上田正昭）

ひのくまくにかかすじんぐう［日前国懸神宮］　和歌山市秋月所在の神社で式内社。東に国懸神、西に日前神と祭神とする社殿があり、紀伊大神とも、また略して単に日前宮とも。紀伊国造家の祀る神で、天照大神の岩戸から出すためにつくられた神が日前神で（『日本書紀』）、二像を鋳たうちの一が日前神で他が伊勢大神というなど（『古語拾遺』）、紀伊半島のほぼ反対側に位置する伊勢神宮とも密接な関係をもった。六八六（朱鳥元）年以後しばしば奉幣記事がみえるが神階の授与はなく、自立性の強い神社であった。（井上満郎）

ひのくまでら［檜隈寺］　東漢（倭漢）氏の氏寺。道興寺とも称されたらしい。檜隈寺跡は、奈良県高市郡明日香村桧前の於美阿志神社境内にあり、土壇や礎石、および平安時代後期に建立された十三重の石塔（国重要文化財）が残る。六八六（朱鳥元）年八月二一日、檜隈寺・軽寺・大窪寺に三〇年を限り、それぞれ封一〇〇戸が与えられた（『日本書紀』）。檜隈寺跡から白鳳期の古瓦が出土し、右の記述を裏づける。鎌倉時代に成立したかと思われる「清水寺縁起」には、坂上氏（東漢氏の一族）知行の寺々の一つとして、大和国高市郡檜前郷の道興寺がみえている。一九六九（昭和44）年、十三重石塔の解体修理にともなう発掘調査で、塔の心礎が発見された。巨勢寺（奈良県御所市古瀬に所在）の塔心礎に類似する精巧なつくりで、その上面周縁には瓦積みを巡らせていた。於美阿志神社境内に残る土壇は、南北に延びる丘陵上にあることから、南面する四天王寺式の伽藍配置と想定されていたが、一九七九（同54）年から開始された発掘調査により、西面する特異なものであることが判明した。すなわち中門の正面に塔があり、中門から延びる回廊は向かって右（南）の金堂と、左（北）の講堂に取りつく。地形にかかわらず、西面した伽藍とされた理由は不明。講堂は桁行五間、梁間二間、四面に庇がつく長大な規模で、瓦積み基壇の上に建つ。これも飛鳥では類例をみない。

［参考文献］奈良国立文化財研究所編『渡来人の寺』（飛鳥資料館昭58）。（和田萃）

ひのくまのいみき［檜隈忌寸］　大和国高市郡檜前郷（奈良県高市郡明日香村檜前を中心とした一帯）を本拠とした東漢（倭漢）氏系氏族の総称。『続日本紀』宝亀三（七七二）年四月二十日条にみえる坂上大忌寸刈田麻呂等の奏言によれば、檜前忌寸が高市郡郡司に任じられるようになったのは、その先祖の阿知使主が応神朝に一七県の人夫を率いて渡来し、檜前村に居住、後になると高市郡内に檜前忌寸と一七県の人夫らが満ち、他姓の者は一〇のうち一、二にすぎなくなった。七二九（天平元）年十一月一五日、従五位上民忌寸袁志比等がその所由を上申し、七三一（天平3）年以降、蔵垣忌寸・蚊屋忌寸・文山口忌寸の三氏の出身者が大領・少領に任命され、四世に及んでいる。この刈田麻呂の奏言により、高市郡々司は譜代によらず、檜前忌寸が任命されることになった。東漢氏の姓は、はじめは直であったが、六八二（天武11）年五月に連、六八五（同14）年六月に忌寸を賜った。右の史料にもみえるように、檜前忌寸は坂上忌寸・民忌寸・蔵垣忌寸・蚊屋忌寸・文山口忌寸らを総称したものと考えられる。（和田萃）

ひのくまのおおうちのみささぎ［檜隈大内陵］　天武天皇と持統天皇を合葬した陵。野口王墓古墳ともいう。奈良県高市郡明日香村大字野口にある。旧字王墓。『日本書紀』に大内陵、『続日本紀』に大内山陵、大内東西陵がみえる。「延喜式」諸陵寮は両天皇にそれぞれ項を設け、「檜隈大内陵。兆域東西五町、南北四町」とし遠陵に班する。天武天皇は陵戸を「五烟」とするのに対し、持統天皇は「更不重充」と記す。一二〇〇（正治2）年の『諸陵雑事注文』は青木御陵とする。天武は六八六（朱鳥元）年崩御、翌年一〇月陵の造営に着手、六八八（持統2）年一一月に斂葬された。持統天皇は七〇二（大宝2）年に崩御、翌年一二月には火葬に付され、天武天皇陵に合葬された。一二三五（嘉禎元）年に盗掘された際の実検記録である『阿不幾乃山陵記』に陵形、石室構造、副葬品などの詳細が記されている。江戸時代元禄年間以降、五条野丸山古墳との間で比定の混乱が続いていたが、一八八〇（明治13）年に『阿不幾乃山陵記』が発見されたことにより、翌年二月、当所を檜隈大内陵に再改定した。陵は八角墳で、墳丘対角線間の長さ約四〇m、高さ約七m、段築を成している。墳丘の一部では、凝灰岩切石などが散見される。終末期古墳研究の基準としてのみならず、この時期の葬地と都城との関係を知るうえでも欠かすことのできない古墳である。（福尾正彦）

ひばすひめのみこと［日葉酢媛命］　生没年不詳。垂仁天皇皇后。景行天皇の母。父は開化天皇の孫丹波道主王。垂仁一五年、四人の妹とともに天皇に召され、皇后に立てられる。同三二年、薨。その葬には殉死を禁じ、はじめて出雲国の土部に埴輪を作らせたという。（大川原竜一）

びびかいづかきたいせき［美々貝塚北遺跡］　北海道千歳市美々に所在し、標高二〇〜二一mほどの舌状に伸びる丘陵上に展開する遺跡である。千歳市指定史跡の美々貝塚（縄文前期）は沢を挟んで二〇〇mほど南に位置する。発掘調査は一九九五〜九九（平成7〜11）年度に実施され、竪穴住居跡や墓坑・盛り土遺構他、多数の遺構が検出されたが、特筆すべきは東西二ヵ所に残された縄文前期の畠状遺構である。両者は南北に長く、三〇〜四〇m、幅四〜七mと一定しないが、この両者間の空間には遺構や遺物が非常に少ないことから「道」跡ではないかと考えられている。畠状遺構の土壌周辺の腐植土よりも酸性度が低いことや、多量のヒエ属のプラントオパールが検出されていることなどは注目されてよいが、焼畑などが行われた形跡はないようである。全国的に当該遺構の類例が増える傾向にあり、注目すべき遺跡である。（宮宏明）

ひびと【肥人】 「うまひと」「くまひと」「くまびと」「こえひと」「こまひと」「ひじん」「ひひと」「ひのひと」とも読まれ、その解釈についても高麗人、隼人の一種、九州西から南岸地域の海人集団など諸説がある。史料的には『続日本紀』文武四（七〇〇）年六月庚辰条に、薩末比売らが「肥人等」を従え、中央から九州南部に派遣された覓国使を剽劫したとあり、「令集解」巻一三・賦役令辺遠国条所引「古記」では、「毛人」「阿麻弥人」「隼人」とともに「夷人雑類」とされる。また『万葉集』巻一一・二四九六番歌には、染木綿で髪を結う習俗が歌われている。（森哲也）

びふくもんいん【美福門院】 1117～60 鳥羽皇后藤原得子。八条院暲子内親王・近衛天皇・高松院姝子内親王の母。父は権中納言藤原長実。一一三四（長承3）年頃より鳥羽上皇の寵をえ、宮廷に勢威をもった。一一四二（康治元）年近衛天皇即位とともに立后。四九（久安5）年院号宣下。崇徳上皇皇子重仁親王をしりぞけ後白河天皇を即位させ、*保元の乱を招いた。五六（保元元）年落飾して法名を真性空。（佐藤文子）

ひふりゃく【秘府略】 *滋野貞主らが勅命を受けて八三一（天長8）年撰進した全一〇〇〇巻の部類別百科全書。今は巻八六四「百穀部」中、巻八六八「布帛部」三しか伝存しないが（ともに平安中期の古写本）、秘府（宮中の書庫）にあった中国伝来の多用な諸書を的確に引用している。
〔参考文献〕和田英松『本朝書籍目録考証』（明治書院昭11）。飯田瑞穂「秘府略に関する考察」『著作集（3）』（吉川弘文館昭50）。（所 功）

ひまつりべ【日奉部】 日祀部とも。令制前代の*品部。『日本書紀』敏達天皇六年二月条に設置記事がみえる。その性格については諸説あるが、大王の行う太陽神の祭祀に関与した部とする説が有力で、*中臣氏を長官とする祭官（神祇官の先行官司）の品部であったとみられる。その貢納によって王権守護神の太陽神の祭祀が行われることにより、国土の隅々まで王権の宗教的権威のもとに服従させるという効果があったとみなす説がある。（菊地照夫）

ひみこ【卑弥呼】 三世紀の*邪馬台国の女王。『三国志』の『魏志』東夷伝倭人の条によれば、二世紀の後半に「倭国の乱」がおこり、「共立」されて邪馬台国の王となり、「鬼道」を事として、「能く衆を惑」わしたという。「年已に長大なるも夫婿無く」、男弟がこの政治を補佐したと記す。『三国志』における「鬼道」は、『魏志』の張魯伝や『蜀志』の劉焉伝をみてもわかるように道教を意味しており、編者の陳寿は、卑弥呼のシャーマニズムを道教に類するものとみなしていたといえよう。「年已に長大」も『蜀志』や『呉志』の用例をみると老齢者とは限らない。卑弥呼は王となってから「見る有る者少なく、婢千人を以て自ら侍せしむ」と述べられ、男子一人が「飲食を給し、辞を伝え居処に出入す」と記されている。魏の皇帝から親魏倭王として金印紫綬を与えられたという。二三九年・二四〇年・二四三年・二四七年と遣使朝貢し、魏から二四〇年に梯儁らが、二四七年に張政らが派遣されている。卑弥呼をヒメミュトの略あるいはヒムカ（日向・日迎）とみなす説もある。『北史』には「正始中（二四〇～二四八年）、卑弥呼死す」と記す。
〔参考文献〕佐伯有清『研究史戦後の邪馬台国』（吉川弘文館昭47）。（上田正昭）

ひみつまんだらじゅうじゅうしんろん【秘密曼荼羅十住心論】 ⇩十住心論

ひむろ【氷室】 冬期に切出した氷を夏まで貯蔵しておく施設。古くは『日本書紀』仁徳紀に大和闘鶏（山辺郡都介）の氷室に関する記述があり、土を掘って穴をつくり、厚く茅荻を敷いて氷池から取った氷をおき、そのうえを草で覆う構造のものであった。律令制下においては*主水司が供御のための氷室を管理した。平城京左京三条二坊西北の長屋王邸からは「*都祁」より氷を進めた旨がみえる木簡が出土している。「延喜式」においては山城国を中心に九ヵ所の氷室の存在が確認できる。（佐藤文子）

ヒメ・ヒコせい【ヒメ・ヒコ制】 ヒコ・ヒメ制ともいう。女性が祭事を、男性が政事を分担する二重統治制のことで、宗教的女君であるヒメ（姫）と政治的男君であるヒコ（彦）がたがいに協力し、マツリゴトを行う。『魏志』倭人伝の*卑弥呼に関する記述で、「男弟有りて、佐けて国を治む」とあるのは、この統治形態をさす。（荊木美行）

ひめこそじんじゃ【比売許曾神社】 大阪市東成区にある神社。祭神は下照姫命。ただし現鎮座地は近世以降のものとされる。『記』『紀』にはそれぞれ、新羅の王子天日矛、加羅の王子都怒我阿羅斯等の妻が日本に逃れて難波の比売許曾社の神になったとする。また『摂津国風土記』逸文にも新羅の女神が難波に逃れたという記事があり、渡来系氏族が難波で祭った神格と考えられる。『古事記』の所伝ではこの女神は、日光をうけて妊娠した女が産んだ赤玉が成長したものとされ、太陽神であった可能性が指摘される。「延喜式」では名神大社で、月次・新嘗・相嘗祭に預かる有力社だったことが知られる。（榎村寛之）

ひもろぎ【神籬】 四方に青竹を立て、しめ縄を廻らし、その中央に榊を立てて、麻、紙、布などによる紙垂を付けた神を迎えるための祭場の施設。古典では磯堅城神籬とか天津神籬及天津磐境と磐境と合わせて記されている例があり、祀りを行うに際し、この両者が一体化したものに神霊を迎えていることが考えられる。現在でもみられる古い形態を残していると考えられる例として、京都府上賀茂神社の「みあれ所」のように祀りの時、青葉で四角に取り囲んだ中央に榊を立てる例や東大寺お水取りの際の若狭井を青葉で囲む方法、大嘗宮の周囲に青葉をつけるものなどをはじめ、地方によっては盆棚、おはけなども青葉で囲む。これらは広い意味で、祀りに際し、臨時につくられた神霊迎えの施設とみられ、神籬の例と考えられる。（椙山林継）

ひゃくおうしそう［百王思想］ 天皇が百代で終わるという思想。吉備真備が入唐して読まされたという難読の詩「野馬台讖」に「百王流れ畢く竭きぬ。猿犬英雄と称す」と書かれていたといい、大江匡房は本朝の衰相の予言とした（『江談抄』巻五）。中世には天照大神が百王守護を誓ったとの説も現れた（『保元物語』上）。（勝田至）

びゃくごうじ［白毫寺］ 奈良市白毫寺町所在。創建については大安寺勤操創建の岩淵寺の一院とする説や天智天皇の皇子志貴親王の離宮を寺院としたとする説があるが不明。本尊は阿弥陀如来（鎌倉時代、重要文化財）。鎌倉時代に西大寺僧叡尊により再興された。（鶴見泰寿）

ひゃくまんちょうぶかいこんけいかく［百万町歩開墾計画］ 七二二（養老6）年閏四月二五日に出された法令。長屋王を首班とする政権が打ち出した特徴ある施策。百姓を臨時に一〇日間ずつ、食料・用具を支給して開墾に従事させ、良田百万町を得ようというもの。開墾を推進しない国郡司に対する罰則や、良田以外の荒地の開墾者に対する勲位の授与、税の免除などの特典も同時に規程された。百万町歩という面積が当時の全国の田籍と比較しても過大であること（平安初期でも全国で約八六万町）から、全国を対象とした法令とする見方もある。しかし、陸奥出羽按察使管内の調庸を免除し、後に狭布と呼ばれる布を賦課する税制優遇策や、陸奥鎮所への兵糧としての稲穀の運搬を奨励する政策など、陸奥国での開墾奨励策として理解すべき一連の施策が一括して施行されていることからみて、陸奥国を対象とする法令とみるべきで、百万町歩という面積も広大な未墾地を有する陸奥国の可能性を念頭におく数値とみるべきであろう。（渡辺晃宏）

ひゃくまんとう［百万塔］ 奈良時代、称徳天皇の勅願によってつくられた一〇〇万基の木製三重小塔。七六四（天平宝字8）年九月に起きた恵美押勝の乱後に、称徳天皇は犠牲者の冥福を祈って発願し、七七〇（宝亀元）年四月にできあがり、東大寺・西大寺・元興寺・興福寺・薬師寺・法隆寺など一〇大寺に一〇万基ずつ分置されたが、現在するのは法隆寺の四万五〇〇〇基余のみである。轆轤引きで三重の塔身部と相輪部を別に作り、前者の塔頂部に孔を刳りぬき、中に陀羅尼をおさめ、相輪部を差し込む。『続日本紀』は高さ四寸五分、基底部の径三寸五分と伝えるが、現存する物は高さ約二一・五cmであり、記録と合わない。各塔身におさめられた陀羅尼は、無垢浄光大陀羅尼経に説く根本・慈心・相輪・六度の四種類の陀羅尼であり、世界最古の印刷物とされる。塔身底部や相輪部に残る墨書によって、左右二つの工房でつくられたことや工人の名などが知られ、未成品の出土によって平城宮内に工房があった可能性がある。
［参考文献］法隆寺昭和資財帳編集委員会『法隆寺の至宝(五) 百万塔・陀羅尼経』（小学館平3）。（舘野和己）

ひゃくまんとうだらに［百万塔陀羅尼］⇩百万塔

ひゃくれんしょう［百練抄］ 歴史書。「百錬抄」とも。編者未詳。神武天皇から亀山天皇の即位の一二五九（正元元）年の編年史。もと二〇巻あったが、現在巻四後冷泉天皇以下の一七巻が残る。貴族の日記を多く利用しており、公家社会の動静にかかわる記事が主である。とくに鎌倉時代以降に巻数をさく。『新訂増補国史大系』所収。（松本公一）

ひゃっけんがわいせきぐん［百間川遺跡群］ 百間川は寛文年間、岡山の城下町を洪水から守るために、旭河の東岸平地に堤を築きつくられた人工河道である。川幅はその名の由来どおり約二〇〇m、流程およそ一三km。建設省による河川改修にともなって、一九七六（昭和51）年から二〇年以上も、岡山県教育委員会によって発掘調査が進められた。その結果、上流から原尾島遺跡・沢田遺跡・兼基遺跡・米田（当麻）遺跡とよぶ四つの集落遺跡がとらえられ、いずれも縄文時代後・晩期ないし弥生時代前期から中・近世にわたる遺構・遺物が層位的に検出され、わけても弥生時代に属する資料が豊富に蓄積されている。沢田遺跡では、縄文晩期の良好な凸帯文土器の検出にめぐまれ沢田式の設定が可能になったばかりか、打製石鍬の発見によって縄文農耕論に光をあてた。さらに弥生前期に属する環濠集落の内に五軒の竪穴住居が発見されて集落の構成論に寄与する成果をおさめた。兼基遺跡では、大型の掘立柱建物群とおびただしいガラス滓の存在をとおして、弥生中期後半における農業から手工業分離の過程を視界にとらえた。米田遺跡においては、奈良時代の倉庫群とともに「上三宅」の墨書土器をえて、国府津の様相を出現させた。またとくに、原尾島・沢田・兼基の微高地間に約四kmにわたって全面的に弥生時代の小区画水田が展開することを明らかにし、堰や灌漑水路の発見とあわせ、弥生時代の農耕生産の実態を鮮明にさせた。これらを総称して百間川遺跡群という。

［参考文献］正岡睦夫他『岡山県埋蔵文化財発掘調査報告』五一・五二・五六・八四（岡山県教育委員会昭57・59・平5）。（葛原克人）

ひゅうがしんわ［日向神話］ 日向を背景とする神話。『古事記』や『日本書紀』の神話によれば、黄泉の国を訪問した伊邪那岐（伊奘諾）神は、筑紫の日向の橘の小戸で禊・祓をなしたと伝え、また天孫（ニニギノミコト）が日向の高千穂の峰に降臨して、木花佐久夜毘売（木花之開耶姫）との婚姻をめぐる神話などを記す。『日向国風土記』逸文には大鉏・小鉏の進言によって天孫（皇孫）が稲穂を抜いて籾として投げ散らしたという神話がみえる。（上田正昭）

ひゅうがのくに［日向国］ 西海道に属する国。現在の宮崎県と鹿児島県の一部にあたる。九州山地や鰐塚山地などの山岳地帯が大部分を占めるが、日向灘に面して宮崎平野などの沖積平野が続き、内陸部にも小林盆地や都城盆地がある。記紀の日向神話の舞台で西都原古墳群などの多くの古墳群も存在する。日向国の初見は六九八（文武2）年で、七一三（和銅6）年に四郡が割かれて大隅国が分立した。七〇二（大宝2）年に成立した薩摩国は日向国から分かれたという説もある。「延喜式」では中国とされ所管の郡は臼杵・児湯・那珂・宮崎・諸県郡の五郡。国府は旧児湯郡におかれたが、その所在については現西都市妻・刎田や三宅あるいは旧那珂郡の現宮崎郡砂土原町田島とする説があって確定はしていない。七二〇（養老4）年に大隅国で発生した隼人の反乱は日向国にも波及するなど、八世紀のこの地域は不安定な政治的・軍事的状況であった。

〔参考文献〕喜田貞吉『日向国史〈古代史〉』（東洋堂昭18）。日高次吉『宮崎県の歴史』（山川出版社昭45）。

（高橋誠一）

ひょうご〔兵庫〕 大宝・養老令制の官司の一つ。宮廷の儀杖用・実用の武器・武具の保管・出納をつかさどった。左兵庫・右兵庫・内兵庫の別がある。官司の等級では左右兵庫が寮、内兵庫が司だが、「寮」「司」の字は付さない。内兵庫は、八〇八（大同3）年に左右兵庫に統合され、さらに八九六（寛平8）年には、左右兵庫と兵部省被管の造兵司・鼓吹司の四官司を統合し、あらたに武器・武具の生産・管理をつかさどる兵庫寮ができた。

（荊木美行）

ひょうずしん〔兵主神〕 古代日本の武神。この神を祀る神社は「延喜式」に一九社あって、山陰道に多く分布。『史記』封禅書にみえ、記紀に登場しないことと合わせて新たに渡来した神と考えられる。但馬国に多いところから天日槍に象徴される秦氏の祀る神とする説もある。

（井上満郎）

ひょうちゃく〔漂着〕 日本は海に囲まれているため、浜辺に漂着したさまざまな物を寄り神として祀るところが各地にある。潮流や季節風の関係で漂着したものは、海浜に暮らす人々にとっては神の恵みによる貴重な生活材であり、漂着物自体に神霊が宿ると考えられた。また漁師の網にかかった石や流木が仏像や神像として祀られる例も少なくない。

『釈日本紀』所引『筑前国風土記』逸文には、現在の海の中道の浜辺あたりを「打昇の浜」と記しているが、寄木浜、寄木崎、藻寄場、寄藻川などの地名は、いずれも漂着物に因む地名である。日本海に突き出た能登半島には、とくに漂着神を祀る神社が多く、合計で六〇社を数える。またえびす神には漂着伝承をもつものが少なくなく、漁民の間では豊漁の神として広く信仰されている。

〔参考文献〕石井忠『新編　漂着物事典』（海鳥社平11）。

（増尾伸一郎）

びょうどういん〔平等院〕 平安時代創建の寺院。京都府宇治市所在。宇治の地は六四六（大化2）年の宇治橋架橋から知られるごとく古北陸道が大和から北に通じる交通の要衝で、平安時代にも京都と奈良を結ぶ要地であり、西に巨椋池とその多くの津をひかえたことにもより早くから貴族の別荘地となった。「東に橘小島を望み、西に宇治長橋を顧みる」景勝の環境で（「雲州消息」）、藤原道長は購入した故源重信の土地に別邸をもうけ、しばしば遊覧をもっているが、死後その地は宇治殿とよばれた子の頼通に相続され、頼通はいくつかの先例に従い一〇五二（永承7）年にその父の邸宅を寺院としたのが平等院である。この年は末法元年で、浄土思想にしたがって東面して建立された鳳凰堂の中央に定朝作の阿弥陀如来像、周囲に雲中供養菩薩を配するのは浄土を想定したもの。同年にまず本堂、ついで阿弥陀堂の落成が翌（天喜元）年で、豪華・華麗なさまは「仏像の荘厳は古今無双なり」と称されている（『扶桑略記』）。この阿弥陀堂は近世にいたって鳳凰が羽を広げる姿に似ることにより鳳凰堂とよばれた。さらに法華堂・多宝塔・五大堂・不動堂などがあいついで建設され、一〇六七（治暦3）年の後冷泉天皇の行幸をはじめとして皇族・貴族の参詣がしばしばもたれた。

〔参考文献〕『平等院大観（一）～（三）』（岩波書店昭62～平4）。

（井上満郎）

ひょうはんき〔兵範記〕 兵部卿平信範の日記。「へいはんき」とも。所簡・抄記等を合わせると一一三二（天承2）年から八四（元暦元）年までの記事が現存するが、欠失も多い。保元の乱の記事は詳細であり、また摂関家の家司でもあったことから、摂関家の動向も詳しい。紙背文書も貴重。『増補史料大成』。

（松本公一）

ひょうぶしょう〔兵部省〕 『和名抄』の訓は「都波毛乃乃都加佐」。大宝・養老令制の八省の一つ。藤原仲麻呂政権下では武部省と改称された。軍政を担当し、武官の人事考課、諸国軍団の兵士の管理・徴発、兵器や軍事的施設の管理をつかさどった。兵馬司・造兵司・鼓吹司・主船司・主鷹司の五司を管轄した。

（荊木美行）

びょうぶどだい〔屏風土代〕 平安時代の能書家小野道風筆の詩巻。巻子本に行書で大江朝綱の詩文を宮中の屏風の色紙形の土代として書いたもの。土代とは下書きのこと。道風の署名はないが、九二八（延長6）年醍醐天皇の命により書いたことが『日本紀略』により知られる。御物。

（綾村宏）

ひょうまのつかさ／へいばのつかさ〔兵馬司〕 大宝・養老令制の兵部省の被管諸司の一つ。諸国の牧と牧馬を軍団に兵馬として支給することをはじめ、駅家と駅馬の掌握、公私馬牛の管理などをつかさどった。八〇八（大同3）年、左右馬寮に統合され、諸国牧や駅家・駅馬の管理は兵部省に継承された。

（荊木美行）

ひよしたいしゃ〔日吉大社〕 滋賀県大津市坂本本町（比叡山東麓、古くは東坂本とも）に鎮座。古くは「ひえ」とよばれたが、中世以降「ひよし」と称した。延喜神名帳の名神大社で旧官幣大社。また社名も第二次大戦以前は「日吉神社」であったが現在は「日吉大社」。『古事記』に「大山咋神亦名山末之大主神、此神者坐二近淡海国之日枝山一、亦坐二葛野松之尾一」とあるのを文献上の初見とする。日吉社の祭神は祭神は非常に多く、本宮をはじめとして「山王二十一社」（「山王上七社」「中七社」「下七社」）と多くの摂末社を加えた信仰圏が構成される。古代祭祀は大山咋命・鴨玉依姫命の二柱にはじまり、神体山（八王子山）頂上の磐座に奥宮二座（八王子社と三宮）として祀る。のち、この二柱を山麓へ二宮と樹下宮として祀り、山宮・里宮併せた東本宮系四社が成立する。さらに大和の大三輪の神（大己貴命）を神体山の山麓に迎え大宮と称し、その摂神として宇佐宮および白山宮を勧請し大宮（西本宮）系の三社が成立する。平安期になると、主として大宮が最澄の信仰にもとづいて、延暦寺の地主神として重視されることとなった。とくに第三代座主円仁の時代に唐天台山国清寺の地主神山王祠に準えて日吉山王社あるいは山王権現として信仰された。そのため、神階の昇叙なども常に大宮が第一、二宮以下の神々は第二とされる信仰体制が形成されていった。叡山と結びついて信仰を集め、九八二（天元5）年に円融天皇の幣帛使が遣わされ、一〇七一（延久3）には後三条天皇の行幸、一〇三九（長暦3）年には官幣を受け、一〇八一（永保元）年には二十二社に列し、一一八三（寿永2）年に大宮は正一位に達している。山王二十一社の信仰組織は*神仏習合の進展にともなってしだいに発展し、一〇二五（万寿2）年に礼拝講が始められ、法華八講や一切経会行われそれぞれに本地仏があてられたほか、大宮・二宮の禰宜以下の神官が別当以下の社僧とともに祭祀を行った。現在、四月一二日から四日間にわたって古式にのっとって山王祭が行われている。西本宮と東本宮の本殿（山王造）は国宝。同拝殿およびほかの社殿や拝殿・七基の神輿・山王鳥居・楼門など、多く重文に指定されている。

【参考文献】景山春樹編『日吉』『神道大系』神社篇二九（神道大系編纂会平1）。景山春樹『比叡山寺』（同朋社昭53）。岡田精司「日吉神社と天智朝大津宮」『日本書紀研究』一六（日本書紀研究会昭62）。佐藤真人「山王七社の成立」『神道古典研究会報』七（神道古典研究会昭60）。 **（堀越光信）**

ひらいずみ【平泉】 現岩手県西磐井郡平泉町。地名の由来は、泉の湧出説やアイヌ語起源説などがある。一九五三（昭和28）年に町制施行した。中心集落の平泉は、*奥州藤原氏四代の首都として栄えた。藤原清衡が後三年の役ののちに江刺郡豊田館から本拠を移し、以後、基衡・秀衡・泰衡の四代が続いた。*奥六郡とそれ以南の地域の境界にあたる戦略的拠点で、北上川を利用する水上交通の要衝でもあった。北上川の河岸段丘に立地し、衣川・太田川と山地に囲まれる小規模な平地に計画的な都市が形成されていたことが発掘調査によっても明らかにされつつある。国指定特別史跡の*中尊寺・*毛越寺・無量光院跡のほか、高館義経堂や観自在王院跡などの遺跡や文化財が多く残され、年間二〇〇万人以上の観光客が訪れる。 **（高橋誠一）**

ひらいでいせき【平出遺跡】 長野県塩尻市宗賀平出に所在する縄文・古墳・平安時代の集落遺跡。古墳時代に限っては竪穴住居・畑地・水田・水源地・用水路・古道・古墳・神奈備山が揃っていて古代農村の姿を髣髴とさせる。復原家屋も一九五一（昭和26）年に建てられている。一九五〇～五三（同25～28）年に総合調査をうけ、五五（同30）年に国史跡指定、現在、整備事業が進んでいる。平出遺跡考古博物館には緑釉水瓶など遺跡関係遺物の他に塩尻市柴宮出土銅鐸、同菖蒲沢出土の瓦塔が展示されている。 **（桐原健）**

ひらおかじんじゃ【枚岡神社】 大阪府東大阪市枚岡に所在する神社。祭神は天児屋根命ほか。*中臣氏の氏神の一つで、元春日といわれ、奈良の春日神社との関係から藤原氏の奉斎も篤く、平安時代以来有力社となっている。「延喜式」では大社とされ、のちに河内国一宮となる。 **（榎村寛之）**

ひらがな【平仮名】 ⇩仮名

ひらきぎじんじゃ【枚聞神社】 鹿児島県指宿市の神社で式内社。薩摩国の一宮で、祭神は枚聞神。火山である開聞岳を神体山とし、航海神であったらしい。平安初期より史上にみえ、八八二（元慶六）年に正四位下。 **（井上満郎）**

ひらじょうかいづか【平城貝塚】 愛媛県御荘町（現愛南町）平城、海抜六七mに所在する。*貝塚は一八九一（明治24）年、寺石正路により『東京人類学会誌』に紹介され、大正年間には長山源雄・大野雲外らによって調査され各学術書に発表された。戦後一九五四（昭和29）～二〇〇〇（平成12）年の間に計六次の発掘調査で貝塚の範囲と貝層の層位・土器の編年的位置づけのほか、人骨や魚介類・獣骨に注目した結果、遺跡周辺での貝の生息の様相や、漁類遺体からは外洋性漁が示唆された。 **（森光晴）**

ひらじょうしきどき【平城式土器】 一九五四（昭和29）年平城貝塚の発掘調査を契機として土器の編年的研究が実施された。出土土器は縄文早期から晩期に至る。第一類土器から第五類土器と無文土器の六つに類別された。これらを九州および瀬戸内側との編年に対比すれば、第一類土器は鐘ヶ崎土器に、第二類土器は*津雲A式に、第三類は浅鉢形土器をあて、第四類は彦崎KⅠ式土器に、第五類土器は縄文のみを施文する土器で一括された。これらのうちで第三・第五類と無文土器は他類の土器と共伴する。

【参考文献】『愛媛県史　原始・古代Ⅰ』（奥印刷昭57）。 **（森光晴）**

ひらたあつたね【平田篤胤】 1776～1843 江戸時代後期の国学者。秋田藩士大和田清兵衛祚胤の四男。備中松山藩士平田藤兵衛篤穏の養子となり、半兵衛篤胤を名乗る。号は気吹舎など。一七九五（寛政7）年脱藩して江戸におもむき苦学力行、一八〇一（享和元）年本居宣長没後の門人と称す。〇三年本居春庭に入門、〇八（文化5）年神祇伯白川家から神職古学教授、二三（文政6）年吉岡家からも委嘱、尾張藩に仕官し、その後水戸藩への仕官を求めたがはたさず、秋田藩の士籍に復す。『古史徴』『古史成文』『古史伝』『霊能真柱』など数多くの著作を残す。『仙境異聞』など幽冥界の探究など独自の国学・神道を構築し、全国に千数百人の門人をえた。一八四〇（天保11）年、「天朝無窮暦」についての幕府の糾問をうけ、翌年秋田へ追放されて病没した。しかしその信奉者は多く、幕末の思想や運動に大きな影響をおよぼす。『平田篤胤全集』（全一五巻、平田篤胤全集期成会）。

【参考文献】田原嗣郎『平田篤胤』（吉川弘文館昭38）。 **（上田正昭）**

ひらたのしょう【平田荘】 奈良県大和高田市付近にあった*荘園。摂関家領。初見は『定家朝臣記』康平五（一〇六二）年正月十三日条で、建長五（一二五三）年近衛家所領目録には同家領とみえる。鎌倉時代中期以降、本家たる近衛家のもと、興福寺一乗院が領家職を相伝し荘務を担った。 **（山本崇）**

ひらつかかわぞえいせき【平塚川添遺跡】 福岡県甘木市平塚を中心とした遺跡群の一部の低地性多重環濠集落。一九九二（平成4）年に工業団地造成のため調査され、約一一haが九四（同6）年に国指定史跡として保存された。遺跡は、弥生時代中期・後期が中心で、中央集落とその周辺が環濠で区画された工房や倉庫群で構成されている。出土品として顕著なものに、木器・玉類未製品や土器に描かれた呪力をもつ巴文状鉤形モチーフがある。

〔参考文献〕川端正夫他「平塚川添遺跡Ⅰ」『甘木市文化財調査報告』53（平13）。

（柳田康雄）

ひらのじんじゃ［平野神社］ 京都市北区平野宮本町に鎮座。延喜式内社で名神大社に列し、月次・新嘗・祈年祭に案上官幣にあずかる。七九四（延暦13）年の平安遷都後、桓武天皇の母高野新笠の祖廟として祀られていたものを、大和国から皇居近くに遷座。祭神については古来多くの説があるが、今木・久度・古開・比売の四柱で桓武天皇の外祖父母双方の神を合祀したとする説が有力であろう。即ち、百済系渡来氏族和氏が大和国田村後宮に奉祭していた今木神（一説に百済聖明王）、大江（土師氏）の奉祭したとみられる久度神・古開神に比売神（伝高野新笠）を合祀したものとみられる。平野祭は、夏四月・冬一一月の上申日に執行。「延喜四時祭式」に小祀とされ、参議以上および桓武天皇以降の王氏・大江氏・和氏の参会、皇太子および中宮の奉幣のほか皇太子が祭儀に加わることが規定されていることなどから、皇室守護神とくに皇太子守護の性格が指摘されている。また、九八五（寛和元）年からは、五位の殿上人を発遣して御幣・東遊・走馬を奉る臨時祭も始められた。神階は、八三六（承和3）年に今木神が正四位上、久度・古開両神が従五位上に昇叙されているのを初見として、その後漸次昇階し、八六三（貞観5）に久度・古開神に正三位、比売神に従四位上を、翌年には今木神に正一位が贈られている。朝廷の崇敬はことに篤く、八五九〜八七七（貞観年間）からは臨時奉幣にあずかり、伊勢・石清水・賀茂などとともに二十二社の上の七社の五位に数えられることとなる。平安期を通じて行幸・行啓・御幸など盛んに行われ社勢を極め、平氏や関係する諸氏に全く含まれない源氏にも当社に対する信仰があったことが知られている。向かって右側の第一本殿には今木・久度神を祀り、一六二六（寛永3）年の修復。第二本殿は古開・比売神を祀り三二（同9）年の修復。ともに平野造（比翼春日造とも）で重要文化財。

〔参考文献〕今井啓一「桓武天皇御生母贈皇太后高野氏と平野神」『芸林』八―四（芸林会昭32）。水野正好「外来系氏族と空毘の信仰」『大阪府の大史』2（山川出版社昭47）。義江明子「平野社の成立と変質」『日本古代の氏の構造』（吉川弘文館昭61）。三橋正「賀茂・石清水・平野臨時祭について」二十二社研究会編『平安時代の神社と祭祀』（国書刊行会昭61）。上田正昭他『平野神社史』（国書刊行会平5）。

（堀越光信）

平原王墓出土仿製超大型内行花文八葉鏡（11号鏡）
国（文化庁）所蔵
写真提供：前原市

ひらのまつり［平野祭］ ⇩平野神社ひらのじんじゃ

ひらばるいせき［平原遺跡］ 福岡県前原市有田字平原にある弥生中期から古墳前期の遺跡。糸島平野の中央部で南北にのびる舌状低丘陵の先端近くの西斜面に位置し、一九六五（昭和40）年にミカン園造成中に発見され、福岡県教育委員会が調査した。遺跡の主体は墳墓群で、一号墓は、東西径一三m、南北径九・五mの長方形に周溝が囲み、南北側角が切れて入口がある。主体部は、墳丘の北東側に片寄って東西幅四・六m、南北幅三・五m、深さ四五cmの墓壙が掘られている。墓壙の中央には、朱が敷かれた長さ三m、幅八〇cmの刳抜き型木棺の痕跡がある。墓壙の周辺には、柱穴群があり、葬送儀礼のための施設跡と考えられる。なお、主体部主軸方向の一四・八m東側に直径六五cmの「大柱」遺構があり、主体部周辺の柱穴群と関連してくる。また、弥生後期初頭五号墓の二基の主体部各々に各一本の「大柱」遺構がともなっている。副葬品は、棺内で瑪瑙管玉一二、ガラス管玉約三〇、ガラス小玉約五〇〇、ガラス連玉八八六、ガラス耳璫二、棺外でガラス勾玉三、ガラス丸玉約五〇〇、素環頭大刀、超大型内行花文八葉鏡五、「大宜子孫」銘内行花文鏡、虺龍文鏡、仿製方格規矩四神鏡三二がある。周溝では、鉄鏃一〇、鉄ノミ、鉄鉇、鉄斧、砥石二、土器片などが出土している。周辺には、弥生後期初頭から古墳前期の墳墓群があり、鏡・玉類・土器などが発見されている。一号墓の四

平原王墓出土仿製「大宜子孫」銘内行花文鏡（15号鏡）
国（文化庁）所蔵
写真提供：前原市

平原王墓出土仿製方格規矩四神鏡（7号鏡）
国（文化庁）所蔵
写真提供：前原市

○面のうち三八面が中国出土鏡と製作技術や文様から多数の相違点が指摘できることから高度の製作技術をもった仿製鏡を多数含むことは、それを可能にした製作技術と必要とした政治体制が存在したことを証明している。一号墓の時期は、周溝出土の土器片・鉄器などの日本での時期、方格規矩四神鏡・超大型内行花文八葉鏡・「大宜子孫」銘内行花文鏡などの後漢末の鏡製作技術から紀元二〇〇年頃で弥生終末に相当すると考えられる。

【参考文献】柳田康雄「平原遺跡」『前原市文化財調査報告書』七〇（平12）。（**柳田康雄**）

ぴりかいせき【美利河遺跡】 北海道今金町美利河に所在する旧石器時代の遺跡である。標高一五〇～一六〇mほどの河岸段丘上に立地し、一九八三・八四（昭和58・59）年に北海道埋蔵文化財センターによって発掘調査が実施され、石刃・石刃石核・細石刃・細石刃石核・尖頭器・有舌尖頭器・彫器・削器・掻器・石錐・舟底形石器・石斧や玉類他、約一一万点もの遺物が出土した。これらは検出された一六ヵ所のブロックからおもに出土したものであり、石器の石質としては珪質頁岩やメノウが多い。旧石器時代の玉としては、わが国では初の出土で、石材は大陸産の橄欖岩と推定されている。同じく当該期の北海道知内町の湯の里四遺跡からも同石材の玉が出土している。遺物は出土層位から三時期に区分され、旧石器時代における層位的出土例に乏しい北日本において、良好な事例となり旧石器の編年的研究を前進させた。さらに細石刃石核を含む良好な接合資料から「美利河技法」が提唱され、従来の細石刃石核の型式分類の再考を促すことになった重要な遺跡であり、一九九四（平成6）年には国指定の史跡となった。

【参考文献】長沼孝編『美利河1遺跡』（北海道埋蔵文化財センター昭60）。（**宮宏明**）

ひるこ【蛭児】 ヒルはヒルム（萎縮する）の語幹。ヒルコは水蛭のように手足のなえた子、の意。これを日ル子と解するには、ヒの声点が異なり問題が残るといわれる。『古事記』上には結婚に際しイザナミ（女神）がイザナキ（男神）より先に発言したので水蛭子が生まれたとあり、神代紀上には蛭児が生まれて「已に三歳と雖も脚猶し立たず」とあり、いずれも遺棄されている。（**白江恒夫**）

ひれ【領巾（比礼）】 女性がストールのように肩から掛け垂らした、薄く細長い布帛。振られることによって呪力を発揮するとされ、『古事記』には蛇や蜂を避ける領巾、波や風を操る領巾などがみえる。平安時代にも神事や厳儀の際の着用例がある。（**武田佐知子**）

ひろ【尋】 日本固有の長さの単位。その名称は、大人が両手を広げた幅に由来する。『古事記』には、イザナギ・イザナミ命がオノゴロ島に立てた八尋殿、倭建命の魂が化した八尋白千鳥、千尋縄を延えて釣りする海人などとみえる。漢字の尋は左右の手を伸ばした長さを意味し、周代には八尺（周尺の一尺は曲尺で七寸六分なので、一尋は約六尺にあたる）。大宝令では、長さの単位は丈・尺・寸となったが、海の深さや釣縄の長さは尋で計ることが多く、現代にいたっている。一八七二（明治5）年に、一尋は六尺と定められた。（**和田萃**）

びろうげのくるま【檳榔毛車】 牛車の一種で、檳榔の葉で箱の全体を覆ったもの。檳榔の代わりに菅が使用されることもあった。平安期から用いられ、上皇・親王・摂関以下の上層貴族が乗用した。（**勝山清次**）

ひろうごんげん【飛滝権現】⇩熊野那智大社

ひろかわでら【弘川寺】 大阪府南河内郡河南町弘川にある真言宗醍醐寺派の寺院。竜池山瑠璃光院。役行者の開基と伝える。僧光意が宝亀年中に修学したほか、歌人西行が当寺域に庵を構え、晩年を過ごした。本尊は薬師如来。（**志麻克史**）

ひろせおおいみのまつり【廣瀬大忌祭】⇩廣瀬神社

ひろせじんじゃ【廣瀬神社】 奈良県河合町川合に鎮座する「延喜式」の名神大社。「延喜式」には「広瀬に坐す和加宇加乃売命神社」と記載する。若宇迦売命を祭神とし、水穀を守りつかさどる神として信奉された。『日本書紀』天武五（六七六）年四月条には「大忌神を広瀬の河曲に祭る」とみえる。竜田神社の風神と相並んで尊崇され、「延喜式」では月次・新嘗の官幣をうけ、一〇八一（永保元）年には正一位に昇叙。広瀬大忌祭の祝詞は「延喜式」におさめられているが、四月・七月に執行され、穀物の成熟を祈願する。大忌神を祀るので大忌祭という。（**上田正昭**）

ひろたいせき【広田遺跡】 鹿児島県熊毛郡南種子町平山字広田に所在。弥生～古墳時代の埋葬遺跡。太平洋岸に面した砂丘上にある。下層の屈葬人骨に着装されたイモガイ製貝輪の饕餮文系貝符（＝貝札）と竜佩は中国古代の青銅器・玉器に酷似する。上層は自然石やサンゴ塊で囲った棺内に合葬した集骨葬で、焼骨もある。上層の再葬骨にともなう貝札は、沖縄県久米島まで広い範囲で分布している。この貝札も大陸との関係が示唆される。一一三体の人骨中、貝輪着装は四二体を数える。ほとんどが女性である。

【参考文献】広田遺跡学術調査研究会編『種子島広田遺跡』本文編・図版編（鹿児島県立歴史資料センター黎明館平15）。（**上村俊雄**）

ひろたじんじゃ【広田神社】 兵庫県西宮市所在の神社で、式内社。祭神は天照大神の荒御魂である撞賢木厳之御魂天疎向津媛。神功皇后のときに天照大神のわが荒御魂を「広田国」に祀れというのをうけて創立されたことに始まるという（『日本書紀』）。八六八（貞観10）年には従一位。二十二社の一。（**井上満郎**）

ひろみねじゅうごごうふん【広峯一五号墳】 京都府福知山市大字天田にあった古墳時代前期の前方後円墳。全長は四〇mを測り、後円部（径二五m）の中央には木棺直葬の土壙墓があり、棺内副室から、鉄剣、鉄斧、鉇、管玉二、棺内主室から景初四年銘盤龍鏡が出土した。邪馬台国の使者は、魏へ景初三（二三九）年に出発し、翌正始元（二四〇）年に帰国しているが、『三国志』によれば、景初は三年までしかないことから、この紀年は架空年号となるため、邪馬台国所在地論争に問題を投げかけた。（**原田三壽**）

ひろみねじんじゃ［広峰神社］ 兵庫県姫路市白国に鎮座。式外社。主祭神人は素戔嗚尊（牛頭天王）。八六六（貞観8）年従五位下を奉授された播磨国無位速素盞嗚尊神は当社か。関より西の軍神といわれる。また京都の祇園社は当社から遷座したともいう。（野口孝子）

びわ［琵琶］ 西アジアから中国をへて伝来した弦鳴楽器。正倉院には螺鈿紫檀五弦琵琶を伝えるが、雅楽の琵琶（楽琵琶）は四弦で柱が四つある。宮中に伝えられた琵琶玄象や、逢坂の関の盲人蟬丸に秘曲を教わった源博雅の説話は著名。平安時代より琵琶法師が現れた。（勝田至）

びわこ［琵琶湖］ 滋賀県の中央にある、面積六七〇平方kmの日本最大の湖。古代には、浜名湖の「遠つ淡海」に対して、「近つ淡海」とよばれ、それが近江国の国名の語源となった。琵琶湖とよばれるようになったのは、近世以降のことであった。湖の西南にある大津は古くから水運の津であったが、平安京に遷都されてからは、東国や北国への外港として重要な津となった。大津は都への物資の陸揚げの地で、琵琶湖西岸の勝野津、北岸の塩津、東北岸の朝妻湊が大津と結ぶ湖上交通の重要な津であった。琵琶湖はまた、都に近い風光明媚な場所として多くの歌に詠まれる歌枕となった。
【参考文献】木村至宏『琵琶湖』（サンライズ出版平13）。（高橋美久二）

びわほうし［琵琶法師］ 琵琶を演奏しながら物語などを語る剃髪僧形の芸能者。一一世紀中期成立の『新猿楽記』に「琵琶法師の物語」と出典するから平安中期の存在は明らかであるが、演目ほか具体的なことはわからない。彼らの全盛期は武士が活躍する中世以降で、とりわけ『平家物語』を語る平曲琵琶法師の活躍は著しい。室町時代以降彼らは当道という組織に属した。なお琵琶を背負って歩く姿（『一遍上人絵伝』）や演奏風景（『慕帰絵』）は絵画資料により知られる。（朧谷寿）

ひん［嬪］ 令制に定められた天皇の后妃で夫人につぐ地位。定員は四人、王臣の娘から選ばれ五位以上を授けられた。ただし実際には八世紀初め、文武天皇の嬪（紀朝臣竈門娘と石川朝臣刀子娘の二人）が知られるのみ。（瀧浪貞子）

ひんきゅうもんどうか／びんぐうもんどうか［貧窮問答歌］ 山上憶良の代表作。中国文学に学びながら、貧窮を問答形式で主題化した長歌と反歌一首（『万葉集』巻五・八九二～三）からなる。長歌は、作者らしき人物が自身より貧しき者に思いを尋ね、貧窮に困苦する人物がその胸中を語る形式で詠まれている。反歌はこれをうけて、人間が憂慮の世間から逃れられない現実を明らかにしている。署名に職名がつけられていないので、大宰府から帰京後の七三二（天平4）年冬頃の作とみられている。（市瀬雅之）

びんごこくふあと［備後国府跡］ 広島県府中市の市街地のやや山寄りの地域に推定されている。明確な中枢部の建物は確認されていないが、元町地区ツジ遺跡の掘立柱建物群はその候補の一つである。この遺跡の遺物は奈良時代から平安時代のものでは、越州窯青磁、緑釉陶器、風字硯、円面硯、平城宮系瓦などがまとまって出土している。また元町地区金龍寺東遺跡では、白鳳寺院である伝吉田寺関連の可能性もあるが、基壇建物や苑池遺構などが検出されている。（亀田修一）

びんごのくに［備後国］ 山陽道に属する国。現在の広島県東部にあたる。北部は中国山地や吉備高原であるが、南部には瀬戸内海に面して福山平野などの沖積平野が続き、北部の山間部にも三次盆地などの平地がある。もとは吉備国であったが、七世紀後半に分割されて備前・備中・備後国が成立した。塩と鉄の産地として知られ、山間部では延暦年間までは調として納めていた絹と糸を鉄と鍬に代えて納めることが認められた。『延喜式』では上国とされ所管の郡は安那・深津・神石・奴可・沼隈・品治・葦田・甲奴・三上・恵蘇・御調・世羅・三谿・三次郡の一四郡。国府は『倭名類聚抄』には葦田郡と記され現府中市府川町（旧国府村）におかれたが、当初は発掘調査によって明らかにされた備後国分寺の所在する現深安郡神辺町の「方八町」とよばれる地にあったと推定する説が有力である。
【参考文献】『広島県史』全二七巻（昭47～59）。後藤陽一『広島県の歴史』（山川出版社昭47）。（高橋誠一）

びんそうしき［便奏式］ 律令の規定において、太政官から天皇に上奏する三種の書式のうちの一つ。日常的な小事の政務案件を少納言が上奏する際に用いる。（篠田孝一）

びんまんじ［敏満寺］ 滋賀県犬上郡多賀町にあった寺。現在は廃寺。平安初期頃に創建か。一一二五（天治2）年頃には平等院の末寺に属していた。鎌倉期に、重源は当寺に金銅五輪宝塔に舎利二粒をおさめて送っている。元弘の変で兵火にあって焼失した。（野口孝子）

ふ

ふ［傅］ 『朝野群載』巻六の訓は「ミコノミヤノカシツキ」。皇太子を道徳をもって輔導する官。東宮傅・皇太子傅ともいう。定員は一人で、相当位は正四位上。皇太子と傅の関係は、天皇と太政大臣のそれに対比できるが、傅は適任者がなければ欠員の則闕の官ではなく、左右大臣・大納言などが任じられた。（荊木美行）

ふうじのすずり［風字硯］ ⇨硯すずり／つづり

ふうしんじょう［風信帖］ 空海自筆の書状。三通からなり、いずれも最澄にあてたもの。一通目の書き出しが「風信雲書」云々で始まるのでこの名でよばれる。もと五通あったが、一通は盗難により、一通は豊臣秀次の所望により切り取られた。三通とも八一二・八一三（弘仁3・4）年頃の筆と推定されている。（松本公一）

ふうすいしそう【風水思想】 古代中国に発する、人に幸福をもたらす風景・景観・地形があるとする思想。殷・周代の卜宅、周・春秋・戦国時代の地理・相宅、漢代の堪輿などに淵源が求められ、漢代に風水の語がみえるが、典拠は晋代の郭璞の書に仮託される『葬書』に始まる。風水では、地中に龍脈（生気の流路）があり、そのエネルギーを受けられる龍穴に、都城・住居・墳墓を造ると永遠に栄えると考え、地勢や陰陽五行・方位などを考慮して吉相の地を選ぶ。中国の都城は、後漢の洛陽が北に邙山、南に洛河のある風水の地理思想に適った最高の吉地にあり、天子は南面する。この考えは北魏以後にも継承された。日本における風水思想の起源は、六〇二（推古天皇10）年の百済僧観勒による「天文地理書」の献上記事に求められるが、藤原京は大和三山に囲まれた風水の地理思想に合致したものらしく、六八四（天武天皇13）年の都地の選定には陰陽師も同行している。職員令によれば律令国家は陰陽寮を設置して「占筮相地」を掌らせ、陰陽師六人を置いている。また、平城遷都の詔には「四禽叶図、三山作鎮、亀筮並従」と述べられている。

〔参考文献〕 渡邊欣雄『風水思想と東アジア』（人文書院平2）。 **（蟬丸朋子）**

ふうびょう【風病】 風によって生ずるとされた病。慢性の神経疾患などをさした。最勝王経除病品では病を風熱痰癊に分け、とくに夏に風病が生じるとする。平安貴族の日記などにみえる症状としては心身の乱れ、手足の冷え、顔や体の腫れ、発汗などがあり、風病がおこるのを発動と称した。八〇九（大同4）年平城天皇が嵯峨天皇に譲位した詔では風病に苦しんだのが理由とされている。 **（勝田至）**

ぶおう【武王】 生没年不詳。在位600～41 百済の第三〇代王。前王である法王の子。諱は璋。隋・唐と通交し、新羅・高句麗とは敵対。王興寺と弥勒寺を創建。子が義慈王。『三国遺事』には、母が池の龍と交わって生まれ、薯を売って暮らしていたので薯童とよばれ、新羅の真平王の第三王女が美しいと聞き、風評を流して、いっしょになり、新羅に黄金を送り、真平王の信頼と民の人望をえて、王位についたという伝承を伝えるが、事実とみるには問題もある。 **（田中俊明）**

武王が創建した弥勒寺の跡

ふかくさ【深草】 山城国紀伊郡の郷名。平安京の南東郊外にあたる、現在の京都市伏見区深草。『日本書紀』欽明天皇即位前紀に秦大津父の出身地が「山背国紀郡深草里」とあるほか、六四三（皇極天皇2）年には「深草屯倉」とあり、早くから開発されていた。平安時代には、嘉祥寺、貞観寺、極楽寺などが相次いで建立された。 **（高橋美久二）**

ふかねのすけひと【深根輔仁】 生没年不詳。平安時代初期の医師。本姓は蜂田薬師氏で、渡来系氏族出身。和泉国を本貫とし、八三四（承和元）年に深根氏に改姓。『掌中要方』『本草和名』などを著わし、名医の誉れ高かった。権医博士を経て侍医。 **（井上満郎）**

ふきじ【富貴寺】 大分県豊後高田市蕗にある天台宗の寺。蕗阿弥陀寺。国東半島の六郷満山の一つで蓮花山と号す。平安末期、宇佐公通の開創という。「到津文書」によれば宇佐八幡宮の大宮司宇佐氏累代の祈願所であった。当寺大堂（国宝）は「蕗の大堂」として著名。中尊寺金色堂などとならぶ貴重な阿弥陀堂遺構で、九州最古の木造建築である。平安後期の造営で一間四面堂。本尊は定朝様の阿弥陀如来座像で、壁には浄土変相図や諸仏が描かれている。 **（野口孝子）**

ふくいどうけつ【福井洞穴】 長崎県佐世保市吉井町所在の洞穴遺跡。福井川の侵食によって形成された洞穴で幅一五m、奥行八mを計る。一九六〇（昭和35）年、一九六三・六四（同38・39）年に発掘調査が行われ、一五層の土層中七層の文化層が確認された。各文化層と主要遺物は、第二層—爪型文土器と細石器、第三層—細隆起線文土器と細石器、第四層—細石器と安山岩製尖頭器、第七層—黒曜石主体の石核と縦長剝片、第九層—石核と剝片で、黒曜石製品なし、第一五層は両面加工の大型搔器が確認された。年代測定によって、第二層約一万二四〇〇年前、第三層約一万二七〇〇年前、第七層約一万三六〇〇年前、第一五層約三万一九〇〇年前という結果が出ている。従前旧石器時代の所産とされていた細石器が、爪形文、隆起線文土器にともなうことが確認されたことで、旧石器時代終末と縄文時代との間に縄文草創期の存在が確認されることになった。

〔参考文献〕 鎌木義昌ほか「長崎県福井洞窟」（『考古学集刊』第三巻第一号昭40）。

福井洞穴

（正林護）

ふくせい［服制］　衣服の構成・形状・色等によって、公務上の地位・役職を可視的に示す服飾の制度。法として体系的に規定される場合のほかに、社会通念としてある種の衣服が特定の階級に属するものと観念され、身分の表象となる場合もある。古墳時代には首長層が高度な織布・裁縫技術を要する長袖上衣と幅広ズボン形式の衣服を専有し、階級的優位を示したと考えられる。服制の法整備は、中国の冊封体制から脱却するために、外交上独自の礼的秩序（身分秩序）が存在していることを標榜する必要から進められた。対隋外交を契機として制定された六〇三（推古天皇11）年の冠位十二階は、位冠の色や形や素材の違いによって官人序列秩序を表示したものであったが、六四七（大化3）年の冠位十三階では位冠とともに服色五等が定められ、六四九（同5）年の十九階、六六四（天智3）年の二十六階をへて、しだいに唐の影響を受けた律令的位階秩序に対応する服制へと移行してゆく。六八二（天武11）年には従来の位冠を停めて一律に漆紗冠を着用させ、六八五（同14）年に爵位を諸王以上十二階・諸臣四十八階に改訂し、位階秩序はおもに朝服の色の違いによって示すかたちとなった。服色については六九〇（持統4）年の制がその後の基礎となっている。七〇一（大宝元）年制定の大宝律令と後の養老律令の衣服令は、五位以上の礼服・初位以上の朝服・無位の官人や庶人の制服を位階に応じて定めたもので、唐衣服令を直接に継受したのではなく、官僚間の身分差等の具現化を主眼とした唐儀制令のなかから朝参の服の制度を抽出して体系化したもの。日唐衣服令の最大の違いは、唐令が皇帝の衣服について規定するのに対して、日本令では天皇に関する規定がないことである。平安時代になると朝服などの和様化にともなうさまざまな規制が定められ、天皇の衣服への規定もみられる。また禁色勅許や雑袍宣旨のように、天皇が特定の官人に衣服に関する特例を許可するという新たな形の服制も出現する。

［参考文献］石母田正『日本の古代国家』（岩波書店昭46）。関根真隆『奈良朝服飾の研究』（吉川弘文館昭49）。武田佐知子『古代国家の形成と衣服制』（吉川弘文館昭59）。

（武田佐知子）

ふくせい［複姓］　古代の姓の一形式。氏名を二つ以上重ねたもの。その発生には、従来からの氏の分裂、部民の拡張、婚姻による親族結合などさまざまな要素がある。中臣鹿島臣のように中央有力氏族の名の後に服属関係にある地方豪族の名があるもの、飛鳥衣縫造のように地名または官司名の後に職掌名があるもの、物部弓削連のように父系と母系の氏名とを重ねて称するもの、に大別される。また、蘇我倉山田臣のように三つ以上の名称からなるものもある。

（中川久仁子）

ふくせんどうこふんぐん［福泉洞古墳群］　韓国釜山広域市東莱区福泉洞に所在する原三国時代から三国時代にかけての古墳群。標高六〇m前後の丘陵上およびその斜面に造営されている。東亜大学校博物館が一九六九～七二年に竪穴式石室墓一〇基を調査、釜山大学校博物館と釜山広域市立博物館が一九八〇年以降調査を継続し、一九九八年までで木棺墓九基、木槨墓七五基、副槨付き木槨墓一七基、甕棺墓四基、副室付き竪穴式石室墓八基、単独竪穴式石室・石槨墓五五基、横口式石室墓一基の計一六九基を調査した。破壊されたものを含めておそらく二〇〇基以上の墳墓が築造されていたものと思われる。これらの遺構は木槨墓から竪穴式石室墓そして横口式石室墓へと変遷していく。丘陵上に築造された古墳は大型で副槨・副室をもつものが多く、斜面に築造された古墳は小型が多い傾向にあり、丘陵の南から北に向かって時期が新しくなる傾向がある。また、四～五世紀は大型古墳が多く、釜山地域の支配階層の古墳群と目される。五世紀前葉の二一（土壙墓副槨）・二二（竪穴式石室主槨）号墳では、二二号石室内に木槨を設置し木棺を入れている。五世紀中葉の東亜大一号墳は、長八・三m、幅一・四mの狭長な竪穴式石室で、一〇〇枚の鉄鋌が副葬されていた。同じく五世紀中葉の一〇（土壙墓副槨）・一一（竪穴式石室主槨）号墳は、朝鮮半島で初めて馬冑が検出されたことで注目を集めた古墳であり、蒙古鉢形冑も出土している。出土土器には、瓦質土器・陶質土器・軟質土器があり、大型古墳では多量に出土する。四世紀代は金海系の無蓋無透かし孔高坏が主流であるが、五世紀に入ると上下交互透かし孔の新羅系高坏となる。それに咸安系や昌寧系の陶質土器が入り、布留系軟質土器などの倭系遺物も若干出土する。福泉洞古墳群は加耶史研究のみならず、新羅・高句麗・倭との対外関係史を究明する上でも重要な遺跡である。文化財保存活用面でも、一九八一年には史蹟二七三号に指定、近くに市立博物館福泉分館が建てられ、出土遺物を展示。古墳群のある丘陵全体は史跡公園として整備され、野外展示館では五三号墳・五四号墳の主体部が復元されている。

［参考文献］金東鎬『東莱福泉洞第一号古墳発掘調査報告』（東亜大学校博物館一九七一）。鄭澄元他編『東莱福泉洞古墳群Ⅰ』（釜山大学

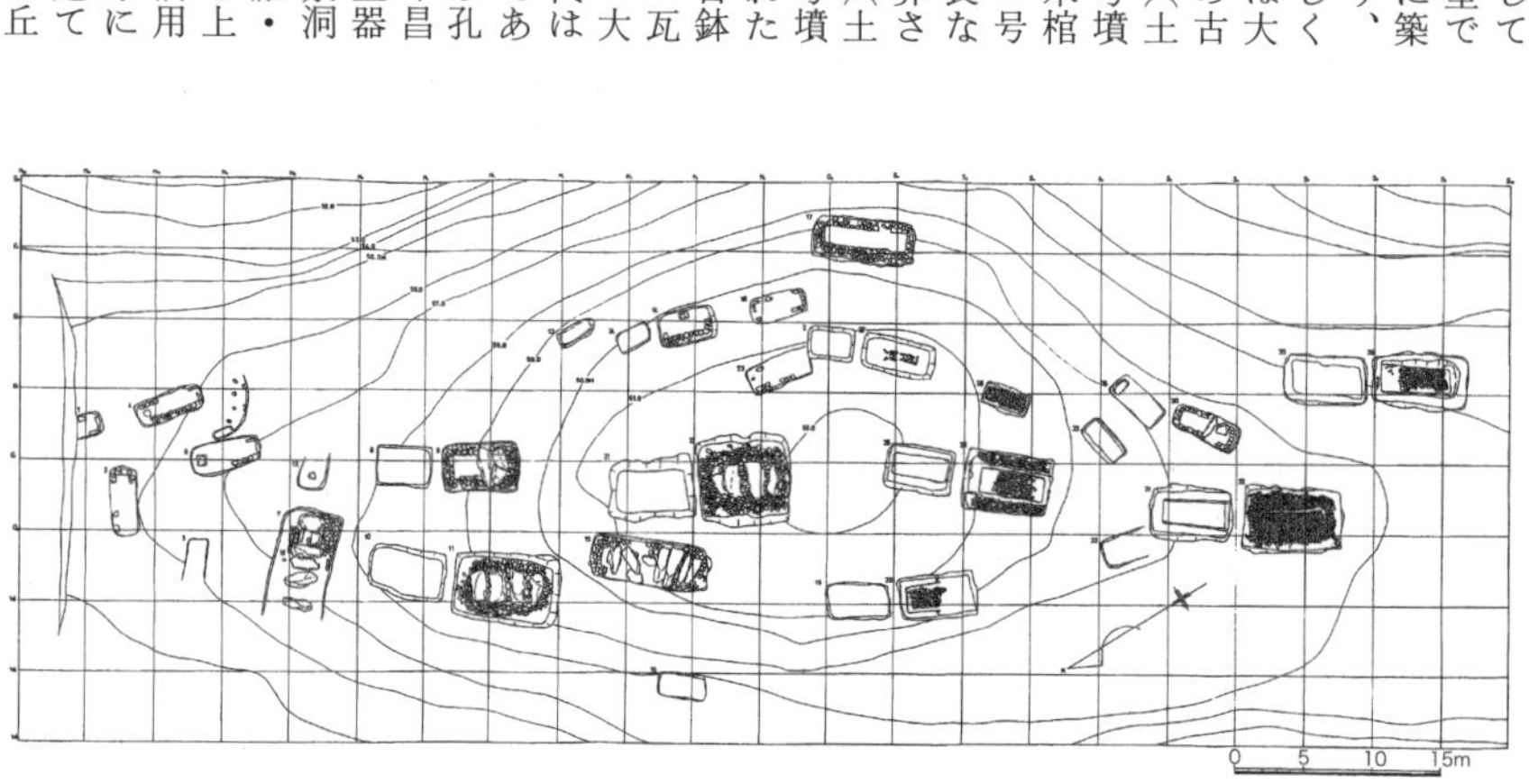

福泉洞古墳群主要部遺構配置図

校博物館一九八二)。鄭澄元他編『東萊福泉洞古墳群II』(釜山大学校博物館一九九〇)。　(定森秀夫)

ふくだいせき［福田遺跡］　広島市安芸区福田町にある弥生時代の青銅器埋納遺跡。一八九一(明治24)年、木の宗山の西南中腹標高二六〇mの「金の段」地点にある「狐が城烏帽子岩」という直立する花崗岩の大石(高さ五m、幅一・五m)の根元から横帯文銅鐸(高さ一九・一cm)・中細形銅剣・中細形銅戈が発見された。異種三点の青銅器埋納は異例であるが、平地のどこからでも遠望できる大石を磐座とみたてて祭祀具である青銅器を奉納したものとみられる。

〔**参考文献**〕佐原真ほか編『探訪弥生の遺跡西日本編』(有斐閣昭37)。　(川越哲志)

ふくとせい［複都制］　同時に複数の都城を経営する方式。日本では六八三(天武12)年一二月に、「およそ都城・宮室、一処にあらず。必ず両参造らむ。故、先ず難波に都つくらむと欲う」との詔を天武天皇が出したのに始まり、主都である飛鳥浄御原宮と同時に、陪都(副都)として難波宮を経営することになった。その後さらに翌年には畿内に使者を派遣して都をつくるべき地を求め、さらに信濃の地形を視察させたのも、そこに都をつくろうとしたためかと伝えられる。複都制は中国に淵源があり、唐では長安を主都とするとともに、洛陽や太原などに陪都をおいた。奈良時代には平城京の他に、難波京が営まれ続けたし、七六一(天平宝字5)年から翌年にかけ平城宮改作のために一時遷都した近江の保良京は北京とされ、七六九(神護景雲3)年には河内の由義宮が西京とされたが、いずれも陪都であった。複都制は七八四(延暦3)年の長岡京遷都にともない難波京が廃されたことによって終わりを告げたが、長岡京を難波京に替わる副都とみる説もある。

〔**参考文献**〕瀧川政次郎『法制史論叢(二) 京制並に都城制の研究』(角川書店昭42)。岸俊男『日本古代宮都の研究』(岩波書店昭63)。　(舘野和己)

ふくばち［伏鉢］　覆鉢とも。塔の最上部にある相輪のうち、露盤の上部、受花の下部にある鉢を伏せたような形の部分。日本においては銅・鉄・石などでつくられ、銘文が刻まれることもある。インドの仏塔(ストゥーパ)において半球状であった塔身部がその原型。　(藤田琢司)

ふくはらきょう［福原京］　一一八〇(治承4)年に平清盛が安徳天皇を奉じて京都から摂津国福原庄へ遷都を試みた地。正確な位置も、宮都としての街区や施設がどの程度整えられたかも不明である。近年の発掘調査で神戸市兵庫区の祇園遺跡で平安時代後期の庭園遺構が発見され、楠・荒田町遺跡では大形掘立柱建物や濠跡が検出されている。かつて平安時代後期の古瓦が出土した雪御所跡推定地も近く、この地域が福原京の内で重要な一角を占めていたことは確実である。　(喜谷美宣)

ふくらのつ［福浦津］　能登半島西岸の古代の港。現石川県志賀町の福浦港に比定される。『続日本紀』宝亀三(七七二)年渤海からの使節を送る船が暴風で漂着したこと、また『三代実録』元慶七(八八三)年にもみえる。　(高橋誠一)

ふくろぞうし［袋草紙］　平安時代末期の歌学書。上巻四巻と下巻一巻の計五巻。藤原清輔著。上巻は一一五七・八(保元2・3)年頃、下巻もほぼ同じ頃の成立。和歌会における作法や先例故実、また多くの歌人や歌についての逸話などを載せる。下巻は「和歌合次第」「袋草紙遺稿」などとも。注釈書に『新日本古典文学大系29』(岩波書店平7)などがある。　(小西茂章)

ぶげい［武芸］　武的な技術の総称。具体的にはとくに馬上の弓射による戦闘技術(騎射)を基本とする。そのため「弓馬の芸」ともいわれ、また武士を「弓馬(弓兵)の士」とも称した。武芸は奈良時代以来、文筆や医術等とともに学業・芸能・職能の一つとして認識されており(『続日本紀』等)、「武士」の称もこの頃から存在する。平安時代には特定の職能を特定の家で伝える家職化が貴族社会で進行し、武芸を家職とする武士の家柄が成立した。　(横澤大典)

ふげき［巫覡］　巫は巫女を、覡は男巫をいう。男巫が託宣など呪術的作業を行う例はシベリア・東北アジアなどにみられるが、日本では女が託宣等を行い、男が楽器を弾いたり、託宣の解釈をするなど、男女ペアが本来の形だとされる。　(榎村寛之)

ふげんじ［普賢寺］　京都府京田辺市所在の寺院で、現名称は観音寺。良弁創立などを伝えるも不詳。境内から白鳳時代遺物を出土するのでその頃からの寺院か。藤原氏と強い関係をもち、近衛基通は普賢寺殿とも称された。優美な木心乾漆像の十一面観音(天平時代・国宝)を伝えることでよく知られる。　(井上満郎)

ふこ［封戸］　⇩食封

ふごうそう［富豪層］　奈良末・平安前期の地方社会において、律令的支配に反抗して活発な活動を展開した中間層をさす歴史的概念。朝廷側の史料では「富豪の輩」と称されるが、実態としては田堵と重なる所もある。大量に所有する稲穀などを営田と出挙に投入し、公民や浪人をみずからの大経営に包摂するいっぽう、彼らの負担する調庸や正税を代納した。一〇世紀になると、各国衙は律令的な支配を転換し、反抗していた富豪層を負名として、支配下に編成した。

〔**参考文献**〕戸田芳実『日本領主制成立史の研究』(岩波書店昭42)。　(勝山清次)

ふこそこうえきちょう［封戸租交易帳］　諸国進上公文の一つで、封戸の租の処理状況を報告した文書。七三五(天平7)年の相模国のものの断簡が「正倉院文書」として残っている。それによると、最初に国全体の封戸数、封戸の田積数、封戸主の受取分などが、次いで皇后宮以下の各封主ごとにそれらの数値や所在地が記されている。欠失部には封主に送付するため租を軽貨に交易する旨の記載があったと考えられる。封戸租のあり方を具体的に示す貴重な史料。　(寺内浩)

フゴッペどうくつ［フゴッペ洞窟］　北海道余市町畚部に所在する砂質凝灰岩の海蝕洞窟である。一九五一・五三(昭和26・

28）年の両年度に名取武光などが発掘調査を実施した。洞窟内を覆っていた約四mの遺物包含層の主体は続縄文期後半の後北C_2・D式期のものであるが、下層からは続縄文期に先行する土器、さらには縄文中期末～後期前葉の土器五五点余も出土しており、線刻を残した時期の特定を難しくさせているが、現状では手宮洞窟同様、続縄文期の所産と考えている研究者が多い。洞窟内部の壁面は線刻の密度が高く、その一部は手宮洞窟に類似する。（宮宏明）

ふさくめん［布作面］　正倉院に所蔵される布製の仮面。麻布に墨と丹で顔を描き、目に穴をあける。現在三二枚が伝わり、「正倉院文書」の楽具欠物注文に「布作面」とみえるものにあたると考えられている。唐中楽の道具とする説、唐散楽の道具とする説がある。（勝田至）

ふさんとくしちほう［不三得七法］　養老八年格（神亀元年・七二四）によって導入された田租収入確保のための政策。一国内の田租の総量の三割までの未納を例損として認め、最低七割の確保を目ざすもの。例損分の免除は国司の裁量に委ねられた。（渡辺晃宏）

ぶし［武士］　武芸を世襲し、中世・近世を通して日本を支配した階層・集団。武芸という職能で支配者に奉仕した側面と、所領を支配し主従関係を通して武士団を形成した側面とがある。前者を重視する立場を職能論、後者を重視する立場を領主制論と称す。武士という呼称はすでに奈良時代に登場し、武芸を得意とする官人を称した。また、内乱鎮圧や征夷戦争に活躍するとともに武芸を世襲した坂上氏などを武士とする見方もある。九世紀末以降、党の台頭などで、地方の支配秩序が変化、自力救済が横行する。京から下った武芸に優れた貴族（軍事貴族）たちが党を組織化、武装集団を形成し、相互に対立した。一〇世紀に入ると東国では内乱が相次ぎ、平将門の反乱にいたる。同時に藤原純友の乱も発生したが、朝廷はこれらを鎮圧した平貞盛・藤原秀郷・源経基らに高い地位を与え、中央の武力として起用。有力な軍事貴族の系統が確立した。地方では、焦土戦術が行われるなど、武士と農民が未分化な面もあったが、有力な武門の系統が確立し、自力救済にもとづく行動原理、所領を介した武装集団の形成などが見いだされた。こうしたことから中央・地方ともに、中世以降に継続する武士が成立したとみられる。清和源氏・桓武平氏といった中央の軍事貴族たちは、受領等、一般貴族同様の官職に就任するとともに、衛府・検非違使として京の治安維持などを担当。職能を通して朝廷に奉仕する側面が強いが、同時に京・畿内周辺に所領を有し、武力的な基盤とした。また、一一世紀には河内源氏が東国で、一二世紀に伊勢平氏が西国で、内乱鎮圧の将帥となって活躍し、地方武士との結合も進めた。東国では、有力武士が国衙との関係を深め、在庁官人等となる一方、西国では国衙が武芸に優れた豪族を武士として育成していった。地方武士たちは、同時に荘官として荘園領主の保護を受ける者も登場した。平安後期になると、地方の支配は、荘園・公領ともに武士に委ねられるにいたった。中央でも権力の分裂にともない保元・平治の乱が勃発、地方武士を組織した源平両氏が活躍し、武士出身の平清盛が朝廷の実権を奪取。ついで、源頼朝が平氏を倒し、東国に政権を樹立するにいたった。

［参考文献］石井進『日本の歴史12　中世武士団』（小学館昭48）。元木泰雄『武士の成立』（吉川弘文館平6）。近藤好和『中世的武具の成立と武士』（吉川弘文館平12）。（元木泰雄）

ふじいでら［葛井寺］　大阪府藤井寺市藤井寺一丁目にある寺。紫雲山三宝院剛琳寺と号す。真言宗・本尊千手観音は稽文・稽首父子の作と伝える。奈良時代後期の乾漆像で、葛井氏（藤井氏）の氏寺であったとされている。葛井氏は百済系渡来氏の子孫で、もと白猪史と称したが七二〇（養老4）年五月葛井連と改称。一〇九六（永長元）年大和国加留里の藤井安基の修管によって藤井寺と称するようになったともいう。南北朝あるいは元和の戦いの藤井寺合戦の地であった。後村上天皇綸旨のほか古文書も多く、「藤井寺修理瓦、久安三丁卯三月六日」の凸銘の平瓦もある。（上田正昭）

ふじいひろなり［葛井広成］　生没年不詳。奈良時代の官人。氏姓は初め白猪史で、七二〇（養老4）年に葛井連と改賜姓した。七一九（同3）年、大外記従六位下で遣新羅使に任じられ、神亀年間（七二四―七二九）には文雅の士とされた（『藤氏家伝』下）。七四三（天平15）年に備後守となり、従五位下。七四八（同20）年に聖武天皇が自邸に行幸し、正五位上を特授され、七四九（天平勝宝元）年には中務少輔となった。『万葉集』に短歌三首、『懐風藻』に漢詩二首が載るほか、『経国集』にも七三一（天平3）年五月八日付の対策文三篇（ただし二篇は同種）がある。（増尾伸一郎）

ふじさん［富士山］　静岡県と山梨県の境にそびえる日本の最高峰で、標高は三七七六mの典型的な成層火山。早く『常陸国風土記』に「福慈岳」と見える。古富士山は更新世から約一万年前までの間に激しい爆発型噴火を繰り返し、武蔵野台地などに関東ローム層とよばれる火山灰層を堆積した。また新富士山の活動は歴史時代まで継続し、七八一（天応元）年の記録（『続日本紀』）から一七〇七（宝永4）年の宝永噴火まで十数回の噴火記録が残っている。その美しい姿などから南の箱根とともに一九三六（昭和11）年富士箱根国立公園に指定され、五五（同30）年伊豆を含めて富士箱根伊豆国立公園となっている。富士山に対する畏敬の念は『万葉集』などにも表現され、古くから信仰の対象ともなってきた。静岡県富士宮市にある富士山本宮浅間大社は富士山を御神体とし、富士山頂上に奥宮が鎮座する。全国の浅間神社の総本社で、富士信仰の中心として中世以来、東日本を中心に広まり、とくに近世には富士行者に引率されて富士山に登拝する信者組織の富士講が結成された。（高橋誠一）

ふじつぼ［藤壷］　⇩飛香舎

ふじのきこふん［藤ノ木古墳］　奈良県生駒郡斑鳩町大字法隆寺字藤ノ木に所在する、横穴式石室を主体部とする古墳時代後期の古墳。奈良県立橿原考古学研究所と町教育委員会によって、一九八五（昭和60）年以降四次にわたって発掘調査が行われた。墳丘は径四八m、高さ九m前後の円墳で、葺石や周濠はなく、石室が開口する墳丘南東部周辺には埴輪が使用されていたらしい。主体部は全長約一四mの両袖式横穴式石室で、玄室の大きさは長さ六・一m、幅二・七m、高さ四・二mあり、壁体をほぼ垂直に五段に積み上げて構築している。奥壁近くには、石室主軸に直交して二上山凝灰岩製の刳抜式家形石棺が置かれている。蓋石長側には二対の縄掛突起があり、東小口の幅が広く、かつ側面観が高い。内外面には朱が塗布されていた。石棺が羨道幅より大きいことから、石室構築過程と石棺の搬入工程の復原に問題を提起している。

棺内には二体の成人男性が東枕で埋葬されており、追葬の形跡がないことから、同時埋葬と考えられる。二体とも各種金属製空玉の首飾りと

藤ノ木古墳出土金銅製履（復原品）

藤の木古墳出土金銅製冠（復原品）
写真提供：橿原考古学研究所附属博物館

耳環を着装しており、南被葬者の足首にはガラス製足玉、北側被葬者の頭部から背面にかけてに玉簾状のガラス玉製品をともなう。冠・大帯・二対の沓等の金銅製品は非着装状態で出土している。銅鏡が北側被葬者頭部に三面、南側被葬者頭部に一面ある。刀剣類は計六口が切先を足方向に揃え出土しており、三組の魚佩をともなう。絹織維織物などの有機質遺物の遺存も良好であった。棺外遺物としては、玄門部に約六〇個体の土器類、石棺と奥壁との間からは馬具・挂甲・鉄鏃・鉄刀・小形鉄製農工具などが出土した。三組ある馬具のうち、金銅製のものはパルメット文を配し、特に鞍金具は亀甲繋文に鬼面・鳳凰・象・兎などの透かし彫りを施したものである。副葬品の内容や配置状況が確認でき、古墳時代後期の葬送儀礼を復元するうえで標準資料となっている。

【参考文献】奈良県立橿原考古学研究所編『斑鳩藤ノ木古墳第一次調査報告』（斑鳩町教育委員会平2）。同編『斑鳩藤ノ木古墳第二・三次調査報告』（同平5）。　（宮原晋一）

ふしみいなりたいしゃ【伏見稲荷大社】

京都市伏見区深草に鎮座する全国稲荷社の総本社。もと倉稲魂神・猿田彦命・大宮女命三座の神であって、「延喜式」には三座、『蜻蛉日記』でも「三社」と記す。これに田中大神・四大神が加えられて、平安時代後期には「五社明神」などと称された。『山城国風土記』逸文によれば秦公伊侶巨が創建したと述べる。社伝では七一一（和銅4）年の造営とする（『二十二社註式』）。八二七（天長4）年、神社の樹木を伐って東寺の塔木にしたところ神の祟りがあって、神階従五位下を贈った。神階はしだいに昇進して九四二（天慶5）年には正一位となった。そして後には*二十二社のなかの一社に列するようになる。一月五日の大山祭・注連張神事、二月初辰日の初午大祭・初辰日神事、一一月八日の火焚祭など注目すべき神事も多い。お山の信仰をはじめとする伝統がうけつがれている。

【参考文献】松前健編『稲荷明神』（筑摩書房昭63）。上田正昭「伊奈利社と秦氏の活躍」『論究・古代史と東アジア』所収（岩波書店平10）。　（上田正昭）

ふしゅう【俘囚】

蝦夷で律令国家に帰服し、内地に移配されたものをいう。初見は七二五（神亀2）年で、このとき陸奥国の「俘囚」が伊予・筑紫・和泉に配置された（『続日本紀』）。勇猛さに着目しての兵士への利用例がみえる。移配された俘囚の居住地は広範囲におよび、八一一（弘仁2）年には俘囚計帳が作成され（『日本後紀』）、またその飼養のための地子を捻出するのに設けられた俘囚田がみえ、これとは別に全国ほぼ半数の三五ヵ国に俘囚料として出挙稲が設置されている（「延喜式」）。さらに上野・周防国に俘囚郷がみえていて（『和名類聚抄』）、かなり大量の蝦夷が陸奥・出羽地方から内地に移配されたと思われる。平安時代に蝦夷と俘囚の区別はなくなり、配置先での蝦夷も現地陸奥・出羽でのそれもともに俘囚と称され、*前九年の役・後三年の役での安倍・清原氏も俘囚とされている。

【参考文献】高橋富雄『蝦夷』（吉川弘文館昭38）。井上満郎『平安時代軍事制度の研究』（吉川弘文館昭55）。　（井上満郎）

ふじゅしんぽう【富寿神宝】⇩皇朝十二銭

ふしょう【普照】　生没年不詳。奈良時代の入唐留学僧。興福寺の同僚栄叡とともに七三三（天平5）年に入唐し、伝戒師の招請のために奔走した。七四二（同14）年に揚州大明寺に鑑真を訪ねて来日を懇請し、七五三（天平勝宝5）年に益久島（屋久島）に帰着（入京は翌春）。漸く所期の目的を達成した。帰国後の事蹟には不明な点が多いが、七八〇（宝亀11）年の『西大寺資財流記帳』に同寺の大鎮、伝灯大法師位として署名がある。

（増尾伸一郎）

ふじわらきょう【藤原京】　わが国最初の条坊制にもとづいた都城で、持統・文武・元明の三代の天皇の都。ただし「藤原京」は近代の用語。『日本書紀』の六九二（持統6）年正月十二日条に「天皇、新益京の路を観たまふ」とみえ、当時は「新益京」とよばれていた。『釈日本紀』巻二二では、新益京を「シムヤクノミヤコ」と訓み「私記曰、新益音読」と注している。なお以下の記述では、便宜的に従来通りの「藤原京」の用語を用いる。

『日本書紀』によれば、六九〇（持統4）年正月に即位した持統天皇は、その直後から藤原宮の造営に着手したようで、同年十月二九日に太政大臣の高市皇子、また十二月十九日には天皇自らが公卿百寮の人々を従え藤原宮地をみている。翌年十二月八日、諸王・諸臣に宅地を班給しているから、藤原京の造営事業も同時に進行していたと思われる。六九二（同6）年正月十二日に天皇は新益京の路を観ているから、京内の道路や側溝はほぼ整ったと考えられる。

藤原宮については、賀茂真淵が『万葉考』において「大宮土壇」を藤原宮の大極殿跡と推定したことが端緒となり、近代に入っても研究されていたが、藤原京への言及は乏しかった。そうしたなかで古代の帝都研究を進めていた歴史地理学者の喜田貞吉（1871～1939）は、一九一三（大正2）年一月から五月に雑誌「歴史地理」に藤原宮・藤原京に関する画期的な研究を発表した。喜田によれば、職員令の左京職条に坊令十二人とみえることから、藤原京は一二条八坊で左右京に分かれていたが、その京域は平城京よりは狭かったこと、中ッ道（香具山の西を南北に通る道、とした）・横大路（初瀬街道）を東と北の京極大路に用い、西は下ッ道（神武天皇陵の前を南北に通る大道、とした）付近に及ぶとし、藤原宮の位置については、『扶桑略記』などの記載をもとに、大宮土壇の西北にある長谷田土壇に求むべきことを指摘したのである（なお喜田の藤原京域は、以下に述べる岸俊男説に近いが、喜田は中ッ道・下ッ道の位置を取り違えていた）。この喜田説は長らく定説となった。

一九六六（昭和41）年十二月、国道一六五号線バイパス予定路線内の事前発掘調査が、奈良県教育委員会により開始された（一九六九〈同44〉年三月末に終了）。その過程で、調査指導委員会の委員であった岸俊男（1920～87）は、日本古文化研究所が行った発掘調査成果や喜田説を再検討し、藤原宮の南北中軸線は中ッ道と下ッ道の二等分線と重なることを発見、それを手がかりとして東西二里（一里は約五三〇m）・南北二里の宮域を想定するにいたった。それにもとづく発掘調査で、岸の想定通りに宮域東北隅の柱穴とそれに続く東一本柱列三間分が検出され、岸の宮域想定の正しいことが確認された。

岸はさらに藤原京域の想定をも行った。東京極大路である中ッ道と西京極大路である下ッ道との距離は四里（一里は令大尺一五〇丈＝令小尺一八〇丈）で、その間隔は三〇〇〇分の一の地図で計測すると約二一一八mであり、したがって一里は約五三〇mとなる。喜田説にもとづいて南北一二条と考え、北京極大路である横大路を起点として一二条（六里）を計測すると、石川池（剣池）の北側を東西に走る現在の阿倍山田道から、約九〇m南の所に引かれる。このように岸説では、藤原京を一二条八坊として東西四里南北六里の方格を想定し、大和の古道である中ッ道・下ッ道・横大路をそれぞれ東・西・北京極大路とし、南京極大路については実質的には阿倍山田道を利用したとした。岸の示した想定案にもとづけば、藤原宮は京の中央北寄りの東西四坊・南北四条（計一六坊分）を占めることになり、宮と京の中軸線が一致し（宮と北京極大路との間は園池などの付属地と想定）、本薬師寺と大官大寺の伽藍中軸線も、それぞれ西三坊と東四坊の中心線と一致する。また中ッ道と下ッ道を北へ延長すると、それぞれ平城京の東京極大路・朱雀大路となることから、両京が密接な関係をもつことをも明らかにした（平城京は九条八坊だから、その面積は藤原京の三倍となる）。朱雀大路の南への延長線上に檜隈大内陵（天武陵）が位置することから、六八三（天武12）年七月十八日条や六八四（同13）年三月九日条にみえる京師巡行記事と結びつけ、天武朝末年には藤原京の基本設計がなされていたと推測したことも注目される。

岸の提示した藤原京域（岸説藤原京）は広く支持され、定説となったが、その後、七九（昭和54）年に、岸説藤原京の京外に位置する下明寺遺跡（橿原市葛本町）と院ノ上遺跡（橿原市八木町。橿原郵便局の地）で、京内と同じ道路遺構が検出された。翌年に、秋山日出雄により、平城京とほぼ同規模の「大藤原京論」が提唱された。秋山説は、岸説藤原京を内城、その外に広がる京域を外京とするもので、これ以後、大藤原京論が盛んになる。その後、発掘調査により、岸説藤原京の偶数大路と奇数大路では道路幅が異なり、京外でも同様であることから、一坊の大きさを平城京と同じと見、南北一二条、東西八坊とする阿部義平・押部佳周による大藤原京が提唱された。八八（昭和63）年には、下ッ道から西方に位置する四条遺跡の発掘調査で、五世紀後半～末に築造された四条1号墳（一辺二八～二九mの方墳。木製埴輪の出土で知られる）が天武朝の初めに削平整地され、条坊道路や側溝が敷設されたことが判明。四条大路を下ッ道から西へ延長した道路と、下ッ道から西へ一坊半の南北道路の交差点が確認された。まことに画期的な発見で、これを契機に大藤原京論が定着するようになった。九六（平成8）年五月、橿原市教育委員会によって行われた橿原市土橋町の土橋遺跡の発掘調査で、北四条大路と西十坊大路のT字型交差点が検出され（条坊呼称は橿原市教育委員会によるもの）、北四条大路は西十坊大路以西には延びないことが確認され、また同年七月には桜井市上之庄遺跡で東十坊大路が確認された。これらの発掘成果を踏まえ、京域を十里四方（十条十坊）とし、『周礼』冬官考工記にもとづいた理想の都城とする大藤原京説が小澤毅・中村太一により提唱され、有力視されつつある。大和三山をも含み込んだ平安京にも匹敵する広大な都城である。二〇〇四（同16）年九月には、橿原市新口町で一条北大路が確認された。『日本書紀』によれば、天武朝にすでに都城の建設が始まっていたことを示す、新城と京師巡行の記事がみえている。新城については、①新城に都をつくろうとして、予定地内にある公私の田畠を耕作せずにおいたところ、都造りは中止となり田畠は荒廃してしまった（天武五年是年条）。②三野王や宮内官の大夫らを新城に派遣して、その地形を見させ、都を造り始めさせた（天武十一年三月一日条）。③新城に行幸（天武十一年三月十六日条）。④新城を視察させた（持統三年九月十日条）。また京師巡行の記事は、⑤天皇、京師を巡行（天武十二年七月十八日条）。⑥天皇、京師を巡行、宮室の所を定める（天武十三年三月九日条）。天武朝初年の四条一号墳の削平と整地は、①との関連をうかがわせる。また藤原宮内から下層条坊道路や側溝が検出されており、大極殿北側の大溝（幅約七m、深さ二m）から、約一三〇点の木簡が出土、その内には「壬午年（天武11年）」「癸未年（天武12年）」「甲申年（天武13年）」と年紀を記すものや、「進大肆」（天武14年制定の冠位）と記すものがあった。下層条坊の道路・側溝などの敷設は、②や③の新城の造営に関わるものと判断され、⑥は藤原宮の位置が決定されたことをうかがわせる。岸説藤原京で、藤原京朱雀大路の南への延長線上に檜隈大内陵（天武陵）の位置することが指摘されていたことが想起される。大藤原京域を十里四方（十条十坊）とする小澤毅・中村太一説は、目下、最も有力な説であるが、東北隅の確定や、想定されている京域の東部・南部に丘陵を含み込んでいるので、その地域における条坊遺構の確認などが今後の課題となる。また大藤原京についても、当初から大藤原京であったとする説、当初は大藤原京であったが、後に縮小されて岸説藤原京となったとする説、当初は岸説藤原京であったが、大宝律令施行とともに拡大されて大藤原京になったとする説などに分かれており、今後の重要課題となる。

〔参考文献〕岸俊男『日本古代宮都の研究』（岩波書店昭63）。八木充『研究史 飛鳥藤原京』（吉川弘文館平8）。林部均『古代宮都形成過程の研究』（青木書店平13）。寺崎保広『藤原京の形成』（日本史リブレット）（山川出版社平14）。木下正史『藤原京』（中公新書）（中央公論社平14）。小澤毅『日本古代宮都構造の研究』（青木書店平15）。 **（和田萃）**

ふじわらし〔藤原氏〕 古代以来ほぼ一貫して政界をリードした氏族。もとは*中臣氏で、始祖は天児屋根命と伝える。藤原氏は六六九（天智天皇8）年病床にあった*中臣鎌足が死の前日に藤原の氏名を賜ったのに始まる。鎌足の生誕地大和国高市郡（奈良県橿原市）にあった「藤原第」にちなむという。鎌足没後は一族で中臣姓と藤原（葛原）姓を併用したが、六九八（文武2）年鎌足の子*不比等の意向で一族の意美麻呂を中臣姓に復させ、自身の系統だけが藤原朝臣を継承することを認められた。宮廷祭祀に従事してきた祖業を中臣氏にゆだね、藤原氏自身は行政官への転身を図ったのである。この氏族機能の分離はそのまま律令官制の二官（太政官・神祇官）に対応するものであり、その後における藤原氏発展の出発点となった。

藤原氏の権力基盤は皇室との外戚関係にあったが、それは娘二人を天皇に入れた不比等のときに始まっている。とくに七二九（天平元）年、不比等の娘*光明子の立后は皇族以外の女性の立后を可能とし、以後藤原氏の娘が数多く皇妃となり、天皇との身内関係の形成に大きな役割をはたした。また不比等の四子が公卿となり四家（南家・北家・式家・京家）を立てたことも、家を基盤とする貴族社会の先駆となり貴族政治をリードした要因である。なかでも北家は平安初期に主導権を握り、中期には北家の中でも*師輔の九条流が中核となり、いわゆる*摂関家を形成、*兼家の頃には摂政・関白が氏長者を兼ねるのが常態となり一族を統括した。兼家、子の*道隆（中関白家）・*道長（御堂流）の時期が摂関政治の最盛期であった。御堂流には佐保殿（大和国）・鹿田荘（備前国）をはじめとする殿下渡領、琵琶殿・東三条院などの邸宅、一族子弟の大学寮別曹として設けた*勧学院などの諸機関と莫大な所領が伝領された。氏寺*興福寺と氏神*春日社が一族結束の核となったことも大きい。ちなみに大原野神社（京都市）は長岡遷都の際に氏神として春日社から勧請したものである。また一門の埋葬地とされた宇治木幡には菩提所として浄妙寺が建立された。しかし院政の開始に加え、鎌倉時代にかけて五摂家に分立したことで政治的立場は弱まった。

〔参考文献〕 朧谷寿『藤原氏千年』（講談社平8）。 **（瀧浪貞子）**

ふじわらのあきすえ〔藤原顕季〕 1055～1123 平安時代後期の公卿、歌人。父は藤原隆経、母は藤原親国の娘親子（白河天皇乳母）。歌道の家である六条家の祖で、六条修理大夫とよばれた。藤原実季の猶子となる。讃岐守・修理大夫などを歴任。一一〇四（康和6）年、非参議三位に。二三（保安4）年、出家。白河上皇の院別当として活躍。数々の歌会を催し、白河院の歌壇の中心的存在となった。歌集に『顕季集』がある。また、仁和寺に阿弥陀堂を建立するなど、その財力にも注目される。 **（京樂真帆子）**

ふじわらのあきすけ〔藤原顕輔〕 1090～1155 平安時代後期の公卿、歌人。父は藤原顕季、母は藤原経平の娘。蔵人・加賀守などを歴任。一一三七（保延3）年、非参議三位。鳥羽上皇の院別当として活躍。父の死後、讒言にあい白河上皇の勘気を被る。歌集に『顕輔集』があるほか、『詞花和歌集』を撰集した。 **（京樂真帆子）**

ふじわらのあきたか〔藤原顕隆〕 1072～1129 平安時代後期の公卿。父は藤原為房、母は源頼国の娘。葉室家の祖。若狭守・右大弁・蔵人頭・参議・権中納言などを歴任。白河上皇の院執行別当として活躍。「天下の政、此の人の一言に在り」といわれ、「夜の関白」とよばれた。その日記『顕隆卿記』の逸文が残る。 **（京樂真帆子）**

ふじわらのあきつな〔藤原顕綱〕 1029?～1103? 平安時代後期の歌人。父は藤原兼経、母は藤原順時の娘（陽明門院の乳母）。娘兼子は堀河天皇の乳母。左馬助・

丹波守などを歴任。歌集に『顕綱集』があり、『後拾遺和歌集』などに歌がのる。（京樂真帆子）

ふじわらのあきひら［藤原明衡］ 989～1066 平安時代中期の詩人。父は藤原敦信。文章院に入学するが、昇進は遅い。文章博士・大学頭などを歴任。漢詩文集『本朝文粋』、書簡文集『明衡往来』、詩文の秀句集『本朝秀句』を編集。猿楽見物に集まった人々の生活に託して社会や風俗を語る『新猿楽記』は重要な史料となっている。自身の作成した文は『本朝続文粋』などにみえる。（京樂真帆子）

ふじわらのあきみつ［藤原顕光］ 944～1021 平安時代中期の公卿。父は藤原兼通、母は元平親王の娘昭子女王。娘元子は一条天皇女御。堀河左大臣・広幡左大臣。参議・検非違使別当・左大臣などを歴任。父の権力を背景に異例の昇進をはたすが、その儀式の作法には失礼が目立ち、藤原実資らの批判の的となる。外戚としての地位確立を希望していたが、娘元子はこの間懐妊しなかった。（京樂真帆子）

ふじわらのあさただ［藤原朝忠］ 910～66 平安時代中期の公卿、歌人。父は藤原定方、母は藤原山蔭の娘。土御門中納言。蔵人・参議。中納言などを歴任。歌集に『朝忠集』があり、『後撰和歌集』などに歌がのる。笙の名手としても知られる。（京樂真帆子）

ふじわらのあつただ［藤原敦忠］ 906～43 平安時代中期の公卿、歌人。三十六歌仙の一人。父は藤原時平。母の歌も『後撰和歌集』にのる。枇杷中納言・本院中納言。侍従・蔵人頭・権中納言などを歴任。家集に『敦忠集』があり、『後撰和歌集』・『百人一首』などに歌がのる。（京樂真帆子）

ふじわらのあつみつ［藤原敦光］ 1063～1144 平安時代後期の詩人。父は藤原明衡、母は平実重の娘。父晩年の子で、兄敦基の養子となる。文章得業生。式部丞・文章博士・大学頭などを歴任。『続本朝秀句』などを編纂した。自身の作成した文は『続本朝文粋』などにみえる。藤原頼長はその才能を絶賛した。（京樂真帆子）

ふじわらのあつもと［藤原敦基］ 1046～1106 平安時代後期の詩人。父は藤原明衡、母は平実重の娘。文章得業生。蔵人・文章博士などを歴任。藤原師通の家司としても活躍。『国史後抄』を編纂。その作成した文は『続本朝文粋』などにみえる。（京樂真帆子）

ふじわらのあんし［藤原安子］ 927～64 村上天皇の中宮、冷泉・円融天皇の母。師輔長女、母は藤原盛子。三親王四内親王を産む。政務にも関与し藤原氏一門の発展に寄与。選子内親王出産後、主殿寮にて没。中宇治陵に葬られる。のち皇太后・太皇太后を追贈。（告井幸男）

ふじわらのいえたか［藤原家隆］ 1158～1237 平安時代後期の公卿、歌人。父は藤原光隆、母は藤原実兼の娘。壬生二品。侍従・宮内卿などを歴任。一二一六（建保4）年、従三位に。極位は従二位。藤原俊成に師事。藤原定家と並び称される。『新古今和歌集』を撰集。家集に『壬二集』がある。（京樂真帆子）

ふじわらのいえただ［藤原家忠］ 1062～1136 平安時代後期の公卿。父は藤原師実、母は源頼国の娘。花山院左大臣。花山院家の祖。侍従・左近衛中将・左大臣などを歴任。（京樂真帆子）

ふじわらのいし［藤原威子］ 999～1036 平安時代中期の貴族女性。後一条天皇中宮。父は藤原道長、母は源倫子。尚侍・御匣殿別当。一〇一八（寛仁2）年、入内。同年、中宮に。その祝いの宴席で父道長が「この世をばわが世とぞ思ふ望月のかけたることもなしと思へば」と詠んだ。章子内親王・馨子内親王を生む。（京樂真帆子）

ふじわらのうおな［藤原魚名］ 721～83 奈良時代後期の官人。北家房前の五男、母は房前異母妹片野朝臣か。光仁天皇の寵臣で、七八一（天応元年）年正二位左大臣兼大宰帥。七八二（延暦元）年氷上川継謀反事件により免官。大宰府に左遷中に摂津で発病し死去。（吉野秋二）

ふじわらのうちまろ［藤原内麻呂］ 756～812 奈良末～平安初期の貴族。後長岡大臣。真楯の子。母は阿倍帯麿の娘。諸衛府の武官などをへて参議。陰陽頭などを兼帯。のち右大臣従二位。「延暦交替式」「弘仁格式」の編纂に関与。人格温雅で、贈従一位左大臣。（告井幸男）

ふじわらのうまかい［藤原宇合］ 694～737 八世紀初めの上級官人。不比等の第三子。母は蘇我連子の女娼子。式家の祖で馬養とも記す。七一六（霊亀2）年、遣唐副使に任じられ、帰国後の七一九（養老3）年、常陸守で安房・上総・下総の按察使、七二四（神亀元）年蝦夷征伐の持節大将軍となるが、この間に式部卿となり、生涯その任にあった。七三七（天平9）年八月、参議式部卿兼大宰帥正三位で没。『万葉集』『懐風藻』に作品が残る。（中川久仁子）

ふじわらのおぐろまろ［藤原小黒麻呂］ 733～94 奈良末～平安初頭の貴族。房前の孫で鳥養の二男。母は大伴道足の娘。恵美押勝の乱の論功で従五位下。諸国守、武官等をへて参議。伊治呰麻呂の乱に際し持節征夷大使、のち陸奥出羽按察使、兵部卿を兼帯。凱旋後、その功によって正三位を授けられた。のち光仁天皇・高野新笠両人の没時には誄を奉じている。遷都のため長岡・平安京の地を視察。病により正倉院の雑薬を給ったが平安遷都直前、大納言で没した。藤原継縄とともに桓武朝前半期の政治を担った。（告井幸男）

ふじわらのおつぐ［藤原緒嗣］ 774～843 平安初期の公卿。百川の長男、母は伊勢大津の娘。桓武～仁明の五代に仕え正二位左大臣に至り、冬嗣死後は太政官筆頭。造都と対蝦夷戦争の中止、観察使設置の建議などの業績がある。『日本後紀』編纂者の一人。（告井幸男）

ふじわらのおとむろ［藤原乙牟漏］ 760～90 桓武天皇の皇后。父は式家良継、母は典侍安倍朝臣古美奈。平城・嵯峨両天皇と高志内親王の生母。七八三（延暦2）年皇后に冊立。山城国乙訓郡長岡山

陵に葬られる。 （吉野秋二）

ふじわらのおひら［**藤原袁比良**］ ?～762 奈良時代中期の女官。名は袁比良売（女）、宇比良女とも。父は北家房前。仲麻呂室となり真先を生み、仲麻呂政権を背後で支える。正三位尚蔵兼尚侍で没。 （吉野秋二）

ふじわらのおんし［**藤原温子**］ 872～907 宇多天皇の女御。七条后とも。基経の娘、母は操子女王。阿衡事件収拾で入内、均子内親王を出産。醍醐天皇の養母で、即位により皇太夫人。のち亭子院（東七条宮）に居す。女房に歌人の伊勢がいた。墓所は宇治陵。 （告井幸男）

ふじわらのおんし［**藤原穏子**］ 885～954 醍醐天皇の中宮、朱雀・村上天皇の母。父は基経、母は人康親王の娘。菅原道真左遷の直後、女御となる。のち中宮・皇太后・太皇太后。両天皇の国母として強大な権威をもち政務にも関わった。墓所は宇治陵。 （告井幸男）

ふじわらのかどのまろ［**藤原葛野麻呂**］ 755～818 平安初期の貴族。小黒麻呂の子、母は秦嶋麻呂の娘。遣唐大使として最澄・空海らとともに渡唐。のち正三位中納言に至る。平城天皇の東宮時代からの近臣であったが、薬子の変では平城を諫止したので罪を逃れた。 （告井幸男）

ふじわらのかねいえ［**藤原兼家**］ 929～90 平安時代中期の公卿。父は藤原師輔、母は藤原経邦の娘盛子。藤原中正の娘時姫との間に道隆・道兼・道長・詮子らがいる。また、道綱を生んだ藤原倫寧の娘は歌人であり、『蜻蛉日記』の作者。九六八（安和元）年、同母兄兼通を越えて従三位中納言に。兼通との確執は、同母の長兄伊尹の後継者争いとして表面化。兼通が同母妹安子（村上天皇中宮）の遺言を持ち出して内大臣になり、兼家は不遇のときを過ごす。兼通はその死に際して関白を藤原頼忠に譲るが、兼家は政界に復帰。右大臣となる。娘詮子は円融天皇女御となり懐仁親王を生む。九八四（永観2）年、立太子。九八六（寛和2）年、突然花山天皇が出家退位し、懐仁が即位。一条天皇となる。兼家は摂政として権力を掌握する。さらに太政大臣・関白に。藤原摂関家繁栄の基礎をつくった。邸宅東三条第は摂関家の主要財産として相続されていく。 （京樂真帆子）

ふじわらのかねざね［**藤原兼実**］ 1149～1207 平安後期の貴族。九条家の祖。月輪殿・後法性寺殿と称される。父は忠通、母は藤原仲光女子加賀。異母兄の基実・基房に次いで政界に入り急速に昇進、一一六五（永万元）年に右大臣となり政界に重きをなしたが、摂関昇進は長く果たせなかった。その後内乱期に、平氏と結んだ近衛家の基通（基実子）、後白河院・源義仲と結んだ松殿家の基房・師家が相次いで勢力を失い、八五（文治元）年源頼朝は兼実を内覧に推挙、翌年兼実は摂政・氏長者となった。一一九一（建久2）年関白に転じたが、九六（建久7）年源通親の策謀により失脚。一二〇二（建仁2）年出家、法名は円証、戒師は法然で、『選択本願念仏集』は兼実のために執筆されたと伝えられる。日記は『玉葉』。著作に『魚秘抄』『春除目略抄』『摂政神斎法』など。

〔**参考文献**〕上横手雅敬『鎌倉時代政治史研究』（吉川弘文館平3）。多賀宗隼『玉葉索引』（吉川弘文館昭49）。 （佐伯智広）

ふじわらのかねみち［**藤原兼通**］ 925～77 平安時代中期の公卿。忠義公。父は藤原師輔、母は藤原経邦の娘盛子。侍従・蔵人頭・参議などを歴任。昇進を越された同母弟兼家との間に確執があり、同母兄伊尹の後継者争いを起こす。九七二（天禄3）年、兼家を押さえて内大臣に。翌年、関白。九七七（貞元2）年、瀕死の病のなかで、関白と氏長者を藤原頼忠に譲る。弟兼家を治部卿に左遷して、死去する。 （京樂真帆子）

ふじわらのかまたり［**藤原鎌足**］ ⇩中臣鎌足

ふじわらのからかち［**藤原辛加知**］ ?～764 奈良時代の貴族。仲麻呂の子。父らとともに藤原恵美朝臣姓を賜う。兄弟同様衛府と関国司、すなわち左虎賁衛督・越前守に任ぜられ、父の乱の際、孝謙上皇によって派遣された衛門少尉佐伯伊多智に越前で殺された。 （告井幸男）

ふじわらのかんし［**藤原寛子**］ ① ?～1025 平安時代中期の貴族女性。小一条院女御。父は藤原道長、母は源明子。一〇一七（寛仁1）年、東宮を辞した敦明親王と結婚。孫の後朱雀天皇即位を画策した道長と取引があったと考えられる。敦元親王らを生む。② 1036～1127 平安時代中期の貴族女性。後冷泉天皇皇后。父は藤原頼通、母は藤原頼成の娘祇子。四条后。一〇五〇（永承5）年、入内し女御となる。翌年、皇后に。子に恵まれず、頼通は天皇外戚となることが出来なかった。五六（天喜4）年、歌合を主催したことは有名。 （京樂真帆子）

ふじわらのきし［**藤原嬉子**］ 1007～25 平安時代中期の貴族女性。父は藤原道長、母は源倫子。尚侍。一〇二一（治安元）年、東宮敦良親王（後朱雀天皇）と結婚。二五（万寿2）年、赤斑瘡を煩いながらも親仁親王（後冷泉天皇）を出産。その五日後に死去した。道長はその死を深く悲しんだ。 （京樂真帆子）

ふじわらのきっし［**藤原吉子**］ ?～807 是公の娘。山部親王（桓武）との間に伊予親王を生む。謀反の疑いで母子ともに大和国川原寺に幽閉、飲食を断たれ、服毒自殺。のち無実が判明し復・贈位が続いた。ともに神泉苑での御霊会の際に御霊として祀られ、永く京人に信仰された。 （告井幸男）

ふじわらのきよかわ［**藤原清河**］ 生没年未詳。奈良時代の官人。房前の四男。母は房前異母妹片野朝臣女。七四九（天平勝宝元）年参議。翌年遣唐大使となり、七五二（同4）年入唐。玄宗皇帝から態度作法を称賛される。翌年帰国途中遭難し長安に帰還。唐朝官人として一生を終える。 （吉野秋二）

ふじわらのきよすけ［**藤原清輔**］ 1104～77 平安時代末期の歌人。初名隆長。長治元年生まれ。父は左京大夫顕輔。歌道家六条家を継ぎ、歌壇の指導者となり、多くの著作を遺す。私撰集『続詞花集』、歌学書『奥義抄』『袋草紙』『和歌初学抄』、家集『清輔集』ほかがある。

（佐々木孝浩）

ふじわらのきよひら［藤原清衡］ 1056～1128 平安後期の奥州の豪族。奥州藤原氏初代。父は藤原経清、母は安倍頼時女。後三年の役で勝利して後、摂関家への貢馬を始め、平泉に居を移し、奥六郡と出羽山北を領するようになった。平泉移住から晩年にかけて中尊寺を整備。同寺金色堂にミイラ化した遺体が安置されている。（宮田敬三）

ふじわらのきんすえ［藤原公季］ 957～1029 平安時代中期の公卿。仁義公。父は藤原師輔、母は康子内親王。侍従・左中将・内大臣・右大臣・太政大臣などを歴任。伝領し居住した閑院は名所として著名。（京樂真帆子）

ふじわらのきんとう［藤原公任］ 966～1041 平安時代中期の公卿。歌人。四条大納言。三十六歌仙。父は藤原頼忠、母は代明親王の娘。侍従・蔵人頭・中納言・権大納言などを歴任。一条朝の四納言と称されるように政治家としても有能。その著作である有職故実書『北山抄』は当時の儀式を知るための重要な史料である。和歌集『拾遺抄』を撰集し、家集に『公任集』がある。多才で漢詩・管弦もよくしたという。（京樂真帆子）

ふじわらのくすこ［藤原薬子］ ?～810 平安初期の女官。種継の娘、仲成の妹。藤原縄主の妻となり三男二女を設け、長女が皇太子安殿親王の後宮に入るにともない、みずからも東宮宣旨として仕えた。安殿との醜聞により桓武天皇に追放されたが、安殿の即位（平城天皇）後、宮中に復した。天皇の寵愛をうけ権勢を振るい、尚侍・正三位にいたった。病気を理由に譲位した平城の健康回復後、上皇・仲成らとともに上皇重祚・平城遷都をはかったが、（薬子の変）、失敗して服毒自殺した。（告井幸男）

ふじわらのくにつな［藤原邦綱］ 1122～81 平安末期の公卿。父は藤原盛国、母は藤原公長の娘。越後・伊予・播磨等の国守を歴任し、権大納言正二位にいたる。摂関家家司として藤原忠通・基実に仕えたほか、平氏とも関係が深く、基実死去の際は、妻の盛子に摂関家領を相続させることを献策した。息清邦は清盛の猶子である。（西村隆）

ふじわらのこれきみ［藤原是公］ 727～89 奈良末期の貴族。本名黒麻呂。牛屋大臣。武智麻呂の孫で乙麻呂の子。母は石川建麿女。神祇大副、山部親王（桓武）の春宮大夫等をへて参議。のち右大臣。時務に熟練し、迅速的確な判断を下した。贈従一位。吉子の父。（告井幸男）

ふじわらのこれちか［藤原伊周］ 974～1010 平安時代中期の公卿。父は藤原道隆、母は高階貴子。中関白家。右中将・蔵人頭・参議・内大臣などを歴任。同母妹定子は一条天皇の女御であり、父の権勢の庇護下、同母弟隆家とともに異例の昇進をはたした。父の死後、関白職を継ぐことができず、一条天皇生母詮子の支持をえた叔父の藤原道長が内覧宣旨をえる。道長との対立が激化した。九九六（長徳2）年、恋敵と誤解した花山上皇に矢を射かける。この事件などが罪となり、大宰権帥に左遷。それを不服とした伊周は京の内外を逃げ回るが、捕獲される。翌年、大赦をえて帰京。一〇〇一（長保3）年、本位に服す。〇九（寛弘6）年、東三条院呪詛事件が起き連座。まもなく許されたが、失意の晩年を過ごす。藤原道長のライバルとして警戒され、政争に敗れた。漢詩・和歌もよくした。『枕草子』はその栄華の時代を記録する。（京樂真帆子）

ふじわらのこれまさ［藤原伊尹］ 924～72 平安時代中期の公卿。「これただ」とも。謙徳公。父は藤原師輔、母は藤原経邦の娘盛子。一条摂政。侍従・蔵人頭・右大臣・摂政・太政大臣などを歴任。九六九（安和2）年の安和の変後に大納言となり、その首謀者の一人ともいわれる。娘懐子は冷泉天皇女御で、師貞親王（花山天皇）を生む。その外戚として力をもった。（京樂真帆子）

ふじわらのさだいえ［藤原定家］ 1162～1241 平安時代後期の公卿。歌人。京極中納言・黄門と称す。父は藤原俊成、母は藤原親忠の娘（美福門院加賀）。「ていか」とも。御子左家。侍従・治部卿・民部卿・権中納言などを歴任。日記『明月記』は当時の政治状況を知る重要な史料である。歌人として著名で、後鳥羽院の歌壇の中心となる。『新古今和歌集』『新勅撰和歌集』を撰集。自身の家集『拾遺愚草』などのほか、歌論書『詠歌大概』など多くの著作がある。『小倉百人一首』を撰したとの説があるが、確定されてはいない。さらに『源氏物語』『伊勢物語』などの書写・校合作業を行い、後世に伝えた。また、その書体は「定家様」といわれ、独特の書流を作り上げた。定家の遺品などは現在も子孫である冷泉家時雨亭文庫に伝わっている。

〔**参考文献**〕村山修一『藤原定家』（吉川弘文館昭37）。（京樂真帆子）

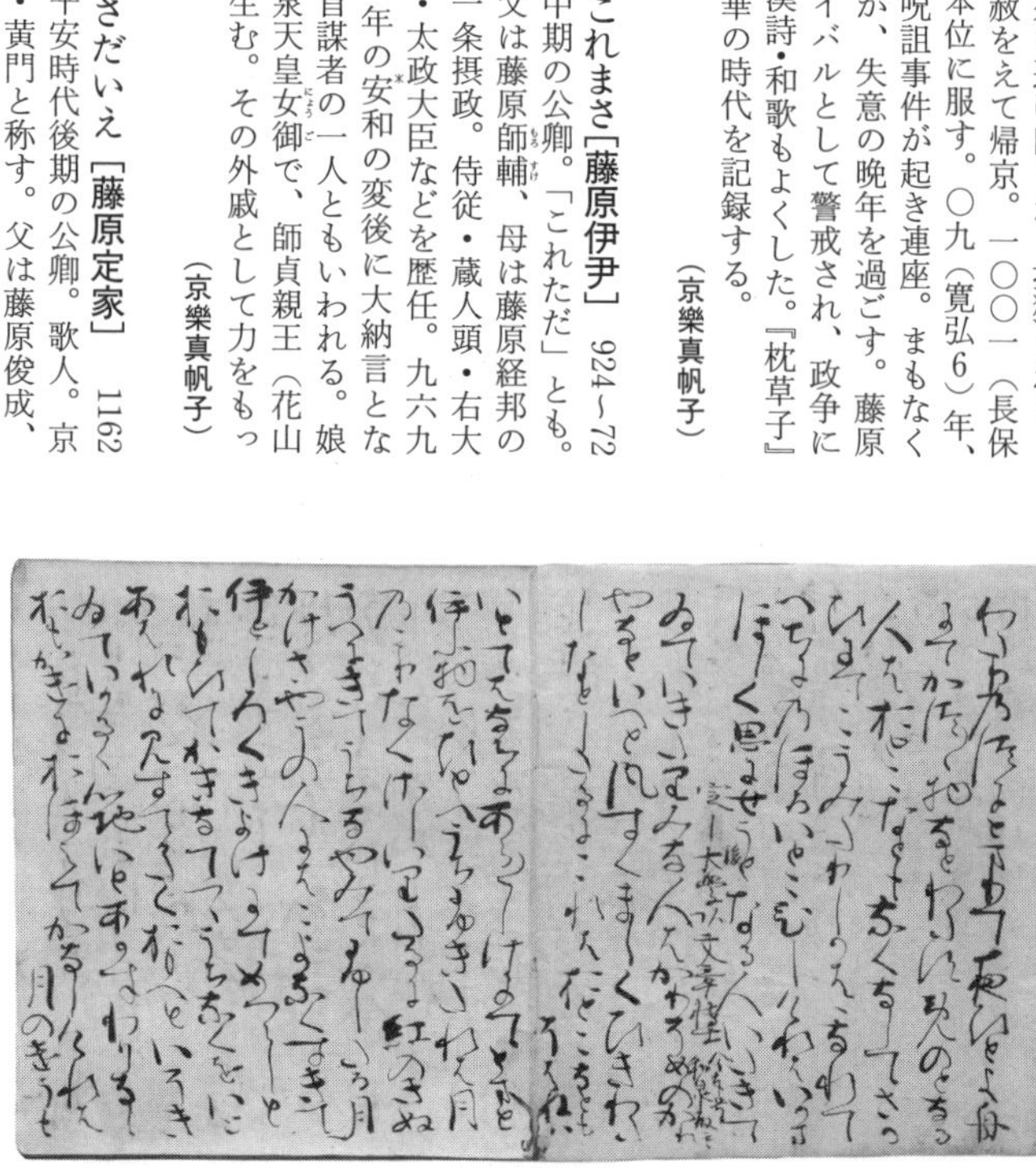

藤原定家筆『更級日記』宮内庁三の丸尚蔵館蔵

ふじわらのさだかた［藤原定方］ 873～932 平安前期の公卿。高藤の次男、母は宮道弥益の娘列子。三条右大臣。諸国司等をへて参議、七人を越え従三位中納言。大納言正三位をへて従二位右大臣。

その間左衛門督、大将等を兼帯。贈従一位。勅撰入集の歌人。（告井幸男）

ふじわらのさねすけ［藤原実資］ 957～1046 平安時代中期の公卿。後小野宮と号す。父は藤原斉敏、母は藤原尹文の娘。祖父藤原実頼の養子。蔵人頭・右大将・右大臣などを歴任。藤原道長を批判する人物の一人。なかでも、三条天皇は反道長勢力の一人として期待を寄せた。しかし、晩年は道長と同調する。長命を保ち、道長亡き後の政界に重きをなす。その日記『小右記』は当時の政治・社会状況を知るうえでの重要史料。道長が自らの栄華を詠んだ「望月の歌」は『小右記』に載る。実頼以来の小野宮流故実の整備にもつとめ、有職故実書『小野宮年中行事』を著す。その邸宅小野宮は当時の名宅として著名。（京樂真帆子）

ふじわらのさねとお［藤原実遠］ ?～1062 平安時代中期の下級貴族。父は藤原清廉。左馬允。馬大夫とよばれる。『東大寺文書』『東南院文書』などに伊賀国名張郡に広大な所領をもつことがみえる。田畑を農民に耕作させる私営田経営を行った。のち、この所領は東大寺領黒田荘に入る。（京樂真帆子）

ふじわらのさねより［藤原実頼］ 900～70 平安時代中期の公卿。清慎公。父は藤原忠平、母は源順子。小野宮殿と称す。阿波権守・蔵人頭・左大臣・太政大臣などを歴任。九六八（安和元）年冷泉天皇の関白に、翌年円融天皇の摂政に。弟師輔の娘安子が村上天皇女御となり、冷泉・円融天皇を生んだことで天皇家外戚の地位をえたのに対し、娘慶子（朱雀天皇女御）、述子（村上天皇女御）は男子を生まなかった。そのため「揚名関白」と自称した。その日記『水心記』があったが、散逸し逸文のみ。管弦や歌もよくし、家集『清慎公集』がある。（京樂真帆子）

ふじわらのじえん［藤原慈円］ ⇨慈円

ふじわらのじゅんし［藤原順子］ 809～71 仁明天皇の女御。五条后。冬嗣の娘、母は藤原美都子。道康親王を生み、その即位（文徳天皇）により皇太夫人、のち皇太后、太皇太后。その間大乗戒・菩薩戒をうけ、安祥寺を発願・建立した。墓所は京都市山科区の後山階陵。（告井幸男）

ふじわらのしょうし［藤原彰子］ 988～1074 一条天皇の中宮。上東門院。道長の第一女、母は源倫子。一二歳で女御、翌年中宮。後一条・後朱雀両天皇を産み、のち皇太后、太皇太后。一〇二六（万寿3）年出家により院号宣下。紫式部・和泉式部らが仕えた。（告井幸男）

ふじわらのすけまさ［藤原佐理］ 944～98 平安時代中期の能書家。実頼の孫で、父は敦敏。「さり」ともよぶ。小野道風の書風を受け継ぎ、和様の完成に貢献した。後世、道風・藤原行成と並んで三蹟と称される。代表作に「詩懐紙」「離洛帖」などがある。（堀川貴司）

ふじわらのすみとも［藤原純友］ ?～941 平安中期の貴族。大宰少弐良範の子。前伊予掾として海賊追捕を期待されたが、かえって備前・播磨国司を襲う。伊予国を本拠にさらに瀬戸内の各国や大宰府を襲ったが、博多津で敗れ伊予国で討たれた。（告井幸男）

ふじわらのすみとものらん［藤原純友の乱］ 平安前期、瀬戸内海地方を中心に藤原純友が起した叛乱。同時期に関東で起こった平将門の乱と総称して承平・天慶の乱ともいう。承平年間に瀬戸内海地方で海賊の活動が活発となると、九三六（承平6）年伊予守となった紀淑人は懐柔策をとって鎮圧に成功、このときには純友にも海賊追捕が命じられている。しかし、九三九（天慶2）年には、純友は淑人の制止を振り切り海賊活動を開始したが、将門の乱に影響されたとみられる。純友は、従五位下を授けられ一時活動を低下させた時期もあったが、讃岐・伊予・備前・備中などを攻め、京都への攻撃も計画していたとみられる。朝廷は東西の両乱に苦しんだが、九四〇（同3）年に将門の乱を鎮圧すると純友鎮圧に力を傾けた。九四一（同4）年大宰府を攻撃した純友は、小野好古・源経基らの追討軍のために筑前国博多津で敗れ、本拠の伊予国日振島に逃れたところを橘遠保に討たれた。京都に近い地域での叛乱であり、律令国家に大きな影響を与えたが、西国は将門の乱後の関東ほどの秩序解体にはいたらなかった。

［**参考文献**］松原弘宣『藤原純友』（吉川弘文館平11）。（西村隆）

ふじわらのせんし［原詮子］ 962～1001 円融天皇の女御、一条天皇の母。東三条院と号す。兼家の娘、母は藤原時姫。一条即位により皇太后となる。円融法皇の没後に落飾、上皇に准じて院号を宣下され、初の女院となる。弟道長の政権獲得に影響力を行使した。のち病により院号・年官年爵を辞すが許されず。一〇〇一（長保3）年、さらに病により出家、院別当藤原行成第に渡り、そこで崩御。鳥戸野で火葬され宇治陵に葬られた。自身が落慶供養した慈徳寺で法会が行われた。（告井幸男）

ふじわらのそのひと［藤原園人］ 756～818 平安時代前期の公卿。父は北家楓麻呂。母は藤原良継女。八〇六（大同元）年参議。その後、中納言、大納言を経て八一二（弘仁3年）右大臣に昇進。この間、民部卿を兼ね辣腕を振るう。正一位左大臣を追贈される。（吉野秋二）

ふじわらのたかいえ［藤原隆家］ 979～1044 平安時代中期の公卿。父は藤原道隆、母は高階貴子。中関白家。侍従・左中将・中納言などを歴任。同母姉定子は一条天皇の女御であり、父道隆の権勢のもとに同母兄伊周とともに異例の昇進をはたす。父の死後、藤原道長との対立が深まる。九九六（長徳2）年、伊周とともに恋敵と誤解した花山上皇に矢を射かける。この事件などにより、出雲権守に左遷。実際には但馬にとどまる。九九八（同4）年、許されて帰京。以後、道長とは表面上良好な関係を築く。一〇一四（長和3）年、眼病治療のため自ら望んで大宰権帥に。一〇一九（寛仁3）年、刀伊の入寇に対処。定子の遺児敦康親王を後見する。（京樂真帆子）

ふじわらのたかきこ［藤原高子］ 842～910 「たかいこ」とも。二条后。清和天皇の女御、陽成天皇の母。長良の娘、基経の妹。母は藤原総継の娘乙春。従三位、皇太夫人、皇太后。八九六（寛平8）

年東光寺僧善祐との密通を理由に皇太后を廃される。九四三（天慶6）年本位に復した。（告井幸男）

ふじわらのたかのぶ［藤原隆信］ 1142～1205 平安時代後期の貴族。父は藤原為経、母は藤原親忠女。和歌・絵画に優れ、とくに肖像画に秀でていたことから似絵の祖とされる。一二〇二（建仁2）年出家し戒心と号す。（佐伯智広）

ふじわらのたかふじ［藤原高藤］ 838～900 平安前期の公卿。冬嗣の孫で、良門の子。母は高田沙弥麻呂の娘春子。勧修寺家の祖。娘胤子所生の敦仁親王（醍醐）立太子の頃から官位が急進、参議以後毎年のように累進し正三位内大臣にいたる。贈正一位太政大臣。（告井幸男）

ふじわらのたし［藤原多子］ 1140～1201 近衛天皇・二条天皇の后。父は右大臣公能、母は藤原豪子。左大臣藤原頼長の養女として近衛天皇の後宮に入る。その没後に退出したが、のちに二条天皇の要求により再び入内し、世に「二代の后」と称された。（横澤大典）

ふじわらのただざね［藤原忠実］ 1078～1162 平安末期の摂政・関白。関白藤原師通の嫡男、母は右大臣藤原俊家の女全子。一〇九九（康和元）年、父没後に内覧、一一〇四（長治元）年関白。摂関家領の拡大などに尽力。摂関の人事権を握る白河院に従属。二〇（保安元）年、白河に関白を罷免され、宇治で籠居。鳥羽院政期に復権。長男忠通と対立、次男頼長に氏長者、武士等を譲渡。保元の乱で頼長を支援するが、その敗死により、洛北知足院に幽閉される。日記『殿暦』、談話集『中外抄』『富家語』がある。（元木泰雄）

ふじわらのただひら［藤原忠平］ 880～949 平安中期の摂関。諡は貞信公。小一条殿。藤原基経の四男、母は人康親王の娘。長兄時平の死後、次兄仲平を越えて氏長者。甥の朱雀天皇即位で摂政となり、のち従一位太政大臣・関白。同じく甥の村上即位後も引続き関白。贈正一位、封信濃国。その政権期には承平・天慶の乱が起きるいっぽう、延喜格式の完成、朝儀の整備などがみられた。故実に明るく彼の説は後代の規範となる。後世「貞信公子孫」は藤原氏でも別格とされた。日記に『貞信公記』がある。（告井幸男）

ふじわらのただふみ［藤原忠文］ 873～947 平安中期の貴族。悪霊民部卿。式家枝良の子、母は息長息継。右少将や諸国守をへて参議。承平・天慶の乱に征東・征西大将軍となるも実質的活動なし。恩賞に反対した藤原実頼に祟って怨霊となったという。贈正三位中納言。（告井幸男）

ふじわらのただみち［藤原忠通］ 1097～1164 平安末期の摂政・関白。父は忠実、母は右大臣源顕房の女師子。白河による忠実罷免により、一一二一（保安2）年より関白。崇徳・近衛・後白河三代の摂関を勤仕。鳥羽院政期、実子基実の誕生で、弟で養子の頼長に摂関譲渡を拒否。父とも対立、義絶される。以後、院近臣の信西・美福門院らと提携、五六（保元元）年、保元の乱で頼長を破る。五八（同3）年、膨大な摂関家領を回復。関白を息基実に譲渡後、大殿として発言力を保持。和歌や書道に優れる。（元木泰雄）

ふじわらのたねつぐ［藤原種継］ 737～85 奈良時代末から平安時代初期の公卿。名は種嗣とも。式家清成の子。母は秦朝元女。七六六（天平神護2）年従五位下に昇叙。その後諸国守、左京大夫などを歴任した後に七八二（天応2）年参議に昇進、同年六月正四位下に昇叙。この頃から桓武天皇の信任をうけ政界実力者としての地歩を固め、七八四（延暦3）正月中納言に昇進。同年五月藤原小黒麻呂とともに山背国乙訓郡長岡村に新都の地を相した後、同年六月造長岡宮使に任命され、遷都造営を主導する。一二月には造宮功により正三位に叙せられる。しかし、翌七八五（同4年）九月造営工事視察中に箭を射かけられ負傷、まもなく没。時に中納言正三位兼式部卿。正一位左大臣を追贈される。犯人捜索の結果、大伴継人・大伴竹良ら与党数十人が逮捕・処分され、事件前に没した中納言大伴家持も関係者として除名される。なお、『延暦僧録』には、真木尾居士、法号円戒と見える。（吉野秋二）

ふじわらのたねつぐあんさつじけん［藤原種継暗殺事件］ ⇨藤原種継

ふじわらのたびこ［藤原旅子］ 759～88 桓武天皇の夫人。百川の娘、母は藤原良継の娘諸姉。延暦初年後宮に入り七八五（延暦4）年無位から従三位。翌年夫人となり大伴親王（淳和）を生んだが二年後没した。贈妃・正一位。淳和即位後に贈皇太后。（告井幸男）

ふじわらのためふさ［藤原為房］ 1049～1115 平安時代後期の公卿。父は藤原隆方、母は平行親の娘。勧修寺流藤原氏。遠江守・蔵人・蔵人頭・参議などを歴任。白河上皇の院別当。藤原師実・師通の家司などもつとめる。有能な実務官人として活躍した。その日記に『為房卿記』があり、儀式書『撰集秘記』などを著した。（京樂真帆子）

ふじわらのちょうし［藤原超子］ ?～982 冷泉天皇の女御。兼家の長女、母は藤原時姫。居貞（三条天皇）、為尊、敦道親王を生む。庚申の夜、脇息にもたれたまま頓死。三条即位により贈皇太后。（告井幸男）

ふじわらのつぐただ［藤原継縄］ 727～96 奈良末・平安初頭の貴族。桃園右大臣。豊成の次男、母は路虫麻呂の娘。凡庸だが謙恭な人柄だった。妻百済王明信が桓武天皇に寵されたため信任が厚く、別業へたびたび行幸があった。『続日本紀』後半の編纂主宰。（告井幸男）

ふじわらのつねふさ［藤原経房］ 1143～1200 平安時代後期の公卿。父は藤原光房、母は藤原俊忠の娘。勧修寺流藤原氏。吉田家の祖。伊豆守・蔵人・左中弁・参議・権大納言などを歴任。高倉上皇の院別当。平氏政権のもと、有能な実務官人として活躍。平氏滅亡後も、公卿の地位を保持した。日記に『吉記』がある。（京樂真帆子）

ふじわらのていし［藤原定子］ 976～1000 一条天皇の皇后。道隆の長女、母は高階貴子。兄伊周失脚で落飾したが天皇の寵愛衰えず、再度入内し第一皇子敦康親王を生む。彰子立后により中宮から皇后に(一帝二后の初例)。媄子内親王出産後に没。清少納言が仕えた。（告井幸男）

ふじわらのときひら［藤原時平］ 871～909 平安前期の公卿。本院大臣と称される。基経の長男、母は人康親王の娘。光孝天皇の加冠により仁寿殿において元服、天皇直筆の告身を賜った。右近衛権中将、蔵人頭などをへて二一才で参議(前年従三位)、二七歳で氏長者となる。その間衛門督、検非違使別当、右近衛大将、春宮大夫などを兼ね、中納言から大納言に進んだ。宇多天皇譲位時の命により、菅原道真とともに醍醐天皇幼少の間の万機の政を輔弼し、官奏に候侍するよう命ぜられ、政治の中心を担った。のち左大臣にいたった。九〇一（延喜元）年、右大臣道真を大宰権帥に左遷して政権を確立した。以後太政官の首班として、翌年延喜荘園整理令の発布、『日本三代実録』「延喜式」の編纂など延喜初年の政治を主導した。三九才で病没、時に正二位左大臣。翌日正一位太政大臣を追贈された。自身の早逝や子孫が栄えなかったのは道真の祟りによるという説が流布した。（告井幸男）

ふじわらのとしなり［藤原俊成］ 1114～1204 平安時代末期の歌人・文学者。多く「しゅんぜい」と音読。初名顕広。北家長家流。権中納言俊忠男。母は藤原敦家女。『久安百首』を部類進上。七番目の勅撰集『千載和歌集』を単独で撰進。『六百番歌合』など、生涯を通じ多くの歌合で判者を務め、低俗皮相な和歌を排し、雅や艶を重んじる批評を展開、息定家や藤原家隆ら後続の新古今歌人を育てた。法名釈阿。著作に『古来風体抄』、『古今問答』他、家集に『長秋詠藻』『五社百首』他がある。（小林一彦）

ふじわらのとしひと［藤原利仁］ 生没年不詳。平安中期の軍事貴族。魚名流。父は民部卿時長、母は秦豊国の女。越前国の豪族有仁の女婿。坂東の受領を歴任し、鎮守府将軍に補任された。伝説的な武将として『今昔物語集』等にその逸話が伝えられる。（横澤大典）

ふじわらのとよなり［藤原豊成］ 704～65 奈良時代中期の公卿。南家武智麻呂の長男。母は安倍貞吉女貞媛娘。藤原四卿疫死後、参議に昇進。七四九(天平感宝元)年右大臣。弟仲麻呂と折合いが悪く、七五七（天平宝字元）年橘奈良麻呂の変に坐し大宰員外帥に左遷されるが、七六四(同8年）仲麻呂（恵美押勝）の乱後に右大臣に復した。（吉野秋二）

ふじわらのながて［藤原永手］ 714～71 奈良時代の公卿。北家房前の二男。母は牟漏女王。中納言・大納言をへて、七六六（天平神護2）年右大臣。さらに転じて左大臣。七七〇（宝亀元）年、称徳天皇の没後、藤原百川・良継らと協力し、皇位を窺う道鏡に対抗して白壁王（のちの光仁天皇）を擁立した。（吉野秋二）

ふじわらのなかなり［藤原仲成］ 764～810 平安初期の貴族。種継の子、母は粟田道麿の娘。薬子の兄。平城朝に観察使・参議。天皇退位後の薬子の変で右兵衛府に禁固、射殺された。気性が荒く、佐味親王母子を凌侮するなど、人道に外れる行いが多かった。（告井幸男）

ふじわらのなかまろ［藤原仲麻呂］ 706～64 奈良時代後期の政治家。藤原不比等の孫・武智麻呂の子で、母は阿倍氏の女。二〇歳頃に内舎人として出仕、父武智麻呂が右大臣になった時に従五位下となる。天平後半期より頭角を現わし、七四一（天平13）年民部卿、翌々年に参議となるがこの年の墾田永年私財法の作成・発布に関与したか。その後橘諸兄政権下で昇進、七四九（天平感宝元）年大納言、直後に光明皇后の皇権を背景とする紫微中台の設置にともない、紫微令に就任して政権基盤を強化し、七五二（同4）年には孝謙天皇を私宅の田村第に迎えることに成功した。七五六（同8）年に聖武上皇、翌（天平宝字元）年に橘諸兄と相次いで聖武・諸兄政権の主軸が死去、直後にその後継者とおぼしき諸兄の子の奈良麻呂を謀反の嫌疑で打倒。翌年には孝謙天皇の譲位にともない傀儡ともいうべき淳仁天皇を即位させ、同年の官号の唐風改易により太師（右大臣）に就任、全権を掌握した。自身も唐風の恵美押勝と改名、家印使用を許された。以後、子息たちを高官に任命するなど専制的に政権を運営したが、七六〇（同4）年の光明皇后の崩御とともに求心力は低下傾向となり、それにともなって専制化・独裁化も進行。同年には祖父不比等を淡海公に封じ、祖母三千代に正一位・大夫人、父武智麻呂・叔父房前に太政大臣を贈った。七六二(同6)年には正一位となり、子の真先・久須麻呂・朝獦を相次いで参議とし政権を強化。しかし「国家大事・賞罰二柄」の孝謙上皇による剝脱にともない(『続日本紀』)、淳仁天皇との対立が深まり政権の矛盾が噴出、兄豊成とも対立して七六四（同8）年には謀反に追い込まれ平城京を脱出、近江から越前に向かう途次に近江湖西で敗死。子息らも多くが処刑された。

［参考文献］ 岸俊男『藤原仲麻呂』（吉川弘文館昭44）。木本好信『藤原仲麻呂政権の研究』（みつわ昭56）。（井上満郎）

ふじわらのなかまろのらん［藤原仲麻呂の乱］ ⇩藤原仲麻呂

ふじわらのなりちか［藤原成親］ ⇩鹿ヶ谷事件

ふじわらののぶなが［藤原信長］ 1022～94 平安時代中期の貴族。父は藤原教通、母は藤原公任の娘。道長の孫。二一歳で従五位下初叙。以後順調に昇進し、一〇六九（延久元）年内大臣、八〇（承暦4）年太政大臣。同じ道長の孫で頼通の子の師実と関白職を争ったという。平安京九条烏丸に邸宅をもったので九条太政大臣とも称された。（井上満郎）

ふじわらののぶより［藤原信頼］ 1133～59 平安後期の公卿。父は藤原忠隆、母は藤原顕頼の娘。保元の乱後、後白河院の寵愛をうけ急速に昇進したが、信西と対立、源義朝・藤原成親等と平治の乱を起した。公卿の身でありながら自らも出陣したが敗れ、斬刑に処せられた。（西村隆）

ふじわらのはまなり［藤原浜成］ 724～90 奈良末～平安初期の公卿。浜足とも。父は京家藤原麻呂。母は稲葉国造気豆の女。もと浜足。七七二（宝亀3）年参議となるが、七八一（天応元）年、桓武即位により失脚し大宰員外帥に左遷。翌年氷上川継事件で参議も解任される。歌学者で著書に『歌経標式』がある。（吉野秋二）

ふじわらのひでさと［藤原秀郷］ ?〜958? 平安時代中期の地方軍事貴族。父は下野大掾村雄、母は下野掾鹿島の娘と伝える。父祖が下野国衙に有した権力を背景に国内に勢力をふるったが、やがて国衙と対立するにいたり、九一六（延喜16）年、一族与党とともに配流の処分をうけ、九二九（延長7）年にも国司からその濫行を政府に訴えられている。平将門の乱がおこると、下野押領使に任じられて将門の追討にあたり、その首級をあげた。秀郷はその勲功賞として従四位下・下野守となり、国家の軍事力の担い手としての地位を固めた。子の千晴は軍事貴族として都で活躍したが、源高明に仕えていたことで安和の変に連座して失脚。しかし、千晴の兄弟千常の子孫は鎮守府将軍を歴任し、子孫からは紀伊の佐藤氏や平泉藤原氏、下野の足利・小山氏などが出て、清和源氏・桓武平氏とならぶ武門として発展した。中世、秀郷は武芸の祖として崇められ、百足退治の説話の主人公「俵藤太」として人々に親しまれた。（野口実）

【参考文献】野口実『伝説の将軍藤原秀郷』（吉川弘文館平13）。

丹波園田氏旧蔵「園田氏三祖肖像」の秀郷像
群馬県立歴史博物館蔵

ふじわらのひでひら［藤原秀衡］ ?〜1187 奥州平泉藤原氏の三代目当主。父は基衡。母は安倍宗任の娘。正妻は前民部少輔藤原基成の娘。一一五七（保元2）年、父の死去によって奥六郡の郡主（郡司）および陸奥・出羽押領使という父祖以来の在庁官職を継承。北方との交易品や奥州名産の金と馬によってえた財力を背景に、日宋貿易をすすめる平家の支持をえて一一七〇（嘉応2）年五月、従五位下鎮守府将軍、さらに一一八一（養和元）年八月には従五位上陸奥守に叙任されたことにより、名実ともに奥羽の支配者としての地位を確立し、平泉藤原氏の最盛期を現出した。一一八三（寿永2）年にも鎮守府将軍だったことが知られるが、これは陸奥守との兼任と考えられる。一一七三（承安3）年には、高野山五大多宝塔ならびに皆金色釈迦如来像の開眼供養に際し、その莫大な費用を寄進、一一八一（養和元）年にも東大寺の復興事業に助勢するなど、中央の宗教勢力との関係も深かった。治承・寿永の内乱のなかで、平家や朝廷から関東の源頼朝の背後をつくことを期待された。一一八三（寿永2）年閏一〇月には、平家と頼朝の勢力に挟まれた木曾義仲に対し、協力して東西から頼朝を攻めようと進言したともいう。しかし、結局、直接的には一度も軍を動かすことはしなかった。平治の乱後と平家滅亡の後の二度にわたって源義経を保護したことは有名だが、これは源頼朝が平泉藤原氏を攻める絶好の口実にされた。義経を擁して幕府に類した軍事政権を構築しようとしたという見方もあるが、秀衡の政権構想については謎の部分が多い。一一八七（文治3）年一〇月、頼朝との対立を深めるなか、病に侵されて卒去した。享年は六六歳説が有力。秀衡のミイラは中尊寺金色堂の南脇壇の金棺内に納められており、一九五〇（昭和25）年の調査によれば、身長は一六〇cm前後、怒り肩の肥満体質で、鼻筋が通り、顎の張った大きな顔であったという。（野口実）

【参考文献】『中尊寺と藤原四代』（朝日新聞社昭25）。高橋富雄『平泉』（教育社昭53）。高橋崇『藤原秀衡』（人物往来社昭41）。大石直正『奥州藤原氏の時代』（吉川弘文館平13）。

藤原秀衡公復元御正体
中尊寺蔵

ふじわらのひろつぐ［藤原広嗣］ ?〜740 奈良時代前・中期の官人。式家宇合の長男。父宇合の急死直後の七三七（天平9）年八月従五位下に昇叙。翌七三八（同10）年四月大養徳（大和）守に任じられるが、同年一二月に大宰少弐に左遷される。左遷の理由は、広嗣反乱後に大宰府管内に発布された勅によれば、広嗣は「小来凶悪、長じて詐奸を益す」人物であり、京中にて親族を讒言し改悛しなかったためであったという。七四〇（同12年）八月、橘諸兄の重用する玄昉と吉備真備の排除を求める上表を行い、同月末に弟綱手とともに挙兵する。しかし、豊前板櫃川などにおいて、大野東人を大将軍とする追討軍との戦いに敗戦、劣勢となった。そして、同年一〇月、肥前値嘉島で綱手とともに捕縛され、翌一一月一日に斬刑に処せられた。乱後大宰府が一時停止され、聖武天皇が遷都を繰り返すなど挙兵の与えた影響は大きかった。（吉野秋二）

ふじわらのひろつぐのらん【藤原広嗣の乱】 ⇩藤原広嗣

ふじわらのふささき【藤原房前】 681〜737 八世紀初めの上級官人。不比等の第二子。母は蘇我連子の女娼子。継母・橘三千代と美努王との女、牟漏女王との間に永手、真楯、御楯らがいる。兄武智麻呂の南家に対し、居宅が北方にあったため北家・北卿と称された。七一七（養老元）年、兄に先んじて朝政に参議することとなり、同五年の元明上皇の崩御に際しては右大臣*長屋王とともに詔を承り、さらに内臣に任じられた。同五年には従三位に叙され位階も兄に並ぶ。その後も七二八（神亀5）年に新設された中衛府の初代長官となって宮廷の軍事力を掌握するほか、東海東山二道*節度使なども勤めるが、七三七（天平9）年四月、四兄弟の内で最も早く、参議民部卿正三位で没。大臣待遇の葬儀が与えられたが遺族は固辞してうけなかった。同年一〇月、正一位左大臣が贈られ、食封二〇〇〇戸を二〇年に限りその家に賜った。七六〇（天平宝字4）年、さらに太政大臣を贈られる。『懐風藻』『万葉集』に作品が残る。（中川久仁子）

ふじわらのふひと【藤原不比等】 659〜720 奈良時代の官僚貴族。中臣（藤原）鎌足の次男。幼い時、山科の田辺史大隅の家で養育されたので史と名付けられたという。六八九（持統3）年二月に三一歳で判事に任じられてから官途に頭角をあらわし始めた。六九八（文武2）年には、父の鎌足が賜与された藤原朝臣の姓は不比等の子孫だけに限定し、他の藤原氏はすべて元の中臣氏にもどさせている。その間、皇室の篤い信任をうけて娘の宮子が文武天皇の夫人となり、持統天皇に重用された*県犬養橘三千代との間に生れた*安宿媛（光明子）は、七一六（霊亀2）年に、文武天皇と宮子の間に生れた首皇子（後の聖武天皇）の妃となったように、皇室との姻戚関係を深めた。七〇一（大宝元）年の*大宝律令編纂に際しては、刑部親王を補佐して正三位・大納言に叙せられ、七〇八（和銅元）年には右大臣となって*平城京遷都を推進した。七一七（養老元）年に左大臣の石上麻呂が没した後、政府首班の座に就き、*養老律令の編纂にあたった。没後に太政大臣・正一位を追贈され、七六〇（天平宝字4）年には淡海公の称号が贈られた。七五六（天平勝宝8）年の『東大寺献物帳』に、草壁皇子（文武天皇の父）から不比等に贈られた黒作懸佩刀が、不比等から文武へ、文武の没後再び不比等へ、さらに不比等の没後に首皇子（後の聖武天皇）へ伝領されたとあるように、皇室との姻戚関係を背景にして強固な権力基盤を築いた。律令制形成期の国政を領導とした結果、藤原氏の政治的地位は不動となり、武智麻呂、房前、宇合、麻呂の四子は、それぞれ南家、北家、式家、京家の祖として活躍している。父鎌足が開創した飛鳥の山階寺を平城京に移して*興福寺とし、維摩会を創始するなど仏教に深く帰依し、光明子に伝領された旧宅には法華寺が造営された。『懐風藻』に「元日、応詔」、「春日侍宴、応詔」、「遊吉野」二首、「七夕」の五言詩五首が載る。

【参考文献】上田正昭『藤原不比等』（朝日新聞社昭50）。（増尾伸一郎）

ふじわらのふゆつぐ【藤原冬嗣】 775〜826 平安初期の貴族。閑院大臣と称される。内麻呂の子、母は飛鳥部奈止麻呂の娘、百済永継。大判事・大舎人頭・左衛士督等を歴任。平城天皇の侍従ともなったが、東宮時代から嵯峨天皇に仕え、*薬子の変のときには、内侍司を掌握した藤原薬子や平城太上天皇への対抗策として、新設された*蔵人所の頭に任じられ、巨勢野足とともに嵯峨に近侍して太政官への勅命伝達を掌握した。参議・中納言・大納言などをへて、八二一（弘仁12）年右大臣左近衛大将、八二三（同14）年正二位となり、八二五（天長2）年には四〇年以上欠官であった左大臣に任ぜられた。『日本後紀』「弘仁格式」「内裏式」編纂に関与。また藤原氏長者として*施薬院を復興し*勧学院をおくとともに、興福寺南円堂を建立した。没後正一位を追贈。娘順子が正良親王（仁明天皇）妃となって道康親王を産み、その即位（文徳）により外祖父として太政大臣が追贈された。北家繁栄の礎を築いた人物。（告井幸男）

ふじわらのまなつ【藤原真夏】 774〜830 平安初期の貴族。内麻呂の第一男、母は百済永継。弟*冬嗣が嵯峨天皇に仕えたのに対し、平城天皇の春宮時代からの近臣で、在位中は参議。退位後も仕え、*薬子の変で備中権守に左降。のち大和守、刑部卿。散位従三位で没。（告井幸男）

ふじわらのまろ【藤原麻呂】 695〜737 奈良時代前期の官人。不比等の第四子で母は不比等の異母妹五百重娘。京家の祖。万里とも。七一七（養老元）年従五位下、七二一（同5）年京家名称の由来となる左右京大夫に任命される。七三一（天平3）年兵部卿のまま参議となる。七三七（同9）年正月持節大使に任命され、大野東人とともに陸奥出羽両国の道を開き蝦夷征討に尽力した。同年七月一三日没。時に四三歳。邸宅は左京二条二坊五坪にあった。『懐風藻』に詩五首と詩序一編、『万葉集』に短歌三首を残す。（廣瀬真理子）

ふじわらのみちかね【藤原道兼】 961〜95 平安時代中期の公卿。二条殿、町尻殿、粟田殿。父は藤原兼家、母は藤原中正の娘時姫。蔵人・参議・右大臣などを歴任。九八六（寛和2）年、*花山天皇の突然の出家・譲位事件の首謀者の一人と目されている。九九五（長徳元）年四月一〇日、同母兄*道隆が病のため死去すると、*伊周とその後継を巡って対立。同月二七日、関白となる。しかし、折からの流行病に冒されており、五月八日に死去。七日関白とよばれた。この後、政権は同母弟道長に移る。（京樂真帆子）

ふじわらのみちたか【藤原道隆】 953〜95 平安時代中期の公卿。中関白。父は藤原兼家、母は藤原中正の娘時姫。侍従・蔵人・内大臣などを歴任。九九〇（正暦元）年、父の後をうけて関白、ついで摂政に。

内大臣を辞し、摂政を独立の職とする。九九三（同4）年再び関白。九九五（長徳元）年病をえて、関白を息子伊周に譲ろうとするが失敗。二人の息子を急激に昇進させたり、娘定子（一条天皇女御）の立后を急がせたりする強引なやり方には反発があった。（京樂真帆子）

ふじわらのみちつな【藤原道綱】 955～1020 平安時代中期の公卿。父は藤原兼家、母は藤原倫寧の娘で歌人で『蜻蛉日記』の作者。息子に歌人の道命がいる。右馬助・蔵人・参議・大納言などを歴任。九八六（寛和2）年、花山天皇の突然の出家・譲位事件の首謀者の一人と目されている。母の期待は大きかったが、儀式作法にも失態が多く、政治家としての才能には乏しかった。（京樂真帆子）

ふじわらのみちつなのはは【藤原道綱母】 生没年未詳。平安時代中期の歌人。藤原倫寧の女。九五四（天暦8）年、藤原兼家と結婚、翌年一子道綱を生んだ。兼家との夫婦生活を中心に回想した『蜻蛉日記』は女流散文学の先駆的作品として、大きな影響を与えた。家集『道綱母集』。（山本令子）

ふじわらのみちなが【藤原道長】 966～1027 摂関期の頂点に立った平安中期の公卿で従一位・摂政・太政大臣を極官とする。法成寺殿と号し、法名は行観ついで行覚と改称。後世に御堂関白・法成寺関白の呼称があるが関白にはなっていない。九六六（康保3）年に摂関兼家と受領藤原中正の娘時姫の三男として出生、他に二人の異母兄がいた。一五歳で叙爵し、父の摂政就任の翌年に従三位に昇進。ときに二二歳の道長は左大臣源雅信の娘倫子（所生の二子は摂関、四人の娘は后）と結婚した。この結婚は道長の人物を見込んだ母が反対する夫雅信を説得してなったという。これを含め強弓の人とか二人の実兄（道隆・道兼）より豪胆であったという若い頃の道長についての『大鏡』の話は後世の付会と思える。たしかに摂関家の嫡男でもない道長に将来性は薄かった。兼家亡きあと摂関を継いだ長兄の道隆、次兄の道兼が疫病流行の九九五（長徳元）年の一ヵ月間に相次いで死去した（四三歳と三五歳）。後継者をめぐって道隆の嫡男伊周（中宮定子の兄）と争うが、姉詮子（東三条院、一条天皇生母）の強力な援助により伊周を抑えて内覧、翌月に右大臣、氏長者となった。道長は持ち前の政治力で政界を牛耳るいっぽうで外戚の地固めには執拗なまでの策を講じた。一〇〇〇（長保2）年、一三歳の長女彰子を一条天皇の中宮とし、中宮定子を皇后に押し上げるといった強引さは、一帝二后の初例となった。その間に誕生の後一条天皇には三女の威子、東宮時代の後朱雀天皇には四女の嬉子（一五歳で入侍し一九歳で後冷泉天皇を生んで直後に死去）を入れた。こうした強引な婚姻策の賜物が半世紀におよぶ頼通の摂関となって結実したのである。当の道長は外孫の後一条天皇が九歳で即位した時に摂政となったが一年後に頼通に譲った。その翌年の一〇一八（寛仁2）年、三女の威子の立后が盛大に挙行され、「一家に三后」という未曾有のことを成し遂げた道長が詠んだのだが「この世をば我が世とぞ思ふ」の一首である。それは土御門殿での宴席であり、ここは道長の栄華の舞台となった邸である。この翌日、道長は眼前の藤原実資の顔がよく見えないともらしている。眼病ということでは、外孫の即位を狙って眼病を理由に三条天皇（次女妍子が中宮）に退位を迫った経緯がある。道長は若い時からの気管支系の持病に加えて眼病にも冒されていた。翌年、五四歳で出家し、土御門殿の東に無量寿院（法成寺）を建立、一〇二七（万寿4）年、六二歳の生涯をここで終えている。鳥部野で荼毘に付され、遺骨は木幡の墓地へと運ばれた。この地には道長が先祖の菩提を弔って一〇〇五（寛弘2）年に創建の浄妙寺が所在。道長の日記『御堂関白記』が陽明文庫に所蔵されているが、うち自筆本一四巻は現存最古の自筆日記である。

【参考文献】北山茂夫『藤原道長』（岩波書店平7）。山中裕『藤原道長』（教育社昭63）。（朧谷寿）

ふじわらのみちのり【藤原通憲】 1106～59 平安後期の院近臣・学者。法名信西。南家貞嗣流。父は文章生実兼、母は下野守源有家の女（信濃守源有房女とも）。父の死去により高階経敏の養子となる。鳥羽院判官代等をつとめて院に近侍し、また蔵人・日向守・少納言等を歴任するが、一一四四（天養元）年、本姓に復し、出家。しかしその後も政治的活動をますます活発化させ、院近臣の指導者的地位を獲得して鳥羽院政の中枢に参画した。さらに五五（久寿2）年、近衛天皇が没すると、妻朝子が乳母をつとめた後白河の即位を画策。保元の乱では後白河方の中枢にあり、乱後の政治を主導して保元新制の発布、大内裏・朝儀の復興等の施策を実行した。しかし一族の勢力増大が旧来の院近臣の反発をうけ、藤原信頼・源義朝等が挙兵（平治の乱）。京都を逃れたが宇治田原で自害し、首は西獄門に晒された。経学等に通じて博識多才な学者として知られ、『本朝世紀』『法曹類林』等の著作のほか、漢籍を中心とする三〇〇余種の蔵書名を記した『通憲入道蔵書目録』が残されている。

【参考文献】橋本義彦『平安貴族社会の研究』（吉川弘文館昭51）。五味文彦『平家物語、史と説話』（平凡社昭62）。元木泰雄『院政期政治史研究』（思文閣出版平8）。（横澤大典）

ふじわらのみもり【藤原三守】 785～840 平安前期の貴族。山科大臣。南家真作の子、母は御井氏。妹美都子は良房らの母。中納言を辞して退位後の嵯峨天皇に仕えたが、召し出され従二位右大臣にいたる。延暦寺別当。空海の綜芸種智院設立に宅地を寄進したことでよく知られる。贈従一位。（告井幸男）

ふじわらのみや／ふじわらきゅう【藤原宮】 六九四（持統8）年十二月から七一〇（和銅3）年三月の平城遷都まで存続した持統・文武・元明天皇の三代の宮。奈良県橿原市の大和三山に囲まれた地域に所在し、宮跡は国特別史跡。『日本書紀』によれば、六九〇（持統4）年正月に持統天皇が即位すると、天武朝に開始されていた新城の造営が再開され、前年九月一〇日に新城を視察させている。以後、藤原宮として記述され、十月二九日に太政大臣高市皇子、十二月十九日に天皇が藤原宮の地を視察した。六九一（同5）年十二月八日、諸王・諸臣に宅地を班給。六九二（同6）年五月二三日、難波王らを遣わして、藤原宮地を鎮祭、同月二六日には、使者を遣わして、伊勢・大倭・

住吉・紀伊の大神に奉幣し、新宮のことを告げさせた。六九三（同7）年八月一日、持統は藤原宮の地に行幸。翌年十二月に藤原宮に遷った。

藤原宮については、『万葉集』にみえる「藤原宮の御井の歌」（巻一―五二・五三）に、藤原宮の東・西・北の御門の彼方に、それぞれ大和三山の香具山・畝火山・耳成山の所在することが歌われている。また『扶桑略記』には、藤原宮について「高市郡鷺栖坂地是也」、『釈日本紀』に引く「氏族略記」にも「藤原宮在㆓高市郡鷺栖坂北地㆒」と記す。賀茂真淵は『万葉考』で、藤原宮は大和三山の真中にあり、「今も大宮殿と云て、いさゝかの所を畑にすき残して松立てある是なり」とし、高殿村（橿原市高殿町）に所在するいわゆる「大宮土壇」を充てたのは卓見であった。本居宣長は現地調査を踏まえ、『菅笠日記』において真淵説を補強している。近代に入り、木村一郎や高橋健自らにより高殿の大宮土壇説が支持され、一九一五（大正4）年二月、奈良県教育会により、大宮土壇に「持統天皇文武天皇藤原宮趾」と刻んだ史跡顕彰碑が建てられた。その頃、古代の帝都研究を進めていた歴史地理学者の*喜田貞吉（1871～1939）は、その成果を雑誌「歴史地理」に逐次発表していたが、一九一三（大正2）年一月から五月に同誌に藤原宮・藤原京に関する画期的な研究を発表した。それは、『扶桑略記』や「氏族略記」の記述に基づいて、現在の鷺巣神社（橿原市四分町に鎮座）の北方にある「長谷田の土壇」（橿原市醍醐町の醍醐集落北西に所在）を中心に藤原宮を推定し、さらに大和の古道に基づいて一二条八坊の藤原京域を想定したもので、その後、長らく定説となった。一九三四（昭和9）年四月、*黒板勝美により日本古文化研究所が設立され、同年十二月から同研究所の事業として、大宮土壇を中心とする藤原宮址伝説地高殿の発掘調査が開始された。その中心となったのは、建築史家の足立康（1898～1941）で、奈良県技師の岸熊吉がそれを助け、後には松崎宗雄が加わった。発掘調査は、礎石の根固めに用いられた栗石群を追跡して、建築遺構を検出するという斬新なもので、多大の成果をおさめた。その結果、大極殿とそれをとりまく回廊（回廊の東西に殿堂、北に後殿がとりつく）、一二堂から成る回廊に囲まれた朝堂院、東朝集殿、南門が検出され、大宮土壇が藤原宮の大極殿跡であることが確実となった。その成果は、一九三六・四一（昭和11・16）年に、それぞれ『日本古文化研究所報告』第二・第一一として公刊された。喜田貞吉は、そうした発掘調査成果にもとづき、従来の自説を修正する。すなわち藤原宮は持統朝には大宮土壇を中心としていたが、文武朝になると拡大され、長谷田の土壇を中心とする一里半四方（一里は約五三〇m）もしくは東西一里・南北二里とした。藤原宮移転説と言うべきものである。この喜田説に対して足立康の反論があり、両者の間で論争が繰り返された（藤原宮論争）。足立説では、藤原宮の大極殿は一貫として大宮土壇であったとして移転説を認めず、また藤原京についても、七〇一（大宝元）年前後に拡張されて左右京各四坊十二条としたが、京域の範囲については明言しなかった。両者の論争は二人が相次いで亡くなったことにより、終止符が打たれた。

一九六六（昭和41）年十二月、国道一六五号線バイパス（橿原バイパス）予定路線内の事前発掘調査が、奈良県教育委員会により開始された（一九六九〈同44〉年三月末に終了）。内裏東側の南北大溝、宮域の北を限る一本柱列や外濠などが検出され、また多数の木簡が出土した。その内には「郡評論争」を解決するものも含まれ、その年代から遺跡が藤原宮跡であることを確認できるなど、多大の成果があがった。発掘調査の過程で、藤原宮域の確定が急務となったが、当時、調査指導委員会の委員で、木簡の解読にもあたっていた*岸俊男（当時、京都大学助教授　1920～87）は、宮域を確定する画期的な研究を行った。岸は、小字名や灌漑水路の調査・検討、微地形の観察など、現地踏査を重ねた上で、一〇〇〇分の一の実測図を何枚も部屋に広げて、日本古文化研究所が行った発掘調査成果や喜田説を再検討し、大宮土壇で検出された大極殿の南北中軸線がどのようにして決定されたのか、追究した。その過程で喜田説は中ッ道と下ッ道の場所を取り違えていたことが判明。あらためて正しい中ッ道と下ッ道の二等分線を地図上で求めると、大極殿の南北中軸線と重なることを発見した。これが端緒となり、図上で東西二里・南北二里の宮域を想定するにいたった。その想定案にもとづいて宮域の東北隅にトレンチを設定して発掘したところ、一九六八（昭和43）年四月十六日、宮域東北隅の柱穴を確認、次いでそれに続く東一本柱列三間分を検出、岸の想定が正しいことが確認された。その後、岸は大和の古道にもとづいた藤原京域の想定も行ったのである（岸説藤原京）。

一九六九（同44）年度から、藤原宮跡の調査は奈良国立文化財研究所（現在では法人化されて奈良文化財研究所）が担当するようになり、現在にいたっている。岸の想定した藤原宮域は、その後の発掘調査によっても各所でその正しさが確認された。奈良国立文化財研究所による多年にわたる発掘調査で、重要な事実が数多く判明した。とりわけ注目されるものを、以下に列挙しよう。(1)日本古文化研究所が行った発掘調査の不備が判明した。大極殿は正面七間奥行き四間で四面庇付き建物とされていたが、正面九間奥行き四間で四面庇付き建物であることが判明し、南門も朱雀門であることが確定した。(2)大極殿・朝堂院・朝集殿等は瓦葺きの礎石建ちであるのに対して、内裏は檜皮葺きまたは板葺きであることが判明。(3)宮内から東方官衙・西方官衙が検出され、それぞれ大炊寮・大膳職、馬寮と推定されている。(4)宮城十二門のうち、発掘調査や木簡の記載内容等により、東面北門…山部門、東面中門…建部門、東面南門…少子部門、北面東門…多治比門、北面中門…猪使門、西面中門…佐伯門であることが推定できるようになった。(5)下層条坊道路や側溝が検出された。大極殿の北側下層の大溝（幅約七m、深さ二m）から、約一三〇点の木簡が出土し、その内には「壬午年（天武一一年）」「癸未年（天武一二年）」「甲申年（天武一三年）」と年紀を記すものや、「進大肆」（天武一四年制定の冠位）と記すものがあり、下層条坊道路・側溝は天武朝に行われた新城・京師の造営に関わるものと判断された。藤原宮研究では画期的な発見である。(6)官衙については、大宝律令の施行による建物の建て替えが認められる。(7)東大溝などで、宮内のトイレ遺構が確認された。(8)多数の木簡が出土し、古代の律令制度やその運用実態を究明する大きな手がかりがえられた。とりわけ飛鳥浄御原令制下の官職名や各地の評名が新しく判明し、大贄・御贄に関わる資料の増加したことなどが特筆される。

〔**参考文献**〕喜田貞吉『藤原京』（鵤故郷舎出版部昭17）。奈良県教育委員会『藤原宮』（奈良県史跡名勝天然記念物調査報告第二五冊昭44）。木下正史『藤原京』（中公新書平15）。　（**和田萃**）

ふじわらのみやこ／ふじわらのきゅうし〔藤原宮子〕　?～745　文武天皇の夫人。聖武天皇の母。父は藤原不比等、母は賀茂朝臣比売。七二四（神亀元）年聖武天皇が即位すると、大夫人と称された。時に正一位。まもなく皇族でないのに大夫人と称するのは遺勅であるという長屋王らの反発により皇太夫人と改めた。七五四（天平勝宝6）年七月一九日崩じた。佐保山西陵に火葬された。　（**宮永廣美**）

ふじわらのむちまろ〔藤原武智麻呂〕　680～737　奈良時代の官人。藤原不比等の長子で母は蘇我連子の女娼子。豊成・仲麻呂らの父で、南家の祖。七〇一（大宝元）年、二二歳で内舎人となり、翌年、中判事。その後、大学助、大学頭、図書頭、近江守、式部大輔、式部卿などを歴任し、七一九（養老3）年には皇太子の首皇子（後の聖武天皇）の東宮傅に任じられた。七二一（同5）年に従三位、中納言となり、七二四（神亀元）年の聖武天皇即位後はさらに権勢を強めた。七二九（天平元）年の長屋王の変の直後に大納言となって光明子を立后し、七三四（同6）年には従二位・右大臣となったが、七三七（同9）年に疫病のため死去した。七六〇（天平宝字4）年に仲麻呂の奏請により太政大臣を追贈されている。僧延慶の『武智麻呂伝』（『家伝』下）がある。　（**増尾伸一郎**）

ふじわらのむねただ〔藤原宗忠〕　1062～1141　平安時代後期の貴族。父は宗俊。母は藤原実綱女。当初右近衛少将に任じられたが、のち弁官に転じ、右大弁・蔵人頭をへて一〇九九（康和元）年参議に昇進。その後もゆっくりとではあるが着実に昇進し、従一位右大臣に至り、中御門右大臣と称された。外従兄弟の摂関家当主藤原忠実を補佐。実務にも堪能であり、日記は『中右記』。一一三八（保延四）年出家。　（**佐伯智広**）

ふじわらのめいし／あきらけいこ〔藤原明子〕　828～900　文徳天皇女御。染殿后。良房の一女、母は嵯峨皇女源潔姫。惟仁親王（清和）・儀子内親王を生む。清和天皇即位により皇太夫人、元服まで同居・後見。のち皇太后、太皇太后。文徳～醍醐の六代の間、後宮に重きをなし従一位。　（**告井幸男**）

ふじわらのもとかた〔藤原元方〕　888～953　平安中期の公卿。南家菅根の子、母は藤原氏江の娘。娘の祐姫が村上天皇第一皇子広平親王を産み外祖父となったが、師輔外孫の第二皇子憲平親王（冷泉）が立坊したため、死後怨霊となり冷泉や師輔の子孫に祟ったという。　（**告井幸男**）

ふじわらのもとざね〔藤原基実〕　1143～66　平安時代後期の公卿。六条殿・中殿。父は藤原忠通、母は源国信の娘信子。近衛家の祖。左近衛権少将・権中納言・右大臣などを歴任。一一五八（保元3）年、父の後をうけて関白・氏長者に。六〇（永暦元）年左大臣、六五（永万元）年摂政。遺産は妻平盛子（平清盛の娘）の手に渡った。　（**京樂真帆子**）

ふじわらのもとたか〔藤原基隆〕　1075～1132　平安時代後期の公卿。父は藤原家範、母は藤原家房の娘（堀河天皇乳母）。左兵衛佐・美作守・修理大夫などを歴任。一一三〇（大治5）年、従三位に。白河・鳥羽上皇の院近臣として活躍。娘は後白河天皇の乳母となる。　（**京樂真帆子**）

ふじわらのもとつね〔藤原基経〕　836～91　平安前期の摂関。諡は昭宣公。堀河大臣。長良第三子、母は藤原乙春。叔父良房の養嗣子。文徳天皇の前で加冠されて元服。侍従、兵衛・衛門佐、少納言、少将等をへて、清和天皇即位直後に蔵人頭。ついで二九歳で参議、その間播磨介、阿波守、伊予守等を兼ねた。応天門の変ののち従三位となり七人を超えて中納言。その後左大将、按察使、大納言をへて右大臣、良房の没後摂政。甥の陽成天皇朝に太政大臣従一位にいたったが、のち乱行を重ねる陽成に代えて光孝天皇を擁立し、実質上の関白に。次の宇多天皇の即位後、正式の関白となるが、その際、阿衡事件を惹起した。八九〇（寛平2）年三宮に准ぜられたが翌年正月に没、贈正一位、封越前国。『文徳実録』を撰進。また勅命で大江音人等とともに、仲野親王に宣命の音詩曲折を習っている。鳳笙橘皮は基経が仁明天皇から賜り、後に宇多天皇に献上したものを、醍醐天皇が再び孫の保忠に賜ったと伝わる。　（**告井幸男**）

ふじわらのもととし〔藤原基俊〕　1060～1142　平安時代後期の貴族。歌人。中古六歌仙。父は藤原俊家、母は高階順業の娘。右大臣の息子ながら、従五位上にとどまり、一〇八二（永保2）年左衛門尉を辞職。和歌は藤原公任に学ぶ。歌作の世界では、源俊頼と対立。門下生に藤原俊成がいる。『新撰朗詠集』を撰集し、家集に『基俊集』がある。　（**京樂真帆子**）

ふじわらのもとなが〔藤原元命〕　生没年不詳。平安時代中期の貴族。父は藤原経臣、母は源致の娘。九八六（寛和2）年頃、尾張守に。九八八（永延2）年、その不正と苛政を訴え、解任を要求する「尾張国郡司百姓等解文」が出される。訴えをうけた政府は翌年元命を解任。その後の官途は不明であるが、これで政治生命が絶たれたわけではないことは、九九八（長徳4）年の吉田祭に従事していることからわかる。　（**京樂真帆子**）

ふじわらのもとひら〔藤原基衡〕　?～1157　平安後期の奥州の豪族。奥州藤原氏二代。父は藤原清衡。陸奥守藤原師綱による検田の拒否、奥羽の摂関家領荘園の年貢額をめぐる藤原頼長との争い、などの事績が有名。平泉に毛越寺を建立した。中尊寺金色堂にミイラ化した遺体がおさめられている。　（**宮田敬三**）

ふじわらのもとふさ〔藤原基房〕　1145～1230　平安末・鎌倉初期の公卿。関白藤原忠通の次男、母は源国信の娘。松殿と号す。一一六六（仁安元）年摂政となる。七〇（嘉応2）年「殿下乗合」事件で平重盛の子資盛と衝突。七九（治承3）年平清盛により、備前に配流。その後帰京し、義仲と結ぶ。有職に詳しい。

（西村隆）

ふじわらのもとみち［藤原基通］ 1160～1233 平安末・鎌倉初期の公卿。父は藤原基実、母は藤原忠隆の娘。近衛殿・普賢寺殿と号す。平清盛の後援で一一七九（治承3）年関白となる。源義仲の入京で罷免されたが、後白河院の寵愛を後ろ盾としてその後も摂政・関白に就任し、所領を近衛家領として子孫に伝えた。

（西村隆）

ふじわらのももかわ［藤原百川］ 732～79 奈良時代後期の公卿。式家宇合の八男。母は久米奈保麻呂女若女。名は、はじめ雄田麻呂。七七〇（宝亀元）年藤原永手・良継らとともに白壁王（後の光仁天皇）を擁立、道鏡を排斥。翌年参議。他戸親王の廃太子、山部親王（桓武天皇）の立太子に功があった。時に参議中衛大将兼式部卿従三位。没後、七八三（延暦2）年右大臣を贈られ、七九七（同16年）には山城国相楽郡に墓地を賜わる。さらに、八二三（弘仁14）年太政大臣・正一位を贈られた。

（吉野秋二）

ふじわらのもろざね［藤原師実］ 1042～1101 平安時代後期の公卿。京極殿・後宇治殿。父は藤原頼通、母は藤原頼成の娘祇子。侍従・蔵人所別当・左大臣などを歴任。養女源賢子は白河天皇中宮となり、堀河天皇を生む。一〇七五（承保2）年氏長者となり白河天皇の関白に。八六（応徳3）年堀河天皇の摂政に。八八（寛治2）年太政大臣、九〇（同4）年関白。白河院政を摂関として支えた。その日記『京極関白記』は散逸。歌人としても有名で、家集『京極関白集』がある。

（京樂真帆子）

ふじわらのもろすけ［藤原師輔］ 908～60 平安中期の公卿。九条殿、坊城大臣とも。忠平の子、母は右大臣源能有の娘昭子。右大臣にいたり、兄の左大臣実頼とともに、村上天皇朝前・中期の政治を担った。娘安子が村上との間に憲平（冷泉）・守平（円融）らを生み、九五〇（天暦4）年憲平が皇太子となったが、その即位をみることなく没。自身は摂関になれなかったが、子孫が摂関として繁栄する基を成した。儀式書『九条年中行事』、家訓『九条殿遺誡』、日記『九暦』、家集『師輔集』がある。

（告井幸男）

ふじわらのもろみち［藤原師通］ 1062～99 平安時代後期の公卿。後二条殿。父は藤原師実、母は源師房の娘麗子。侍従・右近衛権中将・権大納言・内大臣などを歴任。一〇九四（嘉保元）年父の後をうけ氏長者、堀河天皇の関白に。白河院政に批判的な立場をとり、堀河天皇を補佐。その日記に『後二条師通記』がある。

（京樂真帆子）

ふじわらのもろみつ［藤原師光］ ?～1177 平安末期の貴族。藤原家成の養子。信西（藤原通憲）の乳母子。平治の乱に敗れた信西の死に際して出家し西光と称した。後白河院第一の近臣と称された。一一七七（治承元）年延暦寺と対立、鹿ケ谷事件が発覚し、平清盛に捕らえられ斬首された。

（西村隆）

ふじわらのやすすけ［藤原保輔］ ?～988 平安時代中期の下級貴族。強盗として名高い。父は藤原致忠。右馬助・右兵衛尉などを歴任。九八五（寛和元）年、藤原季孝らの刃傷事件を起こす。九八八（永延2）年、京中邸宅への強盗を繰り返す。追っ手を逃れるため、花園寺で出家しようとするが、逮捕。その時に切腹し自殺を図るが、獄中で死去。『今昔物語集』などにみえる大盗賊「袴垂保輔」とは別人。

（京樂真帆子）

ふじわらのやすのり［藤原保則］ 825～95 平安前期の貴族。父は南家の貞雄、母は安倍弟富の娘。治部・民部・兵部・式部などの丞を歴任し、ついで備中・備前の国司として治績を挙げ、善政を称された。民部大輔から右中弁に移り、元慶の乱に際し出羽権守・守となり硬軟両策により平定。播磨・讃岐・伊予国司・大宰大弐ののち、左大弁・参議、民部卿となる。藤原基経・宇多天皇に重用され、三善清行が『藤原保則伝』を著して良吏として顕彰。一九一五（大正4）年贈従三位。

（告井幸男）

ふじわらのやすのりでん［藤原保則伝］ ⇩ 藤原保則ふじわらのやすのり

ふじわらのやすひら［藤原泰衡］ 1165～89 平安末期の奥州の豪族。奥州藤原氏四代。父は藤原秀衡、母は藤原基成女。源頼朝の圧力を拒めず、父の遺言に背き、源義経を自害に追い込んだ。まもなく奥州合戦が生じ、泰衡は郎従河田次郎に殺害された。中尊寺金色堂に頭骨が伝わっている。

（宮田敬三）

ふじわらのやすまさ［藤原保昌］ 958～1036 平安時代中期の中級貴族。父は藤原致忠、母は元明親王の娘。日向守・山城守・左馬頭などを歴任。藤原道長・頼通の家司として活躍。強盗の藤原保輔は兄弟であるが、『今昔物語集』には大強盗「袴垂保輔」を恐れさせたほどの剛胆さを描く。妻は歌人の和泉式部。丹後守のとき、ともに丹後に向かったことは和泉式部の娘の歌にあり、有名である。

（京樂真帆子）

ふじわらのゆきなり［藤原行成］ 972～1027 平安時代中期の公卿。能書家で三蹟。父は藤原義孝、母は源保光の娘。蔵人頭・右大弁・参議・権大納言などを歴任。有能な官人で一条天皇・藤原道長の信頼をえる。一条朝の四納言といわれる。和歌・漢詩もよくした。とくに、能筆家として有名。宮中殿舎の額を書いた。その書流は世尊寺流となる。その日記『権記』は当時の政治状況などを知る重要な史料。藤原道長と同日に死去した。

（京樂真帆子）

ふじわらのよしお［藤原刷雄］ 生没年不詳。奈良後期の官人。仲麻呂第六子、母は大伴犬養の娘。遣唐留学生として渡唐。父の乱でただ一人死を免じられ隠岐に配流。のち本位・本姓を復され、国守・文官を歴任。僧延慶や徳一、および藤原薩雄との同一人説は誤り。

（告井幸男）

ふじわらのよしつぐ［藤原良継］ 716～77 奈良時代後期の公卿。式家宇合の二男。はじめ宿奈麻呂と称した。藤原仲麻呂の政権に反抗し一時不遇となったが復権、七七〇（神護景雲四）年参議となり藤原百川・永手とともに白壁王（後の光仁天皇）擁立に活躍。光仁朝では内臣・内大臣を歴任した。

（吉野秋二）

ふじわらのよしふさ［藤原良房］ 804～72 平安前期の公卿。諡は忠仁公。美濃公、染殿大臣、白河大臣。冬嗣次男、母は南家真作の娘の尚侍藤原美都子。嵯峨天皇の寵をうけ、その娘源潔姫を室とする。蔵人・大学頭・春宮亮・左権少将等をへて、仁明即位で蔵人頭(同年権中将)、翌年三一才で参議、翌年七人を越えて権中納言(同日従三位。五年後中納言)。承和の変で大納言となり、甥（妹順子の子）の道康親王（文徳）を立太子させた（同年兼民部卿)。その間左兵衛督・按察使・右大将などを兼ねた。文徳即位後は生後間もない外孫惟仁親王（清和）を皇太子とし、右大臣をへて太政大臣従一位に。その間左大将を兼ねた。外戚として権力を握り、清和の即位をへて、応天門の変ののち名実ともに皇族以外ではじめていわゆる摂政となる。のち三宮に准ぜられ随身兵仗などを賜った。後世摂関任命の際は「忠仁公の故事」に倣うのが通例となる。没後贈正一位、封美濃国。『続日本後紀』「貞観格式」を編纂。（告井幸男）

ふじわらのよしみ［藤原良相］ 813～67 平安前期の公卿。西三条大臣。冬嗣五男、母は藤原美都子。蔵人・左少将・蔵人頭等をへて参議。以後累進して右大臣にいたる。兄の太政大臣良房とともに政権を担った。藤原氏の貧病者のため延命院・崇親院を設置。（告井幸男）

ふじわらのよりなが［藤原頼長］ 1120～56 平安末期の公卿。極官は左大臣。厳格な人柄から「悪左府」と称される。父は忠実、母は土佐守藤原盛実の女。幼くして兄忠通の養子となり、摂関の後継者として急速に官位昇進。一一三六（保延2）年に内大臣。学才にも優れ、儒学の研究に没頭。五〇（久安6）年、近衛天皇に対する養女入内や摂関の継承をめぐり兄忠通と対立。忠実は忠通を義絶、氏長者を頼長に与え、荘園・武士団を譲渡。鳥羽院より内覧に補任される。五五（久寿2）年、近衛天皇呪詛の容疑で失脚。五六（保元元）年、鳥羽院死去後、保元の乱で挙兵に追い込まれ敗死。日記『台記』を残す。（元木泰雄）

ふじわらのよりみち［藤原頼通］ 992～1074 平安時代中期の公卿。宇治殿。父は藤原道長、母は源雅信の娘倫子。幼名は田鶴。右少将・権中納言・内大臣などを歴任。一〇一七（寛仁元）年、父の後をうけて後一条天皇の摂政に。一九（同3）年、関白。二一（治安元）年、左大臣。六一（康平4）年太政大臣。長久・寛徳・天喜の荘園整理令を出した。父道長の築いた栄華を引き継いだが、二八（長元元）年の東国における平忠常の乱、五一（永承6）年陸奥における前九年の役など摂関政治に動揺が起こり始めた。天皇後宮に入内させた娘たちは男子を出産せず、天皇家外戚としての地位をえることがなかった。贅を尽くした邸宅高陽院は著名。その様は『駒競行幸絵巻』にみえる。宇治に別業を平等院として整備し、晩年を過ごした。

［**参考文献**］土田直鎮『日本の歴史5王朝の貴族』（中央公論新社昭62）。坂本賞三『藤原頼通の時代』（平凡社平3）。（京樂真帆子）

ふせきじ［浮石寺］ 大韓民国の慶尚北道栄州市浮石面にある仏教寺院。統一新羅時代の六七六（文武王16）年に、華厳宗の宗祖・義湘国師が創建したと伝える名刹。一九一六年の解体修理時に発見された墨書銘によると、高麗時代初期に無量寿殿などが重創されたが、一二五八（恭愍王7）年に兵火をうけた。その後、一三七六（禑王2）年と翌年に、無量寿殿と祖師堂が相ついで再建された。とくに、無量寿殿は、朝鮮半島で現存する最古の木造建築として知られる。境内には、統一新羅時代の石灯籠・石造如来坐像・三重石塔・幢竿支柱などが残る。（西谷正）

ふせのうまやあと［布勢駅家跡］ 「延喜式」諸国駅伝馬条に播磨国九駅の一つとしてみえる、古代山陽道にともなう官衙

駒競行幸絵巻
和泉市久保惣記念美術館蔵

跡。兵庫県たつの市揖西町小犬丸遺跡の発掘調査で、「驛」・「布勢井邊家」などの墨書土器や、「布勢驛戸主」と記された木簡の出土によりその所在地が確定した。八〇m四方の築地に囲まれた内部からは七棟以上の瓦葺き礎石建ちの建物群が検出され、築地外からは古代山陽道と思われる道路痕跡や井戸跡も検出された。鬼瓦・軒瓦をはじめとする大量の瓦のほかに、越州窯青磁・緑釉陶器・灰釉陶器等の供膳土器や、円面硯・転用硯・刀子等の文具、石帯・帯金具・碁石・海老錠、斎串や馬形等の祭祀具や大形の鳥形木製品、製塩土器・炭化米・馬歯牙など駅家の活動を示す遺物が出土した。礎石建物の下層には掘立柱建物跡数棟が確認され、駅家の構造とともに変遷がうかがわれる。近年、西方約七〇〇m離れた地点で寺院跡と思われる瓦葺きの建物跡や築地跡が検出され、同じ郷内に近接して寺院と官衙が存在したことがわかった。

【参考文献】兵庫県教育委員会『小犬丸遺跡Ⅰ』（兵庫県文化財調査報告(47)昭61）。同『小犬丸遺跡Ⅱ』（兵庫県文化財調査報告(66)昭63）。龍野市教育委員会『布勢驛家』（龍野市文化財調査報告(8)平4）。同『布勢驛家Ⅱ』（龍野市文化財調査報告(11)平5）。 （別府洋二）

ふせのみうし【布勢御主人】⇨阿倍御主人

小犬丸遺跡出土木簡
「小犬丸遺跡Ⅱ」（兵庫県文化財調査報告第66冊　昭63）

ぶぜんのくに【豊前国】 西海道に属する国。現在の福岡県東部と大分県北部にあたる。筑紫山地などの山地のほかに、周防灘に面して京都平野や中津平野などが広がる。福岡県の石塚山古墳や大分県の赤塚古墳などの九州最古の古墳の存在や『日本書紀』に景行天皇の九州上陸地点として豊前国長狭県の地名がみえることなどから、大和朝廷にとっての九州への進出拠点であったことがうかがえる。もとは豊後国とあわせて豊国とされていたが六九〇（持統4）年頃に豊前国が成立したとされる。初見史料は七〇二（大宝2）年の豊前国戸籍。「延喜式」では上国とされ、所管の郡は田河・企救・京都・仲津・築城・上毛・下毛・宇佐郡の八郡。国府は『倭名類聚鈔』などには京都郡と記されているが、発掘調査などから国分寺や総社も存在する旧仲津郡の現京都郡（みやこ町）豊津町国作付近とする説が有力になりつつある。八世紀以降、宇佐八幡宮が大きな力をもった。 （高橋誠一）

【参考文献】『福岡県史』全四〇巻（昭57〜）。『大分県史』全二一巻（昭56〜平3）。渡辺澄夫『大分県の歴史』（山川出版社昭46）。平野邦雄他『福岡県の歴史』（山川出版社昭49）。

ぶぜんのくにこせき【豊前国戸籍】 古代の豊前国で作成され藤原京に送られた戸籍。上三毛郡戸籍・仲津郡戸籍の一部が「正倉院文書」として現存。当時の家族構成や氏姓・階層・班田制・兵士制さらには郡ごとの造籍方針の差について貴重な事実を提供。七〇二（大宝2）年一一月に着手し翌年五月までの完成が予定されたが、仲津郡戸籍には七〇三（同3）年生まれの乳幼児が多数登録されている。造籍作業が数ヵ月あるいは翌年にまで遅延したらしい。両郡で登録された人々の氏姓・個人名・年齢のうち、氏姓だけは後から記入し、それから「豊前国印」を押した箇所が多数ある。その記入された氏姓はほとんどが秦部・鴨部・物部等の部姓であり、この地方で有力な塔勝・丁勝・狭度勝等の勝姓の記入は皆無であることも注目される。両郡とも女子、時には男子の人口が一六・二二・三二・四二・五二歳で異常に多い。各戸に記入された受田額は、一歳以上の全員を対象に、良民の男五九五歩・女三九六歩、奴一九八歩・婢一三二歩が基数。 （南部曻）

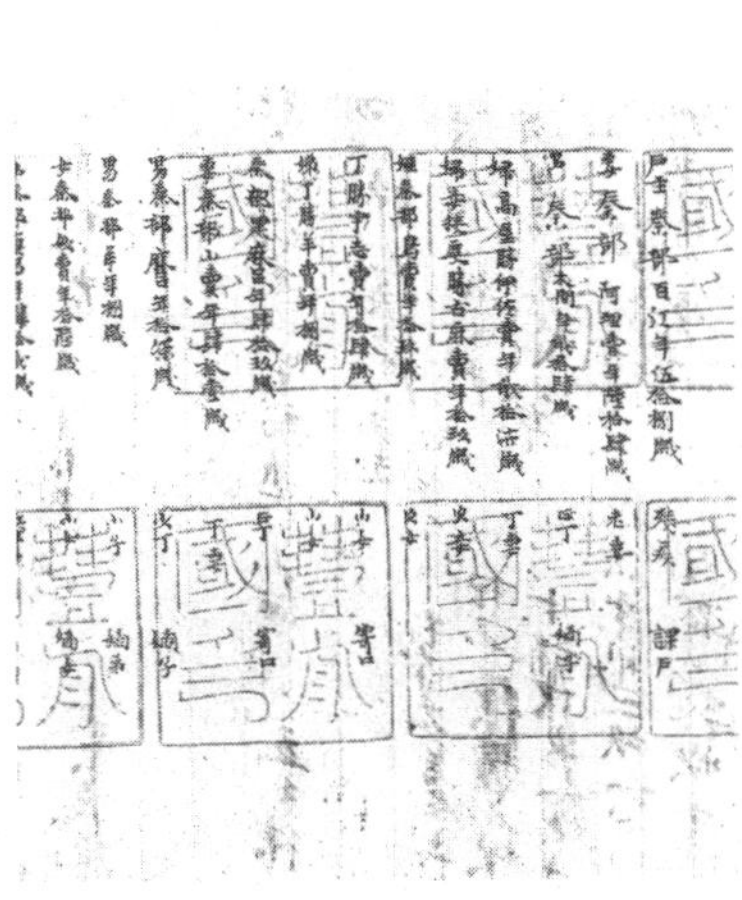

豊前国戸籍の一部
一行目の戸主、二行目の妻、三行目の男の「秦部」は異筆で、空白だったところに後から記入したことがわかる。国印も戸主の行の国印左端と妻の行の国印右端が重なっている。
宮内庁正倉院蔵

【参考文献】平野邦雄『大化前代社会組織の研究』（吉川弘文館昭44）。岸俊男『日本古代籍帳の研究』（塙書房昭48）。南部曻『日本古代戸籍の研究』（吉川弘文館平4）。

ふそうりゃっき【扶桑略記】 神武天皇から堀河天皇にいたる漢文の編年体私撰の史書。通説に叡山の僧皇円の述作とされるが、後二条師通を主宰者として、大江匡房以下の編纂集団の存在を推定する説も有力。もと三〇巻、現存するのは一六巻の本文と抄本および裏書のみ。成立は、最末記事の一〇九四（寛治8）年から一一〇七（堀河天皇の末年）までの間。内容は多岐にわたり、多くの書を編纂材料とするとともに、多くその出典を記していることから逸文の宝庫としても知られる。 （堀越光信）

ふぞくうた【風俗歌】 古代歌謡。各地域で歌われていたものが、平安貴族の間で愛唱された。『枕草子』では「歌は風俗」と風俗歌のうたいぶりのよさを言っている。平安貴族に愛唱された風俗歌は数十曲あったらしく、そのほとんどが東国の歌謡であった。 （山田雄司）

ふそさんじょう【扶蘇山城】 大韓民国忠清南道扶余郡扶余邑の街並みの北側の標高一〇五mの低い山に築かれた百済泗沘時代（五三八〜六六〇年）の王城である。北側は錦江が流れ、濠の役割をしている。公州大通寺（五二七年創建）

跡出土の「大通」銘瓦と同文の瓦が出土したことから五三八（聖王16）年の泗沘遷都以前に築き始められたのではないかと考えられるようになっている。初築時の城壁は外面基礎部に石を積んだ版築土塁であったようで、城周は約二・二㎞である。この城壁の西と東から泗沘の王都を囲む羅城が伸びている。現在城内に築かれている区画の城壁は基本的に百済滅亡後に新羅によって築かれたものである。王宮は城内ではなく、扶蘇山城の城外南側に築かれていたと考えられている。城内の百済時代の施設としては、瓦積基壇建物、オンドル住居、貯蔵穴などがある。遺物は瓦、土器などのほか、仏像、金銅製飾り金具、鉄製武器類、中国製陶磁器なども出土している。西城外には百済時代の扶蘇山寺跡がある。

[参考文献] 国立扶余文化財研究所ほか『扶蘇山城発掘調査中間報告書Ⅰ・Ⅱ・Ⅲ』（九五、九七、九九）。 （**亀田修一**）

ふたごやまこふん［二子山古墳］ 各地に二子山とよばれる前方後円墳は多く存在する。群馬県天川二子山古墳、埼玉県埼玉二子山古墳などがある。埼玉二子山古墳は行田市埼玉に所在する埼玉県最大の全長一三五mの前方後円墳である。墳丘形態は仁徳天皇陵古墳に類似する。長方形二重（復元は盾形一重）の周濠をもち、中堤に靭・盾・蓋・馬・水鳥・人物などの形象埴輪群を樹立する造り出しを有する。墳丘は未発掘で主体部の構造・副葬品は不明である。甕・壺・𤭯・器台・高坏等の出土須恵器は陶邑MT15型式併行で、円筒埴輪や中堤造り出しの周濠との関係から同じ埼玉古墳群中の稲荷山古墳に続く六世紀前葉の武蔵最高首長墓と考えられる。一九六七（昭和42）年に県遺跡調査会が、七四・八〇・八四・九〇年に県立さきたま資料館が周濠を調査。国指定史跡。 （**橋本博文**）

ふたつきのみや［二槻宮］ ⇨両槻宮／双槻宮

ふだらくとかい［補陀落渡海］ 海上世界にあると認識された補陀落浄土への往生のこと。補陀落は potalaka の音訳で、観世音菩薩のいる世界をさし、そこは海上の彼方と把握され、そこへの渡海をさす。とくに熊野の海上がそれと意識された。観音信仰の流布とともに普及。平維盛の補陀落渡海は著名（『平家物語』）。

[参考文献] 根井浄『補陀落渡海史』（法蔵館平13）。 （**井上満郎**）

ふたらさんじんじゃ［二荒山神社］ 栃木県日光市山内に鎮座。大己貴命、その妃田心姫命、子の味耜高彦根命を祀る。二荒山すなわち男体山を神体とする古代信仰から始まり、社伝では七六七（神護景雲元）年、下野国芳賀郡の勝道上人が発願し社殿を造営したとされる。男体山山頂の奥宮周辺からは古代に遡る祭祀遺物が多量に出土し、一九二四（大正13）年と五九（昭和34）年に調査が行われた。鏡、銅印、銭貨、鉄鐸、武具・馬具、火打鎌、農工具、玉類、錫杖頭、法具・仏具、仏像・御正体、禅頂札・種子札、経筒、陶磁器など、奈良時代から近世末に及ぶ多種多量な遺物が出土した。

[参考文献] 日光二荒山神社『日光男体山』（角川書店昭38）。 （**杉山洋**）

ぶっき［服忌］ 服は喪服を着ること、忌はケガレを忌むこと。服紀とも。この場合の紀は歳・月・日・時を意味する。家族・親族などが死んださいに一定期間自宅で謹慎する。「養老令」（喪葬令）には喪に服すべき期間の規定を記す。 （**上田正昭**）

ぶっきょう［仏教］ 前五〜四世紀、インドで仏陀（Buddha の漢字音訳、ガウダマ・シッダールタ）が始め、東アジア、東南アジアを中心に広範に信仰されるようになる世界宗教。スリランカ方面から東南アジアに伝わった南伝仏教（小乗）と、中央アジアをへて中国、朝鮮、そして日本に伝わった北伝仏教（大乗）の二大系統がある。北伝仏教は二世紀のクシャン朝のカニシカ王の保護の下にガンダーラを中心に栄え、天山南北路のシルク・ロード沿いのオアシス都市国家、とくにホータンやクチャを経由して、紀元前後に中国に伝わった。中国への伝来については多くの伝説があり、後漢の明帝の感夢求法の実現として白馬に仏典を載せたインド僧摂摩騰らが六七年に洛陽にいたり、白馬寺を創建して訳経にあたらせたという白馬寺伝説は最も有名であり、白馬寺は現在でも中国最初の仏寺とみなされているが、それ以前に伝播していたことは、六五年頃に光武帝の王子楚王劉英が浮屠を黄老と併せて祀っていたことで確認できる。浮屠は Buddha の漢字音訳で、胡教であるがため意図的に卑字の音をあてたもの、浮図とも写す。中国伝来当初は不老長寿のための夷狄の神として受容され、老子の神格化、さらに道教の教団組織化の契機ともなった。本格的な伝播は二世紀半ばの桓帝期に洛陽に来て訳経に従事した安息国（パルチア）出身の安世高や月支国出身の支婁迦讖以降で、中国人の出家者も現れる。三国から魏晋南北朝には社会の各層に浸透して行き、四世紀末には朝鮮半島へ、六世紀には半島経由で日本にも伝播した。四〇一年に長安に迎えられた鳩摩羅什は多数の経典を翻訳し（旧訳）、その後の中国仏教発展の基礎となった。またこの時期、インド仏教から脱皮した中国仏教と言うべき禅や念仏の教義が生み出され、後世の日本仏教への影響も大きい。唐代には玄奘が再び膨大な訳経事業を完成させ（新訳）、善無畏らによって密教教義が体系的に伝えられた。

[参考文献] 東大寺教学部編『シルクロード往来人物辞典』（同朋舎出版平元）。 （**愛宕元**）

ぶっきょう［仏教］ 仏教は伝来した当初、朝廷内部で一致して受容されなかった。ところが、推古天皇は五九四（推古天皇2）年、聖徳太子と蘇我馬子に対して「三宝興隆」の詔を下した。国家が仏教を本格的に受容する方針を明らかにしたのである。『日本書紀』にある豪族たちが「親」（祖先）や「君」（天皇）からうけた「恩」に報いるため競って寺院を建立したという記事は、仏教がまず氏族を基盤に受容され始めたことを示唆している。とくに蘇我氏が発願した法興寺（飛鳥寺）は五八八（崇峻天皇元）年に百済から来た技術者のもとでつくり始め、五九六（推古天皇4）年には造営を終えた。そして六〇六（同14）年には銅・繡の二つの丈六仏像ができ上がり、鞍作鳥がつくった銅像が金堂に安置された。また、仏教に対する統制も六二四（同32）年に始まっており、推古天皇は僧尼を検校（検査や監督の意）させるために、僧正、僧都、法頭に任命している。同年に行った調査では、寺四六所・僧八一六人・尼五六九人を数えた。六四五（大化元）年六月、蘇我氏は中大兄皇子らの改革派によって倒された。この年の八月、即位したばかりの孝徳天皇は、法興寺に集めた僧尼を前に「盛況崇敬」の詔を下し、「十師」を任じ、衆僧の指導にあたらせている。この十師は、これまでの僧正・僧都の制度を臨時に拡大したものと考えられる。まもなく僧正・僧都が復活し、六八三（天武12）年には僧都の下に律師がおかれ、ここに僧正・僧都・律師の三色からなる「＊僧綱」とよぶ機関が成立した。天武・持統の両天皇の時代に入ると、仏教の国家的受容はさらに促進されていく。一つには、天皇の発願にかかる「大寺」の造営が本格的となる。大寺とは「天皇の寺」を意味し、国営寺院のことであった。藤原京の東西に、百済寺からの由緒をもち、天武天皇が造営した大官大寺（大安寺）と、持統天皇の病気平癒を祈って建てられた薬師寺が並び立ち、そして飛鳥の地にある弘福寺（天智天皇の創建）、特別に大寺の扱いをうけた法興寺を加えて、「四大寺」と総称されていた。二つには、護国の法会が宮廷のみならず、都の諸寺や地方の諸国で一斉に営まれる傾向が現われる。とりわけ護国を強調する金光明経への傾向が顕著となり、六九四（持統8）年には金光明経を護国に送付して、毎年の正月に読経することを命じている。古代国家そのものを精神的に支える仏教を「国家仏教」とよぶなら、まさしくここに国家仏教が成立したといえる。東アジアの七世紀は、朝鮮三国もわが国も、中国の制度・文物の接取をもって、国家体制の強化を推進した時代である。それは、政治的には律令（古代法）の継受となり、文化的には仏教の受容となった。七〇一（大宝元）年、わが国で最も体系化された古代法の「大宝律令」が制定され、律令の一篇に＊僧尼令があった。その大綱は一口にいって、僧尼を官僚とともに人民を教化する身分に位置づけ、その観点から僧尼の思想と行動に厳しく制限を加えていることである。律令と仏教は、一見すると無関係のようだが、実は車の両輪のごとき関係をもって、国家体制の基盤をなしていたのである。わが国では七世紀末に「国家仏教」が成立したが、それは律令制のもとで仏教が統制されることを意味している。「大宝律令」が施行されて間もなく、七〇八（和銅元）年から始まった平城京の造営などを契機に、律令体制の矛盾があらわになってくる。七一七（養老元）年、僧尼令に違反する宗教活動を取り締まる詔が出された。その対象とされたのが＊行基による民間伝道と社会事業である。行基の行動は、豪族や農民の周到な組織に支えられていたのであろう。だが社会事業を完成させたエネルギーは、人々から「菩薩」とたたえられた行基その人の偉大な宗教的人格「カリスマ性」に淵源していたと考えられる。《民族の偶像》となった行基に対して、政府はもはや往年のように弾圧できるはずはなかった。七四一（天平13）年の前後には、行基の力を国家の側にすくい上げようとして、その活動を公認した。聖武天皇は七四三（同15）年に大仏造立の詔を発し、行基を勧募の役に登用したのである。大仏の造営には、功徳を広く世界に及ぼすために、富と権力をもつ天皇ひとりの事業とせず、多くの人民に協力を求めるという形をとらせた。国分寺と東大寺の造営は、行基らの活躍で台頭した民衆仏教によって動揺をきたした国家仏教を立て直すという歴史的役割を担っている。とくに国分寺の建立は、前代より進めて来た護国の教典を読誦して国家の安泰を祈る仏教政策の、総仕上げの意味をもっている。とりわけ七三〇（同2）年後半から一層深刻になった、連年の疫病・凶作・反乱などの災害や異変を、金光明最勝王経（最勝王経）が説く鎮護国家の思想で消し除くことを図った。また奈良時代の仏教界で指導的な役割をはたしたのは、＊道慈や＊玄昉のように唐へ留学し、あるいは道璿や＊鑑真のように唐から招請した僧たちである。とくに鑑真は日本への渡航を企てること五回に及び自らも失明するなどの辛苦を経たが、聖武天皇より「授戒権」を任せられ、戒壇を設け、三師七証によって行う正統な儀方を確立し、受戒の権威を高めた。この点にこそ、伝戒師招請の歴史的意義が存するのである。

〔**参考文献**〕辻善之助『日本佛教史』第一巻上世篇（岩波書店昭19）。家永三郎監修『日本佛教史』Ⅰ古代篇（法蔵館昭42）。井上光貞『日本古代の国家と仏教』（岩波書店昭46）。中井真孝『日本古代の仏教と民衆』（評論社昭48）。速見侑『日本仏教史　古代』（吉川弘文館昭61）。

（**中井真孝**）

ぶっきょうでんらい［仏教伝来］　仏教の倭国への渡来。『日本書紀』には、五五二（壬申）年に百済の聖明王から仏像・幡蓋・経論が大和の朝廷にもたらされたと記し、『上宮聖徳法王帝説』には、百済の聖明王から五三八（戊午）年に仏像・経教などを伝え、＊蘇我稲目をして興隆せしめたと述べる。仏教の公伝年については、『日本書紀』系統と『上宮聖徳法王帝説』系統との伝承に差異がある。こうした違いは、百済の聖王（聖明王）の即位年（五一三年説・五二七年説）の伝えのずれにもとづくと考えられるが、先王である＊武寧王の墓誌石（買地券石）によって、武寧王の崩年が五二三（癸卯）年であったことがたしかとなり、『三国史記』の聖明王即位年（五二三）の正しいことが証明された。五二三年より起算する五四八（戊辰）年説もある。仏教の伝来は大和の地域よりも朝鮮半島に隣接する北九州などが早かったと考えられるが、仏像や経典などの伝来よりも仏教の教えを説いた僧尼の渡来を重視する必要がある。

〔**参考文献**〕上田正昭「仏教の伝来とその受容」『古代伝承史の研究』所収（塙書房平3）。

（**上田正昭**）

ぶっこくじ［仏国寺］　大韓民国の慶尚北道慶州市進峴洞の吐含山中にある寺院。三国時代新羅の五三五（法興王22）年に創建されたと伝えるが、創建時の状況はよくわからない。その後、統一新羅時代に入って、景徳王の時期（七四二～七六四）に再建された。時代が降って、李朝時代に文禄の役（壬辰倭乱一五九二年）で兵火にかかり、石塔・石橋などのほかは灰燼に帰した。その後ふたたび一〇数回にわたって、堂宇・門廊・僧房などがつぎつぎと再興されていった。さらに、一九六九年に無説殿（講堂）・回廊が発掘調査された後、七〇年から七三年にかけて復元整備が行われ、現在にいたっている。主要堂宇の配置は、大雄殿（金堂）が中央にあって南面し、その前面には石灯籠がある。大雄殿の前方東・西には、それぞれ石造の多宝塔と釈迦塔が並び立つ。そして、南の正面に中門にあたる紫霞門がある。紫霞門の外側には、石の階段が二ヵ所あり、青雲橋・白雲橋とよばれる。一方、大雄殿の後方には無説殿があって、統一新羅時代の典型的な双塔式（薬師寺式）伽藍配置を示す。そのほか、主要伽藍の周囲には多数の付属建物がある。また、主要伽藍といくつかの付属建物内部には、各種の仏像が安置されている。なお、一九六六年に釈迦塔が解体修理された際、舎利具が発見されたが、そのなかに無垢浄光大陀羅尼経巻が含まれていて、注目を集めた。

【参考文献】金正基他『仏国寺復元工事報告書』（文化公報部文化財管理局一九七六）。（西谷正）

ぶっし【仏師】 仏像を製作する工匠。一般には木仏師をさす。初例は法隆寺金堂釈迦三尊像光背銘の「鞍首止利仏師」。奈良時代には官寺の造寺司の造仏所に所属していたが、平安時代には造仏所が各寺院の私的工房化し、平安時代中期には康尚のように独自の工房である仏所を構えるものも出た。康尚の子定朝は仏師としてはじめて僧綱となり、以後多くの弟子を輩出、円派・院派・慶派の三派仏師の祖とされた。（佐伯智広）

ぶっしょ【仏所】 仏像の製作にあたる組織ないし場所。大仏師・小仏師などが所属し、分業的に作業が行われた。仏像製作にあたる工房は早くからあったが、仏所の名がみえるのは仏像の需要が急激に増加する平安時代で、京都に三条仏所・七条仏所などが形成された。（井上満郎）

ぶっそくせき【仏足石】 仏の足形を刻んだ石。当初は足形の中央に輪宝が一つあるだけであったが、しだいに種々の文様が付加されるようになった。日本では奈良の薬師寺に現存する仏足石が最古のもので、銘によれば七五三（天平勝宝5）年に天武天皇の孫にあたる智努王が造ったものである。また仏足石を賛美する歌と仏教の教えをうたった歌二一首を万葉仮名で刻んだ石碑が薬師寺に残り仏足石歌碑として知られている。和歌は五・七・五・七・七・七の六句からなり仏足石歌と称される。（杉山洋）

ふつぬしのかみ【経津主神】 『日本書紀』の神話の神。国譲りの使者としてタケミカヅチとともに葦原中国の大国主神のもとに派遣される。語幹フツは刀剣の霊力の意であり葦原中国平定の武威の神格化とみられる。（菊地照夫）

ふつのみたま【布都御魂】 物部氏が奉斎した石上神宮（奈良県天理市布留町に鎮座）に伝わる神剣。「布都」は「ぷっつり」の擬声語。「ぷっつり断ち切る神剣、またはその神剣に宿る神霊」の意。石上神宮は、『延喜式』神名帳の大和国山辺郡に石上坐布都御魂神社とみえる。『古事記』の神武東征伝承には、熊野の高倉下に下された横刀は、建御雷神が葦原の中つ国を平定した刀であり、佐士布都神・甕布都神と言い、またの名は布都御魂と言って石上神宮に坐ますと記す。『日本書紀』でも、武甕雷神が熊野の高倉下のもとに降した「国平の剣」を「韴霊」とする。また素戔嗚尊が八岐大蛇を切った剣を「蛇の麁正」とし、「今、石上に坐す」とするが（神代上第八段第二の一書）、第三の一書では「今、吉備の神部の許に在り」とみえる。備前国赤坂郡の式内社、石上布都之魂神社をさすが、そこでも「布都之魂」とみえている。（和田萃）

ふで【筆】 木や竹の管の先端に狸・兎・羊や馬などの獣毛を束ねて取り付け、毛に墨や顔料などを含ませて文字や絵画をかく道具。六一〇（推古天皇18）年、曇徴が紙・墨とともに伝えたか。古代の実例に、正倉院中倉に伝来する一七本の筆と「天平宝物筆」、胞衣壺からの出土遺物などが知られる。（山本崇）

ぶどうからくさもん【葡萄唐草文】 波状に展開する茎や蔓に、花や葉をつけて連続させる文様。洋の東西を問わず広い範囲で用いられ、古くはエジプトのロータスの花と蕾の側面形をつないだ唐草文や、西アジアやギリシャのパルメットと蕾をつないだ唐草文など、多くの種類がある。葡萄の房や葉をつないだ唐草文を葡萄唐草文とよび、西アジアから東西に伝わった。中国の隋唐代には葡萄唐草文と狻猊文を主文とする海獣葡萄鏡がつくられ、日本にももたらされた。日本では飛鳥・奈良時代に盛んに用いられ、奈良県岡寺出土葡萄唐草文軒平瓦や薬師寺薬師三尊像本尊台座の葡萄唐草文が有名である。（杉山洋）

ふどうこく【不動穀】 律令制下、非常時用として諸国の不動倉に蓄蔵された稲穀。田租は元来郡衙の正倉に蓄えられたが、七四〇（天平12）年、中央財政への流用が始まり、宮都造営などの財源にあてられた結果、九世紀末には実態を失うにいたった。（勝山清次）

ふどうそう【不動倉】 諸国において不動穀を収納した正倉。不動としての稲穀の蓄積は、七〇八（和銅元）年閏八月一〇日官符を起源とする。田租は郡衙などにおかれた正倉に穀として蓄積されたが、穀をおさめた倉は、満倉となったのち、国・郡司の検封をへてはじめて不動倉と認定された。不動倉のカギは中央に進上され、貯穀の開用は太政官符によるものとされたが、賑給など特別な場合を除き、不動穀は消費されぬのが原則であった。七四〇（天平12）年以後稲穀の消費が始まり、九世紀以降その蓄積は漸減する。（山本崇）

ふどうどういせき【不動堂遺跡】 富山県下新川郡朝日町にある縄文時代中期の集落跡。一九七三（昭和48）年ほ場整備に先立つ調査で確認され、一九棟の住居跡と貯蔵穴などが検出された。二号住居跡は長径一七m、短径が八mの小判形巨大

不動堂遺跡

竪穴住居跡。方形の石組み炉二基、円形の石組み炉二基が直線に並び、中央で二室に区切られる。現在では東北地方に類例が多く見られるが、当時、全国で最初の発見であり、縄文集落研究に一石を投じた。一九七四（同49）年、国指定史跡となる。（関　清）

ふどうみょうおう［不動明王］　五大明王の一つ。「不動尊」「無動尊」「不動使者」とも。密教特有の尊格で、大日如来の使者として忿怒の形相で描かれ、密教修行者を外敵から守護、諸種の障害を除いて修行を成就させるとされる。（志麻克史）

ふどき［風土記］　地域のことを中心に記録した書物。「風土記」という書名は、中国晋の周処が著した「風土記」をはじめとして、中国に数多く存在する。日本において「風土記」という書名がみえるのは、九一四（延喜14）年の三善清行による「意見封事」にみえる例が早い。有名な七一三（和銅6）年五月のいわゆる「風土記」撰進の官命には、「風土記」という書名はないが、その官命は(1)郡郷の名に好字をつけること、(2)郡内の銀銅草木禽獣魚虫などの種類を記録すること、(3)土地の地味肥瘠の状態を報告すること、(4)山川原野の名称の由来を記すこと、(5)古老の旧聞異事を記載することを七道諸国に命じたものであった。これをうけて奈良時代に編集された古「風土記」のなかで、代表的なものは播磨国・常陸国・出雲国・肥前国・豊後国の五風土記である。七三三（天平5）年成立の『出雲国風土記』は古写の現伝本のなかの唯一の完本であり、勘造・責任者として秋鹿郡人神宅臣金太理・国造帯意宇郡大領出雲臣広嶋が名を連ねている。その内容には出雲の在地性が色濃く反映されている。『播磨国風土記』は、七一五（霊亀元）年頃までに成立したと考えられているが、巻首・明石郡・赤穂郡はない（ただし明石郡には逸文の記事がある）。『常陸国風土記』は七一八（養老2）年までの筆録をもとにして、養老年間（七一七〜七二四）に編述を完了したと推定されている。総記と行方郡の記事は整っているが新治郡以下八郡の記事に省略がある。白壁・河内郡の記事はない。しかし現伝本にはない逸文があって、もとは未省略本であったと考えられる。『肥前国風土記』『豊後国風土記』は大宰府の指令によって編集され、七三九（天平11）年末までに成立したと思われる。巻首・郡首はそろっているが、各郡の記事は整ってはいない。九二五（延長3）年の太政官符によって再び「風土記」の進達ないし制作が命ぜられたが、これらの「風土記」とは別に、江戸時代などにも各地で「風土記」が編集されている。

〔**参考文献**〕上田正昭編『風土記』（社会思想社昭50）。（上田正昭）

ぶとくでん［武徳殿］　平安宮内の馬場の正殿。中和院の西、殷富門の東に位置。駒牽や騎射、相撲など武事が行われた。東正面の南北棟建物で、西方に後殿をおく。当初は馬埒殿とよばれたが、八一八（弘仁9）年四月宮城の殿舎が唐風名に改称された際、武徳殿と改められた。（山田雄司）

ふとだまのみこと［太玉命］　『記』『紀』神話の神で祭祀担当氏族忌部氏の祖先神。天の石屋戸の段では、中臣氏の祖先神天児屋命とともに石屋に隠れたアマテラスを招き出すための神事を執り行い、また『古事記』の天孫降臨の段では天孫邇邇芸命の降臨に際して五伴緒の一つとして同伴する。忌部氏の本拠地大和国高市郡には太玉命神社がある。同社の近くには大規模な玉作り工房遺跡が存在する。忌部の祭祀が玉を祭具の中心として行われ、その玉を象徴的に神格化して祖神としたものとみられる。（菊地照夫）

ふとまに［太占］　卜占の一種。太卜・大兆・布斗麻邇などとも。『記』『紀』の神話にイザナキ・イザナミ両神が水蛭子（蛭児）を生んだおりに太占によって天つ神の教えを乞い、『古事記』の垂仁天皇条に太占によって出雲大神のたたりと知る説話を載す。『紀』神代巻の天孫降臨の詞章にもみえる。牡鹿の肩骨を波波迦（カンザクラ・カバザクラ・カンバ・犬桜）の木皮を炭火にしたもので灼き、その町形に現われた割目の模様で吉凶・善悪を判断する。わが国では亀卜よりも鹿卜の方が古くから行われた。（上田正昭）

ふなうじ［船氏］　百済の渡来系氏族。王辰爾とその兄弟を始祖とする船・津・猪の各氏がある。もと船史と称し、六八三（天武12）年一〇月船連となる。欽明・敏達朝以後、新しい知識をもとに記録や外交など官人として活躍した人びとが多い。六六八（天智7）年銘のある船王後墓誌や『新撰姓氏録』にもその系譜を記す。（上田正昭）

ふなおか［船岡］　平安京の真北に接してある眺望の優れた小丘。現在は、京都市北区船岡町にあり、頂上に織田信長を祭る建勲神社がある。平安京の中軸線上にあることから、南方の京田辺市の甘南備山とともに、平安京設計の基準線とも考えられている。（高橋美久二）

ふなせ［船瀬］　船の停泊地。泊もほぼ同義。行基により設置された五泊の船瀬が有名。八世紀には地方豪族や僧による築造や維持がみられるが、九世紀の大輪田船瀬では造船瀬使・国司の管理下、船瀬庄田のほか通過する船からの勝載料や水脚を役することで修復・維持がなされた。（竹森友子）

ふなだましんこう［船霊信仰］　船舶の守護神の信仰。舟玉とも書く。長崎県あたりではオザダマサマ・オガタサマ、三宅島あたりではオフナサマなどという。船の帆柱の下にツツなどといわれる部分があって、マッチ箱を二つあわせたくらいの穴をあけて、ご神体を納めるものが多い。その場所をモリあるいはフナダマ座などとよぶ。帆柱のない小舟でも中の間と胴の間の仕切りの部分にまつったり、ただお札を貼っているものもある。船霊信仰はあっても、ご神体のない場合もかなりある。フナダマサマは女神とする信仰が各地にみられ、船に女がひとりで乗るのを嫌がる地域もある。（上田正昭）

ふなどおう［道祖王］　？〜757　奈良時代前期の皇族。天武天皇の孫で新田部親王の子。七三七（天平9）年九月無位から従四位下に叙される。七五六（天平勝宝8）年五月聖武太上天皇の遺詔で立太子するが、翌年三月素行不良を理由に廃太子される。同七月 橘奈良麻呂の変に坐し、拷問をうけ没した。（廣瀬真理子）

ふなばし［船橋］ ①河川に多くの船を横に連ねて上に板を置いて橋としたもの。浮橋とも。恒常的橋梁の少なかった古代にはひんぱんに用いられる。多くは利用の際だけの臨時のものだったが、常設された船橋もあった。（井上満郎）②下総国北西部の地名で、現千葉県船橋市付近。景行天皇の東行の折に洪水がおこり、船を連ねて橋としたことに由来するとされる。近世には東京湾に面する港町、また佐倉・成田街道の宿場町として発展した。（高橋誠一）

ふなやまこふん［船山古墳］ ⇩江田船山古墳

ふにゅう［不入］ ⇩不輸不入

ぶにん［夫人］ 令制に定められた天皇の后妃で妃につぐ地位。定員は三人、王臣の娘から選ばれ三位以上を授けられた。六九七（文武元）年藤原宮子が文武天皇の夫人となったのが最初。聖武天皇夫人藤原光明子が原則を破って立后されて以後皇后に昇る者もあったが、九世紀を通して女御・更衣が増加するにともない妃・嬪と同様に不在となった。（瀧浪貞子）

ふね［船］ 漁労などの生活手段のみならず、古代交通において人・物資・情報を運ぶ重要な運搬手段。筏などを別に、容器形の古代船の船体構造を概括すれば、①単材を刳りぬいた刳り船（丸木船）、②二材以上の刳り船部材を結合した複材刳り船、③複材刳り船の両舷に舷側板を設けて耐航性や積載量の増大をはかった準構造船、④刳り船の要素がなくなった構造船という発展過程をたどったと推定される。出土例の船材はクス、スギなど。遣唐使船のモデルは、文献・絵画・埴輪・出土例（宋・元船など）などから、全長約三〇m、幅九mの中国のジャンク型構造船に復元されている。建造地は主に安芸国（広島県）である。

〔参考文献〕茂在寅男『古代日本の航海術』（小学館昭54）。東野治之編『遣唐使船』（朝日百科　日本の歴史別冊『歴史を読みなおす』平6）。（川崎晃）

ぶねいおう［武寧王］ 461～523　在位501～23年　百済の第二五代王。諱は斯麻・斯摩・隆。四六一年、筑紫の各羅島（現、佐賀県の加唐島か）に生まれる。父については、蓋鹵王・その弟昆支・東城王の三説がある。東城王のあとをついで即位し、全羅南道に残っていた馬韓の残存勢力を制圧し、加耶西部へも進出。大きく領土を拡大。梁へも遣使し、寧東大将軍となる。一九七一年、宋山里古墳群で未盗掘の墓が偶然発見され、墓誌から武寧王の陵であると確認された。（田中俊明）

ぶねいおうりょう［武寧王陵］ 大韓民国の忠清南道公州市錦城洞にある、三国時代百済の武寧王と王妃を合葬した陵墓。一九七一年、偶然に発見され、文化財管理局によって調査された。百済中期の王都があった公州の中心部から北西約一㎞の丘陵地に築かれた、宋山里古墳群の一部を構成する。直径約二〇mの円墳に埋設された墓室は、塼築の単室である。玄室は、平面長方形をなし、その規模は南西四・二m、東西二・七二mを測る。床面には塼を二重に敷き、その上面から天井中央までの高さは二・九三mである。玄室南壁の中央に、南へ向かって長さ二・九m、幅一・〇四mの羨道がつけられ、玄室と同じアーチ形の天井は、高さ一・四五mを測る。玄室の壁体には、蓮華文などを彫刻した塼を用いているが、それらの文様や構築方法は、玄室・羨道ともに同じである。墓室の内部は、完全な状態で遺存していた。玄室には西側に王妃、東側に王の木棺がともに南枕に安置されていた。両者とも金製などの装身具で装い、棺の内外から銅鏡・青磁容器・環頭大刀・鉄銭・鎮墓獣など、多種多様の豪華な遺物が出土した。とくに重要なのは、羨道に置かれていた二枚の閃緑岩製の買地券で、その銘文の内容から、この古墳が癸卯（五二三）年に六二歳で没し、乙巳（五二五）年に埋葬された百済の斯麻王（諱）すなわち武寧王（諡）と、丙午（五二六）年に没し、己酉（五二九）年に追葬された王妃の合葬墓であることがわかった。墓室の塼築構造といい、越州窯産青磁といい、中国南朝文化の影響が濃厚に認められ、また、買地券銘文中の、梁からうけた爵号である寧東大将軍は、『梁書』列伝の記事と符合する。いっぽう、木棺材が日本列島産の高野槙であることや、『日本書紀』雄略天皇五（四六一）年と武烈天皇四（五〇二）年の条に、それぞれ嶋君・武寧王、武寧王・斯麻王と記載されるなど、百済と倭の交流史を考えるうえでも重要である。

〔参考文献〕大韓民国文化財管理局（永島暉臣慎訳）『武寧王陵』日本語版（三和出版社・学生社昭49）。（西谷正）

武寧王陵

ふねのえさか［船恵尺］ 六四五（皇極4）年六月、蘇我蝦夷らが「天皇記」「国記」を焼いたおりに、「国記」を取りだして中大兄皇子（後の天智天皇）に献じたという。船恵釈とも。道昭の父。『新撰姓氏録』の序にも船史恵尺が「燼書」を奉ると記す。（上田正昭）

ふねのおうごぼし［船王後墓誌］ 六六八（戊辰）年銘をもつ船王後の墓誌。江戸時代に河内国国分の松岳山から出土した。銅製鍛造の長さ二九・八㎝、幅六・八㎝の短冊形の板。表裏各四行に墓誌を刻む。墓誌によると、船王後は船氏中祖王智仁の孫、那沛故の子。敏達朝に生まれ推古・舒明朝に仕え、舒明天皇から大仁の位を賜り、六四一（辛丑）年に没した。六六八（戊辰）年に大兄刀羅古の墓の隣に、夫人の安理故能刀自と合葬された。末尾に船氏の塋域を整え永らえようと「為安保万代霊基　牢固永劫宝地」と記す。記述内容から最古の墓誌とされるが、文中の闕字の存在、官位の用例などから、墓誌自体は天武朝以降から八世紀初頭までの間に、墓域を明示する意図などから追葬されたとの考えがある。

【参考文献】飛鳥資料館『日本古代の墓誌』（奈良国立文化財研究所昭52）。（杉山洋）

ふひと【史】　文筆・記録の職務にあたった渡来系の官人組織。フヒトはフミヒトの略。当初、文人・書人と記したが、のちに史と表記された。部制の導入後は史部とも記す。フヒトを経済的に支える組織に史戸があった。フヒト制の編成期は六紀半ば～後半で、七世紀前半には史の姓が成立。中国系を含む朝鮮諸国出身者がフヒトとなり、東西文氏の管掌下に書記官的職務についた。その伝統は令制にも受け継がれ、史部の子は大学入学資格を優先的に与えられた。（加藤謙吉）

ふひとべ【史部】　大和朝廷において文筆にたずさわった氏族、またはその官職をさす。史部の多くは史姓をもち、その数は約七〇にも及んだが、いずれも渡来系氏族であった。東西史部と称された東漢直・西文首は、その代表的なもの。（荊木美行）

ふほんせん【富本銭】　「富本」の文字を上下に、「七星文」を左右に配した古代の銅銭。直径約二四・四㎜、厚さ一・五㎜前後、中央に約六㎜の方孔が開き、重量は四・六ｇ前後。鋳銅成分は「銅―アンチモン合金」というやや特殊なもの。一九九九（平成11）年、奈良県明日香村飛*鳥池遺跡の発掘調査で、七世紀末にさかのぼる初鋳年代が確定した。しかし、これまでわが国最古と考えられてきた「和同開珎」をさかのぼる銅銭の出現に、識者の対応はさまざまで、六八三（天武12）年四月の「今より以後、必ず銅銭を用いよ」の銅銭にあてる説や、富本銭は通貨ではなく厭勝（まじない）銭だとの説があり、現在も対立している。富本銭の存在は比較的早くから知られていたが、近世の「厭勝銭」程度の理解であった。ところが一九八五（昭和60）年、平城京跡の発掘で八世紀代にさかのぼることが判明し、さらに数年後により古い藤原京跡からも発掘され、富本銭の年代は八世紀初頭にまでさかのぼっていった。ただし和同銭との先後は決めがたく、和同銭が通用銭、富本銭は厭勝銭と解釈されるのが一般的だった。それは和同銭の出土例が数千を超えるのに対し、富本銭は飛鳥池遺跡を除けば、奈良藤原・平城京跡四例、大阪細工谷遺跡一例、長野伊那地方二例、群馬県下一例、出土地不明若干と類例が極端に少なかったせいもある。同様に、富本銭が和同銭よりさかのぼるとわかっても、その流通の程度を疑う声があるのは、この出土例の数少なさゆえであろうか。富本銭を鋳造していた飛鳥池遺跡は、貴金属やガラスなどの製作も行った七世紀後半代の官営工房であり、それは当時の都＝飛鳥浄御原宮に隣接して設けられていた。この時代の日本は、東アジア世界の国際社会を意識したなかで、律令国家の確立を目指し諸制度の整備に躍起になっていた。「貨幣（富本銭）」の発行も、国家の体裁を整える案件の一つだった可能性がある。その意味では、流通の程度は低かったかもしれないが、意識としてはわが国最初の「貨幣」の鋳造ではなかったか。さらに議論を深める必要がある。

飛鳥池遺跡出土富本銭
写真：奈良文化財研究所

【参考文献】黒崎直「最古の銅銭〔富本銭〕の発見と飛鳥池遺跡」『考古学クロニクル2000』（朝日新聞社平12）。（黒崎直）

ふみのいみき【文忌寸】　氏名を書とも。東・西の両文氏があり、前者は東漢氏の枝氏で、旧姓は直。後者は王仁*の後裔と称し、旧姓は首で、河内国古市郡古市郷（大阪府羽曳野市古市）を拠点とした。ともに天武朝に連をへて忌寸に改姓。九世紀末に忌寸から宿禰に改姓した者もいる。フヒト（史、史部）を率いて、文筆・記録の任にあたった。「東西文（忌寸）部」ともよばれ、大祓には横刀を献上し、漢語・漢音で呪を唱えることが慣わしとされた。（加藤謙吉）

ふみのくに【不弥国】　『魏志』*東夷伝倭人条にみえる国名。奴国の記述に続いて「東行至不弥国百里……有千余家」と記されている。その所在については諸説があるが、神功皇后が応神天皇を産んだという伝承の宇美八幡宮が地名の語源となったとされる現福岡県糟屋郡宇美町とする説が多い。（高橋誠一）

ふみのつかさ／しょし【書司】　大宝・養老令制の後宮十二司の一つ。尚書（准従六位）・典書（准従八位）・女孺（准少初位）が所属。中務省の図書寮に対応する女司で、後宮の書籍・紙・筆・墨・楽器などをつかさどったが、一〇世紀半ばには官司としての独立性を失った。（荊木美行）

ふみのねまろのぼし【文禰麻呂墓誌】　奈良県宇陀市榛原町八滝の丘陵上から、江戸時代に発見された文忌寸禰麻呂の鋳銅製の墓誌*。長さ二六㎝、幅四・三㎝、厚さ一・五㎜、重さ二一八ｇの短冊状の薄板。表面ほぼいっぱいに二行一七字詰で計三四文字を刻み込み、壬申の乱の功績と死亡年である七〇七（慶雲4）年を簡潔に記す。この墓誌は銅箱（長さ二九㎝、幅五・九㎝）におさめられており、これらには緑色ガラス製の骨蔵器とそれを入れた金銅製の壺がともなっていた。国宝。東京国立博物館蔵。（黒崎直）

ふみょう【負名】　平安中後期、公田*の経営を請け負い、官物や臨時雑役納入の責任を負ったもの。九世紀末以降、戸籍・計帳にもとづき人頭税を賦課する支配がゆきづまると、地税化した正税出挙や調などを徴収する単位である名が、公田を基礎にして編成された。この徴税システムを負名体制とよぶ。そのもとで納税の責任を負ったのが負名で、多くは大小の田堵がその地位についた。負名体制は一一世紀中葉に転機を迎え、新たに別名などが形成された。（勝山清次）

ふみょうたいせい［負名体制］⇩負名ふみょう

ふもつ［賻物］　律令制下で死亡した官人に贈られる物。養老喪葬令、職事官条によれば、職事官は、生前の位階に応じて、絁・布・鉄が与えられるほか、散位の三位以上、四・五位以上、太政大臣・左右大臣・大納言・親王などにも規定にしたがって支給された。（荊木美行）

ぶやくりょう［賦役令］　大宝・養老令の編目の一つ。養老令では第一〇編にあたり、全三九条よりなる。調庸・歳役・義倉などの基本税目、夫役などの復除、丁匠の雇役などに関する規定をおさめる。律令租税の体系を定めた重要な編目で、唐の賦役令とはかなり異なる。（荊木美行）

ふゆ［不輸］⇩不輸不入ふゆふにゅう

ふゆふにゅう［不輸不入］　国家権力の介入を排除できる権利。これを獲得した荘園では荘園領主権の確立をみた。不輸は租や官物が免除される特権、不入は国衙の検田使・収納使や中央官衙の使者の立ち入りを拒否できる権利のこと。律令制下、不輸は神田・寺田などの不輸租田に限られていたが、一〇世紀以降、太政官符と民部省符によって官物が免除される荘園が現れた。これを官省符荘という。しかしこの特権的な荘園でも不輸は認可時の田地に限られていたので、荘田を調査する検田使が立ち入り、新開田に対しては収公も行われた。そのため、荘園領主側はこれを拒否できる権利を太政官に求めるようになり、一一世紀中葉以降、国使不入の権利を獲得した。それにともない、荘域内全荘田の不輸も実現することとなった。のちに不入権は中央官衙の使者にまで拡大され、荘園領主は国家権力の介入を排除して、荘園に対する公的な領域支配を展開することができた。（勝山清次）

ふよ［夫余］　中国東北にあった国・種族。「騎馬民族征服王朝説」などで騎馬民族であるかのようにされるが、農耕が主。「東夷」の中では最も平坦な地域を領有した。夫余の名は、『史記』が初見で、戦国時代末期における燕の東方の勢力としてあらわれる。最初の中心地は吉林省吉林市。のちに吉林省農安市に移る。吉林市の東団山が王宮址に推定され、その東に広がる帽児山遺跡は中心的な墓群で、近年発掘された。地方の遺跡として吉林省楡樹県の老河深遺跡や遼寧省西豊県の西岔溝遺跡などがあり、徐々に確認される事例がふえつつある。建国の伝説では、北方の国に生まれた始祖東明が、南下して夫余を開いたとされ、高句麗の建国神話にも通じるところがあるが、高句麗の場合は卵生で日光感精型であるのに対して、夫余の場合は感精型ではあるが、日光によるものではなく、大きく異なる。むしろ漢族の建国神話に近く、その影響を考える必要がある。帽児山遺跡でも、漢の遺物が多く、漢とは深い関わりがあったものとみられる。『魏志』によれば、漢代には、その王の死にあたって玉衣が下賜されていたが、南越王墓や滇王墓からも出土しており、それらと同様な待遇をうけたことがうかがわれる。二八五年に鮮卑族慕容氏の攻撃をうけ一旦滅び、王依慮が自殺するが、子弟は沃沮に逃れた。その翌年、依慮の子依羅が西晋の援助をえて国を復興したが、沃沮に逃れた一派と、両者並立することになった。沃沮に逃れて建てた国が東夫余であり、本来の、そして復興した国のちに北夫余（旧夫余）とよばれるものである。三四六年にまた慕容氏によって攻撃されるが、その時の本拠は、すでに北夫余ではなく、そこから西に移っていた。移った先についても異論があるが、農安説が有力である。その移動は、その間、おそらく四世紀の初めに高句麗が攻撃したことによるもので、高句麗はその後、その地を領有。最終的には、五世紀末に勿吉の攻撃をうけて、四九四年、王族が高句麗に亡命し、滅亡する。（田中俊明）

吉林市東団山（夫余初期王都）風景　右手の小山が東団山、その左手に墳墓群（帽児山墓群）

ぶようづか［舞踊塚］　中国の吉林省集安市の如山南麓の洞溝平野にある、三国時代高句麗の墳墓。舞踊図などの壁画が顕著であり、この名がある。南東側に約四mを隔てて角抵塚と接し、二基が並んでいる。古墳は一辺約一五m、高さ約三m余りの方墳で、そのほぼ中央に、南西方向に開口する横穴式石室がある。内部はすでに盗掘をうけており、出土遺物は不明である。壁面には厚い漆喰が塗られ、そこに絵画と文様を複雑多岐に描いている。主要な壁画をみると、玄室の奥壁には、帳房内床几に座る主人公の肖像画を描き、僧侶あるいは道士と思われる人物と応対している。それに続く東壁には上・下に一棟ずつの小型建物があり、台所から食膳を運ぶ様子などがみられる。建物の横には騎馬人物像と男女の舞踊図などがみられる。反対側の西壁には狩猟図が大きく描かれ、そして、天井部には天人・飛天・角抵（相撲）・弾琴する男女・四神・蓮華などの図像が描かれる。玄室両前壁から通路両壁にかけては、それぞれ一本の大きな樹木図がみられる。羨道の壁画は剝落がひどいが、板葺きの建物や男子の図像などが認められる。五世紀前半頃の所産である。（西谷正）

ぶらくでん［豊楽殿］　京都市中京区丸太町通七本松東南に所在した豊楽院の正殿。造営は、八〇〇（延暦19）年と完成が遅く、一〇六三（康平6）年三月二二日夜に全焼して以降再建されることはなかった（『扶桑略記』）。平安宮（大内裏）の中央に朝堂院があり、そのすぐ西側に大嘗会をはじめ諸節会や饗宴などが行わ

舞踊塚玄室西壁壁画の一部

舞踊塚玄室東壁壁画の一部

舞踊塚玄室奥壁壁画主部「通溝（下）」（日満文化協会刊）より

れる豊楽院があり、その正殿が豊楽殿である。院は築地で囲まれ、その北端中央に豊楽殿、両脇の東に栖霞楼、西に霽景楼が、またその南の東には顕陽堂、観徳堂が、西には承観堂、明義堂が各々南北に建ちならび、回廊で連結される。豊楽殿の規模は、陽明文庫本『豊楽殿図』のとおり、身舎桁行七間、梁行二間で四周に庇が巡る入母屋造りの礎石建物であった。東西一五三尺（四五・七m）、南北七六尺（二二・七m）を測る基壇は、版築による盛り土造成だけで、外装は凝灰岩切石壇上積である。九世紀前半に北の清暑堂との間の廊や栖霞楼の改築がみられたことから、この時期に一部改造されたことがうかがえる。

【参考文献】古代学協会・古代学研究所編『平安京提要』（角川書店平6）。（堀内明博）

豊楽殿復原図（南東から）梶川敏夫画

ふりゅう【風流】 本来は華やかに飾り立てることを意味する語であったが、それが展開して、華麗できらびやかであることや、意表をついた衣装、音曲でにぎやかに囃したてることをさすようになった。御霊会などにその淵源が求められるとされる。*永長の大田楽の際に、華麗かつ異様な服装で田楽を演じながら街頭行進したのが早い例である。寺院での延年にも取り入れられ、華美な作り物を設けて劇的構成をとり、猿楽の能に影響を与えた。（山田雄司）

ふるいせき【布留遺跡】 奈良県天理市布留町を中心に、布留川が形成した扇状地に広く所在する遺跡。この遺跡の開始期は旧石器時代にあたるナイフ形石器が出土しているが、遺構として認められるのは縄文時代早期からで、以降奈良時代まで継続する複合遺跡である。古墳時代中期には大型の掘立柱建物や人工溝と葺石で構築された居館跡がある。この時期には石上神宮の禁足地がつくられた。おもな出土遺物は縄文早～晩期土器、古墳時代（布留式土器）、初期須恵器、滑石製玉類、ガラス玉類などで、木製品では刀剣装具などがある。（泉　武）

ふるいち【古市】 古代から市場として栄えた場所。『記』『紀』に古市高屋村とか古市高丘陵などとみえる。古市は、大阪府羽曳野市の古市で、竹内街道と東高野街道の接点に位置する。石川水運の津があり、西琳寺の門前町としても栄えた。『日本書紀』景行天皇四十年是歳条には日本武尊が死後白鳥となって飛び去り古市邑に留まるとする白鳥陵の伝説を記す。古市の地名は広島市西部の旧古市町をはじめ各地にある。（上田正昭）

ふるいちおおみぞ【古市大溝】 大阪府羽曳野市・藤井寺市を中心とする*古市古墳群中を南北に掘削する大溝。幅約二〇m、深さ五mで洪積段丘中位を掘削し軽里四号墳（五世紀末葉）・青山二号墳（五世紀後葉）の古墳を切り取り掘削していた。築造年代は、五世紀説・六世紀説・七世紀説がある。大溝中には、七世紀初頭から八世紀後半までの土器を確認した。使用目的には、運河説・灌漑説がある。古市大溝は、『日本書紀』仁徳天皇十四年条にみる感玖大溝とする説がある。現在、羽曳野市青山二丁目に痕跡の一部が残る。（森村健一）

ふるいちこふんぐん［古市古墳群］ 大阪府藤井寺・羽曳野両市にまたがり、ちょうど西方にある堺市の百舌鳥古墳群とともに日本の二大古墳群とされる。四世紀代に大和盆地にあった大王級の古墳の墓域が河内・和泉に移り、そして五世紀代に墳丘規模が築造のピークを迎えることから、中国の『宋書』に記載される倭の五王の時期との関連性が注目される。前方後円墳、円墳、方墳からなり、古墳時代前期後半から後期後半の約二〇〇年間に約一〇〇基が石川左岸、河内平野に面した南北四km、東西三kmの範囲に築造された。大形墳として前方後円墳が連なるが、最も平野側に突き出す津堂城山古墳が初現である。以降、墳丘長二九〇mの仲津山古墳(仲津媛陵)、二二五mの墓山古墳、四一五mの誉田御廟山古墳（応神陵)、二三〇mの市野山古墳（允恭陵)、一九〇mの軽里大塚古墳(白鳥陵)、二四二mの岡ミサンザイ古墳（仲哀陵）の中期古墳が続き、後期古墳であるボケ山古墳（仁賢陵)、高屋築山古墳（安閑陵)、白髪山古墳（清寧陵）もある。また、これら大王級の墳墓に加え、墳丘長一五〇mの古室山古墳、一一〇mの大鳥塚古墳といった国史跡の地域首長墓的な前方後円墳もある。

［**参考文献**］藤井寺市教育委員会『新版古市古墳群』（藤井寺市の遺跡ガイドブック（6）平5)。 （**一瀬和夫**）

ふるひとのおおえのみこ［古人大兄皇子］ ?～645 舒明天皇の皇子。母は蘇我大臣馬子の女の法提郎媛。蘇我大臣蝦夷の甥にあたる。中大兄皇子（後の天智天皇)・大海人皇子（後の天武天皇）の異母兄。天智天皇の皇后となった倭姫王の父。古人皇子・大兄皇子・古人大市皇子・古人太子・吉野太子などとも。皇極朝には、山背大兄王・古人大兄皇子・中大兄皇子の三人の大兄がいたが、古人大兄皇子は大臣蝦夷とその子の入鹿に支持され、最も有力な存在であった。六四三（皇極天皇2）年十一月、入鹿の命をうけた巨勢臣徳太らは、斑鳩の山背大兄王とその一族(上宮王家)を襲い、上宮王家は滅亡、古人大兄皇子の地位はさらに確固たるものとなった。しかし六四五（同4）年六月十二日に生じた乙巳の変で入鹿は殺害され、翌日、大臣蝦夷も自尽したため、古人大兄皇子は窮地に追い込まれて出家し、吉野に入った。同(大化元)年九月、吉備笠臣垂の密告により、古人皇子・蘇我田口臣川堀・物部朴井連椎子らの謀反が発覚、中大兄皇子の遣わした兵により、古人皇子らは殺害された。「或本」の説では、古人大兄皇子は「吉野山」に入ったとし、また古人大兄皇子と子は斬られ、その妃妾は自経したと伝える（『日本書紀』)。 （**和田萃**）

ぶれつおうりょう［武烈王陵］ 大韓民国の慶州市西岳洞にある、新羅第二九代太宗武烈王の王陵。統一新羅時代の六六一年に没し、埋葬された。周囲約一一二m、高さ約一三mの円墳であるが、その東方には陵碑が立っていた。現在、亀趺と螭首を残すのみで、碑身はなくなっている。亀趺周辺の四隅に礎石が遺存するので、もとは碑閣があったと思われ、現在復元されている。螭首の中ほどに篆額が表現され、「太宗武烈大王之碑」の八文字を二行にわたって陽刻する。陵碑は、唐の陵墓制度の影響をうけたものであるが、当時における新羅と唐の密接な交流関係がうかがえる。 （**西谷正**）

武烈王陵陵碑の螭首と亀趺

ぶれつてんのう［武烈天皇］ 生没年不祥。仁賢天皇の皇子。母は春日大娘皇后。名は小泊瀬稚鷦鷯。父の死後、泊瀬列城宮で即位。『日本書紀』では暴君とするが、継嗣がなく彼の代で王統が途絶え、継体天皇が即位したことを正当化するための造作となす説がある。 （**加藤謙吉**）

ふろ［風呂］ 入浴の古例として大嘗祭廻立殿儀式の禊において湯槽を用いた温湯浴の例があるが、古代中世において風呂という場合は通常蒸気浴をさす。天武天皇が壬申の乱の失傷を治したという八瀬竈風呂はその一つで、穴蔵に青松葉などを焚き、塩水で湿らせた筵を敷いて蒸気に浴すものであった。 （**佐藤文子**）

ふろう［浮浪］ ⇩浮浪・逃亡

ふろう・とうぼう［浮浪・逃亡］ 古代律令制下において、国家の本貫地支配から離脱し、他所に流亡するものをいう。律条では課役を全出するものを浮浪、それを欠くものを逃亡と区別するが、ともに犯罪であることに変わりはなく、時々の浮逃対策の格においても両者はとくに区別されてはいない。全戸逃亡の場合は三年、戸口の場合は六年を過ぎると籍帳から除かれ、口分田を収公されたが(三周六年法)、無貫となった浮逃がその後捕捉されれば、原則的にその所在地において付貫される定めであった。浮逃発生の主な原因は課役・出挙の重圧による公民の疲弊にあるが、なかにはこのような規定を利用して積極的に新天地への移住をはかったものもいたとみられる。浮逃の多くは王臣寺社や地方豪族による盛んな土地開墾の労働力として各地の荘園などに吸収された。国家はしだいに本来の公民の外に浮浪人身分の存在を認めざるをえず、浮浪人帳によって把握する浮浪人身分の存在を認めざるをえず、浮逃の増加は律令制支配を崩壊に導く大きな要因となった。

［**参考文献**］直木孝次郎『奈良時代史の諸問

題」（塙書房昭43）。長山泰孝『律令負担体系の研究』（塙書房51）。鎌田元一『律令公民制の研究』（塙書房平13）。（鎌田元一）

ふわないしんのう［不破内親王］ 生没年未詳。聖武天皇皇女。母は県犬養広刀自。塩焼王（氷上塩焼）の室となり、志計志麻呂・川継を生む。七六九（神護景雲3）年、称徳天皇呪詛により京外追放。冤罪が判明し、のち二品となるが、川継の乱に連座、淡路国に流された。（関口力）

ふわのせき［不破関］ ⇨三関

ぶんえんえいが［文苑英華］ 中国の詩文集。宋李昉ら奉勅撰。一〇〇〇巻。宋の太宗の九八二（太平興国7）年に命をうけ、九八七（雍熙4）年に完成した。宋四大書の一。『文選』を継いで南朝梁以後唐までの作品をおさめ、分類も『文選』同様に賦・詩・歌行・表・書・序など三七に分ける。大部分は唐代の詩文で、事実上は唐代詩文集といえ、また後世散佚した作品も多く含んで貴重である。宋の周必大が校正を加えて流通させた。（中畠俊彦）

ぶんかしゅうれいしゅう［文華秀麗集］ 平安時代初期の勅撰漢詩集。三巻。嵯峨天皇の勅により、藤原冬嗣・仲雄王・菅原清公らの撰。八一八（弘仁9）年の成立。『凌雲集』にもれたものや、新たに作られた詩を、部門別に一四八首（現存一四三首）おさめる。注釈書に『日本古典文学大系69』（岩波書店昭39）などがある。（小西茂章）

ふんきゅうぼ［墳丘墓］ その命名者である近藤義郎は、「おもに盛土によって墓域を画し形成」する意図が認められる弥生時代の墳丘を有する墳墓を、周溝墓や台状墓、さらには定型化した古墳と区別する意味で定義づけた。近年では周溝墓や台状墓を含み、弥生時代の墳丘をもつ墳墓の総称として理解されることが多く、混乱をまねいている。広義の墳丘墓とした場合、方形もしくは円形を基本とし、四隅などに突出部をともなうものもある。埋葬施設はほとんどが複数で、祭祀用の特殊な壺や器台をおくものがある。副葬品は貧弱で、少量の玉類・剣などがおさめられていたにすぎない。階層の分化が進むなかで成立していった首長層の家族墓と考えられている。弥生前期（Ⅰ期）にはすでに認められ、中期（Ⅲ期）以降、佐賀県吉野ヶ里北墳丘墓（四〇ｍ）、大阪市加美Ｙ1号墳丘墓（二七ｍ）、岡山県楯築墳丘墓（七〇ｍ）、鳥取県西谷1号墳丘墓（四〇ｍ）など大型のものが含まれるようになる。東海の前方後方や山陰の四隅突出などのように地域的に特徴をもつ墳形もある。墳丘の突出部、竪穴式石室、貼石（葺石）、祭祀における壺や器台の使用など、後の古墳の構成要素の萌芽を認めることができる。ただし、定型化した古墳にみられる段築によって造成された墳丘部、整備された前方部、長大な割竹形木棺をおさめた竪穴式石室、豊富な三角縁神獣鏡や武器類の副葬など、その間には大きな断絶がある。奈良県箸墓古墳のような定型化した古墳は、従前の地域性の枠を超越して画一的に出現することもあって、墳丘墓とは区分し、古墳時代と弥生時代を区別する指標とすることが多い。しかし、墳丘墓の定義、古墳と墳丘墓の区分には異論もあり、古墳時代と弥生時代の時代区分の問題も絡んで、日本考古学の大きな論争点の一つとなっている。

［参考文献］近藤義郎「古墳以前の墳丘墓」『岡山大学文学部紀要37』（岡山大学文学部昭52）。（福尾正彦）

ぶんきょうひふろん［文鏡秘府論］ 平安時代初期の詩論書。六巻。空海撰。八二〇（弘仁11）年以前の成立。中国の六朝から唐代までの書物を参考に、漢詩文を作る方法をまとめたもの。わが国最初の詩論。本書を要約したものが『文筆眼心抄』。『弘法大師全集3』（密教文化研究所昭40）などに翻刻されている。（小西茂章）

ふんこうじあと［芬皇寺跡］ 大韓民国の慶尚北道慶州市九黄洞にある寺院跡。『三国史記』新羅本紀には、六三四（善徳王3）年に竣工したと記す。創建時の遺構は石塔だけであるが、現在の芬皇寺境内には、礎石・石灯籠基石・石獅子などが散在する。『東京雑記』によると、石塔はもと九重あったというが、その形態から推測して七重以内とする説もある。現在、わずかに三重を残すにすぎない。安山岩を塼のように加工し積み上げた模塼塔として知られる。一九一五年に解体修理された際、高麗時代の舎利具が発見された。そのなかに琉球列島産のイモガイが含まれていて注目された。石塔の北に金堂と、さらにその北に講堂を、そして、石塔の南に中門を想定し、新羅には珍しい一塔一金堂式（四天王寺式）の伽藍配置が考えられる。

［参考文献］関野貞「新羅時代の建築」『朝鮮の建築と芸術』（岩波書店昭16）。（西谷正）

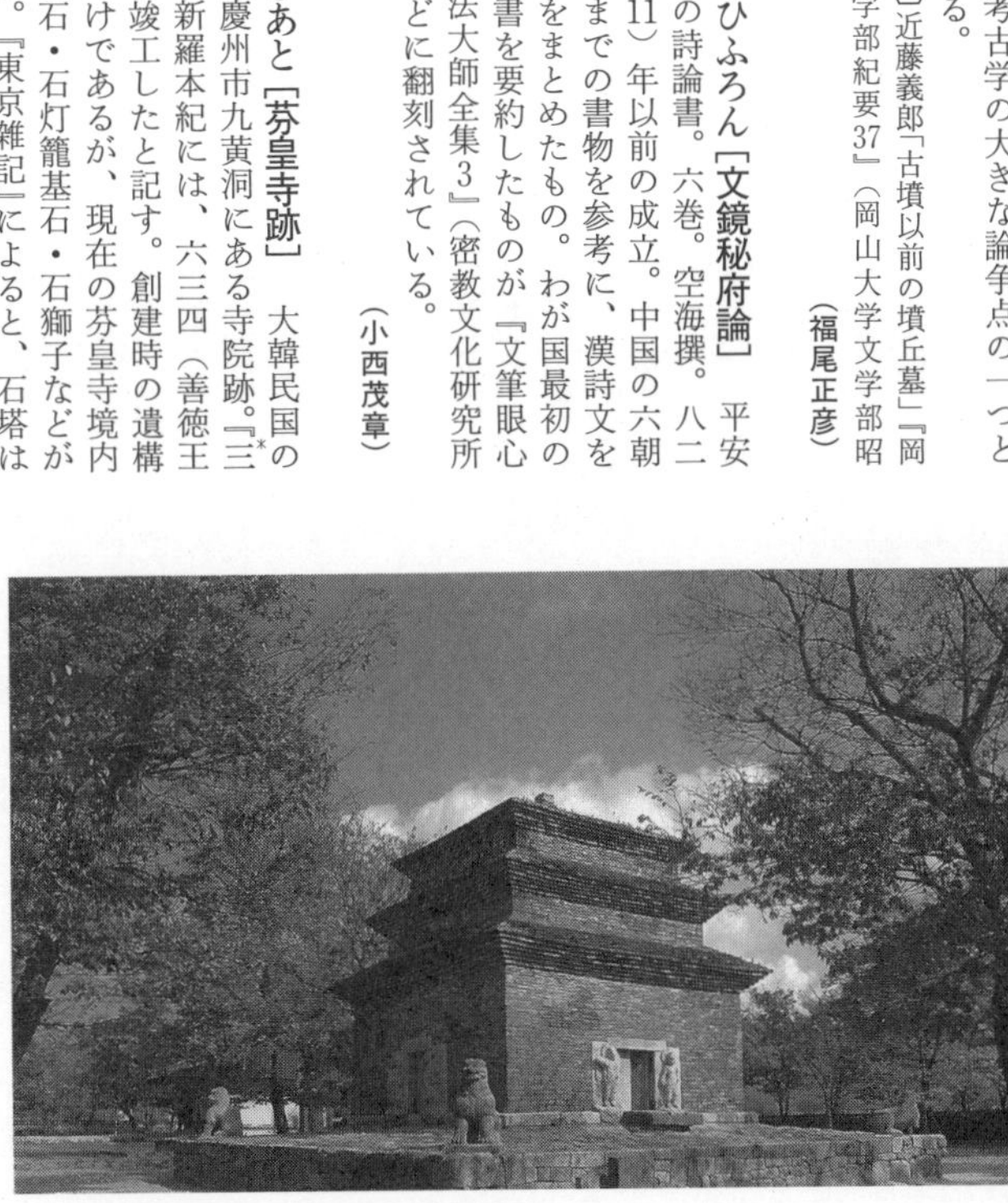

芬皇寺跡石塔基部

ぶんごのくに［豊後国］ 西海道に属する国。現在の大分県の大部分にあたる。海岸部の大分平野などを除けば、その大半は九重連山などの高峻な山地が広がる。瀬戸内海に面して、国東半島や佐賀関半島などが突出し、西北部の山中には日田盆地。もとは豊前国とともに豊国とされていたが、令制国の成立の際に二分割されて豊後国が成立した。『続日本紀』文武二（六九八）年が史料上の豊後国の初見であるが、その設置は六九〇（持統4）年頃と考えられている。「延喜式」では上国とされ、所管の郡は日田・球珠・直入・大野・海部・大分・速見・国埼郡の八郡。国府は地名や総社・印鑰社などから旧大分郡の現大分市古国府と推定されているが確認はされていない。国分寺は隣接する地域に礎石などが存在する。平城京出土木簡などの史料からも綿や海産物が著名であったことがわかる。『豊後国風土記』が残存。平安時代には六郷満山とよばれる仏教文化が国東半島周辺に栄えた。

【参考文献】『大分県史』全二一巻（昭56～平3）。渡辺澄夫『大分県の歴史』（山川出版社 昭46）。 （高橋誠一）

ぶんごのくにしょうぜいちょう【豊後国正税帳】 豊後国から政府に送られた国衙財政の収支決算報告書。七三七（天平9）年度のもののうち球珠郡、直入郡の部分などが断簡として残っている。正倉院文書。国衙が紫草園を経営し、大宰府使が検校にやってきたことなどがみえる。 （寺内浩）

ぶんごのくにふどき【豊後国風土記】 七一三（和銅6）年の官命をうけて編纂された地誌。全一巻。体裁・内容の上で『肥前国風土記』と共通するところが多く、大宰府で一括して編纂されたと考えられる。編者は不明。七二〇（養老4）年に撰進された『日本書紀』を素材にしていること、七四〇（天平12）年頃まで実施された郷里制にもとづく地名表記を採ることから、この期間に完成したとみられる。国内すべての郡・郷について記載があるわけでなく、抄本の体裁をとる。『日本古典文学大系』『新編日本古典文学全集』所収。 （荊木美行）

ふんどうがたどせいひん【分銅形土製品】 弥生時代の中期から後期にかけて、瀬戸内地方を中心に出土する土製品の一種。円形の土板の両側に抉りを入れた分銅状の形態をなすことからこの名称がつけられた。顔面表現などから祭具としての機能が推定されるが、形態や顔面表現には地域性があることが指摘されている。分布は瀬戸内地方を中心とするが、山陰や東北九州、近畿、北陸などでも出土例が報告されており、弥生時代の地域間交流のありかたに関して興味深い問題を提示している。 （鐘ヶ江賢二）

ぶんぶおう【文武王】 ?～681 在位661～81 新羅の第三〇代王。武烈王の長子。母文明は金庾信の妹。唐と連合して百済・高句麗を滅ぼし三国統一を達成。太子時代の六六〇年には百済に向かう唐軍を徳物島で迎え食糧を補給。六六三年には自ら軍を率い、唐軍と合流して百済復興軍を鎮圧。六六八年には高句麗を滅ぼす。その後、唐と対立し、日本とも通交。晩年には王都を改造。死後は龍になって国を護るとの遺言を残し、火葬され東海に葬られた。慶州東の海岸にある大王岩が海中王陵であるとされるが疑わしい。 （田中俊明）

ふんやのあきつ【文室秋津】 787～843 天武天皇の玄孫。大原王の子。八二九（天長6）年参議となり、正四位下にいたる。左右大弁、右衛門督、検非違使別当などを兼帯。八四二（承和9）年、承和の変に連座し、出雲権守に左遷。当地において卒した。 （関口力）

ふんやのきよみ【文室浄三】 693～770 天武天皇孫。長親王の子。もと智努王。七五二（天平勝宝4）年、文屋真人を賜姓。七六一（天平宝字5）年浄三と改名。七四一（天平13）年、恭仁京遷都にともない造宮卿となり、翌年紫香楽宮造営に際し造離宮司を兼ね、これらの功績により従三位に叙される。のち治部卿、出雲守、神祇伯等を歴任し、御史大夫（大納言）従二位にいたる。致仕に際しては、几杖、銭一〇万文を賜る。なお、称徳天皇崩御後に、天武系の血をひくことから、吉備真備らによって皇太子候補に推されたことがあった。 （関口力）

ふんやのみやたまろ【文室宮田麻呂】 生没年不詳。平安前期の官人。八三九（承和6）年従五位上、翌年筑前守。在任中、新羅商人の張宝高と交易を行う。八四三（同10）年謀反の嫌疑によって家宅捜索をうけ伊豆国に配流された。八六三（貞観5）年の神泉苑御霊会では祭神（御霊）の一人とされた。 （瀧浪貞子）

ふんやのやすひで【文屋康秀】 生没年不詳。平安時代初期の歌人。文室とも。字、文琳。父は宗于。八七九（元慶3）年縫殿助。六歌仙の一人で、中古三十六歌仙。百人一首にも選ばれる。小野小町と交渉があった。 （佐々木孝浩）

ふんやのわたまろ【文室綿麻呂】 765～823 平安初期の官人。大原の子。本姓三諸朝臣。八〇九（大同4）年、三山朝臣、ついで文室朝臣を賜わる。右兵衛督、播磨守等を歴任するが、八一〇（弘仁元）年の藤原薬子の変に際し、平城上皇側に侍したことから、嵯峨天皇により拘禁。しかし坂上田村麻呂の推挙により参議に列し、陸奥出羽按察使となる。田村麻呂の死後は東国経営の中心人物として活躍。翌年征夷将軍となり、長年に亘る征夷事業を終結させた。のち右近衛大将となり、中納言従三位にいたった。 （関口力）

へ

へいあんきゅう【平安宮】 平安京北端に位置し、内裏・二官八省などの国家中枢のおかれた地域。七九三（延暦12）年正月に移築のための長岡宮解体が始まっていて（『日本紀略』）、平安宮の建設は開始。七九五（同14）年五月に造宮使主典以下将領以上に叙位がありこの頃に大体完成したか。八〇五（同24）年一二月には「天下徳政」相論が起こり、翌年二月には造宮職は廃止され木工寮に合併され廃止となっており（『日本後紀』）、少なくともこのときまでは平安宮の造営は継続された。宮の構造は中国長安・洛陽城などのそれを源流とし、ほぼ中心部に内裏（皇居）をおき、その周辺に官衙を配するのを原則とし、長岡宮・平城宮などの先例を踏襲した。内部の内裏と官衙は一体で、長安が北に宮城、南に皇城＝官衙と截然と分離するのと異なるが、内裏が北部、

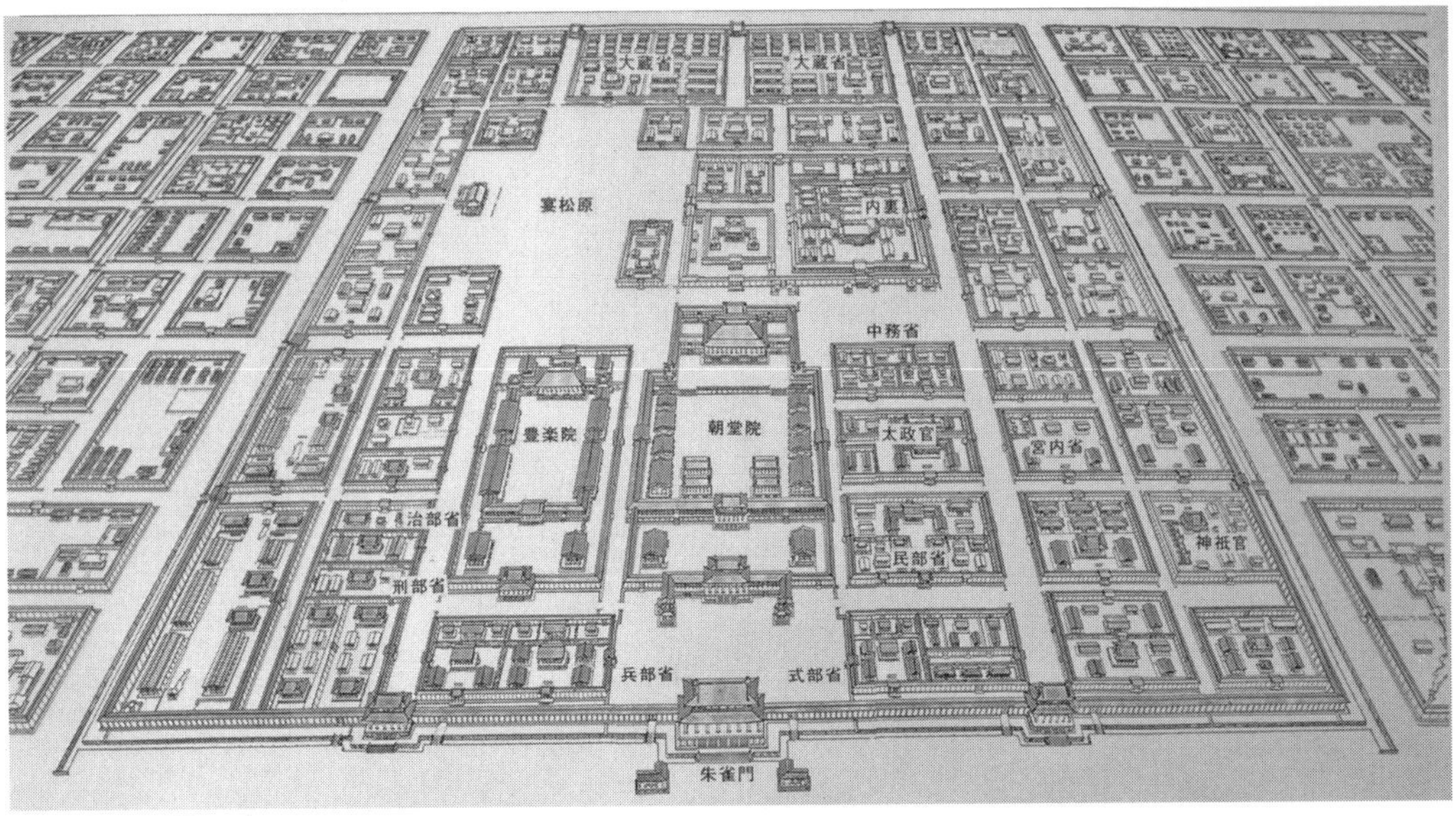

平安宮復原図（南から）
梶川敏夫画

二官八省の官衙のほとんどが待賢門・草壁門以南に位置するという類似もある。平安宮に位置した機関が完全に機能したのはほぼ一〇世紀までで、九六〇（天徳4）年の内裏焼失を機に貴族邸宅が頻繁に内裏に転用（里内裏）されてまず内裏が皇居としての機能を低下させ、国政の場としての宮城の機能は縮小した。一一七七（治承元）年には本来の平安宮の中心ともいうべき大極殿や二官八省が焼失、以後再建されることはなく、平安宮はその生命を終えた。

〔**参考文献**〕湯本文彦『平安通志』（京都市参事会明28）。橋本義則『平安宮成立史の研究』（塙書房平7）。

（**井上満郎**）

へいあんきょう［平安京］ 七九四（延暦13）年に遷都され、狭義には鎌倉幕府成立まで、広義には幕末・明治までの日本の首都・宮都をいう。前年正月に「葛野郡宇太村」を「相」し、二月に建設に着手、翌年一〇月二二日に桓武天皇が旧都長岡京から移転して正式に宮都となる（『日本紀略』）。『日本後紀』が失われていて詳細な過程は不明だが、相地から建設着手まで六日間は他の宮都にない異例の急速な事業推進で、翌年正月の新年朝賀は大極殿が未完成で中止されている。遷都詔は不明だが、七九四（延暦13）年一一月には平安京と名付けられ、山背国も山城国と改称。地名によらず雅名による宮都名は初めてでもあった。八一〇（弘仁元）年の薬子の変によって平城京への遷都が企図されるも実現せず、以後福原京の半年を例外とし、明治までの皇居地となる。宮都プランは中国長安城・洛陽城を基礎とするというが、基本的には長岡京・平城京のそれに則っており、直接に中国都城を模倣したふしはない。都市としての平安京は一〇世紀後半に画期があり、南北一七五三丈（約五・三km）、東西一五〇八丈（約四・五km）の規格性が崩壊、左京（東京）の北半部と北野・鴨川周辺の東・北郊外に市街は進出（『池亭記』）。これに加えて平安京は地形的に東北から西南にかけて傾斜し、下方は桂川・鴨川などの河川との関係で低湿なためもあって衰亡して田園化、旧平安京の東北部分を中心とする後世の都市京都の原型が成立した。ほぼこの頃に「京都」が固有名詞となり、現在にも引き継がれる道路名なども発生。政治都市からいわば市民都市への転換が起こった。内部構成は、中心部北に宮城＝大内裏（平安宮）が位置し、その周辺を市街である京域が取り巻く。皇居・官衙は原則として大内裏内に設置されたが、京域にも京職・市司など一部官衙がおかれた。京域は中心を南北に貫通する朱雀大路によって東西が左京・右京に区分され、左右京職が管轄した。

〔**参考文献**〕湯本文彦『平安通志』（京都市参事会明28）。井上満郎『研究史平安京』（吉川弘文館昭53）。北村優季『平安京』（吉川弘文館平7）。角田文衞監修『平安京提要』（角川書店平6）。

（**井上満郎**）

へいあんじだい［平安時代］ 政権所在地を基準とする時代区分で、平安京が宮都であった七九四（延暦13）年から東国鎌倉における源頼朝の幕府成立までをいうが、幕府成立時期については見解の一致を見ない。時代相では既に光仁・桓武朝から平安時代への傾斜があり、これと山城（山背）遷都の長岡京時代とを勘案して長岡遷都の七八四（同3）年を平安時代の開始とするのが妥当であろう。おおよそ四〇〇年間にわたるので政治・経済や社会・文化の変化も著しく、政権所在地の固定のみを基準に一時代として把握するには無理もある。

前半期の九世紀から一〇世紀初頭には政治はおおむね律令制を基本として行われ、摂政・関白による天皇の代行もあったが常置とならず、藤原貴族主導で政権は運営された。この間承和の変・応天門の変や阿衡の紛議などの事件があり、藤原氏による他氏排斥が進んだ。経済は公地公民制が依然として基本ではあったが私地私民への動きが加速、班田収授法の実施や戸籍・計帳の作成は退行した。文化では、遣唐使の派遣は二度にとどまるものの唐風文化が基調となり、漢文学が盛行した。前半期時代は八九四（寛平6）年の遣唐使廃止に象徴的で、東アジアの国際情勢が一挙に流動性を帯び、それにともなって日本歴史も急激な展開をむかえることになる。ついで平安中期には摂関政治にみられるごとく藤原家出身の摂政・関白が常置される貴族政治が基本となり、普通その成立は九六九（安和2）年の安和の変以後とされる。経済では公領は立錐の余地もないほどとたとえられるほどに減少し、公地公民経済が衰退して荘園経済が盛行した。貴族・寺社による地方荘園の所有は爆発的に増加し、中央権門による地方支配が進んだ。この時期は「転換期としての一〇世紀」と称されるごとく時代の激変期であり、政治・経済はむろん文化においても女性文学や和歌の盛行など画期的な成果が生み出された。その背景には東アジア全体の流動があり、九〇七年唐滅亡とその後の混乱と九七九年の統一帝国宋の成立、新羅滅亡と高麗の朝鮮半島統一（九三六年）、渤海国の滅亡（九二六年）と激動が相次いだ。日本もこの情勢と無縁ではありえず、転換期一〇世紀はこうした国際的環境から導かれたものであった。武士階級の勃興とその反乱の勃発という新時代の到来の予兆は、こうした背景によって築かれたものであった。謁見した奝然に宋皇帝が日本国の伝統の古さを称賛しまた散逸した中国典籍を逆輸入したのは（『宋史日本伝』）、こうした国際的環境のしからしむるものであったし、ただ一方的な中国発進・日本受信という日中間の国際関係がある意味で対等な関係に移行したものと考えてよい。国風文化のこの時期における成立もこのような背景で考えるべきものといえよう。後半期は院政期と総称されるが、王権中心ではあるが天皇に対して親権をもつ元天皇（上皇・法皇）が執政するという変形的な政治が行われた。この時代は僧慈円が保元の乱をもって「武者ノ世」の始まりとしたごとく、新時代の到来を告げるもので、経済のうえでも領主・農民関係を主とする中世的関係が台頭し、古代的な公地公民制が崩壊していわば中世への移行期の位置をも占めた。ために院政成立の一一世紀後半に古代崩壊・中世成立を求める見解もある。

【参考文献】『石母田正著作集（六）』（岩波書店平元）。川上多助他『平安朝史（上）』（国書刊行会昭57）。

（井上満郎）

へいあんぶっきょう【平安仏教】　平安時代の仏教のこと。具体的に文化史に則していえば平安時代初期の最澄・空海による天台宗・真言宗の開創から、末期のいわゆる鎌倉新仏教諸宗派の成立までをいう。平城京の放棄が寺院・僧侶の移転・移動の禁止をともなったごとく、長岡京・平安京の両新宮都は奈良仏教への強烈な批判のうえにたって営まれた。奈良仏教は東大寺建立にみられるように鎮護国家を祈念する国家仏教的色彩が強く、「僧尼令」が典型だが王法優位を原則とした。これに対して最澄・空海は王仏相依原則に立ち、奈良仏教とは異なり仏教教団の自立・独立を主張し、まず天台宗が奈良仏教諸宗派から自立した大乗戒壇を設けることになる。今ひとつの平安仏教の特質は救済的機能の強さで、奈良仏教にすでに伝統のある山林修行による験力の獲得とそれによる救済の普及である。最澄・空海が山岳に寺院を建立するのはそのためだが、ただその後天台・真言両宗ともに後者の強化が行われ、台密・東密のごとく密教化し、真言宗の東寺拠点化が物語るごとく都市貴族を布教対象とするようになる。両宗が庶民階級を救済対象にしなかったわけではないが、浄土信仰の普及とともに主として庶民を対象とする、聖たちを中心とする新たな仏教信仰が広まる。末法の到来は貴賤を選ばないから貴族階級にも浄土信仰や念仏は普及したが、一方では摂関家子弟の延暦寺入山に示されるように寺院・教団の政権との癒着と権門化も進んだ。一〇五二（永承7）年と認識された末法の到来とともにいっそう仏教信仰への期待は高まり、武士の勃興や諸内乱また僧兵の横行など末法を意識させる現象の出現とあいまって、この新たな社会状況に応じた浄土教系の仏教信仰が急激に広まり、これが鎌倉新仏教に発展する。

【参考文献】薗田香融『平安仏教の研究』（法蔵館昭56）。速水侑『日本仏教史　古代』（吉川弘文館昭61）。

（井上満郎）

へいけでんせつ【平家伝説】　平家の落人が隠れ住んだという伝説。安徳天皇が壇ノ浦から逃れ余生を送ったと伝える地は徳島県三好郡東祖谷山村、鹿児島県硫黄島、長崎県対馬、鳥取県岩美郡国府町など各地にあり、東祖谷山村では平国盛が安徳天皇を守って仕えたと伝える。熊本県八代郡泉村の五家荘は『平家物語』では豊前国柳が浦で入水したとされる平清経が緒方清国と名乗って隠れ住んだと伝え、宮崎県東臼杵郡椎葉村では落人の噂を聞いた源頼朝が那須与一を討伐に派遣しようとしたが、現地に赴いた与一の弟那須大八郎宗久が平穏に暮らす落人に同情し、鶴富姫と恋に落ちてしばらく住んだと伝える。能登の豪家として有名な時国家・下時国家は源平合戦後能登に配流された平時忠の子孫という。越中五箇山、信越国境の秋山郷なども平家の落人が開いたと伝え、福島県南会津地方には高倉宮（以仁王）の流離伝説が伝わるが、これら平家伝説のある土地の多くは山間の焼畑農耕地域である。落人伝説以外では幸若舞『景清』や謡曲『景清』に脚色された悪七兵衛景清や加賀篠原で討死した斎藤別当実盛などの伝承が各地に伝えられる。

【参考文献】松永伍一『平家伝説』（中央公論社昭48）。

（勝田至）

へいけのうきょう【平家納経】　平清盛が、一一六四（長寛2）年九月に自身をはじめ一門の繁栄を願って氏神の安芸国厳島神社に奉納した装飾経。法華経二八品に無量義経・観普賢経・阿弥陀経・般若心経、そして清盛自筆の願文を加えた全三三巻から成る。一人が一品一巻ずつ写経を行う一品経形式をとる。平家繁栄時に作成されていることから、表紙・本紙・題箋・軸などは、当時の最高の技法を用いてつくられたと考えられる。軸・表紙・経箱・唐櫃とともに国宝に指定。

（上島理恵子）

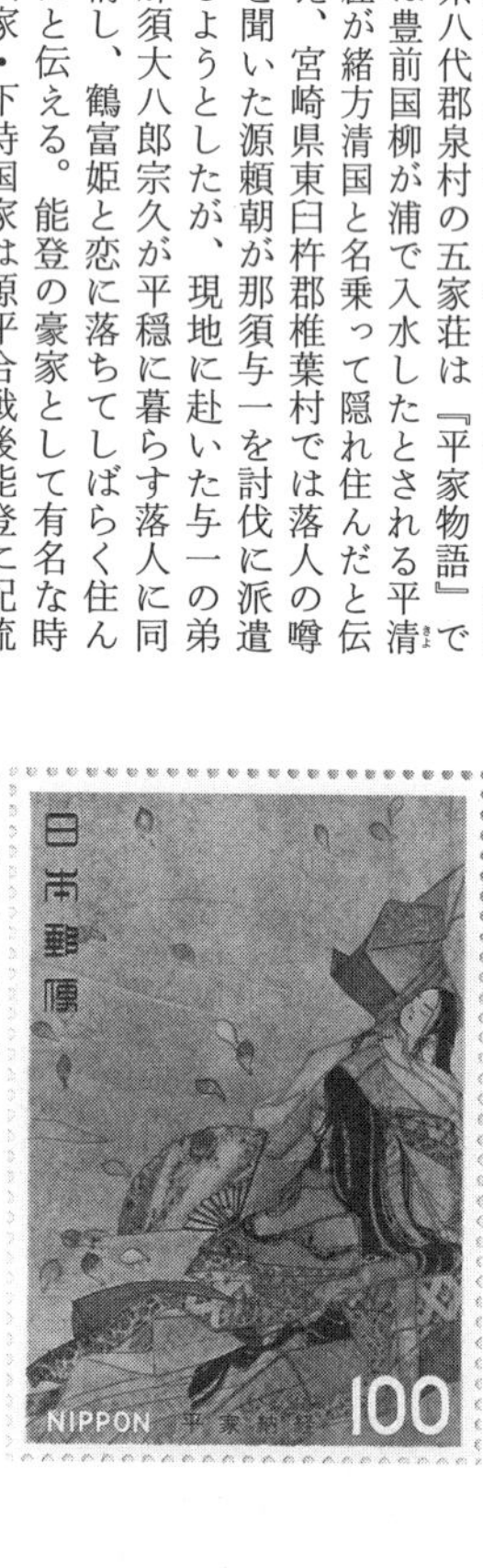

切手「平家納経」（第2次国宝シリーズ　第4集　1977年1月20日発行）

へいけものがたり【平家物語】 軍記物語。『徒然草』にみえる信濃前司の藤原行長作で琵琶法師生仏が語ったとの説をはじめ、多くの作者説がある。多様な諸本は、語り本系と読み本系に大別される。後者に属する『源平盛衰記』は四八巻もあるが、一二巻が一般的。鎌倉時代前期までには一応成立したか。桓武平氏の興隆から、清盛一門の繁栄をへて、清和源氏の頼朝勢によって西海に滅亡させられるまでを、語り本は平家鎮魂を、読み本は頼朝の天下平定を主題として描く。琵琶法師覚一制定の覚一本が流布本となっている。 (佐々木孝浩)

へいし【平氏】 天皇・皇族を祖先とする氏族。『尊卑分脈』では桓武平氏・仁明平氏・光孝平氏・文徳平氏の四流をあげる。とくに繁栄したのは桓武平氏で、普通平氏といえばこの家系をさす。成立は源氏に少し遅れた八二五(天長2)年で、桓武皇子の葛原親王の「子息を割愛し庶わくば王号を捨てん」(『日本紀略』)とあるのみで理由を明記しないが、源氏と合わせて考えれば財政削減政策の一環であったと思われる。この時の平氏の賜姓は葛原親王の子の高棟王で、この家系は基本的に朝廷社会に公卿・貴族として活動し、後には清盛による平氏政権を支えた。この家系は多くの大臣・公卿を出していて、信範は摂関家の家司として活躍し日記『兵範記』(『人車記』とも)を残している。高棟王の弟の高見王は「無位無官」で夭死したが(『平家物語』)、ためにその子の平姓を名乗る高望王は上総介として関東に下向、子孫は土着したが後に伊勢・伊賀に拠点を移し、正盛・忠盛をへて清盛にいたって政権を掌握した。高棟王の家系とはその存在形態に大きな違いがあるが清盛政権を支える勢力となり、先祖を同じくするという認識は強く、清盛の妻の時子が高棟王流であるなど、同族として緊密な協力関係にあった。ただ平氏西走の際は基本的には同行していない。平安末期の平氏滅亡後も関東地方の土着平氏の子孫は畠山・三浦・和田・千葉・梶原・北条などの武士として繁栄した。仁明平氏・光孝平氏・文徳平氏についてはは貴族として終始し、仁明平氏に随時参議が出たが、以外は受領クラスの中下級貴族にとどまり、史上見るべき活動はない。

〔参考文献〕安田元久『平家の群像』(塙書房昭42)。高橋昌明『清盛以前』(平凡社昭59)。 (井上満郎)

へいしせいけん【平氏政権】 平安末期、平清盛が樹立した政権。六波羅政権とも。平治の乱で勝者となった清盛は、国家的軍事警察権を独占するとともに急速に昇進し、一一六七(仁安2)年太政大臣となる。翌年後白河院と協調して高倉天皇を即位させたが、やがて対立し、七七(治承元)年の鹿ケ谷事件などをへて、七九(同3)年、清盛は後白河院を幽閉、政務を停止し、平氏政権が成立。翌年高倉が安徳に譲位し、外孫安徳・女婿高倉の院政・女婿基通の摂政という体制を確立した。しかし、以仁王の挙兵によって源平争乱が起こり、福原に遷都するも半年で還都。八一(養和元)年には清盛は死去し、後白河院政の復活とともに平氏政権は消滅。清盛は、各国の有力武士を家人化し、荘園・知行国・日宋貿易などを経済的基盤としながら、総下司・総官・勧農使・地頭の設置などの新政策も行った。平氏政権は、王権・荘園領主の従属化を目指し、それらを内包した武士政権を目指したと評価される。

〔参考文献〕田中文英『平氏政権の研究』(思文閣出版平6)。元木泰雄『平清盛の闘い』(角川書店平13)。 (西村隆)

へいじのらん【平治の乱】 一一五九(平治元)年に起こった内乱。乱の原因は、三年前の保元の乱以後の藤原通憲(信西)一門の急速な台頭と、そのことへの後白河院政派・二条親政派双方の不満にあった。藤原信頼・源義朝ら後白河院近臣と、藤原経宗・藤原惟方ら二条天皇側近は、本来敵対関係にあったが、信西一門を共通の敵として同盟し、当時最大の軍事勢力であった平清盛の熊野参詣中に挙兵、信西は宇治田原山中で自害した。次いで共通の敵を失った両派は分裂し、二条親政派は帰京した清盛と提携、二条天皇を六波羅に奪回した。次いで後白河院も仁和寺に逃れ、後白河院政派は賊軍に転落、平氏軍の追討をうけ、信頼は六条河原で処刑され、義朝は東国に落ち延びる途上で謀殺された。翌年には乱の余波で経宗・惟方ら二条親政派も失脚、平清盛は乱の唯一の勝利者として、政界での実力を大きく増大させることとなった。

〔参考文献〕飯田悠紀子『保元・平治の乱』(教育社昭54)。元木泰雄『院政期政治史研究』(思文閣出版平8)。河内祥輔『保元の乱・平治の乱』(吉川弘文館平14)。 (佐伯智広)

へいしゅつ【平出】 敬意を表すべきことばが文中にある場合、改行して行頭にその語をおくこと。「平出」とは「平頭抄出」の意。

養老公式令平出条には、皇祖・皇祖妣・皇考・皇妣・先帝・天子・天皇・皇帝など一五語は平出せよとある。 (荊木美行)

へいじゅんしょ【平準署】 令外官の一つ。左右に分かれ、七道を二分して管掌した。七五九(天平宝字3)年、藤原仲麻呂の建議により、常平倉と同時に設置された。常平倉に蓄えた公廨稲を売買し、京内の米価を調節し、その利潤を調庸運脚夫の帰路の費用にあてた。七七一(宝亀2)年、常平倉とともに廃止。 (荊木美行)

へいじょうきゅう【平城宮】 奈良盆地北部、奈良県奈良市に所在。平城京(七一〇〈和銅3〉年~七八四〈延暦3〉年)の宮城。面積約一三〇ha。一辺約一kmの正方形の東に張出し部(東西〇・二五×南北〇・七五km)が付く。北面を除く宮の周囲には築地の大垣が廻り、南面および西面に三つの門が開く。東張出し部南面には二つの門が開くことが確認されている。宮内の諸施設は、内裏などの宮殿施設、大極殿・朝堂院などの中枢施設、曹司などの官衙施設、苑池などに大別される。遺構の時期は大きく二時期に分かれる。中枢施設は朱雀門の北(第一次地区・中央区)と壬生門の北(第二次地区・東区)の二つの区画がある。第一次地区の朝堂院は四堂型式。その北側は、前期は巨大な前庭空間をもつ第一次大極殿院、後期には一部区画を変更して西宮と推定される宮殿である。後期の第二次地区は、南から朝集殿院・十二堂型式の朝堂院が並ぶ。その北側は、内裏外郭に包摂されるように第二次大極殿院・大極殿、さらにその北は内裏内郭である。前期にも、ほぼ同規模の掘立柱建物群が存在したが、第二次大極殿の下層建物はやや規模が小さく、「大安殿」とみる説も有力であ

南からみた平城宮跡
写真：奈良文化財研究所

る。官衙施設としては式部省、後期の兵部省と神祇官などが確認されている。後期の官衙施設は、古図から知られる平安宮のそれと類似するが、前期の様相については不明な点が多い。苑池施設は東張出し部の東南端に東院庭園があり、現在宮の北西部にある佐紀池は、かつて西池（鳥池）とよばれた苑池の一部と考えられる。また、宮の北側には松林苑（松林宮）があった。遺物は当代の宮城だけに多種多量で、優品も多い。とくに木簡をはじめとする出土文字資料は一次史料であり、考古学的な研究の上で大きな役割をはたすとともに、文献からの古代史研究にも欠かせない材料となっている。平城宮は、日本の文化財調査・研究・保護さらには活用の「メッカ」というべきものである。平城宮の研究は幕末の北浦定政による研究から、顕彰・保存運動は明治期の棚田嘉十郎・溝辺文四郎による運動から始まる。その後幾度か破壊の危機に瀕したが、国民的な保存運動の盛り上がりによって守られ、現在は国特別史跡に指定され、ほぼ全域が国有地化されて手厚い保護が加えられている。発掘調査・研究は一九五九（昭和34）年以来奈良（国立）文化財研究所によって行われ、「遺跡博物館構想」にもとづく整備も進行中である。

【参考文献】 舘野和己『古代都市平城京の世界』（山川出版社平13）。渡辺晃宏『日本の歴史4　平城京と木簡の世紀』（講談社平13）。馬場基『歴史と地理』五四七（平13）。**（馬場基）**

へいじょうきょう【平城京】 ⇨平城宮（へいじょうきゅう）

平城京跡出土木簡（へいじょうきょうあとしゅつどもっかん）　巻末資料

へいじょうきょうあとしゅつどもっかん【平城京跡出土木簡】 平城京跡から出土する奈良時代の木簡の総称。木簡は平城宮内のみならず京内の邸宅や公的施設などでも多く使用されたため京内各所から出土している。開発によって一九七五（昭和50）年前後から平城京跡の発掘件数がしだいに増加し、奈良県・奈良市・大和郡山市・奈良文化財研究所によって調査が行われ多くの木簡が出土している。とくに一九八八（同63）年に平城京左京三条二坊の長屋王邸宅跡から出土した長屋王家木簡は邸宅の片隅に掘られた溝に廃棄されていたもので、出土点数は約三万五〇〇〇点にのぼる。木簡は七一〇（和銅3）年から七一七（霊亀3）年の家政に関するものであるが、内容は多岐にわたる。家令による文書木簡、邸内の者に対する食料支給木簡、大和周辺に所有していた御田・御園からの木簡などがある。奈良時代前期の貴族の家政組織や日常生活を知ることのできる貴重な史料である。また二条大路木簡は出土点数七万四〇〇〇点を数え、七四〇（天平12）年頃に周辺から廃棄されたものである。木簡は長屋王邸宅北側にある二条大路路面の南北両側に掘られた溝状のゴミ捨て穴から出土したもので、その内容は天皇家に密接に関わるものと藤原麻呂邸宅に関するものとがある。前者は皇后宮によって廃棄された木簡であり、後者も藤原麻呂の家政機関が皇后宮の運営に関与したため残ったものである。皇后宮は長屋王の没後に旧長屋王邸に設置され、藤原麻呂邸は左京二条二坊に所在したとみられている。

【参考文献】 奈良国立文化財研究所『平城京左京二条二坊・三条二坊発掘調査報告』（平7）。同『平城京木簡一』（平7）。同『平城京木簡二』（平13）。同『長屋王家・二条大路木簡を読む』（平13）。**（鶴見泰寿）**

へいじょうのいせき【平壌の遺跡】 平壌（ピョンヤン）は朝鮮半島西北部、大同江の中・上流域に位置する。遺跡の立地は、旧石器時代では山地の石灰洞窟がめだち、櫛目文土器時代以降は平野や周辺の山麓に移る。旧石器時代遺跡には早くに発見された、コムンモル洞窟（ピョンヤン特別市祥原郡黒隅里）がある。ピョンヤン特別市力浦区域大峴洞の石灰洞窟からは旧人とされる化石人骨（力浦人）が出土している。晩達里洞窟（ピョンヤン特別市勝湖区域）は新人の化石人骨に細石器、骨器が伴っている。櫛目文土器時代（新石器時代）では、金灘里遺跡（ピョンヤン特別市寺洞区域）、南京遺跡（ピョンヤン特別市三石区域）などの集落遺跡がある。南京遺跡では、竪穴住居跡からアワ、すり臼、魚網錘、扁平片刃石斧が出土している。無文土器時代（青銅器時代）の南京遺跡竪穴住居跡から、米、アワ、モロコシ、大豆などの穀物粒が検出された。稲は畑作によるとみられる。コマ形土器、蛤刃形石斧、半月形石包丁が出土している。この時代に特徴的な支石墓は旧柴足面青雲里に、箱式石棺は南京遺跡にみられる。紀元前一〇八年、前漢の武帝は、平壌にあった衛氏朝鮮の王倹城を滅ぼし、楽浪郡など四郡を朝鮮半島に設置した。楽浪郡の中枢部は平壌におかれた。楽浪郡関連の遺跡は大同江南岸に集中する。楽浪郡治は土城内部に瓦葺きの建物跡があり、封泥も出土している。周囲にひろがる古墳は中国式の木槨墓と塼室墓で、鏡や漆器、馬具など漢式の遺物とともに、細形銅剣、銅戈など土着文化の遺物が副葬された。平壌は高句麗時代後期（四二七～六六八年）に王都として栄え、都城、寺院、古墳群などの多くの遺跡を残す。王都関連の遺跡は大同江北岸に集中する。五八六年遷都以前の都城である平壌城（前期平壌城）の王宮はピョンヤン特別市北東の清岩里土城（ピョンヤン特別市清岩洞）と推定され、内部に寺院跡（清岩里廃寺）がある。王都を守る大城山城が背後にある。長安城とも称された後期平壌城（五八六～六六八年）は、ピョンヤン特別市街中心部に石築の城壁を残す。大城山城南麓一帯には高句麗古墳群が広がる。大多数は封土墳で、横穴式石室が発達し、多数の壁画古墳がある。

【参考文献】東潮他『高句麗の歴史遺跡』（中央公論社平7）。早乙女雅博『朝鮮半島の考古学』（同成社平12）。田村晃一『楽浪と高句麗の考古学』（同成社平13）。　（千田剛道）

へいぜいてんのう【平城天皇】 774～24 在位806～09 桓武天皇第一皇子。母は藤原乙牟漏。名は安殿。七八五（延暦4）年、皇太子早良親王が藤原種継暗殺事件に連座し廃されたことにより立太子。即位後は緊縮財政、宮司の整備、地方政治の刷新などの行政改革に取り組む。しかし藤原薬子を寵愛し、譲位後は平城遷都を強行しようとし同母弟嵯峨天皇と対立。挙兵するが失敗。平城宮において落飾。皇太子高丘親王も廃された。楊梅陵は奈良市佐紀町に治定される。　（関口力）

へいちゅうものがたり【平中物語】 平安時代中期の歌物語。著者不詳。九六〇（天徳4）年から九六五（康保2）年頃までの成立か。全三九段、歌数一五三首。「平中」とは、平貞文のこと。彼を主人公として、男女の心の機微や駆け引きなどを描く。注釈書に『新編日本古典文学全集12』（小学館平6）などがある。　（小西茂章）

へいはく【幣帛】 幣と帛は絹や絹織物をさすが、神を祭るのに用いる「幣ハ祭ルレ神ヲ之帛」（『漢書』巻四師古注）。わが国ではミテグラと訓読されたが、絹に限らず広く神への報賽・祈願の供物を意味するようになる。「延喜式」では、祭祀の種類や社格に応じて幣帛の品目と数量を示す。朝廷からの「班幣」か「奉幣」かには、用語に使い分けがあるといわれる。　（白江恒夫）

へき【璧】 中国で殷・周・漢時代に社会的身分の表現や祭祀に使われた、中央に円孔をもつ円盤形の軟玉製品。ガラス・滑石・木製などもある。文様のあるものはそれに応じた名称がある。漢では建築・調度品などの装飾にも使われるが、死者の保護・保存に良い影響を与えるとして、身分に応じた副葬品としても重要な役割をはたした。日本では福岡県三雲南小路遺跡でガラス製穀璧が八個副葬されていた。

【参考文献】林巳奈夫「中国古代の祭玉・瑞玉」『東方学報』40（昭44）。　（柳田康雄）

へきがこふん【壁画古墳】 ⇨装飾古墳

へきぎょくせいうでかざり【碧玉製腕飾】 南海産貝輪を模した古墳時代の石製品の総称。鍬形石・車輪石・石釧の三種があり、前期から中期前半代にかけて使用された。古くは緑色凝灰岩製が多いが、新出の製品は滑石製品が増加する。近年では腕輪形石製品とよぶこともある。鍬形石、車輪石、石釧の順に分布圏を拡げ、滑石製石釧は、朝鮮半島からも出土している。畿内を中心に分布することから、ヤマト王権から各地の首長層に配布された威信財との説が有力であるが、奈良県島の山古墳の出土状態などから、これに対しての異論もある。　（福尾正彦）

へくらじま【舳倉島】 能登国の島。現石川県輪島市、能登半島の北約四八kmの日本海にある孤島。対岸の輪島市海士町の海女は筑前国宗像郡鐘崎の出自という伝承をもつ。　（高橋誠一）

へぐりし【平群氏】 大和国平群郡を本拠とした臣姓の豪族。六八四（天武13）年十一月、朝臣の姓を賜った。建内（武内）宿禰の子と伝える平群都久（木菟）宿禰を祖とし、同族には佐和良臣・馬御樴連らがいる（『古事記』孝元段）。その本拠地は水陸交通の要衝であった。奈良盆地北西部の平群谷から、斑鳩の西方域に及ぶ平群川（現在は龍田川と称す）の流域にあたり、大和川に下る水運の便に恵まれ、また陸路をとって龍田山を越えれば中河内にいたった。『日本書紀』によれば、平群臣真鳥は雄略即位に際して大臣に任命され、仁賢朝には国政を専らにしたと伝える。真鳥の子の鮪は、海石榴市の巷での歌垣で、物部麁鹿火大連の女の影媛をめぐり、太子（後の武烈天皇）と争って勝利したが、後日、太子の要請をうけた大伴大連金村により乃楽山で殺害され、また真鳥も殺されたという。平群谷に築造された前方後円墳として六世紀初頭の勢野茶臼山古墳（全長約四〇m。すでに消滅）や、六世紀中頃に築造された烏土塚古墳（全長六〇・五m）がある。しかしそれらの規模・年代からみて、国政を専らにしたという平群臣真鳥に結びつかない。『日本書紀』にみえる平群氏の伝承は、六八一（天武10）年三月から「帝紀および上古諸事」の記定作業が開始され、その作業に加わるとともに筆録にも従事した平群臣子首の存在が大きく関わっているかと思われる。なお平群郡三郷町大字勢野に平隆寺があり、聖徳太子建立寺院の一つと伝承されている。『太子伝暦抄』には、平隆寺を平群寺とも伝え、また一四四一（嘉吉元）年の「興福寺官務牒疏」には、平群寺について「推古天皇九年、平群神手将軍の本願也」と記す。平群臣神手は、五八七（用明2）年七月に蘇我大臣馬子による物部大連守屋討滅軍に加わったことがみえている（『日本書紀』）。これまでの発掘調査により、伽藍配置には問題を残すが、推古朝末頃の創建と推定されている。　（和田萃）

へぐりのこおびと【平群子首】 生没未詳。七世紀後半の官人。六八一（天武一〇）年三月、詔により川嶋皇子・忍壁皇子ら一二人は、帝紀および上古諸事の記定作業に従事したが、その際、筆録者として、大山上中臣連大嶋とともに大山下平群臣子首がみえている（『日本書紀』）。一九八五（昭和60）年に実施された飛鳥京跡の第一〇四次調査で、「辛巳年（天武一〇年）」と記した木簡とともに、壬申の乱に関わる人名・地名を記した木簡削屑が出土した。天武朝史局に関連するものと推測されるが、その内に「□子首」と記すものがあった。一二人のうちに、平群臣子首とともに忌部連子首の名もみえるので断定はできないが、平群臣子首の可能性もある。（和田萃）

へぐりのしび【平群鮪】 生没年未詳。大臣真鳥の子。武烈天皇がまだ太子であったとき、大連物部麁鹿火の女、影媛を妃としようとしたが、鮪はすでに影媛に通じていた。太子は海石榴市の巷での歌垣の場でそれを察知したため、大伴連金村に命じて鮪を乃楽（奈良）山で殺害させた。鮪の死を悼んで影媛が歌った「石上布留を過ぎて…」で始まる有名な葬り歌がみえる（『日本書紀』）。平群氏は平群谷を本拠としていたから、鮪が乃楽山で殺された理由は判然としない。天理市布留町から石上町一帯を本拠としていた物部氏の間で歌われていた葬り歌をもとに、平群氏の専横を示す記事とされた可能性も残る。ちなみに『古事記』では、平群臣の祖、志毘臣が袁祁命（後の顕宗天皇）と歌垣で、菟田首の女、大魚を争ったとする。（和田萃）

へぐりのまとり【平群真鳥】 生没年未詳。『日本書紀』に、雄略朝から仁賢朝にかけて大臣であったとする伝承上の人物。『古事記』にはみえない。その子の鮪は、武烈天皇が太子であったときに、物部大連麁鹿火の女であった影媛をめぐって争い、その結果、大伴連金村により乃楽（奈良）山で殺害された（『日本書紀』）。平群氏は平群谷を拠点とした有力な臣姓の豪族であるが、平群谷の古墳をみると、五世紀後半～末頃に前方後円墳は築造されておらず、大臣真鳥の実在性は薄い。（和田萃）

へざ【戸座】 神祇官・斎宮寮に所属し、天皇・三后（皇后・皇太后・太皇太后）・斎宮に供奉する者。祭祀への参列や外出の随行にあたった。特定氏族の七歳以上の未成年・未婚の童男から卜定、採用され、長じて身体的成長、結婚などにより交替した。（荊木美行）

べっこう【鼈甲】 玳瑁（ウミガメ）の甲羅を原料として製作された櫛や簪等の装飾品。もともと玳瑁細工とよばれていたが、贅沢を禁じた江戸時代に、食用として許されていた鼈の甲羅と偽りながら製作したため、鼈甲細工の呼称が普及したといわれる。（高梨修）

べっしゅうふせんしょう【別聚符宣抄】 九〇二（延喜2）年から九七一（天禄2）年までの官符・宣旨など一三三通の文書を収録した文書集。編者・成立年代とも未詳であるが、九七一（天禄2）年から一〇二九（長元2）年の成立と推定される。『類聚符宣抄』と似た体裁をもつが、別に編纂されたもの。類聚編集は完備せず、編纂未了であった可能性が高い。平安中期の政治法制経済などを知る史料として重要。広橋家に伝来した鎌倉時代書写本（現国立歴史民俗博物館所蔵）が唯一の伝本であるが、首尾を欠き、焼損の跡がある残欠本。そのためもとの書名も不明。『新訂増補国史大系』所収にあたり、仮題として現在の書名がつけられた。

【参考文献】清水潔『類聚符宣抄の研究』（国書刊行会昭57）。皆川完一編『国史大系書目解題』下（吉川弘文館平13）。（清水潔）

べっそんざっき【別尊雑記】 平安時代末期の図像集。仏種房心覚編。五七巻。『五十巻抄』とも。仏像図像を尊別に分類編纂された図像集としては、恵什の『図像抄』についで古い。仁和寺に心覚自筆原本が伝来。一二世紀後期に成立か。（綾村宏）

べつみょう【別名】 一一世紀に出現した国衙領の単位所領。国衙に直接納税がなされる別符の一種で、税率が一般の国衙領とは異なる。開発所領として立てられることが多かったが、買得や寄進による土地集積を契機とするものもあった。（勝山清次）

べにばな【紅花】 キク科の二年草。黄色と紅色の二種の色素が含まれており、黄色素は水に溶けるが、紅色素は水に溶けない。染料や化粧の紅に用いたりあるいは絵具としての臙脂をつくる。原産地は中近東、エジプトとされ、日本へは六世紀の頃に伝わり、奈良県斑鳩町の藤ノ木古墳では石棺内から紅花の花粉がみつかっている。『日本書紀』によれば六八五（天武14）年から四年間、紫に替えて紅染の一種である朱花が最高の服色と定められていた。『万葉集』では「唐棣」と書く。（上田正昭）

へぬし【戸主】 平安京における地割の基本単位。平安京では、一坊は一六町からなるが、その一町を東西に四分、南北に八分した三二等分の地積を戸主と称した。東西一〇丈（約三〇m）、南北五丈（約一五m）の長方形の区画が一戸主の面積であった。（荊木美行）

べみんせい【部民制】 大和王権の民衆支配制度。大和王権は豪族の部曲の領有を否定することなく、それらを部という名称で公認し、豪族に対して経済的、政治的基盤を保障すると同時に、王権への奉仕の義務を負わせた。豪族は部民を統括する地位（伴造）にあって、さまざまな形で王権に奉仕し、王権―豪族―部民（民衆）という支配体制が構築された。戦後の研究では当初、部民制を大和王権の官僚制度として理解する傾向が強く、律令体制下の官僚制度につながるものとして評価されてきた。大和王権の官僚制度を諸豪族のなかから政府に上番する伴集団にみいだし、基本的に部民は伴を資養するために設定された民衆と位置づけられた。部民の分類も試みられ、山部・馬飼部のような大王に具体的な職掌をもって奉仕する部民（品部）、刑部・日下部のような、名に宮号をもち、大王や王族に領有される部民（名代・子代）、葛城部・蘇我部のような有力豪族に領有される部民（部曲）という三類型が示され、通説となってきた。その後、部民制を官僚制度ではなく、民衆支配制度とする視点が強調され、通説に対する批判が展開され、民衆支配制度としての部民制の構造や特質が明らかにされていった。その結果、上の三類型が存在するという理解は否定され、品部は部と同義で豪族の王権への奉仕を表すもので、部曲が豪族の民衆に対する支配を表し、部民（品部）と部曲は同じ実体であるとする理解が定着し現在の共通認識となっている。部民制を官僚制度とする立場から、多くの伴が出現する五世紀後半が部民制成立の大きな画期とされてきたが、部民制の形成については課題として残っている。現在のところ、史料上、最も早い例は島根県岡田山一号墳出土の鉄刀銘にみえる「額田部臣」であり、六世紀と考えられる。部民の設定は豪族が大和王権へ服属することとほぼ同義であり、この問題は大和王権の支配領域の拡大という問題と不可分の関係にある。

〔参考文献〕井上光貞『大化前代の国家と社会著作集4』（岩波書店昭60）。狩野久『日本古代の国家と都城』（東京大学出版会平2）。鎌田元一『律令公民制の研究』（塙書房平13）。

（鷺森浩幸）

へるのしょう［覇流荘］　滋賀県彦根市西南部、現在の曾根沼付近にあった荘園。東大寺領。七四九（天平感宝元）年閏五月詔により開発が命じられ、近江専当国司が正税を用いて開発後、東大寺に施入された。一〇世紀末を最後に史料に現れず、その故郷は、現在の曾根沼に水没したと推測されている。

〔参考文献〕弥永貞三『奈良時代の貴族と農民』（至文堂昭41）。谷岡武雄『平野の開発』（古今書院昭39）。

（山本崇）

へんい［版位］　「へんに」とも。政務や儀式に際して行事（奉行）や参列者が立つ位置におかれた目印。儀制令版位条に規定されるほか、尋常版・宣命版などが諸史料に散見する。なお、平城宮跡から「公事」「私事」と刻まれた塼製の版位が出土している。

（山本崇）

べんかん［弁官］　「おほともひのつかさ」とも。大宝・養老令制における太政官の一部局。左右に分かれ、左弁官は八省のうち中務・式部・治部・民部の四省を、右弁官は兵部・刑部・大蔵・宮内の四省を管轄した。太政官と諸司・諸国を結ぶ事務局として機能。職員には、左右それぞれ大・中・少弁や大史・少史、さらには史生・官掌がいた。

（荊木美行）

べんかん［冕冠］　唐代の皇帝が着け、天皇が大儀に用いた冠。近世のものは金銅製円筒形透彫の天冠上に長方形の冕板をおき、四辺に糸縄を垂らす。聖武天皇が七三二（天平4）年正月の朝賀から使用。正倉院にその金具残欠が残っているが、それを後に参考とした。

（芳井敬郎）

べんさいし［弁済使］　平安時代、諸国の受領が貢納物の弁済と公文の調進のために設けた役人。一〇世紀前半からおかれ、京都とその近辺で活動したが、九州では国衙領で官物などの徴収にあたる所職として設置されたものもある。

（勝山清次）

へんじょう［遍昭］　816〜90　平安時代初期の歌人。俗名、良岑宗貞。遍照とも。号は花山僧正。父は桓武皇子大納言安世。子に素性。元慶寺を創建。六歌仙・三十六歌仙の一人で百人一首作者。小野小町と歌のやりとりがあった。家集に『遍昭集』がある。

（佐々木孝浩）

へんじょうほっきしょうりょうしゅう［遍昭発揮性霊集］　⇩性霊集

へんたいかんぶん［変体漢文］　漢文は古典中国語に即した文体であるが、他言語の話者が漢文を書こうとすると母語の影響で生来の中国語話者なら使わない用語や漢字の配列があらわれてしまうことがある。そのような事情で日本語風になまっている漢文体の文章を「変体漢文」とよぶ。これに対して中国語の用語・構文に一致するものを「正格の漢文」または「純漢文」とよぶ。変体漢文は一様でなく、純漢文に近いものからほとんど日本語文に近いものまで幅がある。例えば、七世紀の木簡は日本語の自立語の順に漢字を並べた文であるものが多い。また、中世の漢字仮名まじり文にも「不」などを返読する箇所がある。一方、正格の漢文をめざした『日本書紀』などにも部分的には一種のなまりがあると言われている。なまりの程度の大きいものを指して「和化漢文」とよぶときがある。変体漢文のような文体は東アジアに普遍的である。日本のものも古代朝鮮半島から影響をうけて成立した可能性が大きい。

〔参考文献〕峰岸明『変体漢文』（東京堂出版昭61）。築島裕『平安時代語新論』（東京大学出版会昭44）。

（犬飼隆）

へんばい［反閇］　天皇の行幸や移徙、貴族の出向、国司の下向などの際に、邪鬼を制して息災を祈る平安中期からみられる陰陽道の呪法。陰陽師が玉女・竜樹菩薩などを勧請して呪を唱え、禹歩（千鳥足で歩く呪法）して先導、貴人はその後ろを追歩する。

〔参考文献〕村山修一他編『陰陽道叢書四』（名著出版平5）。

（北康宏）

ほ

ほ/ほう［保］　①律令制下の隣保組織。五保ともいう。五戸からなり、保長一人が任じられた。保内で相互に監視し、租税の納入などで連帯責任を負った。②平安京の条坊制の単位。四町で一保、四保で一坊をなし、保ごとに保長、ついで保刀禰がおかれ、治安の維持などにあたった。またのちには行政単位として、鎌倉などの都市にも導入された。③国衙領の所領の一種。一一世紀以降、諸国の国衙領でも保の設置をみた。このタイプは国衙領の再編のなかで、開発所領として形成され、開発申請者が保司に任じられた。開発所領のなかでは、国衙が負った負担を在地に転嫁する場合、保の呼称をともなったようである。官物が国衙に納められる国保と、権門や官司に進納される京保に分けられ、後者では在京領主が保司であることが多い。納官物や封戸物をおさめるために設置された便補保はその代表的な例である。

（勝山清次）

ほいだただとも［穂井田忠友］　1791〜1847　江戸時代後期の国学者、歌人。号は蓼莪。備中出身の小原家に生れ、摂津生玉神社の社司穂井田家の養子となった。平田篤胤に国学を学び、香川景樹に和学の指導をうけた。上方の考古同好会「以文会」で伴信友、羽田野敬雄らと交友を結び、禁裏付武家の梶野良材の庇護をうけた。奈良奉行となった梶野に従って大和に移り、一八三三（天保4）年から三六（同7）年にかけて正倉院宝物を調査し、「正倉院文書」正集四五巻の整理にあたった。古代の文物に通暁し「ならや」の異名がある。著作も多彩で『中外銭史』『文氏墓誌考実』『埋麝発香』『観古雑帖』『続日本紀問答』『扶桑国考』『皇朝古印譜』などがある。（増尾伸一郎）

ほう【烽】　古代において最速の情報伝達手段は烽である。日本では、早くは弥生時代の高地性集落に「のろし」の遺構が検出されており、それ以降、近世にいたるまで「のろし」は存在していた。しかし中国の制にならい、国家が「のろし」を軍事通信施設として正式に管理運営したのは、律令国家体制下の烽制のみである。日本古代においてその契機となったのは、六六三（天智2）年の白村江の敗戦であり、その翌年に唐・新羅軍の来襲に備えて北九州の地に設けられたのが烽制のはじまりである。律令制の「軍防令」の規制によると、烽は四〇里（唐では三〇里）ごとに設置され、昼は煙をあげ、夜は火をあげて合図を送った。また、煙や火をあげても前方の烽が受信の合図を発しない場合は、徒歩の連絡員を派遣すると規定されていた。この烽の遺跡については、例えば『肥前国風土記』の小城郡の烽は、標高約三三七mもある両子山に比定されている。しかし、一九九五（平成7）年、栃木県宇都宮市飛山城跡での九世紀半ば頃の墨書土器「烽家」の発見によって、「飛山」の地名が古代の「烽」のある鬼怒川沿いの段丘上（河床からの比高約二〇m）に由来したことが明らかとなった。この烽施設は、緊迫した東北情勢下に隣国下野国が備えたことを示すものである。（平川南）

ほう【袍】　平安時代以降の公家装束で衣冠、束帯、直衣などの最上衣。位階相当色の定めがある位袍と定めのない雑袍とがあり、後者は直衣の際用いられる。袍の形は奈良時代の朝服を基本に全体に長大化したもので、束帯時には文官用の縫腋袍と武官用の闕腋袍とがある。（佐藤文子）

ほう・こう・そつ・し【崩・薨・卒・死】
⇨死し

ほうい／ほい【布衣】　一般に野外着より生じた狩衣の別称であるが、狭義には地下に用いられる単仕立のものをいう。また庶民の服装という意味合いから観念的に無官の人をさす場合がある。（佐藤文子）

ほうえきのほう【縫腋袍】　平安時代、衣冠および束帯の最上衣に着る袍のうち、文官に用いられるもので脇を縫合わせたもの。後腰に格袋とよばれる袋状の縫込みをもつ。束帯時は腰を石帯で結ぶが、衣冠時は格袋を外側に垂らし、両脇の小紐を回して結び着用する。（佐藤文子）

ほうえんざかごせいきだいたてものぐん【法円坂五世紀代建物群】　上町台地の北端、大阪府大阪市中央区法円坂で検出した五世紀代の大型掘立柱倉庫群。これまでの調査で一六棟が東西二群に分かれ、正方位で整然と配列された状況が確認されている。規模は約一〇m（五間）×約九m（五間）、構造は柱穴の配列から高床の入母屋造りであると考えられている。立地や規模などからヤマト政権との関係が示唆されるが、詳細な時期決定や周辺施設の確認などの課題も残る。（江浦洋）

ほうおう【法王】　称徳天皇が、七六六（天平神護2）年に隅寺の仏舎利出現を、太政大臣禅師道鏡の功として、彼の為に創設した地位。月料・法王宮職など皇太子に准じる地位であった。七七〇（宝亀元）年に天皇が崩御し、道鏡が左遷されると廃された。（上島理恵子）

ほうおう【法皇】　出家した太上天皇（上皇）のこと。八九九（昌泰2）年宇多上皇が出家して、太上天皇の尊号を辞退し、太上法皇と称してから一般化した呼称。太上天皇の尊号辞退は勅許されないのが例となるので、出家後も正式の称号は太上天皇のままとされる。一部の例外を除き、天皇の出家は譲位後に行われ、孝謙上皇から霊元上皇まで、その例は三五例を数える。即位しなかった後高倉院と後崇光院は、親王のときすでに出家していたので、ともに法皇とも称した。（美川圭）

ほうかいじ【法界寺】　京都市伏見区日野西大道町にある真言宗の寺。ほっかいじとも。東光山。本尊は「ちち薬師」と称される薬師如来。一〇五一（永承6）年頃、藤原（日野）資業が薬師堂を建立したのに始まる。日野家の菩提寺の性格をもつ。定朝様の阿弥陀如来および阿弥陀堂は国宝。（野口孝子）

ほうかくきくししんきょう【方格規矩四神鏡】　前漢末から後漢の前半代を中心に流行した鏡であり、「始建国二年（一〇年）」と「天鳳二年（一五年）」の年号鏡がある。前漢代の幾何学的な鏡背文を一新して、方形とT、L、Vの字形を組合わせた、いわゆる方格、規、矩の文様に加えて、四方をつかさどる四神（玄武、青龍、白虎、朱雀）を動物文として細線で表出した特徴的な文様をもつ鏡である。TLV鏡ともよばれた。鏡自体の円形と方格、規、矩の文様を総合して「天円地方」の宇宙観を表現したとの解釈がある。この鏡式のなかには「新興辟雍建明堂」「王氏作鏡多賀新家」など「新の王莽」の治世を謳った銘文をもつ鏡があり、これらはとくに「王莽鏡」とよばれた。中国各地や朝鮮半島の楽浪郡の墳墓をはじめ、わが国の弥生時代後期の墳墓

流雲文縁方格規矩四神鏡（佐賀県桜馬場遺跡出土）
径23・2㎝
佐賀県立博物館蔵

や古墳時代前期の古墳からも出土している。なかでも香川県高松市鶴尾神社四号墳出土鏡は、「伝世鏡論」の発端となった著名な鏡である。〔参考文献〕冨岡謙蔵『古鏡の研究』（丸善株式会社大9）。鈴木博司『守屋孝蔵蒐集方格規矩四神鏡図録』（京都国立博物館昭45）。（藤丸詔八郎）

ほうかくじ［鳳閣寺］ 吉野の奥千本に続く百貝岳（百螺山とも。標高八五〇m）中腹北側にある寺。奈良県吉野郡黒滝村鳥住に所在する。百螺山鳳閣寺と号す。真言宗鳳閣寺派本山。縁起では役行者の開山と伝える。理源大師聖宝（832～909）は、八九五（寛平7）年七月に金峯山を再興するが、その際に拠点としたのが鳳閣寺真言院であり、八九九（昌泰2）年にはここで伝法灌頂を行った。聖宝は九〇九（延喜9）年七月に示寂、弟子の貞崇が鳳閣寺背後の百貝岳の上に廟塔を建立したと伝える。現在、同所にある廟塔は、一三六九（正平24）年に建立されたもので、国重要文化財。（和田萃）

ぼうかし［防鴨河使］ 令外官で鴨川の堤防修築に従事。九世紀初頭には設置されていたが、八六一（貞観3）年に廃して山城国に付したが、思わしくなかったのか再度設置された。使・判官・主典の三等官制をとり、検非違使の兼官が多い。堤防が決壊すると除目で任命をうけた使以下が修築にあたり、覆勘使（公卿による構成）の巡検で問題がなければ任務完了、解散となる。（朧谷寿）

ほうかん［法官］ 「のりのつかさ」とも。天武天皇朝の六官の一つで、大宝・養老令制の式部省の前身官司とみられる。『日本書紀』天智天皇十（六七一）年正月条に、沙宅紹明が法官大輔であったという分注があり、この記述をもとに、法官の成立を天智天皇朝までさかのぼるとみる説もある。（荊木美行）

ほうかんじ［法観寺］ 京都市東山区八坂上町にある臨済宗建仁寺派の寺。八坂寺。本尊は五智如来像五体。建立には聖徳太子や行基説があるが、当地居住の渡来系豪族八坂造がかかわる。出土した古瓦は飛鳥時代のもの。現存の五重塔は室町時代の再建である。（野口孝子）

ほうき［箒］ 掃除に使う器具。正倉院には正月子日に皇后が蚕室を掃いたとされる箒二点が伝来する。茎を根元で束ねたもので柄はない。『万葉集』四四九三にも初子の日に侍従らに玉箒を賜って宴を催した歌がある。『古語拾遺』の神話では彦瀲尊の誕生時、掃守連の祖が箒を作って蟹を払ったと伝える。「正倉院文書」には竹箒や目利箒を購入した文書があり、『枕草子』は「いみじうきたなきもの」として「えせ板敷の箒の末」をあげる。（勝田至）

ほうきこくふあと［伯耆国府跡］ 鳥取県倉吉市国府の丘陵上に立地する。一九七〇（昭和45）年以来の発掘調査で東西二七三m、南北二二七mの、溝で区画された国衙域が確認された。東辺に一部方形の張出し部が伴う。国衙域のほぼ中央に方形に区画した政庁域があり、八世紀後半から一〇世紀初頭まで四期の変遷が確認された。第1期（八世紀後半）には中軸線上に前殿・正殿・後殿が南北に並び、その東西に脇殿と楼閣風建物が配されている。出土遺物は須恵器や土師器・墨書土器・瓦類のほか、硯・石帯・帯金具・鉄製鋤先・八稜鏡熔笵などがある。国指定史跡。（足立克己）

ほうきこくぶんじあと［伯耆国分寺跡］ 鳥取県倉吉市国分寺・国府の丘陵上に立地し、西に伯耆国衙跡、北東に法華寺畑遺跡（国分尼寺跡）が隣接する。寺域は東西六〇〇尺（約一八二m）、南北五三〇尺（約一六〇m）の方形で、周囲に溝がめぐり、北と西に土塁、南に築地塀の痕跡が残る。東西の中軸線から西に寄った形で、南北に南門、金堂、講堂が一列に並んでいた。塔は寺域の南東隅にあり、基壇の地覆石と北西隅側柱の礎石が残存していた。出土遺物には多種多様な瓦類のほか、塼・風鐸・青銅製錫杖頭などがある。また、『続左丞抄』に記載された九四八（天暦2）年の火災による焼失の記録を裏付ける痕跡が確認されている。（足立克己）

ほうきじ［法起寺］ 奈良県生駒郡斑鳩町岡本に所在する寺。三重塔（国宝）が現存する。聖徳太子建立七ヶ寺の一つで、現在も法灯を伝えている。もと法相宗。現在は聖徳宗で法隆寺の末寺。従来、寺名を「ほっきじ」とよび慣わしていたが、近年「ほうきじ」と改められた。史料には、池尻寺（『上宮聖徳法王帝説』）、池尻尼寺（「法隆寺伽藍縁起幷流記資財帳」）、岡本寺・岡本院（「正倉院文書」）、鵤村の岡本尼寺（『日本霊異記』中巻第十七縁）、法起寺（『聖徳太子伝暦』『聖徳太子伝私記』）などとみえる。「法起寺塔露盤銘」（『聖徳太子伝私記』所引）によると、「上宮太子聖徳皇」は、壬午年（六二二〈推古天皇30〉年）二月二二日、亡くなるに際して、「山代兄王」に岡本宮の殿宇を寺とするように遺命し、大倭国の田一二町と近江国の田三〇町を施入した。戊戌年（六三八〈舒明天皇10〉年）に福亮僧正が弥勒像一体をつくり、金堂を構立、乙酉年（六八五〈天武14〉年）に恵施僧正が塔を構立、丙午年（七〇六〈慶雲3〉年）三月にいたって露盤をつくったとみえる。一九六〇（昭和35）年に行われた発掘調査で、塔と金堂の位置は法隆寺（西院伽藍）と反対であることが判明した（法起寺式伽藍配置とされる）。また築地跡は現地表に残る条里地割と一致するところから、八世紀になって伽藍が整ったと推測され、七〇六（慶雲3）年に露盤をつくったとする露盤銘文とも矛盾しない。法起寺のすぐ北側を走るバイパス道路敷設に先立つ事前調査で、法起寺創建以前の遺構が検出された。掘立柱建物・柵列・石敷などで、いずれも方位を北から西へ約二〇度～二二度振っており、斑鳩宮・若草伽藍などの振れと一致する。『日本書紀』推古天皇十四（六〇六）年是歳条にみえる、聖徳太子が法華経を講じたという斑鳩の岡本宮に関わる遺構かと推測される。（和田萃）

ほうきのくに［伯耆国］ 山陰道に属する国。現在の鳥取県西部にあたる。南部は中国山地であるが、北部の日本海に面して米子平野や倉吉平野などの平野が広がる。伯岐や波伯とも記されたが、奈良時代の初頭には伯耆の名称に統一された。「延喜式」では上国とされ、所管の郡は河村・久米・八橋・汗入・会見・日野郡の六郡。国府は旧久米郡の現倉吉市国府・

国分寺におかれ、国庁跡も確認されている。国分寺は国庁跡より東約一八〇mの国府川左岸の丘陵上にあり、その東北には尼寺跡と推定される遺跡も立地する。国分寺は一九七〇（昭和45）年以降の発掘調査で伽藍の大要が判明。九四八（天暦2）年の火災記事に合致する遺構も確認されている。平安時代後期から鎌倉時代にかけて、修験道場の山岳寺院の三徳山三仏寺・大山寺が栄え、とくに大山寺は僧兵の活躍でも知られた。 （高橋誠一）

[参考文献]『鳥取県史』全一八巻（昭42～56）。山中寿夫『鳥取県の歴史』（山川出版社昭45）。

ほうきょういんとう【宝篋印塔】 宝篋印陀羅尼をおさめる塔。日本では石塔が多い。呉越王銭弘俶が造立した八万四〇〇〇塔が原型とされる。平安後期の末法思想隆盛にともなって、さまざまな供養塔造立が盛んになったが、鎌倉中期以降、宝篋印塔を墓碑・供養塔として建てる傾向が強まった。 （上島理恵子）

ほうきんに【法均尼】 ⇨和気広虫

ほうけいしゅうこうぼ【方形周溝墓】 方形プランで低い墳丘を有し、その周囲に溝をめぐらした墓。弥生時代から古墳時代前半にかけて、ほぼ列島各地で営まれた。墳丘は削平、流出していることが普通である。方形台状墓と併せて、低墳丘墓もしくは墳丘墓と総称されることもある。一九六四（昭和39）年、東京都宇津木向原遺跡で発見された遺構について、命名されたことを端緒とする。その最古例は、弥生時代前期後半の大阪府池上遺跡など大阪府下に認められる。後期になると東日本で造営が盛んとなる。弥生時代末から古墳時代初頭にかけては東日本・九州地方に集中し、畿内では急速に減少する。埋葬施設は土壙が一般的で、木棺・石棺・土器棺などもある。複数の埋葬施設を有するものも多い。

副葬品は少ないが、玉類・金属器・鏡などを副葬するものがある。溝などからは祭祀にかかわるとされる土器類が出土することが多い。畿内では弥生時代の有力世帯の家族墓とされているが、関東では高塚古墳と時期的に併行することから、古墳に埋葬されなかった首長層やその成員の墓とする説がある。近年、関東を中心として前方後方形周溝墓の発見があいついでおり、今後これらとの関係を含めた研究の進展が望まれる。なお円形の溝を有するものは円形周溝墓とよばれている。

[参考文献]都出比呂志「墳墓」『岩波講座 日本考古学4』（岩波書店昭61）。 （福尾正彦）

ほうけいだいじょうぼ【方形台状墓】 弥生時代後期を中心に営まれた墳墓の一形式。方形周溝墓と方形台状墓は立地が大きく異なり、後者は高所に位置し、墳丘盛り土が残りやすかったために、かつては両者は異なる墓制としての理解がされていた。現在では、墳墓構造自体はほとんどかわらないため、両者を併せて低墳丘墓もしくは墳丘墓と称することも多い。主に岡山県下を中心とした瀬戸内地方に分布し、周溝はあっても四周を完全にめぐる例はほとんど知られていない。方形台状墓が、岡山県楯築遺跡などの弥生後期の大型墳丘墓に発展していったとする見解、つまり平野部に位置する方形周溝墓から古墳に移行する過渡期の墓制として位置付けられたこともあった。現在では、これらの間にはそれぞれ大きな差異があると考えられている。 （福尾正彦）

ほうけんせいど【封建制度】 封建法にもとづく支配者層内部の主従関係。日本ではヨーロッパのフューダリズムfeudal-ismの訳語としても使われ、西欧中世の国家体制ないし支配形態、あるいはその体制の基盤である社会経済機構を意味する場合もある。「封建」という用語は古くからあって、周代の国家体制をはじめとして「郡県」制に対応するものとして使われている。しかし資本主義社会とは異なる農奴制に支えられた支配形態を封建制度とみなす説が有力であって、中世社会を封建制度とする見解が多い。日本では平安時代中期頃の荘園制に農奴制を認めて、その頃から封建制が成立してくるとみなす説、鎌倉幕府の御家人関係に家臣制をみいだして鎌倉時代は封建制の社会とする説、あるいは南北朝を奴隷制から農奴制への画期とする説、秀吉の太閤検地以後に注目する説などさまざまな見解が提唱されているが、平安時代中期あるいは鎌倉時代から室町時代までを中世封建社会（封建社会前期）、安土桃山時代から江戸時代を近世封建社会（封建社会後期）とする説が一般的である。

[参考文献]永原慶二『日本封建制成立過程の研究』（岩波書店昭58）。脇田修『近世封建制成立史論』（東大出版会昭52）。 （上田正昭）

ほうげんのらん【保元の乱】 鳥羽院政下の政治的主導権をめぐる権力抗争に端を発し、一一五六（保元元）年七月、京外白河を戦場に勃発した争乱。前年の近衛天皇没後、その母美福門院は関白藤原忠通や院近臣・後白河乳母夫の信西等と意を通じ、養子守仁の立太子とその父後白河の中継的即位を実現した。一方、崇徳院は皇子重仁の即位がかなわず執政の道を断たれ、また従来より美福門院等と対立していた藤原頼長も政治的に排除された。鳥羽院という政治的主導者が没すると、後白河を擁する朝廷方の強い圧迫により彼等は挙兵を余儀なくされ、源為義・平忠正等、崇徳の家人や摂関家の武力を動員して白河殿に籠もった。しかし朝廷方は源義朝・平清盛等、有力軍事貴族の大部分を召集・派遣し、崇徳方はわずか数時間で敗走。頼長は矢傷により死去、崇徳は配流、為義等は京外で斬られた。宮廷における権力抗争が軍事的衝突におよぶようになり、「武者の世」（『愚管抄』）をもたらした争乱として特筆される。なお保元の乱を素材とした軍記物語に、鎌倉中期に原型が成立したとされる『保元物語』があり、乱の起こりから合戦の有様を描いている。

[参考文献]橋本義彦『藤原頼長』（吉川弘文館昭39）。同『平安貴族社会の研究』（吉川弘文館昭51）。飯田悠紀子『復元・平治の乱』（教育社昭54）。 （横澤大典）

ほうげんものがたり【保元物語】 ⇨保元の乱

ほうこうおう【法興王】 ?～540 在位514～40 新羅の第二三代王。智証王の子で諱は原宗。官位制・衣冠制を制定。上大等の地位を設け、年号も始めるなど、新羅発展の基盤をつくる。王室にはすでに伝わっていた仏教を、異次頓という殉教者の協力をえて、反対する群臣をおさえて公的なものとし、はじめて伽藍をもつ寺（興輪寺）を建立（完成は次王代）。梁へ通交。大加耶と婚姻同盟を結び、加耶南部へ進出。金官国を滅ぼしその王一族を王都に迎えた。陵は仙桃山の南側に推定。（田中俊明）

ほうこうじ［放光寺］ 山ノ上碑（六八一年建立）にみえる古代寺院。「放光寺」「方光」と刻字された瓦が相当数出土するいっぽう、他に寺院名に繋がる瓦の出土がないことから、前橋市総社町の山王廃寺が放光寺址とみられている。地方にあって遺構がほぼ断定された数少ない七世紀半ば建立の寺院。寺域南北三〇〇m、東西二〇〇m。山田寺系統の瓦を創建時瓦とし、塔心柱根巻石、石製鴟尾、北朝俑類似の塑像頭部など他に類例の少ない遺物を有することから、上毛野君本宗家とかかわる準官寺寺院の可能性が高い。（熊倉浩靖）

ほうこんごういん［法金剛院］ 京都市右京区花園扇野町にある律宗の寺。本尊は一一三〇（大治5）年造立の阿弥陀如来座像。五位山の南に位置した清原夏野の天安寺跡に鳥羽天皇中宮の待賢門院璋子が建立。丈六阿弥陀堂と御所が中央の滝のある大池を挟んで相対していた。その後、北斗堂、九体阿弥陀堂、三昧堂などの伽藍を建立した。一一四五（久安元）年に没した璋子の遺骸は三昧堂の下に葬られた。その後、璋子の娘上西門院統子内親王が御所とした。（野口孝子）

ほうし［放氏］ ある氏に属する人物をその氏族から追放し、官職などをも奪うこと。氏の名の公権力による剝脱は古くからあったが、氏族が自治的に氏人を追放するのは平安時代以降で、「イヘ」の社会単位としての成立と関係する。（井上満郎）

ぼうし［帽子］ 埴輪のかぶり物は冠状と、つばのついた帽子状に分けられるが、後者として山高帽状のもの、つばに刻みを入れたもの、鈴つきもの等の埴輪が出土。笠をかぶったものもある。鈴つきつばの実物が静岡県浜北市スズミノ御所古墳から出土。（芳井敬郎）

ほうしゃくじ［宝積寺］ 京都府乙訓郡大山崎町の天王寺山南にある真言宗の寺。本尊は十一面観音像。宝寺。宝石寺。行基の建立と伝える。前身は山崎院か。渡宋直前に寂照は当寺で法華八講を修した。藤原定家も一二〇二（建仁2）年と一二〇六（建永元）年に来訪している。（野口孝子）

ほうじゅうじ［法住寺］ 京都市東山区にあった寺。京外東の七条大路末にあった。藤原為光が、娘で花山天皇女御であった忯子のために創建し、九八八（永延2）年に円融上皇らの列席のもとに供養が営まれた。本堂を挟んで法華三昧堂、常行三昧堂が東西に並んでいた。為光の死後、子の尋光が当寺の経営にあたった。尋光は一条天皇中宮彰子の安産祈禱に詰めた僧で「法住寺の律師」と称された。一〇三二（長元5）年、藤原頼宗の九条第からの出火で灰燼に帰した。のち、後白河院が再建し、御所とした。（野口孝子）

ほうじゅうじどの［法住寺殿］ 一一六一（永暦二）年後白河法皇により鴨東七条大路に造営された院御所で、南殿、北殿を中心に東西四町、南北四町におよぶ広大なものであった。名の由来はもとこの地に藤原為光建立の法住寺が存したことによる。一一八三（寿永2）年一一月には木曾義仲の襲撃を受け焼失したが、源頼朝の後援により再建されている。発掘調査ではこの襲撃の時のものと思われる甲冑が出土している。（西山恵子）

ほうじょう［放生］ 捕獲した生き物を逃がす行為。仏教において放生は作善の一つとされ、『梵網経』『金光明経』などに説かれている。中国では南北朝時代頃より放生を行い供養する放生会の儀式が催されたが、唐代にいたると各所に放生池が設けられ、盛んに行われるようになった。仏教の伝来にともない、日本でも殺生禁断・放生の思想が広まった。六七六（天武5）年、諸国に詔して放生を行わせたのを初例として、六八九（持統3）年には摂津国武庫海・紀伊国那耆野・伊賀国伊賀郡身野の特定域を殺生禁断地と定めており、六九七（文武元）年からは毎年諸国で放生を行わせるようになった。七二〇（養老4）年、九州隼人の反乱鎮圧後、宇佐八幡神の託宣をうけて宇佐八幡宮で放生会が催されたが、山城国への石清水八幡宮勧請後の八六三（貞観5）年からは、毎年八月一五日に宇佐に倣う形で放生会（石清水祭）が行われるようになった。（志麻克史）

ほうしょう［豊璋］ 生没年不詳。『日本書紀』ではほかに「余豊璋」など、中国史料では「扶余豊」などとある。「余」は「扶余」の略、百済の王姓。百済最後の義慈王の王子。六三一（舒明3）年義慈王の人質として来倭。以来三〇年間滞在。六六〇年の百済滅亡により義慈王と太子らが唐に連行された後、百済復興運動の英雄である鬼室福信の送還要請により織冠を授けられて帰国。当初福信は豊璋に国政をすべて委ねるほど関係良好であったが、しだいに確執を生じた。ついに六六三年六月豊璋は、福信に謀反の心があるのではないかと疑って殺害した。これを契機に百済復興運動は衰退に向かい、同年八月の白村江の戦の大敗後、豊璋は数人と船で高句麗に逃れた。（胡口靖夫）

ほうじょうえ［放生会］ ⇨放生

ほうじょうし［放生司］ 七六四（天平宝字8）年一〇月、放鷹司を廃して設置した令外の官司。仏教の殺生禁断思想にもとづき、捕獲した魚鳥を解放することをつかさどった。放鷹司（養老令制では主鷹司）は、大宝令制の兵部省被管諸司の一つで、七二一（養老5）年にいったん廃され、その後に再置されたとみられる。（荊木美行）

ほうじょうじ［法成寺］ 京都市上京区寺町通東にあった寺。藤原道長が土御門大路末南・近衛大路末北・鴨川堤防西・東京極大路東二町に建立した壮大な寺院。道長は晩年浄土信仰に傾倒し、一〇一九（寛仁3）年、九体阿弥陀堂（無量寿院）の建立を発願し一〇二二（治安2）年に落慶供養を行い、ついで五大堂・薬師堂などを次々に建て、ここで没した。寺域内の北側には妻子の西北院・東北院もあった。多くの仏像は定朝などの作で、極楽浄土さながらの輝きを放ったが、一

○五八（康平元）年に全焼した。（野口孝子）

ほうしん・ほうさんぎ［**法臣・法参議**］ ともに称徳朝に設けられた令外官で僧職。七六六（天平神護２）年一〇月、道鏡の法王就任にともなって、円興が法臣、基真が法参議にそれぞれ任ぜられた。待遇は法臣が大納言、法参議が参議に準ずるとされたが、職掌など具体的なことは明かでなく、以後、法臣・法参議ともに任ぜられていない。（篠田孝一）

ほうしんのう［**法親王**］ 出家後に親王宣下をえた皇族。一〇九九（承徳３）年の白河天皇の皇子覚行をもって初例とする。窮迫する財政下での親王の待遇を考慮しての策とみられ、皇族賜姓にかわるものか。親王宣下後に出家した入道親王と対語。（朧谷寿）

ほうすい・のろし［**烽燧**］ 近代以前における情報伝達手段である。記録上では、『日本書紀』天智天皇三（六六四）年条の、対馬・壱岐・筑紫の烽が最も古いようであるが、弥生時代にもあったと推測されている。「令義解」軍防令によれば主要ルート沿いに約二〇kmごとにおかれたとあり、『出雲国風土記』などにその名前が記されている。栃木県宇都宮市飛山城跡では、八世紀末～九世紀初めころの「烽家」墨書土器が発見されている。（亀田修一）

ぼうせいきょう［**仿製鏡**］ 中国鏡を模倣して製作された鏡。弥生時代後期に北九州を中心に製作が始まるが、一部は近畿等でも製作された。それらは径七cm前後の粗製の小型鏡であり、小型仿製鏡とよばれている。朝鮮半島で前漢鏡を模倣して製作された小型鏡に系譜をもつ。古墳時代になると、仿製鏡は種類、質量ともに顕著となるが、弥生時代後期の小型仿製鏡との関連は不明である。古墳時代の仿製鏡には内行花文鏡、方格規矩四神鏡、画像鏡等の後漢鏡や三角縁神獣鏡を手本にした仿製鏡があるいっぽうで、中国鏡の図像を換骨奪胎した鼉龍鏡や捩文鏡があり、また、直弧文鏡、家屋文鏡、狩猟文鏡等中国鏡にはない独自の文様をもつ鏡や鈴鏡がある。径四四cm余の超大型鏡があるいっぽうで径数cmの小型鏡もあって、ともに古墳時代前期から使用されていて、鏡が祭儀上ではたした役割は単純なものではなかった。これらの多様な仿製鏡は近畿地方で製作されたと考えられるが、やがて五世紀の対外交渉で導入された金銀の装身具や武具等に副葬品の主役をうばわれ、古墳時代後期には急速に衰退する。
［**参考文献**］田中『琢古鏡』（講談社、日本の原始美術昭54）。高倉洋彰『日本金属器出現期の研究』（学生社平２）。（藤丸詔八郎）

ほうせんじゅうりょう［**放賤従良**］ 律令制下で、賤身分から解放し、良身分に変更すること。戸令の規定によれば、官奴婢・官戸は、高齢・疾病などの理由により解放され、良身分となったが、家人・私奴婢については放免の規定はなく、もっぱら主人の厚意にゆだねられていた。
［**参考文献**］滝川政次郎『律令賤民制の研究』（角川書店昭42）。（荊木美行）

ほうそう［**疱瘡**］ ⇨赤斑瘡

直弧文鏡（奈良県新山古墳出土）
径 27.9 cm
宮内庁蔵

菱雲文縁方格規矩獣文鏡（奈良県新山古墳出土）
径 29.1 cm
宮内庁蔵

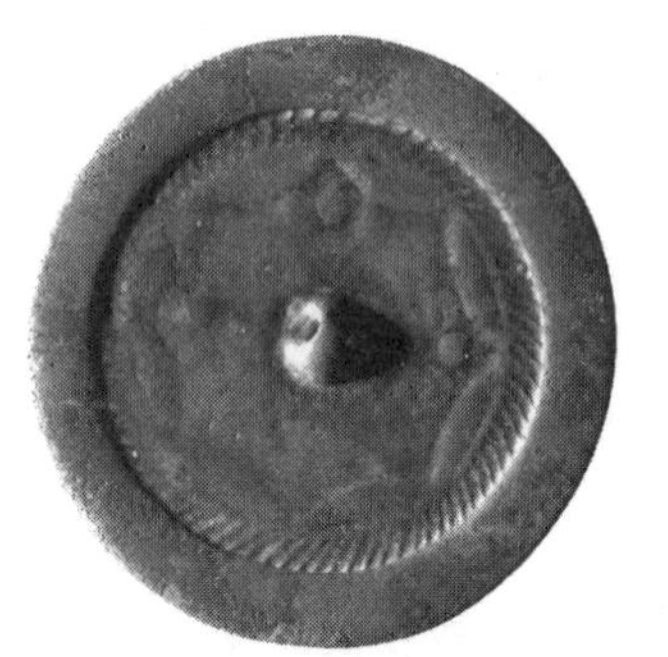

小型仿製鏡（北九州市金山遺跡出土）
径 8.9 cm
北九州市芸術文化振興財団埋蔵文化財調査室蔵

ほうぞうおう［**宝蔵王**］ ?～682 在位642～68 高句麗最後の王。第二八代。前王栄留王（建武王）の弟の子で、淵蓋蘇文がクーデターで栄留王を殺して、王位につけた。在位中、唐の太宗代に三回、高宗代に四回の攻撃をうけ、抵抗を続けたが、蓋蘇文の死後、その子の男建・男産と男生との間で対立があり、男生が唐に降り、唐軍を迎えたために平壌に侵入され、降伏した。捕らえられて唐に連れ去られたが、司平大常伯員外同正とされたが、のち遼東州都督・朝鮮王として遼東にもどり、高句麗人を統率するよう命ぜられた。しかし反乱をおこし再び唐に連れ去られて死ぬ。（田中俊明）

ほうそうし［**方相氏**］ 儺の祭（追儺）や葬送儀礼に悪鬼を追う者として表れる怪人。黄金四目の仮面に玄衣朱裳とされる。中国から伝わった神の一種で、中務省大舎人の長大なる者が扮することになっていた。平安時代にはしだいにそれ自身が鬼とみなされるようになる。（榎村寛之）

ほうそうしようしょう［**法曹至要抄**］ 「ほっそうしようしょう」とも。平安時代末期または鎌倉時代初期成立の法律書。撰者につき坂上明兼説とその孫坂上明基説がある。明兼のとき原型が出来、明基まで修補されたものか。三巻。明法家の当時の法解釈を知るうえで貴重。（綾村宏）

ほうそうるいりん［**法曹類林**］ 「ほっそうるいりん」とも。平安時代末期の法制書。藤原通憲（信西）編。もと二三〇巻か。現存四巻。成立年代不詳。政務に関する事項につき明法家の問答・勘文類を収集、律令項目別に分類し、それに編者の見解を加えている。（綾村宏）

ほうねん［法然］ 1133～1212 平安時代末から鎌倉時代初期の僧。浄土宗の開祖。諱は源空。美作国久米南条稲岡荘（現在の岡山県久米郡久米南町）生れ。父は久米の押領使漆間時国、母は秦氏。一一四一（保延7）年春、九歳の時に稲岡荘預所明石定明の夜襲をうけて父と死別、遺言に従い菩提寺（岡山県勝田郡奈義町）の叔父観覚にひきとられ、剃髪した。四七（久安3）年、比叡山に入る。初め西塔北谷の持宝房源光に就いて諱を源空と称するが、二年後に東塔西谷の功徳院皇円に師事し、恵心流の天台教学と椙生流の本覚思想を受学する。受戒後の五〇（同6）年に西塔黒谷別所の梶井門跡系慈眼房叡空の弟子となって隠棲し、法然房源空と号した。天台宗のみならず、広く諸宗を兼学するが、その中で源信の『往生要集』に出会い、以降は同書の研鑽に努める。そして遂に七五（安元元）年、四三歳の時に余行を捨て専修念仏に帰するにいたった。この後、京都東山大谷に移り、各所にて布教を行う。文治年間初め、天台宗顕真が大原勝林院に法然を招き、専修念仏について論議をかわした、いわゆる大原談義のほか、九〇（建久元）年には東大寺で浄土三部経の講義を行うなど、教説とともに彼自身の名声も広まった。しかし、その一方で旧仏教界からの反発も強まる。一二〇四（元久元）年、延暦寺衆徒が念仏停止を訴えた。法然はこれに対し『七箇条制誡』を著して門弟に自重を促す。翌年には南都より『興福寺奏状』が出され、念仏停止及び念仏者断罪が要求される。さらに翌〇六（建永元）年には後鳥羽院の熊野行幸中に、院の女房が法然の弟子の住蓮・安楽に帰依して出家したことに後鳥羽院が激怒、住蓮・安楽が死罪に、法然は翌年に土佐へ流罪となった（住蓮・安楽事件）。その年のうちに赦されたものの、帰洛は一二一一（建暦元）年まで許されなかった。帰洛直後に病に臥し、八〇歳の生涯を閉じた。

［参考文献］田村円澄『法然』（吉川弘文館昭63）。同『法然上人伝の研究』（法蔵館昭47）。（志麻克史）

ほうぶつしゅう［宝物集］ 鎌倉時代前期の仏教説話集。異本が多く、一、二、三、七巻本などがある。平康頼著。一一七九（治承3）年頃の成立か。嵯峨清凉寺釈迦堂に参籠した著者が、寺僧と参拝者との談話を書き留めるという形をとり、仏法こそ宝であること、いかに往生するかなどを、多くの説話や和歌を引きながら論じている。注釈書に『新日本古典文学大系40』（岩波書店平5）などがある。（小西茂章）

ほうへいし［奉幣使］ 「ほうべいし」ともいう。幣帛使・朝使とも称する。朝廷から派遣され、神社や山陵に幣帛を奉献する使い。養老神祇令は、祈年祭などの恒例祭祀の奉幣について規定するが、平安時代に入ると、その範囲が拡大し、祈雨などの特別な祈願や報告を行う臨時奉幣使も行われた。（荊木美行）

ほうめん［放免］ 検非違使庁の最下級の者。獄囚の釈放が字義であるが、そうした前科者を下部として看督長の下に組み込み、犯人の捜索・追捕や流人の護送などに使役した。いっぽうで権力を笠に着て人々に狼藉を働いたり、なかには強盗におよぶ輩もいた。（朧谷寿）

ほうらいさんこふん［宝来山古墳］ ①平城京内の西寄りにある巨大前方後円墳。墳長二二七m、前方部を南に向ける。三段築成で鍵穴形周濠がめぐる。宮内庁は垂仁天皇の菅原伏見東陵とする。幕末に生じた盗掘の結果から後円部には、長持形石棺がおさめられているものと推測される。周辺に数基の円墳が配されるが、なかでも兵庫山古墳は直径四〇mの大形円墳である。これらをあわせて佐紀古墳群の南支群ととらえる意見もある。墳形、周濠の形態から、古墳時代前期後葉から末葉に築かれたと考えられる。②東京都大田区に所在する墳長約一〇〇mの前方後円墳。後円部はほぼ破壊され、前方部も変形が著しい。後円部に割竹形木棺を納めた粘土槨がある。四獣鏡、勾玉、管玉、ガラス玉、紡錘車形石製品、鉄刀剣類などの出土があった。一帯は多摩川左岸における古墳の集中地域で、荏原台古墳群と呼ばれることもある。本墳はそのなかでもはやく古墳時代前期末葉に造られたものであろう。前後して南側には墳長約一〇四mの前方後円墳、亀甲山古墳が造られた。（今尾文昭）

ほうりゅうじ［法隆寺］ 奈良県生駒郡斑鳩町に所在する。聖徳宗総本山。斑鳩寺、法隆学問寺とも。南都七大寺・十五大寺の一つ。塔・金堂を中心とする西院伽藍と、夢殿を中心とする東院伽藍に分かれる。律・三論・唯識（法相）・別三論の四宗が研鑽を競った。金堂の薬師如来光背銘によれば、用明天皇の病気平癒の願をうけて崩後の六〇七（推古天皇15）年に推古天皇と聖徳太子が創建したという。『日本書紀』にも六〇六（同14）年播磨国水田一〇〇町の施入記事がある。また六四八（大化4）年に食封三〇〇戸が施入されている（六七九〈天武8〉年停止）。六七〇（天智9）年に焼亡した若草伽藍である。現在の西院伽藍東南の下層遺構にあたり、主軸が北から西へ二〇度傾く。金堂・塔を南北に一直線上に配するいわゆる四天王寺式伽藍配置であった。再建は上宮王家がすでに滅亡しており困難を極めたが、天武朝以降各所から太子ゆかりの仏像・文物を収集し、金堂・塔を東西に配する法隆寺式に改めて進められた。七一一（和銅4）年には五重塔塔本塑像・中門力士像が完成しているから（『法隆寺伽藍縁起幷流記資財帳』）、この頃までには寺観が整ったようである。現在の西院伽藍である。七二二（養老6）年に寺封三〇〇戸（七二七〈神亀4〉年停止）、七三八（天平10）年には永世施入食封三〇〇戸が施入せられ、七四九（天平勝宝元）年には四天王寺など八ヵ寺とともに五〇〇町の墾田が認められた。

白鳳時代の金堂・五重塔には、柱のエンタシス（胴張）、皿斗付大斗、雲斗、反りのない一軒の垂木、人字形割束、卍崩高欄など、二～七世紀の高句麗建築様式、中国西域にその源流をもつ様式が随所にみられる。金堂には、六二三（推古天皇31）年司馬鞍首止利仏師作の銘をもつ釈迦三尊像、山口大口費ら作の四天王像などが安置されている。薬師如来像は六〇七（同15）年作の銘をもつが、西院伽藍完成後の擬古作とする説もある。東院伽藍（上宮王院）は七三九（天平11）年に斑鳩宮故地に僧行信が創始したもので、北魏様式の救世観音像を安置する夢殿を中心に、絵殿・舎利殿・伝法堂からなる。九世紀以降、太子信仰高揚とともに聖霊会が整備され、一〇六九（延久元）年には秦致真（聖徳太子童形像胎内墨書では致貞）による聖徳太子絵伝が絵殿におさめられている。そのほか古代に限っても、百済観音像・夢違観音・橘夫人念持仏・玉虫厨子・百万塔陀羅尼、法会で用いられた法具や伎楽面、行信願経、金堂焼失壁画など、多くの文化財を有し、国宝・重要文化財の指定をうけたものは法隆寺献納宝物などをあわせると約二〇〇件に及ぶ。

〔参考文献〕『奈良六大寺大観補訂版法隆寺(一)～(五)』（岩波書店平11～13）。『法隆寺の至寶・昭和資財帳』（小学館昭60～）。 **（北康宏）**

鞍作鳥作釈迦三尊像
法隆寺蔵

ほうりゅうじがらんえんぎならびにるきしざいちょう［法隆寺伽藍縁起并流記資財帳］ ⇩伽藍縁起并流記資財帳

ほうりゅうじけんのうほうもつ［法隆寺献納宝物］ 一八七八（明治11）年法隆寺が皇室に献納した三〇〇余件の美術工芸品。現在では、法隆寺に返還された四件、皇室に残された一〇件を除く三一九件が東京国立博物館に保管されている。献納の主な理由は、明治維新後、廃仏毀釈で衰微した法隆寺が宝物を献納することにより、その保護を求め報奨金による堂塔の修理を行うことであった。一八七六（同9）年一一月に献納願（『古器物備御願』）が提出され、七八（同11）年二月に裁可されて堂塔の維持のため、一万円が下賜されるにいたった。宝物の内容は、彫刻・絵画・書蹟・典籍・仏具・調度品・楽器・文房具・武具・服飾品など多種にわたる。年代的に正倉院宝物をさかのぼる飛鳥時代や奈良時代前半のものを多数含むこと、仏教関係の遺品が多いのが特色である。主要なものとして、国宝の『聖徳太子絵伝』（絵画）・『法隆寺献物帳』（書蹟）・金銅透彫灌頂幡（仏具）・七弦琴（楽器）・海磯鏡（調度品）や、重要文化財の丙寅年銘弥勒菩薩像（彫刻）などがある。

〔参考文献〕東京国立博物館編『法隆寺献納宝物図録』（大塚巧藝社昭34）。同『法隆寺献納宝物目録』（便利堂昭48）。 **（竹森友子）**

ほうりゅうじこうふうぞう［法隆寺綱封蔵］ 法隆寺西院東方に、棟を南北に通して建つ高床の倉。二つの同形の蔵を一定の間隔をあけて連結させて一つの屋根をかけた形式の倉を双倉という。法隆寺綱封蔵はこの形式を最もよく伝える。桁行き九間、梁間三間、寄棟造、本瓦葺きである。平安時代前期の建立とされる。 **（植木久）**

ほうりゅうじさいけん・ひさいけんろんそう［法隆寺再建・非再建論争］ 法隆寺西院に現存する金堂・五重塔・中門・回廊の建立年代をめぐる論争。『日本書紀』には、六七〇（天智9）年に法隆寺が火災により焼失したとする記事があるが、七四七（天平19）年の「法隆寺伽藍縁起并流記資財帳」は、火災について全く触れていない。このことから西院伽藍は焼失後の再建とする説（再建論）と、創建時期から存在したとする説（非再建論）が対立し、長く学界で論争された。一九〇五（明治38）年、関野貞は尺度の問題から、平子鐸嶺は『日本書紀』の編纂時に、火災の記事が干支一巡（六〇年）遅れて天智九年の記事に含まれたとする立場から、非再建論を唱えた。それに対して喜田貞吉は、『日本書紀』の記事の信頼性を高く評価して再建論を主張した。一九三九（昭和14）年に実施された若草伽藍の発掘で、西院伽藍より古式の伽藍配置・古式の瓦が検出され、再建論に一応の決着をみた。しかし近年、東院（斑鳩宮）出土瓦と西院伽藍創建瓦の様式の近さを根拠として、六四三（皇極天皇2）年山背大兄王のいた斑鳩宮が蘇我入鹿に焼討ちされたときに西院も同時に焼失し、それ以後再建されたとする新説が登場するなど、最終的な結論は出ていない。

〔参考文献〕奈良国立文化財研究所・奈良県教育委員会編『法隆寺防災施設工事・発掘調査報告書』（昭60）。藤井恵介『法隆寺II建築』（保育社昭62）。 **（竹森友子）**

ほうりゅうじとういん［法隆寺東院］ ⇩上宮王院

ほうりんじ［法琳寺］ 京都市伏見区小栗栖北谷町にあった寺。小栗寺。孝徳天皇（在位六四五～六五四）頃の建立と伝えるが、出土した瓦には奈良前期のものがある。八四〇（承和7）年に入唐僧常暁が太元帥明王像を安置し修して以来、太元帥法を勤修する寺となった。 **（野口孝子）**

ほうりんじ［法輪寺］ 奈良県生駒郡斑鳩町三井に所在する寺院。聖徳宗。山号は妙見山。別称は法琳寺・三井寺・御井寺など。創建は六二二（推古天皇30）年とする説と、六七〇（天智9）年の法隆寺焼失後とする説があるが、近年の発掘により、境内から七世紀半ばの瓦が出土し、伽藍下層から掘立柱穴が検出されている。伽藍配置は法隆寺西院と同形式で、三分の二の規模。一六四五（正保2）年に強風で堂舎が倒壊し、その後修築された。また三重塔は一九四四（昭和19）年に焼失し、七五（同50）年に再建された。 **（中大輔）**

ほおりのみこと［火遠理命］　『記』『紀』神話にみえる神。火折尊とも。天孫瓊瓊杵尊と山神の女、木花開耶姫命の間に生まれた。燃え盛る産屋で産まれたための命名とするが、元来は稲穂にちなむ名であろう。狩猟が得意で山幸彦ともよばれた。（宮永廣美）

ほかい［行器］　「外居」とも。食物をいれて持ち運ぶ蓋つきの容器。桶形の木鉢・曲物で反り足がつく。運搬・保存だけでなく贈答用にも用いられることから調度として発達し精巧な漆蒔絵を施したものもある。反り足に紐を掛け両天秤で運ぶ姿が絵画資料にみうけられる。（佐藤文子）

ほくざんしょう［北山抄］　平安時代中期の儀式、公事書。藤原公任著。一〇巻。一一世紀前半成立。年中行事、恒例・臨時の朝儀・政務関係、太政官の吏務、近衛大将の作法、国司の事務などについての事柄を記す。裏書きも後人の追記であるが貴重。巻第一〇は公任自筆草稿本（国宝）で、検非違使関連の紙背文書がある。（綾村宏）

ほくし［北史］　中国北朝の正史。唐の李延寿撰。本紀一二巻、列伝八八巻、計一〇〇巻。魏（北魏・東魏・西魏）・北周・北斉・隋の四朝の通史。延寿は父の遺業を継いで『南史』『北史』を完成させたが、李父子自身は北朝の版図に住んでおり、また『北史』に力を注いだので、しばしば不備を指摘される『南史』に比べ出来がよいとされる。その完成後は各朝の正史は顧みられず、宋代にはすでに『魏書』や『斉書』はかなり欠落が生じたという。（中畠俊彦）

ぼくしょじんめんどき［墨書人面土器］　律令期の祭祀あるいは呪具として人面（もしくは神の顔具）を土器に描いたものが発見されている。はじめは甑、釜、竈のセットの内の釜となる甕形品に描かれているが、後には皿状の器にまで使われている。罪穢を封じて流した器とみられ、平城京、長岡京などの溝中より多量に出土したほか、東北地方から九州まで、官衙的な遺跡を中心に分布している。同時に土馬や、斎串など木製祭祀具をともなう場合があり、当時における祓の具の一つであった。（椙山林継）

墨書人面土器
平城京右京八条一坊

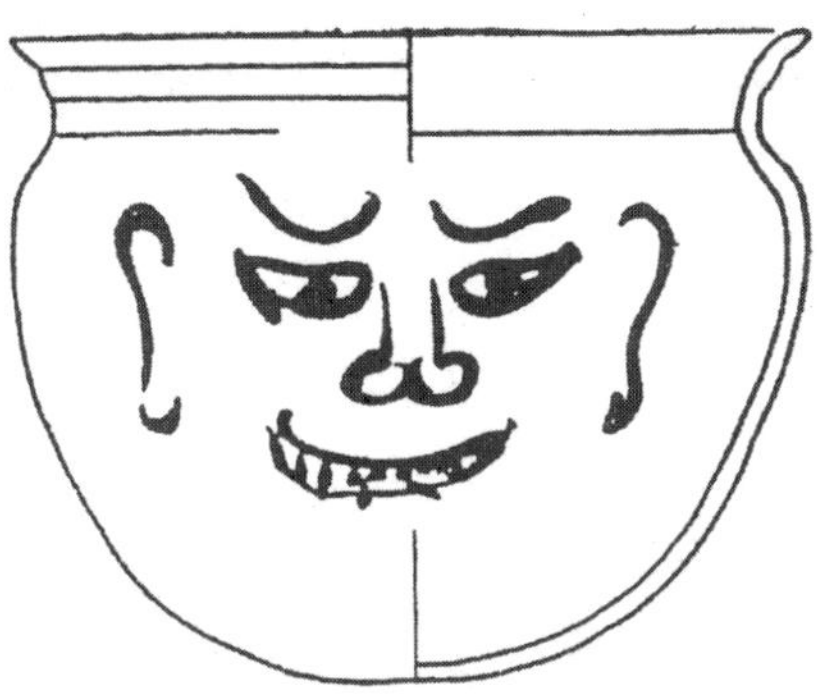

大阪　弥刀

ぼくしょどき［墨書土器］　須恵器・土師器などの土器の表面に墨で文字などを記したもの。墨を用いずに文字を刻んだもの（刻書）、土器の焼成前に文字を書いたもの（ヘラ書き）と区別される。都城・官衙・寺院・集落などの古代の遺跡から多く出土する。墨書の内容は、「広万呂」など所有者と思われる人名や、「宮内省」「式曹」「右兵衛」など帰属する役所名、地名、器種名、「菓」「味物料理」「烏膏」など内容物名、習書、絵画、記号などで、とくに役所名などを記したものは出土地の性格を決定する上でも重要な史料となる。平城宮出土の墨書土器のなかには器を他人に取られないように「醴太郎、炊女取不得若取者笞五十」と書いたものもある。地方の集落、とりわけ東国の集落遺跡から出土する墨書土器は日常使用の食器に一字のみ記されるものが圧倒的に多く、村落内での祭祀や儀礼の際に記号として意識された文字が記されたものであり、宮都周辺の墨書土器とは異なる様相を呈する。また、墨書土器には文字以外にも「☆」「冊」など呪符に使用される魔除けの記号を記したものや、人の顔を描いた墨書人面土器などもある。

〔参考文献〕奈良国立文化財研究所『平城宮出土墨書土器集成Ⅰ』（昭58）。同『平城宮出土墨書土器集成Ⅱ』（平元）。奈良文化財研究所『平城宮出土墨書土器集成Ⅲ』（平15）。平川南『墨書土器の研究』（吉川弘文館平12）。（鶴見泰寿）

ぼくせん［卜占］　ことの吉凶・善悪を判定する方法。卜とも占とも書く。「ウラ」は神意を問うことでこれに活用語尾「ナフ」をつけて「ウラナフ」、その名詞化が「ウラナヒ」。卜占には種々の方法があって、鹿の肩骨を灼きその町形に現われる割目の模様で吉凶・善悪を判定する太占（鹿卜）、亀甲による亀卜のほか年占い・灰占・足占・石占・歌占・夢占・琴占・橋占・辻占などがある。夕に行う占を夕占という。『古事記』『日本書紀』『万葉集』などに卜占の記事や卜占に関する歌がみえる。わが国では鹿卜が古くから行われ、ついで亀卜が伝わる。算木や筮竹などによる易占は亀卜よりも新しい。（上田正昭）

ほくだいしきどき［北大式土器］　北海道の続縄文文化末期の土器型式。後北D式、後にE式ともよばれたが、北海道大学構内出土の土器を指標として河野広道が命名。後北C_2—D式から発展し、器形は深鉢形ないし甕形、浅鉢形、注口、片口、把手付き湯呑形など多様。二ないし三段階に分けられ、口縁下の円形刺突文は共通し、北大Ⅰ式は隆起線文と縄文、北大Ⅱ式は沈線文と縄文が組み合わされる。北大Ⅲ式は縄文がなく、沈線文または無文で、擦文土器とする考えが多い。分布は全道的だが、道央部に多く、青森にまで及ぶ。特徴の円形刺突文はサハリン・道北の鈴谷式土器、無文化は東北北部の土師器の影響と考えられる。（長沼孝）

ほくとしちせい［北斗七星］　中国天文学の重要な星座で、陰陽の源・天帝の車などとされた。西洋ではおおくま座にあたる。平安時代には個人の運命にかかわる属星が誕生年の十二支で決められ、妙見信仰とも結びついていった。また柄の向きは時刻判定にも使われた。（細井浩志）

ほくめんのぶし［北面の武士］　院御所の北面に詰め、院の身辺警護にあたった家政組織。白河院が創設。四位・五位の諸大夫は上北面、六位の侍は下北面（下侍とも）と称して区別され、下北面には軍事貴族が多く登用されて院の私的武力の中核となった。

〔参考文献〕吉村茂樹「院北面考」『法制史研究(二)』（昭28）。（横澤大典）

ほけきょうおんぎ［法華経音義］　「法華経」に関する音義類の総称。『法華経音訓』『法華経単字』『法華経音』などがこれに含まれる。代表的な『法華経音義』は室町時代初期に心空が著したもので、字を韻と字体によって分類している。（犬飼隆）

ホケノやまこふん［ホケノ山古墳］　奈良県桜井市の纏向遺跡にある、三世紀中頃に築造された前方後円墳。墳丘全長約八〇m。径約六〇mの後円部に低平な前方部が付き、葺石・段築がある。中心主体部は長さ六・七m、幅二・七mの石槨内に、長さ六・五m、幅二・六mの木槨をおさめた二重構造をもつ。石槨は川原石積みで、蓋は木材で架構し、上に大規模な積石をする。木槨は厚さ一〇cm前後の板材を計六本の添え柱で支え、槨内にはさらに六本の柱が立つ。床面は礫で棺床とし、長さ五・三mの舟形木棺を安置する。主体部のうえには加飾された壺形土器を長方形配列する。画文帯同向式神獣鏡をはじめ、鏡片・銅鏃・鉄刀剣類・鉄鏃・鉄製工具類等が出土した。同時期では列島を代表する大形墳墓であり、特異な主体部構造を除けば、すでに定型的な前方後円墳の諸要素をほぼ備えている。弥生～古墳時代移行期の研究に多くの問題を提起する資料である。

〔参考文献〕奈良県立橿原考古学研究所編『ホケノ山古墳調査概報』（学生社平13）。（岡林孝作）

ぼし［墓誌］　死者の名・地位・経歴あるいは哀悼の文を、銅板・鋳銅の容器（骨蔵器）・石・塼などに記して墓に埋納したもの。現在実物が残っている古代の墓誌は六六八（天智7）年在銘の船王後墓誌から七八四（延暦3）年の紀吉継墓誌まで一六点である。実物は残っていないが拓本がある七三九（天平11）年在銘楊貴氏墓誌（偽造説あり）や、発見後再び埋納されたという日置部公墓誌もある。墓誌はその墓の被葬者を明示するばかりでなく、葬制のありようと被葬者の時代を考察する際にも貴重である。（上田正昭）

ほしいい［糒］　糯米や粟・黍等を蒸して乾燥させた保存・携帯用の食品。倉庫令には、貯蔵の許容年数として二〇年が、軍防令には、軍団兵士の自弁食料として糒六斗が規定されている。諸国に貯置された糒は、正税帳を通して太政官に報告された。（岩宮隆司）

ほしかわのみこ［星川皇子］　生没年不詳。雄略天皇の皇子。星川稚宮皇子とも。母は吉備上道臣の女稚姫。雄略崩後、天下の位に登らんとして大蔵の官をとり、ほしいままに官物を費用したが、遺詔に従った大伴室屋と東漢直掬に焼き殺された。（大川原竜一）

ぼだいせんな［菩提僊那］　704～60　奈良時代に来日したインドの僧。婆羅門出身であることから婆羅門僧正とも。在唐中、遣唐使多治比広成、留学僧理鏡の要請をうけて七三六(天平8)年唐僧道璿、林邑僧仏哲らとともに来日し大安寺に入った。七五一（天平勝宝3）年僧正に就任、翌年東大寺大仏開眼会の導師をつとめそのとき用いた筆が正倉院に伝えられる。七五四（同6）年、鑑真が来日するや東大寺に訪ねている。供養塔が霊山寺（奈良市）にある。（瀧浪貞子）

ほたかじんじゃ［穂高神社］　長野県安曇野市穂高町所在の神社で、式内社。祭神は穂高見命・綿津見命ら。穂高岳への信仰から発したもので、この地に勢力を誇った安曇氏一族が祖神として祀る神。諏訪・生島足島とならび信濃三社として崇敬をうけた。八五九（貞観元）年に従五位上。（井上満郎）

ほたてがいしきこふん［帆立貝式古墳］⇩古墳

ぼっかい［渤海］　698～926　中国東北地方東南部から朝鮮半島北部を領有した靺鞨系の高句麗人を中心とした民族国家。高句麗系の大祚栄が、この地での唐の羈縻支配力が衰えるのに乗じ、唐に滅ぼされた旧高句麗人を結集して建国し、震国と称した。七一三年、唐の玄宗から渤海郡王に冊封されて、渤海国と改称した。二代武王大武芸と三代文王大欽茂の時に基礎を固め、一〇代宣王大仁秀の時に全盛期を迎えた。「海東の盛国」と唐側からよばれるのはこの時期である（『新唐書』北狄伝渤海条）。唐とは一時期を除いてほぼ友好的な関係を持続し、制度や文物は唐のものを全面的に受容した。ただそれも盛唐期までのもので、唐後半期には国境を接する河北道地域が藩鎮の自立化によって唐中央、さらに新しい文化を生み出しつつある江南地方とはほぼ断絶状態となり、唐の政治・文化的な影響度はあまりないことに注意すべきである。中央官制は唐の三省に基づく宣詔（唐の門下省）、中台（中書省）、政堂（尚書省）、その下に尚書六部に相当する忠・仁・義・智・礼・信がおかれ、全て唐制の模倣であり、監察制度、軍事制度もまた唐制そのままである。都城は上京龍泉府、中京顕徳府、東京龍原府、西京鴨緑府、南京南海府の五都制がとられ、上京が中心であった。一九三三・三四年に日本人学者によって上京龍泉府遺跡が調査され、多くの仏寺遺跡や仏教関係の遺物が発見された。七二七年、武王大武芸は日本に遣使し、以後、滅亡までの二〇〇年間に三四回もの使節が派遣され、日本からも多次にわたる使節が派遣され、渤海が日本への唐文化移入に果たした役割はきわめて大きい。一〇世紀になると権力者間の内紛が激化し、東部モンゴリアの遊牧諸族を統一した契丹の耶律阿保機によって、九二六年に上京龍泉府を一気に陥されて滅亡した。国家としての存立期間は一五王二二九年であった。

〔参考文献〕鳥山喜一『渤海史考』（原書房昭

52）。田島公『日本、中国・朝鮮対外交流史年表　大宝元年～文治元年』（奈良県立橿原考古学研究所編『奈良・平安の中国陶磁』所収　便利堂平2）。（愛宕元）

ぼっかいのいせき【渤海の遺跡】　高句麗滅亡後の六九八年に、高句麗系の靺鞨人の大祚栄は、高句麗遺民と靺鞨部族を率いて、白頭山（長白山）の北東の地で震国を建てた。その後、七一三年に、唐の渤海郡王に封じられたので、国号を渤海国と称するようになった。当時の根拠地は旧国とよばれ、吉林省の敦化市に残る敖東城跡がその遺跡とされる。渤海の文化は、高句麗のそれを継承したものであるが、政治制度は唐にならったもので、あたかも唐制の規模を小さくした感がある。地方制度として、五京・一五府・六二州が設置され、その下に州が置かれた。そのうち五京は、領土の重要地区の中心地に設置されたもので、初期の国都であった中京顕徳府（吉林省和龍市、西古城跡）をはじめ、その後に国都となった上京龍泉府（黒竜江省寧安市、東京城）・東京龍原府（吉林省琿春市、八連城跡）の三京のほか、西京鴨緑府（吉林省集安市）と南京南海府（朝鮮民主主義人民共和国咸鏡南道北青郡、青海土城跡）がある。とくに、国都となった三京の遺跡には、唐の長安城を模倣した城郭都市遺跡がみられ、その内外に宮殿・官衙・寺院・古墳などの遺跡群が残り、また、各種豊富な遺物を出土する。
【参考文献】鳥山喜一『渤海史上の諸問題』（風間書房昭43）。濱田耕策『渤海国興亡史』（吉川弘文館平12）。酒寄雅志『渤海と古代の日本』（板倉書房平3）。石井正敏『日本渤海関係史の研究』（吉川弘文館平13）。（西谷正）

ほっかんざんひ【北漢山碑】　朝鮮半島・三国時代新羅の第二四代真興王が領土の境域を開拓し、そこに巡狩したときに立てた記念の石碑で、拓境碑もしくは巡狩碑・巡狩管境碑などとよばれる。戦前から、慶尚南道の昌寧碑、咸鏡南道の黄草嶺碑・磨雲嶺碑、そして、北漢山碑の四碑が知られてきた。そのうち、すでに古く一八一六年に発見された北漢山碑は、ソウル特別市鍾路区旧基洞の北漢山の山頂の巨岩に刻みこまれた台座の上に立てられていたが、現在は大韓民国の国立中央博物館に移されている。高さ約一・五五mの直方体の加工石に、三二字一一行以上にわたって刻字されている。碑身上端には、磨雲嶺碑と同じような仕口がみられるので、もとは笠石が載っていたと思われる。碑文は大きく、年月日を含む題記、巡狩した地域、高官などの随行者の三つの部分から構成される。六世紀中頃の新羅における中央・地方の官職制、身分制、行政・軍事組織などを知る上できわめて重要な文字資料である。この石碑の建立は、『三国史記』真興王二九（五六八）年の北漢山州設置記事と符合する点は注目される。
【参考文献】今西龍「新羅真興王巡狩管境碑考」『考古学雑誌』一二―三（大5）。（西谷正）

ほっきじ【法起寺】⇩法起寺

ほっけ【北家】　藤原四家の一つ。藤原不比等の二男房前を祖とする家。家名は房前が、長兄武智麻呂（南家の祖）邸の北に邸宅を構えていたことにちなむ。奈良末期から平安初期にかけて南家ついで式家が衰退し、北家が藤原氏の中核となった。とくに冬嗣は嵯峨天皇の信任をえて初代蔵人頭とされ、娘順子を皇太子正良親王（のちの仁明天皇）に入内させる一方、次男良房と嵯峨皇女潔姫の結婚を実現するなど皇室との結合を強め北家隆盛の基礎を築いた。ついで良房とその養子基経は天皇の外戚として摂政・関白の地位をえた。しかし宇多天皇の反感を買って摂政・関白は基経没後は中断し、復活したのは三九年後の忠平のとき。以後は忠平の子孫が摂政もしくは関白となり氏長者も継承、道長にいたっていわゆる摂関政治を確立した。しかし藤原氏を外戚としない後三条天皇が即位し、ついで白河上皇が院政を開始したことで北家の勢いは急速に衰えた。鎌倉期にかけて近衛・九条・鷹司・二条・一条の五家（いわゆる五摂家）に分立したことも政治的立場をさらに弱体化させる要因となった。（瀧浪貞子）

ほっけきょう【法華経】　初期大乗経典の一つ。一～二世紀頃の成立。漢訳には鳩摩羅什訳『妙法蓮華経』等がある。その内容は、宇宙の統一真理である法を説き、仏の存在が永遠不滅であり、あわせてわれわれの棲む世界がそのまま理想世界となる「娑婆即寂光土」と述べ、真理を携えて現実社会の人々のために実践する菩薩の存在を根拠づけた。こうして、仏教の根本原理である法・仏・菩薩を体系化したことで、大乗仏教の根本経典とされる。日本古代では聖徳太子作と伝える『法華経義疏』から法華経注釈がはじまり、最澄が法華経にもとづいて天台宗を開宗し、以後の日本仏教に強い影響を与えた。
【参考文献】井上光貞『日本古代の国家と仏教』（岩波書店昭45）。朝枝善照『平安初期仏教史研究』（永田文昌堂昭55）。（宮城洋一郎）

ほっけきょうぎそ【法華経義疏】⇩三経義疏

ほっけざんまいどう【法華三昧堂】　法華堂とも。天台宗寺院で法華三昧を修する堂。八一二（弘仁3）年最澄が比叡山東塔に建立し法華経を長講したことに始まる。その後西塔・横川にも建てられた。現存する西塔の法華三昧堂は一五九五（文禄4）年の建立。（藤田琢司）

ほっけしんこう【法華信仰】　『法華経』八巻とそれにもとづく信仰。日本では早く六〇六（推古天皇14）年の聖徳太子の講経にみえ、奈良時代には国分尼寺の典拠となり国家的信仰対象となる。平安時代には、最澄がこれに依拠する天台宗を創始する。また広く社会にも浸透し、文学や芸術にも大きな影響をあたえた。平安貴族社会では追善・逆修のための法華八講が宮廷・私家においても広く催され、とくに悪人・女人成仏を説く提婆品が大きな信仰を集めた。
【参考文献】高木豊『平安時代法華仏教史の研究』（平楽寺書店昭48）。（北康宏）

ほっけどう【法華堂】　①法華三昧堂の略称。本来は法華三昧を修するための堂であるが、平安時代後半からは遺骨を安置するなど墓としても利用されるようになり、鎌倉時代以降はもっぱら貴人の墓堂をさす名称となった。②東大寺三月堂の別称。（藤田琢司）

ほっけはっこう【法華八講】　御八講・八

講・法華会とも。法華経八巻を一座一巻ずつ、朝夕二座、四日間講讃する法会。主として追善・逆修・国家安穏などを目的とする。七九六（延暦15）年に勤操が石淵寺で行ったのが初例という。平安中期以降、公家・貴族が多く主催した。

（上島理恵子）

ほっしょうじ［法勝寺］ 京都市左京区岡崎にあった寺。白河天皇の御願寺。六勝寺の一つ。寺地は藤原師実が白河にあった摂関家累代の別業の一部を献上したものである。質量ともに藤原道長の法成寺に勝る寺というかたちで、一〇七五（承保2）年に造営に着手。金堂・五大堂・阿弥陀堂・法華堂・講堂などが順次つくられ、関白師実をはじめ貴顕の参列のもとに、一〇七七（承暦元）年落慶供養が行われた。約半世紀にわたり受領層の出資により多くの堂塔が建立された。金堂には三丈二尺の毘盧遮那如来像、阿弥陀堂には金色丈六阿弥陀如来像、講堂には金色二丈釈迦如来像や脇侍などが本尊として安置された。一〇九八（承徳2）年に落慶供養された池の中島に立つ八角九重塔はひときわ壮観を放ったが、一一八五（文治元）年の地震で半壊、一二〇八（承元2）年雷火により焼失した。その後一三四二（康永元）年の火災により堂塔の大部分が焼失し廃絶した。近年の発掘で規模などが知られている。

［参考文献］ 京都市埋蔵文化財研究所編「法勝寺跡」（『京都市埋蔵文化財年次報告 一九七四ノ二』昭50）。福山敏男『寺院建築の研究（下）』（中央公論美術出版昭58）。清水擴『平安時代仏教建築史の研究』（中央公論美術出版平4）。

（野口孝子）

ほっしょうじ［法性寺］ 京都市東山区本町にあった寺。現在の東福寺辺り。九二五（延長3）年、藤原忠平が建立。朱雀天皇の御願寺。一〇〇六（寛弘3）年藤原道長は五大堂を建立し、丈六五大尊を安置、供養した。その後、摂関家の忠通、道家などが伽藍建立に寄与した。

（野口孝子）

ほっしょうじかんぱくき［法性寺関白記］ 摂政・関白藤原忠通の日記。一一一九（元永2）年・一一二三（保安4）年・一一二五（天治2）年・一一五五（久寿2）年の記が断片的に残るが、孫の良経の「春除目抄」「秋除目抄」「後京極摂政部類記」などにおさめられた逸文などから一一一六（永久4）年頃から晩年の保元頃まで執筆されたことがわかる。「九条家歴世記録」（1）（『図書寮叢刊』）所収。

（松本公一）

ほっそうしゅう［法相宗］ 南都六宗の一つ。六五三（白雉4）年に第一伝の道昭が請来以降、第二伝智通・智達、第三伝智鳳・智雄、第四伝玄昉らによって弘められた。初伝と第二伝は元興寺を拠点に、第三・四伝は興福寺を拠点に弘められたため、前者を南寺系、後者を北寺系と称する。平安時代初期には法相教学研究が盛んに行われ、善珠や護命など、多くの高僧を輩出した。また三乗説を主張する立場から、同時期には、一乗説を主張する三論宗や天台宗と論争を展開した。

（志麻克史）

ほったのさく［払田柵］ 秋田県大仙市美郷町にある古代城柵。一九三〇（昭和5）年発掘調査され、翌年調査の酒田市「城輪柵」と並んで、文献上の柵の実体が初

法勝寺復原図（東南から）
梶川敏夫画

めて具現化されたと評価された。東西七六五m、南北三二〇mの丘陵を築地（一部角材塀）で取り囲む外郭があり、その中央部に政庁がある。さらに東西一三五〇m、南北七二〇mの角材による「外柵」が巡る。文献上のどの城柵にあてるかについては定説がない。（桑原滋郎）

ほつみさきじ【最御崎寺】 高知県室戸市室戸岬にある真言宗の寺。本尊は虚空像菩薩。室戸山明星院。金剛頂寺を西寺というのに対し東寺という。空海が都を去って修行した地の一つで、唐より帰朝後、空海が嵯峨天皇の勅願により八〇七（大同2）年に建立と伝える。大理石如意輪観音像などがある。（野口孝子）

ほづみしんのう【穂積親王】 ?～715 天武天皇の皇子。母は蘇我赤兄の女大蕤娘。六九一（持統5）年正月浄広弐、封戸五〇〇戸を賜わる。七〇一（大宝元）年二品に叙される。七〇五（慶雲2）年九月知太政官事となり、翌年二月には右大臣に准じた季禄が与えられる。七一五（霊亀元）年正月に一品に昇叙するが、同年七月二七日没。『公卿補任』では一三日の没とする。『万葉集』に短歌四首を残すが、異母妹で高市皇子の妻である但馬皇女との悲恋を詠んだ歌がある。（廣瀬真理子）

ほづみのおしやま【穂積押山】 生没年不詳。継体朝の任那哆唎国守。百済に任那四県を賜るように奏上した。のちに大伴金村とともに百済の賂をうけたと流言があった。また加羅の多沙津を百済朝貢の津路となすことを奏聞し賜わったため、加羅の怨みをかう。（大川原竜一）

ほてのいらつめ【法提郎媛】 生没年不詳。蘇我馬子の女。田村皇子（舒明天皇）の妃となり、古人大兄皇子を生む。立妃の時期は推古二〇年代の初頭か。田村皇子の最初の妃であった可能性が大きい。『日本書紀』によれば、六三〇（舒明天皇2）年に夫人とされた。（加藤謙吉）

ほとだはちまんづかこふん【保渡田八幡塚古墳】 群馬県高崎市にある墳丘長九六mの前方後円墳。五世紀後半から末葉の間に築造された三基の前方後円墳（古い方から順に二子山、八幡塚、薬師塚古墳）からなる保渡田古墳群に属す。二重の外堀と中堤、外堤を有し、内堀には後円部を取り囲んで四つの中島を配置。主体部は後円部にある凝灰岩製の舟形石棺で、挂甲、馬具等の副葬品が出土。外堤から墳頂部にかけて六重に円筒埴輪列がめぐり、前方部前面の中堤上の一画には人物・動物埴輪群が集中的に配置。古墳の南東約一kmにある三ツ寺遺跡の豪族居館との直接的関係が推測される。【参考文献】群馬町教育委員会『保渡田八幡塚古墳整備調査報告書』（平13）。（右島和夫）

ほのすそりのみこと【火闌降命】 天孫の瓊瓊杵尊の子。母は木花開耶姫。『日本書紀』は海幸・山幸神話の海幸のこととし、隼人や吾田君（阿多隼人の一族）の始祖とする。『古事記』は火須勢理命と記すが、兄の火照命が海幸で、隼人・阿多君の祖とする。（加藤謙吉）

ほむつわけのみこと【誉津別命】 垂仁天皇の皇子で、生来、言葉をしゃべることができなかった。それが『日本書紀』では白鳥をみて、「是何物ぞ」と言葉を発したとあり、この白鳥は出雲で捕獲されたとも但馬で捕えられたとも記されている。『古事記』では、本牟智和気と表記され、夢で神託を得た垂仁天皇によって出雲へ遣わされ、そこで出雲国造の祖とされる岐比佐都美から食事の供献を受ける。そのとき、出雲大社についてたずねる言葉を発したので、従臣たちは大いに喜んだとあって相違がみられる。（瀧音能之）

ほもうりつ【捕亡律】 「ぶもうりつ」ともいう。大宝・養老律の編目の一つ。養老律では第一一編にあたるが、条文数は不明。「唐律疏議」によれば、唐律は全一八条。大宝律・養老律ともに現存せず、わずかな逸文のみが残る。罪人の追捕、征人・防人等の逃亡とその隠匿にかかわる犯罪について規定する。（荊木美行）

ほもうりょう【捕亡令】 「ぶもうりょう」ともいう。大宝・養老令の編目の一つ。養老令では第二八編にあたり、全一五条よりなる。捕亡律に対応し、罪人の追捕、征人・防人等が逃亡した場合の捕捉や拾得物に関する規定をおさめる。（荊木美行）

ほよう【歩揺】 冠のような装身具や杏葉のような馬具などに、小さくて薄い金・金銅の心葉形をした板を垂れ飾りとしてつけるもの。歩くと揺れて、華麗さをかもし出す。『晋書』慕容廆載記では、「遼西では歩揺冠つまり歩くと揺れる冠をかぶる者が多く、それを見た莫護跋は気に入ってかぶるようになった。そこで、彼のことを歩揺とよんだが、その後、音が訛って慕容の姓となった」と記す。（西谷正）

ほらがい【法螺貝】 単に法螺とも。日本列島南半に棲息する巻貝の一種で作った吹奏楽器。仏事の際に用いられたが、とくに修験道においては破魔の機能をもち現在にいたる。（井上満郎）

ほらのみや【保良宮】 淳仁朝に平城宮改作のため近江国に造営された離宮で、平城京に対し「北京」とも称された。造営は藤原仲麻呂（恵美押勝）が中心となり、七五九（天平宝字3）年一一月に開始された。この宮には淳仁天皇・孝謙上皇ともに滞在して政務が執られたが、七六二（同6）年五月には淳仁・孝謙の亀裂は決定的となり、ともに奈良に帰ったため保良宮は廃都となった。宮の位置・内容は不詳だが、近年の発掘調査で大津市石山の晴嵐小学校付近で平城宮式瓦をともなう道路と屋敷跡が検出され、この一帯が保良宮跡とみられる。（林博通）

ほりかわ【堀川】 平安京内を北から南に流れる人工河川。また、平安京の小路名でもある。左京と右京にあり、それぞれ堀川、西堀川という。「延喜式」によると、小路であるが、堀川の幅四丈の両側に二丈ずつの小路があり、総計八丈の大路並の幅員があった。平安京内の運河として、材木の運漕などに利用され、五条堀川は材木市のたつ集散地となった。（高橋美久二）

ほりかわいん【堀河院】 左京三条二坊九・一〇町に所在した太政大臣藤原基経の邸で円融天皇の里内裏また後院。九七六（貞元元）年に内裏炎上によって円融天皇が当院に遷御、臣下の邸を内裏に用いた初例。兼通・顕光・頼通・師実らに受継がれ、白河天皇・堀河天皇の里内裏ともなった。一一二〇（保安元）年焼失。（佐藤文子）

ほりかわいんひゃくしゅ［堀河院百首］ 平安時代末期の百首歌。源国信、源俊頼らが中心となり、一一〇五、六（長治2、3）年頃、堀河天皇に奏覧された。正しくは「堀河院御時百首和歌」。後の『永久百首』に対して、「堀河院太郎百首」「堀河院初度百首」とも。立春、霞など一〇〇題を一首ずつ計一〇〇首詠んだもの。組題百首の最初で、題詠の規範として後世に大きな影響を与えた。『新編国歌大観4』（角川書店昭61）などに翻刻されている。（小西茂章）

ほりかわてんのう［堀河天皇］ 1079～1107　在位1086～1107　平安時代後期の天皇。白河天皇の皇子で、母は藤原賢子。幼年の堀河天皇が立つことによって白河の院政が開始するも、成人後は必ずしも父の意見に従わなかった。晩年は病気がちだったが譲位することなく病死。最初香隆寺に埋葬後、仁和寺に改葬、後円教寺陵と称す。（井上満郎）

ほりのうちかいづか［堀之内貝塚］ 千葉県市川市堀之内二丁目に所在する縄文時代後・晩期の馬蹄形貝塚。標高二二～二三mの台地の斜面を中心に形成され、外径は東西約二二五m、南北約一二〇mを測る。後期ではハマグリとイボキサゴ、晩期ではハマグリとオキシジミが主体を占め、時期により貝類の組成が異なる。一八八三（明治16）年頃には学界に報告されており、一九〇四（同37）年に当時の東京人類学会の遠足会が実施され、その時の様子が『東京人類学会雑誌』に紹介されたこともあり、広く知られるようになった。五四（昭和29）年には明治大学・早稲田大学・慶応大学による発掘が実施され、平板による貝塚測量図がはじめて作成された。1・2の二型式に細別される後期前葉の堀之内式土器の標式遺跡であるが、六三（同38）年に晩期の遺物を出土する貝層が新たに確認され、晩期の遺跡としても注目されるようになった。翌年に国史跡に指定され、六七・七二（同42・47）年の追加指定を経て、現在は史跡公園になっている。

［参考文献］堀越正行他編『堀之内貝塚資料図譜』市立市川考古博物館研究調査報告㈤（市立市川考古博物館平4）。（領塚正浩）

ほりのうちしきどき［堀之内式土器］ ⇩堀之内貝塚

ほんい［品位］ 親王に授けられる特殊な位。大宝令ではじめて制定。一品から四品までの四階がある。官位令には一品以下の親王が任じられる官を列挙するが、奈良時代には任例がなく、平安時代以降、大宰帥・八省卿に任じられる例がみられる。（荊木美行）

ほんかどり［本歌取］ 人々によく知られた和歌の内容や表現を用いて新たに和歌をつくること。遊戯的な替え歌から出発して、しだいに技法として洗練され、作品に重層的な世界をもたらす方法として藤原俊成・定家父子により確立された。『新古今和歌集』に多くみられる。（堀川貴司）

ほんがん／ほんかん［本貫］ 律令制にあっては、すべての人間はいずれかの戸主の戸に編入され、戸籍に登載されることになっていた。この戸籍上の所属を本貫という。また戸籍は里（郷＝五〇戸）を単位に作成されたから、本貫は本籍地をも意味した。（鎌田元一）

ほんけいちょう［本系帳］ ⇩氏族志

ほんじすいじゃくせつ［本地垂迹説］ 超歴史的本体が歴史的世界に化現するという大乗仏教経論に広く見られる思想を基礎にして生みだされた、土地の神々を本地たる仏菩薩が衆生を救済するために化現・垂迹したものとみなす思想。日本でも在来の神祇の神々をこの理論で説明する習合思想が生みだされた。まず八世紀末から九世紀初頭仏教側によって主張された神身離脱・神宮寺造営の言説に対して、平安中期より平安新仏教の影響のもと、神仏の同等性を説く思想としてひろく主張されるようになる。伊勢神宮の大日如来、八幡宮の阿弥陀如来など、主な神社の祭神には本地仏が特定されるようになり、本地堂には社僧がおかれた。鎌倉中期から室町時代になると神本仏迹の理論化が進められ、吉田兼倶らにより神道の独立が主張され、さらに近世では国学者の攻撃をうけることにもなるが、明治の神仏分離にいたるまで広く全国に浸透して日本人の宗教観の大きな基礎をなしていた。

［参考文献］村山修一『本地垂迹』（吉川弘文館昭49）。（北康弘）

ぼんしゃくじ［梵釈寺］ 滋賀県大津市にあった寺院。七八六（延暦5）年に、桓武天皇が曾祖父天智の追慕のために、崇福寺近傍に造営した。七九五（同14）年には十禅師を置き、官大寺の一つとして国家法会などの一翼を担った。しかし崇福寺と同様、山門・寺門抗争の渦中にあって平安末期には衰退したらしい。現在もその遺地は確定していないが、崇福寺跡とされる大津市滋賀里町山中の三つの尾根のうち南端尾根上の遺構を、建物の方位や出土遺物から梵釈寺跡とする見解が有力である。（毛利憲一）

ほんぞうわみょう［本草和名］ 侍医深根宿禰輔仁（生没年不詳）が著わした薬物の解説書。九一八（延喜18）年頃に、醍醐天皇の勅を奉じて撰述したものと推定される。『輔仁本草』『和名本草』とも。二巻。『続群書類従』雑部や『日本古典全集』におさめる。深根宿禰輔仁は平安中期の名医で、代々医業で朝廷に仕えた蜂田薬師の出身。蜂田薬師は和泉国大鳥郡蜂田郷を本拠とする渡来系氏族で、僧行基の母も同族の出身。八三四（承和元）年六月二二日、正六位上蜂田薬師文主らに深根宿禰の姓を賜った（『続日本後紀』）。輔仁は九三六（承平6）年に侍医となり、名医の誉れが高かった。『本草和名』は、唐の蘇敬らが著わした『新修本草』を主体に一〇二五種の薬物を撰び、各薬物の異名、その出典、和産の有無、和名（万葉仮名で記す）などを記したもの。源順の撰叙した『和名類聚抄』に数多く引用されている。『新修本草』は、七八七（延暦6）年五月十五日に典薬寮の医針生・園生らが学ぶべき本草書とされた（『続日本紀』）。（和田萃）

ほんちょうげつれい［本朝月令］ 平安時

代中期における朝廷の年中行事の起源・由来等を典拠を示して明らかにした公事書。「がつりょう」とも。現存するのは四～六月の一巻のみであるが、もとは四巻ないし六巻で、一二ヵ月を完備したもの。編者は惟宗公方、成立は朱雀天皇朝（九三〇～九四六年）と推定される。引用された和漢の典籍は、古書旧記の最も古い利用例である場合が多く、「弘仁・貞観式」「高橋氏文」「秦氏本系帳」などの逸文を多く伝える点でも貴重。年中行事の由来を説く後世の書物に大きな影響を与えた。『群書類従』『新校群書類従』所収。
【参考文献】 清水潔編『新校本朝月令』（皇學館大学神道研究所平14）。 （清水潔）

ほんちょうこういんじょううんろく［本朝皇胤紹運録］ 洞院満季が後小松天皇の勅命をうけて一四二六（応永33）年撰上した皇室系図、はじめに神代系図、ついで神武天皇から当代におよび、以後も代々書き継ぎがある（現行刊本は現代まで）。また本来は皇別の賜姓諸氏族系図も付随していたことが省略注記により知られる。
【参考文献】『図書寮典籍解題』歴史篇（養徳社昭25）。 （所　功）

ほんちょうしょじゃくもくろく［本朝書籍目録］ 日本で編著された典籍の目録。編者不詳。一二七七（建治3）年～九四（永仁2）年頃成立。神事・帝紀・公事など二〇部門に四九三点の書物を分類し、書名と巻数を掲げる。ただし仏書・歌書は含まない。 （綾村宏）

ほんちょうしんせんでん［本朝神仙伝］ 平安時代後期成立。大江匡房（1041～1111）撰。一巻。神仙の術にすぐれた人と考えられる人物三七名の伝記を集めたもの。倭建命・役小角・空海・泰澄などを収録し、仏教関係者が二一名と多い。 （綾村宏）

ほんちょうせいき［本朝世紀］ 平安時代の歴史書。藤原通憲（信西）編。一一五〇（久安6）年、鳥羽法皇の命をうけ、六国史のあとを継ぐものとして、宇多天皇より堀河天皇までの一五代の通史が計画された。のち鳥羽・崇徳・近衛の三代を加え、一八代とした。完成したのは宇多天皇一代のみで、他は未定稿に終わった。現在はほとんど散逸し、九三五（承平5）年より一一五三（仁平3）年まで断続的に四〇数巻が伝わるのみ。『新訂増補国史大系』所収。 （松本公一）

ほんちょうぶんしゅう［本朝文集］ 江戸初期までの公家（皇族を含む）による漢文作品（短文）を作者別に編年集成したもの。六国史をはじめ、古代文献から収集した作品をも多く含む。水戸藩彰考館編。八〇巻。一八世紀初め頃成立。『大日本史』編纂のための膨大な探訪史料をもとにしており、逸文を多く含む。『新訂増補国史大系』所収。 （堀川貴司）

ほんちょうほっけげんき［本朝法華験記］ 平安時代中期の仏教説話集。三巻。鎮源編。一〇四三（長久4）年頃の成立。『法華験記』『大日本国法華経験記』とも。唐の義寂の『法華験記』（現存しない）にならい、法華経の霊験譚や行者の伝など一二九話をおさめる。注釈書に『日本思想大系7』（岩波書店昭49）がある。 （小西茂章）

ほんちょうむだいし［本朝無題詩］ 一二世紀半ばまでの約一〇〇年につくられた漢詩を集めた総集。藤原忠通側近の式家儒者による編纂と推定される。一〇巻。忠通没年の一一六四（長寛2）年以前の成立。白居易の影響を強く受けた詩風。
【参考文献】 本間洋一『本朝無題詩全注釈』（一）～（三）（新典社平4～平6）。 （堀川貴司）

ほんちょうもんずい［本朝文粋］ 一一世紀前半までの約二〇〇年に作られた漢文（一部漢詩も含む）を集めた総集。藤原明衡編。一四巻。康平年間（一〇五八～六五）の成立といわれる。当時の公文書の文体をはじめ、賦・雑詩・詩序・和歌序などの文学作品、願文・諷誦文など仏教儀礼に関するものなど、儒者にとって必要なあらゆるタイプの漢文を網羅した、模範文例集である。注釈に柿村重松『本朝文粋註釈』、『新日本古典文学大系』など、翻刻に『新訂増補国史大系』、土井洋一・中尾真樹『本朝文粋の研究』（索引あり）などがある。 （堀川貴司）

ほんちょうれいそう［本朝麗藻］ 一一世紀初めまでの約五〇年に作られた漢詩を集めた総集。高階積善編。二巻。ただし上巻は一部欠。寛弘年間（一〇〇四～一一）の成立。優美な詩風で知られる。『群書類従』所収。
【参考文献】 大曾根章介ほか『校本本朝麗藻』（汲古書院平4）。川口久雄監修『本朝麗藻簡注』（勉誠社平5）。 （堀川貴司）

ほんぱしき［翻波式］ 彫像において、大きなひだと小さなひだとを交互に配し、翻る波のように表現した衣文の様式。平安前期、一木造の木彫像に多く用いられた。代表例は法華寺十一面観音像・室生寺弥勒堂釈迦如来座像。 （藤田琢司）

ま

まうんれいひ［磨雲嶺碑］ 朝鮮民主主義人民共和国の咸鏡南道利原郡東面で、一九二九（昭和4）年に発見された、新羅・真興王の拓境碑の一つ。碑文によると、五六八（太昌元）年に立てられたが、現在は咸興歴史博物館に移されている。高さ約一・四七m以上の直方体の加工石に、前面二六字九行、後面八行合計四一五文字が刻まれている。碑身の上は北漢山碑と同じように、一段狭くつくられているので、上に笠石が載っていたものと思われる。下端は部分的に少し欠損している。拓境碑が立っていた地域には、新羅式の横穴式石室墳が築造されていることは示唆的である。 （西谷正）

まがいぶつ［磨崖仏］ 露出した岩石や岩壁に浮彫や線刻で仏像を表現した石仏。独立した石材に彫刻した石仏と区別して磨崖仏とよぶ。日本では奈良時代以降平安・鎌倉時代に各地で製作された。おもな磨崖仏としては、京都府相楽郡笠置町笠置磨崖仏、奈良県宇陀郡室生村大野寺磨崖仏、栃木県宇都宮市大谷磨崖仏、大分県臼杵市臼杵磨崖仏などが有名である。（杉山洋）

まがつひのかみ［枉津日神］ 『記』『紀』神話の神。『古事記』では禍津日神。黄泉国から逃げ帰ったイザナキが日向の阿波岐原で禊をしたとき、黄泉国の汚穢によって化成した神。「延喜式」の御門祭祝詞には悪言を言う神とあり、災禍、邪悪などの神格化。（菊地照夫）

まかみのはら［真神原］ 飛鳥の中心部の古称。「大口の　真神の原に　降る雪はいたくな降りそ　家もあらなくに」（巻八—一六三六）と歌われたように、「大口の」は「真神」にかかる枕詞で、真神は狼のこと。狼が口を大きく開いて獲物を喰うことに由来する。もともと真神原は狼が出没するような原野だった。七世紀前半に王宮や寺院が櫛比し人口が増加するようになると、「飛鳥」と称されるようになった。（和田萃）

まき［牧］ 馬牛を放牧して飼育する土地と施設。古墳時代中期に牧の設置も始まったとみられるが、律令時代には軍事的目的から各国に牛馬の牧が設定され、その規定も設けられた。八世紀後半以降、中央への貢馬を確保するため、牧の再編が実施され、「延喜式」にみえる官牧（諸国牧）、勅旨牧（御牧）、近都牧の三形態が出現する。しかしこれらも一一世紀半ばまでに形骸化し、権門の私牧となるものが多かった。また田畠が開発され、荘園化するものもあった。（勝山清次）

まきえ［蒔絵］ 漆工芸装飾技法の一つ。漆で文様を描き、乾く前に金・銀などの金属粉や色粉を蒔きつけて付着させ、磨いて仕上げたもの。奈良時代の法隆寺献納宝物などにみられ、平安時代に急速に発展して螺鈿と併用した中尊寺金色堂の例などがある。（山田雄司）

まきむくいしづかこふん［纏向石塚古墳］ 奈良盆地の東南部、桜井市太田にある全長九三ｍの前方後円墳。後円部径六〇ｍ、高さ三ｍ、前方部幅三二ｍ、高さ二ｍ。戦争中に後円部が大きく削平されたが、古図では三段築成である。埴輪・葺石をもたない。くびれ部南側周濠内から弧文円板や柱材が、同北側周濠内からは庄内式の新しい土器群が、西側周濠からは古い土器群が出土した。同北側周濠内出土の板材から起源二〇〇年頃の年代が年輪年代法で判明し、最古の前方後円墳とさわがれたが、埴輪・葺石をもたぬ点から「墳丘墓」と位置付ける研究者もある。現墳頂は発掘調査を行ったが、埋葬施設は残っていなかった。この地域には、勝山・矢塚・東田大塚古墳の四基が同様に、埴輪・葺石および周濠内に落ち込んだ河原石すらない点、石塚古墳と同じ庄内式土器の時代に築造されたとみられるが、その年代が年輪年代法の通り三世紀初頭前後かどうかは、まだ決められないと考えられる。（清水真一）

まきむくいせき［纏向遺跡］ 奈良盆地の東南部、桜井市の北西地域を占める三～四世紀の遺跡。大和高原の水を集めた纏向川が、奈良盆地に流れ込んだ際に形成された扇状地形上に位置している。南北一km、東西二kmの範囲とみられ、東端の車谷地区は海抜一七〇ｍ、扇状地の西端の東田地区は七〇ｍ、東西二kmで一〇〇ｍの高低差が認められる。弥生時代後期の、盆地内の環濠集落が終了する頃から、纏向遺跡の遺構・遺物群が増加し、布留式期の後半頃まで続くが、その中心は庄内式土器の新期から布留式土器の古期までとみられる。遺構的には西側で大規模な水路や土坑群、東側で「宮殿」の存在を想定させる溝や柵列・柱穴等が出土しているが、全体を把握するまでにはいたっていない。特徴的なことは、大和以外の多量の土器が持ち込まれ、全体の三〇％近くにものぼる。そのうち東海系土器が半数を占め、河内・山陰・四国系、近江・北陵の土器が続き、北九州や関東が少量存在する。また、遺跡内には箸墓古墳をはじめとして、六基以上もの初現期の前方後円墳が存在する。明らかに、箸墓古墳よりも古いものがあり、周濠内出土の木器の年輪年代からは二〇〇年前後の年代が出されている。また、唯一埋葬施設が判明したホケノ山古墳からは、画文帯神獣鏡が出土し、椿井大塚山古墳・黒塚古墳などとともに、副葬品の中心となる鏡の共通性が認められる。このほか、祭祀遺物として吉備系の弧帯文様が認められる。特殊器台片・弧文円板・弧文板・弧帯石等があり、瀬戸内地方の影響が祭祀面に突出した形で出ていることがわかる。遺跡の北側に『万葉集』でみられる痛足川が流れ、南の泊瀬川と東

纏向遺跡内の4前方後円墳（上が東）
中央の纏向小学校グラウンドの上・石塚、下・矢塚古墳、左・勝山古墳、右下東田大塚古墳

石塚古墳（第5次調査時、上空から）
右が北、左が南

中央・纏向小学校
右上の頂は三輪山
左が北、右が南

の三輪山とで囲まれた範囲が、水の輪、つまり「みわ」の語源、水の垣が崇神天皇磯城瑞離宮の名称のおこりと推定され、古代三輪王朝の発祥の地と考えることができるだろう。（清水真一）

まくらことば［枕詞］ 歌文にみられる修辞法の一つ。とくに和歌などで、特定の語句に冠して、修飾あるいは句調を整える語句をいう。修飾する語と修飾される語との間には固定性が認められる点で序詞と区別される。枕詞は元来は、神託や唱え言における呪言から発したものと考えられる。五音のものが最も多いが、三音、四音、また七音のものもある。「枕詞」の名称は室町時代頃からみられる。「あしひきの」「たらちねの」「ひさかたの」など。（山田雄司）

まくらのそうし［枕草子］ 平安時代中期の随筆。清少納言著。一〇〇一（長保3）年頃の成立。現在伝わるテキストは、三巻本・能因本という章段の配列が雑然としている雑纂本系統と、前田家本・堺本という章段の性質によって類別した類纂本系統とに分かれる。雑纂本系統が原形に近く、類纂本系統は後人の手によって編纂されたものと思われる。内容は、ある主題に沿って「……は」（「山は」「鳥は」など）や「……もの」（「うつくしきもの」「にくきもの」など）という形で列挙する類聚的章段、自然や人間社会についての感懐を自由に書いた随想的章段、一条天皇中宮定子に仕えた著者の体験にもとづく日記的章段の三つに大別される。繊細な感性と鋭い観察眼にあふれており、『源氏物語』とならぶ、平安時代文学を代表する作品である。注釈書に『新日本古典文学大系25』（岩波書店平3）、『新編日本古典文学全集18』（小学館平9）などがある。（小西茂章）

まさかどき［将門記］ ⇩将門記しょうもんき

まさむねじんじゃ［当宗神社］ 河内国志紀郡にあった神社。宇多天皇外祖母を出した渡来系氏族当宗氏の氏神を祭る神社。その祭は公祭とされ、杜本祭使に内蔵幣を付ける形で送られた。中世以降史料上みられなくなり、現在は誉田八幡宮に合祀された形になっている。（榎村寛之）

ますだいけ［益田池］ 平安時代初期に築造された池。現奈良県橿原市久米町から鳥屋町に存在していた溜池で、高取川の中流をせき止めたもの。国家的大工事によるもので空海の弟子の真円らも協力した。堤の一部が残り、一九六一（昭和36）年に発見された木樋が奈良県立橿原考古学研究所付属博物館に保存。（高橋誠一）

ますみだじんじゃ［真清田神社］ 愛知県一宮市真清田一丁目に鎮座。式内名神大社で尾張一宮。現在、祭神は天火明命であるが、古くは国常立尊、あるいは大己貴命とも。八六五（貞観7）年に正四位上。社領は白河院政期の立荘とみられ、預所職は祇園女御から池禅尼、久我家へと伝領された。

〔参考文献〕『真清田神社史』（真清田神社史編纂委員会平6）。（堀越光信）

まだらじん［摩多羅神］ 慈覚大師円仁が入唐の帰途に際して船中で感得したといわれ、大陸から請来された神。『阿弥陀経』の守護神で、比叡山常行堂に祀られた。また中世以後、玄旨灌頂を授与する玄旨帰命壇の本尊として祀られるようになった。（芳井敬郎）

まつおかやまこふん［松岳山古墳］ 大阪府柏原市国分市場にある前方後円墳。前方部を南西に向け、墳丘長一五五mを測る。主体部は墳丘主軸に直交し、長持形石棺の祖形と考えられる組合せ式石棺を安置。これを安山岩板石で覆うように竪穴式石槨が構築される。石棺は内法長約二・五mで、蓋・底部は花崗岩、側壁は讃岐鷲羽山産といわれる凝灰岩を用いる。石棺両小口部外方には穴が開いた立石が存在する。円筒や朝顔形埴輪のほかに家や蓋形等の形象埴輪、鰭付き楕円筒埴輪がある。葺石は、礫石も用いるが、板石を小口積みにして、垂直に積み上げる特異なものである。おもな出土遺物は、刀剣類など多量の鉄製品、碧玉製鍬形石・石釧・管玉、硬玉製勾玉などで、時期は出土遺物から四世紀後半頃と推定される。近隣の古市古墳群に先行する大型古墳として注目される。後円部の一部が国指定史跡となっている。（伊藤聖浩）

まつおたいしゃ［松尾大社］ 「まつのお」大社とも。京都市西京区所在の神社で延喜式内社。祭神は大山咋神で、『古事記』にこの神が「葛野の松尾に坐す」とみえており、平安遷都以前からの古社。創立については「本朝月令」の引く「秦氏本系帳」に筑紫宗像神が「戊辰年」（未詳）に「松崎日尾」に天下り、それを秦忌寸都理が七〇一（大宝元）年に「松尾」に「奉請」し、以後祭礼も秦氏一族によって奉仕されたと記す。葛野の地に渡来した秦氏と深い関わりをもつ神社。長岡京遷都とともに従五位下となって神階を加えたが、平安京遷都以後いっそうその権威を増し、上下賀茂神社が「東の厳神」と称されたのに対し、「西の猛霊」として崇敬をうけ、平安京の鎮守神としての位置を獲得した。（井上満郎）

まっかつ［靺鞨］ 中国東北部の東北地方から朝鮮半島北部に住んだツングース系民族の一種。六世紀半ば勿吉人の国が滅びると、その服属諸部が自立したが、一括して靺鞨とよばれた。大部族のうち有力な粟末・伯咄・安車骨・払涅・号室・白山・黒水を靺鞨七部とよんだ。一部は高句麗に属し、またその滅亡後は粟末靺鞨人の大祚栄が渤海を建国し、その支配下に入った。『日本書紀』や「多賀城碑」にみえる靺鞨の語は靺鞨人や渤海をさす

と考えられる。（中畠俊彦）

アジアではとくに松花江流域を中心にして、北は黒龍江、東は牡丹江から日本海沿岸にいたる広大な地域を住地としていた。主要な七つの部族があり、靺鞨七部とよぶ。これらはそれぞれ本来別の種族と考えられる。つまり靺鞨とは一つの種族ではなく、多くの種族の総称というべきものである。勿吉とも表記する。四七五年に北魏に使者を送り、中国に名を知られるようになった。後には、粟末靺鞨を中心にして渤海国が建国される。しかし黒水靺鞨は服さず、全体が一つになったわけではなかった。一〇世紀には契丹族の支配下に入る。（田中俊明）

まつばらきゃくかん［松原客館］ 越前国（福井県）に設置された渤海使応接のための施設。造営時期は明確ではないが、一〇世紀初頭には気比神宮司により管理されていた（延喜雑式）。敦賀郡の松原駅（敦賀市）に併置されたか。九一九（延喜19）年には漂着した渤海使を松原駅館に移そうとしたが、機能しなかったという（『扶桑略記』）。（川崎晃）

まっぽうしそう［末法思想］ 仏教の始祖である釈迦の死後、正法・像法・末法の順に仏法が衰退すると考える仏教上の下降的歴史観。釈迦の死後まずその教（釈迦の教え）・行（教の実践）・証（実践の結果得られた悟り）のそれぞれ備わった正法時代が続くが、やがて証が失われ教・行のみの像法時代となり、さらには像も失われて教のみの末法時代になるとする。インドから中国をへて日本に伝来した思想だが、正・像・末の年限については諸説あり、正法五百年・像法千年説、正法・像法各千年説が主たるものだが、日本では後者が採られていた。釈迦の死去は不明だが中国では紀元前九四九年説が流布されており、したがって一〇五二（永承7）年が末法開始の年となり、事実史書に「今年始めて末法に入る」と記す（『扶桑略記』）。因みに『日本書紀』にいう五五二（欽明天皇13）年仏教伝来説は正法五百年・像法五百年説に基づく創作との説が有力である。これとは別に釈迦の死後を五百年刻みで時代区分する五百歳説もあり、解脱堅固・禅定堅固・多聞堅固・造寺堅固・闘諍堅固の五時代をへて末法（法滅尽）に入るというもので、これと正・像・末の三時代区分でのそれとが結合して末法思想をいっそう普及させた。奈良時代よりすでに末法思想は存在したが、身近になったのは末法と意識される現象が現実に起こった平安時代中期以降で、自然災害はむろんのこと、内乱の勃発、武士の興起、僧兵（悪僧）の横行といった頽廃的社会現象が事実として末法が渡来したものと受けとめられ、末法思想がただ思想のみに止まらなかったのはこうした末法に見合う現象が起こったからである。とりわけ末法第一年の一〇五二（永承7）年の長谷寺の焼失は貴賤に深刻な衝撃を与え、末法の到来を真実とうけとめさせた。さらにこの末法の到来は穢土からの離脱を希求させ、念仏の盛行やまた源信の『往生要集』の執筆、さらには穢土から浄土への往生を導く阿弥陀如来の製作が盛行した。

［参考文献］数江教一『日本の末法思想』（弘文堂昭36）。（井上満郎）

まつらのくに［末盧国］ 『魏志』東夷伝倭人条にみえる国名。一大国（壱岐国）から「又一海を渡る千余里」でいたると記されている。肥前国松浦郡にあったと推定され、『古事記』には末羅県、『日本書紀』には松浦県の地名がみえる。（高橋誠一）

まつらのさよひめ［松浦佐用比売］ 伝説上の人物。『万葉集』に大伴狭手彦との別れを嘆く彼女が山嶺から去り行く船に領布を振ったという題詞と歌があり、その後、佐用比売にあたる女が蛇体の男について沼底に沈んだという話が『肥前国風土記』にある。（中川久仁子）

まつらのみやものがたり［松浦宮物語］ 鎌倉時代初期の物語。三巻。著者は藤原定家説が有力。一一八九（文治5）年から一二〇二（建仁2）年頃の成立。日本と唐を舞台とした、浪漫的・伝奇的な物語で、『宇津保物語』や『浜松中納言物語』の影響をうけている。注釈書に『新編日本古典文学全集40』（小学館平11）などがある。（小西茂章）

まつろこくのいせき［末盧国の遺跡］ 佐賀県北部に位置する唐津平野を中心とする領域が『魏志』倭人伝のいう末盧国に比定される。「草木茂盛、行不見前人、好捕魚鰒、水無深浅、皆沈没取之」という末盧国の特徴は、沿岸部に立地する地理的環境をよく示している。朝鮮半島と密接な関係をもって成立する菜畑遺跡、柏崎遺跡等の縄文時代晩期から弥生時代前期の稲作開始期の遺跡群は支石墓という墓制を導入し、続いて宇木汲田甕棺墓群で銅剣、銅矛をもつ初期の首長墓を成立させることになる。柏崎、久里大牟田、千々賀等、末盧国前半の弥生時代中期前半から後半までの遺跡群は豊富な朝鮮系の青銅器と国産青銅器群を特徴とする。中期後半から後期初頭になると大陸文化の流入を示すかのように、柏崎田島遺跡で前漢の日光鏡、桜馬場遺跡では後漢鏡や特異な青銅製銅釧等を副葬する王墓が確認される。弥生時代後期以後の実態はまだ不明であるが、中央の松浦川流域では久里天園遺跡、千々賀遺跡、中原遺跡等で新たな遺構、遺物が発見されていて、末盧国の姿が解明されている。

［参考文献］岡崎敬編『末盧国』（六興出版昭57）。中島直幸「末盧国」『季刊考古学51』（平7）。（田島龍太）

まとこおふふすま［真床覆衾］ 「ま」は美称で「とこ（床）」は坐ったり寝たりする台、覆衾は追衾とも書き、ふすまは「伏す裳」の意味という。『日本書紀』巻第二の天孫降臨の神話（本文・第三の「一書」）でニニギノミコトが「真床追（覆）衾」におおわれて降臨するのは、即位儀礼との関連があり、大嘗祭の悠紀殿・主基殿に設けられている蓐・衾もマトコオフフスマとよぶ。『日本書紀』巻第二の海幸・山幸の神話（第四の「一書」）の「真床覆衾」は玉座を意味する。（上田正昭）

まなはじめ［魚味始］ 小児に誕生後初めて魚鳥などの動物性食物を食べさせる、通過儀礼の一つ。後世の食初めにあたる。平安時代では生後二〇ヵ月目、または数え年三歳に行うのが一般的だが、必ずしも明確には定まっていなかった。（竹居明男）

まひと［真人］ ⇩八色の姓（やしきのかばね）

ままのてこな【真間手児名】 下総国真間（千葉県市川市真間付近）にいたという伝説上の乙女。非常に美しく大勢の男に言い寄られたが、みずから命を絶ったという。『万葉集』に、山部赤人らの詠んだ手児名の伝説を偲ぶ歌などがある。（中川久仁子）

まむたいけ【茨田池】 河内国茨田郡、河内平野北部につくられた池。『日本書紀』仁徳紀に茨田堤、同皇極紀に茨田池の名がみえる。現大阪府寝屋川市の平池周辺の地に比定されているが、この地域は淀川の下流域で氾濫の常襲地であった。そのために堤を築くことによって、耕地化を可能として、茨田池の用水を利用して農業的開発が実施されたと考えられる。秦氏や茨田氏など渡来系氏族の居住する先進的地域であり、茨田屯倉も経営された。（高橋誠一）

まゆずみ【黛】 眉をつくることは古くから行われ、飛鳥時代以降眉を抜き黛で眉を描く化粧法が大陸から輸入された。奈良時代には貴族女性のあいだで油煙を油で捏ねた黛で三日月形や蛾眉形の眉づくりが行われた。平安時代には太い棒眉が主流となり、貴族男性にも及んだ。（佐藤文子）

まゆみのおか【真弓（檀弓）丘】 紀路に沿った、飛鳥の西南域に広がる低い丘陵の総称。奈良県高市郡明日香村真弓・同地ノ窪付近から同郡高取町佐田・同森にかけての一帯。六四三（皇極天皇2）年九月十九日、皇極天皇の母である吉備嶋皇祖母命を檀弓岡に葬ったことがみえる（『日本書紀』）。また六八九（持統3）年四月十三日に草壁皇子（日並皇子尊）が薨じ、真弓の岡に殯宮が営まれた際、皇子宮の舎人たちが歌った挽歌（『万葉集』巻二―一七一～一九三）には、「真弓の岡」「佐田（太）の岡」が歌われている。真弓の岡の一画を、佐田の岡と称したらしい。七五八（天平宝字2）年八月九日、日並知皇子命（草壁皇子）に岡宮御宇天皇の尊号が奉呈され（『続日本紀』）、その墓を真弓丘陵と称した（延喜諸陵寮式）。七六五（天平神護元）年十月十五日、孝謙天皇は紀伊国への行幸の途次、檀山陵を過ぎる際、陪従の百官に詔して、悉く下馬せしめた（『続日本紀』）。（和田萃）

まよわおう【眉輪王】 仁徳天皇皇子大草香皇子の子。父が根使主の讒言で安康天皇に殺されたことを恨み、安康天皇を暗殺。その後坂合黒彦皇子とともに葛城円大臣の宅へ逃れたが、大泊瀬皇子（後の雄略天皇）によって三人とも攻め殺された。（小野里了一）

まらなんだ【摩羅難陀】 百済に最初に仏教を伝えた西域僧。『三国史記』によれば三八四年に胡僧摩羅難陀が晋からやってきたので、王は郊外に迎え、宮中に招いて供養し講説をうけたとする。『海東高僧伝』では古記を引いて「もと竺乾から中国に入った」とあり、この場合の竺乾とはインドをさすが、事実は不明。枕流王は翌年、漢山（王都）に仏寺をつくり、一〇人に得度したという。漢山における寺院の痕跡はまだ確認されていない。（田中俊明）

まりつかん【麻立干】 新羅の王号。『三国史記』では居西干・次次雄・尼師今に続く独自の王号として一九代訥祇王から二二代智証王まで四代に、『三国遺事』では一七代奈勿王からの六代に使用。麻立とは「くい」のことで会議を主宰する人物の位置を示すものとされ、また頭・主の意味で人名の敬称語尾と同じであるとする意見もある。三八二年に前秦に遣使した新羅王「楼寒」はこの王号を表記したものか。『蔚珍鳳坪碑』（五二四年）に智証王を寐錦王と記しているが、この王号も麻立干をさすかもしれない。（田中俊明）

まるくまやまこふん【丸隈山古墳】 福岡市西区周船寺所在の前方後円墳。全長八四・六m、後円部径五九・四mに復元される。前方部二段、後円部三段築成で、葺石・埴輪が確認される。後円部石室は入口部が破壊されているが、割石を小口積みにし、側壁を持ち送るなど、初期の横穴式石室の特徴をもつ。石室中央には松浦砂岩製の組合せ式箱形石棺を二つ並置する。副葬品は鏡二面・巴形銅器・玉類・鉄鏃・鉄剣・鉄刀がある。五世紀前半に比定される。国指定史跡。（岡田裕之）

マルコやまこふん【マルコ山古墳】 奈良県明日香村真弓にある飛鳥時代末期の古墳。丘陵斜面に築く直径一五m、斜面下から見上げの高さ五・三mの二段築成の円墳。さらに背後に二重の礫が半円形に廻る。墳丘は礫を含むと直径二四m。南正面に幅二・四mの墓道があり、石を運搬するコロ棒をおく四本の道板の抜取り痕跡と、その下に排水溝があった。凝灰岩製の石棺式石室（石槨）は、天井内部を台形に抉る。全長二・七二m、幅一・二八m、高さ一・四三mである。天井石、床石は各四枚、側壁石は各三枚、扉石は一枚であるが、奥壁はキトラ古墳と同様二枚。石室内壁端に朱墨打の痕跡を残しており、石加工を緻密にしていたことがわかる。内壁は天井、床を含め全てを漆喰仕上げである。天井の南隅に盗掘穴を開けられており、床一面に漆塗木棺が散乱していた。出土遺物には、金銅製六花形飾金具、金銅製大刀金具（俵鋲、山形金具、露金物、責金物、尾錠）がある。

【参考文献】明日香村『マルコ山古墳発掘調査概報』（明日香村昭53）。（猪熊兼勝）

まろうどがみ／まれびとがみ【客神】 異郷から稀に来訪する神。奈良時代の「仏足石歌」に「まらひとの今の薬師尊かりけり」とあるのは他所から来訪した薬師仏をさし、『日本霊異記』上巻五には「隣国の客神の像」に「客神とは仏の神像ぞ」と注記するように、大陸伝来の仏・菩薩を客神と称した。また『常陸国風土記』の御祖神や『備後国風土記』佚文の武塔神などは、仏教渡来以前からの、富や長寿をもたらす来訪神に対する信仰を反映するものとも考えられる。（増尾伸一郎）

まわきいせき【真脇遺跡】 石川県鳳至郡能都町字真脇にあり、能登半島の富山湾に面した東側の海岸部のほぼ中央に位置する。縄文時代前期初頭から晩期終末にかけての集落遺跡。長期の定住により出土遺物が多く、標高四～一二mの低湿地のため、動植物質の遺物の保存状態が良好である。縄文時代晩期の巨大木柱列は、直径七mの円環状に柱を一〇本立てるもので、柱はクリ材を用い、木の芯を外すように割り、割った面を外側に向けている。同じ場所で三回の建替えが行われている。縄文時代中期中葉には土壙墓四基、三本の木柱列、貼り床住居跡一棟がある。土壙墓は集落の中心にあると推定され、住居跡とを区画するように木柱列がある。縄文時代前期末から中期初頭には、大量のイルカ骨が出土した。解体し廃棄されたものと考えられている。主な出土品として、後期の土製仮面、中期初頭の新保式土器、前期末の真脇式土器や彫刻柱などがある。

〔**参考文献**〕高堀勝喜監修『真脇遺跡発掘調査報告書』(能都町教育委員会・真脇遺跡発掘調査団昭61)。山田芳和編『図説真脇遺跡』(能都町教育委員会平4)。高田秀樹編『真脇遺跡2002』(能都町教育委員会平14)。

(**高田秀樹**)

まわたりはにわせいさくいせき［馬渡埴輪製作遺跡］ 茨城県ひたちなか市馬渡の那珂川の支流本郷川に面する小支谷を囲んで形成された埴輪製作遺跡。一九六三(昭和38)年地元中学生によって偶然発見され、一九六三年から六八(同43)年にかけて勝田市教育委員会と明治大学考古学研究室が共同で発掘調査を行った。更に一九八一(同56)年遺跡の南西側が勝田市教育委員会によって調査され、A・B・C・D四地区が確認されている。発掘された遺構は、窯跡一九基、埴輪製作工房跡一二棟、粘土採掘坑一八ヵ所、埴輪捨て場一ヵ所、竪穴住居跡二棟などが検出された。ここで製作された埴輪は、円筒埴輪、朝顔形埴輪、人物埴輪、馬形埴輪等である。とくに円筒埴輪は二条と三条の実帯を有し、外面二次調査にB種とよばれるヨコハケが施されている。こうした円筒埴輪は現在茨城県北西地域で確認されている。人物埴輪は二種があり、上下を分類する大形のものと、小形円筒型が存在する。本遺跡はわが国で最初に埴輪の原料採掘、アトリエ、窯跡がセットで発掘された遺跡として国史跡に指定された。

〔**参考文献**〕大塚初重ほか『茨城県馬渡における埴輪製作址』(明治大学昭53)。

(**茂木雅博**)

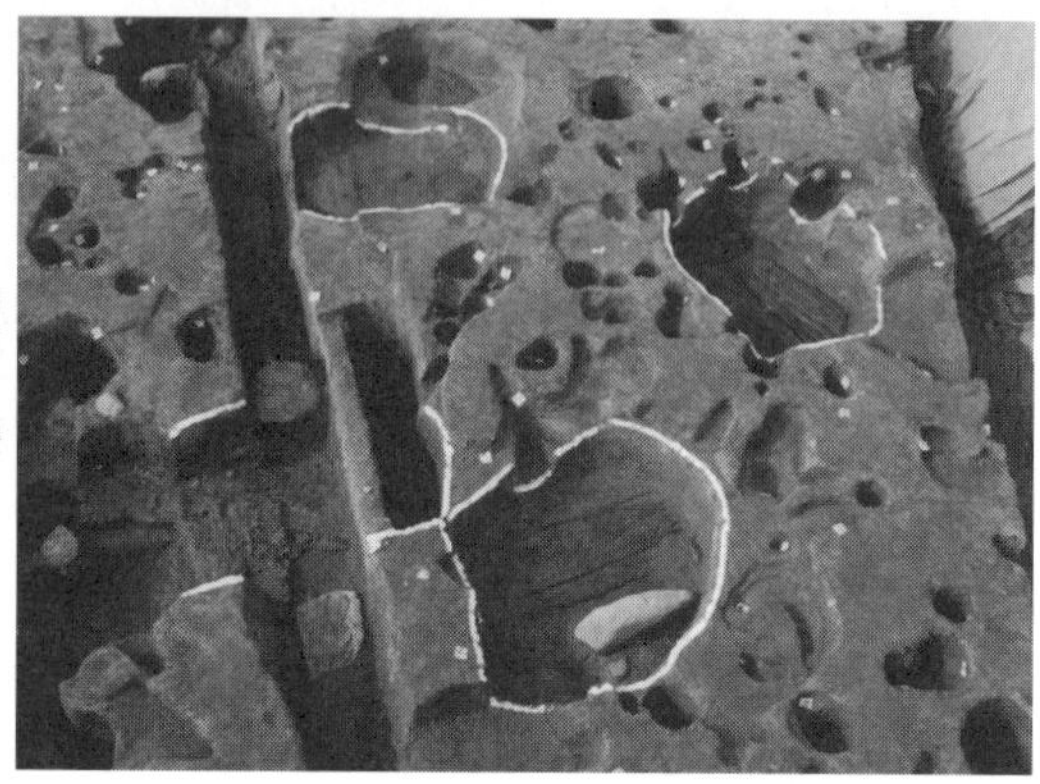

(右) 真脇遺跡四基の土壙墓全景
(左) 国重要文化財・新保式土器(愛称・鳥さん土器) 縄文中期 能都町真脇遺跡縄文館蔵

まんだしんのう［万多親王］ 788～830 本名茨田。桓武天皇皇子。母は藤原小屎。中務卿在任中、藤原園人・緒嗣等と氏族系譜の集成書『新撰姓氏録』の編纂に着手。八一五(弘仁6)年、本編三〇巻、目録一巻を撰進。極位は二品。薨去後一品が追贈された。

(**関口力**)

まんたつつみ［茨田堤］ 淀川の治水のために築かれた堤防。『記』『紀』ともに仁徳天皇の時に築造されたとみえる。これらの記事は、時期その他に問題があるとしても、倭王権による造営を示しているとみてよかろう。『日本書紀』に難工事とあるように、しばしば決壊し、大和朝廷や律令国家は、九世紀まで修理しつづけた。その場所は不明であるが、関係する可能性のある名称をもつ式内社の堤根神社は、現在、大阪府門真市薭島にある。

(**栄原永遠男**)

まんだら［曼陀羅］ mandala の音訳で、壇・道場ないし輪円具足・聚集などと訳される。方円の壇を描きそこに諸尊を安置し、懸けて祭祀の対象とするもの。四種曼陀羅・両部曼陀羅・金剛界曼陀羅・胎蔵界曼陀羅など多種がある。

(**井上満郎**)

まんどころ［政所］ 親王家・摂関家・有力な公卿や寺社などに設置された家政執行機関。この語の初見は『日本書紀』の七世紀中期の記述であるが、史実としては八世紀の造東大寺司や国衙(国政所)まで下がる。そして平安期になると公卿など有力貴族家における政所の整備がみられる。それは政所下文の存在ともかかわる。いっぽう律令の規定により親王および三位以上の者には家務の処理のために家司をおくことが認められていたが、これが政所へと発展していった。最大規模を誇るのは摂関家政所で、そこには律令で認められた令・扶・従・書吏のほかに別当・知家事・案主らをおき、有能な官人ないし受領から起用された別当が執事と称して事務を総括した。任務は多岐にわたったが、なかでも荘園関係は重要であった。かつて摂関家での政所政治を国政とみなす説が流行したが、国政は太政官で処理されていたとの認識のもと、今日では否定されている。

〔**参考文献**〕藤木邦彦『平安王朝の政治と制度』(吉川弘文館平3)。

(**朧谷寿**)

まんねんつうほう［万年通宝］ ⇩皇朝十二銭

まんのういけ［満濃池］ ⇩万農池

まんのういけ［万農池］ 讃岐国の溜池。現香川県仲多度郡満濃町。満濃池、万能池とも。八世紀初めに築造されたと伝えられ、八二一(弘仁12)年に空海が修築。その後もしばしば修築を繰り返し、一八七〇(明治3)年に再築された。丸亀平野を潤す。

(**高橋誠一**)

まんようがな［万葉仮名］ 漢字を日本語の発音表記のために利用したもの。『万葉集』に数多く使われているのでこうよばれる。その字体が崩されて仮名になった。漢字は、ある字体で、ある語の発音と意味をあらわすが、意味を棚上げし発音だけを用いて別の語をあらわす用法がある。これを仮借という。例えば「來」はもともと麦の穂の象形であったが、同音語の「来る」という動作をあらわす字としても用いられた。抽象的な意味を具象であらわすのは困難だからである。中国では、古来、この方法を応用して、外国語を漢字で書きあらわすために用いていた。外国の固有名詞などはそれにあたる漢字が存在しないからである。また、仏典の陀羅尼のように外国語の発音そのものを書きあらわすのにも用いていた。日本の万葉仮名も巨視的には漢字の仮借の一つであるが、奈良時代の万葉仮名は、発音をあらわすもとになる漢字音が日本化している点で仮借から脱却し、日本語固有の文字に近づいている。

〔**参考文献**〕犬飼隆『上代文字言語の研究』（笠間書院平2）。大野透『新訂　萬葉仮名の研究』（高山本店昭57）。

（**犬飼隆**）

まんようしゅう［万葉集］ 日本最古の和歌集。万葉和歌集ともいう。撰者不詳。二〇巻。成立年代不詳。七五三（天平勝宝5）年頃、聖武太上天皇の意志により、時の左大臣・橘諸兄の裁量のもとに編集が始められ、歌人の少納言・大伴家持らがこれに協力、七世紀の大歌人・柿本人麻呂の歌を中心とした持統朝およびそれ以前の歌に、当代の和歌をあわせて編集が進められたらしい。さらにのち、宝亀年間（七七〇～七八〇）に増補や追補がなされたが、完成にはいたらず、平安朝初頭には数種類の『万葉集』があったか。現形の『万葉集』は不統一な構造のうえに、末尾に大伴家持の歌集が四巻も加わった変則形である。この現形について いえば、五世紀の仁徳天皇の皇后の歌が最も古く、年代のわかる最後の歌は七五九（天平宝字3）年となる。しかしこの最古の歌も七世紀の頃物語られていた歌らしく、いっぽう最新のものも、推定によると七七一（宝亀2）年以後におよぶかと思われるものがある。内容上は古い歌は相聞（愛の歌）、挽歌（死の歌）そして雑歌（いろいろな歌。主として儀礼に関するもの）と分類され、新しい歌では四季の分類が加わり、挽歌は少なくなる。また旋頭歌という歌の形や旅という主題も分類上意識されている。時代的にはふつう四期に分けて考えられて、飛鳥時代、白鳳時代、平城時代そして天平時代と、それぞれの特色をもって変遷する。約四五〇〇首の歌をおさめ、柿本人麻呂、山上憶良、山部赤人、大伴家持らを代表歌人とするが、半数以上の歌が作者不明であることも、大きな特色である。歌の表記はかなの発明以前で、漢字の音や訓をもってあてる、いわゆる万葉仮名表記をする。これは韓国の吏読をならったものである。テキストに一一世紀の最古の写本・桂本のほか全二〇巻をそろえた最古の写本・西本願寺本がある。

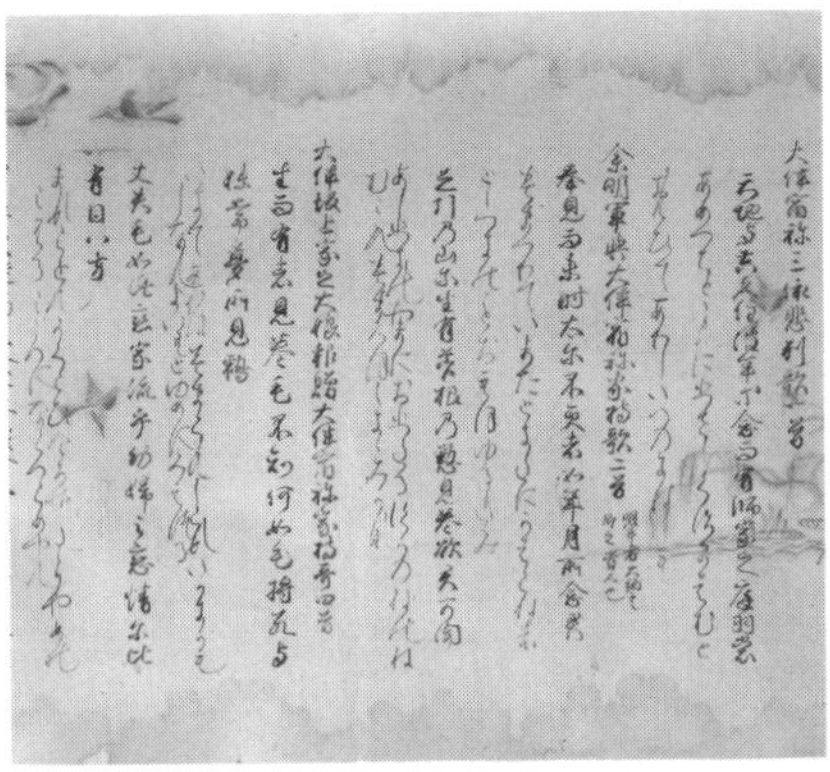

『万葉集』桂本
宮内庁蔵

〔**参考文献**〕中西進『万葉集形成の研究　万葉の世界（万葉論集第六巻）』（講談社平7）。

（**中西進**）

み

みあれ［御阿礼］ ミ（神霊）が生ル（現れ出る）こと、即ち、祭祀をうけるために神霊が更生し出現する意。ミ（甲類）はカミ（乙類のミ）よりも古い観念。賀茂別雷神社の賀茂祭（葵祭）のなかで、四月中午日（現在は五月一二日）夜、神霊を神社北方の神山から御阿礼所の神籬に迎え、本殿に遷す御阿礼神事が有名。

（**白江恒夫**）

みい［御井］ 聖なる水の湧きでる井戸。三井とも。『日本書紀』天智天皇九（六七〇）年三月の条には、「山の御井の傍に、諸神の座を敷きて幣帛を班つ。中臣金連祝詞を宣る」と記す。「延喜式」神名帳にも大和・美濃・出雲などの各地に御井神社がみえる。

（**上田正昭**）

みいだにごうふん［箕谷2号墳］ 兵庫県養父郡八鹿町にある。七世紀第二4半期の築造とみられる古墳で、七〇〇〇㎡が国指定史跡となる。直径約一四mの墳丘をもち、長さ八・六mの無袖式の横穴石室を埋葬施設とする。石室内出土の直刀から「戊辰年五月」と記した銅象嵌文字が発見された。戊辰年は推古天皇一六年にあたる西暦六〇八年と解釈され、古墳時代の絶対年代と刀剣類の編年的位置を決定するうえで当刀は貴重である。文字は六朝風の柔らかい筆勢を伝え、とくに「五」の字は円筆といわれる形を示す。

〔**参考文献**〕八鹿町教育委員会『箕谷古墳群発掘調査報告書』（文化財調査報告（六）昭62）。

（**谷本進**）

みいでら［三井寺］ ⇩園城寺

みうらひろゆき［三浦周行］ 1871～1931 法制史を中心とする歴史研究者。島根県出身。帝国大学文科大学卒業後に史料編纂所に勤務。『大日本史料』第四編の編纂にあたる。後京都帝国大学に開設の文科大学史学科国史学講座の教授、法科大学にも出講した。史料の収集・謄写に意を用い、新設の京都大学に内田銀蔵とともに国史学研究の基礎を築いた。研究は政治史・経済史・文科史など諸分野、また諸時代にわたり、その多くが『日本史の研究』第一、二輯に収載されている。とくに法制史研究をもって知られ『法制史総論』、古代関係では『令集解釈義』(共編)や「古代戸籍の研究」「明法家と検非違使」「延久の記録所」などがあり、これらは『法制史の研究』正・続に収載されている。　(井上満郎)

みかさやま［御蓋山］　春日山の西峰(標高二八三m)で、その山容が蓋(笠)に似ているところから、御蓋山の呼称が生まれた。三笠山とも。本宮峰・浮雲峰の呼称もある。山頂に本宮神社、西麓に春日大社が鎮座。近年、本宮神社社殿の東方から敷石遺構が検出された。平城遷都以前から神体山として信仰され、阿倍氏により祭祀が行われていたらしい。『古今和歌集』にみえる阿倍仲麻呂の歌、「天の原ふりさけ見ればかすがなるみかさの山にいでし月かも」(巻第九)は人口に膾炙する。『続日本紀』の養老元(七一七)年二月一日条に、「遣唐使、神祇を蓋山の南に祀る」とみえるのが初見史料。七五六(天平勝宝8)年の「東大寺山堺四至図」(正倉院宝物)に、「南北度山峯」(春日山)と「神地」との間に、円錐形の秀麗な山が描かれ、「御蓋山」と注記する。「神地」は東面する「コ」字形に描かれ、発掘調査により、平城遷都後まもない頃に造られた瓦葺の築地であることが判明した。なお若草山(標高三四一・八m)は、もと葛尾山と称されていたが、三層を成しているところから、近世には三笠山とよばれ、御蓋山との混同を生じた。一九三五(昭和10)年十二月、崇仁親王の宮号が三笠宮と決定されたことを契機に、御蓋山と若草山の区別が確立し、現在にいたっている。　(和田萃)

みかのはら［甕原］　瓶原とも。山城国南部の京都府相楽郡加茂町の地名。小盆地状の地形をしていて、中央を泉川(木津川)が東西に流れ、景勝の地であった。また奈良の都に近いため、七一三(和銅6)年に元明天皇の離宮が設けられ、さらに七四〇(天平12)年には、聖武天皇によって恭仁京がつくられた。　(高橋美久二)

みかのはらのりきゅう［甕原離宮］　元明天皇が七一三(和銅6)年に行幸した離宮。現京都府相楽郡加茂町。伊賀や近江の信楽に通じる交通上の要地であり、恭仁京や山城国分寺・国分尼寺などが造営、これらは京都府や加茂町によって発掘調査が継続されている。　(高橋誠一)

みかまぎ［御薪］　律令制下、毎年正月一五日に文武官人が位階に応じて献上した薪。またその献上儀式。臣下の、天皇への服属儀礼に由来し、天武朝に初見。平安時代には在京諸司と畿内国司が宮内省に参集して進上し、薪は主殿寮におさめられた。　(竹居明男)

みかみじんじゃ［御上神社］　滋賀県野洲郡野洲町大字三上に鎮座。式内名神大社で、月次・新嘗祭に官幣に預る。祭神は天之御影神。社殿後方の三上山を神体山とし、山頂の磐座に対する山麓の祭祀場。神階は八五九(貞観元)年に従五位上、以降八七五(同17)年に従三位まで昇叙。鎌倉中期の本殿は国宝。楼門および拝殿は重文。また、平安末期の狛犬(重要文化財)を所蔵する。　(堀越光信)

みかわのくに［三河国］　東海道に属する国。参河とも書く。現在の愛知県東部にあたる。北東部は美濃三河高原であるが、三河湾などに面して岡崎平野や豊橋平野が広がる。大化以前、東部は穂国造、西部は三河国造によって支配されたと伝えられるが、大化以後にこの両地域を合わせて三河国が建てられた。「延喜式」では上国とされ、所管の郡は碧海・賀茂・額田・幡田・宝飫・設楽・八名・渥美郡の八郡であるが、設楽郡は九〇三(延喜3)年に宝飫の一部を割いて設置された郡。国府は現豊川市国府町とする説が有力であるが同八幡町上宿とする説もある。音羽川下流の御津(宝飯郡御津町)がその外港であった。上質の白絹を産する国として知られた。すでに古代において志貴・碧海・吉良・高橋・小野田・竹谷・蒲形荘などが設置され、東三河には伊勢神宮の神宮領や御厨などもおかれた。

［参考文献］林英夫編『図説愛知県の歴史』(河出書房新社昭62)。塚本学・新井喜久夫『愛知県の歴史』(山川出版社昭45)。　(高橋誠一)

みくまりのかみ［水分神］　農耕用の水を分配する神。水分は「水配り」の義。祈年祭の祝詞では吉野・宇陀・都祁・葛木の四カ所の水分の神に対して天皇の御食に供する稲を生育させる神徳が称えられる。『古事記』には天之水分神・国之水分神がみえる。　(菊地照夫)

みくもいせき［三雲遺跡］　福岡県前原市三雲を中心とした瑞梅寺川と川原川に挟まれた微高地上の遺跡群。青柳種信の『柳園古器略考』(一八二二〈文政5〉年)によると、土塀のための採土中、地下約一mで立てられた有柄銅剣と銅戈・朱入り小壺、さらにその下で合口甕棺を発見した。棺内からは、鏡三五・銅矛二・ガラス璧・勾玉・管玉が出土した。璧は重ねられた鏡の間に挟まれていたという。一九七四(昭和49)年以後の福岡県教育委員会の調査で、位置を確認するとともに、寄り添うさらに一基の盗掘された甕棺墓を発見し、江戸期発見の甕棺を一号棺、新発見の甕棺を二号棺とした。新発見を含む副葬品は、一号棺が計二七・一cmの彩画鏡を含む前漢鏡三五面、有柄銅剣・銅矛二、銅戈・金銅四葉座飾り金具八・ガラス璧八・ガラス勾玉三・ガラス管玉多数・水銀少々・朱など。二号棺は、小型前漢鏡二二以上、ガラス勾玉一二・朱などが副スイ勾玉・ガラス勾玉一二・朱などが副葬されていた。二基の甕棺墓は、方形に回る周溝と記述された棺外副葬品の出土状態から、東西径三二m、高さ二m前後の墳丘が存在していたことがわかる。『柳園古器略考』に記述されている方格規矩鏡二一面などが出土した井原鑓溝遺跡は、南小路の南側にあたり、遺跡群の南西側に弥生王墓群が集中するものと考える。遺跡群は、約五〇〇m間隔に位置する三基の弥生早期支石墓を中心に始まり、弥生中期には五、六〇ha規模に発達する。遺跡群の南東側には弥生中期に掘削された三条の大溝があって、北側の集落と南側の墳墓群を区分している。遺跡の南東側で大溝の内側に営まれた三基の前方後円墳と同期の集落は、遺跡群が古墳前期まで継続して繁栄していることを証明している。遺跡群からは王墓出土品だけでなく、東海地方以西の土器を中国や朝鮮半島産土器類・大粒辰砂・ファイアンス玉・東南アジア系ガラス玉などが出土しており、弥生時代の一大国際交流拠点であることを裏付けている。

〔参考文献〕柳田康雄他編「三雲遺跡Ⅰ～Ⅳ・南小路地区編」『福岡県文化財調査報告書』58・60・63・69（昭55～60）。（柳田康雄）

みくりや［御厨］ 古代・中世、貴人の供御や神の御饌にあてられる魚介類を貢納した所領。天皇家・摂関家のほか、神社では伊勢神宮や賀茂社にみられる。当初魚介類を貢進したが、荘園と変わらない形態をとるようになったものも多い。（勝山清次）

みこし［神輿］ 神幸の際、神体（御霊代）を奉安する輿で「しんよ」とも。屋形の形態と担ぎ方によって輦輿と腰輿に分けられる。初見は『日本書紀』垂仁天皇紀。平安後期、日吉の神輿が叡山の大衆によって嗷訴のため担ぎ出されたことは著名。遺された古い作例は、和歌山鞆淵八幡神社神輿（国宝）・大阪誉田八幡宮神輿（重要文化財）・奈良手向山八幡宮神輿（三基、ともに重要文化財）などが知られている。（堀越光信）

みこしばいせき［神子柴遺跡］ 伊那盆地を貫流する天竜川の右岸段丘上にある（長野県伊那郡南箕輪村大字神子柴の舌）小青状台地の尖端に位置する。標高七三〇mの本遺跡は、信州ローム層最上層に包含された石器群を主体とする遺跡である。その出土石器の組成は、大形打製石斧・局部磨製石斧一三個・大形槍先形尖頭器一八個・石刃状掻削器一九個・円盤形石核一〇個・砥石二個等計六六からなり、旧石器時代終末期の基準的な一括遺品として一九八八（昭和63）年国重要文化財に指定された。出土状態は二つのユニットからなる特性をもつ。第一ユニットは径六mの円形を呈し、石器七群の配置で構成され、計三六個の石器は大形の完型品で新調再生品と認められた。第二ユニットは長径五m、短径二mの長楕円状に石器群三群が配置されていたが内第九群は石器一九点が一括集積状態で検出されたがそのすべては破損・磨耗品であった。また大陸に繁栄した旧石器調製技法が駆使されている点は注目すべきであろう。

〔参考文献〕藤沢宗平・林茂樹「神子柴遺跡」『古代学』九－三（昭36）。（林茂樹）

神子柴遺跡出土石器群

みことのり［詔］ 律令制下で、勅旨とともに、天皇の命令を下達する際に用いられた公文書。詔書ともいう。詔書と勅旨の区別については、不明な点も多い。六国史などの文献には、詔と勅の書き分けがあるが、これも詔書と勅旨の区別を示すものではない。公式令詔書条によれば、内記が本文を起草し、天皇が日付の記入（御画日）を行う。これが案文として中務省に留められ、別に作成した写しに押印や関係者の署名を加えて、天皇に覆奏して施行許可をもとめる。裁可（御画可）をへた詔書の原本は、その写しに、施行を命じる太政官符を添えて伝達されるという慎重な手続きをへた。（荊木美行）

みさかとうげ［神坂峠］ 長野県下伊那郡阿智村と岐阜県中津川市神坂地区との境界線に位置している峠。海抜一五七〇mの尾根の鞍部にあたる。現在自動車の通る林道が越えており、この直下には中央自動車道の恵那山トンネルが通り、関東、東海を結ぶ重要なポイントとなっている。歴史的にも律令期の東山道、さらにそれ以前の主要道路が通る。これを古東山道と人々はよび、これに沿って祭祀遺物の散布がみられることから大場磐雄は「神の道」とよび、渥美など東海の瓷器が運ばれたことから楢崎彰一は「瓷器の道」ともよんでいた。これは海上交通の東海道に対し、徒歩による直線的な道路として、軍事、商業上重視されたことによる。一九五一（昭和26）年大場らによる調査、六七（同42）年の予備調査を経て、翌年国庫補助金による調査が、大場磐雄、楢崎彰一、大沢和夫を中心に行われ、五世紀を中心とした祭祀遺物（獣首鏡、石製模造品の鏡形、剣形、刀子形、有孔円板、勾玉、管玉、臼玉、鉄製品、ガラス玉など）が須恵器、土師器、三彩土器、瓷器、中国青磁等々とともに検出され、峠の祭祀の代表的な例として報告された。その後国の史跡として指定され保存されている。（椙山林継）

みささぎ［山陵］ ⇩天皇陵古墳

みしなしょうえい［三品彰英］ 1902～71 昭和時代の歴史学者・神話学者。一九二八（昭和3）年京大文学部史学科卒業。海軍機関学校・エール大学客員教授、大谷大学・同志社大学教授を経て六〇（同35）年大阪市立博物館長に就任。『建国神話論考』『朝鮮史概説』『日鮮神話伝説の研究』『新羅花郎の研究』などを著わす。文献史学のみならず、神話学・民俗学・文化人類学の研究成果を総合したその実証的考察には注目すべきものが多い。『神話と文化境域』『邪馬台国研究総覧』などもみのがせない。六〇（昭和35）年五月からは日本書紀研究会を主宰し、『日本書紀研究』（第一～第五冊）の編者となった。

〔参考文献〕『三品彰英論文集』（全六巻平凡社昭45～49）。（上田正昭）

みしはせ／しゅくしん［粛慎］ 中国古代の典籍にみえる東北地方の民族の称。中国では『史記』にも記載があり、三世紀頃の挹婁、隋唐の勿吉・靺鞨はその後裔と考えられた。『日本書紀』にしばしばみえる粛慎も、これらの民族をさすとの説もあるが、当時の中国で使われていない古い呼称を使うのは不自然で、日本列島北東部に住む民族について、中国の用語だけを借りて呼称したものであろう。「みしはせ」とは仮名の類似から「あしはせ」を誤読したものと考えられる。（中畠俊彦）

みしまジーコンボこふんぐん［見島ジーコンボ古墳群］ 山口県萩市沖四〇kmの日本海に浮かぶ見島の東南、横浦の海岸に沿って築かれた七世紀後半～一〇世紀初頭の墓地遺跡。総数二〇〇基におよぶ積石塚群。発掘された墓は二一基。内部構造は大部分が横穴式石室の変形したタイプで、時期が下ると箱式石棺タイプへとかわる。蕨手刀をはじめ鉄鏃等の武器の副葬が多く、他に金銅製容器・匙・石銙・銅銙・和同開珎・隆平永宝・緑釉陶器・貝製装身具など島民の副葬品とは思えない品がみられることから、被葬者は西国辺境の防備にあたった防人軍団にかかわる者たちと推定されている。一九八四（昭和59）年国指定史跡。

〔参考文献〕山口県教育委員会『見島ジーコンボ古墳群』（昭58）。 （中村徹也）

みしまたいしゃ［三島大社］ 静岡県三島市大宮町に鎮座し、大山祇神・事代主神ほか三座を祀る。「延喜式」には伊豆国賀茂郡の伊豆三嶋神社とみえ、名神大社で月次・新嘗の幣帛をうけた。もとは白浜の伊古奈比咩命神社と同一の神域にあったが、のち国府の地に遷り、賀茂郡三島神の新宮として造営されたとみなす説がある。東海道の要地にあり、三島神社として朝野の尊崇をあつめた。一月七日の特殊神事田祭などがある。伊豆国の一宮。 （上田正昭）

みずかがみ［水鏡］ 歴史物語。中山忠親作か。三巻三冊。平安末期～鎌倉初期の成立。『大鏡』に倣い、泊瀬参籠の修行者が人々に語った話を、居合わせた老女が書き留めるという体裁をとる。『扶桑略記』をもとに、神武天皇から仁明天皇までの時代を描いた書。 （山本令子）

みずき［水城］ 白村江の敗戦後、六六四（天智3）年、唐・新羅の侵攻に備えて築かれた防備施設。福岡県太宰府市、大野城市、春日市にまたがる。国指定特別史跡。大野城がおかれた四王寺山の西麓から、南西に向けて版築による土塁が築かれ、全長約一・二km、基底部幅約八〇m、高さ約一三m、東・西に門を設ける。発掘調査により博多湾側に幅約六〇mの堀が存在したことが確認され、大宰府側から木樋により導水していたことが判明した。奈良時代に修理され、鎌倉時代の文永の役の際には日本側がここまで退却している。同様の機能をもつ施設として春日市大字上白水の大土居土塁、天神山土塁、大野城市大字上大利の上大利土塁などがあり、これらは小水城とよばれる。 （森哲也）

みずしどころ［御厨子所］ 令外官で後涼殿の西庇に所在。内膳司ついで蔵人所に属した。天皇の朝夕の御膳を調進し、節会などの酒肴にかかわった。一〇世紀末には存在が確認される。別当・預・衆以下の職員がいた。職掌上から畿内諸国の御厨や贄人とかかわりをもち、中世の供御人成立に一翼を担った。 （朧谷寿）

みずら［美豆良］ 男性の人物埴輪にみられるように、髪を左右に分け、顔の両側で束ねたもの。正装し、帯剣した人物が耳を越え、両肩までの下げ美豆良を結っている。いっぽう、耳の辺りで束ねた上げ美豆良もみられる。実物が茨城県新治村から出土。 （芳井敬郎）

みせまるやまこふん［見瀬丸山古墳］ 奈良県橿原市五条野町・大軽町・見瀬町にまたがる大型の前方後円墳。五条野丸山古墳ともよばれる。全長三一〇m、後円部の径一五五m、前方部の幅二一〇mで、前方後円墳としては全国第六位の規模をもち、後期古墳としては全国最大である。前方部頂上は平坦部になっていて低く、前方部と後円部の比高差が著しい。幕末の修陵事業では天武持統陵に治定されたが、一八八一（明治14）年に天武持統陵が現在の檜隈大内陵に治定されるにおよび、陵墓参考地となった。石室は長らく閉ざされていたが、一九九一（平成3）年に開口した石室内の写真が報道され、翌年には石室内部と石棺の現況調査が実施された。石室は全長二八・四mの横穴式石室で、年代はおおむね六世紀後半とされる。玄室には二基の家形石棺がおさめられており、手前の石棺が六世紀第3四半期頃、奥の石棺が七世紀第1四半期頃のものとされる。被葬者については欽明天皇とする説が有力だが、他に蘇我稲目とする説などがある。

〔参考文献〕猪熊兼勝編『見瀬丸山古墳と天皇陵』（季刊考古学別冊2 雄山閣平4）。白石太一郎編『古代を考える 終末期古墳と古代国家』（吉川弘文館平17）。 （中大輔）

みぞ［溝］ 地に細長く掘られた窪地。古代には、用水や運河などとして用いられた。三世一身法には池溝の新設が殊更に規定されており、用水施設が開墾と深い関係を有したことがうかがわれる。実例として、『日本書紀』に記される「狂心渠」などが知られるほか、都城の条坊側溝や諸国の道路側溝など発掘事例も多い。 （山本崇）

みそぎ［禊］ 神事を行う前に、あるいは穢れにふれた時に、水中に潜ったり潮水を浴びて、身の汚穢を洗い清める行法。「ミ（身）ソソギ（濯）」の意とされ、清身・潔・禊身・身潔などと表記する。黄泉国を訪れた伊弉諾神が、体に付着した汚穢を除くために、笠紫の日向の橘の阿波岐原の小門で禊したのが起源とされる。『古事記』や『日本書紀』では、禊と祓は混同されており、「みそぎ」を祓禊と記す例もある。祓は犯した罪を償うために財物を出すことを意味したが、病気や災厄などをはらい除く意にも用いられるようになり、混同を生じた。 （和田萃）

みた［屯田］ ヤマト王権下で王族や官司に直接付属した田。仁徳天皇即位前紀には大王直属の田として倭屯田とその経営機関として倭屯倉があり、経営にあたる屯田司がみえる。倭屯田は大宝令制下では供御料田としての屯田に引き継がれ、養老令では官田とよばれた。また六四六（大化2）年三月には、官司所属の屯田を廃止し、それを群臣や伴造らに分け与えたという。屯倉には田地を付属するものがあったが、そうした田が屯田とよばれたのであろう。 （舘野和己）

みたけそうじ［御嶽精進］ 金峯山（御嶽）への参拝に先だって精進潔斎すること。藤原道長や藤原師通の例では七〇日間以上精進した。途中で穢があると参拝を中止することが多く、押して参拝するとあとで良くないことがあるといわれた（『小右記』長和五〈一〇一六〉年六月十八日条、『発心集』）。 （勝田至）

みたにでらあと［三谷寺跡］ 『日本霊異記』上巻第七話によると、六六三（天智2）年の白村江の戦いに参戦・帰還した備後三谷郡大領の祖先が建てた寺。広島県三次市の寺町廃寺がその推定地である。七世紀半ばから平安時代の瓦が出土しており、法起寺式伽藍配置で、瓦・塼積み基壇が確認されている。遺物では軒丸瓦が創建時の百済系素弁瓦以来「水切り瓦」であること、唐三彩の瓶が出土していることなどが注目される。

（亀田修一）

みちあえのまつり［道饗祭］ 毎年六月と一二月に、宮都の四隅で行われる祭。八衢比古・八衢比売・久那斗の神を祀り、魔物が外から来るのを道上で饗應して、宮都に入らないように祈願する祭。「延喜式」にはその祝詞ならびに祭料などを記載する。災疫などがあるさいには諸国でも臨時に行い、斎宮（斎王）が野宮にいるおりにも行われた。

（上田正昭）

みちのおびとな［道首名］ 663〜718 奈良時代初期の官人。大宝律令撰定に参画。施行に際し僧尼令を大安寺に講説した。遣新羅大使・筑後守を歴任。制条をつくり耕営を教え、灌漑を広めるなど治績をあげ、「良吏」とされた。『懐風藻』に詩一編がある。

（大川原竜一）

みちのし［道師］ ⇩八色の姓

みちょうだい［御帳台］ 天皇、摂関家などで用いられた寝台。土台に四つの浜床をおき、四隅に三本ずつの黒塗の柱を立て、天井を据え、四方と四隅に帷を垂れ、上に帽額をかぶせる。なかに繧繝縁の畳二帖を敷き、その上に同じ畳一帖をおいて、さらに綾地に錦の縁付の上筵を敷く。そして前後左右の柱に、前に犀角、後に鏡を掛ける。

（芳井敬郎）

みつ［御津］ 摂津国西成郡御津村に設けられた古代の港津。海外使節船の出発地として諸史料に記され、大伴の御津、住吉の御津、難波の御津とも称される。現大阪市中央区西心斎橋二丁目（旧三津寺町）付近に比定される。

（高橋誠一）

みっきょう［密教］ 加持祈禱などの儀式を主とし、教理が秘密に伝承される宗教。人知を越えた神秘的な秘密の教えで、実践的な行動を勧める宗教の一派。秘密教の略で、その境地に到達した特別な人以外には知ることのできない教えとその実践をいう。文字や言葉というかたちによって伝えられる顕教と対置されるもの。インドに起源をもつが中国唐代に急激に発展し、長安の青龍寺の恵果に密教を学んだ空海によって従来より以上に体系的で整合的な密教が日本にもたらされた。すでに奈良仏教から密教は存在したが（雑密・古密教）、「大日経」（胎蔵界）・「金剛頂経」（金剛界）により体系化・理論化された密教が空海によって日本に導入され（純密）、真言宗を中心に普及した。最澄も越州龍興寺の順暁に密教を学んだが体系化するにいたらず、円仁・円珍によってようやくに天台宗にも体系的・理論的な密教がもたらされ、以後真言宗の東密と天台宗の台密が共存して密教を古代日本に広めるところとなる。雑密が現世利益を中心としたのに対し、純密は即身成仏という宗教的境地への達成を中心としたが、やがて両者は融合して真言宗・天台宗ともに加持祈禱という現世利益的色彩の濃いものとなった。また当初は真言宗も天台宗も鎮護国家といった公的祈願を中心としていたが、のち皇族・貴族たちの現世利益的な私的祈願へとその中心を移した。こうした融通無碍で現実的な密教の性格は、日本古来の山岳信仰や諸民俗などと習合し、さらには神祇信仰との調整をはかる本地垂迹説などをも生み出し、のちのちまで長く日本人の宗教として存続することになる原因をなした。また仏像彫刻や絵画に密教美術と称される分野をも成立させた。

［**参考文献**］松長有慶『密教の歴史』（平楽寺昭44）。宇井伯寿『仏教汎論』（岩波書店昭37）。辻善之助『日本仏教史　上世編』（岩波書店昭19）。

（井上満郎）

みつじょうこふん［三ツ城古墳］ 広島県東広島市西条町御薗宇に所在する中期（五世紀）中頃の前方後円墳。広島県下最大の規模を誇り、全長九一m。くびれ部の両側に造り出しをともない、三段に築成され、埴輪をめぐらしている。一九五一（昭和26）年発掘され、県の古墳調査の出発点ともなった。墳頂部に三基の箱形石棺が確認され、うち二基には石棺の外側に石を積んだ外槨ともいえるものが認められる。一石棺からは珠文鏡、玉類などが出土している。安芸の首長層の動向を知るうえで欠かすことのできない古墳である。一九八〇（昭和55）年国指定史跡。

（福尾正彦）

みつだえ［密陀絵］ 法隆寺玉虫厨子や正倉院宝物の一部などにみられる絵画の技法、またはその技法を用いた絵画。乾燥を早めるために一酸化鉛（密陀僧）を加えた荏油や桐油（密陀油という）で練った顔料を用いたり、通常の膠で溶いた顔料で描いた絵画の上にこの油を塗って光沢を出した絵画。奈良時代に唐から伝来した技法であるが、程なく衰微し、桃山時代に明から再度伝わった。江戸時代には漆器の彩色の技法の一つであった。

（金田章裕）

みつでらいちいせき［三ツ寺I遺跡］ 群馬県群馬町にある五世紀後半に属する豪族居館跡。上越新幹線の建設にともなう発掘調査によって発見され、その後の古墳時代豪族居館研究のきっかけとなった。遺跡は榛名山の東南麓を流れる猿府川の流路上にある。一辺八六mの方形の本体部分とそれを取り巻く幅約三〇mの周濠から構成されており、水は猿府川から取り込まれている。本体の縁辺部には三重に柵列がめぐり、濠に面する斜面には古墳と同様の葺石が施されている。館の内部は柵列によって二分されており、そのうちの南東側に中核をなす正殿と思われる大型の掘立柱建物が位置する。この建物の北東側には、中央を縦断する柵列と並行する溝があり、そのうちの二ヵ所は平面六角形の石敷で取り囲まれており、石製模造品等が出土している。この溝は、濠内に設置された橋脚に載せられた木樋により外部から水を引き入れていたことがわかる。石敷遺構で水に関わる祭祀が執り行われていたことが推測される。中央の柵列の反対側からは竪穴住居二棟が確認されている。調査が部分的ではあるが、家人のすまい等の空間であったことが推測される。館の周囲には約一〇〇mにわたって空白地帯があり、その外側に多くの竪穴住居から構成される複数の一般的な集落跡（井出村東、三ッ寺II、中林遺跡）が確認されている。首長と一般構成員の生活空間が明確に区分されていたことがわかる。当遺跡の北西約一kmの至近には五世紀後半から末葉にかけて相次いで築造された全長約一〇〇mの

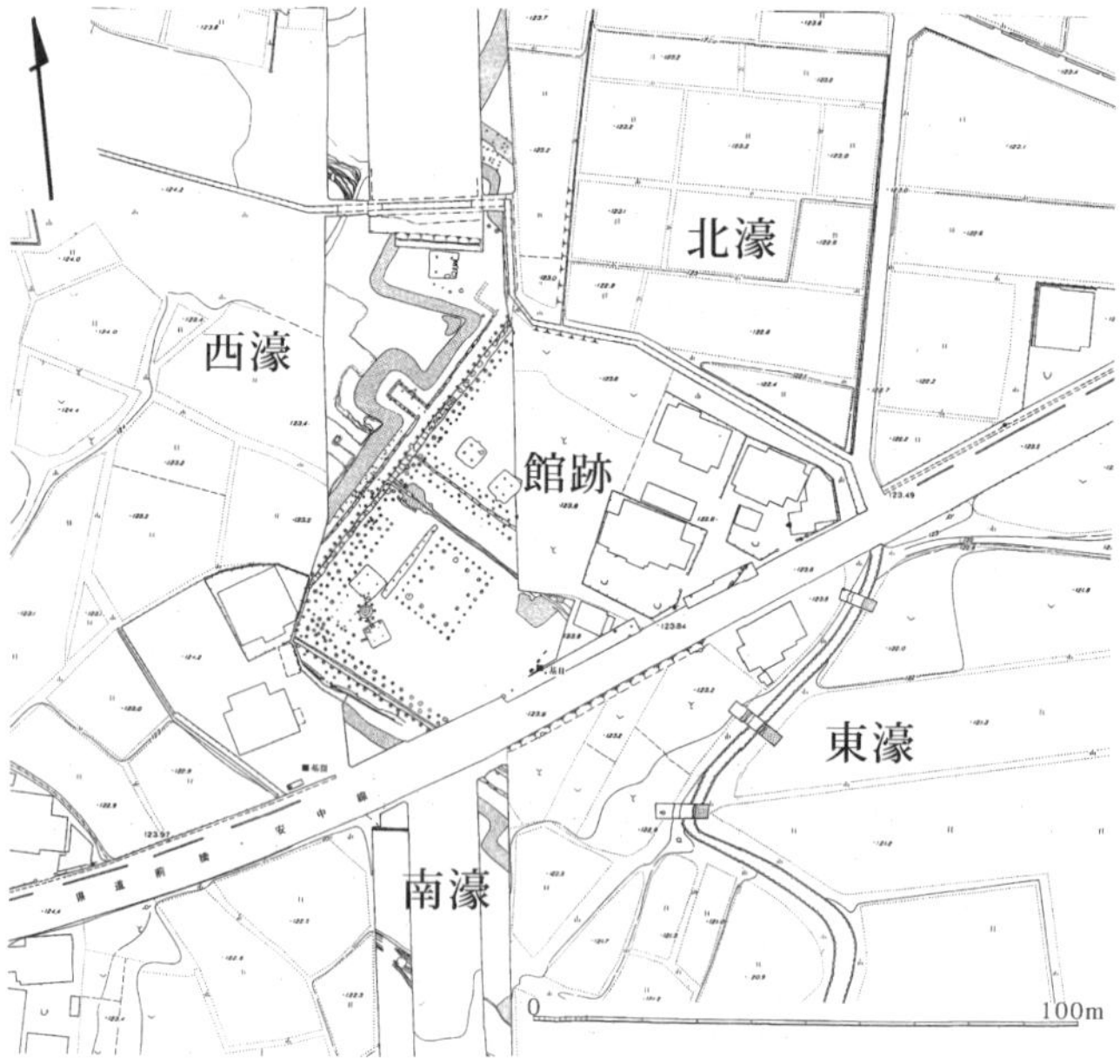

三ツ寺Ⅰ遺跡全体図

三基の前方後円墳(井出二子山、保渡田八幡塚、保渡田薬師塚古墳)を中核とする保渡田古墳群があり、両者が直接的な関係を有するものであることはまちがいない。保渡田古墳群は二子山古墳が築造された五世紀第3四半期に突如として形成を開始する。周辺にはその前代の有力古墳がまったく認められない。これと軌を一にするように地域一帯に大規模集落が輩出する。この地域基盤の新たな充実ぶりを背景として三ツ寺遺跡にみるような豪族居館が登場した。

[参考文献]下城正、女屋和志雄ほか『三ッ寺Ⅰ遺跡』(群馬県埋蔵文化財調査事業団昭64)。若狭徹『よみがえる五世紀の世界』(かみつけの里博物館平11)。(右島和夫)

みつのからひとのむろつみ[三韓館] 朝鮮使節接待のため、難波に設けられた客舎。六三〇(舒明2)年に改修された。同様の外交施設に高麗館、百済客館などがあり、三韓館はその総称をさすとみなす説もある。所在は大阪市東区の大川沿いの地とみられる。(加藤謙吉)

みつはのめのかみ[罔象女神] 『記』『紀』神話の神。水の女神。イザミナが火神カグツチを生み病臥して出た尿に化成する。この時ならんで化成した神々が農耕に関連することから、この神も農業用水の神とみられる。神武即位前紀にも新嘗に関わる記事にこの神がみえる。(菊地照夫)

みどうかんぱくき[御堂関白記] 藤原道長の日記。九九八(長徳4)年から一〇二一(治安元)年の記事が残る。具注暦に記され、当時の貴族日記の原型を知ることができる。また、抄出本の「御堂御記抄」も残り、これによれば日記は九九五(長徳元)年より存したことがわかる。内容は儀式をはじめ、娘の入内・立后、あるいは親王誕生などにわたる。また、誤字・脱字・当て字の多いことも特徴である。現存する最古の自筆日記。『大日本古記録』『日本古典全集』『陽明叢書』。(松本公一)

みとしのかみ[御年神] 祈年祭の中心的祭神。御歳神とも。年は稔り。稲の稔りをつかさどる神。「延喜式」所載の祈年祭祝詞では神祇官斎院の諸神や伊勢神宮のアマテラスに先だって称辞が宣られ、この神にのみ白馬・白猪・白鶏が供えられる。『古語拾遺』によればこの白い鳥獣三種は、神代に大地主神が稲作を営むなかで農夫に牛肉を食べさせたことに御歳神が怒って稲を枯らしてしまい、その祟りを解くために献上されたという。大嘗祭の悠紀・主基両国の斎田の傍らに設けられた御膳八神のなかでも祭られている。(菊地照夫)

みどろこふん[水泥古墳] 奈良盆地の南、奈良盆地から吉野へ通じる巨勢道に面して築かれた、直径一四m、高さ五mの円墳。南に開く横穴式石室があり、全長一〇・五五m、玄室長は四・五五m、幅二・二五m、高さ二・五m、花崗岩の自然石を三段積みにしている。羨道は全長六m、幅一・五五m、二段積み。内部には玄門付近と玄室に家形石棺が安置されている。ともに縄掛突起を側面二個ずつ、正面一個ずつもつ形式で、北石棺に比べて南石棺は形骸化している。南石棺の南正面の突起に、六弁の蓮華文が浮彫されており、仏教文化の影響が認められる。七世紀前半の築造か。(清水真一)

みなづきはらえ[水無月祓] ⇨夏越祓(なごしのはらえ)

みなとがわじん[港川人] 沖縄県具志頭村港川採石場で一九七〇(昭和45)年に大山盛保によって発見された人骨化石の通称。四体分の骨格と数体に属する遊離骨を含む。年代は、放射性炭素法により約一万六〇〇〇~一万八〇〇〇年前と推定され、動物相分析やフッ素含量分析の結果とも整合する。頭顔部は幅広く頑丈で、咀嚼筋が発達していた。体は小柄で、上半身は華奢だった。これらの特徴は、栄養状態の悪い放浪性採集・狩猟生活への適応と解釈される。港川人は、縄文人と似ている点も多いが、独自の原始的特徴があり、縄文人に直接進化したかどうかはわからない。(馬場悠男)

みなぶちのしょうあん[南淵請安] 生没年不詳。七世紀前半の入隋学問僧。名は清安とも。南淵は大和国高市郡の地名(奈良県明日香村稲淵)に基づく。東漢氏系の渡来人である。六〇八(推古天皇16)年、遣隋使小野妹子に従い、また高向玄理・僧旻らとともに隋に渡り、六四〇(舒明天皇12)年新羅経由で帰国。『日本書紀』皇極天皇三(六四四)年正月条には、中大兄皇子と中臣鎌子(鎌足)が周孔の教えを学んだ南淵先生がみえるが、この先生は請安のこととみられる。六四五(大化元)年、乙巳の変の後の新政府に請安の名がみえないのは、その直前に没したからか。(宮永廣美)

みなみこいずみいせき[南小泉遺跡] 宮城県仙台市若林区にある仙台平野を代表する弥生前期～後期の遺跡。標高七～一四mの自然堤防に立地しており、面積は一三五haである。一九三九（昭和14）年に遺跡が発見された際の調査で、弥生中期中葉における墓域の存在（合口土器棺一五組）、壺・甕・高坏・蓋・鉢による器種構成、石庖丁や太型蛤刃石斧などの大陸系磨製石器の安定した組成が知られた。この地域の弥生文化の内容が具体的に明らかにされた学史的に意義の大きい遺跡である。（斎野裕彦）

みなもとのあきふさ[源顕房] 1037～94 平安時代後期の貴族。六条右大臣とも。父は師房で、母は藤原道長の女尊子。源氏ながら摂関家との緊密な関係を保持して昇進を重ねた。女賢子が藤原師実の養女となるものの白河との間に堀河天皇が生まれ、その即位により外祖父として権勢を誇り、村上源氏の繁栄を導いた。（井上満郎）

みなもとのありひと[源有仁] 1103～47 平安時代後期の貴族・歌人。花園左大臣とも。後三条天皇の皇子輔仁親王の子で、母は源師忠の女。白河法皇の猶子となったがのち臣籍に降下。一一三六（保延2）年には左大臣となるもやがて出家。詩歌管弦にすぐれ、文人としての評価が高かった。（井上満郎）

みなもとのかねあきら[源兼明] 914～87 平安時代前期の皇族・貴族。醍醐天皇の皇子で、母は藤原菅根の女淑姫。前中書王と称す。源氏の姓を賜って臣籍に降下、左大臣に昇進するも藤原氏の掣肘によって親王籍に復し、政権より疎外される。その悲憤を綴った『菟裘賦』は著名。（井上満郎）

みなもとのきよひめ[源潔姫] 809～56 平安時代前期の女性貴族。嵯峨天皇の女子で、母は当麻氏。八一五（弘仁6）年に臣籍に降下して源氏を名乗る。のち藤原良房の妻となり明子をもうけ、明子は清和天皇を生んで良房は外祖父となる。清和の即位により正一位を追贈。（井上満郎）

みなもとのしげのぶ[源重信] 922～95 平安時代前期の貴族。六条左大臣と称す。父は宇多天皇皇子の敦実親王、母は藤原時平の女。累進を重ね九九四（正暦5）年には左大臣。藤原氏と協調し成立期の摂関政治をよく支えた。（井上満郎）

みなもとのしげゆき[源重之] ?～1000? 平安時代中期の歌人。源兼信の男。冷泉天皇の東宮時代に帯刀先生を勤めた。九七六（貞元元）年、相模権守に任じた後は官途に恵まれず、九九五（長徳元）年、藤原実方の陸奥下向に従い、同地で没した。三十六歌人の一人。家集『重之集』。（山本令子）

みなもとのしたごう[源順] 911～83 平安時代中期の貴族で文人・歌人。嵯峨源氏で、朝廷での出世はなかったが文化人として著名で、とくに『和名類聚抄』の編纂は重要。歌人としてもよく知られ、梨壺五人の一人。家集に『源順集』がある。また漢詩文にもすぐれ、『本朝文粋』などに作品がみえている。（井上満郎）

みなもとのたかあきら[源高明] 914～82 平安時代中期の貴族。西宮左大臣とも。醍醐天皇の皇子で、母は源周子。七歳で臣籍に降下。元服後出仕して昇進を重ね、九六七（康保4）年に左大臣となり朝廷の実質上の首班となる。しかし同時に太政大臣・右大臣となった藤原実頼・師尹と対立し、九六九（安和2）年に安和の変によって大宰府に権帥として左遷。出家して在京を申請したが許されず、九州へ向かった。この変によって摂政・関白が常置されるようになり、いわゆる摂関政治が成立する。九七二（天禄3）年に京都に召還されたが勢力を回復することはなくその生涯を終えた。『源氏物語』の光源氏のモデルともいうが不詳。家集に『西宮左大臣御集』がある。（井上満郎）

みなもとのたかくに[源隆国] 1004～77 平安時代中期の説話編者。初名宗国。号は宇治大納言。醍醐源氏。権大納言俊賢息。『今昔物語集』等に多大な影響を与えた説話集『宇治大納言物語』（散逸）を編んだという。（佐々木孝浩）

みなもとのためよし[源為義] 1096～1156 平安後期の軍事貴族。父は義親。叔父義忠・祖父義家の養子として河内源氏の嫡流を継ぎ、院・摂関家に仕えて活動したが、昇進は不振であった。保元の乱では崇徳院方に属し、敗戦後、船岡山辺で斬られた。（横澤大典）

みなもとのつねもと[源経基] 生年不詳～961 平安前期の官人。清和天皇の第六皇子貞純親王の子で六孫王と称し、清和源氏の祖とされる。ただし、「源頼信告文」（石清水文書）により貞純親王と経基の系譜関係を疑問視する説もある。母は源能有の娘。九三八（天慶元）年武蔵介在任中に武蔵武芝と対立し、平将門らの反乱を報告。その後、征東副将軍として下向。藤原純友の乱でも追捕凶賊使次官として西下。「未だ兵の道に練れず」（『将門記』）と評されている。九六一（応和元）年、源姓を賜姓。京都市に六孫王神社があり墓所と伝える。（西村隆）

みなもとのつねより[源経頼] 985～1039 平安時代中期の貴族。宇多天皇五世孫の源氏で、父は扶義、母は源是輔の娘。祖父は源雅信で、藤原道長の義甥にもあたる。一四歳で従五位下に叙され、一〇三〇（長元3）年参議。実務にすぐれ、故実にも詳しかった。日記は『左経記』で、経頼の偏をとって『糸束記』ともよぶ。『類聚符宣抄』の編者に擬する説もある。（井上満郎）

みなもとのとおる[源融] 822～95 平安時代前期の貴族。嵯峨天皇の皇子で、母は大原全子。臣籍に降下して源氏を名乗る。八五六（斉衡3）年参議に就任するも左大臣藤原良房の全盛期で、八六六（貞観8）年、中納言のとき応天門の変に嫌疑をうけるが無実とされ、良房没後には左大臣となるもその子（養子）基経の台頭で政界を引退、嵯峨に隠棲した。平安京内鴨川河畔に河原院を営み、河原左大臣とも称された。（井上満郎）

みなもとのとしかた[源俊賢] 960～1027 平安時代中期の貴族。醍醐天皇の孫で父は源高明、母は藤原師輔の娘。父の左遷の影響をうけず、極官は権大納言。摂関家との親密な関係を保ち、道長娘の彰子

に近侍し、道長政権を支えた。妹明子は道長の妻。（井上満郎）

みなもとのとしふさ［源俊房］ 1035～1121 平安時代後期の貴族。父は源師房、母は道長の娘藤原尊子。一〇八二（永保2）年右大臣、翌年左大臣となり院政政権の成立に貢献。村上源氏の最盛期を築いたが、白河法皇との関係は必ずしも良好ではなかった。（井上満郎）

みなもとのとしより［源俊頼］ 1055～1129 平安時代後期の貴族・歌人。父は源経信、母は源貞亮の娘。官人としては出世しなかったが、和歌・管弦などに長じ、とくに和歌では貴族たちの指揮にあたり、また歌合せなどを主催し、歌界に指導的役割をはたした。家集は『散木奇歌集』。（井上満郎）

みなもとののりより［源範頼］ 生没年不詳。平安末・鎌倉初期の武士。通称蒲冠者。父は源義朝、母は遠江国池田宿の遊女。一一八四（元暦元）年正月、兄頼朝の代官として弟義経とともに源義仲を破って入京。その後も平氏追討に従事し、西国において転戦した。九三（建久4）年、頼朝によって追放された。（宮田敬三）

みなもとのひろまさ［源博雅］ 918～80 平安時代中期の楽人。父は醍醐天皇皇子克明親王、母は藤原時平の娘。「博雅三位」と称されるごとく三位にいたったが、政治的にはさしての業績は残さなかった。楽にすぐれ、とくに笛に長じ、『新撰楽譜』を著した。（井上満郎）

みなもとのまこと［源信］ 810～68 平安時代前期の貴族。嵯峨天皇の皇子で、母は広井氏。八一四（弘仁5）年に六歳で臣籍に降下して源氏を名乗る。文芸にすぐれ、諸官を歴任して八五七（天安元）年に左大臣になるも、ちょうど藤原良房の台頭期にあたり、政治能力を発揮することはなかった。八六六（貞観8）年に生じた応天門の変に関与し、摂政良房と中納言伴善男の間に翻弄され、いったんは罪を疑われるも無実となる。以後政界を引退同様に去り、変の二年後に薨去。（井上満郎）

みなもとのまさざね［源雅実］ 1059～1127 平安時代後期の貴族。父は源顕房、母は源隆俊の娘。堀河天皇の即位とともに外舅として勢力を拡大し、昇進を重ねて太政大臣にいたり、成立期の院政をよく支えた。楽にも長じていた。久我太政大臣とも称した。（井上満郎）

みなもとのまさのぶ［源雅信］ 920～93 平安時代中期の貴族。父は宇多天皇皇子の敦実親王、母は藤原時平の娘。諸官を歴任し右大臣、さらに左大臣にいたる。娘倫子が道長の妻となって彰子以下の女子をもうけ、ためにその外家として、温厚な人格をもって摂関政治をよく支えた。（井上満郎）

みなもとのみつなか［源満仲］ 912?～97? 平安中期の武将。多田新発意と号す。法名は満慶。源経基の嫡男。九六〇（天徳4）年、平将門の子入京の噂が立った際には、蔵人頭の命で官職と無関係に捜索に動員されており、すでに高い武名を有した。藤原北家の有力者藤原師尹に近侍、九六九（安和2）年には密告により安和の変のきっかけを作り、藤原北家と対立した左大臣源高明の失脚に一役買った。同時に、将門討伐の立役者藤原秀郷の子で、京に進出していた千晴も配流に追い込んだ。この結果、藤原北家との関係は強化され、競合する武士も消滅、彼の子孫が大きく発展する基礎が築かれた。九六一（応和元）年、九七三（天禄4）年の二度にわたって強盗に襲撃され、後者の事件では左京一条の邸宅を放火され周辺の数百軒に延焼した。この間、越前・常陸・摂津（再度）などの受領を歴任し、正四位下にいたる。九八六（寛和2）年、外孫一条天皇の即位を図る右大臣藤原兼家が強引に花山天皇を出家させた際、花山の拉致にも関与したとみられる。いっぽう、摂津国川辺郡多田に所領を開発、九七〇（天禄元）年には、良源らを招き、同地に多田院を建立したとされるが、『今昔物語集』は出家後に寺院を建立したとする。同書によると、満仲は多田で狩猟・漁労に明け暮れ、命令に背くものを殺傷するという治外法権的な世界を形成し、多くの郎従と居住したとする。同書の描く武士団は院政期のものとみられるが、九八七（永延元）年に満仲の出家を記した『小右記』には、「殺生放逸」であった満仲が、突然菩提心を生じ、一六名の僧、三〇名の尼とともに出家したとし、『今昔物語集』を裏付ける。墓所は多田院（現多田神社）にある。室町時代、足利将軍家は満仲を始祖として尊崇。四代将軍義持の頃から廟の鳴動が始まると崇拝は高まり、一四七二（文明4）年に従二位が追贈される。江戸時代に入ると、一六九六（元禄9）年、将軍徳川綱吉の時に正一位が追贈された。

〔参考文献〕朧谷寿『清和源氏』（教育社昭55）。『かわにし 川西市史第一巻』（川西市昭49）。元木泰雄『源満仲・頼光』（ミネルヴァ書房平16）。（元木泰雄）

みなもとのもろふさ［源師房］ 1008～77 平安時代後期の貴族。父は村上天皇皇子の具平親王、母は為平親王の娘。藤原道長の娘尊子を妻とし、また娘の麗子を頼通の妻とするなど摂関家と親密な関係を保持し、村上源氏勢力の向上につとめた。（井上満郎）

みなもとのゆきいえ［源行家］ ?～1186 平安時代末期の武士。本名義盛。新宮十郎、十郎蔵人と称した。一一八〇（治承4）年、以仁王の令旨を奉じて諸国の源氏に反平氏の挙兵を促した。墨俣川合戦で平氏に敗れた後、源義仲、源平合戦後には義経と結んだが、八六（文治2）年、頼朝方によって捕らえられ、梟首された。（宮田敬三）

みなもとのゆきつな［源行綱］ 生没年未詳。平安時代末期の武将。父は頼盛。清和源氏の摂津源氏で、多田荘を本拠とした。早くに朝廷に出仕し蔵人となる。鹿ケ谷の謀議に参画するもこれを平家に密告。いったん流罪になるも京都に帰還、のち反平家の行動を起こした。義仲入京後はこれに従い、また後には頼朝に従って義経を追跡するも以後行方不明。（井上満郎）

みなもとのよしあり［源能有］ 845～97 平安時代前期の貴族。父は文徳天皇、母は伴氏。八五三（仁寿3）年に九歳で臣籍に降下し源氏を名乗る。諸官をへて晩年は右大臣にいたったが、藤原良房・基経の全盛時代でもあり政治的業績にみるべきものはなく、菅原道真との交流や『日本三代実録』の編纂など文化面で名を残した。（井上満郎）

みなもとのよしいえ［源義家］ 1039〜1106　平安時代後期の武士。父は源頼義、母は上野介平直方の女。八幡太郎と号した。前九年の役では頼義に従って戦い、平定した功により、一〇六三（康平6）年に従五位下出羽守に叙任された。七〇（延久2）年陸奥国の藤原基通追捕、七九（承暦3）年美濃国の源重宗追討、八一（永保元）年園城寺悪僧の防御などにあたった。八三（同3）年には陸奥守となり、任国で起こった清原氏の内紛に介入し、八七（寛治元）年に平定したが（後三年の役）、この戦乱は朝廷に私闘とみなされたため恩賞はなかった。九一（同5）年には弟義綱と対立し京都で合戦を企てたため朝廷より処罰されている。九八（承徳2）年、正四位下に叙されて白河院の昇殿を許された。一一〇四（長治元）年にも悪僧追捕に活躍している。しかし、〇一（康和3）年に嫡男義親が鎮西で起こした濫行が決着しないなど、一族の不祥事が続くなか、〇六（嘉承元）年に没した。大阪府羽曳野市の国史跡通法寺跡に墓がある。

［参考文献］安田元久『源義家』（吉川弘文館昭41）。野口実『坂東武士団の成立と発展』（弘生書林昭57）。元木泰雄『武士の成立』（吉川弘文館平6）。（宮田敬三）

みなもとのよしちか［源義親］ ?〜1108　平安後期の軍事貴族。父は義家。対馬守として在任中、九州で乱行を働いて隠岐に配流されたが、出雲に渡り目代の殺害や官物の奪取等、乱行を繰り返したため、一一〇八（天仁元）、追討使平正盛に討たれた。（横澤大典）

みなもとのよしつね［源義経］ 1159〜89　平安末期・鎌倉初期の武士。幼名牛若丸。九郎と称す。父は義朝、母は九条院の雑仕女常盤。兄頼朝の挙兵を聞き、一一八〇（治承4）年一〇月、黄瀬川に参陣。八四（元暦元）年に頼朝の代官として、源義仲を破って入京し、一谷合戦で平氏に勝利した。その後も京都にあってその治安回復の任に就く。翌八五（文治元）年正月には平氏追討を後白河法皇に奏上し、屋島、壇浦合戦で平氏を滅ぼした。合戦後、頼朝は義経に激怒し、両者は対立する。都落ちした義経は、鎌倉方の厳しい追求を逃れ、奥州平泉に着いたが、八九（文治5）年閏四月、藤原泰衡に攻められ、衣川館で自害した。（宮田敬三）

みなもとのよしとも［源義朝］ 1123〜60　平安後期の軍事貴族。父は為義、母は淡路守藤原忠清の女。坂東で成長し「上総曹司」と称される。南関東を中心に在地武士の組織化につとめ、一二世紀中頃、相模国大庭御厨への乱入や下総国相馬御厨の紛争への介入を行ったことなどが知られる。その後、上洛して鳥羽院に仕え、従五位下・下野守となる。保元の乱では後白河方に属して勲功をあげたが、平治の乱では藤原信頼等と結託して信西を討つも平清盛の軍に敗れ、敗走中に討たれた。（横澤大典）

みなもとのよしなか［源義仲］ 1154〜84　平安時代末期の武士。通称木曾冠者。父は源義賢。母は遊女という。父が討たれて以後、信濃国木曾で育った。一一八〇（治承4）年に反平氏の兵を挙げた。翌八一（養和元）年には城助職を横田河原合戦で破り、以後北陸道諸国に勢力をのばす。八三（寿永2）年に、平氏率いる北陸道追討軍を破って、源行家や美濃・尾張・近江などの源氏勢力とともに入京。しかし、西国での平氏追討では戦果を挙げられず、京都では後白河法皇と対立して、しだいに孤立を深めた。八四（元暦元）年正月、源範頼・源義経との戦いで敗れ、近江国粟津で討死。（宮田敬三）

みなもとのよしひら［源義平］ 1141〜60　平安時代末期の武士。鎌倉悪源太とよばれた。義朝の嫡男で、頼朝・義経らの長兄。一一五五（久寿2）年、叔父義賢（義仲の父）を武蔵国大蔵館に殺害した。平治の乱では藤原信頼方として父とともに奮戦したが敗北し東国へ逃れた。義朝の死を聞き、平清盛暗殺をねらったが捕らえられ斬首された。（宮田敬三）

みなもとのよしみつ［源義光］ 1045〜1127　平安後期の軍事貴族。新羅三郎と称す。父は頼義。後三年合戦の際、許可なく辞官して陸奥へ下向し、兄義家の苦戦を助けた。やがて常陸に地盤を築き、常陸佐竹氏や甲斐・信濃源氏等の諸家の祖となった。（横澤大典）

みなもとのよりちか［源頼親］ 生没年不詳。平安中期の軍事貴族で、大和源氏の祖。父は満仲。藤原道長の家人として祗候し、また三度の大和守在任を通して大和に地盤を築く。一〇四九（永承4）年、子頼房が興福寺と合戦におよび、土佐へ配流された。（横澤大典）

みなもとのよりとも［源頼朝］ 1147〜99　鎌倉幕府初代将軍、源義朝の三男。母は熱田大宮司藤原季範の娘。幼名は「鬼若」と伝えられる。一一五八（保元3）年、皇后宮権少進に任じ、その後、左兵衛尉をへて、一一五九（平治元）年には上西門院（統子内親王）の蔵人、さらに二条天皇の蔵人になる。一三歳で父に従い平治の乱に参加。一時、藤原信頼らが朝廷を制圧した際に右兵衛権佐に任じたが、乱の後、伊豆に流された。この間、北条時政の婿となり、一一八〇（治承4）年、以仁王の令旨をうけて反平家の兵をあげる。伊豆目代を討ち取ったが、石橋山合戦で大庭景親の率いる追討軍に敗れ、房総に逃れた。ここで、上総氏などの有力武士団を糾合することに成功し、先祖由緒の地である鎌倉に進軍した。さらに、富士川の合戦で平家の追討軍を破って、東国に一大勢力圏を樹立。一一八三（寿永2）年、木曾義仲が平家を追って都に入ると、後白河院と連絡して義仲を圧迫

源頼朝像
甲府市善光寺蔵

し、同年一〇月、東海・東山道の行政権を院から与えられ、これに怒って院を攻撃した義仲を、弟の範頼・義経を上洛させて討ち、ついで平家との戦いを進めて一一八五（文治元）年、壇ノ浦の戦いで滅亡させた。同年、頼朝に反した義経に院が頼朝追討の院宣を下したことを口実に、院に迫って守護・地頭の設置を認めさせた。一方、義経を匿った平泉藤原氏をとがめ、一一八九（同5）年、自ら大軍を率いてこれを滅ぼし、全国の軍事権を掌握した。翌年、上洛して諸国守護権を与えられ、権大納言・右近衛大将に任じられたが、官を辞して鎌倉に戻った。この間、諸国の武士を御家人として土地を媒介とした主従関係の下に編成し、また、九条兼実ら京都政界の有力者と提携するとともに、有能な官人を鎌倉に招いて行政機構を整え、武家政権の基盤を固めた。一一九二（建久3）年、征夷大将軍に任じられ、天皇大権の制約をうけない臨戦時同様の軍事動員権を確保して、名実ともに幕府の長となった。

【参考文献】石井進『日本の歴史7　鎌倉幕府』（中央公論社昭40）。安田元久『源頼朝』（吉川弘文館昭61）。山本幸司『頼朝の精神史』（講談社平10）。　**（野口実）**

みなもとのよりのぶ【源頼信】　968～1048
平安中期の軍事貴族で、河内源氏の祖。父は満仲で、頼光・頼親の弟。当初は藤原道兼、その没後は道長の家人として仕え、また坂東の受領を歴任した。一〇三〇（長元3）年、房総半島で起こった平忠常の乱への追討使として平直方に代わり起用され、鎮定に成功。河内源氏が坂東に進出する足掛かりを築いた。同時に美濃守として京周辺での地盤形成にもつとめ、晩年には河内守として壺井（大阪府羽曳野市）を拠点とし、ここに河内源氏が成立した。　**（横澤大典）**

みなもとのよりまさ【源頼政】　1104～80
平安後期の武将。父は仲政、母は藤原友実の娘。代々大内守護を家職として伝える。一一六六（仁安元）年内昇殿、七八（治承2）年従三位となる。八〇（同4）年、以仁王の挙兵に参加するが、宇治の平等院で自害。歌人としても著名で、『源三位頼政集』を残す。　**（西村隆）**

みなもとのよりみつ【源頼光】　948～1021
平安中期の武将。父は源満仲。母は源俊の娘。摂津源氏の祖。三条天皇の春宮時代に長らく仕えたほか、備前・但馬・美濃などの国守を歴任して財力を貯え、藤原兼家・道長など摂関家に奉仕した。酒呑童子説話でも有名。　**（西村隆）**

みなもとのよりよし【源頼義】　988～1075
平安中期の軍事貴族。父は頼信、母は修理命婦。射芸に秀で武名が高く、小一条院（敦明親王）に判官代として仕えた。父頼信の畿内近国の地盤をうけ継ぐとともに、相模守として坂東との繋がりを強める。また平直方の女婿となり、鎌倉の館を譲られて坂東での勢力・権威を継承した。一〇五一（永承6）年、陸奥国で反乱した安倍頼良の追討に起用され、陸奥守（後に鎮守府将軍も兼任）として下向、鎮定に成功した（前九年の役）。　**（横澤大典）**

みなもとのりんし【源倫子】　964～1053
平安時代中期の貴族女性。父は源雅信、母は藤原朝忠の娘。藤原道長の妻となり、頼通のほか彰子など四人の女子をもうけ、その外孫と通じての道長の摂関政治政権形成への道を開いた。また夫道長と同行することが多く道長の日記『御堂関白記』にみえていて、親密な夫婦関係がうかがえる。　**（井上満郎）**

みなんぼり（なんぼり）かいづか【南堀貝塚】　神奈川県横浜市都筑区に所在する縄文時代前期の貝塚をともなう集落遺跡。鶴見川支流の早渕川左岸、標高約四五mの舌状台地上に立地する。一九五五（昭和30）年、和島誠一らにより原始集落究明を目的に発掘が行われ、竪穴住居跡四八軒が台地縁辺に環状に配置される集落形態が捉えられた。一九八四（昭和59）年からの調査では、竪穴住居一四軒に加え新たに台地中央から墓穴と推定される土壙約三二〇基が検出され、集落中央に墓域をもつ構造が明らかとなった。

【参考文献】和島誠一他『横浜市史第一巻』（横浜市昭33）。武井則道他『全遺跡調査概要』（横浜市埋蔵文化財センター平2）。　**（恩田勇）**

みぬおう【美努王】　?～708　七世紀末～八世紀初の官人。敏達天皇の孫または曾孫・栗隈王の子。三野王、弥努王、美努王等とも記す。六七二（天武元）年の壬申の乱の際、弟とともに筑紫大宰の父を近江朝廷側の使者から守った。六九四（持統8）年には父と同じ筑紫大宰となり、その後、左京大夫、摂津大夫、治部卿を歴任。七〇八（和銅元）年五月、従四位下で没。橘三千代との間に葛城王（橘諸兄）、佐為王（橘佐為）、牟漏女王らがある。　**（中川久仁子）**

みぬのおかまろぼし【美努岡万墓誌】　七三〇（天平2）年銘をもつ美努岡万の墓誌。一八七二（明治5）年に現在の奈良県生駒市荻原字竜王の丘陵地から偶然に出土。銅製鍛造の長さ二九・七cm、幅二〇・七cmの方形の板。表面に縦一〇条、横一六条の罫線を引き墓誌を刻む。美努岡万は六八四（天武13）年に連の姓を賜わり、七〇一（大宝元）年遣唐使の一員として渡唐。帰国後七一六（霊亀2）年従五位下に叙せられ宮内省主殿寮頭に任ぜられる。七二八（神亀5）年に六七歳で没した。

【参考文献】飛鳥資料館『日本古代の墓誌』（奈良国立文化財研究所昭52）。　**（杉山洋）**

みぬまのしょう【水沼荘】　近江国犬上郡（現在の多賀町敏満寺付近）にあった東大寺領。七五一（天平勝宝3）年の近江国水沼村墾田地図が正倉院宝物として伝存している。同図には西側に堤と水門が描かれた水沼池が表現されており、水門の位置は異なるが、現在も同地にある大門池と酷似する。同図に描かれた溝もまた、現在の二ノ井と称する用水路ときわめてよく似た位置である。いずれも犬上川扇状地の段丘化した扇側部の開拓に不可欠であった農業施設であったとみられる。　**（金田章裕）**

みのがみ【美濃紙】　岐阜県美濃地方で生産される和紙。美濃国の紙は質量ともにトップクラスで、「延喜式」では年料貢雑物の紙麻六〇〇斤を上納しており、さらに紙屋院の支所もおかれるなど、色紙づくりにすぐれていた。　**（山田雄司）**

みののくに【美濃国】　東山道に属する国。現在の岐阜県南部にあたる。北部は高峻な山岳地帯であるが、南部には広大な濃尾平野が広がる。国造の名も多くみえ、古くから畿内の勢力下に入っていたと考えられる。国名はすでに藤原京出土の木簡にみえ、七世紀には三野と表現されていたが、七〇二（大宝2）年に御野と改められ、七〇八（和銅元）年頃に美濃に統一された。壬申の乱の際には味蜂間評の湯沐邑が大海人皇子の勝利に大きな役割を果たした。律令制下では三関国の一つで、近江国との境界付近には不破関が設置されていたが、七八九（延暦8）年に廃止された。『延喜式』では大国とされ、所管の郡は多芸・石津・不破・安八・池田・大野・本巣・席田・方県・厚見・各務・山県・武義・群上・賀茂・可児・土岐・恵奈郡の一八郡。国府は不破郡にあり現大垣市府中に推定されている。国分寺は現大垣市青野町に建立された。東大寺領大井荘などの荘園も多く設置された。

〔参考文献〕『岐阜県史』全二三巻（昭40～47）。中野効四郎『岐阜県の歴史』（山川出版社昭45）。（高橋誠一）

みののくにこせき［御野国戸籍］ 七〇二（大宝2）年の美濃国の戸籍。味蜂間郡春部里・本簀郡栗栖太里・肩県郡肩々里・各牟郡中里・山方郡三井田里・加毛郡半布里の各戸籍断簡および郡里未詳の三断簡が遺存。正倉院文書。継目裏書あり。国印なし。三井田里は規定どおり五〇戸、半布里は五八戸であったことが知られる。同じく正倉院文書中に同年度の西海道の戸籍断簡（筑前・豊前・豊後）が遺存するが、両者は記載様式を全く異にし、内容上も御野国戸籍にみえる五保・政戸・九等戸の記載が後者にはみられないなど、大きく相違している。また後者にはそれぞれ国印が捺されている。これらは西海道戸籍の完成が七〇四（慶雲元）年四月以後にまでずれ込んだことと関係しており、同戸籍が大宝令制下の新様式によったのに対し、御野国戸籍は飛鳥浄御原令時代の旧様式をなお踏襲したためと考えられる。陸奥国の大宝二年戸籍も御野型であったことが知られている。『大日本古文書』一、『寧楽遺文』上に収録。

〔参考文献〕岸俊男『日本古代籍帳の研究』（塙書房昭48）。南部昇『日本古代戸籍の研究』（吉川弘文館平2）。新川登亀男他編『美濃国戸籍の総合的研究』（東京堂出版平15）。（鎌田元一）

みはか［陵墓］ ⇨天皇陵

みぶのただみね［壬生忠岑］ 生没年未詳。散位安綱男、忠見の父。平安時代前期の歌人。『古今和歌集』撰者の一人。寛平期以降、歌合などで活躍した。三十六歌仙の一人。歌論書『和歌体十種（忠岑十体）』は仮託書か。家集に『忠岑集』がある。（小林一彦）

みぶべ［壬生部］ 令制前に皇子の資養のために設けられた部。乳部とも。六〇七（推古天皇15）年に設置される前は、皇子ごとに名代・子代の部がおかれていた。六世紀後半、后妃の地位確立にともなう私部の設置とともに、大王位の継承者の地位確立により設置された。『日本書紀』仁徳天皇七年条にみえる大兄去来穂別皇子（履中天皇）のための壬生部設置は潤色であろう。同書大化二（六四六）年三月条にみえる入部は、「みぶべ」と訓じ壬生部と同じものとする説がある。（宮永廣美）

みほじんじゃ［美保神社］ 島根県美保関町美保関に鎮座し、事代主命・三穂津姫命を祀る。美保明神・美穂両社大明神という。関講の本社。毎年四月七日の青柴垣神事、一二月三日の諸手船神事が有名。『延喜式』には嶋根郡に「美保神社」とみえる。エビス神としての信仰をあつめる。（上田正昭）

みまさかのくに［美作国］ 山陽道に属する国。現在の岡山県北部にあたるが、中世末までは現兵庫県佐用郡石井も美作国に含まれていた。中国山地が広がり、津山盆地などの平野が点在する。早く白猪屯倉がおかれた（『日本書紀』欽明天皇十六年条）。現真庭郡久世町に推定される。七一三（和銅6）年、備前国から六郡を分割して設置された。『延喜式』では上国とされ、所管の郡は英多・勝田・苫東・苫西・久米・大庭・真島郡の七郡であるが、苫東・苫西両郡は以前の苫田郡が八六三（貞観5）年に分割されたもの。国府は苫田郡（現津山市総社）、国分寺・国分尼寺は勝田郡（現津山市国分寺）におかれ、発掘調査によって遺構が確認されている。古くから鉄の産地として知られ、銅もまた貢進された。浄土宗開祖の法然は一一三三（長承2）年稲岡荘（現久米郡久米南町）で誕生した。

〔参考文献〕『岡山県史』全三〇巻（山陽新聞社昭56～平3）。近藤義郎他編『図説　岡山県の歴史』（河出書房新社平2）。谷口澄夫『岡山県の歴史』（山川出版社昭45）。（高橋誠一）

みまし［味摩之］ 生没年不詳。百済から渡来した伎楽の名手。六一二（推古天皇20）年来倭。古代チベット・インドの仮面劇で、滑稽卑俗な舞といわれるものを呉で修得したという。飛鳥の桜井（豊浦寺建立の地）に住み、真野首弟子・新漢斉文に舞を伝授した。（胡口靖夫）

みまな［任那］ ⇨加耶

みまなにほんふ［任那日本府］ 『日本書紀』欽明紀にみえる用語。『日本書紀』は任那を朝鮮半島南部にあった天皇の直轄地ミヤケの意味でも用いており、それを統治するための機関とみられたこともあったが、直轄地の存在が否定され、再考されるようになった。実体としては倭から派遣された使節団を意味する。四世紀以来、倭と深い関係にあった加耶南部諸国が、五二〇年代に新羅に攻撃され危機的状況になったため、その一国安羅国が倭に救援を求めた。しかし派遣された近江毛野臣らは何もできず、金官国・卓淳国は新羅に降った。安羅はいっぽうの友好国百済にも救援を求め、百済は容易に安羅に進駐しえた。こうして加耶南部で新羅・百済が対峙する形勢になり、膠着状態になる。その時、百済の「下韓」に対する郡令・城主派遣をみた安羅が、新羅寄りの姿勢をとるようになると、百済は危機意識をもち、五四一年、新羅に和議をもちかけ、目を高句麗へ向けさせたうえで、加耶諸国に対して働きかけをする。それがいわゆる「任那復興会議」で、すでに新羅によって滅ぼされた金官国などの復興を議論するという名目で、百済王が諸国の旱支たち召集し、新羅に通じることの危険を指摘し、百済側につくよう説得するものであった。実際に開かれたのは二回のみであるが、百済は継続して同じ意図でよびかけをしており、史料的にも一連のもの。そこに任那日本府が登場。単に日本府とする用例も、雄略紀八年条の日本府行軍元帥を除けばすべて欽明紀で、ほとんどこの会議に関わる。日本府はこのような特殊な事態になってはじめて登場。倭国はそもそもすべての加耶の政治に関わることができたわけではなく、加耶南部との友好関係が中心。日本府は、卿・執事・臣などから構成される人的組織で、具体的に的臣・吉備臣・河内直らが含まれている。彼らは倭から派遣された人たちで、欽明紀十五年条にみえる在安羅諸倭臣が実態を伝えることばである。彼らを実際に動かしたのは、現地で採用した倭系人の阿賢移那斯・佐魯麻都の兄弟で、恐らく安羅の意向をうけて、新羅と通じていた。倭からの使臣たちは安羅を支持し、百済と対立したのであった。 (田中俊明)

みみなしやま［耳成山・耳梨山・耳無山］ *大和三山の一つ。標高一三九・七mの死火山。名称の由来は未詳。山の形状にもとづくものか。俗に「クチナシ山」と称す。クチナシ（梔子）が多く自生していたことによる。今も少しクチナシの自生がみられ、また耳成山の東方には小字「くちなし原」がある。『古今和歌集』に、「耳なしの山のくちなし得てしかな思ひの色の下染にせむ」（巻一九）とみえるから、一〇世紀初めには既に「クチナシ山」の呼称があったことがわかる。右の歌では、ミミナシとクチナシ（返答しない意）を掛け詞としている。耳成山に関連して、六〇一（推古天皇9）年五月に推古天皇が耳成行宮に行幸したことがみえ、また『万葉集』に、三人の男性から求婚された娘子（縵子という）が思い悩んだ末に耳成池に入水した際、三人が悲しみにたえずつくった歌がみえている（巻一六―三七八八～三七九〇）。耳成行宮・耳成池ともに、所在地は未詳。 (和田萃)

みめぐりのかみ［四至神］ *伊勢神宮（内宮・外宮）の正殿区画の境界を守る神。「延暦儀式帳」に宮廻神とあり、鎌倉時代には四至神の名がみられるが、しだいに衰退した。内宮は五丈殿の前の小さな*磐座がそれで、後世の復興である。外宮は明治直前まで一六ヵ所が残っていたが、神宮改革で統合され、今は九丈殿南方の一ヵ所のみである。 (榎村寛之)

みやけ［三宅（宮家、屯家）］ ⇨屯倉

みやけ［屯倉］ 倭王権時代の大王および王族の所領。屯倉は『日本書紀』に特有の表記で、三宅・御宅などとも。最も古い大王の所領である倭屯田をはじめ、茨田屯倉・難波屯倉・*白猪屯倉・糟屋屯倉・那津官家などが史料にみえる。成立の事情から、王権自身が渡来人などを動員して開発したものと豪族が贖罪などのために献上したものに分類できる。屯倉は本来、土地は付属しておらず、支配の拠点であって、七世紀頃に後次的に土地利用を中心とするものが出現するという見解もあるが、七世紀以前から土地をもつ屯倉が存在することは否定できないであろう。屯倉には土地の用益に従事する*田部が属するものが多いが、六世紀後半になると白猪屯倉のように、*田令（現地監督者）を派遣し、田部の籍を作成するなど、より進んだ経営を行うものも出現した。律令体制の導入にともない基本的に廃止されたが、離宮付属の土地などとして存続したものもあった。

〔参考文献〕鷺森浩幸『日本古代の王家・寺院と所領』（塙書房平13）。 (鷺森浩幸)

みやこのよしか［都良香］ 834～79 平安時代前期の漢詩人・学者。父は桑原貞継（後に都と改姓）。*六国史の一つ『日本文徳天皇実録』編纂の中心人物であった。漢詩文集『都氏文集』は全六巻のうち三巻分現存。「道場法師伝」「富士山記」など説話的な作品がある。 (堀川貴司)

みやざきいちさだ［宮崎市定］ 1901～95 東洋学者。京大教授、同文学部長、パリ大学、ハーバード大学、ハンブルグ大学、ルール大学の客員教授を歴任。中国史研究を世界史の中に位置づけるとともに、つねに通史として捉えるきわめてスケールの大きい歴史観は、他の追随を許さない。その著作や論文は最晩年に刊行された全二四巻・別巻一巻の全集にまとめられ、各巻には九〇歳を越えた著者の自跋が付され、洋の東西を問わず、歴史研究に携わるものにとってきわめて有益な示唆となっている。東洋史を従来の中国史中心の枠内から東アジア史全体にまで拡大する視野で捉え、とくに日本古代史に関しての論考にも傾聴すべき点が多く、それらは全集二一巻「日本古代」、二二巻「日中交渉」に収録されている。 (愛宕元)

みやじだけこふん［宮地嶽古墳］ 福岡県福津市に所在する直径三四m前後の円墳である。主体部は東に開口する全長約二四mの横穴式石室で、奥に横口式石槨を設ける。石室外から金銅製透かし彫冠、頭椎大刀、*馬具（鞍・壺鐙・轡・杏葉）、ガラス板・ガラス玉、金環、銅鈴、銅鋺・承盤のほか*蔵骨器一式が発見され、国宝に指定されている。『日本書紀』天武二（六七三）年条記載の胸形君徳善を被葬者とする見解があるが、石室形態や副葬品からは七世紀前半に比定される。 (岡田裕之)

みやじだけじんじゃ［宮地嶽神社］ 福岡県福津市所在の神社で、*式内社。祭神は神功皇后ら。社伝では神功皇后が新羅遠征に宮地嶽山上で宗像三神に戦勝を祈願し、凱旋のときに三神奉祭のために創立したという。また神功皇后に随行して功績のあったという勝頼神・勝村神をも合祀する。 (井上満郎)

みやずひめ［宮簀媛］ 「みやすひめ」とも。『古事記』に尾張国造の祖、『日本書紀』に尾張氏の女とある伝説上の人物。*日本武尊が、宮簀媛の枕辺に草薙剣をおいたまま伊吹山に登り、命を落とす。『寛平熱田縁起』によれば、宮簀媛は建稲種命の妹で、彼女がこの神剣を奉斎したのが、熱田社の起源である。 (福岡猛志)

みやたきいせき［宮滝遺跡］ 奈良県吉野郡吉野町宮滝に所在する縄文・弥生・奈良時代の遺跡。吉野川中流で山間部の右岸段丘平坦部に立地する。一九三〇（昭和5）年に*吉野離宮の関連遺構を検出する目的で発掘調査が開始されたが、縄文、弥生時代の存在も明らかになった。縄文時代の遺物包含地は段丘の西南部に広がり、後期後半から晩期前半を中心とする。人骨・獣骨が木炭や灰と存在し、周囲を

川原石で配した遺構を検出した。後期末葉の宮滝式土器は巻貝の腹縁を転回させて扇形につけ、先端で凹線を引く文様を特徴とする。近畿地方の中南部を中心に中国地方から東海地方にかけて分布する。石器は石鏃、磨製石斧、打製石斧、凹石、敲石、石錘、石刀、石剣などが出土した。弥生時代では中期の住居跡と方形周溝墓、土器棺を検出した。末永雅雄は石包丁が僅少で、山間部で耕地が少ないことから健全な水稲耕作はなかったと指摘した。奈良時代の敷石遺構は飛鳥の宮殿跡と似ており、吉野離宮跡の可能性は高い。五七（同32）国史跡に指定。

〔参考文献〕末永雅雄『増補宮滝遺跡』（木耳社昭61）。（岡崎晋明）

みやのもといせき【宮ノ本遺跡】⇩買地券（ばいちけん）

みやびと【宮人】「くにん」「きゅうじん」「ひめとね」とも。「令義解」に「婦人仕官者之惣号也」とあるように、内侍司以下の後宮十二司に勤務する女性職員の総称であった。女官とも称する。相当位はないが、禄令宮人給禄条には、給禄のために掌以上の准位が定められている。（荊木美行）

みやもとつねいち【宮本常一】 1907～81 民俗学者。小・中学校の教員をつとめながら大阪民俗談話会に参加。『周防大島を中心とせる海の生活誌』『吉野西奥民俗採訪録』などを発表、一九三九（昭和14）年渋沢敬三主宰のアチック・ミュージアム（後の常民文化研究所）の所員となる。戦後は全国離島振興協議会事務局長・林業金融調査会理事として活躍、全国の離島や山間部などを数多く調査し、独自の民俗学を発展させた。晩年武蔵野美術大学教授。『宮本常一著作集』（全六〇巻、未来社）。（上田正昭）

みややまこふん【宮山古墳】⇩室宮山古墳（むろみややまこふん）

みょう【名】 一〇世紀以降、国衙領や荘園で田畠をもとに編成された収取単位。一〇世紀、課税基準が人から土地に転換されると、国衙領では公田が名に編まれ、負名が耕営と納税の責任を負った。この時期、荘園でも田堵の請作地がその名を冠して呼ばれている。一二世紀になると、荘園を中心に検注にもとづいて名が編成され、名主が年貢・公事納入の責任者とされた。その規模は地域によって異なるが、畿内近国では二～三町程度が一般的である。（勝山清次）

みょうあんえいさい【明庵栄西】⇩栄西（えいさい）

みょうぎょうどう【明経道】 大学寮の儒教専攻学科。令制の儒教専攻課程を母体とし、九世紀中葉にその名称が成立したらしい。博士一人・助教二人・直講二人・明経得業生四人・学生四〇〇人で構成され、大学博士・大博士・明経博士ともよばれた博士は正六位下、助教・直講は正七位下相当官。教科書は、令では礼記・春秋左氏伝・毛詩・周礼・儀礼・周易・尚書・孝経・論語の九経であったが、七九八（延暦17）年に春秋公羊伝・春秋穀梁伝が加えられた。仕官を志す者は、選択した二経以上と必修の孝経・論語から出題される令制の明経の試験を受験した。のち九九三（正暦4）年に問者生がおかれ、九九五（長徳元）年に問者生試が新設された。明経道の大学寮教育以外の活動としては、朝廷で儀礼上の問題が起きた時に諮問されて行う、儒教研究の立場からの勘申活動が挙げられる。平安京の大学寮の敷地における明経道の区画は明経道院（南堂院とも）、その講堂は南堂とよばれた。

〔参考文献〕久木幸男『日本古代学校の研究』（玉川大学出版部平2）。桃裕行『上代学制の研究［修訂版］』著作集1』（思文閣出版平6）。（古藤真平）

みょうぎょうどういん【明経道院】⇩明経道（みょうぎょうどう）

みょうぎょうはかせ【明経博士】⇩明経道（みょうぎょうどう）

みょうけんしんこう【妙見信仰】 北極星を神格化した妙見菩薩に対する信仰。北極星は北辰ともいい、平安初期には民間で北辰を祭ることが禁制されているが、九世紀以後は三月と九月に天皇が北辰に灯火を捧げる御灯が年中行事になった。仏教の妙見菩薩の信仰は早く『日本霊異記』にもみえ、当時はその名前から盗難にあったとき犯人を発見する功徳を期待されていたらしい。密教では尊星王ともよばれ、とくに寺門では尊星王法は秘法とされた。『小右記』の記主藤原実資は右大臣就任は尊星王に祈った効験だと書き、しばしば尊星王供を捧げた。また妙見を祭る洛北霊巌寺は眼病に効験があるとされ信仰を集めた。妙見と北斗の関係については諸説があり、実際には北極星だけでなく北斗七星も信仰対象になっていたようである。関東では平将門の後裔とされる下総の千葉氏が妙見をあつく信じたことは『源平闘諍録』などにみえるが、鎌倉時代に千葉氏が日蓮を庇護したことから日蓮宗に妙見信仰がとりいれられ、能勢の妙見など現在でも広く信仰されている。

〔参考文献〕野村耀昌「近代における妙見信仰」望月歓厚編『近代日本の法華仏教』（平楽寺書店昭43）。（勝田至）

みょうじん【名神】 古代、とくに霊験のある神に送られた称号。初出は『続日本紀』天平二（七三〇）年十月庚戌条の「諸国名神社」だが、称号として贈られるのは平安初期で、「延喜式」には二八五座二〇三社がみられる。特定の神社の重視は、一宮制や二十二社制の先駆といえる。（榎村寛之）

みょうだていせき【名生館遺跡】 宮城県古川市東大崎にある古代の官衙遺跡。この地は、中世大崎氏の居城「名生館」として名高いが、中世城館に古代の遺跡が重複している。とくに城内地区で八世紀初頭頃の評（＝郡）家中枢部が発見されたことから、八世紀前半に多賀城が創建される前に、宮城県北大崎地方は、律令政府の支配が既に及んでいたことが判明した。仙台市郡山遺跡と並んで、多賀城以前の東北古代の実体解明に重要な役割をもつ遺跡である。（桑原滋郎）

みょうぶ【命婦】 古代における貴族女性の称。大宝・養老令では、五位以上の位階をもつ女性を内命婦、五位以上の位階をもつ官人の妻を外命婦と称した。これらの女性の名帳・勤務評定は中務省とそ

の被管の縫殿寮が管理した。（荊木美行）

みょうほうか【明法家】 ⇩明法道

みょうぼうかんもん【明法勘文】 ⇩明法道

みょうぼうどう【明法道】 大学寮の律令専攻学科。七二八（神亀5）・七三〇（天平2）年の学制改革で設置された律学博士二人・明法得業生二人・明法生一〇人からなる学科を母体とし、九世紀中葉にその名称が成立したらしい。正七位下相当の律学博士はまもなく明法博士と呼称されることが通例となり、明法生は八〇二（延暦21）年に二〇人に増員された。この学科は律令を専攻しつつ、律から七問、令から三問出題される令制の明法試験に対応した。貴族社会における明法道の学問としての位置付けは紀伝道・明経道に比べて低く、またその学問の専門性の高さのため、出身者は明法博士、刑部省の判事、検非違使の尉・志などに任官することが多かった。彼等は明法家・法家とよばれ、朝廷で律令解釈にかかわる問題が起きた時、諮問をうけて答申を行った。この答申書を明法勘文とよぶ。平安京の大学寮の敷地における明法道の区画は明法道院、その講堂は明法堂とよばれた。

【参考文献】布施弥平治『明法道の研究』（新生社昭41）。久木幸男『日本古代学校の研究』（玉川大学出版部平2）。桃裕行『上代学制の研究［修訂版］著作集1』（思文閣出版平6）。（古藤真平）

みょうぼうはかせ【明法博士】 ⇩明法道

みょうらくじ【妙楽寺】 奈良県桜井市多武峰に所在した天台宗の寺院。多武峰寺とも。現在の談山神社。六七七（天武6）年に藤原鎌足の長男定恵が亡父の廟所として十三重塔を建立したのが起源とされる。天下の事変の際に多武峰鳴動や大織冠像の破裂が起ったことで有名。現存の建築物は十三重塔（室町・重文）、権殿（室町・重文）など。（岩田真由子）

みよしのきよゆき【三善清行】 847〜918 平安前期の学者、官人。「きよつら」とも。氏吉の三男で母は佐伯氏の娘。巨勢文雄に師事し二七歳で文章生。八八七（仁和3）年従五位下大内記となるが、この年におこった阿衡事件では藤原佐世・紀長谷雄らとともに基経擁護の勘問を提出し菅原道真と対立した。九〇〇（昌泰3）年文章博士となるや右大臣道真に辞職を勧告、また翌年が辛酉の年にあたるとして革命勘文を奏上し改元（延喜）を実現させた。九一四（延喜14）年の意見封事十二ヵ条は律令制の再編強化を具申したものとして著名。参議・宮内卿。著作に『円珍和尚伝』『藤原保則伝』など。（瀧浪貞子）

みる【海松】 装束の色目の一つ。表に萌黄・裏に青、表に黒青・裏に白などを重ね合わせて表現する。衣の色としては黒みのある緑色となる。海松は磯の岩石などに着生する濃緑色の海藻で、古くから食用とされており、『万葉集』にも詠われている。（武田佐知子）

みろくじあと【弥勒寺跡】 大分県宇佐市南宇佐にある宇佐神宮境内の弥勒寺は、宇佐宮の神宮寺である。はじめ宇佐宮東方の日足に弥勒禅院として建てられ、七三八（天平10）年に境内に移建、明治初年の神仏分離まで存続した。金堂・講堂・東西三重塔などの基壇遺構が残る。創建期の中心瓦は大宰府鴻臚館式の文様をもつ。遺品に孔雀文磬（国宝）・仁王像のほか、近くの寺院に薬師如来坐像（重文）・弥勒如来坐像などが伝えられている。わが国の神宮寺創建の初期例として重要である。

【参考文献】『弥勒寺』（大分県立宇佐風土記の丘歴史民俗資料館平1）。（真野和夫）

みろくしんこう【弥勒信仰】 弥勒菩薩に対する信仰。弥勒三部経（『弥勒下生経』『弥勒大成仏経』『観弥勒菩薩上生兜率天経』）を所依経典とする。死後、弥勒浄土にして弥勒菩薩が説法を行っているとされる須弥山上方の兜率天に往生せんとする『観弥勒菩薩上生兜率天経』による弥勒上生信仰と、釈迦入滅後、五六億七千万年後に兜率天より弥勒菩薩が現世に出現、竜華樹の下で三度にわたって説法し、仏となって衆生救済をはたすとする『弥勒下生経』『弥勒大成仏経』による弥勒下生信仰の二種類の信仰がある。ヒンズー教の救済者カルキを前身とし、インド中部、ベナレス地方を起源に発生した弥勒信仰は、早くから中国に受容された。敦煌や竜門の諸石窟では弥勒菩薩が多数彫られ、北魏時代には儒教・道教とも思想的に習合した。隋唐時代には玄奘・窺基らによって法相宗の『瑜伽師地論』の作者弥勒とも混同され、弥勒信仰は隆盛を極める。また、いっぽうで弥勒信仰は当時の政治・社会にも影響を及ぼしている。弥勒下生に理想的政治の実現を期待し、民衆はしばしば弥勒信仰を思想的基盤として反乱・蜂起を繰り返した。為政者もまた弥勒信仰を利用しており、則天武后は『大雲経』のなかで自らを弥勒下生仏とし、民意獲得を目論んだ。日本では仏教伝来当初の六世紀頃より弥勒信仰が展開した。興福寺・園城寺・元興寺は未来仏としての弥勒仏を本尊としていたほか、有名な広隆寺弥勒菩薩半跏像（宝冠弥勒）や中宮寺菩薩半跏像（双髻弥勒）など、弥勒像を安置する寺院が多数存在した。貴族層にも弥勒信仰は浸透し、平安時代、藤原道長によって書写された『観弥勒菩薩上生兜率天経』『弥勒下生経』が大峯山におさめられている。真言宗では、空海が高野山を弥勒浄土と位置付け、高野山入定によって弥勒下生を期待するという、下生信仰の一形態を示した。

【参考文献】宮田登『ミロク信仰の研究』（未来社昭50）。宮田登編『弥勒信仰』雄山閣昭59）。（志麻克史）

みわおう【神王】 737〜806 奈良末・平安初期の皇親官人。父は光仁天皇の弟、榎井親王。妻は美弩摩内親王（桓武天皇の妹）。七八〇（宝亀11）年参議に任、その後中納言・大納言をへて従二位右大臣となり、桓武の親政を支えた。贈正一位。（瀧浪貞子）

みわおうけん【三輪王権】 大和盆地東南部の三輪山を中心とする地域の四世紀頃の倭の王権。四世紀を中心とする巨大な前方後円墳が集中し、崇神（ミマキイリヒコ）・垂仁（イクメイリヒコ）など、その王統の和風の諡に「イリ」をおびるものが多い。三輪山の祭祀をめぐる注目すべき伝承もある。天理市柳本古墳群の黒塚古墳の築造年代は、四世紀初頭とみな

す説が有力だが、画文帯神獣鏡のほか三角縁神獣鏡三二面・三角縁盤竜鏡などが出土して注目されている。（上田正昭）

みわのきみさかし［三輪君逆］ 生没年不詳。大三輪逆君、大神君逆とも。奈良盆地東南部の三輪山の神の祭祀にもたずさわった有力豪族。『日本書紀』敏達天皇十四（五八五）年六月条の註には排仏派のメンバーのひとりとしてみえ、同年八月条には敏達天皇の殯の庭を、隼人によって守らせたと記す。また『紀』用明元（五八六）年五月条には、穴穂部皇子が物部守屋に三輪君逆を斬殺させたことを述べる。その話には三輪君逆が敏達天皇の寵愛をうけて「内外の事」を委任されたとみえる。（上田正昭）

みわのたけちまろ［三輪高市麻呂］ 657～706 天武期から文武期の官僚。利金の子で、安麻呂・狛麻呂の兄。大神高市麻呂・大神大夫・神納言とも。壬申の乱に倭京を守る別将として活躍、上ッ道を防衛し、箸陵のほとりで近江軍を撃退。六八四（天武13）年一一月朝臣と改姓、六八六（朱鳥元）年九月天武天皇の殯宮で理官（後の治部省）のことを誄す。六九二（持統6）年二月持統天皇の伊勢行幸中止を諫言、翌月にも諫めて下野、七〇二（大宝2）年長門守、翌年左京大夫となり、従四位左京大夫で歿した。壬申の功によって従三位を贈られる。『万葉集』に歌二首を残す。『日本霊異記』（上巻二五語）にも諫言の伝承、『懐風藻』に藤原麻呂の高市麻呂を偲ぶ漢詩を載す。**［参考文献］**上田正昭「三輪の君の系譜とその伝統」（『大美和』一〇一平13）。（上田正昭）

みわやま［三輪山］ 大和高原の南西隅、春日断層と初瀬断層で区切られた山。標高は四六七mあり、奈良盆地のどこからでも見ることができる。『記』『紀』によれば、三輪山は山そのものが神であり、西山麓に位置する大神神社の祭神は大物主大神・大己貴神・大国主神であるとされている。西側からみれば円錐形の神奈備型の典型とされ、全国の三輪信仰の祖形となる山である。山頂には日向神社が鎮座しており、周辺に多くの岩座が存在する。また、神社裏の禁足地からは、子持勾玉をはじめとする数多くの祭祀遺物が出土しており、形態や材質から四世紀代までさかのぼることができる。三輪山は、山全体が大神神社とともに国史跡とされ、神社拝殿・三ッ鳥居・大直禰子神社社殿等の建造物は、国指定の重要文化財となっている。『日本書紀』の倭迹迹日百襲姫のもとにかよった大物主大神が、白蛇の姿で姫の櫛箱の中に入っていた説話が象徴的で、古代倭政権と三輪山との関係を物語っているといえよう。（清水真一）

みんかん［民官］ 「たみのつかさ」とも。天武天皇朝の六官の一つで、大宝・養老令制の民部省の前身官司とみられる。『日本書紀』朱鳥元（六八六）年九月条が初見。飛鳥浄御原令制下でも同名の官司が継続して存在したと考えられている。（荊木美行）

みんほうし［旻法師］ ?～653 学問僧。六〇八（推古天皇16）年、隋に留学。この時は新漢人日文とある。六三二（舒明天皇4）年に帰国。天文学や易学に詳しく、流星・彗星や祥瑞について解説し、周易を講義。中臣鎌足や蘇我入鹿も彼の堂に学んだという。乙巳の変（六四五年）後、大化の新政権の国博士に就任。同年、さらに十師の一人に任ぜられた。孝徳天皇の信頼をえたが、六五三（白雉4）年に病没。旻の名は僧旻で、実在の人物ではなく、日文とは別人とする説がある。（加藤謙吉）

む

むかえこう［迎講］ 「ごうこう」とも。練供養のことで、阿弥陀来迎を演じる法会。源信がはじめたといい、浄土信仰の高まりとともに普及した。観音・勢至菩薩をともなった阿弥陀如来とそれに従う二十五菩薩が練り歩き、阿弥陀来迎のさまを再現する。（井上満郎）

むきばんだいせき［妻木晩田遺跡］ 鳥取県西伯郡淀江町と大山町にまたがる弥生時代後期を中心とする大規模な集落遺跡。一九九五（平成7）年から始まったゴルフ場開発にともなう発掘調査により一七〇万㎡にもおよぶ集落の全体像が明らかになり、保存、一部整備されている。遺跡は大山の北西に位置し、平野に面した標高九〇～一五〇mの複数の丘陵上に展開する。弥生時代中期後葉から古墳時代前期までのおよそ三〇〇年間継続して営まれ、竪穴住居四〇九棟以上、掘立柱建物五〇四棟、合計九〇〇棟以上の建物が確認されている。その変遷は、中期後葉に淀江平野を見おろす洞ノ原地区に環壕が掘削され、墳丘墓が造営されるのに始まり、徐々に丘陵上に集落が拡大し、最盛期の後期後葉には丘陵全域に広がっている。このうち松尾頭地区では、破鏡をともなう大型竪穴住居と大型掘立柱建物の遺構が近接して見つかっており、首長層の居住域とみられる。そのほか、鍛冶や玉作り、土器焼成といった生産活動の跡も認められる。発見された三つの墓域では三四基の墳丘墓が見つかっている。このうち洞ノ原地区では二四基のうち一一基が四隅突出型墳丘墓であり、これまでに例のない一辺一～二mの小型墳丘墓が含まれている。また、焼失した竪穴住居跡の調査から、当時、土屋根構造の竪穴住居が存在したことが明らかになった。出土品では、二六六点を数える鉄製品の出土が特筆される。これは北部九州の弥生集落遺跡を除けば群を抜く量で、朝鮮半島製品も含まれることから、日本海沿岸地域独自の鉄器導入及び製造技術の広がりがうかがわれる。

妻木晩田弥生集落は丘陵の尾根ごとに居住グループが存在し、こうした一般居住域に加えて首長層の居住域や祭祀空間・墓域などが認められ、当時の集落遺跡を構成する要素が揃っている。これは中国の歴史書に「国邑」と書かれた倭国内における「クニ」の一つが既に山陰地方の大山山麓に成立していたことを示している。妻木晩田遺跡はその拠点となる集落の遺跡と考えられ、弥生後期の集落

妻木晩田遺跡
四隅突出型墳丘墓

妻木晩田遺跡
復元された土屋根住居

の全体像を窺うことができる典型的な遺跡である。国指定史跡。

〔参考文献〕大山町教育委員会『妻木晩田遺跡発掘調査報告書Ⅰ～Ⅳ』（平12）。淀江町教育委員会『妻木晩田遺跡発掘調査報告書』（平12）。鳥取県教育委員会『史跡妻木晩田遺跡第4次発掘調査報告書』（平15）。（中原斉）

むこうのだこふん［向野田古墳］　熊本県宇土市松山町にある全長八六ｍの前方後円墳。一九六九（昭和44）年に発掘され、長さ約一〇ｍ、幅約七ｍ、深さ三ｍの土坑のなかに竪穴式石室があり、そのなかに阿蘇凝灰岩製の刳貫式の舟形石棺がおさめられていた。石棺は舟形の両端に縄掛突起のある長さ四ｍの巨大なもの。石棺のなかからは推定年齢三〇歳の女性人骨、鏡三面・車輪石・勾玉・管玉・ガラス玉・貝輪、棺外からは鉄剣・鉄刀・鉄斧・刀子が出土した。また墳丘からは朝顔形埴輪・壺形埴輪が出土した。四世紀後半の古墳とみられる。（島津義昭）

むさしのくに［武蔵国］　はじめ東山道、のち東海道に属した国。古くは「无邪志」と表記（『古事記』など）。現在の東京都・埼玉県と神奈川県の一部にあたる。「和名類聚抄」では多磨・都筑・久良・橘樹・荏原・豊島・足立・新座・入間・高麗・比企・横見・埼玉・大里・男衾・幡羅・榛沢・賀美・児玉・那珂・秩父の二一郡からなり、大国。後には新羅郡も設置された。北を上野・下野国、東を下総国、西を信濃・甲斐国、南を相模国に接し、東南に東京湾に臨む。武蔵野からは旧石器が発見されていて早くからの人間生活の跡を確認できる。ムサシ（ムザシ）の語源は諸説あって決めがたい。『国造本紀』によれば无邪志国造・知々夫国造などが設置されていたという。国名の初見は神功皇后四十七年四月条の「武蔵国」。安閑天皇元年一二月に現地豪族の笠原一族に国造の地位をめぐって内紛があったといい（『日本書紀』）、結果、横渟屯倉など四屯倉が献上されたという。これ以前雄略天皇朝には行田市稲荷山古墳出土鉄剣銘が示すように現地豪族が「杖刀人首」として大王に出仕していて、当地は遅くとも五、六世紀頃にはヤマト政権に従属したものと思われる。渡来人の移住策が早くから講じられ、七一六（霊亀2）年に高麗郡（今も高麗神社がある）、七五八（天平宝字2）年に新羅郡が編成されている。七〇八（慶雲5）年に武蔵国から日本で初めての銅が発見されて、ためにこの年は和銅と改元された。国府や国分寺・国分尼寺は多磨郡におかれ（国府は府中市、国分寺・国分尼寺は国分寺市）、国府については発掘調査でその様相が解明されつつある。奈良時代には東山道から東海道に配置換えとなるが、これは蝦夷鎮圧への対策であろうと考えられる。平安時代になると関東（坂東）の一国として中央朝廷の統制が緩み、武士の勃興とあいまって平将門の乱が起こり、独立国が樹立される事態にまでいたった。平安時代になって設置された牧も騎馬武士発生の温床となり、やがて武蔵七党など多くの武士団が生まれ、これらが鎌倉武家政権成立の基礎となった。
〔参考文献〕森田悌『古代の武蔵』（吉川弘文館昭63）。『古代武蔵国府』（府中市平17）。（井上満郎）

むさのあお［身狭青］　生没年不詳。五世紀後半の史部。牟佐とも。姓は村主。檜隈民使博徳とともに雄略天皇に愛寵されたという。外交使節として呉に派遣されていること、史部（書記官）であることから『宋書』倭国伝にみえる倭王武の上表文の筆者である可能性もある。（宮永廣美）

むしゃだいえ［無遮大会］　国主が施主となり、僧俗貴賤一切の区別なく供養布施する法会。「無遮」は一切平等慈悲の意。インドのアショカ王に始まるといわれる。日本では六八六（朱鳥元）年一二月一九日、天武天皇の百か日に五つの寺（大官・飛鳥・川原・小墾田豊浦・坂田寺）で行われたのが最初である。（竹森友子）

むしゃどころ［武者所］　院御随身所・院北面等とともに、院の身辺警護や院御所の警備にあたった家政機関。九八五（寛和元）年、円融院が武者所一〇人に弓箭を帯させることを奏上し、聴されたのが確実な初例とされている。また天皇在位時に祗候した滝口を補すとの規定が『西宮記』にみえる。平安後期では、郡郷司・下級荘官層で六位以下の無官者が多く占めるようになっており、員数も二〇～三〇人に達していた。また院近臣や北面の郎従を兼ねる者も多く現れた。（横澤大典）

むちまろでん［武智麻呂伝］　⇩家伝かでん

むつこくふあと［陸奥国府跡］　陸奥国は大化改新直後に成立したと考えられるが、当時の国府跡は不明である。八世紀前半に多賀城がつくられると、国府はそこにおかれたとみられる。それ以前は、七世紀後半の仙台市郡山遺跡第Ⅰ期・七世紀末から八世紀初頭の同II期に国府がおかれた可能性は高い。多賀城は一〇世紀半ば頃廃絶するが、文献には一二世紀末まで陸奥国府あるいは多賀国府が登場する。しかし、一〇世紀半ば以降の陸奥国府は「多賀城跡」内にはなかったとみられる。（桑原滋郎）

むつのくに【陸奥国】 東山道に属する国。現在の福島・宮城・岩手・青森県の全域と秋田県の一部にあたる。中央部に奥羽山脈などの山脈が続き、海岸部や内陸部に平野や盆地が存在する。その設置は七世紀後半と考えられているが、当時は「道奥国」、すなわち東海・東山道の奥の最北端に位置する国という意味であった。当初は現福島県と宮城県の一部であったが、次第に拡大、平安時代末期には青森県域にまでおよんだとされる。七一二（和銅5）年出羽国設置によって最上郡・置賜郡が割れた。また七一八（養老2）年には石城国と石背国が立てられたが、これはすぐに陸奥国に復帰した。「延喜式」では大国とされ、所管の郡は三五郡。国府は多賀城（現宮城県多賀城市）におかれていたが、蝦夷と境を接する辺要の国として陸奥鎮守府が設置され、また各地に城柵が築営された。平安時代後期には平泉を本拠とする奥州藤原氏が栄え、砂金や馬の産地としても知られた。

【参考文献】須藤隆他『新版 古代の日本九』（角川書店平4）。（高橋誠一）

むつのくにこせき【陸奥国戸籍】 七〇二（大宝2）年の造籍以後、次回七〇八（和銅元）年の造籍にいたる間の戸・戸口の異動をまとめた公文で、和銅元年籍に添えて京進されたものと考えられる。正倉院文書。一般に「陸奥国戸籍」とよばれるが、正しくは戸口損益帳と称すべき公文である。死亡・移貫・嫁出、戸の継承・分割など、戸の動態が知られ、また陸奥国の大宝二年造籍の様式が御野国戸籍と同じであったことを示す史料としても貴重である。『大日本古文書』一、『寧楽遺文』上に収録。（鎌田元一）

むつわき【陸奥話記】 軍記。著者未詳。一巻。一一世紀末頃の成立か。前九年の役の顛末を漢文体で記す。同役を詳細に記録した資料として重要であるとともに、説話性に富む個人の合戦譚等を取り上げている点に、軍記物語史上の意義がある。（橋本正俊）

むどうじ【無動寺】 比叡山東塔に属する一院で天台回峰修験道場。滋賀県大津市にあった。八六三（貞観5）年天台僧相応が等身不動明王像を安置する仏堂を建立したのに始まる。八八二（元慶6）年藤原基経の上奏で天台別院となる。九一八（延喜18）年、相応は当寺に没す。（野口孝子）

むとうるづか【牟頭婁塚】 中華人民共和国の吉林省集安市にある三国時代高句麗の古墳。一辺約一八mの小規模な方墳のなかに横穴式石室が築かれた。石室は、羨道・前室・後室からなる。後室には、左右の両側壁に接して、それぞれ一つずつ棺台がつくられている。石室の壁面は、全面に漆喰が塗られている。前室正面の上壁には、最初の二行の題記に続いて、一〇字詰八一行の縦横の罫線を引き、墓誌を墨書した。そのうち全体の三分の一ほどが判読できる。被葬者である牟頭婁は、大使者の官職にあったことや、広開土王の時代に活躍し、長寿王時代の五世紀中頃に没した人物といわれる。現在、中国では牟頭婁の祖・冉牟にちなんで冉牟塚と呼んでいる。（西谷正）

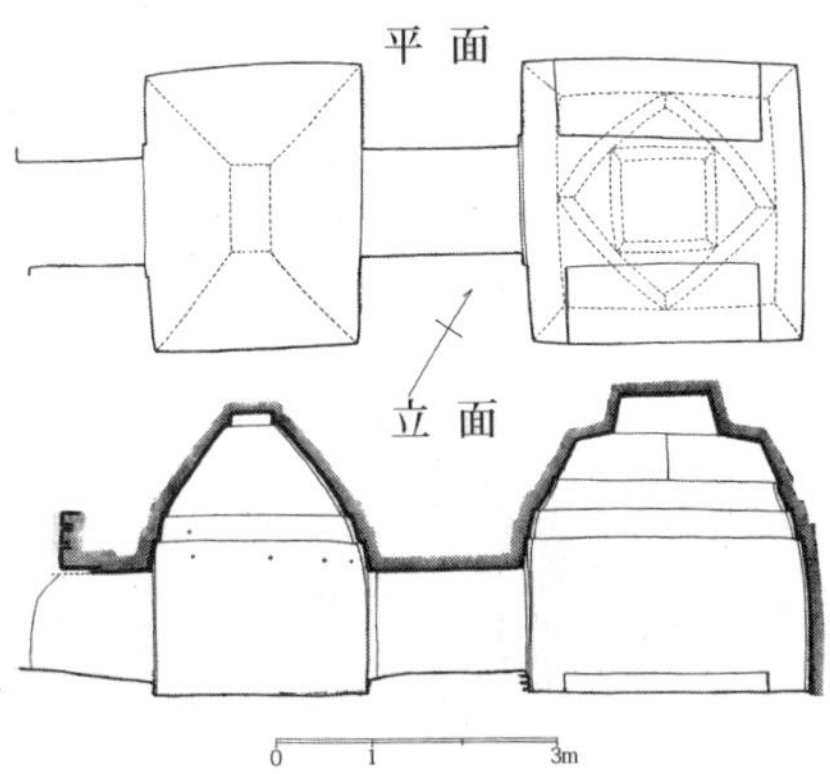

（右）牟頭婁塚石室実測図
（左）牟頭婁塚墓誌銘部分「通溝（下）」（日満文化協会刊）より

むなかたし【宗像氏】 筑前国宗形郡（福岡県宗像郡と宗像市の一帯）を本拠とした氏族。胸形・宗形・胸肩・胸方とも。大国主命六世孫吾田片隅命の後裔氏族。姓ははじめ君。六八四（天武13）年、朝臣を賜る。宗形郡は宗像神社の神郡で、六九八（文武2）年には、出雲国意宇郡司とともに郡領の三等以上親の連任が認められている。八世紀以後、宗形郡大領と宗像神社の神主を兼帯し、総じて五位以上を叙され、同郡で勢力を保持した。しかし、八〇〇（延暦19）年、神主と大領との兼帯が禁止された。六七三（天武2）年には、胸形君徳善の女尼子娘が、天武とのあいだに、高市皇子をもうけており、宗形郡大領の名が長屋王家木簡にみえることから、関係がうかがえる。また「山背国愛宕郡計帳」に宗形君族、「正倉院文書」に宗形一族の名がみえる。（大川原竜一）

むなかたたいしゃ【宗像大社】 福岡県宗像市・宗像郡に所在する神社で、宗像市大字田島に辺津宮、宗像郡大島村大岸に中津宮、同村沖ノ島に沖津宮が鎮座する。延喜式内社（名神大社）として筑前国宗像郡に宗像神社三座とある。旧官幣大社。現在は辺津宮に市杵島姫神、中津宮に湍津姫神、沖津宮に田心姫神を、それぞれ祀る。元来は宗像君や水沼君が奉祭する神であったが、地理的に中国大陸・朝鮮半島への交通上の要衝であることから、倭政権による祭祀が行われるようになったと考えられている。八四〇（承和7）年に従五位下を授けられ、その後も神階は上昇し、八八九（寛平元）年には正二位から従一位、天慶年中（九三八～九四七）には正一位勲一等に叙された。神主の宗像氏は宗像郡（神郡としての初見は七二三〈養老7〉年）の郡司も兼任した（八〇〇〈延暦19〉年に停止）。のちに大宮司職を世襲するようになり、室町時代には朝鮮通交にも従事したが、一六世紀に断絶した。辺津宮・中津宮境内と沖ノ島全島が国史跡指定をうけ、沖ノ島祭祀遺跡の出土品（国宝・重要文化財指定）のほか、辺津宮本殿・拝殿、経石（阿弥陀経石碑）、宗像神社文書（いずれも国指定重要文化財）など多くの文化財が伝来している。

［参考文献］宗像神社復興期成会編『宗像神社史』全三巻（吉川弘文館復刻昭62）。宗像市史編纂委員会編『宗像市史　史料編　第一巻古代・中世Ⅰ』（福岡県宗像市平7）。宗像大社文書編纂委員会編『宗像大社文書』（吉川弘文館平4～）。（森哲也）

むね［棟］　屋根の異なる面が交差する稜線の部分をいう。この個所は屋根葺材が風雨の影響をうけやすいため、これらの防止目的で稜線の上にかぶせるように取り付けた屋根構造の一部をも棟という。位置によって大棟、隅棟、降棟、稚児棟などがある。（植木久）

むほん［謀反］　⇨八虐

むもんどき［無文土器］　朝鮮半島における無文土器（青銅器）時代の指標となる土器。櫛目文土器（新石器）時代の指標となっている櫛目文土器が幾何学的な文様で飾られるのに対して、土器の表面に施文がほとんど行われず、無文のものが多いところから、無文土器とよばれる。粗製で狭義の無文土器と、精製の丹塗、および、黒色磨研土器に大別される。そのうち基本をなす狭義の無文土器には、器形でみると、壺・甕・高坏・碗・鉢・甑などがある。砂混じりの胎土で、輪積み、あるいは、巻上げによって成形される。摂氏六〇〇～七〇〇度で焼成され、黄・赤・灰色味がかった褐色などの色調を呈する。土器は、地域や時期によって多様であり、複雑であるが、とくに南部を例にとると、前半期に、有孔列点文のある粗製の壺と甕に、丹塗磨研の壺がセットをなす。後半期には、粘土紐を口縁部に巻き付けた甕に特色があり、黒色磨研の長頸壺が共伴することがある。日本の弥生文化形成期に、朝鮮南部の丹塗磨研の壺、そして、弥生時代前期後半から後期にかけて、やはり南部の粘土紐（帯）巻き付けの無文土器、ないしは、その技法を濃厚に備えた甕が、北部九州を中心に、西日本各地で出土する。（西谷正）

むらかみてんのう［村上天皇］　926～67　在位946～67　平安中期の天皇。名は成明。醍醐天皇の第一四皇子で母は皇后藤原穏子（関白忠平の娘）。一九歳で兄朱雀天皇の皇太弟、二一歳で即位。忠平の死後摂関をおかず親政をすすめ、のち父と並んで「延喜・天暦の治」と仰がれた。遷都以来はじめて内裏焼亡にあって慨嘆。日記『村上天皇御記』、儀式書『清涼記』、歌集『天暦御集』などがある。崩御直前に出家（法名、覚貞）、陵は村上陵（京都市右京区）。（瀧浪貞子）

むらくにのおより［村国男依］　?～676　六七二（天武元）年の壬申の乱の際、大海人皇子の腹心の部下として活躍。その勝利に大きく貢献した。美濃国各務郡村国郷（現在の各務原市東南部）を本拠とする村国氏の子弟として大海人皇子に従い、吉野にあったが、皇子の東行に先だって美濃に向かい、湯沐の地での挙兵に成功した。その後、近江大津京に進撃する。乱後に功封一二〇戸を与えられ、六七六（天武5）年七月に没したときには、外小紫位を授けられている。子孫は中央政府に出仕した。（早川万年）

むらさき［紫］　紫草の根を染料とした紫染の色彩。服制では一貫して高位の服色に定められ、深紫・浅紫・黒紫・赤紫などの色合いがある。平安時代の束帯の紫色はしだいに濃くなり黒となったが、親王や諸王の服色には残り、禁色とされた。（武田佐知子）

むらさきしきぶ［紫式部］　生没年未詳。平安時代中期の女流文学者。大作『源氏物語』の作者として名高い。父は藤原氏北家良門流の為時で、歌人でもあったが、一条朝を代表する漢詩人として聞こえていた。母は藤原氏北家長良流の為信女。父方には、曾祖父中納言兼輔、大叔父清正、伯父為頼ら、母方にも曾祖父文範、祖父為信らがおり、歌人を輩出する家柄であった。幼くして生母に死別、父の手で養育された。後に中宮彰子に『白氏文集』を進講したり、「日本紀の局」と博識ぶりを綽名されたりしたのは、父の訓育が影響していたことは想像に難くない。弟惟規に漢籍を教えていた父為時が、傍らで聞いていた紫式部の方が覚えが早いので、この娘が男であればよかったのにと嘆いたという幼時の回想が『紫式部日記』に語られている。少女期に、姉との死別、友人との別離などを経験した。父の任国である越前に下向し地方の風俗に触れたことも、後の『源氏物語』の執筆に影響を与えたであろう。九九八（長徳4）年頃、藤原宣孝と結婚。翌年、賢子（後の大弐三位）を出生。その二年後、夫と死別した。この頃から『源氏物語』の執筆が始められたらしく、文才が評判となり、一〇〇五（寛弘2）年ないしはその翌年、一条天皇の中宮彰子に出仕するようになった。はじめ女房名を藤式部といったが、後、紫式部と改められた。人間関係の複雑な後宮では、自己の才気を隠し、同僚女房との融和にも配慮していたらしい。少なくとも一〇〇八（同5）年頃までに、『源氏物語』をまとまった形で完成させていたと考えられる。しかしながら、現行の『源氏物語』五十四帖が、いつの段階で成立したかについては確説がない。歌人としてもすぐれ、中古三十六歌仙の一人。家集に『紫式部集』がある。一条天皇崩御後、枇杷殿に移った彰子に仕えており、女房としての信任は厚かった。その後、いつ彰子のもとを退いたかは定かではない。没年についても未詳ながら、一〇一四（長和3）年説、一〇一九（寛仁3）年説、一〇三一（長元4）年説などの諸説がある。

［参考文献］今井源衛『紫式部』（吉川弘文館昭41）。清水好子『紫式部』（岩波書店昭48）。稲賀敬二『源氏の作者紫式部』（新典社昭57）。（小林一彦）

むらさきしきぶしゅう［紫式部集］　平安時代中期の紫式部の家集。一巻。自撰。式部の晩年、一〇一三（長和2）年の成立。総歌数一二八首。少女時代から晩年まで、全生涯にわたる和歌をほぼ年代順に配列する。式部の伝記資料としても重要。『新日本古典文学大系24』(岩波書店平1)におさめられている。(小西茂章)

むらさきしきぶにっき【紫式部日記】 平安時代中期の仮名日記。二巻。紫式部著。式部が一条天皇中宮彰子に仕えた一〇〇八(寛弘5)年秋から一〇(同7)年正月までの記。敦成親王の誕生などを描いた日記的な部分と、他の女房の批評などを記した消息的な部分とからなる。注釈書に『新日本古典文学大系24』(岩波書店平1)『新編日本古典文学全集26』(小学館平6)などがある。(小西茂章)

紫式部日記絵巻第一段
五島美術館蔵

むらさきしきぶにっきえまき【紫式部日記絵巻】 鎌倉時代前期の彩色絵巻。現存四巻(詞書二三段、絵二四段)。詞は京極良経、絵は藤原信実と伝えられる。『紫式部日記』の消息的な部分を除き、ほぼすべてを絵画化している。『新修日本絵巻物全集13』(角川書店昭50)、『日本絵巻大成9』(中央公論社昭53)に収録。(小西茂章)

むらさきの【紫野】 平安京北側の禁野。現在の京都市北区大徳寺町付近。歌枕の洛北七野の一つ。七九五(延暦14)年に桓武天皇が紫野で遊猟して以来、遊猟地として利用され、八五二(仁寿2)年には賀茂社の斎王の御所である斎院もおかれる聖地でもあった。(高橋美久二)

むらさきのさいいん【紫野斎院】 ⇩紫野

むらじ【連】 ⇩姓

むろ①【牟婁】 紀伊国南部の地域名称。もと西牟婁郡牟婁町(現在は和歌山県田辺市に編入)にその名が残っているが、本来は紀伊半島南部一帯の総称で熊野とほぼ同義語といわれる。『日本書紀』斉明天皇紀などに「牟婁湯」のことが見えている。『万葉集』には室の江、『倭名抄』には牟婁郷。(高橋誠一)

むろ②【牟婁】 『日本書紀』継体紀にみえる「任那国」の一県。他の上哆唎・下哆唎・娑陀三県とともに哆唎国守穂積臣押山が百済に割譲することを奏上し、大伴金村がそれを支持したと伝えるが、もともと領有していたわけでもなく割譲できたはずはない。百済が現実に支配をおよぼしたことを反映するものとみられ、その時期は五一二年頃と考えてよい。具体的な比定地は、全羅南道の西部である栄山江西岸説と、東端である蟾津江西岸説に大別できる。(田中俊明)

むろうじ【室生寺】 奈良県宇陀郡室生村にある真言宗室生寺派総本山。宀一山。女人高野。六八一(天武10)年、役小角の創建という。七七七(宝亀8)年頃、山部皇太子(桓武天皇)の重病に際し、延寿法を修して験のあった興福寺学僧賢璟を含む五人の浄行僧が、命によって建立したという。創建については興福寺僧等の山林修行の拠点説や、近くにある祈雨神の竜穴社の神宮寺説等がある。実際の創建事業にあたった賢璟の弟子修円(七七一〜八三五)のときには、空海の弟子真泰や、最澄寂後の延暦寺座主争いの紛争を避けて円修らが入寺し、宗教内容は多彩となった。竜穴社と室生寺を含む地域での雨乞いの史実は平安時代を通じて諸記録に散見され、国家的にも重要視されていたことが知られる。またその方法は密教によるものではなく「大般若経」や「仁王経」を用いた。寺地内には五重塔や金堂などの国宝の建造物がある。また釈迦如来像(国宝)や薬師如来像(国宝)などの仏像をはじめ平安時代以来の多くの文化財がある。

【参考文献】太田博太郎他編集『大和古寺大観(六)』(岩波書店昭51)。逵日出典『奈良朝山岳寺院の研究』(名著出版平3)。(野口孝子)

むろうりゅうけつじんじゃ【室生竜穴神社】 室生寺(奈良県宇陀郡室生村室生)のすぐ近く、室生川のほとりに鎮座し、平安時代に祈雨神として著聞した神社。神社後方の渓流を少しさかのぼった岸壁に、竜穴と称する岩窟があり、ここで雨請いの祭祀が行われた。今でも宇陀地域では水分信仰が盛んであり、そうした水分信仰が古代中国に起源する竜穴信仰と結びついたものと考えられる。「宀一山(室生寺の山号)年分度者奏状」にみえる九三七(承平7)年の「大和国解文案」によれば、興福寺僧賢璟が室生寺を創建する以前から、すでに竜穴信仰があったようである。(和田萃)

むろのおおはか【室の大墓】 ⇩室宮山古墳

むろのきこふん【室の木古墳】 横浜市磯子区久木町にあった円墳。海岸部の沖積地上に営まれていたが、宅地造成により消滅。径三〇m程と考えられ、凝灰岩製切石を用いた横穴式石室を構築していた。唐草文心葉形杏葉をはじめ豊富な馬具類の出土で有名である。出土品から七世紀前半の築造とされるが、追葬なども考慮すれば、さらにさかのぼるといえよう。当地域で最も古く築造されており、海上交通との関係で重要な役割をはたした被葬者像を想定することができる。(福尾正彦)

むろのつ【室津】 播磨国西端の古代からの港。現兵庫県揖保郡御津町室津。沈水海岸である室津湾奥にあり室の中のように静かな海という意味。瀬戸内海水運の要津として栄えた。行基によるいわゆる五泊の一つで、『播磨国風土記』『万葉集』などにみえる。 （高橋誠一）

むろのひめみこ【牟漏女王】 ?～746 藤原房前の室。美努王と県犬養橘三千代の子で永手の母。無漏女王とも。法隆寺資財帳によれば、七三六（天平8）年二月花形白銅鏡一面を同寺に寄進している。七三九（同11）年正月従四位より従三位、薨じたときは正三位であった。 （廣瀬真理子）

むろのゆ【牟婁温湯】 ⇩牟婁①むろ

むろみややまこふん【室宮山古墳】 奈良県御所市室に所在し、室大墓ともよばれる。古墳時代中期前葉（五世紀前葉）の築造にかかり、墳長二三八m以上の破格の規模を誇る、西面する前方後円墳である。三段築成の墳丘は前方部側面に大きな台形の張出し部を設ける点に特徴があり、盾形周濠は墳丘全体にめぐるらしい。埋葬施設は、後円部頂に竪穴式石室二基、前方部頂に粘土槨を含む二基、北張出し部に粘土槨一基の存在が判明しており、方墳の陪冢もともなう。後円部の埋葬施設は、墳丘主軸をはさんで南北の対称の位置にある。後円部南主体では石室の上部を高さ一・五m近い雄大な盾・靫・甲冑形の武具形埴輪が外面を外側に向けて方形にめぐり、家形埴輪も七棟以上並べられた。石室内の長持形石棺は蓋の全長三・七七mの豪壮なものである。出土遺物としては乱掘後にもかかわらず三角縁神獣鏡や甲冑、各種滑石製品や玉類など顕著なものが知られる。また、近年、後円部北主体に船形ほかの陶質土器の存在が知られたことも特筆される。葛城襲津彦を被葬者に比定する説が有力で、大王墓級の古墳の実態を知りうるものとしてもきわめて重要な位置を占めている。一九二一（大正10）年国指定史跡。
【参考文献】秋山日出雄・網干善教『室大墓』（奈良県史跡名勝天然記念物調査報告(18)昭34）。木許守・藤田和尊『室宮山古墳範囲確認調査報告』（御所市文化財調査報告(20)平8）。藤田和尊・木許守『台風七号被害による室宮山古墳出土遺物』（御所市文化財調査報告(24)平11）。 （藤田和尊）

むろやどうけつ【室谷洞穴】 新潟県上川村にある縄文草創期～前期を主体とした洞穴遺跡。標高二一八m、河床面との比高四〇mの岩壁に開口する。土器・石器・骨角器のほか、クマ・カモシカ・キジなどの鳥獣骨や、アワビ・ヤマトシジミなどの汽水産貝類、土器を被った熟年女性の屈葬人骨等が出土している。本遺跡の発掘により、多縄文系土器群が撚糸文系土器群よりも古いことが層位的に実証され、草創期の土器編年研究に大きく寄与した。 （渡邊裕之）

め

めいげつき【明月記】 藤原定家の日記。記名は南北朝頃よりみえ、それ以前は「故中納言入道殿日記」などと称された。一一八〇（治承4）年から一二三五（嘉禎元）年までの記事が現存。自筆本五四巻が残る。後年に清書本が作成され、定家自身による追記も存する。源平の争乱から鎌倉幕府の成立、後鳥羽院政と承久の乱後にいたる鎌倉前半の朝幕の動向を記すとともに家学である和歌や古典の書写活動にもおよび、自己の心情を吐露した記事も存す。『国書刊行会本』『冷泉家時雨亭叢書』所収。 （松本公一）

めいげん【鳴弦】 魔除けのために弓の弦を鳴らすこと。出産のあと産湯を使うとき行い、天皇家の場合は五位一〇人、六位一〇人が鳴弦をつとめた。天皇の沐浴のときも行われた。殿上の名対面のとき滝口も鳴弦し、『平家物語』は堀河天皇が夜何物かに怯えたが、源義家が鳴弦して名乗ると回復した説話をのせる。 （勝田至）

めいごうおうらい【明衡往来】 平安時代末期にできた現存最古の往来物。藤原明衡の著とされる。三巻。「雲州往来」「雲州消息」などとも。手紙模範文を二〇〇通余りおさめており、公用文の文例集、手本として重んじられた。『往来物大系1・2』（大空社平4）に影印が、『日本教科書大系往来編1』（講談社昭53）に翻刻がおさめられている。 （小西茂章）

めいてい【明帝】 28～75 在位57～75 中国後漢第二代皇帝。名は荘。光武帝の第四子。母は陰皇后。王莽の新のあと後漢を建てた光武帝の時代は政治・社会が安定し、父帝を継いだ明帝も光武帝の政策を踏襲して政治につとめ、次の章帝とあわせて「明章の治」とよばれる。前漢の末年から中国への仏教伝来が始まっていたが、伝説によると、六四（永平7）年、帝は夢に感じて西域に遣使し、また洛陽に中国初の仏教寺院である白馬寺を建てたといわれる。 （中畠俊彦）

めいとうせん【明刀銭】 刀子の形をし、「明」の文字のようなものが表面に鋳出されているところから、このようによばれる通貨。中国の戦国時代に、燕国の通貨として使われたが、一部は斉や趙などの国々でも用いられたようである。中国では、東北地方の遼寧省から、河北省北部にかけての地域で主として出土する。さらに、朝鮮半島西北部でも出土するが、灰陶や各種の鋳造鉄器と共伴することがある。日本では、沖縄県那覇市の城岳貝塚から唯一の出土例がある。共伴遺物の年代決定や燕文化の拡がりを知るうえで貴重な遺物である。 （西谷正）

めかりしんじ【和布刈神事】 福岡県北九州市門司区大字門司に所在する和布刈神

社（旧県社）に伝わる神事。そのなかの和布刈行事が福岡県指定無形民俗文化財である。毎年旧暦の大晦日深夜から元旦にかけての干潮時に、神官が鎌、手桶、松明をもって神社前の関門海峡に入り、ワカメを刈り取って神前に供えるもので、山口県下関市一の宮住吉一丁目の住吉神社でも同様の神事が行われる。（森哲也）

めずらしづかこふん［珍敷塚古墳］　福岡県吉井町の耳納山麓に連なる装飾古墳群の一つ。一九五〇（昭和25）年、古墳墳丘が削られた際、破壊された石室奥壁に見事な極彩色壁画が発見された。左下に描かれた船とそれを漕ぐ人物、舳先にとまった一羽の鳥、それらを取り巻いて太陽を表す同心円文・月を象徴するヒキガエル・蕨手文などの具象化した文様が描かれる。六世紀後半の円墳である。（片岡宏二）

メスリやまこふん［メスリ山古墳］　奈良盆地の東南部、桜井市高田・阿部の地にあり、阿部丘陵の南端に位置する、東西軸の前方後円墳。全長二二四m、後円部直径一二八m、高さ一九m。前方部幅八〇m、高さ八mを計る。後円部三段・前方部二段、葺石がめぐる。墳頂には全長八mの第一竪穴式石室と、東側に副葬品のみをおさめた第二石室があり、多量の鉄製武器類のほか、王者のシンボルたる玉杖も出土している。阿部の地の南端にあり、古代豪族阿倍氏の祖先たる大彦命や武渟川命の御陵の伝承があったため、阿倍氏がこの地に本拠をおいたとする説もある。（清水真一）

めたばるこふんぐん［目達原古墳群］　佐賀県三養基郡上峰町大字坊所、および神埼郡三田川町大字立野に所在する古墳群。前方後円墳七基、円墳四基以上から構成されていたが、そのほとんどは第二次世界大戦時の飛行場建設とその後の開発により消滅した。横穴式石室を埋葬施設とし、須恵器などが出土することから中期（五世紀）から後期（六世紀）にかけて築造されたものであろう。当地には「米多」や「目達原」の地名が残っていることから、『古事記』応神天皇条の「筑紫米多君」、「国造本紀」の「米多国造」との関係がうかがわれる。一九四三（昭和18）年、群内の上のびゅう塚が応神天皇曾孫の都紀女加王墓に治定された。（福尾正彦）

めどう［馬道］　寝殿造や寺院建築において、桁行の長い建物の中間に、梁行方向に建物を横切って通れるようにつくられた屋根下の土間廊下のこと。ことある時にはそこまで馬に乗ったためこのようにいう。（植木久）

めとりのひめみこ［雌鳥皇女］　⇨隼総別皇子・雌鳥皇女

めのう［瑪瑙］　玉髄の一種で、火山岩の空隙を溶出した珪酸が充塡してでき、多くの場合空隙の形の縞状のリング模様がみられる。比重は約二・六で硬度は七程度。色は透明、白色、黄、褐、赤、緑、青色で濃度の異なる様々なものがあり、脂光沢を示す。おもに墳墓から瑪瑙製勾玉として出土する。札幌市K435遺跡の続縄文時代の管玉には赤系の縞瑪瑙が用いられ、大阪府招提中町遺跡出土の玉片は、緑泥石を包含する苔瑪瑙で白地に緑の濃淡色を示し翡翠に酷似しているが、苔瑪瑙と同定されている。（藁科哲男）

めのこのいらつめ［目子媛］　生没年不詳。六世紀前半に在位した継体天皇の妃。尾張連草香の女。継体即位前からの妃で、勾大兄皇子（のちの安閑天皇）・檜前高田皇子（のちの宣化天皇）を産んだ。（宮永廣美）

めのと［乳母］　字義は生母に代わり乳を与えるをいうが、離乳後も養育にあたった女性。多くはその女性一人でなく、乳母の出身の一族もこれにあたる。ために名も例えば、桓武天皇が乳母家の山部氏にちなみ山部王と名乗ったように、養育された人物と密接な関係が生じた。哺乳の可能な出産直後の女性が乳母になるため、乳母にも同年齢の子がいるわけで、その子は乳母子として哺乳・養育された当人と親しい関係を持ち続けることが多い。乳母はまたその哺育を担当した人物が天皇などになった場合には後宮の女官となることもあった。哺育されるのが女性の場合その女性の入内とともに後宮に同時に入ることもあり、そのための教養をそなえた女性が乳母になることも多かった。庶民間についても、年子をもうけた女性が乳母を取ろうとした例などが『今昔物語集』にみえていて、皇族・貴族階級ばかりでなく庶民社会でも乳母の風習は存在した。

［参考文献］西岡虎之助『日本女性史考』（新評論社昭31）。服藤早苗『平安朝の母と子』（中公新書平3）。吉海直人『平安朝の乳母達』（世界思想社平7）。（井上満郎）

めりょう［馬寮］　大宝・養老令制下の官司の一つ。諸国の牧から貢上される官馬の飼養・調教を担当。養老職員令によれば、左右に分かれ、それぞれに四等官と馬医・馬部・飼丁などが所属した。七八一（天応元）年前後に左右馬寮が統合されて主馬寮となり、八〇八（大同3）年には、内厩寮（七六五〈天平神護元〉年新設の令外官）・主馬寮と兵馬司が整理・併合され、あらたに左右馬寮が発足した。（莿木美行）

めんしょこかん［免所居官］　官人への付加刑で、位階または勲位の剝脱をもってこれに換える刑のこと。「名例律」に規定があり、祖父母・父母などの扶養にあたらなかった場合などに適用され、一年後に以前の位階を一等下して再叙される。（井上満郎）

も

も［裳］　貴族女性の腰衣。もとはスカート状の衣服。飛鳥時代以前の女子の服装は上衣と裳という組合わせが基本で、律令制下の服制では女子の礼服は腰部に上裳（褶）と下裳（纈裙）をつけると規定する。平安時代中期以降の女房装束において裳は唐衣とともに最も正装たることを示し、重ね袿のうえに着すために後腰部分のみに長く垂らす形式に変化する。（佐藤文子）

もいとりのつかさ／すいし［水司］ 大宝・養老令制の後宮十二司の一つ。宮内省被管諸司の主水司に類似した職掌をもち、水・粥などをつかさどった。尚水（准従七位）・典水（准従八位）に加え、采女六人が所属したが、彼女たちは飲食物を給仕したと考えられる。（荊木美行）

もうぎゅう［蒙求］ 中国の児童教育用図書。唐の李瀚撰。三巻。唐の七四六（天宝5）年頃成立。古代から南北朝までの故事を四字句で表し、さらに「孫康映雪 車胤聚蛍」のように類似のものを対にする。全五九六句を八句ごとに換韻し、朗唱用にしてある。各句だけでは意味が通じにくいので説明を加えた注本もある。中国ではいったん途絶えたが、日本では古くから『孝経』などとならんで漢文の入門用教材に広く利用され、「勧学院の雀は蒙求を囀る」ともいわれた。（中畠俊彦）

もうしぶみ［申文］ 申条ともいい下位者が上位にさしだす上申文書の一つ。官位授与の請願や訴訟・命令に対する報告などを内容とするが、やがては貴族の官位申請の謂いとなった。それは除目に備えての自己売り込みの美文で綴られ、『朝野群載』などに実例が残る。（朧谷寿）

もうつうじ［毛越寺］ 岩手県西磐井郡平泉町にある寺。天台宗別格本山。医王山。本尊は平安後期の薬師如来像。嘉祥年間（八四八〜八五一）慈覚大師の開基とも奥州藤原氏二代の基衡建立ともいう。発掘によって平安時代の特徴をもつ伽藍配置などが解明されている。中央に東西両翼廊をもつ金堂（円隆寺）をおき、翼廊の先に鼓楼・鐘楼を配し南の大池に隣接する。南北中軸線上に中島をおき橋を掛け、その南に南大門を配した。一二二六（嘉禄2）年と一五七三（天正元）年の二度の兵火により焼失した。（野口孝子）

もえぎ［萌黄］ 鮮やかな黄緑色。春に草木の新芽や若葉が萌え出ずる色の意味で、萌木・萌葱とも記す。藍で下染し、刈安などで黄を染め重ねて発色させる。装束の合色としては、表薄萌黄・裏縹、表薄青・裏薄萌黄、表裏とも萌黄がある。（武田佐知子）

もがり［殯］ 人が亡くなった際、直ちに埋葬せずに柩をモヤ（喪屋）や殯宮に仮安置し、諸儀礼を行って幽魂を慰撫する行為や、その期間をさす。天若日子が亡くなった際、父や妻子らが喪屋をつくったという（『古事記』）。大王・天皇や皇后・皇子女など、貴人が亡くなった際には、新たに殿舎を建てて殯宮とするのが一般的であった。殯が終了すると、殯宮は直ちに撤去されたらしい。『魏志』倭人伝によれば、倭国では棺はあるが槨はなく、人が死ぬと「停ㇾ喪十余日」とみえる。「喪」は棺・柩をも意味するから、三世紀前半には殯の萌芽形態がすでにあったことが知られる。『隋書』倭国伝にも、貴人は三年外に殯し、庶人は日をトして埋めるとみえ、身分により殯の期間に長短があった。『日本書紀』によって殯の期間がわかる事例をみると、敏達天皇の五年八ヵ月がもっとも長く、斉明天皇の五年三ヵ月がそれに次ぐ。一般的には一年内外であったとみてよい。大王・天皇崩御に際し、殯宮が起こされた場所をみると、宮の南庭に殯宮を起こした事例として、推古天皇…小墾田宮、孝徳天皇…難波長柄豊碕宮、天武天皇…飛鳥浄御原宮、宮内の殿舎を殯宮とした事例に、天智天皇…近江宮の新宮、持統太上天皇…藤原宮の西殿、宮の近傍に殯宮を起こした事例には、舒明天皇…百済宮の北、などがある。持統太上天皇崩御に際しては、二品穂積親王や従五位下黄文連本實らが作殯宮司に任じられ（『続日本紀』大宝二〈七〇二〉年十二月二十三日条）、文武天皇の場合は、三品志紀親王や従五位下黄文連本實らが殯宮の事に供奉した『続日本紀』慶雲四〈七〇七〉年六月十六日条）。『万葉集』には、草壁皇子・高市皇子・明日香皇女らの薨去に際し、殯宮が起こされたことがみえている。高市皇子は六九六（持統10）年七月十日に香具山宮で薨じたが、柩は百済の原を通って城上宮に運ばれ、そこを殯宮とした（巻二―一九九〜二〇二）。高市皇子が幼少の頃に育った宮だったらしい。後に子の長屋王は父を弔うために、そこに寺（青木廃寺）を建立している。七〇〇（文武4）年四月四日に薨じた明日香皇女の木瓲殯宮も同所に起こされたが（巻二―一九六〜一九八）、その理由は未詳。六八九（持統3）年四月十三日に嶋宮で薨じた草壁皇子は、真弓の岡の一画、佐太の岡に殯宮が起こされ（巻二―一六七〜一九三）、近接した場所に埋葬された（後に岡宮天皇と追尊され、その墓は真弓丘陵と称された）。

殯宮の内外で、死者の幽魂を慰撫するために様々な儀礼が行われた。殯宮内では肉親の女性たちが供奉したらしい。また遊部が殯宮内に伺候して酒食を献じたり、矛や剣を帯びて、死者の魂の荒ぶことを防ぎ、また邪霊の寄りつくのを阻止した。殯宮の前の殯庭では、死者の幽魂を慰撫するために、発哀・発哭（大声をあげて涕泣する）、誄（故人を悼む言葉を述べる）、歌舞の奏上などが繰り返し行なわれた。天武天皇の殯宮での記事が詳細である（『日本書紀』）。とりわけ重要な意義を有したのは誄儀礼であった。大王・天皇が亡くなった後の殯宮では、亡き大王・天皇の幽魂を慰撫するために誄が奏上されたが、次第に殯宮儀礼を主催する皇位継承予定者に対し、服属を誓約する色彩を帯びるようになった。しかし皇位継承に問題がある場合には、殯の期間における政治権力の所在が不明となりがちで、そのため穴穂部皇子や大津皇子の事例のように、謀反事件が生起する場合があった。誄儀礼の最後に和風諡号の献呈が行われ、その後に埋葬された。天武天皇の殯宮儀礼は二年二ヵ月に及んだが、次の持統太上天皇と文武天皇は殯の期間が一年、五ヵ月と短縮され、元明太上天皇の場合は七日にすぎない。いずれも火葬に付されており、火葬の採用により殯の期間が著しく短縮化される結果となった。

［参考文献］和田萃「殯の基礎的考察」『日本古代の儀礼と祭祀・信仰』上巻（塙書房平7）。（和田萃）

もがりのみや［殯宮］ 大王・天皇や皇后・皇子女など、貴人が亡くなった際に埋葬するまでの殯の期間、柩を仮安置した建物。新たに殿舎を建てるのが一般的で、長期にわたり殯宮の内外で諸儀礼を尽くした後に、葬列を連ねて柩を葬所に運び、埋葬した。葬列が出発すると、殯宮は直ちに撤去されたらしい。大規模な殯宮に対して、衆庶が亡くなった際、柩を仮安置する小屋をモヤ（喪屋）と称した。天若日子が亡くなった際、父や妻子らが喪屋をつくったという（『古事記』）。天皇崩御に際し殯宮が起こされた場所は、宮の南庭（推古・孝徳・天武天皇）、宮内の殿舎を殯宮とした事例（天智天皇、持統太上天皇）、宮の近傍に殯宮を起こした事例（舒明天皇）などがみえている。殯宮内には肉親の女性たちが供奉したらしい。天智天皇の不予・崩御・殯に際して歌われた挽歌（『万葉集』巻二—一四七〜一五五）は、いずれも近侍した女性たちのものである。また遊部が殯宮内に伺候して酒食を献じたり、矛や剣を帯びて、死者の魂の荒ぶことを防ぎ、また邪霊の寄りつくのを阻止した。殯宮の前の殯庭では、死者の幽魂を慰撫するために発哀・発哭、誄（故人を悼む言葉を述べる）、歌舞の奏上などが繰り返し行われた。大王・天皇が亡くなった後、ともすれば政治権力の所在が不明となりがちで、そのため殯の期間中、穴穂部皇子や大津皇子の事例のように、謀反事件が起こった。（和田萃）

もくだい［目代］ 上位者の代理として各地に派遣されたものをいうが、平安中期以降は任国に赴かなくなった国守が私的に派遣した代官を指称し、国守から全権を委任された彼らは留守所において在庁官人らを率い国政にあたった。複数の任命もあった。（朧谷寿）

もくたんかく［木炭槨］ 古墳の埋葬施設の一種。墓壙の底に木炭を敷き詰め、その上に木棺をおき、周囲に木炭を詰める。木炭のもつ除湿効果が期待されたものであろう。例数は少ないが、古墳時代前期後半から中期の東日本の古墳を中心に見られ、神奈川県白山古墳例が有名である。古墳時代以降も、奈良県太安万侶墓のように火葬骨をおさめた木櫃の周囲と上面も木炭で覆った例がある。近年では、京都市安朱古墓（九世紀後葉）のように「木炭木槨墓」とよばれるものも知られるようになってきた。（福尾正彦）

もくまんち［木満致］ 木羅斤資の子。『日本書紀』応神紀二十五年条に登場。木羅氏は百済の大姓で、木劦氏とも表記。略して木氏。『三国史記』の四七五年の記事に木刕満致がみえるが、木刕は木劦の誤りで、同姓同名。おそらく同一人物。父が加羅（大加耶）を復興した功績で「任那に専めなり」というが、百済が大加耶の専権を握ったとは考えられず、木満致は大加耶に関わる問題を専門的に扱ったということか。百済の国政を執ったというが、それも疑わしい。（田中俊明）

もくらこんし［木羅斤資］ 百済の将。『日本書紀』に三ヵ所あらわれる。神功紀四十九年条・同六十二年条分註・応神紀二十五年条分註で、後二者では「百済記」の引用文中。『日本書紀』の神功・応神紀は通常、干支二運繰り下げる修正をするが、木羅斤資のあらわれる記事はもう一運あとの可能性が高い。すなわち四二九年・四四二年・四七四年である。百済将として新羅を攻撃し、新羅人女性を娶った。その子が満致。加羅七国を平定したとあるが疑わしい。その後、倭の攻撃をうけた加羅を復興した。（田中俊明）

もくりょう［木工寮］ 大宝・養老令制の宮内省被管諸司の一つ。宮内の土木・建築や木工製品の製造などをつかさどった。四等官以下、工部をはじめ多数の技術者を擁する。七八二（延暦元）年、造宮省・勅旨省の停廃にともなって、両省に所属した雑色匠手を吸収した。また、八〇六（大同元）年には造宮職、八〇八（同3）年には宮内省の鍛冶司をそれぞれ併合し、規模を拡大した。（荊木美行）

もこし［裳階］ 仏堂や塔において、建物本体の外側、軒下に差掛けて取り付けた庇状の構造物。外見は重層と類似するが、構造的には異なる。法隆寺金堂・塔、薬師寺塔がよく知られているが、東大寺、興福寺、薬師寺など平城京内にあった官大寺の金堂などにも用いられていたことがわかっている。奈良時代の第一級寺院の金堂の基準形式の一つであったと考えられる。禅宗寺院の法塔や仏堂、多宝塔の初層などにもみられる。法隆寺塔・金堂の場合は、内部の仏像や壁画を風雨から守ることが目的であったようであるが、薬師寺金堂を除いて一般的には裳階の軒の出は本体の大屋根よりも外側に出したしっかりとした構造であったようである。外観を重層のようにすることにより、より立派に見せる目的があったと思われる。本柱が丸柱でも裳階は角柱が用いられる場合がある。

［参考文献］太田博太郎編『日本建築史基礎資料集成四、仏堂Ⅰ』（中央公論美術出版昭56）。（植木久）

もじ［文字］ 古代の日本で使われた主要な文字は漢字と仮名文字である。漢字がわが国土で使用された例としては、五世紀中頃の千葉県市原市の稲荷台1号墳出土の「王賜」鉄剣銘文、五世紀後半の埼玉県行田市の稲荷山古墳鉄剣銘文や熊本県和水町の江田船山古墳大刀銘文が有名であるが、近時、四世紀前半とみられる土器に「田？」（三重県嬉野町片部遺跡）、四世紀初頭の木製短甲に「田」（熊本県玉名市柳町遺跡）、三世紀の甕に「竟（鏡）」（福岡県前原市三雲遺跡）、三世紀後半の土器に「大」（長野県木島村根塚遺跡）、二世紀の土器に「奉？」（三重県安濃町大城遺跡）などがみつかって注目されている。これらをわが国土における文字使用の古い例とみなす説に対して記号あるいは呪字とする説もある。一字のものがほとんどで、文章の形をとってはいないが、『三国志』の『魏志』東夷伝倭人の条に、邪馬台国の外交はすでに文書による外交を行なっており、魏の皇帝の「詔書」などに対して「使によりて上表」と記す。三世紀の邪馬台国の外交関係者のなかには、文字を使用した人物（渡来系？）のいたことを物語る。六世紀から七世紀の頃になると、文字の使用はかなり広まり、七世紀には万葉仮名が使われている。平安時代にはわが国独自の仮名文字が具体化した。（上田正昭）

もじがわら［文字瓦］ 瓦に文字を記したもの。丸瓦・平瓦の凹面や凸面に文字をほどこしたものがほとんどであるが、軒丸瓦・軒平瓦の瓦当面に文字をもつものもある。文字の記載用具は、へら・刻印・筆・指頭・叩き板・桶・瓦笵などがあるが、へらと刻印がほとんどを占める。文字の内容には、瓦工名・製作年次・寺名・役所名・地名などがある。記載箇所は一定ではない。文字瓦は飛鳥時代からみられるが、その例は少なく、奈良時代にはいって盛行するようになる。

【参考文献】森郁夫『瓦―ものと人間の文化史一〇〇』(法政大学出版局平13)。 (李タウン)

モース Edward Sylvester Morse 1838～1925 アメリカ・メイン州生れ。一八七七年(明治10)年六月に横浜に上陸。モースと表記するのが本来の発音に近いが、当時の日本ではモールスとよんでいた。腕足類の研究のために来日した彼は、東京への車窓で大森貝塚を発見。七月東京大学動物学科創設の教授に就任。九月には大学の新学期を向かえて動物学講義を開始するとともに、学生たちを連れて大森貝塚の発掘を行う。専門の腕足類を中心とした研究と動物学を軸とした大学の講義のかたわら、進化論や大森貝塚などの文化講演、全国各地の埋蔵文化財の調査、『大森貝塚』の執筆、生物学会創設の支援、教育博物館の標本収集、一〇〇〇頁にわたる『日本その日その日』を執筆、それに加えて滞日後半に始めた日本陶磁器の収集と多くの研究を行ういっぽうで、考古学研究者の集いに参加した。七九(同12)年離日。享年八七。

【参考文献】『考古学研究(九五)(九六)』(昭52)。 (中村修身)

もずおおつかやまこふん【百舌鳥大塚山古墳】 大阪府堺市上野芝町四丁にあった前方後円墳。昭和二〇年代の土取り工事により、その大半は削平された。百舌鳥古墳群の主軸を東西に据える群に属し、全長一六八m前後に復元される。主体部は後円部に四基、前方部に四基の粘土槨が検出された。遺骸を埋葬していた痕跡が認められたのは二基のみであった。残りは副葬品の収納施設であったとみられている。鏡や甲冑、大量の鉄剣などが出土し、類例の少ない襟付革綴短甲があった。一九八五(昭和60)年には、古墳の残丘部分が調査され、古墳の築造技術の解明に重要な知見を提供した。中期(五世紀)前半に位置づけられる。調査例の少ない百舌鳥古墳群中の大型前方後円墳の実態を知るうえで、欠かすことのできない古墳である。 (福尾正彦)

もずこふんぐん【百舌鳥古墳群】 大阪府堺市に展開するわが国有数の古墳群。その範囲は百舌鳥台地とよばれる洪積段丘面を中心にほぼ四km四方におよぶ。『日本書紀』仁徳紀にその地名起源説話が記されている。現存する古墳は四六基であるが、もともと一〇〇基以上の古墳で構成されたものであろう。列島最大規模の大仙古墳(伝仁徳天皇陵・全長四八六m)をはじめ、上石津ミサンザイ古墳(伝履中天皇陵・全長三六五m)、土師にさんざい(全長二八八m)などの巨大前方後円墳を含む。主軸をほぼ南北にする一群と東西に据える一群に二分され、後者は群の南に多く立地する。群の形成は前期末の乳ノ岡古墳に始まるが、巨大化するのは次の上石津ミサンザイ古墳の段階からであり、ほぼ中期を通じて巨大前方後円墳ほか大半の古墳が営まれている。後期に位置づけられる古墳はきわめて少ない。いわゆる「倭の五王」の奥津城が含まれていることは疑いのないところで、中期の列島の対外的情勢をきわめて鋭敏に反映した古墳群といえよう。 (福尾正彦)

もち【餅】 米などの穀物を杵臼で搗いて固めた食物。『豊後国風土記』の餅の的を射て滅びる長者の説話などにみるように餅は古代より穀霊の依代と考えられ、このことから正月や農耕儀礼などの供物となり、また三日餅や亥子餅といった晴の行事食として用いられた。 (佐藤文子)

もちだこふんぐん【持田古墳群】 宮崎県児湯郡高鍋町持田に位置する古墳群。小丸川の北岸に所在し前方後円墳一〇基、円墳七五基以上からなる。一九二九～三〇(昭和4～5)年に、ほとんどの古墳が乱掘され、出土品は県外に流出した。その後、遺物の追跡や出土状況等の調査、古墳群の測量が実施され、その成果は梅原末治『持田古墳群』(昭44)として刊行された。本古墳群からは三角縁四神四獣鏡の出土が知られており、墳丘規格なども勘案すると、前期(四世紀)に遡上することは確実であり、ピークも前期にある。その後、古墳数や規模の緩やかな縮小傾向が続き、後期(六世紀)にはその築造を終えている。その北西にある川南古墳群とほぼ動向を同じくするが、一時期を除き、川南古墳群がより優位な状態で営まれたようである。その編年的位置づけなどは、現状では墳丘の形状と遺物の追跡調査に拠らなければならないことから、大きな制約があることを周知しておくべきであろう。 (福尾正彦)

もちづきのまき【望月牧】 信濃国におかれた平安時代の御牧。現長野県北佐久郡望月町・北御牧村などの御牧原台地に比定。信濃国の一六の牧のなかでは特殊な牧とされ九世紀以前にはすでに成立していたと考えられている。 (高橋誠一)

もちひとおう【以仁王】 1151～80 平安後期の皇親。後白河院の第三皇子、母は藤原季成の娘成子。三条宮・高倉宮とも称す。学問にすぐれ、八条院の後援で皇位をも期待した。一一七九(治承3)年、平清盛のクーデターによって後白河院が幽閉され、自身の所領も没収されて翌年安徳天皇が即位すると皇位の望みは絶たれた。源頼政らと反平氏の兵を挙げ、最勝王と称して令旨を発し源平争乱の端緒を開くが、敗れて山城国光明山鳥居前で戦死したと伝える。後に、子の北陸宮が源義仲に擁された。 (西村隆)

もちひとおうりょうじ【以仁王令旨】 ⇩以仁王もちひとおう

もっかん【木簡】 中国、紙が普及する以前には文字を書き記す材料として最も一般的に用いられたのは竹や木を細長い短冊状にした竹簡と木簡で、これを総称して簡牘という。まず竹簡が登場し、ついでその代替品として木簡が出現した。簡、策、篇といった書写に関係する文字がそれを物語る。最古の実物例は戦国時代のものであるが、殷代の甲骨文や金文に簡牘を並べて紐で綴じた形を象形した「冊」、冊を両手で捧げ持つ「典」などの字が認められるから、漢字が創製された殷代にすでに用いられていたと考えられる。漢代には簡のサイズに一定の規格があったことが文献でわかる。『周易』『書経』『詩経』『礼』『春秋』といった儒教の経書は長さ二尺四寸(約五五cm)、『孝経』

は半分の一尺二寸、*『論語』は三分の一の八寸の簡に書かれた。これは漢代には『孝経』や『論語』が経書とみなされていなかったからである。簡の幅は数cmで一行書きが普通で、一簡にはせいぜい四〇字程しか書けないから、何枚もの簡を紐で綴り合わす必要があり、一定枚数を綴り合わすと巻きつけ、これを一巻という。*孔子が『周易』を繰り返し読んだため韋編が三度も切れたというエピソードは皮紐であったことを示す。敦煌や居延など乾燥地で発見されるのはほとんどが木簡で、気候が湿潤な内陸部では主として竹簡であり、土地によって入手し易い材質が選ばれたことがわかる。木簡の材質はポプラやヤナギが多く、現在でも北中国に広く分布している。簡に墨書して書き誤ると小刀で削って書き直した。そのため文書を扱う役人は筆と小刀が必携のもので、刀筆吏とよばれた。二世紀に蔡倫による製紙法の改良で紙の大量生産が可能となると、書写材料としての簡の使用は少なくなっていくが、四世紀の晋代まではなお簡が使われていたことは出土する簡の実例で判明する。西晋の二七九年に戦国墓が盗掘され戦国魏の編年記を記した大量の竹簡が出土した(いわゆる『竹書紀年』)。文献に古代の簡の出土がいくつかみえるが、大量かつまとまって簡が発見されるのは二〇世紀になってからで、続々と出土する文字資料としての簡は限られた文献に依拠せざるをえなかった中国古代史研究に新たな展望を開くことになった。一九〇一年にスウェーデンのスウェン・ヘディン(Sven Hedin)は新疆の楼蘭遺跡で魏晋代の木簡を発見し、同年イギリスのオーレル・スタイン(Aurel Stein)もそこから至近のニヤ遺跡で晋代の木簡を発見した。これが二〇世紀初めの簡の最初の発見で、晋代の都洛陽では左思の「三都賦」の爆発的ブームで「洛陽これがために紙貴し」といった内地とは異なり、辺境や外辺部ではなお簡が用いられていたことが明らかとなった。スタインはまた敦煌で初めて漢代の木簡七〇四点を発見し、この「敦煌漢簡」は本格的な簡牘研究の端緒となった。三〇年代には一万点以上の居延漢簡が発見され、人民中国成立後には敦煌や居延からは以前を上回る大量の漢簡が出土し、漢代の辺境での軍事や文書行政のあり方が細部にいたるまで明らかにされた。最近では内地からも続々とより古いものも出土し、五三年湖南省長沙仰天湖の戦国墓から出土した四二枚の竹簡遣策(副葬品リスト)が最古の事例で、七五年には湖北省雲夢県睡虎地の戦国秦墓から出土した一一〇〇枚の竹簡(雲夢秦簡)は秦の編年記や統一前の秦律などを記した貴重なものであった。その他戦国のものには河南省信陽出土の楚簡、湖北省江陵出土の楚簡などがある。漢簡の出土例には湖南省長沙馬王堆の前漢一・三号墓より出土した九七一枚の木・竹簡、甘粛省武威の三基の後漢墓より出土した計六〇六枚の木・竹簡があるが、七二年山東省臨沂県銀雀山一号前漢墓から出土した四九四二枚の竹簡は「孫武兵法(孫子)」「尉繚子」「六韜」「墨子」「管子」「晏子春秋」などとともに、二〇〇〇年来書名のみが伝わるだけで偽書ではないか疑われてきた「孫臏兵法」がみつかった。九六年には長沙走馬楼で一〇万枚以上の三国孫呉の木・竹簡が古井戸中より発見され現在整理中である。

〔参考文献〕 阿辻哲次『漢字の歴史』(大修館書店平1)。冨谷至『木簡・竹簡の語る中国古代』(岩波書店平15)。

(**愛宕元**)

もっかん【木簡】 発掘調査によって地中から見つかる墨書のある木片の総称。出土文字資料の最も代表的なもの。一九六一年の平城宮跡での最初の発見が、日本における木簡の存在が広く認知される契機となった(この時出土した木簡群は、二〇〇三年に平城宮跡大膳職推定地出土木簡として、出土文字資料で初めて重要文化財に指定)。これまでに日本で出土した木簡は約八〇〇遺跡から総計三二万点余り。都城では、平城宮跡五万点、*平城京跡一三万点(うち*長屋王家木簡三万五千点、二条大路木簡七万四千点)、藤原宮跡八千点、藤原京跡一万四千点、飛鳥地域一万点、長岡宮・京跡一万点、宮町遺跡(*紫香楽宮跡)七千点などがあり、地方官衙では(以下点数略)、*大宰府跡・多賀城跡など地方支配拠点遺跡や市川橋遺跡・山王遺跡などその周辺の都市遺跡、下野国府跡・徳島県*観音寺遺跡(阿波国府関連遺跡)・*秋田城跡など国府関連遺跡、静岡県*伊場遺跡群(遠江国敷智郡家関連遺跡)・新潟県八幡林遺跡(越後国高志郡家関連遺跡)・長野県屋代遺跡群(信濃国埴科郡家関連遺跡)・兵庫県袴狭遺跡群(但馬国出石郡家関連遺跡)など郡家関連遺跡、*長登銅山跡などの生産遺跡がある。このほか正倉院には古代の伝世品がある。墨書媒体としての木の使用は古代から近代まで連綿と続き、中世以降の木簡も多くの遺跡から出土する。例えば、広島県草戸千軒町遺跡・福井県一乗谷朝倉氏遺跡などの中世の居館・集落遺跡、大坂城跡・大坂城下町跡、江戸城下町跡などをはじめとする近世城跡・城下町跡はその一例。木簡出土事例のない都道府県はなく、条件さえよければ地域・時代を問わず出土が期待できる状況である。

木簡の使用そのものは中国から文字の使用とともに伝わった。しかし、中国と決定的に異なるのは、初めから紙木併用であったこと、そして冊書としての使用がみられないことである。後者はまた、古代における竹簡の使用が確認できないこととも軌を一にする。あえて冊書を構成しなくても紙を用い得る条件が整っていたからである。現状における日本最古の木簡は、年紀のあるものでは六四八年(*難波宮跡出土。但し、明確な意味はとれない)、共伴遺物の年代観による推定では、坂田寺跡、山田寺跡下層、上宮遺跡など、七世紀の第II四半期である。六世紀以前に遡る木簡の出土も期待できないわけではないが、日本における木簡使用の隆盛は、律令国家の整備・確立とともにもたらされた。日本の木簡はいわば律令制の申し子といってもよいのであって、その使用の最盛期は八世紀であった。中国の木簡使用は、律令制の確立とともに紙に取って替わられて逆に廃れていったといわれ、日本の木簡のあり方とは異なる。日本の木簡が中国の木簡と系譜的にいかなる関係にあるのか、百済や新羅の影響など、日本木簡のルーツに関してはなお解明すべき課題が多い。

内容的には、古代の木簡に特徴的な文書木簡や荷札木簡のほか、呪符や柿経、卒塔婆、物忌札や巡礼札、さらには将棋の駒などに至るまで、さまざまなタイプがある。従来木簡はその機能から、文書、付札、習書・落書、その他に分類されてきた。さらに文書は狭義の文書(手紙)

木簡と帳簿・伝票木簡に、また付札は調*・庸*・中男作物*・贄などの税物に付けられた荷札木簡と狭義の付札（ラベル）木簡とに、それぞれ二分することが多い。そのため木簡の素材となる木はあたかも文字を記すことを前提とした墨書媒体のような印象を受ける。しかし、木簡は文字を記すことを一義的な機能とするものばかりではない。墨書がなくても木製品としての機能を果たし得るが、墨書によってその機能の発揮が一層円滑になるタイプの木簡、例えば題籤軸・棒軸、封緘、木箱、キーホルダー木簡などの存在が注目される。さらに、文字を記すことを一義的な機能とするかどうかを問わず、木簡はあくまでも出土木製品すなわち考古遺物としての属性を本源的にもった「墨書木製品」であるともいえる。文字資料として木簡の価値はその属性の上に初めて成り立ち得る。

木簡が出土する主な遺構は、溝、井戸、土坑などである。木簡は地下水によって湿潤な状態を保ちつつ日光と空気から遮断されて土中にパックされて伝わるか、自然乾燥状態で伝わるかのいずれかである。日本の木簡はほとんど全てが前者である。したがって、その保存には細心の注意を要し、安定した状態を保つために、科学的な保存処理を行う場合も多い。

木簡の形態は、木製品として特徴的な形態をとるもの以外は、短冊型を基本とする。上下両端または一端の左右に一対の切り込みを施したり、一端を尖らせたりするなど、物に取り付けるための工夫をもつものもある。大きさは長さ数㎝の小型のものから一mを超える大型のものまでさまざまであるが、概ね一五㎝から三〇㎝程度まで、幅は二～四㎝程度に収まるものが多い。材はヒノキが圧倒的に多く、スギがこれに次ぎ、地域によっては広葉樹の使用など顕著な傾向を示す場合もある。木取りは板目・柾目さまざまで顕著な傾向は見られない。加工は左右の側面は削って平滑にする場合が多いが、上下両端は刃物を入れて切断したままの場合もある。表面は文字が書きやすいよう平滑に調整する場合がほとんどで、保管用に紐を通すための孔を穿つ場合もある。木製品として特定の用途をもつもの以外は、文字を削り取って再利用するのが一般的で、削り取られたカンナ屑状の薄い木片に文字が残る場合もある。これを削屑と呼ぶ。木簡の概ね約八割は削屑である。

木簡は当時の人々が記した生の史料である。貴重な一次史料として直接歴史を組み立てる素材となり得る。ことに史料の絶対数の限られた古い時代ほど、その果たす役割は大きくなる。大宝令施行以前における評制の存在を実証したのはその最たる事例である。これと同時に木簡のはたらきで重要なのは、考古遺物として遺跡の性格・年代の指標となる点である。遺物の編年に絶対年代を与えるのは、共伴する紀年銘木簡に他ならない。

【参考文献】木簡学会『日本古代木簡選』（岩波書店平2）。木簡学会『日本古代木簡集成』（東京大学出版会平15）。鬼頭清明『木簡の社会史』（講談社学術文庫版平16）。

（渡辺晃宏）

もといおう［基王（基親王）］ 727～28　聖武天皇の皇子。母は夫人藤原光明子。七二七（神亀4）年閏九月に誕生し、生後一月あまりにして立太子するが、翌年九月に薨去。『紹運録』は「諱基王」とするが、基王は某王の誤りとする説もある。

（中川久仁子）

もとおりのりなが［本居宣長］ 1730～1801　江戸時代後期の国学者。木綿問屋小津四右衛門の次男として伊勢松阪に生まれる。京都遊学のおりに祖先の氏名である本居に改む。一七五二（宝暦2）年に上京、堀景山に師事、五七（同7）年松阪で小児科医を開業、六三（同13）年賀茂真淵に入門し、翌年から『古事記伝』（四四巻）の執筆をはじめた（九八〈寛政10〉年完成）。このころから『石上私淑言』『楽文要領』などつぎつぎと著述、八七（天明7）年紀州藩主徳川治貞に『玉くしげ』『秘本たまくしげ』を献呈、同藩の扶持をうける。鈴屋門人は全国に四九〇あまり。国学の大成者として著名。『本居宣長全集』（全二〇巻、筑摩書房）。

【参考文献】村岡典嗣『本居宣長』（岩波書店大3）。小林秀雄『本居宣長』（新潮社昭52）。

（上田正昭）

もとやくしじ［本薬師寺］　天武天皇の発願により建立された寺。藤原京右京八条三坊に位置し（条坊呼称は岸俊男説による）、薬師寺と称された。奈良市西ノ京町にある平城京薬師寺の前身で、畝傍山の東方、奈良県橿原市城殿町に金堂跡の礎石や東西両塔の土壇がよく残っている。国特別史跡。六八〇（天武9）年十一月、天武天皇は鸕野讃良皇女（後の持統天皇）の病気平癒のため、誓願して薬師寺を興した（『日本書紀』）。平城京薬師寺の東塔擦銘にも「維清原宮馭宇天皇、即位八年庚辰之歳、建子之月、以中宮不悆、創此伽藍」とみえている（「庚辰之歳」は六八〇年、「建子之月」は十一月の異名）。しかし天武朝に造営事業がどれほど進捗したか、『日本書紀』に記述はみえない。六八八（持統2）年正月八日、薬師寺に無遮大会を設けたから、この頃には金堂と本尊は完成していたと考えられる。なお六九七（同11）年七月二九日に公卿百寮の人々が参加して薬師寺で仏眼会が設けられたとみえるが、これは公卿百寮が同年六月二六日に持統天皇の病気平癒を願ってつくられた仏像の開眼記事で、薬師寺伽藍の完成時期を示すものではない。その後も造営事業は継続され、六九八（文武2）年十月にいたり、構作がほぼ終了したので、衆僧を薬師寺に住まわせた（『続日本紀』）。いっぽう、平城京の薬師寺は、七一九（養老3）年三月に初めて造薬師寺司に史生二人がおかれたから、この頃に平城京右京六条二坊に薬師寺伽藍の造営が開始されたらしい。東塔は七三〇（天平2）年頃の創建と推定される。その伽藍配置や規模は、藤原京薬師寺（本薬師寺）のそれに酷似していることから、明治以来、薬師寺論争が繰り返されてきた。本薬師寺の建物を平城京へ移建したとする説（建物移建説）と、平城京の地で新しく建てられたとする建物新建説がある。また平城京薬師寺の金堂に安置されている有名な薬師三尊像（国宝）について、白鳳仏とする立場から本尊移座説、いっぽう、天平仏とする立場からは、平城京で新鋳されたとする本尊新鋳説が主張されている。本薬師寺の発掘調査の結果、①本薬師寺の中門・南面回廊は、平城京薬師寺のそれとは規模・構造が異なる、②創建軒平瓦は、本薬師寺の方が古く、平城京薬師寺のものは新しい、③東塔の瓦堆積の下から一〇世紀の灯明皿が出土し、平城京薬師寺の東塔の創建された後にも、本薬師寺の東塔は機能していた、などのことが明らかになった。その結果、本薬師寺の建物は移建されることなく、平城京で新しく建てられたことが確定した。薬師三尊像については、興福寺の仏頭（もと飛鳥・山田寺講堂の薬師三尊像の本尊）や、蟹満寺（京都府相楽郡山城町）本尊との類似から、新鋳説が有力化しているが、確定しているわけではない。　**（和田萃）**

もとよししんのう［元良親王］　890～943　平安前期の皇族。陽成天皇の第一皇子で母は主殿頭藤原遠長の娘。三品兵部卿。大声で知られ、正月の奏賀では大極殿の声が鳥羽の作り道まで聞こえたという（『徒然草』）。和歌に秀で歌集『元良親王集』などに女性との贈答歌を数多く残す。　**（瀧浪貞子）**

ものいみ［物忌］　一定の期間、屋内に籠って身を浄め、ケガレから遠ざかる風習。イミには受動的にケガレを避ける忌と、積極的にケガレを除去する斎とがある。大宝令・養老令（神祇令）には大祀には一ヵ月、中祀には三日の斎、小祀には一日の斎と規定されており、天皇即位の祭儀には一ヵ月の散斎・三日の致斎とみえる。平安時代に入って陰陽道がひろまり、公家の生活では陰陽道にもとづく物忌がさかんに行われた。九世紀中頃から干支による禁忌も具体化する。神社では神事を奉仕する童男・童女を物忌とよぶ場合もある。たとえば伊勢神宮の奉仕者に物忌、物忌父がいた。　**（上田正昭）**

ものうじょう［桃生城］　⇩桃生柵

もののけ［物気］　邪気・霊気などとともに、モノの作用であって、個人に対しては病気として現れるものであり、本来は人間の近くに存在する霊的存在の悪しき影響力を表現する語であったが、一〇世紀中葉以降の貴族社会において固有の概念を有するようになり、特定の人物、あるいは家筋にとりつき悩ませる存在とされた。モノノケは平安時代に最も多く登場する病名であり病因でもあった。モノノケが病気の原因であると判断された場合、僧が加持を行ってモノノケをヨリマシに移し、調伏するという対応がとられた。モノノサトシ（物恠）とは区別される。モノノサトシとは、神仏、その他正体の明らかでない超自然的存在が人間の振る舞いに対して怒りや不快を覚えていることを告げ知らせる、あるいは後に大きな災いが起きるであろうことを予告するための変異をさす。

［参考文献］志村有弘『神とものの け』（勉誠出版平11）。武光誠『もののけと日本人』（KibaBook平11）。山田雄司『崇徳院怨霊の研究』（思文閣出版平13）。　**（山田雄司）**

もののべ［物部］　大化前代、大和朝廷の軍事・警察・刑罰などをつかさどった部。全国に広範に分布し、伴造氏族である物部連氏が統率した。律令制下では、囚獄司の伴部として刑罰の執行をつかさどった物部四〇人をはじめ、衛門府・東西市司にも物部が残った。　**（荊木美行）**

もののべし［物部氏］　古代の有力氏族。「モノ」の原義には大物主神や物の怪・物語などと同様に畏怖すべき霊魂の意味もあった。物部連や物部首など、政治・祭祀・軍事・刑罰などに関わりをもつ人びとが多い。奈良県天理市布留に鎮座する石上神宮との関りもみのがせない。その本宗家は大伴氏とならんで大連となり、執政にたずさわった。筑紫国造磐井の乱における物部麁鹿火の活躍が有名。物部尾輿のおりには仏教の受容をめぐって蘇我稲目らと対立し、尾輿の子の守屋は用明天皇崩後の即位問題と関連して蘇我馬子らによって倒される。しかしその後も物部氏からは壬申の乱で活躍した物部雄君、左大臣となった物部（石上）麻呂など、多くの官人が輩出した。物部百八十氏とよばれたように物部の同族は多く、西日本を中心に分布し、複姓の物部氏が少なくない。『先代旧事本紀』は物部氏の伝承を中核にまとめられている。

［参考文献］上田正昭他『日本の神々』（大和書房平16）。　**（上田正昭）**

もののべのあらかび［物部麁鹿火］　生没年不詳。武烈・継体・安閑・宣化四朝の大連。継体天皇擁立の議に加わる。筑紫磐井の乱のとき、推挙により大将軍となる。詔をうけて筑紫以西を制して賞罰を専権し、筑紫御井郡で交戦して磐井を斬る。　**（大川原竜一）**

もののべのおこし［物部尾輿］　六世紀中頃の豪族。物部守屋の父。『日本書紀』によれば安閑天皇の代に十市部、贄土師部、胆狭山部を献上した話が見える。欽明天皇即位前紀に、「大連と為ること（中略）故の如し」とあることから、宣化天皇の代に既に大連の地位にあったことがわかる。欽明天皇元年に天皇が新羅討伐を諮った際、継体天皇の代に大伴金村が任那四県を百済に割譲したことを新羅は怨んでおり、討伐は難しいと奏上し、金村を失脚させた。同一三年の仏教公伝に際しては中臣鎌子とともに廃仏を主張した。　**（小野里了一）**

もののべのまろ［物部麻呂］　640～717　石上宅嗣の祖父。壬申の乱の敗北後、大友皇子の死を見届けた。六八四（天武13）年に朝臣姓、ついで石上朝臣に改姓。七〇八（和銅元）年、正二位左大臣に任ぜられる。七一七（養老元）年薨去、従一位追贈。『万葉集』に歌一首がある。　**（大川原竜一）**

もののべのもりや［物部守屋］　?～587　物部尾輿の子。『日本書紀』敏達天皇元年四月に、「大連とすること（中略）故の如し」とあり、欽明朝から大連の地位にあったらしい。敏達天皇一四年、疫病流行の原因は蘇我馬子の崇仏にありと奏上。詔をえてみずから塔・仏像・仏殿に火を放ち、尼を鞭打たせた。敏達の殯宮では、馬子と互いの誄 奉仕の姿を嘲笑しあい怨恨を生じた。用明天皇元年には穴穂部皇子の命をうけ、敏達の寵臣三輪君逆を殺害し、馬子との対立は激化。同二年用明が崩御すると穴穂部の即位を謀るが、馬子等によって穴穂部は誅され、渋河の家を馬子や諸皇子・諸臣から成る軍兵に攻められ滅んだ。　**（小野里了一）**

もばかま［裳袴］　女性に用いられた下半身を覆う衣でひだのあるもの。日葡辞書は「Mofakama 〈ひだがたくさんついている袴の一種でクゲや宮中の婦人が用いるもの〉」とするが、形状としてとくに裳その袴というものがあったというより裳そのものをさしていう中世語とみられる。また裳と袴を組みあわせて着用することを

裳袴という。（佐藤文子）

もひとりのつかさ／しゅすいし【主水司】 『和名抄』の訓は「毛比止里乃司」。大宝・養老令制の宮内省被管諸司の一つ。供御の水・粥をつかさどり、山城・大和・河内・丹波諸国にある氷室を管理し、天皇に氷を供進した。四等官のほか、伴部の水部、品部の水戸が所属した。（荊木美行）

もひとりべ【水部】 宮内省被管の主水司に所属する伴部。定員は四〇人。水戸をひきいて供御の水をつかさどった。八一六（弘仁7）年一三人を増員。延喜式部式によれば、伴部は負名氏入色の者を任じたが、水部は異姓白丁五人を任じることができた。（荊木美行）

もみくし【問民苦使】 律令制下で地方行政監察のため派遣された臨時官。七五八（天平宝字2）年、五畿および七道にそれぞれ派遣されたのを初めとし、七九〇年代にも派遣されている。また、八九六（寛平8）年には、一国単位の問山城国民苦使の存在が知られる（『類聚三代格』）。（篠田孝一）

もも【桃】 バラ科の落葉小喬木。原産地は中国。古くから日本列島に伝わっていたことは、『記』『紀』神話にイザナキノカミが黄泉国を訪れ、イザナミノカミとの禁忌を破って豫母都志許売（泉津醜女）や、八柱の雷神らに追われたときに、比良坂（平坂）で桃の実を投げつけてこれを撃退したとあるのにもうかがわれる。「延喜式」所収の鎮火祭祝詞には「与美津枚坂」（『記』では「黄泉比良坂」、『紀』では「泉津平坂」）と書く。邪気を払うとみなす桃の信仰のあったことを物語り、古墳の内部から桃の実が検出されている例もある。和歌や俳句でもしばしば詠まれ、春の季題となる。桃符・桃橛・桃酒・桃花湯なども、桃が陽性の植物で陰気な邪鬼などを退けるという避邪の信仰にもとづく。なお襲の色目のなかにも桃がある。（上田正昭）

ももうのさく【桃生柵（桃生城）】 陸奥国に築かれた古代城柵。藤原恵美朝獦が蝦夷政策強化の一環として、七五九（天平宝字3）年宮城県北の太平洋側に築いた。遺跡は桃生郡河北町飯野にあり、独立丘陵の南西端に立地する。東西約八〇〇m、南北約六五〇mの範囲を土塁、大溝や築地、材木塀で囲み、中央に政庁をもつ。七七四（宝亀5）年海道の蝦夷が桃生城を襲撃し、それを契機に政府と蝦夷の間に八一一（弘仁2）年まで、戦争状態が続いた。（桑原滋郎）

ももはらぼ【桃原墓】 ⇨石舞台古墳

もや【身舎（母屋）】 ①寝殿造りなど古代の建築において、庇の内側の大梁のかかる建物の主構造部をいう。②近世以降の民家において、附属屋に対して主要なる建物のことをさす。③建物の屋根構造の一部で、垂木を支えるために棟および軒桁に平行して配置された横木をいう。母屋桁ともいう。（植木久）

モヨロかいづか【モヨロ貝塚】 北海道網走市、網走川の河口部左岸の砂丘上に所在する遺跡。とくに貝層中および貝層下からは、オホーツク文化期の墓が検出され、人骨はモヨロ貝塚人として知られている。多数の遺物が出土しているが、なかには大陸系とみられる黒色土器や青銅製品・錫製品等も含まれている。一九三六（昭和11）年には、すでに国指定の史跡となったが、一九四一（同16）年に海軍の基地施設建設の際に多数の人骨が出土し、遺跡の破壊に直面した。しかし、米村喜男衛の保存運動によって、大規模な破壊から免れることができた。一九四七・四八・五一（昭和22・23・26）年には、東京大学・北海道大学・網走市立郷土博物館によって、モヨロ調査団が組織され、当時は「西の登呂、東のモヨロ」と称され、全国的に注目された。（宮宏明）

もりしょうぐんづかこふん【森将軍塚古墳】 長野県更埴市森大穴山に所在する全長一〇〇mの前方後円墳で、全面葺石で覆われ円筒・器財・家形埴輪が樹立している。内部主体は大型の土壙中に設けられた割石小口積みで内側塗彩の竪穴式石室で、「天王日月」銘の三角縁神獣鏡、玉類、鉄鏃、鉄剣等が検出されている。墳上・墳麓には埴輪棺・組合せ式石棺等の小型埋葬施設七六基がある。一九七一（昭和46）年に国史跡指定、一九八一（同56）年から一一年をかけて整備事業が行なわれ、一九九七（平成9）年には森将軍塚古墳館が開館している。（桐原健）

もりもとじんじゃ【杜本神社】 大阪府羽曳野市駒ヶ谷にある神社。名神大社。「延喜式」神祇式にみられる杜本祭の対象社である。百済氏に関わる神らしいが、文徳天皇の外祖父藤原冬嗣の母方の祭祀に関わる神社として厚遇をうけたとみられる。その祭には内蔵寮使が幣帛をもたらした。（榎村寛之）

もりもとろくじ【森本六爾】 1903～36 奈良県磯城郡織田村大泉（桜井市）生まれ。一九二〇（大正9）年畝傍中学校卒業。磯城郡三輪尋常高等小学校代用教員となる。二二（同11）年生駒郡都跡尋常高等小学校代用教員をへて、翌年四月上京し、東京高等師範高等学校長三宅米吉のもとで、歴史教室に副手として勤務。二九（昭和4）年三宅の死去にともなって副手を辞任。享年三三。『金鎧山古墳の研究』『川柳将軍塚の研究』を相ついで発表。一九二七（同2）年には考古学研究会を設立し、『考古学研究』を発刊。二九（同4）年には、考古学研究会を改組し東京考古学会とした。翌年『考古学』を刊行し、自ら優れた論文を発表した。三一（同6）年に考古学の勉強のためフランスに留学。森本を支えた夫人ミツギ死去を追うように翌年死去。弥生時代と古墳時代の研究に優れた業績を残した。弥生時代に関しては日本の初期農耕文化の問題に取り組み『日本原始農業』をまとめた。さらに、青銅器に注目し『日本青銅器時代地名表』のような基礎的な業績も残した。

【参考文献】藤森栄一『森本六爾伝』（河出書房新社昭48）。（中村修身）

もろいせき【茂呂遺跡】 東京都板橋区茂呂町石神井川に近いオセド山と称される標高三五mほどの独立丘上の北側緩斜面に立地し、南関東で初めて発掘調査された旧石器時代の遺跡。明治大学と武蔵野郷土館によって一九五一（昭和26）年に発掘調査が実施され、ナイフ形石器や削器・彫器他八〇点が、二ヵ所の礫群とともに発見された。特に茂呂型とよばれるナイフ形石器の一型式が安蒜政雄によって設定され、縦長剝片素材の鋭利な部分を刃部とし、二側縁にブランティングを施した同形態のナイフ形石器の標式遺跡として知られている。（宮宏明）

もん［門］ 敷地を区画する塀や建物などを囲む廊に開けられた出入口。『和名類聚抄』によれば和名は「加度」。その構造形式から重層の二重門や楼門、単層の四脚門や八脚門・棟門などに分類される。なお平安京の条坊制では、東西方向の区画の最小単位を門と称する。（西村さとみ）

もんじゅいんにしこふん［文殊院西古墳］ 奈良盆地東南部、桜井市阿部の文殊院の境内にある、飛鳥時代の古墳。直径約二〇m、高さ約四mの円墳状をしている。横穴式石室は、全長一二・五m以上、玄室は五・一m、幅二・八七m、高さ二・七mあり、すべて花崗岩を研磨した切石を、レンガ積みしている。天井石は一石で、内部を掘りくぼめている。羨道は板石四枚を並べ、天井石三個がのる。日本の横穴式石室の白眉といわれ、大化改新後に亡くなった阿倍倉梯麻呂の墓説が有力。一九二三（大正12）年国指定特別史跡。（清水真一）

もんじょうはかせ［文章博士］ ⇩紀伝道

もんじょもっかん［文書木簡］ ⇩木簡

もんすおう［汶洲王］ 文周王とも表記する。百済の第二二代王　在位475～477?『三国史記』は蓋鹵王の子とし、『日本書紀』は同母弟とする。熊津（現在の忠清南道公州）で百済を復興。『南斉書』所載の制書では牟都と表記し、東城王とみられる牟大の祖父とする。東城王の父は蓋鹵王の弟の昆支であるが、昆支の父が汶洲王であるとは考えがたく、史料的に問題がある。昆支の妻の父が汶洲王であるとする説もある。その場合、順当な王位継承ではない可能性もある。（田中俊明）

もんぜき［門跡］ はじめ門流などと同義であったが、宇多天皇が仁和寺に入寺して以後法王・法親王など皇族の創立ないし居住する寺院を称し、その寺の格式をあらわす用語ともなった。のち語意は広がり、摂関家出身者の居住する寺院をもさすようになった。（井上満郎）

もんぜん［文選］ 中国の詩文集。三〇巻。梁の昭明太子（蕭統）撰。紀元前五世紀の周から、六世紀の南朝梁にいたる文人一三〇人余りの作品約八〇〇をおさめる。形式・内容によって詩・賦など三七に分類し、各分類のなかは作者の時代順になっており、文学史的側面もある。文体では詩が半数以上を占め、作者では晋人が最も多く、六朝文学の精華と位置づけられる。中国では隋唐時代に盛んに研究されて選学とよばれ、代表的二注、即ち李善注本六〇巻と五臣注本三〇巻が生まれ、のちに合わせて六臣注本六〇巻が成立した。日本では律令体制下で省試の課題になったことが大きく、また『懐風藻』『経国集』などの漢詩集に強い影響がみられる。紀伝道の博士各家ではその訓読を競い、「文選読」として発達した。しかし元来、装飾性の強い文体は日本人には難解で、九世紀前葉に中国での盛行をうけて『白氏文集』が日本に伝来すると、その文体・表現の平易さによってしだいに人々の関心は移った。

［参考文献］小野効一訳『文選(7)』全釈漢文大系（集英社昭51）。神田喜一郎『全集(3)』（同朋舎出版昭59）。（中畠俊彦）

もんとくてんのう［文徳天皇］ 827～58　在位850～58　仁明天皇皇子。母は藤原順子。名は道康。承和の変により東宮恒貞親王が廃されたことにより立太子。即位後は藤原良房の外孫惟仁（清和天皇）が東宮となり、政治は良房によって行われた。陵は田邑陵。（関口力）

もんばつ［門閥］ 魏晋以降の中国社会では、高い名望（社会的に認知された高い家柄）と政治的特権を世襲的に保持する家系が出現した。貴族層の最上層がそれで、門閥貴族ともいう。魏に始まる新しい官吏登用法である九品官人法が門閥形成を助長した面もあるが、門閥出身か否かが人物評価や政界での出世を決定づけ、個人的な能力や才能は二次的なものとされた。唐代にもこの風潮はなお色濃く残り、博陵・清河の崔氏、范陽の盧氏、趙郡の李氏、滎陽の鄭氏などの家系がその代表とされた。

［参考文献］宮崎市定『九品官人法の研究』（東洋史研究会昭31、のち『全集』第六巻所収）。（愛宕元）

もんむてんのう［文武天皇］ 683～707　在位697～707　天武天皇の孫、草壁皇子の子。母は阿閇（阿部）皇女（天智天皇の皇女で、後の元明天皇）。諱は軽（珂瑠）皇子。皇后を立てず、藤原不比等の女、宮子を夫人とし、その間に首皇子（後の聖武天皇）をもうけた。嬪に紀朝臣竈門娘・石川朝臣刀子娘がいる。六八九（持統3）年四月十三日に薨じた父、草壁皇子を偲び、六九二（同6）年の冬（十一月十七日と推定される）、柿本朝臣人麻呂らに伴われ、宇陀の阿騎野に狩を行った。六九六（同10）年七月に太政大臣高市皇子が薨じた後、六九七（同11）年二月までの間に皇太子となり、八月、祖母の持統天皇の譲位によって、十五歳で即位。持統太上天皇は、七〇二（大宝2）年十二月に崩御するまで、文武天皇を補弼した。七〇一（文武5）年正月、六六九（天智8）年以降、途絶えていた遣唐使の派遣を決定、粟田朝臣真人を遣唐執節使に任命した（遣唐使の一行が筑紫より出帆するのは七〇二〈大宝2〉年六月）。七〇一（文武5）年三月二一日、対馬嶋から金を貢じたことにより大宝と建元、爾来、現代にいたるまで、年号は連綿として続いている。七〇一（大宝元）年八月、刑部（忍壁）親王・藤原朝臣不比等らによる大宝律令の撰定が完成、翌年にかけて施行された。七〇三（同3）年正月に刑部親王を、七〇五（慶雲2）年九月には穂積親王を、それぞれ知太政官事とし、皇親らに一定の政治権力をもたせて天皇を補弼させた。七〇六（同3）年十一月から不予となり、母の阿閇皇女に譲位の気持ちを伝えていたが（『続日本紀』にみえる元明天皇の即位宣命による）、七〇七（同4）年六月十五日に崩じた。十一月十二日に倭根子豊祖父天皇と諡されて飛鳥岡に火葬、後日、檜隈安古山陵に葬られた。和風諡号は天之真宗豊父祖天皇ともみえる。

【参考文献】中山正實「〃かぎろひ〃に寄せて」『天文月報』七〇—九（昭52）。（和田萃）

もんようき［門葉記］ 天台宗青蓮院の歴代の御修法、灌頂、勤行、法会などの諸記録と所領や系図などを集大成したもの。天永年間（一一一〇～一一一三）から応永年間（一三九四～一四二八）までの記事を含む。最初は南北朝時代に尊円親王が編集。江戸時代に二度、増補され現在一八四巻。（綾村宏）

や

やいづじんじゃ［焼津神社］ 静岡県焼津市所在の神社で式内社。祭神は日本武尊とそれに随行した吉備津彦ら。景行天皇朝に日本武尊が東征に従事し、その途次敵に火攻めの攻撃にさらされたときに向え火を放って難を逃れた地という。（井上満郎）

やえやましきどき［八重山式土器］ 国分直一によって命名された沖縄県宮古・八重山諸島に出土する土器の総称。新石器時代前半期の下田原式土器から歴史時代（中世）の外耳土器までをさす。八重山最古の下田原式土器は本土の縄文時代後期に相当。新石器時代後半期には八重山諸島から土器が消滅する。歴史時代に入ると、九州の滑石製石鍋の影響をうけ、再び土器が出現。以降、外耳を付す深鍋形や壺形の広い丸底土器が盛行する。胎土には貝殻片や珊瑚石灰岩粒子が大量に含まれ先島諸島の地域性をみせる。

【参考文献】国分直一「南島の先史遺跡」『考古学研究』（考古学研究会昭41）。（上原静）

やえやましょとう［八重山諸島］ 大隅半島から台湾までの間に放物線を描くように点在する南西諸島のうち最も台湾に近い先端の諸島。主島の石垣島をはじめ、竹富島、西表島、小浜島、黒島、鳩間島、新城島、そして日本最西端の与那国島および最南端の波照間島などの有人島のほか、由布島、嘉弥真島など多くの無人島からなる。総面積は五九一・七平方㎞で、沖縄県全体の面積の約二六％を占める。『続日本紀』によれば、「信覚（石垣カ）」人が七一四（和銅7）年一二月に他の南島人とともに来朝し、翌年の元日朝賀の儀式に参列させられている。（山里純一）

やおよろずのかみ［八百万神］ 「八百万神」は『古事記』の用語で、『日本書紀』では「八十万神」と書く。たくさんの神の意味を吉数で表したもの。『記』『紀』の神が数多くいたことを示すとともに、古代には神統譜的なものが未成熟で、神々相互の関係が不明瞭だったことをうかがわせる言葉である。（榎村寛之）

やかた［館］ 地方に存在した武士の居館。平安時代には「屋形」の文字を当てる例も多い。「たち」「たて」とも。鳥羽院政期の鎌倉にあった源義朝の居館は「楯」と記されている。中世の遺構が多数発掘されているほか、絵巻物に描かれた館も少なくない。おおむね一～二町の屋敷地を有し、家政機関などを含む建物群を有す。その周囲は土塁や堀で囲むとともに、厩・櫓、武士の詰所などの軍事施設もあった。武士は館を中心に私検断によるイエ支配を行ったとされる。（元木泰雄）

やかべ［家部］ 豪族の私有民。六六四（天智天皇3）年の甲子の宣によって、民部とともに定められた。民部は大化前代の豪族私有民（部曲）のことであろうが、家部については、民部よりも一段身分の低い隷属民をさすこと以外は、不明な点が多い。六七五（天武4）年、甲子年（六六四）に諸氏に賜った部曲が廃止されたが、ここにいう部曲が民部だけでなく、家部もふくむものかどうかは意見が分かれる。このとき廃止されたのが民部であれば、家部はその後も存続し、律令制下では家人や氏賤になったと解釈できる。（荊木美行）

やがみこふん［矢上古墳］ 神奈川県横浜市港北区日吉本町にあった古墳。観音松古墳などと日吉台古墳群を形成する。径二四mの円墳とされ、墳頂部に木棺安置のための粘土床と考えられる白色粘土敷の施設が発掘された。鼉龍鏡二面ほか玉類などが出土しており、中期（五世紀）中葉に築造されたものであろう。矢上川をはさんだ対岸には、武蔵で最も古く位置づけられている大型前方後円墳の白山古墳が含まれる、夢見ヶ崎古墳群がある。出土品は国指定重要文化財。（福尾正彦）

やがらけんまき［矢柄研磨器］ 断面が蒲鉾形の平坦な面に一条の溝を有する砥石で、同形の砥石の溝と溝とを重ね合わせ、その間に矢柄を通して上下に擦り磨き矢柄の曲がりを矯正する道具。山内清男は、シベリアの矢柄研磨器と縄文時代草創期の有溝砥石との類似性に着目し、石鏃の出現に対応する渡来石器として縄文時代文化の起源を論じた。典型的な事例としては、長野県岡谷市岡谷丸山遺跡から相似形の矢柄研磨器がセットで出土している。（大竹幸恵）

やぎうじぼし［楊貴氏墓誌］ 吉備真備が亡母八木氏のために記した墓誌として、一八世紀初め、大沢村（現、奈良県五条市）で出土したとされるが、現物は伝わらず、拓本が東京国立博物館ほかに伝わる。「従五位上守衛／士督兼行中宮亮／下

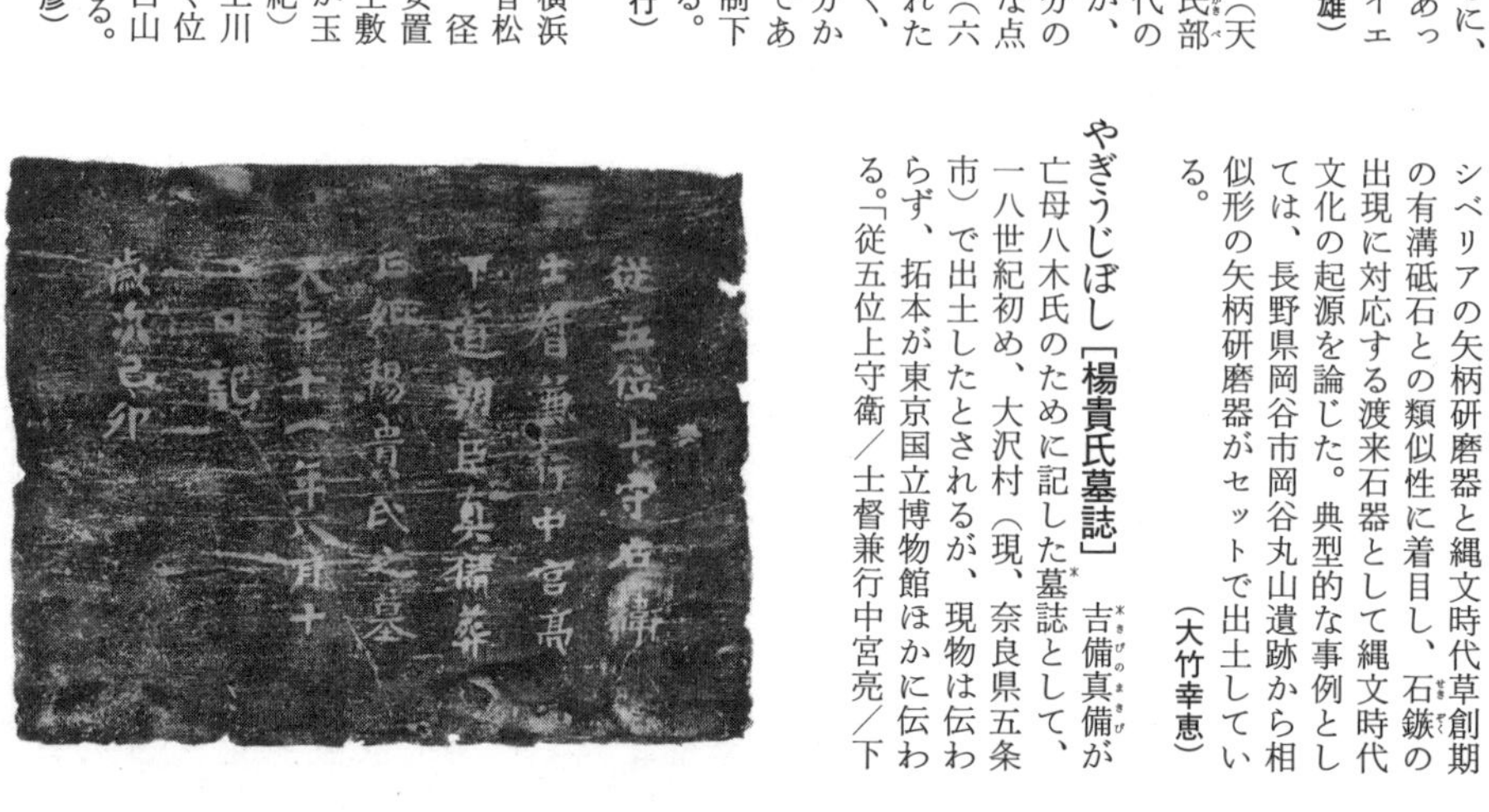
楊貴氏墓誌

道朝臣真備葬／亡妣楊貴氏之墓／天平十一年八月十／二日記／歳次己卯」と七行で記す。楊貴妃にちなんで八木氏を楊貴氏と称したという伝承があるが、楊貴妃は楊氏であり、貴妃という地位についたのは、墓誌の年代よりもあとであるなど、疑問が多く、偽作である可能性が高い。

【参考文献】近江昌司「楊貴氏墓誌の研究」『日本歴史』二一一（吉川弘文館昭40）。

（田中俊明）

やきはた【焼畑】 山林原野に火を放って雑草雑木を焼き払い、その跡に粟・蕎麦・稗・麦などを直播きして栽培する農法、またはその畑地。施肥を行わない略奪農法による畑地で、数年間利用して地力が衰えたら放置し、数年から十数年後に再び焼畑として用いたりした。古代の焼畑は、「大和国をして百姓が石上神山を焼きて禾豆を播蒔くを禁止せしむ」（『日本三代実録』）に確実と思われるが、焼畑を意味する「畑」字は平安時代末期以降にしか認められず、史料では野焼きとの峻別が困難な場合も少なくないことから、その検証は今後の課題である。（山本崇）

やくおん【薬園】 宮内省典薬寮*に附属した薬草園。「養老令」によれば、典薬寮には薬園師二人・薬園生六人・薬戸がいて、薬園師は薬草の栽培、薬園の管理、薬園生に薬草に関する知識を教え、薬戸は薬園での採種や山沢での薬草の採取に従事した（職員令）。「大宝令」でもほぼ同様だったと推測される。薬草の成育・栽培は風土や地味に左右されるところが大きいから、薬園で栽培しうる薬草の種類には限度があったと推測される。「延喜典薬寮式」には、「殖薬様二五種」として麻黄・地黄など二五種がみえている。これらは薬園で栽培された薬草の種類とみられるが、供御の地黄は山城国葛野郡十三条水谷下里に所在した二町に殖えるとされており、薬草によっては、地味に合った場所を選んで薬園とすることもあったようである。八三九（承和6）年八月には、東鴻臚館の地二町を御薬園とした（『続日本後紀』）。薬園の耕作には、摂津国に所在した典薬寮の牛牧、味原牧で生まれた牡牛を宛てた。中務省*内薬司*では、侍医が天皇・中宮・東宮を診候して医薬を処方し、宮内省典薬寮では、五位以上の官人らの疾病を診候・治療し医薬を処方した（「養老令」の職員令・医疾令）。天皇・中宮・東宮に処方される御薬や諸司の官人に処方される年料の雑薬は、薬園で栽培される薬草のほか、諸国から貢調使に付して貢進される年料雑薬（草薬〈薬草〉や石薬〈鉱物〉）を用いて、中務省内薬司や宮内省典薬寮で製剤された（延喜典薬寮式）。

典薬寮や薬園に関わる木簡*が出土している。藤原宮の内裏東外郭沿いを北流する大溝（SD一〇五）が宮の北面大垣を潜った付近と、北外濠（SD一四五）から、大宝初年頃の典薬寮関連の木簡が多数出土している。その内には、「典薬」「本草集注上巻」などと記す木簡、「商陸六斤」「麻子一斤五升」「麦門冬三合」や「龍骨五両」など、薬草や石薬にくくり付けられた付札、「漏盧湯方」などの処方を記す木簡などがあり、また近くには「テンヤク」「天役」などの小字が遺存し、薬園の所在が推測される。『日本書紀』天武四（六七五）年正月条に「外薬寮」がみえ、典薬寮の先行官司とみてよい。飛鳥京跡*から、東西約八〇m、南北約二〇〇mの広大な池を中心とした苑池遺構が検出されており、斉明朝につくられ、天武朝に再整備されたことが判明している。苑池から一三一点の木簡が出土した。その内には、「嶋官」と記す木簡のほかに、草薬・石薬の秤量を記すもの、初唐の孫思邈（?〜682）が著わした『千金要方』にみえる「西州続命湯方」の処方箋を記した木簡などが出土しており、苑池の一画に薬園が所在した可能性を想定できる。なお平城宮所属の薬園については、七四九（天平*勝宝元）年十一月二五日に孝謙天皇が大嘗祭*を行った南薬園新宮との関連が注目される（『続日本紀』）。南薬園新宮の呼称は、南薬園の地に、あるいはその近接地に営まれた宮であることを示すとともに、北薬園の存在をも暗示している。奈良県大和郡山市材木町に薬園八幡宮が鎮座し、南薬園宮との関連も想定できるが、その場所は平城京外の地であり、問題を残している。（和田萃）

やくしじ【薬師寺】 奈良市西ノ京町。法相宗大本山。六八〇（天武9）年、天武天皇が皇后（のちの持統天皇）の病気平癒のために造立を発願、六九八（文武2）年に藤原京での造営がほぼ終了するも、遷都にともない現在地（平城京右京六条二坊）に移された。橿原市城殿に礎石を残す藤原京薬師寺とも称され、平城京薬師寺と区別される。平城移建年次は『薬師寺縁起』では七一八（養老2）年とするが、境内から七一六（霊亀2）年銘の木簡が出土しており、造営開始はややさかのぼるとみられる。七二二（養老6）年には僧綱*の住居と定められ、大安寺*・元興寺・興福寺とともに四大寺の一つとして重んじられた。八三〇（天長7）年、直世王の水田施入により最勝会が始修され、興福寺の維摩会、宮中の御斎会とともに三会と称された。八八九〜八九八年（寛平年間）には宇佐八幡神が勧請されている。九七三（天延元）年、火災により金堂、東・西塔をのぞく堂塔の大半を焼失、一〇一五（長和4）年撰の『薬師寺縁起』はその復興事

薬師寺東塔
写真：矢野建彦

業が一段落しての撰述とされる。一一世紀前半に別当輔静が建立した東院八角堂には、定朝作の丈六釈迦如来坐像が安置された。伽藍は金堂と東・西塔を廻廊内に配する、いわゆる双塔式伽藍で、配置・規模とも本薬師寺と近似する。建物や仏像に関して、本薬師寺から移されたか否かの論争があり、現存する東塔と本尊薬師三尊像それぞれの時代様式—白鳳様式(移建・移坐説)か天平様式(非移建・非移坐説)か—にも議論が及ぶ。一九七五・七六(昭和50・51)年の東塔の調査では新造との見解が出され、一九九〇年代の本薬師寺発掘調査では、両寺の創建瓦および中門や廻廊の構造に違いが認められるなど、近年は非移建説に有利である。銅造薬師三尊像、銅造聖観音像、吉祥天画像、仏足石(七五三〈天平勝宝5〉年銘)、東塔(以上、奈良時代)、木造八幡三神像、慈恩大師画像(以上、平安時代)、東院堂(一二八五〈弘安8〉年建立)が国宝指定。また、古都奈良の文化財として世界遺産に登録されている。

【参考文献】『奈良六大寺大観・六(補訂版)』(岩波書店平12)。大橋一章他編『薬師寺』(里文出版平12)。奈良文化財研究所編『奈良の寺』(岩波新書平15)。 **(鹿谷亜由美)**

やくししんこう【薬師信仰】 薬師経・七仏薬師経に説かれた治病・延命・調伏の仏、薬師如来に対する信仰。法隆寺金堂薬師像が日本における最も早い作例だが、銘の推古天皇一五(六〇七)年造立には疑問もある。六八〇(天武9)年には天武天皇が皇后の病気平癒を祈り薬師寺建立を発願する。また国分寺の本尊とされる場合もあり、薬師悔過や薬師経読経が修された。平安時代には、天台宗で七仏薬師法が修せられ、太秦広隆寺の霊験薬師仏は京の貴賤の大きな信仰を集め、参籠する貴人も多かった。『梁塵秘抄』には薬師の法文歌がおさめられている。 **(岩田真由子)**

やくしま【屋久島】 屋久は「掖久」「夜久」「夜句」とも。鹿児島県大隅半島の先端部にある佐多岬から、南方約六〇kmの海上にある、ほぼ円形の島。面積約五〇五km²。「縄文杉」で著名な屋久杉をはじめとする植物や動物が多数生息しており、島全体が世界遺産に指定されている。平地が少なく一〇〇〇m以上の高峰が多数存在するため、山地部と平地部で気候は異なり、降水量は山地で年間一万mmにも達する。この屋久島の独特な環境のなかでも、早い時期から生業が営まれたことが縄文時代の遺跡の分布からうかがえる。最近行われた屋久島横峯遺跡の調査では、縄文時代後期を中心とする大規模な集落の存在が確認された。 **(鐘ヶ江賢二)**

『日本書紀』推古天皇二十四(六一六)年三月・五月・七月、同二十八(六二〇)年八月、舒明天皇元(六二九)年四月、同二(六三〇)年九月、同三(六三一)年二月、天武天皇十一(六八二)年七月の各条にみえ、『続日本紀』などにも記す。益救・駅謨(『和名類聚抄』は五牟と書く)の二郡がおかれていたが、八二八(天長5)年に益救一郡となった。「延喜式」内の益救神社が宮ノ浦に鎮座する。縄文杉で名高い。 **(上田正昭)**

やくしん【益信】 827~906 真言宗の僧。本覚大師。広沢流の祖。備後の人。奈良の大安寺で宗叡から密教を学び、のち南池院の源仁から灌頂をうける。八九一(寛平3)年、第七代東寺長者となり、以後、東寺別当、石清水八幡宮検校などを歴任。八九九(昌泰2)年、仁和寺に入った宇多天皇の出家戒師を務め、のち灌頂を授けた。著作に『寛平法皇御灌頂記』など。 **(松本郁代)**

やくぶくまい【役夫工米】 一国平均役の一種で、二〇年一度の伊勢神宮式年遷宮の造営費用にあてられるもの。造神宮役夫工米とも。一一世紀後半に成立。九州を除く諸国の公領・荘園に一律に賦課され、造宮使が各国衙と協力して徴収した。 **(勝山清次)**

やけ【家／宅】 建物を意味する「や(屋)」と「ありか」などのように末尾について場所を示す「か(処)」からなる複合語「やか」が原形で、建物のある一画、が本来の意味。「家(宅)」のもう一つの読みである「いへ」が、人間集団(家族)との関係が強い用法であるのに対し、「やけ」は敷地・建物という施設そのものを示す。「やけ」は単なる施設というだけでなく、何らかの機能を有した機関・経営体を意味したとみられている。「宅」が「村」とも表記されたように(『日本書紀』雄略天皇即位前紀・『古事記』安康天皇段の葛城の宅)、古くはかなり大規模であった可能性もあり、周囲に垣をめぐらし、門をもった独立した区画を形成していた。また「やけ」の一種である「みやけ(屯倉)」の性格が、倉・建物を主体とする施設を本源としつつ、土地・耕作者を含む経済体をも意味するようになったことも、「やけ」がさまざまな機能を含めた観念であることによる。『日本書紀』崇峻天皇即位前紀で、物部守屋の宅が田荘とされたように、その最も重要な機能は農業経営の拠点であったとみられている。

【参考文献】吉田孝『律令国家と古代の社会』(岩波書店昭58)。 **(舘野和己)**

やさかじんじゃ【八坂神社】 京都市東山区祇園町北側に鎮座。二十二社に列せられる。現社名は明治の神仏分離以来で、歴史的には祇園社あるいは感神院、祇園感神院などと称した。祭神は、素戔嗚尊・奇稲田姫命・八柱御子神等、三座・十三前。社伝には創祀を六五六(斉明天皇2)年とも伝える。史料には、藤原忠平の『貞信公記』の九二〇(延喜20)年閏六月二三日の記事が初見。『社家条々記録』によると、八七六(貞観18)年、南都に学び京の常住寺に住した円如が堂宇を建立し、薬師・千手像等を祀り、八七七~八八五(元慶年中)には藤原基経が精舎を寄進し観慶寺感神院と号したという。鎌倉時代の『祇園社絵図』に「号観慶寺」とされる薬師堂が円如建立の堂と推定されている。観慶寺ではまもなく天神の垂迹をみて祇園天神を祀り、九二六(延長4)年には「修行僧建立」の「祇園天神堂」が供養され社殿整備がなされるとともに僧侶が奉仕して神仏習合が進行することとなった。九七〇(天禄元)年より六月の御霊会(祇園会)が盛んに行われ、疫病退散の霊威により信仰を集めた。一〇世紀中頃、興福寺末寺となったが、のち延暦寺の支配に服し、天台別院となる。白朮祭や疫神祭のほか、山鉾巡行を中心とする祇園祭は著名。本殿・楼門・石鳥居・蛭子社社殿は重要文化財。八坂神社文書や洛中洛外図屛風や豊後国行平作太刀(重要文化財)など多数の文化財を所蔵する。

【参考文献】高原美忠『八坂神社』(学生社昭47)。 (堀越光信)

やさかにのまがたま【八坂瓊の曲玉／八尺の勾璁】 三種の神器の一つ。『記』『紀』神話では天孫降臨のさいに天照大御神から瓊瓊杵尊に授けられた。天皇即位時に忌部氏が献上する神璽には含まれず、三種の神器に固定するのは九世紀頃と考えられる。 (中大輔)

やしき【屋敷】 館のある敷地。令制段階では宅地と称される。屋敷の語句が用いられるようになるのは一一世紀後半以後。建物のほか、田畠、山林をも含む広い範囲をさした。宅地が令制段階から課税の対象外であったことを利用して周辺を拡大した結果とされる。周辺を除く本来の屋敷は、館と馬場・手作りの田畑などから構成される。いっぽう、百姓の屋敷という表現も鳥羽院政期から出現しており、面積は一～二段程度であったと考えられる。 (元木泰雄)

やしきのかばね【八色の姓】 「やくさのかばね」とも。六八四(天武13)年に定められた八つのカバネ(姓)。天武天皇の新姓ともいう。『日本書紀』同年十月条には「諸氏の族姓を改めて、八色の姓を作りて、天下の万姓を混す」とある。具体的には、上位から真人・朝臣・宿禰・忌寸・道師・臣・連・稲置と称する。同年から翌年六月にかけて、畿内の氏に第四位の忌寸までを順次賜与したが、道師以下は賜姓されなかった。真人はおもに旧公姓の継体天皇以降の皇別氏族を主とするものに、朝臣はおもに旧臣姓の景行天皇以前の天皇の後裔と伝えられる皇別氏族に、宿禰はおもに旧連姓の神別の有力氏族に、忌寸は旧直姓の国造氏族や渡来系の有力氏族に、それぞれ授けられた。八色の姓は天皇家との近親関係の親疎を基本に、諸氏族をランクづけしたもので、天皇を中心とする律令国家の整備・確立のための布石となった。

【参考文献】竹内理三『律令制と貴族 著作集(4)』(角川書店平12)。 (荊木美行)

やしまづかこふんしゅうごうのしゅら【八島塚古墳周濠の修羅】 大阪府藤井寺市道明寺六丁目他にある。古墳時代中期の古市古墳群中の仲津山古墳(仲津姫陵)の東側に位置する三ツ塚古墳中の八島塚古墳周濠内より大修羅・小修羅が一九七八(昭和53)年に発掘された。大修羅は、長さ八・八m、重さ三・二tのアカガシ、小修羅は長さ二・八mのクヌギでともに二股の木を整形している。石棺をのせて古墳に運んだと考えられる。出土後、一四年間にわたり科学的な保存処理を行い「大阪府立近つ飛鳥博物館」で展示している。 (森村健一)

やすあきらしんのう【保明親王】 903～23 平安時代中期の皇族。父は醍醐天皇、母は藤原穏子。朱雀天皇・村上天皇の兄。宇多上皇は反対であったらしいが、九〇四(延喜4)年に二歳で外戚の藤原氏の意にそって皇太子となる。二一歳で早世し、死後その子の慶頼王が皇太子となるも、これも五歳で死去。穏子の兄の藤原時平に失脚させられた菅原道真の怨霊の祟りとされた。 (井上満郎)

やすでら【益須寺】 滋賀県守山市にあった古代寺院。『日本書紀』持統八(六九四)年三月己亥条に、益須(野洲)郡都賀山の辺で湧出した「醴泉」に集まった病人たちが、当寺に投宿して療養したとある。現在では白鳳期の法隆寺式古瓦等を出土した守山市吉身町の寺院跡が益須寺跡とされている。 (毛利憲一)

やすながたいせき【安永田遺跡】 佐賀県鳥栖市に所在する弥生時代中期を主体とする集落・埋葬遺跡。高位段丘の縁辺部、標高五〇mほどの所に立地する。一九一三(大正2)年甕棺墓から中細形銅戈や鉄剣が出土。七九(昭和54)年の鳥栖市教育委員会による確認調査で中期末の竪穴住居跡から九州初の銅鐸鋳型片一個が発見され注目を集めた。翌年からの本調査では甕棺墓や竪穴住居跡・炉跡状遺構・溝・土壙などが検出され、さらに銅鐸鋳型片四個・銅矛鋳型三個体分・鞴羽口・錫塊などが出土した。銅鐸鋳型は二個体分以上と推定される。いずれもいわゆる福田型銅鐸に属し、その後出土した同市本行遺跡や福岡市赤穂ノ浦遺跡の鋳型とともにこの種の銅鐸の北部九州での生産を裏付ける。工房跡と推定される炉跡状遺構の存在と併せ、中期後半の筑紫平野における青銅器生産の一大中心地であったと推定される。国指定史跡。

【参考文献】藤瀬禎博編『安永田遺跡』(鳥栖市文化財調査報告書25昭60)。 (蒲原宏行)

やすのくにのみやつこ【安国造】 のちの近江国野洲郡(滋賀県南部)地域の国造。『古事記』景行天皇段に「近淡海之安国造」の名がみえる。姓は安直。日子坐王の子水穂真若王を祖とする。「国造本紀」に安国造の名はないが、「淡海国造」とあるのがそれに相当する。 (篠川賢)

やすらいまつり【夜須礼祭】 毎年四月に京都紫野の今宮神社で行われる祭礼。一一五四(久寿元)年に、京の人々が鼓笛を奏し、「夜須礼」と称して紫野社に参集したのが初見。その行動は勅によって間もなく禁圧されたが、一条天皇朝以来の「紫野御霊会」を背景とした、当時の反藤原頼長キャンペーンの一環との説が有力。のち今宮神社境内に「疫神」を祀り、勅使奉幣をともなう京都近郊の鎮花祭的祭礼として復興された。現在は毎年四月第二日曜日に催行。 (竹居明男)

やそしままつり【八十島祭】 古代、新天皇が大嘗祭を行った翌年に、典侍が天皇の衣装の入った箱をもって難波に赴き(八十島祭使)、ふたを開いて振り動かし、祭物を海に投じるという祭。初出は八五〇(嘉祥3)年で、一二二四(元仁元)年を最後に廃絶した。即位儀礼の一環と考えられるものだが、起源は河内政権の即位儀礼とみる説から、平安初期の大嘗祭解斎の祓説まで諸説あり、祭の対象神も、生島神・足島神説や住吉神説があるが、成立は平安初期以前で、生島・足島神を祭るとみる説が優勢である。 (榎村寛之)

やたがらす【八咫烏】 『古事記』や『日本書紀』にみえる神武東征伝承で、神武天皇の一行を熊野から大和へ導いたとされる大鳥。『日本書紀』では頭八咫烏と表記する。咫は、日本固有の長さの単位で、親指と中指を広げた長さ(一説には親指と人差指)。『新撰姓氏録』山城国神別の鴨県主の項では、賀茂県主と同祖で、鴨建津之身命が大烏に化し、神武天皇の一行を大和に導いたとする。七〇五（慶雲2）年九月、八咫烏社を大倭国宇太郡において祭らせた（『続日本紀』）。「延喜式」神名帳には、大和国宇陀郡所在の神社として、八咫烏神社がみえる。近世には、宇陀郡鷹塚村（奈良県宇陀市榛原町高塚）に所在していたが、社の礎が残るばかりとなっており（『和州旧跡幽考』）、その後さらに衰微して社名も失われ、「をところす」と俗称されていた。一九一四（大正3）年、近隣大字の氏神社を合祀して八咫烏社とされ、さらに紀元二六〇〇年を記念して、社域は拡張・整備され、現在にいたっている。（和田萃）

やたでら【矢田寺】 大和国添下郡矢田郷にあった寺で、現在に法灯を伝える。矢田山金剛山寺と称し、高野山真言宗。奈良県大和郡山市矢田町に所在。俗に矢田寺とよばれ、本尊は矢田地蔵として信仰を集めている。七七九（宝亀10）年十月に大僧正に任じられた薬師寺僧弘耀は、七八四（延暦3）年四月にそれを辞し（『続日本紀』）、矢田寺に入ったという（『扶桑略記』所引の「延暦僧録」）。また護国寺本『諸寺縁起集』によれば、天武天皇の本願により護持僧の智通僧正が建立したと伝える。『三国仏法伝通縁起』や『元亨釈書』によれば、智通は遣唐留学僧で、帰国後、六五〇（白鳳元）年三月に僧正に任じられたとみえる。（和田萃）

やたのかがみ【八咫鏡】 三種の神器の一つ。『記』『紀』神話では天石屋にこもった天照大御神を外にひき出す祭儀に使用され、天孫降臨のさいには天照大御神から瓊瓊杵尊に授けられた。『古事記』では「八尺鏡」と表記され、巨大なことを意味する。天皇即位時に忌部氏が献上する神璽の一つで、『古語拾遺』では瓊瓊杵尊に授けられた神器は鏡・剣の二種とされている。平安後期以降には賢所・内侍所ともよばれ神聖視された。（中大輔）

やたべのますたりばいちけん【矢田部益足買地券】 七六三（天平宝字7）年の銘がある墓地の買地券で、塼に刻字したもの。死者が冥界の主から墓地を買いとるという中国の習俗によると考えられる。一九世紀に岡山県倉敷市真備町尾崎で出土したと伝えられ、現在は倉敷考古館で保管。（中大輔）

やちほこのかみ【八千矛神】 大国主命の別名で、多くの矛をもつ神という大国主命の神格の一面を表している。『古事記』には、高志国（北陸）の沼河比売のもとへ妻問いする八千矛神の姿がみられる。この妻問いは、その夜は結ばれず翌日に婚姻が成立したという。（瀧音能之）

やちまたのまつり【八衢祭】 八衢比古神・八衢比売神を祀る祭。「延喜式」（臨時祭式）にはその祭料を太刀・弓・箭・靫・五色の薄絁・腊・海藻・海松・滑海藻などを記す。中宮・東宮からはこれら幣帛の数の半減と述べる。「延喜式」におさめる道饗祭の祝詞を八衢祭の祝詞とみなす説もある。（上田正昭）

やちゅうじ【野中寺】 大阪府羽曳野市野々上五丁目に所在する寺院。俗に「中太子」と称する。古代の野中寺の法灯を伝え、現在は高野山真言宗。所在地は古代の河内国丹比郡野中郷で、史料には野中堂（『日本霊異記』下巻第一八縁）、野中寺とみえ、葛井・船・津の三氏の墓地は、河内国丹比郡の野中寺以南にあって、「寺山」と称されていた（『日本後紀』延暦一八〈七九九〉年三月十三日条）。野中堂・野中寺の比定には問題を残すが、王辰爾を祖とする船史の氏寺であったとみてよい。野中寺に残る旧伽藍跡は国史跡。南面する法隆寺式の伽藍配置をもち、中門跡・塔跡・金堂跡が残る。塔跡には、心礎のほかに側柱一二個が残る。心礎の外側三方に添木柱穴を彫っており、飛鳥の橘寺の塔心礎に類似する。また心礎の上面には亀の線刻がある。一九八五（昭和60）年に行われた塔跡の発掘調査で、「康戌年正月」とヘラ書きした紀年銘平瓦が出土した。「庚戌年」の書き誤りで、六五〇（白雉元）年にあたる。僧道昭の父、船史恵釈は乙巳の変に際し、燃えさかる蘇我大臣蝦夷の邸宅から「国記」を取り出し、中大兄皇子に献じた人物として知られる。『続日本紀』にみえる道昭伝（文武四〈七〇〇〉年三月己未条）によれば、父の恵釈は「小錦下」で卒した。小錦下は六六四（天智3）年から六八五（天武14）年まで施行された冠位であるから、野中寺は船史恵釈により創建された可能性が大きい。なお野中寺には、伝来の経緯は不明であるが、「丙寅年」（六六六年）の銘をもつ有名な金銅弥勒菩薩像（国重文）を蔵している。（和田萃）

やでがわいせき【矢出川遺跡】 長野県南佐久郡南牧村に所在し、八ヶ岳野辺山高原の標高一四〇〇mに立地する遺跡。後期旧石器時代末、一万四〇〇〇年前の細石刃文化の遺跡である。カミソリの刃のような細石刃とよばれる石器や、それを剝がす母体の細石刃石核などが多数発掘された。それらのほとんどが和田峠産などの黒曜石製である。一九五三（昭和28）年芹沢長介・由井茂也らによって日本で初めて発見された細石刃遺跡として重要で、国史跡に指定されている。（堤　隆）

やとのかみ【夜刀神】 『常陸国風土記』行方郡条の開発伝承にみえる神。谷戸神の意で蛇神。継体朝に箭括麻多智の開墾を妨げたため、山へ追いやられて祭り上げられるが、その後孝徳朝、壬生麿の開発に抵抗して破れ去ると伝える。（菊地照夫）

やなぎたくにお【柳田国男】 1875〜1962　民俗学者。漢学者松岡操の六男、井上通泰の弟で松岡静雄・松岡映丘の兄。大審院判事柳田直平の養子。東京帝国大学卒業後、農商務省・法制局などをへて一九一四（大正3）年に貴族院書記官長となる。一九（同8）年に退官、翌年朝日新聞社の客員ついで論説委員をつとめて、三二（昭和7）年に退社。早くから民間伝承の研究に着手し、一九〇九（明治42）年『後狩詞記』を出版。『石神問答』『遠野物語』『山島民譚』をはじめとする著作を公にして、日本民俗学の育ての親となった。一三（大正2）年雑誌『郷土研究』、一五（同4）年『民族』などの刊行を主宰し、三五（昭和10）年民間伝承の会、四七（同22）年民俗学研究所を創設。五一（同26）年文化勲章受賞。

［参考文献］野村純一他編『柳田國男事典』（勉誠出版平10）。（上田正昭）

やなぎのごしょいせき【柳之御所遺跡】 岩手県西磐井郡平泉町に所在。平安時代末期の一一世紀末あるいは一二世紀初めから一二世紀末にかけて奥州を支配した奥州藤原氏の政庁の平泉館と推定される遺跡で、一九九七（平成9）年、国史跡に指定された。遺跡は、大規模な堀で囲まれた堀内部地区とその北西に連なる堀外部地区とに二分される。堀内部地区中心域には、園池跡をともなう掘立柱建物跡や塀跡、多数の井戸状遺構・便所遺構のほか、地鎮具埋納遺構や幡を立てた遺構などの特殊なものもある。建物跡には数時期の変遷がみられる。いっぽう堀外部地区には、溝で方形区画された屋敷地が道路遺構を挟んだ両側にみられるなど、堀内部と外部の違いが顕著である。遺物は多種多様で、膨大な数のかわらけや渥美・常滑ほかの国産陶器・中国産陶磁器が全域から出土するほか、折敷に書かれた寝殿造建物や文字・墨書人面土器・銅印・立烏帽子・チュウ木など、稀少例も多い。これまでは一二世紀後半代の年代観が与えられてきたが、近年の発掘調査で一二世紀第1四半期の遺構と遺物が発見され、初代清衡の時期にさかのぼって機能していたことが推測されるようになってきた。

〔参考文献〕（財）岩手県文化振興事業団埋蔵文化財センター編『柳之御所跡』（同埋蔵文化財センター平8）。平泉町教育委員会編『柳之御所遺跡発掘調査報告書』（同町平7）。

（三浦謙一）

やなぎもとこふんぐん〔柳本古墳群〕 奈良盆地東南部、天理市柳本町周辺に築かれた古墳群。群中西端に位置する黒塚古墳、その南東の天神山古墳の他、崇神陵とされる行灯山古墳・アンド山古墳・南アンド山古墳、東の双方中円墳の櫛山古墳、渋谷地区の景行陵とされる渋谷向山古墳・上の山古墳・シウロウ塚古墳の他、上ッ道沿いの柳本大塚古墳・石名塚古墳・ノベラ古墳など一二基の大・中型前方後円墳を中心に形成されている。このほか、西門川の上流・龍王山の谷には、総数一〇〇〇基を超える横穴式石室および横穴墓があり、三～七世紀にかけての古墳群といえよう。

（清水真一）

やはたかんのんづかこふん〔八幡観音塚古墳〕 群馬県高崎市北西部の八幡町にあり、南北を碓氷川と鳥川とに挟まれた丘陵の南側にある前方後円墳。全長九〇・六m、三段築成で、斜面に葺石があり、前方部幅はほぼ全長と同じ。横穴式石室は後円部南側に開口し、長さ一五・三m、最大幅三・五五m、高さ二・八mの規模で、巨石を使う。銅鏡四、金環七対、銀釧一、銅承台付き蓋鋺二、銅鋺二、須恵器七点のほか、刀剣類・馬具類を多数出土するが、玉類は見あたらない。築造時期は六世紀末と推定される。

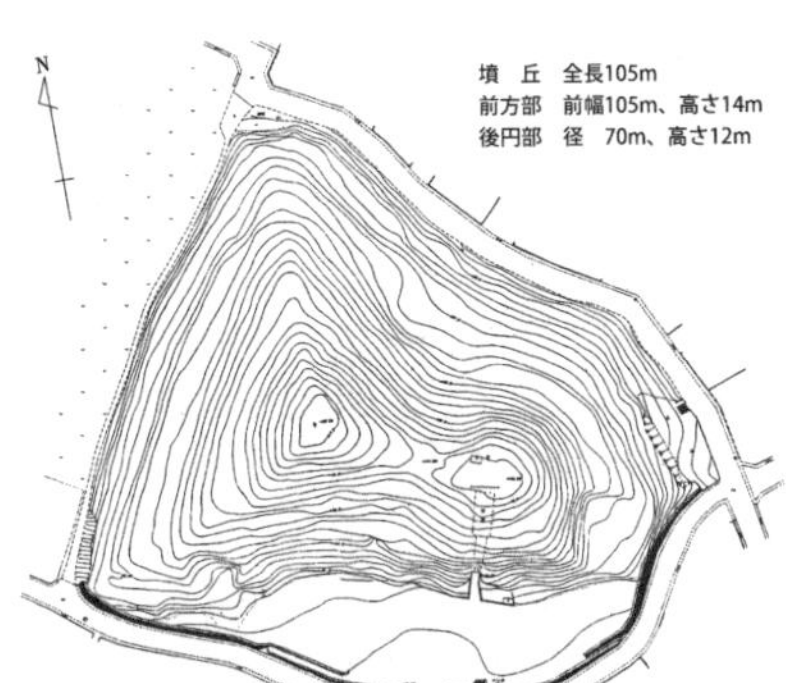

◇墳丘全体図◇

八幡観音塚古墳墳丘平面図
図：高崎市観音塚考古資料館

〔参考文献〕『上野国八幡観音塚古墳調査報告書』（群馬県昭38）。『群馬県史　資料編3』（群馬県昭56）。

（関晴彦）

やひこじんじゃ〔弥彦神社〕 新潟県弥彦村所在の神社で、「延喜式」では伊夜比古神社。「いやひこ」とも。越後国の一宮で、祭神は天香山命。社伝では七〇九（和銅2）年に弥彦明神が来臨したというが不詳。早く「弥彦神の麓」の表現があるごとく（『万葉集』）、神体山である弥彦山への信仰から発した神社。八六一（貞観3）年に従四位下。

（井上満郎）

やぶさめ〔流鏑馬〕 平安中期以降成立した武芸。騎乗で馬を走らせながら三つの板的を射るもの。一〇九六（永長元）年白河上皇が鳥羽殿馬場でこれを観覧したと『中右記』にみえるのが記録上古い例で、のち犬追物・笠懸とならぶ中世武士の基本的武芸とされた。

（佐藤文子）

やまいそうし〔病草紙〕 平安時代末期成立の絵巻。筆者不詳。各種病苦の症状や身体の変調につき淡彩で、ゆったりと描く。もと関戸家に一巻で伝来したもので、現在は一段ごとに一五面に分離、改装される。他に別系統のものなど六点が伝わる。

（綾村宏）

やまがきいせき〔山垣遺跡〕 兵庫県氷上郡春日町棚原に所在する奈良時代の遺跡。八世紀前半の掘立柱建物跡二棟分が「コ」の字型に配置され、その周囲には濠状の溝が方形に廻らされたと考えられる。土師器・須恵器のほか、円面硯・転用硯や「春卩里長」と書かれた墨書土器、および「春部里長」と書かれた木簡も出土した。その他、農耕具・曲物・刳物・下駄・飾板など豊富な木製品や飾り金具様金属製品が出土している。以上のことから、里に関連する地方官衙的な性格をもった遺跡と考えられる。

（岡田裕之）

やまきいせき〔山木遺跡〕 静岡県伊豆の国市韮山町山木にある弥生時代から古墳時代にいたる低地性集落跡。弥生時代後期以降の水田跡や古墳時代前期の住居跡が発掘された。弥生土器・土師器・須恵器・銅製腕輪・ガラス玉のほか、大量の木製品が出土した。鍬・鋤・田下駄・田舟・竪杵・臼等の農具類、鉢・片口付き鉢・皿・高杯・杓子・匙等の容器や食器類、机・腰掛・網代・柱・梯子等の什器や建築用材などである。出土品中とりわけ木製品に特色があり、国の重要民俗文化財に指定されている。

（向坂鋼二）

やまぐちのおおくちのあたい〔山口大口費〕 生没年不詳。七世紀中頃の仏師。木閈・薬師徳保・鉄師手古らとともに法隆寺金堂四天王像を制作（広目天像光背銘）。六五〇（白雉元）年、詔により千仏像を刻んだ漢山口直大口と同一人物とみられる。

（宮永廣美）

やまぐちのまつり〔山口祭〕 造営にさいして所用の木材を伐採する山の山口で神を祀る。「やまぐちさい」とも。伊勢神宮の遷宮のさいの山口祭が有名。鎌倉時代までは造営前四年の一〇月に行われたが、室町時代に入ると三月に実施されるようになり、元禄以降は造営八年前の三月に行うこととなった。一九二九（昭和

4）年の遷宮の場合には、一九二〇（大正9）年の五月に、内・外宮の山口祭が執行された。（上田正昭）

やまざき［山崎］　山城国乙訓郡の郷名、現在の京都府乙訓郡大山崎町。京都盆地内を流れる三川が合流する隘路で、古くから交通の要衝であった。奈良時代には山崎津、山崎橋、山崎院、平安時代には山崎駅、山崎離宮、河陽宮が営まれた。都で異変が起きたときや天皇の崩御のときなどは、京への出入り口として警護された。（高橋美久二）

やましろのいみきのまつくりぼし［山代忌寸真作墓誌］　七二八（戊辰）年銘をもつ山代忌寸真作の墓誌。一九五二（昭和27）年に奈良県宇智郡大阿太村大阿太小学校（現五條市）の床下から偶然発見。鋳銅製鍍金の長さ二七・九cm、幅五・七cmの短冊形の板。四周に界線をめぐらし端部との間を魚々子で埋める。表面に二本の罫線を引き三行にわたり墓誌を刻む。それによれば山代忌寸真作は河内国石川郡山代郷の出身で従六位上。文武天皇以来、元明・元正・聖武の四代に仕え、七二八（戊辰）年没。妻は藤原京出身の蚊屋忌寸秋庭で七二二（壬戌）年没。両者の合葬墓の墓誌であろう。
［参考文献］飛鳥資料館『日本古代の墓誌』（奈良国立文化財研究所昭52）。（杉山洋）

やましろのおおえのおう［山背大兄王］　?～643　聖徳太子の子。母は蘇我馬子の女刀自古郎女で、妻は異母妹の舂米女王。推古天皇の死後、田村皇子（舒明）と大王の位を争い、敗れた。彼を推した境部摩理勢は蘇我蝦夷に滅ぼされている。六四三（皇極2）年、蘇我入鹿に斑鳩宮を急襲され、上宮王家の他の王族とともに自殺。軽皇子（孝徳）・巨勢徳太・大伴長徳らの王族・大夫らも襲撃に加わっており、王位継承をめぐる敏達系・用明系王統の熾烈な対立が、根底に潜在していたとみられる。（加藤謙吉）

やましろのくに［山城国］　畿内に属する国。現在の京都府南部にあたる。京都（山城）盆地を中心として周囲を山地や丘陵に囲まれる。盆地の中央部には、一九四一（昭和16）年に干拓によって姿を消した巨椋池があった。国名は、大和からみて山の後ろという意味の「やまうしろ」が転訛したと考えられているが、はじめ山代と記し、のちに山背、さらに山城と改められた。早くから大和朝廷の支配下に入っており、その開発の歴史は古い。早く継体天皇が筒城宮・弟国宮を営み、奈良時代には相楽郡に恭仁京、ついで七八四（延暦3）年に乙訓郡に長岡京、七九四（同13）年には葛野郡に平安京が造営された。「延喜式」では上国とされ、所管の郡は乙訓・葛野・愛宕・紀伊・宇治・久世・綴喜・相楽郡の八郡。国府はもとは大和に近い現相楽郡山城町にあったと推定されているが、平安京遷都後は現京都市右京区、長岡京市、乙訓郡大山崎町というように三転したと考えられている。
［参考文献］『京都の歴史』全一〇巻（学芸書林昭43～51）。赤松俊秀他『京都府の歴史』（山川出版社昭44）。（高橋誠一）

やましろのくにおたぎぐんけいちょう［山背国愛宕郡計帳］　七二六（神亀3）年の出雲郷雲上里・雲下里（現京都市左京区内）の断簡と、七三三（天平5）年の郷里未詳の断簡が遺存（正倉院文書）。ともに郷里制下の計帳歴名で、前者によれば、郷の下部単位である里ごとに成巻されていたことが知られる。前者は字面に「山背国印」を捺し、継目裏書があるが、後者は前年度の歴名にその後一年間の異同を追記したもので、国印・継目裏書ともに存しない。『大日本古文書』一、『寧楽遺文』上に収録。（鎌田元一）

やましろのくにかどのぐんはんでんず［山城国葛野郡班田図］　山城国葛野郡（京都市右京区・西京区）の班田にともなう田図。当該地は平安京西郊外にあたる。八二八（天長5）年の班田にともなう田図で、坪付に口分田面積・被班給者氏名などが詳細に記載される。お茶の水図書館・京都府立総合資料館蔵。
［参考文献］金田章裕他編『日本古代荘園図』（東大出版平8）。（井上満郎）

やましろのくにはやとけいちょう［山背国隼人計帳］　七三五（天平7）年の計帳歴名断簡（正倉院文書）。国印・継目裏書はなし。隼人姓の戸からなるため一般に隼人計帳と称されるが、山背国綴喜郡大住郷（現京都府京田辺市）の計帳の可能性もある。『大日本古文書』一、『寧楽遺文』上に収録。（鎌田元一）

やまたいこく［邪馬台国］　西晋の陳寿が太康年間（二八〇―二八九年）にまとめた『三国志』の『魏書』（『魏志』）東夷伝倭人の条（『魏志』倭人伝）にみえる国名。「邪馬臺国」はもと「邪馬壹国」であったとみなす説もある。『日本書紀』は神功皇后摂政三十九年、四十年、四十三年の各条に『魏志』倭人伝を引用し、『釈日本紀』や『神皇正統記』なども邪馬台国に言及する。江戸時代すでに邪馬台国を畿内大和とする畿内説と九州に邪馬台国を想定する九州説が対立しており、本居宣長は邪馬台国を畿内大和に求めながら、卑弥呼は熊襲などのたぐいが神功皇后の名を偽称したとし、新井白石は畿内大和説を採用していたが、晩年は筑後山門説に傾く。いわゆる邪馬台国論争は明治の史学界でさかんとなった。とりわけ九州説をとる白鳥庫吉と畿内大和説をとる内藤虎次郎（湖南）の論争は有名である。邪馬台国論争は古代史の古くてしかも新しい論争として明治以来現在におよぶが、(1)『魏志』倭人伝の記述の科学的検討、(2)考古学などの発掘成果との対比、(3)三世紀における東アジアの動向などを視野におさめて、学際的・総合的に考察する必要がある。
［参考文献］佐伯有清『研究史　邪馬台国』（吉川弘文館昭46）。同『研究史　戦後の邪馬台国』（吉川弘文館昭47）。（上田正昭）

やまたいこくろんそう［邪馬台国論争］⇨邪馬台国（やまたいこく）

やまだでら［山田寺］　蘇我倉山田石川麻呂が発願し、倉山田家の氏寺として建立した寺。浄土寺とも。山田寺跡（奈良県桜井市山田）は、阿倍山田道を見下ろす要衝の地にあり、国特別史跡。現在も法灯を伝えており、大化山田寺と称し法相宗。石川麻呂は大臣馬子の孫で、倉麻呂の子。乙巳の変（いわゆる大化のクーデター）後の孝徳朝に、石川麻呂は右大臣となったが、六四九（大化5）年三月、異母弟の日向に讒言され、造営半ばの山田寺で自経して果てた。石川麻呂の女の遠智娘（蘇我造媛）と姪娘は中大兄皇子（後の天智天皇）の妃となり、それぞれ鸕野皇女（後の持統天皇）・大田皇女と阿陪（閇）皇女（後の元明天皇）・御名部皇女（高市皇子の妃）をもうけた。山田寺造営の経緯は『法王帝説』の裏書に詳しい。それを摘記すると、次のようになる。

六四一（舒明天皇13）年三月十五日、浄土寺造営を開始、土地を平らにする。六四三（皇極天皇2）年、金堂を立てる。六四八（大化4）年、僧侶が住み始める。六四九（同5）年三月二五日、大臣、害に遭う。六六三（天智2）年、塔を構える。六七三（天武2）年十二月十六日、塔の心柱を立て、その柱の礎石の内に丸い穴を穿って、「浄土寺」と刻み、その中に蓋付きの大きな鋺一個をおいて、種々の珠玉や舎利をおさめる。六七六（同5）年四月八日、露盤を上げる。六七八（同7）年十二月四日、丈六の仏像を鋳造する。六八五（同14）年三月二五日、仏眼を點じる。

石川麻呂の発願から伽藍の完成まで、四五年を要しており、古代寺院で造営期間の判明する事例は珍しい。その経過をみると、石川麻呂が横死した後、しばらく造営が途絶えている。六六三（天智2）年に塔の建設が始まったのは、天智天皇の嬪であった姪娘の助力があったのだろう。天武朝になって造営が進捗したのは、石川麻呂の孫にあたる鸕野皇后（後の持統天皇）の尽力によるものとみてよい。丈六仏像の仏眼を點じた六八五（天武14）年三月二五日は、石川麻呂の三七回目の命日にあたっていた。山田寺の発掘調査で最大の成果は、一九八二（昭和57）年十一月に土石流で埋まった東面回廊が発見されたことである。回廊は、一一世紀前半に生じた土石流により、東から西に向かって倒壊していた。現存する最古の木造建物は、法隆寺の西院伽藍であるが、山田寺の造営経緯をみると、山田寺の方が三〇年ほど古い。東面回廊はほぼ完全に残っていたので、より古い寺院建築の技術が解明された。塔は基壇の規模から五重塔と推定され、基壇中央の地下一mから心礎が検出されたが、「浄土寺」の刻銘は確認されていない。金堂で検出された柱穴の位置は法隆寺金堂とは大きく異なり、また間柱も検出された。その結果、山田寺金堂の外観は現在の法隆寺金堂のようなものではなく、玉虫厨子の宮殿に似たものと判断された。講堂の本尊として薬師三尊像が安置されていた。この薬師三尊像は、その後、数奇な運命をたどることになる。一一八〇（治承4）年の南都焼打後の興福寺復興に際し、一一八七（文治3）年に興福寺の僧兵により奪取され、東金堂の本尊とされたが、一四一一（応永18）年の五重塔の雷火により東金堂も類焼し、本尊も焼失したと考えられていたが、一九三七（昭和12）年、興福寺東金堂の解体修理に際して、本尊台座の内部から仏頭が発見された。現在、興福寺の宝物館に展示されている有名な国宝、「興福寺仏頭」である。

【参考文献】奈良文化財研究所編『大和山田寺跡』（平15）。　（和田萃）

やまたのおろち【八岐大蛇】　頭と尾が「八岐」ある大蛇。『古事記』で八俣大蛇と書き、『日本書紀』では八岐大蛇と記す。須佐之男命（素戔嗚尊）が八俣大蛇のいけにえにされようとする櫛名田比売（奇稲田姫）を大蛇を切り殺して救う神話が有名。大蛇の尾を裂いて天叢雲剣（草薙剣）をみいだし天神に献上したと伝える。その神話の背景には、水の精霊（竜蛇神）に巫女が奉仕して豊穣を求めた習俗があるとみなす説もある。　（上田正昭）

やまだのみかた【山田御方】　生没年不詳。奈良時代前期の学者。三方とも。もと沙門で、六九二（持統6）年一〇月新羅に学ぶ。のち還俗し文章家として秀でる。七二二（養老6）年四月周防守時代の監臨盗（管理すべき官物を盗むこと）が発覚するが恩寵により免罪、財物徴収も許された。『懐風藻』に三首の漢詩を残す。　（廣瀬真理子）

やまでら【山寺】　一般に山岳・山林に位置する寺院のことで、山林寺院などと呼ぶこともある。史料には「山寺」のほか「山房」とも。平地寺院と異なり大規模な伽藍をもたず、僧尼の修行の場としての役割を有した。律令国家は山林での修行行為を統制・管理しつつ、僧尼の清浄性・呪術的能力獲得のために修行者を山地に置いて俗界から隔離した。その背景には仏教導入以前よりの山岳信仰の影響が認められるが、こうした奈良仏教と山岳信仰の出会いはやがて神仏習合を生み出す契機となった。八世紀には山林寺院の実例として、吉野比蘇山寺・志賀山寺（崇福寺）・長谷寺や、東大寺の前身寺院である金鐘山房などが知られ、『日本霊異記』にも「山寺」という号を含む寺院が少なからずみられる。地方の名山への信仰も盛んであった。平安期に密教への傾斜が顕著となると山林寺院は激増し、とくに比叡山・高野山など、政治・経済的に強大な権勢を有する寺院も出現した。

【参考文献】曽根正人編『神々と奈良仏教　論集奈良仏教二』（雄山閣出版平7）。　（毛利憲一）

やまと【山門】　現福岡県山門郡。『日本書紀』に山門県の地名がみえること、さらに女性の支配者である土蜘蛛田油津媛の名が記されていることなどから邪馬台国比定地の一つとして知られる。大和町の地名は一九〇七（明治40）年に郡名の訓にちなんだもの。　（高橋誠一）

やまとおおくにたまのかみ【倭大国魂神】　大和国山辺郡の大和坐大国魂神社の祭神。ヤマトは当初三輪山周辺の地名でありその地霊神として倭国造が祭った。崇神紀には天皇の大殿にアマテラスとともに祭られていたが、神威を畏み殿外に遷し倭国造祖の市磯長尾市に祭らせたと伝える。　（菊地照夫）

やまとかぬち【倭鍛冶（倭鍛部）】　⇨韓鍛冶

やまとがわ【大和川】　奈良盆地を流れる諸河川（初瀬川・飛鳥川・曽我川・葛城川・布留川・佐保川など）の総称。諸河川は、広瀬神社（北葛城郡河合町に鎮座）付近から北葛城郡王寺町にかけての一帯で合流。亀ノ瀬の隘路をへて、大阪平野に流れ出て、大阪府柏原市国分付近で石川を併せ、古代では、平野川・玉串川・長瀬川などに分流して（旧大和川）、河内湖に注ぎ込んでいた。一七〇四（宝永元）年から同年十月にかけて、石川との合流点からやや下流の旧大和川の付け替え工事が行われ、東除川・西除川をも併せて大阪湾に注ぎ込む新大和川となった。現在の大和川は流域面積一〇七〇㎢、幹線流路延長は六八㎞。初瀬川（河川法では大和川本流）上流の海石榴市に河港があり、飛鳥諸宮や藤原宮の時代にも大いに利用された。古代の大和川の水量は、現在よりもかなり豊富だったらしい。六〇八（推古天皇16）年八月に隋使裴世清、六一〇（同18）年十月には新羅・任那の使人らが海石榴市のチマタ（衢）で迎えられたのは、大和川水運を利用したからと推測される。ただし近世においても、亀ノ瀬の隘路を船で遡ることは出来ず、この区間は陸路を利用していた。古代でも同様だったと考えられる。なお河内湖に注ぐ旧大和川の下流域（河内国志紀・渋川郡）では、奈良時代中頃から平安時代前期にかけて、奈良盆地に大雨が降ると、伎人堤・長瀬堤・志紀堤・渋川堤が決壊し、たびたび洪水に見舞われたことが史料にみえている。（和田萃）

やまとかわちのふひとべ［東西史部］⇩東西文忌寸やまとかわちのふみのいみき

やまとかわちのふみのいみき［東西文忌寸］ 百済系の渡来氏族。『古事記』応神天皇条には、百済から渡来した和邇吉師を文首らの祖と記し、『日本書紀』の応神天皇十六年二月条にも百済から渡来した王仁を書首らの始祖と述べる。文首は書首とも書き、記録・祭儀・単事・外交などで活躍した。六八三（天武12）年五月に連、六八七（持統元）年六月に忌寸の姓を与えられた。さらに七九一（延暦10）年四月に宿禰姓に改姓したものもいる。『続日本紀』大宝二（七〇二）年十二月条には、持統太上天皇の崩によって中臣氏らが執行する大祓は中止されたが、「東西文部の解除」は常のとおり執行されたことがみえる。毎年六月と一二月の大祓のさいには東西の文忌寸が「呪」を奏上した。その「呪」文は「延喜式」に収載されている。生駒・金剛山脈の東は大和、西は河内にあたるので、大和の文氏を東文氏、河内の文氏を西文氏と表記した。東文氏は大和国高市郡内、西文は河内国古市郡内にそれぞれの本拠があった。

［**参考文献**］関晃『帰化人』（至文堂昭31）。上田正昭『帰化人』（中公新書昭40）。（上田正昭）

やまとさんざん［大和三山］ 奈良盆地東南部に、鼎の如くに位置する天香具山・畝傍山・耳成山をいう。畝傍山・耳成山が独立した死火山であるのに対して、天香具山は細川山から西北に延びる尾根の端部が高まったもので、独立した山ではない。北方からみると、天香具山が細川山から延びる端山であることがよくわかる。天香具山のみが「天」と冠されており、神聖視された山であった。『万葉集』では、中大兄皇子の三山歌（巻一―一三〜一五）や「藤原宮の御井の歌」（巻一―五二）で大和三山が歌われている。三山歌では、これまで三山のそれぞれが男山か女山か、議論されてきた。とりわけ畝傍山は、三山に囲まれる範囲内からみると突兀とした山容であるが、範囲外の、たとえば葛城山・金剛山の山麓からみると、意外なほどに優美な山容であることに注意すべきだろう。（和田萃）

やまとたけるのみこと［日本武尊］ 古代文学に登場する王族将軍。「倭建命」とも書く。『古事記』『日本書紀』のほか、『常陸国風土記』や『播磨国風土記』などにもみえる。景行天皇の皇子と伝え、『日本書紀』では景行天皇二七年の一二月、一六歳のおりに熊襲征討におもむき、ついで蝦夷の征討にでむいて、大和への帰途、景行天皇四〇年に能褒野（三重県鈴鹿市の北方から亀山市東部にかけての野）で亡くなったと述べる。『記』と『紀』ではその伝承の内容はかなり異なっている。たとえば能襲の征討においては、『紀』ではヤマトタケルの征討の前に、忍代別大王（景行天皇）みずからの西征伝承を載せ、ヤマトタケルが討った熊襲の首長名も、『記』では熊曽建とするのに、『紀』では川上梟帥とする。『記』ではやまとたけるは出雲建を討って大和へ帰るが、こうした説話を『紀』は記さない。蝦夷征討においても大きなちがいがある。例えば『記』のヤマトタケルは、蝦夷征討を命じられて、父は「吾に死ねと思ほす所以か」と嘆き悲しむが、『紀』では雄誥して出発する。弟橘比売の死を悲しんで「吾妻はや」という場所も、『記』が足柄坂（駿河と相模の界）であるのに、『紀』は碓日坂（信濃と上野の界）とする。征討のコースも異なり、『記』は関東南半部までなのに『紀』では陸奥の南東部までにおよぶ。死後白鳥となっておもむく地も、『記』では河内の志幾（志紀郡のあたり）とするのに、『紀』では大和の琴引原（奈良県御所市富田）から古市（大阪府羽曳野市）へと飛翔する。原伝承のおもむきは『記』の方に濃厚だが、七〇二（大宝2）年八月に「倭建命墓」に勅使が派遣されているように（『続日本紀』）、八世紀初めの頃には王族将軍の英雄伝承は具体化していたと考えられる。大王家とのつながりが深い軍事集団としての建部の分布とのかかわりもみのがせない。

［**参考文献**］上田正昭『日本武尊』（吉川弘文館昭35）。（上田正昭）

やまとちょうてい［倭朝廷］ 三、四世紀から七世紀半ばの頃までの王権を倭王権あるいは倭朝廷とよぶ。大和朝廷とも書くが、「大和」の用字は「養老令」にみえ、その施行（七五七年）以後に具体化する。『古事記』『日本書紀』などでも倭、大倭と書く。七三七（天平9）年一二月には「大倭国を改めて大養徳」と表記し、七四七年三月には再び「大倭国」と使うことになった例もある。「朝廷」は「外朝」「内廷」の略語であり、宮中と府中（政府）とによって構成される。宮中のみで「朝廷」を論究するわけにはいかない。大和盆地を基盤する王権がさらに河内などに伸張したとみなす説に対して、大和盆地の東南部を拠点とした四世紀の政治勢力を三輪王権、さらに河内の地域を基盤とした五世紀の王権を河内王朝とよぶ説もある。五世紀後半のワカタケル大王（雄略天皇）の頃には、「朝廷」の内容が整い、七世紀に入ってその体制が整備されて、七世紀後半の天武・持統朝には律令制が具体化する。

［**参考文献**］上田正昭『大和朝廷』（講談社学術文庫平7）。（上田正昭）

やまとととびももそひめのみこと［倭迹迹日百襲姫命］ 生没年不詳。『記』には夜麻登登母母曾毗売命と書く。『紀』では孝霊天皇と倭国香媛の間に生まれたとする。崇神天皇の叔母とも伝える。トトビは鳥飛び、モモは百、ソは十の意味であろう。『日本書紀』の崇神天皇十年九月条には百襲姫は「聡明叡智」で大彦命が和珥坂（奈良県天理市和珥のあたりの坂）

のほとりに到着したおりの少女の歌を「武埴安彦の謀反のしるし」と天皇に進言したと述べる。そして三輪山の大物主神の妻となる神婚譚を記す。禁忌を破って箸で陰をついて、なくなり、大市（奈良県桜井市の北部）に葬られたという箸墓伝承を記載する。『記』の崇神天皇の条、『紀』の崇神天皇十年八月条には活玉依媛（『記』では活玉依毘売）が大物主神と結ばれる神婚譚を記す。三輪山伝説には大物主神と活玉依姫の間に大田田根子（『記』では意富多多泥古と書く）が出生する神人交流型と、死にいたる百襲姫のような神人隔絶型とがある。

〔参考文献〕上田正昭「神婚説話の展開」（『古代伝承史の研究』所収塙書房平3）。（上田正昭）

やまとのあやし［倭漢氏（東漢氏）］⇩漢氏

やまとのあやのこま［東漢駒］?～592 東漢磐井の子。五九二（崇峻5）年、蘇我馬子の命により、天皇を暗殺。崇峻の嬪の河上娘（馬子の女）を妻にしたことが露見し、馬子に殺害された。坂上直の祖で、呉原寺（竹林寺）の創建者とされる駒子と同一人物か。（加藤謙吉）

やまとのあやのつか［東漢掬］⇩都加使主

やまとのあやのふくいん［倭漢福因］生没年不詳。七世紀前半の入隋留学生。六〇八（推古天皇16）年九月、遣隋使小野妹子に従い高向玄理・僧日文らとともに隋に渡る。六二三（同31）年新羅使に従って薬師恵日らと帰国。在唐留学生の召喚・遣唐使の派遣を奏上した。（宮永廣美）

やまとのおとつぐ［和乙継］生没年不詳。奈良時代の官人。「弟嗣」とも。桓武天皇の母高野新笠の父。百済国の聖明王（武寧王の子純陁太子）の後裔といわれ、一族の居住していた大和郷（奈良県天理市大和）にちなんで氏名とされた。妻は土師真妹。具体的な経歴などは一切不詳であるが、七九〇（延暦9）年新笠の一周忌に際して、桓武から真妹とともに正一位が追贈された。墓は牧野墓（奈良県北葛城郡）と伝える。（瀧浪貞子）

やまとのくに［大和国］畿内に属する国。現在の奈良県にあたる。奈良盆地の東に大和高原、西に生駒・信貴・葛城・金剛山地、南に吉野の山地など。ヤマト（大和、倭）はもとは奈良盆地東南部のみをさす地名であったが、次第に大和国全体、ひいては日本全土を示す名称としても使用されるようになった。大規模な前方後円古墳などが築造され、また七世紀になると飛鳥とその周辺に多くの宮が営まれ、七世紀末には藤原京、七一〇（和銅3）年には平城京が造営された。『延喜式』では大国とされ、所管の郡は添上・添下・平群・広瀬・葛上・葛下・忍海・宇智・吉野・宇陀・城上・城下・山辺・十市・高市郡の一五郡。国府と国分寺については不明の点が多く、国府はもとは葛下郡にあったが、のちに藤原京の西南部に移り(軽国府、高市国府)、一二ないし一三世紀には現大和郡山市今国府の地におかれたと推定されている。

〔参考文献〕『奈良県史』全一八巻（昭59～）。永島福太郎『奈良県の歴史』（山川出版社昭47）。（高橋誠一）

やまとのくにしょうぜいちょう［大倭国正税帳］大倭国における田租と正税出挙稲の一年間の収入・支出、現存量などを政府に報告した文書。七三〇（天平2）年度のもののうち平群郡、十市郡、城下郡の部分などが断簡として残っている（正倉院文書）。神戸と神税に関する記載が数多くみられるのが特徴である。（寺内浩）

やまとのくにのみやつこ［倭国造］奈良盆地東南部を中心とした地域の国造。姓は倭直。『古事記』神武天皇段に、東征の先導役を務めた槁根津日子を倭国造の祖とする。『日本書紀』にも椎根津彦を論功行賞で倭国造に任命したとあり、「国造本紀」も同じことを伝える。『日本書紀』雄略紀には大倭国造吾子籠が狭穂子鳥別を貢じて宍人部としたとあり、欽明紀には新羅に派遣された将軍として倭国造手彦の名がみえる。また律令制下の大倭国造としては、大倭忌寸五百足と、その子の大和宿禰長岡の名が知られる。（篠川賢）

やまとのすくねながおか［大和宿禰長岡］689～769 八世紀中頃の官人。明法家。大倭国造五百足の子で、初め小東人と称し、七五七（天平勝宝9歳）年頃に長岡と改名した。なお姓の表記は、ヤマト国の国名表記に従い、大倭→大養徳→大倭→大和と変化している。卒伝によれば、若い頃から刑名の学を好み、文をよくしたという。七一六（霊亀2）年、第一〇次遣唐使に請益生として入唐し、律令を研鑽、帰国後は法令について不明なことがあれば、皆、長岡に質したという。七二二（養老6）年二月、養老律令撰定の功により、田四町を賜った。時に従七位上。七三七（天平9）年十一月三日、大和神の神宣によって宿禰の姓を賜り、外従五位下を授けられた。七三八（同10）年閏七月に刑部少輔。七四一（同13）年正月、藤原広嗣の乱に連座して配流されたが、しばらく後に許され、七四四（同16）年九月に西海道巡察使の次官に任命された。この後、民部大輔兼坤宮大忠、河内守など、諸官を歴任。河内守在任中の治世は、「政、仁恵なく、吏民、これを患ふ」と評された。七六四（天平宝字8）年、右京大夫に任じられたが、老齢の故に辞した。七六六（神護景雲2）年の賀正の宴に際し、詔あって特に殿上に侍し、称徳天皇から年齢を問われて八十歳と答えたので、天皇は嘉嘆すること久しく、正四位下を授けた。翌年十一月二九日に卒し、『続日本紀』に卒伝がみえる。なお七九一（延暦10）年三月に施行された刪定律令二十四條の撰者として、吉備朝臣真備とともに大和国造正四位下大和宿禰長岡の名がみえている。（和田萃）

やまとのにいがさ［和新笠］⇩高野新笠

やまとのみやけ［倭屯倉］景行朝に設置されたと伝えられる倭王権直轄の屯倉。『古事記』景行段に、倭屯倉を定めたこと、坂手池を作り、その堤に竹を植えたことがみえている。『日本書紀』には、坂手池を造り竹を堤の上に植え（景行五七年九月条）、諸国に命じて田部と屯倉に興させたことがみえるので(同年十月条)、倭屯倉の設置と坂手池の造営は一体のものであったと考えられる。また仁徳即位前紀に、倭屯田は垂仁朝に大足彦尊（後の景行天皇）に命じて定めたもので、即位した天皇のみが領有しうるとの伝承がみえている。これらの伝承から、倭屯家では、坂手池の水を利用して田部により屯田が耕作され、収穫された稲は倉に貯蔵されたと考えられる。倭屯倉は、倭屯田・田部・倉庫の総称であり、倭王権の直接支配下におかれたと考えられる。

坂手池は、旧十市郡東竹田村（奈良県橿原市東竹田町）に想定することができ、十市県主や『新撰姓氏録』にみえる湯母竹田連・竹田川辺連らの本拠地であった。近接する桜井市大泉・大西・江包の一帯に大乗院領出雲庄があって、仁徳天皇即位に際し、倭の屯田の由来を伝えた出雲臣の祖、淤宇宿禰ゆかりの地である。八世紀代においても、大和国には三〇町の官田があり（田令官田条）、それらは大化前代の倭屯田の系譜を引くもので、七三〇（天平2）年の「大倭国正税帳」によれば、十市郡と城下郡に所在した。また『万葉集』に「三宅の原」（巻一三―三二九五）・「三宅道」（巻一三―三二九六）がみえ、また城下郡三宅郷があった。以上のことから、倭屯倉は、坂手池の所在した旧十市郡東竹田村を中心とした一帯に所在し、後にはさらに、城下郡三宅郷（奈良県磯城郡三宅町）にいたる範囲にまで―その内に出雲庄域を含む―に拡大されたと想定することができる。（和田萃）

やまとのむつのみあがた［倭六御県］ 倭王権が統括する大和国内の六つの供御料地。高市・葛木（葛城）・十市・志貴（磯城）・山辺・曾布（添）の県をいう。これらをとくに御県と称した。『古事記』『日本書紀』『続日本紀』「大倭国正税帳」「延喜式」のほか「正倉院文書」などにもみえる。それぞれの県に御県神社が鎮座する。（上田正昭）

やまとひめのみこと［倭姫命］ 『記』『紀』の伝承上の人物。垂仁天皇の皇女。母は日葉酢媛命。伊勢神宮創建伝承の中心人物。『日本書紀』垂仁天皇二十五年三月条によれば天照大神を祭ることとなり、大神の鎮座すべき場所を求めて大和国の菟田の篠幡から近江をへて美濃国を回って伊勢国に至り、大神の教えに従って社殿を設けたという。それとともに五十鈴川のほとりに斎宮がつくられ、初代の斎王として留まり、景行四十年十月条では日本武尊が東征の途中に伊勢神宮を参拝した際、草薙剣を授けたと伝える。（菊地照夫）

やまとまい［倭舞］ 古代以来の歌舞の一つ。和舞、大和舞とも書く。本来は大和の地域の歌舞であったと考えられる。『続日本紀』宝亀元（七七〇）年三月条には、河内大夫藤原雄田麻呂らが「和舞」を奏したとみえている。平安時代には大嘗祭、鎮魂祭のほか伊勢神宮・春日神社の祭儀に奏された。中世に断絶したが一七四八（寛延元）年に春日の社家によって復興したと伝える。（上田正昭）

やまとものがたり［大和物語］ 平安時代中期の歌物語。著者不詳。天暦年間頃の成立。一七三段。歌人にまつわる歌語りをおさめた前半約一四〇段と、生田川伝説や姨捨山伝説など伝奇的・説話的な歌話をおさめた後半約三〇段とからなる。注釈書に『新編日本古典文学全集12』（小学館平6）などがある。（小西茂章）

やまのうえこふん［山上古墳］ 群馬県高崎市南西部の山名町字山神谷にある古墳。観音山丘陵南東端の標高一五〇m付近の南斜面に立地する。径約一五mの円墳で、石室は両袖型横穴式、凝灰岩の切石を使う初期の截石切組積石室である。葺石・埴輪はなく、副葬品も発見されていない。古墳の西側に接して、辛巳歳（六八一年）に放光寺僧長利が建立した供養碑＝山上碑があり、この碑との関係から古墳の実年代は同時期とされてきたが、造墓時期を七世紀中頃とする見方が有力である。

〔**参考文献**〕『群馬県史　資料編2・同3』（群馬県昭61・同63）。『高崎市史　資料編2』（高崎市）。（関晴彦）

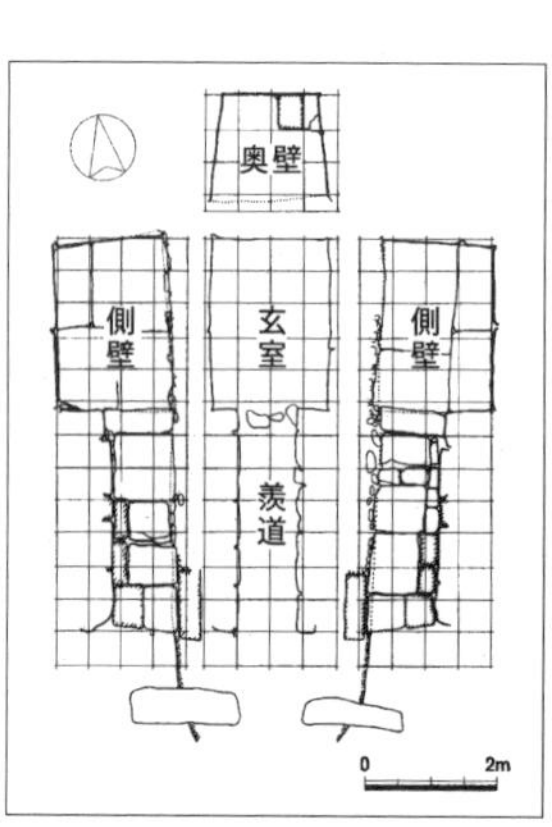

山上古墳主体部横穴式石室実測図
『特別史跡、山上碑および古墳・家内沢碑』パンフレット（高崎市史教育委員会）より

やまのうえのおくら［山上憶良・山於憶良］ 660?～773? 奈良時代を代表する歌人の一人。『類聚歌林』の編纂者。七三三（天平5）年の「沈痾自哀文」（『万葉集』巻五）に「是の時に年七十有五」とみえることから、六六〇（斉明6）年の誕生が想定される。「紀伊国に幸せる時に、川島皇子の作らす歌」（『万葉集』巻一―三四）に「或は云はく、山上臣憶良の作なり、といふ」との注記（異伝歌、巻九―一七一六）があることから、六九〇（持統4）年の紀伊行幸に従駕して、川島皇子の庇護をうけていた可能性が見出される。七〇一（大宝元）年正月には、粟田真人を大使とする第七次遣唐使に、無位でありながら少録として抜擢された（『続日本紀』）。帰京時の宴では「大唐に在る時に、本郷を憶ひて作る歌」（『万葉集』巻一―六三）が披露されている。渡唐の功により位階が進んだようで、七一四（和銅7）年正月には、五五歳で正六位下から従五位下（『続日本紀』）まで昇叙している。七一六（霊亀5）年四月には伯耆守（『続日本紀』）に任ぜられ、七二一（養老5）年正月には六二歳で東宮侍講に選任された。六七歳に至って、七二六（神亀3）年頃に筑前守として筑紫に赴任し、七二八（同5）年頃には大宰帥として大伴旅人を迎えた。旅人が妻を亡くし作歌した「凶問に報ふる歌」（『万葉集』巻五―七九三）に触発されて、七月に悼亡詩と「日本挽歌」（巻五―七九四～九）の連作を旅人に献呈している。以後、旅人を歌友として筑前国嘉摩郡で詠んだ嘉摩三部作（巻五―八〇〇～五）を贈るほか、意欲的な作歌活動をみせている。代表作に「貧窮問答歌」（巻五―八九二～三）がある。七三〇（天平2）年の作歌まで筑前守との署名がみえることから、翌年頃に帰京したと考えられる。七三三（同5）年には第九次遣唐大使の丹治比広成に「好去好来の歌」（巻五―八九四～六）を贈った。同六月頃まで作歌活動をしているが、「沈痾の時の歌」（巻六―九七八）を最後としている。七四歳で没したようである。

〔参考文献〕中西進『山上憶良』（河出書房新社昭48）。村山出『山上憶良の研究』（桜楓社昭51）。同『奈良朝前期万葉歌人の研究』（翰林書房平5）。 （市瀬雅之）

やまのうえのひ〔山ノ上碑〕⇨上野三碑

やまのうちすがお〔山内清男〕 1902〜70 東京都下谷区谷中清水町生まれ。一九一九（大正8）年早稲田中学校卒業。二二（同11）年東京帝国大学理学部人類学科修了。二四（同13）年東北帝国大学医学部（長谷部言人教授）の副手を委嘱。四三（昭和18）年同助手を経て四六（同21）年東京帝国大学理学部講師に就任。六二（同37）年京都大学より文学博士の学位授与、東京大学退官。『先史考古学』創刊号に載せられた「縄紋解土器型式の細別と大別」で縄文土器形式の編年表を発表。翌年全国的な編年表を発表。二〇（大正9）年の『人類学雑誌』四〇—五に発表した「石器時代にも稲あり」は長谷川博士が発掘した宮城県桝囲貝塚出土の土器を整理して籾痕がある土器片を発見して書いた画期的な報告である。六四（昭和39）年発刊の『日本原始美術』は山内の代表的作で重要な研究である。「縄紋土器の技法」「矢柄研磨器について」「縄紋土器の改定年代と海進の時期について」など数多くの論文があり日本の縄文時代研究の基礎をつくった。

〔参考文献〕山内清男先生没後25年記念論集刊行会『画龍点睛』（平8）。 （中村修身）

やまのべのみち〔山辺の道〕 奈良盆地東辺の山裾にそって南北に走る古代の道路。現在の奈良県桜井市に位置した海石榴市の衢から北上し、三輪・穴師・巻向を経て、現在の天理市に位置する石上神宮にいたる。以後は上ッ道と合流し、『日本書紀』武烈即位前紀の影媛の歌にみえる布留・高橋・大宅・春日・小佐保とつづく道路となって乃楽山に達する。『古事記』では崇神天皇陵の所在を「山辺道勾之岡上」、景行天皇陵の所在を「山辺道之上」としており、八世紀初めには山辺道の名称が使われていたことが知られる。また、それ以外にも沿道には古墳や古社寺、遺跡が多く分布し、『万葉集』にも山辺の道から見る景観を歌ったものがみられ、初期ヤマト王権以来の重要な交通路であったことを物語っている。なお、中世以降、山辺の道についての言及はみえなくなるが、近世には山陵研究との関わりで再び言及されるようになり、戦後には東海自然歩道の一部として整備されている。ただし、現在の東海自然歩道と古代の山辺の道とはルートに相違もある。

〔参考文献〕和田萃編『古代を考える 山辺の道』（吉川弘文館平11）。 （中大輔）

やまぶし〔山伏・山臥〕 修験道の宗教指導者。修験者。山に伏して修行することから山伏修行者とよばれ、平安末期以後略して山伏と呼ばれた。伝説的な役小角が開祖とされるが、仏教と結びつく以前から山岳で修行する宗教者がいたものであろう。平安時代には山岳仏教が盛んになり、八四八（承和15）年には持経者・持呪者の選抜に笈を背負い錫杖をついた数百人が集まったといい、後世の山伏の姿を思わせる。山上の寺院に住み山岳修行をも行った密教の験者は熊野詣の先達をもつとめ、その影響下で山の宗教者は密教的験力をもつ山伏となった。中世以後、三井寺聖護院に拠る本山派や醍醐寺三宝院を中心とする当山派に組織された。 （勝田至）

やまべ〔山部〕 大化以前の部民。材木の調達や鉱物を採集したり、山林の産物を貢納した。山部（直・公）に統轄され、さらに山辺連に属した。山部連氏はのち宿禰を賜る。七八五（延暦4）年、桓武天皇の諱を避けて単に山と称する。 （大川原竜一）

やまべのあかひと〔山部赤人・山辺赤人・山部明人〕 生没年未詳。奈良時代を代表する歌人の一人。正史にはみえず、『万葉集』に作歌を残している。年次が明らかになっている作のなかでは「神亀元年甲子の冬十月、紀伊国に幸せる時に、山部宿禰赤人が作る歌」（巻六—九一七〜九）がもっとも古く、「（天平）八年丙子の夏六月、吉野の離宮に幸せる時に、山部宿禰赤人が詔に応へて作る歌」（巻六—一〇〇五〜六）がもっとも新しい。聖武天皇の治世に歌人として活躍していたと考えられる。前掲したほかにも、吉野（神亀二年・天平八年）・摂津（神亀二年・天平八年）・播磨（神亀三年）・伊予（巻三—三二二〜三）への行幸における従駕の作が多い。詳しい出自は不明だが、山部氏に着目すると『日本書紀』顕宗天皇元年四月条に、前の播磨の国司久来目部小楯が行方知れずになっていた億計王・弘計王を発見した功績により、山官を拝した折に、改めて山部連の氏という姓を賜っている。軍事的職掌をもつ久来目部以来の伝統と、奈良時代に門号氏族の一つに数えられている様相とを鑑みると、赤人が衛門府の下級官人として出仕し、行幸に従駕しながら場の要請を得て詠作を繰り返していた姿を想像することができる。柿本人麻呂歌の伝統を巧みに継承発展させた歌風からは、宮廷歌人と称するにふさわしい一人といえる。地方へは行幸従駕を含めて、西は難波国・摂津国・播磨国伊予国まで、東は駿河国をへて下総国（巻三—四三一〜三）まで旅をしていることが知られている。享受史としては、大伴家持が大伴池主に送った書簡のなかで「但し、稚き時に遊芸の庭に渉ず、横翰の藻、自づからに彫虫に乏し。幼年に山柿の門に逕らず、裁歌の趣詞を聚林に失ふ。」（巻一七—三九六九〜三九七二）と、柿本人麻呂と並べ「山柿の門」と称したのにはじまり、『古今和歌集』の序文にもその名がみえる。その評価は高さは、『赤人集』の編纂にも十分窺い知ることができる。

〔参考文献〕梶川信行『山部赤人』（翰林書房平9）。『万葉の歌人と作品 第七巻』（和泉書院平13）。 （市瀬雅之）

やまべのひめみこ〔山辺皇女〕 ?〜686 天智天皇の皇女で、大津皇子の妃。母は蘇我臣赤兄の女の常陸娘。六八六（朱鳥元）年十月三日、謀反の疑いで逮捕された大津皇子が訳語田舎（奈良県桜井市戒重）で刑死した際、山辺皇女は髪を振り乱して跣で駆け出し、殉じた。その姿を見て、皆泣いたという。 （和田萃）

やまもものみや〔楊梅宮〕 平城京内で平城宮外にあった宮の一つ。七七三（宝亀4）年二月に完成して光仁天皇が入ったことが知られ、その場所は平城宮東側張り出し部の平城宮東院内に推定され、正

確な位置は不明。長岡京出土木簡にも「山桃院」を造営するときの木簡が出土している。（高橋美久二）

やよい（しき）どき［弥生（式）土器］　一八八四（明治17）年、東京都文京区弥生町遺跡で出土した壺が契機となって、縄文土器と異なる土器として認識された。当初、縄文土器とは別の民族が用いたと考えられたが、後に縄文土器から弥生土器へという時間的な関係と、灌漑水田稲作、大陸系磨製石器、青銅器・鉄器などがともなうことが確実になった。製作技法の上では、叩き技法や回転台の採用、最近指摘されている覆い焼きでの焼成など、大陸からもたらされた技術が加味されている。煮炊き用の甕形土器、貯蔵用の壺形土器、食物の盛り付け用の鉢形土器や高坏形土器が基本的な器形で、用途ごとに器形が分化していることも大きな特徴である。しかし、縄文土器とは、轆轤を用いず一〇〇〇度以下の酸化炎で焼かれた軟質の素焼き土器である点で共通する。また、後続する古墳時代の土師器とは、製作技術に加えて、器形の組み合わせで違いを明確に説明することは困難である。現在では、農耕社会が成立してから前方後円墳が登場するまでの弥生文化にともなう土器として再定義されている。いっぽう、弥生土器は、遺跡からもっとも多く出土する遺物であることから、弥生文化の中の相対的な年代差を測る物差しとされる。弥生時代前期・中期・後期ごとの器形や文様の特徴が明らかにされ、さらに短い時間幅で用いられた土器様式が設定されている。こうした年代差とともに、土器の地域色も明らかとなり、弥生時代における部族の領域、通婚圏、倭人伝にみられる「国」などが実在していたであろう小地域圏を見出そうとする試みや、小地域圏相互の交流関係を移動・模倣・折衷された土器によって論じる試みなどが進んでいる。

坂戸市花影遺跡出土弥生式土器
埼玉県埋蔵文化センター蔵

さいたま市明花向遺跡出土弥生式土器
埼玉県埋蔵文化センター蔵

［参考文献］佐原眞編『弥生土器Ⅰ・Ⅱ』（ニューサイエンス社昭58）。金関恕他編『弥生文化の研究3・4』（雄山閣昭61・62）。都出比呂志『日本農耕社会の成立過程』（岩波書店平1）。（田崎博之）

やよいじだい［弥生時代］　⇨弥生文化

やよいじん［弥生人］　文字通りには弥生時代に日本列島に住んでいた人々だが、実際には弥生時代に大陸あるいは朝鮮半島から渡来してきた人々およびその子孫たちをさし、渡来系弥生人ともよばれる。彼らは、北部九州や山口県を中心とした地域に上陸し、瀬戸内海・近畿・東海へと拡大し、さらに、縄文人の子孫と混血しながら、周辺の地域へ拡散していった。その結果、現代日本人のなかに、縄文人の影響の極めて強いアイヌ、弥生人の影響の強い本土人、縄文人と弥生人の影響がおよそ半々の琉球人という三つの集団が生じた。弥生人は、縄文人と比べると、男性平均身長一六三㎝と大柄であるが、縄文人のように筋肉が発達していたと思われる特徴は見られない。顔は長円で、頬骨や上顎骨が大きい割に鼻骨が小さいので、極めて平坦な顔立ちであった。弥生人は、人骨や歯の形態あるいはDNA分析においても北方アジア人とよく似ており、北東アジア起源であることに疑問はない。

［参考文献］池田次郎『日本人のきた道』（朝日新聞社平10）。（馬場悠男）

やよいぶんか［弥生文化］　弥生文化は、灌漑水田稲作を主体とする農耕文化が定着することで生み出された文化である。九州・四国・本州を中心として展開し、前期・中期・後期の三時期に区分される。また、各地域ごとに多様な地域色が生み出されている。しかし、米づくりのために水路を備えた水田が前もって準備されること、鍬・鋤などの木製農具や木製容器をつくり分けるために板状や柱状の素材があらかじめ大量に用意されること、それらの素材をつくるための木工用の柱状片刃石斧や扁平片刃石斧、伐採用の蛤刃石斧などが大量に出土すること、特別な技術や知識をもつ専門工人の存在を想定できる青銅器や鉄器が伴うことなど、生活を営む上で必要と見込まれる食料や道具類を計画的に大量生産するという点は、各地でみられる弥生文化共通の特質である。ただし、弥生文化の特質を考古資料でどのように読み取るかで、これまで縄文時代晩期終末とされてきた夜臼式土器の段階に九州北部で灌漑水田が登場することから弥生時代早期を設定する見解と、弥生時代前期初頭の板付Ⅰ式土器以降とする見解が対立している。また、縄文文化を基盤として外部から新たに農耕文化を摂取することで生み出されたとする見解と、農耕文化の知識や思想を携えた集団が渡来移動した結果とみる見解があり、弥生時代の人骨の分析とあわせた論議が進んでいる。年代についても、夜臼式土器の成立はB.C.六～七世紀、板付Ⅰ式土器はB.C.四～五世紀とされてきたが、放射性炭素14年代法でえられた測定値を較正した分析結果が蓄積され、夜臼式土器の年代をB.C.一〇〇〇年頃までさかのぼらせる見解が発表され、論争が活発化している。いっぽう、こうした農耕文化の技術や知識は朝鮮半島や中国大陸からもたらされたものである。その後も常に交渉が続くことで、社会構造が加速度的に複雑化する。福岡市志賀島で発見された「漢委奴国王」の文字が刻まれた金印、大型墳丘墓や中国鏡などの舶載文物を副葬する手厚く埋葬された墓、超大型建物を中心として住居跡が密集する大規模集落の登場などは、弥生文化の中で生じた支配・被支配などの複雑な社会的関係を物語っている。その到達点として前方後円墳が登場し、弥生文化は古墳文化へと移行する。弥生文化の終末はA.D.三世紀後半～末とされてきたが、A.D.二世紀末とする見解も発表されている。今後も弥生文化の年代は大きな検討課題である。

[参考文献]佐藤達夫編『山内清男集日本考古学選集21』(築地書館昭49)。杉原荘介『日本農耕社会の形成』(吉川弘文館昭52)。佐原眞『日本の歴史1』(小学館昭62)。 (田崎博之)

やりみず【遣水】 寝殿造庭園の池に引き込まれた細流で、邸内の湧き水や、他所から導水して用いられた。その流れの方向、幅、立石設置の仕方などの意匠・技巧については平安時代の後期に成立した『作庭記』に詳しい。 (西山恵子)

ゆ

ゆいまえ【維摩会】 興福寺で毎年一〇月一〇日より七日間、『維摩経』を講説する法会。六五八(斉明4)年、藤原鎌足によって創始。宮中御斎会・薬師寺最勝会とともに南京三会の一つに数えられ、平安時代、僧侶の学業研鑽の場として重視された。 (志麻克史)

ゆう／もめん【木綿】 「ゆう」は植物性の繊維や織物を意味する古語。特に楮・穀・科・藤・葛などの樹皮繊維で織った布の総称で、神事の際に幣や襷として用いられた。「もめん」は綿の実から取れる綿花を紡いだ糸と、それで織った布をさす。 (武田佐知子)

ゆうかくせきふ【有角石斧】 弥生時代中期から後期に、関東および東北地方にみられる異形の磨製石器で、用途ははっきりしない。有角石器とも。とくに茨城・千葉県に出土例が多く、中期後半に属するものが多い。集落跡から出土することが多い。安山岩や閃緑岩製で、棒状の柄部と、両側縁に角状の突起があり、まさかり状もしくは撥形の身(刃部)をもつものが一般的であるが、個体差が激しい。中谷治宇二郎は有角石斧とよんだが、森本六爾は有角式石剣として石剣の一種と考えた(中谷ものちに石剣説をとる)。祭器か非日常の用具であろう。赤彩が施された例もある。鎬、樋をもつものもあるので、西日本の青銅製武器形祭器や磨製石剣・石戈の影響とする説がある一方、縄文在来の文化のなかからの系譜を求める人もいる。岡本孝之は、縄文土器文化の独鈷石の系譜下にあるとし、最初に発見された遺跡にちなみ、足洗型石器とよぶ。

[参考文献]岡本孝之「足洗型石器の研究」『考古学雑誌』八四―三(日本考古学会平11)。 (中山清隆)

ゆうじょ【遊女】 酒宴などで歌舞をもって興を添える女性。「遊女」と記すが「あそび」とよばれてきたことから、本来は貴人の心を楽しませることに発する人物だと考えられる。大江匡房『遊女記』では、船を操って津泊に蝟集して客を迎える遊女の姿が記されている。長者に率いられた座的な組織をもち、西国では津・泊に根拠をおき、東国では傀儡ともいわれて宿々を拠点にし、一方では内教坊あるいは雅楽寮などの内廷宮司に統轄され、とくに江口・神崎の遊女は五節の舞の際、舞姫に仕える下仕として宮廷行事に加わっている。一ヵ所に居をとどめず、遍歴していたが、のちに定住化した。後白河法皇の『梁塵秘抄』には、遊女から伝習した歌謡をおさめる。一四世紀以降はその地位を下落させ、辻子君とよばれ社会的な賤視の下におかれるようになる。

[参考文献]滝川政次郎『遊女の歴史』(至文堂昭40)。西山松之助編『遊女』(東京堂出版平6)。中野栄三『遊女の生活』(雄山閣出版平8)。 (山田雄司)

ゆうじょき【遊女記】 ⇩遊女

ゆうしん【熊津】 百済中期の王都。百済は四七五年に高句麗の攻撃によって漢城が陥落し滅亡に瀕したが、この地で再興した。急遽落ち着いた先であり、長居する予定はなかったが、泗沘へ移るまで六〇年余の都であった。『日本書紀』では久麻那利と表記する。熊津を訓読すればコムナルとなるが、それを漢字にあてたもの。中国史書では固麻城・居抜城とも表記。現在の忠清南道公州市で、王宮は公山城にあったとみられ、北に錦江がめぐり、西に王陵群(宋山里古墳群)を配する。百済滅亡後の一時期、唐の熊津都督府が置かれた。その後新羅は熊州を置く。 (田中俊明)

ゆうすいせき【夜臼遺跡】 福岡県糟屋郡新宮町にある縄文時代晩期終末～弥生時代前期の集落遺跡。海岸近くの洪積段丘上に営まれる。一九五一(昭和26)年、口縁部や胴部に刻目を施す突帯を貼り付けた甕形土器が、貯蔵穴で弥生時代前期の板付Ⅰ式土器とともに出土し、縄文時代晩期終末の土器様式である夜臼式土器として設定された。貯蔵穴に捨てられた貝類や獣骨・魚骨は、稲作だけでなく、狩猟・漁労への依存度の高さを示す。

（田崎博之）

ゆうしきどき［夜臼式土器］　福岡県西半部～佐賀県北半部に分布する土器様式。縄文時代晩期終末と考える見解と、弥生時代早期に位置づける見解がある。口縁部や胴部に刻目を施す突帯をもつ甕形土器や、壺形土器、浅鉢形土器が主要な器形である。浅鉢形土器は器表面が黒色に磨きあげられ、器形も縄文時代晩期のものと類似する。壺形土器は、その器形が縄文土器にはなく、器表面を赤く塗り磨きあげる手法とともに、朝鮮半島南部からの影響で成立したものである。（田崎博之）

ゆうせんくつ［遊仙窟］　中国唐代の伝奇小説。初唐張鷟（字は文成　660?～740）作。一巻。主人公が神仙の窟に迷い込み、一夜の宿を求めたところ、十娘・五嫂と結婚するという話。四六駢儷文と、三人が交わす美しい詩が特徴だが、隠語での好色な表現もある。中国では早くに散佚したが、同時期（奈良時代）の日本では大きく人々の関心をひく中国文学作品であり、『万葉集』に引用され、以後『枕草子』『源氏物語』『和漢朗詠集』など多くの作品にも引用された。（中畠俊彦）

ゆうそくこじつ［有職故実］　儀式・行事・作法等の遂行にあたって、参照される先例・典拠等を故実といい、これに通じていること（また、その人）を有職（古くは有識）という。公事の典拠は平安時代前期に「内裏式」や「儀式」など朝廷の手によってしだいに整備されていったが、中期以降は摂関家を中心に故実・作法継承において藤原師輔に始まる九条流や、藤原実資に始まる小野宮流、また藤原道長による御堂流など、分流を生じた。口伝や教命、また儀式・行事を中心とした詳細かつ膨大な日記の執筆は、子孫への故実継承に大きな役割をはたすものであった。他方、源高明の『西宮記』、藤原公任の『北山抄』、大江匡房の『江家次第』等は平安時代中期以降において有職故実書の亀鑑として大いに尊重されたが、院政時代には故実もさらに複雑化、形式化するいっぽう、家格・家職の固定化も一段と進み、行事別・職掌別の日記部類記の作成や各種の年中行事解説書が著された。（竹居明男）

ゆうりゃくてんのう［雄略天皇］　五世紀後半の倭国の王者。いわゆる倭の五王のなかの倭王武。『記』『紀』に葛城山の神との関係説話や王権の拡大を物語る伝承を載せるが、埼玉県行田市の稲荷山古墳出土の鉄剣銘文や熊本県和水町江田船山古墳出土の大刀銘文によって、ワカタケルを称し「治天下」の「大王」として君臨したことがわかる。「杖刀人」「典曹人」の官職名がみえるのも興味深い。（上田正昭）

ゆうりょう［遊猟］　猟をして遊ぶこと。古代においては、権力者の狩猟は単なる食料の獲得やレジャー、軍事演習のほか、山や森、野などの神・精霊との交信儀礼として行われた。つまり権力者による未開発地の支配確認儀礼であり、天皇の狩猟にはしばしば山神との出会いが記されるのはこのためである。（榎村寛之）

ユーカラ　アイヌの代表的叙事詩。神々のユーカラと英雄のユーカラがある。毎篇がすべて一人称の説述体で語られる「我しかじかす」という体裁をとり、「…と某神が自ら歌った」でしめくくられる。神々や英雄についての数多くの物語に旋律がついて歌われる。アイヌの貴重な伝承である。

〔**参考文献**〕金田一京助採集・訳『ユーカラ』（岩波文庫昭11）。（上田正昭）

ゆぎがたはにわ［靫形埴輪］　⇨埴輪はにわ

ゆきこく・すきこく［悠紀国・主基国］　大嘗祭の設営・服属儀礼を行う際の二国のこと。大嘗祭のときに卜定されその地で収穫された稲が使用される。天武天皇のときが初見。明治天皇のときには甲斐・安房、大正・昭和天皇時は愛知県・香川県、滋賀県・福岡県、一九九〇（平成2）年には秋田県・大分県。（高橋誠一）

ゆきのでらあと［雪野寺跡］　滋賀県蒲生郡竜王町にある白鳳寺院跡。湖東地域に南北に延びる雪野山の南西麓にある。一九三四・三五（昭和9・10）年に柏倉亮一が発掘し、乱石積基壇の塔跡などを検出し、菩薩、神王、童子などの塑像、風鐸六個などが出土した。その後、一九八六（同61）年京都大学が調査し、講堂と北西建物が確認された。軒瓦は複弁八葉蓮華文軒丸瓦、指頭圧痕重弧文軒平瓦など数種が出土し、渡来系氏族の安吉氏の氏寺とみなされる。（小笠原好彦）

ゆぎょう［遊行］　居所を定めずうつろい歩くこと。『万葉集』には大宰府や越中国府の宴席での遊行女婦の歌があり、袖を振って別れを惜しんだり、古歌を伝誦する女性として描かれる。『和名抄』や『名義抄』は遊行女児にウカレメ、アソビの訓を付し、のちの遊女的な性格を示す。摂関期には貴族の舟に近づく遊女の舟がしばしば記録や文学にみえるが、「遊行之女」と表記されることもあった。「令集解」は凶癘魂を鎮める遊部について、課役がなく任意に「遊行」する意とする。陰陽道では大将軍が三年間の定位置を離れて移動するのを遊行と称する。僧が各地の霊山を修行しまわることも遊行というなど、各地を移動することを一般的にさす例もある。（勝田至）

ゆげい［靫負］　大化前代における大和朝廷の親衛隊。大伴氏に統率され、武装して、宮廷諸門の守衛にあたった。おもに西国の豪族層の子弟から採用され、名代の部によって資養された。大宝・養老令制において宮門などを警備した衛門府が「ゆげいのつかさ」とよばれたのは、靫負の伝統を継承したことによる。（荊木美行）

ゆげいべ［靫負部］　大化前代の職業部の一つ。宮廷諸門の守衛にあたった靫負の資養のためにおかれた。靫負部をふくむ名代には丹比部・刑部・日下部・白髪部・勾部がある。舎人部が東国に集中するのに対し、靫負部は西国に多い。（荊木美行）

ゆげし［弓削氏］　大化前代の伴造氏族。弓作りを職務とする部民（弓削部）を統括し、河内国若江郡弓削郷（現大阪府八尾市）を本拠とする物部氏の配下にあった。姓は連、六八四（天武13）年宿禰に改姓。称徳朝に権勢を振るった道鏡は弓削氏の出身で、弟の浄人は弓削御浄朝臣を賜姓されている。一族の氏寺として広大な寺域を誇った弓削寺は今跡形もないが、氏神の由義神社・弓削神社が存在。（瀧浪貞子）

ゆげのきよひと［弓削浄人］　生没年未詳　奈良末の官人。道鏡の弟。称徳治世における道鏡の地位に呼応し昇進。大納言従二位にいたり、内豎卿・衛門督等を兼帯。七七〇（宝亀元）年、道鏡の失脚により土佐国に配流。のち許されるが、入京は叶わなかった。（関口力）

ゆげのどうきょう［弓削道鏡］⇨道鏡

ゆげのみこ［弓削皇子］　?～699　天武天皇の皇子。母は天智天皇の女・大江皇女。誕生順では九番目と推定されるが『続日本紀』には第六皇子とある。六九三（持統7）年、同母兄の長皇子とともに浄広弐の位を授けられ、六九九（文武3）年七月に没。『懐風藻』葛野王伝に、高市皇子薨後の次期皇位継承者をめぐる群臣会議で、直系継承を主張する葛野王に異議を唱えようとして叱責されたとの逸話がある。『万葉集』に異母妹・紀皇女を思う歌など八首を残す。（中川久仁子）

ゆげのみや［由義宮］　河内国若江郡弓削郷付近に営まれた称徳天皇の宮。現在の大阪府八尾市曙町由義神社付近とする説がある。称徳天皇の信頼をえて、法王の位にまで昇った、河内国弓削出身の道鏡の進言によって、七六九（神護景雲3）年に弓削の行宮に行幸があり、由義宮と改称して造営工事が始められた。称徳上皇の崩御や道鏡の失脚によって、わずか一〇ヵ月の短命の宮となった。（高橋美久二）

ゆそちょう［輸租帳］　田租の収納帳簿。租帳ともいう。奈良・平安時代における諸国の一年間の田租収納を書いた帳簿で、毎年貢調使に付して民部省に届けた。その書式は「延喜主税式」にみえる。「正倉院文書」の七四〇（天平12）年の「遠江国浜名郡輸租帳」が有名。（上田正昭）

ゆそでん［輸租田］　律令制下における田租を納める田。八世紀末の「民部例」では見任国造田・郡司職田・采女田・位田・口分田・墾田を輸租田とし、「延喜主税式」では神田・寺田など二四種を不輸租田、位田・職田・国造田など一一種を輸地子田とし、そのほかはすべて輸租田としている。（上田正昭）

ゆづきのきみ［弓月君］　秦氏の祖。融通王とも。『日本書紀』によれば、応神一四年に百済より帰化。弓月の人夫一二〇県も同一六年に加羅より渡来したというが、これは秦氏が後に秦人ら多数の集団を率いた事実を踏まえてつくられた話にすぎない。八世紀末以降は、弓月君を秦の始皇帝の後裔の功満王の子とし、功満王が仲哀朝に来帰したという所伝や、父を功智（物智?）王とする異伝が成立する。弓月君を朝鮮語の音訓で解釈し、百済君の意とする説もある。（加藤謙吉）

ゆばくるまづかこふん［湯迫車塚古墳］⇨備前車塚古墳

ゆはらおう［湯原王］　生没年不詳。奈良時代前期の歌人。天智天皇の孫で施基皇子の子。光仁天皇即位に際してその兄弟を親王と称することとなり、湯原親王となる。和歌に秀で『万葉集』に計一九首を残す。（廣瀬真理子）

ゆめどの［夢殿］　法隆寺東院伽藍の中心となる八角の仏殿。東院伽藍はかつての斑鳩宮の所在地にあり、上宮王院ともよばれる。七三八（天平10）年頃、行信によって造営された。七六一（天平宝字5）年の『法隆寺東院資財帳』にその存在が確認でき、創立当初より瓦葺きの八角仏殿であったことがわかる。夢殿とは、斑鳩宮内で聖徳太子が瞑想にこもったとする伝説上の建物であり、平安初期にはこの名称でよばれていた。現在の堂は一二三〇（寛喜2）年の大規模な修理・改築によるもので、創立当初に比べ、軒出が大きく、屋根が高くなっている。基壇は現在二重になっているが、もとは一重であったと考えられる。その後、一九三七（昭和12）年から三九（同14）年に解体修理が行われた。本尊は聖徳太子等身と伝える救世観音像で、飛鳥時代の造立。長らく秘仏であったが、一八八四（明治17）年以降は春秋に開扉されている。他に、行信僧都像、道詮律師像、聖徳太子立像、聖観音像などがある。国宝。

【参考文献】奈良六大寺大観刊行会編『奈良六大寺大観　第5巻』（岩波書店昭47）。浅野清『昭和修理を通して見た法隆寺建築の研究』（中央公論美術出版昭58）。（中大輔）

ゆらひめじんじゃ［由良比女神社］　島根県隠岐島の西ノ島町所在の神社で式内社。隠岐国の一宮で、祭神は由良比女命。八四二（承和9）年に官社となる。祭神由良比女命は神武天皇朝に由良浦に烏賊を手にして光臨したといい、海神を祀る神社。（井上満郎）

よ

よう［庸］　律令制下の租税の一。和訓は「チカラシロ」。起源は令制前に仕丁・采女の出身村落が、彼らのために負担した資養物である。令制以降は、郷土の資養はなくなり、庸として公民に賦課され、衛士・仕丁・采女などの養物に充てられ、残余は雇役民に雇直・食料として支給された。賦役令には歳役一〇日の代納物として庸を徴収することを定めているが、歳役として力役が実際に徴発されたことはなく、すべて庸としておさめられた。品目は布・絁・糸・綿や米・塩などで、中男（少丁）および京・畿内は免除された。布の場合、正丁一人につき二丈六尺であったが、七〇六〈同3〉年には半減された。庸は中央に送られ、民部省に保管された（七〇六〈慶雲3〉年以後は、布などは大蔵省に移管）。平城京跡などからは、諸国から送られた庸米・庸塩の荷札が出土しているが、庸米の場合、そこに示された輸貢量は五斗・五斗八升・六斗がほとんどで、中には二人で六斗を貢進した例がある。

【参考文献】狩野久『日本古代の国家と都城』（東京大学出版会平2）。青木和夫『日本律令国家論攷』（岩波書店平4）。（俣野好治）

ようかん［永観］ 1033～1111 平安後期の三論宗僧。「えいかん」とも。源国経の子。山城禅林寺（永観堂）で出家、のち東大寺東南院で三論・法相を学ぶ。一〇六二（康平5）年山城国光明山寺に隠棲し念仏を修する。のち禅林寺の住持、東大寺別当。著書『往生講式』『往生拾因』。（藤田琢司）

ようきひ［楊貴妃］ 719～56 唐の玄宗が寵愛した宮女。幼名は玉環。父は蜀州の司戸参軍楊玄琰だが、早くに亡くなったので叔父に養われた。美貌と才知に恵まれ、また歌舞音曲にも優れたので玄宗の第一八子寿王李瑁の妃となった。しかし玄宗は七三六（開元24）年に武恵妃を失うと、彼女を道教に出家させて名を太真と改め、七四五（天宝4）年には貴妃の位を授けた。従祖兄の国忠をはじめ、その一族も高位をえ、玄宗は彼女に惑溺して政治を見ず、国は乱れた。七五五（同14）年に安禄山が乱をおこすと、彼女は玄宗とともに難を避けて蜀に向ったが、途中の馬嵬坡（陝西省興平県馬嵬鎮）で護衛兵は乱の責任を楊国忠に求めてこれを殺させ、さらに貴妃にも責任があるとしてその処罰を求め、玄宗はやむなく絞殺させた。玄宗との恋愛は白居易『長恨歌』などで日本にも広く知られ、金春禅竹作と伝えられる謡曲「楊貴妃」もあり、また絶世の美女としてあまりにも名高い。
【参考文献】藤善眞澄『安禄山と楊貴妃』（清水新書昭59）。（中畠俊彦）

ようげきりょう［要劇料］ 古代において官人に支給された給与の一つ。律令には規定がなく、奈良時代には繁忙な官司の官人に支給される月別銭であったという。平安時代初の制度改変によって職事官全員に日二升の食料米として給されるものとなり、諸司田の収穫が財源にあてられた。（佐藤文子）

ようさん［養蚕］ 桑を栽培して蚕を飼い、生糸の原料となる繭を生産すること。蚕はカイコガの幼虫で、中国で野生のクワコを屋内飼育に馴化させた品種と考えられている。養蚕技術は、遺物から弥生時代中期には北九州に伝来していたと考えられ、『魏志』東夷伝倭人条も「種禾稲紵麻蚕桑緝績出細紵縑綿」と記す。古墳時代には蚕品種や技術が進歩し、生産地も拡大する。律令国家では、調として絹・絁・糸・綿などを課し、漆とともに桑の栽培を奨励した。（武田佐知子）

ようしかんごしょう［楊氏漢語抄］ 奈良時代の辞書。編者は不明。七一七～七二四（養老年間）頃の成立か。現存せず、その内容も明確ではないが、『倭名類聚抄』には四〇〇条以上引用されており、漢語に、和名と意味などを記した辞書ではかったかと考えられる。

【参考文献】国書逸文研究会『増補国書逸文』（国書刊行会平7）。（木本好信）

ようしゅう［揚州］ 中国江蘇省の都市。長江下流の北岸、大運河（邗溝）の西岸に位置する。春秋時代呉の広陵邑、秦漢の広陵県で、隋では州名を揚州、郡名を江都郡とし、治所も広陵県を江都県（現在の江都県は別）と改めた。古くは春秋呉の時に長江と淮河を結ぶ邗溝が開かれ、隋代に黄河まで通済渠が延びると、南方の物資を北方に水上輸送する際の中継地として栄えた。江南の風土を愛した煬帝は、豪華な離宮を設けてほとんどここに滞在し、最期はここで禁軍に殺された。長江口に近いので、唐中期にはアラビア商人らによる海上貿易も活発化し、「揚一益二」のように中国随一の繁栄を誇り、カンツーの名で海外にも知られた。西北郊の大明寺は唐僧鑑真ゆかりの寺で、則天武后期に揚州に生まれた鑑真が、洛陽・長安で教学（戒律）を学んだ後、玄宗のときにこの町に戻って住職をつとめた寺であり、また日本僧の栄叡・普照が鑑真を訪ね、その求めに応じて鑑真が決死の渡航を決めた場所でもある。（中畠俊彦）

ようぜいてんのう［陽成天皇］ 868～949 在位876～84 平安前期の天皇。名は貞明。清和天皇の第一皇子で母は藤原高子（長良の娘）。二歳で立太子、一〇歳で即位。病気を理由に譲位したが、「悪君」「物狂の帝」などと呼ばれ、内裏で馬を乗り回すなど乱行が多いため退位させられたというのが真相。『後撰和歌集』に歌をおさめる。陵は神楽岡東陵（京都市左京区）。（瀧浪貞子）

ようだい［煬帝］ 569～618 在位604～18 中国隋第二代皇帝。姓名は楊広。文帝楊堅の第二子で父が即位すると晋王となり、陳討伐軍を指揮して統一を達成した。陰謀で兄を失脚させて皇太子となり、六〇四（仁寿4）年、父を殺して即位した。首都大興（長安）と江南を連結し、また高句麗遠征に備えるため、六〇五（大業元）年から六一〇（同6）年にかけて杭州から河北にいたる大運河を建設し、六一二（同8）年からは連続三年三回の高句麗遠征を行ったが、これらは国力を消耗させて国内の緊張を高め、六一三（同9）年の楊玄感の乱以後、群雄が割拠した。煬帝は六一六（同12）年、洛陽を捨てて江都に逃れ、そこで宇文化及の率いる禁軍に殺された。六〇七（推古天皇15）年と翌年には小野妹子が、六一四（同22）年には犬上御田鍬が隋を訪れたが、煬帝は高句麗遠征以外にも、琉求国（台湾?）・赤土国への朝貢強要、林邑（ヴェトナム南部）征服など国内統一を背景にして対外積極策をとったから、遣隋使派遣も隋からの要求に応じたものだとの見方もある。
【参考文献】宮崎市定『隋の煬帝』（中公文庫昭62）。（中畠俊彦）

ようにん［遥任］ 在京のまま地方官に任命されることで、俸禄のみが与えられる経済的優遇措置で公卿に対するそれが多い。この制を前提として八二六（天長3）年に親王任国制が創設されている。平安初期に制度化され中期以降に盛行した。（朧谷寿）

ようふ・ようまい［庸布・庸米］ 庸として納入された布・米で、一般的な庸の品目。庸布は正丁一人の負担は二丈六尺で、負担額には時代により変動がある。正倉院には納入者などの記載のある各地からの庸布が残されている。庸米は令に規定はないが「延喜式」では三斗。平城宮跡出土木簡に庸米付札があり、宮都で労役などにあたる人々の食料などに充用されたものであろう。（井上満郎）

ようめいてんのう【用明天皇】 ?～587 在位585～87 第三一代天皇。和風諡号は橘豊日天皇。父は欽明天皇、母は蘇我馬子女堅塩媛。磐余池辺双槻宮に即位し、崩御前に三法への帰依を協議させた。陵は初め磐余池上陵、後に河内磯長陵に改葬された。（小野里了一）

ようめいのかん【揚名官】 平安時代以降、職務も給与もともなわぬ名ばかりの官をいう。「揚名関白」と自嘲した藤原実頼がいる。しかし「揚名介」で著名なようにもっぱら国司の介以下を指称した。とりわけ初期の段階で山城・上総・上野・常陸・近江の五ヵ国の介に用いられたのは栄誉である介の意。（朧谷寿）

ようめいもんいん【陽明門院】 1013～94 三条天皇第三皇女禎子内親王。母は藤原妍子（道長娘）。後三条天皇の母。女子誕生に道長は不快の色を隠さなかったという。一〇二七（万寿4）年東宮妃。後朱雀天皇即位後立后。四五（寛徳2）年出家して法名を妙法覚。六九（延久元）年院号宣下。藤原頼通養女嫄子入内、尊仁親王立太子をめぐっては藤原頼通とするどく対立した。（佐藤文子）

ようろうのたき【養老の滝】 岐阜県養老郡養老町にある滝。標高二八〇mの所に位置し、高さ約三〇m、所在地は美濃国多藝郡。七一七（霊亀3）年九月、元正天皇は美濃国の多度山の美泉に行幸。同年十一月十七日、詔して、多度山の美泉は、『符瑞書』に「醴泉は美泉なり、以て老を養ふべし。蓋し水の精なり」とみえるのに適い、大瑞であるとして養老と改元した。一般に多度山の美泉を養老の滝とするが、問題がある。郡名の多藝（『和名抄』では「多岐」の訓を付す）は、滝の古語で、『古事記』景行段に「當藝野」、『続日本紀』に「多伎郡」とみえるから（七〇二〈大宝2〉年三月二十三日条）、八世紀初頭にすでに養老の滝の存在は知られていた。養老改元の端緒となった「多度山の美泉」は、泉（湧水）であって滝ではない。養老の滝近くの養老神社境内に、日本百名水にも選ばれている「菊水泉」があり、その名称や由来からみて、多度山の美泉とみてよい。なお『十訓抄』巻六の一八段や『古今著聞集』巻八の第三一一に、養老の滝と結びついた孝子説話がみえる。（和田萃）

ようろうりつりょう【養老律令】 唐の永徽律令などを藍本として、八世紀前半に日本で編纂された法典。編者としては、藤原不比等をはじめ、矢集虫麻呂・陽胡真身・大倭小東人（大和長岡）・塩屋吉麻呂・百済人成（山田銀）らの名が知られる。大宝律令が律六巻、令一一巻であったのに対し、律一〇巻一二編、令一〇巻三〇編からなる。律は名例・衛禁・闘訟の一部と、職制の全条が現存し、残る約四分の三は散逸している。これに対し、令は、『令義解』『令集解』によってかなりの部分が残る。しかし、倉庫・医疾の二編目を欠いており、それらは復原によって補われている。この律令の完成は、七一八（養老2）年とされているが、その後も編纂は続いたとする説もある。また、施行は七五七（天平宝字9）年のことだが、このように大幅におくれた原因としては、大宝律令の細部を修正しただけの養老律令を早急に施行する必要がなかったこと、刪定・修訂の不徹底、藤原不比等の死去（七二〇）による事業の頓挫、などがあげられる。また、約四〇年も経過したのち突如施行されたのは、当時権勢を振るっていた藤原仲麻呂が、祖父・藤原不比等の顕彰や政策の刷新を意図した結果であろう。

【参考文献】利光三津夫『続律令制とその周辺』（慶應通信昭48）。瀧川政次郎『律令の研究』（名著普及会昭63）。坂本太郎『律令制度 著作集（7）』（吉川弘文館平1）。（荊木美行）

よかわ【横川】 近江国の東山道の駅名。近江国の最東端の駅で、美濃国境付近。現在の滋賀県米原市山東町にあたる。六七二（天武元）年の壬申の乱の時に「息長の横河」で激戦があり、七四〇（天平12）年に聖武天皇が「横川頓宮」に入ったが、駅と同じ所と考えられる。『平安遺文』所載の八三三（天長10）年の近江国愛智郡大原郷長解（「正親町伯爵家所蔵文書」）では横川駅の戸主の名前が確認される。（高橋美久二）

よこおおじ【横大路】 奈良盆地の中央部を、ほぼ真東西に走る古道。寺川にかかる小西橋（桜井市仁王堂）と、式内大社の長尾神社（北葛城郡当麻町〈現葛城市〉長尾）付近を結ぶ約一二・七kmの道で、西端は竹内街道に接続する。横大路は六七二年に勃発した壬申の乱当時すでに存在していた。金綱井（横大路に沿った橿原市小綱町に比定）に本営をおいていた大伴連吹負は、大阪平野から大和へ侵入した近江朝廷軍と、当麻の衢（長尾神社付近に想定）で闘っているからである。『日本書紀』推古天皇二十一（六一三）年十一月条に、「…また難波より京に至るまでに大道を置く」とみえ、竹内街道・横大路が官道として整備されたことを示す。しかし横大路の前身道（プレ横大路）が存在していたことは、横大路沿いに、安閑天皇の勾金橋宮（橿原市曲川町）、敏達天皇の訳語田幸玉宮（桜井市戒重）、用明天皇の磐余池辺雙槻宮（桜井市池之内）などが伝承され、また蘇我倉（橿原市曾我町付近）や当麻倉など、倭王権直轄の屯倉が存在したことからも推定できる。横大路の初見史料は、一一九三（建久4）年四月六日の「葛下郡平田御荘追捕使清原正秀注進状」（『談山神社文書』二八号）に、磯野郷（大和高田市磯野町を中心とした一帯）の四至として、「北限横大路ヨリ北二町行西東畔際」とみえる。その他の史料にをも勘案すると、一二世紀末頃にはすでに「ヨコノオホミチ（横大路）」と称されており、時には単に「オホミチ」「ヨコミチ」ともよばれていたらしい。横大路周辺の大字・小字名にも、「大道」（橿原市小綱町）、「大路堂町」（橿原市曾我町）、「横大路」（大和高田市横大路町）、「大道」（北葛城郡当麻町。現葛城市竹内）などがある。古代に敷設された横大路は、現在もよく残り交通量も多い。歩くことにより、歴史を追体験できる貴重な文化財といえよう。

【参考文献】和田萃「横大路とその周辺」『古代文化』二六―六（昭49）。（和田萃）

よこたしもこふん【横田下古墳】 佐賀県東松浦郡浜玉町に所在する径二〇数mの円墳。鏡山の東麓、標高六〇mの丘陵上に立地する。内部主体はわが国の初期横穴式石室の代表例。玄室は長さ約四m、幅約二mの平面長方形で、基底部より玄武岩の扁平割石を小口積みし、南壁の東寄りに短い羨道が付く。内部に三基の屍床を設け、その内外より人骨八体と銅鏡二面・筒形銅器一個・玉類・鉄刀・鉄斧・鉄鏃・短甲片・土師器等が出土。五世紀前半の築造。国指定史跡。（蒲原宏行）

よごと［賀詞／寿詞］ 古代においては、特定の氏族が天皇を寿ぐ言葉。中臣寿詞と出雲国造神賀詞が知られる。前者は本来「天神寿詞」とよばれ、「延喜式」では大嘗祭辰の日の儀式で神祇官の中臣氏が奏したが、もとは即位式のもので、天孫降臨における中臣の祖神、天児屋根命のはたした役割を述べる。後者は出雲神話に関わり、国造が交替した際に、新国造が上京して奏したもので、祖神天穂日命が国譲りではたした役割を述べる。いずれも祝詞と同様に宣命体で記録されている。（榎村寛之）

よさみのいけ［依網池］ 古代の河内における重要な灌漑用池。崇神記に「依網池を作る」、崇神紀六二年十月条に「依網池を造る」、推古紀十五年条に「依網池を作る」とあり、応神記・紀歌謡に「依網池」の名がみえる。その所在地については大依羅神社所蔵絵図や小字名のほか地質・地形や考古学的調査の結果などを検討して、北は大阪市住吉区苅田町・我孫子町一帯、南は江戸時代の宝永年間に付替えられた新大和川を挟んだ堺市常磐町一帯の地を含む約三五万m²の楕円形の池が古代の依網池であったとする説が有力視されている。築造の年代は不明であるが、依網池と関係の深い狭山池が七世紀前半の築造になることから考えると、推古朝の築造である可能性がある。

［参考文献］大和川・今池遺跡調査会『大和川・今池遺跡』（昭54）。（中尾芳治）

よしごかいづか［吉胡貝塚］ 愛知県田原市にある縄文時代後・晩期の貝塚。一九二二・二三（大正11・12）年京都大学の清野謙次らによる調査で三〇〇体におよぶ人骨が発見され、清野の石器時代人種論の展開と共に一躍著名となる。一九五一（昭和26）年文化財保護法にもとづく国営発掘第一号として国と県が共同で研究を実施。縄文文化から弥生文化への移行を層位的に解明することを目的とし、土器編年や生業、葬制の研究に成果をあげた。同年国史跡に指定。（鵜飼堅証）

よししげのやすたね［慶滋保胤］ ?～1002 平安時代中期の漢詩人。父は陰陽家の賀茂忠行。賀を「よし」として慶、茂を「しげ」として滋と自ら同義異字を用いて慶滋と改姓した。菅原道真の孫、文時に学び、官人として活躍するいっぽう、仏教信仰も篤く、比叡山の僧と漢字の学生との交流の場「勧学会」を主催したり、日本最初の往生伝（極楽往生した人の伝記集）『日本極楽往生伝』を著したりした。代表作にはほかに、白居易の「中隠」（官職に就きながら隠遁的態度を保つ生き方）に学んだ都での生活を述べた「池亭記」（『本朝文粋』所収）がある。（堀川貴司）

よじしん［余自信］ 百済末期の王族。『日本書紀』にのみみえ、余自進とも。百済滅亡後、達率であった余自信が、中部久麻怒利城（熊津）に依拠して兵を集め新羅軍を破り、復興をめざした。福信とともに佐平とよばれたが、六六三年拠点の周留城（州柔城）が破れ、倭国に亡命した。六六九（天智8）年に天智は余自信・鬼室集斯および男女七〇〇人を近江国蒲生郡に住まわせた。六七一（同10）年には、大錦下を授け、法官大輔としている。『新撰姓氏録』右京諸蕃下では高野造が余自信の後裔とする。（田中俊明）

よしたけたかぎいせき［吉武高木遺跡］ 福岡市西区吉武に所在する弥生時代の埋葬遺構を主体とする遺跡。福岡市の西郊、早良平野の内陸部、飯盛山麓の標高三五m前後の沖積地に立地する。一九八四（昭和59）年度に福岡市教育委員会が主体となって調査を行い、約三五〇m²の範囲で木棺墓四基、甕棺墓三四基（成人棺一六基、小児棺一四基）の埋葬施設を確認した。翌年の確認調査によって墓域は北側に広がり、全体で一五〇〇m²程度の範囲と考えられる。木棺墓と成人用甕棺の中軸方向は、ほぼ同一で、整然と配されている。また甕棺のサイズは一般的な成人棺とくらべて大型である。さらに埋葬施設の上部で確認された花崗岩の集塊は、墓標という意味で「標石」とよばれている。甕棺と副葬小壺の型式から弥生中期初頭に比定される。副葬遺物として注目されたのは、多鈕細文鏡一面と一一口の

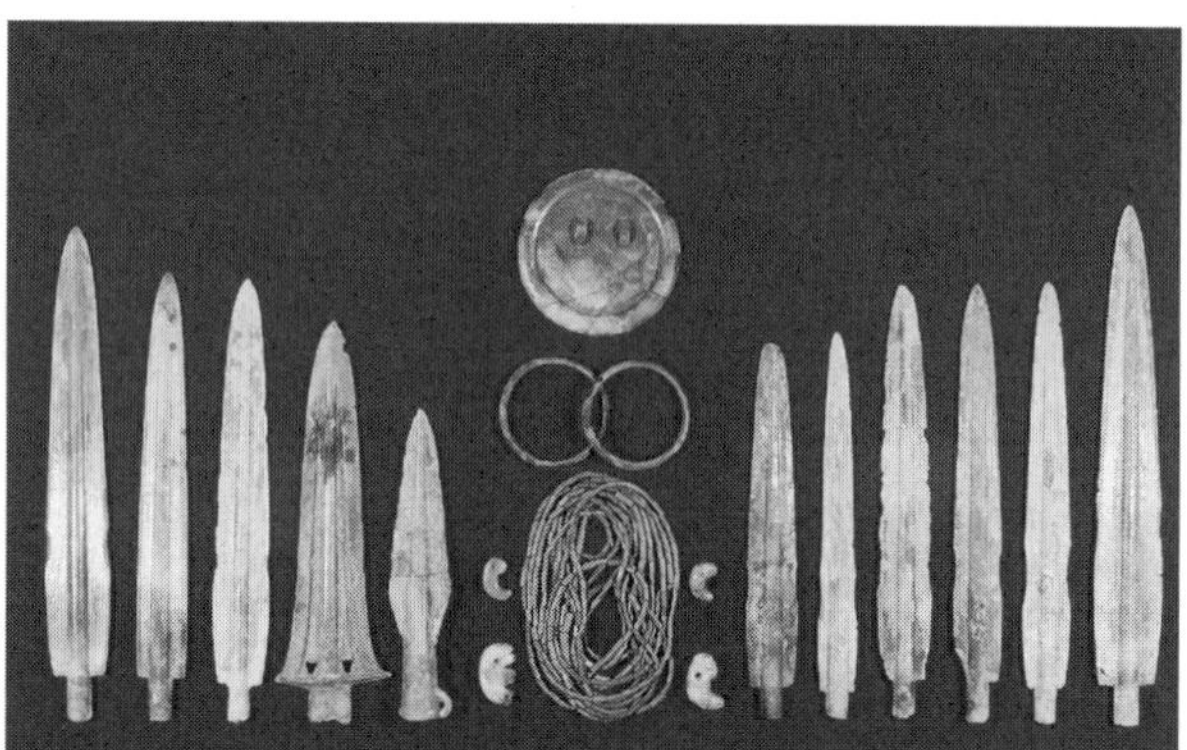
吉武高木遺跡出土遺物

吉武高木遺跡の埋葬施設と副葬品の分布

青銅武器類、翡翠製勾玉四点、碧玉製管玉四五八点、ガラス小玉一点、銅釧二点にのぼる装身具である。このなかで出土品が最も集中していたのは三号木棺墓で、装身具のほか多鈕細文鏡、銅剣二口、銅矛一口、銅戈一口が副葬されていた。九州北部において中期初頭段階で銅鏡、青銅武器に翡翠製勾玉などの装身具がともなう埋葬施設としては最も古い。一般構成の墓域と区別して「特定集団墓」と位置づけられる。吉武大石遺跡は、吉武高木遺跡の北西一〇〇mで検出された同時期の墓群で、青銅器の出土数は同様だが装身具が少なく各埋葬施設の規模も小さい。吉武樋渡遺跡は吉武大石遺跡の北側で検出された中期中葉から後半段階の墳丘をもつ区画墓で、甕棺墓を埋葬主体とする。副葬品には銅剣のほか前漢鏡や鉄器が加わる。吉武遺跡群の墓群は、中期後半段階に副葬遺物が集中する須玖岡本遺跡(福岡県春日市)や三雲南小路遺跡(福岡県前原市)などの「特定個人墓」への発展段階を考えるうえで重要である。このほか一一二号甕棺には二頭の鹿が線刻で描かれていた。出土遺物は一九八七年(昭和62)三月に重要文化財となり、遺跡は一九九四年(平成6)一〇月に国史跡『吉武高木遺跡』として指定をうけた。

〔参考文献〕福岡市教育委員会『吉武遺跡群Ⅷ・Ⅹ』(福岡市埋蔵文化財調査報告書第四六一・五八〇集平8・10)。　(常松幹雄)

吉武高木遺跡全景(北より)

よしだじんじゃ [吉田神社]　京都市左京区吉田神楽岡町に鎮座。八五九～八七七(貞観年間)奈良の春日神社を藤原山蔭が勧請したとされる。二十二社の一。祭神は建御賀豆知命・伊波比主命・天之子八根命・比売神の四柱。山蔭の孫時姫が兼家との間に詮子(東三条院)を設け、その詮子が円融天皇の女御として一条天皇を設けたので、外祖母家の山蔭の子孫の地位も上がり、当社も藤原氏の氏社としての地位を確立。鎌倉初期頃より卜部吉田氏が社司に任じられるようになり、明治にいたる。吉田氏からはすぐれた神道家を輩出し、中世以降吉田神道(唯一神道)の本拠地となり、根本道場としての太元宮が設けられた。　(堀越光信)

よしだつねふさ [吉田経房]　1143～1200　平安時代後期の貴族。父は光房、母は藤原俊忠女。実務官僚系の家に生まれ、弁官を歴任。右大弁・蔵人頭をへて、一一八一(養和元)年参議に昇進。後白河院政期・平氏政権期を通じて重用されただけでなく、内乱期以後は議奏公卿に選ばれ、関東申次として活動するなど源頼朝にも重んじられ、正二位権大納言まで昇進した。日記は『吉記』、「吉部秘訓抄」はその抄出。　(佐伯智広)

よしの [吉(芳)野]　奈良県南部の吉野郡々域の総称。大和国吉野郡。もともと、奈良県中央部を東西に流れる吉野川(紀ノ川)右岸の竜門岳(標高九〇四m)山麓や、吉野川沿いの狭い平地や山地を、「吉(良)し野」と称したことにもとづく。吉野の範囲は時代とともに拡大し、奈良時代には、吉野川左岸の吉野山から青根ヶ峯(古代の水分山)まで、平安時代初めになると、大峯山(山上ヶ岳。金峯山・金嶺と称された)に至る一帯までをもさすようになった。奈良盆地から南を望むと、畳重たる山並みが雲の彼方まで続く。そうしたところから、盆地部とは異なる世界(異郷)とし、またそこに暮らす純朴な山の民を異人とする観念を生んだ。『古事記』や『日本書紀』にみえる神武東征伝承では、吉野の山人を生尾、すなわち尻尾のある人々とするのは、そうした認識の所産である。七世紀になると、異郷とされていた吉野は、しだいに憧憬の対象となってゆく。その背景には、吉野川と吉野の山々の存在がある。奈良盆地を流れる諸河川と吉野川を較べると、吉野川は急流で水量も多く、山々の間を縫って流れるその様は、四季それぞれに景趣に富む。また「吉野の鮎」など、川の幸にも恵まれている。竜門岳の山麓や吉野川上流の小牟漏ヶ岳(吉野郡東吉野村小)は鳥獣の宝庫であり、吉野の山地には山菜・菌・木の実・鉱物などの山の幸が豊かにある。文字通り、「吉し野」であった。『古事記』『日本書紀』には、応神・雄略朝に吉野宮へ行幸した伝承がみえている。六四五(皇極天皇5)年六月に起こった乙巳の変(いわゆる大化のクーデター)に際し、古人大兄皇子は出家して吉野に入ったが、同年九月、謀反の疑いで殺害された。六五六(斉明2)年に吉野宮を造営、六五九(同5)年三月に吉野宮に行幸したことがみえている(『日本書紀』)。六七一(天智10)年十月、大海人皇子は近江宮を脱出して吉野宮に入り、雌伏した。六七二(天武元)年六月、大海人皇子は吉野宮を脱出、壬申の乱が勃発した。壬申の乱に勝利して即位した天武天皇は、在位中、六七九(同8)年五月に吉野宮へ行幸したにすぎない。持統天皇は在位中に三一回、また太上天皇になってからも、七〇一(大宝元)年六月に吉野宮へ行幸している。その背景には、吉野の山河を愛でる、往時を回想する、神仙思想の高揚といったことの外に、信仰に関わる理由も存在したかと推測される。その後、吉野宮への行幸は文武・元正・聖武朝にも行われている。奈良時代には、吉野宮・吉野離宮を維持・管理するため、一時期、吉野監がおかれた。いっぽう、七世紀後半～八世紀代、吉野の比蘇寺(吉野寺とも。吉野郡大淀町比曽)や竜門岳にあった竜門寺は、僧尼の山林修行の場となったことが注目される。飛鳥池遺跡(奈良県高市郡明日香村飛鳥)から出土した天武朝の寺名木簡に、「龍門 吉野」とみえ、両寺が天武朝にすでに存在していたことが明らかとなった。僧尼令第一三条に基づいて、飛鳥や南都諸大寺の僧尼らが山居して服餌し、禅行修道したのが比蘇寺や龍門寺であった。比蘇寺で禅行修道した僧侶らの間で、経典の暗唱能力を高めることを目的として、虚空蔵求聞持法を修する学派（自然智宗）が形成された。平安時代に入って山岳仏教が隆盛を迎えるようになり、一〇世紀中葉〜一一世紀代に吉野で修験道が成立した。

〔参考文献〕和田萃「古代史からみた霊地吉野」前園実知雄・松田真一編『吉野仙郷の歴史』（文英堂平16）。　（和田萃）

よしのがりいせき［吉野ケ里遺跡］　佐賀県神埼市神埼町から吉野ヶ里町にまたがる丘陵上に立地する弥生時代の大規模集落跡と墓地跡で、一九八六（昭和61）年から佐賀県教育委員会によって発掘調査が継続されている。弥生時代前期初頭から後期終末期まで規模を拡大しながら発展する環濠集落跡と、中期を中心とした甕棺墓を主体とする墓地跡や墳丘墓、古墳時代前期の集落跡や前方後方墳群などからなる遺跡で、弥生時代全時期の環濠集落の変遷や解体を把握できる遺跡として重要。弥生時代前期初頭に小規模な環濠集落が丘陵南端に形成され、前期の推定二・五ha強規模の環濠集落へ、さらに中期には推定二〇ha規模の環濠集落へと発展する。中期には、環濠より北には六〇〇mにおよぶ長大な甕棺の列状埋葬墓地をはじめとする墓地群が存在するが、それらとは別に南北約四〇m、東西三〇m弱、推定高四・五mの大規模な墳丘墓が築造されている。墳丘内には一四基の甕棺墓が存在し、把頭飾付き有柄細形銅剣を含む細形銅剣七本、中細形銅剣一本や、青銅製把頭飾二点、ガラス管玉七九点などが出土するなど階層分化のありさまを示している。弥生時代後期になると、北方へと規模を拡大し、ついには四〇haを越す大規模な環濠集落へと発展し、物見櫓を備えた環濠によって囲まれた二つの特別な空間が設けられる。北内郭は内部には、中期の墳丘墓に南面して建てられた大型掘立柱建物が存在し、銅戈などの祭祀遺物を出土するなど首長の祭祀や居住の場と考えられ、多数の鉄器など貴重な文物を出土する南内郭は高階層の人々の居住区と考えられる。また、南内郭西方にはクニ全体の物資を集積したと考えられる大規模な高床倉庫群が設けられ、クニの中心集落へと発展した姿を読み取ることができる。全体の集落構造や、南北内郭に設けられた環濠突出部や物見櫓跡、北内郭の鍵形の出入口跡などからは、中国城郭構造の波及を知ることができる。

〔参考文献〕佐賀県教育委員会編『吉野ヶ里』（吉川弘文館平4）。　（七田忠昭）

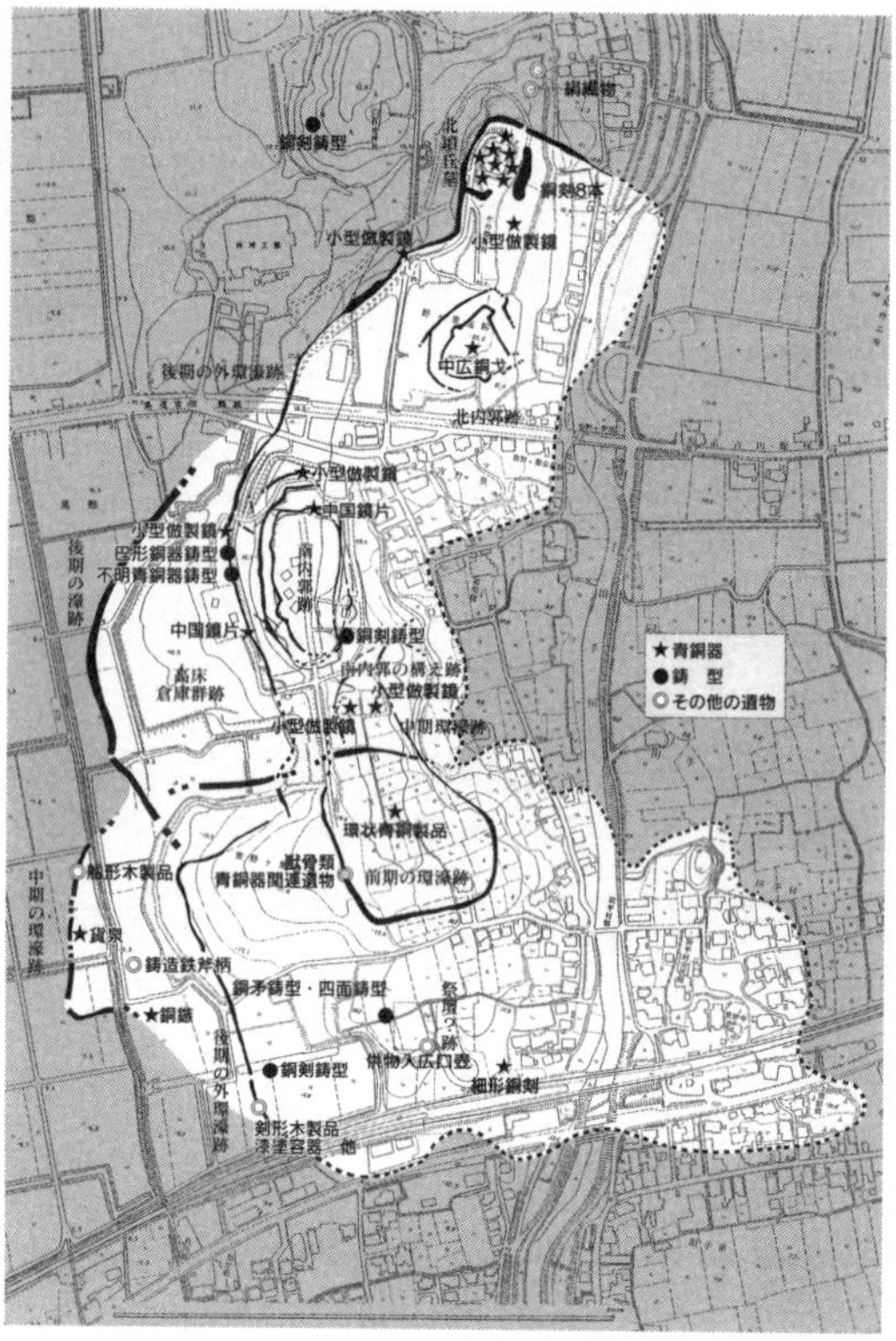

吉野ケ里遺跡全体図
図版：佐賀県

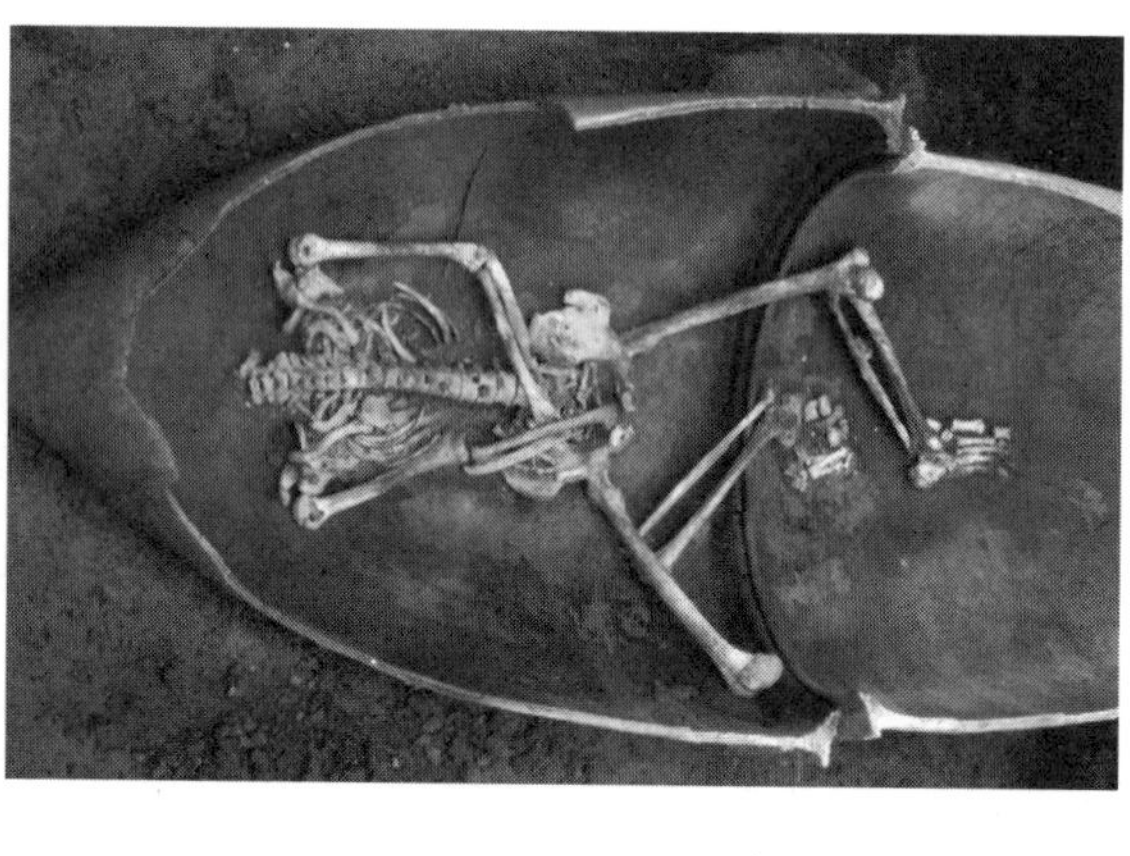

葬られた頭骨のない人骨
写真：佐賀県教育委員会

よしのげん［芳野監］　吉野宮・吉野（芳野）離宮を維持・管理するためにおかれた特別行政地域。吉野郡を芳野監とし、国に準じる扱いとした。七一一（和銅4）年四月〜七三二（天平4）年七月に設置されたらしい。七三六（同8）年六月の芳野離宮行幸に際し、芳野監および側近の百姓らに物を賜った。史料上の最後は七三八（同10）年十月であるが（『続日本紀』）、七四〇（同12）年に和泉監とともに廃されたらしく、吉野郡に復した。

（和田萃）

よしののみや［吉野宮］　奈良県吉野郡吉野町宮滝におかれた宮・離宮。六五六（斉明2）年に造営され、斉明朝から奈良時代の聖武朝にいたるまで、繰り返し行幸が行われた。吉野宮は吉野川右岸の河岸段丘上にあり、風光明媚な幽邃の地で、吉野の山河を満喫でき、また山の幸・川の幸に恵まれていたこと、また真南に水分山として信仰された青根ヶ峯を遠望できる地点であったことなどが、繰り返し行幸が行われた背景にある。宮滝付近の吉野川は、上流に大迫ダムが建設されたので、著しく水量を減じているが、かつては水量豊かで、川中に巨巌・奇巌があるため「激つ瀬」となっていた。『万葉集』には、「滝の都」（巻一—三六）、「たぎつ河内」（巻一―三八・三九）、「たぎつ河内の大宮どころ」（巻六―九二一）などと歌われている。また宮滝の対岸には象山と三船山があり、その間を流れる象の小川が吉野川に注ぎ込む所は、当時は淀みとなっていて、「夢のわだ」と称された。（巻三―三三五、巻七―一一三二）。

『古事記』や『日本書紀』には、応神・雄略朝に吉野宮へ行幸した伝承がみえている。応神天皇十九年十月、応神天皇は吉野宮へ行幸し、その際、国栖人らが醴酒（一夜酒）を献じ（『日本書紀』）、『古事記』応神段にも、吉野の国栖が御贄を献じ、歌笛を奏したとみえる。雄略天皇二年十月、雄略天皇は吉野宮に行幸して御馬瀬で獵をし、また四年八月にも吉野宮に行幸して、河上の小野で獵をした。その際に雄略が歌った歌謡に「倭の峰群の嶺」がみえる。吉野郡東吉野村小に鎮座する丹生川上神社中社の背後に小牟漏ヶ岳があるので、河上の小野は丹生川上神社中社付近とみるべきだろう。そのほか『古事記』雄略段には、雄略天皇が吉野川の辺で出会った童女との神婚伝承もみえている。神仙思想に彩られたもので、七世紀後半から高揚した吉野を神仙境とする観念にもとづいて、語り出された伝承であろう。

『日本書紀』斉明二（六五六）年是歳条に「吉野宮を作る」とみえ、六五九（同5）年三月に吉野宮行幸があった。斉明朝の吉野宮については、これまで疑問視されていたが、一九九一（平成3）年に実施された宮滝遺跡東部地区の第四三・四四次調査で、斉明朝にさかのぼる池（東西五〇m、南北二〇m）や苑池施設、大型土坑列などが検出され、斉明朝における吉野宮造営は史実であったことが確定した。六七一（天智10）年十月、大海人皇子は近江宮を脱出して吉野宮に入り、雌伏した。六七二（天武元）年六月二四日、大海人皇子は吉野宮を脱出、壬申の乱が勃発した。壬申の乱に勝利して即位した大海人皇子（天武天皇）は、在位中、六七九（天武8）年五月に吉野宮へ行幸したにすぎない。持統天皇は在位中に三一回、また太上天皇になってからも、七〇一（大宝元）年六月に吉野離宮へ行幸している。その理由として、春秋の好季節に吉野の山河を愛でる、夫の大海人皇子と過ごした往時を回想する、などをあげうる。しかし厳寒期の行幸もあることから、その他に、吉野水分神に対する信仰や、吉野を神仙境とする観念の高揚したことなどをあげうるだろう。その後、吉野宮・吉野離宮への行幸は文武・元正・聖武朝にも行われている。宮滝遺跡では、宮滝集落の中央地区で持統朝の遺構、西部地区で聖武朝の吉野離宮の遺構が検出されている。また奈良時代には、吉野宮・吉野離宮を維持・管理するため、一時期、吉野監がおかれた。

【参考文献】和田萃「古代史からみた霊地 吉野」前園実知雄・松田真一編『吉野 仙境の歴史』（文英堂平16）。（和田萃）

よしのみくまりじんじゃ【吉野水分神社】 祈年祭の祝詞に、四所水分神の一としてみえる吉野水分神を祀る神社。『延喜式』神名帳では大和国吉野郡所在の大社。現社地は、吉野町吉野山の子守集落の上方に鎮座する。現社地に遷ったのは桃山末期で、それ以前は青根ヶ峯（標高八五七・九m）から北の象谷へ下った「ヒロノ」に鎮座していた。青根ヶ峯は、『万葉集』に水分山と歌われた山（巻七―一一二〇）。六九八（文武2）年四月に、馬を芳野の水分峯の神に奉り、雨を祈った（『続日本紀』）。（和田萃）

よしのやま【吉野山】 吉野川左岸から青根ヶ峯（標高八五七・九m）にいたる尾根の総称。吉野山の中心に、金峯山修験本宗の総本山金峯山寺の蔵王堂がある。なお六四五（皇極4）年六月の乙巳の変直後に、古人大兄皇子は出家して吉野に入ったが、『日本書紀』大化元（六四五）年九月三日条の分註に引く「或本」では、吉野山に入ったとする。（和田萃）

よしぶちのちかなり【善淵愛成】 生没年不詳。平安中期の官人、儒者、本姓六人部。八六二（貞観4）年、善淵姓を賜る。永貞の弟。明経道の出身で、太政官の外記職や儒職をへて、恐らくは正五位（上下不詳）・大学博士にいたる。八八八（仁和4）年の「阿衡の紛議」への勘申で知られる。八七八（元慶2）年には禁中に『日本書紀』を講じ、また宇多天皇の侍読を勤め、八八八（仁和4）年、昇殿を許されて『周易』を進講した。『文徳実録』の編修に参与した。（住吉朋彦）

よしみねし【良峯氏】 「良岑氏」とも。桓武天皇の皇子安世に始まる氏族。安世は八〇二（延暦21）年に氏姓を賜り右京（のち左京）に貫付された。木連・長松・清風など安世の子の多くは四位にとどまったが、宗貞（僧正遍正）やその息子由性・素性（ともに僧）などは歌人として知られる。（瀧浪貞子）

よしみねでら【善峰寺】 京都市西京区大原野小塩町にある天台宗の寺。西山。本尊は千手観音。源算（源信の弟子）の建立という。慈円が一時籠居した。承久の変で道覚法親王が当寺に難を逃れて以来法親王が歴住し、西山御坊といわれた。（野口孝子）

よしみねのむねさだ【良岑宗貞】 ⇩遍昭

よしみねのやすよ【良岑安世】 785～830 桓武天皇皇子。母は百済永継。八〇二（延暦21）年賜姓。文人的資質に富み、嵯峨天皇の勅を奉じ『日本後紀』『内裏式』を編纂。また『経国集』を撰進した。大納言正三位にいたり、薨去後従二位が追贈された。（関口力）

よしみひゃっけつ【吉見百穴】 埼玉県比企郡吉見町にある古墳時代後期から終末期にかけての六～七世紀の横穴墓群。吉見丘陵の凝灰質砂岩の岩盤を刳り貫いてつくる。一八八七（明治20）年、坪井正五郎が二三七基を調査し、穴居説を唱えた。玄室の平面形は八形態に細分され、天井部がアーチ状のものや平らなものなどがある。七四％の一二四基に棺座をもつ。副葬品としては金環・勾玉・管玉・小玉・直刀・鉄鏃・刀子・須恵器などがある。なかには前庭から普通円筒埴輪や朝顔形埴輪を出土するものもみられる。

【参考文献】金井塚良一『吉見百穴横穴墓群の研究』（校倉書房昭50）。（橋本博文）

よすけおねいせき【与助尾根遺跡】 長野県茅野市豊平に所在する縄文遺跡。尖石丘陵北側の尾根を占め二八軒の竪穴住居跡が検出されている。一軒を除く二七軒は構築時期が中期後半に限られており、炉址のあり方や室内祭祀を示唆する施設の存在と相まって縄文集落研究の好資料とされている。六軒の住居跡には堀口捨巳氏の設計になる上屋が架せられ、復原住居としては登呂遺跡に次ぐ存在で学史的にも貴重である。現在、史跡公園として整備されている。 (桐原健)

よすみとっしゅつがたふんきゅうぼ［四隅突出型墳丘墓］ 方形台状の四隅が陸橋状に外方に突出した墓。弥生時代中期末頃から古墳時代初頭まで築かれ、但馬・丹後地域を除く、島根県中部から富山県域までの日本海側を中心に分布する。一九六八（昭和43）年島根県美郷町順庵原遺跡の発掘ではじめて確認された。代表的な弥生後期後半の島根県西谷3号墓を例にとると、四m以上の高さがあり、大型の墓壙掘り方をともなう埋葬施設をもち、四辺を貼り石と立石によって区画し、突出部も石によって区画している。この突出部は聖域である墳丘内に入るための通路と解釈されており、弥生時代前期から始まる方形周溝墓などの陸橋部に通じるものである。方形周溝墓との決定的な違いは、置き石または盛土・溝・削り出しなどによって、通路の先端を明示し、聖域を外側から切り離したことにある。初現期の例が集中する広島県三次地域の陣山墳墓群では、立石と貼り石で長方形に区画した高さ二m未満の墳丘の角部裾に数個の平石をおいている。この置き石がさらに発達して明確な突出部となり、後期中葉以降、出雲地方を中心に伝播するとの解釈があったが、鳥取県妻木晩田遺跡洞ノ原地区で一辺二m弱の超小型墓を含む中期末～後期初頭の四隅突出型墳丘墓群二〇基ほどが発見され、これまでの解釈に再考をせまっている。鳥取県阿弥大寺1～3号墓など鳥取県中部以西の後期中葉までの墳丘墓は、いずれも墳丘が低くその裾に一～三個の石を立てかけたもので、埋葬施設の掘り方も大きくない。一方、弥生中期末・後期初頭に属する鳥取県岩美町新井三嶋谷墳丘墓は、三・五m以上の高い墳丘をもち、四面に円礫を主とする貼り石を施しているが、石を用いた明瞭な突出部はみられない。墳頂部には五・三m×五・七mの大型の掘り方をもつ墓壙がある。後期後葉の西谷墳丘墓はこれら山陰各地の墳丘墓の特徴を統合化した姿といえる。丹後地域では四隅突出型墳丘墓は未発見であるが、弥生中期後半の貼り石区画と墳丘内への通路をもつ、京都府日吉ヶ丘墳墓があり、関連を窺わせる。また、北陸地域の四隅突出型墳丘墓には貼り石がなく、周溝によって突出部を区画明示している。 (佐古和枝)

鳥取県妻木晩田遺跡・洞ノ原1号墓
撮影：佐古和枝

よせぎづくり［寄木造］ 木彫の技法で、多くの木を寄せ集めて造る造仏法。一木造と対照的で、頭部・胴体・両腕・膝前などを別の木で造る技法のほか、各部分を細かく寄せ合わせるものがある。藤原時代初期から行われ、定朝によってその造仏法が確立した。木寄造ともいう。 (上田正昭)

よついけいせき［四ツ池遺跡］ 大阪府堺市浜寺船尾東・鳳北町・浜寺船尾西にある、弥生時代前期～後期を主体とした大形集落遺跡。泉北丘陵からのびる三光台地を中心とし、その縁辺に広がる石津川氾濫原上に立地する。地元では早く明治期に遺物散布が知られており、大正期にいたると大野雲外、梅原末治、鳥居龍蔵らによって広く学界にも紹介されるようになった。その後、おもに戦後になって末永雅雄、森浩一、堅田直らによる精力的な調査研究が行われた。一九六九（昭和44）～七一（同46）年の第二阪和国道建設にともなう大規模発掘では、遺跡内容が広範囲に明らかになり、近年では地元行政組織によって調査が継続されている。遺跡は縄文時代後期からの継続性をみせ、大阪南部地域で最も早く弥生文化が定着した集落にあたる。それ以降では、ほぼ弥生時代全体を通して、集落域や墓域の形成は原則的におもに三つの集団が基本となって展開したようである。この三単位は、中期段階では統合して広範囲な一つの居住域を成立させるが、その周辺には墓域が三ヵ所で形成されており、基本となる三集団の独自性が保たれている。このありようは、弥生時代の大形集落内部の実相を把握するうえで示唆的かつ重要である。

［参考文献］大阪の弥生遺跡検討会『大阪の弥生遺跡（2）』（平10）。堅田直『堺市四ッ池遺跡』（帝塚山大学考古学シリーズ（5）昭44）。堺市教育委員会『四ッ池遺跡―第83地区発掘調査報告書』（昭59）。第二阪和国道内遺跡調査会『池上・四ッ池一九七〇』（昭45）。 (秋山浩三)

よど［淀］ 『日本後紀』延暦二十三（八〇四）年に桓武天皇の与等津への行幸がみえ重要な津として意識され、承和の変（八四二年）の時の淀津の封鎖など、軍事的に重要視された。現京都市伏見区淀水垂町・淀大下津・納所町などの地域で、古代以来の交通の要衝。 (高橋誠一)

よどがわ［淀川］ 京都盆地内を流れる宇治川、桂川、木津川の三川が合流して、河内国と摂津国の国境に沿って大阪湾に注ぐ川。流域は近江・山城・大和・伊賀・丹波・摂津・河内の各国におよぶ畿内第一の大河。山陽道、南海道、西海道の物資は、瀬戸内海とこの淀川を通じて平城京や平安京に運ばれた。淀川の治水は最も古くから行われ、『日本書紀』仁徳紀や『古事記』仁徳天皇段には、淀川河口で治水や河川改修が行われたことが記されている。 (高橋美久二)

よどのつ［淀津］ 平安京の南郊外にあった平安京の外港。現在の京都市伏見区淀。

「延喜式」に播磨国はじめ山陽道や南海道の各国、大宰府から京へ物資を運ぶ運賃が書かれ、それぞれ国津から与等津（淀津）までの船賃が載せられる。西方諸国と京を結ぶ拠点の湊。都で異変が起きたときや天皇の崩御のときなどは、京への出入り口の要衝として宇治津や山崎津とともに警護された。（高橋美久二）

よどのつかい【四度使】 律令制下において、毎年諸国から政務報告のため定期に上京した四種の使者、すなわち大帳使（計帳使）・貢調使・正税帳使・朝集使を総称していう。国司（史生・医師等を含む）が任じた。この四使がもたらす公文が四度公文で、大帳使は大帳（計帳）、貢調使は調帳（および庸帳）、正税帳使は正税帳を持参した。朝集使は本来、地方官の考文の進上、考課の上申を主務としたが、しだいに各種の公文が便付されるようになり、のちにはそれらを総称して朝集帳ということも生じた。他の三使も上記の主帳簿以外に多くの付属関連帳簿（枝文）等を持参した。中央政府は、これら四度公文の監査（勘会）を通じて恒常的に地方行政の状況を掌握することができたのであり、律令中央集権体制の運営にとってきわめて重要な制度であった。四度使の制度・概念は、すでに八世紀の前半には成立していたものとみられるが、律令国家の衰退とともに弛緩し、やがて一二世紀にはまったく消滅した。
【参考文献】坂本太郎『日本古代史の基礎的研究（下）』（岩波書店昭39）。早川庄八『日本古代の文書と典籍』（吉川弘文館平9）。（鎌田元一）

よほうしょう【余豊璋】 百済最後の義慈王の王子。六四三年に渡倭したとされる翹岐と同一人物である可能性が高い。内乱のため放逐されたとみる意見もある。六六〇年に義慈王が唐・新羅連合軍に降伏し、百済が滅亡したあと、鬼室福信らが復興運動をおこし、そのシンボル的存在として倭からよびもどして擁立した。その際、皇太子中大兄が織冠を授け、臣下として位置づけ、外形的に百済王が倭の臣下に。その後対立した福信を殺し、運動は弱体化。最後は高句麗に逃亡。
【参考文献】西本昌弘「豊璋と翹岐」『ヒストリア』一〇七（大阪歴史学会昭60）。（田中俊明）

よみのくに【黄泉国】 死後の国。『古事記』（上巻）の神話には黄泉国、『日本書紀』（巻第一）の神話には黄泉と書く。『古事記』には「豫母」とある。黄泉津大神・黄泉神・黄泉醜女・黄泉比良坂・黄泉戸喫（『記』）のほか黄泉守道者（『紀』）などとみえる。『日本書紀』には「いなしこめききたなき国」と記す。『出雲国風土記』の出雲郡宇賀郷条には「磯の窟」（海辺の洞穴）について「黄泉の坂・黄泉の穴となづく」と述べる。黄は中国では土の色、泉はいずみで地下の死者のくらす国を意味する。（上田正昭）

よみのひろさか【黄泉比良坂】 ⇩黄泉国よみのくに

よもつくに【四方国】 畿内の「うちくに」に対する畿外の国。「よものくに」とも読む。『日本書紀』大化年間から天武天皇期にかけて頻用されていた地域区分の呼称としての意味を有していたと考えられる。『古事記』仁徳天皇の国見に「四方之国」、またのちの『続日本紀』文武・聖武朝の即位宣命に「四方食国」、「延喜式」祝詞に「四方国」などがみえる。「げこく（外国）」もこの用語に由来したものといわれる。（高橋誠一）

よるのおすくに【夜の食国】 ⇩月読尊つくよみのみこと

よるのねざめ【夜の寝覚】 「夜半の寝覚」とも。平安時代後期の物語。現存本は五巻または三巻だが、中間部分と末尾部分に相当量の欠巻がある。菅原孝標女の著と伝えられる。姉の婚約者である中納言と契ってしまった寝覚の女君の苦悩を描く。注釈書に『新編日本古典文学全集28』（小学館平8）などがある。（小西茂章）

ら

らいかん【礼冠】 即位や朝賀などの大儀に際して着用する礼服にともなう冠。衣服令では皇太子・親王・諸王・五位以上の文官は玉冠、五位以上の武官は皁羅冠を定める。平安時代初期には天皇・皇太子の礼冠として中国風の冕冠が定められた。（武田佐知子）

らいごう【来迎】 念仏の行者の臨終の際に、阿弥陀如来が二十五菩薩とともに迎えに来て、極楽へともなうこと。平安時代中期以後の浄土信仰の広がりによって普及し、その様を視覚化する多くの来迎図が描かれた。（井上満郎）

らいじん【雷神】 『記』『紀』神話では雷神はイザナミノミコトの死体の各所に取りつく「八雷神」としてみられ、落雷による死体からの連想かと思われる。『日本書紀』の雄略天皇七年には、少子部螺嬴が捕らえた三諸山の大蛇が雷神であったことがみられる。平安時代には天神信仰と結びつく。（榎村寛之）

らいふく【礼服】 即位礼・大嘗祭・元旦などの大儀の際用いられた装束。律令制下において唐制に倣い取り入れられた。衣服令には皇太子・皇族・五位以上の諸臣・内命婦に関して規定がある。天皇の礼服は袞服といわれ、七三二（天平4）年に聖武天皇が着用して以来整備が進んだ。（佐藤文子）

らくしょ【落書】 「落首」とも。匿名で詩歌、文の形式をとって多くは政局への抗議、風刺を記し、故意に特定の場所に落とし（ために「落とし文」ともいう）、また掲示するもの。同様の行為に早く童謡（わざうた）があるが、落書はこれを文字化したものといえる。平安時代初めよりみえるが中世にはいっそう発達し、一三三四（建武元）年の二条河原落書が著名。（井上満郎）

らくよう【洛陽】 洛陽の地は古来、中国の中心とみなされ、最初の城郭として西周の洛邑がある。後漢の洛陽城は、洛水の北側に南北九里、東西六里のやや縦長のプランで築かれ、九六城とよばれる。九は陽数の、六は陰数の代表で、陰陽を包摂した皇帝の居所にふさわしい都市計画に基づく。近年の発掘調査で城周実測値一万二二四〇mが得られ、文献にいう三〇里とほぼ合致する。城内は南北二宮が広大な面積を占め、前漢の長安城と同じく古代的都城の特徴がよく表れている。洛陽九六城は魏、西晋でも都城として継承された。ただ魏の時に西北隅に金墉城という三ブロックに区画された強固な軍事要塞が増設され、三国分裂という時代性を反映している。北魏の孝文帝は華化政策の一環として平城（現大同）から洛陽九六城に遷都した。次帝の宣武帝の時に九六城を内城化して東西二〇里、南北一五里の外郭城が築かれた。隋煬帝は九六城の西一〇kmの地に新たにより大規模な陪都としての洛陽城（東都）を洛水を跨ぐ形で築いた。洛水を天漢（天の川）に見立てたものである。黄河の三門峡が長安への水運上での大きな難所としてあり、その下流で洛水経由の水運の便のよいことが、新陪都築城の最大の理由であった。宮城東北で発掘された巨大な穴蔵群、含嘉倉は総貯蔵量四〇〇万石（二四万kℓ）と推定され、四七万人の年間穀物消費量に相当する。洛陽新城は長安城と同じく左右対称のシンメトリーな都城計画で始められたが、計画地の西半が洛水支流の氾濫をしばしば被り居住に堪えないことから、右街西半分を東側に延伸し、その結果中央北側にあるべき宮城、皇城が西北隅に位置することになった。近年の発掘による実測値は、東壁が七三一二m、西壁が六七七六m、南壁が七二九〇m、北壁が六一三八mで、長安城より規模はかなり小さい。唐代にも陪都として、とくに則天武后期には神都とよばれ、事実上の都城とされた。五代の後唐では都城、北宋では西京とされるが、唐代の繁栄には遠く及ばなかった。

〔**参考文献**〕愛宕元『中国の城郭都市』（中央公論社平3）。

（**愛宕元**）

らくろういせき［楽浪遺跡］　中国・漢の武帝がB.C.一〇八（元封3）年に、衛氏朝鮮国を滅ぼして設置した楽浪郡は、二五の県からなっていた。その所在地は、ほぼ現在の朝鮮民主主義人民共和国の平安南道から黄海北道を中心とする地域にあたる。郡の役所は朝鮮県にあったが、その遺跡は、ピョンヤンの旧市街地から大同江を挟んで対岸のピョンヤン特別市楽浪区域土城洞一帯に比定される。大同江南岸の低い丘陵地帯にあった土城跡からは、「楽浪礼官」「楽浪富貴」の四文字を配した瓦当や、文字を押捺した封泥が出土している。土城跡は、東西約七〇〇m、南北約六〇〇mの範囲に、およそ三一haを囲んで平面不整形な土塁がめぐらされている。土城跡の内部では、早くから種々の遺物が採集されていたが、一九三五年と三七年に、部分的な発掘調査が行われた。その際、瓦葺礎石建物、塼築井戸、塼敷歩道、玉石溝などの遺構や、赤く焼けた漆喰と炭化した木柱、瓦塼・封泥などの遺構や遺物が検出された。これまでに土城内から種々遺物が出土しているが、瓦塼や土器類が最も多く、封泥、金属製武器・武具、漆器、ガラス・水晶製装身具、貨幣、同鋳型と続く。土城跡出土の遺物のなかで、とりわけ注目されるのは封泥である。「楽浪大守章」や「楽浪大尹章」のような郡の官印のほか、「朝鮮令印」「長岑長印」「昭明丞印」「不耐左尉」など、郡下二五の県の令・長・丞・尉の官印の封泥が含まれる。弥生時代の地域集団が漢と交流する際の外交拠点としての楽浪郡と、その遺跡は日本にとっても重要なところである。

〔**参考文献**〕駒井和愛『楽浪』（中公新書昭47）。

（**西谷正**）

楽浪土城

らくろうぐん［楽浪郡］　B.C.一〇八から四世紀の初めまで、平壌を中心に朝鮮半島西北部におかれた中国の直轄地。おもに韓・倭を管轄。漢の武帝が衛氏朝鮮を滅ぼし、その故地を中心に設置。同時に臨屯・真番・玄菟郡もおく。郡治は朝鮮県。当初からかどうかに異論はあるが、郡治と推定される土城が、ピョンヤン特別市楽浪区域土城洞にあり、現在も城壁の一部が残る。当初の県数は不明であるが、前七五年の改編により二五県をようする大郡となる。前漢末には四〇万人を数えた。黏蟬・殷栗などいくつかの県城推定地が発見されている。拠点に県を配し、それと交通路をおさえる支配で、中国文化を伝え、韓族や高句麗などの政治的軍事的成長を促す。中国王朝の消長による盛衰があり、三世紀初に公孫氏が南半を分け帯方郡を設置。現地採用の吏員として土着漢人の王氏や韓氏が世襲し勢力をもち、多くの墓を残し、楽浪文化として知られる。最終的に高句麗や韓族が駆逐し、遼西地方に移動し六世紀まで存続。

（**田中俊明**）

らくろうこふんぐん［楽浪古墳群］　中国・漢の武帝がB.C.一〇八（元封3）年に設置した楽浪郡の、土城跡の南方から東方にかけて、現在の朝鮮民主主義人民共和国ピョンヤン特別市楽浪区域貞栢洞付近一帯にある墳墓群。ここには四〇〇〇基ともいわれる墳墓群が密集して分布する。それらの楽浪古墳は、一～二世紀頃を境にして、木槨墳から塼築墳へと変遷する。木槨墳は、たとえば、王光墓でみるように、平面方形の竪穴土壙内に、角材をもって槨をつくり、L字状に仕切られた内槨に、夫婦用の二つの木棺が安置される。木槨の上部は、やはり角材で横架してから粘土で覆い、さらには封土を盛り上げて方形の墳丘をつくる。木棺内からは、被葬者に装着されていた装身具類が出土する。内槨の北から西にあるL字状空間には、被葬者の身分や地位を示す「楽浪大守掾王光之印」の木印をはじめ、土器・漆器・調度品・車馬具・武器など多くの副葬品をおさめる。木槨墳は、漆器の紀年銘や銅鏡の鏡式から、前漢末より後漢にかけて盛行したことがわかる。いっぽう、塼築墳は、塼で横穴式の墓室と羨道をつくったもので、墓室内には、二つないし、それ以上の木棺が安置される。副葬品には、土器・漆器・武器・銅鏡・貨幣・明器などがあるが、木槨に比べて盗掘を多くうけ、出土量は少ない。使用塼の紀年銘や副葬品からみると、塼築墳は後漢から西晋にかけて、さらには三一三年の楽浪郡滅亡後の東晋の頃まで、長期間にわたって営造され続けたことがわかる。

【参考文献】高久健二『楽浪古墳文化研究』（学研文化社一九九五）。　（西谷正）

らじょう【羅城】　都城の周囲に築かれた城壁。中国と異なり日本の都城ではほとんど実態がなく、朱雀大路南端にあった羅城門の両側にのみつくられた。「延喜式」によれば平安京の羅城は基底部幅が六尺。平城京では羅城門付近のみとみる説と、京南辺全体にあったとする説がある。　（舘野和己）

らじょうもん【羅城門】　朱雀大路の南端、都城の南面中央に建つ門。雨乞いや祓え、法会、外交使節の送迎などさまざまな儀式が行われた。藤原京では京域の南端が丘陵にかかるため、当初から存在しなかったとみられている。平城京では跡地は現在佐保川の河道となっているが、発掘調査で遺構の一部が確認されている。その規模は朱雀門と同規模の桁行五間、梁行二間の重層入母屋造りと考えられていたが、近年条坊道路の発掘調査が進んだことにより再考され、朱雀門より大きい桁行七間とする案が出されている。平安京でも数回にわたる発掘調査が行われているが、遺構は確認されていない。『拾芥抄』をはじめとする史料には桁行七間、梁行二間とみえるが、裏松光世『大内裏図考證』では桁行九間とする。八一六（弘仁7）年大風で倒壊し、その後再建と倒壊を繰り返したが、九八〇（天元3）年に倒壊した後は再建されず荒廃にまかせたようである。

【参考文献】瀧川政次郎『法制史論叢二　京制並に都城制の研究』（角川書店昭42）。　（北村有貴江）

らでん【螺鈿】　貝を文様の形に切って紫檀などの木材や黒漆にはめ込んだ細工。貴族の調度や儀式用の螺鈿の剣、仏堂の柱、仏台などの荘厳に用いた。正倉院の螺鈿紫檀琵琶などの遺品や平泉の中尊寺金色堂などが著名。　（勝田至）

らんしょうしょう【濫觴抄】　事物の始まりを記した辞書。著者は不明。二巻。鎌倉時代末の成立。中国のことを帝王・文籍・楽・官などにわけて、その始まりを二九条、次に日本のことを人王・皇后・後宮などに類別し、四〇〇条ほど記している。引用した書物には現存しないものもあり貴重。　（木本好信）

らんりんぼう【蘭林坊】　平安京内裏の内北方に設けられた坊舎の一つで、朔平門と式乾門の間に位置した。坊の内には絵所、御書所があり、また、宮廷儀式の際の用具もおさめられていた。鎌倉時代中頃には廃絶した。　（西山恵子）

り

りきゅう【離宮】　古代においては宮都以外に設置された宮で、外宮とも。行宮が臨時のものであるのに対して、恒久的な施設。古代では『日本書紀』応神紀に初見する大和国の吉野宮や河内国の珍努宮など、また中世では鳥羽離宮、近世では修学院離宮や桂離宮などがある。明治期以降に設けられた離宮として浜・赤坂・芝・二条・函根・名古屋・青山・霞関・武庫・伊勢の各離宮があったが、現在宮内庁所管のものは桂・修学院離宮のみである。　（高橋誠一）

りきゅういん【離宮院】　伊勢国度会郡（現三重県伊勢市）に所在した斎宮の離宮。神宮参向の際斎宮が宿泊しただけでなく、大神宮司の政庁や度会郡駅の機能もここに備わっていた。七九七（延暦16）年沼木郷から湯田郷へ移転。八三九（承和6）年官舎一〇〇余宇を焼失。　（佐藤文子）

りくちょう【六朝】　⇩南北朝

りくでん【陸田】　雑穀や蔬菜などが栽培されていた耕地。水田に対応する語で、園（地）や畠とほぼ同義で用いられることもあるが、令には明確に規定されていない。『続日本紀』霊亀元（七一五）年十月の麦・粟の耕作と粟を輸すことを認める詔は、飢饉への対応と思われるが、七二九（天平元）年に、阿波・山背両国に口分田の不足を補うため陸田の班給が命じられていることからすれば、陸田は畠地一般とは異なり、税が賦課される畠地をさす用語とみるのが妥当であろう。　（山本崇）

りこん【離婚】　唐令をそのまま継受した戸令は、「七出条」で夫が一方的に離婚できる七つの条件を、「義絶条」で法によって強制的に離婚させられる場合を示す。しかし日本の婚姻慣行では、離婚は比較的自由に行われたと考えられている。　（武田佐知子）

りじゅんぷう【李淳風】　602〜70　唐代の天文家。岐州雍県（今の陝西省鳳翔県）。高宗のとき、皇極暦をもとにして麟徳暦をつくり、六六五（麟徳2）年から七二八（開元16）年まで使われた。太陽年や朔望月の周期を分母が一三四〇の分数で統一したため、計算が大幅に簡素化され、また太陽年や朔望月の長さを実際の天文現象と一致させた。同暦は新羅をへて日本にも伝わり、儀鳳暦の名で用いられた。また銅製の渾天儀（天体位置計測器）をつくった。　（中畠俊彦）

りちゅうてんのう【履中天皇】　在位年不詳。第一七代天皇。和風諡号は去来穂別天皇。父は仁徳天皇。住吉仲皇子の乱を平定し、磐余稚桜宮に即位。臣下に国事を執らせ、諸国に情勢を報告させるため

の国史をおいたと伝える。陵は百舌鳥耳原南陵。『宋書』の倭国王讃とする説もある。（小野里了一）

りちょう／さとおさ【里長】 「五十戸長」とも書く。養老戸令為里条によれば、五〇戸をもって一里としたが、その里ごとに一人おかれたのが里長である。京の坊ごとにおかれた坊長に対するもの。同条および取坊令条によれば、白丁の清正強幹の者から選び、戸口の検校、農業の奨励、非違の禁察、賦役の催駈などにあたった。七一五（霊亀元）年（養老元年とする説もある）、いわゆる郷里制の施行によって郷長と改称され、その下の里（コザト）には二、三人の里正がおかれたが、その後、七三九～四〇（天平11～12）年頃、郷里制が廃止されると、里長もなくなり、郷長だけとなった。（荊木美行）

りつ【律】 ⇨律令格式

りっけんしょうごう【立券荘号】 平安後期から行われた、特定の手続きを踏む立荘行為のこと。もともと立券とは土地などの売買に際し、公験を作成し国郡や京職の承認をえる行為をさしたが、一〇世紀以降、国郡の許可をえて立荘の文書を作成することも立券とよばれた。一二世紀には立荘にあたり、中央から派遣された官使や院使が国使らとともに検注を行って、立券状を作成する手続きがとられるようになる。こうした手続きを踏んだ立荘行為を立券荘号とよんだ。（勝山清次）

りっこくし【六国史】 『日本書紀』『続日本紀』『日本後紀』『続日本後紀』『日本文徳天皇実録』『日本三代実録』の総称。日本古代の正史で、記述内容は神代から光孝朝におよぶ。これに続く『新国史』が編纂されたが現存せず、逸文を存するのみである。（古藤真平）

りっし【律師】 古代における僧官の一つ。大宝・養老令制では、僧尼を統制する最高機関である僧綱のうち、僧正・僧都につぐ官とされた。六八三（天武12）年にはじめておかれ、僧尼の統領を命じられた。律師は、僧正・僧都とともに徒衆の推挙によって任じられた。（荊木美行）

りっしゅう【律宗】 ⇨南都六宗

りっしょざんぺん【律書残篇】 古律書残篇とも称される古代法に関する文献。巻子本一巻。重要文化財で、お茶の水図書館所蔵。刑律に関する内容が中心であるが、諸国の郡郷里数や京からの行程をのせることでも有名である。（川北靖之）

りつぶん【率分】 本来は一定の割合のこと。平安時代には累積した正税の未納を補塡させる正税率分、一割加徴して調庸未進分を補う調庸率分、貢納物の年料の一割（後に二割）を別納する正蔵率分が行われた。（勝山清次）

りつぶんしょ【率分所】 正蔵率分析、率分堂、率分蔵とも。諸国から進上される正蔵率分を収納・管理する機関で、九五二（天暦6）年に設置された。大蔵省正倉院内にあり、弁官が勾当となって管理にあたった。（勝山清次）

りつりょ【律呂】 六律六呂のこと。音楽の調子すなわち楽律。中国の古代に笛の長短によって定めて音の高低。音調を陰陽に分け、陽六を六律、陰六を六呂とよび、あわせて一二律という。なお雅楽の旋法に律施法と呂施法がある。（上田正昭）

りつりょうきゃくしき【律令格式】 七世紀から一〇世紀にかけて編纂・施行された成文法典の総称。もとは中国で発達し、周辺国家に普及したもので、日本でもその影響をうけて独自の律令格式を編纂した。律は体系的刑罰規定で、今日の刑法に相当し、日本で最初に編纂されたのは、大宝律とみられる。令は行政法規で、近江令（これについては存在を否定する説もある）以下、飛鳥浄御原令・大宝令・養老令などがあいついで編纂された。令は、中国では当初律の補足的な法規にすぎなかったが、時代が下るにつれ、しだいに重要性を増した。これに対し、日本ではまず令の編纂を優先したのが大きな特色である。格は律令の修正・補足のために出された単行法令のうち、永例となるものをいう。律令に比べると法典としての編纂はおくれ、八〇三（延暦22）年に編まれた延暦交替式（式と称するが、実質的には格）をはじまりとし、以後、弘仁格・貞観格・延喜格が制定・施行された。最後の式は律・令・格の施行細則をいい、すでに奈良時代から例や石川年足編の別式など、式の先蹤とみられる性質のものが編纂された。さらに、平安時代に入ると、格とともに、弘仁式・貞観式・「延喜式」が編纂されるが、ほかにも朝廷の儀式・行事の細則を集めた儀式・「内裏式」などが編まれた。

【参考文献】虎尾俊哉『延喜式』（吉川弘文館昭39）。坂本太郎『律令制度　著作集（7）』（吉川弘文館平1）。（荊木美行）

りつりょうこっか【律令国家】 律令を基本として運営された国家のこと。普通は大化改新から飛鳥浄御原令・大宝律令施行の七世紀後半頃までの成立とする。天皇を中心とし、公地公民制や戸籍・計帳・班田収授法などの統一的な全国統治を行う中央集権的国家形態をいう。九世紀末～一〇世紀初に崩壊するとするのが通説。（井上満郎）

りつりょうせい【律令制】 中国に始まる法体系である律令法にもとづいた統治制度。律は主に刑法、令はその他のさまざまな内容の法を含む。日本では律令の編纂は七世紀後半に始まり、天智天皇の時に近江令二二巻がつくられたのが最初であるが、その存否については諸説ある。次に天武天皇は六八一（天武10）年から編纂作業を開始し、六八九（持統3）年に令二二巻ができあがった。飛鳥浄御原令である。ついで文武天皇も刑部親王・藤原不比等らに律令の編纂を命じ、七〇〇（文武4）年までに令一一巻が、七〇一（大宝元）年に律六巻が完成し、令は七〇一年から、律は七〇二（同2）年から施行された。この大宝律令で律と令が揃った。さらにその後不比等が七一八（養老2）年にその改訂を行った。それが養老律令で、律・令とも一〇巻である。ただしその施行は七五七（天平宝字元）年になってからであり、七一八年成立説には異論がある。この養老律令は形式的には、明治にいたるまで廃止されなかった。養老律は「律疏」の形で一部のみ残り、養老令の条文は「令義解」「令集解」によってほぼ全体が知られ、律令とも残りの部分は諸事に引用された逸文によってほぼ復元される。大宝令は「令集解」の引用する大宝令の注釈である古記により、一部の語句のみ復元されるが、それによれば養老令は大宝令とほぼ同一の内容で、改訂はごく一部分に限られていた。日本の律令は中国に淵源をもち、唐の高宗の六五一（永徽2）年につくられた永徽律令を基準として編纂されたが、令は日本の実情に合うように改変しているところが大きいのに対し、律は唐律をほぼそのまま継受している。さて令で規定された統治制度をみると、まず官位令・職員令・選叙令・考課令・禄令などで、中央の神祇官・太政官の二官と中務・式部・治部・民部・兵部・刑部・大蔵・宮内省の八省とその被管官司、一台（弾正台）・五衛府（衛門府・左右衛士府・左右兵衛府）、地方の大宰府・国・郡などからなる官僚制度と官位相当制、官人の選任法や勤務評定と選叙、俸禄などが規定され、戸令・田令・賦役令などで地方行政制度・編戸・身分制・班田収授・税制などが定められた。また神祇令・僧尼令では神祇祭祀・僧尼の統制という宗教面が、公式令では文書制度や駅馬制・訴訟制度などが、宮衛令・軍防令では宮城・都城の警備や軍団・兵士・衛士のことなどが規定された。これらによって、太政官を中心とした中央集権的官僚制度とそれを運営するための文書制度、戸籍・計帳に人民を登録しての班田収授制とそれにもとづいて租・庸・調・雑徭などを徴収する税制、良賤制にもとづく身分制、そして五衛府や軍団兵士制による兵制などを内容とする国家体制ができあがった。すなわち天皇を頂点に、官僚制度を通じ公地公民制にもとづいて全人民・国土を支配する体制である。天皇については、基本的にそれを縛るような規定はなく、天皇は律令を超越する存在であった。日本が律令制を導入したのは、隋の高句麗遠征、隋の滅亡と唐の建国、朝鮮三国の相互抗争と唐の圧力による政変などの、七世紀の東アジアにおける緊迫した情勢に対処しうる国家体制の構築をめざすためであった。その契機については、推古天皇・聖徳太子の時代、六四五（大化元）年の大化改新、六六三（天智2）年の白村江の敗戦などに求める諸説がある。律令制を実現したうえで、国際的には唐には朝貢しつつ、新羅や渤海には朝貢を求め、また蝦夷や隼人を従えようとする小帝国をめざしたのである。ただし律令制は規定どおりに運営されていたとは限らず、必ずしも社会の実態と合致するものではなかった。そして律令制施行後まもなくから、班田農民の浮浪・逃亡の発生、税の未進や税物の粗悪化、墾田の増加による公地制への違反などの現象が相次ぎ、律令制はしだいに現実との乖離を深めていった。そこで政府は格・式によって律令を変更したり施行細則を定めて、その維持を図ろうとしたが、一〇世紀には形骸化した。そのため日本では、七世紀後半ないし八世紀から九世紀までが律令制社会とされている。しかし律令制が実際に社会に根を下ろしたのは平安時代になってからであるとの評価もある。

[**参考文献**]『律令』（岩波書店昭51）。吉田孝『律令国家と古代の社会』（岩波書店昭58）。同『日本の誕生』（岩波書店平9）。石上英一『律令国家と社会構造』（名著刊行会平8）。

（**舘野和己**）

りはく［李白］ 701～62 中国唐（盛唐）の詩人。蜀（四川）の人。字は太白。号は青蓮。若い頃から古典を広く学び、剣術にも通じ、任侠を好んだ。都長安で会った詩人賀知章に「謫仙人」（天を追放された仙人）と称賛され、その推薦で玄宗の宮廷に仕えたが、高力士などの権臣の反感を買って長安を去り、再び旅に出て河南では杜甫と会った。安史の乱では反粛宗の永王につき、そのため投獄・左遷されたが、赦免され、最後は安徽省当塗の李陽冰のもとで没した。杜甫とともに李杜と並称されるが、杜甫は努力型で律詩を得意とし、厳格な詩作で知られたが、李白は天才型で絶句を得意とし、規則の緩やかな古詩を好むなど、対照的な面をもつ。酒と旅と自然を題材にした豪快で奔放な詩は天才の面目躍如であるが、民衆の姿を情趣豊かに描いた作品も多い。「詩仙」の呼称にも表れるそのイメージから彼には多くの伝説があるが、最近の研究では今まで通説とされてきた経歴にも検討が加えられている。『李太白集』三〇巻がある。

[**参考文献**] 武部利男『李白』世界古典文学全集（筑摩書房昭47）。松浦友久編訳『李白詩選』（岩波文庫平9）。

（**中畠俊彦**）

りびょう［痢病］ 下痢をともなう病気。伝染病としては赤痢が古代から史料にみえ、疱瘡と同時に流行することも多かった。『医心方』は痢病篇を設ける。『小右記』は痢病の薬には牛乳がよいと記す。

（**勝田至**）

りほうおうき［吏部王記］ 醍醐天皇第四皇子重明親王の日記。書名は極官の式部卿の唐名「吏部尚書」による。「政事要略」『西宮記』『北山抄』などに逸文で伝わる。九二〇（延喜20）年より九五三（天暦7）年まで。一〇世紀の朝儀・典礼などに詳しい。『史料拾遺』『史料纂集』。

（**松本公一**）

りみつえい［李密翳］ 八世紀前半に来朝したペルシア（波斯）人。『続日本紀』によると、七三六（天平8）年八月、入唐副使中臣名代らに同行して来朝、一一月には位を授けられた。工匠説が有力であるが、イスラム商人の可能性もあろう。

（**川崎晃**）

りゅうえんこきりゃくこう［柳園古器略考］ 一八二二（文政5）年に国学者で福岡藩士の青柳種信（1766～1835）が著した著書。これには、同年に発見された「怡土郡三雲村所掘出古器図考」「同郡井原村所掘出古器図考」「志摩郡誓願寺蔵呉越王塔考」の三篇がおさめられ、とくに三雲南小路発見の甕棺墓の記述が出土品の図を掲載した考古学的論考であるところから学史的に有名である。もう一篇は、井原鑓溝遺跡の鏡や巴形銅器の拓本が掲載されている。

[**参考文献**] 森本六爾『筑前三雲鑓溝二日市三遺跡の考古学的位置』東西文化社（昭5）。

（**柳田康雄**）

りゅうがく［留学］ 外交使節にしたがって外地で学問・技術・芸能などを習得・研究すること。古代日本では隋・唐（中国）、百済・高句麗・新羅・渤海（朝鮮諸国）などに留学した。留学生たちは帰国後に日本の政治・文化の発展に大きな役割をはたした。唐への留学の場合、使節とともに渡唐し、帰国する短期の請益生と請益僧・還元僧、次の使節など別便で帰国する長期の留学生と学問僧(留学僧)とがあった。請益僧の最澄・空海は帰国後天台宗・真言宗を開いた。長期留学では隋・唐代の高向玄理、南淵請安が在留三二年、唐代の法相宗の僧行賀は三一年と伝える。また阿倍仲麻呂は唐の官吏試験に合格し、高官となり(朝衡と称す)ついに帰国をはたせなかった。「延喜式」大蔵省によれば請益生は絁五疋、綿三〇屯、布一六端、還元僧は絁二〇疋、綿六〇屯、布四〇端、留学生・学問僧は絁四〇疋、綿一〇〇屯、布八〇端が出発に際して下賜された。在唐中は唐政府の保護・監督下におかれたが、学問僧の滞在費は布施に依存したと推測される。

[参考文献] 森克己『遣唐使』(至文堂昭41)。東野治之『遣唐使』(朝日新聞社平11)。

(川崎晃)

りゅうかくじあと[竜角寺跡] 千葉県印旛郡栄町にある古代寺院跡。利根川と印旛沼の合流点近くの台地上にあり、現在の天竺山竜角寺(天台宗)境内にあったと推定されている。発掘調査の結果、七世紀後半に創建され、塔と金堂が東西に並ぶ法起寺式伽藍配置と想定されるが、塔と金堂の中心線上に位置するべき南大門が金堂の南に位置し、変則的な配置となっている。竜角寺に伝わる薬師如来座像の頭部は白鳳仏とされている。出土した単弁八葉蓮華文軒平瓦は奈良県山田寺跡の瓦当文様の系統を引いている。創建期の五斗蒔瓦窯跡から数多くの文字瓦が出土しているが、「朝布」(麻生)、「皮尓負」(埴生)、「服止部」(羽鳥)、「加刀利」(香取)などの字音表記は七世紀後半の貴重な文字資料として注目されている。

(平川南)

りゅうかくじこふんぐん[竜角寺古墳群] 千葉県印旛郡栄町・成田市にある古墳群。六～七世紀にかけて形成された前方後円墳三五基、方墳五基、円墳七一基からなる。全長六六mの前方後円墳、浅間山古墳が最大。良好な形象埴輪配列の確認された円墳、一〇一号墳は房総風土記の丘の一角に整備されている。とくに、前方後円墳築造後の終末期方墳、岩屋古墳・ミソ岩屋古墳は規模も大きく重要である。とくに、岩屋古墳は大阪府用明陵古墳を凌ぐ全国第一位の一辺八〇mの方墳で、截石切組積み横穴式石室を二室有する。ミソ岩屋古墳の横穴式石室を含めて貝化石を含む用材に共通性がある。蘇我氏との関係の深い山田寺式瓦をもつ白鳳期の寺院、竜角寺との関連性が注目される。

(橋本博文)

りゅうがどういせき[龍河洞遺跡] 高知県香美市土佐山田町にある弥生時代後期の洞穴遺跡。標高三〇〇mほどの山腹に開口した石灰洞内で、焚き火跡が発見され、甕・壺・鉢・高坏形土器の弥生土器とともに、鉄鏃、石錘、サルボウ製の貝輪、有孔鹿角製品、ハイガイ・カキ・サザエなどの鹹水産貝類やカワニナ・ヤマトシジミなどの淡水産貝類、シカ・イノシシ・魚などの動物骨が出土した。山間部における狩猟・採集を生活の基盤とした人々の狩屋的な遺跡とされる。

(田崎博之)

りゅうがんしゅかん[竜龕手鑑] 中国、遼の僧行均撰の漢字字書。四巻。総字数二万六四三〇余字を、編旁二四二部首に分け収録、四声順に配列。仏教書にみえる異体字を多く収集。当初『竜龕手鏡』といったが、宋の太祖の諱を避けて『竜龕手鑑』と改める。

(綾村宏)

りゅうきせんもんどき[隆起線文土器] 長崎県佐世保市にある福井洞穴の調査で第三層(第三文化層)で出土した縄文式土器の名称。器形は定かでないが幅広の隆起帯を縦横方向に貼りつけ、帯上に刻みをつける特徴がある。この土器は、従前旧石器時代の所産とされた細石器をともなって出土したことから、両時代を接続する縄文草創期の設定を促した。年代測定の結果約一万二七〇〇年前という数値がえられている。

[参考文献] 鎌木義昌ほか『長崎県福井洞穴』日本の洞穴遺跡(平凡社昭42)。

(正林護)

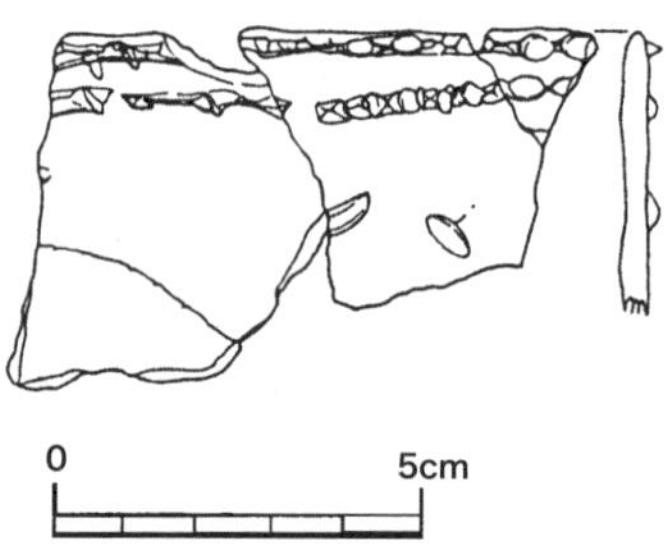

隆起線文土器

りゅうきゅう[琉球] 日本列島の九州の南方に散在する島嶼の奄美諸島、沖縄諸島、宮古諸島、八重山諸島を総称的に「琉球」といったのは、七世紀頃の中国側の文献が名づけた呼称である。日本(大和)の文献では七世紀頃、ほぼ同じ地域を掖久、多禰、阿麻弥などと記録し、それらを総称して「南嶋」とよんでいる。リュウキュウという読みに対してオキナハ、オキナワという読みは八世紀以後の文献に表れているが、弥生時代以後、沖縄島に定住した人々は、小さな舟で島々を島渡りしてきたために「大きな所」という意味でオキナハと自称していたらしい。「オキ」は沖縄古語で大きい、「ナハ」は「ナ」も「ハ」も地理空間を表す接尾語である。「沖縄」という文字が使われたのは日本の『元禄の国絵図』(一六九六)が初出、次いで『南嶋志』(一七一九)である。もう少しくわしくいうと、全島を統一した一四二九(永享元)年から王国を解体した一八七九(明治12)年までアジアのなかで琉球王国と称し、小国家として自立していた四五〇年間は「琉球」という国名を外交上積極的に使っていた。「琉球」という呼称を使ったのは、沖縄島の首里王府を中心にした貴族、士族達が「琉球国」を意識し、政治、経済、文化の面で必要な言葉として使っていたものである。しかし、地方に住む一般庶民は「琉球」という語をあまり意識していない。島の歴史を口承で伝えている神話や神歌、および王府が編纂した最古の神歌集『おもろさうし』からそれをうかがうことができる。そこにはリュウキュウ、琉球がまったく出てこないのである。さらに、奄美、宮古、八重山の島々では自分たちの島を「琉球」とはいわない。一六世紀以後、琉球王国の版図内に組み入れられはしたものの島それぞれが自立的であり、「琉球」というときには沖縄島をさすことが多い。だから、琉球王国時代の四五〇年間は「琉球」、それ以前と以後は「おきなは、「沖縄」と称したほうがよい。「琉球」の呼称については七世紀頃、中国の史書『隋書』（六三六）に高麗、百済、新羅、倭国などと並んで「流求國」のことが記されている。「流求」という文字の初出である。それ以後の中国その他の史書では、留仇、留求、流梂、流虬、流鬼、瑠求、琉球、瑠球、琉求などの文字が『北史』（六五九）、『通典』（八〇一）、『精霊集』（八三五）、『太平広記』（九三八）、『宋史』（一三四五）、『高麗史』（一四五一）、『海東諸国紀』（一四七一）、『使琉球録』（一六〇六）、『中山世鑑』（一六五〇）に使われている。一三七二年、明の太祖が沖縄島の中山王察度に招諭を送って朝貢関係が結ばれて以来、「琉球」の文字が公文書に使われるようになり、日本や朝鮮などもそれに習っていった。『隋書』では、『日本書紀』（六一六）にある「夷邪久」が「流求」と同じであるような記述がなされており、そのために「夷邪久」「掖久」と「流求」は同一のものをさす、つまり、イヤクが訛ってリュウキュウになったという説が作られ、流布しているが、これは語頭にr音は立たないという沖縄古語の原則に合わないこと、「夷邪久」が沖縄であることの確証がえられないことなどの理由で問題が残されている。r音が語頭に立たないということは沖縄古語だけでなく、日本古語、朝鮮古語などにもみられるアルタイ系言語の特徴でもある。リュウキュウという語が沖縄固有の語でないことはそこからもうかがうことができる。

隋書の流求伝については『隋書』の「流求國」の条にある数十項目の記述には沖縄の自然や風俗に近いものもある、台湾に近いと考えられるものもあって定まらない。『隋書』の記述の若干をとりだしてみよう。

○流求國は海島のなかにあり、福建省の東にあたり、水行五日で到着する。
○ガジュマルが多く、葉が密生し、条織は髪のように下垂する。
○木の皮や紵、毛を織って衣服をつくる。
○婦人は手にいれずみをし、虫・蛇の文様をつくる。
○男子は口ひげやびんの毛を抜き、体毛はすべて脱毛している。
○米こうじを発酵させて酒をつくる。
○熊、ひぐま、山犬、狼が生息し、とりわけ猪、鶏が多く、牛、羊、ろば、馬はいない。
○戦いで戦死者を収容したら全部をまとめて食べてしまい、その頭骨を王のところへ運ぶ。
○婦人はお産をした時は、かならず子衣を食う。産後は火で自らをあぶり、汗を出させる。
○人の様子は、凹んだ目に長鼻という風で、すこぶる胡人に似ていて、小知恵が働く。
○君臣関係、上下関係の礼儀上のきまりや、平伏の礼はない。
○酒を飲む様子は全く突厥（トルコ種族の遊牧民）と同じである。歌ったり呼ばわったりして地面を踏んだり蹴ったりし、一人が声をあげて歌うと多勢の人々もこれに合わせて歌う。その音楽はたいそう悲しみ怨みがましいものである。女子を側から支えて腕をあげ手を振って舞う。
○租税を徴収する制度はなく、必要に応じて均税を課す。刑を適用するにも基準がない。すべてその事件に応じて罪を定める。

その他の記述もふくめてその「流求」が沖縄なのか台湾なのか、古くから論争が続いて未だに決着はついていない。論争のおもなものは、台湾説が和田清・東恩納寛惇、琉球（沖縄）説が秋山謙蔵・伊波普猷であった。私は、台湾の高雄の西海岸側にある小琉球島の調査行で、小琉球島の原住民であったアミ族は、大陸の台湾を大琉球とよんで区別していた、ということを学んだことと、『隋書』の内容が沖縄にもよく似ている部分があることを合わせ、台湾と沖縄の自然、風習が入りまじって記録されたのではないか、と考えている。中国社会科学院の王仲殊博士も台湾から沖縄にかけた一帯の地域の総称であろう、と私説に近い考え方である。（外間守善）

りゅうじんがん【劉仁願】　生没年不詳。中国初唐の武将。字は士元。父大倶は唐初の夏州刺史。六四五（貞観19）年、太宗の高句麗遠征に従軍。六六〇（顕慶5）年には蘇定方に従って百済の都の泗沘城を攻略し、蘇が義慈王らを捕虜として唐に連れ帰ると、その留守を守った。鬼室福信ら百済再興軍の包囲にあったが、劉仁軌らの援軍をえて反撃し、白村江の戦いに参加した。帰国後の六六八（総章元）年、前年の高句麗遠征で期に遅れた責任を問われて流罪となった。（中畠俊彦）

りゅうじんき【劉仁軌】　602～85　中国初唐の武将。鬼室福信らの百済再興軍が唐将劉仁願の留守軍を包囲すると、六六一（唐竜朔元）年、高宗は劉仁軌を派遣したが劣勢は続いた。しかし劉仁軌の要請に応じて高宗は援軍を増派、六六三（同3）年、唐・新羅連合軍は百済王のいる周留城に向かった。同年九月、劉仁軌の水軍は倭の百済救援軍と白村江で会戦して大勝し、戦局全体の流れを決定、百済は平定された。後の高句麗平定にも参加し、新羅討伐にも成功した。（中畠俊彦）

りゅうじんしんこう【龍神信仰】　水神・雷雨神としての龍神の信仰。中国では古くから龍神の信仰があったが、日本では水神のシンボルとしての蛇神の信仰が基層にあった。中国の龍神信仰と習合して龍王・龍宮などの信仰をはぐくむ。水田耕作の守り神として信じられ、雨乞いを龍神が棲むという淵・池・沼のほとりで行うならわしも多い。水神の信仰は雷神信仰とも結びついて、龍巻によって天に昇ると信じられ、雷雨神の信仰とも結合した。水田農耕と蛇神とのつながりは東南アジアなどにみられる。龍神信仰は海民の間にも存在して、浦祭・磯祭・潮祭などで龍神のまつりが行われる。

【参考文献】柳田国男「龍王と水の神」『定本柳田国男集』27（筑摩書房昭39）。（上田正昭）

りゅうすいもんどうたく【流水文銅鐸】⇩銅鐸

りゅうせんじ【竜泉寺】　大阪府富田林市竜泉にある真言宗の寺院。蘇我馬子による推古朝の建立とする説があり、また、奈良時代の瓦の出土及び心礎の発掘から相当規模の寺院であったことが推測されている。本尊は薬師如来。（志麻克史）

りゅうびだん【竜尾壇】　竜尾道とも。平安京内裏の大極殿前の一段高くなった所で、名称は唐の含元殿の前庭に設置されたものをまねたという。壇上には朱の高

欄も設けられており、その様子は『年中行事絵巻』の御斎会の場面にうかがえる。（西山恵子）

りゅうへいえいほう【隆平永宝】⇨皇朝十二銭

りゅうもんじ【竜門寺】 竜門岳（標高九〇四・三m）南側中腹の竜門の滝付近に所在した古代の山岳寺院。狭い平場に小規模な礎石が散在し、奈良時代後半～平安初期の古瓦が出土する。中近世の史料に、義淵僧正の開基とする伝承がみえる。また『今昔物語集』には、同寺に久米仙人がいて空を飛んだとする話がみえ（本朝仏法部第二四）、著聞する。なお一九九七（平成9）年に行われた飛鳥池遺跡（奈良県高市郡明日香村飛鳥）の第八四次調査において、天武朝の寺名木簡が出土し、その内に「竜門」がみえていることから、天武朝に竜門寺がすでに創建されていることが確実になった。『懐風藻』には、葛野王（669～705）の「五言。竜門山に遊ぶ。一首。」がみえている。（和田萃）

りゅうもんせっくつ【龍門石窟】 中国、河南省洛陽市の南約一四kmの地に造営された仏教石窟寺院群で、雲崗、敦煌と並んで中国三大石窟の一に数えられる。伊水の東西両岸の石崖に沿って北魏孝文帝の洛陽遷都（四九四年）前後から、東西魏、北斉、隋、唐、北宋にかけて、大小二〇〇〇以上の石窟や龕が造営された。石窟の大規模なものは西山に二八窟、東山に七窟あり、窟と龕全体では総数一〇万体以上の石仏が彫刻され、碑刻題記は三六〇〇余、仏塔は四〇余確認されている。造営の最盛期は唐代で、皇帝以下、王公貴族や僧侶、さらに一般庶民にいたるあらゆる階層の人々によって、様々な願意のもとに活発な造像活動が続けられた。初唐期（六一八～六八三年）を代表するのが賓陽南北洞と潜渓寺洞で、窟の形式は平面が馬蹄形、天井はアーチ形で蓮華模様で満たされ、一仏（阿弥陀仏、弥勒仏）、二弟子、二菩薩、二天王の組合わせである。中唐期（六八三～七〇四年）のものが最多で、中でも則天武后が化粧料二万貫を寄進して六七五年に完成した奉先寺の大仏は有名で、西山ほぼ中央の山腹を三〇mにわたって切り開き、中央に通高一六mの毘盧舎那仏、その左右に脇侍の羅漢と菩薩、その間に供養者の立像、左右壁には神王と力士の巨像を配し、龍門石窟のシンボルとなっている。奈良東大寺の大仏はこの龍門の毘盧舎那仏をモデルとしたものである。晩唐期（七〇五～八〇四年）の窟形は方形で平天井が主流で、中期以降の密教の流行を反映して千手千眼観音像や大日如来仏像が現れる。龍門石窟の特徴は碑刻題記が多いことで、唐代の書法芸術のみならず、唐代の社会を研究する上でも貴重な当該時代の文字資料となっている。紀年のある造像記は六六〇年代が一四〇例余りで最も多く、次いで六七〇年代が九〇例余り、七二〇年代が一〇例以下と、これによっても龍門での造像活動の推移を窺うことができる。現在では雨水の浸透や大気汚染で石窟や石像の損傷が進み、保護のため石窟内部の見学は部分的に制限されている。

【参考文献】劉景龍・楊超傑『龍門石窟総録』全一二巻（中国大百科全書出版社平11）。（愛宕元）

りょううんしゅう【凌雲集】 わが国最初の勅撰漢詩集。正しくは『凌雲新集』。一巻。嵯峨天皇の勅、小野岑守・菅原清公・勇山文継の撰。八一四（弘仁5）年成立。七八二（延暦元）年以降の詩二三人九〇首（現存二四人九一首）を、爵位順に配列する。『覆刻日本古典全集』（現代思潮社昭57、日本古典全集刊行会大15の複製）などに翻刻されている。（小西茂章）

りょうきでん【綾綺殿】 平安京内裏の殿舎の一つで、仁寿殿の東、宜陽殿の北に位置した。身舎の規模は東西二間、南北九間。内宴や妓女の舞などが行われる場で、その様子は『年中行事絵巻』に描かれている。また、清和・朱雀天皇などの御座所になったこともある。（西山恵子）

りょうけいしんき【両京新記】 中国唐代の地誌。韋述撰。五巻。七二二（開元10）年成立。唐が都とした長安と洛陽の両都について、宮殿・役所・仏寺道観・邸宅や生活の様子を記す。中国では早くに散逸したが、宋の宋敏求はこの書に拠って『長安志』『河南志』を著した。後者やそれに拠る『元河南志』は散逸したが、清の徐松は『永楽大典』中に『元河南志』逸文が含まれることに着目し、『長安志』とともに利用して『唐両京城坊攷』を著し、長安と洛陽の姿を詳細に復元した。唐の都城制は日本の都城制を考えるうえで不可欠であり、『唐両京城坊攷』やその源流である本書の価値は大きい。本書の伝本は日本の尊経閣文庫所蔵の巻第三旧抄本（国宝）が唯一で、長安の東半を記す。該書は一七九九（寛政11）年に林述斎が『佚存叢書』に入れて出版して清朝に伝わり、清の曹元忠はこれに逸文を加えて二巻の輯本をつくった（『南菁札記』）。平岡武夫編『唐代の長安と洛陽』資料編は尊経閣本の影印と曹元忠輯本をおさめ、校注と解説を付す。

【参考文献】平岡武夫編『唐代の長安と洛陽』資料編（京都大学人文科学研究所昭31）。愛宕元訳注『唐両京城坊攷』（平凡社東洋文庫五七七平6）。（中畠俊彦）

りょうげのかん【令外官】 「大宝令」官員令・「養老令」職員令に規定された官制のほかに設置された官職の総称。ただし、員外官や権官のほか、令制の官職の増員などは含まない。代表的なものは、平安前期設置の摂政・関白・蔵人所・検非違使などであるが、実際は、参議・中納言などのように、「大宝令」施行後まもなくおかれはじめている。令外官の数は少なくないが、大まかにいって二種類に分けることができる。一つは、官位相当が定められており、令制の官に準じて除目によって任ぜられる官（除目官）である。中納言・勘解由使・按察使・鎮守府将軍・内大臣などのほか、四等官制をとり、名称に省・寮・職・司・府のつく官司がこれにあたる。もう一つは、官位相当がなく、天皇の詔または宣旨によって任ぜられる職（宣旨職）である。摂政・関白・検非違使などのほか、蔵人所をはじめとする諸所がそれで、原則として、すでに本官をもつ者が兼任した。

【参考文献】今江廣道「『令外官』の一考察」『続日本古代史論集下巻』（吉川弘文館昭47）。（篠田孝一）

りょうげん【良源】 912～85 天台宗僧。諡号は慈恵。俗姓は木津氏。近江浅井郡生まれ。幼少期に比叡山に入り、理仙に師事した。九三五（承平5、九三七〈同7〉年説もある）年に興福寺維摩会番論議で元興寺義昭を論破。さらに、九六三（応和3）年には、南都法相宗を論破（応和宗論）。九六六（康保3）年、五五歳で第一八代天台座主に就任。九八一（天元4）年には大僧正に任じられた。この間、東宮護持僧・内供奉十禅師を勤めたり、藤原師輔など摂関家の人々から帰依をうけ貴族社会と密接な関係を築いた。一方、寺内では、堂舎造営や法会整備、二十六箇条起請の制定など、天台中興の祖と仰がれた。尋禅・源信・覚運・覚超等の弟子を育てるも、貴族社会との深い関係から、寺内の世俗化・門閥化を招いた。後世、元三大師・御廟大師・角大師・降魔大師などと称された。（上島理恵子）

りょうこ［陵戸］ いわゆる五色の賤の一つ。治部省被管の諸陵司に管掌され、課役にかえて天皇や皇族の陵墓を守営した。陵戸が賤とされたは「養老令」からで、「大宝令」では雑戸の一種だったとみられる。延喜諸陵式には墓戸とともに陵戸の一覧がみえる。（荊木美行）

りょうざんりこふんぐん［陵山里古墳群］ 大韓民国の忠清南道扶余郡扶余邑陵山里にある、三国時代百済の古墳群。当時の王都である泗沘（現在の扶余）の故地から東方三km余りの羅城外にあって、六世紀後半から七世紀前半にかけて築造され、当時の王陵が含まれると推定される。伝王陵群とその東方に少し離れて東古墳群があり、さらにその東方にも塼敷や割石積の石室の一群がある。六基からなる伝王陵群は、いずれも平面円形の墳丘をもち、裾部に切石または割石の外護列石をもつものが多い。内部主体は、南向きの横穴式石室で、よく研磨された扁平な花崗岩の石材で構築されている。そのうち東下塚には、四神・蓮華文・雲文などの壁画を描く。いずれも早くに盗掘をうけていて、木棺の棺材、飾り鋲・鉄製釘、冠の金銅製透かし彫金具など、わずかな遺物しか出土していない。東古墳群では五基が発掘調査されたが、いずれも伝王陵群と類似した構造の横穴式石室が、扁平な花崗岩を用いて構築されていた。内部は盗掘によって荒らされていて、鉄製釘・鉄製楔・鉄地金銅張飾鋲・座金具などの木棺金具と、飾玉・金糸など、わずかな遺物しか残っていなかった。

［参考文献］谷井済一「陵山里伝王陵」『大正六年度古蹟調査報告』（朝鮮総督府大9）。梅原末治「扶余陵山里東古墳群の調査」『昭和一二年度古蹟調査報告』（朝鮮古蹟研究会昭13）。（西谷正）

りょうしゃく［令釈］ 「養老令」の注釈書の一つ。「本朝法家文書目録」によれば全七巻であったが、現存せず、「令集解」に「釈云」として引用されるのみ。七八七～七九一（延暦6～10）年頃、伊予部（伊余部）家守かその門弟によってまとめられたとみられている。漢籍を引用した訓詁的な注釈が多いのが特色。（荊木美行）

りょうしゅせい［領主制］ 中世の社会支配体制を説明する学術用語。戦後まもなく石母田正が提言。主従関係を形成した在地領主が、農奴に成長した農民を支配する体制を指称。古代的荘園制と対立、克服する体制とされた。戦後、長らく中世史研究の通説的理解となる。その後、在地領主と荘園領主との依存関係、領域支配において公権を重視する見解などが成立。また、これに対し、イエ支配など、在地領主の独自の支配や、武士としての独自性を強調する見解も出現している。（元木泰雄）

りょうしょ［梁書］ 中国南朝梁の正史。唐姚思廉奉勅撰。本紀六巻、列伝五〇巻、計五六巻。六三五（貞観10）年完成。姚察は梁陳の史書を書こうとして果たさず、子の思廉は隋のときにこれを家学として継承、さらに唐太宗の命をうけて完成した。撰者に名を連ねる魏徴は監修にすぎない。当時は史書も駢文で書くのが通例だったが古文で記述し、古文復興運動の先駆けとなった。インド僧の記事が多く東西交渉史の好資料だが、巻五四諸夷伝の倭の記事の史料価値は低い。（中畠俊彦）

りょうしょいせきぐん［良渚遺跡群］ 中国浙江省余杭市良渚、安渓、長命橋、瓶窯、北湖の各郷鎮にまたがる新石器時代後期の遺跡群。良渚文化の標準遺跡として知られる。その存続年代はB.C.三三〇〇年頃から一〇〇〇年間ほどと想定される。東西約一〇km、南北約六kmの範囲内でこれまでに一三〇ヵ所を超える遺跡が確認されている。その中心に位置するのが面積約三〇万m²、高さ約一〇mを誇る人工土台、莫角山遺跡であり、その周辺を姚家墩以下七つの一辺数百m規模の方形土台群、長さ五kmに及ぶ塘山土塁、反山墳丘墓、瑶山台状墓などがとり囲んでいる。反山、瑶山両遺跡に代表される墓地遺跡からは琮、璧、鉞、冠状器、三叉形器などの精緻に加工された玉器が大量に出土しており、当時の王族・貴族の墓地と考えられている。良渚文化の遺跡は現在の浙江省北部、上海市全域、江蘇省南部を含む範囲に分布するが、この遺跡は当時最大の祭祀・政治センターとして機能していたものと考えられている。

［参考文献］王明達他編『良渚文化（日中文化研究　第一一号）』（勉誠社一九九六）。（中村慎一）

りょうしょっこうず［梁職貢図］ 中国、南朝梁代に都の建康（現南京）に入貢してきた諸外国の使者を写した図巻。梁の武帝の子蕭繹（のちの元帝）が荊州刺史であった五三九年頃に制作した原本には二六国の使者が描かれていたが、現存する一一世紀の最古の模本（北京、中国歴史博物館蔵）では一二国の使者だけが残っている。その中に倭国の使者が含まれ、当時の倭国の習俗や服飾を知る上で貴重な絵画資料である。ただし現存の模本が原本にどれだけ忠実であるかの問題がある。（愛宕元）

りょうじんひしょう［梁塵秘抄］ 平安時代末期成立の歌謡集。後白河院撰。本来は歌謡集一〇巻、口伝集一〇巻であったらしいが、現存するのは歌謡集巻二と口伝集巻一〇およびそれぞれの巻一の断簡のみ。一一六九（嘉応元）年までに口伝集巻一〇を除き成立。その後八五（文治元）年頃までに口伝集巻一〇も成立。現存本では五六六首の今様が収録されており、当時の幅広い階層の宗教的・世俗的生活をかいま見ることができる。歌謡史においてだけでなく、民衆生活をうかがえる意味でも貴重な作品である。注釈書に『新日本古典文学大系56』（岩波書店平5）、『新編日本古典文学全集42』（小学館

平12）などがある。（小西茂章）

りょうじんひしょうくでんしゅう［梁塵秘抄口伝集］ ⇨梁塵秘抄

りょうせん［良賤］ 古代日本律令制下の身分区分。「養老令」では陵戸・官戸・家人・公奴婢・私奴婢の五種の身分を「賤」とし（「大宝令」では陵戸はなし）、それに準ずる中間的身分として品部・雑戸をおき、それ以外の租税を負担する公民をすべて「良」とした。中国隋唐代の中華の礼的秩序内にある国民と外にある国民とを区分する制にならったもの。戸籍での区別を必須とし六九〇（持統天皇4）年の庚寅年籍で確立した身分制度と考えられる。（井上満郎）

りょうせん［霊仙］ 生没年不詳。平安前期の法相宗僧。興福寺で法相宗を学び、八〇四（延暦23）年入唐。八一〇年長安醴泉寺での「大乗本生心地観経」の翻訳事業に参加したことから霊仙三蔵と尊称された。内供奉に任じられたが八二〇年五台山に移る。八二五（天長2）年日本の朝廷から渤海僧貞素を通じて黄金が送られると、返礼に仏舎利や新訳経典を日本に送る。貞素が再び黄金を持参して五台山を訪れた八二八年にはすでに毒殺されていたと伝える。（藤田琢司）

りょうどうりふんぼぐん［良洞里墳墓群］ 大韓民国の慶尚南道金海市酒村面良洞里にある、原三国（弁韓）時代から三国時代加耶にまたがる墳墓群。遺跡は、標高九〇mの丘陵の頂上部から南西側傾斜面と、その末端部にかけて分布する。工場用地として、一九九〇（平成2）年から九六（同8）年にわたって緊急発掘された。その結果、木棺墓・木槨墓・竪穴式石室墓・甕棺墓など、五四八基が検出されたが、墳墓はさらに東方に広がると推定される。原三国時代の墳墓構造は、木棺墓から木槨墓へと変遷する。そのうち、第一六二号木槨墓は、二世紀後半頃に比定されるが、銅鏡一〇点や剣・矛・板状斧・鍑など一三〇点余りの鉄器を出土していて、狗邪国の王墓と推測される。ここでは、狗邪国特有の土器や鉄器のほか、楽浪系の木槨構造や鉄鍑・後漢鏡などとともに、倭鏡と思われる内行花文系の仿製鏡が含まれる。そのほか、この遺跡からは、弥生時代後期の広形銅矛や、楽浪系の有銘銅鼎なども出土して注目される。竪穴式石室墓は、金官加耶国の有力者の墳墓と考えられる。（西谷正）

りょうにん［良忍］ 1073～1132 光乗房・聖応大師とも。平安後期の天台宗僧。融通念仏の開祖。尾張の人。俗姓は秦氏。比叡山に学び、東塔常行堂の堂僧をつとめる。のち大原に隠棲し来迎院を創建、天台声明の諸流を統一、大成した。一一一七（永久5）年阿弥陀如来からの霊告をうけ、自己と万人の念仏が融通するという融通念仏を創始。以後各地をめぐって融通念仏への結縁を勧め、摂津平野に修楽寺（のちの大念仏寺）を創建した。（藤田琢司）

りょうのぎげ［令義解］ 養老令の公的注釈書。全一〇巻三〇編。明法博士額田今足の上申により、清原夏野以下一二人に編纂が命じられた。八三三（天長10）年に完成し、八三四（承和元）年に施行。現存の義解は一部を欠くが、「令集解」が義解説を引用するので、倉庫・医疾二令を除き、他の編目は復原が可能である。（荊木美行）

りょうのしゅうげ［令集解］ 養老令の私的注釈集成。全五〇巻と推定されるが、現在は三五巻が残る。貞観年間（八五九～八七七）、おそらく八六九（貞観11）年前後に、惟宗直本が編纂したとみられる。現行の「令集解」は、令文に続いて、義解・古記・令釈・穴記・讃記・跡記・朱記・その他の学説を列記し、ときに「私云」として撰者の私案を付す体裁をとる。（荊木美行）

りょうぶしんとう［両部神道］ 世界を金剛界と胎蔵界の両部に分けて金胎不二を説く密教教説を借りて、イザナキ・イザナミ、内宮・外宮などの神々を両部に配して、その一体性を説く神道における習合説。天台系では山王神道、真言系では御流神道や三輪流神道など。鎌倉以降の神道説の主流をなす。『中臣祓訓解』『天地麗気記』『両宮形文深釈』などの著作がある。

［参考文献］村山修一『神仏習合思潮』（平楽寺書店昭32）。（北康宏）

りょくゆう［緑釉］ 緑色の低火度釉をかけた陶器。鉛を含む低火度釉で、銅を呈色剤とし緑色に発色する。中国では戦国時代から使用され、漢代には明器に盛んに使用された。南北朝時代にいったん少なくなるが、唐代以降再び多彩陶器とともに多くの緑釉陶器がつくられた。朝鮮半島では統一新羅時代に印花文を施した骨壺などに盛んに緑釉が施釉された。日本では七世紀後半代に生産が始まり、奈良県川原寺出土緑釉波文塼や大阪府塚廻古墳出土緑釉陶棺などが知られる。奈良時代には唐の影響をうけた国産の奈良三彩が一時出現するが、平安時代に再び緑釉が主流となり、山城、近江、尾張など各地で特徴的な緑釉陶器が生産された。（杉山洋）

りらくじょう［離洛帖］ 藤原佐理の自筆書状。「離洛帖」の名は、書き出しに「離洛之後」とあることにちなむ。九九一（正暦2）年五月一九日、佐理が大宰大弐として赴任する途中、長門国赤間の泊から甥の藤原誠信にあてて摂政藤原道隆に申達を依頼した消息。畠山記念館所蔵。国宝。（荊木美行）

りんいん［廩院］ 令制下民部省に付属した蔵。平安京では民部省の東隣に配置された。その初見は『日本後紀』延暦十八（七九九）年三月朔条である。諸国貢進の庸米などを収納し、廩院米は大粮や雇役民の功食、京中賑給および諸司諸家への貸借に用いられた。（山本崇）

りんざいしゅう［臨済宗］ 禅宗の一派。中国唐代の禅宗は、北宗禅と慧能の南宗禅があったが、後者の流れは青原・南岳を生み、さらに青原から曹洞・雲門・法眼の三宗、南岳の系統から臨済・潙仰の二宗が出て五家とよばれた。臨済宗を始めた臨済は第五世黄檗の弟子で、臨済寺（河北省正定府）を中心に活躍した。臨済より七世の石霜（北宋）の頃まで発展を見せたが、後、黄竜派と楊岐派に分かれ、五家とあわせて七流とよばれる。まず黄竜派、ついで楊岐派が栄えた。大慧は公案による禅を完成し、その後の密庵門下には松源派・破庵派などの大門派が形成され、楊岐派の基礎を固めた。日本にも平安末期、比叡山の覚阿が楊岐派禅を伝えたが早く途絶えた。栄西は虚庵に黄竜派禅を学んで初めて本格的に臨済禅を伝え、一一九一（建久2）年の源頼朝の帰依もあって京都建仁寺、鎌倉寿福寺を拠点に存続した。しかし東福寺を中心とした円爾ら多くの入宋僧は破庵派系で、宋からの渡来僧も多くは楊岐派であった。

〔参考文献〕竹貫元勝『新日本禅宗史』（禅文化研究所平11）。玉村竹二『臨済宗史』（春秋社平3）。（中畠俊彦）

りんじ〔綸旨〕 古文書の様式の一つ。天皇の命を側近が奉って、自身が発信者としてその内容を相手方に伝える書札様の文書。平安時代中期以後、蔵人が天皇の命を奉書形式で出す文書をさす。料紙は宿紙が使用された。天子の言葉を綸言といい、その旨という意味である。（綾村宏）

りんじさい〔臨時祭〕 律令制下、恒例の四時祭に対して不定期に執行される祭祀。「延喜式」臨時祭に規定があり、遷宮・行幸・即位・国家的危機・遣唐使発遣・蕃客出入等の際に行われる、三〇余の祭祀をのせる。また一〇世紀以降、恒例の勅使奉幣の祭祀とは別に定期的に執行されるようになった臨時の祭をもいい、石清水・賀茂・春日等の各社が著名。これらは天皇個人による私的な性格が強いとされる。（竹居明男）

りんじぞうやく〔臨時雑役〕 一〇～一一世紀前半、在地に賦課された諸税の総称。官物と対比される。律令制下の雑徭や交易雑物を継承するほか、臨時に課される諸税を含み、それぞれ個別の名称で賦課された。賦課方式はそれぞれ異なっていたが、一〇世紀を通じて次第に田率に移行していった。その結果、一一世紀中葉以降、官物に組み入れられた一部を除き、万雑公事とよばれるようになり、臨時雑役は新たに出現した一国平均役の呼称となった。（勝山清次）

りんとんぐん〔臨屯郡〕 朝鮮半島の東海岸におかれた中国の直轄地。濊族の支配をめざす。前一〇八年、漢の武帝が衛氏朝鮮国を滅ぼし、それに従属していた臨屯国の故地を中心においた。一五県で、郡治は東暆県（江原道江陵に推定）。前八二年に遠くて維持が困難であるため、一部を除いて廃止。六県（嶺東の六県）は玄菟郡に転属。さらに前七五年に楽浪郡に転属。その後、東部都尉が管轄。後三〇年に廃止され郡県支配が終焉。それぞれの族長が漢・魏に隷属。（田中俊明）

りんゆうがく〔林邑楽〕 ベトナムから渡来した楽舞。『続日本紀』天平宝字七（七六三）年正月および神護景雲元（七六七）年正月の条に、林邑楽を演奏したことが記されている。七五二（天平勝宝4）年四月の東大寺大仏の開眼供養会に、林邑の仏哲（仏徹とも書く）は雅楽の師として参加する。（上田正昭）

る

るいじゅうかりん〔類聚歌林〕 山上憶良が編んだ歌集。『万葉集』に九例の逸文を残す。『記』『一書』等を校合して歌の成立事情を検証している。その成立は、憶良の生涯に関わって広く論じられ定説をみない。「正倉院文書」の「写私雑書帳」の天平勝宝三（七五一）年の項に「歌林七巻」との記事を残す。ほか、『永承五年四月二十六日前麗景殿女御延子歌絵合』（正子内親王絵合）、『奥義抄』『袋草紙』『和歌現在書目録』『古来風体抄』『八雲御抄』『和歌色葉』に伝承記録がある。（市瀬雅之）

るいじゅうこくし〔類聚国史〕 六国史の記事を神祇部・帝王部などジャンル別に分類し、さらに各部を小項目に分けたうえで年代順に配列した書物。編者は菅原道真と伝えるが、彼の配流後に完成した『日本三代実録』の記事をおさめている点が問題とされる。本編は二〇〇巻からなっていたらしいが、抄出本一巻を含む六二巻分が現存するのみ。『新訂増補国史大系』に所収。（古藤真平）

類聚国史巻第廿五　国宝
東北大学附属図書館蔵

るいじゅうさんだいきゃく〔類聚三代格〕 弘仁格・貞観格・延喜格という三代の格を、その内容によって類別・再編成したもの。一一世紀に成立したと考えられるが、編者は不明。現在伝わる三代格の写本は、一二巻本と二〇巻本の二種があるが、いずれの系統にも完本は存在しない。ただ、その欠逸部分はそれほど多くはなく、全九〇編目のうち八編目程度とみられる。その欠逸部分については、六国史の記載や「政事要略」「令集解」所引の格

などから、ある程度推測が可能である。（荊木美行）

るいじゅうふせんしょう［類聚符宣抄］「左丞抄」とも。七三七（天平9）年から一〇九三（寛治7）年までの官符・宣旨など七三三通の文書を事項別に編集した文書集。全一〇巻、現存八巻。巻二・五を欠く。また巻六・八・九はもと巻次が未定で、今の巻次は後世の推定による。所収文書は延喜以降のものが過半を占め、「延喜式」や『西宮記』との間に密接な関連をもつ内容が多く、平安中期以降の政務形態や政務運用上の細部にわたる故実を知ることができる貴重な史料を提供する。編者・成立年代不詳であるが、壬生官務家において伝来の文書を編集したとみる説のほかに、源経頼が公務を遂行するため主に故実学的関心から編纂したとする有力な新説がある。長く官務家に秘蔵されたが、同家で一六九二（元禄5）年に新写本が作成されてから世に出て、一八二〇（文政3）年に塙保己一の新訂本が出版されてより、一挙に流布した。今日、「類聚三代格」に次いで公家制度の研究に重要史料とされる。活字本に宮内庁図書寮編本、『新訂増補国史大系』本がある。

〔参考文献〕坂本太郎編『国史大系書目解題』上（吉川弘文館昭40）、清水潔『類聚符宣抄の研究』（国書刊行会昭57）。（清水潔）

るいすえき［類須恵器］祝部式土器、須恵器あるいはカムイヤキとも称された灰色の硬質土器。奄美諸島以南の沖縄諸島、先島諸島に分布する。グスク遺跡では陶磁器に先行して登場する。出自について九州南部説、種子島を含む本土説、沖縄を含む南島説と諸説あったが、一九八三（昭和58）年に徳之島伊仙町で窯跡が発見され、産地の問題については解決した。器種は壺、甕、碗、鉢の構成で、理化学的研究によると年代は一二〜一三世紀である。近年、真正の須恵器も確認されている。

〔参考文献〕白木原和美「類須恵器の出自について」『法文論叢』第三五号（熊本大学法文学会昭50）。（上原静）

るざい［流罪］流刑とも。大宝・養老律に規定された五刑の一つで、死刑について重い罪。流罪は、配流と労働刑を組み合わせた複合的刑罰で、罪人を本籍地から配所に強制移住させ、現地で一年または三年の労役に服させる。罪人を遠隔地に隔離する点が徒罪と異なる。流罪には、近流・中流・遠流の三等級があり、配所については、『続日本紀』神亀元（七二四）年三月条にはじめてみえ、延喜刑部省式にもほぼ同じ規定がみえる。流罪については、早く『隋書』倭国伝にみえ、唐律を継受する以前から存在したと考えられる。（荊木美行）

るすどころ［留守所］平安時代後期以後、諸国におかれた行政機関。国司が任地に赴任しなくなると、受領の代官である目代が現地に赴いた。目代が在庁官人とともに国内行政にあたる中心となったのが留守所である。国衙内にあったと推定され、国衙の分課された役所である税所・田所・検非違所などを統括した。京都から国司庁宣をうけて、目代と在庁官人が署判する留守所下文が発せられた。一一世紀以後全国的に展開し、鎌倉時代にも存在したが、大和国ではつくられなかった。（宮田敬三）

るすのつかさ［留守司］留守官・留守とも書く。天皇が行幸・遷都によって京を離れる際に、その留守を守る臨時の官。六五八（斉明4）年の紀温湯行幸の際に蘇我赤兄が任じられたのが初見で、以後史書に頻繁に現れる。公式令には皇太子監国のことがみえるが、実際には議政官が任じられた。（荊木美行）

れ

れい［例］律令の施行細則を集めたもの。八世紀には、「八十一例」をはじめ、「式部省例」「治部省例」「民部省例」「弾例」など、諸司例ともいうべきものが多く存在した。のちに式の編纂が開始されると、例の多くは弘仁式などの条文に吸収された。（荊木美行）

れいあんりこふんぐん［礼安里古墳群］韓国慶尚南道金海市大東面礼安里に所在する三国時代の古墳群。遺構は木槨墓・石棺系石槨墓、竪穴式長方形石槨墓、横口式長方形石槨墓、横口式方形石室墓の順で変遷していくが、それらには飛び抜けて大型のものがみられない。副葬品には軟質土器・瓦質土器・陶質土器、矛・鏃・鎌・斧などの鉄器、各種玉類、紡錘車があるが、それらも多量の副葬ではなく、馬具類などがほとんどみられないことから、基層民である農民墓とされる。砂地のため人骨の遺存がよい。（定森秀夫）

れいけいでん［麗景殿］平安京内裏の後宮七殿の一つで、宣耀殿の南に位置する。身舎の規模は東西二間、南北七間で、東方の昭陽舎、北方の宣耀殿とは渡廊で結ばれており、また西庭には立蔀が設けられていた。（西山恵子）

れいこん［霊魂］肉体のほかに精神的実体として存在すると信じられているもの。「タマ」「モノ」とよぶ。アニミズムでは動植物その他あらゆる事物に、人間と同じように霊魂が宿り、なんらかの意味で作用すると信じられている。デーモン（悪鬼）的なものを「モノ」とよび、「タマ（タマシイ）」と区別する。畏敬すべき「タマ」は「ミタマ」とよび、「タマシイ」の働きによって、和魂・荒魂・奇魂・幸魂と称した。言葉に霊魂が宿るとする信仰を言霊の信仰という。人間の霊魂については身体に宿る身体魂と身体から遊離する遊離魂があると考えられ、死とともに霊魂が肉体から離れ、肉体は消滅しても霊魂は存続すると信じられている。時として生存中にも肉体から霊魂が遊離すると信じられて、遊離した霊魂を再び体内におさめる沖縄のマブイゴメなどがある。鎮魂にはタマシイを振起するタマフリのほか遊離魂を体内に鎮める場合もある。死後ある一定の期間をすぎると祖霊一般となるという信仰が存在する。

〔参考文献〕柳田国男「先祖の話」『定本柳田国男集』第一〇巻（筑摩書房昭37）。（上田正昭）

れいぜいいん〔冷泉院〕 累代の後院。平安京左京二条三～六町に所在した。初め冷然院としたが、然が燃＝火災と通じるということで冷泉と改称。嵯峨上皇の後院となって以降、仁明天皇・村上天皇・冷泉上皇・後冷泉天皇の居所となった。一〇五五（天喜3）年殿舎が取り壊され、一条院に移築された。冷泉院は貴族邸宅を土台とする里内裏や個人レベルで伝領されるほかの後院とは異なり、譲位後の上皇の居所を政策的に平安宮外に設定したもので、同様の性格をもつものに朱雀院がある。（佐藤文子）

れいぜいてんのう〔冷泉天皇〕 950～1011 在位967～69 平安中期の天皇。名は憲平。村上天皇の第二皇子で母は皇后藤原安子（師輔の娘）。生後二ヵ月で立太子、一八歳で即位したが、異常な振舞いが多くわずか二年で譲位した。陵は桜本陵（京都市左京区）。（瀧浪貞子）

れきしょう〔暦生〕 ⇩暦法

れきどう〔暦道〕 暦博士・暦生を構成員とする律令制の陰陽寮造暦担当部門が発展した組織およびその学術の名称。暦日・暦注をのせた具注暦、日月五惑星の位置をのせた七曜暦、恒星の歳差現象に対応すると考えられる中星暦の作成や日月食予報を主要な任務とした。一〇世紀には陰陽師の兼帯が一般化し、一一世紀以降は賀茂氏による支配が進んだ。戦国時代末に賀茂氏主流の勘解由小路家が断絶して、主要任務は天文道安倍氏（土御門家）に継承された。（細井浩志）

れきはかせ〔暦博士〕 ⇩暦道

れきほう〔暦法〕 中国の暦は、季節の変化を的確に示す太陽暦と月の満ち欠けを正しく示す太陰暦を折衷した太陰太陽暦（陰陽暦）が古来行われた。天文観測上での最も顕著な日月の現象を人間生活での生理的、時間的な単位として表す合理的な発想といえる。早くも殷代に陰陽暦が行われたことが甲骨文で窺えるが、具体的内容のわかる最初の暦は、前漢武帝の前一〇四年に制定された太初暦で、一月を二九日と八一分の四三とするものであった。これは前漢末の劉歆によって日月食や惑星の位置計算法といった天体表を加えた三統暦として整備された。これ以後に三〇回以上の改暦がなされ、いずれも修正された天体表に基づく。改暦の多さは天命を受けた皇帝は時間をも支配するという独特の思想によるもので、王朝革命や同一王朝でも新皇帝の即位に際してしばしば改暦が行われた。三統暦以降のおもなものに、南朝宋の何承天の元嘉暦、梁の祖冲之の大明暦、唐の李淳風の麟徳暦、僧一行の大衍暦、郭献之の五紀暦、徐昂の宣明暦、元の郭守敬の授時暦、清の時憲暦などがある。時憲暦のみはドイツ人イエズス会宣教師アダム・シャールが西洋式暦法によって製作したものである。日本には六世紀に百済を通じて中国の陰陽暦が伝えられ、元嘉・麟徳・大衍・五紀・宣明暦が五暦法として採用された。古代日本と関連する唐暦の特徴としては、麟徳暦は日月食の計算精度を高めて月が実際に太陽と合となる朔日と暦初日を合致させる定朔法を採用したこと、太衍暦は日月の見かけ上の不等速運動のより正確な観測データにより日月食の計算精度をさらに高めたことである。ただこれら唐暦はいずれも一年三六五・二四四六一一日余りの数値に拠っているため、暦法の基礎である冬至の推算がすぐに狂ってしまう欠点がある。暦法上の革命的進歩は授時暦で一年を三六五・二四二五日とし、現在我々が用いているグレゴリオ暦と全く同じである。日本で一六八五（貞享2）年以降に用いられた渋川春海の貞享暦はこれを基礎としたものである。

〔参考文献〕藪内清『隋唐暦法史の研究』（三省堂昭19）。（愛宕元）

れけん〔列見〕 朝廷における位階昇進手続きの一儀式。二月一一日に、六位以下に叙すべき官人を式部・兵部省の輔が太政官に引率して、大臣の点検をうけ、終了後に宴と賜禄が行われた。のち四月七日の擬階奏をへて各人に位記が授与される。（竹居明男）

れんげおういん〔蓮華王院〕 平安京東郊、鴨川東に営まれた寺院。後白河法皇の御所法住寺殿を寺院とし、一一六四（長寛2）年完成。観音信仰の盛行によって建立されたもので、柱間三十三間に因み三十三間堂とも称された。現在は天台宗で、国宝三十三間堂は鎌倉再建時のもの。（井上満郎）

れんしゃ〔輦車〕 「てぐるま」とも。腰車・小車とも。人力で轅の前後から引いて運行する二輪の乗物。使用には勅許（輦車宣旨）が必要で、皇太子や後宮女性ほか、許可をえた人々が宮城内から宮門までに乗用するのが普通。（竹居明男）

れんじゅもん〔連珠文〕 小さな円文もしくは珠文を、主として円形に、ときには方形などに連ねた装飾文様の一つの基本型式をなす。連珠文は、ササン朝ペルシャの西アジアで発生したもので、聖火より誕生した真珠をモチーフとしたといわれ、聖なるシンボルとなっている。それが、中央アジアをへて、唐時代の中国、統一新羅時代の朝鮮半島、そして、飛鳥・白鳳から天平時代の日本へと、いわゆるシルクロードを通じて伝播した。連珠文は普通、ほかの種々の意匠と結合して、その周辺を飾り、瓦当・仏像・幡・壁画・舎利容器・骨壺・石造物などの装飾として用いられた。（西谷正）

れんちゅうしょう〔簾中抄〕 『雲上聞録』とも。平安時代末期の有職故実書。二巻。藤原資隆の著とされるが、帝王次第は光厳天皇、年号は一三三一（元弘元）年までであり、後人の手によって書き継がれている。年中行事など宮廷生活に必要不可欠な事項の要点を記した教養書。『史籍集覧23』（すみや書房昭45）に翻刻されている。（小西茂章）

ろ

ろうかく［楼閣］ 古代における高層建築をいう。中国においては、漢代の明器や画像石などに表現されたことによって、古くよりの楼閣の存在を疑う研究者は少ないだろう。国内においては、文献によって『魏志』倭人伝中の「楼観」、『日本書紀』中の応神・仁徳天皇代の「高台」や雄略天皇代の「楼閣」などの語より高層建築の存在は想像の域を出なかったが、近年の考古学的発掘調査が指摘した弥生時代における奈良県唐古・鍵遺跡出土土器に描かれた刻画や、縄文時代以後における各遺跡から出土する巨大柱などによって、日本における楼閣の存在が遺物をともなって、議論されだした。（山本輝雄）

ろうこく［漏刻］ 古代の水時計。中大兄皇子により六六〇（斉明6）年飛鳥（現水落遺跡）に、六七一（天智10）年大津宮に設置され、その後役所の時間を管理また威儀を整えるため陰陽寮・大宰府・陸奥国、遅れて出羽国などに設置された。漏刻博士や守辰丁・陰陽師が維持補修にあたったが精密器械なので管理が難しく、そのうえ天皇権威の象徴として行幸ごとに運ばれるようになり儀礼的性格を強め、平安時代末には計時機能を簡便な香時計等に譲ったとされる。（細井浩志）

漏刻（復元模型）
奈良文化財研究所飛鳥資料館蔵

ろうこくはかせ［漏刻博士］ 大宝・養老令制下で陰陽寮におかれた官。相当位は従七位下。守辰丁二〇人をひきいて漏刻とよばれる水時計を管理し、鐘をついて時間を知らせることをつかさどった。延喜陰陽寮式によれば、天皇の行幸に漏刻博士一人と守辰丁一二人が陪従した。（荊木美行）

ろうし［老子］ 生没年不詳。中国の思想家。道家の中心的思想家で、著書に『老子』がある。道家の名は『老子』を「道徳経」とよぶことに由来し、老子と荘子で代表させて老荘の学とも言い、老子は伝説時代の黄帝を理想としたので黄老の道とも言う。『史記』老子韓非列伝により、姓名は李耳で周の守蔵室の役人になったときに孔子に礼を教えた、といわれてきたが、人為を排した無為自然を強調するのは、礼教など固定化した儒教の教えに対する反動と考えられ、近年の研究では、戦国時代の孟子以後の人とされる。宗教の道教は、老子を太上老君の下生として三天尊の一つに数えるなど道家との関連を唱えるが、とくに内容的な関係はない。唐朝が成立すると道教団は帝室が李姓であるのに乗じ、唐室は同じ李姓の老子の末裔であると説いた。高宗は六六六（乾封元）年、亳州の老君廟に参拝して、太上玄元皇帝の帝号を贈り、唐一代、仏教よりも道教を尊重（道先仏後）した。

〔参考文献〕 小川環樹責任編集『老子・荘子』世界の名著(4)（中央公論社昭43）。森三樹三郎『老子・荘子』（講談社学術文庫平6）。大濱晧『老子の哲学』（勁草書房昭50）。（中畠俊彦）

ろうべん［良弁］ 689〜773 奈良時代の僧侶。出身は相模国で、俗姓は漆部氏という（近江国百済氏の出身説もある）。義淵に師事して法相教学を学び、東大寺の前身・金鐘山房に入って、新羅僧・審祥（詳）から華厳教学を学んだ。『日本霊異記』中巻二一縁は、東大寺前身の山寺にて良弁とおぼしき僧侶が、執金剛神を昼夜礼仏悔過し、後に金鷲菩薩として崇められるようになったという説話を伝えている。七五一（天平勝宝3）年四月に少僧都、七五六（同8歳）年五月には聖武太上天皇の看病禅師としての功により大僧都となり、仲麻呂の乱の渦中、七六四（天平宝字8）年九月に僧正に任じられた。大僧都の時に、四位一三階の僧位の制定を奏上している。聖武・孝謙天皇や光明皇后の信頼が篤く、大仏造立には良弁の華厳教説が大きな影響を与えたとみられ、彼自身も初代の東大寺別当として草創期の東大寺を支えた。また七六一（同5）年の近江国石山寺の大規模な増改築にも尽力した。死後、大和国宇陀郡賀幡山に葬られた。

〔参考文献〕 岸俊男「良弁伝の一齣」『日本古代文物の研究』（塙書房昭63）。（毛利憲一）

ろくえふ［六衛府］ 宮城や京師の守衛に従事した律令制下の武力機構。七〇一（大宝元）年に成立の五衛府からいくどかの統廃合をへて平安初期に確立した左右の近衛・衛門・兵衛の六府の総称。五衛府のうち衛門府は宮城諸門を守護し、左右衛士府は宮城内外の警衛を担当し、左右兵衛府は天皇身辺の警護にあたった。その兵力の主体は農民出身の衛士であり、兵衛は地方豪族の子弟によって構成された。このほか行幸時の警固、夜間の巡回、犯罪人の追捕なども五衛府の任務であった。八世紀には中衛府・授刀衛（後に近衛府と改称）・外衛府などが新設されるなどして八衛府の時期もあったが、八一一（弘仁2）年の嵯峨天皇のときに六衛府に定着した。しかし軍事的機能はしだいに失われ、地位の高かった近衛府は勅使となったり競馬・相撲など宮廷儀礼にかかわる傾向を強めた。その点で衛門府は*検非違使（令外官）の中心を構成するなどして追捕や糾弾権を握るなど警察的任務にかかわった。

〔参考文献〕笹山晴生『日本古代衛府制度の研究』（東大出版会昭60）。（朧谷寿）

ろくぎ［六議］ 「りくぎ」とも。律の適用上減刑の対象となる徳目。唐律では八議だが、日本では、議親（皇親）以下、議故・議賢・議能・議功・議貴の六条に整理された。これに該当する者は、裁判手続きにおいて優遇されたり、減刑の措置をうけた。（荊木美行）

ろくさいにち［六斎日］ 一ヵ月のうちで斎戒すべき日と定められた六日。仏教思想にもとづくが、「養老令」雑令には公私共に殺生を禁断する日と規定され、「義解」は八、一四、一五、二三、二九、三〇日を指定する。（井上満郎）

ろくしょうじ［六勝寺］ 「りくしょうじ」とも。京都市左京区岡崎一帯にあった。鴨川の東側白河に順次建立された「勝」のつく六つの天皇および*女院の*御願寺。①白河天皇の*法勝寺。摂関家の別荘地であった当地を藤原師実が白河天皇に献じ、八角九重塔を含む壮麗な伽藍を建立した。一〇七七（承暦元）年供養。*伽藍配置は翼廊をもつ金堂を中心とし背後に講堂があるものである。以後法勝寺より西方鴨川までの間に順次壮麗な寺院が建立された。②堀河天皇の尊勝寺。一一〇二（康和4）年建立。③鳥羽天皇の最勝寺。一一一八（元永元）年建立。④崇徳天皇の成勝寺。一一三九（保延5）年建立。⑤近衛天皇の延勝寺。一一四九（久安5）年建立。⑥鳥羽天皇皇后待賢門院璋子の円勝寺。一一二五（天治2）年建立。一伽藍のなかに三重塔、五重塔、三重塔と三基の塔を東西に並置する。漸次建立されたこれらの寺院により鴨東はさながら仏国土の壮観であった。また法皇としての住房はそれぞれ六勝寺を寺家にして院家の形で建てられ、この地域は京・白河と総称されるほどの都市的様相を呈した。

〔参考文献〕福山敏男『日本建築史研究』（墨水書房昭43）。竹内理三編『土地制度史（一）』（『体系日本史叢書（六）』山川出版社昭48）。（野口孝子）

ろくじょうてんのう［六条天皇］ 1164～76 在位1165～68 父は二条天皇、母は伊岐致遠娘。平安時代後期の天皇。幼少における即位・退位で政務は後白河上皇の手中にあった。陵は京都市東山区清閑寺陵。（西山恵子）

ろくじょうどの［六条殿］ 平安京六条西洞院付近にあった*後白河法皇の*院御所。もとは院近臣平信業・業忠父子の邸宅。一一八八（文治4）年四月の焼亡後の再建には源頼朝も大きな援助をした。邸内の持仏堂として造立されたのが*長講堂である。九二（建久3）年三月、後白河法皇は当邸で死去した。（西山恵子）

ろくじょうまでのこうじぶっしょ［六条万里小路仏所］ 平安左京六条万里小路に営まれた*仏所。院助（七条大宮仏所の*祖）の子とされる院朝により創始される。七条大宮仏所と同じく、「院」を通字とする木仏師の一派である*院派の工房。院朝―院尚―院丹―院賢―院忠―院恵と継承された。（関口力）

ろくしょじんじゃ［六所神社］ 松江市大草町に鎮座。旧県社で祭神は伊邪那岐命・伊邪那美命・天照皇大神・月夜見命・素盞嗚命・大己貴命。『出雲国風土記』所載の佐草社に相当するともいわれる。中世には出雲国の惣社、本殿は*大社造で北側には*国府跡が広がる。（瀧音能之）

ろくそんのうじんじゃ［六孫王神社］ 京都市南区八条町に鎮座。祭神は六孫王（*源経基）。九六一（応和元）年、経基邸の跡に嫡男満仲が亡父のため創祀したとされる。一二三一（寛喜3）年、三代将軍実朝の夫人が亡夫の菩提を弔って、遍照心院（大通寺）建立し、その鎮守社となった。（堀越光信）

ろくたんじあと［鹿谷寺跡］ 大阪府南河内郡太子町大字山田に所在する古代寺院跡。二上山の西南麓。地山の凝灰岩を削りだした十三重石塔を中心におき、東側岸壁に石窟がつくられ壁面に如来像三体が線刻される。西側岸壁に沿う岩塊にも仏立像一体が浮き彫りされる。南方崖面下の平地に高さ一m余りの塔が削り出される。下方の別平地からは*須恵器・*土師器・*和同開珎が出土し僧坊の可能性がある。中国の石窟寺院に類似した奈良時代創建の寺院。（杉山洋）

ろくちょうさんぼぐん［六頂山墓群］ 吉林省敦化市にある墓群。敦化盆地は海抜六〇三mで、六頂山は盆地のほぼ中央にある比高約四〇mの独立丘。南斜面に派生する尾根を挟んだ東西の山裾に、*渤海時代の墳墓群が造営されている。一九四九年に延辺大学、一九五九年に吉林省博物館、一九六四年に中国と朝鮮民主主義人民共和国が調査を実施。尾根の西側（第一墓群）では*貞恵公主墓など墳丘をもつ大型墓が多く、約三〇基が確認されている。東側（第二墓群）は墳丘が低平な小型墓が多く、約五〇基が確認されている。貞恵公主墓は七八〇（宝暦7）年に造営されたことが*墓誌に記されており、第一墓群の造営時期の一端を知ることができる。第一墓群と第二墓群は、複数の人骨が埋葬されており、改葬が行われている。第一墓群の石室は長方形で火葬が行われていないのに対し、第二墓群の石室は矩形で火葬が行われている。両墓群の様相差が、埋葬時期の相違を示す可能性がある。

〔参考文献〕王承礼「敦化六顶山渤海墓清理发掘记」『社会科学战线』（一九七九）。王承礼他「吉林六頂山渤海古墓」『考古』（一九六一）。『중국 동북 지방의 유적 발굴 보고』（社会科学院出版社一九六六）。中国社会科学院考古研究所編著『六顶山与渤海镇』（中国大百科全书出版社一九九七）。（小嶋芳孝）

ろくどうえ［六道絵］ 仏教の因果応報の思想に基づき、六道（天上・人間・修羅・畜生・餓鬼・地獄）の情景を描いた仏画。一〇世紀以降、*浄土信仰が昂揚すると、教化のために盛行した。平安末期の『*地獄草紙』『*餓鬼草紙』『*病草紙』が代表的。（佐古愛己）

ろくはら［六波羅］ *平安京の東郊、山城国愛宕郡の地名。現在の京都市東山区の鴨川東岸、六波羅蜜寺の周辺。平安時代に市聖とよばれた空也が建立した六波羅蜜寺の前身の西光寺の所在地。後に、平氏がここに拠点を設けてから、六波羅の地名は脚光を浴びることになる。『殿暦』の永久元（一一一三）年に平正盛の「六波羅堂」が、『明月記』の治承四（一一八〇）年に平清盛の「泉殿」、平頼盛の「池殿」などの館群が記録されている。（高橋美久二）

ろくはらみつじ［六波羅蜜寺］ 京都市東山区轆轤町にある真言宗の寺。普陀落山。本尊は十一面観音立像。九六三（応和3）年、空也上人建立の西光寺を九七七（貞元2）年改称した。朝野貴賤の尊崇篤く多くの講会が催された。空也上人立像、平清盛像などを蔵する。（野口孝子）

ろくろ［轆轤］ 木工・金工・製陶に用いる回転力をえるための道具。製陶の場合、盤の中心に軸をとり水平に回転させ、その遠心力を利用して粘土塊の挽き上げ・成形・調整を行う。古墳時代の須恵器製作に採用される以前は、回転軸や軸受けを完備せず、惰力のない回転台が用いられた。九世紀頃になると、轆轤から糸を用いて切り離す技法も出現し、その痕跡を残す。かつては蹴轆轤や手回し轆轤が主流であったが、現在では電動轆轤が普及している。（岡田裕之）

ろっかせん［六歌仙］ 『古今和歌集』仮名序に「近き世にその名きこえたる人」としてあげられた僧正遍昭・在原業平・文屋康秀・喜撰法師・小野小町・大友黒主の六人。康秀・喜撰・黒主は、歌人としての評価は高くない。天長（八二四～八三四）から元慶（八七七～八八五）の間に活躍した歌人たちで、前代までの漢文学全盛期およびその閉塞状況を通過した和歌復興の気運にのって登場したと考えられる。なお、六歌仙の名称は後のものである。（山田雄司）

ろばん［露盤］ 塔婆の頂上に立てられる相輪の基底部分で、相輪と塔をつなぐ方形の台。元来はここに仏舎利をおさめていた。また、屋根に宝珠や火煙を載せる場合に用いられる方形の部材も露盤という。奈良時代には相輪全体が露盤といわれていた。（竹森友子）

ろんご［論語］ 中国、孔子とその弟子たちの言行録。B.C.四七九年の孔子の死後に弟子たちが記憶をたどりつつ記したもので、前半一〇編（上論）が古く、後半一〇編（下論）はやや後の編纂である。論とは整理、語とは訓戒の言葉の意味である。上論では孔子が最高の聖人と目した周公旦の創設した礼楽を祖述しつつ、自らの体験をふまえて礼楽の根本である仁について具体的かつ素朴に述べられ、下論ではむしろ政治的、抽象的に論じられている。儒教は孔子が先王の学に新しい立場から新解釈を加えて成立したものであるから、『論語』こそは儒教の原点に位置するものである。『論語』の注釈には古くは三国魏の何晏が漢魏の古注を総合した『論語集解』、これを解説した南朝梁の皇侃の『論語義疏』などが現存する。宋の朱熹の『論語集注』以後を新注という。また皇侃の『論語義疏』は中国では散逸し、足利学校に写本が伝わったものである。

日本には応神天皇十六年に百済の王仁によって『千字文』とともに初めて伝えられたという。学令では大学で教授すべき経書にあげられ、とくに『論語』は『考経』とともに兼習とされる。論語の注釈は鄭玄・何晏と定められるが、後者のみが使用されたらしい。役人の教科書に用いられたことから、習書木簡にも『論語』やその注釈書の内容を記したものが多い。『論語』の習書木簡は飛鳥・藤原・平城京など宮都とその周辺で多数見つかっているほか、城山遺跡（静岡県）・勧学院遺跡（滋賀県）・屋代遺跡（長野県）・袴狭遺跡（兵庫県）・柴遺跡（兵庫県）・観音寺遺跡（徳島県）など全国で出土している。とくに観音寺遺跡出土の木簡は長さ六五㎝以上、幅三㎝の角柱に四面にわたって『論語』学而篇第一を記し、七世紀中頃と古い時期のものであるうえ形状も中国の觚（方柱の各面に文字を記したもの）と共通し注目される。（鶴見泰寿）

〔参考文献〕武内義雄『中国思想史』（岩波書店『全集』第八巻昭53）。宮崎市定『論語の新研究』（岩波書店『全集』第四巻平5）。（愛宕元）

ろんそうしき［論奏式］ 養老公式令に規定された文書様式の一つ。大宝令では論事奏式。奏事・便奏とともに、太政官が天皇に上奏して裁可をもとめる形式の公文書だが、手続きや奏の内容にちがいがあった。論奏は、国政の重要事項に関して太政官がみずから発議した案件について、議政官の合議の結果を大納言が上奏し、天皇の裁可を乞うかたちをとる。養老公式令では、「大祭祀」以下、九つの論奏事項をあげている。これは唐の発日勅と奏抄式を統合して定められたものだが、「大宝令」では奏抄式を主としていたと考えられる。（荊木美行）

わ

わ・わじん［倭・倭人］ 倭は七世紀以前の日本の呼名。中国人がつけた名であるが、七世紀後半までは対外関係の際に自称としても用いられていた。日本語の「わ」（吾・我）によるという説が古くからあるが、最近では身長や体型などの人種的特徴によるという説も有力。『漢書』地理志「楽浪海中に倭人有り、分かれて百余国を為す。歳時を以て来たりて献見すと云う」とあるのが初見。したがって前漢時代にはすでに中国人に知られ小柄な人達という意味で倭人とよばれていた可能性が強い。（高橋誠一）

わか［和歌・倭歌］ 漢詩に対して、長歌・短歌・旋頭歌・片歌など日本の五・七を基調とした定型詩をさす。『万葉集』中には、早く天智朝につくられた額田王歌（巻一・一六）の題詞に「天皇、内大臣藤原朝臣に詔して、春山万花の艶と秋山千葉の彩とを競ひ憐れびしめたまふ時に、額田王、歌を以て判る歌」とある。「歌を以て判る」と詳述される背景には、催された詩宴のなかで額田王だけが和歌で答えた様子が窺われる。七二八（神亀5）年の山上憶良の作歌には「日本挽歌」（巻五・七九四～七九九）と記され、漢詩文に対する和歌への自覚が強く示された。七四七（天平19）年に大伴家持と池主との間で交わされた書簡（巻一七・三九六七～六八）のなかでは、漢詩を意識して和歌をこれに並ぶ物として「倭詩」とも称している。「和歌」という語句は、贈歌に対して「和ふる歌」の意でも用いられている。時代が下ると舞にともなわれる謡い物の総称等にも用いられていく。（市瀬雅之）

わかくさがらん［若草伽藍］ ⇩法隆寺

わかさのくに［若狭国］ 北陸道に属する国。現在の福井県西南部にあたる。南は丹波山地と野坂山地、北部は屈曲の多い若狭湾に面して小規模な平野が存在する。贄を納める国として古くから指定されており、多数の製塩土器の出土から塩の大量の生産が行われていたこともわかる。北陸道のうちで最も畿内に近い国で、大和朝廷にとっては海産物を中心とする食料供給地域として重要視されていたと考えられる。「延喜式」では中国とされ、所管の郡は遠敷・大飯・三方郡の三郡であるが、このうち大飯郡は八二五（天長2）年に遠敷郡から分かれて成立した。国府は旧遠敷郡（現小浜市遠敷付近）に推定されている。したがって旧来から遠敷郡が中心地であったと推定され、藤原京出土の木簡中にも「小丹生評」と記されたものもある。

〔参考文献〕『福井県史』全二三巻（昭57～）。印牧邦雄『福井県の歴史』（山川出版社昭48）。（高橋誠一）

わかさひこ・わかさひめじんじゃ［若狭彦・若狭姫神社］ 福井県小浜市所在の神社で式内社。遠敷明神とも。「延喜式」では「若狭比古神社二座」とあり、上社に若狭彦神（彦火火出見尊）、下社に若狭姫神（豊玉姫命）を祀る。若狭彦神社は若狭国一宮で若狭姫神社は二宮。社伝では上社が七一五（霊亀元）年、下社が七二一（養老5）年の創建と伝えるが未詳。若狭姫が海神の女豊玉姫というごとく、海民たちの信仰を集める神社か。八五九（貞観元）年に若狭彦神は正二位、若狭姫神は従二位。（井上満郎）

わかすぎやまいせき［若杉山遺跡］ 徳島県阿南市の山腹部に立地する弥生時代の辰砂生産遺跡で、唯一の発掘調査例である。遺構としては、工房跡と考えられる土壙群と採掘痕跡と考えられる岩盤の掘り込み痕跡が検出された。主な出土遺物は、弥生土器（後期～終末期を中心とする）・石器（石杵・石臼）・鉄器（鉇）・骨角製品・自然遺物（辰砂原石・獣骨・魚骨・貝）である。出土遺物からある程度の期間の生活が窺われ、季節労働の可能性も想定できる。土器や石器石材に搬入品が認められ、消費地との関連が想定される。

〔参考文献〕岡山真知子編『辰砂生産遺跡の調査』（徳島県立博物館平9）。（岡山真知子）

わかたける［獲加多支鹵］ ⇩雄略天皇

わかどころ［和歌所］ 勅撰和歌集を撰集するために設置された役所。村上天皇の命で九五一（天暦5）年に内裏の昭陽舎（梨壺）に設置され『後撰和歌集』が生まれた。また『新古今和歌集』のときには後鳥羽上皇御所の二条殿に設置された。（朧谷寿）

わかぬけふたまたおう［若野毛二俣王］ 稚野毛二派皇子、若沼毛二俣王とも。応神天皇皇子。その女忍坂大中津姫は允恭天皇皇后となり、安康、雄略天皇を生んだ。『釈日本紀』所引の『上宮記』逸文は、この王から乎富等大公王（継体天皇）へと繋がる系譜を伝える。（小野里了一）

わかのうら［和歌浦］ 現和歌山市南部の和歌川河口西岸の景勝地。『万葉集』山部赤人の歌などの和歌の名勝地として知られ、七二四（神亀元）年の行幸の際に聖武天皇は「明光浦（あかのうら）」として絶賛、景観保護と玉津島の神をまつることを命じた。称徳・桓武天皇らも行幸し、平安時代中期頃からは藤原頼通らの貴族も訪れた。一八九四（明治二七）年には県立和歌山公園が設置されて整備が行われ遊覧の地としても発展した。しかしこのような歴史と文学の名勝地は、近年の乱開発によってかつての景観を喪失しつつあり多くの議論をよんでいる。（高橋誠一）

わかみず［若水］ 元旦に汲む水。歳神に供え家族が口をすすいで茶をたてて飲む。その茶を福茶あるいは大福茶という。若水を汲みに行くことを若水迎えとよぶ地域が多い。年男の役目とするのが一般的だが、西日本では女性のつとめるところが少なくない。若水を汲むおりに水神を祀る地域も多い。徳島県の一部では、泉に供物を捧げて水神を祀り「福くむ徳くむ幸くむ」と唱えながら杓子で若水を汲む。秋田県・岩手県の一部では丸餅を二つに割って、一方は井戸に残りは桶に汲んだ若水に入れて持ち帰る。この餅を六月一日の歯固めに食べたり、つぶして顔や手足に塗れば毒虫にさされないという。鹿児島県の一部などのようにこの餅で年占をするところがある。（上田正昭）

わかもりたろう［和歌森太郎］ 1915～77 歴史学者・民俗学者。東京文理科大学（後の東京教育大学）に学び修験道などの研究にとりくむ。柳田国男に師事し、歴史学と民俗学の統合・発展につとめた。東京教育大学教授・都留文科大学学長などを歴任。『修験道史研究』『美保神社の研究』『歴史における協同体の研究』『日本史おける虚像と実像』『相撲今むかし』など数多くの著作がある。『和歌森太郎著作集』（全一五巻、別巻一巻、弘文堂）。（上田正昭）

わかんろうえいしゅう［和漢朗詠集］ 平安時代中期の詩歌集。藤原公任編。二巻。一〇一一（寛弘8）年または一〇一八（寛仁2）年成立。『白氏文集』『拾遺和歌集』など和漢の詩集、歌集から朗詠に適する和漢の詩文を五八八篇、和歌を二一六篇を収録。（綾村宏）

わきもといせき［脇本遺跡］ 奈良県桜井市脇本に所在する縄文～平安時代の遺跡。三輪山の南麓、初瀬谷の入口に立地する。一九八一（昭和56）年、朝倉小学校改築による発掘調査で、五世紀末～六世紀前半の石溝をともなう柱穴群が検出され、雄略天皇の泊瀬朝倉宮、武烈天皇の泊瀬列城宮の一部ではないかと注目を集めた。その後桜井市と奈良県立橿原考古学研究所合同の「磯城・磐余諸宮調査会」による範囲確認調査や、小規模開発にともなう数次の発掘調査が行われ、五、六世紀代の大型掘立柱建物や柵列、石垣、石組溝、石敷などが発見されている。（**松村恵司**）

わきょう［倭京］ 七世紀後半に都市化した飛鳥の中心部をさす呼称。『日本書紀』によれば、推古朝以降、飛鳥の中心部を「京」と表現する事例が散見するが、「倭京」の初見記事は六五三（白雉4）年是歳条である。六六七（天智6）年三月の近江遷都以後、飛鳥を倭京と表現する事例が増加し、「飛鳥古京」「古京」とも表現されている。同時期に都市化していた難波や近江からみて、大和の飛鳥の「ミヤコ」を倭京と称したと考えられる。飛鳥の中心地域には、方格地割や条坊制が施行された痕跡は存在しない。飛鳥の諸宮を中心に役所や寺院が集中する、いわば都市化した範囲を「ミヤコ」と称したのであろう。一方、新城（天武十一〈六八二〉年三月一日条・同年三月十六日条・持統三〈六八九〉年九月十日条）や京師（天武十二〈六八三〉年七月十八日条・同十三〈六八四〉年三月九日条）は、発掘調査成果を踏まえると、大藤原京に結びつくもので、条坊制が施行された地域である。（**和田萃**）

わきょう［和鏡］ 日本で製作された銅鏡、あるいは花・樹・鳥・虫・流水・州浜など自然の景物を写実的に描いた和風文様の銅鏡。一般には平安時代の瑞花双鳳文八稜鏡、古代から近世までの直立縁円鏡、方鏡、柄鏡などをさす。ただし「和風文様の鏡」とはいっても、意匠・構図ともに、中国・北宋代（一〇〜一一世紀）に流行した花鳥画の影響をうけた可能性も否定できず、無限定に「和鏡」の語を用いるにはやや問題がある。

［参考文献］ 久保智康『中世・近世の鏡』日本の美術三九四（至文堂平11）。（**久保智康**）

わけおう［和気王］ ?〜765 奈良時代の王族官人。舎人親王の孫。御原（三原）王の子。七五五（天平勝宝7）年岡真人の姓を賜ったが四年後舎人親王が追尊されたときに復籍した。藤原仲麻呂追討の功により功田を賜ったが、称徳天皇に皇嗣がなかったことから謀反を企てて発覚、伊豆に配流の途中、絞殺された。精華町の石塚古墳（京都府相楽郡）がその墓と伝えられる。参議従三位。（**瀧浪貞子**）

わけし［和気氏］ 備前国和気郡（はじめ藤野郡、岡山県）を本拠とする豪族。祖は垂仁天皇の子の鐸石別命と伝え、奈良後期、広虫・清麻呂姉弟が中央に出仕し政界での足掛かりを築いた。氏名はもと磐梨別公と称した清麻呂が宇佐八幡神託事件に際して藤野別真人、吉備藤野和気真人ついで輔治能真人の姓を賜り（一時期道鏡らによって別部と名乗らされたが）、七七四（宝亀5）年姉広虫とともに和気朝臣を賜姓されたのに始まる。ちなみに清麻呂の子広世は父の遺志を継ぎ一族子弟の教育機関として弘文院を創設、また高雄（京都市右京区）に神護寺を建立して氏寺とし弟真綱とともに天台宗と真言宗の発展に寄与した。なおこの真綱以後、宇佐使は和気氏が派遣されることになる。時雨（清麻呂の曽孫）以降、医道を家学とし中・近世におよぶ。実成寺（岡山県和気郡）が氏寺、藤野寺のあとと伝えられる。（**瀧浪貞子**）

わけのきよまろ［和気清麻呂］ 733〜99 奈良後期・平安前期の政治家・官僚で、極官は中納言。備前国藤野郡の地方豪族の家に生れ、はじめ藤野氏を名乗り、七六五（天平神護元）年に従六位上・右兵衛少尉とみえており（『続日本紀』）、この頃に中央に出仕か。早く姉の広虫が孝謙上皇に近侍しており、その引き立てでの出仕と思われる。この直後に道鏡事件が勃発し渦中におかれた。すなわち称徳女帝の庇護によって道鏡の天皇即位が問題となった折り、称徳天皇によって宇佐八幡宮に派遣されて、大宰主神の習宜阿曽麻呂の道鏡を皇位に即かせれば天下太平という神託に対して、「天つ日嗣ぎは必ず皇緒を立てよ。无道の人は早く掃除すべし」との反する神託を持ち帰り姉とともに称徳天皇により処罰、清麻呂は除名のうえ別部穢麻呂と改姓、大隅国に流罪となる（同）。称徳崩御・道鏡失脚直後の七七〇（宝亀元）年に召還、七八三（延暦2）年摂津大夫となり翌年に蝦蟇二万匹行進の怪異を報告、これにより長岡京遷都に着手。造営の功により従四位上に昇進。さらに一〇年にして造営の進展をみないことにより新京平安京への遷都を提案し、従三位に叙さるも非参議のまま造宮大夫として遷都に参画、桓武天皇の側近勢力を構成する。両宮都建設事業への参加は藤原氏・反藤原氏勢力の抗争から中立であったので登用されたとの説がある。この間最澄・空海を援助したりまた神願寺（のちの神護寺）を建立するなど、平安仏教にも保護の手を加えた。

［参考文献］ 平野邦雄『和気清麻呂』（吉川弘文館昭39）。（**井上満郎**）

わけのしぐれ［和気時雨］ 887〜965 平安中期の宮廷医。貞興（清麻呂の孫）の子で母は典薬頭宮利名の娘。宮忠来に医術を学び針博士・医博士を歴任し典薬頭に任。正五位下。子の正業・正世も典薬頭となり、丹波氏と並ぶ宮廷医の地位を築いた功績者。（**瀧浪貞子**）

わけのひろむし［和気広虫］ 730〜99 備前国藤野郡（のち和気郡）の人。本姓は藤野別真人。乎麻呂の子。清麻呂の姉。葛木戸主の妻となった後、女孺として孝謙天皇に仕え、天皇の出家にともない自らも出家（法名法均）。仲麻呂の乱後、斬刑者の助命を嘆願、孤児を養子とし従五位下勲六等となる。しかし道鏡の宇佐八幡神託事件に連座し備後国に配流。道鏡失脚後召還され、光仁・桓武天皇の信任をうける。七七四（宝亀5）年和気朝臣を賜姓。典侍正四位上にいたり、死後正三位が追贈された。（**関口力**）

わけのひろよ［和気広世］ 生没年不詳。平安前期の官人、学者。清麻呂の長男。真綱・仲世の兄。七八五（延暦4）年事件（藤原種継暗殺事件か）に連坐して禁錮。のち許され大学別当に任、このとき父の意志を継いで大学寮南の私宅に弘文院を創設した。最澄の外護者となり、真綱とともに天台・真言両宗の「建立（者）」と称される。（**瀧浪貞子**）

わけのまつな［和気真綱］ 783〜846 清

麻呂の子。内舎人、右中弁、民部大輔等を歴任し、参議従四位上にいたる。父の創建した神願寺を継承し、兄広世とともに神護寺を建立。天台・真言の興隆に果した役割は大きく、空海の帰朝後、金剛灌頂をうけている。　（関口力）

わこ［和雇］　律令国家が労働力を調達する際にあたり、功直を支払って雇用する方式の一つ。賦役令雇役丁条に規定する雇役は、国司が強制的に徴発し上京させた役丁に、営繕令計功程条にしたがい布により功直が支払われたのに対し、和雇は同令有所営造条に規定され、「令義解」雇役丁条は「当時当郷庸作之価」による雇役と解しているように、その時その所の相場による功直で雇用した。都城の造営などの大規模事業では和雇による役民も多く、七八五（延暦4）年、長岡宮造営にあたり諸国の百姓三一万四〇〇〇人を和雇したという。　（舘野和己）

わこくのらん［倭国の乱］　二世紀後半の倭国の争乱。『三国志』の『魏志』東夷伝倭人の条には「住まること七、八十年倭国乱れ、相攻伐すること歴年」と書いている。この争乱の後に「共に一女子を立て王となす」人物が邪馬台国の卑弥呼である。この争乱の意義はきわめて大きい。この乱を「大乱」と書くのは、『後漢書』と『隋書』であり、『三国志』のほか『晋書』『梁書』『北史』『太平御覧』などはすべて「乱」と記す。その時期については「桓霊の間」（一四七—一八九年、『後漢書』）や「霊帝光和中」（一七八—一八四年、『梁書』『北史』『太平御覧』）と述べる。いずれにしても二世紀後半の乱であって、この時期には後漢の東夷に対する支配力が衰微し、黄巾の乱（一八四—一九二年）が渤発して後漢は衰退する。日本列島内においては石器の終末期であって、鉄器などの使用が始まり、変革の時期を迎えていた。防御施設をともなう高地性集落が増加した注目すべき段階の争乱であった。

〔参考文献〕上田正昭『大和朝廷』（講談社学術文庫平7）。　（上田正昭）

わざうた［童謡・謡歌］　社会的事件・異変に対する予兆や風刺を名もない民の声として表した歌。『日本書紀』の皇極天皇条以降に一〇首と、『続日本紀』の光仁天皇即位前紀に一首残されている。例えば、六四三～六四四（皇極2～3）年にかけて流行した童謡には、山背大兄王が蘇我入鹿に殺される事件や蘇我入鹿の暗殺を予兆するものであったとの解説が併記されている。天智天皇崩御時に流行した童謡からは、皇位継承をめぐる社会風刺を読みとることができる。　（市瀬雅之）

わさん［和讃］　仏事の際に日本語で読み上げられ歌われた仏教讃歌。漢語を日本語訳せず受容した経典などはそのまま音読されたが、これに対して和讃は最終的には七五調に落ち着く調子を付した音調の日本語で読まれた。仏教思想が庶民間に大きく普及する平安時代中期に定着した。　（井上満郎）

わた［綿］　畑で栽培する一年草。種子を包む白く長い毛から取った繊維の柔らかなかたまりも綿（木綿）とよぶ。弾力性・吸湿性・保湿性に富み、衣類や布団などに用いる。木綿織物は奈良時代には舶載されていたが、国産品はなく、平安時代初期に綿の種子が伝えられたが、栽培に失敗。綿作の再開は室町時代末頃となる。古くは「綿」といえば蚕の繭を裂き拡げた真綿（絹綿）をさし、調などの税品目となっている。中世の綿座が扱ったのも真綿である。　（武田佐知子）

わたし［渡し］　海上・河川の渡過点。律令制下では要路の津済には、船と渡（度）子がおかれた。津済は民部省の所管で、国郡司が分掌した。渡船はあまり整備されていなかったようで、八三五（承和2）年には東海・東山道上の川に渡船・浮橋を増やす命令が出されている。　（竹森友子）

わだつみじんじゃ［海神神社］　長崎県対馬の上県郡所在の神社。「延喜式」では和多郡美神社とあり、対馬国の一宮。祭神は海神の女の豊玉姫命で、名のごとく海神を祀る神社。八五九（貞観元）年に正五位下。　（井上満郎）

わたどの［渡殿］　寝殿造の住宅において、寝殿と対屋など、各建物間を結ぶ細長い廊様の建物で、廊・細殿ともよばれた。通常は側面が壁などで塞がれるが、開け放しにした透渡殿、片方を部屋として使用する二棟廊などの形式があった。　（西山恵子）

わたなべのつな［渡辺綱］　生没年未詳（「系図纂要」によれば953～1025）。平安時代中期の武将。嵯峨源氏で父は源宛。摂津渡辺党の始祖。源頼光に仕え、坂田金時・卜部季武・碓井貞光とともに四天王の一人として武勇をもって聞こえる。平安京の一条戻り橋での鬼の腕を切り落としたという鬼退治伝説で著名だが、実像は不明なところが多い。　（井上満郎）

わたぬきかんのんやまこふん［綿貫観音山古墳］　群馬県高崎市南東部の綿貫町にあり、榛名山南麓を源流とする井野川下流の右岸にある二段築成の前方後円墳。全長九七mで葺石はない。中段平坦部出土の人物像埴輪群は、祭祀儀式または葬送儀礼を表現したもの。後円部の横穴式石室は未盗掘で、副葬品は豊富である。なかでも獣帯鏡は百済武寧王陵出土品と同型鏡、銅製水瓶は庫狄廻洛墓（中国山西省、北斉、五六二年）のものと相似形とされる。築造時期は六世紀後半と推定されている。

〔参考文献〕『群馬県史　資料編3』（群馬県昭56）。『綿貫観音山古墳Ⅰ墳丘・埴輪編』（財団法人群馬県埋蔵文化財調査事業団平10）。『観音山古墳と東アジア世界』（群馬県立歴史博物館平11）。　（関晴彦）

わたらいし［度会氏］　伊勢神宮の外宮の禰宜を世襲した氏族。律令制前代より度会地方を中心とする南伊勢に勢力を有していた国造クラスの豪族が伊勢神宮の成立にともないその祭祀の一端を担ったものとみられる。『続日本紀』和銅四（七一一）年三月条の「伊勢国の人礒部祖父・高志の二人に姓を渡相神主と賜う」という記事が初見。始祖天牟羅雲命は天孫降臨に随伴したといい、その孫天日別命は『伊勢国風土記』逸文に神武天皇の命令をうけて伊勢の国を平定したとされる。　（菊地照夫）

わたりしま［渡島］　『日本書紀』斉明天皇四（六五八）年阿倍比羅夫から渡島蝦

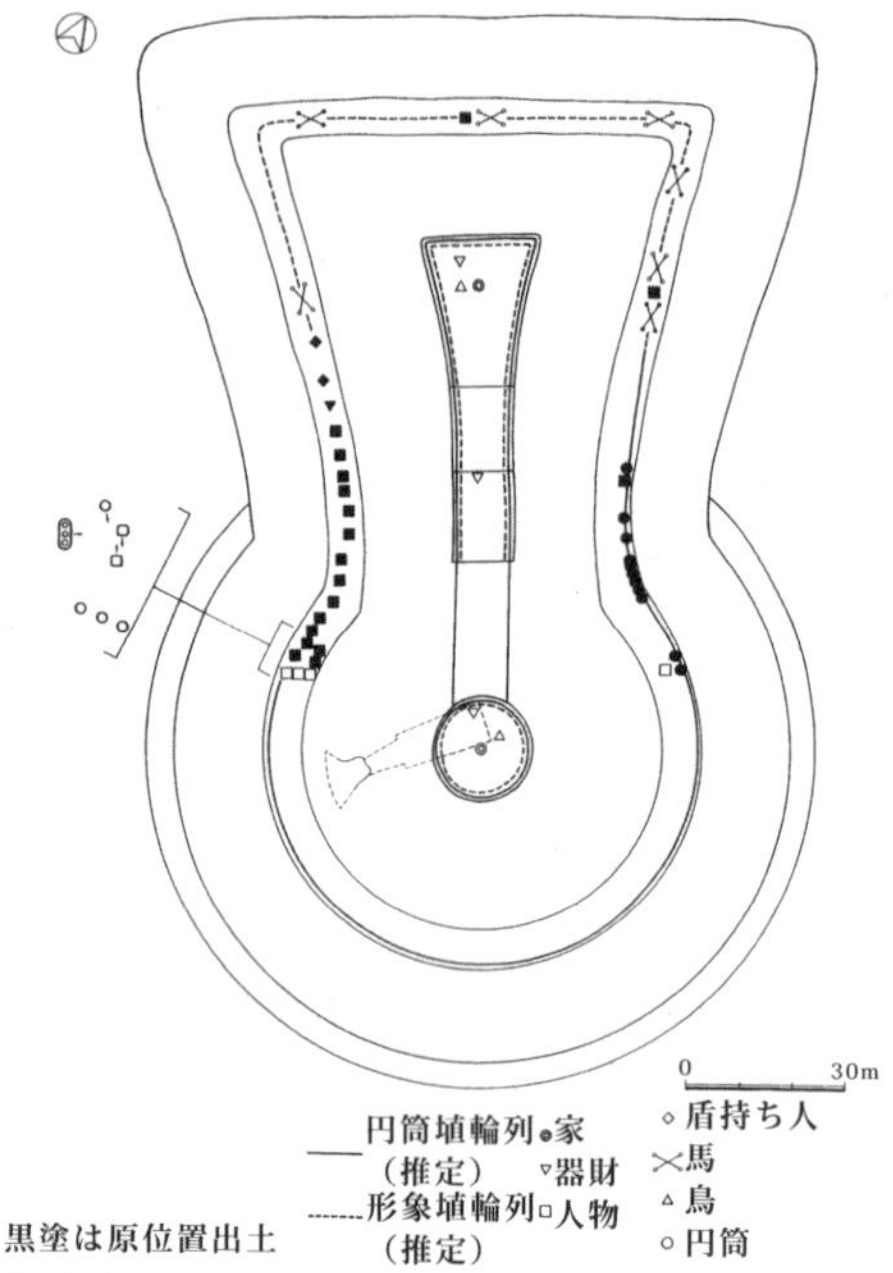

綿貫観音山古墳埴輪位置図
「綿貫観音山古墳Ⅰ墳丘・埴輪編」（財団法人群馬県埋蔵文化財調査事業団）より

夷が大饗をうけた記事が初見。七世紀から九世紀末にかけて蝦夷集団の本拠地の一つの呼称。具体的な範囲は不明であるが、津軽半島の北部を中心にした地域名称で、場合によれば北海道南部を含んでいた可能性も考えられる。現在、北海道南西部に渡島（おしま）の地名があるが、これは北海道旧一一国の一つで、現函館市と渡島・檜山支庁にあたる。明治初年に北海道の地名のいくつかを斉明紀の記載にもとづいて命名したといわれる。

（高橋誠一）

わどうかいちん［和同開珎］ 日本古代の代表的な銭貨。銀銭と銅銭の二種類があり、それぞれが古和同と新和同にわけられる。七〇八（和銅元）年正月、武蔵国秩父郡から和銅が献上され、同二月に「催鋳銭司」が設置され、同年五月と八月に発行された。飛鳥池遺跡の発掘調査で、*富本銭が七〇〇（大宝元）年以前にさかのぼることが確定したことにより、和銅以前発行説は影をひそめた。銭文「和同」には、年号・吉祥句の両方の意味が含まれ、銭文「開珎」は、奈良時代の一次資料における「珎」の用例では、例外なくチンと読まれているので、カイチンと読む。律令国家が重点をおいたのは和同銅銭のほうで、これに高い法定価値を付与して平城京造営をはじめとする各種の支払いに用い、多大な銭貨発行収入をえた。これに対して和同銀銭のほうは、和同開珎発行以前から存在していた地金の銀の貨幣的機能を和同銅銭に受け継がせるための媒介物として発行された。このため、和同銅銭の流通が拡大するにつれて、その存在意義は減少し、七〇九（和銅2）年八月と翌年九月の二回にわたって、銀銭禁止令が出されている。和同開珎の出土例は全国におよぶが、なかでも畿内と近江南部に集中している。この地域では、「正倉院文書」や木簡でも明らかなように、和同開珎はかなり普及し、売買の手段としても流通した。畿外でも各地で出土しているが、これらは、和同開珎の普及ぶりを示すものであるが、売買の手段として用いられたのではなく、富や、中央との結び付きを象徴するもの、呪物などとして所持使用されていたと考えられる。中華人民共和国では、黒竜江省寧安県の渤海国東京城址（銅銭一枚）、西安市の唐長安城興化坊址（銀銭五枚）で発見されている。

［参考文献］栄原永遠男『奈良時代流通経済史の研究』（塙書房平4）。同『日本古代銭貨流通史の研究』（塙書房平5）。奈良国立文化財研究所編『平城宮発掘調査報告』Ⅵ（奈良国立文化財研究所学報23）。

（栄原永遠男）

わどうかいちんいがた［和同開珎鋳型］ *和同開珎の鋳型。和同開珎銅銭は、最初、*近江国で鋳造され、その後、河内や山背、長門などに「鋳銭司」がおかれたことが記録にみえる。ただし、実際に和同銭の鋳型が出土したのは、山口県下関市の長門鋳銭所跡と奈良市の平城京跡の二ヵ所である。平城京跡例は、粒の粗い真土（厚さ約二・二㎝）の表面に、きめの細かい真土（厚さ約五㎜）を塗り、そこに種銭を放射状に連ねて押圧した後に焼成している。ここから枝銭を鋳抜き、ヤスリなどで切断・成形して製品となる。

（黒崎直）

わに［王仁］ 応神天皇の代に『*論語』などをもたらしたと伝える*百済の学者。和邇吉師とも。文（書）氏の祖とし、『古語拾遺』や『懐風藻』にもみえ、『日本書紀』では太子の菟道稚郎子の師になったという。『古今和歌集』には「難波津に咲くやこの花冬こもり今は春へと咲くやこのはな」の歌を詠んだと述べる。この歌は法隆五重塔初層天井の*落書、藤原京出土の木簡、平城京出土の*墨書土器などにもみえる。

（上田正昭）

わにし［和珥氏］ 奈良盆地北東部を本拠とし、五世紀から六世紀後半にかけて后妃を輩出した臣姓の大豪族。氏の名の「ワニ」は、和珥のほかに丸邇・和邇・丸などにも作る（以下、ワニ氏・ワニ臣と記す）。『古事記』『日本書紀』によれば、ワニ氏出身の女性は、応神・反正・雄略・仁賢・継体・欽明・敏達の七天皇に、計九人の后妃を入れている。后妃を多く輩出した大和の臣姓豪族として、ほかに葛城氏や蘇我氏が知られている。ワニ氏出身の后妃が輩出する時期は、葛城氏が衰退して蘇我氏の台頭する時期にあたり、またワニ氏出身の后妃が生んだ皇子で即位した事例はなく、所生の皇女が、また次代の后妃に立てられた例が多い。『古事記』では、孝昭天皇皇子の天押帯日子命を春日臣・大宅臣・粟田臣・小野臣・柿本臣・壱比韋臣らの祖とし、ワニ臣のみえないことが注目される。ワニ氏の祖として、日子国意祁都命（開化天皇段）、日古国夫玖命（崇神天皇段）、難波根子建振熊命（神功皇后段）がみえている。開化天皇が日古国意祁都命の妹、意祁都媛を娶って生んだ日子坐王について、長大な系譜を記す。日子坐王の子の十五王は、それぞれ奈良盆地北東部の春日・沙本（佐保）、山代、近淡海、丹波の諸氏族の祖と伝え、ワニ氏の同族やワニ氏の部民であるワニ部の分布と重なることが注目されよう。日古国夫玖命は大毗古命を助けて、謀反を起こした建波邇安王を殺し、難波根子建振熊命は反逆した忍熊王を討った。『日本書紀』では、孝昭天皇皇子の天足彦国押人命をワニ臣らの始祖とし、ワニ臣の遠祖姥津命の妹、姥津媛が開化天皇の妃となり、彦坐王を生んだと伝えるが、彦坐王に関わる系譜を記していない。七二〇（養老4）年五月に『日本紀』三〇巻とともに奏上された『系図』一巻に彦坐王の系譜が掲載されていたため、ここでは省略されたものと推定されている。崇神朝に大彦命とワニ臣の遠祖彦国葺が埴安彦を討ち、また彦国葺は垂仁朝に五大夫の一人としてみえる。仲哀天皇崩御後に生じた忍熊王の謀反に際し、神功皇后は武内宿禰とワニ臣の祖の建振熊命に命じて忍熊王を討たせたが、建振熊命の具体的な活躍を伝えていない。『古事記』と『日本書紀』にみえるワニ氏関連の伝承を比較すると、『古事記』の方が格段に詳しく、その歴史的背景が注目される。「ワニ」という氏族名については、地名の和爾（天理市和爾町）に由来するとされる。『古事記』に、「和珥坂」（崇神天皇段）、「櫟井の丸邇坂」（応神天皇段）、「丸邇池」（仁徳天皇段）、『日本書紀』に、「和珥坂の下」（神武即位前紀）、「和珥池」（仁徳天皇十三年十月条、推古天皇二十一年十一月条）がみえ、ワニ坂・ワニ池があった。和爾集落内に式内大社の和尒坐赤坂比古神社が鎮座し、同社から西方へ下る坂を、古来、「ワニ坂」と伝承している。天理市櫟本町にも和尒下神社が鎮座し、ワニの地名を残す。和爾集落と楢川をへだてて南に向かい合う丘陵の斜面で、櫟本高塚遺跡（天理市櫟本町）が発見された。六世紀後半の社殿とみられる小建物とそれを取り囲む二重の柵列、その背後から大量の土師器が検出されており、ここもワニ坂と称されていた可能性がある。なお櫟本高塚遺跡は、現在、史跡公園として整備されている。ワニ池については、奈良市今池町・池田町に所在する広大寺池が古代に築造された池の形態をよくとどめており、ワニ池とみてよい。『古事記』では、孝昭天皇皇子の天押帯日子命を春日臣・大宅臣・粟田臣・小野臣・柿本臣・壱比韋臣らの祖とする。また六八四（天武13）年十一月に朝臣の姓を賜った五二氏のうちに、大春日臣・大宅臣・粟田臣・小野臣・櫟井臣・柿本臣などの六氏が含まれており、ワニ氏の同族とみなしうる。

ワニ氏の同族のうち、春日臣・大宅臣・柿本臣・壱比韋臣の本拠は次のように想定できる。

春日臣…添上郡春日郷（奈良市白毫寺町付近）

大宅臣…添上郡大宅郷（奈良市古市町付近）

柿本臣…柿本寺付近（天理市櫟本町東方の和尒下神社付近）

壱比（櫟井）韋臣…天理市櫟本町を中心とした地域

奈良盆地北東部の奈良市白毫寺町付近から、天理市櫟本町付近にかけての一帯である。

したがってこれらの四氏については、奈良盆地北東部を本拠としたワニ氏の同族集団と認められるが、右の系譜にはワニ臣がみえない。『新撰姓氏録』によれば、大春日朝臣は孝昭天皇皇子の天帯（足）彦国押人命を祖とし、もと春日臣であったが、八〇一（延暦20）年に大春日朝臣を賜ったとみえている。これらのことから、欽明朝頃にワニ氏はその本拠を和爾から春日の地に移して春日氏と改称し、敏達朝頃に大宅・粟田・小野・柿本・壱比韋氏などに分化したとされる。このうち小野・粟田氏については問題を残している。東大寺所蔵の「虚空蔵絵図」に願興寺が描かれ、また『東大寺要録』末寺章に、願興寺は添上郡の上津和邇にあって山口寺とも称し、小野氏の氏寺とみえている。願興寺跡の発掘調査で、七世紀末頃に建立された寺院であることが確認された。また七〇八（和銅元）年九月に小野朝臣広人と小野朝臣馬養は造平城京司の次官に任命されていることからも、小野氏が上津和邇（天理市和爾町）を本拠としていたことは確実である。粟田氏についても、春日粟田臣とも称し、添上郡楢中郷に氏人の居住が認められる。しかしいっぽうでは、山城国愛宕郡小野郷から小野朝臣毛人の墓誌が出土しており、宇治郡にも小野郷がある。また近江国滋賀郡和邇村小野には、名神大社の小野神社二座が鎮座し、八三七（承和4）年二月四日、大春日・布瑠・粟田の三氏の五位以上の者も、小野氏に准じて春秋の二時期に官符を待たずに近江国滋賀郡の氏神社に向かうことを許された（『続日本後紀』）。粟田氏についても、山城国愛宕郡に上粟田郷・下粟田郷があり、氏人の居住が認められる。したがって小野・粟田氏については、奈良盆地北東部に本拠があって、その一族が山城や近江に進出したのか、逆に山城・近江を本拠としていたが、後に奈良盆地東北部にも拠点をおくようになったとみるか、判断しがたい。いずれにしても、ワニ氏の部民であるワニ部は、奈良盆地北東部―巨椋池周辺の山城国宇治郡―京都盆地北東部の山城国愛宕郡―琵琶湖西岸の近江国滋賀郡―若狭国―越前国を結ぶ古道沿いに濃厚に分布しており、ワニ部は日本海沿岸や琵琶湖・巨椋池で漁撈に従事したり、魚や海産物を大和に運ぶ人々であった。ワニ氏とその同族は、もともと、それらのワニ部を支配する中央伴造であったとみることができよう。

「ワニ」はフカ（大形のサメ）。西日本では、現在もフカを「ワニザメ」「サメ」と称している。ワニ部の呼称はワニを捕獲し、またワニを神聖視した海民集団に由来し、中央伴造の氏の名となったものと推測できる。したがって和爾の地名からワニ氏やワニ部の呼称が生まれたとする通説については、再考の余地があると思われる。天理市和爾町から同市櫟本町にかけての一帯には、東大寺山古墳・赤土山古墳・和尒下神社境内古墳など、古墳時代前期後半の大型古墳が分布することでよく知られている。また最近、和爾集落の北方域から、墳丘が削平された円墳二九基（六世紀後半～七世紀初め）が検出された。分布状況からみて、三五〇～五〇〇基にも及ぶ大古墳群（和爾古墳群）の存在が想定されている。いっぽう、春日野から白毫寺一帯にかけては、小円墳が散在するのみである。ワニ氏が和爾から春日に拠点を移したのか否か、また佐紀楯列古墳群をワニ氏の奥津城とみてよいか、いま一度検討されるべきかと思われる。

〔参考文献〕岸俊男「ワニ氏に関する基礎的考察」『日本古代政治史研究』所収（塙書房昭41）。和田萃編『古代を考える　山辺の道』（吉川弘文館平11）。

（和田萃）

わにのとまり［和邇泊］　和邇は近江国滋

賀郡真野郷にあった地名で、「延喜式」に和邇駅、「類聚三代格」に和邇船瀬（和邇泊）がみえる。北陸道と竜華越え道との合流点にあたる琵琶湖西岸の交通の要衝。八六七（貞観9）年の太政官符に和邇泊が承和年中（八三四〜八四八）につくられたとある。（高橋美久二）

わのごおう［倭の五王］ 五世紀に中国南朝と交渉をもった五人の倭国王。『宋書』と『南史』には讃・珍・済・興・武、『梁書』には賛・彌・済・興・武とあるため、珍と彌を別人とみて、倭の六王と解釈する説もあるが、讃と賛は音通、彌は珍の異体字（珎）より派生した誤写・誤刻とみるべきであろう。倭の五王と中国王朝との交渉は四二一（永初2）年の讃の宋への遣使に始まる。宋はこの遣使を喜び、讃を除授（任官）した。この時、讃が授けられた官爵号は史料に明記されていないが、その後の倭王の事例からみて、安東将軍・倭国王であった可能性が濃い。ここに倭国全体を支配する王が誕生したことになる。なお、『宋書』倭国伝によると、倭国王の外交目的は中国王朝の藩臣となり、宋王朝の官爵号を獲得することにあったかのような記述となっている。珍は「使持節、都督倭・百済・新羅・任那・秦韓・慕韓六国諸軍事、安東大将軍、倭国王」と自称して除正（正式に任命してもらうこと）を求め、武も「使持節、都督倭・百済・新羅・任那・加羅・秦韓・慕韓七国諸軍事、安東大将軍、開府儀同三司、倭国王」と自称している。これらの称号の意味するところは南朝鮮諸国と倭国における軍事的支配権とそれに倭国における王権の承認を求めたものであった。これに対して宋王朝は軍権のおよぶ範囲から「百済」を除去した。これはすでに百済王が倭国王よりも早く中国王朝と交渉をもち、使持節・都督・百済諸軍事・鎮東大将軍・百済王などの称号をえていたことによる。四七五年、百済が高句麗王の攻撃を受け、王城の漢城は陥落し、百済王も殺害されるという事態が生じた。武はこの状況を利用して、高句麗との対決姿勢を強め、百済の軍権獲得を訴えたが、その願いは認めてもらえなかった。四七八年の遣使を最後に倭王の対中外交が途絶するのは、一つには対中交渉による懸案解決の限界に気付いたことにあると思われる。なお、倭の五王のうち、珍を反正天皇、済を允恭天皇、興を安康天皇、武を雄略天皇に比定する見解が有力であるが、讃については応神天皇、仁徳天皇、履中天皇のうちどの天皇に対比すべきかまだ結論が出ていない。

〔参考文献〕 笠井倭人『研究史倭の五王』（吉川弘文館昭48）。（坂元義種）

わふうしごう［和風諡号］ ⇩諡（おくりな）

わみょうるいじゅうしょう［倭名類聚抄］ 『和名類聚抄』（『和名抄』）とも。意味で分類した漢語の辞書。源順の撰。九三一〜九三八（承平年間）の成立。一〇巻本と二〇巻本がある。天部・地部など三二部（一〇巻本は二四部）あり、意味分類された三〇〇〇余りの漢語などに、万葉仮名で和名を付し、出典名・字音注などを注記、撰者の説も記す。引用文献は二九〇におよび、『説文』『爾雅』などの漢籍とともに、現存しない『東宮切韻』『楊氏漢語抄』などの国書もみえて貴重である。『古簡集影』『天理図書館善本叢書』などにおさめる。（木本好信）

わらびてとう／わらびてのかたな［蕨手刀］ 奈良、平安時代に製作された把頭が早蕨のように丸く巻いた形状の鉄製の刀。柄と身は一体で、柄木は用いずに糸や樹皮を直接巻き、身は平造り。喰出鐔が多く、木製または革製の鞘には双脚または単脚の足物金具と責金具・捩尾金具が着く。刃長は三〇〜六〇cmと小型で、時代が下がるにしたがい長くなる傾向がある。正倉院には外装が完備した伝世品一振がある。全国的に出土するが、東北、北海道の墳墓の副葬品が多く、北海道では四〇振ほどあり、オホーツク文化の土坑墓からも出土している。（長沼孝）

わらべ［童］ 「わらわ」「わらんべ」「わらわべ」ともいい、童部・童子とも書く。元服前の子どもをいう。髪は垂髪などの、いわゆる童形で、服装も直衣・細長などの童装束を着用し、名前も童名を使用した。女性の童をとくに「女童」とよんで男子のそれと区別することがある。成人しても童形のままでいる者を大童といい、牛飼童・寺院の大童子・八瀬童子などがこれにあたる。古代には、成人前の童には特殊な霊力や呪力があると考えられており、宗教的儀式において特殊な役割を課せられた。（荊木美行）

わりたけがたせっかん［割竹形石棺］ 古墳時代の刳抜式石棺の一形式。主に前期に使用された。丸竹を二つ縦割りにしたような形状をなし身と蓋を構成する。割竹形木棺を石で模したものとされる。それぞれの前後両端には一〜二個の縄掛突起とよばれる短い棒状のものをつくり出している。発祥の地とされる讃岐（香川県）の快天山古墳の三基の石棺では、身・蓋の外形がともに幅に対する高さの比を増すように変化していることが指摘されている。類例が少ないことから後出する舟形石棺と併せて、舟形石棺として総称しようとする見解もある。舟葬説と関連付ける説は首肯しがたい。（福尾正彦）

わりたけがたもっかん［割竹形木棺］ 古墳時代に使用された木棺の一種。長さ六〜七m、太さ一m弱の丸太を縦割りし、それぞれの内部を刳り抜いて蓋と身とする。良好な遺存例がほとんどなく細部の構造等は不明であるが、身の端部を刳り残したり仕切板を用いるものなどがある。そのほとんどはコウヤマキを使用している。出現期の古墳を含む前期の古墳に主に採用された。後期の遺例もあるが、その数は少ない。（福尾正彦）

巻末資料

目次

※3～103ページはCD-ROMにも収録。
※「古代東アジア年号対照表」「索引」は後ろページが先頭。

皇室略系図

（作成：米田雄介）

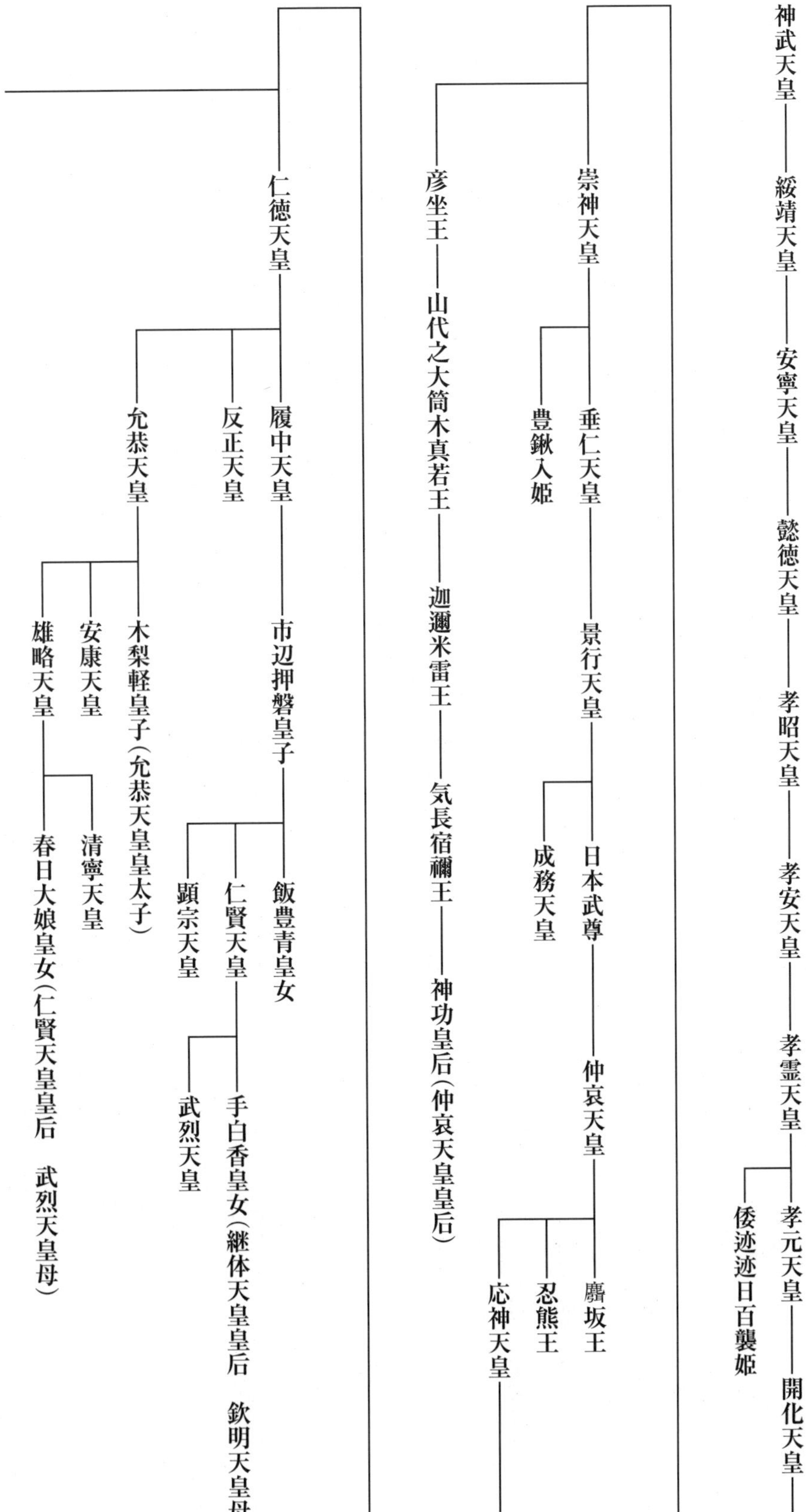

神武天皇
綏靖天皇
安寧天皇
懿徳天皇
孝昭天皇
孝安天皇
孝霊天皇
孝元天皇
倭迹迹日百襲姫
開化天皇
崇神天皇
豊鍬入姫
垂仁天皇
景行天皇
成務天皇
日本武尊
仲哀天皇
麛坂王
忍熊王
応神天皇
彦坐王
山代之大筒木真若王
迦邇米雷王
気長宿禰王
神功皇后（仲哀天皇皇后）
仁徳天皇
履中天皇
反正天皇
允恭天皇
市辺押磐皇子
飯豊青皇女
仁賢天皇
顕宗天皇
手白香皇女（継体天皇皇后　欽明天皇母）
武烈天皇
木梨軽皇子（允恭天皇皇太子）
安康天皇
雄略天皇
清寧天皇
春日大娘皇女（仁賢天皇皇后　武烈天皇母）

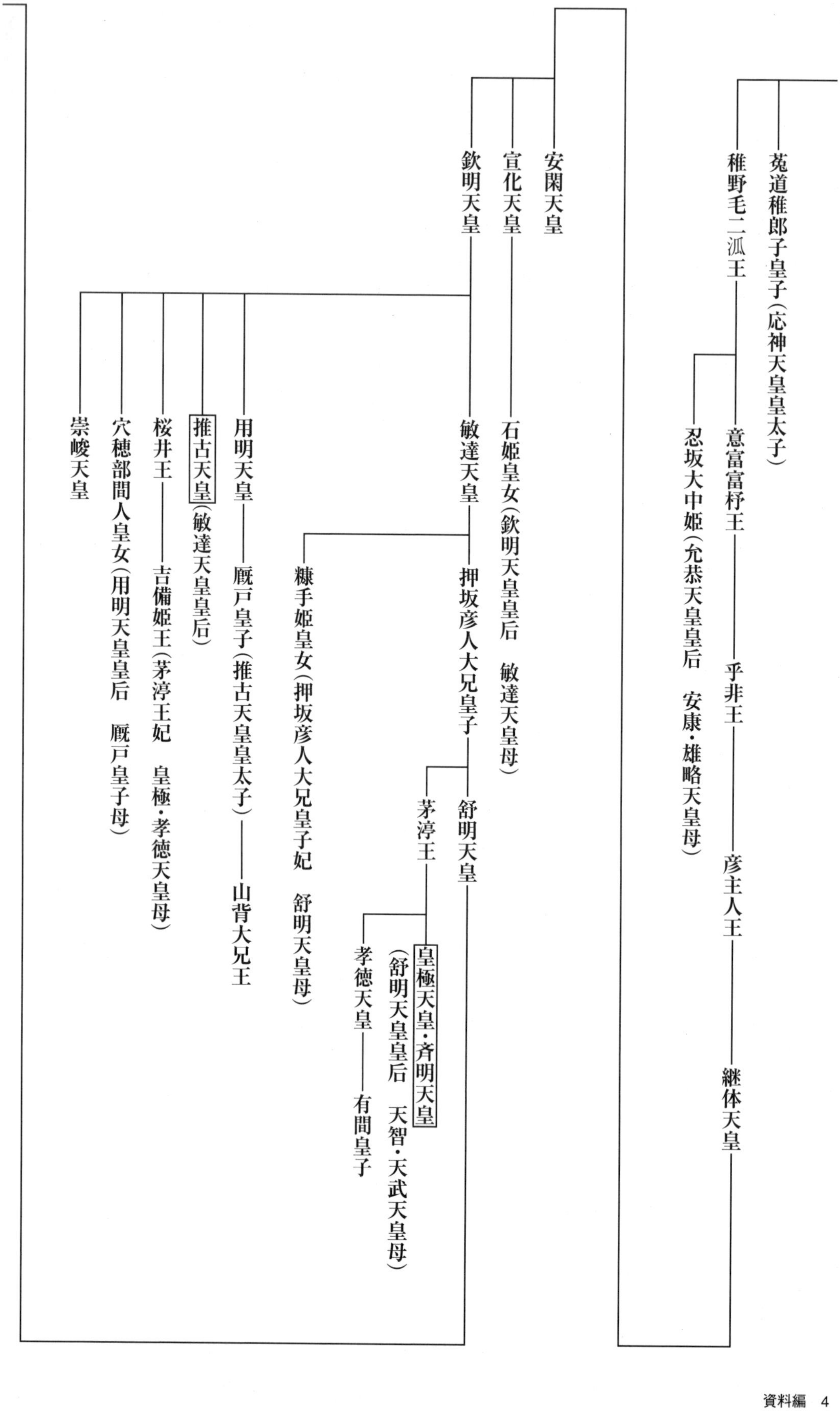
莵道稚郎子皇子（応神天皇皇太子）
稚野毛二派王
意富富杼王
忍坂大中姫（允恭天皇皇后　安康・雄略天皇母）
乎非王
彦主人王
継体天皇
安閑天皇
宣化天皇
欽明天皇
石姫皇女（欽明天皇皇后　敏達天皇母）
敏達天皇
押坂彦人大兄皇子
糠手姫皇女（押坂彦人大兄皇子妃　舒明天皇母）
舒明天皇
茅渟王
皇極天皇・斉明天皇（舒明天皇皇后　天智・天武天皇母）
孝徳天皇
有間皇子
用明天皇
厩戸皇子（推古天皇皇太子）
山背大兄王
推古天皇（敏達天皇皇后）
桜井王
吉備姫王（茅渟王妃　皇極・孝徳天皇母）
穴穂部間人皇女（用明天皇皇后　厩戸皇子母）
崇峻天皇

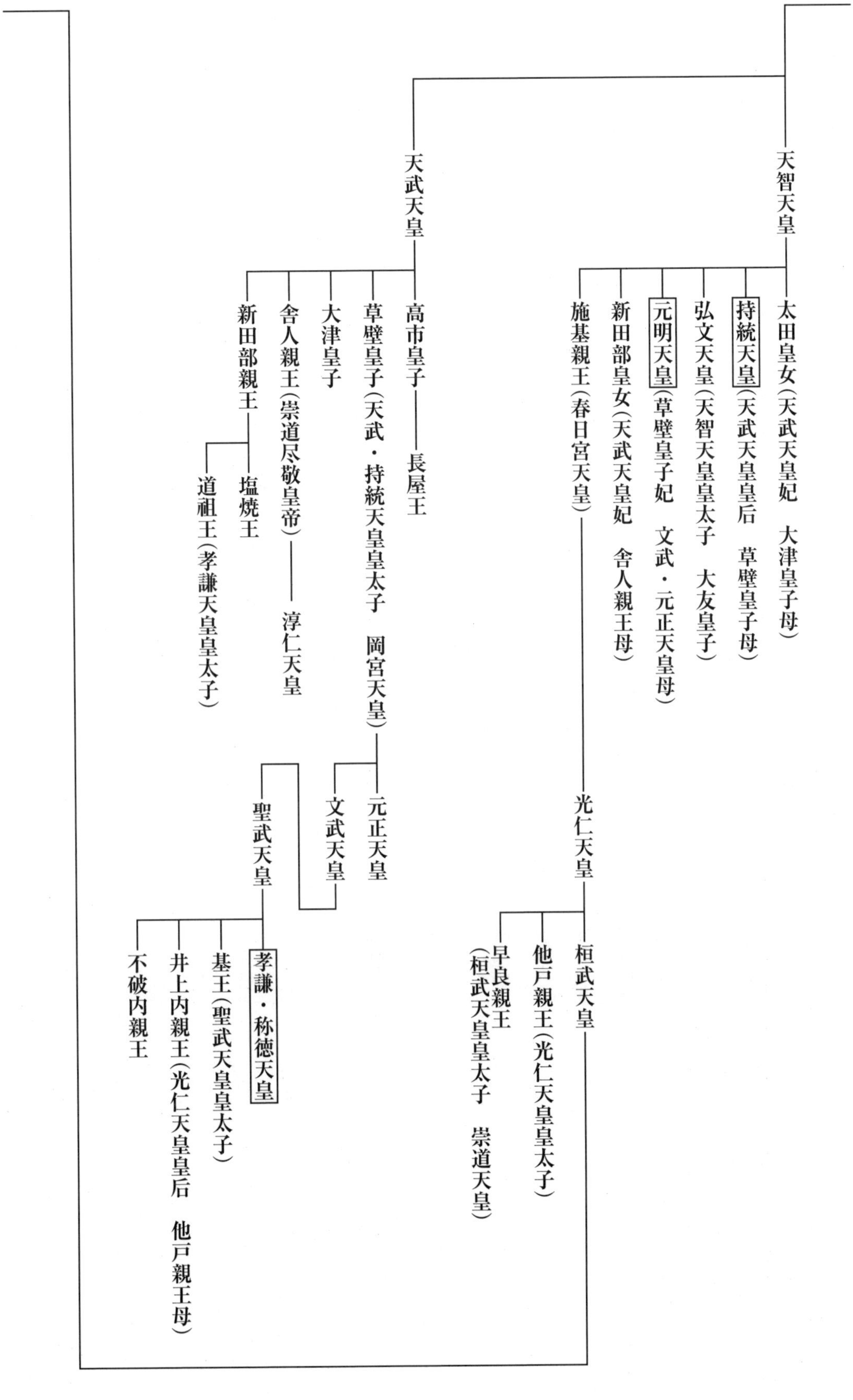
天智天皇
太田皇女（天武天皇妃　大津皇子母）
持統天皇（天武天皇皇后　草壁皇子母）
弘文天皇（天智天皇皇太子　大友皇子）
元明天皇（草壁皇子妃　文武・元正天皇母）
新田部皇女（天武天皇妃　舎人親王母）
施基親王（春日宮天皇）
光仁天皇
桓武天皇
他戸親王（光仁天皇皇太子）
早良親王（桓武天皇皇太子　崇道天皇）
天武天皇
高市皇子
長屋王
草壁皇子（天武・持統天皇皇太子　岡宮天皇）
元正天皇
文武天皇
聖武天皇
孝謙・称徳天皇
基王（聖武天皇皇太子）
井上内親王（光仁天皇皇后　他戸親王母）
不破内親王
大津皇子
舎人親王（崇道尽敬皇帝）
淳仁天皇
新田部親王
塩焼王
道祖王（孝謙天皇皇太子）

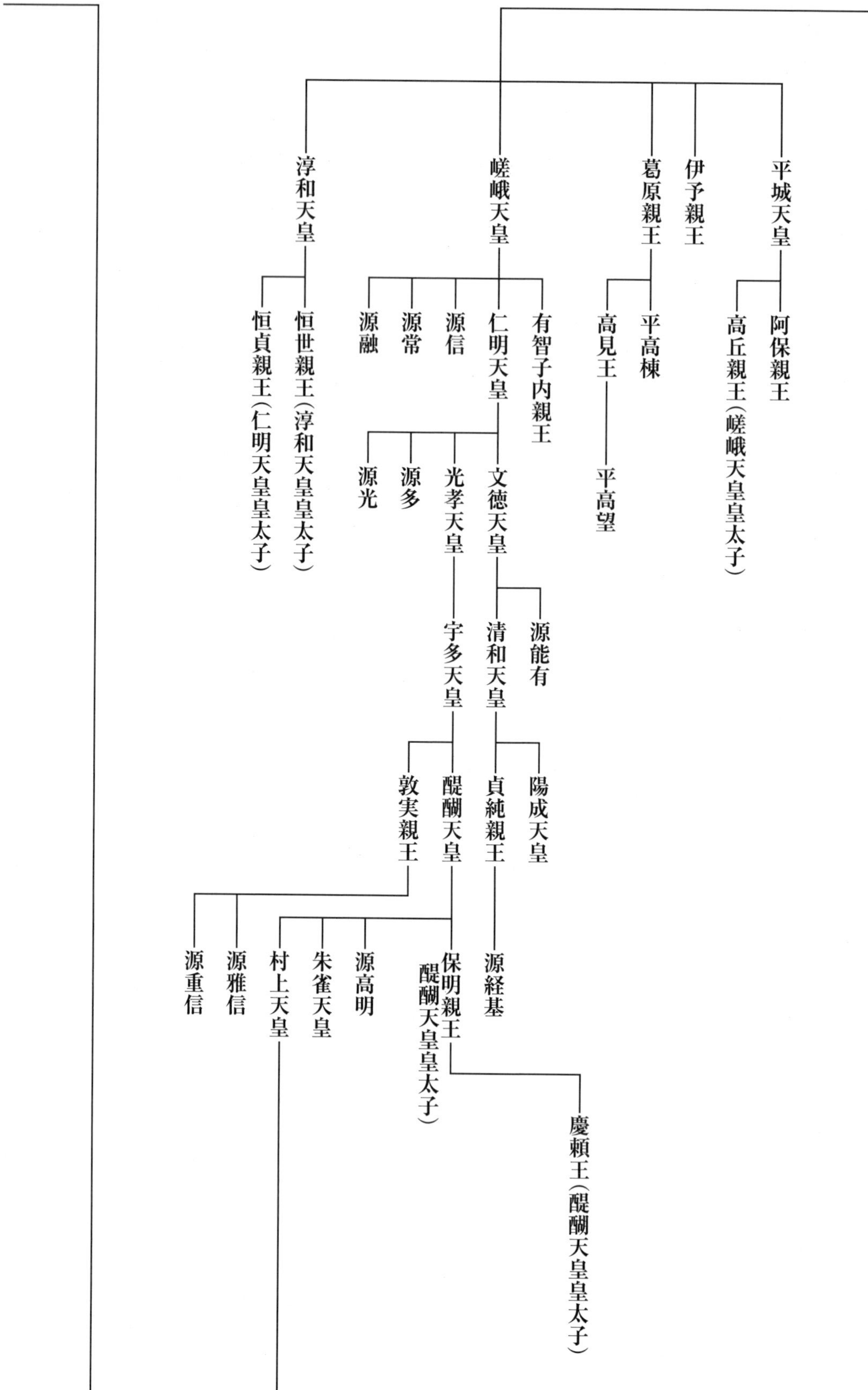
平城天皇
阿保親王
高丘親王（嵯峨天皇皇太子）
伊予親王
葛原親王
平高棟
高見王
平高望
嵯峨天皇
有智子内親王
仁明天皇
源信
源常
源融
文徳天皇
光孝天皇
源多
源光
源能有
清和天皇
宇多天皇
陽成天皇
貞純親王
醍醐天皇
敦実親王
源経基
慶頼王（醍醐天皇皇太子）
保明親王（醍醐天皇皇太子）
源高明
朱雀天皇
村上天皇
源雅信
源重信
淳和天皇
恒世親王（淳和天皇皇太子）
恒貞親王（仁明天皇皇太子）

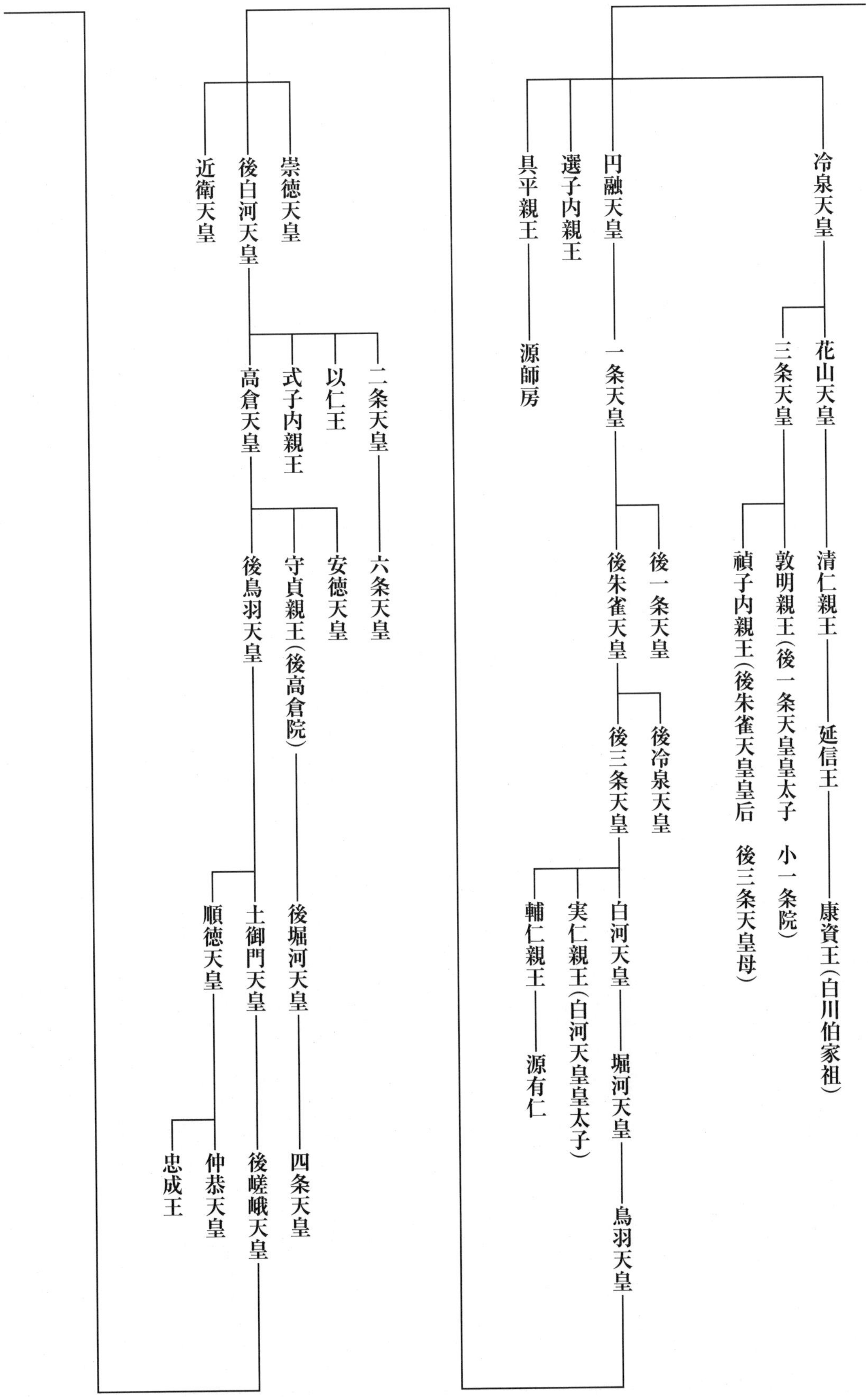
冷泉天皇
花山天皇
清仁親王
延信王
康資王（白川伯家祖）
三条天皇
敦明親王（後一条天皇皇太子　小一条院）
禎子内親王（後朱雀天皇皇后　後三条天皇母）
円融天皇
一条天皇
後一条天皇
後朱雀天皇
後冷泉天皇
後三条天皇
白河天皇
堀河天皇
鳥羽天皇
実仁親王（白河天皇皇太子）
輔仁親王
源有仁
選子内親王
具平親王
源師房
崇徳天皇
後白河天皇
近衛天皇
二条天皇
六条天皇
以仁王
式子内親王
高倉天皇
安徳天皇
守貞親王（後高倉院）
後堀河天皇
四条天皇
後鳥羽天皇
土御門天皇
後嵯峨天皇
順徳天皇
仲恭天皇
忠成王

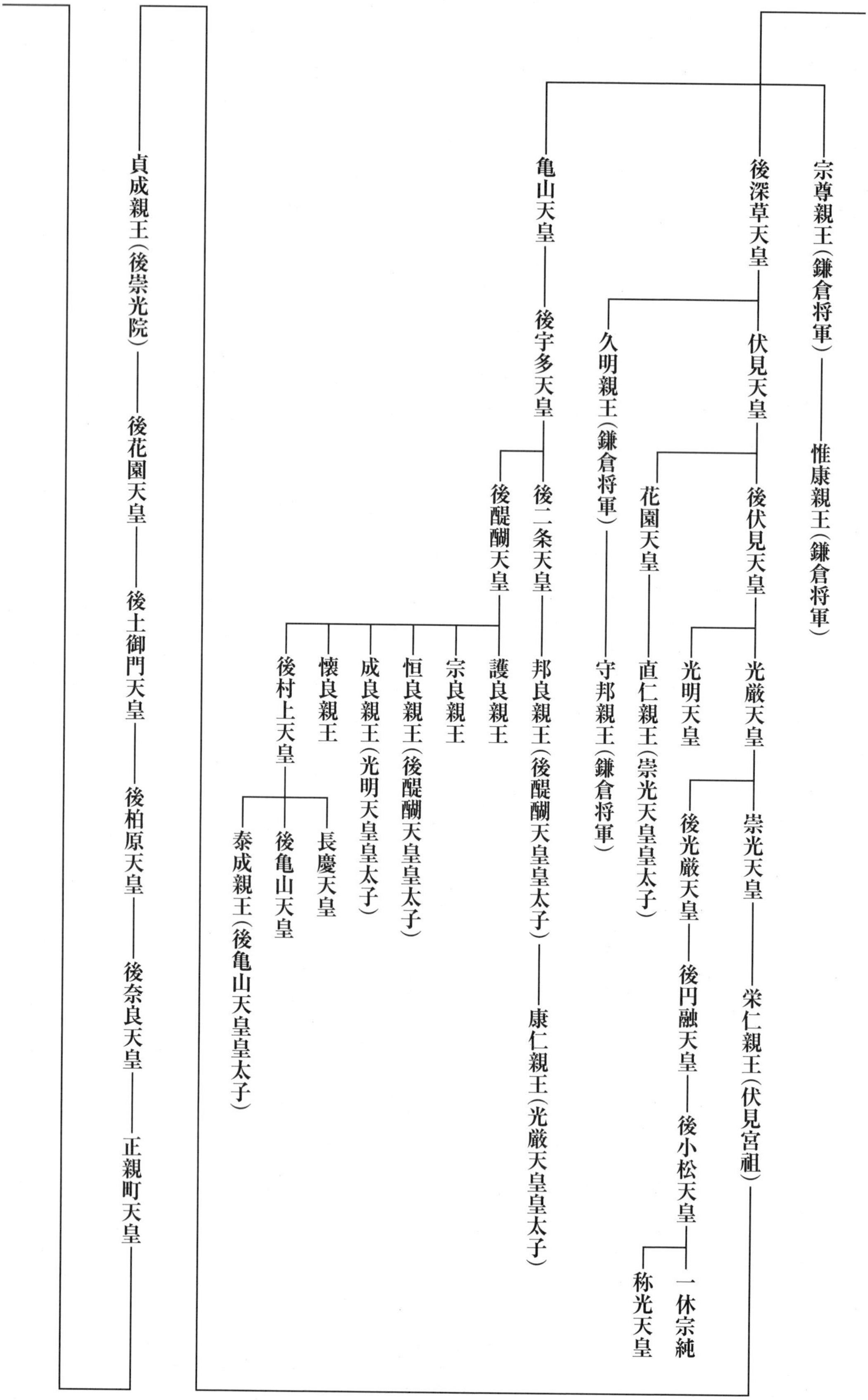
宗尊親王（鎌倉将軍）
惟康親王（鎌倉将軍）
後深草天皇
伏見天皇
後伏見天皇
光厳天皇
崇光天皇
栄仁親王（伏見宮祖）
後光厳天皇
後円融天皇
後小松天皇
一休宗純
称光天皇
光明天皇
花園天皇
直仁親王（崇光天皇皇太子）
久明親王（鎌倉将軍）
守邦親王（鎌倉将軍）
亀山天皇
後宇多天皇
後二条天皇
邦良親王（後醍醐天皇皇太子）
康仁親王（光厳天皇皇太子）
後醍醐天皇
護良親王
宗良親王
恒良親王（後醍醐天皇皇太子）
成良親王（光明天皇皇太子）
懐良親王
後村上天皇
長慶天皇
後亀山天皇
泰成親王（後亀山天皇皇太子）
貞成親王（後崇光院）
後花園天皇
後土御門天皇
後柏原天皇
後奈良天皇
正親町天皇

- 正親町天皇
  - 誠仁親王（陽光院）
    - 後陽成天皇
      - 後水尾天皇
        - 明正天皇
        - 後光明天皇
        - 後西天皇
          - 幸仁親王（高松宮継承　有栖川宮と改称）
        - 霊元天皇
          - 東山天皇
            - 中御門天皇
              - 桜町天皇
                - 桃園天皇
                  - 後桃園天皇
                    - 欣子内親王（光格天皇皇后）
                - 後桜町天皇
            - 直仁親王（閑院宮祖）
              - 典仁親王（慶光天皇）
                - 光格天皇
                  - 仁孝天皇
                    - 孝明天皇
                      - 明治天皇
                        - 大正天皇
                          - 昭和天皇
                            - 今上天皇
                              - 徳仁親王（現皇太子）
                    - 親子内親王（和宮　静寛院宮　徳川家茂室）
                  - 盛仁親王（京極宮継承　桂宮と改称）
          - 文仁親王（八条宮継承　京極宮と改称）
      - 好仁天皇（高松宮　有栖川宮祖）
    - 智仁親王（八条宮　桂宮祖）

諸氏略系図

（作成：井上満郎）

嵯峨源氏

＊尊卑分脈等による

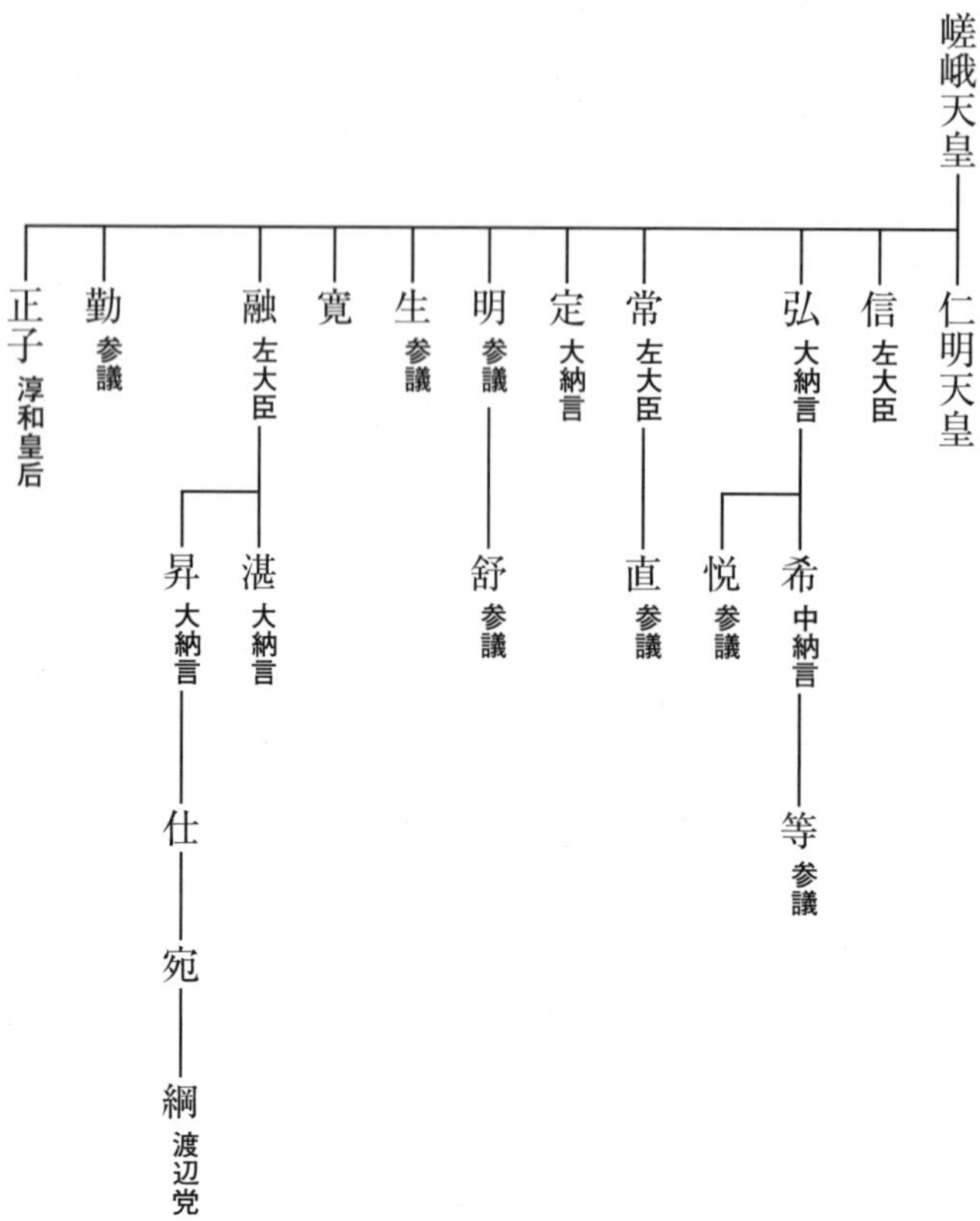

文徳源氏

＊尊卑分脈等による

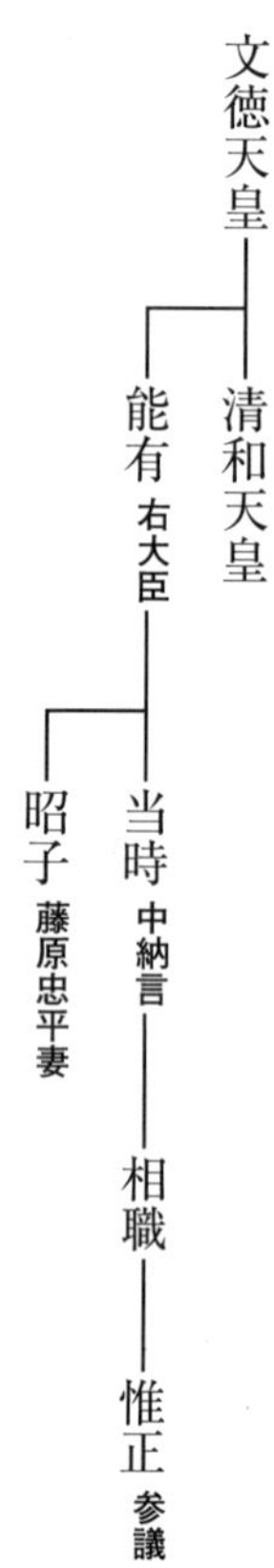

仁明源氏

*尊卑分脈等による

- 仁明天皇
  - 文徳天皇
  - 光孝天皇
  - 人康親王
    - 興基 参議
  - 多 右大臣
  - 冷 参議
  - 光 右大臣

光孝源氏

*尊卑分脈等による

- 光孝天皇
  - 是忠親王
    - ○
      - 室明
    - 清平 参議
    - 正明 参議
  - 是貞親王
    - 直幹
  - 宇多天皇
  - 元長
  - 近善
  - 旧鑒
  - 是恒
  - 貞恒 大納言
  - 是茂 権中納言

清和源氏

*尊卑分脈等による

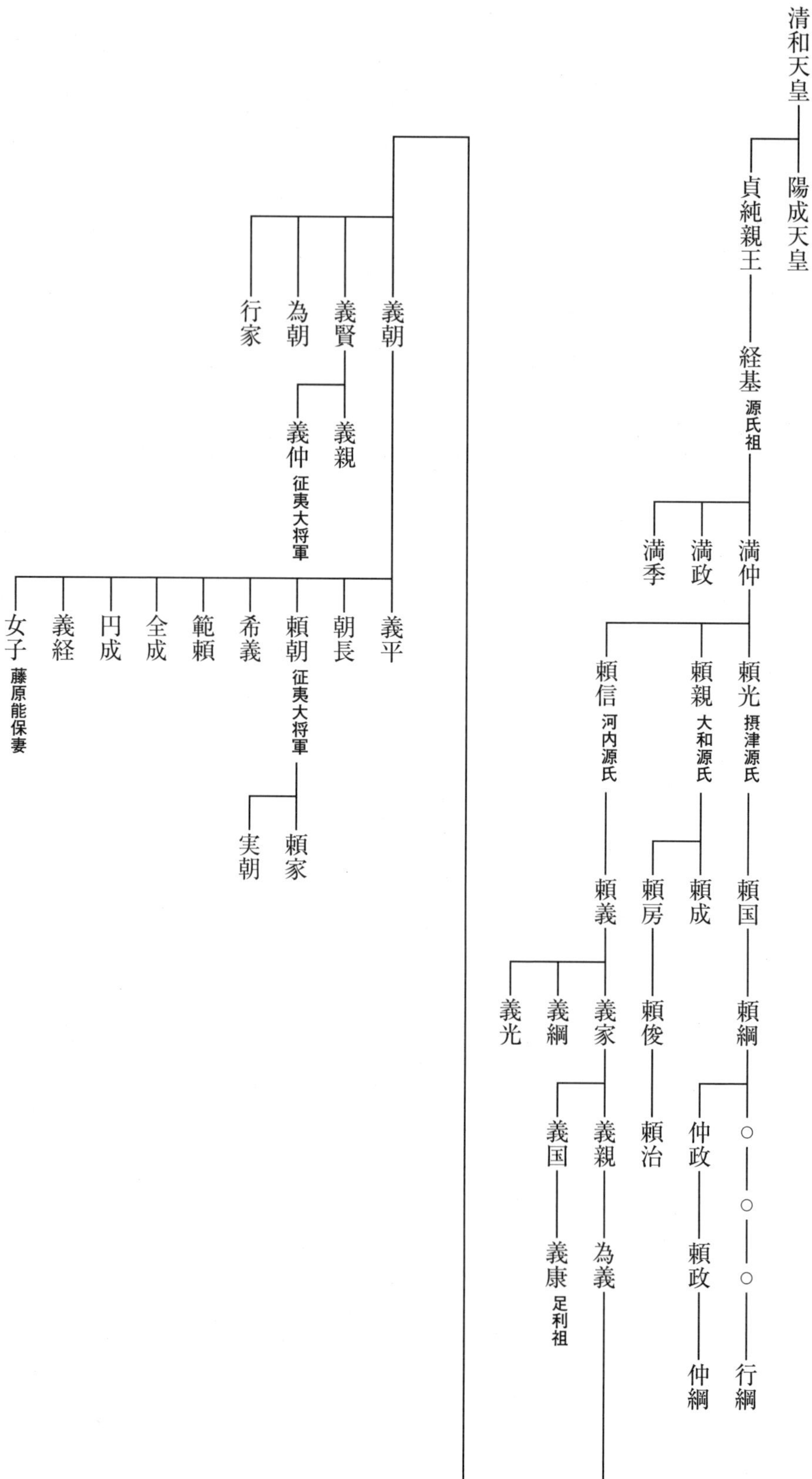

- 清和天皇
  - 陽成天皇
  - 貞純親王
    - 経基　源氏祖
      - 満仲
        - 頼光　摂津源氏
          - 頼国
            - 頼綱
              - ○
                - ○
                  - ○
                    - 行綱
              - 仲政
                - 頼政
                  - 仲綱
        - 頼親　大和源氏
          - 頼成
          - 頼房
            - 頼俊
              - 頼治
        - 頼信　河内源氏
          - 頼義
            - 義家
              - 義親
                - 為義
                  - 義朝
                    - 義平
                    - 朝長
                    - 頼朝　征夷大将軍
                      - 頼家
                      - 実朝
                    - 希義
                    - 範頼
                    - 全成
                    - 円成
                    - 義経
                    - 女子　藤原能保妻
                  - 義賢
                    - 義親
                    - 義仲　征夷大将軍
                  - 為朝
                  - 行家
              - 義国
                - 義康　足利祖
            - 義綱
            - 義光
      - 満政
      - 満季

宇多源氏

＊尊卑分脈等による

- 宇多天皇
  - 醍醐天皇
  - 斉世(ときよ)親王
    - 英明
    - 庶明 中納言
  - 敦慶親王
    - 後古
  - 敦固親王
    - 宗室
  - 敦実(あつみ)親王
    - 雅信 左大臣
      - 時中 大納言
        - 済政
          - 資通 参議
        - 朝任 参議
      - 扶義 参議
        - 経頼 参議
      - 倫子 藤原道長妻
    - 重信 左大臣
      - 道方 権中納言
        - 経長 権大納言
        - 経信 大納言
          - 基綱 権中納言

醍醐源氏

＊尊卑分脈等による

- 醍醐天皇
  - 克明天皇
    - 博雅
  - 代明親王
    - 重光 大納言
      - ○
        - 経成 権中納言
          - 重資 権中納言
    - 保光 中納言
  - 重明親王
    - 邦正
  - 有明親王
    - 忠清 参議
  - 朱雀天皇
  - 村上天皇
  - 盛明親王
    - 則忠
  - 兼明親王 左大臣 (源 兼明)
    - 伊陟 中納言
  - 高明 左大臣
    - 俊賢
    - 明子 藤原道長妻
  - 自明 参議

村上源氏

＊尊卑分脈等による

- 村上天皇
  - 冷泉天皇
  - 致平親王
    - 成信
  - 為平親王
    - 頼定 参議
  - 円融天皇
  - 具平親王
    - 師房 右大臣
      - 俊房 左大臣
        - 師頼 大納言
        - 師時 権中納言
          - 師仲 権中納言
        - 師俊 権中納言
      - 顕房 右大臣
        - 雅実 太政大臣
          - 顕通 権大納言
          - 雅定 右大臣
            - 雅通 内大臣
              - 通親 内大臣
            - 定房 大納言
      - 師忠 大納言
    - 隆姫女王 藤原頼通妻

花山源氏

＊尊卑分脈等による

- 花山天皇
  - 清仁親王
    - ○
      - 顕康
        - 顕広王 伯家祖
          - 仲資王

三条源氏

＊尊卑分脈等による

- 三条天皇
  - 敦明親王 小一条院
    - 敦貞親王
      - 宗家
    - 基平 参議
      - 季宗

後三条源氏

＊尊卑分脈等による

- 後三条天皇
  - 白河天皇
  - 輔仁天皇
    - 有仁 左大臣

桓武平氏

＊尊卑分脈等による

- 桓武天皇
  - 葛原親王
    - 高見王
      - 高望王
        - 国香
          - 貞盛
            - 維衡
              - 正度
                - 正衡
                  - 正盛
                    - 忠盛
                      - 清盛 太政大臣
                        - 重盛 内大臣
                          - 維盛
                            - 六代
                          - 資盛
                        - 基盛
                        - 宗盛 内大臣
                          - 清宗
                        - 知盛 権中納言
                        - 重衡
                        - 徳子 高倉中宮、安徳母
                      - 家盛
                      - 経盛 参議
                        - 敦盛
                      - 教盛 中納言
                      - 頼盛 権大納言
                      - 忠度
                    - 忠正
        - 良兼
        - 良将
          - 将門
        - 良文
          - ○
            - 忠常
    - 高棟王 大納言
      - 維範 中納言
        - 時望 中納言
          - ○
            - 親信 参議
              - ○
                - ○
                  - ○
                    - 知信
                      - 時信
                        - 時忠 権大納言
                          - 時実
                          - 時家
                        - 親宗 中納言
                        - 時子 平清盛妻
                        - 滋子 後白河妃、高倉母
                      - 信範
        - 伊望 大納言

仁明平氏

＊尊卑分脈等による

- 仁明天皇
  - 本康親王
    - 雅望王
      - 希世
      - 随時 参議

藤原氏

＊尊卑分脈等による

- 天児屋根尊
  - 御食子
    - 鎌足
      - 定恵
      - 不比等 右大臣
        - 武智麻呂（南家）
        - 房前（北家）
        - 宇合（うまかい）（式家）
        - 麻呂（京家）
        - 宮子 文武妃、聖武母
        - 安宿媛（あすかべひめ） 聖武皇后、光明子
  - 国子
    - 国足
      - 意美麻呂 中納言
        - 清麻呂 大中臣氏祖

藤原氏南家

＊尊卑分脈等による

- 武智麻呂 左大臣
  - 豊成 右大臣
    - 継縄 右大臣
      - 乙叡 中納言
        - ○
          - 保則 参議
            - 清貫 大納言
    - 乙縄 参議
    - 縄麻呂 中納言
  - 仲麻呂 太師
    - 訓儒 参議
    - 真光 参議
    - 朝狩 参議
  - 乙麻呂 参議
    - 真友 参議
    - 是公 右大臣
      - 吉子 伊予親王母
      - 雄友 中納言
  - 巨勢麻呂 参議
    - ○
      - ○
        - ○
          - 菅根 参議
            - 元方 大納言
              - ○
                - 保昌
                - 保輔
    - 真作
      - 三守 右大臣
        - ○
          - 諸葛 中納言
            - 玄上 参議
    - 貞嗣 中納言
      - ……通憲 入道信西

藤原氏北家

＊尊卑分脈等による

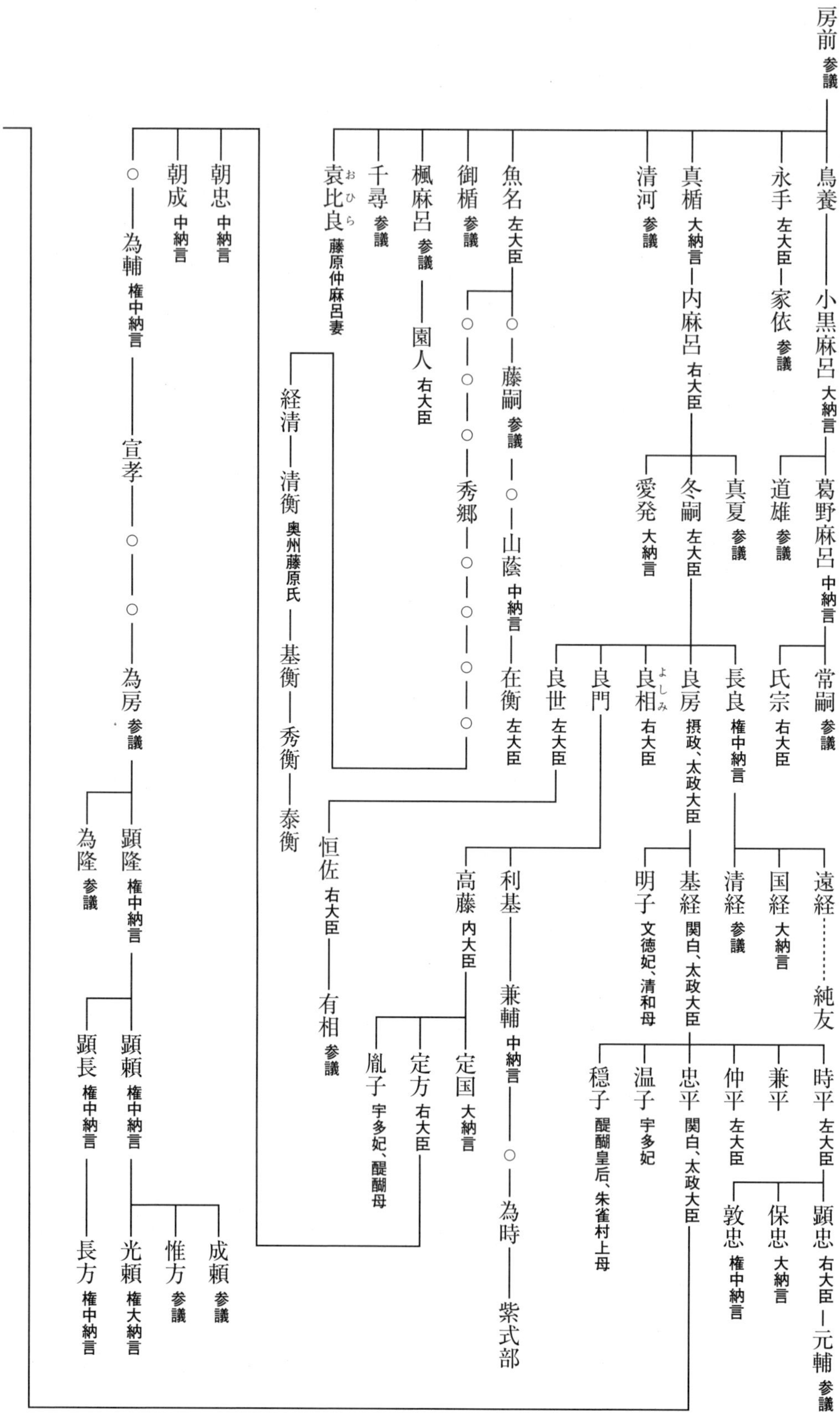

房前 参議
鳥養
小黒麻呂 大納言
葛野麻呂 中納言
常嗣 参議
道雄 参議
氏宗 右大臣
永手 左大臣
家依 参議
真楯 大納言
内麻呂 右大臣
冬嗣 左大臣
真夏 参議
愛発 大納言
長良 権中納言
遠経
純友
国経 大納言
清経 参議
良房 摂政、太政大臣
基経 関白、太政大臣
時平 左大臣
顕忠 右大臣
元輔 参議
保忠 大納言
敦忠 権中納言
兼平
仲平 左大臣
忠平 関白、太政大臣
温子 宇多妃
穏子 醍醐皇后、朱雀村上母
明子 文徳妃、清和母
良相 右大臣
良門
利基
兼輔 中納言
為時
紫式部
高藤 内大臣
定国 大納言
定方 右大臣
胤子 宇多妃、醍醐母
良世 左大臣
恒佐 右大臣
有相 参議
清河 参議
魚名 左大臣
藤嗣 参議
山蔭 中納言
在衡 左大臣
秀郷
御楯 参議
楓麻呂 参議
園人 右大臣
千尋 参議
袁比良 藤原仲麻呂妻
経清
清衡 奥州藤原氏
基衡
秀衡
泰衡
朝忠 中納言
朝成 中納言
為輔 権中納言
宣孝
為房 参議
顕隆 権中納言
為隆 参議
顕頼 権中納言
顕長 権中納言
長方 権中納言
成頼 参議
惟方 参議
光頼 権大納言

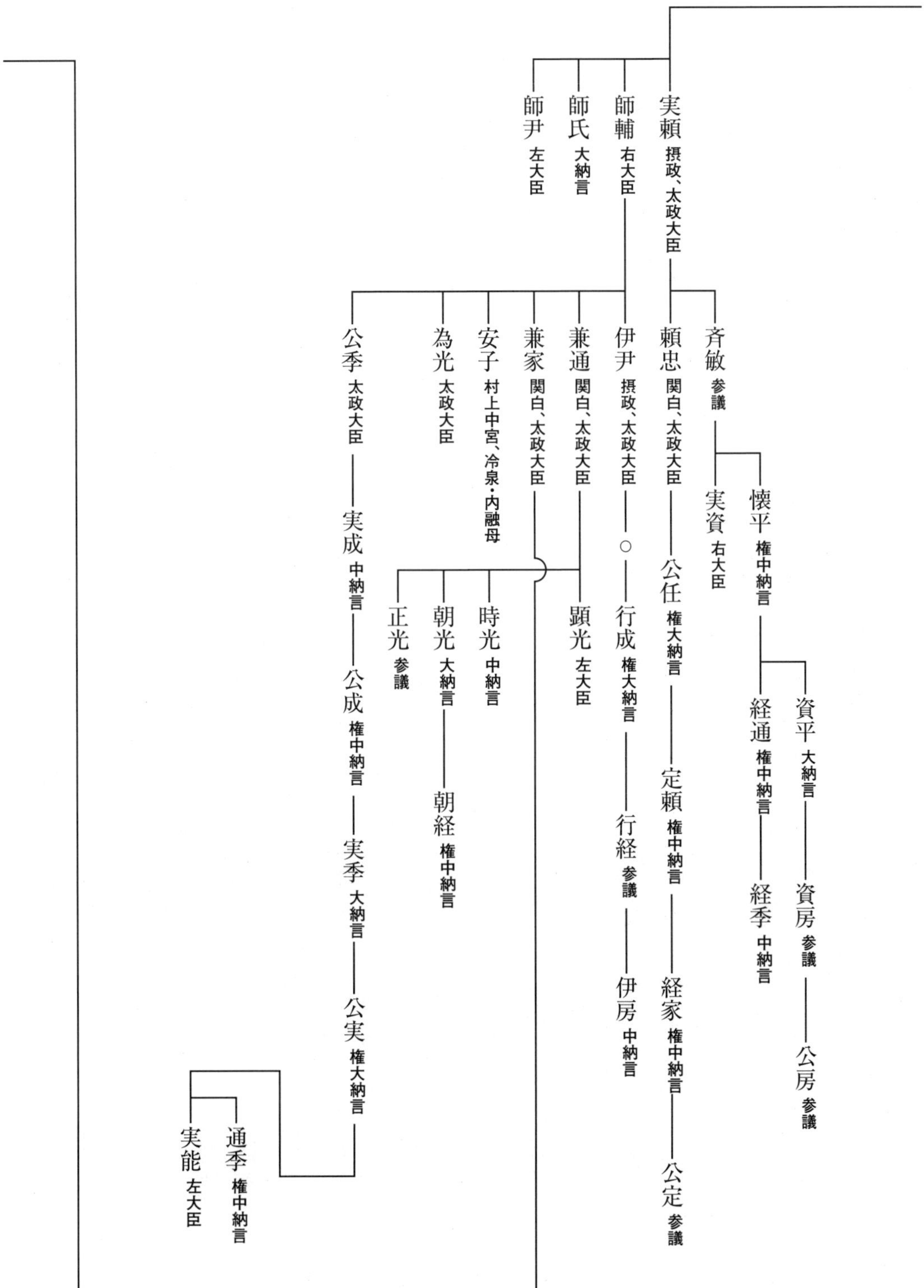
実頼 摂政、太政大臣
師輔 右大臣
師氏 大納言
師尹 左大臣
斉敏 参議
頼忠 関白、太政大臣
伊尹 摂政、太政大臣
兼通 関白、太政大臣
兼家 関白、太政大臣
安子 村上中宮、冷泉・円融母
為光 太政大臣
公季 太政大臣
懐平 権中納言
実資 右大臣
公任 権大納言
○
顕光 左大臣
時光 中納言
朝光 大納言
正光 参議
実成 中納言
資平 大納言
経通 権中納言
定頼 権中納言
行成 権大納言
行経 参議
朝経 権中納言
公成 権中納言
資房 参議
経季 中納言
経家 権中納言
伊房 中納言
実季 大納言
公房 参議
公定 参議
公実 権大納言
通季 権中納言
実能 左大臣

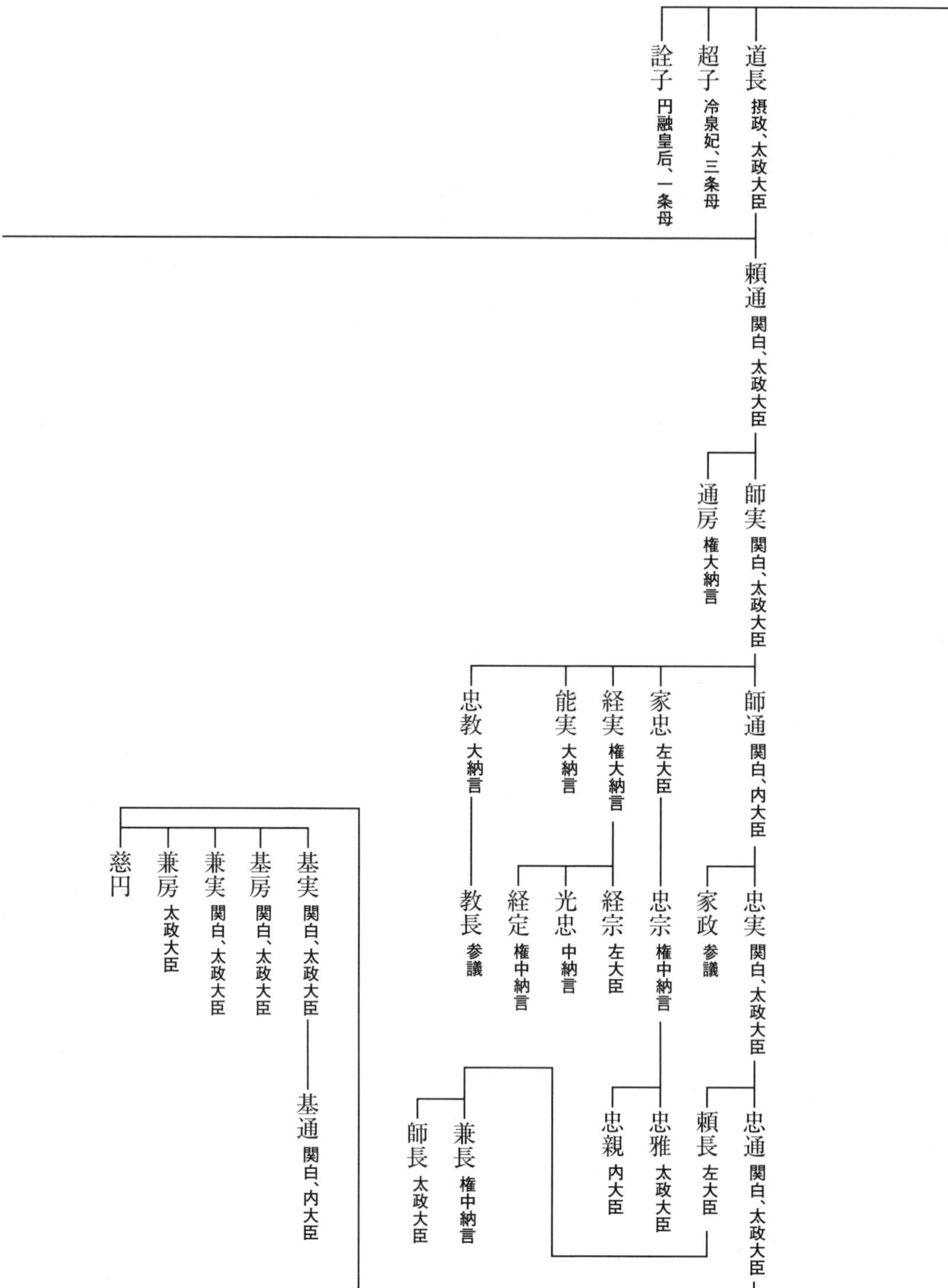
道長 摂政、太政大臣
超子 冷泉妃、三条母
詮子 円融皇后、一条母
頼通 関白、太政大臣
師実 関白、太政大臣
通房 権大納言
師通 関白、内大臣
家忠 左大臣
経実 権大納言
能実 大納言
忠教 大納言
忠実 関白、太政大臣
家政 参議
忠宗 権中納言
経宗 左大臣
光忠 中納言
経定 権中納言
教長 参議
忠通 関白、太政大臣
頼長 左大臣
忠雅 太政大臣
忠親 内大臣
兼長 権中納言
師長 太政大臣
基実 関白、太政大臣
基房 関白、太政大臣
兼実 関白、太政大臣
兼房 太政大臣
慈円
基通 関白、内大臣

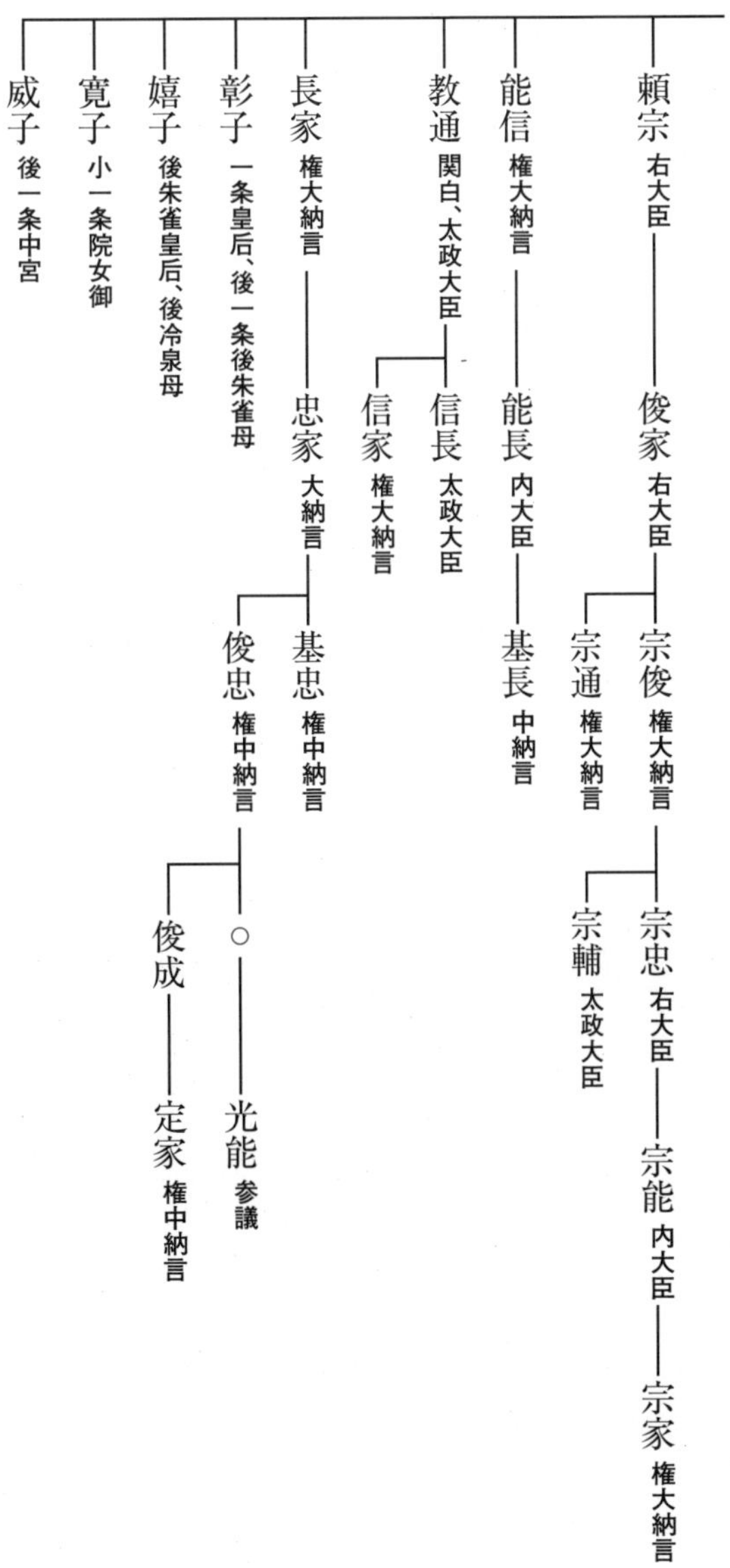

頼宗 右大臣
俊家 右大臣
宗俊 権大納言
宗忠 右大臣
宗能 内大臣
宗家 権大納言
宗通 権大納言
宗輔 太政大臣
能信 権大納言
能長 内大臣
基長 中納言
教通 関白、太政大臣
信長 太政大臣
信家 権大納言
長家 権大納言
忠家 大納言
基忠 権中納言
俊忠 権中納言
○
光能 参議
俊成
定家 権中納言
彰子 一条皇后、後一条後朱雀母
嬉子 後朱雀皇后、後冷泉母
寛子 小一条院女御
威子 後一条中宮

藤原氏式家

＊尊卑分脈等による

- 宇合 参議
  - 広継
  - 良継 内大臣
    - 乙牟漏 桓武皇后、平城母
  - 清成
    - 種継 中納言
      - 仲成 参議
      - 薬子
  - 田麻呂 右大臣
  - 百川
    - 緒嗣 右大臣 ― ○ ― 枝良 参議 ― 忠文 参議
    - 旅子 桓武妃、淳和母
  - 蔵下麻呂
    - 縄主 中納言 ― ○ ― ○ ― ○ ― ○ ― ○ ― 敦信 ― 明衡
      - 敦基
      - 敦光
    - 縄継 参議 ― 吉野 中納言

藤原氏京家

＊尊卑分脈等による

- 麻呂 参議
  - 綱執 参議
  - 浜成 参議 ― 豊彦 ― 冬緒 大納言

葛城氏

＊日本書紀等による

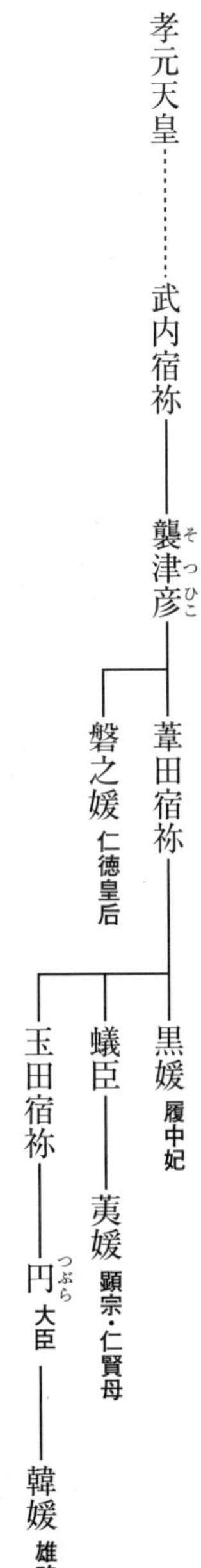

和気氏

＊尊卑分脈等による

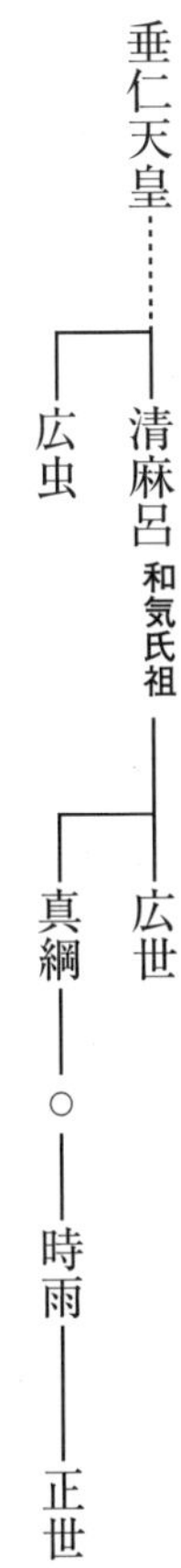

橘氏

＊尊卑分脈等による

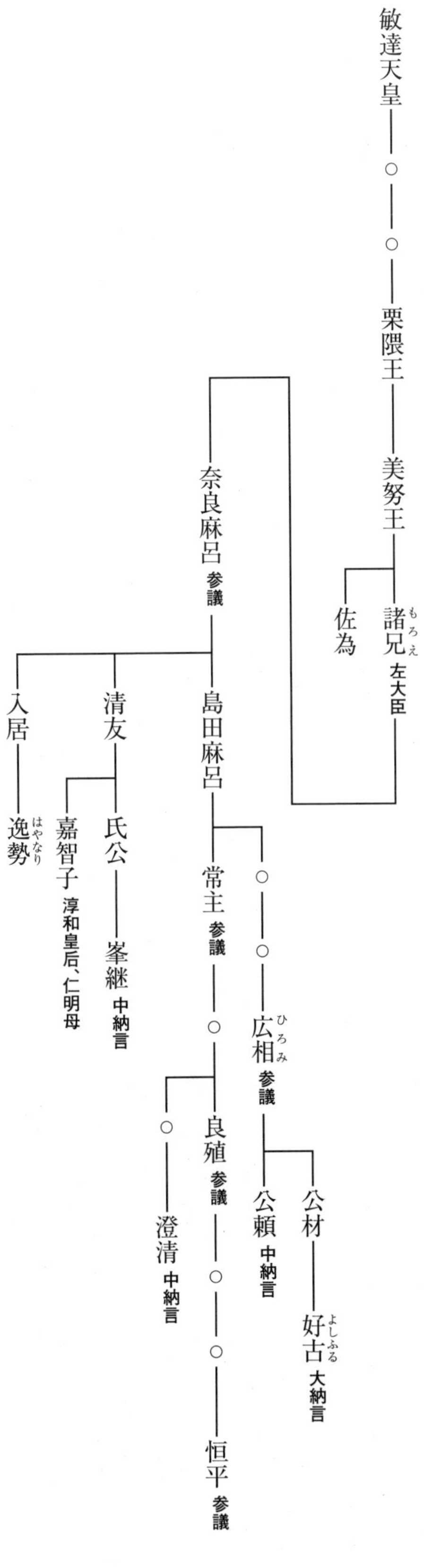

清原氏

＊尊卑分脈・清原系図等による

- 天武天皇―舎人親王
  - 御原王―小倉王―夏野 右大臣
  - ○―○―貞代王―有雄―通雄―○―房則
    - 深養父（ふかやぶ）―春光―元輔―清少納言
    - 業恒……頼業

大江氏

＊尊卑分脈等による

- 平城天皇―阿保親王
  - 本主 大江氏祖―音人 参議
    - 玉淵―朝綱 参議―○―○―佐国
    - 千古―維時 中納言
      - 重光―匡衡
        - 挙周―成衡―匡房 権中納言―○―○―広元
        - 赤染衛門
      - 斉光 参議
  - 行平 在原氏祖
  - 業平

中臣氏（大中臣氏）

＊尊卑分脈等による

- 天児屋根尊……御食子
  - 鎌足 藤原氏祖
  - 国子―国足―意美麻呂 中納言
    - 東人
    - 清麻呂 右大臣、大中臣氏祖
      - 諸魚 参議
      - 今麻呂―○―○―○―頼基―能宣―輔親

紀氏

＊尊卑分脈・紀氏系図・目崎徳衛氏『紀貫之』等による

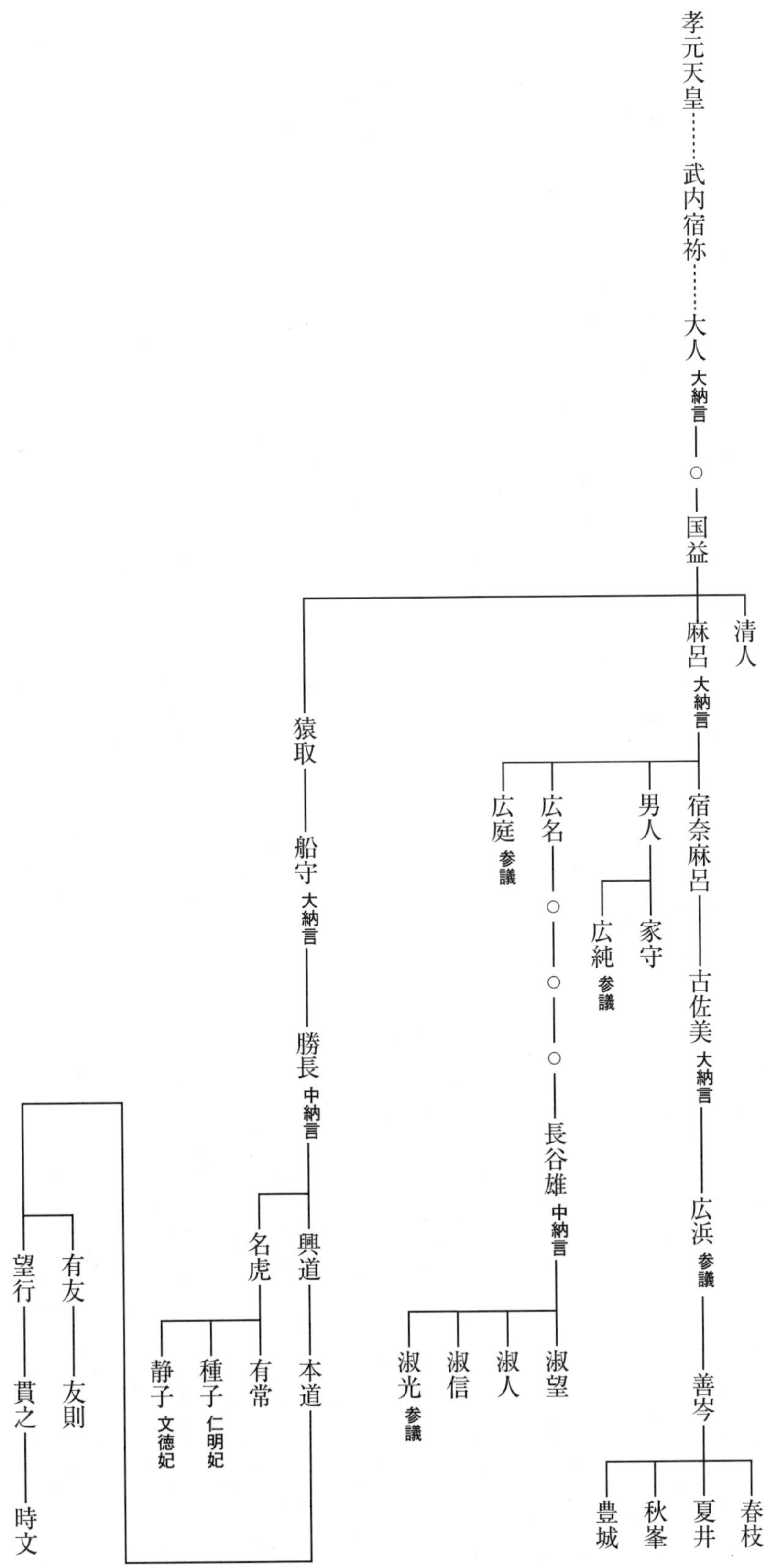

大伴氏（伴氏）

＊佐伯有清氏『伴善男』等による

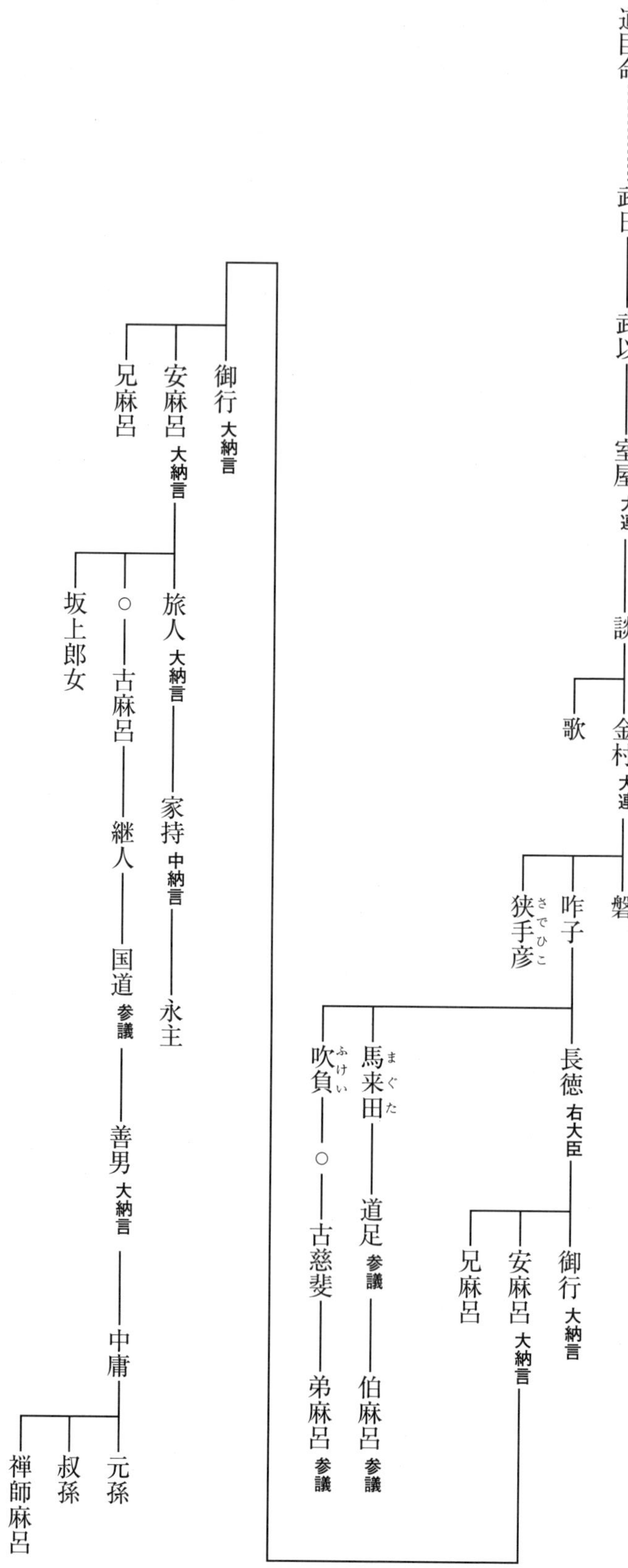

物部氏

＊尊卑分脈等による

蘇我氏

＊尊卑分脈等による

- 蘇我満智
  - 韓子
    - 高麗
      - 稲目 大臣
        - 馬子 大臣
          - 雄正
            - 石川麻呂 左大臣
              - 乳娘 孝徳妃
              - 造媛 天智妃
              - 姪娘 天智妃
            - 連子 右大臣
              - 安麻呂 石川氏祖
                - 石足 参議
                  - 年足 大納言
                    - 名足 中納言
              - 麻呂 左大臣、石上氏祖
                - 乙麻呂 中納言
                  - 宅嗣（やかつぐ） 大納言
              - 娼子 藤原不比等妻
            - 赤兄（あかえ） 左大臣
          - 蝦夷 大臣
            - 入鹿
          - 法提郎女 欽明妃
        - 摩理勢
        - 堅塩媛（きたしひめ） 欽明妃、用明・推古母
        - 小姉君 欽明妃、崇峻母

賀茂氏

＊尊卑分脈等による

- 吉備麻呂
  - 小黒麻呂
    - 比売 藤原不比等妻、宮子母
    - 諸雄
      - 人麻呂
        - ○
          - 忠行
            - 保憲
              - 光栄
                - 守道
                  - 道平
                    - 成平
                      - 宗憲
                      - 周平
                    - 道言
            - 保胤 慶滋氏祖
            - 保章
              - 為政
            - 保遠

安倍氏

＊尊卑分脈等による

- 御主人 右大臣
  - 広庭 中納言
    - 島麻呂 参議
      - 粳虫
        - 道守
          - 兄雄 参議
            - 春材
              - 益材
                - 晴明
                  - 吉平
                    - 時親
                      - 有行
                        - 泰長
                          - 泰親
                  - 吉昌

菅原氏

＊尊卑分脈等による

- 土師宇庭
  - 安人 秋篠氏祖
  - 古人 菅原氏祖
    - 清公（きよとも）
      - 是善 参議
        - 道真 右大臣
          - 高視
            - 雅規
              - 資忠
                - 孝標
                  - 定義
                    - 是綱
                    - 在良
                    - 輔方
            - 文時
              - ○
                - 宣義
          - 淳茂
            - 在躬
              - 輔正 参議
          - 衍子（ひろこ） 宇多妃
    - 清人

百済王氏

＊栗原信充「百済王三松氏系図」による

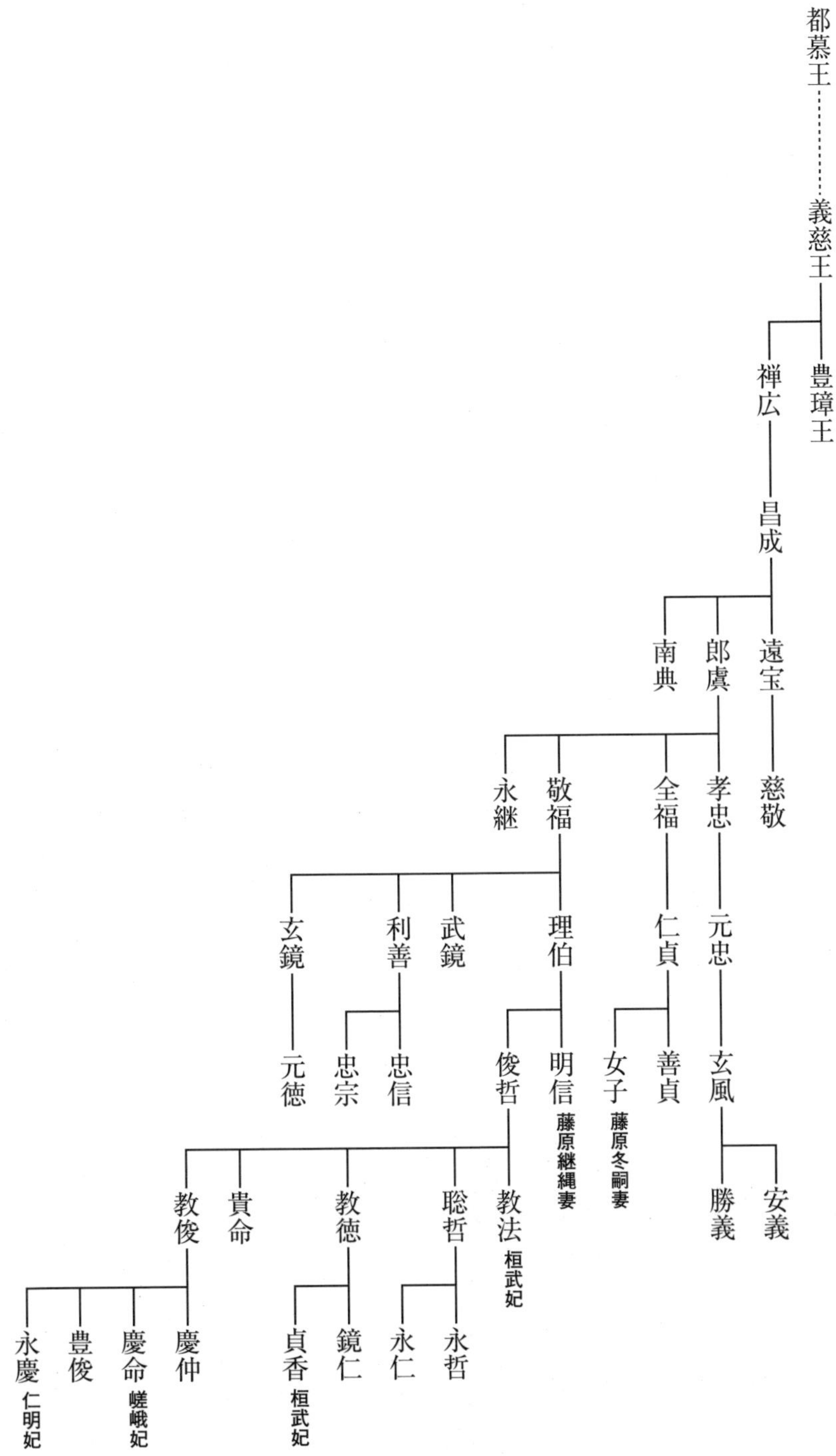

東アジア諸国王系図

中国歴代王統表　(作成：愛宕　元)

［夏］ 前2070〜1600頃

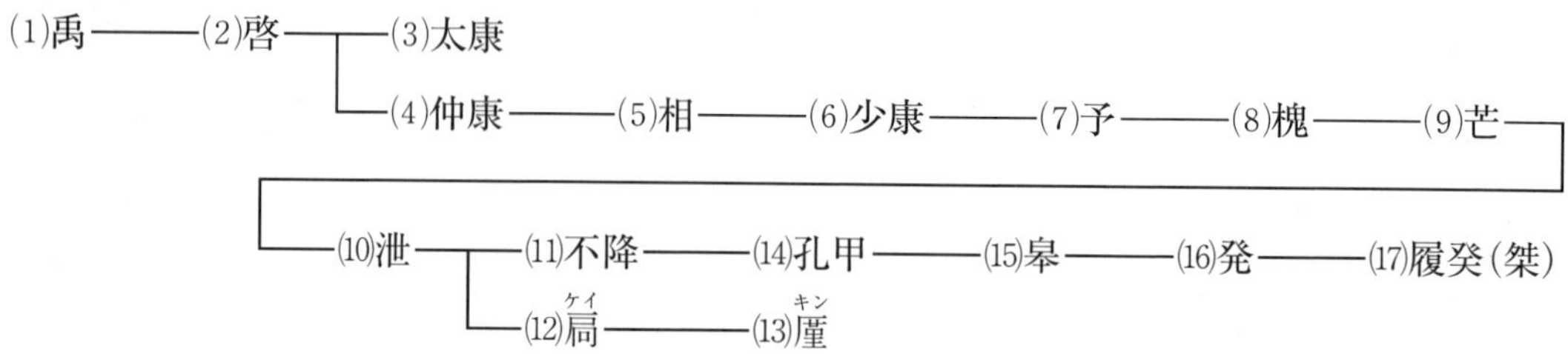

［殷］ 前1600〜1046頃

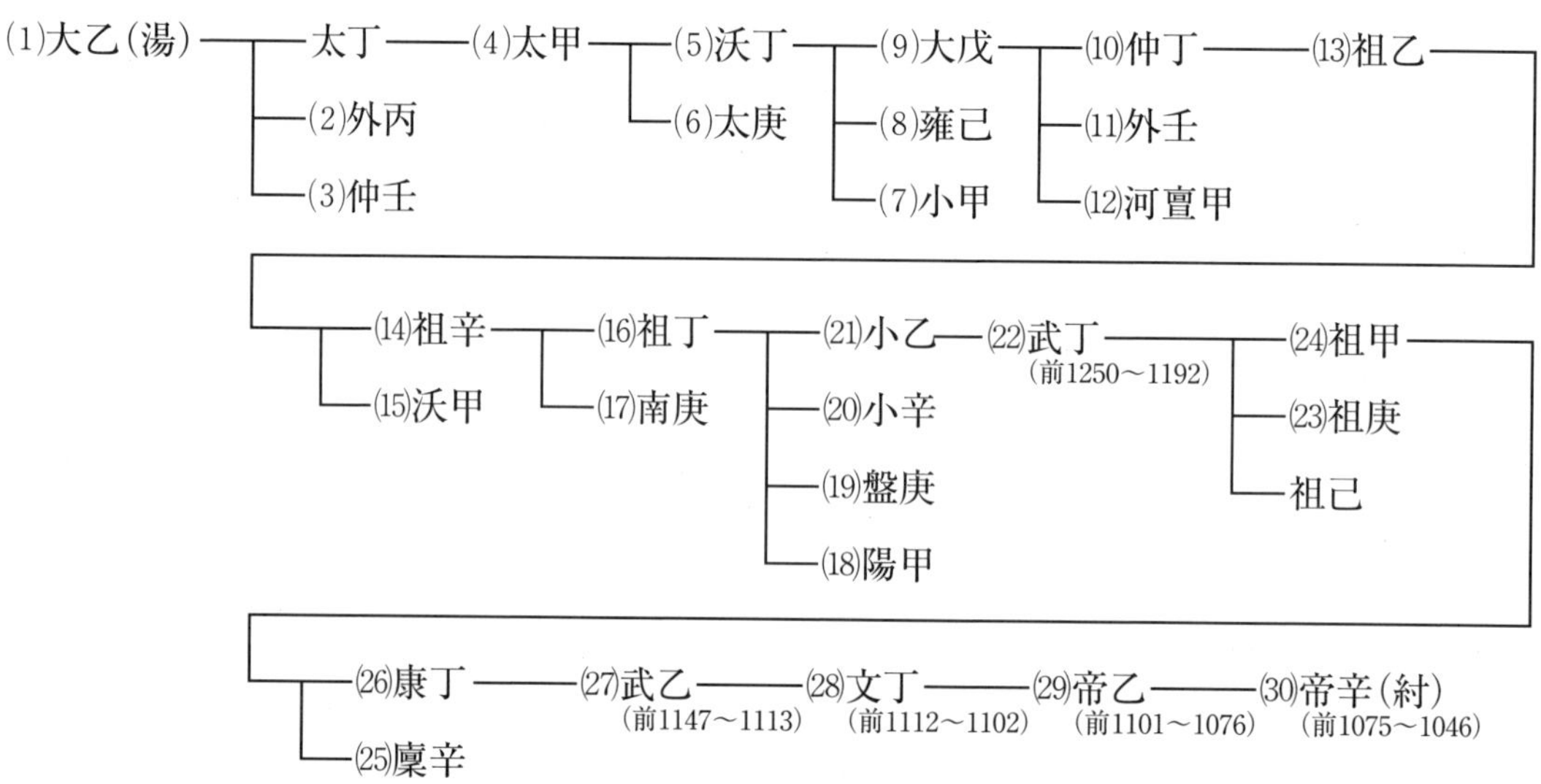

［周］ 前1046頃～256

文王
- (1)武王（前1046～1043）—(2)成王（前1042～1021）—(3)康王（前1020～996）—(4)昭王（前995～977）—(5)穆王（前976～922）
- 周公旦

(5)穆王
- (6)共王（前921～900）—(7)懿王（前899～892）—(9)夷王（前885～878）—(10)厲（レイ）王（前877～841）—（共和）（前841～828）
- (8)孝王（前891～886）

(11)宣王（前827～782）—(12)幽王（前782～771）—(13)平王（前771～720）—□—(14)桓王（前720～697）—(15)荘王（前697～682）

(16)僖王（前682～677）—(17)恵王（前677～652）—(18)襄王（前652～619）—(19)頃王（前619～613）
- (20)匡王（前613～607）
- (21)定王（前607～586）

(22)簡王（前586～572）—(23)霊王（前572～544）—(24)景王（前544～520）
- (25)悼王（前520）
- (26)敬王（前520～477）—(27)元王（前477～469）

(28)貞定王（前469～441）
- (29)哀王（前441）
- (30)思王（前441）
- (31)考王（前441～426）—(32)威烈王（前426～402）—(33)安王（前402～376）
  - (34)烈王（前376～369）
  - (35)顕王（前369～321）

(36)慎靚（セイ）王（前321～315）—(37)赧（タン）王（前315～256）

（注） 夏の存在年数、殷の存在年数と王の在位年数、周の共和以前の王の在位年数は『夏商周断代工程―1996～2000年階段成果報告―』（2000、世界図書出版公司）に拠ったが、絶対年代ではなく、あくまで推定年代である。また夏についてはその存在は学術的に実証されたものではない。

［秦］

(1)始皇帝嬴（エイ）政（前221～210）
- (2)二世皇帝胡亥（前209～208）
- □—(3)子嬰（前208）

［前漢］

- (1)高祖劉邦（前202～195）
  - (2)恵帝盈（前195～188）
    - (3)少帝恭（前188～184）
    - (4)少帝弘（前184～180）
  - (5)文帝恒（前180～157）
    - (6)景帝啓（前157～141）
      - (7)武帝徹（前141～87）
        - (8)昭帝弗（前87～74）
        - □
          - (9)宣帝詢（前74～49）
            - (10)元帝奭（セキ）（前49～33）
              - (11)成帝驁（ゴウ）（前33～7）
              - □ ― (12)哀帝欣（前7～1）
              - □ ― (13)平帝衎（カン）（前1～後5）
            - □ ― □ ― □ ― 孺子嬰（6～8）

［新］

王莽（8～23）

［後漢］

- (1)光武帝劉秀（25～57）
  - (2)明帝荘（57～75）
    - (3)章帝炟（タツ）（75～88）
      - (4)和帝肇（チョウ）（88～105） ― (5)殤帝隆（105～106）
      - □ ― (6)安帝祜（コ）（106～125） ― (8)順帝保（125～144） ― (9)沖帝炳（144～145）
      - □ ― □ ― □ ― (10)質帝纘（145～146）
      - □ ― (7)少帝懿（125）
      - □
        - □ ― (11)桓帝志（146～167）
        - □ ― □ ― (12)霊帝宏（168～189）
          - (13)廃帝辯（189）
          - (14)献帝協（189～220）

［魏］

- 曹操（武帝）
  - (1)文帝丕（220～226）
    - (2)明帝叡（226～239） ― (3)廃帝芳（239～254）
    - □ ― (4)廃帝髦（254～260）
  - □ ― (5)元帝奐（260～265）

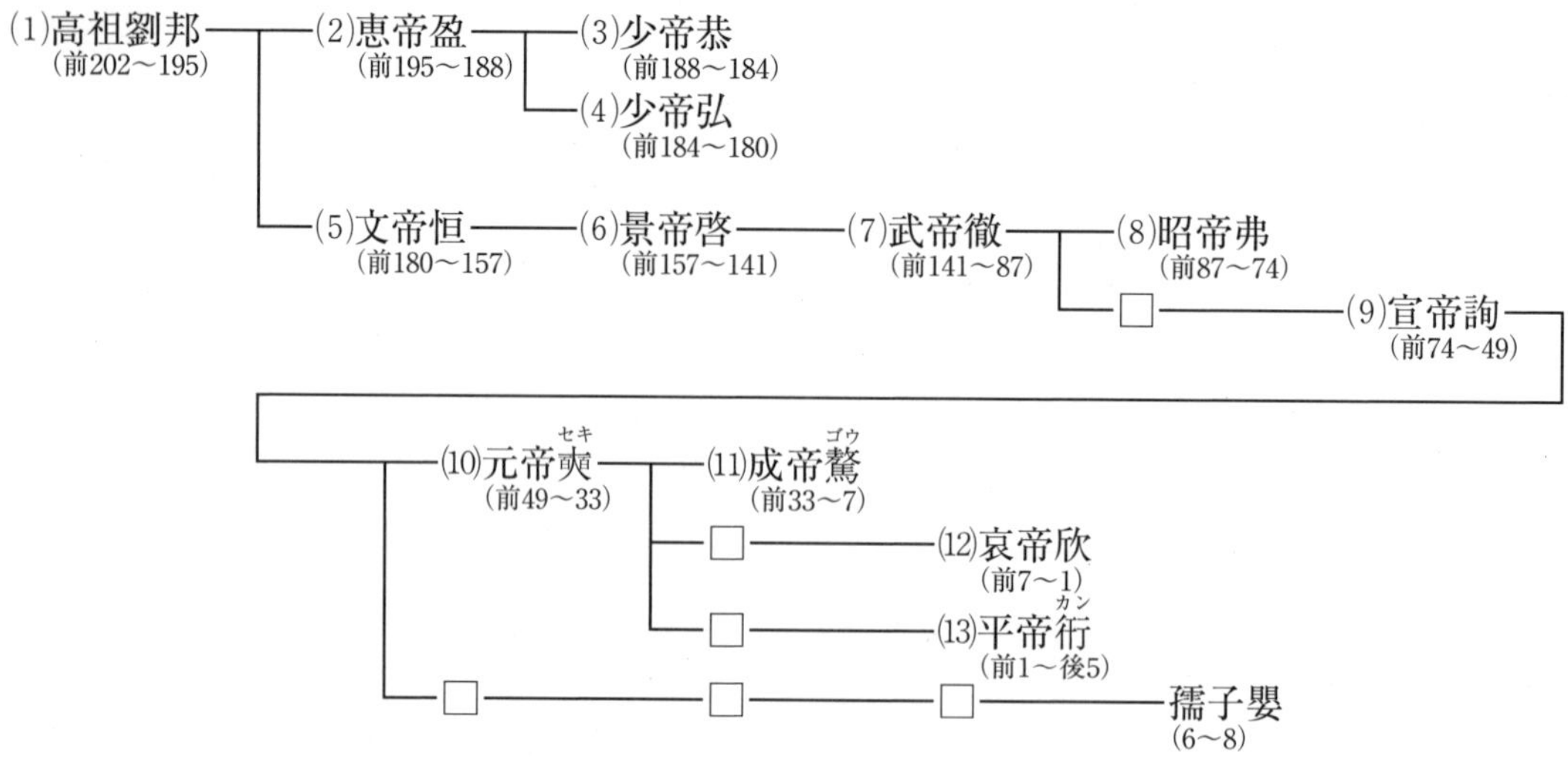

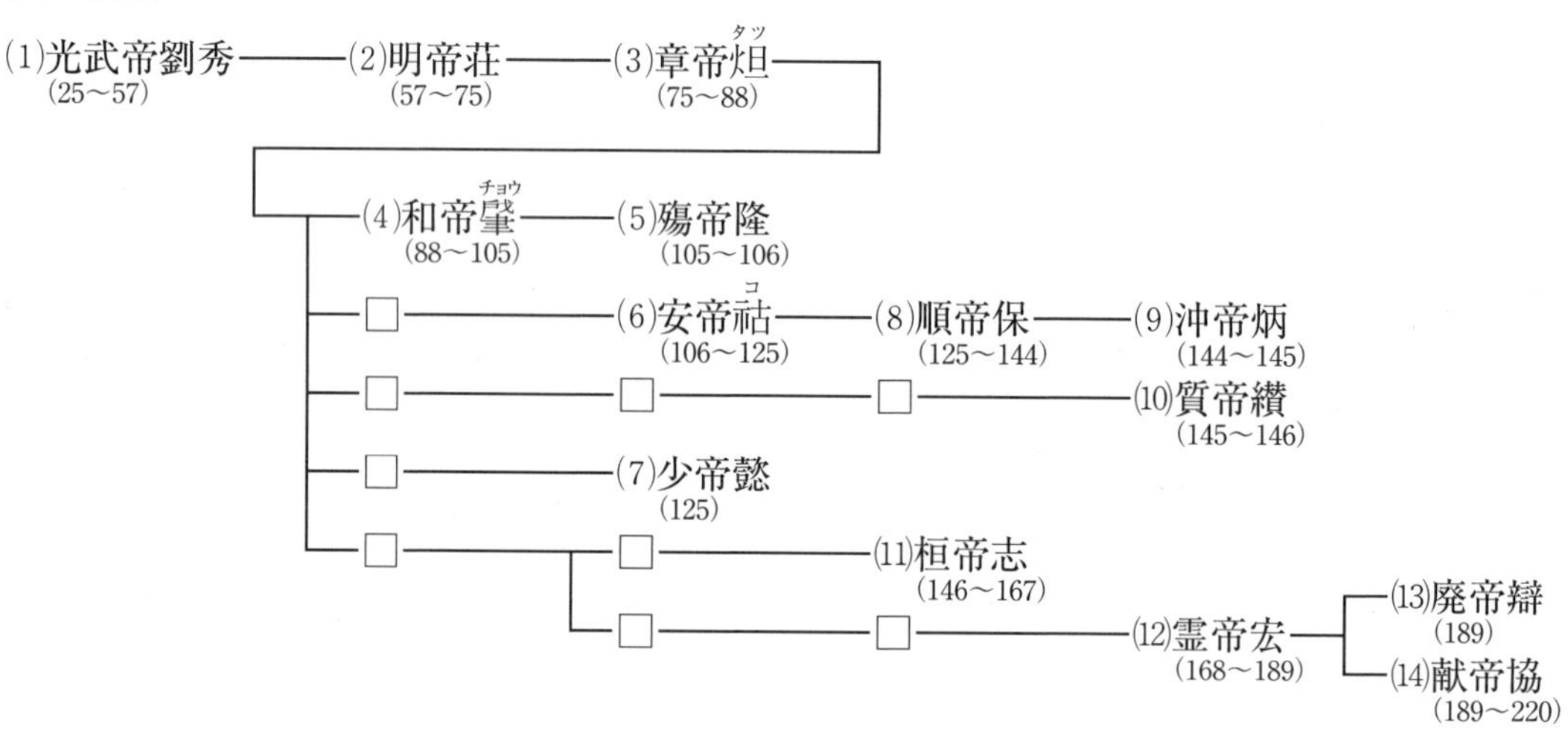

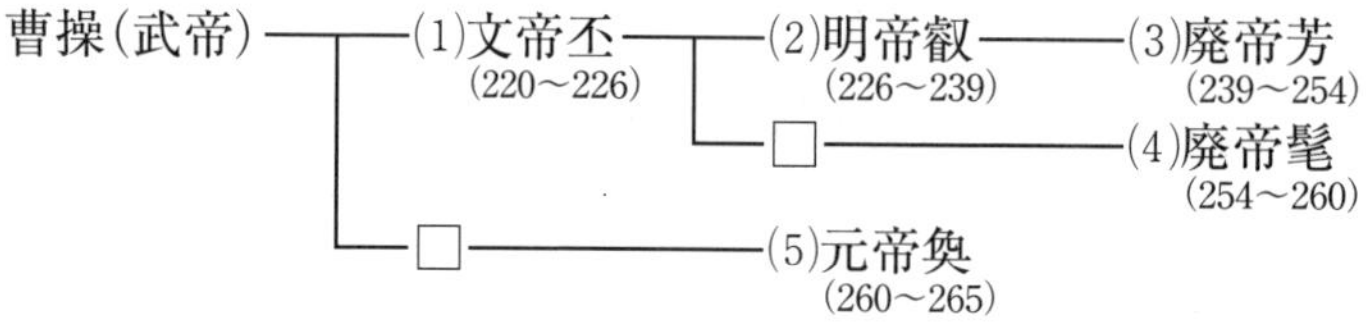

[呉]

- 孫堅
  - 長沙桓王策
  - (1)大帝権 (222～252)
    - □
      - (4)烏程侯皓 (265～280)
    - (3)景帝休 (258～264)
    - (2)会稽王亮 (252～258)

[蜀漢]

- (1)昭烈帝劉備 (221～224)
  - (2)後主禅 (224～263)

[西晋・東晋]

- 宣帝司馬懿
  - 景帝師
  - 文帝昭
    - [西晋] (1)武帝炎 (265～290)
      - (2)恵帝衷 (290～306)
      - □
        - (4)愍帝業 (313～316)
      - (3)懐帝熾 (306～313)
  - □
    - □
      - [東晋] (1)元帝睿 (317～322)
        - (2)明帝紹 (322～325)
          - (3)成帝衍 (325～342)
            - (6)哀帝丕 (361～365)
            - (7)廃帝奕 (365～371)
          - (4)康帝岳 (342～344)
            - (5)穆帝聃 (344～361)
        - (8)簡文帝昱(イク) (371～372)
          - (9)孝武帝曜 (372～396)
            - (10)安帝徳宗 (396～418)
            - (11)恭帝徳文 (418～420)

[五胡十六国]

[前趙] (匈奴族)

- (1)高祖劉淵 (304～310)
  - (2)和 (310)
  - (3)烈祖聡 (310～318)
    - (4)隠帝粲 (318)

[後趙] (羯族)

- (1)明帝石勒 (319～333)
  - (2)弘 (333～334)
  - ┄(3)武帝虎 (334～349)
    - (4)世 (349)
    - (5)遵 (349)
    - (6)鑑 (349～350)
    - (7)祗 (350～351)

[夏]（匈奴族）

- (1)世祖赫連勃勃（407～425）
  - (2)定（425～428）
  - (3)昌（428～431）

[北涼]（匈奴族）

(1)武宣王沮渠蒙遜（401～433）――(2)哀王牧犍（433～439）

[前燕]（鮮卑族）

高祖慕容廆（カイ）（283～333）――(1)太祖皝（コウ）（333～348）――(3)烈祖儁（348～360）――(4)幽帝暐（イ）（360～370）

[後燕]（鮮卑族）

- (1)世祖慕容垂（386～396）
  - (2)烈宗宝（396～398）――(3)中宗盛（398～401）
  - (4)昭文帝熙（401～407）

[南燕]（鮮卑族）

慕容皝――(1)世宗徳（398～405）――(2)超（405～410）

[西秦]（鮮卑族）

- (1)烈祖乞伏国仁（385～388）
- (2)高祖乾帰（388～412）――(3)太祖熾磐（412～428）――(4)慕末（428～431）

[南涼]（鮮卑族）

- (1)武王禿髪烏孤（397～399）
- (2)康王利鹿孤（399～402）
- (3)景王傉壇（402～414）

［前秦］（氐族）

- (1)高祖苻健（351～355）
  - (2)廃帝生（355～357）
- □
  - (3)世祖堅（357～385）
    - (4)哀平帝丕（385～386）
      - (5)太宗登（386～394）
        - (6)崇（394）

［成漢］（氐族）

- (1)始祖李特（302～303）
  - □
    - (4)哀帝班（334）
  - (3)太宗雄（303～334）
    - (5)幽帝期（334～337）
- (2)秦文王流（303）
- □
  - (6)中宗寿（338～343）
    - (7)勢（343～347）

［後涼］（氐族）

- (1)武皇帝呂光（386～399）
  - (3)霊皇帝纂（399～401）
  - (2)隠王紹（399）
- □
  - (4)隆（401～403）

［後秦］（羌族）

- (1)太祖姚萇（384～393）
  - (2)高祖興（394～416）
    - (3)泓（416～417）

［前涼］（漢族）

- (1)武王張軌（301～314）
  - (2)昭公寔（314～320）
    - (4)文公駿（324～346）
      - (5)桓公重華（346～353）
        - (6)哀公曜霊（353）
      - (7)威王祚（353～355）
        - (8)沖公玄靚（セイ）（355～363）
      - (9)悼公天賜（363～376）
  - (3)成公茂（320～324）

［西涼］（漢族）

- (1)武昭王李暠（コウ）（400～417）
  - (2)歆（キン）（417～420）
  - (3)恂（ジュン）（420～421）

[北燕] （漢族）

- (1)文成帝馮跋 (409～430)
- (2)昭成帝弘 (430～438)

[北魏・東魏・西魏] （鮮卑族）

- (1)道武帝拓跋珪 (386～409)
  - (2)明元帝嗣 (409～423)
    - (3)太武帝燾(トウ) (423～452)
      - (4)文成帝濬 (452～465)
        - (5)献文帝弘 (465～471)
          - (6)孝文帝宏 (471～499)
            - (7)宣武帝恪 (499～515)
              - (8)孝明帝詡(ク) (515～528)
            - □
              - (12)孝武帝脩 (532～534)
            - □
              - [西魏] (1)文帝宝炬 (535～551)
                - (2)廃帝欽 (551～554)
                - (3)恭帝廓 (554～556)
            - □
              - □
                - [東魏] (1)孝静帝善見 (534～550)
          - □
            - (9)孝荘帝子攸 (528～530)
          - □
            - (10)節閔帝恭 (531)
      - □
        - □
          - □
            - (11)後廃帝朗 (531～532)

[北斉]

- 高歓（神武帝）
  - 澄（文襄帝） (452～465)
  - (1)文宣帝洋 (550～559)
    - (2)廃帝殷 (559～560)
  - (3)孝昭帝演 (560～561)
  - (4)武成帝湛 (561～565)
    - (5)後主緯 (565～577)
      - (6)幼主恒 (577)

[北周]

- 宇文泰（文帝） (386～409)
  - (2)明帝毓 (557～560)
  - (1)孝閔帝覚 (557)
  - (3)武帝邕(ヨウ) (560～578)
    - (4)宣帝贇(ヒン) (578～579)
      - (5)静帝衍 (579～581)

[宋]

- (1)武帝劉裕 (420～422)
  - (2)少帝義符 (422～424)
  - (3)文帝義隆 (424～453)
    - 劭（元凶）
    - (4)孝武帝駿 (453～464)
      - (5)前廃帝子業 (464～465)
    - (6)明帝彧(イク) (465～472)
      - (7)後廃帝昱(イク) (472～477)
      - (8)順帝準 (477～479)

[南斉]

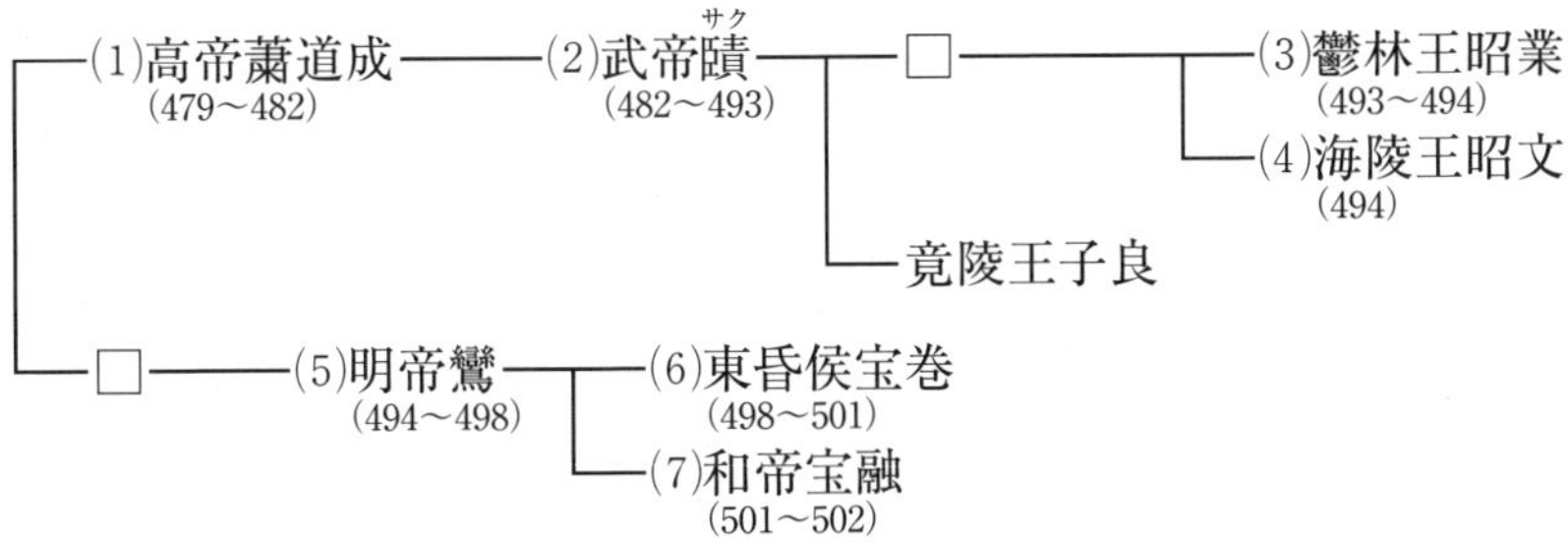
(1)高帝蕭道成
(479～482)
サク
(2)武帝賾
(482～493)
□
(3)鬱林王昭業
(493～494)
(4)海陵王昭文
(494)
竟陵王子良
□
(5)明帝鸞
(494～498)
(6)東昏侯宝巻
(498～501)
(7)和帝宝融
(501～502)

[梁・後梁]

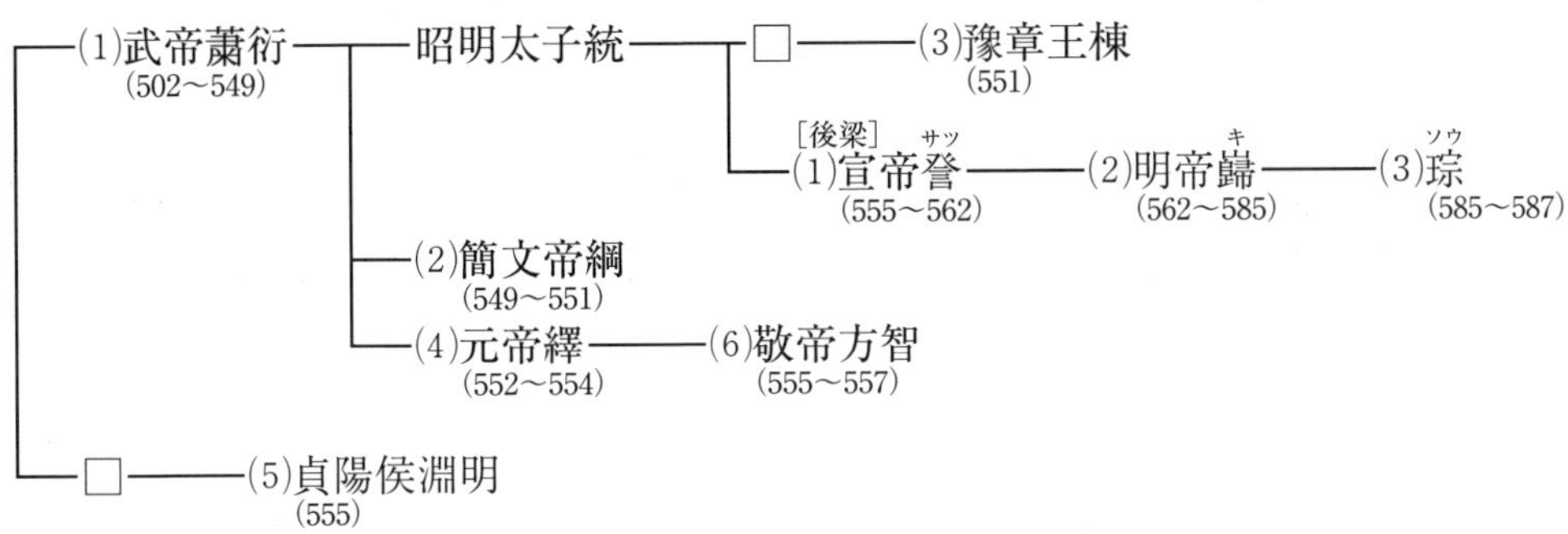
(1)武帝蕭衍
(502～549)
昭明太子統
□
(3)豫章王棟
(551)
[後梁]
サツ
(1)宣帝詧
(555～562)
キ
(2)明帝巋
(562～585)
ソウ
(3)琮
(585～587)
(2)簡文帝綱
(549～551)
(4)元帝繹
(552～554)
(6)敬帝方智
(555～557)
□
(5)貞陽侯淵明
(555)

[陳]

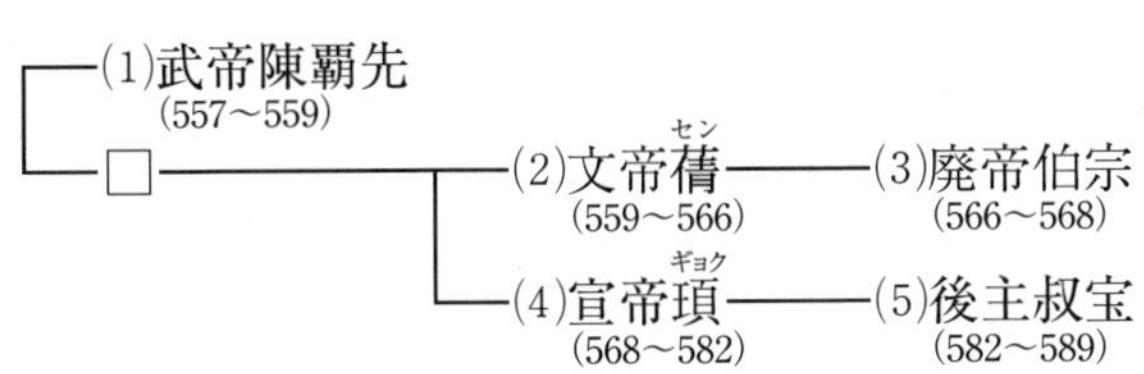
(1)武帝陳霸先
(557～559)
□
セン
(2)文帝蒨
(559～566)
(3)廃帝伯宗
(566～568)
ギョク
(4)宣帝頊
(568～582)
(5)後主叔宝
(582～589)

[隋]

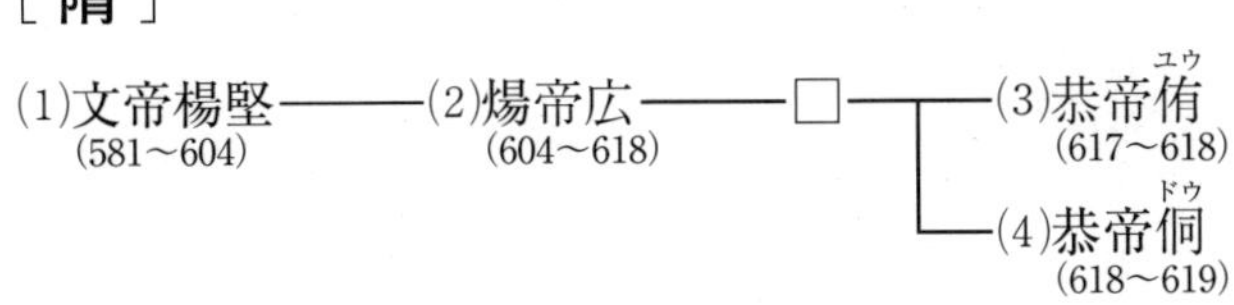
(1)文帝楊堅
(581～604)
(2)煬帝広
(604～618)
□
ユウ
(3)恭帝侑
(617～618)
ドウ
(4)恭帝侗
(618～619)

[唐]

- (1)高祖李淵 (618～626) ― (2)太宗世民 (626～649) ― (3)高宗治 (649～683)
  - ＝ 則天武后武照 (690～705)
  - (4)中宗顕 (683～684、705～710)
  - (5)睿宗旦 (684～690、710～712) ― (6)玄宗隆基 (712～756) ― (7)粛宗亨 (756～762) ― (8)代宗豫 (762～779) ― (9)徳宗适（カツ） (779～805) ― (10)順宗誦 (805) ― (11)憲宗純 (805～820)
    - (12)穆帝恒 (820～824)
      - (13)敬宗湛 (824～826)
      - (14)文宗昂 (826～840)
      - (15)武宗炎 (840～846)
    - (16)宣宗忱 (846～859) ― (17)懿宗漼（サイ） (859～873)
      - (18)僖宗儇（カン） (873～888)
      - (19)昭宗曄（ヨウ） (888～904) ― (20)昭宣帝柷（シュク） (904～907)

[五代]

[後梁]

- (1)太祖朱全忠 (907～912)
  - 郢王友珪 (912～913)
  - (2)末帝友貞 (913～923)

[後唐]

- 李克用（太祖）
  - (1)荘宗存勗（キョク） (923～926)
  - ┆(2)明宗嗣源 (926～933)
    - (3)閔帝従厚 (933～934)
    - ┆(4)末帝従珂 (934～936)

[後晋]

- (1)高祖石敬瑭 (936～942)
- □ ― (2)少帝重貴 (942～946)

[後漢・北漢]

- (1)高祖劉知遠 (947～948) ― (2)隠帝承祐 (948～950)
- [北漢] (1)世祖崇 (951～954) ― (2)睿宗承鈞 (954～968)
  - ┆(3)廃帝継恩 (968)
  - ┆英武帝継元 (968～979)

［ 後周 ］

- (1)太祖郭威 (951～954)
  - ‖ 柴皇后
  - □
    - (2)世宗柴栄 (954～959)
      - (3)恭帝柴宗訓 (959～960)

［ 十国 ］

［ 前蜀 ］

- (1)高祖王建 (907～918)
  - (2)後主衍 (918～925)

［ 後蜀 ］

- (1)高祖孟知祥 (930～934)
  - (2)後主昶（チョウ） (934～965)

［ 呉 ］

- (1)太祖武帝楊行密 (902～905)
  - (2)烈祖景帝渥 (905～908)
  - (3)高祖宣帝隆演 (908～920)
  - (4)睿帝溥 (920～937)

［ 南唐 ］

- (1)烈祖李昪（ベン） (937～943)
  - (2)元宗璟（エイ） (943～961)
    - (3)後主煜（イク） (961～975)

［ 呉越 ］

- (1)太祖武粛王銭鏐（リュウ） (907～932)
  - (2)世宗文穆王元瓘 (932～941)
    - (3)成宗忠献王佐 (941～947)
    - (4)忠遜王倧 (947)
    - (5)忠懿王俶 (948～978)

［ 閩 ］

- (1)王潮 (896～897)
- (2)太祖昭武帝王審知 (897～925)
  - (3)嗣王延翰 (925～926)
  - (4)太宗恵帝延鈞 (925～935)
    - (5)康王継鵬 (935～939)
  - (7)延政 (943～945)
  - (6)景宗延羲 (939～944)

［南漢］

- (1)讓皇帝劉隠 (909〜911)
- (2)高祖龔（ゲン） (911〜942)
  - (3)殤帝玢 (942〜943)
  - (4)中宗晟 (943〜958) ― (5)後主鋹（チョウ） (958〜971)

［楚］

- (1)武穆王馬殷 (896〜930)
  - (2)衡陽王希声 (930〜932)
  - (3)文昭王希範 (932〜947)
  - (5)恭孝王希萼 (950〜951)
  - (4)廃王希広 (947〜950)
  - (6)希崇 (951)

［荊南］

- (1)武信王高季興 (907〜928) ― (2)文献王従誨 (928〜948)
  - (3)貞懿王保融 (948〜960) ― (5)継冲 (962〜963)
  - (4)保勗 (960〜962)

［北宋・南宋］

- (1)太祖趙匡胤 (960〜976)
  - □ ― □ ― □ ― □ ― □ ― □ ― 2. 孝宗昚（シン） (1162〜1189) ― 3. 光宗惇 (1189〜1194) ― 4. 寧宗拡 (1194〜1224)
  - □ ― □ ― □ ― □ ― □ ― □ ― □ ― □ ― □
    - 5. 理宗昀 (1224〜1264)
    - □ ― 6. 度宗禥 (1264〜1274)
      - 7. 恭宗㬎（ケン） (1274〜1276)
      - 8. 端宗昰（ゼ） (1276〜1278)
      - 9. 衛王昺 (1278〜1279)
- (2)太宗匡義 (976〜997)
  - (3)真宗恒 (997〜1022) ― (4)仁宗禎 (1022〜1063)
  - □ ― □ ― (5)英宗曙 (1063〜1067) ― (6)神宗頊 (1067〜1085)
    - (7)哲宗煦 (1085〜1100)
    - (8)徽宗佶 (1100〜1025)
      - (9)欽宗桓 (1025〜1027)
      - ［南宋］1. 高宗構 (1027〜1062)

［遼］（契丹族）

- (1)太祖耶律阿保機 (916～926)
  - (2)太宗徳光 (926～947)
    - (4)穆徳璟 (951～969)
  - □
    - (3)世宗阮 (947～951)
      - (5)景宗賢 (969～982)
        - (6)聖宗隆緒 (982～1031)
          - (7)興宗宗真 (1031～1055)
            - (8)道宗洪基 (1055～1101)
              - □
                - (9)天祚帝延禧 (1101～1125)

［金］（女真族）

- (1)太祖完顔阿骨打 (1115～1123)
  - □
    - (4)海陵王亮 (1149～1161)
  - □
    - (3)熙宗亶 (1135～1149)
  - □
    - (5)世宗雍 (1161～1189)
      - (7)衛紹王允済 (1208～1213)
      - □
        - (6)章宗璟 (1189～1208)
        - (8)宣宗珣 (1213～1223)
          - (9)哀宗守緒 (1223～1234)
- (2)太宗晟 (1123～1135)
- ⑽末帝承麟 (1234)

［元］（モンゴル族）

- 1. 太祖チンギス・カン (1206～1227)
  - 2. 太宗オゴデイ (1229～1241)
    - 3. 定宗グユク (1246～1248)
  - □
    - 4. 憲宗モンケ (1251～1259)
    - (1)世祖クビライ (1260～1294)
      - □
        - (2)成宗テムル (1294～1307)
        - □
          - (3)武宗カイシャン (1307～1311)
            - (9)文宗トク・テムル (1329～1332)
            - (8)明宗コシラ (1329)
              - ⑽寧宗イリンジバル (1332)
              - ⑾順帝トゴン・テムル (1332～1370)
                - ［北元］①昭宗アユルシリダラ (1370～1378)
                - ②トグズ・テムル (1378～1392)
          - (4)仁宗アユルバルワダ (1311～1320)
            - (5)英宗シディバラ (1320～1323)
        - □
          - (6)泰定帝イスン・テムル (1323～1328)
            - (7)天順帝アリギバ (1328)

[明]

- (1)太祖洪武帝朱元璋 (1368～1398)
  - □ ― (2)恵宗建文帝允炆（ブン） (1398～1402)
  - (3)成祖永楽帝棣 (1402～1424) ― (4)仁宗洪熙帝高熾 (1424～1425) ― (5)宣宗宣徳帝瞻基 (1425～1435)
    - (7)代宗景泰帝祁鈺（キ ギョク） (1449～1457)
    - (6)(8)英宗正統帝・天順帝祁鎮 (1435～1449、1457～1464) ― (9)憲宗成化帝見深 (1464～1487)
      - (10)孝宗弘治帝祐樘 (1487～1505) ― (11)武宗正徳帝厚照 (1505～1521)
      - □ ― (12)世宗嘉靖帝厚熜（ソウ） (1521～1566) ― (13)穆宗隆慶帝載垕（コウ） (1566～1572) ― (14)神宗万暦帝翊鈞 (1572～1620) ― 光宗泰昌帝常洛 (1620)
        - (16)熹宗天啓帝由校 (1620～1627)
        - (17)毅宗崇禎帝由検 (1627～1644)

[清]（満州族）

- (1)太祖ヌルハチ (1616～1626) ― (2)太宗ホンタイジ (1626～1643) ― (3)世祖順治帝フリン (1643～1661) ― (4)聖祖康熙帝玄燁（ヨウ） (1661～1722) ― (5)世宗雍正帝胤禛 (1722～1735) ― (6)高宗乾隆帝弘暦 (1735～1795) ― (7)仁宗嘉慶帝顒琰（ギョウエン） (1795～1820) ― (8)宣宗道光帝旻寧（ビン） (1820～1850)
  - (9)文宗咸豊帝奕詝 (1850～1861) ― (10)穆宗同治帝載淳 (1861～1874)
  - □
    - (11)徳宗光緒帝載湉（テン） (1874～1908)
    - □ ― (12)宣統帝溥儀 (1908～1912)

朝鮮三国王系図（作成：井上直樹）

［高句麗王系図］

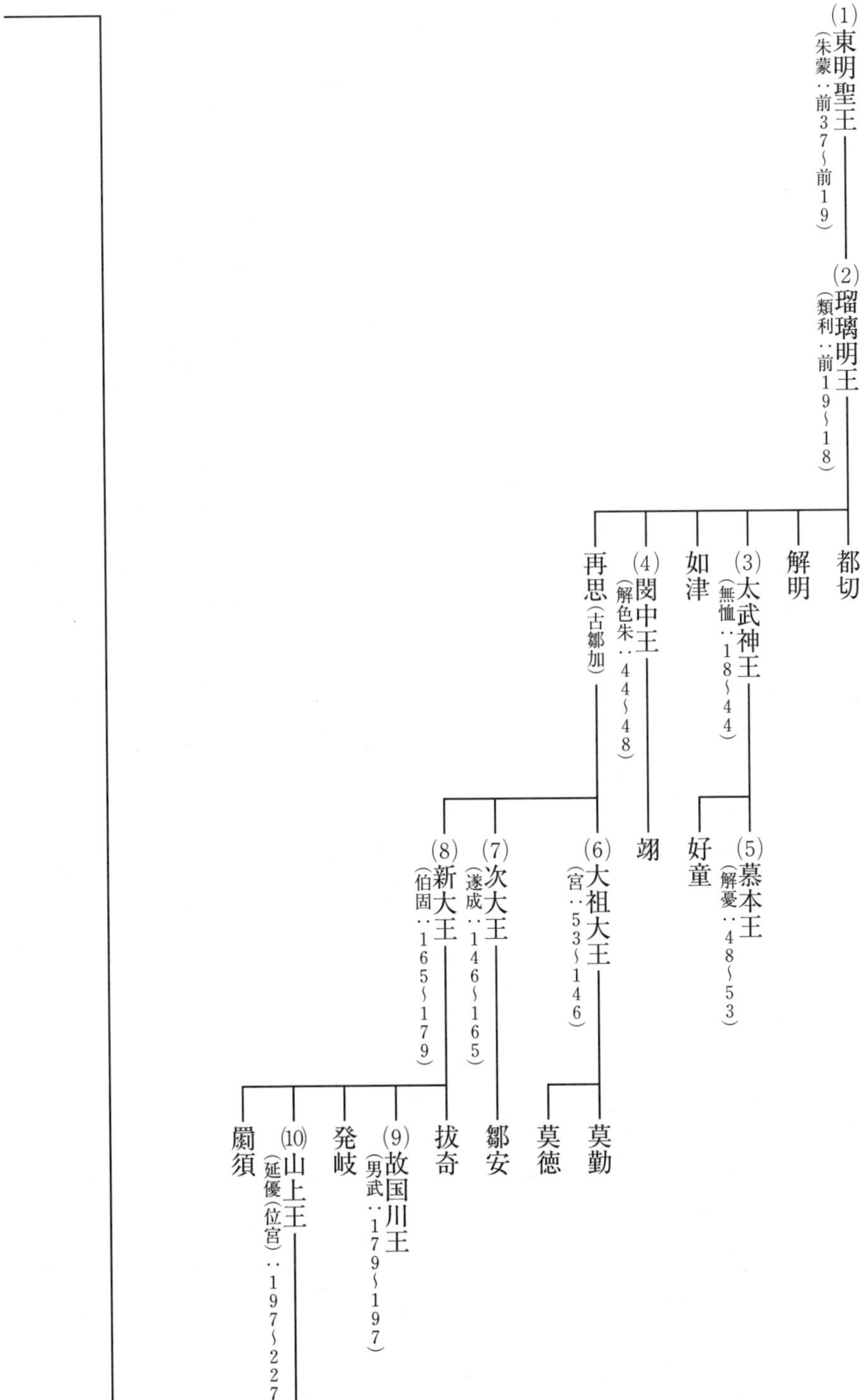

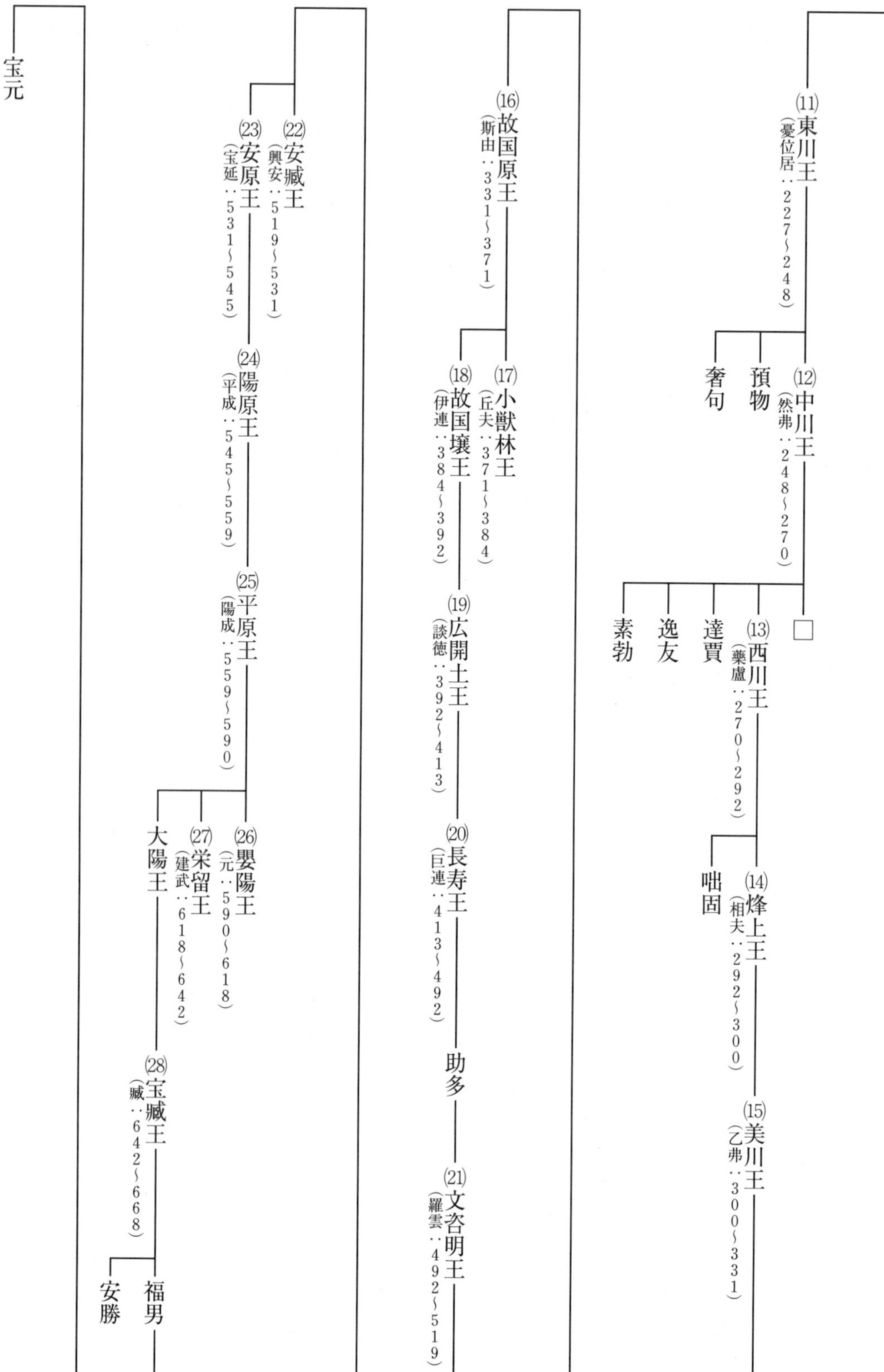
(11)東川王（憂位居：227～248）
(12)中川王（然弗：248～270）
預物
奢句
□
(13)西川王（薬盧：270～292）
達賈
逸友
素勃
(14)烽上王（相夫：292～300）
咄固
(15)美川王（乙弗：300～331）
(16)故国原王（斯由：331～371）
(17)小獣林王（丘夫：371～384）
(18)故国壌王（伊連：384～392）
(19)広開土王（談徳：392～413）
(20)長寿王（巨連：413～492）
助多
(21)文咨明王（羅雲：492～519）
(22)安臧王（興安：519～531）
(23)安原王（宝延：531～545）
(24)陽原王（平成：545～559）
(25)平原王（陽成：559～590）
(26)嬰陽王（元：590～618）
(27)栄留王（建武：618～642）
大陽王
(28)宝臧王（臧：642～668）
福男
安勝
宝元

朝鮮三国王系図（作成：井上直樹）

［新羅王系図］

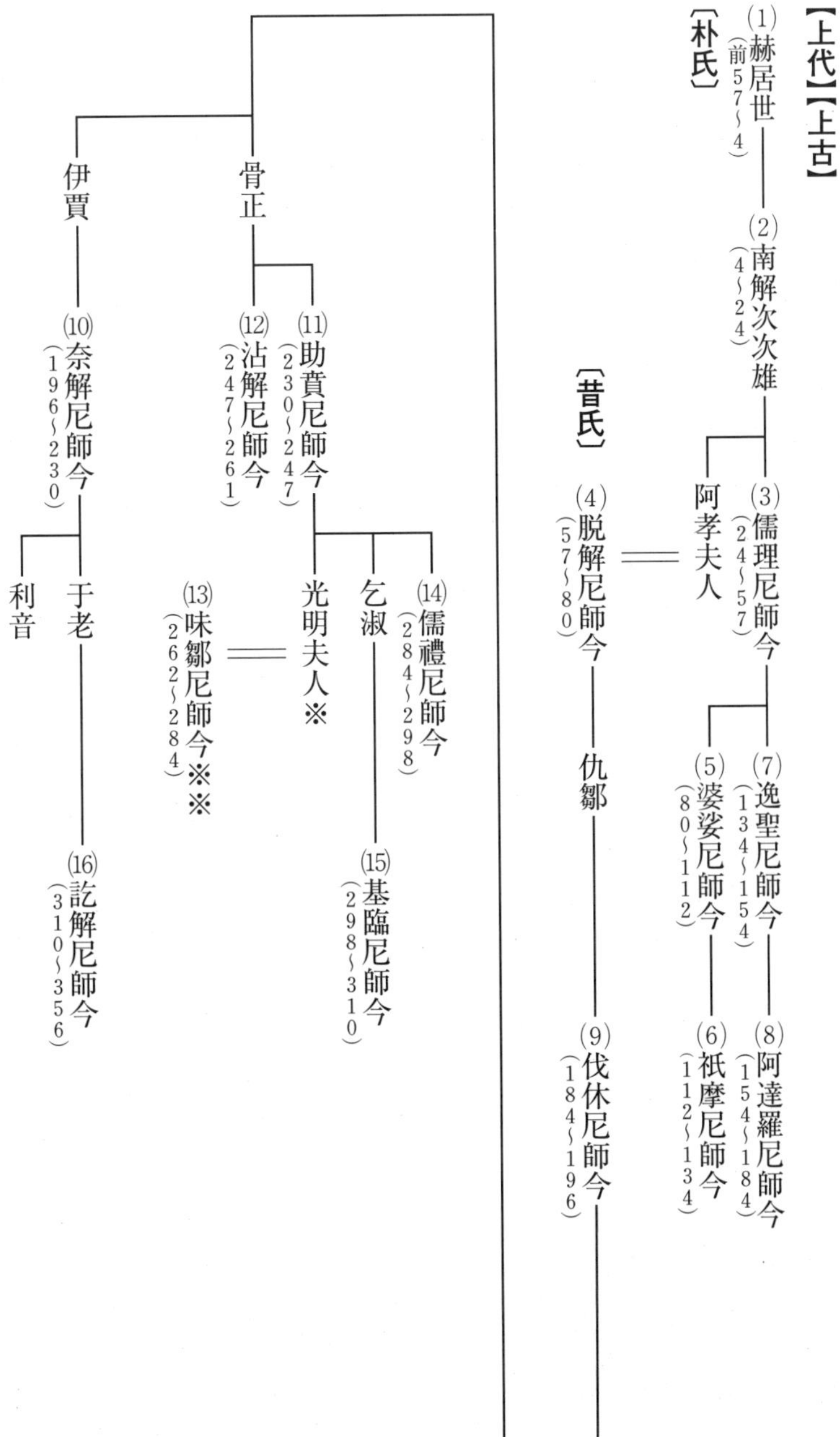
【上代】【上古】
〔朴氏〕
(1)赫居世（前57～4）
(2)南解次次雄（4～24）
(3)儒理尼師今（24～57）
阿孝夫人
(7)逸聖尼師今（134～154）
(5)婆娑尼師今（80～112）
(8)阿達羅尼師今（154～184）
(6)祇摩尼師今（112～134）
〔昔氏〕
(4)脱解尼師今（57～80）
仇鄒
(9)伐休尼師今（184～196）
骨正
伊買
(11)助賁尼師今（230～247）
(12)沾解尼師今（247～261）
(10)奈解尼師今（196～230）
(14)儒禮尼師今（284～298）
乞淑
光明夫人※
(13)味鄒尼師今（262～284）※※
(15)基臨尼師今（298～310）
于老
利音
(16)訖解尼師今（310～356）

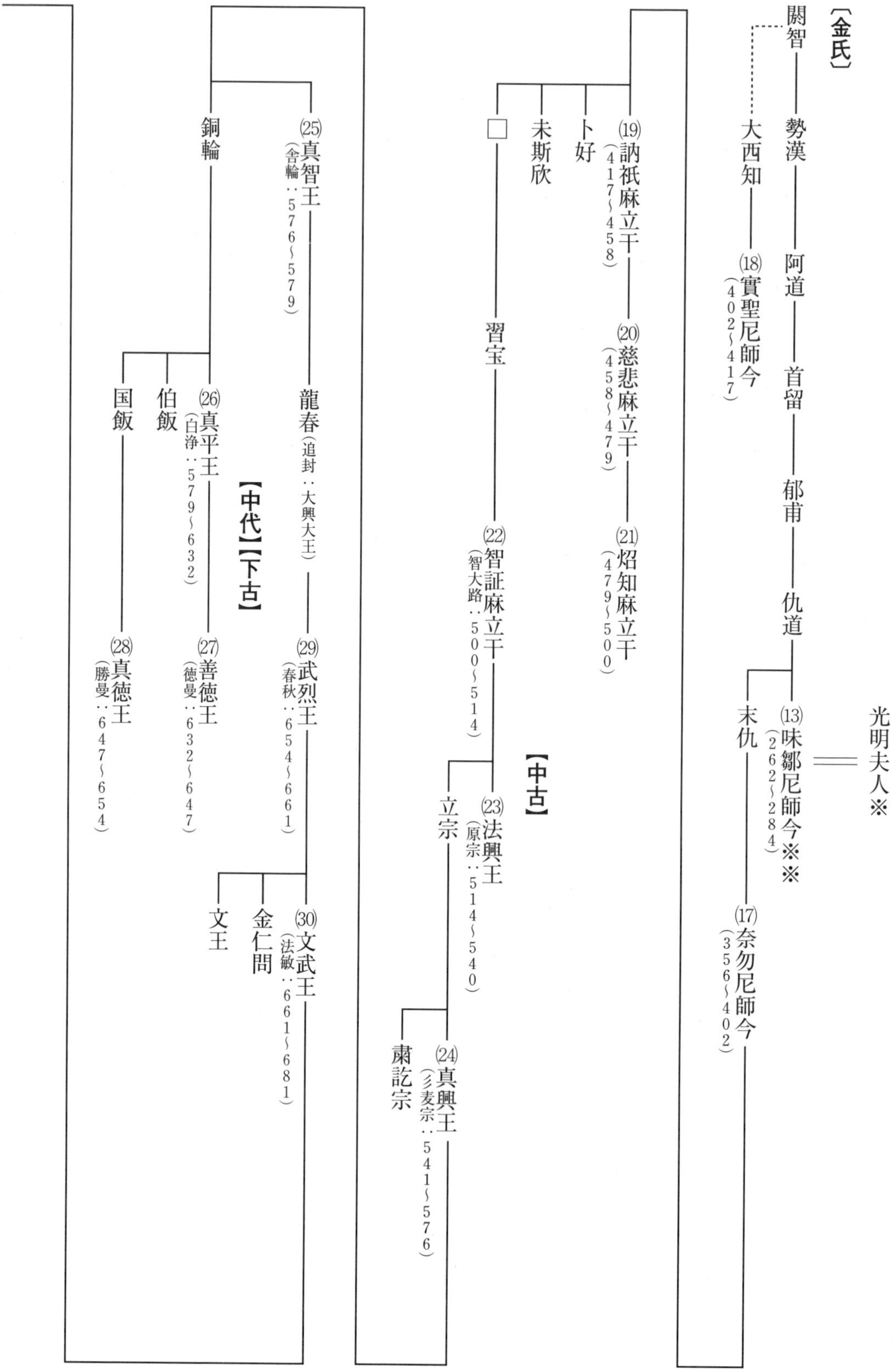
〔金氏〕
閼智
勢漢
阿道
首留
郁甫
仇道
大西知
⒅實聖尼師今（402～417）
⒀味鄒尼師今※※（262～284）
光明夫人※
末仇
⒄奈勿尼師今（356～402）
⒆訥祇麻立干（417～458）
卜好
未斯欣
□
⒇慈悲麻立干（458～479）
(21)炤知麻立干（479～500）
習宝
(22)智証麻立干（智大路：500～514）
【中古】
(23)法興王（原宗：514～540）
立宗
(24)真興王（彡麦宗：541～576）
粛訖宗
(25)真智王（舍輪：576～579）
銅輪
龍春（追封：大興大王）
(29)武烈王（春秋：654～661）
(30)文武王（法敏：661～681）
金仁問
文王
【中代】【下古】
(26)真平王（白浄：579～632）
伯飯
国飯
(27)善徳王（徳曼：632～647）
(28)真徳王（勝曼：647～654）

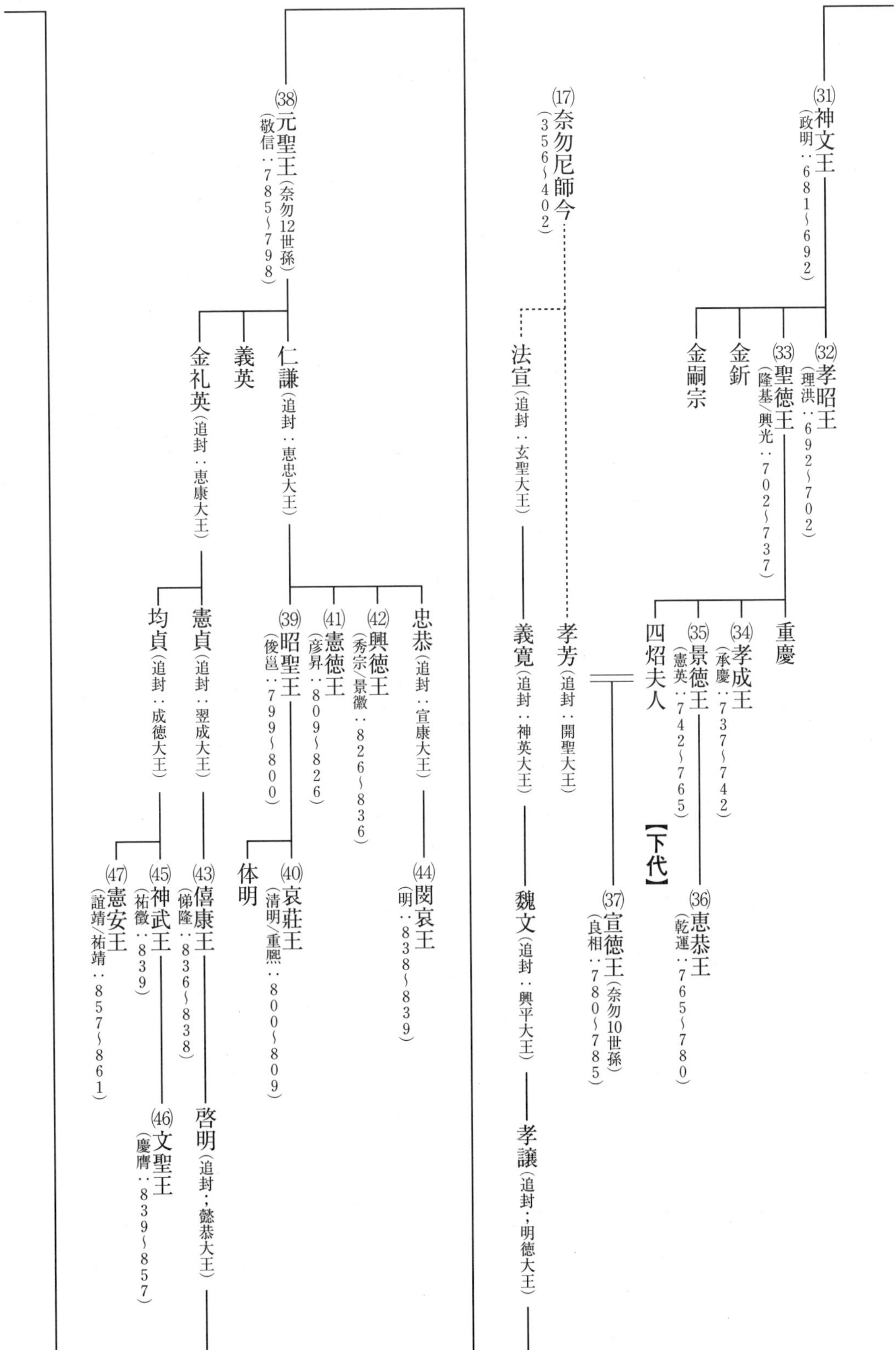
(31)神文王(政明：681～692)
(32)孝昭王(理洪：692～702)
(33)聖徳王(隆基/興光：702～737)
金釿
金嗣宗
重慶
(34)孝成王(承慶：737～742)
(35)景徳王(憲英：742～765)
四炤夫人
(36)恵恭王(乾運：765～780)
【下代】
(37)宣徳王(奈勿10世孫)(良相：780～785)
(17)奈勿尼師今(356～402)
孝芳(追封：開聖大王)
法宣(追封：玄聖大王)
義寛(追封：神英大王)
魏文(追封：興平大王)
孝譲(追封：明徳大王)
(38)元聖王(奈勿12世孫)(敬信：785～798)
仁謙(追封：恵忠大王)
義英
金礼英(追封：恵康大王)
忠恭(追封：宣康大王)
(42)興徳王(秀宗/景徽：826～836)
(41)憲徳王(彦昇：809～826)
(39)昭聖王(俊邕：799～800)
(44)閔哀王(明：838～839)
(40)哀荘王(清明/重熙：800～809)
体明
憲貞(追封：翌成大王)
均貞(追封：成徳大王)
(43)僖康王(悌隆：836～838)
(45)神武王(祐徴：839)
(47)憲安王(誼靖/祐靖：857～861)
啓明(追封：懿恭大王)
(46)文聖王(慶膺：839～857)

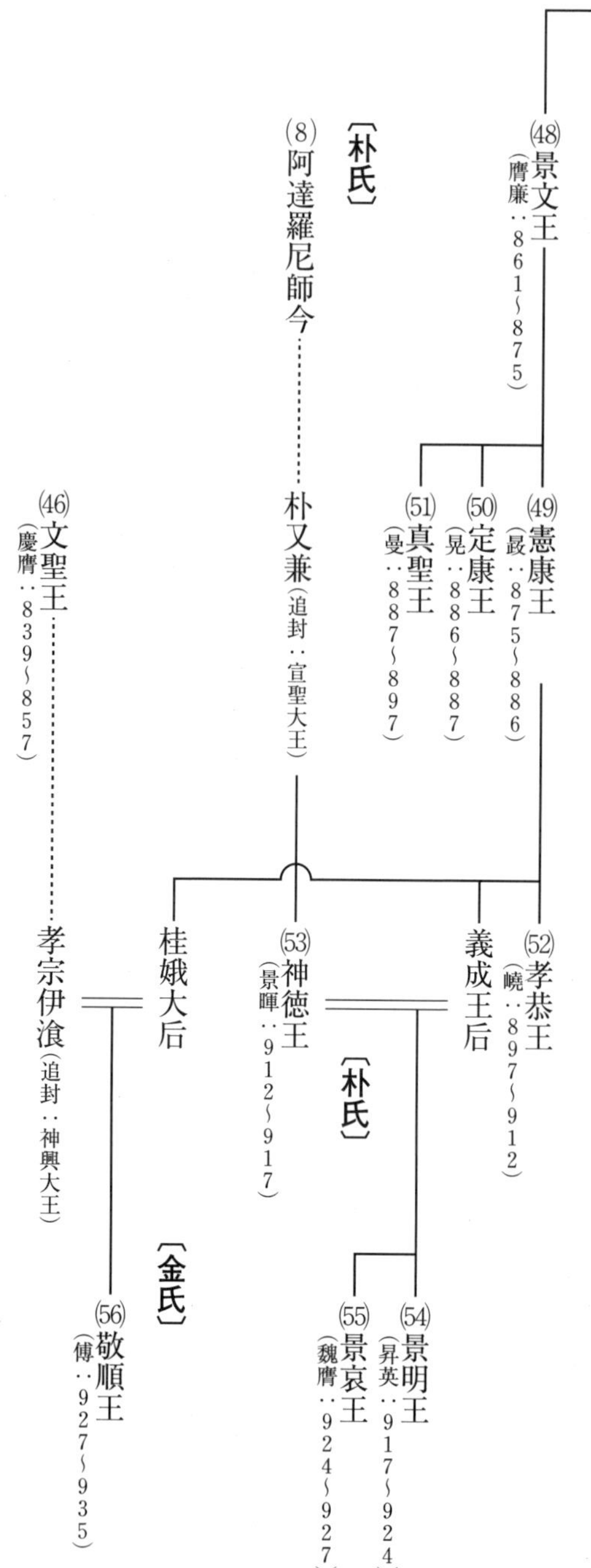

(48)景文王（膺廉：861～875）
(49)憲康王（晸：875～886）
(50)定康王（晃：886～887）
(51)真聖王（曼：887～897）
〔朴氏〕
(8)阿達羅尼師今
朴又兼（追封：宣聖大王）
(46)文聖王（慶膺：839～857）
(52)孝恭王（嶢：897～912）
義成王后
(53)神徳王（景暉：912～917）
桂娥大后
孝宗伊湌（追封：神興大王）
〔朴氏〕
(54)景明王（昇英：917～924）
(55)景哀王（魏膺：924～927）
〔金氏〕
(56)敬順王（傅：927～935）

朝鮮三国王系図（作成：井上直樹）

［百済王系図］

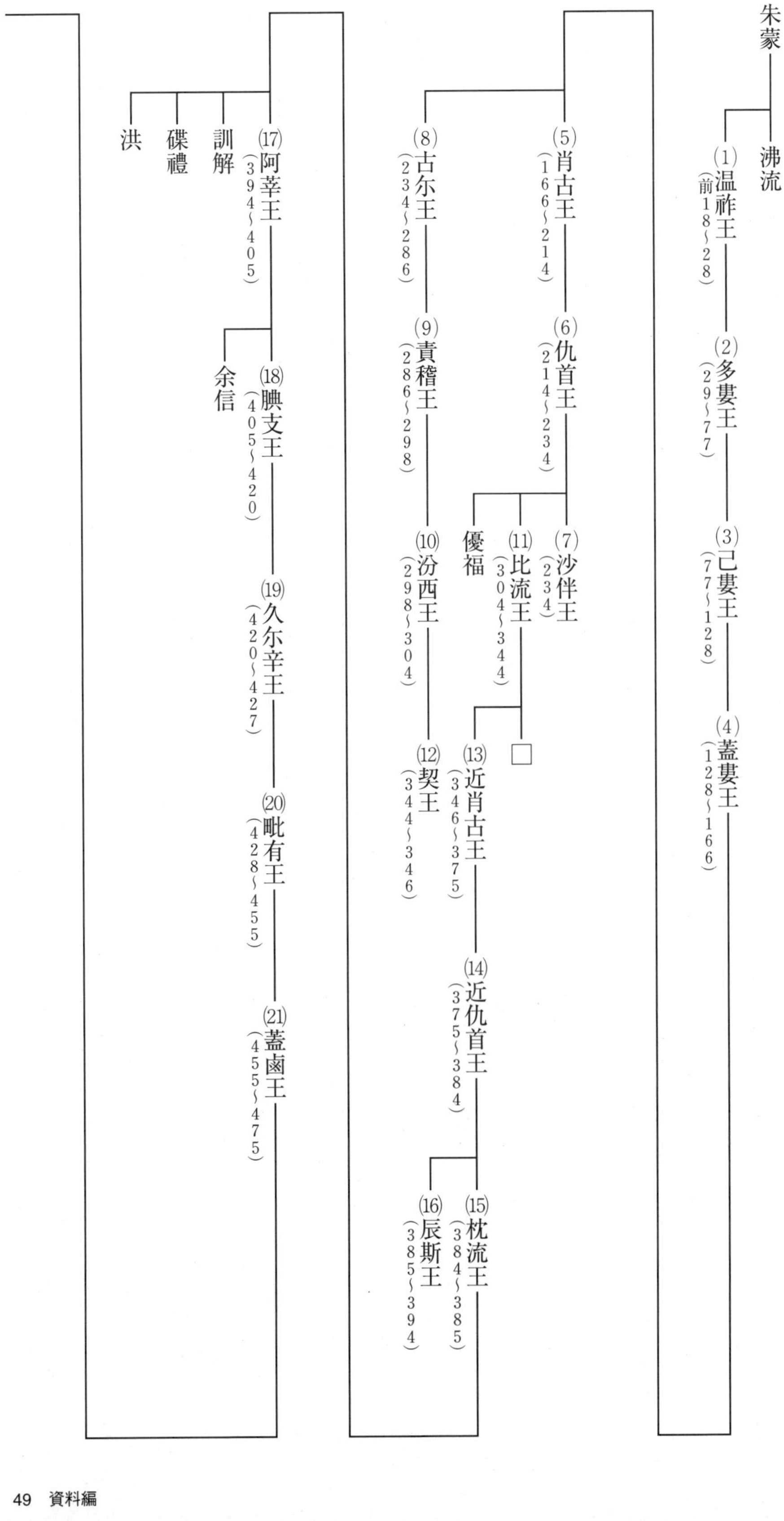

朱蒙
沸流
(1)温祚王（前18〜28）
(2)多婁王（29〜77）
(3)己婁王（77〜128）
(4)蓋婁王（128〜166）
(5)肖古王（166〜214）
(6)仇首王（214〜234）
(7)沙伴王（234）
(11)比流王（304〜344）
優福
□
(8)古尓王（234〜286）
(9)責稽王（286〜298）
(10)汾西王（298〜304）
(12)契王（344〜346）
(13)近肖古王（346〜375）
(14)近仇首王（375〜384）
(15)枕流王（384〜385）
(16)辰斯王（385〜394）
(17)阿莘王（394〜405）
訓解
碟禮
洪
(18)腆支王（405〜420）
余信
(19)久尓辛王（420〜427）
(20)毗有王（428〜455）
(21)蓋鹵王（455〜475）

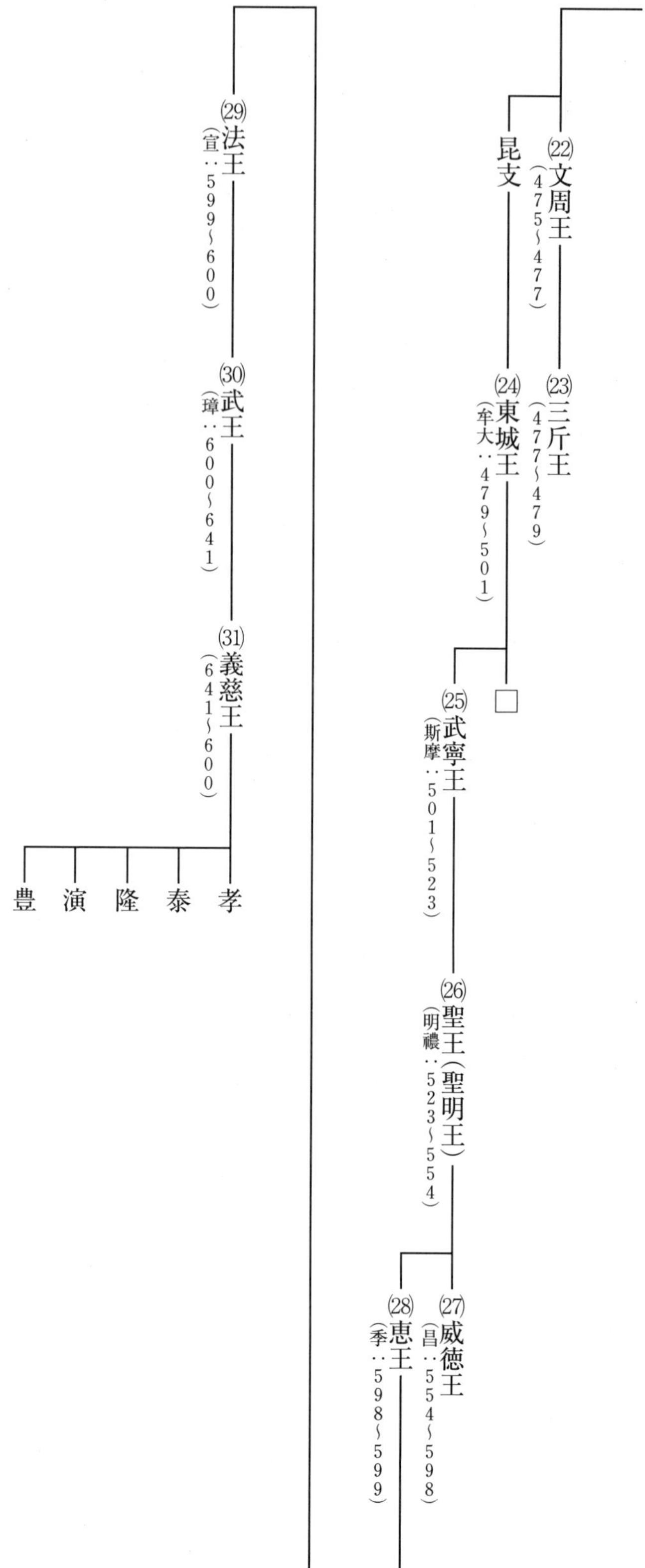

⑵文周王（475～477）
昆支
⑵三斤王（477～479）
⑵東城王（牟大：479～501）
□
⑵武寧王（斯摩：501～523）
⑵聖王（聖明王）（明襛：523～554）
⑵威徳王（昌：554～598）
⑵恵王（季：598～599）
⑵法王（宣：599～600）
⑶武王（璋：600～641）
⑶義慈王（641～600）
孝
泰
隆
演
豊

渤海王系図（作成：酒寄雅志）

実線：血縁関係を判明するもの。
点線：血縁関係あるいは長幼の順のあきらかでないもの。
算用数字：王代数と在位期間をあらわす。

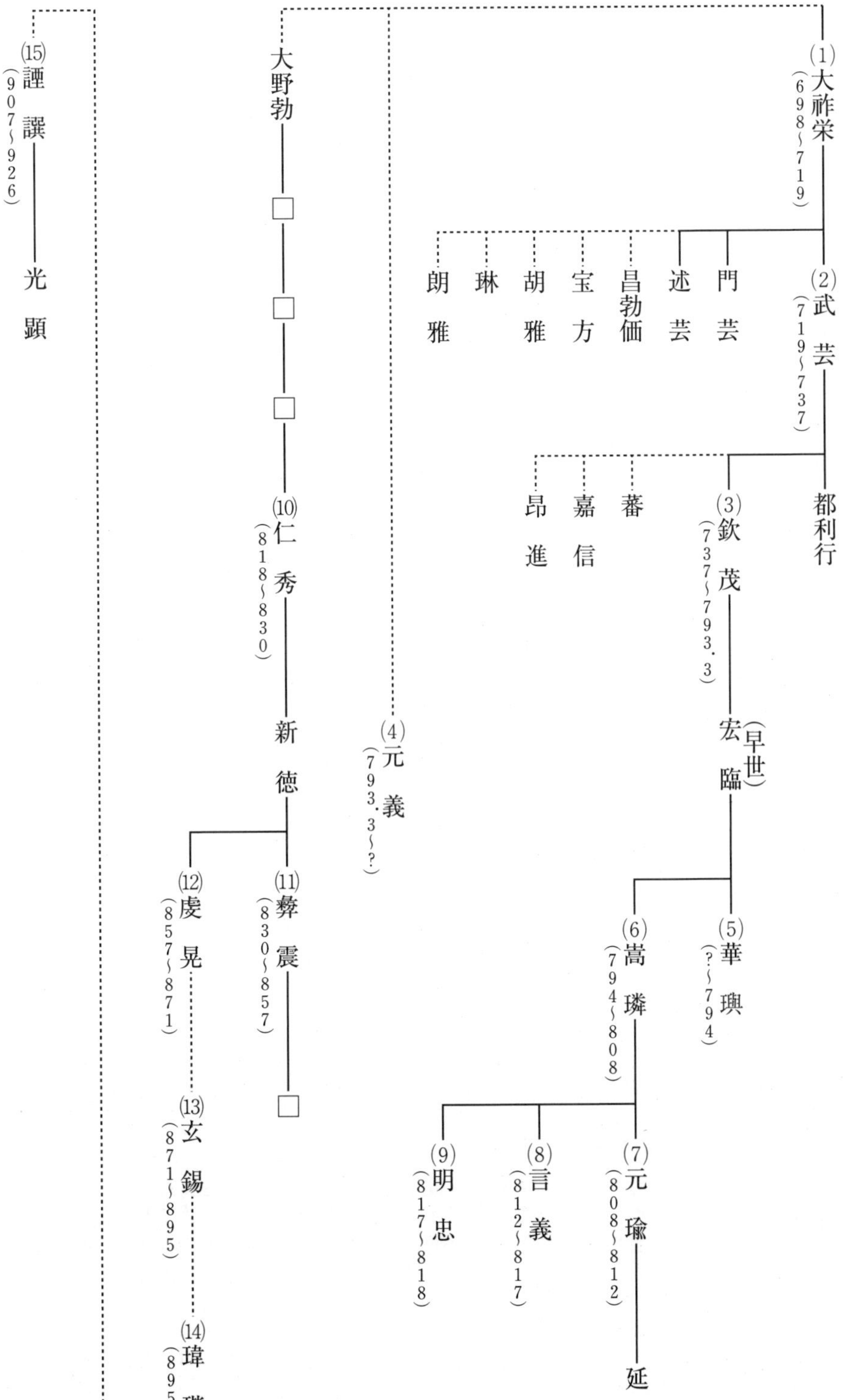

日本列島における後期旧石器時代の編年

（作成：堤　隆）

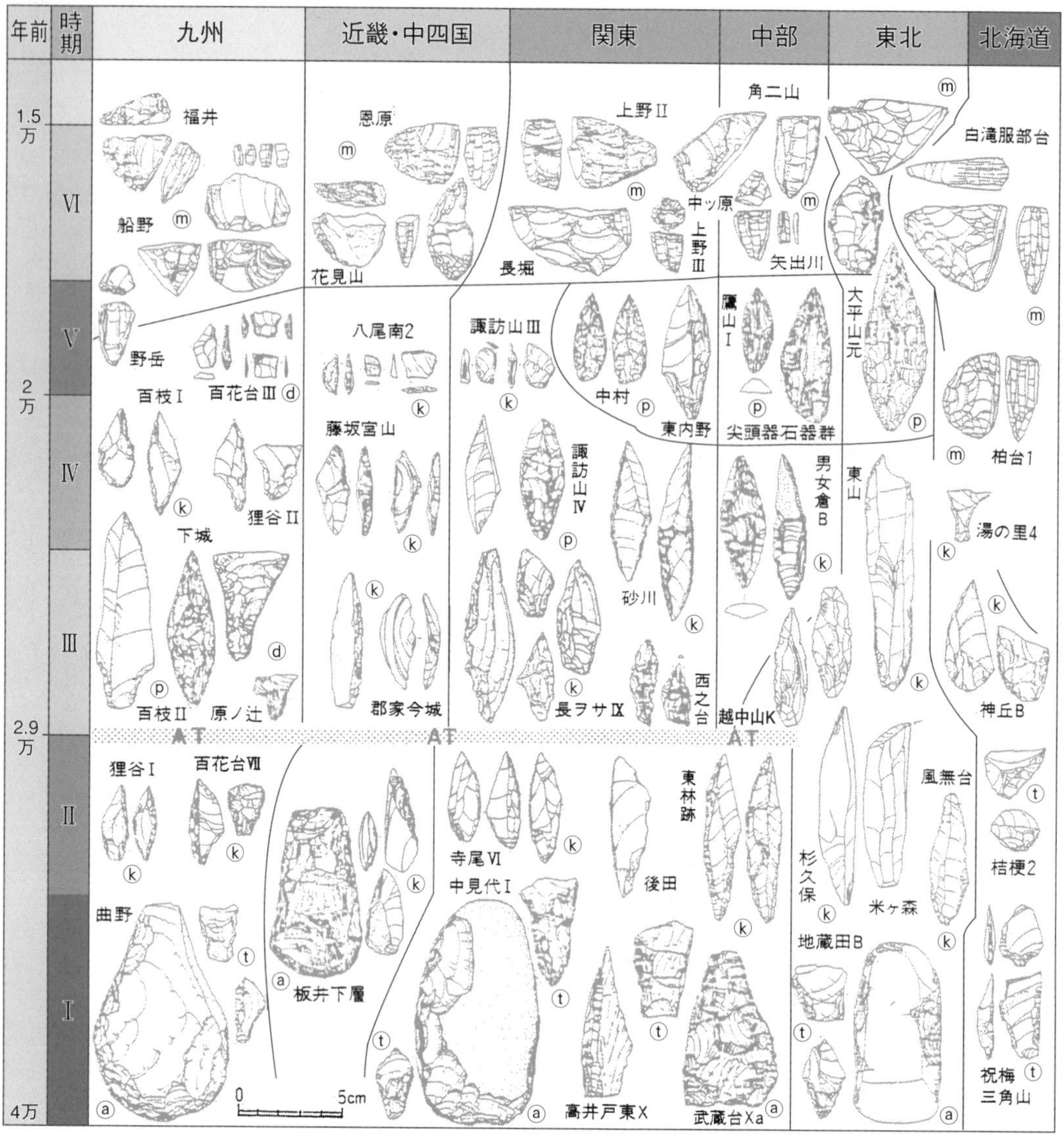

日本列島における後期旧石器時代の編年

日本列島における後期旧石器時代は、近年の年代補正（較正）の結果、およそ４万年前から１万５千年前までの２万５千年間続いたことがわかる。鹿児島湾の噴火で降下した姶良火山灰（ＡＴ、２万９千年前）を境に、おおよそ前半期と後半期に区分される。前半期のⅠ期には局部磨製石斧(ⓐ)と台形様石器(ⓣ)がみられ、Ⅱ期にはナイフ形石器(ⓚ)が登場する。後半期のⅢ期になると各地で独自なナイフ形石器が製作され、地域性が顕著になる。Ⅳ期の２万年前までには北海道でいち早く細石刃(ⓜ)が製作された。Ⅴ期には本州中央部において尖頭器(ⓟ)が、九州においては台形石器(ⓓ)が発達する。Ⅵ期になると細石刃石器群(ⓜ)が日本列島全域に広がりをみせる。

東アジア〜シベリアの
旧石器時代主要遺跡
(作成：堤　隆)
チャアタミエ
ベレリョフ
マイオルチ
ウシュキ
イヒネ
ロシア
ジュクタイ洞穴
イムチン
ボリショイ・ヤーコリ
セレムジャ
ガーシャ
ソコル
モホヴォ
アフォントバ山
ココレヴォ
地理学協会洞穴
白滝
デニソワ洞窟
カラ・ボム
マリタ
ウスチ・カレンガ
ストゥジェノエ
マイナ
暁
ウスチノフカ
柏台1
美利河
花泉
アラシャン・ハダ
屈浦里
日本
富沢
モルティン・アム
モンゴル
荒屋
岩宿
朝鮮民主主義人民共和国
矢出川
茂呂
廟後山
柳又
タチョンニ
小孤山洞穴
ツァガーン洞窟
龍谷里
全谷里
恩原
初音ヶ原
虎頭梁
周口店
コムンモル
スヤンゲ
冠
国府
大韓民国
古礼里
国府台
峙峪
月坪
丁村
百花台
岩戸
船野
下川
水洞溝
馬陵山
加栗山
中華人民共和国
藍田
港川
ネパール
ブータン
元謀
観音洞
ミャンマー
白蓮洞
百色
インド
バングラデシュ
ベトナム
ラオス
タイ

囲みは本文に掲載

縄文土器編年表

（作成：小林青樹）

<table>
<tr><th></th><th>南島・沖縄</th><th>九　州</th><th>中四国</th><th>近　畿</th><th>東　海</th><th>北　陸</th><th>中部高地</th><th>関　東</th><th>東北南部</th><th>東北北部</th><th>北海道</th><th>推定暦年</th></tr>
<tr><td>草創期</td><td>?</td><td>(加治屋園)・(泉福寺下層)
(桥ノ原)・(泉福寺上層)
(伊敷)・(西ノ園)
(椎屋形)・柏原
(堂地西)・(岩本)</td><td>上黒岩
(穴神洞)
(弘法滝15層)</td><td>(武者ヶ谷)
(桐山和田)・(鳥浜84T66)
(鳥浜83T85)
鳥浜下層</td><td>(九合洞窟)・(葛原沢)
(酒呑ジュリアンナ)・(駿河小塚)
(九合洞窟)・(葛原沢)
椛の湖Ⅱ・(仲道A)
(三の原)</td><td>田沢
(小丸山B)
(屋敷田Ⅲ)
本ノ木
室谷下層
+</td><td>(宮ノ前16層)
(宮ノ前15層)
石小屋
(増野川子石)</td><td>無文土器
隆起線文(隆帯)
隆起線文(隆線)
隆起線文(細隆線)
押捺・半回転縄文・爪形文
多縄文
表裏縄文</td><td>(日向)
(一ノ沢)</td><td>大平山元
(表館)
(鴨平)
(櫛引)</td><td>(大麻1)</td><td>14000</td></tr>
<tr><td></td><td></td><td>(泉福寺4層)</td><td></td><td>大鼻・大川
神宮寺</td><td>(北貝戸)・(大谷津)
(広合)
(中尾)</td><td>(室谷上層)
(千溝Ⅱ群)
(上林塚Ⅱ1)</td><td>(お宮の森裏新)
(稲荷沢)
立野古
立野新</td><td>井草
夏島
稲荷台
稲荷原</td><td></td><td></td><td></td><td></td></tr>
<tr><td rowspan="3">早期</td><td rowspan="3">野国第4群
爪形文
東原・連点波状文</td><td rowspan="3">早水台
下菅生B
田村
手向山
平栫
塞ノ神
鍋谷・桥ノ原</td><td rowspan="3">(観音堂19下層)
黄島
(観音堂19下層)
(堂面12上層)
菱根
島根大構内2次
福呂
長山馬籠</td><td rowspan="3">葛籠尾崎
(山芦屋)
高山寺古
高山寺新
石山Ⅱ
石山Ⅲ
石山Ⅳ
石山Ⅴ
宮ノ下Ⅰ・石山Ⅵ
宮ノ下Ⅱ・石山Ⅶ</td><td rowspan="3">(大平A)
(東大室クズレ)
(大谷津)
(長井崎)
先苅・(黒田向林)
(清水柳)
茅山下層・(元野)
八ツ崎Ⅰ
粕畑
上ノ山
入海
石山
天神山
塩屋</td><td rowspan="3">卯ノ木
(岩原Ⅰ－Ⅱ)
(西倉Ⅱ)
(十二木Ⅰ2b)
(岩原Ⅰ－Ⅱ)
(堂尻)
(屋敷田)
(下別当)</td><td>樋沢古
樋沢新
細久保
(塞の神)
相木
(判ノ木山西)</td><td>東山
平坂
三戸
田戸下層
田戸上層
下母口</td><td rowspan="3">日計
大平
大寺上層
大寺下層
槻木1
(吉田浜)
素山上層
梨木畑
船入島下層</td><td rowspan="3">日計
白浜
寺の沢
吹切沢
物見台
ムシリ1
赤御堂
早稲田5
表館Ⅹ群</td><td rowspan="3">中野A
ノダップ1
住吉台・テンネル
根崎
白坂・東釧路Ⅰ
浦幌
東釧路Ⅱ
東釧路Ⅲ
コッタロ古
コッタロ新
中茶路古
中茶路新
東釧路Ⅳ古
東釧路Ⅳ新</td><td rowspan="3">10500</td></tr>
<tr><td colspan="2">野島
鵜ヶ島台
茅山下層
茅山上層
(下沼部)
(山崎)
打越
神ノ木台</td></tr>
<tr><td>塚田</td><td>下吉井</td></tr>
<tr><td rowspan="2">前期</td><td rowspan="2">轟Ⅰ／条痕文
室川下層
曽畑
神野A
神野B</td><td rowspan="2">轟／轟B／野口
轟D・曽畑Ⅰ・Ⅱ
曽畑Ⅲ
深浦
深浦・轟C
深浦・尾田</td><td rowspan="2">西川津・羽島下層Ⅰ
羽島下層Ⅱ
羽島下層Ⅲ
磯ノ森
彦崎ZⅠ
彦崎ZⅡ
田井</td><td rowspan="2">杉ヶ沢・(鳥浜)
北白川下層Ⅰa
北白川下層Ⅰb
北白川下層Ⅱa
北白川下層Ⅱb
北白川下層Ⅱc
北白川下層Ⅲ
大歳山</td><td rowspan="2">上ノ山Z・木島
石塚下層・清水ノ上
鉾ノ木Ⅰ
鉾ノ木Ⅱ
大麦田Ⅰ・Ⅱ
大麦田Ⅲ</td><td rowspan="2">極楽寺・(神山)
(新谷)・大湊
朝日C・(根小屋)
福浦下層・(泉竜寺)
蜆ヶ森Ⅰ・刈羽
蜆ヶ森Ⅱ
福浦上層・鍋屋町
朝日下層・重稲場</td><td>中越
神ノ木</td><td>花積下層
関山</td><td rowspan="2">上川名上層
大木1
大木2
大木3
大木4
大木5
大木6</td><td rowspan="2">早稲田6
深郷田
円筒下層a
円筒下層b
円筒下層c
円筒下層d</td><td rowspan="2">(網文)
春日町・トビノ
大津・加茂川
若生
花畔
函館空港4
サイベ沢・植苗
サイベ沢・大麻</td><td rowspan="2">5000</td></tr>
<tr><td colspan="2">黒浜
諸磯a
諸磯b古
諸磯b新
諸磯c
十三菩提</td></tr>
<tr><td>中期</td><td>面縄前庭Ⅰ
面縄前庭Ⅱ
面縄前庭Ⅲ・嘉徳下層
面縄前庭Ⅳ
面縄前庭Ⅴ</td><td>深浦
春日(北手牧)
春日(前谷)
春日
並木
阿高</td><td>船元Ⅰ
船元Ⅱ
船元Ⅲ
船元Ⅳ
里木Ⅱ
里木Ⅲ
矢部奥田
福田C</td><td>鷹島
船元Ⅰ
船元Ⅱ
船元Ⅲ
船元Ⅳ
里木Ⅱ
北白川下層C1・C2
北白川下層C3
北白川下層C4</td><td>北屋敷Ⅰ・北裏C
前畑
山田平
子種
北屋敷Ⅱ
中富Ⅰ
中富Ⅱ～Ⅳ
咲畑・取組
島崎Ⅲ
山の神</td><td>新保・剣野E
新崎・(清水上)
上山田
古府
馬高
串田新
沖ノ原</td><td>梨久保
狢沢
新道
藤内
井戸尻
曽利Ⅰ
曽利Ⅱ
曽利Ⅲ
曽利Ⅳ
曽利Ⅴ</td><td>五領ヶ台
勝坂1a・阿玉台1a
勝坂1b・阿玉台1b・2
勝坂2・阿玉台3
勝坂3・阿玉台4
加曽利E1
加曽利E2・連弧文
加曽利E3・連弧文
加曽利E4</td><td>大木7a
大木7b
大木8a
大木8b
大木9
大木10</td><td>円筒上層a
円筒上層b
円筒上層c
円筒上層d
榎林
最花
中の平
大曲</td><td>古武井
森越
サイベ沢
元和・天神山
柏木川・モコト
ノダップ・トコロ6</td><td>3520</td></tr>
</table>

後期	神野D 神野E 伊波 荻堂・面縄東洞 大山 嘉徳ⅠA 嘉徳ⅠB 室川 面縄西洞	岩崎下層・西和田 出水 (中原Ⅳ)・小池原下層 市来・小池原上層 鐘崎 北久根山 西平 太郎迫 三万田 御領 上加世田・大石	中津 宿毛・福田K2 布施・(津島岡大) 平城Ⅰ・崎ヶ鼻1・津雲A 平城Ⅱ・崎ヶ鼻2・彦崎K1 彦崎K2 元住吉山Ⅰ 元住吉山Ⅱ 福田K3	中津 福田K2 四ツ池・広瀬土坑40 北白川上層1 北白川上層2 北白川上層3 一乗寺K 元住吉山Ⅰ 元住吉山Ⅱ 宮滝 滋賀里Ⅰ	林の峰Ⅱ 林の峰Ⅲ 咲畑Ⅱ (林の峰Ⅳ) (天子神社)・(下内田) 八王寺 西北出 蜆塚KⅡ・(長谷) (吉田C) 伊川津1 伊川津2	前田・三十稲場古 三十稲場中 気屋・三十稲場新 南三十稲場古 (気屋Ⅱ)・南三十稲場古 三仏生古 酒見・三仏中 井口1・三仏新 井口2 (中野) 八日市新保	称名寺1 称名寺2 堀之内1古 堀之内1新 堀之内2 加曽利B1 加曽利B2 加曽利B3 曽谷 安行1 安行2		南境・綱取1 綱取2 宝ヶ峯 金剛寺	門前 馬立 十腰内1a 十腰内1b 十腰内2 十腰内3 十腰内4 十腰内5 十腰内6	天佑寺・(余市Ⅰ・Ⅱ)・トコロ5 伊達山・(余市Ⅲ)・(北筒Ⅲ) タプコプ・(余市Ⅳ・Ⅴ)・(北筒Ⅳ) トリサキ・(余市Ⅵ)・(北筒Ⅴ) 入江・船泊下層 ウサクマイc (エリモB) 堂林 ミツ谷 湯の里3・御殿山・栗沢	2470
晩期	室川上層・浜坂下層 喜念Ⅰ 宇佐浜・宇宿上層	入佐・古閑 黒川古・中 黒川新・上菅生B	岩田第4類 舟津原 谷尻	滋賀里Ⅱ 滋賀里Ⅱa 滋賀里Ⅲb・篠原古・中 篠原新	寺津下層 寺津・清水天王山 元刈谷 稲荷山	御経塚・+ 中屋古・+ 中屋新・朝日	(大花) 佐野Ⅰa 佐野Ⅰb	安行3a 安行3b・姥山 安行3c・前浦Ⅰ	大洞B1 大洞B2 大洞BC 大洞C1	大洞B1 大洞B2 大洞BC 大洞C1	館浦 札苅B 上ノ国 内藤	1250
弥生早期	仲原	山ノ寺 夜臼 板付Ⅰ 板付Ⅱa 板付Ⅱb 板付Ⅱc	前池 津島岡大 沢田古	滋賀里Ⅳ 口酒井 船橋	西之山 馬見塚F 五貫森 馬見塚 樫王	下野古・上野原 + 鳥屋1 鳥屋2b 柴山出村(古)	佐野Ⅱa 佐野Ⅱb 女鳥羽川／離山 氷Ⅰ(古) 氷Ⅰ(中／新)	安行3d・前浦Ⅱ + 杉田・荒海 荒海 堂山1・荒海	大洞C2古 大洞C2新 大洞A1 大洞A2 大洞A'	大洞C2古 大洞C2新 大洞A1 大洞A2 大洞A'	美々3・幣舞 タンネトウL・緑ヶ丘古 湯の里6・緑ヶ岡新	890
前期	阿波連浦下層		沢田新／田村・津島1 津島2 高尾 門田	長原・Ⅰ期(古) 長原・Ⅰ期(中) (長原)・Ⅰ期(新)	水神平1	柴山出村(新)	氷Ⅱ・苅谷原・柳坪	堂山2・荒海	御代田	砂沢		400

※1本編年表における縄文時代晩期以前の基本的な各型式の併行関係は、以下の文献を参考にした(『縄文時代』10、縄文時代研究会)。
※2(　　)は、代表的な遺跡名。
※3推定暦年は、国立歴史民俗博物館の公表データ(『歴史を探るサイエンス』国立歴史民俗博物館)により、cal.B.Cで示している。
※4太罫で囲っている部分は、弥生時代段階を示している。

縄文時代の遺跡分布

（作成：小林青樹／中村耕作）

〔草確固（草創期）・早・（草期）・中（中期）・後（後期）・晩（晩期）〕

番号	遺跡名	時期	番号	遺跡名	時期	番号	遺跡名	時期	番号	遺跡名	時期	番号	遺跡名	時期
1	船泊	後	46	西海渕	中	91	平坂貝塚	早	136	馬見塚遺跡	晩	181	上黒岩岩陰	草～早
2	常呂川河口	前～晩	47	日向洞窟	草～晩	92	勝坂	中	137	吉胡貝塚	後～晩	182	中津川洞窟	早～前
3	朱円周堤墓群	晩	48	押出	前	93	下高洞	早～後	138	伊川津貝塚	後～晩	183	宿毛貝塚	後
4	標津遺跡群	後～晩	49	大洞貝塚	後～晩	94	奥三面遺跡群	草～晩	139	入海貝塚	早	184	平城貝塚	後
5	東釧路貝塚	早～前	50	沼津貝塚	前～晩	95	長者ヶ平	中	140	先刈貝塚	早	185	山鹿貝塚	早～晩
6	共栄B	早	51	里浜貝塚	前～晩	96	青田	晩	141	鳥浜貝塚	草～前	186	柏原遺跡群	草～早
7	大正3	草	52	大木囲貝塚	前～晩	97	小瀬ヶ沢洞窟	草	142	桑飼下	後	187	越高	前
8	御殿山墳墓群	後	53	三貫地貝塚	中～晩	98	室谷洞窟	草	143	北白川	早～晩	188	佐賀貝塚	中～後
9	音江環状列石	後	54	宮畑	中	99	馬高	中～後	144	滋賀里	早～晩	189	福井洞窟	草
10	野花南周堤墓群	後～晩	55	法正尻	中	100	笹山	中	145	粟津湖底	早～中	190	岩下洞穴	早
11	紅葉山49	中	56	薄磯貝塚	後	101	本ノ木	草	146	石山貝塚	早	191	泉福寺洞窟	草・早・晩
12	カリンバ3	後～晩	57	後野	草	102	籠峰	後～晩	147	正楽寺	後	192	伊木力	早～晩
13	キウス周堤墓群	後	58	大串貝塚	前	103	長者ヶ原	中	148	大鼻	早	193	原山	晩
14	ママチ	晩	59	上高津貝塚	後	104	寺地	中～晩	149	天白	後	194	二日市洞窟	草
15	美々貝塚	後～晩	60	陸平貝塚	早～後	105	佐野	晩	150	粥見井尻	草	195	大石	後
16	静川	中	61	槻沢	前～後	106	北村	中～後	151	大川	早～後	196	三万田東原	後
17	忍路土場	後	62	根古谷台	前	107	鷹山	草・後	152	桐山和田	草～早	197	瀬田裏	早～晩
18	忍路環状列石	後	63	寺野東	中～晩	108	栃原岩陰	草～早	153	宮滝	後～晩	198	阿高貝塚	早～中
19	入江・高砂貝塚	前～後	64	矢瀬	後～晩	109	棚畑	中～後	154	橿原	後～晩	199	御領貝塚	後
20	北黄金貝塚	早～中	65	三原田	前～後	110	阿久	前	155	森ノ宮貝塚	中～晩	200	曽畑貝塚	後
21	栄浜	前～中	66	千網谷戸	後～晩	111	金生	後～晩	156	長原	晩	201	轟貝塚	早～前
22	大船	中	67	阿玉台貝塚	中	112	尖石・与助尾根	中	157	国府	前～晩	202	中堂	後～晩
23	垣ノ島A・B	草～晩	68	荒海貝塚	後～晩	113	井戸尻遺跡群	中～後	158	鷹島	前～晩	203	本野原	
24	聖山	晩	69	山武姥山貝塚	中～晩	114	樋沢	早	159	高山寺貝塚	早	204	上野原	早～中
25	中野A・B	早～前	70	遠部台	後	115	神子柴	草	160	神鍋遺跡群	早	205	掃除山	草
26	石倉貝塚	後	71	貝の花貝塚	中～晩	116	柳又	草	161	桂見	中～後	206	加栗山	草～前
27	湯の里遺跡群	前～後	72	堀之内貝塚	後～晩	117	釈迦堂	早～後	162	智頭枕田	草～晩	207	市来貝塚	後
28	大平山元Ⅰ	草	73	姥山貝塚	中～後	118	境A	中～晩	163	佃	前～晩	208	黒川洞穴	前～晩
29	長者久保	草	74	加曽利貝塚	早～晩	119	不動堂	中	164	サルガ鼻洞窟	前～晩	209	栫ノ原	草
30	三内丸山	前～中	75	祇園原貝塚	後～晩	120	真脇	前～晩	165	佐太講武貝塚	前	210	奥ノ仁田	草
31	小牧野	後	76	下太田貝塚	中～晩	121	大境洞窟	中	166	西川津	早～前	211	横峯	後
32	亀ヶ岡	晩	77	水子貝塚	前	122	朝日貝塚	前～晩	167	上福万	早	212	大池	後～晩
33	石神	前～晩	78	寿能	早～晩	123	桜町	草～晩	168	帝釈峡遺跡群	草～晩	213	宇宿貝塚	後～晩
34	十腰内	後～晩	79	真福寺貝塚	後～晩	124	上山田	中	169	南方前池	晩	214	喜子川	草
35	風張	後	80	打越	早～前	125	チカモリ	後～晩	170	黄島貝塚	早	215	面縄貝塚	後
36	是川中居	晩	81	赤山	草～晩	126	御経塚	後～晩	171	百間川沢田	晩	216	伊是名貝塚	後～晩
37	大湯環状列石	後	82	前田耕地	草～晩	127	鳴鹿手島	後	172	彦崎貝塚	前～後	217	大堂原	早～晩
38	伊勢堂岱	後	83	下宅部	後～晩	128	塩屋金精神社	後～晩	173	福田貝塚	中～後	218	渡具知東原	早・前
39	上の山Ⅱ	前	84	大森貝塚	後～晩	129	堂ノ上	前～中	174	船元貝塚	中	219	野国貝塚	早～前・後
40	御所野	中	85	花見山	草	130	椛の湖	草	175	里木貝塚	前～後	220	伊波貝塚	後
41	崎山貝塚	前～中	86	南堀貝塚	前	131	九合洞窟	草～晩	176	津雲貝塚	後～晩	221	古我地原貝塚	前～晩
42	萪内	後～晩	87	三の丸	中～後	132	若宮	早	177	高島黒土	後～晩	222	前原	後～晩
43	西田	中	88	上野	草	133	大鹿窪	草	178	岩田	後～晩	223	荻堂貝塚	後
44	九年橋	晩	89	称名寺貝塚	後	134	西貝塚	後	179	神田	早～後	224	伊礼原C貝塚	後
45	樺山	中	90	夏島貝塚	早～前	135	蜆塚	後～晩	180	居徳	晩			

⬭ 囲みは本文に掲載

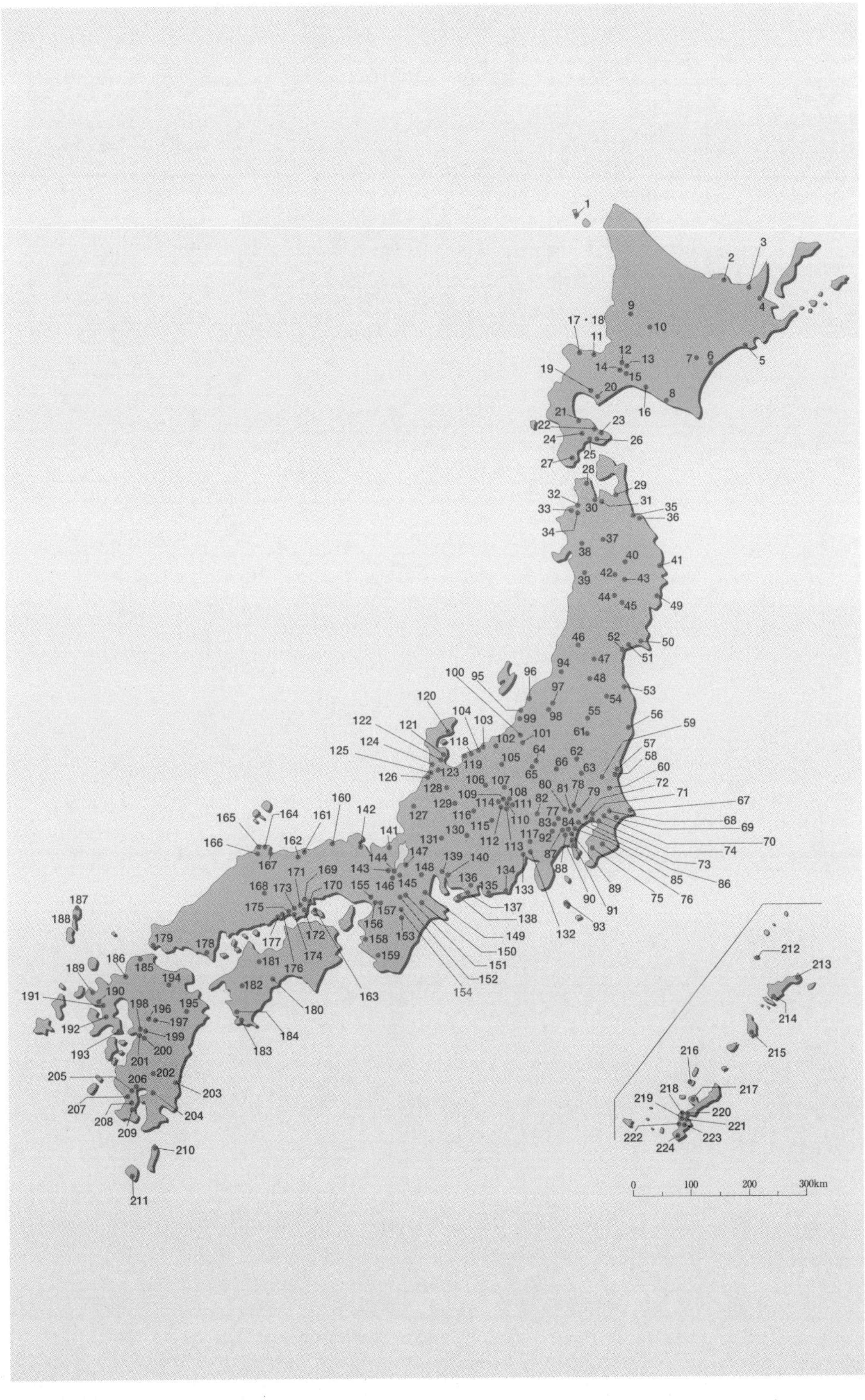

1
2
3
4
5
6
7
8
9
10
11
12
13
14
15
16
17・18
19
20
21
22
23
24
25
26
27
28
29
30
31
32
33
34
35
36
37
38
39
40
41
42
43
44
45
46
47
48
49
50
51
52
53
54
55
56
57
58
59
60
61
62
63
64
65
66
67
68
69
70
71
72
73
74
75
76
77
78
79
80
81
82
83
84
85
86
87
88
89
90
91
92
93
94
95
96
97
98
99
100
101
102
103
104
105
106
107
108
109
110
111
112
113
114
115
116
117
118
119
120
121
122
123
124
125
126
127
128
129
130
131
132
133
134
135
136
137
138
139
140
141
142
143
144
145
146
147
148
149
150
151
152
153
154
155
156
157
158
159
160
161
162
163
164
165
166
167
168
169
170
171
172
173
174
175
176
177
178
179
180
181
182
183
184
185
186
187
188
189
190
191
192
193
194
195
196
197
198
199
200
201
202
203
204
205
206
207
208
209
210
211
212
213
214
215
216
217
218
219
220
221
222
223
224
0
100
200
300km

北陸	中部高地	北関東	南関東	東北南部	東北中部	東北北部	北海道
下野(古)	佐野Ⅱa	谷地	安行3d・前浦Ⅱ	大洞C2古	大洞C2古	大洞C2古	聖山Ⅰ
下野(新)	佐野Ⅱb	+	+		大洞C2新	大洞C2新	
長竹(古)・鳥屋1	女鳥羽川／離山	(三ノ倉落合)・千網	杉田・荒海	大洞A1	大洞A1	大洞A1	聖山Ⅱ・Ⅲ
長竹(新)・鳥屋2a	氷Ⅰ(古)	氷Ⅰ(古)・千網	荒海	大洞A2	大洞A2	大洞A2	(湯の里Vc)
柴山出村(古)・鳥屋2b	氷Ⅰ(中／新)	氷Ⅰ(中／新)千網	堂山1・荒海	大洞A'	大洞A'	大洞A'	(日ノ浜8号)
柴山出村(新)	氷Ⅱ・刈谷原・柳坪	沖・注連引原1	堂山2・荒海	御代田	青木畑	砂沢	(尾白内Ⅱ)
八日市地方3	(針塚)	注連引原2・岩櫃山	+	宮崎	原・山王Ⅲ	五所・二枚橋	二枚橋・(青苗B)
八日市地方4・5・(猫山)	(新諏訪町)	中野谷原	平沢・(遊ヶ崎)	龍門寺	高田B	井沢・宇鉄Ⅱ	恵山1a
八日市地方6～8・(下谷地)	(境窪)・(松節)	神保富士塚・池上	中里	南御山2	桝形	田舎館2・3	恵山1b・2
八日市地方8	栗林1	神保安坪	(池子・大里)	二ツ釜	(円田)	(大石平)	恵山3
八日市地方9～10・(平田)	栗林2	樽1竜見町	宮ノ台	桜井	(十三塚)	+	後北B(新)
猫橋	吉田	樽1	久が原	天王山1	天王山1	天王山1	後北C1(古)
法仏	箱清水	樽2	弥生町	天王山2	天王山2	天王山2	後北C1(新)
月影	+	石田川	前野町	(男壇・宮東)	+	赤穴	後北C2-D(古)

弥生土器編年表

（作成：小林青樹　安英樹　石黒立人　高瀬克範　新里貴之　濱田竜彦）

	沖縄	種子・屋久	南部九州	北部九州	山陰	瀬戸内	近畿	東海
早期	仲原		+	山ノ寺	(板屋)・(桂見)	南方前池	滋賀里Ⅳ	西之山
		+	+	夜臼Ⅰ	(三田谷)	津島岡大	口酒井	馬見塚F
前期		+		夜臼Ⅱ／板付Ⅰ	古市河原田	沢田／津島1	船橋	五貫森
		+		板付Ⅱa	古海	綾羅木1・津島2	長原・Ⅰ期(古)	馬見塚
	阿波連浦下層	+	高橋Ⅰ・Ⅱ	板付Ⅱb	越敷山／(原山)	綾羅木2・高尾	長原・Ⅰ期(中)	樫王
				板付Ⅱc	(長砂3)	綾羅木3・門田	長原・Ⅰ期(新)	水神平
中期			入来Ⅰ	城ノ越	(長砂2)	門田・(百間川米田)	Ⅱ期	朝日・岩滑・丸子
		入来	入来Ⅱ	須玖1古		(南方)		朝日・岩滑・丸子
	浜屋原			須玖1新	(茶畑山道)	菰池・(百間川兼基)	Ⅲ期	貝田町古・瓜郷古
		山ノ口	山ノ口Ⅰ	須玖2古		・(百間川今谷)		貝田町新・瓜郷新・長伏
			山ノ口Ⅱ	須玖2新	(長山馬籠)	前山Ⅱ・(百間川兼基)	Ⅳ期	古井・白岩
後期		+	松木薗Ⅰ・Ⅱ	高三潴	青木	上東(古)	Ⅴ期	山中・菊川
	大当原	鳥ノ峯式		下大隈	鍵尾	上東(新)		欠山
終末			中津野	西新	(草田)	酒津	庄内	元屋敷

※本編年案は小林が総合的に調整し、新里貴之（沖縄）・濱田竜彦（山陰）・安　英樹（北陸）・石黒立人（東海）・高瀬克範（東北南部～北海道）の協力による。

縄文段階　弥生段階　籾痕出現段階　水田出現段階

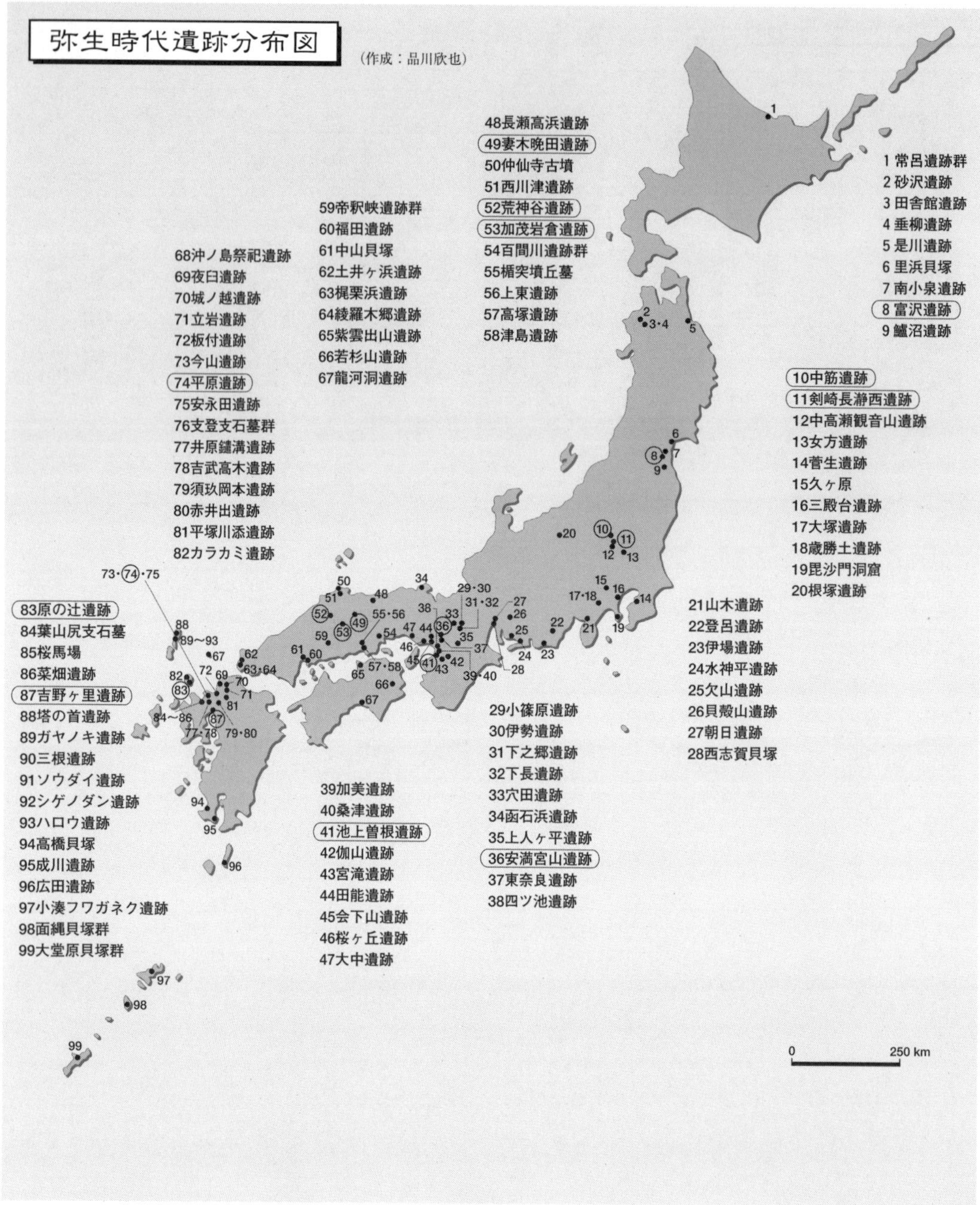
弥生時代遺跡分布図
（作成：品川欣也）
1 常呂遺跡群
2 砂沢遺跡
3 田舎館遺跡
4 垂柳遺跡
5 是川遺跡
6 里浜貝塚
7 南小泉遺跡
8 富沢遺跡
9 鱸沼遺跡
10中筋遺跡
11剣崎長瀞西遺跡
12中高瀬観音山遺跡
13女方遺跡
14菅生遺跡
15久ヶ原
16三殿台遺跡
17大塚遺跡
18歳勝土遺跡
19毘沙門洞窟
20根塚遺跡
21山木遺跡
22登呂遺跡
23伊場遺跡
24水神平遺跡
25欠山遺跡
26貝殻山遺跡
27朝日遺跡
28西志賀貝塚
29小篠原遺跡
30伊勢遺跡
31下之郷遺跡
32下長遺跡
33穴田遺跡
34函石浜遺跡
35上人ヶ平遺跡
36安満宮山遺跡
37東奈良遺跡
38四ツ池遺跡
39加美遺跡
40桑津遺跡
41池上曽根遺跡
42伽山遺跡
43宮滝遺跡
44田能遺跡
45会下山遺跡
46桜ヶ丘遺跡
47大中遺跡
48長瀬高浜遺跡
49妻木晩田遺跡
50仲仙寺古墳
51西川津遺跡
52荒神谷遺跡
53加茂岩倉遺跡
54百間川遺跡群
55楯突墳丘墓
56上東遺跡
57高塚遺跡
58津島遺跡
59帝釈峡遺跡群
60福田遺跡
61中山貝塚
62土井ヶ浜遺跡
63梶栗浜遺跡
64綾羅木郷遺跡
65紫雲出山遺跡
66若杉山遺跡
67龍河洞遺跡
68沖ノ島祭祀遺跡
69夜臼遺跡
70城ノ越遺跡
71立岩遺跡
72板付遺跡
73今山遺跡
74平原遺跡
75安永田遺跡
76支登支石墓群
77井原鑓溝遺跡
78吉武高木遺跡
79須玖岡本遺跡
80赤井出遺跡
81平塚川添遺跡
82カラカミ遺跡
83原の辻遺跡
84葉山尻支石墓
85桜馬場
86菜畑遺跡
87吉野ヶ里遺跡
88塔の首遺跡
89ガヤノキ遺跡
90三根遺跡
91ソウダイ遺跡
92シゲノダン遺跡
93ハロウ遺跡
94高橋貝塚
95成川遺跡
96広田遺跡
97小湊フワガネク遺跡
98面縄貝塚群
99大堂原貝塚群
0 250 km

（　）囲みは本文に掲載

弥生時代の環濠集落

（作成：永井宏幸）

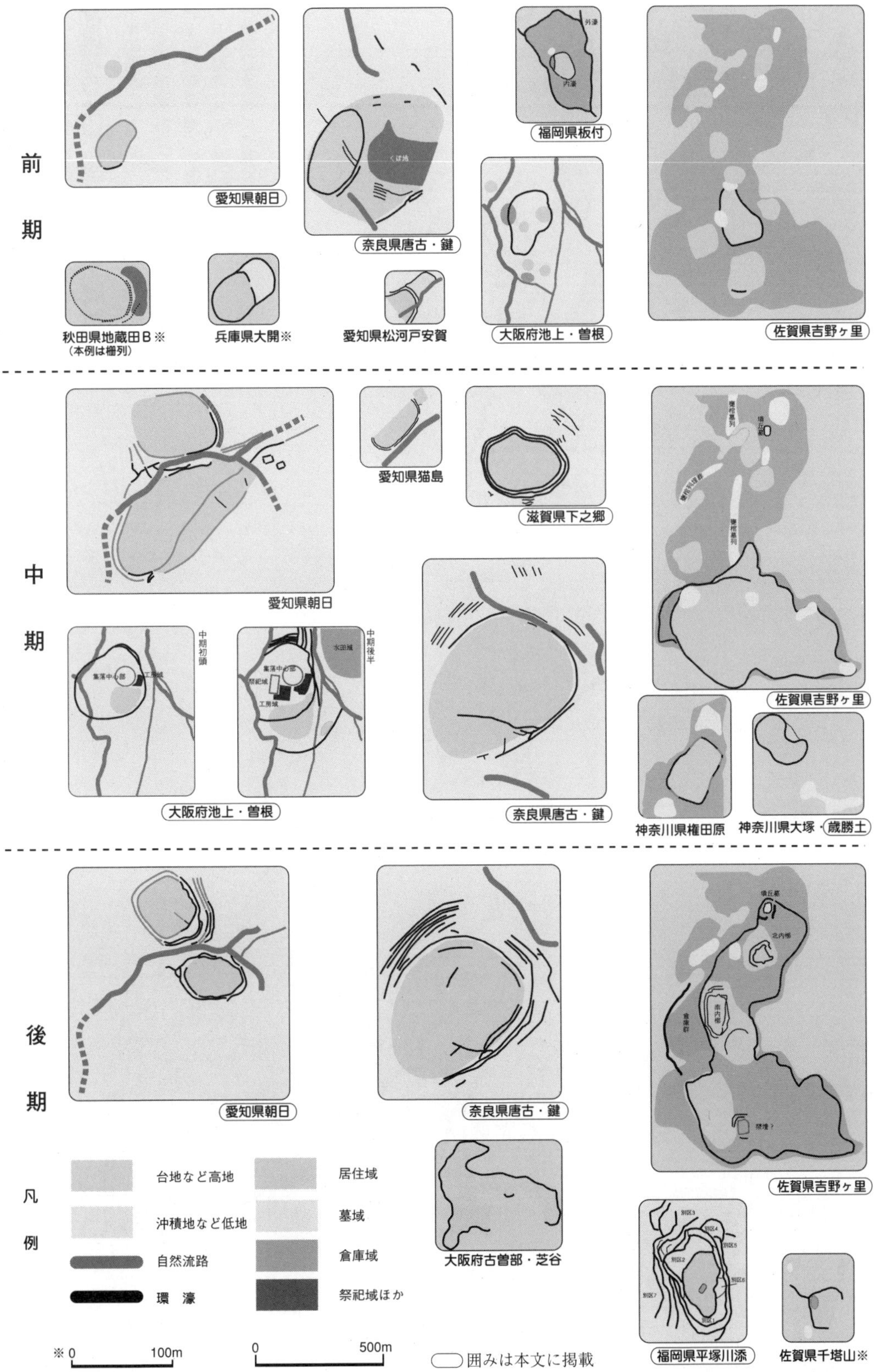
前期
愛知県朝日
奈良県唐古・鍵
福岡県板付
大阪府池上・曽根
佐賀県吉野ヶ里
秋田県地蔵田Ｂ※
（本例は柵列）
兵庫県大開※
愛知県松河戸安賀
中期
愛知県朝日
愛知県猫島
滋賀県下之郷
佐賀県吉野ヶ里
中期初頭
中期後半
大阪府池上・曽根
奈良県唐古・鍵
神奈川県権田原
神奈川県大塚・歳勝土
後期
愛知県朝日
奈良県唐古・鍵
佐賀県吉野ヶ里
大阪府古曽部・芝谷
福岡県平塚川添
佐賀県千塔山※
凡例
台地など高地
沖積地など低地
自然流路
環　濠
居住域
墓域
倉庫域
祭祀域ほか
※0
100m
0
500m
囲みは本文に掲載

弥生時代の青銅器の分布

（作成：小林青樹）

①銅剣類の分布（弥生Ⅱ期〜Ⅳ期）

● 細形銅剣（Ⅰ・Ⅱ期）
○ 中細形銅剣（古）・（Ⅱ・Ⅲ期）
■ 中細形銅剣（新）（Ⅳ期）
▲ 平形銅剣（古）（Ⅳ期）
△ 平形銅剣（新）（Ⅳ期）

②銅矛の分布（弥生Ⅱ期〜Ⅴ期）

③銅戈の分布（弥生Ⅱ期〜Ⅳ期）

● 細形銅戈（Ⅱ・Ⅲ期）
■ 中細形銅戈（古）・（Ⅱ・Ⅲ期）
□ 中細形銅戈（新）（Ⅳ期）
▲ 中広形銅戈（Ⅳ期）
△ 大阪湾形銅戈（Ⅳ期）

④銅鐸の分布（弥生Ⅱ期〜Ⅴ期）

古墳時代編年表

（作成：豊島直博）

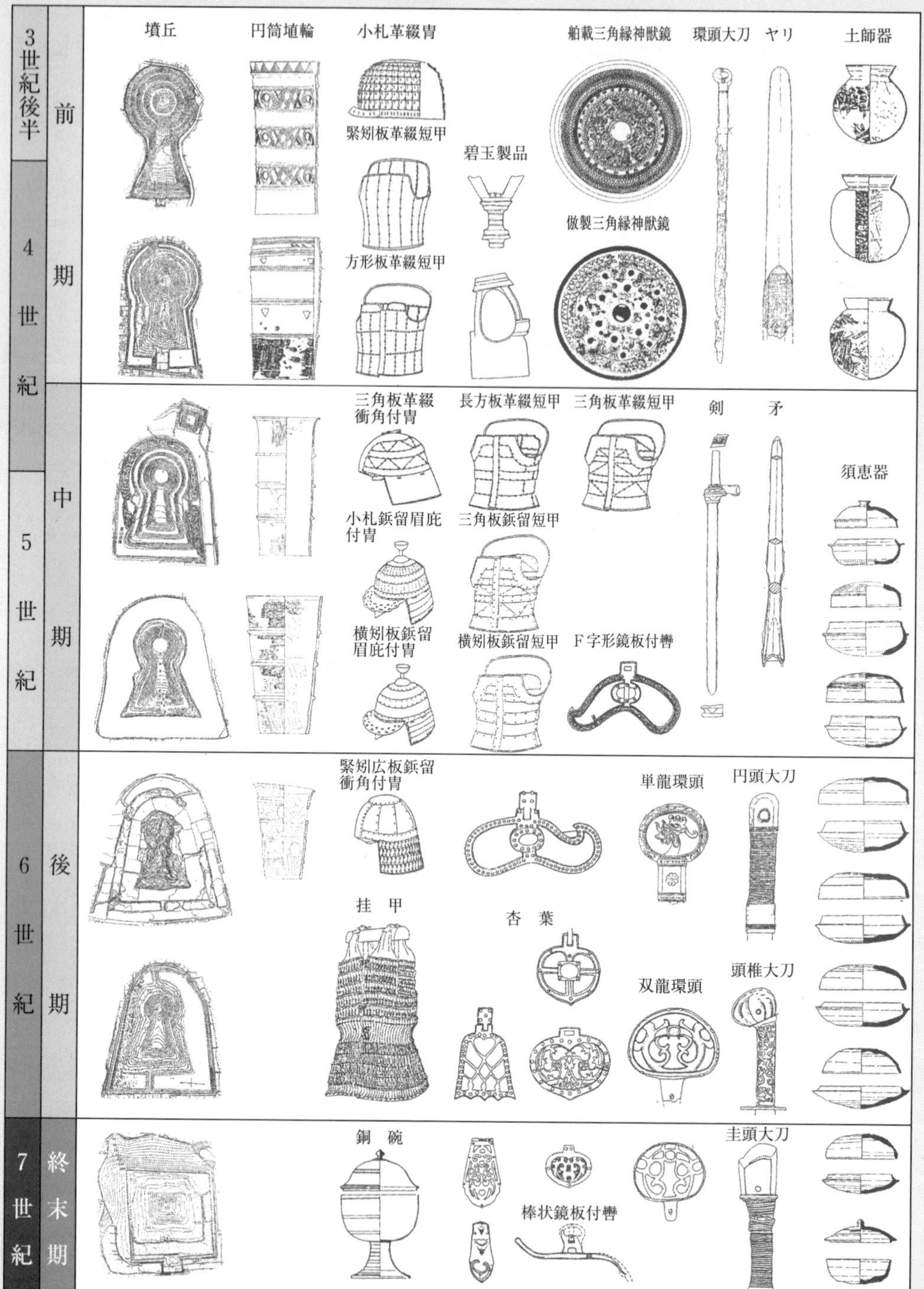
3世紀後半
4世紀
5世紀
6世紀
7世紀
前期
中期
後期
終末期
墳丘
円筒埴輪
小札革綴冑
竪矧板革綴短甲
方形板革綴短甲
碧玉製品
船載三角縁神獣鏡
倣製三角縁神獣鏡
環頭大刀
ヤリ
土師器
三角板革綴衝角付冑
長方板革綴短甲
三角板革綴短甲
剣
矛
須恵器
小札鋲留眉庇付冑
三角板鋲留短甲
横矧板鋲留眉庇付冑
横矧板鋲留短甲
F字形鏡板付轡
竪矧広板鋲留衝角付冑
単龍環頭
円頭大刀
挂甲
杏葉
双龍環頭
頭椎大刀
銅碗
棒状鏡板付轡
圭頭大刀

前方後円墳の分布図

（作成：野崎貴博）

（畿内大型前方後円墳分布図を含む）

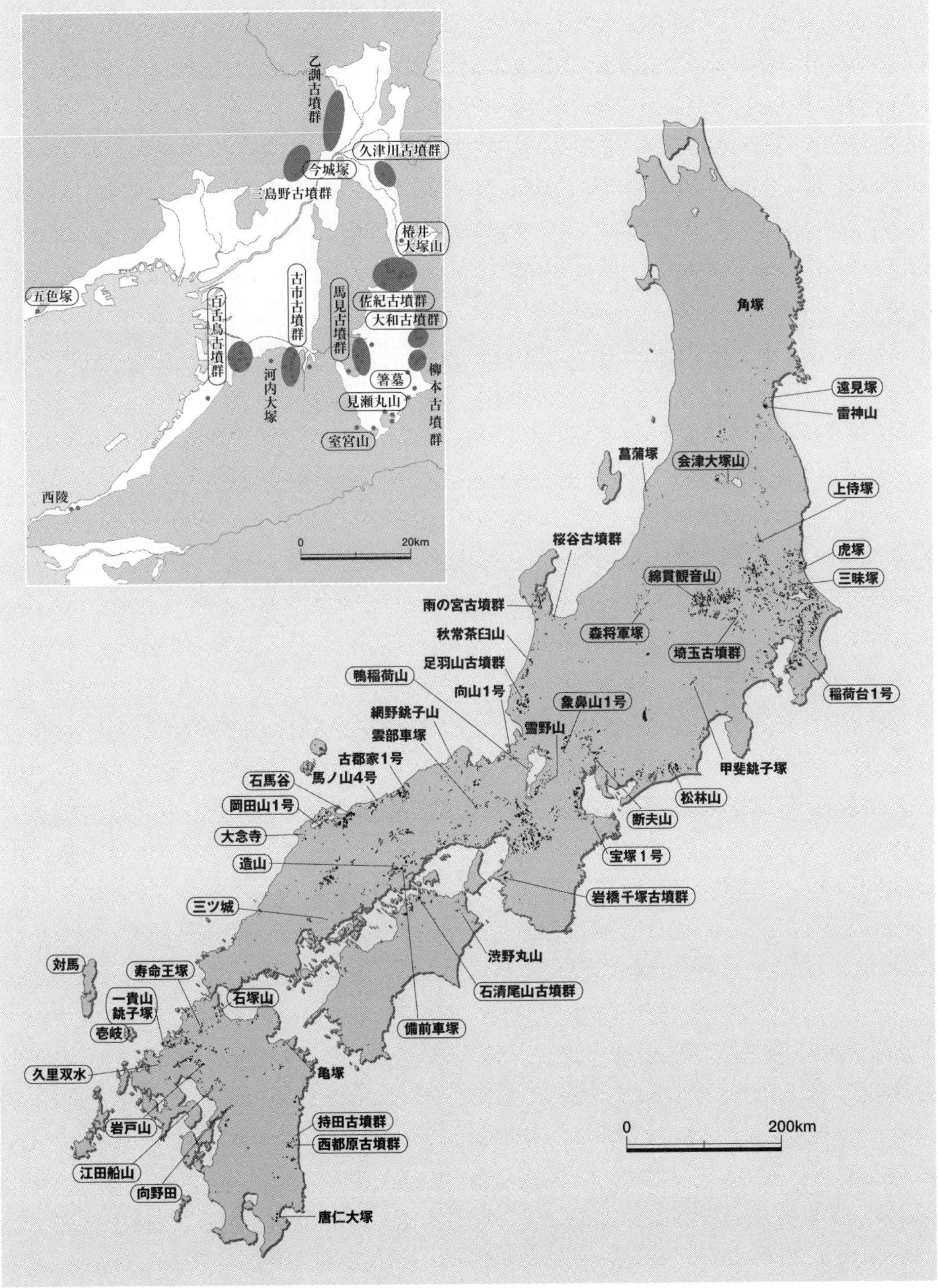

◯部分は本文に掲載

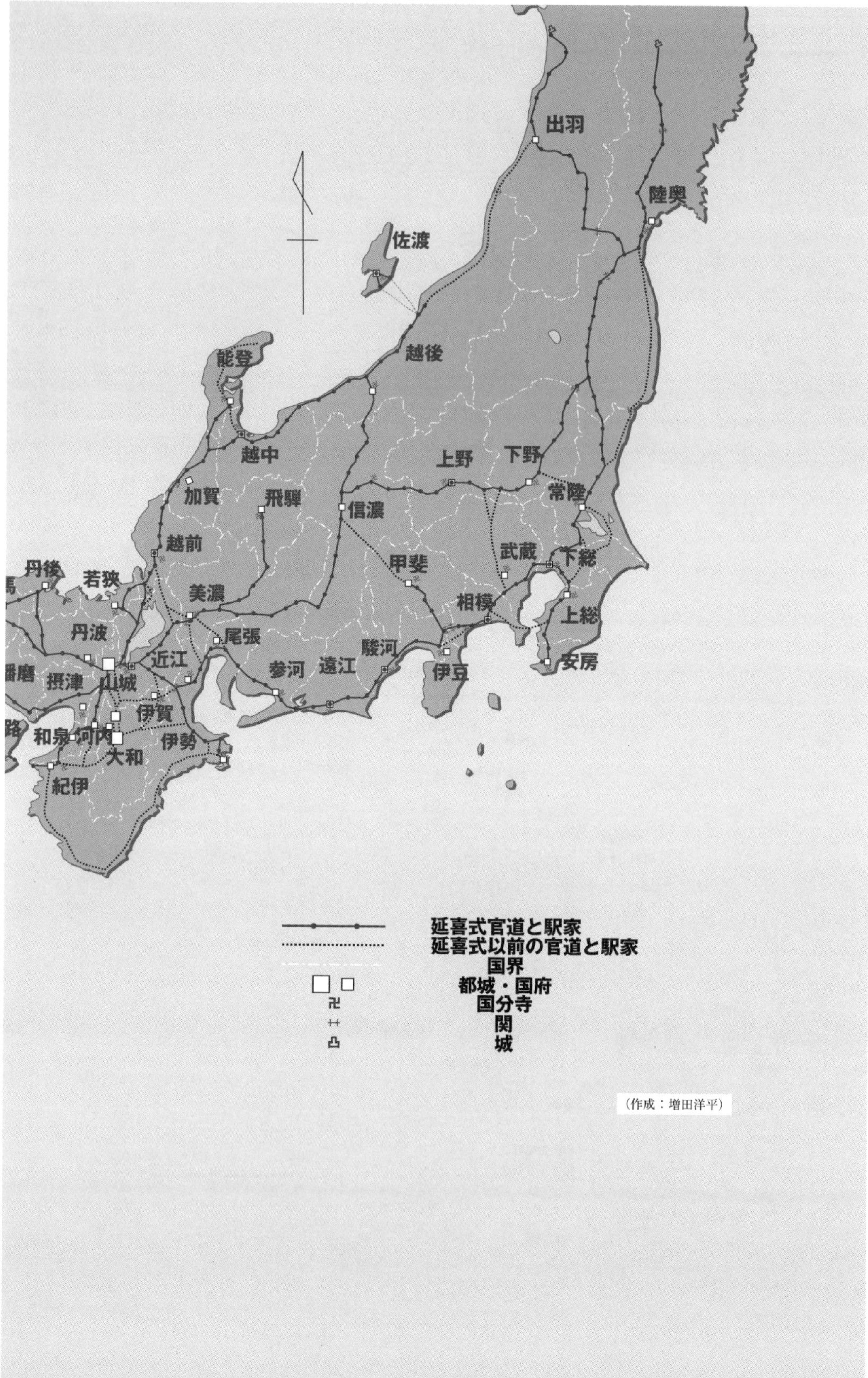
出羽
陸奥
佐渡
越後
能登
越中
加賀
飛騨
信濃
上野
下野
常陸
越前
武蔵
下総
甲斐
丹後
若狭
美濃
相模
上総
丹波
尾張
近江
駿河
安房
播磨
摂津
山城
参河
遠江
伊豆
伊賀
和泉
河内
伊勢
大和
紀伊
延喜式官道と駅家
延喜式以前の官道と駅家
国界
都城・国府
国分寺
関
城
（作成：増田洋平）

古代日本要図

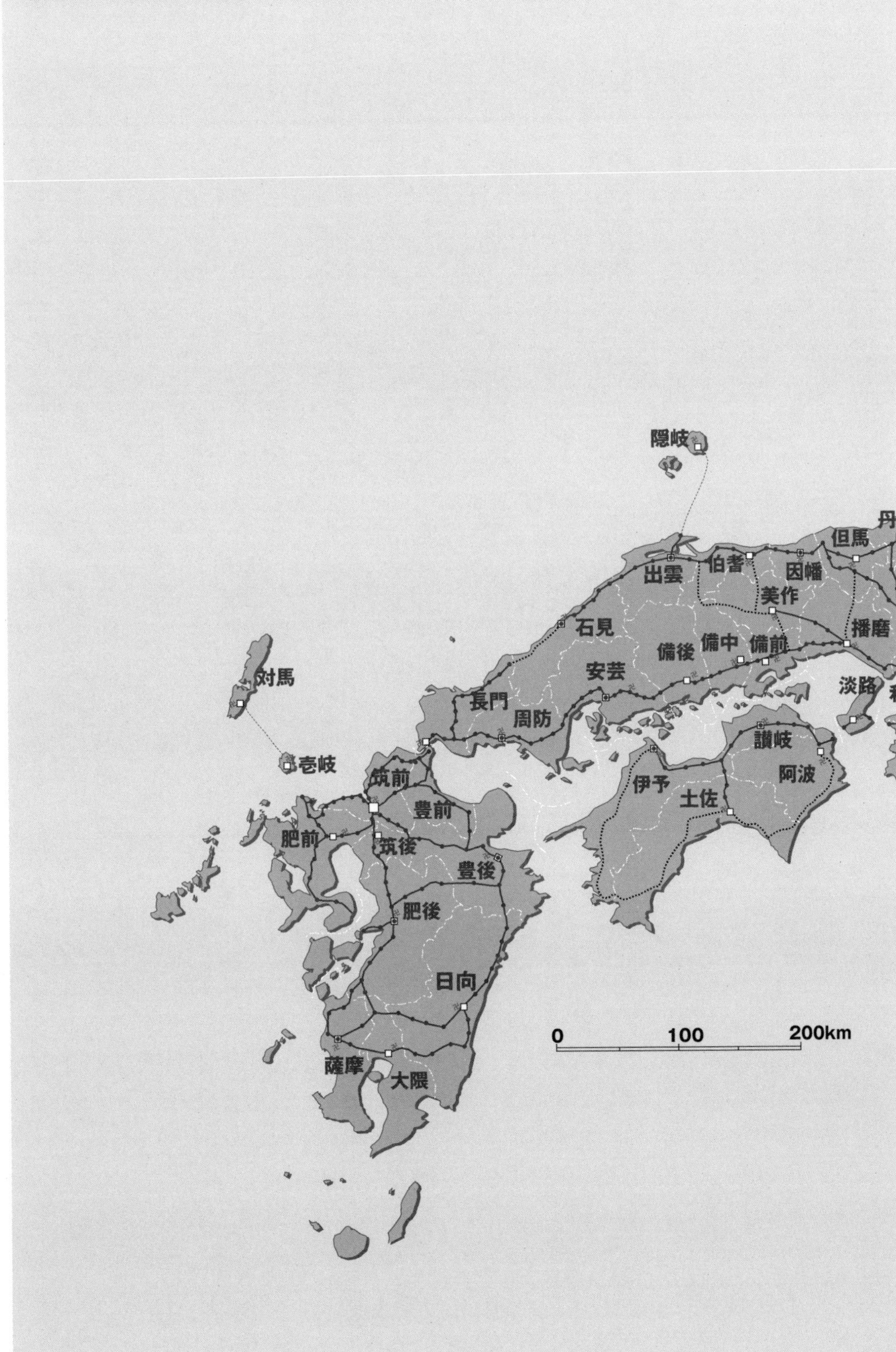

隠岐
但馬
出雲
伯耆
因幡
美作
石見
播磨
備後
備中
備前
安芸
淡路
対馬
長門
周防
讃岐
阿波
壱岐
筑前
伊予
土佐
豊前
肥前
筑後
豊後
肥後
日向
薩摩
大隈
0
100
200km

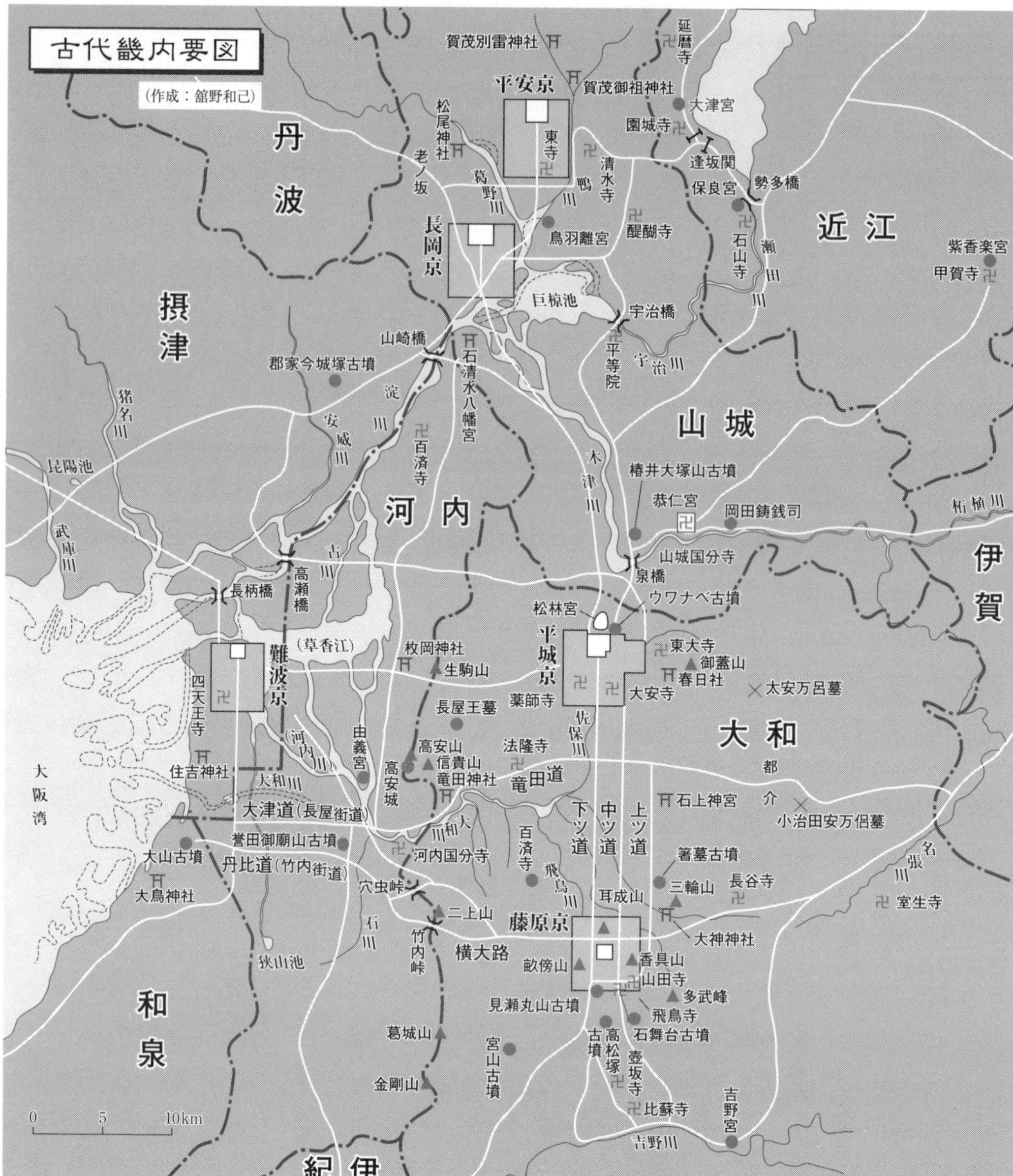
古代畿内要図
(作成：舘野和己)
丹波
摂津
山城
近江
河内
伊賀
大和
和泉
紀伊
賀茂別雷神社
延暦寺
平安京
賀茂御祖神社
大津宮
松尾神社
東寺
園城寺
逢坂関
老ノ坂
葛野川
鴨川
清水寺
勢多橋
保良宮
長岡京
鳥羽離宮
醍醐寺
石山寺
瀬田川
紫香楽宮
甲賀寺
巨椋池
宇治橋
山崎橋
石清水八幡宮
平等院
宇治川
郡家今城塚古墳
淀川
猪名川
安威川
百済寺
木津川
昆陽池
椿井大塚山古墳
恭仁宮
岡田鋳銭司
柘植川
武庫川
古川
山城国分寺
泉橋
高瀬橋
長柄橋
ウワナベ古墳
松林宮
平城京
(草香江)
難波京
枚岡神社
生駒山
東大寺
御蓋山
春日社
大安寺
太安万呂墓
薬師寺
四天王寺
長屋王墓
河内川
由義宮
法隆寺
高安山
信貴山
竜田神社
高安城
竜田道
佐保川
住吉神社
大和川
都介
大阪湾
大津道(長屋街道)
石上神宮
小治田安万侶墓
下ツ道
中ツ道
上ツ道
誉田御廟山古墳
大川
河内国分寺
百済寺
箸墓古墳
大山古墳
丹比道(竹内街道)
飛鳥川
名張川
長谷寺
三輪山
大鳥神社
穴虫峠
耳成山
室生寺
二上山
藤原京
石川
竹内峠
大神神社
横大路
狭山池
畝傍山
香具山
山田寺
多武峰
見瀬丸山古墳
飛鳥寺
葛城山
古墳
高松塚
石舞台古墳
宮山古墳
壺坂寺
金剛山
比蘇寺
吉野宮
吉野川
0
5
10km

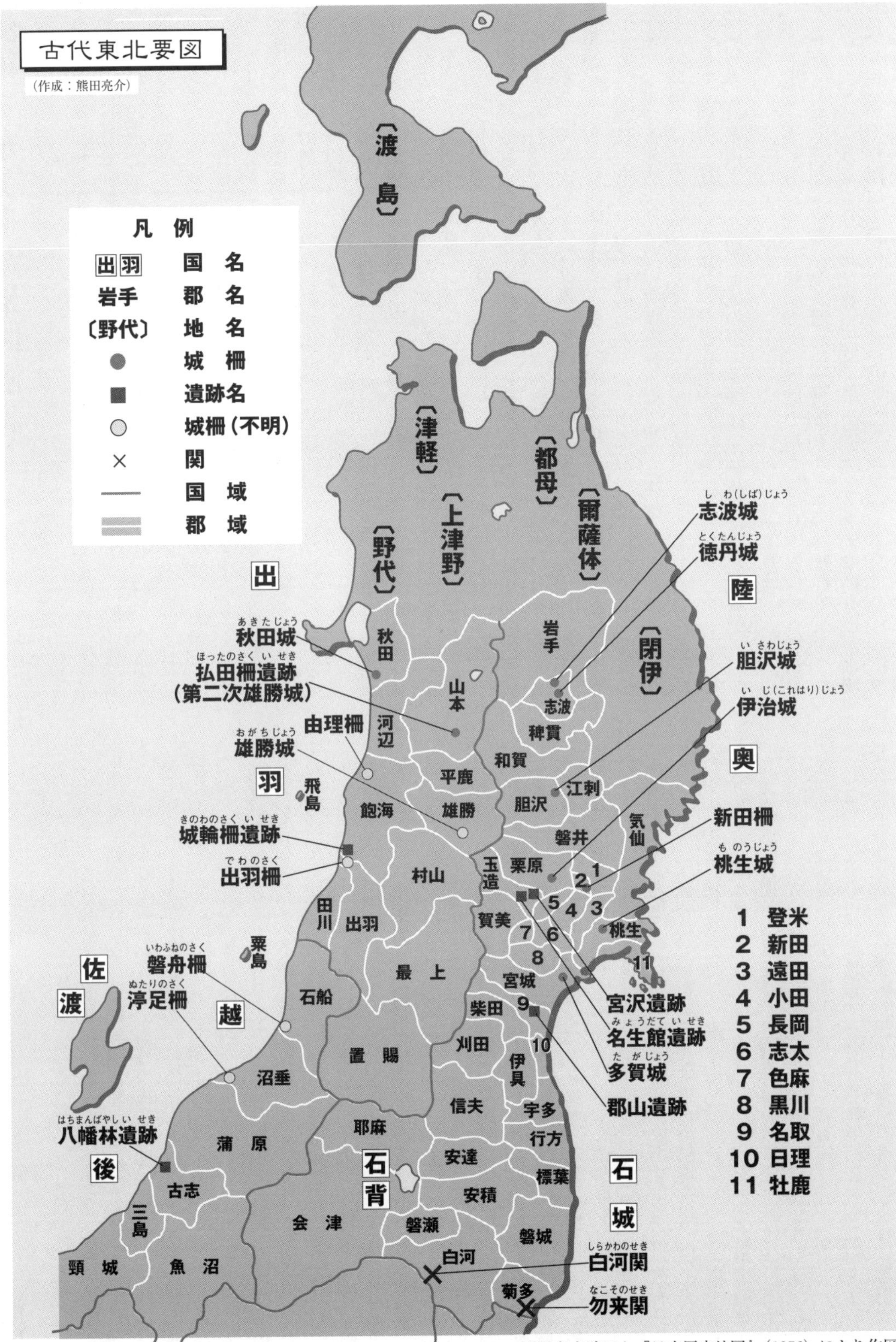

西岡虎之助ほか『日本歴史地図』（1956）により作図

沖縄・奄美遺跡地図解説

池田榮史

日本の古代に相当する時期の琉球列島は、大きく三つの文化圏に分かれていた。これは日本列島から大きく隔てられた南海中に点在するという琉球列島の地理的環境に加えて、ここに沿って北上する黒潮の流れと時によって激変する季節風の動きが人々の往来を大きく制限したことによって形成されたものである。

この三つの文化圏とは、種子島・屋久島などの大隅諸島を中心とする北部圏、奄美諸島から沖縄諸島までの島々からなる中部圏、そして宮古諸島から与那国島・波照間島を含む八重山諸島までの島々からなる南部圏である。北部圏と中部圏の間にはトカラ列島があり、この間の隣り合う島々は天候さえ良ければお互いに視認できる関係にある。

しかし、トカラ列島周辺海域は黒潮の流れと風向きの変化が激しく、現在でも海上交通上の難所「七島灘」として恐れられるほどであることから、航海技術が未発達な段階における両文化圏間の通交は極めて困難であった。また、中部圏と南部圏の間は約三〇〇kmに及ぶ海によって隔てられたことから、ここでも両文化圏間の安定的な通交は中世にいたるまで存在しなかった。

このため、これらの三文化圏の歩みはそれぞれに異なっており、琉球列島の北部圏は今日までを通じて基本的に九州島の文化的影響下にある。中部圏では九州島との間のわずかな交流の痕跡が各時期を通して認められるものの、九州島以北の歩みに同調することなく、平安時代末期まで狩猟・漁労・採集に依存する縄文文化的社会を維持した。この中部圏の文化について、沖縄諸島を中心とする考古学研究では貝塚時代後期文化と呼んでいる。これに対して、南部圏では日本列島だけではなく、琉球列島中部圏とも全く関係を持たない狩猟・漁労・採集の文化が、やはり平安時代末期まで存在した。この南部圏の文化は東南アジア島嶼地域の影響を受けて成立したとされるが、定かではない。

平安時代末期にいたって、中部圏と南部圏の島々には日本産の滑石製石鍋やこれを模倣した在地土器、奄美諸島徳之島カムィヤキ古窯跡群で生産されたカムィヤキ（類須恵器）、中国産白磁椀など、共通する考古学的資料が出現しはじめ、両文化圏は次第に統合されていくこととなる。また、これに伴って、両文化圏では農耕が広まったと考えられている。

このような社会的文化的状況にあったことから、日本の古代に相当する時期の琉球列島には、琉球列島内で書き記された文字記録が全く存在しない。この時期を知る手掛かりは、当時の琉球列島について記された日本や中国などに残るわずかな文字記録と、各島々の遺跡から出土する考古学的資料しかないのである。

そこで、これらの資料について振り返ってみれば、まず古代日本において琉球列島は南島と呼ばれており、奄美・度感・信覚・球美などの島名やその島名を冠した人々の来朝記録が散見される。また、中国側の記録では比定地をどこにするかの問題を含むが、『隋書流求伝』の記録が知られるに過ぎない。

これに対して、考古学では日本古代や中国との関係を示す資料がほとんど見出せない状況が続いてきた。しかし、近年にいたって日本産須恵器や土師器、あるいは中国唐代に鋳造が始まった銭貨である「開元通宝」などの出土が多く確認されはじめている。

「奄美・沖縄遺跡地図」では、このような遺物が出土した遺跡を例示した。この中で、日本産須恵器が出土した遺跡には喜界島小野津巻畑遺跡、奄美大島奄美市万屋泉川遺跡、沖縄島那覇市那崎原遺跡がある。しかし、いずれも破片資料で年代などの判別は難しい。土師器については喜界島小野津巻畑遺跡や奄美大島奄美市土盛マツノト遺跡、万屋下山田遺跡、万屋泉川遺跡、和野長浜金久遺跡、奄美市小湊フワガネク遺跡群などから出土しており、主に九・一〇世紀頃に位置付けられる。

開元通宝は西暦六二一年初鋳であり、中国では唐代以後も長く銭貨の基準となった。琉球列島では奄美大島奄美市用見崎遺跡、徳之島伊仙町面縄貝塚群、沖縄島恩納村熱田貝塚、嘉手納町野国貝塚、うるま市平敷屋トウバル遺跡、久米島久米島町北原貝塚、謝名堂貝塚、石垣島石垣市崎枝赤崎遺跡、西表島竹富町仲間第一貝塚などで出土している。なお、この開元通宝については、古代の段階において直接的な交流がなかったと考えられる琉球列島の中部圏と南部圏の双方から出土していることが注目される。

では、日本の古代に相当する時期の琉球列島からこのように多くの日本および中国産の物質文化資料が出土することをどのように理解すればよいのであろうか？

これについては、古代日本において南島人の来朝を瑞兆としたことや、百済滅亡後、朝鮮半島との関係が緊迫し、遣唐使船派遣をめぐる南島路の確保が必要とされたことなどによる古代日本側からの働きかけの証左とする解釈に加えて、南島の側でも古代日本国家との間の貢納関係を梃子として、身分階層の分化を含む社会的文化的変化が進み、積極的な関係を構築した可能性が指摘されている。さらに、近年では夜光貝や檳榔、赤木などの南島産物が、古代日本の側からの需要に基づいて積極的に調達され、これに対応するための遺跡が南島に形成されたとする考え方も提示されている。

すなわち、奄美大島奄美市用見崎遺跡、土盛マツノト遺跡、名瀬市小湊フワガネク遺跡群などの夜光貝大量出土遺跡がそれである。それまでにも琉球列島に分布する伊江島伊江村具志原遺跡、ナガラ原西貝塚、久米島久米島町清水貝塚などからは、夜光貝の殻を用いて作った貝匙が出土することが知られていた。しかし、これらは琉球列島中部圏内に分布する独特の遺物と評価されたに止まっていた。

これに対して、奄美大島での大量出土遺跡の調査以降、これらの夜光貝製品は琉球列島内だけではなく、交易品として古代日本へと運びだされたことが広く認知されることとなった。中には、久米島久米島町大原貝塚などを手掛かりとして、これらの夜光貝が中国唐代の海商によって、唐代螺鈿細工の原料として調達された可能性に言及する研究者もある。この場合、先の開元通宝はその交換品であったと理解され、琉球列島と中国との間の恒常的な交易の存在が想起されることとなる。

これらのことからすれば、日本の古代に相当する時期の琉球列島は他地域との間の交渉を全く持たなかったのではなく、このような日本や中国からの働きかけが多く存在し、むしろこれを積極的に受け止めていた可能性が推測されるのである。したがって、今後はこれをさらに解明する試みが必要であることは言うまでもないが、この時期の琉球列島の考古学研究では未だ確立した土器編年がなく、考古学による年代観や南島像の提示が極めて大まかな状況にあることは否めない。

このような状況を払拭する資料として、中部圏の奄美諸島では奄美大島奄美市サウチ遺跡、龍郷町手広貝塚、奄美市小湊フワガネク遺跡群、沖永良部島知名町スセン當貝塚、中部圏の沖縄諸島では伊江島具志原遺跡、沖縄島読谷村浜屋原貝塚、連道原貝塚、大当原貝塚、うるま市アカジャンガー貝塚、勝連城南貝塚、糸満市真栄里貝塚、フェンサ城貝塚、久米島久米島町ヤジャーガマ遺跡の存在とその出土土器が検討の俎上に上っている。これに対して、南部圏ではこの時期には土器を持たない文化が存在しており、その代表的遺跡としては宮古島宮古島市長間底遺跡、浦底遺跡、アラフ遺跡、多良間島添道遺跡、石垣島石垣市平地原遺跡、名蔵貝塚群、波照間島竹富町大泊浜遺跡などがある。

また、中部圏と南部圏が同一文化圏を形成しはじめる古代末から中世にかけての代表的な遺跡には、中部圏奄美諸島の喜界島喜界町山田半田遺跡、山田中西遺跡、志戸桶七城遺跡、奄美大島奄美市赤木名城、宇検村倉木崎遺跡、徳之島天城町玉城遺跡、伊仙町カムィヤキ古窯跡群、沖縄諸島の沖縄島恩納村熱田貝塚、うるま市勝連城南遺跡、糸満市フェンサ城貝塚、久米島久米島町ヤジャーガマ遺跡、南部圏の宮古島宮古島市住屋遺跡、石垣島石垣市川平貝塚、竹富島竹富町新里村東遺跡、西表島竹富町船浦遺跡などがある。

いずれにせよ、日本の古代相当期の琉球列島はまだまだ謎の世界の中にあると言ってよい。

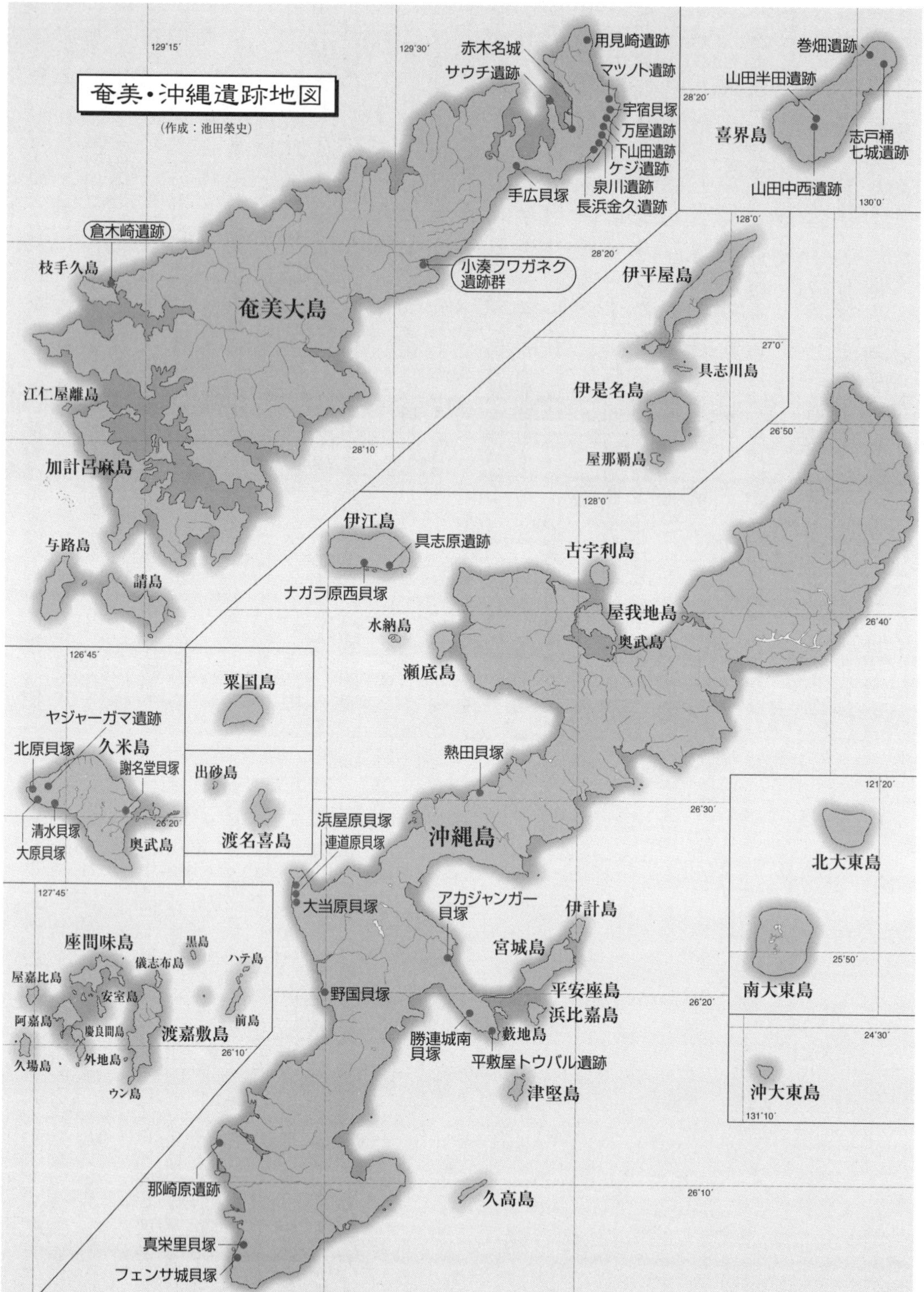
奄美・沖縄遺跡地図
（作成：池田榮史）
129°15′
129°30′
赤木名城
用見崎遺跡
サウチ遺跡
マツノト遺跡
宇宿貝塚
万屋遺跡
下山田遺跡
ケジ遺跡
泉川遺跡
長浜金久遺跡
手広貝塚
巻畑遺跡
山田半田遺跡
喜界島
志戸桶
七城遺跡
山田中西遺跡
28°20′
130°0′
倉木崎遺跡
枝手久島
小湊フワガネク
遺跡群
奄美大島
128°0′
伊平屋島
27°0′
具志川島
伊是名島
江仁屋離島
26°50′
28°10′
加計呂麻島
屋那覇島
128°0′
伊江島
具志原遺跡
与路島
古宇利島
ナガラ原西貝塚
請島
屋我地島
水納島
奥武島
26°40′
126°45′
瀬底島
粟国島
ヤジャーガマ遺跡
北原貝塚
久米島
謝名堂貝塚
熱田貝塚
出砂島
26°20′
清水貝塚
浜屋原貝塚
連道原貝塚
26°30′
121°20′
沖縄島
奥武島
大原貝塚
渡名喜島
北大東島
127°45′
大当原貝塚
アカジャンガー
貝塚
伊計島
座間味島
黒島
儀志布島
ハテ島
宮城島
屋嘉比島
安室島
25°50′
野国貝塚
平安座島
南大東島
阿嘉島
前島
浜比嘉島
26°20′
慶良間島
渡嘉敷島
勝連城南
貝塚
藪地島
24°30′
26°10′
久場島
外地島
平敷屋トウバル遺跡
ウン島
津堅島
沖大東島
131°10′
那崎原遺跡
26°10′
久高島
真栄里貝塚
フェンサ城貝塚
127°45′

◯ 囲みは本文に掲載

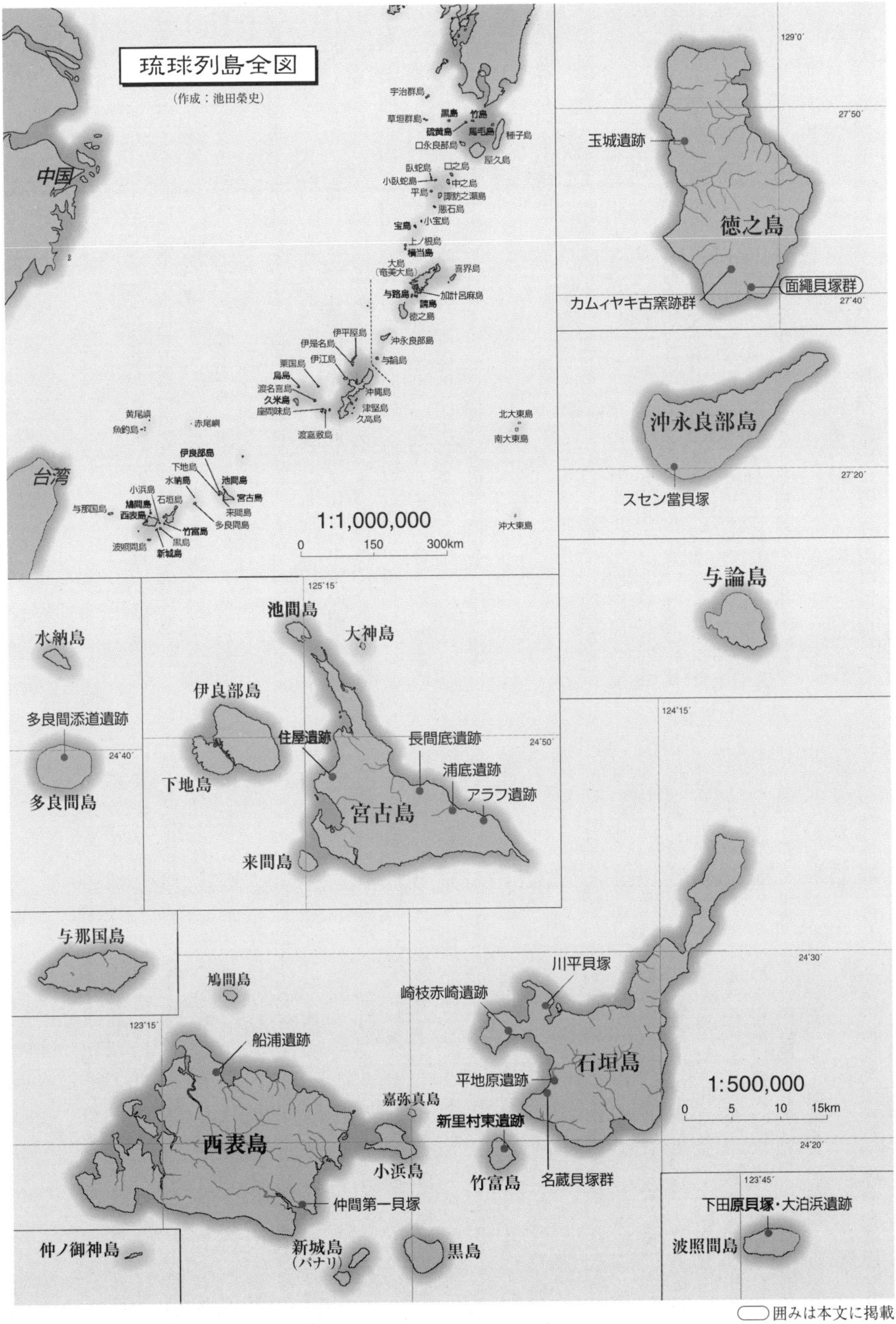

琉球列島全図
(作成：池田榮史)
中国
台湾
宇治群島
草垣群島
黒島
竹島
硫黄島
馬毛島
種子島
口永良部島
屋久島
臥蛇島
口之島
小臥蛇島
中之島
平島
諏訪之瀬島
悪石島
宝島
小宝島
上ノ根島
横当島
大島
(奄美大島)
喜界島
与路島
加計呂麻島
請島
徳之島
伊平屋島
伊是名島
沖永良部島
粟国島
伊江島
与論島
鳥島
渡名喜島
沖縄島
久米島
津堅島
座間味島
久高島
渡嘉敷島
北大東島
南大東島
沖大東島
黄尾嶼
魚釣島
赤尾嶼
伊良部島
下地島
池間島
水納島
宮古島
小浜島
石垣島
来間島
鳩間島
多良間島
与那国島
西表島
竹富島
波照間島
黒島
新城島
1:1,000,000
0
150
300km
129°0′
27°50′
玉城遺跡
徳之島
面縄貝塚群
カムィヤキ古窯跡群
27°40′
沖永良部島
27°20′
スセン當貝塚
与論島
水納島
池間島
大神島
125°15′
伊良部島
多良間添道遺跡
24°40′
多良間島
住屋遺跡
長間底遺跡
24°50′
浦底遺跡
アラフ遺跡
下地島
宮古島
来間島
124°15′
与那国島
鳩間島
川平貝塚
24°30′
崎枝赤崎遺跡
123°15′
船浦遺跡
石垣島
平地原遺跡
1:500,000
0
5
10
15km
嘉弥真島
新里村東遺跡
西表島
24°20′
小浜島
竹富島
名蔵貝塚群
123°45′
仲間第一貝塚
下田原貝塚・大泊浜遺跡
仲ノ御神島
新城島
(パナリ)
黒島
波照間島

囲みは本文に掲載

古代北海道の遺跡

大沼忠春

はじめに

日本古代史ではこれまでほとんど対象とされず、近年北構保男氏が『古代蝦夷の研究』を発表して以来、古代北海道の遺跡に言及される例が増えたようである。北海道には、文献が遺ってはいないけれども、豊富な遺跡がある。地域は大陸のように広大であるが、調査された遺跡は少ない。これらの解明はやっと緒についたばかりである。

北海道の考古学上の遺跡として、古くから注目されてきたものに、竪穴やチャシがあり、明治期以降、注目されてきた遺跡に、貝塚、洞窟岩壁彫刻、環状列石がある。戦後の文化財保護法による、埋蔵文化財の保護の施策が進められるようになり、時代区分がなされ、旧石器時代、縄文時代（草創期、早期、前期、中期、後期、晩期）、続縄文時代（前期、後期）、擦文時代（前期、中期、後期）、アイヌ文化（中世、近世）、近代と年代づけされ、遺跡の種類には、集落跡、墓地、陣屋跡、遺物包含地などが加えられて、今日一万か所以上の遺跡が台帳に登載されている。資料は各市町村教委、博物館等に備えられている。

時代区分と内容の特色

旧石器時代と縄文時代は本州と同様であるが、石器が豊富で、内容が多彩である。二万年以前の旧石器時代の千歳市丸子山遺跡や帯広市内の初期の遺跡から、ヨーロッパで洞窟絵画を描くのに使用した赤や黒のクレヨン類が発見されている。また細石刃石器文化が長く続き、琥珀などのこの時期の装身具は、重要文化財に指定されている。中国新疆省からアラスカに及ぶ、くさび型細石刃核を特色とする細石刃石器文化の一つの中心地域を形成していたものとみなされ、サハリン地域へも白滝などの黒曜石を供給していたことが判明している。なお、道南には、本州と同様のナイフ形石器の文化が存在する。末期には有舌尖頭器の時期となる。

縄文時代の初期の遺跡は極めて少なく、草創期の確かな土器としては、江別市大麻1遺跡の一例のみであったが、最近、帯広市大正3遺跡で土器・石器を含む縄文草創期の良好な遺跡が発見され、今後、全道的にこの時期の遺跡の存在が認められるであろうと考えられる。

縄文時代早期には、本州と共通する道南の尖底土器の文化に対し、道央、道東には平底土器の文化が続く。早期中葉には、大陸の中石器時代あるいは新石器時代初期の石刃鏃文化が受けいれられ、早期後葉の東釧路式の文化では、縄文が極めて発達し、幼児の足形をつけた土版も作られている。早期を通じて竪穴住居は盛んにつくられ、大型住居も出現している。

前期には、大規模な貝塚が形成され、玦状耳飾りが広まるが、前期から中期にかけて、道南に縄文の発達した円筒土器文化が形成されたのに対し、道東、道北地域では縄文の無い押型文、刺突文、櫛目文の土器が使用されていた。

円筒形の土器の使用は、中期を経て、後期の前葉まで認められるが、道北の礼文町船泊遺跡、道南の森町鷲の木5遺跡など、東北地方北部にまで続く環状列石が出現する。後期中葉には、東日本を覆う加曽利B式文化の一翼を担い、巨木の加工、各種木器、漆器の製造がなされ、環状列石の中央に木郭墓を設置したような墓地がつくられ、翡翠の装身具も多く副葬されている。後葉の一時期、道央から道東にかけて周堤墓がつくられ、突瘤文土器が多用される。末期には、恵庭市カリンバ遺跡のような櫛などの漆器を多量に伴う墓がみられる。

晩期には前半期に、爪形文を特徴とする上ノ国式、後半期には、異形土器の多い幣舞・緑ヶ岡式の文化が一般的となるが、道南には、亀ヶ岡式文化が存在し、晩期中葉には、道央部から、道北の礼文町にまで広がる。亀ヶ岡文化は次第に幣舞式系の文化に転換し、末期には、ほとんど認められなくなる。

日本の石器時代を代表する亀ヶ岡文化をもって、縄文時代の終末とするところから、北海道でも、亀ヶ岡式を伴う幣舞・緑ヶ岡式文化をもって、縄文時代の終末とし、その後の文化を続縄文時代の文化としている。この時期には、弥生文化の特色となる水稲農耕の形跡はなく、縄文の施された土器の使用が続く間を続縄文時代と称し、弥生時代相当の前期と古墳時代相当の後期に区分されている。

初期には埋葬に際し、多量の琥珀製装身具の副葬が認められ、特に大狩部文化とも称している。前期には道内の地域差が顕著となり、道南の恵山式、

有珠モシリ遺跡出土熊の彫刻を施したスプーン
写真提供：伊達市噴火湾文化研究所

道北、網走地方の宇津内式、道東の下田の沢式が道央部の後北式などと共存する状況となるが、後期には後北C2・D式の類が全道一様に分布するようになり、本州北部にも進出し、古墳文化の遺物が流入する。

恵山文化は渡島半島から噴火湾沿岸に認められ、東北地方の弥生式と交流があり、南海産の貝輪や碧玉の管玉、弥生式土器などがもたらされている。また、貝塚からは装飾のある銛頭や熊の姿を彫りつけたスプーンなどが出土し、骨角器類に優れたものがある。

後期には、竪櫛が網走市で発見され、恵庭市では初期の須恵器が出土している。小樽市手宮、余市町フゴッペの彫刻は後期初頭頃のもので、赤色の顔料が塗布されていた。

北海道への金属器の流入は、確かな例は、続縄文時代前期後半からとみなされ、後期には、刀子や鉄斧などがもたらされていると考えられ、石器はほとんど認められなくなる。大刀や農具の類が使用されるのは擦文時代の特色のようである。

擦文時代とは擦文土器の時代であり、この土器には縄文がなく、器面を擦って文様をつけ、また、弥生式土器や土師器に認められる刷毛目調整も取り入れられる特色がある。擦文時代は、飛鳥・奈良時代相当の前期、平安時代の一一世紀頃までの中期、一二世紀前後の後期に区分されている。この間、擦文時代前期に、主としてオホーツク海沿岸に、オホーツク文化が広がったが、道南の奥尻島にも初期のオホーツク文化の根拠地があった。

擦文文化には、七世紀中頃以降、阿倍比羅夫の遠征と関係するとみなされるが、多量の刀剣類がもたらされ、奈良時代には、蕨手刀が道南の森町から、道北の枝幸町目梨泊遺跡、道東の知床半島にある羅臼町スネトビニウス遺跡にまで分布している。また、恵庭市からは和同銅銭や隆平永寶、千歳市からは富寿神寶が出土した。中期には須恵器がもたらされ、後期には、釧路市の遺跡から湖州鏡や中世の漆器が発見されている。オホーツク文化は中期の擦文文化と一体化し、後期擦文化が全道的に広がった後、中世の本州文化の流入と共にアイヌ文化が形成されると考えられる。

今後の課題

アイヌの人びとは、竪穴住居にはコロポックルが住んでいて、アイヌが北海道に広がることにより、コロポックルは何処ともなく去っていったと伝えていた。竪穴を残した古代遺跡が、伝説のように、アイヌの人びととはつながらないのか、あるいはつながるのか、ほぼ百年の研究の歴史があるけれども、なお十分な結論は出ていないかのようである。その証明の方法も含めて、今後に課題が多く残されている。

北海道の遺跡地図
旧石器時代遺跡

（作成：大沼忠春）

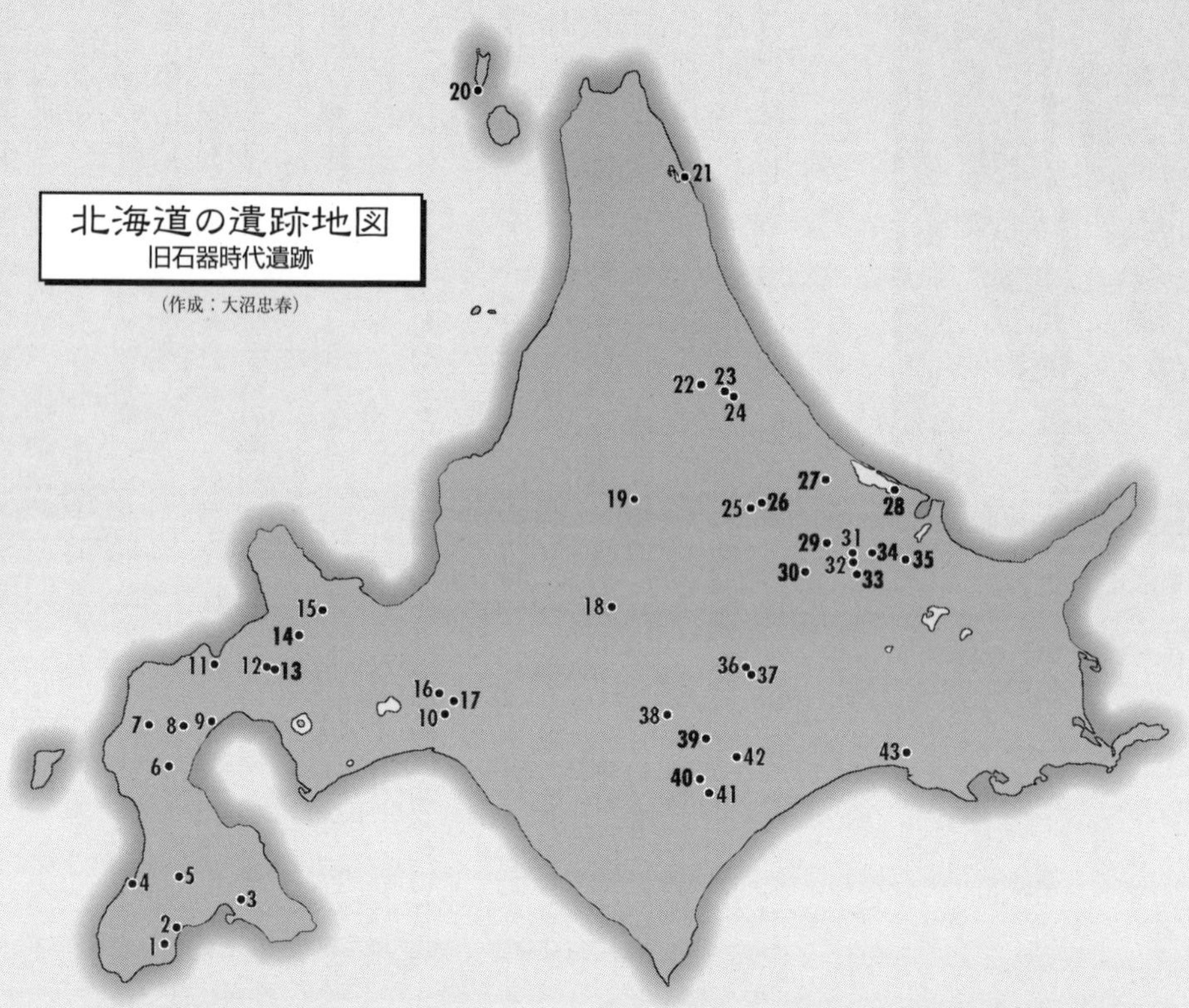

No.	遺跡名
1	知内町湯の里4遺跡（重文指定）
2	木古内町新道4遺跡
3	函館市石川1遺跡・桔梗2遺跡
4	上の国町四十九里沢A遺跡
5	厚沢部町富里B遺跡
6	八雲町上八雲1（トワルベツ）遺跡・大関校庭遺跡
7	今金町神丘2遺跡
8	今金町ピリカ遺跡（国指定史跡・重文指定）
9	長万部町オバルベツ2遺跡
10	苫小牧市美沢1遺跡
11	黒松内町樽岸遺跡（道有形指定）
12	蘭越町立川遺跡
13	ニセコ町西富遺跡
14	倶知安町峠下遺跡
15	赤井川村都遺跡・曲川遺跡
16	千歳市オサツ16遺跡
17	千歳市祝梅下層遺跡（祝梅三角山地点）・祝梅上層遺跡・柏台1遺跡・丸子山遺跡
18	富良野市東麓郷1遺跡・東麓郷2遺跡
19	旭川市射的山遺跡
20	礼文町知床尺忍小学校裏遺跡
21	猿払村浅茅野遺跡
22	下川町モサンル遺跡

No.	遺跡名
23	西興部村札滑遺跡
24	西興部村オショロッコ遺跡（忍路子遺跡）
25	遠軽町白滝遺跡群（国指定史跡）
26	遠軽町幌加川遺跡遠間地点（道有形指定）・ホロカ沢1遺跡
27	遠軽町タチカルシナイ遺跡
28	常呂町（北見市）岐阜2（TK−02）遺跡
29	留辺蘂町（北見市）紅葉山遺跡
30	置戸町安住遺跡
31	北見市豊田遺跡
32	北見市広郷8遺跡
33	訓子府町増田遺跡
34	北見市中本遺跡
35	美幌町元町2遺跡
36	上士幌町嶋木遺跡
37	上士幌町居辺17遺跡
38	清水町共栄3遺跡
39	帯広市暁遺跡・川西C遺跡・南町1遺跡・南町2遺跡・大空遺跡・落合遺跡
40	帯広市上似平遺跡
41	更別村勢雄遺跡
42	幕別町札内N遺跡
43	釧路市北斗遺跡

北海道の遺跡地図

縄文時代草創期・早期の遺跡

（作成：大沼忠春）

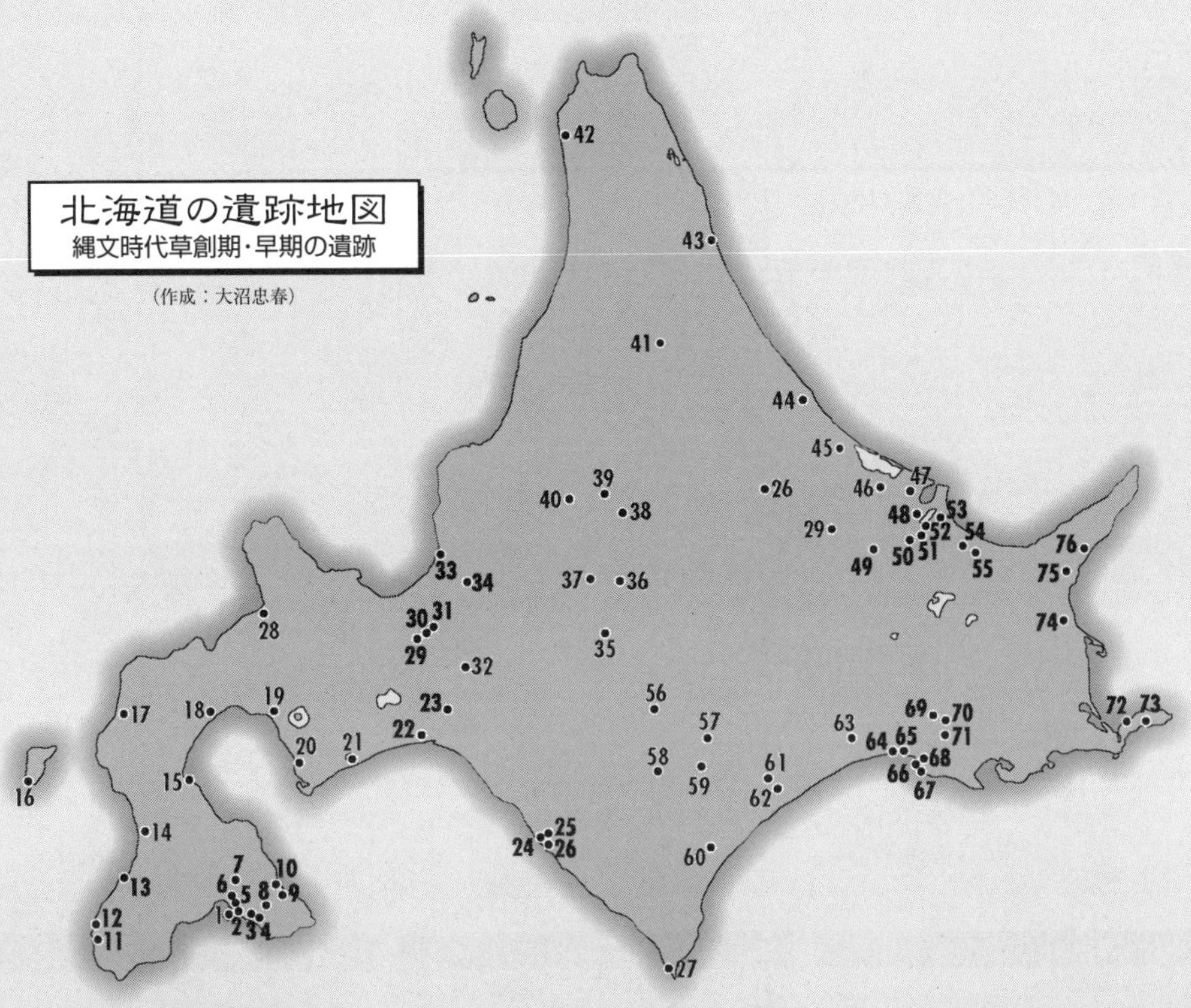

No.	遺跡名
1	函館市住吉町遺跡（道有形指定）
2	函館市根崎遺跡
3	函館市中野A遺跡・中野B遺跡・石倉貝塚・函館空港6遺跡（第6地点）
4	函館市豊原2遺跡・豊原4遺跡
5	函館市梁川町遺跡
6	函館市西桔梗E1遺跡
7	七飯町鳴川遺跡・国立療養所裏遺跡
8	函館市西股遺跡
9	函館市川汲A遺跡
10	函館市垣ノ島A遺跡・垣ノ島B遺跡
11	松前町高野遺跡
12	松前町白坂遺跡（第7地点）
13	上ノ国町大澗遺跡
14	乙部町オカシ内遺跡
15	八雲町浜松3遺跡
16	奥尻町青苗遺跡
17	せたな町豊岡6遺跡
18	長万部町オバルベツ2遺跡
19	虻田町（洞爺湖町）アルトリ遺跡
20	伊達市北黄金遺跡
21	白老町虎杖浜1遺跡
22	苫小牧市有珠川2遺跡
23	苫小牧市美沢1遺跡・美沢2遺跡・美沢3遺跡
24	静内町（新ひだか町）駒場7遺跡
25	静内町（新ひだか町）田原小学校校庭遺跡
26	静内町（新ひだか町）マウタサップ遺跡

No.	遺跡名
27	えりも町苫別遺跡
28	岩内町東山1遺跡
29	札幌市S256遺跡
30	江別市大麻6遺跡
31	江別市大麻1遺跡
32	長沼町タンネトウ遺跡
33	石狩市古潭浜遺跡
34	月形町新墾富士学園遺跡
35	富良野市東山遺跡・西達布2遺跡
36	中富良野町本幸遺跡
37	芦別市滝里4遺跡
38	東神楽町十四号北遺跡
39	鷹栖町嵐山遺跡
40	深川市納内6丁目付近遺跡
41	名寄市智東3遺跡（智東C遺跡）
42	豊富町豊里遺跡
43	枝幸町ホロベツ右岸段丘遺跡（岡島川尻遺跡）
44	紋別市柳沢遺跡
45	湧別町湧別遺跡
46	佐呂間町HS－06遺跡
47	常呂町（北見市） トコロ貝塚（TK－21）遺跡
48	網走市嘉多山4遺跡
49	北見市川東羽田遺跡
50	女満別町（大空町） 豊里石刃遺跡（道有形指定）
51	女満別（大空町） 中央A遺跡
52	女満別（大空町） 女満別湖底遺跡

No.	遺跡名
53	網走市桂岡遺跡
54	小清水町アオシマナイ遺跡
55	斜里町大栄1遺跡
56	清水町上清水2遺跡
57	帯広市暁遺跡
58	帯広市八千代A遺跡
59	帯広市大正3遺跡
60	大樹町下大樹遺跡
61	豊頃町高木1遺跡
62	浦幌町新吉野台細石器遺跡（道指定史跡）・共栄B遺跡
63	白糠町中茶路遺跡
64	釧路市大楽毛1遺跡
65	釧路市北斗遺跡（道指定史跡）
66	釧路市東釧路貝塚（国指定史跡）・東釧路2遺跡
67	釧路市沼尻遺跡
68	釧路町テンネル遺跡
69	標茶町コッタロ1遺跡
70	標茶町ニツ山遺跡第3地点・標茶町金子遺跡
71	標茶町元村遺跡
72	根室市ベニケムイ竪穴群
73	根室市トーサムポロ湖周辺竪穴群
74	標津町伊茶仁カリカリウス竪穴群遺跡（国指定史跡）
75	羅臼町峰浜中谷遺跡
76	羅臼町オタフク岩遺跡・ソスケ遺跡・トビニウス右岸遺跡

北海道の遺跡地図

縄文時代前期・中期の遺跡

（作成：大沼忠春）

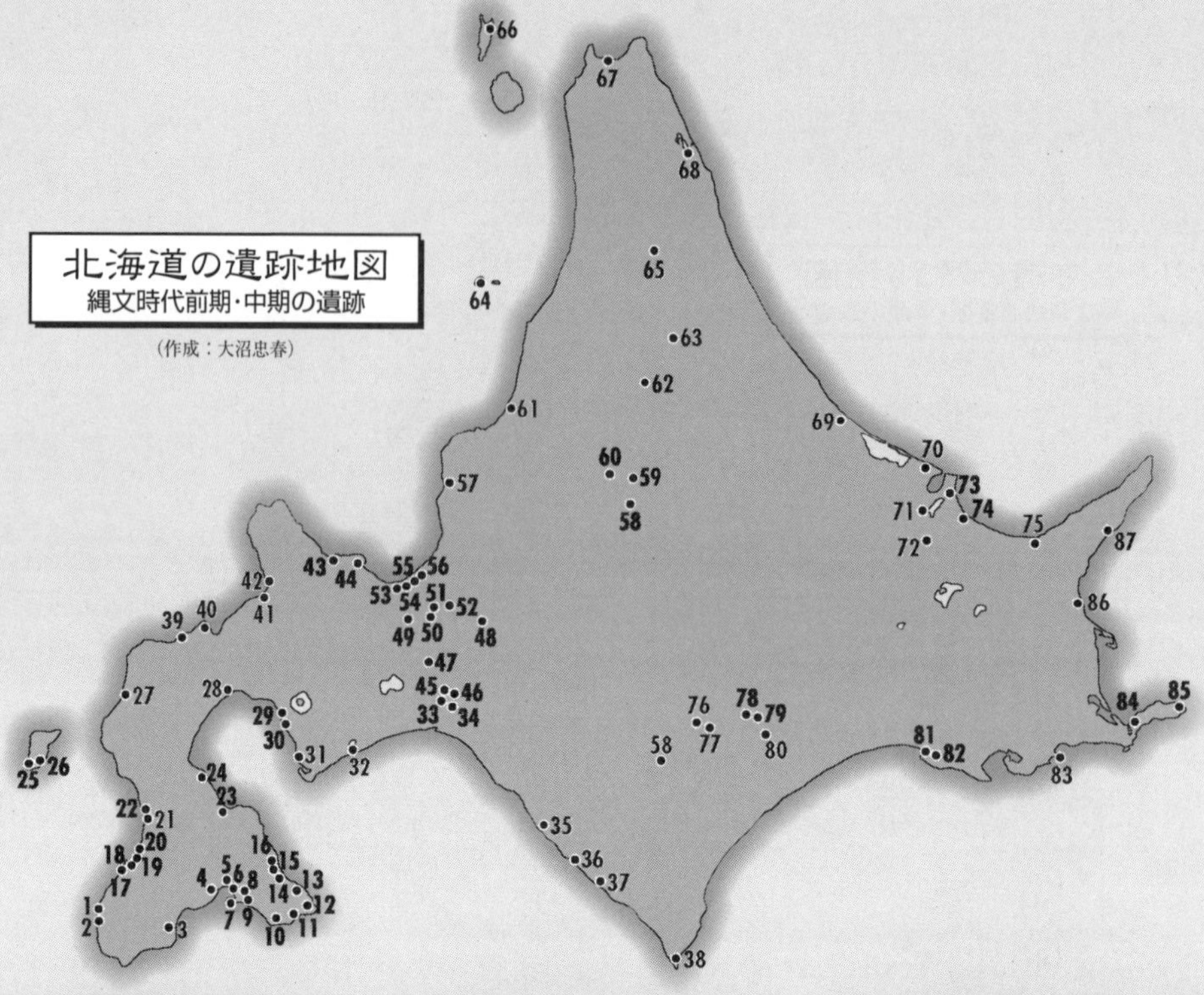

No.	遺跡名
1	松前町白坂遺跡
2	松前町大津遺跡
3	知内町森越遺跡
4	上磯町（北斗市）館野遺跡
5	函館市サイベ沢遺跡・石川野遺跡・西桔梗E2遺跡
6	函館市レンガ台遺跡・権現台場遺跡
7	函館市春日町遺跡
8	函館市美晴町B遺跡
9	函館市函館空港4遺跡（第4地点）
10	函館市戸井貝塚
11	函館市日の浜砂丘1遺跡
12	函館市椴法華遺跡・浜町砂丘遺跡（道有形指定）
13	函館市八木A遺跡・八木B遺跡
14	函館市ハマナス野遺跡
15	函館市臼尻B遺跡
16	函館市大船遺跡（国指定史跡）
17	上ノ国町大安在B遺跡
18	上ノ国町小岱遺跡
19	江差町椴川遺跡
20	江差町茂尻遺跡
21	乙部町栄浜遺跡
22	乙部町元和11遺跡（元和遺跡第3地点）
23	森町御幸町遺跡
24	八雲町栄浜1遺跡
25	奥尻町青苗遺跡
26	奥尻町松江遺跡
27	せたな町豊岡4遺跡（大谷地遺跡）
28	長万部町静狩貝塚
29	虻田町（洞爺湖町）入江貝塚（国指定史跡）
30	伊達市若生遺跡

No.	遺跡名
31	伊達市北黄金貝塚（国指定史跡）
32	白老町虎杖浜2遺跡
33	苫小牧市美沢3遺跡・美沢4遺跡
34	苫小牧市植苗貝塚
35	静内町（新ひだか町）中野台地A遺跡（中野遺跡）
36	三石町（新ひだか町）　ショップ遺跡
37	浦河町浜萩伏1遺跡
38	えりも町苫別遺跡
39	島牧村栄磯岩陰遺跡
40	寿都町寿都3遺跡
41	岩内町東山1遺跡（道史跡指定）
42	泊村茶津貝塚
43	余市町フゴッペ貝塚
44	小樽市手宮公園下遺跡（手宮遺跡）
45	千歳市美々3遺跡・美々5遺跡・美々7遺跡
46	千歳市美々貝塚（道指定史跡）
47	恵庭市柏木川1遺跡（柏木川遺跡）・柏木B遺跡
48	栗沢町（岩見沢市）　加茂川遺跡
49	札幌市T71遺跡（天神山遺跡）
50	江別市大麻5遺跡
51	江別市吉井の沢1遺跡
52	江別市萩ヶ岡遺跡
53	札幌市N309遺跡（手稲前田遺跡）
54	石狩市紅葉山49号遺跡
55	石狩市上花畔1遺跡
56	石狩市高岡1遺跡
57	石狩市川下2遺跡
58	東神楽町沢田の沢遺跡
59	旭川市末広7遺跡
60	鷹栖町嵐山遺跡

No.	遺跡名
61	留萌市オムロ沢遺跡
62	士別市多寄遺跡
63	名寄市日進1遺跡（日進遺跡）・智東1遺跡（智東A遺跡）
64	羽幌町天売1遺跡（修善寺裏・天売中学校校庭）・天売2遺跡
65	音威子府村咲来2遺跡
66	礼文町上泊3遺跡
67	稚内市声問大曲遺跡（声問三角点遺跡）
68	浜頓別町クッチャロ湖畔遺跡（日の出貝塚）
69	湧別町シブノツナイ遺跡
70	常呂町（北見市）常呂川河口（TK−73）遺跡・トロコ貝塚（TK−21）遺跡（常呂朝日貝塚）
71	女満別町（大空町）住吉A遺跡
72	美幌町ピラオツマッコウマナイチャシ遺跡
73	網走市大曲洞窟遺跡・緑町遺跡（木下木工場遺跡）
74	網走市浜藻琴神社遺跡
75	斜里町朱円1遺跡
76	芽室町小林遺跡
77	帯広市宮本遺跡
78	音更町葭原2遺跡
79	池田町十日町5遺跡
80	池田町池田1遺跡
81	釧路市東釧路貝塚（国指定史跡）
82	釧路市武佐1遺跡
83	浜中町霧多布貝塚
84	根室市温根沼1遺跡
85	根室市トーサムポロ湖周辺竪穴群
86	標津町伊茶仁ふ化場第1竪穴群遺跡
87	羅臼町ソスケ遺跡

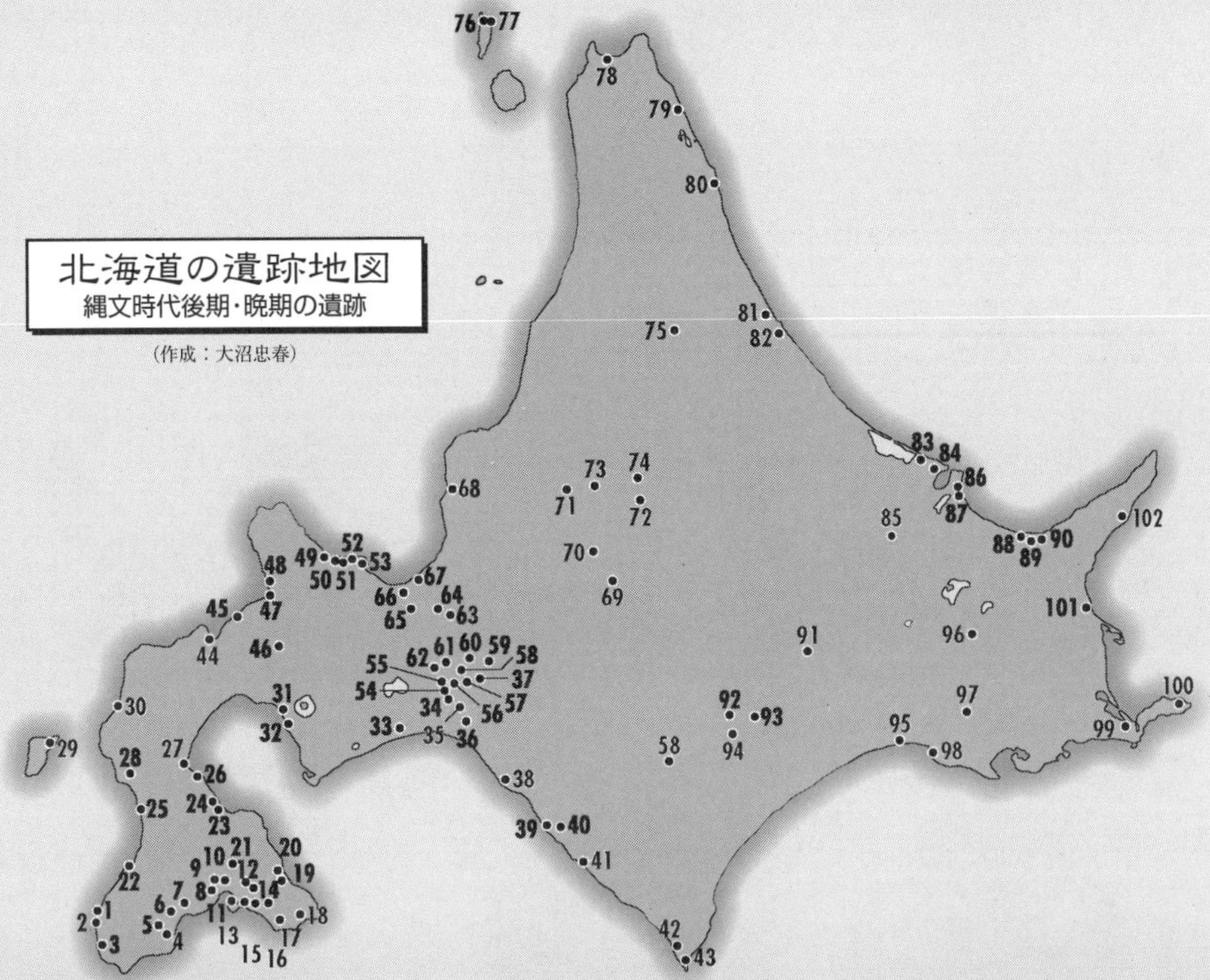

No.	遺跡名
1	松前町白坂E遺跡（第3地点）
2	松前町高野遺跡・大津遺跡
3	松前町イセパタケ貝塚
4	知内町涌元遺跡
5	知内町湯の里3遺跡・湯の里5遺跡・湯の里6遺跡
6	木古内町新道4遺跡
7	木古内町札苅遺跡
8	上磯町（北斗市）茂別遺跡（茂辺地遺跡）（重文指定）
9	上磯町（北斗市）添山遺跡
10	上磯町（北斗市）久根別A遺跡・久根別B遺跡
11	函館市陣川町遺跡
12	函館市天祐寺貝塚
13	函館市日吉A遺跡・日吉町1遺跡
14	函館市湯川貝塚
15	函館市石倉貝塚
16	函館市女名沢遺跡
17	函館市戸井貝塚
18	函館市日の浜遺跡（道有形指定）
19	函館市著保内野遺跡（重文指定）
20	函館市垣ノ島A遺跡
21	七飯町聖山遺跡
22	上ノ国町上ノ国遺跡
23	森町鳥崎遺跡（鳥崎川遺跡）
24	森町鷲ノ木5遺跡
25	乙部町三ツ谷貝塚
26	八雲町野田生1遺跡
27	八雲町コタン温泉遺跡（重文指定）・浜松2遺跡・浜松5遺跡
28	八雲町（旧熊石町）鮎川洞窟遺跡
29	奥尻町東風泊遺跡
30	せたな町生渕遺跡（北檜山町太櫓川河口遺跡）
31	虻田町（洞爺湖町）入江遺跡（国指定史跡）・高砂遺跡（国指定史跡）
32	伊達市有珠モシリ遺跡（重文指定）
33	白老町社台1遺跡
34	苫小牧市美沢1遺跡

No.	遺跡名
35	苫小牧市タプコプ遺跡
36	苫小牧市柏原5遺跡・静川遺跡（国指定史跡）
37	追分町（安平町）豊栄遺跡（豊栄1遺跡）
38	門別町（日高町）佐瑠太遺跡
39	新冠町氷川神社遺跡
40	静内町（新ひだか町）静内御殿山墳墓群（道指定史跡）
41	三石町（新ひだか町）旭町1遺跡
42	えりも町油駒遺跡
43	えりも町エリモB遺跡
44	寿都町朱太川右岸6遺跡
45	蘭越町港大照寺貝塚
46	ニセコ町曽我環状列石・第2王子遺跡
47	共和町下リヤムナイ遺跡（浜中遺跡・浜中大曲遺跡）
48	泊村茶津1号洞穴・茶津4号洞穴
49	余市町大川遺跡・沢町遺跡
50	余市町大谷地貝塚（国指定史跡）・西崎山環状列石（道指定史跡）
51	小樽市忍路環状列石（国指定史跡）・忍路土場遺跡・地鎮山環状列石（道指定史跡）
52	小樽市駈潤（ほっけま）遺跡
53	小樽市手宮遺跡
54	千歳市美々4遺跡（重文指定）・美々3遺跡
55	千歳市ウサクマイC遺跡
56	千歳市ママチ遺跡（重文指定）・末広遺跡
57	千歳市駒里遺跡
58	千歳市キウス周堤墓群（国指定史跡）・キウス4遺跡・キウス5遺跡
59	由仁町東三川遺跡
60	長沼町タンネトウ遺跡・堂林遺跡
61	恵庭市カリンバ遺跡（国指定史跡）
62	恵庭市柏木B遺跡
63	江別市高砂遺跡
64	江別市吉井の沢1遺跡
65	札幌市N30遺跡
66	札幌市N1遺跡（手稲遺跡）・N156遺跡（手稲砂山遺跡）
67	石狩市志美1遺跡・志美2遺跡・志美3遺跡（シビシウス遺跡）
68	石狩市柏木B遺跡

No.	遺跡名
69	富良野市無頭川遺跡
70	芦別市野花南周堤墓（道指定史跡）
71	深川市音江の環状列石（国指定史跡）
72	東川町幌倉沼遺跡
73	旭川市神居古潭5遺跡・神居古潭7遺跡
74	旭川市永山4遺跡
75	名寄市智東2遺跡（智東B遺跡）・智東4遺跡（智東D遺跡）
76	礼文町浜中2遺跡
77	礼文町船泊遺跡
78	稚内市声問大曲遺跡
79	猿払村猿浜払遺跡
80	枝幸町目梨泊遺跡
81	雄武町雄武竪穴群
82	雄武町御西沼遺跡（オニシトウ遺跡）
83	常呂町（北見市）栄浦2（TK−29）遺跡
84	常呂町（北見市）常呂川河口（TK−73）遺跡・チャシ南尾根（TK−19）遺跡（国指定史跡）
85	北見市中ノ島遺跡・観音山遺跡
86	網走市最寄貝塚（モヨロ貝塚）（国指定史跡）
87	網走市南6条遺跡
88	斜里町ピラガ丘遺跡・宇津内遺跡
89	斜里町朱円周堤墓（朱円環状土籬）（道指定史跡）・内藤遺跡
90	斜里町オクシベツ遺跡
91	足寄町上利別20遺跡
92	音更町相生1遺跡
93	音更町葭原2遺跡
94	幕別町札内N遺跡
95	白糠町オンネチカップ遺跡
96	弟子屈町下鐺別遺跡
97	標茶町マサコヤノシマ遺跡
98	釧路市幣舞遺跡・緑ヶ岡1遺跡（緑ヶ岡遺跡）
99	根室市別当賀1番沢川遺跡
100	根室市トーサムポロ湖周辺竪穴群
101	標茶町伊茶仁ふ化場第1竪穴群遺跡
102	羅臼町チトライ川北岸遺跡

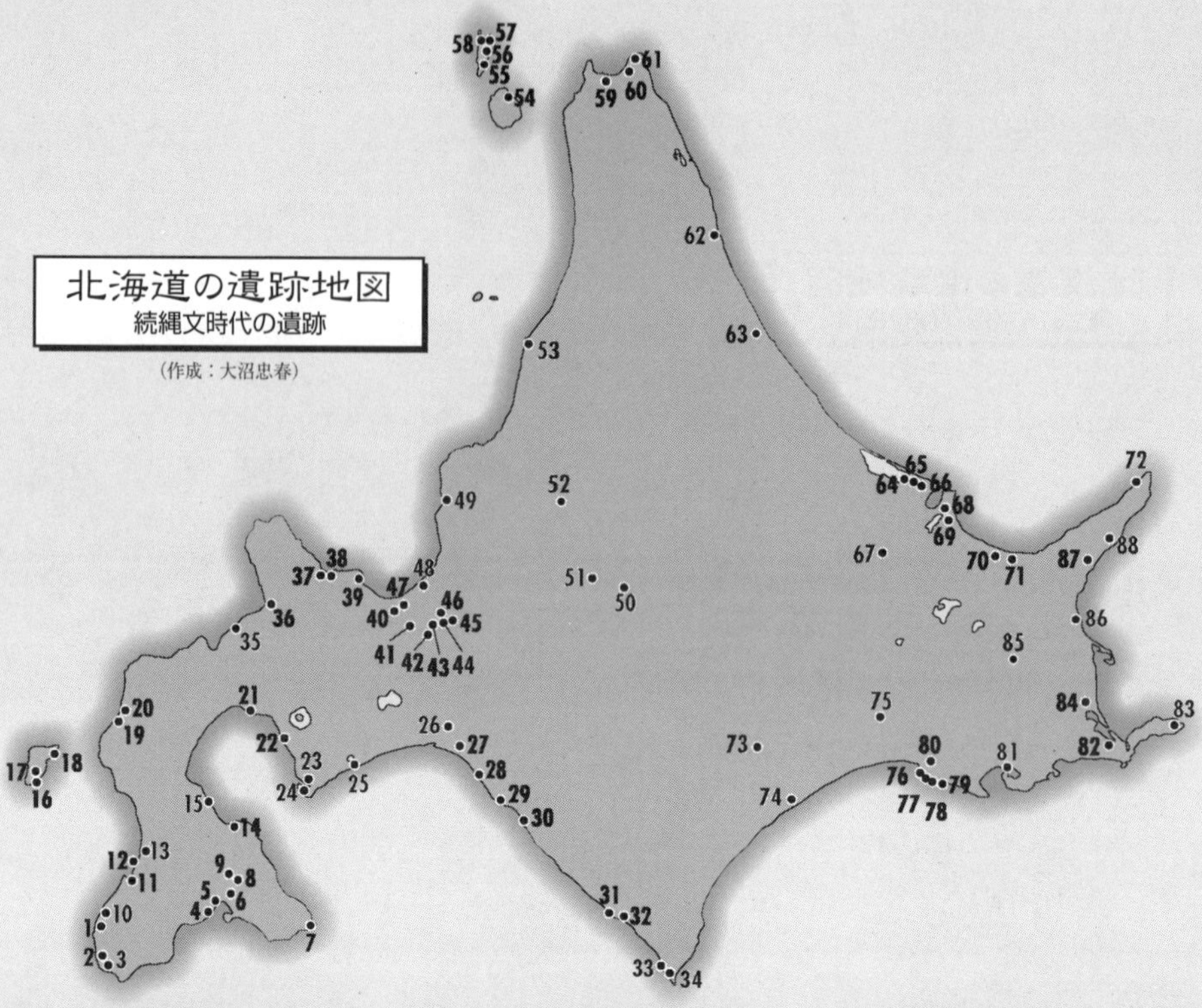

No.	遺跡名
1	松前町白坂遺跡（第8地点）・白坂F遺跡（第4地点）・白坂G遺跡（第2地点）
2	松前町トノマ遺跡
3	松前町大尽内遺跡
4	上磯町（北斗市）茂別遺跡
5	上磯町（北斗市）下添山
6	函館市西桔梗B2遺跡・西桔梗E2遺跡
7	函館市恵山貝塚
8	七飯町桜町遺跡
9	七飯町聖山遺跡
10	上ノ国町相泊2遺跡
11	上ノ国町宮ノ沢遺跡
12	江差町鴎島遺跡
13	江差町柳崎3遺跡（厚沢部川河口遺跡）・伏木戸3遺跡
14	森町尾白内貝塚
15	八雲町浜中2遺跡（落部遺跡・オトシベ遺跡）
16	奥尻町青苗B遺跡
17	奥尻町米岡2遺跡
18	奥尻町東風泊遺跡
19	せたな町兜野遺跡
20	せたな町南川遺跡（道有形指定）
21	豊浦町礼文華遺跡
22	伊達市有珠モシリ遺跡（重文指定）・伊達市南有珠6遺跡・南有珠7遺跡
23	室蘭市本輪西遺跡（ポンナイ貝塚）
24	室蘭市絵鞆貝塚
25	白老町アヨロ遺跡
26	苫小牧市タプコプ遺跡
27	苫小牧市ニナルカ遺跡・柏原5遺跡
28	鵡川町（むかわ町）鵡川盛土墳墓群（道指定史跡）
29	門別町（日高町）門別富仁家盛土墳墓群遺跡（道指定史跡）
30	新冠町大狩部遺跡

No.	遺跡名
31	浦河町白泉遺跡
32	浦河町西舎遺跡
33	えりも町東歌別遺跡
34	えりも町油駒遺跡
35	蘭越町港大照寺遺跡
36	共和町発足岩陰遺跡
37	余市町大川遺跡
38	余市町フゴッペ洞窟（国指定史跡）
39	小樽市手宮洞窟（国指定史跡）
40	札幌市N156・N295遺跡（手稲遺跡・軽川遺跡）
41	札幌市K135遺跡（札幌駅構内遺跡）・K39遺跡（北大構内遺跡・サクシュコトニ川遺跡）・N28（琴似二十四軒遺跡）・N30遺跡
42	札幌市S153遺跡
43	江別市吉井の沢1遺跡
44	江別市萩ヶ岡遺跡（江別神社遺跡）
45	江別市江別太1遺跡（重文指定）
46	江別市元江別1遺跡（重文指定）・旧豊平河畔遺跡（江別兵村遺跡・町村農場遺跡・坊主山遺跡）
47	石狩市紅葉山33号遺跡
48	石狩市若生C遺跡（八幡町遺跡ワッカオイ地点A地区・C地区・D地区）
49	石狩市川下遺跡
50	中富良野町本幸1遺跡（本幸遺跡辻地点）
51	芦別市滝里安井遺跡（道有形指定）・滝里4遺跡・滝里33遺跡
52	深川市広里3遺跡（北広里3遺跡）
53	苫前町香川遺跡
54	利尻富士町利尻富士町役場遺跡
55	礼文町香深井1遺跡（香深井A遺跡）・香深井2遺跡（香深井B遺跡）・香深井5遺跡
56	礼文町上泊3遺跡・上泊4遺跡・東上泊遺跡
57	礼文町内路遺跡
58	礼文町浜中2遺跡

No.	遺跡名
59	稚内市声問大曲遺跡
60	稚内市メクマ遺跡
61	稚内市オンコロマナイ1遺跡
62	枝幸町ホロベツ砂丘遺跡
63	雄武町雄武竪穴群（開生遺跡）
64	常呂町（北見市）岐阜2（ST−02）遺跡
65	常呂町（北見市）栄浦2（TK−29）遺跡
66	常呂町（北見市）常呂川河口（TK−73）遺跡
67	北見市中ノ島遺跡
68	網走市最寄貝塚（モヨロ貝塚）（国指定史跡）
69	網走市網走税務署遺跡・南6条遺跡
70	斜里町宇津内遺跡・ピラガ丘遺跡
71	斜里町尾河台地遺跡
72	斜里町知床岬遺跡
73	池田町池田1遺跡（池田遺跡）・池田3遺跡
74	浦幌町十勝太若月遺跡
75	釧路市シュンクシタカラ遺跡
76	釧路市幣舞遺跡
77	釧路市興津遺跡
78	釧路市桂恋フシココタンチャシ
79	釧路市三津浦遺跡
80	釧路町天寧1遺跡
81	厚岸町神岩竪穴群（下田ノ沢遺跡）（道指定史跡）
82	根室市別当賀1番沢川遺跡
83	根室市オンネモト竪穴群（オンネモト遺跡）
84	別海町別海2遺跡（浜別海遺跡）
85	中標津町西竹遺跡（中標津遺跡・計根別遺跡）・西竹2遺跡（マス川遺跡）
86	標津町伊茶仁ふ化場第1竪穴群遺跡・イチャニチシネ第1竪穴群遺跡
87	羅臼町春日町磯田遺跡
88	羅臼町相泊遺跡

北海道の遺跡地図
擦文時代の遺跡

（作成：大沼忠春）

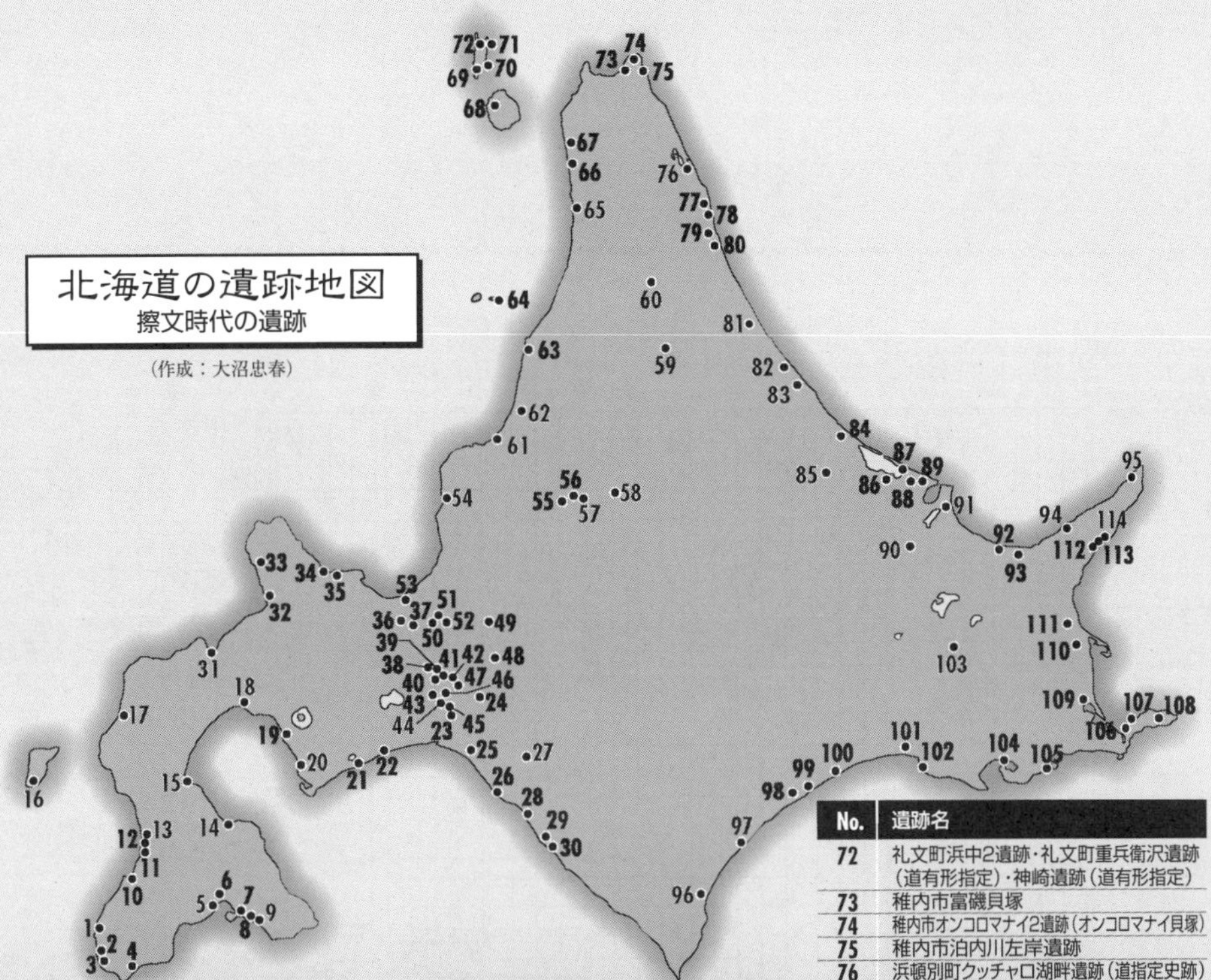

No.	遺跡名
1	松前町原口A遺跡（原口館跡擬定地）
2	松前町札前第一地点遺跡
3	松前町大尽内遺跡
4	福島町穏内館
5	上磯町（北斗市）矢不来3遺跡
6	上磯町（北斗市）東浜・大野町（北斗市）一本木1遺跡
7	函館市湯川土師遺跡
8	函館市汐泊遺跡
9	函館市鶴野2遺跡
10	上ノ国町上ノ国遺跡
11	江差町柳崎3遺跡（厚沢部川河口遺跡）・江差町伏木戸3遺跡
12	乙部町滝瀬8遺跡（瀬茂内遺跡）
13	乙部町小茂内遺跡・栄浜遺跡・元和8遺跡
14	森町尾白内貝塚・御幸町遺跡・鳥崎川下流右岸
15	八雲町オクツナイ2遺跡・トコタン2遺跡
16	奥尻町青苗貝塚・青苗砂丘遺跡
17	せたな町南川2遺跡・利別川口遺跡
18	豊浦町小幌洞穴遺跡
19	伊達市有珠善光寺遺跡・オヤコツ遺跡・南有珠7遺跡
20	伊達市稀府川遺跡
21	白老町アヨロ遺跡
22	白老町日の出町遺跡
23	苫小牧市美沢3遺跡
24	追分町（安平町）中安平3遺跡
25	厚真町共和遺跡
26	平取町二風谷遺跡
27	門別町（日高町）シノタイ1B遺跡
28	門別町（日高町）厚賀遺跡（厚別遺跡・厚別川河口遺跡）
29	静内町（新ひだか町）御殿山遺跡（道指定史跡・道有形指定）
30	静内町（新ひだか町）入船台地遺跡
31	寿都町朱太川右岸1遺跡・朱太川右岸6遺跡・朱太川左岸1遺跡
32	泊村ヘロカルウス遺跡・堀株神社遺跡
33	神恵内村観音洞穴遺跡
34	余市町天内山遺跡（道有形指定）・大川遺跡・沢町遺跡
35	小樽市蘭島遺跡

No.	遺跡名
36	札幌市N162遺跡・K446遺跡（道有形指定）・N460遺跡
37	札幌市K39遺跡（北大構内遺跡）・K135遺跡（札幌駅構内遺跡）・K435遺跡
38	恵庭市島松沢3遺跡
39	恵庭市柏木東遺跡・茂漁2遺跡・恵庭市茂漁8遺跡・西島松5遺跡
40	恵庭市恵庭公園遺跡
41	恵庭市カリンパ2遺跡
42	千歳市ユカンボシC15遺跡
43	千歳市ウサクマナイ遺跡群（国指定史跡）
44	千歳市千歳神社遺跡・ママチ遺跡
45	千歳市美々8遺跡
46	千歳市末広遺跡
47	千歳市丸子山遺跡
48	由仁町岩内2遺跡
49	栗沢町（岩見沢市）由良B遺跡
50	江別市大麻3遺跡
51	江別市後藤遺跡（江別古墳群）（国指定史跡）
52	江別市萩ヶ岡遺跡（江別神社遺跡）・飛鳥山遺跡
53	石狩市紅葉山25遺跡
54	石狩市岡島洞窟遺跡
55	深川市東広里遺跡
56	深川市納内6丁目付近遺跡
57	旭川市神居古潭1遺跡（神居古潭竪穴住居遺跡）（道指定史跡）
58	旭川市近文町3遺跡・緑町4遺跡・錦町5遺跡
59	名寄市智東8遺跡（智東H遺跡）
60	美深町楠遺跡
61	増毛町阿分3遺跡
62	小平町高砂遺跡・高砂2遺跡
63	苫前町香川三線遺跡・香川6遺跡
64	羽幌町焼尻3遺跡（東浜遺跡）
65	天塩町天塩川口遺跡
66	幌延町音類竪穴群遺跡
67	豊富町豊里遺跡
68	利尻町亦稚遺跡（道有形指定）
69	礼文町元地遺跡
70	礼文町香深井1遺跡（香深井貝塚）・香深井6遺跡
71	礼文町上泊1遺跡（道有形指定）

No.	遺跡名
72	礼文町浜中2遺跡・礼文町重兵衛沢遺跡（道有形指定）・神崎遺跡（道有形指定）
73	稚内市富磯貝塚
74	稚内市オンコロマナイ2遺跡（オンコロマナイ貝塚）
75	稚内市泊内川左岸遺跡
76	浜頓別町クッチャロ湖畔遺跡（道指定史跡）
77	枝幸町目梨泊遺跡（重文指定）
78	枝幸町落切川左岸遺跡
79	枝幸町ホロナイポ遺跡（道有形指定）
80	枝幸町川尻北チャシ遺跡・ホロベツ砂丘遺跡
81	雄武町雄武竪穴群
82	興部町豊野竪穴群（A）・（B）（道指定史跡）
83	紋別市オムサロ台地竪穴群・オムサロB遺跡・オムサロC遺跡（道指定史跡）
84	湧別町川西オホーツク遺跡・シブノツナイ竪穴住居群（道指定史跡）
85	遠軽町寒河江遺跡
86	佐呂間町浜佐呂間1遺跡
87	常呂町（北見市）岐阜2（ST−02）遺跡・ST−30遺跡（ライトコロ右岸遺跡）
88	常呂町（北見市）栄浦2（TK−29）遺跡（国指定史跡）（常呂遺跡）
89	常呂町（北見市）常呂川河口（TK−73）遺跡・トコロチャシ（TK−19）遺跡（国指定史跡）
90	美幌町元町2遺跡
91	網走市最寄貝塚（モヨロ貝塚）（国指定史跡）・二ツ岩遺跡
92	斜里町ピラガ丘遺跡・須藤遺跡
93	斜里町朱円竪穴住居跡群遺跡（道指定史跡）
94	斜里町ウトロ遺跡（ウトロ海岸砂丘遺跡）
95	斜里町知床岬遺跡
96	広尾町茂寄遺跡
97	大樹町十勝ホロカヤントー竪穴群遺跡（道指定史跡）
98	浦幌町十勝太遺跡群（道指定史跡）・十勝太古川遺跡・十勝太若月遺跡
99	浦幌町十勝オコッペ遺跡（道指定史跡）
100	釧路市ノトロ岬遺跡
101	釧路市北斗遺跡（国指定史跡）
102	釧路市東釧路貝塚（国指定史跡）・春採台地竪穴群（国指定史跡）・緑ヶ丘1遺跡・緑ヶ丘6遺跡（STV遺跡）・材木町5遺跡
103	弟子屈町下鐺別遺跡
104	厚岸町神岩竪穴群（道指定史跡）（下田ノ沢遺跡）
105	浜中町霧多布貝塚
106	根室市西月ヶ岡竪穴群（国指定史跡）
107	根室市弁天島貝塚竪穴群
108	根室市トーサムホロ湖周辺竪穴群遺跡・オンネモト竪穴群
109	別海町別海2遺跡（浜別海遺跡）
110	標茶町当幌川左岸遺跡
111	標茶町伊茶仁カリカリウス竪穴群遺跡（国指定史跡）・三本木竪穴群遺跡（国指定史跡）
112	羅臼町松法川北岸遺跡・オタフク岩遺跡・オタフク岩洞穴遺跡
113	羅臼町羅臼川北岸遺跡（辻中遺跡）・スネトピニウス遺跡
114	羅臼町トピニタイ遺跡

平城京図

（作成：舘野和己）

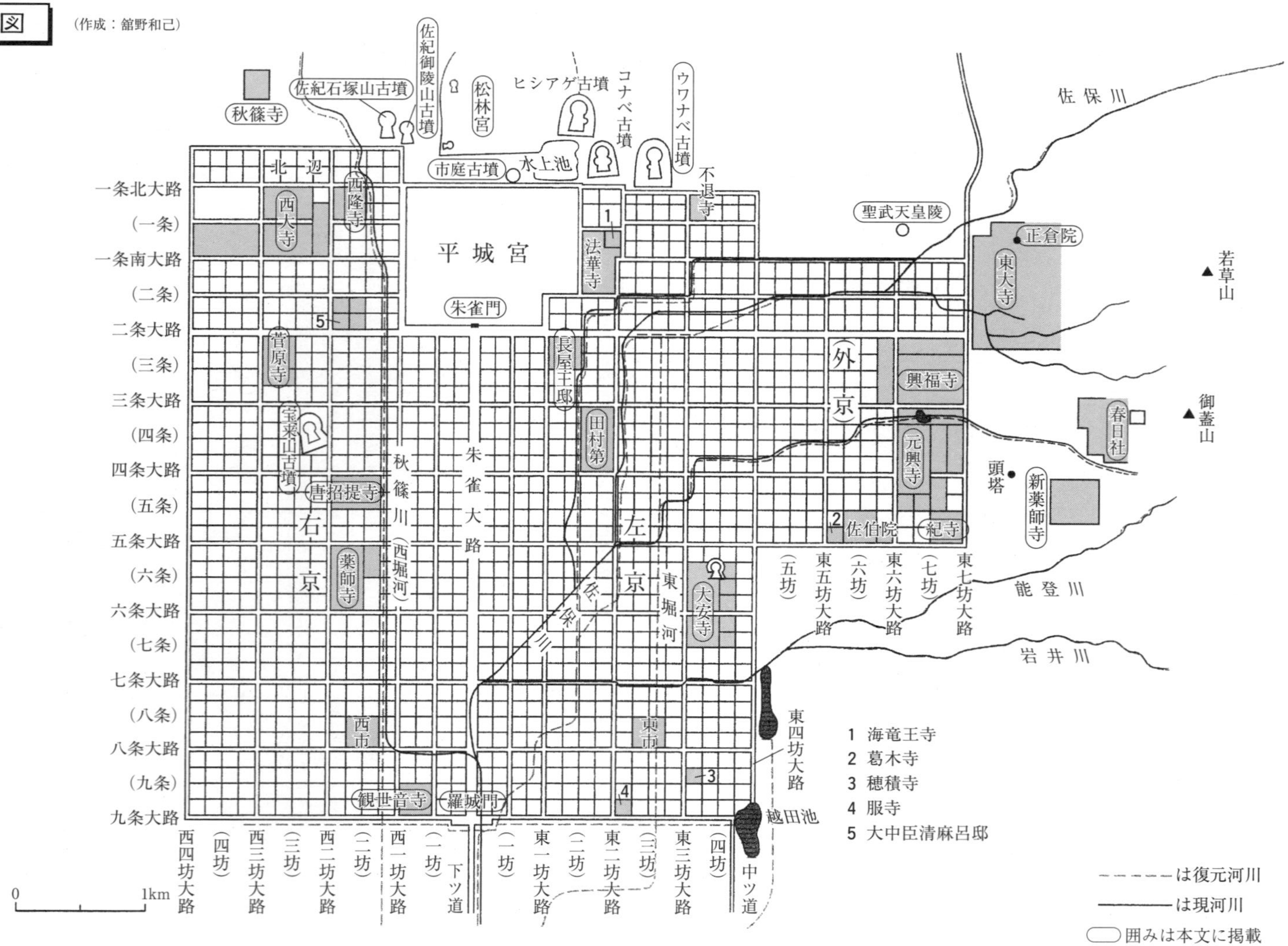
秋篠寺
佐紀石塚山古墳
佐紀御陵山古墳
松林宮
ヒシアゲ古墳
コナベ古墳
ウワナベ古墳
市庭古墳
水上池
不退寺
北辺
西隆寺
西大寺
平城宮
朱雀門
法華寺
聖武天皇陵
正倉院
東大寺
若草山
佐保川
一条北大路
（一条）
一条南大路
（二条）
二条大路
（三条）
三条大路
（四条）
四条大路
（五条）
五条大路
（六条）
六条大路
（七条）
七条大路
（八条）
八条大路
（九条）
九条大路
菅原寺
宝来山古墳
唐招提寺
右京
薬師寺
秋篠川
（西堀河）
朱雀大路
長屋王邸
田村第
左京
佐保川
東堀河
大安寺
外京
興福寺
元興寺
春日社
御蓋山
頭塔
新薬師寺
佐伯院
紀寺
（五坊）
東五坊大路
（六坊）
東六坊大路
（七坊）
東七坊大路
能登川
岩井川
西市
東市
観世音寺
羅城門
東四坊大路
越田池
西四坊大路
（四坊）
西三坊大路
（三坊）
西二坊大路
（二坊）
西一坊大路
（一坊）
下ツ道
（一坊）
東一坊大路
（二坊）
東二坊大路
（三坊）
東三坊大路
（四坊）
中ツ道
0
1km
1 海竜王寺
2 葛木寺
3 穂積寺
4 服寺
5 大中臣清麻呂邸
------は復元河川
———は現河川
囲みは本文に掲載

平城宮図

（作成：舘野和己）

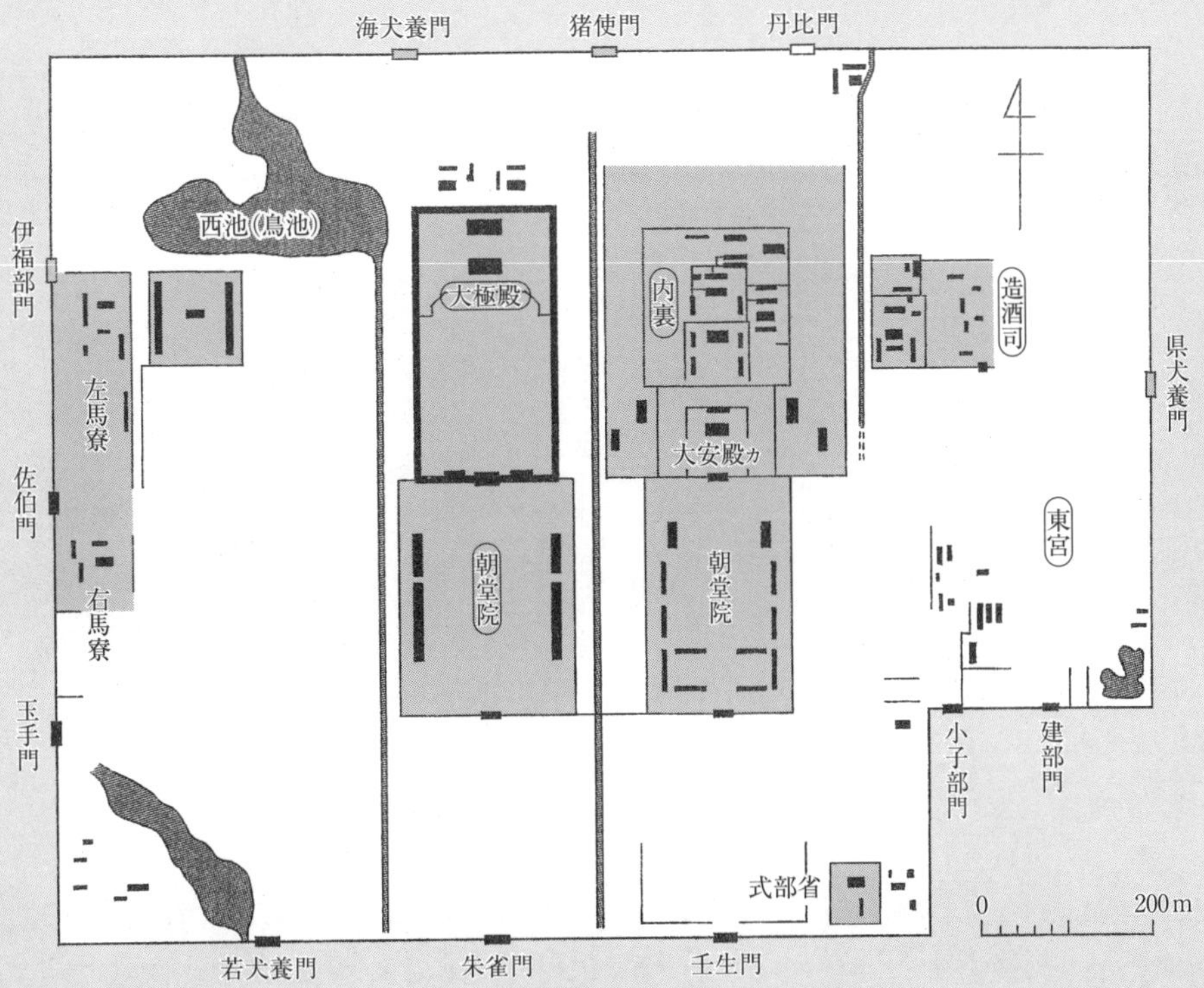

奈良時代前半

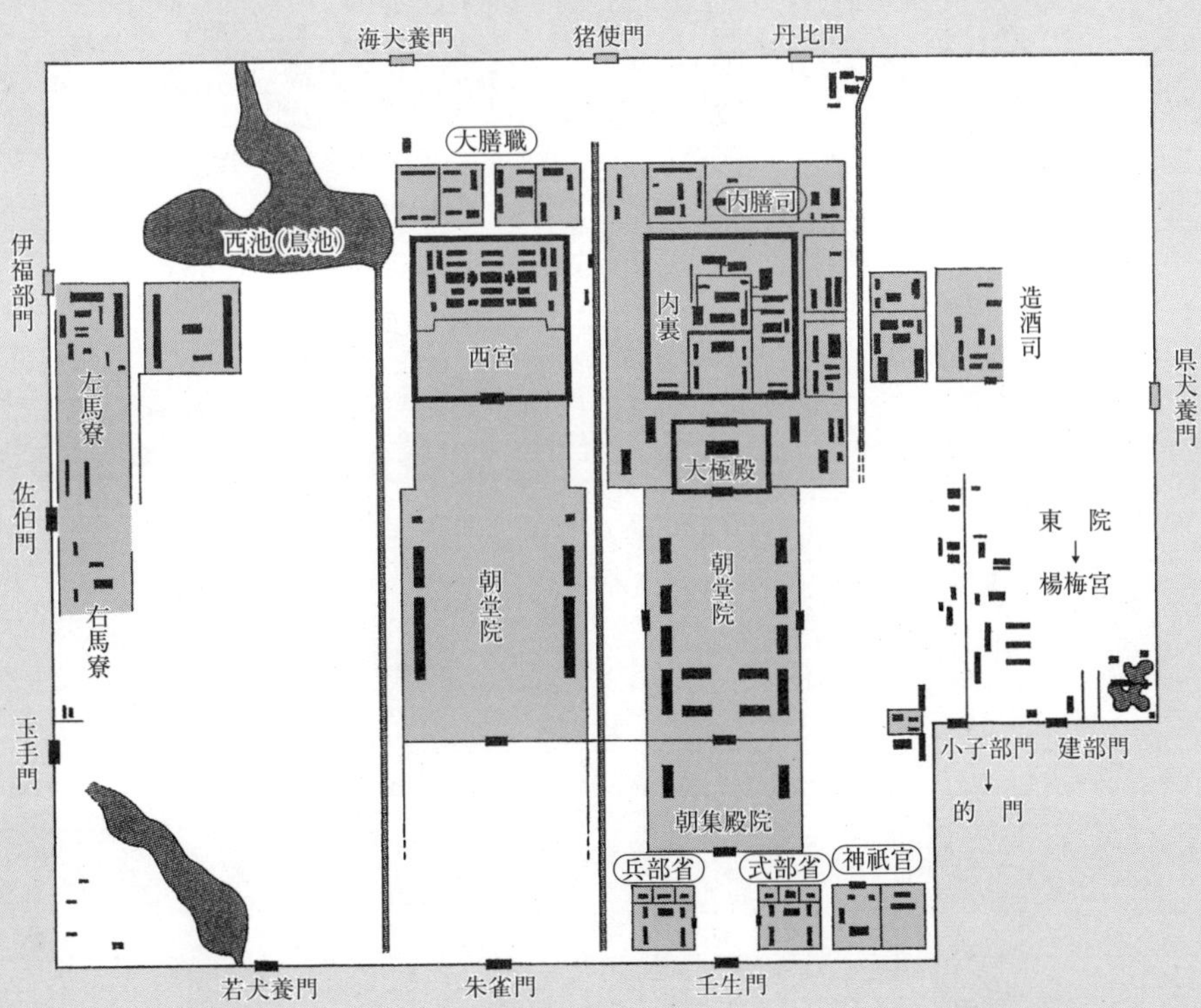

奈良時代後半

平安宮復原図

（画：梶川俊夫）

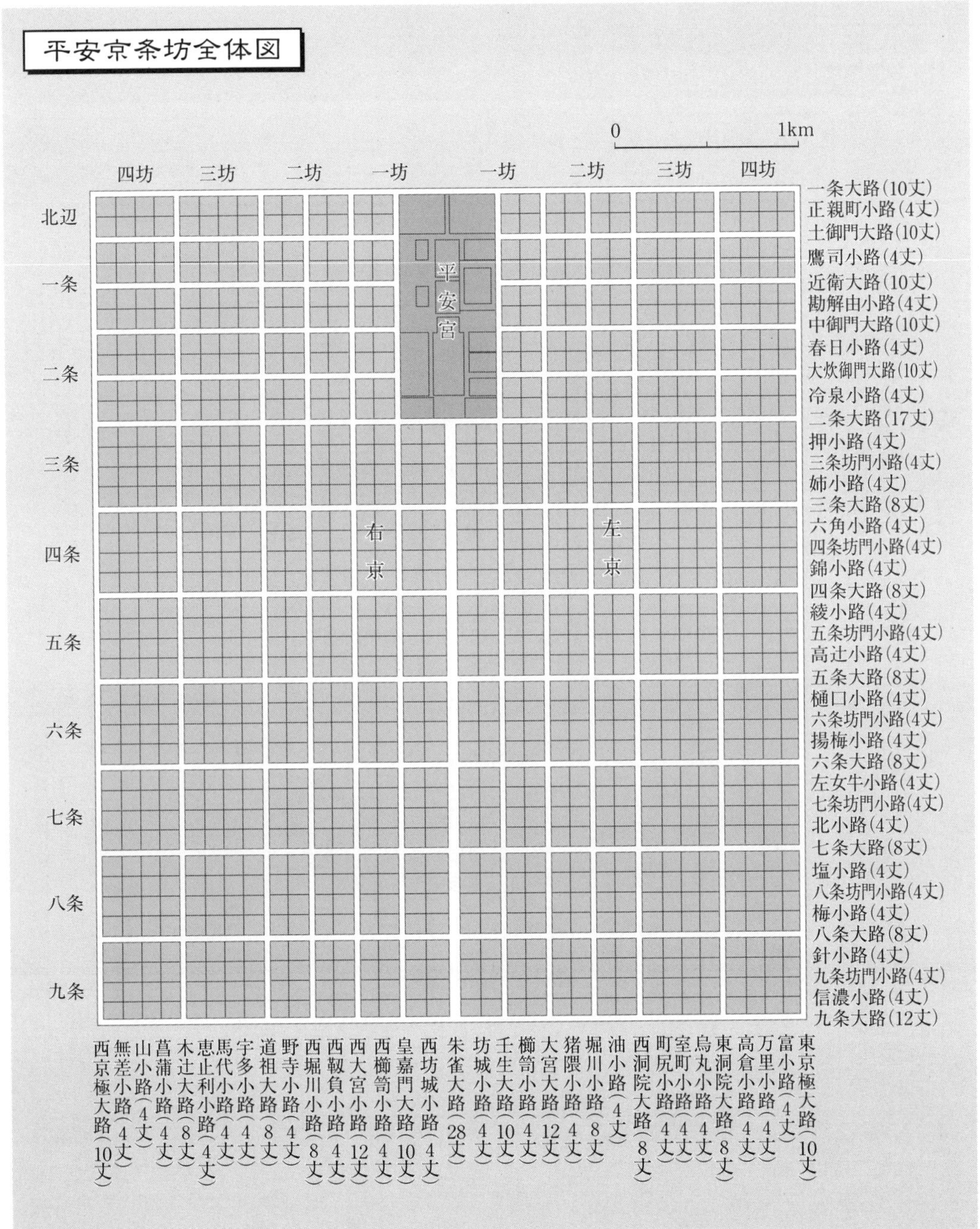
平安京条坊全体図
0
1km
四坊
三坊
二坊
一坊
一坊
二坊
三坊
四坊
北辺
一条
二条
三条
四条
五条
六条
七条
八条
九条
平安宮
右京
左京
一条大路(10丈)
正親町小路(4丈)
土御門大路(10丈)
鷹司小路(4丈)
近衛大路(10丈)
勘解由小路(4丈)
中御門大路(10丈)
春日小路(4丈)
大炊御門大路(10丈)
冷泉小路(4丈)
二条大路(17丈)
押小路(4丈)
三条坊門小路(4丈)
姉小路(4丈)
三条大路(8丈)
六角小路(4丈)
四条坊門小路(4丈)
錦小路(4丈)
四条大路(8丈)
綾小路(4丈)
五条坊門小路(4丈)
高辻小路(4丈)
五条大路(8丈)
樋口小路(4丈)
六条坊門小路(4丈)
揚梅小路(4丈)
六条大路(8丈)
左女牛小路(4丈)
七条坊門小路(4丈)
北小路(4丈)
七条大路(8丈)
塩小路(4丈)
八条坊門小路(4丈)
梅小路(4丈)
八条大路(8丈)
針小路(4丈)
九条坊門小路(4丈)
信濃小路(4丈)
九条大路(12丈)
西京極大路(10丈)
無差小路(4丈)
山小路(4丈)
菖蒲小路(4丈)
木辻大路(8丈)
恵止利小路(4丈)
馬代小路(4丈)
宇多小路(4丈)
道祖大路(8丈)
野寺小路(4丈)
西堀川小路(8丈)
西靫負小路(4丈)
西大宮小路(12丈)
西櫛笥小路(4丈)
皇嘉門大路(10丈)
西坊城小路(4丈)
朱雀大路(28丈)
坊城小路(4丈)
壬生大路(10丈)
櫛笥小路(4丈)
大宮大路(12丈)
猪隈小路(4丈)
堀川小路(8丈)
油小路(4丈)
西洞院大路(8丈)
町尻小路(4丈)
室町小路(4丈)
烏丸小路(4丈)
東洞院大路(8丈)
高倉小路(4丈)
万里小路(4丈)
富小路(4丈)
東京極大路(10丈)

平安京条坊全体図　(出典：財団法人古代學協會・古代学研究所編『平安京提要』)

大内裏

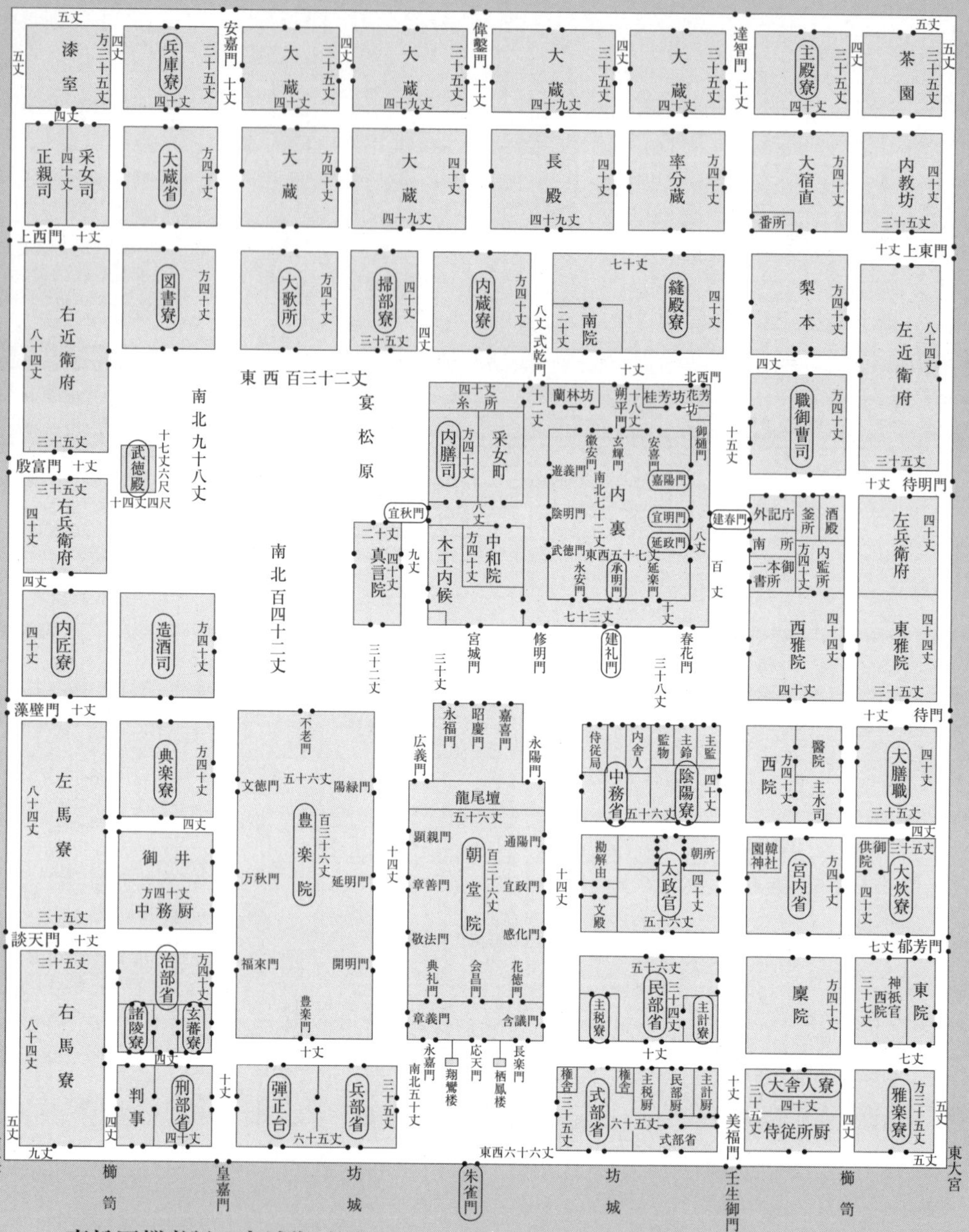

裏松固禅考証　宮城復元図　（出典：財団法人古代學協會・古代学研究所編『平安京提要』）

⬭囲みは本文に掲載

内　裏

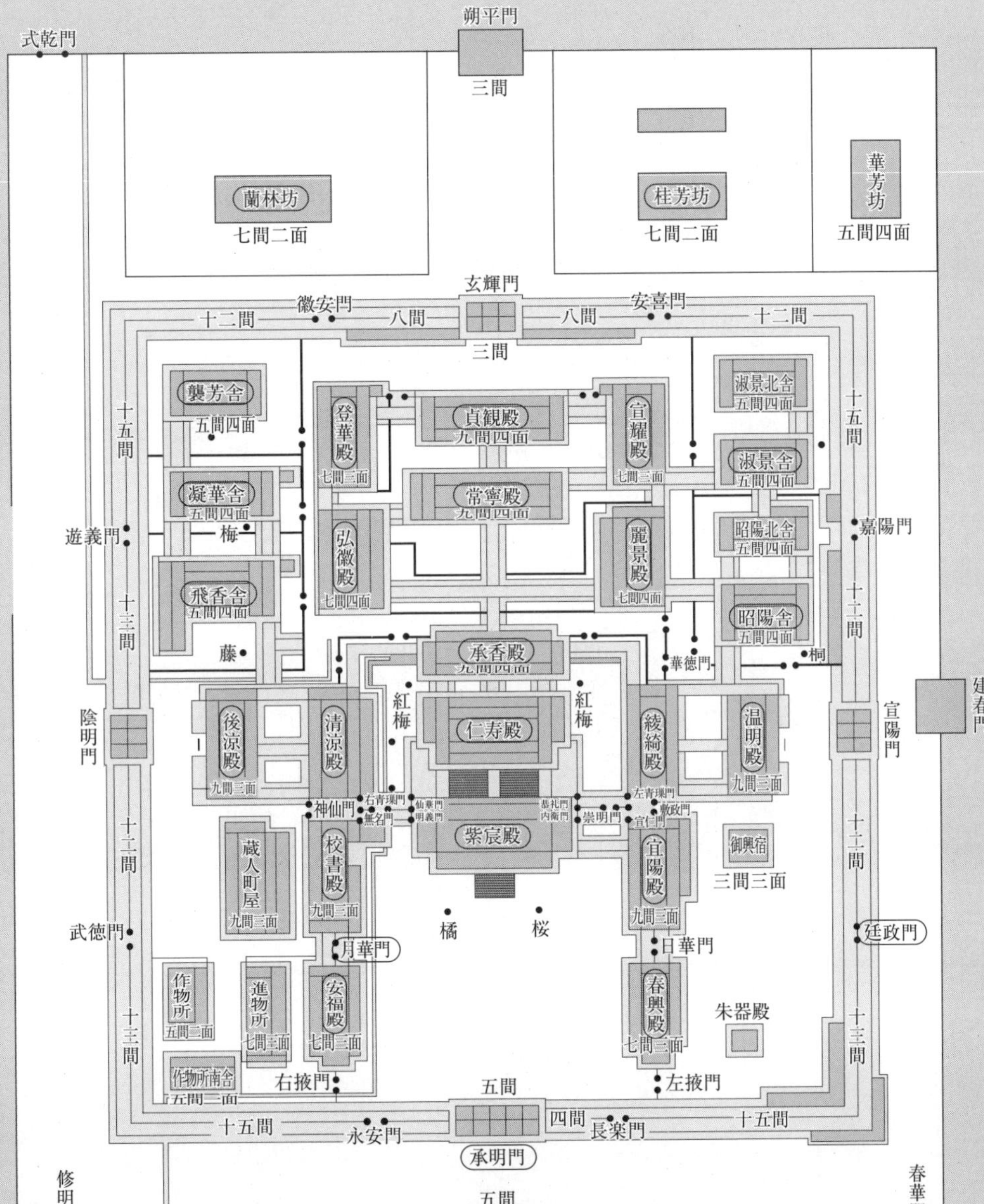

内裏図（出典：財団法人古代學協會・古代学研究所編『平安京提要』）

（囲み）囲みは本文に掲載

清涼殿

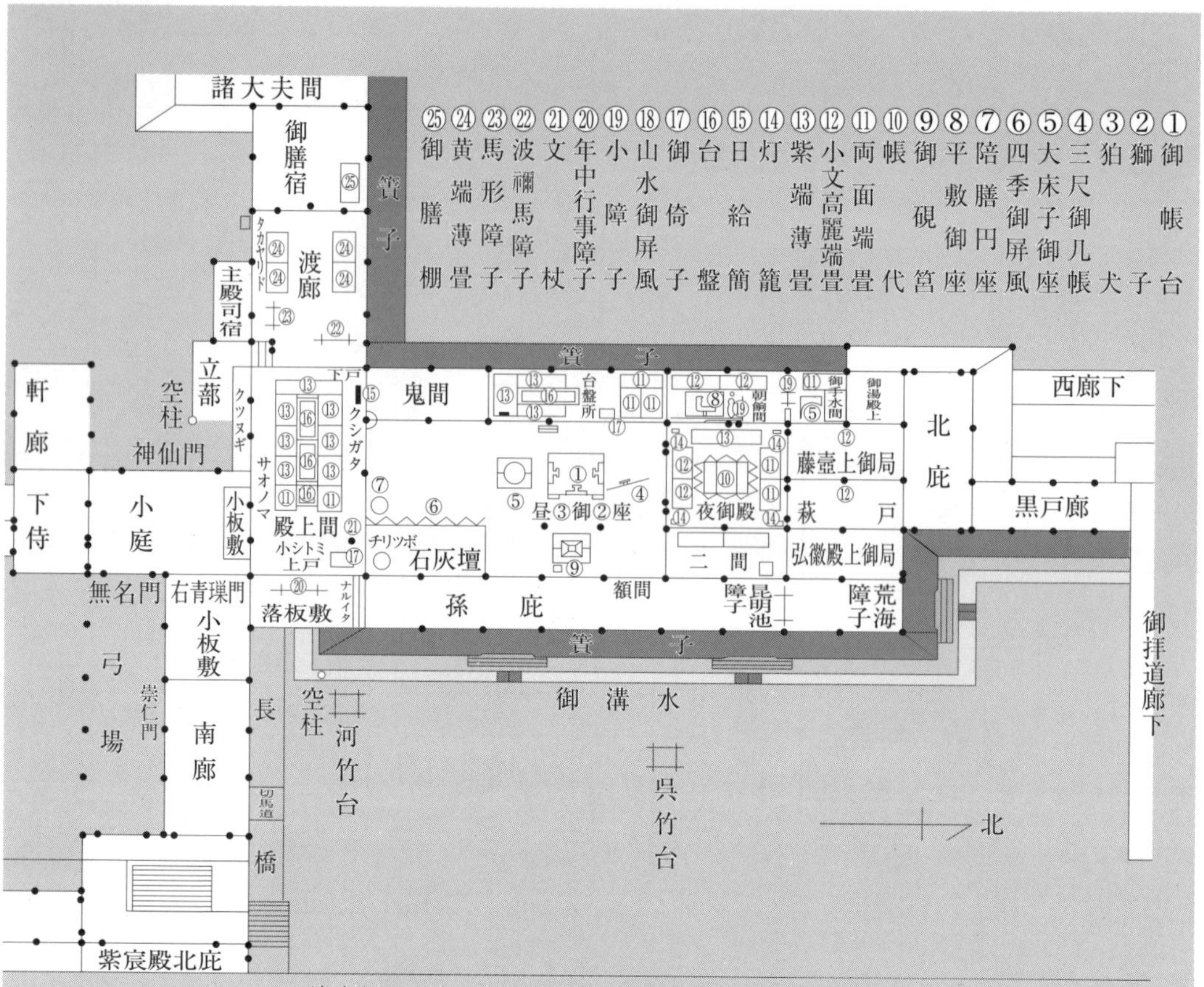

清涼殿図Ⅰ（寛政復古清涼殿舗設図）（島田武彦『近世復古清涼殿の研究』思文閣出版より）

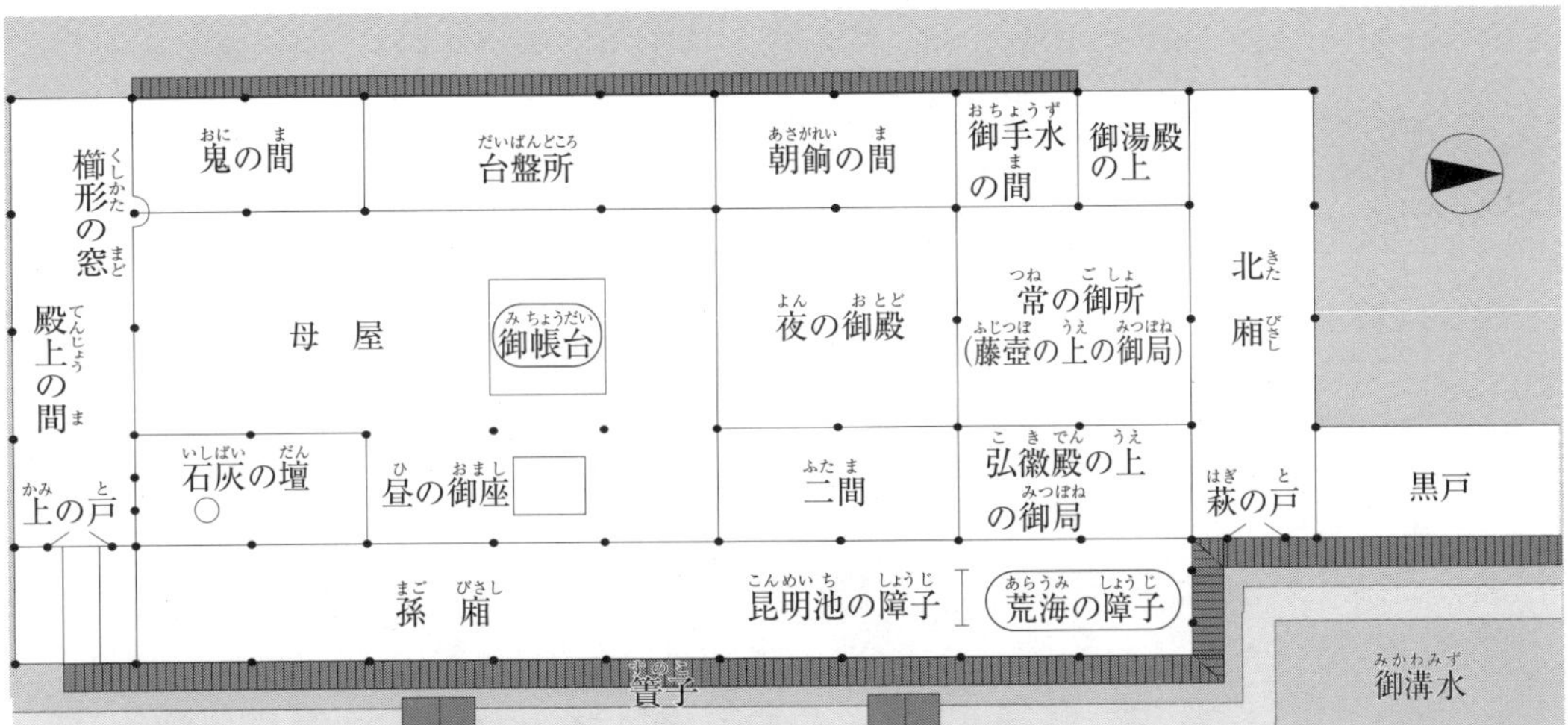

清涼殿図II(平安時代の清涼殿想定図)(島田武彦「萩の戸について」『日本建築学会大会学術講演梗概集(計画案)昭和46年度』によって作成。「萩の戸」は北廂東面妻戸の称であったという)

囲みは本文に掲載

平安京邸宅配置概略図（中期）

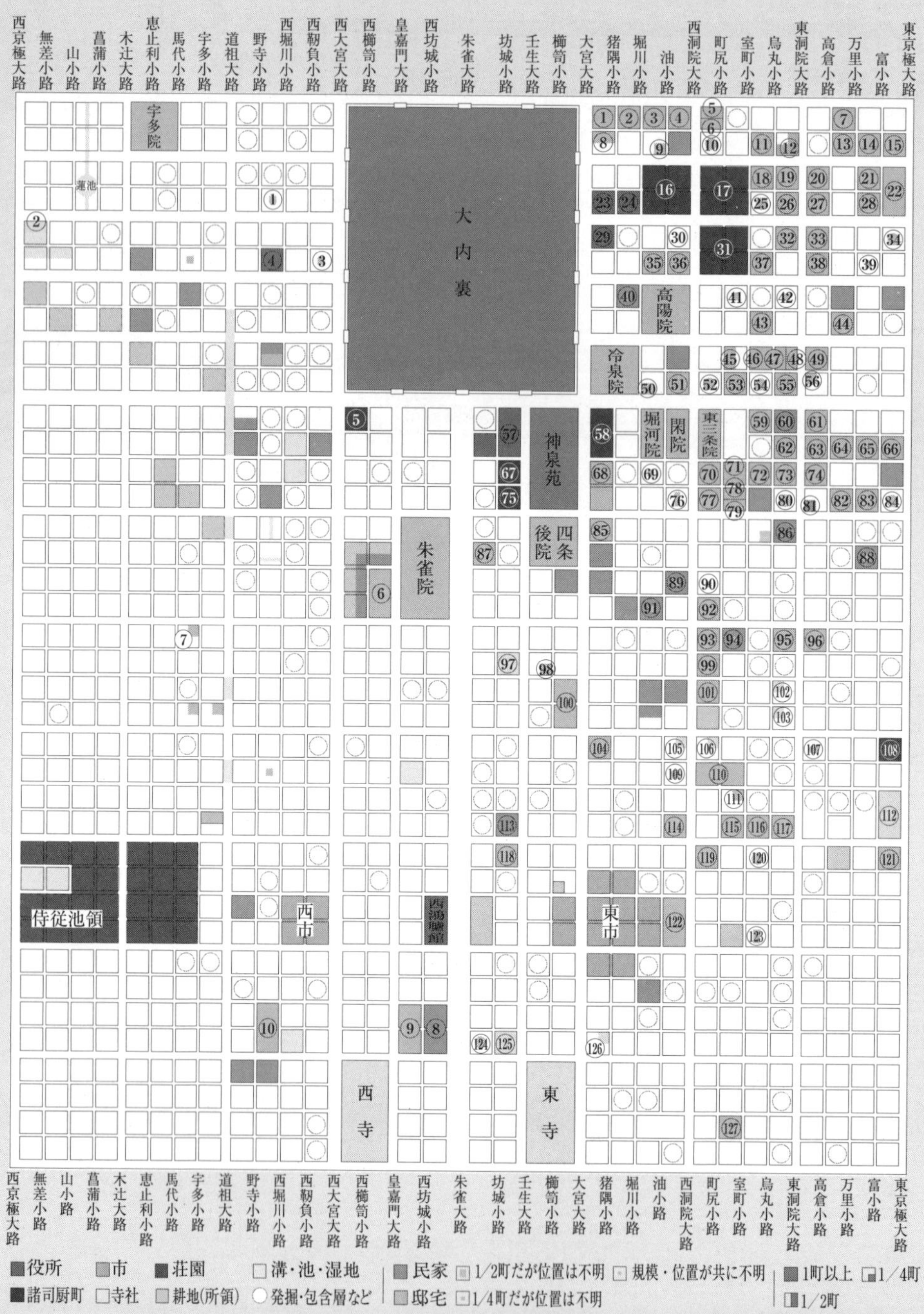

（京都市歴史資料館作成）

平　安　中　期

左　京

❶藤原師輔「一条殿」→伊尹・為光→為光女→佐伯公行→東三条院「一条院」
❷一条院「東院」→「別納」
❸藤原倫寧邸→藤原道綱母→源頼光「山里庵」
❹源政長邸
❺藤原道綱母「一条第」
❻藤原斉敏邸
❼藤原道長「一条第」(「一条殿」)
❽「一条院」敷地
❾源重文邸？
❿安倍晴明邸・藤原安親・藤原清通・藤原時姫邸
⓫藤原資良邸
⓬采女町
⓭源雅実「土御門亭」→前斎院禎子内親王御所
⓮藤原良房「染殿」→具平親王「土御門第」
⓯「染殿」(6.7町→7町→7町北半分) 南半分に「清和院」(清和上皇後院)
⓰左近衛町
⓱左衛門町
⓲源師時邸
⓳源雅信？「棗院」
⓴高階業遠→藤原道長「高倉殿」→頼通
㉑源倫子「鷹司殿」
㉒藤原道長「土御門殿」(京極殿)
㉓左衛門府(獄・弓場)
㉔検非違使庁
㉕藤原安親邸ほか小規模邸宅
㉖藤原仲平「枇杷殿」
㉗花山院別納
㉘藤原惟憲「陽明門第」
㉙修理職・同曹子
㉚囚獄司・東獄
㉛修理職町
㉜「小一条第」(「東一条第」)→敦明親王「小一条院」
㉝「東一条第」→花山上皇「花山院」
㉞紀貫之邸？
㉟藤原時平「本院」
㊱「滋野井第」(藤原公成→藤原茂子→藤原成通)
㊲「菅原院」(菅原是善→類子)
㊳「東一条第」敷地→花山院南町
㊴紀貫之「桜町」・藤原経房邸
㊵源師忠母邸
㊶藤原共政邸
㊷源能有「近院」(「石井」)
㊸藤原隆家「大炊御門第」→藤原実資「小野宮北宅」
㊹藤原遠規「高倉第」
㊺「小野宮」西厨町
㊻藤原実資「小野宮」
㊼小野宮東町(少将井)
㊽藤原通任邸(藤原娍子御領)
㊾源是輔邸→源扶義→藤原兼隆
㊿高階明順邸
51「陽成院」
52藤原通任邸・藤原成忠邸(藤原娍子御領)
53藤原道兼「町尻殿」(二条殿)
54小野宮南町→陽明門院禎子内親王御所
55藤原道長「小二条殿」
56「僧都殿」(悪所)
57大学寮
58木工町？
59藤原祇子邸→藤原師実
60義観上人車宿・藤原実資「二条第」？
61藤原師尹→源俊賢「山吹殿」→藤原教通「小二条殿」
62源泰清邸→資子内親王御所→三条天皇「三条院」→菅原孝標邸
63藤原定子「竹三条宮」→「小二条殿」に合併
64藤原定方「大西殿」
65藤原定方「中西殿」(「山井西殿」)
66藤原定方「山井殿」
67弘文院？
68「御子左第」
69「蚊松殿」(「逸勢社」)
70源高明「高松殿」
71冷泉上皇「鴨院」(「鴨井殿」)
72陽明門院御所・藤原家成邸
73藤原教通邸
74在原業平邸
75勧学院
76藤原朝成「鬼殿」
77藤原頼忠「三条殿」？
78藤原伊周「二条第」
79藤原定子「二条宮」
80藤原済家邸・藤原家通邸
81「鬼殿」(悪所)
82藤原保輔邸
83陽明門院禎子内親王「三条万里小路第」
84藤原敦基邸・頼尊律師宿房
85藤原頼忠「三条院」
86六角堂・民家
87大江公仲邸
88高階章行邸
89藤原為兼邸
90薬師堂？
91昭登親王御所
92藤原頼忠・公任「四条宮」
93藤原頼忠邸→藤原遵子御所「四条宮」→藤原公任→藤原頼通(後冷泉天皇里内裏)
94源雅通邸
95藤原忠平「西五条第」
96藤原順子御所→藤原忠平→藤原穏子「東五条院」(「東五条第」)
97壬生忠岑邸→壬生寺
98源義親邸
99菅原道真「紅梅殿」
100「後院地」？
101菅原是善「白梅殿」
102祇園大政所(祇園感神院御旅所)
103因幡堂平等寺
104藤原彰子「六条第」
105五条天神社
106道祖神社
107藤原季仲邸・藤原隆時邸
108「崇親院」
109源頼義「みのわ堂」
110具平親王「千種殿」→大江匡房「江家文庫」？
111慶滋保胤「池亭」
112「河原院」
113源(多田)行実阿弥陀堂
114孚子内親王「桂宮」
115源顕房「六条殿」(「六条池亭」)
116敦明親王「南院」(「東京六条第」)
117宇多上皇「中六条院」(「六条院」)
118大江公仲「美福地」
119源義家邸→源頼義「六条若宮」(六条八幡・左女牛八幡)
120大中臣輔親「海橋立」
121河原院御倉町？
122宇多上皇「亭子院」→寺院
123藤原実季「七条亭」？(七条水閣)
124源経基「六の宮」？
125源経基霊廟「六孫王神社」
126稲荷神社旅所
127藤原師輔「九条殿」

右　京

❶大蔵史生・宗岡高助邸
❷今宮神社
❸「井殿」
❹西獄(右獄)
❺学館院
❻源高明「西宮」
❼藤原邦恒御堂
❽大将町
❾右近衛大将・藤原保忠「大将町第」
❿大納言・源昇「小八条第」

唐長安城の都市プラン

妹尾達彦

本図は、唐初の長安城の都市プランを示す。唐長安城は、隋大興城の建築構造をそのまま引き継いだので、隋大興城時代の都市プランも、本図と基本的に変わらない。宮殿の名称（隋は大興城、唐は太極宮）等を変更した他は、唐長安城は、隋大興城を継承する。

図のように、新しい長安城は、禁苑・宮城・皇城・外郭城の四部分よりなる。ただ、本図で最初に目に付くのが、新唐長安城（隋大興城）が、漢代以来の歴代王朝が使用した旧長安城を、禁苑の中に包みこんでいる事実である。この造営の目的は、象徴的には、隋唐王朝が、漢代の古典文化を継承するとともに、漢代以来の諸王朝の遺産を超越する王朝であることを宣言することにある。機能的には、旧長安城を内包する禁苑が、軍事的にも行政的にも、宮殿の防御や政治運営の上で、利用価値が高かったからである。禁苑では、しばしば皇帝と臣下による狩猟が行われ、儀礼的な軍事教練が繰り返され、旧長安城の宮殿では、特別な臣下を招いて宴会が開催された。宮殿の北門・玄武門には、唐朝最強の皇帝親衛隊が駐屯した。

旧長安城を包みこんだ、この新しい長安城は、象徴的には、皇帝の居住する宮殿（太極殿）の中心性を顕示するために建築されている。宮城とは、皇帝の居住する空間をさし、皇帝が起居して政治を行う「太極宮」、皇太子が居住して皇帝の仕事を学ぶ「東宮」、皇后の居住する「掖庭宮」、数百万石の穀物を常時貯蔵する巨大な穀物倉庫「太倉」からなる。宮殿の南に隣接する「皇城」とは、皇帝のもとで政治を行う官庁街である。ここには、数万人の近衛兵も駐屯した。「外郭城」は、官人や一般人、商人等の住む区画である。

長安城の中核に位置する太極殿（隋の大興殿）は、その名称（太極＝宇宙の始原）のとおり、宇宙の淵源に御す天帝の居所と直結した場所と観念された。そのために、太極殿は、天帝の命を受けた地上でただ一人の男性が、天子―皇帝となって、天と地を媒介して宇宙の運行にのっとる政治を行う、世界の中心点とみなされたわけである。

その天帝をかこむ天上の星座や太陽・月をまつる祭壇が、長安城の外郭城の外に造られ、長安城を包みこんでいる。外郭城の羅城は高さ数メートルの低さで、軍事的には大きな意味を持たず、国家儀礼上、長安城内と城外を区別するための儀礼の境界線としての意味が重要だった。その意味において、長安は、なによりも宇宙の都であり、普遍性を象徴する都だったのである。

図のように、長安は、太極殿を起点に南北にのびる軸線（承天門街―朱雀門街）の大街をはさみ、代表的な政治・経済・宗教施設が、方形の格子状に対称的にならぶ、整然とした建築構造となっていた。左右対称の配置は、基本的に、儒教の陰陽思想にもとづいており、陽に相当する建築物が大街の東側、陰が西側に配される。たとえば、皇太子（男性―陽）の東宮は東、皇后（女性―陰）の掖庭宮（後宮）は西に配置した。つまり、陰陽の秩序を超越すると同時に、天と地を媒介できる唯一の存在が、天子―皇帝の宮殿だったのである。

【参考文献】妹尾達彦『長安の都市計画』（東京・講談社、二〇〇一年一〇月）。

唐長安城図

（作成：妹尾達彦）

1. 唐長安の都市プラン

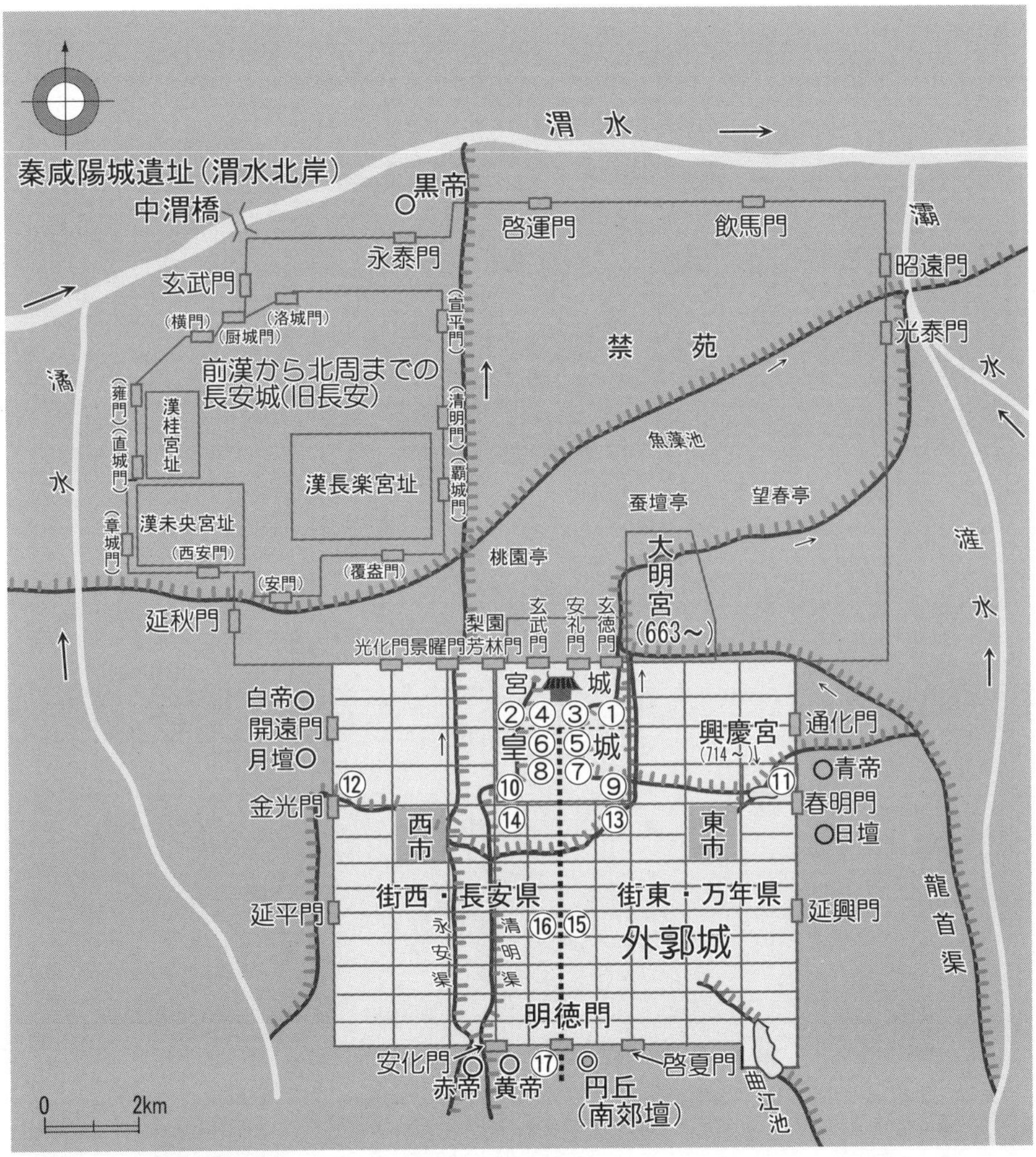

- 太極殿
- 都市プランと王朝儀礼の中軸線
- ◎ 円丘
- ① 東宮
- ② 掖庭宮（後宮）
- ③ 門下省（左・東）
- ④ 中書省（右・左）
- ⑤ 左朝堂
- ⑥ 右朝堂
- ⑦ 左衛（中央禁軍）
- ⑧ 右衛（同上）
- ⑨ 太廟（左祖）
- ⑩ 大社（右社）
- ⑪ 禅林寺（街東・万年県の県寺）
- ⑫ 宝国寺（街西・長安県の県寺）
- ⑬ 文廟（文宣王廟<孔子廟>）
- ⑭ 武廟（武成王廟<太公望廟>）
- ⑮ 大興善寺（国寺）
- ⑯ 玄都観
- ⑰ 明徳門（五門・真中の門が皇帝専用門）

※　禁苑の正確な範囲は不明であるが、本図では、徐松『唐両京城坊考』所収「西京三苑図」と、史念海編『西安歴史地図集』（西安地図出版社、1996年）所収「唐長安県・万年県郷里分布図」の禁苑図をもとに描いた。

2. 8世紀前半の長安城——『両京新記』『長安志』所載の建築物の立地

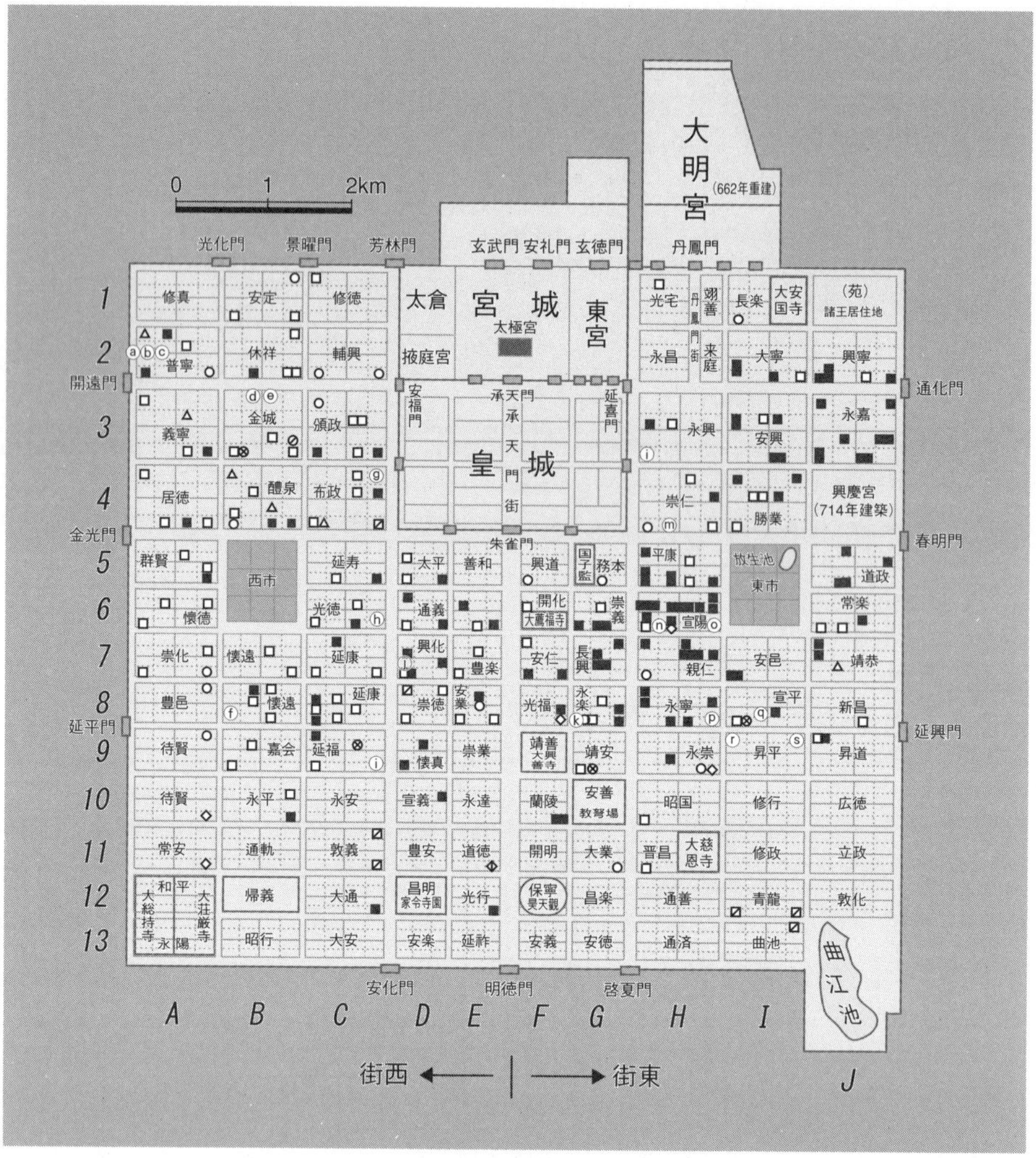

■ 官人邸宅（▬は複数の邸宅の隣接を表す）
□ 仏教寺院（⧄廃寺）
○ 道観（⊘廃観）
◇ 廟 （◈廃廟）
△ 祆祠
⊗ 折衝府

ⓐ漢大学遺址（普寧（A2）西街）
ⓑ漢辟雍遺址（大学遺址次東）
ⓒ漢明堂遺址（辟雍遺址次東）
ⓓ漢戻園遺址（金城坊1（B3）北門）
ⓔ漢博望苑遺址（戻園東南）
ⓕ長安県廨（長寿坊（B8）西南隅）
ⓖ右金吾衛（布政坊（C4）東北隅）
ⓗ京兆府廨（光徳坊（C6）東南隅）
ⓘ郯王府（玄宗長子・李.王府，
延福坊（C9）東南隅）
ⓙ邠王府（高宗第6子 章懐太子の子・李守礼王府，
興化坊（D7）邠王守礼宅南隔街）

ⓚ廃明堂県廨（永楽坊（G8）西南隅）
ⓛ左金吾衛（永興坊（H3）西南隅）
ⓜ左金吾衛（永興坊（H3）西南隅）
ⓝ皇后帰寧院（宣陽坊（H6）竇毅宅西）
ⓞ万年県廨（宣陽坊（H6）東南隅）
ⓟ京兆府籍坊（永寧坊（H8）東南隅）
ⓠ鼓吹局（宣平坊（I8）街南の西）
ⓡ東宮薬園（昇平坊（I9）西北隅）
ⓢ漢楽遊廟（昇平坊（I9）東北隅）

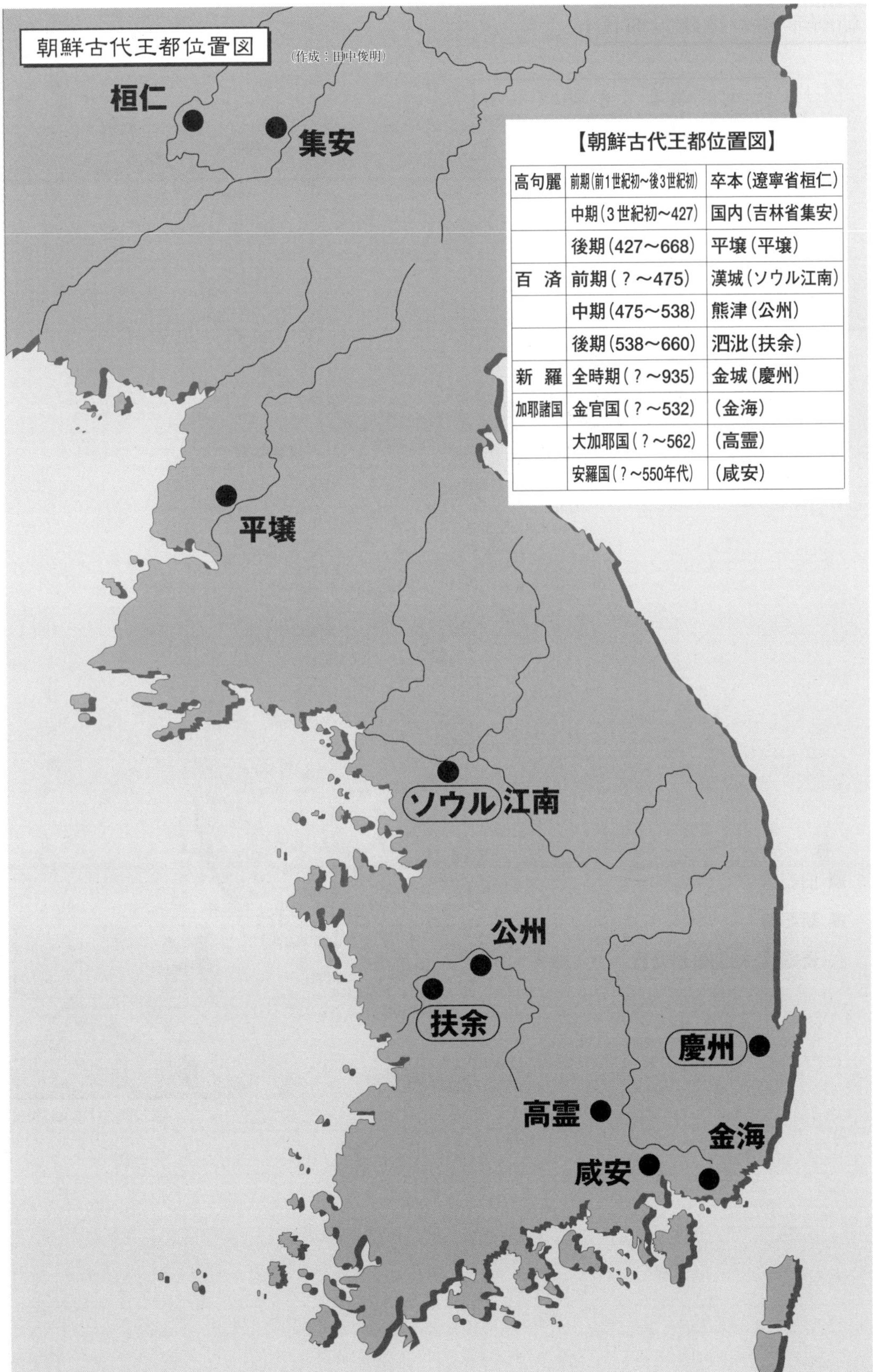

【朝鮮古代王都位置図】

高句麗	前期（前1世紀初～後3世紀初）	卒本（遼寧省桓仁）
	中期（3世紀初～427）	国内（吉林省集安）
	後期（427～668）	平壌（平壌）
百　済	前期（？～475）	漢城（ソウル江南）
	中期（475～538）	熊津（公州）
	後期（538～660）	泗沘（扶余）
新　羅	全時期（？～935）	金城（慶州）
加耶諸国	金官国（？～532）	（金海）
	大加耶国（？～562）	（高霊）
	安羅国（？～550年代）	（咸安）

◯囲みは本文に掲載

朝鮮半島の遺跡分布図

（作成：井之口　茂）

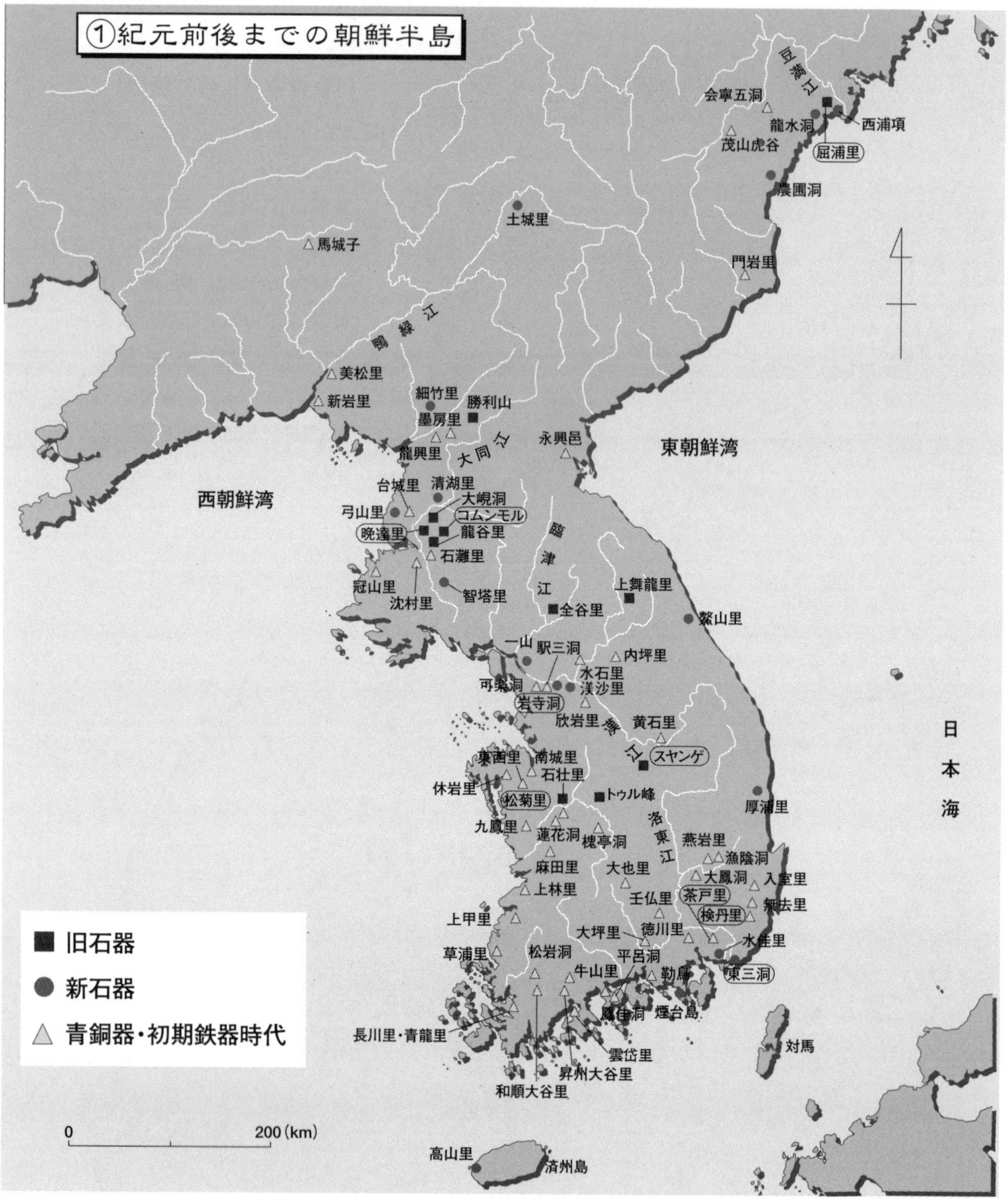

囲みは本文に掲載

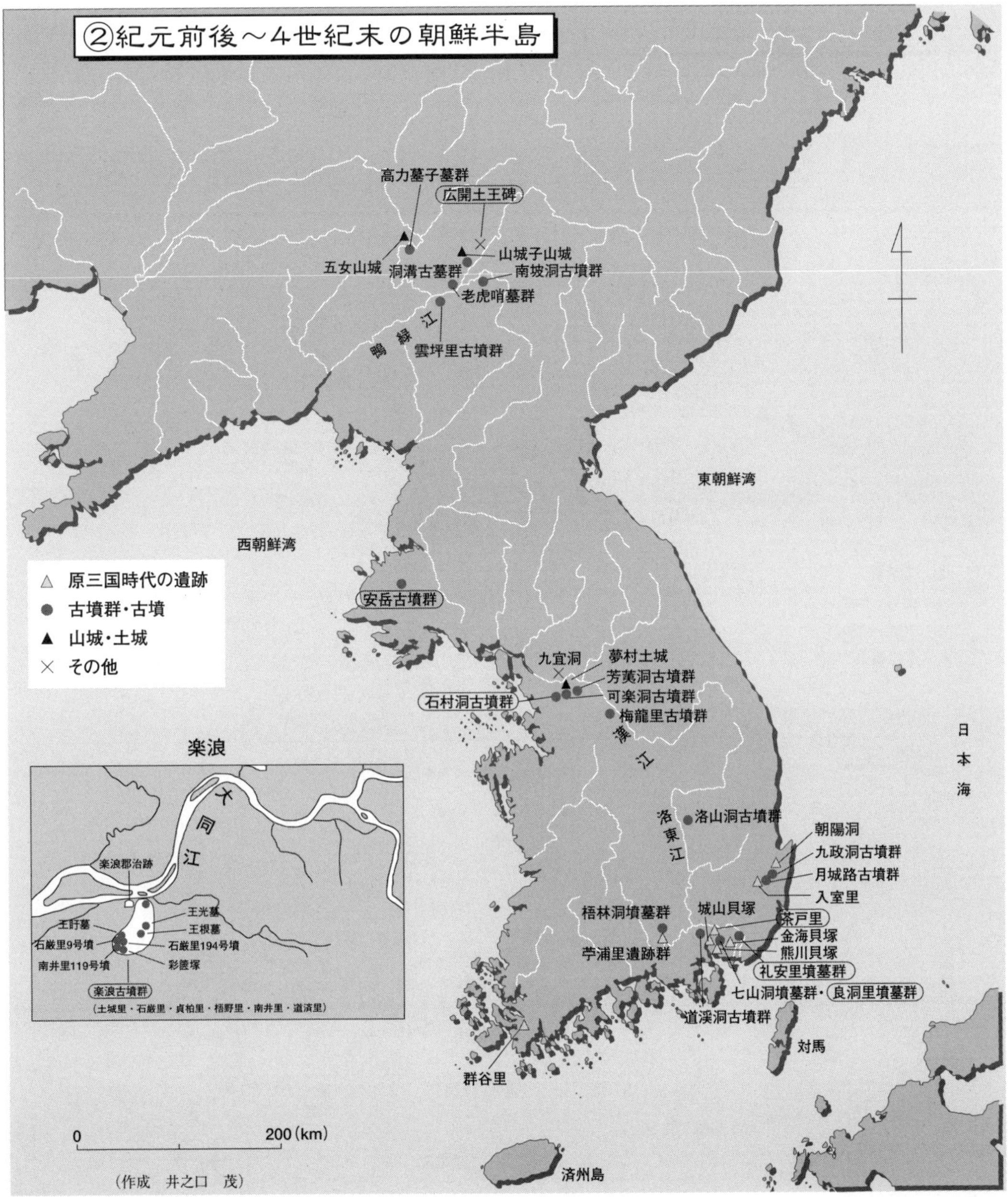

②紀元前後～4世紀末の朝鮮半島
高力墓子墓群
広開土王碑
山城子山城
五女山城
洞溝古墓群
南坡洞古墳群
老虎哨墓群
鴨緑江
雲坪里古墳群
東朝鮮湾
西朝鮮湾
△ 原三国時代の遺跡
● 古墳群・古墳
▲ 山城・土城
× その他
安岳古墳群
九宜洞
夢村土城
芳荑洞古墳群
可楽洞古墳群
石村洞古墳群
梅龍里古墳群
漢江
日本海
楽浪
大同江
楽浪郡治跡
王光墓
王盱墓
王根墓
石巌里9号墳
石巌里194号墳
南井里119号墳
彩篋塚
楽浪古墳群
(土城里・石巌里・貞柏里・梧野里・南井里・道済里)
洛山洞古墳群
洛東江
朝陽洞
九政洞古墳群
月城路古墳群
入室里
梧林洞墳墓群
城山貝塚
茶戸里
金海貝塚
熊川貝塚
苧浦里遺跡群
礼安里墳墓群
七山洞墳墓群・良洞里墳墓群
道渓洞古墳群
対馬
群谷里
0
200 (km)
(作成　井之口　茂)
済州島

囲みは本文に掲載

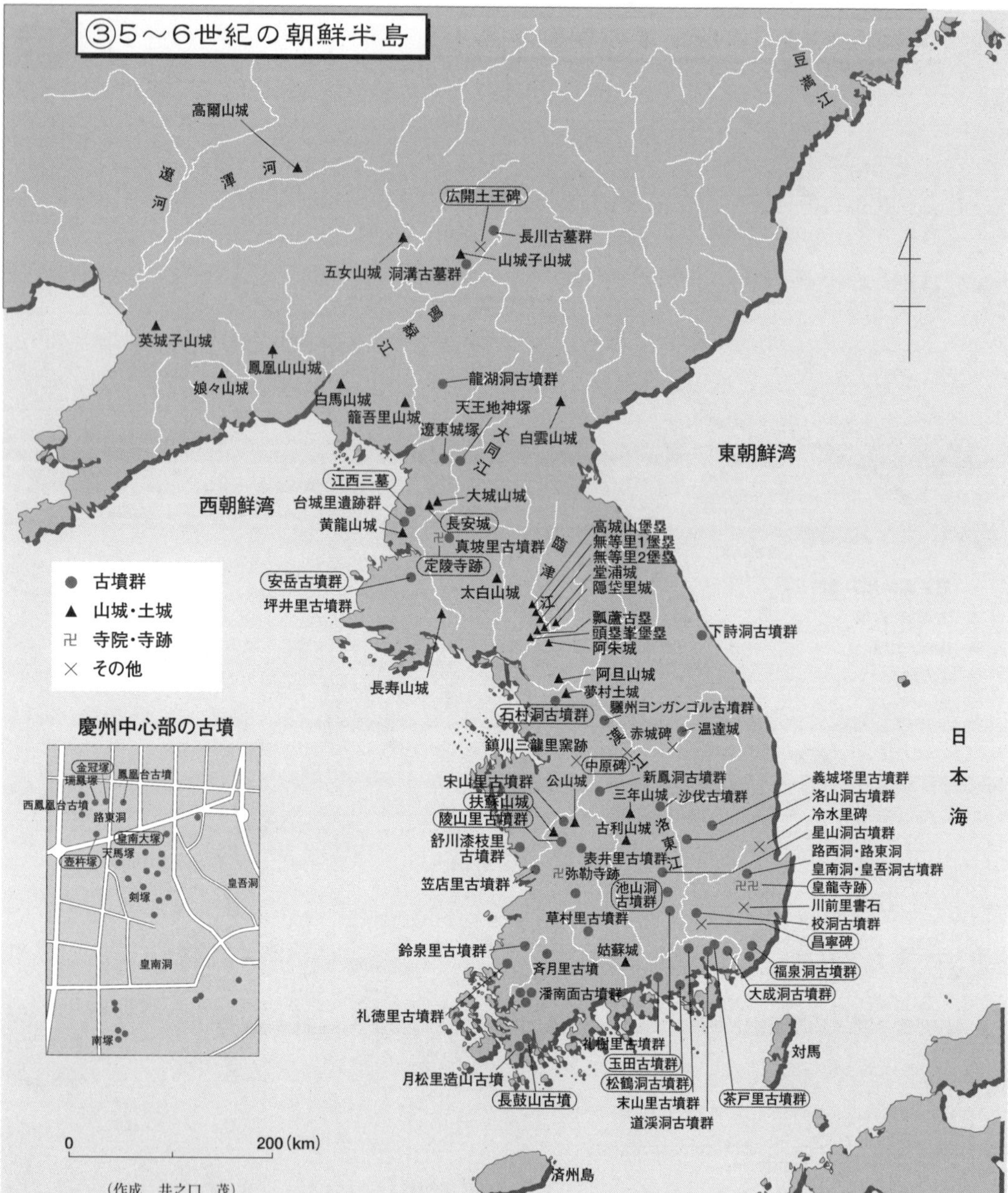
③5～6世紀の朝鮮半島
高爾山城
遼河
渾河
豆満江
広開土王碑
長川古墓群
山城子山城
五女山城
洞溝古墓群
鴨緑江
英城子山城
鳳凰山山城
娘々山城
白馬山城
龍湖洞古墳群
籠吾里山城
天王地神塚
遼東城塚
大同江
白雲山城
東朝鮮湾
西朝鮮湾
江西三墓
台城里遺跡群
大城山城
黄龍山城
長安城
真坡里古墳群
定陵寺跡
安岳古墳群
坪井里古墳群
太白山城
長寿山城
高城山堡塁
無等里1堡塁
無等里2堡塁
堂浦城
隠垈里城
臨津江
瓢蘆古塁
頭塁峯堡塁
阿朱城
下詩洞古墳群
阿旦山城
夢村土城
石村洞古墳群
驪州ヨンガンゴル古墳群
赤城碑
温達城
漢江
鎮川三龍里窯跡
中原碑
新鳳洞古墳群
宋山里古墳群
公山城
扶蘇山城
陵山里古墳群
三年山城
沙伐古墳群
古利山城
洛東江
舒川漆枝里古墳群
表井里古墳群
弥勒寺跡
笠店里古墳群
池山洞古墳群
草村里古墳群
義城塔里古墳群
洛山洞古墳群
冷水里碑
星山洞古墳群
路西洞・路東洞
皇南洞・皇吾洞古墳群
皇龍寺跡
川前里書石
校洞古墳群
昌寧碑
福泉洞古墳群
大成洞古墳群
鈴泉里古墳群
斉月里古墳
姑蘇城
潘南面古墳群
礼徳里古墳群
松鶴里古墳群
玉田古墳群
松鶴洞古墳群
末山里古墳群
道渓洞古墳群
茶戸里古墳群
月松里造山古墳
長鼓山古墳
対馬
済州島
日本海
古墳群
山城・土城
寺院・寺跡
その他
慶州中心部の古墳
金冠塚
瑞鳳塚
鳳凰台古墳
西鳳凰台古墳
路東洞
皇南大塚
天馬塚
壺杅塚
剣塚
皇吾洞
皇南洞
南塚
0
200 (km)
（作成　井之口　茂）

囲みは本文に掲載

④7～10世紀の朝鮮半島
仁渓里土城
豆満江
五国山城
弓心古墳群
富居古墳群
長淵山城
会文里建築跡
芝芳里土城
花台旌門里
関心寺跡
荷坪遺跡
城山里土城
鴨緑江
青海土城
居山城
平山城
坪里古墳群
中興里
梧梅里建築跡
大同江
橋城里土城
東朝鮮湾
西朝鮮湾
平壌
臨津江
■ 国都
□ 新羅の小京・州都
● 古墳群・古墳
▲ 山城・土城
卍 寺跡
× その他遺跡
洛山寺
広照寺跡
開城
朔州
溟州
二聖山城
北原小京
月精寺
崛山寺
興寧寺跡
漢州
漢江
温達城
浮石寺
丹陽赤城
修徳寺
西原小京
中原小京
鳳厳寺
上党山城
尚州
聖住寺跡
熊州
泗沘
金城
冷水里古墳群
北兄山城
東川洞古墳群
聖興山城
乾芝山城
金馬猪土城
松林寺
洛東江
感恩寺跡
遠願寺跡
五金山城
全州
海印寺
関門城
東固山城
牧馬山城
桐華寺
符仁寺跡
金山寺
実相寺
蛟龍山城
南原小京
康州
通度寺
良州
武州
東原小京（金官小京）
鳳林寺跡
大耶城
断俗寺跡
双谿寺
華厳寺
泰安寺
清海鎮跡
武珍古城
対馬
済州島
日本海
慶州
金丈里瓦窯跡
東山里土器窯跡
錫杖寺跡
雁鴨池（東宮跡）
掘仏寺跡
東川洞古墳群
栢栗寺
鍪蔵寺跡
城東洞遺跡
芬皇寺
金庾信墓
憲徳王陵
明活山城
興輪寺跡
千軍洞廃寺
西兄山城
普門洞古墳群
金尺里古墳群
武烈王陵
皇龍寺跡
霊廟寺跡
月城
四天王寺跡
南山
新城
石仏寺跡
都堂山土城
仏国寺（石窟庵）
南山土城
茸長寺跡
望徳寺跡
九政洞方形墳
山城
寺院・寺跡
王陵・古墳群
窯跡
王京関係遺跡
天龍寺跡
甘山寺跡
望星里瓦窯跡
掛陵
崇福寺跡
0
200（km）
（作成　井之口　茂）

囲みは本文に掲載

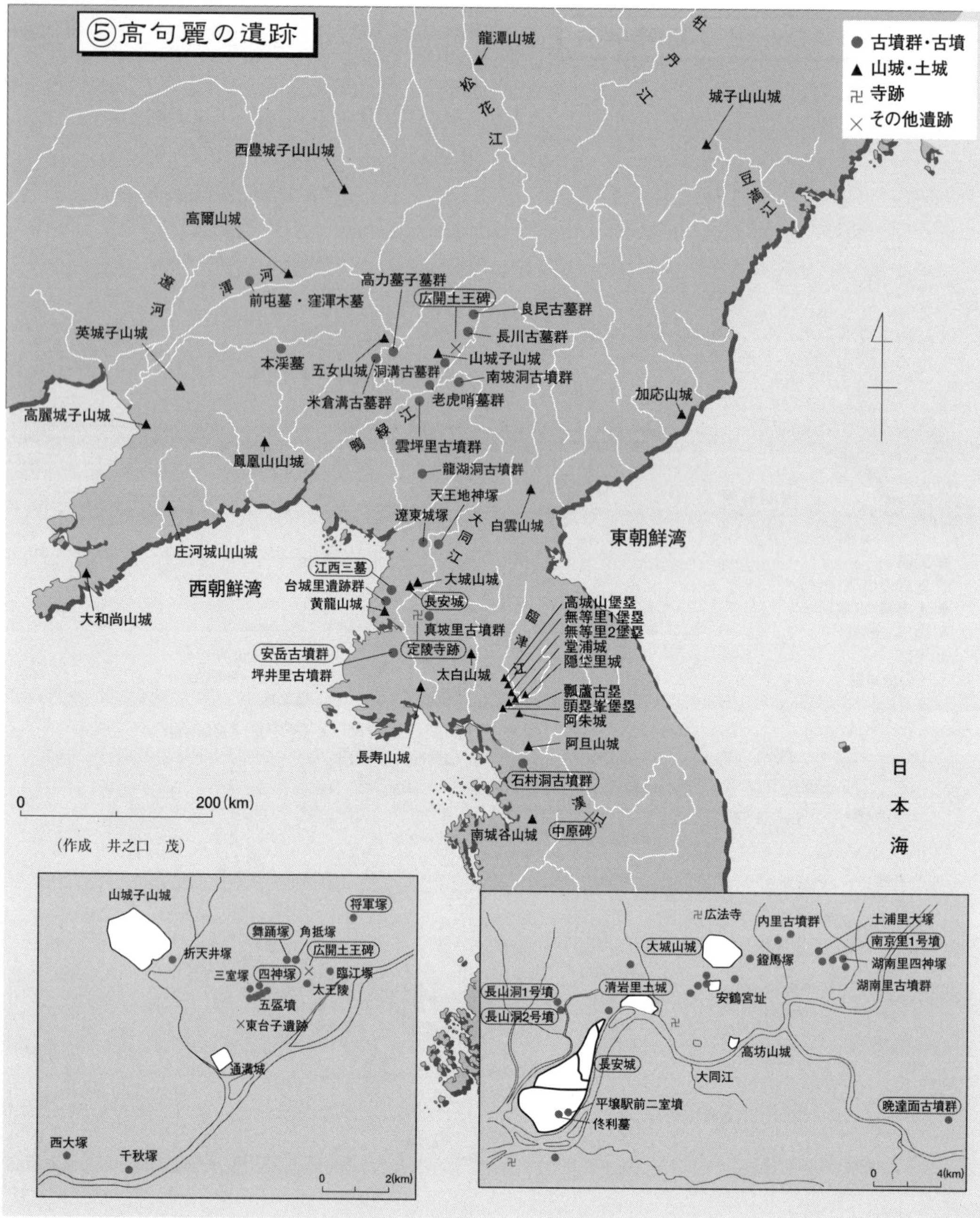
⑤高句麗の遺跡
古墳群・古墳
山城・土城
寺跡
その他遺跡
龍潭山城
松花江
牡丹江
城子山山城
西豊城子山山城
豆満江
高爾山城
遼河
渾河
前屯墓・窪渾木墓
高力墓子墓群
広開土王碑
良民古墓群
長川古墓群
英城子山城
本渓墓
五女山城
洞溝古墓群
山城子山城
南坡洞古墳群
米倉溝古墓群
老虎哨墓群
加応山城
高麗城子山城
鴨緑江
雲坪里古墳群
鳳凰山山城
龍湖洞古墳群
天王地神塚
遼東城塚
大同江
白雲山城
東朝鮮湾
庄河城山山城
江西三墓
大城山城
西朝鮮湾
台城里遺跡群
長安城
黄龍山城
大和尚山城
真坡里古墳群
臨津江
高城山堡塁
無等里1堡塁
無等里2堡塁
堂浦城
隠岱里城
安岳古墳群
定陵寺跡
坪井里古墳群
太白山城
瓢蘆古塁
頭塁峯堡塁
阿朱城
阿旦山城
長寿山城
石村洞古墳群
日本海
0
200（km）
漢江
南城谷山城
中原碑
（作成 井之口 茂）
山城子山城
将軍塚
舞踊塚
角抵塚
折天井塚
広開土王碑
三室塚
四神塚
臨江塚
太王陵
五盔墳
×東台子遺跡
通溝城
西大塚
千秋塚
0
2(km)
広法寺
内里古墳群
土浦里大塚
大城山城
南京里1号墳
鎧馬塚
湖南里四神塚
長山洞1号墳
清岩里土城
湖南里古墳群
安鶴宮址
長山洞2号墳
高坊山城
長安城
大同江
平壌駅前二室墳
佟利墓
晩達面古墳群
0
4(km)

囲みは本文に掲載

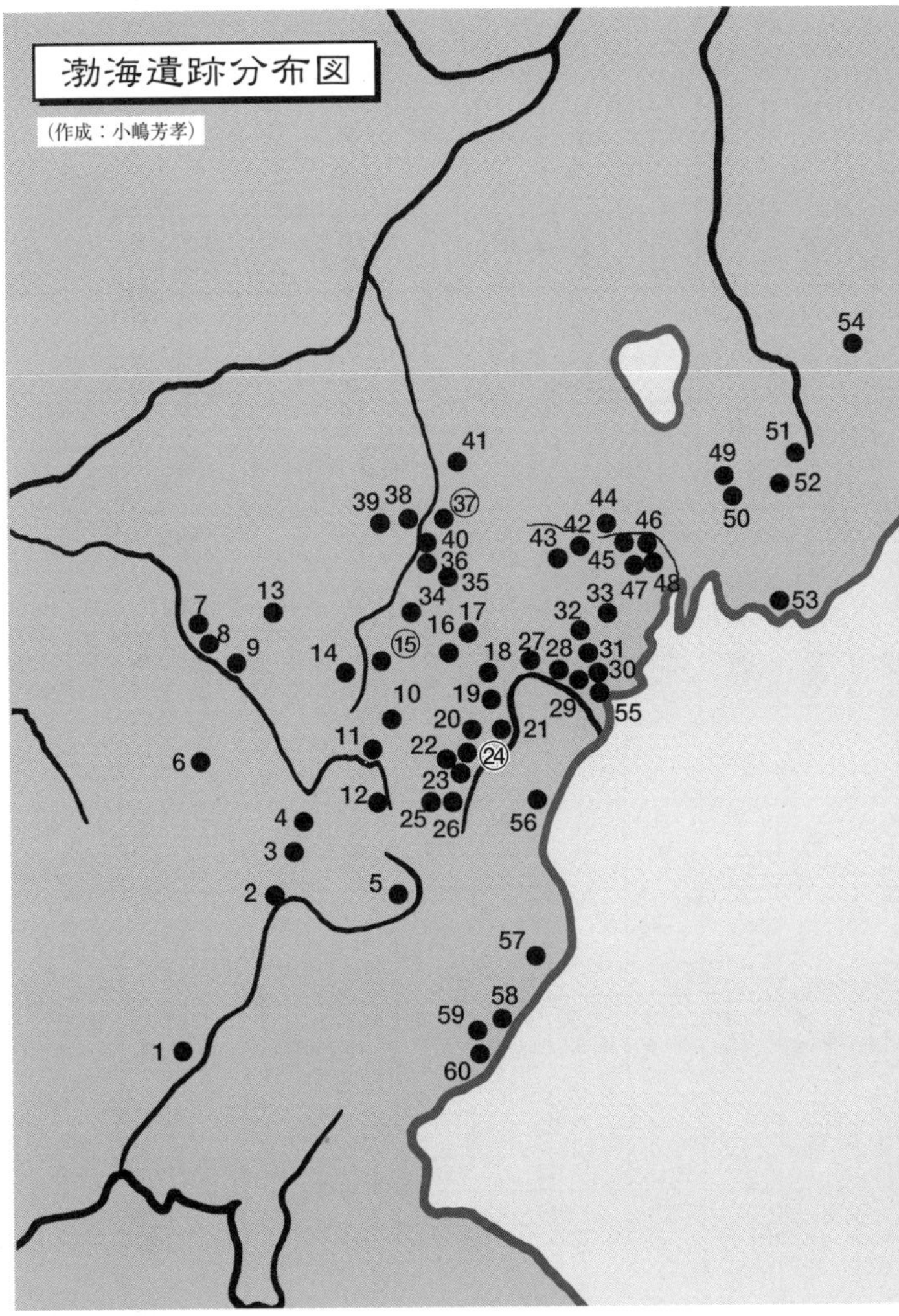

番号	遺跡名	所在地
1	国内城	中国吉林省集安市
2	臨江遺址	中国吉林省臨江市
3	永安遺址	中国吉林省渾江市
4	新安城址	中国吉林省撫松県
5	靈光塔	中国吉林省長白県
6	蘇密城	中国吉林省樺甸市
7	査里巴墓群	中国吉林省永吉県
8	大海猛墓群	
9	東団山遺跡	中国吉林省吉林市
10	東清遺址	中国吉林省安図県
11	仰臉山城	
12	宝馬城址	
13	七道河子遺址	中国吉林省蛟河市
14	城子山山城	中国吉林省敦化市
⑮	六頂山墓群	
16	太陽城址	中国吉林省竜井市
17	土城屯城址	
18	北大村城址	中国吉林省延吉市
19	英城城址	中国吉林省竜井市
20	仲坪遺址	
21	船口山城	
22	西古城	中国吉林省和竜市
23	河南屯古城	
㉔	貞孝公主墓	
25	北大墓群	
26	高産村寺廟址	
27	英義城	中国吉林省琿春市
28	八連城	
29	温特赫部城	
30	石頭河子土城	
31	薩其城	
32	馬滴達塔基墓	
33	英城子古城	
34	鶏冠城址	中国吉林省汪清県
35	駱駝山建築址	
36	紅雲寺廟址	
㊲	上京跡	中国黒竜江省牡丹江市
38	三霊屯墓群	
39	虹鱒養魚場墓群	
40	杏山窯跡	
41	南城子古城	
42	大城子古城	中国黒竜江省東寧県
43	団結遺跡	
44	コンスタンチノフカ遺跡	ロシア沿海地方オクチャブリスキー地区
45	チエルニアチノ5墓群	
46	シニエリニコヴォ山城	
47	アプリコス寺院跡	ロシア沿海地方ウスリースキー地区
48	コピト遺跡	
49	ゴルバトカ城址	ロシア沿海地方ミハイロフスキー地区
50	ニコラエフカ1城址	
51	ノヴォゴルデイエフカ遺跡	ロシア沿海地方アヌチンスキー地区
52	アウロフカ山城	
53	グラズコフカ1遺跡	ロシア沿海地方ラゾフスキー地区
54	マリアノフカ城址	ロシア沿海地方キーロフスキー地区
55	クラスキノ城址	ロシア沿海地方ハサンスキー地区
56	富居里墓群	北朝鮮咸鏡北道清津市
57	錦城里壁画墓	北朝鮮咸鏡北道錦城里
58	坪里墓群	北朝鮮咸鏡南道北青郡坪里
59	青海土城	北朝鮮咸鏡南道北青郡荷湖里
60	梧梅里寺洞寺院跡	北朝鮮咸鏡南道新浦市

○囲み数字は本文に掲載

渤海遺跡の分布

渤海（698～926年）は、朝鮮民主主義人民共和国（以下朝鮮と記す）の咸鏡南道と咸鏡北道、中国の吉林省南部と黒竜江省南部、ロシア連邦沿海地方の南部を領域としている。これまでに把握した渤海の遺跡数は、約600ヵ所を数える。その内訳は、朝鮮の咸鏡南道5ヵ所・咸鏡北道6ヵ所、中国吉林省約360ヵ所・黒竜江省約50ヵ所、ロシア沿海地方約200ヵ所である。これまでに把握した遺跡数は各国の研究状況を反映しており、調査の進展で実数はさらに増加すると思われる。特に朝鮮の遺跡数は、今後大幅に増加すると推定している。中国とロシアでは遺跡数が分布密度をほぼ反映していると考えており、8～9世紀にかけて水系単位で遺跡数の変動を見ることができる。

渤海遺跡が最も多く見つかっている中国吉林省では、渤海最初の都城である中京に比定される西古城や8世紀後半に置かれた東京跡に比定される八連城が図們江水系に立地しているなど、多くの遺跡が図們江水系に集中している。全体的に見ると、図們江水系では渤海前期（8世紀代）に造営が始まる遺跡が多い傾向にある。黒竜江省では渤海後期（9世紀代）に上京が牡丹江水系に置かれ、この時期から造営が始まる遺跡が増加したと推定している。

ロシア連邦沿海地方では、中国黒竜江省東寧県からウラジオストク西方のアムール湾に流れる綏芬河（ロシア名ラズドリナヤ川）の西側にアプリコス寺院など多くの渤海遺跡が所在している。綏芬河を東に越えた地域では瓦葺建物は見られなくなり、遺跡密度がやや低くなる。ウスリー川に臨むマリヤノフカ遺跡が、最北の渤海遺跡と考えられている。

天皇一覧

（作成：米田雄介／米田一江）

代	追号	名・別称・法号	父	母	誕生	立太子	践祚	即位	譲位	出家	崩御（宝算）
1	神武天皇	狭野尊・神日本磐余彦尊・始馭天下之天皇	鸕鷀草葺不合尊	玉依姫命	庚午・正・一	甲申		神武元・正・一			神武七六・三・一一（一二七）
2	綏靖天皇	神渟名川耳尊	神武天皇	媛蹈鞴五十鈴媛命	神武二九	神武四二・正・三		綏靖元・正・八			綏靖三三・五・一〇（八四）
3	安寧天皇	磯城津彦玉手看尊	綏靖天皇	五十鈴依媛命	綏靖五	綏靖二五・正・七		綏靖三三・七・三			安寧三八・一二・六（六七）
4	懿徳天皇	大日本彦耜友尊	安寧天皇	渟名底仲媛命	綏靖二九	安寧一一・正・一		懿徳元・二・四			懿徳三四・九・八（七七）
5	孝昭天皇	観松彦香殖稲尊	懿徳天皇	天豊津媛命	懿徳五	懿徳二二・二・一二		孝昭元・正・九			孝昭八三・八・五（一一四）
6	孝安天皇	日本足彦国押人尊	孝昭天皇	世襲足媛	孝昭四九	孝昭六八・正・一四		孝安元・正・七			孝安一〇二・正・九（一三七）
7	孝霊天皇	大日本根子彦太瓊尊	孝安天皇	押媛命	孝安五一	孝安七六・正・五		孝霊元・正・一二			孝霊七六・二・八（一二八）
8	孝元天皇	大日本根子彦国牽尊	孝霊天皇	細媛命	孝霊一八	孝霊三六・正・一		孝元元・正・一四			孝元五七・九・二（一一六）
9	開化天皇	稚日本根子彦大日日尊	孝元天皇	鬱色謎命	孝元七	孝元二二・正・一四		孝元五七・一一・一二			開化六〇・四・九（一一一）
10	崇神天皇	御間城入彦五十瓊殖尊・御肇国天皇	開化天皇	伊香色謎命	開化一〇	開化二八・正・五		崇神元・正・一三			崇神六八・一二・五（一一九）
11	垂仁天皇	活目入彦五十狭茅尊	崇神天皇	御間城姫	崇神二九・正・一	崇神四八・四・一九		垂仁元・正・二			垂仁九九・七・一四（一三九）
12	景行天皇	大足彦忍代別尊	垂仁天皇	日葉酢媛命	垂仁一七	垂仁三七・正・一		景行元・七・一一			景行六〇・一一・七（一四三）
13	成務天皇	稚足彦尊	景行天皇	八坂入姫命	景行一四	景行五一・八・四		成務元・正・五			成務六〇・六・一一（一〇七）
14	仲哀天皇	足仲彦尊	日本武尊	両道入姫命		成務四八・三・一		仲哀元・正・一一			仲哀九・二・六
15	応神天皇	譽田別尊・胎中天皇	仲哀天皇	気長足姫命（神功皇后）	仲哀九・一二・一四	神功摂政三・正・三		応神元・正・一			応神四一・二・一五（一一一）

代	追号	名・別称・法号	父	母	誕生	立太子	践祚	即位	譲位	出家	崩御（宝算）
16	仁徳天皇	大鷦鷯尊	応神天皇	仲姫命	神功摂政五七			仁徳元・正・三			仁徳八七・正・一六（一四三）
17	履中天皇	大兄去来穂別尊	仁徳天皇	磐之媛命		仁徳三一・正・一五		履中元・二・一			履中六・三・一五
18	反正天皇	多遅比瑞歯別尊	仁徳天皇	磐之媛命		履中二・正・四		反正元・正・二			反正五・正・二三
19	允恭天皇	雄朝津間稚子宿禰尊	仁徳天皇	磐之媛命				允恭元・一二			允恭四二・正・一四
20	安康天皇	穴穂尊	允恭天皇	忍坂大中姫命	履中二			允恭四二・一二・一四			安康三・八・九（五六）
21	雄略天皇	大長谷命・大泊瀬幼武尊	允恭天皇	忍坂大中姫命	允恭七・一二			安康三・一一・一三			雄略二三・八・七（六二）
22	清寧天皇	白髪・白髪武広国押稚日本根子尊	雄略天皇	葛城韓媛	允恭三三	雄略二二・正・一		清寧元・正・一五			清寧五・正・一六（四一）
23	顕宗天皇	弘計尊・来目稚子尊・袁祁之石巣別尊	市辺押磐皇子	蟻臣荑媛	允恭三九			顕宗元・正・一			顕宗三・四・二五（三八）
24	仁賢天皇	億計尊・大脚・嶋郎	市辺押磐皇子	蟻臣荑媛	允恭三八	清寧三・四・七		仁賢元・正・五			仁賢一一・八・八（五〇）
25	武烈天皇	小泊瀬稚鷦鷯尊	仁賢天皇	春日大娘皇女	仁賢二	仁賢七・正・三		仁賢一一・一二			武烈八・一二・八（一八）
26	継体天皇	男大迹尊・彦太尊	彦主人王	三国振媛	允恭三九			継体元・二・四			継体二五・二・七（八二）
27	安閑天皇	勾大兄尊・広国押武金日尊	継体天皇	尾張目子媛	雄略一〇	継体七・一二・八		継体二五・二・七			安閑二・一二・一七（七〇）
28	宣化天皇	檜隈高田・武小広国押盾尊	継体天皇	尾張目子媛	雄略一一			安閑二・一二			宣化四・二・一〇（七三）
29	欽明天皇	天国排開広庭尊	継体天皇	手白香郎女	継体三			宣化四・一二・五			欽明三二・四・一五（六三）
30	敏達天皇	他訳語田渟中倉太珠敷尊	欽明天皇	石姫皇女	宣化三	欽明一五・正・七		敏達元・四・三			敏達一四・八・一五（四八）
31	用明天皇	大兄・橘豊日尊	欽明天皇	蘇我堅塩媛	欽明元			敏達一四・九・五			用明二・四・九（四八）

代	追号	名・別称・法号	父	母	誕生	立太子	践祚	即位	譲位	出家	崩御（宝算）
32	崇峻天皇	泊瀬部・長谷部若雀尊	欽明天皇	蘇我小姉君				用明二・八・二			崇峻五・一一・三
33	推古天皇	額田部・豊御食炊屋姫尊	欽明天皇	蘇我堅塩媛	欽明一五			崇峻五・一二・八			推古三六・三・七（七五）
34	舒明天皇	田村・息長足日広額尊	押坂彦人大兄皇子	糠手姫皇女	推古元			舒明元・正・四			舒明一三・一〇・九（四九）
35	皇極天皇	宝・天豊財重日足姫尊	茅渟王	吉備姫王	推古二			皇極元・正・一五	皇極四・六・一四		重祚（→斉明天皇）
36	孝徳天皇	軽・天万豊日尊	茅渟王	吉備姫王	推古四			皇極四・六・一四			白雉五・一〇・一〇（五九）
37	斉明天皇	（皇極天皇重祚）						斉明元・正・三			斉明七・七・二四（六八）
38	天智天皇	葛城・中大兄・天命開別尊	舒明天皇	宝皇女（斉明天皇）	推古三四	皇極四・六・一四		天智七・正・三			天智一〇・一二・三（四六）
39	弘文天皇	伊賀・大友	天智天皇	伊賀采女宅子	大化四	天智一〇・一〇		天智一〇・一二・五			天武元・七・二三（二五）
40	天武天皇	大海人・天渟中原瀛真人尊	舒明天皇	宝皇女（斉明天皇）		天智七・二・二三		天武二・二・二七			朱鳥元・九・九
41	持統天皇	鸕野讃良・高天原広野姫尊・大倭根子天之広野日女尊	天智天皇	蘇我遠智娘	大化元			持統四・正・一	持統一一・八・一		大宝二・一二・二二（五八）
42	文武天皇	珂瑠・倭根子豊祖父天皇	草壁皇子	阿閇皇女（元明天皇）	天武一二	持統一一・二・一六	文武元・八・一	文武元・八・一七			慶雲四・六・一五（二五）
43	元明天皇	阿閇・日本根子天津御代豊国成姫天皇	天智天皇	蘇我姪娘	斉明七			慶雲四・七・一七	和銅八・九・二		養老五・一二・七（六一）
44	元正天皇	氷高・新家・日本根子高瑞浄足姫天皇	草壁皇子	阿閇皇女（元明天皇）	天武九			霊亀元・九・二	養老八・二・四		天平二〇・四・二一（六九）
45	聖武天皇	首・天璽国押開豊桜彦尊・勝宝感神聖武皇帝	文武天皇	藤原宮子娘	大宝元	和銅七・六		神亀元・二・四	天平感宝元・七・二	譲位後か	天平勝宝八・五・二（五六）
46	孝謙天皇	阿倍・宝字称徳孝謙皇帝・高野天皇・法基尼	聖武天皇	藤原安宿媛（光明子）	養老二	天平一〇・正・一三		天平勝宝元・七・二	天平宝字二・八・一	天平宝字六・六	重祚（→称徳天皇）

代	追号	名・別称・法号	父	母	誕生	立太子	践祚	即位	譲位	出家	崩御（宝算）
47	淳仁天皇	大炊・淡路廃帝	舎人親王	当麻山背	天平五	天平勝宝九・四・四		天平宝字二・八・一	平宝字八・一〇・九		天平神護元・一〇・二三（三三）
48	称徳天皇	（孝謙天皇重祚）						天平宝字八・一〇・九			神護景雲四・八・四（五三）
49	光仁天皇	白壁・天宗高紹天皇・後田原天皇	施基親王	紀橡姫	和銅二・一〇・一三	神護景雲四・八・四		宝亀元・一〇・一	天応元・四・三		天応元・一二・二三（七三）
50	桓武天皇	山部・日本根子皇統弥照尊・延暦帝・柏原帝	光仁天皇	高野新笠	天平九	宝亀四・正・二	天応元・四・三	天応元・四・一五			延暦二五・三・一七（七〇）
51	平城天皇	安殿・（初名小殿）・日本根子天推国高彦尊・奈良帝	桓武天皇	藤原乙牟漏	宝亀五・八・一五	延暦四・一一・二五	延暦二五・三・一七	大同元・五・一八	大同四・四・一	大同五・九・一二	天長元・七・七（五一）
52	嵯峨天皇	神野・弘仁帝皇	桓武天皇	藤原乙牟漏	延暦五・九・七	大同元・五・一九	大同四・四・一	大同四・四・一三	弘仁一四・四・一六		承和九・七・一五（五七）
53	淳和天皇	大伴・日本根子天高譲弥遠尊・西院帝	桓武天皇	藤原旅子	延暦五	大同五・九・一三	弘仁一四・四・一六	弘仁一四・四・二七	天長一〇・二・二八		承和七・五・八（五五）
54	仁明天皇	正良・日本根子天璽豊聡慧尊・深草帝	嵯峨天皇	橘嘉智子	弘仁元	弘仁一四・四・一八	天長一〇・二・二八	天長一〇・三・六		嘉祥三・三・一九	嘉祥三・三・二一（四一）
55	文徳天皇	道康・田邑帝	仁明天皇	藤原順子	天長四・八	承和九・八・四	嘉祥三・三・二一	嘉祥三・四・一七			天安二・八・二七（三二）
56	清和天皇	惟仁・水尾帝・素真	文徳天皇	藤原明子	嘉祥三・三・二五	嘉祥三・一一・二五	天安二・八・二七	天安二・一一・七	貞観一八・一一・二九	元慶三・五・八	元慶四・一二・四（三一）
57	陽成天皇	貞明	清和天皇	藤原高子	貞観一〇・一二・一六	貞観一一・二・一	貞観一八・一一・二九	貞観一九・正・三	元慶八・二・四	天暦三・九・二〇	天暦三・九・二九（八二）
58	光孝天皇	時康・小松帝	仁明天皇	藤原沢子	天長七		元慶八・二・四	元慶八・二・二三			仁和三・八・二六（五八）
59	宇多天皇	定省・空理・金剛覚・寛平帝・亭子院	光孝天皇	班子女王	貞観九・五・五	仁和三・八・二六	仁和三・八・二六	仁和三・一一・一七	寛平九・七・三	昌泰二・一〇・二四	承平元・七・一九（六五）
60	醍醐天皇	敦仁（初名維城）・金剛宝・延喜帝	宇多天皇	藤原胤子	元慶九・正・一八	寛平五・四・二	寛平九・七・三	寛平九・七・一三	延長八・九・二二	延長八・九・二九	延長八・九・二九（四六）
61	朱雀天皇	寛明・仏陀寿	醍醐天皇	藤原穏子	延長元・七・二四	延長三・一〇・二一	延長八・九・二二	延長八・一一・二一	天慶九・四・二〇	天暦六・三・一四	天暦六・八・一五（三〇）

代	追号	名・別称・法号	父	母	誕生	立太子	践祚	即位	譲位	出家	崩御（宝算）
62	村上天皇	成明・天暦帝・覚貞	醍醐天皇	藤原穏子	延長四・六・二	天慶七・四・二二	天慶九・四・二〇	天慶九・四・二八			康保四・五・二五（四二）
63	冷泉天皇	憲平	村上天皇	藤原安子	天暦四・五・二四	天暦四・七・二三	康保四・五・二五	康保四・一〇・一一	安和二・八・一三		寛弘八・一〇・二四（六二）
64	円融天皇	守平・覚如・金剛法	村上天皇	藤原安子	天徳三・三・二	康保四・九・一	安和二・八・一三	安和二・九・二三	永観二・八・二七	寛和元・八・二九	正暦二・二・一二（三三）
65	花山天皇	師貞・入覚	冷泉天皇	藤原懐子	安和元・一〇・二六	安和二・八・一三	永観二・八・二七	永観二・一〇・一〇	寛和二・六・二三	寛和二・六・二三	寛弘五・二・八（四一）
66	一条天皇	懐仁・精進覚・妙覚	円融天皇	藤原詮子	天元三・六・一	永観二・八・二七	寛和二・六・二三	寛和二・七・二二	寛弘八・六・一三	寛弘八・六・一九	寛弘八・六・二二（三二）
67	三条天皇	居貞・金剛浄	冷泉天皇	藤原超子	天延四・正・三	寛和二・七・一六	寛弘八・六・一三	寛弘八・一〇・一六	長和五・正・二九	寛仁元・四・二九	寛仁元・五・九（四二）
68	後一条天皇	敦成	一条天皇	藤原彰子	寛弘五・九・一一	寛弘八・六・一三	長和五・正・二九	長和五・二・七		長元九・四・一七	長元九・四・一七（二九）
69	後朱雀天皇	敦良・精進行	一条天皇	藤原彰子	寛弘六・一一・二五	寛仁元・八・九	長元九・四・一七	長元九・七・一〇	寛徳二・正・一六	寛徳二・正・一八	寛徳二・正・一八（三七）
70	後冷泉天皇	親仁	後朱雀天皇	藤原嬉子	万寿二・八・三	長暦元・八・一七	寛徳二・正・一六	寛徳二・四・八			治暦四・四・一九（四四）
71	後三条天皇	尊仁・金剛行・延久帝	後朱雀天皇	禎子内親王	長元七・七・一八	寛徳二・正・一六	治暦四・四・一九	治暦四・七・二一	延久四・一二・八	延久五・四・二一	延久五・五・七（四〇）
72	白河天皇	貞仁・融観・六条帝	後三条天皇	藤原茂子	天喜元・六・一九	延久元・四・二八	延久四・一二・八	延久四・一二・二九	応徳三・一一・二六	嘉保三・八・九	大治四・七・七（七七）
73	堀河天皇	善仁	白河天皇	藤原賢子	承暦三・七・九	応徳三・一一・二六	応徳三・一一・二六	応徳三・一二・一九			嘉承二・七・一九（二九）
74	鳥羽天皇	宗仁・空覚	堀河天皇	藤原苡子	康和五・正・一六	康和五・八・一七	嘉承二・七・一九	嘉承二・一二・一	保安四・正・二八	保延七・三・一〇	保元元・七・二（五四）
75	崇徳天皇	顕仁・讃岐院	鳥羽天皇	藤原璋子	元永二・五・二八	保安四・正・二八	保安四・正・二八	保安四・二・一九	永治元・一二・七	保元元・七・一二	長寛二・八・二六（四六）
76	近衛天皇	体仁	鳥羽天皇	藤原得子	保延五・五・一八	保延五・八・一七	永治元・一二・七	永治元・一二・二七			久寿二・七・二三（一七）

代	追号	名・別称・法号	父	母	誕生	立太子	践祚	即位	譲位	出家	崩御（宝算）
77	後白河天皇	雅仁・行真	鳥羽天皇	藤原璋子	大治二・九・一一		久寿二・七・二四	久寿二・一〇・二六	保元三・八・一一	嘉応元・六・一七	建久三・三・一三（六六）
78	二条天皇	守仁	後白河天皇	藤原懿子	康治二・六・一七	久寿二・九・二三	保元三・八・一一	保元三・一二・二〇	永万元・六・二五		永万元・七・二八（二三）
79	六条天皇	順仁	二条天皇	伊岐氏	長寛二・一一・一四		永万元・六・二五	永万元・七・二七	仁安三・二・一九		安元二・七・一七（一三）
80	高倉天皇	憲仁	後白河天皇	平滋子	永暦二・九・三	仁安元・一〇・一〇	仁安三・二・一九	仁安三・三・二〇	治承四・二・二一		治承五・正・一四（二一）
81	安徳天皇	言仁	高倉天皇	平徳子	治承二・一一・一二	治承二・一二・一五	治承四・二・二一	治承四・四・二二			寿永四・三・二四（八）
82	後鳥羽天皇	尊成・隠岐院・顕徳院・良然・金剛理	高倉天皇	藤原殖子	治承四・七・一四	寿永二・八・二〇	寿永二・八・二〇	元暦元・七・二八	建久九・正・一一	承久三・七・八	延応元・二・二二（六〇）
83	土御門天皇	為仁・土佐院・阿波院・行源	後鳥羽天皇	源在子	建久六・一二・二		建久九・正・一一	建久九・三・三	承元四・一一・二五	寛喜三・一〇・六	寛喜三・一〇・一一（三七）
84	順徳天皇	守成・佐渡院	後鳥羽天皇	藤原重子	建久八・九・一〇	正治二・四・一五	承元四・一一・二五	承元四・一二・二八	承久三・四・二〇		仁治三・九・一二（四六）
85	仲恭天皇	懐成・九条廃帝	順徳天皇	藤原立子	建保六・一〇・一〇	建保六・一一・二六	承久三・四・二〇		承久三・七・九		天福二・五・二〇（一七）
86	後堀河天皇	茂仁	後高倉院	藤原陳子	建暦二・二・一八		承久三・七・九	承久三・一二・一	貞永元・一〇・四		天福二・八・六（二三）
87	四条天皇	秀仁	後堀河天皇	藤原竴子	寛喜三・二・一二	寛喜三・一〇・二八	貞永元・一〇・四	貞永元・一二・五			仁治三・正・九（一二）
88	後嵯峨天皇	邦仁・素覚	土御門天皇	源　通子	承久二・二・二六		仁治三・正・二〇	仁治三・三・一八	寛元四・正・二九	文永五・一〇・五	文永九・二・一七（五三）
89	後深草天皇	久仁・常磐井殿・素実	後嵯峨天皇	藤原姞子	寛元元・六・一〇	寛元元・八・一〇	寛元四・正・二九	寛元四・三・一一	正元元・一一・二六	正応三・二・一一	嘉元二・七・一六（六二）
90	亀山天皇	恒仁・万里小路殿・金剛眼（金剛源）	後嵯峨天皇	藤原姞子	建長元・五・二七	正嘉二・八・七	正元元・一一・二六	正元元・一二・二八	文永一一・正・二六	正応二・九・七	嘉元三・九・一五（五七）
91	後宇多天皇	世仁・金剛性	亀山天皇	藤原佶子	文永四・一二・一	文永五・八・二五	文永一一・正・二六	文永一一・三・二六	弘安一〇・一〇・二一	徳治二・七・二六	元亨四・六・二五（五八）

代	追号	名・別称・法号	父	母	誕生	立太子	践祚	即位	譲位	出家	崩御（宝算）
92	伏見天皇	熙仁・素融	後深草天皇	藤原愔子	文永二・四・二三	建治元・一一・五	弘安一〇・一〇・二一	弘安一一・三・一五	永仁六・七・二二	正和二・一〇・一七	文保元・九・三（五三）
93	後伏見天皇	胤仁・理覚・行覚	伏見天皇	藤原経子	弘安一一・三・三	正応二・四・二五	永仁六・七・二二	永仁六・一〇・一三	正安三・正・二一	元弘三・六・二六	延元元・四・六（四九）
94	後二条天皇	邦治	後宇多天皇	源　基子	弘安八・二・二	永仁六・八・一〇	正安三・正・二一	正安三・三・二四			徳治三・八・二五（二四）
95	花園天皇	富仁・遍行	伏見天皇	藤原季子	永仁五・七・二五	正安三・八・二四	延慶元・八・二六	延慶元・一一・一六	文保二・二・二六	建武二・一一・二二	正平三・一一・一一（五二）
96	後醍醐天皇	尊治・吉野院	後宇多天皇	藤原忠子	正応元・一一・二	徳治三・九・一九	文保二・二・二六	文保二・三・二九	延元四・八・一五		延元四・八・一六（五二）
北朝1	光厳天皇	量仁・勝光智・光智	後伏見天皇	藤原寧子	正和二・七・九	嘉暦元・七・二四	元弘元・九・二〇	元弘二・三・二二	正慶二・五・二五	観応三・八・八	貞治三・七・七（五二）
北朝2	光明天皇	豊仁・真常恵・真恵	後伏見天皇	藤原寧子	元亨元・一二・二三		建武三・八・一五	建武四・一二・二八	貞和四・一〇・二七	観応二・一二・二八	康暦二・六・二四（六〇）
97	後村上天皇	義良（初名憲良）	後醍醐天皇	藤原廉子	嘉暦三	延元四・三	延元四・八・一五				正平二三・三・一一（四一）
北朝3	崇光天皇	興仁（初名益仁）・勝円心・大道	光厳天皇	藤原秀子	建武元・四・二二	建武五・八・一三	貞和四・一〇・二七	貞和五・一二・二六	観応二・一一・七	明徳三・一一・三〇	応永五・正・一三（六五）
北朝4	後光厳天皇	弥仁・光融	光厳天皇	藤原秀子	建武五・三・二		観応三・八・一七	文和二・一二・二七	応安四・三・二三		応安七・正・二九（三七）
98	長慶天皇	寛成・慶寿院・金剛理	後村上天皇	藤原氏（嘉喜門院）	興国四		正平二三・三		弘和三・一〇以降	譲位後	応永元・八・一（五二）
北朝5	後円融天皇	緒仁・光浄	後光厳天皇	紀　仲子	延文三・一二・一二		応安四・三・二三	応安七・一二・二八	永徳二・四・一一		明徳四・四・二六（三六）
99	後亀山天皇	熙成・金剛心	後村上天皇	藤原氏（嘉喜門院）		正平二三	弘和三・一〇以降		元中九・閏一〇・五	譲位後	応永三一・四・一二
100	後小松天皇	幹仁・素行智	後円融天皇	藤原厳子	永和三・六・二七		永徳二・四・一一	永徳二・一二・二八	応永一九・八・二九	永享三・三・二四	永享五・一〇・二〇（五七）
101	称光天皇	実仁（初名躬仁）・大宝寿	後小松天皇	藤原資子	応永八・三・二九		応永一九・八・二九	応永二一・一二・一九			正長元・七・二〇（二八）

代	追号	名・別称・法号	父	母	誕生	立太子	践祚	即位	譲位	出家	崩御（宝算）
102	後花園天皇	彦仁・円満智・後文徳院	後崇光院	源　幸子	応永二六・六・一八		正長元・七・二八	永享元・一二・二七	寛正五・七・一九	応仁元・九・二〇	文明二・一二・二七（五二）
103	後土御門天皇	成仁・正等観	後花園天皇	藤原信子	嘉吉二・五・二五		寛正五・七・一九	寛正六・一二・二七			明応九・九・二八（五九）
104	後柏原天皇	勝仁	後土御門天皇	源　朝子	寛正五・一〇・二〇		明応九・一〇・二五	永正一八・三・二二			大永六・四・七（六三）
105	後奈良天皇	知仁	後柏原天皇	藤原藤子	明応五・一二・二三		大永六・四・二九	天文五・二・二六			弘治三・九・五（六二）
106	正親町天皇	方仁	後奈良天皇	藤原栄子	永正一四・五・二九		弘治三・一〇・二七	永禄三・正・二七	天正一四・一一・七		文禄二・正・五（七七）
107	後陽成天皇	周仁（初名和仁）	誠仁親王	藤原晴子	元亀二・一二・一五		天正一四・一一・七	天正一四・一一・二五	慶長一六・三・二七		元和三・八・二六（四七）
108	後水尾天皇	政仁（初訓ただひと）・円浄	後陽成天皇	藤原前子	文禄五・六・四		慶長一六・三・二七	慶長一六・四・一二	寛永六・一一・八	慶安四・五・六	延宝八・八・一九（八五）
109	明正天皇	興子・女一宮	後水尾天皇	源　和子	元和九・一一・一九		寛永六・一一・八	寛永七・九・一二	寛永二〇・一〇・三		元禄九・一一・一〇（七四）
110	後光明天皇	紹仁・素鵞宮	後水尾天皇	藤原光子	寛永一〇・三・一二		寛永二〇・一〇・三	寛永二〇・一〇・二一			承応三・九・二〇（二二）
111	後西天皇	良仁・秀宮・桃園宮・花町宮	後水尾天皇	藤原隆子	寛永一四・一一・一六		承応三・一一・二八	明暦二・正・二三	寛文三・正・二六		貞享二・二・二二（四九）
112	霊元天皇	識仁・高貴宮・素浄	後水尾天皇	藤原国子	承応三・五・二五		寛文三・正・二六	寛文三・四・二七	貞享四・三・二一	正徳三・八・一六	享保一七・八・六（七九）
113	東山天皇	朝仁・五宮	霊元天皇	藤原宗子	延宝三・九・三	天和三・二・九	貞享四・三・二一	貞享四・四・二八	宝永六・六・二一		宝永六・一二・一七（三五）
114	中御門天皇	慶仁・長宮	東山天皇	藤原賀子	元禄一四・一二・一七	宝永五・二・一六	宝永六・六・二一	宝永七・一一・一一	享保二〇・三・二一		元文二・四・一一（三七）
115	桜町天皇	昭仁・若宮	中御門天皇	藤原尚子	享保五・正・一	享保一三・六・一一	享保二〇・三・二一	享保二〇・一一・三	延享四・五・二		寛延三・四・二三（三一）
116	桃園天皇	遐仁・茶地宮（初名八穂宮）	桜町天皇	藤原定子	寛保元・二・二九	延享四・三・一六	延享四・五・二	延享四・九・二一			宝暦一二・七・一二（二二）

代	追号	名・別称・法号	父	母	誕生	立太子	践祚	即位	譲位	出家	崩御（宝算）
117	後桜町天皇	智子（初訓さとこ）・緋宮（初名以茶宮）	桜町天皇	藤原舎子	元文五・八・三		宝暦一二・七・二七	宝暦一三・一一・二七	明和七・一一・二四		文化一〇・閏一一・二（七四）
118	後桃園天皇	英仁・二宮	桃園天皇	藤原富子	宝暦八・七・二	明和五・二・一九	明和七・一一・二四	明和八・四・二八			安永八・一〇・二九（二二）
119	光格天皇	兼仁（初名師仁）・祐宮	閑院宮典仁親王（慶光天皇）	大江磐代（養母藤原維子）	明和八・八・一五	（安永八・一一・八 儲君治定）	安永八・一一・二五	安永九・一二・四	文化一四・三・二二		天保一一・一一・一九（七〇）
120	仁孝天皇	恵仁・寛宮	光格天皇	藤原婧子（養母欣子内親王）	寛政一二・二・二一	文化六・三・二四	文化一四・三・二二	文化一四・九・二一			弘化三・正・二六（四七）
121	孝明天皇	統仁・熙宮	仁孝天皇	藤原雅子（養母藤原祺子）	天保二・六・一四	天保一一・三・一四	弘化三・二・一三	弘化四・九・二三			慶應二・一二・二五（三六）
122	明治天皇	睦仁・祐宮	孝明天皇	中山慶子（養母英照皇太后）	嘉永五・九・二二	（万延元・七・一〇 儲君治定）	慶應三・正・九	慶應四・八・二七			明治四五・七・三〇（六一）
123	大正天皇	嘉仁・明宮	明治天皇	柳原愛子（養母昭憲皇太后）	明治一二・八・三一	明治二二・一一・三	大正元・七・三〇	大正四・一一・一〇 即位の礼			大正一五・一二・二五（四八）
124	昭和天皇	裕仁・迪宮	大正天皇	貞明皇后	明治三四・四・二九	大正五・一一・三	昭和元・一二・二五	昭和三・一一・一〇 即位の礼			昭和六四・一・七（八七）
125	今上天皇	明仁・継宮	昭和天皇	香淳皇后	昭和八・一二・二三	昭和八・一二・二三	昭和六四・一・七	平成二・一一・一二 即位の礼			

一、大宝令制定以前の年次の表記に○○天皇□年と表記するべきところを天皇・年を省略し、○○・□と表記した。
二、平安時代末および南北朝期の皇統分裂期の年号表記は、それぞれの天皇の所属に基づいている。すなわち南朝天皇の場合は南朝年号によることとした。
三、江戸時代の皇太子は、立太子の前に儲君に治定されるが、立太子の儀なく皇位を継承した場合は、立太子の欄に儲君治定の年月日を表記した。

院政一覧

（作成：米田雄介／米田一江）

院	院政開始年次	院政終了年次	院政期間	在位の天皇（続柄）
白河	応徳三（一〇八六）・一一・二六（譲位、堀河天皇践祚）	大治四（一一二九）・七・七（崩御）	四二年九ヶ月	堀河（子）・鳥羽（孫）・崇徳（曾孫）
鳥羽	大治四（一一二九）・七・七（白河院崩御）	保元元（一一五六）・七・二（崩御）	二七年一ヶ月	崇徳（子）・近衛（子）・後白河（子）
後白河	保元三（一一五八）・八・一一（譲位、二条天皇践祚）	治承三（一一七九）・一一・二〇（政務停止）	二一年四ヶ月	二条（子）・六条（孫）・高倉（子）
高倉	治承四（一一八〇）・二・二一（譲位、安徳天皇践祚）	治承五（一一八一）・正・一四（崩御）	一年	安徳（子）
後白河	治承五（一一八一）・正・一七（政務再開）	建久三（一一九二）・三・一三（崩御）	一一年三ヶ月	安徳（孫）・後鳥羽（孫）
後鳥羽	建久九（一一九八）・正・一一（譲位、土御門天皇践祚）	承久三（一二二一）・六・一九（政務停止）	二三年六ヶ月	土御門（子）・順徳（子）・仲恭（孫）
後高倉	承久三（一二二一）・八・一六（尊号宣下）	貞応二（一二二三）・五・一四（崩御）	一年一〇ヶ月	後堀河（子）
後堀河	貞永元（一二三二）・一〇・四（譲位、四条天皇践祚）	天福二（一二三四）・八・六（崩御）	一年一一ヶ月	四条（子）
後嵯峨	寛元四（一二四六）・正・二九（譲位、後深草天皇践祚）	文永九（一二七二）・二・一七（崩御）	二六年二ヶ月	後深草（子）・亀山（子）
亀山	文永一一（一二七四）・正・二六（譲位、後宇多天皇践祚）	弘安一〇（一二八七）・一〇・二一（後宇多天皇譲位）	一三年一〇ヶ月	後宇多（子）
後深草	弘安一〇（一二八七）・一〇・二一（伏見天皇践祚）	正応三（一二九〇）・二・一一（伏見天皇親政）	二年六ヶ月	伏見（子）
伏見	永仁六（一二九八）・七・二二（譲位、後伏見天皇践祚）	正安三（一三〇一）・正・二一（後伏見天皇譲位）	二年八ヶ月	後伏見（子）
後宇多	正安三（一三〇一）正・二一（後二条天皇践祚）	徳治三（一三〇八）・八・二五（後二条天皇崩御）	七年八ヶ月	後二条（子）
伏見	徳治三（一三〇八）・八・二六（花園天皇践祚）	正和二（一三一三）・一〇・一四（後伏見院政）	五年三ヶ月	花園（子）
後伏見	正和二（一三一三）・一〇・一四（伏見院政務委譲）	文保二（一三一八）・二・二六（花園天皇譲位）	四年五ヶ月	花園（猶子＝弟）
後宇多	文保二（一三一八）・二・二六（後醍醐天皇践祚）	元亨元（一三二一）・一二・九（後醍醐天皇親政）	三年一一ヶ月	後醍醐（子）
後伏見	元弘元（一三三一）・九・二〇（光厳天皇践祚）	正慶二（一三三三）・五・二五（光厳天皇退位）	一年一〇ヶ月	光厳（子）
光厳	建武三（一三三六）・八・一五（光明天皇践祚）	観応二（一三五一）・一一・七（崇光天皇退位）	一五年四ヶ月	光明（猶子＝弟）・崇光（子）
後光厳	応安四（一三七一）・三・二三（譲位、後円融天皇践祚）	応安七（一三七四）・正・二九（崩御）	二年一二ヶ月	後円融（子）
後円融	永徳二（一三八二）・四・一一（譲位、後小松天皇践祚）	明徳四（一三九三）・四・二六（崩御）	一一年一ヶ月	後小松（子）
後小松	応永一九（一四一二）・八・二九（譲位、称光天皇践祚）	永亨五（一四三三）・一〇・二〇（崩御）	二一年三ヶ月	称光（子）・後花園（猶子＝崇光曾孫）
後花園	寛正五（一四六四）・七・一九（譲位、後土御門天皇践祚）	文明二（一四七〇）・一二・二七（崩御）	六年六ヶ月	後土御門（子）
後陽成	慶長一六（一六一一）・三・二七（譲位、後水尾天皇践祚）	元和三（一六一七）・八・二六（崩御）	六年六ヶ月	後水尾（子）
後水尾	寛永六（一六二九）・一一・八（譲位、明正天皇践祚）	慶安元（一六四八）頃（後光明天皇親政）	一九年	明正（子）・後光明（子）

院	院政開始年次	院政終了年次	院政期間	在位の天皇（続柄）
後水尾	寛文三（一六六三）・正・二六（霊元天皇践祚）	寛文九（一六六九）（霊元天皇親政）	七年	霊元（子）
霊元	貞亨四（一六八七）・三・二一（譲位、東山天皇践祚）	元禄六（一六九三）・一一・二六（東山天皇親政）	六年九ヶ月	東山（子）
東山	宝永六（一七〇九）・六・二一（譲位、中御門天皇践祚）	宝永六（一七〇九）・一二・一七（崩御）	七ヶ月	中御門（子）
霊元	宝永六（一七〇九）・一二・一七（東山院崩御）	亨保二（一七一七）（中御門天皇親政）	八年	中御門（孫）
中御門	亨保二〇（一七三五）・三・二一（譲位、桜町天皇践祚）	元文二（一七三七）・四・一一（崩御）	二年一ヶ月	桜町（子）
桜町	延亨四（一七四七）・五・二（譲位、桃園天皇践祚）	寛延三（一七五〇）・四・二三（崩御）	三年	桃園（子）
光格	文化一四（一八一七）・三・二二（譲位、仁孝天皇践祚）	天保一一（一八四〇）・一一・一九（崩御）	二三年九ヶ月	仁孝（子）

女院一覧

（作成：米田雄介／米田一江）

院号	名	父	院号宣下年月日	宣下の天皇	宣下時の身位	配偶	所生	崩御年月日〈年齢〉
東三条院	藤原詮子	藤原兼家	正暦二（九九一）・九・一六	一条	皇太后	円融	一条	長保三（一〇〇一）・閏一二・二二〈四〇〉
上東門院	藤原彰子	藤原道長	万寿三（一〇二六）・正・一九	後一条	太皇太后	一条	後一条・後朱雀	承保元（一〇七四）・一〇・三〈八七〉
陽明門院	禎子内親王	三条天皇	治暦五（一〇六九）・二・一七	後三条	太皇太后	後朱雀	後三条	寛治八（一〇九四）・正・一六〈八二〉
二条院	章子内親王	後一条天皇	延久六（一〇七四）・六・一六	白河	太皇太后	後冷泉		長治二（一一〇五）・九・一七〈八〇〉
郁芳門院	媞子内親王	白河天皇	寛治七（一〇九三）・正・一九	堀河	皇后（中宮）		（堀河准母）	嘉保三（一〇九六）・八・七〈二一〉
待賢門院	藤原璋子	藤原公実	天治元（一一二四）・一一・二四	崇徳	皇后（中宮）	鳥羽	崇徳・後白河	久安元（一一四五）・八・二二〈四五〉
高陽院	藤原泰子	藤原忠実	保延五（一一三九）・七・二八	崇徳	皇后	鳥羽		久寿二（一一五五）・一二・一六〈六一〉
美福門院	藤原得子	藤原長実	久安五（一一四九）・八・三	近衛	皇后	鳥羽	近衛	永暦元（一一六〇）・一一・二三〈四四〉
皇嘉門院	藤原聖子	藤原忠通	久安六（一一五〇）・二・二七	近衛	皇太后	崇徳	（近衛養母）	養和元（一一八一）・一二・五〈六〇〉
上西門院	統子内親王	鳥羽天皇	保元四（一一五九）・二・一三	二条	皇后			文治五（一一八九）・七・二〇〈六四〉
八条院	暲子内親王	鳥羽天皇	応保元（一一六一）・一二・一六	二条	准三宮		（二条准母）	建暦元（一二一一）・六・二六〈七五〉
高松院	姝子内親王	鳥羽天皇	応保二（一一六二）・二・五	二条	皇后（中宮）	二条		安元二（一一七六）・六・一三〈三六〉
九条院	藤原呈子	藤原伊通	仁安三（一一六八）・三・一四	高倉	皇太后	近衛		安元二（一一七六）・九・一九〈四六〉
建春門院	平　滋子	平　時信	嘉応元（一一六九）・四・一二	高倉	皇太后	後白河	高倉	安元二（一一七六）・七・八〈三五〉
建礼門院	平　徳子	平　清盛	養和元（一一八一）・一一・二五	安徳	皇后（中宮）	高倉	安徳	建保元（一二一三）・一二・一三〈五九〉
殷富門院	亮子内親王	後白河天皇	文治三（一一八七）・六・二八	後鳥羽	皇后		（安徳准母）	建保四（一二一六）・四・二〈七〇〉
七条院	藤原殖子	藤原信隆	建久元（一一九〇）・四・二二	後鳥羽	准三宮	高倉	後鳥羽	安貞二（一二二八）・九・一六〈七二〉
宣陽門院	覲子内親王	後白河天皇	建久二（一一九一）・六・二六	後鳥羽	准三宮			建長四（一二五二）・六・八〈七二〉
宜秋門院	藤原任子	九条兼実	正治二（一二〇〇）・六・二八	土御門	皇后（中宮）	後鳥羽		暦仁元（一二三八）・一二・二八〈六六〉
承明門院	源　在子	土御門通親	建仁二（一二〇二）・正・一五	土御門	准三宮	後鳥羽	土御門	正嘉元（一二五七）・七・五〈八七〉
坊門院	範子内親王	高倉天皇	建永元（一二〇六）・九・二	土御門	皇后		（土御門准母）	承元四（一二一〇）・四・一二〈三四〉

院号	名	父	院号宣下年月日	宣下の天皇	宣下時の身位	配偶	所生	崩御年月日〈年齢〉
修明門院	藤原重子	藤原範季	建永二（一二〇七）・六・七	土御門	准三宮	後鳥羽	順徳	文永元（一二六四）・八・二九〈八三〉
春華門院	昇子内親王	後鳥羽天皇	承元三（一二〇九）・四・二五	土御門	皇后			建暦元（一二一一）・一一・八〈一七〉
陰明門院	藤原麗子	大炊御門頼実	承元四（一二一〇）・三・一九	土御門	皇后（中宮）	土御門		寛元元（一二四三）・九・一八〈五九〉
嘉陽門院	礼子内親王	後鳥羽天皇	建保二（一二一四）・六・一〇	順徳	准三宮			文永一〇（一二七三）・八・二〈七四〉
東一条院	藤原立子	九条良経	承久四（一二二二）・三・二五	後堀河	皇后（中宮）	順徳	仲恭	宝治元（一二四七）・一二・二一〈五六〉
北白河院	藤原陳子	持明院基家	貞応元（一二二二）・七・一一	後堀河	准三宮	後高倉院	後堀河	嘉禎四（一二三八）・一〇・三〈六六〉
安嘉門院	邦子内親王	後高倉院	貞応三（一二二四）・八・四	後堀河	皇后		（後堀河准母）	弘安六（一二八三）・九・四〈七五〉
安喜門院	藤原有子	三条公房	嘉禄三（一二二七）・二・二〇	後堀河	皇后	後堀河		弘安九（一二八六）・二・六〈八〇〉
鷹司院	藤原長子	近衛家実	寛喜元（一二二九）・四・一八	後堀河	皇后（中宮）	後堀河		文永一二（一二七五）・二・一一〈五八〉
藻壁門院	藤原竴子	九条道家	貞永二（一二三三）・四・三	四条	皇后（中宮）	後堀河	四条	天福元（一二三三）・九・一八〈二五〉
明義門院	諦子内親王	順徳天皇	嘉禎二（一二三六）・一二・二一	四条	准三宮			寛元元（一二四三）・三・二九〈二七〉
式乾門院	利子内親王	後高倉院	延応元（一二三九）・一一・一二	四条	皇后		（四条准母）	建長三（一二五一）・正・二〈五五〉
宣仁門院	藤原彦子	九条教実	仁治四（一二四三）・二・一三	後嵯峨	准三宮	四条		弘長二（一二六二）・正・五〈三六〉
正親町院	覚子内親王	土御門天皇	寛元元（一二四三）・六・二六	後嵯峨	准三宮			弘安八（一二八五）・八・二三〈七三〉
室町院	暉子内親王	後堀河天皇	寛元元（一二四三）・一二・一四	後嵯峨	准三宮			正安二（一三〇〇）・五・三〈七三〉
大宮院	藤原姞子	西園寺実氏	宝治二（一二四八）・六・一八	後深草	皇后（中宮）	後嵯峨	後深草・亀山	正応五（一二九二）・九・九〈六八〉
仙華門院	曦子内親王	土御門天皇	建長三（一二五一）・三・二七	後深草	皇后			弘長二（一二六二）・八・二一〈三九〉
永安門院	穠子内親王	順徳天皇	建長三（一二五一）・一一・一三	後深草	准三宮			弘安二（一二七九）・一一・二一〈六四〉
神仙門院	体子内親王	後堀河天皇	建長八（一二五六）・二・七	後深草	准三宮	後嵯峨		正安三（一三〇一）・一二・一七〈七一〉
東二条院	藤原公子	西園寺実氏	正元元（一二五九）・一二・一九	亀山	皇后（中宮）	後深草		嘉元二（一三〇四）・正・二一〈七三〉
和徳門院	義子内親王	仲恭天皇	弘長元（一二六一）・三・八	亀山	准三宮			正応二（一二八九）・一二・七〈五六〉
月華門院	綜子内親王	後嵯峨天皇	弘長三（一二六三）・七・二七	亀山	准三宮			文永六（一二六九）・三・一〈二三〉

院号	名	父	院号宣下年月日	宣下の天皇	宣下時の身位	配偶	所生	崩御年月日〈年齢〉
今出河院	藤原嬉子	西園寺公相	文永五（一二六八）・一二・六	亀山	皇后（中宮）	亀山		文保二（一三一八）・四・二五〈六七〉
京極院	藤原佶子	洞院実雄	文永九（一二七二）・八・九	亀山	皇后	亀山	後宇多	文永九（一二七二）・八・九〈二八〉
新陽明門院	藤原位子	近衛基平	文永一二（一二七五）・三・二八	後宇多	准三宮	亀山		永仁四（一二九六）・正・二二〈三五〉
延政門院	悦子内親王	後嵯峨天皇	弘安七（一二八四）・二・二八	後宇多	准三宮			元弘二（一三三二）・二・一〇〈七四〉
玄輝門院	藤原愔子	洞院実雄	正応元（一二八八）・一二・一六	伏見	准三宮	後深草	伏見	元徳元（一三二九）・八・三〇〈八四〉
五条院	懌子内親王	後嵯峨天皇	正応二（一二八九）・一二・一〇	伏見	准三宮	亀山		永仁二（一二九四）・一一・二五
遊義門院	姈子内親王	後深草天皇	正応四（一二九一）・八・一二	伏見	皇后	後宇多		徳治二（一三〇七）・七・二四〈三八〉
永陽門院	久子内親王	後深草天皇	永仁二（一二九四）・二・七	伏見	准三宮			興国七（一三四六）・四・二五〈七五〉
昭慶門院	憙子内親王	亀山天皇	永仁四（一二九六）・八・一一	伏見	准三宮			元亨四（一三二四）・三・一二〈五二〉
永福門院	藤原鏱子	西園寺実兼	永仁六（一二九八）・八・二一	後伏見	皇后（中宮）	伏見	（後伏見養母）	興国三（一三四二）・五・七〈七二〉
昭訓門院	藤原瑛子	西園寺実兼	正安三（一三〇一）・三・一九	後二条	准三宮	亀山		延元元（一三三六）・六・二六〈六五〉
永嘉門院	瑞子女王	宗尊親王	正安四（一三〇二）・正・二〇	後二条	准三宮	後宇多		元徳元（一三二九）・八・二九〈五七〉
陽徳門院	媖子内親王	後深草天皇	正安四（一三〇二）・三・一五	後二条	准三宮			正平七（一三五二）・八・一一〈六五〉
章義門院	誉子内親王	伏見天皇	徳治二（一三〇七）・六・二三	後二条	准三宮			延元元（一三三六）・一〇・一〇
西華門院	源　基子	堀川具守	延慶元（一三〇八）・一二・二	花園	准三宮	後宇多	後二条	正平一〇（一三五五）・八・二六〈八七〉
広義門院	藤原寧子	西園寺公衡	延慶二（一三〇九）・正・一三	花園	准三宮	後伏見	光厳・光明	正平一二（一三五七）・閏七・二二〈六六〉
章善門院	永子内親王	後深草天皇	延慶二（一三〇九）・二・三	花園	准三宮			延元三（一三三八）・三
朔平門院	璹子内親王	伏見天皇	延慶二（一三〇九）・六・二七	花園	准三宮			延慶三（一三一〇）・一〇・八〈二四〉
長楽門院	藤原忻子	徳大寺公孝	延慶三（一三一〇）・一二・一九	花園	皇后（中宮）	後二条		正平七（一三五二）・二・一〈七〇〉
延明門院	延子内親王	伏見天皇	正和四（一三一五）・二・二四	花園	准三宮			
談天門院	藤原忠子	藤原忠継	文保二（一三一八）・四・一二	後醍醐	准三宮	後宇多	後醍醐	元応元（一三一九）・一一・一五〈五二〉
達智門院	奨子内親王	後宇多天皇	元応元（一三一九）・一一・一五	後醍醐	皇后			正平三（一三四八）・一一・二〈六三〉
万秋門院	藤原頊子	一条実経	元応二（一三二〇）・二・二六	後醍醐	准三宮	後宇多		延元三（一三三八）・三・二六〈七一〉

院号	名	父	院号宣下年月日	宣下の天皇	宣下時の身位	配偶	所生	崩御年月日〈年齢〉
寿成門院	媄子内親王	後二条天皇	元応二(一三二〇)・八・二三	後醍醐	准三宮			正平一七(一三六二)・五・二〇〈六一〉
顕親門院	藤原季子	洞院実雄	正中三(一三二六)・二・七	後醍醐	准三宮	伏見	花園	建武三(一三三六)・二・一三〈七二〉
崇明門院	禖子内親王	後宇多天皇	元弘元(一三三一)・一〇・二五	光厳	准三宮			
後京極院(礼成門院)	藤原禧子	西園寺実兼	元弘三(一三三三)・一〇・一二(元弘二・五・二〇北朝礼成門院宣下)	後醍醐(光厳)	皇太后(皇后)	後醍醐		元弘三(一三三三)・一〇・一二〈三一〉
宣政門院	懽子内親王	後醍醐天皇	建武二(一三三五)・二・二	後醍醐	准三宮	光厳		
章徳門院	璜子内親王	後伏見天皇	延元元(一三三六)・四・二	後醍醐	准三宮			
新室町院	珣子内親王	後伏見天皇	延元二(一三三七)・正・一六	光明	皇后(中宮)	後醍醐		延元二(一三三七)・五・一二〈二七〉
徽安門院	寿子内親王	花園天皇	延元二(一三三七)・二・七	光明	准三宮	光厳		正平一三(一三五八)・四・二〈四一〉
宣光門院	藤原実子	正親町実明	延元三(一三三八)・四・二八	光明	准三宮	花園		正平一五(一三六〇)・九・五〈六四〉
新待賢門院	藤原廉子	阿野公廉	正平六(一三五一)・一二・二八	後村上	皇太后	後醍醐	後村上	正平一四(一三五九)・四・二九〈五九〉
陽禄門院	藤原秀子	三条公秀	正平七(一三五二)・一〇・二九	後光厳	准三宮	光厳	崇光・後光厳	正平七(一三五二)・一一・二八〈四二〉
嘉喜門院	(藤原氏)				(女御)	後村上	長慶・後亀山	
新宣陽門院	(一品宮)	後村上天皇			(内親王)			
崇賢門院	紀 仲子	紀 通清	弘和三(一三八三)・四・二五	後小松	准三宮	後光厳	後円融	応永三四(一四二七)・五・二〇〈八九〉
通陽門院	藤原厳子	三条公忠	応永三(一三九六)・七・二四	後小松	准三宮	後円融	後小松	応永一三(一四〇六)・一二・二七〈五五〉
北山院	藤原康子	日野資康	応永一四(一四〇七)・三・五	後小松	准三宮	足利義満	(後小松准母)	応永二六(一四一九)・一一・一一〈五一〉
光範門院	藤原資子	日野西資国	応永三二(一四二五)・七・二九	称光	准三宮	後小松	称光	永享一二(一四四〇)・九・八〈五七〉
敷政門院	源 幸子	庭田経有	文安五(一四四八)・三・四	後花園	准三宮	後崇光院	後花園	文安五(一四四八)・四・一三〈五九〉
嘉楽門院	藤原信子	藤原孝長	文明一三(一四八一)・七・二六	後土御門	准三宮	後花園	後土御門	長享二(一四八八)・四・二八〈七八〉
豊楽門院	藤原藤子	勧修寺教秀	天文四(一五三五)・正・一二	後奈良	准三宮	後柏原	後奈良	天文四(一五三五)・正・一二〈七二〉
新上東門院	藤原晴子	勧修寺晴右	慶長五(一六〇〇)・一二・二九	後陽成	准三宮	陽光院	後陽成	元和六(一六二〇)・二・一八〈六八〉

院号	名	父	院号宣下年月日	宣下の天皇	宣下時の身位	配偶	所生	崩御年月日〈年齢〉
中和門院	藤原前子	近衛前久	元和六（一六二〇）・六・二	後水尾	准三宮	後陽成	後水尾	寛永七（一六三〇）・七・三〈五六〉
東福門院	源　和子	徳川秀忠	寛永六（一六二九）・一一・九	明正	皇后（中宮）	後水尾	明正	延宝六（一六七八）・六・一五〈七二〉
壬生院	藤原光子	園　基任	承応三（一六五四）・八・一八	後光明	准三宮	後水尾	後光明	明暦二（一六五六）・二・一一〈五五〉
新広義門院	藤原国子	園　基音	延宝五（一六七七）・七・五	霊元	准三宮	後水尾	霊元	延宝五（一六七七）・七・五〈五四〉
逢春門院	藤原隆子	櫛笥隆致	貞享二（一六八五）・五・一七	霊元	准三宮	後水尾	後西	貞享二（一六八五）・五・二二〈八二〉
新上西門院	藤原房子	鷹司教平	貞享四（一六八七）・三・二五	東山	皇后（中宮）	霊元		正徳二（一七一二）・四・一四〈六〇〉
承秋門院	幸子女王	有栖川宮幸仁親王	宝永七（一七一〇）・三・二一	中御門	皇后（中宮）	東山		享保五（一七二〇）・二・一〇〈四一〉
新崇賢門院	藤原賀子	櫛笥隆賀	宝永七（一七一〇）・三・二六（贈）	中御門	准三宮（贈）	東山	中御門	宝永六（一七〇九）・一二・二九〈三五〉
敬法門院	藤原宗子	松木宗条	正徳元（一七一一）・一二・二三	中御門	准三宮	霊元	東山	享保一七（一七三二）・八・三〇〈七六〉
新中和門院	藤原尚子	近衛家熙	享保五（一七二〇）・正・二〇	中御門	准三宮	中御門	桜町	享保五（一七二〇）・正・二〇〈一九〉
礼成門院	孝子内親王	後光明天皇	享保一〇（一七二五）・六・二六	中御門	准三宮			享保一〇（一七二五）・六・二六〈七六〉
青綺門院	藤原舎子	二条吉忠	寛延三（一七五〇）・六・二六	桃園	皇太后	桜町	後桜町	寛政二（一七九〇）・正・二九〈七五〉
開明門院	藤原定子	姉小路実武	宝暦一三（一七六三）・二・一〇	後桜町	（三位局）	桜町	桃園	寛政元（一七八九）・九・二二〈七三〉
恭礼門院	藤原富子	一条兼香	明和八（一七七一）・七・九	後桃園	皇太后	桃園	後桃園	寛政七（一七九五）・一一・三〇〈五三〉
盛化門院	藤原維子	近衛内前	天明三（一七八三）・一〇・一二	光格	皇太后	後桃園	（光格養母）	天明三（一七八三）・一〇・一二〈二五〉
新皇嘉門院	藤原繋子	鷹司政熙	文政六（一八二三）・四・六（贈）	仁孝	准三宮	仁孝		文政六（一八二三）・四・三〈二六〉
新清和院	欣子内親王	後桃園天皇	天保一二（一八四一）・閏正・二二	仁孝	皇太后	光格	（仁孝養母）	弘化三（一八四六）・六・二〇〈六八〉
東京極院	藤原婧子	勧修寺経逸	天保一五（一八四四）・二・一三（贈）	仁孝	准三宮（贈）	光格	仁孝	天保一四（一八四三）・三・二一〈六四〉
新朔平門院	藤原祺子	鷹司政熙	弘化四（一八四七）・一〇・一三	孝明	皇太后	仁孝	（孝明養母）	弘化四（一八四七）・一〇・一三〈三七〉
新待賢門院	藤原雅子	正親町実光	嘉永三（一八五〇）・二・二七	孝明	准三宮	仁孝	孝明	安政三（一八五六）・七・六〈五四〉

皇太子表

（作成：米田雄介／米田一江）

御名	父	母	在任中の天皇	冊立年月日（年齢）	践祚（即位）年月日	廃太子（薨去）年月日
神渟名川耳尊（綏靖天皇）	神武天皇	媛蹈鞴五十鈴媛命	神武天皇	神武天皇四二・正・三（一四歳）	綏靖天皇元・正・八	
磯城津彦玉手看尊（安寧天皇）	綏靖天皇	五十鈴依媛命	綏靖天皇	綏靖天皇二五・正・七（二一歳）	綏靖天皇三三・七・三	
大日本彦耜友尊（懿徳天皇）	安寧天皇	渟名底仲媛命	安寧天皇	安寧天皇一一・正・一（一六歳）	懿徳天皇元・二・四	
観松彦香殖稲尊（孝昭天皇）	懿徳天皇	天豊津媛命	懿徳天皇	懿徳天皇二二・二・一二（一八歳）	孝昭天皇元・正・九	
日本足彦国押人尊（孝安天皇）	孝昭天皇	世襲足媛命	孝昭天皇	孝昭天皇六八・正・一四（二〇歳）	孝安天皇元・正・七	
大日本根子彦太瓊尊（孝霊天皇）	孝安天皇	押媛命	孝安天皇	孝安天皇七六・正・五（二六歳）	孝霊天皇元・正・一二	
大日本根子彦国牽尊（孝元天皇）	孝霊天皇	細媛命	孝霊天皇	孝霊天皇三六・正・一（一九歳）	孝元天皇元・正・一四	
稚日本根子彦大日日命（開化天皇）	孝元天皇	鬱色謎命	孝元天皇	孝元天皇二二・正・一四（一六歳）	孝元天皇五七・一一・一二	
御間城入彦五十瓊殖尊（崇神天皇）	開化天皇	伊香色謎命	開化天皇	開化天皇二八・正・五（一九歳）	崇神天皇元・正・一三	
活目入彦五十狭茅尊（垂仁天皇）	崇神天皇	御間城姫命	崇神天皇	崇神天皇四八・四・一九（二十歳）	垂仁天皇元・正・二	
大足彦忍代別尊（景行天皇）	垂仁天皇	日葉酢媛命	垂仁天皇	垂仁天皇三七・正・一（二一歳）	景行天皇一・七・一一	
稚足彦尊（成務天皇）	景行天皇	八坂入媛命	景行天皇	景行天皇五一・八・四（三八歳）	成務天皇元・正・五	
足仲彦尊（仲哀天皇）	日本武尊	両道入姫命	成務天皇	成務天皇四八・三・一（不詳）	仲哀天皇元・正・一一	
譽田別尊（応神天皇）	仲哀天皇	気長足姫尊		神功皇后摂政三・正・三（四歳）	応神天皇元・正・一	
菟道稚郎子皇子	応神天皇	宮主宅媛	応神天皇	応神天皇四〇・正・二四（不詳）		応神天皇四一・二（辞退、自殺）
大兄去来穂別尊（履中天皇）	仁徳天皇	磐之媛命	仁徳天皇	仁徳天皇三一・正・一五（不詳）	履中天皇元・二・一	
多遅比瑞歯別尊（反正天皇）	仁徳天皇	磐之媛命	履中天皇	履中天皇二・正・四（不詳）	反正天皇元・正・二	
木梨軽皇子	允恭天皇	忍坂大中姫命	允恭天皇	允恭天皇二三・三・七（不詳）		允恭天皇四二・一〇（乱により自殺）
白髪武広国押稚日本根子尊（清寧天皇）	雄略天皇	葛城韓媛命	雄略天皇	雄略天皇二二・正・一（三五歳）	清寧天皇元・正・一五	
億計尊（仁賢天皇）	磐坂市邊押磐尊	蟻臣荑媛	清寧天皇 顕宗天皇	清寧天皇三・四・七（三四歳）	仁賢天皇元・正・五	
小泊瀬稚鷦鷯尊（武烈天皇）	仁賢天皇	春日大娘皇女	仁賢天皇	仁賢天皇七・正・三（六歳）	仁賢天皇一一・一二	
広国押武金日尊（安閑天皇）	継体天皇	尾張目子媛	継体天皇	継体天皇七・一二・八（四八歳）	継体天皇元・二・四	
訳語田渟中倉太珠敷尊（敏達天皇）	欽明天皇	石姫皇女	欽明天皇	欽明天皇一五・正・七（一七歳）	敏達天皇元・四・三	

御名	父	母	在任中の天皇	冊立年月日（年齢）	践祚（即位）年月日	廃太子（薨去）年月日
厩戸皇子（聖徳太子）	用明天皇	埿部穴穂部皇女	推古天皇	推古天皇元・四・一〇（二〇歳）		推古天皇三〇・二・二二（薨去）
葛城皇子（天智天皇）	舒明天皇	寶皇女	孝徳天皇 斉明天皇	孝徳天皇元・六・一四（二〇歳）	斉明天皇七・七・二四（称制）、天智天皇七・正・三	
大海人皇子（天武天皇）	舒明天皇	寶皇女	天智天皇	天智天皇七・二・二三（不詳）		天智天皇一〇・一〇・一九（辞退）
大友皇子（弘文天皇）	天智天皇	伊賀宅子娘	天智天皇	天智天皇一〇・一〇（二四歳）	天智天皇一〇・一二・五	
草壁皇子	天武天皇	鸕野讃良皇女	天武天皇 持統天皇（称制）	天武天皇一〇・二・二五（二〇歳）		持統天皇三・四・一三（薨去）
珂瑠皇子（文武天皇）	草壁皇子	阿閇皇女	持統天皇	持統天皇一一・二・一六（一五歳）	文武天皇元・八・一	
首親王（聖武天皇）	文武天皇	藤原宮子娘	元明天皇 元正天皇	和銅七・六（一四歳）	神亀元・二・四	
某（基ヵ）皇子	聖武天皇	藤原安宿媛	聖武天皇	神亀四・一一・二（三ヶ月）		神亀五・九・一三（薨去）
阿倍内親王（孝謙天皇）	聖武天皇	藤原安宿媛	聖武天皇	天平一〇・正・一三（二一歳）	天平勝宝元・七・二	
道祖王	新田部親王		孝謙天皇	天平勝寶八・五・二（不詳）		天平宝字元・三・二九（廃太子）
大炊王（淳仁天皇）	舎人親王	當麻山背	孝謙天皇	天平勝寶九・四・四（二五歳）	天平宝字二・八・一	
白壁王（光仁天皇）	施基親王	紀橡媛	称徳天皇	神護景雲四・八・四（六二歳）	宝亀元・一〇・一	
他戸親王	光仁天皇	井上内親王	光仁天皇	宝亀二・正・二三（不詳）		宝亀三・五・二七（廃太子）
山部親王（桓武天皇）	光仁天皇	高野新笠	光仁天皇	宝亀四・正・二（三七歳）	天応元・四・三	
早良親王	光仁天皇	高野新笠	桓武天皇	天応元・四・四（不詳）		延暦四・一〇・八（廃太子）
安殿親王（平城天皇）	桓武天皇	藤原乙牟漏	桓武天皇	延暦四・一一・二五（一二歳）	大同元・三・一七	
神野親王（嵯峨天皇）	桓武天皇	藤原乙牟漏	平城天皇	大同元・五・一九（二一歳）	大同四・四・一	
高岳親王	平城天皇	伊勢継子	嵯峨天皇	大同四・四・一四（不詳）		弘仁元・九・一一（廃太子）
大伴親王（淳和天皇）	桓武天皇	藤原旅子	嵯峨天皇	大同五・九・一三（二五歳）	弘仁一四・四・一六	
恒世親王	淳和天皇	高志内親王	淳和天皇	弘仁一四・四・一八（一九歳）		弘仁一四・四・一八（即日、辞退）
正良親王（仁明天皇）	嵯峨天皇	橘嘉智子	淳和天皇	弘仁一四・四・一八（一四歳）	天長一〇・二・二八	
恒貞親王	淳和天皇	正子内親王	仁明天皇	天長一〇・二・三〇（九歳）		承和九・七・一七（廃太子）

御名	父	母	在任中の天皇	冊立年月日（年齢）	践祚（即位）年月日	廃太子（薨去）年月日
道康親王（文徳天皇）	仁明天皇	藤原順子	仁明天皇	承和九・八・四（一六歳）	嘉祥三・三・二一	
惟仁親王（清和天皇）	文徳天皇	藤原明子	文徳天皇	嘉祥三・一一・二五（九ヶ月）	天安二・八・二七	
貞明親王（陽成天皇）	清和天皇	藤原高子	清和天皇	貞観一一・二・一（四ヶ月）	貞観一八・一一・二九	
定省親王（宇多天皇）	光孝天皇	班子女王	光孝天皇	仁和三・八・二六（二一歳）	仁和三・八・二六	
敦仁親王（醍醐天皇）	宇多天皇	藤原胤子	宇多天皇	寛平五・四・二（九歳）	寛平九・七・三	
保明親王	醍醐天皇	藤原穏子	醍醐天皇	延喜四・二・一〇（四ヶ月）		延喜二三・三・二一（薨去）
慶頼王	保明親王	藤原仁善子	醍醐天皇	延喜二三・四・二九（三歳）		延長三・六・一八（薨去）
寛明親王（朱雀天皇）	醍醐天皇	藤原穏子	醍醐天皇	延長三・一〇・二一（三歳）	延長八・九・二二	
成明親王（村上天皇）	醍醐天皇	藤原穏子	朱雀天皇	天慶七・四・二二（一九歳）	天慶九・四・二〇	
憲平親王（冷泉天皇）	村上天皇	藤原安子	村上天皇	天暦四・七・二三（四ヶ月）	康保四・五・二五	
守平親王（円融天皇）	村上天皇	藤原安子	冷泉天皇	康保四・九・一（九歳）	安和二・八・一三	
師貞親王（花山天皇）	冷泉天皇	藤原懐子	円融天皇	安和二・八・一三（一一ヶ月）	永観二・八・二七	
懐仁親王（一條天皇）	円融天皇	藤原詮子	花山天皇	永観二・八・二七（五歳）	寛和二・六・二三	
居貞親王（三條天皇）	冷泉天皇	藤原超子	一條天皇	寛和二・七・一六（一一歳）	寛弘八・六・一三	
敦成親王（後一條天皇）	一條天皇	藤原彰子	三條天皇	寛弘八・六・一三（四歳）	長和五・正・二九	
敦明親王	三條天皇	藤原娍子	後一條天皇	長和五・正・二九（二三歳）		寛仁元・八・九（辞退、小一条院）
敦良親王（後朱雀天皇）	一條天皇	藤原彰子	後一條天皇	寛仁元・八・九（九歳）	長元九・四・一七	
親仁親王（後冷泉天皇）	後朱雀天皇	藤原嬉子	後朱雀天皇	長暦元・八・一七（一三歳）	寛徳二・正・一六	
尊仁親王（後三條天皇）	後朱雀天皇	禎子内親王	後冷泉天皇	寛徳二・正・一六（一二歳）	治暦四・四・一九	
貞仁親王（白河天皇）	後三條天皇	藤原茂子	後三條天皇	延久元・四・二八（一七歳）	延久四・一二・八	
実仁親王	後三條天皇	源基子	白河天皇	延久四・一二・八（二歳）		応徳二・一一・八（薨去）
宗仁親王（鳥羽天皇）	堀河天皇	藤原苡子	堀河天皇	康和五・八・一七（八ヶ月）	嘉承二・七・一九	
体仁親王（近衛天皇）	鳥羽天皇	藤原得子	崇徳天皇	保延五・八・一七（四ヶ月）	永治元・一二・七	
守仁親王（二条天皇）	後白河天皇	藤原懿子	後白河天皇	久壽二・九・二三（一三歳）	保元三・八・一一	
憲仁親王（高倉天皇）	後白河天皇	平滋子	六条天皇	仁安元・一〇・一〇（六歳）	仁安三・二・一九	

御名	父	母	在任中の天皇	冊立年月日（年齢）	践祚（即位）年月日	廃太子（薨去）年月日
言仁親王（安徳天皇）	高倉天皇	平徳子	高倉天皇	治承二・一二・一五（一ヶ月）	治承四・二・二一	
守成親王（順徳天皇）	後鳥羽天皇	藤原重子	土御門天皇	正治二・四・一五（四歳）	承元四・一一・二五	
懐成親王（仲恭天皇）	順徳天皇	藤原立子	順徳天皇	建保六・一一・二六（二ヶ月）	承久三・四・二〇	
秀仁親王（四条天皇）	後堀河天皇	藤原竴子	後堀河天皇	寛喜三・一〇・二八（九ヶ月）	貞永元・一〇・四	
久仁親王（後深草天皇）	後嵯峨天皇	藤原姞子	後嵯峨天皇	寛元元・八・一〇（四ヶ月）	寛元四・正・二九	
恒仁親王（亀山天皇）	後嵯峨天皇	藤原姞子	後深草天皇	正嘉二・八・七（一〇歳）	正元元・一一・二六	
世仁親王（後宇多天皇）	亀山天皇	藤原佶子	亀山天皇	文永五・八・二五（一〇ヶ月）	文永一一・正・二六	
熙仁親王（伏見天皇）	後深草天皇	藤原愔子	後宇多天皇	建治元・一一・五（一一歳）	弘安一〇・一〇・二一	
胤仁親王（後伏見天皇）	伏見天皇	藤原経子	伏見天皇	正應二・四・二五（二歳）	永仁六・七・二二	
邦治親王（後二条天皇）	後宇多天皇	源基子	後伏見天皇	永仁六・八・一〇（一四歳）	正安三・正・二一	
富仁親王（花園天皇）	伏見天皇	藤原季子	後二条天皇	正安三・八・二四（五歳）	延慶元・八・二六	
尊治親王（後醍醐天皇）	後宇多天皇	藤原忠子	花園天皇	延慶元・九・一九（二一歳）	文保二・二・二六	
邦良親王	後二條天皇	藤原宗子	後醍醐天皇	文保二・三・九（一九歳）		正中三・三・二〇（薨去）
量仁親王（光厳院）	後伏見天皇	藤原寧子	後醍醐天皇	嘉暦元・七・二四（一四歳）	元弘元・九・二〇	
※康仁親王	邦良親王	源定教女	光厳天皇	元徳三（元弘元）・一一・八		正慶二（元弘三）・五・一二（廃太子）
恒良親王	後醍醐天皇	藤原廉子	後醍醐天皇	建武元・正・二三（一〇歳）		延元三・四・一三（薨去）
成良親王	後醍醐天皇	藤原廉子	光明天皇	建武三・一一・一四		建武三・一二（南北朝分立により廃太子）
※義良親王（後村上天皇）	後醍醐天皇	藤原廉子	後醍醐天皇	延元四・三（一二歳）	延元四・八・一五	
直仁親王	花園天皇	藤原実子	崇光天皇	正平三（＝貞和四）・一〇・二七		感応二（正平六）・一一・七（廃太子）
※熙成王（後亀山天皇）	後村上天皇	藤原氏	長慶天皇	正平二三（不詳）	弘和三	
※泰成親王	後村上天皇		後亀山天皇	弘和三・一〇		元中九・閏一〇・五（南北朝合一により廃太子）
誠仁親王	正親町天皇	源房子		弘治三・一〇・二七（儲君）		天正一四・七・二四（薨去）
高仁親王	後水尾天皇	源和子		寛永三・一一・二五（儲君）		寛永五・六・一一（薨去）

御名	父	母	在任中の天皇	冊立年月日（年齢）	践祚（即位）年月日	廃太子（薨去）年月日
朝仁親王（東山天皇）	霊元天皇	藤原宗子	霊元天皇	天和二・三・二五（儲君） 天和三・二・九（九歳）	貞享四・三・二一	
慶仁親王（中御門天皇）	東山天皇	藤原賀子	東山天皇	宝永四・三・二二（儲君） 宝永五・二・一六（八歳）	宝永六・六・二一	
昭仁親王（桜町天皇）	中御門天皇	藤原尚子	中御門天皇	享保五・一〇・一六（儲君） 享保一三・六・一一（九歳）	享保二〇・三・二一	
遐仁親王（桃園天皇）	桜町天皇	藤原定子	桜町天皇	延享三・正・二一（儲君） 延享四・三・一六（七歳）	延享四・五・二	
英仁親王（後桃園天皇）	桃園天皇	藤原富子	後桜町天皇	宝暦九正・一八（儲君） 明和五・二・一九（一一歳）	明和七・一一・二四	
閑院宮兼仁親王（光格天皇）	典仁親王	大江磐代		安永八・一一・八（儲君）	安永八・一一・二五	
恵仁親王（仁孝天皇）	光格天皇	藤原婧子	光格天皇	文化四・七・一八（儲君） 文化六・三・二四（一〇歳）	文化一四・三・二二	
統仁親王（孝明天皇）	仁孝天皇	藤原雅子	仁孝天皇	天保六・六・二一（儲君） 天保一一・三・一四（一〇歳）	弘化三・二・一三	
睦仁親王（明治天皇）	孝明天皇	中山慶子	孝明天皇	万延元・七・一〇（儲君）	慶応三・正・九	
嘉仁親王（大正天皇）	明治天皇	柳原愛子	明治天皇	明治二〇・八・三一（儲君） 明治二二・一一・三（一一歳）	大正元・七・三〇	
裕仁親王（昭和天皇）	大正天皇	貞明皇后	大正天皇	大正元・七・三〇	昭和元・一二・二五	
明仁親王（今上天皇）	昭和天皇	香淳皇后	昭和天皇	昭和九・一二・二三（降誕とともに皇太子となり、昭和二七・一一・一〇に立太子の礼を挙行）	昭和六四・一・七	
徳仁親王	今上天皇	正田美智子	今上天皇	昭和六四・一・七（父皇太子の即位により皇太子となり、平成三・二・二三に立太子の礼を挙行）		

〔備考〕※印は南朝を意味する。

皇太子冊立年月日の欄に、儲君の治定のある時は、儲君治定の年月日を記し、ついで皇太子冊立の年月日を記した。

三后一覧

（作成：米田雄介／米田一江）

名	父（兄）	配偶	所生	中宮	皇后宮	皇太后〈〉は即位	太皇太后	院号宣下・崩御年月日〈年齢〉
媛蹈鞴五十鈴媛命	事代主神、一説に三輪大物主神	神武天皇	綏靖天皇		神武天皇元・正・一	綏靖天皇元・正・八		
五十鈴依媛命	事代主神	綏靖天皇	安寧天皇		綏靖天皇二・正	安寧天皇元・一〇・一一		
渟名底仲媛命	鴨王	安寧天皇	懿徳天皇		安寧天皇三・正・五	懿徳天皇元・九		
天豊津媛命	息石耳命	懿徳天皇	孝昭天皇		懿徳天皇二・二・一一	孝昭天皇元・四・五		
世襲足媛	（瀛津世襲）	孝昭天皇	孝安天皇		孝昭天皇二九・正・三	孝安天皇元・八・一		
押媛	天足彦国押人命	孝安天皇	孝霊天皇		孝安天皇二六・二・一四	孝霊天皇元・正・一二		
細媛命	磯城県主大目	孝霊天皇	孝元天皇		孝霊天皇二・二・一一	孝元天皇元・正・一四		
鬱色謎命	（鬱色雄命）	孝元天皇	開化天皇		孝元天皇七・二・二	開化天皇元・正・四		
伊香色謎命	大綜麻杵命	開化天皇	崇神天皇		開化天皇六・正・一四	崇神天皇元・正・一三		
御間城姫	大彦命	崇神天皇	垂仁天皇		崇神天皇元・二・一六	垂仁天皇元・一一・二		
狭穂姫命	彦坐王	垂仁天皇			垂仁天皇二・二・九			垂仁天皇五・一〇崩
日葉酢媛命	丹波道主命	垂仁天皇	景行天皇		垂仁天皇一五・八・一			垂仁天皇三二・七・六崩
播磨稲日大郎姫	稚武彦命	景行天皇	（日本武尊）		景行天皇二・三・三			景行天皇五二・五・四崩
八坂入姫命	八坂入彦命	景行天皇	成務天皇		景行天皇五二・七・七	成務天皇二・一一・一〇		
両道入姫命	垂仁天皇	日本武尊	仲哀天皇			仲哀天皇元・九・一		
気長足姫尊（神功皇后）	気長宿禰王	仲哀天皇	応神天皇		仲哀天皇二・正・一一	神功摂政元・一〇・二		神功摂政六九・四・一七崩
仲姫命	品陀真若王	応神天皇	仁徳天皇		応神天皇二・四・三	仁徳天皇元・正・三		
磐之媛命	葛城襲津彦	仁徳天皇	履中天皇・反正天皇・允恭天皇		仁徳天皇二・三・八			仁徳天皇三五・六崩
八田若郎女	応神天皇	仁徳天皇			仁徳天皇三八・正・六			

名	父（兄）	配偶	所生	中宮	皇后宮	皇太后〈〉は即位	太皇太后	院号宣下・崩御年月日〈年齢〉
草香幡日之若郎女	応神天皇	履中天皇			履中天皇六・正・六			
忍坂大中姫命	若野毛二俣王	允恭天皇	安康天皇・雄略天皇		允恭天皇二・二・一四	允恭天皇四二・一二・一四		
中蒂姫命	履中天皇	安康天皇			安康天皇二・正・一七			
草香幡多毘能若郎女	仁徳天皇	雄略天皇			雄略天皇元・三・三			
難波小野王	丘稚子王	顕宗天皇			顕宗元・正			仁賢天皇二・九崩
春日大郎皇女	雄略天皇	仁賢天皇	武烈天皇		仁賢天皇元・二・二			
春日娘子	（未詳）	武烈天皇			武烈天皇元・三・二			
手白香皇女	仁賢天皇	継体天皇	欽明天皇		継体天皇元・三・五	宣化天皇四・一二・五		
春日山田皇女	仁賢天皇	安閑天皇			安閑天皇元・三・六			
橘之仲比売命	仁賢天皇	宣化天皇			宣化天皇元・三・八			
石姫皇女	宣化天皇	欽明天皇	敏達天皇		欽明天皇元・正・一五	敏達天皇元・四・三		
広姫	息長真手王	敏達天皇			敏達天皇四・正・九			敏達天皇四・一一崩
額田部皇女（推古天皇）	欽明天皇	敏達天皇			敏達天皇五・三・一〇	〈崇峻天皇五・一二・八即位〉		推古天皇三六（六二八）・三・七崩〈七五〉
泥部穴穂部間人皇女	欽明天皇	用明天皇	（聖徳太子）		用明天皇元・正・一			推古天皇二九（六二一）・一二・二〇崩
宝皇女（皇極天皇）（斉明天皇）	茅渟王	舒明天皇	天智天皇・天武天皇		舒明天皇二（六三〇）・正・一二	〈皇極天皇元（六四二）・正・一五即位〉		皇極天皇元（六四二）・六・一四譲位、斉明天皇元（六五四）・一・三重祚〈斉明〉、斉明天皇七（六六一）・七・二四崩〈六八〉
間人皇女	舒明天皇	孝徳天皇			大化元（六四五）・七・二			天智天皇四（六六五）・二・二五崩
倭姫王	古人大兄皇子	天智天皇			天智天皇七（六六八）・二・二三			
鸕野讃良皇女（持統天皇）	天智天皇	天武天皇	（草壁皇子）		天武天皇二（六七三）・二・二七	〈持統天皇四（六九〇）・正・一即位〉		持統天皇一一（六九七）・八・一譲位、大宝二（七〇二）・一二・二二崩〈五八〉

名	父(兄)	配偶	所生	中宮	皇后宮	皇太后〈〉は即位	太皇太后	院号宣下・崩御年月日〈年齢〉
藤原宮子	藤原不比等	文武天皇	聖武天皇	神亀元(七二四)・二・四皇太夫人			孝謙天皇即位後	天平勝宝六(七五四)・七・一九崩
藤原安宿媛	藤原不比等	聖武天皇	孝謙天皇		天平元(七二九)・八・一〇	孝謙天皇即位後		天平宝字四(七六〇)・六・七崩〈六〇〉
当麻山背	当麻　老	舎人親王	淳仁天皇	天平宝字三(七五九)・六・一六大夫人				天平宝字八(七六四)・一〇・九配流
井上内親王	聖武天皇	光仁天皇			宝亀元(七七〇)・一一・六			宝亀三(七七二)・三・二廃后 宝亀六(七七五)・四・二七崩
高野新笠	高野乙継	光仁天皇	桓武天皇	天応元(七八一)・四・一五皇太夫人				延暦八(七八九)・一二・二八崩
藤原乙牟漏	藤原良継	桓武天皇	平城天皇・嵯峨天皇		延暦二(七八三)・四・一八			延暦九(七九〇)・閏三・一〇崩〈三一〉
橘嘉智子	橘　清友	嵯峨天皇	仁明天皇		弘仁六(八一五)・七・一三	弘仁一四(八二三)・四・二三	天長一〇(八三三)・三・二	嘉祥三(八五〇)・五・四崩〈六五〉
正子内親王	嵯峨天皇	淳和天皇			天長四(八二七)・二・二七	天長一〇(八三三)・三・二	仁寿四(八五四)・四・二六	元慶三(八七九)・三・二三崩〈七〇〉
藤原順子	藤原冬継	仁明天皇	文徳天皇	嘉祥三(八五〇)・四・一七皇太夫人		仁寿四(八五四)・四・二六	貞観六(八六四)・正・七	貞観一三(八七一)・九・二八崩〈六三〉
藤原明子	藤原良房	文徳天皇	清和天皇	天安二(八五八)・一一・七皇太夫人		貞観六(八六四)・正・七	元慶六(八八二)・正・七	昌泰三(九〇〇)・五・二三崩〈七三〉
藤原高子	藤原長良	清和天皇	陽成天皇	貞観一九(八七七)・正・三皇太夫人		元慶六(八八二)・正・七		寛平八(八九六)・九・二二廃后、延喜一〇(九一〇)・三・二四崩〈六九〉
班子女王	仲野親王	光孝天皇	宇多天皇	仁和三(八八七)・一一・一七皇太夫人		寛平九(八九七)・七・二六		昌泰三(九〇〇)・四・一崩〈六八〉
藤原温子	藤原基経	宇多天皇	(醍醐天皇養母)	寛平九(八九七)・七・二六皇太夫人				延喜七(九〇七)・六・八崩〈三六〉
藤原穏子	藤原基経	醍醐天皇	朱雀天皇・村上天皇	延喜二三(九二三)・四・二六		承平元(九三一)・一一・二八(但し中宮と称す)	天慶九(九四六)・四・二六(但し中宮と称す)	天暦八(九五四)・正・四崩〈七〇〉

名	父（兄）	配偶	所生	中宮	皇后宮	皇太后〈 〉は即位	太皇太后	院号宣下・崩御年月日〈年齢〉
藤原安子	藤原師輔	村上天皇	冷泉天皇・円融天皇	天徳二（九五八）・一〇・二七				応和四（九六四）・四・二九崩〈三八〉
昌子内親王	朱雀天皇	冷泉天皇		康保四（九六七）・九・四		天禄四（九七三）・七・一	寛和二（九八〇）・七・五	長保元（九九九）・一二・一崩〈五〇〉
藤原媓子	藤原兼通	円融天皇		天禄四（九七三）・七・一				天元二（九七九）・六・三崩〈三三〉
藤原遵子	藤原頼忠	円融天皇		天元五（九八二）・三・一一	永祚二（九九〇）・一〇・五	長保二（一〇〇〇）・二・二五	寛弘九（一〇一二）・二・一四	寛仁元（一〇一七）・六・一崩〈六一〉
藤原詮子	藤原兼家	円融天皇	一条天皇			寛和二（九八六）・七・五		正暦二（九九一）・九・一六院号（東三条院）
藤原定子	藤原道隆	一条天皇		永祚二（九九〇）・一〇・五	長保二（一〇〇〇）・二・二五			長保二（一〇〇〇）・一二・一六崩〈二四〉
藤原彰子	藤原道長	一条天皇	後一条天皇・後朱雀天皇	長保二（一〇〇〇）・二・二五		寛弘九（一〇一二）・二・一四	寛仁二（一〇一八）・正・七	万寿三（一〇二六）・正・一九院号（上東門院）
藤原妍子	藤原道長	三条天皇		寛弘九（一〇一二）・二・一四		寛仁二（一〇一八）・一〇・一六		万寿四（一〇二七）・九・一四崩〈三四〉
藤原娍子	藤原済時	三条天皇			寛弘九（一〇一二）・四・二七			万寿二（一〇二五）・三・二五崩〈五四〉
藤原威子	藤原道長	後一条天皇		寛仁二（一〇一八）・一〇・一六				長元九（一〇三六）・九・六崩〈三八〉
禎子内親王	三条天皇	後朱雀天皇	後三条天皇	長元一〇（一〇三七）・二・一三	長元一〇（一〇三七）・三・一	永承六（一〇五一）・二・一三	治暦四（一〇六八）・四・一七	治暦五（一〇六九）・二・一七院号（陽明門院）
藤原嫄子	藤原頼通、実父敦康親王	後朱雀天皇		長元一〇（一〇三七）・三・一				長暦三（一〇三九）・八・二八崩〈二四〉
章子内親王	後一条天皇	後冷泉天皇		永承元（一〇四六）・七・一〇		治暦四（一〇六八）・四・一七	延久元（一〇六九）・七・三	延久六（一〇七四）・六・一六院号（二条院）
藤原寛子	藤原頼通	後冷泉天皇		治暦四（一〇六八）・四・一七	永承六（一〇五一）・二・一三	延久元（一〇六九）・七・三	延久六（一〇七四）・六・二〇	大治二（一一二七）・八・一四崩〈九二〉
藤原歓子	藤原教通	後冷泉天皇			治暦四（一〇六八）・四・一七	延久六（一〇七四）・六・二〇		康和四（一一〇二）・八・一七崩〈八二〉

名	父（兄）	配偶	所生	中宮	皇后宮	皇太后〈〉は即位	太皇太后	院号宣下・崩御年月日〈年齢〉
馨子内親王	後一条天皇	後三条天皇		延久元（一〇六九）・七・三	延久六（一〇七四）・六・二〇			寛治七（一〇九三）・九・四崩〈六五〉
藤原賢子	藤原師実、実父源顕房	白河天皇	堀河天皇	延久六（一〇七四）・六・二〇				応徳元（一〇八四）・九・二二崩〈二八〉
媞子内親王	白河天皇		（堀河天皇准母）	寛治五（一〇九一）・正・二二				寛治七（一〇九三）・正・一九院号（郁芳門院）
篤子内親王	後三条天皇	堀河天皇		寛治七（一〇九三）・二・二二				永久二（一一一四）・一〇・一崩〈五五〉
令子内親王	白河天皇		（鳥羽天皇准母）		嘉承二（一一〇七）・一二・一		長承三（一一三四）・三・一九	天養元（一一四四）・四・二一崩〈六七〉
藤原璋子	藤原公実	鳥羽天皇	崇徳天皇・後白河天皇	永久六（一一一八）・正・二六				天治元（一一二四）・一一・二四院号（待賢門院）
藤原聖子	藤原忠通	崇徳天皇	（近衛天皇養母）	大治五（一一三〇）・二・二一		永治元（一一四一）・一二・二七		久安六（一一五〇）・二・二七院号（皇嘉門院）
藤原泰子	藤原忠実	鳥羽天皇			長承三（一一三四）・三・一九			保延五（一一三九）・七・二八院号（高陽院）
藤原得子	藤原長実	鳥羽天皇	近衛天皇		永治元（一一四一）・一二・二七			久安五（一一四九）・八・三院号（美福門院）
藤原多子	藤原頼長、実父藤原公能	近衛天皇			久安六（一一五〇）・三・一四	保元元（一一五六）・一〇・二七	保元三（一一五八）・二・三	建仁元（一二〇一）・一二・二四崩〈六二〉
藤原呈子	藤原忠通、実父藤原伊通	近衛天皇		久安六（一一五〇）・六・二二	保元元（一一五六）・一〇・二七	保元三（一一五八）・二・三		仁安三（一一六八）・三・一四院号（九条院）
藤原忻子	藤原公能	後白河天皇		保元元（一一五六）・一〇・二七	保元四（一一五九）・二・二一	承安二（一一七二）・二・一〇		承元三（一二〇九）・八・一二崩〈七六〉
統子内親王	鳥羽天皇				保元三（一一五八）・二・三			保元四（一一五九）・二・一三院号（上西門院）
姝子内親王	鳥羽天皇	二条天皇		保元四（一一五九）・二・二一				応保二（一一六二）・二・五院号（高松院）
藤原育子	藤原忠通、実父藤原実能	二条天皇	（六条天皇養母）	応保二（一一六二）・二・一九	承安二（一一七二）・二・一〇			承安三（一一七三）・八・一五崩〈二八〉

名	父（兄）	配偶	所生	中宮	皇后宮	皇太后〈〉は即位	太皇太后	院号宣下・崩御年月日〈年齢〉
平　滋子	平　時信	後白河天皇	高倉天皇			仁安三（一一六八）・三・二〇		嘉応元（一一六九）・四・一二院号（建春門院）
平　徳子	平　清盛	高倉天皇	安徳天皇	承安二（一一七二）・二・一〇				養和元（一一八一）・一一・二五院号（建礼門院）
亮子内親王	後白河天皇		（安徳天皇准母）		寿永元（一一八二）・八・一四			文治三（一一八七）・六・二八院号（殷富門院）
藤原任子	九条兼実	後鳥羽天皇		建久元（一一九〇）・四・二六				正治二（一二〇〇）・六・二八院号（宣秋門院）
範子内親王	高倉天皇		（土御門天皇門准母）		建久九（一一九八）・三・三			建永元（一二〇六）・九・二院号（坊門院）
藤原麗子	大炊御門頼実	土御門天皇		元久二（一二〇五）・七・一一				承元四（一二一〇）・三・一九院号（陰明門院）
昇子内親王	後鳥羽天皇				承元二（一二〇八）・八・八			承元三（一二〇九）・四・二五院号（春華門院）
藤原立子	九条良経	順徳天皇	仲恭天皇	承元五（一二一一）・正・二二				承久四（一二二二）・三・二五院号（東一条院）
邦子内親王	後高倉院		（後堀河天皇准母）		承久三（一二二一）・一二・一			貞応三（一二二四）・八・四院号（安嘉門院）
藤原有子	三条公房	後堀河天皇		貞応二（一二二三）・二・二五	嘉禄二（一二二六）・七・二九			嘉禄三（一二二七）・二・二〇院号（安喜門院）
藤原長子	近衛家実	後堀河天皇		嘉禄二（一二二六）・七・二九				寛喜元（一二二九）・四・一八院号（鷹司院）
藤原竴子	九条道家	後堀河天皇	四条天皇	寛喜二（一二三〇）・二・一六				貞永二（一二三三）・四・三院号（藻壁門院）
利子内親王	後高倉院		（四条天皇准母）		天福元（一二三三）・六・二〇			延応元（一二三九）・一一・一二院号（式乾門院）
藤原姞子	西園寺実氏	後嵯峨天皇	後深草天皇・亀山天皇	仁治三（一二四二）・八・九				宝治二（一二四八）・六・一八院号（大宮院）
曦子内親王	土御門天皇				宝治二（一二四八）・八・八			建長三（一二五一）・三・二七院号（仙華門院）

名	父(兄)	配偶	所生	中宮	皇后宮	皇太后〈〉は即位	太皇太后	院号宣下・崩御年月日〈年齢〉
藤原公子	西園寺実氏	後深草天皇		康元二(一二五七)・正・二九				正元元(一二五九)・一二・一九院号(東二条院)
藤原佶子	洞院実雄	亀山天皇	後宇多天皇	文応二(一二六一)・二・八	弘長元(一二六一)・八・二〇			文永九(一二七二)・八・九院号(京極院)
藤原嬉子	西園寺公相	亀山天皇		弘長元(一二六一)・八・二〇				文永五(一二六八)・一二・六院号(今出河院)
姈子内親王	後深草天皇	(院号後、後宇多天皇後宮)			弘安八(一二八五)・八・一九			正応四(一二九一)・八・一二院号(遊義門院)
藤原鏱子	西園寺実兼	伏見天皇	(後伏見天皇養母)	正応元(一二八八)・八・二〇				永仁六(一二九八)・八・二一院号(永福門院)
藤原忻子	徳大寺公孝	後二条天皇		嘉元元(一三〇三)・九・二四				延慶三(一三一〇)・一二・一九院号(長楽門院)
奨子内親王	後宇多天皇				文保三(一三一九)・三・二七			元応元(一三一九)・一一・一五院号(達智門院)
藤原禧子	西園寺実兼	後醍醐天皇		元応元(一三一九)・八・七		元弘三(一三三三)・七・一一		元弘三(一三三三)・一〇・一二院号(後京極院)
珣子内親王	後伏見天皇	後醍醐天皇		元弘三(一三三三)・一二・七				延元二(一三三七)・正・一六院号(新室町院)
藤原廉子	阿野公廉	後醍醐天皇	後村上天皇			(後村上即位後か)		正平六(一三五一)・一二・一八院号(新待賢門院)
(中宮某)		長慶天皇						
源和子	徳川秀忠	後水尾天皇	明正天皇	寛永元(一六二四)・一一・二八				寛永六(一六二九)・一一・九院号(東福門院)
藤原房子	鷹司教平	霊元天皇		天和三(一六八三)・二・一四				貞享四(一六八七)・三・二五院号(新上西門院)
幸子女王	有栖川宮幸仁親王	東山天皇		宝永五(一七〇八)・二・二七				宝永七(一七一〇)・三・二一院号(承秋門院)
藤原舎子	二条吉忠	桜町天皇	後桜町天皇			延享四(一七四七)・五・二七		寛延三(一七五〇)・六・二六院号(青綺門院)

名	父（兄）	配偶	所生	中宮	皇后宮	皇太后〈〉は即位	太皇太后	院号宣下・崩御年月日〈年齢〉
藤原富子	一条兼香	桃園天皇	後桃園天皇			明和八（一七七一）・五・九		明和八（一七七一）・七・九院号（恭礼門院）
藤原維子	近衛内前	後桃園天皇	（光格天皇養母）			安永一〇（一七八一）・三・一五		天明三（一七八三）・一〇・一二院号（盛化門院）
欣子内親王	後桃園天皇	光格天皇	（仁孝天皇養母）	寛政六（一七九四）・三・七		文政三（一八二〇）・三・一四		天保一二（一八四一）・閏正・二院号（新清和院）
藤原祺子	鷹司政熙	仁孝天皇	（孝明天皇養母）			弘化四（一八四七）・三・一四		弘化四（一八四七）・一〇・一三院号（新朔平門院）
九条夙子（英照皇太后）	九条尚忠	孝明天皇	（明治天皇養母）			慶應四（一八六八）・三・一八		明治三〇（一八九七）・正・一一崩〈六四〉
一条美子（昭憲皇太后）	一条忠香	明治天皇	（大正天皇養母）		明治元（一八六八）・一二・二八	大正元（一九一二）・七・三〇		大正三（一九一四）・四・一一崩〈六五〉
九条節子（貞明皇后）	九条道孝	大正天皇	昭和天皇		大正元（一九一二）・七・三〇	昭和元（一九二六）・一二・二五		昭和二六（一九五一）・五・一七崩〈六八〉
良子女王（香淳皇后）	久邇宮邦彦王	昭和天皇	今上天皇		昭和元（一九二六）・一二・二五	昭和六四（一九八九）・一・七		平成一二（二〇〇〇）・六・一六崩〈九七〉
正田美智子	正田英三郎	今上天皇			昭和六四（一九八九）・一・七			

摂政関白一覧

（作成：米田雄介／米田一江）

摂関	人名（就任時の地位）	天皇	在任期間
摂政	厩戸皇子（皇太子）	推古天皇	推古天皇元（五九三）・四・一〇～推古天皇三〇（六二二）・二・二二
摂政	中大兄皇子（皇太子）	斉明天皇	斉明天皇元（六五五）・正・三～斉明天皇七（六六一）・七・二四
摂政	草壁皇子（皇太子）	天武天皇	天武天皇一〇（六八一）・二・二五～朱鳥元（六八六）・九・九
摂政	藤原良房（太政大臣）	清和天皇	貞観八（八六六）・八・一九～貞観一四（八七二）・九・二
摂政	藤原基経（右大臣）	陽成天皇	貞観一八（八七六）・一一・二九～元慶八（八八四）・二・四
関白	基経（太政大臣）	宇多天皇	仁和三（八八七）・一一・二一～寛平二（八九〇）・一二・一四
摂政	藤原忠平（左大臣）	朱雀天皇	延長八（九三〇）・九・二二～天慶四（九四一）・一一・八
関白	忠平（太政大臣）	同	天慶四（九四一）・一一・八～天慶九（九四六）・四・二〇
関白	忠平（太政大臣）	村上天皇	天慶九（九四六）・五・二〇～天暦三（九四九）・八・一四
関白	藤原実頼（左大臣）	冷泉天皇	康保四（九六七）・六・二二～安和二（九六九）・八・一三
摂政	実頼（太政大臣）	円融天皇	安和二（九六九）・八・一三～天禄元（九七〇）・五・一八
摂政	藤原伊尹（右大臣）	同	天禄元（九七〇）・五・二〇～天禄三（九七二）・一〇・二三
関白	藤原兼通（太政大臣）	同	天延二（九七四）・三・二六～貞元二（九七七）・一〇・一一
関白	藤原頼忠（左大臣）	同	貞元二（九七七）・一〇・一一～永観二（九八四）・八・二七
関白	頼忠（太政大臣）	花山天皇	永観二（九八四）・八・二七～寛和二（九八六）・六・二三
摂政	藤原兼家（右大臣）	一条天皇	寛和二（九八六）・六・二三～正暦元（九九〇）・五・五
関白	兼家（太政大臣）	同	正暦元（九九〇）・五・五～正暦元（九九〇）・五・八
関白	藤原道隆（内大臣）	同	正暦元（九九〇）・五・八～正暦元（九九〇）・五・二六
摂政	道隆（内大臣）	同	正暦元（九九〇）・五・二六～正暦四（九九三）・四・二二
関白	道隆（前内大臣）	同	正暦四（九九三）・四・二二～長徳元（九九五）・四・三
関白	藤原道兼（右大臣）	同	長徳元（九九五）・四・二七～長徳元（九九五）・五・八
摂政	藤原道長（左大臣）	後一条天皇	長和五（一〇一六）・正・二九～寛仁元（一〇一七）・三・一六
摂政	藤原頼通（内大臣）	同	寛仁元（一〇一七）・三・一六～寛仁三（一〇一九）・一二・二二
関白	頼通（内大臣）	同	寛仁三（一〇一九）・一二・二二～長元九（一〇三六）・四・一七

摂関	人名（就任時の地位）	天皇	在任期間
関白	藤原頼通（左大臣）	後朱雀天皇	長元九（一〇三六）・四・一七～寛徳二（一〇四五）・正・一六
関白	頼通（左大臣）	後冷泉天皇	寛徳二（一〇四五）・正・一六～治暦三（一〇六七）・一二・五
関白	藤原教通（左大臣）	同	治暦四（一〇六八）・四・一七～治暦四（一〇六八）・四・一九
関白	教通（左大臣）	後三条天皇	治暦四（一〇六八）・四・一九～延久四（一〇七二）・一二・八
関白	教通（前太政大臣）	白河天皇	延久四（一〇七二）・一二・八～承保二（一〇七五）・九・二五
関白	藤原師実（左大臣）	同	承保二（一〇七五）・一〇・一五～応徳三（一〇八六）・一一・二六
摂政	師実（前左大臣）	堀河天皇	応徳三（一〇八六）・一一・二六～寛治四（一〇九〇）・一二・二〇
関白	師実（前太政大臣）	同	寛治四（一〇九〇）・一二・二〇～嘉保元（一〇九四）・三・九
関白	藤原師通（内大臣）	同	嘉保元（一〇九四）・三・九～康和元（一〇九九）・六・二八
関白	藤原忠実（右大臣）	同	長治二（一一〇五）・一二・二五～嘉承二（一一〇七）・七・一九
摂政	忠実（右大臣）	鳥羽天皇	嘉承二（一一〇七）・七・一九～永久元（一一一三）・一二・二六
関白	忠実（前太政大臣）	同	永久元（一一一三）・一二・二六～保安二（一一二一）・正・二二
関白	藤原忠通（内大臣）	同	保安二（一一二一）・三・五～保安四（一一二三）・正・二八
摂政	藤原忠通（左大臣）	崇徳天皇	保安四（一一二三）・正・二八～大治四（一一二九）・七・一
関白	忠通（前太政大臣）	同	大治四（一一二九）・七・一～永治元（一一四一）・一二・七
摂政	忠通（前太政大臣）	近衛天皇	永治元（一一四一）・一二・七～久安六（一一五〇）・一二・九
関白	忠通（前太政大臣）	同	久安六（一一五〇）・一二・九～久寿二（一一五五）・七・二三
関白	忠通（前太政大臣）	後白河天皇	久寿二（一一五五）・七・二四～保元三（一一五八）・八・一一
関白	藤原基実（右大臣）	同	保元三（一一五八）・八・一一
関白	基実（右大臣）	二条天皇	保元三（一一五八）・八・一一～永万元（一一六五）・六・二五
摂政	基実（前左大臣）	六条天皇	永万元（一一六五）・六・二五～仁安元（一一六六）・七・二六
摂政	藤原基房（左大臣）	同	仁安元（一一六六）・七・二七～仁安三（一一六八）・二・一九
摂政	基房（前左大臣）	高倉天皇	仁安三（一一六八）・二・一九～承安二（一一七二）・一二・二七
関白	基房（前太政大臣）	同	承安二（一一七二）・一二・二七～治承三（一一七九）・一一・一五
関白	藤原基通（内大臣）	同	治承三（一一七九）・一一・一五～治承四（一一八〇）・二・二一

摂関	人名（就任時の地位）	天皇	在任期間
摂政	藤原基通（内大臣）	安徳天皇	治承四（一一八〇）・二・二一～寿永二（一一八三）・八・二〇
摂政	基通（前内大臣）	後鳥羽天皇	寿永二（一一八三）・八・二〇～寿永二（一一八三）・一一・二一
摂政	藤原師家（内大臣）	同	寿永二（一一八三）・一一・二一～元暦元（一一八四）・正・二二
摂政	藤原基通（前内大臣）	同	元暦元（一一八四）・正・二二～文治二（一一八六）・三・一二
摂政	九条兼実（右大臣）	同	文治二（一一八六）・三・一二～建久二（一一九一）・一二・一七
摂政	兼実（前太政大臣）	同	建久二（一一九一）・一二・一七～建久七（一一九六）・一一・二五
関白	藤原基通（前内大臣）	同	建久七（一一九六）・一一・二五～建久九（一一九八）・正・一一
摂政	基通（前内大臣）	土御門天皇	建久九（一一九八）・正・一一～建仁二（一二〇二）・一二・二五
摂政	九条良経（左大臣）	同	建仁二（一二〇二）・一二・二五～建永元（一二〇六）・三・七
摂政	近衛家実（左大臣）	同	建永元（一二〇六）・三・一〇～建永元（一二〇六）・一二・八
関白	家実（左大臣）	同	建永元（一二〇六）・一二・八～承元四（一二一〇）・一一・二五
関白	家実（前左大臣）	順徳天皇	承元四（一二一〇）・一一・二五～承久三（一二二一）・四・二〇
摂政	九条道家（左大臣）	仲恭天皇	承久三（一二二一）・四・二〇～承久三（一二二一）・七・八
摂政	近衛家実（前左大臣）	後堀河天皇	承久三（一二二一）・七・八～貞応二（一二二三）・一二・一四
関白	家実（前太政大臣）	同	貞応二（一二二三）・一二・一四～安貞二（一二二八）・一二・二四
摂政	九条道家（前左大臣）	同	安貞二（一二二八）・一二・二四～寛喜三（一二三一）・七・五
関白	九条教実（左大臣）	同	寛喜三（一二三一）・七・五～貞永元（一二三二）・一〇・四
関白	教実（左大臣）	四条天皇	貞永元（一二三二）・一〇・四～嘉禎元（一二三五）・三・二八
摂政	九条道家（前左大臣）	同	嘉禎元（一二三五）・三・二八～嘉禎三（一二三七）・三・一〇
摂政	近衛兼経（左大臣）	同	嘉禎三（一二三七）・三・一〇～仁治三（一二四二）・正・九
関白	兼経（前太政大臣）	後嵯峨天皇	仁治三（一二四二）・正・二〇～仁治三（一二四二）・三・二五
関白	二条良実（左大臣）	同	仁治三（一二四二）・三・二五～寛元四（一二四六）・正・二八
関白	一条実経（左大臣）	同	寛元四（一二四六）・正・二八～寛元四（一二四六）・正・二九
摂政	実経（左大臣）	後深草天皇	寛元四（一二四六）・正・二九～宝治元（一二四七）・正・一九
摂政	近衛兼経（前太政大臣）	同	宝治元（一二四七）・正・一九～建長　四（一二五二）・一〇・三

摂関	人名（就任時の地位）	天皇	在任期間
摂政	鷹司兼平（左大臣）	後深草天皇	建長四（一二五二）・一〇・三～建長六（一二五四）・一二・二
関白	兼平（前太政大臣）	同	建長六（一二五四）・一二・二～正元元（一二五九）・一一・二六
関白	兼平（前太政大臣）	亀山天皇	正元元（一二五九）・一一・二六～弘長元（一二六一）・四・二九
関白	二条良実（前左大臣）	同	弘長元（一二六一）・四・二九～文永二（一二六五）・閏四・一八
関白	一条実経（左大臣）	同	文永二（一二六五）・閏四・一八～文永四（一二六七）・一二・九
関白	近衛基平（左大臣）	同	文永四（一二六七）・一二・九～文永五（一二六八）・一一・一九
関白	鷹司基忠（左大臣）	同	文永五（一二六八）・一二・一〇～文永一〇（一二七三）・五・五
関白	九条忠家（前右大臣）	同	文永一〇（一二七三）・五・五～文永一一（一二七四）・正・二六
摂政	忠家（前右大臣）	後宇多天皇	文永一一（一二七四）・正・二六～文永一一（一二七四）・六・二〇
摂政	一条家経（左大臣）	同	文永一一（一二七四）・六・二〇～建治元（一二七五）・一〇・二一
摂政	鷹司兼平（前太政大臣）	同	建治元（一二七五）・一〇・二一～弘安元（一二七八）・一二・七
関白	兼平（前太政大臣）	同	弘安元（一二七八）・一二・七～弘安一〇（一二八七）・八・一一
関白	二条師忠（左大臣）	同	弘安一〇（一二八七）・八・一一～弘安一〇（一二八七）・一〇・二一
関白	師忠（左大臣）	伏見天皇	弘安一〇（一二八七）・一〇・二一～正応二（一二八九）・四・一三
関白	近衛家基（右大臣）	同	正応二（一二八九）・四・一三～正応四（一二九一）・五・二七
関白	九条忠教（左大臣）	同	正応四（一二九一）・五・二七～永仁元（一二九三）・二・二五
関白	近衛家基（前右大臣）	同	永仁元（一二九三）・二・二五～永仁四（一二九六）・六・一九
関白	鷹司兼忠（左大臣）	同	永仁四（一二九六）・七・二四～永仁六（一二九八）・七・二二
摂政	兼忠（前左大臣）	後伏見天皇	永仁六（一二九八）・七・二二～永仁六（一二九八）・一二・二〇
摂政	二条兼基（左大臣）	同	永仁六（一二九八）・一二・二〇～正安二（一三〇〇）・一二・一六
関白	兼基（前太政大臣）	同	正安二（一三〇〇）・一二・一六～正安三（一三〇一）・正・二一
関白	兼基（前太政大臣）	後二条天皇	正安三（一三〇一）・正・二一～嘉元三（一三〇五）・四・一二
関白	九条師教（左大臣）	同	嘉元三（一三〇五）・四・一二～延慶元（一三〇八）・八・二五
摂政	師教（前左大臣）	花園天皇	延慶元（一三〇八）・八・二六～延慶元（一三〇八）・一一・一〇
摂政	鷹司冬平（左大臣）	同	延慶元（一三〇八）・一一・一〇～応長元（一三一一）・三・一五

摂関	人名（就任時の地位）	天皇	在任期間
関白	鷹司冬平（太政大臣）	花園天皇	応長元（一三一一）・三・一五～正和二（一三一三）・七・一二
関白	近衛家平（左大臣）	同	正和二（一三一三）・七・一二～正和四（一三一五）・九・二一
関白	鷹司冬平（前太政大臣）	同	正和四（一三一五）・九・二二～正和五（一三一六）・八・二三
関白	二条道平（左大臣）	同	正和五（一三一六）・八・二三～文保二（一三一八）・二・二六
関白	道平（前左大臣）	後醍醐天皇	文保二（一三一八）・二・二七～文保二（一三一八）・一二・二九
関白	一条内経（内大臣）	同	文保二（一三一八）・一二・二九～元亨三（一三二三）・三・二九
関白	九条房実（左大臣）	同	元亨三（一三二三）・三・二九～正中元（一三二四）・一二・二七
関白	鷹司冬平（太政大臣）	同	正中元（一三二四）・一二・二七～嘉暦二（一三二七）・正・一九
関白	二条道平（前左大臣）	同	嘉暦二（一三二七）・二・一二～元徳二（一三三〇）・正・二六
関白	近衛経忠（右大臣）	同	元徳二（一三三〇）・正・二六～元徳二（一三三〇）・八・二五
関白	鷹司冬教（左大臣）	同	元徳二（一三三〇）・八・二五～元弘元（一三三一）・九・二〇
関白	冬教（前左大臣）	光厳天皇	元弘元（一三三一）・九・二〇～元弘三（一三三三）・五・一七
関白	近衛経忠（左大臣）	光明天皇	建武三（一三三六）・八・一五～建武四（一三三七）・四・一六
関白	近衛基嗣（前左大臣）	同	建武四（一三三七）・四・一六～暦応元（一三三八）・五・一九
関白	一条経通（左大臣）	同	暦応元（一三三八）・五・一九～康永元（一三四二）・正・二六
関白	九条道教（左大臣）	同	康永元（一三四二）・正・二七～康永元（一三四二）・一一・一二
関白	鷹司師平（右大臣）	同	康永元（一三四二）・一一・一八～貞和二（一三四六）・二・二九
関白	二条良基（右大臣）	同	貞和二（一三四六）・二・二九～貞和四（一三四八）・一〇・二七
関白	良基（左大臣）	崇光天皇	貞和四（一三四八）・一〇・二七～観応二（一三五一）・一一・七
関白	二条師基（前左大臣）	後村上天皇	正平六（一三五一）・一二・二六～？
関白	二条良基（前左大臣）	後光厳天皇	文和元（一三五二）・八・一七～延文三（一三五八）・一二・二九
関白	九条経教（左大臣）	同	延文三（一三五八）・一二・二九～康安元（一三六一）・一一・九
関白	近衛道継（左大臣）	同	康安元（一三六一）・一一・九～貞治二（一三六三）・六・一六
関白	二条良基（前左大臣）	同	貞治二（一三六三）・六・二七～貞治六（一三六七）・八・二七
関白	鷹司冬通（左大臣）	同	貞治六（一三六七）・八・二七～応安二（一三六九）・一一・四

摂関	人名（就任時の地位）	天皇	在任期間
関白	二条師良（右大臣）	後光厳天皇	応安二（一三六九）・一一・四～応安四（一三七一）・三・二三
関白	師良（左大臣）	後円融天皇	応安四（一三七一）・三・二三～永和元（一三七五）・一二・二七
関白	九条忠基（左大臣）	同	永和元（一三七五）・一二・二七～康暦元（一三七九）・八・二三
関白	二条師嗣（左大臣）	同	康暦元（一三七九）・八・二五～永徳二（一三八二）・四・一一
摂政	二条良基（太政大臣）	後小松天皇	永徳二（一三八二）・四・一一～嘉慶元（一三八七）・二・七
摂政	近衛兼嗣（右大臣）	同	嘉慶元（一三八七）・二・七～嘉慶二（一三八八）・三・二六
摂政	二条良基（前太政大臣）	同	嘉慶二（一三八八）・四・八～嘉慶二（一三八八）・六・一二
関白	良基（前太政大臣）	同	嘉慶二（一三八八）・六・一二
関白	二条師嗣（前左大臣）	同	嘉慶二（一三八八）・六・一二～応永元（一三九四）・一一・六
関白	一条経嗣（左大臣）	同	応永元（一三九四）・一一・六～応永五（一三九八）・三・九
関白	二条師嗣（前左大臣）	同	応永五（一三九八）・三・九～応永六（一三九九）・四・一七
関白	一条経嗣（前左大臣）	同	応永六（一三九九）・四・一九～応永一五（一四〇八）・四・二〇
関白	近衛忠嗣（左大臣）	同	応永一五（一四〇八）・四・二〇～応永一六（一四〇九）・ 二・二一
関白	二条満基（内大臣）	同	応永一六（一四〇九）・三・四～応永一七（一四一〇）・一二・二七
関白	一条経嗣（前左大臣）	同	応永一七（一四一〇）・一二・三〇～応永一九（一四一二）・八・二九
関白	経嗣（前左大臣）	称光天皇	応永一九（一四一二）・八・二九～応永二五（一四一八）・一一・一七
関白	九条満教（左大臣）	同	応永二五（一四一八）・一二・二～応永三一（一四二四）・四・二〇
関白	二条持基（左大臣）	同	応永三一（一四二四）・四・二〇～正長元（一四二八）・七・二〇
摂政	持基（左大臣）	後花園天皇	正長元（一四二八）・七・二八～永享四（一四三二）・八・一三
摂政	一条兼良（左大臣）	同	永享四（一四三二）・八・一三～永享四（一四三二）・一〇・二六
摂政	二条持基（太政大臣）	同	永享四（一四三二）・一〇・二六～永享五（一四三三）・三・二三
関白	持基（前太政大臣）	同	永享五（一四三三）・三・二三～文安二（一四四五）・一一・三
関白	近衛房嗣（左大臣）	同	文安二（一四四五）・一一・一三～文安四（一四四七）・六・一五
関白	一条兼良（太政大臣）	同	文安四（一四四七）・六・一五～享徳二（一四五三）・三・二八
関白	二条持通（右大臣）	同	享徳二（一四五三）・四・二八～享徳三（一四五四）・六・三〇

摂関	人名（就任時の地位）	天皇	在任期間
関白	鷹司房平（左大臣）	後花園天皇	享徳三（一四五四）・七・一〜康正元（一四五五）・六・二
関白	二条持通（前左大臣）	同	康正元（一四五五）・六・五〜長禄二（一四五八）・一二
関白	一条教房（左大臣）	同	長禄二（一四五八）・一二・五〜寛正四（一四六三）・四
関白	二条持通（前太政大臣）	同	寛正四（一四六三）・四・三〜寛正五（一四六四）・七・一九
関白	持通（前太政大臣）	後土御門天皇	寛正五（一四六四）・七・一九〜応仁元（一四六七）・五・九
関白	一条兼良（前太政大臣）	同	応仁元（一四六七）・五・九〜文明二（一四七〇）・七・一九
関白	二条政嗣（左大臣）	同	文明二（一四七〇）・八・一〇〜文明八（一四七六）・五・一三
関白	九条政基（左大臣）	同	文明八（一四七六）・五・一五〜文明一一（一四七九）・二・二七
関白	近衛政家（右大臣）	同	文明一一（一四七九）・二・三〇〜文明一五（一四八三）・二・二四
関白	鷹司政平（前左大臣）	同	文明一五（一四八三）・二・二五〜長亨元（一四八七）・二・九
関白	九条政忠（前内大臣）	同	長亨元（一四八七）・二・九〜長亨二（一四八八）・八・二三
関白	一条冬良（内大臣）	同	長亨二（一四八八）・八・二八〜明応二（一四九三）・三・二八
関白	近衛尚通（右大臣）	同	明応二（一四九三）・三・二八〜明応六（一四九七）・六・七
関白	二条尚基（右大臣）	同	明応六（一四九七）・六・一八〜明応六（一四九七）・一〇・一〇
関白	一条冬良（前太政大臣）	同	明応六（一四九七）・一〇・二三〜明応九（一五〇〇）・九・二八
関白	冬良（前太政大臣）	後柏原天皇	明応九（一五〇〇）・一〇・二五〜文亀元（一五〇一）・六・二七
関白	九条尚経（右大臣）	同	文亀元（一五〇一）・六・二九〜永正一〇（一五一三）・一〇・五
関白	近衛尚通（前左大臣）	同	永正一〇（一五一三）・一〇・七〜永正一一（一五一四）・八・二四
関白	鷹司兼輔（右大臣）	同	永正一一（一五一四）・八・二九〜永正一五（一五一八）・三・二七
関白	二条尹房（内大臣）	同	永正一五（一五一八）・三・三〇〜大永五（一五二五）・四・四
関白	近衛稙家（右大臣）	同	大永五（一五二五）・四・五〜大永六（一五二六）・四・七
関白	稙家（右大臣）	後奈良天皇	大永六（一五二六）・四・二九〜天文二（一五三三）・二・五
関白	九条稙通（内大臣）	同	天文二（一五三三）・二・五〜天文三（一五三四）・一一・二一
関白	二条尹房（前左大臣）	同	天文三（一五三四）・一二・一四〜天文五（一五三六）・閏一〇・二一
関白	近衛稙家（前左大臣）	同	天文五（一五三六）・一一・一〜天文一一（一五四二）・二・二五

摂関	人名（就任時の地位）	天皇	在任期間
関白	鷹司忠冬（左大臣）	後奈良天皇	天文一一（一五四二）・三・二六～天文一四（一五四五）・六・二
関白	一条房通（左大臣）	同	天文一四（一五四五）・六・二～天文一七（一五四八）・一二・二七
関白	二条晴良（左大臣）	同	天文一七（一五四八）・一二・二七～天文二二（一五五三）・正・二〇
関白	一条兼冬（右大臣）	同	天文二二（一五五三）・正・二二～天文二三（一五五四）・二・一
関白	近衛前久（右大臣）	同	天文二三（一五五四）・三・二～弘治三（一五五七）・九・五
関白	前久（前左大臣）	正親町天皇	弘治三（一五五七）・一〇・二七～永禄一一（一五六八）・一一
関白	二条晴良（前左大臣）	同	永禄一一（一五六八）・一二・一六～天正六（一五七八）・四・四
関白	九条兼孝（前左大臣）	同	天正六（一五七八）・一二・一三～天正九（一五八一）・四・二九
関白	一条内基（左大臣）	同	天正九（一五八一）・四・二九～天正一二（一五八四）・一二
関白	二条昭実（左大臣）	同	天正一三（一五八五）・二・一二～天正一三（一五八五）・七・一一
関白	豊臣秀吉（内大臣）	同	天正一三（一五八五）・七・一一～天正一四（一五八六）・一一・七
関白	秀吉（内大臣）	後陽成天皇	天正一四（一五八六）・一一・七～天正一九（一五九一）・一二・二八
関白	豊臣秀次（内大臣）	同	天正一九（一五九一）・一二・二八～文禄四（一五九五）・七・八
関白	九条兼孝（左大臣）	同	慶長五（一六〇〇）・一二・一九～慶長九（一六〇四）・一一・一〇
関白	近衛信尹（左大臣）	同	慶長一〇（一六〇五）・七・二三～慶長一一（一六〇六）・一一・一一
関白	鷹司信房（左大臣）	同	慶長一一（一六〇六）・一一・一一～慶長一三（一六〇八）・一二・二六
関白	九条忠栄（右大臣）	同	慶長一三（一六〇八）・一二・二六～慶長一六（一六一一）・三・二七
関白	忠栄（右大臣）	後水尾天皇	慶長一六（一六一一）・三・二七～慶長一七（一六一二）・七・二五
関白	鷹司信尚（右大臣）	同	慶長一七（一六一二）・七・二五～元和元（一六一五）・七・二七
関白	二条昭実（前左大臣）	同	元和元（一六一五）・七・二八～元和五（一六一九）・七・一四
関白	九条忠栄（前左大臣）	同	元和五（一六一九）・九・一四～元和九（一六二三）・閏八・一六
関白	近衛信尋（左大臣）	同	元和九（一六二三）・閏八・一六～寛永六（一六二九）・八・一
関白	一条昭良（右大臣）	同	寛永六（一六二九）・八・二六～寛永六（一六二九）・一一・八
摂政	一条昭良（左大臣）	明正天皇	寛永六（一六二九）・一一・八～寛永一二（一六三五）・九・二六
摂政	二条康道（左大臣）	同	寛永一二（一六三五）・一〇・一〇～寛永二〇（一六四三）・一〇・三

摂関	人名（就任時の地位）	天皇	在任期間
摂政	二条康道（前左大臣）	後光明天皇	寛永二〇（一六四三）・一〇・三～正保四（一六四七）・正・三
摂政	九条道房（左大臣）	同	正保四（一六四七）・正・五～正保四（一六四七）・正・一〇
摂政	一条昭良（前左大臣）	同	正保四（一六四七）・三・二八～正保四（一六四七）・七・二七
関白	昭良（前左大臣）	同	正保四（一六四七）・七・二七～慶安四（一六五一）・九・二七
関白	近衛尚嗣（左大臣）	同	慶安四（一六五一）・一二・八～承応二（一六五三）・七・一七
関白	二条光平（左大臣）	同	承応二（一六五三）・九・二一～承応三（一六五四）・九・二〇
関白	光平（左大臣）	後西天皇	承応三（一六五四）・一一・二八～寛文三（一六六三）・正・二六
摂政	光平（前左大臣）	霊元天皇	寛文三（一六六三）・正・二六～寛文四（一六六四）・九・一七
摂政	鷹司房輔（左大臣）	同	寛文四（一六六四）・九・二七～寛文八（一六六八）・三・一六
関白	房輔（前左大臣）	同	寛文八（一六六八）・三・一六～天和二（一六八二）・二・一八
関白	一条冬経（右大臣）	同	天和二（一六八二）・二・二四～貞享四（一六八七）・三・二一
摂政	冬経（前右大臣）	東山天皇	貞享四（一六八七）・三・二一～元禄二（一六八九）・三・二七
関白	冬経（前右大臣）	同	元禄二（一六八九）・三・二七～元禄三（一六九〇）・正・一三
関白	近衛基熙（左大臣）	同	元禄三（一六九〇）・正・一三～元禄一六（一七〇三）・正・一四
関白	鷹司兼熙（左大臣）	同	元禄一六（一七〇三）・正・一四～宝永四（一七〇七）・一一・二七
関白	近衛家熙（左大臣）	同	宝永四（一七〇七）・一一・二七～宝永六（一七〇九）・六・二一
摂政	家熙（前左大臣）	中御門天皇	宝永六（一七〇九）・六・二一～正徳二（一七一二）・八・二八
摂政	九条輔実（左大臣）	同	正徳二（一七一二）・八・二八～享保元（一七一六）・一一・一
関白	輔実（前左大臣）	同	享保元（一七一六）・一一・一～享保七（一七二二）・正・一三
関白	二条綱平（左大臣）	同	享保七（一七二二）・正・一三～享保一一（一七二六）・六・一
関白	近衛家久（左大臣）	同	享保一一（一七二六）・六・一～享保二〇（一七三五）・三・二一
関白	家久（前太政大臣）	桜町天皇	享保二〇（一七三五）・三・二一～元文元（一七三六）・八・二七
関白	二条吉忠（左大臣）	同	元文元（一七三六）・八・二七～元文二（一七三七）・八・三
関白	一条兼香（右大臣）	同	元文二（一七三七）・八・二九～延享三（一七四六）・一二・一五
関白	一条道香（左大臣）	同	延享三（一七四六）・一二・一五～延享四（一七四七）・五・二

摂関	人名（就任時の地位）	天皇	在任期間
摂政	一条道香（左大臣）	桃園天皇	延享四（一七四七）・五・二一～宝暦五（一七五五）・二・一九
関白	道香（前左大臣）	同	宝暦五（一七五五）・二・一九～宝暦七（一七五七）・三・一六
関白	近衛内前（左大臣）	同	宝暦七（一七五七）・三・一六～宝暦一二（一七六二）・七・一二
摂政	内前（前左大臣）	後桜町天皇	宝暦一二（一七六二）・七・二七～明和七（一七七〇）・一一・二四
摂政	内前（前太政大臣）	後桃園天皇	明和七（一七七〇）・一一・二四～安永元（一七七二）・八・二三
関白	内前（太政大臣）	同	安永元（一七七二）・八・二三～安永七（一七七八）・二・八
関白	九条尚実（左大臣）	同	安永七（一七七八）・二・八～安永八（一七七九）・一〇・二九
摂政	尚実（前左大臣）	光格天皇	安永八（一七七九）・一一・二五～天明五（一七八五）・二・一九
関白	尚実（前太政大臣）	同	天明五（一七八五）・二・一九～天明七（一七八七）・三・一
関白	鷹司輔平（左大臣）	同	天明七（一七八七）・三・一～寛政三（一七九一）・八・二〇
関白	一条輝良（左大臣）	同	寛政三（一七九一）・八・二〇～寛政七（一七九五）・一〇・一四
関白	鷹司政熙（左大臣）	同	寛政七（一七九五）・一一・一六～文化一一（一八一四）・九・一六
関白	一条忠良（左大臣）	同	文化一一（一八一四）・九・一六～文化一四（一八一七）・三・二二
関白	忠良（前左大臣）	仁孝天皇	文化一四（一八一七）・三・二二～文政六（一八二三）・三・一九
関白	鷹司政通（左大臣）	同	文政六（一八二三）・三・一九～弘化三（一八四六）・正・二六
関白	政通（太政大臣）	孝明天皇	弘化三（一八四六）・二・一三～安政三（一八五六）・八・八
関白	九条尚忠（左大臣）	同	安政三（一八五六）・八・八～文久二（一八六二）・六・二三
関白	近衛忠熙（前左大臣）	同	文久二（一八六二）・六・二三～文久三（一八六三）・正・二三
関白	鷹司輔熙（前右大臣）	同	文久三（一八六三）・正・二三～文久三（一八六三）・一二・二三
関白	二条斉敬（左大臣）	同	文久三（一八六三）・一二・二三～慶應二（一八六六）・一二・二五
摂政	斉敬（左大臣）	明治天皇	慶應三（一八六七）・正・九～慶應三（一八六七）・一二・九
摂政	裕仁親王（皇太子）	大正天皇	大正一〇（一九二一）・一一・二五～大正一五（一九二六）・一二・二五

古代日記一覧

(作成：井上満郎)

(1)記述年代は各日記の始期と終期を示した。
(2)主な刊本・所収本などを示した。複数の刊本・所収本のあるものも多いが、代表的なものにとどめた。
(3)鎌倉幕府成立頃までのものを収載した。
＊皆川完一氏「記録年表・記録目録」(『国史大辞典』所収)を参照した。

日記名(別称・異称)	記者	記述年代	
入唐求法巡礼行記	円仁(慈覚大師)	八三八～八四七	続々群書類従、大日本仏教全書、東洋文庫
宇多天皇御記(寛平御記)	宇多天皇	八八七～八九七	史料大成、三代御記逸文集成、続々群書類従
醍醐天皇御記(延喜御記)	醍醐天皇	八九七～九三〇	史料大成、三代御記逸文集成、続々群書類従
貞信公記(貞公記・貞信公御記抄)	藤原忠平	九〇七～九四八	大日本古記録、続々群書類従
吏部王記(李部王記・重明記)	重明親王	九二〇～九五三	史料纂集
清慎公記(水心記・実頼公記)	藤原実頼	九二四～九六九	
九暦(九記・九条右丞相之記・九条右大臣記)	藤原師輔	九三〇～九六〇	大日本古記録
村上天皇御記(天暦御記・村上御記)	村上天皇	九四七～九六七	史料大成、三代御記逸文集成、続々群書類従
親信卿記(天延二年記)	平親信	九七二～九七四	続群書類従、陽明叢書
小右記(小野宮右大臣記・野府記・続水心記・小記)	藤原実資	九八二～一〇三二	史料大成、大日本古記録
権記(行成卿記)	藤原行成	九九一～一〇一一	史料大成、史料纂集
御堂関白記(御堂御記・法成寺摂政記)	藤原道長	九九八～一〇二一	大日本古記録、陽明叢書
一条天皇御記(寛弘御記)	一条天皇	一〇一〇	史料大成、列聖全集
左経記(経頼記・糸束記・源大丞記)	源経頼	一〇一六～一〇三六	史料大成
二東記(二条関白記)	藤原教通	一〇三三～一〇七四	
範国記	平範国	一〇三六	続々群書類従、歴代残闕日記、陽明叢書
後朱雀天皇御記(長暦御記)	後朱雀天皇	一〇三六～一〇四四	史料大成、列聖全集
行親記	平行親	一〇三七	続々群書類従、歴代残闕日記
春記(春房記・野房記・資房卿記)	藤原資房	一〇三八～一〇五四	史料大成、丹鶴叢書
土右記(土記・土御門右府記)	源師房	一〇四四～一〇六九	続史料大成
定家朝臣記	平定家	一〇五三～一〇六二	群書類従、陽明叢書
水左記(土記・堀河左府記・土左記)	源俊房	一〇六二～一〇八六	史料大成
後三条天皇御記(延久御記)	後三条天皇	一〇六八～一〇七二	史料大成、列聖全集
帥記(経信卿記・都記)	源経信	一〇六八～一〇八八	史料大成
江記(江中納言記・江都督記・江帥記・匡房記)	大江匡房	一〇六八～一一〇八	史料大成、江記逸文集成
為房卿記(大府記・大御記・大記)	藤原為房	一〇七一～一一一四	歴代残闕日記
参天台五台山記	成尋	一〇七二～一〇七三	史籍集覧、大日本仏教全書

時範記（右大記・平右記）	平時範	一〇七七～一〇九九	書陵部紀要
後二条師通記（後二条関白記・後二条殿記）	藤原師通	一〇八三～一〇九九	大日本古記録
中右記（宗忠公記）	藤原宗忠	一〇八七～一一三八	史料大成、大日本古記録、陽明叢書
殿暦（知足院関白記・殿記）	藤原忠実	一〇九八～一一一八	大日本古記録
重憲記	清原重憲	一一〇一～一一四七	
師遠記（鯨珠記）	中原師遠	一一〇二～一一二七	続群書類従
顕隆卿記	藤原顕隆	一一〇三	
永昌記（宰記・為隆卿記）	藤原為隆	一一〇五～一一二九	史料大成、陽明叢書
長秋記（権大夫記・師時記・水日記）	源師時	一一〇五～一一三六	史料大成
法性寺関白記（忠通公記・法性寺殿御記・玉林）	藤原忠通	一一一九～一一二五	図書寮叢刊
中内記（愚葉記）	藤原宗能	一一二二～一一四九	
実親朝臣記（実親卿記・参議平実親卿記）	平実親	一一二三	
知信朝臣記	平知信	一一二七～一一三五	史料大成、続々群書類従、陽明叢書
時信記（時信卿記）	平時信	一一三〇～一一三一	陽明叢書
兵範記（人車記・平兵部記・平洞記）	平信範	一一三二～一一七一	史料大成、京都大学史料叢書、陽明叢書
台記（宇槐記・治相記・宇左記）	藤原頼長	一一三六～一一五五	史料大成、史料纂集
山槐記（達幸記・貴嶺記・忠親卿記・中山内府記）	藤原忠親	一一五一～一一八五	史料大成
顕広王記	顕広王	一一六一～一一七八	伯家記録考、続史料大成
雅頼記	源雅頼	一一六四	
玉葉（玉海・後法性寺関白記）	藤原兼実	一一六四～一二〇三	国書刊行会
愚昧記（実房記）	藤原実房	一一六六～一一九一	群書類従、陽明叢書
吉記（吉戸記・吉大記）	藤原経房	一一七三～一一八八	史料大成
山丞記（定長卿記）	藤原定長	一一七六～一一九一	続群書類従
仲資王記	仲資王	一一七七～一二一三	伯家記録考、続史料大成
親経卿記	藤原親経	一一八〇～一二〇一	高科書店
明月記（照光記）	藤原定家	一一八〇～一二三五	国書刊行会、史料纂集
後京極摂政記（殿記）	九条良経	一一九〇～一二〇四	史籍集覧
鶴岡社務記録	鶴岡八幡宮別当	一一九一～一三五五	史籍集覧、鶴岡叢書
中臣祐明記（春日若宮神主祐明記）	中臣祐明	一一九三～一二一〇	続史料大成
三長記（長兼卿記・東進記・三黄記・三中記・如天記・清白記）	藤原長兼	一一九五～一二一一	史料大成
猪隈関白記（続御暦）	近衛家実	一一九七～一二一一	大日本古記録
業資王記	業資王	一一九九～一二一八	伯家記録考、続史料大成
玉蘂（光明峰寺殿記・峰禅閣記）	九条道家	一二〇九～一二三八	思文閣出版、図書寮叢刊
仁和寺日次記	（未詳）	一二一〇～一二二二	続群書類従

干支表/方位・時刻表

(作成：井上満郎)

干支表

甲子 きのえね カッシ	乙丑 きのとうし イッチュウ	丙寅 ひのえとら ヘイイン	丁卯 ひのとう テイボウ	戊辰 つちのえたつ ボシン	己巳 つちのとみ キシ	庚午 かのえうま コウゴ	辛未 かのとひつじ シンビ	壬申 みずのえさる ジンシン	癸酉 みずのととり キユウ
甲戌 きのえいぬ コウジュツ	乙亥 きのとい イツガイ	丙子 ひのえね ヘイシ	丁丑 ひのとうし テイチュウ	戊寅 つちのえとら ボイン	己卯 つちのとう キボウ	庚辰 かのえたつ コウシン	辛巳 かのとみ シンシ	壬午 みずのえうま ジンゴ	癸未 みずのとひつじ キビ
甲申 きのえさる コウシン	乙酉 きのととり イツユウ	丙戌 ひのえいぬ ヘイジュツ	丁亥 ひのとい テイガイ	戊子 つちのえね ボシ	己丑 つちのとうし キチュウ	庚寅 かのえとら コウイン	辛卯 かのとう シンボウ	壬辰 みずのえたつ ジンシン	癸巳 みずのとみ キシ
甲午 きのえうま コウゴ	乙未 きのとひつじ イツビ	丙申 ひのえさる ヘイシン	丁酉 ひのととり テイユウ	戊戌 つちのえいぬ ボジュツ	己亥 つちのとい キガイ	庚子 かのえね コウシ	辛丑 かのとうし シンチュウ	壬寅 みずのえとら ジンイン	癸卯 みずのとう キボウ
甲辰 きのえたつ コウシン	乙巳 きのとみ イッシ	丙午 ひのえうま ヘイゴ	丁未 ひのとひつじ テイビ	戊申 つちのえさる ボシン	己酉 つちのととり キユウ	庚戌 かのえいぬ コウジュツ	辛亥 かのとい シンガイ	壬子 みずのえね ジンシ	癸丑 みずのとうし キチュウ
甲寅 きのえとら コウイン	乙卯 きのとう イツボウ	丙辰 ひのえたつ ヘイシン	丁巳 ひのとみ テイシ	戊午 つちのえうま ボゴ	己未 つちのとひつじ キビ	庚申 かのえさる コウシン	辛酉 かのととり シンユウ	壬戌 みずのえいぬ ジンジュツ	癸亥 みずのとい キガイ

方位・時刻表

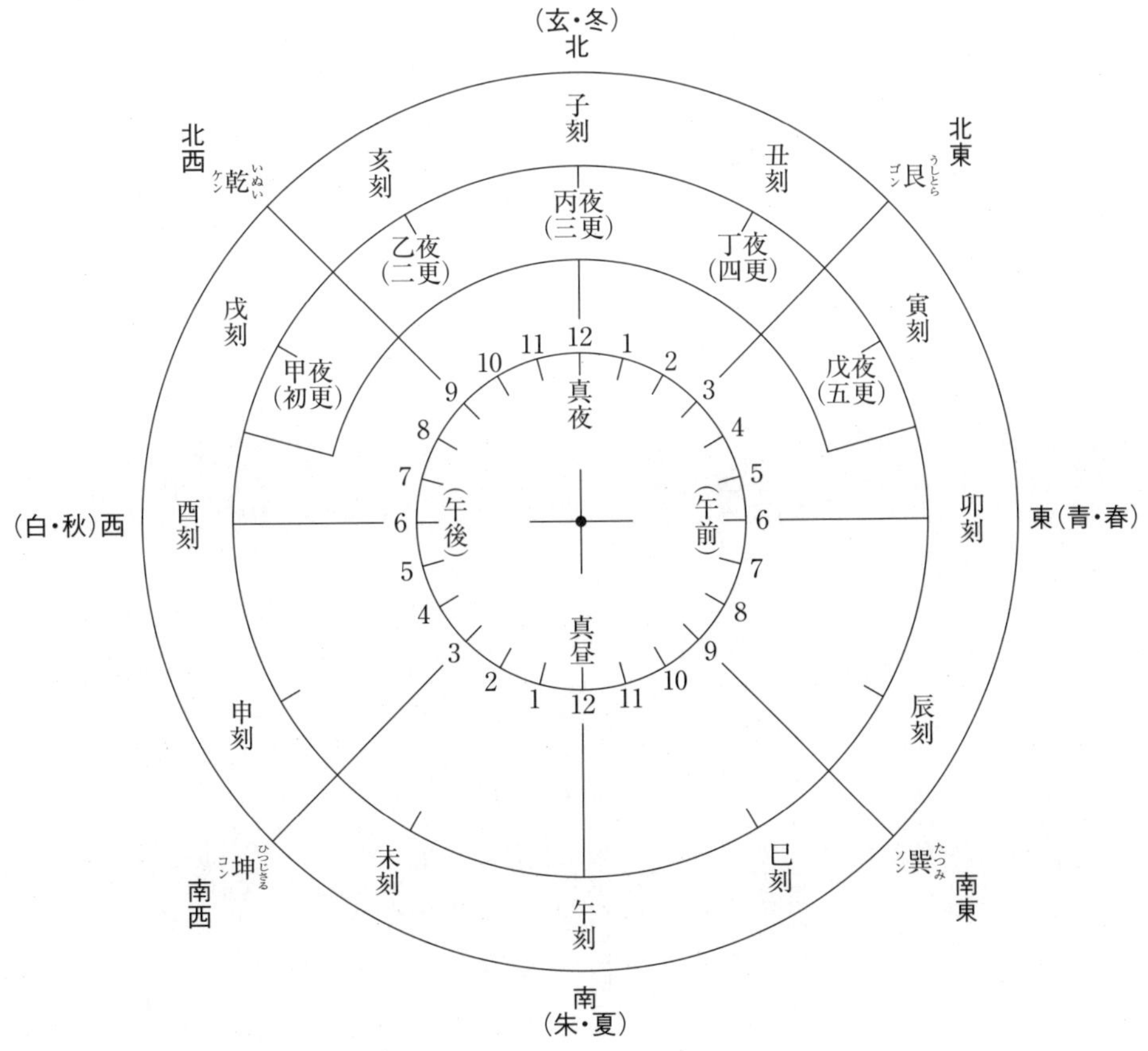

宮都表

☆主として『日本書紀』・『続日本紀』により、『古事記』などによって補正した。現在地比定については日本思想大系『古事記』・日本古典文学大系『日本書紀』・新日本古典文学大系『続日本紀』などを参照した。

天皇	宮都名	比定地
神武天皇	畝傍橿原宮	奈良県橿原市畝傍
綏靖天皇	葛城高丘宮	奈良県御所市森脇
安寧天皇	片塩浮穴宮	奈良県大和高田市三倉堂
懿徳天皇	軽曲峡宮	奈良県橿原市大軽町
孝昭天皇	掖上池心宮	奈良県御所市池之内
孝安天皇	室秋津島宮	奈良県御所市室
孝霊天皇	黒田廬戸宮	奈良県磯城郡田原本町黒田
孝元天皇	軽境原宮	奈良県橿原市大軽
開化天皇	春日率川宮	奈良県奈良市
崇神天皇	磯城瑞籬宮	奈良県桜井市金屋
垂仁天皇	纏向珠城宮	奈良県桜井市穴師
景行天皇	纏向日代宮 志賀高穴穂宮	奈良県桜井市穴師 滋賀県大津市穴太
仲哀天皇	穴門豊浦宮	山口県下関市豊浦
神功皇后	磐余若桜宮	奈良県橿原市池之内
応神天皇	難波大隅宮 明宮（軽島明之宮）	大阪市東区 奈良県橿原市大軽
仁徳天皇	難波高津宮	大阪府大阪市中央区
履中天皇	磐余稚桜宮	奈良県桜井市池之内
反正天皇	丹比柴籬宮	大阪府松原市上田
允恭天皇	遠飛鳥宮	奈良県高市郡明日香村
安康天皇	石上穴穂宮	奈良県天理市田
雄略天皇	泊瀬朝倉宮	奈良県桜井市朝倉
清寧天皇	磐余甕栗宮	奈良県桜井市池之内
飯豊青皇女	忍海角刺宮	奈良県葛城市新庄町忍海
顕宗天皇	近飛鳥八釣宮	奈良県高市郡明日香村
仁賢天皇	石上広高宮	奈良県天理市石上
武烈天皇	泊瀬列城宮	奈良県桜井市初瀬
継体天皇	樟葉宮 筒城宮	大阪府枚方市楠葉 京都府京田辺市

天皇	宮都名	比定地
継体天皇	弟国宮 磐余玉穂宮	京都府向日市・長岡京市 奈良県橿原市池之内
安閑天皇	勾金橋宮	奈良県橿原市曲川
宣化天皇	桧隈廬入野宮	奈良県高市郡明日香村桧隈
欽明天皇	磯城島金刺宮	奈良県桜井市金屋
敏達天皇	百済大井宮 訳語田幸玉宮	大阪府河内長野市太井（または奈良県北葛城郡広陵町百済） 奈良県桜井市戒重
用明天皇	池辺雙槻宮	奈良県桜井市阿倍
崇峻天皇	倉梯宮	奈良県桜井市倉橋
推古天皇	豊浦宮 小墾田宮	奈良県高市郡明日香村豊浦 奈良県高市郡明日香村
舒明天皇	飛鳥岡本宮 田中宮 厩坂宮 百済宮	奈良県高市郡明日香村雷・奥山 奈良県橿原市田中 奈良県橿原市大軽町 奈良県北葛城郡広陵町百済
皇極天皇	飛鳥板蓋宮	奈良県高市郡明日香村岡
孝徳天皇	難波長柄豊碕宮 飛鳥川原宮	大阪市中央区法円坂町 奈良県高市郡明日香村川原
斉明天皇	後飛鳥岡本宮	奈良県高市郡明日香村雷・奥山
天智天皇	近江大津宮	滋賀県大津市錦織
天武天皇	飛鳥浄御原宮	奈良県高市郡明日香村飛鳥
持統天皇	藤原京	奈良県橿原市
元明天皇	平城京	奈良県奈良市
聖武天皇	恭仁京 紫香楽宮 難波京	京都府相楽郡加茂町 滋賀県甲賀市信楽町 大阪市中央区法円坂町
淳仁天皇	保良京	滋賀県大津市
称徳天皇	由義宮	大阪府八尾市八尾
桓武天皇	長岡京 平安京	京都府向日市・長岡京市など 京都市
安徳天皇	福原京	兵庫県神戸市兵庫区

（作成：井上満郎）

飛鳥・藤原京要図

林部　均

伝承飛鳥板蓋宮跡（飛鳥京跡）変遷図

伝承飛鳥板蓋宮跡は、奈良県高市郡明日香村岡に所在する宮殿遺跡である。飛鳥京跡ともいう。一九五九年からはじまった発掘調査により三時期の宮殿にかかわる遺構が重なって存在していることが明らかとなった。これらを下層からⅠ期・Ⅱ期・Ⅲ期と呼ぶ。そして、Ⅲ期は、さらに、その前半（Ⅲ―A期）と後半（Ⅲ―B期）に分かれる。出土した土器や木簡、遺構の詳細な検討から、Ⅰ期が舒明の後飛鳥岡本宮（六三〇～）、Ⅱ期が皇極の飛鳥板蓋宮（六四三～）、Ⅲ―A期が斉明・天智の後飛鳥岡本宮（六五六～）、Ⅲ―B期が天武・持統の飛鳥浄御原宮（六七二～）といわれている。

Ⅰ期（飛鳥岡本宮）は飛鳥につくられた最初の宮であるが、地形条件に制約され北で西に大きく振れている（第1図）。Ⅱ期（飛鳥板蓋宮）は、飛鳥ではじめて造営された正方位の宮である（第1図）。宮の構造の変化としては、この段階がひとつの画期である。なお、Ⅰ・Ⅱ期ともに上層にあるⅢ期の保存のため十分な調査がおこなえない。その規模や構造などには、なお検討の余地が残されている。また、Ⅰ期を宮殿遺構とは見なさない意見やⅡ期を後飛鳥岡本宮とする意見もあるが、少数派である。

Ⅲ期は、もっとも上層で検出される宮殿遺構で、その具体的な様相が最もよくわかる。内郭、エビノコ郭、外郭とから構成される。内郭だけの段階がⅢ―A期（後飛鳥岡本宮・図2―1）、内郭はそのままでその東南にエビノコ郭を新たに造営し外郭を再整備したのがⅢ―B期（飛鳥浄御原宮・図2―2）である。近年の調査でA期からB期への変遷にともなって内郭の中枢の一部が改作されていることも明らかとなりつつある。

Ⅰ期からⅡ期、Ⅱ期からⅢ期、そしてⅢ―A期からⅢ―B期への変遷のなかで、宮がより整備、荘厳化されるようすがよくわかる。こういった変化には、政治・制度システムの整備や王権のあり様が端的に反映されている。とくにⅢ期は斉明・天智・天武・持統といった、律令国家形成期の宮であった。その構造の変化には、古代の国家形成の過程が端的に表れている可能性がある。今後のさらなる調査の進展に期待したい。なお、本要図におさめた図面は、二〇〇五年春までの調査成果にもとづいている。

飛鳥・藤原京変遷図

古代に飛鳥と呼ばれた範囲は、北は阿倍・山田道から、南は川原寺あたりまでの、飛鳥川の右岸（東岸）を中心とした、一部左岸（西岸）も含む地域であった。本図では、飛鳥を中心として、その周辺地域、すなわち飛鳥・藤原地域の遺跡の変遷を示した。

推古（在位五九三～六二八年）は、飛鳥の北、小墾田に宮を営み、飛鳥にはとくに関心を示した形跡はない（第3図）。

舒明（在位六二九～六四一年）は、飛鳥に最初に宮をおくが（飛鳥岡本宮）、すぐに他へその居所を移す。そして、百済の地（桜井市吉備）に、飛鳥に拠点をおく蘇我氏に対抗するかのように、大宮（百済宮）と大寺（百済大寺）を造営する（第4図）。

飛鳥を本格的に支配拠点として整備しようとしたのは、皇極（在位六四二～六四五年）である。皇極は、それまで地形に制約され北で西に大きく振れていた宮にかかわる建物群を正方位の建物群（飛鳥板蓋宮）として造営する（第5図）。

難波から還都の後、再び即位した斉明（在位六五五～六六一年）は、『日本書紀』に記されたとおり様々な土木工事をおこし、飛鳥を支配拠点として大規模に整備した。その結果、「飛鳥宮」とも呼ぶべき特別な空間が出現した（第6図）。

天武（在位六七二～六八六年）は、斉明の飛鳥の整備を受けて、それをさらに周辺地域まで推し進めた。正方位による空間整備が、飛鳥・藤原地域へと拡大された。そして、「京」とも呼べる周辺地域とは景観的に異なる特別な空間が出現した。これが藤原京における条坊制導入の歴史的前提となったことはまちがいない（第7図）。条坊制こそ、いまだ導入されていないが天武段階における「京」の成立を積極的に評価したい。

藤原京関連図

藤原京はわが国で最初に条坊制を導入した都である。『日本書紀』によると、天武五年（六七六）から「新城」として造営がはじまり、天武一三年（六八四）に「宮室之地」（藤原宮）が決定される。持統五年（六九一）以降、「新益京」として造営が進められ、持統八年（六九四）に飛鳥から遷都する。

その京域や条坊復元については、古くから喜田貞吉や足立康などにより多くの議論が重ねられてきた。昭和四一年（一九六六）からはじまった国道バイパス建設にともなう調査にもとづき岸俊男による条坊復元がおこなわれ、長く有力な学説となった。しかし、昭和五四年（一九七九）、岸俊男復元の藤原京のさらに周辺地域から藤原京の条坊地割に合致した道路が検出されるに至り、藤原京が従来の復元案よりも大きかったのではないかと考えられるようになった（大藤原京説）。その後、昭和六二年（一九八七）には、橿原市四条遺跡において藤原京の条坊地割にあった道路の交差点が検出され、もはや藤原京は従来の復元案よりも確実にその京域が広がることが確定した。平成八年（一九九六）には、橿原市土橋遺跡、桜井市上之庄遺跡で、藤原京の東と西の京極と推定される条坊が検出され、東西一〇坊（五・三km）、南北一〇坊（五・三km）の広大な藤原京が復元されるようになった。

藤原京は、東西一〇坊、南北一〇坊、その中央に宮を配置し、中国の古典である『周礼』考工記匠人営国条の記述にもとづいた理念先行型の都とする意見が有力となりつつある。しかし、藤原京には都市計画のうえで様々な不充分な箇所があり、条坊制は導入してはいるものの、未成熟な都であったことが、近年の発掘調査で明らかとなっている。また、条坊復元の根拠となった『大宝令』の条文の解釈にも異説が述べられており、単純に成り立つとは思われない。いまだ藤原京の京域は定まらないとするのが現状であろう。

そこで本要図では、藤原京の京域復元について、岸俊男復元の藤原京をはじめとして各説を図示した（第8図）。また、現在、条坊が確認できる範囲のみを復元した案も図示した（第9図）。さらに、現在、もっとも有力視されている東西一〇坊、南北一〇坊説を示した（第10図）。

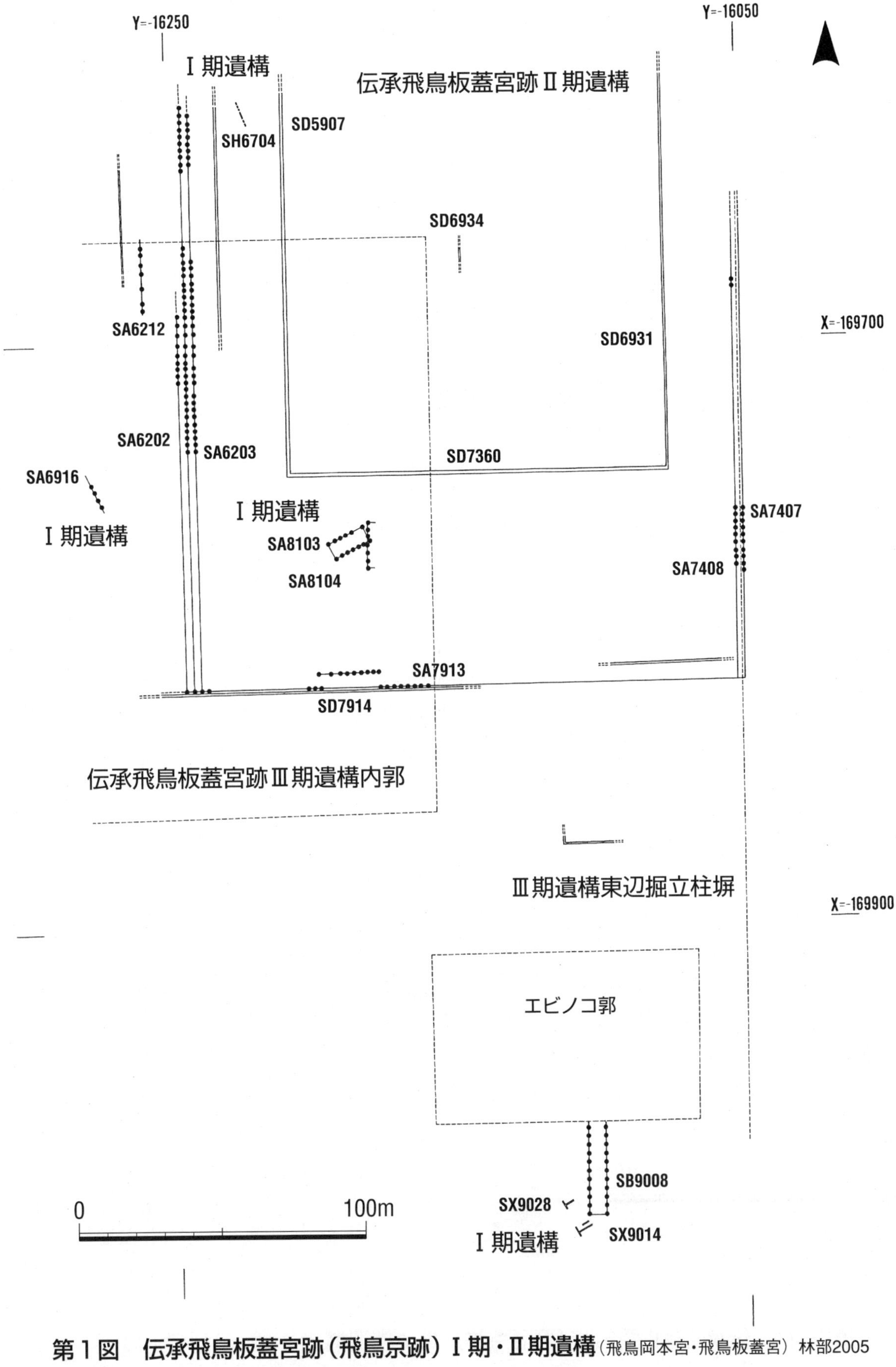

第１図　伝承飛鳥板蓋宮跡（飛鳥京跡）Ⅰ期・Ⅱ期遺構（飛鳥岡本宮・飛鳥板蓋宮）林部2005

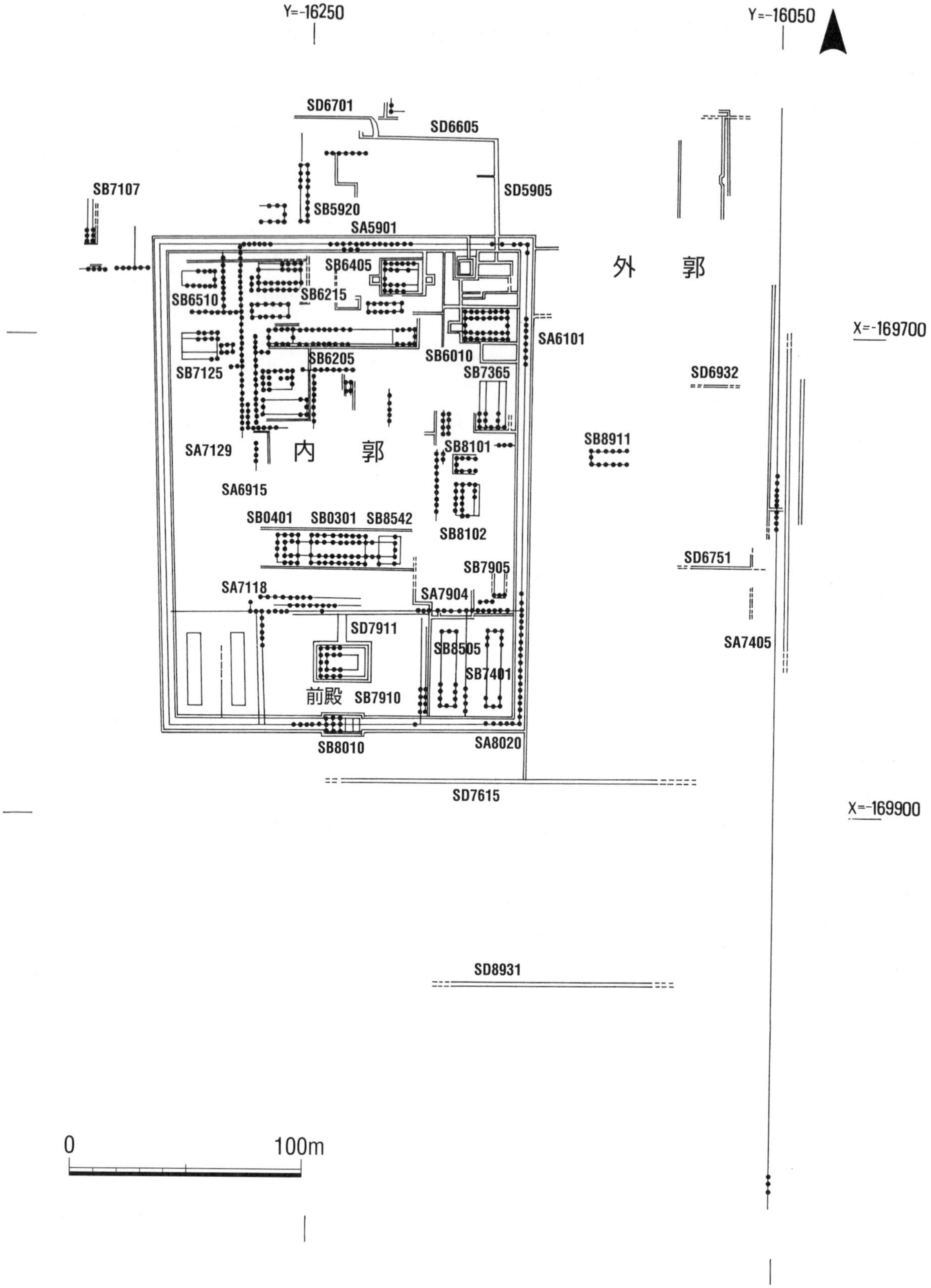

第2-1図　伝承飛鳥板蓋宮跡（飛鳥京跡）Ⅲ-A期遺構（後飛鳥岡本宮）林部2005

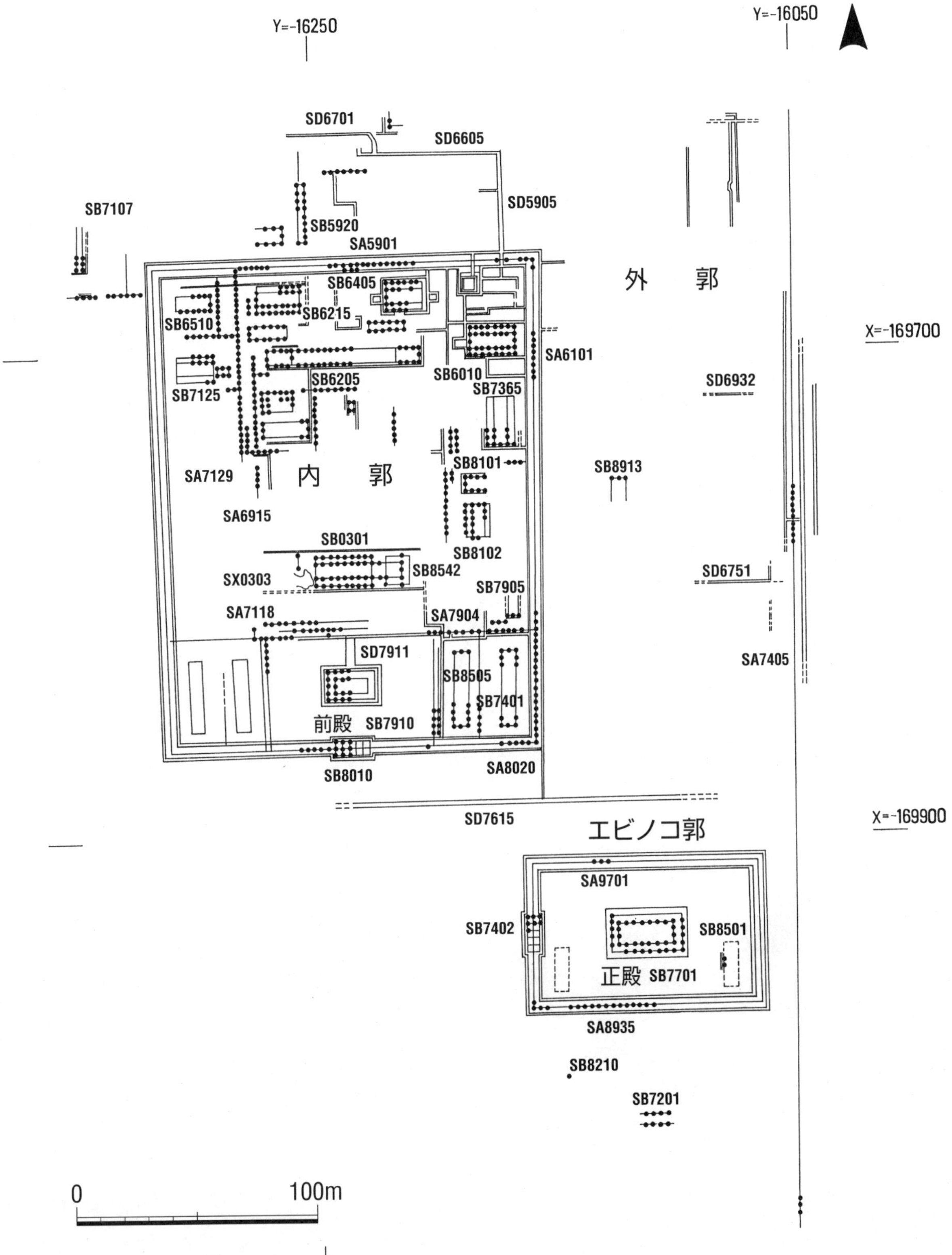

第2-2図　伝承飛鳥板蓋宮跡（飛鳥京跡）Ⅲ-B期遺構（飛鳥浄御原宮）林部2005

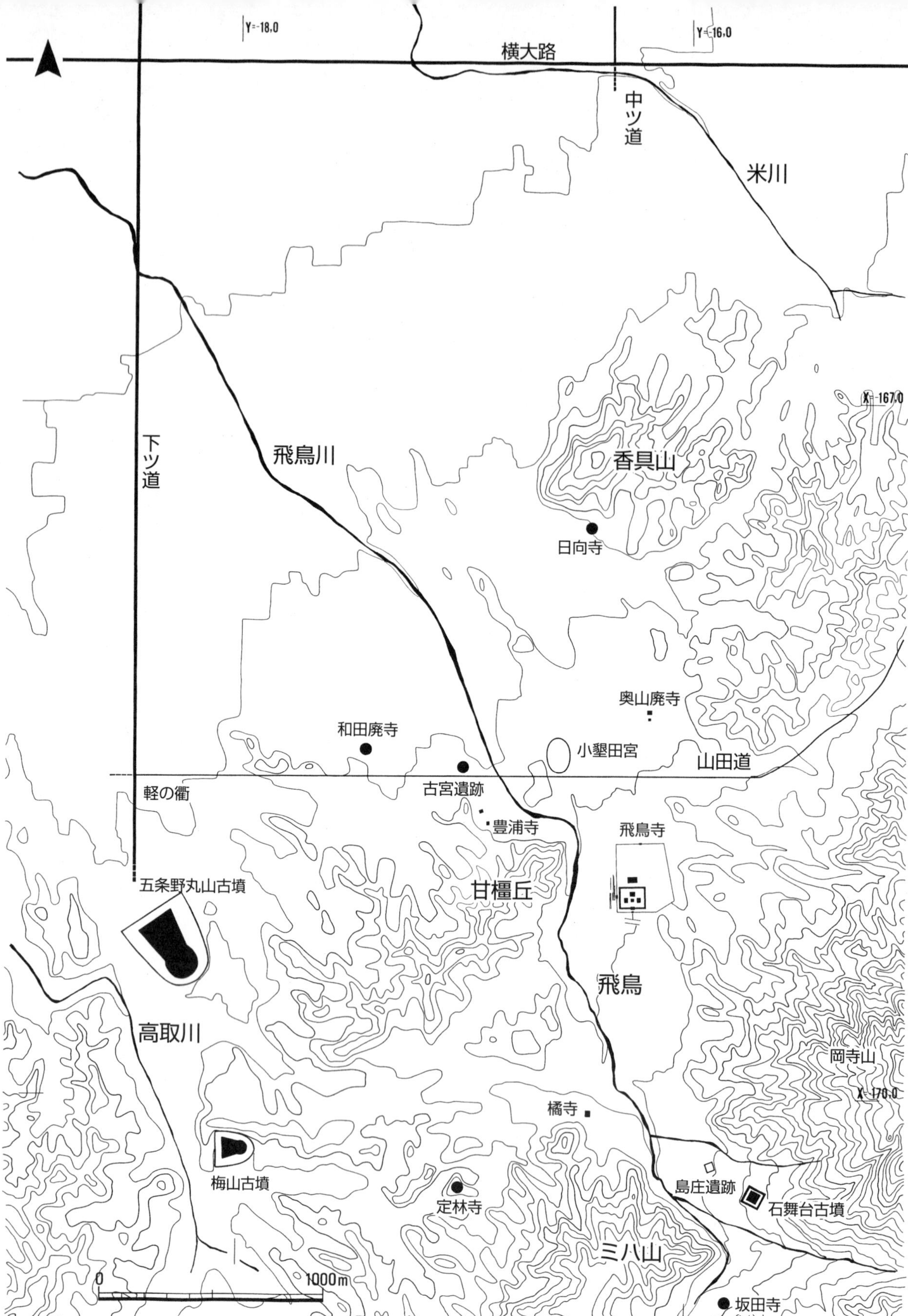

第3図　推古朝の飛鳥・藤原地域（林部2005年）

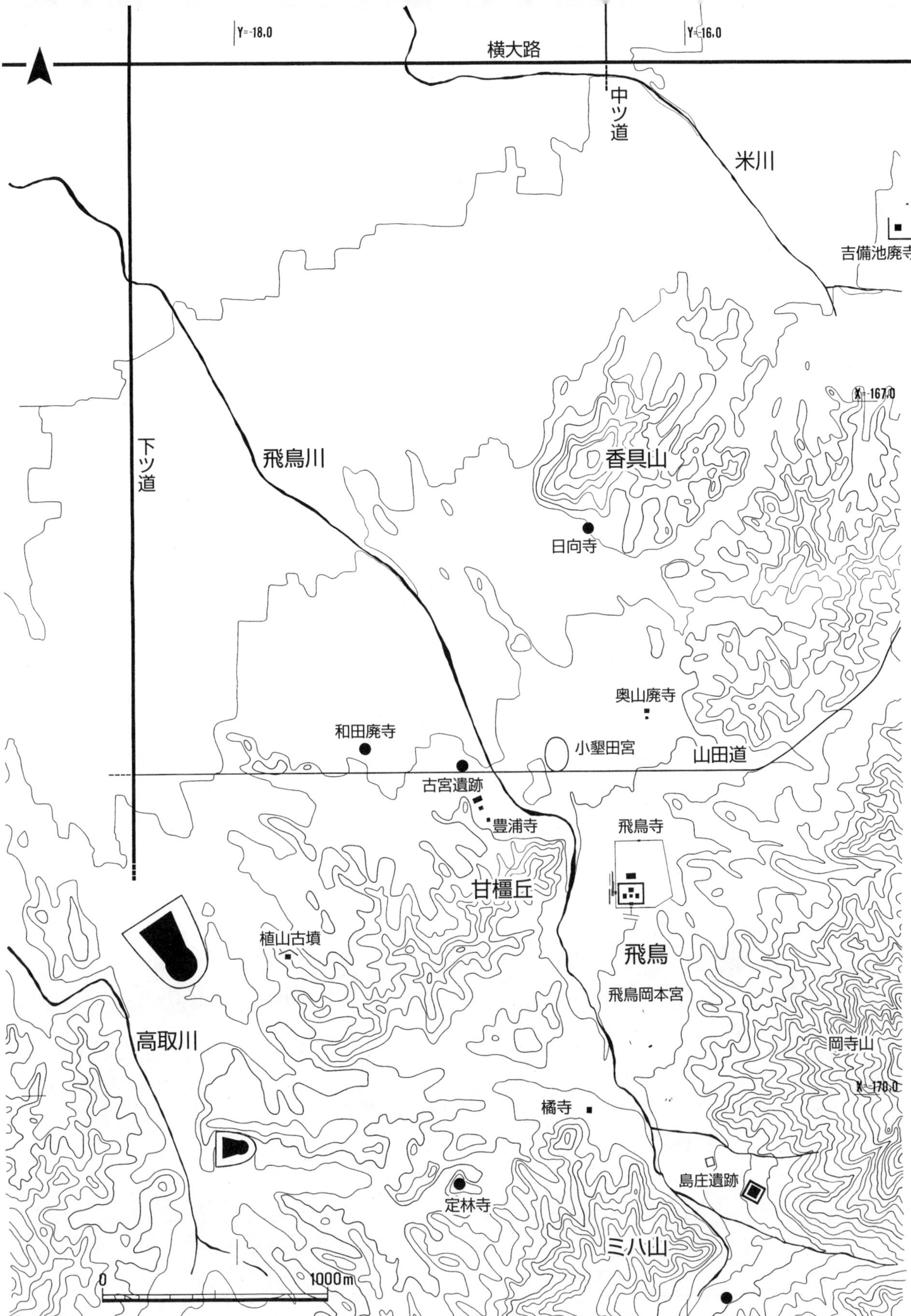

第4図　舒明朝の飛鳥・藤原地域（林部2005年）

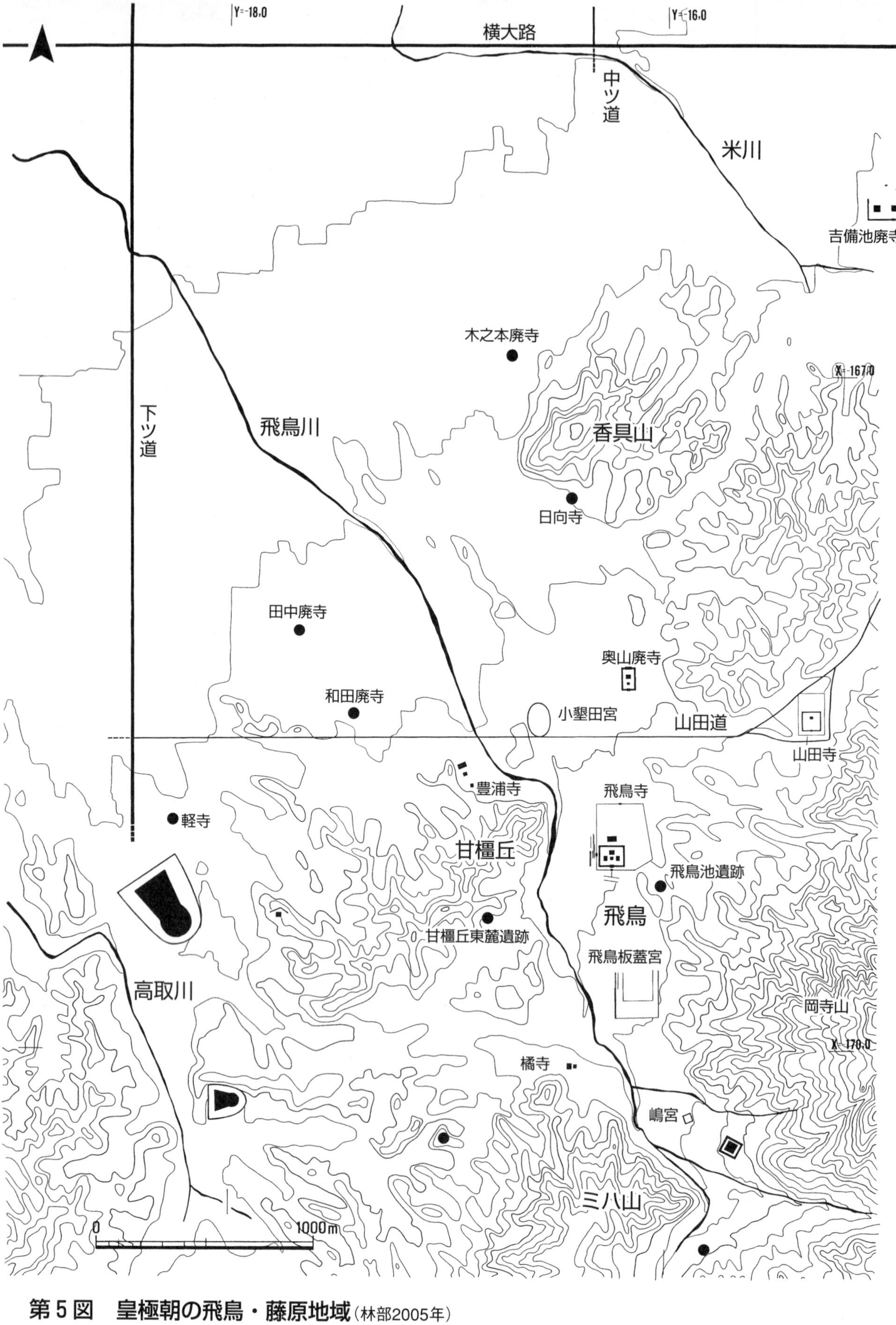

第５図　皇極朝の飛鳥・藤原地域（林部2005年）

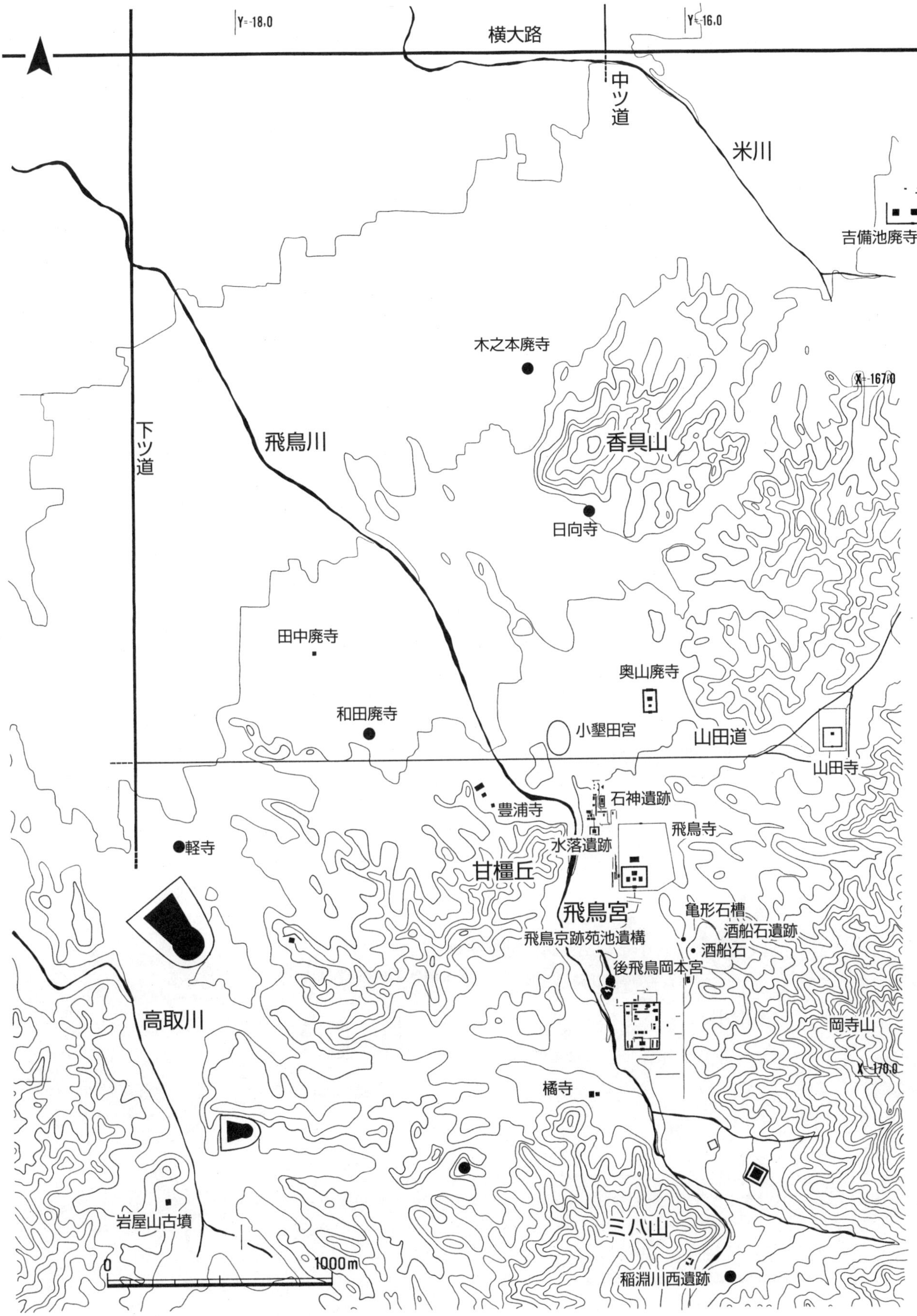

第6図　斉明朝の飛鳥・藤原地域（林部2005年）

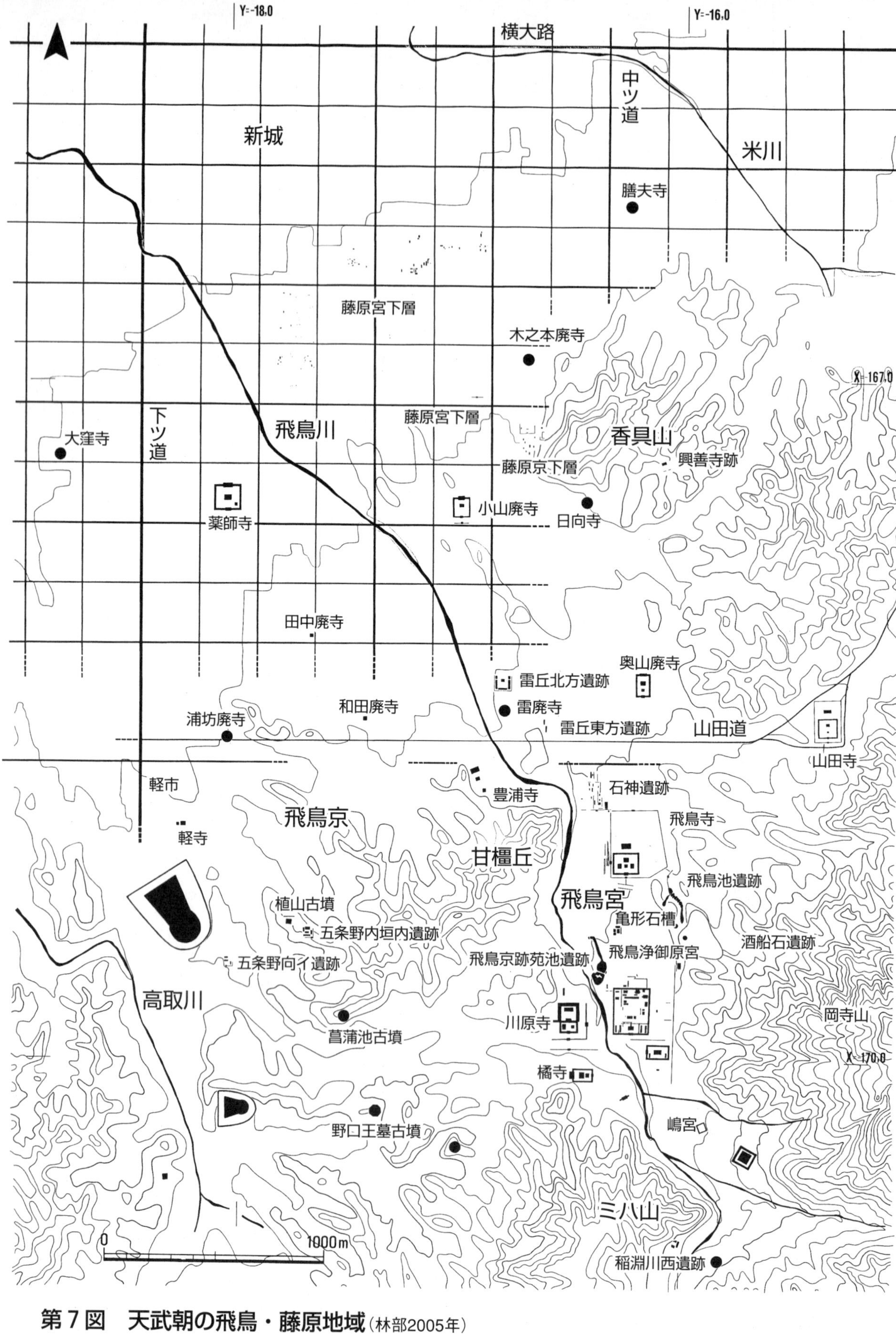

第７図　天武朝の飛鳥・藤原地域（林部2005年）

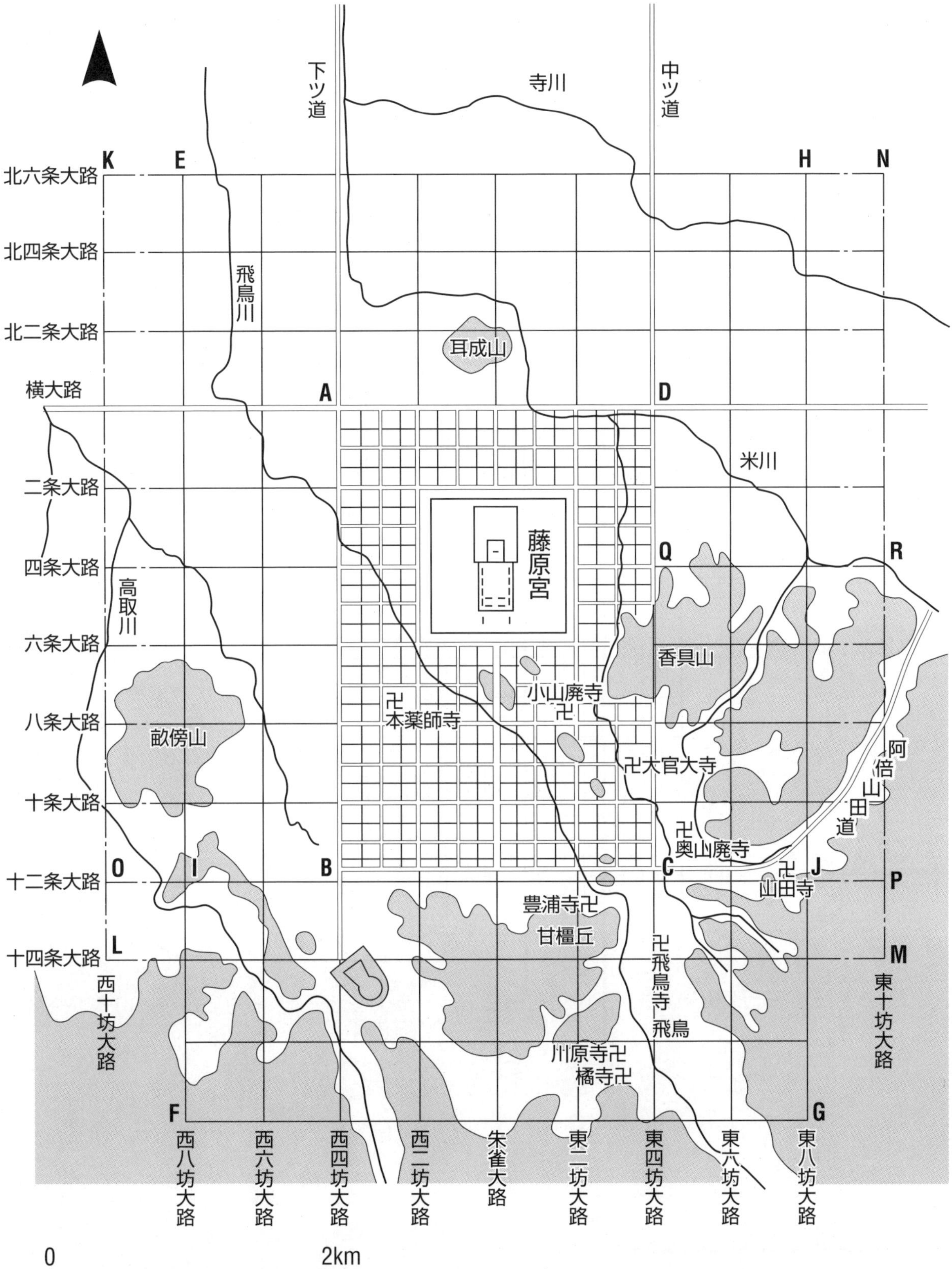

第 8 図　藤原京条坊復元の諸説（小澤2003をもとに作図）

ABCD 岸俊男説　EFGH 阿部義平・押部佳周説　EIJH 秋山日出雄説

KOPN、KOCQRN 竹田政敬説　KLMN 小澤毅・中村太一説

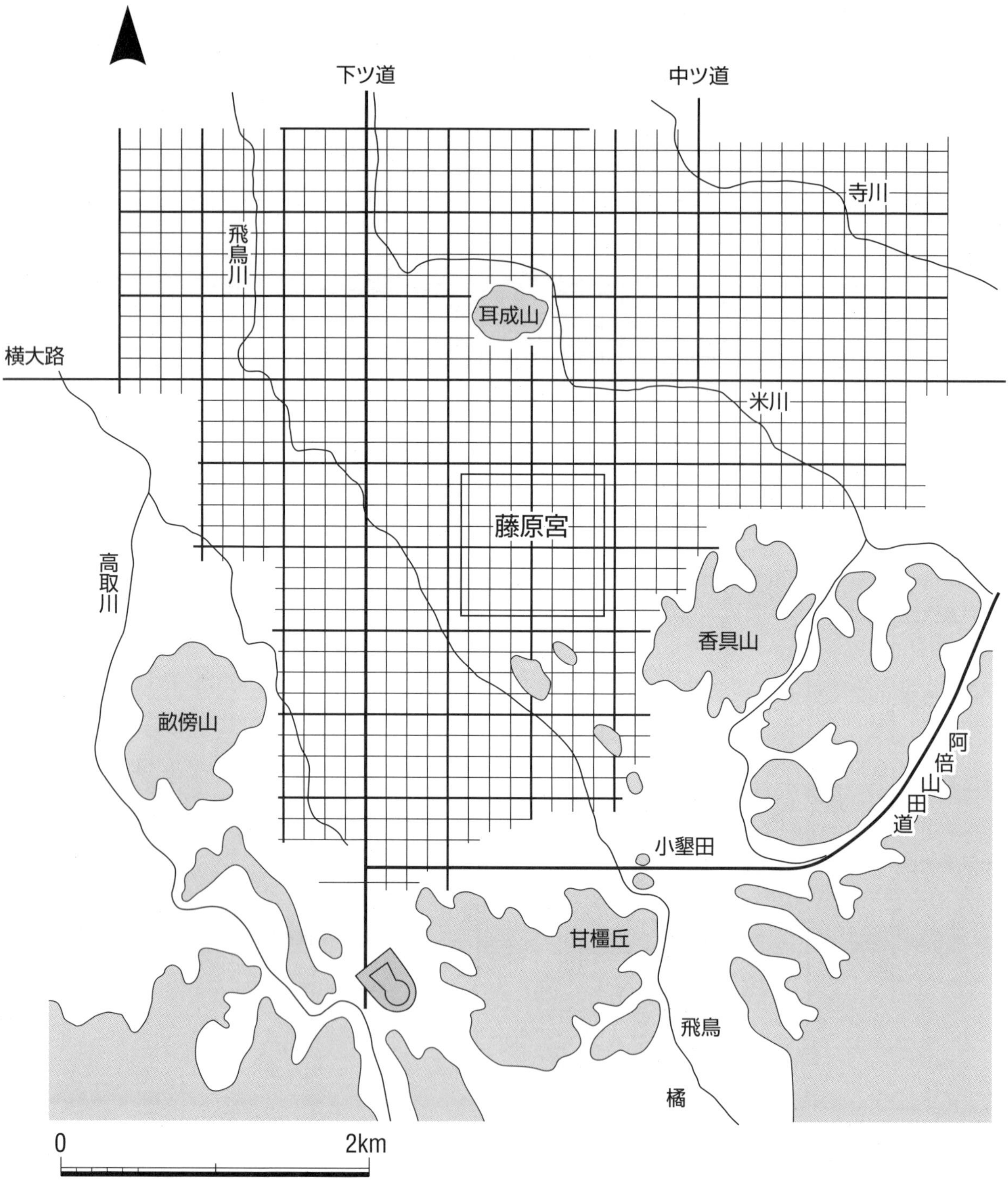

第 9 図　藤原京の条坊施工の範囲（林部2001年をもとに作図）

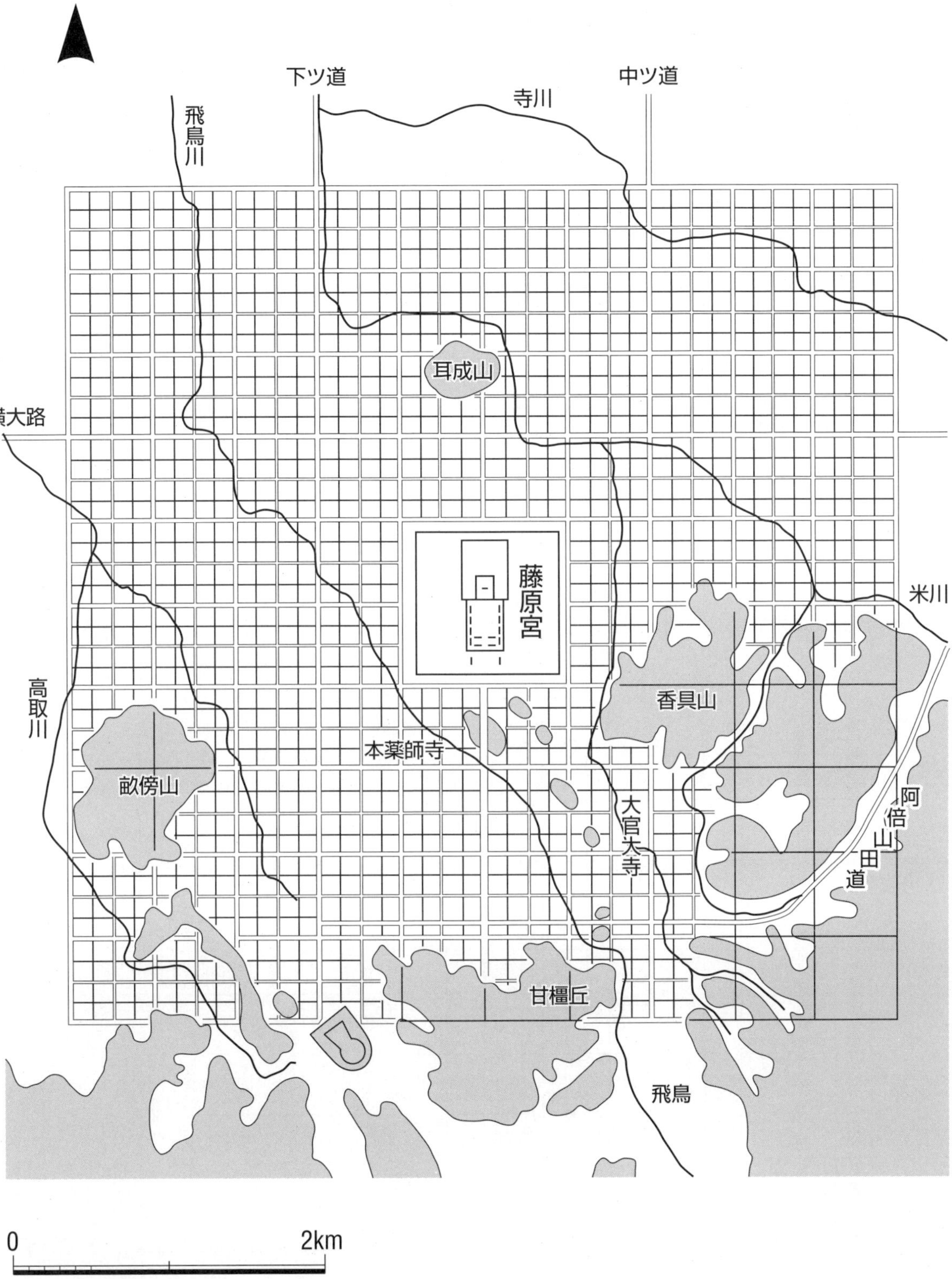

第10図　藤原京十条十坊説による復元（小澤2003をもとに作図）

官位相当表

（作成：井上満郎）

官司		一位（正・従）	二位（正・従）	正三位	従三位	正四位上	正四位下	従四位上	従四位下	正五位上	正五位下	従五位上	従五位下	正六位上	正六位下
官	神祇								伯				大副	少副	
官	太政	太政大臣	左大臣・右大臣	大納言				左大弁・右大弁		左中弁・右中弁	左少弁・右少弁		少納言	左弁大史・右弁大史	
省	中務					卿				大輔		少輔	侍従・大監物	大内記	大丞
省	式部・治部・民部・兵部・刑部・大蔵・宮内						卿				大輔・大判事		少輔		大丞・中判事
職	中宮								大夫				亮		
職	左京・右京・大膳・摂津									大夫			亮		
春宮坊						傅			大夫				亮・学士		
寮	左大舎人・右大舎人・大学・木工・雅楽・玄蕃・主計・主税・図書・左馬・右馬・左兵庫・右兵庫											頭			助・博士
寮	内蔵・縫殿・大炊・散位・陰陽・主殿・典薬												頭		
司	正親・内膳・造酒・兵馬・鍛冶・造兵・画工・典鋳・掃部・内薬・官奴・鼓吹・園池・諸陵・贓贖・囚獄・東市・西市													正・奉膳	侍医
司	内兵庫・土工・葬儀・采女・主船・漆部・縫部・織部・隼人・内礼														正
司	主水・主油・内掃部・筥陶・内染														
司	主鷹														
監	舎人・主膳・主蔵														
署	主殿・主書・主漿・主工・主兵・主馬														
弾正台								尹			弼			大忠	少忠
府	衛門・左衛士・右衛士									督			佐		
府	左兵衛・右兵衛											督			佐
大宰府					帥					大弐			少弐		大監
国	大											守			介
国	上												守		
国	中														守
国	下														

従六位		正七位		従七位		正八位		従八位		大初位		少初位	
上	下	上	下	上	下	上	下	上	下	上	下	上	下
大祐	少祐						大史	少史					
		大外記、左弁少史、右弁少史		少外記									
少丞、中監物		中内記、大録	少監物、大主鈴		大典鑰	少内記、少録、少主鈴		少典鑰					
少丞	少判事、大蔵大主鑰	大録	判事大属		刑部大解部、大蔵少主鑰	少録、典革	治部大解部、刑部中解部、判事少属		刑部少解部、治部少解部				
大進	少進						大属	少属					
	大進	少進	主醤、主菓餅				大属	少属					
大進	少進						大属	少属					
助			大允、助教	少允、音博士、書博士、算博士				大属、雅楽諸師、馬医	少属、主計算師、主税算師				
		内蔵大主鑰	医博士、陰陽博士、天文博士	允、陰陽師、暦博士、呪禁博士	医師、漏尅博士、針博士	内蔵少主鑰、呪禁師、針師、薬園師、典履	按摩博士	按摩師	大属	少属			
					佑、典膳					大令史、令史、画史	少令史		
						佑					令史、挑文師		
正							佑					令史、染師	
	正												令史
正							佑					令史	
	首												令史
		大疏	巡察			少疏							
	大尉	少尉					大志、医師	少志					
			大尉	少尉				大志、医師	少志				
少監	大判事	大工、少判事、大典、防人正	主神		博士	少典、陰陽師、医師、少工、算師、防人佑、主船、主厨				判事大令史	判事少令史、防人令史		
			大掾	少掾				大目	少目				
介				掾					目				
						掾					目		
	守											目	

＊野村忠夫氏作成「官位担当一覧」（『国史大辞典』所収）に主としてよった。『養老令』官位令によって作成したが、その後に担当位の変化やまた令外官の設置などがある。

官職・官名・位階唐名表

※古代の官職と位階の唐名のうち主要なものをあげた。
※黒板伸夫氏作成「官位唐名表」（『平安時代史辞典』所収）に多くをよった。

（作成：井上満郎）

唐名	官職・官名・位階
【あ】	
亜槐	大納言
亜相	大納言
亜将	近衛中・少将
【い】	
威衛	兵衛府
医監	典薬頭
医正	典薬助
員外郎	（省）権輔
【う】	
右軍	右近衛府、右近衛ノ将
右相国	右大臣
右丞相	
右相府	
右府	右大臣
右僕射	右大臣
羽林	近衛府
羽林大将軍	近衛大将
羽林次将	近衛中・少将
羽林中郎将	近衛中・少将
羽休郎将	近衛中・少将
芸閣	御書所
雲客	殿上人
【え】	
衛尉寺	兵部省
衛尉卿	兵部卿
衛尉少卿	兵部輔
掖庭	後宮
掖庭令	縫殿頭
【か】	
夏官	兵部省
夏官尚書	兵部卿
駕部	馬寮
槐棘	公卿
槐署	太政官
槐門	大臣
槐林	大臣
開府儀同三司	従一位、正一位
外史	外記
霍光	関白
霍業	関白
諫議大夫	参議
貫首	蔵人頭
監門	衛門府、衛門督など
監門将軍（左―・右―）	衛門督・佐（左―・右―）
監門次将（左―・右―）	衛門佐（左―・右―）
翰林学士	文章博士
翰林主人	文章博士
【き】	
起居舎人	内記
起居郎	内記
儀同三司	准大臣
宮闈局	大舎人寮
宮闈坊	内豎所
九棘	公卿
九卿	公卿
九列	大納言
	中納言
棘路	公卿
給事舎人	内舎人
給事中	少納言
給事郎	正八位上
厩牧署	主馬署
御史台	弾正台
御史大夫	弾正尹、大納言
金吾	衛門府、衛門督・佐・尉など
金吾大将軍（左―・右―）	衛門督（左―・右―）
金吾将軍（左―・右―）	衛門督・佐（左―・右―）
金吾亜将（左―・右―）	衛門佐（左―・右―）
金紫光禄大夫	正三位
金部	主計寮
銀青光禄大夫	従三位
【け】	
刑部	刑部省、刑部卿など
刑部尚書	刑部卿
刑部侍郎	刑部輔
刑部郎中	刑部丞
京兆（左―・右―）	京職、京職大夫など（左―・右―）
京兆尹	京職大夫
京兆府	左右京職
卿相	公卿
月卿	公卿
県令	郡司、大領
憲台	弾正台
【こ】	
黄閣	大臣
戸部	民部省
戸部尚書	民部卿
虎牙	近衛府
虎賁	近衛府
虎門	大学
五衿	国司（守、受領）
五馬	国司（守、受領）
虎符	国司（守、受領）
工部	宮内省、宮内卿など
工部尚書	宮内卿
黄門	大・中納言
黄門署	蔵人所
黄門侍郎	中納言
鴻臚寺	玄蕃寮
鴻臚卿	玄蕃頭
光禄寺	大膳職
光禄卿	大膳大夫
光禄大夫	従二位
国宰	国司（守、受領）
国子監	大学寮
国子祭主	大学頭
国子司業	大学助
国子博士	大学博士

【さ】

采女署	采女司
左相国	左大臣
左相府	
左丞相	
左僕射	
左府	左大臣
宰相	大臣、公卿、参議
宰吏	国司(守、受領)
三槐	大臣
散騎、散騎常侍	侍従
三台	大臣
三刀	国司(守、受領)

【し】

使君	国司(守、受領)
刺史	国司(守)
市署	東西市司
祠官	神祇官
司直	大判事
執政	摂政、関白、内覧
司天台	陰陽寮
司農寺	宮内省
司農卿	宮内卿
司馬	国司(掾)
侍郎相公	右大臣
侍中	蔵人
執金吾	衛門督
執柄	摂政、関白、内覧
主簿	国司(目)
主客郎中	玄蕃頭
朱輪	国司(守、受領)
儒林郎	大初位上
州	国
拾遺	侍従
秋官	刑部省
秀才	文章得業生
春官	治部省、式部省
春坊	春宮坊
女侍中	内侍(尚侍、典侍など)
将軍 左―／右―	近衛大・中・少将など 左―／右―
尚衣局	縫殿寮
尚衣奉御	内蔵頭、縫殿頭
承議郎	正六位下
相公	大臣、公卿、参議
相国・相府 左―／右―	大臣・大臣 左―／右―
匠作	修理職、修理大夫など
匠作大尹	修理大夫
匠作少尹	修理亮
将仕郎	少初位下
尚舎局	主殿寮
尚舎奉御	主殿頭、掃部頭
尚書 左―／右―	弁官、大弁など 左―／右―
尚書左(右)丞	左(右)大弁など
尚書省	太政官
尚書都事	大史
尚食局	内膳司
将作監	木工寮、木工頭、修理職
将作大匠	木工頭、修理大夫
少府	内蔵寮、内匠寮、大宰少弐
尚薬局	典薬寮
丞相 左―／右―	大臣 左―／右―
織染署	織部司
承奉郎	従八位上
承務郎	従八位下
隼旗	国司(守、受領)
親衛	近衛府
親衛大将軍・親衛将軍・親衛中郎将 左―／右―	近衛大将・近衛大・中・少将・近衛中・少将 左―／右―
神策大将軍	近衛大将
進士	文章生

【す】

崇玄署	玄蕃寮

【せ】

正議大夫	正四位上、正四位下
夕拝郎	蔵人
夕郎	蔵人
摂籙	摂政、関白
仙郎	蔵人
宣議郎	従七位下
専城	国司(守、受領)
詹事	春宮大夫、亮など
詹事府	春宮坊
宣徳郎	正七位下

【そ】

宗正寺	正親司
霜台	弾正台、弾正尹・弼など
蔵部尚書	大蔵卿

【た】

大(太)医署	典薬寮
大(太)楽署	
大尉相公	太政大臣
大(太)官署	大膳職
大官令	大膳大夫
大(太)閣	太政大臣
大(太)史局	陰陽寮
大(太)史監	陰陽頭
太子賓客	東宮学士
大守	国司(守)
大儒	明経博士
大樹	将軍
大相国	太政大臣
大相府	太政大臣
大(太)常寺	神祇官
大(太)常卿	神祇伯、治部卿、中務卿
大(太)中大夫	従四位上
大府	太政大臣、大宰府
大(太)傅	太政大臣、東宮傅
大(太)保	
大(太)府寺	大蔵省
大(太)府卿	大蔵卿
大(太)僕寺	左右馬寮
大(太)卜令	陰陽寮
大理卿	刑部卿、検非違使別当
大長秋	中宮大夫
度支	主計寮
端尹	春宮大夫
断獄署	因獄司

【ち】

地官	民部省
中散大夫	正五位上
中書省	中務省
中書門下	大納言
中書令	中務卿
中書侍郎	中務輔
中大夫	従四位下
柱下	内記
柱下史	内記
柱史	内記
著作郎	内記
長史	国司(介)
長秋	中宮職、中宮大夫・亮など
長秋宮	中宮職
長秋(監)	中宮大夫
朝議大夫	正五位下
朝議郎	正六位上
朝散大夫	従五位下
朝散郎	従七位上
朝請大夫	従五位上
朝請郎	正七位上
徴事郎	正八位下

竹符	国司（守、受領）
【つ】	
通議大夫	正四位下
通直郎	従六位下
【て】	
廷尉	検非違使
典客	掌客使
典客署	玄蕃寮
天官	大蔵省
典厩 左—／右—	馬寮、馬頭など 左—／右—
典厩署	馬寮
典厩令	馬頭
殿中監	中務卿、宮内卿
殿中省	中務省、宮内省
【と】	
都護	按察使
都省	太政官
都督	大宰帥・権帥・大弐
都督符	大宰府
冬官	宮内省
登仕郎	大初位下
特進	正二位
【な】	
内史	内記
内侍省	中宮職
内相府	内大臣
内丞相	内大臣
内府	内大臣
【に】	
二千石	国司（守、受領）
【の】	
納言	大・中納言
【は】	
博陸	関白
幕下	近衛大将、将軍
幕府	近衛府、近衛大将、将軍
八座	参議
【ひ】	
秘書（省）	図書寮
秘書監	図書頭
馮翊（左馮翊）	左京職、左京大夫
廟陵監	諸陵頭
廟陵署	諸陵寮
廟陵令	諸陵頭
【ふ】	
布護署	隼人司
武庫署	兵庫寮
布護将軍	隼人正
扶風（右扶風）	右京職、右京大夫
符宝郎	主鈴
武衛	兵衛府、兵衛督・佐など
武衛大将軍	兵衛督
武衛将軍	兵衛佐
（武衛〜武衛将軍）左—／右—	（兵衛府〜兵衛佐）左—／右—
分憂	国司（守、受領）
文林郎	少初位上
【へ】	
平章事	参議
兵部	兵部省
兵部尚書	兵部卿
別駕	国司（介）
【ほ】	
補闕	侍従
蒲鞭	国司（守、受領）
奉議郎	従六位上
鳳閣	中務省
牧宰	国司（守、受領）
僕射 左—／右—	大臣 左—／右—
【め】	
明府	国司（守、受領）
【も】	
茂才	文章得業生
門下起居郎	大外記
門下侍中	大納言
門下侍郎	中納言
門下録事	大外記
門下給事中	少納言
【ゆ】	
熊軾	国司（守、受領）
【よ】	
鷹揚衛	兵衛府
【ら】	
蘭省	太政官、弁官
蘭台	太政官、弁官
鸞台	太政官、弁官
【り】	
律学博士	明法博士
吏（李）部	式部省
吏（李）部尚書	式部卿
吏部大卿	式部大輔
良醞署	造酒司
【れ】	
礼部	治部省
礼部尚書	治部卿
【ろ】	
録事	主典、国司（目）

国府／国分寺／一宮一覧

五畿七道	国名	等級	遠近	国府所在郡(和名抄)	国府所在地	国分寺所在地	一宮と所在地
畿内	山城	上国	近国	河陽離宮(かやりきゅう)	京都府乙訓郡大山崎町	京都府相楽郡加茂町例幣	賀茂別雷神社　京都府京都市北区上賀茂本山
畿内	大和	大国	近国	高市郡(たけち)	奈良県高市郡高取町	奈良県奈良市雑司町	大神神社　奈良県桜井市三輪
畿内	河内	大国	近国	志紀郡(しき)	大阪府藤井寺市国府	大阪府柏原市東条町	枚岡神社　大阪府東大阪市出雲井町
畿内	和泉	下国	近国	和泉郡(いずみ)	大阪府和泉市府中町	大阪府和泉市国分町	大鳥神社　大阪府堺市鳳北町
畿内	摂津	上国	近国	＊西成郡(にしなり)	大阪市北区国分寺	大阪府大阪市天王寺区国分町	住吉大社　大阪府大阪市住吉区住吉
東海道	伊賀	下国	近国	阿拝郡(あべ)	三重県伊賀市	三重県伊賀市西明寺町	敢國神社　三重県伊賀市一宮
東海道	伊勢	大国	近国	鈴鹿郡(すずか)	三重県鈴鹿市	三重県鈴鹿市国分町	都波岐奈加等神社　三重県鈴鹿市一宮町
東海道	志摩	下国	近国	英虞郡(あご)	三重県志摩市阿児町国府	三重県志摩市阿児町	皇大神宮別宮　伊雑宮　三重県志摩市磯部町大字上之郷
東海道	尾張	上国	近国	中島郡(なかじま)	愛知県稲沢市国府宮	愛知県稲沢市矢合字椎ノ木	真清田神社　愛知県一宮市真清田
東海道	参河	上国	近国	宝飯郡(ほい)	愛知県豊川市国府	愛知県豊川市八幡町本郷	砥鹿神社　愛知県宝飯郡一宮町一宮
東海道	遠江	上国	中国	豊田郡(とよだ)	静岡県磐田市見附	静岡県磐田市中央町	小國神社　静岡県周智郡森町一宮
東海道	駿河	上国	中国	安部郡(あべ)	静岡県静岡市安東	静岡県静岡市大谷片山	富士山本宮　浅間大社　静岡県富士宮市宮町
東海道	伊豆	下国	中国	田方郡(たかた)	静岡県三島市	静岡県三島市泉町	三嶋大社　静岡県三島市大宮町
東海道	甲斐	上国	中国	八代郡(やつしろ)	山梨県笛吹市御坂町国衙	山梨県笛吹市一宮町国分	浅間神社　山梨県笛吹市一宮町一宮
東海道	相模	上国	遠国	大住郡(おおすみ)	神奈川県平塚市四之宮	神奈川県海老名市国分	寒川神社　神奈川県高座郡寒川町宮山
東海道	武蔵	大国	遠国	多摩郡(たま)	東京都府中市宮町	東京都国分寺市西之町	武蔵一宮　氷川神社　埼玉県さいたま市大宮区高鼻町
東海道	安房	中国	遠国	平群郡(へぐり)	千葉県南房総市府中	千葉県館山市国分	安房神社　千葉県館山市大神宮
東海道	上総	大国	遠国	市原郡(いちはら)	千葉県市原市惣社	千葉県市原市惣社	玉前神社　千葉県長生郡一宮町一宮
東海道	下総	大国	遠国	葛飾郡(かつしか)	千葉県市川市国府台	千葉県市川市国分町国分	香取神宮　千葉県佐原市香取
東海道	常陸	大国	遠国	茨城郡(いばらき)	茨城県石岡市総社	茨城県石岡市石岡	鹿嶋神宮　茨城県鹿嶋市宮中
東山道	近江	大国	近国	栗本郡(くるもと)	滋賀県大津市神領	滋賀県大津市国分	建部大社　滋賀県大津市神領

東山道	美濃	上国	近国	不破郡（ふわ）	岐阜県大垣市垂井町府中	岐阜県大垣市青野町	南宮大社　岐阜県大垣市垂井町宮代
東山道	飛騨	下国	中国	大野郡（おおの）	岐阜県高山市	岐阜県高山市総和町	飛騨一宮　水無神社　岐阜県高山市宮村
東山道	信濃	上国	中国	筑摩郡（ちくま）	長野県上田市	長野県上田市国分	諏訪大社　上社本宮　長野県諏訪市中洲神宮寺
東山道	上野	大国	遠国	群馬郡（くるま）	群馬県前橋市元総社町	群馬県高崎市群馬町東国分	貫前神社　群馬県富岡市一宮
東山道	下野	上国	遠国	都加郡（つか）	栃木県栃木市	栃木県下野市国分寺町国分	二荒山神社　栃木県宇都宮市馬場通り
東山道	陸奥	大国	遠国	宮城郡（みやぎ）	宮城県多賀城市	宮城県仙台市木ノ下	塩竈神社　宮城県塩竈市一森山
東山道	出羽	上国	遠国	平鹿郡（ひらか）	山形県酒田市城之輪	不詳	鳥海山大物忌神社　山形県酒田市遊佐町大字吹浦字
北陸道	若狭	中国	近国	遠敷郡（おにう）	福井県小浜市府中	福井県小浜市国分	若狭彦神社　福井県小浜市遠敷
北陸道	越前	大国	中国	丹生郡（にう）	福井県越前市国府	福井県越前市	氣比神宮　福井県敦賀市曙町
北陸道	加賀	上国	中国	能美郡（のみ）	石川県小松市古府町	不詳	白山比咩神社　石川県白山市鶴来町三宮町
北陸道	能登	中国	中国	能登郡（のと）	石川県七尾市古国府	石川県七尾市国分町	気多大社　石川県羽咋市寺家町
北陸道	越中	上国	中国	射水郡（いみず）	富山県高岡市伏木古国府	富山県高岡市伏木一ノ宮	越中一宮　高瀬神社　富山県南砺市井波町高瀬
北陸道	越後	上国	遠国	頸城郡（くびき）	新潟県上越市国府	不詳	弥彦神社　新潟県西蒲原郡弥彦村弥彦
北陸道	佐渡	中国	遠国	雑太郡（さわだ）	新潟県佐渡市真野町	新潟県佐渡市真野町国分寺	度津神社　新潟県佐渡市羽茂町飯岡
山陰道	丹波	上国	近国	桑田郡（くわた）	京都府亀岡市千代川町	京都府亀岡市千歳町	出雲大神宮　京都府亀岡市千歳町出雲
山陰道	丹後	中国	近国	加佐郡（かさ）	京都府宮津市府中	京都府宮津市国分	元伊勢　籠神社　京都府宮津市大垣
山陰道	但馬	上国	近国	気多郡（けた）	兵庫県豊岡市日高町	兵庫県豊岡市日高町国分寺	出石神社　兵庫県豊岡市出石町宮内
山陰道	因幡	上国	近国	法美郡（ほうみ）	鳥取県鳥取市国府町	鳥取県鳥取市国府町国分寺	宇倍神社　鳥取県鳥取市国府町宮下
山陰道	伯耆	上国	中国	久米郡（くめ）	鳥取県倉吉市国府	鳥取県倉吉市国分寺	倭文神社　鳥取県東伯郡湯梨浜町大字宮内
山陰道	出雲	上国	中国	意宇郡（おう）	島根県松江市	島根県松江市竹矢町	出雲大社　島根県出雲市杵築東
山陰道	石見	中国	遠国	那賀郡（なか）	島根県浜田市下府	島根県浜田市国分町松林	物部神社　島根県大田市川合町川合
山陰道	隠岐	下国	遠国	周吉郡（すき）	島根県隠岐郡隠岐の島町	島根県隠岐郡隠岐の島町	水若酢神社　島根県隠岐郡隠岐の島町
山陽道	播磨	大国	近国	餝磨郡（しかま）	兵庫県姫路市国府寺町・本町	兵庫県姫路市御国野町国分寺	伊和神社　兵庫県宍粟市一宮町須行名
山陽道	美作	上国	近国	苫東郡（とまひがし）	岡山県津山市総社	岡山県津山市河辺国分寺	中山神社　岡山県津山市一宮
山陽道	備前	上国	近国	御野郡（みの）	岡山県岡山市国府市場	岡山県赤磐市山陽町馬屋	吉備津彦神社　岡山県岡山市一宮

山陽道	備中	上国	中国	賀夜郡（かや）	岡山県総社市	岡山県総社市上林国分寺	吉備津神社　岡山県岡山市吉備津
山陽道	備後	上国	中国	葦田郡（あしだ）	広島県府中市元町	広島県福山市神辺町下御領	備後一宮　吉備津神社　広島県福山市新市町宮内
山陽道	安芸	上国	遠国	安芸郡（あき）	広島県安芸郡府中町	広島県東広島市西条町吉行	厳島神社　広島県廿日市市宮島町
山陽道	周防	上国	遠国	佐波郡（さば）	山口県防府市国衙	山口県防府市国分寺町	玉祖神社　山口県防府市大字大崎
山陽道	長門	中国	遠国	豊浦郡（とゆら）	山口県下関市長府町	山口県下関市長府町安養寺	長門一宮　住吉神社　山口県下関市一宮住吉
南海道	紀伊	上国	近国	名草郡（なくさ）	和歌山県和歌山市	和歌山県紀の川市打田町東国府	日前神社　和歌山県和歌山市秋月町
南海道	淡路	下国	近国	三原郡（みはら）	兵庫県南あわじ市	兵庫県南あわじ市三原町八木	伊弉諾神宮　兵庫県淡路市一宮町多賀
南海道	阿波	上国	中国	名東郡（なひむかし）	徳島県徳島市国府町府中	徳島県徳島市国府町矢野	大麻比古神社　徳島県鳴門市大麻町板東字広塚
南海道	讃岐	上国	中国	阿野郡（あや）	香川県坂出市府中	香川県高松市国分寺町国分	田村神社　香川県高松市一宮町
南海道	伊豫	上国	遠国	越智郡（おち）	愛媛県今治市上徳	愛媛県今治市国分	大山祇神社　愛媛県今治市大三島町大字宮浦
南海道	土佐	中国	遠国	長岡郡（ながおか）	高知県南国市比江	高知県南国市国府	土佐神社　高知県高知市一宮
西海道	筑前	上国	遠国	御笠郡（みかさ）	福岡県太宰府市	福岡県太宰府市国分	筥崎宮　福岡県福岡市東区箱崎
西海道	筑後	上国	遠国	御井郡（みい）	福岡県久留米市	福岡県久留米市	高良神社　福岡県久留米市御井町
西海道	肥前	上国	遠国	小城郡（おき）	佐賀県佐賀市大和町	佐賀県佐賀市大和町尼寺	興止日女神社　佐賀県佐賀市大和町川上
西海道	肥後	大国	遠国	益城郡（ましき）	熊本県熊本市国府本町	熊本県熊本市出水町	阿蘇神社　熊本県阿蘇市一宮町宮地
西海道	豊前	上国	遠国	京都郡（みやこ）	福岡県京都郡豊津町	福岡県京都郡豊津町	宇佐神宮　大分県宇佐市宇佐
西海道	豊後	上国	遠国	大分郡（おおいた）	大分県大分市古国府	大分市国分	西寒多神社　大分県大分市字寒田
西海道	日向	中国	遠国	児湯郡（こゆ）	宮崎県西都市	宮崎県西都市妻三宅字国分	都農神社　宮崎県児湯郡都農町大字川北
西海道	大隅	中国	遠国	桑原郡（くわはら）	鹿児島県霧島市府中	鹿児島県霧島市向花町	鹿児島神宮　鹿児島県霧島市隼人町字内
西海道	薩摩	中国	遠国		鹿児島県薩摩川内市国分寺町	鹿児島県薩摩川内市国分寺町	枚聞神社　鹿児島県指宿市開聞町十町
西海道	壱岐嶋	下国	遠国	石田郡（いしだ）	長崎県壱岐市芦辺町	長崎県壱岐市芦辺町国分	天手長男神社　長崎県壱岐市郷ノ浦町田中触
西海道	対馬嶋	下国	遠国	下県郡（しもつあがた）	長崎県対馬市厳原町	長崎県対馬市厳原町今屋敷	海神神社　長崎県対馬市峰町大字木坂

（作成：高橋美久二）

（注１）候補が複数ある場所には、代表的な説１例だけをあげた。
（注２）現在の所在地については、市町村合併前の場合もある。
（注３）「和名抄」による国府所在郡は、摂津国と薩摩国には記載がないが、摂津国については他の史料で記した。

公家年中行事表

（作成：元木泰雄）

正月

（元日）四方拝、院宮四方拝、関白家四方拝、御歯固、朝賀、小朝拝、院拝礼、元日節会（諸司奏）、〈毎月〉内侍所御供、（三箇日）御薬、院宮御薬、御節供、院宮御節供、（2日）視告朔（あるいは元日、4日）、朝覲行幸、東宮朝覲、中宮・東宮大饗、院宮臨時客（あるいは3日）、摂関大臣家臨時客、殿上・院宮淵酔（あるいは3日）、（3日）月奏、（4日）童親王拝覲、左大臣家大饗、法成寺阿弥陀堂修正、法性寺御八講、（5日）叙位、右大臣家大饗、木造始、（6日）法成寺薬師堂修正、法勝寺阿弥陀堂修正、尊勝寺阿弥陀堂修正、（7日）七草菜、白馬節会、（8日）女叙位・女王禄、（8日～14日）御斎会、後七日御修法、大元帥法、諸寺修正、（11日～13日）県召除目、円勝寺修正、（14日）御斎会内論義、男踏歌、（14日～17日）最勝光院御八講、（15日）七種御粥、御薪、兵部省手結、望粥節供、（15日～18日）円乗寺御八講、（16日）踏歌節会〈女踏歌〉、（17日）射礼、左右衛門府手結、（18日）賭弓、射遺、兵部省手結、〈毎月〉仁寿殿観音供、（21日あるいは22、23日）内宴、（晦日）〈毎月〉御贖物、中宮御贖物、東宮御贖物、（上子日）若菜、子日御遊、（上卯日）卯杖、（立春）若水、（正月中）外記政始、吉書奏、（正月中あるいは2、3月）県召除目、〈毎月〉七瀬御祓、火災御祭、代厄御祭

2月

（1日）〈毎月〉視告朔、月奏、旬政、外記政式日、（4日）祈年祭、（8日～12日）祇園御八講、（11日）列見、〈毎月〉旬政、（12日～15日）円融院御八講、（13日以後）官所充、（15・16日）興福寺常楽会、（16日）〈毎月〉旬政、外記政式日、（19日～23日）円宗寺最勝会、（21日）〈毎月〉旬政、（25日）北野祭、（上丁日）釈奠、（上丑日、三丑の月は中丑日）園神祭、韓神祭、（上卯日）大原野祭、（上申日）春日祭〈未日使立〉、枚岡祭、（上酉日）率川祭、（春分日）彼岸〈七日間〉、（2月中）祈年穀奉幣、臨時仁王会〈あるいは3月〉、季御読経〈あるいは3月〉、位禄定〈あるいは3月〉、擬文章生課試、一分召〈あるいは3月〉、院宮御読経〈あるいは3月〉

3月

（1日）御灯御卜奏、（3日）御灯、曲水宴、三日節会・御節供、（3日以前あるいは秋冬）京官除目、（7日～13日）薬師寺最勝会、（9日～13日）長講堂御八講、（10日～12日）法勝寺不断念仏、（15日）祇園一切経会、（17日）桓武天皇国忌、（21日）東寺御影供、仁明天皇国忌、（24日）尊勝寺灌頂、（晦日）鎮花祭、仁和寺理趣三昧、（中辰日あるいは巳日）石清水臨時祭試楽、（中午日、二午の月は下午）石清水臨時祭、（3月中）石清水行幸、真言院孔雀経御修法、藤花宴

4月

（1日）朝堂政〈これより8月まで毎月着座あり〉、孟夏旬、更衣、氷供進〈9月晦日まで〉、（4日）広瀬祭、竜田祭、（7日）擬階奏、（8日）灌仏、（11日）式部省位記請印、（13日）兵部省位記請印、（14日）伊勢神衣祭、（14日～18日）法成寺阿弥陀堂御八講、（15日）位記召給、（15日～7月15日）安居、（16日～19日）新東北院御八講、（20日以前）郡司読奏、（28日）駒牽、（晦日）新日吉祭、（上卯日）大神祭、稲荷祭、（上巳日）山科祭、（上申日）平野祭、松尾祭、杜本祭、当麻祭、（上酉日）当宗祭、梅宮祭、（中子日）吉田祭、（中酉日）賀茂祭、（4月中）三枝祭、郡司召

5月

（1日～10日）法勝寺三十講、（2日）小五月、（3日）菖蒲献上、左近荒手結、（4日）走馬結番奏、走馬毛色奏、右近荒手結、（5日）端午節、御節供、五日節会、薬玉、騎射、左近真手結、（5日～8日）円宗寺御八講、（6日）右近真手結、競馬、（8日）宇治離宮祭、（9日）紫野今宮祭、（25日）有無日（村上天皇忌日）、（5月中）京中賑給〈中下旬〉、著鈦政、

月	
5月	雷鳴陣、最勝講〈5日間〉
6月	(1日~8日)御贖物、(1日)忌火御飯、(1日~7月晦日まで)醴酒供進、(4日)延暦寺六月会〈伝教大師忌日〉、(10日)御体御卜奏、(11日)月次祭、神今食祭、大殿祭、(12日)解斎御粥、(14日)祇園御霊会、(15日)祇園臨時祭、新熊野六月会、(16日)豊受大神宮月次祭、(17日)皇大神宮月次祭、(18日~21日)法性寺御八講、(22日~25日)円教寺御八講、(25日)左右相撲司を補す、(28日から5日間)法興院御十講、(29日から34日間)最勝寺御八講、(晦日)大祓、節折、御贖物、鎮火祭、道饗祭、斎院御禊、(6月中)施米
7月	(1日)官政、(3日~7日)法勝寺御八講、(4日)広瀬祭、竜田祭、(7日)乞巧奠、御節供、(8日)文殊会、(8日~11日)最勝光院御八講、(10日以前)相撲人入京、(15日)盂蘭盆会、解夏、諸寺自恣、(16日あるいは17日)相撲召仰、(25日)相撲節、(28日)相撲召合、(29日)相撲抜出、(7月中)祈年穀奉幣、臨時仁王会
8月	(4日)北野祭、(7日)甲斐勅旨駒牽、(10日~14日)法性寺御八講、(11日)定考、(12日)小定考、(13日)武蔵秩父駒牽、(15日)石清水放生会、月宴、(16日)信濃勅旨駒牽、摂関家所充、(17日)甲斐穂坂駒牽、(23日)信濃望月駒牽、(25日)武蔵立野および勅旨駒牽、(26日)光孝天皇国忌、(28日)上野勅旨駒牽、(上丁日)釈奠、(秋分日)彼岸、(8月中)季御読経〈四日間、あるいは9月〉、院宮御読経
9月	(1日)御灯御卜奏、(3日)御灯、(7日あるいは5日)不堪佃田奏、(8日)桂宮相撲、(9日)重陽、御節供、九日節会、(10日)重陽後朝詩宴、(11日)伊勢例幣、(13日)明月宴、(15日)東大寺大般若会、(16日)豊受大神宮神嘗祭、(17日)皇太神宮神嘗祭、(22日~24日)法勝寺御念仏、(29日)醍醐天皇国忌、(晦日)斎宮御禊、九月尽宴、(9月中)真言院孔雀経修法、殿上逍遙
10月	(1日)更衣、官政、孟冬旬、兵庫寮鼓吹声始発、(2日)内侍所新嘗祭稲粟文奏、(3日以前)五節舞姫定、大歌所召人定、(5日)射場始、残菊宴、(6日)興福寺法華会〈9月晦日発願〉、(10日~16日)興福寺維摩会、(12日)東寺灌頂、(17日~20日)吉祥院御八講、(21日~明年正月16日)大歌所始、(24日~28日)法勝寺大乗会、(29日)園城寺十月会、(上亥日)亥子餅、(10月中)大粮中文、初雪見参
11月	(1日)忌火御飯、御暦奏、庭立奏、〈20年に一度〉朔旦冬至、(1日~8日)御贖物、(晦日より5日間)法成寺御八講、(上卯日)相嘗祭、宗像祭、(上巳日)山科祭、(上申日)春日祭、平野祭、杜本祭、当麻祭、(上酉日)率川祭、梅宮祭、松尾祭、(中子日)大原野祭、(中丑日)園神祭、韓神祭、五節舞姫参入、五節帳台試、(中寅日)鎮魂祭、五節舞姫御前試、殿上淵酔、(中卯日)新嘗祭、大殿祭、五節童女御覧、(中辰日)豊明節会、(中巳日)女王禄、東宮鎮魂祭、(中申日)吉田祭、日吉祭、(下未日)賀茂臨時祭試楽、(下酉日)賀茂臨時祭、(11月中)御厨子所御神楽
12月	(1日)忌火御飯、(1日~8日)御贖物、(3日)天智天皇国忌、(10日)御体卜奏、最要日、(11日)月次祭、神今食祭、大殿祭、(12日)解斎御粥、(13日)元日擬侍従定、荷前使定、(15日)最勝寺灌頂、(16日)豊受大神宮月次祭、(17日)皇大神宮月次祭、(19日)御仏名、東宮御仏名、(19日~22日)慈徳寺御八講、(23日)延暦寺御修法、光仁天皇国忌、(晦日)鎮火祭、道饗祭、大祓、節折、御贖物、追儺、(上卯日)大神祭、(下午日)御髪上、(大寒日~立春)宮城十二門土牛・童子樹立、(12月中)節分、内侍所御神楽、荷前、著鈦政、円宗寺御八講、御煤払い

仏教宗派表

（作成：平雅行）

宗派名	開祖・派祖（生没年）	本山その他
法相宗		
南寺伝	道昭（６２９〜７００）・智通・智達	元興寺（奈良）
北寺伝	智鳳・智鸞・智雄・玄昉（?〜７４６）	興福寺（奈良）
三論宗	慧灌・智蔵・道慈	
元興寺流	智光（７０９〜?）	元興寺（奈良）
大安寺流	道慈（?〜７４４）	大安寺（奈良）
東南院流	聖宝（８３２〜９０９）	東大寺東南院（奈良）
律宗	鑑真（６８８〜７６３）	唐招提寺（奈良）
華厳宗	良弁（６８９〜７７３）	東大寺（奈良）
倶舎宗	道昭・智通・智達	８０６（延暦25）に法相宗の付宗へ
成実宗		８０６（延暦25）に三論宗の付宗へ
		南都六宗
真言宗（古義）	弘法大師空海（７７４〜８３５）	金剛峯寺（紀伊国高野山）・東寺（京都）
広沢流	益信（８２７〜９０６）	遍照寺（京都）
仁和御流	覚法法親王（１０９１〜１１５３）	仁和寺（京都）※
保寿院流	永厳（１０７５〜１１５１）	仁和寺保寿院（京都）※
西院流	信証（１０８８〜１１４２）	西院（京都）※
華蔵院流	聖恵法親王（１０９４〜１１３７）	仁和寺華蔵院（京都）※
忍辱山流	寛遍（１１００〜１１６６）	円成寺（大和国柳生）※
伝法院流	覚鑁（１０９５〜１１４３）	大伝法院（紀伊国高野山→同国根来）※
持明院流	真誉（１０６９〜１１３７）	持明院（紀伊国高野山）
常喜院流	心覚（１１１７〜１１８０）	常喜院（紀伊国高野山）
小野流	聖宝（８３２〜９０９）	曼荼羅寺（山城国山科）
安祥寺流	宗意（１０７４〜１１４８）	安祥寺（山城国山科）※
随心院流	増俊（１０８４〜１１６５）	曼荼羅寺随心院（山城国山科）※
勧修寺流	寛信（１０８４〜１１５３）	勧修寺（山城国山科）※
三宝院流	定海（１０７４〜１１４９）	醍醐寺三宝院（山城国醍醐）※
報恩院流	憲深（１１９２〜１２６３）	醍醐寺報恩院（山城国醍醐）
中性院流	頼瑜（１２２６〜１３０４）	根来寺（紀伊国根来）
地蔵院流	道教（１２００〜１２３６）	醍醐寺地蔵院（山城国醍醐）
松橋流	一海（１１１６〜１１７９）	醍醐寺無量寿院（山城国醍醐）
意教流	意教上人頼賢（１１９６〜１２７２）	常楽院（鎌倉）
願行方	願行房憲静（１２１５〜１２９５）	
慈猛方	慈猛（１２１２〜１２７７）	鶏足寺（下野国足利）
証道方	証道上人実融（１２５０〜１３３９）	金剛三昧院（紀伊国高野山）
理性院流	賢覚（１０８０〜１１５６）	醍醐寺理性院（山城国醍醐）※
金剛王院流	聖賢（１０８３〜１１４７）	醍醐寺金剛王院（山城国醍醐）※
中院流	明算（１０２１〜１１０６）	金剛峯寺（紀伊国高野山）
子島流	真興（９３５〜１００４）	観覚寺（大和国子島）
立川流	仁寛（平安末期）	
泉涌寺派	俊芿（１１６６〜１２２７）	泉涌寺（京都）
新義真言宗	興教大師覚鑁（１０９５〜１１４３）	大伝法院（紀伊国高野山→同国根来）
智山派	玄宥（１５２９〜１６０５）	智積院（京都）
豊山派	専誉（１５３０〜１６０４）	長谷（大和国初瀬）

※は野沢十二流

宗派名	開祖・派祖（生没年）	本山その他
真言律宗	興正菩薩叡尊（１２０１～１２９０）	西大寺（奈良）
天台宗	伝教大師最澄（７６７～８２２）	延暦寺（近江国比叡山）
山門派	慈覚大師円仁（７９４～８６４）	延暦寺（近江国比叡山）
恵心流	源信（９４２～１０１７）	恵檀八流
椙生流	皇覚（平安末期）	
行泉房流	静明（鎌倉後期）	
土御門門跡流	政海（鎌倉後期）	
宝地房流	証真（鎌倉初期）	
壇那流	覚運（９５３～１００７）	
慧光房流	澄豪（１０４８～１１３３）	
竹林房流	長耀（平安末期）	
毘沙門堂流	智海（平安末期）	
猪熊流	聖融（南北朝時代）	
寺門派	智証大師円珍（８１４～８９１）	園城寺（近江国大津）
竜淵房流	竜淵房澄義（平安末期）	
智寂房流	智寂房良明（平安末期）	
真盛派	真盛（１４４３～１４９５）	西教寺（近江国坂本）
安楽派	妙立慈山（１６３７～１６９０）	安楽律院（近江国比叡山）
		天文止観系
根本大師流	最澄（７６７～８２２）	延暦寺（近江国比叡山）
慈覚大師流	円仁（７９４～８６４）	延暦寺（近江国比叡山）
川流	覚超（９６０～１０３４）	延暦寺横川（近江国比叡山）
谷流	皇慶（９７７～１０４９）	延暦寺東塔南谷（近江国比叡山）
梨本流	明快（９８７～１０７０）	
蓮華流	永意（平安後期）	
院尊流	院尊（平安中期）	

宗派名	開祖・派祖（生没年）	本山その他
智泉流	覚範（平安後期）	
味岡流	忠済（平安後期）	
仏頂流	行厳（?～１１２３）	
穴太流	聖昭（平安後期）	
小川流	忠快（１１５９～１２２７）	
西山流	澄豪（１２５９～１３５０）	
葉上流	栄西（１１４１～１２１５）	
黒谷流	恵鎮円観（１２８１～１３５６）	
大原流	長宴（１０１６～１０８１）	
三昧流	良祐（平安後期）	
法曼流	相実（１０８８～１１６５）	
智証大師流	円珍（８１４～８９１）	園城寺（近江国大津）
		台密系
浄土宗	法然房源空（１１３３～１２１２）	知恩寺・知恩院（京都）
浄土真宗	親鸞（１１７３～１２６２）	本願寺（京都→山城国山科→摂津国石山）
時宗	一遍智真（１２３９～１２８９）	
融通念仏宗	良忍（１０７２～１１３２）	大念仏寺（摂津国平野）
日蓮宗	日蓮（１２２２～１２８２）	
日本達磨宗	大日能忍（鎌倉初期）	三宝寺（摂津国水田）
臨済宗建仁寺派	明庵栄西（１１４１～１２１５）	建仁寺（京都）
曹洞宗	希玄道元（１２００～１２５３）	永平寺（越前国傘松峯）
黄檗宗	隠元隆琦（１５９２～１６７３）	万福寺（山城国宇治）
普化宗	心地覚心（１２０７～１２９８）	興国寺（紀伊国由良）

度量衡表

（作成：井上満郎）

	度（長さ）	量（容積）	衡（重さ）	田積	その他
令前の制	尺＝高麗尺 ＝令大尺 ＝曲尺約1.2尺 周尺＝曲尺0.64尺 晉前尺＝曲尺0.8尺			歩＝方6尺（高麗尺） 1代（しろ）＝5歩 1歩＝高麗尺方6尺 1段＝50代 ＝250歩（穫稲50束）	〔稲〕 束＝1代の穫稲（大升1升） 1束＝10把 ＝約10斤
大宝令制（七〇二）	大尺（測地のみ） ＝高麗尺 ＝小尺1.2尺 小尺＝曲尺約1尺弱 1丈＝10尺 1尺＝10寸 1寸＝10分 1分＝曲尺で約3ミリ 1里＝300歩 1歩＝5尺	大升＝唐大升（穀） ＝小升3升 小升＝唐小升 1斛（こく）＝10斗 1斗＝10升 1升＝10合 1合＝10勺	大両（銀・銅） ＝小両3両 1斤＝16両 1両＝24銖 1銖＝黍100粒の重さ	歩＝方5尺（令大尺） 1町＝10段 1段＝360歩（穫稲50束）	〔稲〕 束＝5歩の穫稲（不成斤） 1束＝10把 ＝約6.9斤
和銅の制（七一三）	大尺＝令小尺 ＝小尺1.2尺 ＝唐大尺約1尺弱 1里＝6町＝360歩 1歩＝6尺	大升＝令大升 ＝小升3升 ＝現在の約4合 小升＝令小升	大両＝3小両 ＝10匁 小両（湯薬のみ）	歩＝方6尺（和銅大尺） 1町＝10段 1段＝360歩	〔稲〕 束＝約7.2歩の穫稲（成斤） 1束＝10把 ＝約10斤
単位	1尺＝10寸 1寸＝80分 1分＝10厘 1厘＝10毫	1斛（石）＝10斗 1斗＝10升 1升＝10合 1合＝10勺（夕） 1勺＝10撮（才）	100斤＝16貫匁 1斤＝16両 1両＝4分 1分＝6銖（朱） 1貫＝1000匁 1匁（文目）＝唐開元通宝1枚の重さ	1町＝10段（反） 1段＝360歩 大＝240歩 小＝120歩 1歩＝方6尺	

寺院建築

薬師寺東塔断面図および立面図

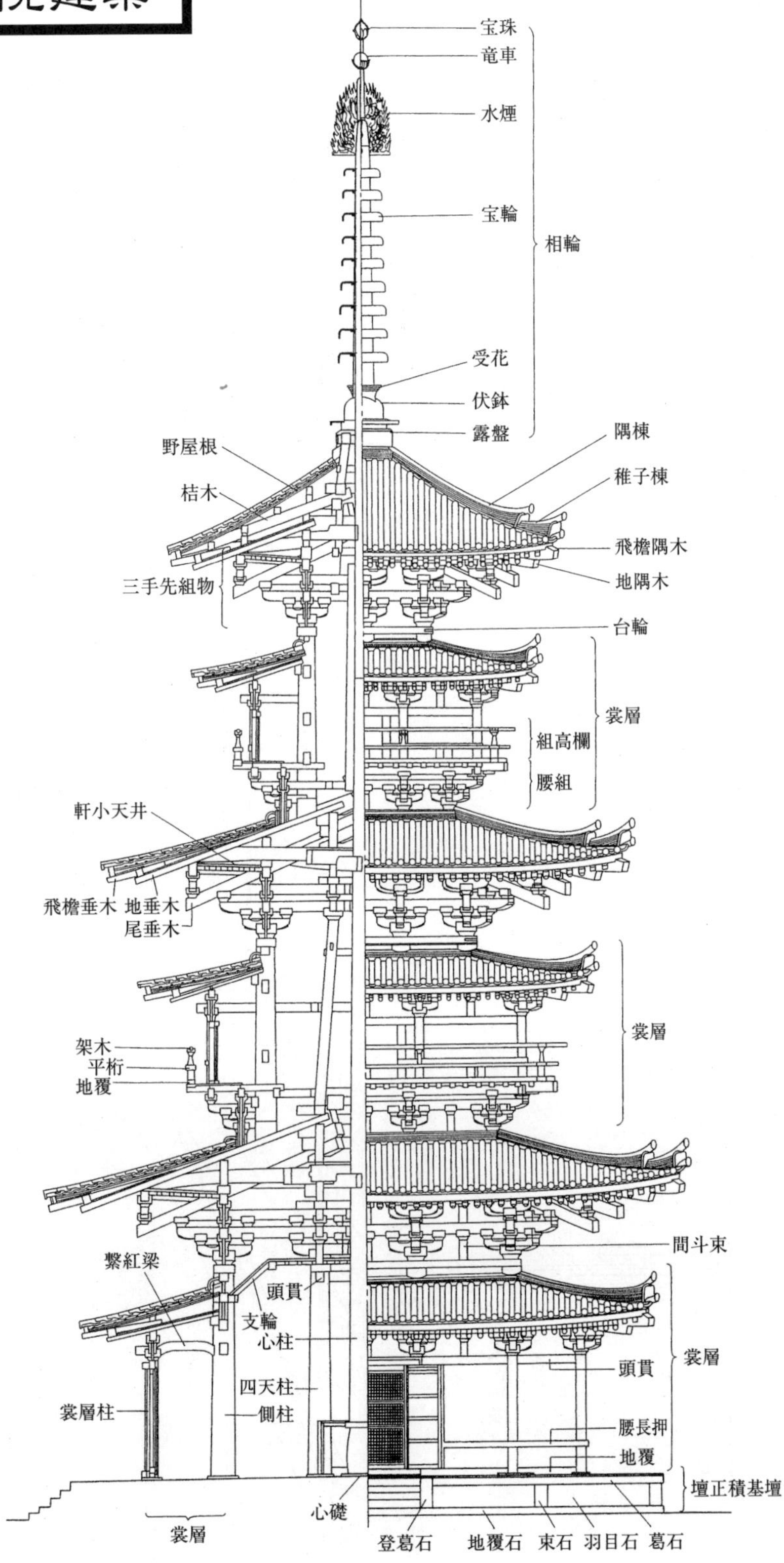

唐招提寺金堂復原断面図

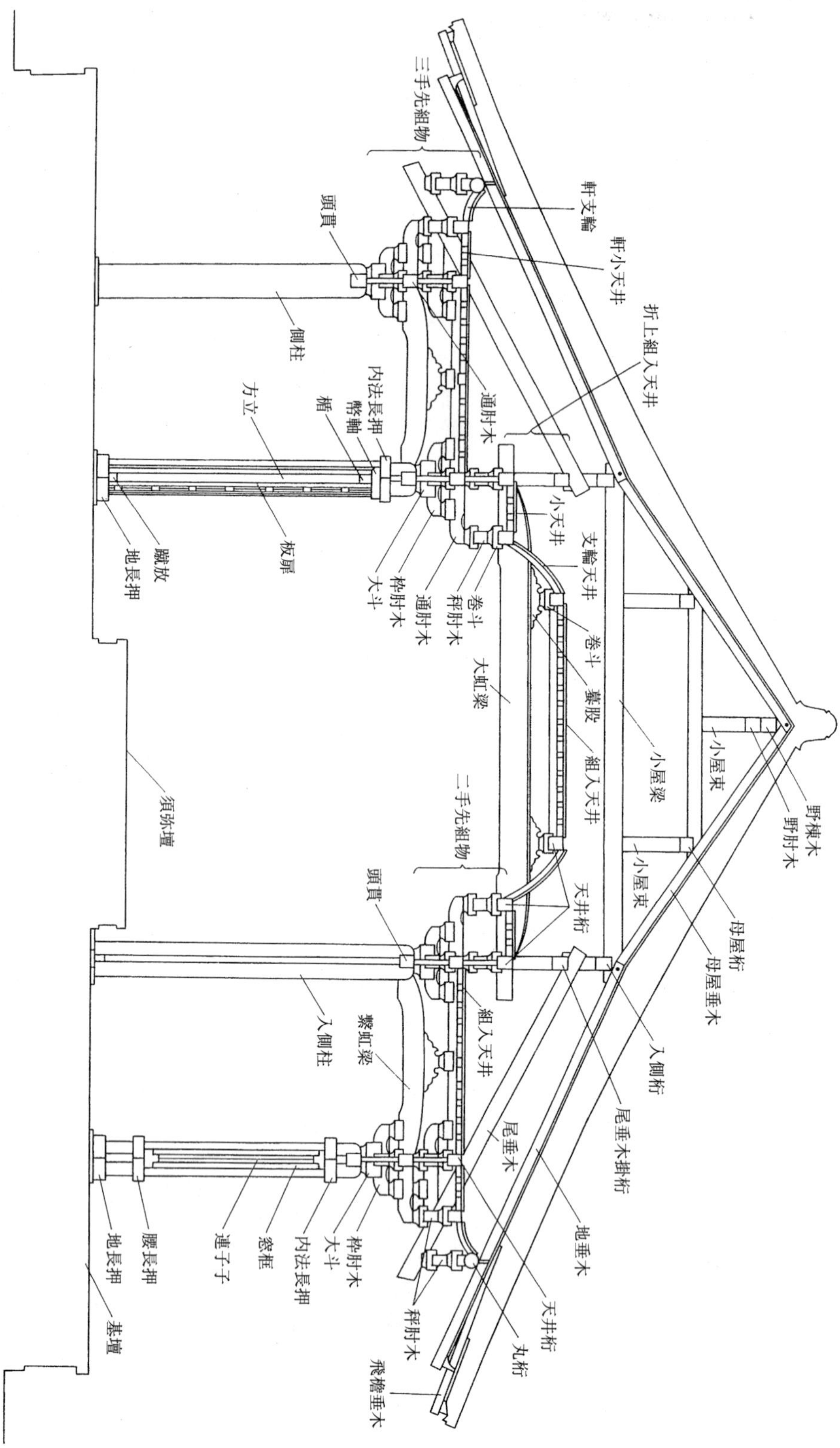
三手先組物
軒支輪
軒小天井
折上組入天井
頭貫
側柱
内法長押
幣軸
楣
方立
通肘木
小天井
支輪天井
板扉
腰放
地長押
大斗
枠肘木
通肘木
秤肘木
巻斗
巻斗
大虹梁
蟇股
組入天井
小屋梁
小屋束
野棟木
野肘木
二手先組物
須弥壇
頭貫
天井桁
小屋束
母屋桁
母屋垂木
入側柱
繋虹梁
組入天井
入側桁
尾垂木掛桁
尾垂木
地垂木
腰長押
地長押
基壇
連子子
窓框
内法長押
大斗
枠肘木
秤肘木
天井桁
丸桁
飛檐垂木

法隆寺東院伝法堂復原断面図

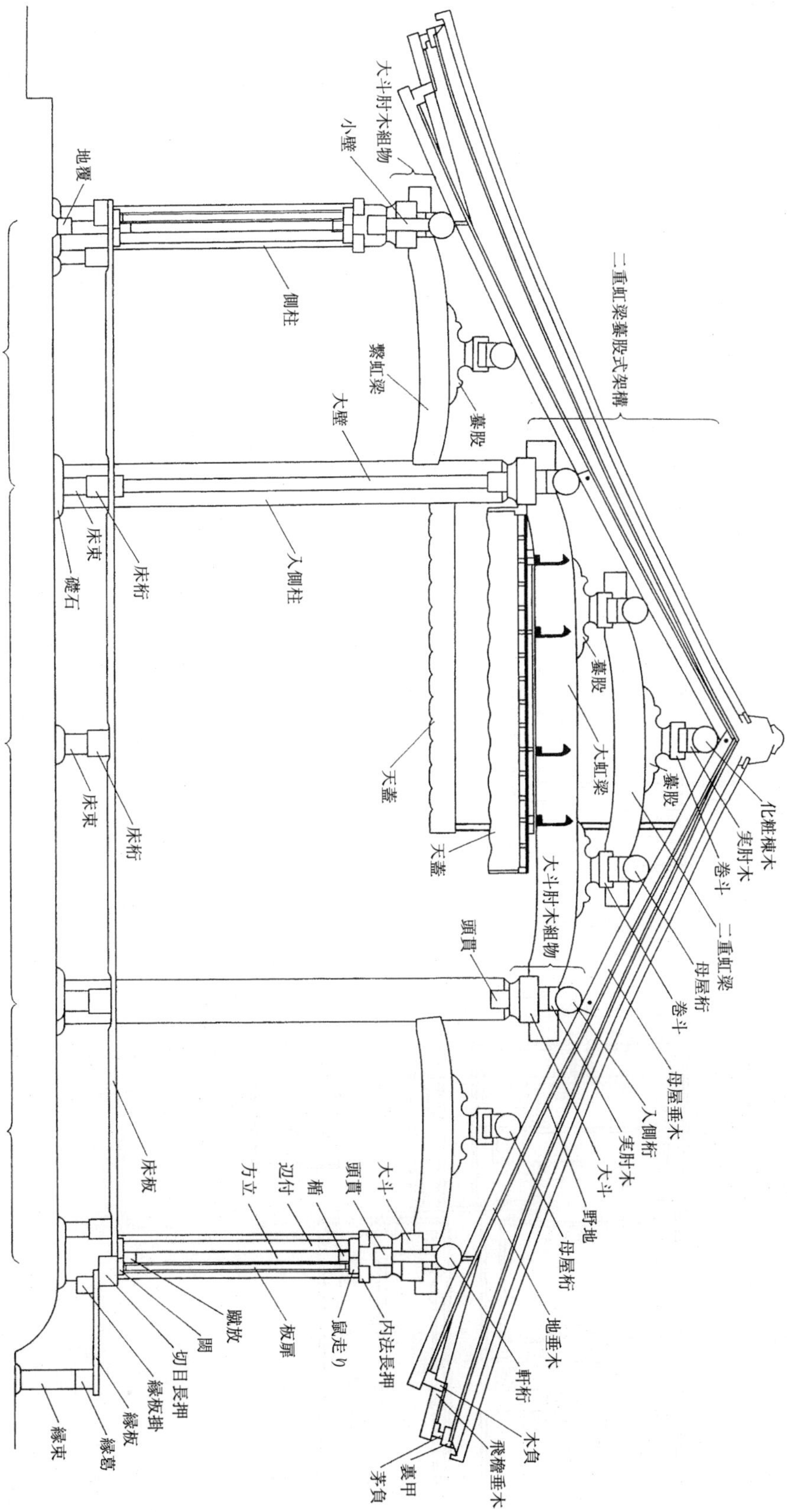

伽藍配置図

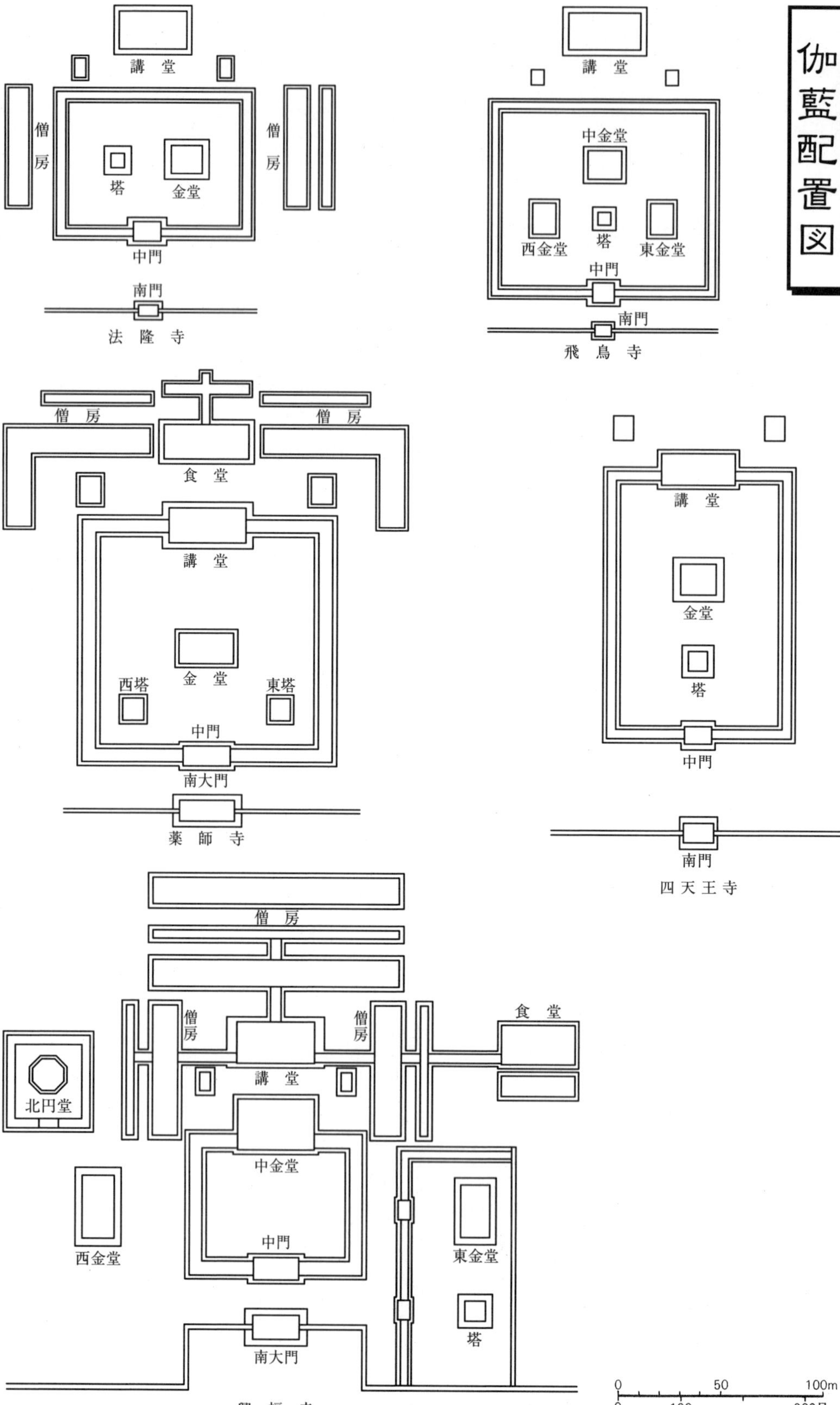
講堂
僧房
僧房
塔
金堂
中門
南門
法隆寺
講堂
中金堂
西金堂
塔
東金堂
中門
南門
飛鳥寺
僧房
僧房
食堂
講堂
金堂
西塔
東塔
中門
南大門
薬師寺
講堂
金堂
塔
中門
南門
四天王寺
僧房
僧房
僧房
食堂
講堂
北円堂
中金堂
西金堂
中門
東金堂
塔
南大門
興福寺
0
50
100m
0
100
300尺

神社建築

日吉造
大津市日吉大社東西本宮

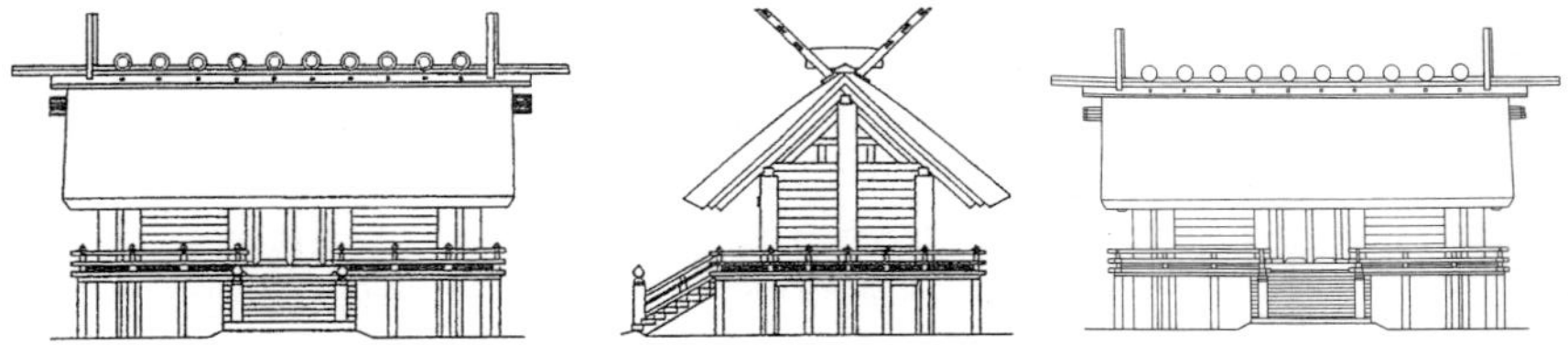

神明造
代表例は伊勢皇太神宮・豊受大神宮正殿

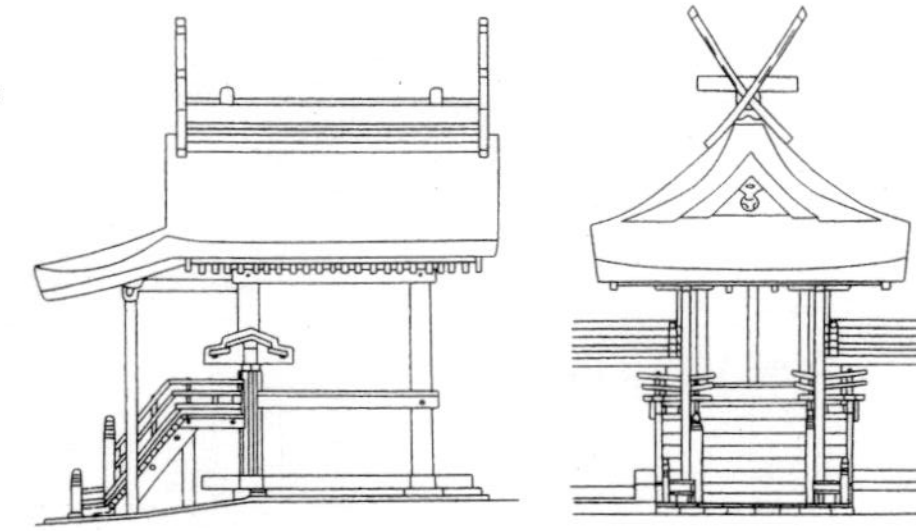

春日造
代表例は春日大社本殿
現存最古は奈良市円成寺の春日堂・白山堂

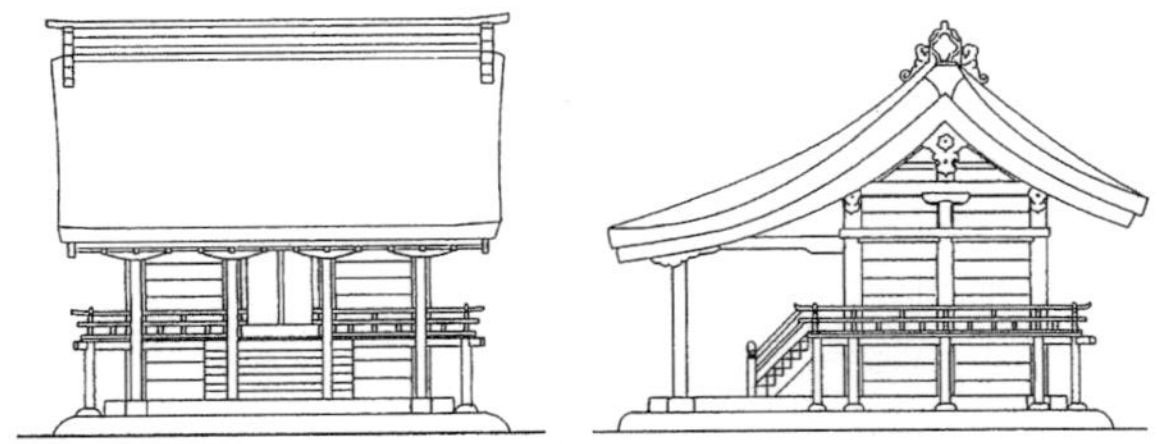

流造
代表　京都市上鴨・下鴨神社

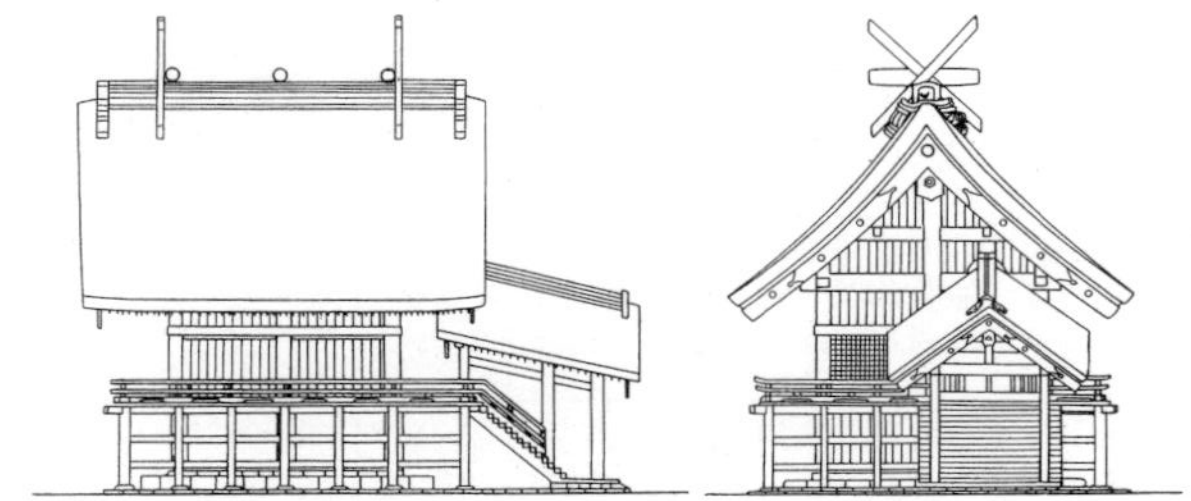

大社造
代表例は杵築大社（出雲大社）本殿
現存最古は松江市神魂神社本殿

祇園造
京都市八坂神社本殿に限る造

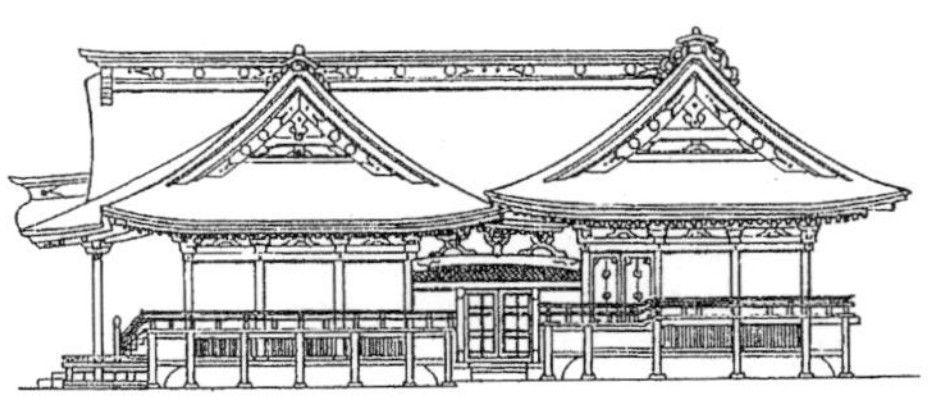

権現造
平安時代の北野天満宮社殿を祖型とする
豊国神社・日光東照宮などの霊廟建築

八幡造
宇佐市宇佐八幡宮本殿から始まった形式と
いわれる。京都府石濃水八幡宮など

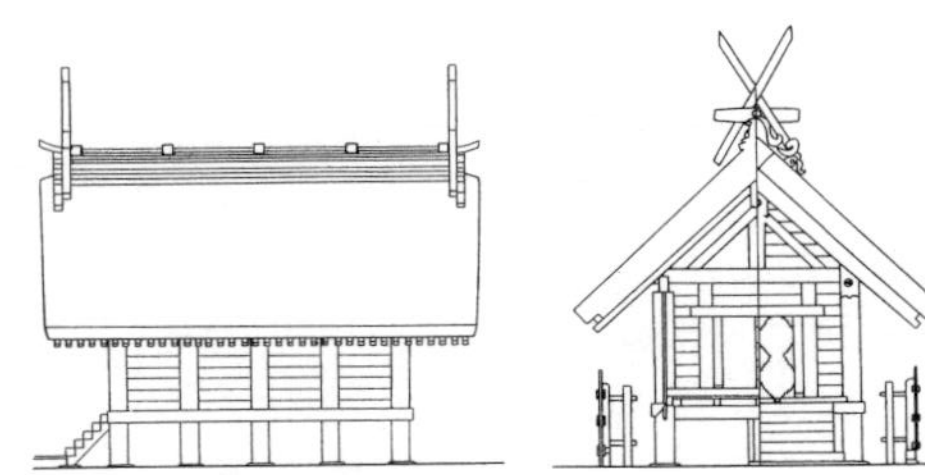

住吉造
代表　大阪市住吉大社本殿

外交使年表

遣唐使年表

次数	出発あるいは任命 年	西暦	月日	使節	航路	船数（隻）	人数	帰国 年	西暦	月日	航路	備考
1	舒明二	六三〇	八月五日	犬上三田耜 薬師恵日	北路			舒明四	六三二	八月	北路	犬上三田耜、唐使高表仁を伴い帰国
2	白雉四	六五三	五月一二日	吉士長丹（大使） 吉士　駒（副使）	北路	一	一二一		六五四	七月二四日、吉士長丹ら筑紫に帰着	北路	
				高田根麻呂（大使） 掃守小麻呂（副使）	南路？	一	一二〇					六五三年七月、往路薩摩の曲と竹島の間で遭難
3	白雉五	六五四	二月	高向玄理（押使） 河辺麻呂（大使） 薬師恵日（副使）	北路	二			六五五	八月一日、河辺麻呂ら帰国	北路	高向玄理、唐で没す。
4	斉明五	六五九	七月三日、難波発 八月一一日、筑紫大浦発	坂合部石布（大使） 津守吉祥（副使） 伊吉博徳	南路	二			六六一	五月二三日、津守吉祥ら朝倉橘広庭宮（福岡県）に至る。	南路	坂合部石布らの船、往路南海の島に漂着。大使ら殺され、五人だけ脱出し洛陽へ。帰路、耽羅島に漂着
5	天智四	六六五		守大石 坂合部石積 吉士岐弥 吉士針間	北路			天智六	六六七	一一月九日、坂合部石積ら筑紫着	北路	高宗の泰山封禅の儀に参加か？ 百済鎮将劉仁願、熊津都督府熊山県令司馬法聡をして坂合部石積を送る。
	天智六	六六七	一一月	伊吉博徳 笠諸石	北路				六六八	正月二三日復命	北路	司馬法聡を百済に送る。唐には行かないため、遣唐使の次数には数えず。
6	天智八	六六九		河内鯨	不明					不明		
7	大宝二	七〇二	六月一八日筑紫発	粟田真人（遣唐執節使） 高橋笠間（大使） 坂合部大分（副使） 巨勢邑治（大佑） 鴨吉備麻呂（中佑） 掃守阿賀流（少佑） 錦部道麻呂（大録） 白猪阿麻留（少録） 山上憶良（少録）	南路	五？	一六〇？	慶雲元 慶雲四 養老二	七〇四 七〇七 七一八	七月一日、粟田真人 三月二日、巨勢邑治 一二月一三日、多治比県守に従い坂合部大分、帰京	南路	粟田真人、「容止温雅」と称えられる。 大使高橋笠間入唐せず。 掃守阿賀流、唐に客死
8	養老一	七一七	三月九日、節刀を賜う。	多治比県守（遣唐押使） 阿倍安麻呂（当初大使）／大伴山守（阿倍安麻呂に代わって大使となる） 藤原馬養（副使）	南路？	四	五五七	養老二	七一八	一〇月二〇日、大宰府多治比県守の帰着を報ず。	南路？	玄昉・吉備真備・阿倍仲麻呂・大和長岡ら留学。井真成も留学か。

（作成：酒寄雅志）

次数	出発あるいは任命 年	西暦	月日	使節	航路	船数（隻）	人数	帰国 年	西暦	月日	航路	備考
9	天平五	七三三	三月九日、節刀を賜う。	多治比広成（大使） 中臣名代（副使） 平群広成（判官） 田口養年富（判官） 秦朝元（判官） 紀馬主（判官）	南路	四	五九四	天平六 天平八 天平一一	七三四 七三六 七三九	一一月二〇日、多治比広成多褹島に来着 五月一八日、中臣名代ら大宰府に帰着 一一月三日、崑崙国に漂着した平群広成ら、渤海を経由して出羽に帰着	南路 南路 渤海路	玄昉・真備ら帰国 第四船、難破
10	天平一八	七四六		石上乙麻呂								停止
11	天平勝宝四	七五二	閏三月九日、節刀を賜う。	藤原清河（大使） 大伴古麻呂（副使） 吉備真備（副使） 大伴御笠（判官） 巨万大山（判官） 布勢人主（判官）	南路	四		天平勝宝五 天平勝宝六	七五三 七五四	一二月二〇日、大伴古麻呂ら第二船、薩摩国秋妻屋浦着 一二月七日、真備ら第三船、益久島着 四月一八日、大宰府、布勢人主ら第四船が薩摩国石籬浦に来着を報ず。	南島路	鑑真ら来日 帰途、第一船の大使藤原清河ら安南に漂着 清河、その後唐に戻り、帰国せず。
12	天平宝字三	七五九	二月一六日発	高元度（大使） 内蔵全成（判官）	渤海道	一	九九	天平宝字五	七六一	八月一二日	南路	清河を迎える使判官内蔵全成、渤海道により帰国
13	天平宝字六	七六二	四月一七日、中臣鷹主に節刀を賜う。	仲石伴（大使） 石上宅嗣（副使罷免） 藤原田麻呂（副使） 中臣鷹主（送唐人使） 高麗広山（副使）		二						天平宝字六年四月一七日、船一隻、難波において破損のため停止 同年七月、中臣鷹主、風波便なく渡海できず停止
14	宝亀八	七七七	六月二四日、海に入る。	佐伯今毛人（大使入唐せず） 大伴益立（副使停止） 藤原鷹取（副使） 小野石根（持節副使） 大神末足（副使） 小野滋野（判官） 羽栗翼（准判官） 上毛野大川（録事） 韓国源（録事）	南路	四		宝亀九	七七八	一〇月二三日、第三船肥前国松浦郡橘浦着 一一月一〇日、第四船の韓国源ら四〇人薩摩国甑島着 一一月一三日、第二船、薩摩国出水郡着 一一月、第一船の艫に乗る五六人甑島着 一一月一三日、第一船の舳に乗る四一人肥後国天草郡仲島着	南路	佐伯今毛人、病と称して渡海せず。 第一船の小野石根三八人、唐使趙宝英二五人、計六三人帰途遭難。判官海上三狩耽羅島に漂着 藤原河清の娘喜娘来日
15	宝亀一〇	七七九	五月二七日発	布勢清直（送唐客使） 甘南備清野（判官） 多治比浜成（判官）		二		天応一	七八一	六月二四日、節刀を返還		唐使孫興進を送る。

次数	出発あるいは任命 年	西暦	月日	使節	航路	船数（隻）	人数	帰国 年	西暦	月日	航路	備考
16	延暦二三	八〇四	七月六日、肥前国松浦郡田浦発	藤原葛野麻呂（大使） 石川道益（副使） 甘南備信影（判官） 菅原清公（判官） 三棟今嗣（判官） 高階遠成（判官）	南路	四		延暦二四 延暦二五	八〇五 八〇五 八〇六	六月五日、第一船対馬下県郡に到着 六月一七日、第二船肥前国松浦郡に到着 七月一六日、大宰府第三船肥前国松浦郡庇良より遠値嘉島を指して発するが、孤島に漂着したことを報ず。 八月、高階遠成帰国（第四船？）		副使石川道益、判官甘南備信影唐にて没す。 空海・最澄・橘逸勢留学
17	承和五	八三八	六月一七日博多津発	藤原常嗣（大使） 小野篁（副使） 菅原善主（判官） 丹墀文雄（判官）	南路	三 （四）	六〇〇余人	承和六 承和七	八三九 八四〇	八月一四日、大宰府、第六船の帰着を報ず。 八月一九日、大宰府、遣唐大使、七隻を率い肥前国松浦郡生属島に帰着を報ず。 一〇月九日、遣唐録事山代氏益の新羅船、博多津に帰着 四月八日、大宰府、遣唐知乗船事菅原梶成らの第二船、大隅国に帰着	北路	副使小野篁、病と称して行かず。 第一船、第四船揚州着。第二船、海州に漂着 帰途新羅船九隻を雇う。 円仁、唐にとどまり五台山・長安を巡礼
18	寛平六	八九四	八月二一日任	菅原道真（大使） 紀長谷雄（副使） 阿刀春正（録事）								九月、大使菅原道真の上奏により停止

遣隋使年表

西暦	日本	隋	百済	月日	次数	記事	史料
六〇〇	推古八	開皇二〇			一	倭王阿毎多利思比孤の使者、闕（隋都長安）にいたる。	『隋書』倭国伝
六〇七	推古一五	大業三		七月庚戌（三日）	二	小野妹子を隋に派遣。通事は鞍作福利 倭王の使者、「日出処」国書を提出する。	『日本書紀』 『隋書』倭国伝
六〇八	推古一六	大業四	武王九	三月		隋使裴清、倭国に行くため、百済の南路を通る。	『三国史記』百済本紀
				三月壬戌（一九日）	(三)	倭、百済・赤土・迦羅舎国と共に遣使奉献	『隋書』煬帝本紀上
				四月		小野妹子・裴世清、筑紫に至る。	『日本書紀』
						文林郎裴清を遣して、倭国に派遣。倭国再度使者を派遣するが、この後、遣使絶える。	『隋書』倭国伝
				六月丙辰（一五日）		隋使を難波津に迎える。小野妹子、百済に隋の国書を奪われたことを報告	『日本書紀』
				八月辛丑（三日）		隋使を海石榴市に迎接	『日本書紀』
				八月壬子（一二日）		隋使、小墾田宮で使いの旨を奏上	『日本書紀』
				八月丙辰（一六日）		隋使を小墾田宮で饗応	『日本書紀』
				九月乙亥（五日）		隋使を難波大郡で饗応	『日本書紀』
				九月辛巳（一一日）	三(四)	裴世清帰国する。小野妹子を再度派遣し、国書をたくす。	『日本書紀』
六〇九	推古一七	大業五		九月		小野妹子帰国する。通事福利帰らず。	『日本書紀』
六一〇	推古一八	大業六		正月己丑（二七日）	(五)	倭国、遣使奉献	『隋書』煬帝本紀上
六一四	推古二二	大業一〇		六月己卯（一三日）	四(六)	犬上御田鍬・矢田部造らを隋に派遣（第六次遣隋使）	『日本書紀』
六一五	推古二三	大業一一		九月		犬上御田鍬・矢田部造、隋より帰る。百済使、御田鍬に同行して来朝	『日本書紀』

新羅使年表

来着年月日 日本年号	来着年月日 西暦	来着年月日 月日	使節	帰国年月日 日本年号	帰国年月日 西暦	帰国年月日 月日	備考
天智七	六六八	九・一二	金東厳（級飡）	天智七	六六八	一一・五	進調
天智八	六六九	九・一一	督儒（沙飡）				進調
天智一〇	六七一	六	姓名不詳	天智一〇	六七一		進調。別に水牛一頭・山鶏一隻献上
		一〇・七	金万物（沙飡）			一二・一七	進調
天武一	六七二	一一・二四	金押実	天武元	六七二	一二・二六	
天武二	六七三	閏六・一五	金承元（韓阿飡）・金祇山（阿飡）・霜雪（大舎）	天武二	六七三	一一・二一	天武天皇の騰極を賀す。
			金薩儒（一吉飡）・金池山（韓奈末）			閏六・二四	天智天皇の弔喪使（一説に調使）
			貴干宝・真毛				承元・薩儒を筑紫に送る。
		八・二〇	金利益（韓奈末）				高麗使の送使
天武四	六七五	二	王子忠元・金比蘇（級飡）・金天沖（奈末）・朴武摩（大麻）・金洛水（大舎）	天武四	六七五	八・二五	進調
			金風那（奈末）・金孝福（奈末）			三・一四	王子忠元を筑紫に送る。
		三	朴勤修（級飡）・金美賀（大奈末）				進調
天武五	六七六	一一・三	金清平（沙飡）	天武六	六七七	八・二七	請政
			金好儒（級飡）・金欽吉（大舎）				進調
			被珍奈（奈末）・好福（奈末）			四・一四	送使
		一一・二三	金楊原（大奈末）				高麗使の送使
天武七	六七八		金消勿（級飡）・金世世（大奈末）				進調。但し途中で遭難し、行方不明
			加良井山（奈末）・金紅世（奈末）				金消勿らの送使。筑紫に来着
天武八	六七九	一〇・一七	金項那（阿飡）・薩藁生（沙飡）	天武九	六八〇	六・五	進調（金・銀・鉄・鼎・錦・絹・布・皮・馬・狗・騾・駱駝など）別貢物。天皇・皇后・太子に金・銀・刀・旗を貢ず。
天武九	六八〇	五・一三	考那（大奈末）	天武九	六八〇		高麗使の送使
		一一・二四	金若弼（沙飡）・金原升（大奈末）	天武一〇	六八一	八・二〇	進調。習言者三人を貢す。
天武一〇	六八一	一〇・二〇	金忠平（一吉飡）・金壱世（大奈末）	天武一一	六八二	二・一二	進調（金・銀・銅・鉄・錦・絹・鹿皮・細布など）別に天皇・皇后・太子に金・銀・霞錦・幡・皮などを献ず。文武王の喪を告ぐ。
天武一一	六八二	六・一	金釈起（大那末）				高麗使の送使

来着年月日 日本年号	西暦	月日	使節	帰国年月日 日本年号	西暦	月日	備考
天武一二	六八三	一一・一三	金主山（沙湌）・金長志（大那末）	天武一三	六八四	三・一三	進調
天武一三	六八四	一二・六	金物儒（大奈末）	天武一四	六八五	三・一四	大唐留学生と、百済の役で唐の捕虜となった者を送る使
天武一四	六八五	一一・二七	金智祥（波珍湌）・金健勲（大阿湌）	朱鳥元	六八六	五・二九	請政と進調細馬一匹・騾一頭・犬二狗・鏤金器・金・銀・霞錦・綾羅・虎豹皮、薬等百種。智祥ら別に金・銀・霞錦・綾羅・金器・屏風・鞍皮・絹布・薬物等六〇余種を献ず。別に皇后・皇太子・諸親王に献物。筑紫で宴し、帰国させる。
持統一	六八七	九・二三	王子金霜林・金薩慕（級湌）・金仁述（級湌）・蘇陽信（大舎）	持統元	六八七	二・二九	国政を奏請、調賦（金・銀・絹・布・皮・銅・鉄等一〇余種）を献ず。別に仏像・彩絹・鳥・馬など一〇余種を献ず。霜林献物（金・銀・彩色・種々の珍異物八〇余種）を献ず。
持統三	六八九	四・二〇	金道那（級湌）	持統三	六八九	七・一	天武天皇の弔喪使。学問僧明聡・観智らを送り、別に金銅阿弥陀像・金銅観世音菩薩像・大勢至菩薩像各一体、綵帛・錦・綾を献上
持統四	六九〇	九・二三	金高訓（大奈末）	持統四	六九〇	一二・三	大唐学問僧智宗・義徳・浄願、捕虜大伴部博麻を送る使
持統六	六九二	一一・八	朴億徳（級湌）・金深薩	持統七	六九三		進調。流来の新羅人三七人を連れて帰国
持統七	六九三	二・三	金江南（沙湌）・金陽元（韓奈麻）				神文王の喪を告げる使
持統九	六九五	三・二	王子金良琳・朴強国（薩湌）・金周漢（韓奈麻）・金忠仙				国政奏請と進調
文武一	六九七	一〇・二八	金弼徳（大使・一吉湌）・金任想（副使・奈麻）	文武二	六九八	二・三	朝貢使
文武四	七〇〇	一一・八	金所毛（大使・薩湌）・金順慶（小使・薩湌）	大宝元	七〇一		孝昭王の母の喪を告げる使。大使金所毛大宝元年正月一四日卒す。
大宝三	七〇三	一・九	金福護（薩湌）・金孝元（級湌）	大宝三	七〇三	五・二	孝昭王の喪を告げる使
慶雲二	七〇五	一〇・三〇	金儒吉（一吉湌）・金今古（薩湌）	慶雲二	七〇五	一・一二	貢調使
和銅二	七〇九	三・一五	金信福（官位未詳）	和銅二	七〇九	六・二	方物を貢る。
和銅七	七一四	一一・一一	金元静（重阿湌）ら二〇余人	霊亀元	七一五	三・二三	朝貢
養老三	七一九	五・七	金長言（級湌）ら四〇人	養老三	七一九	閏七・一七	貢調使。騾馬牡牝各一匹を献ず。
養老五	七二一	一二	金乾安（大使・一吉湌）・金弼（副使・薩湌）	養老五	七二一	五・一二	貢調使。元明太上天皇の死去により大宰府より放還
養老七	七二三	八・八	金貞宿（韓奈麻）・昔楊節（副使・韓奈麻）	養老七	七二三	八・二五	貢調
神亀三	七二六	五・二四	金造近（薩湌）	神亀三	七二六	七・一三	貢調使
天平四	七三二	一・二二	金長孫（韓奈麻）ら四〇人	天平四	七三二	六・二六	種々の財物と鸚鵡一口・鴝鵒一口・蜀狗一口・獵狗一口・驢二頭・騾二頭を献上。来朝の年期を奏す。
天平六	七三四	一二・六	金相貞（級伐湌）	天平七	七三五	二・二七	国号を王城国と改める。使を返却

来着年月日 日本年号	西暦	月日	使節	帰国年月日 日本年号	西暦	月日	備考
天平一〇	七三八	一	金想純（級飡）ら一四七人	天平一〇	七三八	六・二四	大宰府より放還
天平一四	七四二	二・三	金欽英（沙飡）ら一八七人	天平一四	七四二	二・五	恭仁宮が未完成のため、大宰府より放還
天平一五	七四三	三・六	金序貞（薩飡）	天平一五	七四三	四・二五	調を土毛と改称したため、常礼を失するとして大宰府より放却
天平勝宝四	七五二	閏三・二二	王子金泰廉（韓阿飡）・金暄（大使）ら七〇〇余人	天平勝宝四	七五二	七？	貢調
		同	金弼言				送王子使
天平宝字四	七六〇	九・一六	金貞巻（級飡）	天平宝字四	七六〇	九？	朝貢。使人、軽微のため放還。来日の四原則を提示
天平宝字七	七六三	二・一〇	金体信（級飡）ら二一一人	天平宝字七	七六三	二？	朝貢。放還
天平宝字八	七六四	七・一九	金才伯（大奈麻）ら九一人	不明			日本僧戒融の帰国を問う使
神護景雲三	七六九	一一・一二	金初正（級飡）ら一八七人 送使三九人	不明			在唐大使藤原河清らの書をもたらす。土毛を貢ず。大宰府に安置し饗応
宝亀五	七七四	三・四	金三玄（沙飡）ら二三五人	宝亀五	七七四	三・四	河清の書をもたらす。貢調を改めて国信と称したので大宰府より放還
宝亀一〇	七七九	一〇・九	金蘭孫（大使・薩飡）・金巌（副使・級飡）・薩仲業（大判官・韓奈麻）・金貞楽（少判官）・金蘇忠（韓奈麻）ら三人（大通事）	宝亀一一	七八〇	二・一五	賀正、貢調。遣唐使判官海上三狩らをともない、来日。賀正、貢調
延暦一〇	八〇三	七	（不明）	不明			『三国史記』哀荘王四年七月条に、「日本国交聘結好」とある。
承和七	八四〇		（不明）	不明			張宝高の使者方物を献ずるが、「人臣無境外之交」として、鎮西より追却

遣新羅使年表

任命または発遣年月日 日本年号	西暦	月日	使節名	帰国年月日 日本年号	西暦	月日	備考
天智七	六六八	一一・五	道守麻呂（小山下）・吉士小鮪（小山下）	不明			
天智九	六七〇	九・一	阿曇頰垂	不明			
天武四	六七五	七・七	大伴国麻呂（大使・小錦上）・三宅吉士入石（副使・小錦下）	天武五	六七七	二	
天武五	六七六		物部摩呂（大使・大乙上）・山背百足（小使・大乙中）	天武六	六七九	二・一	
（未詳）			（未詳）	天武八	六七九	九・一六	
天武一〇	六八一	七・四	采女竹羅（大使・小錦下）・当摩公楯（小使）	天武一〇	六八一	九・三	
天武一三	六八四	四・二〇	高向麻呂（大使・小錦下）・都努牛甘（小使・小山下）	天武一四	六八五	五・二六	学問僧観常・霊観らをともない帰国
持統元	六八七	一・一九	田中法麻呂（直広肆）・守苅田（追大弐）	持統三	六八九	一・八	天武天皇の喪を告げる使。
持統六	六九二	一一・八任	息長老（直広肆）・川内連（務大弐）・大伴子君（勤大弐）	不明			
持統九	六九五	七・二六任 九・六発	小野毛野（直広肆）・伊吉博徳（務大弐）	不明			
文武四	七〇〇	五・一三	佐伯麻呂（大使・直広肆）・佐味賀佐麻呂（小使・勤大肆）	文武四	七〇〇	一〇・一九	孔雀および珍物を献ず。
大宝三	七〇三	九・二二任 一〇・二五発	波多広足（従五位下）・額田人足	慶雲元	七〇四	八・三	新羅王に錦二匹、絁四四匹を献ず。
慶雲元	七〇四	一〇・九任	幡文通（大使・正六位上）	慶雲二	七〇五	五・二四	
慶雲三	七〇六	八・二一任	美努連浄麻呂（大使・従五位下）・対馬堅石（副使・従六位下）	慶雲四	七〇七	五・二八	学問僧義法・義基・惣集・慈定・浄達らと帰国
和銅五	七一二	九・一九任	道首名（従五位下）	和銅六	七一三	八・一〇	
養老二	七一八	三・二〇任	小野馬養（正五位下）	養老三	七一九	二・一〇	
養老三	七一九	閏七・一一任	白猪広成（従六位下）	不詳			
養老六	七二二	五・一〇任	津主治麻呂（正七位下）	養老六	七二二	一二・二三	
神亀元	七二四	八・二一任	土師豊麻呂（従五位上）	神亀二	七二五	五・二二	
天平四	七三二	一・二〇任	角家主（従五位下）	天平四	七三二	八・一一	

任命または発遣年月日			使節名（位階）	帰国年月日			備考
日本年号	西暦	月日		日本年号	西暦	月日	
天平八	七三六	二・二八	阿倍継麻呂（大使・従五位下）・大伴三中（副使・従五位下）・壬生宇太麻呂（大判官・従六位上）・大蔵麻呂（少判官・正七位上）	天平九	七三七	一・二七入京	「新羅国、失常礼不受使旨」と報告。大使、対馬で死去。副使、病のため入京できず。
天平一二	七四〇	三・一五任	紀必登（外従五位下）	天平一二	七四〇	一〇・一五	
天平一四	七四二	一〇					『三国史記』景徳王元年一〇月条「日本国使至、不納」
天平勝宝四	七五二	一・二五任	山口人麻呂（正七位下）				
天平勝宝五	七五三	二・九任	小野田守（従五位下）				『三国史記』景徳王一二年八月条「日本国使至慢而無礼。王不見之乃廻」
宝亀一〇	七七九	二・一三任	下道長人（正六位上）	宝亀一〇	七七九	七・一〇	耽羅島に漂着した遣唐判官海上三狩らを迎える使
延暦一八	七九九	四・一六任	大伴峰麻呂（正六位上）				同年五・二九派遣停止
延暦二三	八〇四	四					『三国史記』哀荘王五年五月条「日本国遣使、進黄金三百両」
		九・一八	大伴岑万里（正六位上）				遣唐使船の漂着の有無を問う使。
大同元	八〇六	三					『三国史記』哀荘王七年三月条「日本国使至、引見朝元殿」
大同三	八〇八	二					『三国史記』哀荘王九年二月条「日本国使至、王厚礼待之」
承和三	八三六		紀三津	承和三	八三六	一〇・二二	遣唐使船の保護を依頼するも、使の旨を失す。
元慶二	八七八	八					『三国史記』憲康王四年八月条「日本国使至、王引見於朝元殿」
元慶六	八八二						『三国史記』憲康王八年四月条「日本国王遣使、進黄金三百両、明珠一十箇」

渤海使年表

	来着年	西暦	月日	来着地	安置地	使節名	人数	帰国年	西暦	月日	出港地	備考
1	神亀四	七二七	九・二一	蝦夷境	出羽国	高仁義・高斉徳	二四	神亀五	七二八	六・五	能登国?	大使高仁義ら一六人殺害される。
2	天平一一	七三九	七・一三	出羽国		胥要徳・己珍蒙		天平一二	七四〇	二・二		大使胥要徳ら四〇人漂没。遣唐判官平群広成を同道
	天平一八	七四六		出羽国		渤海・鉄利人	一一〇〇余	天平一八	七四六		出羽国	放還
3	天平勝宝四	七五二	九・二四	越後国佐渡島		慕施蒙	七五	天平勝宝五	七五三	六・八		
4	天平宝字二	七五八	九・一八	越前国		楊承慶・楊泰師・馮方礼	二三	天平宝字三	七五九	二・一六		小野田守に従い来日。安史の乱を伝える。
5	天平宝字三	七五九	一〇・一八	対馬		高南申・高興福・李能本ら		天平宝字四	七六〇	二・二〇		迎遣唐大使判官内蔵全成を同道
6	天平宝字六	七六二	一〇・一	越前国加賀郡		王新福・李能本ら	二三	天平宝字七	七六三	二・二〇		東大寺に参詣
7	宝亀二	七七一	六・二七	出羽国野代湊	常陸国	壱万福・慕昌禄	三二五	宝亀三	七七三	二・二九	能登国福良津?	壱万福、表文を改修し申謝
8	宝亀四	七七三	六・一二	能登国		烏須弗	四〇	宝亀五	七七五	六・二四	能登国か	表函違例により放還。北路禁止
9	宝亀七	七七六	一二・二二	越前国加賀郡・江沼郡		史都蒙・高禄思	一六六	宝亀八	七七七	五・二三		南海府吐号浦を出発
10	宝亀九	七七八	九・二一	越前国坂井郡三国湊		張仙寿		宝亀一〇	七七九	二・二		
11	宝亀一〇	七七九	九・一四	出羽国	出羽国	高洋弼・高説昌	三五九	宝亀一〇	七七九	一二・二二	出羽国?	鉄利人を同道、軽微なため放還
12	延暦五	七八六	九・一八	出羽国蝦夷地	越後国	李元泰	六五	延暦六	七八七	二・一九	越後国	
13	延暦一四	七九五	一一・三	夷地志理波村	越後国	呂定琳	六八	延暦一五	七九六	五・一七		大欽茂の喪と大嵩璘の即位を伝える。
14	延暦一七	七九八	一二・二七	隠岐国智夫郡		大昌泰		延暦一八	七九九	四・一五		聘期六年一貢をやめる。
15	大同四	八〇九	一〇・一			高南容		弘仁一	八一〇	四・八		亡命した高多仏を越中に安置
16	弘仁一	八一〇	九・二九			高南容		弘仁二	八一一	一・二二		
17	弘仁五	八一四	九・三〇	出雲国		王孝廉・高景秀・王昇基ら		弘仁七	八一六	五・二	越前国?	帰路、王孝廉瘡を患い病死
18	弘仁九	八一八				慕感徳		弘仁九	八一八			

古代東アジア年号対照表

（1） 西暦はユリウス暦とした。改元月日は太陰暦。閏月は干支の後ろに○で囲って表した。
（2） 和暦は継体～欽明朝までは諸説があるので、敏達朝の572年から起こした。
（3） 高句麗は317年、百済は371年、新羅は377年から起こした。
（4） 元号や王が改まった時の元年を表す1年は省略した。

西暦	干支	前漢		
前206	乙未	**前漢**	高祖	元
205	丙申			2
204	丁酉			3
203	戊戌			4
202	己亥			5
201	庚子			6
200	辛丑			7
199	壬寅			8
198	癸卯			9
197	甲辰			10
196	乙巳			11
195	丙午		恵帝	12
194	丁未			元
193	戊申			2
192	己酉			3
191	庚戌			4
190	辛亥			5
189	壬子			6
188	癸丑		少帝恭	7
187	甲寅			元
186	乙卯			2
185	丙辰			3
184	丁巳		少帝弘	4
183	戊午			元
182	己未			2
181	庚申			3
180	辛酉		文帝	4
179	壬戌			元
178	癸亥			2
177	甲子			3
176	乙丑			4
175	丙寅			5
174	丁卯			6
173	戊辰			7
172	己巳			8
171	庚午			9
170	辛未			10
169	壬申			11
168	癸酉			12
167	甲戌			13
166	乙亥			14
165	丙子			15
164	丁丑			16
163	戊寅			後元元
162	己卯			2
161	庚辰			3
160	辛巳			4
159	壬午			5
158	癸未			6
157	甲申		景帝	7
156	乙酉			前元元
155	丙戌			2
154	丁亥			3
153	戊子			4
152	己丑			5
151	庚寅			6
150	辛卯			7
149	壬辰			中元元
148	癸巳			2
147	甲午			3
146	乙未			4

西暦	干支	前漢	
前145	丙申	景帝	中元5
144	丁酉		6
143	戊戌		後元元
142	己亥		2
141	庚子	武帝	3
140	辛丑		建元元
139	壬寅		2
138	癸卯		3
137	甲辰		4
136	乙巳		5
135	丙午		6
134	丁未		元光元
133	戊申		2
132	己酉		3
131	庚戌		4
130	辛亥		5
129	壬子		6
128	癸丑		元朔元
127	甲寅		2
126	乙卯		3
125	丙辰		4
124	丁巳		5
123	戊午		6
122	己未		元狩元
121	庚申		2
120	辛酉		3
119	壬戌		4
118	癸亥		5
117	甲子		6
116	乙丑		元鼎元
115	丙寅		2
114	丁卯		3
113	戊辰		4
112	己巳		5
111	庚午		6
110	辛未		元封元
109	壬申		2
108	癸酉		3
107	甲戌		4
106	乙亥		5
105	丙子		6
104	丁丑		太初元
103	戊寅		2
102	己卯		3
101	庚辰		4
100	辛巳		天漢元
99	壬午		2
98	癸未		3
97	甲申		4
96	乙酉		太始元
95	丙戌		2
94	丁亥		3
93	戊子		4
92	己丑		征和元
91	庚寅		2
90	辛卯		3
89	壬辰		4
88	癸巳		後元元
87	甲午	昭帝	2
86	乙未		始元元
85	丙申		2

西暦	干支	前漢	
前84	丁酉	昭帝	始元3
83	戊戌		4
82	己亥		5
81	庚子		6
80	辛丑		元鳳元
79	壬寅		2
78	癸卯		3
77	甲辰		4
76	乙巳		5
75	丙午		6
74	丁未	宣帝	元平元
73	戊申		本始元
72	己酉		2
71	庚戌		3
70	辛亥		4
69	壬子		地節元
68	癸丑		2
67	甲寅		3
66	乙卯		4
65	丙辰		元康元
64	丁巳		2
63	戊午		3
62	己未		4
61	庚申		神爵元
60	辛酉		2
59	壬戌		3
58	癸亥		4
57	甲子		五鳳元
56	乙丑		2
55	丙寅		3
54	丁卯		4
53	戊辰		甘露元
52	己巳		2
51	庚午		3
50	辛未		4
49	壬申	元帝	黄竜元
48	癸酉		初元元
47	甲戌		2
46	乙亥		3
45	丙子		4
44	丁丑		5
43	戊寅		永光元
42	己卯		2
41	庚辰		3
40	辛巳		4
39	壬午		5
38	癸未		建昭元
37	甲申		2
36	乙酉		3
35	丙戌		4
34	丁亥		5
33	戊子	成帝	竟寧元
32	己丑		建始元
31	庚寅		2
30	辛卯		3
29	壬辰		4
28	癸巳		河平元
27	甲午		2
26	乙未		3
25	丙申		4
24	丁酉		陽朔元

西暦	干支	前漢・新・後漢		
前23	戊戌		成帝	陽朔2
22	己亥			3
21	庚子			4
20	辛丑			鴻嘉元
19	壬寅			2
18	癸卯			3
17	甲辰			4
16	乙巳			永始元
15	丙午			2
14	丁未			3
13	戊申			4
12	己酉			元延元
11	庚戌			2
10	辛亥			3
9	壬子			4
8	癸丑			綏和元
7	甲寅		哀帝	2
6	乙卯			建平元
5	丙辰			2
4	丁巳			3
3	戊午			4
2	己未			元寿元
前 1	庚申		平帝	2
後 1	辛酉			元始元
2	壬戌			2
3	癸亥			3
4	甲子			4
5	乙丑			5
6	丙寅		孺子嬰	居摂元
7	丁卯			2
8	戊辰	新	王莽	初始元
9	己巳			始建国元
10	庚午			2
11	辛未			3
12	壬申			4
13	癸酉			5
14	甲戌			天鳳元
15	乙亥			2
16	丙子			3
17	丁丑			4
18	戊寅			5
19	己卯			6
20	庚辰			地皇元
21	辛巳			2
22	壬午			3
23	癸未		淮陽王	更始元
24	甲申			2
25	乙酉	後漢	光武帝	建武元
26	丙戌			2
27	丁亥			3
28	戊子			4
29	己丑			5
30	庚寅			6
31	辛卯			7
32	壬辰			8
33	癸巳			9
34	甲午			10
35	乙未			11
36	丙申			12
37	丁酉			13
38	戊戌			14
39	己亥			15
40	庚子			16
41	辛丑			17
42	壬寅			18
43	癸卯			19
44	甲辰			20
45	乙巳			21
46	丙午			22
47	丁未			23
48	戊申			24
49	己酉			25

西暦	干支	後漢	
50	庚戌	光武帝	建武26
51	辛亥		27
52	壬子		28
53	癸丑		29
54	甲寅		30
55	乙卯		31
56	丙辰		中元元
57	丁巳	明帝	2
58	戊午		永平元
59	己未		2
60	庚申		3
61	辛酉		4
62	壬戌		5
63	癸亥		6
64	甲子		7
65	乙丑		8
66	丙寅		9
67	丁卯		10
68	戊辰		11
69	己巳		12
70	庚午		13
71	辛未		14
72	壬申		15
73	癸酉		16
74	甲戌		17
75	乙亥	章帝	18
76	丙子		建初元
77	丁丑		2
78	戊寅		3
79	己卯		4
80	庚辰		5
81	辛巳		6
82	壬午		7
83	癸未		8
84	甲申		元和元
85	乙酉		2
86	丙戌		3
87	丁亥		章和元
88	戊子	和帝	2
89	己丑		永元元
90	庚寅		2
91	辛卯		3
92	壬辰		4
93	癸巳		5
94	甲午		6
95	乙未		7
96	丙申		8
97	丁酉		9
98	戊戌		10
99	己亥		11
100	庚子		12
101	辛丑		13
102	壬寅		14
103	癸卯		15
104	甲辰		16
105	乙巳		元興元
106	丙午		延平元
107	丁未	殤帝	永初元
108	戊申	安帝	2
109	己酉		3
110	庚戌		4
111	辛亥		5
112	壬子		6
113	癸丑		7
114	甲寅		元初元
115	乙卯		2
116	丙辰		3
117	丁巳		4
118	戊午		5
119	己未		6
120	庚申		永寧元
121	辛酉		建光元

西暦	干支	後漢	
122	壬戌	安帝	延光元
123	癸亥		2
124	甲子		3
125	乙丑	少帝(北郷侯)	4
		順帝	
126	丙寅		永建元
127	丁卯		2
128	戊辰		3
129	己巳		4
130	庚午		5
131	辛未		6
132	壬申		陽嘉元
133	癸酉		2
134	甲戌		3
135	乙亥		4
136	丙子		永和元
137	丁丑		2
138	戊寅		3
139	己卯		4
140	庚辰		5
141	辛巳		6
142	壬午		漢安元
143	癸未		2
144	甲申	冲帝	建康元
145	乙酉	質帝	永嘉元
146	丙戌	桓帝	本初元
147	丁亥		建和元
148	戊子		2
149	己丑		3
150	庚寅		和平元
151	辛卯		元嘉元
152	壬辰		2
153	癸巳		永興元
154	甲午		2
155	乙未		永寿元
156	丙申		2
157	丁酉		3
158	戊戌		延熹元
159	己亥		2
160	庚子		3
161	辛丑		4
162	壬寅		5
163	癸卯		6
164	甲辰		7
165	乙巳		8
166	丙午		9
167	丁未		永康元
168	戊申	霊帝	建寧元
169	己酉		2
170	庚戌		3
171	辛亥		4
172	壬子		熹平元
173	癸丑		2
174	甲寅		3
175	乙卯		4
176	丙辰		5
177	丁巳		6
178	戊午		光和元
179	己未		2
180	庚申		3
181	辛酉		4
182	壬戌		5
183	癸亥		6
184	甲子		中平元
185	乙丑		2
186	丙寅		3
187	丁卯		4
188	戊辰		5
189	己巳	少帝(弘農王)	光熹元
			昭寧元
		献帝	永漢元
			中平元

西暦	干支	後漢・魏	蜀	呉
190	庚午	献帝 初平元		
191	辛未	2		
192	壬申	3		
193	癸酉	4		
194	甲戌	興平元		
195	乙亥	2		
196	丙子	建安元		
197	丁丑	2		
198	戊寅	3		
199	己卯	4		
200	庚辰	5		
201	辛巳	6		
202	壬午	7		
203	癸未	8		
204	甲申	9		
205	乙酉	10		
206	丙戌	11		
207	丁亥	12		
208	戊子	13		
209	己丑	14		
210	庚寅	15		
211	辛卯	16		
212	壬辰	17		
213	癸巳	18		
214	甲午	19		
215	乙未	20		
216	丙申	21		
217	丁酉	22		
218	戊戌	23		
219	己亥	24		
220	庚子	延康元		
		魏 文帝 黄初元		
221	辛丑	2	**蜀** 昭烈帝 章武元	
222	壬寅	3	2	**呉** 大帝 黄武元
223	癸卯	4	後主 建興元	2
224	甲辰	5	2	3
225	乙巳	6	3	4
226	丙午	明帝 7	4	5
227	丁未	太和元	5	6
228	戊申	2	6	7
229	己酉	3	7	黄竜元
230	庚戌	4	8	2
231	辛亥	5	9	3
232	壬子	6	10	嘉禾元
233	癸丑	青竜元	11	2
234	甲寅	2	12	3
235	乙卯	3	13	4
236	丙辰	4	14	5
237	丁巳	景初元	15	6
238	戊午	2	延熙元	赤烏元
239	己未	斉王芳 3	2	2
240	庚申	正始元	3	3
241	辛酉	2	4	4
242	壬戌	3	5	5
243	癸亥	4	6	6
244	甲子	5	7	7
245	乙丑	6	8	8
246	丙寅	7	9	9
247	丁卯	8	10	10
248	戊辰	9	11	11
249	己巳	嘉平元	12	12
250	庚午	2	13	13
251	辛未	3	14	太元元
252	壬申	4	15	神鳳元
				廃帝(会稽王) 建興元
253	癸酉	5	16	2
254	甲戌	高貴郷公 正元元	17	五鳳元

西暦	干支	魏・西晋	蜀	呉
255	乙亥	2	18	2
256	丙子	甘露元	19	太平元
257	丁丑	2	20	2
258	戊寅	3	景耀元	景帝 永安元
259	己卯	4	2	2
260	庚辰	元帝 景元元	3	3
261	辛巳	2	4	4
262	壬午	3	5	5
263	癸未	4	炎興元	6
264	甲申	咸熙元		烏程公 元興元
265	乙酉	**西晋** 武帝 泰始元		甘露元
266	丙戌	2		宝鼎元
267	丁亥	3		2
268	戊子	4		3
269	己丑	5		建衡元
270	庚寅	6		2
271	辛卯	7		3
272	壬辰	8		鳳皇元
273	癸巳	9		2
274	甲午	10		3
275	乙未	咸寧元		天冊元
276	丙申	2		天璽元
277	丁酉	3		天紀元
278	戊戌	4		2
279	己亥	5		3
280	庚子	太康元		4
281	辛丑	2		
282	壬寅	3		
283	癸卯	4		
284	甲辰	5		
285	乙巳	6		
286	丙午	7		
287	丁未	8		
288	戊申	9		
289	己酉	10		
290	庚戌	太熙元		
		恵帝 永熙元		
291	辛亥	永平元		
		元康元		
292	壬子	2		
293	癸丑	3		
294	甲寅	4		
295	乙卯	5		
296	丙辰	6		
297	丁巳	7		
298	戊午	8		
299	己未	9		
300	庚申	永康元		
301	辛酉	永寧元		
302	壬戌	太安元		
303	癸亥	2		
304	甲子	永安元		
		建武元		
		永安元		
		永興元		
305	乙丑	2		
306	丙寅	懐帝 光熙元		
307	丁卯	永嘉元		
308	戊辰	2		
309	己巳	3		
310	庚午	4		
311	辛未	5		
312	壬申	6		
313	癸酉	愍帝 建興元		
314	甲戌	2		
315	乙亥	3		
316	丙子	4		

西暦	干支	中国	朝鮮		
		東晋	高句麗	百済	新羅
317	丁丑	東晋 元帝 建武元	美川王 18		
318	戊寅	太興元	19		
319	己卯	2	20		
320	庚辰	3	21		
321	辛巳	4	22		
322	壬午	明帝 永昌元	23		
323	癸未	太寧元	24		
324	甲申	2	25		
325	乙酉	成帝 3	26		
326	丙戌	咸和元	27		
327	丁亥	2	28		
328	戊子	3	29		
329	己丑	4	30		
330	庚寅	5	31		
331	辛卯	6	故国原王		
332	壬辰	7	2		
333	癸巳	8	3		
334	甲午	9	4		
335	乙未	咸康元	5		
336	丙申	2	6		
337	丁酉	3	7		
338	戊戌	4	8		
339	己亥	5	9		
340	庚子	6	10		
341	辛丑	7	11		
342	壬寅	康帝 8	12		
343	癸卯	建元元	13		
344	甲辰	穆帝 2	14		
345	乙巳	永和元	15		
346	丙午	2	16		
347	丁未	3	17		
348	戊申	4	18		
349	己酉	5	19		
350	庚戌	6	20		
351	辛亥	7	21		
352	壬子	8	22		
353	癸丑	9	23		
354	甲寅	10	24		
355	乙卯	11	25		
356	丙辰	12	26		
357	丁巳	升平元	27		
358	戊午	2	28		
359	己未	3	29		
360	庚申	4	30		
361	辛酉	哀帝 5	31		
362	壬戌	隆和元	32		
363	癸亥	興寧元	33		
364	甲子	2	34		
365	乙丑	海西公 3	35		
366	丙寅	太和元	36		
367	丁卯	2	37		
368	戊辰	3	38		
369	己巳	4	39		
370	庚午	5	40		
371	辛未	簡文帝 咸安元	小獣林王	近肖古王 26	
372	壬申	孝武帝 2	2	27	
373	癸酉	寧康元	3	28	
374	甲戌	2	4	29	
375	乙亥	3	5	近仇首王	
376	丙子	太元元	6	2	
377	丁丑	2	7	3	奈勿王 22
378	戊寅	3	8	4	23
379	己卯	4	9	5	24
380	庚辰	5	10	6	25
381	辛巳	6	11	7	26
382	壬午	7	12	8	27
383	癸未	8	13	9	28
384	甲申	9	故国壌王	枕流王	29
385	乙酉	10	2	辰斯王	30

西暦	干支	中国		朝鮮		
		東晋・宋	北魏	高句麗	百済	新羅
386	丙戌	孝武帝 太元11	北魏 道武帝 登国元	故国壌王 3	辰斯王 2	奈勿王 31
387	丁亥	12	2	4	3	32
388	戊子	13	3	5	4	33
389	己丑	14	4	6	5	34
390	庚寅	15	5	7	6	35
391	辛卯	16	6	広開土王	7	36
392	壬辰	17	7	2	阿華王	37
393	癸巳	18	8	3	2	38
394	甲午	19	9	4	3	39
395	乙未	20	10	5	4	40
396	丙申	安帝 21	皇始元	6	5	41
397	丁酉	隆安元	2	7	6	42
398	戊戌	2	天興元	8	7	43
399	己亥	3	2	9	8	44
400	庚子	4	3	10	9	45
401	辛丑	5	4	11	10	46
402	壬寅	元興元	5	12	11	実聖王
403	癸卯	2	6	13	12	2
404	甲辰	3	天賜元	14	13	3
405	乙巳	義熙元	2	15	腆支王	4
406	丙午	2	3	16	2	5
407	丁未	3	4	17	3	6
408	戊申	4	5	18	4	7
409	己酉	5	明元帝 永興元	19	5	8
410	庚戌	6	2	20	6	9
411	辛亥	7	3	21	7	10
412	壬子	8	4	22	8	11
413	癸丑	9	5	長寿王	9	12
414	甲寅	10	神瑞元	2	10	13
415	乙卯	11	2	3	11	14
416	丙辰	12	泰常元	4	12	15
417	丁巳	13	2	5	13	訥祇王
418	戊午	恭帝 14	3	6	14	2
419	己未	元熙元	4	7	15	3
		宋				
420	庚申	武帝 永初元	5	8	久爾辛王	4
421	辛酉	2	6	9	2	5
422	壬戌	少帝 3	7	10	3	6
423	癸亥	景平元	大武帝 8	11	4	7
424	甲子	文帝 元嘉元	始光元	12	5	8
425	乙丑	2	2	13	6	9
426	丙寅	3	3	14	7	10
427	丁卯	4	4	15	毗有王	11
428	戊辰	5	神䴥元	16	2	12
429	己巳	6	2	17	3	13
430	庚午	7	3	18	4	14
431	辛未	8	4	19	5	15
432	壬申	9	延和元	20	6	16
433	癸酉	10	2	21	7	17
434	甲戌	11	3	22	8	18
435	乙亥	12	太延元	23	9	19
436	丙子	13	2	24	10	20
437	丁丑	14	3	25	11	21
438	戊寅	15	4	26	12	22
439	己卯	16	5	27	13	23
440	庚辰	17	太平真君元	28	14	24
441	辛巳	18	2	29	15	25
442	壬午	19	3	30	16	26
443	癸未	20	4	31	17	27
444	甲申	21	5	32	18	28
445	乙酉	22	6	33	19	29
446	丙戌	23	7	34	20	30
447	丁亥	24	8	35	21	31
448	戊子	25	9	36	22	32
449	己丑	26	10	37	23	33
450	庚寅	27	11	38	24	34
451	辛卯	28	正平元	39	25	35
452	壬辰	孝武帝 29	南安王 承平元 文成帝 興安元	40	26	36
453	癸巳	30	2	41	27	37

西暦	干支	中国		朝鮮		
		宋・斉・梁	北魏	高句麗	百済	新羅
454	甲午	孝武帝 孝建元	興光元	長寿王 42	毗有王 28	訥祇王 38
455	乙未	2	太安元	43	蓋鹵王	39
456	丙申	3	2	44	2	40
457	丁酉	大明元	3	45	3	41
458	戊戌	2	4	46	4	慈悲王
459	己亥	3	5	47	5	2
460	庚子	4	和平元	48	6	3
461	辛丑	5	2	49	7	4
462	壬寅	6	3	50	8	5
463	癸卯	7	4	51	9	6
464	甲辰	前廃帝 8	5	52	10	7
465	乙巳	永光元 景和元 明帝 泰始元	献文帝 6	53	11	8
466	丙午	2	天安元	54	12	9
467	丁未	3	皇興元	55	13	10
468	戊申	4	2	56	14	11
469	己酉	5	3	57	15	12
470	庚戌	6	4	58	16	13
471	辛亥	7	孝文帝 延興元	59	17	14
472	壬子	後廃帝 泰豫元	2	60	18	15
473	癸丑	元徽元	3	61	19	16
474	甲寅	2	4	62	20	17
475	乙卯	3	5	63	文周王	18
476	丙辰	4	承明元	64	2	19
477	丁巳	順帝 昇明元	太和元	65	三斤王	20
478	戊午	2	2	66	2	21
479	己未	**斉** 高帝 建元元	3	67	東城王	炤知王
480	庚申	2	4	68	2	2
481	辛酉	3	5	69	3	3
482	壬戌	武帝 4	6	70	4	4
483	癸亥	永明元	7	71	5	5
484	甲子	2	8	72	6	6
485	乙丑	3	9	73	7	7
486	丙寅	4	10	74	8	8
487	丁卯	5	11	75	9	9
488	戊辰	6	12	76	10	10
489	己巳	7	13	77	11	11
490	庚午	8	14	78	12	12
491	辛未	9	15	79	13	13
492	壬申	10	16	文咨王	14	14
493	癸酉	鬱林王 11	17	2	15	15
494	甲戌	隆昌元 海陵王 延興元 明帝 建武元	18	3	16	16
495	乙亥	2	19	4	17	17
496	丙子	3	20	5	18	18
497	丁丑	4	21	6	19	19
498	戊寅	東昏侯 永泰元	22	7	20	20
499	己卯	永元元	宣武帝 23	8	21	21
500	庚辰	2	景明元	9	22	智証王
501	辛巳	和帝 中興元	2	10	武寧王	2
502	壬午	**梁** 武帝 天監元	3	11	2	3
503	癸未	2	4	12	3	4
504	甲申	3	正始元	13	4	5
505	乙酉	4	2	14	5	6
506	丙戌	5	3	15	6	7
507	丁亥	6	4	16	7	8
508	戊子	7	永平元	17	8	9
509	己丑	8	2	18	9	10
510	庚寅	9	3	19	10	11
511	辛卯	10	4	20	11	12
512	壬辰	11	延昌元	21	12	13
513	癸巳	12	2	22	13	14
514	甲午	13	3	23	14	法興王
515	乙未	14	孝明帝 4	24	15	2
516	丙申	15	熙平元	25	16	3
517	丁酉	16	2	26	17	4
518	戊戌	17	神亀元	27	18	5
519	己亥	18	2	安蔵王	19	6

西暦	干支	中国			朝鮮		
		梁・陳	西魏・北周	北魏・東魏・北斉	高句麗	百済	新羅
520	庚子	武帝 普通元		正光元	安蔵王 2	武寧王 20	法興王 7
521	辛丑	2		2	3	21	8
522	壬寅	3		3	4	22	9
523	癸卯	4		4	5	聖明王	10
524	甲辰	5		5	6	2	11
525	乙巳	6		孝昌元	7	3	12
526	丙午	7		2	8	4	13
527	丁未	大通元		3	9	5	14
528	戊申	2		孝荘帝 武泰元	10	6	15
				建義元			
				永安元			
529	己酉	中大通元		2	11	7	16
530	庚戌	2		敬帝 建明元	12	8	17
531	辛亥	3		節閔帝 普泰元	安原王	9	18
				廃帝(安定王) 中興元			
532	壬子	4		孝武帝 太昌元	2	10	19
				永興元			
				永熙元			
533	癸丑	5		東魏 2	3	11	20
534	甲寅	6		孝静帝 天平元	4	12	21
535	乙卯	大同元	西魏 文帝 大統元	2	5	13	22
536	丙辰	2	2	3	6	14	23
537	丁巳	3	3	4	7	15	24
538	戊午	4	4	元象元	8	16	25
539	己未	5	5	興和元	9	17	26
540	庚申	6	6	2	10	18	真興王
541	辛酉	7	7	3	11	19	2
542	壬戌	8	8	4	12	20	3
543	癸亥	9	9	武定元	13	21	4
544	甲子	10	10	2	14	22	5
545	乙丑	11	11	3	陽原王	23	6
546	丙寅	中大同元	12	4	2	24	7
547	丁卯	太清元	13	5	3	25	8
548	戊辰	2	14	6	4	26	9
549	己巳	簡文帝 3	15	7	5	27	10
550	庚午	大宝元	16	北斉 文宣帝 天保元	6	28	11
551	辛未	豫章王 天正元	廃帝 17	2	7	29	12
552	壬申	元帝 承聖元	元	3	8	30	13
553	癸酉	2	2	4	9	31	14
554	甲戌	3	恭帝 元	5	10	威徳王	15
555	乙亥	貞陽侯 天成元	2	6	11	2	16
		敬帝 紹泰元					
556	丙子	太平元	3	7	12	3	17
557	丁丑	陳 武帝 永定元	北周 孝閔帝 元	8	13	4	18
			孝明帝 元				
558	戊寅	2	2	9	14	5	19
559	己卯	文帝 3	武成元	廃帝 10	平原王	6	20
560	庚辰	天嘉元	武帝 2	乾明元	2	7	21
				孝昭帝 皇建元			
561	辛巳	2	保定元	武成帝 太寧元	3	8	22
562	壬午	3	2	河清元	4	9	23
563	癸未	4	3	2	5	10	24
564	甲申	5	4	3	6	11	25
565	乙酉	6	5	後主 天統元	7	12	26
566	丙戌	廃帝(臨海王) 天康元	天和元	2	8	13	27
567	丁亥	光大元	2	3	9	14	28
568	戊子	宣帝 2	3	4	10	15	29
569	己丑	太建元	4	5	11	16	30
570	庚寅	2	5	武平元	12	17	31
571	辛卯	3	6	2	13	18	32

西暦	干支/閏	年号	中国			朝鮮		
			陳	北周・隋	北斉	高句麗	百済	新羅
572	壬辰⑫	(敏達元)	宣帝 4	武帝 建徳元	後主 3	平原王 14	19	真興王 33
573	癸巳	(2)	5	2	4	15	20	34
574	甲午	(3)	6	3	5	16	21	35
575	乙未⑧	(4)	7	4	6	17	22	36
576	丙申	(5)	8	5	隆化元	18	23	真智王
577	丁酉	(6)	9	6	幼主 承光元	19	24	2
578	戊戌⑤	(7)	10	宣帝 宣政元		20	25	3
579	己亥	(8)	11	大成元		21	26	真平王
				静帝 大象元				
580	庚子	(9)	12	静帝 2		22	27	2
581	辛丑②	(10)	13	大定元		23	28	3
				隋 文帝 開皇元				
582	壬寅	(11)	後主 14	2		24	29	4
583	癸卯⑪	(12)	至徳元	3		25	30	5
584	甲辰	(13)	2	4		26	31	6
585	乙巳	(14)	3	5		27	32	7
586	丙午⑦	(用明元)	4	6		28	33	8
587	丁未	(2)	禎明元	7		29	34	9
588	戊申	(崇峻元)	2	8		30	35	10
589	己酉③	(2)	3	9		31	36	11
590	庚戌	(3)		10		嬰陽王	37	12
591	辛亥⑫	(4)		11		2	38	13
592	壬子	(5)		12		3	39	14
593	癸丑	(推古元)		13		4	40	15
594	甲寅⑧	(2)		14		5	41	16
595	乙卯	(3)		15		6	42	17
596	丙辰	(4)		16		7	43	18
597	丁巳④	(5)		17		8	44	19
598	戊午	(6)		18		9	恵王	20
599	己未	(7)		19		10	法王	21
600	庚申①	(8)		20		11	武王	22
601	辛酉	(9)		仁寿元		12	2	23
602	壬戌⑩	(10)		2		13	3	24

西暦	干支/閏	年号	改元	天皇	中国	朝鮮		
					隋・唐	高句麗	百済	新羅
603	癸亥	(推古11)		推古	文帝 仁寿 3	嬰陽王 14	武王 4	真平王 25
604	甲子	(12)			煬帝 4	15	5	26
605	乙丑⑦	(13)			大業元	16	6	27
606	丙寅	(14)			2	17	7	28
607	丁卯	(15)			3	18	8	29
608	戊辰③	(16)			4	19	9	30
609	己巳	(17)			5	20	10	31
610	庚午⑪	(18)			6	21	11	32
611	辛未	(19)			7	22	12	33
612	壬申	(20)			8	23	13	34
613	癸酉⑧	(21)			9	24	14	35
614	甲戌	(22)			10	25	15	36
615	乙亥	(23)			11	26	16	37
616	丙子⑤	(24)			12	27	17	38
617	丁丑	(25)			13	28	18	39
618	戊寅	(26)			恭帝侑 義寧元	栄留王 元	19	40
					恭帝侗 皇泰元			
					唐 高祖 武徳元			
619	己卯①	(27)			2	2	20	41
620	庚辰	(28)			3	3	21	42
621	辛巳⑩	(29)			4	4	22	43
622	壬午	(30)			5	5	23	44
623	癸未	(31)			6	6	24	45
624	甲申⑦	(32)			7	7	25	46
625	乙酉	(33)			8	8	26	47
626	丙戌	(34)			太宗 9	9	27	48
627	丁亥③	(35)			貞観元	10	28	49
628	戊子	(36)			2	11	29	50
629	己丑⑫	(舒明元)		舒明	3	12	30	51
630	庚寅	(2)			4	13	31	52
631	辛卯	(3)			5	14	32	53
632	壬辰⑧	(4)			6	15	33	善徳女王 元
633	癸巳	(5)			7	16	34	2
634	甲午	(6)			8	17	35	3

西暦	干支/閏	年号	改元	天皇	中国 唐		朝鮮 高句麗		朝鮮 百済		朝鮮 新羅	
635	乙未⑤	(7)		舒明	太宗	貞観 9	栄留王	18	武王	36	善徳女王	4
636	丙申	(8)				10		19		37		5
637	丁酉	(9)				11		20		38		6
638	戊戌②	(10)				12		21		39		7
639	己亥	(11)				13		22		40		8
640	庚子⑩	(12)				14		23		41		9
641	辛丑	(13)				15		24	義慈王	元		10
642	壬寅	(皇極元)		皇極		16	宝蔵王	元		2		11
643	癸卯⑦	(2)				17		2		3		12
644	甲辰	(3)				18		3		4		13
645	乙巳	大化元	6.19	孝徳		19		4		5		14
646	丙午③	2				20		5		6		15
647	丁未	3				21		6		7	真徳女王	元
648	戊申⑫	4				22		7		8		2
649	己酉	5			高宗	23		8		9		3
650	庚戌	白雉元	2.15			永徽元		9		10		4
651	辛亥⑨	2				2		10		11		5
652	壬子	3				3		11		12		6
653	癸丑	4				4		12		13		7
654	甲寅⑤	5				5		13		14	武烈王	元
655	乙卯	(斉明元)		斉明		6		14		15		2
656	丙辰	(2)				顕慶元		15		16		3
657	丁巳①	(3)				2		16		17		4
658	戊午	(4)				3		17		18		5
659	己未⑩	(5)				4		18		19		6
660	庚申	(6)				5		19		20		7
661	辛酉	(7)		天智		竜朔元		20			文武王	元
662	壬戌⑦	(天智元)				2		21				2
663	癸亥	(2)				3		22				3
664	甲子	(3)				麟徳元		23				4
665	乙丑③	(4)				2		24				5
666	丙寅	(5)				乾封元		25				6
667	丁卯⑪	(6)				2		26				7
668	戊辰	(7)				総章元		27				8
669	己巳	(8)				2						9
670	庚午⑨	(9)				咸亨元						10
671	辛未	(10)		弘文		2						11
672	壬申	(弘文元)				3						12
		(天武元)										
673	癸酉⑥	(2)		天武		4						13
674	甲戌	(3)				上元元						14
675	乙亥	(4)				2						15
676	丙子②	(5)				儀鳳元						16
677	丁丑	(6)				2						17
678	戊寅⑩	(7)				3						18
679	己卯	(8)				調露元						19
680	庚辰	(9)				永隆元						20
681	辛巳⑦	(10)				開耀元					神文王	元
682	壬午	(11)				永淳元						2
683	癸未	(12)			中宗	弘道元						3
684	甲申④	(13)			睿宗	嗣聖元						4
						文明元						
					(則天武后)	光宅元						
685	乙酉	(14)				垂拱元						5
686	丙戌⑫	朱鳥元	7.20	持統		2						6
687	丁亥	(持統元)				3						7
688	戊子	(2)				4						8
689	己丑⑧	(3)				永昌元						9

西暦	干支/閏	年号	改元	天皇	中国					朝鮮	
					唐・(周)			渤海		新羅	
690	庚寅	(持統 4)		持統	(周)	則天武后	載初元 天授元			神文王	10
691	辛卯	(5)					2				11
692	壬辰⑤	(6)					如意元 長寿元			孝昭王	元
693	癸巳	(7)					2				2
694	甲午	(8)					延載元				3
695	乙未②	(9)					証聖元 天冊万歳元				4
696	丙申	(10)					万歳登封元 万歳通天元				5
697	丁酉⑫	(文武元)		文武			神功元	渤海*			6
698	戊戌	(2)					聖暦元	高王	元		7
699	己亥	(3)					2		2		8
700	庚子⑦	(4)					久視元		3		9
701	辛丑	大宝元	3.21				大足元 長安元		4		10
702	壬寅	2					2		5	聖徳王	元
703	癸卯④	3					3		6		2
704	甲辰	慶雲元	5.10				4		7		3
705	乙巳	2			(唐)	中宗	神竜元		8		4
706	丙午①	3					2		9		5
707	丁未	4		元明			景竜元		10		6
708	戊申⑧	和銅元	1.11				2		11		7
709	己酉	2					3		12		8
710	庚戌	3				睿宗	唐隆元 景雲元		13		9
711	辛亥⑥	4					2		14		10
712	壬子	5				玄宗	太極元 延和元 先天元		15		11
713	癸丑	6					開元元		16		12
714	甲寅②	7					2		17		13
715	乙卯	霊亀元	9. 2	元正			3		18		14
716	丙辰⑪	2					4		19		15
717	丁巳	養老元	11.17				5		20		16
718	戊午	2					6		21		17
719	己未⑦	3					7	武王	仁安元		18
720	庚申	4					8		2		19
721	辛酉	5					9		3		20
722	壬戌④	6					10		4		21
723	癸亥	7					11		5		22
724	甲子	神亀元	2. 4	聖武			12		6		23
725	乙丑①	2					13		7		24
726	丙寅	3					14		8		25
727	丁卯⑨	4					15		9		26
728	戊辰	5					16		10		27
729	己巳	天平元	8. 5				17		11		28
730	庚午⑥	2					18		12		29
731	辛未	3					19		13		30
732	壬申	4					20		14		31
733	癸酉③	5					21		15		32
734	甲戌	6					22		16		33
735	乙亥⑪	7					23		17		34
736	丙子	8					24		18		35
737	丁丑	9					25	文王	大興元	孝成王	元
738	戊寅⑦	10					26		2		2
739	己卯	11					27		3		3
740	庚辰	12					28		4		4
741	辛巳③	13					29		5		5
742	壬午	14					天宝元		6	景徳王	元
743	癸未	15					2		7		2
744	甲申①	16					3		8		3
745	乙酉	17					4		9		4
746	丙戌⑨	18					5		10		5
747	丁亥	19					6		11		6
748	戊子	20					7		12		7
749	己丑⑤	天平感宝 天平勝宝	4.14 7. 2	孝謙			8		13		8
750	庚寅	2					9		14		9
751	辛卯	3					10		15		10

＊渤海の年号と西暦との対応関係については、いくつかの説がある

西暦	干支/閏	年号	改元	天皇	中国				朝鮮	
					唐		渤海		新羅	
752	壬辰③	4		孝謙	玄宗	天宝11	文王	大興16	景徳王	11
753	癸巳	5				12		17		12
754	甲午⑩	6				13		18		13
755	乙未	7				14		19		14
756	丙申	8			粛宗	至徳元		20		15
757	丁酉⑧	天平宝字	8.18			2		21		16
758	戊戌	2		淳仁		乾元元		22		17
759	己亥	3				2		23		18
760	庚子④	4				上元元		24		19
761	辛丑	5				2		25		20
762	壬寅⑫	6			代宗	宝応元		26		21
763	癸卯	7				広徳元		27		22
764	甲辰	8		称徳		2		28		23
765	乙巳⑩	天平神護	1. 7			永泰元		29	恵恭王	元
766	丙午	2				大暦元		30		2
767	丁未	神護景雲	8.16			2		31		3
768	戊申⑥	2				3		32		4
769	己酉	3				4		33		5
770	庚戌	宝亀元	10. 1	光仁		5		34		6
771	辛亥③	2				6		35		7
772	壬子	3				7		36		8
773	癸丑⑪	4				8		37		9
774	甲寅	5				9		38		10
775	乙卯	6				10		39		11
776	丙辰⑧	7				11		40		12
777	丁巳	8				12		41		13
778	戊午	9				13		42		14
779	己未⑤	10			徳宗	14		43		15
780	庚申	11				建中元		44	宣徳王	元
781	辛酉	天応元	1. 1	桓武		2		45		2
782	壬戌①	延暦元	8.19			3		46		3
783	癸亥	2				4		47		4
784	甲子⑨	3				興元元		48		5
785	乙丑	4				貞元元		49	元聖王	元
786	丙寅	5				2		50		2
787	丁卯⑤	6				3		51		3
788	戊辰	7				4		52		4
789	己巳	8				5		53		5
790	庚午③	9				6		54		6
791	辛未	10				7		55		7
792	壬申⑪	11				8		56		8
793	癸酉	12				9		57		9
794	甲戌	13				10	大元義 成王 康王	中興元		10
795	乙亥⑦	14				11		正暦元		11
796	丙子	15				12		2		12
797	丁丑	16				13		3		13
798	戊寅⑤	17				14		4	昭聖王	14
799	己卯	18				15		5		元
800	庚辰	19				16		6	哀荘王	元
801	辛巳①	20				17		7		2
802	壬午	21				18		8		3
803	癸未⑩	22				19		9		4
804	甲申	23				20		10		5
805	乙酉	24			順宗 憲宗	永貞元		11		6
806	丙戌⑥	大同元	5.18	平城		元和元		12		7
807	丁亥	2				2		13		8
808	戊子	3				3		14		9
809	己丑②	4		嵯峨		4	定王	15	憲徳王	元
810	庚寅	弘仁元	9.19			5		永徳元		2
811	辛卯⑫	2				6		2		3
812	壬辰	3				7		3		4
813	癸巳	4				8	僖王	朱雀元		5
814	甲午⑦	5				9		2		6
815	乙未	6				10		3		7
816	丙申④	7				11		4		8
817	丁酉	8				12		5		9
818	戊戌	9				13	簡王	太始元		10

西暦	干支/閏	年号	改元	天皇	中国				朝鮮	
					唐		渤海		新羅	
819	己亥	弘仁10		嵯峨	憲宗	元和14	宣王	建興元	憲徳王	11
820	庚子①	11			穆宗	15		2		12
821	辛丑	12				長慶元		3		13
822	壬寅⑨	13				2		4		14
823	癸卯	14		淳和		3		5		15
824	甲辰	天長元	1. 5		敬宗	4		6		16
825	乙巳⑦	2				宝暦元		7		17
826	丙午	3			文宗	2		8	興徳王	元
827	丁未	4				太和元		9		2
828	戊申③	5				2		10		3
829	己酉	6				3		11		4
830	庚戌⑫	7				4		12		5
831	辛亥	8				5	大彝震	咸和元		6
832	壬子	9				6		2		7
833	癸丑⑦	10		仁明		7		3		8
834	甲寅	承和元	1. 3			8		4		9
835	乙卯	2				9		5		10
836	丙辰⑤	3				開成元		6	僖康王	元
837	丁巳	4				2		7		2
838	戊午	5				3		8	閔哀王	元
839	己未①	6				4		9	神武王	元
									文聖王	元
840	庚申	7			武宗	5		10		2
841	辛酉⑨	8				会昌元		11		3
842	壬戌	9				2		12		4
843	癸亥	10				3		13		5
844	甲子⑦	11				4		14		6
845	乙丑	12				5		15		7
846	丙寅	13			宣宗	6		16		8
847	丁卯③	14				大中元		17		9
848	戊辰	嘉祥元	6.13			2		18		10
849	己巳⑫	2				3		19		11
850	庚午	3		文徳		4		20		12
851	辛未	仁寿元	4.28			5		21		13
852	壬申⑧	2				6		22		14
853	癸酉	3				7		23		15
854	甲戌	斉衡元	11.30			8		24		16
855	乙亥④	2				9		25		17
856	丙子	3				10		26		18
857	丁丑	天安元	2.21			11		27	憲安王	元
858	戊寅②	2		清和		12	大虔晃	元		2
859	己卯	貞観元	4.15		懿宗	13		2		3
860	庚辰⑩	2				咸通元		3		4
861	辛巳	3				2		4	景文王	元
862	壬午	4				3		5		2
863	癸未⑥	5				4		6		3
864	甲申	6				5		7		4
865	乙酉	7				6		8		5
866	丙戌③	8				7		9		6
867	丁亥	9				8		10		7
868	戊子⑫	10				9		11		8
869	己丑	11				10		12		9
870	庚寅	12				11		13		10
871	辛卯⑧	13				12		14		11
872	壬辰	14				13	大玄錫	元		12
873	癸巳	15			僖宗	14		2		13
874	甲午④	16				乾符元		3		14
875	乙未	17				2		4	憲康王	元
876	丙申	18		陽成		3		5		2
877	丁酉②	元慶元	4.16			4		6		3
878	戊戌	2				5		7		4
879	己亥⑩	3				6		8		5
880	庚子	4				広明元		9		6
881	辛丑	5				中和元		10		7
882	壬寅⑦	6				2		11		8
883	癸卯	7				3		12		9
884	甲辰	8		光孝		4		13		10
885	乙巳③	仁和元	2.21			光啓元		14		11
886	丙午	2				2		15	定康王	元
887	丁未⑪	3		宇多		3		16	真聖女王	元

西暦	干支/閏	年号	改元	天皇	唐～後晋			遼			渤海		朝鮮 新羅		朝鮮 高麗	
888	戊申	4		宇多		昭宗	文徳元				大玄錫	17	真聖女王	2		
889	己酉	寛平元	4.27				竜紀元					18		3		
890	庚戌⑨	2					大順元					19		4		
891	辛亥	3					2					20		5		
892	壬子	4					景福元					21		6		
893	癸丑⑤	5					2					22		7		
894	甲寅	6					乾寧元				大瑋瑎	元		8		
895	乙卯	7					2					2		9		
896	丙辰①	8					3					3		10		
897	丁巳	9		醍醐			4					4	孝恭王	元		
898	戊午⑩	昌泰元	4.26				光化元					5		2		
899	己未	2					2					6		3		
900	庚申	3					3					7		4		
901	辛酉⑥	延喜元	7.15				天復元					8		5		
902	壬戌	2					2					9		6		
903	癸亥	3					3					10		7		
904	甲子③	4				哀帝	天祐元					11		8		
905	乙丑	5					2					12		9		
906	丙寅⑫	6					3					13		10		
907	丁卯	7			**後梁**	太祖	開平元	**遼**	太祖	元	大諲譔	元		11		
908	戊辰	8					2			2		2		12		
909	己巳⑧	9					3			3		3		13		
910	庚午	10					4			4		4		14		
911	辛未	11					乾化元			5		5		15		
912	壬申⑤	12				郢王	2			6		6	神徳王	元		
913	癸酉	13				末帝	3			7		7		2		
914	甲戌	14					4			8		8		3		
915	乙亥②	15					貞明元			9		9		4		
916	丙子	16					2			神冊元		10		5		
917	丁丑⑩	17					3			2		11	景明王	元		
918	戊寅	18					4			3		12		2	**高麗** 太祖	元
919	己卯	19					5			4		13		3		2
920	庚辰⑥	20					6			5		14		4		3
921	辛巳	21					竜徳元			6		15		5		4
922	壬午	22					2			天賛元		16		6		5
923	癸未④	延長元	④.11		**後唐**	荘宗	同光元			2		17		7		6
924	甲申	2					2			3		18	景哀王	元		7
925	乙酉⑫	3				明宗	3			4		19		2		8
926	丙戌	4					天成元		太宗	天顕元		20		3		9
927	丁亥	5					2			2			敬順王	元		10
928	戊子⑧	6					3			3				2		11
929	己丑	7					4			4				3		12
930	庚寅	8		朱雀			長興元			5				4		13
931	辛卯⑤	承平元	4.26				2			6				5		14
932	壬辰	2					3			7				6		15
933	癸巳	3				閔帝	4			8				7		16
934	甲午①	4				廃帝	応順元 清泰元			9				8		17
935	乙未	5					2			10				9		18
936	丙申⑪	6			**後晋**	高祖	天福元			11						19
937	丁酉	7					2			12						20
938	戊戌	天慶元	5.22				3			会同元						21
939	己亥⑦	2					4			2						22
940	庚子	3					5			3						23
941	辛丑	4					6			4						24
942	壬寅③	5				出帝	7			5						25
943	癸卯	6					8			6					恵宗	26
944	甲辰⑫	7					開運元			7						元
945	乙巳	8					2			8					定宗	2
946	丙午	9		村上			3			9						元

西暦	干支/閏	年号	改元	天皇	中国					朝鮮	
					後漢・後周・北宋			遼		高麗	
947	丁未⑦	天暦元	4.22	村上	**後漢**	高祖	天福12	世宗	大同元 天禄元	定宗	2
948	戊申	2				隠帝	乾祐元		2		3
949	己酉	3					2		3	光宗	4
950	庚戌⑤	4					3		4		元
951	辛亥	5			**後周**	太祖	広順元	穆宗	応暦元		2
952	壬子	6					2		2		3
953	癸丑①	7					3		3		4
954	甲寅	8				世宗	顕徳元		4		5
955	乙卯⑨	9					2		5		6
956	丙辰	10					3		6		7
957	丁巳	天徳元	10.27				4		7		8
958	戊午⑦	2					5		8		9
959	己未	3				恭帝	6		9		10
960	庚申	4			**北宋**	太祖	建隆元		10		11
961	辛酉③	応和元	2.16				2		11		12
962	壬戌	2					3		12		13
963	癸亥⑫	3					乾徳元		13		14
964	甲子	康保元	7.10				2		14		15
965	乙丑	2					3		15		16
966	丙寅⑧	3					4		16		17
967	丁卯	4		冷泉			5		17		18
968	戊辰	安和元	8.13				開宝元		18		19
969	己巳⑤	2		円融			2	景宗	保寧元		20
970	庚午	天禄元	3.25				3		2		21
971	辛未	2					4		3		22
972	壬申②	3					5		4		23
973	癸酉	天延元	12.20				6		5		24
974	甲戌⑩	2					7		6		25
975	乙亥	3					8		7	景宗	26
976	丙子	貞元元	7.13			太宗	太平興国元		8		元
977	丁丑⑦	2					2		9		2
978	戊寅	天元元	11.29				3		10		3
979	己卯	2					4		乾亨元		4
980	庚辰③	3					5		2		5
981	辛巳	4					6		3	成宗	6
982	壬午⑫	5					7	聖宗	4		元
983	癸未	永観元	4.15				8		統和元		2
984	甲申	2		花山			雍熙元		2		3
985	乙酉⑧	寛和元	4.27				2		3		4
986	丙戌	2		一条			3		4		5
987	丁亥	永延元	4. 5				4		5		6
988	戊子⑤	2					端拱元		6		7
989	己丑	永祚元	8. 8				2		7		8
990	庚寅	正暦元	11. 7				淳化元		8		9
991	辛卯②	2					2		9		10
992	壬辰	3					3		10		11
993	癸巳⑩	4					4		11		12
994	甲午	5					5		12		13
995	乙未	長徳元	2.22				至道元		13		14
996	丙申⑦	2					2		14		15
997	丁酉	3				真宗	3		15	穆宗	16
998	戊戌	4					咸平元		16		元
999	己亥③	長保元	1.13				2		17		2
1000	庚子	2					3		18		3
1001	辛丑⑫	3					4		19		4
1002	壬寅	4					5		20		5
1003	癸卯	5					6		21		6
1004	甲辰⑨	寛弘元	7.20				景徳元		22		7
1005	乙巳	2					2		23		8
1006	丙午	3					3		24		9
1007	丁未⑤	4					4		25		10
1008	戊申	5					大中祥符元		26		11
1009	己酉	6					2		27	顕宗	12
1010	庚戌②	7					3		28		元
1011	辛亥	8		三条			4		29		2
1012	壬子⑩	長和元	12.25				5		開泰元		3
1013	癸丑	2					6		2		4
1014	甲寅	3					7		3		5
1015	乙卯⑥	4					8		4		6

西暦	干支/閏	年号	改元	天皇	中国 北宋		中国 遼		朝鮮 高麗	
1016	丙辰	長和 5		後一条		大中祥符 9	聖宗	開泰 5	顕宗	7
1017	丁巳	寛仁元	4.23		真宗	天禧元		6		8
1018	戊午④	2				2		7		9
1019	己未	3				3		8		10
1020	庚申⑫	4				4		9		11
1021	辛酉	治安元	2. 2			5		太平元		12
1022	壬戌	2			仁宗	乾興元		2		13
1023	癸亥⑨	3				天聖元		3		14
1024	甲子	万寿元	7.13			2		4		15
1025	乙丑	2				3		5		16
1026	丙寅⑤	3				4		6		17
1027	丁卯	4				5		7		18
1028	戊辰	長元元	7.25			6		8		19
1029	己巳②	2				7		9		20
1030	庚午	3				8		10		21
1031	辛未⑩	4				9		景福元	徳宗	22
1032	壬申	5				明道元	興宗	重熙元		元
1033	癸酉	6				2		2		2
1034	甲戌⑥	7				景祐元		3	靖宗	3
1035	乙亥	8				2		4		元
1036	丙子	9		後朱雀		3		5		2
1037	丁丑④	長暦元	4.21			4		6		3
1038	戊寅	2				宝元元		7		4
1039	己卯⑫	3				2		8		5
1040	庚辰	長久元	11.10			康定元		9		6
1041	辛巳	2				慶暦元		10		7
1042	壬午⑨	3				2		11		8
1043	癸未	4				3		12		9
1044	甲申	寛徳元	11.24			4		13		10
1045	乙酉⑤	2		後冷泉		5		14		11
1046	丙戌	永承元	4.14			6		15	文宗	12
1047	丁亥	2				7		16		元
1048	戊子①	3				8		17		2
1049	己丑	4				皇祐元		18		3
1050	庚寅⑩	5				2		19		4
1051	辛卯	6				3		20		5
1052	壬辰	7				4		21		6
1053	癸巳⑦	天喜元	1.11			5		22		7
1054	甲午	2				至和元		23		8
1055	乙未	3				2	道宗	清寧元		9
1056	丙申③	4				嘉祐元		2		10
1057	丁酉	5				2		3		11
1058	戊戌⑫	康平元	8.29			3		4		12
1059	己亥	2				4		5		13
1060	庚子	3				5		6		14
1061	辛丑⑧	4				6		7		15
1062	壬寅	5				7		8		16
1063	癸卯	6			英宗	8		9		17
1064	甲辰⑤	7				治平元		10		18
1065	乙巳	治暦元	8. 2			2		咸雍元		19
1066	丙午	2				3		2		20
1067	丁未①	3			神宗	4		3		21
1068	戊申	4		後三条		熙寧元		4		22
1069	己酉⑩	延久元	4.13			2		5		23
1070	庚戌	2				3		6		24
1071	辛亥	3				4		7		25
1072	壬子⑦	4		白河		5		8		26
1073	癸丑	5				6		9		27
1074	甲寅	承保元	8.23			7		10		28
1075	乙卯④	2				8		大康元		29
1076	丙辰	3				9		2		30
1077	丁巳⑫	承暦元	11.17			10		3		31
1078	戊午	2				元豊元		4		32
1079	己未	3				2		5		33
1080	庚申⑧	4				3		6		34
1081	辛酉	永保元	2.10			4		7		35
1082	壬戌	2				5		8		36
1083	癸亥⑥	3				6		9	順宗 宣宗	37
1084	甲子	応徳元	2. 7			7		10		元

西暦	干支/閏	年号	改元	天皇	中国					朝鮮	
					北宋・南宋		遼・金			高麗	
1085	乙丑	応徳 2		白河	哲宗	元豊 8	道宗		大安元	宣宗	2
1086	丙寅②	3		堀河		元祐元			2		3
1087	丁卯	寛治元	4. 7			2			3		4
1088	戊辰⑩	2				3			4		5
1089	己巳	3				4			5		6
1090	庚午	4				5			6		7
1091	辛未⑦	5				6			7		8
1092	壬申	6				7			8		9
1093	癸酉	7				8			9		10
1094	甲戌③	嘉保元	12.15			紹聖元			10	献宗	11
1095	乙亥	2				2			寿昌元	粛宗	元
1096	丙子	永長元	12.17			3			2		元
1097	丁丑①	承徳元	11.21			4			3		2
1098	戊寅	2				元符元			4		3
1099	己卯⑨	康和元	8.28			2			5		4
1100	庚辰	2			徽宗	3			6		5
1101	辛巳	3				建中靖国元	天祚帝		乾統元		6
1102	壬午⑤	4				崇寧元			2		7
1103	癸未	5				2			3		8
1104	甲申	長治元	2.10			3			4		9
1105	乙酉②	2				4			5	睿宗	10
1106	丙戌	嘉承元	4. 9			5			6		元
1107	丁亥⑩	2		鳥羽		大観元			7		2
1108	戊子	天仁元	8. 3			2			8		3
1109	己丑	2				3			9		4
1110	庚寅⑦	天永元	7.13			4			10		5
1111	辛卯	2				政和元			天慶元		6
1112	壬辰	3				2			2		7
1113	癸巳③	永久元	7.13			3			3		8
1114	甲午	2				4			4		9
1115	乙未	3				5	金	太祖 収国元	5		10
1116	丙申①	4				6		2	6		11
1117	丁酉	5				7		天輔元	7		12
1118	戊戌⑨	元永元	4. 3			重和元		2	8		13
1119	己亥	2				宣和元		3	9		14
1120	庚子	保安元	4.10			2		4	10		15
1121	辛丑⑤	2				3		5	保大元		16
1122	壬寅	3				4		6	2	仁宗	17
1123	癸卯	4		崇徳		5	太宗	天会元	3		元
1124	甲辰②	天治元	4. 3			6		2	4		2
1125	乙巳	2			欽宗	7		3	5		3
1126	丙午⑩	大治元	1.22			靖康元			4		4
1127	丁未	2			南宋 高宗	建炎元			5		5
1128	戊申	3				2			6		6
1129	己酉⑦	4				3			7		7
1130	庚戌	5				4			8		8
1131	辛亥	天承元	1.29			紹興元			9		9
1132	壬子④	長承元	8.11			2			10		10
1133	癸丑	2				3			11		11
1134	甲寅⑫	3				4			12		12
1135	乙卯	保延元	4.27			5	熙宗		13		13
1136	丙辰	2				6			14		14
1137	丁巳⑨	3				7			15		15
1138	戊午	4				8			天眷元		16
1139	己未	5				9			2		17
1140	庚申⑤	6				10			3		18
1141	辛酉	永治元	7.10	近衛		11			皇統元		19
1142	壬戌	康治元	4.28			12			2		20
1143	癸亥②	2				13			3		21
1144	甲子	天養元	2.23			14			4		22
1145	乙丑⑩	久安元	7.22			15			5		23
1146	丙寅	2				16			6	毅宗	24
1147	丁卯	3				17			7		元
1148	戊辰⑥	4				18			8		2
1149	己巳	5				19	海陵王		天徳元		3
1150	庚午	6				20			2		4
1151	辛未④	仁平元	1.26			21			3		5
1152	壬申	2				22			4		6
1153	癸酉⑫	3				23			貞元元		7
1154	甲戌	久寿元	10.28			24			2		8

西暦	干支/閏	年号	改元	天皇	中国				朝鮮	
					南宋		金		高麗	
1155	乙亥	2		後白河	高宗	紹興25	海陵王	貞元3	毅宗	9
1156	丙子⑨	保元元	4.27			26		正隆元		10
1157	丁丑	2				27		2		11
1158	戊寅	3		二条		28		3		12
1159	己卯⑤	平治元	4.20			29		4		13
1160	庚辰	永暦元	1.10			30		5		14
1161	辛巳	応保元	9. 4			31	世宗	大定元		15
1162	壬午②	2			孝宗	32		2		16
1163	癸未	長寛元	3.29			隆興元		3		17
1164	甲申⑩	2				2		4		18
1165	乙酉	永万元	6. 5	六条		乾道元		5		19
1166	丙戌	仁安元	8.27			2		6		20
1167	丁亥⑦	2				3		7		21
1168	戊子	3		高倉		4		8		22
1169	己丑	嘉応元	4. 8			5		9		23
1170	庚寅④	2				6		10	明宗	24
1171	辛卯	承安元	4.21			7		11		元
1172	壬辰⑫	2				8		12		2
1173	癸巳	3				9		13		3
1174	甲午	4				淳熙元		14		4
1175	乙未⑨	安元元	7.28			2		15		5
1176	丙申	2				3		16		6
1177	丁酉	治承元	8. 4			4		17		7
1178	戊戌⑥	2				5		18		8
1179	己亥	3				6		19		9
1180	庚子	4		安徳		7		20		10
1181	辛丑②	養和元	7.14			8		21		11
1182	壬寅	寿永元	5.27			9		22		12
1183	癸卯⑩	2		後鳥羽		10		23		13
1184	甲辰	元暦元	4.16			11		24		14
1185	乙巳	文治元	8.14			12		25		15
1186	丙午⑦	2				13		26		16
1187	丁未	3				14		27		17
1188	戊申	4				15		28		18
1189	己酉④	5			光宗	16	章宗	29		19
1190	庚戌	建久元	4.11			紹熙元		明昌元		20
1191	辛亥⑫	2				2		2		21

遣渤海使年表

	出発年	西暦	月日	出港地	使節名	帰国年	西暦	月日	帰国地	備考
1	神亀五	七二八	六・五	能登	引田虫麻呂	天平二	七三〇	八・二九	越前国加賀郡	送使
2	天平一二	七四〇	四・二〇		大伴犬養	天平一二	七四〇	一〇・五		送使
3	天平宝字二	七五八	二・一〇以降		小野田守・高橋虫麻呂・物部浄人ら六三人	天平宝字二	七五八	九・一八	越前国	専使
	天平宝字三	七五九	一・三〇		高元度・内蔵全成・羽栗翔	天平宝字三	七五九	一〇・一八	対馬	迎入唐大使使
4	天平宝字四	七六〇	二・二〇		陽侯玲璆	天平宝字四	七六〇	一一・一一		送使
5	天平宝字六	七六二	三・二八以降		高麗大山・伊吉益麻呂	天平宝字六	七六二	一〇・一	越前国加賀郡佐利翼津か	専使
6	天平宝字七	七六三	三・二八		多治比小耳・平群虫麻呂・板振鎌束	天平宝字七	七六三	一〇・六以前	隠岐国	送使。大使渡海せず。
7	宝亀三	七七二	九・二一	能登国福良津	武生鳥守	宝亀四	七七三	一〇・一三		送使
8	宝亀八	七七七	五・二三		高麗殿継	宝亀九	七七八	九・二一	越前国坂井郡三国	送使
9	宝亀一〇	七七九	二・二		大網広道					送使
	延暦六	七八七	二・一九	越後国						使節名不明
10	延暦一五	七九六	五・一七	越後国?	御長広岳・桑原秋成	延暦一五	七九六	一〇・二		送使。渤海から来日の年期の裁定を求められる。
11	延暦一七	七九八	五・一九		内蔵賀茂麻呂・御使今嗣	延暦一七	七九八	一二・二七以前	隠岐国智夫郡	専使。渤海に六年一貢を伝える。
12	延暦一八	七九九	四・一五		滋野船白	延暦一八	七九九	九・二〇		送使。来日の年限撤廃を渤海に通告
13	弘仁二	八一一	四・二七		林東人・上毛野継益	弘仁二	八一一	一〇・二		送使。渤海国王大元瑜の啓、常礼によらなかったため受け取らず。

	来着年	西暦	月日	来着地	安置地	使節名	人数	帰国年	西暦	月日	出港地	備考
19	弘仁一〇	八一九	一一・二〇			李承英		弘仁一一	八二〇	一・二二		唐人周光翰ら、渤海使に従い唐に帰る。
20	弘仁一二	八二一	一一・一三			王文矩		弘仁一三	八二二	一・二一		入唐僧霊仙への黄金一〇〇両を渤海使に託す。
21	弘仁一四	八二三	一一・二二	加賀国	越前国	高貞泰・璋璿	一〇一	天長一	八二四	五・二〇	越前国か	聘期一紀一貢を告げる。
22	天長二	八二五	一二・三	隠岐国	出雲国	高承祖・高如岳・王文信ら	一〇三	天長三	八二六	五・一五	加賀国	入唐僧霊仙の表物をもたらす。藤原緒嗣、渤海使を「商旅」として入京を許さないことを進言
23	天長四	八二七	一二・二九	但馬国	但馬国	王文矩	一〇〇	天長五	八二八	四・二九	但馬国	入京を許さず。
24	承和八	八四一	一二・二二	長門国		賀福延・王宝璋・烏孝慎ら	一〇五	承和九	八四二	四・一二		
25	嘉祥一	八四八	一二・三〇	能登国	加賀国	王文矩・烏孝慎ら	一〇〇	嘉祥二	八四九	五・一二		
26	貞観一	八五九	一・二二	能登国珠洲郡	加賀国便処	烏孝慎・周元伯	一〇四	貞観一	八五九	七・六	加賀国	国喪のため入京を許さず。宣明暦をもたらす。
27	貞観三	八六一	一・二〇	隠岐国	出雲国島根郡	李居正	一〇五	貞観三	八六一	五・二五	出雲国	炎旱のため入京を許さず。
28	貞観一三	八七一	一二・一一	加賀国		楊成規・李興晟	一〇五	貞観一四	八七二	五・二五	加賀国か	
	貞観一五	八七三	三・一一	薩摩国甑島郡	肥後国天草郡	崔宗佐	六〇	貞観一五	八七三	六・四	石見国	渤海遣唐大使漂着
29	貞観一八	八七六	一二・二六	出雲国島根郡		楊中遠	一〇五	元慶一	八七七	六・二四	出雲国	謝恩使として来日するが、違期により放還
30	元慶六	八八二	一一・一四	加賀国	加賀国便処	裴頲・高周封	一〇五	元慶七	八八三	五・一二	加賀国?	
31	寛平四	八九二	一・八	出雲国	出雲国	王亀謀	一〇五	寛平四	八九二	六・二九	出雲国	
32	寛平六	八九四	一二・二九	伯耆国		裴頲	一〇五	寛平七	八九五	五・一六		
33	延喜八	九〇八	一・八	伯耆国		裴璆		延喜八	九〇八	六	越前国	
34	延喜一九	九一九	一一・一八	若狭国丹生浦	越前国松原駅館	裴璆	一〇五	延喜二〇	九二〇	六	越前国	
	延長七	九二九	一二・二四	丹後国竹野郡大津浜		東丹国使裴璆	九三	延長八	九三〇	六・二	丹後国?	入京を許さず。

付録 CD-ROM について

付録の CD-ROM は、ホームページに使われる HTML 書類で作成されています。CD-ROM が自動的に起動しない場合は Internet Explorer などのホームページ閲覧ソフトで CD-ROM の中にある「index.html」を起動してください。通常は「index.html」をダブルクリックすると、自動的にホームページ閲覧ソフトが起動します。起動後はホームページと同様にリンクをたどってご覧下さい。

図版中の赤い文字をクリックすると、詳細ページへジャンプします。青い文字は本文に掲載されています。

CD-ROM 中、一部の文字については、本文とは異なる異体字を用いています。また一部コンピュータ上で表示できない文字を図版として挿入しているため、文字がずれて表示されることがあります。

終了するときは、トップ画面の一番下にある「終了する」ボタンをクリックするか、ブラウザソフトを終了してください。

＊本 CD-ROM は、1 台のコンピュータのみでご使用ください。また、CD-ROM の内容をハードディスクにコピーして利用することはご遠慮ください。
＊本 CD-ROM は Windows ／ Mac OS を搭載するコンピュータのブラウザソフト上で動作します（Windows XP/Mac OS 9 以上、Internet Explorer 5.5 以上を推奨)。
＊音楽用 CD プレーヤー／ DVD プレーヤーには挿入しないでください。
＊本 CD-ROM は、Norton AntiVirus にてウイルスチェック済です。

【CD-ROM 収録内容】

1　皇室略系図（作成：米田雄介）
2　諸氏略系図（作成：井上満郎）
3　東アジア諸国王系図
・中国歴代王統表（作成：愛宕　元）
・朝鮮三国王系図（作成：井上直樹）
・渤海王系図（作成：酒寄雅志）
4　日本列島における後期旧石器時代の編年（作成：堤　隆）
5　東アジア～シベリアの旧石器時代主要遺跡（作成：堤　隆）
6　縄文土器編年表（作成：小林青樹）
7　縄文時代遺跡分布図（作成：小林青樹／中村耕作）
8　弥生時代編年表（作成：小林青樹／石黒立人／高瀬克範／新里貴之／濱田竜彦／安英樹）
9　弥生時代遺跡分布図（作成：品川欣也）
10　弥生時代の環濠集落（作成：永井宏幸）
11　弥生時代の青銅器の分布（作成：小林青樹）
12　古墳時代編年表（作成：豊島直博）
13　前方後円墳の分布図（作成：野崎貴博）
14　朝鮮半島の遺跡分布図（作成：井之口茂）
15　渤海遺跡分布図（作成：小嶋芳孝）
16　古代日本要図（作成：増田洋平）
17　古代畿内要図（作成：舘野和己）
18　古代東北要図（作成：熊田亮介）
19　平城京図（作成：舘野和己）
20　平城宮図（作成：舘野和己）
21　平安京復原図（画：梶川敏夫）
22　平安京条坊図
23　平安京大内裏図
24　平安宮内裏図
25　平安宮清涼殿図
26　平安京邸宅配置概略図（中期）
27　唐長安城図（作成：妹尾達彦）
28　朝鮮古代王都位置図（作成：田中俊明）
29　奄美・沖縄遺跡地図（作成：池田榮史）
30　北海道の遺跡地図（作成：大沼忠春）

【上田正昭】
1927年生まれ。京都西陣出身。京都大学名誉教授。大阪女子大学名誉教授。姫路文学館館長、高麗美術館館長、世界人権問題研究センター理事長、アジア史学会会長、社叢学会理事長、中国社会科学院古代文明研究センター学術顧問ほか。
著書に『上田正昭著作集全八巻』(角川書店)、『古代日本の輝き』(思文閣出版)、『日本文化の基想研究』(学生社)、『「日本」という国』(梅原猛氏との対談)、『道の古代史』『歌集　共生』(大和書房)ほか多数。

『日本古代史大辞典』

2006年1月30日　第1刷発行

監　修 ―――― 上田正昭
発行者 ―――― 南　暁
発行所 ―――― 大和書房
東京都文京区関口1-33-4
電話 03-3203-4511　振替 00160-9-64227

装丁 ―――― フクダデザイン
本文印刷 ―――― 三松堂印刷／歩プロセス
カバー印刷 ―――― 歩プロセス
製本 ―――― 田中製本印刷
CD-ROM制作 ―――― ネオックス
図版制作 ―――― タダ工房／ガル クリエイト

ISBN4-479-84065-6
http://www.daiwashobo.co.jp

索　　引

（太字はその項目のあるページを表しています）

【あ】

【い】

【お】

【か】

【き】

【く】

【け】

【さ】

【し】

【す】

【せ】

【た】

【つ】

【て】

【と】

【な】

【に】

【ぬ】

【ね】

【の】

【は】

【ふ】

【へ】

【ほ】

【ま】

【み】

【む】

【め】

【も】

【や】

【ゆ】

【よ】

【ら】

【り】

【る】

【れ】